中国房地产业发展大全

A COMPREHENSIVE HANDBOOK OF DEVELOPMENT OF REAL ESTATE IN CHINA

上 册

(2005-2006)

主　　编：朱中一

执行主编：陈京华

建 设 部·中 国 房 地 产 业 协 会

中国房地产业发展大全编辑委员会

中国城市出版社

·北 京·

图书在版编目（CIP）数据

中国房地产业发展大全. 2005~2006/朱中一，陈京华主编. －北京：中国城市出版社，2006.8
ISBN 7－5074－1778－6

I.中... II.①朱...②陈... III.房地产业－经济发展－中国－2005~2006 IV.F299.233

中国版本图书馆CIP数据核字(2006)第089192号

责任编辑	李 颖 王惠敏
设计制作	深圳市星亚辉广告有限公司
责任技术编辑	张建军
出版发行	中国城市出版社
地址	北京市丰台区太平桥西里38号（邮编 100073）
电话	(010)63454857
传真	(010)63421488
总编室信箱	citypress@sina.com
投稿信箱	city_edifor@sina.com
发行部信箱	zgcsfx@sina.com
经销	新华书店
印刷	深圳市佳信达印务有限公司
字数	2130千字 插页226 印张80.75
开本	889x1194(毫米) 1/16
版次	2006年9月第1版
印次	2006年9月第1次印刷
定价	690.00元(上、下册)

序　　言

中国房地产业协会副会长、秘书长　朱中一

房地产业是我国新的发展阶段的一个重要支柱产业，引导和促进房地产业持续稳定健康发展，有利于保持国民经济的平稳较快增长，有利于满足广大群众的基本住房消费需求，有利于实现全面建设小康社会的目标。2005年3月和5月，为解决房地产投资规模过大和房价涨幅过快的问题，国务院办公厅先后印发《关于切实稳定住房价格的通知》和《国务院办公厅转发建设部等部门关于做好稳定住房价格工作意见的通知》(以下简称两个“国8条”)。在两个“国8条”的调控下，房地产投机行为得到遏制，房地产投资增长和房价上涨过快的势头初步得到抑制。总体看，两个“国8条”调控的作用初步显现。但少数城市的房价上涨过快，住房供应结构不合理矛盾突出，房地产市场秩序也比较混乱。

为加强和改善宏观调控，促进房地产市场持续健康发展，2006年5月，国务院又提出了调控房地产市场的6条措施，《国务院办公厅转发建设部等部门关于调整住房供应结构稳定住房价格意见的通知》(国办发【2006】37号)。国办的通知以解决普通居民居住需求为出发点，坚持落实和完善政策，突出了调整住房供应结构，稳定房价、规范市场和引导合理消费。

在实际工作中，我们应当全面理解和认真落实国办发【2006】37号通知精神；对套型建筑面积90平方米以下住房要求达到70%以上的比例，不仅是为了满足当前这部分住房的供应不足，更考虑了我国是人均宜居土地资源稀缺的国家，各地还应同时加强住房二手房市场和租赁市场的建设，加强对低收入群体住房保障体系建设，为构筑和谐社会，保证人人有房住作出贡献。

我们相信，中国房地产业一定能在不断规范中得以持续健康发展。

2006年8月22日

《中国房地产业发展大全》编辑委员会

主办单位： **建设部·中国房地产业协会**
组稿编辑： **中国房地产业发展大全编辑委员会**
出版发行： **中国城市出版社**

高级顾问： 刘志峰　中华人民共和国建设部副部长
宋春华　中国房地产业协会会长
潘　岳　中华人民共和国国家环境保护总局副局长
厉以宁　著名经济学家、全国政协经济委员会副主任
吴敬琏　著名经济学家、全国政协经济委员会副主任
李泊溪　著名经济专家、国务院发展研究中心教授、研究员

编委会主任： 朱中一　中国房地产业协会副会长、秘书长

主任委员：（按姓氏笔划为序）
牛凤瑞　中国社会科学院城市发展与环境研究中心主任
任致远　中国城市规划协会副会长
仲继寿　国家住宅与居住环境工程技术研究中心副主任
刘维新　中国社会科学院财政与贸易研究所研究员、中国城市经济学会副会长
孙克放　建设部住宅产业化促进中心副总工程师
张元端　中国房地产及住宅研究会副理事长、秘书长
沈建忠　建设部住宅与房地产业司司长
陈　凡　国家建筑工程质量监督检验中心副主任、研究员
陈晓丽　建设部总规划师
陈东琪　国家发展和改革委员会宏观经济研究院副院长
孟晓苏　中国房地产开发集团公司党委书记
祝宝良　国家信息中心经济预测部副主任
秦　虹　建设部政策研究中心副主任
聂梅生　中华全国工商联合会住宅产业商会会长
黄启章　中国土地学会秘书长
谢家瑾　建设部总经济师
潘明才　国土资源部耕地保护司司长

副主任委员：（按姓氏笔划为序）
文林峰　建设部政策研究中心科研部部长
毛剑瑛　建设部科学技术委员会智能建筑技术开发推广中心副主任
王小广　国家发展和改革委员会经济研究所经济形势研究室主任、研究员
王亚蔺　西藏自治区建设厅副厅长
王俊岐　辽宁省建设厅副厅长
王青兰　上海市房地产科学研究院副院长
王瑞生　中国房地产业协会副秘书长
冯志成　云南省建设厅厅长
冯经明　上海市房屋土地资源管理局局长
占世良　湖北省建设厅副厅长
史殿臣　黑龙江省建设厅厅长
叶剑平　中国人民大学土地管理系教授
刘洪玉　清华大学建设系主任
刘铁民　中国建设银行住宅与建筑业信贷部主任

热烈祝贺
中国房地产业发展大全(2005—2006)
隆重发行

源于自然的启示，赋于生活无穷灵感

A COMPREHENSIVE HANDBOOK OF DEVELOPMENT OF REAL ESTATE IN CHINA

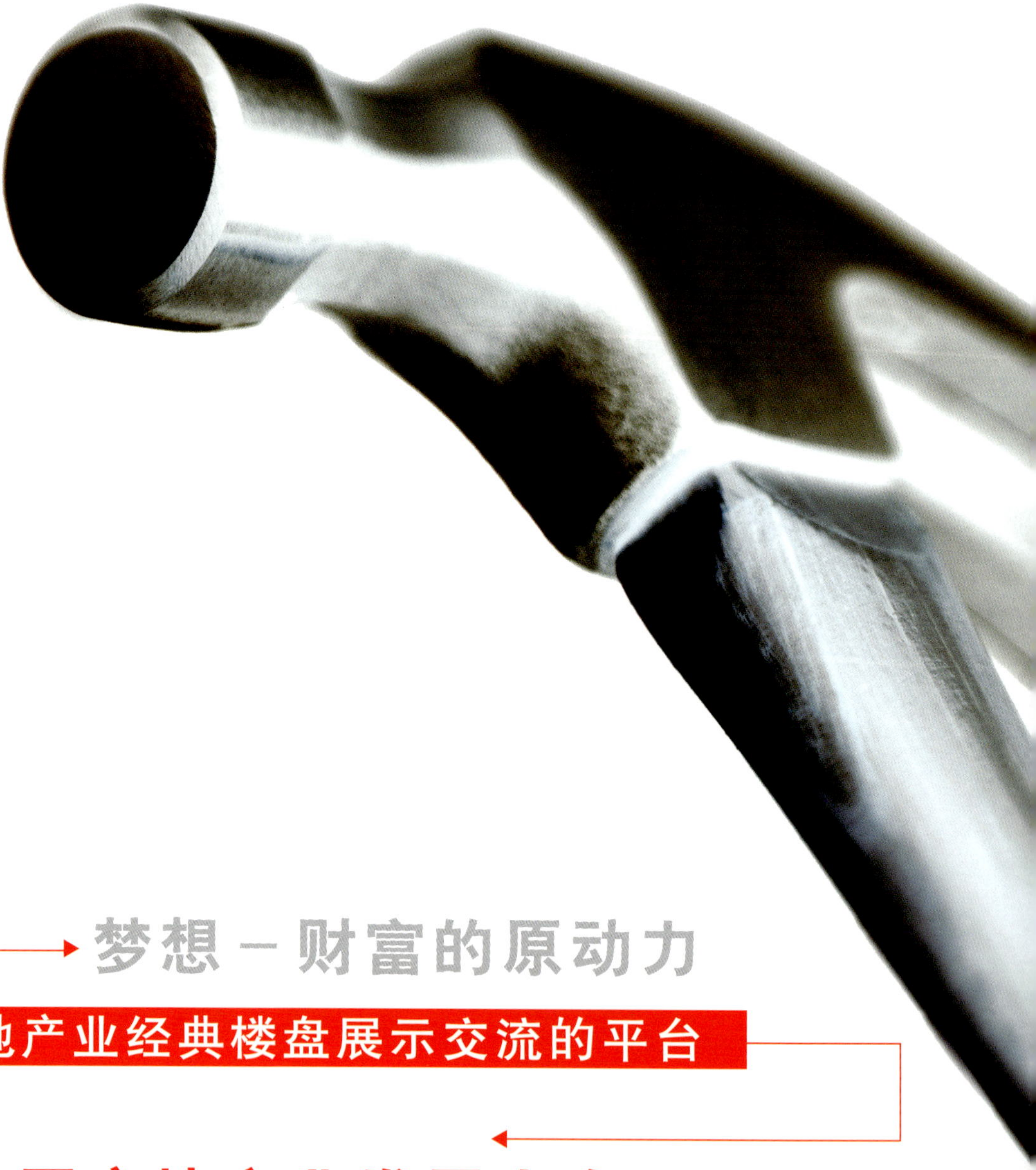

梦想－财富的原动力

中国房地产业经典楼盘展示交流的平台

中国房地产业发展大全

2005-2006

目　录

第三卷 中国小城镇建设

第四卷 土地供应与开发制度

第五卷 房地产市场资本运作

第六卷 房地产企业经营管理

第七卷 房地产财务分析与理财新技

第八卷　房地产工程项目管理

第九卷　房地产楼盘营销策划

第十卷　房地产广告

第十一卷　房地产行业典范推介与精品楼盘展示

第十二卷　旅游房地产学

第十三卷　房地产物业管理

第十四卷　社区地产开发

第十五卷　21世纪人居环境

第十六卷 住宅产业的科技创新

第十七卷 房地产市场法制建设

第十八卷 房地产法规文件汇编

附 卷

彩 页 索 引

温州市国脉房地产开发有限公司(国脉花苑)
浙江宁兴置业有限公司(安吉·宁馨花园)
蔚蓝置业(浙江)有限公司(蔚蓝·澳洲花园)
杭州青城房地产开发有限公司(青城·山语间)
杭州临江物业管理有限公司(临江花园)
杭州下城房地产开发经营有限公司
南京浦口区锦麟实业有限公司(钱塘·望景花园)
宁波成路置业有限公司(海悦国际公寓)
宁波百隆房地产有限公司(百隆·小城春秋)
宁波洛兹置业有限公司(洛滋·江南绿洲)
温州建桥房地产开发有限公司(上海花园)
人民电器集团浙江房地产开发有限公司(盛大花园)
湖州嘉欣置业有限公司(嘉欣·金世纪广场)
嘉兴市龙盛置业有限公司(龙盛·华城右岸)
嘉兴市信达建设房地产开发有限公司(翰林府第)
兽霸集团·青田县万基置业有限公司(万基欧郡)

(下册目录前)

成都世纪城新国际会展中心有限公司(世纪城·天鹅湖花园)
中房集团成都房地产开发总公司(文殊院历史文化保护区—都市第一禅林)
成都市城市建设开发有限责任公司(城建·双城)
中铁二局集团有限公司
四川星慧投资置业有限公司(蜀郡)
四川蓝光和骏实业股份有限公司(蓝光雍锦湾)
国机保利集团四川省公司
四川华阳建筑安装有限公司(御景台)
成都市志成房地产开发有限公司(东麓驿境)
成都兴西华建设管理有限公司(龙华阳光)
四川润扬建设集团
成都屹立房地产开发有限公司(润扬·川大河畔)
四川怡安投资集团有限公司(碧竹山庄)
四川嘉昕房地产开发有限公司(彭湖湾国际生态社区)

(上册第 780 页后)

重庆嘉发实业有限公司(上海城)
重庆南方集团有限公司(南方·碧水康桥)
重庆晋愉地产(集团)股份有限公司(晋愉·绿岛)
重庆渝北新城枫林置业有限公司(天江·常青藤人文别墅)
重庆石桥房地产开发总公司(重庆西部商城)
重庆市祥龙居房地产开发有限公司(祥龙居·世纪阳光)
金科集团
重庆华南房地产开发有限公司(金科·绿韵康城)
重庆金鹏物业(集团)有限公司(金鹏·北城旺角)
福建省金爵房地产开发有限公司(海景·国际花园)
福建景城实业有限公司(大景城)
霞浦安大房地产开发有限公司(安大·银都花园)
福建福泰置业发展有限公司(江滨·福泰华庭)
香港三盛集团
福州东方旭日高尔夫房地产开发有限公司(三盛·果岭生活)
厦门市开元国有资产投资有限公司(观音山国际商务中心)
厦门华茂房地产开发有限公司(华东花园)
厦门延铭房地产开发有限公司(华天花园)

(下册第 924 页后)

中房集团黑龙江军安房地产开发有限公司(军安·绿色家园)
辽宁荣天房地产开发有限公司(在水一方)
长沙玫瑰园房地产开发有限公司(长沙玫瑰园)
青岛崇杰集团有限公司(颐灏园)
泰安市久丰房地产开发有限公司(龙泽花苑)
烟台开发区玉森房屋综合开发有限公司(曙光名座·玉森新城)
滨州华升房地产发展有限公司(华升·盛世春秋)
湖北珠江房地产开发有限公司(美林·青城)
武汉统建城市开发有限责任公司(统建·大江园)
武汉安居工程发展有限公司(百步亭花园·怡和苑)
武汉嘉华房地产开发有限公司(南湖华锦花园·春天故事)
武汉顺驰·武汉能达实业发展有限公司(顺驰·泊林)
海南省海运房地产开发公司(宝岛花园)
海口美视国际高尔夫俱乐部有限公司(美视高尔夫花园)
三亚鸿洲房地产有限公司(三亚·时代海岸)
安徽绿城房地产开发有限公司(绿城·桂花园)
合肥金典置业有限公司(金典·名筑)
马钢集团康泰置地发展有限公司(康泰佳苑)
芜湖海泰置业有限公司(银湖·波尔卡)

转变观念　深化改革
切实抓好建设领域安全生产工作

——在全国建设安全生产工作电视电话会议上的讲话

建设部部长　汪光焘

（2006年5月24日）

各地建设部门要认真贯彻党中央和国务院一系列安全工作部署，结合本次会议精神，落实各项措施和要求，推动本地区安全生产形势稳定好转。我再强调几点：

一、抓好安全生产是贯彻落实科学发展观的应有内涵

中央提出以人为本，全面、协调、可持续发展的科学发展观，首先要以人的生命为本。胡锦涛总书记指出："人的生命是最宝贵的，发展不能以牺牲精神文明为代价，不能以牺牲生态环境为代价，更不能以牺牲人的生命为代价"。经济发展必须建立在安全生产的基础上，"安全生产责任重于泰山"。各级建设部门一定要坚持以人为本，关爱生命、关注安全，以科学发展观统领安全生产工作，牢固树立安全发展的观念，坚持把保障人民群众生命财产安全和健康作为关系全局的重大责任，与各项建设工作同步规划、同步部署、同步推进，不断增强做好安全工作的责任意识，坚持不懈地把安全生产工作抓实抓好。

二、通过改革创新着力解决建设领域安全生产的突出问题

认真贯彻党中央国务院一系列指示精神，对照中央工作部署和要求，我们在安全工作体制、机制上，还有很多不适应和不符合的方面。必须分析建设领域安全生产工作的新内容、新特点和新格局，立足于改革和创新，着力解决建设领域安全生产存在的突出问题。在指导思想上，要牢固树立"抓经济发展是政绩，抓安全工作也是政绩"的正确政绩观，把安全发展的观念贯穿于经济和社会发展的全过程，贯穿于各项工作的全过程。在工作布局上，我们既要重视建筑施工安全生产的监管，又要重视城市供水、城市轨道交通、燃气等城市运行安全工作，还要重视工程全生命周期质量安全，以及对次生灾害的研究并制定应对措施。在工作措施上，要更加关注"三农"问题，关注农民工问题，要把保障建设领域农民工的生命安全放在维护农民工权益的首位，认真抓好农民工的安全教育和培训，切实改善农民工生活和作业环境，保障农民工的职业健康。要统筹城乡建设，下大力气抓好村镇工程建设安全，加强服务，指导农房建设。在工作定位上，企业负责人是安全生产的关键责任人，必须健全内部管理安全的机制和制度；政府部门主要应该维护社会公共利益，加强指导和监督管理。在工作方式上，在严格坚持安全生产的市场准入制度的同时，必须更加重视法制建设、制度建设和机制建设，加强行政审批后的管理和责任追究。

我们要认真总结长期以来安全生产的经验，深刻分析历史上建筑工程安全事故的教训和事故死亡案例中大多数是农民兄弟的现实，特别是要汲取这几个月来山西、大连等地发生的事故教训，举一反三抓好建筑工程安全。我们还要认真研究和总结松花江污染事件造成哈尔滨市停水、北京京广桥道路坍塌严重影响城市交通、安徽淮北和四川泸州煤气事故影响社会秩序等诸如此类的社会公共安全事件，我们的安全生产责任，以及如

何妥善应对和处置的措施。面对新时期、新任务、新特点，各级建设部门必须认真思考研究，通过改革和创新，全面履行好安全工作职责问题。

三、进一步转变观念更加注重社会管理和公共服务

随着社会主义市场经济的发展和城镇化进程的加快，安全工作面临着格局和方式的必要调整。我们必须正确区分经济社会发展中政府的责任和市场机制的作用，深化行政管理体制改革，转变政府职能。

强化社会管理和公共服务职能，不断提高保障公共安全和处置突发事件的能力。政府部门要进一步优化组织机构，创新管理模式和手段，从行业管理转向市场管理，从注重微观管理转向宏观管理，从主要依靠行政手段转向综合运用经济、法律和必要的行政手段，加快建设服务政府、责任政府、法治政府。各地建设部门在机构设置上，应当适应经济体制改革和政府机构改革的要求，根据精简、统一、效能的原则，适时调整，不能再沿袭行业管理的模式设置机构，切实改变政府在安全生产等涉及公共利益方面监管不力、力量不足的状况。政府管不好不该管的事，应该由企业负责的，明确企业责任；可以由社会组织、中介机构负责的，积极探索完善市场机制；单个政府部门管不好的事，要加强部门协调、配合，形成工作合力。

四、依法加强机制和制度建设是保证安全生产的关键

切实落实安全生产各项工作措施，必须尽快形成有利于促进安全生产的体制机制，着力加强制度建设。近几年，建设部把依法加强制度和机制建设作为抓好建设系统安全工作的重中之重进行研究，各地也要结合实际情况下功夫研究体制和机制创新，充分依靠机制和制度建设，促进安全生产形势稳定好转。当前，各地要在以下三个方面加强工作，一是建立健全协调运行机制。各地建设部门要建立健全并充分发挥安委会及其办公室的综合协调作用，制定工作规则，要形成一把手负总责、一位分管领导具体负责、一个处室负责牵头统筹安全生产、综合防灾和应急管理。明确应急管理和综合防灾的工作机构，保障必要的人员、经费等条件，完善本地区城市综合防灾和应急管理工作体系。二是进一步加强安全信息系统和事故快报制度建设。尽快建立健全覆盖全国建设系统的安全信息系统；根据国家总体预案的要求，按照国家和建设部规定的时限和要求，及时、如实地上报有关事故情况。通过加强信息统计分析和安全形势分析，形成比较完善的监测预警机制；各地还要建立重大事故评估制度。三是要建立健全行政审批和监管责任追究制度。对于涉及安全的行政许可，按照“谁审批、谁负责”的原则，认真查找存在的薄弱环节和漏洞，明确规定有关工作责任和责任追究制度。对在重大安全隐患整改、事故报告等方面工作失职的，对安全违法违纪行为不认真查处的，要严肃追究有关行政责任。

五、依靠科技和投入提高安全生产保障水平

科学技术是推动安全生产达到本质安全的强大动力，是安全工作的重要保障。企业要正确认识和处理好加强安全生产工作与企业长远发展的关系，及时提取安全生产专项费用，购置和更新施工安全防护用具及设施，改善安全生产条件。建设单位在编制工程概算时，应确定建设工程安全作业环境及安全施工措施所需费用，作为非竞争性费用在招标时单列。各级建设部门要进一步制定有利于促进安全生产的经济政策，引导和督促企业加大安全生产投入。要抓好“科技兴安”工作，加大安全科技投入，针对建筑施工、城乡综合防灾、应急管理等领域的基础性、关键性技术和管理难题，开展安全科技攻关。大力推广应用先进适用的安全技术设备和工艺，建立安全技术示范工程，并及时淘汰严重危及安全的落后工艺、设备。及时总结重特大事故教训，组织修订不适应的安全技术标准，把先进适用的安全技术反映在强制性标准中。建立健全建设系统各级安全生产专家库，充分发挥专家在安全规划编制、政策咨询、法规和标准制定以及在事故处理中的作用，通过上述措施形成牢固的安全科技支撑体系，提高控制、应对安全事故的能力。同时，要加快安全科技人才的培养，加强对职工安全生产知识和技能的培训。

六、落实责任，务求实效

安全生产工作涉及面广，是一项系统工程。要按照“政府统一领导、部门依法监管、企业全面负责、群众参与监督”的要求，强化企业安全主体责任，层层落实生产责任制，各级建设部门要抓紧建立起较为完善的安全监管体系，针对本地区、本系统的实际情况，强化监管措施，落实监管责任。同时要明确机制和制度建设目标，力争上半年完成前面提到的三项机制和制度建设。特别要强调的是各地建设部门主要负责人是本辖区建设系统安全生产、综合防灾和应急管理工作的第一责任人，重点安全工作要亲自组织研究和部署，切实抓好责任分解、责任考核和责任追究三个环节。建筑工程既要实现死亡率指标下降的目标，又要确保死亡绝对数逐年下降。要建立健全群众投诉举报制度。各地要抓好各项制度措施落实情况的监督检查，务求取得安全工作实效。

建设部将建立对各地建设部门的安全工作目标考核机制，加强层级监督，完善约谈制度，定期发布各地控制指标的执行情况。对于在安全管理工作中作出贡献的单位和个人，要进行表扬。对于安全工作不力的地区，对于控制指标执行较差的地区，要给予严肃批评，并向省级政府通报；在有关考评考核中要实施安全一票否决制。

2006 年是实施“十一五”规划的开局之年，建设系统的任务相当繁重，安全生产责任十分重大。我们一定要牢固树立和落实科学发展观，以更大的决心，以更扎实的工作，为推动建设系统安全生产形势的稳定好转而不懈努力，为促进我国国民经济和社会健康发展，构建和谐社会作出新的贡献。

贯彻落实“五五”普法规划 努力开创建设系统普法依法治理工作新局面

——在全国建设系统“五五”普法及行政执法责任制工作会议上的讲话

建设部党组副书记、副部长　刘志峰

（2006年6月28日）

这次会议的主要任务是，认真学习贯彻中共中央、国务院批转的《中央宣传部、司法部关于在公民中开展法制宣传教育的第五个五年规划》、全国人大常委会《关于加强法制宣传教育的决议》以及2006年5月召开的第六次全国法制宣传教育工作会议精神，总结建设系统“四五”普法依法治理工作，表彰先进，研究部署“五五”普法及行政执法责任制工作，努力开创建设系统普法依法治理工作的新局面。我们很高兴地请到国务院法制办、司法部的同志参加会议并作讲话，对建设系统普法依法治理工作给予指导。下面，我讲几点意见。

一、建设系统“四五”普法依法治理工作取得了显著成效

2001年以来，各级建设主管部门认真贯彻落实党中央、国务院批转的“四五”普法规划和全国人大常委会《关于进一步开展法制宣传教育的决议》，围绕建设系统的中心工作，服务大局，深入开展法制宣传教育，扎实推进依法治理。总的看，建设系统“四五”普法依法治理基本达到了预期目标。五年来，各级建设主管部门依法行政水平明显提高，建设行政执法队伍的社会形象不断改善，解决建设领域的社会热点、难点问题取得明显成效，建筑和房地产市场秩序不断规范，群众依法维权意识进一步增强，建设事业持续稳定健康发展，这些都是与建设系统深入推进普法依法治理工作分不开的。在第六次全国法制宣传教育工作会议上，建设部普法领导小组、山东省建设厅、江苏省建设厅、新疆维吾尔自治区建设厅被评为全国法制宣传教育先进单位，安徽省建设厅法规处处长王茂新、江苏省建设厅法规处处长宋如亚等10位同志被评为全国法制宣传教育先进个人，受到中宣部、司法部的表彰。

回顾建设系统“四五”普法依法治理工作，可以总结出以下六个特点：

1. 领导高度重视，普法工作机制进一步健全

领导高度重视，是做好普法工作的根本保证。部党组对普法工作十分重视，2002年，召开了全国建设系统普法工作会议，总结“三五”普法经验，部署“四五”普法工作，及时调整充实了部普法领导小组，完善了工作机构，制定了“四五”普法规划，保障普法依法治理工作所需经费。各省、自治区、直辖市建设主管部门都成立了普法依法治理领导小组，山东、福建、江苏、河北、湖北、广西壮族自治区等省（区）建设厅由厅长担任组长，多次召开建设法制工作会议，部署普法依法治理工作。在各省、自治区、直辖市建设主管部门的带动下，大多数市县建设主管部门把普法工作摆到了重要议事日程，健全机构，保证人员和经费，制定普法规划和年度计划，实行目标管理，落实责任，扎实推进普法依法治理工作。

2. 领导干部带头学法用法，起到了示范带动作用

五年来，部领导身体力行，带头参加法制讲座，参加宪法知识竞赛；《行政许可法》公布后，按照部党组的统一部署，部机关全体同志分四期进行了为期两天的集中学习和考试；坚持法律顾问制度，遇到建设领域立法、执法中的一些重大问题，部领导都要听取法律顾问的意

见。各级建设主管部门普遍实行了党委（党组）理论中心组集体学法制度、领导干部法制讲座制度、法律培训和考试考核制度，开展了公务员法律知识培训。98%以上的公务员参加了法律知识的学习培训，基本达到公务员学习法律知识每年不少于40学时的要求。天津市房管局五年来举办了13期领导干部法制讲座。新疆维吾尔自治区建设厅五年来组织干部职工参加了七次普法考试，并将学法用法情况作为年度考核的重要内容。河北省建设厅将每月的第一个周五定为“厅机关学法日”。安徽省建设厅对所有地市建设主管部门的领导干部进行了法制宣传教育的培训考核。湖北省建设厅建立了干部任前法律知识培训考核制度。

3. 行政执法人员和企业经营管理人员的法制宣传教育得到加强

行政执法人员和企业经营管理人员是“四五”普法规划确定的法制宣传教育重点对象。2003年，建设部与国务院法制办联合下发了《关于加强行政执法人员建设专业法律法规知识培训有关问题的通知》，将建设专业法律知识考试合格作为核发执法证件的条件。建设部还组织专家编写了普法教材、建立了建设法律法规试题库，供各地对执法人员培训考核使用。各级建设主管部门强化了行政执法人员法律法规知识培训考试和考核工作，有力地促进了执法队伍素质的提高。福建、河北等省建设行政执法人员在领取执法证件前参加法律专业培训考试率达到100%。江苏、安徽省建设厅委托扬州大学在建设行政执法人员中开展城市管理法学专业教育。各级建设主管部门还对企业经营管理人员普遍进行了法制宣传教育，同时加强企业诚信体系建设，促进企业依法经营。专业技术人员的执业资格考试中，法律知识的内容基本达到了不少于四分之一的要求。

4. 加强了普法工作的针对性，更好地为中心工作服务

围绕中心、服务大局，是做好普法工作的内在要求，也是普法工作取得实际成效的关键所在。五年来，各级建设主管部门按照规范政府行为、建设法治政府的要求，精心组织了《行政许可法》的学习培训和考试，在公务员中强化有权必有责、用权受监督、违法要追究的观念，有力地促进了行政管理方式和工作作风的转变。比如，根据《行政许可法》，部里下发了通知，明确从2005年起，建设部不再开展对工程勘察、设计、施工、监理企业及招标代理机构的资质年检工作。各地都应当取消年检，制定后续监管和市场清出管理标准，进一步规范监管行为。按照整顿规范建筑市场和房地产市场秩序的要求，加大了《建筑法》、《城市房地产管理法》、《城市规划法》、《招标投标法》及《建设工程安全生产管理条例》等相关法律法规的学习宣传力度，有力促进了行政执法工作的顺利开展。针对近几年因城市房屋拆迁等问题信访量迅速上升的情况，集中抓了《信访条例》的学习宣传工作，促进了信访案件的妥善处理。针对建设领域外来务工人员特别是农民工数量多，法律知识了解较少的实际，建设部下发了《关于做好建设领域农民工法律知识学习培训工作的通知》，几位部领导亲自送书到工地，鼓励农民工学习法律知识，遵纪守法，依法维权。湖北、山西、广西壮族自治区等省（区、市）建设主管部门对农民工学法工作专门作了部署。山东、河北等省建设厅开展了“送法到工地”活动，山东省建设厅在全省建设系统推广青岛市通过夜校组织农民工学法的经验。浙江省不少市县建设主管部门牵头开办民工学校，开展法律知识的学习培训。北京市建委与司法局合作，成立了外地施工人员法律援助工作站，在解决拖欠农民工工资中发挥了很好的作用。

5. 不断创新法制宣传教育的形式，提高宣传教育的效果

创新法制宣传教育形式，动员社会力量参与，营造良好的社会氛围，是做好普法工作的重要条件。各地建设主管部门在相关报纸、杂志、建设信息网上开辟建设法律宣传专栏，公布相关法律及政策，以案说法，宣传普及建设法制知识；开展各种类型的法律知识竞赛；利用新法律法规出台的时机，加强宣传，扩大社会影响；抓住“12.4”法制宣传日、普法宣传月、节水或节能宣传周、安全生产月、法律法规实施周年纪念日等时机，以印发宣传材料、悬挂条幅等多种方式，开展学习宪法和相关法律法规宣传咨询活动。山东等地建设主管部门利用“12319”服务热线开展法律咨询，取得了良好效果。上海市房屋土地管理局通过网络座谈，领导干部与公众讨论群众关心的房地产方面的法律问题，丰富了普法宣传的形式。

6. 坚持法制教育与法治实践相结合，不断提高依法治理的水平

坚持法制教育与法治实践相结合，是不断深化法制宣传教育工作的有效途径。各级建设主管部门坚持把法律知识学习与提高依法行政能力相结合、与提高企业依法经营素质相结合、与提高群众依法维权意识相结合，开展了多层次、多领域的依法治理工作。在立法过程中，采取多种形式扩大公众参与，听取群众意见。例如，部里在制订《物业管理条例》、《建筑节能管理条例》、《住宅维修基金管理办法》等涉及人民群众利益的法规、规章时，都向社会公开征求意见，取得良好效果。各级建设主管部门积极推行政务公开，改革行政审批制度，健全行政许可工作制度，简化程序，提高效率，方便群众办事。各地在推行行政执法责任制的过程中，逐步建立了执法公示、评议考核和过错责任追究等制度，进一步完善了行政处罚的工作程序，不断提高执法水平。各地建设主管部门按照国务院和建设部的统一部署，针对建设领域的社会热点难点问题，大力开展专项治理，有力地促进了全行业普及法律知识、增强法律意识和法治观念。“四五”普法期间，随着群众和企业依法维权意识的增强，建设主管部门依法受理的行政复议案件呈上升势头。大多数建设主管部门认真贯彻《行政复议法》，坚决纠正违法的、明显不当的具体行政行为，强化了层级监督，维护了群众的合法权益。新疆维吾尔自治区建设厅五年来受理行政复议案件 60 余起，撤销被申请复议的具体行政行为为 31 起；多数省（区、市）建设厅的撤销率在 5～10%左右。建设部五年来受理行政复议案件 300 余起，撤销被申请复议的具体行政行为 60 余起，并向有关省（区、市）建设主管部门发出 5 份行政复议建议书，要求改进执法中的问题。从行政复议中被撤销的具体行政行为看，工作失误占主要原因，比如，有的部门发放的规划许可证附件和附图不一致；在政务公开中，有的部门对应当属于政务信息范畴的内容，错误地答复申请人不属于政务信息；有的房产登记部门在涉案房产被法院查封的情况下，为申请人办理了转移登记手续。此外，对于规划许可听证问题，希望各地予以高度重视，抓紧研究，建立健全有关制度。

五年来，建设系统普法依法治理工作取得了较大成绩，这是党中央、全国人大常委会、国务院正确领导的结果，是中宣部、司法部、国务院法制办等部门具体指导和地方党委、人大、政府大力支持的结果，也是各级建设主管部门共同努力、广大法制宣传教育工作者辛勤劳动、无私奉献的结果。在此，我代表部党组和部普法领导小组，对长期以来支持建设系统法制宣传教育工作的各级领导和各有关部门，表示衷心的感谢！对建设系统广大法制宣传教育工作者，致以亲切的问候！

在充分肯定成绩的同时，我们也必须清醒地看到，建设系统普法依法治理工作还存在不少问题，各地区普法依法治理工作的进展还很不平衡，主要表现在以下四个方面：

一是一些地方建设主管部门的领导干部对普法工作的重要作用认识不足，重视不够，普法和法制机构不健全，经费没有保障。有的地方尽管建立了法律学习制度，但领导不能带头参加法律知识的学习，制度没有落到实处。有的领导重立法、轻普法，总认为普法工作是务虚，是一项“软任务”，学法用法的自觉性有待进一步提高。

二是一些地方领导干部和公务员学法用法情况考试考核制度没有落到实处。建立健全公务员法律知识培训、考试、考核制度，把领导干部学法用法考试考核结果作为年度考核的重要内容和领导干部任免、晋升、奖惩的依据之一，对于不学法、不懂法的干部，不能提拔重用，是党中央、国务院批转的“四五”普法规划提出的明确要求，是中组部、中宣部、司法部《关于加强领导干部学法用法工作的若干意见》作出的具体规定。但这项制度在相当一部分建设主管部门并没有落到实处。这是一些领导干部和公务员缺少学法用法的自觉性，法律意识不强，依法行政水平不高的重要原因。

三是依法行政的各项制度和行政执法责任制有待进一步完善。比如，一些地方规定，外地建筑业企业必须到本地建设主管部门办理准入性质的登记备案手续后，才可以参加工程投标，违背了《行政许可法》和《招标投标法》的规定，应当尽快取消或者调整为告知性质的备案制度。一些地方建设主管部门及行政执法人员有法不依、执法不严、违法执法的情况不同程度地存在，主要表现为：一是越权处罚，有的建设主管部门行使了本应当由上级部门行使的处罚权；二是违法不究，有的部门对应当处罚的不作处罚，或者不及时报请有处罚权的上级部门予以处罚；三是程序违法，有的地方以一纸通知或者一个电话作出处罚决定，违反了行政处罚法规定的程序；四是城管人员执法不文明甚至野蛮执法的事件时有发生。

四是建设领域的社会热点难点问题还比较多，专项依法治理的任务还很重。进入新世纪以来，在温饱问题基本解决以后，人民群众的物质文化需求发生了很大变化，广大群众财产权利保护意识逐渐增强，不同群体和阶层的利益差别性也会表现出来。在这个时期，许多新的社会矛盾以新的方式表现出来。正确处理这些新的社会矛盾，既是对我们依法管理经济社会事务能力的考验，也是更广泛地开展法制宣传教育、提高干部群众法律素质的新课题。而我们有些建设主管部门的同志，在复杂的社会矛盾前，往往采取了传统的、不符合法治要求的、简单的工作方法。

上述问题，需要我们在今后的工作中努力加以解决。

二、充分认识做好“五五”普法依法治理工作的重大意义

实施“五五”普法规划，是在党中央提出贯彻落实科学发展观、构建社会主义和谐社会、全面建设小康社会和实施“十一五”规划新的历史条件下展开的。新形势、新任务对普法依法治理工作提出了新的更高要求。各级建设主管部门要从全面贯彻落实科学发展观、构建社会主义和谐社会、保障建设事业“十一五”规划的顺利实施、促进建设事业持续稳定健康发展的高度，充分认识深入开展建设系统普法依法治理工作的必要性和重要性，切实增强做好“五五”普法依法治理工作的自觉性和使命感。

第一，深入开展普法依法治理，是全面贯彻落实科学发展观的重要举措。当前城乡建设中不符合科学发展观要求的问题还比较突出，落实科学发展观的任务还十分艰巨。比如，城乡建设重速度、轻效益，重扩张、轻资源与环境保护；重城市发展、轻农村建设，甚至牺牲农村、农民利益；有的地方片面强调城市发展的需要，对群众的财产权利尊重不够，甚至损害群众的合法权益；一些地方不顾实际需要、超越自身经济承受能力搞建设，追求“形象工程”、“政绩工程”，对人民群众迫切需要解决的问题重视不够。产生这些问题的重要原因，是一些领导干部法治意识不强，有法不依，人治、权治现象仍较严重，依法管理经济社会事务的能力仍需提高。解决这些问题，必须深入推进普法依法治理工作，提高领导干部的法制观念和法律素质，保证各级领导干部依法决策、依法行政、依法管理，以科学发展观指导城乡建设工作。

第二，深入开展普法依法治理，是构建社会主义和谐社会的迫切需要。建设行业涉及面广，热点难点问题比较多，建设工程质量和安全、住房供应结构调整、物业管理、房屋拆迁、出租汽车、燃气安全、供水、供热等等，都直接关系城乡居民的切身利益，直接影响社会稳定。各级建设主管部门在构建社会主义和谐社会的历史进程中负有重要责任。近两年来，各级建设主管部门清理建设领域拖欠工程款和农民工工资，解决城市房屋拆迁中损害群众利益问题等工作，取得了明显成效，但是，建设领域影响社会稳定的各种矛盾依然突出。要通过深入开展普法依法治理，提高公务员特别是各级领导干部依法调处各种利益关系和正确处理各种社会矛盾的能力，引导广大群众依法表达利益诉求和维护自身合法权益，提高执法人员的法律素养，促进全社会自觉守法、依法维权、依法办事。

第三，深入开展普法依法治理，是社会主义市场经济健康发展的重要保障。当前，房地产市场和建筑市场的秩序还比较混乱。其重要原因是，有的行政机关和公务人员有令不行，执法不严，违法不究；有的企业法律意识不强，经营人员缺乏必要的法律法规知识，或者明知故犯、扰乱市场秩序；一些企业依法经营、诚信经营意识比较薄弱，在经营活动中搞商业贿赂、不正当竞争的问题还比较严重。深入开展普法依法治理，营造依法经营、诚信经营的市场氛围，努力倡导经济效益、社会效益、环境效益的有机统一，对于保证房地产业、建筑业和市政公用事业的健康发展，提高工程质量和各项服务质量，具有十分重要的作用。

第四，深入开展普法依法治理，是建设法治政府的内在要求。从2004年开始，经过十年左右坚持不懈的努力，基本实现建设法治政府的目标，是国务院为贯彻落实依法治国基本方略提出的明确要求。经过多年的努力，各级建设主管部门在转变政府职能、强化行政执法监督、提高行政管理效能、增强管理透明度等方面取得了一定的进展，但是与建设法治政府的要求相比还有很大的差距。法治政府的建设，首先是要求各级公务人员，尤其是领导干部，牢固地树立法治观念，全心全意地为人民服务，正确地运用权力，自觉地接受监督。建设系统依法治理，重点是依法行政、依法治官。深入开展普法依法治理，将有力地推动建设法治政府的进程。

第五，深入开展普法依法治理，是保护人民群众合法权益的有效途径。建设领域的许多事务，是民事法律关系的表现，在相当长的时期内，我们习惯于用行政手段去处理那些民事法律关系，往往办不好，或者办不了。整顿规范市场秩序，一方面需要行政机关加强依法整治市场不规范行为，另一方面需要社会公众积极地行使参与管理社会经济事务的权力。在推进法治社会建设的进程中，应当动员广大群众了解法律、熟悉法律、掌握法律、运用法律，用法律武器保护自己的合法权益。建设系统的行政机关及其公务人员，有责任向社会公众宣传建设方面的法律、法规，有责任通过合适的途径帮助群众处理民事法律事务，不是包办代替，而是指导群众合法维权。群众法治意识加强了，对行政机关依法行政的监督，对市场秩序的治理，就有了坚实的基础。

三、全面贯彻落实“五五”普法规划，努力开创建设系统普法依法治理工作的新局面

中共中央、国务院批转的“五五”普法规划，是指导“五五”普法工作的纲领性文件。全国人大常委会作出的决议，对今后五年法制宣传教育工作提出了明确要求。罗干同志在第六次全国法制宣传教育工作会议上发表的重要讲话，为做好“五五”普法工作进一步指明了方向。各级建设主管部门要认真学习贯彻党中央、全国人大常委会、国务院的一系列重要指示，把思想统一到中央的部署上来，按照中央的统一要求，扎实开展“五五”普法依法治理工作。

建设部根据全国“五五”普法规划，结合建设系统的实际，在广泛征求意见的基础上，制定了《关于在建设系统开展法制宣传教育的第五个五年规划》，明确了建设系统“五五”普法的指导思想、目标原则，确定了主要任务、重点对象和保障措施。下一阶段，建设系统普法依法治理要重点做好以下几个方面工作。

（一）努力完成“五五”普法规划确定的目标任务

完成“五五”普法规划提出的目标任务，要重点做好以下四方面工作：

第一，继续抓好宪法的学习宣传，着力提高广大干部职工的宪法意识。深入学习宣传宪法，是“五五”普法的首要任务。要围绕学习宣传宪法这一主题，继续组织开展好“12.4”全国法制宣传日活动。按照全国普法办的部署，今年要普遍开展一次领导干部和公务员的宪法学习宣传。各级建设主管部门的领导干部和公务员，要带头学习宪法，自觉遵守宪法，忠实执行宪法，维护宪法权威，牢固树立在宪法和法律范围内活动的观念。各级建设主管部门都要按照宪法的要求，审视、检查自己的工作是否认真贯彻了宪法的根本原则，是否忠实履行了宪法赋予的职责，是否尊重和保护了人民群众的基本权利；按照宪法的要求，切实解决建设领域影响群众利益的突出问题。

第二，深入开展相关法律法规的学习宣传，着力为经济社会发展营造良好的法治环境。广泛深入地学习宣传法律法规，培养建设系统广大干部职工自觉遵法守法的行为习惯，形成遵守法律、崇尚法律、依法办事的社会风尚，是“五五”普法的重要任务。

要围绕进一步规范政府行为、提高依法行政水平，学习宣传规范政府共同行为的相关法律法规。突出学习宣传《行政许可法》、《行政处罚法》、《行政复议法》、《国家赔偿法》、《公务员法》，使各级建设主管部门的干部职工牢固树立依法行政的观念，强化责任意识，转变职能，转变管理方式，转变工作作风。

要围绕保障和促进经济社会全面协调可持续发展，学习宣传资源节约型和环境友好型社会建设的相关法

律法规。突出学习宣传《城市规划法》、《村庄和集镇规划建设管理条例》，充分发挥城乡规划在建设资源节约型和环境友好型社会中的重要作用。要加强建筑节能、城市节水、优先发展城市公共交通、风景名胜区管理等方面法律法规及政策的宣传教育，落实节约和保护资源的责任，切实抓出成效。

要围绕维护好实现好发展好人民群众的根本利益，学习宣传与群众生产生活密切相关的法律法规。要大力开展城市房屋拆迁、物业管理、住房公积金、建设工程安全生产、出租汽车管理、信访条例等相关法律法规及政策的宣传教育，增强全社会的保护群众合法权益意识和安全生产意识。开展“学法律、讲权利、讲义务、讲责任”的宣传教育活动，引导公民依法表达利益诉求，依法解决各种矛盾和纠纷，预防和减少社会矛盾。

要围绕整顿规范房地产市场和建筑市场秩序，学习宣传相关法律法规。当前，要针对房地产交易环节中存在的违法违规行为，加强法制宣传教育，实施开发建设交易全过程监管，为加强房地产市场调控和促进房地产业健康发展服务。要深入开展以打击规避招标、假招标、转包和违法分包为重点的整顿和规范建筑市场的法制宣传教育，规范市场主体行为，维护市场各方主体合法权益。要将法制宣传教育与治理商业贿赂等专项工作结合起来，通过法制宣传教育，促进工程建设、市政公用事业产权交易等重点领域的商业贿赂治理。

第三，切实抓好重点对象的法制宣传教育，着力增强宣传教育的针对性。建设系统“五五”普法的重点对象是领导干部、公务员、行政执法人员、企业经营管理人员和农民工。

要大力加强领导干部法制宣传教育。各级建设主管部门要把法制宣传教育纳入领导干部学习培训规划，制订切实可行的领导干部学法计划，健全学习制度，并抓好落实。要继续坚持和完善党委（党组）理论学习中心组集体学法制度、领导干部法制讲座制度、法律知识年度考试考核制度、法律顾问制度和重大决策前的法律咨询制度。要加强对领导干部学法用法情况的考核，切实把领导干部学法用法情况，作为年度考核的重要内容和领导干部任免、晋升、奖惩的重要依据；要积极推行领导干部法律知识任职资格制度。各级建设主管部门的干部院校要把法制教育纳入教学计划和培训规划，加强对领导干部的法制教育培训。

要大力加强公务员法制宣传教育。各级建设主管部门要在广大公务员中深入开展社会主义法治理念的教育，使广大公务员牢固树立有权必有责、用权受监督、违法要追究的观念，切实提高依法行政能力；要继续推进公务员年度法制学习培训和考试工作，公务员每年自学法律的时间不得少于40小时，将公务员学法用法情况作为年度考核、任职、定级和晋升职务的重要依据。

要大力加强行政执法人员法制宣传教育。各地要继续做好行政执法人员的建设专业法律法规知识培训考试工作，考试不合格的，坚决不予核发执法证件；每年要对行政执法人员进行新颁布的建设专业法律法规的培训考试，考试不合格的，暂停其执法活动；补考不合格的，坚决收回执法证件或者公告作废。通过法制宣传教育，不断提高行政执法人员依法行使公共权力的能力，保证国家法律法规的正确实施。

要大力加强企业经营管理人员法制宣传教育，加强对企业普法依法治理工作的引导和监督。各级建设主管部门要依法加大对企业违法违规行为的查处力度，针对企业暴露出来的问题，加强对企业经营管理人员的法制教育和培训。要进一步加强企业诚信体系的建设，探索法制宣传教育和道德教育、法治实践与道德实践相结合的新途径。各专业资格考试委员会要继续坚持把相应的法律法规列入执业资格考试内容的制度。

要大力加强农民工法制宣传教育。农民工是建设领域从业人员的重要组成部分。提高农民工法律素质既是促进建设事业健康发展的需要，也是维护农民工合法权益的需要。各地在继续加强面向农民工的法制宣传教育与法律服务的同时，要加强对用工单位学法用法工作的指导和监督，按照“谁用工、谁负责”的原则，明确建设领域用工单位对农民工进行法制宣传教育的责任。用工单位要将农民工法制教育作为本单位法制宣传教育的重点内容，对农民工进行安全生产、劳动和社会保障、工会及民主管理方面的法制宣传教育，满足农民工的学法需求。

第四，坚持法制教育与法治实践相结合，着力提高法治化管理水平。“法贵在行”。学法的目的是为了守法和用法，要“学以致用”。严格依法办事本身是最生动的法治教育和法治实践，有利于增强学法的效果；反之，一个有法可以不依、执法可以不严的案例，就会严重影响普法的效果。各级建设主管部门要继续坚持学法、守法、用法相结合，认真贯彻《全面推进依法行政实施纲要》，深入推行建设行政执法责任制，促进政府机关依法行政；围绕建设领域的社会热点、难点问题，深入开展专项治理活动，促进企业依法经营；组织开展“法律进工地”等主题活动，促进群众特别是农民工依法维权，不断提高建设系统法治化管理水平。

（二）扎实推行建设行政执法责任制

推行行政执法责任制是建设系统依法治理的重要内容。党中央、国务院一直高度重视推行行政执法责任制。2005年，国务院办公厅又下发了《关于推行行政执法责任制的若干意见》（以下简称《意见》），对推行行政执法责任制作出了全面部署。多年来，各级建设主管部门在推行行政执法责任制方面做了大量工作，取得了一定成效。建设部于2003年6月下发了《关于全面推进建设行政执法责任制的意见》，对建设系统推进行政执法责任制提出了具体要求。但是，当前建设行政执法中有法不依、执法不严、违法不究，越权执法、违法执法等问题仍不同程度地存在，严重影响着建设事业的健康发展，阻碍着建设系统法治化管理水平的提高，其重要原因是，虽然大多数地方建立了执法责任制制度，但真正落到实处，特别是真正追究责任的还不多。同时执法责任制制度本身还存在执法职责界定不清、执法的程序、期限和标准不明，评议考核机制不够科学、缺少责任追究的有效机制等问题。当前，各级建设主管部门在工作中，要注意把握好以下几点：

1. 要准确把握行政执法责任制的实质和含义

党的十六大明确要求“加强对执法活动的监督，推进依法行政”。行政执法责任制的实质是一种对执法活动进行监督的制度，它是行政权力与责任紧密挂钩、权责统一原则的制度体现，是“有权必有责、用权受监督、违法要追究”的制度保障。行政执法责任制的基本涵义是，执法有依据，没有法律依据的职权不得行使；行为有规范，要明确执法的程序、期限、标准等，及违反法定义务应承担的责任；过程有监控，执法过程要接受内部监督、层级监督和社会监督；违法有追究，违反执法行为规范者必须承担相应的责任。

2. 要正确界定行政执法责任制规范的对象

根据《意见》的要求，行政执法责任制规范的执法活动，是指直接面向社会和公众的大量的经常性的活动。因此，行政许可、行政处罚、行政强制、行政裁决、行政确认、行政征收、行政给付和行政监督检查等具体行政行为，都是执法责任制规范的对象。抽象行政行为和一般的政府机关内部管理工作，不属于执法责任制规范的范畴。

3. 要注意抓好六个环节的工作

一是梳理执法依据。要将梳理后的执法依据分类排序、列明目录，除下发执法部门外，要以适当方式向社会公布。**二是规范执法主体**。除具有法定职权的行政机关，法律、法规授权的具有管理公共事务职能的组织，及依照法律、法规、规章的规定依法受委托的组织，具有行政执法主体资格外，其他机构都不得从事执法工作。执法人员必须依照有关规定取得执法证件。**三是分解执法职权**。要科学设定执法岗位，将法定职权分解到具体执法岗位，做到执法流程清楚、要求具体、期限明确。**四是明确执法责任**。要根据有权必有责的要求，根据行政执法主体在行使执法职权时违反法定义务的不同情形，依法确定其应当承担责任的种类和内容。**五是健全执法评议考核机制**。评议考核执法主体行使执法职权和履行法定义务的情况，包括执法主体是否符合规定，执法行为是否符合执法权限，适用执法依据是否规范，执法程序是否合法，执法决定是否合法、适当，行政执法决定的行政复议和行政诉讼结果，案卷质量情况等。评议考核应当听取社会公众的意见。**六是认真落实执法责任**。建立健全执法责任追究机制，人事部门、纪检监察部门及法制部门要密切配合。

4. 要把推行行政执法责任制与促进依法行政、推行政务公开、贯彻《行政许可法》等各项工作有机结合起来

行政执法责任制是推进依法行政的重要手段，要通过行政执法责任制把依法行政的各项要求落到实处；行政执法责任制与政务公开是互相促进的，政务公开有利于群众监督执法活动，推行行政执法责任制有利于提高政务公开的效果；《行政许可法》是推进行政执法责任制的重要依据，要逐步开展对现有行政许可项目的评估工作，进一步推进行政许可制度改革。要通过这几个方面工作的有机结合，并与落实“五五”普法规划工作紧密结合，不断提高行政执法水平。

为进一步推动建设系统的行政执法责任制工作，根据建设部《关于全面推进建设行政执法责任制的意见》，在各省（区、市）建设主管部门推荐的基础上，我部在行政执法责任制工作基础较好的单位中确定了37家单位，作为重点联系单位。建法函（2006）120号文件已经公布了重点联系单位名单，并对各省（区、市）建设主管部门及重点联系单位的执法责任制工作提出了要求。希望各重点联系单位能在全国建设系统推行行政执法责任制工作中创造出好的经验，起到带头和示范作用。同时，部里还请天津市房管局、杭州市建委、镇江市规划局等三个重点联系单位牵头，各有关重点联系单位参加，分别起草了住宅与房地产、工程建设、市政公用、城乡规划的四个建设行政执法责任制示范文本。在组织有关专家对示范文本进行反复论证和修改的基础上，部里已发文将四个示范文本推荐给各级建设主管部门参考使用。示范文本是推荐性、指导性的，避免各地建设主管部门进行大量的重复劳动。各地建设主管部门需要在示范文本基础上充实地方法规、规章的有关内容，并根据自身实际，对示范文本进行相应的调整完善。

（三）加强组织领导，健全工作机制，促进“五五”普法依法治理工作的深入开展

首先，各级建设主管部门要切实加强对“五五”普法依法治理工作的领导，建立健全以主要负责人为组长的“五五”普法依法治理工作领导小组，调整充实办事机构，完善工作制度，明确职责，落实目标管理责任制。第二，要紧密结合本地区、本行业、本单位的实际，抓紧制定“五五”普法规划、年度实施计划，按计划组织实施。第三，要按照普法规划和年度实施计划，安排落实普法专项经费，保证“五五”普法工作的顺利开展。第四，各省、自治区、直辖市建设主管部门要加强对辖区内普法工作的督查指导，深入调查研究，探索新形势下建设系统普法依法治理的内在规律，力戒形式主义、做表面文章，认真解决存在的问题，及时总结推广基层好的经验做法，帮助解决基层在法制宣传教育中遇到的困难，努力创造良好的法制宣传教育条件。

各级建设主管部门要继续开展法制宣传教育工作者学习培训活动，加强法制宣传教育队伍建设。要继续充分利用电视、广播、报刊等新闻媒体，开展形式多样的、生动活泼的法制宣传教育。要充分利用互联网平台开展法制宣传教育，各级建设主管部门网站要努力成为群众学习法律知识的有效载体。要积极开展案例教育，以案说法，起到警示和借鉴作用。要积极开展法律咨询、法律知识竞赛、图片展览和法律援助等活动，在公园、风景名胜区、地铁及公交车站等公共场所建立固定和流动的法制宣传设施，利用“12319”热线等形式，为人民群众提供方便快捷的法律服务。

建设事业改革、发展与稳定的任务十分繁重。工作越是繁忙，各级建设主管部门的领导越要重视普法依法治理这项基础性、治本性的工作。让我们紧密团结在以胡锦涛同志为总书记的党中央周围，全面落实科学发展观，求真务实，开拓创新，扎实工作，努力开创建设系统普法依法治理工作的新局面，为构建社会主义和谐社会、促进建设事业持续稳定健康发展作出新的更大的贡献。

在《住宅建筑规范》、《住宅性能评定技术标准》、《绿色建筑评价标准》发布宣贯会上的讲话

建设部副部长　黄卫

（2006 年 5 月 11 日）

由建设部组织编制、审查、批准的国家标准《住宅建筑规范》、《住宅性能评定技术标准》、《绿色建筑评价标准》已与国家质检总局联合发布。这三部标准的批准发布，是贯彻落实科学发展观，落实党中央、国务院关于建设资源节约型、环境友好型社会，大力发展节能省地型住宅和公共建筑，制定并强制推行更加严格的节能、节水、节地、节材标准的又一项重大举措；也是进一步提高住宅和公共建筑品质，维护社会公众利益，构建社会主义和谐社会的一项重大举措。

我们在这里举行三部标准规范发布宣贯会，目的是加强对建设领域节能、节水、节地、节材标准的宣传，提升全行业乃至全社会重视和使用工程建设标准的意识。要从资源能源的节约与合理利用的高度，提高严格贯彻执行工程建设标准的自觉性，强化对工程建设标准实施的监督管理，进一步发挥工程建设标准的约束和引导作用，促进住宅和公共建筑建设的健康发展。

下面，我谈几点意见。

一、要充分认识工程建设标准在建设资源节约型、环境友好型社会中的重要地位

资源环境约束与城乡建设和经济快速增长的矛盾，已经成为我国经济社会发展面临的严峻挑战。前不久，我们组织了全国建筑节能情况调查，从 2000 年到 2004 年，按节能标准设计的项目只有 58.53%，按节能标准建造的项目只有 23.25%。在去年的《公共建筑节能设计标准》发布宣贯会上，我也曾强调，设计单位、施工单位、开发单位一定要严格执行建筑节能强制性标准。我们发现，在没有按照建筑节能标准设计的单位里，有大设计院也有小设计院，因此，各级建设主管部门一定要认真抓好标准的落实。建筑节能是个大战略，是落实科学发展观，建设社会主义和谐社会、环境友好型社会的非常重要的环节。建设部要加强标准的实施监督。只要不按照强制性标准去做，不按照国家的标准去做，一味迁就开发商或者业主，那就要受到处罚。作为设计单位首先要遵守国家的标准，现在有些设计人员经常向我们诉苦、抱怨，觉得自己没办法，开发商、业主有这个要求，我们不按照做，就没有活干，这不能成为违反强制性标准的理由，这是个非常严肃的问题，我们在建筑节能这个问题上，态度是非常坚定的。我们现在有很多的强制性标准，比如，在建筑节能和结构安全上，就丝毫不能含糊。当然，设计人员在结构安全上，不好说业主怎么要求，我就怎么做，不管安全了。但是，现在大家的思想认识在一定程度上还存在认为节能是无关紧要的。希望建设部的有关部门和省市配合起来，要抓典型，要抓做得好的，也要抓做得不好的，典型主要抓大院、大的单位，要是大院、大的单位不能带头做好，整个设计市场就不可能把国家的标准落实好。

党的十六届五中全会提出，要把节约资源、走可持续发展道路作为基本国策，加快建设资源节约型、环境友好型社会，确定了“十一五”期末单位国内生产总值能源消耗比“十五”期末降低 20%左右、生态环境恶化趋势基本遏制的目标。中央经济工作会议要求，2006 年务必在节约能源资源上取得明显成效。为此，我们要抓好节能省地型建筑的发展，制定并强制执行节能、节水、节地、节材标准，加强工程建设标准体系建设，全面促进建设市场各方主体节能、节水、节地、节材，保护生态和环境，发展循环经济，在建设资源节约型、环境友好型社会中充分发挥先导作用。

工程建设标准作为建设活动的基本规则和技术准则，涵盖了规划、勘察、设计、施工、验收、运行管理等各个环节。而发展节能省地型住宅与公共建筑的实质，就是在建筑的全寿命周期内充分体现节能、节水、节地、节

材以及环境保护的要求，在保证建筑安全性、适用性、经济性的基础上，实现建筑的可持续发展。

工程建设标准为节能省地型建筑提供了技术支撑和实施依据。因此，发展节能省地型建筑，离不开工程建设标准化的基础性作用。建设工程的地址选择、规划布局、造型、建筑施工方法、各种建材以及建筑产品的使用，对各种资源能源的合理利用和消耗程度有很大影响。据有关资料反映，我国建筑能耗约占全国总能耗的30%，如果加上建筑材料的生产，能耗还要更高，用水约占城市总用水量的47%，使用的钢材和水泥分别约占全国总使用量的30%和25%。我国每年城乡新建房屋建筑面积近20亿平方米，其中大量的建筑为高耗能建筑；既有建筑近400亿平方米，大量的也是高耗能建筑，一方面这是当时的历史条件下遗留的产物，我们当时还没有强制性标准。另一方面还有相当的比例是我们设计人员、设计单位没有按照标准做的，特别是近几年，也遗留下大量的非节能建筑，所以，我们一定要把好关。目前，我国单位建筑面积能耗高于发达国家。对如此量大面广、高资源消耗的建设，建筑业及其相关产业能不能切实贯彻"节能、节水、节地、节材、环保"的要求，发展循环经济，着力提高资源利用效率，充分发挥工程建设标准化的作用尤为重要。大家是否注意到，"十一五"规划纲要中直接提到工程建设标准的就有六处，明确提出"严格执行建筑节能设计标准，推动既有建筑节能改造，推广新型墙体材料和节能产品等"、"发展节能省地型公共建筑和住宅"等目标。这在"十一五"规划中是非常明确的，是党中央、国务院的重要的战略部署，其中建筑节能的潜力和空间是很大的，我们要非常重视这项工作。最近我去北欧考察时发现，芬兰对建筑节能要求是非常严格的。芬兰有很好的节能产品和建筑节能标准，非节能的建筑不能上市交易。所以，非节能建筑，要重新改造，达到节能标准，才能拿去卖，这不完全是标准的限制，老百姓就有这个意识，房子不节能就没人买。我们也要通过工程建设标准，通过我们的努力来做好节能工作，形成全社会讲节能的氛围。

工程建设标准是在科学技术和实践经验综合成果的基础上制定的，具有技术先进、经济合理、安全适用的特点。工程建设标准化包括了工程建设标准的制定、宣贯实施和对实施的监督，既是贯彻落实党和国家有关方针政策的具体体现，也是依法行政、落实法律法规规定的一项重要工作。各地建设行政主管部门和工程建设各方主体、有关的管理和技术人员要充分认识《住宅建筑规范》等国家标准的重要性，要切实把标准规范的宣贯培训和实施监督工作，作为贯彻落实科学发展观、落实党和国家有关方针政策、法律法规，加强依法行政的一项重要工作，认真组织宣贯培训，切实加强实施监督。

二、要充分发挥工程建设标准在建设资源节约型、环境友好型社会中的约束和引导作用

根据《标准化法》的规定，标准分为强制性标准和推荐性标准。2000年我们实行了工程建设标准强制性条文。根据国务院《建设工程质量管理条例》和建设部81号令《实施工程建设强制性标准监督规定》，强制性条文就是强制性标准。我们通过发布、宣贯、实施工程建设标准，通过施工图审查、竣工验收备案等环节，加强工程建设标准实施的监督管理，约束和引导工程建设活动贯彻落实建设资源节约型、环境友好型社会的要求。

《住宅建筑规范》、《住宅性能评定技术标准》于2006年3月1日起实施，《绿色建筑评价标准》于2006年6月1日起实施。这三部标准的制定和发布实施，对落实2006年政府工作报告中提出的"抓紧制定和完善各行业节能、节水、节地、节材标准，推进节能降耗重点项目建设，促进土地集约利用。鼓励发展节能降耗产品和节能省地型建筑"的要求，具有重要意义。《住宅建筑规范》是我国第一部以住宅建筑为一个完整对象，从住宅性能、功能和目标的基本技术要求出发，在现有《强制性条文》和现行有关标准的基础上，全文强制的工程建设国家标准。《住宅性能评定技术标准》是我国第一部关于住宅性能评定方法、衡量住宅综合性能水平的推荐性国家标准。《绿色建筑评价标准》是我国第一部从住宅和公共建筑全寿命周期出发，多目标、多层次，对绿色建筑进行综合性评价的推荐性国家标准。后两者都是在《住宅建筑规范》等强制性标准的基础上，进一步引导住宅和公共建筑向更加科学、更加节约资源、更加注重性能要求的方向发展，将对我国住宅和公共建筑的建设、使用、维护、管理发挥重要作用。

《住宅建筑规范》是我国第一部具有技术法规性质的工程建设强制性国家标准，也是我们对标准规范编制思路的一次有益的探索，具有以下四个方面的特点：

1. 全文强制。全部条文均为工程建设强制性条文，必须严格执行。其规定既有现行标准的要求，涵盖现行

有关的强制性条文，也有根据需要规定的应当达到的基本要求。

2. 以住宅建筑作为一个完整的对象。涉及了建筑的内外部环境、结构、功能、设备、设施、使用、维护、管理等各领域的技术要求。

3. 体现性能化原则。主要规定了住宅建设在结构、防火和使用安全，卫生、健康与环境保护，噪声控制，资源节约和合理利用以及其他涉及公众利益方面，必须达到的指标或性能要求。

4. 全面兼顾、突出重点。在系统规定住宅建筑必须满足的有关要求的同时，重点突出了与节能、节水、节地、节材有关的技术要求，以及维护公众利益、构建和谐社会、城乡统筹等方面的要求。

《住宅建筑规范》的使用对象是全方位的。是参与住宅建设活动的各方主体必须遵守的准则，是管理者对住宅建设、使用及维护依法履行监督和管理职能的基本技术依据，同时，也是住宅使用者判定住宅是否合格的基本依据和正确使用住宅的基本要求。

《住宅性能评定技术标准》是在《住宅建筑规范》的基础上，从适用性能、环境性能、经济性能、安全性能、耐久性能五个方面，对住宅性能优良程度作出评价的指标规定，与《住宅建筑规范》配套使用。体现节能、节水、节地、节材等产业政策，倡导土建装修一体化，提高工程质量，引导住宅开发和住房理性消费，鼓励开发商提高住宅性能。我们对房子有一个评定的标准，用规定的评定方法和评定结果来说这个房子好和差，而不是靠开发商的广告。

绿色建筑是指在建筑的全寿命周期内，最大限度地节约资源、保护环境和减少污染，为人们提供健康、适用和高效的使用空间，与自然和谐共生的建筑。所以，《绿色建筑评价标准》是在达到《住宅建筑规范》和其他有关强制性条文的基础上，从节能、节水、节地、节材、室内环境、运行管理的角度，界定和评价绿色建筑的指标规定。

由此可见，这三部工程建设国家标准从不同层次、不同效力贯彻了建设节约型社会的精神，体现了“四节一环保”的技术要求。前者是约束性、强制实施的，后两者是引导性、推荐采用的。因此，各地要充分认识工程建设标准在建设资源节约型、环境友好型社会中的约束和引导作用，既要加强标准的实施监督，贯彻国家产业政策、保障群众利益，又要注重对建筑市场的引导，提高资源综合利用效率，建设低资源消耗、良好舒适度的住宅和公共建筑，转变经济增长方式，实现建筑业的可持续发展。

三、要大力开展宣传、培训活动，加强标准的实施监督，确保《规范》得到贯彻落实

2006 年政府工作报告中提出“要在全社会广泛持久地开展资源节约活动，使建设资源节约型社会深入人心，蔚成风气”。开展标准的宣贯活动，是其中的重要内容。各地要充分认识到工程建设标准作为工程建设活动的基本技术、经济、管理的依据和准则，宣贯实施标准是保证建设工程符合国家经济建设和社会发展的方针政策、执行法律法规的最基本手段。要充分认识工程建设标准在建设资源节约型、环境友好型社会中的约束和引导作用。

三部国家标准从确定立项编制之日起就备受关注。比如，《住宅建筑规范》在征求意见期间，我们在全国分六个片区专门征求各地意见，并召开有关专题论证会，收到以电子邮件、电话、信函等方式反馈的意见共 5000 余条，充分反映了社会各界，从普通群众、舆论媒体到政府主管部门都十分关注和重视这部规范。在整理意见的基础上，编制组数易其稿，最终经我部审查并批准发布。我参加了《住宅建筑规范》的审查会议，会议阵容强大，具有广泛的代表性，参加会议的代表有地方建设主管部门的同志，科研院所、高校、设计院的院士、专家等。

因此，我们要珍惜这来之不易的成果，要采取切实可行的措施，确保《规范》得到严格的贯彻实施。会前，我部已经印发了“关于做好《住宅建筑规范》、《住宅性能评定技术标准》、《绿色建筑评价标准》宣贯培训工作的通知”，希望各地建设主管部门全面落实《通知》精神，切实把《住宅建筑规范》等三部国家标准宣传好、贯彻好、实施好、监督好。这里，我再强调几点。

1. 要切实加强领导。建设节能省地型建筑的政策性、技术性、经济性很强，全面实施标准的难度也相对较大，需要多个部门的共同努力和协作配合。建设主管部门的主要领导要亲自挂帅，各有关部门参加，要有完善的、强有力的组织领导机构，有相应的协调机制，各方共同努力，统一要求，步调一致，协同配合，工作才有成效。因此，我希望各地建设主管部门要及时总结经验，把发展节能省地型建筑、建设资源节约型社会纳入到重要的

议事日程，加强领导，建立和完善机制，切实把标准、规范的实施工作落到实处。

2. 要大力开展宣传。能源资源的节约和合理利用是全行业乃至全社会共同的责任和义务，提高人们的资源节约意识和贯彻执行“四节”标准的自觉性，宣传工作十分重要。各地建设主管部门要紧紧抓住三部国家标准发布这一有利时机，充分利用各种渠道，组织形式多样的宣传活动，广泛宣传能源资源节约和合理利用的重要性，宣传《规范》的地位和作用，扩大《规范》的影响。今天，有许多新闻单位参加了会议，我希望通过大家的报道，营造一种崇尚节约、反对浪费，资源节约、标准先行的社会氛围，为强化《规范》的实施提供舆论基础。

3. 要认真组织培训。贯彻实施标准，前提是了解、熟悉并掌握标准。三部国家标准首次发布实施，必须组织好标准的培训工作。目前，我们已经对下一步的培训工作做了总体安排，而且提出了明确的目标和要求，希望各地建设主管部门高度重视，结合本地区实际，拟定具体的培训工作计划。部里要求年内使本地区从事住宅建筑设计、监理、施工图设计文件审查、工程质量监督以及管理等单位的主要管理人员和技术人员普遍轮训一遍，一定要予以落实。这里我再强调一下，一是各地建设主管部门要组织好宣贯培训工作，这次部里专门召开发布宣贯会，专门举办培训班，各省区市的建设主管部门也要抓好这项工作。另外，设计单位也要抓好这项工作，现在设计单位的任务比较饱满，设计人员主要精力都在业务上，培训、学习的时间比较少，所以，设计单位也要重视，我和设计人员接触时，发现普遍存在对新的标准、新的规范、新的技术不熟悉，甚至连名称都不知道。设计单位回去后，可以做一下摸底调查，是不是这样的。我们建筑业还要走出去，连对自己国家的标准规范都不熟悉，怎么走出去？对国外的就更不了解。我们现在每颁布一部标准，许多国外的设计部门、建设部门、相关部门都会和我们讨论，我们都要对外公布，都要征求意见，所以，大家一定要注意这个问题。设计单位、施工单位等企业，竞争主要靠技术，可是我们现在这个方面重视的不够。重视技术交流，重视人员的培训，是一个单位特别是以技术为生存依托单位的重要基础，没有这个就逐渐丧失了竞争力。我们现在竞争力不强，原因在哪里？就是技术不强。通过标准规范的培训，来提高整体的素质，是非常重要的，也是很重要的手段，非常有效的平台。大家要重视这项工作。

4. 要强化监督管理。从去年的全国建筑节能检查情况来看，虽然各地都加强了标准的执行力度，但标准的执行情况还不是太理想，需要进一步加强标准的实施监督的力度，尤其是《住宅建筑规范》是对住宅建筑的各个方面的基本要求，不仅政府部门要加强监督，还要发挥用户、媒体等社会力量的监督作用。我提个建议，《住宅建筑规范》实施一段时间后，抽查一部分大设计院，然后把检查的结果向全社会公布，看看哪些设计单位是有法制观念的，是严格遵守国家的法律法规、标准规范的，是贯彻执行科学发展观的，还有哪些设计单位做得不好。

在建设领域提高资源综合利用效率，倡导节能、节水、节地、节材、环境保护是一件功在长远、利国利民的大事，我们要增强紧迫感和使命感，从基础抓起，从眼前抓起，认真做好《住宅建筑规范》、《住宅性能评定技术标准》、《绿色建筑评价标准》的宣贯、实施和监督工作，真正把科学发展观落到实处，共同为加快建设资源节约型、环境友好型社会作出贡献。

另外，感谢在建筑节能领域许多的研究人员、设计人员，他们多年来非常重视、呼吁全社会来关注建筑节能，为建筑节能做了大量有效的工作。我们的《规范》能够比较快地出台，与我们广大的设计人员、建设主管部门的有关同志以及研究单位长时间关注、致力这方面的研究，形成了很好的技术积累是分不开的。应该说，建筑节能是非常有前景的，我们工作也是非常有基础的。

通过这几部规范，来总结我们这段时期努力的成果，推动资源节约，节能潜力是非常大的，所以，我们一点不说这是套话，资源节约确实是一件功在长远、利国利民的大事。我们每一个人在做具体工作的时候，也都是在做一件功在长远、利国利民的大事，希望大家共同努力。

以满足多数居民住房需求为宗旨 加强和完善房地产市场宏观调控政策

——在博鳌房地产论坛上的讲话

建设部住宅与房地产业司司长　沈建忠

（2006年5月8日）

解决群众住房问题是建设和谐社会的重要方面

住房问题关系国计民生，中央重视、社会关注、群众关心。有关媒体调查，75.3%的受访群众最关注住房问题。住房问题既是经济问题、也是社会问题。联合国提出的人人享有适当的住房和日益城市化进程中人类住区的可持续发展，表明全人类在住房问题上的共同立场和观点。是构建和谐社会的客观要求，也是政府、社会、企业和公民共同的责任和义务。

我国曾经在相当一段时期内存在住房严重短缺的问题，20多年来，我们坚持以改革的办法解决住房发展中的问题，不断总结经验，深化城镇住房制度改革，引导富裕起来的农民建设住房，为城乡住房发展提供了强大动力和体制保障，走出了一条适合中国国情的住房发展道路。

进入21世纪后，我国城乡每年新建住宅13亿平方米左右；其中城镇每年新建住宅5-6亿平方米，住宅投资年均增长19.8%以上，居民住房条件得到了明显改善。到2005年，城镇人均住房建筑面积由1980年的约7.2平方米提高到2005年26平方米以上；农民人均住房面积由1980年的9.4平方米提高到29平方米以上。城镇住宅工程质量、功能质量和综合配套水平有了明显提高。从总体上看，我国走过了住房严重短缺时代，正在向更加注重改善居住质量的阶段发展。

但我国的住房发展仍面临严峻的挑战，与城镇居民日益增长的住房需求相比，与建设资源节约型、环境友好型社会的要求相比，与构建和谐社会的要求相比，还有许多不相适应的方面和不和谐因素，还存在一些突出矛盾和问题。如：中低价位、中小户型住房供应不足，部分城市住房价格和租金上涨过快，低价位住房位置偏远、生活成本高，相当一部分群众还住在环境恶劣的危旧房中，住房发展粗放型的增长方式没有根本改变，物业管理中服务不到位、乱收费及侵害业主权益，以及在房屋拆迁和房地产市场活动中侵害群众利益等问题。

这些矛盾和问题的产生，既与我国所处的发展阶段有关，也与部分地方政策落实不到位的因素，制度安排不完善等有关。我国正进入经济社会发展的关键阶段，居民消费正处于升级换代过程中，同时也是矛盾凸现期。我国新的住房制度框架已经建立，但相关配套政策措施没有跟上。不少地方住房货币补贴落实不到位；一些地方没有根据政策变化及时调整经济适用住房供应对象的收入线标准，普通商品住房、经济适用住房供应不足；住房保障制度推进不力，地级以上城市中，近1/4尚未建立廉租住房制度。引导住房合理消费的政策不完善，存量住房交易、租赁市场发展滞后。对市场的调控和监管、维护群众合法住房权益、政府公共服务等方面，还有许多工作没有跟上。

我们应该用发展的眼光看待发展中的问题，要立足现实总结经验和教训，着眼未来深化住房制度改革，创新发展模式、提高发展质量，以不断改善和提高群众居住条件与水平，维护群众的住房权益为动力，切实把住房发展转入以人为本、全面协调可持续发展的轨道。

坚持和谐发展是促进住房可持续发展的根本保证

一是坚持以人为本，把改善普通居民的居住条件作为工作的根本目标。坚持以人为本，就是要紧紧围绕人民群众的现实需要去思考问题、制定政策，始终把解决好人民群众的住房问题作为一切工作的出发点和落脚点，始终把改善居民居住条件作为行业发展的根本指针。要坚决纠正片面追求较高的土地收益，或强调依赖房地产投资拉动当地经济的增长的短期行为。要更加兼顾公平，大力发展适应广大居民支付能力的中低价位、中小户型的普通商品住房和经济适用住房；要更加关注城镇低收入家庭和特殊群体住房问题，大力推进廉租住房制度，让所有人共享住房制度改革成果，让人民群众最大限度地从改革中得到现实利益。

二是正确处理改革发展与稳定的关系，妥善处理房地产领域的各类矛盾纠纷。认真解决和处理好群众反映强烈的住房方面的问题和纠纷，是构建社会主义和谐社会的基本要求。目前，新建商品住房中个人购买的比例超过95%，市场在住房资源配置中的基础性作用基本形成。要继续坚持市场化政策取向与加强政府住房保障有机结合的改革发展方向。同时，对住房领域各类损害人民群众利益的违法违规行为要坚决揭露和抵制，严肃处理和严厉打击。要从制度建设、工作程序等方面，建立起能够维护好群众利益、化解各类矛盾的长效机制，畅通群众利益诉求渠道，依法及时处理群众反映的问题，坚决查处各种违法违规案件。同时要引导和教育群众通过平等协商方式或法律途径解决矛盾，建立健全社会利益协调和纠纷调处机制。

三是坚持协调发展，切实加强和改善房地产市场宏观调控。要做到协调发展，就要不断健全市场机制，加强和改善对房地产市场的宏观调控，以满足多数居民的住房需求为宗旨，坚持市场化政策取向与加强政府住房保障有机结合，坚持以经济、法律和必要的行政手段调控市场，要特别关注弱势群体和进城务工人员的住房问题，加大对新农村住房建设的支持力度。要引导居民树立理性的消费，搭建梯度的消费结构，形成健康文明的住房消费环境。同时要改变片面强调眼前利益而忽视宏观调控的不正确认识。要结合当地经济发展水平、资源环境条件、群众居住状况和住房需求，制定中长期住房发展规划和近期建设计划并及时向社会公示，接受社会监督。要加强规划效能监察，切实落实规划、土地调控措施，保证规划确定的住房项目落到实处。

四是按照建设资源节约型、环境友好型社会的要求，合理引导住房建设和消费。要大力发展节能省地型住宅，改变以“高投入、高消耗、高排放和低效率”为特征的粗放式增长模式。要重视节能、节水、节地、节材和环境保护，走可持续发展的道路，推动住宅建设由数量型增长转为质量型增长。要大力推进住宅产业化工作，推动住宅科技成果的产业化和生产方式的工业化。对于旧住宅小区要立足于延长其使用寿命，区别不同情况，通过整治改造和环境整治等方式，大力改善旧住宅区居住条件和居住环境。要提高住宅的规划设计质量，实现在较小套型内创造较高的居住舒适度。要搞活住房二级市场和租赁市场，多渠道解决群众住房问题，建立文明健康的住房消费模式。

五是坚持改革创新，建立推动房地产市场持续健康发展的体制保障。要继续坚持住房市场化的改革方向，健全房地产市场体系，更大程度地发挥市场在资源配置中的基础性作用。要进一步突破影响和制约普通居民住房消费的体制机制性障碍，加快研究住房建设、交易、使用等环节的税费等政策，形成适应我国国情、符合市场发展要求的税收政策体系。房地产开发企业要加强诚信建设，自尊自律，承担应尽的社会责任。房地产企业特别是骨干企业，要自尊自律，自我约束，自觉服从中央宏观调控的大局，树立强烈的社会责任感，把维护行业形象、服务消费者作为经营理念，合法规范经营，讲利润，但不唯利是图，更多地承担社会责任，为全面构建和谐社会出一份力量。

中国已经进入全面建设小康社会的关键时期，解决群众住房问题，不仅是政府的责任，也是全社会的责任，让我们共同努力，为人人享有适当的住房，建设一个文明祥和、安居乐业的和谐社会，作出应有的贡献。

环境文化与民族复兴

国家环境保护总局副局长　潘岳

中华民族的伟大复兴，是全世界中国人的百年梦想和不懈追求。民族复兴的重要基础是文化复兴。世界环境文化的兴起，为中华文化复兴带来了重大机遇。发展具有中国特色社会主义的环境文化，就是为中华文化的复兴而奋斗，就是为中华民族的伟大复兴而奋斗。

什么是环境文化？凡致力于人与自然、人与人的和谐关系，致力于可持续发展的文化形态，即是环境文化。环境文化是人类的新文化运动，是人类思想观念领域的深刻变革，是对传统工业文明的反思和超越，是在更高层次上对自然法则的尊重与回归。几十年来，环境文化的理念广泛渗透到人类经济、科技、法律、伦理以及政治领域，预示着人类文明已从传统工业文明逐步转向生态工业文明，并将以自然法则为标准来改革人类的生产和生活方式。

三百多年前，西方从传统农业文明转向了传统工业文明，形成了传统工业文明主导下的世界经济与政治格局。传统工业文明带来了科技与经济的飞速发展，带来了人类物质生活水平的极大提高。但其与生俱来的缺陷也日趋暴露：它采取控制和掠夺的方式，以惊人的速度消耗全球自然资源，排放大量自然界无法吸纳的废弃物，打破了全球生态系统的自然循环和自我平衡，使人与自然的关系恶化，造成了日益严重的环境危机，威胁着人类的生存发展。人们开始重新审视传统工业文明，反思它的种种弊病，以求摆脱它所造成的种种危机，以绿色取代黑色，以新型的生态工业文明代替传统工业文明。因此说，生态危机产生环境文化，环境文化的核心是生态文明。环境文化即是今天的先进文化。

环境文化强调人类只有一个地球，地球是我们和子孙后代唯一的家园。地球生态系统是脆弱的，如果听任传统工业文明对地球自然生态环境进行摧残和破坏，人类将无家可归。

环境文化强调人类是自然生命系统的一部分，不能独立于复杂的生态网络之外。人类与自然界的其他生命形式相互依存，相互制约，不可分离。

环境文化强调人与自然的关系制约着人与人的关系。调整好人与自然的关系，便是协调人类的社会关系，便是追求人类社会的和平与进步。

环境文化强调人类以文化的方式生存，所有先进文化都是生存于自然中的文化。生存于自然中的文化不能反自然。文化与自然的辩证统一，就是人类生存的本质。

环境文化强调地球的资源是有限的，科学技术不应让人们误认为人类改造自然的能力是无限的。把“人定胜天”推向极致，将使人类陷入生存困境。

环境文化强调环境的权利与义务必须统一。对自然资源的开发必须与对环境的修复相平衡。发达国家和高消费人口是全球资源消耗的主体，他们有义务承担起更大的环境责任。

环境文化强调自由是对自然法则的遵从，受自然法则的约束。自由不是贪婪与放纵。人类有享受物质生活、追求自由与幸福的权利，但这权利只能限制在环境承载能力许可的范围之内。

中国是世界上最大的发展中国家；中国的人口占全人类五分之一；中国正在变成“世界工厂”；中国的环保问题对全世界的可持续发展具有特殊的意义；中国的历史悠久，文化灿烂；中国环境文化将在广泛吸收世界环境文化优秀成果的基础上，向世人展现出海纳百川、与时俱进的独特风韵。

中国环境文化是对我国现实环境危机的反思与应对。

二战后的发达国家，盲目追求高消费与产业升级，并且向发展中国家大规模转移污染型产业。而发展中国家却仍未摆脱传统工业文明的框架，将制度优越性寄托于经济高速增长的“赶超战略”上，忽视了“可持续发展”与生态环境。中国也不例外。我国一系列严重的生态灾难事件，已使环境问题逐渐成为社会公众关注的焦点：中华母亲河黄河一年断流长达 226 天，使全国公众猛然警醒痛心疾首；大江大河的洪涝灾害，向公众展现了我国严重的森林破坏与水土流失；沙尘暴的肆虐，将公众的视线带向了我国大西北的草地退化和土地荒漠化；SARS 的流行，引起公众对生态破坏的恐惧和对公共环境卫生的忧虑。这一切，促使人们去正视我国严峻的环境安全问题，促使人们更深刻地反省人与自然的关系，促使人们重新反思现有的生产和生活方式所带来的一系列价值观念。

中国环境文化是对中国传统文化的继承和发展。

追求人与自然的和谐，是中国几千年传统文化的主流。

中国儒家提出“天人合一”，人事必须顺应天意，要将天之法则转化为人之准则，顺应天理，方能国泰民安。

中国道家提出“道法自然”。将“自然”这个概念提升到了形而上的高度。所谓“道法自然”，指的是“道”按照自然法则独立运行，而宇宙万物皆有超越人主观意志的运行规律。老子认为，自然法则不可违，人道必须顺应天道，人只能是“辅万物之自然而不敢为”。诚所谓“顺天者昌，逆天者亡。”

中国佛家提出“佛性”为万物之本原。宇宙万物的千差万别，都是“佛性”的不同表现形式，其本质仍是佛性的统一。而佛性的统一，就意味着众生平等，万物皆有生存的权利。

中国早就有自己的“环境文化”。四千年前的夏朝，就规定春天不准砍伐树木，夏天不准捕鱼，不准捕杀幼兽和获取鸟蛋；三千年前的周朝，根据气候节令，严格规定了打猎、捕鸟、捕鱼、砍伐树木、烧荒的时间；两千年前的秦朝，禁止春天采集刚刚发芽的植物，禁止捕捉幼小的野兽，禁止毒杀鱼鳖。中国历朝历代，皆有对环境保护的明确法规与禁令。中国今天的环保事业，是对中国传统文化中人与自然和谐精神的继承与发展。

中国环境文化是对世界环保理念的吸收和创新。

世界环保思想的实践，是中国环境文化的重要借鉴。一百五十年前，恩格斯说：“我们不要过分陶醉于我们对自然界的胜利，对于每一次这样的胜利，自然界都报复了我们…… 这种事情发生得愈多，人们愈会重新认识到自身和自然界的一致。那种把精神和物质、人和自然、灵魂和肉体对立起来的荒谬的、反自然的观点，愈来愈不可能存在”。20 世纪以来，世界环保主义对传统工业文明的高增长、高消费、高消耗的发展方式进行了有力地挑战。1962 年，美国海洋生态学家蕾切尔?卡逊所著的《寂静的春天》出版，标志着当代环境文化的兴起。1970 年，罗马俱乐部发表的《增长的极限》一度成为发展环境文化的理论基础。1972 年，人类环境会议在斯德哥尔摩召开，呼吁世界各国共同保护自然环境，标志着环境文化的理念开始成为人类共识。1992 年，世界环境与发展大会在里约热内卢召开，环境文化的理念转化为可持续发展战略。2002 年，可持续发展世界首脑会议在约翰内斯堡召开，确认经济发展、社会进步与环境保护共同构成可持续发展的三大支柱。短短几十年的时间，环境文化已演化为世界文化的主流意识形态，它迅速超越国家民族以及政党学派的差异，成为人类和平发展的共同选择。

中华民族的伟大复兴，离不开经济的持续增长，离不开政治的长期稳定，离不开法治与德治的逐步完善，离不开社会主义民主政治的有序发展，离不开中华民族精神的大力弘扬。这一切，都与环境文化息息相关。发展中国的环境文化，必须处理好这五大关系。

一、环境文化与经济增长

世界性的环境危机，突出地表现在传统工业经济增长方式与环境保护的矛盾上。否定传统工业经济的增长方式，探索生态工业经济的新型增长方式，是环境文化的重要内容。

大自然不是静态循环而是动态增长的，这是一条根本性的自然法则。在人这种复杂生命形式出现以前，地球上的各种植物与微生物不断进行光合作用，吸收和转化太阳的能量，将其积累在地球上，地球日趋肥沃，使其他生命形式得以繁衍。我国古代思想家将自然界动态增长的法则，概括为“生生不息”。马克思也注意到这一点，他将其概括为“自然生产力”。这种源自宇宙深处的增长力量，表现在人身上，就是对“增长”的追求。历史的经验告诉我们，一切站在“增长”对立面的力量，无论是思想观念还是社会制度，都会被人类历史的进程抛到一边。传统工业文明之所以能取代传统农业文明，是因为它打破了传统农业文明静态循环的经济模式，在“增长”上取得了革命性突破。但其致命缺陷，又在于它只追求单纯的经济增长，抛弃了自然循环法则，在生产过程中造成了大量的能耗和污染。自然界中本无废物，一种物种的废弃物，就是另一种物种的养料。人从自然界中获取物质和能量，要使它们再回归到循环使用的系统中，尽可能减少浪费和破坏。按自然法则运行的这种能量循环系统，正是中国古人所说的“天道圆圆”（《老子》十六章）。环境文化认为，地球的资源是有限的，要使人类的物质财富持续增长，就必须改变传统工业文明的生产方式，实现“污染排放最小化、废物资源化和无害化”，以最小成本获得最大的经济效益和环境效益，这便是循环经济。

在环境文化所营造的公众环境意识、社会环境道德和国家环境法律的压力下，循环经济在发达国家首先兴起，许多企业研制绿色技术；实行清洁生产；实现了经济与环境的“双赢”。可以说，是环境文化所倡导的生态工业文明，使传统农业的循环法则和传统工业的增长法则成功结合起来，也使资本收益率与自然资源收益率的提高统一起来。

发展循环经济既是解决环境问题的治本之策，也是增强国家竞争力的重要措施。例如，20 世纪 70 年代的石油危机，带来了日本节能技术的革命，并提出建立循环型社会，形成“慢节奏”的生活方式。可以预料，这种生活方式的改变，不仅能培育环境文化，而且将在资源环境极度紧张的时代，通过环保技术革命，占领新的经济制高点。

发展循环经济要求政府积极而科学地介入。在市场经济条件下，企业追求的是资本高收益率，其主体是实实在在的企业股东。而循环经济追求的是自然资源高收益率，其主体是抽象的全社会公众。谁来代表全社会公众，当然是政府。政府必须具备“绿色控制”能力，从追求单纯的经济增长到追求经济、社会、环境的协调发展，将环境文化的理念从单纯的自然环境保护扩展到教育、科技、企业经营及废物处理等诸多环节之中。通过环境教育、环境立法、环境税收、环境标志、环境审计、绿色国民经济核算体系、战略环境影响评价（特指对重大政府政策进行环境影响评价的制度）等诸多手段，使绿色控制的链条从规划设计环节开始，到废物重复利用这个终端，实现完全的物质能量循环使用的目标。

发展循环经济需要社会的广泛参与。消费者是市场的主体，只有他们自觉地选择循环经济的产品，才能形成绿色消费市场，实现可持续消费。一些环保 NGO 是开拓绿色消费市场的先锋，它们通过劝导、宣传和示范等行为，深刻影响着消费者的绿色选择，影响着政府的绿色采购。据联合国统计署提供的调查资料，84%的荷兰人、89%的美国人、90%的德国人，在购物时，会考虑消费品的环保标准。绿色消费市场能阻挡非环保产品，成为拉动循环经济发展的强大动力。可以说，环境文化是绿色消费的根源，而广大消费者又在绿色消费中发展了环境文化。

二、环境文化与国家安全

1. 从国际安全的角度讲

环境保护在全球的兴起，使环境文化构成了国际经济与政治关系中新的因素，成为国家安全战略不得不考虑的重大问题。

我国人口众多，资源匮乏，经济的持续增长，只能建立在以人力换资源的基础上，即扩大加工产品出口，扩大资源进口。近年来，对外贸易成为我国经济增长的火车头。但绿色消费市场的逐步形成，以及一些发达国家运用 WTO 规则提高涉及环境的技术标准，对我国的农产品、食品、印染、服装等行业的出口已造成重大影响。

传统工业经济的增长，往往建立在对不可再生的稀缺性自然资源的消耗上。稀缺必导致争夺。传统工业能源结构从煤转向石油、天然气和核能，并没有从根本上解决资源的永续供应问题。为此，西方国家长期致力于开发新能源，并取得了丰硕成果。如太阳能飞机、氢能汽车、电动汽车等等。一旦这些以可再生的丰裕能源为基础的技术系统得以成熟，现有的以不可再生资源为基础的污染严重的技术体系将被抛弃，这对仍拼命沿袭传统工业经济模式的发展中国家，将会是一场灾难。文化理念养育技术哲学，技术哲学引导技术发展，一系列新技术的产生，将导致国家间力量对比的变化和国际关系的全面重组。

“环境无国界”是与“人权高于主权”同时出现的重要的国际政治概念。西方某些战略家认为，一国内部的环境问题可能对地区乃至世界安全构成威胁，为此，鼓吹建立对其他国家内部环境问题的国际干预机制。西方国家无论什么党派，都已将环境问题纳入其外交、贸易乃至军事政策，形成了新的意识形态体系。可以预见，未来生态工业文明领先的国家，将主导世界的格局。谁完成了由传统工业文明向生态工业文明的转型，谁就将取得道义、经济、技术和文化上的全面优势。谁的环境问题日趋恶化，谁就在国际关系上日趋被动。发展中国的环境文化，不仅仅是对我们面临的环境危机的反应，也是对世界格局和国际关系变化做出的积极应对。

2. 从国内安全角度讲

由于长期不合理的资源开发，环境污染和生态破坏导致我国的环境质量严重恶化，我国已经是世界上环境污染最为严重的国家之一。

——我国三分之一的国土被酸雨侵害，在监测的343个城市的近四分之三居民呼吸着不清洁的空气；全球污染最严重的10个城市中，我国占一半；据联合国开发署2002年报告称，我国每年空气污染导致1500万人患支气管病，2.3万人患呼吸道疾病，1.3万人死于心脏病。

——我国水资源仅为世界平均水平的五分之一，而污染更使日益短缺的水资源雪上加霜。七大江河水系中劣五类水质占41%；城市河段90%以上遭受严重污染；海河、辽河和淮河的有机污染已经不亚于英国污染最为严重时期的泰晤士河；全国尚有3.6亿农村人口喝不上符合卫生标准的水。

——我国沙漠和沙化总面积达174.3万平方公里。每年还在以3436平方公里的速度扩展，一年等于损失一个大县的面积。我国水土流失面积占国土面积的37%，当我们为人工造林的伟大成就欢呼雀跃的同时，也不得不为天然林面积的不断萎缩而捶胸顿足。

中国以世界9%的耕地，6%的水资源，4%的森林资源养活了22%的世界人口。而中国膨胀的人口和粗放型的经济增长方式，却早已超过自然环境合理的承载能力。空气、水、土地、生物等环境要素遭破坏，维持生命系统的功能退化，造成自然灾害频发，资源支撑能力下降，经济发展受阻，民族生存空间收缩。有国外专家宣称，如果中国不迅速转变生产与生活方式，人类历史上突发性环境危机对经济、社会体系的最大摧毁，将可能出现在中国。

环境安全是国家安全的重要组成部分。经济危机是短暂的，往往影响于一时，而生态危机则是长期的，一旦形成大范围不可逆转的破坏，民族生存就会受到根本威胁。而环境不安全的根子，在于我们继续沿袭西方传统工业文明的价值取向、发展路径和生活方式。这不仅对资源和环境安全构成严重威胁，也加剧了社会失衡与国家稳定。解决以上问题，是个复杂的系统工程，涉及国家发展战略的调整，涉及体制、机制、法制的一系列改革，涉及领导人观念的改变，涉及干部考核的综合指标（如增加资源生态与社会人文等绩效考核）与绿色GDP核算体系的建立，当然，还涉及我们文化价值理念的进一步提高。与此同时，在环境成为稀缺资源的情况下，环境文化所倡导的生态经济，也应成为调整地区差距、城乡差距、人群差距等利益关系的内生变量。如通过建立区域环境补偿机制，让东部地区拿出更多的资金，支持西部地区保护生态环境；如通过建立城市对农村环境的补偿制度，加大对农业的绿色补贴；如通过引导富裕居民支付更多的环境成本改善环保公共设施，让遭受环境危害最大的弱势群体得到实惠；如通过建立自然资本的市场机制，使良好的自然环境转化为经济优势。总之，要使环境理念真正成为协调社会关系的新杠杆，成为我国生产力布局与资源配置的调节器，就必须大力弘扬环境文化。任何区域开发，都要考虑资源环境；任何经济建设，都要尊重自然法则；任何赶超战略，都要兼顾社会公平；任何市场行为，都要补偿生态环境。这才是环境文化极力营造的道德氛围与社会共识。

三、环境文化与法治德治

环境文化的理念，需要通过相应的法律和道德体系来实现。

“道德”与“道法”这两个概念，分别出于孔子说的“志于道，据于德”和老子说的“道法自然”。所谓“道德”，指“德”出于“道”，人的伦理规范出自天道的自然法则。所谓“道法”，指“法”出于“道”，社会法律规则出自天道的自然法则。“法网恢恢”，建立在“天网恢恢”的基础上。“德”指的是管理者通过自我克制办好公共事务，被管理者自觉遵循自然法则；“法”指的是对侵犯自然法则而危害群体延续的行为进行惩罚。

环境文化即是遵循自然法则维护群体延续的文化，从环境文化的角度看待“德”，是将自然法则视为我们自觉行为的准则。从环境文化的角度看待“法”，就要坚决维护自然法则不受侵害。法律与道德如鸟之双翼，缺一不可。道德是法律的基础，防备犯罪行为于前；法律是道德的保障，惩罚犯罪行为于后。孔子曰：“道之以政，齐之以刑，民免而无耻。道之以德，齐之以礼，有耻且格。”法律是通过惩治来警示人，人们担心受惩处而不做违法的事。道德是通过是非荣辱来引导人，人们出于自觉而耻于做坏事。社会不能没有法律，更不能没有道德。即便在西方，他们的法律体系也是从基督教道德体系里产生的。

经过多年的努力，截至目前我国制定颁布了9部环境保护法律，10 多部与环境相关的资源保护法律，30 多项环境法规，466 项环境标准。2002 年，国家又颁布了两部具有重要意义的法律，即《清洁生产促进法》和《环境影响评价法》。从我国环境法制的现状看，无论是新法律还是正在修订的法律，都吸纳了环境文化的基本理念。例如《清洁生产促进法》的立法目的，就是“提高资源使用效率，减少和避免污染物的产生，保障人体健康，促进经济与社会可持续发展。”但是目前，我们环境法律的实施存在着有法不依，执法不严的严重现象，原因之一就是环境法律缺少足够的环境道德文化的支撑。

中国是世界第一人口大国，经济愈按传统生产方式发展，资源消耗就愈大，污染就愈严重。但日本的人口资源压力更大，为什么环保搞的比我们好得多呢？这不是有没有经济实力的问题，而是人口的环境文化素质问题。这素质的差距，表现在公民能否自觉呼应政府的行政命令。为便于垃圾回收利用，政府在城市中设立了许多垃圾分类箱，但形同虚设；为不要乱扔废物和随地吐痰，政府颁布了许多法规，但就是屡禁不绝。公民与政府行政的相呼应，来源于国家文化价值观念以及行政人员的以身作则。人的行为受制于社会文化氛围。环境文化会将先进的文化行为变为全社会大多数人良好的生活习惯，良好的生活习惯将转化为全社会的道德共识，道德共识将演化成为一系列法律规则。可见，德治与法治的关系密不可分。环境文化的发展，必将为我国国民素质的提高，为我国法治和德治的建设奠定重要的文化基础，使我们能在一个更高层次上弘扬中华民族精神。

四、环境文化与政治文明

社会主义的本质是社会平等，社会主义政治文明的核心是发展社会主义民主，发展社会主义民主更需要人与人、人与自然和谐相处的生态理念，而发展绿色的、民主的社会主义，符合马克思赋予社会主义的终极目标：“在保证社会劳动生产率极其高度发展的同时，又保证人类最全面发展的这样一种经济形态。”环境文化所倡导的可持续发展的先进生产力，所倡导的将中华传统文化与世界生态工业文明相结合的生态文明，所倡导的以“执政为民”为宗旨的环保工作，正是“三个代表”重要思想在我们事业中的最高体现。

在自然生命系统复杂的生态网络中，各种生命形式相互依存，相互制约。中国道家用阴阳对立平衡来说明宇宙运行的自然法则。宇宙自然的秩序，建立在万物平等互动、对立平衡、相互约束的自然法则之上。老子说：“祸莫大于无敌。”用现在的话来说，就是“没有约束是最大的祸患”。社会主义民主，是人与人平等的政治权利（众生平等），是人与人相互约束的政治运行机制（对立平衡），说到底，就是人民的当家做主，就是人民的监督参与。

社会主义民主要求人民对环境问题必须有知情权，人民有权知道所发生的环境危机；社会主义民主要求人民对环境问题必须有监督权，尤其是有权监督那些影响环境的政府公共项目；社会主义民主要求人民对环境问题有参与权，特别要参与那些涉及环境安全的战略决策。在今天看来，社会主义民主的政治形式，就是政府保护人民的积极性和创造精神，保卫人民的基本人权，动员鼓舞全体人民平等地参与到中华民族复兴的伟大事业中来，实现“社会参与、政府领导、人民监督”的目标。没有民主，没有民众的参与，环保只会变成少数人的事而终将一事无成。因此，环境保护工作必须建立起透明、公开的约束机制，必须建立起舆论、建议的通畅渠道，使一切破坏环境的行为受到监督，使一切行为主体（无论是企业还是政府部门，是个人还是集体）都只能活动于自然法则和社会法律允许的框架之内。发展环境文化，将使经济、社会、环境有效结合，形成对政府、企业业绩的综合考核标准。我们不仅要看经济增长的业绩，还要看环境保护的效益；不仅要看收入增长的速度，还要看社会分配的公平性；不仅要看干了多少实事，还要综合评价这些实事的环境价值、社会价值和国家安全价值；不仅要看个人自由的权利是否得到保护，还要看环境责任和社会责任是否与权利对应平衡。发展环境文化，就是发展遵循“自然法则”的文化，就是发展众生平等的文化，就是发展对立平衡、相互约束、和谐共存的文化，就是发展使每个人的权利与责任统一起来的文化。发展环境文化，将为社会主义政治民主的制度演进奠定重要的文化基础。

江泽民同志指出：“可持续发展能力不断增强，生态环境得到改善，资源利用效率显著提高，促进人与自然的和谐，推动整个社会走上生产发展、生活富强、生态良好的文明发展之路。”胡锦涛同志指出，“发展是以经济建设为中心，经济、政治、文化相协调的发展，是促进人与自然相和谐的可持续发展。”指明了中国必须发展新型工业经济，走生态文明发展之路。经济持续增长要依赖绿色技术，环境保护要依赖绿色化的法律和道德，社会发展要依赖社会主义民主建设。我们的文化要革新，经济要变革，政治要改革。为了真正实现生态工业文明，我们必须全力推进环境文化，必须使经济步入可持续发展的轨道，必须全力推进中国的政治文明建设，必须全力以赴地建设绿色的民主的社会主义中国，这是我们责无旁贷的历史重任。

五、环境文化与民族精神

中国山地占全国总面积三分之二。自东向西的三大阶梯缔造了主要江河西水东流的基本态势，汹涌澎湃的江河之水把中华民族紧紧相连，这特殊的自然地理环境，孕育了黄河文化、长江文化乃至中华文化，形成了大中华特有的民族性格与伦理体系。提高全民环境意识，弘扬环境文化，便是对中华民族大好河山的挚爱，便是对中华民族地理环境统一性的认同，便是对中华民族团结稳定的奉献。

中华民族的统一以文化的统一为基础，中华民族文化的整合是民族国家整合的重要前提。文化的混乱必导致心灵的混乱，心灵的混乱必造成社会的动荡。中国历史上，文化的混乱和冲突，总与国家的混乱相伴相生。几千年历史告诉我们，每次大规模文化冲突之后，中华民族文化总能兼容并蓄，将冲突的各方文化整合为一个更为博大精深的文化体系，形成更为恢宏深厚的民族精神，从而使大中华江山一统、国泰民安。如春秋战国的混乱导致了恢恢大汉，魏晋南北朝的混乱又塑造了泱泱大唐，近代的中国传统文化与西方文化的百年冲突更诞生了不畏强暴的中华人民共和国。无数仁人志士为整合东西方文化，为建设中华新文化、为人类新文明的兴起而殚精竭虑，死而后已。

中华传统文化的内在精神与当今世界方兴未艾的环境文化惊人地吻合。众所周知，中华传统文化从来追求人与自然的和谐，相信道法自然，遵循自然法则，追求天人合一，信奉众生平等，关注生命的安全和文明的延续。以此精神为基础，中国传统的哲学宗教、文学艺术、医学养生、棋艺茶道，无不展现着人与自然的亲和关系，无不表现着深刻睿智的生态文明，无不浸润着天地人文的和谐美感。纵观世界，俯仰古今，数千年来，世界不少文明古国，都曾有兴盛一时的文明，但终因破坏了自然，文明也就到了尽头。唯有中华民族同根同种同文完整地保留下来，延绵不绝。

伟大的民族都有伟大的文化风格。中国传统文化兼具独立性与融通性，对内聚合社会，对外吸纳文明。胡锦涛同志指出："历史充分表明，加强各种文明的交流，有利于激发整个人类的创新活力。"因此，我们谈中华文明的复兴，不是指机械地恢复到传统的自然经济和儒、释、道、法的文化传统，不是固步自封，不是排斥外来文化，而是指中华传统文化与世界生态工业文明相结合，并在此基础上获得新生。生态文明是人类未来的新文明形态，中华民族的奋发图强在于超越与创新。《诗经》上说："周虽旧邦，其命惟新。"继承传统，改革维新，是我们的使命。

大中华民族是个处处谈文化学文化的民族。环境文化所倡导的生态文明，必须从全社会的各个层面予以推动。古人云："图难于其易，为大于其细。天下之难作于易，天下之大作于细。"大事业的基础，体现于无数的小事与细作之中：从森林公园到宗教场所，从街头雕塑到厕所文明，从公益娱乐到社区卫生，从幼儿启蒙到大学环教，从禁止随地吐痰到义务植树，从绿色标签到绿色技术，从尊重历史到修复遗产……全社会所有层面都可以成为我们倡导弘扬环境文化的领域。我们要用一系列手段去宣传、动员、组织环境文化的多种活动，要营造全民建设生态文明的社会氛围，要将全社会环境文化的共识演化成人人皆守的规范准则。

中华民族屹立于世界的东方，千百年来曾是世界上综合国力最强的国家，曾是对人类文明发展做出最大贡献的国家。今天，我们必须抓住人类文明转型的机遇，发展环境文化，倡导生态文明，超越传统工业文明，实施可持续发展战略，推动循环经济，转换资源结构，全面建设小康社会，加快推进现代化进程，将中国再次建设成为经济繁荣、文化昌盛的国家，从而实现中华民族的伟大复兴。为彻底改变传统工业文明主导下的不合理的全球经济、政治、文化秩序，为绿色的、和平的、自由的、民主的、可持续发展的全球社会而努力奋斗。

A COMPREHENSIVE HANDBOOK OF DEVELOPMENT OF REAL ESTATE IN CHINA VOLUME 1

第一卷

房地产宏观调控回顾与展望

第一章 宏观调控房地产需回答好四大问题

房地产业是拉动我国经济增长的“支柱产业”,其产业链条长,其促进经济全面发展的作用是其他产业无法比拟的。发展房地产业可以拉动内需,扩大消费,加速实现城镇化,有利于全面建设小康社会。

当前宏观调控政策仍在继续推进,这让正在高速前进的房地产业走到了十字路口,房地产业何去何从?这是一个需要国家宏观政策制定者、专家学者以及房地产企业负责人共同探讨的问题。监管当局颁布一系列偏紧的房地产调控政策,主要原因是近年来房地产业持续高速增长以至出现了局部过热。

2003年全国房地产投资总额为10106亿,同比增长29.7%(注:同期固定资产投资增长率为28.4%),而在“121”政策出台之后,房地产业似乎并没有受到影响,增速仍然加快,2004年1-7月,投资额达到了6055亿元。销售情况也让开发商比较满意,数据显示,房地产这几年的销售一直有所提高,2004年1-7月销售率增长超过20%。到2005年底全国城镇房屋建筑面积为164.51亿平方米,人均住宅建筑面积达到26.11平方米。与此同时,部分房地产企业缺乏诚信,严重威胁到银行信贷资金安全。因此,宏观调控房地产,必须理清思路,在政策制定前先要考虑好以下几个问题。

一、用什么指标和方法来测算房地产市场的发展

在研究房地产周期的理论上,学术界有两种主张:一种主张认为,可以采取单一指标计算的方法。例如采用投资额或是住宅销售量的单一指标来计算房地产周期;另一种主张认为应该使用多指标综合评价的方法来计算。具体使用哪些指标,经济界及房产界意见纷纭,有人主张使用投资额、施工竣工面积、销售额、房屋积压和价格等5项指

标综合计算的方法,而有的专家则主张使用的指标多于5项,最多的甚至达到十几项。至于这些指标如何综合使用,专家们又提出了各不相同的计算方法。

由于专家们对房地产周期使用了不同的界定方法,虽然大家都用同样的统计数据,但计算出来的周期却是多种多样,所做的分析结论更是大相径庭。这种"各吹各的号,各唱各的调"的局面,很不利于广泛深入开展关于房地产周期的研究工作,因此,很有必要对周期的概念进行统一界定。方法有两个:一是由有关部门或由有关社团和学术机构牵头,组织一批专家,对房地产周期的界定方法进行专题研究,在时机成熟时,拿出一个统一的界定方法定为初稿,通过广泛征求意见和补充修改后,确定一个统一的方法;二是在统一的界定方法没有确定前,建议专家们在撰写有关文章时,写明文章中所列周期的界定方法。

在一些西方国家的调查中,以及已经在我国翻译出版的西方专家的论著中,都把研究经济周期列入宏观经济研究的范畴,着重研究国民经济的周期变化。

改革开放以后,我国有些专家也开展了研究房地产周期的工作,已经做出了一定的成绩,但是这项"新兴"的研究工作还有许多不足之处,具体来说,需要做一些必要的补充:

1. 通过深入研究,用充足的理由说明在我国独立地开展房地产周期研究的必要性和可行性。进一步明确房地产周期研究的目的和任务,特别是要明确研究房地产周期的目的,提出延长房地产繁荣期的对策,为房地产业持续、健康发展服务。

2. 继续深入研究房地产周期的界定方法(含指标体系和指数方法),使之日臻完善,并为日后的统一工作做准备。

3. 认真研究房地产周期与国民经济周期的关系。房地产业是国民经济的基础性产业,它发展中的"衰荣更迭"应与国民经济基本相同,这就是一致性。房地产业又是国民经济的先导性行业,在国民经济"衰荣更迭"时,一般都会率先繁荣或衰退。

自1989年以来,我国在物价基本稳定的前提下,国内生产总值以每年高于7%的速度发展,出现了一个持续15年的国民经济发展繁荣期。当前有的学者在研究

房地产周期时,按自己的或有的专家的界定周期的方法,计算出这15年已经出现了1次或2次房地产周期。出现上述房地产周期与国民经济周期的很大差异,可能有两个原因:一是有的专家在制定房地产周期的界定方法时,没有很好地考虑房地产业与国民经济发展在整体方面的一致性;二是如果认为房地产周期与国民经济周期有时出现很大差异是正常的,就应该以充足的理由来说明为什么会产生如此大的差异。

众所周知,科学研究是为了阐明事物发展的内在规律,不仅要知其然,更要知其所以然。我们在研究房地产周期时要尊重科学,刻苦钻研,"寻根究底",使每项成果都能达到理论与实践相结合的深度。

二、土地出让方式、地价与房价涨幅的关系

有业内人士指出,在一些大城市建设用地大量拍卖,使地价直线上涨,房价也扶摇直上,这就引出了土地出让方式、地价与房价上涨的关系问题。实际上,建设用地拍卖是政府一直在大力提倡的土地出让方式,是土地出让市场化程度最高的方式之一。这是因为在土地一级市场由卖方垄断的市场结构下,尽量增加买方的竞争性,既可有效避免土地出让过程中官员的寻租腐败问题,又可以充分显示土地资产的潜在经济价值。因而可以说,土地使用权拍卖过程就是一个土地价值发现的过程。与协议出让相比,导致地价快速上升是土地价值显现的必然结果。

在市场经济条件下,买方的报价主要基于其对土地

利用收益的预期，就住宅用地而言，它基于开发商对房价和投资回报率的预期。从这个意义上讲，是房屋预期价格决定了开发商对土地价值的评估，政府的土地供应量与买方的竞争性共同决定市场地价。但与招标和挂牌出让这两种竞争价出让方式相比，拍卖方式所具有的现场竞价机制容易导致买方的非理性报价，易形成所谓的“天价”。当然，这种非理性报价更多只是一种可能，在风险概率既定的前提下，追求利润最大化永远是房地产开发商的本性。所谓的非理性报价，最大的可能往往是在保证开发商门槛利润率的前提下压缩了它的利润空间，这意味着土地利用的预期收益分配给政府的比例相应的增大了。

不过，为了尽可能地避免非理性报价，政府出让土地可以较多地采用招标或挂牌的方式，但有一点需引起注意，就是现在一些地方试行的所谓“综合评标法”也已经暴露了诸如投标者游说评标专家和投标者串谋定价等问题。土地拍卖及其形成的较高地价在推动房价上升中的作用不能否认，但也不能把房价的上升全部归因于土地出让方式改革及其导致的地价上扬的观点。从根本上讲，土地价格的上涨是在缺乏弹性的土地供给条件下，房价上涨诱致土地需求的迅速增加而产生的。经济学常识告诉我们，住宅价格过快上涨肯定是住宅供需关系共同作用的结果，但影响供需关系的因素却十分复杂。就主要方面看，推动住宅价格非正常上涨的需求因素主要是住宅投机性需求的扰动，而供给因素则既有政府土地供应计划偏紧所导致的供求缺口，也有一些土地或房源没有形成有效市场供给而人为地放大了住宅稀缺性。这些因素的存在，构成政府对房地产市场进行宏观调控的主要现实依据。

三、过度的房地产投机行为是否应该抑制

当前对于房地产投机存在三种不同的观点：第一，搞市场经济要允许有一点泡沫，因而房地产也要允许有一点泡沫；第二，市场经济中投机与投资行为没有必要分清；第三，房地产投机者对房地产的繁荣是有利的，因此，不应当打击投机炒房行为。

实际上，市场泡沫和泡沫经济的产生并无必然的逻辑联系。从理论上说，游戏规则明确、法律监督有力和政府调控有效从而运作较为规范的市场经济是可以避免泡沫和泡沫经济产生与扩大的。从实践中来说在一定时间、一定空间条件下，由于信息的不完全与不同的交易者之间存在着严重的信息不对称，为一些虚拟资产甚至包括一些实体资产的买卖留下了短期套利空间，于是投机行为应势而生。投机过度会产生泡沫现象，泡沫现象的急剧扩散会演化为泡沫经济。因此，从逻辑上讲，投机

与泡沫或泡沫经济是一对孪生兄弟。房地产经济中土地资源的稀缺性、房地产市场本身的不完善性、房地产价格变化的时间和空间不平衡性等决定了房地产是除了股票、期货、外汇、债券等资产以外的另一类非常重要的投机对象；同样，房地产投机过度发展就会导致房地产泡沫和泡沫经济的产生。

房地产泡沫与泡沫经济的存在正好反映了市场的不完善性，对经济的健康稳定发展会造成破坏性的影响。日本、台湾、香港房地产泡沫产生与破灭已证实了其对经济的影响是致命的，这正是政府宏观调控、纠正市场缺陷的现实依据。在进行宏观调控时，为什么政府常常不能及时有效地消除房地产泡沫与泡沫经济呢？这主要是因为政府信息不全面、不准确导致其对泡沫和泡沫

泡沫经济。因此,预防泡沫经济的产生就成为政府非常关注并着力打击房地产投机行为的一个非常重要的理由。从这一层面讲,关于房地产投机问题,其结论是适度投机是市场允许但不鼓励,而过度投机是有害的。因此,政府运用经济手段打击投机、调控市场,也是必要的。

四、房地产转让所得税的政策思路是否正确

关于房地产转让所得税的思路及课征效果是否正确的讨论首先必须理清两个问题:

第一个问题是征收房产转让所得税是一种典型的经济手段

在实行市场取向的经济体制改革以来,调控经济的手段已经转向以间接性的经济手段为主,这也是我国经济与世界经济接轨的重要标志之一,房地产市场的宏观调控也不例外。利用税收手段对房地产市场进行适度超前干预,既体现了政府对经济政策效果具有一定时滞性的充分认识,也符合世界各国对房地产市场进行宏观调控的国际惯例。

第二个问题是开征房产转让所得税具有充分的法律和现实依据

1999年12月2日,中央政府的3个涉税部门联合颁发财税字[1999]278号文,即《财政部、国家税务总局、建设部关于个人出售住房所得征收个人所得税有关问题的通知》。文件开宗明义指出:"为促进我国居民住宅市场的健康发展,经国务院批准,现就个人出售住房所得征收个人所得税的有关问题通知如下:根据个人所得税法的规定,个人出售自有住房取得的所得应按照'财产转让所得税'项目征收个人所得税。"这里我们可以达成两点共识:一是开征房产转让个人所得税是由中央政府授权的,有法律依据的;二是中央政府开征个人转让房产所得税的目的是为了促进房地产市场的健康发展,其现实依据是房地产市场中出现了干扰市场健康发展的因素,比如房产投机的增加等。同样道理,地方政府根据当地房地产市场的具体情况,制定具体实施办

经济的判断存在着时间的滞后性,自然地,治理房地产泡沫和泡沫经济的政策效果也会有一定的时间滞后。所以,政府应当广泛搜集市场信息,及时、科学、准确地判断市场健康程度,以便相机选择不同的政策组合,来适度超前调控市场。因此,规范的市场应当极力避免泡沫出现,预防和消除泡沫是政府调控市场的目标之一。

与房地产泡沫和泡沫经济密切相关的是投机问题,关于投机是否应当打击的问题,有三种观点:第一种认为投机有利于市场繁荣,不应当打击;第二种认为投机有害于市场,应当彻底打击;第三种认为适度的投机有利于市场,但过度的投机则有害市场,后者应当严厉打击。

如前文所述,投机产生于市场信息传导机制的不完善与套利空间的存在。可见,投机的产生,本身并非基于故意破坏市场的考虑,而是为了追逐经济利益。在一定的规模内,投机行为的存在较好地消除了市场的信息不完善,投机者短期炒作行为在实现个人套利目标的同时,由于缩短了交易搜索的时间而在客观上起到了加快资源或资产配置速度、提高交易成功概率的作用。因此,适度投机从一定意义上讲有其积极意义。

但是也必须看到过度投机是有害于市场的。投机的目的是追逐利润,投机的行为特征是短期炒买炒卖。投机者并不关心资产的实际利用——在房地产投机场合,同一宗资产被反复炒作将使其脱离实体经济领域而变成了一种虚拟资产,其被用来进行实际生产与消费的经济价值被淹没了。显然,这对整体经济来讲是有害的。另外,可以肯定的是,过度投机行为大范围蔓延将会诱发

法，选择适当时机开征房产转让所得税完全是一种实施公共权力的正常行为。

那么，为什么新税法颁布以后，各地没有立即开征，这是由于经过 1993-1994 年间房地产泡沫的冲击和房地产市场宏观调控（主要是金融政策调控），我国刚刚兴起的房地产经济开始进入发展低潮期。为鼓励房地产经济尽快恢复元气并保持持续发展，中央政府提出把住宅产业作为国民经济新的增长点和把住宅消费作为新的消费热点，这就是前几年房地产理论界广泛讨论的“住宅业的两点论”。在“两点论”的背景下，中央政府和各地方政府相继出台了许多鼓励住宅建设与住宅消费的政策措施，不征房产转让所得税是基于当时我国房地产经济发展现实的需要而做出的一个理性选择。

1999 年以来，我国房地产业发展开始进入第二个快速发展周期。但是，经过近几年的高速发展，房地产市

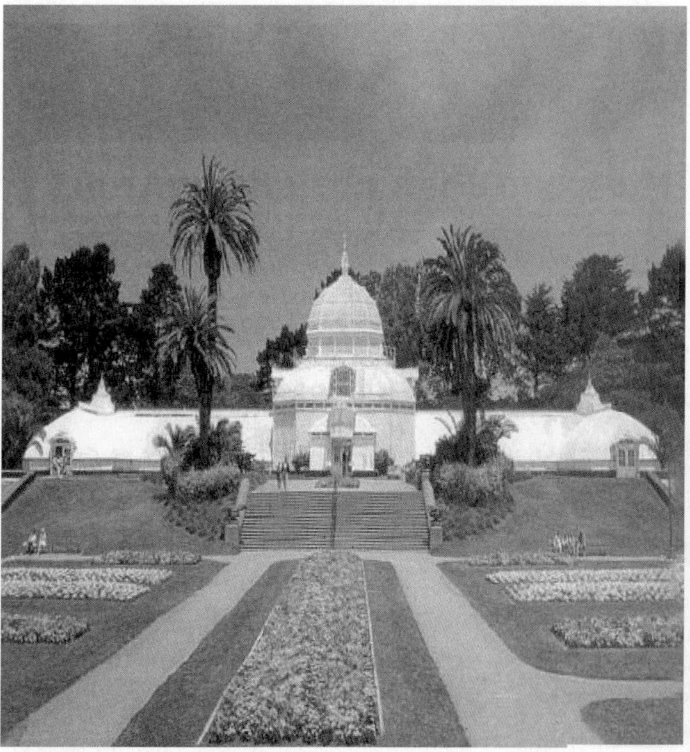

场中的一些不和谐因素逐渐凸现，比如开发商囤积土地与房屋、人为制造住宅稀缺、房地产投机比例急剧增加、大量游资进入房地产市场等，这些因素导致了房地产价格的非理性飙升。基于这种现实背景，在保证我国房地产市场化改革方向不变的前提下，恢复征收个人转让房产所得税，并与房地产金融政策等经济手段相配合，适时超前调控房地产市场是政府的一个理性选择。

税收对住宅一级市场上投机者的影响是确定性的。房产转让所得税会改变投机者的市场预期，降低其投机需求从而抑制住宅市场需求。同时，房产转让所得税也给潜在进入的投机者发出了一个明确的信号：政府要对投机行为进行打击。这会改变潜在进入者的预期和行为，达到降低市场投机需求的目的。上述两种因素加在一起，就可以大大地降低住宅市场的总需求。市场需求的降低毫无疑问会在一定程度上抑制一级市场房价的上升速度。房地产转让所得税的出台并没有把二手房市场打入“冰点”。基于此，得出以下基本结论：采用包括房产转让所得税在内的房地产市场调控政策思路是正确的，时机选择是适当的。不仅如此，我们还可以做一个基本判断，房地产市场调控仍将是房市健康发展的重要保证，这是由房地产市场的特殊性所决定的。这些特殊性可以简单地归纳为：土地资源高度稀缺，住宅潜在可供量十分有限，居民可以预期到这种特殊性。这种特殊性决定了住宅短缺与房价上升趋势仍将在今后一段时间内得以维持——对这种趋势的预期仍会导致许多投资者入市炒作，住宅价格非理性上涨的成分还会增加，政府利用包括税收手段在内的调控手段加以规范仍将具有充分的现实必要性。

第二章　宏观调控

引导我国房地产业的健康发展

一、认识当今中国的房地产业

在我国，进入房地产领域比电信、航空、石油等行业要宽松自由得多，尤其是近十多年以来，房地产业得到了前所未有的发展，以至目前国内有几万家房地产开发公司，北京、上海等地有几千家房地产公司，但其中最大的房地产公司所占的营业额也没有占到全国营业额的3%，这就形成了房地产开发商相互之间较为激烈的竞争；每一个开发商在商品房的定价和销售上基本上都是运用的是市场化方式，既要考虑市民的购房意愿和购房所承受的经济能力，也要考虑同行之间的竞争。在这样市场化的运作下，在人们对住房强烈需求和不断增长的购买力支持下，不到十年的时间，房地产业获得了很大的发展，而广大城市居民的住房条件也由此获得很大提高。

1978年我国城镇人均住房面积仅为3.5平方米，而到了2002年底，该数值已提高到21.5平方米，80%的家庭拥有自有住房，这说明了广大市民基本享受到了房地产业发展所带来的成果。据2005年3月24日《房易网》，摩根士丹利根据平均每套住宅的价格，以及政府公布的城镇家庭平均年收入，计算出两者比值为7:1；但又指出，每套住宅的价格数据较为可靠，而家庭年收入则因为大量“灰色收入”的存在而较有可能被低估，它估计这类收入相当于公布的家庭年收入的40%。因此，它的判断是：中国住宅市场的承受力是良好的。同时，根据摩根士丹利的报告，1998年以来房地产价格年平均上升9.2%，但自1992年以来城镇家庭平均年收入增长14%，家庭存款平均年增长18%，所以它认为：中国房地产业的发展是由收入的迅速增长以及市民对提高住宅条件的蓬勃需求带来的。还有，2005年2月《中国经营报》刊登瑞士银行安德森的文章，根据他的统计，中国城镇住宅均价2400元，平均面积70平方米，则每套均价16.8万元；而城镇家庭年收入平均为3.5万元；两者比值为4.8:1。因此，安德森认为中国总体的房地产业的发展，不能说是一种“泡沫”。

从以上数据可以看出，我国房地产业的发展，无论从整体上看，还是从长期来看，应该说我国房地产业是基本健康和良性发展的。无疑，这是和中央的指导思想密不可分，在1997年中央的北戴河会议中，第一次将房地产住宅业确立为支柱产业，2003年国务院再次肯定了房地产业作为拉动国民经济发展的支柱产业的地位和作用。

但是，房地产业整体上的健康，不等于每个地方都健康；从长期看发展良好，不等于在每个具体时段都发展良好；还有由市场机制发挥基础作用，也不等于政府就可完全不加调控、放任自然。据统计2004年全国商品房的价格上涨14.4%，2005年第一季度上涨12.5%，这种情况很明显不正常。其中涨幅最多的要数上海，2004年其中心内环线以内的商品房涨幅达到27.5%，这种不是伴随着收入增长的涨价，已经脱离了市民的收入水平，呈现出炒作的、非理性的状况。这样的情形十几年前在海南、在北海出现过，现在又在上海重演了。对此，如果政府不从社会理性出发加以控制，任其蔓延，则必将扰乱原本运转良好的房地产业乃至社会经济和社会生活，后果将很严重。因此，政府就必须出面加以调控调整，使社会经济的运转回到正常良性的轨道上来。

进入2004年，我国就加大了宏观调控力度。4月，国务院发出通知，决定适当提高钢铁、电解铝、水泥、房地产开发（不含经济适用房项目）固定资产投资项目资本金比例。4月29日，国务院办公厅发出通知，决定集中半年左右时间，继续深入开展土地市场治理整顿。期间，全国暂停审批农用地转非农用地开发。4月30日，国务院办公厅再次发出通知，要求对所有在建、拟建固定资产投资项目进行一次全面清理。作为国民经济支柱产业的房地产业，如何全面、正确、积极地理解和贯彻国家的宏观调控政策，继续保持房地产市场快速、平稳、健康地发展，将是整个房地产业界近段时间的工作重点。

二、宏观调控与房地产市场

2004年初，中央出台了一系列的宏观调控政策，基调是正确的。此次宏观调控的两记重拳，即控制土地和控制信贷，都击中了房地产行业的要害，对房地产行业的影响是蛮大的。也证实了房地产业确实存在投资过热的现象。

调控政策首先指向的是地方政府的投资冲动以及商业银行的信贷风险，而非房地产业本身。但是，从资源承受能力、投资消费比例等指标来看，房地产业很容易被抓到“把柄”。前几年地方政府背离其市场服务和监管者的角色，过度介入市场经济活动中，是造成全国各地新一轮房地产热的根本诱因，这次宏观调控，是以中央层面的措施，去扭转地方政府出于局部利益考虑行政干预市场所造成的投资过热状况。

同时，从新政策的具体内容看，无论是严格控制土地出让，提高项目开发自有资金比例，还是限制个人投资性购房贷款等等，实际上仍在重申去年以来陆续出台的一系列调控措施的精神，只不过这次中央政府决心更大，方式更为雷厉风行，再次向地方敲响警钟。

在当前的形势下，房地产企业需要认清形势，把握开发节奏，谨慎行事。

第一，宏观经济整体运行还保持着一个很强劲的发展势头，房地产行业是和宏观经济最直接相关的一个产业。第二，从政府政策的角度看，整个支柱产业对上海经济发展起重要作用，而房地产业对经济的影响已经提高到了7%以上，如果房地产业出现下滑，可能对GDP的增长、财政税收等都会带来连锁效应。第三，上海包括松江普通住宅的需求量还是相当大的，需求的层面没有发生根本性的变化。

尽管目前土地、建材价格在上涨，但是大多数的市场供求结构没有发生大的变化。尤其松江是上海“一城九镇”发展目标的新城示范区，城市居住人口不断上升，对房地产市场的居住化、本土化、大众化的需求仍然非常庞大。不过由于土地和建材涨价等因素，可能导致成本上升，会引起市场价格产生位移。上海房地产市场的理智氛围会取代过去的火爆竞争。作为房地产企业企业，首要任务应该是努力去适应宏观调控政策整个过程。

此次宏观调控，对房地产业来说，是挑战和机遇同在。我们国家一直强调房地产的发展是良性的、理性的、健康的，只是局部地区或某一些地方存在投资过热产生泡沫的情况。现在全国城市人口已经超过了5亿2千万。而住宅的供应量，不超过4亿平方米。按照80平方米一套，也就是500万套。城市5亿多人口平均3.6人一个家庭来说，将有1亿6千万家庭。加之城市化的发展和人口的增长，按城市每100户家庭5%购买房屋，每年增加500万套房屋是远远不够的，所以房地产业的发展前景是相当大的。

安居才能乐业，越来越多的人需要改善居住条件，所以房地产的发展仍然是可预期、可持续的。从近短期来看，宏观调控对房地产有所制约，只是需要有一个阶段的过渡。我个人非常看好房地产市场，坚信未来的发展过程中，尽管有宏观调控，房地产仍然是一个很重要的行业，前景良好。

1. 要宏观调控房地产市场，也要注重培育房地产市场

中国的房地产市场，好像有点“爹不疼娘不爱”的感觉，主要靠自己发展。市场有自己发育的规律，宏观调控政策对房地产业的导向作用太明显了，房地产企业的领导非常害怕政策不连贯。今年以来，一项项政策都是刀刀见血，流动资金贷款收紧了，个人按揭贷款也收紧了，房地产商能够动作的空间已经很少了。光调控是不行的，市场还需要培育，需要发展，需要有一个真正的主管部门。

2. 城市化进程属于历史必然，但城镇化进程的脚步需要慢慢培育

农民有进城市居住的要求，城

从当前国家宏观经济中出现固定资产投资增长过快，钢材、水泥、电解铅等行业过热，造成煤、电、油、运供求矛盾加剧，可能导致产能过剩、经济大起大落的局面，属于固定资产投资重要组成部分的房地产业不宜再继续加快，反而有必要放缓投资增速。

综观世界各国，房地产业发展具有反经济周期的作用。当经济处于低潮时，通过降息等手段促使消费者买房，推动住房投资，从而拉动经济增长；而当经济进入热潮时，通过升息等举措，抑制住房投资和消费需求，降低房地产发展速度。中国也不例外。目前中国房地产市场所处的宏观经济环境，与五、六年前完全不同，当时经济发展正处于宏观经济调控后的低潮时期，需要寻找新的经济增长点，需要通过各种经济的、行政的手段来刺激房地产投资和需求。而从2003年以来，我国经济发展正处于新一轮经济周期的“上升期”，加上各地、各级政府新班子上任后的投资冲动，各类投资需求迅速膨胀，与已经形成的房地产投资热一起掀起了固定资产投资的“热潮”。固定资产投资过热，必然会涉及房地产投资过热，也就是说，在不同的经济发展时期，判断房地产是否过热的标准是不同的。

里人有到郊区居住的要求。经营城市，就会有大量农用地转成城市开发用地，控制农用地要有节制，不能急刹车，刹车是刹不住的。停止批农地和耕地转成建设用地，这个规范是需要的，但是更重要的是培育，使得市场能够健康、顺利地发展起来。

3. 全国各地的房地产市场差异性很大

目前，在全国各地房地产市场有的是空置增加，有的是空置量减少，有的是房价上升，有的房价下跌。所以，千万不能用一个处方处治，不能一刀切，不能不分病情大家都跟着吃同样的药。对那些指数下降，空置量大的城市要防止过热，注意调整供应量；对房价涨行快的城市要防止泡沫；至于市场平稳的城市就要注意结构性调整。政府要因地制宜，有效地进行宏观控制。

三、房地产成为宏观调控的重点

自1998年以来，我国经济保持持续快速健康发展，住房制度改革也取得突破性进展，房地产业一直保持快速发展态势，开发投资竣工面积、销售面积和销售额保持年增长20%左右的水平。2003年除竣工面积增长21.5%之外，开发投资、销售面积、销售额均在30%左右。2004年1-4月，发展速度进一步加快，开发投资增幅达34.6%，竣工面积增幅达22.9%，销售面积和销售额分别增加33.3%和42.5%。

如果用国务院“18号文”提出的房地产市场健康发展的“三个基本”（供求总量基本平衡、供求结构基本合理、房价基本平稳）来衡量，2004年1月-4月，商品房供需两旺，销售面积6201万平方米多于竣工面积5310万平方米。各类物业的供求结构也大体合理，阶段性的房价上升6.8%，虽高于2003年全年平均3.8%的涨幅，但比2003年同期的房价增幅回落了0.6个百分点；到2004年4月末，全国空置商品房9602万平方米，同比增长3.6%，增幅比2003年同期回落6个百分点。由此可以判断，当前我国房地产市场从总体上看仍然处在持续快速健康发展的状态。

房地产业发展速度要服从全局，要纳入宏观经济调控的大趋势。

四、宏观调控下我国房地产业发展现状

近几年来，我国的房地产市场的发展总体是健康的，但也存在局部地区的过热现象。虽然宏观调控政策层层加码，甚至有人预言宏观

调控下中国房地产企业"将会有一半死掉"，房地产市场却出现了房价不降反升的"牛市"。因此，必须高度关注房地产价格，关注中央宏观调控政策。

1. 宏观调控下房产价格依然攀升

根据国家统计局对全国 35 个大中城市房地产市场的调查数据，随着房地产开发投资、新开工面积增速的继续回落，可能导致房地产市场供需矛盾进一步加剧，进而推动价格上涨。2004 年第二季度我国房屋销售价格比 2003 年同期上涨 10.4%，土地交易价格上涨 11.5%，房屋租赁价格上涨 1%。摩根士丹利首席经济学家史蒂芬•罗奇指出，中国新建房屋的销售自 1998 年以来已增加 4 倍，价格也攀升约 20%。这是一个量的泡沫，反映了供应、负利率、收入急升和资金流入所造成的问题。

中国社会科学院金融发展研究室主任易宪容也曾撰文指出，在 2003 年开始的宏观调控中尽管房地产业也是重点关注的方面，但房地产所受的影响微乎其微，房产价格照涨不误。这是因为国内房地产业已逐渐成为我国的支柱产业，房地产业的发展不但扶持着各地方经济，而且对我国经济的全局也有深远影响。

国内外专家的论断并不是危言耸听，他们传达的是一个需要高度重视的信息，即许多地方经济对房地产业的依赖度已经偏高。事实上，国家主管部门和高层领导也注意到了地方政府对土地出让和房地产投资的过分热衷，并一再提醒要有调控措施。那么，为何一系列的调控措施没能止住房价上扬的脚步？其中原因有以下五个方面：

第一是土地、金融等政策的变化。"从严审批开发用地，上调固定资产投资的项目资本金率和严格控制信贷规模，将带来地价、房价上涨"的业内传言和逻辑思维是促使很多人争相购房的重要原因。

第二是由于土地征用的难度加大。水泥、钢材等建材的涨价，民工工资发放的规范，银行出现的紧缩政策，都制约着楼盘供应的速度相对减慢。

第三是担忧物价上涨，担心通货膨胀。多数人想把储蓄变成房产，以避免自己辛苦挣下的血汗钱发生贬值。

第四是随着住房制度的深入改革，人们已经认识取消福利分房、个人购买商品房的市场规律。加上因调整而减缓供应，让很多买房人产生"抢购"心理和"恐慌意识"，进一步促进了房价的上涨。

第五是新楼盘的性价比越来越高，与楼盘的真实价格越来越近，销售价格越来越靠近房屋真实价格。

因此，必须继续加强和改善宏观调控，正确地把握宏观调控的力度和重点，发挥市场配置资源的基础性作用，运用经济手段、行政手段和法律手段，使房产价格趋于平稳。

2. 房地产发展与宏观调控的几点疑问必须澄清

房地产是一个具有先导性、基础性的敏感行业，其现状总体是健康的，但由于房地产经营风险大，稍有不慎就可能对国民经济产生不良影响。宏观调控必然会对市场产生影响，但这也是一个渐进的过程。从房地产发展现状来分析，本次宏观调控须澄清几点疑问：

疑问一：此次宏观调控是否因房地产引起？这次全国宏观调控的一个重点，是解决固定资产投资增长过快、规模过大的问题。房地产作为国民经济的支柱产业之一，是此次调整的重中之重，很多人认为调整的目的是针对房地产业，但其调控的重点不是"压"，而是有区别有针对地解决各城市不相同的问题。因此，不能说此次调控是房地产引起的。

疑问二：通过调控能否使房价下跌？影响房价的因素有很多，主要有住房成本因素和结构性因素。前者受地段、同档次住房价格的影响，虽然土地、材料设备、人工和提高住房水平等因素的不断上涨，但成本的上涨与房价的上涨不可能完全同比，其中还有多方面的原因；后者由于高价位住房的比重增加而造成平均价格的上涨，可以通过调控，增加经济适用住房的比重，达到房价下跌的效果。

疑问三：调控土地和金融是否会影响地产的快速发展？调控土地和金融，按理说会在一定程度上调控房地产的开发规模和发展速度，但因"惯性效应"和"翘尾效应"的影响，许多城市在短时间内不一定能明显地表露出来。当前许多业内人士担心的，不是如何继续保持高位运行的问题，而是高位运行持续时间过长难以为继，并可能滑向

"过热"的问题。

疑问四：既然房地产发展整体是健康的，为何要调整？调整的目的是保证国民经济的持续健康发展；调控的方法是区别对待、有保有压；调整的侧重点是保持科学的发展速度和规模以及促进结构优化。即使在供销两旺的发达时期，都会产生许多前进中的问题，通过监控、调整，把问题解决在萌芽之中，变被动为主动。房地产业是个风险极高的产业，经不起问题堆积。因此，要防患于未然，才能保证其持续健康稳定发展。

五、宏观调控下房地产业发展的机遇和挑战

房地产业关乎人民生活水平的提高，支撑着经济的快速增长，无疑是一个需要大力发展的产业。尽管宏观调控主要针对土地、金融等领域，但随着城市化进程的深入，尤其是住房制度改革的进一步深化，我国房地产发展前景依然看好。

1. 宏观调控是一次难得的机会

按照我国经济发展计划，到2020年全国城市化率要达到50%左右，因此，房地产业还有广阔的发展空间。从美国来看，房地产50年来一直是其国民经济的支柱产业，房地产及相关产业占全国GDP的20%左右。而在我国，房地产成为国民经济的支柱是迟早的事，从1998年以后，房地产占我国GDP的份额逐年上升，到2013年，将达到10%左右。因此，不管宏观调控会不会来，房地产市场都会逐渐增长，而宏观调控恰恰有利于行业的健康发展。房地产市场也是一个弱肉强食的市场，优胜劣汰，适者生存。能够存活下来的，必定是健康而有实力的。

这次的宏观调控只是希望把投资速度控制在合理的范围之内，而不是把经济发展速度强压下去。宏观调控将使没有开发能力的企业手中的土地回到市场上来，使整个房地产行业变得更有序、更优化、更有利于开发商素质的提高。因此，可以说宏观调控对于每一个企业来说，是危机，也是机遇。可以预见，在这一次宏观调控中，将会有更多的发展商从小变大，成长起来。

2. 实行一松一紧的金融宏观调控

金融调控是市场经济条件下国家进行宏观经济调控的重要内容，在宏观调控体系中处于主体地位和前沿阵地。房地产金融宏观调控是政府金融主管部门根据房地产业的发展规律和发展现状，通过各种金融手段，从宏观上对房地产业进行指导、监督、调节和控制，以实现房地产市场总供给与总需求基本平衡、供给结构与需求结构整体优化的管理活动。近年来，由于政府加大对房地产行业的扶持，使房地产投资、建设、销售都保持较好的发展势头，这与中央的金融宏观调控密不可分。

2003年7月，央行针对房地产业颁布的121号文件，使政策变扩张为紧缩，虽然有些政策条款缺乏可操作性，但其信号的作用已经传达，就是信贷政策要从紧。2004年4月中央进一步加强宏观调控，一系列政策都与房地产密切相关，但收效甚微。有专家建议，提高利息0.5%左右，将存款准备金率降至2003年9月份的水平，实行这一松一紧操作，虽然宏观上作用微弱，但微观上可能是一个信号调度。在此基础放开紧缩，将有利于我国房地产业的运行。

2004年被房地产业界称为"地产金融年"，"管紧土地，看好信贷"是国家有效调控房地产行业的两大手段，一系列金融政策的出台有效抑制了一些地区和部门的投资冲动，遏制了盲目投资和低水平重复建设,无疑为房地产业“降温”起到了良好的作用。

3. 宏观调控下的新商机

对房地产市场影响最大的政策:一是土地;二是信贷。2004 年的国家宏观调控正是从这两个方面进行调控。业内形成了普遍的共识,即认为此次宏观调控不同于 1993 年对经济过热的打压,新一轮的调控是使市场更加公平透明,开发企业可以在其中获得更多的发展机会。

从土地政策看,有关部门暂停受理、从严审批开发建设单位申报的经营性项目等一系列“紧缩”政策,减缓了新盘入市速度,从源头上死死守住了房地产行业的加速阀门。

从金融政策看,在对土地供给实行控制之外,金融政策也开始“紧缩”,包括银行提高贷款利率,严格控制信贷规模。

尽管土地、金融等一系列“紧缩”政策的出台,在规范市场、提高市场门槛上给市场带来了一定的冲击,但在紧缩和从严的同时,一个规范的、理性的市场雏形已经显现。开发商在这一宏观调控措施的实施下,逐步形成新的认识:

一是在新一轮的商机中,“从严规范”土地和紧缩金融政策仍会是主旋律。住宅供应速度的逐渐放缓,开发商由于资金实力的原因,纷纷往外“吐地”,使得中小企业甚至外行企业、外行资金进入房地产行业时相对谨慎。同时,房地产信贷门槛的提高,也意味着楼盘供应入市速度的减缓。

二是在新一轮商机中,开发商的心态逐渐趋于平稳。在博鳌 21 世纪房地产论坛上,很多房地产业内人士都认为,这次调控不是要把经济过热压下去,而是希望把投资控制在一个合理的范围内,既不是越低越好,也不是重新回到紧缩的过程中。更多的发展商可以利用这次机会,使自己获得更大的发展空间。

三是在新一轮商机中,经济适用住房是绝大多数人关注的热点。对资金需求相对比较低的郊区或近郊中低密度或低层、中层、小高层的住宅产品成了房地产市场的主流住宅产品,这种现象确实使越来越多的普通工薪阶层有了购房置业的欲望。

四是在新一轮商机中,有关部门出台一系列政策,主要是鉴于房地产业在中国国民经济中的支柱地位和作用,为使房地产业稳定健康发展,及弥补市场自发调节不充分而做出的引导措施。新调控政策鼓励扩大住房消费,并未一般性地限制投资,而是要求通过规范市场准入,并通过制定和修订严格的国家标准,规范新投资的进入门槛,使新一轮投资达到当前国际平均水平,将当前困扰我国的问题转化为促进发展的积极因素。同时,新调控政策在调控方式上重点是依法规范市场主体行为,完善相关制度,发布景气预指信息,引导消费者和投资者行为。

总之,在新一轮的宏观调控政策下,房地产企业将重新洗牌,股权资金雄厚、融资渠道宽广、房产质量和服务优良、经营管理成熟的房地产企业,将并购那些自有资金不足、缺乏融资渠道的企业,通过并购和兼并,中国的房地产企业将会向规模化和集约化方向发展。大型房地产企业,应当广泛建立战略联盟,加强战略合作,尤其是以资源获取为目的的战略合作。企业通过共同协作,更高效、更低成本地实现对土地、资金的使用,有利于企业的发展壮大。

4. 房地产发展的宏观调控方向

当前,要调整、优化房地产投资结构,保证普通商品住宅建设,就要从土地供应、银行信贷、税费优惠和基础设施配套等方面加大对普通商品住宅尤其是经济适用房的建设和供应,保证普通商品住宅以较快的速度发展,满足人们日益增长的住宅需求。针对当前我国住房炒作过热,房价节节攀升的现状以及宏观调控过程中存在的一些问题,对房地产业的宏观调控应注意以下几个方面的问题:

(1) **适度减速**。房地产是支柱产业,其发展直接影响到国民经济的增长速度。目前,房地产投资占国民经济总投资的 18~20%,北京、上海、深圳等发达城市的比例更高,因此,房地产投资要减速,要服从国民经济宏观调控的大局。

同时,房地产投资的减速要与房地产市场的需求增长相适应,否则会出现供不应求的状况,使市场发展状况与宏观调控的目标相悖。

(2) **减速与规范**。房地产业现在面临双重环境:一方面是宏观调控需要房地产业发展适当减速,另一方面是市场要求房地产行业规范化。房地产业那些非正常、非理性的需求需要适当减少，而土地市场和金融市场应当规范化。20世纪90年代以后我国房地产行业发展很快，但土地政策和金融政策却规范不够，所以在宏观调控中要求市场规范，行为规范，这是房地产业的健康发展准则。

（3）**谨防过热**。应当说，我国的房价到目前为止是基本合理的，有时偏高或偏低，在市场经济的条件下都是正常的，但房地产出现过热有两种情况：一种是盲目性过热，另一种是泡沫性过热。盲目性过热是指一些地方领导为了追求政绩，过分开发，过分投资，致使大量房产卖不出去，空置房增多，房价下跌。泡沫性过热是表面上的房产热销，供不应求，房价节节上升，但实际上并不反映真正的供求关系。这种泡沫性过热在房地产市场经济中很容易出现，如果不采取积极措施，泡沫就会越来越大，将会带来严重的后果。因此，宏观调控过程中必须谨防过热现象。

（4）**深化土地供应改革**。土地供应量的控制对房地产业的发展有直接的影响。中央对土地供应量控制的目标首先是控制规模，清理市场，这必然会影响房价。地价和房价的关系正如鸡和蛋的关系，地价是由房价决定的，但地价又推动了房价。所以宏观调控对房地产市场最大的考验是能不能使房价平衡，做到“房价缓缓涨，楼市年年旺”。

（5）**开拓多种融资渠道**。资金是房地产开发的关键，在企业资金不足的情况下，要拓宽融资渠道，实行融资多元化战略，既要注重国内融资，也要注重国外融资。目前我国房地产业融资的主要渠道仍然是国有银行，其融资渠道过于单一。宏观调控应从开辟多渠道入手，建立多渠道的融资机制。随着我国加入WTO，外资银行将会逐渐进驻我国，但它们不太了解中国市场，而且它们又是特别注重资金的安全性，因而不敢贸然投资中国市场。因此，房地产运作项目要打造自身符合国际化要求，以吸引国外银行的投资，使得融资渠道更加宽阔。

（6）**加息以控制开发资金**。如果采用控制对开发商的信贷规模来实施宏观调控，只能进一步加剧房价的上涨，而且还会进一步刺激地方政府通过高价卖地的欲望，如此这般，只能形成恶性循环。相反，通过加息的办法，则是从源头上扼制了房价上涨的可能。正如业内专家所称，加息已被公认为调控房地产供给与需求的最好的市场化手段之一。通过加息来减少购房需求针对的不是压制个人，而是意在抑制地方政府大搞拆迁制造大需求的错误动力。加息使得居民购房成本大增，必然增加居民对抗地方政府拆迁的动力，从而迫使地方政府减少制造需求的频度，地方政府制造购房需求的频度减少了，自然就会令高价卖地难以为继。因此，通过加息来实施下一步的宏观调控并非不可能。

（7）**城市运营市场化**。城市运营市场化是解决房价高企问题的有效手段之一，尽可能取消公用事业投资的准入壁垒，减少政府财政对公用事业的补贴，使赢利资本迅速进入这一领域，将大量未经开发的土地变为可以投入房屋建造的土地。同时，政府应规范、完善土地市场的规划，完全通过招标、拍卖等方式出让土地。如此，政府和房企才可以通过城市的快速扩张获得最大限度的双赢。而城市的扩张将迅速降低市场交易成本，促进整个社会经济的全面增长。

（8）**取消现行房屋预售制度，改期房销售为现房销售**。具体做法：**一是从控制销售方式（实质上是提高投资门槛）入手，化解国内房地产金融风险**。鉴于在2004年全国房地产开发资金总共所筹措的17168.8亿元中，银行贷款的比重在55%以上，较往年仍有所提高，这表明房地产投资自有资金比例的下降，房地产贷款仍然具有潜在风险。通过取消期房预售来缩减房地产开发对银行资金的过重依赖，是完善房地产金融市场的首要任务。**二是从开发源头推动楼市理性回归**。房屋预售制度对培育房地产市场的确起到了重要作用。但一些不讲诚信的企业越来越将“预售经”念歪，在金融风险之外，商品房预售也给购房人带来风险。因此，取消房屋预售制应是一项政策利好。从制度层面看，当初为了加快推行住宅商品化而实行的房屋预售制度，最大限度地照顾了开发商的利益，忽略了购房人的利益，在楼市已过热的情势下，这种不对等的制度理应废除；从内容上看，房产开发商预售合同也正在对购房者生成不利约束，各种格式条款的存在让更多的购房者处于劣势地位，绝不应有继续存在的空间。

总之，当务之急是要把房地产价格控制在正常上涨的范围之内，采取切实措施消除非正常上涨因素，从宏观方面对房地产结构性矛盾进行调控，缓解结构性供不应求状况。

六、房地产宏观调控重在抑制不合理需求

我国的房地产市场虽然发育较晚，但发展很快。这几年，房地产投资快速增长，规模迅速扩大是由房地产需求增长决定的。在市场经济条件下，要压缩投资、降低投资增长率，必须从缩减需求、抑制不合理需求增长入手。否则，若缩减了供应量，而需求量不变，就会造成商品房供不应求，引起房价快速上涨，助长通货膨胀。这显然违背了宏观调控要防止通货膨胀的本意。当前，商品房需求旺盛，集中反映在商品住房需求上。从住房需求看，可以做出“3+1”的分析：“3”为三个方面的住房消费需求，“1”为住房投资需求。

1. 住房消费需求之投资性住房需求

由于房地产具有消费品和投资品的双重特性，在市场经济中必然会产生投资行为。在房地产市场景气的情况下，投资需求趋旺是正常现象。投资型住房需求，在市场经济国家中都有发生，在不同的房地产发展时期、不同的地方有不同的表现。在我国当前的金融和投资环境下，存款利率低，股市不景气，居民投资渠道单一，房地产投资自然成为居民选择的一个投资渠道。住房投资者的预期与住房消费者的预期不同，前者追求的是投资回报，关心房价和租金上涨，后者关心的是居住舒适、方便和安全。在房屋供不应求、房价迅速上涨的房地产市场，投资需求者会增多，并往往会成为短期投资的炒楼者。而炒楼人数增加，导致投资需求的加大，会进一步加剧房屋供求矛盾，从而导致房价的进一步攀升，形成房地产泡沫。可是，无论从当前宏观经济调控要求，还是从控制房价上涨，促进房地产市场持续健康发展要求，都要十分关注投资需求的比例。在房价上升快的城市，需要抑制或限制投资性需求，特别是“炒楼需求”。在房价涨幅大的长江三角地区如上海、南京、杭州等地正在通过经济的、法律的及行政的手段，限制炒楼。国家主管部门应通过专项调研，总结各地的做法和经验，进行分类指导。

2. 住房消费需求之“主动型”住房消费需求

“主动型”住房消费需求指随着国民经济发展和国民收入增加，居民为改善和提高住房条件，主动买房和租房的需求。它是最优秀的消费需求，是进一步推动消费的重要力量。在当前宏观经济环境看好、居民收入预期也看好的情况下，应当要进一步引导好、保护好、发挥好“主动型”住房消费需求，促进其持续、稳定、快速地发展。

3. 住房消费需求之“被动型”住房消费需求

这是指由于城市改造和拆迁力度的加大，在拆迁货币化的推动下，居民“不得不”买房或租房的需求。“被动型”住房需求是当前住房需求的主要部分。在许多城市，这种住房需求少则占住房需求总量的1/3，多则达一半。“被动型”住房需求的迅速增加源于旧城改造加速，特别是城市房屋的大拆大建和广场马路的拓展。假如放缓城市改造和拆迁速度，减少旧房拆迁量，就可以减少被动型住房需求。“被动型”的房地产投资是由“被动型”的住房需求带动起来的，而产生“被动型需求”的主动权掌握在城市政府的手中。放缓和抑制“被动型”需求也应当成为当前宏观调控的一个着力点。更何况,有不少城市因在大拆大建执行拆迁政策产生偏颇,造成上访投诉事件剧增;也有不少城市因拆得急、建得快,市政配套设施跟不上,工程质量得不到保证;也有一些城市拆了不该拆的房,缺少周密的规划布局程序,给城市未来发展带来了隐患。为此,国家有关部门应组织开展这方面的调研,从城市规划、土地规划等方面控制“大拆大建”的不当行为,适度放缓城市改造速度,抑制一部分“被动型”的住房消费需求,使之适度而有效地释放。同时,也应使科学发展观在城市建设和发展中得到更好的落实。

4. 住房消费需求之“自动型”住房消费需求

这是指城市化进程中,农民进城务工经商,“自然”而“主动”租房或买房的需求。这种“自动型”住房消费需求,在大中城市的住房销售市场上表现不明显,主要表现在住房租赁市场和中小城镇的住房销售和租赁市场上。许多打工者租住的是城乡结合部农民的住房。因此,调整“自动型”需求操作难度较大。

七、住宅建设的调控宜松紧适度

当前,中国经济增长中存在着明显的结构性矛盾,这就是:投资过热、消费偏冷。2004 年一季度投资增长速度为 35%,而消费增长速度仅为 9.2%。宏观经济调控中的一个重要目标就是要优化经济结构:一方面抑制投资过快增长,降低投资在 GDP 增长中的比重;另一方面进一步拉动消费,提高消费增长速度。

住宅是投资和消费的结合体,它在开发建设中是投资行为,而进入销售后又变为消费行为。商品住宅一直占据房地产投资产品的大头。近几年商品住宅投资占房地产开发总投资的 67%左右,商品住宅竣工面积占商品房竣工总面积的 82%左右。从降低固定资产投资增速来看,放缓住宅投资增长幅度符合宏观经济调控的要求。但从提升消费增长速度,改善消费结构看,住宅消费不仅不能缩减,反而还应保持快速增长。之所以出现这种抑制投资而又要拉动需求的状况是因为,住宅投资的性质不同于工业项目和基础设施项目等,它所产出的是社会所需的最终消费品——住房。住房消费是当前最热的消费品之一,是最大的居民消费投入之一,也是拉动国民经济快速、平稳、持续增长最有效的途径之一。目前,我国城镇人均住房面积仅为 23 平方米,刚刚跨入“居者有其屋”的初级阶段,距离人均 35 平方米左右的小康水平还有很大一段距离。加上城市化的推进,城镇总人口的不断增加,未来中国住房市场需求将会持续旺盛。因此完全有理由认为,在总量远远不足的今天和今后较长一段时间里,住宅建设不大可能出现产能过剩和大起大落的问题。

住宅投资不同于一般固定资产投资,除了产出的是最终消费资料而不是中间阶段的生产资料外,它的运行机制也不同于许多以行政行为为主导的固定资产投资。目前工业项目和基础设施项目投资增长速度过快,特别是一些“政绩工程”和“形象工程”,多是由于政府主导的行为造成的,而住宅项目投资的主体不同于上述工业项目和基础设施项目,大多已是市场化运作。这几年房地产开发企业通过国企改制和民营化,受到的行政干预较少,市场化意识逐渐加强,投资盲目性减少,这可以从新建的商品住宅空置率比较适度中反映出来。投资要降温,消费要加热,于是我国的住房市场就出

现了这一矛盾。住宅建设从固定资产投资的角度看要降温，从居民买房的群体消费角度看需要加热。也就是说在现阶段，既需要准确把握住宅投资的调控力度，又需要保持住宅消费的适当温度。

八、应严格控制商业地产的投资规模

2004 年 1-4 月，商业房地产投资增幅明显加大。其中，办公楼投资增幅为 53.6%，商业营业用房投资增幅为 48.6%，均高于同期住宅投资 32.2%增幅，也远高于 2003 年同期商用房投资的增幅。分析其中原因，主要有两个方面：一是由于城市第三产业发展的拉动，包括商业业态发展变化带来的新需求；二是城市改造加快，大量拆建所致。其中也包括一些地方政府追求“现代化”，互相攀比，贪大求新，使党政机关大楼、大型购物广场、物流园区、会展中心等纷纷上马。许多城市的商业设施已基本完善，人均商业面积也不少，但一些开发商受利益驱动，仍然盲目投资商业房地产项目。目前，自 2003 年以来出现的一股“商铺热”，至今仍热度不减。不少开发商采取了年包租，每年给一个固定回报，让买者产生一个好预期的办法来吸引个人投资者购买，从而导致商业用房房价居高不下。而商业用房的投资回报是由商业经营的状况来决定的，三年之后能否经营好，是否有好回报，谁也说不清。所以，实际上存在开发的盲目性和很大的投资风险。现在已发现有不少商场由于商业定位不准或管理不善，开张后就出现经营不佳的情况，甚至引发各种纠纷。

非居住用房需求和投资膨胀，应当引起高度关注，10 年前有关部门曾发文严格控制高档商场的建设。针对目前出现的商业地产投资过热情况，建设主管部门应联合商业部门对各地、各类商业用房的开发和经营进行正确的市场引导，有的放矢，采取有效的调控举措。同时，行业协会和商会要通过传播市场信息、引导和帮助企业做好商业与地产的对接工作，使商业地产的开发与经营管理形成互动，防止低水平重复建设和业态错位。

总之，宏观调控要求房地产需求匀速缓慢释放，减少对供应即投资的压力，为压缩固定资产投资增长作出努力。但是，由于“主动型”的需求是不应该也不可能压减的，而因大拆大建释放出来的“被动型”要求，也不可能再减少。对房地产“自动型”的需求也已客观生成，满足这些需求又是必须的。因此不能采取“急刹车”，也不能搞“一刀切”，但至少要“切一刀”。对房地产投资和开发规模的调节力度，要依据各地不同的需求状况来把握。否则房地产市场就会因调控不当而出现供求关系失衡，就会出现房价的进一步攀升，不利于房地产市场健康发展和社会稳定。在经济发展的不同阶段，政府应因时制宜，相应调整财政政策、金融政策、货币政策、土地政策等，从而对房地产业的发展和房地产市场的运行产生适当的影响。但是房地产业作为国民经济支柱产业的地位不会变，而且从长期来看，我国房地产业的发展空间广阔。因政策的调整和变化，房地产的投资和消费会有热有冷，市场发展会有起有伏，但是对于开发商而言，始终认真做好产品定位，不断提升房地产产品品质，并热情提供各项服务，才能“任凭风浪起，稳坐钓鱼台”。

（**编者注：**本章中“宏观调控与房地产市场”一文由上海恒杰房地产开发有限公司董事长朱益民先生撰写）

第三章 宏观调控下开征物业税的连锁影响

物业税的开征将给买房价格、住房成本、土地开发成本等方面带来巨大的影响，并会在相当程度上影响到人们的购房行为，是选购价格较高但居住成本较低的房屋，还是选购价格较低而居住成本较高的房子？物业税怎样开征、开征后将给房地产市场带来怎样的具体影响？这些问题一直是业界和市场关注的焦点。

一、房地产税负结构亟待改革

我国房地产税负分布存在明显不合理的地方，税费多集中在房地产开发环节和交易环节，在这两个阶段税费多、税负重，而在房地产保有环节则课税少、负担轻、税收优惠范围大。这种税制可称为“头税重，二税轻”。这种典型的窄税基模式造成了严重的税负不公，不利于房地产市场的健康发展。

经过多次调整，我国的房地产税制基本上形成了依据土地与房产的取得、保有、交易三个环节进行课税的税收体系。相应的，我国房地产税费大致可分为三类：第一类是房地产取得税，这是对取得土地、房屋所有权人课征的税收，涉及税种有土地资源方向调节税（现已停征）、建筑业营业税、契税、耕地占用税等；第二类是房地产保有税，是对拥有房地产所有权人或占有人课征的，涉及的税种：有房产税、城镇土地使用税；第三类是房地产转让税，是对房地产或土地在经营、交易过程中，就其所得或增值收益课征的税收，主要有印花税、契税、营业税、企业所得税、城市维护建设税、教育费附加、土地增值税等。

由于房地产所涉及税费的调节对象主要是房地产的开发环节和交易环节，这些环节税收负担过重，无疑会迫使开发商将昂贵的土地出让金以及增加的新建商品房的成本转嫁给购房者，势必造成房价的居高不下；另一方面，房地产保有环节税费种类过少、税负过低，势必会使一部分人出于投资动机占据大量房产，也给大量投机炒房族提供温床，从而导致市场炒作投机盛行，房地产闲置与浪费的现象日趋严重。

而在发达国家中，很少出现这种“头税重、二税轻”的房地产税负现象。发达国家非常重视房地产税制的建设和完善，并以此作为调控房地产业运行的重要手段和财政收入的重要来源。而在我国，税负调节的主要对象是开发商，对购置土地后再转让征收的税负特别高，而业主买了房子之后则基本上不用交税，这跟发达国家刚好相反。比如地广人稀的加拿大，土地面积几乎与我国相等，人口只是我国 1/40，但在这种情况下，加拿大对土地管理仍然非常严格。加拿大房地产税制调节的重点是保有税，而不是开发商开发过程中的税收。比如花 320 万加元买一套别墅之后，每年还要交地税 24 万加元的保有税。

我国也意识到了房地产税制存在的缺陷，党的十六届三中全会《关于完善社会主义市场经济体制

若干问题的决定》中明确提出："实行城镇建设税费改革，条件具备时对不动产开征统一规范的物业税，相应取消有关收费"。

2004年初中国人民银行行长周小川接受记者采访时曾表示，我国将在适当的时机选择试点实施物业税，届时将对不动产开征统一规范的物业税（财产税），相应取消其他与房地产有关的税目。随后召开的广东省财政工作会议上，省财政厅负责人透露：广东可能将对不动产开征统一规范的物业税。新的物业税是将现行的房产税、城市房地产税、土地增值税以及土地转让金等税费合并，转化为在房产保有阶段时统一收取的物业税，即将现在买房子前要交纳的税和部分地价，放到买房后按年缴纳。而开征物业税在很大层面上是基于目前房产保有环节税负较轻这一因素的考虑，以改变以往不动产税制中那种"重交易，轻拥有"的局面，进一步均衡政府长期财政收入，开征物业税将政府财政收入与土地、房价直接挂钩，促使地方政府改变其短期行为，更加关心投资环境，将享受政府市政配套与物业税结合起来，对不同区域的业主更加公平，也将降低房地产开发的进入门槛。但物业税的开征在理论上尚有若干问题需要进一步界定，在实施层面上也需进一步细化。

二、开征物业税有利于房地产业持续健康发展

物业税能够随着土地或房产市值的变化而变化，可以通过税率对房地产市场的需求进行调节。从中长期来看，住宅市场将由目前的"购买成本高"而"使用成本低"向"购买成本低"而"使用成本高"转变，这种转变将端正部分购房者的消费心态，特别是那些超出自己经济实力进行购房的行为将受到抑制，有利于房地产市场的健康发展。具体而言，在房地产开发门槛、房地产评估服务、投资性购房、楼盘质量等方面都会有显著的提高或改善。

1. 房地产行业暴利时代将一去不复返

房地产税制调整后，房地产开发门槛降低，巨大的行业利润会吸引众多产业包括民间资本进入房地产的开发领域。开征物业税后，开发商为获取开发土地而需预先支付的成本大大降低，这些年所显示出的巨大利润空间由于行业壁垒降低，必然会使更多资本进入，资金实力将不再是房地产企业竞争力的决定因素，房地产行业的平均利润将大幅度下降，以往的暴利时代将随着物业税的开征一去不复返。

2. 避免重复征税和出现"政策性负资产"

对于在开征物业税之前就已经拥有房地产产权的业主来说，他们已经一次性地在购房款中支付了地价和相关税费，如果针对他们也开征物业税，就出现了明显的重复征税，这与国家的有关法规不相适应。针对这一问题，目前提出的主流的解决办法是对新房和旧房采取不同的税率和征税办法。新房税额的调整要考虑土地出让金的因素。也就是说，无论新房还是旧房都要交税，

只是负担不同。但这也是不合理的——如果物业税的征收导致房价下降，就极有可能出现现有房产出现政策性资产贬值，贷款风险将增大，影响社会安定，因此，从实际出发，物业税必须有所区分。

3. 不动产评估行业将大规模发展，相应的评估细则、法规的制定将提上议事日程

根据国际惯例，由于征收物业税需要有关部门定期对已出售房屋的土地或房产进行评估，在评估价格的基础上征收物业税，应缴纳的物业税会随着土地或房产市场价格的改变而改变，征税的环节将集中在房地产的保有阶段。由于我国的房地产市场容量巨大，因此，一旦开征物业税，我国的评估业面临巨大的市场需求，提供的就业机会也将呈现几何级数扩张。市场的爆发性增长在为评估行业带来千载难逢的机遇，同时，也将对不动产评估业提出严峻的考验。目前的评估队伍和评估办法是否能适应未来的需要，相应的评估细则、法规的制定何时能够提到议事日程，都是急需解决的问题。同时，由于每年都需要重新评估土地价值和确定具体的纳税额，其中的利益非常之大，而评估又是持续性的。在评估的过程中，由于受利益的驱动，极有可能会出现较多的评估机构、评估人员、房地产所有人之间的不当行为，如何规范评估行业的行为，保证评估的科学、公开、公正，也是开征税收时面临的一道难题。

4. 租金有望下降，投资性购房更加理性

对物业税的征收最有力的监管体制，可能还是在最终的交易上设置关卡，即不交齐不予过户。不过，这需要建立详细的住房信息系统，同时要求现有的税务管理体制进行新的改革。如果在过户上设卡，则会有很大一部分准备流转的房产转向非法租赁寻求回报；面对大范围的欠缴问题，清理也是一个很大的难题。同时，一些闲置房产的资金压力也越来越大，迫使炒房一族甚至一般的投资购房者的投资行为更加理性。收取租金在房产投资中的比例将有所下降，炒卖房产的势头将得到一定的遏制，物业税开征将使二级租赁市场发展更加规范、更加成熟。

5. 建筑设计更加注重户型面积的有效使用，楼盘质量竞争加剧

从某种角度看，物业税的征收标准与物业的面积或造价有一定关系，如果像个税一样征收则必然出现多个不同建筑面积下税率的临界点，这些临界点下将积压大量面积，设计师在进行户型设计时将考虑税费因素。如果采用统一的税率，户型面积区间将压缩在一个功能比较合理的范围内。同时，由于税费的征收，居住成本上升，楼盘的质量也将成为楼盘竞争的热点。

三、开征物业税之于宏观经济

1. 对宏观经济政策的影响

土地的供应量是有限的，如果供应政策把握不当，比如说把初始价格定高了，就可能会直接引起资产泡沫——这是房地产宏观调控应着力解决的问题。另一方面，开征物业税对地方政府的税收会产生重大影响。任何一个地方政府财政都会争取自求平衡以避免财政赤字，地方政府是否有主力税种获得财政收入是关键，有的发展烟草，有的发展制酒业，这都需要因地制宜。如果没有物业税这个税种，地方政府就会过分注重其他税种，甚至产生行为偏差。为了开辟税源，地方政府就会倾向于发展加工业，抢着上汽车、钢铁等项目，这会造成许多产业重复建设。反之，如果物业税成为城市政府的主力税种，会使政府注重基础设施、环境和投资条件的改进，也有利于理顺中央和地方的事权关系。因此说，征收物业税对宏观经济运行的影响不可小视。

2. 对融资模式的影响

目前，我国房地产融资主要方式有：自有资金＋银行贷款、自有资金＋信托资金、股权融资＋银行贷款、自有资金＋房地产投资基金等四种类型。自有资金＋银行贷款一直是我国传统的房地产融资方式，虽然国家为了防止房地产出现过热，在房地产金融上颁布了一系列法规对房地产融资渠道进行限制，但是由于房地产行业自身特点，它对金融始终保持着很强的依赖性。特别是现行的房地产运作方式，从获取土地到最后销售，虽然税费计入成本最后部分摊到消费者身上，但是开发商在前期获取土地项目建设而垫付的成本仍然很高，需要大量的资金，因此很难脱离银行的背后支持。

开征物业税后，开发商所需预先支付的成本就能大大降低，地价和相关税费分几十年分摊，有些项目基本就不需要贷款，这又给银行造成了一定的压力。另一方面，开发成本的降低必然使消费者购房的门槛降低，但是购房以后每月要负担的费用却增高了。这种趋势将促使金融品种越来越多，以适应市场的需要。

实行物业税制度，对房地产开发融资模式还有其他的一些影响。为了加强市政基础设施建设，政府可以发行市政债券，但由于市政基础设施属公共产品范畴，往往在收费上存在困难。然而，由于市政基础设施建设提高了整个城市土地的价值，因此可以设计出一种新的资本市场融资模式，用未来物业税的增长带来的现金流为发行市政债券做担保。同时，引入债券评级公司对发行的市政债券进行债券评级，加大透明度和公众监督。这对城市发展来说不愧为一种比较有效、规范的融资方式。

四、开征物业税的时机选择

开征物业税涵盖了土地出让金等相关税费，所以会涉及税务、国土、工商、公安户籍等多个部门，征收涉及环节多、范围广，并且牵扯了社会上各个阶层和团体的利益，平衡起来难度大。同时鉴于人员流动和多处置业的普遍性，住房的所有者也许并不在所在区域长期居住，特别是大范围的普查、登记、评估，工作量和难度之大超乎想象。所以制度健全和完善，尤其是征收和监管体制还需要相当长的一段时间进行改革。

现在实行的土地拍卖制度（地价一次性交清）是完全市场经济条件下获取土地使用权的公平竞争方式，其实也是一个资金门槛，把很多资金实力弱的开发商拒之门外。一旦不需要一次性交清土地价款，那些小企业甚至不是房地产行业的公司就有可能来到这个利润丰厚的产业。就拿目前每个城市几百家甚至上千家的开发商来说，如果在土地管理上不设门槛，会使大量的机会主义者借机与政府拍卖的土地收板，有随时冲垮市场的可能。另外，如何公平获得土地，土地资源如何配置等问题同样必须引起重视。

显而易见，在物业品质（地段、环境、户型等）相差不大的情况下，对土地的一次性投入过大的房产必将遭遇市场的无情抛弃，会造成新的更加不公平的市场经济混乱。而如果对已经一次性交清土地款的开发用地采取全部退还已交地价款的办法，政府的财政又是难以承受的，更何况有的土地款已经投入了道路和桥梁建设。短期内似乎还没有一个平衡市场价格的万全之策。

在物业税的实际执行中，如何有效地征收才是最重要的。从个人所得税的艰难征收历程，以及现在花样繁多的逃税方法就可见一斑。以全社会居民拥有房产为征收对象的物业税，以我国目前的征收力量和办法显然难以应付。由于物业税的征收期长达几十年，不可能与银行每月按揭相提并论，一旦出现拒交、逃税或者无力交纳，将会大大提高征收机关的执法成本。所以，在目前，我国要对房产征收物业税，还需谨慎而行。

第四章 调整供应结构 稳定住房价格

一、新旧"国八条"比较

2005 年 3 月底,国务院办公厅发出《关于切实稳定住房价格的通知》,被称为"国八条"。这八条意见为:

一、高度重视稳定住房价格;

二、切实负起稳定住房价格的责任:房价提高到政治高度,建立政府负责制,省政府负总责,对住房价格上涨过快,控制不力,要追究有关责任人责任;

三、大力调整住房供应结构,调整用地供应结构,增加普通商品房和经济住房土地供应,并督促建设;

四、严格控制被动性住房需求,主要是控制拆迁数量;

五、正确引导居民合理消费需求;

六、全面监测房地产市场运行;

七、积极贯彻调控住房供求的各项政策措施;

八、认真组织对稳定住房价格工作的督促检查。

2005 年 5 月 13 日,七部委出台关于稳定住房价格的八条意见,被业内人士称为"新国八条":

一是强化规划调控,改善商品房结构。

二是加大土地供应调控力度,严格土地管理。

三是加强对普通商品住房和经济适用住房价格的调控,保证中低价位、中小户型住房的有效供应。

四是完善城镇廉租住房制度,保障最低收入家庭基本住房需求。

五是运用税收等经济手段调控房地产市场,特别要加大对房地产交易行为的调节力度。

六是加强金融监管。

七是切实整顿和规范市场秩序。强化法治,严肃查处违法违规销售行为。

八是加强市场监测,完善市场信息披露制度。加强舆论引导,增强政策透明度。

二、全面解读2005年七部委房产新政

进入2005年,房地产市场调控力度进一步加大。继国务院常务会议提出加强房地产市场调控的八项措施后,国务院办公厅又于5月11日转发了建设部等七部委《关于做好稳定住房价格工作的意见》(以下简称《意见》),进一步提出了市场调控的具体政策措施。从《意见》中具体提出的八条意见来看,其出台决不是为了打压房价,而是为了在保护合理住房消费的同时,打击投机炒房行为。对于业界及消费者来说,了解《意见》出台背景,理解《意见》出台的真实意图,把握房地产调控后续政策走向,均具有重要的理论与实践指导意见。

1. 七部委稳定房价《意见》的出台

2005年5月11日,国务院办公厅转发了建设部、发展改革委、财政部、国土资源部、人民银行、税务局、银监会

七部委联合出台的《关于做好稳定住房价格工作的意见》，这是继国务院常务会议提出加强房地产市场调控的八项措施之后，针对房地产市场提出的操作性较强的具体政策措施。

保持房地产市场持续健康发展，事关国民经济和社会发展全局，事关全面建设小康社会目标的实现。当前一些地区存在房地产投资规模过大、商品住房价格上涨过快、供应结构不合理、市场秩序比较混乱等突出问题。《意见》开宗明义提出："为进一步加强对房地产市场的引导和调控，及时解决商品住房市场运行中的矛盾和问题，努力实现商品住房供求基本平衡，切实稳定住房价格，促进房地产业的健康发展"，提出具体的八条意见：

第一条意见 强化规划调控，改善住房供应结构。要求各地城市规划行政主管部门在符合城市总体规划的前提下，根据当地政府确定的中低价位普通商品住房和经济适用住房的建设需求，加快工作进度，优先审查规划项目，在项目选址上予以保证。同时，要严格控制低密度、高档住房建设。对中低价位普通商品住房建设项目，在供应土地前，由城市规划主管部门依据控制性详细规划出具建筑高度、容积率、绿地等规划设计条件。房地产主管部门会同有关部门提出住房销售价位、套型面积等控制性要求，并作为土地出让的前置条件，以保证中低价位、中小套型住房的有效供应。要求各地加强房地产开发项目的规划许可监管，对2年内未开工的住房项目，再次进行规划审查，对不符合规划许可的项目要坚决予以撤销。

第二条意见 加大土地供应调控力度，严格土地管理。要求各地区在严格执行土地利用总体规划和土地利用计划的前提下，根据房地产市场变化情况，适时调整土地供应结构、供应方式及供应时间。在增加中低价位普通商品住房和经济适用住房建设用地供应量的同时，继续停止别墅类用地供应，严格控制高档住房用地供应。各地土地管理部门要严格土地转让管理，对不符合法律规定条件的房地产开发项目用地严禁转让，依法制止"炒买炒卖"土地行为。加大对闲置土地的清理力度，切实制止囤积土地行为，严格执行法律规定，对超过出让合同约定的动工开发日期满1年未动工开发的，征收土地闲置费；满2年未动工开发的，无偿收回土地使用权。

第三条意见 调节住房转让环节营业税政策，严格税收征管。要求各地充分运用税收等经济手段调节房地产市场，加大对投机性和投资性购房等房地产交易行为的调控力度。自2005年6月1日起，对个人购房不足2年转手交易的，销售时按其取得的售房收入全额征收营业税；个人购买普通住房超过2年（含2年）交易的，销售时免征营业税；对个人购买非普通住房超过2年（含2年）转手交易的，销售时按其售房收入减去购买房屋的价款后的差额征收营业税。要求各地严格界定现行有关住房税收优惠政策的适用范围，加强税收征收管理。对不符合享受优惠政策标准的住房，一律不得给予税收优惠。

第四条意见 加强房地产信贷管理，防范金融风险。人民银行及其分支机构要加大"窗口指导"力度，督促商业银行采取有效措施，加强对房地产开发贷款和个人住房抵押贷款的信贷管理，调整和改善房地产贷款结构。银监会及其派出机构要严格督促各商业银行进一步落实《商业银行授信工作尽职指引》，切实加强贷前调查、贷时审查和贷后检查的尽职工作，建立各类信贷业务的尽职和问责制度。要加大对商业银行房地产贷款的检查力度，切实纠正违规发放贷款行为。对市场结构不合理、投机炒作现象突出、房地产贷款风险较大的地区，要加强风险提示，督促商业银行调整贷款结构和客户结

构，严格控制不合理的房地产贷款要求，防范贷款风险。

第五条意见 明确享受优惠政策普通住房标准，合理引导住房建设与消费。要求各地在规划审批、土地供应以及信贷、税收等方面，对中小户型、中低价位普通住房给予优惠政策支持。享受优惠政策的住房原则上应同时满足以下条件：住宅小区建筑容积率在1.0以上，单套建筑面积在120平方米以下，实际成交价格低于同级别土地上住房平均交易价格1.2倍以下。各省、自治区、直辖市要根据实际情况，制定本地区享受优惠政策普通住房的具体标准。允许单套建筑面积和价格标准适当浮动，但向上浮动的比例不得超过上述标准的20%。各直辖市和省会城市的具体标准要报建设部、财政部、税务总局备案后，在2005年5月31日前公布。

第六条意见 加强经济适用住房建设，完善廉租住房制度。要求各地按照《经济适用住房管理办法》和当地政府的规定，落实经济适用住房项目招投标制度，加强经济适用住房建设，严格实行政府指导价，控制套型面积和销售对象，切实降低开发建设成本，建设单位利润要控制在3%以内。有关具体要求在《国有土地划拨决定书》中予以明确，并向社会公示。各省、自治区、直辖市要督促市（区）、县抓紧开展城镇最低收入家庭住房困难情况的调查，全面掌握本地区廉租住房需求情况，并建立保障对象档案。要根据廉租住房需求，切实落实以财政预算安排为主，多渠道筹措廉租住房资金，着力扩大廉租住房制度覆盖面，加快解决最低收入家庭基本住房需要。城镇廉租住房制度建设情况要纳入省级人民政府对市（区）、县人民政府工作的目标责任制管理，省、自治区、直辖市相关部门要加强监督检查。

第七条意见 切实整顿和规范市场秩序，严肃查处违法违规销售行为。禁止商品房预购人将购买的未竣工的预售商品房再行转让。在预售商品房竣工交付、预购人取得房屋所有权证之前，房地产主管部门不得为其办理转让等手续；房屋所有权申请人与登记备案的预售合同载明的预购人不一致的，房屋权属登记机关不得为其办理房屋权属登记手续。实行实名制购房，推行商品房预售合同网上即时备案，防范私下交易行为。要求各地严格房地产开发企业和中介机构的市场准入，依法严肃查处违法违规销售行为。对虚构买卖合同，囤积房源，发布不实价格和销售进度信息，恶意哄抬房价，诱骗消费者争购，以及不履行开工时间、竣工时间、销售价格（位）和套型面积控制性项目建设要求的，当地房地产主管部门要将以上行为记入房地产企业信用档案，公开予以曝光。

第八条意见 加强市场监测，完善市场信息披露制度。要求各地建立健全房地产市场信息系统，加强对房地产特别是商品住房市场运行情况的动态监测。加强对同地段、同品质房屋销售价格和租赁价格变动情况的分析，准确判断房价变动趋势。要建立和完善土地市场动态监测制度，加强对建设用地供应、土地价格变动情况的监测分析，科学预测商品住房对土地的需求。各有关部门要加强信息沟通与整合，适时披露土地供应、商品住房市场供求，以及土地和住房价格变动等信息。要加强舆论引导，增强政策透明度，稳定市场心理预期，促进市场理性发展。

2. 七部委房产新政出台背景

这次建设部等七部委联合制定的《关于做好稳定房价的工作意见》，是在房价、投资、供应结构和市场秩序等方面存在的问题日益突出的背景下出台的。

一是商品房价格上涨过快。据国家统计局数据，2004年商品房平均价格同比增长14.4%，其中商品住宅价格同比增长15.2%，首次出现两位数增长，并超过居民收入增长。其中，无锡、苏州、青岛、厦门等部分城市超过20%。2005年一季度，商品房、商品住宅平均价格，分别为每平方米3015元和2820元，同比又分别增长12.5%和13.5%，继续保持两位数增长。从全国看，房价过快上涨呈蔓延态势，由上海、浙江、江苏等东部沿海地区向其他地区扩展，今年以来中部地区部分城市涨速加快。同时，二手房价格上涨加速。据40个重点城市市场监测数据，约一半城市的二手房价涨幅超过了新建商品住房价格上涨的幅度，最高的达到了48.3%。

二是部分地区房地产投资规模过大。2004年房地产开发投资增长28.1%，2005年一季度增长26.7%，增幅比2004年同期回落13.5个百分点。房地产开发投资、施工

面积和土地购置面积增幅，以及新增开发贷款同步下降。但2005年的投资增长，是在2004年同期较高增幅基础上的增长，并高于全社会固定资产投资增幅，特别是个别地区房地产开发投资超过全社会固定投资的50%，是推动当地全社会固定资产投资膨胀的重要因素。2005年一季度，13个省（区）房地产开发投资增幅超过了30%，其中有6个超过50%，最高的达到115%。40个重点城市中，有13个超过50%，其中有4个城市超过100%，最高的达到172%。

三是商品房结构性问题进一步凸现。表现为中小户型、中低价位普通商品住房和经济适用住房供应不足。2004年全国经济适用住房投资出现负增长，占房地产开发投资的比重由上年的6.1%下降到4.6%，2005年一季度，经济适用住房完成投资60亿元，同比下降13.8%，占房地产开发投资的比重进一步下降到2.6%。据对北京、上海、天津、沈阳、西安、南昌、成都、武汉、杭州等城市房屋销售情况调查，2004年销售的商品住宅中，120平方米/套以上的住房都在40%以上，最高的超过60%，中小套型住宅比例偏低。同时，中低价位普通商品住房销售面积占总销售面积的此例呈下降趋势。

四是房地产市场秩序比较混乱。房地产开发、交易、中介服务和服务管理的各个环节，都不同程度地存在违法违规行为。如房地产广告虚假、商品房面积“缺斤短两”、购房合同欺诈、物业管理质价不符等，扰乱市场秩序，损害群众利益，影响房地产市场健康发展。尤其是一段时期以来，个别开发企业和中介机构利用市场信息不对称，误导市场预期。通过囤积土地、囤积房源、虚假交易、发布不实价格信息、虚假宣传等不正当手段，人为造成市场紧张，恶意哄抬房价，带来一些项目的房价短期内非正常上涨。

五是投机、投资性购房增长过快。基于房价上涨预期，加之社会资金缺乏其他投资渠道，大量资金涌入房地产市场。境外资金进入热点城市高档房产，短期炒作和套汇意图明显。2004年，长三角主要城市投机、投资性购房比例在20%左右。上海市购房后1年内转让的住宅占存量住房交易量的46.6%。北京市投机、投资购房比例占17%，其中，28.5%在短期内转手，23.5%用于出租，48%的房屋空置等待涨价。

住房消费是现阶段我国城镇居民的主导性消费之一。逐步改善居民居住条件，是全面建设小康社会的重要内容。房地产业是国民经济支柱产业，与解决居民住房问题关系密切，既是经济问题，也是社会问题。近两年来，房地产市场发展过程中出现的投资规模过大、商品住房价格上涨过快、供应结构不合理、市场秩序比较混乱等问题日益突出。这些问题虽然是局部性、结构性的，但如不及时加以解决，有可能演化成全局性问题，影响客观经济稳定。七部委稳定房价《意见》正是在这种背景下出台的。

3. 七部委房产新政出台的意图

毫无疑问，这次七部委联合出台的《意见》，所针对

的是房地产市场发展中非理性、不健康的因素,而不是为了打压房价。其真实意图是在保护合理住房消费的同时,抑制房产投资,打击投机炒房。

旨在稳定房价的《意见》与其他调控政策的最大不同在于,以前的调控政策主要用行政指导手段,寄希望于地方政府的主动施政,而现在则由中央政府直接修改行业规则,直接改变市场交易成本,并直接作用于市场主体。其中对市场交易影响最大的,是关于对房屋转让开征营业税的规定。

对房屋转让按照购买时间长短和物业类型有区别地征收营业税,可以起到保护合理住房需求,抑制投资性需求的作用。房地产作为一种投资品,投资需求固然是其重要部分,但是过分的投资需求,对房地产行业的成长并无好处。房价虽然不是判断楼市健康与否的惟一标准,而且房屋转让的具体情形很复杂,例如因生活需求急需将房屋套现的,对其征收惩罚性营业税有点于理不通,但是将征收营业税作为抑制房产投资行为的重要手段加以实施,对于提高房产投资及投机成本,挤掉需求泡沫,进而稳定房价具有积极作用。

受营业税影响的主要是二手房市场,房地产投资价值将因此降低。从房地产经纪公司反映的信息看,对交易环节征收营业税的政策对中低价房影响不大,因为这部分购房者主要以自住为主。但是对于高档住房来说,由于先前已经形成了相当程度的需求泡沫,兼之高档物业需投入的金额较大,因而受征收营业税政策的影响较大。而这正好反映了有保有压的市场调控本意。

对于财政政策而言,更重要的是实行结性调整,要做到有增有减,而不是一味地增加税收。当前更需要的是对于解决安身需要的消费群体,应当大幅减税;对于投机型群体应当大幅增税。实行累进的税率、有利于发挥财政"内在自动稳定器"的作用,加强税收政策与货币政策的配合。七部委联合出台的《意见》就充分体现了这种意图。

《意见》还对产品供应结构提出了具体要求,明确要求各地根据本地房地产市场需求情况,尽快明确2005和2006年普通商品住房和经济适用住房建设规模、项目布局以及进度安排。对于住房价格上涨过快、中低价位普通商品住房和经济适用住房供应不足的地方,住房建设应以中低价位普通商品住房和经济适用住房项目为主。

2004年以来,局部地区房价的飞速上涨,与房地产产品供应结构失调存在莫大的关系。供应结构不合理,中低价位普通住房和经济适用住房供应不足,直接抬高了商品房的市场价格。因而,将中低价位普通商品住房和经济适用住房的比例提高,不但能够解决中低收入人群的住房紧张问题,而且能够抑制对高档物业的需求,进而拉低平均房价。

对市场预期起到至关重要作用的土地供应政策,《意见》提出要继续停止别墅类用地供应,严格控制高档住房用地供应。这是为了通过增加廉价房屋的供应来降低销售均价,政府大量增加廉价房屋的供应,就会对开发商开发高档产品产生挤出效应。针对许多开发商囤

积土地、放慢开发节奏、违规"炒买炒卖"土地等行为,《意见》作出了具体规定,对超过出让合同约定的动工开发日期满1年未动工开发的,征收土地闲置费,满2年未动工开发的,无偿收回土地使用权。同时,对土地出让公告和合同的内容进行规范,加强房地产开发用地供后监管,对违反土地出让合同约定或有关规定的,依法追究违约违规责任。这对于规范一级市场的土地交易行为,促使更多的存量土地进入开发环节,进而增加住房供给能够起到很好的作用。

对金融风险的担忧一直是控制房价上涨的主要理由之一。《意见》再一次强调了银行风险管理,要求各商业银行加强对房地产开发贷款和个人住房抵押贷款的

贷管理，调整和改善房地产贷款结构；加强房地产信贷“三查”工作，建立各类信贷业务的尽职和问责制度。据了解，《意见》出台后银行方面已经将不少楼盘的首付比例提高到三成，首付提高，可以增加买房的资金压力，直接压缩市场需求。同时，银行加强房地产信贷的风险管理，能够在一定程度上化解银行因为房贷规模过大而面临的巨大风险。

最后，由于房地产市场的信息不透明，房地产行业存在虚假销售等不良现象并被大量曝光。针对这种情况，《意见》提出了实名制购房，并要求各地完善信息披露以稳定市场预期。实际上，在所有的信息披露中，对市场行为影响最大的是土地供应信息的披露，稳定的土地供应预期，对抑制房价上涨、遏制开发商囤积土地非常重要。同时，房地产市场信息传递的规范和完善，能够正确引导居民住房消费，防止某些利益群体误导和操纵市场，这对我国房地产业的持续健康发展尤为重要。

国家七部委调控房市新政出台后，再一次强化了人们对房价下跌的心理预期，一时间，持币不前待跌价的有之，以某某地区房价下跌为题材作造势报道有之，更多的是越来越多的抱怨新政出台房价为何不下跌。其实，七部委出台的种种政策，本意只能理解为打压房地产投资过热和房价上涨过速，盼跌价本身就犯了对政策没吃透的错误。要知道，在我国房市过热虽然有引发固定投资结构失衡和需求与供给异化的巨大破坏作用，但房价下跌更有可能使我们面临一场全局性的经济灾难。简而言之，无论我们有多少人、有多么急切希望房价下跌，房价都不可下跌，这是都不可下跌，这是基本经济规律使然。具体地讲，房价跌不起的最现实原因表现在以下方面：首先是诱发人民币快速升值的风险；其次是造成金融资产大量坏死；三是引发国民财富蒸发之灾；四是造成穷人更穷，扩大社会的不和谐。

其实，稳定房价是一项复杂的工作。首先，房价的稳定涉及多个部门；其次，房价的稳定也牵涉到中央与地方的关系。但只要坚决贯彻落实国务院关于宏观调控的部署，采取积极的措施，稳定房价的目标是完全可以实现的。

总之，七部委稳定房价《意见》的出台实施，既有利于促进房地产市场可持续发展，防止市场出现大的起伏，巩固和发展宏观调控成果；也有利于保障城镇中低收入家庭和最低收入家庭的基本居住需要，促进社会主义和谐社会建设。

三、2006年国家调控房地产新政

2006年针对房地产业发展中存在的问题，为进一步加强市场引导和调控，建设部、发展改革委、监察部、财政部、国土资源部、人民银行、税务总局、统计局、银监会在5月底联合制定《关于调整住房供应结构稳定住房价格的意见》，就调整住房结构，稳定住房价格提出六大意见。

1. 切实调整住房供应结构

（1）制定和实施住房建设规划。要重点发展满足当地居民自住需求的中低价位、中小套型通商品住房。各级城市（包括县城，下同）人民政府要编制住房建设规划，明确“十一五”期间，特别是今明两年普通商品住房、经济适用住房和廉租住房的建设目标，并纳入当地“十一五”发展规划和近期建设规划。各级城市住房建设规划要在2006年9月底前向社会公布。直辖市、计划单列市、省会城市人民政府要将住房建设规划报建设部备案；其他城市住房建设规划报省级建设主管部门备案。各级建设（规划）主管部门要会同监察机关加强规划效能监察，督促各地予以落实。

(2)明确新建住房结构比例。“十一五”时期,要重点发展普通商品住房。自2006年6月1日起,凡新审批、新开工的商品住房建设,套型建筑面积90平方米以下住房(含经济适用住房)面积所占比重,必须达到开发建设总面积的70%以上。直辖市、计划单列市、省会城市因特殊情况需要调整上述比例的,必须报建设部批准。过去已审批但未取得施工许可证的项目凡不符合上述要求的,应根据要求进行套型调整。

2.进一步发挥税收、信贷、土地政策的调节作用

(1)调整住房转让环节营业税。为进一步抑制投机和投资性购房需求,从2006年6月1日起,对购买住房不足5年转手交易的,销售时按其取得的售房收入全额征收营业税;个人购买普通住房超过5年(含5年)转

手交易的,销售时免征营业税;个人购买非普通住房超过5年(含5年)转手交易的,销售时按其售房收入减去购买房屋的价款后的差额征收营业税。税务部门要严格税收征管,防止漏征和随意减免。

(2)严格房地产开发信贷条件。为抑制房地产开发企业利用银行贷款囤积土地和房源,对项目资本金比例达不到35%等贷款条件的房地产企业,商业银行不得发放贷款。对闲置土地和空置商品房较多的开发企业,商业银行要按照审慎经营原则,从严控制展期贷款或任何形式的滚动授信。对空置3年以上的商品房,商业银行不得接受其作为贷款的抵押物。

(3)有区别地适度调整住房消费信贷政策。为抑制房价过快上涨,从2006年6月1日起,个人住房按揭贷款首付款比例不得低于30%。考虑到中低收入群众的住房需求,对购买自住住房且套型建筑面积90平方米以下的仍执行首付款比例20%的规定。

(4)保证中低价位、中小套型普通商品住房土地供应。各级城市人民政府要编制年度用地计划,科学确定房地产开发土地供应规模。要优先保证中低价位、中小套型普通商品住房(含经济适用住房)和廉租住房的土地供应,其年度供应量不得低于居住用地供应总量的70%;土地的供应应在限套型、限房价的基础上,采取竞地价、竞房价的办法,以招标方式确定开发建设单位。继续停止别墅类房地产开发项目土地供应,严格限制低密度、大套型住房土地供应。

(5)加大对闲置土地的处置力度。土地、规划等有关部门要加强对房地产开发用地的监管。对超出合同约定动工开发日期满1年未动工开发的,依法从高征收土地闲置费,并责令限期开工、竣工;满2年未动工开发的,无偿收回土地使用权。对虽按照合同约定日期动工建设,但开发建设面积不足1/3或已投资额不足1/4,且未经批准中止开发建设连续满1年的,按闲置土地处置。

3.合理控制城市房屋拆迁规模和进度

严格控制被动性住房需求。各地要按照《国务院办公厅关于控制城镇房屋拆迁规模严格拆迁管理的通知》的要求,加强拆迁计划管理,合理控制城市房屋拆迁规模和进度,减缓被动性住房需求的过快增长。2006年各地房屋拆迁规模原则上控制在2005年的水平以内。要量力而行,严禁大拆大建,在没有落实拆迁安置房源和补偿政策不到位的情况下,不得实施拆迁,不得损害群众合法利益。

4.进一步整顿和规范房地产市场秩序

(1)加强房地产开发建设全过程监管。对已经规划

许可仍未开工的项目，要重新进行规划审查。对不符合规划控制性要求，尤其是套型结构超过规定的项目，不得核发规划许可证、施工许可证和商品房预售许可证。对擅自改变设计、变更项目、超出规定建设的住房要依法予以处理直至没收。

（2）**切实整治房地产交易环节违法违规行为**。房地产、工商行政主管部门要依法查处合同欺诈等违法违规交易行为，对不符合条件擅自预售商品房的，责令停止并依法予以处罚；对捂盘惜售、囤积房源，恶意炒作、哄抬房价的房地产企业，要加大整治查处力度，情节恶劣、性质严重的，依法依规给予经济处罚，直至吊销营业执照，并追究有关负责人的责任。

5. 有步骤地解决低收入家庭的住房困难

（1）**加快城镇廉租住房制度建设**。廉租住房是解决低收入家庭住房困难的主要渠道，要稳步扩大廉租住房制度覆盖面。尚未建立廉租住房制度的城市，必须在2006年年底前建立，并合理确定和公布今明两年廉租住房建设规模。要落实廉租住房资金筹措渠道，城市人民政府要将土地出让净收益的一定比例用于廉租住房建设，各级财政也要加大支持力度。2006年年底前，各地都要安排一定规模的廉租住房开工建设。

（2）**规范发展经济适用住房**。各地要继续抓好经济适用住房建设，进一步完善经济适用住房制度，解决建设和销售中存在的问题，真正解决低收入家庭的住房需要。严格执行经济适用住房管理的各项政策，加大监管力度，制止违规购买、谋取不正当利益的行为。严格规范集资合作建房，制止部分单位利用职权以集资合作建房名义，变相进行住房实物福利分配的违规行为。

（3）**积极发展住房二级市场和房屋租赁市场**。引导居民通过换购、租赁等方式，合理改善居住条件，多渠道增加中低价位、中小套型住房供应。

6. 完善房地产统计和信息披露制度

（1）**建立健全房地产市场信息系统和信息发布制度**。城市人民政府要抓紧开展住房状况调查，全面掌握当地住房总量、结构、居住条件、消费特征等信息，建立健全房地产市场信息系统和信息发布制度，增强房地产市场信息透明度。要完善市场监测分析工作机制，统计和房地产主管部门要定期公布市场供求和房价情况，全面、及时、准确地发布市场供求信息。

（2）**坚持正确的舆论导向**。要加强对房地产市场调控政策的宣传，客观、公正报道房地产市场情况，引导广大群众树立正确的住房消费观念。对提供虚假信息、恶意炒作、误导消费预期的行为，要严肃处理。

7. 2006年楼市新政的政策底线

在2006年7月6日，建设部对“90平方米”和“70%”两个关键指标终于有了明确的说法。在被称为建设部165号文（《关于落实新建住房结构比例要求的若干意见》）的文件中，有关套型面积90平方米确定为建筑面积，而“90平方米套型建筑面积所占70%比例”，则规定为各地应根据总量与项目相结合的原则。

国务院“国六条”和九部委“十五条”出台一个多月以来，全国主要城市房地产市场呈现出地产开发投资和商品房销售双萎缩的市况。之所以会出现这种情况，主要是因为开发商静待有关政策实施细则颁布。虽说政策基本框架已经划定，但套型建筑面积90平方米以及这类房屋要占比70%的规定具体如何执行，对于开发商来说特别重要。这不仅涉及众多房地产项目的后期开发，而且手中没项目但想拿地做新项目的开发商也要做一个基本估算，看看按照新“游戏规则”，企业的盈利能有多少。

从最新版本政策建设部165号文看，套型建筑面积90平方米为建筑面积属于“硬性”规定，不得突破，而70%占比的限定，则体现出更为符合实际的某种“灵活性”，但70%占比的总量也不得突破。这表明，政策的底线是十分清晰的。在这种氛围下，无论是开发商还是购房者的市场预期也将日趋明朗，这对调整市场结构和稳定房价是有利的。由此我们看到，此次房地产调控的基本目标是回归最初中央设计的“三种住房供应体系”构想。

居者有其屋（或租或买）这一点很重要，它可起到社会“减震器”的作用。眼下，社会贫富差距加大，财富分配有失均衡，保障社会广大老百姓基本居住的权利就显得尤其重要。如果从这一点来理解中央的政策精神，此次调控即使是不惜动用行政手段来干预市场，也势在必行。

第五章
2005年城镇房屋概况统计公报

2005年,在国家宏观政策的指导下,城镇住房建设持续较快发展,城镇居民居住条件进一步改善。

一、城镇房屋基本情况

2005年底,全国城镇房屋建筑面积164.51亿平方米,其中住宅建筑面积107.69亿平方米,占房屋建筑面积的比重为65.46%。东部地区房屋建筑面积83.8亿平方米,中部地区45.22亿平方米,西部地区35.48亿平方米,分别占全国城镇房屋建筑面积的50.94%、27.49%和21.57%。东部地区城镇住宅建筑面积53.67亿平方米,中部地区30.33亿平方米,西部地区23.69亿平方米,分别占全国城镇住宅建筑面积的49.84%、28.16%和22%。

二、城镇居民住房水平

全国城镇人均住宅建筑面积26.11平方米,其中东部地区28平方米,中部地区23.9平方米,西部地区25.24平方米。

全国城镇户均住宅建筑面积83.2平方米,户均成套住宅套数0.85套。东部地区户均住宅建筑面积85.32平方米,中部地区77.96平方米,西部地区85.75平方米,户均成套住宅套数分别为0.89套、0.79套和0.83套。

2005年各地区城镇人均住宅建筑面积情况

单位:平方米

东部地区	28.00	中部地区	23.90	西部地区	25.24
北京	32.86	山西	24.79	内蒙古	22.96
天津	24.97	吉林	22.46	广西	25.23
河北	26.04	黑龙江	22.03	重庆	30.68
辽宁	21.96	安徽	22.56	四川	27.48
上海	33.07	江西	25.58	贵州	20.40
江苏	27.95	河南	23.40	云南	28.59
浙江	34.80	湖北	24.99	西藏	20.86
福建	32.28	湖南	26.00	陕西	23.40
山东	26.47			甘肃	23.28
广东	26.46			青海	22.00
海南	24.18			宁夏	23.90
				新疆	22.22

即按城市现状，市政府所在地和规划区范围内的建制镇，城市规划区以外的建制镇未予统计。市辖建制镇的统计范围为镇政府所在地设居民组建制的地区。

县城的统计范围为县政府所在地的建制镇（即城关镇），按设居民组建制的地区范围统计。

工矿区的统计范围是指既不属于城市、县城、镇所辖，又不属于乡村所辖范围内的工矿企业集中的地区（一个大型工矿企业或若干个工矿企业）。

三、城镇成套住宅情况

全国城镇成套住宅建筑面积86.84亿平方米，住宅成套率为80.64%。东部地区成套住宅建筑面积44.32亿平方米，中部地区23.95亿平方米，西部地区18.57亿平方米，住宅成套率分别为82.58%、78.97%和78.38%。

四、城镇私有住宅情况

全国城镇私有住宅建筑面积87.9亿平方米，住宅私有率为81.62%。东部地区私有住宅44.32亿平方米，中部地区24.17亿平方米，西部地区19.41亿平方米，住宅私有率分别为82.58%、79.69%和81.93%。

注：①本公报统计范围为设市城市、县城和工矿区。

地级及以上城市的统计范围为城市行政区，含市辖建制镇，不含市辖县；县级市的统计范围为城市规划区，

②本公报中东部、中部、西部地区按国家统计局统计口径划分。

③本公报中有关数据均以同口径计算。

④人均住宅建筑面积（平方米/人）=住宅建筑面积÷居住人口

住宅建筑面积是指报告期末专供居住的房屋（包括别墅、公寓、职工家属宿舍和集体宿舍等）的建筑面积之和。

居住人口是指报告期末与住宅统计口径一致的、当地公安部门统计的户籍人口。

⑤户均住宅建筑面积（平方米/户）=住宅建筑面积÷居住户数

居住户数是指报告期末与居住人口数相应的、当地公安部门统计的户数。

A COMPREHENSIVE HANDBOOK OF DEVELOPMENT OF REAL ESTATE IN CHINA VOLUME 2

第二卷

中国城市发展战略

第一章 城市聚集力：城市竞争力提升的硬件质素

城市是一个相对独立的行为主体，通常为利益谋求发展，为效益参与竞争。城市价值收益的获得多少取决于城市创造价值的能力，取决于城市的竞争力。城市竞争力越强，城市聚集资源、争夺市场、创造价值的能力就越强，人们的生活福利水平就越高。而提升城市竞争力的关键在于城市聚集力，聚集力是城市竞争力刚性的硬件质素。

一、城市聚集力的内涵

聚集是城市的最基本特征，是城市系统发展的一种"蝴蝶效应"。所谓城市聚集力就是城市吸引力，即城市中人口和企业以及与之相关的资源和市场等要素的集中。城市聚集力的集中表现形式是产业聚集，即经营同一种产业或相关产业的众多企业在地域上更进一步地集中在一起。

城市产业聚集是现代产业成长的重要现象。以美国为例，著名的产业聚集表现为：在纽约以金融服务、广告出版、多媒体聚集为主；在波士顿以互惠基金、风险资本、软件与网络聚集为主；在硅谷以微电子、生物技术、风险资本聚集为主；在底特律以汽车设备与零部件聚集为主；在西雅图以飞机设备、金属加工聚集为主；在好莱坞以影视、娱乐产业聚集为主。城市聚集力，或者说城市产业聚集，从多方面影响城市经济产业和交易成本，进而影响城市的价值收益状况和城市竞争力。这可从以下几方面得到具体体现：

1. 产业聚集可减少企业间的交易费用

现代化生产需要工厂、车间、部门、工人之间的分工与合作，其中的每一环节都存在着交易成本。在产业聚集的城市中，产业上下游企业地理位置邻近，原材料、半成品供应便捷，可节省企业的运输成本和库存成本；城市内不仅聚集有大量的专业信息，而且专业人才也相对集中，故可减少企业的信息流动成本和人才雇佣成本；在信用交易上，同城企业由于信息较畅通容易建立信誉和相互信任关系，可极大减少机会主义行为。

2. 产业聚集可产生规模经济效益

一般而言，在相同产业结构下，产业规模大的城市产业价值要大于产业规模小的城市。为了实现利润最大化，社会生产要素会呈现出一种流动趋势：向高利润地区或部门聚集。这种流动趋势使本来就有优势的城市更具优势，对城市产业规模更是会产生正反馈或倍增效应，从而进一步扩大城市产业规模，使城市经济产生规模效益，降低企业生产成本，提高劳动生产率，增强企业和城市竞争力。

3. 产业聚集为城市经济创造特殊的竞争和比较优势

城市产业聚集除降低企业生产交易成本外，还可通过促进产业专业化发展，形成城市间的产业差异和产业技术差异，从而为城市进一步发展某些产业提供比较和竞争优势。这种产业和技术差异所带来的竞争优势，不仅可以节约城市产业成本，还可使城市因技术垄断带来高额的工业租金，从而增加城市财富，提升城市地位。

当前，高科技发展日新月异，城市产业将在以技术知识为基础的新兴产业上，进行更大范围、更高层次上的聚集，城市聚集力的内涵也将得到进一步丰富。

二、资本与科技是城市财富聚集的两大动力

要实现城市产业高度聚集，提升城市竞争力、优化城市产业结构是必不可少的环节。而优化城市产业结构，则须依靠资本、科技两大要素的大量投入，在两者结合的创新基础上，创造出释放性的财富效应，从而使城市在竞争中占尽发展的先机。

1. 优化城市产业结构，健全城市财富创造的价值体系

城市产业结构对城市聚集财富体系有重要的影响作用。这是因为：

（1）城市产业结构影响城市要素供给的适应性。一个城市的自然、社会、政治、经济、科技和对外关系形成城市特定的要素供给结构。城市产业结构和产业组织与其相适应，则可使城市要素比较优势得以发挥，降低城市企业生产成本，提升企业盈利水平，扩大城市总产业价值，提高城市产业竞争力。相反，若城市产业结构与城市生产要素的供给结构不适应，则会导致藏长用短、抑制城市优势发挥，使城市产业处于劣势状态，城市产业不仅不能获得潜在的工业租金，而且这些产业的生产成本将会因缺乏资源要素而上升。

（2）城市产业的技术结构决定城市产业价值创造水平。一般来说，城市产业技术水平、资金规模与城市整体产业价值呈正比。城市技术含量高的产业所占比例高，可使城市传统和新兴产业相对成本降低，从而使城市产品市场占有率和产品附加值提高。城市中技术密集型产业所占比例高，产品的价格高，可使城市获得高额的工业租金，这标志着城市财富创造水平高，从而扩大城市总体价值。

（3）城市产业结构的应变能力影响城市的竞争力。城市产业结构的应变能力是指城市产业结构对市场需求的适应能力。当社会经济发展到一定水平之后，人们的需求结构会随之发生显著的变化，即由需求弹性小、附加值小的产品向需求弹性大、附加值高的产品转移。而城市价值实现建立在产品供给与需求相适的基础上，只有供给适应需求，城市价值实现才有保证，城市竞争能力才得以提高。因此，城市产业结构需要一定的应变能力，才能适应不断变化的需求结构。正是这种适应性变动才能使城市产业的总体附加值不断提高，才能使城市竞争力持续上升并得以维持。

因此，城市产业结构升级要牢牢抓住消费升级的机遇，抓住升级产品，以满足人们的需求，也只有这样，城市的优势产业才能在一波一波的发展浪潮中始终占据先机。

2. 资本投入推动城市产业结构优化

资本投入在城市产业结构优化过程中所起的作用称为城市资本力，它包括城市拥有、控制或可利用的金融资本的数量、便利性、成本以及城市金融产业发展状况等。不同质的资本，如自有资金、各种形式的贷款、债券、股票及风险资本金等存在或利用的形式也不同。不同城市的资本力状况是不同的，也是不断变化的。资本作为直接的生产要素参与城市价值的创造，资本投入的形式和规模决定资本力发挥作用的程度，对城市产业结构优化的力度和效果也不同。这具体表现在：

（1）资本对城市其他生产要素具有替代性。如果城市的资本规模大，流动快捷便利，则相应的城市产业规模就大。

(2) 资本收益报酬是构成城市价值要素报酬收益的一部分。由于资本是作为直接的生产要素参与价值创造的，资本及其利用的规模决定城市价值体的规模和要素报酬收益在整个价值中的构成比例。

(3) 在资本富集的城市，资本密集型产业具有比较优势。这样的城市易发展资本密集型的高级产业，或降低城市优势企业生产融资成本，使城市的优势产品市场占有率扩大，提高城市竞争力。

(4) 资本聚集还可使城市获得

更多动态比较收益。资本聚集的城市若进一步采取资本密集型、产品附加值高的产业取向，则可进一步提高城市劳动生产率，使城市与过去相比有更大的比较优势。

(5) 城市金融服务业也是城市资本力的重要组成部分。金融服务业与资本之间存在着累积因果关系，城市金融业发达，则城市拥有、控制和使用的资本数量大，资本的流动性强、成本低，资本对城市产业结构优化的贡献较大，效果明显。城市金融服务属于高技术和高增值产业，资本市场发达不但可降低城市金融营业成本，还可通过金融创新获取工业租金。城市金融服务业不仅直接形成城市财富，而且决定和影响城市的资本实力，影响城市产业规模的扩大和产业结构的优化。就世界范围而言，纽约、伦敦、东京作为世界顶级城市，其竞争力主要来源于发达的金融服务及其决定的资本实力。

3. 科技创新为城市产业结构升级提供原动力

城市是科技人才和科研机构的

聚集地，是知识资源的集中地，同时也是科技创新的中心。但是，科学技术和知识资源在城市间的分布呈现不均衡状态，不同城市的科技实力、科技创新能力、科技转化能力是不同的。城市的科研开发，创新能力是城市产业结构升级的原动力，科技力是城市聚集力和城市竞争力的决定性力量。科技创新在城市产业结构升级过程中，通过两种方式发挥促进作用：一是通过附着和渗透到劳动力生产设施、基础设施和生活环境中，参与社会生产过程；二是通过直接的知识信息的投入参与生产过程，最终生产出知识产品和非知识产品。科技创新具有生产要素特征，其中知识的作用是独一无二的，它有助于商品生产和服务的提供，是下一代研究开发的一种投入，同时也是训练专业化工人的一种输入。而且，科技创新的生产具有产值边际递增效应，这就决定具有知识优势的城市具有技术创新的优势。

科技开发、科技创新和科技推广在城市产业结构升级中可得到广泛应用。拥有某种科技和知识资源的城市，发展相关新技术产业或同一产业特定产品，可使企业生产技术和工艺水平得以提高，产品成本得以节约，劳动生产率得以提高。同时，由于高新产品生产存在着技术垄断，因而产品能够以较高的垄断价格销售，从而使城市产业获得一定的工业租金。因此，科技创新有助于形成城市产业竞争优势，促进城市产业结构优化升级。

科研转化能力是构成城市科技创新竞争力的关键力量。科技实力是科技创新的基础，科技创新又是科技转化和应用的基础，但是直接对城市产业结构优化升级作贡献的是科技成果的转化。科技产品只有进行产业化，科技创新才能对城市创造财富能力产生实际影响。美国旧金山湾区之所以成为全球工厂产业的发动机，成为全球最具竞争力的地区之一，是因为它是全球科技创新的中心。那里不仅有斯坦福大学、加州大学伯克利分校、旧金山加州大学等世界级名校和国家研究所，更重要的是硅谷的科研成果转化能力特别强，有计算机、无线通讯、多媒体等许多知识经济产业。

三、环境与设施为城市聚集企业、提升城市价值提供保障

企业是城市创造财富的基本组织单位，除资本、科技等先导因素外，环境、设施在企业组织生产、应用科技等方面也有重大影响。

1.环境优良可降低企业生产成本

城市环境是城市区域内与居民生产、生活密切相关的一些外界因素，分为自然环境和社会环境。自然环境包括气候条件、地理位置、空气质量、森林植被、江河湖海、山脉景观、自然资源等状况；社会环境包括城市建筑物、道路桥梁、公园风景、街区绿化等。城市环境优良与否，会影响企业的生产成本和盈利水平，甚至有些产业对自然环境及其质量具有高度的依赖性。

自然资源的丰裕度影响企业原材料价格。参照经典经济学要素禀赋论，若一国某种生产要素丰富，则该国应发展此种密集型产业。此时将地域范围缩小到城市，则也能得出相似的结论。即若城市拥有的某种资源比较丰富，其资源价格就会比较低，大量使用这种资源的产品的成本就会比较低。因而，丰富的自然资源将降低企业的生产成本，提高产品市场占有率，使得城市创造财富能力增强。但值得注意的是，自然资源只是城市的潜在比较优势，只有在发展相关的产业，并使自然资源得到有效的利用时，城市自然资源才能成为城市价值收益的现实来源，如果没有产业的带动，再丰富的资源也将被闲置。当然在城市发展的低级阶段，在没有其他优势的情况下，丰富的自然资源将是城市价值和城市竞争力的重要来源；但在城市发展的中高级阶段，城市除继续发展资源优势型产业外，还应发展其他具有更高附加值产业，尤其是技术或资金密集型产业，从而使城市在新的经济形势下继续保持有利的产业比较优势。

城市地理位置影响企业生产费用和交易成本。不同的城市，地理位置也不同，即存在内陆和沿海、傍山和临河、平原和山地、交通中心和交通边缘地区的差别。若一个城市拥有比其他城市更便利和更通达的区位优势，那么该城市中的企业可以降低交易费用以及生产要素运输、产品运输、商业信息获得等费用，从而有利于企业降低总经营成本。低廉的经营成本将吸引城市外企业为追求最大化利益而向该城市聚集，

形成累积因果关系，产生“蝴蝶效应”。企业聚集的同时，又带来了规模经济和专业化经济，从而使城市创收能力获得质的提升。

从反面来讲，城市环境质量差、污染严重，将会影响企业生产成本。环境污染首先会对城市企业的生产要素资源造成侵损或破坏，导致企业直接的价值损失，影响企业价值创造活动，也影响产品的质量，降低产品的产销量，从而削弱城市产品

的竞争力。另外，若城市有关企业为了正常生产而排放污染物，则将会增加企业生产成本。污染将造成城市劳动者收益损失，为了弥补劳动力的收益损失而增加劳动力报酬，则将进一步增加企业的生产成本，削弱城市产业竞争力。在污染阴影中，城市竞争力势必走上一个恶性循环的怪圈。

因此，环境是城市一种潜在的资源，只有在其他力量的配合下，在环境资源被有效利用的情况下，环境对城市产业结构优化和城市聚集力、城市竞争力提升的贡献才能实现。

2. 基础设施先进，有助于更多高级产业企业的聚集和加盟

城市基础设施是以物质形态为特征的城市基础结构系统，是指城市可利用的设施种类及质量，包括交通、通讯、能源、动力、住房设施以及文、卫、体、科、教机构和设施系统等。

城市基础设施完善为产业和企业运转提供充足适宜的载体。城市基础设施质量好，匹配合理，可为企业运转构成完整的生产服务体系。企业可通过合理共享基础设施，实现专业化生产和规模经济；实现生产、运输、交易费用的节约，降低产品的相对单位成本，从而提高城市产品的竞争力，扩大城市优势产业规模，增强城市产业竞争力。

良好的城市基础设施为城市产业的升级提供保障。立体化的运输系统，一体化的先进通讯网络，高效的信息传输系统，可以为城市高技术产业、知识产业，如金融、信息、计算机等产业成长创造条件。而一般性的运输、邮电、能源、防灾系统设施等，只能保证一般产业和部门即中间型成熟型产业的发展。因此，在现代以知识创富为标志的经济竞争中，完善基础设施，保持基础设施的先进水平，为城市聚集高级产业类型的高科技企业，对城市竞争力提升尤为重要。

总而言之，城市聚集力是城市竞争力提升的决定性力量。在全球经济一体化的大趋势下，城市要提升竞争力，就要吸引资本投入，加强科技创新，营造优良环境，维护先进设施，这样才能聚集企业、聚集人才，积聚城市创造财富的能力，推进城市向更加文明的层次发展。

四、民营经济是推动城市化进程的重要力量

改革开放以来，中国不断地推进经济体制改革，实现从计划经济向市场经济的转变，在各领域和各方面建立市场经济体制，大力发展民营经济，因此使中国城市化的推动力量发生根本性变化，由单一的生产力的推动，工业化的推动，变成由生产力和生产关系的共同推动，工业化和市场化的合力推动，形成势不可挡的巨大力量，因此使城市化进程不断加速。城市化不仅是工业化的客观要求和必然结果，而且是市场化的客观要求和必然结果。如果说我国城市化落后于工业化，那么其根本原因是市场化滞后，是不搞市场经济。工业化是城市化的生产力的推动力量，那么市场化是城市化制度的推动力量，缺乏推动力量，城市化自然得不到正常的发展。城市化是多种力量综合作用的结果，是社会生产力的发展、经济制度的转变、居民生活方式的改变、空间形态的变化的综合结果和表现。

1. 民营经济推动城市经济的发展

由于民营经济的发展，不仅使国有经济比重不断下降，而且有利于国有经济的制度改革。民营经济的发展促进了城市，特别是中小城市的活跃和繁荣，催生了一批新兴城市。可以说，没有民营经济就没有新兴城市的建立，也没有一些中心城市的扩大和建设。可见民营经济是城市经济发展的原动力。2002 年民营经济在国内生产总值中所占比重约 48.5%，外商和港、澳、台投资企业在国内生产总值中所占比重约为 15%，广义的民营经济的增加值占国内生产总值的比重占 64%左右。

民营经济的发展带动了城市人口的增加，城市人口的增加是城市化的重要标志。城市人口的增加首先是就业岗位和就业人口的增加，然后才是城市人口的增加。无论是新建城市还是原有城市的人口增加主要是民营经济的发展带来的结果。2002 年全国社会就业总数为 7.374 亿人，其中国有单位就业人员 7163 万人，占全社会的 9.7%，民营经济（含农业劳动力）就业占到全社会 90.3%，如果不包括农业劳动力（3.66 亿），民营经济吸纳的就业量为 3.09 亿（其中乡镇企业就业人员为 1.33 亿），占全社会就业总量的 42%，民营经济在二、三产业的就业比重达 84%，民营经济在城镇中的就

业比重已经超过70%。

2.民营经济是小城镇发展和建设的主力军

大力发展小城镇是中国城市化的特色，也是城市化道路的重要选择。而小城镇原来的工业基础非常薄弱，第三产业十分落后，除了集体的供销社等集体经济外，几乎没有国有经济。所以，小城市从一开始，其建设和发展主要是依靠民营经济，靠进入小城镇的农民开办工业和第三产业，以及自建住房。在民营经济得到一定发展后，乡镇府才进行基础设施和市政设施的建设，或者直接由民营企业和个体工商户出资建设小城镇。所以，没有民营企业的发展就没有小城镇的建设和发展。

3.民营经济是市政公用事业的投资者和经营者

党的十六届三中全会通过的《中共中央关于完善社会主义市场经济体制若干问题的决定》明确指出，“清理和修订限制非公有制经济发展的法律规定和政策，消除体制性障碍。放宽市场准入，允许非公有资本进入法律未禁入的基础设施，公用事业及其他行业和领域”。2002年建设部提出了《关于加快市政公用行业市场化进程的意见》。在中央的正确方针的指导下，城市市政公用事业的投资、建设、经营和清理进行了大量改革，同时民营经济不同程度地进入了这一领域，创造了不少行之有效的投融资方式和建设经营模式，民营经济已成为市政公用事业投资管理的一支重要力量，并发挥了显著作用。世界银行总结各国民间资本参与基础设施的经验，提出了很多方式，包括经营业绩协议、服务合同、管理合同、租赁、特许经营、BOT、TOT等具体方式。这为民营经济进入市政公用事业领域，发挥更大作用创造最有力的政策条件和制度环境，展现了民营经济更加广阔的前景。

民营经济与城市化存在必然联系，城市是民营经济的载体，空间依托。在市场经济条件下，民营经济要发展，必然要以城市为依托，因为城市意味着市场，而市场是民营经济实现再生产的条件。城市的聚集效应有利于民营经济提高生产经营效率，降低成本，获得更大的经济效益和利润。

我国的实践和经验已经证明，城市的经济基础不能是单一的国有经济或公有经济，而必须是多种经济共同发展。而民营经济是多种经济中生命力最旺盛，最具活力的经济。在企业规模、经营方式、就业要求，满足居民需求等方面最能适应城市的需要，在很多方面是国有经济所不能替代的。已经从多方面说明民营经济是城市化的基本动力，所以必须通过大力发展民营经济来推进城市化。

A COMPREHENSIVE HANDBOOK OF DEVELOPMENT OF REAL ESTATE IN CHINA

2005-2006

中国房地产业发展大全

缔造经典 创造永恒

大中华国际实业（深圳）有限公司
宏明（深圳）木业有限公司（现代城华庭）
深圳市鸿翔实业有限公司（鸿翔·御景东园）
深圳市志健实业有限公司（志健时代广场）
深圳东部开发（集团）有限公司
宝实达置业发展（深圳）有限公司（英郡年华）
深圳市益田房地产集团股份有限公司（益田假日广场）
深圳南海益田置业有限公司（半岛·城邦 ）
深圳市天健房地产开发实业有限公司（天健·郡城）
深圳市金泓投资发展有限公司
深圳市屹海达实业有限公司（金泓凯旋城）
富春东方·深圳市东方尊峪房地产开发有限公司（东方·尊峪）
深圳市承翰投资有限公司（慢城）
深圳市明舍投资开发有限公司（明舍·御园）
深圳市圣尊实业发展有限公司（联城美园）
深圳市淞江爱地实业有限公司（水晶之城）
深圳祥祺房地产开发有限公司（皓月花园）
深圳市雍盛建筑工程有限公司（布吉中心花园）
深圳恒安房地产开发有限公司（宝安·碧海名园）
深圳鹏盛地产实业有限公司（盛世鹏城花园）
深圳市惠明盛房地产投资开发有限公司（香缤广场）
深圳市银台实业发展有限公司（和兴花园）

精心打造中国房地产品牌及精品楼盘
强档推介中国房地产业成功开发典范

深圳

建设部·中国房地产业协会
中国房地产业发展大全编辑委员会 **隆重推介**

TIME

TIME
现代城
南山中心·效率生活样板

中国房地产投资性物业成功开发典范

发展商：宏明（深圳）木业有限公司
投资商：香港长江投资发展有限公司
大中华国际实业（深圳）有限公司
物业管理：第一太平戴维斯物业管理公司
整合推广：FLA & HALO风火广告
TIME线：0755-26918888 26933888
项目地址：深圳市南山区创业路与南光路交叉路西

把效率还给生活在城市的人

TIME现代城，拥抱中心居住时代的效率生活样板

效率社区6大指标

品牌物管专家
国际社区规划、导入国际社区先进管理，同步接轨高尚、优越的国际化生活

聚变中心动力
一定要在新城市中心，充满朝气、动力十足，生活和事业之间进退自如

TIME

南山中心居住时代正在进行

集约城市力量

财智交汇地带，完整城市功能，以城市发展的磅礴动力推动个人事业

多样功能空间

一定要以丰富户型组合，提供自由选择的机会，满足不同层次价值、不同使用功能的需求

城市捷运干线

方便快捷的交通，最大节约时间成本，开拓更广阔的生活、事业领域

超级人气指数

国际街区生活，澎湃的人气指数、价值潜力，看好现在，更看好未来

关于自由空间的2个涵义

第一个涵义是选择的自由

TIME现代城创新打造四大主题户型空间——个性空间、时尚居家、现代SOHO、豪华酒店式公寓，户型面积从50平方米到250平方米，大小空间，各取所需。

第二个涵义是空间的自由

国际流行的后现代主义空间，极简、极方正、极灵活户型，可根据不同需要、不同个性随意组合运用。空间有大有小，一样品质卓越，一样主动灵活。

南山中心居住时代正在进行

简单的说，自由空间的意义就是，
你的购房更自由，
你的投资更自由，
你的前进更自由，
你的居住更自由。
TIME
现代城华庭
中国房地产投资性物业成功开发典范

鸿翔·御景東園

Royal View Mansion

纯 城 生 活 · 荣 耀 府 邸

水社

中国房地产水景园林社区成功开发典范

首席水主题园林

结合中国传统“闹中取静”的园林理念，整体感觉清新自然；局部穿插挑台垂直绿化，高低错落，变化丰富，移步换景；1200平方米恒温泳池，透明泳池及儿童泳池，满足不同需要；荷花池、瀑布、叠水、喷泉及跳泉交相辉映，竞相媲美。

区·统领城市豪宅

独有水景步行国际街区

200米商业步行街，国际风范，大师演绎；1000平方米特色水景，为城市注入一股清新与灵动。

发展商：深圳市鸿翔实业有限公司

建筑设计：深圳华森建筑与工程设计顾问有限公司

园林设计：贝尔高林国际

物管顾问：第一太平戴维斯（FPDSAVILLS）

销售代理：世联地产顾问（深圳）有限公司

售楼热线：0755-25588888 25599999

Pizza Hut

HOLIDAY PLAZA 益田假日广場

SHENZHEN·CHINA 中國深圳

中国·深圳最具体验特色的国际化购物中心

AN INTERNATIONAL SHOPPING CENTER OF THE MOST EXPERIENCE FEATURE

假日广场占地2.3万平方米，总建筑面积13万平方米，其中商业面积8万平方米，写字楼1万平方米，公寓酒店2万平方米，地下停车场2万平方米，建成后将是深圳新一代的商业中心。

假日广场紧临深圳城市主干道深南大道，拥有发达的立体交通网络。地面有数十条可通达全市的公交线路，地下设有巴士换乘站，地铁1、2号线在此交汇并直接与本项目“零距离”接驳，属于典型的地铁上盖商业中心。深圳地铁未来与香港地铁相连，地铁日人流量达60万人次，将给假日广场带来巨大的商机。假日广场还拥有稀缺的双口岸优势，前往中国最大货运陆路口岸皇岗口岸和贯通深港的中国唯一过境跨海大桥——深圳湾口岸十分便利。

假日广场商业集购物、美食、休闲、娱乐为一体，强调主题性和文化氛围的营造，突出体验的特点。它将是中国最具体验特色的国际化商业中心。

Holiday Plaza has a land area of 23,000 m^2 and GFA of 130,000m^2, including 80,000m^2 dedicated for commercial purpose, 10,000 m^2 of offices, 20,000m^2 for an apartment hotel and 20,000m^2 for underground parking. It will serve as a major new commercial center in Shenzhen.

Holiday Plaza sits close to Shennan Road, the main thoroughfare of Shenzhen. It enjoys smooth traffic flow with a well developed network of fly-over and overpasses including dozens of land transport routes reaching every corner of the city, and Underground bus stops . Shenzhen Metro Lines 1 and 2 have a direct and convenient access to the Project. As a result, Holiday Plaza will become a super shopping center that will be built directly above the Shenzhen Metro. In the future, the Shenzhen metro will be connected with Hong Kong's MTR, leading to an increase of daily passenger volume to an expected 600,000, as will bring about tremendous business opportunities for the Holiday Plaza. In addition, Holiday Plaza will benefit from two ports: Huanggang Port -the largest land cargo port in China and the Shenzhen Bay Port -a unique over water transit project that will bridge Shenzhen and Hong Kong.

Holiday Plaza will feature integrated shopping, dining, entertainment, leisure and cinema, with and emphasis on culture and quality. It will be an international commercial center that will provides one of the greatest commercial experiences in China.

巨鲸浮现
南中国海100万平方米进海社区
整合推广：风火广告　销售代理：德思勤置业

THE PENINSULA
半島·城邦
国际豪宅地产成功开发典范
半岛·城邦项目位于深圳市蛇口半岛的东南端、北依蛇口山主题公园，东、南、西三面零距离面向浩瀚开阔的南中国海，是一块名副其实、依山面海的宝地。项目东临建设中的西部通道，与香港元朗隔海相望，政府规划中的15公里滨海休闲带经过本区，长达15公里。项目占地30万平方米，总建筑面积逾100万平方米，项目建成后将代表中国滨海住宅成为“南中国海100万平方米进海社区”。
发展商｜深圳南海益田置业有限公司
城邦专线：0755-26868888
地址：深圳市南山区蛇口金世纪南路

MAJESTY CITY
天健·郡城
天健·郡城
中国房地产成功开发典范
私人管家式服务，缔造典范
Classic Property Management
天健·郡城，由国内首家同时通过三项体系认证（ISO9001质量管理体系、ISO4001环境管理体系、OHSASI8001健康职业安全管理体系）的天健物业管理公司，担任物业管理；高专业、高标准的全方位管家，使您24小时沉浸于私人管家式的尊荣服务之中。
建筑城市，耕耘城市
Build Fillage City
开发商天健地产，国家一级资质房地产开发企业，16年专业地产开发经验，成功开发香蜜新村、香蜜二村、香蜜三村、龙岗天健花园、天健花园、天然居、天健阳光华苑、天健世纪花园等大型项目。天健·郡城，荟萃天健地产十数年的专业精神和成功经验，演绎龙岗中心城纯粹高尚社区经典。
郡城专线：0755-28983939（12线）
发 展 商：天健地产 TONGE 深圳市天健龙岗房地产开发实业有限公司
策划代理：深圳市德思勤置业有限公司
整合推广：深圳市蔚蓝时代广告有限公司

凯旋之后　方见荣耀
旋城

East holy valley

东方·尊峪

中国山居极品

东方·尊峪 位于深圳市罗湖区东半山风景区内，东临梧桐山隧道口，西接仙桐体育公园，南靠罗沙路，与香港隔岸相望，北为深圳第一高峰—梧桐山。小区路路口联接城市快速干道，距文锦渡关口仅5公里，交通十分便利。四周青山环抱、山泉流水、气韵灵动，在城市中心划定一方清幽领地。944米高的梧桐山，31.8平方公里都市绿肺，220公顷的仙桐体育公园，678公顷的国家森林公园，拥享原生态自然美景。

东方·尊峪 占地11万平方米，总建筑面积33万平方米，由21栋小高层和高层依山就势，分三层台地兴建而成。总户数为1607户，1772个停车位。近10万平方米的天然溪谷，与山色呼应；山泉叠韵沿山势自上而下，被引入前庭后院，活水蜿蜒，环绕于建筑，赋予半山建筑的灵动气韵。

投资商：深圳市富春东方房地产开发有限公司
开发商：深圳市东方尊峪房地产开发有限公司
售楼电话：0755—25773888
物业地址：深圳市罗湖区梧桐山半山风景区
物业管理：深圳市富春东方物业管理有限公司
建筑设计单位：英国OUM
景观设计：美国SCA

慢城

35万平方米都市慢生活圈

中国房地产健康生态住区成功开发典范

在规划为200万平方米低密度纯居住区的布吉生态新区内，诞生了由深圳市承翰投资开发有限公司开发的片区内最大的公园生态项目——35万平方米的慢城。

慢城以“慢生活”为社区规划的主题概念，营造社区内“慢”生活气质，让公园和社区充分融合，强调自然主义与新城市主义的相互融合，给居住者全新健康、生态的生活体验。

城市腹地的一片净土——布吉生态新区

慢城地处布吉生态新区中心，距离布吉关口的车行距离为4.5公里；该生态新区是在城市中央发现最后一片净土，没有城市的喧嚣，没有杂乱的农民房，也没有其他地方常见的工业厂房，是布吉少在的纯住宅居住区，也是布吉珍藏的最后一块处女地。

该区被定位成高起点打造的布吉首席生态社区，片区内以纯居住规划为主，严格控制规划容积率，规划中片区项目整体容积率低于2.0，将由5—6个大型居住组团组成，总开发量将达到100万平方米以上，在仅规划居住人口3万人的社区中，却规划有5所幼儿园，2所小学，1所初中，包括多条商业街及超市在内的商业配套约3万平方米。而规划中78万平方米的石芽岭体育公园是布吉生态新区的生态核心，它将建成一个人与自然完美结合的山体公园，收藏天地间最纯粹的那片绿。

深圳·南山

明舍·御園

私家都市庄园

中国房地产高尚住区成功开发典范

明舍·御园，“庄”园生活典范

Mingshe noble land , a model of urban life

私家都市“庄”园综合了住宅的多种因素，这在明舍·御园中得以完全体现。

包括自然尺度、生理尺度、心理尺度；以及住宅空间、安全空间、私密空间、视觉空间等方面；

也包括环境、交通、配套及建筑的内外审美价值。

卓越的地位决定其非凡的价值，明舍·御园的价值取决于选址的那一刻。

位于深圳南山区政治、经济、文化中心，距离荔香公园仅20米，为南光路坡地最高处，

移踞唯一的绝版黄金地段，建筑设计依坡就势。

在深圳，如此优越的地段堪称绝无仅有：磅礴的景观、成熟齐全的市政配套、闹中取静的绝佳黄金地段，

正是尊贵私家都市“庄”园的不二之选，也只有如此地利，才能成就庄园生活的高贵与从容。

满足都市贵族高端生活要求，提升现代都市人的居住品位，

明舍·御园以私家都市“庄”园必须具备六大要素为基础，构筑都市贵族庄园的全新生活典范。

Have a fine invest

CENTRAL LIFE

MAY HOUSE 美園

春风路·中央生活馆

中国房地产高尚住区成功开发典范

leading hotel style krokerties management will cerue far yan

品牌物管，带来的不仅是酒店式的尊崇，更是一天的舒心

未来得及整理的房间、没有鲜花的花瓶、打算送洗的衣物、飞机上待接的朋友、急需传真的文件……您是否时常为这些烦忧？美园的物管顾问——全国一级物管恒基物业，以五星级酒店式的服务品质，提供全方位贴心服务，让您摆脱生活工作中的烦琐事务，每天在家犹如在酒店渡假。在这里，您不需要记住太多的杂务琐事，只要知道服务台的位置。

Shenzhen public art square, the ride garden of my home,

艺术广场，政府都市造园的杰作，我家的后花园

深圳公共艺术广场，是政府规划都市造园的重点工程之一。约1万多平方米的占地，与美园融为一体，是美园名副其实的后花园。艺术的静，稀释了春风路的繁华喧嚣，将人声鼎沸的嘈杂隔离在花园社区之外。多功能展厅、报告厅、俱乐部、酒吧、书店、艺术家工作室等设施更为居民提供高质素的休闲空间与乐趣。从这个意义上说，艺术广场提供的不是一般观赏性的休闲绿地，而是一个生动的城市生活舞台，一个公众触摸艺术的界面。

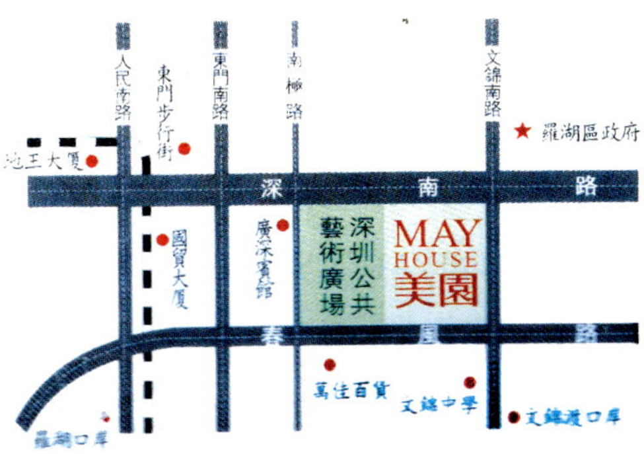

地址：深圳市罗湖区春风路、深南路与南极路交汇区

River

每座伟大的城市都有一条河，
城市的文明就沿着这条河发展。

水晶河是生命之河、灵气之河、生活之河、理想之河、

A Bigger River

区成功开发典范

梅林关口第一站，公交+住户专车双重优势。

◆ 公交、地铁4号线，多方位交通网络，15分钟可达福田中心区。

◆ 住户专车往返龙华中心和梅林关口，成熟都市生活配套，已然远离喧嚣，又似离自然更近。

皓月热线 0755-27528888

地　址：深圳市宝安区龙华民治大道

开发商：深圳祥祺房地产开发有限公司

CENTRAL GARDEN OF BUJI DISTRICGT
布吉中心花园
布吉中心区·地铁口·双广场·先锋社区
REFRESHING GARDEN OF BUJI
中国房地产成功开发典范
城市中央，梦想与未来
交织的生活领地
新布吉的明天，我的未来
城市的布吉。繁荣的布吉。生态的布吉。美丽的布吉。觅一个繁华去处，寻那个梦中就已熟透的名字，对着那一派中心的喧哗与热烈，让自己对那些快乐历程里的浪漫生活，向往到情不自禁。无论何时何地，浪漫和温暖都将是心灵的鸡汤，更何况一场如火如荼的十二级城市化浪漫飙风，就要伴着往家行的脚步，无可扼制地来临了。
0755-84701333　84701222
发展商：雍盛地产

CENTRAL GARDEN OF BUJI DISTRICGT
布吉中心花园
布吉中心区·地铁口·双广场·先锋社区
中国房地产成功开发典范
REFRESHING GARDEN OF BUJI
0755-84701333 84701222
发展商：雍盛地产

开往中心的地铁
情缘在城市穿梭

路过这里，爱上这里，沾上这里的气息，在瞬间感受这里的氛围。一个人与一个城市的缘分，一个人在一座城市的经历，一个人和一个城市的故事。和她初识是在上班的地铁，我们同时给一位体弱的孕妇让座时不小心撞了头，充满幸福的话题由此开启。

在这个城市，我们有同样的选择，在这座城市的中心，我们同样是中心的主人。每一天，我们匆匆穿梭在城市，享受着地铁的快捷，可在今天，我第一次希望时间再慢些，午夜的地铁已经第三次经过家门，我依然不想告别，有她在身边，如果可能，我愿意一直坐下去……

中国宝安集团
CHINA BAOAN GROUP CO.,LTD
深圳恒安房地产开发有限公司

发展商：中国宝安集团恒安房地产开发有限公司
深圳市明金海投资有限公司
代理商：同致业地产
物业管理：恒基物业
整合推广：典派广告
售楼地址：深圳市宝安区西乡大道与铁仔路交汇处（大益广场西侧300米）
碧海热线：0755-29970888 29970999

宝安·碧海名园
中国房地产成功开发典范
碧海名园 领跑时尚潮流
The Trend Leader
碧海名园位于深圳市宝安区西乡中心区57区，宝安区西乡镇西乡大道与宝安大道交汇处，西北面为铁仔山，东南面与前海相望。建筑共有28座，1座16层，12座11层，15座6层，共802户。楼盘为现代精品造型，楼体外形清新简约，洋溢时代气息。
碧海名园，在自然—山与海的对话中，在城市—昼与夜的轮回中，在空间—上与下的错落中，给梦想一个终点站，给生活一片艳阳天。

前进路商圈
宝晖商务酒店
公路局大厦
香缤广

领航宝城： 宝城八区，深圳次中心。扼守新安商圈，一手掌控宝城财脉，打造深圳西部顶级国际购物社区，定位卓绝，地标天成

国际品质： 17万平方米高尚社区、百米擎天之姿，独一无二的香槟金本色，5万平方米的都市 shopping mall 。CBD中心城市多元生活起涨点，风情地，接轨国际

赢家生活： 核心枢纽，坐享八达，国际空港近在咫尺，金色街区，万商林立，扼守百万人潮，5分钟生活圈无限惬意，时刻走在时尚前沿

创新人本： 首创高层住宅“入户双大堂”、“两梯四户”、“入户花园”等经典设计；户型实用大方，户户通透，满室阳光

名校云集： 一路之隔是省一级中学宝安中学，一墙之隔是区重点新安湖小学，让孩子赢在起跑线

绿视景观： 不可复制的安湖风景和远眺前海几十公里的蔚蓝海岸线；自有11000多平方米“地中海风情”超大架空层园林宝安面积最大的架空层“天然氧吧”

和兴花园 地处深圳市龙岗区中心城清林中路与爱心路交汇处，总占地面积12万平方米，容积率从1.53至2.6不等，总建筑面积23万平方米，由深圳市银台实业发展有限公司投资开发。

和兴花园 因占地面积较大和中间被市政道路分隔。一期“和兴苑”、二期“和盛苑”、三期“和顺苑”已先后在2003年5月份前入伙，四期“和煦苑”于2004年10月底竣工，五期工程于2004年12月动工。

第二章 中国城市竞争力的分析与比较

进入21世纪以来，科学技术日新月异，经济一体化突飞猛进，伴随着信息、知识和经济的全球化，人类社会进入了一个竞争全球化的新时代。在全球化激烈竞争的新形势下，城市之间的竞争也日趋激烈。世界各国尤其是太平洋两岸的地区政府，正积极致力于检查、培育和提高城市竞争力，以期在新的世纪对全球实施最有利的战略资源争夺。为了适应这一形势，我国各城市也需要了解和把握全球化时代下决定及影响城市竞争力的关键因素，需要认清自身的地位和处境，优势和不足，需要检验已有的并制定新的竞争和发展战略，以实现城市的全面发展和城市竞争力的迅速提升。

一、城市竞争力分析的理论基础

城市竞争力是一个具有明确直观含义却又不易精确把握的概念。它主要是指一个城市在竞争和发展过程中，与其他城市相比较所具有的吸引、争夺、拥有、控制转化资源的能力，以及争夺、占领、控制市场以创造价值，为其居民提供福利的能力。城市竞争力是一个既复杂又抽象的概念，要把握和理解好其内在的联系和要旨，就必须进行深入的理论分析和广泛的实证研究，同时研究还应建立在较为科学的理论框架基础之上。有关城市竞争力的基本理论主要包括以下两个大的内容：

1. 城市竞争力是一个混沌的动态系统

城市是一个动态的、混沌的、多层次的系统，因此城市竞争力具有混沌经济学和系统动力学所提示的一般特征，依循一定的规律运行。城市竞争力系统是由大量的、多层的和多维的子系统组成的复杂的动态系统，其中众多子系统的运动状态随着时间的变化而不断改变，从而使整个城市竞争力系统的状态也不断变化。

混沌学耗散结构理论认为：混沌是一种能够通过非线性动力实数所表现的复杂性明显化的现象，即指貌似无序却实际上有序的现象。所谓非线性是指系统内各要素之间相互作用、相互制约的并非严格成正比例的关系，它既存在着正反馈的倍增效应，也存在着限制增长的饱和效应。混沌系统即是由大量子系统组成的非线性动态系统。

混沌系统理论对城市竞争力分析的启示意义在于：

(1) 混沌系统对初始条件极为敏感，初始条件的微变化均可能产生未来行为的巨变，即会产生所谓“蝴蝶效应”。但初始条件所处的阶段不同，系统受影响的程度也随之不同。一般而言，在临界点附近控制参数的微小改变，会从根本上改变系统的参数，初始条件中非常细微的变化都会最终导致系统行为的极大变化。

(2) 混沌系统是由大量的、多层的、动态的子系统构成，众多子系统的发展状态在不断改变，整个系统的状态随之发生变化。整个系统状态不仅是子系统的总和，而且是各系统的综合平均效应。

(3) 混沌系统是有组织的结构，其各个子系统间的行为是彼此相关的。混沌系统的子系统之间或系统内部各个要素之间的关系有一定的次序，往往在空间上表现为结构的层次性，在时间上表现为演化目标的同向性，系统越有序，其组织化程度越高。

(4) 混沌系统的发展方向，不但取决于实际的状态及偶然性，而且还取决于一种对未来的预测——主观必

然性。系统发展方向不仅取决于实际条件,还受达到最后状态的目标制约。

2.城市是一个相对独立的价值收益体系

城市是一个相对独立的行为主体,它也常常为利益谋求发展,为效益参与竞争。

城市的竞争和发展主要通过城市产业来实现。城市是人口的聚集地,也是产业的聚集地。城市中各种产业发展和竞争的收益集合构成了城市价值收益的主要部分。城市产业收益是指城市在生产和销售商品时所获得的产业增加值收益,它是城市拥有或控制的城内外产业所制造和实现的净增加值的集合。城市产业收益状况则是指城市产业增加值的总体规模、增长速度、效益及其可持续发展能力。当城市产业收益呈非优化成长状况时,城市天然固有的和再生成的收益可能招致损失。当然,城市产业收益未能完全包括城市的天然收益和非货币化收益。

城市通过外部竞争获得的收益是其收益的重要构成部分。城市竞争的实质是资源和市场的占有与争夺,具体表现为资金、资源、人才、服务对象等领域的竞争,围绕利益最大化原则,各种资源会在不同城市、地区或国家间进行流动和转移。从产出角度看竞争收益,主要表现为区际贸易、投资、服务等方面的竞争收益。由于经济一体化和跨国公司的发展,公司内部贸易及其他非贸易活动迅速发展,城市贸易收益的表现日益复杂化且难以测量。但是,城市对外贸易是城市竞争收益的主要来源,同时对城市的增长收益有重要影响作用。

据上述混沌系统理论和城市价值收益理论,我们可将城市视为由若干产业组成的价值体,按产业类型可分为成熟产业价值体、中间产业价值体和创新产业价值体;按价值来源可分为工业租金价值体、成本节约价值体和要素报酬价值体。城市产业任何局部或整体的变动都将导致城市企业价值体的动态变化,从而导致城市总价值体系的变动。

二、我国城市竞争力的指标体系设计

由前文所论述的城市竞争力的分析理论中可以看出,城市竞争力的衡量比较复杂,设计测量和分析城市竞争力的指标体系也将是一项系统而复杂的工作。我国城市竞争力指标体系设计应遵循以下思路:

1.城市竞争力指标体系的设计原则

为了尽量准确科学地反映城市竞争力的投入和产出的基本关系,城市竞争力指标体系设计应遵循下列原则:

(1)**逻辑性原则**。城市竞争力指标体系是建立在混沌系统论和价值体系论的理论基础上的,因而设计时应尽量按照要素与价值收益的逻辑联系,选取、归纳和分类要素指标。并且,这些是从不同方面表现收益或对收益有贡献的要素指标,同时这些要素对经济增长和市场占有的贡献也大都被经济研究给予过充分的经验验证。

(2)**先进性原则**。拟设计的指标体系不仅要依据前述逻辑思路在指标选取上超越于传统的指标体系,而且在整个指标体系中也要渗透关于经济增长和经济竞争的最新理论和经验研究成果,反映城市现代化、国际化程度的指标也应被包括在指标体系中。

(3)**经济属性原则**。拟设计的指标体系主要反映城市的经济竞争力,故应着重从经济角度选择指标。当然,经济发展状况,在经济竞争中的地位将最终决定和影响城市的其他方面,如城市综合实力和城市可持续发展能力等。

2.衡量城市竞争力的十三大指标

我国设计的城市竞争力指标衡量体系将城市竞争力分为硬力和软力两大类,硬力又细分为八大分力,即

区位力、环境力、结构力、设施力、资本力、科技力、劳动力和聚集力；软力细分为五大分力，即开放力、制度力、秩序力、文化力和管理力。

(1) **区位力**：一是自然地理区位，含自然区位交通便利度综合指数和城市在区域中的优势度指数；二是经济区位，主要指经济腹地 GDP 占全国 GDP 的比重；三是政治、科技文化区位，含城市行政等级指数和城市科技文化中心级别指数。

(2) **环境力**：主要包括城市环境综合指数。城市园林绿化综合指数、城市环境及风景名胜优美度指数。

(3) **结构力**：一是产业结构，包括非农产业的产值占 GDP 的比重，技术密集型产业从业人员占全部从业人员的比例，第三产业产值占 GDP 的比重；二是企业组织结构，主要是单位企业的年总产值；三是城市内部的空间结构，包括城市人口密度指数和城市产业布局合理度综合指数。

(4) **设施力**：一是基本基础设施，含市内基本基础设施综合指数和对外基础设施综合指标；二是技术基础设施，含每百人拥有电话机数和城市交通、通讯、信息设施的综合指数；三是社会基础设施，含文化基础设施综合指数和卫生基础设施综合指数。

(5) **资本力**：一是资本实力，含城市年末金融机构总贷款余额、城市总贷款余额含年平均增长率、证券外汇市场交易额；二是金融控制力，国内金融机构总部综合指数和国际金融机构综合指数。

(6) **科技力**：一是科技成果的应用，含企业 R&D 投入占销售收入的比重、新产品销售收入占总收入的比重、高科技产业综合指数；二是科研实力，含研究院所综合指数、R&D 投入综合指数、专利产品数量。

(7) **劳动力**：一是劳动力数量，含城市年末从业人员数量、城市从业人员一定时期的增长数；二是劳动力素质，含科技人员占全部从业人员的比例、劳动力平均科技文化水平综合指数；三是劳动力的培养，含中等教育以上学生占全部学生的比例、人均公共教育支出等。

(8) **聚集力**：一是企业聚集，含城市企业增长数、外资企业指数；二是人口聚集，含城市总人口和城市人口增长率。

(9) **开放力**：一是经济开放和保护，含城市开放和一体化程度综合指数、对外经济文化交流指数和国内外人士来城市的总数；二是经济对外依存度，含外资占国民生产总值的比重、国内外贸易依存度。

(10) **制度力**：一是经济制度，含经济市场化指数、非国有和股份制企业占全部企业的比例、税收占财政收入的比重；二是政治法律制度，含公务员占全部从业人员的比重、个人权益保护制度综合指数；三是制度创新的程度，主要有体制创新综合指数。

(11) **秩序力**：一是社会秩序，含社会治安状况综合指标、社会稳定性及预期指数、经济违规发生率指数；二是经济秩序，含经济平稳性指数、经济均衡性指数和经济安全性指数。

(12) **文化力**：一是社会意识精神风貌。含创新精神指数、兼容心理指数、竞争意识指数；二是道德风尚价值取向，含价值取向指数、劳动观念指数、交往操守指数。

(13) **管理力**：一是政府管理，含管理水平指数、政府战略指数、公务员人均城市国内生产产值；二是企业管理，含企业整体管理形象、企业经济效益指数。

从某种意义上讲，上述十三大分力更好地阐释了城市竞争力常用的四大指标，即 GDP 增长率、市场占有率、劳动生产率、居民人均收入，因此使城市竞争力衡量更具体细致、更具操作性和科学合理性。

三、我国主要大城市的竞争力比较

根据我国城市的经济区域分布，如珠江三角洲、闽浙沿海、长江三角洲、环渤海湾地区、西部地区等及城市规模特征，将城市划分为超大城市、特大城市、大城市、中小城市等，选出了 20 个具代表性大城市进行竞争力分析比较。这 20 个城市分别是北京、上海、广州、深圳、厦门、杭州、苏州、东莞、宁波、南京、天津、大连、西安、青岛、武汉、成都、重庆、石家庄、哈尔滨和南昌。

这 20 个城市一般都有城市统计年鉴或城市年鉴，其中的数据都属于国家的标准统计数据。以这些统计数据为原始数据，通过前文设计的指标体系进行比较、分析、推理得出一些新数据。将这些数据形成的主观指标、客观指标和主客观结合指标输入城市综合竞争力数学模型中，通过计算、整理，得出如下 20 大城市竞争力排行榜（见表 2-1）：

表 2-1　　　　我国 20 大城市竞争力排行榜表

项目 / 排名 / 城市	综合竞争力	区位力	环境力	结构力	设施力	资本力	科技力	劳动力	聚集力	开放力	制度力	秩序力	文化力	管理力
上海	1	1	15	12	2	1	1	2	2	2	10	1	2	1
深圳	2	17	12	16	1	3	3	18	7	1	4	7	1	2
广州	3	7	17	2	4	5	8	13	4	5	13	11	3	3
北京	4	4	3	1	3	2	2	1	1	9	17	8	13	12
厦门	5	16	1	18	12	10	16	15	9	3	1	20	6	7
天津	6	14	11	9	7	6	10	4	3	14	11	3	12	14
大连	7	12	4	6	9	12	4	7	8	7	6	16	10	10
杭州	8	11	8	5	11	11	11	3	10	12	7	6	7	4
南京	9	8	6	3	6	4	6	5	12	10	9	5	8	9
东莞	10	20	16	17	5	13	19	14	15	6	2	13	4	6
青岛	11	15	2	11	14	16	9	12	13	11	12	4	11	8
武汉	12	3	9	10	13	9	15	10	5	13	18	14	18	16
重庆	13	18	7	15	10	7	14	17	6	15	5	2	5	11
苏州	14	2	20	20	16	17	5	16	11	4	15	18	17	19
成都	15	10	10	7	15	8	13	6	16	17	17	15	15	18
宁波	16	19	19	14	8	14	12	20	19	8	3	9	9	5
石家庄	17	13	5	19	20	20	20	19	18	19	20	12	14	13
西安	18	5	13	8	19	15	17	8	17	16	14	17	20	20
哈尔滨	19	6	18	4	17	19	7	9	14	18	8	10	16	15
南昌	20	9	14	13	18	18	18	11	20	20	16	19	19	17

从上表可以看出，竞争力最强的 4 个城市为上海、深圳、广州和北京；南昌、哈尔滨、西安、石家庄等城市的综合竞争力相对较差。总体上看，前十强的城市都在东部地区。在东部沿海地区，珠江、长江流域的城市竞争力又要比环渤海地区的强。从区域整体的角度大致地看，城市竞争力由强到弱依次是珠江流域、长江流域、闽江流域、环渤海地区、中部地区、西部地区。另外，最引人注意的是，东部沿海地区的东莞、青岛等中等城市的竞争力竟在武汉及重庆等大城市之上。

从城市竞争力的十三个分力的排行榜来看，分力排行榜与综合竞争力的排行榜存在较大差异。比如，区位力排名前五位的是上海、苏州、武汉、北京和西安，然而西安的综合竞争力却排到了倒数第三位；环境力排前五位的是厦门、青岛、北京、大连和石家庄，但石家庄的综合竞争力则排到了倒数第四位；结构力前五位的是北京、广州、南京、哈尔滨和杭州；劳动力前五位的是北京、上海、杭州、天津和南京，而此方面深圳却排到了倒数第三位，等等。另外，从横向来看，综合竞争力排名前四位的城市中，上海在结构力、环境力、制度力方面竞争力差；深圳的劳动力、结构力、环境力、区位力排名较偏后；广州的环境力、制度力、劳动力也缺乏优势；北京的制度力、文化力、管理力仍有待提高。由此可见，城市竞争力由于内涵广泛，涉及面广，城市某一方面具备明显的比较优势，并不代表城市竞争力就强。只有充分利用好城市各种资源，积极挖掘城市发展潜力，协调好城市发展各个方面的关系，城市竞争力才能得到质的提升。

在竞争中求生存，在竞争中求发展。通过城市竞争力的分析与比较，我们可以看到各城市在发展中存在的优势和劣势，发现制约城市发展的障碍和瓶颈。各城市政府在当前良好的改革开放和经济贸易全球化背景下，在改善基础设施、提高行政透明度和行政效率，吸引与本市产业有关联的国内外高技术、高管理、高增值企业来城市落户，推进本市优势产业群集，促进产业规模扩大和产业结构高级化等方面可大有作为，从而实现城市价值体系的不断扩大和竞争力的快速提升。

第三章 大都市区与城市群的发展战略

大都市区的形成与发展是现代城市化进程的一个重要特征，也是21世纪世界城市化发展的主流趋势。大都市区的出现不仅使城市地域空间形态与规模发生重组与变化，而且使资本、产业、劳动力等要素在城市地域内形成了新的规律化流动与布局，使城市基础设施规模和社区结构也随之发生巨大变化，进而对原有城市行政管理模式提出新的要求与挑战。从20世纪90年代开始，中国城市化就已经进入了一个加速发展的阶段，大都市成为中国城市化进程中最引人注目的地区，同时也是中国未来城市发展中最具活力的地区。

一、大都市区的内涵及标准

大都市区是指以某一大城市或特大城市为中心，包括周围市镇的城市化地区。自20世纪50年代开始，西方发达国家城市的发展规模迅速变化，发展速度日益加快：一方面，城市工业和科学技术的高速发展，使人口、资金和技术以更快的速度向大城市及其周围地区集聚；另一方面，城乡之间交通的高度发达，城市由过去长期的向心集聚向相对分散的郊区发展，随着城市高收入阶层从中心城区外迁，工业、服务业也出现了郊区化倾向，造成郊区急剧扩张和大城市边缘新城镇的大量涌现。同时，由于城市外迁人口仍在中心城市上班，在郊区与中心城市之间形成稳定的通勤流，这样就形成了以大城市为核心，并与周边地区保持密切社会经济联系的城市化地区，即大都市区。

大都市区的空间形式主要表现为单中心大都市区和多中心大都市区两种。单中心大都市区围绕中心城市向外扩展，形成同心圈层结构，一般大多数大都市区属于这种结构。多中心的大都市区常常由许多互相分离的中心组成，组合起来的城市区往往是由几个小市镇扩大合并而成长起来的城市。多中心大都市区中有一个中心在规模上或重要性上占优势，但并不排斥土地利用的同心模式的存在，每个中心都可以具有同心结构。

大都市区的扩展形成二元空间结构：中心城市（Central City）和城市边缘区（Urban Fringe），二者共同构成一个空间实体——城市化地区。而且，在大都市发展后期的郊区化过程中，由于外迁的扩散作用，中心城市人口增长速度会开始减缓，进而会转化为负增长。大都市区的发展一般经历三个阶段：

一是以集聚城市为主的大都市形成阶段。在这一阶段，人口与产业向城市集聚，形成人口、产业、资本、技术高度集聚的大都市。

二是集聚与扩散并行的大都市区形成阶段。一方面，产业与人口继续向大城市聚集；另一方面，由于大城市中心区的高度集聚，中心区用地紧张，环境恶化，城市用地开始向土地开发潜力较大的郊区扩展，在郊区出现了新的居住区和新的工业区。而且在中心城市外围形成了与中心城市有着密切联系的郊区，它们与中心城市共同构成大都市区。

三是多个大都市区的空间联系阶段。在经济高度发达地区，多个大都市区剧烈扩张，最终在地域空间上相交形成多核心的、高度城市化的大都市连绵带，即进入城市群发展的成熟阶段。

大都市区的划分包括中心城市的划分和外围圈层地域的划分。中心城市一般以人口规模为标准来划分，外围圈层以与中心城市的社会经济联系程度为标准来划分。世界各国由于国情不同，对大都市区的划分标准也存在差异。比如美国，中心城市人口达到5万人以上，周边地区至少有75%的劳动力从事非农业劳动，并且有15%以上的劳动力在中心城市就业。50%以上的人口居住在周边城镇且人口密度不小于150人／平方英里。而在我国，由于人口众多，大城市一般划分为城区、郊区以及周边市辖县三个地域层次。因此，在中国，一般意义上的大都市区是指以大于50万人口的大城市为核心的城市化地区，其地域界限可以参照行政区划分，但不以此为限制，而以中心城市的实际影响范围为依据。

二、大都市区的发展与管理借鉴

自20世纪初以来，欧美发达国家的城市化进入高速发展时期，特大城市集聚区日渐增多。但大都市区的超常规发展带来了一系列的问题，这些问题集中表现在：一是大都市区由越来越多的互不依属的城市组成，人口和地域迅速扩展，行政区划过小，城市发展空间受阻；二是城市之间各自为政，地方主义与大都市区发展的协作需求矛盾日益突出，尤其是跨区域的大都市区内的市镇问题更为复杂，实行统一规划困难重重，严重影响了城市管理的效果和质量；三是地方政府组织机构规模过小，对牵涉到整个城市地区的社会公共问题，地方政府无力解决或者解决的效率低下，客观上要求在大都市区地域基础上进行统一规划、建设并管理。

为解决上述问题，美国、英国、加拿大、日本等大都市区发展程度高的国家先后对大都市区的行政管理机构进行了改革，即建立统一的大都市区政府或协调机构，对某些需要从整个大都市区角度进行规划建设和管理的项目实施统筹管理，进而在大都市区形成双重政府结构——大都市区联合政府与地方城市政府。

1.美国的大都市区管理经验

据统计，目前美国共有200多个标准大都市区，是世界上大都市区发展水平最高的国家之一。美国大部分大都市区并未建立多职能的、覆盖整个都市区的政府机构，而只是建立了具有某一专门职能的，有一定行政地域和职权的专职机构。美国大都市区地方政府有几种不同的类型，包括：学区（School Districts）、特别区（Special Districts）、市（Municiparties）、镇（Township）和郡（县）（Counties）。其中，市、镇和郡（县）是由选举产生的地方政府，学区和特别区属联合政府组织。

在这些大都市区政府类型中，特别区的政府管理职能占重要地位。特别区是在一定地域内实行某种特殊职能的政府组织，由几个城市政府联合组成，其行政地域有的包括一个或几个郡（县），也有的是一个流域或仅为大都市区的一部分。虽然美国未建立典型的大都市区政府，但为了协调各城市之间的矛盾及解决跨界的公共服务和管理问题，美国大都市区采取设立协调机构的方式来行使类似于大都市区政府的某些职能，采取协商手段对涉及大都市区的治安、交通、环保、水利、保健等问题进行统一规划，协调解决，从而有效地解决了大都市发展中的问题。

2. 加拿大的大都市区管理经验

加拿大的所有市政府都是法人团体，它们行使从各方面获得的权力，但不超越省政府的权限。各市政府建立有多种形式和名称的委员会，如管理委员会和执行委员会。市政行政官员的产生则主要采取三种体制，即议会管理者制、管理者制和委员制。

以多伦多市为例。1953年，为了向多伦多城及其12个郊区提供一系列统一的服务，多伦多大都市联合政府成立，形成了大都市联合政府和13个市政府构成的双层结构的政府组织。联合政府委员会由中心城市的12位代表和其他各市各一位代表组成。大都市政府的职能是提供大都市区范围的公共服务，包括供水系统的建设和维护、污水排放干线管道的建设和维护以及联系毗邻市镇的大都市规划。地方政府的职能是负责提供地方服务，包括给排水支线建设与维护以及地方规划等。这种双层结构的联合政府体制并不是严格的等级隶属制，在两层次间有明确的分权，政府的各项职责由大都市当局及13个地方政府分担。在这种双层结构的联合政府体制下，人们既能认识到统一整个地区所共有职能的必要性，同时又能在地方性事务方面保存地方的和私人的经营与管理权，各地方市政府还能独立地执行自己的计划。

3. 英国的大都市区管理经验

英国是实行议会制的君主立宪单一政体国家，其行政区划的基本形式是郡、郡级市、市郊区、乡村区及教区。英国大都市区政府的发展经历了从建立到解散的过程。

二战后英国社会经济发生了巨大变化，社会“集合城市”特征日益显现，不便于管理和监督。1947年，英国新的地方政府体制产生，在大城市里按20-50万人的规模分设17个单层次行政机关；郡则按20-100万人的规模分设57个双层次的行政机关。1966年，“皇家地方政府委员会”成立，开始了历时八年的地方政府改革运动，主张在大多数城市建立统一的有着综合目标的行政机关，而在最大的联合城市建立城市郡和非城市郡的“双层次地方政府体制”，即城市郡下辖城市区，不包括乡村；非城市郡下辖郡区，有乡村包括在内；郡的行政职能主要有消费者保护、交通管理、战略规划、公共运输以及社会治安维护等；区的职能范围包括教育、环境卫生、住宅、地方规划、地方街道、社会服务、垃圾汇集等。但由于中央政府所承担的公共服务范围较大，大都市区地方政府提供的服务规模要比美国小得多。

到20世纪80年代，由于大都市政府建立时以及以后运作过程中复杂的政治背景，两级政府之间的某些重要职能分工不清，大都市政府宏观调控能力较弱，于是在1986年废除了大伦敦及其他6个城市郡。但是，从英国大都市政府由盛而衰的发展过程看，我们并不能就此怀疑大都市政府存在的必要性，这只是由英国都市集权与地方自治矛盾的尖锐性与复杂性所致，是统一管理与分权管理难以合理协调而造成的特殊情况。

综上所述，西方国家大都市政府建立后，在处理很多需要协调的都市问题方面取得了不同程度的成功，尤其在交通、城市供水和污水排放等方面成效显著。但纵观这些大都市政府组织的发展过程及其兴衰变化，可看出由于地方自给传统根深蒂固，都市政府与地方政府之间的矛盾重重，使大都市政府难以发展成为实质上的政府组织而在更大程度上是一个政府协调机构，同时也缺乏固有的稳定性。而且，由于大都市地区人口和地域迅速扩张，大都市政府尽管在解决交通、给排水系统以及住宅建设等公共服务方面卓有成效，但却又面临着因人口增长引发的社会福利、行政区划、城市总体规划等方面不断出现的新问题和新挑战。因此,大都市政府只有不断适应新形势的要求,才能强化其管理职能,从而更好地促进大都市区的建设发展。

三、我国大都市区的形成动力探究

由于我国城市发展的历史、政治、经济等社会环境与西方国家有着明显的差异,使得我国现代大都市区的发展过程、内部地域空间结构和社会经济结构也存在着明显差异。所以,根据我国大都市区自身发展形成的特点,探索符合其发展规律的管理体制,对于促进与规范大都市区发展具有重要意义。

1. 我国大都市区的形成动力

我国大都市区的发展主要集中在已形成和正在形成的城市群区域,可分为大区域级、省级和地区级三个层次。具体而言,这些大都市区的形成动力主要有以下几个方面:

(1)行政政治中心产生大都市的集聚效应。中国大都市区的中心城市大多数是由传统的区域性行政中心演化而来。在大都市的形成过程中,政治、行政中心的特点使城市对人口、产业产生强大的向心集聚力,这些城市所具有的社会行政管理职能是大部分市区形成的最强大的推动力。我国一些新兴的大都市如石家庄、合肥等,就是因被赋与较高的行政职能而迅速发展为大都市的。

(2)工业化是大都市扩张的主要驱动力。我国大都市区的发展首先来自城市工业的扩张,由于工业的发展,许多大城市发展成为特大城市,中小城市也向大城市发展。同时,工业化、现代化发展也是大都市地域扩张的主要因素,较为典型的是城市经济开发区或高新技术开发区的设置,为大都市聚集了大量人口和产业,并在大都市外围地带形成新城区。

(3)新住宅区的建设导致大都市地域迅速向外扩张。近几年来,在深化城镇住房体制改革的背景下,我国房地产业迅速发展,大都市住宅郊区化倾向日益突显。目前,我国虽还未达到发达国家城市高度郊区化水平,但也已经处于城市化用地迅速向外扩展阶段。这不仅表现在都市外围规划建设了一大批新住宅小区,促使交通、通信、供水、供电和服务设施也向城市外围延伸,还表现在城市内部旧城的改造,使得一大批居住用地转化为商业用地或其他用地,使原城区人口向城市外围迁移。

(4)城市乡镇工业的发展促进城乡一体化。随着我国农村工业的迅速发展以及城市郊区受城市辐射影响的扩大,城郊乡村也逐渐出现了城市化。出现这一趋势的具体原因主要有:一是城郊由于人口密集,产生大量农村剩余劳动力,推动了非农产业的迅速发展;二是城市大企业的区域扩散作用,使城郊乡镇企业、民营企业成为为大型企业加工零配件的附属企业。三是旅游业的发展推动了大都市地域扩展。大都市是旅游业国内、国际客源的主要集散地,同时又是重要的旅游目的地。一般而言,在大都市旅游业发展初期,观光游览景点和服务接待设施主要集中于城区,使城区景点出现超饱和现象,进而向郊区寻求发展空间,开发建设新景点,并在景点周围建设相应的服务接待设施以及与中心城市相连的交通通道,以使城市中心与外国旅游区之间形成较稳定的季节性客流。

四、我国大都市区的管理模式设计

我国大城市地区现有城市行政区划模式和管理体制,与城市化发展需要之间的矛盾日益加深,探索符合我国国情的大都市地区行政管理模式已是当务之急。同时,应该看到中国经济发展的目标致力于经济的国际化,把经济发展纳入国际轨道,参与经济全球化过程,而大都市区正是实现这一经济目标的核心地区。因此,为与这一目标相适应,大部分市区的行政管理体制也应与国际接轨,借鉴国际经验,引进国外先进的管理制度和方法,使中国大都市区的管理水平达到城市化和国际化的要求。

1. 构建双层次地方政府体制

其具体思路是:将国家行政区划系列划分为两个并列体系,即区域性行政区划系列,如省、县、乡;城镇性行政区划系列,如直辖市、省辖市、县级市、县辖市和建制镇。在此基础上,将国家赋与地方政府的权限分解为三个方面,即区域性行政区管辖权限,城市性行政区管辖权限,以及两者的共同管辖权限。后者主要指对可由两级地方政府分工完成的事务的协调管理。比如说,城市详细规划由城市政府编制,结构规

划则由县或县市组成的区域委员会编制，县市共同完成规划项目的实施。

2. 建立综合目标代议制型地方政府

综合目标代议制型地方政府是最高形式的地方政府，这是因为，综合目标的政府优越于专门目标的政府，代议制政府优越于非代议制政府。具体而言，综合目标政府有能力协调一个地区的多方面工作，确定多项工作的先后次序和轻重缓急，可以在综合各项工作的基础上作出决策和制定政策，进而达到为本区域最优服务的效果。代议制政府能够保证民主，防止滥用权力，各项活动都是针对社区管理进行的，并对全体选民负责。

3. 合理规划城区的应有规模

按职能因素建立最小规模政府，按社会因素建立最大规模政府，是新城区设置的科学原则。因此，设置新城区，从大的方面而言应以执行最重要的职能为限，从小的方面而言应以满足城市政府的利益和需要为准。因此，市、县政府应当具有相当的经济实力，以确保它们的能力与资源相匹配，而政府工作的范围应当考虑到与学校、商业中心和社区等方面设施的相互关系。一般而言，当人口规模达到 20-25 万人，就应该设立教育、住房和社会工作的专管机构，这样有利于协调人口增长与住房建设之间的矛盾，有利于在教育和社会工作方面提供更好的服务与管理。

4. 可在大都市区郊县下设市

从地方政府管理和总体上保持行政区划相对稳定性的角度看，建立中国的大都市行政区可采取郊县下设市模式。实行郊县下设市，具体而言，就是将市、县分成不同系列的行政区划体系，综合考虑人口、面积和经济、社会发展水平，采用国际上通用的城市综合实力排序法，对市县进行统一排序，而不是按次序先后确定市县等级，并实行灵活管理竞争机制引入行政管理体制，逐步制定和完善市县行政机关编制办法和市县人民政府组织方法，使市、县机构的设置和人员配备制度化、法律化。实行郊县下设市模式，可解除郊县与县城之间行政隶属关系的束缚，有利于郊县与县辖市之间的平等竞争和分类管理，有利于促进市县社会、经济、环境等各方面效益的全面提高。

5. 采取妥善途径解决郊县辖市的行政分割问题

可以从以下几个方面出发：一是统一管理，即在一个大区域内保留一个单一的实体政府，以完全消除行政分割及由其连带产生的问题；二是功能转移，即城市当局把日益加重的公共服务工作转移给更高层次的政府或原县政府去进行组织，进而使公共服务更富有效率性；三是税收转移，即通过税收权限的转移，使市、县政府的财政在区域中获得公平分配；四是增设具有专门目的的政府部门，这样做的目的是为了减少公共服务方面存在的效率和有效性问题，当然它也可能同时增加了地方政府的复杂性；五是市政设施建设的相互协调，市、县间基础设施的协调可以减少公用设施和服务的重复性，扩大服务的空间规模。

总而言之，大都市是社会进步和经济发展的象征，是城市化进程的重要标志和必然产物。西方国家由于工业革命发生较早，经济和产业发展较先进，大都市区的发展水平也较高，可为我国发展大都市区提供一定的经验和参考。我国应在区分中西方政治、经济和文化发展差异的基础上，吸收借鉴西方大都市区发展与管理中的有益经验，积极探索设计符合我国国情的大都市区发展管理模式。

五、发展城市群具有重要战略意义

城市群是城市化进入高级阶段后出现的以集聚与扩散为主要特征的地域城市化现象。城市群既是社会文明和经济发展程度的标志，又是社会城市化发展的必然趋势。在我国发展城市群有着重要的战略意义。

1. 城市群具有强大的政治、经济核心和枢纽功能

世界各国的大城市群无一例外都是国家乃至世界政治、经济的核心区，如北美、欧洲、日本的城市群在世界政治、经济生活中都起着举足轻重的作用。这些大城市群集中了世界上先进的工业技术、大量的资金和人才，在国家政治、经济政策的制定与实施中起着至关重要的作用。以日本为例，日本以东京、名古屋、大阪三大城市为核心，形成了东海道大都市连绵带，涵括了横滨、川琦、京都、神户等多个大城市。日本绝大多数工业生产和工业产品流动都集中于这一大都市连绵带内，这一区域集中了全国80%以上的大型公司和大型私人企业。东京、大阪、名古屋作为日本行政管理、金融、保险业中心，集中了近50%的全国人口，是日本城市规模最大、人口最集中的三大城市。

2. 城市群有利于发挥区域综合职能和工业协作优势

城市群内的城市由于职能分工不同，相互之间构成了一个具有强大综合功能的有机体。如北美、欧洲的几个大城市群都具有将一个大城市所具有的多种职能分散到不同城市的特点，每一城市都具有一定的职能特征。如荷兰的兰斯塔德城市集聚区内的阿姆斯特丹、海牙和鹿特丹三大城市，就分别承担着金融中心、行政中心和交通中心的职能。

现代企业生产的专业化分工要求企业之间建立密切的协作关系，要求企业位于相距不远的城镇，这既是技术上的必要，同时在经济上也是必需的。世界上大都市城市群的产业构成都有很强的内部相关性，如美国的波士顿——华盛顿大都市连绵群就有着发达的制造业，其中的许多企业相互之间都建立了很好的合作关系。

3. 城市群是先进工业与高新技术的生长点

先进工业和高新技术在推动技术进步和经济发展中起着日益重要的作用。但其推广和应用需要发达的工业基础、强大的研发能力以及雄厚的资金支持。通常情况下，城市群是大都市的集聚地，是行政、科研、信息、技术和工业中心，具备发展先进工业和高新技术的基本条件，是技术进步的发源地。同时，城市群也是一个巨大的市场，由技术进步带来的新产品首先进入这个市场进行交易。当前，我国各大城市都在新建各种高新技术开发区、科技工业园等高新工业基地，正是为了借助大城市集聚区的技术、资金、信息等市场优势推动我国先进工业与高新技术的发展。

4. 城市群的发展有利于控制中心城市的盲目扩张

发展城市群，具有将中心城市强烈的增长、扩散能量向周围中小城市转移的功能，可以使城市体系向更为合理有序的方向发展。如在荷兰西部，形成了一个多中心马蹄形的环状城市群，不仅包括阿姆斯特丹、鹿特丹和海牙三个著名的大城市，还包括乌德支列、哈勤姆、莱登三个中等城市以及众多小城市以及海滨旅游胜地，各城市之间距离仅10-20公里。该城市群将一个大城市所具有的多种职能分散到各个大、中、小城市，不仅控制了中心城市盲目扩张，而且在整体上形成了既相互联系，又有区别的空间组织形式，从而维持了整体的统一性和有序性。

当然，城市群也不能盲目发展，由于人口和产业在地域上的高度聚集，城市群也出现了一系列的社会和环境问题。如能源、水资源以及土地资源的短缺；交通设施建设跟不上城市超常规发展的要求而导致交通拥挤；城市区域环境质量下降，大气污染加剧，噪音与三废治理困难，甚至出现地下水超量开采、水源污染严重等环境问题；城市之间相互竞争，行政权力分散，管理协调困难等等。要避免出现上述问题，在发展城市群的过程中，政府必须加强对区域发展的宏观调控能力，建立城市群的可持续发展协调机制，尽量减少城市无序扩张而导致的基础设施重复建设和环境污染等问题，以促进我国城市群的健康持续发展。

六、我国逐渐形成了四大城市群

城市群是在城市密集带基础

上，各个城市通过内部空间的进一步相互作用和连接，彼此交叠而形成的。就我国来说，产业和人口向城市聚集、城市经济向目的地扩散是现代城市密集发展的主要原因。在人口产业的集聚和扩散过程中，大型中心城市起着主导和核心的作用，中心城市是区域内各经济要素和人口集聚的磁心，也是城市经济向外围圈层扩散的根据地。目前，我国逐渐形成了四大城市群。

1. 长江三角洲城市群

长江三角洲是中国人口密度最高、城镇数量最多的地区，同时也是中国经济实力最强、产业规模最大的经济核心区，其国民生产总值占全国的13.1%，工农业总产值占全国的21%。长江三角洲包括上海、江苏沿江地区、浙江杭嘉湖地区以及宁波、绍兴、舟山三市，总面积9.95万平方公里，人口7300多万人，共有城市55个，建制镇998个，其中直辖市1个、省辖市14个、县级市40个。目前长江三角洲正以上海为中心，形成一批经济实力强、社会发展水平高、投资环境优越的城市群，区域城市化进程加快，向巨型大都市连绵带发展。

首先长江三角洲城市群的产业结构已发生转变，正向高层次转化。主要表现在，产业结构层次高级化，部分发达城市从以原材料为重点的工业化前期阶段向以机械——电子一体化工业为重点的工业化后期阶段转化。该城市群中最大的中心城市上海正在向高新技术产业和高附加值工业方向转化，而且开始向国际性金融和经济贸易中心发展。一批高新技术工业区的建设带动了高新技术产业的发展，高新技术工业区在长江三角洲已经形成了带状分布；同时，随着中心城市工业职能的向外扩散，乡镇工业迅速发展，带动了农村的工业化发展，乡镇也逐渐按城市规划进行建设改造，并具有现代城市功能，形成了区域性城市化趋势。

其次，城市层级体系完整，已形成数个大都市区和次级城市群。长江三角洲地区城市已形成了五个明

显的等级层次，第一层次是上海，它是国际性港口城市和全国性中心城市，为长江三角洲城市群的核心和经济文化中心；第二层次是南京和杭州，这两个城市历史上曾经先后成为过全国性政治中心，现分别成江苏省和浙江省政治、经济、文化中心；第三层次是苏州、无锡、常州、宁波等大中城市；第四层次为南通、扬州、镇江、湖州、嘉兴等中小城市；第五层次为其他小城市和卫星城市。

2. 珠江三角洲城市群

如果不计香港、澳门，狭义的珠江三角洲区域总面积4.16万平方公里，约2000多万人口，由23个城市组成，包括1个特大城市广州，1个大城市深圳，几个中等城市即珠海、东莞、惠州、佛山、顺德、江门、中山、肇庆、南海、新会、台山、三水，9个小城市即惠阳、从化、增城、开平、鹤山、四会、恩平、高明、高要。珠三角区域毗邻港澳特区，是中国外向型经济发展最快、最具活力的地区，城市化速度快，城市景观在大范围内代替乡村景观，城镇职能日益强化。珠三角城市群的发展特征有：

（1）**中小城市发展迅速。**在珠三角工业化过程中，中小城市发展迅速，新兴城市发展速度高于老城市和大城市，尤其是环珠江口地区的新兴城市规模扩大最快，这有力地完善了珠三角的城市体系，使区域经济趋于平衡。

（2）**大中城市功能向周围小城镇扩散。**如广州市与周围的佛山、南海、三水等城市都有快速交通干道相连，路程多在1小时内，已出现居

住地点与就业地点分离的趋势，形成周围城市与广州市之间通勤，城市之间的人流与物流以及社会、经济都密切联系的都市化城市群落。

(3) 城市密度高。珠三角共有城市 23 个，建制镇 392 个，城镇密度 100 个／万平方公里，城镇间的平均距离不足 10 公里。以广州、深圳等城市为核心的城市群用地向中心城市靠拢，连片趋势已十分明显；广州与深圳之间的穗粤经济走廊，城市沿广深高速公路、广九铁路分布，形成城镇密集带，连片趋势也十分明显。

(4) 产业高度集聚，形成了全国性经济核心区。在珠江三角洲内部，城市和产业表现为次级集聚倾向，城市和产业密集分布于环珠江口一带。该地带在仅占珠三角 28% 的土地面积上，集中了珠三角主要大中城市和 50%以上的人口，国内生产总值和第三产业产值分别占珠江三角洲的 75.5%和 80%，已成为珠江三角洲大都市连绵带的主体与核心。同时，区域经济整体实力的加强使珠江三角洲作为经济辐射中心开始以向外投资的方式进行经济扩散。如 2004 年上半年建立“泛珠三角‘9+2’”世界级经济特区的提出，除港、澳、粤外，还囊括了邻近的福建、江西、湖南、海南、广西、贵州、云南、四川八个省份。

(5) 人口大量向珠江三角洲迁移集聚。从 20 世纪 80 年代始，珠江三角洲就成为广东省迁入人口集聚区，周围山区及外省人口大量向珠江三角洲集聚，使珠江三角洲人口增长率远远高于周围地区。大量的外来暂住人口集中于城市，使实际的城市人口规模远远大于基于户籍统计的人口规模。许多城市如深圳、东莞等，如果加上暂住人口，实际的人口规模将比户籍统计显示的要大得多，实际的城市规模等级远远高于统计的规模等级。

3. 京、津、唐城市群

京、津、唐城市群主要由北京、天津、唐山、秦皇岛、廊坊等大城市以及遵化、丰南、迁安等小城市组成。总面积 5.26 万平方公里，总人口约 4000 万。京、津、唐地区作为中国最重要的大城市集聚区，目前已出现向大都市连绵带即城市群发展的趋势，尤其是北京、天津两大城市之间的连绵趋势已十分明显。京、津、唐城市群的主要特征有：

(1) 区域城镇密集区已经形成。京、津、唐地区特大城市数量多，中小城市数量相对较少，但小城镇较多。受中心城市的巨大辐射和吸引作用，北京、天津两特大城市周围地域沿放射性交通线，形成了密集的同心圆式卫星城镇群，并沿二市之间交通线形成了城镇密集带。

(2) 人口城市化水平高。由于大城市是构成京、津、唐城市群的主体，北京、天津、唐山三个特大城市的非农业人口约占全区非农业人口的 90%，整个地区非农业人口占总人口的 50%，仅次于辽中南地区，高出长江三角洲和珠江三角洲，是我国城市群中城市化水平较高的地区。

(3) 形成了高新技术产业带。京、津高新技术产业带以北京、天津两个城市为中心，沿京、津、唐高速公路分布，包括北京高新技术产业开发试验区、北京经济技术开发区、廊坊高新技术产业园区、逸仙国际工业园区、宜兴埠高新技术产业园区、天津新技术园区、天津经济技术开发区、天津港保税区等众多高新技术基地。该高新技术产业带是全国最大的高新技术产业带，它对沿京、津、唐高速公路带状城镇群的交通、通讯等基础设施以及服务业的发展起着重要的促进作用，使京、津、唐地区首先以高新技术产业带为纽带形成了双中心城市连绵带。

4. 辽中南城市群

辽中南城市群不仅包括以沈阳为核心，以邻近的鞍山、抚顺、本溪、辽阳、铁岭等城市为主体的辽中城市群，还包括以大连为核心，以丹东、营口、盘锦、锦州等城市为主体的辽南沿海次级城市群。该城市群共有特大城市 4 个、大城市 4 个、中等城市 5 个、小城市 12 个，集中了辽宁省全部大中城市和许多大型工业基地，是全国最大的重工业基地。

辽中南城市群是四大城市群中城市化水平最高的区域，其城市、产业、人口的集聚程度和城市化水平已初步具备大都市连绵带的显著特征。首先该地区城市分布密集，在以沈阳为中心的 100 公里半径范围内，有特大城市沈阳、鞍山、抚顺和大城市本溪、辽阳，以及中小城市铁岭、铁法、新民、海域、为塔和开原。在约 1 万平方公里的面积上分布了 4 个特大城市和 2 个大城市，各城市之间的距离大多不足 70 公里，其中鞍山至辽阳仅 25 公里。城市地域的扩张使城市之间的距离逐渐缩短，小城镇围绕中心城市集中分布，在沈阳、抚顺、鞍山、本溪、辽阳等市之间集聚了 20 多个小城镇，形成了连片的城市郊区和卫星城镇群。其次，大型工业企业分布密集。辽中南城市群是一个典型的重工业城市群，是中国一个极为重要的采矿——加工——制造一体化的重工业基地，涵盖冶金、化工、能源、建材、机械、轻工等多种产业。辽中南城市群已成为了具有相当基础和规模的工业化和城市化地带，同时也是科技密集，交通、信息条件优越，高新技术产业率先发展的区域，加之中央政府提出了“振兴东北工业基地”计划，其城市群的形成和发展速度将大大加快。

七、推动我国城市群发展的战略建议

与北美、日本、欧洲等世界发达国家和地区的城市群相比，我国城市群的城市化、工业化、现代化水平等均存在较大差距。根据我国城市群的发展现状以及发展过程中存在的问题，我国今后应侧重在以下几方面来努力采取对策措施，以有效解决制约城市群发展的瓶颈障碍：

1. 编制城市群发展规划

与西方城市中心空洞化现象不同，我国是一个人多地少的国家，城市土地尤为珍贵，随着城市化进程的加快，城市中心仍将保持较高的发展活力，城市的空间结构仍会呈现“摊大饼”式的蔓延发展，进而向城市群方向发展。这种发展趋势对城市群的发展规划提出了较高的要求。结合城市规划工作的自身特点，考虑到经济全球化对城市群的发展影响，我国城市群发展规划的编制应着重注意以下几个方面：

一是必须要有整体规划的观念。受传统的计划和投资体制的影响，过去我国城市的规划是按部门进行的，不可避免地会强调部门利益，而忽略了区域发展的整体利益和长远利益。为实现城市群的可持续发展，制定城市群规划时应具备区域的、全局的发展观念，要以各城市的等级规模结构、产业布局和空间结构的现状及发展趋势分析为基础，加强对生产要素流动规律以及各项要素对城市群发展作用关系的分析和研究，借助各部门力量，制订并实施综合性的城市规划。

二是强化政府干预职能。政府在发展市场经济中的中心职能就是加强宏观调控，创造良好的经济社会发展环境。就政府而言，在城市群规划时，应该充分征求其中各个城市建设部门的意见，综合考虑。通过制定共同的城市协调发展目标，发展政策和发展公约，实现城市群内各个城市之间的协调发展。城市群规划要以区域为整体，在维护公平竞争的前提下，对区域开发活动的空间布局和时序进行引导，通过合理、妥善的组织和协调，控制对区域整体发展不利的开发活动，实现区域基础设施共享，降低区域开发成本。同时，城市群规划还要注重对实施机制和调控手段的研究，不仅要研究如何高效地安排建设，更重要的是要加强研究如何有效地实施控制。

三是注意规划的科学性和弹性。随着经济全球化和中国经济发展的国际化，中国城市群的研究和规划也要考虑与世界城市群体系接轨。就目前来说，要注重对世界城市群体系的特点与发展趋势的研究，尽快建立有利于促进我国对外开放和参与国际经济循环的城市群体系。制定城市群规划要对区域城市群的发展条件进行综合评价，要明确区域城市群发展的有利条件和制约因素，在此基础上有针对性地提出对策。同时,这种分析和评价既不能局限于行政区域，更不能局限于城市群建设某一个目标，而是应该与区域发展战略目标相结合，开展多目标的多方案研究，并且将研究工作纳入到规划中去，以利于政府实施对区域发展与建设的动态管理。

总之，经济全球化已经对我国城市的发展产生了巨大影响，用全球视野认识我国城市化过程和城市群发展已是大势所趋。经济全球化为我国城市群的发展提供了新的机遇,抓住这一机遇,搞好我国城市群规划建设工作，对于加快我国城市化进程，促进国民经济发展将产生巨大的推动作用。

2. 建设信息高速公路

当今世界，信息已成为社会发展的一种重要资源，信息技术的应用几乎遍及世界的每一个角落,也已成为城市群内各城市间信息交流的最主要手段。

信息高速公路是由光缆干线构成的,数字程控交换机、光纤通信、数字微波、卫星通信、移动通信、分组交换、数据通信等先进技术装备在其中得到广泛应用。建设信息高速公路,大力发展电话网、数据通信网、移动通信网、智能网、互联网的建设，可以实现为用户提供数据库检索、可视图文信息服务、电子信箱、电子数据交换等多种服务。

对城市群而言，不管是信息高速公路还是城市与国际通信网的接口，都是加强城市国际经济信息交流的重要途径。对城市群之间的城市而言，信息高速公路可将城市群内所有大小城市、城镇等纳入到现代化的通信网络之中，不仅可使城市通信网的容量进一步增大，城市间的通信能力得到加强，为城市群内各城市之间进行大量的信息交换提供保证，而且可以促进城市间的均衡发展。

3. 建设城际快速交通网

一般而言，城市群内的各城市间的地理距离并不遥远，为缩短交通时间,宜建立城际快速交通网,主要包括高速铁路和高速公路。高速铁路因其具有速度快、运量大、能耗低、污染轻、占地少等优点,在西方国家已经成为连接城市群内各城市最便捷的交通方式之一。在我国,随着人民生活水平的提高，工作节奏的加快,时间价值观念的增强,人们对铁路客运速度、舒适度、安全质量等都提出了更高的要求。建设城际高速铁路，不仅可大大缓解公路运输和交通堵塞压力，更重要的是可极大提高城际间的交通速度，缩短交通时间，大大加快城际间的人口流动,物资流动速度、满足城市群的现代高效合作需求。

高速公路在解决城市群间的交通问题上至关重要，并与高速铁路相辅相成。城市群中居民收入水平相对较高,私人汽车拥有量较大,居民乘私车上下班、处理公务以及出外旅游已十分普遍，加之城市群第三产业较为发达，因此建设城际高速公路，不但可以便利大城市之间的交通往来，为城市群城市间提供快速、直达、安全、经济、舒适的公路客货运输,同时,可以带动公路两侧城镇的经济发展，加速城市化进程和城市群的形成。

中国三大经济圈城市群建设

第四章 经济一体化下的

21世纪是全球经济一体化的世纪。全球经济一体化意味着全球城市圈间分工、交流、合作、竞争诸关系的日益强化。只有大城市甚至大都市圈才能具备与世界进行分工交流所需要的完善的基础设施；才能有足够的产业集聚和经济规模参与全球性的城市间竞争。从某种意义上而言，21世纪国际竞争的基本单位既不是企业也不是国家，而是大城市圈。而目前我国"长三角"、"珠三角"、"环渤海" 三大经济圈是房地产业发展最为活跃，水平最高的地区，房地产投资总量占全国房地产投资总量的50%以上，由此可见这三大经济圈在我国经济发展中占有举足轻重的地位。

一、"珠三角" 城市群建设

通常说的珠三角，是指广东境内，北至清远，西至高要，东至惠州，以广州为中心的18市12县的经济开发区（与地理意义上的珠江三角洲在地域上并不完全重合）。

大珠江三角洲经济区，是在以上基础上加进香港、澳门。

泛珠江三角洲经济区，是指大珠江三角洲及其辐射较强并相互联系比较紧密的经济地区，根据现行区划，它涉及所谓的 "9+2"（即广东、广西、福建、江西、湖南、云南、贵州、四川、海南9个省区以及香港、澳门2个特别行政区）的一部分或全部地区。

珠江三角洲城市群或泛珠江三角洲城市群是指分布在珠江三角洲或泛珠江三角洲经济区内的主要城市。

珠江三角洲（简称"珠三角"）是中国经济最发达、增长最迅速的地区之一。从经济方面看，珠三角在工业化、市场化和国际化方面走在全国的前面；从城市方面看，珠三角也是中国城市化和信息化水平最高的地区之一。在WTO和CEPA背景下，进一步提升珠江三角洲地区乃至泛珠三角地区经济合作，加快区域经济一体化进程，不仅对珠江三角洲地区经济发展具有重要意义，而且对提升整个中国在全球的国家竞争力也具有十分重要的意义。然而目前珠江三角洲的经济还是行政区经济，行政区与经济区之间的各种矛盾，使区域内统一的共同市场难以形成，最终导致这个区域的经济增长的成本加大，增长速度放缓，严重地阻碍了珠江三角洲的进一步发展。因而必须打破行政区经济，实现从行政区经济向经济区经济的转变，才能整合珠三角各种资源，使珠三角在全球区域经济竞争中发展成为辐射力更强大的大珠三角经济圈，成为世界最具活力的经济区域之一，从而提高整个区域的竞争力，提高整个国家的竞争力。

（一）珠江三角洲行政区划调整势在必行

1.行政区经济阻碍区域经济一体化和城市群的发展

行政区经济是指在既定的行政区划范围内，由行政区划对区域经济的刚性约束而产生的一种特殊经济现象。它是以国内区域经济的分割为特征，与国际区域经济一体化相悖的一种区域经济。以行政区域为单元的地区经济利益格局是中国经济结构的一个重要特征。出于自身利益的考虑，中国的各级政府经常按行政区来组织和调控经济发展。所以出现这一局面，有三个方面的原因：首先中国的行政区除政治功能外，还有自己的经济功能，各级政府既有发展经济的责任，也有发展经济的冲动；其次，中国的各级政府不仅拥有组织和调控经济的工具，而且拥有一定的经济资源，有能力参与经济活动；另外，各级政府不仅要对行政区内企业、居民负责，还要对上级政府负责，而上级政府考核下级政府政绩的好坏又常与下级政府管辖区域的经济发展状况的好坏相关联。

由于上述背景，行政区经济有其存在上的合理性，其对国家经济的成长也有着不可或缺的功用。然而，从现实情况看，行政区经济有着以下不容忽视的问题：

(1)行政区经济源于政府对经济的干预，也强化政府对经济的干预

在行政区经济的运作条件下，区域经济呈稳态结构，而且带有强烈的地方政府行为色彩。因为此，一个行政区的“经济”，往往以一个区域甚至一个国家的“不经济”为代价。

(2)行政区经济阻碍全国统一市场的形成和发展

经验表明，如果区域之间的经济发展水平和人均收入水平相近，则区域内的需求结构和偏好也会相似，市场间的隔离会小，而区域内专业化分工的机会就会增大。反过来，则会导致需求与供给关系的弱化。在中国，由于区域经济发展差距不断扩大，区域之间的利益摩擦因之激化，各级地方政府为了追求和保护自身利益，往往以行政区为依托，构筑贸易壁垒，实行市场封锁，阻碍经济要素资源的自由流动。

珠江三角洲区域经济发展呈现出明显的“行政区经济”特征，这种“板块经济”模式使得珠三角城市群的发展备受现行行政管理体制的制约和束缚。由于各级行政区划层次较多、分割繁细（珠三角横跨9个地级市），一个城市群可能分属不同的行政区，在发展目标、产业结构、产业布局、环境保护等方面，城市群区域与各行政区域之间、城市群内部各城市之间都有可能存在明显的冲突，集中表现为区域行政壁垒对要素自由流动的限制，导致要素流动与进入成本偏高，致使区域资源要素不能顺畅流向优势区位——城市，从而影响和制约了城市群的发展。同时由于区域内城市不根据区域经济一体化的大局来正确定位，导致城市之间缺乏整体规划与协调，在珠三角经济生态格局里，出现了争资源、争项目、争中心的现象，在一定程度上造成资源浪费、重复建设、产业同构。具体而言有以下几点：

一是不合理的重复建设。集中在一些利润潜力较大的产业领域，以及像港口、机场这样的基础设施领域。不仅表现为数量多，而且表现为对这些资源的利用效率不高，在利用的方法上还缺少协调。机场方面，在珠江三角洲方圆200多公里的面积内，共有五个机场，香港、广州、深圳、澳门及珠海，合称“A5”，除珠海外，其余均为国际机场，尤以港、穗、深三者均具相当规模；港口方面，深圳港已对香港港口形成了巨大冲击，而广州在此之后仍启动其“南沙大港”计划，东莞也不甘示弱地要斥巨资建设虎门港，在两侧，珠海港和惠州港从来就不相信自己不能成为华南大港；会展场馆方面，珠江三角洲一些市镇近年来由于缺少规模和布局，互相攀比、抢建滥建会展场馆，有的市有3、4个大型会展场馆，造成资源浪费和会展业的过度竞争。据有关调查，目前全省较具规模的会展场馆有200多个，而利用率却只有40%左右。

二是产业结构雷同。在区域市场经济条件下，除了企业是市场主体外，政府也是具有地方利益的市场主体。因此，在当前地方政府以GDP、税收、就业等为基本考核目标的约束下，作为区域产业政策行为主体的政府选择也是市场化的，其行政博弈的出发点是本地利益的极大化。在这一前提下，各地发生的摩擦、争端和各地达成的协作、协调只能是利益博弈的选择，是市场化的交易过程。珠江三角洲各城市从80年代开始均实行“赶超战略”、“逆向开发战略”，即市场需要什么就生产什么，导致经济区各地把投资的重点集中在投资少、见效快的少数几个行业上，致使区内产业结构雷同，减弱了经济区内分工和规模的双重效益，并引发区内竞争的白热化。20世纪80年代中期的彩电大战、冰箱大战就是因为各地产业结构严重呈趋同态势而引起。到了“八五”时期，各地投资热点又惊人相似：广东沿海等地受香港产业转移以及珠江三角洲出口导向战略等因素影响，加之利益驱动与信贷、财务等约束机制不完善，珠江三角洲内产业结构严重趋同。

三是不少地方在开放引资上竞相出台优惠政策，在外贸出口上竞相压价，导致过度或恶性竞争。由于省市之间、城市之间及县域之间存在高低不等的一道道行政性障碍，隶属于不同行政主体的产业开发区实施的是背靠背的招商政策，各城市的招商条件并不透明，商务成本缺乏正常的梯度。本应是成本导向下的企业投资经营行为与追求地方利益的政府行为合在了一起，使得同类产品及上下游生产能力难以相对集中，产业链的分工协作关系出现断裂，或不经济地扩大了空间距离。在这种背景下，外商投资企业不论其产业属性和专业特长，一概成为各城市政府部门的争夺对象。

2. 促进区域经济一体化，经济区经济势在必行

经济区经济是指在一个自然区域内，不同行政区域以相同或互补禀赋要素为基础，以共同发展目标为纽带的区域经济共同体。如果说行政区划是按行政手段，对相互关联的自然区域进行的人为划界，那么经济区则是按经济关联度，对不同行政区域重新进行的自主组合。前者是“分”（行政划分），后者是“合”（经济融合），两者有不同的运行方式和发展规律。现代区域经济之所以必然要从行政区经济走向经济区经济，主要是因为：

首先，从我国行政区划和区域经济的发展历史及相互关系看，行政区划的稳定是相对的，变动是绝对的。作为上层建筑的范畴，行政区划的发展必须适应经济基础需要，必然要服从于、服务于经济发展。经济区的发展往往会突破既定行政区划的框架，最终形成更符合区域经济发展规律的新型区域格局，同一经济区内的经济一体化势在必行。

其次，从我国改革开放的历史过程和开放改革的发展趋势看，从行政区经济走向经济区经济势在必行。珠三角作为我国最具竞争力的三大经济区域之一，由于受行政区经济的传统束缚，无论是规模还是自身的水平，都还远远不能适应需要。这不仅限制了区域经济一体化的进程，也制约了自身的进一步发展，更直接影响了国家国际形象和综合竞争力的整体水平。

最后，从国内外区域经济发展战略的路径选择看，建立以跨行政区城市体系为主导模式的新型经济区经济格局，是我国城市化道路长期探索的客观选择和当今世界区域经济发展的必由之路。一方面，“以大城市为主，大中小城市协调并举”的发展对策，是我国城市化道路长期探索后的客观选择。另一方面，不同行政区划间的城市以协调互补实现共同繁荣，是当今世界区域经济现代化发展的必然趋势。

世界城市发展趋势和长三角的区域整合给我们总的启示就是：在WTO和CEPA背景下，大珠三角区域间协同发展日趋重要，势在必行。而协同发展的基本对策和途径是必须扭转目前各城市之间联而不合，合而不一的局面，合理调整行政区划，最大限度打破城市之间的行政区划限制，加速区域内城市间的分工和合作，推动跨区域城市群的形成，促进实现从行政区经济向经济区经济的重大转变；通过“整合”，实现“规划同筹、产业同布、市场同体、交通同管、电力同网、金融同城、信息同享、环保同制、旅游同线”，提高整个大珠三角的国际竞争力。

(二)形成政府协调机制,打造珠江三角洲三大都市圈

1. 强化珠三角城市群经济发展协调机制迫在眉睫

包括香港、澳门、广州、深圳、珠海在内的珠江三角洲城市群,现在都面对着经济发展的新形势,有必要进一步加强彼此之间的协调和合作。现有的粤港协调和合作机制,协调的范围也应从基建扩展至与经济发展有关的其他领域。

为什么要加强这一机制呢?

第一,省港澳深珠的经济之所以能迅速发展,除了改革开放外,最重要的一条经验便是优势互补。强化协调机制,有利于优势互补;反之,就会削弱,造成互相不利的局面。

第二,香港、澳门的地位特殊,回归后的港澳能否持续发展,不仅涉及自身的繁荣稳定,对中央能否成功利用港澳这个窗口,在全球经济一体化的进程中占据有利位置也影响至大。从政治层面说,港澳经济能否继续发展又是“一国两制”是否成功的标志,对统一大业有示范意义。因此,要倍加重视港澳经济的发展。

第三,这些年来,港澳与穗深珠之间的经济协调,基本上是良好的,都是依循着“优势互补”、“达致双赢”的方向发展。但也不能否认,或因认识上的不足,或因地方利益的局限,有的城市对自身优势把握不够,有的对协调的重要意义认识不深,因而也出现这样那样不协调的现象。如果继续下去,会造成恶性竞争、互相削弱的局面。

第四,强化协调机制,并将之经常化,可以化被动为主动,可以将协调的范围扩至最大限度,从而取得最大的效益。目前的协调内容是补救性的,是被动和消极的。如果加强协调,就可以早为之计,预见未来,不但可以避免各搞一套,互相抵消,还可以将大家的优势发挥得淋漓尽致,在全球经济进入一体化和激烈的竞争中立于不败之地。

从上述各点可见,强化协调,优势互补,是有利大家的事情,但珠江三角洲各个城市都有自身利益的考虑,港澳实行的又是“一国两制”,因此,加强协调十分必要。

珠江三角洲目前的行政区经济造成了各城市间基础设施重复建设、产业结构趋于雷同、引进外资和外贸出口的恶性竞争等后果,严重阻碍了珠江三角洲区域经济的发展。为了进一步提高区域竞争力,从而提高整个国家的竞争力,珠三角必须借助WTO和CEPA的契机,打破现有的行政区经济,实现从行政区经济向经济区经济的重大转变。珠三角各城市群应以“大珠三角”都市圈的视野,审视自己的角色,重新考虑城市群的功能定位和产业布局,使珠三角在全球区域经济竞争中发展成为辐射力更强大的大珠三角都市圈,成为世界最具活力的经济区域。

2.“珠三角”城市群未来空间发展布局

在空间格局上,珠三角地区未来应形成两条发展主轴、三大都市圈,呈网络状发展。两条发展主轴分别向香港、澳门延伸,一条是广港发展轴;一条是广澳发展轴。三大都市圈分别是中部都市圈(广州、佛山)、东岸都市圈(深圳、东莞、惠州)、西岸都市圈(中山、珠海、江门)。

中部都市圈:广州和佛山在历史、人文、传统以及经济联系方面是密不可分的。在经济发展的背后更需要进行积极的资源整合。单一的广州和单一的佛山的可持续发展远不如广佛联合可持续发展强,因为广佛的联合是以其互补性为基础的。

产业联动是一个都市圈的核

心，广州、佛山两地在产业方面具有很强的互补性。比如广州的基础工业、装备工业近年发展很快，而佛山的制造业主要以轻型为主，以前佛山不少工厂的生产线主要从国外进口，而广州的重工业发展起来以后，就可以起到替代的作用。又比如广州高新技术产业的迅猛发展也可以为佛山制造业的技术改造提供条件，这方面是一个潜在的广阔市场。相比于佛山，广州在金融、教育、物流等服务业方面更具有优势，佛山没有硬性地提出第三产业的发展比例而只是提出要提高质量，就是考虑到主动接受广州产业辐射的因素。

大广州都市圈是珠三角经济区的内核，强强联合将带动整个珠三角的发展，起到1+1>2的作用。

根据大广州的发展基础、区位条件和发展趋势，其城市定位为：洲际性综合型国际化城市，努力打造成华南地区的政治、经济、文化中心。

东岸都市圈：深圳与东莞、惠州不仅地理上山水相连，产业联系也相当紧密，目前深圳与东莞、惠州在电子信息产业等领域，共同发展成为国际产业链的有机组成部分，已经形成具有紧密分工协作关系的企业群。同时，深圳目前拓展空间十分紧缺，有资金有项目但没空间。而惠州情况则相反，发展空间广阔但缺资金少项目。但三地分别由不同的城市政府管辖，行政管理上存在的利益本位化，使经济社会难以形成相互协调发展。将深圳、东莞、惠州整合为大深圳有利于区域内资源的有效利用和配置，更好促进粤东地区的经济社会发展。

根据大深圳的发展基础、区位条件和发展趋势，其城市定位为：洲际性专业型国际化城市，努力打造成亚洲高新技术产业研发制造中心城市、现代化国际港口城市、区域性金融中心城市、花园式海滨旅游城市。

西岸都市圈：中山、珠海、江门三市同处珠江西岸，无论人文地理还是产业联系既紧密又雷同，既同构又互补，三市合而为一共同重点发展依托于港口运输的大工业，如能源、重化工、机械工业及高技术的医药微生物工程，国外和国内并重的旅游业和以物资转运为主的港口贸易等第三产业。这对提振珠江西岸经济，打造西岸大都市经济圈至关重要。

根据大中山的发展基础、区位条件和发展趋势，其城市定位为：现代化区域性中心城市，努力打造成华南地区的现代物流中心城市、旅游休闲海滨花园城市。

3. 内优外拓，衔接“9+2”的泛珠三角战略

(1)泛珠三角，经济联系日益密切

在地理版图上，福建、江西、广西、海南、湖南、四川、云南、贵州和广东九省（区），位于我国的南部地区，直接间接、或多或少都跟珠江有关，与珠江流域的流向、与珠江最后流入南海而形成的经济流向和文化有关。这一区域地域辽阔，相互联系密切，面积200.5万平方公里，人口4.5亿人，分别占全国的20.9%和34.8%。2003年九省（区）生产总值38846.3亿元，占全国的33.3%；地方财政收入2962.9亿元，占全国的30.1%；进出口商品总额3400亿美元，占全国的39.9%；实际利用外资246亿美元，占全国的46.0%；社会消费零售总额14715.2亿元，占全国的32.1%。九省（区）的经济合作具有历史悠久、联系紧密、互补性强、效果明显的特点，为进一步加强彼此之间的合作奠定了良好的基础。更为重要的是，九省（区）经济合作具有良好的基础。九省（区）目前已初步形成了功能各异、协作关

系较密切、具有一定程度经济融合的经济区域和合作领域：

——在经贸合作上，广东与江西、福建组建了多个区域经济合作组织：闽粤赣边区经济技术协作区，闽粤赣十三市党政领导联席会，京九沿线经济协作带。

——近年来，广东、广西的经贸合作有了进一步的发展。自从1997年党中央、国务院确定广东与广西结对帮扶的战略举措以来，两省遵循“政府搭台、企业唱戏、优势互补、互惠互利、共同发展”的市场规则，不断推进以市场为导向、企业为主体、项目为中心、扶贫为契机、政府引导服务的多领域、多形式、多层次的经贸合作，使两广经济技术协作取得了突破性进展。合作项目涉及农业综合开发、农副土特产品深加工、市场建设、旅游业等领域，使广东的资金、技术、产品和市场与广西的资源、劳动力优势得到了很好的优化组合。

——广东与贵州、四川、云南的经贸合作具有悠久的历史，尤其是在贯彻实施党中央关于西部大开发的战略部署中，广东与三省的经贸合作有了很大的发展。据不完全统计，近三年来，川粤两省累计举办120多次大中型经贸活动，经济合作力度不断加强，两省间签订合同协议金额累计达860亿元，合作项目830多个。自上世纪90年代以来，广东在云南兴办的实业型项目248个，总投资34.3亿元，其中广东方投资27.3亿元。广东在贵州兴办的实业型项目169个，总投资超过30亿元。

——在能源方面，广东省坚决贯彻执行国家的西电东送战略，是接受西南电力电量最多的省份。自1993年接收西电以来，至2002年底，广东已累计接收西电523亿千瓦时，已支付西电电费约149亿元。从2002年至今，“西电东送” 工作进入快速发展新阶段，通过广东与西南各省共同努力，签订购售电合同并严格规范执行，西电送广东电量逐年都大幅增长，有力地支持了广东的经济发展。

——在交通方面，广东与周边八省(区)规划建设的高速公路有：渝湛国道主干线湛江至粤桂交界段、广州至梧州高速公路，京珠高速公路小塘至广州段，粤赣高速公路河源至粤赣交界段，通福建的汕汾高速公路、梅州至龙岩高速公路；规划与周边省份相连的铁路通道有：与福建相连的汕潮漳铁路，与江西相连的龙赣韶铁路，与广西相连的黎湛铁路、洛湛铁路、罗定至岑溪地方铁路，与海南相连的粤海铁路，与湖南相连的武广客运专线。

——在粮食经济合作中，江西、湖南是全国的水稻生产大省，与广东粮食产销合作互补性强，历来广东与两省的粮食经济贸易合作都比较紧密，建立了长期稳定的粮油购销关系，开展“订单粮食”，定期或不定期举办粮食经济贸易与技术合作交易会，联营合作，共同培育发展粮食市场。

广东与八省(区)的经济合作成效很大，同时，九省(区)之间的相互合作成效也很大。总之，九省(区)的经济合作具有历史悠久、联系紧密、互补性强、效果明显的特点。为进一步加强彼此之间的合作奠定了良好的基础。

(2)内优外拓，促进区域经济一体化，拓展珠三角城市群的共生发展空间

一是实现“内优”，使产业发展带与城市发展带高度耦合

①整合珠港澳资源优势，把环珠江口中心城市发展成为跨区域的科技创新中心

广州、深圳、香港等环珠江口中心城市，一直具有较强的经济互补性和共同的发展需求，而目前都同时把高新技术产业作为各自的主导发展方向。因此，应通过政府间的高效合作，建立珠港澳紧密合作的环珠江口新经济产业带，以广州(天河高新区、南沙资讯科技园等)和香港(数码港等)为两极，以广深轴线为中枢，发展信息产业、软件开发及网络经营等高新技术产业，并带动相关产业的调整与聚合，形成融高新技术开发和相关服务、配套产业于一体的新经济集聚区，建设成

为一个最具活力的大规模科技创新中心和新经济时代的珠江三角洲经济旗舰，推动区域经济的联动高速发展。

在环珠江口科技创新中心，要大力保护自然生态，坚持资源开发和环境保护与经济社会发展同步规划、同步建设的方针，创造一个健康、安全、优美的生活环境，提高城市整体质量，吸引更多高素质企业和人才。同时要下大力气提高政府运作效率，完善市场机制，规范市场秩序，健全法律法规，努力建立起符合市场机制和经济国际化要求的新体制，为国际、国内企业创造优良的发展环境。

②优化经济布局和城市环境，把珠江三角洲内圈层的其他城市发展成为国际性的高科技术生产基地

珠江三角洲内圈层内的其他中心城市，包括珠海、东莞、中山、佛山等，是目前珠江三角洲生产制造业的核心区域，拥有较多的高新技术产业和较完备的产业发展平台。将来，该区域可将高新技术应用型的产业作为主导产业，并向专业化大型企业方向发展，形成一个全球性的高技术生产制造基地。

在此区域，要一方面利用环珠江口科技创新中心的高新技术来促进产业优化升级，同时又促进生产要素向为专业化大企业协作配套的小企业扩散，并将一些传统工业部门向外围地区转移。要大规模进行城市环境治理，调整各城镇的发展建设和土地利用方式，提高城市整体环境质量，形成既各具特色，又与核心地域共生共荣的城镇发展区域。

③拓展城镇发展长程价值链，把珠江三角洲外圈层发展成为区域性的产业协作配套基地

珠江三角洲外圈层内的城镇，是珠江三角洲核心圈层产业转移的重要载体，也是珠江三角洲与周边地区合作交流的中间站。珠江三角洲外圈层在产业布局上应与内圈层协作配套，培育起该地区产业、交通等各方面的承载力，大力接纳发达地区的产业、资金和技术转移，并强化其与内陆经济地带的资金、技术、人才、市场的循环与交流，形成一个超级长程价值链，并不断提高其聚集扩散效应，为珠江三角洲开辟更广阔的发展空间。

珠江三角洲外圈层内要完善拓展脉络和通道节点，努力向我国西南、华中、华东甚至西北地区纵深方向推进（或跳跃式迈进），形成多轴线发散的产业延伸带或楔形扩张区。

二是进行“外拓”，拓展珠江三角洲城市群的共生发展空间

①层次推进，拓展珠江三角洲共生发展空间

圈层推进：加强与省内区际的全面协作——强化省域范围内的资源调配与设施共享，加强珠江三角洲城市和粤东、粤北、粤西城镇之间的职能分工和共同发展。

轴线伸延：加深与毗邻省区的联合发展——以流域（如西江、东江）等天然联系为纽带，采用资源、资金互补，人才、经营管理模式的引进或产业链条延伸以及对口扶助等政策措施，培育下游产业区域，扩大珠江三角洲经济区的直接辐射腹地。

②点面结合，加大外向型基础设施建设

珠江三角洲要扩展与华南、华中、大西南和其他地区的协作关系——以资本、技术和管理模式输出的方式，增加与这些地区的对口协作、对口援助，培养与珠江三角洲区域和城市有产业、商务联系的外围增长点，扩大珠江三角洲城市群的直接影响。

对外基础设施建设，尤其是道路建设，是珠江三角洲走向全国的重要保证，珠江三角洲在抓好省内高速公路、铁路网络的系统第二代是以建设的同时，应克服困难，做好向西南、华中、西北、华东地区增设干线铁路、高速公路的策划与准备。并通过增加有条件的援助支出，如对目前落后地区造血型项目投入和主动介入、参与西部地区的开发建设等方式，争取国家在全国性道路交通建设上对珠江三角洲的进一步扶持。

二、"长三角"城市群建设

"长三角"区域位于大陆海岸线中部、长江入海口,包括上海市、江苏省的南京、镇江、扬州、泰州、苏州、无锡、常州、南通和浙江省的杭州、嘉兴、湖州、宁波、绍兴、舟山等15个城市,土地总面积10万多平方公里,约占国土面积的1%;全区总人口7534万,约占全国的5.9%。"长三角"区域各城市地域相连,文化相近,经济相融,人缘相亲,相互联系十分密切,经济一体化由来已久。近年来,区域基础设施特别是交通设施网络化、经济社会信息化和思想观念现代化的大发展,进一步强化了"长三角"区域一体化发展的基础。"长三角"作为发育比较成熟的大组团式城镇群在我国经济发展和城市化建设中越来越凸显其重要作用。"长三角"城市群必将引领中国经济发展的主方向,并成为辐射带动区域经济和社会发展的龙头。

1."长三角"城市群体系建设总貌

"长三角"是我国现代城市发育最早、城市化水平最高、大中小城市齐全、城市体系最完备的地区之一。区域内有6个特大城市,5个大城市,22个中等城市,19个小城市,以及1396个小城镇。平均每1800平方公里就有一座城市,每70平方公里就有一座建制镇。在总长不超过660公里的沪宁、沪杭、杭甬3条铁路线上,密集分布着20座城市,平均每30公里一座城市,占区内城市总数的37%,许多城市的郊区事实上已经连成一片。城市化水平在45%以上,但是城市的集中度还不高,城市间的协同发展程度还有待提高。

"长三角"地区是我国经济核心区之一,自然条件优越,区位优势明显,经济基础良好,科技和文化教育事业发达。根据城市规模、经济总量及综合实力,"长三角"地区各城市大致可划分为四个层次:第一层次是上海,其人口不足"长三角"地区的20%,而经济总量、外贸出口、利用外资等却占30%左右,财政收入更是超过整个"长三角"地区的50%,处于龙头地位;第二层次包括南京、杭州、苏州、无锡和宁波五大城市,2002年,这五个城市国内生产总值均已超过1000亿元、财政收入均已超过200亿元;第三层次是常州、南通、绍兴和嘉兴,这些城市2002年国内生产总值均在700亿元以上、财政收入均在70亿元以上;第四层次包括镇江、扬州、泰州、湖州和舟山,这五个城市2002年国内生产总值在700亿元以下、财政收入也低于70亿元。"长三角"城市群的经济规模结构与城市群的等级规模结构大致相当。

"长三角"区域内城市职能多样齐全,具有从国际到全国、区域、地方的不同层次的中心城市,各类综合性、专业性、历史性、现代化的城市,加上坚实的经济文化基础,使本区域内的城市具备了强劲的发展潜力。上海是"长三角"城市群的龙头,将逐步建设成国际化大都市,成为国际经济、金融、贸易和航运中心;南京是全国重要的制造业、科教与研发基地,国家级历史文化名城,我国著名的风景旅游城市;杭州是著名的国际风景旅游城市、国家级历史文化名城;苏州是以高技术产业为主的外向型、现代化工业基地,国家历史文化名城和重要的风景旅游城市;宁波为"长三角"南翼经济中心,港口与陆路物流的枢纽,东南沿海重要工业基地;南通是"长三角"北翼的江海门户,是以能源、原材料及深加工为主的工业基地;舟山是港口旅游城市等等。

"长三角" 地区已基本形成多中心的城市空间格局,形成了以沪、宁、杭等特大城市为核心的若干都市区。"长三角"各城市与上海的联系强弱从中心区向四周降低，大致形成一种圈层结构。但是人口密度、经济发展水平、产业结构的层次分布则并非完全是由中心向四周降低。因为上海外围地区还分布着一系列历史基础较好、人口规模较大、经济发展较为迅速的二级城市如南京、杭州、苏州、无锡、宁波等。它们在经济发展水平、吸引投资能力、产业结构高度化等方面，超过了上海辖区内的一些卫星城镇，成为都市圈内颇有活力的经济增长点。

2.加快城市建设，推动“长三角”经济一体化

(1)“长三角” 经济一体化发展须有城市建设观念更新的支持

解放思想、更新观念，是适应“长三角”经济一体化发展，加快“长三角”区域城市建设的前提和关键。“长三角”城市群是当今我国生产力水平最高、综合实力最强、经济发展最快的区域之一。但是，与美国大西洋沿岸城市群、日本太平洋沿岸城市群等成熟的世界级城市群相比，“长三角”还存在明显差距，“长三角”城市群内部专业化分工与协作程度较低，城市功能和产业结构趋同现象严重，区域一体化进程滞后这些都已成为制约“长三角”城市群进一步增强综合竞争力特别是国际竞争力的重要因素之一。所以城市建设必须解放思想，树立全局观念，以城市群的理念指导城市整体建设发展。

(2)“长三角” 经济一体化发展须有城市规划一体化支持

要实现或推动“长三角”经济一体化发展，那么城市规划一体化就必须先行。这是因为：其一，经济一体化的发展通常需要编制跨行政区的“长三角”城市群协调发展规划，应从“长三角”城市群整体系统的区域层面出发，以协调发展为重点，以空间管治为主要调控手段，强调局部与整体的协调发展，兼顾眼前利益与长远利益，处理好人口适度增长社会经济持续稳定健康发展、资源合理开发利用和生态环境保护之间的良好关系，实现资源的合理开发与配置，增强区域综合竞争力，实现可持续发展和城乡一体化。其二，“长三角”各城市规划均须在城市群协调发展规划的指导下，从“长三角”区域出发，冲破自身城市地域的限制，从整个经济区域的角度出发，合理制定自身的城市建设整体综合规划，并使之与区域内其他城市规划协调起来，积极融入“长三角”一体化进程，实现多赢共荣的目标。其三，重大基础设施包括综合交通运输体系、信息化建设、环保设施、供水系统、能源电力、污水处理、防灾、防洪排涝等的建设都必须按照区域效益最大化的要求，从发挥区域整体优势出发，进行统一规划，合理布局，促进区内联合投资，共同受益，达到共建共享的最佳效益，同时促进区域基础设施的建设及与其城市内部设施的有效衔接。

(3)“长三角” 经济一体化发展须有城市建设的特色化支持

“长三角”城市群要真正成为具有国际竞争力的世界性城市群，最重要的因素之一是与时俱进塑造各个城市的特色不放松，以及在此基础上形成的显著城市群特色。城市特色是一座城市的个性，是城市的品牌，没有特色的城市也就不可能有品牌效应。城市特色又是一种文化，是城市竞争力不可缺少的条件和标志，城市没有特色就没有吸引力和竞争力，就失去了城市发展的根基。但是，当前“长三角”区域的城市建设不同程度地存在“特色危机”，这主要表现在城市景观、建筑风格等的雷同，城市建设缺少特色、风格和创造性，甚至有的城市原有的地方特色、民族特色、文化特色都正在消亡。实施城市建设的特色化，要注重处理好三大关系：一是自然和人工的关系，要尽可能地顺应，利用和尊重富有特色的自然因素，在尊重自然规律的前提下，创造自然与人工相结合的美好环境；二是新与旧的关系，城市在发展历史长河中，总是新建筑与旧建筑并存，要建设成有特色的现代化城市，一方面要珍惜和保护具有历史文化传统的旧建筑，另一方面又要建起一批具有时代感和创新意识的新建筑，但不能把旧的统统拆毁，以新盖旧；三是重点和一般的关系，城市建设面积广规模大，要使城市体现特色，就必须突出重点，照顾一般，但不能处处体现特色，关键是搞好总体构思布局，精心设计和建设好重点街区和建筑群。

(4)“长三角” 经济一体化发展须由区域协调体系化来支撑

“长三角”经济一体化以及与此相适应的城市整体综合规划建设一体化是一个庞大的社会系统工程，涉及许多方面的内容。因此，加强协调尤为重要。协调得好可以节省投资，加速建设进程，推进经济一体化在更高层次上发展。不仅上海、江苏、浙江三省市之间要协调,区域内各城市之间也要协调。因此,必须建立以省级协调为主导,以城市政府间协调为主体,以省市各部门协调为基础的多层次、多方位、多元化的区域协调体系。比如在城市综合规划建设方面,可组建由省市规划建设部门组成的一体化协调委员会,内设若干专业委员会,定期不定期召开协调会,研究协调城市群总体规划、各专项规划和加速城市发展的重大经济技术政策,协调推进区域性重大基础设施建设等,通过该机构工作的强力协调,使区域内城市规划建设的项目时序同步,投资效应放大,整体速度加快,从而实现区域经济社会效益最大化。

3.“长三角”城市群次级中心城市的建设发展

长期以来,“长三角”城市群次级中心城市都是作为孤立的市域行政中心城市进行规划和建设的,没能主动大胆地按“长三角”城市群次级中心城市的区域城市化发展需要,引导城市的综合功能提升,在城市功能发展上出现了不可忽视的新问题。

首先,第三产业发展相对滞后影响到中心城市基本功能的完善和发挥。总体看“长三角”都市群次级中心城市的产业结构呈现“二三一”的格局,即第二产业占主导地位,第三产业等各项社会事业的发展相对落后,不利于城市功能的完善和充分发挥,不利于形成区域性的经济、贸易、金融、信息、文化和科教中心。

其次,城市经济实力与辖区面积不相匹配,制约着城市与区域经济的协调发展。这在一定程度上说明“长三角”城市集聚水平很高,但从另一个侧面也反映出城市实力强大与辖区面积狭小之间的突出矛盾。“长三角”城市群的发展,必须要求各次级中心城市按照完善城市综合功能的目标,加快城市现代化建设步伐,化解掣肘区域城市化和区域经济一体化发展的不利因素。

从长期来看,“长三角”城市群次级中心城市现代化建设要按照统筹兼顾城乡经济社会发展的要求,适应新的行政区划调整部署,积极推进城乡统一规划布局、基础设施、资源配置的一体化,为“长三角”经济一体化发展打造新平台。

(1)在城市规划上做到适度超前,次级中心城市的规划建设不能仅局限于市区,而要顺应“长三角”及所处的城市圈区域一体化大发展的趋势,以建设现代化的大城市为目标,对整个市域进行整体规划,重点编制好市域空间布局、道路交通体系、生态环境、基础设施等规划,通过高起点的整体性规划促进各市区及城镇间合理的职能分工与生产协作,形成市域内外协调发展的统一整体。

(2)要按照突出重点,城乡一体,配套基础设施完善的要求,加大基础设施建设的力度,尽快建立起系统化、信息化、现代化的基础设施主体框架。特别是要不断完善城市路网体系,形成次级中心城市市域内部与周边城市尤其是与上海衔接的方便快捷的交通网络,为中心城市的社会经济联系提供坚实的物质基础。

(3)应着力优化现有的城市经济结构,要以城市基础设施建设推进城市产业布局和产业结构的调整,优化资源配置,重点发展技术密集型产业、高新技术产业及金融、贸易、保险、服务业等第三产业,增强城市的综合服务功能,使之逐步成为推动区域城市化发展的主要动力。中心城市建设在拉开框架,有序拓展城市发展空间的同时,应充分发挥其辐射和扩散功能,通过科技、产业、人口等经济发展要素的扩散,带动下级中小城市的建设,从而建立起以次级中心城市为依托的“长三角”城市群局部区域的网络型城市体系。

三、"环渤海"城市群建设

"十一五"规划下的"环渤海"，让人有太多的遐想，有人说，中国经济发轫于珠三角、长三角，升华于"环渤海"，这一片蓝海是中国式新经济价值的取向。"十一五"规划更是揭开了"环渤海"区域城市与经济发展的华美篇章，将激活新一轮的强劲冲击波。

国家五年规划的背后，"环渤海"将渐次发生何种产业变向，此种变局与相关行业、相关城市、相关人群又将发生何种关联，对个体而言，"环渤海"肯定意味着深远机遇，在难逢的机遇出现之时，又应该如何把握呢？

1. 打破行政分割，实现"环渤海"区域一体化已成为必然趋势

"环渤海"区域的经济整合正面临强烈的市场诉求。引发这种思考和关注的是，十年来，长三角经济首次出现整体增速的回落迹象。2005年，长三角地区的上海、浙江、江苏的生产总值、规模以上工业增加值、固定资产投资、信贷等5大核心经济指标增长速度，纷纷回落。珠三角地区企业利润增长速度也出现了大幅下降，与此相对应的是，山东和京津两地正在调整中获得了长足的进展。其中，山东的数据最令人刮目相看，2005年上半年，山东工业企业实现利润910.02亿元，居全国第一。从产业发展进程看，IT产业泡沫的幻灭，使制造业再次成为产业的支撑点，随着技术进步和市场的需求，中国正在从IT的虚幻里迈入重化工业阶段，而这正是京、津、冀、东北、山东乃至内蒙山西等"环渤海"地域无法替代的优势，而制造业的崛起和发展，对区域经济的分工合作则产生了强烈的需求。打破行政分割，实现"环渤海"区域一体化，正成为"环渤海"区域经济整合的必然趋势。

万事俱备，只欠东风。"环渤海"就像一轮分体制造的航空母舰，一旦获得了动力核心，获得了产业事例的起点，整个的拼接即将展开。

谁能成为这艘巨型航母的核反应堆？谁能成为巨轮起航的起点？珠三角的开发得益于深圳等特区的确立，长三角的崛起肇始于浦东新区的开发，那么，谁能担当起启动从京津冀到整个"环渤海"的发动机呢？

在2006年3月结束的全国"两会"上，推进天津滨

海新区的开发开放，已被写进政府工作报告和我国"十一五"规划纲要草案中。看来历史已把这个重担交给了滨海新区，这也标志着滨海新区的未来已成为我国重要的战略部署，这里有全国北方最大的保税区，有一千多平方公里可以用来做生态用地或是工业用地的盐碱地，背靠京津，抱拥辽鲁，面对大海，地理位置优越，能源、造船、重工、重化集中，进有外贸之便，退有大陆支撑，得天独厚的经济地理条件，决定了这一区域必然要承担起推动中国经济继续前行的重任。成立渤海银行、设立渤海产业基金、建设天津东疆保税港区和25万呈现出级深水航道……十年磨一剑，滨海新区像迅速膨胀的星系，不仅疯狂吸纳着资金，吸引着企业和人才，也在聚集着巨大的能量，带动整个"环渤海"经济的腾飞，一场影响中国经济走势的核爆将从这里引燃，它将成为未来20年中国经济动力的巨型发动机。

在制造业再度雄起的历史机遇面前，"环渤海"周围聚集的造船、能源、物流、加上北京独一无二的金融能力、总部经济优势和产业组织能力，一个以滨海新区为核心的新型开发区必将推动京津冀的经济整合，进而带动东北老工业基地，山西内蒙能源基地的起飞和发展，可谓京津活，全局皆活。"环渤海"的勃兴，预示着整个国家的经济布局调整。

但是，也应该看到，目前的"环渤海"仍然只是一个地理概念，一个完整的经济体系的整合可能需要5到10年甚至更长的时间，这既是必然付出的成本，也是必然要经历的过程，应该说成本不小，但收益也是巨大的。从地理环境上看，京津冀三地山水相连，从历史上看，清朝所说的京津，含北京、天津、唐山、承德、张家界、保定、

廊坊等，与现在的京津经济圈是一个概念，早在1982年，当北京市第一次做城市规划的时候，也提过首都经济圈的概念。但是至今日，京津冀仍然是各自为战，城市发展目标相似，产业结构雷同，区域资源使用浪费和发展水平落后。其根本原因，既有计划经济时代“小而全”、“大而全”的历史问题，更是行政分割导致的地方保护主义的体现。

从某种角度上说，阻碍京津冀一体化的只有京津冀本身，阻碍“环渤海”区域经济整合的也只有“环渤海”周围的封疆大吏。由于这一地区国有经济比重很高，政府力量与市场力量相比更强大许多，画地为牢，强烈排斥的“诸侯经济”十分顽强，虽然市场经济发育多年，但各级政府仍然保持着过大的资源配置权力，而地方政府又面临着政绩和财政收入的压力，因此，争相发展能带来GDP的产业，对能带来增值税的企业的争夺就成为地方保护主义的源头，而地方保护则是区域整合的天敌。因此，要实现“环渤海”的区域整合，必须淡化行政区划观念，转变政府职能，改变财政分配，改变政绩考核方法，最关键的是，还是深化市场经济改革，真正发挥市场机制在资源配置中的基础作用，“市场的归市场，凯撒的归凯撒”。

同时，还必须从宏观层面，建立“环渤海区”域的协调机制，提供方便政策，以打破行政壁垒和体制障碍，使这一区域获得超常规发展。

从这个意义上，“环渤海” 区域经济一体化任重而道远。同时，它所带给我们的收益也将远远超越区域经济本身，它所带来的思想观念、管理方式等变化，将给中华民族的思想观念带来颠覆性的革命性的变革，这一变革将使我们古老的民族真正进入现代市场经济的体系，为我们古老的民族注入新的活力。

2.“环渤海”区域一体化的前提是地方体制的变革

(1)由首钢搬迁所想到的:要机构还要是机制?

当2006年3月初有消息证实，国家发改委已批复首钢迁往河北唐山曹妃甸的方案的时候，搬迁过程中的种种实际困难也接踵而来，这其中就包括行政区域利益分配的问题。有人直言:“中央企业到地方发展，可税收都拿跑后，地方所得很少，而地方政绩要跟经济增长挂钩，矛盾就不好解决了。”

首钢要搬到曹妃甸，实际上公司总部以及科研、营销等核心部门仍留在北京，曹妃甸说白了就是一个生产车间。中国钢铁企业既有国有、国营、中外合资，也有多种所有制混合的，即使国有企业本身也分为中央、省、地区级甚至县级管理等不同层次。因此，在涉及不同所有制、不同层次管理的企业联合重视，必然带来各个地方、各级政府相互之间的利益关系重新调整，如何才能有效解决?

不管怎么说，总得有人出来协调，否则工作难以真正顺利推动，政府职能必须到位，不能轻易回避。于是有的专家提出了这样的解决方案:第一是国家要有一个统一的规划，作政策引导和总体安排，第二是国务院授权一个机构，协调照顾各方面利益，有力推动相关工作。不过，受全国政协经济委员会委托，正在率队进行京津冀一体化专题调研的著名经济学家吴敬琏，对此看法不同。他认为，现在地方上的产值跟财政收入挂钩，50%以上的税收都是生产性增值税，这个体制本身使得地方上要搞保护主义，再搞一个机构来协调，怎么能做好呢?由此推而广之，他认为专门设立一个协调机构，以推动京津冀或“环渤海”经济融合，显然也不是个好办法，协调只是权宜之计，这个体制本身不好，协调成本肯定很高，而效果却未必好，上世纪80年代国家设有东北协作组和华东协作组，都是部级机构，但实践证明收效甚微。

推进一体化进程，共赢是最重要的，设立这类协调机构很可能弊大利小，说不定得不到什么好处，反而先吃苦头，京津冀或“环渤海”区域要加速融合发展，必须有一个很明确的联系互动机制，不能光说取长补短，取什么补什么，要有具体实施方式。比如说北京人才资源非常丰富，而河北比较差，前者要有效地帮助后者发展，就需要合适的机制运作，至于财税机制清楚，就更是重要。

(2)政府角色与市场力量

从外部环境说，目前被推上时代舞台最前端的滨海新区带动下的京津冀或“环渤海”区域，在一体化方面是需要取得突破的时候了，今年年底中国全面接受WTO准则对外开放，跟别的国家都是自由贸易了，可国内省市之间反而不能做到，这是什么道理?如果这样就是另外一种状态，即计划经济的做法。

京津冀行政分割非常厉害，如果这一问题不解决，两个直辖市一个省，加上山东辽宁，这些省级单位，其中的地区分割、市场矛盾该怎么处理？现在讲京津冀合作或"环渤海"区域一体化，到底是政府协作还是什么？如果是一体化的市场，企业当然要协作，不能出现省市之间订什么条约，在统一市场里不存在这个问题，不是一体化的市场才需要政府协作，中国有个优势就是市场很大，我们应一起面对全世界市场，不能人为地把市场分割开来，不仅一个省是这样，就算一个县也有搞地方保护，外地产品不让进来等等，这个问题至少激烈讨论了20年都没解决。政府角色与市场力量之间的角力仍在进行。

滨海新区的目标之一就是建设综合改革试验区，为本区域的改革进行探索，既然目前国家改革的方向是"放松、放宽"，作为改革试验区，不妨充分发挥市场机制，破除体制上的一些禁锢，给滨海新区的发展提供一个良好的政策环境和体制环境。

"环渤海"经济圈的概念已经提出来很多年了，但一直是政府热、民间冷，企业之间的关系比较疏远，没有形成一个资源流动的圈，这跟本区域内以国有企业为主体的经济生态直接相关。

实际上，京津也好，"环渤海"也罢，都缺少一个像珠三角、长三角那样，形成很明显的区域辐射作用的点。与此同时，一个比较成熟的经济区，要素流动应该很大，但20多年来，"环渤海"区域内始终没有形成资源要素流动的局面，滨海新区的体制改革试验，也许有望带出一个新的格局。

不介入竞争性经济领域而专注于宏观经济运行管理，考核地方政绩不是光强调产值，实施体制改革，这就是政府在区域经济一体化过程中要做的三件事，政府不该管也管不好的事交给市场，只管自己该管的事，还要主动地，有力地打破各种行政壁垒，就算是首钢搬迁这样牵涉复杂利益的案例，也可以通过市场行为来解决，这一行为说到底是一个市场行为，是双方都有所求，是双方就各种利弊得失进行讨价还价过程，大家都想取得一个有利于自己的结果，这样的谈判最终结果可能最接近双赢，遗留问题也会最少。

形成一个统一的市场，是京津冀乃全"环渤海"一体化规划的最大诉求，而这要各级地方政府花很大力气去推动，而这种推动过程本身在很大程度上，就是要各个地方政府"革自己的命"。

3."环渤海"城市群竞合，打造中国经济第三极

1980年，深圳经济特区建立，从此珠三角地区经济化在这引擎的带动下得以长足发展，一个城市群也随之悄然崛起，如今，这一经济辐射力已经延伸至9个省区和港澳两个特别行政区，"泛珠三角 9+2" 的区域合作模式亦成为区域经济发展的典范，现在，沿着珠三角和长三角城市群崛起与发展的轨迹，在国家"十一五"规划确立"以北京——天津——滨海新区为发展轴，以京津冀为核心区、以辽东、山东半岛为两翼的'环渤海'区域经济共同发展大格局" 的带动下，一场围绕 "环渤海"的造城运动必将轰轰烈烈地展开，届时"环渤海"城市群将对珠三角、长三角两大城市群发起强有力的挑战，尽显"中国经济增长第三极"的魅力。

(1)"三足鼎立"融合需假以时日

目前为止，"环渤海城市群" 这个响亮的名字还只是一个地理层面的概念，从长远看，整个"环渤海"地区

将是一个很有潜力的城市群。尤其是最适一两年外资"北上"，向"环渤海"地区转移的比例越来越大，然而，设想中的极具影响力的"环渤海"城市群不能立即"横空出世"，还必须假以时日，慢慢磨合而成。

狭义上的"环渤海经济圈"是指辽东半岛、山东半岛、"环渤海"滨海经济带，同时延伸辐射到山西、辽东、山东以及内蒙古中东部，约占全国国土面积的13.31%和总人口的22.2%。实际上由三个板块组成，即京津冀、

山东北岛和辽东半岛构成的“三足鼎立”局面。

“三足”之间的经济粘合度很少，辽东半岛的大连、沈阳自身经济条件良好，处于东北老工业发展基地圈，而包括青岛、烟台在内的山东半岛经济圈又自成一体，这三部分未来数年都有分别做大的希望，因此，要连在一起就会有不小的困难。作为一个城市群，产业一体化是核心，而在产业一体化过程中，通勤（交通）与产业的互补是关键。例如，从上海到苏州、无锡、常州只需要一两个小时就够了，而从北京到山东半岛的济南或青岛则需五至九个小时。“环渤海”城市群的构建野心似乎过大。

表面看来，空间障碍与通勤成本的高企是城市群崛起的主要障碍，但事实上，由此引申而来的地区之间的各自为政、地方保护主义、小环（京津）与大环（三个板块）之间的矛盾才是不可忽视的最终决定力量。

虽然近年来山东积极参与京津冀和辽东半岛的合作，例如一些企业与京津在研发和生产基地方面合作，以及围绕“环渤海”提供农副产品、劳务输出等。但目前这三个地区是竞争大于合作，对于“环渤海”经济圈来说，争夺最为明显的是港口资源的建设，以辽东半岛一路数过来，大连、营口、秦皇岛、唐山、天津、烟台、青岛等港口众多，存在很大的功能整合空间。

京津冀的联动由来已久，与此同时，“环渤海”其他地区也在各自规划自己的发展方向，去年4月，山东公布的《山东半岛城市群区域发展规划》明确提出，要将山东半岛城市群打造成为“环黄海经济圈重要的国际化都市群和面向日韩的现代化制造基地，形成带动全省、服务黄河流域的龙头区域和继长三角、珠三角之后开放程度最大、发展潜力最强、最具核心竞争力的经济增长极。”

与长三角、珠三角的城市融合相比，“环渤海”城市群的联动差异迥异。珠三角位于改革开放的前哨，经济一体化已达到相当高的程度，长三角则借助航运水利之便四通八达，相形之下，“环渤海”地区从内部要素和结构来看是相对完整的一个区域，但实践中的经济一体化高度欠缺，经济国际化和外向型程度也最低。

由三省两市组成的“环渤海”经济圈共有五个省级行政单元，一体化的行政阻力大；产业结构趋于雷同，区域内的内在产业链联系不够紧密，没有形成合理的产业分工关系；所有制特征相似，国有和国有控股企业比重大，地区政府对资源控制能力强，政府对企业干预较大，整个区域经济带有浓厚政治经济色彩。

从世界城市群形成与发展的经验来看，城市群的自然形成，往往要逾越空间障碍与产业分工的多重阻挠，因此，“环渤海”城市群的融合将经历京津、京津冀、京津冀鲁等多层次的融合阶段。

(2)龙头与腹地的形成

对于“环渤海”经济圈来说，龙头城市对腹地的辐射功能同样是一大障碍。

天津滨海新区现在正力争做“环渤海”经济圈的领头羊，提出了到2010年滨海新区的GDP要达到3200亿元的发展目标。

事实上，对于“环渤海”经济圈来讲，还并没有到争夺龙头城市的阶段，首位城市的辐射功能欠缺才是应该解决的主要问题。对比上海之于长三角、广州之于珠三角产生的“正拉动”效应，京津对于“环渤海”经济区则是“反拉动”。

理论上讲，构成经济区域需要两个要件，一是“龙头”，二是“腹地”，长三角的龙头是上海，而腹地则在苏、浙、皖甚至更远的地区，珠三角的龙头是地理位置十分接近的广州、深圳和香港，腹地现在已扩大到广东以外的8个省区，那么，“环渤海经济圈”的“龙头”又在哪里？“腹地”又在何处？

长远来看，北京、天津、大连将成为“环渤海”经济圈的龙头城市。从经济总量上看，目前北京、天津有足够的实力充当“龙头”，其“腹地”的范围集中在河北、山西和内蒙古，而辽东半岛可以与大连形成“腹地”对应。至于山东半岛，真正的龙头城市尚不明显。

尽管山东创造了与“环渤海”相对应的“环黄海经济圈”概念，但山东与京津冀甚至辽东半岛的融合只是个时间问题。目前所提的“环黄海经济圈”只是山东为了加强与日韩的经济合作而制定的发展战略，并不意味着它可以脱离与“环渤海”经济圈的关系。

值得一提的是，奥运经济以及政府对于滨海新区地位的确立，亦成为天津和北京各自加强其辐射功能的强心剂。秦皇岛借2008年奥运会足球小组赛在当地举办的机会建立“首都假日公园”，青岛作为帆船比赛的承办地，开始了12个奥运项目的建设，承德、石家庄、唐山等周边城市亦跃跃欲试、摩拳擦掌。而天津滨海新区的政策优势，则时刻吸引着邻国日本和韩国，他们希望在经济垂直分工和水平分工交叉的现状上产生互动。

(3)地方利益的博弈与协调

对于“环渤海”经济圈来说，能否为民众带来更多的福祉，关键在于能否建立地区协调机制。

长三角、珠三角经济圈都是被市场经济打磨出来的，产品制造、出口定位井然有序，相互依赖度极高。而“环渤海”的经济联系是一种松散的、行政管理式的。从行政区划上来看，涉及好几个行政主体和市场经济主体，大家都竞相发展，争着上项目，争着招商引资。这样一来，重复投资、资源浪费在所难免。可以说“环渤海”经济圈的发展节点正在于地区利益协调机制能否建立。

重复建设，产业雷同背后牵扯的无疑是地方利益的争夺，过去几年，在追求地方社会福利最大化的过程中，“环渤海”地区的政府似乎缺少一种大局观，以行政区域为主导的模式下的区域功能相互分割，使得行政区划的力量严重束缚经济区划的自然联系。

无疑，北京作为政治中心的优势，将使得“环渤海”经济圈以及城市群的崛起受到更多的关注度，而近几年无论从天津的市政建设还是经济甚至金融力量的注入，都让这座城市不同于往日，但如果要把滨海新区的引擎力量作为未来“环渤海”经济发展的动力，首先要消除体制性障碍这个痼疾。

未来对于“环渤海”经济圈来说，制度创新才是打通区域经济发展的通道，这决定着整个“环渤海”经济发展的未来，如果能协调好区域内的发展，京津冀和“环渤海”地区对周边城市辐射才能体现出来。

四、经济一体化发展与城市建设的互动关系

经济一体化是城市群崛起的前提条件，是加快城市整体规划建设的物质基础。经济一体化发展，简单地说是在分工与协作基础上，以各种要素与资源优化配置和效益最大化为目标，实现联动互利、共同发展。在现代市场经济体制和经济全球化背景下，传统的“大而全”、“小而全”的城市发展模式面临日益严峻的挑战。全球经济一体化的经验表明，大都市在区际乃至国际经济竞争与合作中的作用越来越重要。城市群或都市圈在区域乃至国家经济、社会、文化等方面占据绝对优势，成为推动社会经济发展的重要核心力量而且在经济全球化的趋势下，在国际的竞争与合作中也发挥着越来越重要的作用。大城市群的内在本质特征就是区域内众多城市之间的经济朝着一体化方向发展。

加快城市整体规划建设是经济一体化发展的根本内在要求，也是经济一体化发展的加速器和催化剂。脱离经济发展，就无从谈城市整体规划建设。在区域经济一体化发展的宏观背景下，城市整体规划建设更应突破自身地域的局限，从整个区域的角度加以审视，必须与区域经济一体化发展相匹配。当前“珠三角”、“长三角”、“环渤海”城市群既面临全球化竞争，也面临国内城市群之间的挑战。这一形势，决定了“珠三角”、“长三角”、“环渤海”区域必须加快城市整体规划建设。加快城市建设是城市群区域经济发展的内在客观的需要，同时又将对经济一体化发展产生巨大的作用，不断推动区域经济发展，为区域经济一体化发展提供重要的支撑。城市基础设施建设无疑是决定经济一体化的关键因素。如从“长三角”现状看，沪宁、沪杭“两条边”较强，两条城镇发展轴相对发达，这得益于沪宁、沪杭沿线交通基础设施发达；而宁杭“一条边”较弱，城镇发展轴也相对落后，究其原因最主要的就是受到交通基础设施的制约，宁杭间交通方式单一，交通运输能力较差；随着宁杭高速公路和城际铁路的建设，交通条件将得到大大改善，宁杭沿线的湖州、宜兴、溧阳、溧水等一批中小城市将迅速崛起，“长三角”城市体系才能更加完善。

第五章 城市郊区化的发展趋势

随着市场经济建设的快速前进，城市不断向郊外延伸，中产阶级也逐渐形成了一定的规模。他们对生活品质的高要求促使他们改变了先前对自身调节根本熟视无睹的习惯。由于竞争的日趋激烈，工作的压力已压得人们喘不过气来，心灵也拴上了沉重的枷锁，这时他们就需要在业余生活中得到全面放松与慰藉，那么人们首选当然是优雅的居住生活空间，寻求一种相对安逸宁静的郊区。所以说城市郊区化是不可逆转的，并且将以较快的速度成为市场的新宠，抢占市场。

一、郊区化是城市发展的必然要求

城市有效实现向周边区域扩张的趋势不可避免，而城市郊区化建设是实现这种扩张的最有效途径。其原因是多方面的，从市场的发展动态到政府的宏观调控再到提高消费者的生活水平，一环扣一环、紧密相关。

1. 城区的现状及面临的考验

（1）城区发展突破土地资源限制的要求。随着城市经济的发展，城市规模的扩大，房地产业的迅猛发展，导致中心城区向外延扩大，越来越多的地段对具有传统优势的市中心板块构成威胁，这将在一定范围内带动郊区产业和住宅业的发展。另一方面，城市结构需进行适当调整，除部分都市型工业外，中心城区的工业将进一步向郊区转移。因为，第一，市中心的土地是有限的，而大部分的企业都想尽一切办法向繁华地段靠拢，那是一个寸土寸金的地方，有很大的市场和许多的商机，但随着开发商不断地涌入，目前市中心的容纳量已超过了预定的标准。第二，郊区凸显其在自然、景观、生态等方面的优势，其利用率高达百分之九十以上，只要开发商抓住契机，合理地对其规划，郊区未来的发展潜力是无可限量的。正是因为如此，市中心的某些工业将转移到郊区进行它未完成的使命，比如说对土地面积需求大，利用集约度不高的单位来说，郊区可为其提供比较广阔的发展空间。工业郊区化还可带动郊区就业岗位的增加，从而增加郊区住宅的需求量。

（2）中心城市建设与旧城改造的要求。中心城市建设与旧城改造，将导致拥有数量庞大的人口居住地域的迁移，郊区地域开阔、环境幽雅、房价低廉，是其重要的迁移方向。特别是中高收入阶层，对居住水平、环境要求较高。另外，还发现CBD经理人大量在外资企业工作，或者有过留洋的经历，这些对郊区住宅的向往不同于没有这些经历的人。他们除了对居住环境有着严格要求外，还希望在住宅当中带有强烈的人文色彩，也不像普通人要求简洁、大方。在这些CBD经理人的心目中，除了现代感以外，还要求价值感、尊贵感、人情味、文化味等，使得一个原来农村味道十足的环境转眼变成了一个很有现代文化味、很有国际气息的社区。

（3）“三密”问题的浮现。随着轨道交通、汽车时代的到来，人们往城外走的意识越来越浓，这就会带来住宅郊区化。就城区的现状来看，“三密”（高密度住宅、高密度汽车、高密度人口）的出现使得首先富裕起来的人们不满于自己现有的生活空间，而且他们有能力追求更好的住宅，享受更优越的生活条件，于是向外搬迁，向外寻找“桃花源式”的住所成为他们的一种动向，这是必然趋势。近年来刚建成的许多居住小区，每到了周末人们便举家行动，开着私家车到郊外去度假，以后就尝试到郊外去购房置业，这种市场的需求非常清晰，到郊区开发低密度的住宅是人们明智可行的选择。与此同时，交通业的快速发展使人们出行更为便捷，这也加速了住宅郊区化的发展。到郊区购房的浪潮一旦兴起，拥有一套郊区住宅将会在今后几年成为一种时尚，这就圆了富裕起来的人群向往更理想居住环境的美梦。

2. 在全球化背景下，郊区成为投资的重要基地

在全球化背景下，郊区已经成为投资特别是工业建设项目投资的重要基地。工业项目由于对土地租金的承受力有限，其设置的场区范围比较大，所以，其需要的土地规模一般只有郊区才能提供。此外，郊区地价相对较低，交通便利，符合工业要求的地区才会被开发商青睐。大型工业项目的建设会带来大量的就业人员，包括高级管理人员和技术人员，这又将产生很大的住宅需求量。

3. 农村城市化步伐加快了城市郊区化

在城市化进程加快的大环境下，农民进城、进镇是不可阻挡的历史潮流。郊区的发展也进入了新的发展阶段，目前已形成“新城——中心镇——一般镇——中心村”的城镇体系，市政府及各区县都提出了较高的发展目标，并制定了相应的措施，加快城市化进程。进城农民的住宅需求是郊区发展的主要力量。当他们进城立足稳定后，就会考虑购买一套住宅，这将在很大程度上提高住宅需求量。

二、“城郊”有着无法比拟的优越性

城市郊区化住宅将成为当今市场的新宠并非偶然，它的发展前景一直备受众多买家的关注，为什么呢？原因很简单，其自身多方面的优越性能满足了当下人们对住宅形式健康的考虑与要求。

1. 低密度的高品位住宅

进入21世纪以后，规模庞大低密度的郊区化住宅成为一种新趋势。首先，它打破了高密度集合住宅的垄断局面，使得房地产开发呈现出品种多样性，给购买者选择的机会就更多，也使得人们可以从以往不理想的居所困境中解脱出来。任何一个自然的个体都要求享有自己独立的生存空间，较多的私人空间，Town House是一种“门到门、户到户”的高级住宅形式，业主开车从城里——小区——私家车库——自家，几乎是不与外界接触的，相当于处在一个私密的状态。但这样不等于低密度会带来人与人之间的联系减少，也不代表社会联系的降低，居住者完全可以充分利用Town House合理优势，广泛频繁地发展人与人之间的交往与交流，通过聚会来联络感情，完成一种心灵上的沟通。其次这种低密度住宅实现了人与自然完美的结合。身处郊区的Town House拥有较城市更多面积的绿地，这对于追求自然、环保的现代人来说，无疑是一种理想的选择。郊区不仅可以提供更多、更新鲜的氧气，也可以将空气中的有毒气体进行合理处理。所以选择一个良好的居住环境，还要注重周边绿化率的大小。“上连天，下连地”的Town House不仅拥有一般住宅小区所达到的规范标准的绿化率，还拥有其他住宅形式没有的宅前屋后的小绿地，这种独有的小绿地比小区中集中的大绿地更有吸引力，更有利于直接地改善小环境，更有利于人与自然的和谐，让人们全身心地、自然地融入大自然的氛围当中，深切体会一种亲近自然、接近自然的感觉，以享受新鲜空气、阳光和大自然风光。这种新型的住宅形式形成了远离市中心的具有自然景观的宁静居所。

2. 新颖独到的户型设计

Town House一般建二到三层，相对于其他的住宅形式来说，同样的面积进深短，因此空气对流的区间较短，便于通风。相反，一些板材型的住宅进身虽然有所拉长，但并不利于户型内的通风，采光面积也很有限，Town House成功的户型设计其实是一种规划手法与使用功能的平衡，它充分考虑东南、西北的主导风向，以及房屋

了满足基本日照的朝南走向。设计师这样设计是为了满足人们身心的需要。同时,业主还可以拥有属于自己的天空和绿地,有室外平台代替公共健身场所。在公共场所健身,空气的清新与健康并没有得到强有力的保证。而 Town House 的私密性,将带给你全新的感受,并保证你拥有全新的氧气和可靠的安全保障,优势无可比拟。

三、"城郊"开发面临的难题

一个新项目的开发在初始阶段都不可能毫无阻碍、

一帆风顺地发展下去,随着进程的加大,它的弊端就慢慢地暴露出来,所要着手解决的难题一股脑地摆在开发商面前,这无疑是一个严峻的挑战。可以说,郊区住宅化发展到今天,所遇到的难题主要来自两方面,分别是政府对房地产项目的引导和郊区住宅化自身的开发,只要能正确地对待,一切难题肯定都会迎刃而解。城市郊区化建设的序幕实际上是由房地产项目的大规模开发建设带动的,而房地产项目开发对区域经济有着积极的带动作用,所以政府应该在某些特殊领域对其进行宏观政策的合理调控,加强监督管理,在力所能及的范围内积极给予一系列政策支持。

1. 外部因素影响郊区住宅开发

(1)工业项目缺乏整体区域规划,影响居住环境。目前郊区是投资的重要方面,某些工业项目的不合理布局对居住区环境产生了一定的负面效应,会阻碍地方经济的飞速发展,也会减少住宅需求量,成为影响郊区住宅发展的不利因素,这个责任正是由于规划部门规划的不合理所造成的。开发商是逐个项目单独推着规划部门走的,由此带来的是局部的合理化,但相对于整体而言就不合理。

(2)修建配套市政基础设施,给予优惠政策。在市政公用配套方面,城区与郊区的开发是截然不同的,郊区发展资金缺口是最大瓶颈,很多项目资金很难到位,开发商根本无力完成郊区住宅项目,这造成了一个大烂摊子,导致后期开发无力,所以说监管作用尤为重要。一方面对房地产开发项目的审批要非常严格,另一方面对批准项目要给予足够的支持。目前很多批准建设的项目都设在城郊,但那里的城市配套设施跟不上,由于市政配套设施短缺,基础薄弱,直接影响了居住区的开发环境,也影响了居民的生活质量。如果有这么一个完整计划或者统筹安排,有一个统一的规划,统一来做市政,统一来做生活的配套设施,那么这样郊区住宅会更轻松更高效,社会资源利用效率会得到提升。

2. 郊区住宅自身存在缺陷

(1)开发规模小,难以形成规模效益。在郊区住宅开发中,地方开发企业是主要力量。然而,其综合实力较弱,规模偏小,资质偏低,难以承担大规模的住宅建设任务,在选择开发地段时,都偏向一些小型的或零散的,这就难以形成强大的规模效益,造成了开发地块的配套水平低,绿化率低,势必会影响居住者的生活质量,居住的舒适性也大打折扣。在郊区村镇住宅中,还大量存在自拆自建现象,其施工质量、建筑形象就难以保障,更别提居住环境、道路建设、配套建设的完善了,要改变这一状况,需要加强管理,杜绝"滥、乱、脏"现象的发生。

(2)住宅风格呆板,缺乏个性。早期的住宅在长期发展过程中,结合了本地特有的文化底蕴,形成了独具特色的住宅形式。在当今的某些住宅建设中,盲目跟从,不从实际出发，过分追求欧陆风情、超大绿地、巨型雕塑，追求一种表面的都市化，使这些项目的投资与郊区城镇的空间尺度很不协调，使一些楼盘风格单调，缺少内涵和个性。

四、“城郊”开发对策与措施

既然我们已经找到了郊区化住宅现存的一系列难题，就有责任在最短的时间内提出相应的方针政策，并采取恰当的措施，确保今后郊区化住宅的健康发展。

1. 规范用地，合理布局

土地是不可再生的稀缺资源。近年来，随着城市的东扩西进，一种摊大饼式的房地产开发迅速向各郊区蔓延，几百亩甚至几千亩的项目像雨后春笋般冒出来，开山依水建房。尽管郊区土地开发空间广阔，但不顾后果的各类开发项目使基本农田保护区不断受到蚕食。郊区住宅开发空间并非是取之不竭，假如控制不严，仅有的耕地将不复存在。因此建议有关部门拿出一个彻底的解决方案，编制出住宅用地的总体规划，科学布置居住用地，正确处理好各用地的具体分配方案，特别对有污染的工业项目用地要采取一定措施予以隔离，对现有居住区构成一定污染的地段应加大治污力量。

此外，政府还应严格控制土地一级市场，严格审批住宅项目，制定合理的住宅用地开发计划，确定土地投放量，同时完善土地收购、储备、出让机制，保证住宅用地供给适度、有序、稳定。

2. 完善市政配套建设，改善居住环境

市政配套设施是住宅建设的“血脉”，在郊区现有的住宅建设中，市政配套设施短缺、滞后，这会影响郊区住宅档次的全面提升。要改变这种情况就有赖于政府合理规划，或者开发商集合规划，政府承担市政设施，完善区内统一市政设施整体格局，为建设项目配套建设提供有力保障，从而为郊区住宅发展创造一个较好的基础条件及外部环境，促进当地住宅业的发展。

3. 改善交通条件，引导住宅合理布局

目前，城郊结合引起的交通阻塞现象特别严重，郊区道路网密度较低，通达性较差，交通稳定性不强，居民很难把握出行时间，尤其是上下班高峰时间。交通条件的滞后，阻碍了市区居民向郊区的迁移，也影响了郊区特别是远郊区住宅建设速度与质量。为此，要扩大大容量快速轨道，减轻公共汽车的压力，全面提升运行速度。一旦开通了轻轨、地铁，就方便了人们的出行，同时，这些交通工具也比较快速、稳定。另外，在快速轨道交通延伸线路上，很容易形成居住聚集地域，有利于市区居民外迁，也有利于郊区与市区的紧密联系。

4. 发挥生态效应，建成一流住宅

随着城市建设和住宅开发深度的推进及人们对高品位生活的向往，环境质量、生态容量成为住宅开发的头等因素。生态住宅的建设不是一蹴而就的，必须经过每个人的不懈努力。从现阶段的实际情况来看，首先要确立可持续发展的目标，将经济与生态环境的协调发展作为经济建设的根本原则，促使经济增长的方式从粗放型向集约型转变。其次，要充分利用当地的环境和生态条件，以此为背景，使郊区住宅形成鲜明特色。第三，人

为的控制污染源，通过生产过程和消费过程的低消耗和清洁化，以及对周边环境进行综合整治，这样就营造了一个和谐的生态环境，为市民创造了一个安居乐业的生活环境，而且还充分展示了生态住宅的清新感和通透感。

5.科学超前规划，全面提升居住品质

随着经济和社会的快速发展以及生活观念的转型，人们对居住空间、环境的要求日益增长。要全方位提高郊区住宅建设整体质量，必须要遵守科学的规划方针，因为科学的规划是郊区发展的前提与基础，它具有先导性、全局性和战略性。此外还要坚持“以人为本”和“可持续发展”的原则，坚持成片开发和规模开发，创建优良的整体环境。为此应坚持以下几点：

(1)坚持规划先行原则。郊区住宅建设要以总体规划为依据，不可单独地对某一地域进行规划。

(2)坚持居住环境生态化。新世纪、新气象、新观念，从“居者有其屋”到“居者优其屋”正好典型地说明了人们对居住环境的更高层次的要求。适当地提高居住区的规划标准，确定科学合理的控制指标，有利于创造一个优雅的生活空间。

(3)坚持居住功能多元化。面向21世纪的居住区，不仅要有完备的居住功能，还要有相应配套的娱乐、教育、休闲等设施，以构筑一个舒适家园。

6.加快村镇住宅建设，与城市化同步发展

村镇住宅建设以限制农民自建住宅、积极推广中心村建设和鼓励农民到镇区购房为总体原则，结合各村特色，加强规划设计，确定科学合理的开发模式和发展规模。对老住宅区按规划要求进行整理，对违规的设施给予拆除，对不到位的公建与市政配套设施，实施环境综合治理，改善居民的住宅环境。经过整治，使布局合理、配套齐全、环境优美，这样不仅可以改变农村落后面貌，而且可以改变村民的生活方式，使其逐步融入城市生活中去，提高生活质量。

在推进城市化的进程中，应在户籍、入学、保险等方面制定优惠政策，鼓励农民进城购买城镇商品房。对放弃原有宅基地，进镇购房的农户，可以适量实行奖励等政策，对农民拆迁安置房，应认真做好村镇住宅规划，从而改善农民居住生活条件，提升村镇住宅建设水平。

城市郊区化发展趋势是未来十年内不可避免的，我们应顺应这样的发展趋势，并结合城市周边区域经济发展的需求，使城市住宅郊区化建设与其经济建设有机地结合起来，从而摸索出一套有效的城市郊区化发展模式。细节决定成败，只有把每一个细小的环节都处理好了，才能使全局高效协调地发展。

五、城乡结合部改造和城市郊区建设

1.城乡结合部改造存在的问题及成因

城乡结合部作为“农村之首，城市之尾”，是农村走向城市的重要窗口，又是城市辐射农村的桥头堡，是城市发展和农村发展相协调的重要纽带。鉴于城乡结合部在统筹城乡发展的地位和作用，深入研究和探讨城乡结合部发展之路，已成为各级党委和政府必须积极面对的重要问题。

所谓城乡结合部是泛指城市建成区与非建成区的接壤地带。一直以来，城乡结合部改造和卫星城建设工作得到了各级政府的重视，但由于这些工作涉及面广，历史遗留问题多，政策性强，再加上近年来城市发展加快，资金不足，出现了一系列新的问题。最近，建设部相关课题调研组在对2个省4个城市以及当地乡镇、村委会、居委会调研的基础上推出的调研报告发现，城乡结合部改造中还存在以下五个问题：

一是规划不到位。主要表现在：规划覆盖面小，详细规划滞后；规划调整频繁，随意性大；规划体制不顺，两张皮，隐患大，城市规划完全与城镇规划脱节。

二是管理不到位。主要表现在：不同管理模式的碰撞交叉，运转不灵；管理部门缺位，管理力量不足。

三是法律、法规不健全。城乡结合部和城中村作为一种特殊区域，在现行的规划建设和管理体制中存在一定的盲区，规划、土地和房产等法律法规不健全，缺乏必要的政策指导和明确的法律法规依据。

四是对农民利益保护不够。一方面是失地农民转为市民身份后，无法享受与原有市民在基本社会保障上的同等待遇，另一方面是郊区集体土地转为城市建设、经营用地时，对农民、农村补偿标准太低。

五是对生态环境考虑不足。由于规划缺失，各村均自行规划建设居住区。

城乡结合部因中国特色的政治属性——城乡分治的“二元社会”管理体制而存在。由于“二元社会结构”的存在，一方面使得城乡结合部地域交叉而管理、建设分离。以街道办事处为代表的城市政权组织负责管理与服务于非农业户籍的居民，而以乡镇政府为代表的农村政权组织负责管理与服务于农业户籍的居民。同时，农村地区的建设也未纳入城市建设管理；另一方面，以农业人口和非农业人口作为身份标记，在公共管理与社会保障等方面实行区别对待的政策到目前为止并没有多大改变，致使生活交叉的城乡结合部的农民与居民，在社会保障、就业再就业、医疗保险和拆迁安置补偿等方面享受着不同待遇。我们推进城市化的目的原本是要消灭城乡差别和工农差别，但城市化的结果如果是仅仅“化”掉了这一地区的农村与农业，而失地农民不能享有与城市居民同等社会待遇，必然会导致这部分人群的生存困难。由此从根源上产生了城乡结合部城市化过程中的一系列问题。例如，受利益驱动，为多争拆迁补偿款，村民抢搭抢建现象屡禁不止，有的村甚至在一夜之间冒出几千平方米的建筑物；又如，部分农民因担心失地后的生活出路问题，即使征地补偿款合法甚至超出法定标准，也漫天要价，变着法子阻挠政府征地，有的甚至寻衅闹事阻碍经合法批建的工程施工；再如，由于“离土不离乡”的陈旧思想观念根深蒂固，虽然现在居住的环境极其恶劣，而拆迁补偿的标准非常优惠，但仍然不愿搬迁，不愿住“公寓”，想方设法对抗政府动迁。等等。这些问题已经导致了城乡结合部地区村民上访、闹事的案例剧增，影响了社会稳定和各级政府的正常工作，如不妥善解决，还将影响区域经济发展、城市化进程和“五统筹”科学发展观即“统筹城乡发展、统筹区域发展、统筹经济社会发展、统筹人与自然和谐发展、统筹国内发展和对外开放”的落实。

2. 更新观念是城乡结合部加快发展的前提

城乡结合部毕竟还是地处山区或不发达地区，山区人受地理环境的影响，朴实肯干而又观念保守，思想观念较为封闭，这与沿海地区人的开放活跃的思维方式形成了很大的反差。

对新鲜事物的迟钝是山区经济不发达的另一个原因。守旧的观念，保护了陈旧的管理观念、方法和制度，导致了思维的禁锢、目光的短浅和效率的低下，使得观念成为城乡结合部经济发展的一道屏障。只有敢于打破陈规和传统观念，经济才有可能获得发展的原动力。故而，城乡结合部要加快发展，城乡结合部的广大干部群众就必须强化三种意识：

(1) 主动意识。较为封闭的意识和行为是城乡结合部经济落后的一个重要原因，要加快发展，城乡结合部必须主动迎接城市辐射，采取各种措施，从思想到行动上主动学习发达地区发展经济的思路和实践经验，放手放胆发展经济。

(2) 大局意识。城乡结合部承上启下的功能，要求在制定经济发展思路，构建经济发展平台上必须胸怀大局，既放眼城市辐射，又紧密兼顾农村腹地的发展大局，不断把城市各种先进理念和发展经验向内地传输，同时又积极帮助内地进一步整合资源优势，使其成为发达地区进一步发展的动力。

(3) 科学发展意识。城乡结合部在发展经济时，要深入研究，认真吸取发达地区在经济发展过程中的各种经验和教训，以科学发展的眼光高起点高标准制定各种经济发展战略。不能只顾眼前利益而忽略长远利益。经济发展由粗放型向集约型转变，把节水、节能、节材、节地与环保、降耗、增效结合起来，努力实现经济效益和社会效益的统一。只有这样才能使城乡结合部经济发展，后来居上。

3. 创新机制是城乡结合部加快发展的保证

在过去的计划经济体制下，社会的自我管理和自我服务的功能先天不足，因而所有的事务必须由政府管理。改革开放以来，我国的经济体制由计划经济向社会主义市场经济体制转变，社会的自我管理和自我服务功能也日益完善，且表现出与经济发展水平同步的趋势，经济越发达的地区，社会功能越齐全；相反在一些落后地区，因社会自身功能不全，严重制约了政府职能转变的速度。在发达地区可以交由社会管理的事务，在落后地区还必须由政府统管起来，这反过来又阻碍了市场机制的发育。因此，城乡结合部要加快发展，只有通过不断创新机制、创新实践，才能得以保证。

(1)创新管理机制。服务型政府的建设与转变政府职能是相辅相成的两件事情，只有转变政府的职能，充分发挥市场机制在资源配置中的基础性作用，才能促进服务型政府的建设。同样城乡结合部发展中，地方政府要积极转换政府职能，将政府职能转向加强市场监管、改善经济环境和提高公共服务水平上来。在经济发展中做到既不“越位”，也不“缺位”。

(2)创新融资方式。资金短缺是不发达地区加快发展的一个普遍问题，要解决好这一问题，只有通过创新融资方式，才能为经济发展寻求到强大的发展后劲。统筹兼顾发展观告诉我们，要改变政府包办一切人一切事的做法，要通过充分调动一切积极因素，让群众想办法、社会想办法。官桥立足于侨乡，整合各方面的资源，走出了不仅争取侨资，还激活民资等形式，不断拓宽融资渠道。

(3)创新组织机制。城乡结合部还要努力提高农民生产经营的组织化程度，大力发展农产品行业协会和各类专业组织，建立沟通农户与政府、农户与企业、农户与市场的桥梁和纽带，推动经济社会发展。

4.发挥优势是城乡结合部加快发展的基础

任何一个地方都存在着某种资源优势，或自然资源方面的，或社会文化资源方面的。只有充分认识并开发好这种资源，构筑起本地区的特色产业，才能闯出一条脱贫致富的路子。

(1)整合资源优势，打造特色产业。城乡结合部的决策者，一定要本着因地制宜的原则，吃透地方情况，理出发展思路，先干什么，后干什么，闯出一条适合本地区的发展之路；要从本地实际情况出发，努力发掘自己的发展优势，培育经济增长点，创造出本地经济的特色。

(2)发挥区位优势，加快城镇建设。城乡结合部要从区位优势出发，从承接产业转移出发，从更好地服务内地发展出发，同发展乡镇企业和农村服务业结合起来，科学规划，合理布局，逐步提高城镇化水平。

(3)立足大发展需要，着力构建和谐社会。城乡结合部有着良好的发展区位和机遇，要立足大发展的需要，全力做好构建和谐社会的各项工作，为大开发大发展营造良好的环境和社会氛围。要积极开展广泛的群众精神文明创建活动，在各行各业中培育一批精神文明建设典型，以先进典型造人、激励人、培养人；激励人们艰苦创业、开拓进取；同时开展各项移风易俗，去腐朽树新风的活动，为大发展大开发营造了良好的社会环境。

5.解决城乡结合部城市化过程中问题的主要措施

温家宝总理曾明确指出，要“统筹推进城乡改革，消除体制性障碍。逐步建立城乡统一的劳动就业制度、户籍管理制度、义务教育制度和税收制度等，逐步形成有利于城乡相互促进、共同发展的体制和机制。”这一精辟论述对解决城乡结合部城市化过程中的问题具有十分重要的现实意义。按照温总理这一思路，借鉴各地经验，要推进城乡结合部城市化，应采取以下主要措施：

(1)把失地农民纳入城市居民就业管理和社会保障体系。在城乡结合部城市化过程中，本着一视同仁的原则，做好农转非人员与城市居民社会保障的政策衔接，制定、出台有利于农转非人员实现再就业的政策法规，改变城乡人口在就业与社会保障等方面社会权益不对等的局面，是农村向城市社区转化的关键所在。参照深圳、广东、浙江等地的做法，对征地后的农转非人员：一是要本着自愿的原则，书面通知其参加社会养老保险和医疗保险。不愿参加的，签字画押后一次性领取征地补偿款；自愿参加的即可与有关部门办理相关手续，并按城市居民社会养老保险和医疗保险的缴费办法缴费。缴费所需资金由乡镇、村（组）、个人共同承担。乡镇和村（组）承担部分不低于缴费总额的70%，可分别从土地出让金收入等政府性资金和土地补偿费、征地安置补助费中列支。个人承担30%，可从征地补偿款中抵交；二是可申请享受城市最低生活保障。经审核符合条件的，则准其享受；三是在劳动年龄段内有劳动能力和求职愿望的，可到所在乡镇（街道）办理失业登记手续，并享受与城市集体企业下岗职工和失业人员再就业同等的优惠和援助政策。四是要采取扶持措施，鼓励农转非人员参加各类职业技能培训，以破除其再就业的“知识壁垒”。

(2)确保征地补偿款按时足额到位。征地补偿款既是失地农民“谋生”的资本，又是乡村集体资产的重要组成部分。补偿额是否合理、能否及时到位，不仅关系到失地农民的生计，而且直接影响村级集体资产的处置规模和集体经济组织转制后的再发展。因此，征地补偿额的确定既要严格执行国家法规和政策，还要切实维护失地农民的合法权益，并确保按时足额到位。

(3)切实解决拆迁农户的安居问题。对此，一是制定规划时，要在满足功能定位的前提下，安排旧村拆迁还建用地，并尽可能就近安排，以减少动迁的阻力；二是农户拆迁不搞宅基地置换，实行货币补偿或产权调换成新补差政策。选择货币补偿的，其补偿额按中介机构的评估价确定。选择产权调换成新补差的，其还建房（农民公寓）应按规划要求和城市住宅小区的标准建设，避免二次改造。还建房的户型设计应充分考虑农户的实际需要，尽可能安排小户型，让产权调换面积大的农户能换到几套住房，除自己居住外还可以出租创收。

(4)消除城乡分治的“二元社会”管理制度。城乡结合部地区因城市建设征地后，要及时将失地农民转为非农户籍。对征地后人均耕地不足0.2亩的村，其剩余土地由国土部门统一收购，然后打破“户籍属地管理”模式，撤销村委会，组建社区居委会。方法上可先对完全没有土地的村进行“撤村建居”试点。之后，对与城市建成区插花的“城中村”就近划归所在地的街道办事处管理，其他作为社区居委会仍归镇管理。逐步实现由“二元管理”向“一元管理”的转化，最终完成由农村管理向城市管理的社会变迁。

(5)要妥善处置集体资产和债权债务。参照广东、浙江等地的做法，“撤村建居”前请有资质的中介机构对村委会的集体资产进行评估，并在全村张榜公布，接受群众监督。然后按原集体经济的分配原则，将集体资产（包括债权债务）量化、折股分配到村民；在组建居委会的同时，成立股份制的集体资产经营管理公司，村民将分得的股份入股并按公司章程享受分红。

上述措施涉及城乡利益调整、权力再分配和有关制度创新等一系列改革，有时候县区政府因职权所限，无法协调上级各相关业务部门，故难以操作。此举若由市政府牵头组织有关部门，在充分听取各方意见的基础上，制定出具体的实施方案后交由县区实施，才能见效。

第六章

实现城市可持续发展的路径选择

可持续发展是全人类面临的一个重大理论与实践问题,它涉及人口、资源、经济、社会、环境等方方面面,可持续发展思想是人类几千年发展实践经验教训的总结,特别是对自工业革命以来所走过的道路进行反复思考的结果,也是人类社会文明进步的必然产物。城市作为人类物质文明和精神文明的进步象征和生活载体,人类可持续发展必然建立在城市可持续发展的实现基础上,建立在城市资源、经济、环境等可持续发展的基础上。

一、关于城市可持续发展观念的再认识

城市可持续发展 (Sustainable Urban Development),又称城市持续发展,与此接近的还有可持续城市(Sustainable City)、生态城市(Eco—city)等概念。但它们是有所区别的,城市可持续发展侧重城市的动态均衡发展过程,可持续城市着重城市发展的条件和状态,而生态城市则是从环境生态学角度来阐述城市的可持续发展。尽管表述不一致,内涵还是基本一致。G•豪霍顿和C•亨特认为:可持续城市是居民和各种事务采用永远支持“全球可持续”目标的方式,在邻里和区域水平上进行持续不懈的努力得以改善城市的自然、人工和文化环境的城市;城市可持续发展是其公众应在不断努力提高自身区域水平上进行不断努力提高自身社区及区域的自然、人文环境,同时为全球可持续发展作出贡献的一个持续系统的过程。

按照城市经济学的基本原理,城市可持续发展可以定义为:在保障后代人和其他城市满足其需要能力的前提下,以满足当代人的福利需求为目的,以建设生态城市为目标,通过规划、监测、调控等手段引导城市生态复合系统达到和谐、平稳、均衡及互补状态的定向动态过程。城市可持续发展的关键是发展什么样的城市,要解决的关键问题是在保证城市经济效率和生活质量的前提下,使能源和其他自然资源做到合理消耗和最大限度降低污染,这样既能满足当代城市发展的需要,又能满足未来城市发展的需要。城市可持续发展有深刻的内

涵，它强调经济发展与人口、资源环境之间协调持续的发展，这就意味着在一定的时空尺度上，以高素质劳动力、高级化的产业结构、低污染的环境质量、可持续利用的资源等来保障长期持续的城市增长及其结构优化，从而实现高度发达的城市化和现代化。

城市可持续发展从纵向来考察有宏观、中观、微观三个层次。从宏观来看，城市可持续发展追求可持续城市化、城市间协调发展乃至城市的国际化，其表达的是城市可持续发展的外延；从中观来看，城市可持续发展主要指的是城市数量持续增长、城市高效率运行以及城市的可持续性，即城市综合功能得到强化，城市中心作用得以发挥；从微观层次来看，城市可持续发展主要追求的是城市增长、结构调整以及城市进步，如人口素质的提高、城市形象的树立、环境质量的改善等。

因此，从城市经济系统来看，城市可持续发展既要能保障经济的持续增长，又要能保障增长的质量，尤其要坚持和追求资源和能源的有效利用。从社会系统来看，城市可持续发展既要满足居民的基本生活需求，诸如住房、卫生等，也要用法律、法规保障生态城市的建设。从横向来看，城市可持续发展分为三个层次。第一层次反映城市增长；第二层次反映城市人口、经济、环境的结构与功能在横向与纵向上的协调发展；第三层次综合反映城市数量、城市结构与城市功能在空间上的变化。因此，城市可持续发展是综合发展，是一个较复杂的动态系统工程，具有明显的多层次性和多方位性，其系统构成如下图 2-1 所示。

图 2-1　　城市可持续发展系统构成图

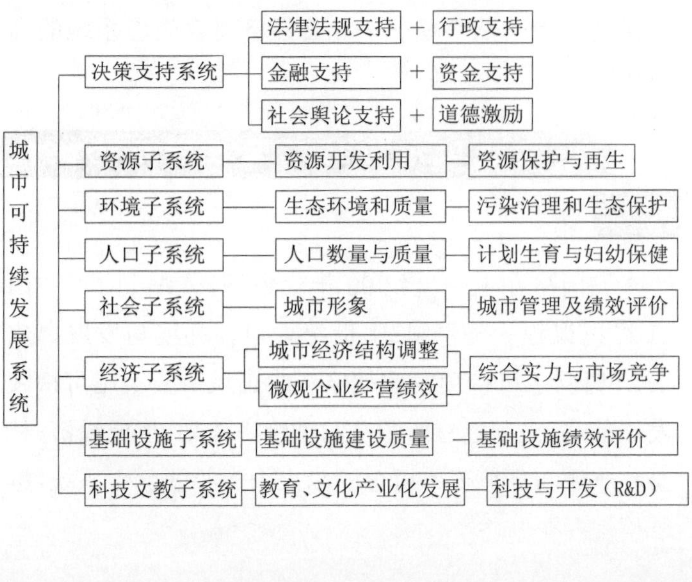

二、城市可持续发展的基本要素

城市可持续发展是由人口、资源、环境、经济、社会、基础设施、文教科技等组成的复杂综合型系统。因此，城市可持续发展应包含以下的基本要素：

1. 人口的可持续性转变

人是城市复合系统的主体和调控者，发展是基于人的需要，同样发展也是着眼于满足人的需求。树立可持续发展的世界观和价值观是实现城市可持续发展的基础，而建立人与自然和谐相处的新型生产方式和消费方式，则是实现可持续发展的关键所在。实现城市人口的可持续性转变，需要两方面的努力：一方面要提倡计划生育，控制人口规模；另一方面要提倡优生优育，把提高人口素质和解决人口老龄化问题结合起来考虑，制定与城市经济规模、环境承载力相适应的人口政策体系。尤其是要加强城市社区管理，提高居民的文化素质，加强可持续发展的伦理、道德宣传教育，将环保意识、改善生态、合理有效利用资源等纳入居民的教育内容，从而提高其素质，让他们树立健康的可持续发展观，从而促进人口的可持续发展性转变。

2. 环境与资源的市场化运作

环境与资源的市场化运作实际上是以经济的观点来评价环境与资源的保护和开发,把环境与资源纳入国民经济核算体系。资源消耗的核算应以城市的生产量为准则,即城市自身开采的资源,其经济折旧与损害的成本应由自己承担,这样就迫使资源输出城市开采行为得到有效制约,也加强资源的优化管理,而其管理的有效手段之一就是征收合理水平的资源税。城市污染物跨境问题比较普遍,因此应将域外影响的外部性纳入城市环境核算中,即城市自己引起的污染,不管影响在境内还是在境外,都应纳入城市环境核算中。要促使环境与资源的市场化运作就应推进环境保护市场化进程。具体措施有:一是治污集约化,即"谁污染、谁付费",发挥规模效应,避免环保盲目投资与重复建设的现象的存在;二是产业主体多元化,形成政府、银行、国内外企业、个人等多元化投资环保产业的格局;三是运营服务市场化,以环保设施运营企业化为突破口,推进环保设施运营服务业的发展,培养一批专业化环保公司,从而形成运营服务市场。

3. 城市经济结构的优化

结构的协调和功能的协调有着必然的联系。一方面,功能的变化往往是结构变化的前兆,城市常因功能上的变化而导致结构的变化;另一方面,结构若发生变化,则势必要求功能与之相配合,否则,城市可持续发展就难以实现。因此,城市经济结构的优化是实现城市可持续发展的重要因素。从城市经济系统来看,城市经济结构的优化不仅需要有合理的产业结构、产业布局和经济增长速度,还要有节约资源和能源的方式,更重要的是要有低投入、高产出、低污染、高循环、低浪费、高效运行的生产系统和控制系统。若一个高速增长的城市经济其增长建立在生态破坏和环境污染的基础上,其经济结构也不可能达到最优化,这样就谈不上可持续发展。

4. 科学技术进步

实践表明,城市经济增长主要是依赖科学技术进步。随着知识经济时代的来临,创建知识型都市就日益成为城市发展的目标。以知识为基础的城市发展,将会改变以往以工业增长模式作为主导地位的城市发展格局。而现代科学技术是知识经济形成的重要支柱;知识型都市的发展有赖于科学技术水平的提高和高新技术产业的发展。因此,为谋求城市的可持续发展,政府应加大对教育、科技的投入力度,建设城市科技设施,推进教育产业化和科技产业化。城市科技设施应包括下列内容:一是科研设施,如重点实验室、设计中心、工程开发中心、分析测试中心;二是科技活动设施,如科技会展中心、科技博物馆、科普基地、科技公共空间;三是科技产业化保障设施,如科技风险投资中介机构、科技图书情报系统、科技资源市场、网络信息系统。

5. 政府行为的可持续性转变

城市可持续发展是一种全新的城市发展观,也是城市政府追求的目标。城市可持续发展强调以人为本,着重于改善人居环境,提高居民的生活质量和社会福利水平。实践表明,城市政府是推动城市可持续发展的主要力量,城市规划、财富的公平分配以及社会事业的进行(如住房、医疗、保险、防灾救济、社会保障、环境治理、资源保护等)都需要城市政府来承办,政府要保障城市安全和维护城市正常秩序。同时,城市政府的一些政策法规也会对生产、消费的可持续转变产生有利或不利的影响。因此,为实现城市的可持续发展,城市政府在履行各项社会行政职能时,应注意保证政府行为的可持续性转变,时刻坚持以可持续发展作为各项行动的准则,从而保持城市自然环境——社会经济复合生态系统的高效运行。

三、实施城市可持续发展战略的优化路径

我国早在上个世纪90年代中期,就编制了《中国21世纪议程——中国21世纪人口、环境与发展白皮书》,树立了可持续发展战略。中国城市要实施可持续发展战略,必须建立资源节约型经济体系,形成经济、社会、资源与环境密不可分的以人为中心的复合系统,解

决好人口与发展的关系，完善社会保障制度，实施环境与发展紧密结合融为一体的可持续发展管理模式。

1. 建立资源节约型现代经济体系

城市要实现可持续发展，必须通过经济体制改革，调整、优化产业结构和布局，转变经济增长方式，在此基础上实现由资源型经济向技术型经济的过渡，即建立资源节约型现代经济体系，要建立资源节约型经济就必须有条不紊地在以下几个方面开展工作：

首先要大力发展高新技术产业。发展高新技术产业是推动城市产业升级、优化工业结构的重要内容，特别是在知识经济时代，现代工业结构的高级化集中表现在高新技术产品的迅速发展。因此，各城市要制定高新技术产业发展规划，加大投入，培育新的经济增长点。这也有以下几点要求：

①运用多种优惠措施建设城市高新技术产业开发区。通过开发区建设协调、引导、规划、探索“一区多园”等新的发展模式；改善投资环境，鼓励和吸引外商及外国金融机构对开发区基础设施的投资。

②建立高新技术风险投资基金，创办风险投资公司，支持一些高科技企业攻克一批关键技术，力争站在世界高新技术发展前沿。

③鼓励高新技术企业走出去，激励企业到国外布点设厂，建立独资、合资企业队伍及研究机构，开拓销售服务网点，扩大产品出口，力争有一批高新技术企业发展成有影响的跨国的高新技术公司。

④积极推进高新技术产业国际化，组织科研院所与国外机构开展高科技合作研究，形成合力攻关具有“绿色科技”的高技术项目。同时还应采取有力措施，增加对高新技术产业的投资力度，使其在技术创新水平、技术附加值上与国际化程度成正比。

其次是推广工业化的清洁生产。清洁生产力求在满足人们的需要的基础上，合理使用自然资源和能源，切实保护环境的实用生产方法和措施，它是一种人类生产活动的规划和管理，将废物减量化、资源化和无害化或将废物消灭于生产过程之中。推行清洁生产，已成为世界各国发展经济，保护环境的一项基本策略。因此，城市应从以下几个方面实行清洁生产：

①制定清洁生产标准和制度，强化管理。将清洁生产纳入城市中长期规划，制定主要工业行业的清洁生产工艺标准，完善有关清洁生产工艺的污染排放标准，制定和完善工业粉煤灰综合利用的经济技术政策，制定危险废物处理的经济技术政策等。

②加快清洁生产工业技术的开发。清洁生产工业技术的开发重点是无害环境技术，因此要大力开发研究工业废水、废气等的再利用新技术，开发应用污染物无害化新技术，开展清洁生产技术和设备方面的研究，加强企业与研究机构的合作力度，以使清洁生产技术达到最佳效果，并将先进研究成果转化为生产实践，从而提高生产效益和社会效益。

③采取多种措施，发展“绿色产品”的生产，促进环保产业的兴起。

2. 建立可持续的社会发展秩序

一是合理控制人口规模，提高人口素质，实现人口可持续发展。人既是生产者，又是消费者，过多人口数量会成为社会发展的沉重包袱，也必将增大对资源与环境的压力。城市应制定科学的人口规划，强化政府的人口管理职能，实施人口与计划生育目标管理责任制，降低人口增长率，控制人口规模和数量。不仅要控制人口数量，更为重要的是提高人口素质，开发人力资本。为此要

坚持优生优育，加快教育现代化和产业化建设，继续加强基础教育，加快发展高等教育，大力发展职业教育和成人教育。另外，要坚持以素质教育为主要内容的教育改革，多渠道增加教育投入，加快重点学校建设，改善办学条件，调整优化教育结构，提高各级各类学校教育质量和办学效益。城市企业要改革用人制度，实施人才工程，从国内外引进高素质人才，同时，保护科技人才和鼓励人才流动。

二是建立和完善社会保障体系。各城市应顺应社会经济发展要求，建立覆盖面广、管理和服务社会化的城乡社会保障制度，并且做到社会保障资金来源渠道多样化，社会保险、社会救济、最低保障、社会优抚等形式俱全的多种保障制度。其具体措施有：制定城市社会保障制度中长期发展规划，建立统一的社会保障管理机构、管理体制；积极发展商品保险，健全以社区服务为重点的社会福利保障体系；扩大劳务市场，提高服务质量，加大失业保险的保障能力；建立、完善社会救助制度，保障优抚对象的生活水平不低于当地居民的平均生活水平；适应人口老龄化趋势，增加老年人养老投入，完善老年人社区服务体系，健全老年人社会保障制度。

三是提倡可持续的消费模式。可持续发展城市，应努力改善居民消费结构，促使社会消费多样化，开拓新兴产业和新兴消费行业。发展城镇居民公寓式住宅，加快住房商品化分配步伐，实施安居工程。居民饮食结构要以植物性食物为主，发展高转化率的节粮型的动物产品与食品加工业，大力发展城郊型“三高”农业，建好肉禽蛋生产基地，推行无公害蔬菜和净菜上市。完善社会服务设施，建设各种劳务中心，以适应居民消费结构变化和家务劳动社会化进程。

3. 实现资源的持续合理利用和良好的生态环境

资源的持续合理利用是可持续发展的重要保证，良好的生态环境是可持续发展的重要标志。当前我国各城市正处于快速工业化、重工业化、城乡一体化进程中，若不摆脱传统的以单纯的消耗资源和追求经济数量增长的发展模式，就会影响到城市自然资源的可持续利用，极易导致生态环境的恶化。因此，以较低的资源、环境代价取得经济的持续增长，使经济发展与环境保护和资源合理开发利用相协调，是各城市实现可持续发展的重要保障。因此，各城市可采取以下措施实现资源与生态的可持续发展：

一是建立市场机制与政府宏观调控相结合的资源管理体系。一方面，在资源利用中引入市场机制，改革资源的价格机制，完善自然资源产权制度，实行资源的有偿使用，建立有利于节约资源、降低消耗、增加效益的企业经营机制；另一方面，要加强政府的宏观管理，制定资源综合利用与保护的中长期规划，建立资源信息管理系统，同时要结合城市实际形成科学、有效的信息统计体系和监督考核体系。

二是制定与推行资源可持续利用的评价体系。应研究科学的可持续发展指标体系，制定评价方法，建立相应的评价模式和政策分析机制，考察资源管理政策是否有利于总体的可持续发展。展开自然资源政策、规划和开发项目实施可持续发展影响评价，以确保资源的可持续利用。

三是健全地方性资源法规。各城市应根据全国人大颁布制定的资源保护节能法律法规，制定有关资源保护的地方性规则，尤其是在废金属等再生资源利用和管理、节约方面制定相应的管理规定，力争将一些成熟的经验、政策以立法形式予以确定。加大资源执法队伍建设，增强执法力度，规范、约束有关主体的行为。

总之，城市可持续发展是一种全新的发展观，已经愈来愈被人们所重视，并已在全世界开始实施。我国各大城市在全球经济一体化的大趋势中，要努力将本城市建设成为规划布局合理、配套设施齐全，有利工作，方便生活，住区环境清洁、优美、安静，居住条件舒适的现代文明城市。

第七章 全球一体化背景下的中国城市何去何从

近20年来，由于信息产业的飞速发展，在很大程度上解除了人们空间距离的交往障碍，人类社会经济活动已开始出现全球化和空间分散特征，进而更深层次地促进了资本和技术的全球转移。同时，日益增长的资本流动不仅导致制造业和金融市场的地理空间变化，也带来对制造业新生产方式和新金融体系的管理、控制和服务的最新需求。当今世界信息经济社会的总体特征是：管理的高层次集聚、生产的低层次扩散、控制和服务的等级体系扩散，并由此掀起“全球社会，经济重建”的思想浪潮和革新运动，世界城市体系也正处在革故鼎新的历史潮头浪尖。面对时代巨变，作为中国经济实力象征和代表的城市，应何去何从呢？

一、“全球重建”浪潮风行天下

“全球重建”（Global Reconstructing）是一个崭新的概念，它不同于“全球化”（Globalisation）和“全球化过程”（the Process of Globalisation）。全球化只是一种政治、经济及文化现象，全球重建则是世界经济秩序和国际生产分配系统的重组。“全球重建”首先表现在全球经济重组上，即人们对工业化经济增长动力的认识。虽然制造业的升级换代可能导致一个国家和地区低工资工人的过剩，但是由于电讯设施使距离成为中性概念，“远程制造业”（Far-fluny Manufacturing）的兴起和对生产配额的控制，使跨国企业可以充分发挥边缘国家廉价劳动力和全球最大赢利市场条件的优势。当工业生产在不发达国家或边缘地区兴起时，经济增长和社会福利方面的不同影响变得日益明显；同时，制造业的专门特征和组织以及地方企业间的连接，也使世界市场和跨国资本变得日益重要。这样，在一些区位保持低附加值的“出口平台”（Export Platforms）由熟练的便宜劳动力生产劳动密集型产品，在一些新兴工业化国家由于“工业升级”（Industrial Upgrading）开始生产高附加值资本密集型产品，而发达国家则牢牢控制尖端技术和技术密集型产品开发权。这种格局构成了新国际地域劳动分工的主要内容。

“全球重建”的具体特征有以下三点：一是生产过程中资本的作用被强化。其主要手段包括：通过技术创新提高生产力；降低工资增长率，减少社会福利和工作条件保护；生产向低工资的地区和国家分散，商务活动更具弹性；信息经济系统地从核心向边缘迅速扩展；劳动力市场向妇女、少数民族和移民开放；削弱贸易联合体的作用。二是国家干预的形式从政治合法化和社会再分配向政治控制和资本积累转变。主要措施包括：在工作过程中社会和环境等活动的非规则化；公共部门的收缩,生产活动的私有化;高收入阶层增加;国家对高新技术研究与开发和主导工业部门的支持;福利制度的收缩;财政紧缩政策;国防及与国防工业有关的工业与高新技术的结合。二是经济全球化,加快扩展和开放市场。主要包括:允许资本在世界范围内流动,尤其在生产最优惠的地方投资,包括直接投资和间接投资;增加资本的回报率;开放和开拓新市场以适应全球化进程。

在全球重建的浪潮中,跨国公司、金融网络和贸易集团发挥着重要作用。首先,跨国公司成为发展中国家扩展金融流的源头,直接的或间接的外国投资又进一步刺激了金融流的汇聚。其次,全球金融网络也已成为另一种重要的世界经济机构组织,为组织巨大的金融流提供了一种机构框架。最后,在跨国贸易集团内部,都将资本流向边缘地区,促进金融服务的自由贸易已无特别重要意义,从而进一步促进新世界经济机构框架的形成。

二、新时期的新世界体系

经济全球化过程中的"全球重建"推动了管理、金融和服务业的国际化进程,使城市成为世界经济的区域或全球节点。一种新城市经济现象正在形成,新类型的战略地点正成为经济全球化的新形式,新城市等级体系正在形成。

1. 新城市经济现象

新城市经济主要表现为以下三点:

一是城市生产服务业快速增长。生产服务业包括金融、法律、管理、创新、开发、设计、行政、个人服务、生产技术、交通、通讯、批发、广告、情报服务、保密和仓储等方面,中心内容是商务活动和消费市场的结合。最近10年以来,生产服务业已经成为众多城市最动态的、增长最快的部门,已经成为许多大都市区巩固新工业空间综合体以及劳动收入和就业增长的主导产业部门。

二是跨国公司随之发展迅猛。拥有众多工厂、办公楼和雇员的跨国公司最需要协调计划,协调相互间的行政组织和分布、协调市场和其他中心的活动,而生产服务业的快速增长恰好满足跨国公司此类需求,由此促进跨国公司的发展。同时,拥有众多分支机构的跨国公司在全球布点不仅促进了新型产品的开发和产品市场的控制,而且遍布全球的制造业、服务业和银行的发展也为组织和控制全球的工厂网络、服务业和分支办公机构的专门服务活动产生出更多的需求。这些都促进了跨国公司的发展。

三是形成了一些国际金融和商务中心。首先,金融活动的高度集聚,使处于城市等级体系顶层的城市中,由银行、投资公司、法律机构、保险公司和证券交易所共同组成的金融综合体成为各部门的决策中心,并成为日益增长的全球经济一体化系统的节点,如纽约、巴黎、苏黎世、法兰克福、东京等。其次,跨国公司总部也依附国际金融中心集聚,因为经济全球化迅速导致城市国际化,迫使面向国际市场的跨国公司将总部迁往国外主要城市的国际商务中心。

2. 三种新战略地点

在"全球重建"浪潮中,出现三种新类型的战略地点,对经济全球化起着重要作用,即全球城市、出口加工区和离岸金融中心。

一是全球城市。国际投资和贸易的增长,金融和服务的需求都促进了全球城市功能的形成。经济的全球化,既使城市成为金融和专门服务等后工业城市主导产业的生产地,又使公司和政府能够进入金融机构和专门服务的跨国市场。全球城市是为全球经济运行提供完善服务的地方,同时也是公司总部尤其是跨国公司总部的集中地。在世界经济体系中,政府的作用正在被一些专门的服务公司、全球服务网络和金融市场所取代。

二是出口加工区。出口加工区的建设成为生产国际化的关键。建立出口加工区的主要动机是为劳动力密集产业提供廉价劳动力,并不过分考虑金融和服务业的影响。因此,大多数出口加工区都位于低工资国家,来自于发达国家的跨国公司在此建立分厂或装配线,然后再将产品出口到发达国家并乘机占领第三世界市场。

三是离岸金融中心。离岸金融中心是世界金融流中另一种重要的空间节点,它们遍布世界各地,巴拿马、拿骚、香港、维京群岛,实质上承担着避税所的功能,代表着一种非常规国际金融交易服务的专门区位。与主要的国际金融中心相比,离岸金融中心提供更多的弹性服务,如保密、对"热钱"(Hot Money)开放和低税率等。

3. 新的城市等级体系关系

专家认为,经济全球化将经历如下过程:①制造业生产从欧美向新工业化国家和地区系统性转移;②资本对全球经济的推动作用日益增强;③生产要素、国际公司的管理水平逐步提高;④全球公司扩展过程加快与组织机构重建过程并行;⑤国家与公司间新权力平衡形成跨国横向联盟(Cross-national Coalitions),使国家间的经济部门联为一体,形成由专门化工业分厂和公司组成的世界性网络。此外,一些国际组织通过区域集团和全球协会的权力和影响开始替代已经建立的国际关系系统。

受上述全球化过程影响,大公司及其管理机构倾向于集中在少数大城市或城市区域,而处于等级体系较低层次的城市,其经济和政治的功能将进一步削弱。每个城市的经济和社会发展轨迹将主要依赖于它所参与全球经济一体化的程度,更多的城市正成为协调和管理全球化过程活动的一部分,少数几个重要城市在全球化过程中的地位和作用取决于其金融部门组织的规模。

可见,各城市将按照它们参与经济全球化的程度以及控制、协调管理这个过程的程度,在国际城市体系中寻找自己的位置。新的城市体系将按国家与全球经济系统的密切程度形成"核心"、"半边缘"和"边缘"相交的网络结构。

三、中国城市的转型战略抉择

很显然,经济全球化使世界城市体系内城市间的关系更加复杂化,处于不同政治制度国家的城市共同组成全球城市新等级体系。面对不可逆转的"全球重建"浪潮,中国城市应抓住机遇,迎接挑战,适时作出战略转型。使城市发展满足经济全球化的需求,争取在新的世界城市体系之中有自己的一席之地。

1. 全球城市

加快中国城市在全球经济中的参与力度,提高中国城市发展的竞争力,尽快实现其与世界城市体系的顺利接轨已成为政府制定战略决策的当务之急。在经济全球化大背景下,如果国内有几座参与全球和区际经济的国际性城市,它们一方面可在吸引资金和技术、出口商品、交流文化和信息等方面为国内城市和地区架起对外联系的桥梁;另一方面,也可充分利用汇聚在此的资本、技术、人才和信息优势,在世界经济竞争中占据有利地位。因此,除香港外我国还应选择 1-3 个具有国际影响力的城市,尽快发展并培育成为自己的全球城市。

美国学者弗里德曼曾提出衡量全球城市的 7 项标准:①主要的金融中心;②跨国公司总部所在地;③国际性机构的集中度;④商业部门(第三产业)的高度增长;⑤城市人口达到一定标准;⑥主要制造业中心(具国际意义的加工工业等);⑦世界交通的重要枢纽(尤指港口与国际航空港)。据此标准,可判断出我国大陆目前最具全球城市发展潜力的城市主要有上海、北京、广州等特大型城市。

以上海为例,上海是中国经济最发达、综合实力最强的长江三角洲城市群的龙头城市,具有国际贸易港口城市地位,也是全国最大的经济中心城市,具有辐射全国的经济实力。自 20 世纪 90 年代开发的浦东新区,立足于以金融、贸易、出口加工为主的外向型经济功能,建立全方位的开放体系,现在已形成为一个集现代化中心商务区、自由贸易区、出口加工区、高科技园区、旅游开发区以及海港、航空港和铁路枢纽于一体的现代化新区。可以预见,上海的区位优势和所依托的广阔发展腹地,将最有可能成为中国内地首位全球城市。

2. 跨国型城市

跨国型城市的跨国联系主要通过跨国公司的服务企业达到,原因是跨国公司服务企业已经发展成包含专门化的地理和机构联系的巨大多国网络,使得跨国公司能够使用这一网络为使用者提供服务。

跨国服务企业的发展与跨国公司息息相关,跨国公司的分支机构在全球一体化条件下需要利用发达的信息和通讯技术。这样，规模经济原理使为数不多的跨国公司的地位进一步加强，并在一些关键区位加强了公司间的横向联系，甚至发展到能够控制国家和国际市场关键份额的地步。同时，外国直接投资在服务业的快速增长也进一步促进了这类公司总部的高度集聚化。

由于跨国公司的创新活动可能发生在不同的区域，这种趋势与全球网络经济相适应。强大的国际化揭示较强的国际联系在区际可达性方面的重要性，公司如雨后春笋般地出现在信息处理、电信和航空能力较强的区位。正是这些跨国联系促进了跨国城市体系的发展，如纽约就是世界上资本流动的主要处理中心，而且经济全球化使得跨国城市间的联系日益加强，在世界城市体系中的地位日益突出。因此，我国大城市在吸引跨国公司进驻的同时，应进一步完善基础设施和法律制度环境，满足跨国公司经营控制全球业务的需要。而现阶段，我国的深圳、宁波、大连等城市最为有利发展成为跨国城市，因为这些城市虽然本身已有较强的经济势力，但分别距广州、上海、北京等中心城市太近，在同一经济区域只能有一个绝对的中心，而发展跨国城市，凭着不同的定位，避免与核心城市发生竞争冲突，同时有了更为具体实际的目标，城市发展也更为有后劲，更能带动区域经济的发展。

3. 边境型城市

边境型城市的发展一般包括三个阶段：一是殖民化，即从边境以外的地区向边境移民；二是扩展，边境内和边境外的移民；三是竞争和巩固。

边境型城市的形成需要一个过程。在其胚胎期，边境型城市的转变将社会经济景观与城市体系发展联系起来：土著村落型自给自足经济；边境资源开发；先锋农业和先锋居民点；地方服务中心的建立；农村人口下降和首位城市出现。在发达经济条件下，先锋期的城市体系拥有许多地方服务中心，位于网络节点的服务中心尤为突出。在边缘期，由于资源禀赋和比较优势的差异，城镇在广泛的经济功能基础上出现多样性，在规模和重要性方面的明显差异也逐步上升。当然，在边境型城市的形成过程中，交通条件至关重要。

另外，边境型城市最重要的演化过程在于不同城市的增长机制，主要是对商品和服务交换的支配，这与经济专门化、交通、通讯和集聚经济相关。在边境城市化早期，专门化程度极小，企业仅仅在地方腹地内进行交换，物质流通是有限的。一段时间以后，有些城镇获得专门的经济活动，但企业仍然只具有服务其腹地的功能，这种功能有利于促进边境地区城市等级体系的发育。最后，由于边境地区成为移民区，它的主要城镇成为外来商品和服务进入边境的门户。这样，边境型的门户城市就迅速发展起来。因此，根据上述演变特征，我国地理条件类似的城市可选择此类模式城市进行转换，在劳动区域经济发展的同时，也提升了城市地位。目前我国最具发展前途的边境城市有昆明、乌鲁木齐、哈尔滨、青岛等。

4. 变异型城市

最近，一些城市密集地区正在经历着城市体系结构的质变，走廊城市和网络城市得到发展，原因是高效的基础设施走廊将知识密集中心和大都市联系在一起。如伦敦的剑桥区和斯德哥尔摩的阿波沙拉走廊，都分别与一个国际航空港组成一个整体。在这种双中心城市体系中，城市间的联系得到加强，其联系方式由垂直等级联系方式转向横向联系方式。城市体系的地域空间结构开始形成“走廊式城市”(Corridor Cities)结构。

在“走廊式城市”中，工业大都市时代创造出的“中心市”(Central City)和“郊区”(Suburb)等术语已经过时，取而代之的是“新城”(New Cities)。在新城区，城市基本单元是延伸50～100英里的“增长走廊”(Growth Corridor)，这些增长走廊已经没有明显的核心和可定义的边界，而是多中心的城市蔓延地区。日益增长的现代城市集聚区具有错综复杂的走廊城市网(Web of Corridor Cities)，由于多中心结构的演化，这类城市可以看作是一种新兴的“网络城市”。这种网络城市的结构较单中心城市具有更大的多样性和创造性，不太拥挤，拥有更多的区位自由度。

网络城市由于反集中(Corvcentrated Decoruen-tration)这一潜在优势被日益增长的世界城市所关注。因为在单中心城市中，“一小时法则”(One-hour Rule)对城市规模有很强限制，拥挤和污染变得日益严重。而网络城市则能够很好体现它的优势，它与弹性而非规模相关，其增长率明显快于中心城市。

因此，在我国城市群发达地区，一些处于网络节点上的城市可选择类型转型战略，发展异质商品和服务，以其不可替代性而巩固它在城市群乃至全球城市中的地位。目前东莞、顺德、昆山等中小城市，发达的村镇星罗棋布连绵一体，最符合网络城市弹性的特征。

总而言之，在信息革命的作用下，经济活动逐渐全球扩散，全球一体化进程加速，“全球重建”浪潮席卷全球，新的世界体系正在形成之中。而且，随着信息社会化的形成和跨国公司的介入，城市的世界地位不再完全取决于它的规模大小，而取决于该城市与全球其他城市的相互作用强度和协同作用强度。有些城市将由于其所处的枢纽地位和新的信息节点，而发展成为全球城市或国际性城市，协调和控制未来的全球经济活动；有的城市则会通过与这些城市的相互作用，在新世界体系中占据重要地位；而有些城市则可能会由于远离信息社会而逐渐衰落。在这样一个机遇与挑战并存的历史时期，中国城市应抓住机遇，迎接挑战，依时依地选择适合自身的发展战略，实现信息化、现代化的成功转型，争取在新的世界体系中赢得一席之地。

A COMPREHENSIVE HANDBOOK OF DEVELOPMENT OF REAL ESTATE IN CHINA VOLUME 3

第三卷

中国小城镇建设

第一章

新形势面临的转变及城镇化与房地产开发

"十一五"规划纲要，经十届四次人大会议审定后就要执行了，这个《纲要》体现了党的十六届三中全会以来的新的战略思路和战略目标，标志着中国经济社会发展进入了一个新的发展阶段，并烘托出新的形势，这种新形势预示着经济、社会以及社会风气和道德观念的巨大变革。为适应新形势的需要，也面临着思想观念和发展方式的转变。

一、什么是新形势？

所谓新形势，是指在党的十六届"三中"、"四中"，尤其是五中全会《关于制定国民经济和社会发展第十一个五年规划建议》所提出的一系列战略思路和战略目标的背景下，中国城镇化与房地产发展的走势，也面临新的方式与探索。

新形势下的战略思想主要体现以下方面：

一是如何运用科学发展观统领城市与区域的协调发展，也就是说，用科学发展观统领经济、社会全局，这是贯彻十一五期间始终的战略思路，并要按6个必须的原则去做。

二是改变经济增长方式，大力发展循环经济，建设资源节约型，环境友好型社会，走节约型社会的道路。

三是建设社会主义新农村，重点解决"三农"问题，其出路也面临各种不同发展模式的探索。

四是建设一个民族团结，社会进步的和谐社会，这是针对经济快速发展，出现的各种不协调和矛盾提出的，要妥善解决各种矛盾与不协调因素，使贫富之间、地区之间，人与人之间的矛盾和问题逐步加以解决，并走向和谐，这是个长期任务。

五是建设创新型国家，也就是说，要切实把发展科学技术，提高自主创新能力作为关系全局的大事抓紧抓好，用15年的时间使我国进入创新型国家行列。

六是胡锦涛总书记在十届四次人大会上提出树立"荣辱观"，即"八荣八耻"的社会风气标准，以此推动社会形态和社会道德观念的转变。

上述六大战略思路的提出，是依据我国经济社会发展的阶段，针对经济社会发展中出现的问题提出的，标志着中国经济、社会和道德观念已进入一个新的历史时期。中国的城镇化与房地产发展也不能离开上述新的战略思路和战略目标去推动。仍沿着旧思路发展是没有出路的，必须通过改革探索新的发展机制、新的途径、新的方式，转变思想观念。

温家宝总理指出："科学发展观是指导发展世界观和方法论的集中体现，是我们党在深刻总结我国长期以来经济建设中的经验教训，吸收人类现代文明进步新成果的基础上提出来的，是对社会主义现代化建设指导思想的重大发展"。

温家宝总理对中央提出的一系列新思路做了高度精辟概括。也就是说，提醒人们今后经济、社会发展、思想观念，要逐步适应这种新的形势。为"建设中国特色的社会主义"而努力奋斗。

二、新形势下面临的几个转变

应当指出：改革开放20多年来，我国的经济社会得到快速发展和进步，这是举世公认的。但是，我们也不能

不看到我们在快速发展中经济、社会以及道德观念上还存在的不少问题,这些问题的解决,需要经济增长方式、社会形态观念和城镇化发展模式的转变。

1. 经济增长方式的转变

我国经济的快速增长,是建立在粗放型、高投入、高消耗、高排放、低产出的基础之上的。“2004 年我国 GDP 按当时汇率计算占全世界的 4%,却消耗了全世界 8%的原油、10%的电力、19%的铝、20%的铜、31%的煤、30%的钢材”(见《中国城市经济》2005 年 11 期,张卓元《转变经济增长方式,保持经济平稳较快发展》),这种高投入、高消耗、高排放、低效率的粗放型扩张的经济增长方式,已经难以为继,必须转变为低投入、低消耗、低污染,高产出的经济增长方式。目前,中国每 1000 美元的 GDP 的能源消耗量约为日本的 9 倍。所以十一五提出能源消耗降低 20%的硬性指标。这是中国经济增长的方式的战略转变,要让各级领导和群众充分认识它的意义,只有认识其意义和必要性,才能实现转变。

实践证明,一个国家的经济发展,是一个国家技术综合能力的体现,没有高新技术的创新能力,经济发展是难以长久的,实际的经济效益也是有限的。其国际地位也是难以树立的。中华人民共和国,所以能挺立在东方,是“两弹”、“两星”(卫星和神州)高新技术的开发和创造。实践经验告诉我们,一切都依赖别国的技术,是难以强盛的,也不可能实现强国。

改革开放以来,我国的经济发展很快,但从技术层面上讲,我们基本上是处于模仿阶段,核心技术大都掌握在发达国家,具有自主创新知识产权的高新技术很少,基本上是利用我国的廉价劳动力为发达国家的公司赚大钱服务,人家赚大钱,我们赚小钱。由此可见,创新是经济发展的基础,是立国的根本,没有创新,就称不上发达国家。创新能力是国家强盛的标志。经济增长方式转变的前提,生产方式的改变,要靠技术创新,工艺流程的变革和提升,更要靠生产技术的革新,没技术的创新,经济增长方式的改变也无从谈起。可见,创新是经济增长方式改变的基础。

2. 社会形态和道德观念的转变

从社会和区域层面上讲,由于经济的快速发展,特别是在提倡少数人“先富”的大背景下,极少数人,私欲膨胀,尤其是极个别干部,损人利己的行为示范,导致社会上的“坑、蒙、拐、骗”行为泛滥。行贿受贿、贪污腐败屡禁不止,这与干部的素质、追求目标、人生观、价值观、社会风气息息相关。绝迹 30 多年的卖淫、嫖娼、吸毒等丑恶现象,又陈碴泛起,死灰复燃,社会道德风气大为下降。并导致城乡差距、贫富差距、东中西部、单位与单位之间的差距继续扩大,产生很多不协调的因素,“繁华的城市”与“落后的乡村”更加显化;顾此失彼的现象很突出。

这些问题,都必须运用科学发展观加以统领,除增加以工补农的力度,增强税收杠杆的调节外,观念的转变是至关重要的,也就是说,要从提倡“少富”改变为提倡“共富”,并提倡讲诚信,讲道德,讲公平、公正,提倡正义感,对青年人尤其如此。因为观念的改变,是行为改变的前提。没有观念的转变,以“私”为主线,以损人利已为“荣”,一切向“钱”看,就必然出现:医生得不到钱,就产生见死不救的行为。买“官”卖“官”,拉“关系”,走“后门”就成其为自然,没有全心全意为人民服务的理念,尤其是领导干部“不以身作则”为表率,人与人之间的关系,就难以改善,公正、平等的和谐社会就难以建立。

应当指出：新形势下的社会形态和道德观念的转变，要以胡锦涛总书记最近提出的“荣辱观”（即：八荣八耻）为基础，进行大力宣传教育，使社会形态和道德观念有个较大的改变，和谐社会的建立才有可能。

3. 城市发展方式的转变

加速城镇化进程，是中国现阶段经济社会发展的必然选择，也是实现社会主义新农村建设，解决“三农问题”的重要出路。因为新农村的建设与发展：一要发展农村生产力，这是改变农村面貌的根本；二要不断增加对农村的投入，积极推动农村改革，通过改革去激发农民自主创业能力；三要建立以工促农、以城带乡的长效机制，在尊重农民意愿的基础上，有效发挥农民群众的内在主体作用；四要发展农业产品的商品化份额，逐步向农村产业化迈进。

但是，回顾一下我国改革开放以来的城市化快速发展历程，我们基本上是走了一条“以牺牲农地（农民利益）为代价的粗放型外延扩张型道路”（“摊煎饼”），城市面积越摊越大，实际经济效益不高，土地利用效益更低，如果拿中国的一些城市与日本城市效益比较，仅是人家的十分之一，东京是北京的 11 倍。

目前，我国有一些城市的领导，为追求任期“政绩”，大搞形象工程，大广场、宽马路，既不考虑投入产出效益，也不考虑中国“人多地少”的国情，而这些做法得不到任何有效的约束。由此可见，城市发展方式必须改变，要从粗放外延扩张转变为内涵效益型的发展，要增加城市居民的参与度，决策要民主化、科学化，行政费用的支出要预算化，市长的财权不能过大，要受到城市居民的约束。一个地方领导不能只向上级领导负责，还要向地方老百姓负责，要真正树立“以人为本”的观念。根据资料显示，我国目前的行政费用支出是改革开放初期的 87 倍，而随意性较大。讲排场、显示权力的风气很盛。

应当指出：上述新形势下面临的三个转变，除社会形态和社会道德观念的转变，需要教育素质提高和加强宣传力度外，其他方面的转变，主要依靠改革创新，因为改革是推动前进的动力，在改革中探索，通过改革使体制、机制逐步完善，这是一条社会进步和经济发展的基本规律。

三、目前城镇化过程中存在的问题

改革开放以来，是我国城市迅猛发展的时期，也是城市化进程最快的时期，改革后的 26 年中城市人口规模增长 23.9 个百分点，平均年增长 0.92 个百分点，如含常住一年以上流动人口，其比例会更大。

中国城镇化拉动力量主要来自两个方面：一是城市间的竞争加剧，政府投入力度加大；二是市场拉动，尤其是房地产开发的利益驱动，房地产业的快速发展推动了城市无限扩张。因此，城市化过程中存在的问题，主要表现在：

1. 城市的聚集效益下降，尤其是特大城市

近些年来，一些大城市得到迅猛的扩张，特大城市的臃肿现象非常突出，特别是房地产的无序开发，将原来郊区的菜地大部分占光，在郊区建了无数个“卧城”，如北京、上海、广州等。在一些在城市，效益下降表现在以下方面：

（1）工作在市中心居住在郊外，导致交通拥挤，效率低下，环境质量下降，本来半小时的路程，都需要 2 小时以上，上下班花在路上的时间达 4 小时以上，使人筋疲力尽，工作效率大为降低，加大了参与公共活动的成本，并造成人们心灵上的封闭和人际关系的冷漠。

（2）由于近郊土地都被房地产开发占用，蔬菜、副食的供应全靠外省提供，增加了消费成本。

（3）房地产的无序开发，尤其是旧城改造，破坏了城市原有特色，导致城市规划无法真正实施，高架桥林立，进入城市仿佛进入一座迷宫。其结果是经济、社会与环境效益无法统一；导致道路的增长，永远满足不了车辆增加的尴尬局面。使人不能不提问：城市交通究竟是发展公共交通，还是发展私家车为主，无限的发展私家车符合不符合中国的国情？

（4）房地产的开发，不能都拥向一线城市，目前这些一线城市商品房积压严重，已出现过剩现象，去年年底，商品房积压 1.2 亿平方米，空置率达 26%，超过了警戒线。因此，要引导房地产开发商逐步向二、三线城市转移，这也是城镇化面临的问题。

2. 城镇体系结构不合理，大中小城市发展不平衡

要实现区域经济一体化,就必须构建合理的城镇体系,这是现代经济发展的客观要求。所谓城镇体系,是指在一个区域范围内,要有大城市、中等城市、小城市和中心建制镇组成的网络体系,只有内在的城镇网络,才能推动区域经济的协调发展。目前城镇化的问题,不仅仅是大中小城市及城镇发展的不协调,还表现城市与区域的不协调,所以出现“繁华的城市”与“落后的乡村”现象。这不仅仅是区域经济发展的不协调,更是城镇体系不完善的体现。

应当指出:构建结构合理的城镇体系,是区域经济协调发展的基础,也是创建和谐社会的基本条件。在交通比较发达,信息现代化的背景下,大型企业的发展不一定都放在大城市,因为大型产业是集聚人口的基础,人口规模的集聚又推动城市规模的扩张,这是一条基本规律。对于一些企业和人口都涌向大城市的现象,应受到一定的制约,才能使城镇体系得到完善,并使大、中、小城镇得到均衡发展。只有完善的城镇网络体系的形成,才能带动整体区域经济的发展。

3. 城市本身出现的二元结构问题,导致社会的不和谐,潜在着诸多矛盾,必须引起高度重视

改革开放以来,由于城市的扩张和经济的快速发展,导致大量耕地被占用,数千万农民失去土地,这些失去土地的农民只好拥入城市谋生,沿海地区“农民工在二产从业人中达 57.6%,加工制造业达 68%,建筑业达 80%以上”(见《城市评论》2005 年第 5 期),成为生产力的主力军,但这些人口又不能融入城市,导致城市内部二元结构不产生,应逐步加以解决,否则将产生严重后果。

目前,城镇化过程中出现的问题,说到底,还必须依靠改革去改进、完善。这些问题,因为是改革过程中出现的问题,所以必须通过深化改革才有出路。

4. 资源浪费严重

资源浪费严重其表现是:

(1)尤其是土地资源,一些城市领导追求本届业绩,大搞“形象工程”、“大广场”、“宽马路”现象较普通,土地利用效益很低,商品房积压过多,导致社会资源的巨大浪费,因为一些官员专心考虑的是本人的升迁,浪费资源无人追究。

(2)不注意环境建设和污染处理,大部分河流被污染,使能够使用的水资源更加紧张;因为污染处理好坏不影响升官的考核。

(3)社会资源浪费严重,土地和房屋闲置过多,大拆大建的现象难以禁止,不仅导致社会资源的浪费,也造成社会矛盾的增加,实质上是官商勾结的结果。

(4)行政支出无节制、无约束,导致财政增长,赶不上花费的增加,没有给人民带来更多的实惠,等等问题。这种状况如得不到抑制,节约型社会不仅难以建立,贪污腐败现象也会漫延。

四、新形势下城镇化与房地产发展趋势

在中央一系列新的战略思路和战略目标的背景下,中国的城镇化发展趋势,面临如下走向:

1. 依据区域经济基础和发展条件,将出现多样化的发展模式

(1)东部发达地区将出现以城市群为基础的城乡融合(城乡一体化)模式,向着农村城镇化方向发展。因为这些地区城市比较发达,功能也比较齐全,城市群已经形成,社会主义新农村的建设就是实现城乡一体化。

(2)中度发达地区将以大中城市为基本扩散力的城镇化发展模式。所谓中度发达地区是指中部地区和西部的“成、俞”地区,这些地区的城镇化,首先要发挥大中城市的辐射力和吸引力,以此推动区域经济的发展。

(3)欠发达地区将以大城市为基本辐射力的城市化模式。这些地区是指青海、宁夏、甘肃、云南、新疆和西藏的一些区域,目前主要应发挥大城市的辐射功能,以此带动中小城市的发展,建制镇的城市功能基本还未形成,所以不能作为重点发展。

总之,由于我国东、中、西部差距较大,不能用一种模式套用全国。城镇化发展模式,要符合本地区的经济基础与发展的需要,不能脱离地区的实情,盲目的模仿。中央之所以把“城市化”改为“城镇化”其目的也在这里。要通过城镇化的加快,为本地区人民带来实惠,并推动地区经济的全面提升,使城市与区域经济得到协调发展。

2. 在城市与区域不协调的地区,尤其是已经出现

“繁华的城市”与“落后的乡村”地区，其重点解决城市与区域不协调的问题

例如北京周边地区的贫困带问题，要用科学发展观统筹加以解决，其措施：一是加大以工补农的力度，提高城市支持农村的投入，加大农村基础设施建设者，尽快解决交通问题，并通过交通的解决培育区域市场，以市场带动农业产品的商品化，推动农村经济发展。二是提高农村教育的投入，提高农村青年人员的素质，加快农业富余劳动力转移，减少农业人口的压力。三是提高农业产业化的集约度，提高农业的产出效益，探索、提高农业生产力的发展模式。四是加大农村的医疗卫生事业的建设，解决农民看病难的问题，提高农民的社会保障份额，为创建和谐社会创造条件。

3. 发展循环经济，建设节约型城市

发展循环经济，改变经济增长方式，就是要实现从主要依靠资金和自然资源支撑的经济增长，转变为主要依靠人力资本投入、劳动素质提高、技术创新和技术进步支撑的经济增长，实现由“资源→产品→废弃物”流程，向“资源→产品→废弃物→再生资源”的反馈式流程，对所有物质都进行合理和持久的利用，最大限度地减少，经济活动对生态环境的影响。循环经济是对物资闭环流动型经济的简称。循环经济是建设节约型社会的重要组成部分，也是解决高投入、高消耗、低产出的基本途径，所以，必须要把循环经济的发展纳入建设节约型社会的总体规划体系，列入领导者的议事日程，才能得以实现。

节约型城市的节约，包含的内容应是全方位的节约，包括决策、设计、管理、运作程序、行政支出等方方面面。

4. 房地产开发是城市发展的重要手段

目前，房地产业已经成为国民经济的支柱产业，也是推动城镇化进程的重要动力，是城镇化过程中不可忽视的推动力量，但是，近些年来，房地产的无序开发给城市发展既带来繁荣，又产生不少问题，尤其土地资源、社会资源、资金资源的积压、浪费和房价过高等问题，也是不可忽视的。这主要是官商一体和结构不合理与管理不到位，炒作严重造成的。因此，中央提出：“要大力发展节约型、省地型住宅，全面推广节能技术、制定并强制执行节能、节材、节水标准，按照减量化、再利用、资源化的原则，搞好资源的综合利用，实现经济社会的可持续发展”。提出建设节约型城市，就是针对资源环境约束日益加重的问题提出的，突出体现了资源节约，环境改善的必要性。

房地产业的快速发展，也出现了不少问题，今后的开发重点，主要应则重三个方面：一是普通小户型住宅的开发应是主流，为“富人”“享受”的高档住宅和“别墅”应受到制约，这是社会主义制度的起码要求。二是利用社会资源，大力提倡社会闲置资源的充分利用，开辟“租赁市场”。三是改革“经济适用房”运作模式，培育和发展二手房市场，逐步建立完善的市场体系。

最近两年，中央加强了房地产业宏观调控的力度，金融、税收等杠杆的调节力度也逐步加大，相信通过宏观调控和杠杆调节作用的增强，房地产业会逐步走向健康发展的道路，也一定能成为推进城镇化的重要动力，为国民经济发展作出新的贡献。

（**编者注**：本章“新形势面临的转变及城镇化与房地产开发”由中国城市经济学会副会长刘维新先生撰写）

第二章

小城镇的发展对策及品牌塑造

一、小城镇在我国城乡建设中的作用

党的十六大已经明确提出了全面建设小康社会的宏伟蓝图与目标,并强调全面建设小康社会必须统筹城乡经济社会发展,并将重点放在农村。

实现现代化是中华民族不懈追求与百年构想,但以什么为着力点来推动现代化,一直是我国现代化道路探索的焦点问题。所谓"着力点",是现代化发展的方向性规定,它决定了一个国家或地区所选择实现现代化的道路和模式。进入21世纪,从中国的实际出发,应该走以小城镇为轴心的内生型与中国式现代化道路。

1. 小城镇已成为我国现代化运行的"轴心"

新中国成立后,党将工作重点放在城市,国家工业化选择了苏联模式,采取特殊的超经济手段集中一切可用资源,集中一切力量搞建设,甚至大规模抽取农业建设资金予以补贴。同时又实行严格的户籍管理制度,限制农业人口流入城市工业部门。这种以城市为主、以重工业为主、以国有经济为主的工业化模式虽然在短期内创造了我国工业化的奇迹,使我国建立了初步成型的工业体系,增强了我国国力,但也带来了持久的负面影响。这种城市工业化进程首先是未能实现农村剩余劳动力的转移,相反,却将广大农村、农民排斥在城市工业化的大门外,并通过户籍、就业、社会保障、教育、医疗、物资供给、婚姻等14种具体制度固化了城乡二元结构,形成泾渭分明的城乡两大板块。二是工业不仅不能反哺农业、促进农业的现代化,相反却以牺牲农业为代价,使农业越来越落后。三是导致城乡发展严重失衡,进而使得工农业的比例严重失衡。以至于1978年占从业人员70%的农业劳动力,只创造了24.8%的国民生产总值。这就是说,以城市工业化为轴心的现代化道路,并不能真正带动中长期、整体、持续地发展,片面突出所带来的经济结构失调和资源配置效率低下等问题,则使其后的相当一段时间内整个国民经济不得不为当初的"奇迹"而长期付出高昂的代价。

1978年党的十一届三中全会,拉开了当代中国现代化建设的序幕,从"七十年代造房、八十年代造厂"到"九十年代造城",使中国的现代化走上一条以小城镇为轴心的自主式内生型的崭新道路,因而被称为继实现家庭联产承包责任制、乡镇企业异军突起以来发生的"第三次农村革命"。

之所以说当代中国现代化的运行轴心将向城镇化方向转移,是基于以下三个方面的原因:一是以城市工业化为轴心的现代化只会拉开城乡差距,而不能把中国整体推向现代化,中国的现代化道路必须另辟蹊径;二是广大中国人民尤其是占总人口85%以上的中国农民的求强、求富及其对现代文明向往的强大内在动力,客观上要求加快发展小城镇;三是中国特殊的国情决定了必须创造性地走一条特殊的现代化道路。历史和未来都将证明,我国人民自己探索的、依靠自己的力量走以小城镇为轴心的现代化道路,是一种有"中国特色"的明智选择。

2. 城镇化是我国现代化建设的必然要求

走以小城镇为轴心的中国式现代化道路的理念凝结了我国人民现代化实践的最基本经济和最重要结论，是我们走上建设有中国特色社会主义现代化道路的思想基石。这一理念所含的选择现代化道路的基本原则有：①从实际出发的原则，将农村、农业和农民的现代化置于优先发展的位置。②自立性原则，走内生型现代化道路。③整体连动性原则，我国的现代化不是局部的，而是整体连动的，不能只有城市的现代化而没有农村的现代化，城市与农村的现代化应该整体推进。④低消耗、高效益原则，我国现代化所依赖的资源条件要求走资源节约型、低投入、高效益的现代化道路。这些基本原则实质上从四个方面规定了中国式现代化道路的发展方向。走以小城镇为轴心的现代化道路，则是这一方向最生动、最具体、最根本的体现。

(1) 从实际出发，解决当前中国经济发展面临的主要矛盾，最终实现现代化的根本目标，要求走以小城镇为轴心的现代化道路。我国仍然是一个农业大国，实现现代化面临的一大问题是城乡二元经济结构分化的加剧。因此，应积极促进二元经济社会结构的融合，推进农村工业化，促进农村经济结构的不断升级，推进农村人口的城镇化，促进农村剩余劳动力的有效转移；提高农民素质和农村文明水准，推进农民生活方式的现代化等等。解决以上这些问题的最佳选择是推进城镇化。

(2) 我国现代化的各系统与城乡区域的整体连动性，客观上要求以小城镇为中枢全面推进。我国的现代化是全面的现代化，不仅要求政治经济、社会文化各系统整体连动和协调发展，而且从区域上也要求坚持城市的发展与农村的繁荣相统一，这必然要求小城镇发挥其应有的轴心作用。

(3) 主动式内生型原则，必然要求我们依靠自身的力量，即以小城镇为轴心推进现代化。改革开放后，我国的现代化已从被动式转变成主动式，解决“三农”问题，归根到底要靠农民自己来摆脱贫困，靠自己发展起来。尤其是党的十一届三中全会以来，小城镇的迅猛崛起及其所带来的我国农村社会经济的巨大变革，标志着我国已经开辟了一条全新的主动内生型现代化道路。因为以小城镇为载体的农村现代化发展，是一种内源性发展，是一种建立在自己内部现有要素与结构之上的发展。

(4) 低消耗高效益的发展原则，要求走以小城镇为轴心的现代化道路。西方发达国家早期的现代化，是以对广大殖民地半殖民地的大肆掠夺为前提的一种过度消耗资源的现代化模式。而我国现代化是在人口众多、人均资源匮乏、生产力总体水平低下且发展极不平衡的基础上起步的。社会主义国家性质也要求我们不能把自身的现代化建立在对其他国家资源掠夺和本国资源过度开发利用的基础上。这就决定了中国的现代化必须建立在最大限度地合理利用和发挥自身资源条件基础上，通过极大地提高现有资源的利用程度和效益来实现。而以小城镇为轴心的现代化道路，则是一条资源节约型、低耗高效的现代化道路，是适合我国国情的现代化之路。

3. 以小城镇为轴心开辟中国式现代化新途径

(1) 首先应以小城镇为桥梁，推动城乡二元经济结构的融合，促进城乡一体化。城乡分割及与之对立的二元经济社会结构，是我国现代化整体推进的最大障碍，也是我国现代化面临的最大难题。推进我国现代化，必须改变二元经济结构状况，促进二元结构向一元结构转换。完成这一历史使命的出路在于推进城乡一体化，小城镇则是促进城乡协调发展，促进城乡一体化进程的轴心。长江三角洲及珠江三角洲等地小城镇崛起的实践表明，小城镇的发展会逐步形成城乡一体化的生产网络，流通网络、交通网络、科技文化教育网络、金融信贷和经济信息网络等，将把城乡有机地联成一个充满生机与活力的整体，从而逐步实现城乡之间在制度、管理体制、市场、产业和社会文明等各方面的接轨。

(2) 以小城镇为载体，促进农村经济的现代化

小城镇在推进农村经济现代化中有以下作用：

①为推进农业集约化、规模化经营创造条件。小城镇紧密联系城乡，有较强的市场拓展能力，能大大拓展农业生产活动空间。通过城镇大批农副产品市场的带动，将有效地推进农业产业化的发展，加快传统农业向现代农业的转化；同时，小城镇通过为农村提供科技、信息等社会化服务，以工补农、支持农村建设等形式对农业进行“反哺”，将极大地推进农村现代化的进程。

②将促进传统乡镇企业的整体升级和乡村工业化

的发展。以小城镇为依托,对乡村工业进行合理的空间布局,使工业生产的各种要素得以聚集,不仅能解决生态恶化、资源浪费等问题,而且将降低生产成本,提高工业生产能力,促进乡村工业的发展。

③启动内需的“杠杆”。理论界普遍认为我国已进入工业化中期阶段,但我国的城镇化却还只达到工业化初期的水平。将我国的城镇化率提高到世界平均水平,意味着可以增加1.5亿城镇人口,城镇化水平提高了,当前许多经济问题都将迎刃而解。据统计,我国目前农村人口的购买力仅相当于城市人口的42%。城镇化率每提高1%,就可以转移50万农村人口,并形成12亿多元的购买力,将创造50亿元国内生产总值。可见,小城镇将成为我国新的经济增长点,小城镇充分发展了,启动内需的问题将从根本上得到解决。

(3)以小城镇为轴心,实现农村剩余劳动力转移,促进人口的城镇化。目前我国农村劳动力有5亿多,一般认为剩余劳动力约占劳动力总数的1/4,而且随着人口的增长、农业集约化经营及生产力水平的逐步提高,农村剩余劳动力还会增加。因此,将这些富余劳动力分离出来,转移到非农产业上去,是关系到农业乃至整个国民经济发展和现代化建设的重大战略问题。转移农村剩余劳动力有多种途径,相比之下,吸收大批农业剩余劳动力到小城镇从事第二、三产业,发展城镇经济是最切实可行的选择。因为小城镇吸纳就业空间大,发展建设成本低。发展小城镇,既可以从根本上解决农村剩余劳动力的有效转移,为农业规模化、集约化经营创造条件,还能缓解城市人口的就业压力,使“城市——城镇——农村”围绕小城镇这一轴心更加协调发展。

(4)小城镇还是传播现代文明和生活理念,促进农民自身现代化的载体。现代化的关键在于人的现代化,农民自身的现代化则是我国社会现代化面临的关键难题,小城镇的发展则为推进中国农民现代化发挥着至关重要的“熔炉”作用。小城镇相对集中和比较健全的学校、文化馆、图书馆、体育馆、电影院和有线电视等文化教育机构与设施,有利于开展各种教育科技文化活动,能够极大地丰富居民的业余文化生活,有助于不断提高进城农民素质和文明程度;小城镇交通便利、信息通畅、可以大大加强城乡间物资、技术、人才、信息的交流,而且由于现代优秀文化和先进文明也不断向小城镇传播,进城农民经受现代文明的冲击和洗礼,将会逐步改变长期形成的封闭、保守、传统、落后的思想观念,实现思想观念和文化心理的现代化。而且,农民进入城镇生活,通过享受现代化的生活设施如套间房、电话、自来水、洗衣机、冰箱等,将逐渐改变他们原有的居住方式,卫生习惯和生活方式,推动着他们向现代化的目标迈进。

4.推进以小城镇为轴心的中国式现代化进程

(1)走出发展理念、战略指导思想上的“误区”,坚定地走以小城镇为轴心的内生型中国式现代化道路

首先,要走出以城市化为轴心的误区,确立以小城镇为轴心的现代化道路。虽然城市化是现代化的重要标志,但在我国城乡分隔的二元社会经济结构的背景下,若将现代化建设重点放在发展大中城市上,只会使农村越来越落后,离整体现代化的目标越来越远,这是几十年来我国现代化实践得出的基本结论。我国的现代化主战场是乡村而不是城市,只有将现代化建设的重点放在小城镇发展上,才能促进城乡的共同发展,解决我国现代化所面临的结构性矛盾。

其次,要走出“外生型”现代化的误区,走内生式现

代化道路。我国的现代化虽然应该学习借鉴世界经验，却不能盲目套用国外的经验和模式，而应立足于我国的实际，依靠我国自身的努力走出有中国特色的内生式现代化道路。以小城镇为轴心则体现了这一道路中国特色。

再次，要走出片面性、局部式现代化的误区，确立以小城镇为枢纽的整体连动式现代化发展模式。现代化是一个由传统社会向现代社会转变的过程，不仅要求实现经济的现代化，而且要求实现政治、社会、文化和人的现代化，不仅要求实现城市的现代化，而且要求实现农村的现代化。以小城镇为轴心进行现代化建设，不仅可以从区域上同时推进城市与农村两个阵地现代化的共同发展，而且还有利于社会政治、经济、文化等诸领域现代化的协调发展和整体连动。

(2) 面向现代化高起点建设小城镇，着力提高小城镇发展的综合素质，将小城镇的建设重点从量的扩张转移到质的提升上来

近年来，我国小城镇建设取得了巨大成就，推动了我国现代化事业的发展。但同时也应该看到，许多地方的小城镇建设普遍存在重量轻质、综合发展水平低等问题。具体表现为：规则无序且不科学；重点不突出，布局不合理，生产设施不配套；个性不明显，没有形成自己的风格；经济实力薄弱，缺乏新的经济增长点；资源浪费严重，土地利用粗放低效，许多小城镇的可持续发展能力受到严重破坏；生态环境也受到破坏，公益设施不配套，居民的生活质量低；社区整合度低，管理滞后，社会隐患增加等。这些问题的出现降低了小城镇发展的综合素质，弱化了城镇功能，制约了小城镇的可持续发展。因此，今后的小城镇建设应注意以下几点：

一是应将重点从数量扩张转移到提高小城镇发展的综合素质上来，并实现“六个结合”，即规模扩张与经济发展相结合、整体推进与突出特色相结合、硬件建设与软件优化相结合、政府投入与社会投资相结合、城镇自身发展与带动周边农村的发展相结合。

二是要用现代化的战略眼光，精心规划小城镇建设蓝图，用现代系统论的方法构建小城镇建设的基本框架。在制定规划时，要把握好“四性”，即论证充分，力求科学性；突出重点，讲究布局合理性；突出特色，创造鲜明的个性；严格执行，维护规划的严肃性。

三是应坚持以业建城、以业兴城，立足于不同的经济发展区域带，建设不同类型的小城镇，以区域带中的产业联系为纽带，使小城镇之间形成经济上相互联系，功能上互相补充，市场上相互依托的城镇带，努力培育新的经济增长点，真正做到建一座城镇，兴一种产业，富一方百姓。

四是优化生活环境，提高城镇居民的生活质量。小城镇公用设施建设要配套，要保证满足居民生活需要。同时应加强小城镇的管理和社区文化建设，真正使小城镇成为推进我国现代化建设的“轴心”。

(3) 以小城镇为载体调整城乡产业结构，梯度推进国家工业化的整体进程

现代化不能没有发达的工业，但是，目前我国城市化工业水平仍不高，农村中小企业的发展出现了增长速度放缓、吸纳劳动力能力下降和经济效益滑坡问题，城市工业与农村工业不协调、不配套的现象比较突出。解决这些问题，必须以小城镇为载体，大力调整城乡产业结构布局。

首先，要积极采用税收、信贷及其他手段，鼓励大中城市将那些技术层次低、占用土地多、在城市中生产不合算但仍有市场需求的劳动密集型传统工业部门适当转移和配置到小城镇中去。这样，既有利于发挥大中城市经济实力较强、知识技术密集的优势，使其集中力量发展现代高新技术产业，提高城市工业现代化水平，又有利于拓宽乡村工业的发展空间，推进农村工业化进程。

其次，要建立激励农村工业向小城镇集中连片发展的机制。如果采取对进入小城镇发展的企业减收或免收城市配套费用，对进入小城镇工业区的企业，适当降低土地出让条件，为其完善基础设施等措施，以鼓励和引导乡村企业向小城镇集中，并同时从审批手续、税费征收等方面严格控制村办企业的分散发展。这样既能解决村办企业规模小、浪费资源，污染环境等问题，又能利用小城镇较为完善的公用设施和市场信息优势，降低企业的发展成本，提高企业的科技含量和管理水平，进一步形成规模效益，从而推动农村工业化发展的整体水平跃上新的台阶。

准置换城镇住宅用地，形成合理的土地流转机制。最后，要变革城乡分割的社会保障制度，将原有城镇人口和新增城镇人口纳入统一的社会保障体系，在小城镇建设中建立并不断完善住房、医疗、劳动就业、养老等各方面的社会保障制度，积极发展社会保险，推进社会保障社会化，促使进城农民彻底割断与土地的依赖关系，通过建立城乡一体化的社会保障体系，以解除进城农民的后顾之忧。在此基础上，进一步以小城镇为轴心，建设并形成城乡一体的经济网络、市场流通网络、教育科技网络、金融信贷网络、信息通讯网络和人才网络等，推进城乡居民生产生活方式的现代化。

(4) 以小城镇为纽带，促进城乡一体化

政府要采取积极措施推进户籍、土地、社会保障等各项社会制度的改革，为以小城镇为轴心的中国式现代化道路提供制度性保障。实现城乡一体化，就是要以小城镇为桥梁，冲破传统城乡二元经济结构的屏障，逐步实现生产要素的合理流动和优化组合，促使生产力在城市和乡村之间合理分布，使城乡经济社会生活紧密结合，协调发展，最终消灭城乡差别。为此，首先要改革现行的城乡分割的户籍管理制度，大力提高人口城镇化水平。要逐步消除城乡户口在身份、待遇方面的差别，淡化城镇户口与其所联系的物质福利关系，仅仅把户口作为一种居住地区登记制度，取消以商品粮为标准划分农业人口与非农人口、以职业为标准划分农业与非农人口、以职业和生活来源等主要生活基础为落户标准的户籍迁移制度，建立城乡居民自由迁徙和政府调控相结合的户口迁移制度。其次要改革小城镇土地使用和农村土地流转制度，集约利用土地，采取优惠的土地政策，吸引乡镇企业向小城镇工业区集中；改变目前合法土地供给方式过于单一的做法，允许集体土地使用权通过转让、出租、作价入股等方式直接进入小城镇土地市场，鼓励进入小城镇落户的农民有偿转让其承包地的使用权，允许出让原有宅基地或利用后原有宅基地按一定的折算标

小城镇一般意义上是指县城以下（含县城）、乡域集镇以上的各种聚落。包括了地域范围内广大的集镇聚落、一般建制镇聚落、特殊建制镇聚落（大型工矿居民点、边境要防、农场居民点等）以及县城驻地。当然如果此概念的外涵进一步扩充的话，则还应包括部分县级市的市区聚落。这样的界定是为了使城镇的概念在内涵上遵从趋同这一事实。以便使一般性的理论指导具有针对性和实际的操作性。

据统计，目前全国共设有 660 个城市，20000 多个建制镇，城镇化率为 40%，大体上每年增长一个百分点。预计 2020 年，我国城镇化率将达 50%-55%，到 2050 年可能达到 60%-70%。日益蓬勃发展的小城镇已经成为乡镇企业的重要聚集地和农村富余劳动力转移的主要载体，这在相当程度上有效地分流了大中城市的压力。不过由于发展时间还比较短，我国小城镇建设过程中出现了一些制约其发展的瓶颈问题，需要迅速转型，即从数量扩张转向质量提高和功能提升。

二、小城镇建设存在的主要问题

1. 规划严重滞后

城镇发展规划是城镇合理布局和健康发展极为重要的保障，因此，搞好建设规划对于城镇发展至关重要。但是，在我国小城镇发展过程中，普遍存在着“重建设，轻规划”的问题。甚至还在一些地区出现了“先建设，后规划”或“边建设，边规划”，“建设牵着规划走”的诸多不科学不正常的现象，致使城镇布局极不合理，功能定位模糊，低水平重复建设严重，导致资源浪费和环境恶化。

2. 小城镇规模过小，功能不完善，吸引和带动能力弱

部分小城镇规模偏小，力量分散，这样无形之间会造成发展空间和辐射区域狭小，对资源的利用能力差，对周边资源和资金的吸引力小，从而使城镇功能的发挥受到了极大的限制。同时，许多小城镇的基础设施配套不全，非农产业基础薄弱，缺乏产业支撑，就业机会少，对农村带动力的吸纳容量有限。

3. 制约小城镇发展的体制性、制度性缺陷广泛存在

（1）小城镇建设资金筹集渠道过于单一，市场融资机制不健全。目前，虽从大范围来看，小城镇的投融资体制呈现出多样化的特点，不过政府部门的投资仍然是最重要的，甚至是单一的投资渠道。各类企业、民间投资意向不强，投资数量偏少，在吸引社会资金上缺乏有效和科学的机制，这样势必无法调动社会闲散资金参与到小城镇建设中来。

小城镇建设每平方公里的投入（包括基础设施、公用设施、服务设施等）保守估计大约需要2.5亿元。在当前的财政体制和经济发展水平下，各地镇政府由于资金短缺，在小城镇建设上投入力度很有限，制约了小城镇的健康发展。

（2）市场尚未在小城镇土地资源配置中发挥基础性作用。土地是小城镇建设最重要的资源，但在实际建设过程中，小城镇建设用地大都以协议出让为主，土地的挂牌拍卖出让很少采用，这样势必导致市场配置土地资源的基础性作用难以得到充分有效的发挥。小城镇建设使用土地廉价，导致土地使用率低和土地资源的严重浪费。

（3）相关配套体制改革不到位，引导性政策措施不配套。目前，小城镇建设中，一些政策和体制性障碍制约了小城镇的发展，这样的不合理和不科学的体制俯拾皆是，如农村土地流转制度、小城镇社会保障制度、城乡户籍制度等尚未完善，推动小城镇发展的政策环境尚未真正形成等等。受上述制度缺陷的约束，农村劳动力非农就业形式大多数都是半工半农，就业者离土不离乡，进厂不进城，农村剩余劳动力只流动不转移，导致农村工业与农村城镇化相分离，制约了小城镇的快速发展。

（4）部分小城镇的生态环境趋于恶化，涸泽而渔的情况屡见不鲜。在生态破坏上，有几个主要的原因：一是城镇发展建设对一些重要生态功能用地造成大量的破坏；二是城镇发展环境管理滞后，环境基础设施建设落后，导致污染严重，污染加剧；三是城镇周边农村生产和生活污染依然严重，在一定程度上制约了城镇环境质量的改善；四是一部分乡镇企业科技含量不高、环保意识跟不上，很少考虑“三废”治理和环境保护，有的还把在大城市无法立足的污染企业转移到小城镇以逃避环保部门的管制，这样直接导致小城镇的生态环境日益恶化。

三、发展小城镇的前瞻性对策探讨

1. 充分发挥政府在小城镇建设中的引导和调控作用，改善小城镇发展的政策和制度环境

（1）加强政府在城镇建设总体规划与定位中的作用。规划是建设的龙头，规划必须先行，要遵循城镇化发展规律，按照“统一规划、合理布局、因地制宜、各具特色、保护耕地、优化环境、综合开发、配套建设”的原则，尽快编制统一协调与科学可行的小城镇发展规划。从合理区域发展的有效要求方面来保障小城镇的平衡发展。这是因为，在一个发达的区域内，各个主体之间是相互依存，缺一不可的，如大市、县、镇以及村庄之间具有相互依存的关系，离开对方都不可能得到健康发展，一味地强调某一主体的作用，会损害这一地区的综合全面发展，也会带来一系列不利的经济与非经济后果。所以，小城镇的科学规划工作十分重要，要将其放到其所在的整个区域发展框架中去做发展规划，注重人口、资源、环境的协调发展。在布局上确定好小城镇的性质，功能和基础设施建设规模，注重实效和特点，与中心城市配套规划，形成与周边城镇相互配套的系统效应，从而使小城镇成为连接农村与城市的有效与必不可少的纽带。

（2）**政府要勇于创新，要在制度和政策层面上全力推动小城镇建设**。我国传统的二元经济结构格局，不可避免地带来了严重的后果，使城镇建设遇到一些政策性和制度性的矛盾和问题。为此，当前要从推进我国向一元化社会经济结构转变的高度积极探索，加大改革力度，消除推进城镇化的体制和政策障碍，打破城乡分割格局，逐步建立新型城乡关系，为小城镇建设创造宽松的体制和政策环境。

①适当与适时调整行政区划，扩大重点镇和中心镇的规模。

②加快户籍制度改革步伐，尽快实现城乡户口的一体化管理。取消对农村劳动力进入城镇就业的不合理限制，打破城镇与农村户籍管理制度障碍，实行以居住地确定落户地点和以现行职业确定身份的户籍管理制度，从而鼓励有资金、有技术的农村人口向小城镇聚集。另

外，必须确保集镇农民在子女上学、参军、招工等方面与城镇居民享有同等待遇。积极培育和完善劳动力市场，最终形成城乡人口有序流转，及时调整土地利用结构，从而盘活存量土地，逐步解决城镇建设用地。

③深化产权制度改革，完善农村集体资产管理。积极探索以社区股份合作制形式改造农村集体资产经营组织，尤其是要深化村级集体企业产权制度改革，使农民真正成为集体资产的占有人，给外出人口转让本属于自己的一份财产创造条件。

④探索小城镇社会保障制度改革，逐步破除城乡分割的社会保障体制。要依靠社会各方面的力量，充分发挥国家、集体、个人的积极性，建立和完善包括养老保险、失业保险、医疗保险、工伤保险、生育保险等一系列社会保险体系，以解决进入小城镇农民的基本生活保障，解除他们的后顾之忧，确保社会的长治久安。

⑤深化投融资体制改革，改善小城镇建设的融资环境，创新小城镇建设资金筹集的渠道和机制。小城镇的中小企业发展遇到的最大瓶颈就是企业融资困难。因此，要改变包括小城镇在内的农村资金净流出和一定程度的金融歧视，实行公平有效的支持中小企业、非公有制企业发展的政策。鼓励创业，建立面向城镇中小企业、农村乡镇企业的金融体系。政府除了行使规范市场秩序、收取税费等职能外，不能对城镇建设给予过分的行政干预，而应该把重点放在改善服务，特别是改进金融服务上，如发展小额信贷和中介担保服务等。政府要积极推进城镇公用事业、企业的股份制改革，建立适合公用事业特点的现代企业制度，培育公有事业融资市场，加大证券、资本市场融资力度，从而广泛地吸引投资。

（3）**政府要推进乡镇管理体制改革，建立一个职能明确、结构合理、廉洁高效的小城镇管理体制**。小城镇管理体制必须与社会主义市场经济新体制和运行机制相适应，在理顺职能的基础上进行机构改革，实现“小政府、大服务”的目标，强化服务功能，管理好公共行政和公益事业，创造良好的投资环境和社会环境，逐步建立起法治化、社会化和民主化的新型城镇管理体制。

（4）**政府在宏观调控政策上应多考虑“三农”的利益**。应采取向小城镇倾斜的支持政策，使小城镇成为当地农村剩余劳动力的吸收主体，和当地农产品集散、加工、储运的中心，使之成为引进外来农业生产、农产品加工先进技术和人才以及教育和培训农民的根据地，以及成为与大中城市在市场、信息、交通、科研和文化上沟通的纽带。

2. 运用市场机制，实现小城镇自我扩张、自我发展的良性循环

在小城镇建设的过程中，政府固然要扮演很重要的角色，但是，政府也不能事无巨细一概包揽。因为市场才是小城镇建设的基础性力量，自我扩张、自我发展才是实现小城镇建设的良性循环。因此，小城镇建设要建立

适应市场经济条件下的城市资源有效配置的经营模式。

一要盘活存量土地、市政公用基础设施等存量资源，运用市场规则将政府在城镇建设中的中长期投入最大限度地通过“投入——产出”的资本运动形式表现出来。城镇土地是政府掌握的重要国有资产。因此，政府要通过有效运作城镇土地资产，促使土地资源向土地资本的转化，努力实现收益最大化，从而优化和提升城镇功能。在市场经济条件下，只要符合法律法规和相关政策，各种经济成分的资本都可以投入到有收益的准公共产品（如城市公交、供气、供水等）及部分可市场化的城市基础设施项目中。

二要建立和完善城镇建设投融资新体制，有效筹集城镇化建设资金，解决城镇土地开发与经营中的资金瓶颈问题。可通过政府投入一定的启动资金，吸纳多种投资主体的资金，在此基础上，进行市场化运作。具体来说，可以通过以下几条途径：

①有步骤地改革小城镇现行财政、税收体制。理顺县镇两级财政关系，建立镇级财政，将镇级预算内和预算外收入统一纳入财政管理，聚集财政资金，规范收支行为，合理分配，从制度上保证小城镇建设有固定的资金来源，加大对基础设施的投资力度。

②建立小城镇建设基金，充分发挥政府资金的杠杆作用，积极引导社会资金的投资方向。

③金融部门要对小城镇重点企业、项目和有回收效应的公用重点项目在资金上安排专项贷款，创新金融衍生工具，比如为参与小城镇建设的企业和个人提供贷款，将沉积在银行的资金用于小城镇建设。

④吸引社会资金参与建设。打破公共设施建设上的各种垄断，放宽外资和民间资本准入条件和准入领域，按照“谁投资，谁受益”的原则，政府无力投资的基础设施、公用事业，实行有偿使用。积极引导农民、乡镇企业向小城镇聚集，把乡镇企业和个体私营经济培育成小城镇建设的主要财源，逐步建立起个人参与小城镇建设的引导机制和小城镇建设基础设施的多层投入机制。

⑤有条件的地方可建立开发公司，按照规划统一开发，积累建设资金，进行“投资——回收——再投资”的滚动发展。小城镇开发公司和发展前景很广阔，比如，它可以用来发展大工业、大项目的配套产业；适应农业向企业与农户合作方向发展的要求，为农业产业化、现代化创造适宜的软硬件环境，为农业生产资料交易和农产品加工、贸易、运输等提供便利的条件；发展休闲旅游业；发展房地产业等等。

⑥要积极建立和发展形式多样的银企合作机制，鼓励非公有制企业利用资本市场进行多渠道融资，建立健全公有制经济投资和金融服务体系，并且组建专门以非公有制经济为对象的地方金融机构，解决小城镇中非公有制经济发展的资金瓶颈问题。

3. 增强小城镇的可持续发展能力

建设和发展小城镇，无论在发展战略还是城镇形态规划方面，都要树立可持续发展思路，注重经济、社会、民族与时代特色的融合。

（1）建设小城镇，要树立新的发展观，要建立以人为本的中心思想。城镇化的主要对象是农民。作为城市化的组成部分，小城镇建设的本质和主要任务，是改变农村的社会关系，推动农村剩余劳动力的转移。小城镇发展要为企业、人口、劳动力按市场机制流动和聚集创造条件。要确认劳动者、企业在就业和经济活动中的主体地位，积极推进包括小城镇在内的劳动力市场的城乡开放，逐渐消除限制、歧视农业人口流动与就业的规定。总之，政府应切实维护劳动市场秩序，保护劳动者就业权益和公民的其他权益。

（2）小城镇建设一定要有产业支撑。小城镇产业发展的优势在劳动密集型产业上，这既有利于大量农村劳动力转移就业，又利于小城镇经济凭借劳动力资源优势加快发展，提高综合竞争力。今后20年内我国的农村劳动力还会处于相对剩余的状态，因此，我国应将依托中小城镇发展劳动密集产业提到发展战略上来。我们要既重视追赶信息技术革命，又注重劳动密集产业发展，抓住机遇，以中小城镇为基地，发展劳动密集型产业，使工业化、城镇化和农村劳动力流动转移相互作用，共同推进。

根据小城镇的特点，小城镇产业发展的原则应是以市场为导向，大力发展特色经济，着力培育各类农业产业化经营的龙头企业，形成农副产业的生产、加工和销售基地，将发展小城镇与农村产业结构调整以及农业产业化经营相结合；同时，要发挥小城镇功能和连接大中城市的区位优势,兴办各种服务行业,因地制宜地发展各类综合性和专业性商品批发市场;要通过完善基础设施建设,加强服务,减轻企业负担等措施,吸引乡镇企业进镇,鼓励农村新办企业向镇区集中;此外,要充分利用风景名胜及人文景观,发展观光旅游业。

(3)小城镇发展要重视加强文化建设,提高城市文化品位。按照有效保护、合理利用、科学管理的原则,充分挖掘国家级、省级历史文化名城以及历史文化保护区的文化内涵,保护历史文化遗产,弘扬传统文化和地方特色文化。重视公共文化设施的建设,抓好新闻出版和广播电视事业,丰富市民的精神生活,增强市民的文明意识。可以肯定,一个文化设施齐全、教育资源丰富、人文环境优美的小城镇对人口和企业都具有极大的凝聚力和吸引力。

(4)创造良好的生态环境。小城镇大都有自己的特定区位环境和产业资源,这是小城镇发展的基础和依托。因此,应该充分发挥小城镇接近自然和乡村的天然优势,形成空气清新、环境优美的新型城乡一体结构形态。小城镇作为人们理想的生活居住地,在建设过程中,必须坚持以创造良好的人居环境为中心,正确处理好人口增长、经济发展、资源开发利用与保护生态环境之间的关系。要大力实施"蓝天、碧水、绿地"工程,坚决关闭严重浪费资源和污染环境的企业。要规划好住宅区、工业区、商业区及文化区之间的布局,设计开发具有时代气息和地方民族特色的现代建筑,从而创建人与自然和谐统一的城镇生态环境。

四、走近小城镇品牌

品牌是一个复合概念,它由品牌名称、品牌认知、品牌联想、品牌标志、品牌色彩、品牌包装以及商标等要素组成,品牌就是一个名字、名词、符号或是上述的总和,其目的就是使自己的产品有别于其他竞争者,有自己鲜明的特色和市场忠诚度,有很强的市场号召力。产品是工厂生产的而品牌是顾客购买的,产品可以被对手复制而品牌是独一无二的,产品可能过时而品牌持久不衰。除了使自己的产品或服务有别于其他竞争者以外,品牌的作用远不止那样简单,品牌具有很强的顾客认同度。例如,曾有专家采用"盲试"的方法得到顾客对啤酒口味的评价,结果显示:消费者不是专家,他们根本区分不清不同啤酒品牌的口味有何区别,但如果通过试卷调查,他会很肯定地告诉你他喜欢喝哪一种品牌的啤酒,而这就是品牌的力量在起作用。

对于小城镇来说也一样,建立小城镇品牌可以提高小城镇的竞争力,增强小城镇的魅力即增加小城镇对目标区域内各资源的吸引力,因此,小城镇品牌的组成要素中以品牌知名度和品牌联想所起的作用最大。当然,品牌的认知、品牌记忆等也是小城镇品牌构成中不可或缺的要素。

1. 小城镇的品牌知名度

品牌知名度是指消费者想到某一种类别的产品或服务时,脑海中能想起或辨识某一品牌的程度。品牌知名度最少有四级不同的程度:第一提及知名度(top of mind)、未提示知名度(unaided awareness)、提示知名度(aided awareness)、无知名度(unaware of brand)。第一提及知名度小城镇指提及相关内容时首先想到的小城镇,比如提到中国陶瓷想起的自是景德镇。第一提及知名度是知名度的最高级别,它对于小城镇来说具有最重要的意义,它可以使小城镇在目标领域的竞争中获得更多的资源,这在小城镇的品牌宣传中表现得非常明显。

2. 小城镇的品牌联想

品牌联想是指透过品牌而会有的所有联想,以及由这些联想组合出一些意义的印象品牌形象。比如江浙的小镇,让人们想到的就是江南水乡、风景如画,自然会有旅游度假好去处的感性认识。

五、创造小城镇品牌

小城镇建立品牌的前提是进行准确的小城镇定位,确立小城镇品牌的关键在于差异化。比如中国鲁镇以"全国首次再现型鲁迅文化主题公园"作为城镇品牌建立的主诉求点,宣传中使用鲁迅小说中的人物如孔乙己、阿Q等人们非常熟悉的人物形象,鲁迅笔下建立的鲁镇形象对现实中的鲁镇产生非常好的品牌联想。直接利用鲁迅小说的知名度提高鲁镇的品牌知名度,从鲁镇品牌的案例中可以看出小城镇品牌与小城镇差异化定位的关系,具体来说是:

首先分析小城镇在本区域内较其他小城镇所具有的比较竞争优势，确定小城镇发展的产业结构和小城镇功能，进行自身总体规划设计。再依据小城镇的规模和吸引力大小以及发展的潜力确定小城镇品牌类型。对小城镇品牌定位，应使用竞争性定位的思考方式。所谓的竞争性定位，指的就是小城镇要找到一个沟通的位置，这是小城镇自身所具有的特点，是消费者所想要的，也正是竞争对手所不可及的。在全面分析其他小城镇特点的基础上，一定要充分考虑当地的风土人情、自然环境和经济基础，重点发挥本镇街景环境、绿化、文化、风俗等方面所表现出来的与众不同的村容镇貌和风格，以此确定小城镇的发展定位。准确的小城镇品牌定位经由传播，一次一次的信息沟通效果累积，每次沟通的内容不尽相同但内在具有统一性的信息叠加起来产生熟悉的感觉。人是惯性的动物，对于熟悉的事物自然会产生好感及特殊的感情，由此产生了对品牌的好感。

差异化就是要在消费者心中重建一片天地，并在其间居于显著而重要的位置。消费者心中能记得的是第一的人或物，而对于第二三可能就不清楚了。通过广告可以使消费者对品牌能立刻产生联想，而所想到的内容，正是该品牌的独特之处，进而对品牌产生差异化的认知。小城镇品牌的差异化也就是小城镇定位差异化的体现，只有根据小城镇本身的特点确定其发展定位，才能建立差异化的品牌基础。而差异化定位是指依据国家的宏观发展战略和所处地方经济区域的整体发展重点，综合分析资源供应、地理位置、建设条件及产业结构等实际情况，着眼于经济、人口活动的长期趋势和经济活动效率的质的跃升，有侧重地筛选出具有本地特色的目标。

小城镇品牌的创立是一个长期战略过程，需要持久不懈的努力。在这个过程中，以小城镇规划和小城镇发展战略为基础的小镇定位是建立小城镇品牌的重要前提。确立小城镇品牌的核心是对小城镇的差异化认知和差异化定位。而经过差异化的发展定位确定小城镇品牌后，需要运用传播学和营销学的相关方法对小城镇品牌进行科学的塑造和宣传，在始终贯穿小城镇定位和差异化的理念的同时，以广告宣传和公关活动为主要手段吸引公众的眼球，为品牌做大做强创造有利条件。

由于现代传媒的强大力量，经由媒体发布广告可以在短期内迅速提高小城镇的知名度。这也是小城镇建立品牌最常用的方法。如曾在央视 4 套播出的河南焦作、河北涞源等小城镇的形象广告，通过互联网发布的虎门镇、长安镇、鲁镇、乌镇等小城镇形象广告。通过媒体打造小城镇品牌有三个方面值得注意：一是根据差异化的小城镇定位，建立不同级别层次的小城镇品牌，应使用不同级别的媒体，比如央视作为一个国家级媒体，具有国家级甚至于国际影响力，适合于建立国家性的小城镇品牌；省级媒体如卫视等建立的是区域性的小城镇品牌。媒体在传播定位于不同功能小城镇的信息时，在传播方法和内容上也应注意差异化。在传播上，我们常有理性诉求及感性诉求两种做法。理性诉求所说明的是为什么，所以必须提供许多理由；而感性诉求则相反，是利用消费者对事物的自然情感转嫁到对品牌感的认同，第三个应当注意的问题是小城镇品牌宣传的持久性，这是形成一个品牌的重要因素之一。由于塑造小城镇品牌需要合适的媒体，而通过媒体广告提高小城镇知名度的成本代价又是昂贵的；面对众多干扰，小城镇形象广告的效果也必然受限。因此，由媒体建立起小城镇品牌的知名度后，更重要的是如何保证品牌号召力的持久性。

利用公关活动或事件吸引中国甚至世界的注意力以达到迅速提高小城镇知名度的目的。以博鳌为典型。博鳌作为一个鲜为人知的小镇，举办了第一个总部设在中国、面向亚洲同时也面向世界的高层次论坛。但博鳌的机遇是可遇不可求的，许多小城镇以兴办各种特色活动来吸引目光，比如潍坊国际风筝节、吴桥杂技节等。以兴办活动为支撑打造品牌小城镇的效果明显，但选择和策划公关活动应与小城镇定位相统一，国际性的小城镇作国际影响力的活动，区域中心小城镇作区域影响力的活动，有利于小城镇吸引和使用外部资源。同时，活动内容应体现小城镇品牌的差异化，具有鲜明的小城镇特色，否则消费者可能会对小城镇品牌产生一个模糊的印象。

第三章

我国小城镇发展模式的差异化

自城镇化战略实施以来，我国小城镇发展迅猛，小城镇数量迅速增加,质量也有了大幅度提高。但从区域经济发展来看，小城镇的发展又呈现出非均衡发展的态势，这在深层次上表现为发展模式的地域差异性。不同的发展模式形成了不同的发展路径，不同的路径促成了相异的发展结果，使得各个区域小城镇之间的差距也呈扩大趋势。因而，探讨我国小城镇发展模式的差异化，对于更好地实施城镇化战略来说意义重大。

一、小城镇发展模式的差异性

我国地域广阔,地形复杂,地区文化差异显著，地区经济发展具有很强的地方特色，加上改革开放之前特定的体制因素，地区经济发展受到了很多非经济因素的较大影响，长此以往形成了各具特色的地区发展模式。从宏观上看,我国经济发展分化成三大经济地带:东部、中部和西部，其经济发展水平按地理分布大体上从东往西依次递减,表现在各自小城镇的发展上也就形成了发展模式的地域差异。

从东部来看。东部地区由于经济发达、自然条件优越、交通便利,加之处于沿海地区，走在改革开放的最前沿，因而小城镇的发展以外向型经济模式为主，以自发发展模式为辅。东部地区的小城镇利用自身发展外向型经济得天独厚的条件,依托原有的工业基础,经济发展较快。

从中部来看。中部地区由于自身特点并不明显,区位条件、市场环境不如东部，而自身拥有的资源又比不上西部。在当前东部经济发达、西部明显滞后的经济格局中，由于中部地区被夹在东部和西部之间，在自身资源和社会环境上同时兼备东部和西部的一些特点，因而在小城镇的发展模式上也相应的呈现出“东西合璧”的特征。一方面,一些与东部发达地区相邻的中部省份受东部经济辐射影响较大，小城镇的发展带有某些外向型经济的倾向，如积极利用外资通过外贸带动相关产业发展;另一方面,与西部落后地区相邻的中部地区的小城镇发展又带着某些“自给自足”式的经济成分特征，受地区整体开发程度的影响,其经济发展基本上属于“自力更生”的模式。

从西部来看。西部地区小城镇发展总的来说以内向型模式为主。改革开放之前的计划经济时期,西部小城镇的发展主要为自上而下的发展模式，其建设的发动主体是政府,并由政府依靠行政力量、通过计划手段进行严格控制的城镇化。改革开放之后的市场经济时期，在我国渐进性改革中，市场因素在传统计划经济体制覆盖强度较弱的区域首先发展起来，因而在传统的西部地区，小城镇经历了一个缓慢的发展过程。由于缺少了政府行政计划的直接支持，这时期的小城镇发展主要是依靠自身资源开发为主，相应的发展模式也转变成内向型发展模式。相对于东部来说，西部的经济发展水平和社会开放程度都较为落后，但西部的自然资源比较丰富，所以，开发本地的资源就成为发展经济、实现农村剩余劳动力非农化转移以及城镇化建设的主要途径。

从以上分析可以看出，不同区域小城镇发展模式的差异可以归结为两种动因属性的不同，一是内生发展型经济，形成的是内向型发展模式；二是外生发展型经济，形成的是外向型模式。从资源角度看，由于东部资源缺乏，必然对外寻求相关经济要素，从而逐步发展外向型经济；而西部则依靠自身丰富的资源条件，往往会较少利用外部资源，因而倾向于内向型发展模式。

二、几种典型的小城镇发展模式

目前，我国主要有“珠江三角洲模式”、“浦东模式”、“温州模式”、“双阳模式”、“西部模式”，这几种模式又分别代表着我国东、中、西部地区小城镇发展的典型模式。

1. 珠江三角洲模式

珠江三角洲地区的小城镇依靠临近港澳台、华侨众多的优势，通过“三来一补” 等形式引进资金和技术，吸纳本地和外地的大量劳动力就业。上世纪八十年代初，主要以发展劳动力密集的轻型消费品工业为主，一方面，满足当时消费品供给短缺的国内消费市场需求；另一方面，以低廉的劳动力成本优势开拓国际市场。在随后的发展中，由于更多地接受了外来先进技术和管理经验，逐渐走向了采用现代化企业管理方式对小城镇进行建设和社会化管理的模式。这种模式的显著特点是：企业发展推动小城镇建设，小城镇建设促进企业发展，二者相辅相成，相互促进，共同发展。

实践证明，珠江三角洲小城镇的这种发展模式，取得了很好的成就，小城镇发展水平全国领先。

2. 浦东模式

“浦东模式”是改革开放新形势下城市化道路跳跃式发展的先进典型。浦东开发的过程实质上是城市化的过程。浦东开发前 10 年城市化过程中，开发区建设起到了决定作用。因此，我们把这种以开发区带动整个地区城市化的方式称为“浦东模式”。20 世纪 90 年代，浦东通过开发区“龙头”的带动，形成了由都市经济支持的中心城区和开发区。由城镇经济支撑的中小城镇共同构成的城市体系。即“中心城——开发区——中小城镇”体系。其中，浦东的中心城即陆家嘴开发区，是浦东城市体系的第一层次；各开发区成为浦东城市体系的第二层次；浦东中小城镇则构成了第三层次。开发区在“浦东模式”中的决定作用表现在以下三个方面：浦东新区开发使浦东的城市化内涵更趋现代化；浦东新区开发对中心城镇建设起到了巨大的推动作用，浦东新区开发形成了与之相适应的中小城镇模式。

近年来，浦东已将加强中小城镇建设列入新一轮城市建设的重点，并结合以轨道交通为特点的新一轮城市基础设施建设，进一步推进和完善了“浦东模式”。

3. 温州模式

温州的小城镇发展特色鲜明，注重从实际出发，走各具特色的发展道路。该模式以家庭工业、私营企业蓬勃兴起为特征。在小城镇建设中,以农民投入为主,自筹资金,自我发展,注意从本地实际出发,把地域环境、产业优势、人文传统、地方特色有机地结合起来,向外打亮了小城镇品牌。如温州的龙港镇被海内外誉为"中国农民自费建城的样板"和"中国第一座农民城",相继成为浙江省社会综合发展实验区、国务院农村劳动力开发就业试点镇、国家星火计划密集区、全国投资环境百强镇、全国小城镇综合改革试点镇以及联合国计划开发署"中国小城镇可持续发展项目"试点镇。

4. 双阳模式

1995年建设部将河南省南阳市和湖北省襄樊市作为小城镇建设的试点,称之为"双阳工程"。鉴于南阳市和襄樊市均属于我国中部地区,故将其小城镇建设模式作为我国中部地区的典型。试点中,南阳市按照建设绿色城市体系的构想,形成了路域经济型、资源开发型、产业依托型、商贸带动型、传统工艺型和工矿带动型为代表的著名的小城镇建设"南阳模式";襄樊市小城镇建设主要靠市场驱动,形成了以市场为导向,以当地农民为主体,以农副产品和资源加工、交易为主的小城镇发展模式。

5. 西部模式

近年来,西部地区抓住西部大开发的机遇,小城镇建设也取得了长足的进步。尽管西部各省市区情况有差别,但均能从本地实际出发,创造了小城镇建设的各种模式,主要有:农业商品化牵引型、工矿主导型、旅游开发型、商贸中心型、交通枢纽型、边境口岸型、城郊型、地域文化促导型、综合发展型。此外,还有兵团屯垦型。这种模式的小城镇是建设兵团屯垦戍边过程中形成的,是以农业、畜牧业开发为主,随之形成了以农副产品加工为主的支柱产业。多是兵团农牧团场所在地,交通、电力、通讯、供水等基础设施较为完善;教育文化、娱乐、服务业等较为发达,辐射和带动了整个垦区,随着人口和产业的聚集而形成了非正式建制的驻地镇。

三、小城镇发展模式差异化的成因分析

小城镇发展模式的地域差异很大程度上是由地区经济的发展差异所决定的。上文所论述和分析的小城镇发展模式的地域差异也基本上反映了我国当前实际的地区发展差异情况,因而探讨形成小城镇发展模式地域差异的主要因素可以从分析形成我国地区经济发展差异的主要因素着手。

首先,从地理方面来看。东部地区濒临大海,多属湿润地区,雨水充沛,地形多以冲积平原为主,土壤肥沃,适宜多种农作物生长,铁路、公路、内河航运相当发达。优越的自然条件和良好的地理位置为东部地区农业生产和农村经济的发展提供了有利条件。而中西部地区自然条件明显不如东部,降水量由东南向西北逐渐减少,西北浩瀚无垠的戈壁沙漠年降水量不足50毫米。西部地区多为山区和丘陵;西南地区虽雨水充足,但土地资源有限,水土流失严重;西北耕地资源丰富,但干旱少雨,风沙严重,自然环境恶劣。

其次,从历史、文化因素分析。我国历史悠久,幅员辽阔,形成了许多带有地方色彩的区域文化。不可否认这种区域文化在历史上对当地的发展都曾起到过积极的促进作用,但不同的时代环境要求相应文化与之相适应,在由计划经济逐渐转向市场经济的过程中,不同的区域文化表现出了对地区经济发展的促进或阻碍作用。东部地区由于受西方经济浪潮的冲击较大,人们普遍具有市场经济意识,而在中西部地区,却多数还是守着"奸商"的观念,对市场经济抱有固执的排斥态度，结果导致愈发落后和贫穷。在不同区域文化的长期作用下，区域之间的发展差异在所难免。

再次，从政治、经济体制等因素分析。这种差异性表现在两个方面：一是经济体制转变和市场经济发展的差异，经济体制的相对完善、市场经济发展的相对充分无疑使东部具有比西部更好的发展环境，这种环境差异最终也反映在经济发展差异上；二是国家适度倾斜的经济政策，改革开放后，根据邓小平同志关于社会主义市场经济的理论论述，国家对东部沿海发达地区和开发地区采取了一系列的经济政策支持，从而促进了东部经济的先行发展。而“西部大开发”口号的提出只是近几年的事情，尚处于起步阶段。

最后，从经济因素分析。东西部的经济发展差异因素有三个方面：一是经济发展的基础和起点不同，由于前述原因，东西部之间本来就存在的发展差距客观上决定了各自的发展起点，在改革开放之后，这种发展基础和起点的差异导致了更大的差距；二是经济结构的不同，按照国家产业垂直区域分工布局，加工主导型产业主要集中在沿海地区，资源开发型产业大都分布在西部地区，这种产业分工是历史形成的并有一定的合理性，但是在传统计划经济体制下，基础产品的价格与价值严重背离，致使西部地区经济发展中部分效益外流；三是经济开放度的差异，东部由于具有相对优越的地理位置，在我国改革开放中充当着先锋的角色，因而在吸引和利用外资等方面抢得了先机。

四、消除小城镇发展模式差异化的对策

各异的发展模式形成了不同的发展路径，不同的发展路径形成了不同的发展结果，即当前呈扩大趋势的地区差距。不可否认，小城镇的发展对于协调城乡关系、促进地区经济协调发展以及缩小地区发展差距有着重要的意义和作用。面对当前在经济发展的失衡状况，对于中西部地区来说，积极发展小城镇并着力提升小城镇质量无疑是追赶东部地区、缩小经济差距的可行之举。

第一，从东西部小城镇发展模式的对比分析中我们已经看到，西部地区的内向型发展模式在一定程度上阻碍了地区经济与外界的要素流动，不利于大系统范围内的资源优化配置。从西部本身来讲，其丰富的资源是其最大的优势，但是固守着这种资源优势、闷着头自己搞经济建设无疑是对这种优势的极大浪费。西部地区应把握新世纪西部大开发的历史机遇，借鉴东部地区小城镇发展经验，在充分开发自身资源的基础上，引进开放市场形态，培养市场意识，加强与外界的经济交流与合作，积极利用各种外界资源，培育外向型经济成分，促进市场经济要素的自由流动。

第二，要充分重视文化在经济发展中的作用。文化对经济发展能够起到很好的推动作用，我国东部沿海地区由于受到了西方文化的影响，市场经济成分比较活跃，外来文明的冲击无疑刺激和带动了这些地区的经济发展。但是，一个地区文化的形成不是一朝一夕的事情，它对经济的影响同样也会长期存在。因此，对于地区文化的发展要从长计议，以战略性的眼光加以引导。一方面，要大力发展教育，促进现代文化的普及；另一方面，要积极进行各种现代市场经济观念的宣传，培育和增强市场竞争意识。

第三，要积极进行经济体制的转变和经济结构的调整与升级。经济体制和经济结构决定了一个地区经济的发展。我国西部多数地区由于受传统计划经济的深刻影响，经济体制的转变尚处于初级阶段，市场经济环境发展还很不充分；同时，由于资源和地理条件的限制，西部地区的经济结构相对单一，经济结构还有待进一步优化。因此，要想缩小与东、中部地区小城镇的差距，西部地区就必须抓住改革开放和西部大开发的难得机遇。积极进行经济体制转变和经济结构优化。

总之，我国城镇化战略的实施，必须统筹兼顾东、中、西部地区，因地制宜，制定积极有效的政策措施，只有这样，才能取得我国各地区小城镇的协调发展。

第四章 积极推动我国小城镇房地产业的建设发展

一、发展小城镇房地产业与地方经济

小城镇建设是地产经济的重要组成部分，而房地产业的发展对小城镇建设和地方经济的增长，有着重要的作用。

小城镇房地产业是地方经济发展的“晴雨表”。如果一个地区小城镇房地产业竞争激烈，企业的规模不断扩大，地价不断攀升，这个地区的经济一定会很热，投资者很多，大量的企业愿意投资这个地方。它的土地，包括工业用地、商业用地、住宅用地、绿地、公共用地都会有投资，房地产会真正热起来。大量的人口就流进来，大量的住宅就卖出去了。如果一个城市的土地价格上不去，这说明房地产市场不热，那么整个经济会处于一种萧条时期，投资者会到别的地方去投资。

小城镇房地产可以通过以下几个方面推动地方或区域经济发展：

第一，小城镇房地产业可以直接拉动基础性的第二产业的发展。比如建筑业、建材业、钢铁业、能源、建筑机械、电气制造等，这就是对第二产业的直接拉动。它开始处于一个相对被动的地位，但只要它一旦发展起来，它就会带来一系列的工业化大发展，这就是产业经济之间的相互促进作用。

第二，小城镇房地产业可以间接地拉动交通、通讯、商业等第三产业的发展。

第三，它可以拉动就业。小城镇房地产企业是劳动密集型产业，它能充分拉动就业，弥补第二产业节约劳动力给地方经济带来的不足。从这个意义上讲，可以起到促进地区劳动力市场均衡，促进区域经济发展的作用。

二、小城镇房地产开发中存在的问题

小城镇房地产建设过程中出现了许多问题，如大量占有耕地、不经审批、先占等现象。

1. 房地产开发的区位选择不合理

有些小城镇乡镇企业的厂房和居

民住宅分散、杂乱，工业区、商业区、生活区混杂在一起，缺乏长远规划，致使缺乏层次感；有些城镇规划严重滞后，管理混乱、松散、乱批乱占、未批先占、耕地撂荒现象严重；许多“小而散”的乡镇企业和“大而全”的机关大院占据了镇中心区的黄金地段；许多小城镇盲目地不切实际地利用过境公路开发房地产，用地结构松散。形成了公路城镇，基础设施和公用设施配置困难，投资过高，浪费现象严重，土地利用效率极低。据有关数据显示，这样的公路城镇一般要多占地20%左右，而单位面积产生的GDP仅相当于全国城市平均水平的33.3%，仅相当于200万人口以上大城市的3%。

2. 房地产的建筑形态缺乏特色，开发档次不高

小城镇的房地产开发大部分采用的是外延扩展，布局不紧凑，占地面积过大，建筑密度偏低。镇企业的厂房车间大同小异，居民住宅也多为平房和低矮的楼房。据调查，全国小城镇建筑物的平均高度还不到两层，建筑容积率不到1.2，浪费了大量的耕地。这种雷同的规划和建筑形态千篇一律，失去了地方特色和个性，反映不出当地的地域特征、民俗民风、人文传统和历史积淀。小城镇房地产开发的投资主体是单个的乡镇企业和城镇居民，资金实力弱，资金比较分散，房地产的开发水平低，甚至有的连工程质量都难以保证。基础设施和公共设施缺乏统一规划，建设水平与档次也比较落后。

3. 小城镇房地产建设用地规划落后

小城镇房地产开发时，用地规模、布局、功能定位不合理，土地利用效率低，也比较粗放。由于经济和社会发展中诸多方面的原因，小城镇中建成的房屋闲置严重，造成实质性的用地浪费；一些小城镇房地产和建设跟不上时代发展的步伐；由于行政干预，一些合理规划在小城镇房地产建设过程中也得不到落实，规划的调节作用得不到充分的发挥。

4. 小城镇房地产建设用地的市场配置率不高

在目前的小城镇房地产建设中，用地大都以协议出让为主，很少进行土地的挂牌拍卖出让。由于大部分小城镇房地产用地没有进行市场化运行，市场配置土地资源基础性作用还远没有得到充分的发挥；而且，由于地方经济状况不佳，土地也很难完全用于小城镇房地产建设。

5. 小城镇房地产建设出现占用耕地的现象

众所周知，土地是不可再生的资源，经济发展离不开土地，住房建造离不开土地，生产粮食也离不开土地，土地是我们的生命线，人多地少是我国的基本国情。多年来，政府在管理土地方面虽然采取了严格的措施，然而在小城镇房地产建设中占用了一定数量的耕地，建设与占用耕地存在着矛盾。由于耕地的占用，出现了失去土地的农民，他们今后的生存问题是必须予以关注的大问题。

6. 房地产隐形交易活跃，国有资产大量流失

房地产的隐形交易主要表现在旧城改造、合作建房、以产权换产权、房屋的私下交易等方面。特别是在旧城改造过程中，部分开发部门没有经过政府的审批，也没有办理土地有偿使用手续，就擅自将其改造后的城市商业门面和住宅以市场价格出售或出租给单位和个人，并

没有向国家缴纳除开发成本所获得收益以外的土地收益，导致这部分资产收入流入开发单位和个人手中；不少用地单位将房屋或使用场地出租，以土地联建公房；个人、单位之间的房产买卖，一些通过划拨无偿使用的土地通过私下的隐形交易，转给其他使用者，从中获得大量的土地增值收益；“合作建房”的交易在发生过程中，不是完全按照税收政策的规定形式，而在“联营”、“租赁”等形式掩盖下进行，这些企业不办理固定资产的转移，致使交易进行只表现在双方协议上，产权未作转移，税款无法征收，土地资产也随之流失。

三、小城镇房地产开发问题成因分析

小城镇房地产开发中存在这些问题既有机制的原因，又有观念的原因。总体上看，我国目前经济发展水平普遍不高，使得小城镇的发展还处于起步阶段。具体来说，有以下几个方面：

1. 规模滞后和建设的盲目性

我国农村城镇化的过程是一种自下而上的过程，政府的调控对小城镇的发展有着重要作用，但从我国的小城镇发展现状来看，规划严重滞后于小城镇的发展，主要表现在：土地利用规划滞后于小城镇建设规划。从规划的层次上讲，土地利用规划应对城镇规划起指导和约束作用，但在实际操作中并非如此，小城镇的发展主要是以外延发展为主，是一种重数量、轻质量的城镇化道路。这种发展模式导致小城镇规模偏小，城镇用地效率低下，基础设施的投资成本过高，设施的修建难于形成规模效益，造成基础设施尤其是环境设施严重不足。小城镇规划的编制也不合理，在编制规划时缺乏科学性，标准有的定得过高，浪费了大量的土地资源；编制规划又缺乏预见性和超前性，使得小城镇发展的空间和前景受到限制；规划不注意充分利用小城镇内部资源，不重视旧城区的改造，小城镇的发展犹如“摊煎饼”，一边是占有大量

的高产农田搞城镇建设，一边是城镇内部土地利用不充分，旧城区土地长期处于低效粗放经营状态，形成大量“空心镇”，这不仅浪费了大量的土地资源，还导致了生态环境质量的低下；各个项目用地的规划布局不合理，生活区与工业区、商业区等功能混杂，许多项目匆忙上马、选址盲目，甚至把有严重污染的工厂放置在小城镇水源地的上游或居住区的上风向。规划布局的不合理直接造成了资源的浪费和生态环境的恶化。

2. 房地产开发投资能力不足

房地产投资不足来源分散，是制约小城镇房地产业发展的重要因素。从投资结构来看，国家、集体的投资呈递减趋势，而个人投资所占的份额逐年增加。房地产的投资能力严重不足，特别是支持小城镇建设的中长期贷款不足，过度依靠预算外投资，且资金的运作不规范。这种状况导致了小城镇建设初期投资不足，基础设施规模过小，而在后期规模扩张后改建的压力增大；预算外投资的主要来源是土地出让金，适度地依靠预算外投资，会导致土地价格的抬高，形成农民进城和投资开发商难以进入的高门槛；小城镇建设中的非规范的资金运作使得小城镇的发展难以和真正的市场机制接轨，房地产开发资金难以做到

滚动开发。多元化的投入机制使资金来源分散、资金的利用效率低下，难以发挥资金的集聚功能。

3. 相关配套政策体制改革滞后

小城镇房地产开发的现有配套政策体制已不能适应城镇进一步发展的需要。主要表现在：

（1）城镇行政管理体制不适应。小城镇存在着“条块分割，多头管理”的现象，一些问题在条块上是“管得着，看不见”，而现实上是“看得见，管不了”，协调管理难；另一方面，政府职能不明确，自身存在着政企不分，政事不明等问题，导致行政效率低下。

（2）城乡分割的二元经济结构阻碍了生产要素城乡间的自由流动。特别是户籍、劳动就业和社会福利等政策限制了农村剩余劳动力向小城镇的转移，使得小城镇房地产商品的消费空间受到人口聚集不高这一因素的限制。

（3）农村经济的整体实力不强，使得离开农业的农民“离土离乡”的动力不足，城镇“两栖”现象普遍。

（4）土地使用制度改革滞后。就居住用地而言，农村宅基地一般是无偿或低价取得，而小城镇居住用地一般通过出让方式取得，两者的取得成本不同，影响了农民进城的积极性，使得小城镇房地产业的发展缺乏后劲和活力，导致了住宅的有效需求不足。

4. 小城镇房地产企业素质不高

小城镇房地产开发企业从业人员绝大多数是农村的建筑队，普遍存在素质低、资金实力弱、技术人员少、开发经验不足等问题，有的甚至是无资金、无技术、无队伍的“皮包公司”。他们在建造过程中，一般过多考虑房屋的建设成本，而忽略了住宅的质量、风格等高层次的内容，形成了低层次、低技术含量的简单再生产，导致了小城镇房地产开发的档次不高。小城镇大部分住宅都是由这些企业建设的，还有少部分农民在亲友的帮助下自行建造的，在房屋建成后，后续管理缺乏甚至缺失，物业管理就更别奢望了。

四、积极推动小城镇房地产业的发展

小城镇房地产业的发展是市场经济发展的产物，受到需求和供给

制度因素的影响，同时受到地区经济和社会发展水平的制约。

1. 以市场为导向，积极引导小城镇产业的聚集发展

小城镇房地产业的发展原动力在于经济发展产业支持，尤其是乡镇企业和专业市场的发展，只有经济发展了，城镇的积聚功能才会提高。因而在加快小城镇建设，发展第一产业的同时，必须大力发展二、三产业，以提高小城镇对农村剩余劳动力和闲散资金的吸纳能力，为房地产业的发展提供巨大的潜在需求。为此，一方面要以当前正在进行的产业调整为契机，通过制定合理可行的政策措施，吸引工业、商业和服务业向小城镇聚集；另一方面，要采取各种措施提高小城镇的投资能力，通过规范政府财政体制，明晰小城镇政府和上级政府的收支范围，制定相应的信贷政策、鼓励民间资本对房地产和基础设施的投资，从而形成可持续的基本建设投资能力，为房地产业的发展提供良好的环境，最终推动小城镇房地产业的持续快速健康发展。

2. 编制科学的小城镇房地产开发规划

小城镇房地产开发关系到小城镇的健康发展，而土地利用规划和小城镇建设规划是政府对小城镇建设进行宏观调控的重要技术手段。小城镇房地产开发必须遵循先规划、后建设的原则。政府应结合小城镇建设的客观实际，因地制宜和量力而行，制定科学的、超前的规划，特别是在小城镇房地产开发投资日益多元化的形势下，更要通过规划的约束作用，使得房地产开发逐渐实现“统一规划、统一开发、统一征地、统一管理”的“四统一”建设格局，顺势引导房地产开发行为适度集中，这样良好的土地利用格局才有最终形成的可能。

3. 完善小城镇房地产开发的配套管理措施

小城镇房地产业的健康发展，必须要有相应的政策措施与之配套。首先要改革现有的城镇行政管理体制，适当扩大小城镇的行政管理权限，按照“政企分开、政事分开” 的原则来定位政府的角度，扩大小城镇房地产企业的经营自主权。政府在规划、计划、城镇建设等方面只进行大方面的宏观调控，尽量减少繁琐的审批手续及其减免相关费用；其次要不断深化土地使用制度改革。应在控制用地总量的基础上，适度向居住小区集中。可以实行小城镇住宅用地指标周转制度，通过压缩分散的农村宅基地，将得到的用地指标集中起来，进行居住小区的建设。同时要积极探索农民进城后原有承包地和宅基地的流转，明确土地流转的途径和管理方法。再次，完善社会保障制度，为农业人口向城镇的聚集提供必要的社会保障，解除其后顾之忧。

4. 要把土地归还市场，真正由市场来调节

要实现真正的市场化操作，让更多的没有背景而具有开发精神的人进入这个竞争的领域。要以企业家的魄力来运作土地。土地的出让租金可以考虑改为按年收取而不是一次性收取。一般一个国家的城市化过程 30-50 年即可完成，以后就是城市化质量上的完善了。所以，从城镇可持续发展考虑，要想实现土地财政收益的长期性，就应该考虑土地出让金收取方式的改变，土地的资本运作走一条可持续的路径。

5. 加强小城镇房地产业的宏观调控

首先要加强房地产开发的管理，对于素质不高，投资开发能力低下的房地产开发企业要限期整顿整改或取消其从业资格；对于具体的开发项目都要采取公开招标的形式，从投标企业中择优选择建设单位，还要加强对项目建设的监理，从房屋的规划、设计到施工中的技术水平都应加强。其次要规范小城镇房地产市场，使得房地产业稳定、协调、持续发展。政府可以采取经济、技术、法律等手段来规范房地产市场。尽快建立起有形的房地产市场，使得房地产交易的各项信息公开化和透明化，同时完善各项规章制度，强化房地产交易价格申报制度、评估制度，杜绝房地产的地下交易行为，为房地产业的发展创造一个公平的环境。

6. 进一步修编、完善小城镇建设规划系统

小城镇房地产建设的整体水平如何，取决于城市规划的整体水平。为此要做到：

（1）立足长远，高起点、高标准地修编总体规划，结合小城镇实际，如当地的区域位置、人口、资源、经济、社会、环境等状况，综合考虑。首先定准位，也就是说要明确建设一个具有什么功能的小城镇房地产；另一方面，要明确长远目标和实现发展目标的实施步骤。

（2）高起点、高标准编制或修编切实可行的控制性详细规划和修建性详细规划，总体规划小城镇房地产建设战略性发展目标的不定规划蓝图。真正实现政府职能转变，树立服务意识，为小城镇房地产发展提供一个良好的环境。政府职能转变，就会降低城镇开发的门槛，让更多的人进入房地产市场。

当前，各地政府将小城镇房地产建设搞得声势一浪高过一浪，如何达到资源的优化配置，达到最佳的经济效益和社会效益，要做的工作还很多，必须引起各部门的重视，只有多方通力合作，小城镇房地产建设才会发挥其重要的作用。

随着我国城镇化战略的逐步实施，小城镇建设已经初显成效。住宅建设作为小城镇现代化建设的重要组成部分，不但能够为人们的生产生活提供基本的物资保障，而且还能带动其他相关产业发展。据专家估计，近三年每年我国城镇住宅建设投资带动的相关产业增加值大约在 5000 亿 -10000 亿元之间。但是，由于城镇化战略实施只是近几年的事情，而且我国房地产业本身发展还不成熟，导致小城镇住宅产业严重滞后，极大地阻碍了我国城镇化进程。探讨小城镇住宅产业发展思路，对于我国小城镇建设意义重大。

五、发展小城镇住宅产业是城镇化的必然要求

自改革开放以来，经过二十多年的发展，我国农村经济发展取得了可喜的成绩，农村面貌也随之发生了翻天覆地的变化：农产品供给由长期短缺走向总量基本平衡；乡镇企业发展势头强劲；农民的需求由基本满足温饱转向小康生活甚至更高要求。总之，农村经济步入了一个崭新的发展时期，城镇化战略正是适应这一形势提出来的。党的十六大制定的全面建设小康社会的总体目标中明确提出要“提高城镇化水平，坚持大中小城镇协调发展，走中国特色的城镇化道路。”随后，国务院在《关于促进房地产市场持续健康发展的通知》（国发[2003]18

号)中更加明确地提出了“要充分考虑城镇化进程所产生的住房需求，高度重视小城镇住房建设问题。”

发展小城镇、转移农村富余劳动力，从根本上解决“三农”问题，已经成为关系我国经济建设全局的重要内容。而推动小城镇住宅产业现代化，提高城镇住宅质量；更好地满足居民居住需求及农村经济发展需要，已经成为我国小城镇经济和社会发展的关键。新形势下农村工作对小城镇住宅建设和住宅产业化提出了新的任务和要求。如何实施城乡一体化战略，统筹兼顾城乡发展，重视并加强对小城镇住宅产业发展的引导，将小城镇的住宅产业纳入到我国住宅产业现代化发展轨道，并且与城市的住宅产业现代化共同推进、协调发展，是我国城镇化进程中需要花大力气做好的一项重要工作。

六、充分认识小城镇住宅产业发展现状问题

随着农村经济的飞速发展，我国小城镇的数量不断增加，规模也日渐扩大。截至 2003 年底，全国共有小城镇 42620 个，其中建制镇 20226 个，集镇 22394 个，全国实有小城镇住宅建筑面积约 350 亿平方米，人均建筑面积不到 25 平方米，2003 年全国小城镇新建住宅竣工面积约 8.9 亿平方米。

改革开放以来，我国村镇建设大致经历了三个阶段，三个阶段各有侧重：第一阶段是 1979 年至 1986 年的农房建设阶段；第二阶段是 1987 年至 1993 年的村镇建设阶段；第三阶段是以 1994 年开始的小城镇建设阶段。我国目前就正处于这一阶段。在党的十六大将推进农村城镇化作为建设小康社会总体目标的一部分之后，按照中央部门的部署，村镇建设工作已经进入了以重点镇建设为主的新阶段。

在中央政府的推动下，我国的小城镇建设得到了快速的发展，在拉动城乡经济中的作用也逐渐凸现。但是也应该看到，我国小城镇的建设过程中暴露出了一系列的问题，就住宅建设来说，与城市相比，小城镇住宅产业发展严重落后，住宅建造仍未摆脱粗放型的生产方式。小城镇住宅建设基本上以户为单位进行，分布零乱，住宅档次低、功能质量差、生命周期短。小城镇的住宅建设基本上是以企业和个人自建为主，缺乏统一的住宅区规划，住宅区与工业区、商业区混杂在一起；住宅户型设计单一、功能结构不合理，很少综合考虑环境、功能、质量等因素，尚未形成人居概念，同时也不注重新技术、新材料的应用，缺乏必要的技术支持，多数房屋建设仍处于低层次、低技术含量的简单再生产阶段。在小城镇，从事住宅建设的绝大多数是农村的建筑队，为数不多的房地产开发企业资金实力普遍较弱，技术人员少，开发经验不足，施工质量不高，开发出来的住宅很难吸引农民和小城镇居民购买。有限的资金处于分散、低效的使用状态；小城镇的土地资源集约利用水平也较低，土地浪费闲置现象严重。小城镇住宅区物业管理水平也严重偏低。小城镇住宅分布散乱，公房与私房交错，使得物业管理责任不清，难以协调，物业管理从业人员少，业务水平低，小城镇物业管理基本上处于一种各自为政的无序状态。此外，由于小城镇房地产市场竞争较弱，所以到目前为止尚没有形成统一的市场体系和合理的价格标准，住房价格混乱，人为因素影响大，导致了住房交易行为不规范，房地产企业的行为也缺乏约束，这些都导致小城镇住宅建设水平严重落后于其经济发展需要。

七、当前掣肘小城镇住宅产业发展的主要因素

1. 住宅产业在小城镇发展战略

中的地位尚未确立

住宅产业在小城镇发展战略中没有摆在重要地位上。在小城镇的住宅建设中，住宅的规划、设计、施工、销售、管理服务以及材料、部品的研发和生产没有形成有机的完整的生产与经营体系，没有形成住宅的生产、供给、销售和服务一体化的组织形式，更没有形成适应社会主义市场经济要求的住宅产业及产业政策。

2. 小城镇住宅建设的开发管理运行机制陈旧落后

总的来说，我国小城镇住宅建设的开发管理运行机制落后于城镇化进程的需要。这集中体现在土地征用和住宅建设规划两方面。就住宅建设用地征用制度来说，由于我国土地法规定，城镇建设占用耕地，必须通过政府征用，把农民集体所有土地变为国有土地。然而这使得流转环节的许多矛盾都集中到了开发商和农民身上，农民的土地被征用后长远利益很难得到保障，从而大大提高了开发商土地征用成本，许多土地因为征用难度太大，而被迫放弃，这种城镇土地制度阻碍了土地资源的合理分配，同时由于集体土地上房屋权属保障和市场流转体制不健全，土地使用权没有真正具有可交易性。小城镇住宅建设的决策机制和工作机制尚不完善，缺乏统筹全局、统一协调的有效运行机制，小城镇的住宅产业发展盲目，缺乏具体的规划指导，严重制约了其住宅产业的发展。

3. 小城镇住宅建设科技含量低、缺乏技术支撑

小城镇住宅的功能质量、环境质量不高，这纵然与经济发展水平有关，但也与住宅的科技含量低密切相关。小城镇住宅的规划和住宅设计处在较低的水平上，住宅的结构、施工和管理技术等也相对落后。住宅建设所需的各类材料、产品、部件的性能及质量差，新技术、新产品、新材料的开发、推广与应用明显缺乏建筑技术支撑。普遍存在着建筑设计与实际建设，居住形态和居住环境脱节的问题；住宅建筑材料大部分是自己加工生产的，品种少、不配套、质量差且经常受到用材局限；住宅部品开发、生产、流通环节缺少宏观调控和指导，出现低水平重复生产、配套供水能力差、与建筑模数不协调的种种弊端，加之住宅部品流通领域经营方式落后、流通效率低下等问题的存在，从而影响了住宅生产过程中产业化推进的速度。

八、因地制宜推动小城镇住宅产业快速发展

小城镇住宅产业的规范快速发展是加快城镇化的必然要求。小城镇住宅建设除了受需求和供给等各种因素影响外，还受地域经济和社会总体发展水平的限制。在我国发展小城镇住宅产业，必然要与当地的社会经济发展水平以及人们的生活习惯相适应。当前，可采取以下有效措施，大力推动小城镇住宅产业的健康快速发展。

1. 从全局的高度统筹规划，促进小城镇住宅产业协调发展

要进一步明确小城镇住宅建设的工作重点和步骤，在认真分析我国小城镇住宅产业发展现状的基础上，把握小城镇住宅产业发展趋势，按照不同区域的特点，因地制宜地确定各区域发展目标与方向，从宏观上提出具有指导性和前瞻性的推进小城镇住宅产业发展，提高住宅质量的具体实施方案，统筹规划、分步实施。

2. 加强对小城镇住宅产业政策的研究

针对农村土地所有制和小城镇

新产品的推广应用,提高住宅技术集成水平。通过筛选、评估国内现有的成熟技术和产品,研究和建立适合于小城镇住宅建设的成套技术体系,并加大推广应用技术和产品的力度。同时为了达到建筑节能的要求,应重点推广和进一步完善已开发的各种新型墙体材料、防水保温隔热材料、轻质隔断、节能门窗、节水器具、新型采暖通风设备、厨房卫生间设备,并尝试安装小区智能化系统。积极采用节地、节能、节水、治污并符合生态环境要求的新技术、新产品,积极推广使用绿色环保建材,要因地制宜开发利用太阳能、风能、地热能、沼气等可再生能源,节约资源,减少污染,保护生态,以实现人居环境的可持续发展。对不符合节能、节水、环保要求及质量低劣的部品、材料实行强制淘汰,同时根据技术进步的要求,编制《住宅新技术、新产品目录》并适时予以公布。对沿海地区和土地资源稀缺的小城镇,应禁止使用实心黏土砖,并根据可能的条件限制其他黏土制品的生产和使用。要加强住宅生产的标准化基础技术和关键技术的研究,防止出现住宅质量隐患,要制定有利于新型建筑体系、节能环保和工业化装修等新技术研发、推广应用的经济政策和技术政策。

土地制度阻碍土地资源合理分配与利用的问题,研究制定切实可行的住宅建设开发管理的运行机制。通过税收、金融贷款、保险等经济杠杆,充分运用市场机制,按照统一规划、综合管理的开发模式,改变目前农民一家一户搞住宅建设的小生产状况,促进小城镇住宅建设的集约化和专业化。

3. 加强小城镇住宅规划设计管理,提高小城镇住宅的规划设计水平

要进一步完善住宅规划设计规范和标准,加强标准、规范的实施,抓紧编制小城镇住宅规划设计导则及其相应的技术指标体系。要把住宅设计的均好性、多样性、适用性和提高住宅的工程质量、功能质量、环境质量等紧密结合起来,运用科学的设计理念,设计出适合于小城镇居民居住的功能合理、设施完善、环境优美的住宅工程。强化小城镇住宅规划与设计审批制度,坚持高起点规划、高水平设计,要充分体现地方文化内涵和历史文脉,实现现代化文明与地方民俗的有机融合。要注重生态环境建设,重视住宅内部功能设计,避免盲目追求住宅外表形式。推行住宅规划、建筑、装修一体化设计,完善住宅功能,提高住宅的舒适度。要研究小城镇住宅的居住模式和适用技术,建立小城镇住宅建设管理新体制,引导小城镇住宅建设由粗放型向集约型转变,改善居民的居住条件。

4. 积极推广适合小城镇住宅建设的新技术、新材料、新产品

要重视和加强新技术、新材料、

5. 加快小城镇住宅开发制度建设,建立和完善住宅的质量保障体系

就目前来说,应建立和完善住宅部品和住宅性能认定制度,这两项制度是提高住宅质量的基础性工作，也是提高住宅质量的有效手段和途径。结合小城镇住宅产业现状，逐步开展住宅部品和住宅性能认定工作，将这两项工作作为推进小城镇住宅产业现代化的一项重要工作来抓。要建立住宅设计的市场竞争机制，优化住宅规划、设计方案。实行住宅市场准入制度，对从事住宅建设的开发企业、设计单位和施工企业要进行资质管理，对设计、建设劣质住宅，违反规定使用淘汰产品的企业，要对相关责任人进行处罚并视情节轻重决定是否限制其经营活动。推动和规范住宅物业管理制度，我国《物业管理条例》已经颁布，要在小城镇住宅小区中推广物业管理，关键是抓好《条例》的贯彻落实，将小城镇物业管理纳入统一的法制轨道。加强对住宅室内装修的管理，在经济条件和市场条件比较好的地区，积极推广一次性装修，避免二次装修造成的破坏结构、浪费和干扰居民正常生活等现象发生。

6. 充分发挥科研机构、住宅建筑材料和部品开发商及建筑企业在小城镇住宅产业发展中的主导作用

我国小城镇住宅由于项目规模小、档次低，对建筑材料供应商、住宅部品开发商及建筑企业缺乏吸引力，这在很大程度上制约了小城镇住宅产业的发展。所以，在小城镇建设中应积极引导建筑企业将工作方向和市场转向小城镇住宅产业，选择一批对推动住宅产业发展；提高综合质量能起关键性作用的科研项目，集中力量开发攻关，加快小城镇住宅技术、部品更新换代的步伐。同时，应制定一定的优惠政策，鼓励和吸引优质房地产企业投入到小城镇建设中来，逐渐扭转小城镇住宅建设由小型建筑企业与建筑“游击队”一统天下的局面。

7. 因地制宜，以点带面，推进小城镇住宅产业现代化

由于各地地理环境迥异，经济发展水平参差不齐，人们的生活观念与习惯也各不相同，因此，在我国发展小城镇住宅产业，必须因地制宜，以点带面。在我国东、中、西部经济及市场条件较好的地区选择若干个小城镇，开展小城镇住宅示范工程建设，建成一批既具有超前性和导向性，又可以推广普及的小城镇住宅示范工程。通过示范工程引路，提高小城镇住宅建设总体水平，引导我国小城镇住宅产业健康发展和城镇化战略的实现。从现实来看，这些示范住宅建设具有很好的引导作用，可以积极引导小城镇住宅建设中新技术、新材料及新产品的推广应用，这对于推进小城镇住宅产业现代化具有重要作用。

第五章 社会主义新农村建设的模式设计

在《关于制定国民经济和社会发展第十一个五年规划的建议》中,“生产发展、生活宽裕、乡风文明、村容整洁、管理民主”20个字为我们描绘出了一幅新农村的美好蓝图。那么,如何将这幅蓝图变为现实呢?“新农村”到底是什么样?这正是需要我们认真规划、长期实践、不断改革、积极探索的大课题,是一个十分复杂的系统工程。

一、社会主义新农村建设的基本模式归纳

目前,全国现有乡镇5万个,村庄320多万个,自然条件、经济发展、生活习俗等情况千差万别。长期以来,由于对农民建房缺乏有效的组织与引导,农民生活必要的基础设施和公共设施建设缺乏扶持,在绝大多数村庄“只见新房不见新村”、“只见新村不见新貌”,农民“行路难、吃水难”,人畜禽混居,垃圾缺乏收集清理,生产生活环境较差。农村这种状况与城市文明形成极大反差,到了不得不改变的时候。另外,我国目前在总体上已经进入以工促农、以城带乡的发展阶段。推进社会主义新农村建设,是党中央适应经济社会发展新阶段的要求,实现工业反哺农业、城市支持农村方针,实施统筹城乡协调发展方略,实现经济社会又快又好发展,让广大人民群众共享经济发展成果,如期实现全面建设小康社会和社会主义现代化宏伟目标的重大战略决策。建设社会主义新农村,是十六大以来党中央全面落实科学发展观,解决“三农”问题的基本思想和思路的集中体现,是解决“三农”问题的新理念。建设社会主义新农村,是实现中国特色社会主义农业现代化,进而实现中国特色社会主义现代化的历史必然。

建设社会主义新农村,要“使建设社会主义新农村为惠及广大农民群众的民心工程”,关键在于资源的再造,在于人口上的“变负担为资源”,在于有限的土地资源最大效用的利用,在发展模式上依靠最大的内部能

动，实现以建设小城镇为主要模式的产业与人口一体的城市化，实现资源意义上的减负与再造的合二为一。新农村建设是一个系统而复杂的工程，以下主要从模式设计的角度阐述如何推进社会主义新农村建设。

1. 资源型新农村

所谓资源型新农村就是在具有丰富矿产、水力、电力等资源的农村，加强能源消费管理，搞好节能工作，提高能源利用率，建立资源集约型农村经济。长久以来，在一些具有丰富资源的农村，充足的能源有力支撑了整个地方经济的快速发展。但能源生产、利用、消费方式落后，技术水平低、设备陈旧，资源浪费严重。这种建立在能源大量消耗和浪费的基础上以粗放经营为特征的农村经济远远不能适应新形势发展的需要。对此，可以提出采取积极发展燃用型煤、大力推广节煤炉、改造砖瓦窑、开发利用新能源等措施加快资源集约型农村经济建设。

2. 工业型新农村

所谓工业型新农村就是以发展乡村工业为导向，推进农村经济由农业主导型向工业型转变，增强工业对农业的拉动力。农村工业化是壮大农村经济总量的关键，是促进农业城镇化的支撑点。以工业经济实力为基础，整合农村的土地、人力等资源，实现共同发展。这是一个逐步发展的过程，主要存在于经济发达地区，表现为城市工业文明辐射下的"以工促农、以城带乡"大趋势。长三角等经济发达地区的新农村建设，是以城乡一体化为目标，以工业反哺育、城市支持为条件，以基础设施建设和经济发展的各类工程为突破口而展开的。区域经济地理优势、经济实力和财政支付能力优势，特别是区域工业化和城市化进入成熟时期，使这些地区开始出现逆城市化现象，这些条件使村落经济社会加快向现代化工业社会转型，分化很明显。比如，江苏省有 2000 多个小城镇，都建成了工业型的小城镇，此经验得到中央的肯定与推广。典型的如有"天下第一村"美誉的华西村，它的综合发展，其关键在于发展乡村工业，走现代农业企业集团的道路。

3. 生态型新农村

所谓生态型新农村就是发挥特有的生态优势，开发利用生态资源，发展生态经济，以生态农业为重点，逐步推进农业产业化进程的农村发展道路，随着农村经济发展步伐加快，农村生态能源建设越来越引起人们关注，成为关系到农业发展的重要因素。生态环境建设的最终目的，是从根本上为人民创造良好的生存空间和发展空间，保障人民生活质量长久可持续的提高。"四位一体"沼气应用，大中型能源环境工程建设，太阳能有效利用和生物质能源气化等能源生态工程，是大连市推出的建设能源生态型农村的主要模式。遵义人把近来在全市普遍实施的沼气池建设和退耕还林、还草、还药再加上大棚蔬菜以及其他一些特色农业统称为"生态型农村经济"，这种模式是一条奔小康的"绿色"通道。为保护生态环境和自然风貌，建设田园风光型的新农村，赣州市提出了"一个保留、两个坚持、三个不"的思路，即保留农村的历史文脉，注重传承建筑文化；坚持人与自然和谐，坚持不搞千篇一律；在村庄整治和建设中力求做到不推山、不填塘、不砍树，提升了农村建设的整体水平。

4. 城镇型新农村

所谓城镇型新农村就是按照统筹城乡发展的要求，坚持以城市带乡、以乡促城，推进农业农村现代化，引导农民向城镇集聚，加速资本和产业转移，加快建设城镇新农村，促进农民职业和空间转移，形成新型的城乡产业结构和城镇体系。如江西上饶创建文明村镇，将村容镇貌建设标准细分为"一看路二看村，三看卫生四看住"，全市共有 20 个建制镇分别被列入建设部小城建设试点和江西省 200 个中心镇行列。宁波市在编制的统筹城乡发展规划中提出，到 2010 年，基本建立起城乡一体化的体制和机制，农村城市化和城镇型农村建设加速推进，农村经济更发达，环境更优美，社会更和谐，生活更富裕。此规划被誉为"国内比较先进的地方性规划"。在杭州湾南岸，有一个以建设"工贸型、花园型、现代化"小城市为目标的城镇——慈溪市周巷镇。改革开放以来，周巷镇遵循"以商兴镇"、"以工强镇"、"科教立镇"的发展战略，从一个普通的建制镇一跃跨入了浙江省社会主义新农村建设示范镇、宁波市经济强镇，并先后被列入为全国小城镇综合改革试点镇、联合国开发计划署可持续发展的中国小城镇项目试点镇。

5. 农庄型新农村

所谓农庄型新农村就是充分利用农户庭院空间以

及周围的池塘、树林、菜地等农家资源,增设耕地种菜、现场采摘、任意"点宰"、自选自做等项目,让游客吃农家饭、享农家乐,大力发展农家休闲娱乐旅游经济。投资少、收益好、见效快是农庄型新农村建设最为显著的特点。全国各地的农庄型新农村建设开发,基本上都是当地农村因地制宜、因势利导,充分利用现有的自然与人文资源,加以开发和利用,也有效带动了"农家乐"经济的迅猛发展。"农家乐"作为中国农村革命与新经济的代表,其发展形态与模式,较为集中地体现了现代经济学中的新观念与先进成分。它的发展对促进农村旅游,调整产业结构,建设区域经济,加快农业市场化进程产生了良好的经济效益。长沙浏阳市把建设现代农庄与发展特色产业村结合,依托烟叶、茶叶、花卉、花炮等产业,成立了股份制公司,使农田变股田,农民变股民,建起了农民别墅,过上了"城市生活"。浙江衢州市新农村建设中,大力发展生态旅游,努力打响"山水名城、神奇衢州"品牌,初步形成了生态经济互动互促、人与自然和谐发展的良好局面。

6. 第三产业服务新型新农村

所谓第三产业服务型新农村也即城郊型农村,就是按照"依托城市、服务城市、致富农民"的发展思路,充分利用城郊乡镇的区位优势、资源优势和产业优势,积极围绕休闲、生态、观光、旅游农业以及名优农产品进行项目包装,积极开展各类相关招商活动,发展第三产业,增加农民收入。这普遍存在于靠近各大城市的农村,它们充分利用地处城郊结合部、交通四通八达等区位优势,建设特色农业生产基地。生产为城市配套的蔬菜、花卉、畜禽等副食品类农副产品。中国西部瓷都夹江县凤山村,立足主导产业,以工业反辅农业,劳动民展乡村休闲旅游业,建设城郊型社会主义新农村取行了突出成绩,先后荣获"四川省新村扶贫工作先进单位"、"乐山市乡村旅游特色村"等荣誉称号。

二、完善社会主义新农村建设模式需要把握的几个问题

建设社会主义新农村是政府主导、群众参与、各方努力的一项社会系统工程。健全社会主义新农村建设模式,在制定规划和实际操作进程中,应当处理好以下几个问题:

1. 必须正确处理中心任务和农村发展的关系,发展农村经济,增加农民收入

建设现代农业,发展农村经济,增加农民收入,是新农村建设的中心任务。建设新农村不仅仅是建新房修街道。它最重要、最本源的内容是发展农村生产力、增加农民收入。只有农业的综合生产能力提高了,农村经济全面发展了,才能增强自身的活力,才能为新农村建设提供雄厚的物质基础。要继续调整和优化产业结构,大力发展高产、优质、高效、生态、安全农业;转变农业增长方式,促进农业从粗放增长向集约增长转变;发展节约型农业,以节地、节水、节肥、节能为重点,转变农业生产方式和农村生活方式。通过增加产量、提高质量、节约成本、提高农业效益。千方百计增加农民收入是建设社会主义新农村的出发点和归宿。增加农民收入,既要在农业,农村挖掘潜力,更要从经济社会发展的全局寻找出路;既要从当前出发,采取"以糠见米"显效快的增收措施,又要着眼长远寻求解决农民增收的资本之策,建立农民增收的长效机制。

2. 必须正确处理立足当前和着眼长远的关系,把握"三个理念",抓好三个建设

建设社会主义新农村是一个长期的艰巨的过程,不能也不应该一蹴而就。各地在制定"十一五"经济社会总体发展规划时,应把新农村建设纳入规划之中并作为重要建设内容。科学制定发展战略,坚持用工业理念谋划农业,用城市理念建设农村,用现代理念教育农民,具体而言,一是用现代理念教育农民,抓好培育造就新农民的建设。"要想富口袋,须先富脑袋","要想实现现代化,农民必须知识化"。建设社会主义新农村,首先要调动农民的积极性和创造性,把培育造就新农民作为一项将农村巨大人口压力化为人力资源优势的根本措施来抓,为新农村建设提供有力的人才保障。要按照"有文化、懂技术、会经营"新型农民的内涵要求,创建学习型家庭,培育知识型农民,使60%以上的适龄农民成为具有较高科学文化素质和较强就业能力的新型农民或产业工人。二是用工业理念谋划农业,抓好优化发展新产业的建设。新农村建设的首要任务和重要内涵就是发展壮大新产业,依靠具有新理念、掌握新技能的新型农

移植。由于各地农村经济发展水平差距很大，新农村建设的侧重点会有所不同。因此只能因地制宜，量力而行，不能照搬照套，更不能搞超前消费和过度建设，以此来增加乡村债务和农民负担。

4. 必须正确处理农民参与和农民受益的关系，尊重农民意愿，确保农民受益

建设社会主义新农村，农民既应是建设者，更应是受益者，他们是新农村建设的主体。如何发挥广大农民在新农村建设中主体作用和积极性，关键是处理好农民参与和农民受益的关系。为此，一要将新农村建设与社区经济发展结合起来，使新农村建设能促进农村经济发展，让农民收入得到更快的提高。二要将新农村建设与农村社区社会事业发展结合起来，使新农村建设能促进农村各项社会事业的发展，让农民分享更多的社会福利。三要将新农村建设与社区民主决策结合起来，使新农村建设能促进农村基层民主化进程，建立在农民自觉、自愿的基础上。贵州遵义市在以“四在农家”即富在农家增收入、学在农家长智慧、乐在农家爽精神、美在农家展新貌为载体建设新农村活动中，始终尊重农民群众的首创精神，以群众满意不满意、是否得实惠为检验标准，只要农民愿意办的事，就真心实意地支持农民干，创新了农村群众工作路子。

民为新产业提供人力智力支撑，这是富乡富村、转移农民、减少农民和富裕农民的基础和保证。要按照“一村一品”或“几村一品”要求，充分发挥现代农业示范基地的示范、引导和辐射作用，突出特色，打造品牌，增加新收入。三是用城市理念建设农村，抓好整治营造环境的建设。要按照“工农商建运服协调发展，山水林田路屯综合治理”的要求，抓好科学规划，分步推进炊事沼气化、热水太阳能、饮水自来水化、电视有线化、网络宽带化、道路柏油化、出行公交化、垃圾改造和建设，改善和提升农民的生产和居住条件，引导他们与传统落后的生产生活方式彻底决裂，树立新风尚，营造新环境。

3. 必须正确处理客观条件和建设目标的关系，坚持因地制宜，科学有效推进

各地经济发展水平并不完全处于同一阶段和发展水平，财政实力也不平衡，新农村建设会存在快慢、高低之分。因此，在建设新农村过程中不宜强调同一模式、同一种方法或同一标准，应从自身实际出发，量力而行，注重实效，不搞盲目攀比，避免搞形式主义和形象工程，避免新农村建设运动化。新农村建设不仅是经济发达地区的事，也是欠发达地区的事。毫无疑问，发达地区经济发展领先，在新农村建设中应加大力度，率先示范；欠发达地区虽然经济发展相对滞后，但也要从当地实际出发，尽最大努力，加快推进新农村建设。以“五新一好”为主要内容的“赣州模式”中的许多成功做法与经验值得中西部欠发达地区借鉴，但并不是说这个模式就能够到处

三、几个典型的规划模式介绍

目前，我国新农村建设比较成功的规划模式主要有：四川“白果树模式”、浙江“绍兴城乡统筹”模式、赣州“新村镇模式”等。

1. “白果村模式”

四川省双流县永安镇白果村全村面积 3.59 平方公里，辖 8 个村民小组，共 1020 户，3762 人。总耕地面积 2861 亩，人均耕地不足 0.8 亩。2004 年全村农民人均纯收入 4434 元。白果树从 20 世纪 90 年代就开始进行农业产业结构调整，农业产业化水平较高，农户建设质量也相对较好。但风格单一，整体布局散、小、乱、差，人均建设用地明显偏大，是双流县村庄建设的一个缩影。结合白果村实际，实施“以健全整治新机制为关键，以塑

造村庄新风貌为载体,以发展农村新产业为支撑,以培育当代新农民为根本,以探索民主管理新方式为保障的“五个新”的白果村村庄整治规划和行动计划。

一是坚持因地制宜,着力打造村庄新风貌

当地政府根据的果树的经济基础和区位条件,将白果树的整治规划定位于新农村建设的示范窗口,产业互动的试验地、乡村旅游的新亮点,确立了“规模适度的村庄布局,川西民居的建筑风格,功能完善的配套设施,生态良好的自然环境”的基本风貌,实施了以“五治”为主要内容的村庄整治措施,即“村庄发展治散、农民住房治大、基础设施治缺、村容环境治脏,村庄建设治空”。

(1)村庄发展治散。按照节约用地,适度集中的原则,将村域农民居住规划为鼓励发展的片区、控制发展的片区和予以拆除的片区,将全村现有86个分散的村民点逐步集中为5个农村新型社区。

(2)农民建房治大。通过对土坯房、破旧危房进行拆危和农房向新型社区集中的统一规划建设,人均建房面积由原来的140平方米,减少到50平方米以下。

(3)基础设施治缺。对道路(含步游道、入户道)进行改造并实施硬化;铺设给水管网、电力、通讯、光纤电视线路,生产生活污水分别通过沼气池、污水管道处理;对村内池塘、排灌沟渠进行生态治理。配建白果村村民文化休闲广场、文体活动中心(含室内文体活动室、图书室)、村口标志性建筑、科技大院、卫生医疗所、公共厕所、垃圾集中堆放点等公益设施。

(4)村容环境治脏。实行“三清四包”和“四改一建”,即村内清垃圾、清污泥、清路障,家户门前包卫生、包秩序、包绿化、包治安;村民家中改水、改厕、改厨、改圈、建沼气池。

(5)村内建设治空。通过对空置农房、老宅基地的整理,对农家实施川西民居风格的景观整治和农户庭院的“三化”(院坝硬化、庭院绿化、环境美化),着力把白果村打造成为双黄路文化休闲旅游景观带的一大新景点,丰富整治内涵。

白果村自开展村庄整治工作以来,已完成起步区一期投资80.29万元,其中农户庭院“四改一建”按农户自筹65%,县镇补助35%的办法,完成投资18.5万元;农房风貌整治按农户自筹1/3,镇村集体补助1/3,县上补助1/3的办法,完成投资61.79万元。新村道路、水利、光纤电视网和环境建设结合该县在农村开展的“村村通油路”、“户户通光纤”、“农发工程”及成都锦江流域治理等工程建设,得到了进一步配套完善。到目前为止,起步区一期已经新铺设炒油砂路面2.6公里;新建排湿沟1140米、整治1742米、新型U型渠6700米,整治塘堰2口;新建沼气池12口,改建沼气池4口;新安装路灯48盏,新栽补植行道树2.6公里。完成风貌改造、庭院绿化及“四盏一建”37户,协议拆除土坯房及危防12户,已完成拆除4户,拆除违规建筑和不规范棚房17处。完成了规划区内的供水及污水处理系统、数字电视、通讯网络线路的架设工作,其中数字电话入户37户。至年底,将全面完成起步220户的整治工作。

二是坚持结构调整,着力发展农村新产业

(1)抓好“农业科技园”建设。依托地处白果村的国家级现代农业示范基地,积极引进农业高新技术成果,开发农业观光、生态旅游项目,构建集观赏性、休闲性、教育性于一体的“农业科技园”,打造农业科技文化新亮点。

(2)抓好农家休闲旅游。依托永安场“土九碗”这一远近闻名的地方特色餐饮,结合白果树整治后的优美环境,发展农家乐,开发农村休闲旅游。

(3)大力发展庭院经济。在村民庭院之间的闲置空地上配建公共绿地,打造休闲旅游环境,鼓励村民在不改变用地性质的基础上,充分利用房屋的闲置空地种植苗木、花卉、果蔬、养殖家禽,发展庭院经济,拓宽创收渠道,增加农民收入。

三是坚持村民自治,着力探索民主管理新方式

(1)充分发挥村民在新农村建设中的主体作用。在村庄整治工作中,建立村民自治监督小组,新农村建设议事组,对整治、建设的实施过程进行全程监督,对投工投劳,土地调整等具体事项进行协商协调,保证了村庄整治工作的顺利实施。

(2)充分发挥农村合作经济组织在新农村建设中的重要作用。白果村专业合作经济组织基础较好,村蔬菜协会现已发展会员673个,范围扩大到全镇9个村,种植面积6万亩;村地瓜研究协会发展会员108个,联系农户5800多户，每年为农民创收3000多万元。当地政府充分发挥他们的技术推广、连接市场、服务群众，协调业主等方面的重要作用，进一步壮大白果村蔬菜、水果等特色农业，促进休闲观光农业、生态农业的培养和发展。

(3)进一步完整村规民约，建立村公益设施维护管理机制。制定了白果新农村建设农户须知和公益设施管理制度，成立了由推选村民组成的新农村公益设施及环境卫生管理小组，对新村环境卫生、村民衣着举止，创建学习型家庭、投身全民创业计划和道路、路灯等的维护管理作出了相应规定。

2.“绍兴城乡统筹模式”

(1)基本概况

浙江省绍兴县是全国经济十强县，县城面积1177平方公里，下辖15个镇，4个街道办事处，307个行政村，户籍人口70.3万。改革开放20多年来，绍兴县立足轻纺产业，兴商建市，兴市建城，化市为城，由一条“布街”发展成为亚洲最大的轻纺专业市场，由一个农业发展大县发展成为全国经济十强县。2004年，全县国民生产总值328.96亿元，人均GDP5700美元，财政总收入36.45亿元，其中地方财政收入17.1亿元，城镇居民人均可支配收入36.45亿元，其中地方财政收入17.1亿元，城镇居民人均可支配收入16033元，农民人均纯收入8077元。

按照拆迁新模式，整理改造式和保留治理式的分类建设要求，目前，全县启动建设的30个试点已基本完成建设任务，并带动了其他110个村的村庄环境整治建设，其中8个村已被浙江省委，省政府命名为“全面小康建设示范村”，12个村被绍兴市委、市政府命名为“全面小康建设示范村”或“环境整治示范村”。

(2)主要做法

一是科学制定城乡规划。坚持以规划为先导，立足现实，谋划长远，实行城乡统筹。①完善县城城镇体系规划、县城村庄布点规划，依据县城规划制定镇城规划，确立了“一主三副两群四个中心村”的县城空间规划体系。依据镇城规划制定村庄规划。②将全县村庄划分为拆迁新建式，整理改造式和保留治理式三种改造类型，并以保留治理式为主，形成合理的村庄布局。③依据经济水平、承受能力、区位条件和地容地貌，区别城郊、平原、山区，制定实际的规划标准，不搞“一刀切”。目前，全县已累计投入资金1500多万元，编制完成绍兴县民展战略规划、县城城镇体系规划，县城村庄布点规划、县城城市总体规划、15个镇总体规划和80%的新一轮村庄规划。

二是实事求是开展建设。坚持体现地方特色和文化内涵，融入自然山水、尊重历史文脉、保护生态环境建设理念，典型示范，梯度推进。①坚持住房、设施、环境三大标准。推进联立式、公寓式住宅标准；建设好文化活动中心，村民休闲中心和医疗卫生服务中心三大中心，配好电力线、电话线、有线电视线、自来水管、污水管和雨水“六大管线”；依据自身条件实现硬化、亮化、绿化、净化、美化的农村社区环境。②坚持统建分购、统管代建、统管自建三种模式。统建分购指村集体经济组织利用划拨土地集中组织建设，农民向村集体购买住宅，统管代建指村民委托村委统一代建住宅；统管自建指村民按照村委提供的住宅套型方案和统一建筑风格自行建设住宅。

三是城乡统筹基础设施。根据绍兴经济实力较强的特点，以构筑城乡一体的基础设施为依托，以“六张网”建设为重点，优化各种资源配置，实现基础设施城乡区域共享和有效利用。①推进乡村路网建设。投入7700万元，在浙江省率先完成乡村康庄工程，实现村村通公路和村村通公交。②推进农村河网整治。实施“清水河道”工程，努力营造农村地区水情流畅、岸绿景美、桥连路通、人水和谐的河道生态环境。③推进城乡信息网建设。结合有线电视线路改造工程，投入资金3300万元，实现信息网村村全覆盖。④推进县城供水管网建设。投放17亿元资金，建起了300公里长的排污主管线和60万吨的污水处理厂，实现了近1/3县城面积的污水排放处理。目前，投资10亿元的第三期40万吨污水处理工程在规划建设当中。与此同时，还投资近12亿元，建立起了全县性的大型水厂和392公里的供水主管线，实现县城统一供水的全覆盖。⑤调整城乡教育网点，投入巨资实施新一轮校舍改造，推进城市与农村教育资源对接，促进区域教育均衡发展。在“高普九”达标基础上启动教育现代化工程，逐步在全县实施免费义务教育，高标准、高质量普及15年教育。⑥建立农村食品流通网。以供销超市“放心店”建设为龙头，积极构筑农村现代流通网、消费监管责任网、农民消费维权网，全面推行商业准入制度，目前已有282家农村放心店开业，覆盖率90%。“放心店”建设采取改造加盟、新办加盟和直销店三种形式，均由供销超市实行“五统一”即“流一配送、统一形象、统一售价、统一营销、统一管理”，促进了农村消费安全，释放了农村市场潜力。同时，我们始终坚持新农村建设是一个系统工程，在加强村庄硬件设施建设的同时，不断加强村庄的软环境建设，通过实施精神文明建设“双字号”工程和“农民培训”工程，培养造就适应时代和社会发展需要的现代新型农民.此外，通过实施“三有一化”保障制度，推行“两并一派”管理制度改革、建立“六位一体”卫生服务体系，致力于建设消除城乡二元结构的体制和机制，为全面小康新农村建设添活力，强动力增后劲。

(3)取得成效

一是农村生产条件得到改善。全县共建小康住宅26.09万平方米，拆除旧房18.68万平方米，新增村庄绿化面积69.84万平方米，村内河道砌坎53.72公里，村庄道路硬化123.56万平方米，安装路灯3891盏，新增垃圾箱1482只，新建公厕440座。建成移民示范小区安置房3.46万平方米，192户，安置落实下山移民182户。同时一大批公建设施、文化活动中心、医疗卫生服务中心，超市放心店投入使用。**二是农村精神文明建设得到加强**。连续实施的农村精神文明建设“双字号”工程，改变了绍兴县农村长期以来的“脏、乱、差”环境，转变了农民的传统观念和陈旧陋习，使农村的环境卫生和社会风气，农民的文明素质和精神面貌开始有了新的变化。与此同时，扎实开展文化大县建设，文化村镇创建扎实推进，群众性文化活动丰富多彩，精品文化不断涌现，极大丰富了农民业余生活。**三是农民村经济农民收入得到发展**。环境的优化，使资源优势转变为产业优势，农业区域化、规模化、产业化经营基本实现，农业经济效益显著提高。现代农业得到巩固发展，全县销售超亿元的农业龙头企业12家；农庄经济方兴未艾，建设“特色种养+休闲观光”的特色农庄48个，经营面积2.9万亩，目前已完成投入6800万元，农民人均纯收入逐年递增，每年增幅10%左右，2004年为17%，人均收入达到8077元，城乡收入差距进一步缩小。

3.赣州“新村镇模式”

赣州在2004年9月作出了“关于开展社会主义新农村建设的决定”，并制定了“社会主义新农村建设发展纲要”。主要内容是：以抓好村镇规划为龙头，建设新村镇；以农民增收为目标，发展新产业；以提高农民素质为根本，培训新农民；以农业产业化为动力，组建新经济组织；以创建文明村镇为主导，塑造新风貌；以“三民”（亲民、为民、富民）活动为抓手，创建好班子。简称“五新一好”。当地政府设想通过“五新一好”为主要内容的新农村建设这一系统解决“三农”问题的平台，把科学发展观、统筹城乡发展、建设农村和谐社会、实现全面小康社会的目标要求落实到具体实践。规划到2010年，使赣州60%的村镇基本达到“经济社会发展、群众生活安康、环境整洁优美、思想道德良好，公共服务配套、人与自然和谐”的目标，为全面建设小康社会奠定扎实基础。

(1)赣州新村镇建设的目标任务

当地政府把建设新村镇摆在“五新一好”的第一位，并作为新村建设的突破口来抓。这是因为，村镇面貌是农村经济社会发展水平的集中体现，改善村镇面貌是农民的迫切愿望。从赣州实际出发，提出新村镇建设的目标任务是：

——建立科学合理的村镇规划建设管理体制，把村镇规划建设纳入制度化、规范化的轨道。2006 年底以前完成村镇规划编制工作。

——完善农村基础设施，实现所有行政村通水、通电、通路、通电视电话，基本解决农村饮用水安全问题，自来水普及率达 80%，通过行政村公路硬化率达到 80% 以上，卫生厕所普及率达 80%。

——基本解决农村脏、乱、差现象。清垃圾、清路障、清污泥，达到“规划科学、布局合理、设施配套、环境整洁、村貌美化”的基本标准。

——按一户一宅、节约用地、因地制宜、分类指导的原则引导规范民房建设，使 60%的民房达到方便生产生活，凸显风格特色、一户一厕、人畜分离的要求。

(2) 赣州新村镇建设的基本原则

——规划先行、政策引导。以规划为龙头，抓紧编制全市小城镇体系总体发展规划，以自然村为单位编制村庄规划，严格按规划推进新村镇建色；建立政策体系，引导村镇建设朝着正确的方向健康发展。

——因地制宜、突出特色。注意农村规划建设与城市规划建设的区别，凸现农村特色，避免城乡一体化变成城乡一样化；注意乡镇与乡镇之间、村庄与村庄之间的区别，做到风格各异，百花齐放。

——量力而行、分步到位。规划一步到位，建设分步进行。正确处理阶段性目标和长远目标的关系，注意因时、因地制宜，既量力而行，又尽力而为，分步骤、分阶段地推进新村镇建设。

(3) 赣州新村镇建设的主要做法

政府推动。一是宣传发动。二是物力财力支持。市、县财政设立新农村建设专项资金，并把村镇规划经费列入财政预算，免费为村庄和农户建房提供规划。同时，采取财政投一点、涉农资金捆绑使用倾斜一点，帮扶单位助一点、受益群众出一点、社会各界捐一点、政策优惠减一点的办法，多渠道筹措建设资金。到目前为止，全市已累计投入新村镇建设资金近 5 亿元，其中财政安排 6300 万元，捆绑专项资金 1.2 亿元，吸引社会资金 3.1 亿元。三是加强指导。市、县成立新农村建设工作领导小组，国土资源、规划建设等与新村镇建设相关的部门参与其中，并分别制定支持参与方案。各个乡镇成立规划办公室，负责组织村镇规划编制和管理。另外，还与高校合作，邀请其专家技术人员指导和帮助规划编制工作。

农民自主。组织群众、依靠群众，农民自愿、村民自治。一是维护和实现农民群众在新村镇建设中的参与权。二是鼓励农户自主申报改造项目。三是鼓励农民投资投劳。把政府的物质和资金支持，与农户自己完成的工作量挂钩，多完成多补助，少完成少补助，不行动不补助。

理事会运作。成立新农村建设农民理事会，主持新村镇建设和调解矛盾纠纷。理事会主要由老党员、老干部、老教师和农村能人中有声望、有公心的人组成。政府指导理事会制定章程、建立制度、规范运作，支持理事会自主管理、民主决策、大胆工作。农民理事会在新村镇建设中发挥了不可替代的作用。

全社会支持。动员和组织各行各业、社会各界尽其所能地为新村镇建设提供支持和服务。如开展对口帮扶活动，动员社会各界捐资捐物，等等。并且还将按一村一名的标准，培训和下派新农村建设指导员，指导和帮助新农村建设。

选准切入点。在新村镇建设中，我们首先开展清垃圾、清污泥、清路障的“三清”工作，彻底整治农村脏、乱、差，美化净化村容村貌，改善农村人居环境。“三清”

起步后，政府重点抓好村镇规划，分期分批推进改路、改水、改厕的“三改”工作。“三清三改”的巨大变化，极大地调动了农民群众的积极性，使新村镇建设乃至整个新农村建设比较顺利地走进了千家万户。

建章立制。建立长效机制，实行规范操作，使新村镇建设步入制度化、规范化和科学发展的轨道。先后制定了《赣州市社会主义新农村建设发展纲要》、《赣州市农村建房施工质量指导手册》等纲领性文件和技术规范文件。

四、抓住推进社会主义新农村建设的机遇，优先发展小城镇

小城镇是“三农”工作的物质载体，是农村精神文明建设的示范点，是亿万农民安居乐业的家园，直接体现着农村经济社会文化、生态环境状况、农村面貌、农民生活乃至农村文明的总体水平。面对今年中央财政3397亿元用于新农村建设，把优先发展小城镇作为制定经济社会政策的重要原则，以小城镇为单位集中整合，打捆使用，不仅符合客观实际，形成新农村建设的合力，而且具有纲举目张的战略意义。

党中央从全局分析和把握形势，提出以新农村建设为重点，坚持走大中小城市与小城镇协调发展的城镇化道路。这项重大的历史任务，对于国家未来走向影响极其深远。小城镇是城市与农村重要的结合点，是农业产业化的服务载体，是推动新农村建设的基地。我国“城市腿长、农村腿短”的现象十分严重，十分有必要把优先发展小城镇放在建设新农村的大背景下思考，放在科学发展观的大框架里研究。

发达国家小城镇的发展经验表明，只有稳住农村，城市才能健康发展。面对今年中央财政3397亿元用于新农村建设，怎样防止认识的片面化和简单化？胡锦涛总书记多次讲过，我们要办的事情很多，样样都很重要，但要分轻重缓急，既要讲量力而行又要讲尽力而为。把优先发展小城镇作为重要抓手，以小城镇为单位集中整合，打捆使用，不仅符合客观实际，形成新农村建设的合力，而且具有纲举目张的战略意义。

1. 把优先发展小城镇放在建设新农村的大背景下思考

改革开放以来，我国城镇化取得了积极进展，城镇基础设施和公共服务设施的建设力度不断加大，整体功能逐步提升，人居环境明显改善，城镇化水平由1978年的17.9%提高到2004年的41.8%，26年增长了23.9个百分点，平均每年增长0.92个百分点。城镇人口从1.7亿人增加到5.4亿人，全国城市总数由193个增加到661个。但发展很不平衡，在大中城市的建设水平并不比发达国家差，甚至还超过一些发达国家时，小城镇暴露出来的问题越来越突出，出现了繁华的“城市”与落后的“农村”并存现象。

目前在农村生活有9亿农民，有16.67万平方公里的非农建设用地，有320多万个自然村，72万个行政村，20226个建制镇，1.8万个乡集镇。国家统计局披露的一组数据表明：在近4万个乡镇，有50%的行政村没有通自来水；1.5亿农户需要解决燃料问题；7000万户农民住房需要改善；中小学危房数占78.5%；60%的农民没有卫生厕所；60%以上的乡镇没有标准的污水处理场；6%的行政村没有通公路和电话；2%的行政村没有通电；1%的乡镇没有卫生院。城乡居民收入差距由改革开放初期1978年的2.57倍扩大到2005年的3.22倍，特别是自1997年之后明显扩大。乡镇基础设施建设和教育、卫生、文化等社会事业，与城市的差距更大。

基于对这一基本国情的分析和判断，党中央自1998年提出“小城镇、大战略”以来，就发展小城镇作出了一系列的战略部署。2000年6月专门下发了《关于促进小城镇健康发展的若干意见》；党的“十六大”指出坚持大中小城市和小城镇协调发展，而且在中央历次农村工作会议以及有关农村工作的文件中，反复提出要搞好小城镇建设；2005年9月29日，胡锦涛总书记在主持中央政治局第25次集体学习时强调，坚持走中国特色的城镇化道路，努力形成资源节约、环境友好、经济高效、社会和谐的城镇发展新格局；2005年10月11日，十六届五中全会通过的《中共中央关于制定国民经济和社会发展第十一个五年规划的建议》中指出：“坚持大中小城市和小城镇协调发展，按照循序渐进、节约土地、集约发展、合理布局的原则，促进城镇化健康发展”；2005年12月31日，《中共中央国务院关于推进社会主义新农村建设的若干意见》中进一步明确：“着力发展县城和在建制的重点镇，从财政、金融、税收和公共品投入等方面为小城镇发展创造条件，外来人口较多的城镇要从实际出发，完善社会管理职能”。

在建设新农村成为全党全国共同行动的背景下，小城镇正在进入一个新的发展时期，站在一个新的历史起点上。小城镇在发展方向上开始发生三个重大变化：一是工作方法的重大变化，从传统的农业角度讲小城镇发展，推进到从城乡关系的角度讲小城镇发展，从城市支持农村、工业反哺农业的角度讲小城镇发展，从城乡统筹的角度讲小城镇发展；二是国家支持方式上的重大变化，除了保证已有的惠农、利农、助农的各项政策不会改变以外，国家财政支出的增量部分更加相对集中地关注小城镇发展，把国家对基础设施建设投入的重点转向农村；三是小城镇发展面临着新的机遇与挑战，各级政府空前重视，各地农民空前盼望，各个方面空前关注，从以往的部门推动向中央统筹推动转变，成为党和国家的中心工作之一。

以小城镇为重要抓手的新农村建设，可确定如下的目标是：到2020年，解决80%左右饮水不安全人口的饮水安全问题；85%以上的行政村和95%以上的建制镇道路达到国标规定的通达、硬化水平；60%以上的行政村面源污染、工业污染治理程度基本达到国家标准；60%以上的行政村实现信息化、网络化；80%的行政村和95%以上的建制镇实现太阳光电能源、风能、沼气等多种形式的生活能源基本自给；60%以上的行政村住宅和80%以上的建制镇有上下水设施，需要进行污水处理的应达到国家三级排放标准。在具体实施步骤上，建议先重点抓1%的小城镇（约200个建制镇）进行试点，适时推广试点典型经验和做法，之后可全面启动。

2. 新农村建设背景下优先发展小城镇需要解决的五个问题

近几年来，小城镇无论在数量上，还是在质量上都有了长足的发展。全国的建制镇由1997年的18402个，发展到2003年的20226个，数量增长了9.9%，再加上1.8万个乡集镇，应该说取得了很大的成绩。但我们也应该看到，小城镇建设还存在一些不容忽视的问题，集中表现在以下五个方面：

（1）扶持政策缺乏协调。各级政府和有关部门支持小城镇发展的积极性很高，但是扶植的政策措施协调性不够，城市反哺农村的力度不够，没有形成推动小城镇协调发展的合力。由于缺乏有效的分类指导政策和措施，大中小城市的职能和目标定位不够明确，发展重点不突出，小城镇建设相互攀比、重复建设、产业同构的问题比较严重。

（2）规划管理问题突出。小城镇发展规划水平不高是一个非常普遍的问题，有的规划已经到期或即将到期，有的规划科学性、可操作性不足，基础设施建设方面涉及较少。比较突出的问题是，省、市、县、镇各级规划不衔接，规划水平低，村庄布局散乱，规划没有权威性，缺少有效实施手段，自身规划不合理等。

（3）地方财政配套困难。小城镇的基础设施、公共设施和环境建设等与农村发展的实际需要相比，存在相当大的差距，不能为农村人口、产业、服务的集中提供相对完善的条件。由于多种原因，目前大部分县（市、区）还是“吃饭财政”，有的甚至是“讨饭财政”。地方为了发展小城镇，改善小城镇基础设施条件，千方百计争取中央和省级项目。中央和省级项目争取到了，但往往要求地方财政配套投入。为了完成项目投资，地方只好违心承诺，有的挤出吃饭钱搞配套，造成畸形投资，地方财政愈加困难。

(4)管理体制改革滞后。小城镇发展资金缺，本质上是农村金融体系制度弱。金融体系象毛细管一样渗透到农村，把钱收上来，但返回小城镇用的是少数。这是一个制度和体制问题。小城镇发展的传统管理模式与市场经济不匹配，已不能适应经济和社会发展、乡镇机构改革、财政体制改革和农村税费减免的要求，也不能适应这些改革所带来的资金来源变化以及人、才、物管理模式的变化。

(5)成长机制尚未形成。长期形成的城乡二元结构没有被完全打破，有关小城镇的行业法规、标准规范与国家制定的相关扶持政策不协调，发展思路不到位，社会资源利用不足。以乡镇为主投资发展的乡镇企业吸纳就业的传统模式发生了变化，通过乡镇政府办企业、以工哺农、以工兴镇的机制已经衰退了，但是小城镇新的成长机制还没有形成。

以上问题不解决，势必影响建设新农村的全局，势必影响大中小城市与小城镇协调发展的全局。建设新农村是我国现代化进程中重大的历史任务，以城带乡、以工促农牵涉面广，综合性强，很多体制性的问题和难题有待于研究和突破。通过对这些困难和问题的探索解决，可以积累建设新农村的有益经验。

3.建设新农村背景下优先发展小城镇的政策建议

在建设新农村这个大背景下，我国小城镇发展的总体思路应当是稳定数量，提高质量，先抓点，后推线，再扩面。总的原则是32个字：突出重点，示范引路；规划先行，因地制宜；政府支持，农民为主；创新机制，形成合力。优先发展小城镇不是为了做给人看的，而是要实现壮大小城镇人口规模，提升带动周边农村发展能力的目标，以便更好地发挥统筹城乡发展的功能，使真正可以加快发展的小城镇迅速成长。

(1)支持全国重点镇，发挥以点带面示范效应

2004年2月，建设部等六部委从2万多个建制镇中确定了1887个全国重点镇。选择结果无疑证明它们在各地经济社会发展中的特殊地位和作用，也表明其在“质量”上走在了全国小城镇发展的前列。应当强调的是，重点镇是小城镇衔接大中小城市形成战略布局的重要节点，必须在不同地区的发展格局中明确重点镇的战略地位和作用，努力达到抓好一个点、带动一个面、影响一大片的效果。

在对重点镇的扶持上，国家开发银行按照优先支持直辖市、省会城市和副省级城市的卫星城（镇）建设；优先支持经济实力较强、具有较大发展潜力的重点镇建设；优先支持有资源、有特色、有主导产业支撑的重点镇建设；优先支持经济发达且城镇密集区域的重点镇建设的原则，2004年以来对169个重点小城镇承诺发放贷款90亿元，实现当年发放64亿元。国家开发银行在全国重点镇的探索，是实现党和政府发展目标、弥补体制落后和市场失灵的一种金融形式，为我国城镇化提供了示范和样板，为党和政府在更大范围内有效指导新农村建设提供了经验。

(2)整合小城镇资源，形成城乡一体工作格局

小城镇发展需要按照综合协调、政策集成的要求，整合规划、建设、国土、农业、交通、水利、扶贫、卫生等各部门的资源，把环境整治、精神文明、农房规划、生态农业以及扶贫等职能工作加以统筹，形成合力，共同推进。在新农村建设的总体部署中，应坚定不移地加快小城镇发展，坚定不移地把优先发展小城镇作为重要抓手，推动从中央到地方把小城镇发展全面纳入支持“三农”的各类规划、计划，把有利于缩小城乡差距、繁荣小城镇经济作为制定经济社会政策的重要原则，形成城乡一体的工作格局和推进机制。

当前，特别应当重视小城镇发展的有关政策研究，加快小城镇发展由政府主导型向市场主导型的转变，充分发挥市场机制在资源配置中的基础作用，健全城乡资源良性互动的市场体系，促进小城镇加快发展。一是要围绕推进农民主动城镇化，放宽小城镇农转居的户籍政策，允许农民自主选择城镇户籍，推进农村劳动力向非农产业和小城镇有序转移，多渠道增加农民收入。二是要按照“同一制度、不同标准”的原则，研究城乡社会保障接轨的途径和办法，将进入小城镇的农转居人员纳入城镇社保体系。三是要着眼于小城镇经济社会发展的长效机制，研究培植小城镇长期发展的动力，特别是农业科学技术进步和农村教育，增强农业科技创新和转化能力，加强农业技术推广和服务。

（3）重视小城镇规划，突出资源节约环境优化

规划在发展中居于龙头地位，小城镇发展离不开规划水平的提高。应当充分发挥规划的龙头作用，强化“科学规划”的理念，体现“因地制宜、节约用地、延续特色、简明适用”的原则。按照改造镇中村、合并小型村、缩减自然村、拆除空心村和节约村庄占地总量的要求，优化小城镇布局规划，合理布置生产、生活、生态空间，合理布置教育、医疗、文化等服务设施，并与小城镇外部的基础设施、生态环境、交通道路、产业园区、水利设施等专项规划相衔接。从原则上来讲，小城镇规划管理重在解决地脉、人脉、文脉、经脉“四脉”问题。小城镇规划是不是成功，主要看人工建筑与自然风景是不是和谐地融合在一起。

应当根据先县城、重点镇，后一般镇的次序，对小城镇规划修编进行严格界定，不合理的应调整；规模过大、照搬套用城市模式、浪费资源的应坚决修改。特别应当严格考查小城镇2003年以后的规划编制情况，注意其规划的超前性和近期、中期、远期发展目标的合理性。规划的一个关键问题是土地，应切实保护耕地特别是基本农田，稳定粮食播种面积，不断提高粮食综合生产能力。要协调好小城镇总体规划与土地利用规划之间的关系，利用这两个规划之间的协调，使得基本农田成为小城镇与行政村之间永久性的生态隔离带，成为大中小城市与小城镇之间永久的生态带，成为镇与镇、村与村之间田园风光的保持带。

（4）加大小城镇投入，拓宽建设资金多种渠道

由于小城镇的经济基础薄弱，商业利润空间较小，单纯依靠市场的力量难以吸引足够的资金，应加大中央和地方财政相对集中地向小城镇基础设施的投入，避免“雨打沙滩万点坑”。同时，本着“谁投资、谁受益”的原则，注意引导农民对直接受益的小城镇基础设施投资投劳，吸引各种社会资金参与小城镇基础设施建设，建立政府引导、农民和集体投入为主体，社会力量多方支持，合理、稳定和有效的小城镇建设资金投入机制。在条件成熟的地区，应积极争取国家政策性银行贷款，或采取BOT方式建设供排水、垃圾处理等公用设施；对公交、公共区域广告经营权等实施特许经营制度。

（5）完善小城镇功能，实现人居环境逐步好转

要加快小城镇交通、通信、能源、供排水、园林绿化、环境保护等基础设施和科教文卫设施建设，构筑城乡一体的生活垃圾处理、供排水、公共交通等公共服务网络，促进城市基础设施向农村延伸、城市的公共服务向小城镇覆盖、城市的现代文明向小城镇辐射。应从农民最关心的小城镇改水改厕、危房改造、道路硬化等方面入手，

加强以小型水利设施为重点的农田基本建设，加强防汛抗旱和减灾体系建设，加强教育、卫生、文化等公共事业建设，让广大群众切身感受到小城镇建设给他们物质生活、精神生活带来的变化，真正把建设新农村背景下的小城镇发展办成合民意的“民心工程”。

(6) 繁荣小城镇经济，构建城乡互动产业格局

小城镇的核心问题还是经济发展，应立足当地资源条件、环境优势、人文特色等，继续调整农业结构，积极发展畜牧业，大力发展小城镇二、三产业特别是农产品加工业，壮大县域经济。自1994年中央与地方实行分税制的财政体制后，中央和省对市、县两级的财政分配体制进行了多次调整，中央、省集聚了过多的资金。针对目前市、县两级财政困难，支持小城镇建设资金短缺的现状，应当采取“资金下移，缺口上移”的措施，支持小城镇各项事业建设。小城镇发展经济的道路应是多模式的。要走新型工业化道路，推进小城镇产业结构优化升级，培育发展具有地方优势的特色经济和支柱产业，重点加快劳动密集型产业的发展，大力发展金融、信息咨询、连锁经营、物流配送等现代服务业和观光旅游业。

有必要指出的是，以内生比较优势为基础的竞争力培育正在成为小城镇，尤其是资源缺乏型小城镇发展的重要手段。根据自身条件、竞争环境、市场需求及变化趋势，通过知识学习、技术积累和人才培育，作出相应的战略性产业选择，可以帮助小城镇实现长期效益的最大化，形成小城镇的独特魅力和吸引力。从长远考虑，应当在小城镇构建合理的城乡生产力布局和产业结构框架，形成城乡互动的产业发展格局。一方面要引导乡镇企业把适合于在小城镇发展的产业和产品向小城镇集中；另一方面，城市要在加快产业升级的同时，把技术成熟、产品成型的劳动密集型、资源密集型产业，采取技术转移、设备转移、兼并联合、设立子公司或建立新厂等形式，向小城镇转移。在统筹城乡发展过程中，小城镇要利用自身的比较优势，着力抓好三个方面的工作：一是大力发展农产品加工业；二是积极主动承接城市产业转移，发展劳动密集型、资源密集型的工业；三是围绕农民生产和生活需要，大力发展第三产业。

(7) 推进小城镇村庄整治，提倡使用新型实用技术

为了解决小城镇发展中遇到的农民居住分散、生活配套设施欠缺、宅基地利用效率低下等问题，应根据小城镇的区位特点、经济状况和村庄实际，有针对性地推进小城镇村庄整治进程。对镇中村，主要采取拆迁新建的办法，建设以多层公寓为主的新村，集中安置农民；对规划的中心村和规模较大、实力较强的平原村，主要采取合并组建的办法建设组团型的农村新社区；对经济条件一般的村，主要采取整治改建的办法，整治环境，改造旧房，拆除违章建筑和违房；对地处偏僻山区、海岛的贫困村、小型村和“空壳村”，主要采取移民迁建的办法，异地安置农民。总之，小城镇的村庄整治应坚持由点到线到面，一个镇一个镇地整体推进，不搞形式主义，不搞强迫命令，不搞千篇一律，不搞包办代替，不搞盲目攀比。

小城镇的发展在追求当前经济效益的同时，不应忽视同等重要的社会和环境效益，必须改变以往粗放经营的经济发展观念，强化清洁生产，注重节约能源，充分利用绿色和可再生能源，保持稳定、持久和健康的发展模式。当前，符合小城镇实际需要的实用技术主要有以下几项：①在近郊区的卫星镇推广实用、小型的生活污水集中处理系统，或采用人工湿地进行深度净化。这是成本非常低、非常有效的系统。②在一般的小城镇坚持推广改良的沼气化粪池。③对小城镇建房提供符合当地传统的、多种标准的图册，既能够延续当地文脉，又能够注意到环保生态。在近郊小城镇推行节约省地型住宅，根据国家保护耕地的政策，要大力提倡适合农民居住的公寓式、联排式的农民住房。④大力推行小型的风能和太阳能以及地热的利用技术，全面推广节能技术，制定并强制执行节能、节材、节水标准，按照减量化、再利用、资源化的原则，搞好小城镇资源综合利用，实现经济社会的可持续发展。在小城镇，可考虑以一个村、一个居住小区为单位，进行集中利用风能、太阳能、地热的试点。

第六章

城乡发展中的环境保护

一、环境保护的现状与问题分析

1. 社会和谐与社会公平

十六届四中全会指出，最广泛最充分地调动一切积极因素，形成全体人民各尽其能、各得其所而又和谐相处的社会，是巩固党执政的社会基础、实现党执政的历史任务的必然要求。要适应我国社会的深刻变化，把和谐社会建设摆在重要位置，注重激发社会活力，促进社会公平和正义。中央还提出，要紧紧围绕提高党驾驭社会主义市场经济、发展社会主义民主政治、建设社会主义先进文化、构建社会主义和谐社会、应对国际局势和处理国际事务的五大执政能力，以科学的态度去落实科学的思想，以创新的精神去发展创新的理论，以完善的制度去保证长期的任务。

构建社会主义和谐社会正是革命党向执政党转变的核心内容。

人的需求具有自然属性和社会属性。自然属性是人的动物本能，社会属性的本质是精神性的，是利己与利他的高度统一。社会主义不仅要满足人的需要，更要改变人的需要，使人们从自然属性中逐步解脱出来，从注重物质生活转向注重精神生活。

人与自然的和谐是未来社会价值体系的核心概念。它将超越人类中心主义，促使人类重新审视自我，重新评估历史，重新定义幸福。仅仅发展生产与扩充财富并不等于就是对人类命运的终极关怀，并不等于就与人类的进步方向相一致。人类现代文明的最高表现是人性的进化，即人与自然的相融。

人与自然的和谐必然促进人与人和谐，而人与人的和谐必然促进人与社会的和谐。社会和谐不能一味地追求经济赶超，不能无原则地取消斗争，不能扼制人对物的合理占有。社会和谐是人道社会主义，包含着尊重自然的基本诉求；社会和谐是对资本主义竞争理论的彻底修正，与马克思建立共产主义社会的价值追求一脉相承；社会和谐是对传统经济发展模式的自觉调控，使全体人民在公平、公正的前提下实现共同富裕；社会和谐是工业文明向生态文明的转型，它提倡在全社会建立一种自我克制、自我超越的生活方式。

社会和谐必然促进社会公平。社会公平，就是在平等的规则下，人人享有同等的机遇和权利，以达到最终资源分配上的公平。从政治学角度看，就是执政党要保护人民基本人权，保障社会多元化、防止社会分裂化；从社会学角度看，就是执政党要调节各社会成员间不同利益群体的关系，缩小社会收入贫富差距；从经济学角度看，就是执政党要在经济增长与资源环境、公平与效率之间找到平衡。

经济发展绝不能以牺牲社会公平为代价。市场配置虽然可以增加社会财富，但无法解决社会不公。社会不公一旦超出了社会承受能力就会酿成社会动荡，发展的成果也将毁于一旦。我们执行让一部分人与一部分地区先富起来的政策是完全必要的，但不能忽略社会公平，这将使我们难以达到共同富裕的目标，还会带来更多的社会问题，更会引发深层的体制矛盾。

社会公平不是平均主义。中国传统“不患寡，而患不均”的思想根深蒂固。中国近代的经验教训表明，扼杀社会效率就等于扼杀民族活力。因此，强调社会公平，只能保证机会均等，而不能强调收入均等。收入的差距，只能依靠国民收入再次分配。以牺牲按劳分配为主、多种分配形式并存的分配原则来换取所谓均等的做法不能重演。中国今天的现代化之路,是20多年前中国人的共同选择。发展不能停。需探讨的是发展观念,需改革的是发展方式,需评价的是发展结果。

我们不能以为只要经济发展了,政治就必然稳定,危机就必然化解,社会就必然和谐。如果政治文明不跟进,社会发展不协调,环境保护不落实,对经济发展的制约将更大。我们在和平年代最重视经济发展,其次是社会问题,再次是环境生态。经济形势一日一变,社会形态一年一变,环境生态十年一变,但它们产生的实质影响正相反。经济危机可以通过宏观调控加以化解;社会危机需付出巨大政治成本才能平息;而环境危机一旦发生,将变成难以逆转的民族灾难。世界上许多中等发达国家当人均GDP达到4000美元左右时,经济发展后劲都跟不上,是因为取得的大部分效益在为所欠的生态债而付账,为滞后的体制而付账,为加重的社会矛盾而付账。

体现人与自然和谐的环境生态,与体现人与人和谐的社会公平,从未像今天这样紧密相连。当未来30年人口总量、劳动就业和老龄化三大高峰同时来临时,当我们仍按照拼资源拼消耗的方式去增大经济总量时,当我们仍无法解决城市工业化与二元结构、就业的矛盾时,当经济受益者与环境承担者因分属不同群体而使社会矛盾激化时,加快落实科学发展观就显得非常迫切。科学发展观的核心是坚持可持续发展的理念,统筹人与自然和谐发展,处理好经济建设、人口增长与资源利用、生态环境保护的关系,推动全社会走上生产发展、生活富裕、生态良好的文明发展道路。即是说,人类对自然的索取必须与人类对自然的回报相平衡;当代人发展不能以牺牲后代人的发展为代价;本区域发展不能以牺牲其他区域发展为代价。

追求公平也一直是国际社会可持续发展的主旨。1992年世界环境发展大会通过的《21世纪议程》,把代际公平作为可持续发展的核心。2002年世界首脑会议,更是把解决当代社会公平问题作为可持续发展的重要内容。可持续发展源于环境保护,而保护环境就是在更大范围、更宽领域内促进社会公平。

2. 环境公平与社会公平

中国改革开放取得巨大成就。中国保持着世界上最快的经济发展速度。中国正在成为世界工厂。但中国仍沿袭着粗放型的经济增长模式,创造的国内生产总值虽只有世界的4%,耗用的钢铁、煤炭、水泥却分别占世界总消费量的30%、31%和40%。中国在人均GDP400—1000美元的条件下,出现了发达国家3000—10000美元期间出现的严重环境污染。生态破坏与工业化、城市化、就业压力、资源短缺、贫富差距搅在一起相互作用相互制约,累积成中国严峻的社会难题。马克思说,“物与物的关系后面,从来是人与人的关系”。某些人的先富牺牲了多数人的环境,某些地区的先富牺牲了其他地区的环境。环境不公加重了社会不公。

(1)城乡不公平。中国农民为中国现代化付出了巨大的代价,但他们却愈来愈被排挤在现代化成果之外。城乡居民收入差距由20世纪80年代1.8:1,扩大到90年代的2.5:1,2003年更达到3.2:1。我国1988年的基尼系数为0.34,1995年为0.39,2003年为0.45,已经超过了国际公认的0.4的收入差距警戒线。中国已变成“居民收入很不平等的国家”。据世行分析,中国目前的贫富差距之大已超过东亚与东欧各国,全世界没有一个国家在短短15年内收入差距扩大得如此之快。权力与财富向城市集中。农民在就业、教育、社保等方面成为二元结构的牺牲者。我们渴望通过城市化解决二元结构问题,但城市规模的扩大,房地产的快速开发,带来的却是强制性征地、克扣法定补偿和推诿就业安置。失地农民不仅没有现代化,反且失去了赖以生存的生产资料,潜伏下更大的社会危机。拿环境来说,中国污染防治投资几乎全部投到工业和城市。而中国农村还有3亿多人喝不上干净的水,1.5亿亩耕地遭到污染,每年1.2亿吨的农村生活垃圾露天堆放,农村环保设施几乎为零。城市环境的改善是以牺牲农村环境为代价,通过截污,城区水质改善了,农村水质却恶化了;通过转二产促三产,城区空气质量改善了,近郊污染加重了;通过简单填埋生活垃圾,城区面貌改善了,城乡结合部的垃圾二次污染加重了。农村在为城市装满“米袋子”、“菜篮子”的同时,出现了地力衰竭、生态退化和农业面源污染。

(2)区域不公平。几十年来,中国资源富集的不发达地区源源不断地将资源输往发达地区,如今已积累了发展力量的发达地区却没有给予不发达地区足够的补偿。

不发达地区在竞争中日趋落后，中国的区域差距日趋扩大，严重影响着中国社会的统一和谐。从1980年到2003年，东部地区在全国经济总量中的比重由50%增加到59%，中西部地区所占比重却相应下降。从人均GDP来看，1980—2003年，西部与东部由1:1.92扩大到1:2.59，中部和东部由1:1.53扩大到1:2.03。环境也是如此。西部是我国大江大河的源头和生态环境的天然屏障，长期以来开发森林和矿产，破坏了生态环境。我们对西部地区不断提出限制发展、保护环境的要求，而保护的成果却主要被发达地区无偿享用。近年来的南水北调、森林禁伐、西部地区退耕还林，最直接的受益者还是发达地区。环保上的区域不公平是明显的，“谁受益谁补偿”的原则没有得到落实。

(3)阶层不公平。通过农产品的剪刀差和工人的低工资积累起巨大的国有资产，已通过各种途径流失，形成了中国社会越来越大的贫富两极分化。城市和农村内部的差距也很大，在城市中，10%的最高收入户与10%的最低收入户的差距由1998年的3.09倍扩大到2000年的5.02倍；在农村，最高收入户与最低收入户的差距由1998年的4.8倍扩大到2000年的6.5倍。从环境上看，富裕人群的人均资源消耗量大、人均排放的污染物多，贫困人群往往是环境污染和生态破坏的直接受害者。富裕人群可以通过各种方式享受医疗保健，以补偿环境污染给生活质量带来的损害；贫困人群却没有能力选择生活环境，更无力应对因污染而带来的健康损害。

(4)国际不公平。众所周知，地球的资源与环境容量有限。而西方经济学家一直都假设地球的资源无限，还假设被开采并转化成商品前的资源无价。结论是，凡经济增长都要通过高消费拉动，凡资源环境的稀缺都可通过自由贸易交换，凡世上最理想的社会都可以将资源“按需分配”。从此，西方国家的经济发展便建立在尽情开发自然、大量排放废物、盲目奢侈消费的基础之上。他们通过技术优势和军事力量完成了资本原始积累，占用了全球资源。二战后，他们引发了多起震惊世界的公害事件，激起了声势浩大的环保运动。他们凭借足够的经济技术手段，在工业化行将完成的时候治理了污染，并初步构建了国家内部的社会补偿机制。他们将企业总部和研发中心留在自己环境良好的城市，而将高耗能重污染的产业向发展中国家转移。由传统西方工业文明主导的世界，是霸权政治与强权经济的世界。发达国家更是透过一系列国际组织以及衍生出来的法律、条约、协议，控制了全球化市场。占九成人口的贫弱国家，在无知和无奈中变成了被富国操纵的市场和廉价劳力原料的供应地。因此，富国愈富，穷国愈穷。全世界60多亿人口中，12亿人营养不良、体重不足；12亿人营养过剩、体重超标。10亿最穷的人所患的疾病是疟疾和结核，10亿最富的人更多地死于肥胖和缺乏运动。当世界粮食大量投放于发达国家喂养畜禽的同时，发展中国家大多数人为了生存与吃饭，使更多的森林草原沦为耕地，更多的江河被截流灌溉，更多的土地被荒漠化。100多年前地球每4年灭绝一种动物，现在每年灭绝生物四万种。

尽管发展中国家可以借鉴发达国家环境保护的经验，但他们没有足够的技术资金去治理污染。即使某些发展中国家依靠资源和廉价劳力优势，使GDP得以骤增，一时引起世界瞩目，但马上就因为越来越大的能源环境制约而不能持续。更令人遗憾的是，发展中国家由于沿袭了传统西方工业文明的发展模式，其结果是带来了内部社会更大的不公平。发展中国家人口众多，又无能力像发达国家那样廉价地占有世界资源，大量农村人口流入城市后造成了城市膨胀，农村人口依然过剩，规模化经营没能实现，政府的财力难以对农业巨额补贴，城乡二元结构依然突出。发展中国家除个别因为其特殊战略原因外，基本上都很难解决城乡与阶层差别问题。

人类对大自然的总体需求与污染物排放量，早在1980年前后就已超过了地球的可承受能力。发达国家不足世界人口14%，却消耗着全球商业能源的80%。为弥合差距，1992年联合国里约环发大会向世界郑重承诺，发达国家对发展中国家的援助要占本国GDP的0.7%，并无偿转让环保技术。10年之后，资金援助反而由占GDP的0.36%下降到0.23%，除了北欧几个国家，发达国家普遍失信。新能源技术也在“保护知识产权”的名义下限制向发展中国家转让。

社会公平的核心就是权利和责任的对等。城乡不公平、区域不公平、阶层不公平，乃至世界不公平，都是权利与责任不对等的表现。逃避并推卸责任，都会使中国社会难以和谐，世界难以安宁。

3.公平的环保促进社会的公平

(1)中国的发展成本远高于世界平均发展成本。中国科学院算了一笔账,干同一件事,在世界平均状况下每花1美元,在中国就要花1.25美元。多出的0.25成本中,生态环境占0.17,结构不合理与管理不善占0.08。因此说,想了解人们生活质量与社会发展的真实水平,就要把代表平均生活质量的恩格尔系数、代表社会公平程度的基尼系数、代表经济社会协调持续的人文发展指数、代表城乡差异程度的二元结构指数、代表资源能源利用水平的集约化指数加在一起进行综合分析,才能得出比较准确的结论。

(2)我们需要一整套新的国家绩效考核体系。建立绿色GDP核算体系是战略性的一步。现行的GDP中只能看出经济指标,却看不出其背后的环境生态破坏。绿色GDP则扣减了环境和生态成本,其数据反映了国家的真实发展水平,能够为决策提供判断依据。但由于技术、观念的障碍,绿色GDP不可能短期出台。我们急需一套能够修正地方官员决策的考核标准,这就是官员环保考核。环保考核应包括公众环境质量评价、空气环境质量变化、饮用水质量变化、森林覆盖增长率、环保投资增长率、群众性环境诉求事件发生数量等指标;还应包括当地政府对中央各项环保法律法规的落实情况。新的绩效考核体系,将以新的发展观与政绩观来调整单纯关注经济增长与过度消费的观念,为全社会的协调发展,为弱势群体的公共利益,为执政党的长治久安提供重要支撑。这有利于促使政府职能从单纯抓经济转为主抓公共事务。今后官员的政绩应该是:创造每单位GDP所耗资源与所释放的污染物越低越好;本地区每个劳动者的全负荷劳动生产率与单位国土面积所承载的经济总量越高越好。

(3)我们应该考虑重新调整国土规划。国土规划中的行政区域改革最为重要,因为可以从根本上促进区域公平。中国行政区划设置一向考虑政治、经济、自然、民族因素。但有些朝代为了统治,也往往故意打破自然地理的完整性。今天,城市的辐射作用更加重要,经济发达地区已具备了协调区域经济、促进区域公平的能力。我们有发达地区带动落后地区共同致富的经验,也有长期把生态脆弱的贫困地区集中在一个行政区域内而使区域差距更加扩大的教训。我们应根据资源、人口、经济总量与环境生态的不同功能,确定不同目的,设立不同标准,调整不同区域,优化配置不同资源。例如,中国多山多丘陵,若以一个或两个相对完整的自然地域,特别是以水系为界来划分行政区,既有利于区内水土资源的统一开发,也有利于上下游之间的补偿协调,更有利于全面规划与综合整治环境。

(4)我们应加快实施生态补偿机制。建立生态补偿机制是为了用计划、立法、市场等手段来解决下游地区对上游地区、开发地区对保护地区、受益地区对受损地区的利益补偿。我国财政转移支付制度应该把区域生态补偿作为重点,还可考虑对生态脆弱地区实行特殊税收政策。政府还应运用市场手段让社会各阶层之间进行生态补偿。富裕人群消费的环境多,应当做出更多的补偿。如城市生活污水收费,用水多的应该加倍付费,特困户在生存用水范围内应该给予补贴;占用空间大的高档住宅、排气量大的汽车也应该向环境付费。对高价值商品还应开征高消费税,并在其中包含一定比例的环境补偿费。此外,必须让污染大户向污染受害者进行生态补偿。现在的收费标准仍然远低于企业的污染治理成本,于是这些企业交了排污费就可以光明正大地“合法排污”。我们应提高排污收费标准,迫使企业为节约成本选择治污。总之,用完善的环境付费和环境税收政策,可让高收入阶层拿出更多的钱改善环境,让低收入者享受到更多的环境权益;让生产者自觉追求环保的生产方式,让消费者自觉选择环保的消费方式。

(5)我们还应建立国家产业补偿制度。这是要解决末端产业对于源头产业的利益补偿;解决二、三产业对于第一产业的利益补偿;解决成品产业对于资源产业的利益补偿。补偿手段应依照资源价格和机会价格,对整个产业体系实施合理的利益分配。我们还应建立有地区差别的环境政策。东、中、西部地区在资源分布、自然气候、潜在环境容量等方面存在巨大差异。为公平发展,我们可在排污收费标准的制订、排污总量的分配、环境税起征点的设计上推行不同标准的环境政策。我们还应呼吁建立国际环境补偿体系。发达国家对自然的索取远远超过发展中国家,他们理应为拯救这个伤痕累累的星球承担更大的责任。首先要做的就是降低“绿色贸易壁垒”，帮助发展中国家实现跨越式发展；并建立全球生态补偿机制，为发展中国家保护森林、生物多样性而付费。

(6)我们应保障公众参与以推进社会公平。社会公平必然是大多数民众意志的反映。唯有在完善的民主机制中才能真正确立社会公平，也唯有社会公平才能支撑民主机制的延续。社会公平的民主机制当然包括公众参与。环保领域的公众参与正是发展社会主义民主法制的切入点。公众参与影响自己利益的环保决策是宪法赋予的权利。我们要实行环境信息公开化，让公众知道自己呼吸的空气怎样，喝的水怎样；我们要推行环境决策民主化，在影响公共利益的大型工程开工前举行听证会，让公众充分发表意见；我们要实行环境公益诉讼，使任何公民、社会团体、国家机关为了公共利益，都可以以自己的名义，向国家司法机关提起诉讼。什么是法治国家？就是法律面前，人人平等。中国已有40余部环境法律法规，但由于规定的权限不够，这些法律还不能够完全保护人民的环境权益。经济利润的受益者与环境经济的承担者不是一个主体，一方是企业，一方是普通公众。在决定某个污染企业是否该关闭的问题上，由于受益者与承担者背后的社会力量悬殊，导致执法不严、弹性执法、差别执法。我们必须提高环境法律的执法力度。必须改革环境执法体制。必须重点解决违法成本低、守法成本高的问题。必须打破地方保护主义的藩篱。

(7)我们应实行一系列新经济政策。第一是发展循环经济。因为它不仅能缓解资源和环境压力，还能为生态脆弱地区解决就业问题。在传统发展模式下，技术进步必然带来就业的减少。而循环经济由于生产链条的延长和废旧资源循环利用产业的发展，反而扩大了社会就业。美国的废旧资源利用行业年产值达2360亿美元，提供了110万个就业岗位，竟与全美的汽车行业规模相当。第二是开发新能源。中国的能源消费结构仍以煤为主，众多人口每天呼吸不到清洁空气，企业的利润以人民的健康为代价。新能源将从根本解决这一问题。以核能、太阳能、风能、沼气为代表的新能源技术已在发达国家大量开发，世界新能源年增长速度已超过30%。欧盟提出到2020年，新能源要占其能源供应比例10%以上。中国新能源的发展速度和水平不仅远远低于大多数发达国家，甚至也落后于印度、巴西。中国人口太多，资源太缺，生态太弱。必须舍得花费最大成本去投资新能源的开发，并利用价格、税收、财政等政策，激励新能源走出实验室得以普及，才是中国唯一可持续发展之路。第三是生态移民。重要生态功能区、生态脆弱区与最贫困区往往重合为同一区域。要逐步将此类区域中的居民搬出来向城市集中。发达地区应划出一定区域建成西部生态移民经济开发区。国家生态补偿资金要重点用在这方面。当地政府应进行开发区的基础设施建设与移民技能培训，并要考虑环境容量，发展绿色工业。为此，可以制定一个扶贫与环保的联合行动计划，将生态农业、生态工业的成功经验充分吸纳进来。

(8)环保不仅是一门专业，更是一种理念，一种文化。我们一定要最终完成环境文化建设。社会主义的根本任务是消除人的物化，使人类从无休止的物质追求中解脱出来。人类在深刻反思工业文明的过程中，提出了可持续发展理念，这就是致力于人与自然、人与人、可持续发展的环境文化。一种理念要成为全社会奉行的价值观，还需创造一套能够为大众提供是非判断标准和行为导向的准则，就是引导大众过一种环保的、关爱他人的、更加注重精神超越的新生活方式。通过改变消费方式来引导生产模式发生重大变革，进而调整产业经济结构。环境文化是生产力布局与资源配置的调节器，是协调社会关系的新杠杆，是社会公平和社会和谐的重要基础，是文明转型的更高起点。

我国社会的公平诉求已经到了不容忽视的时刻。这是一项艰巨而复杂的系统工程。我们要从环保这个能够使所有人共赢的领域切入，充分发挥社会主义制度集中力量解决突出问题的优势，展开一场导向和谐社会的公平实验。

和谐与公平，曾是古老的社会理想。在经历了三百年不和谐的发展之后，人类终于又开始重新关注这个问题。因为和谐公平还是混乱毁灭，已成现实选择。和谐，将为未来的人类开辟道德与美学的广阔天地；公平，将为人类和谐提供源源不断的动力。和谐与公平作为一种新理念，再次出现于人类思想的地平线上。

我们正朝着这个方向前进。

二、环境保护与公众参与

1. 什么是公众参与

所谓公众，指的是政府为之服务的主体群众；所谓公众参与，指的是群众参与政府公共政策的权利。我们提倡公众参与，是因为中国发展观与执政观的伟大进步，是因为中国民主法制与政治文明的逐步成熟。

在市场经济条件下，企业追求的是资本高收益率，其主体是实实在在的企业股东。而政府追求的是公共事务的综合发展成果，其主体是抽象的全社会公众。谁来代表公众?当然是政府。随着改革的不断深化，政府的职能定位也由过去热衷于抓经济管企业，逐渐向以主要抓公共事务管理过渡。公共事务，包括人口与就业、教育与文化、资源与土地、环保与生态、治安与稳定、医疗与交通等各个领域。过去为做好这些工作，我们一向提倡走群众路线，一向发动群众出主意想办法。“走群众路线”与我们现在提倡的“公众参与”有何区别呢?区别在于，走群众路线强调的是政府的领导方法与群众的义务，而公众参与强调的是群众的权利与政府对此权利的保护。就是说，前者属于义务本位，后者属于权利本位。这种权利本位的转变，正是革命党转向执政党后的一种观念转变，也是执政党合法性重要的政治基础。群众有权利理直气壮地参与关系自己切身利益的公共事务，有权利对公共事务过问、咨询、提意见，政府部门不必担心自己的权力会被削弱被监督，不必将这些权力当成禁区而不准群众过问。说到底，官员的权力只是义务，而群众拥有的是权利。因为公共事务是为群众服务的，群众是公共事务的真正主人。

2. 什么是环保公众参与

环保当然是公共事务中的重要组成部分。

中国对环保的重视始于1978年，小平同志首先提出中国应制定环境保护法；1984年，中央将环保提到了“基本国策”的地位；1992年，中国确立“可持续发展战略”；1997年，《刑法》增加了“破坏环境资源保护罪”；1999年，中国将“国家保护和改善生活环境和生态环境，防治污染和其他公害”写入了《宪法》；2003年，中央提出以人为本，全面、协调、可持续的科学发展观，提出城乡、区域、经济社会、人与自然和谐、国内发展和对外开放五个统筹发展，环保越来越占有重要的战略地位。环保工作之所以越来越重要，是由于中国的环境污染和生态破坏愈来愈严重，是由于群众对此愈来愈不满，是由于我们治理的速度似乎愈来愈赶不上破坏的速度。为什么?是因为人口过多、资源匮乏、环境容量太小、生产方式与消费方式太落后等多种原因。但从更深层次上看，还有一个重要原因，就是公众参与程度太低。

世界环保事业的最初推动力量来自于公众，没有公众参与就没有环境运动。

1962年美国海洋生物学家卡逊发表了著名的《寂静的春天》一书，指出过量使用农药对环境和生物具有巨大破坏作用，这是现代环保思想的开端。1970年4月22日，美国2000万群众参加了环保游行，这一天被称为“地球日”而得到永久性纪念，这是现代环保运动的开端。

单举一下日本的例子。日本相对于中国，人口资源压力更大，但却是世界上环保搞得极好的国家。凡近年到过日本的人，都对日本的环保赞叹不已。但日本在上世纪中叶工业化进程中，也曾经历过一系列严重的环境污染公害事件。从六十年代起，日本的环境污染受害市民进行了大规模的法律诉讼，媒体也参加进来追踪报导有关污染事故，日本许多地区还成立了反对环境污染的民间组织对污染企业展开了斗争。1970年，日本反对只发展经济不考虑环境保护的市民人数第一次以45%对33%的比例占据社会主流。自民党的选票为此从58%降至48%。公众对环境保护的广泛参与，使自民党与日本国会也开始专门讨论环境公害问题（史称“公害国会”）。1967年日本颁布《公害对策基本法》，1974年日本颁布《公害健康赔偿法》，以后更陆续颁布了一系列环保法规。特别是《循环型社会形成推进基本法》，用环境文化理念去促进国民自觉的环保意识与道德素质；用强制性手段推进新能源的使用，控制自然资源的消耗；既要降低废弃物的产生，也要提高废弃物的循环利用，还要对无法再利用的废弃物进行安全处置。经过十年努力，使日本形成了一个人口、资源、环境、文化相互协调的循环型社会，实现了环境与经济的“双赢”。这个例子说明，真正治理好环境污染，不仅要靠政府的高效率，也不仅要靠国民的高素质，公众参与的民主法制机制更为重要。

中国环境保护有法不依，执法不严，公众参与的民主法治机制不足是重要原因。中央早在1978年就明确规定：对于那些严重污染环境，长期不改的，要停产治理，并追究领导责任，实行经济处罚，严重的给予法律制裁。但二十多年下来，有多少官员因污染环境而受到法律制裁了呢？又有多少因发展不当而破坏生态的错误政策得以根本性纠正呢？可持续发展战略，中央从1992年就开始提出，我们究竟做到了没有？在传统的发展思路引导下，政府要财政收入，企业要短期利润，官员要靠单纯的GDP增长来反映业绩，他们不会将主要精力放在环保。经常有人说，中国人生活水平太低，当务之急是先集中力量搞好经济，环保是下一步的事。其实，任何国家都可以这么说，惟独中国不成。因为中国的人口太多、资源太少、环境容量太小，可持续发展模式已变成中国人不得不选择的惟一发展模式。要实现“让人民喝上干净的水、呼吸清洁的空气、吃上放心的食物，在良好的环境中生产生活”，要实现整个社会“走上生产发展、生活富裕、生态良好的文明发展道路”，就必须出台一系列切实可行的政策法规，动员全社会各界人士扩大环保的公众参与，强化民主法治的监督约束机制。否则，可持续发展的理念将会被淡化成口号。

3. 如何推进环保公众参与？

与西方国家不同，中国的环境保护是由政府首先推动。上世纪70年代初，周恩来总理就注意到了日本环境公害的惨痛教训，要求我们重视环境问题。30多年来，从“基本国策”到“科学发展观”，充分显示了历代领导人为中华民族高度负责的历史责任感。好的政治理念必须依靠公众来响应，必须依靠公众参与来落实，必须依靠一套完善的监督机制来贯彻。以人为本，全面、协调、可持续的发展观不仅把环境保护摆上了更加突出的位置，而且为公众参与提供了政治保障。

第一要转变思想观念。要明确认识到公众参与环保是群众的权利，而这样的权利和权益是国家法律赋予的，政府和部门有义务来回应和保护。公众参与不是施舍，也不是过去那种以政府为主体动员组织群众运动的老观念。在战争时期，我们是革命党，需要动员组织群众通过斗争去争取权利，而现在我们是执政党，要依法治国，而任何法治国家的政府，都要承认和保护群众的权利。这种在环保方面保护群众参与公共事务权利的新观念，是我们立党为公、执政为民、以人为本的新政绩观，是我们社会主义民主建设的有益尝试，是我们社会主义制度优越性的重要体现。

第二要环境信息公开化。环境信息公开又称环境信息披露，是一种全新的环境管理手段。它承认公众的环境知情权和批评权，通过公布相关信息，借用公众舆论和公众监督，对环境污染和生态破坏的制造者施加压力。1998年，35个来自欧洲和中亚的国家在丹麦签署了“奥胡斯公约”。核心内容是强调公众的环境信息知情权，随后又有39个国家也加入了该公约。我国政府为推进环境信息公开已做了诸多努力，如每年公布环境公报，每月公布大江大河水质状况，每天公布城市空气质量，各传媒都在广泛地报导环境事件。但存在的问题是，公众个人要求政府和企业提供环境方面的相关资料，相当困难。公众向谁要？谁会给？谁应该给？我们缺少公众与政府部门间的信息互动。公众的知情权关键在于要实行信息法治，我们应开始研究保障环境信息透明化的相关法规。

第三要环境决策民主化。1979年的《环境保护法》规定："一切单位和个人，都有保护环境的义务，并有权对污染和破坏环境的单位和个人进行检举和控告。"2003年9月1日开始实施的《环境影响评价法》意义十分深远，它规定政府机关要对可能造成不良环境影响并直接涉及公众环境权益的专项规划，应当在该规划审批前，举行论证会、听证会等形式，征求有关单位、专家和公众对环境影响报告书的意见。中国公民的"环境权益"首次写入国家法律，它意味着群众有权知道、了解、监督那些关系自身环境的公共决策；它意味着谁不让群众参与公共决策就是违法。存在的问题是，虽然公众参与环境监督的权利在法律上得到肯定，但在"参与"的具体条件、具体方式、具体程序上还缺少明确细致的法律规定。就是说，公众一旦遇到具体的环境问题，不知道如何参与。例如，最近一些计划启动的水坝项目受到公众关注，但这种关注更多只表现在网上发发文章，专家们开几个会。热心的公众找不到参与决策的渠道，最后满肚子的疑惑便会选择激烈的诉求方式。因此，为公众参与影响环境的重大项目决策而制定明晰的程序与权利，是我们的义务。

第四是环境公益诉讼。所谓环境公益诉讼，是指任何公民、社会团体、国家机关为了社会公共利益，都可以以自己的名义，向国家司法机关提起诉讼。而我国现行的环境诉讼法律规定中，唯有直接受害人才有权提起民事诉讼，最后被归于民事法律管辖范畴。由于环境权益不仅仅属于私人权益，更属于社会公益，所以在欧美各国的环境法中，都普遍采用了环境公益诉讼制度。由于环境诉讼涉及许多十分专业的技术问题，为减轻公众在环境诉讼中的成本，弥补其专业知识，各国都为公众环境诉讼创造了便利的司法条件。在我国，为加大对环境污染和生态破坏的惩治力度，司法应当逐步扩大环境诉讼的主体范围，从环境问题的直接受害者扩大到政府环境保护部门，扩大到具有专业资质的其他环保组织，再扩大到更广阔的公众主体，将公众日趋增长的环境权益要求，纳入规范有序的管理。

第五要加强与民间环保组织的关系。各类民间环保组织，除极少数不顾中国国情、生搬西方模式的极端环保主义者外，大多数都是积极健康的主体。特别是那些广大青少年的环保志愿者组织，他们热爱祖国、激情奉献、关注环境、倡导节俭。作为政府机关，要对大部分民间环保组织予以支持引导。如对各类环保组织进行专业培训；如多层次地搭建政府与公众座谈与对话的平台；如联合民间环保组织和各界人士共同合作社会公益行动；如就重要的公共政策进行专门的解释与沟通等等。

我国公众，特别是广大青少年的环境权益意识日趋增强，反映了我国社会主义民主与政治文明的进步，反映了可持续的科学发展观深入人心，反映了中华民族未来的希望。这就要求我们在环保方面承认和支持人民群众的环境信息知情权、环境信息传播权、环境决策参与权和环境政策监督权，一切有责任心的中国人，都有义务来积极推动和参与环保事业。环保事业，是最无私的人所从事的最无私的事业，需要更多无私的人做出更多无私的奉献。

三、战略环评与可持续发展

18世纪开始的那场工业革命改变了世界。因那场革命而产生的工业化道路却在20世纪走到了尽头。2002年世界首脑会议终于达成共识：经济、社会、环境必须相互协调才能可持续发展。中国已将可持续发展确定为基本战略。中央近年提出的树立科学发展观、构建和谐社会、建设资源节约型和环境友好型社会等一系列新理念，正是以可持续发展为核心。

美国的莱思特•布朗先生说："由于中国如此庞大的人口，人类迄今为止走过的所有发展道路对中国都不能适用。要不了多久，中国非得开拓一条全新的航道不可。这个发明了造纸术与火药的民族，现在面临一个跨越西方发展模式的机会，向世界展示怎样创造一个环境上可持续的经济。中国若成功了，就能为全世界树立一个光辉的楷模，为人仰慕效法；中国若失败了，所有的人都将为此付出代价。"因此，能否实现可持续发展从理念到行动的转变，决定着中华民族伟大复兴事业的成败。没有一个中国人希望失败。

1. 可持续发展呼唤战略环评

上世纪60年代，西方社会主流认识也是将单纯的经济增长等同于社会发展，导致环境危机在80年代全面爆发，既制约了经济增长，也影响了人体健康、社会公平、政治稳定与文明延续。为此，西方的环保思想便从"末端治理"、"生产过程控制" 过渡到第三阶段，即"源头防治"。这一痛苦的认识过程，是发展观升华的过程，是可持续发展理念产生的过程，是解决环境问题整体战略提出的过程。所谓战略环评，即是"从源头和过程控制"战略思想的集中体现；即是对政策、法规、规划、计划中的资源环境承载能力，进行深入的分析预测和科学评价；即是采取预防措施或者其他补救措施，从源头上控制环境污染。

战略环评制度产生于美国1969年的《国家环境政策法》。该法案提出"在对人类环境质量具有重大影响的每一项建议或立法建议报告和其他重大联邦行动中，均应由负责官员提供关于该行动可能产生的环境影响说明"。上世纪70年代中期，欧美其他国家开始将环境影响评价的应用扩展到战略层次。80年代末，战略环评开始被全世界广泛接受，作用于战略实施全过程(政策 - 计划 - 规划 - 项目)，新的环境影响评价体系逐渐形成。如今，美国政府已经编制了好几百部"战略环境影响报告"。加拿大《关于政策和计划建议的环境评价程序》规定所有联邦政策和计划，都必须经过战略环评。英国、荷兰、丹麦、瑞典等许多国家也都建立了战略环评系统。1993年，欧盟发布文件规定，今后凡有可能造成显著环境影响的开发活动或新的立法议案必须经过战略环评。在亚洲，韩国环评法要求国家及地方政府在制定实施各种政策与计划时必须进行战略环评。日本出台了一整套"计划环境评价体系"，专门用于区域开发计划中的战略环评。以上国家的实践表明，战略环评是将可持续发展战略从宏观、抽象概念落实到实际、具体方案的桥梁，是环境与发展综合决策的制度化保障。

我国在上世纪60年代正处于十年文革，认为当时西方发生的环境公害，正是"资本主义制度的不治之症，即生产资料的私人占有和生产的社会化在自然资源方面存在着不可调和矛盾的必然产物"，社会主义由于消灭了私有制，是有计划按比例地发展国民经济，所以不可能导致环境公害的发生。但实际上，我们也先后模仿着苏联与欧美传统工业发展的模式，如今，模仿这一高耗能高污染模式所带来的恶果，正在中国重现。中国面临着经济高速增长和环境资源严重不足的矛盾，传统经济增长模式对人类生存环境已构成重大威胁。以往的教训证明，如果决策部门在提出政策和规划时能更多考虑环境影响，并积极采取应对措施，不仅可以防止环境污染和生态破坏，也可大大减少经济损失和社会矛盾；如果不从各种开发建设活动的源头去预防环境问题的产生，我们将永远陷于防不胜防、治不胜治的恶性循环，并将在未来付出更大的政治成本与经济代价。

缺少环境考虑的规划与决策必带来深刻的教训。由于我国在过去制定重大经济政策时很少考虑可能将产生的环境后果，以至于在执行的过程中引发了大面积的环境污染和生态破坏，至今贻患无穷。例如现有的大都市由于在规划中没有充分考虑环线路网带给城市交通、市民居住、环境安全的负面影响，如今已使大都市交通长期拥堵不堪，城市布局像"摊大饼"一样地无限扩张，加剧了城区内空气污染和热岛效应。再如中西部省区在做能源、电力、重化工基地建设规划时，由于没有考虑到发展这些重污染行业必会与脆弱的生态环境产生尖锐矛盾，尤其是区域内有限的淡水资源根本无法支撑如此规模的开发活动，现已造成了几代人都难以恢复的生态问题。总之，我们当年大大小小的规划和政策由于没有充分考虑到环境资源的可持续发展，致使我国的经济仍是拼资源、拼环境的粗放型增长。中国已成为煤炭、钢铁、铜的世界第一消费大国，第二大石油和电力消费国。能源、原材料产量的增幅已远远高于同期GDP增幅。中国原油消耗量占世界消耗量的7.4%、原煤占31%、铁矿石占30%、氧化铝占25%，而创造的GDP仅是世界的4%。8个高耗能行业的单位产品能耗平均比世界先进水平高47%。全世界20个污染最重的城市，中国占一半。中国人口占世界21%，但人均石油占有量仅是世界1.8%，天然气是0.7%，铁矿石是9%，铜矿是5%，铝土矿是2%，因此，我们已经不可能靠国内资源来支撑今后的发展。到2010年，我国的石油对外依存度将达到60%，铁矿石是57%，铜是70%，铝是80%。面对如此巨大压力，中国的资源环境无法承载，世界的资源恐怕也难以支撑。

解铃还需系铃人。要从决策入手，从宏观角度出发，根据我国现有的资源与环境承载能力，制定出适合我国长时期发展的各项政策。我国的可持续发展，在于树立可持续发展理念，在于制定可持续发展战略，而凡可持续发展战略必然包括战略环境影响评价。

从制度体系上看，我们原来只注重对建设项目开展环境影响评价，但建设项目只处于整个决策链(战略、政策、规划、计划、项目)的末端，所以建设项目环评也只能补救小范围的环境损害，无法从源头上保护环境，也不能指导政策或规划的发展方向，更不能解决开发建设活动中产生的宏观影响、间接影响、二次影响、累积影响。2003年9月1日开始实施的《中华人民共和国环境影响评价法》中确定了战略环评的地位。该法明确要求对土地利用规划，区域、流域、海域开发规划和10类专项规划进行环境影响评价，这是对我国环境影响评价制度的重大完善。

历史的教训不能重复，已伤痕累累的生态环境再也经不起破坏与摧残。为了真正落实科学发展观，为了真正构建和谐社会，为了真正贯彻可持续发展战略，战略环评必须得以重视，战略环评的理论与技术必须加以研究，战略环评的制度必须付诸实践。

2. 规划环评是战略环评的切入点

什么是规划环评？规划环评是战略环评的重要组成部分。战略环评分为法规、政策、规划环评，由于我国环评法中只规定了规划环评，因此只能将规划环评作为战略环评与综合决策的落脚点，推进规划环评就是推进战略环评。规划环评评价的对象是在政策法规制定之后，项目实施之前，对有关规划的资源环境可承载能力进行科学评价。相比项目环评，规划环评真正开始实现了从微观到宏观，从尾部到源头，从枝节到主干，从操作到决策的转变和飞跃，是环境影响评价制度的一次根本性改革。有了规划环评这项法律制度，就可以把环境因素纳入到国民经济与社会发展的综合决策之中，就可以按照环境资源的承载能力和容量要求，对区域、流域、海域的重大开发活动、生产力布局、资源配置，提出更加科学合理的建议，以保证经济社会健康有序向前发展。

《中华人民共和国环境保护法》规定：环境包括大气、水、海洋、土地、矿藏、森林、草原、野生生物、自然遗迹、人文遗迹、自然保护区、风景名胜区、城市和乡村等。战略环境评价的评价对象当然也就不再是狭义的水、气、声、渣，而是包括自然界和社会经济更为广义的大环境。战略制定运作的过程本身就是对人们经济行为(生产与消费)的调整，就是对社会资源的再分配。既然所制定的一系列战略所产生的经济行为会对环境造成影响，那么战略环境影响评价就是对这种影响作出科学的评价。从理论上讲，政策战略环评应先行之，区域与行业的规划环评次之，而建设项目的环评则再次之。因为政策战略环评是真正意义上以主动积极的态度，对人类大规模开发活动进行预先评价，为领导层决策提供更具前瞻性和科学性的依据。但就中国现有国情而言，战略环评的切入点只能在规划环评。规划环评已经比建设项目环评定位更高，范围更广。规划环评的主要作用在于：

一是规划环评注重分析规划中对环境资源的需求。根据环境资源对规划实施过程中的实际支撑能力提出相应措施。环境战略资源有5个，即能源资源、淡水资源、耕地资源、矿产资源、生物资源。中国这5大资源没一样不缺。我国人均耕地资源大约是美国的1/10，加拿大的 1/30；人均淡水资源是世界平均水平的 1/4，京津塘地区更是世界平均水平的 1/16。如此有限的资源再遭受污染和破坏，那我们的可持续发展也就成了一句空话。因此必须通过规划环评来综合分析环境资源对经济社会发展的承载能力，设定开发强度的限制，提出切实可行的应对措施。

二是规划环评最提倡开发活动全过程中的循环经济理念。传统的生产力布局注重资源条件、市场条件、运输条件和劳动力条件，而忽视生态与环境条件。通过规划环评，就可以更全面更绿色地设计产业结构，延长产业链条，缩短产业之间的链接缝隙，尽量使产业上下游结合起来，将上游产业的“废物”变成下游产业的原料。“吃干榨尽”，使物质最大限度地转化为财富和价值。

三是规划环评能保证规划与环境政策、法规的协调性。长期僵化的计划经济体制，导致条块和部门分割，地方和部门关起门来闭门造车，使得各种规划之间矛盾重叠。通过规划环评能够搭建一个平台，即是将社会、环境和经济作为一个整体综合性地考虑，强调各地和各部门发展规划的协调性、公平性和均衡性，从而减少不同部门和地区间在资源环境方面的矛盾和冲突，打破行业垄断和行政区划，对资源总量与环境容量进行优化配置，使资源分布和生态功能区域的划分更加科学有机地结合。

四是规划环评会考虑规划区域内的环境累积影响。在项目环评中，即使每个建设项目环境影响能够做到达标排放，但大环境中的污染总量仍是递增的，这些“达标的”、“微小的”影响叠加起来就会突破环境容量，影响到整体的环境质量。比如，北京市所有的汽车都有环境绿色标识，但由于汽车总量在增加，北京城市道路上的大气污染仍呈上升趋势，局部路段存在着光化学污染威胁。通过规划环评，能够设定整个区域的环境容量，能够限定区域内的排污总量，能够将区域经济发展规模控制在生态环境容量许可的范围内。

五是规划环评可以提升社会评价的高度。许多规划的实施，由于资源的枯竭与环境的破坏，可能会带来一系列社会问题，而这些社会问题解决不当又会导致新的环境污染和生态破坏。例如库区移民，如果单纯的就地后靠，单纯的发展农业，无疑会加重水土流失。因环境问题而引发的社会影响，必须在规划环评中能得到充分关注并做出相应预防措施。

六是规划环评能综合考虑间接连带性的环境影响。如我国的电力紧张，在电力发展规划的环评中就必须综合考虑到火电、水电和核电的环境影响，同时，还要考虑到在采掘、运输环节的环境影响。再如全国高速公路网规划了 8.5 万公里的国道线，路修好了以后，必然会刺激汽车制造和石油开发，也必然会带来更多的资源环境问题，这些间接的环境影响应当通过规划环评预先提出综合性建议。

七是规划环评肯定能促进政务公开和公众参与。规划环评比项目环评更能为公众提供范围更广、层次更高的平台，使公众能及早地对关涉他们切身利益的发展规划享有知情权与发言权。规划环评对协调政府、企业、公众的环境权益具有非常积极的意义，可以有效推进政府决策的民主化与科学化。

3. 战略环评必须进入宏观经济决策程序

促进政府决策科学化与民主化，一直是我国行政和政治体制改革的重要内容。战略环境评价以全面协调的可持续发展为最终目标，有利于打破部门界限与地区界限，解决条块分割和部门分割，避免盲目建设和重复建设，变过度开发为适度开发，变无序开发为有序开发，变短期开发为持久开发。也有利于促使各部门将相关政策整合起来，创建更加科学民主的决策机制。

实现可持续发展的战略目标当然不仅仅是环保部门，而是所有决策部门共同的责任。规划环评能否被大力推广和开展，必须得到相关部门的认同与支持。从美国《国家环境政策法》的实施经验看，该法一出台，便经历了 “遭遇坚决抵触”、“部分程度的接受”、“全面积极的参与”三个阶段，现如今美国所有的政府部门都已对战略环评积极支持。他们都认识到可以通过战略环评来完善本部门的政策规划，既符合本部门利益，也符合国家整体利益。

规划环评作为战略环评的重要组成部分，在中国已实施近两年，成绩显著。可以说，环境影响评价制度作为落实科学发展观、促进人与自然和谐的重要措施之一，已经开始逐步进入到国家宏观经济决策程序。一些地区为规划环评工作的开展进行了有益的实践。上海市与河北省就对规划环评发布了政府令和文件,推动了辖区内的规划环评,为我国规划环评的开展积累了宝贵的经验。

我国规划种类繁多。从时间和性质上可粗分为:20年的远景规划,5年到10年间的长期规划,5年内的短期规划。我们要搞战略环评或规划环评,最注重的是5年短期规划和10年长期规划。在今后的发展中,我国将依法在土地开发、流域、区域和海域三个不同区域以及工业、农业、能源、城市建设、交通和林业等十个专项规划中大力开展不同层次的规划环评。

开展战略环评的难度也不小。缺乏系统的战略环评理论和技术方法,部门间的合作机制没有建立,国内战略环评队伍比较薄弱,等等。但为了使我国的战略环评尽快与国际接轨,从而为国家的可持续发展提供政策与规划上的保障,我们必须以最快的速度推进这项工作。

一是确定处理原则。对未列入专项规划且规划未经环境影响评价的项目,原则上不受理项目环评报告;项目在规划中,但规划未依法进行环评的,原则上暂缓受理项目环评报告;对于已开展规划环评的,规划内建设项目的环境影响评价工作可以依法在审批程序上和内容上予以简化。

二是和有关部门一道制定规划环评的管理细则。要明确环保部门在规划环评中的统一管理作用,对规划环评的经费、程序、内容、方法等问题予以全面规范。探索人大、政协和环保部门如何联合推动规划环评工作,保证规划环评及其审查论证的有序开展,促使规划环评的结论在规划最后决策时能予以落实。

三是提高规划环评的整体水平。推荐一批从事宏观经济技术研究与规划编制单位,作为规划环评编制单位。充实规划环评编制队伍,制定重点领域和行业规划环评的技术导则,开展多种形式的技术培训和交流,提高理论和实践能力。

四是提高规划环评中的公众参与能力。充分利用媒体向公众宣传普及"环评法",使公众认识到各类发展规划对自身环境可能产生的重大影响,从而能自觉主动参与对规划环评的监督,成为推动规划环评的主要力量。公众参与规划环评是环评法中大力提倡的。要建立科学理性的公众参与机制,以保障公众对关涉国计民生规划的知情权与监督权。

五是选择一些发展和环保矛盾突出的省市开展规划环评试点。根据不同区域的资源条件、产业现状、生态环境承载能力,来帮助这些省市确定可持续发展的总体战略思路,从而促进省市范围内的生产力合理布局、资源优化配置、产业结构调整、可再生能源开发。在规划环评完成之前,要暂缓、限制和停批有可能加重这些区域环境污染和生态破坏的某些行业建设项目。

我们知道,虽然规划环评可以解决许多项目环评所无法解决的环境问题,但规划环评的层次仍不够,许多更大的环境问题,需要在更高层次即大政策层面予以解决。因此,我们还将尽快开展相应的立法准备和政策试点,争取早日将政策环评纳入法规程序。

"前事不忘,后世之师",人类几千年的发展,用血的代价换来了这样的共识:可持续发展是人类未来发展的共同方向。发展必须要有战略,发展战略必须能够可持续,衡量发展战略是否可持续,战略环境影响评价就是标尺之一。因此说,中国的可持续发展目标需要一个个发展战略通过战略环评来落实,中国的经济发展与环境保护的矛盾要靠战略环评来缓解。战略环评需要决策层的重视与支持,需要各部门间的协作与交流,需要公众的参与与监督。这是一个新生而艰巨的事业,期待每个人为之加瓦添砖。

(**编者注**:本章"城乡发展中的环境保护"由国家环境保护总局副局长潘岳先生撰写)

A COMPREHENSIVE HANDBOOK OF DEVELOPMENT OF REAL ESTATE IN CHINA VOLUME 4

第四卷

土地供应与开发制度

第一章

加强城市土地经营 保障城市可持续发展

土地是财富之源，城市土地是城市政府的最大资产和财政收入的重要来源，在房地产行业蓬勃发展的今天，由于土地资源的不可再生性，其稀缺性日益凸现，如何实现城市土地价值的最大化，如何搞好城市土地经营，已成为城市可持续发展中的最大课题。

一、城市土地经营的现实困境

实施城市土地经营战略作为土地资源配置机制的又一次创新，是对原有制度及原有利益获得者的一种新的改革，在其执行过程中难免出现一些亟待解决的新情况新问题。

1. 存量划拨土地呆滞，难以盘活

多来年，我国仍然沿袭的是在计划经济体制的实行行政划拨土地的管理机制，现实情况说明这一制度弊端重重，严重地制约经济的发展和房地产市场的有序运转，致使大量划拨存量土地难以盘活，使得一方面划拨土地的闲置，另一方面不断地扩张建设用地市场，吞噬越来越多的耕地资源。

2. 城乡结合集体建设用地非法流转，亟待规范

随着我国市场经济的蓬勃发展和城镇化进程的不断推进，城市在这一过程中呈现出很大的变化，城市不断扩张，城乡结合部集体土地的非法流转愈演愈烈，但是如何明确集体土地资产，确保土地所有者

及使用者的正当权利，目前国家还没有颁布系统、完整的政策法规，这种情况下，集体建设用地擅自出租、转让、联营联建、私下交易，政府部门掌握不了第一手情况，当地群众也不清楚其中的黑幕，这样做的后果是非常严重的，直接导致了集体土地资源的流失，侵害了集体土地产权人的利益，而且还在一定程度上冲击了国有土地市场，干扰了房地产市场的正常秩序。

3. 经济适用住房用地亟待解决的一些问题

投机商利用划拨用地政策申请经济适用房建设用地，而后转为商品房开发的问题在各地都屡禁不绝。经济适用房计划和建设规模脱离实际，高于城市所能承受的开发建设能力和实际需求量，中低收入者并未得到国家所给予的优惠，而相当多的高收入者和一些单位却“搭了便车”钻了相关法律法规的空子，这样致使经济适用房的“济贫”目标实质上变成了“济富不济贫”，这就严重违背了国家制定经济适用房政策的初衷，也导致了市场上的严重不公，这样会影响政府的声誉和人们的信心。

4. 都市城中村亟待综合治理

城市建设的发展，直接导致城市规模不断扩大，必然有许多原有的村庄纳入了市区范畴，“城中村”的不断涌现，这些村庄地理位置优越，相应区位的土地价值不断攀升，是满足城市发展用地需求的重要来源。但由于这些城中村属乡村管理，土地所有权属集体所有，因此还没有摆脱原有的“农民式”住房，缺乏规划，土地利用率极低，基础设施建设相当落后，环境状况较差，乱搭乱建违章建筑也较多，这样造成的问题是严重的，它不仅造成了土地资源极大的浪费，同时巨大的房价差也使得城市边缘人口栖居此地，给城市的治安、消防等管理制造了隐患，是城市社会的一个不稳定因素，也会损害整个城市的可持续发展。因此，需根据城市总体规划和土地利用规划对城中村进行整治和规范，不能放任自流，这也是摆在当前城市面前的一大难题。

二、国外经验对我国城市土地经营的启示与借鉴

国外城市土地运营方面的经验的确值得我国大力借鉴：无论国有土地、公有土地还是私有土地都可以作为交换对象投入市场，把土地视为一般商品，具有商品的各种属性。因此，城市土地使用制度的核心是运用商品的价值规律和市场机制，充分实现资源的有效配置，这才能为全面提升城市土地的利用效率，完善土地结构提供坚实的基础和前提条件。当然，市场机制的实行绝非生而有之，也不是放任自流的，必然有相应的市场规则，还有对政府行为的要求，都需要政府实施合理的细控，这当然与西方国家在这个环节的重视有关，他们制定了严格细分的法律。从国外市场机制对土地资源细节控制的特点，可以得出以下几点经验和启示：

1. 土地交易行为是平等的民事主体之间的行为，交易双方处于平等地位，即使政策在土地交易过程中也不能有特权

按照市场运行机制，有关土地各项权益交易的双方，都是按照自身需要、支付能力和市场对此地块的竞争状况来综合考虑和分析，然后才能确定是否进行交易及其交易价格的，就连政府参与交易也是按照市场价格进行。市场的供需状况在交易过程中起着非常重要的作用，这也直接影响着土地各项权益

交易价格的高低。交易双方完全按照市场规则进行交易，政府没有特殊权利，交易过程中如果发生纠纷，可通过诉诸法律解决。我国当前就是要明确政府的权力范围，完善农地征用的合法性和补偿安置的公平合理性，避免征地过程中政府对集体、农民土地使用权益的过分管制，只有避免征地过程中发生的一些纠纷，才能维护政府的公信力和在群众中的地位。在2004年新的宏观调控中，各地纷纷把土地调控作为核心之举，对拆迁及农地征用提出了更为严格的控制，到现在为止，已初显成效。

2. 完善的市场规则和制度、法律法规体系是市场机制充分发挥作用的前提和保障

国外土地市场的运行情况对我们的最大启示就是，市场机制高度发达的土地市场都是通过一系列完善的市场运行规则和法律措施来执行和达到实现预期的。交易双方严格按照市场规则进行交易，市场机制在这些规则、法律的保障下充分发挥其资源配置的作用。市场机制作用得以有效发挥的基本条件就是有一系列规范市场运作的保障，这其中包括市场进入的条件、规则、交易行为的约束、交易信息和结果的公布。反观我国的现状，目前土地市场规则有操作规程跟不上实际情况的变动，如对集体土地流转的具体操作方法、政府土地资产运营等都缺乏具体操作的体系，在中国还有一些非市场因素与内幕干扰土地市场的正常有序进行，只有排除这些毒瘤，市场经济才能在预定的轨道进行，国民经济才能永葆生机与活力。

3. 市场要素自由流通

市场机制作用要求的基本条件就是各种市场要素能在土地市场上自由流通，双方依据自己的需求来交易。首先，卖方对自己所拥有的第一项或多项土地权益具有较大程度的处置权；能够自由地决定是否让渡所拥有的土地权益、让渡的目标以及价格的高低。其次，有关土地交易的各种信息，包括改变市场土地供应情况、市场土地交易价格、各种地价指数都能实现公开查询，获取相关信息才能指导交易双方的行为，但现实状况是我国土地市场资料统计方式与方法还相当落后，信息流通不畅再加上缺乏公众共享的统一有效信息平台，地价指数建立起来的难度可想而知，这直接导致了土地市场资源配置低下落后。

4. 在政府土地市场机制作用下发挥间接作用

在严格依据市场经济体制的运行规则下，城市土地资源配置根据市场取向来实现。国家不再直接干预用地者的生产经营活动，而是让用地者在法定和约定的使用年限内和给付地价的情况下，充分行使城市土地使用者产权。当然，在其中的运行过程中，国家并非是毫无作用与无能为力的，国家对城市地价的调节、主要不是通过指令计划的直接管理来实现的，而是经过一系列科学有效的程序达到配置的合理化和效益的最大化。通过对市场的各种经济变量的调节，运用城市土地供应量及供给时序，基准地价和将定地价体系，财政政策、货币政策、宏观产业政策以及法律制度等多方面的措施，发挥宏观调控的功能，向城市地方市场输入能够影响城市地价的多种经济变量，再通过这些经济变量去影响用地者的价格行为，从而使城市地价的运行遵循国家的宏观调控取向，这样才能有效地保证土地资源合理高效利用。我国当前主要担负政府间接调控职责，如完善立法，制定科学合理的土地供应计划、财政货币政策和产业发展规划与方向、前景，同时还要处理好土地资金经营公司和政府的关系，避免权责不清，政企不分。这样才能更好地发挥土地经营中市场机制的作用，才能更好地保障国民经济的持续健康运行。

5. 市场机制的调节需要加强政府管理、消除土地投机现象

城市土地是城市社会经济活动的重要载体与平台，随着城市社会经济的发展和城市功能的有效发挥，城市会不断地成长扩大，这将会直接导致对土地的需求的日益增加，土地的稀缺性不断显现。当然如果只靠市场机制细节的土地市场势必会引起土地投机行为，造成城市地价的暴涨和暴跌，出现城市土地的大量囤积和土地资金的浪费现象，影响各部门经济的健康发展，给社会生产、生活等领域带来不利影响。这点各有关主体应保持清醒的认识、参与协调，才能避免各自为政，目标才能做到“握指成拳”，发挥团体的效益。因此，为了避免城市地价暴涨对国民经济可能造成的危害，国家除了采取一些间接的宏观调控手段外，还可以通过制订一系列必要的地价法规和相关配置的地价管理政策，这才能加强对城市地价暴涨和暴跌的宏观调控、打击土地投机行为。我国政府首要工作就是完善对土地市场供应量的宏观调控职能，通过土地利用计划和土地储备制度，调节市场土地价格，从而实现对整个社会固定资产投资和国民经济运行情况的调控，避免因为地价波动幅度过大而引起国民经济的震荡。

三、完善土地储备制度，经营好城市的主打产品

目前，城市土地已经成为城市政府最大的资产和财政收入的重要来源，而且土地又是不可再生资源，因此，势必引起各级政府相关部门的高度重视，经营城市土地成为经营城市的主要内容。土地储备是经营城市土地的重要形式，部分城市土地开始尝试通过“收购、储备、出让”的土地运行机制，通过一系列市场化的运作，从而垄断土地一级市场，这样在调整城市空间结构、完善城市功能的同时，也可以使城市政府获得非常可观的土地收益。作为经营城市的重要方面，城市土地储备亦应借鉴经济学和企业经营学等领域的理念，逐步深化和发展。

1. 统一征地、收购，降低土地取得成本良好的规划，可以提升城市土地和其他空间资源价值，为经营城市提供良好条件

而城市政府首先应将土地完全掌握在自己手中，在这个前提下，才能通过完善基础设施出让就地等一系列成功的市场操作获得土地收益。当然，应该有所区分地认识到，城市地有两种类型的土地，一种是将城市边缘的农村集体所有的土地征为国家所有；另一种是将闲置国有土地、国有企业因破产迁移撤离等原因停用的土地，以及政府需要收购的其他国有土地有偿收回，纳入土地储备当中。只有在有效区分两种不同性质的城市土地的前提下，才能做到最大效益地实现土地价值，才能更好地经营城市资源。

对于需要政府征用，收购的土地，城市政府应当垄断土地一级市场，进行统一征用、收购。首先应垄断规划、开发信息，在城市土地规划、配套、开发之前就必须先将土地

征为国有。然后再依靠强大的行政和管理和宏观调控手段，避免土地占有者和使用者因利益驱使的违法占地和违法建设的情况发生。其次，应当制订统一的征地政策和补偿标准，在保证土地使用者的合法权益的前提下，阻止土地转让者不合理的漫天要价，有效降低土地取得成本，这样才是城市土地资源得以合理有效地发挥作用的前提条件。

2.统一开发、配套，提高城市土地价值

将土地统一征用、收购，纳入土地储备体系后，下一步就应该进行开发、配套，提升土地价值。政府对土地的开发配套包括建设城市市政基础设施和社会公共服务设施，实际上是对土地追加的投入，也是城市土地级差地租和财政收入的重要来源。城市政府通过已科学规划的途径，掌握土地开发配套的主导权，采取统一开发、统一配套的方式，实现规模效益。

但是，统一开发配套并非是指城市政府独自完成所有的城市土地开发、配套工作，依据经济学的比较成本理论，城市政府可以依据投资成本来决定是否可以收回，将城市基础设施分为不同的种类，对不同的项目采取不同的投资方法，并由此区分经营性土地和非经营性土地，从而有效地确定配套项目投资的不同形式。在有效区分土地用途的前提下，进行有科学价值的土地使用，对于有收费机制和资金流入的经营性项目，由市场有效配置资源，通过全社会投资加以实现。另外，对于特定的一些非经营性项目，通过市场配置资源进行建设，会使非经营性配套项目建设落后于经营性项目，影响城市整体功能的发挥，并对城市景观的协调性和城市整体效益带来负面影响，其投资主体应由城市政府承担。对城市土地的统一开发、配套要求一定的开发规模，以此降低单位面积土地的开发配套费用，并且有效防止开发商因利益驱使任意降低配套标准的行为，进而提升整个城市土地价格。

3.统一竞价出让，凸显土地价值

要科学有效地经营城市就必须对城市土地进行统一规划和配套，通过一系列市场化的操作，使城市土地化“生地”为“熟地”，这势必大幅度增加土地价值，才能更好地体现经营城市的目的，在土地升值之后如何实现土地价值，宏观城市政府作为国有土地所有者的收益最大化，城市政府对土地市场的集中统一管理成为关键环节。

统一竞价出让即将土地明确规划设计条件，按不同性质对土地进行有区分度的操作，对经营性土地进行公开招标、拍卖或挂牌出让在公开、公正、公平原则下对地块进行竞价出让，只有严格依照市场规律和资源配置的最大化原则，才能做到最大限度地显化城市土地价值。城市政府部门必须垄断与控制住土地一级市场，一个“口子”供地的原则和资源决不能丢弃，严格依据城市总体规划来确定具体地块规划用途和条件，慎重选择符合城市规划和城市需要的建设项目进行市场操作，最后予以立项建设，这才能实现土地制度土地储备向项目储备的转变。制定城市土地开始时间，坚持非饱和的供应城市土地原则和城市的“饥饿”或“休克”疗法，实现城市土地收益最大化。只有这样才能更好地保障城市土地使用的科学与规范，才能更好地促进国民经济的持续快速健康发展。

A COMPREHENSIVE HANDBOOK OF DEVELOPMENT OF REAL ESTATE IN CHINA

2005-2006

中国房地产业发展大全

缔造经典 创造永恒

增城香江房地产有限公司（翡翠绿洲）
广东光大企业集团有限公司（景湖春晓）
广州广富房地产开发有限公司（朗晴·大学印象）
广州美林基业房地产开发有限公司
（美林湖畔花园、美林海岸花园）
广州天地房地产开发有限公司（泓景花园）
广州市宏峰房地产开发有限公司（云峰花园）
广州市番禺里仁房地产有限公司（自在城市）
广州宏隆房地产发展有限公司（珠江别墅）
广州新宝房地产开发有限公司（金海湾花园）
珠海南嘉房产开发有限公司（亨泰山庄）
中山市宇宏住宅产业发展有限公司（宇宏·健康花城）
佛山市广联房地产开发有限公司（红棉雅苑）
惠州市日升昌置业有限公司（日升昌·阳光假日花园）

精心打造中国房地产品牌及精品楼盘
强档推介中国房地产业成功开发典范

广东

建设部·中国房地产业协会
中国房地产业发展大全编辑委员会
隆重推介

广园东锦绣香江
翡翠绿洲
JADE-GREEN ISLAND
可能是世界上最好的别墅
国际豪宅地产成功开发典范
发　展　商：增城香江房地产有限公司
地　　　址：广州市黄埔罗南大道北·埔南路锦绣香江大道
销售热线：020-82251688 82251888
私家码头
荔枝养生园
岛屿式布局
天然湖泊
泊岸别墅

广园东锦绣香江·翡翠绿洲

广州CBD生活圈·高品质泊岸别墅

岛屿式布局 世界首创泊岸别墅

翡翠绿洲首创高品质泊岸别墅，实现了人本主义建筑的飞跃。长岛、浅水湾、盈波轩等岛式组团四周流水潺潺，波光潋滟，树影婆娑，映衬出一栋栋造型高贵典雅的独栋别墅。龙翔台傍水环山而建，错层布局，台阶式空中花园，气势恢弘，湖光山色，尽收眼底。荔湖苑和桃源紧邻荔枝山养生公园，与郁郁葱葱的原生荔枝树共做“森呼吸”。宝翠园、鸣翠园偏安一隅，独享蓝天、竹林、碧水的幽静诗意生活。

庄园城堡别墅 泊岸别墅之王

庄园城堡别墅位置显赫：前望翡翠绿洲视野开阔的私家湖泊，背倚数百亩郁郁葱葱的荔枝山。建筑面积达1530多平方米，十房四厅十卫，另配设健身室、娱乐室、桌球室、品茶室、食品室、储藏室等功能空间；私家苑囿4000–12000平方米，可设置数百平方米的动感阳光泳池、网球场等运动设施。庄园城堡的外形简练，镶锲珍稀的古堡石和进口的紫彩麻，更显古朴、典雅、庄重、豪华，与湖光山色融为一体，自然和谐又不失尊贵气派的生活朝夕享有。

景湖春晓
——中国现代新型示范住区

白领精英人文住区

景湖春晓位于东莞市南四环路段景湖花园西侧，其南临东莞市南城体育公园，北接东泰花园及怡丰都市广场，西望金地格林小城，东临景湖花园，地理位置得天独厚。

景湖春晓由广东光大企业集团下光大房地产开发有限公司开发，总占地约21万平方米，总建筑面积约41万平方米，由10栋6层高多层，25栋11层高小高层及11栋18层高高层组成。

景湖春晓以美学为生活理念。在园林景观设计上，作为美学的一大物质载体，景湖春晓园林由国际三甲设计集团——澳洲普利斯设计。设计师依据其地势，独特设计成15度人造坡地，使园林层次分明。巨资打造600米景观大道——春晓广场。一路上造有图腾公园、水景长廊、植物迷宫、林荫大道等数十个主题园林，移步换景，美不胜收。

景湖春晓位于东城区四环路，正对景湖花园大门口，该片区正处于东莞市新城市中央生活区的核心位置，是东莞市目前发展的重心。

景湖春晓是一个纯洋房住区，其户型定位也正符合城市白领一族的需求。主力户型仍是三房两厅，面积在110-140平方米之间。除此之外，也有适当的两房单位和四房单位，面积跨度在70-170平方米之间。

景观和建筑设计是春晓的最大亮点：春晓园林由国际三甲设计集团——澳洲普利斯执笔。建筑设计充分体现了“城市中流动的自然气息”的理念，构筑一种人、自然、建筑与园林为一体的新型生态式家园和地形景观体系。

在东城南片区业主最关心的学校配套上，景湖春晓也提前做了规划。目前，小区南侧已在建小学和幼儿园等教育配套。

光大地产

珍重每个家的期望

地址：广东省东莞市南四环路 电话：0769-2855999

【三百二十款傲世名宅】

延续现代国际流行风格，在时尚与文化的交融中领航！

朗晴大学印象

IMPRESS OF UNIVERSITY

中国房地产学区概念成功开发典范

《朗晴·大学印象》位处广州市海珠江怡路，距离滨江东路约200米，拥有部份江景资源并可俯瞰青翠的中大校园全景。项目由一幢小高层及一幢高层塔楼连体组成，首层为小区生活配套式商业裙楼，二层为架空结构转换层，北塔和南塔分别为15层及26层的住宅塔楼。项目总建筑面积24,359平方米，共提供222套住宅单元。

基于项目用地特质及位置等先天条件，《朗晴·大学印象》的主要对象是喜爱中大翠绿校园环境及大学人民氛围、教授子女等有“中大情意结”的社群和在中大上班、上课的学生及年轻教职员等，由于大多属于年龄较轻的低储蓄高收入人群，为项目提供稳定的优质出租客源，加上滨江东一带的物业均拥有不俗的投资收益纪录，使《朗晴·大学印象》的物业投资前景更能看高一线。

开发商：广州广富房地产开发有限公司

电　话：020-34298188

美林湖畔花园新天河人居地标

100万平方米天河至大型[现代南亚风情]都市休闲社区

100万平方米天河至大规模都市休闲居住社区

天河独有的“双公园”—环拥杨桃生态公园 接邻东圃公园（最后命名以政府公布为准）

天河首个示范中学（幼儿园、小学和中学完全优质教育体系）

15分钟都市休闲居住生活圈核心社区

爱上都市休闲的日子

长堤落日，看孤鸿齐飞

浸足霞映 执子之手

而后 世间一切浮华

恍然刹那 不足挂齿！

人 生于世之真义—

纵古今公卿权贵 英雄风流 穷尽百年追索

亦不过如此！不外如是！

但寻天河—

于广州 于繁华中央

如斯生命所在 如斯生活 如斯风景

何处再寻？

美林海岸花园
中国房地产景观环境社区成功开发典范
海岸热线：020-85577228 85577668
现场地址：广州市天河科韵路（珠江边）
投资商：广州美林基业集团有限公司
发展商：广州美林基业投资有限公司
美林海岸全新江景一期临江湾盛大开放
不同的地域风情，造就不同的海岸生活。美林海岸，地处天河金色商务圈，与琶洲国际会展仅一江之隔，置身城市繁华中心，纵览浩瀚珠江美景，是天河唯一集大型水景园林和一线江景的休闲生活社区。繁华中独享静谧，周边交通便利。即将建设配套学校、商务休闲酒店、丰富多彩的风情商业街，足不出户便可享受生活便利。伴随着地铁5号线的通车，琶洲大桥、临江大道的开通，美林海岸必将以无可比拟的区位优势实现广阔的升值空间，领航海岸都会时代的来临。
美林花园·美林海岸
MAINLAND GARDEN
临江湾
LIVE BESIDE THE RIVER
天河唯一一线江景大型园林休闲社区
会展圈 珠江边 地铁上
365天海岸假期

泓景花园

开 发 商：广州天地房地产开发有限公司
楼盘地址：广州市海珠区赤岗北路18号
电　　话：020-84228301

中国房地产高尚住区成功开发典范

开发商本着“居住以人为本”的开发理念，为了避免住户入住后受到施工的困扰，加上开发商资金实力雄厚，于是决定整个小区同步开发，这样的大手笔在市区内实属罕见。泓景花园庭园是由水景、翠荫及石艺三种元素的巧妙结合，构成二十多个美不胜收的景点，置身其中，仿佛遍历段悦目赏心之旅。设计师造园筑景，在27000平方米的东南亚风情的自然生态园林中，表现自然风致意境。所有楼宇均采用全架空或半架空的形式，将园林的面积极限扩大，以中心蜿蜒小溪作为观景线，把各自分散的景点联系成层次有序的整体。水系沿途布置了亲水乐园、情人桥、观鱼台、木廊水榭、亭台楼阁、小桥流水、休闲径、假山瀑布等景点，以水为纽带，将它们串联起来，形成层层紧扣的布局，中心环抱湖泊式园林泳池及日光晒台，每个景点变奏都扣人心弦。漫步庭园之间，紫黛嫣红蔚然成荫，各式郁郁繁茂的茏葱植物，围成天然藩篱；阵阵传来的鸟语虫鸣，沐风披露，怡神酣畅。在阳光恣意流曳的静谧空间，脚踏着的是精致铺砌的图案石道，迎眼是奇石水榭，耳畔是花语水声，暂且释放心情悠然赏景，将咫尺外的尘嚣抛诸脑后，闻茗园趣，让你贴身体会自然的芳泽。

自广州实施“南拓”的城市发展战略以后，位于“南拓轴线”上的海珠区也随之加快发展。国际会展中心落户琶洲，海珠区政府东迁至广州大道南，这些利好刺激了区域楼市的发展。

泓景花园位于琶洲会展中心商圈内，西临广州赤岗领事馆区，北临珠江，与广州CBD珠江新城隔江相望，地理位置相当优越，邻近地铁二号线和三号线的交汇点，交通非常方便。除了交通优势外，接二连三的市政项目建设更使赤岗楼市的发展如虎添翼。据悉，为了加快启动广州赤岗领事馆区，赤岗周边交通和配套方面还将会有一系列的利好。年初，赤岗涌已完成整治，横跨珠江的猎德大桥已进行设计招标，将于两年后建成。此外，随着琶洲会展中心的投入使用，为整个海珠东部带来庞大的人流、资金流，因此赤岗一带也必将被带动发展。

YUN FENG GARDEN
云峰花园
中国房地产成功开发典范

黄金地段！

成就“地标性样板社区”！

云峰花园是新机场板块繁华商务区的一线大盘，优居市政6000万元打造的形象大道——迎宾大道与镜湖路交界处，地处新机场与花都区政府的中心，到区政府仅4公里距离，经机场高速路30分钟即可直达广州市中心。

作为新机场板块对外形象的地标性建筑群，云峰花园仅外立面设计就反复修订了7、8次，最后经区委讨论后才最终确定。将打造成为该区域的“地标性样板社区”。

六大唯一配套

- 打造广州北社区配套新标准
- 花都唯一拥有四星级标准酒店社区
- 花都唯一拥有高档商务写字楼社区
- 花都唯一国际级物业管理——高力国际
- 花都唯一双语教育社区——蓓蕾艺术培训中心
- 花都唯一社区内商业步行街——魅力“时尚生活”商业步行街
- 花都唯一配套社区健康服务中心——花都区中医院社区健康服务中心

HOPFUL ESTATE
倾情关怀 一生信赖
宏峰地产

开发商：广州市宏峰房地产开发有限公司

销售热线：020-36852998 36852988

花都云峰花园销售中心：广州市花都区迎宾大道镜湖路交界处

超高性价比，入市必升值

市政前景升值

- 华南板块日益成熟，中央居住区（CLD）地位确立。
- 地铁3号线开通在即，楼价随之飚升。
- 石壁新火车站规划确定，城市中心南移。
- 大学城和南沙开发区工程的深入，引万众瞩目。
- 市政锐意规划新兴商业带。

独特价值升值

- 10000平方米活力会馆。
- 汉溪地铁上盖210000平方米SHOPPINGMALL。
- 吉盛伟邦等生活配套一应俱全。
- 拥有15000平方米社区商业配套。

NEO-CITY
自在城市
華南版塊新族精品社區
中国房地产时尚简约成功开发典范
NEO-CITY
我有 100米超宽楼距
清、爽、舒、怡，户户南北对流
独拥100米超宽楼距，无边景观尽收眼底；
现代简约立面设计，建筑与自然和谐相融；
绿化架空层，阳光车库，回家的心情阳光灿烂；
明厨明卫，干湿分区，生活细节尽显人性化。
我有 288种树香
吸、尝、闻、听，随意品纳
6万平方米互动式树景园林，培植288种树木注入更多的绿；
“相识”、“相知”、“相爱”、“相融”“编织”5大组团，亲近“恋爱的季节”。
十二星座雕塑、水晶玫瑰、红豆谷等特色景观点缀其中；
绚丽色彩、随处流溢的自然香氛，释放无限清新。
销售热线：020-84568866
售楼现场：广州市番禺迎宾路与兴业路交界处
发 展 商：广州市番禺里仁房地产有限公司
总 代 理：中地行（市一级代理）
承 建 商：中铁建工集团（国家特级企业）
物业管理：深圳天安物业（国家一级企业）

其实这样的渴望不过是蓦然回首的一瞬
家园

珠江

ZHUJIANG VILLA 珠江别墅

廣 州 第 三 代 城 市 中 心 別 墅

中国地产经典别墅成功开发典范

显贵的东西也许唾手可得/
淡泊的心境却如阳春白雪/
执着自然美学的极至风采/
坚持品质生活的一切素材/
珠江别墅人家，用闲适与从容过生活。

ZHUJIANG VILLA

【庸人勿扰】

时下的生活形态，即使是从容自若的心境也会矛盾。好比城市与乡村间迥异的机能，总让居于其中的人们彼此渴望，或者应说，都市百态乃生活必须，而自然意境乃心灵慰籍。谁可平衡这一状态，谁又可享有这一平衡的状态？

平衡矛盾总是需要付出太高的价值。

当发现21世纪的广州CBD，拥揽起一段梦幻珠江，和80米宽临江绿畔，28万平方米新城绿肺，超高双子塔、博物馆、歌剧院与新的都市百态和自然意境又撩起人的矛盾渴望。

又发现珠江别墅，矛盾忽然被惊讶冲淡。虽然在高楼林立的CBD出现别墅是个异数，可是在城市中心建别墅，这是我们这个城市不成文的传统。也许一个城市有一个城市的习惯。珠江别墅居于第三代城市中心，是异数也是必然。

然而珠江别墅不可能平衡所有人的生活状态。因为仅仅56套的别墅，比第一、第二代的城市中心别墅少得多。

于是我们看到它并不咄咄逼人的姿态，温和的昭示着：**一切都在超越。庸人勿扰。**

开 发 商：广州市宏隆房地产发展有限公司
策划营销：广州市鼎泰营销策划有限公司
地　　址：广州市珠江新城珠江公园西侧猎德路与花城大道交汇处
咨询电话：020—87506999　87500999

100 Years Glassic

臨淵羡魚　不如退而結網

古人有言曰："临渊羡鱼，不如退而结网"《汉书。懂仲书传》

忙碌于喧嚣都市，向往山林之幽静隐逸，

清新湖畔清晰之鱼乐悠游，不如于都市之中择山水而居，

以都市之繁华承载事业之追求，以山水林泉泽之自然宁静怡养身心，

让每一次回家，都成为回归山林的闲逸。

亨泰山莊
Enjoyday Village
中心区·原生态
别 墅 生 活
都市中的「原」生活
中国房地产花园别墅成功开发典范
亨泰山莊
开 发 商：珠海南嘉房产开发有限公司
电 话：86-756-8509388 8509883
楼盘地址：广东省珠海市香洲区人民政府左侧
邮 编：519005

GARDENS 好园林 生态社区 · 水景花城 · 亚热带风情水景园林

地理位置

“宇宏•健康花城”位于中山市城市副中心火炬开发区中心城区康乐大道与东镇大道交汇处东南角，北临东镇大道，西接康乐大道，东接港义路，南面为新改建65米宽的小引涌。

中山市位于珠江三角洲中部，先后获得“国家卫生城市”、“全国城市规划管理先进单位”、“全国园林城市”、“全国环保模范城市”、“中国优秀旅游城市”等荣誉称号，1997年还获得了“联合国人居奖”，居住环境在国内居前列。

GARDENS 好园林 生态社区 · 水景花城 · 亚热带风情水景园林

入口喷泉广场

亚热带风光的现代景观，真正的亲水社区，满足人们对自然、对水的和谐，以人为本，以水为韵，巧妙实现了人性和生态环境的融合，造就一个拥有丰富多彩的水景及娱乐、休闲、健身、游乐设施为一体的生态人居环境社区，力求达到步移景换的效果。

宇宏健康花城的入口是恢弘的水晶喷泉广场——花城广场，让人一进小区就能感受到宇宏、健康花城最具人性化的设计理念之一：水生态。

GARDENS 好园林 生态社区 · 水景花城 · 亚热带风情水景园林棕榈廊

整齐的棕榈廊排列其两旁体现浓郁亚热带气氛，夹于其间的是婉转的玻璃叠水，这几部分所组成的整体景观，在阳光照耀下，映射出玻璃叠水及棕榈廊宁静、浪漫而欢快的气氛。

經典的延續

中国（佛山）景观环境社区成功开发典范
红棉雅苑
Hong Mian Ya Yuan
卓越品质 一脉传承
我们在城市中间，我们是城市中坚！
●我们不随波逐流，却固守着这一片属于我们自己的繁荣，因为这里是我们的生活追求！
●红棉雅苑，占地约60亩，建筑面积近12万平方米的大规模生活社区，依然选择在城市的中心处休生养息，占据着核心地带做城市中流砥柱！同时也尽情享受着繁华舒适的生活。
●成熟是一种向往和追求，生活的文化因为光阴的沉积而特别厚重，值得您细细品味。
●成熟是一种自信和从容，我们在城市中间享受成熟，我们代表了城市生活的主流！
发展商：
佛山市广联房地产开发有限公司
现场展示中心：
佛山市禅城区汾江中路74号红棉大厦首层大堂
销售热线：
0757-82133771 82133772

买房子就是买环境

展开惠州地图，可以看到东平半岛处在东江河、西枝江河、新开河的环绕之中，好一个天赐的水乡环境！

东平半岛四面环水，通过东江大桥与江北新区相连，通过西枝江桥与下埔、南坛片区相连，新开河大桥将东平与大湖溪相连，整体围而不闭，天赐一个大社区环境。

规划 “都市·生态·运动·家园”四步曲

日升昌·阳光假日花园是由实力雄厚的惠州市日升昌置业有限公司继成功开发号称“惠州地产中劳斯莱斯”的阳光名邸、高品质生态住宅阳光华庭后的第三个住宅地产项目。

日升昌·阳光假日花园位于惠州市桥东东湖中路，紧靠东湖大型住宅社区。项目总用地面积47000平方米，小区用地面积29700平方米，总建筑面积为85445平方米，由3栋7层多层洋房住宅，16栋9-11层电梯洋房住宅组成。阳光假日花园设计定位为欧陆风情及中国传统园林特色相结合的高尚住宅小区，着重体现休闲、生态，以园林、水景为主要景观，以中心喷泉水景、沿小区道路而流的浅水溪及大面积湖泊共同组成以休闲、生态、运动为主要功能的阳光假日花园，形成“都市·生态·运动·家园”四步曲。其主要针对客户群为年青的白领阶层及二次置业者。小区分三期开发。

岭南风情·水景园林　在园林中走走、心情和园林一样美丽

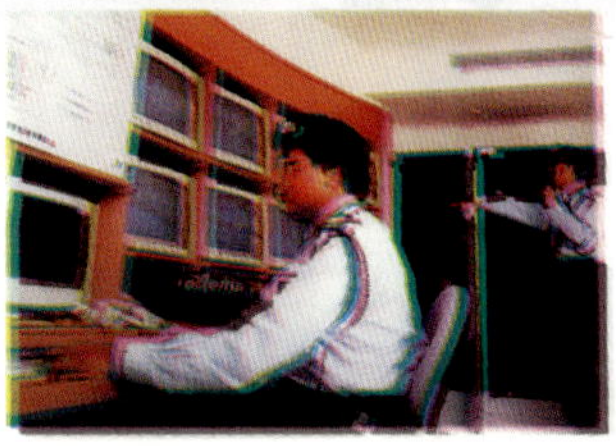

FASHION LIVING

居筑风尚

懂得生活的人，
不会刻意挖掘空间的复杂，
而是轻松享受简单的真意，
在适宜的时间，倾听自然的呼吸。
懂得生活的人，
又不会甘于简单的平庸，
而是运动自己的智慧，
在适宜的空间，装点美丽的心情。

第二章 土地供应新政与房地产开发

自进入2004年以来，我国的房地产业承接2003年的飞速发展之势，一系列宏观调控政策也难以阻挡其快速发展势头。但是，由于房地产行业的利润丰厚，投资回报率奇高，引得众多企业纷纷下水，投身房地产行业。加之国家土地转让政策的不规范使得一些企业凭借自身的人脉关系，轻而易举就可以获得廉价的土地资源，用来自己开发或转让，严重影响了房地产市场的公平竞争原则，导致房地产市场龙蛇混杂，管理失控。鉴于此，国家有关部门已积极着手进行宏观方面的调控并同时出台了一系列有关土地出让方面的规章制度，从源头上控制和引导房地产行业的良性发展。

一、近年土地政策及市场运行走向

2004年，房地产市场在土地和金融等一系列中央宏观调控政策出台后，房价不仅没有降温，反而上涨。为此，中央决定在2005年、2006年继续推行严格的土地管理制度，并开始进行土地利用总体规划修编的工作。

1. 土地新政将继续从严从紧

新一轮规划修编的特点是“严格”，具体从三个方面体现了“从严”的要求：一是严格控制建设用地增长，既要根据国家产业政策和当地社会经济发展需要，保障必要的建设用地，同时，也要从全局和长远出发，坚持节约和集约用地、严格控制建设用地规模的原则，切实转变土地利用方式，走内涵与外延相结合，以内涵为主的发展道路。二是严保耕地特别是基本农田不被占用。确保现有基本农田面积不减少。三是严防随意调整规划基数。总的来说，上报的土地利用变更调查数据是比较准确、可靠的，可直接采用。但对于上报数据与实际不符或弄虚作假的，一定要严肃处理，绝不姑息。

做好修编规划必须对规划执行和用地情况进行认真总结审查，做到三个“查清”：一是查清建设用地规模。看是否超规划用地，用地规模是否符合经济发展要求，是否做到节约用地。二是查清闲置土地和低效利用土地的情况，并就如何利用这些土地做出说明。三是查清耕地保有量和现有基本农田保有面积。在查清的基础上，再考虑是否进行修编。

2. 认清我国土地利用的现状

目前，我国土地利用与管理形势的严峻性主要表现在四个方面：第一，土地市场不规范，土地利用比

较混乱。第二,全国耕地保护和粮食安全生产的形势非常严峻。第三,国民经济发展速度很快,2005 年 GDP 的增长率仍将保持在 8%以上,如何处理经济发展与保护土地资源的关系,仍是一个难题。第四,在高速城镇化过程中,土地征用和保护失地者利益的矛盾。

现在,国家非常重视规划在土地管理和土地利用中的作用,并将之作为“龙头”从严从紧控制土地供应。土地供应政策的目标能否实现,土地供应政策能否真正发挥宏观调控作用,关键在于政策能否真正被贯彻执行。目前政策执行存在的主要问题是,规划约束力不强、土地执法力度不够,破坏规划的现象时有发生,致使土地供应政策的宏观调控作用得不到充分发挥。

3. 土地政策定位的改变

土地政策的定位从需求管理向供给调节转变。随着经济形势变化,国家把土地供应政策提高到与信贷政策同等重要的地位,这就意味着土地管理的职能将会继续发生重大变化。以前的土地政策过于宽松,现在就需要由国土部门统一引导,限量供应,以满足人民群众的住房要求。土地管理部门将由一般的土地管理职能上升到宏观调控的高度,土地供应政策作为宏观调控的“第二只手”将发挥更大的作用。

4. 科学地配置土地资源

对土地资源的宏观调控要结合市场规律来进行。现在,国家把土地和金融当作宏观调控的两只手,强化了土地制度作为宏观调控手段的作用。但是,作为宏观调控的实施者,政府还应该从市场供应方式和市场结构调整入手,加强对土地供应的宏观管理。即经济过热时,减少土地供应量,以防止出现盲目建设;经济放慢时,增加土地供应量,以保持投资进度。我国现在面临的问题是:一方面,政府已收紧了地根和银根;另一方面,房价依然高涨,而且大有愈演愈烈之势。这就要求国家在调控土地供应总量、结构、布局上做到供求技术平衡,形成以土地供应为龙头的房地产市场调控机制。

土地税收是优化土地资源配置和实现土地资源有效管理的重要经济手段。通过利用财产税、土地增值税等税收手段,可以提供部分企业已取得的存量土地和闲置土地进入市场,从而增加建设用地的供应;同时配合产业结构调整,利用土地税收手段可以实现土地这一生产要素由劣势产业向优势产业的转移。

5. 土地管理部门要紧跟形势,积极配合

各级国土资源管理部门要根据国家投资体制改革的要求和宏观经济形势的变化,更新观念,转变职能,为房地产投资的良性发展做好引导工作。土地参与宏观调控,要注意运用间接调控手段,建立国土资源管理的长效机制,根据国家产业政策等动态要求,运用计划和规划指标、土地价格、土地管理法规等手段,引导和改变企业的用地需求预期。

二、土地政策变革是本轮宏观调控的重要内容

近年来,国民经济持续保持良好的发展势头。房地产行业取得了长足的进展,进而带动了一大批相关产业的发展,为我国的社会主义建设事业作出了很大贡献。但是,在房地产行业快速发展的今天,也引发了一系列社会问题。比如房地产行业投资过热,社会经济发展失衡,产生新的“权钱交易”的腐败现象等等。

为此,国务院把土地定位为国家最重要的宏观经济管理手段,把国土资源部定位为宏观管理部门。按照新的定位,国土资源部进一步明确了“严格保护资源、促进持续发展、维护合法权益、调控资源供应、有效服务社会”的工作思路,积极参与宏观调控。

2004年4月24日，国务院办公厅下发《关于深入开展土地市场清理整顿严格土地管理的紧急通知》，明确指出，在深入开展土地市场清理整顿期间，全国暂停农用地转用审批，暂停涉及基本农田保护区调整的各类规划修改，暂停新批的县级市（区）和乡级镇的土地利用总体规划的修改。

经过近几年的清理整顿，6866个各类开发区已核成了4813个，占原有开发区总数的70.1%；规划面积压缩了2.49万平方公里，占原有规划用地面积的64.5%。已退出开发区土地2617平方公里，复耕1324平方公里，收回闲置土地116.5平方公里。公开查处了铁本案等土地违法大案，遏制了一些地方竞相盲目设立各类开发区、大量乱征、滥占土地的势头。

认真落实国务院关于实行最严格的耕地保护制度的要求。实行基本农田“五个不准”、建设占用耕地“六个一律不报批”政策，严格把关，有效保护耕地。通过整顿和加大征管力度，纠正随意减免和侵占、挪用等问题，全国新增建设用地土地有偿使用费征收入库有显著增长。据不完全统计，清理欠缴土地有偿使用费119亿元，仅中央金库就追缴37亿元。

运用土地政策可以调控投资规模。前几年，由于国家实行“协议出让”的土地政策，一些有开发实力的企业拿不到第一手的土地资源，只能从别人手里通过转让和合作的形式进行开发。这无形中加大了企业运行的成本，不利于企业长期稳定的发展，而另外一些企业凭借自己的人脉关系，以很低的成本或“零成本”轻而易举就可以获取大量的土地资源。这不仅造成了国有资源的大量流失，而且也不利于房地产行业的健康发展。现在国家实施新的土地政策，所有经营性用地都要通过“招、拍、挂”方式来进行，并且在总量上进行了控制。实质上就是要净化房地产市场，把一些不合格的或者是靠关系吃饭的房地产企业驱逐出去，保留一些大的、有规模的房地产企业，从而做到土地资源最合理、有效地开发。同时也提高了进入房地产行业的门槛，避免房地产行业的盲目投资。

土地政策变化也是调控经济布局的重要举措。现阶段，我国的房地产开发主要集中在东部沿海经济发达地区。随着房地产市场的发展，这些地区的开发成本越来越高。加之国家对土地资源的控制也日趋严格，有些企业为了规避可能存在的风险，转而把目光投向内地，这正好迎合了国家开发中西部的政策安排，为我国经济的平衡发展起到了一定的促进作用。

此外，土地政策的改变还可以引导产业结构的调整及升级。企业的发展离不开土地的支持，没有了土地，企业就失去了赖以生存的基础。因此，国家可以通过适当的土地调整政策，从而达到引导和规范企业行为的目的。对于一些有发展潜力或关系到国计民生的企业，国家应当在土地使用方面给予支持；而对于投资过热的产业以及不适宜当地经济发展的产业，国家则应在土地供应方面进行必要的控制，以免引起重复建设。

三、土地政策的变化及对房地产市场的影响

随着社会主义市场经济体制的确立和不断完善，我国加快了土地资源配置的市场化进程。与此相适应，房地产开发中的土地供应政策也呈现出鲜明的市场化特征。

1. 土地新政出台背景

为了促进社会主义经济的发

展，加大投资力度，我国在土地出让这方面长期执行“以协议出让为主、其他形式为辅”的土地政策。该项政策在推行之初确实带动了国民经济的发展，有力地激发了企业及社会游资的投资热情，掀起了新一轮社会主义建设高潮。但随着时间的推移，民间投资热度不减，这种转让方式所暴露的问题也越来越多。比如国有资源的流失，房地产市场的不公平竞争，日益稀缺的土地资源，社会两极分化加剧以及由此带来的一系列社会问题。

近年来，国家一直对房地产行业发展高度重视，作为国民经济的风向标，房地产行业带动了很多相关产业的发展。国家在对待房地产行业发展的政策方面也是慎之又慎：一方面，要保持房地产行业的平稳、快速运行，以加快社会主义经济建设的进程；另一方面，要加强对房地产行业发展的宏观调控，避免房地产行业的盲目发展给社会主义建设带来不必要的损失。

2. 新土地政策的出台

鉴于房地产市场投资过热的现状，国家改变了过去以鼓励投资为主导的“土地协议出让”政策，实行以“市场配置”为主导的土地政策，具体表现为：经营性用地需要办理国有土地使用权出让的，均要通过招标、拍卖、挂牌方式在土地交易市场公开进行。为了从源头上更好的控制房地产行业的发展，建立我国土地市场运行快速反应机制，加强土地市场宏观调控，公开土地市场信息，完善土地市场服务，国土资源部决定，从2005年上半年开始，在全国建立土地市场动态监测制度。

通过土地市场动态监测制度的实施，准确把握土地市场运行走势，为政府适时调整制订有关政策提供依据，有利于保障土地市场健康、稳定、有序发展，促进宏观经济稳定健康运行；通过土地市场动态监测制度的实施，及时发布土地供应情况、地价走势等市场信息，有利于建立公开、公平、公正的土地市场交易环境，发挥市场配置土地资源的基础作用。

今后，国家将继续实行从严从紧的建设用地供应政策，收紧“地根”，土地市场整治和集约用地工作将迈上新台阶。2005年是全面贯彻中央要求、继续积极参与宏观调控的一年，要全面贯彻落实《国务院关于深化改革严格土地管理的决定》，从严管理，继续整顿，严防反弹。

具体来说，要强化土地利用的规划管理，充分发挥规划对土地供应总量、速度和结构的控制和引导作用，大力推进节约和集约用地。按照“严控增量、盘活存量、管住总量、集约高效”的原则，运用市场准入标准、经济杠杆和供地政策，引导各地把节约用地放在首位，引导和改进用地结构，提高土地利用效率。

3. 土地新政对房地产市场的影响

随着国家对土地资源的宏观调控政策越收越紧，土地已日益成为房地产企业难以逾越的一道门槛。没有了土地，房地产企业就失去了赖以生存的基础，更谈不上发展壮大。为了企业的长远发展，一些有实力的开发商不得不以“鸡蛋换粮票”的方式来取得企业发展必备的土地资源。由于土地供应总量的不足，加之房地产市场常年无序发展，导致“僧多粥少”的局面出现，从而直接引发了土地出让的价格大战。

一方面是稀缺的土地资源以及国家相关的调控政策；另一方面是虎视眈眈的房地产开发商及房地产行业的高额利润。在“谁有了土地，谁就能生存”的生存法则下，各大房地产开发商进行了新一轮的、疯狂的“圈地运动”，直接造就了各地“地王”迅速的产生，并由此引发了一系列的业界争论，而一些小的房地产公司只能望洋兴叹，另谋它途。

回首2004年、2005年的土地市场，众多房地产开发商都感受到了“巧妇难为无米之炊”的压力。随着国家一系列土地政策的出台，如缩减建设用地，出让金一次性付清，“8.31大限”等，无不刺激着每一家房地产企业的神经。接二连三的政策让开发商有些喘不过气来，以往土地政策总会给企业留有一些发展的余地，而现在，中央把所有的土地转让权力都收归国有，企业没有一点回旋的余地，房地产企业开始真正感受土地政策的压力。

但是，在国家严控土地市场的背后，我们也可以清楚地看到2006年的中国土地市场是转型加快的一年，推进转型的力量增大的一年，在转型中企业的命运更加跌宕起伏的一年。机遇与风险并存，只有那些独具慧眼的企业家才有可能在未来的发展道路上走得更远，走得更好。

四、全面贯彻落实土地新政的着力点

运用土地政策参与宏观调控的内容是丰富的、多层次的，土地供给的数量、结构、方式、主体、限制、时机等都能够影响国民经济的运行，而运用土地政策的手段则涵盖了经济、法律、行政、技术等多个层面：

1. 抓好土地资源的规划控制

规划是"龙头"，耕地是"红线"，基本农田是"禁区"。要坚定不移地编制好、实施好土地利用总体规划，严格按土地利用总体规划所确定的土地用途，依法、科学、合理地管理和利用每寸土地。要在规划的指导下编制土地利用年度计划，新增建设用地不能突破用地计划指标。中国的国情是人口多、耕地少、人均耕地不足，耕地后备资源贫乏。有计划地供地，以科学的供地手段为经济过热降温，是新形势下土地管理工作面临的新任务、新使命。

2. 建立短期预警与动态调控制度

要及时把握国家宏观经济形势，了解各区域土地供求状况及政策执行的力度，建立对国家宏观经济快速反应的机制。

3. 实施土地资源动态监测和利用评价

要准确把握不同地区、不同产业部门的投资状况，准确把握调控的时机和力度，真正发挥土地政策在宏观调控中的"闸门"作用。目前，国土部门最主要的任务就是做好国土监察工作，利用卫星遥感或航测等现代化技术从宏观上加以监控，形成短期预警机制，进而提高国土部门在宏观调控方面的能力。

4. 建立年度计划预测分析报告制度，确定优先度的类型与数量

国土部门应该对国土资源利用的现状有一个清醒的认识，在此基础上，对下一年度土地资源的利用进行分析、预测、确定该年度农业用地转用量、建设用地总量、产业土地供给量、制定相应的土地政策，引导国民经济有序、健康稳定的发展。

5. 国土部门还应当建立建设项目用地论证报告制度，对各类建设项目用地运行市场准入调控

要进一步细化产业用地标准，制定和完善用地的各种指标和体系，加大单位土地面积的投资强度、土地利用强度、投入产出比等指标控制制度；坚持节约用地、合理用地、通过各种法律和行政手段提高土地利用率，盘活存量用地。

6. 加强地租、地价管理

国土部门要及时进行地价调查，建立动态地价系统，指导土地市场的交易。调节中央与地方的利益分配关系，改变了过去地方政府随意支配土地资源的状况，由国家进行统一的管理。利用土地税费调节社会的总需求，促使国民经济稳定发展。

7. 建立科学的土地利用指标体系

为确保土地政策在宏观调控中所起的作用，就一定要建立一套完整的科学指标体系，以确保其真正落到实处。对于我国现阶段来说，国民经济的发展需要一定的土地供应总量作为保障。土地供应总量提升，经济发展速度相应加快；土地供应总量减少，经济发展速度相应放慢。另外，还有一些因素如土地利用结

构、土地利用强度等都会对国民经济产生不可忽视的影响。只有把这些因素有机的混合在一起，才能使土地政策更好地起到宏观调控的作用。

根据科学的招标体系，可以分析出一定时期国民经济的走势与土地市场的发展形势。国土部门可以据此判断土地的投放量及应投放的结构，进而调控经济成长的速度，实现国家的产业政策，做好统计、计

划、财政等部门的协调工作。只有各个部门通力合作,整合信息资源,发挥整体效能,才能促进宏观调控目标的实现。

建立科学的招标体系包括微观和宏观两个局面。宏观层面包括国民经济的总量、结构比例、增长速度等三项大的指标,微观层面应包括土地年度供应总量、结构比例、单位面积的投资强度。以上指标可以通过在不同的经济区域进行调查和分析研究,得出在不同条件下,经济增长速度与土地供应及投资强度之间的关系,并由此计算出科学的土地投放指标。在建立科学指标的同时,必须考虑到我国不同地区的特点,国土资源紧缺的状况、土地利用由粗放到集约的转变趋势,以及土地利用总体规划、土地用途管制等因素,进行全面、综合的研究。

要想做好指标建设的工作,各个部门必须通力协作。国土资源部门应建立专门机构,切实做好各项调查研究工作,为宏观调控提供翔实的资料。各级国土部门要建立宏观经济和土地供应信息的采集、传播、分析和利用系统,通过网络实现资源信息共享,从高起点实现宏观调控的科学化。

五、房地产开发企业如何应对土地新政

随着国家对土地供应政策的进一步收紧,很多开发商担心在未来的房地产市场上将会出现“地荒”的局面。因此,相当一部分有实力的开发商开始了“以粮票换鸡蛋”式的圈地运动,进行土地储备,为企业的长期发展奠定了基础。国家也开始建立土地储备管理机构,规定土地储备范围,将为实施城市规划而批准征用和转用土地、为公共利益需要收回的土地等9类土地归入储备范围。同时还建立了储备土地日常管理制度,对储备土地进行严格管理,一场新的争地大战正在上演。

2004年10月底,《国务院关于深化改革严格土地管理的决定》下发,明确指出要从严从紧控制农用地转为建设用地的总量和过程。凡不符合规划、没有用地指标的,一律不得批准。国土资源部强调,2005年用地指标不得以任何形式、任何理由突破;往年结余的用地指标2005年不能使用,违法用地不能补办手续;不属于分期用地的项目,不得拆分用地指标等。2004年12月6日,财政部、国土资源部、中国人民银行联合下发《进一步加强新增建设用地土地有偿使用费征收使用管理的通知》,要求凡不按国家规定的标准足额缴纳土地有偿使用费的,一律不得下发农用地转用和土地征收批准文件。种种迹象表明,国家在控制用地的政策上决非一朝一夕的行为,而是要在相当长一段时间内切实地推行下去。

房地产开发商们轻松就可以拿地的日子已经一去不复返,在新的形势下,我国的房地产企业应该积极面对土地政策变化,在把握机遇的同时应更好地应对挑战:

1.紧跟形势变化,以变应变

按照现行的土地供应政策,房地产开发商拿地的主要方式有以下三种:第一,在土地一级市场从政府供地渠道取得土地,一般通过招标、拍卖和挂牌方式出让。在这种方式下,交易的透明度高,可操作性强,但需要企业有雄厚的资金实力。第二,原协议出让土地改变用途进行房地产开发。即在新政策实施之前,土地使用者以协议出让方式取得的非房地产开发用地的土地使用权,在新政策实施后,由于城市规划或其他因素导致土地用途的改变,房地产开发商在取得出让方和市、县人民政府城市规划行政主管部门的同意后,签订土地使用权出让合同变更协议或重新签订土地使用权出让合同,并相应调整土地使用权出让金。在这种方式下,土地取得的成本较低,但由于信息的不公开,企业在具体操作上有相当大的难度。第三,在土地二级市场上,企业以转让、抵押、作价入股等形式取得土地。在这种方式下,由于一些不确定因素的存在,可能会给企业带来不可预测的风险,因此要谨慎操作。

2.抓住土地新政带来的新机遇

总的来看,土地供应新政对于房地产行业的长期健康发展有百利而无一害。首先,为房地产开发企业拿地提供了制度保障。新土地政策实行以前,很多企业拿地都是通过地下渠道来进行,交易缺乏透明度,信息不公开,造成国有资源的浪费。在实行“招、拍、挂”后,所有企业都可以参与公平竞争,最大限度实现了土地的价值,满足了企业发展的需要。其次,提高了土地资源的配置效率。市场配置土地资源要求公开、公平、公正,这是市场经济的黄金法则。土地供应新政的最大特点就是

体现了“三公”原则，减少了开发商拿地的中间环节，降低了开发商的拿地成本，实现了土地与资本的最佳结合，提高了土地资源的配置效率。第三，有利于营造公平竞争的市场环境。通过“招、拍、挂”方式，把所有房地产企业放在同一起跑线上，信息公开化使所有企业都有知情权，而且打破了房地产开发企业的地域限制，使更多有实力的开发商参与进来，这在很大程度上保证了土地交易的公平性和合理性。

3. 在存量土地上做文章

随着土地供应总量的减少，地价的飞涨令很多开发商为之咋舌。只有为数不多、有实力的开发企业才有可能从国家正式交易场所拿到价格不菲的土地，但这并不是说一些中小型房地产企业就难以有所作为。温家宝总理曾经说过，新上项目首先要利用存量土地。现在各个方面可以利用的存量土地很多，要集中开展一次存量建设用地资源普查工作，摸清底数，并研究促进盘活存量土地的政策措施。禁止闲置土地，加大税收调节力度，提高土地保有成本，不能让囤积土地者发横财。温总理的话指明了各地今后一段时期土地供应的重要方向。

要盘活土地存量，就要知道现有土地存量的规模。据不完全统计，全国已出让但未建设的土地约有170万亩，其中囤积在开发商手中的土地约70万亩。当然，这还不包括企业改制、城中村改造、市区周围的路边店改造，以及通过土地整理腾出的建设用地。总之，在国家严格控制建设用地增量尤其是限制农用地转征的前提下，如果能把现有的土地存量充分盘活，则基本可以满足房地产市场的土地需求。

4. 在把握机遇的同时，要注意规避风险

在新、旧政策的交替转变过程中，房地产开发企业要紧跟形势，改变思维，渗透土地供应新政的实质，把握新政策带来的机遇。具体来说，就是开发商要及时把握市场信息，依靠自身实力，通过土地市场公开竞得土地。开发企业要尽快熟悉土地供应新政，积极介入政府公开供地的过程，尽快学会在土地市场上获得信息，参加土地竞、投标，并最终取得土地。

在拿地的过程中，开发商还要注意以规范的方式取得土地，来避免不必要的风险。有三类土地的开发，需要引起开发企业的注意：

一是经营性土地。国土资源部明确指出，对于2002年7月1日前市、县政府已与开发商签订书面项目开发协议的经营性用地，可继续以协议方式出让；对于2002年7月1日后应当以招标、拍卖、挂牌方式出让协议出让，或弄虚作假以2002年7月1日以前批准立项、取得建设用地规划许可证、签订书面项目开发协议并协议出让经营性用地的，应当按照有关规定改为以招、拍、挂方式出让。因此，对于拿地过程较长的房地产开发用地，要及时补办一些合法手续，以尽早取得合法土地使用权。

二是司法裁决涉及的划拨土地。根据相关法律规定，以划拨方式取得的国有土地使用权，尚未办理出让手续的，不属于土地使用权人的自有财产，土地使用权人对划拨土地使用权无处分权，法院不能将划拨土地使用权作为当事人财产自行裁定。司法裁定涉及划拨土地使用权时，应征求市县人民政府意见，市县人民政府可收回其划拨土地使用权，并依法处置；司法裁定涉及出让土地使用权的，法院可依法裁定，无需征求市县人民政府意见。因此，开发

商在通过司法裁定方式取得土地进行房地产开发时，一定要注意法院裁决的土地是划拨用地还是出让用地。如果是划拨用地，还需在法院与国土资源管理部门协商一致后，开发商才能通过土地登记，成为合法产权人。

三是集体建设用地。目前国家对这类用地有很多限制性规定，企业一不小心就会陷入法律纠纷之中。因此，对集体建设用地的开发一定要慎之又慎，不能违反国家的法律法规。

总之，开发商要充分理解和配合现行的土地供应政策，了解新政下的土地交易方式，进行自我内部机制转换，尽快适应新形势发展的需要，迎接房地产发展的又一个高潮。

六、我国土地制度变革结构性安排与设计的若干问题

随着市场经济体制改革的不断深入，我国城市与土地有关的经济社会等方面的矛盾也日渐凸显并激化，现行的土地管理制度弊端，已经到了非改不可的地步。

1. 地租低廉所引发的经济后果

地租是古典经济学和马克思政治经济学中的一个重要概念，在古典经济学中，地租是国民经济中三大利得的源泉之一。根据马克思的定义，地租是土地所有权特有经济的表现，地租表现为地产所有者向市场提供一块土地所取得的经济收益。简单地讲，地租就是土地的使用费用，地租与土地价格具有直接关系。马克思曾就市场经济中的资本化土地价格给出过一个一般性的公式：年地租 / 资金年利率 = 土地基础价格。地租是与土地的所有权即垄断权直接关联的，也就是说，土地是谁的，谁就拥有地租，地租就向谁支付。在市场经济下，地租即土地价格也具有随市场供求情况变化而变化的流动性。需求愈大，地价愈高，直接导致土地成本的上升和土地价格的区位差异，这种土地价格的区位差异也就是级差地租。“地租表现为土地所有者出租的一块土地而每年得到一定的货币金额。任何一定的货币收入都可以资本化，都可以看作一个虚拟资本的利息。这样资本化的地租形成土地的购买价格或价值。但土地不是劳动产品，本身没有任何价值。”但是在国有体制下，由于土地由国家垄断，国家是土地所有者，表现为：当国家作为社会事业的投资者使用自己拥有的国有土地时，它几乎可以忽略土地使用价格；当国家征用名义是集体所有，实际也是国有的土地价格也相当低廉。可以说，低廉的土地成本是中国城乡快速发展、工业化快速进行的重要条件之一。马克思曾指出，土地私有权的否定，是近代资本主义工业革命得以发生的必要社会条件之一，中国快速工业化和现代化的进程也证明了这一点。有学者指出，近年中国经济腾飞并导致“中国出口产品迅速占领世界市场”的主要原因之一，就是土地地租和劳动力价格的低廉。我国土地地租的低廉，也正是吸引大量外资的重要原因。开发区、特区的开辟，其经济吸引力的重大方面就是向外商提供廉价地租，这在别的国家是难以想象的。中国产品在国际市场中的强劲竞争力，是由于其价格低廉，而导致价格低廉的两大重要原因在于劳动力价格和地租的低廉。一旦实施地产私有化和市场化，则土地成本就将迅速上升，也就势必影响到中国经济快速发展。

低廉地租是中国近 20 年来房地产业发展迅猛、利润巨大、资本聚集力强的主要原因。20 世纪 90 年代初我国一些地区掀起了“圈地运动”，开发商通过官员审批取得土地使用权，然后将土地价值作虚拟评估，根据评估价再将其抵押给国家银行套兑资金。这一套办法虽然是沿袭西方的，但又有本质上的不同：西方用作抵押的地产，是私有地产，而中国则是国有地产。实际上，当国家允许地产商将国有土地用作抵押品时，疏忽了一个重要问题，那就是国家忘记了土地所有权是自己的，银行及其资金也是自己的。而用国有土地抵押给国有银行后，银行的钱却支付给了私人即名义上的开发商，无意中助长了开发商“空手套白狼”的不正之风。这种做法直接导致大量的国有银行和商业银行的不良资产率居高不下，造成我国国有银行中的金融泡沫即呆账烂账问题。在国内银行呆账烂账中，极为重大的一部分来自 20 世纪 90 年代初中期的房地产投资。因为从国家银行套兑到钱的那些开发商，往往会将一部分所得资金转移给批租土地的官员，此外也会转移给帮助其完成贷款过程的银行官员，这就是

钱权交易，而在这一资金转移的过程中，土地同时也由国有转为私人使用，又转为银行抵押资产，最终又作为银行拥有的不良资产被拍卖而私有化。

20世纪90年代中国涌现的一大批富豪，就是利用土地的这种变相私有化过程，从中攫取巨额地租而诞生。因此，当时谁能取得土地使用权谁就能发大财，这是一次具有中国特色的“圈地运动”。另一方面，土地基础价格与市场价格存在重大偏离，例如在垄断审批条件下，一些开发商通过一些“暗箱操作”，以极低的批租条件拿到优良土地的开发权。在这种情况下，一方面是土地基础价格与市场价格存在严重偏离；另一方面是土地区位所造成的巨大级差地租，叠加而成为房地产投资就可以获取到高额利润。

在我国农村农民向国家缴纳的税费，实际是农民使用国有土地的地租，这就是农民的税费问题，实质上也是地租问题。农民必须缴纳这些费用的原因，是他们占有和使用国有或集体所有的土地。直到2004年国务院才颁布实施了取消农民向国家每年缴纳农业税的政策。

在20世纪70年代末80年代初的农村改革中，实行了农地承包制。承包制实质是一种土地租赁制度，即租赁土地使用权。农民在承包制下承担的地租形式仍然是农产品形态的实物地租，但承包额，即地租额已降低到土地农产品收益的5%-15%左右，远低于公社制度下的比例，因此极大地激发了农民的生产积极性，导致20世纪80年代初中期世人瞩目的农村振兴。换句话说：在土地承包制初期，农民只要向国家缴纳数量较少的实物地租（即公粮或承包定额农产品）就可以获得土地使用权。加之随着农业投入的增加、产出效率的提高、单位产量的增长，实物地租还有逐渐下降的趋势和空间。但自20世纪90年代以来，由于对农村实施税费改革，实物地租转变为货币地租，这种货币地租与土地收益分离，而转变为地方政府向农民按人头征收的各项货币税费。随着农村行政管理费用的上升，乡村官僚组织的不断膨胀，向农民征取的货币地租呈现不断上升的趋势，农民的负担加重。而另一方面，由于农民的土地收入（特别是粮食作物）呈现市场过剩，农民销售农产品的货币收入下降。一方面是货币地租（税费）上升，另一方面是农产品过剩、农民货币收入下降，此一升一降，必然导致“农民真若，农村真苦，农业真危险。”为取得货币收入，大批农民不得不弃农入城成为民工。

2. 土地私有化能否解决“三农”问题

农业、农村、农民这“三农”问题在中国确实是一个大问题。农业问题在当前主要是考虑怎么样加快农业产业的现代化；农村问题非常重要的一点是怎么样在政治上解决好农村的社会管理体制以及在社会发展方面解决好农村教育、医疗等社会事业的发展；而农民问题，主要是如何扩大就业和增加收入；这三者既有联系又有区别。针对“三农”问题，部分学者提出以实施土地私有化作为解决方案，显然，这个解决方案是极其荒谬和可怕的。公有制与私有制都是一种经济组织形式，这种组织形式决定资源由谁占有（私人所有、集体所有或国家所有），以及产品如何分配（所得物由私人占有、集体占有或国家占有）。在改革前，由于资源由国家垄断占有，在农产品中国家及集体征拿得太多（因此国有资本的形成率极高，导致中国工业化和现代化的速度大大高于世界其他国家），留给个人的太少，因此实际上是人民勒紧裤带支持了国家的工业化建设进程。这里的根本问题，是收益分配的问题，而不是所有制的问题。

私有化论者提出土地私有制可以改善农民处境，其推理如下：在产权清晰条件下，私人占有产品可以刺激私人工作热情，因此私有化有利于生产发展，并且有利于私人致富，这是一个意识形态的预设骗局。因为资本主义市场经济体制下的私有制并不意味着社会资源人人平均占有。资本主义市场经济是一种竞争经济，竞争的原则是“物竞天择”，即“优胜劣汰”。“优胜劣汰”意味着两极分化，一极向“优”，一极向“劣”，不加抑制的自由市场竞争必然导致两极分化，必然导致由极少数人垄断社会最多资源和资本，而大多数人失去一切。因此可以说，私有制是一种极不稳定的所有制，它只会导致富者愈富、贫者愈贫。

市场经济是竞争经济。当拥有小块土地的农民将其农产品拿到市场去销售时，他所面对的是动态的激烈的市场竞争。市场竞争的机制是"优胜劣汰",即强弱分化的两极分化机制。在这种机制中,弱势的农户将从市场中被分离出来,其所私有的小土地将被强势者"自由地"兼并,中国自汉代以来两千年的土地关系史曾反复验证这一点。

综上所述,真正有效地解决"三农"问题,绝不能依靠必然会导致农村两极分化的土地私有化政策,根本点上的工作是如何加快城乡统筹的速度。减少农村人口,建立起农民社会保障制度。

第一个层次,从农业的角度来讲,要建成全面的小康社会,农业的现代化进程一定要再加快。国家要在人力、物力、财力方面给予更多的支持,这也是WTO组织中的绿箱政策允许的,要坚定不移地把农业作为一个大产业来发展。

第二个层次,在农村社会事业发展方面应该让农民认识到教育和卫生工作的重要性,让他们自己多尽一些义务,更多的是国家在义务教育、促进医疗卫生保障的时候,有更多的投入,不让城乡之间的差距越来越大。

第三层次,对待农民目前面临的最大问题就是解决农民的就业和收入问题,耕地是有限的,而且在逐步减少,农业在GDP中的比例也在不断下降,要解决好农民的就业,首先要改变城市分割的体制,让农民在自由流动中或在城镇中找到非农业的就业机会,以此增加他们的收入,城市也应该更加理性地对待这个问题,应该说农民进城对城市的发展也是有很大帮助的。从根本上讲,农民进城就业后,对解决农民的收入问题,进一步促进农业的发展问题都会有好处。

第四个层次,"三农"问题的难点是农村人口增长过快过多,而建立起农民社会保障制度是减少农村人口的最好方法,社会保障本是工业化、城市化的产物,被各国不断加以完善发展。进入21世纪,我国农民的社会保障制度,应当根本转变思想认识。让农民攥着几亩耕地当

社会保障,不是一个负责任的思路和做法。不给农民社会保障制度,表面是节省,实质是浪费,短期是节省,长期是浪费。建立农民社会保障制度后,就可以真正赋予耕地财产权,进入市场自由买卖。土地才可以大范围进行调整集中,大批现代家庭农场才可以出现,大量投资才可以进入,只有土地产权的明晰,才可以使农业投资人放心经营这种以中长期收益为特点的产业。包产到户这种体制要求每一个农民成为集生产者、经营者、市场营销者等所有角色为一体的"全能人"。事实上如同大多数市民只能做劳动者不能做老板一样,大多数农民只能做生产者做"庄稼把式",却难以做经营者也难以做市场推销员。而全能小农的生产方式决定多生孩子的生育方式,结果是在强制重压的计划生育政策之下,农村人口仍增长强劲。建立农民社会保障制度在我国已具有现实的可行性。首先是改革开放20多年,国家和人民的财富总量大大增加了,已经提供了一个建立全民社会保障制度的起码基础。大多数人不但解决了温饱,而且丰衣足食,相当一部分已经小康。一批先富起来的人也握有了几万亿元人民币的资产。我党的方针是鼓励一部分先富起来,再带动大多数人富起来,最后达到共同富裕。全民社会保障制度就是使全体人民共同富裕的基本制度之一。其次是农民的社会保障制度可以先从养老保障这一部分做起,或者再加上医疗保障。劳动保障这一部分,进城农民工原则可随打

工企业的市民职工对待。并且农民的养老保障标准开始从低，以维持基本生存为原则，以后逐步提高。在愿意选择独生子女的青年农民中推行养老保障，民政部门代表政府为他们办理养老保障手续，60 岁以后开始领取养老金。这就变事后奖励为事前鼓励，使相当一部分青年农民自觉自愿接受独生子女，一定程度上就会真正刹住多生子女的车轮。最后是分区设计分省实施。我国发展很不平衡，因此我们主张涉及经济与社会的大问题，大多宜于分区设计分省推进。发达省份目前宜把有限财力用于提高现有独生子女户的奖励，特别是收入较低的独生子女户的奖励，以便造成较强烈的社会影响和社会舆论。欠发达省份中央财政给予转移支付，不断提高现有独生子女户的养老金水平，以更有力地促使更多青年农民接受以养老金换独生子女的政策。这样，我国农村人口的大量增长才可以根本上得到遏制，我国“三农”问题的死结也才有望解开。

土地制度改革过程要降低制度变迁的成本、规避制度改革的风险，并真正有效解决“三农”问题和社会财富两极分化问题。要使社会保持稳定健康发展，务必遵循以下工作安排：

第一，逐步实现“三个并轨”。①集体土地与国有土地并轨，实现全部土地国有化。②划拨土地与出让土地并轨，将城镇国有和集体所用的土地从无偿划拨转变为拍卖出让；将一部分党政军和事业单位的划拨土地，随着其后勤社会化和事业单位企业化改革的进程，改变为拍卖出让。③将单位房改住宅产权、经济适用房产权与商品住宅产权并轨，土地年期使用权证和房产证统一由一个机构集中办理。

第二，农村土地制度改革，应与精简机构、裁减冗员、农村税费改革、加强村民自治、建立农村社会保障等配套进行。精简村乡县吃皇粮的人数，增加财政对县乡教育的支出，减轻农民的税费负担，轻税薄赋；同时，清理乡村债务，一些历史债务沉重，没有其他资产冲抵的村，可用国家赋予村社的土地使用年限财产权出售来进行抵债，而不应将债务转嫁给村民。

第三，调整规范土地方面的法律法规，并完善征用法律建设，重构征用程序。一是废除不适应于城市化、农业现代化、市场经济和保护私人财产的条款；二是土地管理法、房地产管理法、耕地保护法、草原法、森林法、水利法和其他有关的法律之间，及其实施条例之间要相互协调；三是根据国家所有、市场取向、政府弥补市场失效的土地制度安排原则，对现有的涉及土地的法律和法规进行补充修改。

第四，在现行的制度环境下，创造积极的进入机制，将农民纳入到土地征用谈判中来，给其以平等的主体地位，是推进土地征用制度改进的关键所在。农民直接参与谈判，减少了集体代理人对原属于农民土地财产权利的攫取，有利于对集体代理人的行为形成有效的监督；另一方面，政府出于节约交易费用和降低成本的目的，将充分考虑由农民主观价值度量所认可的补偿标准，进而推动对现行补偿机制的改革。稳定农民的承包经营权，以此入手实现对农民土地财产权利的清晰量定和保障，推进集体建设用地的市场化流转，消除产权歧视带来的财富外溢，增加农民的改房化收入；正确区分公益性和非公益性用地的转用渠道，充分利用市场机制进行调节，在政策上实现农民的主体地位。但无论如何，只有与收入最大化相一致的权利转让，才能完全清晰

地界定产权，强调农民在土地财产处置中的中心地位，这是实现农民土地财产权利、保障土地征用中农民权益的关键。

第五，实行土地管理立法决策、土地行政管理和土地行政监督“三权分离”的原则。法律法规的起草和制定由有关部门进行；改革由人大召集有关各方参加的专门小组从事；考虑土地房产有限性、固定性、不可增加性，而且问题繁多等特点，将土地的使用、交易和行政监督从有关部门分离，成立土地监督管理委员会集中进行有效管理。

第六，降低农民的货币地租赋税。将乡以上官员的薪金及行政费用，由直接从当地农民头上征收，转变为由财政统一调拨，并设计和建立一种有利于保护我国农业和农民的农产品市场采购流通体系，以确保国内农产品的价值能够在合理的价格水平上得以实现，而不应把全部农产品放到市场上放任自流，接受国际农产品的挤压和无序竞争。

第七，采取先试点，成功后再逐步推广的方式。由点到面逐步积累土地制度创新的经验，修正制度创新设计的一些不可行和风险较大的路径，降低制度改革的成本，减少制度变革的震荡，同时，还要防止改革过程中套取土地使用年限财产权的现象，避免土地改革过程中一些部门和人员将管理权变成使用权、使用权再变成所有权，倒卖和变相倒卖土地，谋取土地改革暴利、大发土地改革横财问题的发生和蔓延。

3. 改革现行土地管理制度的规划设想

至于变革现行的土地管理制度，可以从以下几个方面进行设计和总体规划：

(1)考虑到国土主权、公共产品用地、形成合理的生产力区域布局和城市空间结构、防止土地私人垄断等因素，取消集体土地所有权确立国家对全部土地的所有权。在集体土地统一并轨为国有土地时，国家不收取土地所有制转型的有关费用；以往的土地收益，仍然按照“谁使用、谁出租、谁所有”的原则处理。以后国家购买赎回村乡公共使用的土地（如村里的道路、乡镇企业用地、村乡广场、集体林场、集体办公用地等等）时，应当给予一定补偿，补偿前应确定受偿主体，而且补偿额应当量化到集体的每个人。国家在交通道路建设、城市规划改造、国防用地等特殊情况下，保留对所有土地占有权、使用权和处置权中的强制收回权。但收回的土地用于公共利益的，对地上建筑、构筑物及土地上的附着物和青苗等财产要给予赔偿，对于农民的耕地还要予以特殊补偿；据调查，深圳、珠海等地征地补偿费约为3万-5万元/亩，浙江大约3万-12万元/亩，上海浦东则在大约2万-10万元/亩，而上述几个地区都是全国房地产开发的热点地区，土地一经转用进入市场后，即增值达数十倍乃至数百倍，可见当前，土地征用制度中征地补偿构成、补偿标准严重与市场脱节。农民失地后相当部分没有新的就业机会，滞留在农村又没有生活保障，这必须主要从制度设计方面，使农民的基本权益得到保障；城市改造后给企业的用地，要按照国家限定的交易价购买土地的使用年限，土地增值收益在原使用者和国家之间进行合理的分配。

(2)按照不同用地类型，可以合理地分解土地国有权的所有、占有、使用、使用权处置等内容。对于道路交通、城镇基础设施、国防安全、公益事业用地，实行国有、国拨、公用的制度；对于学校、医院、体育等半公共性用地实行优惠出让的体制，土地实行国家所有和事业法人使用制度；对于工商服务等企业性用地，实行国家所有、企业占有和使用并可以处置使用权的体制，土地资源实行市场化分配；对于已经由农民和投资者使用的耕地、林地、牧场、“四荒”、劣质地，实行国家所有、农民和投资者占有和使用的制度，国家划拨和优惠出让；对于与宅地和房屋有关的土地，实行国有但居民占有（独院和平房）和使用，或者居住者共同占有和使用（多层楼房）的体制。

3. 在现行土地产权的委托——代理框架下，建立公众参与制度，这对保障土地政策参与宏观调控的效能是一种理性政策。应当通过制度规范，明确公众参与的时间、形式和结构，特别是明确法定性程序、强有力仲裁机构和相对独立的组织部门，进行辩论式决策，同时建立网络化的价值信息沟通渠道，这些都具有重要的现实意义。

(4) 实行土地使用年限财产权制度，并延长有关土地使用的期限。对于已经由农民和投资者使用的耕地、林地、牧场、“四荒”，对于已经和拟投资改造的沙漠、沼泽、秃山、退化草原、戈壁的用地，对城市居民住宅用地，实行999年使用期制度；工商、服务等企业性用地，实行99+99年期制度；农民对土地的使用年限财产权，不因其户籍地发生变动而丧失；土地的年期使用权，根据所余时间的长短和对土地的投资大小，可视为一种有价值的财产。废除目前住宅等用地70年期满后要无偿收回土地以及法人和私人房产等地上附着财产为国有等不合理的法律法规规定，各级政府要认真按照“十六大”会议精神、确实从保护私人财产的角度出发，合理规定使用年限终止时财产的继承、续租、归属和补偿。

(5) **将农户土地使用年限财产权和目前国有企业划拨的土地与社会保障挂钩**。由于绝大部分地区的农民没有建立社会保障，因此，在国家赋予农民目前承包经营耕地和“四荒”999年使用期权的同时，应将其财产视为农民社会保障的基础。到城市里务工的农民的土地年期使用权不予收回，如果在城市找不到工作，或者工资收入很低，或者由于务工时间短而没能纳入城镇社会保障体系，土地就是农民最后的命根子或是保障财产；无论是国家购买赎回农民的土地年期使用权，还是农民与企业和其他个人之间进行耕地、“四荒”和宅地交易，其中一部分要强制地建立个人账户，纳入养老、失业、医疗等保险基金，同时国家拍卖城市以外土地所得收入，可考虑一部分用于建立农民的社会保障基金。过去一些国有企业

占用的土地是通过划拨方式取得的，其多年的积累被国家集中后用于扩大再生产，而职工没有提取社会保障基金，在重组、兼并、破产、联营时，其土地应当允许出租、交易、入股，所得资金用于下岗职工的安置和职工社会保障资金。

(6) **建立土地储备制度**。相应的土地储备机构从事土地储备和开发活动，这是进一步深化土地使用制度改革，规范土地市场秩序的必经之路，其根本目标是加强土地管理从而实现宏观调控。可见，土地储备制度是土地管理制度的一种大胆创新，是符合市场经济条件下进一步加强土地管理的实际要求。

(7) **发挥市场机制对土地资源配置的基础性作用**。这里有两点必须解释明白：第一，土地对于企业来说是生产资料，对于居民来说是生活资料，在市场经济体制中，土地使用年限是商品。放开土地和房产的交易，形成土地使用年限财产权和房产的出租和交易市场。农民的耕地、宅地、“四荒”，投资者投资的山林、草场、农场、牧场、林场，乡镇和城镇企业的土地年期使用权，居民的房产，都可以进入出租和交易市场，并可以抵押融资。第二，发展土地使用权和房产出租交易中心、土地价格和房产价格评估事务所、土地和房产经纪公司、房地产同业协会、房屋物业管理同业协会等中介组织和行业协会，将政府的一些管理职能转移给这些中介组织和行业协会，将政府直接管理变成中介管理和行业自律。

(8) **国家弥补土地资源市场配置的缺陷**。土地资源市场化配置在一定程度有其缺陷性，国家应如何

弥补由此带来的缺陷，主要有以下思路，下列战略措施思路清晰，具有纲领性和可操作性：

①国家要制定国土利用规划、城市建设规划和村镇建设规划。考虑到城市化趋势，规划管理的重点在城市和城镇，村镇规划则要考虑村庄萎缩的趋势。建设和其他用地要符合国土科学合理利用规划和城市建设规划。

②必须严格控制征地权，征地权是政府特有的行政权力，政府行使征地权的具体表现通常是控制征地审批权。新修订的《土地管理法》规定了征地审批的权限，征用土地视其是否是基本农田或面积个别由国务院、省、自治区、直辖市人民政府审批，这里有一关键的问题就是审批权不在于在哪一级政府，而在于是否能严格控制征地审批权。借鉴国外的经验，可行的做法是建立征地审批责任制，从政府首脑到职能部门负责人再到具体经办人员，责任层层落实，如有违反政策，则予以从严从重处理。

③政府要强化用地附加生态环境等方面的指标，严格控制污染严重的企业买地建厂，利用土地制度设计和优惠政策引导资金投入治沙、治荒、植树造林，改善生态环境。

④政府要利用中介组织和各方听证的方式，对各级地段的土地和房产价格进行评定，使土地年期使用权和房产以此为指导价格进行出租和交易，对于交易价格过高的进行最高限价。

⑤必须加强法制建设。这主要是加强土地征用方法和加强土地征用执法。前者对于规范土地征用行为，保护土地资源及合理利用土地都具有非常重要的作用。尽早制定《土地征用法》，明确土地征用的性质、主体和客体，明确“公共目的”的内容和范围，确定合理的土地征用补偿标准，制定关于土地征用补偿费科学管理和使用的原则及办法，明确土地征用涉及各方的权利、义务和责任等内容。后者主要是组建强有力的执法队伍，严格依法规范土地征用行为，要加大执法监察力度，采取强有力的措施严肃查处各类违法用地现象，推动我国的土地征用走上法制化轨道。

⑥政府可以进行整理和土地储备，为了降低交易谈判费用，在涉及城市重大规划建设、成片改造等土地资源配置时，可以集中购买和批租土地。但是，购买和出让土地，都要以公开、公正、公平的方式进行，要以合理的价格购买，土地交易的增值部分要在原土地年期使用者和政府之间合理分配。

⑦政府主要根据宪法、法律和法规对于用地和土地出租、交易等进行监督管理，减少行政审批和行政性收费，加强依法管理，依法抑制和打击土地投机、欺诈活动。

⑧国家对道路交通、水利设施、国防安全等公共事业无偿提供土地，对基础科研、义务教育、医疗卫生等公益事业无偿和优惠提供土地，给城镇低收入者提供低租和低价房，以实现社会的公正和公平。

⑨取消目前建设用地到国务院和省政府审批的高度集中管理体制，利用遥感技术监控各地区按规划用地的情况；废除目前用地在小行政区内平衡的办法，各种用地之间实行大区域内的平衡；国土规划和城市规划具有法律效力和权威，大的布局方面的事宜应当管住管好，具体事宜可放开搞活，政府不宜管得太死、太多、太细，尽量减少可能导致权力寻租的制度设置，尽可能规避政府部门和相关工作人员滋生新的腐败。

第三章 节能省地

——住宅建设健康发展之路

近几年来，我国住宅建设高速发展，在推动经济增长满足人们生活需要的同时也日益凸现出污染环境、浪费能源等问题。新世纪的住宅要求，不仅要经济美观，舒适耐用，更需要节能省地，环保开发，走住宅建设可持续发展之路。

一、住宅建设须坚持节能、节地、节水、节材

来自建设部的有关数据显示，目前建造和使用建筑直接和间接的能源占社会总能耗的46.7%，用水占城市用水的47%，使用的钢材、水泥分别占全国总使用量的30%和25%。因此而看，在建筑的建造和使用过程中，必须做到能源、土地、水和材料。

1. 节能

我国是人口大国，能源消耗量巨大，人均能源占有量处于世界较低水平。随着城镇化进程的加快和人们生活水平的提高，我国必然还要建造大量的住宅，以满足居住的需要。但是，能源紧缺迫使我们不能再继续沿用传统的方式进行住宅建设，否则我国的资源终将消耗殆尽，环境终将因为资源的过度消耗而恶化。住宅建设节能势在必行。采取节能措施须注意以下几个指标：

(1)节能目标的相对值（50%）可以分地区提出，但是应要求各地区进行现状调查或组织调研，确定当地建筑单位能耗的平均值（kg标煤/m²·年），否则提出的相对值无法操作。在此基础上再提出全国节能的总绝对值（kg标煤/m²·年）较为科学。

(2)要注意建筑节能指标和绿色建筑的指标并不完全一致，甚至存在矛盾之处。如绿色建筑强调自然采光、通风和加大迎光面以便有可能利用太阳能等，但是这样会增加窗墙化和体形系数，不利于节能。目前，房地产商为提高舒适度，多采用大落地窗，大面宽小进深住宅在市场上深受欢迎。但这和主体建筑节能有矛盾，如果要达到节能指标，须提高维护结构的保温性能，这必定会大大增加住宅造价。这个因素在一定程度上限制了绿色建筑技术在普通住宅中的推广，目前多用在高端住宅上。

(3)节能问题应有重点。在北方抓冬季供暖期节能，在南方抓夏季空调期节能，过渡区应结合当地实际，不能仅用物理指标要求，以免造成浪费。

(4)要尊重人文环境，强调人与自然协调，尽量采用自然生态型的方式节能，如太阳能、西北的生土建筑等。应强调对健康、合理的生活方式的引导，改变不良生活习俗，开展全民节能教育。大部分人观念还没有转变过来，没有意识到住宅节能的重要性和必要性，采用教育方式对住宅节能加以宣传，对人们思想意识进行引导，对住宅节能的推广非常重要。

2. 节地

提高土地利用率，人们不再担心“土地荒”。我国虽疆域辽阔，土地资源丰富，但终因人口数量庞大，人均土地资源依然处于世界后列。住宅用地占我国土地资源利用的比例自然不可能太高，在现时已占用330亿平方米的情况下，也无法再高下去。因此，对于今后的住宅建设用地应该在统筹规划的基础上尽量节省，关于住宅建筑节地也有几点要加以说明：

(1)节地问题主要是宏观问题，关键在于要逐步解决城乡的二元化体制。在新型工业化的过程中城市化是必然的，城市化需要土地，需要一定数量的耕地，这个问题不能回避。应提出一个城市化用地与农业

用地的平衡发展模式，以及二者与工业化的关系。提高粮食单位面积产量和提高农业产业化的过程就是释放耕地面积和农村剩余劳动力的过程，前者的速度制约了城市化的过程和农用耕地转为建设用地的过程。建设部与农业部制定的发展规划接口，再测算土地放量的时段，在科学分析的基础上提出节地指标。

（2）城市住宅的节地问题与住宅市场结构及开发模式有关。目前我国新建住宅几乎全部采用小区成片开发模式，这一模式已经持续了15年，其弊端早已凸现，如果再继续下去，大量占用耕地问题将无法解决。应更多地研究采用城市内既有住宅置换、提升的办法解决住宅问题，尤其是中低收入家庭住宅，不一定非要新建小区，更多的是通过二手房的租赁、置换等方式解决。因此，以往提出的商品住宅持有率要达到90%以上等指标值得商榷。目前发达国家反而强调商品房的持有比例要下降到60%-70%，而物业出租比例要提升到40%。

新批准的成片开发的住宅尤其是大规模的项目，应当按照新城镇的模式而不是住宅小区模式规划，使住宅建设和城市化进程接口，这是长远节约耕地的出路。如果在城郊大量建住宅小区，必定造成在占用土地的同时还要解决交通问题，长距离运输又造成能源的耗费，应把居住、经济、社会、环境等方面的功能统筹考虑以达到整体的最优化。

（3）应提高不同档次住宅的使用价值和经济价值，分别制定最低使用年限。但是，如果不能提升住宅的经济价值，即使现有住宅还存在使用价值，也会因为失去了经济价值被拆掉，频繁地拆建必定造成土地和资源的浪费。因此，建设时要从住宅的设计、质量、可改造性等方面长远考虑。

3. 节水

我国水资源空间分布极不均衡，南多北少，东多西少，而且按人均水资源占有量来算属世界缺水区。制定节水指标应分区为宜，建议按年降水量分为五个区：半水区（1600㎜）、多水区（800㎜～1600㎜）、过渡区（400㎜～800㎜）、少水区 （200㎜～400㎜）、缺水区（<200㎜）。要求住宅小区减少市政提供的供水量，节约用水，按照上述分区，节水率指标递增。

$$WCR(100\%)=\frac{\text{总用水定额值}-\text{自来水用量设计值}}{\text{总用水量定额值}}\times 100\%$$

其中：总用水量定额值：按照定额标准估算的园区用水总量。自来水用量设计值：考虑节水方案后，园区实际自来水用量。在不考虑污水回用的情况下：5≤WCR （节水率）<15；考虑污水回用的情况下：15≤WCR<50。节水率并非越高越好，因为高节水率意味着要求更高的污水回用率，而污水回用是需要采用较高的处理技术，将会增加成本影响水价，应当选择技术经济的平衡点。应具体按照高质高用、低质低用的原则，确定合理的方案措施：①优先选用节水器具和设备；②合理控制末端出水压力；③雨水收集并回用；④污废分流处理并回用。在绿化用水、冲厕用水、道路浇洒、汽车、扫除用水、景观补充用水及空调冷却用水补水中使用再生水，且水质应符合相应的标准。

4. 节材

建筑材料是建筑业的物质基础。建材工业又是对天然资源和能源资源消耗对大气污染最为严重的行业之一，是对不可再生资源依存度非常高的行业。大部分建筑材料的原料来自不可再生的天然矿物原料，部分来自工业固体废弃物。据估计，我国每年为生产建筑材料要消耗各种矿产资源70多亿t，其中大部分是不可再生矿石、化石类资源，全国人均年消耗量达5.3t。钢材和水泥是建筑业消耗最多的两种建筑材料，消耗量分别占全国总消耗量的50%和70%。我国建筑业耗材数量巨大，浪费严重，这不仅对建筑业本身而且对整个国民经济的跨越式发展形成了负面影响。造成我国建筑业对材料消耗长期过高这一现状的原因是多方面的，主要有：

（1）缺乏有效的建筑节材新技术、新产品、新的设计及管理模式的研发及推广平台。

（2）对影响建筑节材技术发展的技术公共产品投入不足。

（3）缺乏有效的建筑节材激励政策和强有力的法律法规体系。

（4）缺乏有效的建筑节材行政监管体系。

（5）缺乏有效的建筑节材宣传机制。

我国建筑业材料消耗数量极其惊人，但是反过来也暗示着我国建筑节材的潜力十分巨大。《建设部关于发展节能省地型住宅和公共建筑的指导意见》（建科[2005]78号）就十分乐观地提出了“到2010年，全国新建建筑对不可再生资源的总消耗比现在下降10%；到2020年，新建建筑对不可再生资源的总消耗比2010年再下降20%”的目标。

当然，建筑业作为一个庞大的系统工程，建筑节材同样也是一个系统工程，建筑节材涉及建筑过程的各个环节。基于这一思想，近年来提出了建筑全生命周期概念上的建筑节材，即在建筑全生命周期（物料生产、建筑规划、设计、施工、运营维护及拆除、回用过程）中实现高效率地利用各种资源（包括能源、土地、水资源、建筑材料等）。然而，如何真正实现全生命周期意义上的建筑节材，还有很多工作需要去研究探讨。可以预见，随着科学技术的不断进步和全社会节约意识的不断提高，未来的建筑节材技术将朝向智能化系统实施、智能化系统评价、智能化系统管理的方向发展。

我国社会经济可持续发展面临着能源和资源短缺的危机，所以社会各行业必须始终坚持节约型的发展道路，共建节约型社会。建筑业作为能源和资源的消耗大户，更需要大力发展节约型建筑业，其中建筑节材是其核心内容之一。我国建筑业耗材现状及国内外建筑节材实践经验告诉我们，我国建筑节材潜力巨大，技术可行，前景广阔，大有文章可做。

二、住宅节能省地应全民一心、提高意识

据专家测算，如果我国从现在起对新建建筑全面强制实施建筑节能设计标准，并对既有建筑有步骤地推行节能改造，到2020年，我国建筑能耗可减少3.35亿吨标准煤，空调高峰负荷可减少约8000万千瓦时（约相当于4.5个三峡电站的满负荷出力，减少电力建设投资约6000亿元），能源紧张状况和污染压力必将大为缓解。但如果继续放任自流，错过当前这段大好机遇，不采取坚决有效的措施，国家能源负担将长期负重，对我国社会经济的可持续发展产生严重制约，对能源安全和大气环境造成重大威胁。现在，我国建筑节能法律法规还不完善，缺乏政策引导，新建建筑执行节能设计标准的实施和监管力度不够，推动开发商建造、鼓励居民购买节能建筑的内在机制尚未建立；在小城镇中，村庄布局零散，人均住宅用地面积较大，土地资源浪费严重，节能省地只是个口号而已。

1. 需求旺盛，开发商无心研究节能

最新统计数据表明，受国家宏观调控政策的影响，2004年1-11月新开工商品房建设面积的增数为11%，2003年同期为29.9%；2004年1-11月商品房竣工面积的增数为11.7%，2003年同期为29%；2004年我国商品房的销售量增数也明显放慢，2004年1-11月增数18.5%，2003年同期为32%。由此可见，我国的商品房供应数量和需求量的增加速度都已经明显放缓，但是，商品房的销售量还是明显多于竣工数量的，特别是商品住宅。去年建成商品住宅19465万平方米，而卖出21020平方米。

从数据可以看出，虽然商品房的供应量和销售量都在减少，但销量减少的比例小于供应量减少的比例，所以商品房还是供不应求的。也

就是说,现在的商品房,特别是商品住宅市场还是偏向卖方。在供不应求的市场条件下，开发商无须担心自己的产品卖不出去，不会过分重视房屋质量，也不会去花时间和成本引进节能技术增加自己的销售成本,也不怕房子价涨了卖不出去。在开发商这里，建筑节能还只是政府的一个口号而已。

据统计，我国建筑能耗占全国总能耗的 28%，预计将来会达到 35%；耗水量占城市总用水的 32%；城市用地的 30%用于住宅建设；住宅钢材消耗量占全国钢材消耗总量的 20%，住宅建设所用的水泥占全国用量的 17.6%。我国现在的节能住宅的发展仍远远落后于发达国家，我国住宅建设的物质消耗是发达国家的 3 倍以上，钢材消耗量比发达国家高出 10%-25%，卫生洁具的耗水量比发达国家高出 30%以上，每拌和 1 立方米混凝土要比发达国家多消耗水泥 80 公斤。

2. 注重外观,消费者走入选房误区

自上世纪 90 年代中期以来,我国的商品住宅市场有了很大发展,在商品房市场上，到处可以看到新颖的设计、绚丽的颜色、多样的外立面材料、园林化的住区环境等等。外观的特点是建筑最容易感染人和吸引人的元素之一,为了吸引消费者,众多的开发商在建筑的外部形象上下了很大工夫。在住宅建设的过程中，为满足外观而牺牲实用性的例子很多。从设计的角度看,一座建筑的南面是接受阳光的主要方位,出于节能的考虑，设计者一般会将南面的窗户面积做大一些，以便于吸收热能;相对来讲,北面由于日照时间短些,应该将窗户面积做得小些,以防止热量散失,但是,有些建筑，为了样式的美观而忽略这一点。将北面窗户大开，而南面却做成封闭式墙体,这必然造成能量的消耗、资源的浪费。

现在消费者在购房时，对于住区的景观、布局、地面、外观、社区环境等非常重视,因此,园林式住宅、山水住宅等成为住宅的卖点。有些消费者认为,节能住宅购买成本高,而且舒适度不够，选房时一般不会考虑节能住宅。其实,节能建筑在采暖、采光、通风和纳凉等方面都最大限度地利用了自然能源和可再生能源,力求做到人与自然的和谐,为居住者创造了最为健康、舒适的环境。节能建筑虽然购买成本高于普通住宅,但是,其日后的使用成本却大大低于普通住宅,所以,消费者应该把目光放的长远一点，把节能建筑作为购买住宅的第一选择。我们更应该重视住宅由内而外的美，毕竟我们是居住于室内的，居室内的空气质量，温度舒适性才是真正直接影响人们生活质量的因素，住宅外表的美观只是个形式而已，缺乏实用价值。

3. 制度缺位,政府缺乏政策引导

据统计，我国现有城乡住宅建筑总面积约 330 亿平方米，而节能住宅仅占全部住宅总量的 2%左右。即便是在新建的住宅中，节能住宅也仅占 19.6%而已。由此可以看出，我国在节能方面的氛围还远远不浓,巨大潜力仍有待挖掘,国家如果没有强制性措施是很难推广节能省地型住宅的。

西方发达国家的建筑节能始于 20 世纪 70 年代。“石油危机”爆发后，节约能源的重要性紧迫性日显突出。西方各国就纷纷出台了关于节能的专门法律，其中对民用建筑

做出了明确的节能规定，并采取了一系列的鼓励或强制措施，我国的建筑节能工作则晚了10多年。1986年，我国第一部建筑节能标准——《北方寒冷地区建筑节能标准》出台，节能目标是30%；1996年，这一目标提高到50%；2000年，《建筑节能管理办法》颁布；2002年，《夏热冬冷地区（过渡地区）的建筑节能规划》出台；2004年1月《夏热冬暖（南方地区）的建筑节能标准》颁布。

虽然已经出台了相关规定，但是目前我国在建筑节能方面仍然存在很多问题。首先，是政府职能部门对建筑节能工作的重要性和紧迫性认识不足，未将其作为一项日常的重要工作来抓，致使各项节能标准没能真正贯彻实施；其次，国家缺乏相应的经济鼓励政策，建筑节能缺乏必要的资金支持，无法充分调动各方对于实施建筑节能的积极性；第三，国家对建筑节能技术创新、技术进步支持力度不够，没有充分利用国外的先进理念和成熟技术，缺乏质量合格、数量足够的产品支持；第四，宣传不到位，普通百姓对于建筑节能的认识存在思想误区，认为节能建筑成本高、不舒适，多数人还不了解建筑节能会带来多方面的巨大效益。

可喜的是，部分地方政府已经认识到了强制手段对于建造“节能省地”型住宅的重要作用，开始采取强制性措施规范住宅建设行为。2004年年底，乌鲁木齐市内建筑行业全面实施闭合式管理制度，规定新建建筑如果不按要求实施节能，将无法通过竣工验收。同时，相关的设计、建设、施工和监理单位将被处以10万元到100万元的罚款，并给予降低或撤销资格的处罚。武汉市也表示，自2005年起，建设部《夏热冬冷地区的建筑节能规划》将在全市强制执行，违反该《标准》中强制性条文规定的建设、设计、施工、监理单位将被勒令整改，逾期不改或者达不到整改要求的，市委将根据相关规定给予处罚。

目前，城镇住宅的建设被关注比较多，但是农村住宅的建设却往往被忽视了，事实上，农村住宅的建设存在的问题也很严重。由于受传统观念的影响，至今仍有很多农村地区将住宅建设视为财富和地位的象征，这就导致了农村住宅建设的无序现象。在农村，房屋建设基本上是个人行为，东建西筑，没有系统规划，土地没有得到充分利用。因此，农村的土地浪费现象非常严重，住宅建设占用耕地的现象时常发生，而且，农村住房建设占地大、耗能高、质量差的问题非常突出。加之有些地方官员受政绩观的影响，在小村镇中建大马路、大广场，这也是对土地资源的极大浪费。要发展“节能省地”住宅必须从统筹城乡发展的高度；把工作的着力点放到城市和农村两个方面，尽量做到合理规划住宅建设用地，少占耕地，充分利用荒地、劣地、坡地等。在居住区的规划中，应该从我国人口众多的具体国情出发，在保证住宅舒适度的前提下，尽量提高容积率，并充分利用地下空间，提高土地的利用率。

专家指出，当前我国“短命”建筑的现象普遍存在，上世纪80年代建造的住宅，现在多数面临着被拆迁的命运。目前，我国住宅的平均使用寿命不足30年，远远低于设计寿命50年的标准，而发达国家的住宅寿命一般高达80余年。在法国等国家，百年的经典建筑更是数不胜数。住宅的寿命不仅仅指结构上的寿命，还包括其功能寿命。我们应该通过设计优化，改进建筑的结构形式，增加住宅的可使用空间，完善住宅的功能设施，减少重复建设，合理有效利用。我们现在的任务是要建造“长寿”建筑、精品住宅，因为使用寿命长，无论从节能还是省地来看，都是最根本的节省。

三、住宅节能省地须城乡区别对待、因地制宜

地区之间，城乡之间具体环境情况不同，在开展住宅建筑节能省地时也需区别对待，因地制宜，根据具体情况，确定哪些地方适合节能，哪些地方需要省地，哪些地方节能省地可以同时进行。

近年来，我国的城镇化进程大大加快，城市人口急剧膨胀，尤其是大中型城市。为了解决城市人口的住房问题，城市住宅建设紧锣密鼓地进行着。根据专家的测算，按照城市建成区面积来统计，把我国200万以上人口的大城市、20万人口的小城市和不足百人的小城镇做了一个比较，人均占地面积比例是1∶2∶3.1，小城镇的人均占地面积是大城市的3倍多。受客观条件的限制，在寸土寸金的大城市中，政府规划部门、开发商、设计人员对土地使用面积都非常重视，因此，在这样的大城市里，住宅建设的节地性已经成为开发商的自觉行为，再过分强调节地已是多余。如果政府再过分强调城市住宅的节地性，反而可能导致开发商建造高容积率住宅，以牺牲环境为代价追求高利益。当前在城市住宅建设中，工作重点应放在节能方面，城市住宅建设的能源消耗量是非常惊人的，已经占到了全国总能耗的30%。以水资源为例，我国现在很多城市的水资源紧缺，但是，我国现在的污水处理再利用率只占污水处理总量的11%，人们还是没有树立节水意识。可见，在城市住宅建设工作中，节能节水等工作还是有很大潜力可挖。

与大城市相比，小城镇的住宅建设缺乏合理系统规划，具有较大的无序性、盲目性，浪费土地资源现象十分严重，具有较大的节地潜力，而相对来讲，推广节能技术较大城市还有很大难度，最主要的是资金缺乏，技术设备不够。因此，在农村的住宅建设过程中，应该加强政府的领导，做到规划先行、一切服从规划。当然，这里并不是说，只要在大城市推广节能，只需在小城镇推广节地，我们要根据各大中小城镇的具体情况，统筹规划，能节能的必须节能，该节地的一定节地，节能节地可以并行的也要并行。

四、住宅建设节能省地应走产业化之路

在住宅的建设工作中，各相关部门已经开始认识到节约能源的重要性，并且引进了新技术，采取节能措施，不少开发商也在积极打造节能型住宅。但是，住宅节能进展速度远远不够。首先，由于一些房地产开发商急功近利，只考虑眼前利益，不

愿意采用新型节能产品和技术；其次，我国目前对于住宅节能还没有强制性要求，并且有关法规还没得到真正贯彻落实；三是管理体制不够顺畅，条条块块多头管理，不能尽快地把新产品、新技术转化成生产力；四是我国的新型节能产品质量认证上多头管理，认证部门太多，许多部门、协会各搞一套，甚至变成了商业色彩很浓的行为，严重影响了推广工作；五是节能部品的标准化设计问题，目前我国各地的节能部品标准不统一、不配套、不能通用、出现质量问题不好处理，以至于生产和推广上都出现困难。

近年来，我国的水、电、天然气等能源供应都一度紧张。发展“节能省地”型住宅已迫在眉睫。有关专家指出，住宅产业化是发展“节能省地”型住宅的必由之路，要通过技术创新，走新型工业化的发展道路，构建节约型的住宅产业结构，彻底扭转住宅建设高消耗、高污染、低产出的状况，全面转变住宅建设的经济增长方式。建立和完善住宅标准化体系和住宅性能评价体系，开发推广资源节约、环保生态的新型住宅建筑体系和住宅部品体系。运用科学的组织和现代化的管理，将住宅生产全过程中规划、设计、开发、施工、部品生产、管理和服务等环节集成为一个完整的产业体系，实现住宅建设的高效率、高质量、资源综合利用率高、环境资源付出小的目的。

住宅产业化是一个市场化、商品化的过程，只有形成了一定的市场需求，有了市场的驱动力才可能推进产业化。因此，以往我们强调以项目为中心，去抓各种示范工程，在计划经济向市场经济转型期间，这种方式是有效的，但在房地产市场已趋成熟的今天，应从抓项目过渡到抓企业。

当前，在政府宏观调控的形式下，在收紧房地产的两大限制性因素（资本和土地）以后，一定会形成一种挤压效应，促使中国的房地产业开始上一个台阶，其特点是企业进步和金融进步。房地产业的优胜劣汰已经开始，2006 年更会加速。以往靠“圈地”、“圈钱”获取高额利润的时光已经一去不复返了，房地产开发企业开始认真研究发展战略，大致趋势如下：一部分企业向规模扩张性发展，以做大做强为目的，一些大型开发企业的年开发量和销售总额一时成了竞争的指标。例如：民营企业中以万科集团、顺驰集团、世茂集团、合生创展集团等为代表，在 2004-2005 年中都以销售总额在 100 亿元以上为目标，其中企业间竞争得十分激烈。大型开发企业的形成将会提高房地产企业的集中度，这标志着中国的开发企业走向成熟，竞争房地产市场的占有率已经开始，这些企业中有的已经认真研究住宅产业化问题，为的是提高企业竞争力。一部分企业以打造精品为切入点，形成独有特色的知名品牌，从而提升项目的质量，不求最大，但求最佳。

总之，中国的住宅建设在进入 2006 年以后，将逐步从劳动力密集的资源消耗型产业提升过渡到技术密集的资源节约型产业，这是一条人与自然的和谐之路。

A COMPREHENSIVE HANDBOOK OF DEVELOPMENT OF REAL ESTATE IN CHINA VOLUME 5

第五卷

房地产市场资本运作

第一章

房地产融资回顾

资金是房地产开发的第一要素，在获取银行贷款资金难度日益加大的情况下，房地产业必然要去寻找新的途径。于是，2004 年便成了房地产的“金融年”或者称“融资年”。这一年，人们寄予了太多的希望，希望资本市场会更开放，希望产业基金能够合法降生，希望信托能够出现更多的创新品种，希望资产证券化能有实质性突破等等。然而事情并不像人们想象的那样——宏观调控使信贷门槛一抬再抬，房地产信托遭遇“铁律”严管，产业投资基金仍没有合法身份，创新的中小企业板上也找不到房企的身影。

政府要调控金融风险，开发商要拓宽融资渠道，2004 年就在这希望与失望的交织中，在理性与激情的撞击中一路走过。只要希望没有破灭，求索就不会停止。于是，信托在监管中不断创新，基金以各种形式出现，典当、股权、债券私募、开发商委托贷款、销售融资、采购融资、票据融资、资产证券化等新的多元化融资渠道被开辟出来。

回顾过去两年我国房地产融资情况，对于展望及把握我国房地产金融走向具有一定的积极意义。

一、上市融资：雷声大雨点小

2004 年新年伊始，国务院就颁布了《关于推进资本市场改革开放和稳定发展的若干意见》，从九个方面对资本市场的发展提出了指导意见。这对于沉寂已久的资本市场来说无疑像一剂强心针，同时也让在资本市场门口久久等候的房地产企业看到了新的希望。接着，资本市场的大门真的向房地产企业打开了，2004 年 2 月 25 日，“华发股份”在上海证券交易所挂牌并成功发行 6000 万股 A 股，募集资金总额 4.06 亿元。而几乎与此同时，上海最大的民营发展商复地集团在港成功发行 6.38 亿股 H 股。在连续的好消息鼓舞下，更多的房企踏上了上市融资的漫漫征程。

曾有许多媒体预言，由于上市的准备期一般在两年左右，资本市场向房地产企业开放到 2004 年刚好是两年，已有多家房企完成了辅导期，2004 年房地产企业将迎来一个首发上市的高峰期。但事实上并非如此。中国证监会在《关于进一步规范股票首次发行上市有关工作的通知》中明确规定：“自 2004 年 1 月 1 日起，除国有企业整体改制、有限责任公司整体变更和国务院批准豁免的情况外，股份公司必须设立满3年后才能申请首发上市;同时,发行人的主营业务、管理层最近3年内未发生重大变化,实际控制人未发生变更。”这些要求恐怕大多数房地产公司都无法达到。虽然2004年底保利房地产公司已经过会,但到2005年3月还没有看到后续动作。境外上市方面,顺驰(中国)在成功完成上市聆讯程序后,也暂时没有了下文。

对于境内上市放缓,业界人士认为,这一方面与资本市场不景气有关,但还有一个重要的客观原因是,证监会于2004年8月31日发布了《关于首次公开发行股票试行询价制度若干问题的通知》并同时特别规定:“在询价制度正式发布前,除上市公司再融资外,暂不安排首次公开发行股票。询价制度发布后,按新政策安排新股发行。”

2004年5月18日在深圳证券交易所设立的中小企业板块,成了房企上市融资的新希望,但从6月25日中小企业板块鸣锣开市至2004年年底,还没有见到一家房地产企业在该板块有实质性行动。

在首发上市受阻的同时,房地产企业借壳上市也沉寂了下来。2003年有十余家房地产公司成功通过借壳上市,而到2004年,借壳上市的却寥寥无几。这一方面是由于壳资源减少,另一方面也反映出企业选择壳资源时更加慎重。欲借壳京西旅游的华远地产就是由于双方意见分歧过大,被迫放弃了借壳上市计划。

不过值得庆幸的是,上市公司再融资成为2004年的一大亮点。继万科A成功发行近20亿可转债后,金融街于12月8日增发了7600万股A股,并已平稳上市,金地集团也已增发10000万股A股,募集资金约13亿元。

二、银行贷款:门槛进一步提高

对于开发商来说,2003年的一个121号文件已经让他们倍感压力,没想到这仅仅是银行收紧钱袋的一个开始。2004年的宏观调控再次波及房地产金融,从“五一”前夕的提高银行存款准备金率和房地产开发资本金比例,到银监会颁布《商业银行房地产贷款风险管理指引》,再到银行9年来的首次加息,一系列金融政策的出台,虽然并不是招招针对房地产,但却次次敲打着房地产的敏感神经。新的融资渠道还没有找到,房地产金融门槛却一再抬高。

其实,利率上调并未对开发商的融资渠道带来影响。由于央行鼓励本地银行对房地产企业借款人实施更加严格的审查,过去半年中国房地产开发的融资难度加大,但该政策只是限制了实力相对较差的开发商以及截断了过量新供应项目的融资渠道,而资金充足拥有优质项目的开发商经营计划受到的影响相对较小。对此也有专家分析,虽然加息幅度不足以对房地产业产生大的震荡,但随之而来很可能将进入一个加息周期。这样,主要依靠银行融资的房地产企业就不得不考虑资金使用成本了。

对于银行来说,越来越谨慎、越来越“吝啬”也实属不得已。随着银行业改革的深化,银行间的竞争也日益激烈,而房地产贷款目前是银行的主要业务来源之一,来自房地产行业的信贷几乎占到了银行信贷规模的30%,这么大的“肥肉”是任何一家银行都不愿也不可能放弃的。然而贷款规模和行业风险的加大,又不得不让监管部门和银行顾及金融风险。因此各家银行一方面在谋划着金融创新以规避风险,另一方面仍积极与一些实力房企携手。根据人民银行提供的数据,2004年虽然银行对房地产信贷规模增幅有所放缓,但仍是房地产资金的主要支持者。

三、房地产信托:严管后重现曙光

2003年下半年以来,国家的宏观调控政策令银行信贷收紧,房地产等行业转而寻求其他融资渠道如信托的支持。信托产品虽门槛较高,但收益率高于银行存款和国债,因此受到投资者的追捧。房地产信托一度出现“井喷”势头,仅2003年第四季度就发行了37个房地产信托产品,共募集资金35亿元,2004年一季度这种势头依然得到延续。

由于房地产信托具有资金运用相对灵活等优点,使业界专家对其前景普遍看好,并得出今后房地产融资的主流模式是“银行+信托”的论断。然而房地产信托的火爆在让业界感到兴奋的同时,也引起了监管部门的高度关注。2004年一季度,银监会对房地产信托“温和施压”,要求各信托投资公司防范信托风险。自此，银监会开始着手酝酿一系列监管政策。2004年下半年以来，银监会一连出台了6份正式文件用以整顿信托业，《中国银监会关于进一步加强信托投资公司监管的通知》、《关于进一步规范集合资金信托业务有关问题的通知》、《关于信托投资公司集合资金信托业务信息披露有关问题的通知》等，招招针对信托发展的软肋。与此同时，监管部门还对金新信托、伊斯兰信托、庆泰信托等一些违规操作的信托公司进行了整顿，受刘顺新事件牵连的爱建信托也进行了重组。由于银监会的铁律监管，房地产信托的“井喷”势头被迅速遏制，2004年前三季度，房地产信托产品直线下滑。据统计，第一季度房地产集合资金信托共发行24个，募集资金总计25.26亿元；第二季度资金投向房地产的信托计划共有18个，筹集资金17.5亿元；而第三季度只发行了4只房地产集合资金信托，累计融资规模仅3.7亿元人民币。

就在人们对管理层严控房地产信托政策的怀疑和失望之际，银监会推出了《信托投资公司房地产信托业务管理暂行办法》（征求意见稿），经过两个月的讨论之后，已经正式颁布。根据该《办法》，房地产信托业务将突破200份的份额限制，初期将采用试点方式在信托公司中开展。业内人士称，该办法全面推广后将改变我国房地产的融资格局。有业内人士认为，《办法》的部分条款已涉及了房地产基金概念，在国内目前尚没有产业基金法的情况下，这个《办法》事实上既是一部房地产信托法规，同时又带有一定的不动产基金法色彩。

四、境外基金：青睐实力开发商

进入2004年，我国的房地产开发继续火爆，这使得许多海外的房地产基金改变了对中国房地产市场的观望态度，投资的欲望增强。像雷曼兄弟、德国房地产投资银行、英国Crosvenor、美国凯雷、荷兰Rodamco等海外基金已经变得非常积极。事实也证明了这一点：2004年年初，上海复地与摩根斯坦利房地产基金达成合作协议，双方将合作投资约5000万美元建设“复地雅园”项目。随后4月份，顺驰中国控股公司和摩根斯坦利房地产基金宣布合资设立项目公司，投资房地产。6月中旬，由荷兰国际集团和北京首创集团在海外共同募集成立的“中国房地产开发基金”在京投资的“丽都水岸”项目正式进入市场。据了解，荷兰国际房地产基金目前在中国已注资4个项目同时开发。6月22日，金地集团与摩根斯坦利房地产基金、上海盛融投资有限公司共同出资设立项目公司，其中金地出资约7500万元，占注册资本的15%，摩根斯坦利房地产基金出资2.75亿元，占55%股份，上海盛融出资1.5亿元，占30%。

从目前已与海外基金达成合作的发展商来看，几乎无一例外都是业界大牌，而真正资金困难的中小发展商很难获得海外基金的青睐。

境外基金不看好中国的中小开发企业，主要是因为中国大多数的房地产企业都是民营企业，公司的股权结构和控股结构不如上市公司的透明度，尽管有信誉，但是若财务不公开、不透明，基金也不敢投资。而且，目前大多数中小房企的管理模式是家庭管理模式，这样的管理模式很难获得境外基金的青睐。

五、外资银行：担心风险谨慎探路

按照加入WTO时的承诺，从2005年12月11日起，我国一些城

市对外资银行开放人民币业务。外资银行的分支机构将可以面向企业经营人民币业务，这意味着开发商可向外资银行申请贷款。但是,外资银行会否向中国的开发商慷慨解囊，目前还难以说清。就拿北京来说,截至2004年9月底,北京共有外资金融机构驻京代表处92家,其中港资和外资银行分行总资产合计达78亿美元。外资银行人民币业务如期开放后,78亿美元能否小部分流向房地产开发，目前看来并不乐观。

在一次融资论坛上，东亚银行的一位负责人表示，即使中国对外资银行放开了人民币业务，东亚银行也不会轻易开办房地产开发贷款业务，除非开发商具有很强的股东背景或担保条件。因为在他们看来，中国的房地产开发很不规范，存在较大风险。

另外,对房地产开发商而言,外资银行对其贷款的审批和评估远比中资银行严格。外资银行除了对公司股东背景更看重外，对律师和评估报告的要求也非常严格且程序复杂,造成贷款门槛更高。外资银行还对贷款风险进行严格控制，比如在贷款抵押上，外资是50%，中资是70%,也就是说以1个亿的资产作为抵押,中资银行能贷7000万,而外资银行只能贷5000万。

当然外资银行对中国房企也并非无动于衷。2004年7月5日,万科发布公告称，万科已与德国某银行达成合作协议,由后者出资3500万美元,双方共同在中山完成“万科城市风景花园”项目。另据了解,2004年11月，香港永新集团旗下的上海永龙房地产公司从东京三菱银行上海分行获得了一笔约8亿元人民币的组合贷款。

六、典当融资:中小房企新路径

自2003年以来，典当以其快速、短期、便捷的特性,成为中小开发商的融资渠道之一，有人甚至把典当行称为中小企业融资“便利店”。由于受宏观调控、金融政策的影响,许多小开发商资金纷纷告急,不得不利用手上包括不动产在内的不易变现资产来换取企业所急需的后续发展资金。业内人士认为,典当行业作为银行信贷融资的拾遗补缺，已开始显现出其灵活便捷的特性。在金融紧缩的大环境下,日益活跃的典当融资市场不仅为房地产个人投资和中小企业融资提供了全新途径，也为加快形成房地产业的多元化融资做出了有益尝试。

对于那些目前手头缺少资金的房地产开发企业，一些典当行还推出了土地典当的新业务。据了解,这项新业务可以让开发商在四证办妥之前，只要凭土地使用证即可到典当行进行抵押,借得“过桥”资金。但典当融资也存在明显的软肋:其一,房屋典当的期限很短,回赎期只有三个月至半年，相对房地产业的较长开发周期只能解一时之渴。第二,典当行2.5%～3%的月利率是银行的4～5倍,必将大大增加开发企业的财务成本，特别是对一些风险难以预测的项目而言要面临更大考验。第三，无论是相对于银行的实力，还是相对于房地产企业动辄上千万的所需开发资金数额而言,作为准金融机构的典当行由于发育不久，在资金实力方面普遍存在先天缺陷，其所发放的款额根本无法支撑项目的开发。

从中国的现实情况来看，资金并不缺乏,很多资金都在寻找出路,这对于房地产企业来说即意味着机会。如果房地产企业能走股权融资及兼并重组之路，从其他行业引入战略合作伙伴，导入其他行业的资金,使自有资金达到35%的要求,再从商业银行融资取得贷款，就可以全面提高整个房地产行业的融资水平。

七、房地产信贷面临六大风险

《2004中国房地产金融报告》指出，我国房地产信贷面临六大风险。

1.部分地区过热有市场风险

2004年部分地区房地产市场价格上涨较快，出现地区性的房地产热。房地产价格上涨过快容易造成市场价格过分偏离其真实价值,从而产生泡沫。一旦泡沫破灭房地产价格下跌，作为抵押物的房地产就会贬值甚至大幅缩水，给银行带来不小的损失。

2.高负债经营隐含财务风险

房地产开发商以银行借贷融资为主,自有资金很少。有统计显示,我国房地产开发商通过各种渠道获得的银行资金占其资产的比率在70%以上。房地产开发企业负债经营的问题较为严重。

由于房地产开发企业良莠不齐，随着房地产市场竞争日益激烈，监管力度不断加大，开发贷款门槛提高，房地产开发企业资金链条日趋紧张，一旦资金链条断裂，风险就会暴露。

3.“假按揭”凸现道德风险

假按揭已成为个人住房贷款最主要的风险源头。据工商银行消费信贷部门估计，该行个人住房贷款中的不良资产，有80%是因假按揭造成的。

开发商把假按揭作为一种融资渠道。有的开发商在出售房屋获得资金后偿还银行贷款，也有开发商因无法将房屋全部卖出而携款潜逃。

假按揭发生的原因有的是由于不法房地产商利用银行掌握的信息有限骗贷，有的则是银行工作人员与开发商勾结，共同骗贷。

4.基层银行存在操作风险

突出表现在：贷前审查经办人员风险意识不强，审查流于形式，随意简化手续，对资料真实性、合法性审核不严，对明显存在疑点的资料不深入调查核实。

抵押物管理不规范，办理抵押的相关职能部门协调配合不力，不按程序操作，或过分依赖中介机构的评估结果，造成抵押品贬值或抵押无效。

个别基层行贷后管理混乱，个人贷款客户资料不够全面和连续，缺少相关的风险预警措施。

5.土地开发贷款有较大信用风险

土地储备中心资产负债率较高。虽然各地土地储备机构均由政府全额拨款组建，但目前一部分地区存在政府投入的注册资本金过少、注册资金不到位等问题，造成其对银行资金过分依赖，抵御风险的能力极低。

银行难以对土地储备中心进行有效监管。各地土地储备机构大都实行财政收支两条线，土地出让金上缴财政专户，各银行对其资金使用很难监管。

银行向土地整理储备中心发放的贷款没有有效的担保措施。从《担保法》的规定来看，政府及以公益为目的的事业单位不能作为保证人。土地储备中心只是代行政府部分职权的代理机构，并不是实质意义上的土地使用者，因而对其储备的土地也就谈不上拥有真正意义的使用权。可见，对于银行来说，土地质押并未落到实处。

土地储备中心的运营风险。土地市场价格有很大的不确定性，譬如受政策影响土地价格可能大幅下滑，拍卖中土地流拍或中标人违约，都可导致土地出让的收入低于土地收购价格，形成银行信贷风险。

6.房地产贷款法律风险加大

当前出台的一些法律法规可能限制贷款抵押品的执行，这意味着如果贷款买房者拒不还款，银行也不能将其居住的房屋变卖以回收贷款，增大了商业银行的房贷风险。

第二章

借力资本市场 发展房地产业

发达国家的经验表明,房地产企业的融资必须多元化才能够更好地化解金融风险。但是,目前我国的房地产融资渠道单一,主要依靠银行信贷,股权融资比例较小,严重制约了房地产业的发展。我国房地产企业的经营实践也证明,只有那些通过资本市场实现融资的企业,才可能成为房地产业中的佼佼者,才有希望使企业真正发展壮大。特别是2003年中期以来,国家出台了一系列政策收紧房地产信贷,加之2004年10月底央行宣布加息0.27个百分点,对房地产企业负面影响较大。在这种宏观政策趋紧的形势下,房地产企业必须扩大自身的融资渠道,才能更好地抵御政策性风险,抓住机遇使企业做大做强。因此,如何借力资本市场发展我国房地产业已成为摆在房地产界面前的重要课题。

一、房地产业发展急需多元化融资

房地产开发实质上是一种投资过程,即资金的有效投入和增值回收的过程,所以房地产开发经营的过程始终都离不开金融支持。统计数据显示,2003年全国房地产开发到位资金为1.31万亿元,是1997年的3.4倍,其中国内贷款、自筹资金及其他资金来源分别为1997年的3.4倍、3.9倍、4.2倍,资金总量增加幅度很大。

房地产开发资金总量飞速增长,但是资金来源渠道却并没有明显地拓宽。目前我国房地产开发企业的资金来源主要是国内贷款、自筹资金及其他资金(主要是定金及预付款)三个方面。随着市场竞争的加剧,越来越多的房地产开发商深切体会到,作为资金密集型行业的房地产业,资金瓶颈对企业发展的严重制约日趋明显,如何解决好房地产融资问题已经成为房地产企业的当务之急。

现阶段,我国房地产开发企业面临的融资难题主要表现在以下几方面:

1.房地产贷款方式单一

目前我国国内房地产开发贷款主要有三种形式:第一种是房地产开发流动资金贷款,主要用于补充企业为完成计划内土地开发和商品房建设任务需要的流动资金;第二种是房地产开发项目贷款,主要为具体的房地产开发项目提供生产性流动资金贷款;第三种是房地产抵押贷款,是开发商以拟开发的土地使用权或房屋产权做抵押向银行取得贷款,这三种贷款方式的期限都很短,“短融长投”无法适应房地产开发周期的需要。因此,目前我国房地产金融市场化的程度仍有待提高,相应的房地产贷款方式也有待创新和拓宽。

2.企业直接融资比重偏小

改革开放以来,我国直接融资市场发展很快,但是在短时期内仍然难以改变以间接融资为主的融资格局,房地产业在相当大的程度上依赖于银行的信贷资金支

持。统计数据显示,2003 年末我国银行对房地产开发企业及个人住房贷款近 20000 亿元,占全部金融机构贷款金额的比例超过 11%。而 2001 年至 2004 年上半年的 3 年多时间里,我国房地产公司在资本市场总融资还不到 100 亿元。这表明,房地产企业在资本市场上的融资规模相对于银行信贷来说几乎可以忽略不计。

3. 各种融资方式都存在或大或小的局限性

房地产融资除银行贷款外,目前可以采用的还有信托融资、发行企业债券、发行股票并上市、股权投资、产业基金等。但各种融资方式均存在一定的局限性,由于央行“121 号”文件的规定,要取得银行贷款,在项目开发程度和开发企业自有资金的要求上多数开发企业短期内还不能够达到;信托融资相对于银行贷款受政策限制少,灵活且创新空间大,但信托产品尚没有一个完善的二级市场,难以流通;企业债券筹资多用来新建项目,利息高于同期银行利率,而且期限也较长(3～15 年),所以一般房地产开发项目获取发行的可能性较小;由于国内产业基金无法可依,暂时还不允许存在,而养老和保险基金又不准直接涉足房地产,海外基金在国内虽然运作了十来年但是状况并不理想,因此对基金也不能寄予太高的期望。

4. 法律法规不完善

有关房地产金融等方面的政策法规仍未形成一套科学有效的体系,缺乏相互一致性与协调性,操作起来困难重重,这直接影响了房地产融资渠道的正常开展。此外,受房地产业相关法规和金融政策环境的影响,我国房地产金融的创新力度也远远不够。

房地产业是一个资金高度密集型行业,如果不借助于各种融资手段,开发企业将举步维艰。在房地产融资的诸多金融手段之中,房地产信托具备多种平台优化组合优势,以信托高级形态为核心,通过信托的串接,将多种金融工具进行优化整合,实现一揽子组合融资解决方案。信托可以进行直接贷款、股权投资、资产证券化等,可以在不同层次、不同品位上为房地产业服务。同时,随着信托产品流动性问题的逐步解决及资产证券化的实施,为多类型、多层次投资者提供多元化的房地产信托产品将成为现实。

随着旨在推动资本市场发展的“国九条”的逐步落实,我国资本市场在促进企业乃至整个国民经济发展过程中的作用将会越来越大。房地产行业由于具有自身资金需求量大的特点,急需借力资本市场打破融资瓶颈。

二、拓展资本市场融资以抵御政策性风险

自 1998 年实施扩大内需政策以来,我国房地产投资率先启动,并很快形成了新的“房地产热”。近 6 年来,房地产投资额年均增长率达到了 20.79%,销售额也以平均每年 27%的速度增长。据初步估计,2004 年我国房地产投资额将超过 12000 亿元,销售额超过 10000 亿元。

房地产业的供求两旺得益于 1998 年以来银行贷款对房地产业的支持,并且由过去单纯的企业开发贷款支持转变为对投资和销售两方面的支持,具体体现在以下四个方面:一是对房地产项目开发和个人住房抵押贷款的增长逐年上升;二是房地产开发的贷款增速明显高于同期整个金融机构贷款的增长速度;三是个人住房贷款的总额和增长率均高于房地产开发贷款,且两者差额逐

年增大;四是长期低利率政策为资金密集型的房地产业提供了很好的发展机遇。

据人民银行统计,2003 年我国银行业对房地产开发以及个人住房贷款近 20000 亿元,占全部金融机构贷款总额的比例超过 11%。2004 年上半年房地产个人住房贷款又增加 4000 多亿元,估计年底总额有可能达到 20000 亿元。

正是因为房地产业对银行信贷的过分依赖,使得 2003 年以来国家实行收紧银行信贷的政策对房地产企业影响巨大。银行信贷的减少导致房地产投资增幅回落,2004 年上半年,全国累计完成房地产开发投资 4924 亿元,增长 28.7%,增幅比 2003 年同期回落 5.3 个百分点。同时,随着房地产开发投资、新开工面积增速的继续回落,市场预期供需矛盾可能进一步加剧,各地房价纷纷上涨,涨幅创下历史新高。国家统计局对全国 35 个大中城市房地产市场调查显示,2004 年二季度我国房屋销售价格比 2003 年同期上涨 10.4%,土地交易价格上涨 11.5%,房屋租赁价格上涨 1.0%。

信贷紧缩政策进一步限制了房地产开发资金来源,使得房地产企业的融资问题更加突出。在这种情况下,房地产企业必须扩大自身的融资途径,才能更好地抵御政策性风险,才能在激烈的竞争中立于不败之地。

房地产开发和经营的融资有债权融资和股权融资两种基本形式。虽然股权融资是企业融资的两大方式之一,但目前股权融资在我国房地产金融中所占比重很小。目前我国有 3 万多家房地产企业,在 A 股市场上市的主要从事住宅开发的房产企业共 65 家,另外还有 20 家从事开发区土地开发的企业,合计占我国房地产企业总数的 0.28%,约占我国 A 股上市公司数的 6.3%。房地产类上市公司总市值 1713 亿元,流通市值 613 亿元。作为国家的支柱产业,房地产企业在资本市场的融资规模却如此之小,与国民经济的发展严重失调。

我国房地产企业在证券市场融资少是有其历史原因的,主要原因是 1992 年至 1994 年间的房地产泡沫,使得国家在随后的几年内都禁止房地产企业上市。具体来说,证监会于 1996 年、1997 年连续出台文件,明令禁止房地产企业上市。如 1996 年 12 月 26 日,中国证监会《关于股票发行工作若干规定的通知》中规定,“在产业政策方面,从严控制一般加工工业及商业流通性企业,金融、房地产等行业暂不考虑。”1997 年 9 月 10 日,中国证监会在《关于做好股票发行工作的通知》中规定,在产业政策方面继续“对金融、房地产行业的企业暂不受理”。

直到 1999 年 7 月,建设部出于拉动内需、拓宽房地产企业融资渠道的需要,经国务院批准,拟推荐三家房地产企业上市试点。2000 年 4 月 30 日,证监会确定北京的天鸿宝业、深圳的金地集团、天津综合开发公司为解禁后首批在证券市场发行股票的房地产企业。这三家企业随后分别在 2001 年 3 月、4 月和 9 月发行上市。2001 年至 2004 年上半年,房地产公司共在证券市场融资 99.7 亿元。

2003 年,国家在收紧房地产信贷的同时,也为房地产企业疏通了其他融资渠道。2003 年 8 月 31 日,国务院正式向各省、自治区、直辖市人民政府、国务院各部委、各直属机构下发了《国务院关于促进房地产市场持续健康发展的通知》，首次明确表示将房地产作为我国国民经济的支柱产业并从政策上支持房地产业发展。其中提到支持具有资信和品牌优势的房地产企业通过兼并、收购和重组，形成一批实力雄厚、竞争力强的大型企业和企业集团。

随后，2003 年 10 月底，中国人民银行发布了《2003 年第三季度货币政策执行报告》。该报告指出，在规范房地产信贷的同时，中国人民银行将配合有关部门为房地产开发商开辟多种融资方式，特别是通过股权融资、项目融资等方式支持房地产市场健康发展。2004 年 3 月，中国人民银行研究局课题组在《中国房地产发展与金融支持》报告中建议“大力发展多元化的房地产金融市场，形成具有多种金融资产和金融工具的房地产二级金融市场，以分散银行信贷风险。”

在一系列利好政策的推动下，2004 年我国房地产企业的融资开始逐渐走向多元化，证券市场成为房地产企业融资的主要渠道之一，房地产公司在证券市场融资规模大大增加。据统计，截止 2004 年 10 月，已经通过证监会批准的房地产公司总融资规模已近 70 亿元，加上年初两家房地产公司上市，2004 年房地产公司在证券市场的融资规模已相当于过去三年总融资规模的四分之三，房地产公司在证券市场的融资规模创下了历史新高。

资本市场融资步伐的加快，在一定程度上有效地缓解了房地产企业的融资危机，对国家宏观调控房地产的政策带来的影响也起到了一定的缓冲作用。但是，与房地产在我国国民经济中的重要作用相比，现有的房地产企业在资本市场的融资规模仍然小得可怜。所以，让更多的优质房地产企业上市融资，将成为今后我国房地产业发展的一项重要内容。

三、房地产企业借力资本市场的三种途径

我国房地产企业在资本市场上的融资方式主要有三种，即发行上市、买壳上市以及与上市公司进行合作。通过这三种途径在资本市场融资的房地产企业由于打破了融资瓶颈，比同行其他企业具有更大的资金优势，因而在激烈的竞争中往往能够占据一席之地。

1. 发行上市(IPO)

房地产企业若想发行上市，首先必须改制成股份有限公司。我国《公司法》规定，股份有限公司设立的主要条件是发起人 5 人以上，注册资本最低限额 1000 万元。股份有限公司若要公开发行股票上市还需符合以下一些更为严格的规定：

①股份有限公司设立满 3 年（国有企业整体改制设立的股份有限公司、有限责任公司依法整体变更设立的股份有限公司或经国务院批准豁免的除外）；

②持有股票面值达人民币 1000 元以上的股东人数不少于 1000 人；

③经过证券公司辅导 1 年以上；

④发行后股本总额不少于 5000 万元；

⑤有三年以上连续盈利的记录；

⑥资产负债率不高于 70%。

自股份有限公司进入辅导期开始计算，IPO 方式上市周期约为 18 个月左右；如果融资额在 2 亿 -3 亿元之间，那么从改制、审计、资产评估、法律咨询、上市辅导、保荐一直到最后公开发行股票，通常约需资金 1600 万元左右。另外，按照规定，股份公司首次上市的募集资金金额不得超过上年净资产的 2 倍。批准上市要遵循询价制形式进行发行并上市。

资本市场融资是把双刃剑，用好了既可以回避银行融资的利息负担和还款压力，又可以适时引进新的先进的经营管理理念、技术和人才，从而提高企业的知名度和竞争力。作为上市公司，在资本市场实现融资的同时，必须遵守《公司法》和《证券法》等法律法规和市场运行规则，接受来自政府监管部门、独立董事、媒体和中小投资者的监管，要有现代人和现代企业的合作精神和换位思考意识，本着平等互利的原则实现企业和投资者的双赢目标。

2. 买壳上市

所谓买壳上市就是购买上市公司的股权做控股股东，然后通过优良资产和有良好收益预期的资产的注入和置换，改变上市公司经营业绩，从而达到证监会规定的增发和配股的要求，实现从证券市场融资的目的。

买壳上市的方式有两种，一种是通过场内交易即在

股票二级市场公开收购壳公司股权,这种方式通常成本太高,因为收购的消息一传开,二级市场的股价必然应声而涨。但在二级市场股价低于每股净资产的时候,在二级市场收购公司股票理论上可能成本较协议转让要低。第二种是通过场外交易即协议转让方式购买壳公司股权,这是买壳上市方式使用最常见的方法。通过协议转让方式控制壳公司股权有这些好处:一是收购价格和成本低,转让基准一般为每股净资产和净资产收益率;二是国家和地方政府鼓励国有股逐渐退出,这一方式符合国家政策要求;三是有操作技巧实现的可能和空间。

企业买壳上市通常是以实现在证券市场再融资为目的,只要符合证监会《关于上市公司重大购买、出售、置换资产若干问题的通知》中的相关规定,如最近三个会计年度加权平均净资产收益率达到6%以上,且最近一个会计年度加权平均净资产收益率也在6%以上的,即可申请增发新股以实现在资本市场再融资的目的。

以买壳方式在资本市场成功上市融资的房地产企业相对较多。需要注意的是,买壳上市是一项极其复杂的系统工程,除了要解决或有负债、合同纠纷、股权质押、原大股东挪用上市公司资金等财务问题和法律问题外,与原国有股大股东和主管部门特别是当地政府以及原企业高管人员的沟通和合作也是关系买壳上市成败的关键。

3. 与上市公司合作

对于非上市房地产企业来说,要实现在资本市场融资还有另外一种方法,即与上市公司进行合作。这种合作又可分为与房地产上市公司合作和与非房地产上市公司合作,通常是上市公司提供开发资金,非上市公司提供土地。而对于房地产上市公司而言,与其他非上市房地产企业合作开发房地产项目,既可以满足上市公司快速扩张,又可以达到缩短项目开发周期以及分散开发风险的要求。

另一方面,双方合作开发土地,也可以降低因土地转让而带来的税收负担。根据国家税收政策规定,土地增值税计税依据为土地转让中增值额超过扣除项目金额的部分,并实行累进税率,最低税率为30%,而如果增值额超过扣除项目金额200%,税率将高达60%。非上市房地产企业与上市房地产企业合作,可以通过降低土地转让价格来减少土地增值税。

从以上的分析可以看出,通过IPO、买壳以及与上市公司合作等方式在资本市场融资,不仅可以突破资金瓶颈,从长远来看,还可以极大地提高房地产企业的市场竞争力,从而使房地产企业在激烈的市场竞争中立于不败之地。

尽管“121号”文件对银行贷款进行了严格控制,但银行业不会因此放弃房贷这块不良资产率相对较低的业务,加上当前其他融资渠道尚未真正开通,特别是资本市场危局尚未完全破解,房地产企业在资本市场上融资的目标在近期难以实现,所以2004年银行贷款仍旧是房地产融资的主渠道。但是,随着“国九条”的逐步落实,资本市场和房地产市场的不断发展,在资本市场融资将成为我国房地产企业的必然趋势,也是房地产企业发展的必然要求。

(**编者注:** 本章“借力资本市场　发展房地产业”由中国农业银行深圳市分行肖和安先生撰写)

第三章 住宅投资

购房是人一生中少有的几次重大而复杂的经济活动。因为房屋的开发涉及的行业最广、门类最多，同时，房屋和其他商品有所不同，其价格不仅仅是由其建造成本决定的，还包含着土地的价格。土地价格有上升的趋势，所以购房可以说不仅仅是为了消费，更重要的是一种投资行为。一般情况下，购房基于三种考虑：一是为增值，为了获得租金，直接变现；二是为了保值，也不影响自己用，有朝一日把房子卖掉，收回成本即可；三是为了自用；当然也还存在第四种可能，即是在一些特别的时机，买房还可能赚更多的钱，因而有人为了卖房而买房，这就是一种投机。

如今消费者的购房观念和投资意识都有所改变，很多人正在考虑二次置业，购置第二套房产。这时的人们自然要考虑长远一点，自然要选择有保值增值功能的住宅了。购房更多的是一种投资行为，那么什么样的住宅具有投资价值呢？如何甄别房产是否具有投资价值呢？选择有投资价值的住宅，至少要考虑三个层次的问题：一是地点，即考查它的可达性、可视性及自然环境；二是楼盘的品质，即考虑楼盘的耐久性、适宜性、可更改性；三是房型，即室内空间之功能，包括配套性、流动性、紧凑性、尺度的合用性。这些都是建筑设计阶段就决定了的，是无法通过日后的装修、装饰来改变的。另外，投资房地产应风物长宜放眼量，品牌也是不应忽略的因素，在这个品牌制胜的年代，品牌对住宅而言，意味着高附加值，意味着高回报率也意味着高的占空率。

一、“地段、地段、还是地段”背后的哲理

香港地产杰出代表李嘉诚对楼价有独到的认识。“地段、地段、还是地段”这句名言，虽不是放诸四海而皆准但在地少人多的香港却屡试不爽，虽然这与当地特殊地缘有很大关系，但其隐藏的内在规律却是极其深刻的。

1. 住宅保值增值必须靠好的地段

土地价格主要是由地租和利息两个条件决定的。土地价格是资本化的地租，即相当于一笔每月可以获得地租那么多的利息的一笔存款。利息在正常的条件下是取决于资金市场上的供求关系，地租的产生则是源于土地经营权的垄断。通俗一些来讲，就是说好地是有限的，好地块的土地产品的需求相对于供给来说总是大的，好地块的租金和价格上升成为一种长期的趋势。

在土地经营垄断的前提条件下，只有提高资金的投入才能解决供求矛盾，即追加投入，这就抬高了土地产品的价格，提高土地产品价格会使部分需求缩减，从而达到供需平衡。租金一般而言是由需求抬高的，土地价格会随着租金

的提高而提高。在土地出租期内，作为投资者，可坐收租金上涨带来的收益，到租期已满时，所有者收回土地，以后租金上涨之利便归所有者收回。在租期未满期间，在租金上涨的过程中，投资者还可转让土地使用权，于是还可一次性获得土地转让的价格。当土地价格增长速度等于通货膨胀的速度时，投资者的投资便没有贬值；当土地价格增长快于通货膨胀时，则可获得土地价格上涨之超额收益。可见，土地租金上涨至少为投资人带来两点好处：一是使投资增值；二是增值的部分至少能弥补通货膨胀造成货币贬值带来的损失。这就是为什么好地块上的土地产品具有保值和增值的功能。

2. 选择地段的技巧

从地段上看，值得投资的地段应是：第一，位于经济活动中心。这样的地区往往人气最旺、最有活力，租赁需求也最多。第二，网路最发达的地区。网路包括交通、通讯、基础设施等，发达的网络提高了可达性，较高的可达性意味着人们可以利用的资源的增加。第三，配套种类齐全。这也同样等于增加了人们可及的资源的数量和可选择性。第四，规划设计适应性强，适宜于人们的各种行为。虽说购房投资是很复杂的，但是，好的投资，对于私人投资来说，它的回报也是相当可观的。所以认真选择一下还是物有所值的，一旦选点较佳，将获得超常规的回报。

二、过硬的质量是物业价值走高的必要条件

好的物业与其载体土地的优劣有关，但物业本身的质量也极其重要。它决定着土地的价格，因而过硬的质量是物业价值走高的必要条件。再好的土地，如果没有好的物业品质也是徒劳。因为人们毕竟每天是在物业所造就的空间内活动，而不是在一宗好土地的地皮上进行各种活动。除了地段位置好坏这一关键性因素以外，物业品质应包括物业的耐用性、适宜性、可涂改性、可观赏性等。

1. 耐用性

物业与机器设备等固定资产，有一个共性，即越是耐用，给投资人带来的回报也就越多。耐用性具体体现在以下几个方面：首先，物业的材质必须要经得住时间的考验。简单地说就是要使用真材实料，越经久耐用越好，如果掺杂伪劣建筑材料，住宅建筑难免会出现“滴、跑、漏、裂”等问题。第二，物业制造工艺要精细。在建筑施工和安装过程中要精心施工，注重细节的质量。偶尔一个细节处理不当，失之毫厘、差之千里的谬误就可能纷至沓来，业主揪心、开发商也难过的局面恐怕是当事人双方最不愿见到的。第三，物业的设备要具备耐用性和有效性。像电梯不能老是出问题，也不能速度太慢、噪音太大。在关系到业主生命安全的大事上，马虎不得。第四，有良好的物业管理，它相当于对固定资产的维护和保养的支持系统。机器的正常运转离不开精心的呵护，而居家过日子也需要物管提供无微不至的服务。物业管理人员在服务细节上的用心，可能省却了业主诸多的麻烦；物管人员的一点关心，却带给业主无穷的爱心。

2. 适宜性

物业的适宜性是指物业要适于人们居住和使用，契

合人的动作和行为。这就要求，首先，物业的功能空间布置要适合人们的行为习惯。其次，功能空间和部品的尺度要满足舒适性的要求。第三，要有良好的通风采光等条件，从而更好地维护人与自然的交流通道，才有益于保持使用者的良好的生存状态。第四，要尽可能引入人文景观或自然的元素从而满足人的安全感、超脱感、优越感。第五，要尽可能地拓展空间的可达性，即保证交通、交流、物流等网络的畅通，在现代物业方面也有较高的智能化要求。

3. 可观赏性

可观赏性是指要有审美价值，有精神和灵性。因为物业是人类活动的载体，它的功能空间的设置、尺度的配比、材质的选择、色彩的搭配、对外界环境的关系处理等都是人意识化的产物。从这里不难体现人的价值取向，当然现代的精神世界人们的审美标准是多元化的，所以物业的风格和品味也是千姿百态。然而在诸多风格中，能够形成一种主旋律，得到多数人认可甚至推崇的才是有投资价值。

4. 可涂改性

可涂改性意味着给人们的行为方式的改变留下余地，室内的间隔是可以拆改的，功能空间的位置是可调整和重新组合的。可涂改性不仅是人们的行为方式变化的要求，而且可适用于多种人的行为模式，也是出租型物业必备的条件。

一个有竞争力和市场号召力的物业，是一个从物质到精神都延续着人类价值观的物质载体，是一个超越人性的寄托所在，是价值的物化体现。因此也就具备了准货币的功能，具有的投资价值不言而喻。

三、注重房型设计，提高住宅舒适度

曾几何时，中国人的居住观念是人适应房子，单位分什么样的房子，作为居住者是很少有发言权的。但随着购房浪潮的兴起，人们对房型开始挑剔起来。房子是物，物要适应人的居住观念，否则便没有市场，因而房型成为左右房价的利器，而且愈来愈明显。房型即室内的功能处置，室内空间功能设计的好坏之所以重要是因为，室内空间功能布置、布局、尺度直接影响居住者的活动效率、居住的舒适程度和生活质量。人们固然可以通过长时间的被动训练来习惯和接受室内空间的不当设置、布局和尺度，但不适当的设计所造成的空间浪费、利用率不高或低效率重复，是很难随着时间的流逝而淡化掉的。因为设计不合理所造成的损失会在无形中冲减投资者的投资回报。

1. 符合居住空间活动的需要

合理的住宅功能配置应该符合人在居住空间活动方面的需要。日本学者吉本隆正提出了生活的三层分类方法：即把休养、采食、排泄、生殖等人的生物行为划分为第一生活；把家务、生产、交换、消费等辅助第一生活的活动划分为第二生活；把表现、创造、构思、游戏、思想等精神活动划分为第三生活。可见住宅的功能空间应能容纳下这三个层次的生活活动，即不仅保证睡眠、排泄、洗浴、吃饭、喝水、育儿的需要，还要保证做饭、洗衣、贮存、加工、清扫等需要。第三层次的生活则需要读书、画画等娱乐活动空间，所以功能空间配置要求全面，功能空间配置不仅要配套，而且要符合活动的流程，要层次清楚、动静分区、洁污区分、公共与私密空间分开。

2. 尺度与比例

在各功能空间布局划分的基础上还要兼顾各功能空间的尺度和比例，要符合人们活动和心理的需要。各功能空间并非越大越好，比如睡眠的功能空间要求尺度均衡，这样才能符合私密性的要求，当然也不能因注重私密性就将睡眠的空间做得像古代人用的封闭的四面围合起来的架子床一样，这不符合现代人的活动和心理需要。现在有的住宅倾向于建造超大客厅，而卫生间却建得窄小挤压，这降低了住宅的舒适度。这样的功能尺度的比例，暂时迎合刚富裕起来居民的需要，但从长远的眼光看不符合现代人注重舒适、保健的生活要求。

3. 时代性与地域性

住宅功能空间的设置具有时代性、地域性。古代人的住宅经常带有封建主义的特征，家家户户都有一个祭祖供神的空间，于是所有住宅都要有一个正儿八经的堂。再比如过去的生产落后，很多生产活动是在家里干的，所以各家的住宅里会有猪舍、纺织甚至做买卖的柜台。随着时代的变化，住宅功能空间的设置相应的发生变化。从生活的发展趋势看，还有很长的路要走。第一生活同住宅的关系密不可分，仍然是居住空间中的主要内容,第二、三生活的某些内容将随着科技的进步和社会化的发展分解出去。又比如,现代人越来越多的愿意在餐厅招待客人,于是,厨房的功能受到限制,现代人不习惯把亲朋好友招在家里住,于是,多卧室也就变得并不是必不可少了。过去人们习惯贮存旧东西,贮存空间就要很大,而随着人们观念的改变,不再保留过多的旧东西,消费产品更新换代极快,多数物品都会很快处理掉,贮存空间也会发生变化。同时,有些内容又会重新回到家庭住居之中,例如,随着信息化的发展,足不出户,在家庭中办公的趋向现在已初见端倪。

4. 亲情生活化

随着生活节奏的加快,人们常常处于紧张的状态,因此未来的人们将更需要用生活享受和亲情慰藉来补偿和平衡身心。所以在未来的居住空间中,人们将更加注意身体的保养,注重高品位的娱乐及家庭亲情的培养。由此可以预料,未来的人们在家中的活动将不再是以会客、交际、做家务为主,而愿意把更多的时间用在与家人沟通及娱乐上。这就要求私密空间如洗浴、按摩、睡眠等加大,也就是说增大居住中的享乐的功能。随着人们对精神生活要求越来越高,人们会要求有一个进行创造性活动的空间,如琴房、画室、书房,由此可见,生活的多层次要求导致了住宅的多元化适应性。

5. 超前眼光

房型功能设置是否配套、布局是否合理、尺度是否得当,除了要适合现代人的行为和心理需要,还应当具有超前的眼光。人们的居住观念现在改变得很快,短短的几年内就会形成一波又一波的潮流,如果没有超前的设计潮流、可能住宅刚入住就显得过时,因此在功能上具有超前性的设计才能使住宅具有保值功能和投资价值。

四、铸造品牌地产

在房地产业启动初期,市场上并没有品牌,同类商品之间,竞争的最主要方式体现在价格方面。为了提高利润,扭转在市场中的被动地位,一些聪明的厂商不断改进自己的产品,使其具有自身的特点,并通过专利的手段来保护产品的独特性。这样一来,产品就从众多同类产品中脱颖而出。这些有独特特征的产品被赋予了名字或特殊的标志,“品牌”也就产生了。由此可以看出,创立“品牌”的根本目的是使自己的产品从同类产品中脱颖而出,从而形成在市场上的竞争力和占有率。“品牌”之所以能做到这一点,是因为它直接建立起了产品同消费者之间的联系,通过它,消费者得到了能满足种种需求并且值得相信的承诺,从而建立起了对这种商品的忠诚。在这个品牌制胜时代,品牌地产逐渐成为楼市投资的指向标。

1. 品牌的魅力

虽然消费者只是一个品牌的符号系统,但其却往往要进行全面的评价与认知,如他们常常关注经营者的经营理念、管理团队、资源组合、生产方式、营销策略等方面的情况,甚至还在意其在社会道德方面的价值取向。这种认知的过程也即品牌生成机制的内涵的积淀过程。

品牌是作为产品或企业标志的符号系统及其所代表的产品、企业与消费者之间的长远关系。这样一种关系如果对于特定的主体能够产生积极的效用,那它就具有价值。在现代市场经济中,优质品牌已成为一种主要的经济资源,繁荣的楼市自然也不例外。之所以如此,乃是因为品牌具有其内在的价值。首先,从消费者的角度来讲,优质品牌意味着优质的物业及售后服务的完善,从而使得该产品具有较高的消费效用;此外,品牌所倡导或代表的文化倾向可以给特定群体的消费者带来精神上的享受和心理上的满足，这也是一种效用。

因此，对消费者而言，优质的物业品牌具有内在价值，正是这种内在价值使物业获得了附加值。品牌对消费者的价值必然引发品牌对企业的价值，因为消费者为了得到品牌所带来的价值，会自觉选择购买优质品牌的物业接受较高的价格，从而加速购买决策过程。成功品牌的影响力，不只局限于某类商品或服务领域，它是一种时代精神的象征。它所倡导的内在价值取向及消费潮流，会使其他经营者竞相模仿和追随，并将之作为一种标准加以接受。这就使得品牌拥有者可以依靠品牌获得超过资产收益的超额收益，这就是品牌的基本价值。基于这种基本价值，企业更可以利用品牌资源来吸引整合其他经济资源，这就是品牌的延伸价值。

在一定程度上，品牌与“时尚”潮流的关系很密切。成功的品牌，常常是适时地把握住了“时尚”的演变规律及过程，并以不断的创新精神及富于成效的工作，永远走在时代的前列。在信息爆炸的时代，社会公众不可能接受所有的传播信息及符号系统，只能有选择地关注和接受最具影响力、最具创新性及最具“热点”效应的信息，如果传播者不能深刻把握“注意力经济”，要进行有效的品牌传播将遥不可及。

2. 房地产品牌相对于一般品牌的特殊性

房地产是相当特殊的产品。首先，房地产是价格昂贵的大件商品，消费者的购买决策受多种因素影响，导致房地产品牌在消费者购买决策中起到极为关键的作用。房地产是价格昂贵的商品，人们买房都是倾其所有，毕力而为，大多数消费者作出的购买决定往往都会影响到其一生。这决定了消费者对房地产商品的关心度与参与度，一两个利益点根本不会让消费者掏钱包，所谓情感价值在买楼时起不了决定作用，这在目前我国房价大大超过了居民收入水平的情况下更为明显。因此，要与消费者进行充分的沟通，就必须拥有一些理性利益诉求，诸如区域、环境、价格等等实际受关注的信息点，从而让消费者自己去做综合评估和购买决断。

房地产是后验性超强的商品，因而使得品牌作为后验性因素保证，可以在影响消费者购买决策中发挥充分的作用。所谓商品的后验性，就是指对商品的一些品质消费者需要经过一段时间使用后才能清楚地了解。房地产商品的很多品质，如日照、通风、噪声状况等，都需要消费者入住一段时间后才能真正全面了解。随着科技注入，建筑材料的发展，消费时尚的变化，生活方式及居住方式的改变，房地产拥有越来越多的变数。譬如建筑形式，短短几年内就会变化明显。而与之相对应的是，房地产项目的建设周期长，因此建筑样式在规划时是相当新颖的，却可能到建好时就已落伍了。而且房地产项目一经形成就难以改造，不同于其他产品，可以保持技术参数相对稳定，或者同一品牌可以不断升级换代。

3. 楼市品牌的价值所在

尽管房地产品牌不能在房地产商品购买行为中产生“一锤定音”式的决定性作用，但是房地产品牌仍然对房地产购买行为产生重要作用。

首先，加快顾客的购买决策速度。由于房地产对于一般消费者而言是影响一生的重大购买决策，因此，消费者在购买时会比购买其他的商品更为理性和谨慎。好的品牌可在一定程度上减弱消费者对后验性因素的怀疑与观望，从而加快决策过程。这样会加快整个房地产项目的销售速度，从而减少销售费用，加快资金的回流。对于二手楼市而言，买卖双方对于住宅的品牌都会形成一种超默契，在交易过程中形成一种加速的砝码，买房者也会对房产产生足够的信心。

其次，品牌会降低需求的价格弹性。品牌给商品开创了一个新的竞争维度。好的品牌可以增强房地产商品的不可代替性，从而降低客户对房地产的价格的敏感程度。这就使得具有优质品牌的楼盘可以按更高的价格销售。当然这一优势也会延伸至二手楼市中。在三级市场中，知名房产公司所建楼盘的转让价格同样会比一般厂商的物业高出很多，品牌的价值由此可见一斑。因此可以说，二级市场在追逐品牌，三级市场同样也在关注品牌。

最后，提高客户对于楼盘缺陷的承受能力。这是因为购房影响着消费者一生，消费者看品牌楼盘当然会更加挑剔。但品牌楼盘可以凭借其品牌影响力来减轻客户对于楼盘缺陷的不满，因为优质品牌对房地产后验性品质因素的担保可在一定程度上抵消某些缺陷，犹如俗语所说的“一俊遮百丑”。

第四章 国外房地产金融制度的分析与借鉴

房地产业和金融业是相互支持、相互促进、共同发展的。可以说,房地产业的持续、快速、健康发展,离不开金融业的全面配合和大力支持;而房地产业的健康成长又会反过来推动金融业的快速发展,进而加快房地产金融体系的建立健全。综观世界各国的房地产金融体系,较为完善的有三类:第一类是以德国为代表的住房储蓄金融体系;第二类是以美国为代表的抵押贷款和抵押贷款证券化体系,第三类是以新加坡为代表的公积金制度。以上三种房地产金融体系都能很好地适合上述国家的房地产融资现状,而又有各自的独创之处。研究这些国家房地产金融体系的建设经验,对我国探索建立房地产金融体系大有裨益。

一、新加坡的公积金制度

新加坡从1955年开始推行公积金制度,迄今已近半个世纪。公积金是一种强制储蓄、定向使用的强制性社会保障制度,由雇主和雇员各按雇员工资一定比例逐月缴纳。新加坡政府规定,所有雇员都必须参加公积金制度,每月由雇主和雇员上缴的公积金连同利息均归雇员个人所有,由公积金局统一管理、定向使用。雇员55岁后领取公积金归个人养老使用,平时可用于购房和支付雇员本人及其直系亲属的医疗费用等。

新加坡建立公积金的初衷是解决员工的养老问题,当时的公积金就是养老金。后来随着公积金规模的不断扩大逐步扩展到了住房、医疗、保险、教育等领域。由于公积金使用于住房的比重越来越大,就成为政府建房、个人购房的主要资金来源。公积金制度为解决新加坡的住房问题发挥了巨大作用。按照新加坡《中央公积金法》的规定,公积金管理局除了为支付会员的正常提款留有一定的现金外(这一比例一般在5%到10%之间),其余全部用于购买政府债券,公积金通过国家债务方式转由国家控制,再由国家向建屋发展局提供建房贷款和个人购房贷款。公积金局管理的公积金大部分用于公共组屋的建设和个人购房贷款。公积金制度使国家有能力建设住房,家庭有资金购买住房,如果没有公积金制度,新加坡就不可能在短期内较好地解决住房问题。

1.新加坡推行公积金的成功经验

第一,严格的立法规定。公积金是一种强制储蓄制度,凡符合条件的雇主和雇员都必须按期足额缴纳,不能随意不缴或迟缴。因此必须要有强制性手段,才能保证公积金按时足额到位。新加坡通过国会立法,依靠法律手段来实现这一目标。1955年新加坡推行公积金制度,同年国会就通过了《中央公积金法》。新加坡的公积金制度一直依法按预定的方向和规定正常运转,不受人事变动和其他因素的影响,避免了许多人为的障碍和偏差,这是新加坡成功推行公积金制度的基础。

第二,高效率的组织管理机构。按照《中央公积金法》的规定,新加坡中央公积金局负责公积金的归集、管理和保值工作。公积金局的工作有条不紊,效率很高。公积金局的每笔支出都要严格按规定计划执行,避免公积金局为追求高额利润而偏离为公众服务的宗旨,保证了公积金管理机构和队伍的廉洁。

第三,适时调整缴交率并稳定利率。公积金缴交率是雇主和雇员缴交公积金占雇员工资收入的比例。1955年刚推行公积金制度时,雇主和雇员的缴交率各为雇员工资的5%,以后每隔两三年提高一个百分点,至1984年达到各25%,是为缴交率的最高值。后来,经过近几年调低,目前缴交率为雇主和雇员各20%。另外,政府还充分发挥公积金对国民经济的宏观调控作用,当经济增长速度较高时,政府提高缴交率,降低总需求,防止经济过

热；当经济增长速度较低时，政府又会相应降低缴交率，以刺激社会需求，推动经济增长。1997 年发生亚洲金融危机时，新加坡政府曾把雇主的缴交率从 25%降到 10%，减轻了雇主的成本开支，提高了经济增长速度。金融危机过后随经济的复苏，又逐渐提高了缴交率。

新加坡开始推行公积金制度时，公积金的存款利率较低，从 1955 年到 1962 年，公积金的存款利率一直是 2.5%，直到 1963 年才把公积金存款利率提到 5%，1974 年又提到 6.5%，以后很长时期一直保持这个水平。1986 年起实行公积金存款利率与平均市场利率挂钩，并根据新加坡金融管理局的平均利率来确定，公积金的存款利率略低于同期市场储蓄利率。该利率每 6 个月调整一次，即上半年的公积金利率为上年下半年平均市场利率，下半年的公积金利率为该年上半年平均市场利率。每月按户头上的最低存款结息一次，每年存入户头一次。由于公积金局按月计息，所得到的利息是复息，而给会员的利息一年存入户头一次，会员得到的是单利，两者之间的差额形成公积金的收入。《中央公积金法》同时还规定，公积金存款的最低利率为 2.5%。由于该国通货膨胀率较低，公积金高出通货膨胀率近两个百分点，公积金存款从而得以保值增值。

第四，逐步扩大公积金使用方向。公积金制度刚建立时纯粹是一种养老金制度，主要用于解决员工的退休养老问题。后来随公积金归集额的扩大，逐步扩大到了其他领域。1968 年新加坡推行公共组屋计划，允许会员利用公积金存款购买组屋，解决了会员的住房问题。1984 年推行家庭保障保险计划和保健储蓄计划，1986 年推行填补退休金储蓄计划以及 1989 年推行教育计划等，都与公积金挂钩。这些举措使公积金逐步扩展到住房、医疗、养老、保险、教育等各个领域，成为新加坡一项涉及范围甚广的基本社会保障制度。

2. 在我国推行公积金制度的可行性分析

新加坡和我国都是发展中国家，其建设经验在我国推广，相对来说较容易一些。新加坡的公积金涉及面广，属于社会基本保障制度。我国推行的不是新加坡那种涉及范围甚广的公积金，而只涉及住房一项，因而现在称为住房公积金。这主要是因为我国民政部主管的其他社会保障制度，暂未考虑用公积金的办法解决。而我国的房改进程中碰到了居民收入低与房价高的矛盾，把房改与工资改革结合起来进行的建议又未得到采纳，而住房公积金要求单位与职工拿出同样的钱，这是一个增加住房消费的好办法。因此，住房公积金制度在我国应运而生。

新加坡从法律的高度对公积金进行规范，是公积金得以推行的保证。为此，我国也采用国务院发文予以实施的办法，减少了推行中的困难。新加坡人均国内生产总值超过 10000 美元，而我国刚超过 1000 美元。我国在经济实力不强的情况下推行住房公积金，不可能像新加坡那样，一下子就在全国范围内推行，而要采取稳妥的逐步扩大的办法。因而，目前住房公积金覆盖面还不够大、参与职工不够多是符合我国国情的。

二、德国的住房储蓄体系

德国是老牌的欧洲发达国家，该国的混合金融体系下的住房储蓄金融体系与其他国家相比，设计科学、保障有力、市场化程度高，是合作金融的典范之作，同时也是德国地产繁荣的根基。

1. 德国住房储蓄体系的重要作用

针对上个世纪 80 年代初出现的建了住房无人买及其后出现的住房紧缺问题,90 年代德国住房政策的重点由原来兴建社会住房转向鼓励个人积累资金建(购)房。通过住房储蓄体系和抵押贷款大量融资,拓宽了资金渠道,同时使用于住房的资金、建设速度和住房消费相协调,保证了新建住房的购买率。自此,德国的住房建设又进入了新的繁荣时期。德国 20 世纪 90 年代平均每年新建房屋面积比 80 年代增加了 1 倍多。在过去的 40 多年里,德国住房储蓄银行向储户共发放了 9000 亿马克资金,购置、建造 1100 万套住宅以及为旧房的现代化改造提供了资金支持。住房储蓄体系在住房融资中起着越来越重要的作用,住房储蓄银行融资的比重由 80 年代的 40%上升到 90 年代的 60%,而承担抵押贷款的银行融资比重从 1970 年的 33%降到 90 年代的 3%以下。1990 年签订了住房储蓄合同的居民占居民总户数的 1/3。

2. 德国住房储蓄体系的机理和内容

住房储蓄体系的原理是互相合作融资,它是合作金融的重要实践。假设建一套住房的造价为 1000 个基本单位(金额),有 10 个计划建房者,每人每年存钱 100 个基本单位,单靠个人自己积累,需在 10 年后才能各自建房,才能不付出高额的利息成本。现在 10 个计划建房者都参加住房储蓄体系,每人每年缴存 100 个基本单位,该体系每年都可以配贷 1000 个基本单位去建房,使得这 10 个计划建房者每年都有一个人分到住房,参加储蓄体系的 10 个成员总平均只需等 5.5 年就可以分到一套住房,比每人单独存钱筹资建房住的时间大为缩短。

凡参加储蓄体系的储户都需与住房储蓄银行签订一定数额的“建(购)住房储蓄契约”(即存款总额合同),储户负有每月按“契约金额”的 5%以上金额到银行储蓄的义务,加上雇主存款和奖金,7 年左右存满“契约金额”的 50%后,即可获得全部契约金额的贷款权。一般情况下住房储蓄存款的存款期为 7 年,贷款期为 12 年。储户每月还本付息及住房维修费的总和,要低于同等的租赁住房户每月所付的租金。债务还清后,储户即积累了一笔房屋财产。国家对住房储蓄施行奖励以及免税政策,对首次签订住房储蓄的储户,凡家庭达到 1600 马克(单身 800 马克)以上的年储蓄额,财政给予 10%的奖金。德国法律同时还规定,雇员参加住房储蓄,凡一年存入储蓄合同达 936 马克者,则雇主必须支付相同金额存入雇员的储蓄账户,且享受国家 94 马克的奖金。按年存入标准数 1600 马克计算,累计存入 7 年后的本息加上国家和雇主的资助总和为 22016 马克,几乎相当于储户存入的 11200 马克本金的 2 倍。住房储蓄体系存贷期共为 19 年,比抵押贷款期缩短 11 年,而且每月负担减轻,利息支出更是大为节省。

3. 德国住房储蓄体系的特点及其对国民经济发展的作用

德国住房储蓄体系实行先存后贷,贷款的资金来源于众多的储户,资金有保证,银行的风险小。德国 40 多年来多种用于住宅投资的资金中,住房储蓄是最稳定的资金来源。住房储蓄体系的贷款利率低于市场利率且是固定不变的,因为该体系本身是一个封闭的体系,不受外界资本市场的影响。实行低利率政策,有利于建(购)房者的经济负担,保证按期清偿贷款。在低存低贷的条件下,住房储蓄银行能取得较好的收益,本身就显示了该体系的生命力以及经营的高超水平。在市场高利率时期,吸引人们照常参加住房储蓄,还具有稳定经济、控制周期波动的作用,无形中成为政府进行宏观调控的有力工具。

在住房储蓄体系中,国家发放的奖励虽然数额较小而收益却很大。国家拿出 1 马克奖金可以收到居民投入 20 马克建房资金的效果。建房带动了相关产业的发展,如此一来,国家可以从增加的税收中收益不少。据经济学家科学测算,国家每发放 1 马克奖金,可得到 2.8 马克的回报。

此外,住房储蓄体系促进人们储蓄,引导人们延迟消费,可以缓解通货膨胀的压力。

4. 在我国推行住房储蓄银行的可行性分析

我国曾在山东烟台市和安徽蚌埠市试点推行住房储蓄银行,但效果不明显。在不太长的试验期内,两地的住房储蓄银行都亏损严重。中国建设银行与德国合作在天津进行的住房储蓄银行刚进行试点,尚待实践检验。据分析,我国与德国有以下几个不同的条件值得业界人士注意:

第一,政府的重视程度不同。德国政府十分重视住房储蓄银行对经济的作用，大力鼓励发展。20 世纪 80-90 年代，德国住房储蓄银行的融资比重由 50%上升到 62%，而银行抵押贷款的融资比重则由 1970 年的 33%下降到 3%以下。住房储蓄银行在我国不可能占据这样的重要地位。两家试点银行在成立之初，我国的住房制度改革才刚刚开始，各级政府及广大居民的商品房意识不浓，对这一新鲜的金融产品重视不够，导致了它们的过早夭折。

第二，经济优惠政策不同。德国住房储蓄银行对客户实行优惠政策，家庭储蓄额达到 1600 马克，单身人士达到 800 马克的，财政给予 10%的奖金；雇员每存入储蓄账户 936 马克，雇主也要将相同金额存入雇员储蓄账户，同时雇员还可享受国家 94 马克的奖金。按储蓄期 7

年计算，在德国国家和雇主的资助大体上与本人存款本息相等。而在我国进行试点的两家住房储蓄银行就难以享受诸如此类的优惠。

第三，与住房公积金的优惠重复。我国正在推行住房公积金，要求用人单位交纳与职工等同的住房公积金。而住房储蓄也要求用人单位支付与员工相同的储蓄金额。由于中国不能要求企业给员工存两份钱，因而有人建议，将目前的住房公积金管理中心发展成为住房储蓄银行，以避免出现“双储蓄”的问题。另外，住房储蓄体系不容易得到商业银行的支持。目前我国有些商业银行也在开展住房储蓄业务，由于得不到政策优惠，经营利润低，难以扩大业务。

三、美国的抵押贷款证券化

美国没有公积金制度，也没有完善的住房储蓄体系，但是其建立的独特的抵押贷款担保机制却是世界上制定最早也是最发达的抵押贷款制度。

1. 美国的抵押贷款证券化

美国的《住房法》把居民贷款购房的还款时间限定最长为 30 年。虽然不可能每个居民贷款都把期限定为 30 年，但多数要贷 10-20 年。金融机构借出购房贷款，要通过很长的时间才能收回，资金流动缓慢，从而降低金融机构的资产质量和经营效果。由于美国联邦国家抵押贷款协会属于政府机构，有政府的直接支持，所以问题不突出。而当 1968 年将协会改为股份公司后，隐藏的流动性风险问题就暴露出来了。

实行购房抵押贷款证券化，可以很好地解决这些贷款的流动性问题。其运作方式是，由政府特许的金融机构即美国联邦国家抵押贷款协会承保所有金融机构购房抵押贷款的债权，然后把债权通过合法途径发行股票、债券甚至国债，将贷款的债权变现，并将变现后的资金通过购买金融机构的债权等方式还给贷款的金融机构，抵押贷款证券化可以使这些金融机构加快资金流动，提高资产质量，并持续不断地给新的购房者发放贷款。

2. 推行抵押贷款证券化的优点

推行住房抵押贷款证券化后，如果能在良好的主客观条件下，经过高水平的经营管理使其良性运行，则可以收到以下几方面的效果：首先，使一级市场（抵押贷款）和二级市场（抵押贷款证券）有机衔接，有利于住房资产的良性循环；其次，有利于完善住房金融体系；第三，可解决金融机构因长期贷款而造成长期积压资金的问题，有利于改善金融机构资产质量和提高经营水平；第四，可将金融机构的贷款风险通过证券市场转移给社会投资者共同负担；第五，可通过这种社会融资活动及时有效地为住房建设和流通筹集大量资金。

3. 推行抵押贷款证券化需具备的条件

美国推行抵押贷款证券化具备以下两个重要的条件：首先是贷款数量大。美国从20世纪30年代大力推行购房抵押贷款，经过近半个世纪的发展，购房抵押贷款业务已普及到广大居民，成为一种占有巨额资金的金融资产。其次，拥有强大的操作机构。美国住房抵押贷款公司及其前身有近70年的经营经验，又是根据联邦国家抵押贷款协会授权法案成立的准政府机构，它的证券享有“美国政府赞助机构”所发行证券的待遇，可以作为信托机构向联邦储备银行借款的担保，并规定其发行的证券不需要在美国证券交易管理委员会（SEC）注册。因此，住房抵押贷款公司的证券被人们视作“美国政府机构证券”而走势坚挺，一直以来都被评为AAA级证券。进入20世纪90年代以后，住房抵押贷款公司逐步成为美国最大的住房抵押贷款融资机构。美国国内每四笔抵押贷款中，就有一笔抵押贷款包含在该公司的均衡投资中，抑或是该公司以信托形式所拥有。美国正因为有了住房抵押贷款公司这个既有丰富经验又有良好信誉的机构来经营，才保证了购房抵押贷款证券化的顺利推行。

4. 我国推行抵押贷款证券化正逢其时

现在，依靠快速发展的中国房地产市场，依托巨额长期住房抵押贷款的债权，发行抵押贷款证券及时收回资金，可以避免长期积压资金，改善金融机构的资产质量和提高经营效果。这是赞成在我国推行抵押贷款和证券化的理由。但是，进入2003年以来我国的商业银行存款一直在10万亿元以上，并呈逐年递增之势，许多银行并不缺资金，这就存在着一个是否要再发证券去积累资金的问题。不过我们也应看到，到了2004年，居民的其他金融资产也开始从储蓄中分流，不再是储蓄存款一统天下的局面。

美国是一个贷款业务十分发达的国家，估计住房贷款总额在万亿美元以上。贷款数额如此巨大，为发行抵押贷款证券创造了条件。而中国住房贷款业务还处于发展初期，贷款总额还不大。但是依照我国房地产市场每年增长20%-30%的发展速度，实行住房抵押贷款证券化的时机也将日渐成熟。

而且，美国发行住房抵押贷款证券，由住房抵押贷款公司负责操作。这个公司有60多年的丰富经验，能保证所发行证券的良性经营。我国还没有出现类似的机构，如果发行的抵押贷款证券因经营不善而使证券贬值，就会对投资者失去吸引力从而丧失流动性。毫无疑问，为了增强此类证券的信用，应以国家信用作为担保，增强投资者的信心。当然，由于当前在我国推行抵押贷款证券化的条件尚未完全具备，所以须谨慎进行。

（**编者注**：“国外房地产金融制度的分析与借鉴”由中国农业银行深圳市分行肖和安先生撰写）

A COMPREHENSIVE HANDBOOK OF DEVELOPMENT OF REAL ESTATE IN CHINA VOLUME 6

第六卷

房地产企业经营管理

第一章 房地产企业的低成本战略

近年来，随着国民经济的发展和住房制度改革的深化，我国房地产业取得了较大的发展。随着房地产市场的逐步规范和完善以及消费者日趋理性和成熟，房地产开发企业之间的竞争也越来越激烈。越来越多的企业开始重视成本控制的作用，他们把工作的重点逐步转移到研究市场、加强成本管理、制定企业发展战略上去。在当前市场条件下，房地产开发企业要想在竞争中立于不败之地，就必须从开发流程的前期开始做好产品的市场定位，加强产品的成本控制，努力使自己开发出来的产品具有较强的成本优势，从而达到扩大并占领市场的目的。因此，在市场竞争中如何正确采取低成本战略，已成为房地产开发企业面临的重大课题。

一、低成本战略提升企业竞争力

低成本战略，是著名管理大师迈克尔•波特提出的三种通用企业战略中的一种成本领先战略，具体含义是指企业通过加强内部成本控制，在研究、开发、生产、销售、服务和广告等领域里把成本降到最低，从而成为行业中的成本领先者的一种长期战略。其核心内容是通过降低成本来获取竞争优势，目的是使企业的全部成本低于竞争对手的成本。只要产品成本低，企业即使面临着强大的竞争力量，仍然可以获得高于平均水平的收益。因此，低成本战略对于提高企业的竞争地位具有重要的作用。

1. 实施低成本战略，可以使企业在低成本、高利润的良性循环中发展壮大

企业产品在同一市场中，成本低则意味着利润大。企业实施低成本战略后，生产或开发出来的产品其成本较同类企业要低，因而获得的利润就高，而获得的相对较高的利润通过再投资可以用来更

新设备，从而使产品生产成本更低，利润也更大。

2. 实施低成本战略，可以增强对抗能力

企业由于具有低成本的竞争优势，就可以获得高于竞争对手的收益，有充足的资金进行其他活动，如广告和促销，从而提高企业的知名度和产品的销量，扩大产品的市场占有率。在产品成本低于对手的情况下，即使竞争对手大幅降价到微利甚至无利的水平，企业仍然可以获利颇丰。

3. 实施低成本战略，在消费者降价呼声日涨时，可以拥有市场竞争的主动权

在购买者要求降低产品价格或市场消费需求不足，产品出现积压的情况下，拥有低成本优势的企业可以掌握市场主动权，把握时机适当降价以利增加销量达到挤压竞争对手的目的。当然，通常情况下对手也会用降价予以还击，但由于成本相对较高，价格战只会使其竞争实力减弱甚至退出市场，而低成本企业却可以借机攻城略地，在扩大市场份额的同时获得较好的收益，收益有时不仅指经济效益，还有可能是社会效益。

4. 实施低成本战略，可以更好地应对企业生产资料价格上涨

当企业产品的原材料或半成品等生产资料的价格出现上涨时，处于低成本地位上的企业可以更好地、更灵活地加以应对。生产资料价格攀升使得产品的生产成本剧增，一般情况下，产品价格也会跟着上升，自然而然，利润空间就会锐减，即使产品的市场价格没有上升，低成本的企业也可以获得比竞争对手更高的利润。而且，实施低成本战略的企业还可能巧妙抓住生产资源价格上涨的契机，利用产品不提价或相对较小的提价手段获取价格优势。

5. 实施低成本战略，还可以有效地阻止新的竞争对手的进入

实施低成本战略需要对业务流程的各个环节进行科学而有效的成本控制，具有系统性和复杂性，它不仅需要制定有效的成本控制方法，还要求有与之配套的组织管理结构。那些形成低成本地位的因素常常使得其他想要进入该行业的企业在规模经济或成本优势方面形成障碍，从而可以有效地阻止新的竞争对手的形成。同时，在与生产替代产品的企业进行竞争时，低成本的企业比同行业中的其他企业优势明显。

二、低成本战略的两种思想

对于如何降低房地产企业开发产品的生产成本，当前主要存在如下两种思想：

1. 低成本战略的源流管理思想

这种思想认为控制成本要从成本发生的源头入手，成本控制的重点内容和环节应该是成本发生的源流。成本的源流管理一般的主要从业务源流和结构源流两方面加以实施。业务源流也称执行性成本动因，是指房地产企业在日常生产经营过程中，对成本的发生起制约性作用的因素。房地产产品的设计方案、材料设备选用标准、招标与合同管理的运用等是房地产企业的业务之源。产品成本发生于各项业务过程中，业务发生过程中的成本控制措施对成本高低及成本控制效果起着重要作用（如预算审计、材料限价、设计变更及洽商管理等）。但这些控制发生作用是有前提条件的，只有在非效率的因素（如供应商的不合理报价、管理浪费等）存在时才会起作用，这样才能使成本大幅降低，一旦非效率的因素被消除，业务

过程中成本控制措施降低成本的效果就会随即降低，此时业务过程中所实施的成本控制措施就是防范性手段，其主要作用是防止成本的无效率上升。

对于开发商来说，限额设计、选择性价比好的材料与设备、集成化专业化的招标组织与严谨的合同管理是成本不断降低的源泉。

结构源流亦称结构性成本动因，是指房地产企业在各项具体活动展开之前，其成本结构就已被大致锁定的因素，主要包括企业开发规模（年开发量）、商誉（诚信与知名度）、财务计划（对供应商的付款方式与工程要求）、生产组织结构（委托外包或自行生产）、管理制度、企业文化、经营经验、外部协作关系等诸多因素。这些是成本发生的基础性条件，而且从深层次影响着企业成本的竞争地位，对成本的未来变化起着长期的决定性作用。因而，控制结构性成本动因可以实质性地改变企业的成本结构，帮助房地产开发商赢得长期成本优势。

房地产开发商一般都实施供应链管理来控制结构源流。供应链管理本质上是产业链的集成化管理，其目标是将整条产业链上的策划、设计、咨询服务、材料设备采购、施工、销售以及物业管理等各个环节联系起来，在最短的时间内以最低的成本为顾客提供最大的价值，从而以此赢得竞争优势。实施供应链管理后的房地产开发商，由于合作伙伴都是经过优化后整合起来的，从而可以与他们长期合作，互惠互利并相互信任。这样就避免了房地产开发商对不同上下游企业的招标选择、协商与谈判的重复进行，无形中减少了搜寻、谈判、监督等时间成本，在取得成本优势的同时也获取了时间优势。

产业链的纵向整合是房地产开发商控制结构源流的另一种方法。对于开发商来说，如果年开发量达到一定规模，规模效益可以抵消纵向整合上下游产业链所带来的固定成本增加等负面影响时，就可以考虑改变现有的委托外包式生产模式，通过组建或控股设计、施工、装修等公司，变外包生产为内部生产。根据科斯的交易成本理论，实行内部交易后，将减少与外部交易的成本。一条龙服务式的集成化开发模式不仅能有效地控制成本，而且还可以获取时间优势。

2. 树立全员职工成本意识的思想

房地产企业各项活动都是通过人来进行的，人的活动在成本发生的各个阶段都起着主导性作用，员工的素质与技能是影响企业产品成本的一个重要的因素，重中之重是职工的成本意识与降低成本的主动性。成本意识是指节约成本与控制成本的观念，它要求员工注重控制成本、努力降低成本并设法使成本保持在切实可行的最低水平。

树立全员职工的成本意识，首先要使成本是可以控制的意识深入员工内心。成本控制不只是成本控制部门的事情，更需要大家的共同参与和通力合作，并在工作中时时刻刻注意节约成本和挖掘降低成本的各种潜能。只有不断引导，使员工具备了良好的成本意识，才能激发其降低成本的主动性，也才能使降低成本的各项具体措施得到很好的贯彻执行和应用。

良好的成本意识是成本控制的首要条件，树立和提高员工成本意识需要领导重视并以身作则，公司要营造良好的成本控制环境，杜绝

"三边环境"等。当然,仅仅从思想层面上着手还难以解决问题，降低成本还有赖于职工素质的普遍提高。职工素质提高了,工作效率才会不断提高,成本控制才成为可能,如策划设计部门产品定位准确，可以减少设计方案变更次数，从而缩短策划时间,降低设计费用;工程部门注意加强设计变更和现场指挥管理,可以提高施工效率和工程质量,缩短工期,从而加快资金周转;成本控制部门除在预算审计和与供应商谈判之外，如果还精通项目招标合同管理和工程技术等知识，则可以从材料采购、项目招标等方面更好地控制成本。

企业从全员职工出发控制成本，还需要有强有力的利益驱动机制、约束机制和监督机制相配合。三种机制适当有效地配合，可以更好地调动员工积极性和自觉性，并对其控制成本的方法手段予以规范，从而促使企业逐渐向成本控制运作模式转变。

房地产企业低成本战略的两种思想分别从不同的层面和角度,对企业成本进行控制。但在实际操作中,这两种思想往往相互渗透融合，共同发挥着其指导企业降低成本的作用。

三、低成本战略存在实施风险

任何战略的实施，往往会在企业获得发展优势的同时带来一定程度的风险，低成本战略当然也不例外。房地产企业实施低成本战略主要面临以下三种风险:

1. 产品的滞销或被市场淘汰的风险

科学技术的进步、消费观念的改变促使房地产企业不断创新,使得新产品层出不穷，而实施低成本战略的房地产企业由于将部分注意力都有所倾斜地集中在成本控制上,往往会忽视产品创新。另一个重要原因就是产品创新后需要重新调整成本战略，如重新研究成本控制方法以及控制标准等。战略调整存在较大的风险而且也需要一定的时间,因此,实施低成本战略的房地产企业的产品创新能力通常情况下比同行业其他企业要差，由其开发出来的产品极有可能无法适应市场需求，从而面临产品滞销甚至被市场淘汰的巨大风险。

2. 低成本战略无法获取成本优势的风险

两种情况将导致这种风险的出现：一是法规政策的变化有时会使得企业用以降低成本的途径和条件不能发挥作用。如对于新建建筑的节能要求，住房的精装修等政策规章变化将使企业原来实行的低成本战略出现实施障碍，其有效性将大大降低。二是同行业的其他企业通过窃取或者模仿，将低成本战略实施企业的成本控制方法和运作模式拿来为自己所用。他们有的以这种方法只用较低的成本就可建立起一套行之有效的成本控制机制，而研究开发一种成本控制方法则需要较大的成本，因而那些模仿企业甚至会比他们的模仿对象具有更大的成本优势。这些都使得原来那些实施低成本战略的企业很难发挥成本优势,只会适得其反,可能出现由于实行成本控制而增加企业运行成本的情况。

3. 生产要素价格上涨引起利润减少的风险

当企业产品生产要素价格普遍上涨时，实施低成本战略的企业成本的膨胀会削弱产品与其他企业保持足够价格差的能力。价格差的缩小使得实施低成本战略的企业获利空间减少,这时,企业无法拿出足够的资金去进行广告宣传和树立品牌形象,其市场竞争优势将逐渐丧失。此时，实施其他企业战略的房地产开发商将会乘虚而入,频频发力,迅速崛起乃至取而代之。

所以，房地产企业在运用低成本战略时，必须随时注意市场变化，并采取相应的企业战略加以控制。

四、房地产企业如何实施低成本战略

房地产企业运作专业性强，业务流程十分复杂，产业链长，降低产品成本的潜力也很大，可以从多个环节和方面入手实施低成本战略。通过降低设计成本、工艺成本、采购成本、运输成本、销售成本等，加速资金周转，获取规模效益，这些都能够使产品成本降低。通常情况下，房地产企业实施成本战略的主要措施有：

1. 提高开发规模，通过规模效益来降低单位产品成本

房地产开发企业在选择新的开发项目时，应视自身实力尽量选择较大的地块，增加开发规模。由于房地产企业业务流程复杂，只有通过增大项目规模才能降低某些程序的成本费用在总成本中的比例，如项目策划设计费用，随着项目规模的增大其增加并不明显，但在单位产品上平摊后这种成本就会大大地降低。同时，开发商在采购材料和设备时，应尽量采用大宗交易和批量交易，以降低单位采购成本。房地产企业可以和其他开发商形成采购联盟，在材料、设备的招标及采购上采取联合行动，形成战略合作伙伴，共同发出招标、采购公告，实行大规模采购会大大降低产品的采购成本。

2. 提高市场营销能力，通过缩短销售周期来降低资金成本

房地产项目开发成功与否，最终取决于销售环节是否科学可行。除了在产品设计上迎合消费者需求外，优秀的企业品牌、实力强大的营销队伍以及成功的广告策划都是项目成功的关键。这就要求开发商不断增强企业实力，树立良好的企业品牌，建立一支高效的市场营销队伍，只有这样才能缩短产品的销售周期，从而扩大企业产品市场占有率。在这种情况下，房地产开发商的低成本战略实施才有实质意义，否则产品销售不畅，不仅会导致大量的资金闲置，增加财务成本，还很可能导致项目的失败，很多“烂尾楼”、半拉子工程即是这样形成的。

3. 提高管理水平，在保证质量的前提下降低人力、物力和财力

房地产开发商要想较好地控制开发产品的成本，就必须加强成本管理。这要求企业制定科学的管理方法和制度，努力提高企业的整体管理水平。房地产项目开发周期长、流程多，因而对每个具体环节都要注意节约成本，但也应分清主次，要抓住关键环节。项目开发的策划设计阶段是控制成本的关键，因为设计一旦完成后，在施工阶段主要是按图施工，成本变化的余地不大，此时进行成本控制效果会大打折扣。

目前，在北京、上海、广州等大城市，低成本战略已被不少房地产企业成功运用，表明这一战略有着很大的实施价值和发展前景。当然，形势在变，房地产企业的发展战略也得顺势而为。当实施低成本战略难以取得成本优势时，企业就得对它重新审视，适时调整方向，找出是战略本身的问题还是实施环节方面的问题。若是战略本身的问题，企业实施这种战略的条件已不存在，这时，就必须改变企业战略；若是战略实施环节存在纰漏，就应该调整战略，重新选择控制成本的方法途径，重新夺回成本优势地位，这样才不至于背离低成本策略的初衷。

第二章

提高创新能力和执行力是房企持续稳定健康发展的关键

一、创新是房地产企业发展的灵魂

现在的房地产业已是消费者的天下，生产出来的产品只有能够满足消费者的需求才能有好的销售业绩。人们对住宅的要求随着生活条件的改善越来越高，讲究住房有价格性能比，更注重居住环境的舒适度、绿色健康和文化性。对于房地产业来说，创新是无止境的，在把握核心竞争力的前提下，不断创新，这样才能保持企业的持续发展。

一个具有竞争力的大型房地产企业，能适应本地区或周边几个地区，甚至适应全国房地产市场的大气候，那么，这个房地产企业生存下去应该不成问题。但如果要想做大、做强，创新便是最重要也是最好的适应手段，创新是房地产企业发展的灵魂。而创新不是单一的，它包括技术、管理、服务等在内的创新。

（一）技术创新

1. 技术创新概念

随着人们的生活水平和居住水平的提高，人们对房地产商品的质量、功能会提出新的要求，这必然促进建筑、建材及相关一系列产业或部分产品科技含量的提高，同时生产更多的新技术、新产品，从而实现房地产行业的技术创新。

房地产开发企业的科技必须创新，这是企业发展的动力。这种创新以高科技、高品质、高效益、低消耗、低成本、创品牌的房产开发，不断地开拓市场、占领市场。房地产开发技术创新一是要有开发机制，具有独立的开发能力或机构，根据房产在市场中的定位，不断地进行设计创新和技术提高。形成自己鲜明的企业特征和房产风格；二是要有吸收应用机制，为了使房产设计、开发采用当今世界比较先进的技术手段，有些必须采用拿来主义，迅速消化吸收应用；三是实力强的房地产开发企业要有一定的技术储备机制，最好有超前的技术储备，先设计出来，这样才能在市场竞争中占据制高点。

2. 设计管理能力

有长远眼光的开发商一定注重提高在产品改进和创新的能力。产品的创新的根本在于总结、学习和研发，房地产企业核心竞争力的关键是其产品研发能力，或者称之为设计管理能力。

何谓设计管理能力？即开发商要对设计（含建筑、

结构、给排水、暖通等)有指导、协调和控制的能力。在设计前,开发商品房要提供产品定位、建筑风格、户型面积配比以及各功能部分的详细技术要求,并充分地与设计师进行沟通;设计中,要不断地跟进每一个设计阶段,提出更细致入微的设计建议和意见,同时结合当前当地政策法规、设计规范要求和市场的动态变化不断地调整,协调设计院、开发商和政府各职能部门的三方关系,促进设计工作更快更好地完成;设计后,要注意在建材选用、施工质量控制和工程造价与进度等方面的严格把关,保证设计的产品和设计的意图能够得到的建造到位。这就是设计管理的全过程。

要如何做到设计管理?首先,是要设置设计研发的部门,并且把它作为整个公司的核心部门;其次,要尽快培养起一批懂市场、精通业务和具有创新精神的设计管理人员;要尽可能地给设计研发部门以学习的机会,让他们能不断地接触国内一流,乃至世界一流的设计作品,保持一种高度的市场敏感度和敬业精神;第三,要充分给设计研发部门决策权,尊重他们的辛勤劳动,并提供较好的工作氛围,协调设计研发部门与其他部门的关系,留住人才。

如果说未来的房地产是实力的竞争、人才的竞争和产品的竞争,那么其核心竞争能力就是设计研发能力。

3. 房地产企业技术创新机制的建立

房地产开发企业要把建立健全技术创新机制作为建立现代企业制度的重要内容,要把提高技术创新能力和经营管理水平作为企业走出困境、发展壮大的关键措施,使企业真正成为技术创新的主体。这当中包括:合理分析和利用信息技术数据,为房地产投资决策和开发管理人员提供科学有效的依据;审慎选择项目,运用高新技术,将每一个新型小区建成精品。在住宅设计上体现科技进步,将"以人为核心"的思想贯穿到住宅设计中;根据不同消费层次,设计多样化住宅,做到规划合理、设计超前、设施配套、质量上乘、环境优美。在这方面,我国房地产开发企业应当吸取国内外一切先进的科学技术成果,走出一条具有中国特色的住宅设计和住宅建设新路子。另外,房地产开发企业要充分发挥科技工作者的作用,将其研究成果大力应用于实践,通过大力应用新科技新成果,加快住宅产业化步伐。

(二)制度创新

1. 制度创新的内容

西方制度经济学家诺思把"制度"的含义表述为"是一系列被制定出来的规则、服从程度和道德规则。"企业制度是一个多层次制度体系,它包含企业产权结构、组织结构和管理结构。

我国房地产企业制度创新的基本内容是:

(1)**建立激励机制**。房地产企业应根据其成员的具体情况,制定适当的行为规范和分配制度,以实现人力资源的最优配置,达到组织利益和个人利益的一致。激励机制的设计的实质是要求管理者抱着人性的观念,通过理性化的制度来规范员工的行为,调动员工的工作积极性,谋求管理的人性化和制度化之间的平衡,以达到有序管理和有效管理。

(2)**人才制度**。房地产和其他行业一样,人才总是向其才能得到更大程度的发挥和人力资本投入回报率更高的地方流动。知识经济的表象是经济活动中大量使用知识和技术,其实质就是具有创新能力和勇于实践的各类人才在经济活动中发挥决定性的作用。我们要在新一轮竞争中不被淘汰,就必须着力于为人才创造性发挥作用建立必要的组织制度和社会文化条件。

(3)**企业的配套制度**。主要指与制度创新的配套展开相关的基本制度。如人事制度、财务制度、投资管理制度等。

2. 组织架构的创新

CEO是竞争的重中之重。CEO即首席执行官,在IT产业中常用,但在房产界较少,CEO由于拥有100%的总经理权力和50%的董事长权力,从而在快速多变的市场竞争中,果断决策,先人一步。实行CEO管理,也使得高层经理多了虚拟资本期权这个"温柔的手铐",激发CEO的积极性和责任心。CEO不一定是技术性人才,但必须是战略经营型领导者,有实战操盘,有对未来市场的准确的判断力和把握能力。引入CEO机制,组织架构在制度上创新了。

良好的组织架构是企业最重要的资源,它可以有效地降低交易成本、信息沟通成本,使企业家才能得到最公平、最有效率的回报,并促使企业不断提高其核心竞争力和保持可持续发展。

目前许多房地产开发企业都力图在房地产上下游产业中综合发展，即以控股或参股方式成立自己的建筑施工公司、装饰公司、物业管理公司、商贸公司、销售公司，甚至成立自己的设计所。

3. 关于制度创新的一些建议

（1）培育新型的房地产投资主体，完善房地产投资体制。在住宅制度改革过程中，培养个人及住户的住宅支付能力和投资意识，造就新型的住宅投资主体是推进住宅商品化的根本途径。因此，要彻底改革住宅建设投资由国家、职工单位统包的体制，建立国家、企业、个人共同投资合理分工的体制，实现住宅的商品化和社会化。个人直接进入房地产市场，使个人不只是一般的住宅消费者，同时成为重要的住宅投资主体，达到置业和财产保值、增值的目的。

（2）组建国有控股公司，专门从事经济适用房的开发。国家搞经济适用房，目的就是为低收入阶层提供住房，但在实际操作中，由于产权、定性、设计、质量、物业管理等一系列问题未明确，而且选址偏远，价格偏高等原因，经济适用房并没有得到老百姓的认可。因此，针对目前开发商投资经济适用房的动力不足，政府可专门组建控股公司来从事经济适用房的开发，从而为一部分无力购买商品房的人们解决困难。

（3）优化企业的投资体制。长期以来，我国国有房地产企业普遍存在风险意识不强的情况，因此，当前应大力推行房地产企业股份制。股份制企业与国有企业相比，最大区别是投资主体从单元走向多元。其衔接因素主要来自股民，实现从无产者向有产者的转化。投资既然来源于多重主体，风险意识、忧患意识增强，投资“大锅饭”的体制开始打破。

（三）管理创新

1. 管理创新的概念

管理创新是指房地产企业运用管理学的新思想、新方法、新方式对房地产开发相关要素、条件、组织等进行重新组合，以促进房地产企业管理系统综合效能不断提高和获得更大利润的过程。

2. 管理创新的必要性

知识经济的发展，必然要求房地产开发企业进行管理创新。因为企业的发展固然有制度创新、技术创新、产品创新、市场创新等，但无论什么创新都需要经过企业管理职能逐步实施，都需要经过管理的各个层次具体执行，管理创新在企业创新中处于综合统筹、指导协调的地位。

3. 如何实施管理创新

目前房地产开发企业还谈不上科学管理。科学管理的“三部曲”（a 建立符合市场经济要求的科学的企业领导体制、组织体制，按照决策、执行、监督三权相互分离、机互制衡的原则设立企业内部机构；b 明确界定出资者、经营者和劳动者的权利、利益关系；c 形成激励与约束相结合的经营机制和科学的企业现代管理制度）在房地产开发企业中至今尚未走好。所以，房地产开发企业要进行管理创新，必须分两步走：第一步达到科学管理，与市场经济接轨；第二步实施知识管理，与知识经济衔接。当前，房地产开发企业在管理上问题很多，概括起来有“八大”：人浮于事机关大、计划不周浪费大、决策失误损失大、监控失控随意大、招标投标缺陷大、放松设计成本大、财务失控随意大、忽视策划危害大。不解决“八大”问题，房地产开发企业难以走出困境、克服困难。只有坚持“三改一加强”，建立现代企业制度，推进企业科技进步，全面加强企业管理，在“人、财、物、供、产、销、党、政、工、团”这十个字上强化科学管理，按照知识经济的客观要求，去探索新思路，创新新体制，形成新机制，采取新对策，才能开创房地产开发企业改革和发展的新局面。

二、改革是国有房地产企业发展的动力

在现行市场经济条件下，国有企业，包括国有房地产企业如果不锐意改革，那么它的生存并不能长久，最深层次原因是原有国有企业的政企不分，产权不清晰，企业包袱过重，即使出现一些优秀的国有企业，由于受到地方主管部门的约束，并不断要为其“作贡献”，好企业最终也要被拖垮。类似的问题在国有房地产企业同样存在，沉重的包袱仍未能卸掉。

1. 现状似乎不错，但仍非改不可

国有房地产企业改革问题的提出，比一般国有企业要晚得多，直到上世纪90年代中晚期才提到议事日程。同已经被议论多年的其他国有企业的改革一样，国有房地产企业改革受到了重视。

上世纪90年代末，房地产市道的好转，掩盖了国有房地产企业改革的必要性和紧迫性。上世纪90年代末开始至2002年上半年，在国民经济形势好转的推动下，全国房地产市场火暴，价格大涨，房地产企业包括国有企业盈利迅速增长，在这种情况下，似乎改革的必要性已经不存在了，因此国有房地产企业的改革步伐放慢了。

其实，房地产市道的好转并没有解决国有房地产企业的固有弊病，仅仅是暂时掩盖了内在的深刻矛盾，或者说延缓了矛盾的爆发。这些弊病和矛盾主要有：经理层没有充分的积极性；经理层四面受制没有充分的经营权；企业经营不时受到不必要的“照顾”；企业经营成果经常被侵犯平调；等等。国有房地产企业的竞争力，还是建筑在这样的基础之上，一旦市道转坏之时，首先倒霉的可能又是国有企业。

所以，国有房地产企业的改革应紧抓不放，现在市道更好要趁势而上，待到市道不好之时，改革就难了。

2. 调动经营者的积极性为第一要事

国有房地产企业的改革有许多的思路。从逻辑上考虑，必须从调动经营者的积极性入手。经营者是一个群体，不完全是一两个人，但首先是总经理及其高层即经理层，他们承担着企业经营管理重大决策的实施，他们是企业的关键一族。

在这个问题上，有一个令人深思的现象。差不多只有10年的光景，在房地产领域中一批非国有企业迅速成长起来，他们的经营思想、经营手法、经营实绩都令人刮目相看，有的甚至成为房地产业的巨头。国有房地产企业的经理层们就专业素养和经营才能，比起非国有企业至少是民营企业的经理们，一般来说并不逊色多少，许多人甚至要高出一筹。但是，恰恰在企业经营上往往比不过那些新生的企业家们。究其原因一言以蔽之，就是没有积极性，没有创业、扩张的精神冲动。反观那些非国有企业的老板们，广交朋友、钻门路、圈地、寻新项目、找投资新领域……真是忙得不亦乐乎！两相成为鲜明的对照，令人感慨万千。

所以，不要做太多的理论辨析，人们很自然地就会得出结论：国有房地产企业的改革，先要把国有企业经

理层（首先是总经理）的积极性调动起来。

3. 调动积极性必须理顺和落实经营权限

说到经济利益，这几年国有房地产企业的负责人普遍有了提高，有的相当高。毫无疑问，这在一定程度上调动了他们的经营积极性，但还有三个问题。

一是，经理层利益安排的规范性不足，没有按照市场规则来处理，在总体上还是偏低了一些。

二是，经理层利益提高了，同级的专职政治工作者报酬如何处理？如同样安排，显然失当，又失公允，又增加了企业的非经营支出；如不一样安排，会造成心态失衡、内部矛盾，加重了经理层的心理负担。

三是，即便是经理层利益提高了，积极性也上来了，但是国有企业内外传统的非经营管理性质的制度和机构，对于经理层的制约和影响仍然过多。

目前，在上述三个问题中，第三个问题是最主要的。第二个问题，其实是同第三个问题联系在一起的。由此可见，在进一步完善经理层经济利益安排的前提下，要集中力量解决经营权的分配和落实问题。主要的取向应该是：最重大的决策权归所有者；为保证重大决策无误，需要建立重大决策的制度、程序和组织（如决策咨询委员会）；重大决策之后的经营管理权归总经理（包括对下一层的任免权）；精简企业的非经营管理组织（尽量减少或可试验部分同企业的经济分离），并防止他们对重大决策和经理层日常管理的干扰；等等。

4. 理顺经营权的根本是产权结构调整

理顺经营权的分配和落实经理层的经营管理权，实质上就是在所有者和管理者之间进行权力分配，不属于这两者的人应该退位。这应该是合乎逻辑的结论。

现在，对于管理者的界定是比较清楚和容易的，一般而言总经理和其副手们即可称为管理者。

问题是出在所谓的所有者上。10年来，人们对国有企业的所有者状况的一致评价是，“所有者虚化和缺位”。根据这几年的情况，笔者要修正为，目前国有企业的所有者，一方面是继续虚化和缺位，另一方面却愈来愈胖化和越位。而后一方面，对国有企业的消极影响更大。

要理顺国有房地产企业中所有者的地位和作用，唯一的办法是实行产权结构的调整。调整的目的是，凸现所有权的一般经济功能，切断同所有权的一般经济功能无关的其他要求，只有这样，才有可能排除前述的国有企业所有者虚化缺位和胖化越位并存的弊病。其办法是产权的多元化，其形式有两种。

第一种，保持纯国有资产前提下的多元化。现在，大量企业的国有资产，掌管在多层次的部门和地区手中，实际上只是掌握在局限性很大的某一层次的手上，因此，国有资产的一般经济功能，有被局限性很大的某一层次的部门或地区扭曲的可能。设想一下，如果某一企业的国有资产，是由不同部门、不同地区、不同层次，总之是由不同国有资产的主体联合投资组成的，并按现代企业制度的要求成立实质性的董事会、监事会等机构。那么，其中任何一个投资成员都无法对这个企业施加独立的影响，国有资产的一般经济职能就凸现出来了，所有者的一般经济职能也凸现出来了，种种同所有权的一般经济功能无关的其他要求，就有被排除的可能，所有者同经营者的关系也有可能趋于正常，经理层的管理权才能落实，积极性才能真正发挥出来。

第二种，不保持纯国有资产前提下的多元化。即将国有企业的部分股权转让给外资、民资或其他混合资本，视需要和可能国有资产只保留实质性的比例，不一定控股。在这一形式下，也许更能避免国有企业面临的所有者虚化缺位和胖化越位所形成的弊病，所有者的一般经济职能更加凸现、更加强化，同管理层的权利分配更顺当。

三、知识是房地产企业发展的基石

随着信息技术发展的突飞猛进以及经济全球化的加剧,21世纪的人类社会已经进入了知识经济时代。同样在企业层面上,知识已经取代传统的生产要素(如土地、资金、劳动力等)而成为企业最重要的战略资源,越来越多的企业逐渐意识到,要在变幻莫测、风险频生的环境下掌握竞争优势,就必须先取得知识优势。在市场瞬息万变、科技日新月异、竞争者越来越多以及产品生命周期越来越短的经济形势下,成功将属于那些不断创造新知识、广布新知识于组织当中并迅速吸收新科技与推出新产品的企业。

房地产企业由于专业性要求强、业务流程复杂,因而积极探索实施知识管理对于提高企业竞争力意义重大。

1. 知识已成为企业最重要的战略资源

彼德•圣吉在其著名的《第五项修炼》一书的扉页上提出了这样一个令人深思的问题:为什么一个企业内的每个人都很优秀,每个员工的智商都在120以上,但这个企业整体的智商却只有62呢?!这是因为他们没有意识到影响企业“像一个人那样优秀”,能够把商业智慧发挥到极致的关键因素——企业整体所拥有的知识的重要性。

作为商业企业的知识,与个体的知识差异明显。企业的知识来源于各种商业数据等有用信息,它是一种经验、价值观及洞察力的动态组合,是对事物的规律性认识。在企业里,知识不仅被保存在文档或数据库中,还贯穿于企业的工作流程、惯例和行为标准里。企业可凝聚不同个体的知识从而不断创造出新知识,但获取并创造知识并非最终目的。对企业知识加以运用,使其转化为企业战略资源,进而增强企业竞争实力才是知识管理的终极目标。企业知识运用的最高形式是商业智慧,即为达到特定商业目标而运用知识的能力,这是企业创新必经之路。

随着知识经济时代的到来,知识在企业价值提升过程中的作用极为关键,许多著名的跨国公司都在其内部设立了“知识总监”职位,来统一领导企业内部知识管理的变革,从而不断提升自身的竞争力,也使一些百年老店永葆青春。美国的一个基金会曾做过的一个调查显示,知识管理出现在CEO们评选的最重要趋势列表上的频率高得惊人,被调查的300名CEO把知识管理放在了第二重要的位置,仅次于全球化趋势,超过了成本减少和周期减少、发展全球供应链、多地区加工化及业务外包等。

同时,知识经济中日益惨烈的商业竞争也使越来越多的企业认识到了知识资本的重要性。知识是最重要的无形资产,它已经进入不少企业的资产负债表中。瑞典第一大保险公司Skandia从1991年就着手知识资本的量化评估工作,成立了研究、管理企业知识资本的专门机构,建立了一系列评价知识资本的指标体系。在他们看来,知识资本是企业市场价值与企业账面价值之差或企业人力资本与企业结构资本之和,其中企业结构资本是客户资本和组织机构资本之和。作为企业财务报表的附件,该公司将这套知识资本评价体系应用到实践中,取得了显著的效益。

由此可见,知识已经是现代企业重要的战略资源。如何管理和运用企业现有的知识,使之真正发挥战略资源的重要作用,成为企业管理人员必须面对和亟待解决的一大课题。

2. 正确认识知识管理的真正内涵

虽然不少企业已经认识到了知识管理的重要性,但对知识管理的真正含义和有效地实施需要如何操作,在认识上还存在很多误区。如:有人认为在企业中引进某种高新科技就是知识管理;也有人认为企业内部已经建立了局域网供员工表达意见就是知识管理;还有人认为建立了企业内部的信息数据库,能将现有的知识进行复制、电子化及数字化就是知识管理等等。其实这些都只是知识管理的组成部分。电子化不等于知识化,知识管理的本质之处是建立一种企业文化,从而使企业成为一个学习型和知识型的组织。

为了达到此目的,企业管理者需要从新的战略高度来认识管理,应该把它看成是重新定义企业和促使组织把工作做得更好的方法。这就要求企业组织进行性质转变,即由经济型企业、社会型企业向知识型企业转变,即企业应该是一种以运用知识和创造知识为基础的组织。

企业要顺利实现向知识型转变，就必须建立一整套知识管理体制。具体来说，在设施上要创造知识管理的物质条件和知识氛围，如引进商业智能分析系统、办公自动化系统及知识传递系统等，以便实现企业内知识的展示和共享；在管理内容上，要在厘清企业知识内容范围的基础上，对各种人员及企业的智力资本有一个整体上的评估，并确定实施知识管理需要偏向的方面；在管理流程上，要积极和充分利用建立起来的各种知识管理技术，积极地把知识应用于各种具体流程如新产品开发中，有效地运用知识创造出现实的生产力；在企业组织上，要有意识地设计和构造组织元素以支持知识的管理和应用，如制定对员工的激励机制和创新机制等，以便鼓励员工积极学习企业知识并将个人知识提取出来供大家分享；在关系的营建上，应视企业经营发展的需要，搭建起以知识为基础的与客户、供应商及其他战略合作伙伴的关系网；在产品生产上，通过在组织中或组织与客户的互动过程中嵌入知识，不断创新的积累企业产品的附加值，为客户提供知识产品和服务；在战略上，企业应该建立在“知识是关键资源”的理念上，将如何充分利用拥有的知识创造最大价值作为企业的基本战略问题，并制定企业知识战略实施方案。

知识管理即获取恰当的知识在恰当的时间传递给恰当的人，以实现最佳的决策。对于知识管理，有这样一个著名公式：K=（P+I）S。公式中 K 代表知识，P 代表人，I 代表信息，+ 代表技术，S 代表分享。由此可见，知识管理就是人对信息进行技术处理，然后将这些经过处理的信息在企业内部分享。换而言之，知识管理是信息管理的延伸与发展，知识管理要求把信息与信息、信息与活动、信息与人有机地联系起来，通过信息、显性知识和隐性知识的传播，不断地提高组织的应变和创新能力，创造企业的长期价值和核心竞争优势。总之，知识管理就是要把企业知识链中的智慧聚集成企业的竞争力。

3. 知识管理的分类及转化模式

企业的知识管理领域可以分为三类：一类是对知识价值的评估，通过对企业智力资本的评估，从而弄清企业实物资本价值与其市场估价之间存在的差异。另一类是加强对知识创新的管理，通过吸取组织内部个体的知识或技能，从而不断提高整个组织知识技能的效率。还有一类是知识系统的构建和运作，通过建立知识管理的一系列硬件和软件系统，对企业知识资本或智力资本进行全程管理，从而不断创造和运用知识。

知识管理的这三类也可以说是知识管理由低到高的三个层次，企业由于知识管理水平不同而处于不同层次。

知识管理是伴随着 20 世纪 90 年代后期全球信息技术的突飞猛进而不断出现的，它以信息管理为基础。事实上，企业内知识的创造、获取、保存、分享与应用，都离不开相应信息技术的支持。一般来说，知识管理系统包括以下五种技术：

一是商业智能（BI），即基于商业数据挖掘的各种决策分析方法；二是电子协作，以第三代办公自动化系统（OA）为标志，它可以提高企业运作效率和运作水平，这是实现知识管理的基本平台；三是知识传递，主要是构建企业知识管理体系中不可或缺的培训体系（e-learning、e-training 等），使员工充分利用企业知识，提高工作技能；四是知识发现和知识检索，在网络信息时代，企业的知识主要储存在各种数据库、局域网、各种知识协作系统和员工的大脑里，企业知识组成的复杂性需要通过一套有效的知识发现系统来进行整合，包括各类检索工具内容分类技术和企业文档管理技术等；五是专家定位，通过建立动态的企业专家网络和可视化的识别及联系工具，完成知识管理中能在最恰当的时机和能以最小的成本找到最合适的人选。

通常情况下，要实现真正的知识管理，这五种技术缺一不可。随着知识管理水平的提高，不但这些信息技术需要更新换代，还会有更先进的信息技术应用到知识管理领域来。

企业要进行知识管理，首先就必须了解它的流程。知识管理的流程包括知识获取和发掘、编辑、共享、应用和再创造等管理过程，其中最为关键的环节是持续不断地进行知识创造，而这涉及企业显性知识和隐性知识的相互转化。众所周知，企业内部知识可以分为显性知识和隐性知识。显性知识是可文本化的知识，可以以规范化和系统化的语言进行传播和管理；隐性知识则是高度个人化的知识，很难规范化也不易传递给他人，它是一种主观的，是在长期经验积累基础上形成的知识。显性知识和隐性知识不是完全对接的，而是互为补充的，对于企业来说它们缺一不可，知识管理应该是对这两种知识的综合管理，而不仅仅是针对显性知识的管理。通过两种知识的相互作用和转化，企业的知识能力才可以得到持续不断的创造和提升。

企业的知识转化有以下四种基本模式：

一是潜移默化。企业各个体人员通过共享经验获得隐性知识，这是隐性知识向隐性知识的转化模式。在企业中，在职培训就是这种模式。培训人员通过言传身教，被培训者通过观察、模仿和实践来获取这种知识。

二是外部明示。这是隐性知识向显性知识转化模式。要实现这一转化，需要将隐性知识用显性化的概念和语言清晰地表达出来，使之变成口头化或文本化的可共享的信息。这种模式对企业的知识创造作用至关重要，因为那些被转化的隐性知识本身就既是个人的经验总结，也包含了许多创新元素。

三是汇总组合。即通过各种手段、文件、会议等产生的语言或数字符号，将企业的显性知识进行组合和系统化。它是显性知识之间的组合和创造，是将显性知识向更高层次转化。在这种转化过程中，信息技术和网络技术对增强组织内部显性知识具有非常重要的作用。

四是内部升华。通过将显性知识形象化和具体化，使显性知识被组织内部员工吸收消化并升华为他们自己的隐性知识并应用到具体工作当中去。这是显性知识转化为隐性知识的模式。通过这种模式，将企业的显性知识转化为员工的隐性知识，这样，个人的隐性知识又构成了组织隐性知识系统的一部分，从而成为有组织和有价值的知识资产。

通过以上四种模式的运作，加快企业知识转化的过程，从而推动组织不断更新和创造，进而大大提高企业拥有的知识资本。

4. 知识管理在房地产企业中的具体运用

在实际执行过程中，知识管理对企业组织的作用并没有很好地显现出来。但是，以知识和创新为基础的一种新经济正在形成，知识管理不仅是一种新的管理工具和方法，也是一场应对知识经济的管理革命。

对于我国年轻的房地产企业来说，积极探索知识管理对企业组织的作用并大胆尝试应用，不失为一条企业创新之路。房地产企业运用知识管理可以从以下几个方面着手：

(1) 以知识为中心构建企业的发展战略。知识是企业最重要的战略性资源，界定企业知识的内容和表现形式，研究评估知识对于企业发展的重要性，并在此基础上探索企业内知识的创造、获取、保存、共享与应用，制定循序渐进和切实可行的知识管理体制。企业的发展战略要以不断地获取知识、创造知识并将知识运用到组织运作中去为中心，从而把知识管理当作提高企业竞争力的战略手段。

(2) 建立以信息技术为基础的知识管理系统。没有相应的信息技术作为支持，企业的知识管理只会是一种奢望。房地产企业除了积极引进和应用商业智能技术、电子协作技术、知识传递技术等信息技术外，还要建立有效的知识管理模式。另外，还要营建利于知识传播和创新的企业文化，在这种文化里，尊重知识、善于沟通、相互宽容、信任并乐于将知识与别人共享是其主旋律。

(3) 提高知识管理者的工作效率。这是企业开展知识管理的核心。知识管理是为了把企业知识链中的智慧凝聚为企业的竞争力，但是如果知识管理的效率过低，企业花高价买入信息技术系统却没有充分发挥其在知识管理中的应有作用，或是盲目地拼知识管理的概念，没有建立起相应的管理模式，结果也会导致企业知识体系混乱。不用说知识创新，就连最起码的知识传播都成了问题，运用集体的商业智慧更无从谈起。

(4) 积极改善企业内部及外部关系。知识管理的一个重要内容就是知识的获取和共享，要求企业内部各部门消除沟通障碍，加强组织沟通和协同；在企业外部，需要与顾客、政府、供应商等公众主体建立一种和谐、信任的关系。

(5) 提倡和鼓励知识的获取及创新。在建立知识管理体系时，企业需要提倡和鼓励知识获取及创新作为其中的一项重要内容体现出来，提倡和鼓励员工通过加强自我学习，不断丰富专业知识，提高专业素质，积极创新。对那些能给企业带来效益的知识创新，都应该积极鼓励。

(6) 企业领导者逐步向知识型转变。进行知识管理和构建知识型企业对企业的领导者提出了更高要求。企业更需要知识型领导者而不是资产的支配者或是员工的管理者。对知识型领导者的要求有：能够有效地分权而不是集权；学会创造并激发团队共同的信念；持续不断地创新产品的内涵；积极与员工进行富有成效的谈话；懂得宽容、善于听取不同的意见等等。

总之，知识经济的号角已经吹响，在这个没有硝烟的商场上要想生存，须不断地学习新知识，并将其共享和运用到企业的管理实践中去。学习的本质在于不断地创新，因此，知识管理实质上是知识的创新管理。房地产企业应该把知识创新看成是企业的一种日常性职能工作，只有这样，房地产企业开展知识

管理，才能提高企业知识的获取、创新及应用水平，才能真正发挥企业知识的真正力量。

四、执行力是房地产企业发展的关键

执行力是中国管理界时下最流行的话题。执行是什么？有人说，执行就是把事情做完；有人说，执行就是实现企业既定的目标；有人说，执行就是把战略转化为行动计划，并对其结果进行测量。在目前最流行的《执行》一书中，拉里•博西迪和拉姆•查兰这样阐述：执行应成为一家公司的战略和目标的重要组成部分，它是目标和结果之间“不可缺失的一环”。管理大师韦尔奇认为，执行力就是务实运作的细节。在当今最新的管理理念中，“执行”这个词似乎越来越有影响力，越来越被一些大公司所认可。那么，为什么一个公司的最高负责人或高级主管拟

定了一个聪明的策略,最后的结果都惨遭失败?公司可能漏了一个重要的环节,那就是把策略和员工的行为联结起来。

1. 创新是惟一执行之路

在执行力建设方面要做得比较好,**首先要始终把控制风险放第一位**。在控制风险过程中,很重要的一点是资产负债率的控制问题。我国企业很少是因为发展太慢而垮台的,更多的是因为发展太快而垮台,其中很重要的一个原因就是风险失控。

其次,有一个很好的监控评价体系,能够及时发现问题并及时地加以纠正,保证各项工作达到要求。监控评价系统首先是财务系统,通过这套系统对公司资产回报率、周转情况等进行客观准确地评估。其次是通过客户满意调查,从建筑设计、工程等方面收集客户的意见,找到最需要改进的地方。三是对员工满意度的调查,从中发现最需要改进工作的地方在哪里。四是项目发展和储备问题。通过这样一套客观的评价系统来不断地发现问题,改进工作,保证在管理工作上的均好。

再次,就是要专心做事情,并且要踏踏实实,按照既定目标做好每一件事情。说到执行力,更多的是强调创新,企业要做大做强,创新是惟一执行之路。

倡导创新,人才是前提。人文精神是最重要的特色之一,人文精神永远是创新的源泉,努力营造一个尊重人才的氛围,并重视个人的创新思想,如果员工提出了合理化建议,上级一定要为其提供充分的发展空间,让员工放开手脚去做。在复杂多变的企业里,对于创新一词的理解是宽泛的,创新并不仅仅局限于发明创造,它还包括对任何一项工作的改进、对任何一个细节的完善,包括设计、创意等,点点滴滴的进步。这些都被理解为创新。但是只有创新的意识还不够,员工们也要具有执行力,不能仅凭空想。为此公司应设立创新的奖项,对作出创新的员工进行表彰,积极营造一种激励创新的氛围。

2. 确保执行力强劲有效

企业应把重点放在员工行为和定位方向之间的联结沟通和共同协调上,另外还须提升核心竞争能力和关注顾客价值。对企业而言,为什么策略执行这么困难?原因很多,但最主要的障碍在于执行的联结沟通上,企业常把重点放在企业定位和绩效之间的联结,而不是员工行为和定位之间的联结。举例来说,一家公司以顾客服务差异化为来源,希望沿着这个定位提升业绩,改进绩效。对外,公司以“顶级服务提供者”作为营销诉求。到了某个阶段,公司开始检讨这个定位的绩效。因绩效没有大幅度提高,营销主管最终发现,提供卓越服务的目标没有和员工行为联结在一起,员工并没有以最高服务品质的方式提供服务。简单地讲,由于企业没有衡量的标准方式,将员工行为和绩效联结,因而无法管理员工的行为,更不用说提供卓越的服务了。由此可见,企业应该设法连接员工行为和公司策略,创造一个良好环境来影响员工的行为,尤其是对那些负责创造这种环境的经理人来说,这将是最重要的事情。

员工是否能和公司的愿景和价值联结?答案是肯定的。员工认为自己是最重要的员工之一,处在战役的最前线。他了解这个愿景,也知道自己对愿景扮演什么角色。他和这个愿景联结起来,而这个联结将直接会激励、引导他的工作行为。

企业的高层管理者必须设想一些方法,来联结员工和公司的愿景。根据很多员工的看法,愿景往往只是一些对股东的说法,对于真正负责执行的人,不代表任何意义。没有产生联结,员工就不会采取有附加价值的行动。事实上,他们有时候害怕采取超过别人对他们预期的行动,会受到纠正甚至受到惩罚。这又涉及沟通问题。还有一个非常重要的因素:顾客价值。

公司要能持续成长，主要依赖他们持续创造顾客价值的能力。传递这些价值的行为，就是执行力的关键。经理人和员工无法充分了解顾客价值，主要是大多数人没有和顾客沟通得很好（有些根本就不沟通）。所以说，顾客价值是指为顾客解决某个问题（例如管理库存控制、提供高品质服务），或者让他们的工作更容易做（降低成本、简化产品使用、分享对企业发展有用的资讯）。它通常包含简单的事情，而这些事情应该是对顾客有帮助，而不是公司。正因为大多数有关“顾客价值”的洞见来自顾客和员工，经理人需要建立一个系统，以进入顾客的视野。他们必须将这些洞见化为行动。企业必须管理事业单位内部，以及彼此之间的沟通，以便提高执行力。很多策略执行上的困难，都因沟通不良，然后伤害策略的执行。改善沟通，是策略执行流程中非常重要的工作。显然，这和公司内部平衡的程度，以及员工和部门之间分享资讯，以形成策略反应有关，经理人必须找出，并且扫除沟通的障碍。顾客关系管理非常重要，企业文化应该以发展顾客关系为重点，而不是以交易为基础，这才能够真正掌握顾客价值。

3. 强化执行避免大企业病

房地产开发是一项需要团队紧密配合，需要对大量的社会资源进行有效整合的行业。过去，房地产企业一度走的是明星 CEO 的发展道路，不注重发挥团队管理的作用，以至于遇到了很大的问题。解决这一问题有效的手段是实行职业经理人制度，房地产行业是个年轻的行业，从业员工中年轻人居多，对年轻人来说，最重要的是有一个发展的空间，使每个人的职业潜力得到最充分的发挥，而推行职业经理人制度，恰好满足了这样一个要求和想法。从一般意义讲，房企不应去培养明星经理，不妄图通过一个人带好一个公司、做好一个项目。企业发展壮大，必须靠机制，靠优秀的管理团队来管理企业，而不能仅仅靠一两个人。

企业规模大了，通常会出现大企业病，出现政令不通、执行不力的情形，这种情况似乎是不可避免的。如何避免大企业病，保持合理成分，提高决策的效率，并使得决策和公司的中长期发展规划得以顺畅地执行，无疑是一个重大的课题。对此，各房企必须有一个非常清醒的认识，要保持警惕。采用先进的管理模式，可参照矩阵式管理模式或垂直管理方法，充分利用好评价工具和监控系统，强化好的管理机制和开放、真诚的沟通，从而进一步做好各项工作。

当前很多企业的策略执行重点没有放在发展执行环境的无形要素上，人、流程、策略根本无法从董事会走出来进入实际战场。策略目标定义得很严谨，执行计划却非常糟糕，甚至根本没有所谓的“执行计划”，公司于是变成随着环境变动而被动反应的组织，潜能无法得到充分发挥。经理人必须前后一致地采取行动，创造一个良好的执行环境，让每一个员工都有卓越的表现，唯有如此，企业才能持续、稳定、健康地发展。

第三章 房地产企业的战略性人力资源管理

现代企业的竞争越来越集中于核心竞争力，而构成企业核心竞争力重点在于核心人力资源。房地产企业要有核心竞争力，不但要依靠科技进步，更重要的是开发管理好人力资源。只有把人力资源管理摆在战略高度上去认识，并付诸实施，才能使企业真正走上可持续发展的道路，也才能在市场竞争中立于不败之地。

一、战略性人力资源管理的内涵

1. 战略性人力资源管理的内在逻辑

战略性人力资源管理的出发点和落脚点都在于打造企业的核心竞争力。为此如何从企业现有的人力资源存量中培养、锻炼出一支具有核心竞争力的员工队伍，就成了实行战略性人力资源管理的关键内容。而企业的核心竞争力是根据企业的战略目标加以确定的，所以在确定与培养核心人力资源时，必须先对企业所处地位和发展方向进行战略分析，分析企业未来的发展机会，已有或潜在威胁其核心竞争力的因素如何规避。同时，至关重要的是要与同行业其他企业进行比较，分析自身拥有的在人力资源方面的优势和劣势。在此基础上，进行人力资源战略规划与资源配置。

在战略分析之后，还得对企业的内部组织进行分析。分析企业各组织的职能目标是否明确，组织结构是否合理健全，各组织的职能是否需要强化或缩减；确定企业的核心组织以及该组织的核心人员，对核心组织的职能进行强化，对核心人员的核心技能的培育。这是战略性人力资源管理内在逻辑的第二步。

第三步，在对企业进行战略分析和组织分析的基础上进行人力资源分析。根据员工所在部门的职能作用及岗位的工作职责对企业的人力资源分层分类，确定人力资源的核心层、中坚层、骨干层及替代层。针对不同层次的具体岗位，提出明确的能力要求，并建立有效的人才激励机制（战略性人力资源管理的内在逻辑如图 6-1 所示）。

图 6-1　战略性人力资源管理的内在逻辑

2. 战略性人力资源的价值链构成

企业战略性人力资源管理的核心是价值链管理，主要由价值创造、价值评价和价值分配三个部分构成。企业内部的激励机制和沟通机制将这三个部分有机地加以连接，而这一价值链以分层分类的人力资源组成为基础（如图 6-2 所示）。

图 6-2　战略性人力资源价值链模型

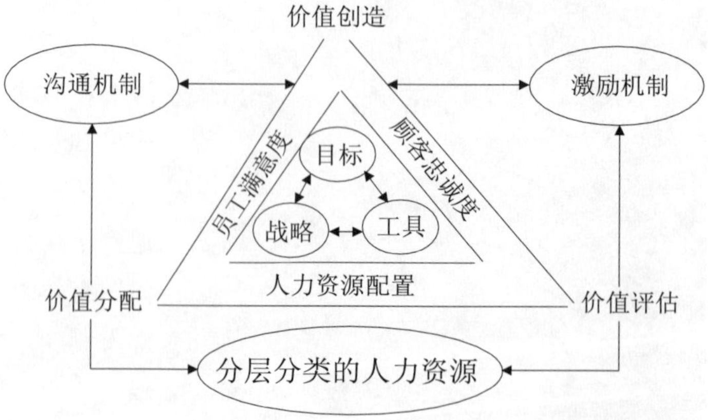

从战略性人力资源管理的角度来看，人力资源价值链的三个环节具有环环相扣的内在联系和内在逻辑。对人才进行激励的依据是对其创造价值的评价，对其进行激励的手段是价值分配，而激励的目的在于使创造者在

工作中发挥主动性和创造性，从而为企业创造更多的价值。另一方面，价值评价和价值分配就其实质而言是沟通机制的具体化形式，企业对人力资源的价值评价与价值分配是否科学合理决定其激励效果是否有效，这是沟通机制的作用范围。

因此，只有在对企业的人力资源分层分类的基础上，建立起科学的价值评估体系和价值分配体系，才能形成有效的激励机制和沟通机制，从而推动企业员工为企业创造出更多与更高的价值。

总之，进行战略性人力资源管理，就是要把人看作企业中重要的战略性资源，按照企业战略要求，对企业现有的人力资源进行分层分类管理，建立科学的价值评估体系和价值分配体系，并以此构建企业战略性人力资源管理体系。

二、对人力资源分层分类是实施战略性管理的关键

在对人力资源进行分层分类的基础上确定企业的核心人力资源，这是实施战略性人力资源管理的关键。因为一个企业核心竞争力突出地表现为企业所拥有的核心人力资源。核心人力资源是形成企业核心竞争力的基础，已经取代资金、技术和资本而成为商业企业重要的战略性资源，它是构成公司核心竞争力的基本要素。作为知识和技能承载者的核心人力资源，是企业所拥有的专门知识、技能和能力的总和，是企业创造独占性知识和垄断性技术优势的基础。

界定企业的核心人力资源，可以从“价值性”和“惟一性”这两个标准来对人力资源进行分层分类。首先要对企业现有的人力资源依据上述两标准综合衡量，然后利用“分层分类矩阵模型”将人力资源划分为四个象限加以界定（见图 6-3）。

图 6-3　战略性人力资源分层分类管理矩阵

唯一性	独特性人力资源	核心人力资源
	辅助性人力资源	义务性人力资源
普遍性		价值性

按照这一分层分类矩阵模型，企业的人力资源分为：价值性和惟一性均较高的核心人力资源；惟一性较高但价值性一般的独特性人力资源；惟一性不高但价值性较高的义务性人力资源；惟一性和价值性均较低的辅助性人力资源。

在具体操作中，为了使“价值性”和“惟一性”能够更好地发挥对人力资源的界定作用，还要求做好如下深入考虑：

（1）在用“价值性”来衡量人力资源时，要厘清衡量的是人力资源的既有价值还是远期价值，或者是将两者结合起来的持续价值。对于人力资源的远期价值，宜采用贴现的方式加以评估。

（2）如何衡量企业各个部门对企业的价值贡献。整体影响个体，对部门整体人力资源价值的评估通常在很大程度上影响着单个人力资源的价值，为此要进行有效区分。

（3）在部门内对职务进行分类的基础上，如何对人力资源的价值给予正确评价，是确定其价值性的关键。为此可以采用职位评价的方式进行。

（4）对于人力资源的惟一性，只要进行劳动力市场供求调查就很容易确定。但是如果是针对潜在人才的惟一性则要建立一套系统的评估方法才能确定。

三、如何构建战略性人力资源管理体系

房地产企业要构建分层分类的战略性人力资源管理体系，首先要求在企业战略层面上调整组织定位与结构。其基本目标是在重新厘清公司目前的组织结构、部门职责与部门内部岗位结构的基础上和前提下，重新科学确定部门职能定位及内部结构，对管理职能上有交叉或内部管理职能失衡的部门进行适当调整，同时要强化战略研究、市场开拓、人力资源等方面的功能或部门职能。从战略的高度调整企业的组织定位与结构是实施战略性人力资源管理的前提，其调整是否科学和到位往往决定着人力资源战略性管理效率的高低。当然，为了减少这种调整对企业的冲击，前期调整应尽可能以梳理为主，待公司战略规划明确后，再进行全面和深入的组织结构调整。

构建战略性人力资源管理体系对于企业来说是一

项系统而又重要的工程，要建设好这一工程，必须遵循循序渐进的原则。

1. 理顺企业纵向与横向权责体系

这是实施战略性人力资源管理的组织基础。企业要实施战略性人力资源管理，就要建立创新授权机制，而重新定位企业中不同层级人员职能是建立创新授权机制的前提。

从垂直分层上看，应考虑“战略层——管理层——操作层”的原则与层级依级分工：战略层负责制定企业发展战略以及针对具体项目的战略性投资决策；操作层按照战略层的决策计划安排实施具体操作；而管理层则负责传达战略层的战略决策并具体安排操作层的工作内容，管理层是联系战略层与操作层的中间纽带，统筹企业的运作，对战略层和操作层负责并协调好它们的工作，其作用与地位举足轻重。

从横向分类来看，应当重点考虑业务流程和工作职责的明晰化。对于同一业务范围内的公司人员，应当依据业务操作规范化的要求，制定科学合理的业务流程，然后明晰业务流程上各个环节内人员的工作职责，以达到权责明确的目的。

2. 规划企业人力资源的长期发展战略

要规划人力资源的长期发展战略，企业必须突破传统的“人事”定位，将人力资源管理从一种维持和辅助型的管理职能提升为一种具有战略意义的管理职能，从而以此提高人力资源在公司中的战略价值，保证公司的人力资源政策与公司的发展战略相匹配。

领导层和核心业务类员工是公司的价值创造主体。企业人力资源规划的核心内容，就是获取价值创造主体并提升其业务能力。人力资源规划是一种战略规划，是为企业未来生产经营活动作战略性储备，这就要求持续和系统地分析企业在不断变化的条件下对人力资源的需求，并制定出与企业组织长期效益相适应的人力资源管理政策。人力资源规划是企业整体规划的重要组成部分，以企业整体规划为依据并在其实施过程中提供强力支持。

3. 建立以关键业绩指标为核心的分层分类的业绩评价体系

建立符合企业战略性人力资源管理要求的员工业绩评价系统是当前房地产企业人力资源管理客观化和理性化的突破口，也是进行薪酬分配、调动员工积极性的重要内容。分层分类的绩效评价系统是在公司战略与业务定位的基础上，从战略分解和市场压力传导的角度，配合各部门进行重新调整与定位，设计公司的 KPI 体系，从而对各个部门进行分层分类管理。

要建立分层分类的业绩评价体系，**首先，就是设计可量化的业绩指标**。通常从收入增长（收益、利润）、收入的结构性调整、成长性（增长率、目标达成率）、资产安全性（资产负债率、应收账款、存货等）、资产收益率、市场开拓与培育、制度执行情况、经营单位的组织建设、人才管理、客户资源管理等要素出发，从而设计可量化的业绩指标，这是其真正落到实处的关键所在。**其次，应考虑具体工作岗位适用哪些指标去评价**。这是建立科学合理绩效评价体系的关键。业绩指标的选用要根据具体岗位的工作内容和职责要求，指标的权重也应因岗位不同而有所取舍，以体现分层分类业绩评价的科学性。

4. 建立以岗位工资为基础的分层分类薪酬体系

战略性人和资源管理的价值分配要求以岗位工资为基础，实行分层分类的薪酬管理。有效和合理的薪酬制度是吸引、留住并激励高素质人才的必要条件。战略性人力资源管理中的“价值分配”，其内容不仅包括工资、奖金、红利、股权，还包括职位提升、学习深造等，它要求企业薪酬体系的设计要充分体现分层分类的原则，落实好这种薪酬管理模式必须遵循以下两条基本思路：

(1)必须贯穿“企业战略目标——人力资源目标和战略——薪酬目标和战略”这条主线，从而不断提升企业竞争力。要站在企业发展战略、组织结构和整个人力资源管理系统的高度来思考薪酬制度建立的目标、战略和标准，明确需要哪些人力资源，要吸引和保留哪部分核心人力资源，以哪些手段来吸引和保留并激励这部分核心人才，重中之重是要明确薪酬在这其中起着什么样的作用。

(2)必须围绕“价值创造——价值要素分析——价值要素评价——价值分配”这一价值链，充分发挥价值分配的激励作用。要明确公司有哪些价值创造主体及参与了价值创造的具体要素，在此基础上，采取科学合理的方法手段去评价不同个体在价值创造中的贡献，从而确定价值分配制度的重点流向。

按照分层分类的薪酬管理思想，一般而言，对于企业的高层管理人员，宜采用年薪制和股票期权相结合的办法；对于中层管理人员，实行岗位工资 + 绩效工资 + 现金分红的薪酬制度；对于一般员工，则要按其所在部门的性质区别对待，若在职能部门，以岗位分析和职位评价为基础，以岗位工资为主，绩效工资为辅，若在业务部门，则以任职资格和职位评价为基础，以绩效工作为主，以岗位工资为辅（具体分配如下表 6-1）。

表 6-1　以岗位工资为基础的分层分类薪酬体系表

层级	薪酬体系		整体性考核思路
高层管理人员	采用年薪制和股票期权		以岗位工资为基础
中层管理人员	岗位工资 + 绩效工资 + 资金分红		
一般员工	职能部门	以岗位分析和职位评价为基础，以岗位工资为主，绩效工资为辅。	
	业务部门	以任职资格和职位评价为基础，以绩效工作为主，以岗位工资为辅。	

5. 建立以在职培训为基础的培训开发体系

现代企业战略性人力资源管理必须树立人力资本投资观，注重投资人力资本。要凸现企业人力资源的核心竞争力，必须高度重视人力资源的培训与开发，确立员工教育培训的相关制度，将教育培训制度化，根据企业的发展战略，制定切实可行的培训开发规划，建立全员教育和终生教育体系，促使员工不断更新观念，优化知识结构，提高综合素质从而更好为公司所用。

由于房地产市场范围广，涉及建筑业、建材业、化工业、金融业、零售业和广告业等，房地产产品涉及建筑学、工程学、管理学、经济学、市场学、美学、社会学、心理学等多个学科，与房地产企业打交道的政府职能部门多达二十几个。这些都决定了房地产企业的运作相当复杂，对既能做各部门之间的协调沟通，又精通专门业务的全能型人才的需求日趋强烈，房地产企业人才由专业型逐渐向全能型过渡。全能型人才不是天生的，是靠自我学习和培养出来的，企业的人力资源培训与开发对于提高员工综合素质，培养全能型人才作用至关重要。

6. 建立以竞聘上岗为基础的配置异动体系

战略性人力资源管理要求企业打破人才流动中的体制障碍，保证充分到位的人才市场主体。在配置企业人力资源时，必须在严格的成本约束条件下，将那些劳动边际生产力低于社会平均边际生产力的劳动力置换出来，以实现企业人力资源的最佳配置，达到劳动力与其他生产要素的有机结合。

能岗匹配原理是竞聘上岗的理论基础。能岗匹配即工作能力与工作岗位相匹配，它有两层含义，一是上岗人员的工作能力要达到岗位的能力要求；二是当在岗人员的工作能力达到了上一级岗位的能力要求时，就应该适时将其提升而不能浪费人才。

干部任期制是竞聘上岗的制度基础。对干部实行任期制度，在任期内考核其工作能力，实行“能者上，庸者下”的人才流动原则，建立良好的人才选拔机制，这是实行竞聘上岗用工管理的制度基础。

房地产企业应依据能岗匹配原则，按照公平、公正、公开、竞争、择优的用人标准，科学合理地配置人员，建立能上能下、能进能出的用人机制。

总之，房地产企业要实施战略性人力资源管理，就必须摒弃以往那种狭隘的人事观念，充分认识人力资源对于企业生存发展的重要作用，把人力资源的开发管理提高到战略高度，合理地配置人力资源，并充分调动其积极性，最大限度地发掘其潜能。只有这样，房地产企业才能培育出核心人力资源，才能形成核心竞争力，也才能在激烈的竞争中立于不败之地。

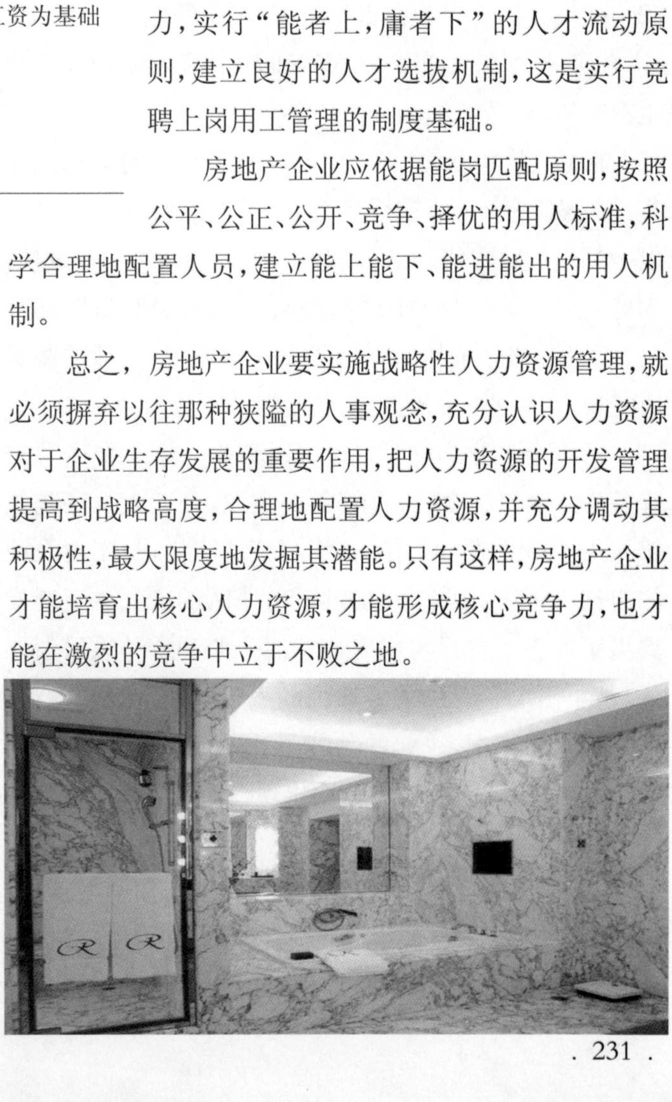

四、职业经理人的外部聘用

有一句俗语:“外来的和尚会念经”。近年来,国内企业特别是民营企业,在遭遇发展瓶颈或生存危机束手无策时,便想起了“外来和尚”——职业经理人。这些高薪聘请来的职业经理人,被称为“空降兵”。企业花高薪聘请他们是因为对他们寄予厚望,职业经理人一进入企业,就要推动企业变革,带领企业突破发展瓶颈或走出生存困境,创造业绩飙升奇迹。

但是,大多数“空降兵”都辜负了企业对他们的期望。有人研究了由“空降兵”推动的组织变革,发现80%以上都以失败告终。在充满激情、引人注目的变革过后,那些辜负了人们期望的“空降兵”,大部分只好黯然离去,还有一部分虽然勉强留了下来,却已被失败的阴影所笼罩,在企业中的地位岌岌可危。

对于企事业单位而言,组织变革一旦失败后,“空降兵”构建的制度、流程等形同虚设,企业人员还是按照原来的方式进行工作;由于对变革不满,员工对企业的忠诚度下降,工作积极性降低,团队的士气也逐渐暴露出了疲态;昔日与供应商和客户的和谐关系日渐恶化,甚至出现企业价值链断裂的尴尬境地;在社会贬大于褒的议论声中,企业的品牌声誉、形象等无形资产的价值也迅速降低。上述现象的出现,表明由“空降兵”推动的企业变革已经失败。

不可否认,任何变革都充满挑战并且阻力重重,但对于管理经验丰富、取得过骄人业绩的“空降兵”来说,如此之低的变革成功率不能不让人觉得困惑。空降兵变革之所以失败,绝不仅仅是因为对他们的期望过高导致其压力过大,也不能仅仅在公司内部治理结构找原因,更不应该把所有的讨论都集中在空降兵与企业老板及高层的利益冲突上。那么,究竟是什么原因让空降兵变革变得如此艰难呢?

1.“空降兵”变革,难在何处

与在企业中工作多年的管理者不同的是,空降兵既没有形成自己的关系网,也无法对企业的方方面面进行充分详细的了解,因而由其推动的企业变革往往面临以下特殊的困难:

(1)管理技能和权威无法简单移植。空降兵到一个面临困境的企业中推动组织变革,所依赖的是以前积累的管理知识、管理经验、情报信息以及声誉威望,具体表现为运用其创造价值的综合能力。但是这些在原来的企业中获得的知识、技能以及威望,在进入另外一个企业时通常作用难以发挥。特别是当行业、企业的性质以及组织结构、文化、技术、人员素质等方面与原企业差异较大时,空降兵知识与技能的应用会受到明显限制,进而影响空降兵在企业中权威的树立。而对于刚进入企业的空降兵来说,由于还没有建立起有助于变革的关系网,因此在管理上树立权威就显得尤为重要。没有权威,难以服众,组织也就不可能按照空降兵的思路方法统一行动去实现变革目标。

(2)新环境中难以获得多方支持与合作。企业的组织变革波及重新分配权力、资源以及重组业务流程和组织结构,必然会触动多方面利益。组织变革会给企业带

来不确定性，所以一般情况下都会遭到巨大阻力，由此会产生诸如不合作、恶意抵触甚至破坏变革的各种行为，而空降兵仅凭或者光靠老板支持并不足以克服这些来自企业各层的阻力。另外，空降兵过高的薪酬与待遇也会让其他管理人员心理不平衡，会在一定程度上挫伤他们的工作热情，影响老板与原管理团队之间的信赖关系与效率。同时，由于原管理团队对空降兵存在偏见和妒忌，空降兵难以获得其真正的支持与合作。

（3）局部负面评价掩盖整体积极评价。空降兵在推动企业变革时，往往在全局利益与局部利益之间和企业长远利益与短期利益之间有所取舍。但是，在评价其变革时，有的却倾向于从局部和短期利益的得失来评价，在这些局部利益或短期利益的得失上，看到的又往往只是损失，而不是他给整个企业带来了多大的利益。这些只从局部出发的片面的狭隘的负面评价累积起来，会转化为对空降兵的敌意与抵触，从而增大变革阻力。由于变革不可避免地要损害一部分人的利益，加之吹毛求疵

的心理的存在，对空降兵领导的企业变革评价就有失偏颇。在这种情况下，对变革的整体积极评价往往被局部的负面评价所掩盖，这对空降兵来说无疑是对其变革热情的最大打击。

（4）个人付出与结果间的因果关系复杂，反馈缓慢。管理型空降兵需要通过别人来实现变革目标，而且目标的实现具有滞后性，因此人们很难有效地将空降兵创造的价值与其他管理者创造的价值有效地区分开来。这就导致空降兵取得胜利难度增大，虽然有时候这种胜利已经形成，但并没有充分显现出来，即使取得了胜利，人们也不会把功劳单纯地归功于“空降兵”。企业很难容忍那些没有明确的功劳却又拿着企业最高薪水的人员存在，尤其是对于外来人员，所以，那些急功近利的企业老板和管理团队无法容忍令他们失望的空降兵的继续存在。然而从现实情况来看，有些时候“驱逐”空降兵是因为他们的个人能力和贡献被低估。

以上这些因素，决定了管理型空降兵的变革将是一条坎坷之路。相反，另外一类空降兵——技术型空降兵，在来到一家新的公司后，却往往显得如鱼得水。

2. 技术型“空降兵”为何更容易成功

“空降”并不意味着艰难或失败，在管理型空降兵举步维艰之际，花高薪从外部聘请技术型空降兵的企业却大多达到了预期目的。那么，是什么使得技术型空降兵比管理型空降兵更容易成功呢？通过对技术型空降兵与管理型空降兵的不同特点以及差异比较分析，原因不难找到。

（1）资产的专有程度不同。管理型空降兵成功是凭借其积累的知识、经验、信息以及通过运用这些知识和信息实施变革、创造价值的能力，而这些资产企业原有管理团队成员也有。为了证明存在差别和自己的价值，管理型空降兵只有一个途径：迅速提升公司业绩。但是，如上文分析的那样，要做到这一点非常困难。

而对于技术型空降兵来说，那些制约管理型空降兵的诸多因素对他们而言，障碍并不存在，这得益于其较高的资产专有程度。技术型空降兵拥有高度个人化的资产，这些资产由于技术性很强，可替代性很低。

（2）任务的独立程度不同。管理型空降兵需要其他部门的合作与支持，任务的完成对工作环境如良好的人际关系等依赖性较高。工作任务独立性不高使得他们在行使管理职能时往往受到许多因素的制约，若对这些因素处理不当，空降兵就不得不面临失败困扰。

技术型空降兵则不同，他们的工作都可以在部门内完成，任务独立性较高。他们的工作由于技术性强，相对范围狭窄，需要其他部门的配合较少，因而可以充分发挥个人的能力，这样其在技术方面的权威也较容易建立。

(3)结果的可度量程度不同。管理型空降兵推动的企业变革由于关乎企业全局，涉及企业的各个方面，其产生的结果短期内体现不明显。对其结果可以从多个角度进行评价，评价的标准也通常比较随意，对某些结果的度量不合理甚至难以度量。对结果从不同角度进行评价通常会得出不同的结论，而评价标准的随意性又使得科学合理性不强。而对于技术型空降兵推动的技术变革来说，由于其结果在特定范围内产生，可区分度高，对其结果的评价角度准确单一，评价标准科学具体，因而可度量程度高。

(4)结果的可区分程度不同。对于管理型空降兵来说，其个人所拥有的资产（智力资本）以及在推动企业变革中所作的努力与结果之间的因果关系复杂。由于参与者众多，很难将这些结果具体分开并归因，加之这些结果的出现具有隐蔽性和滞后性，对变革的反馈缓慢，空降兵的个人能力在企业变革所作出的功劳难以与其他参与者区分。所以，尽管管理型空降兵有时候做出了很大的成效，但企业对这些成效却浑然不知。而技术型空降兵变革结果的可区分程度则高得多。其拥有的智力资本和在变革中发挥的能力与结果之间的因果关系明确，变革结果的出现相对较快和较为合理，对变革的反馈迅速，从而使得这些结果归因相对来说要容易得多。

从以上分析中可以看出，管理型空降兵与技术型空降兵在资产的专有性、任务的独立性、变革结果的可变性和可分性等因素上都存在较大的差异。这些差异的存在成为制约管理型空降兵的三大因素：完成任务需要合作和支持、变革结果无法简单评价、结果归因难度较大，而这些对于技术型空降兵来说都不是问题，他们更容易成功。

可见空降兵变革确实存在特有的困难。但是，只要其有清醒的认识和充分的准备，而且在变革前慎思和妥善回答以下三个问题，成功机会会大大增强。

3.“空降兵”变革要“三思”而后行

需要思考的问题一：是重构一套全新的管理体系还是对现有的管理系统进行完善和提升？

素质较高的空降兵一般来自业内著名的大公司，这些大公司管理先进，一切都有条不紊，其系统和流程也很完备。但是空降兵着陆的地方即高薪聘请他们并对其期望颇大的企业，多是一些正处在成长期的公司，这些公司活力四射，发展前景广阔，管理却相对混乱。这样，空降兵在变革前通常都要面临选择：是重构一套全新的管理体系，还是完善和提升现有的管理系统？

在公司领导和员工的期盼下，同时也是热情使然，很多空降兵选择了重构一套全新的管理体系，其实大可不必。当企业原有的管理系统是一个有待提升和完善的有机式管理系统，或者说是一个较低层次的有机式管理系统时，可有两种选择：一种是提升管理系统的层次，使其成为效率更高、组织协调性和一致性程度更高、反应速度更快的高层次有机系统；第二种选择是重构一个机械式管理系统来替代原有的系统。具体选择哪一种变革方式，要从企业的战略、环境、技术和人员素质等因素出发，对两种方式进行综合比较分析，选择可行性较高和作用较大的方式。

如果企业原有的管理混乱不堪，在这种情况下选择重构毫无疑问是明智之举。但是如果现有的管理系统有完善和提升空间，而且这样做省时省力且易实现，那么空降兵就不应该推倒重来。

需要思考的问题二：变革的重点是提高效率还是创造价值？

企业追求的效率可分为静态效率和动态效率两类。静态效率是尽可能地利用各种手段或方法，将现有资源的价值发挥到极致以获得尽可能高的经济效益，它往往要求削减开支、精简业务、裁减人员等。而动态效率则强调创新，其重点是创造价值以及创造机会，它要求企业去开拓业务、发掘机会并开发新的商业模式。通常情况

下空降兵都会不自觉地把追求静态效率作为自己的目标却忽视为企业创造新的价值。

但是，从总体上看，动态效率是企业追求的核心目标。只有这样，利益相关者的期望才会得到更好满足，他们之间的关系才能够得到更好的平衡。而追求动态效率，实现价值创造，需要企业与优秀员工相互依赖、相互信任并需要一种以信任、合作、宽容和创新为基础的企业文化。那些在变革中一味地追求静态效率的空降兵没有很好地认识到这一点，从而损害了企业的中长期利益，影响了企业的长远发展。

只有在静态效率能够成为实现动态效率的途径或手段时，追求静态效率才是合理的。由于在追求静态效率的过程中面临重重阻碍，要调整和切换视角，通过战略上的创新为企业寻找新的增长点。

需要思考的问题三：企业变革过程中的沟通是公众化还是内部化？

大企业聘请空降兵或小企业聘请知名度较高的空降兵，往往成为媒体关注和跟踪的焦点，这使得空降兵常常可以较为方便地借助于公共媒体传达变革战略、目标和关键举措。

尽管沟通对变革异常重要，未能对变革的愿望和前景进行有效的沟通是导致变革失败的一个重要原因，但是在致力于沟通时，空降兵应该注意到有效沟通的对象，首先应该是内部的利益相关者，然后才是外部的公众。

过早地将变革公众化可以吸引公众的眼球，提高企业的知名度，但也会让多数组织成员对企业将自己视为局外人倍感困惑与失望。当社会公众在网络和报纸上对一家企业是否应该变革，应该向哪个方向变革进行热烈讨论的时候，而这个企业内部的其他中基层管理者和员工却对此毫不知情。外人在讨论与他们的命运前途休戚相关的问题，而他们却被放在了旁观者的位置上。员工们感到前途渺茫，又切身体会了受漠视的滋味。这些变革之初给员工留下的不良印象，在变革完成的整个过程中都将固执地发挥阻碍作用，不管变革最后是成功还是失败。

尽管如此，在起始阶段将变革公众化在这一种情况下还是合理的，当整个社会公众对这家企业变革可行性、变革的方向性存在比较一致的认识，而企业内部却存在较大阻力，在这种情况下，将变革通过公示予以公众化，可以借助于社会的力量来减少阻力。只要空降兵在变革前慎思并妥善处理好上述提到的三个关键问题，其成功的几率将大大提高。

随着商业竞争的加剧，越来越多的企业把从外部聘用的职业经理人作为推动变革的一种重要方式。近年来随着我国房地产业发展日益迅速，开发商之间的竞争也日趋激烈。当企业发展遭遇瓶颈，甚至开始倒退时，房地产开发商开始将希望寄托于那些有着骄人业绩的职业经理人即空降兵身上，他们期待着这些空降兵通过变革改变企业处境，重新占据市场。但是，诸多制约因素的存在，使得空降兵变革困难重重。因此，房地产企业在作出从外部聘用职业经理人的决定之前，还请三思而后行。

第四章 房地产企业文化建设

文化与地产相结合而产生的地产文化，从本质上说就是具有强大引导性和推动性的生产力。一些具有前瞻性眼光的地产商已经敏锐地意识到这一点，开始在“文化地产”上进行探索，并取得了令人瞩目的成果。“文化地产”逐渐被越来越多的产商认可，成为楼盘设计、营销和企业品牌塑造不可或缺的要素。当地产与文化“联姻”时，一种令人魂牵梦萦的魅力开始散发在“地球村”的上空。

“建筑是有生命的，它虽然是凝固的，可在它上面蕴含着人文思想。”世界著名建筑大师贝聿铭的点睛之语道出“文化地产”的真谛。

一幢住宅，如果没有融入文化，犹如一幅没有灵魂的作品。而地产有了文化的熏陶，才会让钢筋水泥变得生动鲜活、亲情四溢。21世纪房地产建筑具有以下几个特征：

1. 新建楼盘文化成分提高

在成片开发小区内设有一系列文化配套设施，如学校、医疗点、活动中心。在中高档楼盘里，建有豪华的社区会所，内设图书馆、网吧、舞厅、电影院等文化休闲娱乐设施。许多开发商在选址中，追求“后工业文化”，讲究地产中的文化，甚至做起了文化地产。

2. 设计中人性化因素的介入

在房型设计中，以人为本，运用起居心理学、工程物理学、室内交通学、人群生态学等多门交叉学科，来深入研究、反复琢磨、谨慎确定室内功能结构，保证人在其中的方便、舒适、安全。

3. 建筑上美学观点渗透

广义的艺术包括建筑，但是建筑从来没有像今天这样讲究美学文化。在当今打造的楼盘中，无论是技艺精湛的欧美主义、地方主义、还是新田野主义、结构主义，都为城市景观、都市天际线锦上添花。

4. 开发中环保意识的贯彻

绿色、水景、蓝天是如今住宅市场最抢手的卖点，房地产交易会上的楼书已成了一片绿色海洋，“绿色物业”成为最流行的房地产概念。规划布局强调环保、室内装(饰)修使用“绿色”材料、物业管理讲究环境保护。

文化应该是房地产企业亘古不变的精神家园。21世纪市场经济的竞争在很大程度上取决于“文化力”的较量，房地产市场已步入文化地产唱主角的“人文住宅”时代。

一、企业文化是执行力的核心要素

很多竞争对手之间的战略大致雷同，绩效却大不相同，道理何在?关键是在于执行力。当然许多企业的成功可能归功于战略创新或新的经营模式，从而拉开与竞争对手的差距，但如果执行力不够的话，那么很快就可能被模仿者追上。

那么什么才是执行力的核心要素？——企业文化。其定义是员工集体的思考和行动，以凸显出企业的策略目标。简单地说，企业文化就是公司做生意的方式。策略的改变最容易被文化的改变所影响。和生气勃勃的文化相比，慵懒的文化通常绩效很差。诚然文化是很容易了解的，经理人应该设法了解公司现在的文化，拿这个文化和驱动策略所需要的文化相比较。如果两者不一样，公司就需要进行一些努力，来塑造新的文化。公司如何管理这点，最终会决定策略执行的成功或失败。同时，文化也代表了员工对自己、领导人以及组织的态度和意见。策略的执行力受影响于这些态度和意见。问题员工、无效率部门都会对文化造成伤害。企业高层管理者需要找出这些有害因素，尽早处理，以避免扩散效应。所以，真正征服人的力量不是一种强大的势力，而是一种文化，一种积极的企业心态。企业管理最重要的是做好两方面的事情，一是科学的管理；二是文化的管理。科学的管理强调法律、政策和规范，而文化的管理强调的是一些理念、意识和精神、行为等。不难看出，管理者应与时

俱进，开拓创新，大力塑造执行力文化。在塑造与企业执行力相关的企业文化中，有三个因素特别重要：第一是企业的追求，要营造一种积极向上、锐意进取、勇于突破、敢为人先、永不言败的文化氛围；第二是内部团结问题，全体员工一定要有同心同德、互爱互助和宽广包容的胸襟；第三是对外合作。众所周知，不同的个体在思考、行动时难免会产生差异，如何尽可能地使不同的“分力”最终成为一股推动企业前进的“合力”，只有依靠企业文化，“执行”也不例外。积极的执行力背后是完备的制度，而最根源的动因在于文化，没有文化这种信念，制度就是无本之木。好的公司管理要兼顾三个层次：文化、制度、流程。制度下面是流程，上面则是文化，无制度则无章法，无流程则不知所为。而管理的最高境界在于文化，讲求执行力，需要逐步营造一个开放的、透明的、公平的文化氛围，使团队能有效地沟通和交流。在目前的文化中，个人责任感的缺失是非常普遍的现象，推诿、抱怨、拖延与执行不力这些都是组织内部的通病。缺乏责任意识的组织和个人将无法在市场上与竞争对手一较长短、无法实现愿景，更无法让个人和团队更上一层楼。

很多企业都难免在运行中遇到这样或那样的难题。许多企业家在管理实践中采取了如不断地对企业的组织架构进行调整，引入新的激励机制，出台各种规律制度等改进措施，以图提高企业的运行效率。但令人遗憾的是，大多数企业的运行效率低下的顽疾仍不见好转。其原因在于一个企业组织运行效率的高低除了与上述因素有关需要改进外，还与企业的理念体系及文化建设密切相关。理念和文化关系到组织成员的工作态度问题，但他对企业运效率的高低影响也许更大一些。

事实上，执行难的主要因素就是缺乏有效的执行文化。哈佛商学院教授拉姆•查兰指出：领导者培养‘执行力’的目的在于为组织提供一个良好的示范，从而使组织形成一种执行文化，进而促使各级管理者的执行水平得到改善。

在新形势下，管理者应与时俱进，致力于营造企业执行力文化。管理者角色观念的变革，很重要的一点就是在重视加强自身执行能力的同时，作为管理者还必须重视对部下执行力的培养。执行力的关键，在于透过企

业文化影响企业所有员工的行为，因此管理者很重要的角色定位就在于营造企业执行力文化。如果企业里的每一个员工每天能多花十分钟替企业想想如何改善工作流程，如何将工作做得更好，那么管理者的策略自然能够彻底地得到执行。同时，作为一名管理者必须深入而充满激情地参与到自己企业当中去，并对企业中的所有人坦诚以待，无论你是在经营一家全球性的公司还是一家小企业。执行者必须对自己的企业、人员和运营环境有着综合全面的了解，管理者们也可以通过个人参与的方式来推动自己的企业建立一种执行文化。

二、文化是地产的一大内质

家不仅是生活的一种需要，更是一种归宿。随着社会的进步和人们生活水平的不断提高，真正意义上的住宅产品应该是营造一种充满文化气息的独特家园，从而显现居住的最终价值。

所谓居住的最终价值就是住宅作为历史文化，应当是地域性、民族文化和现代建筑艺术的完美统一和相互交融。

住宅是一个几十年甚至上百年的系统工程，不但要讲究质量，而且要注入文化，这样才会有永恒的生命力。有文化的建筑才是有灵魂的，才会被历史所接受和喜爱，也才能作为文化精品流传后世。

为什么100年前在上海建造的花园别墅，至今仍被视为优秀建筑？为什么上海外滩的建筑仍然使人流连忘返？其本质不在于地段原因，也不单纯是建筑用材所致，而是高明的建筑设计师在独具匠心的设计中留下了时代文化的烙印。

现代住宅开发要从顾客与市场需求出发，倾力打造、精雕细琢环境和房型，完善设施，营造家园，彰显文化。目前，住宅建造业正在经历着一场技术革新，从建筑材料、现场施工到物业设施配置都在不断创新。市政交通、快速干道、地铁、轻轨等逐步开通、实施，人们置业的区域观念明显外移，地段不再是人们购房的首要因素。

房地产业直接关联着人们的衣食住行，是人赖以生存、生活的基本载体之一，必然需要不断地吸收和表现最新的文化形态，从而在“沉重”的体格内又时常焕发出“灵动”而“鲜活”的生命力。价格合理、质量有保障，是销售产品的最基本条件，但是没必要总挂在嘴上。随着经济发展，人们对住宅软环境的要求日益增强，而文化内涵的丰富有助于提高产品的人性化成分。人们更希望生活在一个“活”的、能够与之互动的环境中，死气沉沉的水泥“积木”式的住宅已经无法满足正在不断富裕起来的现代中国人对居住文化的需求。

文化这个词乍听起来很虚，要把它落到每一个开发环节却很实，也很有一番讲究，因为文化地产是一项系统工程。因而房地产企业在规划开发项目时，必须强调以人为本，通过理想的住宅设计实现对人的终极关怀，尤其在小区规划建设中，不仅要提供足够的硬件设施、启用更多的新材料新技术，还要以物业管理为龙头，将社会各行业健康、公平的服务融入小区，创造出安全、优雅、舒适又充满活力的人文社区。地产，也应该是具有文化内涵的。

第一，文化是生产力，是利润增长点。2004年、2005年对我国房市而言，都是个“大年”。房地产新政接二连三出台。因而，有识之士提出，地产商要认清目前所面临的严峻形势，居安思危，制定切实可行的企业发展战略，迎接即将来到的楼市调整和企业洗牌的局面。每一个有“忧患”意识的房地产商都在寻找自己的“竞争法宝”。文化是房地产的一大“魔法石”，只要在房地产商精心的运营下，文化必将成为房地产商项目开发的核心价值。在住宅产品同质化日益严重、竞争日益激烈的今天，文化会使楼盘异彩纷呈，因为文化首先是不可再造的，不可复制的，文化独特性和个性化会直接促成产品的差异化竞争优势；其次，文化是人类最原始和最普遍、最渴望的生活元素，建筑是有形的，文化是无形的，但它是由价值丰厚的商品组成。文化与地产相结合而产生的地产文化，从本质上说就是具有强大引导性和推动性的生产力。如果说把地产比作一个人，那么地产文化就是这个人的精神、灵魂。没有地产，地产文化将无所依存、无所附和，反之，如果没有文化，地产本身将没有灵魂、没有内核，也就不可能有真正的精彩和发展。未来住宅竞争其实就是文化的竞争，文化是丰富多彩的，文化需要创新并且融进住宅的细节里。地产的物化开发升级到文化开发，是两种截然不同的境界。从早期碧桂园的“五星级的家”到如今万科四季花城的“欧陆小镇生活”、中海阳光棕榈园的“都市闲情”，事实证明：文化的开发魅力无穷，文化既是生产力也是当前房地产经济的利润增长点。地产文化可以归纳为三种类型：一是实用文化，二是享乐主义文化，三是效益文化，真正意义上的文化地产是三者合而为一。同时，文化地产具有“核裂变效应”。首先，文化是具有强大引导性和推动性的生产力，文化的营造、人文社区的开发不断刺激新的需求；其次，文化本身也具有内涵丰厚的价值，文化以地产为平台，地产以文化为内核，文化地产是应用科学，二者结合必将释放出无限的精彩。

第二，“文化地产”不是抽象的而是具体的，它是一项系统工程。虽然中国地产界已经意识到跳出物质层面做地产，却并未完全具体化，也就是说不少地产项目还是基于“概念炒作”的需要。随着住房消费的日益理性化，概念式的文化营销已经捉襟见肘。我们不妨提出互动营销模式，其核心理念就是“把自己当作业主”，设身处地地进行文化的投入和开发。文化地产是一项系统工程，要将文化非常具体地落实到小区的方方面面、细枝末节和事前事后，要将文化的元素、品位注入业主生活的每一个细节。做房地产开发不要总是念叨着怎样才能让房子销售一空，与其这样还不如把开发过程当作一种享受。在这一理念的启迪下，国内一些房地产企业提出了房地产营销的OEM模式，也就是互动营销模式，也被称为“两头在外”模式：一方面要时时刻刻关注市场需求和动态，另一方面要借助专家、专业机构的力量，吸收更多的机构、吸收更多未来的业主参与共建，形成一个庞大的创作团队。由此可见，文化地产刷新了传统的营销模式。这一模式的领跑者——深圳国基正是基于文化地产之上的OEM模式，给漾日湾畔增添了许多亮点，声学专家告诉规划师如何最大规避噪音，光学专家建议如何避免光污染，甚至在立面颜色上也给出了很多宝贵的意见……据悉，漾日湾畔将首创小区环境指数播报系统，这其实也是一种社区文化工程。

三、房地产文化的中洋之争

继上世纪90年代兴起的欧陆风之后，一轮又一轮的“洋风”在我国地产界中掀起，“洋风”——异域特色成为“最时髦、最时尚”建筑风格的代名词。

以深圳为例，正像不少地产人士所认识到的那样，移民城市的特质在高速发展的都市地产中表现出强大的兼容性。事实表明，2000年以来，深圳地产迈入以兼容并蓄为特征的“海洋文化”时代。迎合国际化大趋势，深圳住宅呈现“新品辈出”的活跃状态，建筑风格讲究外立面简洁流畅，遵循了后现代主义和新古典主义的建筑风格，同时引进国际知名景观设计，深化小区内的景观要素，因而出现了地中海式、现代主义、新古典主义、新加坡式、法国式等多种流派，营销理念锐意变新，新气象层出不穷，也讲求“字母”概念，比如CBD、CLD、VLP等。

然而，在不少业内人士的眼中，一些令地产商们津津乐道“洋流俗”不乏败笔，即便其楼盘在热闹声中全部售出也不能回避这一点。建筑设计要结合我国特色，要走本地化之路，不能单靠那些不着边际的“洋文化”来促进房地产的发展，不能单纯看重形式更要看重内容。现在，我国对建筑环境、建筑空间的需求呈多元化趋势是不争的事实，一个住宅已经成为复杂的人性的空间，它融社会、经济、文化、历史、科技、自然于一体，越来越不容易把握。有时会出现专家看好的楼盘、买家不一定接受，专家认为劣质的、买家则排队认购的现象，在这种情况下，异域文化如何灵活地与我国实际具体结合，是房地产市场时时都要面对的深层次问题。不过，有一点是明确的：脱离我国实际情况的欧美文化即便在少数地区地产中“洋”光灿烂，也将是昙花一现，没有生命力,无助于当地房地产市场的发展和房地产商品牌的提升。

在深圳有不少专家认为,尽管差异化发展是房地产发展的趋势,但建筑仍要基于本地化原则基础之上吸收外来精华,进行有机整合,最终来形成“和而不同”的多元化地产特色。他们同时指出,深圳某些标榜新颖的楼盘建筑设计表面化,流于形式,所热衷的是标榜风格,建筑单纯追求外立面的美观已渐过时,楼盘内部更要讲究,要真正把西洋建筑风格的精华落到实处。

如深圳国基地产开发的漾日湾畔——“文化地产”的“试验田”,其探索的深度和层次之广,令人深思。国基人认为,深圳作为一座年轻的移民城市,不仅需要文化,更需要一种文化生活,地产商不仅为了建房而建房,不只是为了做开发而开发。其实企业也是一个社会和城市的机理,在国基人眼中,“文化地产”不是口号,不是噱头,不是概念,而是漾日湾畔的开发理念,在这个理念指引下做开发。国基地产在年初策划的薛伟小提琴音乐会和持续多日的名家笔会,成为漾日湾畔的精彩开篇曲,而更多的文化内涵、文化工程其实蕴涵在漾日湾畔开发的全程之中,无论在规划上、园林上,还是在户型设计或会所布局上,文化性与舒适性、安全性、牢固性一起放在核心衡量的指标上,也就是说文化性已经正式纳入漾日湾畔的建筑开发体系之中。

建筑是人类真实经验的积累,设计考究的时尚建筑对各方面而言都是真实的收获和愉悦的享受。房地产运营商们有责任着眼于未来,为置业者们提供符合其切身需求的梦萦情系之所。

四、房地产开发中文化的体现

1.投资决策分析阶段的文化理念

投资决策是整个开发过程中最基本、最关键的一项工作,目的是通过一系列调查研究和分析,为开发企业选择一个最佳的、可行的项目开发方案或为舍弃项目提供依据。这一阶段的主要工作内容包括项目选择与项目可行性分析,即项目策划。将人文精神和文化因素渗透到开发项目中去进行策划,可以迅速占领市场,建立自己的项目个性,提升项目内涵。在这一阶段中,文化理念最直接、最明显的表现就是在项目案名的选择中。人们常说,一个地名就是一段历史的沉淀,能给人带来一段回忆,在约定俗成之后,会非常清晰的遗留下城市发展的痕迹,从中可以看出城市文脉与传统文化。对于房地产项目命名也是如此,从姓名学的角度看,名字可以让人记住项目,成为一个简单的可识别的符号,给人留下“第一印象”;从营销学的角度看,案名是售点加卖点的过程;从开发商的角度说,案名就是一种营销行为;对消费者而言,案名就是一种期待,一种希望,一种象征。因此,案名在房地产领域已成为一个不容忽视的文化现象,楼盘名称甚至比建筑的外立面更能体现城市的文化。为此开发商可采用有奖征名活动来推动整个社会的文化觉悟,“征名”活动本身就是一种有效的“文化营销”手段,对项目发展有利无害,开发商何乐而不为呢?

前期工作阶段是指在投资决策后到正式施工前的一段时间,其主要工作内容是获取土地使用权,落实资金与项目的规划设计。一个项目规划设计的好坏,是项目开发能否实现经济效益、社会效益与环境效益最佳结合的关键。城市文化是一只看不见的手,对城市建设的各个方面产生广泛而深刻的影响,推动着城市开发、城市生产、城市文化的最终整合。同时,规划设计在综合考虑市场供需、用地合理、功能合理、指标恰当的同时,需要对传统的、现代的城市文化进行理解与剖析,将文化内涵融入设计过程,这样就可以使项目在市场上占优势,品牌上有独特性和易识别性,进而获得更多收益,带动进一步的开发。除了将文化设施设计在开发项目之中外,近年来,开发商受国外社区开发模式的影响,对“会所"越来越关注，借鉴国外的经验，学习国外的模式，形成了别具一格的"会所文化"。根据北京威斯顿建筑文化交流中心对北京 278 家楼盘进行的随机抽样调查表明，有 70%的楼盘在规划中设有会所。可以说会所文化折射了社区品味，在一定程度上反映了楼盘的档次和品质，为人们发展另一种生活模式提供了空间及更为多样化的选择余地。

项目建设阶段是将开发过程中涉及的人力、材料、机械设备、资金等资源聚集在一个特定空间与时间上，将项目建设计划付诸于正式实施的活动。这一阶段最主要的就是管理、统一筹措及工作安排的行为。那么对建设管理优劣影响最大的就是企业管理的优劣，这就需要企业在管理上形成一套有自身特色的企业文化，提升企业职员素质和文化水准，这样才可以提高建设管理水平，将前期工作在后续开发中较好的贯彻执行下去。所

谓企业文化是指员工在经营管理、服务活动中培育形成、并共同遵守的价值观、基本信念、行为规范及最高目标。企业文化是提升企业核心竞争力，塑造独特品牌文化的重要环节，而培育先进的企业价值观又是企业文化的核心理念。以万科集团为例，万科拥有一套与职业经理人相关的价值观与公司文化，借以形成了企业的独特个性，这种价值观与文化，渗透在万科的企业管理中，形成了专注、专业、细致、严谨的工作作风，同时，成为特色产品的包装与特有的品牌价值。万科提出的"企业视角、以人为本、人文关怀"准确的表达了特色经理人的文化内涵与公司白领文化的精神，既留住了人才，创造了企业特色，又增强了企业竞争力。

2. 房屋租售阶段的文化理念

房屋租售可以实现房屋的使用价值与价值，这一过程的主要工作包括房地产营销与房屋租售后的物业管理。前者是开发项目能否实现良好经济效益的终结环节，有利于促进房屋的租售，从而尽快回收资金。正如前文所述，消费者文化素质的提高及对文化内涵的日趋重视是开发商越来越多采取文化营销方式的主要原因。如"苹果社区"的有奖征名活动，活动本身即成为项目文化营销的一部分。而在美林香槟小镇，则是请来了"思想者"做"营销形象大使"，将非具体的文化用具体的雕塑来体现，这其中虽有不可回避的炒作之嫌，但毋庸置疑的是，"思想者"在其营销过程中，为社区本身带来了相当多的关注，吸引了相当一部分讲究生活品位、文化品位，有修养、追求时尚的高层次客户群。而物业管理的主要任务是为业主提供一系列生活服务，并保证物业的使用寿命及价值。这一环节与业主密切相关，对开发商的市场信誉有很大影响，因此近年来，越来越受到开发商与消费者的双重关注。今天的物业管理已不仅仅停留于平面化的实物的管理、建筑空间的管理，而是渐趋关注从精神层面进行管理，通过丰富和延续实物空间进而触及人的心灵空间。就像在"诚品建筑"中，开发商不仅为业主提供了咖啡图书馆这一实物设施，同时还定期举办热点文化座谈、特色文化沙龙、精品图书展、书画作品展等活动，举办书友会、发表月刊，不仅在物质设施上满足消费者的需求，同时在心理上契合人们的需要，更好的体现了社区的人文关怀与文化品位，强化了社区个性，增加了吸引力。

3. 当前房地产开发中文化已进入误区

这首先表现为对于文化的理解停留在比较初级的阶段。当前有众多领域在提倡与国际接轨，于是，在许多房地产开发案的名称上冠名"国际"者泛滥，显然这是对文化的单一理解与简单抄袭，其后果就是导致多个项目同质化，降低项目的市场竞争力，进而形成所谓的"文化趋同"现象，出现以国际化取代地域性与民族性的现象。应该认识到，加强文化的交流并非取代，促进文

化的多元化，并非全球文化的均一化。时下中国居住区建设也正被这么一种“一体化”的“虚伪”文化所覆盖，不仅抹杀了中国传统地域文化中真正值得推崇与发扬的东西，相反还削足适履地破坏性地对待地貌与生态环境，对国家民族性格、气质、作风都产生了一定的消极影响。其次，就是不顾社会、历史、地域背景，照搬、照抄西方文化。如今，在中国各个城市中都存在大量以“罗马花园”、“维也纳住宅”、“曼哈顿广场”、“巴黎之春”等西方洋城命名的建筑物、社区，还有诸多令人眼花缭乱地类似于“欧陆风情，高尚尊贵”的售楼广告，临摹西方住宅特征的“豪华别墅”，以欧美社会俱乐部为楷模的花样繁多的“名流俱乐部”。开发商并不去挖掘什么是真正的维也纳风格的建筑、维也纳现实的生活状态、城市景观怡人的根本原因，也不去追究欧美社会俱乐部产生的社会背景、适应的社会层次、参与者的构成情况、真正的运营模式。其中最厉害的当数曾经风行一时的“欧陆风情”了，一时之间，祖国大地欧风盛行，行至乡镇之间都可看到欧风的强劲风势。其实，对于欧式建筑建立的文化基础：古希腊文化、中世纪基督教文化、文艺复兴时期文化，中国人都知之甚少，应用起来更是捉襟见肘，于是，活生生将古典欧洲建筑的一些元素，诸如希腊柱式、罗马穹顶等等拼贴在一起，形成了所谓的中国式的“欧式”建筑，也就难逃东施效颦之嫌。

五、文化地产正在行动

建筑最初是为了满足人类的基本需要而产生，与人类的居住紧密相关，一直贯穿在整个人类历史之中，与人类文化有着纵横交错的联系。

因为建筑在时间上的可延续性和空间上的可留存性，我们可以通过它得知不同时期和不同地域的民族和国家在漫长历史进程中的丰富多样的文化痕迹，借以了解人们如何看待事物，遵守什么样的规则，如何构成自己的日常生活，以及如何通过创造力的发扬推动整个社会不断地向前发展。

硬件是初级阶段的居住特征，软件是高层次的需求境界。在如今愈演愈烈的人文精神的渗透下，随着居民物质生活水平的快速升级换代，精神领域的充实以及质量的提高已经成为当代居民生活关注的重点。业内人士普遍认为，一波以塑造亲情文化、主张人文诉求的“软住宅”开发热潮正在全国悄然兴起。于是，在文化地产的实践中，一些房地产商提出了软住宅开发。在“软住宅”开发时代，一个真正的现代社区绝不只是建筑元素的简单堆砌，而是一种文化氛围的营造与整合，是一种人文思想的凸现和文化品位的延伸。注重现代居住区生活的人文环境，增强邻里关系，营造一个有中国特色的有亲情味的社区文化氛围。在高科技含量不断增加的建筑中，也需要添加更多的对人的尊重、对自然的尊重。现代意义上的住宅开发，应讲究社区人文营造、历史文脉承继、区位文化沉淀，甚至吸取传统环境学中的科学观点，寻求一种经济规模、技术规律、自然规律、精神价值的合成物。显然，在地产商看来，房地产已进入了文化运作时代：房地产不等于钢筋加水泥，名牌后面是文化，地产要用文化的方式运作。房地产项目中的文化运营不是权益之计，而是围棋上的生死劫，要把它当做系统工程的一部分，一种全新的生活方式，用全新的策划思路去做，但是如果把它当作一种住宅的配套，那就必定要失败。

近几年来，由于国家大力推行住房制度改革，采取各种措施鼓励住房消费，房地产业成为拉动国民经济增长的一个重要产业。我国的住宅业经过 20 年来每年均以 20%的高速发展，住房需求正从生存型向舒适型转变。人们对住房要求不再局限于居住的基本需要，文化含量的高低日益成为人们选择居住的重要标准。

房地产开发有形、神、韵三层境界，做好产品本身只是达到形的层次。房地产的最高境界是韵，而这就像人的气质一样只可意会，不可言传。行业境界的提高，将促使消费者视线转向追求文化、氛围等深层次的因素。因此，在重视楼盘素质的同时，大打“文化牌”，“文化地产”已经成为楼市不可或缺的“旋律”。

“文化”这杆大旗无论在当前还是在未来都将指引着我们加快前进的步伐，去占领地产的制高点，毕竟“安得广厦千万间，大庇天下寒士俱欢颜”的年代离我们远去了，如今正是“海阔凭鱼跃，天高任鸟飞”的文化时代。

第五章 创新风暴洗礼楼市

——地产创新渐行渐深

“2005楼市创新风暴”已落下帷幕，而房地产行业的各种创新活动仍在如火如荼地进行着。作为中国住宅行业进步的创新引擎，“创新风暴” 激荡着一股全新的创新热情，在关于创新力、开发理念、设计水准、风险管理的思想碰撞中，在对设计理念与实践突围的冷静反思中，业界又一次对这些问题进行了重新审视。楼市中，创新大旗依旧猎猎生风。来自市场最前沿的开发商和操盘手的声音，真实地传达出全行业对创新以及 “创新风暴”的看法。

一、房地产发展需要创新

在宏观调控政策进一步深化时，适逢“创新风暴”活动再次出台，使业界人士对中国房地产业未来的思考豁然开朗。“创新”的命题在此时推出，无疑会激发业界的勇气，提升市场的信心。同时也表明了一种信念：作为地产界普通的一员，没有创新就没有未来。

1. 中国房地产已经步入了新一轮的发展循环

国家加强对资金与土地调控，不断规范行业秩序，加大竞争压力，房地产企业也将在激烈的竞争中不断成熟。在新一轮的发展中，房地产将从资源、产品竞争上升到企业竞争和品牌竞争，而这种基于战略层面的竞争势必深深影响到整个房地产行业的生态系统。要保持我们这个新创建的房地产生态系统的健康和旺盛，必然要进行不断创新。

这种房地产的创新意识将把产品提升到一个新高度，是改善行业形象、提高开发水平的根本，更是中国房地产超越激情之所在。当然，房地产产业的创新将更注重整体和系统，包括融资手段的创新、管理方式的创新和资源整合的创新。房地产业的长远发展，呼唤更多的创新智慧。几年来，“创新风暴”活动所弘扬的开发、设计及经营理念也为我们众多的房地产企业发展提供了重要的支撑，为行业的发展起到了良好的导向作用。

2. 从创新来看房地产业，果实已有几分成熟

不仅是市场的激情，也不仅是产品的个性，创新对于今天的中国房地产，更是产业整体均衡的一种力量，标志着中国房地产发展到新的境界，这也是最积极的一次超越。随着中国社会阶层日益细化，社会秩序日渐清晰，各个阶层对居住品质的追求也走向多元化。住房的需求开始进入纵深人文领域，住房不仅是一个家，也是人的精神归宿,甚至是人的身份和价值的体现。房地产消费需求的陡然升级,要求我们以创新的心态和行动为相应的目标阶层量身定做产品,满足他们的个性化需求,最终实现消费价值体现及提升,也就是以人为本。基于这样的理念,我们理解的创新要落实到众多消费者的价值观上,这是对广大消费者的最大尊重。同时,对消费价值观的尊重程度,也是我们用来衡量创新的最好标准。

3. 创新需要付出代价

这是一个买方经济的时代,一个综合实力竞争的时代,一个社会急剧变化的时代,在特殊的时代里,创新已经成了企业和行业发展的重要因素和不竭动力。住宅产业正在不断创新的过程中进步,不过创新是要付出代价的,有时候这种代价还很沉重。勇于创新的企业都在为创新的进步和创新的成果支付成本,然而,这种成本是值得的,因为它是在为全行业和全社会的进步而支付。居住的创新带动了生活的创新和文化的创新,无论如何,居住正在改变中国。在中华民族伟大复兴的进程中,房地产业居功至伟,应当受到尊重,不断的创新工作正是创造这种自我尊重的重要保障。

二、创新推动楼市向前迈进

1. 行业进步需要创新

中国房地产业还很年轻,离成熟还有较长的一段距离,现在最需要鼓励,而不是过多的批评。当前,住宅是中国房地产产品的主体,鼓励住宅建设的基础工作,激励投身这些基础工作的企业和个人,是一条有助于行业发展的有效途径。“创新风暴”这样的行业性竞赛活动就是方法之一,其影响力逐年扩大也逐渐被市场认可。随着市场的发展,要摆脱稚嫩的“创新风暴”就应该与时俱进,它需要更加全面地反映当前住宅创新的内容,这已不仅仅是产品形式创新;它需要做更加细致的工作,以推动评审结果更有效地发挥效用,这不是简单地建筑形式上的引导,也并非单纯的风格示范,而是缘于对行业整体规律的把握。

2. 创新切忌空洞无物

如果说产品是住宅创新的核心,那么它一定是有前提的。对建筑师而言,产品或建筑本身只是一种形式上

的东西,“中空之充”更为本质,建筑空间所承载的生活才是根本。居住建筑的核心在于所提供的建筑形态或者建筑形式能否最大限度地满足人的生活,能否最大可能给人的生活提供变通空间。大众城市住宅设计的核心在于寻求其产品的适应性和多样性。创新不只是表面形式上的求异,而是建立在对住宅规律认知基础上的,更为重要的是要对生活方式、社会方式通过有效建筑体现出来。

住宅创新包括规划设计、运营方式以及最终交给社会的产品等若干层次。“创新风暴”评审结果更多地偏重于设计理念的创新,而这只是通过地产运营交付给社会的最终产品创新的部分而不是全部。评价一个建筑,从惯性上通常了解到的是一个有形物,会对其“形”特别关注,继而在建筑形式上一味求变求异。另类且并不是创新,创新需要更高层次的内容,有时候,最好的创新在建筑形态上的表现是非常简单的。

在“形”的背后,无形的地产运营的逻辑理念往往更加重要。住宅作为地产运营的方式,其资本周转的方法以及对土地的利用率方面的创新,这些在具体建筑形

式上可能体现不出来，或者不是直接展现，但这些因素，对房地产的健康成长至关重要。从结果来看，“创新风暴”在这一点上的鼓励意义并不突出。已经走过6年的“创新风暴”，自身也形成了一定的品牌，在品牌高度上不妨时变时新，加强自身的创新。

3. 细化指标突出示范性

单从设计创新的角度来说，“创新风暴” 历届的评审结果反映出这些年住宅市场产品创新产生了很大的积极作用。专业评审能反映住宅行业的创新现状，但要完成全行业的创新，“创新风暴”仍需努力推进。评审专

家团队所披露的活动原则和评审标准，已经涵盖了各个方面，有些很重要的指标，评审专家在评审过程中已经仔细地考察了，但未公布。如果在公布评审结果时补充这部分资料，在市场引导方面作用可以更加明确。缺少了这些细化指标，很多项目的创新意义就不能得到完整的体现，很多产品之间不具可比性，也容易引起一些误解。

虽然公布的评审结果中指标缺乏，但这并不是活动本身的问题，其反映的是普遍问题。行业对这些问题重视不够，这是市场还不成熟的表现，同时也说明中国房地产业的发展空间令人乐观。如果“创新风暴”在这些被忽略的工作上给予更多的引导和鼓励，其对行业进步的贡献会更显著，因为这些指标对指导开发有非常重要的实际意义。比如开发企业拿到大面积建设用地时，有这些指标的限制或者指导，就不至于出现能做好小盘却做不好大盘的现象。

另一方面，限制条件越苛刻就越能激发设计师的创造力。要设计好一个高密度的城市建筑，不仅对设计师是一种严峻考验，而且在市场中，开发商亦需为之承担更大的风险，对开发每一个环节的相关人士都构成极大的考验，他们也需要分解部分风险。细化指标也更有利于加强评审结果本身的专业影响力，比如在城市中心区做高层建筑，解决居住者“亲地性”就是一个很重要的课题。有个较好的项目就在这方面有所突破，在其项目中高层住宅的灰空间（电梯间）做通透了，住户出电梯后，通过这个灰空间就仿佛是通过一个小院门回家，公共面积并没有增加多少，但大大改善了高层居住的“亲地性”，但如果没有人均占地率指标，就很难体现出其中的创新价值。

三、城市形态主导住宅创新

“创新风暴”活动坚持以推动住宅建设行业创新进步为宗旨，虽然住宅产品创新已经取得相当大的进步，但当前在住宅设计创新中仍然存在不少问题，关键是缺乏可持续发展的城市建设总体观念，具体表现在资源占用情况、住区形态和城市旧城改造上。

1. 应突出资源节约型发展模式

住宅已成为资源能源消耗的大户，但通常都将之归咎于当前生产力水平低，近年来住宅建设中资源过度开发的现象值得引起重视。低密度低容积率建设是城镇化进程中需求多样化的一种反映，但结合中国的国土资源特性，这种开发不可能成为主流，强调提高开发用地使用效率的开发模式更应该推广。当前住区开发中存在的占用资源过多、环境负荷过重、生态破坏严重以及户型偏大、人均用地偏高等情况值得关注。

兵营式排列已经成为住宅小区的典型规划方法，在某种程度上还是均好性的范例，但这不是唯一的标准，不能排除周边街坊式的大开发，要利用市场价值规律来满足不同的需求。理由有两方面：首先，对于日照通风的强调虽是市场需求的主流，但同时有相当一部分消费

者，第一需要的是一个相对较好的居住空间。比如在北京这样的城市里，建一些东西向的小户型住宅，单价和总价稍低，恰好适应年轻人的需求。其次，与均好性对应的是相对性，项目整体品位的高低并不是看平均水平，运用围合手法营造的空间更有利于节约土地资源和增强社区人际交往。

2. 应拓宽住宅的组建形式

“创新风暴”活动已经连续风行6年，每届申报参评的项目都是住宅小区。小区是当前住区开发的标准格式，若干小区通过有机组合，达到一定规模就成为居住区，这些形式就是通常房地产创新的基础。住宅小区是国内房地产开发的普遍模式，经过多年市场摸索，已经相当成熟，其规划手法在国际上也处于超前地位，但随着城市建设的飞速发展，先天的缺陷显露无遗。当前特大型城市的交通问题日渐严重，就与单一化的小区开发模式密切相关。

现在一提到盖住宅就是建小区，开发面积更大一些的，就按比例放大，甚至靠开发商来造“城”造“镇”，这样的做法是一种误区，并不具备合理性与可行性。一方面会造成“卧城”，同时各种市政配套和生活配套无法跟上，特大型城市的交通问题是个老大难问题。要重视街坊式开发理念。所谓街坊式开发，就是在城市规划中尊重城市原有形态、文脉与街道格局。比如在北京，就应该保留原来的棋盘格式，城市空间衔接依靠快速路、主干道、次干道和支线交通，这些市政道将开发用地分割成较小的地块。市政交通建设资金可以多方筹集，现实可行之法是先由政府部门先行建设，开发商在分割好的地块中按照各种控制性指标有序地开发建设和经营。这种思路并非国外城市建设的外来品，在中国多年城市建设中已经进行了实例印证，现在形成了较为具体的模式。

应当在大城市规划和住宅建设中确立“公交优先”型开发模式即TOD模式的主导地位。在这种原则下具体细致的住宅产品创新，这是挑战性的城市建设新课题。最近，建设部下发了《关于优先发展城市公共交通的意见》。相应的，应研究城市住区的建设形态，不能再在城市市区成片开发封闭式小区，也不能再在城市边缘地带开发“卧城”。要大力研究卫星城建设和小城镇建设，各级政府相关部门应该起主导作用。

3. 旧城改造不能忽略有机更新

重视旧城改造是非常必要，也非常及时，但从“创新风暴”历届评审结果不难看出，很多获奖项目纷纷被推倒重来，而不是在遵循“有机更新”的原则下进行局部微调。对老城区进行改造，新建是一种方式，采用适当合理的规划设计，这对改善城市居民的生活，提升城市形象有积极作用。但这并不是唯一的方式，有必要进行改造完善，也是旧城改造的一种重要形式，更有助于继承城市历史传统。

这几年我国房地产企业为提高市场品牌形象、为楼市注入销售活力，不断在强化设计、规划、建设、物业管理上诉求创新点。理念、技术运营的创新，陈腐观念和模式的突破，都表明建筑和住宅开发的创新已经向市场渐行渐深。

第六章 房地产企业新活法要诀

一、我国房地产业面临重大转型

2002 年房地产升温和蔓延，终于导致了 2003 年以来央行 121 文件、国土资源部 11 号文件和国务院 18 号文件等 2005 年、2006 年系列金融和土地房产调控的陆续出台，毋庸置疑这将使我国的房地产在经历相当长时间的量变后累积到当前的重大质变，并在未来的 3-5 年内逐渐显现出新的变化来。

第一大变化是由垄断经济向完全竞争经济转变。

几年前我国房地产业在土地和资金等方面难免有暗箱操作和官商结合，而且由于政策和财务等方面的不对称和不透明，被指为所有行业中的最后一座暴利孤岛。但是随着今天“银根”与“地根”的收紧，过去那种只要有关系拿到地，只要把村或乡一把手搞定协议转让，只要交 15%-30%的土地出让金就可以拿到临时土地证，就可以反手向银行抵押贷款；只要有 30%左右的资金，通过垫资的建筑商就可以卖房……到如今这些暗道几乎全部被堵死了——2004 年 8 月 31 日，所有土地必须进入招拍挂，全国暂停半年审批农用地转非农建设用地；开发区受到严查和 70%关停；不交齐土地出让金不仅拿不到土地证，而且连预售许可证都不可能拿到；银行对土地贷款甚至第二套住宅和别墅的按揭贷款都暂停了。不过值得庆幸和欣慰的是：经过 10 年的沧桑历练，我国房地产终于可以与市场经济全面接轨，终于可以理直气壮与其他行业比肩而立，且一洗“原罪”，真正成熟、理性、开放和公平起来，由垄断经济向竞争经济推进，真正与 WTO 和海外资本游戏规则接轨。

第二大变化是由卖方市场向买方市场转变。

1998 年的货币分房和按揭贷款，使我国的房地产集中喷发出巨大的消费能力和庞大的市场需求，我国一夜之间进入到建筑年代和散户时代。强大的私有化动力和惯性，已使我国的房地产商享受了 5 年的单独强势和卖方优势。但是随着这股提前的消费曲线和消费节奏的慢慢恢复常量和规律化，随着购房私有化的不断提高，在不断的错误、陷阱和维权过程中，中国消费者、开发商与监管部门以及整个房地产行业在博弈中成熟起来。当前全国各大城市，消费者带着律师买房的现象已经司空见惯，消费者买房可以像逛超市一样自由选择。随着按揭贷款和预售条件的严控，包括产品的极大丰富和对价

格下行的呼声,更长时间的选择和观望,都会造成持币待购现象,在总量饱和和差异竞争的双重压力下,我国的房地产市场正在经历由卖方市场向买方市场转变。

第三大变化是将由乐观预测思维转向冷静预测思维。

我国房地产过去由于80%的短期银行信贷资金局限,突然进入商品房时代,加之个人住房私有化的迅猛需求能力和巨大惯性的释放等几大原因,形成了独特的大陆短期项目销售模式。再者,由于土地、资金和市场的三大先天优势,房地产商们只要拿到地,就能搞到钱开发,只要盖起房子就有人买,而且一定赚大钱。可现实是随着土地成本、资金成本、市场竞争成本、政策成本和管理成本的不断加大,消费者要求越来越高,平均利润率也逐年下降,过去那种寅吃卯粮的经营思维和短视眼光必将付出沉重的代价。当前市场已经进入到了不是单靠规模实力、不是只要有成功经验就一定会成功的新实验主义时期,特别是我国房地产仅有短短10年的发展时间,还没有经历一个行业从创始、成长、兴盛、成熟、平稳和衰落的完整周期,该发生的情况还没有全部呈现出来,因此解决不同问题的方法也同样在不断地摸索和总结中。尤其是我国的房地产业恰逢中国经济从计划经济向市场经济的转轨时期,再加上我国房地产行业有世界上罕见的开发量、爆发力和特殊性,更增添了这个与国家政策和人民生活息息相关的国民经济支柱行业的复杂性和跌宕性。专业化、市场细分化、职业化、周期性、公开性、团队精神、游戏规则、战略思维和资本运作等等,这些在西方流行和在其他行业已经深入人心的具有冷静预测思维性的管理学词汇,对我国的房地产行业来说补上这些课是非常重要的,且还为时不晚!

第四大变化是将由杠杆投资阶段向实力投资阶段转变。

房地产一直以来是我国所有行业里杠杆经济原理运用得最充分的行业。由于以往土地、贷款、垫资、预售等一系列政策的宽松和重点倾斜,一个项目往往只需投入总投资额的30%甚至更少就可以运作起来并能实现成功。但政府和银行的紧缩之手来得如此之快——项目的资本金比例提高到35%甚至更高等相关政策的接踵而至,一下子房地产就面临重新选择的复杂局面。能不能完成这致命的一跳,仅仅靠房地产商每次在巨大意外力量推动下的危机公关和盲目自救恐怕于事无补,也无法从根本上解决问题。显然我国的房地产正逐步由贸易型(定金式)投资模式向产业型(实力型)投资模式转化,既往资金链的任何一环投机取巧的漏洞都将被堵死:土地招拍挂的前期拿地资金,土地贷款的停止和开发贷款的紧缩所造成的资金空缺,对建设垫资和民工工资拖欠问题监管形成的资金紧张,对期房转让和预售条件的高门槛以及消费者现房观念的日益成熟等等,都使我国房地产启动资金总量骤然增加30%~50%的比例。在目前的资金链形态中,一个企业的金融资源渠道、营销潜力和市场准确判断力都将是决定未来兴衰和成败的关键。

第五大变化是房地产将由发达地区进入经济欠发达地区。

与短期项目销售特点并列的我国房地产的另一大特点就是区域化的生存与发展。我国幅员辽阔、人口众多,地缘性、风俗性、民族性和经济水平的差异性丰富而巨大;尤其是一些地方保护主义、本位主义和政绩工程的壁垒,使地方政府在与中央政府的博弈过程中占尽优势和先机。反映到城市建设和房地产业发展上,这种对比性和梯次差异性就更加明显:我国房地产的发端和最高水平无疑是深圳和广州、上海和北京等一线城市,随着近几年二级城市的奋起直追,大有后来居上的势头,我们把一二线城市称为房地产发达地区;相对于发达地区的广大中小城市,尤其在中西部房地产则无论从价格、产品、规划、营销和物管等大的方面,甚至连立面、户型和装修等细节问题都存在着巨大的差距,如果按照房地产标准化、生态化和人性化的基本要求,也尚处在启蒙阶段。物美价廉依然是这些经济欠发达地区的主流消费模式,价格仍是制约当地房地产水平的瓶颈。即使在这种经济水平不断发展和人民生活水平不断提高的经济环境里,房地产业也存在着相当大的机遇,而且国家和行业的政策都几乎是以发达地区的状况为依据制定和发布的,但同时也为这些中小城市预留了空间,特别是迅猛的城市化进程也必将波及和带动这些中小城市,再加上地方政策上的优惠和倾斜,以及每个城市金字塔阶层的兴起,种种有利因素的配比和整合,都为经济欠发达地区城市的建设和房地产业发展创造了难得的机遇和条件。

第六大变化是各类规模开发商难分伯仲。

一些房地产大企业的活动几乎都局限于经济发达的一二线城市，有的甚至不走出所在的城市，对三四线城市的房地产市场特点和中小房地产开发商的生存方式几乎一无所知，却还要试图代表行业和政府的角度对其妄加评论。我们都知道中国房地产短期项目销售和区域化生存与发展的两大特点，它决定了中国房地产市场不能套用所谓香港和美国的房地产模式，香港的弹丸之地的发展之路和美国上百年私有化和市场化的成熟发展模式怎么能与中国房地产地大人多的10年历程同日而语呢？另外，各类规模开发商伯仲难分。对于大多数中小房地产商来说，运用好所在区域的综合资源优势（人脉、关系、资金、风俗、市场和价格等），利用好中国计划经济向市场经济的转轨期和地方政府与中央政府的博弈空间，抓住经济欠发达城市房地产刚刚启动和不发达的机遇，充分发挥房地产企业学习型的特点，借助各种房地产专业力量和工具，必将成长为区域性的主导力量，并将在全国整体市场份额中与那些在经济发达地区的一二线城市鏖战的大开发商们平分秋色。

二、房地产企业新活法六大要诀

从目前获得的信息和尚欠周全的分析，很难得出“房地产终结牛市”的确定性判断，但种种迹象表明：倘若不能解决市场容量和住宅规模如何相互匹配的问题，倘若难以解决房地产企业经营中存在的深层次矛盾，倘若找不到进行差异化竞争的营销手段，倘若无法实现住宅产品的创新发展，那么我国房地产的处境就很困难。“中国地产商外强中干。”——这是中国房地产业协会原会长杨慎先生不久前的评论。他指出，中国房地产业蓬勃发展，不过全国32000多家房地产企业，平均负债率却高达74%左右，2003年欠债总额已累积至4300亿元，占全年房地产投资额近四成。诚然，支撑房地产高速发展的市场因素正在悄然变化。在“银根”和“地根”紧缩的情况下，在土地、资金、消费需求等多个市场因素的影响下，以及在国家出台系列政策规范的市场环境下，房地产业正面临前所未有的“重新选择”。一个迥然不同的房地产竞争新秩序悄然形成，游弋于顺境中的房地产商们将遭遇“断顿”危机。有关专家指出，这两年是房地产业的一个“拐点”。

在中国房地产行业激流翻滚的河道上如何才能安全地航行？房地产企业如何适应市场?特别是占绝大多数的中小房地产企业，如何走出困境，求得长足进展，确实是当前很多房地产商甚为棘手的问题。回头看看十几年来风云变幻的地产江湖，无数曾经叱咤风云的地产大佬现已踪影全无。房地产商们难以承载突如其来的压力；抱怨已毫无意义，最重要的是，那些想继续“玩”下去的人们必须按照新规矩出牌，用新的活法应对不测的变局。归纳起来，房地产新活法要把握六大要诀：

1. 寻求国际资本

金融政策的变化使国内不少房地产发展商遇到了暂时困难，在房地产作为大投入、大产出的资金背景下，由于不少地产企业对此并没有做好充分的准备，因而陷入困境，以至面临资金“断顿”。房地产商要大规模的建设，资金是一个不可回避的问题。房地产开发的资金问题已经成为我国房地产企业做大做强的重要焦点之一。因此，对于地产商而言，寻求国际资本已时不我待。世茂集团董事长许荣茂说，目前主要通过银行贷款进行融资，规模较大的企业有机会通过信托上市融资、拓展其融资渠道。具有国际背景的企业利用国际基金、资产证券化多种方式融资，但是国内地产企业的资金融通渠道目前还比较狭窄。面对这种现状，企业应在依法规范的前提下，以更积极的态度，更灵活的手段，以及创新的观念，来寻求资金的有效应用，提高自己的竞争力，改善生存环境。如首创集团总经理刘晓光认为，我国房地产发展存在一些新的问题：一是融资渠道单一。房地产资金过多依赖贷款，从买地贷款、开发贷款，按揭贷款等，相当于80%资金来自银行。二是金融体系还不健全，没有更多形式的多层次的金融构架体系构造起来。没有更多的金融创新产品产生出来，这样造成金融产品非常少。怎么办?简单来说就是产业资本的互动，一方面来讲，不断有金融工具、金融载体、金融窗口来融资，另一方面要有产业、土地、房子，然后使其产生利润，这两个互动后，可循环的速度就非常快了。对于发展商寻求融资新渠道，德思勤地产董事长龙固新说，按国际惯例办事，与国际基金对接,这是目前行业发展所必须迈出的一步。值得欣慰的是一些大的发展商在这方面已经走到前面,如首创集团与荷兰国际集团成立的IMG北京基金,金地与摩根斯的合作,上海国际与摩根合作,澳大利亚第一中国投资上海小镇,万科在2004年7月5号最新的公告中也有与德国银行的合作项目,首期3500万美金。国内发展商与国际基金的对接不仅仅是要解决发展资金的问题,更重要的是改变现有的发展和经营观念,确立长久的发展模式。

2.追求土地价值最大化

在科学的发展观背景下,城市土地运营越来越显得重要。首先,土地运营要善用资源,土地运营的使命就是实现土地价值的最大化;其次,土地运营要发挥优化环境,优化产业的力量;再次,土地运营要致力于营造新的生活模式,提高生活文明和人口素质。土地运营能否展现新的魅力,文化内涵与价值至关重要。作为一个城市运营商,感到最大的困难就是怎样恰当的处理好经济效益和社会效益的有机统一,也就是说作为一个企业他既要谋求利益的最大化,同时还要产生社会效益的最大化,具体说来,就是在开发的过程中,如何处理好和被征用拆迁的城市居民、农民利益问题,如何保护好拆迁对象的利益。希望政府提供公平、公正、透明的环境,使所有的城市运营商都能够在同一条起跑线上竞争。在科学的发展观背景下,城市土地运营显得越来越重要。作为城市土地的运营商,不同于一般的房地产开发商。一个城市土地运营商,要为二级开发商提供良好、优质的服务。土地的绿化景观系统在前期就规划好,然后进行大规模市政交通系统建设,再建立生活保障区,建设和分布合理的邻里中心,集中建设文化中心和体育中心。这些大的区域功能由城市土地运营商来完成,避免了以往开发商之间各自为政,重复建设的弊端,以追求土地价值的最大化。土地新政下房企如何持续发展?将要执行的土地垂直政策,有利于全国房地产市场更规范、更透明,对实力比较强的,资质比较好的房企来说是一个机遇。土地新政要求所有的土地要挂牌拍卖,的确规范了土地市场,有利于开发企业今后合理拿到土地,但同时土地成本也增加了。房地产公司主要的赢利渠道,第一是拿地,第二是开发,第三是销售,而不是单纯比较谁能用更低的成本拿地。地产开发一方面是靠战略眼光带来利润,另一方面是靠开发经营带来附加值。将来土地市场越来越规范的情况下,地产公司更多要做的是自己内部竞争力的提升,如何在同样的土地上给消费者提供更好的产品。对于"新政"业界仿佛有一种莫名的恐惧感,如何能够在政策允许的范围内,能够更快捷的拿到好地,而且拿到地后还能够运作好,再通过市场的运营产生一些效力,这确实是摆在开发商面前必须解决的问题。但是,下一步对产品的差异化可能更加重要。政府总不会停止土地供应,而是在不断规范,在规范的过程中,房地产商会有更好的机遇。

3.异地开发要量力而为

区域合作和异地置业为该地区带来庞大的资金流,这对整个房地产甚至全国经济的发展都是一个创新。它激发了城市的经济活力,成为当地经济新的增长点,同时也给开发商带来丰厚的效益回报。与此同时,异地拓展也面临不少市场难题。如顺驰的迅速扩张吸引了不少目光,顺驰能成功吗,它凭借的是什么?顺驰北京公司副总经理杨庆允说,一个开发企业无论到规模大或规模小的城市,都必然面对全国统一市场下的竞争,这是一个趋势。比如全国一个产品系列进入城市,这在前期环境下还是可以。到了经济不发达的城市,对于先进产品的理解,确实会起到非常大的作用。根据产品复制性非常强的特点,就要思考拿什么进入异地,进入异地来复制什么?因此,本土化就非常重要,说穿了是要尽快融入城市。又如对跨区域拓展,今典集团董事长张宝全认为,北京也好,其他城市也好,跨地域开发一定是很正常的态势。不管你北京项目再好,钱赚再多,这种跨地域的经营在今天一定会成为基本态势,而这种基本态势无非有两个驱动,一个是战略驱动,战略驱动是你想干什么,你想得到什么,首创集团是打包,水、电、汽、热长期收益,这是一种战略;而阳光100是股权合作的一种战略,消除自己的风险。另外,就是利润的驱动。他说,现在不少开发商的心态都比较烦躁,政策也在变化,市场也在变化,竞争也在加剧,但发展商还是要学会放弃,要培养一种从容的心态。跨地域不等于要做全国性的公司,而应当在总体战略中对一些重点城市占领,或者这种占领和企业未来有关联,或者企业优势能够在这样的城市里得到

很好的发挥，并获得很好的效益和收益。虽然跨地域是不可避免的，但是和全国开发是两个不同的概念，房地产仍然不适合全国化，我们不可能将一套运营模式原封不动地继续下去。

4. 产业整合是新路

企业战略专家姜汝祥博士指出，目前大部分企业面临的最主要矛盾，就是“以老板为驱动力”的机会型发展与“以制度和文化为驱动力”的战略型发展之间的矛盾，或者说中国公司在持续发展问题上目前面临的主要矛盾，是依靠某个人获得繁荣，还是依靠制度、赢利模式和战略体系获得持续增长之间的矛盾，这对中国房地产企业也是如此。中国的房地产公司老板太忙了，事无巨细都要过问，手机经常是 24 小时的开机，显然，在制度建设和商业模式上，中国房地产企业更应加倍努力。很多私营房地产企业不是在做企业，而是在做生意，这某种程度上制约了中国房地产企业的整体水平的提高，行业里的战略性的公司更是凤毛麟角。房地产公司怎样塑造核心竞争力？

首先地产商要把心态打开，不要停留在地产和房子，如果你把特殊性强调太多的话，一定会被淘汰。要成为一个优秀的企业，代价就是付出，只有突破付出的代价，才能成功。其实企业与赚钱的区别，就是一个企业的亏损是一笔财富，就像人生病一样也是一个财富，怕的是一亏损企业就破产，人一生病就死。企业亏损并不可怕，就怕没现金流，没有人信任他。因此信任就是企业的本质，也是企业持续不衰的道理。如 3 年前预言德隆今天的溃败、TCL 模式不可效仿等而名声大振的香港中文大学和长江商学院首席教授、金融学博士郎咸平，对格林柯尔、海尔、德隆、和记黄埔等公司的经营状况，做了实际案例分析。这位金融学博士认为“中国没有民企真正做大做强”，民营企业因为过度自信，不能做大，做大的结果是导致产业泡沫。并指出一个大企业是在某一特殊机缘下成就的，但以往的机遇不可再求得，企业在一个投资过度的时代，在一个国际整合的时代，要有长远规划。因此，郎咸平教授提出，“真是要做大做强，就应该做产业整合”。

5. 产业集群延伸

经济学家梁小明说，以资源优化配置和合作共赢为宗旨的区域经济发展是改变中国经济增长质量，实现经济可持续发展的重要途径。“9+2”区域是资源互补性最强、合作前景最好的区域。相信在“9+2”模式的正确方针指导下，泛珠三角区域必将成为全国经济发展的“火车头”。经济学家钟朋荣也对“9+2”给予较高评价，他说，珠三角具有良好的产业集群效应，这对其房地产市场是良好的支撑。泛珠三角区域的框架，将是珠三角产业集群的延伸。“9+2”地产合作作为发达地区的发展商特别是品牌发展商，为欠发达地区的发展商提供了更多的融资渠道，更大的目标市场，进一步降低了市场风险，吸收先进的开发经验和市场经验，通过各种合作方式，实现资源的高效整合，使自身得到发展。英联国际不动产董事长郭建波表示，“9+2”地产合作为发达地区的发展商特别是“品牌”发展商带来了更多的投资机会、降低开发成本，提供更多的市场选择、更大的消费市场和更广阔的发展空间和品牌成长空间；为欠发达地区的发展商提供了更多的融资渠道，更大的目标市场，进一步降低了市场风险，吸收先进的开发经验和市场经验，通过各种合作方式,实现资源的高效整合,使自身得到发展。当前“9+2”区域地产进入一个全新的合作发展时代,为9+2地区房地产带来了广阔的前景,这对中国地产的发展意义深远,是经济结构的一种高度融合。

6. 阅读、评估、挖掘城市价值

长三角、珠三角和环渤海是中国房地产业发展最为活跃、水平最高的地区。三大经济圈的房地产投资总量也占全国房地产投资总量的50%以上,在中国经济发展中具有举足轻重的地位。因此可以认为解决好这三大城市群房地产业的发展,不仅对三地本身而且对于整个中国房地产业运营与发展大局都将产生积极和深远的影响。在城市群下,企业如何在中长期发展中更好的选择一些区域,获得更高的利润?如今典集团董事长张宝全认为,“房地产的开发对城市群落的选择是一种表象,随着市场的成熟,包括其他二、三级市场的全面兴起,跨区域开发已经成为中国房地产的基本态势。”资本向各个区域分散是资本获利的驱动使然。道理很简单,资本从高级市场向低级市场的转移,或者从成熟的市场向非成熟的市场转移,能够获得更高的利润。“房地产企业能不能适应连锁形式?”如杭州滨江集团董事长戚金兴提出这样的疑问。“我感觉我也想做大”戚金兴说:“但是我们首先考虑企业利润问题。休闲地产这一块是我们今后发展的方向,作为房地产企业必须要谋划好后再布局”。又如富春东方在当前的地产形势下,走出深圳,在全国大中型沿海城市谋篇布局,尝到了甜头。该公司总裁胡惠康介绍说,“富春东方的布局一般都是沿海的城市。这些城市虽然都是沿海的,经济发达的,但是也存在着不均衡性,也正是这种不均衡给我们带来了比较高的利润。第二着重收购一些项目,时间短,资金回笼快,但是难度大。第三着重打造精品楼盘,比如深圳大小梅沙的天琴湾项目。通过这样的谋篇布局,给企业带来一个非常扎实的基础”。还有花样年华投资总经理潘军认为,项目开发商和综合开发商不一样,区别就在于有没有自己的研发能力。“作为中小型的房地产企业谋篇布局先要衡量自己能做多少事,自己的能耐有多大,然后选择经济稳定发展的城市,不能贪求暴利,只能赚规规矩矩的钱,最后还必须有一个稳定的心态”。城市战略专家王志纲说,中国快速发展的城市化进程,带来了非常巨大的机会也伴随非常巨大的陷阱,如何把握机会和避免陷阱是值得广大开发商及城市运营商考虑的问题。如果把三大经济圈比作是一个巨人,长三角是一条腿,珠三角是一条腿,环渤海是一个脑袋,这是中国未来城市的一大特点。因而,作为发展商特别是老板,第一要会阅读城市,像读书一样;第二要会评估城市的价值;第三要善于挖掘城市潜力和城市多元素。使三大板块求同存异,走上一条发展的道路。上海顺驰集团总裁闵峰认为,房地产作为城市化进程的一部分,在集约化的社会中可以有效地加快城市化进程的步伐,也可以和政府互动,通过房地产企业的努力,增加城市的竞争力。因此,城市圈、城市带、城市群为房地产企业提供了一个巨大的创富平台。房地产行业是整个城市产业链中不可或缺的一部分,城市经济发展越迅速,城市的聚集能力越强,房地产行业才能越有空间,才能创造出巨大的价值。

A COMPREHENSIVE HANDBOOK OF DEVELOPMENT OF REAL ESTATE IN CHINA

2005-2006

中国房地产业发展大全

缔造经典 创造永恒

上海天祥华侨城投资有限公司（新浦江城）
上海南都置地有限公司（提香别墅）
上海明泉房地产开发有限公司（锦绣江南家园）
上海农工商房地产（集团）有限公司
上海地杰置业有限公司（地杰国际城）
中州集团
上海中园房地产发展有限公司（虹桥中园）
嘉华集团·上海国广房地产经营有限公司（慧芝湖花园）
上海豪洲建设发展有限公司（白金瀚宫）
上海泰江置业发展有限公司（碧云国际社区·晓园）
泰昇集团控股有限公司
泰昇房地产（上海）有限公司（泰欣嘉园）
上海南部投资（集团）有限公司
上海辅亚置业发展有限公司（阳光世纪城）

精心打造地产品牌及精品楼盘
强档推介地产业成功开发典范

上海

建设部·中国房地产业协会
中国房地产业发展大全编辑委员会 **隆重推介**

如果是段旅程，就由这里开始。

新浦江城外围，是高出地面的绿坡，宛如城墙堡垒。

隐藏着的，是一个花园城市。

宽阔的林荫道纵横交错，街区绿地和花园竞相媲美，

色彩绚丽的房舍和鲜花盛开的屋顶花园，

更有湖面散布，运河蜿蜒纵横，

点缀其间的，是幢幢花园住宅。

新中心

摊开上海地图，

约2平方公里的新浦江城赫然出现在版图中央。

100年前，从城隍庙到淮海路，上海完成了城市中心的新旧交替。

现在，新一轮的交替，正悄然进行。

崭新的规划蓝图，让我们可以精确描绘它的未来，

从人民广场、淮海路和行将成为时尚生活区的太平桥地区，

经世博会址至新浦江城，

将成为未来上海最重要的一条城市生活轴线。

家在城市，也在森林

60平方公里的森林？如果还没概念，不妨想想住在40个世纪公园中的感受吧！

环绕新浦江城的是60平方公里的世博森林，

上海规划之中的规模最大、面积最广的“绿氧工程”。

提香别墅
TIZIANO VILLAS
2039
中国（上海）地产经典别墅成功开发典范
REPUBLIQUE FRANÇAISE
提香别墅

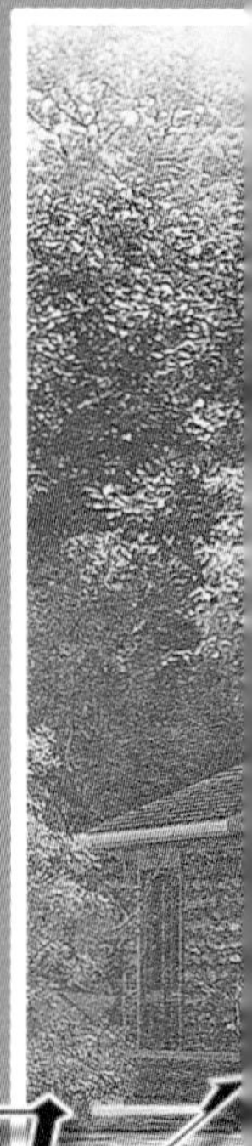

提香别墅

收藏上海的精致生活

黄
浦
江
杨浦大桥
杨高中路
金桥现代科技园
陆家嘴金融贸易区
龙东大道
南浦大桥
龙阳路
龙阳路
张江高科技园
张江路
世博版块
沪南路
罗山路
华夏中路
卢浦大桥
上南路
杨高南路
外环线
济阳路
环球影城
秀沿路
徐浦大路
中科大研究生院
周周公路
沪南公路
提香别墅

锦绣江南家园

锦绣江南家园地处上海市金虹桥高尚住宅区腹地，北靠吴中路，东邻新泾港，南依蒲汇塘，西接虹井路，占地面积28万平方米，规划总建筑面积40万平方米。

本项目秉持“东方神韵”的文化内核，首创“海韵华风”的设计理念，讲求水一桥一房的空布局，黑一白一灰的建筑色彩，轻一雅一秀的建筑风格，情一趣一神的园林意境，着意打造充满江南情韵的中国人的精神家园。

本案十分注重房屋内部的舒适性和现代性及新技术和节能新产品的应用，配备了先进的智能化系统，使小区在安全防范、物业管理、信息接入方面达到全市先进水平。

总体布局通过“水”与“山”的概念性组织来传释出江南的神韵。以一条环道为钮带，将小区划分为三个区域，分别为独栋别墅区，双拼别墅区和平层别墅区。其中独栋别墅区以水为主题，引水绕屋，将水在区域内环绕流动，形成闭合蜿蜒的水系，双拼别墅以“坡”为主题，每个组团形成独立的小小的坡地，坡与坡之间绵绵相连，与水系形成相互映衬的效果；绝大部分独立别墅均亲水布置，亲水平台设于水上，沿小区内主要道路的独立别墅都桥跨溪与道路相连，形成“水一桥一房”的空间格局；从江南水乡小镇空间意间中抽象出了“水街”这一空间元素，以此作为小区标志性的特征及社区归属感的核心；别墅建筑设计中建筑布局自由、灵活，充分吸收了江南水乡建筑的特色与传统，强调虚实对比、轻快自然，具有强烈的江南水乡气息。

SPLENDID
JIANGNAN

錦綉江南家园

中国房地产成功开发典范

明泉地产简介

公司成立十多年来，坚持开拓进取，提高整体管理水平，有序的调整组织结构和产业结构，培养了一批精通房地产经营管理、熟悉房地产市场运作的管理队伍。目前公司现有员工76人，其中具有初、中、高级职称人员30余名，练就了一支包括房产开发、营销策划、工程技术、物业管理等全方位的专业人才队伍，为企业的持续发展提供了不竭的动力源泉。

公司健全完善各项业务功能，分别下设了投资、营销、工程等9个职能部门，以确保企业运作流程系统的规范化，建立起具有年轻、创新、高效、务实的企业经营形象。

公司一直遵循"开发中、高档住宅，提高人民居住水平"的经营理念，先后开发了明泉花园别墅、明泉公寓、明泉大酒店、锦绣江南家园等项目，总建筑面积达到60余万平方米，实现资产总额8亿元，为企业后续发展奠定了雄厚的经济基础。

企业知名度

公司通过在房地产界十几年来的辛勤耕耘，树立了自己的优秀品牌形象，在江南园林社区创建方面处于市场领导者水平。公司凭借优良的产品质量。、鲜明的建筑风格赢得了广大消费者的认同，拥有一批忠实的追随者。在建的锦绣江南家园已成为上海市金虹桥板块的地标性建筑。作为一个国际化社区，本项目在境外也拥有较高的知名度，大量韩国客户入住锦绣江南　。外籍客户占总户数的三分之一以上。

上海明泉房地产开发有限公司

地址：上海市闵行区金汇南路88号
电话：021-64650313

企业简介
Enterprise Profile

上海农工商房地产（集团）有限公司，前身为上海农口房产总公司，成立于1990年4月，于2001年8月改制重组为上海农口房地产（集团）有限公司，2003年10月变更为现名，注册资本为25000万元，总资产36亿元。一级资质房地产开发企业、中国房地产业协会会员单位、上海市房地产协会副理事长单位，2001年集团位列上海房地产企业销售面积百强排行榜第10位，2002年位列上海房地产企业销售面积百强排行榜第16位，2002年被评为上海市守合同重信用企业，2003年荣获首届上海市房地产企业50强第21位，2004年荣获上海房地产企业50强第6位。

15年来，公司始终坚持“精惠、亲和、信赖”品牌核心价值观，以“厚德载物，惟精惟勤；家园即道，信守一生”的品牌精神，在住宅开发领域建立低成本和差异化优势，累计开发各类住宅250多万平方米。《王子公寓》获“上海市建筑工程白玉兰奖”；《爱都公寓》获“中国建筑工程鲁班奖”；《欧风花都》、《上海苏堤春晓名苑》荣获2003年全国人居建筑规划设计方案竞赛综合大奖与中国优秀环境住宅设计大赛综合金奖；《明丰花园》荣获2003第二届“上海市优秀住宅”银奖。

公司是以房地产综合开发经营为主业，集房产、地产、设计、物业管理、装潢为一体，在目标市场上具有核心能力和强大竞争优势的企业集团。目前公司拥有房地产公司或项目公司16家，装潢公司1家，设计院1家，物业管理公司3家，建筑公司1家，营销公司1家。

品牌使命——居住改变生活

家园，是每一个男人女人与孩子心底的梦想，是遮挡风雨的人生堡垒，是自由精神、个人财富与生命尊严的涵养地。家园，也是农工商房产品牌追求、坚守与筑造的理想国。农工商房产为家园而发展，为家园而献智献力，让家园美梦成真。“家园”的深厚含义，蕴涵了农工商房产事业拓展的无限空间与可能。

美麗新生活

国际新市镇

三大造镇主题缤纷上演

NEW TOWN NEW LIFE

浪漫欧洲 ROMANTIC EUROPE

——新古典主义传承近代

华丽美洲 MAGNIFICENT AMERICA

——新功能主义领导现在

风情亚洲 AMOROUS ASIA

——新人文主义创造未来

33万平方米"主题生活空间" LIVING

网球场、蓝球场、五人制足球场、门球场、休闲小广场

33万平方米"主题生活空间"，收纳运动健身

商务休闲、餐饮娱乐等多重功能尊贵享受

与绿色水岸的自然和谐交相辉映

精彩人生的多重注释，尽在地杰国际城

尊贵生活，从此开始

雍容华贵的大门在社区的主入口，

以恢弘气度恭迎世界公民回家。

在这里，艺术家有他的知音，

时代金领有他的社交同类，

地杰的居民有着全球化的眼光和身份，

回家一路上的尊荣感，

让你的心中充满喜悦和骄傲。

尊贵生活，从此开始！

地杰国际城
Wonderful World Town

中国房地产标志性建筑成功开发典范

国际新市镇　美丽新生活

Wonderful World

人、文、风、水
建筑
的完美结合

Human · Culture · Wind · Water · Building

地杰国际城所在的浦东御桥地区
历史可上溯至汉代
为明清时期富庶的江南小镇
传说中，乾隆帝与顾国师在这里相会
“御界桥”由此而得名
帝王九五之尊驾临
必为难得之人居美地
东南亚著名建筑环境学家慧缘先生
亲临现场，缜密勘察
地杰国际城的整体设计综合考虑
周边环境、小区景观、建筑布局三大
要素并结合当代建筑环境学论证
吸纳了中国古老的历史文化

理想的人居美地

鸟瞰图

景观效果图

景观效果图

景观示意图

浦东机场实景图

磁悬浮实景图

花木行政中心实景图

聚集，世界的虹桥
西郊宾馆，虹桥迎宾馆，龙柏饭店，喜来登豪达太平洋大饭店……
万豪大酒店、世博大酒店隔街而立，咫尺相望
这里是帝王的行宫，上海两座国宾馆聚集于此
这里是上海的“建国门”，十几家
领馆在此登陆
虹桥，上海西郊的国际中心
自上海开埠起，各大洲的精英们就把目光投向这里
近百年的沉淀积累，如今，这里已是上海最大的国际聚居区
百年传说的豪门领地
上海市区最高的绿化覆盖
各国精英贵族如风云际汇
这里有深厚的文化底蕴
这里有被世俗认可的传统
有太多理由，让城市的贵族们选择这里
在长宁，在虹桥，在这名豪宅集聚之地
檀宫、西郊华庭、西郊大公馆、虹桥高尔夫别墅
还有传奇的宋园、孔园
世袭至尊领地，虹桥一直在印证
投资商／中州集团　开发商／上海中园房地产发展有限公司
售楼中心／上海市哈密路2010号　项目地址／上海市哈密路1999号
热线／021-62429298　62428583

绝版西郊 世袭尊贵
虹桥中园
Hongqiao Central Garden
中国房地产成功开发典范

绝版西郊
世袭尊贵
虹桥中园
Hongqiao Central Garden
中国房地产成功开发典范
绝版西郊，世袭尊贵—
西郊公园旁[首席]新古典主义景观豪宅。
不是米开朗基罗的力量，文艺复兴的躁动已经过去；
不是鲁斯本的肉欲，没有巴洛克炫彩夺目的华丽；
也不是德拉克罗瓦式的情怀，浪漫主义的幻想虽然美丽却少了一份从容的品质与气度。
历经风雨的磨砺，剩下的只有静穆单纯、高雅和谐的新古典主义精神。
西郊，百年经典的历练，一个世纪，精英们的文化的沉淀，
优雅从容的气质，来自那对品味小小的坚持
——新古典主义，品鉴人生的境界
投资商／中州集团　开发商／上海中园房地产发展有限公司
售楼中心／上海市哈密路2010号　项目地址／上海市哈密路1999号
热线／021-62429298　62428583

70万平方米浩瀚美景

童年曾经有难忘的回忆是关于西郊的

西郊公园，因为这个名字，在儿时便留下了对西郊的映象，那是一个70万平方米的神秘森林，那是10万株绿树汇聚的绿土

从儿时便向往的梦境，可以尽情地深呼吸

繁华上海的大都市，这里的天空最蓝，这里的碧波最清，这里的空气最芬芳

座落新泾港畔，与西郊公园隔水相望，在上海的西花园，每天呼吸森林的气息

近40万平方米高尚国际生活 时尚品位与您相约！预计2004年年底登场

慧芝湖花园坐落在繁华的广中路，约40万平方米（建筑面积）的规模，一期由八栋小高层及高层组合而成。超大栋距，视野开阔。礼聘屡获殊荣的外立面设计师Philip Liao倾力打造，创新型横向线条与竖向曲面相结合的建筑立面，彰显现代主义的轻巧与浪漫，与深浅色的材质相映衬，成为大宁国际社区地标性建筑。

慧芝湖花园占据城市的中心，地理位置优越。相距地铁一号线延伸段广中路站约400米，数十条公交线路可到达，加上共和新路高架贯通市中心，将驰骋东西南北变得无比的畅顺。

IN TOUCH WITH STYLE

走近高尚，轻触典雅的明星式生活

在人的一生中，至少有50年的时间值得在WESTWOOD度过。张爱玲、徐志摩等名人，都曾在WESTWOOD留下他们的足迹。近在咫尺的Beverly Hills名流汇集，杰克·尼克尔森，麦当娜，安吉丽娜·茱莉，还有众多显贵，选择在这里享受最闲适的时光。

CULTURAL LEGEND

旧的已然形成，新的奇迹还在每天发生

- 我们往往从传奇的电影院开始了解WESTWOOD的文化，漫步在去往电影院的日落大道上，电影艺术流动在城市街头，随时随地的邂逅，可能就是昔日明星。一只大耳朵老鼠的故事，至今为人津津乐道，荡漾在迪斯尼上空的欢笑迷倒众生，年复一年。
- 我们从不探究失去文化的熏陶，一所没有围墙的大学会否透出迷人的气息。在UCLA花园般优雅的环境，为拥抱六百多万册图书而狂喜，每日穿过表演中心、体育馆及雕刻花园，沉淀下浮华表面的浅薄，简单纯真。理论从未停止过新陈代谢。

中国房地产豪宅别墅成功开发典范

500亩别墅造镇运动

白金瀚宫坐落于上海迎宾国道——龙东大道上，一个由别墅豪宅和财富领袖组成的上海新一代国际化生活社区。世纪公园、东郊国宾馆、新国际博览中心、东方世纪学校和汤臣高尔夫球场等国际化生活设施遍布四周。依托于张江高科技园区内近3万人的全球高科技精英，其中不乏世界500强企业的跨国经理人和管理阶层，有效带动了区域内高档别墅市场的繁荣，同时，也让张江成为全球新一代财富领袖最为瞩目的地区之一。

BUCKINGHAM

THE PRIVATE CASTLE OF FOCUS LEADERS

Villa白金瀚宫

坡地水景臻品别墅

BUCKINGHAM

THE PRIVATE CASTLE OF FOCUS LEADERS

Villa白金瀚宫

中国房地产豪宅别墅成功开发典范

坡地水景臻品别墅

地理位置

白金瀚宫位于上海市浦东新区龙东大道上，东有龙川公路，西有唐陆公路，南有唐龙路。比邻东方世纪学校，左街浓密的绿化景观带与25平方公里的张江高科技园区，右揽东方世纪国际学校和金桥出口加工区，距浦东国际机场只有不到30分钟的车程。

项目面积及环境

项目占地面积500亩（29.38公顷），基地呈南北长，东西窄的“长方形”布局。地势平坦，基地内有两条天然河道由西向东贯穿基地，将基地分为三部分，其间灌溉用之蓄水池塘，散布在基地各处，使本案在水景的规划上具有天然的优势。

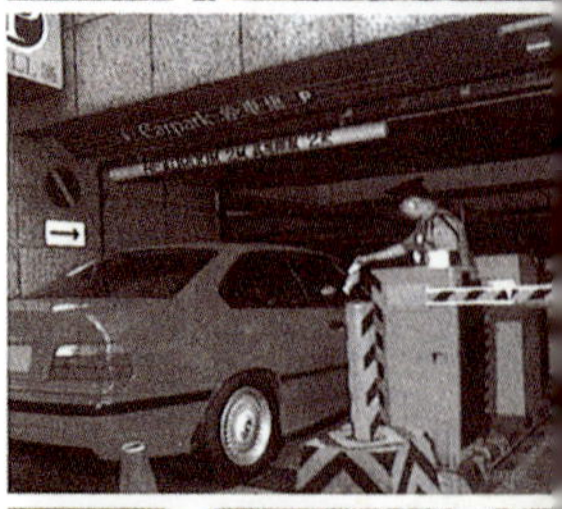

白金瀚宫在近500亩土地的恢弘舞台上，以52.21%的大面积绿化，将它和周围别墅有效的区分开来。在围砌的领域中，塑造真正专属于居住者私人的情感空间，心灵城堡，跳脱世俗豪宅的界定模式，大开大阖中构筑一方世外桃源。作为专为财富领袖们度身打造的私家城堡，为了最大限度地满足每一位领袖人物休憩放松的需要，白金瀚宫提出了“开放空间下的相对独立”规划理念。以园区内大面积的水体及纵横交错的河道作为空间上的间隔，充分利用两条天然河道的自然优势，用水域将整个社区划分成相对独立却又和谐统一的多个岛状组团。在每一个组团内部，又利用坡度的不同作为视觉上的间隔，最大限度的保证了每一位住户的私密要求，同时在整个景观上又达到了“烟水浩淼，层峦叠嶂”的视觉效果。

为了成就真正意义上的私家豪宅，给你不一样的视觉感受，白金瀚宫不惜工本打造。

发展商：上海豪洲建设发展有限公司　　**行销企划：上海豪阳房地产经纪有限公司**

现场地址：上海市龙东大道4288弄

021-58586658

上海泰江置业发展有限公司

上海泰江置业发展有限公司，系由钱江集团有限公司和浙江之江集团有限公司为主联合组建，并由钱江集团控股的房地产开发企业，公司注册地为上海浦东。上海泰江置业发展有限公司作为钱江在房地产领域的窗口公司，意在以上海为中心，辐射全国各大中城市，拓展房地产开发事业。

泰江置业拥有一支高素质、具有丰富房地产开发经验的高级人才队伍。公司高级管理人员从业经历丰富，曾在浙江杭州、江苏常州、上海、福州、沈阳、重庆等地开发建设过各类商业街区建筑、高层住宅、多层住宅和大量别墅项目，且均取得不俗的开发和销售业绩。

2002年8月泰江公司与湖北省武汉市市政府正式签订《汉正街商贸旅游区改造项目合作协议书》，该项目除小部分地块已改造外，其余多数地区仍未改造，建筑破旧杂乱，街巷密集狭窄，交通拥挤、混乱而不合理，改造工程势在必行。2003年8月通过投标取得了该项目土地开发权，配合政府的旧城改造和武汉市“两江四岸”全面改造，在汉江北岸投资开发改造总占地面积424亩，规划总建筑面积约80万平方米。项目将开发大量的商业经营建筑为主外，还将建设部分高层住宅建筑以及步行购物街、中小学校、博物馆、影剧院、酒店等公共建筑。使该地域的传统文化与现代商贸相结合，区域规划与总体规划相结合，市场发展与城市布局相结合，经济效益与社会效益相结合。该项目已被列入2003年度武汉市“十大重点工程”项目，总投资约30亿人民币，目前项目总体规划方案已基本完成。项目第一期工程正式进入拆迁程序，计划五年内完成开发建设。届时汉正街将真正成为“天下第一街”。该项目的建设将大大改善该区域的环境以及调整其商业业态，为城市创造不断上升的良性循环的商业状态。本项目总投资约50亿元。

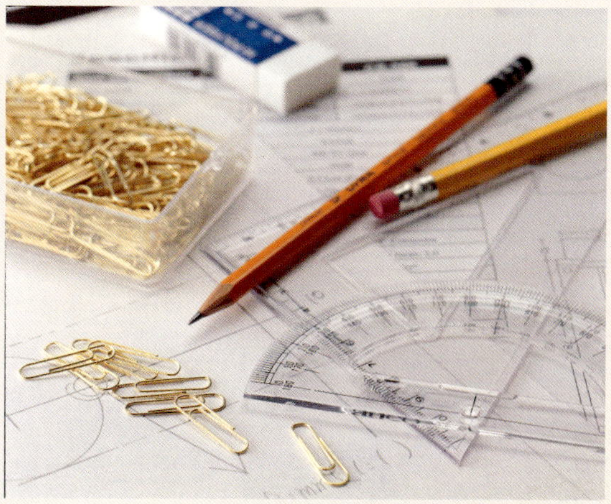

目前钱江集团（拥有上市公司钱江摩托）已经确定泰江置业的重点发展区域为沿长江线发展，今明两年预计在上海地区的总投资为50亿元人民币，全部用于房地产投资，争取在未来3～5年实现集团主业转型。目前在上海地区已经锁定10多个项目，准备进一步的发展。

泰江产品的开发核心理念是：人文、人性、人居。

泰江认为：住宅产品是人居环境的主要承载体，是人类居住文明和生活历史的承载体。住宅产品的品质，直接体现着居住者的生活品质。

回溯以往历史中遗存下来的传统民居建筑，我们几乎可以完整地复原出那个时代人们日常生活的具体场景和生活形态。

优秀的传统民居建筑，表达着那个时代人们适应和改造生存环境的智慧，传承着那个时代最深层的居住文明成果。正因如此，这些优秀的传统民居才在时间的推移中具备有了难以估量的经济价值和精神价值。在时间的推移中凸现价值，就是对品质最真实的验证。

在我们的理解中，住宅建筑不是流行时装。

优秀的人居建筑应该吻合城市的文化性格，承载所在城市的人文精神，并将深层次的人性关怀渗透到人居环境的每一个角落。唯有这样的建筑，才能构成所在城市建筑文脉的延续。

作为一群有理想追求的房产开发建设者，有责任努力汇聚当今时代人们的生活智慧，对应城市生活方式的演变，为今天的居住者们营造出更舒适、更优雅、更文明的人居环境；与此同时，也将当今时代优秀的人居生活品质留给后人，使他们开发的人居建筑成为城市和历史文化的一部分。这也是他们的理想和追求。

Taijiang

|泰|江|置|业|Estate

地址：上海市浦东新区陆家嘴东路161号38F　电话：021-58829853　邮编：200120

宜昌市泰江置业有限公司

公司介绍

宜昌市泰江置业有限公司系上海泰江置业发展有限公司全资子公司，于2004年1月注册成立，注册资金为2000万元人民币。经营范围包括房地产开发建设、商品房销售、物业管理等。

公司现有员工54人，其中具有高级职称的3人，各类国家注册师3人，中级职称14人，大专以上学历有员工有27人。

公司凭借着雄厚的资金实力以5.43亿元一举中标，取得了宜昌市近年来土地拍卖中最大一宗1145亩使用权。公司计划总投资29亿元，采取滚动开发形式，计划用5—8年时间在这片集中体现宜昌山水园林城市特色长达6.6公里的滨江地带上，打造出提高宜昌城市住宅品位、建筑面积达122万平方米的“长江画廊”大型滨水聚居区。

公司以“复兴长江文化、重植民族智慧”为宗旨，靠勤勉不疲、卓尔不凡的工作作风，和衷共济、追求卓越的团队精神，立足于高起点、高水平，高品质地建造居住杰作，将建筑与艺术、科技与人文、创新与传统集合在一起，志在打造百年经典建筑。

公司在永不满足地追求卓越和完美的同时，采取品牌战略、创新战略，以诚信树品牌，以质量求信誉，靠管理增活力，力求创造良好的经济效益、社会效益和环境效益，努力把公司建设成为管理科学的、品质一流的大型房地产开发企业。

地址：湖北省宜昌市沿江大道杨岔路　电话：0717-6355222　邮编：443000

长江画廊项目介绍

长江画廊位于宜昌市伍家岗地区，总占地面积为1145亩地，地块沿江呈狭带状排布，依畔江边，拥有天然的江景资源。项目总的建筑面积为120万平方米，分三期开发完成。以下主要介绍一期项目。

第一期开发的项目是以王家河及麻纺厂地块为主，项目案名尚为最后确定，暂定为王家河项目及麻纺厂项目。

王家河项目介绍

该项目将以“江岸别墅”为主，结合叠拼、多层及小高层住宅的规划设计，并以奢华而不庸俗、简约而不失大气的建筑造型，自然与人文结合所形成的新古典主义的人文社区。小区主要配套设施包括会所、游泳池、商业街、组团绿地、网球场、篮球场及其他活动场所组成。

麻纺厂项目介绍

该项目将以“纯江景”及“文化内涵”为主的设计思路，以“庄重与宁静感”为题材的，融入理性主义美学，构筑出具有宁静、雅致、简约与浪漫的新古典主义风格，在建筑形态上以带电梯的小高层为主，结合小区多功能会所及超大型中央绿地广场组成的江景社区。

项目前景

宜昌，作为内地少有的新兴移民城市，其人口增长速度远高于其他城市。同时，移民来源于北京、上海等大城市和工业基地较多，人口素质高，使宜昌的进一步发展拥有了良好的人才基础。宜昌正处于继承历史，接轨现代的过程当中，新兴之城逐渐成形。

房地产业在宜昌市的发展起步很早，但其建筑形态相对老化，与发达城市相比有着较大的差距，尤其是别墅型的项目还正处于初步发展阶段，在开发的别墅项目现只有两个，虽然在规模及品质与其真正意义上别墅的形态还有相当的差距，但其销售却异常火爆，因此不难看出，宜昌正在呼唤着高品质的物业产品。

宜昌泰江置业有限公司凭借着雄厚的资金实力与人才优势高举高打，大规模进驻宜昌市进行成片开发，利用城市江景资源，通过画卷的形式展现“长江画廊”独到的韵味及特有的风采，加之超前的规划、合理的房型设计、艺术化的建筑风格、标准之高面积之大在宜昌算是首屈一指，相信“长江画廊”会引领着宜昌房房地产界的风向标。

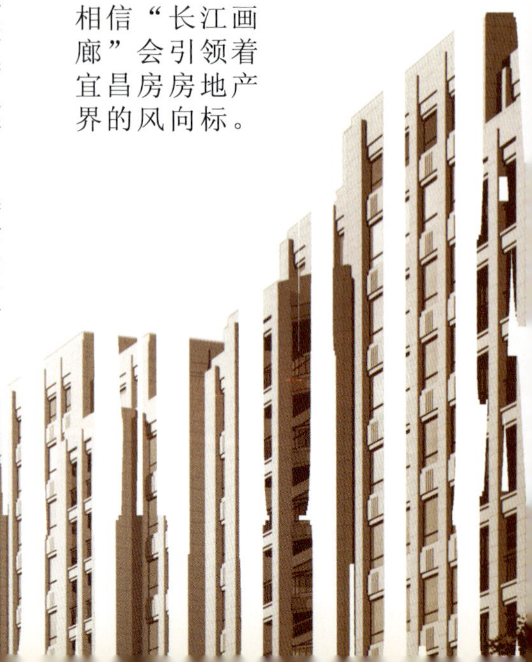

项目简介

晓园位于浦东金桥碧云国际社区中心地带，浦东新区红枫路398号（碧云路），总建筑面积7万多平方米，总占地4.8万平方米，容积率1.6，绿化率45%。精致小高层，低密度、低容积率、高绿化率、高车位配比，户户电梯直达车库，尽显高贵品质的卓越不凡。周边交通便捷，与中欧管理学院、世界500强企业总部基地相邻，尽享碧云国际社区的教育、生活、医疗和体育休闲设施。

建筑设计

创承上海文脉精华，采用经典城市ART DECO的建筑风格，建筑立面全部采用石材干硅，稳重，大气，历经时间淘洗，更具时间感。新加坡景观建筑题主理园区景观设计，吸收上海老式花园洋房的景观元素，以庭院特色为主题，配合本土化植物和特色小品，透露出不动声色的优雅园区氛围。著名物业机构进行酒店式物业服务，独设酒店式大堂、单元大堂和入户门堂三重体系，印证显贵生活真谛。内部设施配套齐全，户送国际名牌中央空调、热水器、全屋净水系统，泳池、健身、咖啡、阅览等生活文娱乐配套一应俱全。

项目特色

创承文脉，晓园建筑风格为经典的城市ART DECO（装饰艺术派）风格，追求典雅、稳重、大气，经得起岁月的洗礼。晓园的立面多少有些“冷傲”，特别是建筑总体轮廓呈竖向线条，外立面采用住宅产品中少见的天然石材干硅，给人挺拔的感觉，他又是尺度宜人的。单体细节中，讲究线脚的丰富细腻，使建筑在转折、进退、高低缩落中增强了动感和光影的和谐变化。

售楼电话：021-58998989 58999898

接待中心：上海市浦东新区红枫路（碧云路）

发展商：上海中通贵云实业有限公司

公司地址：上海市浦东新区陆家嘴东路161号招商大厦38F

碧雲國際社區·曉園

• 国际豪宅成功开发典范 •

晓园·不动声色的优雅 Gracefully in silence

晓园就将这样静静地站着，以一种不动声色的优雅风姿站在岁月中，站成一座传承城市精神和建筑文脉的历史风景，见证着二零零五年上海的人居文明状态。

晓园效果图

人居建筑是安顿生命的场所，也是安顿精神的场所。人的个体生命和精神，有着无比多样的丰富性。而建筑是人格的物化，因此，由人营造的建筑也必然地渗透了她独特的性格特征。

在城市建筑群落的诞生过程中，城市以其独特的自然和文化基因影响着建筑容貌的生成；在城市建筑群落诞生之后，建筑将以其独有的形体和风格塑造着这座城市的容貌，更塑造着这座城市的文化精神，续而构成城市历史的一部分。

上海城市文化精神最显著的特征是尊崇理性、宽容冷静的商业文明，而表达在人际交往和城际关系中，其最深刻的特征就是

——不动声色的优雅。

晓园的气质，多少透着这座城市的神韵。

我们相信，建筑是会说话的。

建筑从她诞生的那一刻起，就在与她所在的城市对话，与她周边的建筑对话，与路过她身边的人对话，更与生活在她怀抱中的人对话。建筑的对话有流畅、有精彩、有饶舌、有粗俗，还有的甚至于结巴……

晓园效果图

晓园效果图

晓园效果图

晓园是沉默的。

晓园在沉默的交流中，透着不动声色的优雅。

晓园以她的沉默与历史对话、与现实对话，也与未来对话。

◎ **地段**：位于浦东碧云国际社区中心地带，与中欧管理学院及世界500强企业总部基地相邻，尽享碧云国际社区的高端教育、生活、医疗和体育休闲设施 ◎ **规划**：六栋9–11层精致小高层，低密度、低容积率、高绿化率、高车位配比，户户电梯直达车库，尽显高贵品质的卓然不凡 ◎ **建筑**：创承上海文脉精华，采用经典城市ART DECO建筑风格，建筑立面全部采用石材干挂，稳重、大气，历经时间淘洗，更具时间感 ◎ **园林**：新加坡景观建筑师主理园区景观设计，吸收上海老式花园洋房的景观元素，以庭院特色为主题，配合本土化植物和特色小品，透露出不动声色的优雅园区氛围 ◎ **物业**：著名物业机构进行酒店式物业服务，独设酒店式大堂、单元大堂和入户门堂三重体系，印证显贵生活真谛 ◎ **配套**：户送国际名牌中央空调、热水器、全屋净水系统，泳池、健身、咖啡、阅览等生活文娱配套一应俱全。

投 资 商：上海泰江置业发展有限公司 • 开 发 商：上海中通贵云实业有限公司 • 建筑规划设计：上海天华建筑设计有限公司

景观设计：新加坡澜雅园艺咨询（上海）有限公司 • 整合推广：和声机构021–58760683 • 地 址：上海市浦东新区红枫路398号

垂询电话：021–5899 8989

不动声色的优雅。
Gracetully in Silence
碧雲國際社區·曉園
国际豪宅地产成功开发典范
上海，见证着东方文明的冲突与交融。在我们的解读中，上海的城市文化精神就是尊崇理性、宽容冷静的商业文明特质，而表达在人际交往和城际关系中，其最深刻的特征是：不动声色的优雅。晓园的气质，多少渗透着这座城市的神韵。春夏秋冬、阴晴雨雪、晨曦夕照、斗转星移……晓园就将这样静静地站着，以一种不动声色的优雅风姿站在岁月中，站成一座传统城市精神和建筑文脉的历史风景，见证着二零零五年上海的人居文明状态。
* 碧云国际社区·晓园项目位于浦东金桥碧云国际社区中心地带，红枫路和碧云路交界处附近，与中欧管理学院、世界500强企业总部基地相邻，尽享碧云国际社区的教育、生活医疗和体育休闲设施。
* 晓园占地面积36906平方米，总建筑面积约7万平方米左右，由六栋8层～11层的精装修小高层住宅组成，空间形态错落有致、气度非凡。园区容积率1.61，绿化率45%，车位比例达到1：1.3，且户户电梯直达地下停车库。
* 晓园项目创承上海文脉精华，建筑风格采用经典的城市ART DECO的风格，建筑立面全部采用石材干挂，稳重、大气，历经时间淘洗，而更具时间感。
* 晓园项目由新加坡景观建筑师主理园区景观设计，吸收上海老式花园洋房的景观元素，以庭院特色为主题，配合本土化植物和特色小品，透露出不动声色的优雅园区氛围。
* 晓园由著名物业机构进行酒店式物业服务，独设三重酒店式大堂、单元大堂和入户门堂三重体系，配置泳池、咖啡厅、阅览室、健身室等等高尚服务设施，提供园区住户交流、休憩的共享空间。
碧雲國際社區·曉園
DawN
Green city Sunrise Garden
金桥出口加工区
碧云国际社区
投资商：上海泰江置业发展有限公司 发展商：上海中通贵云实业有限公司 地址：上海市浦东新区红枫路近碧云路 整合推广：和声机构58761575 电话：021－58998989

泰欣嘉园

★中国房地产高尚住区成功开发典范

《泰欣嘉园》为市中心交通便捷，又带特色景观的高品质国际水平居住社区。开发商泰昇集团是一家香港上市公司，在国内拥有超过10年的高档物业投资及开发经验。在上海的徐汇和长宁区开发过两个高档小区，在古北经营两个服务式公寓。集团的建造理念为提供业主一个国际水平的生活空间，《泰欣嘉园》的设计路线也将延续这个理念。小区建筑面积约15万平米，为全装修单元。小区周围交通便利，有3线轨道交通并靠近高架出入口，其中地铁M7地铁出口可以直接进入小区地库，真正的体会到交通便利的零距离感觉。新的镇坪路更能进一步把通往南京路商圈时间缩短。泰昇集团还拥有10年“甲级写字楼及服务式公寓”的物业管理经验，因此，其建造的小区都能吸引境外人士居住。比如：在长宁区的泰荣苑，就有超过50%的住客为境外人士。

泰昇集團

TYSAN GROUP

泰昇集团控股有限公司自1991年起在香港联合交易所有限公司上市，并于1996年被评定为香港最佳表现上市公司。

泰昇集团在香港、上海及天津经营业务，聘用约1,000名雇员。本集团在香港之主要业务包括：地基打桩、楼宇建筑、机电工程、机械租赁及贸易。

本集团在中国内地之主要业务包括：物业发展、物业投资、物业管理。

凭藉管理层之企业家精神、高瞻远瞩之眼光，加上本集团人员之知识和专业技能，本集团已建立稳固根基，成为香港其中一家最大型兼具领导地位之地基工程公司，并拥有最先进之机械及设备。泰集团利用其在建筑业的专业技能，以会“顿肯”之旗舰名称，进军内地物业市场。本集团之卓越表现，为我们在中国之物业发展、投资和管理业界赢得美誉，而本集团在上海和天津之高素质物业组合，更是获奖无数。

泰昇房地产（上海）有限公司　（泰昇集团成员）

售楼地址：上海市普陀区光复西路131-141号

售楼电话：86-21-52919993

邮编：200336

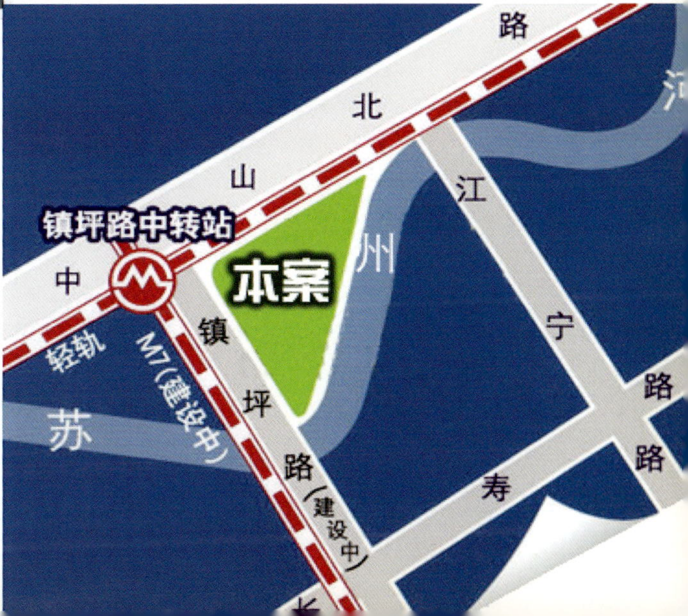

泰昇集团控股有限公司自1991年起在香港联合交易所有限公司上市，并于1996年被评定为香港最佳表现上市公司。

泰昇集团在香港、上海及天津经营业务，聘用约1,000名雇员。本集团在香港之主要业务包括：地基打桩、楼宇建筑、机电工程、机械租赁及贸易。

本集团在中国内地之主要业务包括：物业发展、物业投资、物业管理。

凭藉管理层之企业家精神、高瞻远瞩之眼光，加上本集团人员之知识和专业技能，本集团已建立稳固根基，成为香港其中一家最大型兼具领导地位之地基工程公司，并拥有最先进之机械及设备。泰集团利用其在建筑业的专业技能，以会“顿肯”之旗舰名称，进军内地物业市场。本集团之卓越表现，为我们在中国之物业发展、投资和管理业界赢得美誉，而本集团在上海和天津之高素质物业组合，更是获奖无数。

《泰欣嘉园》为市中心交通便捷，又带特色景观的高品质国际水平居住社区。

集团的建造理念为提供业主一个国际水平的生活空间，《泰欣嘉园》的设计路线也将延续这个理念。小区建筑面积约15万平方米，为全装修单元。小区周围交通便利，有3线轨道交通并靠近高架出入口，其中地铁M7地铁出口可以直接进入小区地库，真正的体会到交通便利的零距离感觉。新的镇坪路更能进一步把通往南京路商圈时间缩短。

泰昇集团还拥有10年“甲级写字楼及服务式公寓”的物业管理经验，因此，其建造的小区都能吸引境外人士居住。

中國房地產高尚住區成功開發典範

Sunshine Century City

上海新都市主义完整版

傲居CBD核心尊位

新都市主义创业新贵的聚集地

COLLECTIVE SITE FOR THE MOST CREATIVE GROUP

新城CBD国际商务中心区域，时代菁英的创业新领地，无限商机尽在掌握，轨道交通九号线、新城最大的交通中转枢纽站、沪杭高速公路、方松公路、沪青平高速、嘉金高速、5120高速一立体化交通网线“合纵连横”，无可比拟的畅达城市线路，创业新贵的无边生活空间。

异域风情●亲情演绎

米兰风情时尚意韵，编制新都市主义的浪漫生活空间

EXOTIC MILAN VOGUE BRINGS ROMANTIC LIVING SPACE

欲望都市，放纵的念头瞬间闪现。享受每时每刻的无拘无束，这里的每一天都有属于我的新鲜。3万平方米的米兰风情商业步行街，邂逅一份不期而遇的惊喜和浪漫，名牌服装、品牌首饰琳琅满目，款款都激起心中狂热。魅力如斯，张扬而不矫情，情感而不媚俗……米兰风情街。传递世界顶级时尚潮流讯息，感受全球同步前沿生活方式。

都市品位尽显典雅风范……高星级大酒店左右护卫，高级购物中心、顶级商务中心、时尚休闲中心、超级影院等环侍在侧。

阳光世纪城

《中国房地产业发展大全》
尺
度
咫尺之内就是精彩
中国房地产业发展大全
中国房地产业发展大全

第七章

我国商业地产开发透视

商业地产这一名词的出现还不到两年，业内对于它的分解与拆读似乎没有停止过。尤其在2004年，当部分区域的商业地产由于自身的缺陷导致其急剧膨胀时，关于商业地产孰是孰非的争拗随之甚嚣尘上。

事实上，商业地产出现争拗并不是偶然的，早在2003年，当全国各地商业地产尚在“井喷”的氛围中飘飘然时，就有业内人士认为，商业地产有点“泡沫化”了。因此，2004年第二季度，中央有关部门的一次“梳理行动”，将2004年的商业地产推向了一个尴尬的境地，不少商业地产的开发商开始思考下一步的对策。

一、六大迹象酝酿商业地产市场变局

当前有六大迹象值得我们研读：

迹象之一：政策

投资门槛明显提高——2004年5月以来，房地产正成为政府宏观调控的重点行业。这直接影响到银行的贷款，尤其是商业地产，无论是开发商与银行之间的借贷还是商用物业的银行按揭条件的门槛均明显提高，这对小投资者的入市有深远影响。一些银行开始通过吸收个人消费贷款来增加房地产开发贷款的安全系数，如目前深圳工行就拒绝为一个龙岗纯商业项目提供贷款，后因开发商在该项目中加入了住宅群建筑，银行才决定为该项目提供贷款。同时，商业项目的按揭首期又回到五成，普遍低至四成，个别的甚至是三成。越来越多项目入市门槛提高了，挡住了相当一部分人的投资欲望。这样一来，整个上下游的资金链条是加固了不少，尤其银行的风险相对降低了不少。可是对于开发商来说，项目的销售周期拉长，一旦开发商前期商业定位错误，风险就更大了。

迹象之二：开发者

有意走商业运营商之路——无论是群楼商业还是单体商业项目，都成为开发商的主要利润来源。在未来几年更大规模的开发热潮中，都需要大大小小商家的进驻，从而卖得更好，尤其是深圳的开发商都意识到这一问题——怎么卖不成问题，关键是招商。在未来的几年，越来越多的开发商将意识到后续经营问题。近几年，业界的几个动向值得瞩目：北京金源Mall该项目招商大部分已完成，只租不售，各主力店及专卖店、主题餐厅、娱乐城在2004年9月份全部入驻，10月1日开门纳

客。深圳金光华商场开发商采取自主建设、自主经营的开发模式。这一大一小、一南一北两个 Mall 的共性是，它们完全按照购物中心自有的原则开发，只租不售，开发者也是运营商。此外，国内在商业地产开发上力度最大的万达集团因吃过销售纠纷的大亏，下定决心从今年起改变原来出售部分购物广场商业面积的做法，实行全部自己持有产权的开发策略。

迹象之三：投资者

投资势头有所放缓——现在商业地产的客户投资者越来越精明了，对于产权式销售回报的置疑有着相应的心理准备。尤其是二楼以上的商铺，在回报大体相同的情况下，投资门槛越高自然头脑越冷静，反之投资门槛越低头脑越易冲动，这是符合商业投资规律的。

迹象之四：外企投资环境放宽

2004 年 12 月 11 日，我国结束对世贸组织的保护承诺，从 2005 年起外商企业不受区域、形态的限制，这可能就要加快开拓中国市场的步伐，这应该说为商业地产带来了新的发展机会和空间。要投资、要扩大网点，就必然要增加商业地产方面的需求。但也相应存在着圈占土地、商业泡沫和过度开发所带来的风险，能否正确制定商业网点规划，将直接影响到商业地产的健康发展。

迹象之五：零售业变革带来的机会与困难

中国的零售业已经进入了大发展、大调整、大组合时期，这也给地产带来了机会。调整中可能带来困难，这些问题在不同方面影响着商业地产的发展；加强投资保障、着眼长期收益、加强投资回报保障。在未来几年里开发商专注开发而不经营、分割产权出让的这种模式将会继续存在，但会出现相应的变化，而且变化的力度较大，将会从加强客户投资者的回报保障这一方面着手，让这种小三角关系更加稳固。这是因为，近几年，大量的国际零售集团纷纷进入中国，民营连锁商业快速发展。投资者与经营者相互分离，开始进入商业服务与专业化时代，商业服务商、商业运营商、商业投资商逐渐相互分离并形成合作体系。中国的零售业将与国际接轨。民营商业与国际零售集团将主导零售业的未来，专业化分工、专业化操作、专业化合作成为商业地产操作道路之一。根据 WTO 有关规定，零售业是中国允许最早全面开放的领域——到 2005 年，所有城市（包括二、三线城市）全部向外资开放。这意味着不管外资商业资本还是国资商业资本在未来的几年都将大规模扩张，抢滩选址。

迹象之六：着眼长期巨额收益

开发商将遵循国际商业地产运作的基本规律，既做开发商又做运营商，着眼于未来的长期巨额收益。因为一方面，得力于企业自有资金实力或融资能力的增强。近年来，一些海外地产基金纷纷进入亚太地区“淘金”，中国异常活跃的楼市就成了其“第一落点”。同时，境内资本也不甘寂寞，以各种方式组建产业基金和信托投资基金，境内外基金形成里应外合之势，好的商业地产项目自然成了首选。另一方面，得力于国际经验的引入。虽然商业地产的产业生态链条相对较长，人才缺乏，但是随着中国日益融于世界的大舞台中，会有较快的改善。有着成熟经验的招商团队和商场经营管理团队将会越来越多，并辅助投资人把商业项目做大做强。

二、商业地产开发避免步入误区

商业地产开发要注重市场的需求性、生态发展的平衡性，并要有适度的超前性，但同时也要防止随意占地、过度开发，商业地产开发的误区主要有以下几个方面：

误区之一：盲目攀比，规模超越区域需求

实际上，合理的规模是商业地产正常运作的重要保证。商业地产规模的确定是由城市区域性需求所决定的，而不是由城市人口规模或城市规模来确定的。在投资规模上不是越大越好，当规模达到某一临界点之后，其收益能力反而会降低，使开发项目处于竞争劣势。对于商业地产这类大型商业设施建筑融资的困难开发商要有充分的认识。因为这类项目投资比较大，投资回报周期也相对较长，一般在 8～10 年以上，加上银行对这种新的业态不熟悉，通常对这类项目贷款极其谨慎。比如北京早期的几个著名商业地产项目搁浅，最主要的原因就是开发资金不足。

误区之二：违背设计规律，建筑群体以及空间难以成功

在操作实施大型商业项目时，业主或城市主管部门一般都要求规划建设一个数万平方米的大型广场。在这种情况下，通常采取化整为零的方式，规划设计一系列尺度较小的广场群，既保证了足够的城市宽敞空间比例，又形成了丰富多彩的宜人街道广场空间与充分的商业沿街店面，达到较好的效果。商业地产的规模与尺度相配合也表现在功能的组合搭配上，如果违背了设计规律，建筑群体以及空间就难以成功。

误区三：缺少宏观系统支持，运营面临巨大困难

商业设施开发的选址，要符合城市发展规划的要求，不仅要考虑规划地块内需建立足够数量的停车位，还需要城市交通系统的支撑，根据商业设施的定位，应有城市级或区域级市政设施的支撑，如果没有与之配套的城市道路交通体系，投入运营后，将会给周边城市交通带来很大压力，同时，市政配套系统也难以对消费群体提供足够的支持，这必然影响自身经营和发展。商业设施的开发还需考虑周边顾客群体支撑体系，包括周边人口规模，收入消费水平，消费习惯，职业与知识结构，

服务半径，新的交通体系，轨道交通与高速公路的衔接等都是影响商业设施的重要因素。

据不完全统计，目前国内有 200 余个大型商业设施建筑项目正欲上马，除北京、上海、广州等大型城市，中小城市也纷纷向大商业地产冲击。商业设施建筑在国内的开发普遍处于一个探索阶段，并不是所有城市都适合，特别是在大型商业设施建筑的选址上，开发商应特别重视城市发展规划和城市交通体系规划对其至关重要的影响。

误区之四：抛弃特色文化的商业重建有致命的缺陷

对于开发商而言，如果没有一个相应比较坚挺的文化概念植入商业物业中，就会丧失其精髓。传统建筑遗产是商业街增值的文化资源，不同城市的历史文化形成了独具特色的传统商业街区，这种历史传统遗产有很高的商业价值。在没有资源的情况下开发商有时需要花大气力营造出某种资源，如上海新天地成功地利用了石库门地区及殖民时代保存下来的建筑遗产，重新组织传统空间以及建筑片段，形成丰富多彩、舒适宜人的、满足现代人生活需要的商业空间，是非常成功的作品。也只有这样，才会不断提升物业的附加价值，提升物业的整体价值，为投资者带来预期的收益。

但如果是商业重建则后果是致命的，比如北京王府井商业街重建，没有充分考虑到王府井原有的诸多的百年老店、名店品牌特色，使王府井商业街原有的各具特色、独具风采的建筑空间与形式，包括原有的古树木等没有得到完好的保留，使闻名天下的王府井商业街在改造以后形成一个欠缺显著特色的商业街，很令人遗憾。当然，传统商业街区的更新，通常比推倒重建要复杂得多，需要开发商及设计师加倍悉心善待原有的城市肌理与空间，其开发与设计的工作量也成倍增长。但如果成功，则不仅可以带来丰厚的经济回报，同时也是对城市历史文化的重要贡献。

误区之五：过度追求商业利益将破坏城市形象

商业地产多地处城市繁华地段，对城市形象风貌具有重要影响。商业地产开发不仅只是为了获取高额利润，还应充分重视商业建筑对城市形象和街道空间的贡献，这是开发商应承担的社会责任，也是商业地产长期升值、回报的基本保障，在这方面欧洲一些国家有很多成功的实例。比如，在德国，大型商业项目的建设，在保证商业设施经营使用的前提下，考虑建筑的各方面也都非常重视商业建筑对城市广场、街道空间、城市景观的贡献。曾有一段时间，商业地产被政府部门作为形象工程、政绩工程如某些大城市商业地产的开发，过分追求大都市尺度，商场建筑雄伟堂皇，牺牲了原有商业街的个性、使用功能及文化传统。

误区之六：沿用住宅开发思路难以取得商业地产的成功

目前商业地产的开发大多还在沿用住宅开发思路，这是不可取的。商业地产和住宅项目存在很大区别。住宅项目开发商可以自己分析市场，根据对市场需求的研究做出产品定位，决定户型的比例以及住宅产品类型。但在大型的综合商业项目上则完全不同，它的销售对象不是直接的购物消费者，而是商家，特别是主力店，大部分国际主力店是采取租赁方式，开发商首先要找到主力店，按其要求进行规划设计。其次，住宅开发可以采用滚动开发模式，资金压力较轻，可以利用一个项目前期收益进行后期的开发。而一个大型商业项目则需要一次投资建成、才能形成商业气氛。而对于有些主力店，发展商不得不采取前几年租期内低租金，甚至部分免租金形式吸引主力店入住。这种开发模式要求发展商具有极其雄厚的资金储备，以及抵御风险的能力。此外，专业化公司在商业设施的开发中，比在住宅开发过程中具有更重要的作用。专业化公司，一方面指专业化的顾问机构公司，国内很多发展商对这些不够重视。大型综合商业中心的地产评估、资源整合、主力店招商以及介入最后管理实施，对于商业地产的成功开发至关重要。另一方面，开发商正确选择有商业地产经验的建筑师是商业设施开发的重要一环。建筑师都可以做住宅设计，但不是所有设计院都能做综合商业设施设计。

误区之七：单一商场建设不能满足现代生活需求

传统的简单的商业营销设施，如销售部分、仓储部分、管理部分等，是商业设施的重要部分，但这些都是不充分的。展示、表演、活动、休闲、餐饮、娱乐等广义设施，越来越成为商业地产的重要部分。表现在建筑形态上，需要在规划设计中更多地考虑室内外空间的整合，商业设施和休闲娱乐设施的整合。体验性空间，休闲共享空间越来越成为商业地产吸引客源的精彩亮点，这在规划设计中应高度重视。

商业设施的建筑设计在手法上已完全不是传统的建筑立面设计了，更多的是综合考虑建筑立面、灯光照明、表演、广告、多媒体等现代化综合表现手段的应用。显然单一的商场建设已不能满足现代生活需要了。

商业地产是新一轮城市开发建设的高潮与机会，发展商必须认识到这里面的风险和陷阱。风险主要来源于发展商没有经验和中国缺乏这方面的专业人才和专业化的顾问公司。最重要的是，虽然商业地产是一个传统行业，但是，它面临着新时期要求的变化，从而导致结构的变化。这需要发展商具有高度的商业敏感性，重视专业技能和科学的态度，以及谨慎对待投资招商的行为。

误区之八：购物不是商业消费的唯一目的，体验性消费不足

在市场商品经济条件下，现代生活的购物活动已发展成为现代人类主要的休闲活动之一。人们去逛街，常常没有明确的目的，只是一种体验，逛街本身成为目的，

而不是功利性地去购买商品或了解商品价格信息等。

体验性消费是现代商业地产开发的主要推动力之一。特色性、文化性、舒适性、互动性及业态的丰富性越来越重要。这些新型的需求，以及随之产生的新型的业态，在商业地产中所占的比例越来越大，这一现象应该引起发展商的重视，及时更新自己的知识结构，以掌握开发这类项目的主动权，引领潮流。

三、建议商业地产开发采用“订单式”

我国商业网点的建设管理虽然取得了很大的成绩，但存在的问题也不少。一些商业网点投资主体出于自身利益的需要，不经过论证，先开工后立项，先招商后建

设，盲目建设和开发，造成了阶段性、结构性、地域性的不平衡和网点布局的不合理，并引发就业、扰民、影响交通、破坏环境等一系列问题。这种投资的自发性和盲目性，突出表现在网点布局上，东部多西部少，老城市多新城市少；在业态结构上，大型百货店过剩，新型业态发育缓慢；在店址的选择和经营定位上，有的开发商和经营者缺乏科学眼光，重复建设造成了商业资源和社会资源的严重浪费。特别使人担忧的是大量的SHOPPING MALL项目正在全国范围内上马，它们对小型商业企业杀伤力很大，现在商界议论也很多。商业网点规划的范围主要是大型零售商店、批发市场、商品交易市场、物流基地、大体量的SHOPPING MALL等，商业网点规划是投资者的重要投资依据。而商业网点建设和商业地产开发，必须以规划为龙头，好的规划必须有听证制度来保证。今后，没有制定商业网点规划的城市，商业地产项目不符合当地商业网点规划，将不予批准，这是商务部反复强调的。由此可见，政府用规划引导商业地产开发和商业网点投资，积极营造公平、公正、透明、合理有序的投资环境和商业经营环境，从优化商业结构，引导商业投资角度，制定商业网点规划显得格外重要。随着我国经济的快速发展，在今后一段时间内，市场对商业网点的需求将会保持供求两旺。政府营造的商业投资环境日趋规范，更加有利于商业地产的开发，也有利于商铺投资者的投资。有资料显示，目前世界发达国家的人均商业面积为1.2平方米，而在中国的主要城市中，上海的人均商业面积不足1平方米，杭州等城市仅有0.8平方米，大连多一点。欧洲的商铺交易量占整个房地产交易量的一半左右，而上海还不到20%，从总量上分析，我国商业地产的开发，商业网点的投资前景是十分广阔的。经济发展、新城区的改造，为商业地产留下了较大的开发空间。

商业地产的开发，商业网点的投资建设远比住宅建设复杂得多，由于商业地产市场刚刚兴起，商业地产商前身主要从事住宅地产开发，商业与地产两张皮的现象普遍存在，从商业地产前期策划、开发到后期管理的各个环节，都存在着各种各样的问题，特别是商业地产开发商和经营商对他的项目预期和对风险的有效控制水平高低，对商铺投资商的承诺兑现好坏，直接影响到商业的发展和社会的发展。今年，中国商业地产联盟一项重要工作是配合政府，为商业地产开发商、经营商、代理商和商铺投资者服务，培育商业地产中介服务机构，关注和解决商业地产开发、经营等方面出现的新情况和新问题，努力开创订单式商业地产新局面。

有关专家分析：在中国地产发展走向成熟并趋于规范化的同时，商业地产却是“一枝独秀”，呈现出过火过热的态势。但是在商业规划需求与地产开发信息不对称、商业的后续经营责权不分、运营管理缺位等弊端客观存在的前提下，开发商、投资者以及经营者的利益在不同程度上都缺乏有效的保障，从而严重阻碍了商业地产的健康良性发展。因此市场急需一种深度服务于商业地产、致力于解决商业地产后续经营问题的专业管理公司，来规范市场以解除各参与方的后顾之忧，使商业地产在变局中谋求合作与发展。

第八章 国外房地产开发经验借鉴

随着经济的发展，世界各国都在大力发展房地产业，由于各国的条件不一，发展房地产业所采取的方法、途径和措施也各不相同。海外一些经济发达国家房地产开发建设先进经验值得我国学习借鉴。

一、美国房地产市场发展给我们的几点启示

房地产业一直是美国经济的重要支柱之一，房地产业的产值占到了美国经济总量的三分之一。房地产业的高速发展在很大程度上使美国经济避免了深度衰退，房地产业的兴旺带动了美国相关产业的增长，弥补了投资者在股市上的损失。

面对飞速上涨的房价，越来越多的经济学家开始担心并认为美国的房地产业将成为继网络和股市后的第三大泡沫。有专业人士指出，美国房地产业当前存在的泡沫成分在短期内不会出现大的动荡，有望顺利实现“软着陆”。客观地讲，美国房地产业的发展能够从四个方面给我们以启示：

启示一：房地产业是一个长期发展的产业

美国房地产长期处于上升的趋势，其中虽也经历了小幅度调整，但平均年增长都维持在6%以上的水平，房价连续多年都以10—15%的幅度上涨。一般认为房地产处于高速增长期，到了一定程度就会停下来，但是美国作为经济最发达的国家之一，房地产业仍处于不断发展之中。这给我们一个启示，在市场经济条件下，房地产业是一个长期处于发展之中的行业，只要经济在不断增长，人们的生活水平和收入不断提高，相应的房地产需求也将不断增长。美国人对居住水平比较看重，他们的住宅不断升级换代，需求的面积越来越大，质量也越来越高。美国房地产业的发展实践反复证

明，经济发展与房地产业发展是基本同步的，房地产业是一个持续增长的产业。

启示二：房地产企业规模化发展是必然趋势

当前美国房地产业呈现出三大特征：开发成本低、建筑水平高、企业规模大。有数据显示，美国前三家大的房地产企业市场占有率为45%。规模化有力地推动了美国房地产企业的发展，避免了恶性竞争。房地产企业规模化经营是国际市场中的一个普遍特征，我国也不例外，广东省社会科学院在2003年底公布的一份“广州市房地产企业竞争力评估报告”也反映了这一发展趋势：竞争力前十强房地产企业在所有参评企业所占的比例，总资产占近76%，净资产占近83%，投资总额占66%，销售收入占71.5%，利润占86.55%。但就整体情况而言，目前我国房地产企业数量多，素质偏低，规模小的问题仍然存在，规模化的步伐有待加快。

启示三：房市要健康发展，就必须形成一手房、二手房和高中低档产品结构整体平衡的良好局面

美国非常重视处理一手房、二手房、高中低档房之间的关系。在美国，二手房交易市场极其活跃，人们买房子，首先关注二手房市场，二手房的交易量大大超过一手房交易。有钱人买新房，换大房，中低收入的人群购买二手房，住旧房，住小一些的房子，形成了住房消费的梯次结构。目前我国房地产市场结构不够合理，高档房多，低档房少，这在一定时期是必要的，但最重要的是要发展二手房市场，因为二手房销售的兴旺，有助于实现梯度消费，合理配置住房资源，将有力带动一手房交易市场的繁荣。

有关专业人士当前指出，我们要十分珍惜土地资源，不要浪费土地去建那些大片大片的高档次住房。在新建住房中，应该以中低档或经济适用房为主，主要原因有两点：一是当前高档住房空置率高，中低档住房供不应求；二是城市化的推进必然要求大量提供适合进城农民或旧城改造中被拆迁居民的需求的中低档住房。还有在我国经济发达的地区，城市里大批的原有职工住宅可以进入二手房市场，供中低收入的居民和在城市化过程中进城的农民居住，可以直接买卖交易，也可以变成廉租房。目前房地产市场结构不合理，也应该通过搞活二手房市场来解决，当然不应大量建价值低廉的低档次住宅。

启示四：诚信对于房地产企业来说至关重要

美国房地产企业很少做广告宣传，没有很大的路牌广告，报纸、广播和电视里也很少有房地产广告宣传的内容。在房地产公司售楼现场也很少见青春可人的售楼小姐，都是些中年妇女，而且她们也不做推销，只讲楼盘的一些优点，在服务台上也只有一份很简单的价目表。成交时房地产公司通常的做法是对客户根据信用状况进行分类，社会信用指数高的人员可以实现零首付，相反，信用状况不佳的客户则要一次性缴纳较高的购房款，抑或是一次性付清。由此可见，美国房地产市场重质量、讲诚信，而不像我国有些房地产公司重营销、重社区概念，这是房地产市场发展不成熟的一个表现。所以，我国的房地产企业亟须增强诚信意识，克服浮躁心理，积极稳健地推进房地产市场的发展。

二、英国城市房地产建设重在规划设计的先进理念

高楼林立、交通拥塞、环境污染、邻里淡漠，这些曾经困扰国外大城市的突出问题目前也同样正在困扰着我们。可喜的是，国外一些发达国家经过不懈地摸索，已提出解决这些问题的办法，并成功加以实施，这对我国

而言,无疑是一些宝贵的经验。

众所周知,英国是一个老牌工业国家,上世纪七、八十年代,随着新的产业革命,传统产业结构升级,不少工业城市原有的经济支柱产业比如采掘业、钢铁工业迅速衰退,人口大量外移,由于工厂倒闭造成土地废置,盲目拆除贫民窟又无力重新建设,环境恶化,全国出现了明显的衰落现象。有数据显示,1971 年至 1981 年的十年间,伯明翰的人口下降了 17.6%,曼彻斯特的人口则下降了 23.9%,而此时正是二战后世界经济大复苏的黄金时期,住宅需求高涨,因此英国政府将目光转向了地价低廉且尚未开发的城市郊区。英国的新城房地产建设思想正是针对工业初期造成的内城环境恶化而产生的。

英国的城市房地产建设大致经历了三个阶段:一是战后初期,即 1946 年 -1950 年兴起的小城镇房地产开发建设;二是战后迅速发展时期,即 1950 年 -1964 年,英国大城市均出现了经济复苏,人口也迅速增长,内城压力继续增大。这一时期英国新城房地产建设进入高潮,且建设数量剧增,比如在伦敦、格拉斯哥、伯明翰等大城市周围均出现了房地产开发热,形成了新城区,新城房地产建设理论研究也开始逐步发展起来;三是 1965 年以后,在该阶段,新城房地产建设开始步入成熟阶段,新城逐渐成为独立完善的小城市而不是大城市的附属,代表城市是伦敦与伯明翰之间的米尔顿•凯恩斯。

在新城房地产建设中规划的设想来自于霍华德的田园城市,具体设计特点有以下几个方面:

(1)住宅以独立花园式住宅为主,搭配少量的公寓。因为英国人热衷于独户住宅,所以住宅区十分强调绿化和景观,要求大量种植乔木和灌木;

(2)新城开发中自建房屋比例较低,大部分是开发公司统一开发,工业化施工,成本较低,租金比较低;

(3) 开发新城的另一个重要原则就是解决就业问题。工业部将优先考虑把新增工业、企业项目布置在新城,新城开发公司也推出对这些企业职工住宅的优惠政策,以吸引新的工业企业;

(4)新城的交通体系采用完全人车分行的雷德朋原则,新城主干路有快速路与大城市中心联系,市区内部有完整的步行系统,可以步行穿越各社区的中心、商店、学校和公共汽车站;

(5)新城建设了充足的基础服务设施,如大规模的医院、学校、购物中心、娱乐中心、社交活动场所(如俱乐部、酒吧、影剧院、歌舞厅),有的新城保证每个居民步行 6 分钟就能到达活动中心;

(6) 新城还留大片未开发土地以便进一步开发娱乐、休闲等公共活动场所;

(7) 上世纪八十年代以后世界范围的“可持续发展”的观点进一步扩展了新城建设的内涵,进而提出了“新社区”(New Settlement)的规划概念。新社区不再是单纯的居住区,而是一种具有多重含义、内容范围广泛、集生活休闲娱乐工作为一体的综合区域。新城注意考虑工业,新社区则将农业也纳入到规划考虑的范围,形成对全新城市聚居的探讨。

三、德国进行房地产开发时着眼于环保

德国是一个联邦国家,共有 16 个州,其中有 3 个是联邦直辖市。政府和行政机构有三个基本层面:即联邦(国家)、州和地方(市政)。这三个层面上的政府机构基本相互独立,并按照严格的法律程序分工协作。各层次政府机构都拥有由国家、州或地方选举产生的成员组成的议会,这些议会控制着他们各自层面上的政府机构。德国联邦制历史悠久,这种联邦制的一个显著结果是,在德国的不同地区存在着文化和社会的巨大差异,

它同时不仅塑造了德国的民族特征，也决定了现行房地产规划体系的结构和特色。

在德国通常大的市政有能力制定自己的主要计划，其做法是：将市政区分成“彩色”和“白色”区。前者表示存在居民聚居、开发或将要被开发的地方；后者大部分是指郊区，选定保持郊区状态，在该地方只允许进行和农业相关的以及基本的开发，这样能够有效地控制城市的扩张。而规划的发展开始于市政水平自下向上的进程。伴随快速城市化的工业化发展清晰地表明，一个地区的发展需要协调和超越地方水平的整体空间规划。因此，在1919年的鲁尔区（当时欧洲的最大工业区）率先建立了区域规划联合会（SVR），并在德国的最大工业区十分成功地指导了居民区开发。如今，鲁尔区面积被有效地控制着，由大片的绿化带（宽度在5-10公里）隔开，这些绿化带起到了缓冲和提供休闲场所的作用。这种规划联合会的组织形式基本上是以自下而上的方式在全国普及。国家水平上的规划并不直接在国家范围内发布框架立法和提供普遍的发展原则，但它们被转化为计划在较低水平上实施，国家仅广泛确认国内那些急需计划指导的地方。

在20世纪60年代人们就明白：在房地产开发时，空间规划是进行环境保护的有力工具，与此同时，环境的空间目标对于加强空间计划的效率是大有益处的。

在德国，保护实现环境目标甚至在联邦空间规划框架法律中发挥着主导作用。通常半数的空间发展目标被清晰表述成环境目标或与其有关的目标。把环境上考虑的问题合并成空间计划的目标通常包括：按照土地的自然适宜性，以一种可持续的方式来利用土地；陆地恢复、还原以及基于陆地的自然资源利用；生态敏感性和各个陆地生态系统的保护。其效果是它们的自然功能和社会可持续性得到了很好的保护，而且环境保护和自然资源管理的部门规划也得到了长足的发展。如今，在从国家到地方的所有规划水平上，德国得益于一套完全成熟的协调机制和部门规划的行政机构。长期以来，一整套法律、管制和适合的规划工具的综合体系也已经发展起来。它的成功执行表明：在房地产开发时对有限的土地资源进行理性和环境协调管理是有效的。

对于预防性环境政策来说，德国人把环境管理和空间规划相结合的做法是一个有效的途径。研究这种方法对于我国的地产资源保护和房地产规划、开发等来说也是有启发意义的。

四、澳大利亚房地产项目的开发经验借鉴

近几年是澳大利亚房地产市场最为活跃、房地产升值最快的时期，尽管买方市场十分强劲，澳大利亚的房地产投资商和开发商并没有出现一哄而上、盲目开发的局面。民用住房的供需市场始终保持平衡，商业办公用房的空置率却仅为6%—7%。澳大利亚的房地产市场低风险、高稳定性的特征不但得益于很好的市场调控，更重要的是每个投资商有正确的目标市场和买方市场的定位分析判断，使得买方和卖方各取所需、彼此受益。

在澳洲，一个房地产项目进行开发之前，开发商在通常情况下都将按照买方情况先弄清以下一些问题：谁是最有可能的买方群体？这些买方群体最想得到的是什么？这个项目能为买者带来什么？如何才能使该项目赢得最好的市场份额？这些问题一方面体现了项目本身的特征，比如房子的设计、质量和维护。另一方面涉及该项目如何通过房子这一载体而传递购房者所希望得到的东西。为了真正解决上述所有问题，开发商通常在开发前根据市场群体的需求进行正确的市场地位。澳大利亚房地产项目开发的成功经验中的最大亮点是开发前制度的策略，策略的第一步即是确定目标购买群体。

（1）Who（谁）。“谁是最有可能的买家”是一个最根本的问题。这涉及人口状况、社会经济因素以及消费者的消费趋向。其中包括的要素有年龄分布情况、收入、职业、家庭结构和房产的使用情况等。分析这些数据便可以判断人口发展趋势，从而建立一个潜在买房群体的直观图。

（2）Where（地点）。房地产开发及营销需搞清楚潜在的购房者目前所居住的地理位置，这将直接影响到未来房产项目所选择的开发区域。因为通过对他们目前居住位置的了解，可以分析如果这些潜在购房者一旦决定更换新的居所，哪些区域是他们的首选。这些被买方首选的物业区域可能是相对较集中的区域，或是分散在各个地方。所谓买房者集聚区域是指当主要的购房者欲搬移其原来住所时，其最有可能选择的下一个定居地。

（3）Why（为什么）。“为什么购房者要搬离他们目前的住所？”这一问题涉及购房者的消费行为和动机。从市场的角度分析，这一研究将会直接影响到房地产这一项目的设计、环境及其价位确定。比如房价是否可以吸引潜在的购房者搬出他们当前的居住地？足以吸引他们的房价应是多少？是否一些购房者宁愿要一个面积相对小些，却是崭新的房子，而不要一个大的老房子。如是这种情形，什么是其主导因素？一些特殊的设施如高尔夫俱乐部，健身中心等是否会成为促使购房者购买的激励条件？经济动机是这一问题的关键因素。用于自住的购房者一般会长期居住，同时兼有长期投资的打算，所以拥有好的生活模式是他们所要追求的。相对于投资购房者来说最主要的投资回报是房租或是资产增值。然而不同类型的投资者，其追求的投资收益亦不相同，如对第一次购房者来说，他们所考虑的是将房租转为支付房屋贷款的收支；对投资者来说是追求税务上的好处和长期的资产增长率；对于退休购房者来说，其购房主要为了资产的保值。

利用“3W”的方法将购房群体进行分类，再结合每个分类群体的生活方式和他们的消费取向对买房的影响，市场机会便会很容易把握住，那么这些市场机会将怎样体现在一个项目上呢？主要有两大因素：一是“how”，一个开发项目将如何满足每一个购房者个性化的生活习惯，从而使得这些潜在的购房者愿意“掏腰包”。实际上，回答好了“How”的问题，也同时解决了目前和未来目标买方市场对物业的需求。二是“when”，即什么时候进入市场比较恰当，这些准入时间应尽量与主要消费者所处的消费阶段吻合。

在具体分析不同种类的潜在购房群体之后，下一步工作就是要明确市场定位。这有三种主要的策略：即目标整体市场、目标多个市场层次及目标特定的市场领域。此外，在市场营销中还要特别注意的是采用同一策略去面对所有的购房者，还是针对不同的购房群体采用不同的市场营销策略。多数的购房者希望寻找到一个较完美的购房投资组合，即既能符合他们的个人财务安排，同时又能满足他们所期望的生活模式。生活模式及所处年龄段是两个很重要的因素，从而能促使他们重新安置物业以及选择怎样设计房子。

A COMPREHENSIVE HANDBOOK OF DEVELOPMENT OF REAL ESTATE IN CHINA VOLUME 7

第七卷

房地产财务分析与理财新技

第一章 房地产经营成本的有效控制

所谓经营成本的控制分析，是指在经营成本的形成过程中，对成本开支情况进行定期差异性分析，即通过成本开支与原定标准和计划目标的对比分析，发现偏差，寻求原因，并采取有效对策，使成本形成过程始终处于有效控制状态，确保企业成本计划和成本降低计划得以顺利实现，当前经营成本控制运用较广且行之有效的方法是责任成本制。要分析房地产经营成本控制，先要了解房地产经营成本的构成情况。

一、房地产经营成本的主要构成

房地产商品经营主要包括土地与房屋的开发与建造、销售及租赁。因此，房地产经营成本主要是由生产费用和流通费用两大部分组成的。

1.房地产开发成本

房地产开发包括单位的土地开发和房地产经营开发两种经营方式。

（1）**土地开发成本**。简言之土地开发成本主要由土地征用及拆迁费用、七通一平费用、管理费用及利息这四项费用构成。

①**土地征用及拆迁费用**。就新区开发而言，包括安置土地所有者的费用、树木青苗补偿费、土地附着物补偿费、土地补偿费、鱼塘养殖场的拆迁补偿费等等；就旧城区开发来讲，含对拆迁户临时安置的安置费、自行安置的补助费、私房征购费等等。

②**七通一平费用**。这是指开发区内的市政工程建设费，包括开发区内的供水、供电、排污、供气、通讯及道路建设相关费用。这些费用按开发单位价目成本总额（包括场地平整、勘察设计、临时设施、桩基工程、土建安装等）汇总并计算出单项造价后，再依据土地开发受益面积平均分摊到土地开发的成本中去。

③**管理费用**。具体含义为组织与管理土地开发工程而支付的各种费用，其中包括管理人员工资、生产工人辅助工资、工资附加费、办公费、差旅费、职工教育费、固定资产使用费等等。

④**利息**。目前银行提供贷款均是以复利法计算利息的，同样开发工程的贷款利息也应以复利计息计入成本。

（2）**房地产综合开发的成本**。该成本主要由以下几大项构成：

①**土地开发费**。是指为取得建筑用地而投入的相关费用，相当于土地开发成本。主要包括征地拆迁费、补偿安置费、私房征购费及建筑用地的“七通一平”等市政工程费及建设单位管理费等。

②**公共服务及生活设施配套费**。是指小区内按规划要求兴建中小学校、幼儿园、卫生院、医院、文化馆、派出所、环境卫生管理用房、居委会、商店等服务设施的费用。

③**小区内外的市政工程建设费**。是指小区内及与之有关的道路、排水、排污、供水、供电线路、变电站、通讯线路、路灯、园林、绿化等建设费用。

④**建筑及安装工程费**。是指新建建筑物、构筑物的施工及设备购置费用。主要包括：a.人工费。直接从事建筑安装工程施工的工人和在现场为建筑安装工程施工操作服务的辅助工人的基本工资。b.材料费。工程施工所耗用的并构成工程实体的主要材料、其他材料、结构物及零件的成本，以及周转材料的摊销费。c.机械使用费。工程施工过程中使用的机械动力设备发生的费用。包括折旧费、大修费、附属工具费、动力及燃料费等。d.施工管理费。为组织和管理工程施工和为施工服务而支付的各种费用。主要包括工作人员工资、工资附加费、办

公费、差旅费、检验试验费等。e. 设备购置及安装费。包括各种供热、供气、供电及电梯等设备的购置及安装费。f. 勘察设计费。包括工程地质勘察、钻探、地形测量、小区规划、建筑结构设计等发生的费用。g. 其他费用。国家和地方政府征收的投资方向调节税、工商统一税、土地使用费、市政建设费、人防费、城市道路占用费、排污费、报建费等。h. 经营管理费。企业的商品流转、销售等经营活动过程中所发生的费用。

2. 房地产租赁与销售成本

房地产业经营具有多样性，所以可以从土地经营和房屋销售、租赁等方面讨论其成本的构成。

（1）**土地经营成本**。房地产经营的成本包括为取得土地使用权而支付的费用、多开发土地而支付的费用和为转让土地使用权而发生的经营管理费。开发好的土地要进入流通领域，通过有偿转让交换土地的使用权，从而实现价值补偿这一过程中发生的费用，必须纳入总成本的范畴。

（2）**房屋销售成本**。房屋销售是房屋产权的交换，销售成本必须加上房屋进入市场在流通领域发生的各项费用。房屋流通费是房屋在市场交换过程中所发生的劳动消耗的货币表现。主要包括两方面：一是销售流通直接费用。包括房屋竣工后，未售出前的看护费、供热采暖费、保养费、有形与无形损失费等；二是销售流通间接费。包括房屋销售后，项目管理员、公共事务管理员的管理费等。

（3）**房屋租赁成本**。它是指房产经营企业为完成租赁房产流转，实现房产交换价值所发生的房产费用的总和。包括房屋生产和流通过程中的全部费用。有房屋折旧费、管理费、维修费、税金、地租、保险费及投资利息等。

①**房屋折旧费**。即房屋建造价值的平均损耗。房屋租赁就是房屋的零星出售，以租金作为价格，分期实现房屋价值的过程。因而租赁成本中的折旧费也可看作房屋出租对房屋消耗按耐用年限平均收回的房屋造价。其计算公式为：

$$年折旧费=\frac{房屋造价\times(1-残值率)}{耐用年限}$$

这里附带介绍一下房屋残值问题，所谓房屋残值是指房屋在达到耐用年限后所剩余物质的价值。残值与房屋造价的比率为残值率。其计算公式为：

$$残值率=\frac{建筑面积残值(元)/m^2}{建筑面积造价(元)/m^2}\times100\%$$

各类结构房屋的残值率有一定的不同值，一般来说，钢筋混凝土结构为零，砖混结构为 2%-6%，砖木结构为 3%-4%，简易房屋为 3%。

②**管理费**。是指经营出租房进行的管理和服务所需的费用，比如员工的工资、办公费、差旅费、教育培训费等。由于管理费属于若干成本核算对象所共同发生的费用，因此管理费可以采用简便的分配办法按分配数额计入受益的成本核算对象，有两种方法：一种是按管理面积平均计算每平方米面积应分摊的管理费份额；另一种是按占租金的一定比例计算每天租金应分摊的管理费份额。

③**维修费**。众所周知，房屋在长年累月使用过程中，其结构和设备将会逐渐损坏、陈旧，为了保证房屋及其设备的正常使用，应投入相应的人力、物力和财力进行定期修缮与维护，这样就产生了经租成本中的维修费。维修费在房屋经租成本中占有非常重要的地位，这不仅是由于修缮劳动属于房产流通费用的主要构成部分，而且修缮劳动的存在也是房屋租赁流通过程区别于一般商品流通和一般商品租赁流通的主要标志。维修费的计算比较复杂。一般来讲，维修费属于出租房屋经营直接支付的费用，即属于各成本核算对象各自单独发生的费用，应当根据准确可靠的原始凭证，分别计入其归属的各成本核算对象。而在实际工作中，房屋的大修费虽然也是直接费用，但因大修间隔期长，一次支付的数额又较多，成本计算也只能按房屋使用年限平均分担，一般

按价值比率法分摊成本,中小修费则可按实际发生额计入成本。

④**税金**。它是房屋租赁部门向社会提供积累的方式和义务,如房产税、地税、印花税等。房屋租赁经营的税金,大部分是按租金收入的一定比例征税,国家会适时按宏观经济调控的需要,确定税率或减免优待办法。

⑤**地租(土地使用费)**。土地使用者向土地所有者提供的土地使用报酬即地租。土地所有权与使用权分离,开始执行土地的有偿使用与转让,土地使用费就应作为地租的形式成为房屋经租成本之一。

⑥**保险费**。房屋所有者为了使自己的房产免遭意外损失而向房屋承保单位支付的费用。其投保费作为房屋租赁成本来考虑。

⑦**利息**。房屋经营单位在建造或购置房地产中的贷款利息应当通过房屋的出售或出租回收。因此房屋租赁成本中应包括房屋建造和经营时投资的利息。这里贷款是与银行接轨的,以复利计息计入成本。

二、房地产经营成本的控制分析

成本责任制是经营成本控制行之有效的一种方法,控制房地产经营的成本一般来讲可以从以下步骤进行:

1. 制定目标成本

这里有两层含义:一层是在成本计划执行阶段,通过成本预测,再充分考虑到企业生产经营条件所确定的目标成本;另一层是企业内部各责任者依据谁承担谁负责的原则所划分的责任成本。前者是成本预测与成本计划编制阶段必须做的事情,而后者是用于成本控制的成本责任制的首要内容。在确定目标成本这个环节中又细分为两个阶段:

第一阶段是责任单位的划分。一般来讲,具有建筑设计和施工能力较大的开发公司,其责任单位可分为:

①**物资供应部门**。主要职责是进行物质材料采购,实现合理储备,确保按时、按质、按量供应施工生产需要;保障材料物资的安全完整。物资供应部门可根据具体情况进行细分,比如按材料类别区分为:金属材料、建筑材料、装饰材料、零配件等。建筑材料还可分为水泥、砂石、砖等;按业务性质划分为:计划、采购、仓库等部门,而有些成本指标甚至可以分解到个人。

②**施工技术部门**。主要职责是编制施工组织设计方案;贯彻执行施工方案中所列的降低成本技术组织措施;及时办理工程设计变更商洽;管理施工进度、质量,保证如期、按质完成任务等。施工技术部门可采取栋号甚至是区、片包干的办法将责任单位划分得更小或责任到人。

③**开发部门**。主要职责是进行市场分析,承揽开发任务,参与投标招标,组织征地拆迁,协助企业经理进行项目决策等。开发部门也可分项目,将成本责任单位划分得更小或具体到责任人。

④**经营部门**。其主要任务是经营管理好企业的现有业务。主要业务有房屋租赁、修缮及房屋销售。经营部门的成本责任单位应按经营性质和经营管理对象进一步细化与细分。

⑤**财务管理部门**。其主要任务是组织、汇总、编制企业的降低成本计划并考核其完成情况,严格成本开支范围和财经纪律,控制开支标准,实行成本监督检查,及时进行成本核算,开展成本分析。财务部门应按各成员分管业务将成本指标落实到各业务小组或个人。

第二阶段是目标成本的确定及解构。目标成本具体是指经营成本应达到的预计水平。具体来说是衡量实际成本节超的标准。房地产企业确定目标成本有三种方法:

一是预算法。即对生产费用支出事先编制预算,成本开支控制以预算为标准,如开发工程的工料费开支,都必须按照施工预算为目标成本,把工料费开支水平严格纳入施工预算之内。

二是分管法。即把总公司及其下属单位各科室、各部门的费用开发计划汇集起来,经过审议后,把成本费用开支计划和指标分管结合起来作为指标,分解到各有关部门,实行指标分管,多适用于非定额开支的成本费用控制。

三是定额法。对单个成本项目,如施工管理费开支、工具消耗费等,应以定额为依据,制定控制标准,形成目标成本,从而严格控制成本开支。

2. 实施过程控制

成本形成过程控制的内容:一是对成本开支范围及成本开支标准的监督控制;二是对成本计划执行情况的

控制分析。对于前项工作而言,企业的成本管理部门应以国家的有关规定和企业成本计划中的目标成本、各责任单位分摊的责任成本为依据,对经营成本形成过程实施有效监督与控制。监督其超定额消耗、超标准开支、超越成本开支范围以及超过目标成本等方面的情况和问题。为此,企业应建立与健全各项成本管理制度,除责任成本制以外,还有成本开支审批制、材料管理的限额领料制、工具管理的个人承包制、以旧换新制等等。对于后一项工作而言,这是在经营成本形成过程中,通过对成本开支的差异分析,披露矛盾,予以纠正的控制分析过程,相对于房地产开发企业,成本差异分析具体有:

①**材料成本差异分析,即原材料实际支出偏离计划的差异分析**。材料费支出脱离计划偏差由用料数量变化和材料价格变化两部分组成。原材料数量差异是指原材料实际消耗与预期定额两者之间差异。包括材料质量变化、材料加工工艺改变、型号规格变化、建筑设计变更等引起的原材料用量的增加或减少。数量差异一般是采用定额用料制实施管理的。定额用料制要求在施工时,必须把材料消耗控制在该项工程的消耗定额之内。材料价格变化反映了原材料外购实际价格与外购计划价格的差异,即材料采购成本的差异。材料采购成本由材料买价、运杂费、采购保管费、损耗费构成。材料价格变化,对部分企业而言是不可控成本差异,而对另一部分企业而言则是可控成本差异。不可控成本差异,如材料市场价格的涨落等,是客观因素造成的,一般按用料对象分摊到单位工程上去,有些也可分摊到建筑工区。

②**工资成本差异分析**。由劳动效率和劳动工资构成的成本反映的是企业经营成本中的劳动消耗。这里的劳动效率专指生产效率,即在单位时间内生产某种产品的数量。显然,劳动效率越高,单位时间生产的产品就越多,每个单位产品分摊的活劳动消耗越低,产品的成本也就越低。房地产建筑施工的劳动效率考核是用劳动定额。企业应当按核定的劳动定额定期检查分析施工生产班组及工区的劳动定额完成情况。工资成本差异分析也就是结合成本责任制定期对劳动工资基金计划执行情况进行分析。

③**间接费用差异分析**。间接费用指企业管理费、固定资产折旧费、生产工人的计时工资、管理人员工资等。间接费用差异包括耗用差异、效率差异和数量差异三项。对于自身没有建筑施工队伍,没有施工生产能力保证的房地产开发公司和没有修缮维护队伍,不具备房屋修缮能力的房地产经营公司,间接费用差异分析只有耗用差异分析这一项。

实施责任成本制的企业应在成本形成过程中从各单位内部入手,同时应配合公司的协调与指导,采用预算法(预算法:按预先计算的费用预算实行控制的方法。力求使实际责任成本费用单项和总额均低于或接近预算费用)、定额法(定额法:按国家、上级主管部门和公司自己制定的定额实行控制的方法,定额法特别适用于物资供应和劳动工资的责任成本分析)、制度法(制度法:按国家规定的财经制度和企业规定的有关规章制度对成本开支范围和额度实行管理与控制的方法)或分析法(分析法:对比实际成本与计划成本,定期进行差异分析,揭示矛盾,发现问题,寻找对策,采取措施的控制方法)对责任成本的发生实行行之有效的控制。具体工作包括:运作以质量、成本、产量三大指标为核心的经济责任制;建立内部仲裁机构,及时、合理地调解与裁决各责任单位间责、权、利方面的纠纷;制定内部结算价格,确保责任成本核算的正确性;设立责任成本统计核算管理机构并安排专门人员负责;制订各责任单位评价与考核标准、奖罚方法,加强责任成本执行效果的考核与控制以保障措施的有效激励作用。

三、房地产经营成本的控制总结

经营成本控制的总结是在计划期后,对成本计划完成的情况进行分析,不仅是为了总结、评定成本管理工作成绩,更要找出差距和分析原因,为下一年度成本计划的编制提供科学有效的依据,同时也为企业进一步增收节支指明方向。房地产经营成本控制的总结主要从三个方面着手进行:

1. 报告期企业总成本分析

企业的总成本分析是指企业在报告期末对成本计划执行情况的全面系统分析。在编制成本计划的时候应尽量从各方面考虑客观因素的影响,因此,成本计划的完成情况一般就能反映企业在生产经营上主观能动性发挥的程度,并且成本计划包含了企业全部商品生产与经营的计划成本,反映一个企业的实际成本水平。企业成本计划的完成情况基本能作为考核企业成本管理及实际成本水平的准绳。为了更好地分析引起成本节超的原因,从而找出主要因素和基本环节,企业总成本分析必须根据不同的需要和安排分项目、分对象、分单位统筹规划进行。

2. 单位成本分析

单位成本分析即单位工程数量单位面积的开发成本、单位房产面积的租赁成本分析。通过实际单位成本、计划单位成本、预算单位成本互相对比,查明成本降低额及成本降低率计划的完成情况,从而深入分析企业下属各单位的成本节超现象和分析引起成本节超的主要原因,寻找深层次的降低成本的具体途径。为了便于区分经济责任,查明真实原因,单位成本分析也须按下属单位分项目统筹。

3. 企业间成本状况的比较差异分析

通过对成本计划执行情况和单位成本分析,可以更好地对企业的生产经营活动作出基本的评价,从而发现企业成本处理存在的主要问题,这有利于加强成本管理,对降低成本水平也具有重要意义。但这种自我对比分析也存在一定的适用范围,而企业间成本水平的比较分析是以本企业主要产品的单位成本与同行业同类产品的先进性成本水平进行两相比较,寻找差距并分析其产生的源头,从而制定出缩小或消除成本差距的科学的行之有效的运作措施,实现超越,企业间成本水平的比较分析应当成为成本分析的重要内容。值得注意的是,在进行企业间成本水平的比较分析时,先进企业的成本资料与本企业成本资料应具有可比性。可比性是指成本项目费用构成的内容项目的一致性,也就是说在成本费用计算分摊办法方面,在收费标准方面,在成本计算方法方面,在成本指标含义方面,以及房屋结构形式、规格等级、经济用途等方面都应有一致性。只有具有可以进行比较的条件才有话语权与话事权,才能为大多数人所接受,也才能真正揭示出症结所在。必须指出的是,可比性也只是一个相对的概念,针对研究的对象不同、目的不同,可比条件的具体内容也将有所差别,比如分析企业向不同结构形式的商品住宅开发成本时,房屋的结构形式可不作为可比条件,但地域则必须作为可比的条件。在分析租赁房屋的维修费水平时,房屋的结构形式,使用年限等必须作为重要的参考条件,而地域差别这一因素却允许存在。企业间成本水平比较分析的步骤与内容一般是:首先按比较分析的目的来收集资料,并充分审查与论证双方成本资料,对于明显不可比因素应予以剔除或过滤调整,从而找出可比条件;其次是运用差额比较法利用柱状图、曲线图等图表工具,直观科学地比较本单位和先进企业的实际成本水平,从而计算每个成本项目的差距。最后归结汇总分析差异产生的原因,针对主要矛盾和矛盾的主要方面制订实现超越先进水平的科学有效措施。

第二章 房地产企业的经营目标利润分析

房地产企业的经营利润是房地产企业经济活动成果的最终表现，是企业已实现的经营收入在扣除成本、税金后的余额。利润是衡量企业经济效益的重要指标之一，是一项综合指标。它集中反映了成本、质量、劳动效率、企业经营管理效率等各方面的情况，对房地产业而言，房地产经营企业利润包括以下几方面的内容：出售房产销售利润，出租房产销售利润，附营业务利润，营业外净收入、资金占有费，土地使用费，其他销售利润。而房地产开发企业利润也是由七个方面构成，分别是：建设场地利润，商品房售卖利润，代建房结算利润，配套设施销售利润，代建工程结算利润，房产经营利润，其他利润。而目标利润是企业生产经营活动在一定期限内要达到的预期利润目标。作为房地产企业经营与管理的重要内容，它是根据计划任务和市场调研等综合评估结果，在全面分析产品的销售量、价格和成本等因素后，经过预测和反复试算平衡而确定的。由此可见，目标利润分析属于经营利润的预测分析。

无疑，企业经营的目的就是追求利润最大化。为了不断推动企业改善经营与管理环境，需要由预计销售收入和预计利润来确定预计销售成本，因此便引进了目标利润的概念。如果一旦事先确定了企业计划期内应实现的目标利润和预计销售收入后，有下列公式可以确定预计销售成本：预计销售成本 = 预计销售收入 - 目标利润。显然目标利润是房地产企业经营管理、编制利润计划的基础，确定目标利润是企业经营决策的重要内容之一。目标利润确定后就成为企业生产经营及管理活动的行动目标，后期工作必须按照目标利润来组织销售收入、控制销售成本和资金占用。

在商品经济和市场经济条件下，房地产企业为了提高经济效益，大多数企业都实行一业为主，多种经营。并且为了适应市场需求，经营项目的内容也是经常变化的。企业的目标利润构成分析，就是要把握这种变化规律，并根据分析这种变化的经济效益而进行。房地产企业的目标利润分析主要以三大方面着手准备，即最优目标分析、目标利润预测分析和目标利润敏感性分析。

一、最优目标利润分析

事实上，最优目标利润分析的实质是利润优化分析，就一般而言，房地产企业的最优利润分析可从以下三步骤进行：

一是进行市场调查，认真全面地掌握第一手资料，分析和准确判断市场，分析商品房的售价与销量的关系，找出最适当和最容易被广大消费者认可及接受的定价，使企业利润最优。

通常售价与销量成反比关系，即销售单价降低，销售数量便会升高。单价降低会使利润下降，而销售量增加又会使利润增加，其间存在着错综复杂的关系。为此我们应结合市场研究结果，确切摸清商品房购买行情，进行深入研究,找到利润最优的定价。

二是研究产品销售结构,找到契合市场需要、最佳利润的产品结构。

房屋建设要从建筑标准、建筑面积、建筑结构、建筑套型、建筑设计风格、室内外装修标准、装修形式等方面考虑,可供选择的方案很多。不同的产品构成意味着不同的利润。因而房地产企业的目标利润分析,还应认真分析所建房屋结构形式是否满足市场需求,是否能获取最大利润。

三是进行最优利润规划分析。

即在制定目标利润时,要研究一整套实现最优利润目标的技术经济方法和与之配套的组织措施,保证目标利润的实现。

二、目标利润预测分析

目标利润预测分析大多是通过量本利分析法进行的。量本利分析法是专门用来探求研究产品的销售价格、数量、成本和利润之间内在联系的一种分析方法,主要内容有:盈亏平衡分析、影响利润的各因素分析、各种生产方式的盈利性对比分析和利润实现的措施效果分析。众所周知,企业的销售利润是其销售收入减去销售成本和销售税金后的余额,即:

销售利润 = 销售收入 - 销售成本 - 销售税金

而销售收入与销售税金的差额为销售净收入,即:

销售收入 - 销售税金 = 销售净收入

由上式可得出这样一个公式:销售利润 = 销售净收入 - 销售成本,如果再将销售成本分解为固定成本和变动成本,上式则可变为:

销售利润 = 销售净收入 - 变动成本 - 固定成本

销售收入减去变动成本后的余额在会计学上称之为边际利润,即:

边际利润 = 销售净收入 - 变动成本

由于:变动成本 = 单位变动成本 × 销售量,故上式可变为:

边际利润 =(单位售价 - 单位变动成本)× 销售量
= 单位边际利润 × 销售量

在该式中:单位边际利润 = 单位售价 - 单位变动成本

又因边际利润等于销售净收入与变动成本之差,由此可得出下列公式:

边际利润 = 固定成本 + 销售利润

以上便是量本利分析法中有关收入、成本、利润和销售之间的基本关系式。

企业的销售净收入减去销售成本后的余额即为边际利润。边际利润是用来补偿固定成本的,然后才能为企业创造利润,如果边际利润刚好与企业的固定成本相等,则意味着利润为零,这表明企业盈亏平衡。我们把此时的销售量称为保本点销售量。边际利润补偿固定成本之后,便全部形成企业销售利润。即超过保本点销售后每增加一单位产品销售的边际利润,将全部形成企业的营业利润。据此可分析计算出实现目标利润的销售量或预计在某一销售量不能实现的预测利润:

$$\text{实现目标利润的销售率} = \frac{\text{目标利润} \times \text{固定成本}}{\text{单位售价} - \text{单位变动成本}}$$

预测利润 =(预计销售量 - 保本点销售量)× 边际利润

其中:保本点销售量为固定成本与单位售价和单位变动成本之差的商。

在房地产开发经营决策中,特别是在确定房屋开发建设面积方案的时候,量本利润分析法极具可行性与科学性。

就一般情况而言，商品房的开发费用主要有征地拆迁费、前期工程费、建安工程费、基础设施费、配套设施费、经营管理费以及销售税金。如果一旦确定了土地开发面积，企业分析在已确定的建筑地块上应该建设的房屋数量和面积时，通常除了受制于城市整体规划设计及城市房屋建设的技术经济指标（比如居住建筑密度、土地利用系数等）以外，还取决于经济性因素，如果仅用经济性因素来分析房屋建设面积时，宜采用量本利分析方法。

三、目标利润敏感度分析

房地产开发投资巨大，建设周期长，房屋的售价和成本受市场影响大，因而房地产开发企业在确定目标利润时，进行利润敏感度分析极为重要。所谓利润敏感度分析，实质上就是目标利润保险程度的分析，具体研究在其他条件不变的情况下，假设产品的销售价格或销售成本变化后，要想保持原来的经营利润水平，销售量必须到达一个什么样的水平。利润敏感性分析依据就是目标利润下的销售计算公式。即：

$$\text{实际自然利润的销售量}=\frac{\text{固定成本}+\text{目标利润}}{\text{销售单价}-\text{单位变动成本}}$$

这里有几种可能情况，第一种情况，当单位销售价格降低时，要想保持原来的经营利润水平，需增加的销售量则必须依据下列公式计算：

$$\text{单位售价降低引起的销售量增加}=\frac{(\text{固定成本}+\text{目标利润})\times(\text{原单价}-\text{新单价})}{(\text{原单价}-\text{单位变动成本})\times(\text{新单价}-\text{单位变动成本})}$$

第二种情况，当房屋开发的固定成本增加时，要想保持原来的目标利润，需增加的销售量则有另外一个计算公式：

$$\text{固定成本提高引起的销售量增加}=\frac{\text{新固定成本}-\text{原固定成本}}{\text{销售单价}-\text{单位变动成本}}$$

第三种情况，当房屋建筑的变动成本增加时，要想保持原来的目标利润，需增加的销售量则可按下列计算公式：

$$\text{单位变动成本提高引起的销售量增加}=\frac{\text{固定成本}+\text{目标利润}}{\text{销售单价}-\text{原单位变动成本}}$$

目标利润敏感度分析实质上是对目标利润预测的一种有利补充，只有这样才能有利于经营决策和有效科学管理。

第三章

大型房企的价值链

随着市场竞争的加剧,房地产市场上粗放型经营格局已经瓦解。新经济的兴起与发展也要求房地产市场从开发到销售都进行相应变革,从企业运作模式的发展趋势来看,企业管理、研发、生产和销售在经济发展的初级阶段,都是集中在一起的。随着经济的充分发展,市场对专业化和效率的要求越来越高,使企业管理、研发、生产和销售可以分开,这就产生了多样化的物业类型需求,对房地产市场来说,就是产业细分。房地产市场细分的趋势使得正在市场上呼风唤雨的大型房地产企业不得不遭受规模化与多元化经营之痒。

一、规模化与多元化的关系

随着改革开放的纵深推进,企业获得了自由发展的空间和机遇,市场的"王者"由竞争来决定。然而竞争是残酷的,虽然能够在王者山头驻足的企业很多,但是真正能保持状态的却所剩无几。是什么对"王者"痛下杀手?从实践看是大型企业的规模化与多元化经营,但从理论上看要想成为真正的王者,规模化与多元化都是不可或缺的。

规模化和机械化是相联系的,如果固定资产投资生产产品的规模过大,则分配到单个产品的固定投资就少,企业在价格上竞争力就越强;如果是劳动密集型的企业就不适用。但是规模如果和机器联系,资金雄厚就成为无坚不摧的利器,然而事实上,规模还必须和企业的组织结构、企业文化等进行有机联系。如果一个企业在这方面落后,实际上不但不支持规模,它还必须面对效率低下带来的高运行成本等问题。

通常情况下,促使企业进行多种经营的原因有两个:一是看到了自己上下游行业的高额利润,二是不愿意自己的业务受制于上下游企业,于是干脆"自己动手,丰衣足食"。但是,绝大多数多元经营的企业都解决不了副业依附于主业的原动力弱化问题,也解决不了企业内各业主间权责不明确、核算不清楚等问题。无论企业从事具有怎样高额利润的产业,都可能得到管理成本高于交易成本的结局。

现实情况是,房地产业正享受着规模化和多元化经营的种种好处,而且很多企业都相信:把规模做得更大一些,形成一张让社会仰望的王牌,从而享受以较低价格聚集土地资源等诸多好处。房地产业目前的现状是由于房地产业的特点使然,还是房地产市场繁荣的暂时现象,一直以来备受争议。

二、房地产开发商的窘境分析

1. 多种经营窘境

我国的房地产业发展还十分稚嫩,其稚嫩的价值链不仅表现在自身发展上,也表现在其不成熟的上下游产业。民用建筑设计滞后,工程监理刚刚起步,房地产企业常常受制于设计、监理等环节,于是,众多的房地产开发商纷纷成立自己的设计、监理、建筑机构。如果不是行政管理机关严格限制了房地产开发项目的"自我交易",很多开发企业在这条路上可能会越走越远。而事实上,凡是拥有本该属于上下游企业关系的分支企业,这些分支机构的效益并不十分理想,实际上是普遍的亏损。

有些企业拥有属于自己的监理公司,但是这一些监理公司远离市场,业务水准和素质不高,而企业除自身仍然保留强大的执行一定监理职能的工程外,更高的机会成本来源于自己的监理公司给企业不规范施工带来的种种不方便,这样做的实际结果适得其反,使房地产

开发商的竞争力不升反降。而不少开发商拥有自己的建筑公司,但实际的结果是自己的建筑公司在承揽自己的业务时,成本大大高于社会平均水平,质量却远远低于社会平均水平。

2. 规模窘境

几乎所有的房地产开发商都笃信储备战略性土地是做大企业并使之具有核心竞争力的最重要条件。于是,凡有能力的房地产开发商,在这方面几乎没有约束,特别是根本不顾及企业的财务约束。根据调查研究发现,储备较多土地的企业一般容易出现以下四大问题:

第一,资产负债率过高。企业进行过多的战略土地储备,投入过多的项目,必然提高企业的资产负债率。目前,相当部分房地产企业资产负债率超过80%已是不争的事实。如此高的资产负债率会极大地弱化企业的生存能力。很多房地产开发商由于负债率太高,虽然拥有过多的土地储备,但由于资金问题而难以启动,企业陷入极度的尴尬之中。

第二,存在过多的不确定因素。房地产开发周期长,发生风险的概率大。圈得较大片的土地一般生地居多,开发周期更长,自己承担的公共建设设施更多,很多企业为此背上了建设学校、幼儿园、公交、商店的负担。由于居民人数及客流量等客观问题,以上建设设施很难盈利,只能靠补贴维持,以吸引消费者。

第三,边际效益递减。储备土地的资金有时间价值,如果企业不能在财务允许的范围内把资源变现,超过企业运行能力的土地储备就会导致企业边际效益递减。战略土地储备受到约束还和城市形态有关,如北京、上海等城市的房地产市场的体量比较大,允许房地产开发商以较快的速度和较大的项目规模开发;而在其他城市,则显然不同,即使较大地块也只能一点点地推进,否则市场难以容纳和消化,无形之中加大了战略储备土地的机会成本。

第四,缺乏相应的产品模式。过多的土地储备意味着向多个城市进军,但如果一个房地产企业没有自己成熟的产品模式,那么他进军任何一个城市都意味着要"重打锣鼓另开张",再一次支付创业成本。我国的房地产企业一般属于项目式,但在制度上无法获得强力支持,或者说异地开发超越了企业管理的半径,决策速度和效率必然降低,随之而来的高成本常常会吞噬显现的土地收益。

3. 制度窘境

房地产企业的组织架构基本上是项目式的,这种组织架构并没有随着企业做大做强而改变,当企业做大以后,项目式的组织架构宛如一颗小心脏支撑庞大的身躯。主要依靠人而不是制度运行的房地产企业,存在着难以克服的管理漏洞,而每个漏洞都是吞噬资本的黑洞,在调查中这些大型房企几乎都是这样的模式:运作一个小项目的时候,总经理对每一个环节都可以做得面面俱到,效率较高,成本控制得很好。但是,当企业面临着几个大项目,特别是做异地项目的时候,总经理的一些权力不得不下放,采购、广告、选择承包商等等环节,无不存在效率低下的问题。更可怕的是房地产开发商很少反省自己的制度性问题,也不愿正视问题来自于体制方面的现实情况。

三、再造大型房企价值链

1. 房地产开发商赢利模式分析

目前我国房地产业比较普遍的赢利模式是:获取土

地——盖房子——销售——物业管理。对于小企业而言,由于规模小,产品相对简单,能够较好地和小设计机构整合,享受低设计成本带来的好处,在建设阶段成本控制严格,可以有效地协调与建筑业、监理企业的关系,运行速度加快。一些小企业很想卸下物业管理的包袱,可以把自己开发的物业外包,集中精力做好开发环节,这种赢利模式还有一定的可操作性。

大企业希望拥有自己的品牌,在产品上做得更好一些,因此,大企业的赢利模式存在以下四个考验:一是我国目前品牌意识不足,具有所谓品牌效应的产品,虽然售价高但一般投入也过大;二是大企业的产品比较奢华复杂,它们与设计、监理的关系整合困难,如果自己拥有监理机构,往往进一步加大成本;三是大企业的建筑成本难以控制;四是大企业一般必须自己进行物业管理,并对物业管理予以贴补。当前大型房地产企业的赢利模式已经严重威胁到实际的赢利能力了,一些大房地产开发商要寻求新的赢利模式的信息四起,绝不是空穴来风。

必须强调的是,目前房地产市场赢利模式存在一个潜在的问题:一般的项目都十分奢华地建设景观、会所等等,开发商往往利用这些东西宣传自己的产品,制造卖点;而由于消费者不愿意承受过高的物业管理费用,房地产开发商一般要补贴物业管理,这种赢利模式在一定程度上助长了房地产开发的浮华,造成房价的居高不下,并有可能让消费者超越支撑能力消费物业管理。并且一旦房地产开发商不能够继续补贴时,问题和麻烦便会接踵而来,稍不留神就会牵涉到过多的法律纠纷,最终使房地产开发商、物业管理公司、消费者三方都受到严重伤害。

2. 再造房地产企业价值链

也许大型房地产企业开发商遇到的问题是市场经济中的分工、交换机制方面各行其是,所以大型房地产开发商应该找到自己的相对优势,把自己的相对劣势外包给社会。但是,我国目前的产业环境还不够理想,设计、施工、监理存在诸多不足与缺陷,房地产开发商不可能寻找到被市场接受的项目,融资以后不能坐收渔人之利,它仍然要事无巨细地控制每一个环节。所以,下一个阶段大型房地产企业的赢利模式仍然要符合目前的国情,如大型房地产开发商充分利用自己的品牌,把项目设计好,充分利用自己的资金优势,把余下的所有环节外派给其他企业。当然要实现如此的赢利模式,企业必须拥有很强的计划能力与执行能力,能够评估好自己的确定性收益,同时还要具备很强的整合能力。

3. 从中国香港模式到美国模式

统计显示,目前中国内地房地产企业多借鉴中国香港模式。从买地、建造、卖房、管理都由一家开发商独立完成。通常房子建好以后,地产企业并不持有物业,而是直接出售,只有当房子出售情况不理想时,才转向出租物业。而这种模式从风险和效率来说,对现在的大陆地产企业都不是很适用的。据估算,如果在北京做一个30万平方米的项目,从最初设计到最后全部完成,时间约为7-10年。房地产公司很容易因为资金运转不灵而遭受致命打击。当然,在内地地产市场发展之初,由于环境不成熟和金融服务极度缺乏,采用香港模式有很大的可行性,而在目前市场逐渐规范和分工逐步细化的前提下,美国模式适用性更强。美国房地产开发模式走的则是一条专业化道路,投资、开发、物业经营等各业务板块相对独立。高度的专业化细分,加上发达的不动产金融,是美国模式的最大特点,这样,项目承担的风险被分解得很小。

第四章 房地产项目定价与调价策略

房地产价格是房产价格和地产价格的总称，是房屋商品价值和地租资本化价值的综合性货币表现。自有商品交换以来，价格就是买卖双方关注的焦点。价格也是市场营销要考虑的主要因素之一，它是一种非常重要的市场营销工具，由于房地产商品价值高，购买时需要资金多，因而价位是客户选择楼盘的重要参数，价格变化直接影响着消费者的购买行为。

房地产价格是由房地产的有用性、相对稀缺性与反映房地产的有效需求三者相互结合而产生的，是为获得房地产所必须付出的代价。它受多种因素影响，且随时间、地区的不同存在较大差异，主要可以分为两大因素：成本因素和供求因素。成本是指房地产开发商在开发经营过程中所投入的总费用，包括地租、征地和拆迁补偿费、前期工程费、房屋建筑安装费、基础设施建设费、管理费、贷款利息、税金等，这是决定房地产价格的关键因素。供求是指市场上的总供给和总需求状况，供大于求，价格就会下跌；供不应求，价格就会上升。供求因素又受到经济、社会、政治和竞争者行为等多种因素的影响。一般来说，经济稳定增长、金融景气、政治稳定时期，社会总投资增加、土地需求也会相应增加，致使地价房价上涨，反之房地产价格就会下降。

由于房地产商品的特殊性，其价格的形成，有两个问题需作特殊考虑：一是房地产价格具有不易识别的特性，由于房地产商品的固着性等自然情况使其不像其他商品那样可以进行样品和品名交易，所以房地产商品的现实价格，通常是由个别形成的，它不具有一般人都能识别适当价格的前提条件；其次是房地产的构成与效用，往往会随着时间的推移而发生变化，因此房地产的价格，也会随着其效用的变化而变化。

由此可见，房地产商品的定价是复杂的，而且房地产商品的价格也不是一成不变的。那么，对于开发商而言，房地产产品的定价与在销售过程中的价值调整策略就显得至关重要。

一、商品房定价策略

在市场营销活动中，企业为了实现自己的经营战略和目标，经常根据不同的产品、市场需求和竞争情况，采取多种灵活多变的定价策略，使价格与市场营销组合中的其他因素完美地结合，扩大销售，提高整体效益。一般情况下，房地产的定价策略涉及差异定价和竞争定价两个方面。

1. 差异定价

房地产世界复杂多样，房地产商品千差万别，产品的差异性显而易见，因此，不同产品所形成的差异性，使得产品进一步形成了不同的市场价格表现。一般来说，房地产产品的定价差异可以依集合的不同分为两大类：

(1)不同地块楼盘之间的差异。 房地产是“房”与“地”的结合体，不同地块楼盘之间的差异包括“房”和“地”两个方面的差异。这一类差异，称之为产品的主要差异。二者的决然不同，对产品的定价影响很大，“房”与“地”的综合评定组成了产品价格的总体认定，这一类差异一般而言，包括以下几个方面的内容：

①**区域环境**。无论是从传统营销观念角度出发，还是从现代营销观念角度来看，好地段有其独一无二的优势。如离市中心的距离远近及交通设施状况好坏；居住环境是否优良，包括居住处是否清静，有无

影响住宅环境的设施，居住区居民的职业、教育水平、社会地位、生活方式以及商业街的配置状况、学校、公园、医院等的配置状况，洪水、地震等灾害发生的几率等等。靠近市中心，环境良好、交通便捷、位置恰当，房屋价格就高；如果在市郊，环境不佳、交通又不便、产品价格自然就低；社区规划完善，绿化好、空气质量好，休闲娱乐设施配置齐全，完善的教育、医疗机构，价格就高；社会规划不科学、品质差、生活配套设施不配套，价格自然就低。

②产品种类。目前房地产产品种类繁多，在价格上也存在很大的差别，产品的种类不同，其用地的成本会有所不同，建筑成本也不同；功能配置不同，价格上也会有所体现，如别墅用地比公寓要多，钢筋混凝土结构的高层住宅楼比砖混结构的多层住宅楼的建筑成本要高，再有相同位置的办公室比住宅楼要贵，别墅比公寓贵。其次，建材的档次不一样，价格差异也较大，从外墙到屋内建材价格差异很大，例如，木质、铝质门窗和铜铸大门、高级铝门窗价格相差很大，而大理石、花岗石地板也不是一般的瓷砖所能比的。外国进口的厨房设备、卫生设备也比国内产品要贵几倍。再如，有装潢的比没装潢的价格贵，装修讲究的比装修一般的价格贵，有的房屋定价干脆把装潢价格和产品价格分开，不同的装潢等级须对应不同的附加价格。

③公司品牌。品牌在某种程度上体现了商品的质量，能在消费者心目中打下深深烙印的房产品牌，往往会是消费者的首选。口碑较好的房地产企业，资金雄厚，产品质量有保证，可信度高，所以其推出的楼盘价格也稍高；反之，规模较小，资金缺乏，施工进程和建筑品质都难于保证的房地产公司，在消费者心目中难以树立起企业形象，那么其楼盘的价格自然就会低一些。名牌有利于提高顾客忠诚度，品牌名气越大，顾客对其评价就越高，就越有利于提高顾客忠诚度。顾客忠诚度的提高可以创造并加强第二营销渠道，从而促进物业的销售。如果企业创立了一个品牌，其信誉可以放大到物业，继而从品牌形象放大到企业形象，由此带来的经济效益也起到了放大作用。

④设计企划。室内格局、配置等方面的设计都会影响到房地产价格，如设计灵活、适用、经济实惠、可使用面积多、符合标准生活的价格就高；设计呆板、比例分配不好、功能及其结构落伍陈旧的价格就低。另外，开放空间、休闲空间的设计也因提高了居住品质而提高了房地产的价位。再如，有些房产公司企划服务包装精美，服务上乘，房屋价格就有上升的可能，而产品说明简单以至于购买者不得不怀疑产品的品质的，则会使房屋价格下降。还有付款方式的因素，如相对宽松的付款方式一般在价格上没有优惠，而对于一次性付款来说，不同的付款方式对应着不同的价格。

（2）同一楼盘不同单元之间的差异。这种差异是指同一地块，同一楼盘不同单元之间的差异，它是产品的次要差异，通常说法中的差价系数便是指这类差异，它对产品的定价仅起到微调的作用。一般而言，这种差异体现在以下几个方面：

①朝向差异。一般而言，根据我国独特的地理环境和文化背景，朝南的单元较贵，东南向、西南向的次之，朝北的则最便宜。若所有的厅和卧室都朝南则最贵，若所有的厅和卧室都朝北，则最便宜，其他的以次类推。

③**面积差异**。因面积大小而导致的差价系统不同，往往和总价配比有关。当一个楼盘的总价范围小，但因市场需要要求拉开总价落差的时候，就要对不同的面积单元确定不同差价系数来呈现差异性定价，以锁定不同客户的总价需求。而且由于人们在不同面积的房屋中生活的舒适感程度不一样，因此房屋面积有一个适度规模。面积太大或太小的房屋价格都不可能太贵，而有利于工作、生活尺寸的房屋价格则较贵。

③**楼层差异**。对高层楼房而言，通常是由低层向高层逐渐趋贵，但最顶层的则比它下面的三四个层面要便宜。对多层住宅而言，一般情况是，中间四层最贵，稍低、高层次之，底层及顶层最便宜。

④**边间差异**。对公寓而言，临空和采光面越多，价格越贵。三面临空，并且三面采光的房屋最贵，二面临空二面采光的房屋次之；对别墅而言，四面临空的独栋别墅最贵、三面临空的双拼别墅次之，二面临空的连体别墅最便宜。

⑤**视野差异**。视野开阔、景观上乘的单元，如面临公园、湖泊、重要景观或市区雄伟建筑等或生活在周边层感到轻松自然，这样的房屋一般价格较贵；而面临闹市，视野狭窄，被许多建筑物所遮挡，采光不佳的房屋，即使在同一幢楼的同一楼层，价格也相对便宜一些。

2. 竞争定价

如果说竞争定价主要是从消费者角度对产品实际使用价值进行综合性比较认定，那么，竞争定价更是产品的竞争者为争取市场而对竞争对手的主动出击。依据市场竞争定价的产品，它的价格与产品价值不等，甚至与产品成本相背离，但却与市场需求、竞争对手等因素紧密相连，是最易为市场所接受，最为主动进取的定价方法。

一般来说，市场竞争定价在兼顾产品成本和产品价值的同时，更多地要从以下因素综合考虑：

（1）**经济状况**。国家经济形势良好，国民经济发展较快，房地产市场产品供求两旺，房地产的定价便提高；反之市场低迷，有效需求不旺，空置房大量囤积，则房地产产品价格必然会走低。

（2）**竞争地位**。垄断优势明显，有可能获得高额利润，产品定价就高；竞争地位无明显优势，利润就小，企业为保持一定的销量，薄利多销，那么产品定价就低。

（3）**品牌战略**。口碑较好，有志于长线发展的，价格或高或低，以企业品牌为重；短平快的项目，价格或高或低，一切以实现利润为重。

（4）**资金状况**。企业本身资金缺乏，贷款数额较大，或资金周转不畅，需要迅速成交、回笼资金的，价格就低；资金充足，周转流畅，有条件制造高额利润的，产品售价就高。

（5）**目标利润**。产品质量好、成本高以及目标利润高，产品价格就高；反之，成本低，目标利润低，产品的价格就低。

有人说，没有卖不出去的产品，只有卖不出去的价格；反过来也可以说，没有卖不出去的价格，只有卖不出去的产品。其实，当产品的价格与产品的价值相符的时候，任何一个产品所对应的价格都有特定的市场空间，任何产品都有它特定的客户消费层。由此可见，产品价格最终在市场上能否得以实现，关键在于产品的定价是否以产品本身所内涵的价值为基础，并在市场供需平衡之间寻求最大的价格实现。

房地产的价格早已成为房地产行销过程的核心和关键性的问题。一切操作均以此为主轴，对房地产销售来说，高价位的房地产有高价位的行销法方法，低价位的房地产有低价位的行销法，本高价低和本低价高都会导致房地产经营利润的变化，反映了不同的经营观念。在开盘时，如何制定最适当的价格，求取最大的利润，是所有投资者必须慎重考虑的问题。

二、商品房开盘策略

投资获利是每个房地产开发商最为关心的事情，价格策略自然是操盘的重中之重。由于房地产市场瞬息万变，整体的书面价格在实际运作中往往得不到全面的贯彻，或是完全流于形式，而开盘定价是计划与市场的最先接合点，是日后进行价格修正的实践基准，它的拟定总是会得到比较彻底的执行，因此，在整个价格策略中，开盘定价是第一步，也是最为关键的一步。

1. 低价开盘策略

低价开盘是指楼盘在初次推向市场时，以低于市场的价格进行公开销售的一种开盘策略，它的优点有以下几点：

（1） 有利于回笼资金和再投

资。只有通过交易才有资金的流入，公司才能运转。特别是处于市场低迷之时，小亏总比大亏好，不赢利也是赚，与其守着价位让银行利息来吞噬，还不如果断抛售，寻求生机。若能收回成本，还可用于其他项目的投资。

(2)便于迅速成交，促进良性循环。价廉物美是每一个购房者的愿望，以低于行情的价格开盘，定能吸引相当一部分客户的注意。当他们在对产品进行了解，确认其品质后，便很容易成交。而开盘不久的迅速成交，不但意味着企业创利的开始，而且还能提高全体员工的信心，从而以更好的精神状态开展后续工作。大量的客户来访及咨询，也有利于聚敛人气，创造楼盘良好形象。

(3)便于日后价格调整。就目前来说，房地产商大多采用低开高走策略，分期推出楼盘，首期以低价吸引消费者，但从第二期起即开始逐步提价。这样一来可以以低价汇聚人气，促使消费者马上购买，以免承担较高的楼价，二来又使人觉得所购买的物业在不断地升值。即使市场反响不大，仍可以维持低价优势，在保持一定成交量的情况下，静观市场的反应。

低价开盘，价格的主动权在发展商手里，由于市场的复杂性，低价开盘有利也有弊，其弊体现在以下两个方面：

第一，首期利润不高。因其开盘价低于市场价格，所以首期利润不高，有的甚至还是亏本销售，发展商将主要利润的获取寄希望于后续调价时，也往往显得非常谨慎。因为低

价开盘后，后续的价格调控是有相当难度的，如果价格调控不好，对后续进场的客户无疑会造成一种阻力，从而造成销售不畅。这不但会让以前设定的利润期望值落空，而且会抵消已经取得的销售业绩。

第二，楼盘形象难以提升。高价位的楼盘不一定代表高品质，但高品质的楼盘一定是需要高价位来支撑的。一个楼盘从开发、建设到最后的物管，一般来说，有多少资金来润滑，便有多大程度的良性循环。低价开盘只能是一个局部短期的促销活动，如果操作不慎，则必然会影响楼盘的档次定位以及实际运作。

2.高价开盘策略

高价开盘是指楼盘第一次面对消费者时，以高于市场的价位公开销售，采取这种策略多是出于以下因素的考虑：

(1)卖点新颖突出。所谓楼盘卖点，也就是指其他楼盘没有，而自己却拥有的在产品或服务等方面的特别之处。它能够引领时代的潮流与消费，易为消费者所接受，如最为前沿、合理、适用的户型；最为畅通的网络功能；周边其他楼盘所达不到的绿化率，公共设施、产品配置等等。这种创新率先突破市场思维格局，容易给消费者以全新的购买享受，即便定价高，消费者也觉得物有所值。

(2)产品综合性能好。高价位多半对应着高品质，品质与价格相一致是判定价格策略的根本原则。若楼盘缺乏卖点时，只要地段、户型、面积及格局配比合理，产品品质与客户所能接受的心理价位相当或略高，则也能采取高价开盘的策略。

(3)市场需求旺盛，公司信誉佳。产品定位准确，迎合了消费者的心理需求，如果又是知名房地产企

业投资开发，那么仅凭消费者对企业品牌的认可心理，高价开盘也一定会有它的市场响应。

高价开盘与低价开盘相比，两者的利弊相反，高价开盘的主要结果表现为：

第一，若首期就能获得消费者的认同，一直保持着好的销售业绩，那么这就有利于发展商获取最大市场，获取最大利润，但若价位偏离主力市场，那么资金周转就会相对缓慢。

第二，有助于树立楼盘品牌，根据企业在消费者心目中的好印象，从而给企业创造无形资产。房地产作为不可移动的商品，将其推向全国及全世界最具说服力的手段便是树立企业的品牌形象，推出企业的品牌形象。

第三，高价开盘本身是以高于市场行情来定位的，而其最终目的还是为了达到营销目标，所以高价开盘最根本的一点是要考虑市场的承受力。赚取高额的利润率是每个发展商都不会抗拒的，但若一味相信自己的楼盘，追求高价，则容易造成“有价无市”的局面。所以，高价位还得有足够的市场承受力，高价开盘在日后的价格调控上，应该是具有一定的限度的。

总之，不管是低价开盘，还是高价开盘，它们都有不同的实施条件和结果。但依据市场开盘，更具有一层积极的意义。变幻莫测的市场正需要企业主动的适应，事实上也只有主动地适应，方能最终熟练地驾驭。

在市场竞争环境中，房地产商品如同所有商品一样，随着供求关系的变化而发生价值转移，所以发展商应该时刻关注市场的变化，该调整价格的时候，就应该做出及时调整。

三、商品房调价策略

在营销组合中，价格调整是最为便捷，也最为有效的一种手段，特别是在尚未成熟的市场，各种营销手法的 80%-90%都是在价格上做文章。因此，仔细分析房地产价格调整的实质和方法，是开发商进行营销决策的必要前提。

1. 直接的价格调整

直接的价格调整体现在对房屋价格的直线上升或下降进行的调整，它给客户提供的是最直观明了的信息。通常情况下，价格上调或者是由于物业在不断升值，或者是由于购买力旺盛，对于这样的正面消息，发展商是最希望消费者尽快了解的。此时，他们常常会进行大肆宣传，并由此暗示楼盘今后价格上升的趋势，以吸引更多的消费者尽快购买；反之，若价格下调，则说明产品有这样或那样的缺陷，不为消费者所看好，或者是整个市场不景气，或者经济低迷。事实上，若非万不得已，房地产发展商通常是不会直接宣布其楼盘价格的下调的，他们往往通过其他方式间接地让客户感受价格下调是一种优惠，以维护其正面的形象。

直接的价格调整经常用到这两种方式：

（1）**基价的调整**。基价的调整就是对一栋楼的计算价格上调或下调。因为基价是制定所有单元价格的计算基础。所以，基价调整，意味着所有单元的价格都要相应进行调整。这样的调整，使得每套单元的调整幅度和方向都是一致的。

（2）**差价系数的调整**。楼盘的每套单元因产品的差异，通常会制定不同的差价系数，每套单元的价格则是由房屋基价加先前所制定的差价系数而计算出来的。然而，在实际销售过程中，每套单元因为产品的差异性而为市场所接纳的程度并不一直和发展商预先的估计相一致。如有些单元预估不好卖的实际上会卖得很好，原先预估好卖的在市场上却不好卖。

所谓差价系数的调整即要求开发商依据实际的销售情况，对先前设定的差价进行适时适度的修正，如将好卖的单元差价系数调高，不好卖的单元差价系数调低，以均匀各种类型单元的销售比例，适应消费者对市场不同产品需求的强弱反应。

差价系数的调整是房地产销售过程中常用的主要调价手段之一，有时会因售楼周期及销售情况而进行多次调整，以适应市场的需要。

2. 付款方式的折让

付款方式本来就是发展商对房价在时间上给予客户的一种折让，它对价格的调整显得很隐蔽，从付款方式的构成要件不难发现，付款方式和付款时段的确定和划分、每个付款时段的款项比例的分配、各种期限的贷款利息高低是决定采用付款方式的三大要件，事实上付款方式对价格的调整是通过这三大要件的调整来实现的。

(1) 付款时间调整。这是一种对总的付款期限的减少或延长的方式，各个阶段付款时间比设定时间提前或延后。

(2) 付款比例的调整。这种调整是指各个阶段的付款比例是前期高、后期低，或者是付款比例的各个阶段均衡发布，还是各个阶段付款比例的前期低、后期高。

(3) 付款利息的调整。它是指发展商对客户的付款利息采取高于、等于或者低于银行贷款利息，或者干脆取消贷款利息的一种价格调整方式。

3. 优惠折扣

优惠折扣是指在限定的期限内配合整体销售计划，通过折扣、赠送等方式直接刺激消费者购买行为的一种方式。优惠折扣通常会活跃销售现场的气氛，调剂销售，但更多的是抛开价格体系的直接让利行为。优惠折扣的形式多种多样，如限时折扣、送家电、送衣服、送家具、甚至送建筑面积等等。优惠折扣的目的在于吸引消费者的注意，从而达到刺激消费者消费欲望的目的，要想将优惠折扣做得好，应该注意以下几点：

(1) 活动最好能切合消费者的实际需求。如在业主购房之后为其提供免费的装修服务，或送家电、送家具、送一至二年的物管费等等。

(2) 突出特色和优点。异质性是房地产的一大特性，因此其促销活动的具体方法是找出特定房地产与竞争房地产相比所具有的不同属性，使目标消费者认识到两者在地段、价格、质量、房型、功能或物管、付款方式的差别，并通过这些不同属性满足不同的消费者的需求。

(3) 要让客户确实能感受到是发展商在让利，而非投机取巧。有些发展商经常拿出一套最差的房屋做广告，将其价格压到成本以内，以此做宣传来招徕客户，甚至还出现了一些开发商说是买房送家具，事实上却是房主自己买家具，然后叫人帮忙搬家具，典型的文字游戏。长此以往，那些开发商在消费者心目中就毫无信誉可言了。

价格调整是企业根据市场需求和产销具体情况而作出的修正行为，它不仅要考虑到商家的利益，同时还要站在市场与消费者的角度，真正为消费者考虑。

第五章

房价涨落考验房企应对力

2005年我国经济继续保持2004年的稳健发展势头，继续演绎高增长的良好态势。从2005年国民经济高速增长的实际情况看，房地产业已经成为国民经济中当之无愧的支柱产业，是国民经济快速、高效增长的巨大推动力。2005年我国几乎没有政策性增收因素，而政策性减收因素则增加较多。因此，2005年我国经济的高速增长和确保财政收支的基本平衡，离不开房地产业的可持续发展。而对于市场中的主体开发商而言，房价的涨落与否，紧牵着开发商紧绷的神经，时刻考验着开发商的应对能力。

一、揭示房价居高深层次原因

对于当前房价居高不下的原因有两种基本观点：一种是成本决定论，即房价居高不下的基本原因是成本居高不下。第二种是需求决定论，即房价的居高不下是因为需求居高不下；与成本没有太多关系。而在我国绝不仅仅只是需求或成本决定房价，究其实质，尚有更深层次原因。

1. 极度缺乏竞争性的市场结构

一般研究者在评说中国房地产市场竞争结构的时候，总是强调中国房地产业的市场上有3万多家企业在竞争，而且前十位的企业所占的市场份额不足5个百分点，排名第一的万科也只接近0.1个百分点，竞争很激烈。但是这样的分析忽略了房地产的不动产特性，住宅的不动产特性决定了开发商之间的竞争为位置固定的空间竞争。也就是说，开发商是有空间分布的，而不是集中于某一处竞争。更为重要的空间竞争决定了开发商之间的竞争是在少数企业之间的竞争。住宅只能和其相邻的住宅进行竞争。例如，我们不能将南方地区的房子拿到北方与北方的房子进行竞争，即使是同一个城市，市中心与郊区的房子也没有比较的意义，但是我们可以将全国甚至是全世界的电视放在一个商店里进行竞争。空间经济学将这种相邻企业之间的竞争称为环形竞争。因此尽管中国房地产市场有3万余家开发商，但真正开发商之间有实质性竞争的却不多，只有周围少数几家开发商。

这样的环形竞争比垄断竞争更加缺乏竞争性，因为垄断竞争是某家企业与市场中其他所有企业进行竞争，由于同一或相邻区域的开发商不多，导致进入环形竞争的开发商更易成为行业寡头。

2. 高房价是房地产商同盟合谋的结果

在极具垄断性的市场上，价格同盟合谋是开发商的最优选择。1998年的房改使住宅需求进入急剧膨胀的“个人购买”时代。消费者的需求约束成为开发商的主

要约束。在消费者需求约束下，一旦新的商品房卖不掉，开发商的巨额投资就无法及时收回，形成巨大的沉淀成本或沉没成本。这样，开发商就难以抽身开发下一个项目，后果严重的甚至会导致开发商破产。正是由于害怕巨大的沉淀成本，众多开发商才会希望合作，避免竞争，从而垄断市场。一旦商品房卖不掉，则开发商将血本无归，因此，巨大的沉淀成本使开发商不敢轻举妄动，更不敢大打彩电等消费品市场广为流行的价格战，从而为价格合谋创造了前提条件。

价格合谋是我国住宅市场的典型特征。合谋方式基本上采取了价格领袖制的方式。换而言之，由第一家在该区域开发的开发商首先定价，后来者紧跟其后。统计数据显示，中国许多地区的房价都出现了逐年上涨的趋势。住宅业存在明显的价格刚性，这从侧面说明了价格合谋在中国的住宅市场盛行多时。在垄断情况下，开发商必须获取垄断利润。相关研究表明，房价已经严重偏离了边际成本。另外，开发商的投资收益率也非常高。开发商总资本的收益率平均在 20 个百分点以上。由于原有资本占总资本的比重不足 20 个百分点，近期规定对此有所调整，所以自有资本的收益率在 100 个百分点以上，这也就是房地产业被冠之以“暴利行业”的原因。当然，山间树木有高低，单个企业也有冷暖之分，不可能每个房企都如出一辙获取高利润率。

3. 看得见的手越位与缺失

市场机制被称为“看不见的手”，而政府管制则被称为“看得见的手”，但在我们的住宅市场上，“看不见的手”让我们为房地产商提供着超额利润，而“看得见的手”在这一市场却存在越位和缺位并存的问题。

政府的越位表现在：一是限制中小企业进入住宅市场。这无形中不仅扼杀了人们创业的激情，没有了“鲶鱼效应”，还会大大降低市场的竞争。二是人为地划分三个不同供应体系。实际上，提供何种产品是根据市场需求由企业自己决定的，而不是由政府决定的，对此政府不能越位。

政府的缺位表现在：一是政府没有对垄断进行强有力的管制。二是政府提供安居房这类具有社会保障性质的住房极为有限，并且还将希望寄托在开发商身上。三是政府没有提供实物地租、房屋质量安全这类具有公共产品性质的产品。

房改要有利于促进竞争、维护市场秩序。房改的市场化有利于促进国有企业改革以及树立消费者在市场中的权威，但因财政困难而“甩包袱”的房改有点急功近利，这将产生两方面的不良后果：一方面，政府没有维持市场秩序，各级政府简单地认为，只要将住房问题交给市场，一切问题就迎刃而解了。另一方面，政府忽视了社会保障制度的建设，实际上，市场化程度越高，越需要建立和完善社会保障制度，像新加坡住房保障制度早已成为该国安邦定国的策略，其人居条件领先于世界。

从 1992 年起，对住宅市场进行了放松管制的改革。政府放松管制体现在两个方面：一是把土地的行政划拨制改为土地出让制；二是对开发企业的性质和数量管制放松。但是土地出让制实质上为许可制，是由政府创造的市场进入壁垒，协议出让土地的制度，会带来诸多方面的不同程度的影响。一方面造成了进入壁垒，限制了进入到市场中企业的数量，使得竞争很难在更大的范围内展开；另一方面造成了开发商的“圈地运动”愈演愈烈，寻租活动络绎不绝，令人触目惊心。

二、影响房价变动的几大因素

探讨房价深层次的原因，除上述因素之外尚有一些较为客观的因素左右房价的波动。

1. 政治因素

影响住宅价格的政治因素包括：战争、动乱、政府机构大的变动或重大政治性政策出台等。

2. 经济因素

影响住宅价格的经济因素包括：

（1）**经济增长速度**：经济增长迅速，居民收入相应提高，购买力增强，住宅价格就会提升；反之，则会使住宅价格下降。

（2）**物价、工资及就业水平**：物价变动导致货币价值变动而波及住宅价格，由于房地产具有保值性、增值性，一般物价上涨时住宅价格上扬幅度更大；工资及就业水平提高，居民收入增加，会促使住宅价格升高，反之则令住宅价格降低。

（3）**储蓄率**：储蓄率提高，表示居民购买能力增强，住宅价格也会跟着上涨；反之，则房价下跌。

（4）**财政及金融状况**：财政和金融状况反映了一个城市或地区的经济状况，直接影响住宅价格。不良的财政状况会导致政府购买力下降，金融状况恶化会导致银根紧缩，二者都会使住宅需求减退、价格下跌。

（5）**利率**：较高的银行利率会增加住宅买卖双方融资成本，使住宅交易行为受到抑制，从而导致住宅价格下跌；而较低的银行利率则会对住宅投资者起到激励的作用，有利于住宅市场价格的上扬和市场的繁荣。

（6）**地价**：具有资源稀缺性、有限性的土地是住宅产生的“原料”，住宅价格起伏和地价涨跌密切相关。

3. 行政因素

影响住宅价格的行政因素包括：

（1）**土地利用规划及供应管制**：土地的用途由政府规划管理部门确定，土地利用的容积率等对单方住宅的土地成本影响很大；政府通常通过土地出让计划来控制进入市场的土地数量，从而影响了住宅市场的供应数量和价格。

（2）**房地产税制**：契税、房产税、土地增值税等影响住宅交易量的增减，税率降低则鼓励交易，住宅价格上升；反之亦然。

（3）**住房政策**：国家的住房政策极大的影响着住宅市场的价格。中国长期以来实行的福利分房制度，导致商品住宅市场空间狭小，居民的购买力与商品住宅市场价格脱节；1998 年停止传统的住宅实物分配制度，必将推动居民个人对商品住宅需求数量的提高。

（4）**政策法规**：政府对住宅开发或交易的限制或鼓励性政策，对住宅市场价格有很大的影响。

（5）**城市规划**：城市规划随着经济发展、人口增长而作局部或通盘调整，如增加新的可开发区域或允许对旧城区进行更新改造，则有利于住宅市场的发展。

（6）**公共建设**：交通条件的改善会令地价上涨，进而带动住宅价格上升；电力、上下水、煤矿气、热力、电讯等公共设施建设都对住宅价格有重要影响。

4. 家庭因素

影响住宅价格的家庭因素包括：

（1）**人口状态**：人口增长率高或人口集中的地区，存在较大的潜在住宅需求，有利于住宅价格上调。

（2）**家庭结构**：核心家庭增加、复合家庭较少、离婚率提高等会令家庭户数增加，从而导致对住宅需求的显著增加，成为城市住宅价格上涨的重要推动因素。

（3）**社会福利**：社会福利状态会影响社会生活水准，进而影响住宅价格。若住房亦成为福利品时，则需求降低而使住宅价格趋于平缓。

（4）**社区环境**：良好的社区环境与和谐的邻里关系，能促进住宅价格的提高。

5. 自然因素

影响住宅价格的自然因素包括：

（1）**位置：即地段属性**。人们常说，成功的房地产开发取决于位置、位置、还是位置。这句话说明了住宅开发项目对土地位置的极端敏感性。地段好、工商发达、交通便利、人口集中的地区，住宅价格较高；城市规划中均确定有生活、商务、生产等核心区，离此区域越远，住宅价格也越低。

（2）**面积**：住宅开发项目的占地面积规模，影响住宅开发的规模效益。适度的居住区开发规模，有利于降低开发成本，进而降低住宅价格。

（3）**周边自然环境**：良好的自然环境，有利于提高住宅的价格。

（4）**市政设施和公共配套设施完善程度**：完善的市政设施和公共配套设施，能大大提高居民生活的质量，也有利于住宅价格的提高。

6. 金融调控制约商业银行的信贷量和不正常的融资行为将间接使房价持续走低

银根的紧缩和放贷条件提高，造成一批缺乏资金实力的项目产生资金链吃紧或断裂的危机，为了尽量避免以上情况的发生，开发商只能尽快将手中房地产项目推向市场套现，除了降价之外，很难找到一个比这更行之有效的方法了。

由于各个商业银行对房地产企业的贷款收紧，土地开发贷款取消，流动资金贷款审查严格，在这种窘迫的情况之下，一些中小型房地产商不惜以惊人高息向典当行融资，甚至将写字楼、轿车、别墅等押进去，这也绝不是个别案例。在这种资金成本重压之下，房地产商只能千方百计地想出促销的办法，而且会尽快使资金回笼。

7. 同行业之间的竞争

同行业之间的这种竞争除了在供给数量上可能大于有效需求之外，其背后还隐藏着材料低价时某些建成的项目与材料高价时某些建成的项目之间不可避免的竞争，有了成本上的先天优势，前者完全有资本展开价格战，占据更多的市场，而后者也不得不强打精神，坚持到底，这些开发商大出血看来是不可避免的。因此，房地产价格会因此而出现波动。

8. 消费者购房已逐渐趋于理性和更加关注质量

房地产市场初期的集体意动也难以再现，理性的购房者在同质的条件下要求价格更优惠，促使许多急于资金回笼的项目不得已选择降价，为了追求较大的成交量，在这样的市场背景下，别无他法。

9. 投资购房者追求利益的尽快收回，尤其是那些投资商铺的投资客，期望一两年就转手大赚，可能会在短期或购房一年后放盘出来，这与二手房市场行情的看跌殊途同归，可能会促动楼市走下坡路

10. 其他因素

其他因素包括社会因素，建筑材料的价格变动和建筑物式样外观、设计水平、设备状况、施工质量等其他因素也对住宅价格也有较大影响。投资客的大量放盘除了获利回吐之外，也不得已更催紧了银行的信贷政策，特别是在加息的市场预期下。

三、正视房价波动，提升房企应对力

1. 增强房企融资能力

目前，在全国性房价涨势回落的背后，隐藏的是各地房企普遍存在融资力低下的问题。但在弱市中还是有万科、金地等房地产企业，纷纷利用各种渠道动用各种

融资资源，在楼市中掀起阵阵资金流巨浪。在商业银行银根紧缩的大背景下，房地产企业除了要拥有资本金外，更看重的是其融资能力，除了地产公司 IPO 上市外，各种增发、配股以及可转债也可在证券市场上大行其道。

上述地产类上市公司因为拥有了股市这个融资平台，自可在资本市场上长袖善舞。除此之外，房地产企业还有其他类型融资力亦可解眼下燃眉之急。近期万科与外资基金成立合资公司，其出发点是基于规避资本监管的外资借款。华远泰达在后者泰达的强大实力荫蔽下，年现金流量也有不俗的表现，而任志强与潘石屹“鸡蛋换粮票”的游戏更被业界津津乐道，地产大腕在资本市场上左右逢源，而其他公司只要看清形势，根据自身的实际情况，精心准备渡过现金难关，就能打造出自己的一片天地。

在房地产市场，房地产信托自 2003 年就呼之欲出，在当今银根紧缩的背景下，更是如雨后春笋，这受到了规模较大而尚无上市能力的房地产企业最为广泛的关注；房地产基金虽已试水中国，但距形成气候还略显稚嫩，更多的是与国外资金联手导演出的一款概念性产品；而土地典当在民间金融发达的江浙一带广为流传，是该区域中小型房企融通资金的首选，虽然百分之二三十的利率让这些企业无异饮鸩止渴，但为了生存，也只能在发展中解决不断涌现的问题。

2. 优化房地产企业市场结构

合理有效的市场结构是产生规范化市场行为与良好经济绩效的先决条件，但是对于市场结构的选择，在产业经济学界却争论不休。近年来的研究表明，无论是高度集中还是高度分散的市场结构都具有多重弊端。高度集中容易导致垄断，而市场垄断所带来的社会福利的损失一直以来为人们的诟病；但是过度分散的市场结构也同样会导致规模经济效益的损失和资源效率的低下，最终仍然会导致社会福利的损失。因此，从提高资源效率和增进消费者福利的角度出发，我国的房地产业需要一个以促进有效竞争为基本目标的适度集中的垄断竞争型市场结构。适度集中是指市场集中处于一种既能提高资源配置效率，又能增进消费者福利的状态。根据这个目标和当前我国房地产业市场结构现状，可以通过兼并集中来优化市场结构。

市场的集中不能再依靠行政手段，必须通过市场的优胜劣汰，但是仅仅依靠市场竞争实现优胜劣汰不仅周期过长，而且会浪费大量极为有限的土地资源。因此我国房地产业应该通过房地产企业的兼并重组等方式，提高房地产业的竞争力。从我国房地产业发展的现状来看，应该主要从两个方面着手：首先要推进我国房地产企业改革，实现产权结构多元化，为房地产企业的兼并、重组扫清产权上的障碍；其次是政府应该出台相应的政策措施以鼓励现有房地产企业利用资本市场收购、兼并，实现我国房地产企业的资产重组和企业扩张。

3. 强化房地产品牌实现产品差异化

规模经济是为了提高产品生产效率和降低成本，但是同质化产品竞争的终极仍是激烈的价格竞争。通过产品差异能够使消费者差异曲线发生位移和改变其斜率，同时也可能提升产业冲破壁垒而获得市场青睐。另外，差异化的产品也能增加消费者的“选择之权”。所谓产品的差异化是指产业内相互竞争的企业生产的同类产品，由于在商品的物理性能、销售服务、信息提供、消费者偏好等方面存在着差异，导致产品间不完全替代关系的状况，这是一种极具竞争力的“终南捷径”。房地产产品由于其地段的差别导致其具有天生的差异性，同时，房地产产品的差异性还表现在户型、工程质量、物业管理和其他公共服务以及价格行为等各个方面。但随着房地产企业经营手段和方式的不断更新以及信息的快速高效传播，越来越多的开发商选择了几乎一样的合作单位。竞争对手们倾向于选择同一个优秀设计师，同一个好的营销策划公司，同一个建筑承包商，甚至同一个物业管理公司等等。因此，在产品形式同质化的今天，房地产之间的其他差异逐渐地模糊起来。另外，电子公共交通设施的不断改善，地段作为房地产产品差异化的天生因素的作用也逐步弱化，甚至淡出商家和购买者的视阈。因此，房地产开发商的品牌已经逐渐成为产品差异化的主要标志。品牌是一种无形资产，也是推动房地产市场集中的有力手段。因此，房地产企业必须加强品牌建设，依靠品牌实现产品的差异化和企业的规模扩张。这样才能使企业在房价的潮起潮落中有足够的应对力，才能闲庭信步地面对市场竞争。

第六章

房地产开发热潮中对地价的理性思考

房地产的发展与土地紧密相连，土地成本是房地产价格的重要组成部分。对开发商来说，土地取得价格构成了房地产的成本，而房地产产品中土地部分市场价格也是房地产市场价格的主导因素。据调查，西方发达国家成熟的房地产市场中地价约占商品房售价的30%-40%甚至更高，地价是影响房地产市场发展及房地产价格变动趋势的重要因素。在我国房地产市场逐步趋于成熟的过程中，地价的变动必将成为影响房地产市场发展的推动力，在房地产热潮中有必要对地价进行冷思考。

一、土地在不同交易阶段的价格分析

土地在房地产市场不同阶段，其价值形态、价格内涵、价值形式的市场背景等也各不相同。没有市场就没有价格，土地价格无疑也是市场交易的结果，不同市场主体和市场交易环境必将产生不同价格形态、价格内涵的地价。土地按理想的市场流动状态可分为三个交易阶段，即土地出让阶段、土地转让阶段和房地产出售阶段。

1. 土地出让阶段地价

土地出让阶段形成的是一级市场土地价格，其交易双方是政府和土地开发商，其地价主要由土地纯收益及基础设施配套费构成。

2. 土地转让阶段地价

该阶段形成二级土地价格，其交易双方是土地开发商与房地产开发商，地价主要由土地取得成本、土地开发成本及利润构成。对房地产开发商来说，土地转让价格即是其取得土地的成本。当然，如果房地产开发商能直接在一级市场中取得土地则土地出让价构成其土地成本，但总体而言，全国各大中城市，大部分土地已被大型的土地开发公司取得。房地产开发商要获得土地只能通过二级市场交易实现。不过究竟以什么价格成交完全不由自己决定，土地市场价格只能是靠土地供需情况决定，具体说就是由土地开发商供应土地的数量和房地产开发商对土地的需求决定。

3. 房地产出售阶段地价

此阶段为三级市场土地价格，这一阶段中，交易双方为房屋购买者和房地产开发商，土地价格体现于房地产价格之中，土地已没有单独的价格，土地只是房地产总价对土地部分的分摊。分摊的土地价值除了原来购买土地的成本之外还包括房地产开发完成之后的功能增值及进入房地产市场所带来的市场增值。从土地价格来源看，地价包括的内容为土地所有权收益、基础设施配套费、土地开发成本和利润及房屋开发带来的被市场认可的土地增值，该土地价格完全由房屋市场和房屋供需关系所决定。若房屋能够成

交则说明市场对其中的土地价格是接受的或承认的，其中体现出来的应该是土地市场价格或市场价值。对房地产开发商来说，房地产产品中的土地价格是扣除土地投资合理的利润后土地收益的体现，所以是房地产开发商在一级及二级市场中取得土地成本的上限，否则房地产开发商无法获取在开发期间土地的增值收益，甚至无法获取正常开发利润。

土地在不同交易阶段针对不同交易主体，往往有着不同的价格，因此探讨地价首先得明确所探讨地价的种类和确切含义。本文中地价是指土地三级市场中房地产交易价格所形成和体现出来的土地价格，是土地使用权价值的体现，是房地产交易价格中形成和体现的某一时点上用途为住宅用地的价格。使用年限为 70 年土地使

用权价格，是楼面地价，是在不改变区位环境等条件下一般房地产开发商能够实现的土地使用权价值。

二、土地价格实现方式的路径选择

土地需求是一种引致需求，也就是说是由消费者对土地产品需求而引起的对土地的需求。从土地出让、转让开发到最后建成房屋出售给业主，整个过程都与土地成本或土地价格紧密相连。业主是土地使用权拥有者，也是土地使用权价格的最终承担者，因而房地产交易价格中所蕴含的土地价格是土地使用权价值的价格体现，最接近土地使用权价格，是房地产开发商对土地通过开发后的土地级差收益的体现。

众所周知，房地产是由地产和建筑物（房产）两部分构成。随着房产业的发展和人们居住消费层次的提高以及建筑、材料等技术的进步，同类建筑物的建安成本横向比较没有太多变化，同级别及同档次住宅的配套设施、小区设计及物业服务等房地产附加条件都趋向于高标准和高水平，所不同的只是为适应不同需求倾向而形成的风格差异及个性化设计，但其成本却趋向于同化。纵向来看，同一建筑物随时间的推移会逐渐损耗，包括实物损耗、功能损耗、经济损耗，需要不断计提折旧而发生减值。地产则不同，横向来看由于地段区位及景观等的不同，地价则呈现不同层次，不同地段地价差异甚大。纵向来看，随经济发展地价总体则呈现增值趋势，不随时间推移而发生折旧。当然，对于有一定使用年限的土地使用权来说，其价值会随可使用年限的减少而受到一定影响。对于某块宗地来说，其在房地产开发过程中及社会经济发展过程中随着区位及环境的变化等均可能使其价值得到提升。因此房地产开发过程在一定程度上是实现土地价值的过程，通过开发使房产交易时点某一确定的区位环境等条件下土地价值能够在房产交易价格中体现出来，其实质是土地级差收益的价格体现。故房地产开发商在对某一块地皮开发时可有以下几种选择。

第一种，选择等待开发。若开发商持有较小的地块，可借边缘地区开发之东风，待整个区域区位及人文交通等因素得以提升后开发，当然这也存在等待的时间成本。

第二种，选择直接开发。房地产开发商只做好地块内开发建设，区位及外部环境、交通等则由社会本身决定，以实现土地现存条件下土地使用权价值。开发商对地块直接开发应选择周边有完善的社会配套成熟的社区，否则聚集不起人气，不为人们所看好，楼盘很可能要大面积滞销。

第三种，选择较大区域开发，开发商以较高的投资提升整个区域区位。人文自然环境、交通等地价影响因素，使土地增值以进一步实现土地级差收益。这其中有较大的投资成本及时间成本，已经成为房地产开发的一种趋势，房地产开发商或因资金短缺，或为抵御开发风险，可能会选择联合开发等大区域开发方式。

三、房地产产品中地价成本的变现

1. 房地产产品的交易价格中土地部分的价格是土地使用权价值的体现

现在及将来市场中的房地产消费者越来越倾向于理性化,房地产市场中产品品种、数量的供给非常丰富,可比性也非常强。消费者购买房屋的房价中包含的地价作为体现土地价值的土地市场价格,必须为消费者所认可。从房地产开发商角度考虑,其对商品房的定价也自然而然地考虑到土地的市场价格,体现为预期土地价格,与土地市场价格应该是接近或相当的。房地产消费

者是土地价格的最终承担者,所以商品房购买价中体现的地价应该是土地的市场价格,或者说为市场所承认的价格。而房地产商取得土地的价格从某种意义上讲仅是土地取得成本的表现,并不能够代表土地的真正价值。这是因为,首先,从理论上讲房价中除了住宅建设费用外,其他都可以视作广义地价组成部分。因为大小配套费用其实是当地土地条件改良或改善费用,房地产开发企业的利润都来源于房地产建设过程中的土地开发而实现的土地增值,因而除了住宅建设相关支出及费用外都可以看做是广义地价的转化形式。故土地的市场价格可通过房价减去建安费用及相应管理财务税费及不可预见费后得出,即单宗地在房产交易中体现出的市场价格 = 房价 - 建安费用 - 相应管理财务税费 - 不可预见费。

2. 房产市场及地产市场将逐渐趋向成熟,必将使房地产开发中同类型同品质建安成本定额化,管理费,财务费及营销等费用与开发成本将会趋向一个合理的比率

而最重要的是市场对仅仅风格不同,但类型与品质相同的房产或地产成本的认可也趋于同化。因此,房价是由地价决定的,房屋开发对房地产开发商来说是为了实现土地价值和土地增值。因此现实中的商品房交易价格 = 地价 + 建安成本 + 管理财务营销及税收等费用。

3. 虽然现在市场上房地产商品的土地取得方式多种多样,土地取得成本也有高有低,但大多数开发商最终对产品价格的定位都是在对消费者的承受能力做过详细调查研究,并对自己产品特性及土地区位价值及环境价值有深入的了解的基础上进行的,所以产品定价分析中也一定考虑到了所占用土地的市场价值,而不仅仅是取得土地的成本

毕竟房地产市场的竞争日趋激烈,其定价必须在有足够利润的前提下能够为市场所接受,所以在房地产业火热的市场中并不是每一个开发商都赚大钱。从全行业平均利润率分析,房地产业并不比其他传统产业拥有明显的优势。究其原因主要是其取得土地的成本及投入的建安管理等费用超过了市场的承受范围。因此,在房地产市场逐渐趋向成熟的背景下,房地产开发商取得土地的成本将逐渐与消费者所承认的土地市场价格趋向一致,尤其是全国部分地区已实行将在全国推广的商品房用地招标拍卖制度,必将加快这一步伐。

4. 房地产开发过程在很大程度上可以说是实现土地价值的过程,开发商通过对土地价值的实现获取土地级差收益以实现经营利润

现实房地产交易价格中所体现出来的相同类型和层次(甚至是相邻地块)的土地价格也可能相差很大。这是因为开发商在开发过程中因对项目的定位不同,对土地价值的预期和估算也就不同,加上开发商在推销产品的手段、博弈手法以及对消费者所能承受的价位认识不清,而导致土地价格呈现较大差别。

四、地价在房地产市场中的表现

1. 地价地域差异十分明显，这一差异还将进一步扩大

受地段因素以及与楼盘的内在品质、市场销售策略以及周边楼盘走势对区块地段、品位、层次以及被抽象化的人文环境等因素的影响，区域的土地增值呈现不同趋势。如上海浦东新区世纪公园周围，由于南部整体缺乏规划，私房、动迁房与商品房交叉分布，绿化率又较北部低，从而影响了南部区域的整体环境。而北部由于定位于中、高档楼盘及大社区，经过一定时间的开发已形成初步规模，其区域环境、区位地段得以较大提升，人文环境、自然环境质量较高，已形成一个成熟的中高档次的居住区域。

2. 地段、区位、环境等较好或通过较少投资能够使环境及区位得到较大提升的土地，其价格上升速度将随开发商及消费者的争夺而有较大提升，地段、区位及环境较差者则变动平缓甚至下滑

由于地段及环境的不同，土地在房地产商品中体现的价格将出现相反变动趋势，较好地段区位环境及品质的房屋由于争夺，其土地价格将得到提升，较差地段及环境的房屋即使再豪华也很难体现较高品质而不得不降价销售甚至滞销，地价也可能随之大跌，这在一定程度上也体现了现阶段及今后消费者的居住观念的改变。市场在某个时期可能对好品质的土地争抢得热火朝天，而较差品质土地却无人问津。当然一宗土地品质的好坏也可能随时间而变迁，并不是一成不变的，所以仍然需要在不同时期不同市场中进行自己的判断。

3. 客观经济特别是房地产市场的发展使地价仍然呈现稳中有升的态势

虽然近两年来各地楼市房价一路攀升，每年以10到20个百分点的速度上涨，与经济发展基本相适应。至于出现的一些高价位的而且被市场所接受的楼盘，其所表现出来的高地价则是由于现实中区位、环境、交通等条件较为优越的土地的超稀缺性，加之收入水平较高的房地产市场消费者极其注重高品位层次的住房，从而加剧了对其追逐的程度，所以不同地段环境的土地供求矛盾要远大于一般地段的土地，因而无形中加大了地段、环境等因素对土地市场价的影响，毕竟房地产产品的品质提升很大程度上是以其所依附的土地的区位、环境及其改善和提高的潜力作为前提和依托的。

A COMPREHENSIVE HANDBOOK OF DEVELOPMENT OF REAL ESTATE IN CHINA VOLUME 8

第八卷

房地产工程项目管理

第一章 加强房地产项目的可行性研究

近几年来，我国房地产业发展迅猛，对国民经济的推动作用越来越大，已逐渐成为推动经济发展的“三驾马车”之一。然而，在房地产发展如火如荼的同时，部分地区呈现出房产投资过热，商品房空置和总量空置率直线攀升，“烂尾”工程此起彼伏的态势，给房地产业良性发展带来了诸多隐患和阻力。究其原因，主要是源于房地产项目的前期策划的可行性研究流于形式，没有引起战略性的重视。因此，加强和规范房地产项目可行性研究，防投资隐患于未然已迫在眉睫。

一、加强房地产项目的可行性研究

房地产项目开发是一项综合性的经济活动，投资大、建设周期长、涉及面广。要想使投资开发项目达到预期的经济效果，首先必须做好投资可行性研究工作，才能使房地产投资开发项目的许多重大经济技术原则和基础资料得到切实的解决和落实，使投资者的决策建立在科学而不是纯粹经验或感觉的基础上。

房地产投资可行性研究就是在房地产投资决策前对拟建项目的技术先进性、经济合理性、工程实用性、财务盈利性等方面所进行的调查研究，并在此基础上从环境保护、公众安全、社会福利等角度进一步对拟建项目的经济效益、环境效益、社会效益作出科学公正的综合评价和论证。它是随着技术进步和经济管理科学的发展而兴起，并日趋完善的一整套系统研究拟建项目是否可行的分析方法。

房地产业的过热，使得许多项目的开发存在相当大的盲目性，极不利于我国房地产市场乃至整个国民经济的发展。因而，加强房地产项目开发的可行性研究已迫在眉睫。

1. 房地产业的投资特点要求细致入微的项目总体策划和研究

房地产投资具有资金投入量大、回收期长、经营风险高的特点，项目决策一旦失误不但浪费大量的人力、物力、财力，而且加重企业债务负担，同时给开发商带来致命性打击，而且还会导致银行贷款沉淀，影响城市合理性开发进程，甚至会影响国民经济肌体的正常发育与发展。然而，我国大部分房地产开发商仍沉浸在“房地产业遍地黄金”的市场观念中，存在盲目捞“几桶金”的思想，有些“烂尾工程”开发商在项目决策时，根本不作深入的市场调研和全面的可行性研究分析；虽然有些项目具备形式上“完整”的可行性研究报告，但内容不具科学性和操作性，因为“它们”大多是一堆用于争取政府审批立项的“文字游戏”和“数字游戏”，钻政府审批环节把关不严格的空子和漏洞，结果在这场“游戏”

中,开发商往往“套牢”了自己,这样只会是一个两败俱伤的结局,无法达到双赢,还会影响政府的公信力和房地产业的持续快速健康发展。因此,注重并加强项目可行性研究工作显得甚为重要和紧迫。

2. 可行性研究是开发主体、政府和银行机构评审项目投资的基础依据

可行性研究是房地产项目立项前期的一项首要工作。

首先,可行性研究是开发商投资决策的重要依据。可行性研究基于全面深入的市场调查和分析,以大量数据论证了项目在市场中的需求空间、技术操作的先进性、规划设计的科学性、财务分析的盈利性,以及社会效益的贡献性。公司董事会和相关负责人根据项目可行性研究的评价结果,结合公司自身的优劣和市场的预测,最终作出对项目是否投资的决策。

其次,可行性研究是开发商向政府机构审批立项的基础资料,是申请银行贷款、发行企业债券和信托基金的基础依据。政府建设部门、规划部门、计划部门和土地管理部门等机构通过评审项目可行性研究报告,在兼顾经济效益和社会效益的基础上,批准建设执照。银行和信托公司通过审查项目可行性研究报告,评估其偿债能力、风险收益水平等为作出是否贷款和发行信托基金提供依据。

最后,可行性研究报告是工程建设和项目考核的基础依据。可行性研究囊括了项目工程建设的各项技术细节和相应的成本估算,而且,作为其发挥作用的时限并没有结束,在项目竣工后的决算和考核,还可以以可行性研究报告中制定的成本预算、技术标准和经济指标作为考核依据。由此可见项目的可行性研究报告的重要性。

3. 部分地区房地产投资增速过猛,存在资产泡沫“隐患”,亟待规范的可行性研究刹住盲目投资

最近这几年,我国各大城市房地产投资迅猛增长,投资高速增长的背后是空置商品房总量和空置率直线攀升,据权威部门的最新统计数据,2001 年全国空置房总量 9000 多万平方米,积压资金约 2000 亿元;2002 年达 1.25 亿平方米,净增 39%,其中空置时间超过一年的占 50%且分布主要集中在大中城市,积压资金超过 2500 亿元,居各行业不良资产之首。按国际和国内定的正常标准,商品房空置率应控制在 10%以内(美国约为 7%,香港 3%~4%),而我国的商品房空置率达到了 26%,表明房地产业进入了严重超警戒线运行状态,如果不很好解决这一问题,将会危急整个国民经济的正常运作。商品房空置率高的原因有:区位不好、户型不当、配套设施太差、价格过高等等,而这些客观原因在市场调研阶段完全可以避免,更深层次的原因就是项目的前期可行性研究薄弱。经过多年的迅猛的发展,我国大中城市的房地产市场逐步走向了成熟和规范性操作和评估点,房改初期的“暴利时代”已一去不复返,理性的房地产迫切要求理性开发,要求开发商必须作好项目的可行性研究,切忌“一哄而上”的盲目投资。

二、房地产项目开发可行性研究的工作重心

项目的可行性研究工作是一项系统的、细致的长期市场调研和技术分析工作,要做好这项工作要求实际工作者在理论指导上抓住三个结合,在调研分析工作中抓住三个重心,以实现理论指导与实践调研的统一。

1. 可行性研究工作理论指导的三个结合

第一,微观经济效益分析与宏观经济效益分析相结合。可行的房地产项目不仅表现在项目本身的经济利润上,而且还表现在项目拉动社区相关行业发展等的作用上,如:商业、娱乐,通过经济适用房建设,有利于解决困难人口的住房问题,利于改善社区环保水平,利于提高社区文化生活水平,利于促进旧城改造等。

第二,定量分析与定性分析相结合。定量分析是在大量技术性数据的基础上,通过建立数字模型,利用数字和指标等来说明项目的可行性。定量分析忽略了政策环境和市场环境变化给项目带来的潜在机会和风险,所以定量分析必须辅以定性分析作指导,要充分发挥定量分析的优势,同时结合定性分析的优势,强强联合,共同推动房地产项目可行性研究的科学实施。

第三,动态分析与静态分析相结合。按照国家发改委、建设部颁布的《建设项目经济评价方法与参数》的相关规定,项目可行性分析既要进行静态经济评价,也还要进行动态经济评价,要求两者更好地紧密结合与发

挥“扬长避短”机制。这是因为，静态分析得来的投资收益率和投资回收期忽略了资金的时间价值，由于房地产投资的回收期长，且70%～80%资金来源于银行贷款，这样，资金成本会直接影响最终利润水平，所以项目的财务分析必须考虑资金的时间价值，而这个缺陷可以利用动态效益分析进行弥补，充分利用内含报酬率和净现值反映投资的动态效益。

2. 可行性研究的工作三核心

项目可行性分析有三大核心工作，即①**市场调研与市场定位**。房产市场调研与市场定位是通过对社会宏观经济发展态势进行调查和分析，从市场的需求结构、市场容量供求情况、项目的净增值能力、项目的竞争能力

等方面对项目进行客观的评价和分析；然后，在此基础上，科学正确地确立项目开发的产品定位和建成后的销售策略及周期计划。②**技术分析**。技术分析涵盖了项目总进度的统筹安排，包括前期准备工作的计划立项、规划设计、拆迁方案、主体工程、环境工程、配套工程的进度安排、工程的排水、供电、有线电视、电话、煤气、宽带及建设后期的道路、园林绿化、新材料、新工艺的应用等。③**经济效益分析**。财务分析包括征地期、拆迁期、建设前期、中期和销售期的各项成本核算和税费支出，建设资金筹措和使用计划，经济效益和社会效益评价、风险分析等。

三、房地产项目可行性研究的一般步骤

一个完整的房地产项目开发的可行性研究过程一般按照以下五个步骤依次进行：

1. 筹划

筹划即可行性研究开始前的准备工作，包括：提出项目开发设想；委托研究单位或组建研究机构；筹集研究经费；承担研究课题的部门要弄清项目研究的意图，项目提出的背景，与委托者讨论研究项目的界限、范围、内容和要求；收集该研究课题的主要依据材料，制定研究计划。筹划阶段最重要的工作是组建研究队伍。组建一支精明强干、工作责任心强、业务能力强、专业知识搭配合理的研究队伍是决定研究成果好坏的关键。一般来说，房地产投资可行性研究的队伍应由熟悉房地产经济的经济师主持，成员包括了解房地产市场状况的专家、熟悉房地产开发和建设的工程技术人员、熟悉房地产经济运行机制的财务分析专家以及熟悉城市规划及规划管理的专家。

2. 调查研究

该阶段主要通过实际调查，进一步明确拟建设项目的必要性和现实性。调查研究主要从两个方面进行：一是房地产市场的调查和预测，主要包括市场供给和需求量、价格、竞争状况等，以便确定项目的经济规模、市场定位和项目构成；二是资源调查，主要包括建设地点、开发项目用地现状、基础设施条件、交通运输条件、环境保护、水文地质、气象等自然、社会、经济状况的调查，为选定建设地点、建设方案、组织机构以及一下步的规划设计、技术经济分析提供准确的资料。

3. 方案的优化及选择

选择及优化开发方案是可行性研究的主要步骤，一般应同时提出多个方案，然后进行方案评选。在许多地区，这一步骤是采取方案征集或方案投标的方式进行，同时有多个专业单位或专业人员进行规划设计，评选小组再负责组织方案的评选，从中选出最优方案。房地产综合开发方案选择中的一个重要的问题是充分进行技术比较分析，因此要特别注意各方案的技术经济指标的计算和分析。

4. 详细论证

该阶段是对方案优选阶段的论证和继续。在这一阶段，要对选出的最佳方案进行更详细的分析研究工作。分析复查和核定各项资料的数据，明确建设项目的范

围、投资、经营费用和收入等。还要采用多种投资决策方法，对优选出的开发方案进行财务分析、经济效益分析、社会效益分析和环境效益分析。为了检验项目的效果和风险，还要进行敏感性分析，说明成本、价格、销售量、建设工期等不确定性因素发生变化时，其对项目收益所产生的影响。

5. 编写可行性研究报告书

在对项目进行了全面详细分析研究之后，便可编写可行性研究报告书。房地产投资可行性研究报告书的内容与其研究内容大致相同，在报告书中还要提出项目开发的资金筹措方案，即开发资金来源、筹措方式及偿还方式、资金筹措成本及风险等，并对项目投资的经济效益、社会效益及环境效益作出全面评价。报告书的最后一部分还应一一列出该项目存在的问题并提出改进意见。

四、房地产项目可行性研究的完善措施

1. 建立科学的指标评价体系

项目指标评价体系是可行性分析的重要组成部分，其在项目的可行性操作体系中作用巨大，包括规划评价、设计方案评价、市场定位评价、经济评价等。规划评价指标主要有可使用土地面积、建筑密度、容积率、绿地率、停车泊位、市政配套、公用设施、交通等。同时，设计方案评价标准有性能比、产业化、采光、通风、环境质量、格调、品位与周围环境的协调使用功能；而在市场定位评价指标有租售价格、租售率、租售对象、物业管理费等。经济评价指标分两方面重要内容。一是财务评价，分析项目的财务盈利能力、偿债能力及资金平衡状况、判断项目的财务可行性和风险预测等；二是综合评价，从区域社会经济发展的角度分析和计算房地产项目对区域经济的效益和费用，考察项目对社会经济的贡献，判断项目的社会经济合理性。

2. 加强项目风险分析

在经济评价的同时，要加强项目运营中的不确定性分析，预先制定多套方案，从而规避客观经济环境和区域市场变动所带来的投资风险。

首先，要利用概率法分析房地产市场景气程度和相关信息给建设项目期望收益带来的影响，进而根据市场景气指数预测，科学地把区域市场发展划分为良好、一般和较差几个等级，然后由房地产评估师、经济分析专家和专业房地产营销人员共同测量出三种市场发展态势所出现的概率和对应的期望损益值，判断建设项目受市场景气程度的影响程度。

其次，要在宏观经济形势方面分析通货膨胀给项目运营带来的相关风险，一般来说，通货膨胀因素对房地产项目不会产生较大的经营风险，因为建筑材料、人工成本等建造成本和房地产商品的价格都会随大的市场经济运行状态，作出相应的调整和产生相关反应。正所谓“水涨船高”，项目运营成本都自然会随着通货膨胀而升降，这样对房地产项目盈利的正负作用和影响基本上可以抵消。

最后，利用盈亏平衡分析法和敏感性分析法分析市场销售效果给项目经济利润带来的影响。盈亏平衡分析包括销售面积盈亏平衡分析、销售价格盈亏平衡分析、竞标时的土地价格盈亏平衡分析；敏感性分析包括售价的敏感性分析、投资的敏感性分析和项目建设周期的敏感性分析，通过进行上述科学的分析预测，才能更好地保证房地产项目可行性的正确性，为开发商“运筹于帷幄之中，决胜于千里之外”打下坚实的基础。

3. 培育专业房地产可行性研究市场，规范房地产咨询业发展

国家建设主管部门应加强对可行性研究工作的管理和引导，培育可行性研究专业市场。首先，重视房地产专业人才培养，完善注册房地产估价师、房地产经纪人和造价工程师的培养和考核机制。建立房地产经济分析师、政策分析师和房地产环保评价师等专业研究人才的培养和考核体制，为房地产可行性研究领域输送高素质的专业化人才，从而保证房地产企业的持续快速健康发展，也为整个国民经济的持续快速健康发展打下坚实的基础。其次，在政策层面上要扶持房地产评估企业和房地产咨询公司的建立和发展，同时，严格审核其是否具备接受可行性分析业务的能力，对具备能力的单位颁发资质证书、评定等级并加以行业规范，对不具备资格的单位彻底清理。赋予国家注册房地产评估师在可行性研

究上签字生效的权利及明确其应承担的法律责任，建立可行性报告编制单位和研究人员的权责体制，从根源上杜绝可行性研究流于形式的现象发生，继而可以利用可行性研究去指导房地产开发商正确决策、科学操作与运作，从而保证整个房地产行业的健康快速发展。

4. 完善房地产开发项目可行性研究审批备案制度及引进社会监督机制

首先，国家要加强有关房地产项目可行性研究的法律法规建设，这样房地产开发项目纲举目张，才能有规范的科学指导思想，审批必须提交专业可行性研究机构盖章和国家注册房地产评估师签字认可的可行性研究报告。同时，可行性研究机构和相关国家注册房地产评估师对项目建成后的损益和空置情况承担吊销执照等连带责任。

其次，政府房地产审批机构，如建委、规划局和国土资源管理局更要加强对房地产法人主体的财务评价、建设资质评价和银行信用评价。同时，要组织具备房地产评审资格的专家严格审查可行性研究报告，评审专业同样对项目建成后的损益和空置情况承担吊销评审资格执照的连带责任。政府部门对合格的项目报告登记备案，对不合格的项目报告拒绝办理相关手续。

最后，建立房地产项目开发的社会监督机制，建设主管部门和单位应定期公布备案的开发项目，公开项目

的审批机构、开发单位、可行性研究报告的编制单位及可行性研究人员名单；同时对项目建设情况和销售情况进行定期的跟踪调查，曝光“烂尾工程”的开发单位，被吊销营业资格的可行性研究机构和被吊销资格证书的研究人员名单，要充分发挥社会舆论和公众监督对房地产项目开发相关责任主体单位和个人的社会监督作用。只有这样才能保证房地产项目开发的可行性研究的科学性，才能使之更好地服务于开发商，从而更好地服务于房地产市场乃至整个国民经济。

第二章 探析工程量清单的推广应用

一、工程量清单是加强造价控制的最佳方式

对房地产项目推行工程量清单计价是适应市场经济运行以及加入WTO后与国际惯例接轨的需要。工程量清单计价是目前国际上通用的计价方法,在50多个国家已经被广泛地应用,世界银行等国际金融机构以及外国政府机构贷款项目在我国招投标也通常采用这种计价方法。

加入WTO后,我国更多地融入世界经济之中,从工程建设市场来看,将有越来越多的国际机构携带大量资本进入我国的工程建筑领域,与国内工程建筑企业争夺市场,从而引发激烈的市场竞争。要想在市场竞争中占据一定的地位,现行的定购加取费的计价方式已经无法适应市场经济体制下工程建筑的需要,而工程量清单计价不仅符合国际惯例,并且适应市场经济发展的需求。推行工程量清单计价方式,可以为我国建筑市场主体创造一个与国际惯例相似的市场环境,为其提供进入国际建筑市场的通道,使之尽快适应全球经济一体化的需要。

采用"工程量清单"招投标具有多种优越性,具体体现如下:

1.增加招投标透明度,有利于市场主体公开、公平、公正地竞争

传统的招标、投标、评标大都采用百分法,总报价分值达60%以上。利用一次或二次底价作为评标的基准来评定报价得分,标底的作用显得至关重要。这种报价方式导致投标单位不择手段打探标底的现象时有发生,而招标单位及参与招标工作人员因职业道德问题而引发的透标现象时有发生。加之评标专家评定打分时因受专业水平、个人好恶及评标时间限制而使标分差异较大,使公开、公平、公正的竞争原则在某种程度上大打折扣,致使结果难以令人信服。

而采用"工程量清单"报价招标,标底只是投标报价的上限控制线,评标时不作为评分的基准值,标底的作用大大降低。通过资格预审可以选择信誉好、质量优、管理水平高的施工企业参加投标。无特殊技术要求的工程项目如果其技术标经专家评审合格,经济标在评审原则上选择报价最低的单位即为中标单位。实行"工程量清单"报价后,一切招投标过程中的操作均公开透明。这样减少了人为操作的环节和余地,从而彻底地杜绝了暗箱操作。

2.促使施工企业在竞争中转变机制,提高内部管理水平

多年来,"量价合一,固定取费,以准为优"的计价方式使得建设单位和招标单位面对的是同样的图纸、定额等,重复着相同的工作,即首先计算工程量,然后进行套价,最后收费，一起向标底靠近。这样做，不但浪费了大量的人力、物力，而且使本具激励和挑战的投标竞争变成了预算员“变味”的数学竞赛，投标单位很难依靠自身实力成功中标，高质低价的优势在竞争中不仅无从体现，反而促使某些投标单位为获取中标机会走邪门歪道而使工程招投标偏离了正常轨道。

采用“工程量清单报价”，是按照“控制量、放开价、竞争责”的原则，工程量在招标文件中给定，每个标段给出一个工程量，参照指定的消耗定额，结合企业自身实力及市场情况，综合权衡考虑施工期间的各种消耗、风险、费用及期望利润等按清单逐项计算出综合单价，进而汇总出投标总报价。由此可见，这样的做法是相当科学的，因为这是一种按市场形成价格并充分体现企业自身优势的报价方式。这种报价是依据市场形成价格，同时充分体现企业自身优势，既是对工程计价的一个度量，又是企业综合素质与实力的体现，因而具有非常大的竞争价值。因此，面对激烈的市场竞争，施工企业要想不断发展壮大就必须转变经营观念和运作机制，加强自身管理，提高内部的管理水平。

3. 由市场确定工程价格，使建设成本大幅度降低成为可能

传统的投标报价及标底的编制依据、编制方法及参考的收费标准、材料价格基本相同，很难体现出企业的技术装备水平、管理水平和劳动生产率，如由自有机械设备齐全而降低租赁费，因技术革新而降耗，因经营管理水平高而降低管理费等等难以实现。从而导致优质低价的报价策略没有实施的可能，加上材料价格上下波动、通货膨胀等风险因素都要由建设方来承担，这样就引起“三超”现象屡屡发生，使得降低工程建设成本成为一句口号。

采用“工程量清单”报价，报价中已全面考虑了企业的实力及施工期间的各种风险，使不确定因素大大减少，使投标报价更接近市场价格。这不但对工程造价的全过程控制行之有效，而且使建设成本大幅度降低。采用工程量清单计价模式应注意如下几个方面的问题：

（1） 工程量清单编制的准确性。工程量清单作为投标报价的依据，是整个项目造价控制的核心内容。业主自己或委托有相应资质的中介机构编制工程量清单和相应的标底。工程量清单编制要符合招投标的要求，每一个子项目的工作内容与工作要求应表达准确完整，尽量做到不高算、不低算、不缺项、不漏项，并尽可能减少暂定项目，以防日后追加工程造价。

（2） 投标报价审查的全面性。在审查投标报价时，评标专家既要评总价，又要对清单中各分项工程单价进行有效评定。这是因为总价符合要求的，并不等于每一项单价都符合要求；而且，总报价最低的，并不等于每一项单价最低。投标方通常在保持总造价不变的情况下，降低变化较小的事项单价，提高变化较大的项目单价，这样在竣工结算时，可以成功地达到追加工程款的目的。工程量大的单价要重点研究，利用收集到的工程造价数据进行对比分析，尽量避免给工程结算留下隐患。

（3） 签证增减工程量要谨慎。工程项目施工实施阶段，应落实已确定的造价控制目标与控制计划，严格执行工程量清单报价的原则与内容，要特别注意增减工程量的签证工作。具体应做到在工程量签证之前，充分考虑其可签性，该如何签。项目是合同内还是合同外的、工

作内容在投标单价中是否已包括;若需签证又应如何签等等。这些因素都要有全局观,通盘考虑,以免留下不必要的隐患。

(4)**竣工结算核准工程量要复算**。工程项目竣工结算阶段,在核算实际完成工程量并审核成编制竣工结算过程中,投标时的单价是不可调的,但如果工程量清单报价中的工程数量不固定,应尽可能按竣工图纸等资料重新计算工程量,而不是单单计算增减量,因为工程量清单中的工程数量不一定准确。另外,还可能会遇到承包商追加工程造价的申请或者索赔。当然作为建设方也有权利实施反索赔行为。工程量清单计价既有利于我国与国际接轨,又可适应市场经济运行趋势,尽管现阶段仍处于摸索、试行阶段,但由于其突出的优越性,所以必须加大实践力度,并加强应用的造价控制,使之逐步完善并日臻成熟。

二、工程量清单的报价策略、技巧及评审

随着入世承诺的逐步兑现,建设工程全面实行工程量清单已是大势所趋。推行工程量清单报价的招标方式,是新形势下促进建筑市场规范化管理的一项重要改革举措。投标方为了追求经济效益,首要考虑的是不得不讲究报价的策略,而招标单位为在降低工程造价的同时提高工程质量,就需要进行科学严格的评审。

工程量清单招投标工程项目就是统一工程量的大小,将单价、材料调整和费用三部分合并,得出综合单价。综合单价不仅应考虑当前执行的定额、主管部门发布的材料估定价、工程类别、企业类别、资费标准等信息,还必须包括相应风险和可以提出的优惠条件。经过通盘考虑得出综合单价后,将工程量和综合单价相乘得到综合复价,再汇总得出投标总价。

1. 工程量清单下的投标报价策略

工程量清单下的投标报价策略是投标人经营决策的重要组成部分,它可以科学地指导投标全过程。影响投标策略的因素比较复杂,加之投标策略与投标人的经济效益紧密相关,所以必须做到及时、迅速、果断。投标时,根据自身经营状况和经营目标,既要考虑自身的优势和劣势,也要考虑竞争的激烈程度,还要分析投标项目的整体特点,按照工程的类别、施工条件等确定投标策略。投标策略从标的全过程来看主要有以下三种:

(1)**生存型策略**。这种策略下的投标报价是着眼于走生存危机为目标而争取中标,于是一般很少考虑各种影响因素。社会、政治、经济环境的变化和投标人自身经营管理不善,都可能造成投标人的生存危机。这种危机首先体现在企业经济状况恶化,投标项目锐减方面。其次,政府调整基建投资方向,使某些投标人擅长的工程项目减价,这种危机常常影响到营业范围单一的专业工程投标人。再次,如果投标人经营管理不善,会存在投标邀请越来越少的危机。这时投标人应以生存为重,采取不盈利甚至亏本也要夺标的态度,只要能暂时维持生存渡过难关,就会有希望东山再起。

(2)**竞争型策略**。采取这种策略时,投标报价以竞争为手段,以开拓市场为目标,在进行精确计算成本的基础上,充分估计竞争对手的报价目标,争取以有竞争力的报价达到中标的目的。投标人处在以下几种情况时,应采取该策略:经营状况恶化;近期中标较少;存在众多有威胁性的竞争对手;试图打入新的地区;开拓新的工程施工类型;投标项目风险小、施工工艺简单、工程量大、社会效益好的项目;附近有本企业其他正在施工的项目。这种策略被大多数企业采用,也叫保本低价策略。

(3)**盈利型策略**。这种策略能够充分发挥企业自身竞争力,以实现最佳盈利为目标。对盈利空间小的项目兴趣低,对盈利大的项目青睐有加。该策略适合于以下几种情况:投标人在该地区已经打开局面、施工能力饱和、信誉度高、竞争对手少、具有技术优势并对招标人有较强的名牌效应;投标人目标主要是扩大影响;或者施工条件差、难度高、资金与付条件不好、工程质量等要求苛刻;为联合伙伴陪投的项目等。

按一定的策略得到初步报价后,应当对这个报价从多方面进行分析,探讨报价的合理性、竞争性、盈利及风险的大小。一般说,投标人对投标报价的计算方法相差不大,造价工程师的基础价格资料也基本相同。因此,从理论上分析,各投标人的投标报价同招标人的标底价都

相差不远。但在实际操作中却往往出现很大差异。除了那些明显的造价失误，误解招标文件内容，有意放弃竞争而报高价等因素之外，出现投标竞价差异的主要原因大抵是：追求利润不一、各自拥有不同的优势、选择的施工方案不同、管理费用的差别等等。这些差异正是实行工程量清单计价后出现低报价原因的重要因素，但在工程量清单计价下的低价必须合理。应尽量避免走极端，并不是越低越好，低于投标人的个别成本是不正常的，由于低价中标而造成亏损，这也是不明智的。投标人是在保证质量、工期的前提下，保证预期的利润及考虑一定风险的基础上确定最低成本价。低价虽然重要，但不是报价唯一因素，除了低报价之外，投标人可以采取一定的投标技巧与方法在投标过程中脱颖而出。

2. 工程量清单报价下的投标技巧

(1)建筑工程的投标报价技巧

①针对性报价法：根据招标项目的不同特点采用不同报价，遇到下列情况可以报高些：施工条件差的工程；本公司有专长的；专业要求高的技术密集型工程；工期短的工程；特殊工程。遇到以下情况报价可适当放低：工程施工条件好、工作简单；公司急于打入市场；投标对手多、竞争激烈的工程。

②不平衡报价法：在总报价基本不变的前提下，调整内部各组成元素的报价，在不影响总报价、又在中标后可以获得好的经济效益的前提下，主要通过以下几个方面来调整：一是提高能早期收回的工程款的项目单价，以利于资金周转，降低后期项目单价；二是提高工程量有可能增加的项目单价，降低工程量减少的项目单价；三是图纸内容不明确或有错误的，估计修改后工程量增加的其单价可降低；四是对于暂定项目其实施的可能性不大的项目，其单价可定高，估计该工程不一定实施的项目，其单价可定低。可见，不同的项目必须采用不同的定价技巧，灵活使用定价技巧，往往可以事半功倍。

③突然降价法：即首先按一般正常情况报价或假装自己对该工程缺乏兴趣，到投标截止时再突然降低报价，为最后中标打下基础，这是一种出其不意的制胜妙招。采用这种方法，一定要在准备投标报价过程中考虑好降价幅度，在临近截止日期前，根据情报信息和分析判断，做最后决策。如果中标，因为开标只降总价，在签订合同后可采用不平衡报价的方法调整工程量表内的各单价或总价格，以期取得更高效益。

④优势互补法：有些工程要求施工技术全面，单靠一个单位的力量无法满足要求。与其他施工单位进行联合投标，强强联合优势互补，联合投标的中标几率肯定比自己单个投标的几率大。

(2)市政工程的投标技巧

市政工程建设领域的投资收益稳定、效益高，故在投标中竞争激烈，投标单位为了中标，必定要采用一定的投标技巧，如通过一定途径使建设单位（业主）和评选小组了解本单位的优势实力以及完成工程任务的信心与决心。市政工程的投标技术有以下几种：

①突然袭击法：为了迷惑竞争对手，有意泄露少许虚假情报，如准备投高标，表现出无利可图的工程不干等假象，到投标截止前几小时压低标价，使对手措手不及而败北。

②增加建设方案法：有时招标文件规定，可以提一个建设方案，投标者应抓住机会，对招标文件的设计和施工方案仔细研究，提出更为合理的方案吸引业主，促成自己的

方案中标。这种建设方案可以降低总造价或者缩短工期，但要注意对原招标方案一定也要报价。建设方案一定要求可行性好，操作性强。

③迂回战术法：与彼此了解的竞争对手竞争不应重复同一种手法，必须不时变换策略，这样才能迷惑竞争对手，从而出奇制胜。

④避免火拼法：如果某项工程有多个标段，那么在购买招标文件时应对招标对手从各方面进行比较分析，尽量不与和自己实力相当甚至超过自己的对手购买同一标段，这样中标的机会将多一些。

总之，在当今建筑市场竞争异常激烈的情况下，为了企业的生存和发展，企业在做出决策之前应对自己的报价进行科学准确地分析，然后做出恰当的报价决策和选择适合的报价技巧，综合考虑期望的利润和要承担的风险，在权衡风险和利润之后，做出最终的决策。

2. 工程量清单的评审要点

投标报价工作的不断规范发展促使我国从2003年7月1日起全面施行《建筑工程工程量清单计价规范》，这是我国工程造价计价改革的一大举措。

这次计价改革的关键部分是工程量清单的编制，因为这对控制造价尤为重要。针对工程量清单的质量，虽然《规范》中有相当明确的要求，但在实际实施过程中由于工程量清单的编制人员本身的水平问题，存在诸多不足，因此，在投标单位拿到招标文件时，应根据投标文件的要求，对照图纸和招标文件上提供的工程量清单进行评审，从而保证工程量清单的全面、准确，力求减少技术误差等纰漏，保证工程量清单的科学性。具体来说，可以采取以下途径：

（1）通过专业人员分专业对施工图进行工程量的数量审查。工程量审核是造价审查的重要步骤。工程设计图纸虽然提供了工程量，但一般还需要认真复核。因为有些设计单位过分关注经济效益，致使内部设计复核程序流于形式，提供的图纸工程量很多也是漏洞百出。而在许多投标中，投标单位不愿再花钱请专业人员对施工图进行工程量的数量审查。工程造价是一个系统的综合专业性工作，如建筑及结构、电气设备及照明、给排水及消防水系统、通风、空调、弱电工程（综合布线、广播电视系统、消防报警系统、安全防范系统等），这些专业有各自严格的规范标准，所以，要求严格的分专业对施工图进行工程量的数量审核。工程量审核也不仅仅是分专业复核图纸提供的工程量是否与图纸对应，还要求进行深入地分析。

（2）根据图纸说明和各种选用规范对工程量清单的内容进行审查。有些编制工程量清单的人员专业素质不高，出现多方面的漏洞，如各专业对脚手架的要求各不相同；如在安装工程中，电气设备中需要进行许多方面的调试工作，而招标工程量清单中，经常会漏掉这些设备调试费用；另外，在清单上有标明电气配管钢管DN32—70m，但钢管的敷设方式没有作出相应的说明，或有两种方式明敷、暗敷，这时，只有从图纸说明中才能找出其敷设方式，或根据图纸分开两种方式的工程量。

（3）根据技术要求和招标文件的具体要求对工程需要增加的内容进行审查。在现行的招标投标制度下，多数业主是委托有相应资质的中介机构编制工程量清单和相应的标底。在评审中，要详细重点地审查工程量清单编制是否符合招标文件的相关要求，每一个子项目的工作内容与工作要求是否表述准确、完整，是否做到不多算、不少算、不漏项、不留缺口，并尽可能减少暂定项目，从而防止追加工程造价。

对于投标单位来说，研究招标文件是争取中标的必不可少的工作。虽然招标文件大体相同，但每个项目都有其特殊要求，这些要求一定会在招标文件上得以反映，然而许多投标人疏忽了这点。有的工程量清单上增加的内容和技术与招标文件的要求不一致，要通过审查和复核，将两者有机地统一起来。

（4）对固定总价的合同中的项目附属工程及容易变更的内容进行审查。对于工程量清单固定总价合同，要特别对该项目的附属项目及容易变更的内容进行细致审查。因为附属工程有大有小，不能只凭主观想当然，而必须实地考察，必须对其可能发生的情况加以综合分析，才能得到一个有竞争力的报价。

（5）必须克服不良的审查思想和习惯。在审查投标单位报价时，首先应克服只看总价不看具体单价的思想，这是因为总价符合要求时，并不等于每一项报价都符合要求，总报价最低的，也并不等于每一项报价都最低。投标单位要在维持总造价基本不变的前提下，适当降低变化较小的项目的单价，提高变化较大的项目单价，这样才能在竣工结算时，成功地达到追加工程款的目的。其次，也要克服只看单价不看相应工程量的通病，对工程数量大的单价应重点研究，并充分利用收集到的工程价格数据，进行对比分析，正确科学地区分哪些报价过高，哪些报价过低，必要时可运用回归法确定合理报价。另外，还必须克服只看单价不看工作内容、施工方案和工作要求的缺点。

三、积极推动工程清单计价招标方式的应用

建设工程的工程量清单计价招标，是指建设工程在招标中，由发包商或招标代理人向有资格自愿（或邀请）参与投标的投标人提供待建项目的招标书及施工图纸，投标人根据招标书、施工图纸及自身实力，对发包商或招标代理人所提供的工程量清单的每一个与之对应的子项目进行初步报价，并汇总形成其投标报价。由于不同的投标人会有不同的报价，这样评标委员会根据所有资格投标人的报价和招标书的要求，经评审确定建设工程的个别造价。

实行工程量清单计价招标，是我国工程建设领域的一项重大改革，它对于适应WTO规则的相关要求，促进建设事业的进步和发展有着重要意义。工程量清单计价招标是一项系统工程，要保证其顺利实施，就必须科学恰当地采取相应措施。就目前来说，可以从以下几方面入手：

1.借鉴国外成功经验和成熟做法

政府管理部门应制定出统一、细致、完整、严密的建筑工程量计算原则和方法。工程量计算原则和方法的统一性，决定了在我国范围内所有发包商、招标代理人及投标人必须按照统一的依据和标准执行，有利于减少重复劳动，提高工作效率，也能够避免目前由于各地工程量计算原则和方法的不同给跨省的投标人带来的诸多不利。细致的工程量计算原则和方法，使工程项目的每一个子项的施工过程及人工、机械、材料消耗具体明确，投标人、发包商或招标人以及评标委员会成员都能根据工程的实际情况和详细的工程量计算原则和方法，对工程每一个具体的子项目的标价做出科学且详尽地评价，从而使复杂的过程变为简单的程序。完整的工程量计算原则和方法，应尽量满足不同工程量计算原则和方法，同时注意规避工程量计算原则与方法之间的相互交叉，使每一子项目的工程量计算科学精确。在这里有一个值得效仿的科学方法，如英国皇家特许测量师学会制定的“建筑工程量计算原则”及“建筑工程量标准计算方法”，不仅能够为招标提供统一的工程量，还能根据合同条件为工程项目的财务控制提供基础，这种科学的计算方法，值得我们借鉴。

2.借鉴国际咨询工程师联合会编制的《土木工程施工合同条件》，政府相关管理部门应研究编制出符合我国国情并与上述工程计算原则和方法相配套的施工合同条件

由于发包商或招标代理人提供的工程量清单很难避免漏项或与施工图实际用量不完全吻合。因此为了规范投标人的报价行为，使评标工作在统一的可比状态下进行，减少评标的工作量和难度，合同条件中就必须有对招标书中工程量清单可能存在的漏项或者“量差”作出如何调整和弥补的具体规定。只有这样，才能在有效地保护发包商的合法利益的同时，又能有效地保护承包商合法利益，从而使建筑市场的竞争合理有序。

3.加强对工程变更、合同和索赔的管理

在签订的工程施工合同中，应

明确规定变更工程量占清单总工程量的多大比例时，结算按相应的中标单价支付，超过规定比例时应如何支付单价，这些都要经双方协商，以合同条款的形式列出。投标人的综合单价，既包括发生在相应单价的工程直接费用，也包括其他费用的摊销。而相应单价的工程直接费用比例占所报单价的比重一般在60%上下。在工程实施过程中，当工程量发生变化时，必然会造成摊销费用的增加或降低。因此，需要具体分析造成工程变更的原因，在保证工程施工质量的同时，要求监理工程师要及时与发包商和承包商联系，处理好工程变更事项，并确定双方须承担的比例，这样可以减少结算支付时可能引发的争议。为了增强发包商对工程造价的控制，还必须制定监理工程师就工程变更应及时向发包商汇报的制度，发包商和承包商都必须遵循平等、公平的原则，双方都要严格按照合同条款行事，以有效防止承包商降低工程的质量标准。同时，由于发包商和承包商的利益不同，难免会发生索赔事宜，但应以事实为依据，以履行合同为准绳，及时妥善地解决索赔事宜。

4. 改革完善现行的评标方法，确立"最低中标"的评标标准

当投标人的投标报价为最低时，如果有合理的施工方案或管理方法，就应该确定其中标。要确立这一评标标准，要求评标委员会中的相关专业的工程造价人员把工作的重心转移到防止投标人恶意低于成本价中标和投标人相互串标、哄抬标价的问题上来，要根据工程量计算原则、计算方法、工程的具体情况和标书的具体要求，具体地分析投标人的报价，切实把好审标关。这样，既解决了招投标过程中标底难以保密的问题，又能有效地杜绝招投标过程中的腐败现象的发生。

5. 研究制定符合国情的管理措施，切实保障工程量清单计价招标方式的顺利实施

对发包商的有效管理应将重点放在建设资金的管理与控制上，并严格按照工程进度支付相应的工程款，从而从源头上解决工程款拖欠问题。同样，对承包商的有效管理应侧重于建立全国联网的资信系统，使发包商、招标代理人、评标委员会成员可以随时上网查询了解承包商的有关信息。同时，应加强对工程咨询中介机构的有效管理，确保其公正、中立，从而建立起合理有效的责任处罚和清出机制。

6. 应尽快制定相应的培训学习计划，加大相关专业人才的培养力度

实行工程量清单计价招标，是我国工程建设领域计价行为和方式的重大变革和重大突破，与以往采用预算定额计价的行为和方式相比，具有"统一量、指导价、竞争费、量价分离"的鲜明特点，它淡化了国家相关行政管理部门制定的定额及相关的费用定额在招标过程中的作用，而更多地强调了企业定额和其相关费用在其中的重要作用。这就要求工程造价的专业技术人员依据承包商的情况和招标工程的具体要求，编制出既具有说服力和竞争力，又能令承包商盈利的企业定额。不过，现实条件对实施这一个标准还存在很多制约因素，现阶段我国工程造价专业技术人员的知识层次和实践经验不容乐观，要达到上述要求还有很大的差距。只有通过制度化的集中培训学习，提高工程造价专业技术人员的业务水平，才能保证工程量清单计价招标这一重大改革顺利实施，为我国建设市场服务。

总之建设工程实行工程量清单计价招标，才能够合理地降低工程造价，优化社会资源的配置，促使施工企业不断发展壮大，才能积极推动建筑市场的可持续发展。

第三章 工程监理工作的难题及破解

一、当前实行建设工程监理面对的难题

虽然我国实行建设工程监理制度的时间还较短，但其对于规范建筑市场管理，特别是对提高工程建设质量起到了重要作用。同时也应当看到，在实行建设工程监理制度的过程中，监理公司遇到了许多难题，必须引起主管部门的高度重视并认真加以解决。

难题一：市场容量小，监理机构实力悬殊大

上世纪90年代以来，我国监理公司数量增速惊人，以四川省为例，20世纪90年代初监理公司只有14个，而至2004年已有近200个。公司数量的过分膨胀造成了市场的无序和恶性竞争，一些建设方选用监理公司不是参照监理公司的资质等级、技术力量、以往监理过的工程质量以及公司信誉度，而更多的是看与谁的关系好。因此，一些社会关系网广的监理公司业务繁忙“接不胜接”，而没有门路的监理公司则处于“饥饿”或“半饥饿”状态。

难题二：市场竞争环境恶化

市场竞争无序化的直接后果就是监理公司间的竞相杀价。国家物价局、建设部[1992]价费字479号文件对监理酬金作出了明确规定，但在执行中除了国家重点工程外，对于其他工程而言无异于一纸空文，很多根本不能按此文件规定收取费用，大多普遍低于30—40%。如四川的监理收费基本就是按国家物价局、建设部规定的底线再减50%左右。故一般情况下，建设单位都会先找几个监理公司进行比较，除了考虑关系外，更多的就是看谁的收费低、谁收费低就把监理业务给谁。这会造成恶性竞争，监理公司为了承揽到监理业务，互相杀价，有的监理公司明知道要亏，但为了承揽到监理业务硬着头皮签下合同，先争取入场再说，等进了场后慢慢跟建设单位周旋，甚至采取少派监理工程师，一个监程工程师管多个项目的做法。这样一来，监理工程师到处打“游击战”，工程质量根本就无法保障，这样会为工程带来诸多隐患和产生大量的纠纷，多数“烂尾楼”的产生不足为奇了。

难题三：建设单位不积极配合，工程监理质量难以保证

搞好建设工程监理需要建设单位的积极配合，否则就难以保证建设工程质量。但从现实情况看，建设单位与监理公司在配合上还存在着不默契等问题，致使监理公司不能按时完成工作。

有的建设单位误以为自己的工程技术人员管理施工现场就相当于实施了质量监理，没必要再请监理公司；有的认为已经缴了质监费，就

应该由建设工程质量的质监站拍板，请监理公司没有用处；有的认为承担单位很难听监理公司的，弄不好监理公司还会与承建单位勾搭起来整建设单位，使建设单位“赔了夫人又折兵”，因而，对监理公司缺乏信任。现在虽然建设单位请了监理公司，都是不得已而为，因为不请监理公司过不了建管部门办质监手续这一关。对监理公司能不能把好质量关，很多建设单位还持怀疑态度。因此，有的建设单位把监理公司摆在一边，监理公司很难发挥其应有的作用。建设单位和监理公司双方都有签订的委托《监理合同》，有投资控制的合同约定，就是建设单位给承建单位拨工程、材料款，也要经项目总监理工程师签字，但在实际操作中又大相径庭，照此执行很少。有的建设单位是集开发商与承建商于一身，监理公司难以开展工作，无法监督工程质量，工作关系也无从协调。

解决这一难题可以从两方面入手：一是政府质监部门加强对开发商的教育管理，可以组织房地产开发公司及有关单位学习了解实行建设工程监理制度的重大意义和重大作用，从而增强贯彻执行的自觉性，明确建设工程监理的作用。二是，监理公司要加强相关法律法规意识，严格按照合同办事，这是因为监理公司对建设工程的监理负有经济和法律责任，若不履行职责，一旦工程质量出了问题其责任重大，从而要求监理公司主动设法排除各种干扰和困难，认真履行职责，确保工程质量。

难题四：“戴帽监理”，监理有名无实

只借用监理公司的牌子不用其监理工程师，是当前监理工作中普遍存在的现象。不少房地产开发公司有自己的工程技术人员，他们请监理公司只是为了借用监理公司的牌子办理施工手续，并不要监理公司真正介入建设工程施工进行质量监督。这样做的目的是既能办理合法的施工手续，又节约了应该交付的管理费用。现实中也有监理公司对“戴帽监理”工程项目不闻不问，只是在建设单位需要时监理公司再派人去。

为解决这些类似问题，对工程技术力量强的房地产开发公司，监理公司可以使用他们的技术人员搞工程监理，但必须具有监理工程师执业资格证和上岗证。这是实质意义上的聘用建设单位的工程技术人员搞监理，与“戴帽监理”的性质是完全不同的。如果建设单位的工程技术人员不具备监理工程师执业资格证和上岗证，就坚决不能聘用为工程监理。

难题五：监理工程师队伍年龄结构不合理

国家实行建设工程监理制度，要求从事工程监理的技术人员必须持有监理工程师执业资格证和上岗证，其本意是好的，就是希望提高监理工程师的整体水平。但由于我国实行建设工程监理制度的时间较短，具有监理工程师执业资格证和上岗证的人员还远不能适应建设工程监理的需要。而且具有这资格的人员年龄都普遍较大，他们多是过去从事工程设计的人员，从原工作单位退下来后从事建设监理工作。这些人员从事工作几十年，他们的优势及工作责任心强、专业技术好、作风端正，但是年龄偏大使得他们也有着某些弱点，这就是在建设工程监理中的“霸气”不够。从事建设工程监理需要“霸气”，这是监理工作的本质决定的，特别是现在的施工队伍素质不高，除了技术人员外大都是进城打工的农民，组织纪律性不强。如果监理工程师不拿出点“霸气”来，施工队伍就会“阳奉阴违”。工程质量当然就无法保证。

要解决这一难题，首先要发挥老监理人员的指挥作用。他们精湛的技术和丰富的经验，有他们在建设工程中把关，质量才会有保障。但前提是他们敢于监理，敢于负责，摒弃“差不多”、“过得去”的思想，不能因为瞻前顾后，怕这怕那而砸了自己的“牌子”。其次是把监理工程师执业资格证和上岗证考试发证工作经常化。从近年来发生的情况看，每年相关管理部门才进行两次工程监理资格考试及发证工作，而且办证的等待时间长、给监理公司相关工作的开展带来了诸多困难。职能部门应把这项工作坚持下来，经常化，监理公司可以随时选派优秀的工程技术人员参加学习考试，成绩合格应予以及时办理证书，这将促进建设工程监理制度的落实。再次，监理公司也要培养年轻上进有活力的监理工程师，新选派参加培训考试后工程师年龄在40岁以下为宜。

难题六：“地区保护”阻碍监理行业的地域竞争

以四川的情况看，全省194个监理公司，成都就有106个，占57%，而其他的19个地级市只有88个，还没有成都一个地方多，相对来说这88个监理公司的技术力量不如成都市的监理公司。据了解，其他城市的监理公司的日子比较好过，因为监理公司少，竞争也就小，但成都监理公司的情况就极为不妙了，往往一个建设项目就有几个、甚至十几个监理公司去竞争。在这种情况下，成都的一些监理公司就不得不往外发展，到其他城市寻找业务。建设单位一般都会叫成都的监理公司先到主管部门去注册，尔后再签《委托监理合同》。但外地的监理公司要想在成都办理注册，则需要特殊关系。

市场经济鼓励竞争，作为建设单位是一个独立法人主体，有权选择监理公司，选择的考虑的条件是技术力量过硬，施工管理经验丰富，信誉度良好，只要达到这些条件，不管监理公司属于哪个城市都应允许其担任本地工程项目监理。我国加入WTO后，许多规则已经不适应新市场的要求了，作为建筑市场管理必须顺应形势需要，允许外来监理公司进入，这对贯彻《建设工程监理规范》有利无害。

总之，就目前来说，我国要全面实行建设工程监理制度，认真按照《建设工程监理规范》搞好工程监理，遵循市场经济的规律行事，任重而道远。

二、现场监理工作考核的实践与建议

对监理单位而言，其下设的每个监理部（组）直接承担着对具体工程项目实施监理、按合同规定完成监理任务的职责，同时还是监理单位对外开展业务、展示企业形象的窗口，其服务质量的高低、监理效果的好坏，直接影响着监理单位的信誉和发展。因此，监理单位要想在激烈的市场竞争中不被淘汰出局，就必须高度重视和增加对基层监理部（组）的管理，特别是要做好对现场监理工作的考核。只有做好考核工作，才能对强化监理单位的管理、保证监理工作的质量以及提高监理工作的水平起到极大的促进作用。

1. 对现场监理工作考核的必要性

监理单位是在业主的授权和委托，依据国家有关工程建设的法律、法规、工程建设文件监理合同工及其他工程建设合同对工程建设实施监督管理的社会组织。它所提供的产品监理服务是一种无形的产品，要想使被监理产品真正达到高质量，就应有高质量的工作去保证。建设监理作为一种新的先进的工程管理模式被引进，实施的时间虽然不长，但在相关主管部门的大力扶持和各监理单位的共同努力下，在短时取得了迅猛的发展，在国家经济建设中发挥了极为重要的作用，也取得了不菲的成绩。但是，在肯定成绩的同时，我们也应清醒地看到，目前我国建设监理尚处于发展的初级阶段，从全国范围来看，在不同省市、不同地区之间发展还很不平衡；如果再跟国外同行业先进水平作比较，差距就更明显了。而从国家经济建设和改革开放的时代形势来看，又亟须监理行业从服务质量和工作水平上有一个质的提高，以适应社会发展的要求。所以，当前在每个监理单位面前机遇与挑战并存，未来各个行业的竞争，是以产品质量为核心的竞争，对监理行业同样也不例外。如果监理单位不能提供令业主满意的高质量的监理产品（服务），那么势必会在市场竞争中逐

步被淘汰。实践表明,要想提高监理服务水平,保证监理工作质量,并使之不断改进和提高,就必须狠抓管理,而其中关键是抓好日常对监理部(组)的考核。

2.考核的内容

对现场监理工作进行考核,应分析现场监理工作的特色。紧扣监理现场日常开展的各项工作来考核。近些年来有关部门一直在积极主动探索,总结监理工作中积淀下的宝贵经验,并结合本公司的实际情况,在1999年制定了《现场监理工作考核实施细则》,把考核内容分为:监理形象考核、落实公司规章制度考核以及工作表现和协调能力考核三个方面,再从这三个方面把所要进行的工作细化、量化,按综合得分制评判优劣,这才真正做到了考核内容的科学化和精确化。

(1)**监理形象考核**。为了加强对监理行业的宣传,树立监理单位良好的社会形象,公司要把监理形象确定为一项重要的考核内容,主要包括监理办公室的标准化布置、卫生清洁状况、监理人员仪表、现场监理宣传工作开展等等。重点是监理办公室的标准化布置,要对公司的各个监理项目都统一规划,这就要求监理办公室门口挂监理项目标示牌,办公室将公司的质量方针、质量目标、监理项目情况、施工现场总平面图、监理组织机构图及人员分工表、各级监理人员岗位责任制、监理工作守则、监理工作流程图等都必须在监理办公室内整齐列放。

(2)**监理内业考核**。监理单位的产品是监理服务,而服务是无形的,其特殊性决定了做好监理内业工作的重要性与难度。因为监理内业资料是监理单位对具体工程项目开展控制,实施监理服务的记录和证明,同时也是监理工作成果的体现。所以监理内业理所当然地应当是现场监理工作考核的重点。在监理内业考核方面,应根据公司确定的监理工作流程,紧扣“三控制、二管理、一协调”的工作内容,重点审查工程建设各阶段的资料、报表、记录等是否齐全,填写是否规范,签章手续是否齐备、编制时间是否及时等。目前我国工程建设监理单位的内业管理普遍缺乏专门较明确的统一规定,为了便于进行检查考核,公司要制定专门的监理档案资料管理办法,对监理资料的归档范围、排序、保存、移交等都作出了明确规定,以保证监理档案的系统性和完整性。每个监理项目上都必须指定专人负责内业管理工作,在平时要有意识地把监理过程中的各种资料按一定的标准分类整理,如:单位工程收集、整理、排序、编目等,力求繁而不乱并与工程进展同步。与此同时在考核细化明则中,把公司以往制定下发的关于监理信息管理的一些操作办法作为依据,确定资料检查评定的标准和要点。

(3)**监理实绩考核**。工程产品虽然是由承包商生产的,但在实施具体生产过程中,工程监理对承包商的工程行为自始至终进行着监控管理,因此在一定程度上影响着产品的形成。从监理所做的工作和所起的作用角度看监理的工作成果已无形地融入工程产品之中,在这种意义层面,工程产品是监理的相关产品和间接产品,其质量的优劣从一定程度上反映了监理工作的力度、深度和管理水平。因此,对监理实绩的考核是在对内业考核的基础上,通过对工作实体的现场观察、测量、调查了解,在这基础上,以检验和评价监理部(组)对工程项目实施监控所取得的实际效果。一般地,对监理实绩的考核,主要内容有:对工程项目实施质量控制、进度控制、投资控制效果的检查,对各类工程合同管理情况的检查以及对施工现场管理、安全生产监控效果的检查等多个方面。

可以通过查看有关监理资料如:检查监理日志与日报、质量评估报告等,并通过询问有关人员等方式,检查现场监理人员日常巡查和重要部位旁站监理到位与否，可以通过现场调查和资料审核加以了解，核对各种进场原材料的实际情况；通过抽测实体工程质量来检查监理部（组）是否对每个分项和每个环节都按规定进行了查验，目标控制的效果如何等。

工程进度控制效果的检查，主要检查监理组对工程总目标是否进行了分解，以及分阶段目标控制的效果情况，对进度偏差采取的控制措施，对工程延期延误的处理情况等。

投资控制效果的检查主要考核对工程计量、进度款拨付总监是否严格履行签认手续、工程款拨付是否严格符合合同条款规定，对设计变更、洽商的实际控制情况等。

合同管理情况的考核，主要了解监理人员是否透彻深入地了解施工合同的主要条款，合同双方履行合同的实际情况怎样，监理对合同争议及索赔的处理是否得当等。

施工现场管理及安全生产监控的效果的检查，主要包括实地查验现场是否按照施工组织设计排布，各种物料存放是否整齐，现场安全防护是否井然有序，对施工单位安全生产及文明施工方面进行监控都做了哪些工作，实际效果如何等。

（4）公司规章制度落实情况的考核。对监理部（组）落实公司制度情况的考核，主要的方式以与现场监理人员询问交谈的方式，了解其对公司有关规章制度的熟悉和掌握情况，以及通过检查相关记录、监理日志等，验证其对公司规章制度的贯彻与执行情况。

（5）对监理部（组）工作表现、协调能力考核。主要是向业主及承包商调查了解监理部（组）中每个监理人员的业务水平、工作责任心、职业道德、组织纪律性、处事公正性、组织协调能力等方面的实际表现，在具体操作上与业主及承包商直接交谈的方式，也可采取向业主及承包商定期发出细查反馈的方式来进行。要做好对现场监理工作的考核，还需要注意以下问题：

第一，考核应常抓不懈、持之以恒，可以采取每月定期进行的方式，通过随机抽样的方法选取考核项目。

第二，考核要循序渐进讲究策略，逐步提高，应充分考虑本地区、本单位的实际情况，不能一开始标准过高过严，以致执行无力，达不到应有效果。

第三，考核的过程中要收集和听取各部门的意见，对考核内容和方式依据新的情况进行定期调整，要逐步完善改进，以保持适应性、有效性，增强可操作性。

第四，考核组的人员组成最好采用公司职能部门与监理部人员相结合的方式，每月从各监理部轮流抽调几名总监或总监代表参加考核，使之通过检查增强与其他监理部（组）信息交流，学习并借鉴他人的先进的工作经验，以弥补和改进不足。

第五，对每次考核都应做好总结，采用联查报告的形式发至各个监理部（组），推广先进的监理经验，指出问题与不足，对考核成绩突出的监理部（组）给予相应的物质和精神奖励，对存在的较多问题，开展监理工作不力的监理部（组）给予相应的批评或处罚。

第六，每次考核后，公司职能部门还应注意做好跟踪检查、督促监理部（组）积极落实整改，不断提高工作质量，以达到考核的真正目的。

三、后WTO时代监理行业如何应对国外监理的挑战

自1988年《建筑法》颁布实施明确国家推行建设监理制以及从

2000年5月1日起施行的《建筑工程监理规范》以来,我国建设监理制在国家法律、法规的框架内,取得了巨大的成绩,建设监理行业从理论到实践经历了一次大的机制更新和法规更新,在改革进程中逐渐发展壮大并长期稳定发展。目前,工程不从心监理已经扩展到固定资产投资领域的各个方面。

随着我国改革开放力度的逐渐加大,在建设监理领域引入外部竞争机制,从而提高全行业的管理水平和社会效益势必将成为国内监理业必须引起重视并认真对待的严峻课题。

1. 引入外部竞争机制的必然性

在建设监理领域引入外部竞争机制是一个很好的尝试。改革开放的实践表明,在西方文化和各自经济历史发展的积累和沉淀,尤其是西方发达国家的先进管理理论和思想对我国的经济发展和社会进步有着积极的革命性的促进作用。我国的建设监理制本身就来自发达国家的先进管理模式,经过十多年的实践检验,已经表明了这一制度的先进合理和科学性。

在我国,具体的国情是以公有制经济为主体的政治、经济、文化、社会意识形态,数千年来历史遗传下来的中华民族特有的风俗习惯和文化积淀等,给建设监理也带上了极浓的中国本土色彩,即使是引入的西方发达国家的先进管理模式,在国内的大市场中,仍充满着中国特色。因此,在民族特色的监理行业,历尽诸多艰难险阻,获得巨大的进步,也克服了无数的障碍,取得了今天的规模和业绩,这是改革开放带来的丰硕果实。

任何事物尤其是新事物在其发展的过程中总有其辩证的两面性。建设监理的实施是打破了计划经济法制下长期形成的投资建设单位和承包单位之间的单一直接的简单管理模式,取而代之是投资业主建设监理——施工承包商的全新三角型管理模式,风险的转移和强化迫使三方都在管理上提高自己以适应竞争的需要。不过,国内监理行业的发展,没有完全脱离开原来的建设管理模式的影响和束缚,单纯委托监理单位对质量控制而不愿将其他方面的协调、控制委托于监理单位就是极为明显的不足,并将严重阻碍国内监理行业的提高和发展。对此,国内的各级各层决策者已经有所意识。长期以来,人们将监理看做是代表业主单位的质检员,这种想法尽管不够全面和正确,但真实地存在于建设领域的监理工作中,这不能不让人们深入思考和探究。国内的监理公司是否具备国外监理公司的素质和能力这是另一个问题,关键在于即使具备这一素质和能力也很少得到业主的信任而受其委托,这是令人不得不深思和警醒的问题。

2. 国内监理业须在实践中创新发展

为什么在某些项目上国外监理公司的信誉度比国内监理公司高很多呢?虽然不能排除盲目崇洋的因素,但是,中国这样一个庞大市场,经济蒸蒸日上令世界为之侧目,国外的监理公司自然不会错失发展良机,早就瞪大了眼睛削尖脑袋并时时刻刻准备打入中国的建设监理业,一旦有机可乘立马安营扎寨,配备精明强干的监理人员,采用严格科学的管理手段,运用最科学先进的方式方法,投入最高端严密的仪器设备等,从而打入市场、站稳脚跟、扩张业务范围。事实上,可能都会如此,如果国内的某家监理单位中标承担国外的某个项目,上述的思想也是成立的。当然,不能怨天尤人,还是得提高自身素质,不能满足于仅对质量问题把关的"质量控

制”，应积极采取措施，从如下几方面强化自身建设以应对外部挑战：

第一，重视人才。监理公司决不能单纯从质量控制角度发展壮大监理队伍，应当全面地、多学科、多领域吸收高层次专业人才。一旦获得项目的全控委托监理，图纸审查、造价管理控制、计划进度控制、合同管理等专业人员必须具有相应资格和相关工作经验。

第二，加强装备。“工欲善其事，必先利其器”。要有必要检测仪器、测量设备，甚至要有比施工单位更先进的测量、鉴定手段。目前，国内的许多监理单位只是利用施工单位手头现有仪器和设备，这多少让业主对监理单位产生不信任的思想。

第三，严格要求。对各专业上岗人员要科学安排，要有针对性地对各个岗位人员进行岗前教育甚至培训，而不仅仅满足于拥有上岗证。是否具有相应执岗能力，不仅要看其是否有培训上岗证，更要通过对其工作和谈话了解其真实水平，一旦工作中暴露出其能力严重不足，不能达到业主单位的要求，应立即进行调整。同时，配备人员必须全部到位，这也是长期来业主单位对国内监理业反映最突出的问题。

第四，吃透图纸。监理人员要熟悉图纸。监理单位应将图纸的审核放在首要地位，当然，与施工单位看图的角度不同也就各有侧重和取舍。国外监理人员给我们上了很好的一堂课，如媒体报道了某国外监理公司承担国内某项目监理任务，对记者采访的问题从“丝毫不差地满足设计意图要求”作出明确而令人信服的回答，媒体对此作出高度评价。显然要做到这点，必须熟悉图纸详细掌握图纸的每个细节。

第五，更新观念。监理单位要随着社会形势的不断变化，用全新的观念接受业主的委托。具体操作应包括：做计划、画网络、投资控制与进度质量的衔接、合同管理与各方的协调等等，不论是形式还是内容都要令业主单位耳目一新，让委托方觉得委托监理是值得的。如果各项事情做得还不如业主单位自己，委托监理成了摆设或虚设，监理的效果肯定不会好。

3. 背水一战，迎难而上，迎接挑战

《建设工程监理规范》中已有明示，建设工程监理工作的主要内容是：“协助建设单位进行可行性研究，优选设计方案、设计单位和施工单位，审查设计文件，控制质量工程、造价和工期，监督、管理建设工程合同的履行，以及协调建设单位与工程建设有关各方的关系等。”从长远的发展眼光看，相关职能监理单位应当具备上述这些素质和条件，不然，在日益竞争激烈甚至惨烈环境下，我们的监理行业无法抵御国外的监理公司入侵，这已是颠扑不破的业内共识了。

总之，只要不怨天尤人，不坐失良机，从自身做起，迎难而上，积极应对国外监理行业的挑战，创造良好的企业形象，发展壮大自身实力，战胜“外来狼”不会是个神话。

第四章 后WTO时代的工程造价管理

自2001年我国加入世界贸易组织(WTO)以来,大量的外资造价咨询管理机构进入了我国市场,正对我国的工程造价管理发挥着巨大深远的影响。而外国工程造价机构与相关人员进入我国市场,在与国内同行争夺市场的同时,也将国际市场竞争机制和市场运行规则引入我国,这些都在促进我国不断完善工程造价管理机制,尽快与国际接轨。

进入2005年,在这离当初加入WTO时承诺的履行时间越来越近的"后WTO时代",我国的工程造价管理如何与国际接轨,不断增强自身竞争力,进而提高工程管理水平,推动我国建筑事业发展,已成为摆在我国建筑业界面前的重要课题。

一、我国工程造价管理与国外的差距

加入WTO后,我国经济全面融入世界经济全球化的浪潮中,同样,我国的造价管理也急需和世界接轨。

我国的工程造价管理,在建国后经历了无数次波折。1949年,新中国成立后,引入了前苏联的一套概预算定额管理制度,同时,也为新中国组建的国营建筑施工企业建立了企业管理制度。随后逐步确立了概预算在基础建设工程中的地位和作用,确立了概预算编制依据,实行集中为主的分级管理原则。但在1958年,概预算管理的地位逐渐被削弱,造成全国工程量规则和定额项目在各地区不统一和不协调现象。1977年后,国家恢复重建造价管理机构。为了使我国工程造价管理与国际工程造价管理惯例接轨,1977年国家开始实施全国造价工程师职业资格考试和工程造价咨询单位的资质认证工作,工程咨询代理制度逐渐发展和成熟。但工程造价管理机制还不完善,工程信息化管理系统还未建立起来,行业协会自律机制和相关的法律法规以及制度都亟待建立和完善。

国外的工程造价管理已有很长的历史,比如在英国,工程预算师被称为工程建设的经济师,有很高的社会地位。英国从16世纪就开始出现了工料测量师,1881年英国皇家测量师学会成立,标志着工程造价管理完成了第一次飞跃。此后各国相继出现了很多著名权威工程造价咨询机构。从上世纪40年代开始,“投资计划和控制制度”在英国等经济发达国家应运而生,完成了工程造价管理的第二次飞跃。相比之下,我国的工程造价管理起步较晚,与国外的差距非常明显,表现在如下几个方面:

1. 缺乏行之有效的政府间接管理

国外政府对建设工程造价的管理主要采用间接手段,对政府投资项目和私人投资项目进行具体问题具体分析,力求实现有效区分,然后实施不同力度和深度的管理,重点放在控制政府投资项目上,严格控制政府投资工程的设计和施工,务求在核定的投资范围内。如有非正常因素不得不突破这一特定范围时,宁可在保证使用功能的前提下降低标准,也要将投资控制在额定范围内。而对私人投资项目,政府只进行政策引导和信息指导,由市场经济规律来调节。政府通常采取价格、税收、利率等政策调整和设计规划等手段,约束私人投资方向和区域分布。

与英国形成鲜明对照的是,我国的投资管理体制脱胎于计划经济体制,虽经多年改革有了一定的进步,但“计划”色彩仍旧非常浓厚。对国有资金投资项目管理不够严格和规范,而对非国有资金的投资项目管理过严过细,进行过多的行政干预。造成人情工程、关系工程层出不穷,这样就难以实现公平竞争,也易滋生腐败。

2. 缺乏多渠道的信息发布体系

能否及时准确地捕捉到建筑产品市场价格信息是业主和承包商保持竞争优势和取得盈利的关键。造价信息是建筑工程预算和结算的重要依据,是建筑市场价格变化的指示灯,这些信息对建筑工程的作用至关重要,能否获得这类信息将关系到工程造价管理的成败。在国外,政府定期发布工程造价资料信息,一些权威咨询机构也定期发布价格指数、成本指数等信息,用来指导工程造价结算。而我国在此方面的劣势不言而喻,因为造价信息是由政府主管部门发布的,不是一种市场行为,这样就使得建筑产品的价格缺少竞争,带着过多的行政和人为因素,这样必然使投资者和发包方的积极性和创造性受到抑制。

3. 缺乏有章可循的计价依据

在美国,工程造价计价的标准不由政府部门组织制定,没有统一的计价依据和标准,定额、指标、费用标准等一般是由各大型咨询机构制定。各地的咨询机构根据本地区的具体情况,制定符合单位建筑面积的消耗量和基价,作为所管辖项目的造价估算标准。此外,政府也根据自己积累的工程造价资料和相关信息,并在参考工程咨询公司的有关造价资料的前提条件下,制定了政府工程项目的计价标准,作为项目费用的估算依据。而我国的工程造价的计价依据是由政府主管部门直接管理的,一般只按某一时期的价格水平和正常施工条件下的社会平均消耗编制的。通常只注重定额消耗,而忽视了工程量计算规则不一致、定额的通用性差、与国际通行规则不衔接等问题。

4. 缺乏动态的造价管理方法

在国外,造价工程师对第一个项目的造价是动态控制的,这样就便于造价工程师对造价计划执行中的有关问题及时进行分析研究,及时采取纠正和弥补措施,这样就可以降低施工的风险,体现成本与效益的合理性。造价管理是随形势的变化而调整的,完全是以市场为中心的动态控制。咨询机构承担着从可行性研究、造价监控到工程竣工决算全过程,为业主和承包商提供工程全过程服务。而在我国,造价部门在编制造价方面的主动性和创造性不高,只是注重套用定额指标。

二、加入WTO对我国工程造价管理的影响

在工程造价管理方面,随着我国逐步融入WTO的规则之中,对工程管理最大的冲击和影响在于工程的定价、计价模式及方法。当前,我国除了在国际承包工程以及合资工程时是参照国际惯例和规则计算工程造价以外,其他工程基本上都是按国内的工程定额计价和定价的。随着WTO规则的要求,我国的工程造价将逐步放开和透明,这样我国现阶段执行的工程计价、定价模式将面临严峻的挑战。

1. 对我国现行的招标方式的影响

目前我国的《招标投标法》明确规定,中标人的投

标应当符合下列条件之一:一是能够最大限度地满足招标文件中规定的各项综合评价标准。二是能够满足招投文件的相关实质要求，并且经评审的投标价格最低,但低成本的除外,即比成本低的为“废标”,这里的“成本价”是指企业的个别成本。但目前我国各地区的“标底”是依据造价管理部门批准发布的工程定额编制的,反映的是一定时期内在某一具体单位工程上消耗的社会必要劳动量水平,因此定额的成本与企业成本之间有一定的区别。定额本身是一种给企业做参考用的信息。应该说量是法定的,应由投资者在招标文件中予以详细提供;而价格应在承包商根据市场价格、信息资料确定的。在计价方法上,实行量价分离,是国际通行的方法。但问题恰恰在于,目前我国还是将定额作为一种国家定价的文件来执行。加入 WTO 后,外商按国际惯例以个别成本报价,则可能让对方援引“非歧视原则”引起贸易纠纷,这必将使我方处于不利的地位,会给我国建筑业带来一定的消极影响。因此,我国现行工程定额编制的原则、形式和作用等都面临相当大的冲击。

实行量价分离就是指变指导价为市场价,严格按照市场经济特点和运行规律。改变计价条文性质,并非抛弃和排斥定额,而是改变定额作为政府的法定行为,采用企业自行制定定额与政府指导相结合的方式，统一项目费用构成,统一定额项目划分,使计价基础统一,这样有利于竞争。

目前,我国建筑市场规范程度不高,信息传播与共享机制尚未真正建立。实行量价分离,由承包商自行报价让绝大部分业主短时无法或难以接受,因为他们认为按预算定额作标底才放心。所以规范市场建立房屋造价信息机构,为业主、造价工程师提供各类建筑资料是当务之急。

2. 对我国工程取费问题的影响

我国工程的费用是由直接费、间接费、利润和税金组成。费用定额的计算基础有两种,建筑工程是以定额直接费为计算基础,而安装工程是以定额人工费为计算基础,这种收费模式在我国加入 WTO 后引发了不少争执与争议。这种计算方法虽然简单,但是缺乏科学性。以建筑工程为例,构件、材料价格越高,在工程成本中比重越大,取费就越多,这就形成了同类工程的肥瘦之别。而且,这种计算方法没有考虑资金占有情况。

我国目前的间接费是采取差别费率原则,各省市也不完全一致,就江苏省而言是按工程类别取费,即按工程的结构特征、施工难易程度划分为四类标准取费。该方式基本能体现社会必要劳动消耗,基本体现建筑产品的定价按同一产品、同一方式进行,从而使招标工作在比较公平合理的情况下进行。这是一个很大的突破和飞跃,因为这比我国建国后一直沿用的按企业性质和隶属关系划分取费要公平合理。不过,这种取费方式仍然是

套用相应的标准,没有实质的突破,因此很难做到由市场决定价格。中国市场经济发展必须要求由企业来决定利润,因此,取费的方式也应有多种形式。

3. 对我国设计阶段的工程造价管理的影响

在国外,造价管理人员承担着从可行性研究到工程竣工全过程的管理。加入 WTO 后,我国设计部门的造价工程师也应和国外一样，从服从于设计师的被动地位,发展到与设计师并列地位,这样才能在工程中发挥积极作用,作出自身应有的贡献,但现状是比较令人担心的,因为我国目前设计部门造价工程师仍处于被动地位,往往是在设计师将图纸完成后才开始编制工程概算、预

算，而这时工程造价已经确定，这是一种制度的蹩脚，架空了造价工程师，让工程师造价方式上毫无发挥作用的空间。设计阶段应是工程造价控制的重点阶段，工程造价应对设计有很大的制约。在市场经济条件下归根结底还是财力决定工程规模和建设标准，所以应推行限额设计。造价工程师应在设计之初就介入到工程中，对建筑师提供的多个方案进行投资估算，并结合各方案的特点，通过向建筑师提出“成本建议”的方式，使资金得到最有效和最科学的利用。然后，在初步设计阶段、施工图

阶段分析编制估算书，也就是说造价师和设计师是相互制约、相互影响的，所以，他们之间必须相互合作。

设计的经济性与合理性直接影响到项目的投资效益。业主总是希望以最小的投资取得最大的收益，所以，投资估算是否准确至关重要。在国外，工料测量师对其所做的估（概）算要负经济责任，即如果竣工结算时的工程总投资额在无其他理由的情况下，超出概（估）算的一定程度，工料测量师必须承担相应的经济赔偿责任。因此，在初步设计概算书中，工料测量师必须加强注重对编制依据的文字进行科学严谨的说明。概算书除了费用汇总表外，还列有工程概述、估（概）算范围、价格依据、图纸及设计资料说明、面积分配表、估（概）算费用说明等。这些数据信息是必不可少的，因为这样，如果发生超支状况就能通过竣工图纸作比较，分清超支的责任和原因，不断总结经验，提高工作质量。而相对于国外来说，我国设计部门做的概算太过粗略，不够细化，导致一些正常数据都无法科学地得以提供，以至于很多业主都不愿意设计部门做概算。

4. 对工程造价咨询机构的影响

我国的工程造价咨询机构经过这几年发展已渐成规模。加入WTO后，国际工程造价咨询机构已经通过《服务贸易总协定》进入我国市场，这些外国机构凭借先进、优质、高效的服务与我国同行进行竞争，抢夺国内市场份额，对我国中介市场产生很大影响。这些海外来的咨询机构信息广、服务好、技术先进，对我国的中介机构将有很大压力，如果我国中介企业不正视自身的不足，就必将付出惨重的市场代价。

但是任何事情都是一分为二的，外国公司进入我国市场，将全新的经营理念、优质高效的服务方式引入我国。在这种情况下，我国造价咨询机构只有不断地提高服务水平，不断地提升自身素质、壮大自身，才能吸引更多的顾客。同样，工程造价人员也要不断学习国外的先进管理经验，同时结合本国实际，改进自身管理，适应经济体制改革的需要。外国公司进入我国市场，迫使本地的工程造价人员不得不随时把握住国际市场的发展趋势，这样才能更好地促进工程造价工作与国际惯例接轨，也有利于突破传统思维和经验模式的束缚，积极开展工程造价基本理论和基本方法的探讨，只有这样才能弥补自身的不足，才能更好地融入国际社会，赢得竞争的突围主动权。

三、后WTO时代我国工程造价管理突围策略选择

工程造价管理是国家和地方从事投资前期费用管理、建设工程费用管理及其他机关工作管理的一项艰巨的工作。在经历20多年的改革开放之后，我国的工程造价管理工作正处于关键时刻，把握得好或坏，将直接关系我国工程造价管理工作的成败，因此，不能等闲视之。

WTO规则的制定目的就是为了解决备用市场准入问题，使各国更好更快纳入全球经济现代化体系，并遵

守国际经济合作活动规则,共同促进,共同发展。其中《服务贸易总协定》必须遵循的四条原则是:最惠国待遇原则、市场准入原则、国民待遇原则和逐步自由化原则。《政府采购协议》也明文确定了非歧视原则;透明原则和发展中国家差别待遇原则。这些规则就是督促各国更大地发挥WTO作用的法宝与紧箍咒。

根据《服务贸易总协定》和《政府采购协议》的相关原则,加入WTO后我国工程造价管理领域将面临极大的挑战,原有的工程计价、定价模式及方法将遭到严重的冲击,具体表现为:

一是大量外资、独资、合资、合作企业和建筑承包企业或工程造价咨询企业进入我国市场,凭借其优质、高效的服务与我国的企业竞争,并依据相关国际惯例的计价模式、规范计算工程造价。

二是我国施工企业必然参与国际市场竞争,并参照国际惯例、规范和做法来计算工程造价。由此,我国的工程造价水平将随着国际市场的波动而波动,我国原有的人工费用低的优势将会丧失,同时工程造价的成本构成会计成本核算等方面也面临接轨问题。

三是数量众多的机制良好、公正性强、服务区域广的境外工程造价咨询机构大举入驻我国,同时,外国相关技术人员报考我国的造价工程师限制的解除,这将客观上使我国造价工程师制度以及专业学会向国际惯例的方向靠拢。

在充分考虑到我国工程造价管理的现状以及加入WTO对我国工程造价管理的冲击的认识的基础上,相关部门应从思想观念、立法体系、行业创新、计价模式、人才培育、业务建设、机制体系等多方面入手、采取积极有效的措施,规划和建设好完整、配套的有中国特色的工程造价体系,为我国工程造价管理的发展创造条件。

1.尽快转变思想观念

转变思想观念是积极应对WTO挑战的首要前提条件,因为现行的相关方针、政策考虑的多是国内建设市场,随着逐步纳入WTO规则,要求从全球经济一体化的国际宏观角度,并在符合WTO的市场准入、透明度、非歧视、公平贸易等基本原则相一致的范围内进行相关调整。这要求国内的工程造价管理人员必须学习和深刻理解WTO具体规则和条文,认真研究WTO成员国的优势和劣势,寻找自身差距,树立国际化意识以适应加入WTO后的新形势、新变化和新要求。

2.尽快加快工程造价管理市场化进程

目前,包括世界银行、亚洲银行、非洲银行在内的国际组织和国际上普遍应用的行之有效的计价模式是工

程量清单报价法。该模式的基础有如下三个,即:工程量计算规则统一化、工程量计算方法标准化和工程造价的确定市场化。我国现行的招标、投标、报价及评标方法与该模式相比差别较大,因此,相关部门和人员要积极引入国外造价计价和定价方法,充分借鉴国际经验并充分结合我国的实际情况,积极进行“本地化”和“中国

化”,制定出有中国特色的工程量计算规则和工程计价办法,既按照世界大多数国家对政府投资工程造价管理的做法,大力推行建设工程竞争定价,又对政府投资工程和非政府投资工程加以区别对待,采取不同的计价、定价办法。由此要找寻我国后WTO时代工程造价改革迎接挑战的根本特点和切入点,加快工程造价的市场化进程,只有这样,国内的工程造价机构才能在国外的入侵中得以生存和发展。

3. 提高工程造价咨询机构的竞争力

首先,建立专业人士或机构的“专业责任保险”制度,建立责任赔偿制度,使造价专业人员(或机构)产生主观或客观失误后都必须为之承担责任并要进行赔偿,同时建立行业自律机制。造价工程师要对出现失误的专业人士(或机构)进行公布与公示,并在下一期注册或年检中让其淘汰出局,以此来杜绝目前工程造价咨询机构提供虚假信息现象的出现。

其次,全面推广普及各类工程造价咨询机构的脱钩改制。要按国际惯例,实行合伙人制,其责任为无限风险型,这样才能有效解决国内大多数具有垄断地位的工程造价咨询机构政企不分和责任不明的状况。这是其走向市场步入正轨的必不可少的步骤。同时,各工程造价咨询机构在紧跟政策导向、拓宽服务领域面的时候,还必须要主动扩大其服务面,真正能够细致入微地为业主(或委托方)提供全方位和全过程的工程造价咨询与工程项目管理服务。

只有通过上述各方面的积极努力,才能进一步规范管理国内造价工程咨询,才能提高造价咨询机构在国际市场中的竞争力。

4. 加快工程造价管理人才的培养

一切竞争其实质都是人才的竞争。我国加入WTO后,除了在宏观调控、微观经营等方面要采取行之有效的措施与方案之外,还必须在人才培养方面做出更大努力。工程造价管理步入国际范围、参与国际市场竞争,首先必须拥有先进的国际工程造价理论,掌握熟练技术综合能力,加强培养创新精神,增强开拓意识、丰富涉外知识,能够在国际市场参与竞争,善于控制工程造价,降低工程成本、提高经济效益的高素质的外向型精英人才。这就要求除常规继续教育、学校学习、国内外交流等形式与途径外,也有必要通过向世界银行、亚洲银行等国际组织寻求技术援助等方式,共同促进工程造价专业人员参与国际性或区域性工程造价组织活动,及时了解并掌握国际工程技术、法规、管理、体系及发展动向,以促进工程造价管理人员整体素质不断提高。

对于工程造价咨询业来说,因为其在工程造价管理环节中具有重要的地位和积极的作用,所以也应采取积极措施,应对WTO时代国外同行的冲击。

第一,掌握WTO规则,夯实工程造价咨询业竞争基础。应对后WTO时代因开放而带来的挑战,首要之举就是要学习、了解和掌握有关的规则、惯例、做法和要求。因此,工程造价咨询业的首要任务是熟悉涉及建筑业和工程造价咨询方面的相关游戏规则,了解国内外同行的相关信息情况,这就牵涉到政府与企业两个层面,在政府层面,必须尽快建立和完善相关的法律法规体系,全面提高法规的透明度。法律法规是市场准入的门槛,也是今后政府进行行业管理的依据。为使造价咨询业适应市场经济体制和WTO的规则,必须组织力量一方面尽快了解WTO各成员国尤其是西方发达国家的法律法规体系,搜集国外相应的法律法规,分析比较我国与它们的异同与差距;另一方面应尽快提出并完成为适应WTO运行机制的新法律法规体系框架的构建工作,以便建立符合我国实际的与WTO规则相衔接的法律法规体系。就工程造价咨询单位层面来说,要做好两手准备,方能在“波涛汹涌”的市场竞争中立狂澜而不倒,一是要认真研究WTO的基本规则,巧妙科学运用规则和所在地的法律法规,从长远出发制定经营战略,保护和壮大自己;二是要学习研究国际通行惯例,增强适应性,以提高参与国际竞争的能力。

第二,加强资质管理、严格规范工程造价咨询市场。工程造价咨询的政策性、专业性很强,要从事造价咨询工作必须具有相应的资质。这就要求有关方面设置一定的市场准入门槛,这既是为了保护我国的造价咨询业,也是为了发展我国的造价咨询业。资质是造价咨询队伍和执业人员从业的政策保障。当前必须认真贯彻建设部的相关规定,首先要严把队伍准入关。按照宁缺毋滥的原则、严格考核、严格标准,对办公场所、专业人员组成、办公条件、社会信誉等逐项加以考核,达不到规定要求的不能申报资质;其次,在录用上要有严格的标准,执业人员的选拔要采取竞争上岗、岗位测试的方式来选拔任用。工程造价的编制与审核的合理公正,在很大程度上依赖于执业人员的知识水平和业务能力、工作态度及职业道德等。这就要求对执业、从业人员在学历、专业工作时间、工作业绩等方面进行严格考核。再次,严格把握执业人员流动关。目前我国中高级造价咨询人员远远不能满足咨询事业发展的需要,少数人员多处乱挂,一人受聘几家的现象仍然存在。因此,必须规定编审人员持证上岗,不能多处乱挂,需要流动时须到主管部门登记、备案。

第三,充分利用时间差,培养国际竞争力。按照我国建筑领域加入WTO后的对外承诺,工程造价咨询业在2005年以前只允许外国企业设立合资、合作企业,2005年后开始允许外商设立独资企业。虽然已经进入2005年全面开放迫在眉睫,但是外国工程造价咨询机构大举入侵还需要一段时间,在这段时期内,我国的咨询企业应加大改革力度,从运作机制、经营理念、管理方式、服务内涵等诸多方面改造自我,进行不断完善,以提高自身竞争力。降低咨询成本,提高工作效率,借鉴国外同行的先进经验,在注重服务质量的同时,增强服务意识,把培养长期客户、树立良好企业形象和维护企业信誉提升到企业发展的战略高度上来。有意识地与国外企业合作,有目的地与国际型企业合作,有针对性地与国际同行交锋、较劲,不断增强适应能力,提高挑战实力、实现资金实力、技术实力、经营实力等方面的多重发展。政府管理部门及相关主体应采取措施,打破地区封锁和行业垄断、建立和完善咨询企业的市场竞争机制,从而适应激烈的市场竞争和可预见的未来残酷的国际竞争。

第四,发展有中国特色的工程造价咨询模式。工程造价咨询业,要在借鉴国外同行经验基础上结合我国国情积极进行合理"中国化"。工程造价咨询服务业的发展,必须要充分考虑我国的实际情况,逐步向前推进。一是要循序渐进,遵循行业发展规律,加大结构调整力度,建立和完善科学的行业管理体制,尽快培育和壮大工程造价咨询行业。二是要增强规范管理水平,制定多方面的统一标准、统一步调、规范执业。三是要挖掘和打造企业核心竞争力,加快各种资源的整合,使一批具有较强实力的品牌企业脱颖而出;此外,还要积极开发从业人员专业培训,丰富咨询经验,加强理论素养,全面培育从业人员素质。充分利用民营企业灵活的竞争机制,走适应国情的发展之路,营造具有中国特色的工程造价咨询新模式。

综上所述,WTO带给我国新的机遇同时也对我国提出了新的挑战。我国的工程造价管理只有紧扣时代脉搏顺应经济形势的发展,深入改革并理顺相关体制,顺应全球经济一体化进程的要求,才能更好地推进我国建筑业的迅猛发展。

A COMPREHENSIVE HANDBOOK OF DEVELOPMENT OF REAL ESTATE IN CHINA VOLUME 9

第九卷

房地产楼盘营销策划

第一章

房地产项目开发前的市场定位

随着我国房地产业的不断发展，房地产营销层面的竞争也随着房地产市场竞争的加剧而日益激烈。市场定位是营销的前提，正确的市场定位对于房地产开发项目的成败起着越来越重要的作用，只有准确、及时地把握市场，突出自己的竞争优势，才能在市场竞争中立于不败之地。

一、市场定位是房地产营销的前提

市场定位就是将产品置身于某个特定的细分市场之中，并针对消费者的特点，规划设计出符合消费者心理需要的产品。

1. 市场定位首先要选择好客户群

在过去的卖方时代，房地产商有了好的地块与楼盘户型，不担心房子卖不出去。但如今在竞争激烈的买方市场时代，房地产商就不得不抓住各方面对自身有利的因素，他们争地块、比资金、争取开发权，不仅要注重产品的质量开发，而且还要不惜一切代价地为自己的产品进行包装与宣传。根据市场细分的原理，将具有不同特征但有相同需求和购买欲望的消费者划分为若干个市场，而后确定自己的产品所要进入的细分市场。

2. 市场定位最重要的是品质定位

楼盘的开发与建造，是以市场与区域等为参照的，企业能否成功，市场是唯一的筛子，而客户是最终的评判。楼盘有规模之分、产品档次之分、购买层次之分，并非所有的精品都能得到市场的认可。开发商不仅是建房、卖房，更重要的是为客户提供他所需要并让之满意的产品和围绕这一产品所提供的服务，创造一种新的生活氛围，引领一种新的生活方式，于是产品的定位便显得至关重要。开发的楼盘必须在消费者群体中树立起具有个性的良好形象，楼盘的定位不仅要兼顾内在品质，而且要注重外在特点。产品质量是开发商的生命，产品是否迎合消费者的需求和胃口，是产品质量成功与否的全面反映。

3. 市场定位要做好价格定位

房地产营销除了要对消费者定位与楼盘产品定位以外，价格定位也是一个关系到房地产开发成功与否的重要环节。同时，价格也在很大程度上反映出了楼盘的本身价值。对产品的恰当定价在销售过程中无疑能使企业获取更多的利益，这不仅可以使商家有利可图，也可真正体现出“物有所值”。当前，开发商对楼盘价格定位越来越重视，消费者也往往通过价格来了解房产信息，以此决定自己对楼盘的选择。

二、房地产营销市场定位的实施原则

目前房地产开发已呈现出了百花齐放的景象，在一个城市同一地理区域内，具有相当竞争力的众多楼盘林立其中。如何在众多楼盘中脱颖而出，在产品营销中旗

开得胜，这就要求开发商对楼盘的定位准确并且具有超前意识，在对市场的分析与对消费者的了解情况下把握市场原则。具体包括：

1. 消费者导向性原则

购房对于大部分人来说，是一件很重要且很谨慎的事情。这主要有两个方面的原因：首先，房地产本身具有固定性与使用寿命长的特点，大部分人都依据个人情况在深思熟虑之后才决定自己究竟在哪个区域买房，买多大的房。毕竟对于大多数人来说，买房跟结婚一样，是一辈子才有那么一次的事情；其次，现代人对财富的观念认识发生了转变，在经济快速发展的今天，精神与文化需求在城市中更加突出地表现出来。从物质形态的单一性，到今天物质与精神并存的多元化，许多人的价值衡量标准已经发生了改变，物质形态的东西已经不是财富中最主要的构成部分。比如说，许多人在买房时，越来越注重小区的人文环境、文化气氛等方面的因素，他们追求的不仅仅是“有房”，而且是“有好房”。除了能满足住的需求外，还应该是充满人文主义的人性空间，充满文化品位的文化空间，充满艺术格调的艺术空间，情意浓浓的亲情空间。由此可以看出，房地产商所作的一些广告宣传对消费者进行说服比容易使消费者产生购买冲动的一般商品相对更加困难，而且不同层次的消费者的心理需求也表现出了不同层面的要求，所以房地产商在面对消费者时，准确的定位不仅在于项目如何将定位信息有效地传递给目标消费者，还在于定位信息是否与消费者的心理需求相吻合。

所以，正确把握消费者的心理需求，是市场定位成功的原则之一。

2. 差异化原则

房地产地理位置的唯一性和土地资源的不可再生性结合使它成为一种特殊商品，可以说房地产业本身就具有相当的差异性，开发商要想取得竞争优势，就必须融入差异化原则。目前，我国房地产广告版面在平面媒体中的占用量已高达 40%，雄居各行业平面广告发布数量之首。房地产广告的空间泛滥，让消费者应接不暇以至于渐渐麻木，往往不知哪些才是适合自己的产品。如何让自己的楼盘吸引消费者的眼球已成为各开发商要花大力气解决的问题。求“异”、创“新”，体现出自己楼盘的特点，树立楼盘与其他楼盘的个性差异已成为目前各开发商追逐的目标。

在房地产业内人士看来，差异化是房地产企业的第三大利润源泉，可见差异化对商家来说是何其重要。

在强调房地产产品差异化的同时，还必须注意的是在产品差异化的实施过程中，商家必须考虑与市场和消费形态的有机结合，绝不能为了差异而差异化，从而使营销脱离了正常轨道。过分强调差异而脱离地块条件与区域条件，忽视区域房地产市场的物业特点、消费者生活习惯，也是不可取的。

3. 先入为主原则

发展商在找到一个全新目标市场之后，能够从消费者心理出发，抢先确立自己楼盘的先锋地位，打出自己楼盘的品牌，从而占据消费者的心理空间。在通常情况下，消费者的需求意识比开发商的意识要来得慢，或者是消费者的这种需求还处于一种模糊的状态时，开发商就已经充分意识到了。在这个时候，开发商如果能及时把自己的楼盘推到消费者面前，无疑就占据了主动地位。而消费者的心理一旦被先入者的品牌占领，那么后来者只能是处在次要的地位。如南国奥林匹克花园用“运动就在家门口”的口号，把家对健康的关怀直接用运动概念这一更加积极的形式将之具体化,散发出一种深受年轻人喜爱的气息,获得了巨大的成功。再如北京今典集团的"苹果社区",这个社区名称从某种意义而言成了表现"市场的动因"、"消费者的喜好"、"开发商的商业动机"的一个综合性符号,简单而意蕴丰富,使人耳目一新,从而取得了巨大的成功。

4. 经济性原则

经济性原则指的是房地产商开发的产品应具有较好的性价比,在具体操作时,可以采用两种方式:①成本不变,提高产品质量;②成本适当提高,大幅度提高产品品质。要做到效益的最大化,就是在成本和费用测算、效益测算基础上计算的各项经济评价指标达到社会平均水平。确定项目赢利预期的可能性和风险性,以确定项目经济利益目标实施的可行性。

5. 可行性原则

可行性原则包括项目实施的可行性和经济评价的可行性。房地产市场的不断变化和发展使得在市场定位时也必须考虑项目实施的可行性,要根据项目规模、地块特质和项目的优劣势来分析入市的时机,准确设计及预计项目的实施进度。同时,要运用微观效益分析与宏观效益分析相结合、定量分析与定性分析相结合、动态分析与静态分析相结合的方法,对项目进行经济评价,分析各种经济评价指标是否可行。项目规模、开发模式和项目进度受到经济实力、融资能力等因素的限制,它们容易定性但难以定量。总之,项目开发时如何量力而行,这个问题在市场定位时就必须得到解决。

三、准确的市场定位是项目成功的关键

开发商在把握了市场动态、消费者的心理需求及产品本身的特点之后,就必须遵循以上所提到的这些原则,有的放矢地进行统筹安排,并做出相应的决策。

1. 锁定目标市场,确定开发项目

细分目标市场是市场定位的前提,市场定位须建立在充分了解消费者需求的前提之上。抓住市场机会,准确地进行市场定位、目标客户群的定位,对整个营销过程起着举足轻重的作用。市场定位首先要做的工作是派自己的调研人员或者独立的调查机构调查消费者的需求状况和市场供给状况。调查内容包括:某一时期该城市现有家庭中有多少住房已解决,有多少还没有自己的住房或者打算另置住房,未来几年的需求发展趋势,这些有购买需求的家庭需要什么结构和面积的房屋,他们的收入水平、文化程度以及实际购买力等等。满足了这些人的需要,就可以把他们确定为目标顾客,也就是说市场定位的第一步就是对消费者进行分类,找到自己的目标客户。其次要确定满足目标客户哪一方面的需要,并且对目标顾客进行细分,根据消费者在购买产品时的目的将顾客进行细分。

房地产业的发展日趋成熟,发展商的开发行为也变得越来越理智,不再一味追随与盲目模拟他人的做法,他们对楼盘开发已超越一般具有较大随意性的、纯经济行为的开发。开发商开始注重产品的宏观趋势,注重不同客户对不同品位楼盘的不同选择,以及对不同购买力的微观的、细节的探讨,使楼盘在投放市场以前,已经有一个较为清晰的目标客户群。在了解了不同客户群的需求之后,便可以做出房产开发的第一步即确定开发项目。

2. 长远立足,保证品质

房地产产品与其他一般产品的定位有着一定的共性,但房地产楼盘产品又有着其他商品无可比拟的特性和个性,这就要求产品本身质量必须过硬,且产品设计具有一定的超前性,要从长远的角度来考虑。市场变化了,时代变化了,要想生存发展,就必须辨识潮流,认清方向,避免逆时代而动。相对而言,楼盘产品定位的需求

面，完全是因楼盘的区域、品质、户型、面积、设施、价格、功能、文化等综合因素而异。房地产市场竞争历经爆发时代、产品时代之后，已进入了品牌和文化时代，人们对产品的要求日益苛刻。房子对消费者来说，已经不仅仅是人们生活起居的必需处所，也成为人们生命的文化形态和存在方式，是居民内涵的外化，他们讲究的不仅仅是住得舒服，还注重住所周边的文化教育环境等方面的因素，以寻求一种"天人合一"的优雅居所。因而，真正能在房地产定位中取胜的，是对产品"组合功能"的定位。

3. 随行就市，对比定位

一直以来，价格定位在楼盘的营销全过程中亦是始终随着楼市行情起伏不定。在楼市竞争几近白热化的今天，每个开发商对楼盘价格定位的竞争优势越来越重视。楼盘价格定位的正确与否，在很大程度上反映出开发商对市场尺度的把握，对客户心理需求的了解程度和有没有竞争意识的问题。

然而，在某些时候楼盘的价格定位，由不得开发商自行决定，因为一厢情愿的定价往往会造成楼盘的滞销。楼盘的价格定位，必须根据市场实际情况，把握好走势，从做好全盘营销角度，对方案确定一个既有利于本身产品的销售和资金的迅速回笼的目标，也能在市场中通过个案的特殊优势和与众不同的一些卖点，来对楼盘个案进行一个能吸引公众眼球的价格定位。

价格定位的策略有很多，但也因市场、产品特征及楼盘销售前、后期时间的不同而有所变化。从市场的角度来看，开发商应通过对同类区域、同类楼盘的比较、分析，在考虑目标客户承受能力的情况下最大限度地挖掘市场有效需求，来确定自身产品的客户群体和品质档次，然后确定楼盘价格。从产品本身来看，开发商应旗帜鲜明地打出自己品牌特点，注重楼盘的内在品质，在价格定位上充分体现物有所值，充分反映楼盘的价值所在。物业质量和附加值往往是吸引消费者注意的重要因素，使楼盘的价值充分体现其价值的含金量，以此来占据市场。从时间的角度来看，开盘初期与后期销售的价格定位也应是不同的。比如许多开发商在开盘初期的价格策略一般采取成本价或略高于成本价的建议售价，但在楼盘打开市场、进入销售高峰之时价格定位也会逐步攀升。这既为开发商赢得利润，也为开发商赢得了声誉。这种分期推出，价格递增的策略在楼盘销售环节中比较常见。

由于受到了潜在的丰厚利润的驱使，我国房地产开发商日益增多。自2002年以来，房地产业呈现出了竞争日益激烈的状态，商家也期望在这激烈的竞争中占据一席之地。但房地产业本身是具有高风险的行业，若开发商缺乏充分的市场分析、对消费者心理需求的了解、对自身产品的把握，盲目地跟随潮流，就很可能被市场无情地淘汰。没有方向和目标就会出现盲目性，盲目的开发只能将开发商推向绝境。所以房地产开发商的理性市场定位必须走在前列，只有这样，开发出来的产品才能更好地满足消费者的需求，也才能在更大程度上保证项目开发的成功。

第二章 楼盘营销

我国房地产业经过20多年的发展，已逐步步入活跃和繁荣的市场阶段，房地产开发商对房地产的开发、销售和管理理念也日渐成熟，众多的营销战略已运用于企业的竞争之中。随着竞争的日益激烈，广大开发商不得不转换营销理念和进行技术革新，并掌握一套行之有效的操盘策略，尽可能地提高资金周转速度和产品销售率，寻找楼盘营销的“赢销”之路。

一、营销内涵：技术与艺术的统一体

“营销”对于普通人来说，只是意味着简单的销售，但对房地产商来讲，则意味着如何用技术和艺术的统一来实现楼盘的销售。但是有些开发商只盲目重视营销艺术，却忽视了营销技术。比如强调概念、重包装、重形象、重视广告，强调售房部、样板间建得富丽堂皇，大张旗鼓地比美比大，其实这一切都是经过处理的，是一些肤浅的表面化东西。真正的营销是艺术和技术的结合，其运作过程中包含着各种联系，将艺术等同于营销，或者撇开技术的营销，就会使营销脱离了原本的含义。

所谓营销技术，是从技术的角度来进行划分的。房地产业在进行营销运作中，技术手段是必须掌握的一个方面。

1. 从楼盘命名来看

随着经济和社会生活水平的提高，人们选择住宅的标准已发生了根本的转变。在满足住宅建设基本要素的基础上，提升健康要素，满足居住者生理、心理和社会等多层次需求的健康居住环境成了人们理想中健康生活的全部内涵。不难发现，老式住宅的“里弄”、“小院”、“宿舍”等名词已在新式住宅中销声匿迹了，代之以“苑”、“阁”等充满诗情画意的名词，以迎合不同人的不同品味，甚至还出现了“湖畔之梦”、“金域蓝湾”、“滇池依恋”等，这些楼盘的名字不仅字面上有美好的意义，而且也寓意了开发的理念。楼盘名称的变化，从本质上体现着房地产商对“人”的重视，它使“家”不再是一个冷冰冰的、毫无人情味的空间结构和空洞概念。一个绝妙的楼盘案名能使人感到温馨，与此同时又带来良好的综合效应，这种包装绝对称得上经典。

2. 从广告和形象来看

楼盘推向市场之初，启用的广告应该是先导性、告知性的。在媒体的选择与投放上，户外、报纸、电视、广播媒体的立体组合宣传，不单单是图文并茂的硬性广告宣传，还应当巧妙地利用一些媒体的特性开始有深度的软性宣传，并善于形象包装与“造势”。在诉求方式上，充满人情味的感性诉求广告日渐增多，宣传内容以亲切的生活画面为主，以此来增强与客户沟通的亲和力，使消费者感受到开发商在营销手段上和媒体创新上的进步。

在房地产营销技术中，市场细分是营销战略的第一阶段，其重要性不言而喻。房地产开发商在对房地产需求市场进行细分时，通常还要考虑地理因素（一个城市的环境、人口密度、气候）；人文因素（住户的收入、职业、教育程度）；心理因素（住户生活方式、个性）；行为因素（购买时机、追求利益、品牌忠诚度）。只有对它们进行综合的考虑，才不至于打乱房地产商的第一阶段计划。

(1)市场调查。房地产商在投资决策前需要调查消费需求的满足状况和市场自身的供给情况，包括该城市现有家庭中有多少无房户和住房困难户，未来几年的发展趋势，这些家庭需要什么结构和面积的房屋，他们的收入水平、文化程度以及实际购买力，此外还要对城市近几年及今后几年的土地供给情况，城市基础设施配套情况、金融服务情况进行归纳总结。只有掌握了精确的数据及详细的资料分析，才可能具体策划出楼盘应该主要针对哪些事项进行调整、改革，更重要的是对市场的

应变能力和调整能力做出反映，使战略规划更具现实性、超前性和示范性。

(2) 产品定位。前期的市场调查已为开发商指明了发展方向，选择了目标顾客后，就要根据顾客的实际需求定位，制定"一对一"的营销方案，为房地产买家提供个性化服务，包括为买家"量身定做"等，这对于拓展市场大有益处。

(3) 产品开发。这是一个楼盘开发中最致命的环节，许多楼盘都在这个阶段上出现问题，这是由于开发商操之过急的心态所导致的。他们一旦买到土地，根本不考虑该城市先前所做的一系列市场调查，而是认为越早开工越好，盲目追求高速率。另外，就是图省钱，随便找个人或者依葫芦画瓢照搬现存的某个畅销的楼盘，这就导致出现了大量雷同的楼盘，但这些楼盘的开发并不符合消费者的实际情况，根本不能形成一定的销售市场；还有一种情况，对楼盘的设计光凭自己的想象与爱好，没有依照现实要求来进行创新性的设计。目前，房地产业的竞争不仅仅是产品的竞争，而转变成一种"文化的竞争"，楼盘产品不仅仅是呈现在人们面前的感性实体，还应包括一定的激情文化。概括的讲，产品的开发是设计师根据市场定位进行的全方位的策划，设计师的设计水平直接关系到楼盘的销售情况，否则每期都采取相同的策略对消费者来说会"不痛不痒"，不会产生感觉，更难形成购买行为。

(4) 销售推广。楼盘建成完工后，开发商应针对不同客户群精心策划一套行之有效的营销策略以达到最理想的销售效果。优秀的营销策略应该立足于对楼盘产品、市场竞争和环境的全面客观分析，并根据分析结果作出具有针对性和可操作性的应对方案。因此，在销售推广中，销售管理的计划管理、行动管理、客户管理、绩效管理、现场管理、信息管理、竞争管理等都离不开管理技术，只要有一项管理出了漏洞都势必影响全盘的布局，造成不可挽回的损失。

(5) 售后服务。开发商绝对不可以抱有把楼盘销售完就万事大吉的态度，假如是那样的话，他就不可能长久地立足于房地产这个领域。因为对消费者而言，优质的产品加上优质的售后服务才称得上是完美的组合，才能同时给消费者带来精神上的享受和心理上的满足，这也就形成了一种品牌意识。品牌就等于是客户，当消费者为了得到品牌所带来的价值时，就会自觉选择购买优质品牌的产品，接受较高的价格，从而加速购买决策过程。可见，售后服务的魅力足以影响营销策划的持久力，这也是提高企业效益的长远之计。

综上所述，营销是一门极深的学问，内容广泛。营销技术和艺术是营销的两个翅膀，只有统筹规划，合理运用两者之间的差异和联系，才能走出一条"赢"销的道路。房地产营销也概莫能外，开发商只有紧跟时代步伐，时刻关注市场变化，把技术和艺术有机结合，创造人性化房地产产品，才能适应新人居时代消费者的需求。

二、营销策划的理性思考

中国房地产营销业的兴起和发展，为加速房地产的循环创造了条件。从当初的"一无所有"到现在的"无处不在"，可以说，营销观念的树立及各种营销方式的使用，是房地产业蓬勃发展的一个见证。目前，随着房地产市场的规范化、多元化，营销方式已从单一化趋向全面化，营销服务已从注重表面趋向追求内涵，营销推广已从杂乱无章到规范有序。虽然有很多地方值得推崇，但仍然还存在许多营运商、开发商对营销的认识仍留于肤浅，有的甚至由于理解的偏颇导致在实际运行中走入泥潭，不能自拔。如何理性的看待营销的内涵，促进房地产业的快速、健康发展是摆在中国房地产业界面前的一个迫在眉睫的问题。

1. 市场意识的觉醒

营销策划是连接产前市场与产后市场之间的一种行为纽带，它贯穿于市场的始终，可是由于房地产开发的长期性以及市场反馈的间接性和滞后性，使得市场的发展动态具有差异性，可见市场在这场战斗的硝烟中扮演了一个重要的角色，充当一个中间人。营销策划的根本不是一本洋洋洒洒的文案文本，而是结合楼盘的特点，贯穿于市场这个大舞台，总结出合适的推广行为方案。

“运筹于帷幄之中，决胜于千里之外”。楼盘未造，策划先行。但所谓的营销策划不是闭门造车，它要体现市场特性、消费习惯及发展要求等。当前，房地产市场已从需求型向改善型转变，从营销观念变化趋势看，已经从显性推销变为隐性推销，变得更加注重企业形象。楼盘的竞争，就是各楼盘营销策略结合市场优劣的综合竞争，谁能高屋建瓴，深入市场，掌握市场的先导信息，制定切实可行的营销方式，谁就能立在成功营销的潮头。

因此，开发商必须要认真分析楼盘与市场的对接问题，要提升市场意识，适应市场多元化的潜在发展空间，做好楼盘的市场推广。有道是：没有疲软的市场，只有疲软的产品，谁真正重视了市场研究，谁就取得成功。

2. 主动创利的行为

营销策划是一种导向行为，它贯穿于房地产定位、销售、物业等方面，采取市场上控制措施来保证、引导、开拓、扩大有效经济范围，从本质上来讲，营销是一种创利的过程，只有摆正营销的地位，才能发挥营销策划的主导作用，用全新的面貌认识营销所创造的经济、社会效益。有些房地产企业在项目策划上忽略了对市场的定位，具有很大盲目性，又因为营销策划的滞后以及不注重长远发展，以致房子面积及户型单一、平面结构不合理，导致长期空置，楼盘规格档次过高，超出市场的接纳能力，导致被迫停工……如此种种，给企业自身造成了惨重的亏损，对资源造成极大浪费。因此，要实现这一转变，加强项目策划的针对性已刻不容缓。

3. 以人为本的思想

新时代的人居环境发生了根本的转型，人们越来越注重环保，对于重建城市居住环境的系统化、生态化、经济化和人性化的生态理念的需求越来越强，房地产商正是发现了这个规律，便抓住它、利用它，把它运用到营销策划中去，其中特别看重人性化的理念。什么是人性化呢？即最大限度地满足居民身心健康的基本要求，促使人与自然、道德、信仰等人文环境的融合与升华。人本思想的追求是人类自身居住条件达到一定阶段后的需要，这也就需要营销策划不断跟上时代的节奏，充分挖掘人性内在的需求。以人为本的思想在营销策划中应满足三个层次的变化：

（1）环境氛围的营造。人们内心渴望既有高质量居住空间，又追求回归自然、返璞归真、崇尚生态的生活氛围。环境型、生态型住宅已成为新时代的营销主题。小区周边环境与文化氛围的有机结合所带来的满足已逐渐取代人们以往衡量住宅的三个传统标准：地段＋房型＋价格。

（2）住宅观念的转变。住宅观念表现为房型、朝向、立面等，楼盘的格局和细节设计都要充分体现人本思想。就当前最受欢迎的房型来说，跃层、错层的兴起都适应了人们新的居住需要，住宅的立面要求简洁、大方、通透感强，充分体现了对人的关怀。这些都是营销策划实践中对人本思想的有益探索。

（3）物业管理的完善。许多消费者在选择物业时，已开始意识到购买的不单是一件产品，而且是一项服务，这就为优秀的物业管理提供了发展空间，他们可发挥社区功能，从健康、舒适角度提供良好的物业管理服务。企业若能及时顺应这一主流，将在竞争天平上加上一个颇重的砝码。

4. 塑造品牌形象

策划并力求塑造房地产企业品牌，树立楼盘品牌形象是营销策划的至高境界。

随着房地产市场竞争程度日益激烈，一些房地产公司认识到，价格大战不是长远之计，而消费者所看中的区位也并不能起到制胜法宝的功效。为了提高利润，改变在市场中的被动地位，一些聪明的开发商改进自己的产品，使其具有自己的特点，并通过专利的手段来保护产品的独占性。这样一来，他们的产品就从众多产品中脱颖而出，被冠名为“品牌”。严格地说，新一轮的竞争就是品牌的竞争。消费者在选购住房时，仍然会考虑到资金投入的安全性，自然就会选择信誉好、品牌佳的企业。品牌的树立，虽然不能百分之百产生“一锤定音”式的决定性作用,但对房地产购买行为产生了重大的决定性作用,一定程度上可加快顾客的购买决策速度。品牌楼盘带来的高额附加值已逐渐为卖家认同,这虽然不是一朝一夕之事,但广大开发商仍然独具慧眼,在营销策划中利用“品牌效应”,堆积无形资产。

楼盘营销策划必须理性,以市场为导向,以人性为依托,以品牌创利益,开发商只有这样才能吸引新人居时代的消费者的眼球,走出一条“赢”销的道路。

三、新形势下房地产营销模式

随着房地产业的不断进步,一些传统的营销模式已跟不上时代的步伐,正逐步走入低谷。进入新世纪后,一批新的、有市场代表力的营销模式亮相于市场,抢占了最大的突破口。其中大部分的开发商纷纷选择网络营销作为引领市场的营销模式,与传统营销模式相比,它有着不可替代的优势。房地产产品的不可移动性、差异性决定了它是非均质商品。只有充分了解并比较以后,消费者才会安心购、租,然而房地产市场如此广阔,消费者要通畅并取得有用的资料是十分困难的,传统的营销模式只会提供给消费者有限的信息,同时它自身发布信息的代价会更高。但网络信息技术具有快速、灵活、广泛、低廉等特性,为房地产供求信息的发布,提供了最好的工具和交流平台,消费者可省去车马劳顿、四处奔波之苦,尽情享受择优之乐。

网络营销是一种自下而上的营销方式,它更强调互动式的信息交流,由强势促销转为软促销。消费者在选择楼盘时,可通过网络自动查询分散在各处的、感兴趣的房地产的价格、地理位置、品牌、咨询等有关信息。通过BBS提问并及时得到解答,企业与消费者保持密集的双向沟通和交流,大大提高了营销过程中消费者的地位。企业也可以通过有效沟通,充分了解消费者的需求,树立企业及产品在消费者心目中的地位,这是其一;其二,通过网上采购和网上销售,大大降低诸如采购费、租赁费、广告费及大量的销售人员工资等期间费用,从而大幅度降低成本,提高工作效率;其三,有了网络,消费者只要坐在家里的电脑旁,轻轻按动鼠标,各种位置、户型、价位的房屋任你挑选。这些大量的信息使各个楼盘之间的差异性显得更加直观、详尽和方便查询,大大拓展了选择空间,节省了消费者无效奔波的时间。这三点优势虽然可以全方位展示楼盘的外形,向消费者提供全部的理性购买依据,但它是虚拟存在的,无法向消费者提供亲身体验。众所周知,楼盘是一件价值巨大的产品,它往往是一个家庭一生中金额数量最多的一次购买,人们仍然信奉眼见为实的观念,看不到实物,他们不可能将一大笔款项交给一个小小的鼠标,他们希望得到的是感性的现场综合感受。不仅如此,我国现有网络尚处于起步的发展阶段,基础设施差,技术软件落后,缺乏网络安全保护措施和高水平的网络营销人员,网络立法、结算系统等配套措施跟不上,以及广大消费者对持卡消费的排斥,都制约着网络营销的发展。

根据以上对房地产网络营销的分析表明,房地产网络营销还不能全部取代传统营销模式,只有与传统模式实现整合、优势互补,才能使房地产企业的整体营销策略获得成功。因此,应该说至少到目前为止,传统营销与网络营销实质上是房地产整体营销策略的两个有机组成部分。传统营销的对象是房地产本身和企业品牌,而网络营销的对象是有关企业的大量信息,这两部分是缺一不可的,只有整合才能使其发挥最大的功效。假如没有传统营销的帮助,网络营销只能坐冷板凳,感叹“英雄无用武之地”了。

人类的进步,观念的不断更新,新人居时代的人们追求的不只是住的问题,因此楼盘营销不仅仅是房子销售的手段,还是集艺术和技术于一体的一种策略。正确地制定并执行策略是成功营销的根本问题,房地产企业在营销的过程中必须慎之又慎,要科学调研和合理规划,作出准确定位,继而开发出具体可行的营销模式。善于运用整合社会的有效社会资源和企业资源,以在竞争中应变自如,而立于不败之地。

第三章

房地产与汽车营销互动

当房地产和汽车成为当今时代最受关注的两大行业时,也就预示着“车房互动”最终会成为一种深入人心的营销理念。房地产和汽车这两大行业在现今社会中成为消费概念中的两大件,标志着我国向小康社会迈出了一大步,同时两者间的互动关系越来越成为两者规划未来营销策略的一种必然。

一、车房互动营销崭露头角

2004年以来,受车市转冷的大环境影响,汽车厂商、经销商四处突围寻找拓展市场的机会,在不断打破传统促销模式的基础上,房地产商与车商之间的走动也日渐频繁。从越来越多的汽车厂商走进各类房产社区大搞新车试乘试驾活动,到一些汽车经销商携带主打车型赶在热门房地产项目开盘时前去捧场聚敛人气,房地产与汽车营销互动的花样不断出新,业界竞相效仿并大有蔚然成风之势。

2004年国庆期间在北京举行的车房联展让人们意识到了房地产与汽车互动营销潜藏的巨大商机。以“发现生活之美”为主题的此次车房联展累计接待的参观人数达到11.8万人次,展会期间达成的实际预订、意向成交金额超过8亿元。

名车靓房相得益彰,是车房联展的最大亮点,包括宾利、林宝坚尼在内的20余款世界级名车和上世纪初的20多款经典老爷车,与21个风格迥异的知名楼盘项目交相辉映。无论从规模还是消费者的关注程度看,以往各种车房联展都无法与此次联展相媲美,其火爆程度可谓前所未有。

在众多名车的映照下,房地产参展项目也气色陡增。一些高档地产项目更是与汽车经销商携手同台展示,很好地起到了品牌形象互相借势的效果。

无疑,2004京城车展的成功举办让消费者看到了住房和汽车这两大重头消费品之间越来越紧密的联系,同时让房地产业界普遍认可了车房互动营销的可行性。但对方兴未艾的住房与汽车的互动营销来说,车房联展也许只是刚刚显露的冰山一角。

二、牵手车市是楼市营销的现实需求

一场轰轰烈烈的车房联展,带给房地产业界关于车房互动营销以无限遐想。实际上,大多数房地产商对汽车的关注是从社区的停车位开始的。近两年来，随着我国房地产业的飞速发展和居民生活方式理念的不断改变，在各种层次的新建社区中，随着置业者对停车位的追逐日益升级，房地产商们也开始在停车位方面大动脑筋。但精明的房地产商们所想的远不只是停车位，他们还利用自身在用地方面的独特优势，与汽车商合作建设汽车品牌4S店，策划一系列的买房送车与买车送购房代用券的车房营销互动活动。这些活动不仅为房地产商开发的楼盘销售起到了很好的促进作用，更为他们在汽车行业找到了不少的合作伙伴，并在原来单纯的房地产业务基础上拓展了更多的空间。由于汽车已经成为了这个时代财富的一个重要标志，忽略汽车就是忽略潜在的商业机会，房地产商已经深刻认识到了这一点。

其实，车房互动营销之所以能够收到较好的效果，关键的一点，就是这一全新的营销模式与车房消费群体的需求不谋而合。

住房与汽车，居住与出行的两大载体，在奔向小康的人们生活中扮演着无可替代的重要角色。毫无疑问，对大多数中国城市居民家庭来说，房子和汽车在未来相当长的一段时间内都将是两个最重头的消费大件。从价位来看，只有这两种消费品需要耗去人们数万元乃至数十万元甚至更多的积蓄。

当今城市家庭在规划将来的消费支出中，房子和车子都将同样重要。有了住的地方必然要有行的工具，也可以说，买得起前者，再拥有后者并不难，因为两者的价位相差并不很大。

因此，在车与房的消费群体中，二者重叠的区域正在加大。这也正是房地产业界开始越来越重视车房营销互动这个话题的现实依据。如何促进车市与房市的互动，对房地产商和车商来说，已经成为一个无法回避的问题。对房地产商来说，利用汽车厂商的主动示好与其携手共拓市场，也是一个提升品牌形象、创造更多客户的大好机会。

买什么样的房子和买什么样的汽车，对于普通的购房购车者来说，是要放到一块来考虑的问题，因为要考虑二者的平衡。车房联展更好地为他们提供各种不同的楼盘和车型参照，有利于客户更好地规划自己的消费结构。

哪里有需求，哪里就有商机。对于竞争日趋激烈的房地产行业来说，发现并把握消费群体的最新需求是至关重要的生存之道，而要做到这一点，开发商们的营销理念和营销模式必须进行相应的改变。

三、车房互动营销

楼盘与汽车互动营销给房地产和汽车这两大行业带来的影响是积极而有前景的，可以肯定的一点是，它将在一定程度上改变房地产商的营销理念和营销模式，使我国的楼盘营销步入一个新时代。要看到这一点，必须对车房互动营销有一个很好的理解。

车房互动营销是房地产与汽车两大行业真正的相互促进与共同繁荣，绝不仅仅是一种营销新花样，而且还是一个小康社会发展的必然趋势。从某种意义上来看，房地产与汽车的营销互动是一个具有现阶段中国国情特色的必然现象。这是因为：首先，随着我国社会经济的快速发展，逐渐富裕起来的小康家庭日益增多，这些家庭中的相当一部分都面临一个改善居住与出行条件的问题，也就是需要买房购车。与发达国家所不同的是，我国的信贷消费还不够完善，所以对很多家庭来说，买房与购车将是两笔必须放在一起通盘考虑的巨大开支，其次，相对于发达国家远远高出我们的人均收入而言，住房与汽车在他们的消费支出中所占的比例通常也比我们要小得多，这也正是为什么虽然车房互动在欧美发达国家并没有特别多的经典案例可供参考，但在我国却受到业界异乎寻常热情关注的主要原因。之所以说车房互动开启楼盘营销新时代，是因为：

车房互动营销标志着房地产商营销理念和营销策略的改变，从过去的“单打独斗”逐渐转向“联合造势”。在这之前，开发商或销售代理商在楼盘营销中往往凭一己之力“单打独斗”，广告宣传大多通过传统的低本媒介，如派发传单等，其营销方式不外乎现场营销、事件营销及网络营销。近年来房地产商的营销理念和策略有了许多的转变，也开始逐渐想到了借助外力，如实施代言人策略，把代言人“发展”为业主，通过代言人的示范作用引导目标消费群体跟随购买；或通过代言人现场造势聚集人气；或通过名人广告造势吸引公众眼球；

或以代言人改善或提升项目形象等等。近两年又逐渐兴起了房屋模特，模特作为一种职业，已经成为房地产商展示、营销的重要方式。随着网络的逐渐普及，互联网在房地产营销中发挥了越来越重要的作用，互联网的24小时服务方式不但满足了消费者这种沟通愿望，而且为卖方提供了便捷的客户关系管理系统，而这将为销售者降低销售成本，提供个性化的需求，满足消费者的差异性要求，提高客户满意度，并通过满意的消费者带来新的消费者。虽然这些新兴营销手段在某种程度上说明了房地产商营销理念及营销策略正在发生变化，但还只是停留在单方面行动上。而车房联展等互动营销方式的推出，标志着房地产商已经意识到从“单打独斗”转向“联合造势”的重要意义。将看似无多大联系，实际上可能抢走自己潜在客户的汽车作为营销中的互动合作对象，正显示了房产商的精明之处。车房联展不仅可以壮大气势，宣传企业及项目品牌，还可以吸引潜在客户，名车豪宅同聚一堂，将大大提高公众的关注度，而且由于迎合了车房消费群体的消费需求，可以收到很好的促销效果。

其实，车房营销互动的案例早已有之，但只是简单的买房送车以及买房抽大奖活动或是买房送购车优惠券等，而车房联展显然也只是仅局限于较浅层次的互相借势。对于房地产商来说，要想收到车房互动的良好效果，就必须探讨合作模式的创新，寻求更深层次的销售互动。

车房互动营销方式多种多样，营销策划人员也正在不断推陈出新，这其中，楼盘新车巡展可谓开创了车房互动的先河。

楼盘新车巡展是最近逐渐兴起的车房互动的一种全新方式，是一种大规模的流动的车房联展活动。其中包括三个层次的联动，第一个层次是众多房地产商之间的联合互动，举行活动前，往往由一家或几家大型楼盘开发商牵头，组织联合众多楼盘项目（通常几十家甚至上百家）；第二个层次是房地产商与汽车经销商之间的联合互动，联合起来的楼盘开发商邀请各种品牌的汽车经销商一起策划楼盘新车巡展活动；第三个层次是参观者与楼盘开发商、汽车经销商之间的互动，楼盘新车巡展举行前，往往先征集有买房或购车意向的客户，巡展时，先根据客户的购车意向有针对性地安排乘坐新车，巡展过程中，购房的客户可以欣赏及比较参展的各种风格不同楼盘，购车的客户在观赏各种档次汽车的同时又可以对自己意向购买的汽车性能有个很好的了解，从而能够收到很好的三方互动效果。

在不少汽车厂商和经销商纷纷向房地产商抛出寻求合作的橄榄枝的同时，越来越多的房地产商也看好与汽车行业的沟通与融合，正在加紧筹划共拓市场的实施方案。种种迹象表明，一个车房营销互动的时代已经到来，如何适应时代要求，把握并利用好这一机遇，也已成为房地产商需要考虑的问题。

总之，车房互动开启了楼盘营销的新时代，对房地产商来说，如果能抢先一步抓住“车房互动”这个商机，就会不仅仅多了一个竞争新优势，更会开辟一个业务增长点。

第四章 楼盘销售代理

自20世纪90年代以来，我国房地产业有了迅猛的发展，同时催生了房地产的销售代理市场。房地产销售代理是指房地产经纪人受委托人委托，以委托人的名义按委托人的基本要求进行房地产销售并收取佣金的行为，是房地产代理中最常见的一种方式。随着房地产市场的逐步完善，分工愈来愈细，人们对信息、知识、专业化服务的需求日益增大，这就为房地产销售代理行业创造了许多的业务机会，提供了发展空间。通过房地产的销售代理，可以加强房地产市场的买方和卖方之间的联系，促进信息交流，从而为促成房地产的交易成功，提供专业的、便捷的、周到的、放心的服务。因此，可以说，楼盘销售代理是决定楼盘销售畅销与否的掣制因素之一。

房地产业走向成熟的一个重要标志是开发与销售的分离。开发商成功的开发再加上专业的营销队伍，能节约开发商的销售成本，获取更多的利润，从而使双方获益。房地产市场若能实现如此良性的发展，那么行业发展也将蒸蒸日上。

一、销售代理：楼盘销售的制胜动力源

房地产开发与销售对开发商来说是产业链中的两个很重要的环节。经营状况好与不好，对商家来说，直接关系到楼盘项目的整体战略和切实利益。

1. 开发商的工作重点在于楼盘前期规划和建设成型，而销售业务则需要专业队伍来进行

如今，一些规模较大、资金较雄厚的房地产开发商已经意识到销售的重要性，因而成立自主销售部，但对于大部分的房地产中小型企业的开发商来说，他们则需要专业的销售力量来支持。好的楼盘加上专业的营销队伍，将在销售中为开发商创造出更多的价值。中介销售代理的加入，就使得开发商能够集中精力在工作重点上，从而实现分工合作、各个击破，这样才能使项目更能创造综合效益。

2. 房地产产品因其特殊性决定了其在市场上流通时，手续不像其他消费品的手续那么简单

它所涉及的法律条文、产权手续繁琐复杂。对于销

售市场的风云变幻，消费者的心理以及销售的法律和规则，作为专营销售的销售代理商能更清楚更熟悉地把握。

3. 对于消费者来说其目的和初衷就是能买到最称心如意的房子

开发商搞销售开的是专卖店、销售代理商搞销售开的是百货店，对于消费者来说，后者可供选择的余地更大。销售代理商能为消费者提供更全面专业的服务，自然会成为他们的首选。

4. 销售代理商售房，客观上有利于房价下调，开发商为销售楼盘大做广告宣传，广告费一般占其销售额的5%左右，“羊毛出在羊身上”，广告费最后其实转移到了高昂的房价上

据权威资料分析，如果由中介代理楼盘销售，那么，其广告费支出一般保持在1.1～1.5%之间。这样，房价相应也会下降，开发商也愿意把这部分利润让给购房人。

5. 房产的销售，需要专业的销售人员和推销手段，这是开发商选择销售代理的最关键因素

楼盘的销售要专业操作，销售代理具有广泛的客户网络，在谈判、销售技巧等方面都有独特经验。专业创造价值，专业的销售人员不仅能对楼盘本身进行准确的定位，而且可以针对不同的消费者有侧重地去进行介绍，以满足不同消费者各自的实际需求。从市场的发展来看，分工细化是一个总的趋势，开发商和销售代理商的分工也势在必行。从某种意义上说，开发商必须依赖于销售代理商才能有发展。因此，开发商为达到预期或比预期更高的销售额，就必须借助于销售代理方专业的销售人员去进行有效地宣传和推广。

二、开发商与代理商的博弈

销售代理是房地产业发展到一定程度的必然产物。同时，房地产市场的日益发展，给销售代理行业也带来了广阔的发展空间，其行业的规模由小到大，由局部到整体，从不规范到比较规范，房地产销售代理行业管理也逐步完善。精明的开发商也懂得借助专业销售人员力量的重要性，特别对于一些资源不甚雄厚但又有志于长远发展的开发商来说，专业的销售代理无疑是他们最好的选择。在过去的卖方时代，房地产市场供不应求加上消费者自身的识别能力和信息不够畅通，即使不用任何营销手段，楼盘也不愁销路，开发商对代理行业的依赖小，正所谓“皇帝的女儿不愁嫁”。在目前整个房地产基本处于供销两旺状况下，房地产专业代理的生存环境并不乐观。一方面，开发商越来越看重销售，更愿意把销售权掌握在自己手里，特别是进入21世纪后，许多大型的开发商都不惜重金打造自己的营销队伍，这势必挤压了代理商的生存空间；另一方面，由于销售代理的弱势地位，在争夺业务战中销售代理中介公司之间的竞争也异常激烈，使得一些代理企业被迫关门，甚至还有一些大的企业也难以为继纷纷歇业。一时间，业内充斥房地产经纪业面临“寒冬期”之论。有些开发商甚至大玩市场“魔方”谋取私利，致使经过多年苦心经营的销售代理市场陷入混乱，怪现象不断涌现。

1. 明修栈道，暗度陈仓

目前，代理市场越做越大，代理公司也越来越多，因此开发商可选择对象有了很大的余地。为了达到四两拨千斤的目的，开发商在楼盘上市前举行前期项目策划招标会，多名代理公司踊跃报名出谋划策。

经过一轮轮的比拼和筛选，最后开发商以“都不合格，招标失败！”草草收场，其实开发商早已通过招标物色了好几位市场好手，并高薪聘请他们，更有甚者，少数开发商通过公开招标投标，从中“整理”出几份“出色”的创意书，从而以想象的成本赢得了极大的利益。这些事实的确令人心寒，但这种借招投标名义谋取私利的行为在房地产市场许多业内人士看来却成了见惯不怪的潜规则了。

2. 四处布棋，随意毁约

代理公司对于某些中小型开发商来说，的确是销售过程中的得力助手，但在利益面前，公平合理却难以得到体现。少数开发商同代理公司签下合同，双方约定各自利益分成，这本是无可厚非的，然而随着楼盘销售节节火爆，开发商心理失去了平衡。于是或私心作祟，任意毁约；或克扣代理公司的收益；或者单方篡改合同；或者干脆不要代理公司。还有的开发商事先就同多家代理公司私下签约，最后经筛选并签约其中“最便宜”的一家。开发商对代理商的要求近乎苛刻，即使获得代理权的代理商，其利益空间也被挤压得非常有限，这样一来，就造成了整个代理行业的混乱。

3. 移花接木，自相残杀

由于代理商处于弱势地位，代理业务的难度可想而知。然而，少数代理商之间还时不时存在着“鱼吃鱼”的恶性竞争，往往一家代理公司已经接到了某开发商的代理，另一家同行经多方打探之后，暗地里找到那家发布业务的开发商，以代理费更低为由，申请帮助销售，甚至承诺提供多项的“无偿服务”。面对如此优厚的条件，开发商难免会心动，最终这项业务便不知不觉进行了转移。面对代理商的自相残杀，开发商常常“偷着乐”。

4. 高薪“收购”，虎口拔牙

代理公司规模有大有小，实力有强有弱，有些代理公司自恃实力强大，进行恶意“收购”营销人员，使原本势单力薄的同行代理公司遭受致命打击面临破产。更有甚者不惜血本地从同行那里抢夺业务，欲置同行于死地。

在市场经济金钱利益的冲击下，诸如此类的“非诚信”现象屡见不鲜。专家分析，如果任由这种现象不受制约地长期存在或膨胀，必然造成整个销售代理市场萎缩，同时也会影响到整个房地产市场的健康有序发展。

上述“非诚信”现象看似是由火爆市场造成的，但其深层次的原因却是少数开发商和代理商非诚信和资本追求利益最大化所导致的。因此，诚信的重新建立与尽快建立销售代理市场基本规则和约束已刻不容缓。

三、加强诚信的法制建设

是何种原因导致了房地产市场出现了“诚信危机”？从客观上讲，在计划经济向市场经济过渡的过程中，一种浮躁心理必然弥漫社会，房地产业也不可能处于真空而不受其影响；从主观上讲，房地产业也有自身明显的缺陷，急功近利、缺乏长远战略是房地产业多年的毛病。上世纪 90 年代初期形成的“房地产热”，虽然促进了房地产业的快速发展，但留下的“后遗症”至今仍未消除。

1. 充分认识诚信对房地产业发展的重要性

诚信是一个社会政治、经济、文化综合作用的产物，同时也是社会

文化道德观念和历史传统观念的结晶。它包括多方面的内容，如单位或个人的身份、守法情况、经营状况、产品质量和服务态度、银行信用程度等，是一个单位或个人是否成功、成熟的重要标志。诚信的建立，是一个循序渐进的过程，不是一朝一夕的，它需要长期的努力，要在规范的经济秩序中进行。房地产业是一个特殊的行业，开发商与销售代理商之间应建立一种互惠合作的关系，加强行业自律、提高自身素质，真正保障消费者的权益。行业之间，行业内部之间的相互失信，表面上是一方得利，一方失利，但实际上并不是如此简单。从长远看来，隐藏在行业内部的混乱，到头来会阻碍房地产的本身发展，这不仅不利于产业本身，也使消费者对企业产生难以消除的不信任感。如果消费者对从事房地产业的单位或个人的信誉产生怀疑，那么这个产业也就走到了死胡同。因此，所有从事房地产业的单位或个人，都必须自觉地把诚信放在首位。无论是房地产开发商还是销售商，建立好的品牌和信誉，就是他们赖以生存和发展的根本。

仅从开发商和销售代理商或者从销售代理内部之间的“非诚信”现象看，我们不难发现，诚信已成为影响和制约房地产业发展的一个关键因素，对于一些意志薄弱、信用严重缺乏的企业及个人，房地产行业建立和完善相关行业的规则与制度也迫在眉睫。

2. 完善相关法规、制度

要扼制“非诚信”现象的蔓延，保障房地产业健康有序发展，首先房地产经纪人协会应牵头组建一个行业律师团，制定“行业规范和规则”，这当中就包括代理协议的签订、注意事项、行业自律、违约处罚以及相关监督等等。还可以通过实行经纪人和中介机构资质管理制度，实行经纪人和中介机构分等级制度，重点扶持一批信誉好、群众信得过的中介服务组织机构和素质高的房地产经纪人队伍，让他们发扬榜样的示范作用，通过它来激励和引导整个行业规范化发展，变弱势地位为强势，变被动为主动，争取更为广阔的发展空间；其次是建立开发商和代理商违约公示制度，对不利于行业发展的不规范行为予以公开曝光。企业的形象决定其市场地位，一旦失去诚信和道德，其企业或个人必定会因此付出巨大的代价；最后，建立保护营销创意的知识产权机制，使之形成具有约束力的规范，从而维护创意者的利益。

我国已经加入 WTO，WTO 规则中的一条基本原则就是“诚信经营”。加入 WTO 后，我国的房地产企业要想在诸多的竞争对手中占据有利位置，必须恪守“诚信”原则。从小处考虑，诚信经营是诸多企业巨头的立业之本、发家之道；从大处着眼，诚信经营更代表了一个企业的形象，体现了一个民族的精神，展现了一个国家的风貌。开发商与销售代理商都是为了同一个目标，即更好地为消费者服务，那么，只有凭自己真正的实力和对客户的优质服务，才能在日益竞争激烈的房地产市场攻城拔寨。优秀的房地产精英，无不以“诚信”这块金字招牌占领市场，所以我们的交易双方只有在“诚信”的基础上设身处地地为对方着想，这样房地产业才能持续快速健康发展，才能更好地为国民经济作出更大的贡献。

A COMPREHENSIVE HANDBOOK OF DEVELOPMENT OF REAL ESTATE IN CHINA

2005-2006

中国房地产业发展大全

缔造经典 创造永恒

安信置地·上海星盟置业有限公司(安信湖畔天地)
上海瑞虹房地产有限公司
上海大地房地产有限公司(圣堡别墅)
上海城开(集团)有限公司(福源汇居)
上海宝钢地产有限公司(宝地·绿洲城、宝地·东花园)
上海都市房地产发展有限公司(云间绿大地别墅)
上海颛盛房地产有限公司(都市阳光花园)
上海电气集团恒联企业发展有限公司(恒联·名人世家别墅)
上海恒杰房地产开发有限公司(恒杰·丁香花园)
上海南航房地产开发经营有限公司(金色航城)
上海永裕置业有限公司
上海汇裕置业有限公司(南郊花园·富兰克林)
上海宁新房地产开发有限公司(天山河畔花园)

精心打造地产品牌及精品楼盘
强档推介地产业成功开发典范

上海

建设部·中国房地产业协会
中国房地产业发展大全编辑委员会 **隆重推介**

新城 CBD／T·

置身简约设计空间
印记完美城市视觉

我们的设计师都置身于一个实实在在的“都市课堂”，这让他们亲身体验着各种成功或不甚成功的建筑概念，同时这也是一个极好的机会去识别建筑中积极的成分，并融汇于复杂的设计过程中。这个过程使我们创造出全新的，由自身特质控制并反映居住者思想、生活状态的建筑，给人以渐臻完美的视觉感。

湖畔天地，由多幢高层及小高层建筑围合而成，非凡气势之中透显高峻超拔的雅致和风味；将现代主义的简约流畅引入建筑设计，外部造型突出清新明快的基调，打破了冷硬无情的建筑表情，也摆脱了高层建筑的凝重、压抑之感，以点、线、面勾勒简洁的建筑外墙，表达出独特的悦目感和时代感。

安信置地超越空间价值　投资商：安信置地　永业集团　开发商：上海星盟置业有限公

·P 名宅
The Lakeside
安信 湖畔天地 坊
中国房地产水景园林社区成功开发典范
大学城站
江学路
中央公园
西林路
轻轨线
均价：5200–5800元/m²（建面）
文诚路
湖畔天地
行政中心
松江新城站
场地址：上海市松江新城文诚路（原通乐路）西林北路口咨询电话：021-53966669 67735757 67734400

新城 CBD/T·O·P 名宅
The Lakeside
安信湖畔天地
中国房地产水景园林社区成功开发典范
〇距离
绿色天籁
以艺术手笔铸写实用建筑美学
伟大的建筑师阿尔贝蒂曾经说过：“我希望，在任何时候，任何场合，建筑师都把实用性和观赏性放在建筑表现的首位。”以存在主义建筑精神营造园区，湖畔天地始终把建造实用、美观的房子摆在最基础层次上，通过对地形地貌的科学分析，运用专业理论知识，通过对立面、公共空间等创新设计，满足新时代居住最本质的需求。
大气的建筑造型 从高层到小高层，均采用规正、完整的经典造型，以方形体块为主体，辅以挺拔俊秀的竖向线条、充满韵律的窗架，造成简约、大气的建筑体型。
明快的建筑色彩 明快的建筑色调，简约、清新的色彩气息，间以灰色窗框、檐口线条，描绘出现代建筑的艺术品位。
现代建筑材质 玻璃、金属、石材等建筑材质，结合金属窗框和阳台栏杆，表现出现代建筑的浪漫、质朴、自然的亲和力。
均价：5200–5800元/m²(建面)
中央公园
湖畔天地
行政中心
松江新城站
安信置地超越空间价值
投资商：安信置地 永业集团 开发商：上海星盟置业有限公司 现场地址：松江新城文诚路（原通乐路）西林北路口咨询电话：021-53966669 67735757 6773440

Le Chambord
圣堡别墅
中国房地产成功开发典范
Enjoy the elegant life in Le chambord
Le Chambord
Life is a garden
Good friends are the flowers and time spent together
life's happiest hours .
Site Address / 99 Lianmin Road , shanghai
Hot Line / (8621)69766688
Investor/Shanghai Ruihong Real Estate Co., Ltd.
Developer/Shanghai D-LAND Real Estate Co., Ltd.
Architecture Designer/PYDA Uitectonica

Le chambord

Embraces all the niceness the sun , the lawn and the flowers ,
along with cheerful chatting and laughing.

Showing

Originality and skillfully utilixing the topographic gradient,
Le Ghambord creates european-style buildings of widely different varieties.

In the 3000m^{2}luxury club ,
there are facilities such as swimming pool ,
tennis court and gymnasium , as well as cafe , reading room and multi-function hall
for recreation and entertainment .

城市的高度，城开

的追求

福

URBAN Highlight.
Assembling All Fortune Around

城开四合，玺聚九方

贵胄气质，国际尊崇

曾经，穿梭于曼哈顿高楼林立中的优越感受，如今在徐家汇变的是如此的熟悉
曾经，置身与纽约街头里的羡慕眼神和怦然心跳，如今在徐家汇变的是如此的亲切
没错，一个上海只有一个徐家汇
已经越来越攀升于世界城市的排行中心，越来越显耀出国际市心的尊荣气质
生活在徐家汇，生活在国际的贵胄礼遇，必将受到世界的尊崇与认同

售楼现场：上海市天钥桥路318号　　销售专线：021-64189191
发 展 商：上海城开（集团）有限公司　　网　　址：www.udcn.com
营销策划：上海城开房地产经纪有限公司

从寻找国际建筑景观设计师开始

宝钢地产，从珍惜这块宝山新城区最具优势的基地做起，带着精耕一幅人类全生态住宅的理想

历经几年悉心筹划，无数设计方案，把品质铸入细节，将生态建筑的住宅精神一举倾注到宝地绿洲城，用未来触摸生活的精彩

这座宝山新城区耀眼生活的代名词，是全上海与众不同的生态建筑瑰宝

云间绿大地别墅，位于浦东陆家嘴金融贸易区、金桥出口加工区、张江高科技园区之间的中心城区地段，西近140公顷的世纪公园、北靠金桥、碧云别墅社区，南临城市景观河道张家浜，和140公顷汤臣高尔夫球场、以及城市锲形绿化带，这里，是上海市区空气质量最好的地段，具备了天然的健康生态大环境，面对这幅珍稀精贵的瑰宝之地，凭借着一股非要做到最好不可的决心，和坚持不辜负这旷世珍地的执着努力，于是，才有了今天这样与之配备的健康别墅。

提前与世界接轨。妇幼医院、华山医院、瑞东医院等高等级医疗机构，健康有力保障。奥林匹克体育中心、高尔夫球场，高尔夫练习场、橄榄球场，云间国际俱乐部，SPA水疗养生馆，让您的生活轻松惬意，生命永远充满活力。耶稣教堂、天主教堂，尊重国际友人的宗教信仰，如同回到自己的故乡，享受人间的温馨亲情。一切国际水准的购物、休闲、医疗、教育、生活设施先进高雅，而这一切，都在几百米到一公里范围内，成为上海难得全面国际化的生活环境。

值得珍藏的健康别墅

建筑，是人类带给地球的一道靓丽风景线，
从远古原始的蛮荒岁月，到今天高度文明的科技时代，
没有一天停止过对理想居住形态的追求，
总是期盼着自己心目中的美好家园。

中国，作为发展中的五千年文明古国，
自古就有居住艺术的深邃文化和实践，
有天人合一、顺应天地的生活观，自然观，
无数达观先哲著书立说，揭示了自然和人类生命融和的内在规律。

今天，我们在打造上海这座国际城市时，
基本遵循的就是生态的保持和对自然的顺应与维护，
创造理想的生活乐园，
从而达到人与自然和谐相处的最佳生态境界。

这里，展现的是云间别墅的真景实况，
传递了我们秉承、坚持现代建筑的专业基本观点，
表达了我们弘扬、光大人类文明的内心呐喊呼声，
但最终，还是献给我们尊贵的住户，一切，为了他们！

THE GREENHILLS

都市别墅，名流第一居所。
颛盛房产

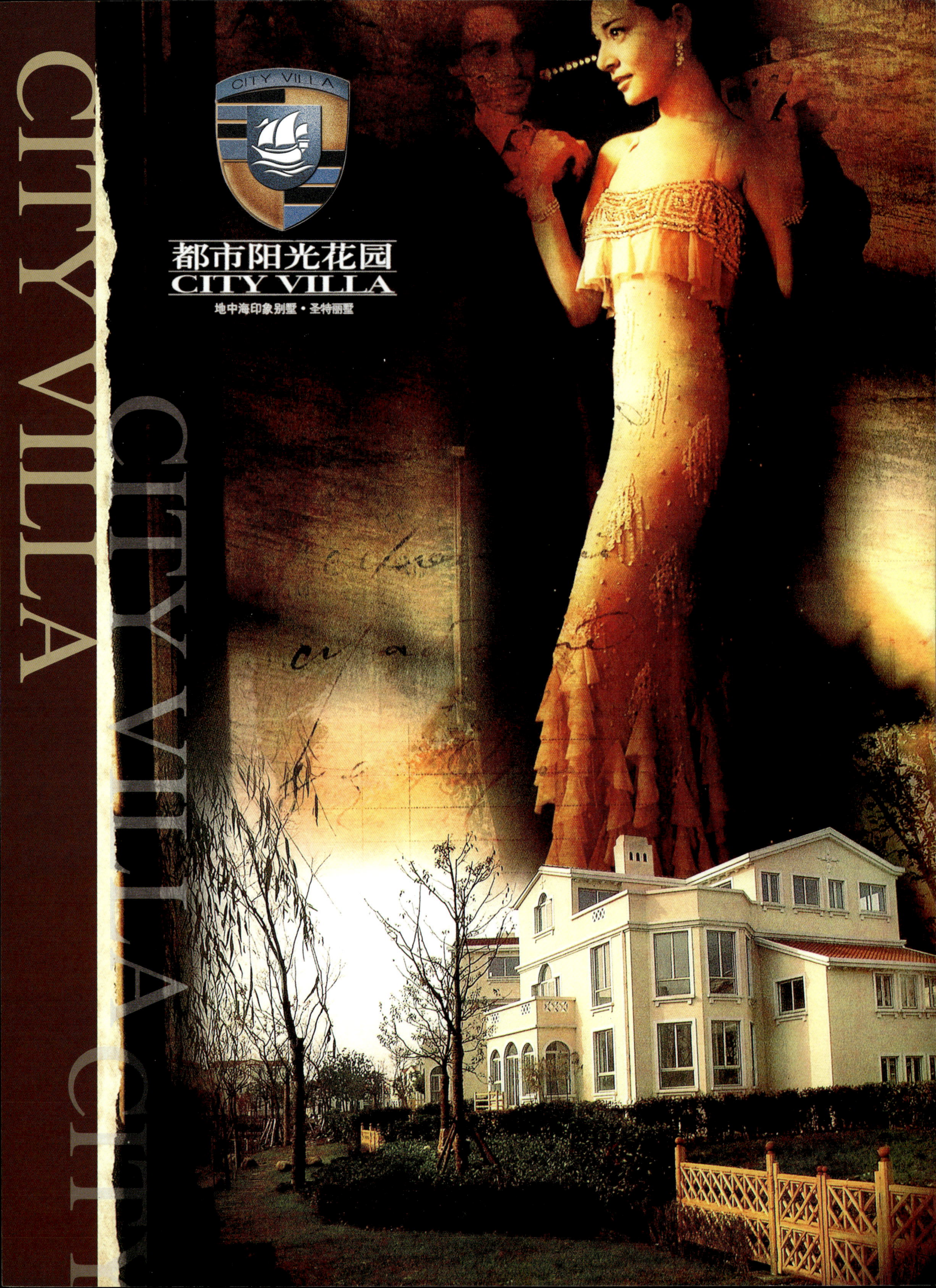
CITY VILLA
都市阳光花园
CITY VILLA
地中海印象别墅·圣特丽墅
CITY VILLA
CITY VILLA

中国房地产经典别墅成功开发典范

无法复制的十大经典，
催生上海地产界全体瞩目的稀缺型别墅。

世界关注中国，中国关注上海。伴随着2010年世博会的召开，黄浦江沿岸大规模的改造工程，南京路、徐家汇、五角场等区域大张旗鼓的建设，上海不仅将保持年均12%的高速增长，而且向更国际，更现代，更强盛的世界大城市看齐。作为上海的六大经济支柱之一，上海房地产行业的发展必将取得长远的进步和发展。

作为房地产市场的高端物业，别墅在国际化的上海将更具有投资价值。由于政府对低容积率土地的控制，别墅更加以其稀缺性、生态性、品质性、特色性越来越成为现代首富一族的“新宠”，它的高升值潜力和回报率也受到专业投资理财人士的一致青睐。

恒联名人世家，占据高端别墅市场无法复制的十大经典，以其生态性，人文性，创新性引领沪上，打造上海高含金量的稀缺型别墅，现在我们邀您一起解读恒联名人世家……

中国房地产成功开发典范

Clove Garden

恒杰·丁香花园

Henglie · Clobe Garden

恒杰·丁香花园位于上海市松江新区，地块东面是三新路，南面为文翔路，西面文石路和北面临规划支路，地块内东南角有一河道通过，用地范围在河道以北，河道南面是城市绿地，本工程总用地面积87958平方米，现拟在该地块内建造少量别墅、多层、小高层及配套设施组成的居住小区。

本工程总建筑面积约92455平方米，其中地上部分建筑面积约79412平方米，地下部分建筑面积约13043平方米，容积率0.903，内容包括21幢独立别墅、37套联体别墅、4幢多层公寓、8幢11层小高层公寓，沿街商业、会所、蔬菜超市及配套服务设施，独立别墅设计标高+0.000相当于绝对标高4.450米，室内外高差0.450米；其他住宅设计标高+0.0000相当于绝对标高4.600米，室内外高差0.600米。

1、自然生态

顺应新世纪人类回归自然的愿望与社会可持续发展的要求，突出体现在充分利用和改造现有条件（如城市河道、鱼塘等），创造生态型的人工自然环境。

2、方便舒适

以人为本、尊重人的行为心理，依据人在日常生活、学习、休闲中所追求的方便与舒适性要求，优先考虑户外步行休闲系统。同时强调室外活动空间的可交往性，增强环境对人的吸引力，而步行系统则将景观、活动交往空间相连结，步移景异，充分融入环境之中，使得在绿色生态的环境中既有变化丰富、层次多样的景观，又有便捷通畅的交通网络。

恒杰房产

上海恒杰房地产开发有限公司

地址：上海松江区文翔路、西其昌路口

邮编：201600

售楼电话：021-57721111　57722222

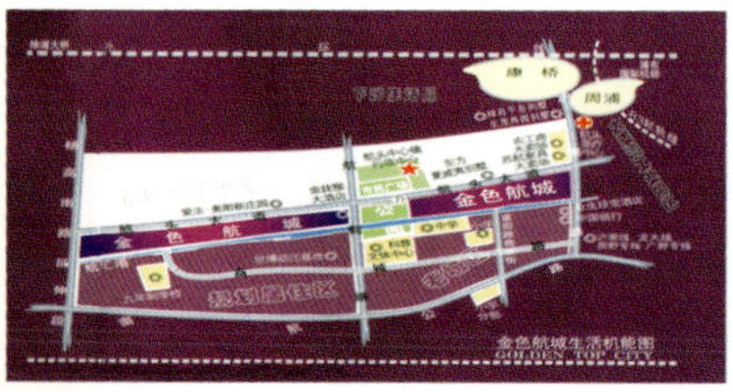

开启
这座城

繁华胜地之缘起

作为上海新一轮城市规划重点建设的二十二个中心镇之一

航头利用三区通衢的区位优势，新城镇建设已蓬勃兴起

航头大道、航鹤路工程就要竣工了；杨高南路延伸段工程就要启动了

行政中心、市民广场已经交付使用了；高品质公寓房开始出现了……

而一个32万方现代城市综合体的大规模新城金色航城，沿规划为中心商业街的航头大道展开

坐落在行政中心与别墅群落的对面，将作为航头的城市地标熠熠生辉

中国房地产标志性建筑成功开发典范

富兰克林

南郊花园美式乡村别墅

Franklin villa

新市政核心　精简型艺墅

众多杰出人物　一个显赫姓氏

——Franklin

Franklin这个值得骄傲的姓名，历代名人辈出，如：美国开国元勋，独立宣言的起草人本杰明·富兰克林、伟大的二战风云人物富兰克林·德拉诺·罗斯福、DNA双螺旋结构的发现者，杰出女科学家罗莎琳德·富兰克林……翻开西方史，以富兰克林为姓或名的杰出人物不胜枚举，璨若繁星；西方国家许多大型集团公司、大学院校、地标型建筑物、荣誉奖项纷纷以富兰克林命名；所以，我们以富兰克林命名二期社区，真挚的期望这一荣耀姓氏足以能够匹配落籍本案的菁英家族！

投 资 商：上海永裕置业有限公司

发 展 商：上海汇裕置业有限公司

现场地址：上海市沪南公路3633弄

VIP专线（021)58117788　58118811　68116188　68116288

有机建筑绿住宅

“有机建筑”是现代建筑运动中的一大流派，代表人物是美国建筑师赖特。该流派的核心思想是“道法自然”，就是要求建筑师依照大自然所启示的道理行事，大自然是有机的，而建筑也必须是有机的。“有机建筑”主张建筑与大自然和谐，就象从大自然里生长出来似的；而主张建筑的实质在于它内部空间，倡导着眼于内部空间效果来进行设计，并力图把室内空间向外伸展，把大自然景色引入室内。在建筑形态上，主张力求简洁，认为装饰不应该作为外加于建筑的东西，而应该是建筑上生长出来的，要像花从树上生长出来一样自然。[富兰克林]吸取“有机建筑”的理论精髓，就是这样自然而然，室内户外，一步一景，毫不造作扭捏。

天山河畔花园
Oasis Riviera
天山河畔花园
Oasis Riviera
中国房地产成功开发典范

天山河畔花园
Oasis Riviera
中国房地产成功开发典范
天山河畔花园
Oasis Riviera

Oasis Riviera

用身体感受：绿色已占据一半视野，街上走，每步都是花香，听鸟语多于车声，空间远比人多……上海西郊，就是一处这样的地方。天山河畔以这里为家，不但分享到这一带的惬意，更与苏州河为邻，独占她的优美。

在水城路883弄，南至天山路、北至长宁路之间，紧倚天原河滨公园，17幢24至28层高尚住宅建起一个脱俗的家－－一个长宁区罕有的园林水岸居停。

跟上海热腾的灯火擦身而过，走进气定神闲的长宁区；再从气定神闲之处，步到恬静的西郊苏州河畔，那里有个入口，通往这座城市的另一世界。

进去的人都有种习惯：先放下身上沾染的尘埃，再慢慢的调低神经的节奏，头脑也似用清泉洗净，没有牵挂。一心寻找自己喜爱的。

一杯茶、一朵花、一段路、一个泳池、一个梦、一个秋千、一双跑鞋、一只纸飞机……每个角落，都是一人一个世界。

这里就是上海西郊水岸绿色居停－－天山河畔花园。

CapitaLand 凯德置地

发展商：上海宁新房地产开发有限公司

垂询电话：86-21-62738500　　售楼处地址：上海市天山路360号

新加坡售楼热线：65-68266877　　香港售楼热线：852-28109210

公司网址：www.capitaland.com.cn

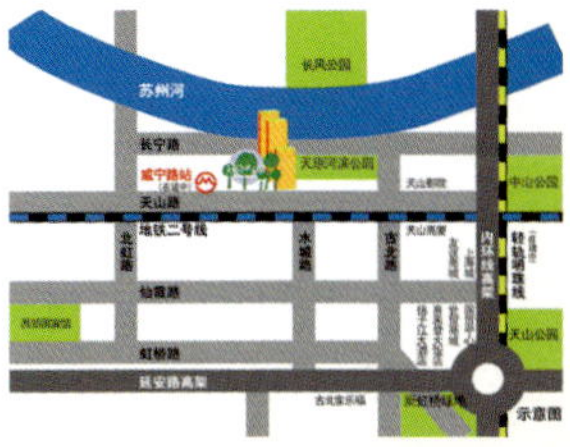

天歌花园为上海天歌置业有限公司在浦东新区的开篇之作。小区坐落在浦东新区唐镇川沙路西，红星路南，占地约14.3万平方米，总建筑面积约15.5万平方米，有小高层和多层普通公寓与单身公寓，有叠加、联体和单体别墅，并设有商业广场和会所等。小区集生态性、景观性、功能性、舒适性于一体，为高品质的综合性住宅区。

小区的主要特点和优势体现在其“以水为主，以绿为辅”的景观设计方面。小区容积率较低，绿化和景观占地面积大。整个水系以横为主，纵横交错，形成多个小岛和半岛，亲水性好。另外在绿化的设计上既注重四季有绿，季季有花，又注重突出不同季节的不同特色，做到四季分明。

小区在房型上最具创新精神。简约风格，层层退台，绝大部分住宅不但有用于休闲娱乐场所的大阳台和大露台，而且还专门设计了安装太阳能设备的大平台，此外部分房间的非承重墙放弃了传统的水泥红砖，而改用富有亲和力的木材；这些措施的采用大大提升了居室的节能型、环保性和舒适性。

天歌花园

紫东新苑·东明商城
中国房地产成功开发典范

小区总体规划

“紫东新苑、东明商城”项目的总体规划依照了法国思构设计院对松江新城区的总体规划设计，汇同上海同济大学、松江规划局专业技术人员专家组对新城区总体规划的细化，以及根据新城区目前开发建设的具体情况而进行设计。

“紫东新苑、东明商城”项目将建成包括多层、跃层、高层在内的高标准、多功能、智能化住宅小区，且公建配套设施完善，临近西其昌路将建成一条具有北欧风格的商业街。

本项目总体布局合理，景观组团新颖独特，将商业设施与商品住宅用地有机结合，既方便了业主，又能对外经营。其次，道路网络设计为机动车道、步行道、健身道等三个系统，使人、车分离。各组团之间融会贯通，充分顾及合理、安全、休闲、运动及景观。

签于项目分期开发，小区规划不仅保证项目的整体性和延续性，还兼顾分期规划的相对独立性并保持一定幅度的可调整性。同时处理好前期已竣工使用区和后期施工区之关系。

发 展 商：**上海东紫房地产发展有限公司**

售楼地址：**上海市松江区夏连路1388弄**

电　　话：021-51155200

传　　真：021-51155225

紫东新苑·东明商城

中国房地产成功开发典范

优势

- 项目选址于上海市松江新城区，其位于松江古城北侧，北依佘山国家旅游度假区，东邻松江工业区，过境松江的沪杭高速公路贯穿新城区全境。连接新城区入口的方松公路，把沪宁高速、318国道与松江紧紧相连，因此交通十分便利。
- 松江新城区的规划，由著名的法国思构国际设计公司担纲主持，新城区追求的理念是现代化、国际性、园林生态型，具有旅游文化特征和最适合居住的城市。"紫东新苑、东明商城"选择新城区中心位置辟建住宅小区，项目为绿水环抱，水清气净，加之满目翠绿，使东紫新苑成为居住者最佳选择，该项目市场前景乐观将成为房产销售的新热点。

发 展 商：**上海东紫房地产发展有限公司**

售楼地址：**上海市松江区夏连路1388弄**

电　　话：021-51155200

传　　真：021-51155225

元和投资大厦
成/功/联/盟/领/导/精/英/时/代
全优化智能型纯商务办公楼 Http://www.yuanhetz.com
掌控金脉要地 坐享世代财富
眼光
决定成功！
Yuanhe investment plaza
全优化6A级纯商务楼
坐拥如日中天的五角场城市副中心
坐镇蓬勃崛起的中环线商圈
坐享传统大柏树商圈之先天商机
配备先进智能概念、完善细致服务
为新型高效商务重新定义！
元和投资大厦，稳定投资前景，财富直线扩张——用锐利眼光赢取成功！
>>A级地段：坐镇中环 商机无限 雄踞五角场商圈、大柏树商圈、曲阳商圈黄金三角洲，紧拥市政规划金腰带中环线；临近宝钢企业集团、上海柏树钢材交易市场；与宝隆宾馆、宝丰联大酒店、粤海大酒店并肩而立。>>A级交通：捷运办公 商机无阻 紧靠逸仙路高架、地铁三号线、中环线（兴建中），坐拥近30条公交路线；交通无阻,财运亨通。>>A级美学楼体：现代风格 简约时尚 大面积玻璃铝板装饰酝酿视觉魅力，一流建材提升企业形象，为企业授勋加冕，创造品牌价值！>>A级办公空间：自由组合，灵动办公 实力企业办公区域标准层建筑面积730余平米，55-188平米弹性灵动办公空间，自由分割，投资自用，双向赢利！>>A级商务配套：功能齐备 优势平台 20层纯商务办公楼，1-4层为商业裙房，集办公、休闲、餐饮多功能于一身，一站式享受，高效办公。>>A级物业管家：安全保障 周全服务特聘请知名专业物管，以周密性安全管理、贴心服务协助企业走向成功的未来。
热烈庆祝上海元和投资有限公司实力打造之“逸虹景苑”
荣获中国房地产投资性物业成功开发典范奖
基地位置示意图
本案
场中路
共和新路
汶水东路
中山北二路
邯郸路
纪念路
逸仙路
江湾镇站
汶水东路站
赤峰路站
三号线
Http://www.yuanhetz.com
接待会馆>>逸仙路270号（宝丰联大酒店院内）
鉴赏专线 021-65600111
投资建设/上海元和投资有限公司 全程企划/上海巴巴房地产咨询有限公司 营销代理/上海江阳房地产咨询有限公司

每一天都能调到快乐频道，每一刻都能下载浪漫
情调，因为这片天地，是每颗心的快乐逸居

HONGKOU COZY LIVE

新虹口 ▪ 心逸居

逸虹景苑

中國房地產投資性物業成功開發典範

◎新虹口，演绎都市繁华

绚烂的霓虹灯掩饰不住它璀璨的光华

拔地而起的高楼赶不上它飞奔的脚步

今天的虹口，正以它独特的方式诠释着都市繁华

轻轨、地铁、高架交相辉映

四川路新一轮大改造方兴未艾

历史的深邃则在多伦路、山阴路的青砖红瓦里久久回荡

District

◎逸居虹口，城市里的心灵逸居

放慢脚步

轻轻走进这片城市的心灵逸居

没有耀眼的金碧辉煌

没有逼人的磅礴气势

仅是一片用“心”打造的生活天地

却容纳了每一颗热爱生活的心

从此一段段美丽的“心”体验快乐诞生

School
◎心邂逅孩子的梦
——名流学校，孕育名流
从幼儿园、小学、复兴中学到名牌大学
完善的教学配套设施
让你在一个离家很近的地方守候孩子的成长
闲暇之余带孩子走走复旦、看看同济、聊聊财大
三大名校的脉脉书香，陪伴了孩子的成长
孩子选文科、学理科、搞经济，其实并不很重要
看着他们慢慢长大，学会自己规划美好的未来
你的心其实比什么都快乐
投资建设/上海元和投资有限公司
接待会馆>> 上海市逸仙路270号（宝丰联大酒店院内）
鉴赏专线：021-65600111

TIANTAI STAR CITY
天台星城
南浦东·大三林·新康桥周浦——新新上海的阳光家园社区
中国房地产高尚住区成功开发典范
160000m2
恢弘社区，超大面积绿化景观。
发展商：上海天台恒星房地产发展有限公司
展销中心：上海市上南路6333弄
TEL:021-68120808 68120099

五行尊贵—规划分流人车，呵护宁静家园

全社区无障碍设计，理想建筑，人文关怀。

人性化理念演绎生活空间，私密情境分流入门。

宽广、流线型的自由视界，

您的视界就是您的境界。

超大绿化面积，户户享受四季花园。

随处生气养眼的花香树语，各个墙角上的绿叶和雨露，

社区万物因而得以化生。在星城的怀抱中，

大自然的草木葱茏已经出现，生活从此更生机勃勃、枝繁叶茂。

以五行生态布局原理为主线，金、木、水、火、土元素分区。

参照星座生态理论布局，中西合壁，相得益彰。

A COMPREHENSIVE
HANDBOOK OF DEVELOPMENT
OF REAL ESTATE IN CHINA
企业宣传 经典楼盘展示
权威的、全面的
中国房地产业经典楼盘展示与推介
尽在
中国房地产业发展大全
2005-2006

第五章 房地产营销的产品策略

市场营销被誉为房地产企业经营和运作的生命线，是其最终获取利润并在激烈的市场竞争中立足的制胜法宝。特别是在这个竞争激烈的买方时代，各个房地产公司、管理咨询机构更是八仙过海、各显神通，可谓是用尽招数。

在房地产市场营销中，企业满足顾客需要是以开发优质的房地产产品来实现的，各种类型的房地产产品，无论是高尚社区、郊区别墅还是经济适用房或安居工程，产品都是买卖双方以及市场交易的基础。因而，确定产品结构和经营范围是房地产企业的一项重大市场决策。

一、房地产产品的概念

在一般人看来，房地产就是商务写字楼、住宅等，即具有某种特定物质形态和用途的物业。而现代市场营销理论认为，房地产产品不仅仅局限于有形物品，它是人们通过交换而获得需求的满足，是消费者所期望得到的一种实际的利益。传统意义上的房地产产品是一种物理的概念，物业总是实实在在的东西，而在如今信息社会中，产品概念已经从一个物质的概念演变为一个综合服务和满足需求的概念。也就是说，房地产企业出售的不光是一些物质产品，还有一系列的服务。凡是提供给市场的并能够满足消费者或用户某种需求或欲望的任何有形建筑物、构筑物、土地和各种无形服务均为房地产产品。其内涵不仅包括物业实体及其质量、特色、类型、品牌等，还包括可以给消费者带来的附加利益，如心理上的满足感和舒适感等，因而产品可以理解为核心产品、有形产品和外延产品三者的有机结合。

在网络技术迅速发展的今天，产品策略成为房地产营销组合的重要组成部分，并且由于网络化和信息化的快速发展，信息因素所占的比重越来越多。消费者的意愿在产品策略中得到了更多的体现，消费者不再是被动地适应房地产开发商的产品，而是开发商为满足顾客需求而进行产品开发。消费者可以通过网络向房地产公司订制自己的房屋，确定楼层、朝向、内部结构、面积等，房地产开发企业可以综合消费者的信息有针对性地进行个性化的设计和开发，实现房地产一对一的营销。同时，房地产公司通过对这些问题的统计和分析，能够准确及时地确定什么类型的人需要什么样的产品，原有的设计在哪些方面不能满足他们的需求，消费者认为有哪些不便等等，统计分析结果就明确了房地产公司下一步开发的方向。

随着房地产市场的成熟，人们对与生活品质息息相关的建筑产品提出了更高的要求，市场在销售竞争压力下，产品策略成为重中之重。如今信息技术的高度发展，催生了一大批的“智能家居”、“智能化试点小区”、“网络社区”等等，网络和信息技术已经深入了人们的生活，但其核心是将传统房地产产品与现代信息技术多层次整合。只有注重产品本身，才能有更为广阔的发展空间。当前，许多开发商对产品的投入不惜成本，这固然是对产品开发卓有远见性的行为，但是，产品策略也不仅仅是单纯的费用增加、功能提升等问题，要真正顺应市场，还得注重产品的规划问题。

二、房地产产品的规划策略

房地产产品的规划是房地产开发的前期准备工作，对于房地产这种特殊的商品而言，房与地始终是密不可分的，除去地的因素之外，房应该是整个房地产产品中最受消费者挑剔的部分，所以产品的规划具有战略的意义。

1. 产品规划应和目标客户定位相吻合

不同的消费群体对应着不同的产品，没有市场再好的房屋也不得不面临空置的尴尬处境。

目标客户的定位虽然涉及客户的年龄、生活习俗等各个方面的基本情况，但追根到底决定于客户的收入水平和消费观念，反映到产品上来，便是房屋的总价区别。同样，产品规划的不同也主要区别在产品具体构成是否更精美、更丰富上，而要做好这一点，势必要追加投入，增加费用，相应的房屋的单价及总价也会上升。那么总价的设定其实就是产品规划和目标客户定位的最根本的一条标准。

2. 产品规划应顺应和引导消费时尚

产品规划要与目标客户相吻合，并不是简单地迎合和迁就客户，而是更应该善于挖掘和满足客户的潜在要求。同样，为了使自己的产品能脱颖而出，推出一些与众不同的规划配置是必不可少的，虽然投入要高一些，但由于不同的规划配置满足了不同消费者的需求，在区域条件相当的情况下就能受到更多消费者的青睐。因此，作为一种更为积极主动的企业行为，产品规划应着眼于顺应和引导消费者的时尚潮流。比如目标客户在一些30-40岁之间，文化层次高、思想新潮的雅皮士身上，可以从居室的设计风格、户型外墙等方面强调“现代”特征，采用一些科技含量高的建筑材料，如双层中空玻璃、节水60%的洁具、高速电梯、智能化管理、Internet专线等，而不是把钱花在昂贵的大理石花岗岩、精雕细琢的古典门、金碧辉煌的水晶吊灯上。也许追求豪华的贵族们会觉得那些太朴素、不够档次，然而它们却更符合雅皮士的生活品味——简约、时尚、高质量。现代都市人的工作压力大，竞争激烈，他们对居室及周边的环境可能会有一些符合自身条件要求的，比如空间、绿化、设施的完备与交通的便捷，网络化的完全管理，这些应该都是楼盘细节规划争取市场优势的强有力保证。所以只有顺应市场需求的产品规划才能最终取得丰厚的回报。

在现实中，很多开发商常常因为一些产品规划不当，背离市场需求的单元套房而愁眉不展。因此，在产品规划实际操作中，不仅要迎合消费者的时尚需要，还要在面积配比、格局配比上下工夫，追求灵活的面积与格局配比。

3. 面积配比和格局配比

面积配比，指的是各种面积范围内分布的单元数以及在整个楼盘或某个销售单位的单元总数中各自所占的比例；格局配比，指的是二室二厅、三室二厅等各种形式格局的单元数，在整栋楼房或某个销售单位的单元总数中各自所占的比例。

若一栋楼房是清一色的二室二厅，120平方米左右的大小，则说明此产品面积配比、格局配比单一，缺乏变化。品种的单一，供目标客户的选择余地也就窄了，也就不能满足不同年龄层次和家庭结构层次消费者的需求。相反，一个楼盘在前期的设计中，除了二室一厅，三室一厅，还有一室一厅外，相互比例还有一个适度的变化，面积范围也从80到150平方米大小不等，则产品就会有机地分解成好几个层次，可以满足不同家庭对产品的合理需求，客户挑选的余地大，市场抗风险能力也就强。另

外，格局配比并不一定要一一对应于面积配比，正如二室一厅的单元面积并不一定大于一室一厅的单元面积一样。格局配比如同面积配比一样，都对应着一个总价市场，但它所反映更多的是消费者生活需求结构的某种状况。如以青年夫妇为对象的产品，一般面积不需要很大，但考虑到日后小孩的出生，格局也多以二室一厅为主。

面积、格局的配比范围拉得开，说明同样在对市场需求认识模糊的情况下，未来销售的风险系数较小。然而，究竟是多大的比例才恰当，这并不是凭主观的臆想，而是要经过对市场的深入调查了解才能作出结论的。在具体的操作中，应通过以下几个方面调查研究来确定面积、格局的配比关系：

⑴**了解现有的市场供给状况**。通过在规划楼盘所在地区的区域调查，将所有竞争楼盘的格局、面积分别加以统计，即整个区域的单元格局中的一居、二居、三居等户数，各种面积范围中 50 平方米以下、50-70 平方米、70-90 平方米、90-120 平方米等户数，同一种户型的面积范围如何，每一个面积范围所对应格局的特征，以此建立现有的市场供给状况的咨询资料库系统。

⑵**判断消费热点，发现市场空白**。通过对销售结果及顺序的分析，判断现有的消费热点，规避已经滞销的面积、格局的规划；结合对潜在的消费者的抽样问卷调查、了解未来购房者对面积、格局的需求特点，潜在购买力水平的高低情况，并在此基础上，结合市场调研中得到的相关数据，努力挖掘市场空白点，寻找市场新机会。

⑶**确定合理的面积配比、格局配比**。根据所掌握的市场供应状况及消费者需求状况，研讨自己的楼盘在未来市场推出的那一刻，现有的消费热点是否会持续，目前所发现的市场空白点是否真正存在市场机会。根据这些，才能合理地安排各种户型比例及面积比例，才能科学地确定各种面积范围和各种户型的面积。这样，在未来的销售中，才可能最大限度地满足市场需求，才可能取得最优秀的销售业绩。

所以，对市场的深入了解和及时反馈是制定最佳面积及格局配比的关键。一个楼盘只有具备适当的有针对性的面积、格局配比的组合，才能形成丰富的产品品种系列，才能满足市场的苛刻需求。这两项指标对于确定房地产产品的结构构成和市场定位具有重要意义。

三、房地产产品的品牌战略

如果说合理的规划是产品的硬件，那么产品品牌就是产品的软件了。

在房地产企业生产经营活动中，品牌经营成为房地产开发企业最高层次的经营活动。塑造自己的品牌，追求品牌效应，已成为房地产企业在激烈的市场竞争中谋求长期发展和长远利益的经营战略。品牌是现代产品的重要组成部分，是销售竞争的有力武器，是企业的无形资产，在企业营销活动中具有独特的魅力，如中房、万科、金地等国内知名的房地产品牌。

房地产商品要成为一个知名的品牌，都有一个品牌认识的过程，但由于市场竞争的激烈，以及资金周转等方面的原因，不少开发商对楼市品牌效应的认识尚流于表面，甚至还有一些不顾后果急于求成，借助新闻炒作、通过营销造势来想尽快树立品牌，殊不知质量、服务、创新是一个不断积累与学习的过程，那种本末倒置的做法势必成为楼市的祸害，严重影响房地产业的健康发展。

1. 质量——打造品牌的基础

质量是产品和企业的生命，一切营销策略、企业形象等归根到底都要以产品的质量为基础，质量信誉始终贯穿于品牌经营的始终。没有良好的质量和信誉,市场拓展和品牌建设将无从谈起。

强化质量是打造品牌的基础和永恒主题。房地产产品质量是一个综合的概念,包含工程质量、功能质量、环境质量和售后服务等方面。如今消费者面对的选择更多,但同时理性观念也越来越强,对于企业来说,房地产品牌的建立不是一个简单的概念和个性的突出体现,所建住宅的地理位置、交通状况、物业管理、规划设计、环境绿化,都会成为消费者购买动机和行为的重要因素。重质重量,才会打造出胜人一筹的品牌。

在市场竞争中,要想占领市场,让品牌观念深入人心,首先要打造出过硬的产品。从开发到建成,从销售到服务,都要以客户为中心,体现"以人为本"的思想,把消费者当成是自己的衣食父母,时时处处为消费者着想,实施全过程的质量监控。一个企业想要长远立足和发展,质量就应该是产品的生命,质量就应该是品牌经营的基础。

2. 服务——维护品牌的核心

服务是围绕消费者满意程度而奉行的行为与手段。随着消费者消费观念的不断成熟,人们的价值观念也发生了变化,客户获得满意服务的内涵也不断变化,消费者在一定意义上是享受全方位、多层次的服务。优质的服务是树立企业形象、实现品牌经营战略、赢得客户满意最有力的手段。树立全面的服务意识,形成以客户为中心的价值观,是维护、发挥品牌效应的关键。品牌的维护不在于广告的出奇制胜,也不在于案名的新颖别致,而是要房地产开发企业从质量上维护企业产品形象和企业形象,在不断提高产品质量和服务质量的同时,展示出自身的品牌形象。

3. 创新——提升品牌的实质

品牌经营的实质在于不断创新。在我国,房地产产品品牌也只是在这几年大形成,而在一些房地产市场发展发达的国家,品牌战略已经从企业管理的外围进入到了企业管理的中心,成为企业核心能力的重要组成部分,从研究开发到售后服务等各个环节都围绕着品牌战略进行。学习和借鉴世界先进国家企业管理的成功经验,通过不断的改革、创新、开拓,实施房地产业的大市场战略,可持续发展战略和品牌经营战略,以产品和性能的创新,推陈出新,提供优质的产品和服务,以企业制度的创新,为企业发展提供长期的精神动力和物质保证,对市场形成持久的影响力,对消费者产生持续的吸引力。

品牌的提升必须通过企业不断创新来实现。我国加入 WTO 后,国外房地产开发商蜂拥而入,他们强大的实力正冲击着我国的房地产市场,在这种激烈的市场角逐中,我们只有通过在产权制度、治理结构、分配激励机制方面的不断创新,去满足市场需求,真正体现人性化、个性化,努力提高产品与服务性能,才能塑造良好的、具有较强竞争力的品牌。另外,要充分利用国际资源,积极参与国际房地产品牌的竞争,大力营造自己的精品和名牌。因此,一个实力雄厚、操作经验丰富的名牌企业,一方面要通过实施品牌战略,站稳阵脚,树立形象;另一方面要通过品牌营运进行企业的兼并、联合、扩张,使资源得到合理配置和有效利用,以扩大市场。

总之,房地产产品绝非是一种单纯的有形存在,房地产公司能给予消费者的,也决非仅是楼盘物业的本身,只有对产品有着全面的理解,打好产品策略这一仗,才能在消费者心目中树立起品牌的形象,最终立于不败之地。

A COMPREHENSIVE HANDBOOK OF DEVELOPMENT OF REAL ESTATE IN CHINA VOLUME 10

第十卷

房地产广告

第一章

现代房地产广告中的人文关怀

据了解，目前在我国的平面媒体中，房地产业的广告版面占有率已高达 40%，稳居各行业平面广告之首。房地产产品的特殊性要求房地产商必须向消费者传递楼盘的信息，这样通过广告形式在媒体上宣传自己的楼盘就成了房产商的一个主要促销手段。房地产广告在最初被误解为“楼盘说明书”的阶段中，往往局限于告知功能，流于街头巷尾的直接叫卖的形式，多采取“一文多图”的格式，即面面俱到的文案，再配以五颜六色的位置图、户型图、规划图、效果图等，不足之处太多，如千篇一律、哗众取宠、虚假造势、矫揉造作、堆积承诺，连软文也成了加长版式的文案，语言媚俗、浮夸、虚荣，版面极尽雕琢粉饰之能，无形之中令买家失去信任。总的来说，卖点的主题集中在地段、户型、面积和物业等功能性诉求上，过分关注卖点而很少关注业主未来的生活，就是为销售而开发，为短期利润驱动，希望以炒作制胜、喋喋不休取胜，缺乏对人的沟通，也极少体现对人的关怀。

随着时代的发展变迁和人们生活水平的逐步提高，人们对住宅的要求除了遮风避雨等基本需求外，还追求舒适、享受及人文关怀。“建筑是有生命的，它虽然是凝固的，可在它上面蕴含着人文思想”。房地产业覆盖了“房、地、人”三大要素，与人类关系异常密切。安居方能乐业，房地产业是一种资本密集型行业，也是消费者最大的个人投资资产，拥有一栋舒适的房子是许多人一生的梦想，这不仅仅是一种单纯的物质形态的表现，更是人们心灵栖息的港湾。所以，住宅不仅是简单的居住空间，也是一种富于精神、深具内涵的想象空间，具有显现人文情蕴和意蕴的居住价值。因此，在这个信息急剧膨胀的时代，为了使广告的声音不被淹没在一片竞争环境的噪音中，也为了吸引消费者的眼球和关注，必须挖掘房地产背后的那些比钢筋水泥等硬件更有价值的东西，并使之能代表人们生活形态和生活方式的内涵、品位、格调元素加以传递。只有在进行充分人性沟通的基础上，展示其浓厚的文化内涵，房地产产品的销售、广告、品牌才会有持久的生命力。

随着市场的苏醒繁荣和竞争的加剧，房地产广告在发展过程中有了很大的突破，从形式到内容都发生了巨大的变化，由以前的模式化宣传开始向定位诉求与个性化宣传转变，效果随即也有了很大的提高，人的需求和价值得以持续不断地被挖掘出来，房地产广告体现了前所未有的人文关怀。

我国社会人文关怀由来已久，人文精神的回归是人们内在精神的终极追求，广告的诉求方式与内容同样必须体现出人文关怀。人文关怀是对人性的尊重，对人的生存状态的关注，同时也要注重对人的命运与价值及人生意义的思考。在实际中表现为对符合人性要求的肯定以及广告主体、生活方式及社会价值方面的肯定。

毫不夸张地说，人文关怀是房地产广告中威力巨大的“魔杖”，能最快地拉近房地产和消费者的距离，以人为广告真相，力图唤起人类最本质的情结，不矫揉造作，不故弄玄虚，只有真情实感的自然流露，通过与目标消费者内心的需求产生互动和共鸣，从而使人文关怀得以挥洒自如地施展，进而达到推广的目的。

一、关注个体需求，推崇以人为本

人是人文关怀的主体，也是房地产广告的诉求对象，现代房地产广告的人文精神体现在人是主线，各种宣传和活动都要围绕并服务于这一主线。

以人为本，关注个体需求是最为重要的经营理念，通过感情沟通、生活态度和生活方式的塑造等具体对象来体现对人性的关怀，而在以往的房地产广告中通常以功能卖点为主打，以物为中心。进入整个楼盘营销传播时期，要做到以人为中心，广告策划人不仅要发现消费者的物质需求，也要关注消费者的精神需求，通过对两者的关注，从而在商品和人之间架起一座相互沟通的桥梁。在广告中要努力去关注人，准确无误地描述诉求对象的个性、心理和行为方式，并在关键点上寻求认同，只有这样，才能锁定目标意向群体的注意力，从而引起他们对楼盘的关注，进而更好地将项目推出去。

如果一个楼盘有了建立在持续的与消费者进行长期的交流沟通基础上的广告策略，并且与目标消费者进行有效的沟通，通过广告传递一种人文关怀，就可以充分开发和实现该楼盘备用的附加价值从而获得开发乃至销售全程的良好口碑。楼盘体现了以人为中心、以人为本的理念，使得消费者感觉到其权益得到了保护。消费者的人格得到了尊重，潜意识里的独特优势需求也得到了满足，那么这样的楼盘就会成为消费者的首选。良好的口碑是企业的无形资产，也是企业不断发展的动力。企业关注消费者同样消费者也会对其进行回报，这是人文关怀所产生的巨大力量。

二、提炼至美精髓，表现居家生活

房地产广告要融合人情、人性和人文关怀的元素，要从生活中提炼出至纯至美的精髓，用艺术的手法形象地表现出来的生活的真实再现，而绝不是生活的简单翻版。

在广告创作中，要以平视生活的角度来观察和思考问题，体察和叙述日常生活，只有这样才能深刻了解人的生存状态和生活质量。如果对生活的认识和感受缺乏深度，是无法提炼出比较深刻的主题的，只有在广泛而深刻的人生体验的基础上,才能对具体的感性生活材料进行选择,加工和提炼,找到易于为诉求对象所熟悉的视听觉要素、表达方式、审美情趣并转换为消费者的语言进行传达。言传心声,只有表现的事物来自于生活的真实体验方能拨动他们的心弦,引起他们的共鸣,唤醒他们对生活的感受和体验。人们期待着实实在在的生活品质的优化,像人性居住、诗意居住等,对居住要求越来越高,所以在现今的房地产广告中不能再像以往那样过分或片面关注销售卖点,而要站在消费者的角度上,努力去关注人的精神状态和内心需求,关注其内心所需要的生活,广告的诉求意蕴应从"屋的价值"提升到"家的意义",再到"生活的本质"。

在宣传推广产品的过程中,不能囿于房地产或受房地产的束缚,不只是卖房子,更为重要的是营造和销售一种生活方式。生活形态是一直藏在人心底的东西,没有机会得到满足,并一直在期待,要将这种生活方式变成现实,引导人们去感受和体会,并通过对诉求点的感性化表达来达到与消费者思维的契合。

房地产广告策划越成熟便越趋向于生活本质,许多的广告不直接谈产品、谈销售,而只谈生活之美,给人描绘一种高品位的生活蓝图,展现一种高尚洒脱的境界,一个充满诗意的栖居地,一个轻松的心灵栖息场所,而这是在现代忙碌生活中人们一直向往的天堂。

只有对目标消费者的生活形态、心理需求、思想状况和价值观有了透彻的把握,只有把楼盘雅致、闲适的气质转化为消费者的语言传达出来,才能拨动消费者的心弦,从而使楼盘更好地被市场所青睐。同时,塑造出的居住文化和生活方式也为楼盘增加了附加值,形成了最强的吸引力。

三、注重情感沟通,搭建心灵桥梁

情感是人类永恒的话题,也是维系人与人之间关系的基础。广告用真实的情感去表达创意、去传递信息,不仅能感动自己,也能感动他人。亲情、爱情、友情等情感的融入,不仅让广告本身拥有了生命力,更重要的是能让消费者从中找到自己的归属感,激起产品和消费者之间信息的有效传递。由此建立起一个产品或品牌最重要的价值——顾客忠诚度。

把情感看作人的基本存在方式,关键是让消费者去感悟广告中塑造的情感氛围,在内容上能由物及人、由事及人、从无情到有情,要能勾起人们对甜蜜往事的回忆或是对未来美好生活的向往。只有注意增加广告本身的人情味和亲和力,使广告具有强烈的震撼力和感染力,也才能超越感性层面,通过以情动人来引起消费者的感动并激起其购买欲望。

房地产广告要想与消费者有效沟通并取得消费者的信任,一定要在感情上和消费者进行沟通,以情动人,使广告更有说服力。亲情、爱情、友情皆可作为诉求点来打动人:亲情主要表现在对子女的关爱和对父母的回报。在我国,孩子被看成是父母生命的延续,是全家希望的寄托,因此,对孩子的培养和教育成为每

个家庭的重要任务。一切为了孩子的成长和未来，也是择房过程中的重要关注点，如“一切都好，孩子更好”的广告主题，使人文关怀对象明晰化具体指向对下一代的成长，对家的兴旺延续作了品牌保证，因而具有动人的感染力量。

人们普遍注重亲情而又渴望独立。“3+2”的居住模式，最能彰显中国人的居住生活方式，它强调和父母同住，但又不互相干扰，在充分享受浓浓的亲情的同时又保留一定的个人空间，让父母的期望和关爱成为广告中情感沟通的最重要元素，努力拉近亲情的距离。

其次，爱情也是人类一个永恒的主题。特别是对于年轻人来说，甜蜜、温馨的广告语往往能引起他们对未来幸福生活的向往。如有广告词“有爱就要有房”、“为爱找个家”、“别让爱赤裸在风里”，这些极具鼓动性的广告语均是催促年轻人尽早实现安家的梦想。“只有安居，才能立业”，“爱有了归宿，心也将有所依附”，这些深情洋溢的广告语最能引起购房者的心理共鸣，从而引起人们对美好未来的憧憬。

现代社会，人们工作压力大，生活节奏快，在工作的繁忙之余，更多的是渴望有个放松、舒适的环境，在感情上更渴望沟通和交流。不同的社区，往往聚集着不同的人群，因此，生活方式、思想观念难免有所不同，大多数人在购房时往往把社区居民的素质作为重要的考虑因素，人们总希望人际关系越来越融洽，心态越来越真实。相同或相似的生活体验能让人觉得更容易沟通，会有更多的共同话题，如广告语“有朋自远方来，不亦乐乎？”、“和谐生活新天地”等等。准确的广告诉求定位，有的放矢，往往会收到一呼百应的效果。

四、引导审美情趣，传递良性价值观

人文关怀的体现并非仅限于满足消费者的信息要求，还要引导深层次上消费者的审美情趣和价值标准，始终向消费者传递一种积极向上的健康良性的价值观。以下我们以南国奥林匹克花园为例说明：

南国奥林匹克花园（简称南国奥园）是沿用“运动就在家门口”的广告口号，把家对健康的关怀直接用运动这一更加积极的形式将其具体化，散发出一种深受年轻人喜爱的运动气息，获得了巨大的成功。“一生的幸福，值得你 60 天的等待”，既然是一生的幸福，60 天的等待还算长久吗？这么一句温存的暗示，读者看完都会会心一笑。之后对这个主题又进行了延展：“一生的幸福，值得你 50 天的等待”。而这一主题的阐释又是连续动态的，开盘时则是“租约一生的幸福生活，今天来临”与“幸福生活值得你一生珍藏”。通过这一系列的广告语劝服消费者把握公开发售机会，珍惜美好生活，从而在华南板块的激烈的竞争环境中抢夺了众多一见钟情

的目光。

还有,南国奥园的某些广告还体现了更为丰富的内涵和动人的气质,以“新生活的领跑者”来表现它的自信和活力。如广告画面上通过男主人用雨伞、女主人用晾衣叉做打高尔夫动作的场景,来讲述一个新主题——“生活就是高尔夫”,将高尔夫文化和生活方式融入社区内,令人心驰神往。“居住就是成长的过程”这一理念则是通过打造国际化终生教育学村的自由、自然、安全、健康的野外公园来阐释,体现了对下一代的浓浓的呵护与关心。考虑到孩子们在都市钢筋水泥丛林和复杂多变的现实社会环境中长大,为业主子女的未来提供全方位成长条件,并且无时无刻不在呵护他们,让其能够回归自然、释放天性、寻找童年快乐。

总之,南国奥园的每一次广告都蕴含着浓厚的人文关怀,借此来敲击着消费者的心,只有深刻理解生活需求的发展商,只有负责的发展商,才能演绎出如此深入人心的变化,并守住永恒的宗旨——让人们舒适地居住,拥有健康并快乐地成长,这也是整个房地产的一种主流倾向。

综上所述,把对人的关怀作为基本出发点,关注人的生存状态和符合人性的生活方式,宣扬对美的生活的追求和向往,满足广大消费者的人文需要,就会备受市场的青睐。

以人为本位,集中体现对人本身的关注,对人性的尊重,注重人的生存价值以及精神、情感,将成为一种独特的文化现象,其本身已远远超过广告的范畴。“安得广厦千万间,大庇天下寒士俱欢颜”,房地产的本意是给精神营造可以寄托的家园。这是第一位的物质要求,上升到精神层面,那就是有了无穷无尽的服务,就是人本主义和人文关怀的真实写照。在这个层面上,房地产业传播着对消费者无微不至的关怀,在商业的面纱上也透露出浓浓的温情。

今后的房地产开发理念和推广将更加注重人的心理感受,从居住者出发,在满足住宅建设基本要素的基础上,提升健康、舒适的要素,满足居住者生理、心理和社会等多层次的需求,表达出深刻而丰富的内涵,从而全方位、多层次、立体化地渗透进更多的人文关怀。

第二章

房地产广告的价值沟通

俗话说:“项目未动,广告先行”,一个房地产项目进入房地产市场的时候,需要先做大量的广告,通过广告进行产品宣传、价格定位、消费遴选等工作。在这个供过于求选择空间越来越大的市场前提下,说服消费者购买就变得尤为重要。在竞争日趋激烈的今天,广告攻势铺天盖地,消费者也日趋理性,要成功说服消费者并非易事。当然,也并非无路可走,沟通就是说服的关键。广告是房地产商与消费者沟通最便利的通道,房地产广告一直在全国广告投放排行榜中名列前茅,可见房地产商十分看好这种沟通方式。

一、购房者的价值取向在不断变化

广告就是利用一定的媒介将产品介绍给消费者的一种促销手段,通过广告宣传,就可以实现与消费者的有效沟通。在这个过程中,深入洞察消费者、了解其价值取向尤为重要。

时代在变,消费者的价值取向也在变,企业的广告也要随之调整。在发展历程中,消费者的价值选择大致经历了三个时代:

1. 理性消费时代

物质匮乏、生活水平低、恩格尔系数高是这一时代的特征,消费者在安排消费行为时,显得非常理智,他们关注的是商品的物美价廉和经久耐用。因此,消费者的价值选择标准是“好”和“坏”。

房地产业的发展离不开经济发展这一大环境,房地产业在国民经济的发展中起着“基础性”与“先导性”的作用。通常情况下,收入水平的变化,必然会引起消费结构的变化,这主要体现在恩格尔系数和住房消费比重上。在理性消费时代,许多城镇居民住房都是福利分房,当时经济条件有限,买商品房只是少数人的消费观念,消费者对房地产本身的要求显得比较单一,只要能遮风挡雨就行。不过随着城镇居民收入水平的不断提高,住房消费观念也在不断提高,人们日益倾向于个性化的商品房,消费者的住房消费支出比重也不断提高。

2. 感觉消费时代

随着社会物质财富日益增长,恩格尔系数逐步降低,人们生活水平得到极大提高,消费者的价值选择不再是价廉物美、经久耐用了,更多的倾向于重视品牌、形象,重视设计和使用方便。消费者的价值选择标准是“喜欢”与“不喜欢”。品牌制胜的策略日益渗透于社会的各个领域,房地产业也不例外,也兴起了品牌战略,消费者的消费意识逐步向品牌意识靠拢。

3. 感情消费时代

消费者的档次进一步上升,越来越重视心灵上的充实,对商品的要求跳出了价格层次,也跳出了品牌和形象层面,对商品是否具有激活心灵的魅力十分感兴趣,追求商品购买与消费过程中心灵上的满足感。这时消费者的价值选择标准是“满足”和“不满足”。

二、广告应紧跟购房者的价值需求

消费意识决定消费行为。时代的发展使得人们的生活水平不断提高,人们心理潜在的消费欲望也在不断地提升,人们观念的改变对房地产品牌的要求也会发生改变。消费者的价值取向有很强的时代特征。在计划经济时期,住宅没有走向市场,由于经济条件的制约,人们对住宅的要求不高,有一幢房子可以避风挡雨就可以了;当住宅作为商品走进普通家庭之后,消费者价值选择标准也猛然发生了变化。在住宅走向市场的初期,房屋只是满足人们的一般的居住需求,物美价廉成了最基本的追求。这个时候部分地区有了一定的行动,如在成都就产生了成都的五大花园。20 世纪 90 年代初,五大花园之一交大花园推出了 666 元 / 平方米的房产,诱人的价格吸引了众多的消费者。虽然于今天看来,五大花园还较为粗糙,存在诸多问题,不过在当时的人们生活不很富裕的条件下,它满足了许多消费者的居住愿望。

在感觉消费时代,消费者的价值取向又有了其鲜明的特征。时代的发展和房地产业的逐渐成熟,也造就了一批名牌房地产企业。一些优秀的房地产企业也崭露头角,优秀的房地产项目也逐步走向千家万户,消费者在购房时开始注重房地产公司的品牌以及项目的品牌,注重小区环境的设计,对户型设计也有了一定的要求,同一地段,不同的开发企业,不同的户型和功能配置,楼盘价位可能会有很大的区别。这个时期又有了一个例子,成都置信房地产公司以建房先建环境在成都众多房地产公司中脱颖而出,丽都花园项目建有业主自己的公园,这是成都首个业主拥有的公园,交大房产依托西南交大这所名校声誉,打出“智能”品牌,在消费者心目中树立了良好的品牌形象。其实,一个知名品牌,它是经历无数市场风风雨雨逐步打拼出来的,品牌不仅是企业及其产品的标志,其本身也离不开深厚的企业文化底蕴和独特的企业精髓作支撑,人们对品牌的忠诚度日增。

20 世纪 90 年代,美国学者约瑟夫•派固与詹姆斯•吉尔摩预测体验经济时代已经到来。体验经济要满足人的“体验要求”,以消费者作为价值创造的主体,在消费过程中产生“愉悦”、“难忘”、“酷”、“爽”等等体验。国家统计局 2004 年 1 月发布数据,我国人均 GDP 首次突破 1000 美元,这标志着我国进入一个新的发展阶段,社会消费结构将升级为发展型、享受型。人们选择住宅时,考虑因素不仅仅局限于区位、地段、户型结构等,更

加注重住宅的内在品质。住宅的功能发生了转变，已由原来的栖息地，变成为人们调节情绪、缓解压力、陶冶情操、保持愉悦的重要休息场所。在这种条件下，一些住宅和特定的消费者进入到了感情消费时代，年轻消费者和物质上的消费者不仅要求住宅能满足生理上的要求，而且也越来越重视心灵上的充实，对住宅的需求相应的有了一定的提高。于是，在房地产市场身边各种概念房产不断推陈出新，酒店式公寓、别墅、数字化功能小区、另类的SOHO，无不体现着现代消费者追求舒适、品味和个性的特征，从而达到心灵的充实与满足。小户型的SOHO成为年轻一族的最爱，它们满足了年轻人对个性与自由的追求；数字化功能小区满足了上班一族对高效率、便捷、舒适的需要；假日房产及别墅满足了富裕阶层对居住环境的高要求，也满足了他们高品质的生活诉求。

住宅不同于一般的消费品，而是大额不动产，当今消费者在购买的时候，其价值选择并非一成不变地经历价值选择三个时期，通常这三个时期的价值选择都糅合在一起，影响着他们的消费选择，消费者不仅追求物美价廉，也追求品牌，因为那是质量与信誉的保障，同时还追求个性，以此寻找一种精神上的满足感。

三、房地产广告与购房者的有效沟通

在了解了不同阶段消费者不同的价值选择之后，还需要根据房地产不同的项目特质，瞄准目标消费群体，清晰遴选合理价位，充分考虑项目的特质，受众的消费动机、心态观念，开启卓有成效的广告攻势，进行有效沟通。

不同的房地产项目要满足不同的消费者需求，每个项目都有其特定的目标消费群。要从消费者的年龄、职业、教育等特征划分以及从意识形态等心理层面去界定消费者，以目标市场潜在客户需求为导向，从而有效地将项目推向市场。一般而言，不同生活形态的购房者对于空间机能的需求不同，辨别目标消费群，有助于根据生活形态挖掘购房者对空间机能的需求类别。

如SOHO小户型是满足现代人在家办公的需要进行个性化和现代化设计的，其房屋面积不大，但配套设施完备、空间设计合理、方便舒适，既宜办公，又宜居家，满足了许多客户群如律师、作家、自由职业人的需要，因为他们大部分时间在家里，这种设计理念颇受他们的青睐。并且，这些消费者大多文化层次高，是现代社会信息

化的一批“雅皮士”，他们有的喜欢在互联网上畅游，有的喜欢下班“泡吧”等等。在充分认识到这些消费者的前提下，要展示新生代追求个性的特质，这在广告策划上要得以有效体现。

站在消费者的立场上，房地产广告相对于其他产品来说一般要求平实，因为消费者所关心的问题通常都是一些比较实际的问题。而针对这些问题，应该用怎样的语言来表达，才能达到预期效果，这是广告创意所必须考虑的问题。要让消费者感到真实可信，又要让广告有

特色,能吸引消费者眼球,给消费者留下深刻的印象。广告创作的手法是多种多样的,有的以平实的手法直面消费者,有的极力营造良好的氛围来感染消费者,其中最根本的一点就是要把项目的特点充分有效地向消费者展示出来,从而吸引消费者的眼球,进而激起他们的购买欲望。这就是进行房地产广告创作的最根本目的。

现代人追求的是居住质量、生活品位,广告要站在客户角度,反映客户的心理等各方面的需求。从某种程度来说,广告是一种精神寄托,展现其对新生活的愿望和对未来的憧憬。楼盘通过广告的宣传包装,在楼盘品位、文化立意、生活环境等方面突出更多的卖点,所以广告创作者在广告创作时,要在对消费者有了全盘的调查和认识的前提下,注重与消费者的心理沟通,从而使广告真正准确反映楼盘的特点,满足消费者的需求。

总之,广告传播的最终目标是实现与受众充分有效的沟通,最终追求的效果是要让目标受众认同。广告只有通过诉求和表现的信息对目标消费者施加影响,迎合消费者的购买动机,才能产生预期的效果。广告在表面上看来是一种形式的东西,但是广告制作的过程应该是对生活全景式的观照,对生活的一种深刻、独到的感受与体验,它要求创作者有充分的生活积累,了解生活、理解生活、关注消费者,从而去发现、挖掘消费者在内心深处的渴求和愿望,最后使其愿望真正得到满足,只有这样进行有效沟通,才会达到令人耳目一新、产生共鸣的效果。所以,房地产商要在实施广告传播活动前,根据所开发项目的定位,了解目标消费者的价值选择以及目标消费者的其他诉求,洞察消费者的购买动机,只有这样,才能使房地产广告有的放矢,使得消费者信赖自己的产品进而信赖自己的企业,使得自己的产品能在整个市场中成为一颗耀眼的明星。从这个意义上讲,广告或许会超出许多商家本身所预计的影响力,从而获得一种惊人的效果。

第三章 房地产广告传播的路径优化

近年来，房地产业发展势头迅猛，房地产广告铺天盖地。然而由于广告投放密集度高，广告形式多样，致使受众注意力分散，广告效应降低。由于房地产项目规模不同，市场定位不同，各自的广告投入也就不同，尤其对中档以下的中小楼盘而言，广告费用不足，难以与大楼盘和高档楼盘相抗衡。在此情况下，如何在预算内，通过有效的广告传播途径，运用可行的广告策略达到预期甚至超出预期的宣传效果，如何在狂轰滥炸的“广告暴力”中另辟蹊径、脱颖而出，从近年来房地产营销策划的经验和教训得到以下几点启示。

一、大小媒体优势互补

大众媒体一般具有覆盖面广、受众多和权威性强的优势，有助于为项目和企业造势，树立形象和品牌。楼盘推向市场之初，启动的广告形态应该是先导性、告知性的，应首先使用大众媒体为楼盘造势。利用大众媒体树立企业或楼盘在人们心中的第一印象尤其重要。据统计，一些实力强大的房企推出的楼盘，80%首先使用报纸，20%使用电视，没有一家使用小媒体，只有在当地市场有一定知名度后，再使用各种媒体强化品牌形象。因此，楼盘在未使用大众媒体之前切勿使用小媒体，即使免费的也不可尝试。与大众媒体相比较，小媒体也有一定的优势，低成本、针对性强、见效快等，在大众媒体先行投放的影响下，进一步强化广告楼盘在受众心目中的形象，故其诉求重点在于明确“卖点”，向人们详尽介绍项目的实质优势，通过具体的楼盘宣传，进一步强化企业和楼盘形象，丰富品牌内涵。如果说大众媒体的诉求重点在"平面表现的形式"层面上，属"明线"通路；那么小媒体则属"暗线"通路。在实际操作中，一般明暗交替、互动推进，进行优势互补，深化项目在人们心目中的形象。

二、宣传手段的灵活多样

房地产广告的市场启动是一个"煮开水"的过程，随着广告的宣传节奏而逐渐升温。新闻性广告具备权威性和可信度两大特点，可以有效突破人们对广告本能的心理防线，正好适合用来"温柔"地打开市场，在不动声色中占领消费者心智高地。如房地产商要推出原本品质高又处于中心地带的楼盘，就可以采用"新闻启动法"。先借助新闻性广告把附近有代表性的住宅板块炒热炒熟，然后商业广告跟进锁定此楼盘，成为此地段住宅板块的风向标和领头羊，那么消费者必然会关注此楼盘。运用新闻性软文来启动市场，借助其权威性和可信度，在潜意识中引导消费者对项目所属地块或企业新资讯予以关注，能够收到"事半功倍"的效果。目前，"新闻启动法"是许多房地产商屡试不爽的运作方法，而"广告未动，新闻先行"亦是操盘惯用的技巧。

软文广告应摆脱"楼盘说明书"的层面，必须挖掘房地产项目背后更有价值的东西，要充分挖掘代表人们生活形态和生活方式的内涵、品位和格调。在此前提下，进行有的放矢的广告宣传，充分进行沟通，表达出浓厚的文化内涵和人文关怀才能吸引消费者的注意力。广告要突破"一文多图"的格式，卖点不能过分集中在地段、户型、面积和物业等功能性诉求上，而应该更多地关注消费者的精神状态和内心需求，关注其未来生活需要。把情感溶入广告诉求中去，注重增加人情味和亲和力，让消费者去感悟广告中渗透出的情感氛围，这样才能使广告具有强烈的震撼力和感染力，超越感性层面，通过以情动人来引起消费者的感动和欲望。软性广告因其文字解说性，阅读起来繁芜耗时，不太适合行色匆匆惜时如金的"晨报式"读法。由于上班时间紧迫，晨报类主要是以"浏览"为主，故要以大标题或色彩跳跃的大画面（硬性广告）来抢夺消费者的瞬间眼球。相反，晚报类恰好以"休闲阅读"方式为主，人们下班后一身轻松，一茶一报慢慢品味，此时即便有再繁杂再耗时的软文，都可以消遣得起。所以在广告投放时，要深谙其理，须针对目标消费群体生活规律的特点，通过综合运用新闻性软文与商业性广告，这样才能把广告的最佳效果发挥到极致。

三、形象与促销广告的适时配置

形象类广告是房地产企业品牌建立和推广的主要途径。而品牌建设是一个长期的、系统的过程，所以品牌形象要深入消费者内心并非易事，需要有一个逐步认识、了解、熟练、深化的过程。促销类广告具有告知性强、功利性强的特点，通过商家优惠让利、赠送礼品等活动来引起人们关注，这类广告凭借这些优势，对楼盘尤其是小盘的销售作用比较明显。相对而言，大盘由于销售周期长，广告费用大，所以具备以"品牌带动销量"的营销模式要件，依附品牌走完全销售路线。而小盘由于量小和宣传费用不足，适宜走短、平、快的"销量"路线，当以快速的销量制造营销神话时，品牌也就自然随之而来。

一般来说，前半周的报纸广告费用相对较低，且房地产广告量也相对较少，此期间适宜投放"积累型"的形象广告。而对于短、平、快且功利指向明显的促销类广告，以在后半周投放为宜。根据人脑的记忆规律，三天之后，记忆能力大幅下降，也就是说记忆的最佳效果在三天之内，后半周投放促销类广告的"记忆点"正吻合周末看房购房的售楼"铁律"。相对而言，形象广告在前半周起到的是造势作用，促销广告在后半周密集投放则效果较佳，这样的配置才较为合理有效。

四、整合利用广告资源

房地产广告传播的途径应该多样化，广告运行应从不同时间、不同地点、不同传播渠道等方面立体式进行。据科学测验，两种媒体作用于人一次的效果比一种媒体作用于人两次的效果高出 30%，而多种媒体同时作用于人，效果会更高。因此，广告传播不能单一的选择某种媒体，而应将所有的广告资源整合运用，例如报纸、电视、广播、杂志等，还有必要充分利用媒体之外的广告资源，如楼盘外装墙、悬挂的彩旗、彩球、宣传礼品、楼书等等。合理利用这些资源会大大增加项目在人们心中的影响力，再配合媒体广告，项目出现在人们生活视线中，必然会收到整合使用的最佳效果。据国外资料显示，一百万广告费割裂使用，比整合使用效果低20%，也就是说，整合广告只需80万，便可达到非整合广告100万之功效。所以使用广告要讲究点面结合，长短兼济地整合使用有限的广告资源，才能达到最佳效果。

五、把握广告发布时机

不同的时间发布相同的广告效果往往不同。如刊登在星期日的报纸广告，效果准不好，因为休息日读报的人较平时为少。而选择电视、广播电台黄金时段和收视率高的节目播放时间播出广告，其效果肯定优于其他时间播出。另外，节假日与房交会是消费者密集度最大的时期，也是消费者从消费意识转化为消费行为的最佳时期。因此，做好此阶段的广告传播也不容松懈。首先，把握黄金宣传期。像节前由于众多广告同台上演，效果与价格都难免会受到影响，所以要求广告创意新颖独特，以奇制胜，在众多广告中吸引人们眼球，且要求立意与卖点突出和新颖，吸引具有购买欲望的人们前去参会。其次，做好节日或展会期间现场广告宣传。一般在节日或展会期间都会有看房人群到达楼盘现场，此时看房路线沿途的广告放置、现场布景、楼书派发、礼仪小姐的接待等等诸多广告传播途径策略皆要求尽善尽美，从而让看房者有一个愉悦轻松的心情，甚至是一种美的享受，进而博取消费者的认同，无形中增加了广告传播的深度，在看房者心中树立起美好的楼盘形象，促使看房者为项目进行广泛的口头宣传，进而使品牌深入人心。最后，巩固节后或会后的宣传效果。大多数人认为节后是节前广告的消化期且消费波峰刚过，故广告不宜轻易出击。这是一种误解，其实，人们对于诸如房产类的大消费品的消费意识不是随机性的，而是有一定的印象叠加过程，节后几天恰好是进攻的“真空”期，而且这时候出击，优势明显。首先，吸引的注意力更多；其次，费用相对较低，可以大力进行多层次的宣传；三是由于节假期间新闻信息的断档，节后急需补给，所以不仅报纸销售量猛增且阅读也将更加仔细，广告效果指数也会攀升，对节前以及节中所进行的宣传能起到良好的巩固作用。

六、发布节奏的有效控制

当前房地产广告的投放节奏往往是将开盘前的一个月作为媒体推广的强势期进行广告集中投放，加大密度。此节奏优势是通过量的累积、印象的连续叠加，系统渐进地打出楼盘的气势。但密集度过大容易引起人们反

感，有可能到关键项目开盘前期反而难以聚集人气。因此，尝试不同的广告推广节奏，结合多种活动形式，更能起到出奇制胜的效果。这样可以进行灵活地操作，例如把强势期一分为二，在开盘前一至两个月的时间内通过举行大型的主题活动，以此聚集人气，给参与活动的人们留下先入为主的良好印象。在这个前提下，再通过口碑传播来扩大影响，扩展潜在的客户资源，延续前期的广告效应，及时收集市场反馈信息。由于主题活动本身就是与消费者直接交流，是充分获取第一手信息的途径。而在开盘前的一个月正是项目的口碑宣传期，通过人们发自内心的义务宣传，有效地积聚了市场消费能量，这样无形之中有利于成为开盘前的预热期。最后只需在开盘前后几天各投一两次广告，起个提示作用，便

能激起市场的热效应，而不必再进行大规模的广告“轰炸”。媒体广告的推广节奏应根据项目的实际情况进行调整，广告的最终目的是使项目更好地推出去。

七、广告切入点要有吸引力

通常房地产楼盘广告过多地就事论事、就楼说楼，多采用正面切入方式，都以产品介绍为主，这样的切入点虽然主题鲜明、开门见山，但这一大堆“楼书说明”却难以吸引人们的眼球。因此要使房产广告一投放便能迅速抓住人们的视线，引起人们的关注，必须有标新立异的广告切入点。例如上海“艺墅学院”的成功推介就是以文化艺术的角度切入，在开盘前二个月，以举办艺术音乐会的SP活动形式，发布广告，并宣布此广告为入场券，同时又一语双关地以“为春天暖身”为音乐会的主题。既符合冬末春初的时令季节，又寓意其楼盘将给人带来春天般的温暖，其中还融入了人们的美好憧憬。这旁敲侧击性迂回婉转的广告切入，一下子就拉近了与潜在购房者的心理距离，有效化解了人们对广告可能产生的不信任的排斥心理，成功达到了俘获人心的目的，也让项目深入人心。其实，房产广告切入点也是丰富多样的，标新立异只是为了能让广告最大限度吸引人们的眼球，发挥最佳的宣传效果。

八、广告制作力求高品质

房地产广告无论采取哪种形式，要一经推出即获取人们的高度重视，加深人们对楼盘的印象，离不开一个基准点——广告本身的高品质，这也是广告传播路径优化的基础。一则好的广告是由多个元素构成的，其中比较重要的有图像、文字、配音等。高品质的广告在遵循一般创作原则的前提下，更要力求新意、简洁精炼、以情动人、以意境感染人。正确运用各种诉求手法，针对不同的产品不同的对象运用不同的广告诉求手法，选择适合产品自身特点的宣传方式。房产广告要讲究创意，广告创意往往能做到一招制胜之功效，前提是要求广告创作者注重观察生活，从生活中收集资料，从生活中寻找创新的源泉。以高品质、高格调的图像占据人们的视野；以清新动情的文章唤起人们的内心诉求；以引人入胜的意境引起人们的情感共鸣。通过广告透视产品，在房地产广告大量充斥人们视野的今天，制作出高品质的宣传广告亦成为房地产广告传播的重中之重。

总之，房地产广告无论选择何种手段和方法都必须结合实际情况具体问题具体分析，要因地制宜、灵活科学地采取更具针对性的传播策略，只有这样，才能以最少的广告投入取得最佳的广告效果。

A COMPREHENSIVE HANDBOOK OF DEVELOPMENT OF REAL ESTATE IN CHINA
VOLUME 11

第十一卷

房地产行业典范推介与精品楼盘展示

浙江省房地产业协会

浙江省房地产业协会是浙江省各市房地产业协会和从事房地产管理、开发经营、物业管理、市场交易、经纪中介、自管房等企事业单位及行业相关单位自愿参加组成的全省性行业组织；是依照法律规定，经省民政厅注册登记的具有法人资格的社会团体；业务主管部门是浙江省建设厅。

浙江省房协现有会员单位520多个，分布在全省各市县和行业的各个部门。其中团体会员11个(各市房协)，房地产开发经营企业占三分之二以上。下设一处(秘书处)二部(《浙江房地产》编辑部、省直属会员单位工作部)六个专业委员会(产权产籍、综合开发、房屋拆迁、物业管理、房地产中介、科教与培训)。

浙江省房协在建设厅、民政厅的领导和中房协的指导下，在会员单位的积极支持下，一直来围绕建立社会主义市场经济和房地产业各个时期的主要任务，在推进行业改革，开展理论研讨，考察调研，交流信息，行业培训，技术咨询，产品推介，房展活动以及向政府主管部门提出行业改革的建议等方面作出了有益的工作，热心为企业服务，并取得良好的社会效益，增强我省房地产业界的凝聚力，受到企业的欢迎，被中国房地产业协会评为全国行业先进协会。从1996年起已协助省建设厅连续举办了11届浙江省房地产展销(博览)会，对于搞活房地产市场，促进商品房的销售起到积极作用。

浙江省房地产业协会有一个团结、协调、开拓奋进的领导班子；有一个运行自如、工作有序、办事效率高的办事机构。工作中我们体会到：协会必须紧紧依靠理事会和各地房协、各专业委员会的努力；协会工作要有地位，必须要有作为，每年重点办好一、二件有影响力的事；协会的宗旨是服务，生命在于活动；协会只有加强自身建设，才能做好协会工作。

浙江省房地产业协会将继续坚持以服务为宗旨，以行业服务、行业自律、行业代表、行业协调为基本职能，与时俱进，为促进浙江房地产市场的持续、健康的发展作出贡献。

注重品质 追求品牌

——浙江房地产品牌建设与发展

浙江省房地产业协会会长 唐世定

20世纪90年代初,浙江省房地产业有了长足的发展,开发投资连年上升,(表1)呈现迅猛发展的态势。(表2)

表1　　1990年～2003年浙江省房地产开发投资一览表　　(单位:亿元)

	1991	1992	1993	1994	1995	1996	1997	1998	1999	2000	2001	2002	2003
开发投资额(亿元)	11.7	24.2	93.2	155.8	246.4	243.5	215.4	226.7	277.5	362.2	536	724.36	972.49
比上年增长率(%)	23.2	106.8	285.1	67.2	58.2	-1.2	-11.5	5.2	22.4	30.5	48.0	35.14	34.2

图表2　　1990年～2003年浙江省房地产开发投资额变动情况

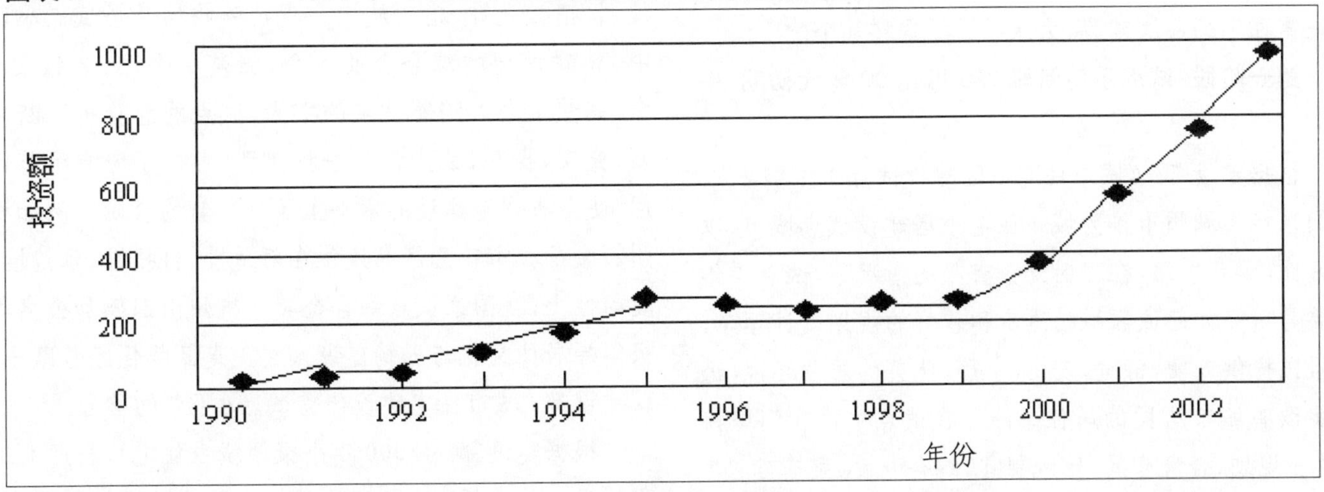

随着房地产业持续、健康的发展,浙江房地产品牌建设也初露端倪,获得了不少国家的奖项(表3)

表3　　浙江受联合国和国家表彰的城市楼盘一览表

联合国人居奖	杭州市人民政府
联合国人居迪拜奖、詹天佑土木工程大奖	湖州市东白鱼潭小区
国家人居环境奖	金都·富春山居
国家住宅试点小区金奖	湖州马军巷小区、南都德加公寓、新金都城市花园、湖州碧浪湖小区
国家住宅试点小区银奖	宁波联丰小区、湖州凤凰小区
国家康居住宅示范工程小区金奖	嘉兴金都景苑、平湖梅兰苑、嘉善正大·东方铭嘉
詹天佑土木工程大奖优秀住宅小区提名奖	野风朝晖现代城、余杭新城市丽景

一、浙江省房地产品牌建设的历程

党的十一届三中全会以后,浙江省住宅建设突飞猛进,但在20世纪90年代之前的发展主要是增量型的发展,当时主要问题是住宅的规划设计偏于粗放、工程质量不高、使用功能不全、建筑造型呆板、单调、居住环境重视不够。为了解决当时小区规划设计不尽合理、施工质量问题多、对环境建设重视不够,以及市政公用基础设施建设不同步、不配套,管理水平不高等问题,我们根据建设部《城市住宅小区建设试点工作纲要》,开始比较注重住宅的品牌建设,大致经历了这样几个阶段:

第一阶段:试点示范阶段(20世纪90年代初期、中期)

根据建设部《城市住宅小区建设试点工作纲要》,我们选择了湖州市作为城市住宅小区建设试点城市,以点带面,示范引路,在当时资金有限的情况下,试点工作主要是研究如何依靠科技进步和较好的规划设计理念,为居民提供方便、舒适、安全、宁静、优美的居住环境,进一步改善城市居民的居住条件。在试点中,我们坚持"统一规划、合理布局、因地制宜、综合开发、配套建设"的原则,努力实现住宅建设"造价不高水平高,标准不高质量高,面积不大功能全,占地不多环境美"的目标。1992年10月,湖州市凤凰小区试点,被列入全国第三批城市住宅小区试点。凤凰小区于1992年10月18日破土动工,1994年4月全面建成,提前赶上了全国第二批城市住宅试点小区验评,获得建设部城市住宅小区建设试点综合银奖,湖州试点初战告捷。

试点虽然取得初步成效,但由于经验不足,住宅产品还不尽如人意。我们在总结湖州第一轮试点的基础上,又从体现地方特色和合理规划、设计方面进一步加以提高,并选择了湖州市马军巷小区、东白鱼潭小区作为第二轮试点示范单位。马军巷小区,是一个旧城改造项目,它以江南民居"小桥、流水、人家"为特色,荣获国家最高建筑奖项--鲁班奖;东白鱼潭小区以一流的规划、设计和一流的建筑质量,荣获了联合国2000年"迪拜国际改善居住环境最佳范例奖"(DIABP),后又被评为詹天佑土木工程大奖,当年全国仅有两个小区获得这一殊荣,这个小区已接待群众和业内人士20余万人次的参观、考察。

第二阶段:示范推广阶段(20年代90年代中后期)

为了推广湖州市试点做法,学习邻省的经验,我们在湖州召开试点工作现场会,组织参观了安徽合肥琥珀山庄和江苏常州、苏州等地的试点小区,并根据建设部《城市住宅小区建设扩大试点工作大纲》的要求,在全省又确定一批省级试点小区,加快了试点的步伐。对列入试点的小区坚持认真执行规范,依靠科技进步,精心规划,精心设计,精心施工。现已验收的9个试点小区中,获建设部的综合金奖5个,银奖2个,获省银奖1个,铜奖1个。随着试点的扩大,试点的经验也不断丰富、充实、提高,试点作为一种典型,发挥了应有示范作用,使全省住宅建设的水平上了一个新的台阶。例如杭州新金都城市花园产品定位在舒适性、科技性、示范性、超前性上,获国家试点综合金奖。杭州南都德加公寓积极倡导居住文化与弘扬建设人文,走品牌化经营路子,获建设部"城市住宅建设优秀试点小区"的称号。

根据建设部《2000年小康型城乡住宅科技产业工程项目实施方案》所确定的示范小区建设目标和要求,浙江省还搞了一批小康示范小区,小康示范小区试点比较注重依靠科技进步,对提高住宅的科技含量起到了推动作用。

随着社会主义市场经济体制的建立,法制进一步健全,市场逐步规范,房地产业的竞争也日趋激烈,竞争已从价格竞争、质量竞争提升到品牌竞争。浙江省实施品牌战略最早是从杭州一些民营企业开始的,当时他们在享有政府的政策优惠(土地、规费等)方面不如国有房地产企业,但是他们市场竞争意识强,他们预感到名牌瓜分市场将成为房地产市场发展趋势。民营企业致力于精品楼盘的建设，不惜重金引进人才，邀请国际知名公司帮助策划设计，还办起了企业自己的设计院，在规划设计上狠下工夫，以严谨的作风，努力打造出精品楼盘，并得到社会的认可。民营企业在争创品牌过程中主动争取政府部门支持，积极参与政府的试点活动，把政府要我做，变为企业自己要求做。他们舍得花钱打自己的牌子，在营销广告方面不惜工本，策划上费尽脑力，每次房交会上都设几十个摊位，展示企业的形象。民营企业创品牌虽然也得到政府的支持，但更多是通过市场机制实现的。我们及时总结、推广他们的成功的做法，使房地产品牌意识逐步增强，企业已把“追求品质、注重品牌”作为今后房地产发展的重点来抓，创品牌的氛围在全省正在形成。

第三阶段：实施品牌战略阶段（进入新世纪以来）

进入新世纪以来，浙江省房地产企业的品牌意识进一步增强，为了更好地培育浙江房地产企业和楼盘的品牌，我们于 2001 年 3 月转发了中国房地产业协会[2001]第 15 号“关于开展中国房地产成功经营模式典范巡礼活动的通知”，并要求各地市房协结合浙江创品牌的实际，做好推介工作，现已推介 8 种类型，并经专家点评，几经筛选，确定为“中国（浙江）房地产成功经营模式典范”。

为了全面实施品牌战略，我们重点抓了以下几件事：

（一）从小康试点到康居示范

1999 年，建设部下发了《国家康居示范工程实施大纲》，推出“国家康居示范工程”，同时规定，已批准的城市住宅小区建设试点和小康住宅示范工程项目在 2000 年底前结束。康居示范工程代表更高要求的住宅产业发展方向，从规划设计开始，到最后综合验收，要经过四道严格的评审，通过评审的康居工程能在小区规划、住宅设计、住宅成套技术体系、住宅部品体系、环境设计体系等各个方面起到示范作用。在实施房地产品牌战略中，不少企业纷纷要求参与康居示范工程。现经建设部正式批准的国家康居示范工程项目 67 项，浙江省获批准的 12 项，嘉兴金都景苑、嘉善的东方铭嘉、平湖的梅兰苑这三个小区已经建设部国家康居住宅示范工程竣工达标验收，获得了全部验收的金奖。

（二）从精品楼盘到品牌企业

经中房协批准的中国房地产成功经营模式典范中，其中浙江省精品楼盘 46 个，我们在此基础上评出品牌企业 8 家。例如品牌企业绿城房地产开发有限公司从初始开发的丹桂、银桂、金桂、月桂、兰桂等单一项目，尔后又将桂花城申报为国家试点示范项目，桂花系列成为绿城的品牌之一。该公司在别墅项目中开发的玫瑰园、桃花园被专家称之谓“不破坏环境，不辜负山水”的国内乃至国际的一流别墅区，公司也被广大消费者公认为品牌公司。

（三）从小区建设到城市品牌的创建

对浙江省的房地产业来说，良性的发展还需要各地政府、媒体、企业的共同努力，形成各城市的品牌，使行业得到长足发展。杭州市自从 1999 年提出“住在杭州”的城市品牌以来，政府出台了一系列的政策，开发商积极努力打造，媒体大力宣传，促进了杭州的房地产城市品牌的建设。宁波市加大基础设施建设的投入力度和旧城改造力度，市区拆违章建绿，形象迅速改变，目前小区建设正逐步向房地产城市品牌的创建发展。

（四）品牌从开发企业扩展到中介物管企业

近年来浙江省房地产中介市场比较活跃，有些地区存量房产的成交量已超过新建商品房，因而出现了一些服务好、信誉优、运行规范、群众满意的品牌中介机构，如由省房协推荐，经中房协批复同意推介的中介类企业浙江公众房地产网络有限公司、杭州金丰易居房屋置换有限公司、我爱我家房屋租赁置换（浙江）有限公司等被评为“中国（浙江）房地产成功经营模式典范”单位。这类企业的示范作用提升了浙江省房地产中介市场运作的整体水平，也提升了浙江省的房地产整体品牌。

随着浙江省房地产业的迅速发展，人民对生活水平要求的不断提高，浙江省物业管理行业在创建住宅品牌

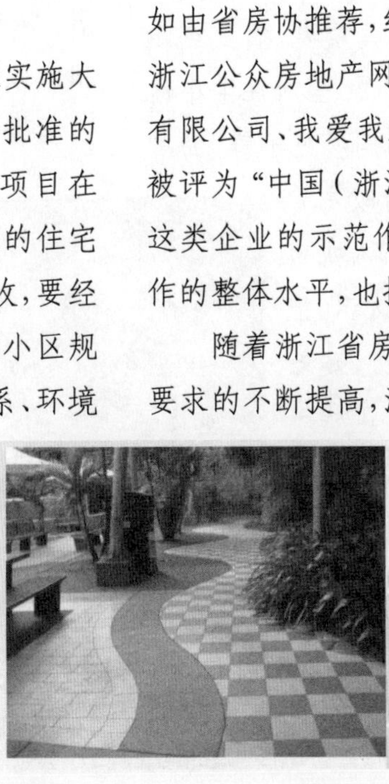

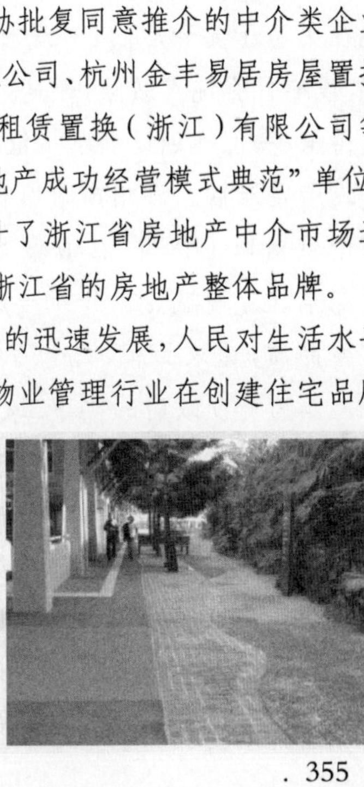

的过程中得到了迅速地发展，物业管理水平迅速提高，出现了一些品牌物业管理企业，如浙江省的绿城物业管理有限公司、耀江物业管理有限公司、金都物业管理有限公司、宁波银亿物业管理有限公司，最近被建设部批准为一级物业管理资质企业，成了全省物业管理行业的“领头羊”。

（五）品牌建设从省内向省外扩张和延伸

一些已形成良好品牌的开发商，正在向省外开拓市场，实施品牌扩张和延伸策略。他们凭借浙江房地产企业灵活的机制和前段时期品牌的积累，抢滩长三角地区、周边省份以及中西部大中城市的开发市场，以品牌优势占领了更多的市场份额。

但是，浙江省实施房地产品牌战略仍然处在一个初级摸索阶段，况且品牌作为一种无形资产，形成的过程也比较缓慢，品牌的战略的全面完成应是在住宅走向产业化、现代化之后，它还要经历一段较长的发展过程。

二、浙江省房地产品牌建设取得成功的原因

浙江省房地产品牌建设取得成功的主要原因有三个，分述如下：

（一）政府推动，统一认识

20世纪90年代初期，由于住宅作为一种福利，品牌意识比较淡薄。在开始搞试点小区时，有的企业认为现在买房子要开后门，有没有品牌无关紧要，搞试点示范，没有什么优惠政策，还是不参加省心。当时住宅小区建得虽多，但规划设计水平低，质量通病屡见不鲜，品牌建设严重滞后。湖州市政府和建设行政主管部门针对以上情况，认真学习建设部《城市住宅小区建设试点工作纲要》，统一认识，把注重品质，追求品牌，为老百姓多建房、建好房，作为一项政府的实事工程、民心工程来抓，主动向建设部申报城市住宅小区建设试点，市政府领导亲自挂帅，出任城市住宅小区建设试点领导小组组长，建委主要领导亲自抓协调、抓实施，保证了湖州市城市住宅小区建设试点工作顺利进行，湖州试点小区成了湖州城市建设的一道亮丽的风景线，并创出了全省乃至全国小区建设的一流的水平。

杭州市是省会城市，对浙江省品牌建设的好坏影响很大，但住宅品牌建设曾一度落后于湖州等其他城市。对此，杭州市委、市政府十分重视，把“住在杭州”作为城市品牌的一部分来抓，分管市长亲自带队赴湖州参观学习、考察，并总结了绿城、南都、金都、耀江的等企业的成功运作模式，加以推广。联合国人居中心主任安娜女士在看了杭州市人民政府主办的人居展后，对杭州市的住宅建设品质和环境倍加赞赏，杭州市人民政府2002年荣获联合国人居奖。

（二）以人为本，重视规划、设计

规划是龙头，设计是灵魂。规划设计先天不足，就不可能产生精品楼盘，品牌企业。浙江省住宅小区试点就是紧紧抓住规划、设计环节不放，推动住宅小区品牌建设的。凡是列入试点示范单位的小区，规划设计需经专家委员会多次评审，反复修改后才能实施。在规划设计中，坚持“以人为本”，一要着眼于满足人们日益增长的物质需求。通过住宅的人性化设计，增强住宅的使用功能，做到适用、舒适、经济，提高人民群众的生活质量，体现现代生活的基本需要。二要着眼于满足人们的日益增长的精神需要。建筑是凝固的音乐，是有生命的，蕴含着浓厚的人文思想。建筑作为最具包容性的文化元素、文化价值的商品，要体现传统与时代精神结合的审美文化、养生文化、地域文化。三要着眼于人与自然的协调发展。要力求摆脱平庸、冷漠、单调，追求特色、亲和、愉悦，追求以人为本，人与自然的和谐相处，促进可持续发展。四要着眼于满足普通居民的需要。对居住文化的研究和

探索，不能仅仅是面向少数人，而要提倡大众的、面向普通百姓的居住文化。五要着眼于人文关怀，创造有利于社会和谐相处的居住环境。在人口老龄化与独生子女家庭较为普遍的过程中，需要对老人、儿童等更多地关注，创造有利于沟通、融合的居住交往空间和文明祥和的新型社区。

（三）坚持“精心、认真”，提高住宅品质

浙江品牌建设，在做法上坚持“精心、认真”四个字。如湖州市是浙江品牌建设的首创者，我们在湖州试点工作现场会上肯定了湖州市“精心、认真”的严谨工作作风，他们精心规划，精心设计，精心施工，精心管理，凡事认真，在一个不大的城市，做出全国一流的产品，得到联合国人居迪拜奖。浙江金都房地产有限公司是浙江省开发企业获国家奖项最多的一个开发公司，从建设部城市住宅建设试点优秀示范小区“新金都城市花园”，到浙江省首家国家康居 AA 级示范小区“金都景苑”，到中国人居环境范例奖的金都·富春山居，金都房产从市中心住宅和城郊住宅两个角度进行着人居环境建设的实践与探索，金都房产集团自 1994 年以来，一直努力争取不断超越已取得的成果，并向更高的人居环境建设目标迈进。集团专门设立技术研究发展中心，调查、研究人居环境的发展方向；获取项目开发所需的信息与技术；跟踪人居环境建设的科技发展；分析市场发展趋势；总结、分析项目开发中存在的问题，不断调整和完善开发的产品，使项目开发能满足客户的需求和偏好，适应社会的发展。

三、对实施房地产品牌战略的思考

何为品牌？何为品质？品牌指的是房地产企业在市场中形成的知名度、信誉度和美誉度。品质则是开发公司开发的房产品的综合质量（建设质量、外观、功能、环境等要素构成的综合体）。从对改革开放以来浙江省房地产开发回顾和品牌企业、品牌楼盘的巡礼可以看出，浙江省房地产市场已不断发育成熟，优胜劣汰的市场规律日益显现，质量已成为房地产企业的生命线，而建立在质量基础上的品牌，更被业内人士所重视。因此我们要鼓励有条件、有实力、有信誉、有后劲的企业做大做强，促进企业向规模化、集约化发展。要形成这样的大公司和企业集团，不是机械地合并或简单的数量扩张，大了不一定就强，做“大”不是目的，关键是要做“强”。强的最重要标志是有竞争能力，有相对多的市场占有份额，有信誉高的品牌，有好的经济效益。对照先进地区，品牌企业，浙江省房地产大品牌、强品牌还不多，因此，实施品牌战略还有大量的工作需要我们抓紧去做。

首先，要抓住当前机遇，练好内功，全面提升房地产企业的核心竞争力。最近，省建设厅、省房协和浙大房地产研究中心合作搞的《浙江省房地产企业核心竞争力研究》课题表明，浙江省房地产企业的整体核心竞争力在财务资源的获取和运用能力、企业家能力、组织管理能力和管理团队建设能力等四项能力具有较明显的优势；而在企业文化营造能力、市场需求把握能力、人力资源激励能力等三项能力方面相对欠缺。因此，从进一步提升企业竞争力角度出发，要充分利用现在优势，挖掘潜在优势，注意扬长避短，提升现有的四项核心竞争力，着重培育对竞争力影响重大、浙江省企业相对欠缺的三项能力。当前房地产企业要增强风险意识，通过市场研究，把握市场信息，注重产品创新，不断满足和引导客户需求；要建立一套适合本企业的考核、激励机制，激发在

职员工的工作热情，还可吸纳外部人士，为企业发展积聚人才资源；要诚信经营，打造品牌，提升企业的市场形象；要确定企业文化的内涵，有目标的塑造企业的文化和氛围，并将企业文化体现在规章制度和经营行为中，以增强企业的凝聚力。当然，对于不同的房地产企业，还应根据自身的资源和能力基础，量身定做符合企业实际的能力培育计划。

1994年浙江省房地产市场曾一度不景气，不少房地产企业陷入困境。但善于经营的浙江人并不气馁，而是自强不息，坚韧不拔，奋发进取，在企业转制、市场定位、人才集聚，创造品牌方面做了很多探索，促进了浙江省房地产市场的发展。1998年至今的“购销两旺、人气很足”的房地产市场的浙江现象，同那段时期企业苦练内功有很大关系。我们相信，只要抓住当前宏观调控的机遇，练好内功，打造品牌，提升品质。全面提升浙江房地产企业核心竞争力，浙江房地产市场一定能够得到持续、健康的发展。

其次要找差距，学先进，把浙江房地产的品牌做大做强。20世纪90年代初，浙江房地产品牌一度滞后，我们通过学江苏、安徽，找差距，认真反思，奋起直追，促全省房地产品牌建设上了一个台阶。如今，我们仍要坚持学先进，找差距，把浙江房地产的品牌做大做强。目前，北京、深圳、上海的品牌建设在全国领先，我们一定要找出差距，虚心学习。与北京的房地产品牌企业老总比，他们见多识广，品牌建设理念和策划都比我们超前。最近我去看了北京锋尚国际公寓，科技、环保、节能意识我们远不如他们。与深圳的房地产品牌建设比，由于深圳开放早，房地产市场比较成熟，市场竞争比较充分，开发商在规划、设计上下的功夫远比我们要深。与上海的房地产品牌企业比，上海人的精明能干表现在他们对品牌的追求和对品质的一丝不苟、精益求精上，与他们一比，我们的品质品牌就相形见绌了。品牌经营是企业经营的高级形式，是叩向新世纪市场之门的“通灵宝玉”，现在浙江的房地产企业纷纷提出在品牌建设上，浙江人应该有北京人的理念、深圳人的水平、上海人的精明，通过我们不懈的努力，能出现一批像万科这样的重量级的品牌企业。我想，这也是下一阶段浙江房地产品牌建设的一个奋斗目标。通过找差距，学先进，使浙江省房地产企业品牌的整体企业形象，项目产品形象，企业人员形象，营销策划能力，整合传播能力，全过程人性化服务能力得到进一步提高。

第三，要重品质，继续实施好“注重品质，追求品牌”的房地产发展战略。品质是企业产品的根基和命脉，仍是我们下一步实施品牌战略的基础。我们已经开始重视项目产品工程质量的品质，今后我们应该精益求精，使工程质量再上新的台阶。随着市场的成熟，我们不仅要重视工程质量的品质，并应重视住宅环境的品质（空间环境、声、热、光、水、空气、设备等环境），使小区景观与周围大自然环境和谐，与住宅有机联系，自然统一，保证足够的采光、通风、日照。还要十分注重文化品质（生态伦理的地方特色的文化传统）和艺术品质（住宅建设选题、楼宇的艺术布局），通过慎重选点，合理布置、科学规划、用适当超前的眼光满足人民的不断增长的需求，包含生理需求、健康需求、安全需求、文化需求、心理需求、舒适需求、交往需求、休闲需求，使综合品质得到全面提升，以一流的品质，创建浙江房地产一流的品牌。

河南省房地产业发展状况

河南省建设厅副厅长 张德成

近年来,我省房地产业抓住国家实施积极的财政政策和扩大内需,启动住房消费,拉动经济增长的机遇,全省住宅建设稳步发展,房地产开发势头良好,房地产市场日趋规范,物业管理有序推进,法制建设日臻完善,产业地位明显提高。

一、我省房地产业发展现状

房地产业对经济发展具有投资与消费双向拉动作用,其产业关联度高,带动力强,加快房地产业发展是扩大社会就业、提高居民消费水平和居住质量、加快城镇化进程的基本要求,也是带动相关产业发展、推进经济结构战略性调整、保持国民经济良好发展势头的重要举措。我省把发展房地产业和改善人居环境作构建为和谐社会发展的重点,不断加大工作力度,多渠道筹集资金,加大住房建设,房地产业进入了快速发展阶段。

(一)房地产开发投资规模增长迅速,占全社会固定资产投资比重逐年增加

2001年~2005年是我省房地产业快速发展时期,房地产开发投资规模逐年加大,年增速均在30%以上,占GDP的比例由2001年的1.82%增长到2004年的2.94%,预计今年将超过3%;占全社会固定资产投资规模从2001年的6.32%增长到今年的8.52%。2005年1~9月房地产开发投资完成251亿元,对全社会固定资产投资贡献率达8.2%,拉动全社会投资增长3.6个百分点,房地产开发投资增速均高于GDP和固定资产投资增速。(见表一、图一)

表一: 2001年~2005年9月全省房地产开发投资占GDP、固定资产投资比例

	GDP	固定资产投资	房地产开发投资	占GDP比例	占固定资产比例
2001年	5640	1628	102.84	1.82%	6.32%
2002年	6169	1820	138.36	2.24%	7.60%
2003年	7049	2311	185.56	2.63%	8.03%
2004年	8815	3099	258.82	2.94%	8.35%
2005年	10535	4378	388.52	3.69%	8.87%

图一: 2001年~2005年房地产投资、固定资产投资和GDP增长速度

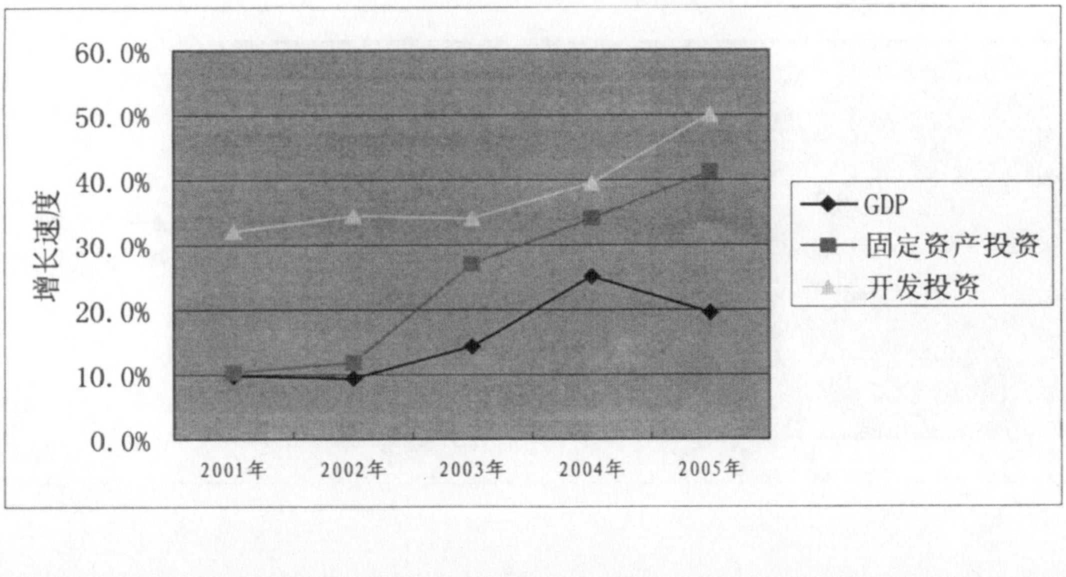

与全国各省、市相比,2005年,我省房地产开发投资增幅达到50.1%,高于全国平均水平30.3个百分点,高于中部地区投资增幅17.6个百分点,增幅居中部地区首位;但从投资总量上看,我省房地产开发投资总额仅占全国的2.5%,位居全国第15位,在中部地区列第4位,与东部经济发达地区有较大差距,低于中部地区的安徽、湖北和湖南等省。我省房地产开发投资占全省固定资产投资的比例低于全国平均水平9.97个百分点,低于中部地区平均水平4.65个百分点。

(二)商品房供销总量基本平衡,结构趋向合理,价格稳中有升

2005年,全省商品房竣工面积1370.94万平方米,同比增长20.8%;销售面积1724.82万平方米,同比增长63.4%,高出竣工面积增幅39.5个百分点。其中商品住宅竣工面积1151.39万平方米,同比增长19.0%,销售面积1539.60万平方米,同比增长62.3%,高出竣工面积增幅43.3个百分点,销售面积连续三年大于同期竣工面积,商品房和商品住宅销售呈现购销两旺的局面。商品房空置面积继续下降,2005年底全省商品房空置面积308.13万平方米,其中住宅214.99万平方米,分别比去年同期下降0.4%和10.8%。

在商品房供应结构方面,2005年全省商品房竣工面积1370.94万平方米,其中商品住宅、办公楼、商业营业用房和其他用房所占的比重分别为84.0%、2.1%、12.4%和1.5%。商品住宅中主要是面向广大居民的普通商品住房。

房地产价格总体上稳中有升。我省商品房价格水平不高,近年来房价基本稳定。2005年全省商品房平均价格为1866元/平方米,同比增长18.70%,每平方米比全国平均价格低1376元。(见表二)

表二:　　2001年～2005年全省商品房销售价格变动情况

	商品房销售平均价格		商品住宅销售平均价格	
	合计	同比增长	合　计	同比增长
2001年	1239	-1.67%	1169	1.48%
2002年	1369	10.49%	1245	6.50%
2003年	1392	1.68%	1291	3.69%
2004年	1572	12.93%	1442	11.70%
2005年	1866	18.70%	1658	14.98%

2005年全省商品住宅平均价格为1658元/平方米,除2003年增幅有所下降外,其余各年均呈攀升之势。(见图二)

图二:　　2001年~2005年商品房销售价格增幅变动情况

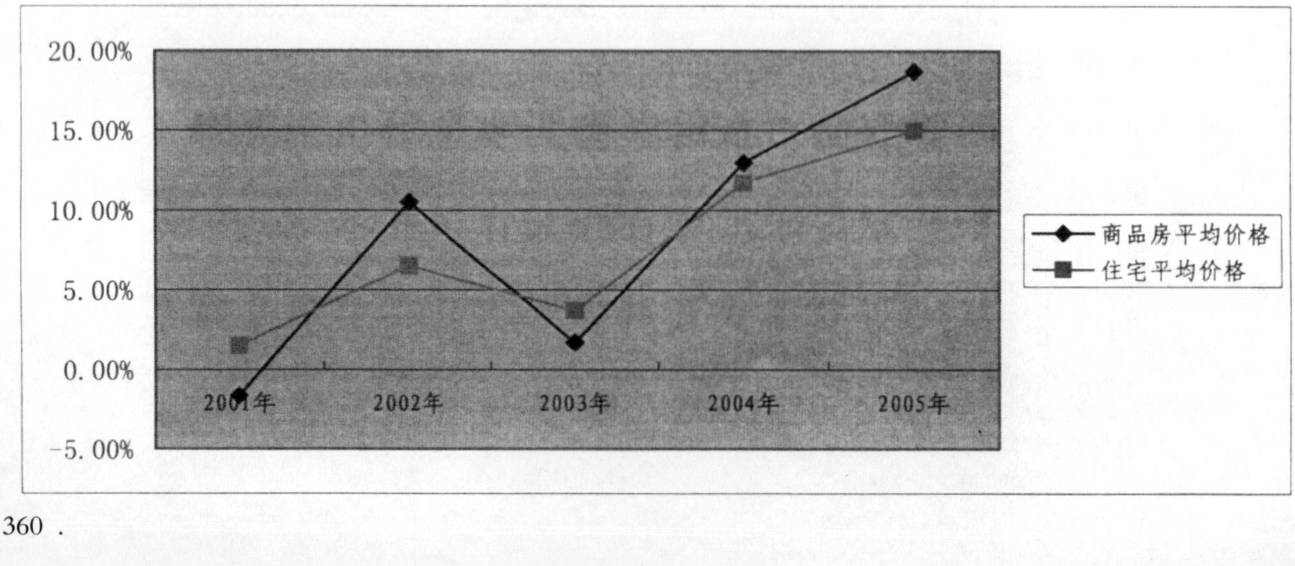

(三)住房二级市场日趋活跃,受宏观政策调控影响较大

我省住房二级市场近年来,尤其是今年日趋活跃。2005年11月,全省存量住房成交面积678万平方米,成交户数56800户,分别比去年同期增长31%和22%,存量住房交易占各类房屋交易面积的比例逐年提高。但受今年国家对房地产市场宏观调控的影响,预计今后相当一段时间住房二级市场的活跃程度将受到较大影响。以郑州市为例,2005年1~6月住房二级市场十分活跃,成交量8123户,72.64万平方米,分别比去年同期增长60.58%和68.41%,尤其是5月二手房交易出现销售高潮,销售面积达16.47万平方米,同比增长127%。主要原因是5月份国家的宏观调控政策作出了对住房交易征收营业税的规定,使得二手房交易量当月明显增加。从7~10月交易情况看,政策效应进一步显现,二手房成交面积和套数直线下滑,单月成交面积下降了6.5万平方米,原来二手房交易市场的火爆场面顿显冷清。随着国家税务总局征收个人所得税政策的推出,预计住房二级市场的交易将进一步受影响。

(四)经济适用住房建设稳步推进,投资增幅逐年减少

我省从1998年开始有计划有组织地实施经济适用房建设,通过采取政府统一开发、委托开发商建设和单位自建等多种形式来加快经济适用房建设。2001年~2005年,全省累计完成经济适用住房开发投资128.61亿元;累计竣工面积1553.72万平方米,其中政府统建252.58万平方米、委托开发671.56万平方米、单位自建629.63万平方米;销售1522.85万平方米,为城镇中低收入家庭提供了15.3万套质优价廉的经济适用房。2005年全省的经济适用住房施工面积418.6万平方米、竣工面积241.44万平方米、竣工面积住房套数20626套、销售面积240.11万平方米、完成投资25.57亿元,经济适用住房均价每平方米在860元~1600元之间,每平方米低于同类型商品住房200~400元左右。由于经济适用房的价格符合广大的城镇中低收入家庭实际消费能力,对改善中低收入家庭住房条件和质量,平抑市场房价,引导房地产市场健康发展等都起到了无可替代的作用。但由于经济适用住房政策不完善以及部分城市片面强调"经营城市"、"以地生财"等原因,经济适用房建设规模呈下降趋势,2001~2005年全省经济适用房竣工面积分别为353.92万平方米、310.98万平方米、270.43万平方米、289.12万平方米、241.44万平方米,占商品住宅竣工面积比例逐年下降,经济适用房市场供应明显不足。(见图三)

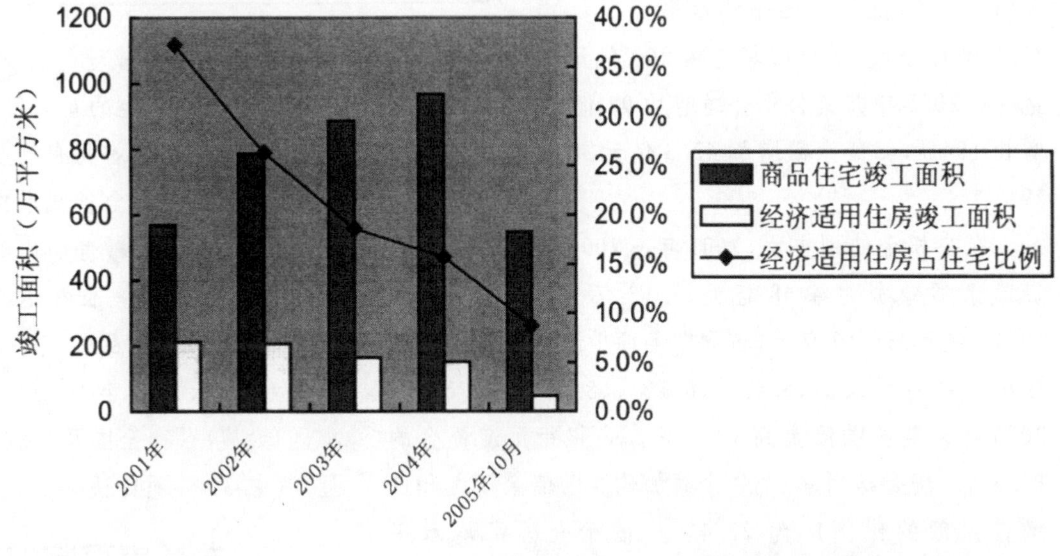

(五)廉租住房制度建设取得进展,但发展不平衡

廉租住房制度作为城镇住房保障的一项重要内容,受到省政府的高度重视,1999年建设部《城镇廉租住房管理办法》下发之后,我省出台的一系列文件中都对建立廉租住房保障制度和落实廉租住房补贴资金等提出了明确的要求。2003年,建设部等五部委《城镇最低收入家庭廉租住房管理办法》下发后,郑州、漯河、新乡、濮阳、焦作等城市根据实际重新修订并完善了本地的廉租住房管理办法。截止2005年底,全省落实廉租住房资金8640.32万元,其中财政拨付155.57万元,住房公积金增值收益划转1226万元,其他来源7258.75万元。享受廉租住房政策城镇职工4567户,购建住房及发放住房补贴资金3118.14万元,其中实物配租599户、购建住房资金2805.53万元,租金配租2090户、发放租金补贴340.17万元,租金减免1718户、减免租金166.62万元。由于对住房保障制度的认识不足,财政拨款资金仅占1.8%,而且多数城市还没有实施这项制度,廉租住房资金量少,保障覆盖面窄,距住房保障的目标还有较大差距。

(六)住房公积金制度进一步完善

住房公积金工作紧紧围绕机构调整、业务发展、监管系统建设、宣传条例等重点工作,各项业务稳步发展。截止2005年底,全省参加住房公积金职工人数238万人,占在岗职工(677万人)的35%,低于全国平均水平23.6个百分点;累计归集总额260亿元,归集余额190亿元。2005年归集公积金净增加94亿元,比去年同期增长104%,归集余额增加42.3亿元,比去年同期增长29%。

在公积金使用方面,2001年~2005年全省公积金贷款余额分别为4.48亿元、7.13亿元、11.22亿元、19.14亿元、31.57亿元,占同期各商业银行自营性个人住房贷款的5.25%、5.45%、6.13%、8.41%、11.58%。2005年末购买国债金额19亿元,占银行沉淀资金的13.3%。资金运用率(个贷余额加购买国债余额之和占缴存余额的比例)为23.4%,低于全国平均水平30.55%(53.95%)。

(七)城市房屋拆迁管理进一步加强

去年以来,我省认真贯彻国家和省关于切实解决城市房屋拆迁问题的指示精神,以强化政策指导、规范拆迁行为、加强信访督查为重点,加大了城市房屋拆迁管理的力度,有效地保障了城市建设的顺利进行,维护了拆迁当事人的合法权益,确保了社会稳定。2004年全省共审批拆迁项目237个,拆迁房屋建筑面积332.8万平方米,动迁居民27393户。拆迁项目、拆迁面积、拆迁户数分别比上年下降36.29%、27.81%、10.22%。今年1~11月,我省18个省辖市共审批拆迁项目240个,拆迁建筑面积300.65万平方米,拆迁户数22771户,拆迁面积、拆迁户数均占全年计划总量的75%。2004年以前的拆迁集体信访案件全部结案,中央联席办、省联席办交办的房屋拆迁信访案件结案率均为98%以上。2005年因拆迁问题到省、部上访批次分别下降27.97%、9.74%。(见图四)

(八)物业管理覆盖面不断扩大

图四:

2004年1月~2005年10月上访情况

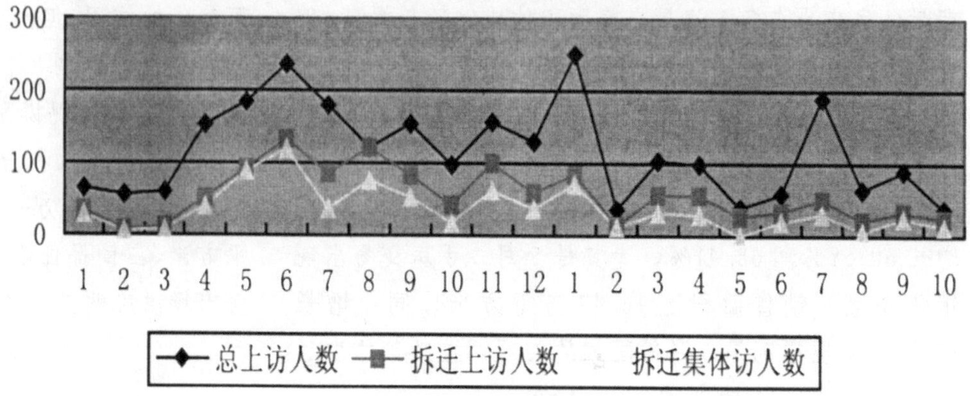

我省的物业管理是在20世纪90年代初随着房地产业的发展而产生的新兴行业,"十五"期间得到了蓬勃发展。目前,全省共有物业管理企业1200多家,从业人员近10万人。全省城市物业管理面积达到1.2亿平方米,物业管理的覆盖面达到35%;其中,5万平方米以上住宅小区520个,面积达4968万平方米。从2001年以来,所有新建商品住宅小区均实行了专业化、社会化的物业管理;1996年到2005年,全省共有213个住宅小区(大厦)获得全国及省级物业管理示范、优秀小区称号,其中34个项目获国家级物业管理示范小区(大厦)。

二、发展中面临的机遇和存在问题

从长远看,我省人多地少、人口继续增长、城镇化进程的加快、经济快速增长、城乡收入差异较重、家庭规模小型化的"六大省情背景"决定了房地产市场存在着明显求大于供的局面。从总体看,今后一段时期,我省房地产业仍然面临着良好的发展机遇,投资和需求将保持较快的发展势头,但随着国家各项宏观调控政策的实施增长幅度会有所放缓。

(一)我省国民经济的增长将支撑房地产市场的稳步发展。按发达国家的经验,人均住房建筑面积在35平方米之前,人均GDP在800美元~1500美元之间,是住宅发展的高速期,我省住宅建设目前正处于这一阶段。省委、省政府《关于加快城镇化进程的决定》,提出了到2020年城镇化水平要达到50%以上,这样每年城镇化水平要增长1.4个百分点以上，每年将新增城镇人口130万左右，按人均住房建筑面积23平方米计算，加上现有城镇居民改善住房条件和旧城改造等因素，每年住宅的需求将在4000万平方米左右，以每平方米建筑造价600元～800元计算，每年的住宅建设投资将达到300亿元以上，我省房地产业有着广阔的市场潜力，将继续保持健康发展的势头。

(二)商品房价格仍将保持平稳上升态势，但增幅将放慢。受宏观调控影响，房地产开发投资增速减缓，商品房供应量减少，但随着居民收入水平的提高，城镇化进程的快速推进，居民对住房需求仍然趋旺。而且土地、建材价格的上涨，房屋拆迁成本的加大，住宅品质的提高等因素，使房地产开发成本加大，将促使房价继续上升。随着国家宏观调控各项政策的逐步落实，对投机性购房有所限制，在一定程度上减弱了居民住房消费能力和有效需求，消费者持币观望心理增加，房价增幅将趋缓。

(三)各地招商引资力度不断加大，房地产业已成为招商引资的重要领域。天津顺驰、上海绿地等一批全国知名企业相继进入，带来了新的开发理念和成熟的经营管理模式，使我省房地产开发水平有了较大的提升。同时随着居民收入水平的提高，住房分配货币化的加快推进，调动居民住房消费的积极性，住房需求将会进一步释放。

(四)物业管理业发展前景广阔。根据我省每年住宅需求，即使其中80%以上的新建住宅实行物业管理，其市场潜力巨大。同时物业管理属于劳动密集型行业，就业容量大，按每1500平方米安排一人进行物业管理，全省每年可以安排就业2万～3万人。目前，我省物业管理吸纳的劳动力中三分之二来自企事业单位下岗分流人员、农村剩余劳动力及部队复转军人等，分别占到全部从业人员的31.7%、17.7%和16.6%，对于缓解农村剩余劳动力向非农产业的转移和产业结构调整中的就业矛盾作出了重要贡献。今后随着住宅建设的持续发展以及旧住宅区实施物业管理范围的不断扩大，物业管理对增加就业仍将起到积极的推动作用。

但是，由于受投资环境、市场环境、政策体制环境和经济发展整体水平的制约，我省住宅与房地产业还存在一些亟待解决的问题。

(一)土地和财政、金融政策调整将对房地产市场供给和需求产生一定影响。国家严格实行土地“招、拍、挂”制度，控制房地产开发项目贷款，提高房地产开发项目资本金比例，治理整顿土地市场秩序，禁止农用地转非农用地，减少了房地产开发用地供应总量和房地产开发资金贷款规模，将减少开发投资规模和新开工面积，进而影响房地产市场的供给。

(二)房屋租赁市场薄弱，管理不到位。房屋租赁市场是我国房地产市场体系的重要组成部分，住房制度改革以来，政府出于刺激消费，促进经济等方面的考虑，优先鼓励并满足有支付能力的居民购房，在政策制定上更偏重于住房买卖市场，对住房租赁市场相对重视不足、支持不够。住房消费中，租赁和购买住房的比例不够合理，住房消费观念中重买轻租，住房租赁市场发展欠发育。主要表现在：一是适应不同需求层次的租赁市场供应体系不完善，尤其是保障型租赁环节比较薄弱；二是租赁行为不规范，租赁双方合同对有关责任约定不明，租赁双方当事人的权益难以得到有效保护，租赁纠纷多；三是一些不符合出租条件的违章建筑被出租，很多违法出租的房屋在质量、消防、卫生等方面存在安全隐患；四是农民自建房出租情况普遍，游离于管理体制之外；五是较高的房屋租赁税收导致“隐性租赁市场”的出现，私下出租或隐租、瞒租的情况非常突出，租赁税收流失严重。

另外，住房租赁市场的管理和服务还不到位。一是管理力量薄弱，管理覆盖面有限；二是各部门之间协调配合较少，没有形成管理合力；三是管理手段落后，一些地方还停留在收费办证的管理层次上，管理方式不能适应形势的变化；四是公共服务的意识和能力不强，各地普遍没有建立统一的租赁交易平台和信息发布机制，没有建立完善的信用体系。

(三)房地产业城乡发展不平衡，县域房地产经济落后。我省是一个农业大省，受经济和社会发展水平的制约，县域经济发展过程中的问题和矛盾比较突出。目前，县域房地产经济落后，城乡房地产市场发展不平衡，是当前我省推进城镇化进程和房地产业进一步发展的制约因素。主要表现为：一是县域房地产规模小，其总量占全省比重很小；二是水平低，零星建设现象普遍，住房规划、设计、施工、管理水平普遍较低，土地和能源浪费现象严重；三是不规范，违反基本建设程序现象，无证开发和销售商品房现象时有发生,物业管理严重滞后;四是县级房地产管理部门人员队伍庞大,素质亟待提高。

(四)房地产投资环境有待进一步改善。一是行政审批环节依然偏多,收费还有待清理。一个房地产开发项目从立项到竣工要经过土地、计划、规划、房管、建设、消防、人防、环保、墙改等大小20多个审批部门,50多个审批环节,一个项目开工前的各类审批,一般需要几个月,有的甚至超过1年,每一个审批环节,多数要缴纳相关费用。有些行政事业性收费标准虽有依据,但标准偏高,脱离我省实际,如人防易地建设费,现调整为按基底面积每平方米1200至1800元,开发企业难以承受。二是垄断性行业服务意识差,强买强卖。房地产开发涉及供水、供电、供气、供暖、电信等垄断性行业,这些行业普遍存在指定设计、施工、指定厂家材料、设备的现象,其收费也明显高出市场价格。一些垄断行业将自身的服务项目、服务内容转嫁给物业管理企业,物业企业既要无偿代收,而且还要承担跑、冒、滴、漏造成的损失,引发了与业主之间的矛盾。三是地方政府转移相应的责任和义务。在住宅小区开发建设中,小区内的配套建设由开发企业承担,小区外的基础设施建设本应由政府承担,但有时政府将本应承担的建设费用转嫁给开发商,如一些小区外的道路,甚至市政管网的建设费用都是开发企业负担,加大了开发企业的成本。

(五)房地产开发企业管理粗放,缺乏竞争能力。一是开发企业规模普遍偏小,竞争力弱,抗风险能力差。全省2493家房地产开发企业中,具有一级资质的仅有11家,二级以上企业仅占企业总数的5.8%。从2005年10月房地产开发完成投资看,全省每个房地产开发企业平均完成投资仅1165万元。二是企业自有资金不足,一些开发项目进展缓慢,有的甚至中途停建。三是近年来房地产发展前景看好,吸引了不少未涉足房地产的企业进入这一领域,从经验、人才、技术和管理上都有待于完善。

三、促进房地产业健康发展的政策措施

房地产业发展对于我省全面建设小康社会,实现"中部崛起"的战略部署有着十分重要的意义。根据省委、省政府关于我省"十一五"的规划建议中提出的"促进房地产业稳定健康发展"的指导思想,在今后工作中要坚持科学发展观,充分尊重市场规律,坚持住房市场化的基本方向,不断完善房地产市场体系;坚持以需求为导向,因地制宜,分类指导,调整供应结构,满足不同收入家庭的住房需求;坚持深化住房制度改革,不断消除影响居民住房消费的体制性和政策性障碍,加快建立和完善住房保障制度;提高和加强宏观管理水平,努力实现房地产市场总量基本平衡、结构基本合理、价格基本稳定。

(一)加强和改善房地产市场宏观调控,保持房地产开发投资平稳增长

一是调整供应结构,增加商品住房有效供给。按照"区别对待、有保有压"的原则,引导房地产开发企业在符合城市规划的前提下,按照市场需求进行开发建设。对于普通商品住房建设,要合理控制土地供应价格,多渠道降低建设成本,使住房价格与大多数居民家庭的住房支付能力相适应;对于经济适用住房建设,要认真落实优惠政策,严格控制建设标准和供应对象,加强检查力度,确保经济适用住房政策的落实;对于危旧住房改造项目,包括"城中村"改造,要制定鼓励政策,支持房地产开发企业投资建设。同时要防止商业用房、高档写字楼和豪华住宅过度开发而造成空置,以免引起我省房地产市场的大起大落。

二是继续做好房地产市场情况分析和监测工作。整合统计资源,掌握基础信息,提高"豫房景气指数"编制水平,引导企业理性投资和住房消费者理性消费。加快房地产市场信息系统建设,在郑州市通过建设部验收和调研的基础上,选择3~5个基础条件好、信息化程度较高的省辖市为试点,争取政府的政策和资金支持,依托房地产管理的各业务系统,将分散于房地产开发、交易、租赁登记备案、权属登记等管理环节的市场信息有机地整合起来,同时纳入与房地产市场发展相关的土地、金融等其他信息,形成全面客观地反映各地房地产市场运行状况的分类、分区域、分结构的房地产信息系统。

三是建立全省房地产市场分析联席会议制度。与省发改委、财政厅、国土资源厅、中国人民银行郑州中心支行、省税务局、省统计局等有关部门和部分开发企业,召开联席会议,制定工作制度,形成有效的协调机制,按季度召开例会,共同分析房地产市场情况,对市场反映出的问题,及时提出解决措施和对策,促进房地产市场健

康发展。

四是加强房地产企业资质管理，完善房地产开发项目审批管理。严格执行房地产开发项目资本金制度、项目手册制度、预售管理制度、竣工综合验收制度，严厉查处房地产市场各种违法违规行为，全面建立房地产企业和执(从)业人员信用档案系统，强化社会监督。通过规范管理和市场选择，优胜劣汰，取消一批无资金、无信誉、无项目的企业。

五是鼓励开发企业做大做强，提高房地产业的现代化水平。支持有资信和品牌优势的企业通过兼并、收购和重组等形式，形成竞争力强的大型企业和企业集团，提高产业集中度。制定和完善住宅产业经济、技术政策，鼓励企业研发和推广先进适用的建筑成套技术、产品和材料，推进住宅技术进步。坚持完善住宅性能认定、住宅产品认证和淘汰制度，保证住宅质量。

(二)活跃房地产市场，调动居民住房消费的积极性

一是积极推行房地产交易与权属登记规范化管理，简化办理要件手续，降低收费标准，严格办事时限，提高办事效率。按建设部推行房地产交易与权属登记规范化管理的部署，制定我省规范化管理实施规划，从2006年起，力争用3~5年的时间，基本实现全省市、县房地产交易与权属登记机构达到规范化管理水平，三分之一的省辖市达到全国规范化管理先进单位水平。通过推行房地产交易与权属登记规范化管理进一步加强信息化建设，建立统一的房地产交易与权属登记业务平台，建立权属登记的图文管理系统，实现以图管房和各类信息的资源共享，进一步提高工作效率。

二是积极培育房屋租赁市场，完善房地产市场体系。首先鼓励私人住房租赁市场的发展。其次应大力发展租赁型经济适用住房。实行“租售并举”或“以租为主、以售为辅”的住房政策。最后应实现集体土地与国有土地上房屋租赁的一体管理，有条件的城市要建设一部分进城务工人员居住小区和集体宿舍(公寓)，为进城务工人员提供适应其负担能力的住房，作为解决进城务工人员住房问题有效途径。

三是发展和完善房地产市场中介服务。积极扶持各类新兴房地产中介形式和服务品种，鼓励开办开展置业担保、房屋租赁代理、房地产评估、房屋置换业务等房地产中介组织，属行政许可项目的，要按法定程序和时限办结相关手续。重点扶持一批有实力、服务规范的中介企业上规模、上水平。全面推行房地产中介服务人员持证上岗制度，建立和完善房地产中介服务执业规则和标准。同时营造良好的市场竞争环境，禁止有关部门推行强制性服务。

(三)城乡统筹，发展县域房地产经济

一是要加强集体土地征地补偿与国有土地上房屋拆迁补偿安置政策衔接问题，集体土地与国有土地上房屋产权管理政策衔接问题，县、乡镇房地产转让、租赁、抵押问题，集体土地上房地产流转管理等问题研究，制定政策，逐步解决。

二是要积极稳妥地推行城乡一体化和集体土地发证工作。积极研究加强村镇房屋权属管理，保护集体土地上房屋所有权人的合法权益的政策措施。按照城乡一体化管理的要求，在不增加农民负担和农民自愿的前提下，开展村镇集体土地上房屋权属登记发证工作。

三是要发挥试点和典型引路作用。选取一些有思路、勇于开拓、面貌明显改善的县级房地产管理部门，在房地产开发、交易、权属、物业管理、综合整治等项工作进行试点，探索县域房地产发展规律，围绕房产做文章，跳出房产求发展，充分发挥县域房地产在发展县域经济，推进城镇化进程，全面建设小康社会中的作用。

(四)完善廉租住房制度，提高住房保障能力

按照国办发[2005]26号文件精神和省政府豫政[2003]29号文件要求，督促各省辖城市尽快制定和完善《城市廉租住房管理办法》，进一步加强对城市“双困”家庭(经济收入及住房困难家庭)的住房保障，在搞好最低收入家庭住房状况调查的基础上，切实落实廉租住房资金，建议把廉租住房制度建设和解决城市“双困”家庭的住房问题纳入对市、县(市)人民政府的工作目标责任管理。改善住房供应结构，加快适合被拆迁居民购买的中低价位、中小户型的普通商品房建设步伐，缓解拆迁安置房屋供应不足的矛盾。

(五)规范城市房屋拆迁管理，促进旧城改造健康发展

一是加快城市房屋拆迁管理规范化进程。完善城市房屋拆迁管理法规制度，重点解决重货币补偿、轻实物安置，被拆迁人对补偿方式选择权缺乏保障、补偿标准普遍偏低、拆迁评估公开透明不够、房屋拆迁单位野蛮拆迁等方面的问题。规范市、县房屋拆迁管理机构及职责,全面实行政、事、企相分离,理顺拆迁管理工作体制。

二是加强房屋拆迁单位及拆迁行为的管理。对拆迁单位资格实施动态管理,坚持拆迁人员持证上岗制度,建立拆迁单位、房屋拆除单位及相关人员信用档案,严格市场准入与清出。进一步加强拆迁人员法制教育、业务培训,提高其依法办事能力。

三是完善拆迁管理工作责任追究制度。加强对拆迁中损害群众利益问题的重点案例的督查力度,依法依纪查处房屋拆迁中的违法违规行为,切实维护群众利益。坚持"属地管理、分级负责,谁主管、谁负责,依法、及时、就地解决问题与疏导教育相结合"的信访工作原则,妥善处理城市房屋拆迁信访案件,切实维护拆迁当事人的合法权益。

(六)加大公积金管理力度,提高公积金覆盖面

一是继续加大公积金条例宣传力度,规范住房公积金管理机构设置,今年完成公积金机构调整,为规范管理提供组织保证。

二是加强行政执法,提高公积金覆盖面和加快个贷业务发展。督促各公积金管理机构认真抓好对公积金行政执法,开展公积金从业人员执法和业务培训,进一步强化归集工作,努力提高住房公积金的覆盖面;简化个人住房贷款业务程序,提高服务质量,加快发展公积金个人住房贷款业务,努力提高公积金中心的资金使用效益。

三是履行监管职责,切实防范公积金风险。制定住房公积金管理中心绩效考核办法,加强对管理中心的绩效考核。认真履行监管职责,开展对省辖市公积金管理中心、分中心执法检查,会同有关部门对检查中发现的问题严肃处理,确保公积金资金的安全和加强风险防范。

(七)加快推进住房分配货币化工作

一是督促指导没有制定出台货币化补贴办法的城市,尽快研究货币化分配制定办法,抓紧提请市政府或住房委员会研究审定,按规定程序进行报批。

二是已开始试点和启动货币化补贴的城市,要抓好补贴资金的落实,做好公有住房售房款的划转,将补贴资金尽快发到职工手中。同时要规范、完善货币化补贴的相关配套办法,保障这项制度的健康发展。

三是根据省政府豫政[2003]29号文件精神和国家有关住房货币化分配的原则,积极探索集资建房、合作建房以及经济适用住房同分配货币化政策相结合的新路子,研究制定加快推进住房货币化补贴的指导意见,实现补贴方式的多样化。

(八)发展和规范物业管理,改善小区居住环境

一是加强物业管理区域业主大会、业主委员会指导监督,着力抓好业主大会和业主委员会的筹建工作,指导全体业主成立业主大会和组建业主委员会,促进业主自我管理、自我约束机制的形成,为推进物业管理市场化,全面实行项目招投标制度创造条件。

二是根据国家发改委和建设部关于物业管理的收费办法,出台物业管理服务标准,完善市场化的物业管理服务收费机制,建立"以质论价、质价相符、合同约定"的服务收费体系。

三是继续通过资质动态管理等手段,加快物业管理市场化、社会化进程,开展旧住宅小区综合整治工作,加大物业管理企业市场信用档案建立力度。

(九)健全法规体系,加强市场监管,规范市场行为

一是加强房地产开发建设行为的监管,落实项目手册备案制度、项目资本金制度、住宅小区交付使用制度,加快完善房地产中介市场规划,规范物业管理,加强服务监督。

二是加强行业立法。积极关注《物权法》对房地产登记机构、登记方式、登记行为、管理模式、法律责任等方面的影响,开展《河南省房产登记条例》立法调研工作;加紧制定完善房屋租赁方面地方法规规章,为活跃房地产市场提供优良环境。

三是继续开展房地产市场专项整治。加强执法检查,查处违法违规开发、合同欺诈、面积缩水、虚假广告和违法中介,优化市场环境。

四是健全房地产信用档案系统,发挥对市场主体失信行为的惩戒作用。继续扩大信用档案系统覆盖面,实现信用档案、企业资质管理、统计信息报送相结合,及时将房地产市场违法违规行为及处理情况计入信用档案,对失信企业进行曝光。

大中华国际实业（深圳）有限公司
Great China International Enterprises (ShenZhen) Co., Ltd

宏明（深圳）木业有限公司

现代城华庭
Living City Modern

能够运作出现代城华庭这样的楼盘，发展商宏明（深圳）木业有限公司到底具备了怎样的素质？

有经验？是的，现代城的核心人物皆具备多年房地产开发的经验，凝结了丰富的跨区域的地产项目营销经验。

有能力？是的，现代城拥有一支高素质的专业队伍，具备团队合作并高效运转的能力.

有实力？是的，现代城具有集结整合行业精英、高瞻远瞩从而引领全局的实力。

有原则？是的，现代城对产品和客户精益求精的态度就是其追求卓越的原则体现。

其实，关注现代城一目了然。

发展商：宏明（深圳）木业有限公司

建筑设计：核工业部第二研究设计院

景观设计：深圳市博建环境艺术设计有限公司

会所设计：香港OLIVER YAU室内设计公司

承建商：深圳泛华工程有限公司

售楼热线：0755-26918888 26933888

现代城华庭

0755-2691888 26933888

中国房地产投资性物业成功开发典范

项目简介

南山，
最悠闲的生活区域

现代城华庭位于深圳市南山区创业路，地处南山商务中心区，与海王大厦仅一路之隔，已形成成熟的商业和居住环境。

除了现有的购物、交通和康体设施，南山区在未来的时间里还将规划大型的购物中心、体育中心、文教设施、高科技产业园区，规建中的西部通道，于2005年建成通车，必将加速本区成为物流、商流、人流枢纽和现代花园海滨城区，成为深圳最具发展潜力的区域之一。

现代城华庭由6座高层建筑沿地块周边布置，总建筑面积达199459.97平方米。建筑紧临南山中心区的繁华商业街道，庭院内实行人车分流，户型分布从一房一厅到五房二厅近20种户型的选择，是南山中心的商业区新一代地标性建筑。

建筑用地面积：17213.9m²
总建筑面积：199459.97m²
住宅：154589.05m²
商业：23298.18m²
地下室：18073.14m²

配套设施

零距离生活

区域的阻隔随着汽车的拥有，交通网络的贯通而日渐消失，健康的环境、完善的设施、成熟的商业环境、浓厚的生活气息和文化氛围形成人们居住的重要指标。

您终可以发现，从南山去到城市的每一处，都无法与过去同日而语。而且拥有无比优越的海景资源。横贯东西的城市干道，高速公路，优厚的自然景观与人文景观，休闲的生活节奏和完善的教育机构，正构建着一个全新的生活领地。

进入园区
家的感觉开始呈现……

除了绿化，园区更多地考虑景观的享受与人的停留，它将融入您的消闲和愉悦中；它能方便您的休憩、娱乐、交流。

景观设计主要有：两侧广场空间、自然山丘、绿化树荫小道及水景、泳池及周围的廊架空间，自然的溪流空间共四部分。它们都将成为您居家空间的延伸，充满着草香、花馨、水声和细语，充满着家的感觉。

物业设施

园区内智能化通讯设施和防护设施的投入，使业主的生活和商务活动得到更全面的技术支持，更是SOHO家庭办公的良好基础。小型电影院成为首例为业主而开设的视听设施；投资拟建的社区医药中心和零售超市，将使生活更便利更完备。

数字化生活

智能化的社区、数字化的生活，社区内宽频接入 Internet，每户 100 兆的信息端口。社区为每户业主提供以现代城为后缀的免费邮箱，您的信息交往，与邻里的网络交流，甚至您的家庭主页，将成为生活中新内容。

周边设施

文化娱乐：南油文化广场、中心区文化中心(规划建设中)、中心区展览馆(规划建设中)、南油影院、中心区信息中心(规划建设中)。**饮食：**海珠城酒店、南油酒店、春满园酒店、麦当劳、中心区宾馆、粤海市场。**银行、邮政电信：**中国工商银行、中国银行、中国农业银行、中国交通银行、南油邮电大楼、中心区邮电（建设中）、南油电信大楼。

一切无须等待

居住在现代城华庭，周边已经成熟的基础配备构筑了现代城无忧生活。银行、教育、医疗、超市、邮政电信、酒店、公共交通、公园等齐备，仿如一个成熟的新家，优越感即刻体现。**商业：**海雅百货、乐安居家居装饰专业市场、儿童世界南山分店、岁宝百货、友谊城百货、人人乐购物广场、沃尔玛超市。**医疗保健：**南油医院、中心区医院(规划建设中)。**教育：**南山幼儿园、贝贝中英文双语幼儿园、卓越国际幼儿园、中心区幼儿园(规划建设中)、南油小学、后海小学、卓越小学、中心区小学(规划建设中)、华明学校、后海中学、卓越中学、中心区第一中学(规划建设中)。

现代城，都市生活的全新方式，现代城所营造的是包含了现实生活的留居地，却可以承载着每个人的寄望。在这里，你完全可以依照你的方式释放着梦寐以求的生活气息，你可以一步一步地实现着你看到的、体会到的、听到的任何生活概念。

你可以是居家的闲适，也可以是 SOHO 的从容和创造力；你可以朝九晚五地出入家门，也可以足不出户地在家中办公；你可以一件一件地添置着家中摆设，可以一份一份地收获创业的成果···

现代城筑就的是都市的迷恋，生活的多样！

从屋到家这一刻，您的灵感，您的梦想，您的见识，您的品味，终于由衷的得到展现。源自内心的各种情结，让空间焕发着与你息息相关的气质，回到家就像回到自己的内心。那是九十九分的从容、惬意、悠然、舒适加上一分热胀冷缩的创意，创意无需大，趣味何其多。

比住多一些格调，家是存在的一种状态，是生活的姿态，是心灵的补给站

当您领到钥匙，打开房门，呈现在您眼前的仍未成家，因为它没有您的灵魂，没有表达您的内心。家的装修一定是要有灵魂的，因为无论是风格、空间、色彩、家具等一切因素。都取决于主人的心意，令家鲜活起来。

在有兴趣有能力追求感觉的年代，追随流行风格当然能提升生活的时尚感。但是家是身心悠闲休憩的处所，也已灵魂的映射，你有什么样的性格气质，自然就会选择与造就相应感觉的家。

会所

无论您是居家，还是 SOHO，会所都将是您接待空间的扩张，它不仅为您提供完备的设施，更为您营造了交流会友的环境，所有的倾诉、沟通、约会、商务和消闲都因此变得幽雅而不刻意；在这样的场所里，一切健身、娱乐、文化设施都是您享受现代城华庭生活的一部分，各种设施、各种情趣、在这里每一处都让您体验到生活的闲情舒适。

内墙：厅、房墙面用水泥砂浆抹平，刮腻子；厨房、卫生间用水泥砂浆抹平拉毛

天花：厅、房墙面用水泥砂浆抹平，刮腻子；厨房、卫生间用水泥砂浆抹平

地面：厅、房为水泥浆抹平；厨房、卫生间、阳台为毛面水泥砂浆

窗户：铝合金窗，配有色玻璃

门：提供入户门

电视：客房及主卧室均设置接口（户型不同略有差异）

保安系统：与物业管理控制中心联网的可视对讲

电器配置：每户安装用户配电箱及开关插座并配置 40W 光源（白炽灯）

煤气：管道煤气安装入户，远程抄表

厨房：预留上下水接口

卫生间：预留上下水接口

电话：每户可申请 2 个号码，客厅、主人房、主卫各设一个电话接口

宽带网：每户预留有宽带网接口（户型不同略有差异）

物业管理

实现低成本、高品质的物业配置是物业管理作为业主管家与您一起经营一个家、尽可能多地减少生活中易耗消费，使硬件设施与

软件服务的性价比最大化。

庭院内实行 24 小时全封闭管理,周密的安防系统与全天候的保安监控,每户安装可视对讲和煤气泄露报警系统。此外,庭院内还设有住户可视对讲系统、闭路电视监控系统、红外线报警系统、门禁系统、停车场智能卡系统、背景音乐系统、保安巡更系统。

第一太平戴维斯·您最贴心的大管家

此次在现代城华庭,发展商宏明(深圳)木业有限公司为给业主更贴心的物业管理服务、让物业更具有保值、升值的潜力,特聘请“第一太平戴维斯”做现代城华庭的物业管理公司,致力于为现代城华庭近 1500 户业主提供最舒心的享受、最优质的服务。

第一太平戴维斯是伦敦交易所上市公司 Savillsplc 的子公司。第一太平戴维斯是全球第一大物业管理机构,其业务遍及全球 20 多个国家。

第一太平戴维斯(FPDSavills)物业管理有限公司在中国提供专业化的物业管理服务,管理的商用和住宅物业面积超过 600 万平方米。如此大规模的物业组合正是第一太平戴维斯(FPDSavills)致力于维护信誉和为有偿服务提供最大价值的回报。不断地评估服务质量标准,确保第一太平戴维斯具有全行业最高的管理服务标准。

规划设计

现代城华庭环境规划在满足领地归属感的同时，还充分考虑整体环境的安全感和秘密性、充分考虑环境的舒适与社区的文化氛围,以及成熟的商业环境。

卓优的规划总会以优越的价值得以体现。

社区内,建筑中央与裙楼架空形成的地面和空中两个空间的园林,为户主提供了足够的观景和休闲空间,使生活领地层次和空间更富变化,之间又通过裙楼的会所和每栋建筑的电梯连接园外,裙楼的商业购物场所与街道共同构建的繁华正是为都市商务区所营造的. 整体规划,一切以您的生活方式为蓝本。

建筑设计

生活中越来越多地需要设计去提升功能以外的要求,建筑作为家的根本,无疑更需要赋予更具魅力的设计,从而让家更为精致,充满格调。

建筑设计令家显得更有品质

建筑平面设计:

A.负一层为大型停车场

B.一至三层群楼主楼部分(1#~5# 楼)为打开间商场,便于大开敞式及灵活间隔的商业用途,一至三层群楼副楼部(6# 楼)为仓库及商场办公用房。

C.四层架空层为空中花园、康乐设施及住宅会所。

D.五层以上为住宅,户型设计有:一室一厅、二室一厅、二室两厅、三室两厅、四室两厅、五室两厅,面积由 43 平方米至 197 平方米,共 22 种户型,满足不同住户的使用需求;1#~5# 楼坐北朝南,房间采光通风较好,6# 楼坐西朝东, 趴式楼层及入户屋顶花园,同样亦极具卖点。

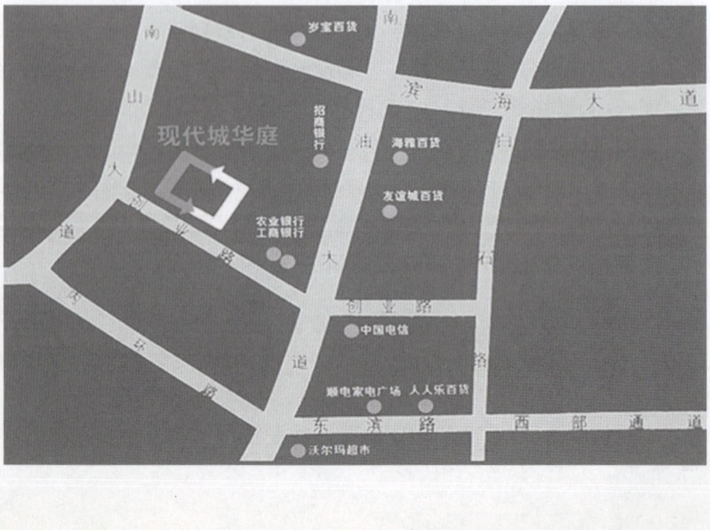

深圳市鸿翔实业有限公司

深圳市鸿翔实业有限公司是经深圳市规划国土局批准，在深圳市工商行政管理局注册的大型集团型企业，其子公司有深圳市半岛房地产开发有限公司、深圳市物业管理公司、广州鸿瑞房地产开发有限公司、广州鸿瑞物业管理公司、广州鸿富华酒家等十几家企业。公司还被评为深圳市第三届守法纳税大户。

公司从“以人为本”的管理理念出发，荟萃了一大批从事房地产开发、建设、经营、管理的高级专业技术人员和高级管理人员。在多年不断探索、发展、完善中，公司已经逐步建立了一整套制度化、科学化的管理体系，通过精心管理，争创品牌，形成了以开发建设为龙头，集市场营销、物业管理、配套服务为一体的综合经济实体。

公司近年成功开发了**鸿瑞欧派名庭、怡苑阁、南粤山区、碧良花园、前海官家和鸿瑞花园**，其中以深圳市“鸿瑞花园”为代表的大型住宅小区，曾荣获建设部“全国城市住宅试点小区”及“十大精品住宅”等多项奖牌。目前，正在开发的深圳市“鸿翔花园”规划目标是要向人们拉开深圳市发展20多年来的老城区新一轮旧城改造的序幕，从而实现深圳市对土地资源的集约型二次开发，向人们展示了按“高起点规划、高标准建设、高效管理”的要求，全面增强可持续发展能力，重塑罗湖整体形象，创建“国际化现代化生态城市”的榜样。

鸿翔•御景东园

纯城生活·荣耀府邸

中国房地产水景园林社区成功开发典范

鸿翔花园（鸿翔·御景东园）雄踞深圳市罗湖区寸土寸金的城市商业旺地，毗邻地王大厦，南靠金融商业区，东接东门老商业区，北望笋岗物流区。周边基础设施完善，生活配套成熟。总占地面积为4.3万平方米，建筑面积为27万平方米，总投资15亿元。该小区属深圳城市繁华核心，闹中取静，与大型生活区园岭小区毗邻，生活和交通十分方便，被称为是罗湖区最后一块黄金宝地。

规划建筑设计特点：

鸿翔花园为21世纪城市居住建筑塑造新形象，本着“以科技为先导，适度超前”的原则，强调住宅的“均好性”理念。以超大空中花园分隔住宅区与商业裙楼区，实现了闹静分离，人车分流，提供了良好的视觉效果和自然通风采光。外形吸收了西方现代住宅的设计手法，虚实对比，简约明快、轻盈通透。户型设计方正、合理、紧凑，大部分设有入户花园、落地玻璃窗和凸窗，使生活更添一份写意。

环境景观设计特点：

鸿翔花园环境景观设计诚邀贝尔高林国际园林设计公司进行精心构思，以“水社区”为主题，通过流水瀑布、流水墙、喷泉、荷花池、小溪、室外玻璃泳池等一系列水景组合，将3万平方米水景园林建筑融为一体。

整个园林设计为市民提供了一般市中心发展罕见的

▲红岭小学

▲红岭中学

▲图书馆

▲深圳大剧院

一体式户外绿化空间，令其置身于大城市的绿洲，在园中的一草一木，一水一石，一鸟一鱼都能触动人们的视、听、味及触觉神经，抚慰市民的心灵，营造出千变万化的生命力，无论何时或任何气候，都可享受多变的绿化水体环境。

园林绿化设计注重植物的种类配置，园区内共有20多种名贵植物，植物种类达100余种，营造出不同季节、不同色彩、不同形态的景观环境。

项目优势展现：

鸿翔花园的开发，有其以下独特的优势：

※区域位置优势及区域基础设施建设完善。

※楼盘品质起点高住宅“均好性”有保值、增值优势。

※水景园林绿化大气环境、水环境、声环境及生态环境要求较高，资源共享优势。

※社区配套完善，人居环境可持续性优势。

※节能系统、智能化网络系统，建设等新技术推广与应用程度高优势。

鸿翔·御景东园地理位置优越，交通便利。周边和小区配套齐全，设施完善，已拥有购物广场、电影院、邮电局、深圳书城、医院、名校、药店、证券、银行、娱乐等生活设施，小区开发近4万平方米的商业面积，也将入住各类名店，小区内拥有3万多平方的超大园林和4500平方米的超大双会所，提供室内恒温泳池、室外大泳池和儿童泳池约1500平方米三泳池，和小区休闲娱乐运动场所，以及3000平方米的幼儿园，使小区生活将成为深圳市都市生活人群的典范居住环境。

鸿翔·御景东园整个项目由华森设计顾问有限公司精心规划，由香港贝尔高林园林设计公司营造环境，整个项目力求演绎**“以科技为先导，适度超前”，富有简洁、明快、精致、完善；富有生活灵气、体现个性、高质素的精品小区**，小区“商住分离，人车分流，闹静分层”，为小区居民营造了都市优秀的居住产品。

在无汽车污染下的连贯式户外空间设计里，静态和动态的户外活动都可在一片无拘束的空间中畅展。在大型康乐会所中设备包括室外及室内游泳池、水力按摩池、游乐场、图书馆、咖啡室等等，全部活动都可在全天候环境下享用。每户在室外空间上的连接也经细心考虑，特显每户在设计上的独特风格。在园景设计中注入现代化三度空间概念，将现有空间扩张并立体化，所花的心思和考虑，全为生活在鸿翔花园里的居民有如活在现代艺术精品之中。

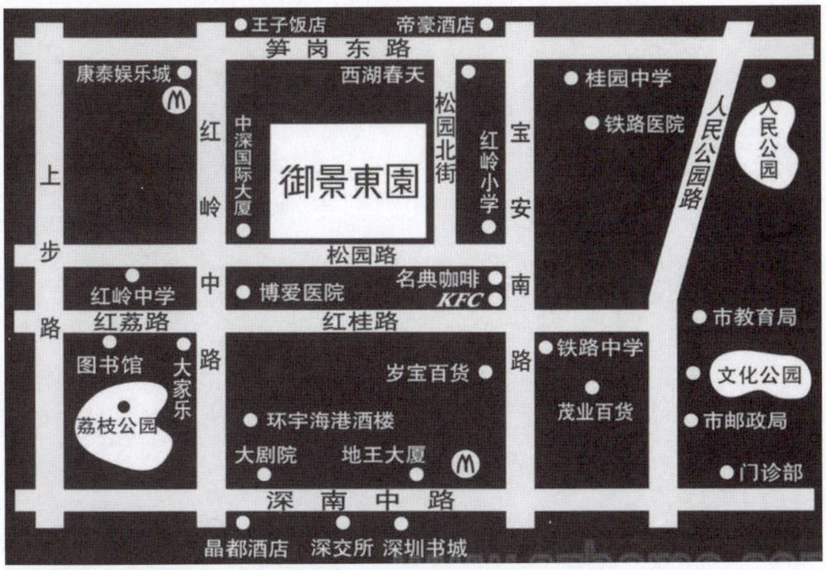

26万平方米大社区

◎超大空中花园分隔住宅与商业裙楼，闹静分离，提供良好视线与通风；

◎3800平方米荷花池、瀑布、叠水、喷泉及跳泉，水声阵阵，流水潺潺；

◎恒温泳池、透明泳池及儿童泳池，各具特色，带给生活一夏的清凉；

◎社区实行人车分流，地下两层停车场。

独有水景步行国际街区

◎200米商业步行街，国际风范，大师演绎；

◎1000平方米特色水景，为城市注入一股清新与灵动。

3万平方米水景空中园林，2004年贝尔高林首席水主题社区

◎结合中国传统“闹中取静”的园林理念，整体感觉清新自然；

◎局部穿插挑台垂直绿化，高低错落，变化丰富，移步换景；

◎1200平方米恒温泳池、透明泳池及儿童泳池，满足不同需要；

◎荷花池、瀑布、叠水、喷泉及跳泉交相辉映，竞相媲美。

30万平方米生态荔枝公园

◎紧临30万平方米超大城市绿肺——荔枝公园；

◎各具特色的公园景点动静变幻，在闹市中营造一方净土；

◎园中晨练、傍晚散步，感受亿万氧分子的亲抚；

◎坐享城市罕有超大生态系统，假日休闲从容便利。

首创三大特色泳池

◎罗湖罕有430平方米室内恒温泳池，尊贵气派；

◎全城首创540平方米透明泳池，匠心独运；

◎220平方米儿童泳池，为孩子提供健康的嬉戏之所。

鸿翔花园

中国国际花园社区

2004年深圳十大住宅新星

2004年深圳市民最喜爱的楼盘

2004年深圳最具投资价值楼盘，最具投资价值豪宅

中国房地产水景园林成功开发典范

售楼热线：0755-25588888
25599999

效果图

深圳市天健房地产开发实业有限公司，成立于1988年6月，是集土地开发、商品房经营、房屋租赁和物业管理一体的房地产综合开发企业，注册资本人民币1亿元，公司资质等级为国家一级房地产开发企业。

多年来，公司各项经济指标以成倍的速度递增，业绩骄人，效益显著，社会信誉良好，截止2003年底，公司拥有总资产9.6亿元，净资产1.4亿多元。

公司成立16年来，始终坚持**靠改革增活力，靠质量保信誉，靠科学促发展，靠管理求效益的经营方针**，成功地开发了**香蜜新村、香蜜二村、香蜜三村、龙岗天健花园、景田天健花园、天然居、阳光华苑、天健世纪花园**等大型房地产项目。目前，正在开发的项目有**天健·郡城、天健·时尚新天地**及长沙市最大的房地产开发项目**天健·芙蓉盛世**等。

服务社会、服务大众是公司坚持的基本准则。在从事房地产开发的同时，公司充分利用管理、资金和人才优势，参与其他工程项目建设，先后开发建设和管理了景田综合市场、鲁班大厦、天健公寓、高科技工业村单身公寓、天健公司住宅小区、天健公司工业区、龙岗区龙溪河治理工程等大型工程项目，代建了莲花北小学等五所学校、景田北幼儿园等四个幼儿园。同时，以“企业管理、垫资开发、以地补偿”的模式完成了深圳市景田综合区2.73平方公里、深圳市高科技工业村1.8平方公里和龙岗中心城0.68平方公里七通一平工程，为加快城市开发和福田、龙岗新市区的建设闯出了新路。

公司坚持立足深圳、面向全国的经营策略。先后在中山、珠海、海南、长沙等地拓展房地产业务。公司各项事业获得了长足发展，跻身为深圳市房地产企业综合实力前列，取得了良好的经济效益。公司的企业形象和社会信誉不断提高。连续几年被评为**资信等级AAA级信用企业、深圳市纳税大户称号**及**“重合同、守信用”**企业。2004年7月，公司荣获建设部颁发的房地产开发一级企业资质证书。

公司将坚持**“一丝不苟、全力以赴”**的企业文化精神，狠抓管理，苦练内功，不断提高企业素质，为社会大众提供良好的服务，努力为特区发展和我国房地产开发产业的发展作出更大的贡献。

TONGE

深圳市天健房地产开发实业有限公司

地址：深圳市红荔西路鲁班大厦29～30楼

电话：0755-83541761　　邮编：518034

天健郡城，深圳十大明星楼盘。位于深圳龙岗中心区天然至高点，簇拥龙岗中心城繁华生活配套，繁华与宁静尽揽胸怀。郡城总用地面积5.7万平方米，建筑面积15.8万平方米，容积率2.5。

15栋极富现代感的小高层建筑气势恢宏，于中心城高华地脉卓然而立，融入龙岗人居文化内蕴。方正大宅，空间开扬，户户主卧坐北面南，营造优越阳光居所。精雕细琢的选材用料，于龙岗中心区开启尊贵府邸生活。

天健·郡城 中国房地产成功开发典范

天健花园位于深圳市龙岗区中心城9区、龙岗中心城2#商住小区，与已建成的天健花园（一、二期）住宅小区相接，小区北靠120米宽的龙平大道，东面紧临80米宽的龙城大道，南和西各有50米宽的24#路和19#路次干道，交通网络四通八达。天健花园紧靠龙岗区政府，位置优越，升值潜力极大。

规划占地面积10万平方米，总建筑面积20多万平方米。整个小区由32栋多层商住楼组成。项目分一、二、三期进行开发建设。

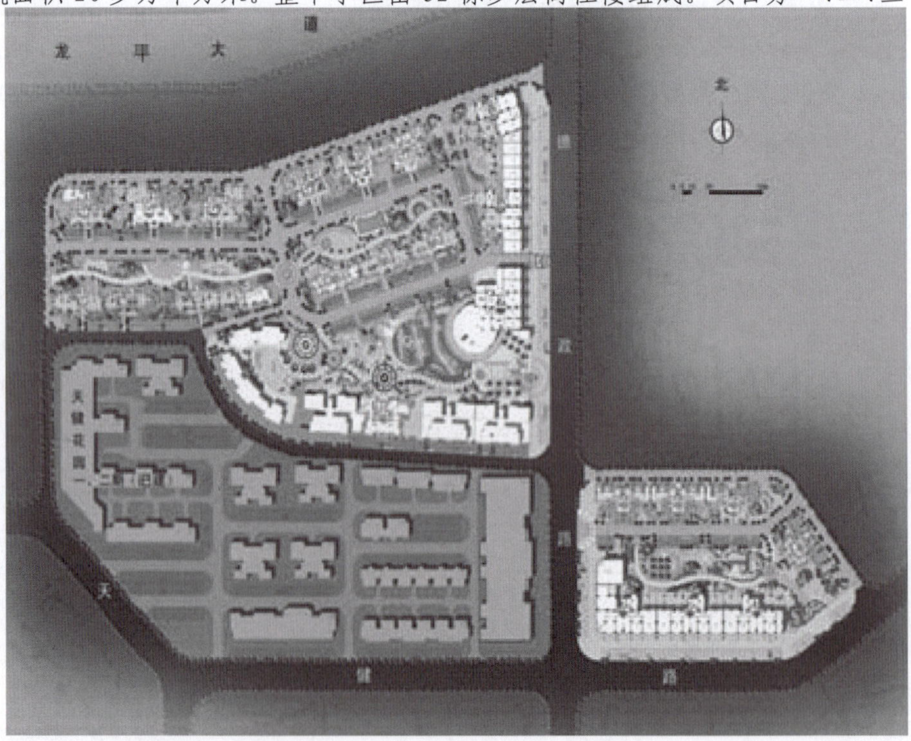

规模社区，中央翘楚

占地面积：57733.11m^2
总建筑面积：158195.41m^2
计容积率建筑面积：138546.67m^2
其中：住宅：129353.42m^2
商业：3748.492m^2
幼儿园：3518.04m^2
配套设施：1926.726m^2
核增面积：6073.748m^2
地下室面积：13575m^2
建筑覆盖率：25.97%
绿地率：29.6%
容积率：2.398
绿化率：43.6%
核增容积率：0.100
停车位：688辆(其中：地下273辆 地上415辆)

三期小区共有15栋楼，分小高层和高层，均带电梯，一梯两户或一梯四户。

30000平方米风情园林 都市奢侈享受

田园般的诗意栖居，在城市已是遥不可及，在天健●郡城，梦想唾手可得。30000平方米的绿化庭园，依照“整体景观渗透”的现代设计理念，结合开阔的中轴线及底层架空设计，合理安排景观层次，构造情趣各异又风格和谐统一的极致美景。连廊、椰树、小品、泳池点缀在万绿丛中，是生活的奢侈享受，更是豪气。

优越空间 都市院落私宅

——户户180度南北对流设计，方正通透

——特设私家入户花园，进门的温馨问候

——270度弧形窗，观览开扬景观

——270度凸窗，三面采光

——超宽大阳台，感受放松舒适

——688个车位，超前规划

专属会所 赋予生活闲适境界

豪华住户会所面积达1400平方米，设有雍容华贵之酒吧、咖啡座、商务吧，近800平方米的户外中心泳池碧波荡漾，还有棋牌室、乒乓球、桌球室，书吧及小型网吧（阅览室）、健身室，休闲生活多姿多彩。充分满足工作与休闲双重需要，于国际商务视野与悠闲生活之间搭建平衡的极致。

名校教育 超越总在起步时

郡城自建3500㎡国际双语幼儿园，并紧邻政府规划占地近30000㎡高级学校，整合实现国际双语幼儿园→清林小学→北师大中学的链接式品牌教育。社区之内全力营造纯净学习氛围，沟通、共享、成长，成就未来精英。

天健●郡城毗邻龙岗区政府与龙城广场，悠闲之余，可以和世贸百货的史努比探讨快乐，可以和万佳的水果交流美容心得，可以去天虹了解今夏最新流行色，可以去新华书店与杜拉斯谈谈恋爱，可以去银行、邮局、医院近在咫尺，生活方式，自由切换生活的优雅与尊贵。

私人管家式服务 缔造典范

天健●郡城，由国内首家同时通过三项体系认证（ISO9001质量管理体系、ISO4001环境管理体系、OHSASI8001健康职业安全管理体系）的天健物业管理公司，担任物业管理；高专业、高标准的全方位管家，使您24小时沉浸于私人管家式的尊荣服务之中。

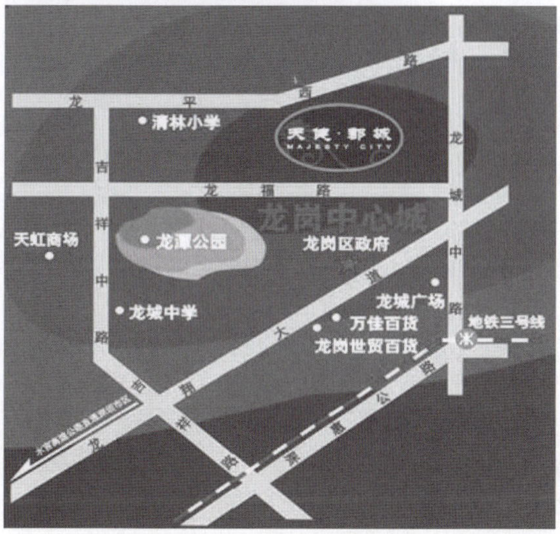

融入大深圳版图 价值无限

位于深圳市龙岗中心城核心地段，连接龙岗中心城的交通大动脉——龙翔大道、龙城大道、龙平西路。

近邻全长32.9公里的地铁三号线，跨越特区关内外，融入大深圳版图。

329、351、358、365、654、832、810、943、361、661、812、839等几十路大、中巴士穿梭深圳各处，通达罗湖火车站、皇岗口岸、蛇口港、国际机场等交通枢纽。

郡城专线：0755-28983939（12线）

地址：深圳市龙岗区龙福路与龙平西路之间

深圳市志健实业有限公司

深圳市志健实业有限公司位于龙岗区横岗街道上围新村。公司于1998年3月经深圳市工商行政管理局批准成立为有限责任公司，法定代表人：郑健明。注册资金：由最初成立时的100万元增至今注册资金为1100万元人民币；企业经营范围：主营为房地产开发经营，兼营：自有物业管理、国内商业、物资供销业。

公司本着诚信经营的宗旨，近年来发展迅速，资金运作情况良好；固定资产约5000万元，其中：11栋物业评估价值2000万元，其他固定资产3000万元，资产结构合理。由于重合同守信用，公司历年来得到各级政府主管部门的好评，是龙岗区重点扶持的民营企业之一。

公司本着以人为本的原则，现有员工100余人，大专以上学历占员工比例80%以上，其中具有高级技术职称3人，中级技术职称16人，初级技术职称22人，公司办公设施现代化，有一整套先进的经营管理模式。从硬件与软件上均达到同类企业的先进水平。

作为房地产开发企业，公司拥有大量地理位置优越的土地储备。其中：位于横岗镇深惠路与四联路、茂盛路交汇处编号为G08214-0199的地块，建设用地面积为24891.7平方米，已一次性付清土地出让金及前期拆迁费用；位于横岗鎮228工业区内的编号为G08101-5的地块，建设用地面积为59516.60平方米，已一次性付清土地使用权出让金及市政配套设施金。

公司目前的开发项目是“志健时代广场”，该项目位于深圳市龙岗区横岗镇深惠公路与四联路、茂盛路的交汇南侧，编号为：G08214-0199的地块，建设用地面积：24891.70平方米，总建筑面积：166234.50平方米。其中：1～5层为商业裙楼，面积63000平方米；6～30层为住宅，面积66000平方米，地下室：36053平方米，拥有机动车泊车位560辆。项目总投资约：5.3亿元人民币。

“志健时代广场”是横岗镇重要的旧城改造项目之一，它位于横岗中心区域，商业面积达6.3万平方米，商业产权长达70年，是横岗规模最大，独栋楼宇最高的项目，也是政府重点扶持的横岗镇标志性建筑物。它有横岗老商业街为基础，周边配套完善，交通发达，商业气氛浓厚，是横岗镇商业的黄金地段，其商业增值潜力巨大。该项目规模庞大，设计新颖，由四座联体塔楼和五层商铺构成，并有1万平方米的空中花园，是横岗史无前例的标志性、划时代性的建筑物。它是集休闲、娱乐、购物、美食等为一体的商住大厦，此标志性建筑的建成，将是深圳后花园的一颗璀璨的明珠。这些得天独厚的地理优势，众多投资者对它都很青睐。

志健的战略规划是：

横岗本土企业创造横岗经济奇迹！

志健作为根植于横岗的民营企业，对横岗房地产市场的理解与众不同。在各大品牌地产商屯兵横岗之际，志健以自己对横岗商业的独特理解，适时推出志健时代广场项目，打造横岗地产传奇。

志健的目标是：打造志健地产品牌，颠覆横岗商业格局。

公司采用先进的管理体制，在启动该项目前已有十几年的房地产施工经营基础，拥有一支高技术的专业管理人才队伍，在开发过程中不仅能有效的控制开发成本，而且能把好质量关。

公司努力将“志健时代广场”建成横岗片区的标志性建筑，从而树立志健公司的房地产品牌形象。

深东时代 志健主场

TIMES PLAZA
志健時代廣場

志健时代广场

中国房地产成功开发典范

●高达 99.87 米 ●地铁出口 ●130000m² 超大规模 ●50000m² 中心卖场 ●13000m² 商业步街 ●63000m² 主题公寓 ●吃、喝、玩、乐、游一体化 ●势必成为深东时代消费焦点与生活主场

时代热线：0755-28635888（18 线）28636368 开发商：深圳市志健实业有限公司

志健时代广场位于深圳市龙岗区横岗街道深惠公路与四联路、茂盛路的交汇处南侧，编号为G08214-0199的地块，建设用地面积：24891.70m²，总建筑面积：166234.50m²，其中1～5层为商业裙楼，面积：63000m²，6～30层为住宅，面积66000m²；两层地下室：36053m²，拥有机动车泊车位560个，项目总投资约4.5亿元人民币，预计2006年10月份竣工并交付使用。

志健时代广场是横岗街道重要的旧城改造项目之一，它位于横岗中心区域，商业建筑面积达6.3万平方米，商业产权使用期长达70年，是横岗规模最大，独栋楼宇最高的项目，也是政府重点扶持的横岗镇标志性建筑物。它以横岗老商业街为基础，周边市政配套完善，交通便捷，商业气氛浓厚，是横岗镇商业贸易不可多得的黄金地段，其商业增值潜力巨大。该项目规模庞大，设计新颖，由两座双联体塔楼和五层商业群楼组成，并有1万平方米的空中花园，是横岗史无前例的标志性、划时代性的建筑物，它是集购物、休闲、娱乐、美食等为一体的商住大厦，志健时代广场的建成，将是深圳后花园的一颗璀璨的明珠，这些得天独厚的地理优势和商业氛围便是众多有识投资者青睐之处。

公司采用先进的管理体制，在启动该项目前已有十多年房地产施工的经营基础，拥有一支高素质的房地产精英管理人才和专业齐全的工程技术管理人才队伍，在开发过程中不仅能有效的控制开发成本，而且能把好工程质量关。

技术经济指标

总用地面积：24891.7m²
总建筑面积：164943.91m²
其中：计容积率建筑面积：131101.9m²
商业面积：62988.8m²
住宅面积：65989.0m²
居委会面积：100.0m²
社康中心面积：122.75m²
配套设施面积：1212.5m²
核增建筑面积：688.86m²
不计容积率建筑面积：33842.0m²（地下室）
建筑占地面积：13442.0m²
容积率：5.26
覆盖率：54.0%
绿化率：15.0%
停车位：560辆
总户数：828户

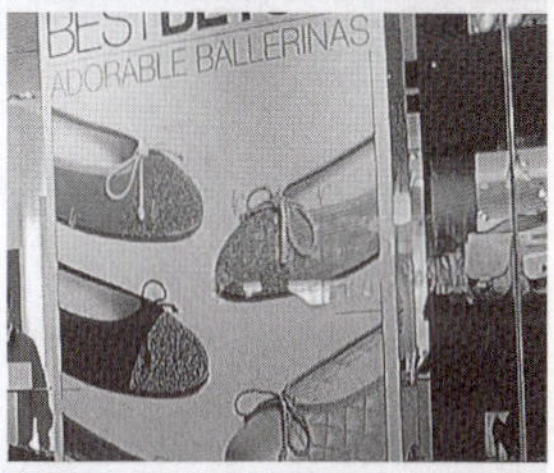

深圳市东部开发(集团)有限公司

深圳市东部开发(集团)有限公司是一家大型综合性企业集团,主要经营业务包括:土地和房产开发、工程总承包、建筑施工与装饰、建筑材料、工程监理、物业管理,以及浓缩果汁系列产品、橡胶地板生产等高新工业。集团属下控股及拥有控制权的企业15家,其中深圳上市公司1家。公司注册资本2.5亿元,总资产45亿元,净资产10亿元,连续7年实现盈利过亿元。拥有深圳户籍员工2200人,从业人员总数达1万人左右。各类专业技术人员700余人,其中博士、硕士57人、高工78人。公司具有国家一级房地产综合开发资质、一级建筑施工总承包资质、一级市政工程施工总承包资质、一级机电安装工程施工总承包资质、一级物业管理资质,国家装饰设计施工、消防设计施工双甲资质、建设监理甲级资质等多项一级资质。

公司成立近20年来,始终奉行谨慎务实、稳中求进的经营原则,在深圳特区与国内城市的建设与发展中,不断成长壮大,经营能力逐步增强,经济效益稳步上升。公司主要开发建设的房地产项目包括:深圳高新技术园生活区、东景花园、鹏城花园、麒麟花园、金桃园大厦、雨田大厦、时代华庭、润裕苑、鑫竹苑、苏州富达都市e站、惠阳锦绣豪苑、怡然天地、都市阳光名苑、瑞河耶纳、翰岭院、悠然天地、英郡年华等。先后施工的项目有:深圳万科四季花城、新亚洲花园、开元大厦、彩世界家园以及深圳福田中心区“七通一平”、深圳高新技术园北区“七通一平”、梧桐山隧道、深圳湾填海、深圳地铁等大型建筑和市政工程。公司建筑施工和总承包的各类工业与民用项目遍布全国10多个城市,98%为优良工程,多项工程项目荣获建设部及省市优良工程称号,并多次获得国家建筑业鲁班奖。在工业方面:浓缩果汁年生产出口8万吨以上,创汇5000万美元以上,企业产能名列国内同行业五强,获得农业部“农业产业化国家重点龙头企业”称号;橡胶地板的生产规模和产品质量均处国内首位。

公司于2003年完成了企业经营者员工全员持股改制,经过1年多的运作,外强品牌,内强素质,提升管理,凝聚队伍,管理体制和经营机制得到根本转换,主要经济指标同比增长30%左右,企业步入健康持续快速发展的轨道。特别是房地产业,2004年公司在房地产业中坚持实施“一流规划设计、一流建设质量、一流营销服务、一流物业管理”的品牌战略,抢抓机遇,团结拼搏,严格管理,通过瑞河耶纳、悠然天地、翰岭院、苏州富达等重点项目的集中运作,联动阳光名苑、金桃园大厦、雨田大厦等其他项目,共计建筑面积80万平方米,开创了公司房地产开发历史上年度开发项目最多、规模最大、品种和档次最为齐全、销售最为火爆的新局面,使东部集团在深圳房地产业界名利双收。其中:

瑞河耶纳项目荣获“联合国环境规划署2004(中国地区)国际花园社区”特别综合奖、“深圳市2004十大新人居”奖、“深圳2004健康环保社区”、“2004中国深圳十大建筑设计创新楼盘”奖;翰岭院和悠然天地项目均荣获了由2004中国(深圳)精品住宅交易会组委会颁发的“深圳市十大健康休闲社区”奖,这些奖项的获得,使“东部集团地产”的品牌在深圳名声大振,家喻户晓。苏州富达大厦则被苏州市建设主管部门评为文明工地,并组织驻苏州的施工、监理、建设单位参观学习。

展望未来,公司将立足深圳,面向国内外,广泛参与市场竞争,全面提升企业管理,精心培育核心竞争力,加快体制、机制、技术、管理、制度和文化创新,形成主次分明、多元化、跨地域发展的格局,稳步发展房地产开发、施工总承包等基础行业的同时,重点发展基础设施产业和高新、环保、创汇工业产品等新兴业务,在创新与发展中,追求卓越,展现东部名牌精品,建设新型的现代化、国际化企业集团。

中国房地产高尚住区成功开发典范

英郡年华

开发商:宝实达置业发展(深圳)有限公司

地址:深圳市龙岗区布吉深惠公路旁

售楼热线:0755-89962888

在英郡年华,16栋建筑与山体同脉,围而不合地存在于社区之中。为保留山体原貌,建筑设计师将小区南边的山体合而为一,突出表现小区内外山体的融合和一体化,凸显了健康、自然的人文开发理念。

与此同时,因为考虑到景观问题,设计师将建筑下方定为商业和架空层,既能够满足业主日常生活的需求,又开辟出了一块专属于业主的活动空间,与主园林交相呼应,并最大限度地保证了每一户都能享受到开阔视野。

可参与的原生态山体——开门见山,原生态山体伸入小区组团内院,与楼体相接,成为真正可参与的山体,从根本区别于其它社区山体生活。

隔绝喧嚣的入口街道——打通一条长180米的街道,与深惠路相通,与喧哗相隔,打造从容独立的红茶时区。

成熟住宅的管理模式——借鉴国外成熟住区的管理模式,设计环形"景观环道节点",入口空间有序,下午茶闲适不被打扰。

"英郡年华"项目位于深圳市龙岗区布吉镇,由16栋18-33层的高层住宅围合而成,项目总用地面积55611平方米,容积率3.41,总建筑面积233454平方米,其中住宅179815平方米、商业8197平方米、会所1700平方米、其他43742平方米。

"英郡年华"项目紧邻深圳地铁三号线及深惠公路,交通十分便利。小区内拥有布吉惟一的5万平方米复式山水园林,建有游泳池、网球场、老人及儿童活动中心、迷你高尔夫等设施,独享10万平方米私家山林后花园,同时"英郡年华"小区自有8000平方米商业连廊,宁静与便利兼得。

"英郡年华"是一个以欧式风格为主的,富有英伦风情与生活格调的住宅小区,小区内标志性建筑——伦敦大笨钟由外籍设计大师精心打造。小区内无论建筑立面、钟楼造型还是园林、雕塑等均烘托出小区的英式风情,社区景观环境不仅具有休闲性还有很强的观赏性。

"英郡年华"由实力雄厚、信誉卓著的深圳市东部开发(集团)有限公司与香港宝实达贸易(深圳)有限公司合作开发,"东部集团地产"的品牌极大地提升了"英郡年华"项目的知名度。

• 鸟瞰图 A—01

深圳市益田房地产集团股份有限公司

深圳市益田房地产集团股份有限公司,前身是深圳市益田房地产开发有限公司,成立于1996年2月15日,目前已发展成为一个以房地产开发为核心业务,以物业管理、物流、实业投资等业务为辅业的集团股份公司。

"铸树精品,创新无限"是益田的经营理念。从"益田花园"首创欧陆风格到"共和世家"经典的建筑立面,从拍下深圳市土地拍卖开槌的第一块土地到深圳第一个超大型半岛物业的开发,从"体验式"营销模式的首创到"国际街区生活"模式的倡导,创新理念被极致地发挥到产品、市场、营销等各个领域。益田品牌凭借创新得到了越来越多的认同。

益田的管理崇尚科学化、规范化和透明化。集团构造了一套科学而符合公司实际需要的管理体系,组织结构严格按照股份制企业的组织架构设置,实行集团化的经营管理。根据多项目同时开发的业务形态,公司遵循强强联合、优势互补、规避风险的发展策略,采用了高效、灵活的项目制管理方式,建立了良好的KPI绩效考核体系。

历经9年探索和实践,集团现拥有多家控股子公司,总资产14亿元,净资产3.5亿元,累计纳税近1亿元,取得了良好的经济效益和社会效益,并以诚信树立了良好的品牌形象。2001年3月,公司完成股份制改造,2004年7月,公司正式更名为集团公司。根据集团制定的新战略,集团正在建立以深圳、北京为中心,向华东、华南、华北进行区域扩张的战略格局,通过加快复合型商业地产的开发,力争树立全国最具影响力的商业地产品牌,进而成为全国一流的房地产综合开发企业。

战略愿景

他们的战略目标是:

通过加快复合型商业地产的开发,树立全国最具影响力的商业地产品牌,进而成为全国一流的房地产综合开发企业。

企业文化

[企业宗旨]服务社会,实现企业、客户利益最大化

他们致力于成为一家可持续发展的企业,以人为本,全方位创新,培育公司核心竞争力,在充分考虑客户利益的基础上,实现企业长期利益的最大化,并不断增加对社会发展的贡献,为社会创造价值。

[经营理念]铸树精品 创新无限

他们的创新是全方位、综合的、将永久持续下去的,他们的创新注重细节,关注过程。从理念创新、组织创新到管理创新、技术创新,他们奉献的精品全面呈现了企业的创新能力。

[企业精神]诚信 敬业 务实 进取

诚信:公司重合同、守信用,员工忠于企业,真诚待人

敬业:以公司利益为最高利益,忠于职守,尽心尽力,兼顾效率与效益

务实:脚踏实地、实事求是,敢于揭示问题与矛盾,并采取积极措施解决

进取:开拓、拼搏、学习、创新,勇于否定自我,超越自我,超越同行

开发项目

1996年 益田花园——首开国内欧陆风格豪宅之先河
建设部"全国物业管理优秀小区"

1998年 益田名园——率先架空绿化的庭院式豪宅典范

2000年 共和世家——倡导健康、绿色的生态家园
建设部"全国城市住宅优秀示范小区"

2002年 银座公寓——引领口岸物业投资风潮

2003年 假日湾——首创体验式营销模式
2003深圳二十大风云楼盘

2004年 假日广场——中国最具体验特色的国际购物中心

2004年 半岛城邦——南中国海100万m^2首席进海社区

前景瞻望

经二十年的发展,中国房地产已进入一个大整合的时代。踏着时代的强劲足音,关于益田花园关于欧陆风情已然成为属于"前益田时代"的史话,随着"世界系列"项目大幕的开启,益田的发展掀开新的一页,进入了一个更加恢弘壮阔的"后益田时代"。

凭借假日世界、半岛世界、星光世界三大主题项目,益田地产屯兵深圳,兵临皇城,南北策动,布阵中国。在"做中国一流房地产综合开发企业"的愿景指引下,益田正迎来一个大气磅礴的发展新时代。

接轨国际综合体 打造城市新名片

益田假日广场

中国（深圳）地产标志性建筑成功开发典范

深圳第一钻石地段

益田假日广场位于华侨城核心地段，东临五星级威尼斯酒店，南倚中国著名主题公园世界之窗，北靠欢乐谷主题公园，西望两大国际标准高尔夫球场。远眺美丽的深圳湾，地理位置极其优越。

因为紧临深圳市城市主干道深南大道，这里拥有发达便捷的立体交通网络，地面有数十条公交线路通达全市，地下三层设有豪华巴士站。地铁1、2号线在此交汇并直接与假日广场无缝接驳，假日广场因此成为深圳惟一拥有双地铁站厅的上盖物业。深圳地铁将与香港地铁相连，地铁人流量在未来的2~3年内，将由初期的60万上升至200万，假日广场商机无限。

假日广场还拥有稀缺的双口岸优势，前往中国最大的货运陆路口岸皇港口岸和贯通深港的中国惟一的、一地两检制的过境跨海大桥，车程均不超过20分钟，出入境方便自如。

深圳第一国际化综合体

建筑综合体是城市化进程的产物，是国际化大都市发展的标志和方向之一，很多知名的国际化大都市都存在这样的综合体，如纽约的洛克菲勒中心、东京的阳光城、悉尼的女王大厦等，这些综合体都以自己独特的方式，树立着城市的形象与品牌。

假日广场占地面积2.03万平方米，总建筑面积13万平方米，其中商业面积8万平方米，公寓酒店2万平方米，生态写字楼1万平方米，地下停车场2万平方米，它是一个按照国际标准建造的、集商业、公寓、写字楼于一体的建筑综合体，主要包括中国最具体验特色的国际化购物中心，购物中心融国际购物、国际美食、国际休闲、国际影院于一体，突出主题特色和文化氛围。公寓式酒店由国际知名品牌酒店管理公司运营；顶级生态写字楼按照国际生态标准打造。

假日广场由全球著名的设计公司美国GENSLER担纲设计，外观酷似一艘豪华游轮，造型精美别致，线条简捷明朗，风格优雅大方。以稀缺的景观资源为依托，采用全新的设计理念打造的生态式休闲广场成为都市人陶冶性情的最佳选择。假日广场也成为融人文景观与现代建筑艺术为一体的深圳新地标，成为国际化花园城市景观的重要组成部分。假日广场引发的“中益现象”已经引起了深圳媒体的强烈关注，广东省委常委、深圳市长李鸿忠对“中益现象”给予高度评价。

“三驾马车”构筑第一升值潜力

商业、公寓、写字楼以其各自的特色，成为构筑假日广场上升通道的“三架马车”。

深圳第一体验式商业品牌

假日广场品牌专卖店和旗舰店定位中高档，通过规划与招商，深化表现主题，突出品牌的体验特色和差异。其中，百货、超市突出国际、时尚、精品、休闲的特点；专卖店表现国际、新颖、惟一、旗舰、首家的形象；餐饮美食讲究规模、多国、地道、纯粹的风味；运动、娱乐引领新颖、奇特、概念、动感的潮流。各个部分互相映衬，相得益彰。

深圳第一公寓酒店

假日广场创新公寓拥有居家的格局和良好的居住功能，客房包括客厅、卧室、厨房和卫生间，并配有全套的家具电器。配套设施齐全包括会所、健身房、泳池、SPA等。

这里完全按照国际标准倾力铸造。它拥有尊贵的入户大堂、挺拔现代的外立面、豪华舒适的内部装修，所有的装饰材料都采用国际先进的生态环保技术，并且引进国际一流的酒店管理公司，提供尊贵、周到、舒心的服务，每一个细节都是人性化的完美体现。把自己托付给假日广场，得到的不仅仅是身体的休憩，更是精神的陶冶和升华。

生态办公第一选择

假日广场通过生态花园式办公环境，营造国际化办公氛围。硬件方面，写字楼在生活设施及商业配套方面满足国际化公司的要求；软件方面，从技术标准、服务水平、管理模式等方面与国际惯例接轨，注重“人性化”，对“人”强烈关注，满足人们对于办公环境在生态、健康方面的需求。

假日广场凭借优越的地段、优秀的环境以及综合的商务功能所体现的人性化关怀，成为深圳生态办公的第一选择。

深圳南海益田置业有限公司

深圳南海益田置业有限公司是一家经深圳市外商投资局批准成立，在1999年4月28日注册登记的中外合作房地产企业。

外方股东——南海控股有限公司（香港上市公司），在中国内地、香港、海外已成功开发多个房地产项目，具有丰富的房地产开发经验，在深圳、广州、南京、北京等大城市的土地储备及筹建开发面积逾百万平方米。

中方股东为深圳市益田房地产集团股份有限公司，该公司曾先后成功开发了“益田花园”、“益田名园”、“共和世家”、“银座公寓”及“假日湾”。其中“共和世家”项目曾荣获建设部授予的“全国城市优秀试点小区”称号，“益田花园”曾获得“全国物业管理示范小区”称号。此外，深圳被政府誉为“中益现象”的“假日广场”项目正在建设之中。

南海益田置业有限公司凭借中外股东双方的雄厚实力及开发经验，把“半岛•城邦”项目倾力打造成为“南中国海100万平方米首席进海社区”。

国际豪宅地产成功开发典范

半岛·城邦，筑于一块天生显赫的土地——深圳蛇口半岛东南端。北依蛇口山主题公园，东、南、西三面零距离面向浩瀚开阔的南中国海，画定100万平方米的海上城邦；项目东临建设中的西部通道，与香港元朗隔海相望，堪称南中国海上的城市门户；边界清晰的半岛地形，专享1.5公里城市海岸线，让这里成为南中国海100万平方米“进海”社区，实践城市海居的最高梦想。

半岛·城邦，分5期开发，多元的生活形态和完善配套让社区因此更为丰富，浓郁的国际人文环境，令国际化的海洋文明与生活接轨，建成后将成为中国滨海豪宅领军之作。

半岛城邦总占地面积：300,000平方米(整体)；逾50000平方米(一期)。总建筑面积：逾1000000平方米(整体)；逾140000平方米(一期)。

半岛·城邦一期建筑面积逾14万平方米，由8栋现代大气，简洁明快，蕴含浪漫主义情怀的滨海住宅组成。一期拥有风情商业街、幼儿园、会所等配套设施，将开启新一代滨海生活的新篇章。

物业地址：深圳市南山区蛇口金世纪南路（深圳蛇口半岛东南端）　售楼电话：0755-26868888

半岛·城邦

国际豪宅地产成功开发典范

该项目位于深圳蛇口半岛的东南端，北依蛇口山主题公园，东、南、西三面零距离面向浩潮开阔的南中国海，是一块名副其实、依山面海的风水宝地。项目东临建设中的西部通道，与香港元朗隔海相望，政府规划中的15公里滨海休闲带经过本区长达1.5公里。项目占地30万平方米，总建筑面积逾100万平方米，项目建成后将代表中国滨海住宅成为“南中国海100万平方米首席进海社区”。

配套设施：

配套设施包括会所、商业、幼儿园、中小学、酒店、办公等，一期包括会所、泳池、商业街、幼儿园。

户型结构优势：

半岛城邦一期主力户型为三房、四房，面积为130平方米～260平方米，实用率高，户型方正，动静分区，大户型双入口设计，通风采光良好，最大限度保证景观朝向，一期观海率高达92%。

深圳市屹海达实业有限公司

深圳市屹海达实业有限公司是经深圳市人民政府批准，于1992年初成立的具有独立法人资格的工贸结合的企业实体。公司原名南方工贸深圳屹海达工贸公司，注册资金1300万元。原公司性质为广州军区军办企业，随着国家宏观经济调控和有关政策的逐步放宽，公司的经营范围也在不断扩大，2003年起正式更名为深圳市屹海达实业有限公司。十几年来，公司艰苦创业，采取以实业为主、多元化经营的发展方针，努力拓展贸易、运输等业务，并重点投资房地产开发项目。经过多年探索和实践，公司逐步确立了以房地产开发为主、其他产业为辅的经营方针，并将房地产业作为公司长远发展的核心和龙头支柱产业。

目前公司正开发建设的“金泓凯旋城”坐落于深圳西部滨海中心区的门户地段，地处深南大道与宝安大道交汇处，距地铁一号线延长线新安站仅200米，紧靠前海湾5公里长的黄金海岸线。“金泓•凯旋城”总占地11万平方米，总建筑面积约50万平方米，是目前宝安最大的人文海景生态小区。项目一期由18栋充满滨海气息的高层建筑顺地势半围合组团而成，11万平方米大型湿地生态园林、8万平方米阳光生态地下车库、1.2万平方米中庭园林、1200万米长时尚风情商业街、1100平方米情景生态泳池、160米宽入口喷泉广场共同构成了“金泓凯旋城”卓尔不凡的恢宏气势。

“金泓凯旋城”地理位置优越、项目规模大、规划起点高，在开发建设中充分考虑了人性化的因素，完善的配套设施将簇拥在本项目周围：现代商业中心、休闲广场、医院、公立实验学校、游艇码头、国际双语幼儿园、大型会所等。

“金泓凯旋城”的另一鲜明特色是四个“中心”：即教育中心、商业中心、交通中心、休闲中心。这四个“中心”将充分展示“金泓凯旋城”的生活文化内涵，凸现“金泓凯旋城”的首选居住价值，领跑深圳滨海中心区居住环境概念，为深圳市民提供一个高品质的休闲生活平台，营造一种更为便利、舒适、自然的人居“海”生活。“金泓凯旋城”作为具有国际化水准的滨海中心区标志性旗舰建筑，在深圳西部滨海中心区已经奠定了滨海人文生态第一社区的特殊地位。

展望未来，深圳市屹海达实业有限公司将继续在可持续发展的道路上阔步前进，将继续大力弘扬“诚信、团结、高效、创新”的企业精神，脚踏实地、勇于创新、开拓奋进、树立品牌，建立一套更完整、科学、规范、严密的管理体系，在成长中不断发展壮大，为深圳率先实现社会主义现代化作出自己的贡献。

金泓凯旋城是深圳唯一滨海中心区的一座大型人文新城，位于宝安新中心区门户地段，紧邻二线关。高台府邸，院落式组合空间，立面现代精美，富有滨海特色。11万平米大型湿地生态园林、8万平米阳光地下车库、3.6万平米外延主题花园、1.2万平米中庭园林、1200米长时尚风情商业街、1100平米情景生态泳池、400米景观大道、160米宽入口喷泉广场共同构成了气势恢宏的壮观景象。金泓凯旋城集中了滨海中心区内几乎全部的生活配套设施，是滨海中心区的交通、教育、商业、休闲中心

V·CITY 金泓凯旋城

开发商：深圳市金泓投资发展有限公司 金泓投资 SHENZHEN JINHONG INVESTMENT DEVELOPOMENT CO.,LTD.

发展商：深圳市屹海达实业有限公司

垂询电话：0755-27898668

突破：凯旋城营销之道

深圳市金泓投资发展有限公司　　部门经理：欧阳帆

金泓凯旋城位于宝安新中心区门户地段，紧邻二线关，与前海大盘遥相呼应。占据咽喉要道，扼守战略重地，金泓凯旋城毋庸置疑将成为深圳一体化进程中的桥头堡和排头兵。

项目占地11万平方米，总建筑面积超过50万平方米，总户数约3000户。目前开发的一期占地近8万平方米，建筑面积约34万平方米，是年内深圳范围内的推出规模最大的项目。

项目由充满滨海气息的高层建筑顺地势半围合组团而成。地面二层商业和车库将地势整体抬高，住宅整体位于高台之上，高台府邸与商业繁华相互辉映，城市公共生活与社区环境自然分开。建筑层高26～32层，由南向北退台式布局，楼栋之间距离最大约170米，最小约40米，视野开阔，最大限度保证了海景的完整性。在金泓凯旋城，不仅可以观看南山及中心区都市优美风景线，更可以欣赏海天一色的滨海长廊与大小岛屿。

11万平方米大型湿地生态园林、8万平方米阳光地下车库、3.6万平方米外延主题花园、1.2万平方米中庭园林、1200米长时尚风情商业街、1100平方米情景生态泳池、400米景观大道、160米宽入口喷泉广场共同构成了金泓凯旋城气势恢宏、雄伟的壮观景象。

项目绿化率超过100%。3.6万平方米外延运动休闲花园设有网球场、1.2万平方米中庭园林五彩缤纷、1100平方米情景生态泳池、400米长的景观大道熠熠生辉、160米宽入口喷泉广场辅以高大典雅的拱形门廊……所有这些，共同构成11万平方米丰富多彩、错落有致的园林景观，为社区生活打造出一个高尚、健康、休闲的生活环境。

金泓凯旋城集中了宝安新中心区内几乎全部的生活配套设施，具有得天独厚的先天优势，是宝安新中心区的四大中心。

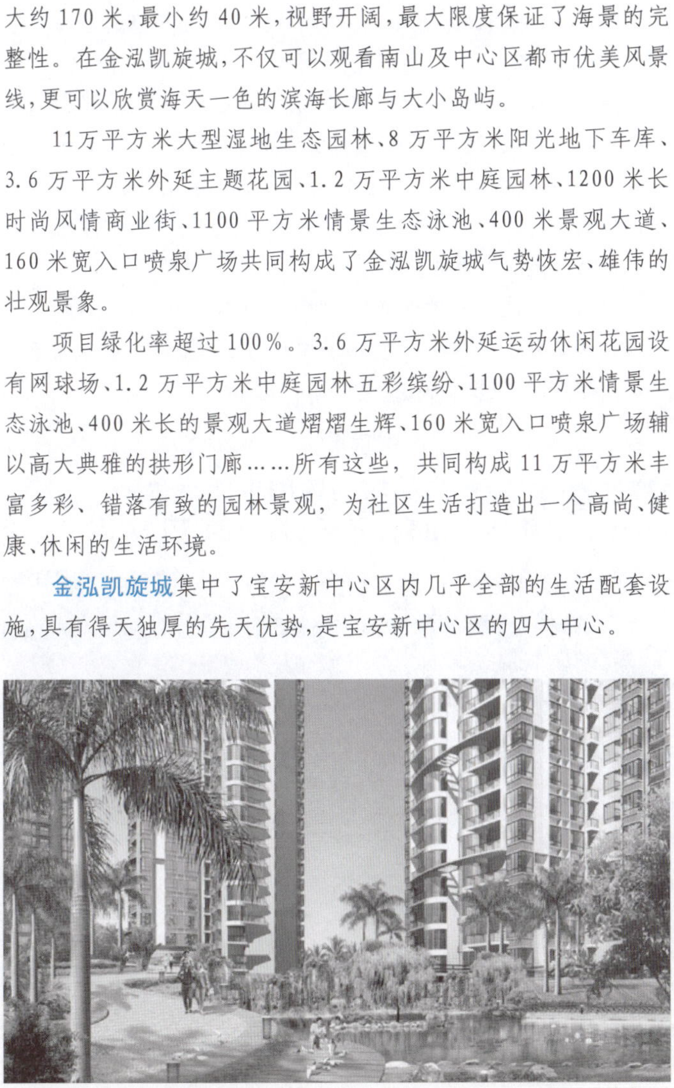

交通中心。金泓凯旋城紧邻宝安大道，接海滨大道，距地铁一号线延长线新安站仅200米。2005年深南大道与宝安大道实现接驳后，1分钟即可往来南山宝安之间。乘坐地铁往来与市区繁华地段与机场之间更是方便快捷。

教育中心。与宝安实验学校一墙之隔，同时拥有项目配套的一流国际双语幼儿园。九年制公立宝安实验学校占地5万平方米，是宝安区规划最好、教育力量最强的学校。

商业中心。50万平方米大型商业中心距项目不过200米，同时社区配有2万平方米主题商场、1200米风情商业街。金泓凯旋城将成为集购物、饮食、休闲于一体的高档、时尚、国际化的商业中心。

休闲中心。内港游艇码头、水上运动中心、滨海生态走廊寸步之遥，加上项目配套的大型会所，周边运动、休闲、娱乐设施一应俱全，共同形成中心区的休闲中心。

金泓凯旋城虽然拥有着配套、规模等多方面的长处，但也存在有集中的先天困境：距离新中心区万众瞩目的行政中心、体育馆尚有距离，处于边缘化的尴尬境地；横亘于项目西北侧的新圳河污染严重，降低项目价值，并将“驱赶”到场客户。在营销中，这些困境如不能一一应对化解，任何一个都有置凯旋城于沉沦的危险。

而当凯旋城在2004年初正式动工时，市场正发生巨大变局：自2003年底以来，“南山谢幕、宝安登场”已成大势所趋。前者进入“量降价涨、大盘时代走向终点”的衰落期，后者却升级放量，新中心区又一举提升区域形象。

但机遇往往是与风险并存的——市场同质竞争异常激烈。区

域市场的机遇为凯旋城带来了前所未有的对手，从2004年底开始往后数年，10平方公里内将有超过500万平方米的供应，这在全市的地产历史中亦属罕见。尽管供应正升级放量，但需求市场到底有多大的吸纳能力却不明朗。且由于新中心区的良好规划以及发展前景，凯旋城与对手大多不约而同的选择多次置业者作为目标客户，产品均以三房、四房为主力。在如此环境之下，作为50万平方米的大盘，凯旋城一次性开发近70%，推销压力巨大。

基于以上内外格局，凯旋城的营销战略是按照以下基调进行部署的：

第一，立足于产品尺度所营造的气势优势，抢占市场机会，提炼出“大盘战略”。在这一战略指导下，凯旋城首先施展大手笔，将门前河道完全上盖，不仅规避了污染，而且扩展了土地利用空间，使产品尺度得以提升。此后，以震撼的产品展示、全情的品质体验为支撑，通过主流媒体进行高举高打。在震撼之余，凯旋城向消费者进行讲述，只有大盘的生活方式，才有足够的文化内涵，从而创造出市场需求。

第二，抓住区域利好的机会，实施“中心化战略”，挣脱边缘化的困境。凯旋城重新梳理了新中心区的生活价值序列，奠定了区域内的中心地位。通过网络等新兴渠道进行舆论造势，将这一地位进行深度诉求。并以压倒一切竞争对手的气概建立中心化导示系统，强化了这一地位所产生的感性印象。

第三，为规避市场竞争的威胁，凯旋城采用了超越所有竞争对手的“高形象战略”。在同质竞争中，仅有产品展示和大盘生活是无法超越的；在中心化的过程中，对手的标杆也在树立。所以，引起骄傲、凝聚荣耀，才是摆脱竞争纠缠的最好途径，于是诞生了“凯旋城”这个气势恢弘的案名，并以骄傲和荣耀为核心，将市场形象拔高。为烘托这一形象，广告设计、现场包装、物料组合等方面都进行了坚决的主题贯彻。

确立以上战略并予以细致实施，凯旋城的营销，走的就是这样一条科学与艺术结合的道路，从而在新中心区的市场争霸中确立霸主地位，成为领航者。

金泓旋凯城 高品质的休闲生活平台
便利、舒适、自然的人居“海”生活

富春东方·深圳市东方尊峪房地产开发有限公司

东方·尊峪

中国房地产高尚住区成功开发典范

东方尊峪，是富春东方地产继天琴湾之后，在深圳豪宅市场的又一力作，他位于罗湖东半山风景区内，东临梧桐山隧道口，西接仙桐体育公园，南靠罗沙路，与香港隔岸相望，北为深圳第一高峰－梧桐山。四周青山环抱、山泉流水、气韵灵动，在城市中心划定一方清幽领地。944 米的梧桐山，31.8 平方公里都市绿肺，220 公顷的仙桐体育公园，678 公倾的国家森林公园，拥享原生态自然美景。东方•尊峪，占地 11 万平方米，总建筑面积 33 万平方米，由 21 栋小高层和高层依山就势，分三层台地兴建而成。近10 万平方米的天然溪谷，与山色呼应；山泉叠韵沿山势自上而下，被引入前庭后院，活水蜿蜒，环绕于建筑，赋予半山建筑的灵动气韵。

设计依据：

深圳市罗湖 06-01 号片区（莲塘地区）法定图则及 06-01 号片区地形图；

国家及深圳市相关规范、法规和标准；

甲方提供的设计任务书。

工程概况：

本项目位于深圳市罗湖区东端梧桐山南麓，东临梧桐山隧道口，西临仙桐体育公园，南靠罗沙路近深圳河与香港隔岸相望。

小区路口连接城市快速干道距文锦渡关口仅 5 公里，交通便利。区内地形内高外低，落差较大，周边三面环山，内有天然山泉流水，自然环境优美。

总体设计构思：

现代社会中，人类的每一次建造工程活动都会对自然环境造成一定的破坏，同时也是人与自然和谐相处的一次尝试。该项目因独特的地域环境以及规模特点，使建筑与环境的关系问题更为突出。本方案力求充分利用原有山体、地形、地貌及周边优美的自然环境，依山傍水，将建筑融于溪水、山谷之中。将小区周边的自然环境作为第一位的主要元素，区内建筑尽可能弱化为第二位的从属元素。同时使二者之间最大可能的相互融合，充分体现尊重自然生态环境与创造优美、舒适、富有人情化的人工环境并举的原则。

总体规划布局：

总体空间依山就势，利用点式及联排式、中高层或高层围合成主次分明、大小形状丰富的台地式庭院。根据地块内的坡度、地形特点，尽可能利用平地、缓坡排布建筑，以减小建筑基础对山体的破坏。小区道路依据山势蜿蜒而上，既解决了小区的交通及消防问题，又最大限度降低了对景观环境的影响。

总体规划布局打破常规布局形式，通过建筑与坡度、景观朝向、道路、竖向交通以及对景观的围造关系，采用规整与自由相结合的灵活方式，依空间地势特点，强化小区环境与周边自然山体生态环境的相互沟通，创造出具有山地特征的台地式庭院景观空间以及丰富的三维空间形式。尽可能在满足容积率的同时，减少高层住宅的数量，减少对山体开挖产生的环境破坏。利用建筑天际线的高低起伏，与周边群山相互呼应，通过化整为零的建筑体块处理以及色彩处理，弱化建筑本身体量，以突出周边山体环境。

小区内各栋住宅均满足日照间距要求，同时利用山地风向特点，将各栋住宅相互脱离，以空中花园的形式相互连接，以加强各栋住宅自然通风、对流的效果。

小区商业配套设施相对集中，幼儿园、商业、会所集中布置于小区西侧，既方便小区居民出入小区时配套服务，又可服务临近小区居民，便于商家经营。同时，为方便住户生活，在各台地利用架空层设便利店，避免居民上下山购置日常生活用品所产生的不便。

交通系统和停车空间：

小区主出入口位于中间部，与罗沙路有自然开口。同时在最西侧及北端各有一出入口。

因山地特点，在各台地设多层开敞式停车库以减少占地面积，保持山体。机动车辆可通过车行道及园林式停车库抵达每幢电梯大堂或架空层，从而增加了居民和造访者的方便性。

停车空间为半开敞式，与庭院空间相互渗透。机动车辆在避免对居民步行活动的交通干扰的同时，还可以自由享受小区园林景观。通过这种处理，改变了以往封闭式停车场给使用者造成的不便及不安全心理，同时也避免地下停车空间在采光和通风上的设施要求，从而减少了设施和维护方面的投入。

行人活动与车流系统分离，行人可通过园林、沿山石阶、小桥及架空层，在区内方便穿行。行人可边享受登山乐趣边欣赏园林及自然景观的同时，方便上下到各层台地。

立体化的园林景观系统：

通过小区主景观轴线，将小区各层台地园林连贯起来，园林风格以自然为主体，在各交通节点及中心花园设水景，使小区充满生气。利用台地停车场屋顶植树造园，在为居民直接提供环境上的享受同时，也创造了开敞的户外活动空间。

各幢住宅设架空层，通透光亮，配合室外景观设计，既为阅读、学习、同龄人士的聚会等活动提供了遮风避雨的场所，又可将小区内庭院的园林景观与四周山体环境相渗透，起到空间交流的作用。每栋建筑屋顶设有退台花园，将绿化从地面引向空中，形成了多样化、立体化的绿化效果。

小区配套服务设施：

小区设有商业街、会所、幼儿园，并在各台地配有便利店，方便居民生活。商业街内设有购物、快餐、邮电、银行等服务设施。与商业街相接的会所内设餐饮、娱乐、健身以及物业管理、健康服务中心、居委会、设备用房等配套设施。幼儿园为12班，除服务本小区外，也同时为周边小区服务。

建筑单体设计：

住宅平面设计：

小区住宅栋型包括二梯四户及二梯五户2种基本类型。所有住宅的电梯厅和公共走廊采用开畅通风式的设计手法，既为邻里间的交往、交流创造了自然的、人性化的、具有人情味的半户外空间，也减少了消防上的设施要求。同时，开敞的公共空间也增强了住户的安全感。

主面造型设计：

建筑造型设计采用现代风格手法，将整个建筑体块化整为零，以弱化建筑本身体量突出周边环境。建筑顶层结合退台花园，创造了玻璃构架与建筑墙体虚实相映衬的造型效果。各栋建筑风格统一，色彩协调更展现出小区建筑群体的高贵典雅风格。

户型设计：

户型包括二房～五房、平层、合层、复式相结合，整个小区户型多达30多种。各户型单元内的起居室、卧室和厨卫等功能空间组织布局明晰，保证了居住建筑在使用上的便捷和私密性。大户型设有入户花园与周围山景相互融合。厨卫和其他辅助用房以及空调机位均布置在建筑的隐蔽凹面，从而减少了上述因素对建筑物立面造型的影响。

消防设计：

每个台地都有消防车道抵达，利用局部园林设掩蔽式消防车道，在紧急情况时，消防车道与每幢住宅楼直接保持联系，每幢高层公寓至少有一长边可供消防登高使用。

庭院中的水池与消防控制系统联系，在紧急救援时可做室外消防用水使用，在各标准层，电梯厅与公共走廊组成共用消防前室，以直接的自然采光和通风取代机械加压和送风。每个公寓单位为一个独立防火分区，户间隔墙均为防火墙，户门为乙级防火门。半地下车库设自动喷淋系统并且能够自然采光和通风，通风面积符合消防排烟要求，无须加设机械排烟和正压送风系统。

规划指标

总用地面积：	109560m^2	容积率：	2.16
覆盖率：	14.5%	绿化率：	50%
总户数：	1627户	停车数：	1918辆
总建筑面积：	331199.79m^2	住宅：	224482.29m^2
会　所：	5505.8m^2	商业街：	4000m^2
幼 儿 园：	2867.8m^2		
总计：	236855.89m^2		
架 空 层：	8901.8m^2	会所地下车库：	3142.1m^2
地下车库及设备用房：	82300m^2		

深圳市承翰投资开发有限公司

深圳市承翰投资开发有限公司成立于1999年12月，注册资金3600万元人民币。

“承传鲁班精神、翰书广厦传统”——承翰一名由此而来。

秉承严谨的科学态度、承翰投资开发有限公司在董事长和总经理的领导下，顺应了时代给予民营企业前所未有的发展机遇，在深圳这块改革开放的沃土中，以他们敏锐的视角，因势利导，在短短7年间，公司的主营业务已由单一的房地产开发涉足到投资、教育、物业等领域。

公司为房地产领域新兴企业，但公司的决策层用他们睿智的战略眼光，成功解决了制约企业发展的重要因素。(人才、土地储备)人才方面：目前在公司管理中，具有大专以上学历的员工占员工总数的97%以上，其中近一般员工具有中、高级职称。土地储备方面：截止2004年10月，公司拥有布吉、溪涌、南澳等片区的商住用地储备超过40万平方米。

2005年初，总开发面积约35万平方米的大型生态社区——承翰慢城项目已正式启动。该项目位于规划中布吉中心区石芽岭体育运动公园北侧，总建筑面积逾35万平方米。

教育投资方面，2005年4月28日公司与深圳市实验学校集团正式签订合作意向。2006年底，一所由承翰投资公司投资近7000万元的深圳实验承翰学校将展现在深圳市民面前。

慢城位于规划有78万平方米的石芽岭公园附近的布吉生态新区。项目总占地面积近22万平方米，共分为5处地块，其中，A、B地块为住宅楼，包括1.5万平方米的商业面积，C、D地块包括一所九年制中学和一所高中，总建筑面积27万多平方米。项目一期总建筑面积为90591.67平方米，包含一部分商业，住宅销售面积为58628.86平方米，提供住宅为555套。慢城一期户型设计在市场基础上适当放大，打造舒适型居家社区，主力户型为2房(71平方米-76平方米)、3房(90平方米-110平方米)，并有部分四房单位，针对布吉本地的二次置业者及关内小白领；户型多采用双层通高阳台及退台式设计，多数户型设计有入户花园。

慢城产品类型涵盖了从情景洋房，多层，经济小高层到舒适小高层等多种住宅门类，居住户型以一梯两户板式住宅为主，辅以部分一梯三户点式小高层，使所有户型具有良好的布局并且多样化。户型布置以南向和东南向为主，少量为西南向，每户的客厅及主卧均朝南向并有良好的景观。

在形象的定位上，体现本项目所属片区的郊外特征，赋予其小镇的性格。以沉静，内敛的立面处理手法使住宅建筑在高低，错动与延伸中与周边的山与自然融为一体。砖墙与钢构架的组合，不同材质的结合穿插运用，力求使每一个细节都耐人寻味，提升住宅的品质，在创造温馨高档居住社区气氛的同时加入另外一种理性的力量，加入一种沉静的美。

慢城配套之一深圳承翰实验学校于2006年9月开学。校园在造型设计上以简洁现代为依据，加入钢构件的运用与住宅达成统一，同时将总体布局中的轴线元素引入公建造型中，强调公建的理性特征，在立面与材质色彩的选用上突出学校与幼儿园的朝气与活泼气氛。将小学，初高中作为一个整体来设计，形成一个大的功能复合体，将其统领在一个完整屋面与立面系统中，过街部分的打断与临运动场的退空处理，使形体更加丰富。另外将专业教室与报告厅部分结合场地独立设计，单一元素的组合创造了更为有趣的校园内部空间。

承翰慢城

SLOW TOWN
35万平方米都市慢生活圈
慢城
慢生活热线:0755-89709888
深圳市龙岗区布吉生态新区

中国房地产健康生态住区成功开发典范

35万平方米都市慢生活圈

慢城位于布吉生态新区中心腹地，南侧紧邻石芽岭公园，可最大限度地拥有石芽岭延绵千余米的山脉景观。占地面积约22万平方米，总建筑面积逾35万平方米，是布吉生态新区规模最大的生态社区。

慢城项目主要由两块住宅用地、一块九年一贯制教育用地、一块备用地、一块教育配套用地构成，同时可独享两块公共绿地、一块社会公共停车场等市政公共资源。

由深圳市承翰投资开发有限公司开发的“慢城”项目，位于深圳市龙岗区布吉街道办，位处规划为200万平方米低密度纯居住区的布吉生态新区。

布吉生态新区——城市中央的绿意栖居

布吉生态新区以78万平方米的石芽岭生态公园为生态核心，西至布龙路、南至深惠路、东至李朗路、北至国芬路，与布吉政府仅一路之隔，是城市中央发现的最后一片净土，没有城市的喧嚣，没有杂乱的农民房，也没有其他地方常见的工业厂房，是布吉少有的纯住宅居住区，也是布吉珍藏的最后一块处女地。

在布吉生态新区石芽岭南侧的地形狭长，又紧邻繁华的国道——深惠公路，因此，新区南侧远不如土地开阔、无道路影响的北侧，可以说，新区北侧是布吉生态新区生态居住的核心和代表。

石芽岭体育运动公园——开启健康生活之门

规划中78万平方米的石芽岭将成为布吉第一个公益性市政公园。目前整个公园的规划已经基本确定，石芽岭公园将建成一个人与自然完美结合的山体体育运动公园，集登山康体、室内健身、休闲娱乐、亲近自然为一体。在未来的布吉生态新区，可以看山景，听山涧，尽情地领略大山的灵性和睿智！

慢城邻里中心——守望邻里的交流平台

位于慢城主入口及商业步行街，占地近1万平方米的邻里中心，是由慢城业主独享的市政生态广场。由入口广场、休闲商业广场、邻里中心地标广场三个主要部分组成。邻里中心秉承西方社区广场的理念，将自由、休闲的生活方式引入慢城社区，同时也为整个小区提供了一个随意、畅想的空间。

深圳实验承翰学校——家门口的教育园地

深圳实验承翰学校，是深圳著名教育机构——深圳实验教育集团与承翰地产联合承办的高品质九年一贯制民办学校。位于慢城项目科技园路南侧中央位置，学校内设置了200米环形跑道及草场、室外篮球场以及多功能体育馆等慢城业主可与学校共享的丰富的体育设施。深圳实验承翰学校不仅为慢城业主子女提供了一个就在家门口接受高素质教育的场所，更为慢城业主提供了更加完善的健康运动设施。

慢城——领跑健康生态住宅典范

国际慢生活示范区

慢城，项目名称源自“慢城市国际协会”。这个目前拥有71个成员城市的组织，将以下七个准则作为终身的奋斗目标：

慢城市的人口总数应该不超过5万人；

慢城市运动的“蜗牛”标志必须在所有的公共设施和尽可能多的私人设施上张贴，以直观形式主义倡导“慢生活”理念；

慢城市必须限制汽车的使用，20公里/小时是汽车在城市街道行驶时的最高速度；

慢城市必须有一个噪声管理系统，广告牌和霓虹灯能少则少；

慢城市必须有一套环保的城市污水生态处理系统；

慢城市在全球化的背景下，必须保证城市的个性，特别是那些本土化和具有地区象征性的产品；

慢城市必须定期接受“慢城市国际协会”的检查，以保证上述指标被严格执行。

慢城，并不是一座城市，慢城所倡导的是慢城组织所提倡之“慢生活”态度。维护生态环境、保护传统文化、提倡健康生活，是慢城所追求的理想生活，在城市化高速发展的时代，慢城将为广大市民提供一个优雅、闲适、从容的理想居所。

明舍·御园位于南山区政治、经济、文化中心，距离荔香公园仅 20 米，为南光路坡地最高处，稳踞唯一的绝版黄金地段，建筑设计依坡就势。

明舍御园总用地面积 5000.7 平方米，建筑面积 24996 平方米，由 4 栋小高层 105 个单位组成，建筑覆盖率仅为 25.1%，绿化率高达 57.4%。户型设计尺度开阔、气派、视觉空间完整；全部一梯一户的结构布局，提高居住者的私秘性；一户一花园，多阳台设计，户户有景；开扬的落地窗、凸窗、角窗，穿透着风影、光影和美景，每个阳台都成为欣赏风景，享受阳光的好地方；明舍御园专为“大”户人家精心典造闲情的绿色生活。

深圳·南山

明舍·御園

私家都市庄园

中国房地产高尚住区成功开发典范

明舍·御园，完美内涵演绎“庄”园经典

私密是庄园生活的必备条件，是私家都市“庄”园最大的特点。明舍·御园从小区外围车道设计，到刷卡入户，再到一梯一户直达本户的专属电梯，以及私家花园等，组成强大的私密空间。

至尊是庄园生活的体现，是私家都市“庄”园的核心。明舍·御园纯复、跃式户型，纯粹的居住层次倍感尊荣，复式户型、客厅中空、全玻璃无梁设计更具有现代尊崇感，面面俱到的高科技家居智能化系统，“遥控生活”的体验，以及五星级酒店式的物管，让尊崇的品位更胜一筹。

舒适是庄园生活的共性，是私家都市“庄”园的基础。浩瀚的荔香公园是明舍·御园一座天然的屏障，将城市的喧嚣隔离，剩下的是“庄”园的宁静和从容；而每户多达 3～7 个观景阳台，多个观景角度让人倍感惬意。

稀缺是私家都市“庄”园的尊贵特质。物以稀为贵，仅 105 个单位，一梯一户、户户带花园，少见的公园、园林、私家花园三重景观，罕见的近 1.5 的车位比，以及闹中取静的公园住宅的绝版地段等都是明舍·御园的专属特性。

安全是贵族生活的保障，是私家都市“庄”园的根本。明舍·御园采用一卡通管理；配套国内最先进、功能全面的“普美”家居智能化报警系统，可以随时随地观察家中之状态，使生活更加安恙无忧。

人文生态是庄园生活的本源，大面积的绿化环境是私家都市“庄”园的特质。贵族庄园生活最大的特点是拥有不少于 200 亩的大面积的绿化地，无论是欧式庄园还是美式庄园都是如此。明舍·御园座拥 290 亩的荔香公园，可以自由出入呼吸“庄”园清新的气息。而地处名校林立、文风醇厚，历史文化底蕴深厚的深圳教育强区南山，其人文生态环境凸显无疑。

泰式园林，触手可及的梦幻风情

水，自在、灵动、随物赋形，风生水起、财源不断，滋润着庄园，和谐着建筑，倒映着风景，把阳光传递给愉悦的眼睛。

水与独具特色的艺术雕塑及亚热带风情植物，共同成就泰式园林的灵魂所在。微风荡过水面，斑驳的光点，为泰式风情注入了底色，如果单从咖啡杯上的闪光看，这是一个宁静的下午；如果从雕塑和植物的搭配来看，此刻放纵的心情在泰国南部，在著名的旅游胜地芭堤雅。

水的灵性与异域文化和谐相处，园林的雅致与公园的磅礴相互辉映，梦想的力量与创意的智慧完全融合，正是对都市庄园的独到见解，营造了独具文化品位的自在天地。恰是自然与情调的结合，处处流露着泰式风情的品质美感！

在私家花园，多年的心愿悠然实现

很久没有触摸泥土的气息了，很久没有品味呵护植物地感动了，

有个愿望一直藏在心中，找一个地方颐养花草，宽心养生。

地沃无需大，只要是专属的“领地”。

然而，这样的想法让人觉得不现实，入住明舍·御园之后。

曾经不同寻常的贵族心愿，在都市庄园里得以实现。

明舍·御园户户带 10 ㎡—20 ㎡ 阳光花房

真正的尊崇诞生在纯粹的生活里

保证居住社区的纯粹，拒绝商业的渗透很重要，这对于一如既往追求生活素质的城市精英贵族更是如此。

社区生活氛围的宁静幽雅，是诗意栖居的基础，是一种优越性的象征，自然更能体现出尊崇生活的私密与舒适，处处体现都市私家“庄”园的尊贵情怀。

明舍·御园，拒绝任何商业配套，原原本本回复尊贵从容与深度人文的居住品位，以本质生活内涵完美体现自身的价值。

这就是明舍·御园发展商不倦的追求与信念。

以贵族眼光,欣赏建筑细节之美

去掉一道梁,去掉空间的旧思考,去掉生活的旧模式

新空间思考
是国际庄园对空间思考的新趋势,
打破传统的复式户型客厅玻璃幕墙有梁设计,
去掉一道梁,去掉空间的旧思考,去掉生活的旧模式,
空间尺度,视野更自由、更宽阔,
客厅与公园、客厅与园林、客厅与外界,
因为界线的抽离,
不论何时,都能享受视觉、光影与风景的流动、对话。
一种阔绰豁达的人生视野,一种虚怀若谷的人生境界。

御园的主力户型以3房及4房为主,兼有阔绰5房。户型设计多为坐北朝南,南北通透,部分东西通透;户内干湿动静分区、布局合理;纯复、跃式结构,复式户型客厅中空设计,生活空间跳跃式。

人车分流,是对居者最高的礼遇

真正体现人本精神的高尚社区,是每一细节的一丝不苟,是颠覆传统理念的创举与坚持。在明舍·御园,细节影响生活就是最好的例证。

看不到汽车,听不到汽车的喧嚣,只有行人的从容,只有悠然与静谧的风景,这样安宁和谐的社区绝无仅有,这样的社区算不算是对居者的关爱与尊崇?能不能最大限度满足您对尊崇生活的需求?

明舍·御园地下双层停车场,拥有近1.5的车位比人车分流设计,完全顶级豪宅标准。

在第六个阳台触摸风景

清晨,站在第六个阳台,
荔香公园的宁静、泰式园林的优雅、入户花园的芬芳,
与梦一起清醒。
阳台就是风景,
在明舍·御园,天地与视野、风景与心境,
自由延伸,再无疆界。

明舍·御园每户多达3~7个观景阳台,让每家都能拥有多个观景空间、多处私密生活,更多品味、更多自我。

"10分"的生活自然而然

不只是尊贵与荣耀,也是一种从容与人文的深度表现。

对生活的理解,每个人都有自我的坚持与见地,也有不同的方向与空间,可以是悠游的自然生活,可以是CBD的繁华多彩,也可以是自由切换、随心所欲。

明舍·御园区域生活配套"10~15分钟生活圈"包括:

购物:沃尔玛南头社区分店、天虹商场、姐妹城、曼哈广场、百安居、南贸市场等;
金融:中国银行、农业银行、光大银行、建设银行、深圳商业银行、深圳发展银行等;
医疗保健:南山人民医院、南山妇幼保健院、深圳武警医院等;
休闲娱乐:南山文体中心、南山老干部休闲中心、荔香公园、中山公园等;
酒店餐饮:中南海滨大酒店、南岗渔村、老南蓉酒店、潮江渔村、新桃园酒店等。

明舍·御园发展商为提升都市庄园生活的尊崇品位,体验无微不至的贵族式服务,特别引进目前国内技术最先进、功能最全面的[普美]家居智能化系统。它可以根据您的需要为您提供各种人性化的服务,为您思考如何管理您的生活空间、家庭设备和衣食住行,同时为您提供与外界多种渠道沟通。真正实现高档数字化、网络化、信息化、智能化的生活!

五星级酒店式管理,尊崇生活全体验

人居的舒适与尊崇,建立在细致的服务基础上。完善的贵族管理手段,是现代家居广受推崇的必备条件之一。因此,明舍·御园作为现代都市贵族"庄"园,保障更加完美无瑕。

全天候人性化管理服务,五星级酒店式的居家品位,从容超越家居生活的烦琐,展示理想的生活状态,让生活的每时每刻都是享受,让您在事业与人生的舞台上悠然踱步。与此同时,充分考虑到居住者的生活习性,全面尊重居住者的生活方式,提升尊崇生活更高品质。

对于明舍·御园高度的栖居理想,一种截然不同于普罗大众的素质领域,有着自我的品位、个性的追求、高贵的体验,从这一刻,释然进入全新的境界!

追求品质

创造欢乐家园

深圳市圣尊实业发展有限公司

深圳市圣尊实业发展有限公司，成立于1993年，是集房地产开发、物业管理、建筑材料、物资贸易、汽车维修于一体的综合性企业。公司成立10年来，始终秉承一业为主、多种经营的发展思路，坚持把主业做实，辅业做活的经营方针，较好地促使资金的有效利用，加快周转，从而为公司的经济增长和未来发展打下了坚实的基础。

“追求品质，创造欢乐家园”是公司的经营宗旨。1993年至1998年，公司先后开发了**“翠竹花园”**、**“亿翁大厦”**、**“京海花园”**，并成功代理**“百花公寓”**的销售。取得了骄人业绩。在“京海花园”的开发定位上，公司决策者审时度势，提出抓住97香港回归之机遇，创圣尊地产品牌的战略决策。立足高标准、高起点，使“京海花园”端庄典雅，气魄恢弘，集诸多超群品质于一身。豪华高档，却不以昂贵奢华取胜，在当时堪称是楼盘中的经典。

现今，由本公司开发的“联城美园”项目已进入主体施工阶段，该项目位于深圳市罗湖区春风路文锦渡双口岸黄金地段中的一块绝版地块。“联城美园”用地与罗湖区惟一的永久性公共艺术广场接壤，置身花园阳台，艺术广场景观尽收眼底。得天独厚的地理位置；港人浓厚的罗湖情结，加之公司致力于把建筑艺术与城市文化艺术广场资源完美结合，必定使“联城美园”的开盘引起极大的轰动，成为春风路片区最耀眼的“明星楼盘”。

公司坚持**“以诚信善待顾客；以真诚善待朋友；以亲情善待同仁”**的价值准则，经过多年努力，公司事业获得长足发展，并取得了良好的经济效益和社会效益。连续几年被评为深圳市纳税大户称号。

不断推介品质优良、风格独特的人文景观、社区文化、创造极致典雅的家居环境，并提供尽可能完美的服务，是圣尊人一贯的作风，也是圣尊实业永远的追求！

美园地处罗湖区中心区春风路，深南路与南极路交汇处，毗邻罗湖口岸，火车站及文锦渡口岸，是深圳日趋珍贵的“双口岸，双地铁”物业。与规划建设中深圳公共艺术广场融为一体，独享春风路花园社区的稀缺资源。

美园总建筑面积61545平方米，由三栋塔楼组成，共1332套精品住宅，层层空中花园，户户落地窗台，7000多平方米的小区园林与泛会所设计将使业主们在坐拥都市中心繁华配套的同时，享受花园社会的宁静生活。美园将成为金色罗湖春风路未来的中央生活馆，将成为深圳最具投资价值的精品住宅之一。

物业地址：罗湖区春风路与南极路交汇处
售楼电话：0755-82203888　82202888

CENTRAL LIFE MAY HOUSE 美園 春风路·中央生活馆

中国房地产高尚住区成功开发典范

项目介绍

美园，位于深圳市罗湖区春风路与南极路交汇处，占地7998.5m²。三栋35层欧式风格的连体建筑傲然屹立,7000m²的绿化面积营造出一个高品质的生活空间。囊括人民南、东门、国贸三大商圈,毗邻文锦渡、罗湖口岸和火车站,是深圳日趋珍贵的“双口岸、双地铁”物业。毗邻建设中的深圳公共艺术广场,更赋予美园独特的艺术生活气质。

美园，将成为金色罗湖春风路未来的中央生活馆，将成为深圳最具投资价值的精品住宅之一。

特点及优势

地段

美园,位于罗湖口岸片区,毗邻文锦渡、罗湖口岸和火车站,是深圳日趋珍贵的“双口岸、双地铁”物业。同时享有人民南、东门、国贸三大商圈之繁华。毗邻即将建设中的占地1万多平方米的深圳公共艺术广场,是政府规划中都市造园的重点工程之一,将成为美园名副其实的后花园,更显现出美园高品位之居住价值。

社区园林

美园的园林由国际园林专业设计公司 “澳大利亚吉相合”担纲规划设计,占地约7000平方米的塞纳风情园林,承袭了浪漫法国的精粹,以“绿之清新,水之韵律”为主题,以巴黎塞纳河的生活风情为蓝本,将建筑与园林景观融为一体,演绎出“美园——春风路中央生活馆”之浪漫格调。

会所配套

美园是春风路上罕有的纯住宅社区,旺中取静。既与占地约1万多平方米的深圳公共艺术广场为邻,又拥有7000平方米塞纳风情园林社区，同时发展商还精心设置了艺术泛会所:包括300m²露天泳池、艺术咖啡吧、商务中心、健身房、棋牌室、SPA等等,使美国拥有高品质的生活配套。

户型介绍

美园为业主精心设置了多个美丽的空间。在25.02m²~84.50m²的空间里,拥有层层空中花园、户户落地凸窗,同时赠送私家露台、法式阳台等。户型有单身公寓、一房一厅、二房两厅、三房两厅。花园、露台、凸窗的设计让风光的不仅是空间,还有品质生活。拥有美园,您将拥有一所“钱”程似锦的房子。

物业管理

美园的物管顾问——全国一级物管恒基物业,以五星级酒店式的服务品质,提供全方位的贴心服务,服务项目包括:大堂礼宾、商务礼仪、家居家政、维修养护、社区文化、智能化管理等等。

发展商:深圳市圣尊实业发展有限公司/深圳特发联城地产发展有限公司　美园热线:0755-82202888

深圳市淞江爱地实业有限公司

深圳市淞江爱地实业有限公司是经深圳市工商局核准登记的具有独立法人资格的企业，注册资本6000万元，现有员工187人，其中技术人员56人。

近年来，公司充分发挥技术、人才、资金优势，加强管理，开拓创新，建立健全现代企业管理体制，形成了以房地产开发为主营业务的经营格局，上年来投资开发的位于深圳市龙岗区的水晶之城房地产项目，该项目占地面积约230亩，建筑面积20万平方米，项目分四期建设，一至三期现已竣工完成。并以优良的社区环境和灵活的营销策划，使该社区销售形势较好，赢得众多买家的青睐，并获2004年深圳市房地产英雄榜龙岗区销售面积第一名、销售金额第一名两个桂冠，同时获得深圳市销售面积第二名良好成绩。

本公司房地产开发总面积约100万平方米，有**水晶之城、龙兴商业广场、淞江广场**等。

公司将继续奉行**“强化管理、信誉至上、追求卓越”**的企业宗旨，大力拓展房地产领域，为把本公司建设成为现代化的房地产领域知名企业而努力。

地址：深圳市龙岗区深惠路1138号　　邮编：518115
电话：0755-28626813　82934838　　传真：0755-28626813　82934828

CRYSTAL CITY 水晶之城

水 晶 之 城

中国房地产成功开发典范

水晶之城商住小区房地产开发项目由深圳市淞江爱地实业有限公司投资建设；香港中原物业顾问有限公司负责销售策划；设计单位为深圳同济人建筑设计有限公司

地理位置

位于深圳市山海龙岗深惠公路旁，交通便利、地铁物业，东南靠深圳市最高山峰梧桐山自然保护区，方园两千万平方米的天然大氧吧，西南为梧桐山天然水晶河，横穿小区中央500米清水长河，西北临深惠公路，东北接高科技园，环境优美、空气新鲜适宜居住的理想境界。

地块面积

总面积：153333平方米（约230亩）
建设用地面积126183.6平方米
其中：G08503-8地块59581.3平方米
　　　G08503-9地块66602.3平方米

建筑面积

总建筑面积：　190032平方米
其中：普通住宅：153389平方米
　　　联立别墅：15000平方米
　　　商　　铺：9000平方米
　　　小学24班：7020平方米
　　　幼儿园9班：2400平方米
　　　会　　所：3000平方米
　　　其他配套：　223平方米

项目的优势、特点

＊背靠深圳市最高峰梧桐山自然保护区，方园2000万平方米的天然大氧吧，环境优美、空气新鲜适宜居住的理想境界，噪音分贝低于25，负离子含量远高于市区。

＊面朝梧桐山天然水晶河，横穿小区中央500米清水长河，这在广东省境内地产项目绝无仅有的居住天然境观。小河两旁绿树成荫，鸟语花香，小桥流水，美不胜收，可谓是世外桃源，人间仙境，无语伦比。

＊小区户型适合各层次人群的居住需求,大小面积均有,户型共有十五种类型,供消费者选购。

＊休闲运动配套设施丰富多彩,内容齐备,有大型的水中河上梦幻演艺中心,有老年人的休闲运动场所及交谊舞、健身舞活动广场,并有篮球场、排球场、羽毛球场、门球场、高尔夫推杆场及小学生运动场,儿童游戏场、游泳池,私家水岸码头等。

＊本小区与同等规模及档次的楼盘相比,在本市水晶之城销量令人刮目相看,创造过无数个惊喜,而广告费用是投入最少的一个楼盘,并获2004年深圳市房地产英雄榜龙岗区销售面积第一名、销售金额第一名两个桂冠,同时获得深圳市销售面积第二名良好成绩。

20万平方米维多利亚风情生活小城

意境之城

景观园林达8万平方米,中庭花园逾1万平方米,深圳首创河上泳池

- 社区园林由国际知名怡景大师悉心演绎,数以千计类别的植被和10余种不同季节的花卉装点着昼夜;响水洞、山岩小溪、阶梯瀑布等巧妙组合,构成层次丰富的美丽视界。
- 背景音乐遍布于角角落落,古朴的假山雕塑点缀于鲜花绿草之中,飞流直下的叠泉瀑溅起雨雾蒙蒙,高高翘起的亭檐宛如那春山月夜的幽梦,还有那泳池,是相伴永远的夏威夷假日。清秀、灵韵、悠远,生活归于玲珑和隽美。

浪漫之城

欧陆风格的建筑,水晶河宽达40米,水晶桥飞架两岸

- 水晶之城以纯粹的欧陆建筑为主题风格,坡屋顶与尖屋顶错落相生,阳光墙面与英伦风姿交相掩映,倾情演绎维多利亚的风情与韵律。
- 水晶河长达460余米,水晶桥宽达40余米,飞架两岸,钓鱼池、游船码头、儿童乐场、演艺广场、水上乐园、体育公园等布局于河岸,惬意、浪漫、别致,在不经意间漫溢开来,家的享受,源于恬美的初梦。

英伦皇室行宫风格会所达3000平方米,水晶河岸遍布运动设施

健康之城

- 休闲和运动是会所的两大主题。会所面积约3000平方米,在深圳首屈一指。西餐、咖啡厅、乒乓球室、健身室、桌球室、多功能厅、商务中心等让您尽情体味英伦绅士的生活风范,尊贵奢华,优雅超然。
- 缓缓流淌着的水晶河两岸遍布着20多个康体设施:网球场、篮球场、门球场、高尔夫推球场、老人颐身园、老人休闲中心等,让您享尽生活的欢乐与健康。

阳光之城

户型有2房、3房、4房、跃式、联立别墅等多达19种,户户大凸窗、大露台、270度观景太阳窗,实用率达95%,倾情演绎山水纯境的异国生活风情,绽现惊世之美。

谐和之城

配套完善,交通便利,保安严密,生活的悠游逸趣尽在无穷体味

- 社区配套完善:商业街长达460米,在横岗首屈一指,商业街设有商场、超市、书店、银行、酒店、宾馆、医疗、休闲娱乐等,同时,社区内还有大型肉菜市场、大型商场等,吃喝玩乐、衣食住行等生活所需,足不出户即可一一享有。
- 周边配套成熟:横岗镇政府、电信局、邮政局、银行、证券、中西饮食、文体广场、龙洲百货、南城百货、君逸酒店、龙堡酒店等近在咫尺,举步之间即可享尽生活的缤纷姿彩。
- 水晶之城位处深惠公路旁,351、361、365、358、863、938、943、380、533、529、870、865、616路等公交车往来穿梭。
- 水官、机荷、梅观、惠盐公路从横岗经过。不久的将来水官路将与红岭路相连,地铁将直通到镇政府,深惠路的拓宽,轻轨的开通更使横岗成为大深圳的核心枢纽;横岗长途汽车站更近在咫尺,让您倍感出入的便捷。
- 引入名校办学,首创横岗品牌教育社区,特设小学、幼儿园教育。
- 专业物业管理,24小时保安巡逻,全面保证住户安全,生活悠游自在。

水晶恋 0755-28625555

发展商:深圳市淞江爱地实业有限公司

水晶领地:深圳市横岗·荷坳(深惠公路旁)

深圳祥祺房地产开发有限公司

深圳祥祺房地产开发有限公司是经深圳市工商行政管理局批准，于1998年7月在深圳正式成立的从事房地产开发、项目投资、物业管理等综合经营的中外合资企业，注册资金3680万元。

公司十分重视人才队伍建设。目前公司在职员工总数为180人，其中公司本部员工60余人。公司本部员工中90%以上为本科毕业生，部门经理以上的管理人员80%拥有硕士学位或高级职称，高层管理人员全部拥有硕士或以上学位及高级职称，公司总经理、副总经理均具有博士学位。高素质的经营管理团队为企业的持续健康发展奠定了坚实的人才基础。

公司本着“**以人为本、诚信至上、追求卓越、稳步增长**”的经营宗旨，依靠自身雄厚的自有资金实力，滚动稳步发展，至今在深圳已成功开发建设了一系列精品住宅项目，如：“**祥祺花园、祥韵苑、观景台、侨城豪苑、水云间、皓月花园、湖畔雅苑**”（其中：皓月花园、湖盼雅苑为在建项目），累计完成开发面积60万平方米，投资规模逾15亿元。企业所开发项目几乎全部以自有资金投入，金融机构融资低于5%，在房地产行业，这是绝无仅有的。企业所有开发的项目都得到了广大客户的普遍认同和信赖，受到业内同行的尊重与好评，更得到社会各界的支持。2002年被深圳市国土局授予“**房地产项目开发企业第四名**”的资质证书，通过了农业银行AAA信用等级资格认证。

公司可供开发的土地资源储备丰富，能够满足公司未来五年的项目开发建设。目前企业全资拥有的三幢酒店、酒店式公寓分别是雅高商务会馆、水云间酒店公寓、侨苑公寓。它们每年为公司带来逾2000万元的利润。

此外，公司在取得经济效益的同时，积极投身社会福利事业，近年来，捐建学校、图书馆、支持光彩事业、社会治安基金及资助进步社团活动等，已累计捐款捐物达数千万元。

公司作风稳健、务实、诚信、投资眼光独到，追求企业的稳健发展，而不只是陶醉于眼前的大好形势，为企业制定出中、长期经营发展规划：实施可持续发展战略，坚持以房地产开发经营为主导，以项目投资、物业管理为两翼的经营方针，按照高起点、高标准、高质量的要求，进一步加强项目投资开发与经营管理、加强人才建设、创立企业品牌、构造建筑精品、完善客户服务，在激烈的市场竞争中，努力把公司建设成为管理科学、经营规范的现代化企业集团。在未来3～5年内，立足深圳，拓展内地房地产市场，实现年均20万平方米开发能力。

皓月花園
BRIGHT MOON GARDEN
城市人的田园洋房生活

洋房气质 田园情怀

中国房地产景观环境社区成功开发典范

皓月花园位于被誉为深圳市中心区——福田的“后花园”的宝安区龙华，具体位置是龙华民治路与民康路交汇处，离梅林关仅3分钟车程，占地面积近7万平方米，总建筑面积近10万平方米。其建筑规划超低密度，容积率仅为1.29，建筑覆盖率约25%，建筑之间开扬通透。大气高雅的欧式建筑外观、蓝色坡屋顶、花岗石及鹅卵石构成的小区道路，每一处建筑细节彰显独特个性。融合现代景观规划要素及欧式园林精华的5万平方米绿色水景园林，精心营造高尚绿色园林社区。

皓月花园全部为六层的多层住宅，主力户型两房、三房，面积由60余平方米至110平方米，另备特大四房户型，部分户型带入户花园或私家花园。小区配有托儿所、会所、人造沙滩泳池、运动场、儿童游乐天地及部分商业配套设施。面积达2000平方米的会所设有乒乓球、室内羽毛球、健身室、美容、棋牌室、咖啡厅、阅览室、客房等，绝对是大型社区才能提供的会所配套设施。皓月花园周边配套亦应有尽有，民治商业广场、南康百货、世纪百货、万众城、大新百货、香江家居；民治小学、龙华中学；农业银行等生活配套均在数百米范围之内。

皓月花园的交通堪称十分便捷，302、333、334、335、336、339、350、410、508等多路大中巴士穿梭市内外各区，加之未来由香港地铁公司开发、营运的深圳地铁四号线的开通，从皓月花园乘地铁可直达皇岗口岸，组成全方位、立体化的交通网络。往返龙华中心和梅林关口的住户专车更是为日常生活提供了极大便利。

梅林关·城市人的田园洋房生活

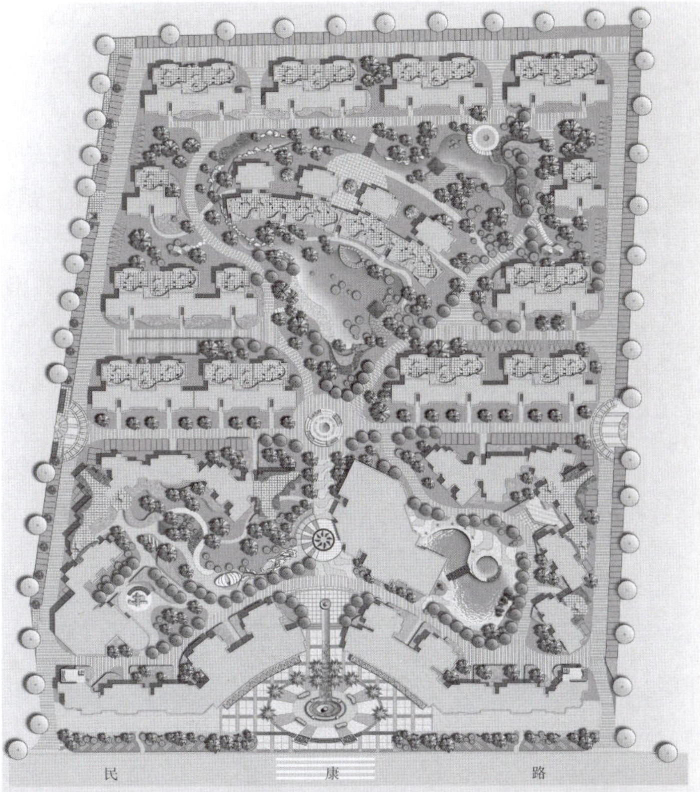

10万平方米田园水景大社区

皓月花园9万多平方米住宅及5万多平方米绿意。园林分动区和静区两块，湖光曲泾，溪流环绕，绿意点缀。现代景观规划融合欧式园林精华，生态式设计；以旱喷、湿喷、跃水、瀑布处理水源，以浅水、缓坡处理水系。

小区建筑选材高品质，一丝不苟。建筑外墙裙楼贴面用典雅蘑菇石、文化石等构成，小区道路使用花岗石及鹅卵石铺就，关怀来自每一细节的关注。

总占地面积：68627.8平方米
总建筑面积：96155.8平方米
园林面积：50000平方米
建筑覆盖率：约25%
超低容积率：1.29
总户数：997户
车位：430个

低容度建筑规划

皓月花园倾情规划人性化布局，容积率仅为1.29。

建筑之间空间通透，水景园林，全多层住宅成就弥足珍贵的人居空间。

洋房典范

建筑质量精益求精，建筑外墙裙楼用典雅蘑菇石、文化石构成，小区道路使用花岗石及鹅卵石构成，每一处建筑细节用心打造。多种户型随意选择。

50000平方米绿意

生活双花园导入全新生活理念，入户花园温馨居家。绿从门口延伸到家里的每一个角落；在自家花园中享受花样生活。

生活配套　典雅的皓月俱乐部

周边配套应有尽有，生活合理布局。优雅的欧陆建筑风格的皓月俱乐部近2000平方米，设有泳池、乒乓球、室内羽毛球、健身、美容、棋牌室、咖啡厅、阅览室、客房等。品位典雅、修身养性。

开发商：深圳祥祺房地产开发有限公司
皓月热线：0755-27528888
地址：深圳市宝安区龙华民治大道
物业管理：深圳市祥祺物业管理有限公司

深圳恒安房地产开发有限公司成立于1984年，是深圳证券交易所上市公司中国宝安集团股份有限公司的附属企业，经深圳市人民政府批准的综合二级开发公司，在深圳市(含宝安、龙岗两区)取得土地使用权的土地上进行房地产开发和经营。

公司注册资金人民币5000万元，至2002年底总资产为人民币5.8亿元。公司成立至今已建成各类物业面积达80多万平方米，所建的商住、办公楼宇主要有：洪湖花园、宝安广场、安业花园、美莲花园、美莲高层公寓、碧海花园、海天花园、海韵花园等。

公司制度严密，机构健全，素质一流，在技术开发、工程设计、施工管理、质量管理、建设监理、财务核算、售后服务等方面实行一系列科学化管理和运作，工程合格率100%，优良率95%。所开发和管理的美莲花园被评为深圳市"文明住宅组团"，所开发的美莲高层公寓A栋被评为市样板工程。

目前，公司正在开发的项目有龙华世纪春城及宝安恒安花园和碧海名园。世纪春城项目位于龙华镇民治村民治大道旁，紧临梅林关口，占地15万平方米，建筑面积约33万平方米；恒安花园和碧海名园位于深圳市宝安20区和57区，建筑面积分别为5万平方米和7万平方米。

公司现正遵循宝安集团的发展战略，抓住机遇，再创佳绩，诚愿与各界携手共创深圳的繁荣大业。

深圳恒安房地产开发有限公司

宝安·碧海名园 Southern Bay Villa
深圳·中小户型·全错层社区

中国房地产成功开发典范

碧海名园　领跑时尚潮流

碧海名园位于深圳市宝安区西乡中心区57区，宝安区西乡街道西乡大道与宝安大道交汇处，西北面为铁仔山，东南面与前海相望。建筑共有28座，1座16层，12座11层，15座6层，共802户。楼盘为现代精品造型，楼体外形清新简约，洋溢时代气息。

碧海名园

在自然——山与海的对话中，

在城市——昼与夜的轮回中，

在空间——上与下的错落中，

给梦想一个终点站，给生活一片艳阳天。

动感园林　为生命开 Party

区内营造亚热带草坪园林，既可在缔梦园享受格调高雅的"吟风诵"，或是沿着观景栈道漫步恬静的藤蔓花园；又可以在园林雅座小憩谈心，或是嬉戏于芳菲园林侧畔的叠水瀑布，陶然之境，令人神往。

错得有理　价值层层递上

碧海名园在户型设计上突破传统观念，结合人性化需求，将现代人居环境与价值深刻体现。3.9米高客厅，宝安绝版户型，居家布局从此改变，两层空间，楼梯上下，公私分明，动静有别，品味随客厅高度而升华。

3.9米的高大客厅使得上下两层可以形成空间借用，从而把空间的利用率和实用性最大可发挥至150%。只要购买一套相当于平层住宅两房的面积，就能得到3房甚至5房的享受——一种三层立体空间的与众不同的生活享受。

碧海名园分三期开发，一期建筑面积26607.93平方米；二期建筑面积31420.13平方米；三期建筑面积41606.48平方米。宗地号:A108-0240 宗地面积：28486.2平方米

完美居家　乐享幸福人生

主题会所精彩纷呈，设有多种休闲娱乐项目，为您工作之余释放压力、培养生活情趣的最佳去处。由享誉盛名的恒基物业为您提供国际化水准的管理服务，户户铺设智能化宽频网络，网上冲浪乐开怀，可视对讲系统保障您的安全，业主充分享受超出期

盼的呵护，时刻感受如亲情般的身心滋润。

山宁海静　繁华便利共舞

碧海名园傲立宝安西乡繁华便利地带，尊享市心辐射优势，浓烈的城市气质与前海、铁仔山的自然风光糅合。进可尽享都市情结，与时尚节奏合拍；退可与宝安优美自然风光、纯朴人情共得闲适与安乐。

举步即到宝安大道，“碧海湾高尔夫俱乐部”就在眼前，广东省一级重点小学——西乡中心小学近在家门，“生态公园”随意徜徉，周边西乡步行街、果菜批发市场、南城百货、新城广场、凤凰城购物中心、医院、银行等生活配套一应俱全。

城市动脉　黄金升值空间

即将开通的西乡地铁站近在咫尺，临近“深圳——广州、珠海”主干线107国道，宝安大道、新城大道、西乡大道等城市动脉举步之遥，各路大中巴穿梭往来，带动商业的迅猛发展，西乡政治、文化与商务核心领地，创富机会伸手可揽，升值空间无比优越。

便利交通　四通八达

西乡地铁站即将开通，601、320、311、608、630、616、708等多路巴士穿梭往来。

廿载实力　打造理想家园

20年辉煌战绩，成就宝安集团国内知名品牌；

一句“敢为天下先”，见证宝安集团不断开拓、永立潮头的企业精神；

200多万平方米土地开发面积，遍及全国各大省市的足迹，

只是它的一个历程。

一个充满艰辛的奋斗历程。

一个不断进步的完善历程。

因为，

做天下人的榜样，为地产界导航，

实现无数人的居家梦想，

才是宝安集团永恒的追求。

携手共进　开拓美好未来

宝安集团征战全国，在各大省市均有精品杰作。

武汉南湖花园城宝安花园——被授予“建设部城市住宅建设优秀试点小区”称号和“优秀开发管理奖”，并同时包揽“规划设计”、“建筑设计”、“施工质量”、“科技进步”四块金牌。

物业小花絮

占地面积：28486m²

建筑面积：86313.98m²

住宅面积：60736.92m²

商业面积：10527.19m²

绿化面积：30%

建筑构成：1座16层、12座11层、15座6层共28座

住宅层高：3.9米

总户数：802户

公共部分

外墙：高级外墙砖

停车位：设有地下停车场，出入口设智能化保安系统

电梯大堂：分别采用高级抛光砖，高级瓷砖装饰

电梯：采用上海三菱电梯

信箱：入户大堂设住户专用信箱

楼梯间：地面铺高级防滑地砖，墙体和天花采用高级白色乳胶漆

住宅部分

内墙：水泥砂浆抹平，预留门洞

天花：水泥砂浆抹平

地面：厅房为水泥砂浆抹平，厨房、卫生间地面做防水层及保护层

门窗：高级防火门，高级铝合金窗

厨房：毛坯房

卫生间：地面做防水层及保护层处理，墙面及天花水泥砂浆抹平

阳台：金属栏杆

其他：预留空调位置和通风排油烟管道、电话接口、有线电视接口、煤气管道

碧海名园 Southern Bay Villa

深圳·中小户型·全街层社区

宝安·碧海名园

售楼地址：深圳市宝安区西乡大道与铁仔路交汇处

（大益广场西侧300米）

碧海热线：0755-29970888　29970999

ELEGANI FLOURISHING 雍盛
SHENZHEN ELEGANI FLOURISHING CONSTRUCTION CO.,LTD

深圳市雍盛建筑工程有限公司

深圳市雍盛建筑工程有限公司是经深圳市建设局审批，市工商行政管理局注册的建筑施工贰级企业，企业注册资本2028万元，主要承建工业与民用建筑工程施工，兼营基础工程、市政工程、水利工程及房地产开发。

公司现有600多人，拥有技术职称170多人，其中建筑技术人员有115人，企业领导及主要管理人员具有20多年的建筑施工管理经验，同时具有一批训练有素的技术工人和拥有各种先进的建筑设备500多台（套）。

20多年来，公司本着"以质量求生存，以管理求效益，以科学求发展，以信誉求市场"的经营宗旨，倡导"求实、创新、拼搏、进取"的企业精神，使企业生产经营规模不断壮大，也为拓展房地产开发奠定了坚实的基础。

公司的组织机构是以总经理为领导核心，配备总工程师及二位副经理，下设办公室、财务部、经营部、工程部、施工技术部、质安部、机械材料部以及各施工现场的项目部。

公司在深圳先后承建了南油综合楼、光大木材厂房、园东花园、亚洲大酒店、红岭大厦、龙华宾馆、莱英达集团公司办公大楼、深圳大酒店、惠州先锋厂房、大冲造纸公司住宅楼、太阳管道公司大型厂房、南山区大型图书馆、金丰城地下室孔桩工程。在外地承建了潮阳市宏利大厦，潮阳汽车站综合大楼，工程质量优良率达到95%以上，1999年度宏利大厦荣获省样板工程称号，深受业主的信赖和深圳市有关部门的好评。

公司将一如既往，遵循"发展靠市场，信誉靠质量，质量靠素质"的经营方针，以最优的价格、最好的质量、最快的速度竭诚为广大客户（业主）服务。

我们渴望一片心灵的栖息地，不仅是居住的空间，更是精神与物质双重协奏的快乐家园。我们关注理想之居，因为它以特有的意义表述一个城市、一个区域的文明与魅力。一座让人心旌荡漾的好房子，往往给人以瞬间的顿悟与永恒的启发。

布吉，广东第一镇，深圳卫星第一城，新城市运动风起云涌。享誉京广的雍盛地产，挥师南下，联袂中原建筑中心，首个扛鼎力作——布吉中心花园，以其优越的地理位置、极具特色与个性的规划设计、完美的花园空间设计理念、精益求精的建筑品质正在为这个城市铸就一个新的地产标志，成为政府规划中人文居所的范本。

如果说布吉中心区是激越锐舞的卧龙，布吉中心花园正是那昂首长啸的龙头。布吉中心区是未来布吉最精彩的舞台，是布吉的行政、金融、贸易、商业、文化娱乐和生活中心。随着中心区整体规划的实现和配套设施的完善，入驻布吉中心区已成为更多人的梦想。

布吉中心花园，布吉中心区首席理想居所，一个真正的、全新的城市中心"花园空间"，挑战所有城市的中心区物业，实现中国人的居住理想。

雍盛地产坚持开发人居精品的理念，以开拓进取、稳健务实的作风，辉耀京城房地产，并铸就了"雍盛地产"这一品牌利剑。如今强势出击深圳地产界，以诚信创品牌，以品牌求发展，演绎城市人居交响新的篇章！

布吉中心花

中国房地产成功开发典范

布吉中心花园位于布吉中心区的核心地带，南接布吉镇政府以及2万平方米永久市政绿化广场，东临深惠公路，西临布吉中心区规划新区，北赏石芽岭秀丽景色；具有十分出众的自然以及人文资源。

项目总体建筑面积约11万平方米，规划总户数1080户，由6栋26-29层的塔楼呈半围合状布局而成。项目的主力户型为1房-3房，其中1房约40平方米，2房约63平方米-73平方米，3房约80平方米-103平方米。

用地面积：15733.7平方米

总建筑面积：118916.8平方米

容积率：6.16

覆盖率：25.2%

绿地率：31.2%

总户数：1088户

停车数：地上：32辆　　地下：477辆

“花园空间”建筑，城市先锋乐章

创新是建筑的灵魂。作为凝固的艺术，我们渴望在这座城市的核心留下一曲华美的乐章。每一个开创性的先锋概念，都是属于这个城市的完美音符。这里是心灵的栖息地，不仅是居住的空间，更是精神与物质双重协奏的理想家园。一座让人心旌荡漾的好房子，往往给人以瞬间的顿悟与永恒的启发。

◣布吉中心花园以完美的**“花园空间”**设计理念打造，开创性地将外露式空中私家庭院和市政广场融合，将广场的人文景观生活化，将石芽岭与求水山两大公园的自然景观生活化。

◣6栋简洁雅致、流畅恢宏的高层建筑呈半弧形布局。极具现代感的外立面，高雅脱俗的色彩，严谨但不失变化的线条，完美造型，尽显品质。

◣罕有的近1米宽步入式凸窗设计；近2米进深观景阳台设计；罕有的小户复式赠送花园设计；2DK概念独创式户型……

从此
生活由我作主

正有越来越多的人要亲身经历，太多的热烈依然热烈

着,不可知的传奇时时刻刻地发生着,可是某一时某一刻甚至每一时每一刻,都是一道不容错失的传奇景致……在布吉中心花园,在城市的心里……

雍盛地产以精湛创品牌,以诚信求发展,强势铸就布吉中心花园,演绎城市人居交响乐之新篇章!绝版地段,完美规划,使布吉中心花园的未来极具升值潜力。

阳光会所让您和家人休闲玩乐各取所需:游泳池、健身室、棋牌室、阅览室、乒乓球室、儿童乐园……

享受真正的主人生活,专业的物业管理公司提供全方位的星级服务。在布吉中心花园,一个敬礼,一个微笑,一声问候,这是属于您的贵宾礼遇。

私家庭院的上空,弥漫着快乐的空气

挑高一层的空中庭院,高一点的不仅是空间,更是一种生活品质。这里是布吉中心花园,这里有深圳最大的外露式私家空中庭院!

沐浴着10000平方米花园中央水体的点点清凉,静觉园林中的点点慵懒,空气中荡漾着开心笑声的点点滴滴……

闲暇时,在空中庭院里嬉戏,听孩子们的欢歌笑语,或徜徉在亭台楼阁之间休闲、娱乐,和家人朋友小坐,放松心情,一切随心随意。

作为家的一部分,园林存在的意义不只为满足眼睛,功能性与参与感都非常重要,布吉中心花园的空中私家庭院为业主提供生活交流、享受的空间。和谐的生活尺度,创造出亲切的居住氛围。组团与园林水景互为呼应,雕塑、喷泉、水景、泳池……每个细节都精雕细琢,只为给您的生活带来多一份的安逸和舒适。

先锋社区必有先锋户型。布吉中心花园户型设计具有三重"罕有:罕有的近1米进深步入式凸窗、罕有的近2米进深观景阳台、罕有的2DK。**罕有的近1米进深步入式凸窗:**打破传统空间布局,大大增加室内可利用空间面积,增强住宅使用的舒适性与创新性。延伸的空间带来全新的生活方式:宽畅、阳光、凉爽。**罕有的近2米进深观景阳台:**所有南向、面向镇政府广场单位的客厅阳台进深都达到了近2米,阳台完全成为居住者欣赏私家庭院、市政广场、求水山等景观的观光花园,可谓"无景不入"。舒适就这样随景而来。**罕有的2DK户型设计:2DK**的含义为:"k"为厨房(kitchen),"D"为餐厅(Diningroom),数字2代表房间的数量,2DK即:2房+1餐厅+1厨房;空间灵活,可分可合;弱化客厅、餐厅、平衡两卧,实是"来去匆匆"者的最佳选择。

在2万平方米的商业广场 采集时尚和快乐

完善的商业配套,三步、五步就是逛街,让生活自由自在。

轻松*Shopping*,随意、随情。林立的街铺,近在咫尺的繁华商业街,尽情释放购物欲。布吉中心花园自有**2万平方米的商业空间**,购物就在家门口,享受轻松时尚*Shopping*的乐趣。

布 吉 中 心 花 园

销售热线:0755-84701333 84701222

深圳鹏盛地产实业有限公司

深圳鹏盛地产实业有限公司是一家中外合资企业，成立于1989年，公司设有办公室、财务部、经营部、工程部、租赁办公室及物业管理分公司等部门，主营工业房地产开发与经营、兴办为工业区提供配套服务的实业。

10多年来，公司完成土地开发面积近7万平方米，完成规划勘察、设计近38万平方米，完成基建总投资3.88亿元，完成施工并交付使用房屋建筑面积15万平方米，实现营业总收入近6亿元，实现利润1亿多，为解决工业区职工和市民住房发挥了积极作用。目前，占地3万多平方米的盛世鹏程花园于2005年10月正式开盘。

公司大胆开拓、稳健经营，尽管遇到1996年以来的房地产低潮及东南亚金融危机的影响，由于及时调整经营策略，仍然保持了良好的发展势头，取得了较好的成绩，保证了公司的稳步发展。

为了保持公司持续、快速发展，他们将根据市场的变化和客户要求，适时开发出户型合理、配套齐全、环境幽雅的高尚楼宇；他们以客户满意为宗旨，增加硬件投入、提高软件质量，为深圳的二次创业贡献力量，为深圳灿烂的明天，积极开拓，努力拼搏，共创美好的二十一世纪。

如果你既不舍罗湖的繁华和精彩，又难割福田的高雅和风情，那么这里将是你的最佳选择。这里离繁华不远，离自然很近；这里位于罗湖与福田两大区域中间，可谓『都心』中的『都心』；这里拥有16万平方米的华彩社区，是精英名流生活新领地；这里透过发展商每一个细节的坚持，令人感受生活的美好与惬意……这里就是位于福田八卦岭片区的**盛世鹏程**。

盛世鹏程花园

中国房地产高尚住区成功开发典范

盛世鹏程花园系由深圳鹏盛地产实业有限公司开发建设。该项目位于深圳市八卦一路与笋岗西路之间，交通十分便利，项目占地面积31196m²，建筑容积率为4.0，建筑覆盖率为35%，由7栋住宅及1栋幼儿园组成。该项目总建筑面积155729m²，其中住宅部分108994m²，商业部分11851m²，会所572m²，幼儿园2899m²，配套设施完备。根据公司与深圳市规划与国土局签署的《深圳市土地使用权出让合同书［深地合字（1992）0333号］》及其第一和第二补充协议，该项目住宅和商业部分的土地使用年限均为70年（1992.11.18～2062.11.17）。

雄踞城市核心地段

盛世鹏程位于深圳市八卦岭南端，罗湖和福田的交界处，这一片区一直是整个深圳的核心居住区域。周边的园岭、白沙岭、通心岭等也是深圳的标志性片区。

盛世鹏程周边的配套齐全：咫尺之遥的园岭新一佳、价格低平的好又多超市、琳琅满目的沃尔玛是便利生活的好帮手；物品丰富的华强北商业街、应有尽有的东门商业区、时尚新潮的国贸服装是休闲购物的好去处；西餐厅、面点王、各式风味酒家、千奇百味的著名八卦岭食街是大饱口福的好地方；环境优美的笔架山公园、绿树环绕的荔枝公园、生态健康的莲花山公园是假日休闲的好场所；灯红酒绿的深水区酒吧、体育馆吧街、物质生活吧、卡萨布兰卡酒吧是娱乐的好选择……此外还有六大银行、深圳体育馆、八卦岭书刊批发市场、市图书馆、包括幼儿园、小学、中学在内的各级教育机构以及医院、邮局、花店、茶庄、药店等都近在咫尺。

盛世鹏程的交通网络、教育网络、医疗网络也是可圈可点的。30余条公交线路密布成网，周边的交通要道纵横交错，把家同深圳各个角落紧密联系在一起。从盛世鹏程到市中心仅需5分钟，到华强北商业区也不过3～5分钟车程。此外，盛世鹏程四周名校林立，铺就孩子的成功之路。

借势体育场物业

盛世鹏程的发展商鹏盛地产以前瞻的眼光锁定掘金之地，充分整合自身多年所积淀的文化品质及片区配套资源，以大手笔打造出949户的城市标志性建筑，彻底改变和提升体育馆片区的形象。

与深圳体育馆近在咫尺的盛世鹏程，为业主营造了在家门口运动休闲的极佳氛围。体育场和体育馆包揽了深圳的球赛和各种演出，足球场、网球场、游泳池等应有尽有，足以让生活于斯的人生活得动感健康。而小区专属泳池和网球场更是让品质生活在运动中自由舒展。

自然与繁华和谐共生

在繁华地段拥有一处寓所居住以应付日常繁杂的工作，在远郊同时拥有一处乡间别墅享受周末的闲情逸致，这种居住方式似乎是很多都市人所推崇和向往的。但是，试想当你周末习惯郊居清新自然的生活氛围，而周一又要回到人车如流的都市中居住，对于居住者来说并不会有舒适和从容的居住感觉。而盛世鹏程则是为都市人在繁华都市中量身打造一处闹中取静的舒适居所。

盛世鹏程吸引业主的是闹中带静的环境：往外走100米左右，就是繁华闹市，但回到小区，就能听得到鸟儿的叫声。另外，这里的户型非常方正实用，每隔一层就有个空中花园，可以给邻居们很多交流的空间。

细节之处凸显尊贵

盛世鹏程社区中的点滴细节更是让人怦然心动。盛世鹏程的建筑设计充分考虑到业主居住的舒适感，既兼顾了城市建筑美学的角度，又保证居家生活的舒适、通风、采光，集合了塔楼、板楼最具优势的建筑因素。而且盛世鹏程是2004年福田区政府开展的“阳光工程”的试点项目，每天每户日照时间为2～4个小时，完全符合高档豪宅的标准。

盛世鹏程的户型以南向为主，总体布局突出大面宽、小进深的特点，形成良好的通风采光条件。并充分考虑绝大多数的户型有好的朝向、好的景观，大小户型兼顾，使小区内有好景观或好朝向的户型达到近90%。

盛世佳音：

0755-82132888

地址：深圳市上步路与笋岗西路交汇处（体育馆东）

Champagne Plaza
香缤广场
中国·宝安

中国房地产投资性物业成功开发典范

项目背景：

香缤广场位于深圳市西部，宝安区新城8区，属宝安老城区（新安镇），为宝安传统政治、经济、文化中心区，紧邻区政府、文化广场等市政设施。

宝安区北接东莞至广州，东连龙岗至潮汕地区，南面隔南头关与特区紧密相连，西南临珠江口与香港、澳门、中山、珠海隔海相望。区域内有深圳机场（约15公里）、福永码头（约15公里）；广深高速、机荷高速、梅观高速呈“艹”头沟通东西南北各方，建设中的西部通道也将与新中心区相连成型快速流通干线，区域地理位置极显枢纽特征。宝安老城区：主要指宝城1-36区，湖滨路——二线、广深高速、新安四路、广深公路围绕的片区。老城区是宝安最早、最成熟的片区，片区内有区政府、机关事业单位、中等院校、金融机构、文化中心、交通中心等完善的市政设施及配套服务；广深高速南侧沿线，集中了几个工业区，并向广深高速公路北侧扩张，加强石岩、公明、光明等东北部的联系。总体来看，宝安特别是宝城正处于城市转型期，并正处于城市发展建设的快速发展期。城市化发展的战略是“东西两翼”发展、中部转型控制，使之成为东、中、西协调的新型都市。

项目位置：

处于宝安老城区建安路及新圳路交汇处，地块平整、规则，呈正方形状，东临新圳河（新圳路）、南临新安湖商城、西临新安湖花园、北临恒丰商住中心。宗地号为A008-9。

项目基本资料：

用地面积：15313m²

总建筑面积：168213m²

计容积率面积：141694m²

其中：住宅建筑面积：90299m²

商业建筑面积：46032m²

不计容积率面积：26519m²（地下车库和设备房建筑面积）

核增建筑面积：5195m²（住宅架空层面积）

车位：755个

建筑设计：

建筑总高度100米，总高31层，商业4层半，住宅26层，地下车库3层。商业裙楼：-1-4层为商业面积，1-4层每层约10600m²，-1层约3660m²。层高：一层为6.2米，2-4层为5米，-1层为4.7米，柱间距为8.5-9米。住宅：由6栋塔楼组成，每栋26层，共1058户。

项目市场定位

深圳市宝安区中高档商住高层物业

项目市场形象定位

深圳西部顶级国际购物社区

项目荣誉

深圳市宝安区宝安权威日报社评选“最佳置业投资奖”

HMS

发展商：深圳市惠明盛房地产投资开发有限公司

地　址：深圳市宝安区宝城八区建安路

香　约：0755-27881111

顶级商都，旗舰地标

超大整体商业格局及罕见的豪华商业垂直交通配套，缔造宝安商业核心区顶级的“购物天堂”，荟萃世界名品的都市shopping mall；独一无二的香槟金外立面，大开大合的空间构成，含蓄国际；17万平方米高尚社区、百米擎天之姿，地标旗舰仅此一座，使得香缤广场真正成为城市“赢家”文化的范本，统领宝安商业格局的“第一物业”。

金色街区，接轨国际

炙手可热的深圳次中心地位，首屈一指的宝安商圈重地；香缤广场除了自身的顶级商都外，毗邻素有“金色街区”之称的建安路，这里万商林立，配套成熟，人流畅旺；CBD中心城市多元生活起涨点，繁华触手可及，赢在最旺的风情地，赢在接轨国际创造优质生活。

多维捷运，时尚前沿

凭借宝城八区的核心枢纽，香缤广场坐享八达交通，成为新都市生活的空间节点，完善便捷的多方位交通系统，国际空港近在咫尺，扼守百万人潮的品位之都，大都会、大商业、大配套，宝安首创地下三层停车场，让您随心所欲的出入城市之中，时刻走在时尚最前沿。

安湖风景，地中海风情社区

香缤广场的优雅得益于美丽的新安湖和远眺前海方圆几十公里的蔚蓝海岸线和跌宕起伏的绿洲；自有的11000多平方米“地中海风情”超大架空层园林——宝安首创面积最大的架空层“天然氧吧”，居家生活，有风有景，就有好心情。

成熟区域，左右逢源

作为较成熟的宝安八区，香缤广场从人性关怀出发，充分迎合国际都市社区的效率与品位，全力打造富国际气息的顶级购物社区，周边餐饮购物、娱乐休闲、医疗教育、政治金融、生态公园一应俱全。一路之隔是省一级中学宝安中学，一墙之隔是新安湖小学，让您的孩子赢在起跑线。便利的五分钟生活圈无限惬意，左右逢源，从容升值。

多变空间，赢家之城

两梯四户、三梯六户的单体设计，开创宝安区“一梯两户”的人性化居家先河；首创“入户花园”，80%以上的户型均带“入户花园”，270度超大落地弧窗和超大景观凸窗，尽收窗外美景；高层住宅首创“入户双大堂”；户型实用大方，户户通透，明厅亮房，尽显业主的高贵与生活品位；复式单位除赠送私家花园外，还设有“空中别墅”的私家游泳池，无论小间温馨，还是大间豁达，都是赢家风采的生活主题。

香缤广场的落成，推动宝安国际化的进程

地利与前景双赢

深圳宝安八区，城市次中心，前景无限。扼守新安商圈，周边万商林立，配套成熟，直取宝安最丰饶腹地。近5万平方米的都市shopping mall，荟萃世界名品，高尚缤纷。

成熟与国际双赢

八区核心枢纽，坐享八达交通，国际空港近在咫尺，扼守百万人潮的品位之都，随心出入城市，时刻走在时尚前沿。

个性和包容双赢

香缤广场从人性关怀出发，充分迎合国际都市社区的效率与品位，全力打造富国际气息的顶级购物社区，便利的5分钟生活圈无限惬意，居家事业两不误。

传统与时尚双赢

炙手可热的宝城商圈重地，毗邻建安路金色街区，配套成熟，万商林立，人流畅旺，CBD中心城市多元生活起涨点，赢在最旺的风情地，赢在接轨国际创造优质生活。

规模与服务双赢

17万平方米高尚社区、百米擎天之姿，独一无二的香槟金外立面，大开大合的空间构成，含蓄国际；多款户型实用大方，户户通透，明厅亮房，阳光凸窗，真正实现都市赢家大社区。

尊贵与享受双赢

新安湖风景和远眺前海方圆几十公里的蔚蓝海岸线和跌宕起伏的绿洲；自有的11000多平方米“地中海风情”超大架空层园林——宝安首创面积最大的架空层“天然氧吧”，居家生活，有风有景，就有好心情。

香缤广场8大经典

1：首创高层住宅“入户双大堂”经典设计；

2：首创高层住宅两梯四户、三梯六户的人性化设计，满室阳光，开窗见景；

3：首创高层商住物业“入户花园”设计，80%以上的户型均带“入户花园”，堪称宝安同类物业之最；

4：11000多平方米“地中海风情”超大架空层园林，宝安最大的“空中天然氧吧”；

5：顶层复式单位“空中别墅（私家泳池）”的设计理念，堪称宝安经典；

6：宝安最大规模的“都市shopping mall”，统领宝安商业格局的“第一物业”；

7：裙楼商业高档设施配置，豪华服务配套，开创宝安最完善商业规划先河；

8：首创宝安地下三层停车场，同类商住物业宝安之最。

深圳市银台实业发展有限公司

深圳市银台实业发展有限公司是经深圳市工商行政管理局批准，于1996年12月注册成立的科工贸综合性公司，注册资金1亿元人民币。公司集实业、贸易、房地产开发等多元化产业于一体，自成立以来，本着“稳健经营、锐意进取”的经营理念，在全体员工的协同努力下，各项业务蓬勃发展，取得了显著的经济效益和社会效益。

公司的经营理念在同行中备受瞩目，经营方式成效显著，因而获得云南红塔集团及其关联企业的充分信任，成为该集团的重要供应商，相互之间建立了长期稳定的合作关系。目前，红塔集团下属卷烟厂所需的主要辅料如锡纸、细墨、丝束及包装材料等均由公司提供。此外，公司与内蒙古等地的众多企业均有大量业务往来。通过与红塔集团这样特大型企业的合作，也为公司自身的长期稳定发展打下坚实的基础。

随着深圳特区房地产业的飞速发展和国家对住房商品化的政策性推动，加之龙岗区作为深圳市卫星城市所具备的优越地理条件，公司也不失时机地向房地产进军，以自筹资金在龙岗中心城11~14区购买了12万平方米的商住用地，规划建设总建筑面积为23万平方米的大型商住小区“和兴花园”。目前在该地块上已兴建的有和兴花园一期“和兴苑”、二期“和盛苑”、三期“和顺苑”、四期“和煦苑”、第五期工程正在筹建中。和兴花园引入了中国电信宽带骨干网，致力于将“和兴花园”建设成一个配套齐全、设施完备、环境优美、自成体系、成熟的信息化功能社区，并成为龙岗中心城一道亮丽的风景线。

作为一家集实业、贸易、房地产开发等多元化产业于一体的综合性企业，公司除在房地产领域有重大举措外，还大力发展海外贸易，涉足高科技企业，积极投资开发新型能源、环境保护、生物工程和信息工程项目。并先后成立了和兴物业管理公司、银藤保健品公司、联丰投资公司、银台环保工程技术有限公司，创造了较好的经济效益和社会效益。银台环保公司承接了龙岗大福工业区、横岗莲塘工业区、深圳高新技术区等环境评估及环保工程项目。由于实施了多元化发展战略，大大提高了公司的综合实力，并为努力迈进海内外较强的产业集团奠定了坚实的基础。

中国房地产高尚住区成功开发典范

和兴花园

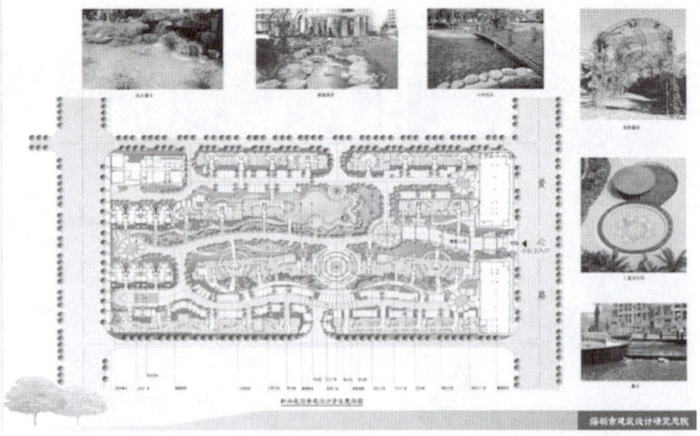

和兴花园地处深圳市龙岗区中心城清林中路与爱心路交汇处，总占地面积12万平方米，容积率从1.53至2.6不等，总建筑面积23万平方米，由深圳市银台实业发展有限公司投资开发。

和兴花园因占地面积较大和中间被市政道路分隔，分五期建设。一期“和兴苑”、二期“和盛苑”、三期“和顺苑”已先后在2003年5月份前入伙，四期“和煦苑”于2004年10月底竣工，五期工程目前于2004年12月动工。和兴花园从第一期开发之初，开发商深圳市银台实业发展有限公司本着以人为本，超越传统的居住概念，建设高尚住宅小区的开发理念，结合深圳人观点先进、思维超前、易接受新事物的特点和深圳亚热带海洋性高温高湿气候环境，以岭南建筑风格配以江南园林的环境绿化为主体，楼体坐北朝南，一梯两户(含多层、小高层)，南北通透，大阳台(前后双阳台)，大凸窗，户型方正，高实用率，高绿化率，屋顶以传统的平屋顶和新潮的坡屋顶相结合，外观俊朗；小区小桥流水，亭台连廊，绿树成荫，鸟语花香，内设游泳池，羽毛球场，儿童乐园，老人活动区、娱乐休闲区、幼儿园。和兴花园以其舒适怡人的居住环境，阳光健康的运动主题，配套齐全的生活设施在龙岗中心城楼市中独树一帜，赢得广大客户和业主的青睐和好评。许多业主在自己购买了和兴花园的物业后，不断介绍自己的亲友购买和兴下一期物业就是和兴花园成功的明证。2004年7月《深圳商报》发布的《深圳楼市销售龙虎榜》中，和兴花园四期“和煦苑”荣获龙岗片区榜首。

和煦苑位于龙岗中心城爱心路旁，东依龙岗实验学校，北临龙平大道，南靠清林中路，总占地面积35000平方米，建筑面积58251.01平方米，容积率1.53，建筑覆盖率25.8%，园林景观绿化率达35.2%。低密度，高实用率。户型方正，南北通透，一梯二户。小区内小桥流水、绿荫长廊、休闲广场构成了和兴花园怡人的生活环境，岭南建筑风格，配以江南园林，处处弥漫家的温馨浪漫。

配套，一品优悠生活

“大隐隐于市”，纵情山水却“离尘不离城”，享受尊贵生活，配套是关键。人文教育、娱乐休闲、医疗保健、餐饮购物、金融服务等的完善，无不彰显和兴花园的成熟生活魅力。

政府部门：海关大楼　龙岗交警大队等。
购物：万佳百货　天虹商场　白灰围市场　愉园市场
休闲：影剧院　龙潭公园　余石岭生态公园　龙城广场
餐饮：彬源海港酒楼　和兴美食街
学校：和兴幼儿园　龙岗实验学校　龙城中学　龙岗中专　党校　电大
银行：农村信用合作社和兴分社　中国银行　建设银行
医院：龙岗人民医院　妇幼保健院　计生服务中心　区卫生防疫站
交通：818 831 983 862 839 904 963 969 365

售楼热线：0755-28963333(3线)

A COMPREHENSIVE HANDBOOK OF DEVELOPMENT OF REAL ESTATE IN CHINA

2005-2006

中国房地产业发展大全

缔造经典 创造永恒

无锡苏源置业有限公司（苏源·天一城、太湖·檀溪湾别墅）
苏州南都建屋有限公司（南都·玲珑湾花园）
江苏高力集团有限公司（高力汽配连锁）
江苏百大实业发展有限公司（百大·春城）
苏州中天房地产开发有限公司（中天·城市花园）
苏州信泰房地产开发有限公司（城市之光）
昆山红枫房地产有限公司（东方云顶广场）
苏州鸿意地产发展有限公司（苏州高尔夫）
浙江省耀江集团
昆山世界名人城房产开发有限公司（耀江·淀湖桃源别墅）
无锡五洲国际装饰城有限公司（无锡五洲国际装饰城）
江苏星源房地产综合开发有限公司（东郊庄园）
无锡市博胜置业有限公司（香梅假日花园）
苏州新城万嘉房地产有限公司（新城·翡翠湾）
昆山市中楠房地产开发有限公司（中楠·锦绣嘉园）
常州天禄建设开发有限公司（南甸苑）
常熟裕坤置业有限公司（裕坤·国贸广场）
阳澄湖投资有限公司（阳澄·领岛别墅）
苏源集团江苏房地产开发有限公司常州分公司（玉隆花园）
南通开发区爱东房地产有限公司徐州淮海分公司（徐州领秀·金庭嘉园）
仪征莱茵达置业有限公司（莱茵达·都市枫林）

精心打造中国房地产品牌及精品楼盘
强档推介中国房地产业成功开发典范

江苏

建设部·中国房地产业协会
中国房地产业发展大全编辑委员会 隆重推介

诚信立业　精

中国房地产成

苏源·天一城项目简介

天一城位于惠山区惠山新城的最南端。西漳镇的西部。它东临咸塘河，西依锡澄运河，南靠运泾河，距项目北面2公里左右是锡宜，沪宁二条高速公路的出入口。凤翔路是现在从市区到项目的主要交通干道，同时项目周边规划有三纵二横的道路网线，三纵为凤翔路、新锡澄路和天水路，二横为天一路和北环路，交通方便。

目前周边有三条公交路线可到达本项目附近，43路——起站：梁溪大桥至南西漳；25路——起站：朝阳广场至天一中学；25支路——起站：新塘里村至天一中学；为了方便业主，项目内将设置公交车站和公交总站。开发商将开通社区BUS，定时往返市区。

“天一城”项目总占地面积为2400亩，1.6平方公里，平均容积率1.2，建筑总面积192万平方米，是无锡规模最大、高品质、低密度的花园式居住区。整个项目大致分5期开发，一期开工总面积超过40万平方米，包括公寓、别墅、商业、会所等。

一期的公寓面积为18万平方米，是国家康居示范工程实施项目。由21栋的小高层和高层组成，面积由90平方米——200平方米左右不等，共有1300多套；小区内采用了人车分流，户均停车位1个以上；底层都设有高4.5米架空层，可增加公共活动空间、景观用地和整个小区的通透性。容积率为1.75，小区的绿化率高达55%以上。

“天一城”一期公寓是国内第43个，无锡第2个国家康居示范工程实施项目，康居示范工程是为了推进住宅产业现代化，提高住宅质量而制定的国家最高标准。我们在社区的规划、景观、室内设计及其生态、环保、节能、四新技术（新产品、新技术、新工艺、新设备）应用、住宅科技含量方面都有很高的起点。

一期开工的还有别墅区：300多户独栋别墅、双拼别墅以及townhouse，环绕在中心湖边，中心湖是原生态保留的湖区，面积有4万平方米左右。户户都会享有良好的景观、院落和视野，设计采用纯现代建筑风格，为无锡首创，拥有魅力十足的空间和视觉效果。

社区的配套方面：商业街集休闲、娱乐、美食、购物为一体，约3万平方米，引进国际品牌的大型卖场以及建筑面积约6000平方米的体育和商务会所，其中有网球场，室内游泳池等等。

核心理念“天一城，无锡生活城”，我们志在把这片美丽的土地建设成为无锡新一代高品质居住区。

找 家 的 方 向 ！！！

傍水而居　湖景别墅

檀溪湾别墅，位于有“天然生态公园”之称的无锡马山国家旅游度假区，是2004首届中国别墅节特色山水别墅金奖项目。项目所在的檀溪湾，三面群山环绕，一面环湖而立，太湖风光与清丽山景水乳交融。清晨迎朝晖，薄暮送落雾，是一块天然的风水宝地。

整个别墅区总占地面积80万平方米，由近400栋各具特色的纯独立别墅组成，拥有75%的高绿化率和0.167的超低容积率。在整体规划上，檀溪湾遵循“半山半坡、依山傍水”的设计理念，并利用地势高差，形成四条深入山谷的清泉，使太湖水贯穿整个别墅区，山水之秀与建筑之美艺术融合。

在景观设计上，檀溪湾别墅在保留百年杨梅树、银杏树以及古井等大量原生景观的前提下，同时根据蓬莱阁、水清园、群玉庄、彩云间、吟香庭、上林苑六大生活区，精心设计了各具情态的组团式景观。生态小岛、林间小道、木制小桥、景观廊架、绿色蔬林、风雨长廊、环山步道、晨练场相映成趣，溪流、瀑布、跌水、叠水、喷泉，各具风情，充分营造了一个自然、灵动的生态居住空间。

为了打造真正的太湖畔“顶级源生态山水别墅”社区，在小区会所上，檀溪湾除了规划音乐餐厅、特色咖啡吧、主题酒吧、便利店、多功能影剧院、健身房、SPA美容生活馆等各类日常生活配套外，还精心规划了游泳池、网球场、垂钓区、游艇俱乐部等各类休闲运动设施，全面满足业主需求。别墅区附近的太湖国际高尔夫球场、以及太湖国际垂钓中心、国际赛马场，更是让回家真正成为度假生活的开始。

目前，随着十八湾公路的全线改建，梁清路拓宽，以及环湖公路的兴建，从檀溪湾到无锡市区仅需半小时左右时间，到南京、上海、杭州等地，也只需要近一个半小时左右。

生活在檀溪湾，真正享受到离尘不离城的完美生活。

檀溪湾

献给世界的太湖珍藏

SANDAL STREAM VILLA

太湖檀溪湾别墅

太湖檀溪湾别墅

溪流瀑布跌水叠水喷泉

构建理想家园

依山而立
坡景别墅
在檀溪湾，
设计师经过无数次的细致考量，
使别墅的建筑形态与山的走势完美结合。
生活在这里，
推窗即是满目苍翠，
耳边回荡清脆鸟语。
居高临下的优越气势，
极目远眺的空旷视野，
群山环抱的绿色仙境，
让您领略唯有坡景别墅才能拥有的“高上”生活。
中国山林水景地产成功开发典范
开发商：无锡苏源置业有限公司
咨询电话：0510-2071111 2725567

地标——城市新地标

南都·玲珑湾花园

一个高尚水岸观景生活家园

一座正在崛起的城市地标性现代建筑群

地标的塑造

南都·玲珑湾花园位于园区凤凰泾以东，槟榔路以南，玲珑街以西，现代大道以北。如果以金鸡湖为坐标原点，南都·玲珑湾花园则位于金鸡湖正北的方位。山之南，水之北，是汇聚天地灵气的地方。

为将南都·玲珑湾花园打造成一流的国际化高尚居住社区，开发商——苏州南都建屋有限公司不惜重金，诚邀加拿大的Arthur Erickson Architectural Corporation、新加坡的RSP Architects Planners &Engineers[Pte]Ltd、香港的 Wong & Tung Partners Ltd.和台湾的EDS International 等多家顶级设计事务所为玲珑湾花园量身订做规划设计方案。

大师们从各自不同的角度出发，分析和发掘项目地块的优势与潜力，提出了多种解决方案。经过多轮比较和论证，由台湾EDS International联合苏州工业园区设计研究院，综合各家所长，在多位毕业于哈佛、康奈尔、清华、 同济等国际国内顶尖设计学院的高手努力下，精心完成了最终的实施方案。在此基础上，由来自新加坡的LandArt Co.Ltd.担纲项目的景观设计，通过空间形态的语言，演绎出以意大利著名音乐家维瓦尔第的《四季》组曲为主题的社区景观。

建筑是城市的记忆

效果图

南都·玲珑湾花园，85万方国际水岸观景生活社区
中国房地产成功开发典范
选择10大理由
南都·玲珑湾花园
NARADA HOUSING
Bayside Garden
850 thousand square meter lakeside life
10大效应
纵览7.4平方公里金鸡湖全景
延绵800米湖岸风景线
占据38.4公顷面南临湖胜地
构筑85万平方米超大型生活社区
汇聚2万城市精英人士
知名开发商全力打造
国际名师倾心佳作
本次活动最终解释权归属南都·玲珑湾花园所有。
南都·玲珑湾花园——金鸡湖正北岸，高尚国际水岸观景生活社区，坐北朝南，零距离拥抱金鸡湖浩淼烟波，周边集合着园区主要人文生活配套设施——红枫林、国际博览中心、科技文化中心、文化水廊。。。。。。连接苏州工业园区一期CBD商贸区和二期行政文化中心的黄金纽带。整个项目规划遵循社区开放、组团封闭的原则，景观设计充分汲取了意大利著名音乐家维瓦尔第《四季》组曲的艺术灵感，建材与配套均采用高品质知名品牌产品，并特聘百年历史国际知名威格期物业担当全程顾问。可以说，从自然景观、建筑美学、人文艺术、生态居住等多个方面来看 南都·玲珑湾花园均是一个具有丰富内涵与深度价值的人居大盘。
会展中心效果图
红枫林实景图
Bayside Garden
850 thousand square meter lakeside life
玲珑湾
玲珑热线：0512-62888888
地址：苏州工业园区玲珑街1号
http://www.naradahousing.com
玲珑湾
金鸡湖
示意图

中心廣場透視圖

LIGHT CITY

Xin Tai Framework Light.City

·城市之光·

绝版市心地段　璀璨方塔地标

市心钻石地标，名流专属殿堂

这是一个城市的中心，闪耀着繁华的光环，这是一处名流的领地，洋溢着尊贵的气息。

[城市之光]坐镇寸土寸金的苏州市中心区，阜湖路与海虞南路钻石交汇处，尊贵地位无可复制。优越的居住环境、出入自如的便捷交通，以及成熟丰富的生活条件，无不焕发着国际高尚社区的巨大魅力。中心生活，成就不凡人生绝响。

[城市之光]领先国际豪宅六大基准：

- 坐镇阜湖路与海虞南路钻石交汇处，身份地位，不彰自显。
- 重金礼聘美籍华人TERRY·AN建筑师，美国著名BTF景观，金牌物业……等国际级团队。
- 24000平方米市心稀有园林，超高绿地率，（相当于4座足球场或57座篮球场）绝无仅有。
- 独特五心全龄化会所，成就一方郡主尊荣。
- 八大智能化系统，建构一座安全城堡。
- 超大栋距、270度帝景视野、180度观景电梯、2梯2户全明户型，入户花园……尽享名门大户生活。

生活在新上海·休闲
东方云顶
开 发 商：昆山红枫房地产有限公司
售楼热线：0512-57506658 021-62718188、62718140
0577-28828865、88844639
售楼地址：上海市威海路777号
温州市黎明西路8号国贸中心501室
东方云顶
广场度假酒店
The Enst Genting World
中国度假旅游地产成功开发典范

在阳澄湖

红枫集团

昆山红枫房地产有限公司简介

在国际经济巨子角逐的长江三角洲，迅速成长的昆山红枫房地产有限公司已经引起了人们的瞩目：就在日新月异的大上海的“大门”口，一个总投资达15亿元人民币、建筑面积23.5万平方米，由澳洲著名酒店管理公司管理的五星级的昆山东方云顶广场即将改写中国旅游度假业的记录——这个规模、水景和设施堪称中国之最的五星级休闲旅游度假中心，约占总建筑面积30%的产权式客房和15%的长三角名流社区别墅已经实现全面销售预定，其87%的业主是精明的上海人。

昆山东方云顶广场的成功不是偶然的。成立于2001年的昆山红枫房地产有限公司的投资主体是已经在温州房地产业颇有影响的温州长龙房地产有限公司。温州长龙房地产已经成功地在温州开发了建筑面积25万平方的温州红枫山庄、鱼鳞浃、月乐垟、龙霞住宅区。目前正在参与合作开发建筑面积30万平方的有温州永强安源小区、永中南洋锦园、乐清七里港商住楼。

在上海，昆山红枫房产正在进行青浦红枫苑和占地870亩的奉贤国际老人公寓开发的前期准备。在各级政府的支持下，在中国和发达国家开始进入老龄社会的新世纪的早春，昆山红枫房产开始进入以特色康疗为主的国际老人养生度假事业。

与此同时，昆山红枫房产以五星级昆山东方云顶广场为主体，正在构造全球休闲分时度假网，作为第一步，已经在国风启动——在庐山、长白山和有“天下第一氡泉”之称的温州泰顺氡泉区，以东方云顶命名的系列分时度假基地已经建成，将在昆山东方云顶广场开张以后同步迎客。到2007年，昆山红枫房产投资的国内休闲分时度假将达到5个点，形成休闲分时度假的雏形。到2015年在国内投资的分时休闲度假将达到40个点，同时纳入国际主要休闲度假交换中心的全球网络，地球村的风景名胜将成为从封闭中走来的中国人的“后花园”。

虽然，昆山红枫房产仅仅诞生了5年，但是，在长三角这片经济沃土上，生逢其时的她实现了跨越式发展。她感谢时代，感谢业主、感谢一切给她以关心的人们。

她的目标是建立一个以旅游物业、分时度假网络和国际老年公寓网络为主的企业集团。

她未来的名字会叫云顶集团。

五星级休闲旅游度假中心
中国度假旅游地产成功开发典范

万国风情别墅区

除配备有功能齐全的高档会所外，全部100幢别墅，根据各国风土人情设计了多种风格。别墅区由大小不一的6个组团组成，结合建筑造型和园艺配置，各个组团形成不同的特色，每幢别墅的用地面积平均5亩，阳澄湖水直接进入别墅的庭院。每幢别墅的装潢在强调生态和环保的同时，将处处体现当代高科技。

室外主题乐园区

规划中的室外主题乐园以水为主题，活动项目纷繁有：水上蹦床、360度高速旋转滑道、水上升空伞、水上皮划艇、喷水高达108米的音乐喷泉、7000平方米水上森林氧吧、大型水滑梯、游艇俱乐部等，能满足幼儿至老年人的不同年龄层次的需求。

悉尼湾
GOLF GARDEN
高尔夫花园
悉尼湾升级版。
4/9高空开盘，
让梦想升级！！！
全高层双湖景房 & 88席湖岸叠加别墅。
中国房地产健康生态住区成功开发典范
驻金领地带 / 品味国际生活 / 和黄金水岸一起狂欢 ——乘坐热气球升空，"飞"高观湖 / 观看动力滑翔伞直击长空感受活
飞艇盘旋蓝天 / 看精彩表演，吃美味烧烤 / 免费入场，恭候光临！———— 时间：4月9日上午9:30 地点：工业园区机场路
非常小众：临水而建，亲水人居，两岸名宅交相辉映，纯精英领地已初现端倪 黄金地段：紧邻高尔夫球场、"水巷邻里"休闲中心，蕴涵无限升值潜力 完善配套：高尚活社区，专属学校、湖滨商业广场等配套建设昭示不远的灿烂远景 价值延续：未来苏州新城的焦点地段，古老苏州的国际新起点，亦是个人梦想的崭新起点 用心人文：道间、河岸边巧妙布置社交空间，建设者精心营造金领地带
湖热线|0512-67628808 现场接待中心|机场路与星港街交汇处向东300米
苏州高尔夫花园最新荣膺"2004年度苏州市优质结构工程"称号
展商|苏州鸿意地产 规划设计|法国PA建筑师事务所 建筑设计|苏州市建筑设计研究院有限公司 景观设计|贝尔高林香港有限公司 物业顾问|戴德梁行 营销企划|苏州新吉阳

做生活的国王

精装修小户型·五星级度假别墅

■淀山湖是上海最大的内陆湖泊，东连黄浦江，西接太湖，64平方公里浩瀚湖水自然流动循环，碧波万顷无限风光。

■淀湖桃源位于淀山湖最大的半岛岛尖上，三面环湖，内部天然活水引自湖内，湖岸线长达数公里，视野壮丽开阔。

■周边分布旭宝高尔夫球场、国际高尔夫乡村俱乐部、太阳岛、光明高尔夫俱乐部等高尚休闲娱乐配套。

■312国道、沪青平高速、沪宁高速、上海外环线、在建中的苏沪高速构筑快速的交通便利，40分钟即达上海。

■淀山湖镇北部和东北部规划为大型工业园区，台资、合资云集；中部为淀山湖镇区中心区域，各类配套设施齐全。

■西南部沿淀山湖规划为淀山湖旅游度假区，本案位于度假区的最佳临湖区域，距淀山湖镇镇府仅10分钟车程。

耀江 淀湖桃源
DIANHU UTOPIA
中国度假旅游地产成功开发典范
发展商：浙江省耀江集团
开发商：昆山世界名人城房产开发有限公司
上海售楼处：漕溪北路565号（近南丹路口）
贵宾专线：021—64224117
悠然生态水岸，自在桃源风光。
View
将阅历已久的品位，沉淀为一种涵养
将眼界开阔的视野，内敛成人生境界
收藏一座属于心灵的湖
收藏属于心灵的四季风景
■ 引入淀山湖天然水系，150亩中心绿地、SPA氧生中心会所，以及均匀分布于整个社区的服务亭，营造出温暖的人际交际空间，表达对自然和人的充分尊重。
■ 以对自然环境的尊重和对度假生活的理解，将水系编织成一张收放自如、疏密有致的江南水网脉络，有如流动的血液，以张力和活动赋予每一个居住组团。
■ 规划了很多跑步道和单车道，这些小道贯穿各个组团，沿中心湖岸，连接至多处休闲娱乐的组团空地。演绎精致纯净形态的别墅单体风格。
■ 口字形交通骨架，并自然伸向西、北两端，连接社区的两个主要出入口。主干道路形舒缓、视觉开阔，呈现给尊贵主人一个轻松休闲、自然的氛围。
■ 建筑单体布局形态为组团、院落式，从主次干道的公共空间进入私人领域，在空间上处理采用半敞开组团空间和半封闭院落空间。每一个组团入口都结合尽端式停车场，放大两侧建筑间距，引入自然对景。
■ 由4—12户别墅构成的院落空间尺度宜人，各幢建筑之间有序错动，入口采用实体相对，虽可笑语相闻，却罕见身影，界定出私人空间的归属感。
■ 每幢别墅都围绕着不同主题的空间展开，打开家庭室落地窗，室内空间转化为临于水面的半户外平台，属于每个家庭，情感释放的终点和灵感迸发的起点。

活力城市　繁荣经济·中国　无锡　长三角黄金福地
无锡　老牌装饰建材交易王者地位　谁与争锋
天时成就70万平米超级规模·锡西道口商贸区　核心位置
地利高速·坐镇绝无仅有　得天独厚的复合交通网络
两大经济圈·共襄繁荣商业前景

无锡五洲国际装饰城—中国房地产成功开发典范

WZIOC 五洲國際裝飾城
中国装饰科技谷
WUZHOU INTERNATIONAL ORNAMENTAL CITY

财富热线：（0510）83236666 83239111
财富地址：江苏省无锡市盛岸西路668号
邮　　编：214152

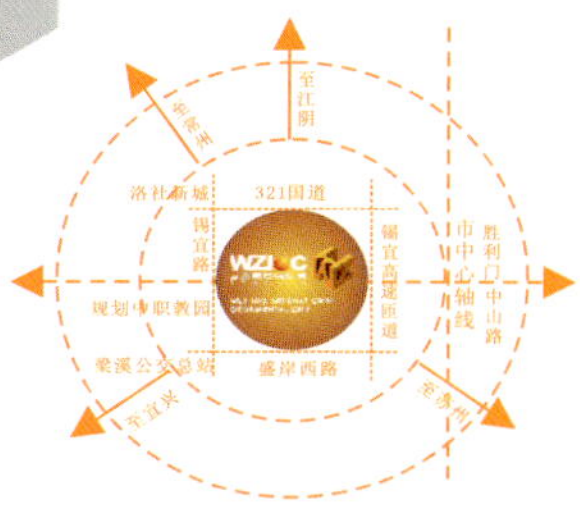

▲ 项目交通示意图

财富热线：0510-83236666 83239111
财富地址：江苏无锡市盛岸西路668号
锡宜高速公路
盛岸西路
锡宜
无锡五洲国际装饰城
——中国房地产成功开发典范

WZIOC
五洲国际装饰城
WUZHOU INTERNATIONAL
ORNAMENTAL CITY

水/景/园/林/住/区/成/功/开/发/典/范

COURTYARD FENCED IN GREEN TREES AND CHATEAU WITH A VIEW OF WATER

林 中 庭 院 水 景 豪 宅

庄园，是一种高档建筑形态，庄园生活，更是一种高贵的生活形态。

大片的草坪如茸茸的地毯，铺展在灿烂的阳光下，典雅的城堡，掩映于浓密的树荫里，

仙乐飘逸，绿野芳踪，鸟鸣虫唱，清风明月……

将欧式别墅庄园和生态园林景观合二为一

可居　可游　可赏　可憩

依恋自然，以意境深远构筑精致，化景物为情思，升华成为精神享受，

使自然景物与人生哲理结合，寓理于情，融情入景……

中心湖岛屿，18栋豪宅雄居其间，成为庄园皇冠上的璀璨钻石。

Xiangmei Holiday Garden
香梅假日花园
香梅假日花园
中国房地产高尚住区成功开发典范
电　话：0510-8158019　8159988
接待现场：无锡市新华路（原新梅东路）新梅广场停车场北侧
开 发 商：无锡市博胜置业有限公司　无锡宇通房地产发展有限公司

幸福收藏·珍贵专享

Xiangmei Island
香梅假日花园

香梅岛
独栋别墅

★微地形起伏
★私家泊岸　环山而筑

园中之园：香梅湖、香梅岛与香梅假日大酒店组合成小区的核心风光区域纯水岸别墅、户户独立、独享私家泊岸错层平面、空中餐厅设计挑高空间、4.35米玄关大堂及客厅5个露台、2个阳台。赠送双车库、保姆房

博胜置业
BO SHENG REAL ESTATE

昆山首席情境生活社区
OANNES
翡翠湾
昆山首席情境生活社区
发　展　商：苏州新城万嘉房地产有限公司
售楼部地址：昆山市柏庐路197—199号
售楼热线：0512-57576671　57576672

中国房地产健康生态住区成功开发典范

24万平方米情境社区，傲岸城西中央生活区

多元化物业组合：新城·翡翠湾位于城西前进西路、古城路与马鞍山景观大道交汇处，形成畅达市中心的快速干道。小区总占地面积为16.6万平方米，总建筑面积24.2万平方米，由花园洋房、多层及小高层组成西班牙风情高尚住宅。

昆山首席情境生活：翡翠湾讲究对生活空间的情趣化创造，在设计规划中融入对生活的细致考虑，让每一处、每一刻都成为情境的现场。处于别墅区的环境，顶级住宅的品质，自然风景与情境建筑珠联璧合，共同营造“昆山首席情境生活社区”。

新城房产，用实力精细创造

新城·翡翠湾由江苏省首个房地产上市公司新城房产倾力打造。13年开发经验，拥有国家一级开发资质，十余项国家级、国际级地产专业奖项的新城房产开发的系列楼盘屡获“中国名盘”称号，均代表了当地的最高水平。翡翠湾更是新城房产超越巅峰之作，新的建筑形态带来对生活的全新诠释。

北区，这里的土地已被**精英预定**

昆太路改建，镇政府、度假中心、体育文化中心全部北进。

锦绣豪门 北区，昆山城市**明日巅峰领地**

一座离市中心最近的大规模景观社区，以

豪门顶级的生活气势，与北区齐头并进。

3/5土地赋予水系与自然，阳光林溪道、绿野香洲、花海草浪

140000平方米河滨公园领地，由此铺张……

7000平方米壮阔中央广场

城市难得的铺张都在您的股掌里

17000平方米的奢侈与尊荣，仅仅只是锦绣豪门的中庭绿化面积，主题雕塑、喷泉、廊柱等景观一一点缀，形成一个城市内稀有的鸟语花香、虫啭树茂的自然新境。
大大小小7处喷泉鳞次栉比，或是婉约轻吟，或是激情高歌，都一次次的把水的清透、水的灵动、水的晶莹表现的淋漓尽致，构成一道道美丽的风景线。
5天的CBD白领，7天的花园园主，拥有世间最被艳羡的表情。

一座占地700多亩的大型生态主题游乐城，
一个集购物、休闲、餐饮、娱乐、旅游为一体的组合型生态休闲广场，
一方犹如都市绿肺般发着无穷养分的氧吧圣地。
南田公园，常州唯一One and only一所生态主题公园，在龙城『金南翼』湖塘核
[南甸苑]将南田公园700多亩风景尽收眼底，居高临下私藏偌大的后花园景致；
小区水景更是与公园浩淼水系相汇相通，共同滋生『人生是河，幸福是岸』的绝佳境地
感受绿色生活的真谛，细细品味生态居住的别样风情。
[南甸苑]，我的公园，我的家。

曲曲折折的荷塘上面
弥望的是田田的叶子
叶子出水很高
像亭亭的舞女的裙
层层的叶子中间
零星地点缀着些白花
有袅娜地开着
有羞涩的打着朵儿的
正如一粒粒的明珠
又如碧天里的星星
又如刚出浴的美人
……
人生是河，幸福是岸
优雅绽放。
画般居住，诗般享受

裕坤·國貿廣場

YU KUN GUO MAO PLAZA

开发商：常熟裕坤置业有限公司

酒店管理公司：美国喜达屋集团

室内设计：新加坡CATALLO

商业策划：香港戴德梁行（上海）

售楼处电话：0512－52815001　52815002

现场地址：江苏省常熟市海虞北路与珠江路交汇处

国际公寓住区成功开发典范

裕坤.国贸广场引领城市居住理念，福朋喜来登酒店、国贸商城、涉外住宅、专属会所等不同物业的完美组合，创造极具时代感的都市生活品质户型设计、装修配套、电梯入户、管家式物业，处处彰显名门府邸的尊贵气质黄金地段、经典建筑设计成就常熟新地标。

铂 金 地 段

雄踞海虞北路与珠江路交汇处，市政中心、金融中心、商贸中心，交通便捷，尽揽全市传统文化与现代时尚繁华

尊 贵 府 邸

五星级福朋喜来登酒店、涉外住宅、专属会所、国贸商城的黄金组合铸就 百代繁华，成就居家经商的世袭领地

国际领地

至 高 享 受

尚湖、虞山、生态河流、古典建筑群、繁华都市让人目不暇接，完善的生活配套营造出舒适的国际化居住环境，引领精英高贵尊崇生活

府邸
尊貴享受
Four Points
Sheraton

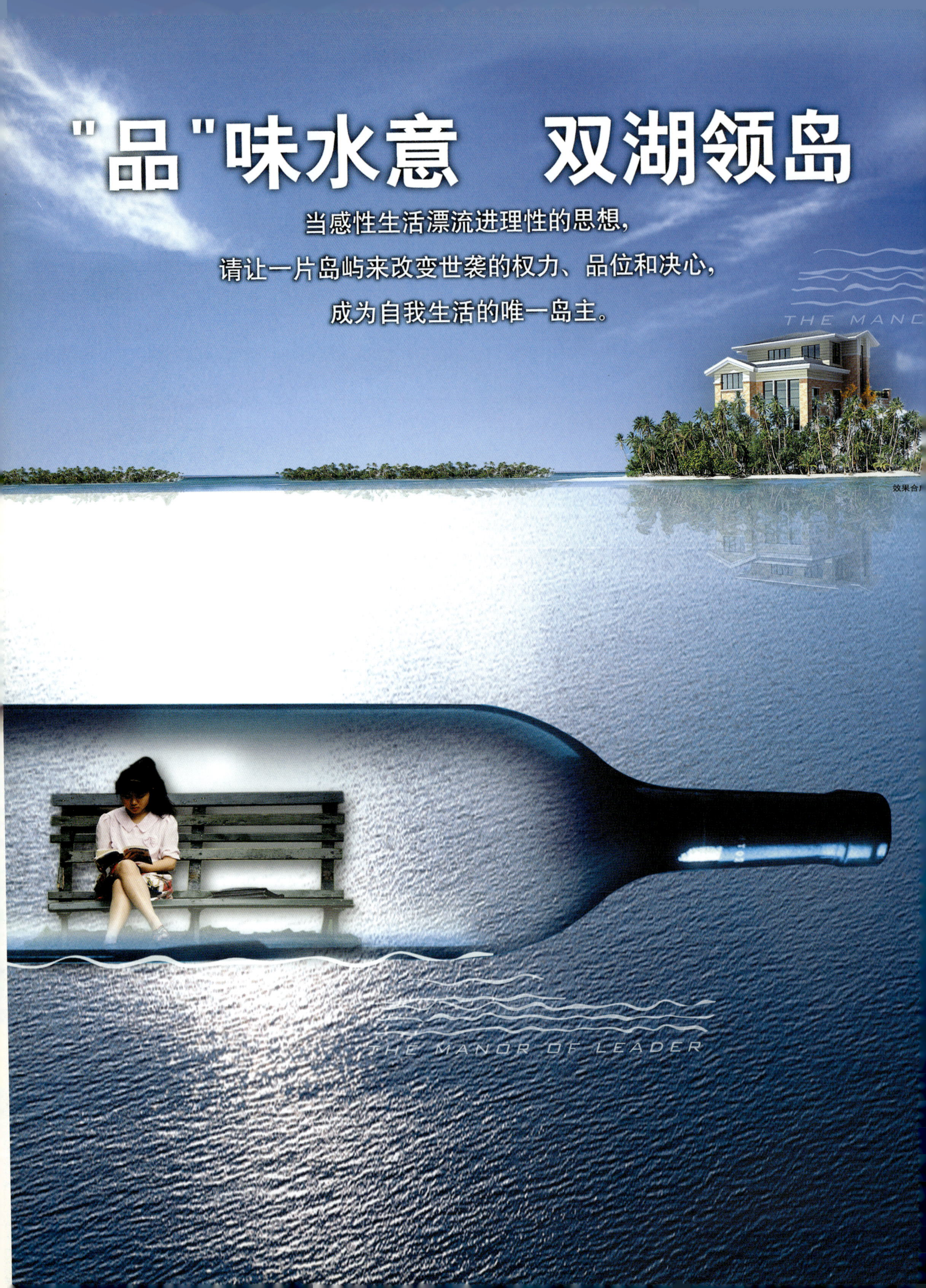
"品"味水意　双湖领岛
当感性生活漂流进理性的思想，
请让一片岛屿来改变世袭的权力、品位和决心，
成为自我生活的唯一岛主。
THE MANOR OF LEADER

玉隆花园
——中国房地产成功开发典范
15000m²
“自然山水”
惊现市中心板块
沿北大街的两栋6层的商务办公综合楼，造型简洁、精致，运用金属、石材、玻璃等建筑材料，尽显高雅气派的现代商务气氛
开发商：
苏源房地产
苏源集团江苏房地产开发有限公司常州分公司

空中景观平台

常州唯一一座空中景观平台！高近5.5米，宽达28米，横跨万米围合式社区的南北，一览沉浸在优雅、安逸气氛中的整个花园。空中景观平台极富艺术表现力的弧线外观，不仅展现了其卓然的高贵气质，也为高层业主，勾勒了小桥流水般的立体景观画面。同时空中景观平台之上，还将设置木栈道、木质椅、鲜花池等设施，为人们打造一座可以锻炼休憩、亲密接触的东方艺术平台。

自动观景扶梯

在市中心的私家花园，设计造价昂贵的露天自动扶梯，就是在上海、北京的高档别墅社区中也极为罕见。为了实现一种高地观景的舒适体验，我们决定从国际知名的蒂森克虏伯集团引进一座现代的滚动扶梯静候于空中景观平台之侧，为人们创造一种“在静中登临，在动中观景”的神奇境界。每当自动观景扶梯缓缓移升，水幕浮桥，落台云，绿野水岸、枝繁影疏……万米私家花园的美妙景致，将愈来愈清晰的展现眼前，让人如临美仑美奂的世外仙境。

玉隆花园简介

玉隆花园位于常州真正的市中心板块：延陵西路北大街。由拥有15亿雄厚资产的苏源集团，率旗下房地产先锋企业——常州苏源房地产倾力开发。整个项目开发将以引领房地产高品质时代为目标，精心打造市中心标志性珍贵豪宅。

玉隆花园总建筑面积达8万平方米。设计了80米高空私家游泳池等三大首创性物业产品，并在规划、建筑等领域问鼎市中心板块7项之最。整个项目采用围合式规划，将现代光体建筑群与15000平方米“自然山水”园林完美结合；45% 高绿化率、住宅底层4.5米架空、28米宽空中景观平台让绿意全立体覆盖，100% 人车分流、低密度建筑群只为成功人士度身定做。

- 展示接待中心：常州市北大街35号苏源房地产
- 咨 询 热 线：0519-6678888　6678889

徐州领秀●金庭嘉园
中国房地产高尚住区成功开发典范
售楼地址：徐州市西安北路夹河西街交叉口金庭嘉园售房部
售楼电话：0516-82566666 82365555

金庭嘉园

旗 舰 级 中 心 豪 宅 社 区

徐州领秀·金庭嘉园位于徐州市中心，夹河西街北侧、东临西安北路，对外交通联络比较方便，从地块周边经过的公交有：17路、37路、67路、608路、610路、39路、34路、游2路等。地块周边铺设有完善的管网，小区开发中的管线引入、引出方便，拥有良好的水、电、气、路等基础设施条件。地块周边的商业设施非常多，地块周边有大量副食品商店、杂货店和餐馆。地块周边银行众多，邮局等配套设施和娱乐场所云集。地块处于中心区内，周边有菜市场等生活配套设施。教育设施有：徐州空军学院、十三中、五中、教育学院、徐州医学院、徐州工程学院、一中、二中等。周边医院设施有：儿童医院、徐州一院、二院等。

项目优势

- 位于中心区，地缘优势明显；
- 市政建设大规模投入，发展势头甚好；
- 临近淮海路、西安路等主干道，交通快捷，东西南北交通都非常便捷；
- 环境比较好，周边工厂比较少，空气好一些；
- 附近大专院校集中分布，具有较浓厚的文化和学术氛围；
- 在市中心区开发规模较大，能自行形成完善配套，营造大社区环境；
- 周边商业网点多，购物环境好；地块周边的商业、生活、娱乐等配套设施完善，居住环境与商业环境已经形成，有利于项目的推广。
- 基础教育配套很好，有高质量的中、小学配套。
- 土地平坦，自然条件优越，适宜进行房地产开发及营造良好的居住环境。
- 在徐州市中心区项目规划用地较大，符合房地产规模化开发的趋势，同时也给设计师留出了设计的空间，便于规划与配套设施的完善。
- 项目地块位于徐州的中高档居住区内，周边均为徐州市知名开发企业的项目地块，区域含金量高，升值潜力大。
- 市中心铺设完善的管网为小区开发中的管线引入、引出创造了良好的水、电、气、路等基础设施条件。
- 本项目良好的区位环境和地块特征为项目的成功开发创造了良好的基础条件。加之江苏爱东集团雄厚的资金实力背景和良好的政府资源背景，辅以“金庭嘉园”良好的项目品牌和运作模式，都将进一步加强本项目的优势。

这里的生活，
只属于追求生活美学的人！
仁者乐山、智者乐水，
拥有快乐梦想的人，
则善于在现代生活里寻找任意的愉悦片段。
无需刻意引导，
一石一水、一草一木，
时时闪耀着智慧的光芒；
风过草动、心随之翩然，
曼妙的生活旋律如精致美文般怡人心扉。
视线及处的风舞飞扬，
即是一场波光流转的生活喜宴。

• 中国健康生态住区成功开发典范

A COMPREHENSIVE
HANDBOOK OF DEVELOPMENT
OF REAL ESTATE IN CHINA

跨越地域界限　见证发展轨迹

居筑风尚

FASHION LIVING

遥望
只因思念

增城香江房地产有限公司

赫赫有名、实力雄厚的香江集团，其控股经营的企业有金海马集团、南方香江实业公司、金海马股份有限公司等上百家企业，业务遍布全国二十几个省、市、自治区，目前已成为广发证券及广东发展银行的大股东，公司员工达2万人以上。在房地产领域，目前在广州番禺已成功开发了“锦绣香江花园”和“星河湾”等数个大型高尚社区。在山东、江西、辽宁、天津、安徽、河南、河北、等省成功开发并经营有多个超大型商贸物流中心。

翡翠绿洲秉承其优越的地理环境和规模化开发模式，凭借香江集团雄厚的资金实力和良好的信誉为后盾，为顾客提供适度超前的建筑产品和优美的居住环境，全方位满足尊贵买家的需要，翡翠绿洲必将继续引领广州乃至全国房地产发展的新趋势。

广园东锦绣香江

翡翠绿洲

JADE-GREEN ISLAND

可能是世界上最好的别墅

翡翠绿洲地处于广州市天河北中央商务区和广州经济技术开发区之间，地理位置优越，尽享广州“新城市副中心”带来的种种市政利好，交通便捷，至天河仅需20多分钟车程。自2003年“五一”开盘至今，小区现已完成首期、二期开发，建成别墅约500套，现有业主近400户，部分珍惜别墅因绝版而成为项目的保留单位，而下一期的洋房开发，在2005年上半年已推向市场。

项目特点及优秀介绍

翡翠绿洲位于广州帽峰山陈家林自然风景区内，三面环山，内拥多个天然活水湖泊，因水成岛，独创广州岛屿式别墅布局。原生态自然环境与高贵的园林规划和谐交融，大面积原始次森林与小区内昂贵的加拿利海枣等树群相呼应，让别墅置身于一个天然绿色大养吧之中；建筑追求历久弥新、自然凝重的风格，选材用料自然、卓越、精细，大量古堡石、米黄石、金麻石、柚木王等原生材质尽显清峻古朴，天普空调、科勒洁具、海尔厨房设施等无可挑剔，彰显高贵品质；豪华会所、齐全配套、国际化物业管理等都完美匹配业主的尊贵身份，社区内洋溢着浓郁的永恒尊贵气质，丰富的社区活动让翡翠绿洲这个“高品质别墅社区”更加的名副其实，可能是世界上最好的别墅。

小区主要技术经济指标（已建成别墅部分）

总用地面积：383215平方米

总建筑面积：144493.45平方米

毛容积率：0.38

建筑毛密度：18.7%

居住总户数：522户

居住总人数：1857人

绿地率：53.6%

项目近年获奖情况

广东省绿色环保健康社区

最佳别墅金奖(2003年广州新人居双十佳活动)

2003年广州金牌户型奖

广东省房地产企业诚信联盟

2004年福布斯中国豪宅排行第三名（翡翠绿洲庄园城堡别墅）

2003年广州最受欢迎的十大楼盘

2004年中国国际花园社区

2004年广州畅销别墅

翡翠绿洲

高品质泊岸别墅　聆赏自然山水之美

翡翠绿洲在人类与自然和谐相处的永恒主题下，充分利用天然群山、森林、湖泊，首创岛屿式的养生官邸别墅，将有形的建筑与自然山水文化相融合，泊岸而居，与天地同生共息。

高品质泊岸别墅，亲山、亲水、亲自然，聆赏自然山水之美。

湖山列岛　环水而居

来自山水灵毓的神奇，来自湖山列岛的造化，翡翠绿洲首创众多岛屿与半岛构成的列岛式布局，成就帽峰山陈家林上百平方公里的群山、森林、湖泊，共同孕育CBD生活圈环水而居的自然山水生活。天然水系，经过世界领先的水处理技术过滤，确保水体的洁净、清澈与安全，凭水而居，水韵天成。

人本建筑　水光山色与人亲

建筑外形追求功能性与审美性的统一，典雅别墅与秀丽自然和谐交融。户型的空间布局开阔尊贵，尺度宜人，溪流湖泊、山景森林，和煦的阳光及窗外秀美的湖景，相映生辉。

岛屿式布局

私家码头

泊岸别墅

原生自然的养生官邸

翡翠绿洲坐拥帽峰山陈家林自然风景区，数百平方公里原始次生林丰盛茂密，释氧量是人工林的10倍。秉承亲自然的保护性开发原则，保留了大面积的湖泊、果树、竹林、植被，随处可见树龄在数十年至上百年的原生树木；原生的荔枝养生园，自然清幽，是养精蓄锐、释放自我的世外桃源。

天然湖泊

荔枝养生园

立体坡式花园　造就私有植物王国

首创错层式立体花园：台阶式亲水花园、独立别墅的空中花园、岛屿组团的街心花园和荔枝园，共同构成了内外交融的绿色生态系统。发展商斥巨资引进价格高达数十万元的加拿利海枣，并把它种植在顶级别墅花园内，让业主私人享有。并栽种有每棵数千元至上万元的银海枣、华盛顿椰子，造就私有的植物王国。

加拿利海枣

品质流金　尊贵典藏

建筑材料采用自然、高贵、坚实的材质，珍贵稀有的古堡石，意大利宫廷瓦、紫彩麻，埃及进口的国家免检产品米黄石等，古朴、典雅、庄重。多样化、个性化豪华装修套餐，品质恒久，尊贵典藏。

国际顶级山水豪宅　尊贵显赫

国际顶级山水豪宅设计理念，别墅品种丰富齐全。

庄园城堡别墅：建筑面积1530m²以上；

泊岸独立别墅：使用面积438-2865m²；

水岸联排别墅：使用面积235-596m²；

别墅花园从几百平方米到上万平方米，尊贵显赫。

国际物业管家　享受尊贵服务

翡翠绿洲与享誉世界的高力国际物业服务公司合作，联袂奉献家政、保健、商务等贴心大管家服务，同时设有国际化的智能管理系统和24小时全天候的保安巡逻，保障百分百的安全特区。丰富多彩的个性化文体活动，营造高品质的泊岸国际社区文化，生活其中，尊优尽显。

完美生活配套　彰显尊贵健康

商业：规模庞大的超级商业中心、商业街等，繁华便利。

休闲：大型会所、住客会所、荔枝养生园等，毗邻度假山庄、美式高尔夫球场、奥林匹克体育中心。

饮食：五星级度假式酒店、会所餐厅等，周边有新豪景酒店、太阳城酒店、梓煌酒店等。

教育：与知名学府合办基础教育。

运动：室外阳光泳池、动感网球场、篮球场、湖泊游船，会所室内运动健身设施等。

会所：超越五星级的豪华，集餐饮、娱乐、休闲、健身、会友等多功能一体化。

山水流转，缔造永恒

依山傍水的生活方式，不仅是中国人居的理想，更是人类居住文化的主流。

翡翠绿洲位于帽峰山陈家林风景保护区群山、森林、湖泊中，将东方周庄水乡的韵味与西方威尼斯水乡的文化艺术交融辉映，天然、稀有山水的真实亲切与臻美别墅的尊贵永恒，在这里跃然呈现……

广园东锦绣香江翡翠绿洲

CEO官邸别墅，行业领袖家园

增城香江房地产有限公司　　策划部经理：胡旭东

时代造英雄，改革开放以来，在广州环市东、天河、黄埔经济技术开发区等CBD范围内，产生了很多杰出的CEO、行业领袖和商业巨子，他们有知识、有品味和责任感，追求一种创造财富与崇高价值的人生。“物以类聚，人以群分”，成就大业的杰出CEO和行业领袖们，要享受生活，需要一个安全、科技、时尚、自然、健康的居住氛围来匹配他们的高贵身份。但是在CBD生活圈内，却一直没有一个专门为他们量身定造的高品质居住社区。

广园东锦绣香江翡翠绿洲，位于广州天河北中央商务区和广州经济技术开发区之间，广州CBD生活圈高品质泊岸别墅，元旦至春节期间全新推出龙翔台CEO官邸别墅半岛组团，以新城市副中心的优越身份、湖山列岛的优美环境、尊贵大气的CEO官邸别墅户型、豪华齐全的生活配套以及全封闭智能化管理等无可比拟的优势，专为财智创富时代的广州CBD生活圈新社会阶层商界领袖、行业巨子度身打造养精蓄锐、运筹帷幄的养生官邸。

龙翔台CEO官邸别墅，位于翡翠绿洲整个小区的首府地段，依山临湖，环岛而建，居高临下，气势雄伟，大庭院、大官邸，既可俯瞰私家湖泊和郁郁葱葱的荔枝山，又可以远眺帽峰山陈家林苍翠欲滴绵延群山；聆赏自然山水之美，尊享岛屿别墅生活。整体建筑布局因地制宜，依山就势，追求别墅的高低起伏和错落感，并对人文环境、生态健康、科技时尚等都做了全新的诠释；每户都拥有台阶式空中花园或私家湖岸线、私家码头。尊贵的CEO大官邸别墅，在高贵典雅建筑与自然山水环境的永恒融合中，彰显卓越非凡的大家风范。

山顶王府别墅

仅有六栋的超级豪华别墅位于龙翔台中央山顶，全封闭智能化管理，居高临下，气势非凡，独立府门，专为行业领袖、商界巨子度身打造，远可眺望绵延苍翠的帽峰山，近可聆赏波光粼粼的湖水。六套山顶王府别墅呈环形分布，建筑面积804.53平方米，花园面积从134平方米到2169平方米不等，每户均可安装遥控电动大门，雍容大气，豪华典雅突显了业主的尊贵身份；超过2000平方米的皇家园林式中心花园，仅供六户尊贵业主专用，除精致园艺外，还将引进昂贵的世界名树——加拿利海枣，并将给每套别墅都赠送一棵价值10多万元的加拿利海枣，让私家花园成为豪华的植物王国，彰显行业领袖、商界巨子的高品质生活。

半山坡地别墅

半山坡地别墅呈半环状傲居龙翔台的半山高地，依山偎湖，天地灵气尽收一室，为藏龙卧虎之所，最适于CEO、新社会阶层商业领袖们养精蓄锐、休养生息。坡地式二层半结构平台花园别墅，为广州首创，是翡翠绿洲全新推出的更贴合人文居住要求的户型，建筑面积408.75平方米，花园面积从409平方米到686平方米不等,车库、厨卫与卧室、客厅不仅在布局上动静区分,并且设有工人专用通道,体贴地为业主创造宁静、舒适的起居生活,是更符合 CEO 高素质生活的精品户型。

泊岸独立别墅

分布在龙翔台外围的泊岸独立别墅,是翡翠绿洲珍藏的泊岸别墅,珍稀地理位置,满足现代精英追求纯自然生态生活的需求。傍山而坐,亲水而居,建筑面积从 365.93 平方米到 604.91 平方米,花园面积从 401.4 平方米到 1253.6 平方米不等,户型实用,空间通透高贵,花园依天然地势而建,追求起伏自然的层次感,精心布置的丛林花树,更增生活情趣;每户均有下沉式石阶通往私家码头,闲来泛舟碧水,领略别样生活。

高贵永恒材质

翡翠绿洲高品质别墅选材自然、高贵、坚实,外立面采用质感丰富、具有稀缺性的古堡石和意大利进口的紫彩麻,以块石和自然贴切的砖贴面营造清俊古朴的雅致气质。大量米黄石、金麻石、柚木王等原生材质的运用,和加拿利海枣、银海枣、华盛顿椰子等珍惜植物的大量种植,与山水环境相映衬,让高贵成为一种永恒。

豪华完善配套

翡翠绿洲气势磅礴的水岸风情会所面积达 2.7 万平方米,集商务、会议、餐饮、健身、娱乐等多项高尚功能于一体;拥有 6 万平方米的超级商业中心以及数百米的欧洲风情商业街;并计划与国际知名学府合作办学,开设幼儿园、小学、中学全程式教育服务体系;小区周边毗邻国际标准高尔夫球场、大型度假山庄等高品质生活享受设施;国际标准的物业管理,全方位满足业主的高品质生活需求。

便利优越交通

翡翠绿洲位于广园东快速路与广深高速公路的交界处,紧邻 107 国道、广深铁路,至天河中心仅需 20 分钟车程,至东莞、增城市中心仅需半小时车程,到黄埔开发区约 5 分钟车程;规划中的广州至新塘间的轻轨铁路线临近本社区;而于 2004 年下半年动工的广州地铁五号线,从与翡翠绿洲一路之隔的黄埔区云埔科技园出发,穿越天河、东山、越秀、荔湾,到达芳村区,并与地铁一、二、三、四、六、七、八、九等线路交叉换乘,为翡翠绿洲业主进出广州提供了另一条便捷通道,地铁五号线最终将会与东莞、深圳、佛山地铁对接,将使翡翠绿洲地理交通优势更为得天独厚。

广州“山水首富”

翡翠绿洲位处广州北部生态走廊和东部生态走廊交汇处的帽峰山陈家林风景区,是一片山清水秀,风景怡人的世外桃源。在这里,山峦起伏,湖泊纵横,苍翠茂密的丛林与起伏跌宕的地势完美地融合,仿佛一部生态景观的优美和谐的交响曲,令人流连忘返,心旷神怡。点缀其中的翡翠绿洲龙翔台 CEO 官邸别墅,将成就广州“山水首富”养生官邸,全方位满足商界领袖、行业巨子高品质的 CEO 生活追求。

翡翠绿洲,可能是世界上最好的别墅。

广东光大企业集团始创于1983年，其前身为东莞市光大实业总公司，是一家集房地产开发、工程建筑、市政工程、装饰装潢、物业管理、园林绿化、贸易等项目为一体的大型企业集团公司。旗下设东莞建安集团公司(国家一级总承建企业)、光大房地产开发公司、光大物业管理公司、光大装饰设计公司等数家全资子公司，拥有员工3000多人。

多年来，光大集团秉承“以人为本，超越无止境”的经营理念，从初期的单一行业逐渐走向多元化行业的发展道路，并在众多行业里取得了辉煌的成就。

光大集团高瞻远瞩，1992年果断进入房地产领域。其间不断的吸收先进理念，倡导新的生活模式，用扎扎实实的品质来回报社会，极大地满足广大市民日益提高的物质文化生活与精神文化生活需求。光大物业、光大花园、景湖花园、景湖春天……早已成为家喻户晓、耳熟能详的名字。近年来又于东莞城区商业中心区率先开发汇聚国际品牌的商业走廊“景湖广场”也就是目前的“地王广场”，还有建设中的“锦绣山河”、“天娇峰景”、“景湖湾畔”“湖畔湾”、“国际学校”及东城商业项目等前后数十个项目。多项房地产项目的成功开发，使光大集团积累了丰富的市场经验，并奠定了其在东莞房地产市场的领导地位。2002年，光大集团又凭借自己的敬业精神和高人一等的专业水准积极投身于东莞未来城市核心“松山湖科技产业园区”建设之中。

光大集团秉承优质的企业文化，在同行业中享有较高声誉，物业品牌逐年提升。在打造精品楼盘的同时，还从内部机制上加强核心竞争力，建立了“客户服务中心”；启动五大服务体系；推出“至高、至远、至尊”品质服务。将光大集团旗下楼盘业主的服务档次全面升级。下属的景湖花园管理处已于2002年11月获得“广东省优秀示范小区”称号，又于2003年5月获得“广东省绿色住宅小区”称号、2003年9月通过德国TUVISO9001/14001国际质量/环境管理体系认证、2004年2月获得“全国物业管理示范住宅小区”称号。

光大集团以做一个优秀企业为准则，在为国家创造物质财富的同时，在保持自身的迅猛发展的同时，支持社会教育。2000年，光大集团成立了“光大教育基金会”，并多次资助国家教育事业。2002年，其又以“十年树木、百年树人”的长远眼光，与“复旦大学”携手在东莞的松山湖科技产业园区设立“松山湖国际学校”，直接与国际接轨，采用国际最先进的教育模式，为东莞未来培育更多的国际化人才。

随着我国加入WTO，房地产将会面临一场更大的挑战。为了迎接这次房地产发展高峰的到来，光大集团投入了雄厚的资金及大量的优秀人才，以打造出一艘东莞房地产界的“航母”为目标，为建设现代化东莞贡献自己的光和热！

广东光大企业集团有限公司

广州广富房地产开发有限公司

广州广富房地产开发有限公司成立于1995年，是广州市政府办公厅属下的房地产开发企业，申办方为广州市人民政府机关服务中心，主要目的是解决市政府机关工作人员的住房问题，注册资本1000万元。公司成立10年来，先后与相关公司合作开发了位于天河龙口西路的穗苑小区，即市政府机关宿舍大院；及位于海珠区滨江东路的加勒比湾、金雅苑、碧涛居等项目，为解决市政府机关工作人员的住房作出了贡献。公司资产优质，信誉良好。2003年底公司经过改制重组，由具有相当实力，曾经成功开发《怡安花园》、《朗晴居》和《朗晴居二期City21》的发展商广州恒烨房地产有限公司参与，使公司实力更加充实，并正在开发位于滨江东路珠江泳场以南、新凤凰村以北的商住项目——朗晴·大学印象。

广州恒烨房地产有限公司自1999年着手开发《朗晴居》时，已经开始在产品开发上不断作创新尝试，以简洁纯白及大玻璃外立打破了当时广州市场对建筑设计的固有观念，倡导了至今仍广为市场欢迎的“白派”简约建筑风格；并成功地建立“朗晴，个性居住”的品牌形象，吸引一批生于六、七十年代、拥有较高学历和收入的城市新中产阶层成为其品牌追随者。乃至2002年开发《朗晴居二期City21》时，公司更首次应用了幕墙式设计于住宅外立上、并引入【阳光室】和【三梯四户规划】等多项创新建筑概念于项目设计中，加上成功的营销企划和市场定位，使《朗晴居二期City21》成为2003年广州地区炙手可热的热销楼盘之一、也成为广受本地业界注意的参考对象，进一步确立了“朗晴”品牌在市场上的影响力。

凭借恒烨地产在产品开发的创新能力和广富地产的雄厚基础，《朗晴·大学印象》 是广州2005年的又一强强联手的精品之作。

朗晴 大学印象 IMPRESS OF UNIVERSITY

中国房地产学区概念成功开发典范

《朗晴·大学印象》位处广州市海珠江怡路，距离滨江东路约200米，拥有部分江景资源并可俯瞰青翠的中大校园全景。项目由一幢小高层及一幢高层塔楼连体组成，首层为小区生活配套式商业裙楼，二层为架空结构转换层，北塔和南塔分别为15层及26层的住宅塔楼。项目总建筑面积24，359平方米，共提供222套住宅单元。

基于项目用地特质及位置等先天条件，《朗晴·大学印象》的主要对象是喜爱中大翠绿校园环境及大学人民氛围、教授子女等有“中大情意结”的社群和在中大上班、上课的学生及年轻教职员等，由于大多属于年龄较轻的低储蓄高收入人群，为项目提供稳定的优质出租客源，加上滨江东一带的物业均拥有不俗的投资收益记录，使《朗晴·大学印象》的物业投资前景更能看高一线。

为确保项目作为投资性物业的能力，《朗晴·大学印象》首先在定位上选择片区供应量较少但回报率甚高的中、小户型作主导；并利用室内布局的变化创造出小复式、错层及平层等多种布局，使每种户型的供应变得有限，降低相互竞争的机会；更利用无需计入建筑面积的2.18米夹层增加室内利用率，使80平方米的两房一卫单元变成四房两卫的小复式设计，并拥有在小户型中罕见3.9米的挑高气派客厅（部分更可挑高达5米），为物业创造更多增值空间，提高物业的投资价值。

高档次的成熟居住环境

项目位于滨江东二三线位置。由于北面拥有珠江江景的稀缺资源，滨江东路以北聚集了一批高档的江景豪宅项目，同时也带动了二、三线住宅项目的销售及价格，经过几年的发展，现时滨江东居住气氛已经非常浓厚，区域环境不断改观，道路与沿线旧楼已经过治理，加上中大北门及北门广场的建成，更提升了滨江东的人文环境，使滨江东成为一个高档成熟的居住区域。

二手市场火暴,外籍租客日益增加

滨江东路一手楼市不断发展成熟,也拉动了二手市场,现时滨江东路段上有包括满堂红、中原、合富、21世纪不动产等20多家地产中介行进驻。滨江东拥有的先天地利优势和独特的环境优势,同时又邻近新领事馆区、琶洲会展中心、珠江新城、天河北CBD等地,外籍客户资源十分丰富,加上所有的楼盘都在刻意营造高档次的氛围,吸引了越来越多的外籍人士进入其租赁市场。且据其成交显示,外籍租客所占比例近年来逐年提高。

交通路网发展

本项目周边的主要道路及桥梁有滨江东路、新港西路、怡乐路、江怡路,在海印桥与广州大桥之间。南面紧邻中山大学,北面紧邻珠江泳场。

沿江路以东的临江大道和海珠区的滨江东路将同时向东延伸3公里,最后直驳琶洲会展区域。据介绍,两工程的计划工期都为9个月,在2005年6月建成通车。

滨江东路的延长线工程起点西为广州大桥往西140米,终点为广州市会展中心周边道路规划一路交叉口,全长3165米。整条延长线中除了路面道路外,还包括一条近200米长的黄埔涌景观桥和500米长的隧道,整条道路宽为30～40米。

随着广州市新城市中轴线的东移,琶洲国际会展中心及周边配套的陆续建成并投入使用,珠江两岸的沿江路、滨江路的东延有希望解决国际会展中心的对外交通问题,从而更带动沿江一带的房地产市场。

区位条件

项目周边密集了幼儿园、小学、中学、大学、商场、银行、证券营业部、市场、公园、体育场所等。其中知名的有中大幼儿园、中大附小、六中、中行、农行、建行、交行、中关村证券、海印公园、黄金海岸水上乐园、广州航海俱乐部、滨江休闲带等。属二线江景,周边的主要楼盘有珠江半岛花园、嘉仕花园、加勒比湾、尚海、金雅苑、聚雅苑等。

建筑设计特色

项目的规划和建筑设计,不仅代表着发展商经历几年的长足进步和发展历程,也代表了广州市地产发展的较高水平。《朗晴·大学印象》规划及外立面设计由香港椿正安梁设计公司及广州珠江外资建筑设计院担任完成,其科学和合理性主要体现在:

规划体现合理性、科学性

项目地块呈梯形长边沿南北向布置,除西面与地块相接外,其余三面均有规划路,规划路最宽达20米。建筑主体沿东边规划路布置,南、北塔楼形成15°夹角,增加了北塔的南向面宽。西面至用地边线布置绿地,小区入口设置于绿地北端。高度不同的两栋塔楼不但使外立造型看起来更显新颖,且科学地解决了因地块规模不大产生的容积率问题。

外立设计极具现代人文气息

为了让项目在所在的区域更具吸引力,更好提升自身的产品竞争力,项目专门邀请了香港椿正安梁设计公司对项目的外立面进行设计。经过设计师多次反复的推敲,最终确定项目东面最有吸引性,作为项目的主立面。

考虑到项目离著名学府中山大学较近,所以在外立的设计方面,设计师希望能表达出一种传统学院味道与现代简约相结合的风格。因此,整个外立设计是以简洁流畅线条为主,配合在国内外大专院校常见的陶土面砖(terra-cotta tile)和设计师精心加入的新元素:"盒子"设计、百叶设计、顶部及二层的钢构架设计等等,增加视觉吸引力,务求令到项目立面造型更加之丰富时尚,突现一种美观、实用、清新别致极具现代人文气息。

颜色搭配:选用了学院传统所用的陶土色和现代简约主义的白色,配以大面积外窗,明快饰线的点缀,充分体现出项目新派学院风格。

"盒子"设计:设计师用三个极具立体感的"盒子"设计造型点缀了北塔西立面,更现项目年轻、创新、突破传统的个性。

百叶设计:在功能上充分考虑了每户的空调主机安装问题之余,还采用了富有层次感百页作为遮挡,并且住户可以随个人喜好调节室内亮度,美观实用。

朗晴·大学印象

广州市美林基业房地产开发有限公司

广州市美林基业房地产开发有限公司是以房地产开发为支柱，在建筑、商贸、酒店、物业管理等领域综合发展的现代大型企业集团。公司自1999年成立以来，在短短几年间稳健而高速地发展。美林基业秉承“完美品质，至高境界”的经营宗旨，以“做最具人文魅力的地产企业”为企业愿景，坚持“创造都市休闲居住空间”的市场观，成功开发了“富豪山庄”、“南航花园”、“美林海岸花园”、“美林湖畔花园”等高档精品楼盘，在市场上获得广泛认可。其中，富豪山庄多次荣获广州市花都区最佳园林绿化奖，南航花园被誉为“广州地产界亚热带园林典范”；美林海岸花园被公认为“都市休闲居住文化的倡导者”，并连续几年荣获广州“十大明星楼盘”、“十大白领社区”和“十佳精品小区”以及“建设部优秀景观社区”、“广东文化名盘”等诸多荣誉；美林湖畔花园已成为广州新天河人居地标。公司同时开发建设的商业项目有美林休闲购物广场、美林商业文化中心、美林家居博览中心、美林大酒店等。目前，公司房地产总开发建筑面积超过300万平方米。

公司坚持诚信经营，全力追求零投诉，在地产界屡获殊荣。2003年，美林基业房地产开发公司荣获“中国优秀企业”、“2003广州十大最佳品牌开发商”、“中国广州最具竞争力地产企业20强”等荣誉称号，并连续多年被广东省工商局评为“守合同，重信用”单位，被中国建设银行评为“按揭楼盘优质开发商”，被广州房地产诚信联盟委员会评为“广州诚信金牌企业”。

美林基业房地产开发公司以人为本，全面实施人才战略，实现了企业的跨越式发展。公司拥有一支高素质的员工队伍，目前主要管理和技术人员近千人，其中大学本科以上学历占近70%，MBA和工程类硕士数十名。

美林基业房地产开发公司以人文魅力为企业特色，倡导“共同·共生·共享”的企业核心价值观，形成了包容、积极、向上的企业文化。对内，实施文化管理，强调团队精神，凝聚形成独特的企业文化来激发全体美林人创造奇迹；对外，关心客户，尊重合作单位，热心社会公益事业。

＊ 美林基业房地产开发规模：

至2004年4月公司总开发建筑面积逾300万平方米。

＊ 营业额的增长：

公司2004年销售额将突破20个亿，入围广州市房地产界前10名。再通过三年的努力，入围广州房地产三甲是有可能的。

＊ 美林基业房地产开发公司战略规划：

战略愿景与企业使命

公司以房地产为主导产业，秉持“完美品质，至高境界”的理念，为大众塑造地产精品；追求企业与员工共同成长。

作为房地产的供应商和服务商，公司努力成为时尚居住的文化倡导者，适宜生活的空间创造者，持续创新的行业领导者，竭尽全力为顾客创造价值。

公司将通过不断创新和提高整体产业竞争力，确保公司的持续发展，立志成为一个优秀的国际化企业，以回报社会为公司的最高宗旨。

发展战略目标

以房地产产业为核心，不断进行经营创新，实施公司发展的纵向一体化经营战略。通过资产重组和资源整合等资本运营，实现住宅地产、商业地产、建筑、物业管理等产业结构的整体优势和资本规模的扩张。通过管理模式和职业队伍的培育，使公司走出区域市场，参与国际竞争；通过品牌经营，形成行业性的竞争优势。到2010年，经过创新和发展，形成以品牌经营为先导、以房地产经营为主导、以成熟的管理模式和职业化队伍为依托，以综合竞争优势为核心能力，把公司建设成为具有全球化视野、强大核心竞争力和品牌影响力的大型现代房地产企业集团，在全国房地产行业名列前茅。

战略定位

——专注于房地产行业，实行住宅地产和商业地产开发、建筑和物业管理的纵向一体化。

——致力于通过合作、并购等多种方式，追求在关键价值环节方面培养企业的核心竞争力。

——以可持续发展为目标，寻求成为一家优秀的房地产企业。

总体思路与战略步骤

以实现跨越发展为基础,以实现可持续发展为战略任务,实施三步走的战略步骤:

第一阶段 2004 年～2005 年为战略培育阶段。

该阶段的主要任务是抓住机遇,扬长避短,最大限度地发挥公司优势,充分实现公司现有资源价值,培植区域行业品牌,实现企业的资本积累。与此同时,实现公司由项目经营到企业经营的转型,培育成熟的行业管理模式,形成合理的体制结构,建立职业化的管理队伍,塑造企业的竞争优势。

第二阶段 2006 年～2008 年为战略发展阶段。

该阶段的主要任务是努力培植公司的增长点,在保证房地产(住宅地产和商业地产)开发良性增长的同时,培育建筑、物业管理成为具有相应规模和竞争力的战略业务单位。实施以谋求上市和并购扩张为核心的资本运营战略,通过资本运作,充分挖掘区域市场资源,以广州为中心,辐射珠三角,实现“区域市场的充分占有”,壮大企业规模,使公司综合实力进入区域市场行业第一企业集团(前五名),形成真正具有核心竞争力的房地产企业。

第三阶段 2009 年～2010 年为战略突破阶段。

该阶段的主要任务是围绕主导产业大力进行产业经营与资本运作,通过资本输出、管理输出和品牌输出,实施“主导产品 + 异地扩张”,实现企业由区域市场到全国市场乃至国际市场的拓展。使企业成为集住宅地产和商业地产开发、建筑、物业管理为一体的大型集团公司,实现公司的跨越式发展和可持续发展。

中国房地产成功开发典范

湖畔热线:020-82563222 82563111

新天河人居地标

美林湖畔花园位于广州市天河区东圃,围绕占地面积为 20 万平方米的杨桃公园而建,地理位置和交通条件十分优越。美林湖畔花园占地面积约 50 万平方米,首期工程由 51 栋中、高层住宅、会所和中小学校等配套设施组成,总建筑面积近 35 万平方米。二期工程为商业项目,总建筑面积达 25 万平方米。美林湖畔花园布局精妙,美轮美奂,大气磅礴,超低容积率,33%以上的超大绿地率,是都市休闲居住生活的完美典范。

美林湖畔得天独厚地置身于面积为 300 多亩的杨桃公园和面积达 300 亩-400 亩的东圃公园的“双园”环抱中;社区与公园原生态植被系统及自然生态水脉,精心雕琢的园林系统、景观水系形成四大复合生态体系;芊岛湖、钓月潭等大型自然水体与社区景观水系相连,规模达到全市大型社区均罕有的 2.5 万平方米,社区总计水岸线长达 5000 米,营造出一个典型的“被水环绕的家园”。

美林湖畔处于新天河居住中心的位置，拥有完善通达的交通网络——公交专线途经各大商业中心,15 分钟内辐射广州各大商业区的强大交通后盾。地铁五号线使美林湖畔花园及其“姐妹花”美林海岸花园都成为“轨道交通”的最大受益者。东部产业带、CLD 生活中心等各种大型城市配套加上申亚规划布局,无一不显示出以美林湖畔为居住中心的新天河正散发出无比的新都市中心魅力!

2004 年 5 月,美林湖畔花园作为天河东部的第一个以高端定位的都市大盘,延续都市休闲居住文化主题“365 天湖畔假期”,以“新天河人居地标”的形象闪亮登场。其不仅在产品上、环境上,更在休闲运动、休闲产品、休闲文化上提升至极致。美林海岸花园南区“临江湾”刚刚发售成功,市场上余热未过,美林湖畔花园趁此时出击不仅是借势上位,更形成了一个强强联手的品牌互动。美林湖畔花园是美林基业房地产公司战略扩张的第一步,其开发理念和营销也别树一帜,建立起“即买楼即交楼”的新模式。美林湖畔花园以超高性价比、便捷的都市交通与成熟丰富的都市生活配套,以“双公园”自然生态,超过 85 米的超宽楼距,建造出具有南亚风情的园林景观,在“五一”黄金楼市中销售异常火爆,创造了又一个奇迹,实现了美林基业品牌的又一次飞跃。7 天内美林湖畔花园成交额达 5 亿元,销售了 1050 套单位,夺得单盘销售冠军,成为 2004 年广州“五一”黄金周楼市中一颗最耀眼的明星。

美林花园·美林海岸
MAYLAND GARDEN
广州·天河

中国房地产景观环境社区成功开发典范

美林海岸花园位于广州市天河区员村，西临新城市中心珠江新城，北接黄埔大道，南贴滨江大道，雄踞城市东移发展核心点。地铁五号线经过小区，拥有一线江景，隔江正对广州国际会展中心，是珠江新城 CBD 经济圈和会展经济圈两大商圈的交会点，自然条件得天独厚。

美林海岸花园占地面积 12.6 万平方米，总建筑面积 30 多万平方米，由 7 栋多层洋房和 43 栋电梯洋房组成，容积率为 2.3，绿化率为 33.4%，水覆盖率为 20%。

美林海岸花园由全球著名园林设计机构——贝尔高林精心打造，以地中海度假式住宅为设计蓝本，从环保及人文角度出发，将“水、自然、生命、建筑”四大园林主题相融，在 4 万平方米的园林绿地设计了 80 多个至美景点，传神演绎珠江海岸线上的度假风情。幽雅环境与秀丽多姿的珠水碧波、“绿、静、美”的江滨绿化带相辅相成，加上完备的生活配套设施，造就一方无污染、低噪音、高绿化的大型临江水景休闲园林社区。

美林海岸规划中，整个小区住宅分布错落有致，园林穿插其中，户户有景是美林海岸花园的特色。而方正实用，通风采光性能良好则是其户型间隔上的特点，基本满足了南方人的居住习惯和气候情况。小区配套休闲商业风情街已经开业，大型综合商业城项目及四星级 28 层高档酒店都正在建设中。

美林海岸花园为居住者构筑另外一种居家的生活——度假生活，让居住者对于家有更多的留恋感。即使出门在外，也会对家多了一份眷念。居住者的生活从美林花园开始呈现“活”的色彩！住在美林海岸花园，你以后也不必为度假而计划、而远行，在家中都可尽情享受 365 天精彩的假期生活！美林海岸配套齐全，小区内配备有海岸会所、天幕剧场、网球场、扬帆码头、健身场、航模驻地、探险乐园、高尔夫练习场等，休闲娱乐设施与园林浑然一体，共同演绎美林海岸“泛会所”的概念，让住户在家里真实地享受“365 天海岸假期”。美林发展商认为，现在广州人的生活节奏紧张，忙完再出外度假，不一定轻松也不太经济；住郊区过“5+2”的生活方式又不太现实；如果下班回家能得到全身心的放松，不啻于每天都有度假的感觉，既能使工作后的人们养精蓄锐，又有利于家庭和睦。

美林海岸楼盘以精英时尚文化为主题，几年来已相继举办了如美林海岸花园蔚蓝色的浪漫大型晚会、美林海岸花园亚洲巨星（广州）演唱会、美林海岸文化月之新丝路模特大赛晚会、至 Hit 车楼共同睇、广州大型优秀居住社区文化行、美在花城·美在南航花园楼市丽人大赛、罗大佑 2003 广州演唱会及各类美术摄影展览等多种文化活动。

2001 年 5 月，美林海岸花园“365 天海岸假期”的全新生活方式在市场上一经推出，便在广州地产界引起强烈轰动，获得巨大成功，成为广州市 2001 年度“明星”楼盘，并先后荣膺“2001 广州十大白领社区”，“2001、2002、2003 年广州十大明星楼盘”，“2002 年度十大诚信金牌楼盘”，“2002、2003 年广州新人居十佳精品小区”，“2002 年中国优秀景观社区”，“广东文化名盘”等荣誉称号，受到市场的广泛认可。凭借美林海岸花园，2003 年美林基业房地产公司成功打入广州最具竞争力房地产企业 20 强。

几年来美林海岸花园不断推陈出新，2004 年 3 月推出的新一期升级产品“临江湾”、“逸江湾”，销售持续火爆，仅“临江湾”开盘当日便取得 1.1 个亿的骄人业绩，实现了美林休闲文化及品牌的又一次飞跃。

广州天地房地产开发有限公司

泓 景 花 园

广州天地房地产开发有限公司,系深圳市清江投资发展有限公司属下全资子公司。是一个依靠现代企业制度,并遵循市场运作方式进行经营的股份制房地产开发企业,具有独立法人资格。公司主要经营范围:房地产开发、经营、物业管理、室内装修等,注册资本2400万元。从事经营活动多年,建立了一支具有高素质的专业管理员工队伍。公司开发中所需的各类专业工程师、高级工程师、策划师、经济师等人才济济。既具有成熟的开发经验和前卫理念,也有丰富的工程管理经验。在房地产经营活动中不断创新、不断进步。

自2003年10月起,公司开始开发广州市海珠区赤岗北路"泓景花园"项目。该项目东临广州交易会新址,西望广州大道;南接新港中路,北与临江名盘"珠江帝景"相邻;地铁2、3号线交汇于此,踞广州新城市中轴线之上,地理位置优越,项目开发潜力巨大。本项目占地近5万平方米,规划建筑面积20万平方米。以规划路为南北两区,南区4.35万平方米,北区15.31万平方米。按其功能分:住宅15.6万平方米,公建0.54万平方米,商铺0.84万平方米,架空层0.3万平方米,地下室(主要功能为停车位)2.5万平方米。

根据项目整体开发计划,目前规划设计的调整已经完成,施工图设计、场地"三通一平"以及各项施工设施也已完成,现已进入全面施工阶段。为了加快工程进度,计划整体一次性开发,施工和销售周期预计2年半。

天地房地产开发有限公司将抓住机遇,持之以恒地推进市场化战略,以人为本,不断创新,凭借实力和信誉真诚回报社会,携手共创美好未来!

中国房地产高尚住区成功开发典范

售楼处地址:广州海珠区赤岗北路18号　　售楼电话:020-61299998

泓景花园占地5万平方米,总建筑面积20万平方米,规划建14栋11—32层的住宅,共1676套。户型面积为40—130平方米,户型由单身公寓到四房两厅,种类丰富,并且户型细分。其中,南区部分单位将做成公寓,每户设计有双阳台,带有高标准装修,每两层还带有一个公共空中花园。户型基本在50平方米到100平方米左右。北区占地面积为32000多平方米,建筑面积为156000多平方米,由8栋24—32层高层住宅、小学、游泳池、会所组成,总住宅货量为1282套。包括经典2房、浪漫3房及适合合家居住的4房户型。

泓景花园在户型设计上,规划出多样的生活空间。户型方正实用,面积从一房一厅到三房两厅不等。在项目细节上,社区全部选用芬兰原装进口通力电梯,该电梯全部采用无齿轮设计,不仅最小限度的占用建筑空间,同时在节能方面还有着优越表现。所有卧室及客厅全部安装双层中空隔音玻璃,给业主提供了一个更为"纯静"的生活环境。在物业管理服务上,广州天地房地产开发有限公司礼聘国家一级物管——深圳市鹏基物业管理有限公司,给业主提供五星级酒店式服务。在社区配套上,小区还设有小学、幼儿园。

优越的地理位置

自广州实施“南拓”的城市发展战略以后，位于“南拓轴线”上的海珠区也随之加快发展。国际会展中心落户琶洲，区政府东迁至广州大道南，这些利好刺激了区域楼市的发展。泓景花园位于琶洲会展中心商圈内，西临广州赤岗领事馆区的建设，北临珠江，与广州CBD珠江新城隔江相望，地理位置相当优越，邻近地铁二号线和三号线的交汇点，交通非常方便。除了交通优势外，接二连三的市政项目建设更使赤岗楼市的发展如虎添翼。据悉，为了加快启动广州赤岗领事馆区的建设，赤岗周边交通和配套方面还将会有一系列的利好。年初，赤岗涌已完成整治，横跨珠江的猎德大桥已进行设计招标，将于两年后建成。此外，随着琶洲会展中心的投入使用，为整个海珠东部带来庞大的人流、资金流，因此赤岗一带也必将被带动发展。

项目规划“精益求精、以人为本”

项目简介

安居乐业是千百年来人们对“归宿”最传统、最深入人心、最到位，也是最终极的表白；泓景花园在规划伊始，便确定了“会展商圈的精英文化生活小区”的规划思路，它满含了对家的无以替代的情感，这里是终生奋斗的最终梦想，是安享人生、家庭和美、事业成功后的归宿，同时也是满足人生的一切生活、物质、精神、文化的追求的空间。

泓景花园占地46385平方米，总建：201197.4平方米，总户数1676户，由14栋10～32层高层住宅、1所幼儿园、1所小学及独立会所组成。36.8%的绿化率，园林面积达27000平方米。处处有椰林风影，流瀑淙淙，凝聚着大自然的动人韵律。

开发商本着“居住以人为本”的开发理念，为了避免住户入住后受到施工的困扰，加上开发商资金实力雄厚，于是决定整个小区同步开发，这样的大手笔在市区内实属罕见。

现代的建筑形象

项目所在地广州是一个历史悠久的城市，深厚的岭南文化底蕴和大量异国风情风格的建筑为小区形象创作提供了丰富、可供提取的建筑资源，在项目的整体形象定位中，力求在规模建设的同时，创造一个完整、亲和的居住小区形象，呼应主题构思，并且从城市环境角度和文脉环境结合，同时充分考虑到现代城市精英的生活模式，为小区业主提供亲切感和归属感。

在具体设计中，建筑立面设计简洁明快，强调建筑与环境协调，横向的建筑线条与主色调形式对比产生和谐统一，线条轻快流畅。楼宇外墙选用的面砖与玻璃物料的配合，形成剔透轩亮的时尚外观，塑造出一个时尚、现代的文化社区。

住户大堂作为建筑内部的空间核心，综合了多种使用功能，并引入自然构景观要素，采用阳光、清风开放式大堂，周边用稀疏有致的植物进行分隔，进口处采用玻璃门，营造一个健康的、亮丽的大堂空间。

首层局部架空使园林空间更加通透，层次感更强，使建筑巧妙地融入园林美景中，而且突显出岭南传统的骑楼建筑形态，适应广州炎热多雨的气候特色。

时尚实用的户型产品

项目户型面积从45平方米至126平方米不等，其中主力户型以两房、三房单位为主。在户型设计当中，掺和了大量以人为本的设计理念：户型实用紧凑，没有任何浪费的空间；住宅动、静区分设，隔离干扰；大小卧室合理搭配，面积适用，同时也照顾到主卧室宽大空间及衣物储存功能；客厅的设计方正舒适，又不至于过大而浪费空间；采用大面宽小进深的设计理念，一改以往进深过大采光不足的缺陷；大飘窗、阳台玻璃栏河等处理手法使视野开阔，景观入室，空间明亮通透。

现代成套橱柜进入家庭，但少有人注意到操作台面因身影形成的暗区而影响操作的情况。在本项目的厨房里，大部分都配置生活阳台，并利用自然采光与灯光照明的相互结合，保证有明亮的工作台面，方便烹饪；

装修材料环保生态

发展商对品质的要求，不仅仅是停留在“社区环境”的打造方面，对室内装修的用材亦花费了大量的时间及心思去考究，尤其注重选择绿色环保、节能型的产品，并按照国家最新出台的“关于实施采用节能建筑”材料规划的标准，不惜重金挑选优质的环保建材，用心的细节就连一扇门、一页窗、一块砖也不放过，如采用变频供水、OPVC排水管、塑钢双层防高档的PVC雨水收集系统，给排水系统的降噪处理等新技术，既达到环保要求，又保证建筑节能指标。由此可见发展商对品质细节的执著。

优美的社区环境

泓景花园庭园是由水景、翠荫及石艺三种元素的巧妙结合，构成二十多个美不胜收的景点，置身其中，仿佛遍历段段悦目赏心之旅。设计师造园筑景，在27000平方米的东南亚风情的自然生态园林中，表现自然风致意境。所有楼宇均采用全架空或半架空的形式，将园林的面积极限扩大，以中心蜿蜒小溪作为观景线，把各自分散的景点联系成层次有序的整体。水系沿途布置了亲水乐园、情人桥、观鱼台、木廊水榭、亭台楼阁、小桥流水、休闲径、假山瀑布等景点，以水为纽带，将它们串联起来，形成层层紧扣的布局，中心环抱湖泊式园林泳池及日光晒台，每个景点变奏都扣人心弦。漫步庭园之间，紫黛嫣红蔚然成荫，各式郁郁繁茂的茏葱植物，围成天然藩篱；阵阵传来的鸟语虫鸣，沐风披露，怡神酣畅。在阳光恣意流曳的静谧空间，脚踏着的是精致铺砌的图案石道，迎眼是奇石水榭、耳畔是花语水声，暂且释放心情悠然赏景，将咫尺外的尘嚣抛诸脑后，闻茗园趣，让你贴身体会自然的芳泽。

为了满足小孩、青年、老人的户外活动需要，根据景观布局合理设置了各种活动空间：雕塑广场、中心广场、亲水广场、健身广场、疏林草地、朝阳广场和架空层内设置的活动场所10多处。老者运拳习武或漫步林荫；儿童溜滑梯、骑单车或游泳戏水；青年人载歌漫舞或草地休闲；整个小区弥漫着浓厚、和谐的人居氛围。

公共配套

小学

在小区的北部设置了标准配置的小学，并设有风雨操场、篮球场、200米跑道、多媒体教室、实验室等教学设施，将联合国内知名教育机构开展特色教育，提高小区业主子女的受教育水平，为住户子女解决了就近上学的问题。

幼儿园

结合项目南区中央绿地建设标准配置的幼儿园，配置托儿所、音体室、医务室、阅览室、手工室、绘画室等教学设施，建筑结合儿童行为特征进行人性化设计，打破传统的教育方式将使业主的子女更聪颖、智慧。

业主会所

项目结合游泳池与园林设置了独立业主会所，为业主提供咖啡、阅览、游戏、棋牌、美容、健身、桑拿等多项服务，会所通过一道绿色长廊与住宅二层架空层园林连在一起，这样泓景花园拥有了全城独一无二的带私家园林的会所。室内的各项健康设施与室外的园林、泳池相结合，为业主创造了一种健康文明的生活环境。

商业设施

为了令业主的生活更加方便，开发商特意在小区的临街面，利用住宅底层设置商业店铺，经营食品超市、邮政、电信、冲印店、布艺、装饰等便民服务，真正贴近业主的生活，精心打造最适合居住的文化社区。

广州市宏峰房地产开发有限公司

云峰企业：作为广东著名的实业企业集团，云峰企业以诚信、务实的作风，在酒业、药业、传媒、电器、教育等众多领域发展迅速，成功塑造了“科达音响”、“小糊涂仙”、“小葫芦宝”等一系列优秀品牌。随着企业实力的壮大，云峰企业不断加大回报社会的力度，兴办华南理工大学广州汽车学院，就是一项耗资巨大，回报周期漫长的大型公益性投资，对推动整个花都汽车经济的发展发挥了巨大作用。

宏峰地产：以“倾情关怀、一生信赖”为企业理念的广州市宏峰房地产开发有限公司，继承了云峰企业精心打造每一个品牌的传统，希望将云峰花园打造成提升新机场板块生活品质，并回馈社会的精品项目。凭借云峰企业的强大实力和在广州200万平方米的土地储备，宏峰地产必将为社会奉献更多“把握超值、必定升值”的精品楼盘。

云峰花园

给您一个绿色的家

东南亚风情画卷

中国房地产成功开发典范

销售热线：020-36852998　36852988

新机场板块首席精品生活社区

区域价值——400亿打造的新广州“尖沙咀”

云峰花园位于广州北最具价值力的发展区域，市政400个亿巨资打造的新机场板块繁华商务区——新广州的“尖沙咀”。随着新机场的正式启用，整个新机场繁华商务区现已进入一个突飞猛进的发展时期，其突出的价值和前景吸引了联邦快递亚洲总部、嘉华酒店、君悦酒店、DHL、国际珠宝交易中心等国际级商企的纷纷进驻，花都城市中心也不断向新机场板块倾斜，并以新机场为核心，出台了一系列城市新区的市政规划。云峰花园作为该板块的一线大盘，率先撬动了新机场板块的无限价值。

前景价值：CBD、RBD、ABD、APD四区合一，前景无限

集中央商务区（CBD）会展经济区（RBD）航空港商务区（ABD）航空物流区（APD）四区于一身的新机场板块，依托大广州城市规划“北优”进程，将成为未来广州最具开放性和发展力的区域之一，升值性毋庸置疑。

地段价值——新机场板块地标性“形象样板社区”

地段决定地位！云峰花园是新机场板块繁华商务区的一线大盘，优居市政6000万元打造的形象大道——迎宾大道与镜湖路交界处，地处新机场与花都区政府的中心，到区政府仅4公里距离，通过机场高速路30分钟即可直达广州市区中心。

地理位置的优越和重要性，令云峰花园成为市政重点关注的地产项目，在社区规划和形象设计上均得到了市政的极大关心，仅外立面的设计就反复修订了七、八次，最后经区委讨论后才最终确定。作为新机场板块对外形象的地标建筑群，云峰花园将打造成为该区域的“形象样板社区”。

规划篇

社区规划：低密度　优配套

云峰花园在综合考虑生态、环境、人居等方方面面的基础上，作出了低密度、全配套的规划，46万平方米低密度社区建成后，将成为新机场板块最突出、最优越的低密度、优配套生活社区。

超低密度，实现健康生态人居

云峰花园由国际级园林规划大师精心规划，拥有覆盖率仅为28%的超低密度和50%以上的超高绿地率。

半围合的建筑组团布局，结合各组团主题园林，在保证景观开放和共有性的同时，又保障了生活的私密性。在建筑规划上，严格遵循南北对流和采光，做到空间通透最大化。480米南北向中心景观长廊、小区内人车分流，于细节之处充分演绎生态、健康、人性的规划思想。

优质配套，让生活方便惬意

小区内规划有双语幼儿园、商业街、双会所、四星级标准酒店、花都区目前惟一高档商务写字楼等优越配套，并由著名的高力国际物业服务公司，提供一站式、一键式、一卡式“三个一”特色智能物业管理服务。全配套的规划，让居住生活更充满惬意。

园林规划：展开一幅东南亚风情画卷

云峰花园融合了马来西亚、菲律宾、泰国等地的东南亚风情园林景观精粹，充分营造一个在生活中度假的休闲感受。马尼拉百胜滩度假园、班塔廷阳光沙滩排球场、梦幻岛露天音乐咖啡吧、水岸魅力古韵商业街、“美丽雅”星级尊贵会所、3D全息立体架空园林、沙巴山水奇趣园、环岛式泰国风情廊、十里画景风雨连廊……阳光、椰风中，一幅充满浓郁东南亚风情的画卷在这里缓缓展开。

园林篇

尽揽东南亚万种风情

立体架空园林

首创花都区面积最大的3D全息立体架空层园林，独有首层、二层、三层架空园林及空中花园，营造出形态各异的开阔休闲空间。

沙巴山水奇趣园

位于A区中央的沙巴风情区演绎马来西亚的蓝色魅力，热带花园充满浓郁的异国情调。

环岛式泰国风情廊

环绕整个A区而建的泰国风情廊，由石雕、喷泉、廊木、阳光休闲广场构筑，给人无限留恋的闲适空间。

十里画景风雨连廊

无论天晴天雨都有看之不尽的风景，享之不尽的风情。

休闲篇

在生活中度假

马尼拉百胜滩度假园

碧波荡漾的钻蓝泳池、童趣四溢的低瀑叠水池，晒着日光浴的

蓝色港湾休闲广场……让您在家中享受完美的水岸度假时光。

班塔廷阳光沙滩排球场

温软绵长的白沙、无边无际的骄阳……这是花都惟一的班塔廷阳光沙滩排球场，近600平方米的超大面积，任你自由挥洒运动激情。

梦幻岛露天音乐咖啡吧

碧波环绕的水中梦幻岛露天音乐咖啡吧，弥漫着优雅浪漫的音乐，给人如梦如幻的感觉。

水岸魅力古韵商业街

100多米长的水岸魅力古韵商业街，取自菲律宾风情设计，活跃的亲水空间、琳琅满目的精致商品，让您拥有美不胜收的购物心情。

“美丽雅”星级尊贵会所

美丽雅会所与世界著名的五星级连锁酒店——美丽雅酒店同名，而位于巴厘岛努沙杜阿的美丽亚酒店更是东南亚顶级的度假饭店之一。在云峰花园尊贵会所，除了可以拥有美丽雅酒店般的星级享受，还可以直接感受到东南亚式的人文情怀。

架空层亲景泛会所

自然散布于各个组团架空层园林之中的泛会所，幽静宜人，举步即达，自然的运动休闲在泛会所得到无限延伸。

六大惟一配套，打造广州北社区配套新标准、360度全方位无忧生活

惟一就是价值，云峰花园拥有新机场板块“六大惟一”配套，树立起广州北高尚社区配套新标准，创造出高品质生活空间，优越生活享受，自然胜人一筹。

花都惟一拥有四星级标准酒店社区

云峰花园在小区内独家配备了27000平方米的四星级标准酒店

花都惟一拥有高档商务写字楼社区

26000m²的高档商务写字楼

花都惟一国际级物业管理

高力国际（原怡高物业）担纲物管顾问，提供“三个一”智能特色物业管理

以国际化物业管理精髓，为云峰花园业主提供独具特色的一站式、一键式、一卡式“三个一”服务，打造五星级智能化管理小区。让您拥有24小时无忧的尊贵感受。

花都惟一国际双语教育

蓓蕾艺术培训中心

花都惟一社区内商业步行街

魅力“时尚生活”商业步行街

花都惟一配套社区健康服务中心

花都区中医院社区健康服务中心进驻

云峰花园创新机场板块社区生活配套新标准，除六大惟一配套外，同时还配备大型综合生活超市，美丽雅星级会所等。

价值篇

“广州北最具价值力物业”

板块：新机场板块——“广州北旗舰商圈”

凭借优越的自然环境，得天独厚的区位优势，广州新机场板块将成为一个200亿巨资打造的“山水天河北”，拥有炙手可热的板块价值。随着航空港经济引擎的发动，周边将汇集航空、汽车硅谷、皮具城、国际物流中心、购物商城、酒店、美食天堂、医疗机构、休闲娱乐城等，华南最大的国际珠宝交易中心、联邦快递亚洲总部等近在咫尺。新机场商务区将成为齐全配套的CBD繁华中心，是花都区市政发展的重点建设区域，前景十分看好。

四大价值，成就广州北“最具价值力物业”

随着区域认同感的提高，新机场板块的物业价值也在持续走高，迄今为止，云峰花园的整体均价已上扬10%左右，二期、三期的物业更有望进一步继续升值。

品位价值——星级生活尊贵品位

四星级标准酒店：云峰花园将四星级标准酒店引入社区，营造出一个更为高尚的生活社区，将社区物业配套标准从生活需求提升为生活品位。

美丽雅星级会所：配备了儿童游乐场、网球场、桌球室、健身房、乒乓球室、形体室、SPA室等各项娱乐设施，星级标准的尊贵生活享受，在家就可拥有！

文化价值——国际生活文化氛围

云峰花园具有国际生活文化氛围，由著名的蓓蕾艺术培训中心为您的孩子提供双语国际教育，让孩子的思维提前与国际接轨，用国际化预约孩子的未来，熏陶您的文化生活。

物管价值——高力国际物业服务

由高力国际物业管理公司（原怡高物业）担纲物业管理顾问，以国际化物业管理精髓，为业主提供独具特色的一站式、一键式、一卡式服务。

商业价值

云峰花园“第一商街”，一个财富特区的启动！一个财富历史的开端！

广州北城市“航空经济发动机”——新机场板块商圈中目前惟一有可售现铺、惟一配备社区商业步行街的商街！

第一商街“七星商铺”：限量七间，手快就有；现铺发售，买到赚到；120平方米～220平方米大开间，大收益；9成超高实用率；4.5米层高，买一得二。

第一商街“时尚生活”步行街：半年免租，坐享其成；仅16间稀缺铺位，先到先得；49～650平方米多种面积，随心选择；升值迅速，回报率高。

财脉所聚：广州国际服饰交易中心旁“第一商街”

比邻集信息交易、成品展示等功能于一体的广东国际服饰交易中心而建，融合由国光电子城、珠宝交易中心、联邦快递、德邦物流、星级酒店共同缔造的繁华未来。

人脉所聚：15万人口高消费力“消费圈”

新机场板块未来将拥有15万常住人口，航空系统、高科技人士、汽车产业等高消费人士，共同构筑区域内最具消费力的“消费圈”。

NEO-CITY 自在城市

城市活力 自在有我

中国房地产时尚简约成功开发典范

自在城市花园由广州市番禺里仁房地产有限公司开发，位于番禺迎宾大道与兴业路交界处里仁洞立交盘，兴业路从小区穿过，直抵正在建设中的新光快速路、地铁三号线汉溪站，临近汉溪超级商业中心。该项目东对华南碧桂园，北邻锦绣香江花园、西面为祈福新抱。

项目占地面积约22万平方米，规划建筑面积35万平方米，带电梯洋房57栋，户型包括2房76平方米-88平方米，3房95平方米-110平方米，4房约128平方米，复式196平方米-243平方米。以中小户型为主打。分两期开发，以10层-11层带电梯小高层为主，户型设计紧贴目标客户群—年轻买家的需求，以76平方米-88平方米的两房两厅和95平方米-103平方米的三房两厅为主力户型，讲求设计的紧凑性和实用性，而且建筑密度仅为21.6%，所有单位均为南北朝向，最宽楼距达到200米，通风采光效果达到最佳，有效地保证了单位的舒适性。

项目自身及周边的配套设施都十分齐全，为业主提供了最大的便利，也成为客户追捧的一大卖点。而周边肉菜市场、五金店、药房、小吃店、邮局、医院、幼儿园、小学等配套设施应有尽有，业主的日常需求都可以在附近解决，生活便捷程度相当高。

自在城市花园拥有6万平方米互动式景观园林、1000平方米玫瑰泳池、200米“大溪地”主题水景园林和5000平方米潮流会所，而且二期还将会有小学和幼儿园，满足不同年龄客户的需求。

地理位置

自在城市花园位于广东省广州市番禺区南村镇里仁洞村旁，东面是拥有10车道的迎宾路，西面是新光快速干线，南面是金山大道，北面是汉溪路，小区一、二期中间是兴业路。

交通

该地块交通便利，北面与天河区及珠江新城同一轴线相距15分钟车程，南接市桥，东接广深珠高速直达南沙、中山、珠海，经虎门大桥直通东莞、深圳，有一定优势。项目周边的交通网络十分完善，有多路途经迎宾路往返广州和番禺市桥的公交线，并且靠近地铁三号线汉溪站，2006年三号线的全线开通将给本项目带来无限商机。

项目概况

自在城市花园占地300亩约20万平方米，总建筑面积约35万平方米，拟建带电梯的公寓楼约32万平方米，公建配套建筑面积约3.4万平方米。项目分两期建设，一期建筑面积达23万平方米共57栋，其中T1-T56为9～12层带电梯小高层住宅楼，T57为18层的单身公寓，T16-T17三层裙楼为会所。

项目定位为年轻一代白领居住园区，因此整个设计从会所到住宅处处体现时尚、活泼、天然、简约，可谓匠心独具，精心打造年轻白领首选置业精品社区。

本项目绿地总面积67500平方米，绿化率为32.6%，建筑密度21.6%，道路率14.74%，居住户数3292户，总居住人口约11522人，停车位共1646个（按每两户拥有一停车位设计），一期工程毛积率为1.68。设计上采用向心型围合规划布局，旨在从一种外部公共空间进入层层内部私密空间的过渡，与中心园林一起为住户创造出了一个独特的向心型私家花园。

自在城市花园小区以中小户型为主，重点打造精品户型。住宅单元主要为南北朝向，户户朝阳，通风采光良好；客厅宽敞明亮，形状规整，大片落地窗，视野开阔，立面清新；明厨明厕，室内做到内外分区、干湿分区、动静分区等；采用外飘窗台，框架结构及剪力墙的运用，无大的梁柱，使室内空间实用紧凑，实用率高达83%左右。立面以充满时代气息的现代风格为主题，线条简洁有力。

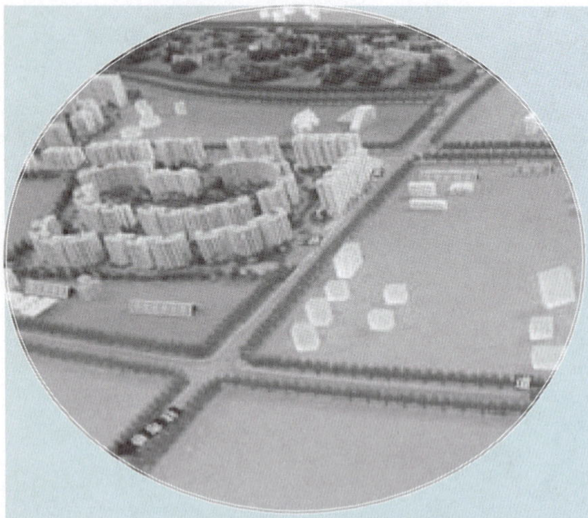

自在城市

华南板块·新广州中心增值没有终点站!!

超高性价比,入市必升值

市政前景升值

- 华南板块日益成熟,中央居住区(CLD)地位确立。
- 地铁3号线开通在即,楼价随之飙升。
- 石壁新火车站规划确定,城市中心南移。
- 大学城和南沙开发区工程的深入,引万众瞩目。
- 市政锐意规划新兴商业带。

独特价值升值

- 10000m² 活力会馆。汉溪地铁上盖21万m²Shoppingmall。
- 吉盛伟邦等生活配套一应俱全。
- 拥有15000m²社区商业配套。

便利交通,瞬间接驳都市脉搏

住户专巴

- 宏城广场、万国广场、烈士陵园、逢半点一班。

地铁接驳专巴

- 与地铁三号线同时开通,15分钟一班。
- 迎宾路已有129、806、221、301、302等数十条公交路线到达广州、番禺。
- 兴业路新光快速干线开通后,政府将会设置多条公交路线,瞬间可抵市中心。

公立教育轻松无忧的选择

公立学校

- 里仁洞学校(镇一级)
- 南村中学
- 南村桥联中学

我有100米超宽楼距 清、爽、舒、怡，户户南北对流

- 独拥100米超宽楼距，无边景观尽收眼底；
- 现代简约立面设计，建筑与自然和谐相融；
- 绿化架空层，阳光车库，回家的心情阳光；
- 明厨明卫，干湿分区，生活细节尽显人性化。

我有1000平方米泳池 立、坐、躺、卧，任身心选择

- 璀璨蓝波泳池，独特玫瑰花光影交叠；
- 阳光天幕泳池，写意人生活力四射；
- 专设儿童泳池，全家共享碧水蓝天。

我有10000平方米会所 唱、念、做、打，任个性喜好！

- 1万 m^2 潮流会所，构建华南最IN的年轻人娱乐中心；
- 特色COFFEESHOP，品味香醇的咖啡浓情；
- 在声色酒吧里约上“同族中人”玩出流行激情；
- 宁静的图书馆、特色陶艺馆，深层熏陶艺术情操；
- 另设SPA、美容中心、乒乓球馆、健身室等康乐设施。

我有288种树香 吸、尝、闻、听随意品纳！

- 6万 m^2 互动式树景园林，培植288种树木注入更多的绿；
- “相识”、“相知”、“相爱”、“相融”、“编织”5大组团，亲近“恋爱的季节”；
- 十二星座雕塑、水晶玫瑰、红豆谷等景观点缀其中；
- 绚丽色彩、随处流溢的自然树香，释放无限清新。

自在城市花园

发展商：广州市番禺里仁房地产有限公司

销售热线：020-84568866

售楼现场：广州市番禺区迎宾路与兴业路交界处

时间和空间的共同历练，成就了这个城市的世纪机遇

巍巍大赏的如梦惊现，从诞生一刻，便永恒天成。

二十一世纪广州之城，珠江别墅领衔主演……

中国房地产经典别墅成功开发典范

珠江别墅：CBD的别墅传奇

滚滚珠江，万古奔流，淘尽人世浮华，孕育千古文明，流出了今日的辉煌。历史在浸润千年辛酸与喜悦的进程中催生了都市的满目繁华。都市、CBD，人类流向的高级宿命，在这里呈现了生命的极高价值。文化的汇集、事业的挥洒、生活的精选在这里合成了一曲动人的交响，这首催人昂奋、启人深思的乐章将成为人类进步的主题而恒久不变。

CBD，中央商务区，缘来就与精英人物有关，也与耸入云霄的钢筋水泥有关。

美国曼哈顿，像万花筒，犬声色马，纸醉金迷，人们在没有阳光的楼林中穿梭，这里是社会精英的聚集地，但这里没有别墅。

上海浦东的陆家嘴，中国经济流量最大和服务最完善的金融贸易中心区，是亚太新兴国际级“资本集聚极”，这里精英如云。这里也没有别墅。

寸金如土的CBD，缘来就与别墅无关?

然而在广州，悠悠珠江水却见证了三代CBD的别墅传奇。

20世纪20～30年代的东山，是达官贵人的聚集地。在东山新河浦路一带建筑的复式小别墅，达600多栋。绿树掩映处，一栋栋小小的红色洋楼，高高低低，通透的大红墙砖，仿佛童话中的积木楼……当时的城市贵族，就住在这些别墅里面。

20世纪50年代，广州的商务区东移，孕育了华侨新村，这里静立着170多栋别墅，典雅别致。在新村的友爱路上，停满了各式各款的轿车，有积满了灰尘看上去好久没用的，有时下流行的新款车，还有叫不出牌子的，无一不透露出住户的富气……

这些别墅像一块翡翠镶嵌在广州的中心区，为都市的烦嚣留住了一种超然恬静。而拥有这种超然恬静的人，非富则贵。一个城市中心只有一个别墅区，注定只能是顶级贵族所能享受。

时下的生活形态，即使是从容自若的心境也会矛盾。好比城市与乡村间迥异的机能，总让居于其中的人们彼此渴望，或者应说，都市百态乃生活必须，而自然意境乃心灵慰藉。谁可平衡这一状态，谁又可享有这一平衡的状态?——平衡矛盾总是需要付出太高的价值。

当发现21世纪的广州CBD，拥揽起一段梦幻珠江，和80米宽临江绿畔，28万平方米新城绿肺，超高双子塔、博物馆、歌剧院……新的都市百态和自然意境又撩起人的矛盾渴望。

又发现珠江别墅，矛盾忽然被惊讶冲淡。虽然在高楼林立的CBD出现别墅是个异数，可是在城市中心建别墅，这是广州这个城市不成文的传统。也许一个城市有一个城市的习惯。珠江别墅居于第三代城市中心，是异数也是必然。

珠江别墅地处广州21世纪CBD—珠江新城核心地带，东临28万平方米珠江公园，西临猎德路、北靠金穗路、南依花城大道，别墅总占地面积50186平方米，规划建筑面积30111平方米，容积率0.6，绿化率44.3%，总建筑密度22.4%。由350～1056平方米56户完全不同的别墅组成。

珠江别墅：一个城市的绝对奢侈，一个城市的无上典藏

当广州把未来国际大都市的梦想，寄放于珠江新城这片土地。这个广州未来CBD的惟一栖息地，借鉴纽约曼哈顿的规划宏旨，整合这个城市最精华的资源体系，允许最宏伟的设想存在，允许最振奋人心的机遇存在，允许一栋栋摩天大楼的存在，允许一群群城市精英打造至张扬的人生存在……但寸土寸金、分毫必较的CBD该不该允许低密度别墅的存在?

珠江别墅不可思议地如梦惊现于CBD中央，它不愿远离繁华偏居一隅，也不想与城市刻意保持距离，它拥有着这个城市的绝对奢侈，是这个城市为这个风云时代精心预留的无上典藏。

在四周城市建筑的辉映之下，56户动人心魄、美轮美奂的珠江别墅以适度的距离隔离众生，在CBD中央芬芳迷人的留白处，以卧龙的身形隐隐然绽放着淡定从容、天下一握的巅峰姿态，恰如CBD这个城市皇冠上的璀璨明珠，令整个珠江新城于万千新气中平添几多博大精深与包容广大，让CBD的精英们、新贵们、豪绅们有了一种可以俯仰得见、可以孜孜以求、可以奋斗不止的至高标榜。

珠江别墅：一个城市的极品别墅，一个城市的极品人生

珠江别墅的建造者们博取世界建筑精华，赋予其建筑灵魂，侧重居者与建筑的沟通，摈弃繁复的装饰，推崇简约主义，追求独立的个性，以独特的方式给居住者预留了丰富的建筑内涵空间，处处体现尊者的睿智、巅峰之作的大度和超然。

为实现建筑的极致品质，遵循自有原创方案需求，舶来澳洲百年意志锤炼的六色黏土彩砖、中原深山万年地质挤压的坚石，中空的墙体结构由内而外形成三道复杂的覆层，并首次独具匠心地将齿轮啮合原理运用其中，于墙体中增设多种精钢钩环，使墙体的一砖一瓦之间都形成坚不可摧的相互加固力。每一个细节的匠心与匠力，力求在有机的建筑空间，品味人性的包容与关怀：地下车库电动门可遥控开合，不必停车便能径直入内；园中小径全部加大一轮，每一个弯角都会全面考虑车行的方便快捷；门、窗、廊、柱，无不费尽心机精雕细琢；花、草、路、台、水体、泳池处处因地制宜有美皆备。

在珠江别墅自然的品位，绝对不会比工业化的造作低，珠江别墅，56户别墅共有15种户型，古典风格，现代化设计。建筑外观延续了坡屋顶、老虎窗的古典风格。内部格局以独特的现代设计方式给居住者预留了丰富建筑内涵空间，对内部空间进行了“划时代的变革”——首创在别墅建筑平面上通过客厅与餐厅的跃半层式设计，把客厅的层高提高到4.5米，客厅与餐厅之间高差1.2米～1.5米，再利用餐厅与地平面的高差设计成半地下室，增加别墅可用面积。并充分考虑客厅、餐厅、主人房及各功能空间的高度大小，充分体现干湿分区、动静分离等人性化标准。并追求室内室外最大限度的和谐统一；和自然共生，相邻位置绝不摆放相同别墅，相同别墅色彩绝对不一，实现个性和谐的统一，拒绝复制、克隆，每一栋建筑都是惟一的艺术品。珠江别墅最后形成的，就是精英阶层要的品位质感。

除此而外，8000平方米的贵族休闲生活长廊唯你独享。5万平方米的极品天地，只建造了56户别墅，每栋别墅均拥有160～1300平方米私家花园。同时，也只有国际化标准360度全方位金管家服务所提供的无微不至的关怀以及它所带来的居住安全与优越，才可与别墅主人谈定天下的气度相符。

城市中心的极品别墅，昭示这座城市里的极品人生。

珠江别墅：一个城市的最大恩赐，一个城市的最多自然

惟一，让珠江别墅如梦如幻，不可一世。广州只允许惟一的CBD，CBD只允许在珠江新城，珠江新城只允许一个珠江别墅。这个城市格外的恩赐，注定是一个城市百年一遇的关于别墅的传奇。

就在珠江新城，把最后5万平方米原生土地给了珠江别墅；就在珠江新城，把28万平方米号称“城市绿肺”的珠江公园美景，将城市最多最美的一片自然馈赠给了珠江别墅。就在珠江别墅，由美国泛亚·易道（环境设计方面EDAW全球排名第一）采用国外最先进的景观规划理念有机结合城市环境，设计出人文与自然相谐和、人性化的山水园林式景观别墅园区，与28万平方米的珠江公园相映生辉，融为一体。当城市最后的恩赐和大自然最后的馈赠集中在了一个点，这个尊崇与价值的起点，集万千宠爱，赋予珠江别墅与生俱来的极品风范，在这块万众瞩目的土地上，风华无限。咫尺之间，要么万丈红尘，要么万千自然。

楼盘获奖情况

珠江别墅荣获由广州市房地产协会、《房地产导刊》主办的“2003广州新人居双十佳”活动，被评选为广州2003年度“最佳户型设计金奖”、“最佳别墅金奖”两项殊荣。

Guangzhou HongTu & Wise Growth Property Development Ltd.
广州宏隆房地产发展有限公司

发展商：广州宏隆房地产发展有限公司

咨询电话：020-87506999　87500999

广州新宝房地产开发有限公司

客厅一隅、城市风景如壁画装裱于窗内

广州新宝房地产开发有限公司于1998年成立，公司成立以来，追求以人为本的发展理念，以金海湾花园为首个开发的地产项目，全情投入，精心打造。金海湾花园已于2003年底正式推出市场，以其准确的市场定位，创新领先的产品设计受到市场的追捧和媒体的赞誉，成为引领广州豪宅的新典范。

广州新宝房地产是广东省运通塑料集团有限公司的子公司，具有十分雄厚的资金和管理背景。运通集团是粤东高新技术企业的明珠，在该行业是首家获德国RWTUV国际标准质量认证体系的企业，也获得了该行业首家的ISO9002-94认证和中国CCIB商检质量认证中心注册证书。还是银行AAA级信用企业和中国最佳企业形象AAA级。

运通集团得到中央及各级政府的亲切关怀，江泽民总书记也曾亲临运通集团视察，高度评价和肯定了运通集团的成绩，鼓励运通人“奋力拼搏，再创辉煌”，中央领导李长春也多次视察运通集团，给予运通集团极大的关心和鼓励。

金海湾花园是运通集团在广州开发的首个房地产项目：金海湾花园位于广州著名的豪宅一条街——滨江东路555号，尽享“一河两岸”的滨江绿化景观带和全角度一线江景，北可近观珠江平缓宽广的滔滔江流，二沙岛层林美景尽览，远眺都市鳞次栉比的繁华之外，白云山若隐若现；西面紧依中大北门广场，被称为广州“海珠十景”之一——“学府风韵”，南可俯瞰百年学府中山大学的苍翠古朴的菁菁校园，阵阵书香扑面而来。其地理位置和景观环境之优越在广州无出其右。

自金海湾花园立项以来，新宝公司一直专注于打造广州江景豪宅的精品，“远眺云山，近亲珠水”，虽有此优越的地理环境、景观资源，及百年学府——中山大学悠久历史的浸染，金海湾却丝毫没有放松对自身素质的高标准要求：一直以来，勤练内功，从建筑设计、基础建设，户型分隔，功能系统化等方方面面细致规划，更借用高科技的建筑、安装、装修的手段去完善整体住宅使用功能。使金海湾花园在上市只有半年多的时间里，成为广州豪宅市场的代表性项目，吸引广州乃至全国各地的发展商纷至沓来，前来取经，见证近年少有的豪宅精品。

企业昨日的辉煌，已转变为今日的宝贵财富，面对充满机遇的新世纪，新宝公司将继往开来，再创伟业。

金海湾花园

广州明星楼盘 最佳江景豪宅

国际豪宅地产成功开发典范

金海湾花园位于滨江东中心位置，中大北门广场东侧，北临珠江，正对二沙岭南会，江面景观格外开阔；南望中大苍翠古朴的菁菁校园，人文气息浓厚；西面紧依中大北门广场，充分享受海珠十景之一"学府风韵"的绿化景观。

金海湾花园不但独揽都市中心最宝贵的江景资源和人文环境，而且引进多项高新建筑材料及设备，在建筑、结构、园林、室内装修等各环节均由国内外著名大师倾力打造。

项目景观资源得天独厚

·项目江面景观优势突出，位于海印桥、广州大桥的中间段，不受两座大桥的噪音影响，交通也畅顺方便，东西两向江面景观格外开阔。

·南向视野开阔，正对中大校区苍翠古朴的菁菁校园，间中点缀着小巧玲珑的荷塘莲影；

·西依1.5万m^2中大北门广场，充分享受海珠十景之一"学府风韵"的绿化景观。

规划设计优势

·现代风格的浅色调建筑立面设计，简洁明快；

位于会所入口一侧的大型豪华组灯，如金海湾一颗最珍贵的戒指，象征着百年璀灿的永恒之约

·首层6.8m高，均为绿化园林与精美水景，连通30m江边绿化带与1.5万m^2中大北门广场，统一由贝尔高林规划设计，增加建筑与江景的通透感，满足住户亲水、近水、融于自然的需要；

·三层的地下室车库可以提供400多个车位，单车道净宽大于5m，层高大于3.6m。人车分流的设计，人性化的车位布置，车辆动线方便、流畅。

·复式住宅室内层高3.1m，多重中空的起居厅和花园层高达到6.2米，平层户型层高3.2m，高层豪华单元层高过4m，毫无都市居住的压抑感；

·裙楼顶部采用园林绿化及游泳池、网球场等运动设施的装点，住宅塔楼下望均为生态园景，没有"石屎森林"的逼迫拥挤。

·广州独有的大面积私家双花园设计，全部户型均有阳光庭园及望江庭园的双花园设计，部分复式户型设有三个阳光花园，花园面积多在50m^2以上，全部由发展商免费赠送。

·主力户型为超大面积的豪宅户型，户户见江，居住空间及景观的利用非常充分大气；

·户户厅房巧妙利用无敌江景、中大园区、中大北门广场、私家花园的景观，每户主要的起居空间、主卧室和书房都可享受珠江美景；

金海湾无敌江景，近眺二沙静谧，遥望白云山脉，怀拥城市繁华，极目珠江千里

·户型功能设置明显注意动静分区、干湿分区，而且工人活动区不会干扰主人生活区；

·户型设计大方开扬，间隔巧妙合理，充分保护住户居住空间的私密性。

采用多项高档建筑材料及设备

·全部采用双层中空玻璃，窗框采用断热铝型材，并安装德国原厂新型换气窗，隔音隔热，节能环保；

·全部采用中央热水系统、户式中央空调系统；

·创新使用中央吸尘系统，减少室内清洁噪音及二次污染；

·首创独立户内新风系统，与户外新鲜空气对流，保持居室生活健康自然的空气质量；

·每栋住宅均配置三台国际名厂原装进口豪华高速电梯，充分满足住户使用的需要。

项目会所配套齐全

金海湾会所设于裙楼第四层和第五层，面积逾5000m^2，是广州目前的江景豪宅中规模最大的住客空中会所，有露天泳池、网球场、桌球室、西餐厅、网吧、电影院、私人俱乐部等设施，充分彰显住客尊贵身份。

其他优势

·逾800m^2空中售楼部设于裙楼二层，外飘3m观景露台，水岸江景一览无遗，气势宏伟；

·周边配套齐全：大学、中学、小学、幼儿园、黄金海岸水上乐园、游艇会、酒店、商业街、超市、肉菜市场、银行、食肆等一应俱全。

·中大码头就在家门口，几分钟内就可到达北京路、海心沙、二沙岛。

阔绰双花园之一，奢华之外回归真我的世界

金海湾的豪宅规划设计理念

广州新宝房地产开发有限公司

金海湾的优势

▲金海湾拥有优越的地理位置及景观环境。位于广州大桥与海印大桥的中心点,北观宽阔舒缓的珠江水浩浩荡荡,白云山在城市的天际线以外,观音的视线以内;西倚1.5万平方米的中大北门广场;南瞰中山大学菁菁校园,东眺珠江新城日新月异的蓬勃发展。

▲金海湾由二座42层及一座43层的塔楼组成,裙楼六层,其中首层有6.8米的层高,除了住户与会所大堂外,首层为架空层,均为绿化园林与特色水景,连通30米宽的江边绿化带与1.5万平方米中大北门广场,统一由国际知名的园林设计公司——贝尔高林规划设计,增加建筑与江景的通透感,满足住户亲水、近水、融于自然的需要,体现水岸特色,成为珠江边的标志建筑。

▲金海湾的复式住宅室内层高3.1米,多重中空的起居厅和花园层高达6.2米,平层户型层高3.2米,高层豪华单元层高过4米,毫无都市居住的压抑感;因为总体以超大面积户型为主,还有花园,普通的3米层高会有压抑感,而层高整体提高后,空间及通风感觉就非常好。

▲广州独有的大面积私家双花园设计,全部户型均有阳光庭园及望江庭园的双庭院设计,部分复式户型设有三个阳光花园,花园面积多在50平方米以上,全部由发展商赠送。

▲户户厅房设计均巧妙利用无敌江景、中大园区、中大北门广场、私家花园的景观,每户主要的起居空间、主卧室和书房都可享受珠江美景;平面布局尽量利用最好的室外景观,合理布局通风和朝向的整体流线。

▲三座塔楼顶部各有一套面积为1600平方米—1800平方米的空中别墅,三层的楼高,独有空中私家电梯、空中泳池、500多平方米的空中庭院也为发展商赠送。发展商要做一个真正意义上的空中别墅,赋予居者俯瞰整个城市的感觉。

▲近万平方米的“领江会所”为国际设计大师统一规划,为广州目前最大最豪华的江景会所,设施完善,配备先进,设计创新。满足各种类型住户的要求,成为社区高尚的交流平台。

尊贵居所的亮点

◆**高门大户**:户户的庭院门及入户门均超过1.6米宽的双门设计,体现高门大户尊贵风范。

◆**空中双庭院**:广州独有的大面积私家双庭院设计,全部户型均有阳光庭园及望江庭园的双庭院设计,部分复式户型设有三个阳光庭院,庭院面积多在60平方米以上,全部由发展商赠送。再现中国传统住宅的人居理念,经过一个前院才进入居住空间的过程,让回家更加从容淡定,而且住户的私密性强,同时又与公共空间共享性,与电梯厅连为一体。

◆**四大中央系统**:每户均配有中央空调、中央热水、中央新风及中央吸尘系统。

◆**阳光清风电梯大堂**:每层的住户大堂均为阳光清风电梯大堂,阳光充沛,南北通透,通风良好,做到公共部分空调尽少使用,而且空间宽敞。又与绿化及花园的设计结合。

如何指导设计理念的实现

金海湾的发展商广州新宝房地产开发有限公司十分重视金海湾的整体设计,公司董事长黄伟文全程亲自跟进与参与设计,从整体理念到细节部位,黄伟文董事长均有很多过人的创新理念,从而引导与促进了金海湾设计的整体定位的实现。

金海湾的设计一直遵循着五大理念:

再现传统住宅人居文化的理念:打破一般的住宅布局,缔造国内独有空中双庭院的住宅:在设计之初由陈世民建筑师事务所提出空中花园的概念,黄伟文董事长所带领的发展商规划队伍通过对市场的深入分析,确定了金海湾对人居住宅的独特理解，通过整合广州市设计院林浩骏等众多设计名师的方案深化，激活了空中花园的概念，设计出超越花园而再现了中国传统建筑文化中的庭院，每户均有入户的阳光前院和江景后院的双庭院设计，而庭院被客厅餐厅及房间围绕，形成了以庭院、房间、双厅交织在一起的生活序列，生活空间的层次更加丰富，充分体现出具有深度文化内涵的建筑理念。

住宅生态化的理念：黄伟文董事长认为金海湾的每套住宅、每个公共空间都应充分利用江景、庭院景等景观资源，做到户户面江、窗窗见景。而且还请专家对金海湾的每套住宅都进行了光照分析：因为珠江南岸处于北回归线以南，所以北向的房间和庭院也可以有充分的光照时间，所以设计出了阳光庭院以享受南中国煦暖的阳光；同时也对每种户型及各公共空间的设计都进行了通风的分析，通过空间的巧妙布局，让每户的庭院，户与户之间的庭院以及阳光清风电梯厅组成了良好的通风流线，引导风向的流通，达到了独立别墅式的三面通风的效果。为了达到这种良好的光照及通风效果，金海湾的设计稿由最初的一层八户到一层六户到一层四户，甚至于一层两户，保障了每个住户的居住空间的自然通风效果。

环保节能，尊重环境的理念：黄伟文董事长认为豪宅更应该注重环保节能，所以金海湾的总体建筑设计及使用功能都会以环保节能为原则：因为金海湾的建筑本身的体量较大，视线上可能会封堵江景，设计师将首层设计成6.8米高的架空层，把江景引入滨江东路，不独霸江景，也让建筑与城市环境绝好的连接起来，更增加了住户的户外活动面积；每层住户的阳光清风电梯大堂，更是巧妙利用南北通透的建筑设计，让清风与阳光走进高层住宅的电梯大堂，公共空间尽量少使用空调，节省能源、与自然更贴近；每个住户户内的四大中央系统配置也是出于对环境保护的考虑：中央吸尘系统让住宅杜绝了吸尘的二次污染，中央新风系统让住户不用开窗便可享受新鲜的空气，变频式中央空调及中央热水都是节约能源的首选。

人性化的设计，注重住宅的细部处理：黄伟文董事长认为豪宅之所以成为豪宅，其感觉来自于对细节的注重，因此对金海湾的每一个细节的都是精益求精，不断完善，设计上数易其稿。所有高层楼宇的飘窗都会因为高度而让人产生畏高，但是金海湾在每个飘窗外都设计了一个几十公分宽的退台，让每个人的视线经由退台与地面有所阻隔，从而舒缓了畏高的情绪；金海湾每套住宅的入户门及庭院门都是1.6米宽的双开门，每个住户回家都会经过入户的前院，这些让业主们的生活空间更加宽敞、从容。

克服不利因素，巧妙利用了技术手段去转化：没有十全十美的楼盘，关键在于如何转化不利的因素，金海湾在住宅内使用的中空玻璃，不但隔音隔热，型材上的断热层设计更有效地阻隔了能源的流失，将都市美景带入窗内，而将都市的噪杂隔在窗外。

另外黄伟文董事长也很重视业主入住后的物业管理，用周全的管家服务系统、先进的智能化设施和周到的保安管理系统给予住户安全舒适的生活环境。

户型设计的诸多考虑：

豪宅的住户对居住的舒适性要求较高，因此在每套住宅的户型设计方面黄伟文董事长都花了很多心思去尽力实现居住的舒适。

金海湾每层的户数不多，各个户型均好性较强，其房间、景观的差别不大。保证了居住者的心理平衡。也注意保护住户的私密性，各套房内的门与门不会相对，户与户之间不会干扰，在保证平衡通风采光的情况下，也尽力增加住户的使用乐趣：每户的入户景观都是一边餐厅一边花园，行走路线可以移步换景。主要功能的用房与次要功能的用房分开，不串通，工人的活动路线不会经过户内的中央空间。整个户型的空间结构紧凑合理，可以在小空间里创造出大的空间感觉。入户的庭院是可以共享的，各个主要功能空间都可与花园结合，让每个房间都可享受到室外的花园近景与江面的远景。

珠海南嘉房产开发有限公司

珠海南嘉房产开发有限公司是由澳门嘉应置业发展公司董事长张得心先生于1993年8月在珠海投资创建,以房地产开发为主体的外资企业,注册资本680万美元,首期投资1500万美元。公司自成立以来,一直坚持"创建精品、恪守信誉、锐意进取"的宗旨,树立以人为本、科技创新的管理理念,所开发的楼盘均以节能、环保、舒适,切实做到人居与环境之最佳融合,深受消费者和社会之好评。经过十几年的艰苦创业,目前已发展成为一个资金雄厚、技术领先、管理严谨、实力强劲的房地产开发的综合性企业。

公司以往成功地开发的有珠海市翠前新村、翠珠花园、嘉豪园、兰埔花园昱晖苑等花园小区,均以精美的设计、上乘的质量和性能,合理的价格定位,而深受广大消费者的青睐,也赢得社会的高度评价。此外,公司热衷于投资社会公益事业,配合政府部门并投资承建了珠海市第八中学、中山大学附属第五医院(原市医疗中心)住院大楼等项目,其爱心工程不但受到主管部门及社会各界之充分肯定和赞誉,而且公司也因此取得良好的经济效益和社会效益。

不断进取、不断创新、以人为本,实现人与自然的有机融合,是公司永恒不变的追求。公司目前正实施一个大胆而可行的计划、开发大型高尚、智能、环保住宅区——亨泰山庄。该楼盘位于香洲区府旁,占地10多万平方米,是"都市里的村庄"。她三面环山,一天然湖泊环抱其中,百余幢高尚住宅依山而建,是珠海市规模宏大、科技含量高、环保意识强的人居住宅区之一,由于她景色秀美,加之人性化设计,舒适、温馨,为珠海市民营造了美丽的家园梦想。亨泰山庄以其风格独特,设计超前,设施完备,在宣扬古典文化品格的同时,也融入东西方现代的时尚和潮流,使现代时尚与古典风格相辉映,更显新奇。

多年来,公司引进国内外最优秀的工程设计和管理人才。并不断寻求高水平、有实力之合作伙伴,集合了各行业精英支撑着公司各部门的运作,过去的成就对于南嘉公司而言,只是历史的记录,每天都是一个新起点。"勇攀新高,不断创造新的辉煌"是南嘉公司进取和发展的永恒理念,激励和鞭策,将会赢得更美好的明天。

亨泰山莊
Enjoyday Village
中心区·原生态
别墅生活

中国房地产花园别墅成功开发典范

电话：0756-8509388　8509883　地址：珠海市九州大道西2156号永泰安大厦

亨泰山庄位于珠海市香洲区府左侧一片天然山谷中，山幽林密，云白溪清。坐拥珠海市文化，行政中心区之核心地带，抱山水而猎于都市；引进北师大珠海分校共建香山书院，守自然而兴育文化；低密度，高品质别墅，隐于高层之后、山湖之间，演绎着“中心区——原生态，别墅生活”。

置身亨泰山庄，可远眺半窗都市，近观一帘山水；宽身心于红尘之外，养精神于山水之中；与鸿儒煮茶论道，携亲友登高望远……，大隐隐于市，莫过于斯。亨泰山庄，都市中的“原”生活。

环山抱水吉祥地

“气乘风而散，界水则止。聚之使不散，行之使有止，故谓风水”——易学

亨泰山庄九条小山脉环抱，有如“九龙戏珠”，为聚气格，众溪汇聚成湖，活水不断，为聚水格，山为贵，水为财，天成富贵。

明月松开照　清泉石上流

空山新雨后，天气晚来秋。明月松间照，清泉石上流。

竹喧归浣女，莲动下渔舟。随意春芳歇，王孙自可留。——王维《山居秋暝》

为营造明月幽山，清泉潺潺，宁静之中澄澈心灵，空灵之间契会禅境的意境，亨泰山庄特设环山文化长廊，长廊在山间环绕，珍异林木，潺潺清泉，半山瀑布，山顶公园，在城市中央，与您零距相触，碧空明月，如此蜃景，何不尽情陶醉一番。

藏风聚气福瑞宅

亨泰山庄依山水势而建，在不破坏原有风水的同时，加入精心设计的元素，为宝地添锦绣。大门设计成牌楼，和三栋主楼形成聚气的屏障，九株梧桐，布“八方来仪”局，使得凤凰三阁达到天人合一、阴阳平衡，扇面布局，让所聚之气，周而复始，声声相息，源源不断。

亨泰山庄占地102950平方米，总建筑面积100416.81平方米，容积率0.855，绿化率46.2%，建筑密度22.5%，近5万平方米原生态公园，三山环抱，苍翠无限，奢侈的自然享受，仅为393户贵宾独有，2253.83平方米的大型传统文化会所，传统文化的回归之旅。

宁静以致远　淡泊以明志

夫君子之行，静以修身，俭以养德，非淡泊无以明志，非宁静无以致远。

夫学须静也，才须学也。非学无以广才，非志无以成学。———诸葛亮《诫子书》。

立志高远之士，宁静内敛以修身养性，淡泊从容而不为欲望所惑。

亨泰山庄三面环山，正是一处繁花盛放的清爽地，谷内终年气候湿润，气息幽清，清泉潺潺，洋洋缓缓，一处修身养性的宁静地，于谷中循循呼吸间，身心放松，浊气尽吐，彻见真理，身心舒畅，神游苍穹。

城市山林　自然意境

“城市山林”是宋代书画家米芾为镇江鹤林精舍所题匾额，既可喻城市之中园林之美盛，又可喻身处红尘，心怀林泉，大隐于市之从容。

亨泰山庄“因地、因势、因人”，让建筑生长于自然，与居者、环境和谐相生，以大巧若拙的原生态生活，回归山林，让居者虽处于繁华都市，却身心放松。

全国首创书院式会所

亨泰山庄书院式会所，丰富多彩的会所生活，深厚的人文底蕴，文化的专属，居于此，您可在香山书院内一番风雅，亦可在西餐厅、茶艺馆内静享茶点，或者于小酒吧内小酌片刻，生活本应如此，放松的愉悦。

近千平方米大型生态泳池，奢侈的水域空间，环庄漫道、畔山网球场、室内健身房等众多康体设施，或慢跑，或挥拍，或畅泳，快慢随意，自由选择。

大型亲水演绎台，或于台下举家共赏，或于台上小露身手，其乐融融。

登高远眺　纳世于心

亨泰山庄特设山顶公园，从谷中拾阶而上，先于山林中呼吸自然精气，一路美景萦绕，于登高过程中，体验向上的奋进，一步一阶，犹如生命的过程，一番微汗，登至山顶，豁然开朗，又一番境界，放眼远眺，城市在脚下，熙熙攘攘，阡陌交通，身处俗市之中，却又洒脱如斯，纳世于心，何等超凡。

中山市宇宏住宅产业发展有限公司

中山市宇宏住宅产业发展有限公司,是由深圳市宇宏投资发展有限公司控股的一家房地产综合开发企业。深圳市宇宏投资发展有限公司成立于1996年9月,已成功开发了"欧景花园"、"海畔雅居"、"欧景城"、"金运家园"等多个大型房地产项目,品牌羽翼渐趋丰满。2000年,位列深圳市房地产综合开发实力50强之一。而且公司产业还跨越贸易、高科技、医药制造等多个行业,正在向集团化进军。2002年初进驻中山火炬开发区,以全带资方式为火炬开发区建设市政道路及配套工程约4亿元。中山市宇宏住宅产业发展有限公司在开发区拥有土地2000亩,目前正在建设占地面积400余亩,总建筑面积约60万平方米的大型高档住宅区"宇宏健康花城",总投资10亿元人民币,计划三年内将完成全部建设。

公司一贯尊重知识,尊重人才,强调协作进取的团队精神,"技术创新,以人为本"为企业理念的第一要义;"宇宏地产,时代相伴"是宇宏的服务承诺,为企业理念的第二要义,"尊崇人与自然的平衡,缔造最佳人居环境"是宇宏企业理念的第三要义,亦是宇宏地产的执著追求。

中国房地产成功开发典范

宇宏·健康花城

宇宏·健康花城总占地430余亩,总投资超过10亿元人民币,总建筑面积约60万平方米,总户数约5000户,居住人口将超过1.5万人,住宅层数9-18层,是目前开发区的最大的生态住宅社区。小区分三期建设,首期用地面积90061平方米,建筑面积约20万平方米,由13栋小高层建筑和1个2000平方米的运动会所组成,住宅1324余户,停车位约700个、商业约8000平方米,自2004年开始陆续交付使用。

地理位置

"宇宏健康花城"位于中山市城市副中心火炬开发区中心城区康乐大道与东镇大道交汇处东南角,北临东镇大道,西接康乐大道,东接港义路,南面为新改建65米宽的小引涌。

中山市位于珠江三角洲中部,先后获得"国家卫生城市"、"全国城市规划管理先进单位"、"全国园林城市"、"全国环保模范城市"、"中国优秀旅游城市"等荣誉称号,1997年还获得了"联合国人居奖",居住环境在国内居前列。

随着城市重心东移步伐的巨大推动力,位于中山市东部的火炬高技术产业开发区已被确定为中山市的城市副中心区。目前有宏基电脑、佳能电子、住友、东芝、默克雅柏药业等世界上多家知名跨国公司和大财团在区内投资设厂,工业企业共500多家,其中年产值超亿元的有39家。且国家惟一的一个健康基地落户于此,大量的高新技术项目及人才在此安家,促进区域经济高速发展,是中山市经济发展的桥头堡,是一座正在崛起的海滨现代化新城。

周边环境

火炬开发区内环境优美,树木葱郁,大片大片的花卉绿地,显示无限生机。"宇宏健康花城"附近有得能湖公园、市政广场、体育中心等大型市政配套,集健身、休闲、运动等功能于一体,标准泳池、网球场、篮球场、乒乓球场、羽毛球场、足球场、排球场、各类健身器材、儿童游乐场。

规划理念

山、水、城多功能复合型社区

由于项目所在区域是一个集高科技工业、旅游、房地产、行政中心为一体的新区,基地周边有风景秀丽的老鼠山、小引涌,环境优美,因而总体规划定位为一种全新的集旅游、生态、环境为一体的多功能复合型社区。

自然生态的概念

通过入户阳光花房、超大露台、两层高的空中花园、底层私家花园等的设计,对空气、阳光、风、土地等自然资源加以合理的组织和利用,体现生态自然观在建筑中的最佳运用。

以人为本的概念

注重人性化设计,从使用者的生理和心理需求的角度来指导设计,这是人本主义思想的体现。

景观设计

宇宏·健康花城由国际著名园林设计大师倾情演绎无敌园林， 一期分为映月湾、漾日湾、揽星河、抚云峰四个组团，以表现亚热带风光的现代景观为主要手法，整个园林以水为主题，遵循人本原则，并充分考虑了生态环境的因素，以塑造一个拥有丰富多彩的水景及各种娱乐、休闲、健身、游乐设施为一体的生态住宅区为目的，力求达到步移景换的效果。

宇宏健康花城的入口是具有代表性的气势磅礴的水晶喷泉广场 “花城广场”，喷泉的延伸是“玻璃叠水”，整齐的棕榈廊排列两旁，体现了浓郁亚热带气氛。这三部分所组成的整体景观，让人一进小区就能感受到宇宏·健康花城最基本的设计理念：以水为主题。尤其是晚景路灯映射的喷泉及玻璃叠水透出宁静、浪漫而欢快的气氛。

考虑到广东人爱喝早茶的习惯，在广场的右边安排一个尺度适宜的四季茶座，为共享天伦之乐的一家老小提供满意的处所。棕榈廊的右边铺设了叠水与特色彩色景墙组合景观，进一步强化主题。穿过棕榈廊是流水剧场和会所泳池，这里可以举办大型会议或活动。

宇宏健康花城的主体还布局着极富人情味的其他景观。由入口处向里延伸，左边分布着以老人休憩娱乐为主的“弈棋园”，“轻舞飞扬”及“兰亭”，爱话家常或爱看书的人都爱去的“榕情故里”，最适合傍晚时分散步的“音乐石林”，其特色是经过特殊设计，流水淌过石头，发出优美轻快的音乐声；然后是儿童游乐场“拾趣园”，活泼可爱的孩子们在这里留下欢快的笑声。

接着是跨越整个宇宏健康花城三分之一的生态湖，碧波荡漾，大面积的水体给炎夏带来凉爽的空气，对整个小区的气候、环境起到调节作用。别具特色的水中舞台“彩虹台”；适合老人锻炼身体的“太极广场”，极具观赏价值的 “天鹅湖”和“莲花池”，能举办大型户外活动的“水晶广场”，与“花城广场”相对应，把宽大的区域统一成整体。

“夏威夷泳池”能让你在家门口就感受异国风情；“多功用草坪” 让你不用到郊野就能享受到放风筝的乐趣；“香花公园” 里有着品种丰富的珍贵香草花卉，带来了香薰治疗的新疗法，并且具有很高的观赏价值。再看特色木栈道，你会生出无限幽古情思……

在水的氛围下少不了石头公园这样的处所；最后“枯山水静思园”营造出良好的思考人生、回顾过往、欣赏佳作的艺术氛围。转过枯山水静思园跨过主车道映入眼帘的是“鲤鱼池”，接下来往主入口方向的是“河畔广场”和“特色雕塑墙”，展现着无穷的艺术魅力。小区里如棕榈园这样具有亚热带风光特色的植物园，比比皆是。

宇宏·健康花城又一特色在于一面临江，根据这样特殊的地理位置建设了一条风景秀丽的倚江栈道，不同兴趣爱好的人们在此休息、观赏、活动、健身、游玩，乐在其中。倚江栈道的另一边设置有购物天堂商业步行街。在小区的各个区域分布着装潢精致的各类商铺和充满人情味的宅前小院，从而形成一个生活不假外求、拥有青山绿水，鸟语花香的都市桃源。

建筑特色

一期包括 3 个组团和一条沿江住宅带，由 1-13 号楼组成。1 号楼、2 号楼构成西边组团，4、5、6、7、8 号楼构成北边较大组团。曲线型的 1 号楼和 4 号楼对称布置，围合出一期的入口商业步行街。人流从环岛的主入口广场经过步行街进入中央广场，可以尽揽东边一条长 200 多米的绿化轴线和西边的组团花园，给人以开阔大气的感觉。9、10 号楼组成中央组团。3、12、13 号楼沿江布置，会所设在两栋楼之间。从中央广场经过一个别致的廊桥可到达会所，人车在此立体分流，绝不干扰。金领公寓底部二层设置了一个大型幼儿园，幼儿园因出入口和活动场所与公寓完全分开。规划在第三期另设有一个独立用地的幼儿园和小学，可满足住户未来的需要。

户型设计—方正实用

在经典户型的基础上，加以变化创新，符合现代人对家居生活品质日益提高的要求。项目全城首创入户阳光花房的创意户型，将花园搬进房子里。另外设计了两层高的入户空中花园，开敞气派，令住户体验完全不同的空间感觉，且上下两层住户避免了相互干扰。

造型设计—演绎现代经典

由于项目所处区位是新兴的城市中心，周边已建成的建筑均采用现代建筑的元素和符号，如大量的玻璃幕墙、网架等。因而在建筑造型上，宇宏·健康花城采用后现代主义建筑风格、极尽简洁、实用、美观之理念，力求体现纯净、自然而又活泼的特色，屏弃烦琐的装饰，体现出建筑内在的秩序和完美。同时，为避免以往现代建筑给人留下过于单调的弊端，精心推敲比例、尺度、细部等元素，运用构架、挑板、线脚、飘檐、弧形阳台、转角飘窗等创造出丰富的立面和屋顶变化效果，色彩运用方面，更充分考虑到南方城市的气候特点，采用了理性的浅灰、温馨的橙黄和宁静的明黄，充分演绎现代建筑之经典。

美丽的天际线

结合对建筑层数的要求，小高层、高层由西向东、由南至北，呈渐渐高起的两种态势，变化丰富，宛如一条腾飞的巨龙，形成宇宏·健康花城美丽的天际线。同时又与远处的山体的起伏遥相响应呼应，建筑与自然和谐共生。

佛山市广联房地产开发有限公司

佛山市广联房地产开发有限公司成立于1995年，以开发改造盘活国有企业资产为目的而成立的中外合作房地产企业。

1997年9月，首先对广东省红棉丝织厂南区进行商品房开发。经过几年的努力，建成了由14幢多层住宅楼和1幢高层商住楼组成，建筑面积约7万平方米的红棉苑商住小区。由于小区地处佛山市新旧城区的接合部，在交通上四通八达，生活配套应有尽有，且拥有较高绿化率，加之细致入微，别具匠心的精心设计布局而受到热烈的追捧，因而在竞争异常激烈的佛山房地产市场，创造半年内销售出九成的奇迹。

针对房地产行业存在的货不对板、面积缩水、质量问题以及承诺不兑现等现象，在2002年5月举行的全国首创“质量保证承诺宣言”活动中，郑重地宣布对住宅的保修内容作全面质量承诺，在不同程度地延长保修期限，并由业主直接参与监督、验收过程，此举受到消费者的热烈欢迎，中央电视台经济频道为此曾作专题采访。

广联房地产公司以诚信为本的经营理念不仅赢得了市场，而且树立了自己的品牌形象，正在开发的红棉雅苑小区，周边的生活配套设施非常完善，总建筑面积近12万平方米，其中绿化面积约占总面积的35%，众多的水景环绕整个小区，半地下设计的停车场采用自然采光、绿化以及喷水池，既可节省能源，又使原本单调的停车场充满生机，这在旧城区更显得可贵。红棉雅苑以瑞士联邦工科大学教授凯勒提出的“高舒适度与低能耗”理论为营建理念，以其“高舒适度、低能耗、低生活成本、低维护成本”的卓越品质，在2003年被中国房地产业协会、中国房地产报推介为“全国健康住区”。

凭良好的信誉、过硬的质量，红棉雅苑将会继续受到广大消费者的欢迎，再次创造销售奇迹。

红棉雅苑 中国(佛山)景观环境社区成功开发典范

佛山市广联房地产开发有限公司开发的“红棉雅苑”小区，位于佛山市禅城区汾江中路与亲仁路的交汇处。小区南临亲仁路与“红棉雅苑”相望；北濒丝绸大街与“丽丰花园”和“豪兴苑”相邻；西接“白燕小区”；东倚四座原有保留的公用建筑与汾江中路相连。小区建成后，这里将形成一个成熟的住宅圈。

红棉雅苑小区平面形状呈长方形，东西方向长约250米，南北方向长约160米。用地面积约4万平方米，约合59亩地。总建筑面积约12万平方米，全区绿地率达35%。小区由18座住宅楼组成，其中中心地带有4座为无电梯的多层楼座；其余14座为带电梯的中高层楼座，可容纳约750户住户。小区周边设有汽车停车位约80个，区内地下室设有汽车停车位约380个，以及相应的摩托车停车位，停车无忧。

在小区南主入口处，首先映入眼帘的是一座红棉花的大型石雕，使您有个已回到家的感觉。沿着小区的中轴线拾步登上廊桥，一片大好风光尽收眼底。

桥左边一泓碧波荡漾的清水，是一个水面近千平方米的大型游泳池，它由成人池与儿童嬉水池组合而成，青壮老少皆宜。游泳池的周边绿树环抱，树荫之下配置凉棚、靠椅、吧台，好一个休闲健身的场所。游泳池外围是一片高低错落的坡地，坡地上是郁郁葱葱的热带雨林，既屏蔽了泳池，又阻隔了噪音。雨林丛中曲径通幽，您可在此闲庭信步，亦可在此怡情养身。若想游乐健身，雨林深处还点缀有小型的运动场所，供住客尽情锻炼和玩耍。雨林外围有条环状的通道，与小区西、北两侧的楼座走廊相通。楼座首层的走廊像一串亮丽的珍珠项链将各楼座有机的串联在一起，您可在此从容漫步进入住户大堂回家，亦可在此小息安坐与邻里街坊促膝谈心，还可在此临轩凭栏眺望小区美景怡情养心。

回首放眼桥右边，却是另一番景色。桥侧的瀑布波澜壮阔，绿水飞流直下汇入小溪。溪流九曲十八弯，寓意以水聚财，但更添水景美色，清风徐来，水波不兴，徒有羡鱼情。亭台水榭与溪流相映成趣，好一派小桥流水人家，绿水人家绕的诗情画意美景。在此您可以感触到东南亚热带风情，顿觉心旷神怡。当然，如果您想锻炼身体，或带小朋友游玩，邻近就配有健身游乐设施。

区内实行人车分流，为了方便机动车出入，除在小区南面地段设有一个主出入口外，另在北面地段还设有两个次出入口，为住户提供了出入的捷径；对没有地下停车场的个别楼座，他们专门开辟了一条机动车专用通道，将机动车隔离在小区外围活动，这样，既可保证区内环境的安静、减少废气的污染，又保障了区内行人行走安全。而且在交楼前期，引导住户的搬家和装修车辆进入地下室组织垂直运输，从而维护了地面景观的完美整洁和保障了小区环境的安静祥和。

小区的地下停车场室为半地下设计，采用自然采光和能源照明相结合，自然通风和机械通风相配合的设置方式，既节省了建造成本，又能节约能源，使得日后的使用成本大大降低，并达到环保的目的。停车场一改常规地下室单调昏暗，有似迷宫的感觉，而将墙面按防火分区涂抹各种明快的色彩，并在每个分区内布置上有天井、下有绿化、喷水池等园林景点，使得地下室内生机勃勃、亲切怡人。住客将按照自己所熟悉的分区色彩停泊好车辆后，乘坐电梯直接回家，也可以从中部采光井处信步走上地面，欣赏地面的美景。

在注重健康的今天，红棉雅苑小区摒弃在楼座天面设置砼水池的传统做法，用最新的环保型免清洗、密封式不锈钢水罐集中供水，经过内部过滤、加压后直供五楼以上住户使用，为住客提供更洁净的生活用水。

红棉雅苑为创造一个绿色环保、节约资源、低生活成本的生活环境，小区采用中水利用系统，通过内循环，使消防、泳池、水体、绿化和保洁用水能得到充分利用，既达到节省能源，资源再生的目的，也降低了使用和维护成本。

区内楼座外部体型美观大方，前后楼座间距开阔，最小楼距24米，最宽达90米，水景贯通全区，使景观自然相连，户户推窗见绿。户内结构布局合理实用，便利各类家居布置。设计师为小区设计了若干个住宅户型：一房一厅、两房一厅、两房两厅、三房两厅、四房两厅、上下复式、前后跌层、附带露台或私家花园等多种形式；住宅层高3米～3.1米，建筑面积由约50平方米至约160平方米之间，品种档次丰富，可满足不同类型消费者的需求。在这里，每座楼的首层均有架空布置，架空层中红花绿草分外娇艳，以最大限度地利用不同的空间营造不同层次的绿化效果；首层住户还配置有私家花园，可供您养花植草和造景，不亦乐乎。

红棉雅苑实行全封闭管理，小区设置先进可靠的智能化安全防范系统，物业管理公司亦全心全意为您提供无微不至的全方位服务，使您居家舒心，外出放心。区内住客会所设施包括有棋牌室、桌球室、乒乓室、健身房等，可满足业主们多方面的爱好。休闲之时，亦可携带家人，或呼朋唤友到会所小聚，或一盅三件，或三菜一汤，丰俭由人，任君选择。红棉雅苑周边有众多知名的学校，以及图书馆与图书城；大型商场、超市、菜市场一应俱全；附近酒店、食肆林立；祖庙、梁园、中山公园等成为休闲的好去处；环绕的公交车站、近便的长途车站和地铁车站使得出行极为便利；附近还有大型的体育场地与花鸟市场。各类配备服务设施众多齐全、衣食住行、娱乐健身、贸易经商、外出游玩十分方便，使住户能享受到全方位的生活配套设施带来的方便。

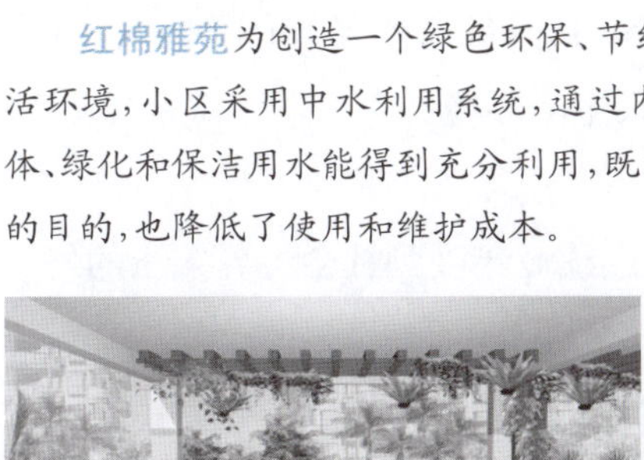

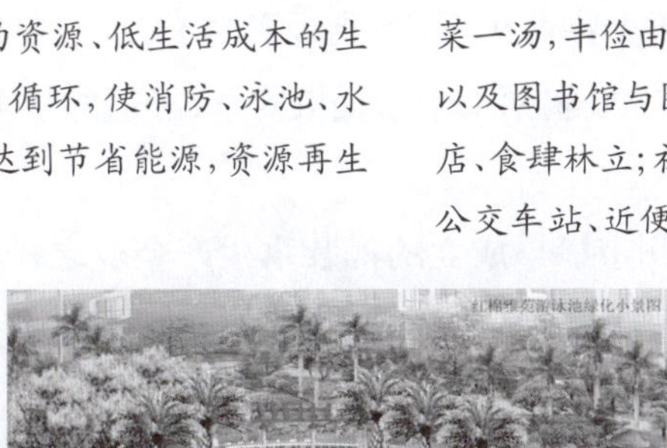

红 棉 雅 苑

惠州市日升昌置业有限公司

惠州市日升昌置业有限公司创建于1996年。公司发展近10年，逐步形成以房地产业为龙头，集高新技术、工业园区、高校后勤服务、物业管理经营为一体的多元化发展格局，经过公司全体同仁的努力，目前已发展成为净资产超亿元，年产值数千万元，拥有各类中、高级管理，技术人员100余人，从业人数近千人的中型企业。多年来，公司一直致力于向专业地产公司方向迈进，到目前为止，已累计完成下埔杏花村小区、东平龙湖阁小区、惠州学院学生公寓、阳光工业园、阳光名邸等项目的开发，并成功塑造了“日升昌地产”企业形象和“阳光”系列高品质商品房品牌。

直属企业

日升昌物业管理有限公司：目前管理五个物业小区，物业面积约13万平方米。日升昌高校服务有限公司：前期投资和经营惠州学院五栋学生公寓，为1500名莘莘学子提供安全、舒适的学习、生活环境。

联营企业

惠州市佳源饮水科技有限公司：为惠州市最早成立的桶装水生产企业之一，连续8年受到社会各界人士的好评，并多次荣获省市各种奖项。

惠州市金樱重防腐涂料有限公司：为集科研、生产、销售、施工为一体的我国重点高科技项目专业公司，生产十大系列七十多种重防腐涂料，产品多次荣获国家级奖项。

东莞市泰美隆纤维材料有限公司：为高分子纤维材料研究、生产基地，主要生产高级纺织材料——超细化纤产品。科技含量和生产规模在全国同行业中处于领先地位。

公司本着“以人为本、质量第一、信誉第一、重合同、守信用”诚信经营原则，“树一方品牌、让顾客满意”的经营宗旨和“开拓创新、勤奋务实、友爱共济、追求最好”的核心理念，成功地开发出各种档次、类型和规模的建筑精品，逐渐形成一家实力雄厚，经验丰富的品牌企业。公司愿与社会各界精诚合作，共同打造不同领域“日升昌阳光系列”品牌，创造企业新纪元。

都市 生态 运动 家园

日昇昌阳光假日花园

咨询热线：0752-2359222 2359666

日升昌阳光假日花园位于惠州市桥东东湖中路，紧靠东湖大型住宅社区。项目总用地面积 47000m²，小区用地面积 29700m²，总建筑面积为 85445m²，由 3 栋 7 层多层洋房住宅，16 栋 9-11 层电梯洋房住宅组成。阳光假日花园设计定位为苏州水乡园林风情特色花园的高尚住宅小区，沿小区道路而流的浅水溪及大面积湖泊并配合小桥木道、喷泉跌水、亲水台、景观回廊共同组成以休闲、生态、运动为主要功能的阳光假日花园，形成“都市·生态·运动·家园”四步曲。小区分三期开发，一期于 2005 年元月 1 日正式动工。2006 年 6 月份全部交付使用。

中国水景园林地产成功开发典范

园林特色

岭南风情，水景园林

在园林中走走，心情和园林一样美丽

尊重自然的现代住宅

休闲走廊、艺术景墙、花园水景，是空间与艺术的对话。你或许会流连于休闲走廊欣赏其间优雅高贵的格调；你或许惊叹于艺术走廊纯粹的色彩与简洁的造型所营造出大自然的氛围；你或许感叹花园水景是那么的自然和谐。体验阳光假日，将一切最适合表现自然与人的元素在园林中尽情展现。

日升昌·阳光假日花园以人为本，尊重人、满足人、愉悦人、做到人景合一，情景合一，为您倾力打造动静相宜的休闲生活。在阳光假日，每天生活在鲜花丛中，快乐里，白天，和风轻舞；夜晚，听小虫低吟。

闲暇时，到小区花园里走走逛逛，享受多彩多姿的假日生活，别有一番乐趣。阳光假日的生活，每一天，都是新的，每一天，都有新意。

水景世界 居住灵魂

一处波光粼粼的水岸风情，一方挥洒悠闲的自在天地，10000 平方米的水景园林，亲近水源，亲近自然，亲近家园。假日花园园林设计彻底贯彻以“健康生活为本”的规划理念，最大限度在宽阔的园内，规划出实用功能主义与完美景观相互融合的现代水景花园。

园内清澈的水流漫延流淌，使小区灵气渗溢，生动有趣。移步换景，一步一景，多功能高级会所，生态广场，风雨凉亭，花架走廊在园内如繁星点缀，放纵视野，美轮美奂，赏心悦目，陶冶情操。

经典户型鉴赏

近乎完美的空间设计

号称可终极置业的“零”缺陷户型

日升昌·阳光假日的户型，吸收了“劳斯莱斯”级豪宅阳光名邸户型精髓，从精致的二房至三房，至阔绰的四房、五房大户，丰富的户型提供多样选择。其最大特点是利用隐梁隐柱的建筑力学优势，户型分割简约，完全无浪费空间，80～95 平方米就可实现三房的居家梦想；另一种 110～140 平方米的入户花园户型则满足都市人渴望亲近自然的心理需求，设计了 180 度到 270 度采光的错层入户花园，户户都采用大外飘窗，在拥有优越的通风采光的同时并延伸了居住空间。

社区管理与配套

呵护，暖流贴心入微

清晨，一声问候，一个微笑，快乐心情愉悦一天；
深夜，总有一盏不息的灯，守候着晚归的人，暖暖的感觉深入心扉……
您看不见我，但感觉得到。
日升昌物管，更注重您心灵的感受。
在阳光假日，心回家了。

人车立体分流，人性居住环境

车流均在外围及地下车库，车流从小区西、北两端进入地下车库，行人从南西两个入口直接上小区空中花园，实现人车立体分开。

■以严密的保安系统和训练有素的保安队伍，为每一位住户提供优质物业维护和贴心的居家服务。

■小区配备全套智能化系统，采用封闭式全天候智能化物业管理体系，包括煤气泄漏报警、水电自动抄表、背景音乐、停车场自动化管理、红外线跟踪遥感监视器，可视监控显示等系统。

■创新“方便入住措施”，提供电话预约、上门服务等措施，解决您的后顾之忧。

■24 小时物业管理服务，为您妥善解决生活琐事。

■特有综合健身设施、棋牌室、乒乓球室、麻将室。贵为业主，尽享会所多样服务。

上海天祥华侨城投资有限公司

上海天祥华侨城投资有限公司

上海天祥华侨城投资有限公司为联合投资形成的投资公司，是由深圳华侨城集团属下的深圳华侨城房地产有限公司与上海天祥投资有限公司共同出资成立的合资投资公司。由公司负责的新浦江城项目，在土地开发供应方式上采取了社会公开邀请招标模式，而在经营模式上，则采取了"自主经营、自有资金、滚动开发"的经营模式。同时城区规划是以园区办公、大型商业、娱乐、教育以及各类型低密度住宅等多种建筑类型相融合的综合城区，拟建设成为一个具有国际水准的高标准新城。

投资组合方

深圳华侨城地产是中国房地产综合效益百强企业之一，中国城市运营商50强，投资范围涵盖了房地产开发、建筑设计、建筑工程安装、工程监理、物业管理、酒店物业等。由华侨城地产负责开发的代表作品——深圳华侨城(占地面积为4.8平方公里)，以先进的规划思想与高标准的开发水准，被誉为中国成片城区开发样板，是国内成片综合城区开发的先行者。其中"波托菲诺"被评为中国国际花园社区，获"十大美丽家园"第一名。

华侨城地产所属的华侨城集团，是中央直属的大型国有企业，集团以房地产、电子通讯、旅游为主营业务，拥有康佳集团、华侨城控股、华侨城地产以及锦绣中华、民俗文化村、世界之窗、欢乐谷、深圳湾大酒店和威尼斯酒店等知名企业品牌。

上海天祥投资是专业从事房地产投资的企业，并参与建筑业上下游其他产业投资，形成了贯穿房地产开发全程的完整产业链，是行业资源垂直整合的领先者，投资涵盖房地产开发、建筑设计、建筑工程承包、建筑设备的开发、生产、产业化住宅的研发与生产、建筑专业媒体等。

上海天祥投资所属的天祥控股有限公司，在上海拥有伟恒通(上海)有限公司及天利商品混凝土集团，并成功开发上海兆丰环球大厦、上海兆丰世贸大厦等。

中国著名城镇化社区

新浦江城位于上海版图中心的浦江镇中心城区，至人民广场15公里，位于这样一个中心优势位置，通过卢浦大桥、浦星路以及规划中的轨道8线，与人民广场、世博会等将成为上海新中心黄金轴线。浦江镇中心城区占地10.3平方公里，由意大利格里高蒂建筑设计事务所担纲整体规划设计，整个城区将意大利风貌及中国生活方式相融，以现代方式演绎新城市生活。作为浦江镇中心城区示范区的新浦江城，占地约2平方公里。整个城区的规划体现了既混合又独立的城市空间特性。“居民们远离交通堵塞、噪音和污染，在自然、融洽、和谐的氛围里，享受悠闲的生活和工作环境。”这就是浦江镇的总规划师、著名意大利格里高蒂建筑设计公司CEO卡纳第先生梦想中的美好城市——新浦江城。而作为新浦江城项目的开发商上海天祥华侨城投资有限公司，已将新浦江城建设推进到城区的住宅开发建设阶段。

根据市区两级政府对浦江镇的开发定位，意大利格里高蒂建筑设计公司受邀全程提供了控制性规划、详细城市规划及城市设计，为保证后续单体建筑及城市景观具体实施延续总体规划思路，上海天祥华侨城投资有限公司延聘格里高蒂建筑设计公司及其余4家意大利知名的建筑设计事务所对新浦江城的实质性开发提供后续设计服务。这种从规划到单体建筑设计及景观设计均保持规划、开发理念上的高度一致性的做法应该是目前上海城市建设模式的一种尝试。就目前已完成的首期部分看、这种尝试应属成功。

新浦江城的项目特点突现整个浦江镇中心城区的开发理念，即混合使用功能、24小时呈现城市活力。新浦江城中的住宅项目均与商业、办公、娱乐等项目做到不同程度的融合；建筑物与室外公共活动广场、水景、绿地相有机结合。住宅项目采用一种既有城区生活密度又具备宽敞的新型城郊景观效果。这个目标的实现是由先进的国际城市规划、设计理念与中国居住、生活文化做了良好的结合。概括地说，对四个方面做了尝试：新浦江城是应有限定边界的；城镇的发展是应从核心开始的；车辆通行应受限而步行系统应受重视；广场生活应成为重要的内容。针对具体的住宅单体建设，创新出全新的院墅品种，对通常的小高层住宅、联排别墅、水景公寓也做了设计理念上的提升。

新浦江城的规划建筑将整个浦江城区的城市规划设计与地块内开发的建筑规划紧密结合。总体上规划理念体现了意大利现代城市设计思想。

绿色城墙

新的城镇应该是有边界的，不应是摊饼式无限扩张的。但现代的城市是不可能像欧洲中世纪或中国古代那样用城墙相围。浦江镇的做法就是沿城区边界的主干道侧建了高7米的绿坡，绿坡上种乔木，绿坡向城区内的一侧可以成为居民的运动场、儿童游戏场、外来车辆停车场等。整个绿坡带宽100米,是一条绿色景观花园城墙,可以屏蔽交通干道上的噪音,也可以作为城区内居民进入新浦江城的心理边界。沿交通干道无法领略城区内的建筑外观,但绿坡的开口处作为进入城区的大门,令视觉豁然开朗,带给人惊喜与兴奋。

中央核心带

新城镇的发展是从某个"核"开始的,这个核集聚了城镇中最重要的公共政治、文化、经济的设施,是市民心目中的中心所在。新浦江城的规划是由中央核心带将南北狭长的城区从中间一分为二。中央核心带就是这个核。其借助周边丰富的景观元素将现代城区工作、生活中最重要的设施集聚在一起,功能混合、24小时充满活力,是一个新城市中心。

车行、步行、船行

现代城市的发展离不开汽车,但汽车的使用降低了城市生活区的质量。新浦江城的做法是将汽车基本限制在城区道路上,进入街区后基本在地下停车库泊车。相应的步行系统的重要性得到了巨大的提升,在穿越地块的中央纵横相交的是步行系统,在其路线上贯穿了步行广场、绿地、花园、游戏场。在其重要节点上又安排有商业、娱乐设施以进一步吸引居民使用这个系统。为保证这个系统能正常使用,新浦江城又通过现代化的智能识别系统加上适当的人员安保措施,既保证了各个地块的开放,又保证了安全管理的要求,对实现开放城区做了一次大胆的尝试。由于新浦江城原本河道纵横,新的规划对城区原来的河道进行了疏理,又结合总体道路系统做出了新的河网。新的河网仅供城区内休闲游船的使用,是对步行系统的补充。在靠近各级别的商业、娱乐设施的地方,均有游船码头。

广场生活

新浦江城首次尝试引入广场生活。在充分结合上海当地气候条件下,通过各种景观设施意图将这一生活方式引入。广场是城区的公共"起居室",在新浦江城内,有城区、地块、组团、邻里各个级别的广场,广场周边有相应的办公、商业、娱乐设施相配合。广场也有水景、绿地、活动场地等多种形式。

花园公寓

花园公寓总高36米,底层架空以上共10层住宅,配两台电梯,其中一台为观光电梯。地下一层为停车库。每层为两户单元,建筑面积分别为190平方米与150平方米左右。顶层为整层一户,并有通向屋顶处私人领域的楼梯,建筑面积为340平方米,具备360度全景观。

花园公寓的特征是整个建筑的面宽超大而进深较小,将上海公寓住宅最佳房型所需的条件发挥到极致。

花园公寓的立面设计在每层每户平面基本不变的情况下做了充足的变化。

联排别墅

联排别墅有多种不同的变化,按照有无临河、有无公共地下停车或私人地面停车、及有无底层商业做组合变化。房型从180平方米至280平方米,平均为202平方米,平均面宽为6.9米。联排别墅为三层建筑物,单元的拼合、前后排的关系,与底层景观元素的结合均呈统一又变化的关系。

院墅住宅

首期项目中院墅住宅共有8个组团,每个组团有20个左右的单元。总体上,院墅的房型共有24种,面积从210平方米至305平方米,平均建筑面积230平方米左右。

院墅住宅均为两层建筑,占地为18米左右的矩形地块,建筑物以L形半包围的形式围合着庭院。在这里,中国传统意义上的庭院空间与意大利古罗马时期的住宅庭院做了完美的结合,建筑物内所有的空间组织均围绕庭院展开,庭院成为整套住宅的灵魂所在。

为强调城市密度环境中的别墅,必须体现与邻里间的紧密关系,又要保证有一定的私密性。为此庭院内的地坪做了抬高,使院墙的高度里外有别。站在院中,可以方便地觉察街道上发生的一切,而街道上的人们看不见院内的情形。

经过仔细推敲组合而成的各院墅,无论从组团街道内、地块道路、广场上,还是从城市街道上看,均呈高低错落、丰富又统一的效果。各种外墙涂料颜色的组合进一步加强了这种关系。

熟悉的街道尺度,精心安排的进入每家每户的空间层次,均使不少人恍然有一种回到往日老式里弄的感觉。

水景公寓

水景公寓为4层，底层与二层为复式公寓，有南北私人庭院，建筑面积为180平方米。三层公寓能利用二层的屋面作为平台，建筑面积为120平方米左右。四层公寓有单独上屋面私人领域的楼梯，建筑面积为110平方米左右。水景公寓三层四层每层配一台电梯，一梯两户，并有地下停车库。

社区中心

社区中心的功能包括有游泳池、老人活动中心、青少年活动中心、游艇俱乐部、餐厅、管理办公室等。建筑面积为3000平方米左右。社区中心的建筑布局将步行街贯穿其中，并与城市水广场结合在一起。

中意文化广场

中意文化广场主要用于推广新浦江城，并促进与意大利方的各种文化艺术展览与商业交流。建筑面积约5000平方米，包含展览厅、多功能厅、餐厅、办公室、观光塔等。

整个广场浓缩了新浦江城的规划设计理念，将城市广场、街道、水池、建筑物结合在一起，用一幢建筑予以体现。建筑物整体上为两层高，外墙饰面均为干挂石材。

院墅

新浦江城中住宅最具创意的当属院墅这个品种，就组团内0.48左右的净容积率经设计师巧妙设计，使居住者能充分享受到独立别墅中才能有的私人庭院。庭院的概念在规划建筑类说明中已有阐述。这里强调的是由于中心庭院的存在，房型的设计就有了别具一格的思路。所有房间围绕南向的庭院呈“L”形展开，主要居住空间都能有开敞的朝向庭院的视野。在建筑室内空间的组织上，通过贯穿一、二层的共享空间，及每层中相互开放的部分，使得空间的流动性加强。居于此的人们多数感到享受了比实际建筑面积大得多的室内空间。

由于庭院与一层室内的地坪均比室外街道抬高了1米，在室内用架空板的办法能帮助解决底层潮湿的问题。庭院处抬高标高1米，使庭院内围墙高度为1.3米，街上围墙高达2.3米，这样对邻里间的视线控制、私密性的保护均极有好处。这种做法与上海多数居民希望在使用庭院时具备一定私密性的人文情感合拍。通过对南向邻居二层北窗开设与否的控制，能进一步加强这种私密性。

物业管理信息系统

社区物业管理实现计算机网络管理，且全面导入ISO9002管理模式，并将远程服务功能嵌入物业管理信息系统，实现了“可持续性发展”的目标。

该系统除具备十一大模块、约54种功能外，主要创新点在于，在组团式大型社区内，通过技术手段解决了物业管理点较分散(各管理点被市政道路分隔)的困扰：

不再设置涵盖首期项目全区域的物业管理信息系统局域网，而是充分利用公众网资源，将通信、计算机和网络技术运用于社区的物业管理，通过优化配置的系统软硬件设备、编制的应用程序及相应的传输构网络，组成社区物业管理信息系统和地块小区信息交换网络。而设置于物业管理公司内部的物业管理信息系统局域网，仅用于内部管理办公运作。由此，物业管理信息系统借助公众网络资源，共享各地块安全防范等系统的信息，构成了社区或辖区的中央管理系统。

该系统所采用B／S结构的开发和访问方式，可以确保用户通过Web浏览器访问物业管理平台的Web服务器：住户可以选择任何一种数据接入方式，访问Internet、登陆物业管理平台的Web服务器、访问、浏览社区公共信息，或通过身份验证后访问与自己有关的物业信息；而物业用户则可根据需要选择拨号上网、电信ADSL方式，登陆物业管理平台的Web服务器。

由此，公众网资源将地块各系统报警信息、事件信息和运行信息，以报警报告、事件报告和运行报告的形式，定时传送至物业管理信息系统相应模块，达到集中管理的功能。

NARADA REALESTATE 南都房产

上海南都置地有限公司

南都集团起步于1991年,1999年经国家工商总局核准注册为南都集团控股有限公司。目前集团下属企业集团三家,形成以基础设施产业、房地产业、电源及网络资讯业为主的产业结构。集团以"实现自我,回报社会"为理念,以前瞻的眼光发展新兴产业,强化各产业公司的专业化经营管理,旗下中桥基建、南都房产、南都电源等经营规范,业绩突出,在业内都有良好的评价。

经过几年的发展,南都房产集团自2002年起,年开工量将超过100万平方米,在房产开发、物业管理、房地产中介网络三个领域分别通过了ISO9002质量保证体系的认证,已成为集房地产综合开发、建筑勘察设计、物业管理服务、酒店写字楼经营管理、房屋置换服务、房地产评估为一体,涉及房地产各领域,拥有十余家成员企业,以产业化、规范化、标准化、系列化、品牌化发展为宗旨的现代化房地产产业集团。

目前,南都在上海崭露头角,南都房产集团所属的上海南都置地有限公司成立短短两年时间内,已经有4个房产项目进入开发阶段。其中,位于杨高南路和外环线交界处的提香别墅是南都房产在沪第一个开盘的项目,建筑风格以优化的北美独立别墅为主,讲究自然山水和中西园林的有机结合;位于松江的白马花园,这是一个以德国理性主义和简约风格为特点的低层公寓住宅;另外,新里城项目位居浦东三林版块,将开发总建筑面积达30万平方米的住宅区;在青浦还将开发占地1500亩(其中水域达800亩)的大型天然湖景顶级别墅社区。

作为浙江省首家省级房产开发集团,南都房产已经走过了10余年的发展历程。我们抓住中国经济起飞的机遇,以"厚德载物、诚信方正"为道德理想,将每一个建筑产品都当作艺术创作的作品来对待。在中国房地产业快速发展的十年间,南都房产的产品定位从最初满足居住基本需求发展到以人为本需求为导向,品种由单一的住宅开发逐渐发展成以城市精品住宅开发、旅游景观房产开发、城市商业街区复兴建设、科技型商用及办公物业开发四个领域并立的综合开发格局。

南都房产将中国这十年房地产发展与西方发达国家相应发展时期的业态状况相比照,把它放在世界建筑的发展史上进行探讨,并以此作为调整企业行为与产品走向的借鉴。20世纪的建筑,无论是理念、形式,还是技术和材料,都是激动人心的。建筑流派从现代主义到后现代主义,经历了由统一化、国际化转向个性化、多样化的过程。这种变化和冷战结束之后整个世界的多极化趋势是吻合的。我们所要面对的,是如何将我们的传统、我们的民族特性、各地的文化特色以及当代人的心理需求结合起来,达到对真、对善、对美本质的体现。

就居家而言,北美别墅因为既有欧洲经典的血统,又多了轻松愉悦的生活趣味,成为最符合当代居住理想的建筑式样。我们选择北美别墅作为提香别墅的主格调,正是基于对现代化和城市化发展过程中人的物质和精神需求的认识,期望它在上海重新回归国际大都市的历程中,在大气的、国际化的上海,不丢掉上海人高尚的精神气质和温馨的人性关怀。

提香别墅所着力打造的是一个亲近自然、远离浮躁,可享受舒适与放松的居所。它并不以简单的外形模仿成为某段历史的纪念地,而是以自由生态的形式营建一个心灵的栖居地。取名"提香别墅",正是希望它能够与18世纪著名意大利画家提香的艺术精神和艺术风格产生某种"暗合",将生活的享受和对自由的追求、对崇高的思考结合为一体,将美和优雅纳入心田,再转化为生动的、艺术化的作品。

提香别墅 中国(上海)地产经典别墅成功开发典范

别墅概要 提香别墅位于上海康桥高新科技园内，东临规划中的浦三路，西至杨高南路，南临秀沿路，北向紧临外环线500米绿化带(规划中)。区内原生态优良、水系纵横。提香别墅总占地22万多平方米，容积率约0.27，绿化率超过50%，规划设计有约165幢别墅住宅，一期首推85幢独立式两层别墅。

建筑及景观 建筑外观吸取老上海精致精神，营造出细节考究拥有贵族气质的北美风格住宅，参照经典建筑模式精心组合的户型，与园区内绿树参差、流水潺潺、鸟语花香的环境浑然一体，成为上海精致典雅的新一代别墅。

区位及配套 提香别墅所处位置优越，周边配套齐全，毗邻包括中福会幼儿园、长宁国际学校、复旦康桥学校、英国学校等在内的教学园区，远眺世博会场、近邻环球影城，生活便利。别墅园南靠中国科技大学上海研究生院，西侧为中国电信研发基地，周边多为新兴高科技产业及外资大型集团公司基地，人文氛围浓厚。

便捷交通 提香别墅主要干道为杨高南路和外环线(A20)，园区距浦东国际机场仅约22公里、虹桥机场约20公里，距在建的三林轻轨站约2公里。沿卢浦大桥到繁华的淮海路或人民广场车程约25分钟，约30分钟即可顺利地到达陆家嘴金融区，周边路网发达，交通十分便利。

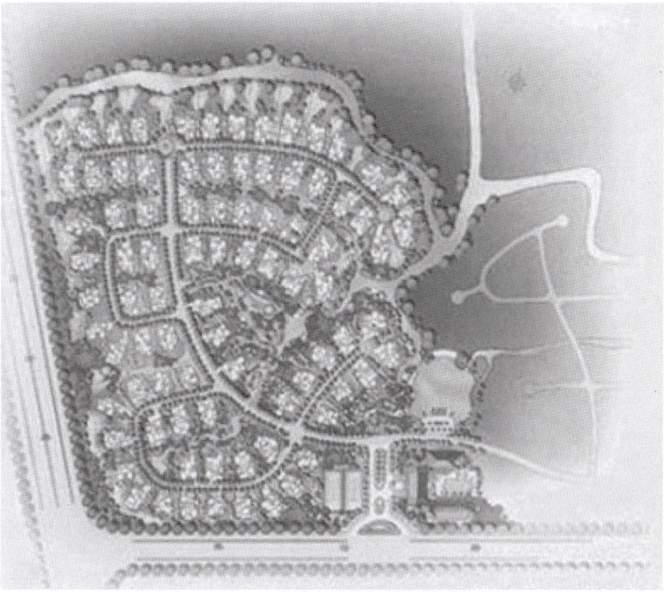

提 香 写 意

别墅园居

贴近大地 亲近生命

提香别墅洋溢着稳健丰富、变化微妙的精神气质,如同大师提香曾经展示给我们的那样,
它营造了一处拥有精致细节、花香浮动、适宜居住的纯粹独立别墅家居,
它是一处完美融合了北美建筑风格、又充满优雅人文精神的建筑园地。

庭院森森 精致闲适的居家生活

[庭]正房前的院子,有花木的庭院或附属于住宅的花园。
[院]房屋后用墙或栅栏围起来的院子。中国数千年的传统中,
后院曾是女眷们活动的范围,是居家生活最为闲适的载体。

有天有地且有前庭后院,是我们家园独立与富足的象征。
提香别墅内的每一幢建筑单体都拥有独立的前庭后院,
为建造精致闲适的生活创造了宜人的环境。
提香别墅,结合水岸创造出的自然缓坡与半围合半开敞的庭院绿地,
着力刻画出小桥、流水、人家的田园诗一般的浪漫情境,为居住者提供
精致闲适的居住氛围。

花园梦 家园为落地生根而心满意足

家园为绿荫满堂而宁静致远

真正让人安放心灵的家园,它不会高高飘浮在空中,
它扎根于土地,吸着地气的灵犀,它有充满着野趣的花园,
花园的景致会呈现出梦中的样子:青草葱绿,苔藓渐渐爬上台基,
花卉不分四季吐露香气,木栅栏悄然隐于绿荫,四周景色既具匠心,
又合乎自然。这正是一个美丽的花园梦,
而它却真实地呈现在提香别墅的私家庭院中。

城市中的闲庭 提香别墅

让时间放慢
让生命丰满而心灵充盈,
躲入城市的深处,
在家精致的庭院内自成一统,
在慢慢流过的时间里感受春暖花开或者叶落知秋,
城市中的闲庭——提香别墅,
正适合心灵丰富而敏感的人们贴近自然,走近自我。

提香别墅

中国(上海)地产经典别墅成功开发典范

收藏曾经的精致

悠然生活进行时／对心灵●感官●空间体验的探寻

我们期待生活得优雅而悠闲、丰富而充满灵性，我们更渴望心灵宁静而充满诗意，如同上海曾经的金枝玉叶们所经历的一切……

让我们观察上海曾经有过的居家生活形态，让梦一般的意境回归，在提香别墅品味如何将每一个日常生活美学化，将慵懒精致的日子悄然收藏，让它成为滋养心灵的绝美沃土。

经典不仅用来收藏

感受经典艺术的永恒魅力

经典永远是指向精致、典雅以及不朽的艺术，它拥有经久不衰的魅力，正如十八世纪意大利宫廷画师——蒂希阿诺·威切切利(提香)所创造的世界，他将文艺复兴盛期古典画派典雅与细致推向了巅峰，作品隐含了人类追求完美、精致生活的内心需要；

提香别墅，它怀旧的色彩与静谧的氛围将重现我们记忆中老上海别墅优雅而辉煌、宁静而亲切的居住空间。提香别墅提倡的精致生活不仅是用来收藏，它更是生活着的每一天。

上海明泉房地产开发有限公司

公司现有发展规模

公司成立10年来，坚持开拓进取，提高整体管理水平，有序的调整组织结构和产业结构，培养了一批精通房地产经营管理、熟悉房地产市场运作的管理队伍。目前公司现有员工76人，其中具有初、中、高级职称人员30余名，练就了一支包括房产开发、营销策划、工程技术、物业管理等全方位的专业人才队伍，为企业的持续发展提供了不竭的动力源泉。

公司健全完善各项业务功能，分别下设了投资、营销、工程等9个职能部门，以确保企业运作流程系统的规范化，建立起具有年轻、创新、高效、务实的企业经营形象。

公司一直遵循“开发中、高档住宅，提高人民居住水平”的经营理念，先后开发了明泉花园别墅、明泉公寓、明泉大酒店、锦绣江南家园等项目，总建筑面积达到60余万平方米，实现资产总额8亿元，为企业后续发展奠定了雄厚的经济基础。

企业知名度

公司通过在房地产界10多年来的辛勤耕耘，树立了自己的优秀品牌形象，在江南园林社区创建方面处于市场领导者水平。公司凭借优良的产品质量、鲜明的建筑风格赢得了广大消费者的认同，拥有一批忠实的追随者。在建的**锦绣江南家园**已成为上海市金虹桥板块的地标性建筑。作为一个国际化社区，本项目在境外也拥有较高的知名度，大量的韩国客户入住锦绣江南。外籍客户占总户数的三分之一以上。

公司总体战略

在较长时期内，公司将以房地产业为核心业务，以中高档住宅开发为主要方向，广泛寻求新的合作模式，在稳固发展上海市场的基础上，积极开拓外地市场，同时积极探索资产运作的规律和方法，在短期内实现跨越式发展，为未来的竞争积聚能量，力争成为中国房地产业的品牌企业。

锦绣江南家园

中国房地产成功开发典范

地址：上海市金汇南路88号　021-64650313

项目概况：

本项目位于上海市吴中路、金汇南路交口，地处金虹桥高尚住宅区腹地，总建筑面积40余万平方米。整个小区精心规划，整体辽阔大气又功能齐备。周边商业配套齐全，生活环境成熟，距建设中的虹桥购物乐园仅一步之遥。共分四期开发，其中一、二、四期为公寓项目，三期为别墅项目。

本项目首创“海韵华风”的设计理念，精心攫取硬山阁檩、美人靠等传统建筑符号。讲求“水—桥—房”的空间布局，“黑—白—灰”的建筑色彩，“轻—雅—秀”的建筑风格，“情—趣—神”的园林意境。大力弘扬江南亲水文化，以多姿多彩的亲水空间，构筑“曲水留芳”、“四水归堂”，“人与自然和谐共生”的绿色生态社区理念。独创“五亲空间”(即亲地——仿自坡地、亲水、亲子、亲和——共享交际空间)，着意打造充满江南情韵的中国人的精神家园。

主要经济技术指标：

占地面积：282069平方米

建筑面积：395201.5万平方米

容积率：1.33

绿化率：42.15%

建筑密度：20.15

总住户：2256户

总车位：1425个

一期14万平方米，共有13幢多层，10幢小高层，共842户。**“海韵华风”**是小区整体环境特色及建筑风格的I趋向。在平面规划中，引入弧形通道和蜿蜒的水系进行楼宇间的分割，使平面显得活泼有灵性，充满韵律感；模拟丘陵地貌，堆土成坡，引水为河，形成空间布置的层次感；建筑立面采用三段式设计，屋顶以坡顶形式为主，隔层设置水平挑檐以创造传统民居檐口交空间，充分体现了民居的空间感与场所感。

总体布局通过**“水”**与**“山”**的概念性组织来传释出江南的神韵。以一条环道为纽带，将小区划分为三个区域，分别为独栋别墅区，双拼别墅区和平层别墅区。其中独栋别墅区以水为主题，引水绕屋，将水在区域内环绕流动，形成闭合蜿蜒的水系，双拼别墅以“坡”为主题，每个组团形成独立的小小的坡地，坡与坡之间绵绵相连，与水系形成相互映衬的效果；绝大部分独立别墅均亲水布置，亲水平台设于水上，沿小区内主要道路的独立别墅都桥跨溪与道路相连，形成**“水—桥—房”**的空间格局；从江南水乡小镇空间意间中抽象出了“水街”这一空间元素，以此作为小区标志性的特征及社区归属感的核心；别墅建筑设计中建筑布局自由、灵活，充分吸收了江南水乡建筑的特色与传统，强调虚实对比、轻快自然，具有强烈的江南水乡气息。

锦绣江南家园

房型概况：

房型配比强调经济性与舒适性结合，以居家型的两房、三房为主，并且考虑到国际人士的需求将房型面积适当放大。房屋空间布局辽阔大气，功能区划分科学合理，创造性的设置+1功能房，满足业主的个性化需求。相对独立的客餐厅分隔布局，即达到了功能分割的目的，又反映出您严谨的生活品位。南北观景阳台，精巧的拐角阳台，全方位精彩社区美景尽收眼底。

别墅房型设计强调尊贵舒适的生活方式。该设计集中展现了居家享受之便捷舒适，中式韵味之人文亲和，江南建筑之灵秀雅致。

平面功能分区强调动静分离原则，划分科学合理，一层为活动空间，二层为私人静空间。半地下健身房、挑高客厅设计，在使空间富于变化的同时，强化了辅助空间与居家空间的区别；别致的内庭设计，观景效果好，通透性强，展现中式庭院之韵味，且创设一处居家亲和之所在；平台临湖而建，尽享自然情趣；所有卧室均为朝南设计，采光效果极佳，别墅内设电梯，生活舒适便捷。

平面布置遵循动静分离、干湿分离、功能分离之原则，分区科学合理，集中强调居家之舒适性、享受性。超大面宽起居室，独特无梁设计，尽显主人尊贵气度；崭新小错层概念，将起居室挑高，餐厅采用小错层设计，空间变化丰富，功能分区科学；卧室、客厅全部朝南，采光效果佳；豪华主卧，三点九米超大面宽，带弧形观景窗，使您充分享受生活；主卧设置转角凸窗，尽享生活之闲适；工人房入口单独设计，体现主从分离原则；观光电梯、独有的空中花园，使您身在高处，仍可拥抱自然。

锦绣江南家园

先后荣获建设部**“全国新世纪人居经典综合大奖”**、上海市第二届优秀住宅**“优秀房型奖”“住宅科技奖”**、联合国世界卫生组织上海健康教育合作中心 **“健康住宅实验基地”**、上海市第三届**优秀住宅评选综合银奖**以及上海市**“四高小区”**荣誉称号。

地址：上海市闵行区金汇南路 88 号（吴中路口）

售楼热线：021-64650313

上海农工商房地产(集团)有限公司

中国房地产成功开发典范

上海农工商房地产(集团)有限公司前身为上海农口房产总公司,成立于1990年4月,于2001年8月改制重组为上海农口房地产(集团)有限公司,2003年10月变更为现名,注册资本为2.5亿元,总资产36亿元。一级资质房地产开发企业、中国房地产协会会员单位、上海市房地产协会常务理事单位,2001年集团位列上海房地产企业销售面积百强排行榜第10位,2002年位列上海房地产企业销售面积百强排行榜第16位,2002年被评为上海市守合同重信用企业,2003年荣获首届上海市房地产开发企业50强第21位,2004年荣获第二届上海房地产开发企业50强第6位。

公司以房地产综合开发经营为主业,集房产、地产、设计、物业管理、装潢为一体,在目标市场上具有核心能力和强大竞争优势的企业集团。目前公司拥有房地产公司或项目公司15家,装潢公司有1家,设计院1家,物业管理公司3家,建筑公司1家,营销公司1家。

13年来,公司始终坚持"精惠、亲和、信赖"的品牌价值观,以"厚德载物,惟精惟勤;家园即道,信守一生"的品牌精神,在住宅开发领域建立低成本和差异化优势,累计开发各类住宅250多万平方米。《王子公寓》获"上海市建筑工程白玉兰奖";"爱都公寓"获中国建筑工程鲁班奖";"欧风花都"、"上海苏堤春晓名苑"荣获2003年中国人居建筑规划设计方案竞赛综合大奖"与中国优秀环境住宅设计大赛综合金奖;"明丰花园"荣获2003年第三届"上海市优秀住宅"银奖。

品牌,是企业精神的载体

农工商房产品牌理念

品牌愿景——筑高品质精惠地产产品,做新上海领先房产企业

品牌精神——厚德载物,惟精惟勤,家园即道,信守一生

品牌价值——精惠·亲和·信赖

品牌定位——精惠而幸福的家园

他们的家园产品与服务,品质精制而物有所值;他们不仅仅提供好房子,更与你共同创造幸福家园。新居住成就人生价值,新城市创造社会价值,新生活引领时代价值。

品牌个性——平实·稳健·可信

如果把农工商房产比作一个人,那么他是一位怀抱理想、真诚稳健的中年男子:对社会和家庭富有强烈的使命感和责任感;处世严谨、务实诚信;丰富的人生阅历和平易近人的风格,使他充满自信和亲和力。

品牌使命——居住改变生活

成长，是追求品质的历程

创建品牌体系，延续服务理念

建筑设计服务

随着经济的发展与环境的日益美化，人们对居住空间的要求也逐渐由内到外。建筑的环境、结构、外形、立面等本身硬性的构筑更多地转变为家园的风情与情感的静泊。对建筑的匠心设计和素质服务一直是农工商房产关注的重要元素。

上海农工商房地产集团下属的上海城乡建筑设计院有限公司，是建设部审核批准的甲级建筑设计单位，高级注册建筑师、注册结构工程师等专业技术人员齐全，拥有国内领先的 CAD 系统，是上海地区具有相当实力的现代化综合性建筑设计单位之一。

家庭装饰服务

给居住的家进行美好装饰是每一个家庭相同而又相异的瑰梦。在追求个性化设计的新时期，他们只有不懈努力，求新求变，打造出高质量的家装精品，才能全面拓升农工商房产服务平台。

上海农工商房地产集团下属的上海民众家庭装饰有限公司是从事家庭装饰的专业性公司。公司引进国际流行的住宅装修、装配新概念，推行“家装工厂化，制作专业化”的新工艺；并全面执行 ISO9001 国际质量认证体系。

物业管理服务

家园，是有待完善的，而且永远都需要不时的维系与呵护。物业管理作为可延续性服务的不断完善与提高使得楼盘得到了极大的增值与保值。农工商房产物业关注居家生活的每一点每一滴，在服务上不断给业主带来惊喜也不断锐意进取。

家园，是承载梦想的空间

家园，是每一个男人女人与孩子心底的梦想，是遮挡风雨的人生堡垒，是自由精神、个人财富与生命尊严的涵养地。家园，也是农工商房产品牌追求、坚守与筑造的理想国。农工商房产为家园而发展，为家园而献智献力，让家园美梦成真。“家园”的深厚含义，蕴涵了农工商房产事业拓展的无限空间与可能。

文化，是传承企业的灵魂

企业文化像空气一样无法触摸，但又无时不在。

企业文化是一个企业的魂，它以企业共同的价值观为核心，是企业在经营活动中与社会相融所形成的经营理念、管理理念、行为准则、价值观念、社会责任、经营形象等的总和。

企业文化是他们的企业宣言，对外是公司的一面旗帜，对内是一种向心力。

十三年的风风雨雨，农工商房产一路稳健走来。集团始终以发现人才、培养人才、爱护人才为立业之本，以追求卓越品质、回报社会大众为终极信念，创造了和谐的发展空间，营造了富足的人文氛围；不但极大地提高员工的素养，更面向社会开展积极的公益活动。企业的文化底蕴深深地感染了每一个员工，今天的农房人更以集团为骄傲，以不断超越自我的源策力砥砺前行。

荣誉，是社会各界的肯定

一个逾 250 万平方米优秀房产筑起的品牌

一个荣获国家最高建设、规划、环境奖的房产品牌

未来，是美好愿景的实现

居安思危，励精图治，勇于创新，大展宏图。十三年对农工商房地产集团是一个值得庆贺的里程碑，也正因为其间的磨砺，他们更加坚韧，志向也更高远。未来三年的目标是成为上海房地产企业前五强，任重道远，却也前程似锦。他们解放思想实事求是，与时俱进追求卓越，从而真正将“农工商”房产品牌精惠、亲和、信赖的印象深深植入人心。

未来三年将开发 300 多万平方米，这不仅是数字上的飞跃，也是集团综合竞争力的最佳展现，它充满了农工商房产对未来家园，对社会大众的精心雕琢与深情承诺。

地址：上海市虹桥路 2222 弄 49 号　　邮编：200336

电话：021-62422782　　传真：021-32070142

明丰花园位于上海市浦东三林镇地区，紧邻杨高南路，总建筑面积9.3万平方米的商品住宅小区，绿化率高达51%。整个小区贯彻“以人为本”的理念，紧扣“生态自然和谐共处”的主题，展现生动新颖的空间形态和平面布局，营造充满情趣，绿意盎然，温馨舒适的崭新都市花园，是高绿地、高品位，具有欧陆古典建筑风格的新型住宅社区，荣获2003年“上海市第三届优秀住宅”银奖。

苏堤春晓名苑为农房集团投资开发。北靠苏州河，南临长寿路，东临叶家宅路，西近武宁路，与家乐福一墙之隔，与武宁商业中心、曹家渡商圈、大自鸣钟等仅数百米之遥，周边商业、服务、公交等配套设施十分齐全。基地总面积61758平方米，其中苏州河沿线集中绿地及江畔道路等占地8331平方米，将建设中高档水景住宅小区，由七栋8～32层的小高层、高层住宅围合而成，并配有室内游泳池、羽毛球馆、健身中心等综合会所及物业管理中心，进家乐福超市的通道将建设休闲步行商业服务一条街，沿苏州河岸线建设亲水平台及观景平台，将以崭新的开发理念营造一个具有水岸特色的中心城区景观住宅小区。

苏堤春晓名苑以超前的意识，配置足够车位（地下车库32351平方米），实行人车分流，建设景观架空层。并以现代手法融合河流文化、建筑文化、亲水理念，引入三维空间设计概念，营造一个步移景变、起伏有致的多层次空间，极大丰富小区景观，形成独特的苏堤春晓灵动亲水的居住空间，体现出“现代而不冷漠、丰富而不累赘、气派但不奢华、时尚而又实用”的风格。

欧风花都位于上海市最早重点规划的住宅基地——“东兰兴城”，开发面积为19万平方米，绿化率高达56%，荣获2003年全国人居建筑规划设计方案竞赛综合大奖与中国优秀环境住宅设计大赛综合金奖，是现代生态社区的典范作品，首批进入《上海市新建住宅环境绿化建设导则》的试点项目。景观园林将传统结构巧妙融入欧陆元素，功能性与景观性紧密结合，在尺度高差与落叶小乔中构成充满活力的“挪威森林”。

星河世纪城位于普陀区大渡河路，真北路之间的桃浦路两侧，毗邻上海西站，总建筑面积40万平方米，成为上海“西大堂”生态小区。小区景观由全球知名ED景观设计公司设计，全力营造高品位的生活空间，精心打造“世纪之星，欢乐之城”。

聚贤煌都位于奉贤区南桥镇“上海市工业综合开发区”中的现代生活园区内。东至莘奉金高速公路、南与八字桥路北侧的绿庭百合苑相接、西至韩谊路、北至奉浦大道。

在新城市主义原则的基础上，运用传统的规划方法编制的。其中结合了现代技术和交通的成果，这种传统的规划方法曾在巴黎、巴塞罗那、罗马等魅力持久的城市的形成中起到过重要作用。新城市哲学最基本的原则与规划发展中的一个新理念是有关邻里的概念，邻里包含规模（人口数量，用地面积等）和高品质生活（功能的复合，建筑类型的多样化，以及地域范围内不同社会阶层居民多样化的选择和需求）两个概念。

明丰阳光苑位于杨浦区世界路以西，嫩江路以北，总建筑面积75050平方米，小区绿化率达42%。小区以人性化、生态化和智能化人居环境为目标，追求人与自然的和谐，创造一个布局合理、功能齐备、环境优美、生活方便的高品质现代化居住小区。项目先后被列为建设部行业智能建筑试点项目，上海第三届优秀住宅小区房型奖、上海市智能住宅小区试点工程、上海市新建住宅环境绿化建设导则试点项目。

王子公寓坐落在虹桥路2222弄内，1994年规划，1995年动工，是农工商房地产集团早期缔造的精品住宅项目之一。总占地面积2.06公顷，总建筑面积34500平方米，共有248套高档公寓，配有会所及各种生活设施。

王子公寓拥有独到的典雅华贵气派，融汇了欧洲古典主义建筑风格，又渗透出浓烈的现代气息。总体布局和建筑设计依地构思，房型追求以人为本，荣获“上海市建筑工程白玉兰奖”。

上海地杰置业有限公司

Shanghai DiJie Real Estate Co.,Ltd

上海地杰置业有限公司成立于2002年12月，是一家由沪上知名房产公司与金融贸易机构强强联合组建的专业房地产开发、销售的股份制企业。在人才选用与梯队培养上公司严格要求，到目前为止，公司共有员工56名，其中中、高级职称专业工程师11名，本科及硕士人才25名，大专15人，平均年龄为36岁；其中涵盖建筑、景观、结构、水电、财务、管理、销售等各相关专业。

从业至今，公司坚持"诚实、勤奋、团结、实效、快乐"的企业宗旨，坚持走专业化道路，依托浦东申博成功的巨大契机与平台，依托各股东方专业优势，积极投入浦东的开发建设。

企业宗旨

诚实 勤奋 团结 实效 团队 快乐

发展历程

公司执行总经理陈宇先生从事项目管理近15年，具有丰富的房地产项目运作经验。曾主持了著名的外滩沿线老建筑群的置换开发，并参与开发了享誉沪上的高级住宅与商业及公共设施项目。其中各类住宅项目曾一举囊括国家与上海市各级奖项近五十多项，不仅树立了优秀的市场口碑，也赢得了良好的经济效益。

上海，世界瞩目的国际化大都市，在这里，每一天都上演着崭新的传奇！上海地杰置业有限公司将为这座充满活力与生机的都市谱写更华丽的乐章，建造更多地标性的人居艺术作品！

上海地杰置业有限公司，带领国际团队为您打造，一座占地百万平方米的国际现代城——地杰国际城

地杰国际城

享受美丽新生活

中国房地产标志性建筑成功开发典范

项目区位

地杰国际城项目位于上海市浦东新区的黄金三角区（陆家嘴金融贸易区、世博会规划场馆、浦东国际机场）重心位置。东临张江高新技术开发产业基地，北面陆家嘴金融商圈，南靠康桥高档别墅区；处于世博会的辐射效应区，在这个范围内，分布着众多会展中心、新科技研发中心、具有发展潜力的未来物流中心，还有众多地铁及规划中的轨道交通R3线、中环、外环线与30多条公交线，共同组成了一张密集的便捷交通网络。

环境评价

地杰国际城位于上海市浦东新区，所在地块的南面正是各项空气质量指标极为优良的杭州湾。根据风象，本案所在地每年将有平均八个月以上的时间可以享受到来自杭州湾优良品质的空气。在讲究环保与生活环境质量的今天，从整个空气的质量素质来说，地杰国际城无疑是绿色居住环境的上选宝地。

开发理念

——建立新城镇发展理念，提升住区人居环境生活品质

强调生态城镇、绿色城镇

地杰国际城所在区域为上海市外环线内最临近杭州湾区域，空气指数常年为优良等级，空气中二氧化硫、可吸入颗粒指数全市最低；基地南部为3000多亩低密度别墅群，北部为规划占地450余亩的大型社区主题公园，内部自然水系丰富，水岸线长达3200多米，水域面积86000平方米，为建造一个有充分阳光、绿色、水岸，避免噪音、大气和水质污染的城镇提供了得天独厚的原始资源。

以中心城市为核心，以周边城镇为依托

地杰国际城项目位居浦东新区南大门，上海市外环线与中环线间黄金区位。不仅直接得益于新一轮的城市扩张，更受益于上海市城镇开发重点的确定。项目所在地为北蔡镇，是花木行政中心新一轮规划的重点区域，包括中央党校，文化公园、东方艺术中心、三林环球影城、浦东会展中心等，南汇大学城、联洋商业街、海港大学、北蔡汽车展示中心、浦江新镇的卫星城镇规划，不仅升华了城市郊区化发

展模式，更是郊区城市化进程的体现。地杰国际城项目处于二者之间不可再生的黄金地段，升值潜力不可限量。

实现街坊式的住区布局，提高住区的道路密度与通透性

地杰国际城属于大型造镇项目，其开发规模庞大，开发周期预计为六至七年，将导入住户近一万户，人口近四万人。四条自然河道与九条规划道路将整个社区自然分割为A、B、C、D、E、F、G、H八大街坊，采用街坊式住宅布局，提高住区的道路密度，增加社区交通的通透性，提高现代住区规划建设适应新城镇发展的应对能力。

注重公益设施与环境绿化同步配套到位，实现最佳居住功能

新城镇的开发，将面对社会各层面的不同居住需求：传统的、变化的和时尚的；也必须适应不同类型的居住客层：老年人、青年人、儿童和残疾人等特殊人群，尊重他们的权益和社会地位，提供尽可能便利、舒适的生活条件。

地杰国际城项目在规划之初，就充分考虑到上述因素，在营造社区大环境的同时，精心布置街坊小景观；在

景观设计中,同时导入不同年龄层的功能需求,规划建造四个网球场、二个篮球场、一个五人制足球场,一个老年人门球场及各类室内的老年人活动中心、儿童活动中心、社区商务服务中心、园林园艺中心、历史文化中心。

整个社区按比例配置了三所幼儿园、一所三十班的小学及一所三十班的中学,并针对区域性商业不足的缺点配置含星级假日酒店、商务办公楼、大中型专业卖场、综合集贸市场在内的近30万平方米商业及公建,为人居便利性提供了强有力的保障。同时聘请美国RNL INTERNATIONAL公司在横贯新镇的中心位置设计了纯美式加洲风格的低密度内街式商业步行街,导入国际商业设置模式,形成了一条极具异域风情的休闲、购物、游戏、保健空间,建立了住区康体理念,完善了配套服务设施和人际交往文化活动场所,创造人居环境新住区、新涵养、新文化的居住氛围。

注重对历史文脉的传承构建及传统文化的现代发扬

新城镇发展理念主张重视居住文化的城市情结发扬城镇固有的历史文脉,打造既有传统文化思想又能满足现代人生活需求的现代化建筑。

北蔡御桥,建镇已有近四百年历史,历来为富饶秀美的江南水乡。相传乾隆皇帝下江南时,造访到此,与顾国师在咸塘港桥会见,后人为纪念此段佳话,后在此修建御界桥流传至今,其位置恰在地杰国际城基地内,同时保存下来的还有大量古建筑、古河道及古树名木。因此,地杰国际城项目规划十分重视相应的保护措施,花费了大量的人力物力进行考察研究,最终确立了走保护性改造的开发路线,在基地北部大型景观公园中专辟近百亩的土地,实施古建筑的保留及搬迁方案,其砖、瓦、梁、柱、桥、廊、树、石主要来自于原址,充分体现了开发商对历史文脉、不可再生性资源的高度社会责任心与历史使命感。

同时,开发商还对地杰国际城基地内沪南路御桥路口新御界桥规划了新的美化包装方案,促进城镇交通功能更加便捷,从而在新旧和谐的氛围中营造了一个尊重历史,“人与环境”为本的新文化品位人居环境。

地杰国际城

国际新市镇　美丽新生活

地杰国际城:浦东齐发展

无论从区域版块、造镇规划、自然环境,还是到配套交通、人文历史、社区景观等,地杰国际城都拥有着颇为令人羡慕的造镇条件和环境优势。随着地杰国际城各街坊的陆续开发,各地块周边社区商铺将不断面市,届时,作为浦东南大门地标性住宅板块,潜力不言而喻。

虹桥华庭

项目概况：

虹桥华庭位于古北路555弄领馆特区，总占地面积25317平方米，建筑面积约10.5万平方米。

虹桥华庭——建筑

商贸区内现有的唯一以居住功能为主的新楼盘，由3幢独立式高层和1幢办公楼围合而成。建筑风格展现国际趋势。

虹桥华庭——景观

凭借简洁明快的设计风格和不可多得的地理位置，再加上区位优势和丰富的小区景观有机结合，成为虹桥高尚住宅小区的一大亮丽风景线。

九溪十八岛

项目概况：

九溪十八岛位于青浦区涂泾镇规划别墅区内，距沪青平高速公路500米，市中心人民广场车程20分钟。占地450亩，总建筑面积9万平方米，每幢别墅平均占地2.3亩，拟建造北美风格为主基调的各类别墅200余幢。由中、美双重注册建筑师身份的项秉仁博士亲自主笔规划设计，在纯生态的规划理念下，30000余平方米的自然水系、十八座岛屿和九条清溪浑然天成，让成功人士的生活坐标落款在富饶绿意和浓郁深翠之间，让国际成熟别墅规划理念与您远大的人生格局诗意呼应。

九溪十八岛——建筑

吸取当今美国和日本经典主义建筑风格，并结合江南水乡、自然与人文的地域特色而精心打造的技术先进的具有古典精华与现代意蕴的精英别墅群落。

开发商：上海地杰置业有限公司

接待中心：上海市浦东沪南路2255号（中环）

接待热线：021-68930808

中州集团
上海中园房地产发展有限公司

中州集团是一家以投资、建设、管理为一体的私营集团公司。公司拥有15家全资、控股子公司:浙江中州集团房地产开发有限公司、杭州标力物业管理有限公司、标力(杭州)地产发展有限公司、杭州星源建筑装饰工程有限公司、上海中园房地产发展有限公司、上海金汇中州实业投资有限公司、上海瑞想置业有限公司、上海中瓯实业有限公司、上海中族智能系统有限公司、上海中州环境科技有限公司、上海申财投资有限公司、昆山淀山湖庄园房地产发展有限公司、昆山中州实业投资有限公司、昆山绿洲房地产发展有限公司、香港金源发展有限公司。公司以实业投资、房地产开发为主,集旅游开发、高新技术开发、建筑施工、建筑装潢、物业管理为一体,自成产业体系,形成跨行业跨地区的多元化经营格局。

中州集团组建于1998年,组建时注册资本5180万元,经过四年多的艰苦创业,企业总资产达4亿多元,目前公司拥有员工1495人,其中专业技术人员200多人。集团公司特别是在这两年来取得了较大发展,去年三月成功收购了浙江省建行下属三家企业,同时收购了杭州市"十大"标志性建筑——标力大厦。目前投资的在建项目有上海"虹桥中园"小区,该项目被评为上海市"十大"楼盘、同时还被评为"2003年中国区域标志名盘"。总建筑面积8万平方米,总投资4亿元;上海金汇经济城,总占地4600亩,总投资49亿元;昆山淀山湖庄园,被评为"2003年中国区域创新楼盘",总占地350亩,总投资近6亿元。其他几个项目现正在紧锣密鼓做着前期准备工作。目前正在操作的几个项目前景非常看好,预测经济效益和社会效益都将相当可观,未来的几年是中州集团飞速发展的阶段,这将为中州企业的持续发展打下良好的基础。除此之外,中州在高科技开发方面也取得了多项重大的发明专利,这些发明专利经直接运用于中州的建设项目中,这也成为中州投资建设的特点之一。中州的每一次投资都必将成为某一地区的一项创新,成为社会关注的焦点!

中州的企业宗旨是:**以信为本,以质立业。**中州一直把诚信作为企业的宗旨,把商业运作与传统道德有机结合。中州的发展和壮大是中州诚信的拓展,而一个企业人员的素质和产品的质量是一个企业的生命,在这样的管理理念的指导下,中州集团连续多年被评为"重质量、重安全双优示范单位"、"文明私营企业"、"重合同守信用单位"、"先进建筑业企业"……

中州集团的发展离不开政府的鼎力支持和社会各界的关心帮助,也离不开同行们的理解和全体员工的共同努力。中州集团依靠现代的管理体制、严格的管理制度、科学的管理手段、充足的人才储备,并具有中州特色的管理模式和体系。"路漫漫其修远兮,吾将上下而求索",中州集团愿与社会各界的同仁共同携手合作,为国家建设事业作出自己应有的贡献!

虹桥中园

中国房地产成功开发典范

地理位置

虹桥中园小区地处上海市长宁区，东邻哈密路，南离虹桥路150米，西邻新泾港、上海西郊公园，北邻望春苑二期小区。

周边环境

虹桥中园小区周边环境：东邻正在规划筹建拓宽35米景观步行街——哈密路，南与虹桥路的相接处建成一个呈半圆形的大型景观休闲广场；西邻正在综合治理的18米宽的新泾港水上游览景观线及1200多亩的天然西郊公园(上海动物园)。市政府正在规划准备将动物园迁移，把这里建成上海最大最高级的大型公用项目。虹桥中园小区周围半径3公里多，都是高级别墅、高级宾馆酒店、商务办公楼等。住在小区四层以上的任何哪一间，都可以欣赏到周围一片自然风光和优美的森林海洋。优美的环境、绝好的地段，在上海市也是少有的，投资潜力巨大，增值空间无限。

内部环境

小区绿化率达38.6%，集中绿化率达10.58%；房屋外墙阳台边设有统一景观的垂直绿化，空中别墅设有屋顶花园，这是上海目前少有的。小区内一年四季鲜花盛开，树叶葱葱，好像森林花园；还有大小清水池流溪河，小山花木绿葱，依山傍水；靠新泾港400多米长的建有悬挑清水楼台、瞭望台、步行休闲景观线；夜晚小区在灯光的照耀下，呈现一片美丽的夜景，令人享受到生活的无限美好。

建设概况

占地18433m^2，总建筑面积8万多m^2，共7幢，层数14～15层，住宅层高2.8m，总高度45m，剪力墙结构；容积率3.9，建筑密度36.2%。

住宅套间建筑面积：小的约90m^2，基本的110m^2～150m^2，大的180m^2～300m^2。得房率在80%～86%。

外墙装饰：高级面砖、高级外墙涂料和高级花岗石。外墙面的门窗是彩铝合金门窗，沿哈密路的采用真空隔音玻璃；靠东、西外墙设有防热保温层材料。

小区物业管理采用现代化的高科技和最先进的智能化系统。

小区充分表现出现代住宅的高档次。

70万平方米浩瀚美景

童年曾经有难忘的回忆是关于西郊的
西郊公园,因为这个名字,在儿时便留下了对西郊的印象,那是一个70万平方米的神秘森林,那是10万株绿树汇聚的绿土
从儿时便向往的梦境,可以尽情地深呼吸
繁华上海的大都市,这里的天空最蓝,这里的碧波最清,这里的空气最芬芳
坐落新泾港畔,与西郊公园隔水相望,在上海的西花园,每天呼吸森林的气息

聚焦,世界的虹桥

西郊宾馆,虹桥迎宾馆,龙柏饭店,喜来登豪达太平洋大饭店……
万豪大酒店、世博大酒店隔街而立,咫尺相望
这里是帝王的行宫,上海两座国宾馆聚集与此
这里是上海的"建国门",十几家领馆在此登陆
虹桥,上海西郊的国际中心
自上海开埠起,各大洲的精英们就把目光投向这里
近百年的沉淀积累,如今,这里已是上海最大的国际聚居区

百年传说 的豪门领地

上海市区最高的绿化覆盖
各国精英贵族如风云际汇
这里有深厚的文化底蕴
这里有被世俗认可的传统
有太多理由,让城市的贵族们选择这里
在长宁,在虹桥,在这名门豪宅集聚之地
檀宫、西郊华庭、西郊大公馆、虹桥高尔夫别墅
还有传奇的宋园、孔园
世袭至尊领地,虹桥一直在印证

新古典主义花园

空中花园的亭、台、步廊、喷泉、水池,是东西文化碰撞出的火花。星光亭,星辉穿过镂空的亭顶,洒落地面,绝对超越巴比伦的园艺技巧,重塑梦幻。荷塘、莲池、趣意叠泉、新泾港——330米水景步行道缓缓流淌在虹桥中园,划出一道柔美生活的清澈曲线。竹林、桃圃,山茶、红枫,还有凌波而立的垂柳,各色本地灌木点缀楼前院后。虹桥中园,经典技艺与现代生活趣意的美妙契合。在西郊,打造一座唯美的新古典主义花园。

虹桥中园

虹桥贵胄地标

紧贴45米宽的虹桥路，毗邻延安西路高架
位于哈密路、虹桥路口的虹桥中园
卧居上海西区交通枢纽，扼守虹桥机场通往中心的交通要道
出行交通，快捷方便
周边中、高档社区云集，生活设施齐全
从幼儿园到中学，享受与世界同步的教学氛围
证券、银行、邮局、菜场、医院、警署一应俱全
家乐福、易初莲花、龙柏商业中心及众多24小时便利店提供方便的购物环境

星光璀璨

在绿树环绕中，
白色的亭柱支起一方空间，
镂空的亭顶，让星光穿过，洒落地面
当夜晚的地灯亮起，
景墙反射的白光照亮了白亭
点点的星光和景墙斑斑的疏影
在亭中织出斑斓的画卷
星光亭，在夜晚，它比璀璨的繁星更为迷人

重塑空中的奇迹

世界“七大奇迹”的空中花园在这里重生
比巴比伦更精致的亭、台、步廊
结合东方园林景观元素与西方园艺技术
喷泉、水池、亲水木台、白沙地、木栈道、石汀步，
景石、假山、休闲竹椅，
在屋顶，俯瞰新泾港，远眺西郊公园的林海
这里与天空更近，这里的风光无限

水岸，超越塞纳河的魅力

缓缓流淌的新泾港在西郊公园与虹桥中园间划出一道水线
临河漫步，在垂柳飘絮的灯火石街
媲美塞纳河的风光，却悠然静寂
330米长的步行岸道沿着小河一路而去
每天，都会愿意花更多的时间，沿着河道，漫步回家
或者在途中停留片刻，
扶着亲水平台的栏杆，做做深呼吸
坐在河边的木椅上，凝视河面，享受发呆的悠闲
细腻的春雨滋润了二月的垂柳
在亲水木台的膜亭中，也可临水，迎风高歌
在虹桥中园，让生活平添一份水的柔美

休闲木台

古朴的意趣来自于自然的融合
现代的情趣源于打破常规的创意
门汀原来可以这样
一块木台，一张圆桌，一把遮阳伞，几把休闲椅
坐在花草茂密间，横跨一池清水，
生活就这样改变着

投资商／中州集团　　开发商：上海中园房地产发展有限公司
售楼中心／上海市哈密路2010号　项目地址／上海市哈密路1999号
021-62429298　　62428583

嘉華集團
K.WAH GROUP

上海国广房地产经营有限公司

嘉华集团于1955年由吕志和太平绅士在香港创立。四十多年来,集团在其客户、投资者及员工的不断支持下,发展成为一家业务多元化的跨国企业,业务遍布香港、中国内地、亚太区及北美洲各主要城市,全球员工接近一万人。集团现时的三项核心业务为:建筑材料、地产及酒店。

集团之顾问乃来自社会不同背景、地位崇高之人士;而管理层则由专业精英组成,他们秉承集团一向群策群力、精益求精的优良传统,积极为客户提供高效优质的商品和服务,务求照顾到集团每一个支持者的需要。

嘉华集团作风稳健,以长线投资为宗旨策略,积极在世界各地发掘及参与优质的投资项目,使集团业务不断茁壮,以保障广大投资者的利益。

集团拥有及经营一个均衡的国际商业组合。他们致力为股东提供最佳利益增值,同时兼顾到顾客与员工的要求,不断改善,力臻完美。

本公司为一家有规模、具知名度的专业建材公司,以追求卓越为目标。他们以客为本,为市场提供优质产品及服务。他们以不屈不挠、群策群力及具远见的经营理念,力求为行业中的翘楚,并为股东带来最佳投资回报。

他们提供优质酒店服务及产品,秉承以卓越及专业精神,培育人才,提高竞争力,力求超越顾客所需,为股东及投资者增益。

SHANGHAI WESTWOOD 嘉華集团·您的选择 慧芝湖花园

慧芝湖花园

中国房地产标志性建筑成功开发典范

项目地址:上海市广中路 701 号

投资商:嘉华(中国)投资有限公司

发展商:上海国广房地产经营有限公司

建筑设计:香港何显毅建筑师楼(中国)有限公司

外立面设计:廖宜康国际有限公司

景观设计:澳大利亚 OCULUS

占地面积:15 万平方米

建筑面积:总约 40 万平方米

一期 14 万平方米

分期推出计划:分三期

楼盘形态:小高层,高层

一期 3 幢 18 层小高层、2 幢 22 层与 3 幢 28 层高层

总户数:约 3500 户

总绿化率:>50%

总容积率:2.5

建筑密度(一期):13.3%

车位(个):总共约 2000 个;其中一期约 800 个

一期房型面积(暂定):时尚 1 房:约 70 平方米;

温馨 2 房:约 85 平方米;豪华 2 房:约 105 平方米;

精致 3 房:约 120 平方米;豪华 3 房:约 130 平方米;

中央景观 3 房:约 154~164 平方米

享受 Westwood 生活　　尽在上海慧芝湖花园

由香港嘉华集团斥资开发的 Shanghai Westwood 慧芝湖花园将全新演绎洛杉矶高级时尚生活。在洛杉矶的 Westwood 附近有世界著名的罗德大道——卡迪亚(Cartier)、路易·威登(Louis Vuitton)等世界顶级品牌都汇聚于此。从上海的慧芝湖花园驱车南向十多分钟便到达全球顶级品牌聚集地——南京西路,亦可享受世界的繁华与时尚。Westwood 东北侧的好莱坞——将明星与艺术家的梦想与创意带给全球的惊羡之地,同样在上海慧芝湖花园旁的上海马戏城与大宁商业文化中心,可以感受到艺术与创意的震撼力;紧靠 Westwood 的享誉全球的高等学府洛杉矶加州大学(UCLA),与坐落于上海慧芝湖花园正南面的全国知名高等学府上海大学,同样为这两个国际都市培养精英人才。这一切使得洛杉矶的 Westwood 与上海慧芝湖花园一脉相承,成为展示高尚品味与文化的结晶体。

在项目的建筑设计中更融入了洛杉矶生活的精髓,特邀香港资深建筑设计师何显毅建筑师楼设计,为精益求精,聘请屡获殊荣的知名设计师廖宜康(PHILIPLIAO)为其精心打造外立面。其设计加强横向线条及竖向曲面处理,彰显建筑现代、轻盈、波浪感。深浅材质互相映衬。项目的景观设计由澳大利亚著名景观设计公司OCULUS为其打造,社区中央以广场式绿化景观带为主轴,以大面积水体为特色,配合浮萍式绿岛及波浪起伏式绿化,其间穿插玻璃、石材等装饰体,相衬以夜晚的炫目灯光设计,塑造空灵毓秀、浪漫悠闲之休憩空间。再结合纵向园林式绿区与运动球场布局,打造通透、自然空间。更纳入了诸多自然元素,展现以活力、运动为主导的现代洛杉矶生活的节奏感。

洛杉矶的Westwood是一个充满购物乐趣以及交通、生活方便的地区,同样在慧芝湖花园周边也拥有完善的生活、教育、交通、商业、娱乐配套。社区距离地铁一号线北向延伸段广中路站约400米,与环绕周边的共和新路高架、20多条公交路线组成了地下、地面、空中三维的立体交通网络,而上海轨道交通"十五"规划段轻轨L2线(规划中:虹口足球场——祁连山路)亦从该项目门前经过;驱车十多分钟可到达高级时尚购物街南京西路、淮海路。同时毗邻上海大学、68万平方米的大宁绿地、上海马戏城,闸北体育场等,随着咫尺之遥的集商业、娱乐、休闲、时尚于一体的区域新焦点大宁商业文化中心的建成,未来,Shanghai Westwood慧芝湖花园的生活将更添轻松与便捷,届时定成为区域亮点大宁国际社区内彰显西方高尚生活的经典名筑。

慧芝湖花园项目优势

交通便捷——距离地铁一号线延伸段广中路站约四百米,到南京西路、淮海中路高档购物区以及人民广场、徐家汇等地,瞬间即至。

现有成熟的生活配套——项目周边拥有如上海马戏城、大宁绿地、上海大学、大宁商业文化中心、闸北体育场等成熟的生活配套。

未来发展增值潜力高——地处于闸北区政府重点规划的一个新的社区"大宁国际社区"加上未来"大宁商业文化中心"的建设,该区域将成为闸北区的焦点,一个新景象。

绿化景观——聘请澳大利亚著名景观设计公司精心设计:

——两个超过1.5万平方米集中绿化景观

——入口拥有湖景和绿化带

——浮萍式绿岛配波浪起伏的绿化

地标式的建筑风格——聘请亚洲著名建筑师,屡获殊荣的PHILIP廖设计,建筑立面较为现代、品质体现

精装修交房——区域内楼盘新亮点,对于国际都市的专业或高级管理层人士,时间就是金钱,精装修交房省却他们装修的麻烦与时间,提供更理想,更便捷的生活方式。

尊贵的私家会所——专为悠逸生活特设的会所，内设室内外连通式游泳池、景观健身室、创意露天景观茶座、私人宴会厅、桌球室等，在劳累一天后，来到会所，在一片绿色与悠扬音乐中，舒心生活。

区域大型国际社区典范——约40万平方米规模的大型国际化社区。

里外皆绿的住宅景观——正对上海大学，眺望约70万平方米左右大宁绿地，一片绿意尽收眼底。

物业管理——知名高级物业管理团队提供专业服务，而人性化的物业管理，充分照顾到生活的方方面面，尽情彰显尊贵享受，带来安心舒适的生活。

超大栋距——视野开阔

360° SHOPPING 不追随星迹也能找到快乐

从 WESTWOOD 前往罗德大道的 Cartier 和到世界上任何一家 Cartier 一样，不同只在于距离。既然是最好的品牌，最好的服务，WESTWOOD 都没有理由不把他们克隆一份，只要你带着 VISA 或 MASTER 卡，都可以享受别无二致的服务和消费。同样，WESTWOOD 离你的商业帝国也近在咫尺，就像商场里的老话，现在什么也不缺，只缺一个决定。

惬意的生活 流淌动感的乐章

一年四季绿草如茵的 68 万 m^2 大宁绿地，放眼望去尽是醉人的舒适。大宁商业文化中心和马戏城近在咫尺，浓郁书香的上海大学也仅是一街之隔，让这里惬意的生活，流淌着动感的乐章。

内外连通泳池 享尽一年四季的清凉

专为悠逸生活特设的会所，内设内外连通式游泳池、景观健身室、创意露天景观茶座、私人宴会厅、桌球室等，而在劳累一天后，来到会所，在一片绿色与悠扬音乐中，舒心生活。

慧芝湖花园

开发商：嘉华集团·上海国广房地产经营有限公司

地址：上海市北京西路 95 号 3 楼 邮编：200003

电话：021-63193311 传真：63192500

上海豪洲建设发展有限公司

豪骏集团是一家以房地产开发建设为核心业务，科技产业、宾馆业为辅助业务的大型集团公司。1993年开始涉足上海房地产市场，10多年来，集团坚持一贯的创新精神和专业的开发优势，已逐渐发展成上海房地产市场的一只重要力量。先后成功开发了上豪大厦、香榭苑、嘉茵苑、南洋新都、莱茵半岛、金沙嘉年华等一批广受市场追捧的优秀楼盘，在市场上树立了良好的口碑。在成功运作上海市场的基础之上，集团立足于上海，放眼全国，积极开拓具有良好潜力的中国内地其他市场。今年，除上海新开别墅"白金瀚宫"以外，在重要的沿海城市，山东省省会——济南，豪骏集团全力开拓上海地区以外城市的首座精品楼盘——"上海花园"就要开盘。将国际领先人居理念同济南当地实际情况有效结合，打造泉城首座"全时尚动感社区"，国际化的时尚外观，当下流行的运动时尚理念，要让济南的居住文化提前和世界接轨。

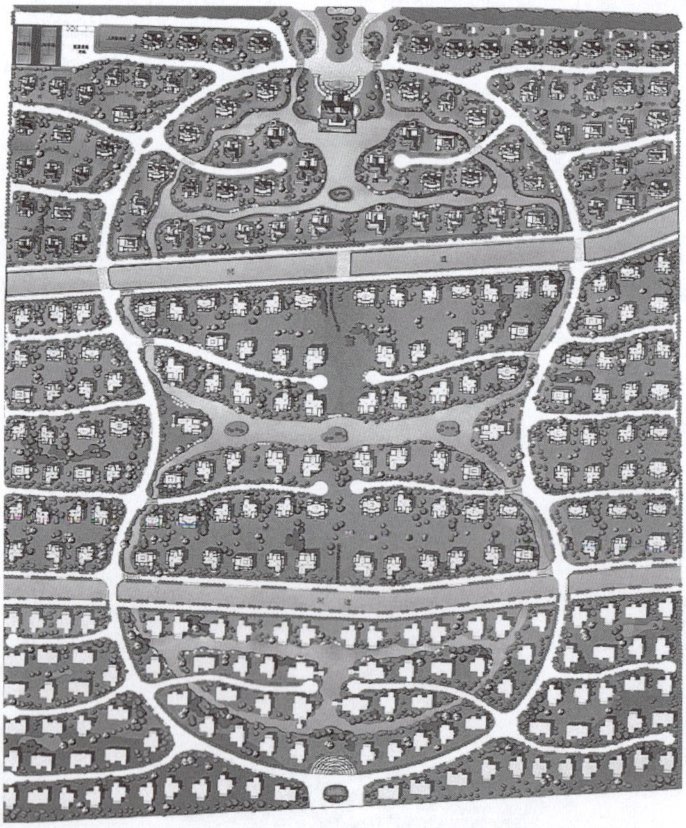

白金瀚宫

发展商：上海豪洲建设发展有限公司
现场地址：中国上海龙东大道4288弄
021-58586658

中国房地产豪宅别墅成功开发典范

项目简介

地理位置

白金瀚宫位于上海浦东新区龙东大道上，东有龙川公路，西有唐陆公路，南有唐龙路。比邻东方世纪学校，左衔浓密的绿化景观带与25平方公里的张江高科技园区，右揽东方世纪国际学校和金桥出口加工区，距浦东国际机场只有不到30分钟的车程。

项目面积及环境

项目占地面积500亩（29.38公顷），基地呈南北长、东西窄的"长方形"布局。地势平坦，基地内有两条天然河道由西向东贯穿基地，将基地分为三部分，其间灌溉用之蓄水池塘，散布在基地各处，使本案在水景的规划上具有天然的优势。

总体布局

500亩别墅造镇运动

白金瀚宫坐落于上海迎宾国道——龙东大道上，一个由别墅豪宅和财富领袖组成的上海新一代国际化生活社区。世纪公园、东郊国宾馆、新国际博览中心、东方世纪学校和汤臣高尔夫球场等国际化生活设施遍布四周。依托于张江高科技园区内近3万人的全球高科技精英，其中不乏世界500强企业的跨国经理人和管理阶层，有效带动了区域内高档别墅市场的繁荣，同时，也让张江成为全球新一代财富领袖最为瞩目的地区之一。

白金瀚宫在近500亩土地的恢弘舞台上，以52.21%的大面积绿化，将它和周围别墅有效的区分开来。在围砌的领域中，塑造真正专属于居住者私人的情感空间、心灵城堡，逃脱世俗豪宅的界定模式，大开大阖中构筑一方世外桃源。作为专为财富领袖们度身打造的私家城堡，为了最大限度地满足每一位领袖人物休憩放松的需要，白金瀚宫提出了“开放空间下的相对独立”规划理念。以园区内大面积的水体及纵横交错的河道作为空间上的间隔，充分利用两条天然河道的自然优势，用水域将整个社区划分成相对独立却又和谐统一的多个岛状组团。在每一个组团内部，又利用坡度的不同作为视觉上的间隔，最大限度地保证了每一位住户的私密要求，同时在整个景观上又达到了“烟水浩渺，层峦叠嶂”的视觉效果。

为了成就真正意义上的私家豪宅，给你不一样的视觉感受，白金瀚宫不惜工本打造。

交通结构体系

入口

考虑到本案基地形状呈南北长、东西窄的长方形布局，小区的主出入口设在北向与龙东大道相接，南向则规划一处次要出入口，与唐龙路相接。

交通

在主次出入口确定的基础之上，小区的主要道路呈环形配置，道路系统衔接路口简洁、流畅。由于地块较大，故小区道路依天然地形，以天然河道为界，分为三个组团，全区以环型道路一条，分别与主、次要出入口相接，各组团规划布局依次展开。

车行道路系统（共分四级）

小区主要道路

为了人车分流，在车行道路外侧退让**1.5**米为人行道。主要车行道呈流畅的环状，连接前后主、次要出入口，便于区内交通组织。在规划上尽量地避免了小区内有穿越性的交通动线形成，并形成步移景异的景观效果。

小区次要道路

自主干道引入，主要规划在河道、绿化带两侧。

入宅道路

道路面宽与建筑入口处宽度相合，自主、次干路引出，通至各栋建筑。

步行道路（共分二类）

沿街绿荫人行道

结合主次干路文化、娱乐、服务设施建设，有收有放，局部如小区入口扩大为门户精神绿林，并设入口花坛水景，四季花草点缀其间，形成丰富的空间层次。

绿荫散步道

沿组团路两侧设置绿化散步道，以花岗岩或其他天然石材拼砌而成，线型自然流畅，有曲径通幽之韵味。并将小区内各块绿地连为一体，使全区道路与绿化散步道系统结合，形成一绵密无间的绿色散步网。

绿化及水系统规划布局

片状绿化

采用点、线、面相结合的规划手法，集中绿地位于各区小区中心，一期则集中在主入口处与会馆之间的水景、绿地间，使其不受车行干扰，并与主入口形成背景，使得进入小区就有豁然开朗的感觉，是别墅主人休闲、娱乐的理想场域。

带状绿化

于小区环状道路和内部主次车道两侧广植乔木，使人车运动于区内道路时，有绿色隧道之感。注重一年四季的季相变化，于不经意处点缀四季花草于道路两侧，丰富道路景致、增添林下情趣。而沿龙东大道的一侧则为 18 米宽的绿化隔离带，带内绿化布置则充分考虑了噪音的隔绝效果。

水系规划

在一、二、三期各规划一处主题水景，利用水的清幽和灵动围合成情趣各异的岛屿状地块。各处水景自然贯通浑然一体，至基地中心豁然开朗。两面各临草坡，呈聚宝盆之势，户户都有优美的风景，营造一种自然的恬静怡神的境界。

住宅布局

项目规划为别墅式住宅，各户型设计都考虑到高层次的居住质量标准及需求层次的多样化。户型有独栋的别墅：A 型、B 型、C 型、D 型、E 型、F 型、G 型、H 型和双拼别墅 I 型、J 型。住宅功能布局合理。层高控制为3.2米，于屋顶处退缩，既满足日照间距的要求，又给顶层部分以宽阔的户外活动空间。全区分为三期配置规划。

住宅整体布局在统一的基础之上力求变化，以创造丰富的空间层次，区内建筑之间，内部建筑与周边建筑均满足日照间距的要求，住宅朝向基本为南北向，既保证良好的日照、通风、采光和消防的要求，又使住宅与道路保持良好的视觉关系。同时通过住宅方向的变化，前后的错落，自由曲线型的道路绿化，人工河道的开挖，打破单调的排列布局，达到富有韵律的总体住宅布局。

节能及环保设计

小区利用起自然围合成的中庭绿化及水景，形成微气候以控制环境品质。

选择低能耗建筑材料，注重绿化对建筑能耗的效应，并充分考虑建筑用水、景观用水的循环利用，将建筑能耗降至最低。

住宅外强采用外保温贴2.5cm厚泡沫保温板，以达到保温、隔热之功效。

垃圾处理

小区设垃圾收集点，住宅内垃圾实行袋装收集，由物业公司收集至垃圾站后进行生化处理。

废水、废气处理

室内排水采用污废水分流，排入小区污水管网

小区内污水排入市政污水管网统一处理。

绿化率

小区内绿化率约52%，环境品质良好。

景观环境

自然、野趣的地景

岛意象和微地形（土丘、河岸畔……）的创造，加入带有野趣的地景元素（植栽、景石、水体、铺面……）

营造一自然、野趣的地景环境。

运用高低错落之高度变化，区分出公共、公私、私人等不同的领域

由车道、人行道、缓冲绿带、私人前院……高程规划上渐次地抬高，除了在车行、人行之道路景观空间感受上，有更丰富的绿意变化及空间层次感，包被感外，并清楚界定出公共、公私、私人等不同领域，同时也能给住户感受到具安全感的居住品质。

公园绿地与高度规划

别墅社区内的绿地除了提供社区居民们日常休憩、运动的场所外，能更进一步地提供最佳的景观眺望点。

Taijiang |泰|江|置|业|Estate

中国房地产成功开发典范

上海泰江置业发展有限公司

上海泰江置业发展有限公司，系由钱江集团有限公司和浙江之江集团有限公司为主联合组建，并由钱江集团控股的房地产开发企业，公司注册地为上海浦东。上海泰江置业发展有限公司作为钱江在房地产领域的窗口公司，意在以上海为中心，辐射全国各大中城市，拓展房地产开发事业。

泰江置业拥有一支高素质、具有丰富房地产开发经验的高级人才队伍。公司高级管理人员从业经历丰富，曾在浙江杭州、江苏常州、上海、福州、沈阳、重庆等地开发建设过各类商业街区建筑、高层住宅、多层住宅和大量别墅项目，且均取得不俗的开发和销售业绩。

公司创立后，依托钱江集团的资金实力，目前在上海、武汉、重庆、常州、宜昌等地全力发展房地产。

2002年8月泰江公司与湖北省武汉市市政府正式签订《汉正街商贸旅游区改造项目合作协议书》，该项目除小部分地块已改造外，其余多数地区仍未改造，建筑破旧杂乱，街巷密集狭窄，交通拥挤、混乱而不合理，改造工程势在必行。2003年8月通过投标取得了该项目土地开发权，配合政府的旧城改造和武汉市"两江四岸"全面改造，在汉江北岸投资开发改造总占地面积424亩，规划总建筑面积约80万平方米。项目将开发大量的商业经营建筑为主外，还将建设部分高层住宅建筑以及步行购物街、中小学校、博物馆、影剧院、酒店等公共建筑。使该地域的传统文化与现代商贸相结合，区域规划与总体规划相结合，市场发展与城市布局相结合，经济效益与社会效益相结合。该项目已被列入2003年度武汉市"十大重点工程"项目，总投资约30亿人民币，目前项目总体规划方案已基本完成。项目第一期工程正式进入拆迁程序，计划五年内完成开发建设。届时汉正街将真正成为"天下第一街"。该项目的建设将大大改善该区域的环境以及调整其商业业态，为城市创造不断上升的良性循环的商业状态。本项目总投资约50亿元。

泰江置业在常州所开发的项目：南大街商业步行街，是目前常州市最大的商业项目。改造后的南大街商业步行街由延陵西路、南大街、青果巷和公园路围合而成，南北长约600米，东西宽约150米，建筑总面积超过20万平方米，有着简洁明快的建筑风格。南大街商业步行街在规划设计上有三大特点：一是采用了目前在欧美较为流行的SHOPPING MALL的设计思路，即一站式集大成的超大型购物中心，集购物、休闲、娱乐、餐饮、办公、居住等功能于一体，一个场所就可以满足人们各种各样的消费需求；二是拥有两层的步行系统，是一条复式步行街，整个商业建筑拥有垂直电梯，自动扶梯，并通过连廊、天桥将二层的所有店面都连成一体，轻松畅达的动线组织，悠闲自如地把客流引导到二层，最大化地提升了它的商业价值；三是构思巧妙的休闲购物街，在休闲中购物，在购物中休闲，充分享受都市的时尚生活。目前已成为该市市中心重量级商业旗舰。本项目总投资28亿元。

泰江置业的子公司天江置业目前在重庆拥有2300亩的住宅开发用地，计划开发近150万平方米的中、高档住宅及商业设施，预计总投资额近37亿元人民币。包括位于重庆市城市规划观音桥组团F标准分区的西北部41万平方米的天江龙城项目、位于重庆市渝北区现代农业园区内16万平方米的现代农业园区别墅园、位于重庆渝北区国家农业科技园区的常青藤别墅园项目。

泰江置业在上海的投资项目**"碧云国际社区·晓园"**定位全装修高档商品。浦东新区是上海市近年来发展最快的区域，其良好的投资环境，吸引了国内外巨额资金，浦东房地产交易量已连续数年名列上海各区、县第一位，按照既定的持续性战略目标，浦东新区房地产市场具备良好的投资发展前景。碧云国际社区以其自然的生态环境、现代化理念的规划和顶级的生活配套等特点吸引着在上海工作生活的国际友人以及国内高层次人士的入住，目前是上海首家通过ISO14000国际环境认证、上海市区内唯一达到国家空气质量一级标准的区域，境外人士把该区域称为"绿城"，是上海具有规模的国际化社区。上海泰江置业发展有限公司在此契机下，在上海浦东新区投资成立了上海中通贵云实业有限公司，开发建设位于浦东金桥出口加工区内的S2–6地块开发"碧云国际社区·晓园"，公司聘请了商业、房地产、建设等方面的专家对项目进行整体运作，准备投资6亿元建设该项目将为泰江公司在上海创立一流的品牌。

目前钱江集团（拥有上市公司钱江摩托）已经确定泰江置业的重点发展区域为沿长江线发展，今明两年预计在上海地区的总投资为50亿元人民币，全部用于房地产投资，争取在未来3～5年实现集团主业转型。目前在上海地区已经锁定10多个项目，准备进一步的发展。

泰江产品的开发核心理念是：**人文、人性、人居**。

泰江认为：住宅产品是人居环境的主要承载体，是人类居住文明和生活历史的承载体。住宅产品的品质，直接体现着居住者的生活品质。

回溯以往历史中遗存下来的传统民居建筑，我们几乎可以完整地复原出那个时代人们日常生活的具体场景和生活形态。

优秀的传统民居建筑，表达着那个时代人们适应和改造生存环境的智慧，传承着那个时代最深层的居住文明成果。正因如此，这些优秀的传统民居才在时间的推移中具备有了难以估量的经济价值和精神价值。在时间的推移中凸现价值，就是对品质最真实的验证。

在我们的理解中，住宅建筑不是流行时装。

优秀的人居建筑应该吻合城市的文化性格，承载所在城市的人文精神，并将深层次的人性关怀渗透到人居环境的每一个角落。唯有这样的建筑，才能构成所在城市建筑文脉的延续。

作为一群有理想追求的房产开发建设者，有责任努力汇聚当今时代人们的生活智慧，对应城市生活方式的演变，为今天的居住者们营造出更舒适、更优雅、更文明的人居环境；与此同时，也将当今时代优秀的人居生活品质留给后人，使他们开发的人居建筑成为城市和历史文化的一部分。这也是他们的理想和追求。

碧云国际社区·晓园

国际豪宅地产成功开发典范

项目简介

碧云国际社区·晓园项目位于上海市浦东金桥碧云国际社区中心地带，红枫路和碧云路交界处附近，与中欧管理学院、世界500强企业总部基地相邻，尽享碧云国际社区的教育、生活、医疗和体育休闲设施。晓园占地面积36906平方米，总建筑面积约7万平方米左右，由六栋8层~11层的精装修小高层住宅组成，空间形态错落有致、气度非凡。园区容积率1.61，绿化率45%，车位比例达到1:1.3，且户户电梯直达地下停车库。晓园项目创承上海文脉精华，建筑风格采用经典的城市ART-DECO的风格，建筑立面全部采用石材干挂，稳重、大气，历经时间淘洗，而更具时间感。晓园项目由新加坡景观建筑师主理园区景观设计，吸收上海老式花园洋房的景观元素，以庭院特色为主题，配合本土化植物和特色小品，透露出不动声色的优雅园区氛围。晓园由著名物业机构进行酒店式物业服务，独设三重酒店式大堂、单元大堂和入户门堂三重体系，配置泳池、咖啡厅、阅览室、健身室、会所等高尚服务设施，提供全区住户交流、休憩的共享空间。

项目区位环境介绍

晓园项目位于上海市浦东金桥出口加工区西侧的碧云国际社区内。碧云国际社区北起杨高路，南至云间路，西面隔着数百米的绿化带是罗山路，东面隔一条金张路与金桥出口加工区相邻，整个社区占地4平方公里，是上海市区内规模最大的社区。外籍人士把该区域称为“绿城”，“渴望已久的梦想中的家园”。

建筑风格的选择

晓园项目采用的“ART-DECO”建筑风格是在上海极有文脉基础的风格，来自“艺术装饰主义”。其典型特征为：它趋于几何又不强调对称，趋于直线又不囿于直线；强调金字塔状的台阶式构图和放射状线条等艺术装饰风格；干净利落，大块渐成的风格，其视觉和节奏韵律感效果强烈。在造型方面，曲折成线、棱角成面、适度几何化、线条清晰化的造型。呼应简洁的现代主义潮流并偶尔具有异国风情。

强调建筑本身的语言

晓园项目的通过两组建筑对称关系的运用、点式与板式的对话，强调建筑之间相互的对话关系。其中，层次丰富的细部，利用偏暖的干挂石材，形成了建筑本身的魅力。

建筑单体

晓园住宅设计为一梯两户的单元，采用一台电梯和一步疏散楼梯。所有的楼梯和电梯都可以下达到地下车库。住宅户型设计有180平方米~200平方米的三房二厅二卫和四房二厅二卫，210平方米~220平方米的四房二厅三卫以及260平方米~330平方米的复式房型。在房型布局及设备配备上均达到较高标准。比如，预设工作阳台空间，赠送户式中央空调、热水器和净水设备，保证外立面干净、整洁。

景观设计主题——老上海味道的庭院

晓园项目的建筑风格融合了典雅建筑的要素，在这种格调下他们想要营造景观的是一种自然、和谐、亲切且庭院化，给人们造成一种似曾相识的气氛，一种怀旧的氛围，一种老上海三、四十年代的花园洋房庭院景象的再现。

宜昌市泰江置业有限公司

宜昌市泰江置业有限公司系上海泰江置业发展有限公司全资子公司，经营范围包括房地产开发建设、商品房销售、物业管理等。

公司凭借着雄厚的资金实力，以5.43亿元一举中标，夺取了宜昌市近年来土地拍卖中最大一宗1145亩的使用权，瞬时成为宜昌市房地产行业中的龙头企业。

公司秉承“以人为本，不竭追求”的经营管理理念，靠勤勉不疲、卓尔不凡的工作作风；和衷共济、追求卓越的团队精神，立足于高起点、高标准，高质量地建造居住杰作，将建筑与艺术、科技与人文、创新与传统集合在一起，志在宜昌市打造传世经典。

公司在永不满足地追求卓越和完美的同时，采取品牌战略、创新战略，以诚信树品牌，以质量求信誉，靠管理增活力，力求创造良好的经济效益、社会效益和环境效益，使宜昌泰江置业有限公司将成为宜昌地区房地产界名副其实最具实力的公司。

《长江画廊》项目介绍

长江画廊位于宜昌市伍家岗地区，总占地面积为1145亩地，地块沿江呈狭带状排布，依畔江边，拥有天然的江景资源。项目总的建筑面积为120万平方米，分三期开发完成。以下主要介绍一期项目。

第一期开发的项目是以王家河及麻纺厂地块为主，项目案名尚为最后确定，暂定为王家河项目及麻纺厂项目。

项目介绍

项目一：王家河项目

项目简介：

项目名称：待定

地理位置：位于宜昌伍家岗片区王家河段

占地面积：160489.78平方米（约241亩）

总建筑面积为：16万平方米左右

建筑密度：30%左右

容积率：0.8

项目定位：

该项目将以“江岸别墅”为主，结合叠拼、多层及小高层住宅的规划设计，并以奢华而不庸俗、简约而不失大气的建筑造型，自然与人文结合所形成的新古典主义的人文社区。小区主要配套设施包括会所、游泳池、商业街、组团绿地、网球场、篮球场及其他活动场所组成。

项目二：麻纺厂项目

项目简介

项目名称：待定

地理位置：位于宜昌市伍家岗片区杨岔路段

占地面积：约为43亩

总建筑面积：约58000平方米

建筑密度：26.4%

容积率：2.0

项目定位

该项目将以“纯江景”及“文化内涵”为主的设计思路，以“庄重与宁静感”为题材的，融入理性主义美学，构筑出具有宁静、雅致、简约与浪漫的新古典主义风格，在建筑形态上以带电梯的小高层为主，结合小区多功能会所及超大型中央绿地广场组成的江景社区。

项目前景

宜昌，作为内地少有的新兴移民城市，其人口增长速度远高于其他城市。同时，移民来源于北京、上海等大城市和工业基地较多，人口素质高，使宜昌的进一步发展拥有了良好的人才基础。宜昌正处于继承历史，接轨现代的过程当中，新兴之城逐渐成形。

房地产业在宜昌市的发展起步很早，但其建筑形态相对老化，与发达城市相比有着较大的差距，尤其是别墅型的项目还正处于初步发展阶段，在开发的别墅项目现只有两个，虽然在规模及品质与其真正意义上别墅的形态还有相当的差距，但其销售却异常火爆，因此不难看出，宜昌正在呼唤着高品质的物业产品。

宜昌泰江置业有限公司凭借着雄厚的资金实力与人才优势高举高打，大规模进驻宜昌市进行成片开发，利用城市江景资源，通过画卷的形式展现“长江画廊”独到的韵味及特有的风采，加之超前的规划、合理的房型设计、艺术化的建筑风格、标准之高面积之大在宜昌算是首屈一指，相信“长江画廊”会引领着宜昌房地产开发一场革命，成为宜昌市房地产界的风向标。

宜昌沿江大道延伸段开发总体思路

"峡尽天开朝日出,山平水阔大城浮"。

宜昌,上通天府之国,下接江汉平原,控楚蜀之交代,当水陆之要冲,"川鄂咽喉、三峡门户",造就浓重历史,孕育灿烂未来。

宜昌,最优美的长江岸线风景,得天独厚的水利资源。三峡大坝、葛洲坝,更使其举世闻名。

三峡工程建设、中西部大开发、长江经济带的腾飞——千载难逢的契机!

市政府适时提出了"建设新宜昌"的重要战略构想,做出了推进中心城区东扩和城市重心东移的英明决策。

沿江大道延伸段——创造新宜昌的核心!

为响应市政府这一宏伟的战略构想,上海泰江置业发展有限公司聘请了各方面的专家欲实施沿江大道延伸段开发,并突出了与宜昌门户地位结合、与旅游城市特点结合、与水电城特色结合、与历史文化结合、与长江水文化、山文化结合,改造项目内将建设宜昌的标志性建筑,构筑长江岸边风光旖旎的十里画廊,形成一条旅游、水电、历史、民俗风情、人文居住等多种文化共生的黄金岸线,创造一个具备现代城市功能的中心城区。沿江大道延伸段改造项目必将加快宜昌迈向世界级旅游名城的步伐。

宜昌,宜繁荣昌盛之地也。在古文化与现代文明的交相辉映中,宜昌这颗峡口明珠将更加璀璨夺目。

项目区位

西起胜利一路,东至白沙路,北自夷陵大道南至规划中的沿江大道。项目全长6646米,平均进深200米,总用地面积763333平方米,整个地块呈线状分布。

开发背景

区域背景:

宜昌市处于长江中下游和上游的分界处,位于长江北岸、三峡东口,它"上控巴蜀,下扼荆襄",是长江经济带的重点支撑城市。全市现辖六县、三市、四个城区,人口400万,总面积2.16万平方公里,其中城区面积448平方公里。国务院确定的全国国土整治开发规则中,把宜昌列入19个重点开发地区之一。

经济背景:

"九五"期间,宜昌市国民经济保持了年均增长9%的良好发展势头,旅游业作为支柱型产业,每年平均11%的速度增长。2001年,宜昌市国民生产总值410亿元,同比增长9.2%,增幅连续9年高于全国全省平均水平。一、二、三产业占GDP的比重为15:55:30,全市已初步形成了以旅游、化工、电力、机械、食品、建材、生物、医药等行业为主的经济支柱体系。在这个大气候下,作为城市功能的房地产业也发展迅速,开发总量、销售总量及销售额连创新高。宜昌正在成为长江沿线重要的经济强市。

政治背景:

根据《湖北城镇体系规划(2001年~2002年)》,湖北全省在20年内将形成以"武汉都市连绵区"为龙头,以"襄樊大都市区"、"宜昌大都市区"为两翼的"金三角"经济格局,经整合形成"江汉都市连绵区",以推动湖北经济的快速增长。其中"宜昌大都市区"以宜昌为中心,重点发展旅游业。

国家、湖北省及宜昌市政府对宜昌的城市定位和建设方向已有明确的要求。把宜昌建设成为世界级城市,一流的水电旅游名城和长江沿线重要的经济强市,需要有土地,有一个代表性的区域来承载和体现这一宏伟目标。据此,宜昌市政府作出了推进中心城区东扩和城市重心东移的重要战略决策。

文化背景:

宜昌古名夷陵(彝陵),历史悠久,是楚文化的摇篮,巴文化的发祥地。自古就有"川鄂咽喉,西南门户"之称,交通、军事地位十分重要。宜昌这块古老而神奇的土地,不仅养育了世界文化名人屈原,而且吸引了李白、杜甫、元稹、白居易、刘禹锡、欧阳修、苏轼、黄庭坚、陆游等历代文学家、政治家,为宜昌留下了不可胜数的名篇绝句。

旅游资源得天独厚。宜昌拥有各类旅游资源601处,其中世界级3处,国家级30处,省级40处。长江三峡自然风光是世界著名峡江自然风光带,名列中国旅游胜地40佳榜首;三峡工程景区被评为全国4A级景区。

宜昌具有得天独厚的水利资源。域内除长江、清江外,还有99条大小河流,水能可开发量达到3000万千瓦,是我国乃至世界水能资源最丰富、最好的地区之一。境内不仅有举世闻名的三峡大坝,而且还拥有葛洲坝水利枢纽工程、清江隔河岩水利枢纽工程和高坝洲水利枢纽工程。

宜昌市坐落在长江岸边,地形狭长,具有丰富美丽的滨水景观资源,江南的山峦叠翠与江北的繁华都市相互呼应,形成长江

沿线不可多得的独特景观。

区域现状

伍家岗区位于宜昌市主城区，面积69.3平方公里，人口18.4万人，濒临长江黄金水道，处于老城区和猇亭新区的连接地带。长期以来，伍家岗区一直是宜昌市的老工业区，发展受到种种限制，尤其是沿江大道延伸段待开发区域沿岸建筑设施陈旧、破败，滨江景观资源完全未得到合理的开发和利用，直接影响到宜昌整体城市形象，与宜昌整个主城区的发展不相协调。但随着宜万铁路、沪蓉高速、荆宜高速、花艳火车站等一大批重点工程的相继开工以及沿江大道延伸段1145亩土地的开发建设，使这一地区具备了由老工业区向与城市功能互补的新城市中心转变的条件，城市功能将进一步得到优化组织，是宜昌推进城市化进程和建设大城市最具发展空间的区域。

开发总体思路

指导思想：配合市政府“东进”的总体规划，利用长江优美风景和地区历史文化，打造适合宜昌发展的水电旅游城市形象，改善区位环境，满足居住需求，提升整体居住水平。

开发思路：改善城市功能、配合宜昌中心城区东扩、促进城市重心东移，塑造文化性、公共性、人性化的居住环境。

项目定位：打造一个与现有城市中心形成功能互补的集展示、旅游、居住、运动休闲、行政等功能于一体的城市新区。

开发原则：

宜昌沿江大道延伸段项目区域规模大、位置重要，与老城区功能互补特点明显，所以项目开发要遵循六个结合的原则：

——与城市门户地位相结合

——与城市旅游特色相结合

——与水电城特征相结合

——与楚巴历史文化相结合

——与长江山文化、水文化相结合

——与新城市功能建设相结合

规划思路：

总体思路

塑造城市品牌

现代中国城市的发展，无疑进入了品牌运营的时代，各个城市的个性特征越发鲜明，城市的定位成为各城市之间竞争的重要竞争力之一。如：无锡象征太湖，上海代表东方巴黎一样。他们希望人们今后想到水电、想到三峡，就会想到宜昌，想到他们这一段6.6公里长的山水城市风景岸线。

提升城市能级

宜昌城市的发展到了一个结构升级换代的关头，必须树立具有战略性的结构发展思路。通过本项目的开发建设，引发宜昌新一轮的以水电为基础，以旅游为特色的城市发展。本项目的规划不仅只是完善宜昌城市现有结构的不足，更是通过重造一个宜昌的城市中心，来推动水电城、旅游城的建设。

整体开发原则

作为一个具有战略性和前瞻性的规划和项目开发，他们认为只有站在一个区域的视野上、一个时代的角度上，才能更加清楚地辨析项目发展的实质和意义。同样，对于项目的建设，也不应仅仅着眼于几个地块的开发，更要从整体上，从城市的角度上予以考虑。

具体思路

旅游地产开发，建设旅游中心城市

本项目是长江沿线不可多得的兼具山水、城市和历史等多种资源优势的滨江岸线开发。在本项目中，充分利用宜昌滨江重要的历史遗存——天然塔，并以此为核心，再现三峡城市传统岸线之特征，形成在青山与长江之间的完整的传统风貌区——“三峡印象”，将一些具有地方特色的和时尚的元素相结合，把诸如餐饮、旅游工艺品、地方特产市场等活力注入进去，使这一传统风貌区成为城市新的标志、新的旅游景点。

由于本项目地处宜昌的老工业区，作为对地区发展的一种纪念，他们在项目中也考虑了一个工业公园，这是一种于上世纪90年代开始在欧洲兴起的新的景观形式，目前在国内也只有1个案例，相信这一个工业公园除作为对地区文脉的反映以外，更会成为一个具有领先意义的旅游景点。同时，本项目更是以现在的客运码头为中心，集合了以旅游服务机构为对象的办公区、主题型商业以及酒店的开发，它们与“三峡印象”、“工业公园”等的建设一道构成了一个综合性的旅游地产开发模式，在形成宜昌旅游新的人文景点的同时，也成就了宜昌城市的新标志。

树立世界级水电城市的形象

宜昌是中国乃至世界重要的水电城市，本项目的开发建设对于树立这一城市形象有着不可或缺的作用。首先在一个整体的规划中，他们在不同的节点以不同的形式展现着水电城市的风采。在北端文化区设立城市博物馆和科技馆，分别以水电工业的发展历史、宜昌水电城建设的历程和水电科技的展示为核心内容，集中展示给前来旅游的游客和宜昌本地的市民。在中心部位，通过将半高架市政广场沿江岸线处理成为大坝的形式，并以喷水模仿大坝泄洪时的景象，隐喻地表明宜昌水电城市的城市性质。在南端，一个大型的水晶球临水而立。它晶莹通透，在灯光的照射下，更是无比绚丽，它不仅是水上门户的象征，也是对宜昌峡口明珠这一称谓的体现，更是通过光明的景象凸现了宜昌是一座世界级的水电城市。

挖掘历史文脉，创造城市价值

城市的价值不仅仅体现在城市所能创造的经济价值上，有时更多地体现为城市对其历史文脉是如何延续的，罗马、巴黎、佛罗伦萨……，宜昌作为一个旅游城市，更要注重对自身这座千年古城历史文脉的挖掘、延续和发展，也唯有此，才能在今日随着所谓的现代化改造越来越趋同的城市之中脱颖而出。本项目中对历史文脉的挖掘和继承有着三个层次。首先，对于三峡城镇而言，那种

顺着江坡拾级而上,地方传统建筑依山就势、鳞次栉比的城镇景观是对它们最为鲜明和生动的反映,是最为典型的城市意象,而随着库区的搬迁,这种典型的城市意象已经逐步消亡。宜昌作为三峡的重要节点城市,在城市历史文脉的层面上有必要重新再现这一意象。本项目拥有目前宜昌滨江唯一保存完整的历史遗存——天然塔,有着很强的历史意义,同时天然塔周边的岸线还基本保留着较多的自然特征。因此他们在这一段的岸线处理上,遵循自然的法则,形成沿江而建的以天然塔为核心的传统风貌区,并称之为"三峡印象"。

其次,本项目所在区域是宜昌历史上重要的工业区。他们通过利用部分原有工业厂房,建设以工业为主题的工业公园,来纪念这一地区工业发展的历史,创造一种新的景观形式的同时,成为对地区文脉的一种纪录。

营造艺术人文气息,建立区域性的艺术创作基地

宜昌及其周边有着丰富的自然景观和人文景观资源,其北接神农架,西临三峡,南面湘西,东邻荆州古城,每年都会吸引不少的艺术家来到宜昌进行艺术创作。如何把这些艺术家分散的活动集中起来规模化、固定化,吸引更多的艺术家来宜昌进行创作,甚至生活,是本项目规划中需要考虑的一个问题之一。他们借鉴国外 SOHO 区和上海苏州河沿线老仓库和厂房改建成艺术家的工作室,并在旁边提供了一个可以让国内外建筑师进行创意发挥,以建筑艺术为主体的个性化住宅区,建立区域性的艺术创作基地,将景观建设、历史保护和市场运营有效地结合起来,同时也开创了艺术地产的新时代。

完善和发展城市功能建设城市新中心

城市的公共中心是城市的重要组成部分,是市民活动的重要场所,代表了一个城市的发展水平。通过城市新中心的建设带动城市整体的发展已经被证明是一条行之有效的途径,如巴黎的拉德方斯、上海的陆家嘴等。本项目通过沿长江沿线分别设置旅游集散为主的公共中心区,以文化和体育为主的公共旅游集散中心、文体中心和行政中心沿长江岸线而设,它们优美、夸张的建筑体形和外观极大地丰富了长江的岸线景观,同时它们和绿地结合在一起的布置方式,也赋予了沿江绿地更多的活动功能和使用意义。

体现城市门户地位

项目南端是由下游进入宜昌城区的水上门户,规划在长江岸线上构筑一个巨型水晶球——"峡口明珠",使之成为宜昌水上门户的标志性建筑物,同时也是水电城市的标志性建筑物。

结构组织

光明城市·流动、光明城市·文化+运动、光明城市·行政、光明城市·三峡印象、光明城市·工业纪念、光明城市·峡口明珠、光明城市·居住

市场分析

本项目采取一次规划,分段建设的滚动开发原则。沿线土地以道路建设为契机,在统一规划和宏观政策协调下,逐次开发,逐步形成规模。

根据市场规律,他们将项目整体规划分五年四期开发。通过先期的开发聚集人气,提升环境,展现项目特质,营造市场卖点,以便保障整体工程达到市政府预期目标。

市场简析

目前宜昌市住宅项目的规模偏小,10 万平方米以上的小区可谓是凤毛麟角,价格平均在 1000 元~2500 元/平方米之间,且同质化相当严重,住宅小区市场开发思路缺乏突破,产品缺乏创新,没有形成真正的规模化精品社区。

随着中国加入 WTO,三峡工程的建设深入,宜昌作为长江沿岸的重要经济开放城市,以其自身的区位优势及对外开放的整体优势,必将吸引更多的大集团、大公司和跨国公司聚集宜昌。目前,宜昌主城区缺乏 CBD(中央商务区)中心区域,传统的写字楼由于设施比较单一,改造的机会不大,缺乏真正满足许多企业办公需求的物业,本项目多样化功能的专业型写字楼这种新型的商用物业形式尚未在宜昌出现,在建筑功能的分布上,本项目将填补此市场空白,增强宜昌对国内、国外的辐射功能及适应和拓展国际商务的功能,加快宜昌迈向国际性大都会的步伐。

在商业贸易市场方面,传统形态的商业模式已不足以支撑宜昌作为现代化城市发展的步伐。宜昌作为国际水电旅游城市,缺乏能集民俗文化、水电旅游、现代休闲购物于一体的商贸区域和商业模式。本项目内的中心商贸区将满足这一市场需求,从而进一步促进第三产业的繁荣兴旺。

先期准备工作

定位(赋予产品内涵,成功打动消费者的心);环境规划方案的确定(先期销售最大的支持点);配套设施的完善(满足消费者最基本的生活需求);现场包装的改善(整体售楼环境的设计、营造舒适、人性、参与的售楼空间);工程形象的提升(加快工程进度,尽可能消除期楼带来的消费者信心不足)。

注意发挥调查公司、规划单位、市场顾问、建设专家、政府部门的作用,共同研究定位和策划销售,利用宜昌政治、经济、历史、

文化、水电、旅游等资源，扩大项目影响力，设计销售卖点。

目标消费群设定

根据房地产成熟地区的发展进程，可以看到房地产市场必然发展趋势：由产品市场到消费者市场，消费者是市场的主导因素。

住宅消费群体主要包括：中青年创业者、职业管理层、企业白领阶层、自由职业者、政府机关干部、收入稳定的工薪阶层。

商业贸易消费群体主要包括：各大主力店，超市，国内沿海发达地区的投资者及本市有一定资金积累的中小投资者。

商务写字楼消费群体主要包括：党政机关、各大中小型民营企业、三资企业。

市场预测

随着宜昌房地产的发展，靠概念炒作、一招制胜的时代已经过去。真正成功的楼盘并不仅仅是某一方面或某几方面的领先，而是全方位综合素质的超越。只有针对不同的目标消费群提供符合市场发展的产品，才能全面击中目标消费群，迅速抢占市场，成为目标消费群投资的首选。

项目核心理念

项目核心理念：打造符合宜昌水电旅游文化发展的新城市中心

项目命名：峡江画廊。“峡江画廊”表示本项目地块呈线状分布，总长 6.6 公里，紧邻长江，而项目的通过艺术化的建筑景观，与对岸江南的山峦形成遥相呼应的独特景观，构筑成长江江边一幅美丽的画廊。

保障措施

如果公司能在本次投标活动中中标，下一步工作将围绕以下几方面进行，以保障项目开发如期完成。

公司组建

泰江公司拥有一批国内优秀的房地产策划专家及优秀的管理人才，如公司能在本次投标中中标，他们将在宜昌组建项目公司，派遣优秀的管理人才及专家组成公司高级领导班子，公司中层管理干部及员工用高薪吸引优秀的房地产业内精英在宜昌本地招聘。

规划设计、市场策划及推广

如公司能在本次中标，他们将首先聘请国内优秀的策划公司对市场进行全面、科学的调研，找准定位，同时，他们还聘请优秀的规划设计单位按照开发思路中的六个结合进一步深化规划设计，他们保证他们的设计贯彻市政府的原则，保证公司开发按以下几个原则进行：

☆ 以公司单位时间内效益最大化为目的，确定建设规模、建设标准、设施配套、销售手段和物业管理；

☆ 项目开发以客户利益为出发点，在项目确定、规划设计、商业布局、交通组织、商铺利用等方面着重考虑用户的方便和营商成本的降低，做出项目最大的卖点；

☆ 与市场顾问、调查公司和规划单位共同研究，在规划布局、建设标准、商业业态改善等方面与市场现状和发展趋势相结合，做到准确对接，适度超前；

☆ 注意发挥调查公司、规划单位、市场顾问、建设专家、政府部门的作用，共同研究定位和策划销售，利用宜昌市的政治、经济、文化、旅游、水电、山水景观资源，扩大项目影响力，设计销售卖点；

☆ 建立市场及客户档案，找准客户目标群，销售策划与开发计划同步进行；

☆ 全过程制定降低项目开发成本措施，在规划设计、规模标准、前期工作等方面把降低开发成本作为公司工作的重要内容，项目建设全部采用无标底招标方式进行；

☆ 由于本项目开发面积较大，不仅仅只是单一功能的开发设计，牵涉功能较广，主要包括商贸、住宅、旅游三大块，为复合地产开发项目。目前，宜昌的房地产市场处于发展的初级阶段，在这样一个充满机遇和风险的环境下，本项目将采用差异化策略，运用与众不同的实践战略与技巧，找到最好的出路，早日达到本项目的销售目标，确保项目的开展顺利；

☆ 本项目处于新兴开发区域，周边配套设施极不完善，从而导致市场接受能力较弱。纵观国内各地，城市的中心皆是商业繁华区域。因此他们打算结合宜昌城市特色，通过商业步行街商贸区及体现三峡民居特色的民俗风情区、旧工业展示区等规划设计，从商业、旅游地产两方面入手，提升地块价值含量，增进项目吸引力，形成良性销售，从而构筑新城市中心；

☆ 随着商业地产的发展，招商将会扮演很重要的角色。他们认为一个商业项目的真正成功是商场日后持续经营的长久旺盛，而统一招商就是为商场以后经营的畅旺奠定坚实的基石。在本项目市场策略上，他们准备采用“引外压内”、“强强联合”、“放水养鱼”的三大原则进行统一招商、统一管理。通过招揽江浙、广东等沿海发达地区的商业专家，运用先进的理念，进行商业运作；并通过引进大型主力店，实行强强联合方式，促进宜昌商业经济的发展，带动区域地块的兴旺，打造宜昌新一代的物业典范，从更高、更远、更深、更广、更具体的层面体现宜昌未来地产发展的必然趋势，从而奠定项目在当地市场上的领先地位。

安信置地·上海星盟置业有限公司

安信置地(中国)有限公司成立于1994年,是安信集团的全资附属企业。凭借敏锐的市场洞察力、先进的管理理念、雄厚的资金实力、强大的精英管理团队,安信置地已陆续在上海、天津、汕头、揭阳等地累计投资了几十亿人民币,建成汕头世界贸易中心、汕头龙津花园、新安购物广场、新安花园、华诚花园,总面积超过100万平方米。

安信置地秉承集团"始于智慧,成于信赖"的经营理念,并将这一理念灌注到麾下所有建筑群中,致力于兴建更多的高素质楼宇,目前在建项目有**安信湖畔天地坊、安信商业广场、上海新天地美菲尔公寓**。根据多年来对房地产发展内在规律和市场发展的充分理解和准确把握,安信置地确立了倾情打造高品质住宅和商业广场的市场定位,公司的良好业绩、旺盛活力、高成长潜质得到了业界的广泛认可。

同时安信置地凝聚了一批资本运作、项目开发、零售运营、营销策划、物业管理精英,为公司快速成长提供了持续发展的原动力,也为"安信"品牌的不断提升奠定了坚实的基础。

上海星盟置业有限公司为安信置地的全属子公司,是安信湖畔天地坊的开发商。

开发理念

贴近自然,安住身心。

"仁者乐山,智者喜水。"如果说逃离尘世、纵情山水可使都市人身心放松、头脑清净,那么,如能依山临水而栖,概可称为人居的至高境界了。安信湖畔天地坊,北临松江新城126万平方米的中央绿化景观公园,面宽300米,从每一角度、每一时段,均可感受着自然的宁静、身心的放松。优质的景观资源,意味着优质的居住境界,意味着高市场价值。这无论对于买房人还是发展商都是硬道理。

作为投资者,他们不会因为占据了优越的地理环境和位置,而就简单地把设计交给设计师,把建筑交给建筑公司,把销售交给代理行,他的角色更像乐队的指挥,协调着各个专业的音符,为您创建"超越空间价值"的家。

当他将安信湖畔天地坊定位为松江新城最具品位的时尚综合小区时,他们就意识到这将是一个非常具有挑战性的项目,如何珍惜土地、融合环境,如何在有限的成本、空间内营造出更高的品质,这不仅仅是需要他们的勤奋,更需要他们的智慧。

世界理念,超越空间价值。

把顾客的需求作为企业生存发展之源,安信置地(中国)有限公司,凭借国际化的开发理念和成熟的专业队伍,致力于打造高品质住宅和综合大规模商业设施。公司成立于1994年,是安信集团全资附属企业,近年来已陆续在上海、天津、汕头、揭阳等地累计投资几十亿人民币,创造了众多城市的精品楼盘。

项目定位

高标准、国际化，首屈一指的品质名宅

雄踞新城中心巅峰地利，拥抱中央公园无限风光，湖畔天地不仅落址天生丽质，更有20万平方米大器的建筑空间，无须太多的人工雕琢，其无与伦比的价值和美态已尽显眼前，加之28层的建筑高度及意大利灯光公司量身打造璀璨光影、美国泛亚•易道公司执笔雕琢无瑕景观珍品。国际品牌齐聚的名宅体验，只为呈现菁英名流的不凡境界。

地理位置

松江新城，现代生态的理想驻地。

安信湖畔天地位于古城松江，松江是上海历史文化的发源地，也是自然人文的艺术瑰宝。而现今融现代化、齐全性、生态型于一身的松江新城，依托国家级大学城的底蕴，踞风水宝地——佘山国家级旅游度假区，抢上海都市化战略的“一城九镇”规划的示范“城”之先机，成为一块承载梦想和精彩的地方。

Coption:

* 基本建成36平方公里、30万居住人口的中等规模文化型生态园林城市。
* 以全长2.2公里，南北宽300米中央十字绿化带为轴。
* 南区——汇聚古韵文化的老城区。
* 西区——1平方公里英式风貌区为代表的高档别墅区。
* 北区——占地8000亩的松江大学城，已有外国语大学、东华大学、立信会计大学、视觉艺术大学、华东政法大学等院校入驻。
* 中心区——区政府所在地，云集公园、医院、星级酒店、商务中心、购物中心的松江核心地块。

生活机能

生活配套星罗棋布，便捷生活尽情享受！

Coption:

* 交通——沪杭高速、嘉松公路、沪青平高速、嘉金高速，5120高速等主干道及轨道交通九号线构成密集的交通网络，带你穿梭于全国各地及上海主要中心地区。
* 医疗——上海市第一人民医院，为你解除就医的后顾之忧。
* 教育——松江大学城、青少年活动中心、区图书室，带你陶冶书香氛围。
* 购物——方舟广场休闲娱乐城、松江商业广场、开元新都广场，任你尽情挥洒的享乐天地。
* 历史——庙前美食街、松江老街，由你信步的老城区特色街。

中央公园景观

傲坐湖畔首席，尽览无价视野！

安信湖畔天地迎面为1260000㎡中央公园，梦幻般的诗意栖居。它既不寂寞、也不张扬，身在其间，从容地在水边漫步，从容地感受满目葱茏，从容地在夕阳的投影中怀念某个浪漫的片段……花草树木，四时景观，曲径通幽，曲曲折折里到处是山重水复、柳暗花明的境界，而这也正是人生的滋味。

设计理念

置身简约设计空间，印记完美城市视觉。

他们的设计师都置身于一个实实在在的“都市课堂”，这让他们亲身体验着各种成功或不甚成功的建筑概念，同时这也是一个极好的机会去识别建筑中积极的成分，并融汇于复杂的设计过程中。这个过程使他们创造出全新的，由自身特质控制并反映居住者思想、生活状态的建筑，给人以渐臻完美的视觉感。

湖畔天地，由多幢高层及小高层建筑围合而成，非凡气势之中透显高峻超拔的雅致和风味；将现代主义的简约流畅引入建筑设计，外部造型突出清新明快的基调，打破了冷硬无情的建筑表情，也摆脱了高层建筑的凝重、压抑之感，以点、线、面勾勒出简洁的建筑外墙，表达出独特的悦目感和时代感。

细部建筑

以艺术手笔，铸写实用建筑美学。

COPY：伟大的建筑师阿尔贝蒂曾经说过：“我希望，在任何时候，任何场合，建筑师都把实用性和观赏性放在建筑表现的首位。”以存在主义建筑精神营造园区，湖畔天地始终把建造实用、美观的房子摆在最基础层次上，通过对地形地貌的科学分析，运用专业理论知识，通过对立面、公共空间等创新设计，满足新时代居住最本质的需求。

大气的建筑造型

从高层到小高层，均采用规正、完整的经典造型，以方形体块为主体，辅以挺拔俊秀的竖向线条、充满韵律的窗架，造成简约、大气的建筑体形。

明快的建筑色彩

明快的建筑色调，简约、清新的色彩气息，间以灰色窗框、檐口线条，描绘出现代建筑的艺术品位。

现代建筑材质

玻璃、金属、石材等建筑材质，结合金属窗框和阳台栏杆，表现出现代建筑的浪漫、质朴、自然的亲和力。

社区景观

每一处景致，都体现生活的精彩！

以装点每一处景观为理念，湖畔天地在设计社区景观时，充分借鉴了东方园林的自然景观性，掇坡理水、莳花栽木，营造鸟语花香的诗意境界。中心景观更融汇整个园区之精华，流水阶梯瀑布、中央观景台……为园区景观的互动性、人与人的交流、人与自然的交流营造了和谐的氛围。

立体绿化

在绿化设计上,打破楼与绿地、楼与绿化分离的格局,导入社区的立体绿化观,将绿化延伸至建筑内部,开门即景,推窗见绿,享受绿色的抚慰。

景观水台

有水则灵,水是我们生活的重要元素,中央景观水台以水的多变形态及特殊质感为主题,设计中加入了细腻的喷雾,淋漓尽致地诠释了水与生活的亲密、美妙的关系。

观景台

观景台设计与周边建筑、自然人文景观风格协调一致,拾阶而上,宽敞雄伟;登高而望,各色景观尽收眼底。

可亲近草坪

社区内草坪设计一反"可远观,不可亲玩"的常规,设计有创新的"可亲近草坪",孩子可以在草坪上放风筝、自由跑跳、尽情玩耍,情侣、亲友相邀在草坪上攀谈,与大自然亲密接触。

整体灯光设计

闪亮的地标光体建筑,与星光共舞。

现代城市性格往往在点亮灯光的刹那活跃起来,纽约、香港、东京……世界繁华之都皆闻名于美丽夜空。湖畔天地首开松江住宅灯光先河,以灯光融合现代简约的建筑风格,根据视觉焦点的主动性,建立视觉秩序,以白色泛光均质的投光角度投射,在夜间,璀璨的建筑有如冠上宝石般引人注目。

居家服务

服务到家的贴心礼遇。

安信物业公司倡导"以人为本"的人性化物业管理服务,以"严谨规范的管理,敬业进取的精神,舒适和谐的环境"作为公司的质量方针,对湖畔天地进行全方位的管理服务,尽显深具人文气息的高尚品质。

精致户型

典雅沉静 145.84 平方米

Coption:

* 大面积落地玻璃门,视野开敞,阅屋外无限美景。

* 厨房设阳台,带来下厨好心情。

* 厨房设置集中排烟道,卫生间设置集中管道井,避免管线明露,贴心设计更显人性化。

* 双主卧设计,尽显人性化居住空间。

* 卧室带观景阳台,清风暖阳时时与生活同在。

* 两间卧室分割合理,紧凑但不局促,主卧里独立卫生间、观景窗台一应俱全。

大度豪景 230.43 平方米

Coption:

* 进伸短浅,空间舒适通透。

* 厨房、阳台互为呼应,通透明亮。

* 厨房设置集中排烟道,卫生间设置集中管道井,细心周到服务避免管线明露。

* 客厅开间大,豪华气派。

* 标准层户型三间卧室带独立卫生间,尊贵典雅。

* 主卧实行无阻隔设计,大气开阔,住户可以根据兴趣爱好自行摆设,充分体现人性化。

* 多阳台设计,使生活无限,爱意无限。

尊荣峰居 140 平方米

Coption:

* 大开间,挑空客厅,明亮通透。

* 厨房设置集中排烟道,卫生间设置集中管道井,避免管线明露,生活更舒适惬意。

* 独立餐厅带阳台,美食美景共同享用。

* 大开间客厅两面采光取景、外接阳台,极为通透明亮。

* 多转角窗台,淡化室内外空间隔阂。

* 观景窗台卧室,别具一格,使整个卧室空间收放自如。

* 大面积观景阳台,让生活在此尽情释放。

名流视界 141.51 平方米

Coption:

* 整体空间通透大方,有不同寻常的高贵风范。

* 厨房、餐厅、客厅集中设计,匠心独运,形成相互独立的公共活动空间。

* 独特的取景设计,两间卧室皆有绝佳的景观视野。

* 两室带独立卫生间,引领现代生活潮流。

* 开阔观景阳台,把美景引入客厅,使家与自然融为一体。

泰昇集团●泰昇房地产（上海）有限公司

泰昇集團
TYSAN GROUP

泰昇集团控股有限公司自1991年起在香港联合交易所有限公司上市，并于1996年被评定为香港最佳表现上市公司。集团在香港主要从事桩基、建筑以及房地产相关的业务。经过多年的努力经营，迅速扩大了规模，并把市场拓展到内地。多年来凭借专业的技术水平，完善的管理体系和雄厚的经济实力，在国内房产开发与投资的领域内取得了一定的成果，并形成了以追求精品建筑为诉求的企业文化和致力为客户提供优质服务的企业使命。

泰昇集团目前在国内的投资主要集中在上海与天津，并以房地产的开发与投资为主营。泰昇于1999年起在上海市区相继开发建造了泰德苑、泰荣苑，前者以其独特的全地下车库结构，无梁无柱、自由分割的户型，获得了『住宅设计优等奖』和『四高小区』称号。而泰荣苑更是以明亮的底层挑空大堂和周到的物业服务赢得了市场的热烈反响。消费者多年来对集团产品的一致好评与认可都肯定了集团在产品设计和质量方面的优势。近期，泰昇集团在普陀区苏州河畔兴建一处住宅项目——『泰欣嘉园』，相信凭借着多年的建筑设计经验和小区便捷的双轨交通优势，泰欣嘉园将演绎一段全新的岸居生活。

精品再造·完美体现

泰欣嘉园

中国房地产高尚住区成功开发典范

“泰欣嘉园”为市中心交通便捷，又带特色景观的高品质国际水平居住社区。

开发商泰昇集团是一家香港上市公司，在国内拥有超过10年的高档物业投资及开发经验。在上海的徐汇和长宁区开发过两个高档小区，在古北经营两个服务式公寓。集团的建造理念为提供业主一个国际水平的生活空间，“泰欣嘉园”的设计路线也将延续这个理念。小区建筑面积约15万平方米，为全装修单元。小区周围交通便利，有3线轨道交通并靠近高架出入口，其中地铁M7地铁出口可以直接进入小区地库，真正地体会到交通便利的零距离感觉。新的镇坪路更能进一步把通往南京路商圈时间缩短。泰昇集团还拥有10年“甲级写字楼及服务式公寓”的物业管理经验，因此，其建造的小区都能吸引境外人士居住。比如：在长宁区的泰荣苑，就有超过50%的住客为境外人士。

泰欣嘉园
中国房地产高尚住区成功开发典范
公司地址：上海市长宁区延安西路2067号仲盛金融中心21楼
电　　话：021-62785333
网　　址：www.tysan.com

泰昇集团在香港、上海及天津经营业务,聘用约1,000名雇员。

本集团在香港之主要业务包括:地基打桩、楼宇建筑、机电工程、机械租赁及贸易。

本集团在中国内地之主要业务包括:物业发展、物业投资、物业管理。

凭借管理层之企业家精神、高瞻远瞩之眼光,加上本集团人员之知识和专业技能,本集团已建立稳固根基,成为香港其中一家最大型兼具领导地位之地基工程公司,并拥有最先进之机械及设备。泰昇集团利用其在建筑业之专业技能,以“顿肯”之旗舰名称,进军内地物业市场。本集团之卓越表现,为我们在中国之物业发展、投资和管理业界赢得美誉,而本集团在上海和天津之高素质物业组合,更是获奖无数。

南部投资集团
上海辅亚置业发展有限公司
Shanghai Fuya Real Estate Development Co.,Ltd

上海辅亚置业发展有限公司

上海南部投资(集团)有限公司

上海南部投资集团,是一个集实业投资、投资管理、国内外贸易、房地产开发经营、酒店管理经营的大型综合性集团公司。

主营业务之一:国际、国内贸易,项目涉及石油、化工、钢铁等进出口业务,其特殊钢加工中心、模具钢产品配送中心等处于国内行业领先地位,年贸易额40亿元人民币。客户遍布俄罗斯、乌克兰、日本、韩国、瑞士、巴西、西班牙等地。

主营业务之二:房地产开发经营是近年集团战略的又一里程碑。上海、北京的两个主战场,近两年的开发规模100万平方米以上,产品类型涵盖高级公寓、综合楼盘(酒店、办公、住宅、商业)、城市森林别墅、都市花园洋房、新造镇模式规模性开发等。

南部投资集团凭借其巨大的经济实力和稳健的资本运作能力,广泛建立企业间的战略联盟,稳定国内外贸易客户渠道,开发市场需求的各类产品,全面接轨WTO,为社会经济发展而作出不懈努力。

公司性质

上海辅亚置业发展有限公司,其注册资本为人民币1000万元,企业类型属于有限责任公司(国内合资),其经营范围有房地产开发经营、物业管理、建材、装潢材料、金属材料、销售。

本公司凭借着雄厚精深的资金实力和专业开发能力,配合公司内部规范创新、务实发展的企业制度以及专业技术实力,在“商品住宅开发”主营业务中,以精确的市场定位、优异的人文设计、卓越的建筑技艺,为社会、业主、股东和员工创造了较为理想的价值,获得了社会广泛的认可和好评。

公司业绩

上海辅亚置业发展有限公司在成功的开发了**“海明苑”**、**“浦江风景苑”**、**“富春苑”**之后,在上海先后启动公寓项目**“南部阳光翠庭—阳光世纪城”**、莘凇路5号-A地块别墅项目—**“贵邻山水”**、镇宁路—由高级公寓、办公、酒店组成的综合项目—**“万宝花园”**等项目,在北京启动紧邻奥运村的高级公寓项目。近期还将开发上海外环沪芦高速附近的**城市森林别墅项目、上海青浦的造镇项目、北京玉泉山下的豪宅项目。**

企业精神

公司秉承**“以人为本服务社会,优质高效争创品牌”**的企业宗旨,荟萃精华,弘扬**“诚信、务实、开拓、创新”**的企业精神,倾力打造**“以人为本,生态智能”**的辅亚品牌。他们愿继承传统,开创新高,以专业的实力和真诚的态度与房地产同仁以及广大客户携手并进,同谋发展,共创辉煌。

2004上海十大投资潜力楼盘

南部阳光翠庭 阳光世纪城

中国房地产成功开发典范

黄金级地利,蕴涵无限投资潜力

阳光世纪城傲立于上海松江新城的核心区域,隶属于规划建设中的松江新城CBD高级商务中心内。东依西林路、西邻西其昌路,北靠新松江路,紧邻全国最大规模的高等教育园区——松江大学城。南面环抱正在建设中的300米宽、4100米长的新城中央绿化带,世外桃源近在咫尺。东、西两侧隔街相望将建成的超大规模国际娱乐、休闲广场;五星级宾馆、高级商务区相伴左右。在建中的轨道交通九号线和方松公路、沪杭高速公路等多条黄金线路交错纵横。在不久的将来,这里将是"徐家汇繁荣"的原版再现;她将成为松江现代化的商业金融贸易中心,一个集居住、休闲、娱乐为一体的现代化国际都市社区。优美的生态环境和现代化高尚居所相融合,蕴涵无限商机和巨大的投资潜力,是块不可多得的聚宝藏金之地。

追求永恒的经典品质

诚邀国际知名品牌林同炎李国豪土建工程咨询公司打造的阳光世纪城,总体为21万建筑平方米,其中住宅为18万平方米,商业为3万平方米。住宅由15栋14~24层小高层、高层组成,由南向北,三排均匀布置。后现代欧陆风格的建筑外立面设计及凯旋门建筑构架彰显大家风范;100%阳光房型、智能化社区配置、人车分流的交通组织、事宜尺度空间设计无不体现人性化的关爱;南侧11～15号楼高层公寓的弧形设计,可以180度的视角欣赏南向的CBD轴线公园,营造的是真正意义上的观景名宅。

北侧一排楼(近新松江路)一、二层与新松江路沿街商铺构成3万平方米的米兰风情商业步行街,与周边近50万平方米的高级商务、高级商业中心、大型娱乐中心、高星级酒店、超级影城等设施遥相呼应。

生态景观

阳光世纪城是松江新城CBD中央轴线公园周边六块地块中,坐北的中间一块,是新城300米宽中央轴线公园坐北朝南的首席观景台。阳光世纪城内部景观由英国汉维景观大师执笔,运用现代手法诠释欧洲园林的古韵气质,将内部景观与新城中央轴线公园有机相融。小区内部有一纵一横的两条景观轴线贯穿,配以大小形态各异的广场花园交错其中,使住户在每一个角度都能领略到丰富的视觉体验。小区入口拱门气势恢弘,整个景观富于节奏感和韵律感,暗合了交响乐的欧洲神韵。大气磅礴的"协和广场"尺度宜人、绿茵覆盖花团锦簇的威尼斯水廊、独具特色的"阿波罗左右岸"、韵律绵绵的斜坡绿草,无不体现了设计师的精妙笔触和匠心所在。

城因校而辉

阳光世纪城毗邻全国最大规模的高等教育园区——松江大学城。这座由多所大学组成的现代化大学城的崛起,给新世纪的上海带来全新的办学模式。依托古城松江绝佳的自然人文,给这片土地增添了一份更深厚的文化气韵,为"择学而居"的人们提供了浓厚的学习氛围和良好的居住环境。阳光世纪城的周边更有多所高品质的小学、中学辅佑,为孩子的终生教育打下了坚实的基础,起步便与国际接轨。让住户真正体味到顶尖学府与时尚居所相互交融的时代气息。

新都市主义 现代人的完美择居理念 NEW CITY DOCTRINE

起源于20世纪80年代英国规划专家霍华德提出在远离工业城市的地方建造一个全新社区的主张，即建造“花园城市”的构想，从经济、社会、环境和人性需求角度出发，尊重人性和自然规律，创造人类居住理想城市环境的居住主张。其在每个时期都留下过无数经典案例，如美国佛罗里达州的滨海市、加利福尼亚州的西拉吉纳市、马里兰州的肯特兰布等等。中国内地住宅小区由城市向郊区转移，作为倾向性的趋势，出现在20世纪90年代后期，自去年开始新都市主义新的实践，结合本土化的运作特性，演绎出一幕幕精彩纷呈的鲜活史剧。

阳光世纪城，以雄踞特大型国际经济中心城市城镇体系，在上海“一城九镇”的示范区域——松江新城内最具潜力的地块中，以开发商运作“世纪城”的远见卓识和胆略，为执著追求“新都市主义”完美生活开启一页新的篇章。

阳光世纪城

阳光世纪城

折射新都市主义的八大思考

折射新都市主义的八大思考

乡土居住迈向国际化居住

阳光世纪城以涵盖新都市主义的现实意义,在上海"一城九镇"的大架构运行的典范板块——松江新城中,率先完整推出,揭开了松江现代新都市文化转变的序幕。这一变化意味着中国社会结构由传统农业的乡土居住开始迈向了具有国际化居住模式的精神实质。

拓展楼市新的择居思考

阳光世纪城的鲜明入市,其典范意义在于由摆脱简单的"郊区住宅"概念到全新国际化城市的住宅模式,不仅能迅速吸引本地区域相当层面的极大关注,而且为城内一部分中产阶层,提供"城内工作、城外居住"的择居思考。

折射人文风韵与精神风骨

阳光世纪城以现代新城的生活内涵,将意大利生活审美意韵与松江新城的繁华商业交融一体,折射出的不仅仅是新都市的居住风范,更映照出新都市主义的精神风骨,其整体构造空间与时尚建筑群体传递的择居信息,在一定程度上将改变人们的居住意识。

抒写人与自然和谐共存

阳光世纪城导入英国汉维园林景观创意手笔,将气势恢弘的入门景观、韵律绵绵的斜坡绿草、五环相扣的潺潺水系等园林巨匠工艺,与小区正南300米宽、3.4公里长的中央轴线绿化带浑然而成的零距离绿意空间相揉,抒写出新都市主义倡导的人与自然和谐共存的浪漫情致。

吻合上海楼市居住潮流精神

阳光世纪城15栋14至24层的浑然建筑群落,不仅预示着松江高级公寓时代的来临,其矗然而起的是人性的震撼,是居住意识的提升。同时,那80至200平方米的多层次、多类型房型的构造,打破了中心城市居住形态单一的传统,体现了新都市主义"最大限度满足人性多样化"的关爱精神,而户型空间的全明设计,厅卧及室内功能的人性尺度,无不吻合上海楼市崭新居住尺度的潮流精神。

构造快捷通达的新交通理念

阳光世纪城凭借在建中的直驶徐家汇中心区域"轻轨效应",将城里城外的距离变得弹指一挥间,且沪青平高速、沪杭高速等大都市快捷动脉的相依相偎,使新都市主义倡导的"一站式"生活出行信条鞭辟入里,而整座小区的干支分流及通向快捷干线的合理布置,完全贴切于新都市主义"面向公共交通布局"和"有效的步行半径"的原则主张。

演绎楼市"择学而居"的思考碰撞

阳光世纪城傍依松江大学城南首的独特地理,提升了"教育与房产"的内涵联系,一大批寄望高等院府学林的求索之声,使这座沪上后花园的期市效应陡然提升。"校依城而立,城因校而辉",阳光世纪城将让未来楼市演绎"择学而居"的"孟母三迁"之故事变得更加意味深长。

引启楼市"截流价值"的前瞻意义

阳光世纪城的价格意义,在上海楼市"高价不胜寒"的歔欷声中,主唱中低价位路线的旋律,在"城内"、"城外",将织起一道上海楼市特有的"截流价值线"。而楼市断流的"百姓需求"线上,其"可持续发展"效应,在未来的楼市应验中,将显现出它的不朽作用。

售楼中心地址:上海市松江通源路1001号(西林路口)

021-57711111　57810099

上海城开(集团)有限公司

上海城开是由政府直接投资管理的，以房地产为主、集商业、贸易、工业、服务业等为一体的大型企业集团，其核心企业上海城开（集团）有限公司是经建设部核准的具有国家一级资质的房地产开发企业，旗下现有上海家得利超市有限公司、上海21便利有限公司、新上海国际商城发展有限公司等全资企业、控股企业及关联企业30余家，资产总额近52亿元。

上海城开经历了由计划经济向市场经济转轨和转型的发展阶段，企业在积极开拓发展过程中，写下了改革开放后上海房地产开发的多项纪录，累计土地开发总量约250万平方米，累计开发各类房屋及公共配套设施约250余万平方米，近期又开发了如康健星辰、宜仕怡家、欢天喜地、徐汇99、西雅图、福源汇居等沪上品牌楼盘，受到了上海市民的热情关爱。

作为一家综合性企业集团，上海城开积极拓展多元化产业发展的空间，并运用现代化管理技术对商业资源进行整合，以现有商业企业为基础，探索现代化商业新模式。其下属家得利超市有限公司已拥有10000平方米以上大卖场多家，1000平方米以上主力直营超市数百家；21便利自2002年初启动，如今已经遍及全市大街小巷，其发展速度之快达全市之冠；上海城开控股的新上海国际商城发展有限公司建设管理的上海襄阳服饰礼品市场，为人们追求流行时尚和休闲购物提供了一个理想的去处……

历年来上海城开本着“以人为本、诚信至善、融入市场、创造价值”的人文理念和经营理念，积极参与区域经济建设和发展，为城市面貌的改变、为提升上海市民的生活质量谱写了辉煌的篇章。

与此同时，上海城开更注重并致力于人文理念的把握与推行；把关注环境保护、热心公益事业，倾力回报社会当作企业行为的基准。上海城开真诚地希望与您合作，携手创造灿烂明天。

上海城开（集团）有限公司业务发展战略包括三个层面

第一层面核心主业：房地产开发。房地产开发业务是目前上海城开的能力和资源所在，在中国也有良好的发展前景，上海城开将在这一领域做精做强，提高竞争能力。

第二层面业务：以物业经营与管理为核心的房地产相关多元产业拓展。包括徐家汇地区自有物业、集团写字楼、新上海国际商城经营以及其他酒店、写字楼投资等。这一层面业务的建立主要是利用上海城开在徐汇区内优良的物业资源和未来充足的现金流入，力求在未来形成较为稳定的收入增长，成为第二主业。

第三层面的未来业务：有潜力的金融产业。可供考虑的业务包括财务公司、综合类券商和房地产投资信托。这一层面的业务由于政策和资金条件的限制，上海城开不可能在2005年前进入。公司在现阶段的工作主要是积累资金、储备人才、评估机会，以待时机成熟时和政策许可时进入。

上海城开（集团）有限公司的愿景为：成为有核心竞争力的房地产投资与开发产业集团。上海城开未来不仅要成为一个房地产开发业的强者，还要在房地产业相关综合服务领域、金融业等领域进行多元化的扩张，成为一个跨行业、跨区域的产业巨人。

通过三个层面业务的组合发展，确保未来上海城开的可持续发展

第一层面核心业务：房地产开发与商业

第二层面房地产业相关综合服务业：

·写字楼、公寓

·酒店、商铺

·俱乐部、会展、广告

·医疗、教育服务

第三层面有潜力的金融业务，可考虑的方向包括：

·房地产投资信托

·财务公司

·综合类券商，寿险公司

三层面业务发展大体可以分为三个阶段

第一阶段（1996年～2005年）：强化发展房地产核心竞争力阶段。上海城开的发展任务是：围绕着房地产业走专业化发展的道路，集中精力培养全面市场化环境下的企业核心竞争力。

第二阶段（2006年～2007年）：重点发展房地产业相关综合服务业阶段。上海城开的发展任务是：以现有物业资产和未来现金流入为依托，重点发展相关综合服务业。

第三阶段（2008年～2010年）：发展多元化金融业务阶段。这一阶段上海城开的发展任务是：在继续发展房地产开发业务、物业经营与管理业务的同时，大力发展房地产信托、财务公司、综合类券商等业务。

福源汇居

中国房地产高尚住区成功开发典范

地段优势:

福源汇居项目位于上海市天钥桥路、南丹路口,在徐家汇最后一块珍稀之地上,四幢大楼恢宏而立,相互围合,顶天立地的王者气象,赫然显耀,传达出天开地阔的博大意境。九个门洞更是汇聚了天南海北的经脉气息,恭迎城市王者的凯旋而归,象征着上海城开在徐家汇收官之作的非凡气概。

本项目基本资料:

总用地面积:21346 平方米
总建筑面积:93880 平方米
建筑密度: 22.95%
建筑容积率:3.5%
绿化面积: 44%
总停车位: 434 辆
地上停车: 15 辆
地下停车: 419 辆
总户数: 527 户

风格建筑,聚敛高贵的时代风尚

在充分体现欧式现代风格的基础上,他们又引入了后现代风格的精髓,使两者得以完美结合,赋予了建筑外观的新意,又大大强化了建筑的个性化表现。在重视建筑物与周围环境的和谐统一的同时,也传达出现代建筑简朴明快、色彩壮重、重视质量和功能的特性。福源汇居,深刻理解建筑艺术的要义,使建筑处处洋溢着精巧的构思,也将凝重内敛的高贵气度,雍容呈现。

◆ 立面设计采用现代与后现代的风格特色,造型简洁大气,线条明快流畅。

◆ 拥有层次丰富的韵律感,跌落起伏的变化,统一而鲜明,回味无穷。

◆ 流畅的线条感,疏密有致,特别对现条间隔的变化处理,使整体富于变化而不呆板。

◆ 以后现代风格为主的四层基座,壮重、大方而典雅。墙面以大面积的天然石材组成,再加以简洁的线脚处理,保留了古美的优雅,又体现了现代风格的韵味。

◆ 以简洁手法表现的建筑顶部, 穿插以后现代风格为主的建筑元素,成为建筑又一精彩细节。

自然清新的山水诗,繁华都心尽情吟唱

台湾建筑景观设计师以自然生态为本, 舍弃大量的硬质铺面,改以绿草如茵的大草坪坡地以及曲折自然的溪流叠水,在近万平方米中庭景观园林中,将郊外乡间幽静的田园景致,细细铺就。中庭轴心设有亲水景观广场,并设计四组金字塔形玻璃景观花房,四季花卉竞相开放;夜间更透过灯光及玻璃迷离璀璨折射,形成了最富有诗意的景观视点。喷泉池畔的景观凉亭,适合住户休息谈心;而亲子游戏区,就设有园内的林荫布道旁的平坦草坪上;休闲布道上的怀古路灯弥散着朦胧的灯光,契合着舒缓的背景音乐,让福源汇居超然于繁华之上,坐享幽静清雅的意境。

优越,是巅峰人生的礼遇

评判豪宅的体面指数,VIP 专属会所, 将是一个不可或缺的衡量依据,是身价的诠释,更是体面的象征。在感受着游泳池碧海晴天的同时,更在安享着纯净水质所赋予的健康保障;而涌动着青春活力的健身中心,洋溢着的生命激情,也在迸发着永远向前的精神;走出动感地带的节奏,融入咖啡吧的舒缓情调,伴着咖啡的香醇和朋友畅谈着事业的蓝图,生活的美好;或是来到美容沙龙,让自己的形象更具魅力,再汲取一些修身保健的秘诀。

福源汇居, 巅峰人士的生活礼遇

细节中领略超凡 服务中体验尊贵

在福源汇居,您的满意就是他们最大的幸福。即使一个小小的灯泡,一个及时的 MORNING CALL,只要是您的所需,他们都会为您代办到家;一切烦琐的商务事项,也都会按照您的意愿,关照的细致入微;就连您的生日,都会在家人的祝福下,亲自送上一份精致的小礼物。

◆家政服务:繁杂的家务在钟点工的细心打理下,显得井井有条;衣柜里新添的熨烫平整的衣服,还留有专程送来的亲切;早餐桌上的牛奶散溢着订制到家的温暖;窗前的玻璃折射出特别清洗的亮泽。

◆ 商务服务:一个电话,商务出行所需订购的一切车、船、飞机票都代办齐全;一个询问,快递、邮件都会做到使命必达;一个心愿,快乐的假日旅游手续也一同办理齐整。

◆ 礼仪服务:从摄影、摄像到婚事庆典,从细微的小事到人生最美的时刻,还有定期的名医会诊,都会遵照您的意愿,贴心办理。

将功能主义和视觉审美高度统一

在飞速变化的世界,自在自我

时间是空间的流程,空间是时间的容器,空间有大有小,时间有长有短。从建筑的功能使用空间到人性尺度空间直到心灵需求空间,人们的境界在不断的提升。在福源汇居,功能主义的要求和精致的审美观融为一体,独特的人文关怀,让每一种生活姿态都十分惬意。

售楼现场:上海市天钥桥路 318 号　　福源专线:021-64686678

宝钢地产
Baosteelland

上海宝钢地产有限公司

上海宝钢地产有限公司（简称宝钢地产）是上海宝钢集团公司的全资子公司，注册资本金为13.1亿元，注册地点在南京西路388号27楼，注册时间是2002年7月1日。公司以房地产开发为主导，依托主业进行适度置业投资。

宝钢地产已经成功运作了宝地新品居项目，该项目以其准确的定位、优良的产品品质在众星云集的天山板块中获得了好评并快速去化。2004年，宝钢地产运作的宝地绿洲城和宝地东花园项目颇受关注：宝地绿洲城项目以其绿化生态、舒适温馨的特点切入宝山区房产市场，引起消费者的共鸣。宝地东花园项目凭借其优良的地段位置、便捷的交通体系、花园式的景观规划、典雅华贵的建筑品位、完善的配套设置，必将引起了上海东区的广泛青睐，在宝钢地产的倾力打造下，该项目将会成为影响浦江两岸的东区名盘。在立足上海的同时，宝钢地产也迈出了走向全国的步伐，宝钢地产正在筹备开发重庆渝中区的项目。

宝钢地产在经营活动中以**“瞄准世界水平，创造一流作品”**为目标，坚持市场化运作，以**“系统运作、机制保证、科学规范、集体决策”**为经营方针，逐步树立自身在产品开发理念、规划设计、环境营造、工程施工、配套设置、销售服务、物业管理等方面的综合优势，形成自己特有的核心竞争力。公司目前以“安全、成本、质量”为切入点，强化管理，向社会提供优质的产品，并树立“宝地”品牌。

宝钢地产通过一体化管理，保证公司资源的最优利用；通过规范外包管理，提高公司对外部资源的整合能力；通过系统化的运作，保障公司的运作安全。经过一年多的实践，宝钢地产正在逐步形成有自身特色的管理模式，并在业务发展的过程中不断加以优化和完善。

宝钢地产立足于社会，广纳人才，组建了一支优秀的管理队伍和专业队伍，力争在3～5年内成为中国房地产行业中有竞争力的企业之一。

企业的核心价值观：

他们存在的目的在于提供顾客适于居住和生活的空间，他们所做的是改善人类居住和生活质量的事业。他们行动的成功都必须以这个目标的成就来衡量。

瞄准世界水平：

世界级的眼光，为客户提供时尚经典的产品，追求卓越，愿为先驱；

国际化的服务，引领社区安居生活，光荣地服务于社会；

专业化的手笔，考虑每一处细枝末节，追求完美；

规范化的操作，让投资者、客户和员工都放心满意。

创造一流作品：

品质就是价值，为客户提供增值空间；

品位引导生活，为客户提供物超所值的服务；

员工是财富：为优秀的人才创造一流的创业环境；尊重每一个员工，倡导朴实、真诚的人际关系；

学习和创新：立足于长远，倡导全员学习、终身学习，通过制度创新、思路创新、管理创新、产品创新和服务创新，保持可持续增长。

一流的效率：锐意进取的精神，完善的计划，系统化的运作，灵活的市场反应力，出一流的效率；

稳健的运营：机制的保证，科学规范的操作，求出众业绩、稳健经营。

企业的宗旨：

构建国际化生活

宝地绿洲城

中国房地产投资性物业成功开发典范

宝地绿洲城项目由上海宝钢地产有限公司下属上海宝地宝山房地产开发有限公司开发建设。该项目位于宝山区西城区与东城区交界处，东靠克山路、南傍湄浦河、西临克东路、北近富锦路，可远瞻西城区未来发展之前景，近享牡丹江路繁华商圈成熟生活配套之设施。该项目周边交通发达，有近12条公交线路，距离轻轨明珠线延伸段（在建）铁力路站仅有十分钟路程，出行便利。

宝地绿洲城项目力邀国内外颇具实力的设计单位精心规划，设计顾问是加拿大C.P.C设计事务所，建筑与施工图设计由中国船舶工业第九设计研究院担纲、同济大学建筑设计研究院负责景观设计。该项目占地面积103009平方米，总建筑面积约12.8万平方米，容积率:1.19，建筑密度:18.7%，总住户:1139户，停车位:368个，绿化率:42.7%，整个项目由9幢小高层、18幢多层及会所组成，总体设计以打造大型生态人居精品为理念，以低建筑覆盖率、高绿化率为指导原则。外立面采用欧洲建筑艺术与现代建筑相结合的建筑风格，简约大气。小区景观由中心绿地、滨水绿地、组团绿地、宅前绿地等组成，小区中心近5万平方米的流水绿地设计与中央水景交相辉映，缔造出自然的和谐生活空间，尤其是与湄河之间紧拥30米宽的“绿龙”，再现自然原生水趣，鸟鸣树影，芳草绿地，怡情自然。小区智能化、物业管理尽显科技领先，能提供高质量、全方位、多角度、规范化服务。户型设计紧凑科学、合理布局，全明格局，室内装修选用国际、国内知名建材，温馨清雅的装饰风格，尽显大家风范。

宝地绿洲城项目已于2003年7月开工，整个项目分三期建设，一、二、三期现已完成主体结构的施工，分别于2005年7月、2006年4月、7月交房。宝地绿洲城一、二、三期项目的预售工作分别在2004年5月、8月、12月展开，每期房源一经投放市场即被抢购一空。

宝地·绿洲城技术指标

用地面积:103009平方米

总建筑面积:约128000平方米

容积率:1.19

建筑密度:18.7%

总住户:1139户

停车位:368个

绿化率:42.7%

新宝山⊙新城区⊙新生态人居

以生态住宅精神，期待一座即将盛放的生态建筑

宝钢地产精心描绘了一幅新宝山的生活蓝图，义不容辞地肩负起实现无数宝钢人美好生活愿景的重责

一座绿色生态城的大门已经向您敞开，让家沉浸在都市生活与自然意趣的呵护中

2004年，宝钢地产瞄准宝山新城区的规划契机，勾画12万平方米大型生活社区蓝图，力邀加拿大C.P.C设计事务所担纲规划设计

实力打造新宝山大型全生态人居精品巨作——宝地绿洲城，一个集生态、感官、美学的生活绿洲由此诞生

这一次⊙我们对它全息解码

与宝山有约，似乎已成为越来越多人的一种心态和意识。由此，它才得以成为一种话题，一个焦点

而在宝山，一个更有潜力、更有活力、更有魅力的新城区已经悄然崛起

作为新城区的领军项目——宝地绿洲城

地处西城区与东城区交界处，远瞻西城区未来发展之前景，近享牡丹江路繁华商圈之成熟配套

不但占据了这片宝地最佳位置，更是未来的宝山新建的交通枢纽中心

我们可以预见：宝山新城区已走进上海的新视野，宝地绿洲城将成为宝山的新坐标

从寻找国际建筑景观设计师开始

宝钢地产，从珍惜这块宝山新城区最具优势的基地做起，带着精耕一幅人类全生态住宅的理想

历经几年悉心筹划，无数设计方案，把品质铸入细节，将生态建筑的住宅精神一举倾注到宝地绿洲城，用未来触摸生活的精彩

这座宝山新城区耀眼生活的代名词，是全上海与众不同的生态建筑瑰宝。

离轻松生活好近

多种全功能精装户型，礼遇生活无忧

远离了繁华的街市，张扬便失去了力量，在呢喃的世界中，设计的感人之处在于

把冰冷的线条变得温暖、细致，使各个分离的空间可以瞬间连线，让潜在的生机无处不在

宝地绿洲城的多种房型设计，均以面积紧凑、合理布局、全明格局、居住机能为标准

让生活的风景，与你如影随形。在这里，要做的只是以鉴赏家的眼光，去把家一点点填满

温馨清雅的修饰，尽显大家风范，演绎一生一世的情怀。在无忧的小天地里，做什么都是快乐的

全新宝山⊙全新生活绿洲⊙一切近在掌握

宝山新城区，12万平方米大型绿色生态社区，万众聚焦

宝地绿洲城位于西城区，东靠克山路、南傍湄浦河、西为克东路、北靠富锦路，占地面积10万多平方米，总建筑面积12万平方米，整个小区由9幢小高层、18幢多层组成。立面造型采用欧洲建筑艺术与现代建筑相结合的建筑风格，简约大气。

离繁华商业好近

举步之间　尊享生活特权

1条牡丹江路，近5000平方米社区集中商业，成熟生活得心应手

位居西城区东段之首，距东城牡丹江路繁华商街咫尺之遥，社区专属商业中心提升整个社区的服务配套水准

让您全面执掌衣、食、住、行、乐之繁华万象，约上三五知己亲朋，斗智斗技于休闲场所，释放身与心的无穷活力，或是踱入宁静典雅的咖啡屋，

习惯地品茗清茶的幽香、卡布奇诺的浓烈与自己的思想做面对面的交流，伴随着午后的惬意阳光、闲情漫步在湄浦河畔

售楼热线：021-66795699　66795199

离生态健康好近

心境与环境的对白

建筑最可贵的就是突破混凝土墙，争取和外界共鸣的空间

人心的本能，就是在这无拘无束的自然中寻求安全与依赖

9幢小高层、18幢多层的低建筑覆盖率，40%以上的绿化率，近5万平方米的流水绿地设计与中央水景的交相辉映

享受自然的和谐生活空间，使您畅然置身其中

鸟鸣树影就是回家的方向，就像自然生长在绿树花丛，芳草绿地之间，闲庭信步，怡情自然。这里只允许绿色与绿色互相拥挤

让一小部分建筑在美丽的土地上自然生长，以最大私有化的景观，再现自然原生水趣，放大生活美学

离宝钢工作好近

生活的真谛，叫做幸福

近距离穿梭于工作和生活、事业和家庭之间，一觉睡到大天亮『笃悠悠』上班，下班『从从容容』回家与家人同进晚餐

新城生活就是如此，多一点时间休息，多一点时间与家人在一起，这叫做幸福

人生最大的幸福莫过于此：当我们终于有能力照顾父母的时候。我们还有时间

：我们还有机会……

离轨道交通好近

快捷交通，时刻与时代脉搏相通

3层现代立体交通枢纽网络，四通八达

环伺左右的路上公交

江月线、杨月线、彭宝线、松罗线、711、719、952、116、53、101、849、952B、848、旅游5号线——深入市中心腹地

脉动全市的地下轨道

地铁一号线延伸段——连通市中心腹地

指日可待的空中快道

轻轨明珠线终点站——缩短市中心距离

周边交通分布：

从基地出发至以下地区时间约为（车程）：至牡丹江路商圈5分钟，至吴淞路码头10分钟，至宝杨路码头5分钟，至共和新路高架8分钟，至内环线15分钟，至市中心人民广场30分钟

中国房地产水景园林社区成功开发典范

宝地东花园

宝地东花园项目由上海宝钢地产有限公司下属的上海宝地杨浦房地产开发有限公司开发建设。该项目北临上海市“三纵三横”主干道周家嘴路，南靠昆明路，东贴辽阳路，西侧是拓宽后的主干道大连路，西南侧300米是规划中的M4线站点，北侧600米是规划中的M8线站点；刚刚通车的大连路隧道又拉近了该社区与陆家嘴国际金融贸易区的距离，公交捷运系统四通八达，可以到达城市的任何地方。

宝地东花园项目设计阵容庞大，实力卓越。规划设计由邓振威建筑设计事务所担纲，上海建筑设计研究院有限公司配合，景观环境设计单位是澳大利亚贝尔高林公司。整个项目用地面积60274平方米，总建筑面积：约195440平方米，容积率：2.5，建筑密度：16.6%，总住户：1380户，停车位：597个，绿化率：50.3%，整个小区由11幢高层住宅组成，总体设计突出景观、规划、房型、智能四大主题，以低密度高档次为指导原则，彰显现代派的魅力，又借鉴古典欧陆建筑风格，以大型主题景观为中轴，力求空间宽阔、视觉通透、层次丰富、环境幽雅的美学效果。优美的建筑群体轮廓围合下的延绵220米的组团绿化贯通南北，占地约11000平方米的集中绿化和散落于组团绿化间的小品，为每一住户带来绝佳的景观视野享受。中轴绿化以形态、大小、开合等的不同组合形成了不断变化的绿化空间序列，并通过向东西南北全方位的渗透，创造出了最大的景深和曲径通幽的效果，形成序列化、实用化和均好性的鲜明特点。景观设计以“绿色、自然、生态”为主题，景观的设计语汇采用富有现代感的海洋元素：小区中央的水景宛如“宁静的海洋”；中间的环型喷泉和遮阴廊桥好似“海市蜃楼”，展现出变幻莫测图案；沿着“海岸线”有8个船头、码头、沙滩的多功能平台，配以张力膜构成的风帆，地面铺装各种海事信号旗的图案；跑步道隐于微微起伏的土丘中，犹如植物在海洋中蔓延；西部绿地中的金字塔玻璃屋顶，宛如夜空中明亮的灯塔，迎接水手顺利回到温暖舒适的家。整个景观在展示豁达广袤的大气景象的同时，也描绘了“家是生活中最温暖的归宿”的理念，着力营造温馨祥和的家居气氛。

宝地东花园项目分三期建设，从2003年12月开工建设。

宝地·东花园技术指标

用地面积：60274平方米

总建筑面积：约195440平方米

容积率：2.5

建筑密度：16.6%

总住户：1380户

停车位：597个

绿色

自然

生态

宝地东外滩花园——“ArTech 住宅”全面提升生活质量：

- 地处新杨浦东外滩中心区域，坐享一应俱全成熟生活配套，体验杨浦教育园区高品位书香氛围
- 南侧大连路隧道轻松直达陆家嘴金融中心，西南侧 300 米即规划中 M4 线站点，北侧 600 米为规划中 M8 线站点，捷运系统出行无忧
- 围合式住宅布局，大型主题景观中轴，视觉通透、层次丰富，建筑立面融汇古典欧陆和现代风格，处处体现人与自然之和谐、艺术与实用之统一
- 纯板式高层建筑，经典二房三房，房型南北通透、功能齐备、布局合理

都市置业 都市置业（中国）Urban Holdings(China)

弘扬建筑文化 构筑企业品牌

上海都市房地产发展有限公司

上海都市房地产发展有限公司，为外商独资、以房地产发展为主业的企业。同时又是都市置业集团在国内事业扎根的基础公司，都市置业的母公司为国际知名公司，开发案有：台北国际金融中心、星丁凯撒大酒店、中联信托大楼等，和位于上海人民广场地段的都市总部大楼。具有土地开发，成片大规模商品房、办公楼兴建、销售的资质和实力。自进入中国以来，公司以加强国际间经济合作、参与上海现代化城市建设为宗旨，凭借一批有几十年房地产建造、销售丰富经验的专业人才，秉承中外建筑文化精髓，融合世界科学与中华哲理，博采众长，把文化与科学、永续服务精神贯穿于规划、建造、管理全过程，建造房地产行业的精品，续写人类可持续发展的建筑文明史。主要建设项目有：位于浦东金桥国际社区占地41万平方米的云间绿大地别墅。

在都市置业集团总裁林汉克博士的带领下，近期又拓展到浙江、湖北、江西等省，加入当地的房地产业发展，打造房地产事业的一片崭新天地。

云间绿大地别墅 The Greenhills

都市钻石精品

国际别墅社区

适宜居住 舒适安全 健康生活 人文情感

值得珍藏的健康别墅

中国房地产经典别墅成功开发典范

〖小区概况〗

- 云间绿大地别墅社区，位于上海市浦东新区云间路418弄。
- 总占地41万平方米，将分三期建设。
- 第一期用地约14万平方米，217户。为独栋、联栋、重叠三种房型，已于2002年4月交付使用。
- 第二期用地约14万平方米，151户，全部为独栋别墅，2005年7月开始交屋。

〖生态环境〗

城区健康生态大环境

云间绿大地别墅，位于浦东陆家嘴金融贸易区、金桥出口加工区、张江高科技园区之间的中心城区地段，西近140公顷的世纪公园、北靠金桥、碧云别墅社区，南临城市景观河道张家浜，和140公顷汤臣高尔夫球场以及城市锲形绿化带，这里，是上海市区空气质量最好的地段，具备了天然的健康生态大环境，面对这幅珍稀精贵的瑰宝之地，凭借着一股非要做到最好不可的决心，和坚持不辜负这旷世珍地的执著努力，于是，才有了今天这样与之配备的健康别墅。

〖生活环境〗

全面国际化的生活环境

浦东高级别墅区气韵天成，世界目光汇集于此，社区周围洋溢浓郁的异国情调和尊贵气质，碧云别墅、汤臣高尔夫别墅、东郊别墅等大批高级低密度别墅环绕。家乐福、欧培德，购物轻松方便，平和双语学校、协和国际学校、英国德威国际学校、德威幼儿园、云间儿童双语之家，中欧国际工商学院等世界级教育环境，让您的孩子从儿童到高中，全部在国际语言环境中成长，提前与世界接轨。妇幼医院、华山医院、瑞东医院等高等级医疗机构，健康有力保障。奥林匹克体育中心、高尔夫球场，高尔夫练习场、橄榄球场，云间国际俱乐部，SPA 水疗养生馆，让您的生活轻松惬意，生命永远充满活力。耶稣教堂、天主教堂，尊重国际友人的宗教信仰，如同回到自己的故乡，享受人间的温馨亲情。一切国际水准的购物、休闲、医疗、教育、生活设施先进高雅，而这一切，都在几百米到一公里范围内，成为上海难得全面国际化的生活环境。

〖一期规划特色〗

健康养生生态别墅

● 由国家级著名建筑专家蔡镇钰博士规划设计，著名园林专家程绪珂设计绿化景观。规划采用廊底路回旋布局，利用河道、坡地、大面积绿化，高大乔木、药疗植物，营造生态养生环境小区，规划以 **"适宜居住，舒适安全，健康生活，人文情感"** 为主旨，建成一个 "低密度建筑，高绿化空间，方便的交通动线，安全的保卫服务，多功能的生活休闲会所" 生活小区。

● 规划布局以景观河道张家浜为小区前景，引水筑河贯穿小区，以主干道为中心，左右扩展次干道，廊底路回旋布局建筑。

● 南部安排豪华别墅、独栋别墅、中部以湖泊为景观焦点，北部以联栋、重叠别墅形成屏障，南低北高，利于气流、光线应用。

● 建筑形态有：英式、法式、西班牙式和中国江南风格式别墅。

● 建筑容积率：0.23，绿化率 62%。

〖一期别墅特色〗

设计大师蔡镇钰博士牢牢把握欧陆建筑的真谛，

把建筑、人、自然和谐地结合融会，表达了居住思想的至上境界。

〖绿化特色〗

养生健康绿色社区

● 种植计划一是以地形为特色，如围墙外 20 米绿化带，透过围墙内又植高大乔木绿化，私密、防尘、隔音。

● 在社区入口处，则以银杏、翠竹、松柏为主，形成四季色彩缤纷、树种丰富的效果。

● 而中心大道又种植高大榉树，形成夏天浓阴、冬日暖阳的景象。

● 居所周围特别设置种植大片翠竹区、杜鹃区、枇杷区、山茶区、玉兰区、苍松区。高、中、低分区绿化。

● 二是以中国风水，阴阳五行方位的学说，栽植有益健康的植物，建成养生健康绿色社区。

〖二期别墅概况〗

- 二、三期总用地面积约 27 万平方米
- 云间绿大地二期别墅，0.21 超低容积率，建筑覆盖率：14.04%
- 水体用地面积约占 2.70%
- 绿化率：61.00%，集中绿化率：15.00%
- 全部规划为英式、法式、西班牙式独栋别墅
- 151 户，面积从 323m² 到 500m²。
- 囊底路回旋布局，私密安全，河道、旱河、坡景，组成欧陆城堡美景。

〖囊底路回旋布局〗

二期别墅平面空间布局，延续一期囊底路回旋建造别墅的方案，优点一是：打破了空间布局兵营排列式的单调，丰富了小区内建筑参差感，加强了景观层次，起到移步印景的效果。优点二是：安全私密，囊底路即是路旁几家住户的专用道路，其他人一般不会进入，避免了共用道路的喧嚣。

〖坡景奇观〗

二期别墅地形剖面设置，采用了堆土造景，形成高低落差的坡景特色，家家别墅前平（实际上堆土 2.5 米高），后低（实际上与地面齐平），塑造了平原城市难见的坡景奇观。

优点一是：避免了底层潮湿，加强采光效果。

优点二是：将设备房全部隐藏在底层天井内，美化了小区空间。而这一切都是发展商花巨资买土方堆土造景得来的回报。

〖旱河美景〗

二期别墅栋距上是合理的利用，既要体现别墅的宽敞特点，又不能过度地索取土地资源，栋距一般在 22 米到 30 米。栋与栋之间，采用道路、河道、旱河等手法处理，其中旱河颇具创意特色，绿化树丛间低处用大大小小的河卵石叠成弯弯曲曲的小溪，下雨积水成浅水河道，种植睡莲、荷花、大花萱草、鸢尾花等植物，景色自然秀丽宜人。

〖丰富多彩的外观造型〗

二期别墅外观造型，采用了法、英、西班牙式别墅的精髓强化实用美观的造型语言，摒弃繁杂的装饰，展现别墅绰约风姿，全面注解城市别墅的真正价值。

〖真材石料、价值倍增〗

别墅的建材选择，坚持坚固、高贵、自然的理念，屋面、外墙、地面特别采用防水、防潮、保温节能材料，屋顶加盖高级陶土瓦，墙体外表选用天然石材、优质面砖、仿石材砂粒涂料，采用高级静电喷涂木铝复合中空玻璃窗，进户门为高级实木铜门，外墙装饰木构架、栏杆，采用防腐实木构造，体现别墅高贵华丽质感，锻铁艺术花饰栏杆，GRC 线板，瑞士 PB、PE 水管，紫铜落水管。

〖成功在于注重细节〗

别墅设计中特别吸纳用户的意见，尽量不让住户进户后再更改结构，想用户所想；超大面积观景露台，赏月、观景，感染静谧空间的无限遐思。底层室外多功能休息走廊沐浴暖阳，呈现的是泱泱大宅的返璞归真。室外独立车库。别墅屋顶呈 45 度坡度前后天窗。

〖宽敞气派大客厅〗

挑高 6.8 米的宽大客厅，宽敞气派，大面积采光玻璃窗门，使室内充满长长的阳光影子，一家人喜气洋洋，享受人间天伦之乐。

〖主卧、主卫、主人家〗

尊贵主卧室方正温馨，主卧室卫生间特设桑拿、冲淋、空间，别具特色的降板式观景浴缸，抬步 15 厘米即可入浴。独立更衣间，满足主人的展示、收纳空间的需要。

〖百年基业，建筑基准〗

云间钻石别墅，百年基业，真材实料，每一栋别墅的基础，打下长 21 米的基桩 50 多根，防震抗灾，为豪宅树立安全新标杆，建筑新基准。

〖林在别墅中，居在绿海中〗

二期别墅绿化特色

云间钻石别墅环境绿化规划的独特之处，就是坚持走“天人合一，和谐相处”的可持续发展道路，以七种乔木为基调，形成七个绿化组团；即椿树区、银杏区、栾树区、无患子合欢区、枫香区、木兰区、榉树区，乔、灌、草、花结合，四季色叶植物合理配置，塑造大树大景、四季开花，五彩缤纷的宜人佳境，注重端景、公共绿地，生态河岸、水景、石景、旱河等景观塑造，呈现“别墅在林中，林在别墅中，居在绿海中”的佳景，宛如欧洲印象派画家田园风光作品的绚丽色彩。

同时又享受与大自然相亲相宜的生态健康环境，人居其间，充分吐故纳新，调节身体阴阳平衡，有效地按大自然隐藏的规律达到人与自然，和谐相处，最大限度地享受视觉美感和身体健康，达到居住者心情舒畅、益寿延年的目的。

〖别墅庭院绿化〗

精装修一楼前庭院，营造迎宾送客的豪华排场，彰显大户气派，后庭院大草坪私家花园宽敞幽静，大空间

塑造洗练心境。

《俱乐部是生活的必须》

对于国际村形式的住户来说，俱乐部的作用就是生活的必须，健康活水的亲浸飨宴，不受干扰的健身养性纯氧环境，岂是一般的身心放松课程，感觉的不只有健康的收获，思绪的敏捷，更还有一种生活的态度、习性。

《SPA 水疗养生馆》

云间绿大地会员制国际休闲俱乐部，为住户提供一个温馨家庭休闲、联谊的高尚环境，特别设置 SPA 水疗养生馆，集休闲药疗、美容养生、解压健身于一体，以视听装置艺术与自然景观结合产生的情境和冥想，达到自然与身、心、灵合一的整体服务享受。

《俱乐部——家庭每个成员的中心》

在这里，家庭每个成员都会得到各自的满足，温水游泳池、韵律操室、网球场、篮球场、健身中心，是主人每天的必修课堂，美容中心是太太经常光顾的场所，中西餐厅、咖啡吧，多功能联谊厅，成为家庭客厅、餐厅的延伸，儿童双语之家，从小在英语环境里成长，户外游戏池，智能游乐天地，让孩子在游玩中德智体全面发展，医务室、便利店等服务设施齐全周到。

俱乐部成为家庭每个成员的活动中心，真正享受国际生活境界。

《物管、安保、智能化》

人性化服务的物业管理

突破一般别墅物管各行其是的困扰，让住户独享个性服务的尊荣礼遇。坚持扎实纯正的[钻石别墅]服务精神，从理念、规范、制度，着装等软硬件方面与[钻石别墅]精致生活同步，一切体现住户尊贵主人的服务理念，创造云间别墅传奇，展现服务真情演绎！

◇社区内设多重安全保卫系统，高科技智能安全防范设施与严格军事化管理的卫队相结合，确保尊贵住户一切安枕无忧。

护城墙设计

◇全区封闭式围墙环绕，高三米的围墙上加装周界红外报警摄像系统，形成外绿地、围墙、树篱、多层次围绕设计，层层护卫主人的私密生活。

真正全方位置警卫安全

◇全天候社区警卫值勤，社区出入口，管理中心，固定岗位，流动巡逻，电子巡更，真正全方位置警卫安全。

行车安全设计

◇社区划归专属的行车路线，住户驾车大门辨识，严防误闯。

彩色可视对讲访客系统

住户室内安全

◇彩色影视对讲，经住户确认后方可进入，住户室内报警系统

网络时代生活无虞

◇三表远程抄表系统　◇宽带网络　◇有线、卫视。

〖云间绿大地别墅一期项目获奖奖项〗

2000 年建设部“首届全国新世纪人居经典住宅小区方案竞赛人居经典综合大奖”

上海市房屋土地资源管理局“上海市 2003 年度‘四高’优秀小区奖”

上海市房屋土地资源管理局、上海市绿化管理局“上海市新建住宅绿化建设导则示范小区”

一栋会呼吸的健康别墅

健康是人生的最大财富，
环境是健康生活的前提，
一栋会呼吸的健康别墅，
是现代至尊生活的上佳选择。
云间绿大地别墅，
坚持体现以人为本的设计理念，
特设室内中央机械新风换气设备系统。
有效调节室内空气纯度，
室内湿度、二氧化碳、悬浮粉尘浓度等指标，
均符合现代居住舒适范围，
有效防止细菌传播，保持居室环境卫生，
有利身体健康，
满足现代名流居住法则，值得一生珍藏。

上海颛盛房地产有限公司

上海颛盛房地产有限公司于2001年1月份由21个自然人投资注册资本金800万元改制而成，并在2001年5月获得沪房地资（闵行）190号暂定资质证书批准从事房地产开发经营业务。2002年3月在原投资额基础上增加资本金400万元，注册资金增至1200万元，叶月明任董事长兼总经理，公司员工51人，其中有各类高、中、初级技术人员28人。2004年12月公司获得沪房地资开第00708号三级资质证书。

现在，为储备房地产开发，公司已购置土地5幅，计372亩，目前已成功开发了卫春三街坊、日月华庭（一、二期），销售面积达10万多平方米，曾荣获2003年度上海市建设工程优质结构奖、2003年度上海市“浦江杯”奖（市优质工程）、2003年度上海市建设工程“白玉兰奖”（市优质工程）。而正在开发销售的楼盘日月华庭（三期小高层）建筑面积为17879.3平方米，圣特丽墅（都市阳光花园）占地面积13.88公顷，建筑面积达69031平方米，绿化率为60%。与此同时，2004年年底，邱泾路街坊正式动工，该楼盘占地面积75056平方米，住宅面积106077平方米，总建筑面积135130平方米，绿化率为40%，日月华庭四期在2005年年初动工。

时至今日，颛盛房产在颛桥这块土地上有这样的成绩，与其前身颛桥房产有着密不可分的关系，而颛桥房产在开发建设颛桥镇中屡建功勋。据市统计局的统计评价，颛桥房产公司1996年度荣膺上海市商品房销售百强第28名；1998年度销售面积百强第4名，销售额百强第21名；1999年度销售面积百强第6名，销售额百强第28名；2000年度商品房销售面积更是达到127195平方米，获得上海市百强第7名，排名闵行区首位。其开发建设项目多次获得上海市建设工程“白玉兰”奖和“浦江杯”奖等各种奖项。正因如此，颛盛房产才会在短短的几年中获得行业和社会的认可和称颂。

而最值得宣扬的，就是圣特丽墅（都市阳光花园）的开发建设了。这个项目早在2003年底已有30幢别墅建筑面积为1.2万平方米的区域被评为区优质结构。这些本着西班牙别墅建筑风格的别墅小区，坚持高品位、高起点、高质量的设计和建造原则，不仅引领着颛桥镇的潮流，而且，为高档别墅区在上海的发展奠定了最强有力的基础。

展望未来，颛盛房产在公司领头人叶月明先生的带领下，在社会主义政策的扶持下，在市场经济的推动下，运用集体的智慧和力量，不断开拓创新，努力实现经济和精神文明的双丰收。

都市阳光花园
CITY VILLA
地中海印象别墅·圣特丽墅

中国房地产经典别墅成功开发典范

自然 艺术 亲和

圣特丽墅(都市阳光花园)位于上海市闵行区,北侧为丰顺路,南侧为贵都路,西侧与横沥泾相邻,东侧为都市路,总用地面积13.88公顷。

别墅区整体风格突出都市田园风情,以自然环境、人文环境为主线,通过建筑单体设计、环境布局以及细部的规划体现人与环境的和谐统一,切合现代人回归自然的居住需求。别墅单体的风格承袭西班牙别墅轻盈、绚丽,线条简洁、利落的风格,力求追寻上海海派文化的脉络,以体现其浓厚的人文气质和文化氛围。西班牙别墅融阿拉伯风格与欧洲古典主义风格于一体,以完美而协调的手法呈现出一种浪漫和典雅的气质。屋顶基本采用低坡形式,多为红色瓦筒;外墙为黄色涂料,并采用水泥拉毛处理,屋檐一般是小拱券装饰,拱形柱廊、门廊则给建筑的外部增添立体感和个性化。

别墅区中央绿带以水为造景首要元素,以自然风光和田园风情为基调,整条绿带从北至南、从西至东蜿蜒曲折,水面有开有合、有动有静,水景有小有大,有溪流有小湖泊,变化万千,聚大自然之精华于方寸之间。沿中央绿带两侧的别墅地块均向中央绿带倾斜。部分道路可以根据地形略微下沉,形成高低起伏的势态。

整个别墅区共175户,九种房型,单体面积为430平方米~620平方米(带半地下室),呈现东西稍窄,南北稍长的方正形状。东西20米~25米,南北25米~30米,南向内院为150平方米~200平方米。近50%户面向各种景点,实现家家有景、户户有绿的居住意境。

别墅区整体设计坚持“以人为本”的设计思想,遵循“自然、艺术、亲和”的设计原则,综合运用各种手法,经济合理地运用土地和空间,把别墅区建设成为一个布局合理、生活舒适、交通安全、环境优美、适应21世纪生态化、园林化、智能化的要求,并具有独特文化艺术内涵、高品质的现代居住社区。

圣特丽墅(都市阳光花园)区位

圣特丽墅位于上海闵行区,北侧为丰顺路,南侧为贵都路,西侧与横沥泾相邻,东侧为都市路。总用地面积13.88公顷。

闵行区作为近年来上海中心城区人口疏散主要方向,从80年代至今已经建设成为一定规模的居住区。住宅形式从多层、高层、小高层单元式住宅,到联立式别墅、联排式别墅,其住宅形式和档次不断提高,居住环境也日益受到人们的重视。

作为新兴的居住区,良好的区位条件是该地区住宅建设不断发展的首要条件。经多年建设,圣特丽墅区位环境不断完善。莘庄立交是上海中心城区外环线上的一个重要的交通节点，是沪杭高速公路入城口，是上海的西南门户。这使该地区独具交通便捷的优势。此外，地铁一号线、轻轨莘闵线，作为大容量轨道交通在方便居民出行方面具备相当的优势。无论是以公共交通还是小汽车为主要出行方式，单元式住宅或者花园式住宅（别墅）的开发建设均具有广阔前景。

近年来，圣特丽墅所在的都市路，已建设成为闵行区重要的景观大道。作为新城建设的重要组成部分，圣特丽墅周边公共设施及环境建设已经跃上一个新的台阶，使这里的居民大大受益。

圣特丽墅（都市阳光花园）环境

圣特丽墅景观环境设计的设计原则是贯彻“以人为本”、“尊重自然”、“主题突出”，建设生态型、人本型，适于现代人生活的，又具有鲜明个性的人性化居住空间环境。力求塑造具有文化性、主题性、参与性的别墅空间形象。

圣特丽墅都市阳光花园塑造出“一轴三带”的景观系统。以水体为主要造景要素，结合别墅区的整体竖向设计，形成住区内各别墅单元向中心辐射的景观格局，同时该线性景观带也是圣特丽墅的主要景观塑造处。以人工河道、湖泊串联，结合绿化带，形成自然清幽的黄金水岸风景线，赋予空间以自然生动之灵性，辐射状的步行绿化网络渗入每幢别墅组团之中，使每家每户真正开门见绿，把建筑融入自然之中。

绿化布局

圣特丽墅在园林绿化方面突出绿化造景功能，乔灌结合，通过不同的组合方式，形成不同的造景式绿化区域。水杉、冬青、香樟、银杏、合欢、垂柳、桂花、红枫、白玉兰、海棠……充分发挥植物绿化和水景设计对改善环境质量和小区小气候的生态作用，有效降低了污染、隔绝噪声、防止热辐射，满足了居民观景、休闲、健身的生理和心理需要。

交通组织

根据别墅区总体立意，即以环境为主，先定环境基调，在布置别墅建筑的总体设想，中央绿地贯穿整个基地，形成中央水景区。因此，别墅区主要机动车道，在其外围绕走形成大小二个环，即基地南部从东至西贯穿形成横向大环；基地靠横泾港一侧北部形成纵向小环。主要机动车出入口位于基地中部，贵都路一侧。丰顺路、都市路各一处入口。

主要步行系统则与中央绿带、滨河绿带以及都市路景观带相结合，并穿插其间。主要步行入口设在都市路一侧，并设有入口广场与商业设施相结合。

配套设施

智能科技

圣特丽墅迎合e时代国际化住宅的先进、安全与舒适之要求配置通讯、电视系统，并采用宽带网络智能系统，高

速畅游internet，并且配有每户电话终端5个，让居民产生时代先锋之生活体验。通过智能化管理平台，充分感受高科技以人为本。

安保系统

小区拥有安全的智能化安保系统；小区设有紧急呼叫系统、天然报警系统、电子巡区系统、无线红外线报警系统。多重安全防范固若金汤，让圣特丽墅业主的别墅生活高枕无忧，充分享受别墅生活的惬意。

物业管理

圣特丽墅聘请国内著名品牌物业管理公司东湖物业担任物业顾问。上海东湖物业管理公司隶属于著名的酒店管理集团——上海东湖集团，是上海市物业管理协会会员单位，中国物业管理协会常务理事单位。

在激烈的市场竞争中，东湖物业坚持“业主利益第一、用户满意第一、公司品质第一”的质量方针，坚持“以人为本”的管理服务特色，实现管理承诺达标百分之百，荣获6个国家级优秀示范大厦荣誉称号、3个市级优秀大厦荣誉称号。东湖物业不仅是上海最早几个专业物业管理公司之一，也是上海首期获颁专业一级资质的物业公司之一，并且是最早通过ISO-9002国际质量标准保证体系认证的物业管理公司之一；东湖物业也是最早走向全国的物业公司。东湖物业深受政府及同业的好评。东湖物业吸取物业管理的精髓，从技术到力量，从经理到员工，从外部管理到内在素质都将以严谨的专业标准和专业技巧为圣特丽墅业主提供真正以人为尊的全天候服务。

会所简介与功能

会所建筑位于别墅区的中部北端，附有小型停车场和一个标准网球场。总建筑面积1355平方米。

会所主体共有两层。

底层大空间布置主要是桑拿房、浴室、厕所、储藏室等。此外还配有老年活动室，美容室、乒乓房、桌球室，以满足小区居民各种娱乐、休闲活动。

会所二层的空间布局主要有青少年活动室、健身房，并配有一些办公场所如：会议室、茶室、阅览室、办公室等配套设施。

在会所右侧，为一座17.8米高的塔楼。即使会所在相对较北部的位置，也能使其成为别墅区醒目的标志点之一。

A COMPREHENSIVE HANDBOOK OF DEVELOPMENT OF REAL ESTATE IN CHINA

2005-2006

中国房地产业发展大全

缔造经典 创造永恒

中房集团瑞安房地产开发有限公司（中房·飞云明珠）
嘉兴市格林置业有限公司（格林小镇）
上虞绿地房地产开发有限公司（天香华庭）
宁波国骅集团·丹阳市天波房地产开发有限公司（天波城）
宁波国骅集团·宁波东方建设开发有限公司（东方明珠城）
上海尧舜置业有限公司
桐乡市荣舜置业有限公司（黄金水岸）
浙江柯桥置业有限公司（鉴湖景园）
浙江锦正房地产开发有限公司（运大·贤仕花园）
浙江苏泊尔房地产开发有限公司（苏泊尔·河畔花园）
海宁市鸿翔房地产开发有限公司三家村分公司（紫薇花园）
温州省直房地产开发有限公司（同人花园）
宁波东龙房地产开发有限公司（东龙·新时代）
义乌市九洲建设开发有限公司（金福源·珠宝广场）
浙江伟程房地产开发有限公司（伟程时代广场）
舟山市普陀慧力置业开发有限公司（普陀外滩嘉园）
温州市国脉房地产开发有限公司（国脉花苑）
浙江宁兴置业有限公司（安吉·宁馨花园）
蔚蓝置业（浙江）有限公司（蔚蓝·澳洲花园）
杭州青城房地产开发有限公司（青城·山语间）
杭州临江物业管理有限公司（临江花园）
杭州下城房地产开发经营有限公司
南京浦口区锦麟实业有限公司（钱塘·望景花园）
宁波成路置业有限公司（海悦国际公寓）
宁波百隆房地产有限公司（百隆·小城春秋）
宁波洛兹置业有限公司（洛兹·江南绿洲）
温州建桥房地产开发有限公司（上海花园）
人民电器集团浙江房地产开发有限公司（盛大花园）
湖州嘉欣置业有限公司（嘉欣·金世纪广场）
嘉兴市龙盛置业有限公司（龙盛·华城右岸）
嘉兴市信达建设房地产开发有限公司（翰林府第）
兽霸集团·青田县万基置业有限公司（万基欧郡）

精心打造中国房地产品牌及精品楼盘
强档推介中国房地产业成功开发典范

浙江

建设部·中国房地产业协会
中国房地产业发展大全编辑委员会 **隆重推介**

景观。
180° 全江景生活、中央庭院
风之语、光之舞、影之动
在光影舞动中走过
透天中庭、几枝翠竹、几许流水、一份悠然心
在与自然的对话中相融
CRED
中房集团
ZHONGFANG GROUP

江畔明珠、景致飞云

凭栏远望，江舟起伏
一桥飞架南北，似长龙游弋于眼前
放眼浩瀚江景，尽显豪迈心胸

中房·飛雲明珠
SCUD BRIGHT
阳/光/水/岸 生/活/灵/感

飞云明珠地处美丽的飞云江畔，总建筑面积为73127平方米。
三栋塔楼错落围合，建筑风格别致，规划超前，户型灵活多变。
户户朝南，窗窗有景，180度江景观光视野、开阔豁达。
小区位于交通要道三叉交汇点，汇聚过往客流，交通便利、区内人车分流。
附近医院、学校、菜市场等公建配套设施一应俱全。

临近江景的房子不多，拥有江景的房子在飞云明珠

千米景观水线，180度全江景视野，园区内中央庭院、休憩凉亭、景观小品，水线连环、嘉木成荫

芳丛，草木芬芳

中庭花园、中央绿化区以常绿灌木及乔木配以鲜花及草坪，丛丛绿树带着悠远的清香，连着一息滋润的水气，风起时，庭园中听取涛声阵阵、绿树摇曳。

中国水岸山景地产成功开发典范

开发商：中房集团瑞安房地产开发有限公司　咨询电话：0577-65630294　销售展示中心：瑞安大厦27楼营销部

中国（浙江）高档住宅地产成功开发典范

- 格林小镇采用“泛绿化”的绿化方式，展示一种不同于以往大面积集中绿化的形式，而是以点、线、面的分布方式将绿化铺陈到小区的每个区域、每个角落，来营造一种绿色的空间、自然的天地，使得整个景观能随着自然而灵动，生动而和谐。
- “泛绿化”的设计理念，让小区的每个地方、每个角落都栽种植物，创造一种人在绿中走的感觉，让小区的每个点都有绿化的可能，以此来实现绿色居住的平等性，创造绿化景观的均好性。
- 在格林小镇，从坡地、南北绿脉、人文建筑景观、广场绿化、人工水系层次性的设计，在社区内形成移步换景的绿色梯度规划特色，时尚内街、景观绿脉、别墅景观水系三条线性景观轴延伸到各个区域，广场、雕塑等小景镶嵌于其间，建筑与环境犹如自然天成。
- 对于格林小镇而言，它的景观设计从点到线再到面，绿色一直是条主线贯穿其间，充分诠释着泛绿化的主题。当然，格林小镇的景观是为居住而设计的，而不是泛泛的只是将景观当作点缀，因为我们所做的一切最终还是为能诗意的居住而创造的前提条件。

GREEN TOWN
ZHONGGUO JIAXIN
格林小镇
中国（浙江）高档住宅地产成功开发典范

天香华庭
臻品尊邸 写意山水
中国山景园林地产成功开发典范
臻品尊邸 写意山水

臻品尊邸
售 楼 处：浙江省上虞市半山路199号
展示中心：浙江上虞国际大酒店一楼
售楼电话：0575-2186666 2187618
开 发 商：上虞绿地房地产开发有限公司

Vanilla-SkyVilles

天香华庭

臻品尊邸 写意山水

中国山景园林地产成功开发典范

天香华庭总建筑面积近35万平方米，富含“新欧式建筑”的浓郁风味，把欧洲大陆流行时尚的建筑理念与传统中国的山水意境巧妙融合，为人类的居住方式提供回归自然的现实体验，促成人居与自然的完美统一，在人、自然、建筑这三者之间发掘平衡点，既感受中国传统“山水人家”的精神回归，又体现当前时代追求自然居所的时尚生活品质。

●清雅色彩

天香华庭着意于山水人文的亲切融合，因此色彩的运用上坚持素雅质朴的原则，在房屋的基座部分运用充满原野气息的文化石材，使整体的建筑风貌与周边的原始生态景观相得益彰，浑然一体。

●风尚造型

天香华庭现代朴实、轻灵时尚、高雅简约的新欧式建筑风格，体现出现代建筑艺术之美，它以一种融汇传统与现代、交织内敛与张扬的新欧式设计，表达出一种对生活梦想的不懈追求。

●别致院落

天香华庭的各个组团匀最大限度地追求天开地阔、舒适人居的标准，从精致的外廊、窗座，到主要厅室设置的大面积景观低窗，直至开敞明亮、通风采光的厨房、餐厅、卫生间，以及宽大的阳台，这些都构成了在天香华庭独享一方悠闲的自在天地。

茵茵山水天，郁郁碧林香

●山青水秀，幽谷寻兰，稀缺资源悠然独享，良宅传代永世珍藏

天香华庭推崇“山、水、林”的设计元素，尊重大自然的造化神奇，谨小慎微，尝试着在上虞这秀丽的绿水青山里，为习惯了喧嚣繁闹的现代都市人全心全意开拓出一方恬静惬意的林间乐土，以此代表现代风韵人居与自然优雅景致的和谐统一。

●青山

天香华庭融山（兰芎山）而建，偶一抬头，满山的苍翠即跃入眼帘，真可谓“四季山景伴我眠”。闲暇时分，觅一登山小径，循循而上，移步换境，登高远眺，别有一番情趣。

●绿水

蜿蜒的景观水系贯穿了天香华庭，或水影婆娑，醉人心魄；或穿插有致，自由激荡；使人淋漓尽致的感受到“山承水，水润山，山水在人间”的舒适氛围。

●碧林

天香华庭背靠兰芎山，天然植被完整。群山整体被浓密的绿茵所覆盖，天然林以松、竹为代表，生长着樟、枫香、金松、银杏、玉兰等100余种野生植物。自然、生态的树木营造着兰芎山美好的自然景观，使得金地·天香华庭融入了大自然的恬然幽雅、风光旖旎。

天波城
中国（江苏）水岸山景地产成功开发典范

天波城小区位于开发区迎宾大道以西，沪宁铁路以东，高速公路以南。距丹阳市中心仅5分钟车程，交通极为顺畅。

天波城水岸以“亲水”为蓝本，规划建设有钓鱼台、湖心岛、沿湖木栈道、营造具有人文气息的休闲的岸线。中轴线的创造集中塑造风情商业街、会所、景观大道、强调完美的空间尺度和比例，城市广场空间的围合性。沿街景观着力于商业氛围的创造，和城市衔接的同时创造一种新城市主义，满足现代生活的同时追求清新、自然、平衡、活泼、恬静的优美意境。

山、水、亲城

作为天波城的理念，山水亲城强调了人与环境的和谐共存，在小区的设计规划、建设，以及服务上都倡导一种山水城的概念和人居平等、可参与、均好和共生的概念，山水城不仅仅是物理空间概念，而且是包含一个地方的历史、文化内容的文化空间概念。建设一个山水城，可以提倡人工环境与自然环境相协调发展，其最终目的在于“建立人工环境”与自然环境相融合的人类聚居环境。其次则是强调文化的延续性，把中国的山水诗词、山水画同中国古典园林建筑和城市营造融合在一起，形成了“山水城”的内涵。

“山”：山的概念是源于小区西面人工山体的营造。可作为小区整体环境景观的一种延续，也可作为小区生态概念上的补充与强化。“仁者乐山”概念的提出也体现了小区的一种人文精神。

“水”：智慧如水，天波城的思考也是对水的深刻思考，对生命的深刻思考，真正的生活是平静的、健康的生活。

“亲城”让设计师通过中西合璧的设计语言、手法，完美地诠释天波城，为丹阳市营造一个健康、现代、优美、人性化的社区，强调亲情空间的塑造，会所功能的强化增进人们之间的交流，强调社区整体人性的关怀，激发人主体性对居住环境的心理和情感上的认同。

亲城——带动了人与自然之间的交流。
亲城——带动了人与人之间的交流。

国骅集团
GUOHUA GROUP

开发商：宁波国骅集团.丹阳市天波房地产开发有限公司

咨询电话：0511-6229797　6229798

山·水·親城

"山"：丹阳的自然山水环境非常有特色。整个城市在群山环抱之中，远处是绵绵群山，近郊有郊野公园和山体，城市之中，又有众多小山头。天波城不仅需要借用自然的山体，更可使高层建筑可视为城市中的人工山，在大的滨水区，广场周围，布局高层建筑，使高层建筑成为城市的标志与景点。

"水"：智慧如水，天波城的思考也是对水的深刻思考，对生命的深刻思考，真正的生活是平静的、健康的生活。

亲城，带动人与自然和建筑的共存和融合。

亲城，带动具有认同感的个性化空间的设计。

亲城，需要构设一个生态型精品社区

东方明珠

人文社区　生态住宅

“东方明珠城” 位于慈溪市前应路与新城大道的交叉口，占地面积169415平方米，总建筑面积288000平方米（不包括架空层103460平方米），其容积率1.7%，绿化率48.07%，建筑密度27.27。是慈溪高品质生活的典范，铸就卓然不凡的居住品质。

国骅集团
GUOHUA GROUP

国骅集团.宁波东方建设开发有限公司

乌镇黄金水岸效果图

效果图

历史上，这里曾有过“富商大贾数千辇万金而来”的兴旺景象；今日，此地又将上演商贸繁华、客流络绎的空前盛景！

乌镇，中国旅游崭新目的地

2005年3月，乌镇首次独立参加全球最大的旅游展（ITB）。短短六天，这座美丽的中国水乡古镇成为该次展会最受瞩目的旅游景点，乌镇水韵瞬间名扬四海！1991年，乌镇被评为省级历史文化名城；2000年，东栅景区对外开放。如今乌镇已被评为国家4A级景区，为全国20个黄金周预报景点之一。

飚升无限客流，稳健投资保障

乌镇——中国最后的枕水人家，近年来海内外知名度不断提高，年游客流量节节攀升，已超过250万；此外，景区版图扩展后，乌镇的旅游形态将从一日游升级为两日游，游客的游玩时间倍增，无限商机唾手可得。

强力政府支持，安安心心赚大钱

桐乡政府大力支持。在前期规划阶段，政府就给予了很大的关注，并且在项目运作的各方面给予种种支持。有了政府鼎立扶持，投资道路更加平稳，发展前景一片光明，势必缔造一代财富新传奇！

招财风水宝地，人气指数高昂

“乌镇·黄金水岸”坐落于乌镇城镇的南侧，东临国道桐乌公路，为进入乌镇的门户位置；项目规划街区风格、商铺错落林立、流水玉带缠绕，再现“清明上河图”的鼎盛气象，让人流连忘返；另设置有百余停车位，必将聚敛大量旅游人气！

IDE

工程"住宅区

LAKESIDE
鉴湖景园是绍兴地区开发首家国家康居小区的楼盘，也是绍兴地区目前为止最具规模性、现代性、舒适性、美观性、实用性为一体的楼盘。
Lakeside
COURT
国家康居示范工程
鉴湖景园
都市水乡生活
当落日的余晖将华美的织锦铺展于无边的苍穹
人们忙碌的身影也渐渐地在钢筋水泥的丛林中穿梭
带着三分憔悴和七分期盼
匆匆驶向爱的港湾
在这里有我们对过去深深的怀念
在这里有我们对未来美好的憧憬
当夜幕降临
你是否看到了夜空中一闪一闪的精灵
那是我们在鉴湖景园里追逐嬉戏
中国（浙江）景观环境社区成功开发典范
鉴湖景园·心灵家园
垂询电话：0575－4133988 4135888
开发商：浙江柯桥置业有限公司
公司地址：浙江省绍兴市柯桥鉴湖路27号

运大·贤仕花园由浙江锦正房地产开发有限公司投资发展，是目前齐贤镇开发建设最大的综合性商住小区。

贤仕花园地处绍兴县齐贤镇的中心位置——镇居住公建配套区。东临环镇东路，与规划中的新镇政府、镇中心广场隔路相望；南靠屠东路，著名的风景名胜羊山石佛景区及镇区中心绿地与其为邻；北有齐马路、环镇北路、柯海公路穿越而过，规划中的绍兴——嘉兴跨海大桥将与镇内柯海公路相连接；西边镇农贸市场及镇商业街紧接；南为齐贤村委及镇邮电局。

体验城市化生活

中国房地产景观环境成功开发典范

·河畔花园· Hepan Garden

绿色之城 璀璨绿宝石·尊贵绎名流

- ⊙河畔花园—青山、绿水、阳光编织起来的绝妙佳境。
- ⊙河畔花园—闲逸、智慧、精神营造出来的知性空间。
- ⊙空中花园。绿化广场。庆澜公园。从上到下，从内到外。河畔花园是绿色世界里的一颗明珠。
- ⊙河畔花园的景观设计邀请国内顶级园林景观专家亲自为小区居家环境主持规划计划，绿化率高达51%。拥有12000多平方米的绿化广场。
- ⊙回环曲折的玻璃廊。亲密缠绕的花架和青藤。鹅卵石铺就的深庭小径。山水景致与现代高尚建筑融合的经典画卷。

浙江苏泊尔房地产开发有限公司

中国·苏泊尔集团是一家以炊具制造为主、多元发展的企业集团。公司始建于1994年，现拥有总资产13亿元。2003年，苏泊尔集团的综合实力进一步加强，被列入中国民企500强171位。中国·苏泊尔集团强调企业以诚信为本，多年来一直是浙江省重合同守信用单位。中国·苏泊尔集团坚持“科学为发展手段，严谨为管理机制，人本为谋略根据，超越为根本理念”的战略思想，不断增强自身的核心竞争力，向中国第一、世界名牌的目标迈进。

浙江苏泊尔房地产开发有限公司成立于2004年3月，注册资本金2000万元，作为中国最大的炊具研发、制造商—苏泊尔集团下属的子公司，一贯秉承“超越”的传统，不断进取，追求卓越品质。以开发环境优美、生活舒适现代、物业管理完善的高档楼盘为己任，为客户享受生活的乐趣而制造美好的家园。

苏泊尔·河畔花园坐落于浙江东南最优良港口玉环县大麦屿的兴港西路，南邻玉环县规划最大的公园－400亩的庆澜公园，北邻40米兴港路，周边环境优美，市内交通便捷。

整体规划计划巧妙利用自然方整地形，强调城市高档住宅个性，极具现在气息。恢宏大气的低密度建筑手笔，景随步移的多层次立体生态环境设计，星级智能化物业管理，静谧雅致的水景花园府邸，新镌绎玉环尊贵名流生活，是崇尚尊贵与品味家庭的荣耀居所。

河畔花园引用空间花园式住宅“绿色灰空间之国际流行理念”，将高层公寓中部分单元跃层式处理，高低错落布局形成6米空中花园。与主卧室及公共活动空间外围均布置绿化，以使绿化引入室内，从而使建筑外型形成常青绿树感觉，融入大自然。

开发商：浙江苏泊尔房地产开发有限公司
建筑设计：香港华裔建筑规划设计有限公司
售楼热线：（0576）7378799　7338382
售楼地址：浙江省玉环县大麦屿兴港西路71号

紫薇花园 中国（浙江）

Zi Wei Garden

配套篇/精英汇聚，首席社区

ZIWEI 紫薇花园 GARDEN

智慧智能 至贵至尊

◎Hai ning Shou xi gui zu sheng huo quan

◎海宁城区首席贵族生活圈

- 每一者入住者都是有事业、有追求的成功人士，每一次社区聚会，都是一场高规格的精英论坛
- 尊享世界级景观设计商——香港泛亚之水主题景观；
- 提供超级大管家式物业管理及住户服务；
- 设大型豪华会所，拥有网球场、健身场所、超市等多项配套设施。

景观环境社区成功开发典范

垂询热线/0573-7291111　7236128

紫薇花园售楼中心/海宁硖石镇联合路18号（鸿翔大厦）

开发商/海宁市鸿翔房地产开发有限公司三家村分公司

同人花园的开发理念/Develop Idea

温州省直房产一贯坚持“诚信第一，服务至上，树立品牌”的经营理念。以“住融于景，景融于乐的休闲生活港湾，构筑都市半岛生态社区”为开发理念，从建筑设计、景观设计、建筑品质、智能化社区等若干环节出发，旨在将同人花园建设成为一个高水准、高品位的居住社区。

同人花园介绍/Item Introduction

同人花园位于温州城市中心区，东面为36米宽的上江路，北面规划有24米宽的区间次干道，地块西、南两面临蒲州河。同人花园总占地约200亩，总建筑面积为19.13万平方米，容积率为1.56，绿化率为50.2%，小区内建有别墅和高层，高层户型为130-180平方米，是一座为温州名流精心打造的高尚优质水岸住宅区。小区分别与“世纪景绣园”、“银都花园”、“玫瑰园”等温州高档别墅群相邻，周边设有公交车总站、学校、超市、大型公园等生活配套。

2003年同人花园被国家建设部认定为“国家住宅工程中心实验基地”，由“国家住宅与居住环境工程技术中心”统一管理。在中国国际科学和平促进会、中国环境保护产业协会、全国工商联住宅产业商会、国际人居环境研究会联合举办的“2003年中国优秀环境住宅设计大赛”上，同人花园荣获“优秀景观”及“建筑形态”两项金奖。在数字、通信、控制等高新技术的运用，同人花园也是领先同侪，是温州目前唯一通过建设部住宅小区二星级智能化系统评审的楼盘，在业内和社会上得到了广泛的认可和赞扬。

因为对人文精神与空间艺术的深刻洞察，
因为坚守人类居住的至高理想，
名宅成为先进生活趋势无可争议的代言。

新时代

执着于唯美的创新理念，
并遵循名宅的建造法则，
以雕刻艺术品之用心，建造建筑之美。
跨越时代巅峰，
用最具自然亲和力和空间想象力的恢弘手笔，
为宁波的住宅品质登峰造极。

顺天时而动

经济全球化的时代需要国际化的市场，义乌国际商贸城就是一个面向世界的商贸城，仅珠宝饰品行业就有4000多家厂商汇聚于此。然而，行业高度集聚，市场需求扩张，造成了市场商位的供不应求。在广大的珠宝饰品企业和经营户的翘首期盼下，一个能够长期稳定可持续发展，能形成超强商业辐射能力、引爆财富规模效应的珠宝巨舰—金福源珠宝广场，横空出世

义乌市九州建设开发有限公司

海岸生活，不仅仅是休闲，更是一种境界。

普陀外滩嘉园，澳洲著名设计大师ROB·STENT、JOHN·HAIR精心打造，以健康、休闲、度假为主题，总建筑面积7.5万平方米，绿化覆盖率达35%以上。多层、小高层低密度建筑群主立面偏东南15°，交错复式、透天阳房、露台景观房等多种户型创意独特。

从来名贵，必居于海岸

真正的海岸生活是衡量生活质量和品位高低的标准。外滩嘉园创造了一种相当格调化的海岸居住空间，只为少数懂得欣赏生活和拥有发展观的财智人士打造。

Always famous and precious, must occupy the coast

Bund-Garden

外灘嘉園

中国的东海岸 NEW LIFE 健康的新生活。

与普陀山、朱家尖、桃花岛之间的山海私语；

被自然天地所拥抱的现代家园；

集休闲、旅游、度假于一体生活方式。

来自澳洲的时尚滨海风情，正在东海岸，倾情演绎。

尊享自然　掌控繁华

国脉花苑位于吴桥、汇昌河南岸，自然风光旖旎动人；南临28米宽（规划中）的葡萄棚路，坐拥市中心两大公园汇昌河主题公园、马鞍池公园，与大南门繁荣商圈相毗邻，交通纵横发达，城区配套成熟，生活环境优越；占地2.8万坪的汇昌河及汇昌河水上公园好比一座巨大的天然氧吧，滋润着岸边的人家。

国脉花苑离尘不离城：进，可从容掌控都市中心繁华脉搏；退，则尊享秀美的河岸风光和清新健康的鲜气润泽，让您体验“大隐于市”的人生境界。

国脉花苑规划用地为24071平方米，地上总建筑面积达84921.4平方米，绿化率高达48%；六幢现代俊朗的高层建筑，围合景致悦目的中庭大花园，建筑低层架空设计，绿色景观蔓延至汇昌河公园；实现人车分流，充足车位配置；智能化设施、自选超市、幼儿活动中心、健身房等生活配套齐全，是市中心难得的绿色、健康的尊贵领地。

宁馨花园
中国(浙江)景观环境社区成功开发典范
一个大型现代化
生态运动社区
高尚的区位地段 小规划不如大规划，小算盘不如大算盘。
人们买房子的同时，还买到了土地70年的使用权，土地的价值直接影响着房产的价值。房地产投资的老手们最热衷于寻找目前尚不太成熟而未来又具有广阔升值前景的项目，因为这样获利最高。
安吉县城区中心在不断地往北发展，宁馨花园地处城区天荒坪生态北路东侧，东至递铺北路，南至纬一路，北面的11省道即将被规划为城区新商业街。周边正形成安吉新的中央行政区，安吉县政府大楼就在咫尺，更与安吉县供电局城北分局、公安局刑侦分局、消防大队、卫生局疾病控制中心等行政单位及水果批发市场为邻。“进则繁华似锦，退则清静悠远”，这不仅仅是一种追求，更是一种境界。
NINGXIN GARDEN 宁馨花园
开 发 商：浙江宁兴置业有限公司
售楼电话：0572-5034388 5020373
售楼地址：安吉市天荒坪北路（纬一路口）

NINGXIN GARDEN 宁馨花园

中国(浙江)景观环境社区成功开发典范

体验国际居住潮流

回归祥和温馨生活

宁馨花园，是皎月一轮，空明澄澈，静谧安宁。

宁馨花园，是红酒一酌，琥珀流光，典雅高贵。

宁馨花园，是徜徉的小溪，轻盈荡漾，恬静温馨。

宁馨花园，是清柔的旋律，音韵轻灵，淡然祥和。

从绿化到园林化，这一步总要有人先走。

说到好环境，人们常用绿化率，人均占有绿地面积，是否建有若干与欧美某处名胜同名的花园等指标和概念来形容。实际上，宁馨花园的好环境不仅仅是表现在绿地率40%，总绿地面积达7万平方米等方面……

宁馨花园的景观设计引入小区设计全过程，景观、艺术小品、园林设计在继承历史文脉、尊重历史文化的基础上，吸取世界特色与精华，与中国传统建筑空间形态相结合，运用现代造园手法，运用新材料、新技术、新风格，营造江南竹乡韵味，令业主置身其中，感受一种愉悦的休闲风情。

开发商：浙江宁兴置业有限公司

售楼电话：0572-5034388 5020373

售楼地址：安吉市天荒坪北路（纬一路口）

宁馨花园
NINGXIN GARDEN

开发商：蔚蓝置业（浙江）有限公司

地　址：嘉兴市秀州南路与环城南路交叉口望湖公寓商业楼15—17号

售楼热线：0573—2059977　2059978

好房子

First international culture life community in jiaxing

嘉兴首家国际文化生活社区

蔚蓝·澳洲花园位于嘉兴市秀城新区中心地段，地理位置得天独厚。毗邻凌公塘生态景观区，幽雅的居住环境与生俱来。小区引入澳大利亚居住文化理念，充分借鉴澳洲的居住风格，既散发着自然与休闲的现代气息，又不失江南传统居住文化的精粹。

小区占地约10万平方米，建筑面积约15万平方米，建筑形态有多层、高层、小高层、联排、叠加住宅以及部分沿街商业用房，是一个可容纳一千多住户的国际文化生活社区。澳洲花园一期开发建设以来，坚持“以人为本”和“与客户合作双赢”为宗旨，以品质赢得市场，受到广大消费者的青睐。二期开发将在一期的基础上追求更加优异的品质。

澳洲花园二期位于小区西侧，建筑形态更为丰富，体量更大，有多层、小高层、联排、叠加，总建筑面积6.5万多平方米。

作为整个小区的主体，二期更加完整地体现了澳洲花园的建筑、景观、户型等方面的特色。它在提升了建筑品质的同时，更加注重居住氛围的营造，主要景观绿化也将在二期完成：四季花房、流水溢瀑、木桥叠影、嬉水池……突出高品位的澳洲海岸风情，让居住于此的业主享受到“人本、自然、健康、休闲”的生活。

别墅社区成功开发典范

“青城·山语间”房产项目，是经临安市发展计划局批准立项开发的房产项目，规划用地总面积1500余亩，于2003年1月份以挂牌出让的方式取得国有土地使用权。该项目的总体规划设计方案经各方专家多次论证，反复修改，并经临安市政府组织会审通过。规划总建筑面积31.81万平方米，容积率0.26，建筑密度11.06%，绿化率68.4%。其中西区一期工程规划用地面积10.75公顷，建筑面积2.37万平方米，容积率0.21，建筑密度9.8%，绿化率72%。

建筑设计采用了简约、大气、自然的建筑风格，建筑本身摒弃了繁琐的装饰，采用了中国江南建筑“粉墙黛瓦”的意象，体现了一种文脉的延续，体现了建筑，特别是中国的建筑对历史、对地域的尊重，避免了建筑风格在历史、环境中的断裂。同时利用建筑形体的变化，局部材料如石材、木材的使用，来达到与现有的山地、树林的自然和谐及有机的统一。建筑依山而建、错落有致，在山水树木之间掩映成趣、顾盼生姿,达到了人与自然最完美的交融。

River View Garden
临江花园
中国（浙江）水岸山景地产成功开发典范
临江花園
用阅读自然的心情
阅读临江花园
Embrace The Nature Enjoy The Life
城市里的优雅天际线
钱塘江宽阔大气，使得高层建筑的建造变成可能，正需要有超高层、大尺度的建筑，才能与之相配。
临江花园位于一桥以南，滨江区通往杭州市区和西湖风景区的门户地带，与六合塔、月轮山隔江相望，依江而立的江景高层住宅不但既满足了钱塘江景观的尺度需求，又与小区内的多层和小高层住宅形成了四周高中间低围合空间，形成渐次抬升的优雅天际线。
开发商：杭州临江物业管理有限公司
杭州联达房地产开发有限公司
杭州临江花园房地产开发有限公司
浙江钱江置地有限公司
现场售楼部/杭州市滨江区江南大道（之江度假村对面）
TEL：0571-86697278　86696111　86690517

钱塘望景花园

望山望水望美景

在都市的钢筋丛林之外，“生长”出了一个绿意盎然的自然林野。郁郁葱葱的老山，欢畅音律的白马湖水，原始的森林，天然的湖泊，得天独厚的生态环境，在山水之间，找回质朴淳厚的原味生活，让生命的快乐无处不在。

望景花园地址位于浦口区珠江镇象山路西侧，江浦高级中学斜对面，开发商是南京市浦口区锦麟实业有限公司，本公司隶属于浙江杭州下城房地产开发经营有限公司，本项目占地面积约16.15万平方米，总建筑面积约22万平方米，一期开发共计21幢733套，第一组团开盘6幢188套，均为多层全框架结构。一期共推出7种（A、B、C、D、E、F）户型，分为两室两厅一卫、三室两厅一卫、三室两厅两卫和跃层，每幢均有跃层。所有户型均实现大开间小进深、南北通透设计，视野很开阔。

坐拥城市繁华与宁静，风采出众，配套自然不能平庸。超市、中医院、汽车站近在咫尺，宛若专属。周边的舒适便利当然要细细品味。完备称心的配套，贴心全面的物业管理，给您自由空间。生活在这样的社区是一种幸福，幸福原来却又如此简单。

SEASCAPE
海悦国际公寓
Seascape International Apartment
国际金领特区/上品生活方式
国际白领的生活舞台
开 发 商：宁波成路置业有限公司
售楼地址：宁波市北仑区联合开发区域（戚家山宾馆斜对面）
售楼电话：0574-86232626　86232628

中国房地产时尚简约住宅成功开发典范

国际白领的生活舞台，时尚简约的时代风范

海悦国际公寓，是小港首个涉外酒店公寓，引进盛行于欧美繁华圈的Boutique Apartment概念（人性化、服务式精致住宅、小品豪宅），填补小港目前无国际型酒店公寓的空白。本项目的规划主题定为“时尚简约”，以符合国际白领的生活方式和居住理念。简约而不简单，高贵而不张扬。

罕见9米挑高大堂，总统级的待客厅

简约需要精致和华贵来调和，折射白领现代化的生活主调。

海悦国际的大堂约300平方米、挑高9米、气派开阔，媲美五星级酒店，在小户型住宅设计中更为罕见！延用景观设计的“海文化”主题，采用海波纹墙面，在豪阔通透的环境中享受置身海边的视觉效果。

在小港最高的空中花园，俯揽天下

不拘泥于一个视点，不约束一种生活方式，海纳百川，我是我的国王，我也是整个世界的主宰者。这是白领的视野和胸怀。

海悦国际拥有小港最高的空中花园，面积近2000平方米。在这里，业主弥补了居家只能看一面风景的缺陷，空中花园带来360度的全景观赏，从近处的喷泉公园、戚家山、金鸡山、陈山到远处的招宝山风景、辽阔无边的东海。并且可以通过设立在此的天文望远镜，远眺仰望浩瀚星空、鸟瞰整个小港、极目风景万千……

QUALITY ARTICLE

传承⊙经典人居建筑精髓

小城春秋作为宁波一线开发商百隆房产又一力作，继袭百隆房产2004年中国人居经典综合大奖项目——小城花园的开发理念，将经典人居模式演绎地更为优雅，别具亲近自然、拥抱都市的双重生活品味。

小城春秋

以宏大的叙事、人性化的居住空间、社区配套，以及所倡导的“小城风尚・Motor生活”体现出非凡的生活气质，更为未来的城市生活提供了相当的升值空间。

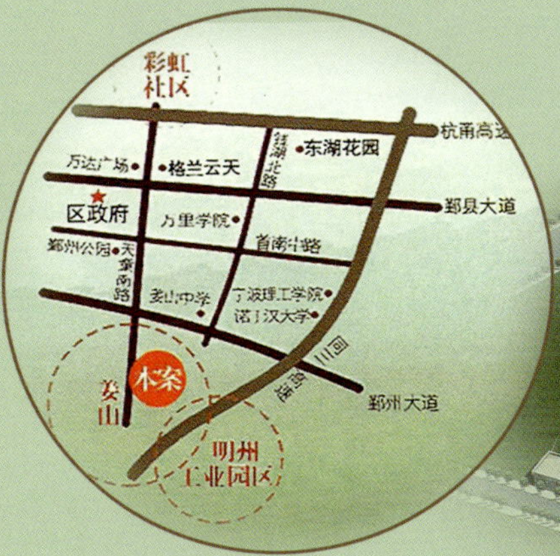

小城春秋

GARDEN SEASONS

小城风尚 · Motor生活

中国房地产景观环境社区成功开发典范

开　发　商： 宁波百隆房地产有限公司

行销企划： 宁波迪赛房地产投资咨询有限公司

展示中心： 宁波江东南路349—351号（日月星城西大门旁）

贵宾热线： 0574-87390999　87839899

WORTH AN ARTICLE

新城市版图⊙潜力板块新蓝筹

鄞州中心区　宁波近年来房价飙升最快的板块之一，汇集了宁波多个高品质楼盘，并凝聚了宁波南高教园区、大连万达宁波广场、鄞州投资创业中心等政府重点扶持项目。

新鄞南－姜山　鄞州中心区南翼，姜山将在2008年建成为鄞州新城区副中心；同三高速公路、天童南路、宁姜公路直通市区，筹建中的明州大道和宁波环城高速更将横贯全城。

城市快速轨道　2004年《宁波市城市快速轨道交通线网规划》的会审通过：姜山作为宁波城市区域副中心，将快速接入城市中心交通轨道，融入繁华商业境地。

黄金旺铺/二期纯多层小户型

洛兹 江南绿洲
Rouse jiangnan Oasis
让 家 的 感 觉 更 休 闲

中国（浙江）时尚简约住宅成功开发典范

地处城南商圈，旺铺潜力无限。

沿雅戈尔大道、石源路、万成路商铺蕴藏无限商机

发挥“雅戈尔大道”经济优势，经营汽车、机械配件、设备、服装辅料、配料等行业。自身小区与广博规划小区形成超强人气，连接轻纺城，形成强劲商圈。公交线、中巴线、高速公路、栎社机场形成发达的交通网络。短进深，5.2米挑高，一层购买，两层回报；50平方米左右，最佳投资。人居经典楼盘，品质自然有保证。

上海花园

SHANGHAI GARDEN

乐清首席·传世豪邸

上海花园，独有的稀世臻品，城市精英的第一选择！

上海花园位于浙江省乐清市中心区滨海片区， 东至30米滨江路，南至30米滨江路，西至已建旭阳路，北至规划银溪路边绿化带。总建筑面积约11万平方米，由独栋、双拼高档住宅构成，是乐清市第一个低密度大型生态住宅社区。

屋以稀为贵。真正出色的人生需要更广阔的空间，真正出色的建筑和成功一样令人瞩目，难以复制。珍品贵乎稀有，眼力决定实力，温州多年来在大中国经济发达城市留下的遍地足印和骄人成绩，其蓬勃与锦绣已为国人瞩目，领先群伦的名流更需要一方稀有珍贵栖息之所，生活领军人物才能处处独占鳌头。上海花园作为乐清市政府规划的第一块低密度生态住宅用地，为城市精英提供了一方居住的福地，为乐清居住史上描上了浓墨重彩的一笔！

精英规划，私人生活

在上海花园，院墙围合出私密、安静的内向型院落，独立于外界纷扰。院内建筑，均延周边布置，主要房间，内院采光，使得相邻户间距更大，更具优势。庭院的私密特征，为院中室内外空间交流带来最大可能，使私人庭院成为更好利用的“户外起居室”。

大尺度栋距设计，前庭后院绿篱遮蔽，挡住视线放行风景。个人领地纯粹独立，私密空间令人全然放松。小型超市、银行ATM取款、美容美发店、洗衣干衣店、24小时便利店、茶餐厅、鲜花店……，处处优待您的生活需求，在上海花园，精英规划缔造国际水准的纯粹私人生活！

GRAND VIEW
盛大花园
·PARK LIVING·
引领现代居家新概念
PARK LIVING
151年前,纽约人预留了中央公园,
一个半世纪后,这座公园领导了整个纽约,以汇集全球鼎盛繁华,造就世界首席聚富之地,
2006年,盛大花园重塑历史
以13万平米绿意庭院上演现代居家的公园神话.
细节表现,人文法则
Particularity Exhibition Character Principle
礼聘香港银丰物业管理有限责任公司一路保驾护航，传承世家经典，以人为本，纯正引入欧美"贴心管家"式物业理念，悉心照料您的生活点滴，以尽善尽美的专业态度，全方位真切感受最细心周到的酒店式贵宾礼遇，着眼细微之处，彰显业主高人一等的尊华气质。
EOPLE
公司
现场地址：嘉兴市经济开发区百墅南路45号
现场电话：0573-2271888 2272888

GRAND VIEW

盛大花园

·PARK LIVING·

嘉兴市鑫港房地产开发有限公司成立于2005年1月。公司注册资金2100万元，由中国·人民电器集团所属的人民电器集团浙江房地产开发有限公司控股。

嘉兴地处中国长江三角洲的黄金地区，与上海、江苏接壤，东北距上海市90公里，西南距杭州市90公里，北距苏州70公里，东距乍浦港40公里，东南距宁波160公里，处于最具有经济活力的长江三角洲和中国沿海经济带的中心位置。

“盛大花园”从设计之初就本着要把Park LiVing式的生活带入嘉兴，定位为设施相对齐全的中、高档楼盘。楼盘本着尊重自然环境，创造傍水而居、洗尽铅华的休闲式居住区，兼顾文化效益及生态效益。楼盘总建筑面积约为17万平方米(其中地下面积约3万平方米)，由16幢小高层(11跃12层)和1幢高层酒店式公寓。(22层)建筑组成。

品质房产是健康楼市的脊梁，一切优秀的房产无一不是人类精神文明的积淀。作为房地产开发企业，我们将努力打造“盛大花园”，以高品质的产品与全方位的服务赢得业主的认可和信任，用精耕细作式的品质房产取代粗放式房产开发模式，为进一步提高嘉兴市的住宅档次、提升城市形象做出努力!

Transcendency Realm Comeliness Prospect

超凡意境，至美园林

Sagacyty Sight Survey The City

睿智眼光，俯瞰全城

Park Era Create Classic

公园时代，缔造经典

发展商：中国·人民电器集团浙江房地产开发有限公司

开发商：嘉兴市鑫港房地产开发有限公司

现场地址：嘉兴市经济开发区百墅南路45号

现场电话：0573-2271888 2272888

EOPLE®

园林社区 | 龙盛·华城右岸

经典规划/龙盛·华城右岸北临中山西路，南依京杭大运河。龙盛·华城右岸一期北部及东部布置小高层及高层住宅，形成园区的天际线，与中山西路沿线的城市轮廓线遥相呼应。园区中部及南部以多层为主，建筑整体布局形成从南到北、从西到东逐渐升高，面向运河开放的空间形态。园区分为美林苑、清波苑、映霞苑、翠湖苑及春竹苑五大组团，营造着园林人居的意境之美。

交通组织/龙盛·华城右岸一期采用环状路网结构，由环状主路分出若干支路通达各组团或住宅单元入口。园区中心不设主路，形成一个相对安静的环境。主入口设于秀清路一侧，方便居家出行。南次入口正对规划中的运河公园，运河风景，成为近在咫尺的享受。

建筑艺术/龙盛·华城右岸一期借鉴现代主义的建筑语汇，引入现代新材料和新技术，力求塑造全新风格的现代园林社区形象。建筑造型简洁流畅，形成了简约明快的风格。独特的内坡顶设计，别具匠心。建筑以纯净的白色和浅灰色为主色调，搭配局部的活跃色彩，使建筑整体和谐地融合在园林景观中。

【翰林府第】

生活的智慧，心灵的风景

——翰林府第 26万方大型人文名宅

中国（浙江）景观环境社区成功开发典范

生活的智慧，在于滤除那些不必要的杂质，而保留最重要的部分，享受家庭，生活文化与大自然的乐趣。林语堂《生活的艺术》

翰林府第坐落于嘉兴最具发展潜力的行政文化中心，环境非常优越：南湖之秀、海盐塘之美、嘉兴一中之学院氛围……，成就翰林府第天生开阔的人文视野。

翰林府第占地250多亩，总建筑面积约26万平方米，容积率1.58，总设计户数为1600多户，是嘉兴南湖区域规模最大的住宅小区之一。

翰林府第的建筑追求"现代与传统的结合"，即在传承江南水乡建筑文明的同时，着手打造具有江南特色的现代宜居环境。因此，她不仅具有现代化建筑的视觉特征、功能设施，又具备了庭院、天井、骑廊、内院等民族建筑文化中最具情感的因素。因此，与她面对时，那股扑面而来的熟悉与亲切，让人心动。

气质精英的六大"精神领地"：

自然领地：南湖景区、海盐塘、大规模的城市绿化带、城市进风口构成自然出众的环境；
人文领地：地处嘉兴行政文化中心，嘉兴报业中心、图书馆、博物馆、嘉兴大剧院、嘉兴一中……，成就浓郁的人文氛围。
环境领地：超大面积的绿地与横贯小区的水系，构成了"仁者乐山，智者乐水"的居家意境。
空间领地：天井、邻里、院落、骑廊、曲廊、巷道构成多层次的空间，和谐眷顾人的心灵。
健康领地：游泳池、健身房、健康步道、休闲垂钓区等丰富设施构成翰林府第的健康领地。
生活领地：小区出行便利，配套设施齐全，文化氛围浓郁，是不可多得的生活领地。

■ 售楼处电话\0573-2085333\2827118 ■

开发商：嘉兴市信达建设房地产开发有限公司 公司地址：嘉兴市中山东路21号 景观设计：上海水石景观环境设计有限公司 全案推广：杭州兰苑广告 0571-85825901

【翰林府第】
——翰林府第 26万方大型人文名宅
人文名宅，嘉兴领秀
Intelligence of life Scenery of soul
中国(浙江)景观环境社区成功开发典范
相信不少人有这样的困惑：物质日益充裕的今天，精神却日见浮躁、空虚。
文化，是最珍贵的品味，一颗躁动的心只有在人文的洗礼中才能回归平和与宁静……
建设房产深知文化的重要性，因而倾力打造这个嘉兴首个人文名宅——翰林府第，作为浙江南人文生活的典型代表，翰林府第出众的人文氛围与人文配套，构成了其浓郁的文化特征。
翰林府第坐落于嘉兴最具发展潜力的行政文化中心：南湖之秀、海盐塘之美、中环南路近6000亩城市绿化带……，嘉兴一中浓郁的书香氛围、嘉兴报业中心、图书馆、文体中心、博物馆、嘉兴大剧院……翰林府第小区内还特设了丰富的人文景观与人文小品，琴韵居、棋趣坊、砚园等，保留攘攘都会中一方沉淀心灵的空间，品味心灵充盈的无尽快乐。
气质精英的六大“精神领地”：
自然领地：南湖景区、海盐塘、大规模的城市绿化带、城市进风口构成自然出众的环境；
人文领地：地处行政文化中心，报业中心、图书馆、博物馆、大剧院，嘉兴一中……，成就浓郁的人文氛围。
环境领地：超大面积的绿地与横贯小区的水系，构成了“仁者乐山，智者乐水”的居家意境。
空间领地：天井、邻里、院落、骑廊、曲廊、巷道构成多层次的空间，和谐眷顾人的心灵。
健康领地：游泳池、健身房、健康步道、休闲垂钓区等丰富设施构成翰林府第的健康领地。
生活领地：小区出行便利，配套设施齐全，文化氛围浓郁，是不可多得的生活领地。
售楼处电话\0573-2085333\2827118
开发商：嘉兴市信达建设房地产开发有限公司 公司地址：嘉兴市中山东路21号 景观设计：上海水石景观环境设计有限公司 全案推广：杭州兰苑广告 0571-85825901

名邸•一生尊荣
青田首座12万m²大型
EUROPEAN'S

万基欧郡
European's
中国山景园林地产成功开发典范
欧郡，至尊荣耀，尊贵生活
欧郡的档案
封号：欧郡
血统：万基置业有限公司
爵位：青田地区罕见的12万平方米大型欧洲风情高尚社区。生态、尊贵、高尚的稀世珍品。
拥有财富：尊处青田油竹新区，隧道田东北侧，距青田市区只有8分钟车程，地理位置得天独厚。东面为青田中学，西南面临36米主干道，西面为青岱路，背面紧靠大山。小区总占地面积116800平方米，傲视青田，总建筑面积121600平方米，建筑容积率为1.2，区块中有19500平方米超大集中绿地，规划建设有独立别墅、双联别墅、小高层和高层公寓，是青田名流贤达，文人雅士会聚之地。
欧郡依山就势，层次分明，小区配有游泳池、网球场、高尚会所、幼儿园、运动健身广场、休闲园、景观喷泉等设施，另外，与县城交通便捷，周边分布有学校、医院、农贸市场等市政设施，是青田县首座高档别墅新区。
贵宾专线：0578-6816777 6816888
开发商：兽霸集团·青田县万基置业有限公司
网 址：www.soubar.com.cn
欧洲风情高尚社区

栖息理想主义　填补人文情怀

《中国房地产业发展大全》

2005-2006

希望寄予智慧，智慧成就收获

财富、智慧和实力与日俱增的标志

童年的夢

中国房地产业发展大全

A COMPREHENSIVE HANDBOOK OF DEVELOPMENT OF REAL ESTATE IN CHINA

下册

(2005-2006)

主　　编：朱中一
执行主编：陈京华

建设部·中国房地产业协会
中国房地产业发展大全编辑委员会

中国城市出版社
·北京·

A COMPREHENSIVE HANDBOOK OF DEVELOPMENT OF REAL ESTATE IN CHINA

2005-2006

中国房地产业发展大全

缔造经典 创造永恒

成都世纪城新国际会展中心有限公司

（世纪城·天鹅湖花园）

中房集团成都房地产开发总公司

（文殊院历史文化保护区—都市第一禅林）

成都市城市建设开发有限责任公司（城建·双城）

中铁二局集团有限公司

四川星慧投资置业有限公司（蜀郡）

四川蓝光和骏实业股份有限公司（蓝光雍锦湾）

国机保利集团四川省公司

四川华阳建筑安装有限公司（御景台）

成都市志成房地产开发有限公司（东麓驿境）

成都兴西华建设管理有限公司（龙华阳光）

四川润扬建设集团

成都屹立房地产开发有限公司（润扬·川大河畔）

四川怡安投资集团有限公司（碧竹山庄）

四川嘉昕房地产开发有限公司（彭湖湾国际生态社区）

精心打造中国房地产品牌及精品楼盘

强档推介中国房地产业成功开发典范

四川

建设部·中国房地产业协会

中国房地产业发展大全编辑委员会 隆重推介

SWAN LAKE NEIGHBORHOOD
世纪城
CENTURY CITY
天鹅湖花园
SWAN LAKE NEIGHBORHOOD
• 中国房地产健康生态住区成功开发典范
发 展 商：成都世纪城新国际会展中心有限公司
项目地址：成都市人民南路南延线天府大道中段1号
销售热线：028-85333833 85333818
人居巅峰 世纪城•天鹅湖花园
城市中的森林，森林里的家园
天鹅湖花园——和谐之美的极度张扬，人性回归恬然，生活的缤纷和隐逸高度统一于以人为本！一切，都缘于天鹅湖花园生活中渗透着天人合一的极度和谐……！
• 180万平方米建筑面积规模；
• 26幢风格迥异高层建筑群体；
• 400亩湿地活水纵横曲绕其间；
• 上万棵名贵树木交相掩映；
• 2000亩生态公园三面环抱；
• 独特新颖的建筑形态；
• 和谐生态环境；
• 未来城市人居范本——
天鹅湖花园——在城市中，畅享这份乡村生活的静谧！
——在喧嚣中，感受纯粹的原乡气息，扑面迩来的是泥土的芬芳和清新的空气，生活与和谐，人文内蕴的多姿多彩。回归自然已然成为生活的主流，不同凡响的生活方式悄然流淌于心间，迎着缤纷绚烂尽情的醉心享受……

• 中国房地产健康生态住区成功开发典范
人居巅峰 世纪城•

鹅湖花园

世纪城 CENTURY CITY

天鹅湖花园

SWAN LAKE NEIGHBORHOOD

[把生活融入生态之中]

——城市中的森林，森林里的家园

世纪城·天鹅湖花园，生态概念不仅仅是停留在蓝图上的臆想，世纪城1504亩规划，除了建筑和曲绕之水，一切都让位于树和植物；上万棵名树郁郁葱葱、遍植其间（6000棵以上百年银杏树）；其他名树佳木不计其数，满目苍翠尽收眼底；

看够了城市生活的喧嚣与繁华；厌倦了钢筋水泥的枯燥和索然无味，心中是不是对绿色充满了无限的渴望？

如果城市中仅有一点绿色还不能释然心中那份对绿意的憧憬……

世纪城·天鹅湖花园，投入1亿元巨资打造一片城市中的森林，天鹅湖花园的生活，就此沉浸在绿色森林世界之中！

——绿色与生命和谐共生，

这是森林与城市叠合的崭新篇章。

■锦江之水构筑400亩生态湖面■经净水处理■流动活水清澈见底■上万棵大树■6000余株银杏■超过1500亩的生态公园环抱世纪城■享受岛居生活■户户均配独立私家花园■空中居住亦感大地脉博■中央空调■构建生态新城■户均配备1.5个地下独立车位■城内电瓶车代步■闹中取静■兼享都市便捷与自然生态

发 展 商：成都世纪城新国际会展中心有限公司

项目地址：成都市人民南路南延线天府大道中段1号

销售热线：028-85333833　85333818

文殊院 院落局部鸟瞰图
四川省天辰建筑设计有限公司 2004.11

文殊院歷史文化保護區

WENSHUYUANLISHIWENHUABAOHUQU

中国·成都

文殊院歷史文化保護區

WENSHUYUANLISHIWENHUABAOHUQU

中国·成都

都市第一禅林

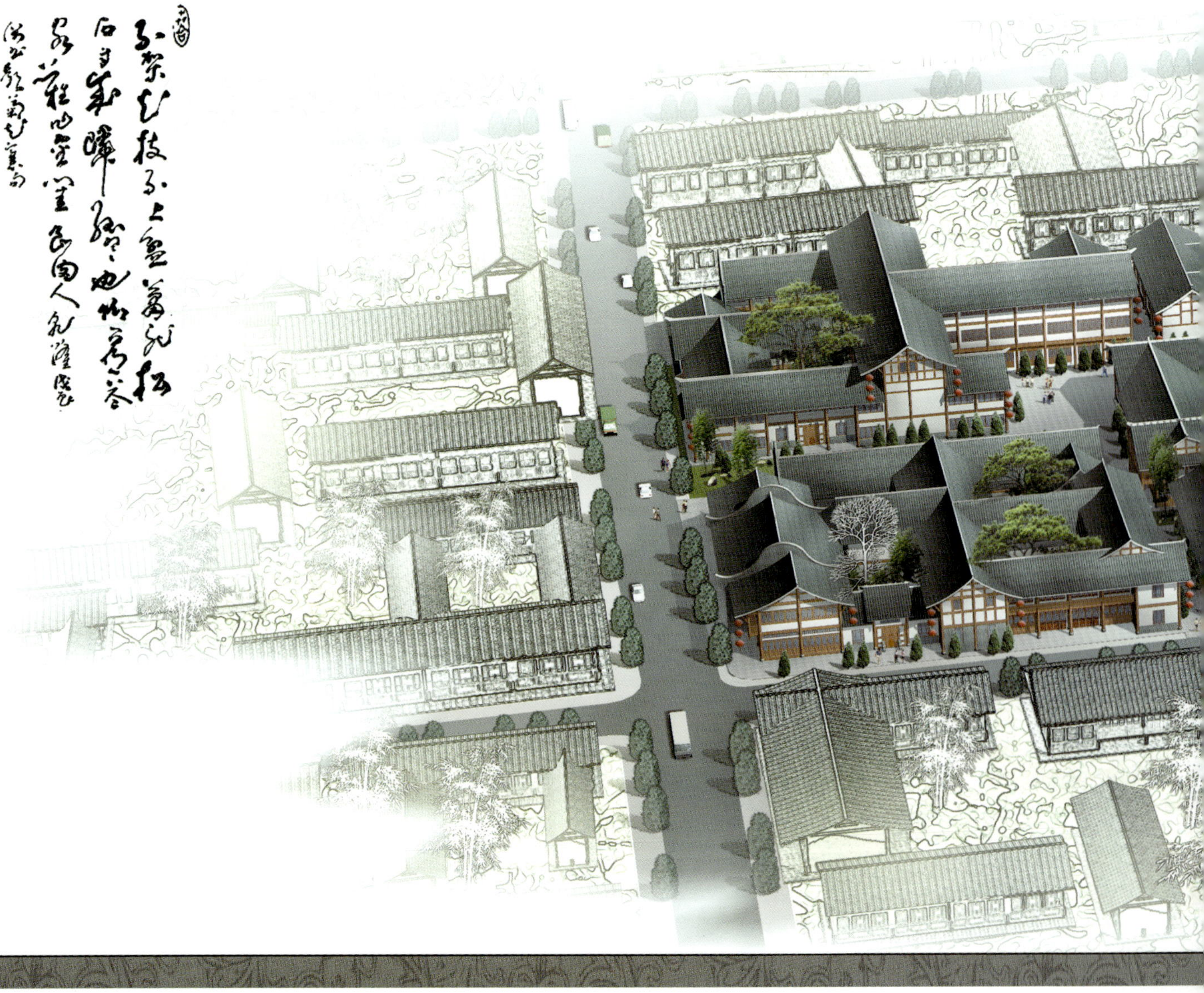

开发商：中房集团成都房地产开发总公司

川西传统民居特色商业院落

中国（成都）地产标志性建筑成功开发典范

完整的清民风貌、都市禅院、院落公馆、民俗古街……

蜀郡是一个『垂杨映水，两岸人家均有绿树出墙头，寓中竹树掩映，如在园林』的地方。

叶圣陶《我与四川》

蜀郡的设计宗旨

本案以蜀文化为主题开展设计。蜀文化作为一种传统文化，数千年一脉相承，连绵不断，覆盖了蜀人物质生活和精神生活的方方面面，具有极强的凝聚力。

在蜀文化历史转变中，蜀人形成了特有的生活方式，安于闲适享乐。这一生活方式的形式，可以说正是中原文化与巴蜀文化互相作用的结果。古蜀人对乐舞的喜爱，对娱乐艺术的热爱都很容易发展成为对于享乐生活的追求，加之土地肥沃，水利发达，早在秦汉时期，成都平原就成为全国农业最发达的地区之一，自然条件的优越，不愁吃穿，也容易成为滋生奢靡风俗的土壤，巴蜀人的性格工巧文慧，少愁苦，多逸乐，好聚会，这种生活方式直接影响了住宅文化。人们由于历史上形成了活跃的文化传统，加之长期受移民文化的影响，养成了对于新观念的敏锐反应力和接受能力，趋新好奇，在住宅文化上雅致多逸志，同时又喜欢形式活泼大胆的创造。

本案正是承继这种文化精神，形成了住宅文化再创造的过程，以现代住宅的设计手法，有机地溶入传统建筑的文化韵味及风格，成为后现代中式建筑之典范。

蜀郡的设计风格

本案设计汲取川西庭院文化之精髓，创造后现代中式中式建筑之典范，用现代元素诠释传统文明，将根植于传统中的意境提炼再生，使传统气息弥漫于现代空间之中，形成本案。

《蜀郡吟》

蜀郡水绕
有翠柳成行
绿竹梨花
溪堂连锦鲤
轩窗对锦屏
石木几
小窗纱
是水墨人家
起北扉
出堂待客
百树梅花
雾后菊
雨后茶
这风情雅致
烂熳生涯

蜀郡项目策划组敬献

飘逸流畅的线条　赋予建筑诗的灵性
不在千楼一面中效仿　打造自身品味和质素

飘逸流畅的线条　赋予建筑诗的灵性
不在千楼一面中效仿　打造自身品味和质素

城市山涧联排别墅区

400亩真山水养生大作，新城东纯山居上邻生活

中国房地产健康人文住区成功开发典范

LONGHUA SUNNY

龙华阳光

干道指挥部·经济适用房

写意生活／只需要悠然享受

区内生活配套：

■ 健身设施：丰富的健身娱乐设施，让运动成为一种习惯。

■ 儿童游乐场：孩子们所有的欢乐，在这里汇聚，尽情挥洒童年。

■ 社区商业：足不出户，满足全部的生活需求，丰富你的生活。

用优越的空间，满足生活对舒适的全部追求。

龙华阳光
LONGHUA SUNNY
用优越的空间，满足生活对舒适的全部追求。
中国房地产健康人文住区成功开发典范
LONGHUA SUNNY
龙华阳光
干道指挥部·经济适用房
享受双楠／在生活的中心生活
■ 在空间的界面上，以空间造型的高品质，全面升级生活。
■ 商业住宅分流，减少城市交通和商业对居住的干扰。
■ 设置独立的商业楼，便于独立经营餐饮等中型项目。
■ 经济型的户型面积，采用一梯二户，一梯四户和五户相结合的住宅形态，适应居住的全面需示。
周边众多高品质楼盘，高尚社区已然形成，配套如此完善，生活的便利和舒适，在这里，全然直接感受，生活在生活的中心，从容生活，唾手可得。
销售热线 028-87018259 87018269
开 发 商 成都兴西华建设管理有限公司
项目地址 成都市二环路西一段外双楠小区置信路

圆
《中国房地产业发展大全》
2005-2006
生命是一个圆，您当然希望自己的家也圆……
满

城南水岸·生态园林社区

川大河畔，城南水岸生态园林社区，与城市为伴，与风景为邻，近10万平方米的写意生活社区，840户临水而居的人家。17幢建筑在风景中掩映生辉，川西风骨与简约的现代符合相融合，寄情于水，以水动情。

川大河畔以“人文、稳重、内敛”的独特气质，树立航空港片区中、高档的大盘形象。建筑采用具有浓厚川西风格的“坡屋顶”，外立面运用天然石材搭配设计，体现航空港片区高品质楼盘形象。川大河畔的建筑形态为小高层+多层，一期采用“纯多层”建筑形态，“6+1”层“顶跃”设计，入户花园观景窗台空中花园休闲厅屋顶花园，享受多层花园式洋房的生活情趣。在川大河畔，建筑不仅仅是建筑，也成为了风景的一角。

川大河畔紧临著名学府四川大学，项目位于成都市城南机场高速路侧，机场路、第二机场路（规划为东城根街—双流国际机场）、大件路、长城路、武侯大道、川大路东延线（至人南延线）等环绕项目周围，交通十分发达；贯穿机场路全线的公交车有303、304、306、503、103、601等，至棕北、神仙树国际社区（家乐福）仅5分钟路程；武警医院、台双医院等提供了完善的医疗配套服务；周边更是有处信息工程学院、西南民族大学、棠湖外国语实验学校、盐道街实验学校等众多名校，是您回味学生时代和培育下一代的摇篮；项目周边生活配套完善，占地30亩的商业广场已全面呈现（德克士等国际品牌已进驻），政府规划的集餐饮、娱乐、休闲为一体的约500亩的大型美食城呼之跃出，学校、购物、休闲、餐饮、服务已然成型；江安河流经小区，成就水岸居家生活。川大河畔A、B、C三大组团均设有地面“生态停车场”，充足的停车位完全能够满足业主的需要。川大河畔比邻规划中的市镇广场，为小区增色不少。一个集生态、人文、环保为一体高尚住宅区川大河畔，精彩亮相航空港片区。

智者居处，梦回于竹。竹林静静茂盛勃发，气质深沉并且稳重——“碧竹山庄”为他们提供了这样一处身心的栖息地，侣竹而居，以竹为邻，为佳邻，为善邻，暂时忘却人生的角逐与征伐，拾一份淡泊而超逸的情怀。

居住这里，视竹良久，生活中每日皆是这样充满智慧和面对心灵的给予……

这是一个“卧虎藏龙的后隐时代”！

在姹紫嫣红的酒都楼市里，“碧竹山庄”宣告后隐时代的一个本土建筑物语的诞生。

怡安·碧竹山庄座落在南岸西区(碧峰园)对面，总面积18万平米，由四川怡安投资集团承建开发，该小区绿化面积达到46%左右，小区景观均是由四川园林设计院著名设计师设计，植被由富贵竹、银杏、香樟等名贵植物组成，假山、瀑布、草坪构成的绿色景观将碧竹的居住环境构成一幅美丽的图画，小区内设施完善，已经纳入规划的有游泳池、网球场、羽毛球场等文体娱乐设施，小区内户型设计合理，130平米的跃层更是这次销售的经典户型，怡安秉承了建造优质住房的理念，无论在硬件、软件上都高标准要求，怡安不仅仅销售的是住房，更是一种对家的全新诠释，让你的入住感到温馨和谐。

怡安集团与鲁能集团联合打造的南岸西区“山水绿城 碧竹山庄”，尊重自然、因地制宜，依山就势，构建错落有致，人文相融的生活空间，充分挖掘川南竹文化资源，以道家“天人合一”的思想结合艺术的手法将竹文化融入小区景观之中，形成风貌的特色文化小区，将建筑、自然、人三者有机融合，营造独具魅力的和谐人居环境。

根据太极八卦原理，依据山形地貌，以日月广场为中心，合理分布高层、多层住宅，并以四季园林造景、景观小品形成呼应。

1、突出特色性

突出碧竹山庄典型的建筑样式、独特的文化内涵及依山就势的地理特征。

2、展现风貌性

以竹作为提升碧竹山庄品牌的文化符号，充分挖掘竹文化资源，营造别具一格的风貌型小区。

3、强调生态性

强调环境生态的可持续性，强调地质、地形及气候特色，尊重自然，依山就势，不破坏山体自然形象。以艺术的手法将居住与自然结合起来，形成生态的人居环境。

彭湖湾与全球同步 领跑LOHAS别墅生活

屹立岷江第一湾

如一副优雅的山水画卷铺开在彭山与岷江交汇处

彭湖湾，逾30万平方米国际生态社区。

集合美国、新加坡、上海等地规划策划专家

精心采用环保节能建材

为LOHAS精英族群精心打造绿色环保有机建筑。

独栋别墅、叠拼别墅、联排别墅、花园洋房，

多项选择享受“近别墅生活”。

今天起，成都彭湖湾将领跑中国与全球潮流同步，

开始新LOHAS生活。

彭湖湾

越长越健康的房子

四川嘉昕房地产开发有限公司

LAKEPENG
international nature longevity
彭湖湾

一湖/五岛/十八景/仿若仙境

这是个桃花源，有山，有水，有森林，却独缺一座湖
引岷江活水筑就约100亩人工湖彭湖
5只代表长寿的金龟形岛屿布局于亲水第一线
具备理想养生交际会所约3000平米，生活从此更健康

尊贵专线：028-66890033　0833-7613333
彭山售楼处：四川省眉山市彭山县寂照街2号
成都接待中心：成都市武侯区新希望4号曼哈顿二期自然派2栋1楼

成就無限夢想
搶占財富制高點
開創事業新天地
《中国房地产业发展大全》2005-2006
給你完美的選擇
中国房地产业发展大全
上册

目　录

第三卷　中国小城镇建设

第四卷　土地供应与开发制度

第五卷　房地产市场资本运作

第六卷　房地产企业经营管理

第七卷　房地产财务分析与理财新技

第八卷 房地产工程项目管理

第九卷 房地产楼盘营销策划

第十卷 房地产广告

第十一卷 房地产行业典范推介与精品楼盘展示

第十二卷　旅游房地产学

第十三卷　房地产物业管理

第十四卷　社区地产开发

第十五卷　21世纪人居环境

第十六卷 住宅产业的科技创新

第十七卷 房地产市场法制建设

第十八卷 房地产法规文件汇编

附　卷

彩　页　索　引

温州市国脉房地产开发有限公司(国脉花苑)
浙江宁兴置业有限公司(安吉·宁馨花园)
蔚蓝置业(浙江)有限公司(蔚蓝·澳洲花园)
杭州青城房地产开发有限公司(青城·山语间)
杭州临江物业管理有限公司(临江花园)
杭州下城房地产开发经营有限公司
南京浦口区锦麟实业有限公司(钱塘·望景花园)
宁波成路置业有限公司(海悦国际公寓)
宁波百隆房地产有限公司(百隆·小城春秋)
宁波洛兹置业有限公司(洛滋·江南绿洲)
温州建桥房地产开发有限公司(上海花园)
人民电器集团浙江房地产开发有限公司(盛大花园)
湖州嘉欣置业有限公司(嘉欣·金世纪广场)
嘉兴市龙盛置业有限公司(龙盛·华城右岸)
嘉兴市信达建设房地产开发有限公司(翰林府第)
兽霸集团·青田县万基置业有限公司(万基欧郡)

(下册目录前)

成都世纪城新国际会展中心有限公司(世纪城·天鹅湖花园)
中房集团成都房地产开发总公司(文殊院历史文化保护区—都市第一禅林)
成都市城市建设开发有限责任公司(城建·双城)
中铁二局集团有限公司
四川星慧投资置业有限公司(蜀郡)
四川蓝光和骏实业股份有限公司(蓝光雍锦湾)
国机保利集团四川省公司
四川华阳建筑安装有限公司(御景台)
成都市志成房地产开发有限公司(东麓驿境)
成都兴西华建设管理有限公司(龙华阳光)
四川润扬建设集团
成都屹立房地产开发有限公司(润扬·川大河畔)
四川怡安投资集团有限公司(碧竹山庄)
四川嘉昕房地产开发有限公司(彭湖湾国际生态社区)

(上册第 780 页后)

重庆嘉发实业有限公司(上海城)
重庆南方集团有限公司(南方·碧水康桥)
重庆晋愉地产(集团)股份有限公司(晋愉·绿岛)
重庆渝北新城枫林置业有限公司(天江·常青藤人文别墅)
重庆石桥房地产开发总公司(重庆西部商城)
重庆市祥龙居房地产开发有限公司(祥龙居·世纪阳光)
金科集团
重庆华南房地产开发有限公司(金科·绿韵康城)
重庆金鹏物业(集团)有限公司(金鹏·北城旺角)
福建省金爵房地产开发有限公司(海景·国际花园)
福建景城实业有限公司(大景城)
霞浦安大房地产开发有限公司(安大·银都花园)
福建福泰置业发展有限公司(江滨·福泰华庭)
香港三盛集团
福州东方旭日高尔夫房地产开发有限公司(三盛·果岭生活)
厦门市开元国有资产投资有限公司(观音山国际商务中心)
厦门华茂房地产开发有限公司(华东花园)
厦门延铭房地产开发有限公司(华天花园)

(下册第 924 页后)

中房集团黑龙江军安房地产开发有限公司(军安·绿色家园)
辽宁荣天房地产开发有限公司(在水一方)
长沙玫瑰园房地产开发有限公司(长沙玫瑰园)
青岛崇杰集团有限公司(颐灏园)
泰安市久丰房地产开发有限公司(龙泽花苑)
烟台开发区玉森房屋综合开发有限公司(曙光名座·玉森新城)
滨州华升房地产发展有限公司(华升·盛世春秋)
湖北珠江房地产开发有限公司(美林·青城)
武汉统建城市开发有限责任公司(统建·大江园)
武汉安居工程发展有限公司(百步亭花园·怡和苑)
武汉嘉华房地产开发有限公司(南湖华锦花园·春天故事)
武汉顺驰·武汉能达实业发展有限公司(顺驰·泊林)
海南省海运房地产开发公司(宝岛花园)
海口美视国际高尔夫俱乐部有限公司(美视高尔夫花园)
三亚鸿洲房地产有限公司(三亚·时代海岸)
安徽绿城房地产开发有限公司(绿城·桂花园)
合肥金典置业有限公司(金典·名筑)
马钢集团康泰置地发展有限公司(康泰佳苑)
芜湖海泰置业有限公司(银湖·波尔卡)

上海瑞虹房地产有限公司
上海大地房地产有限公司

上海瑞虹房地产有限公司成立于1996年6月，是由上海协银投资有限公司与上海大田房地产有限公司共同组建的股份制公司，公司拥有一套完善高效的运作机制，精明强干的管理班子，凭借着在房地产开发中丰富的经验以及高水准的建筑工程队伍，成功开发了包括“虹桥城市花园”、“圣堡别墅”等中高档户上知名楼盘，取得了令人瞩目的成功，在房地产开发市场中具有较高的知名度及社会影响。其中，虹桥城市花园已分别获得上海市住宅发展局颁发的“四高”优秀小区、优秀规划设计奖等荣誉。由旗下项目公司——上海大地房地产有限公司开发的园林式别墅小区——圣堡别墅，无论是在规划方案、房型设计、园林景观等方面都达到一流水准，获得专家的一致好评。

随着房地产市场形势的不断发展，公司正积极地调整经营战略，逐步提升“瑞虹房产”的品牌知名度，着力建设企业文化，使其发挥更高的社会价值。

Le Chambord

Embraces all the niceness—the sun,the lawn and the flowers, along with cheerful chatting and laughing.

Showing

originality and skillfully utilizing the topographic gradient, Le Chambord creates European-style buildings of widely different varieties.

中国房地产成功开发典范

聖堡别墅

In the $3000m^2$ luxury club, there are facilities such as swimming pool,tennis court and gymnasium, as well as cafe,reading room and multi-function hall for recreation and entertainment.

Le Chambord is adjacent to Hu-Ling-Ping highway and Yan'an elevated highway.In addition, Jia-Jin highway will be completed and put into use in the near future,thereby bringing more convenience to the community.

Le Chambord is in the vicinity of Hongqiao commercial center;it has irreplaceable location advantages and is an extension of Hongqiao high-end residential compound,which features a unparalleled lifestyle and identity symbol for elites.

Site Address:99 Lianmin Road,Shanghai

Hot Line:(8621)69766688

Investor

Shanghai Ruihong Real Estate Co.,Ltd.

Developer

Shanghai D-LAND Real Estate CO.,Ltd.

Architecture Designer

PYDA Uitectonica

上海电气集团恒联企业发展有限公司

上海电气集团恒联企业发展有限公司(以下简称恒联公司)是一家以房地产开发、实业投资为主营业务的有限责任公司。公司贯彻“一业为主、择优联动”的经营方针，充分运用公司优势资源，以房地产开发作为核心主营业务，选择与房地产相关或延伸产业经营，目前已成为具有一定影响的房地产开发企业。

企业概况

恒联公司是由改制前的恒联公司与上海市机电工业房地产公司实施改制重组而建立的。

改制前的恒联公司是于 2000 年 5 月经电气集团总公司批准，由原电气集团总公司恒联分公司转制而建立的国有独资子公司。公司注册资本 9258 万元，主要经营房地产开发、建筑施工、装潢、房屋销售中介代理、宾馆会务、物业管理、电梯和空调维修、连锁超市等。公司下辖有上海市机电工业房地产公司、上海市机电贸易大厦、上海恒联物业有限公司、上海恒联机电设备工程有限公司等十九家企业。

上海市机电房地产公司是改制前恒联公司的主要骨干企业，注册资金 2000 万元，总资产 24970 万元。在十多年的房地产开发中，共开发和参建了 260 万平方米的住宅建设。近年来推出了“东方丰甸苑”、“玲珑古北”、“恒联新天地花园” 等精致商品房。尤其从 2000 年以来，公司不断提高房地产项目开发的质量和档次，努力实现从建造职工住宅向建造中高档商品住宅的转化，适应房地产市场的需求，先后推出了“东方丰甸苑”、“玲珑古北虹田苑”、“恒联新天地花园”等精致商品房。1999 年被评为上海市销售面积前 100 家房地产企业，2001 年被评为浦东新区销售业绩前十家房地产企业，在市场上具有一定的影响，形成了房地产开发、经营中的一些亮点。

目前，机电工业房地产公司已经发展成为一个具有房地产开发二级资质，在市经委系统乃至上海市房地产市场具有一定影响的房地产开发企业。

组织结构

改制后的恒联公司在组织结构上将按市场化要求形成新的模式：

建立符合市场运作的法人治理结构

由于恒联公司改制后，在产权制度上改变原来的国有独资模式，形成多元投资结构。因此，将按照《公司法》的要求建立股东会、董事会、监事会。

建立精干、高效的公司经营组织结构

改制后的恒联公司，在经营格局、管理方式上将有重大变化。着重突出以房地产开发经营为主体，强化业务经营意识，摒弃行政管理色彩。公司职能部门设立六部二室。同时根据“一业为主，择优联动”的经营战略，通过对原恒联物业公司、纪田销售公司的改制重组，形成对恒联物业公司控股 60%，对纪田销售公司参股 20%的经营格局。

经营理念与企业精神

——精英团队　众智成城

人才是恒联成就价值之本，恒联公司拥有一支经验丰富、德才兼备的高素质专业团队，他们伴随着恒联的发展，走过了无数风雨历程。在恒联公司 72 名员工中，硕士以上学历占 5.56%，大学本科学历占 16.67%，大中专学历占 50%。具有高级技术职称的占 13.89%，中级技术职称的占 36.11%。面向 21 世纪，恒联公司将通过人才的培育与引进，不断优化人才专业团队，进一步提升恒联企业人力资源的竞争力，实现人才价值到企业价值的转换。

——卓越理念　高效管理

恒联公司积累了十多年的住宅产业开发经验，建立，健全了一套科学、合理、高效的管理制度。通过产业升级、科技领先，在建筑新材料、工程质量、能源与环境等相关领域积极探索、精心操作、力求完美，着力塑造恒联公司“精益求精，追求完美”的新形象。

——密切合作　共赢发展

恒联公司着力于资源的整合与优化，宽入视野，广纳信息，通过灵活多样的融资渠道，积极筹措资金，发挥优势资源的力量，不断投入到住宅产业的发展中，通过企业的兼并、收购、控股与参股等多种形式与社会各界密切合作、共赢发展。

——进取精神　持之以恒

“追求价值更高一层”是恒联公司的企业精神，恒联人将以此为信念，不断设立更高目标，不断创造更高价值。用对社会、对股东、对客户、对员工高度负责的态度，通过坚持不懈的努力，把公司建设成为在房地产行业具有竞争力的大型专业化企业，并实现股东价值和员工价值最大化。

发展远景规划

时代赋予了恒联公司成就价值、创造价值的机会与条件，恒联公司的发展将依靠不断的创新与进取，以及人才的持续优化，依托社会、政府的关怀和支持。在未来发展的进程中，恒联公司将以专业化、规范化的管理体系，本着为社会公众创造未来生活价值空间的企业使命，致力于推动中国住宅产业化发展。以追寻价值更高一层的企业精神，不断提升企业经营实力，脚踏实地、一步一个脚印地迈出坚实而有力的步伐。

恒联名人世家别墅

中国房地产经典别墅成功开发典范

项目地址：上海市青浦区赵巷国际别墅区

贵宾热线：021-69750808

“恒联名人世家”别墅项目是由上海电气集团恒联企业有限公司投资，上海恒舜置业有限公司开发建设。

“恒联名人世家”别墅项目位于上海市青浦区赵巷国际别墅区内，总占地面积约430亩，开发建设约165栋独立高档别墅，容积率仅为0.25，建筑密度为17%，绿化率为70%。它的北面是沪青平高速公路，东面是国中国际游艇俱乐部，距离国家首批AAAA级景区——佘山国家旅游风景区只有6公里~7公里的路程，空气、水质、噪音都达到国际最优标准，而且专有6000亩国家森林公园——上海境内唯一国宝级山林，以及500亩壮阔月湖——上海最大的人工湖。在交通方面，独享沪青平(A9)公路，可以在车程30分钟左右直达市中心。

“恒联名人世家”别墅项目所处的赵巷国际别墅区，8000亩土地一次性整体规划，并定位为“赵巷国际特色居住区”。在本区域将规划兴建近400亩国际商业休闲中心、媲美美国学校的九年制宋庆龄高级学校、上海澳特莱斯品牌直销广场以及一座超大型五星级VIP会所等，构筑上海西区富人们购物、娱乐、休闲的集中消费区。国际超五星配套设施，更体现了“恒联名人世家”别墅项目的超值与尊贵。

“恒联名人世家”别墅项目与传统欧式别墅相比，更坚持自然与生活的合二为一，强调住宅空间与庭院空间的积极渗透，营造出更轻松、更适意和更具时代感的闲逸生活。将私密性、生态性、景观性作为别墅的灵魂，让别墅以超前的规划，体现一种同步国际的居住品质和生活方式。坚持超低容积率、高绿化率，遵循将私家园林最大化的原则，竭尽所能增加业主的私人空间，使恒联名人世家别墅户均达到2亩左右。为了加强别墅的景观性，恒联名人世家的社区主干道上安排了八大景观贯穿始终，以自然界中植物的四季变化为主轴，以古代唐诗意境为主题，诗景交融，营造生长在自然中的文化别墅。

为营造真正属于当代华人精英的别墅，恒联名人世家别墅项目借鉴了古代造园的一些手法，比如古代名门显贵以高墙深院墙来圈定自己的私有空间，在恒联名人世家就采用了高大绿篱，来锁定自己的私人天地。2米高的绿篱恰好构成了一道绿墙，而且四季常青，其根部又种植了富有层次的各种灌木，既美观又注重私密性。在园林植栽的配备上，体现了科学性、多元性和立体性，在进行植物的高低、疏密、远近的科学分析之后，引进了香樟、椿树、桂花树、樱花、池杉等珍贵植物。并分类为观赏性植物、闻香类植物、品果类植物、养身性植物，体现了养生健体的效果和怡情养性的情趣。在道路方面则采用三级道路层层铺进，并在庭院的四周种植高大树木，通过堆坡、筑篱制造特殊园林效果，在户与户之间用茂盛绿篱相阻隔，努力营造并捍卫业主至高无上的私密生活。

另外，恒联名人世家首度把中国传统名园文化融入了造园艺术中，以古代中国名园拙政园、网狮园、狮子林为创作灵感，打造了拙政雅舍、网狮尊邸、狮林贵府三套精装修样板园林，此三套园林分别以“雅”、“尊”、“贵"为主题，赋予了每套园林深厚的文化内涵。而这三大园林正代表了文人、商人和官人的审美情趣，让社会中的成功人士可以对位入座。

除了在园林方面，恒联名人世家别墅项目在建筑方面也充分体现了现代居住的深厚内涵，在上海首创“新华语别墅”，把建筑的形式与园林有机地融合在一起，同时也粹炼了中式建筑和西方别墅的精髓，设计了中庭、凹墙等，结合片岩、烟囱等西方建筑元素，增加质感。建筑风格很有个性，在整体又充分保持和谐，打造世界级名园别墅。

在房型的设置上，坚持“空间创造价值”的理念，以人为本，以自然为尊，采用全套房设计，每间卧室都附带独立的卫生间，充分保护主人和客人的私密，体现了别墅的真正王者之度。打破别墅常规做法，充分考虑到主人的舒适性和尊贵感。引进了内庭院和超大露台，让阳光和绿色充满每一个房间，让居者、建筑和环境融为一体。每户享有70平方米~200平方米的私家会所级的阳光地下室，层高3.3米，自然全采光，透气性强，隔音性好，这无疑扩大了别墅的生活空间，让业主享受私家会所，同时使别墅更具投资价值，大大提升了产品的价值空间。

上海恒杰房地产开发有限公司

上海恒杰房地产开发有限公司是一家主要从事房地产开发、房地产物业管理的综合性公司，公司注册资本2000万元，具有国家二级资质。现有员工近50名，其中拥有大专及本科以上学历的占85%以上。

公司于1994年介入国内房地产领域，并确立以大众住宅消费为本企业的开发核心业务，恒杰公司的全体员工凭借一贯的创新精神及专业开发优势，树立了“恒杰房产”——这一住宅品牌。公司先后开发了萧山新世纪广场、龙泉莱茵花园、上海松江新城檀香花苑、龙游恒诚·莱茵河畔、上海恒杰商务大楼、上海恒杰幼儿园等项目，开发的总面积已达到50多万平方米，所开发的住宅、商业用房在设计、质量、环境等多方面深受广大业主的充分肯定和赞扬，并为投资者带来了稳定增长的回报。

21世纪初，上海恒杰房地产开发有限公司积极参与上海一城九镇的城市发展建设。在上海松江新城地区已成功开发建设了近20万平方米的檀香花苑住宅项目和2万多平方米的恒杰商务大楼及恒杰幼儿园。檀香花苑占地近400亩，总投资4.8亿元人民币，其规划方案之优秀、建设方案之周密得到了上海市专家及松江领导和市民的广泛首肯。2004年“檀香花苑”被上海市房屋土地管理局初评为上海市“四高”小区。目前，公司在上海松江新城区正积极筹备开发近10万平方米、总投资近4亿元人民币的高尚住宅区——恒杰·丁香花园。

通过近十年的房地产开发经营，公司初步形成了以诚信为核心的经营理念、以人为本为宗旨的开发观点、以尽善尽美为目标的质量管理。造就和培养了一批房地产开发经营及管理人才，形成了一套全新的房地产开发理念，尤其注重品牌效应。

2002年底，公司又在浙江龙游投资开发了“恒诚·莱茵河畔”这一大型住宅小区，2003年“恒诚·莱茵河畔”被建设部评为“中国景观环境示范住宅”。

近几年来，公司积极开展规模扩张战略，先后被批准或评为中国房地产协会会员、上海房地产协会理事、浙江省民营经济研究基地、浙江省重合同守信用满意房地产企业和2003年度上海市民营百强企业第22位。

面对充满发展机遇的21世纪，公司还投资1.5亿元组建了上海恒诚创业投资有限公司和恒懋投资发展有限公司。并在煤炭开采、热电、汽车零部件等更广泛的领域开拓发展。

企业获得的荣誉

2003年获得中国房地产业协会会员单位

2003年获得上海市房地产协会理事单位

2003年获得上海市民营百强企业第二十二位

2004年获得浙江省民营经济研究基地

2004年获得浙江省重合同守信用满意房地产企业

恒杰房产

上海恒杰房地产开发有限公司

地址：上海松江区文翔路、西其吕路口

电话：021-67703366　传真：67703366

Clove Garden

恒杰·丁香花园

HengJie · Clobe Garden

中国房地产成功开发典范

由上海恒杰房地产开发有限公司所开发的**恒杰·丁香花园**坐落于上海松江新城区内。其东临三新路，南靠文翔路，西接文石路，北至规划支路，占地面积87958平方米，总建筑面积92455平方米，绿化面积39277平方米，绿化率44.65%，容积率为0.9，居住总户数546户。是集多层住宅、小高层住宅、别墅、商业用房、单身公寓为一体的大型住宅小区。

恒杰·丁香花园在总体规划上将欧美贵族建筑与江南名门宅院风格融为一体，让58幢私家宅邸掩映于盎然绿意之中，其雍容典雅的名门风范，正是尊贵人士休闲、居家、养生的理想名邸。

恒杰·丁香花园与英式风貌区遥相呼应；离佘山风景区一步之遥；距规划中的轻轨近在咫尺；更是沉浸在松江大学城的氛围之中。

恒杰·丁香花园以缔造自然舒适的生活环境、体现自然生态、营造完美空间为开发重点，并结合上海市松江新城地区特有的环境优势，倾情奉献的优雅居住小区。

整个居住区内的景观或以绿地取景、或以造型动人，融自然建筑、山水、绿化于一体，人临其境，恍若之于山水名画园中。别墅区内每户均以内庭院为中心，展开各功能空间设计，同时融入传统的“前庭后院”生活理念。多层、小高层区全部采用点式和板式设计，最大限度的满足住宅对通风和采光的要求。

整个居住区在配套设施的设计上处处以人性化为主，如健全无障碍设施、建立老年康复室、青少年活动中心、健身活动场所、商店、网球场和游泳池等等，这些都无一不体现出恒杰·丁香花园在设计、质量、环境等方面创造完美，追求完美的整体开发理念。

恒杰·丁香花园荣获

2003年“恒诚·莱茵河畔”项目被建设部评为“中国景观环境示范住宅”。

2004年“檀香花苑”项目被上海市房屋土地管理局评为上海市“四高”小区。

上海南航房地产开发经营有限公司

以人为本塑精品房产　持续改造争行业先锋

上海南航房地产开发经营有限公司成立于2002年5月，注册资本金为8200万元人民币，是一家以房产开发为主的具有强劲发展实力的中型房地产公司。公司成立以来，先后开发建设完成了长2公里、宽35米的航头镇主干道——航头大道，建成1#地块东面办公大楼一栋，累计总投入2.8亿元，已开发和待开发面积超过35万平方米，分三期完成总建设。其中，一期工程1#、5#街区的工程建设已经全面启动，道路东段（沪南公路以东延伸段）工程也正在建设当中。

南航房产非常看重公司的整体形象及信誉，“以人为本”的服务理念深入每位员工心里，“发展上海市城市建设，促进上海市的经济发展，改善上海人民的居住环境”是南航房产的企业宗旨。

面对中国加入WTO的历史契机，上海南航房地产开发经营有限公司将抓住机遇，乘势而上，继续弘扬“与时俱进，开拓创新”的企业文化，持之以恒地推进市场化战略，不断追求卓越与完美，凭借实力和信誉真诚回报社会，与广大客户、合作伙伴及员工携手共创美好未来！

金色航城

中国房地产标志性建筑成功开发典范

本项目位于上海南汇区航头中心镇航头大道南侧，东起沪南公路，西至扬高路延伸段，北起于三路南端，南至航汇港北岸，总用地面积为318亩，建成后面积为30多万平方米，共有1号～6号街区，分成三期滚动开发，项目建设期为三年，一期119亩（约14万平方米）已于2004年3月全面启动。另外，航头大道东段（沪南公路以东延伸段）0.8公里也在2004年12月中旬完工。

南航房地产公司一期工程由1号街区与5号街区组成，共计开发面积为14万平方米。其中住宅面积小高层9幢，建筑面积为48642平方米，6层多层有16幢，建筑面积为52700平方米，商铺建筑面积有29029平方米，地下车库等有11000平方米，其中1号街区开发总面积达106482平方米，分成17个建筑单体、三个商场、二个地下民防设施，以及沿街商铺，截止2004年已完成3、4、5、6、7、8、10、16、17以及1号、2号楼底下民防设施与沿街商铺结构封顶任务，其余部分在2005年5月全部完成。5号街区总开发面积达35715平方米，分成8个建筑单体、2个商场、2个地下车库及沿街商铺，18、20、22、24以及商场，在2004年12月完成主体结构封顶任务，其余单体建筑在2005年2月完成结构封顶任务，一期工程预计在2005年7月份完成室外总体配套工作，8月份完成绿化景观等施工任务，计划在2005年底交付使用。

本项目建设所在地南汇航头大道，位于上海市东南部（南汇航头镇）近年来南汇地区依托原有的产业特色，以及交通日趋便利的区位优势，不断改善居住环境，地区经济日益繁荣，在项目公司建设的航头大道的南面，与对面的高档别墅区及航头镇政府中心大楼一起，形成了一座集商业贸易服务、行政科技文化、住宅为一体的生活区。同时，将进一步改善南汇区的居住环境，从而促进南汇及航头镇的经济发展，本项目周边楼盘北面有双秀家园（2004年新开盘）绿洲千岛别墅，爱法家园（2004年10月开盘）及东方夏威夷第二期，南面有翡翠苑（期房2004年7月开盘）东升家园等楼盘。目前已在航头镇周边形成了一个房产开发的大势头。

同时，在小区配套上，公司将配套建成1.5万平方米的主题休闲公园，建成后将于航头大道沿线的商铺一起成为航头地区一道亮丽的风景线。

金色航城位于南汇区航头镇，属集住宅、商业、酒店、办公于一体的综合性房地产开发项目。总建筑面积32万平方米。

金色航城项目与航头中心镇镇区的整体规划是紧密结合的。项目东起沪南公路，沿航头大道展开2.7公里，西至规划中的杨高南路延伸段，北侧为航头镇政府行政中心、市民广场及已开发的高档别墅区（东方夏威夷、爱法·奥朗多庄园）。金色航城依托于航头镇镇中心的核心区位优势，将建成航头第一个大规模的高品质成熟社区。

金色航城基地由南北向的市政规划路划分为6个地块，整体规划设计结合航头中心镇镇区的总体规划进行，每个环节均有政府意见参与。项目一号、五号、六号地块为住宅区，包括一部分沿航头大道的底层商铺；二号地块为集中的商业中心；三号地块为集中的绿化带，是一个占地9.3公顷的城市综合性文体公园；四号地块为酒店式公寓及办公区。

项目目前开发的一期，即一号地块建筑面积10万平方米，由9幢小高层、8幢多层组成。

房子只允许在30%的土地上生长

将建筑密度严格控制在30%以内，多层、小高层和谐分布
金色航城拒绝拥挤、局促和压抑，坚持低密度的高品质生活
在宽栋距中享受最大限度的阳光、清风
享受开阔中庭的无尚美景，享受极目远眺的开阔视野

融入建筑的19世纪艺术恒美

形式是建筑的灵魂
金色航城以现代风格为基调，追求简洁、明快、新颖的时代感
同时与地域、人文等因素结合，融入19世纪新古典主义元素
赋予形式更美的气质，使建筑之魂焕发永恒的艺术魅力
而大面积凸窗，弧形大阳台，落地玻璃门
则以居住的舒适为最本质的追求

室雅何须大——玩转90平方米-128平方米空间

67平方米的一室两厅，90平方米的两室两厅，
110平方米～128平方米的三室两厅
金色航城一期近20种房型将合理适度的空间多角度阐述
提供多种功能空间，不同尺度组合的可能性
在控制面积与总价的同时
提供舒适宜人的居住感受与结合居住习惯的个性化选择

坐拥一座9.3公顷新城文体公园

倡导公园居住尺度，城市的诗意栖居
与政府共建一座占地约9.3公顷的新城文体公园，使最多的居民得以景观共享
数万平方米的主题绿化生态公园，一个大型体育文化中心
剧场、室外活动场和多个主题景区组成未来业主的游乐新天地
全面优化环境的同时，能游走其中
穿行、小憩、把玩，在别具匠心的造园艺术和配套中获得无穷乐趣

至高景界 俯瞰1650亩别墅版图

航头大道以北
与航头行政中心相接的是成熟的别墅区东方夏威夷与爱法•奥朗新庄园
形成社区向北无遮挡的广阔视野
俯瞰别墅区的优雅景致，享受别墅版图的尊贵氛围
群墅相拥成为金色航城最自然的窗景

时尚街区 100000平方米欲望无限放大

家门口的流光溢彩，来自于咖啡馆的门牌，西餐厅的吊灯
来自于音像店的海报，服饰屋的时装，还来自于人们快乐飞扬的心
顺应航头大道中心商业街的规划（上海东南部未来几年规划最大的一个商圈）
金色航城大手笔规划集中商业区和航头大道沿街商铺
100000平方米时尚街区，繁华从这里起源……

社区巴士+通达路网构筑立体交通网络

金色航城东起沪南公路，车行畅通无阻，沪南线、广野专线、原野专线、龙大线等十数条公交线路构筑现有的便利交通网络；西至杨高南路延伸段（在建），向北与杨高南路相连，更有规划中R3线贯穿航头中心镇，未来将更快切换家与市中心生活。金色航城更提供数辆金龙49座豪华大巴为免费社区巴士，从2006年1月1日到2008年12月31日，在每天的固定时段，接送社区居民到龙阳路地铁站，免去出行的后顾之忧。

贯穿城市东西2公里的水岸境界

观水、亲水、戏水——与水为邻的三个层次
从窗口南望，水是风景永恒的主题，河流随晨曦、夕阳变化色彩，却保持着灵动、至柔与透澈的特质
在亲水步道漫步，在水岸平台小憩，水在咫尺缓缓流动，疲累之心经过洗涤，重回纯净
撩起水珠，看阳光折射出七色的光芒，享受戏水这一城市生活的至奢之美
水——贯穿社区东西2公里的航汇港，带给生活唯美的新境界

金色航城

接待中心：上海市浦东沪南公路5780号　　市区接待处：龙阳路地铁站3号出口对面
咨询专线：021-58225822　58223355　50424380

上海永裕置业有限公司倾情打造

南郊花园

项目及基地概况

南郊花园别墅区位于上海周浦镇沪南公路东侧，由沪南公路，横桥路，周西路及周浦塘包围形成的矩形地块内。总体建筑规划创意源自美国纽约南部古雅浪漫的布鲁克林高地住宅区及公园坡史迹保存区，借上海周康地区独特的文化地缘优势，形成一个以联排别墅为主，辅以少量多层及沿街商业、会所等公共服务设施，功能齐全、环境幽雅的现代化住宅小区。

基地原为集镇建设用地，基地内地势平坦，总体地势略低于沪南公路。

主要技术经济指标

中国房地产经典别墅成功开发典范

用地总面积：91064.7 87149.6平方米

总建筑面积：58687平方米

绿地率：51.6%

绿化总面积：46964.5平方米

其中：

会所及入口区：2944平方米

其中：绿化面积：1680平方米

水体面积：776(475+301)平方米

草坪停车：100平方米

铺装地坪面积：388平方米

中心水景景观区：10683平方米

其中：绿化面积：6559平方米

水体面积：2356平方米

铺装地坪面积：1738平方米

建筑小品：30平方米

宅间绿地：35157平方米

其中：绿化面积：24746平方米

草坪停车：3539平方米

157个宅前停车位

铺装地坪面积：6872平方米

合计：

绿化面积：32985平方米

水体面积：3132平方米

草坪停车：3639平方米

铺装地坪面积：8998平方米

建筑小品：30平方米

注：铺装地坪包括石板，地砖，木板等材料铺就的步行小路，休闲广场等，不含车行道。

以上指标不包括红线范围以外的部分。如：主入口两侧的停车场，红线以外的入口道路等。

设计理念

突出人本主题：强调以人为本，从人的居住、休憩、观景、交往等功能需求出发，合理设置居家休闲、步行、观景、集聚、运动等空间，充分考虑景观设施细节，营造现代化人性绿色环境。

塑造绿色生态形象: 以生态学原理为指导构建绿地系统,充分考虑景观水体的运用及人工净化系统的辅助。根据植物的共生、多样性以及竞争效应,因地制宜布置乔、灌木、草本、藤本、水生植物,使之相互协调,营造一个人与自然和谐共生、良性互动的生态环境。

强化美式乡村别墅特色: 从景观设计的角度诠释纽约布鲁克林独特的古雅浪漫,充分运用统一与对比,均衡与韵律以及对景、点景、框景、借景等各种景观艺术手法,借鉴移植具有鲜明特色的美式别墅景观元素,结合现代及中西方各种造景艺术精华,创造一种有感染力的景观艺术氛围,提升楼盘品质。

景观环境初步设计理念

景观布局结构

南郊花园总体景观根据位置,功能特征不同分为会所及入口区块、中心景观水景区块,宅间绿地三大区块,其中前两块作为小区集中绿地形式,形成公共景观区域,而分布于宅间的大量小块绿地以及健身场,儿童游戏场,街角绿地等散布于小区各处,与公共景观区域共同形成主次分明,层次清晰的景观总体布局结构。

景观设计构想

青石飞瀑:

创意:会所后部的花园把流水的宁静、清新和悦耳的声音融为一体,在这里,你永远被置身于都市环境之外。水与植物和谐交融,令人静静地沉浸于对空间意义的冥想之中。层层叠叠的树枝以及一组组的石头进一步寓示着空间无尽的延伸。

景观元素及具体表现手法:结合围墙的瀑布,浅而清澈的水体结合多种形式的驳岸,水中的置石景观,水边的小块铺装场地,注重姿态的植物配置,较高的种植郁闭度。

莲池:

创意:会所前面一池生机盎然的碧水令会所建筑变得轻灵幽秘,一座木板桥轻盈的跨过水面,连接着会所和入口林荫道,在桥的尽头,几株棕榈类植物舒展着枝叶,婆娑的树影倒映在水面上,为整个空间平添了一缕异国情调。水池近岸的地方,生长着繁茂的睡莲、菖蒲、芦苇、马蹄莲……木栈台的下面或岸边毛石砌就的圆形水池里,流水伴着悦耳的声音倾泻到湖中。

景观元素及具体表现手法:环绕会所建筑的水体,卵石草坡驳岸与亲水台阶驳岸的对应,靠近木台的汩汩流水,石砌的小型涌泉瀑布,木桥,水边注重群落的植物配置,水生植物,会所建筑入口处整齐又不失自然野趣的铺装场地。

大门、林荫道:

小区的大门掩映在沪南公路边一片葱郁的绿色之中。门卫间坐落在中央绿化分隔带中,浓郁的美式乡村风格,不由令人想起美国西部草原,在车行道底外侧,是砂岩贴面的古曲式门柱,两片蘑菇石墙分列两侧,粗犷的墙面上装饰着精巧的小区LOGO。进入大门,仍然是葱郁的绿色,头顶是乔木宽大的树冠,路边是茂盛的竹林,以及树荫环绕的一汪碧水。

忘忧湖,翠漪水带:

创意:从入口林荫道尽头两排别墅之间一条石板小径进去,沿蜿蜒小径前行,满眼的青翠,感受粗凿的石材所特有的朴野质感。不知不觉间,浓郁的苍翠变成了闪闪发光的水面,在众多别墅、绿树的簇拥下,忘忧湖那拨动心弦的空灵令人如入仙境,湖畔是石板铺就的亲水平台、木板钓台、原木花架廊,无论站在哪里始终可以饱览湖光秀色,而湖中绿岛更增添了几分情趣。忘忧湖往北面一直伸展出去,形成一条长180米的狭长水面—翠漪水带,使本身面积不大的水面显得无穷无尽。水带两侧,片石砌就的驳岸与草坡驳岸交替出现,石板铺成的小径也始终随着水面前行,这是一条充满诗情画意的步行之旅:春日赏樱,夏日观荷,秋日采枫,冬日探梅。水带的北端,一座美式风格的凉亭成为景观有力的收束。

景观元素及具体表现手法:带型水面,湖面,直线形态的石砌驳岸与曲线形态的卵石草坡驳岸,亲水木台,亲水铺装场地,原木花架,原木凉亭,水中小岛,联系附近几座别墅的石板小径,过水石汀步,亲水木桥,沿水边延伸的步行线路,小块铺装场地形成步行线路上一个个休憩停留空间,水带北端的涌泉和南端湖泊水底的回水口形成水体循环,多种形式的植物配置手法。

宅间绿地:

创意:作为住户将天天面对的宅间绿地,设计力求做到平实耐看。距北侧别置均设置护栏。

儿童游戏设施应选用国家强制认证产品,确保安全。

结构

绝大部分地面采用素混凝土。考虑到各部分的重要性,会所主入口广场部分地面和涌泉采用配筋混凝土。

为防止地面开裂,地面设伸缩缝,伸缝宽20mm,每6m左右设一道,缝内填沥青类材料;缩缝采用假缝,每3m左右设一道,宽8mm,深60mm。

由于大部分挡土墙两侧地面高差均小于1m,故采用360厚砖砌挡土墙,下设素混凝土垫层,挡土墙顶部厚度按建筑要求。

青石流瀑处挡土墙两侧高差在2m以上,同时考虑种植带的设计,故采用钢筋混凝土结构。

6大特色 6大智富秘诀

随着别墅用地叫停,如[富兰克林]这样坐落于经济重镇上都市捷运线边,高性价比别墅式住宅(主力面积联体别墅160m²——美式独立屋240m²)特别是总价135万左右的别墅式住宅开始愈加珍贵!有关报道称其160m²~240m²左右是极受市场青睐的别墅产品,明日前途无可限量,并列举了其160m²联体别墅6大特色。

1 够舒适 超高性价比

舒适性,客厅面宽5.7m、顶层加尖顶层高5.5m、客厅层高3.9m(层高这一优势在周边市场是决无仅有的),并附设星光露台、私家花园、进口品牌中央空调、澳洲原装进口热水炉、卫生间地热系统、威卢克斯天窗等,有天有地有花园产品性价比较高。

2 全南向全明设计优秀房型

向阳性,客厅、次卧、主卧、观景阳台全部为南向,三层主卧独立套房设计阔绰私密阳光充足,所有空间全明设计。

3 惠多好用 总价适中

实用性,主力房型160m²,总价适中,内部空间规划上,作了符合国情的"本土化"处理,房型设计合理决无浪费,契合实际购买力和居住需求。

4 人文艺墅 傲视同侪

艺术性,更难能可贵的是,160m²联体别墅由室外至室内空间变化的多样性及个性,特别是窗窗有景、移步换景、景与景的相互渗透交融之美式人文景观规划,是市中心复室住宅远不能及的;景观方面,开发商可谓不惜成本动足了脑筋,参观其他优秀项目不计其数;特别是通过植被的自然间隔将私家庭院与组团绿化融为一体,力求景观之间相互借景渗透的效果,与一般项目私家庭院与组团绿化简单分割呆板设计形成鲜明对比。此外,其底毛石基座、中段仿木喷砂涂料立面、顶部新型英红瓦屋面(防水保温隔热)等建材符合较高美学要求,区域市场更是无出其右者。

5 享捷运 超便利 身价稳看涨

便利性,160m²联体别墅是真正可以"生活"的别墅,周浦镇的相当成熟的生活配套、离陆家嘴仅13公里30分钟左右车程、R3线——居家生活、交通便利;

6 7%投资回报,投资钱景看好

投资性,随着别墅用地叫停,总价135万左右的别墅式住宅开始愈加稀缺!加之,周康中心镇是具备众多利好强力支撑的成长型地区,相对于已经过热甚至饱和的"热点地区",投资效应及成长空间更为强大!此外,经济圈将加快康桥工业区申江南路IT产业配套园、杨高南路创业园等功能园区、上海国际医学园区的建设;届时,园区企业中高层势必会成为租房强力客源,成为长线投资的有效保障。

投资商:上海永裕置业有限公司　　开发商:上海汇裕置业有限公司

021-58117788　58118811

68116188　68116288

上海宁新房地产开发有限公司

凯德置地(中国)

凯德置地(中国)是亚洲最大的上市地产公司之一的嘉德置地集团在华的全资子公司,凯德置地(中国)是一家活跃于中国房地产市场的投资与开发公司，总部设在上海，凯德置地致力于国内高品质住宅和商用房的开发。进而为人们创造更美好的生活环境,自1994年进入中国以来,凯德置地在上海、北京、广州等地开展业务,目前在华总投资规模已达160多亿人民币。

凯德置地(中国)一贯倡导以人为本,尊贤重仕的企业文化,竭诚为客户提供最好的产品和服务。最大的优势源自强有力、有丰富国际经验的管理团队,及具有奉献精神和专业素质的优秀人才。

目前,凯德置地在上海的住宅项目有:菊园一期、江临天下、汇豪天下、天山河畔花园、莱诗邸、曼克顿豪庭等

新加坡嘉德置地集团

嘉德置地集团总部设在新加坡。其业务遍及全球,在澳洲、亚洲和欧洲的主要城市开展业务,集团的服务式公寓和酒店业务分布全球60多个城市。

新加坡嘉德置地集团使命

以国际化的形象构建世界级的房产企业。

- 创造持续的股东价值
- 提供高品质的产品和服务
- 吸引并发展高素质的人力资源

凯德置地(中国)所获荣誉

2004年1月 凯德置地(中国)中高档住宅项目天山河畔花园荣获“中国最具影响力楼盘100强(金奖)”

2004年7月 凯德置地(中国)中高档住宅项目天山河畔花园荣获“2004年上海最受欢迎楼盘综合金奖”。

2004年2月 凯德置地(中国)项目公司上海宁新房地产开发有限公司荣获“2003年度上海市住宅建设实事立功竞赛先进集体”称号

2004年3月 凯德置地(中国)荣获“2003年度黄浦区优秀外商投资企业”

中国房地产成功开发典范

天山河畔花园位于上海市长宁区水城路与天山路交界处，整个项目将由17幢24层~28层楼群组成，占地约11万平方米，总建筑面积达27.2万平方米。建成后将有约1900多户，房型为两房到四房。小区绿化率55%，小区靠近延安路高架以及内环线，地铁2号规划延伸线近在咫尺，出行便利。周边拥有健全而成熟的配套设施，如公园、商场和国际学校等。

天山河畔花园
Oasis Riviera

CapitaLand
凯德置地

安乐窝，原来是这个意思——国际级专业保安系统

天山河畔花园特聘高纬宏腾作为物业管理顾问，上海陆家嘴物业管理有限公司实施管理，其所采用的国际化管家服务和住户保安系统，已全面在整个小区至住户内建起高科技的保安网络，细致入微的全天候保护，带给您和您的家人一个安逸的生活空间，也让您在繁忙的工作中没有后顾之忧。双重保障，安家称心。

严密保安系统包括：小区周边报警系统、电子巡更系统、小区闭路电视24小时监控系统、小区可视对讲系统、小区刷卡门禁系统、小区所有住宅电梯均设三方通话系统、一、二层及顶层设置家庭防盗报警系统，其余楼层的起居室及一个卧室均设置紧急报警按钮，紧急情况下可直接向小区保安中心报警。

从容点，干杯吧——更宽敞室内设计

再多的朋友，也无限欢迎。

特别宽敞的客厅及厨房，让生活从容之外，更可大宴亲朋；当然，卧室同样有余裕空间。为提供最舒适的空间运用，住宅楼主要采用二梯三户设计，其余为二梯二户及二梯四户；单元面积由100至230平方米，由2至5室户。每一扇门里，都容得下多个世界、多个故事。

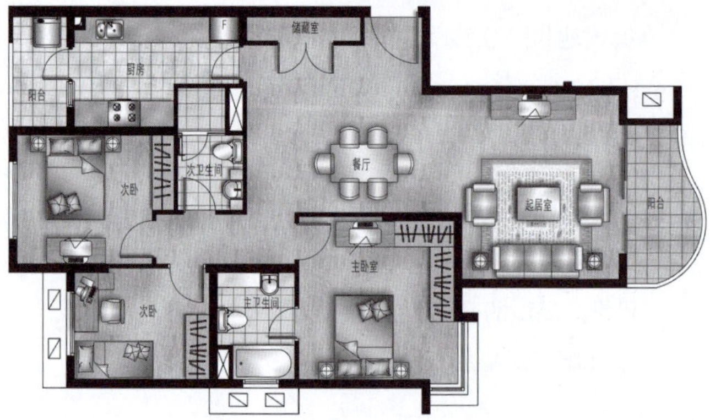

6号楼01单元、7号楼03单元3-18层平面图
(面积约142.43㎡)

家，在半空亮了——DP的玻璃阳台

源自DP建筑事务所的设计，为天山筑起简约的外形，再加入曲线型玻璃阳台，让客厅迎接更多阳光。难得在这里吃个早餐，赏一道流星，住户可尽享私人空间。

户户向南，明亮通风，部分单元更备大尺度玻璃客厅，或独立饭厅，均能欣赏到北侧的天原河滨公园和苏州河景色。你爱的家，也会是朋友渴求的家。

先躺下来，再说吧——北面开放草地

心自由，身体也更奔放。来到会所北面大片开放草地，放放风筝、耍耍太极、坐下读一本心爱的书，或者在蓝天白云下，体验“无线上网”带来的无限自由，甚至完全躺下，接受阳光的洗礼，没有什么不可。东面处更有遛鸟区，爷爷奶奶、外公外婆，也来一起偷个闲吧。

跑了，笑了——儿童冒险乐园

笑声、嬉闹声此起彼伏，这里是欢乐的制造场，也是孩子健康成长的乐园。沿会所外的迂回浅溪走到尽头，便到了儿童的天堂。绕着人造小湖的堆沙区，是女孩子过家家的好地方；不远处的冒险游乐区，男孩们正在比试身手。不过，堆沙场也可以是男孩的战场，女孩们在冒险游戏中的勇气一点也不少。

阳光，早安！——度假式园林会所

要健康，又要写意，来这里便同时拥有。独立2层高的度假式园林会所内，户外大型泳池与阳光甲板相连，也有沁凉的25米室内泳池，两种闲情，一样的悠游。

还有全天候按摩池、桑拿房、儿童嬉水池、壁球场、多功能厅、棋牌室、游戏及台球房、健身房、咖啡厅、演歌室及阅读区等，还可在这里无线上网，一游网上世界；你大可忘却时间，全身放假。

来，叶儿有话跟你说

——澜雅园艺

一处园林、一处休闲……

近十一万平方米的空间，让你与大自然更亲近。全交由屡获殊荣的澜雅园艺公司(LandArt)负责规划，整个小区被精心打造成一片连绵的绿，绿化率高达55%以上。

曲径小道延伸整个花园，轻松到达各休闲点、健身站及会所，漫步这边，踱步那边，都与绿荫融汇一起，每个角落都带着一份清逸气息，沁人心脾。

对不起，我早到了

——完善交通体系

独揽上海“西大门”的优势，中山西路段内环线高架、延安路高架及轻轨明珠线，就在附近。而地铁2号线延伸线，更沿着天山路，横跨东西，贯通两大国际机场；步行5分钟即到地铁威宁路站，出行条件非常优越。交通体系立体、完满，向东、向西、往内、往外走，都快人一步。

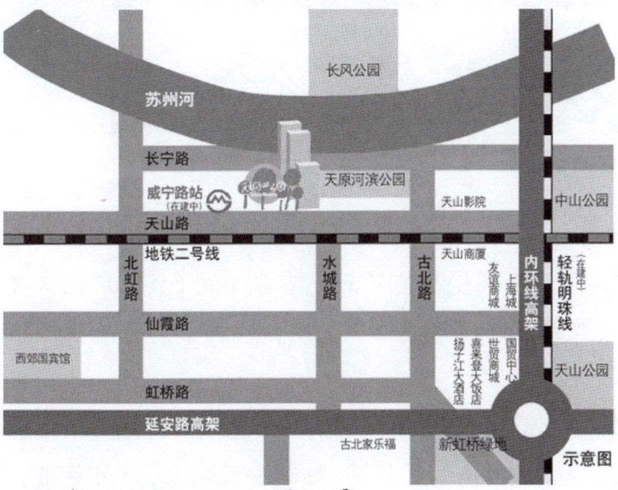

跟我闭上眼，感受一下

——上海西郊

用身体感受：绿色已占据一半视野，街上走，每步都是花香，听鸟语多于车声，空间远比人多……上海西郊，就是一处这样的地方。天山河畔花园以这里为家，不但分享到这一带的惬意，更与苏州河为邻，独占她的优美。

在水城路883弄，南至天山路、北至长宁路之间，紧倚天原河滨公园，17幢24至28层高尚住宅建起一个脱俗的家——一个长宁区罕有的园林水岸居停。

还早，再走一圈吧

——毗邻三大商圈

随时安坐咖啡屋，随时买一件心仪的衬衣，第一时间看新上映的电影……住在天山河畔花园，可瞬间穿梭于市区酷点。驾车10分钟，即可到天山商厦、百盛上海城、友谊、天山影院、扬子江大饭店等中心商业圈，附近更有水城路和平广场（美食街），吃的、买的、玩的，一切随意。

甚至大清早，想到中山公园走走，亦同样便捷，驱车前往只需15分钟。同样车程，亦可到古北新区凑凑热闹，Starbucks、家乐福、便利店……节目自定。顺道看看著名五星级酒店、国际学校、舞蹈学校……一路都有无数吸引点。

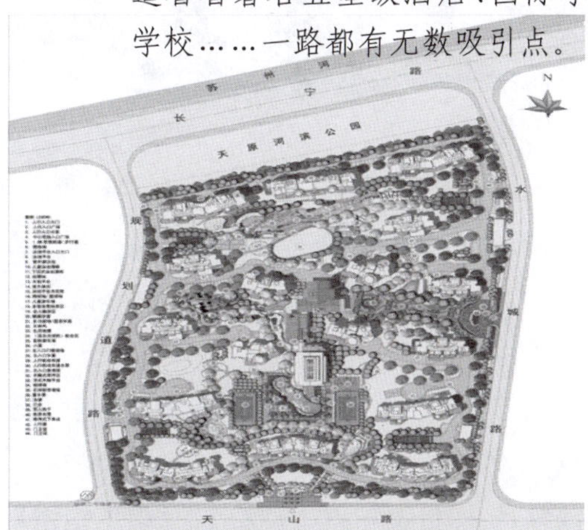

这里就是上海西郊水岸绿色居停——天山河畔花园

售楼电话：021-62738500

跟上海热腾的灯火擦身而过，走进气定神闲的长宁区；再从气定神闲之处，步到恬静的西郊苏州河畔，那里有个入口，通往这座城市的另一世界。

进去的人都有种习惯：先放下身上沾染的尘埃，再慢慢的，调低神经的节奏，头脑也似用清泉洗净，没有牵挂。一心寻找自己喜爱的。

一杯茶、一朵花、一段路、一个泳池、一个梦、一个秋千、一双跑鞋、一只纸飞机……

每个角落都是一人一个世界。

上海天歌置业有限公司

上海天歌置业有限公司是专业从事房地产开发经营的企业，公司经重整于2002年7月25日在浦东新区正式注册成立，系国内合资企业，二级资质。公司整合了其前身上海东厦房地产开发有限公司、上海东苑瑞兴置业有限公司、上海银河房地产经营有限公司、南通叁和地产投资发展有限公司等公司的资源，集十余年成功经验于一体。

十余年的开发，磨砺出了公司**“代楼市立言，与岁月俱进”**的开发理念，萃取出了**“面向未来、锐意创新、居安思危、自强不息”**的企业精神，公司将传承和发扬这一富贵精神财富，高瞻远瞩，永不自满，时刻奋发向上。公司董事长兼总经理陆建冲先生从事房产开发10多年，曾领导开发东苑半岛花园和半岛豪门花园等知名楼盘，累计开发面积和销售面积约100万平方米，销售率达100%。公司设有投资策划、审计、工程、技术、行政、财务、销售、企划等8个部门，现有各类工程技术及管理人员36名。

公司围绕“立足房产、扎根上海，强化品牌、走向全国”的发展战略，积极传承整合其前身的品牌效应，并不断发扬光大。上海东苑瑞兴置业有限公司作为其成立前最重要、且开发项目距离目前最近的公司，不但屡获重奖大奖，而且还曾创下震撼上海楼市的排队7天6夜、开盘日售198套抢购的傲人纪录，因此在上海享有很好的知名度和美誉度。公司凭借这一先天优势，计划3年内进入上海房地产企业综合实力50强排行榜，10年内进入前20强，10年后在国内有一定知名度，并面向全国发展。

天歌花园是公司成立后的开篇之作，公司将集多年成功经验之大成，整合济济人才之力，用更加敏锐的市场意识和大胆的创新精神，力争将天歌花园打造成环境更优美、房型更合理、居住更舒适，更具文化内涵和示范意义的楼盘，以期使其成为宣扬品牌的巅峰巨制，翘楚上海的典藏珍品，并力争为上海房地产业的腾飞作出更大的贡献。

天歌花园

中国房地产成功开发典范

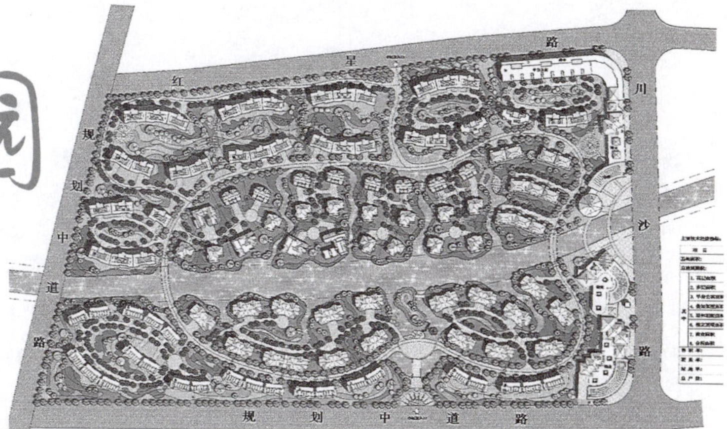

天歌花园为上海天歌置业有限公司在浦东新区的开篇之作。小区坐落在浦东新区唐镇川沙路西，红星路南，占地约 14.3 万平方米，总建筑面积约 15.5 万平方米，有小高层和多层普通公寓与单身公寓，有叠加、联体和单体别墅，并设有商业广场和会所等。小区集生态性、景观性、功能性、舒适性于一体，为高品质的综合性住宅区。

小区的主要特点和优势体现在其“以水为主，以绿为辅”的景观设计方面。小区容积率较低，绿化和景观占地面积大。整个水系以横为主，纵横交错，形成多个小岛和半岛，亲水性好。另外在绿化的设计上既注重四季有绿季季有花，又注重突出不同季节的不同特色，做到四季分明。

小区在房型上最具创新精神。简约风格，层层退台，绝大部分住宅不但有用于休闲娱乐场所的大阳台和大露台，而且还专门设计了安装太阳能设备的大平台，此外部分房间的非承重墙放弃了传统的水泥红砖，而改富有亲和力的木材；这些措施的采用大大提升了居室的节能性、环保性和舒适性。

本公司先前曾成功开发大量楼盘，并在各类评比中屡获重奖大奖，已在本市形成了品牌优势。在天歌花园的开发中，由于太阳能的利用和木材在住宅建设中的广泛采用开上海节能住宅之先河，极具划时代意义。

新技术新材料运用

纯水供应系统

小区建有净水中心，水源经过逆渗透水处理系统层层过滤，矿物质、氧含量一点不少，异味、杂质、细菌、重金属统统除去，全封闭循环网直达业主厨房，6 小时回流交净化中心，纯水指标优于 WHO（国标卫生组织）标准，龙头一开可直接生饮。

垃圾分类压缩处理

小区对生活垃圾通过层层筛选，将有机垃圾中的塑料、纸张、破布等，无机垃圾中的易拉罐、玻璃、金属制品等可利用物质分类分离出，集中后运往废品回收站；将其余不可回收的垃圾通过压缩、除臭、装箱，运往市垃圾处理中心进行处理；并将有毒或放射性严重污染环境的物品专门化收集，并送往工业垃圾处理站进行彻底处理。

太阳能设备

小区绝大部分住宅均设有安置太阳能的平台，所以绝大部分家庭均可用到太阳能。由于上海四季的日照都较充足，所以洗澡、洗涤等生活用热水龙一开便能满足，这对减少国家能源压力，减少居民电费开支都有着重要的意义。

螺旋消音管

排污水管内壁有连续不断的螺旋纹，污水进入后可形成涡流，沿螺旋纹旋转而下，减少了水体垂直下落对管壁所带来的撞击和冲刷以及因此而带来的震动，从而消除了噪声，并增大了管道的抗折、抗拉伸、抗压缩性能，延长了管道的使用寿命。

木质墙壁

由于木材较传统的红砖水泥等建筑材料具有重量轻、隔热好、无辐射、无污染、易加工以及亲和力强等性能，所以为提高居室的舒适性、环保性和节能性，以及装修的灵活性，小区住宅部分房间的非承重墙采用木材为建筑材料。

“断桥”工艺铝合金窗框

小区采用“断桥”工艺铝合金窗框，铝合金为热的良导体，但中间断开隔入高级尼龙材料后，使传热性能大大降低，同时采用两层玻璃，增强了整个窗户的阻热节能、隔音减振、防止紫外线的功能，有利于身心健康。

上海东紫房地产发展有限公司

上海东紫房地产发展有限公司成立于1999年11月4日，是专门从事房地产开发与经营业务的企业，资质等级为二级资质。企业注册资本金2000万元。公司现有职工76人，有职称人员31人，其中中级职称人员23人。

上海东紫房地产发展有限公司自1999年成立以来，以“共创理想空间”为经营理念，致力为上海大众住宅市场开发优质精品住宅。东紫凭借准确的产品定位、多项目管理的能力和良好的售后服务体系，逐渐奠定了在上海房地产开发市场的优势地位。迄今东紫房产已在上海松江新城区祥和路西侧成功开发了高档住宅小区“东明花苑”，该小区总建筑面积17万平方米，其中商品住宅面积14.5万平方米，公建面积2.5万平方米。现已交付入住使用。

2004年度在建项目有“紫东新苑”和“东明商城”，建筑规模37万平方米，总投资规模达到7.6亿元。该项目将建成包括多层、跃层、高层在内的高标准、多功能、智能化住宅小区，且公建配套设施完善。“紫东新苑”现以预售。

松江新城区标志性建筑“东明大酒店”“东方夏威夷高档酒店式公寓房”也正在建设中，该方案总建筑面积279456.7平方米。

东紫房产自1999年涉足房地产领域以来，以“开拓、创新、诚信、求实”的理念发展企业，不断开创企业新的辉煌。本公司在总经理领导下，经全体员工共同努力现已荣获多项奖项如下：

2001年度荣获松江区私营企业优秀单位；

2001年度被评为上海市私营企业前百名排名第41位；

上海市2001年度住宅销售面积50强排名第6位；

2002年上海房地产销售面积前100名（第13名）；

2002年上海房地产销售金额前100名（第62名）；

2002年度还被评为首届（2003）上海市房地产开发企业50强。

2002年开发的“东明花苑”被评为2003年度上海市“四高”优秀小区。

公司近期的发展目标是在最近三年内使东紫房产成为上海乃至全国知名度最大、综合实力最强的房地产开发经营企业之一，在竞争日趋激烈的房地产市场中占有重要的市场份额，并全面提高企业核心竞争能力，使企业快速地走上规模化发展的道路。

紫东新苑

东明商城

中国房地产成功开发典范

项目选址

"紫东新苑"商品住宅项目选址于上海市松江新城区大学城以南，项目四至为：东至西其昌路、南至通源路、北至文祥路、西至规划道路。项目总占地224678平方米（约337亩）。

建设条件

地表

本项目基地内基本上是农业用地，有少量村民住宅需要动迁。

道路交通

项目西侧为西其昌路，路幅35米

项目南侧为通源路，路幅35米

项目北侧为文祥路，路幅30米

项目东侧为规划路。

气象

松江区属亚热带气候，温和湿润，季风明显，雨量充沛。极端最高气温38.2℃，极端最低气温-10.5℃，常年平均气温15.4℃。年降雨量1103.2mm，年最大降水量1717.9mm。强风20m/s西，西北；台风、热带风暴年均2次；强对流天气（龙卷风、冰雹、强雷雨等）1～3次/年。冬至日出6:56，日落16:59；夏至日出4:50，日落19:05。

限高

本项目拟建多层、跃层、高层，基地上空非主航道，建筑高度无妨。

给水

本项目水源由松江区新城区自来水厂管网纳入。

供电

本项目电源由新城区3.5万伏变电站供应。

供气

本项目煤气由其昌路煤气管道敷设供气。

排水

本项目周边水网交错，雨、雪水等地面径流就近排入周边河道。

排污

本项目为住宅小区，无工业"三废"。生活污水经小区污水处理站处理后排入新城区市政管道。

通讯

项目所需电话线路由松江区邮电局供应。

有线电视

项目有线电视线路由其昌路敷设而入。

环卫

小区设垃圾房,集中后送新城区垃圾站统一处理。

文教设施

项目南约一公里处有新城区幼儿园、思贤学校、大江职业学校等,项目北侧即为松江大学城。

购物

项目附近大型超市、商贸中心即将建成。

医疗卫生

项目附近上海第一人民医院即将建成。

施工

由于本项目占地面积大,四周交通便利,因此无论搭建施工临房,堆放建材、运输、或出渣土均有周转余地,施工条件较好。

主要技术经济指标

总开发规划用地面积	226619m²
总建筑面积	366482.6m²
其中住宅	258082.6m²
商业	108400m²
小区容积率	1.679
商业街容积率	1.486
绿地率	>50%
其中集中绿地面积	≥15%

小区总体规划

"紫东新苑、东明商城"项目的总体规划依照了法国思构设计院对松江新城区的总体规划设计,汇同上海同济大学、松江规划局专业技术人员专家组对新城区总体规划的细化,以及根据新城区目前开发建设的具体情况而进行设计。

"紫东新苑、东明商城"项目将建成包括多层、跃层、高层在内的高标准、多功能、智能化住宅小区,且公建配套设施完善,临近西其昌路将建成一条具有北欧风格的商业街。

本项目总体布局合理,景观组团新颖独特,将商业设施与商品住宅用地有机结合,既方便了业主,又能对外经营。其次,道路网络设计为机动车道、步行道、健身道等三个系统,使人、车分离。各组团之间融会贯通,充分顾及合理、安全、休闲、运动及景观。

鉴于项目分期开发,小区规划不仅保证项目的整体性和延续性,还兼顾分期规划的相对独立性并保持一定幅度的可调整性。同时,处理好前期已竣工使用区和后期施工区之关系。

优势

项目选址于松江新城区,其位于松江古城北侧,北依佘山国家旅游度假区,东邻松江工业区,过境松江的沪杭高速公路贯穿新城区全境。连接新城区入口的方松公路,把沪宁高速、318国道与松江紧紧相连,因此交通十分便利。

松江新城区的规划,由著名的法国思构国际设计公司担纲主持,新城区追求的理念是现代化、国际性、园林生态型,具有旅游文化特征和最适合居住的城市。"紫东新苑、东明商城"选择新城区中心位置辟建住宅小区,项目为绿水环抱,水清气净,加之满目翠绿,使东紫新苑成为居住者最佳选择,该项目市场前景乐观将成为房地产销售的新热点。

上海元和投资有限公司

上海元和投资有限公司成立于2002年6月，公司是从杭州到上海投资房地产的一家民营企业，注册资本为人民币3000万元，注册地址位于上海市虹口区祥德路302号321室，公司办公地址在上海市虹口区逸仙路270号（宝丰联大酒店5楼）。公司组织机构为：股东大会——执行董事——经理室——总师室——下设：办公室、财务部、投资部、工程部、材料部、销售部、物业部，现有工程技术人员12名。

公司目前开发的项目有上海“逸虹景苑”、杭州“红石·中央大厦”等，公司下一步计划开发项目有：按照中央指示精神，解决三农问题，为农民拓展市场，开发建设长三角大型“浙江（嘉善）农产品批发市场”，连接沪、江、浙三地，实现接轨大上海。

元和投资，用心创造未来

“艺术品的珍贵，是因为融入了创作者的心声”

作为一家集房地产投资、开发、经营于一体的现代企业，上海元和投资有限公司始终坚持“用心创造”的理念，努力开发优质的楼盘。公司在杭州投资开发的“红石·中央大厦”项目，凭借其一流的品质，深受客户欢迎，成为拱墅区的标志性建筑。今天的元和“我们打造房子，更打造梦想”已成为一种企业文化深入人心。正是带着这样的信念，元和投资以打造艺术品的虔诚，以质量为基础，打造“逸居虹口”，力求将一个美丽的心灵逸居带给所有热爱生活的人。

每一天都能调到快乐频道，每一刻都能下载浪漫情调，因为这片天地，是每颗心的快乐逸居

HONGKOU COZY LIVE

新虹口·心逸居

逸虹景苑

中国房地产投资性物业成功开发典范

"逸虹景苑"项目概况

项目名称：逸虹景苑

项目地址：上海市虹口区逸仙路300号

建设单位：上海元和投资有限公司

设计单位：上海大境建筑设计事务所

监理单位：上海工程建设咨询监理有限公司

施工单位：上海高科建设工程有限公司

用地面积：14425平方米

建设规模：总建筑面积：46600平方米

其中：住宅建筑面积：26300平方米

办公及商业建筑面积：15800平方米

地下建筑面积：4500平方米

机动车停车位：130辆

本项目位于上海市虹口区逸仙路300号，地块在逸仙路西侧，南邻宝丰联大酒店及纪念路、北靠粤海酒店、西近海上新月住宅区。周围住宅小区有三湘世纪花城，文化花园，海上新月等，地理位置适中。"逸虹景苑"是一个中高档住宅、办公综合性项目，根据地块形状和周边楼盘情况，建造8~20层的中小高层住宅。沿逸仙路考虑建造20层的商办用房，办公楼地下为停车场。公司力争将"逸虹景苑"项目建设成一个民心工程、放心工程、精品工程，一幢20层办公楼申请白玉兰奖，公司愿为上海的城市建设做出一份贡献。

住宅：小区内建8层住宅1幢，14层住宅1幢，17层~20层住宅1幢。每户建筑面积在90平方米~130平方米之间，主要房型为二房二厅一卫。

商办用房：商办用房沿逸仙路建造，商办楼为20层，1至2层为商业用房，3至4层为大开间办公用房，5-20层为小开间办公用房。

餐厅：餐厅位于商办用房的南面，餐厅为4层，约2300平方米。

◎心沉醉快乐的飞奔

——立体交通，畅达四方

逸仙路高架、轻轨构筑了一个高速的立体交通网
数十条公交线路由此纵横四方
直达人民广场、南京路、淮海路、火车站、五角场……
从此，不必担心坐车不便、上班迟到
作为逸居虹口的主人，你唯一需要习惯的是
让心沉醉到快乐的飞奔中，每天过足速度瘾

◎心沉浸生活的港湾

智能物业，安享生活

智能通讯、智能安全、智能物业
构筑了一个全方位的智能安全网
特聘的专职物业管理专家
用24小时守候您的家园
让每天的生活更安心、更舒适

◎心享受快乐的三角恋

繁华商圈，优质生活

五角场、大柏树、曲阳三大商圈交汇处
生活突然变得简单而又生机盎然
家乐福、易买得、华联大超市环绕
柴米油盐巧克力，采购也可以是一种幸福

明天是去五角场逛逛上海的另一个徐家汇
还是到曲阳商务中心为新家选块窗帘
或是在大柏树的热带雨林大浴场舒活筋骨
只好用"石头剪子布"来决定
原来"三角恋的生活"也可以很享受

◎心邂逅孩子的梦

——名流学校，孕育名流

从幼儿园、小学、复兴中学到名牌大学
完善的教学配套设施
让你在一个离家很近的地方守候孩子的成长
闲暇之余带孩子走走复旦、看看同济、聊聊财大
三大名校的脉脉书香，陪伴了孩子的成长
孩子选文科、学理科、搞经济，其实并不很重要
看着他们慢慢长大，学会自己规划美好的未来
你的心其实比什么都快乐

◎心学会东挑西拣

多样房型，圆您梦想

从温馨的两房到宽敞的四房
在设计师的精心规划下
每一个房型都有了自己独特的个性
86㎡的小二房是单身贵族的最爱
101㎡的二房是两个人的浪漫天地
如果不想面积过大又希望有个书房
105㎡的精致小三房可以圆你的梦想
在这里，同样的面积却有完全不同的选择
逸居虹口，纵容你的心东挑西拣
从一开始就选定自己想要的生活

◎心聆听花开的声音

中心绿地，四季颜色

亲近自然，是城里人的奢望
安逸休闲，是最好的享受
在逸居虹口，他们充分体现“以人为本”的
原则，全力营造有趣、自然的小区景观
规划景观，更规划自然、和谐的生活
在小区中心设计了中庭绿地：彩虹拱门
连廊花架、亲水平台……，四季景观轮回呈现
工作之余，来到小区中庭
感受左右逢源的趣味和放松
感受另一番城市山水的休闲和惬意

◎心看阳光轻舞飞扬

人性空间，放飞心情

在充满自然光线的房间里
生活突然变得更加明媚动人
户户朝南、室室采光的人性设计
让每一个角落都能享受阳光温暖
客厅、卧房、厨房、甚至是在卫生间
都能与清风亲密接触
于是习惯每天早上起来
边煮咖啡边看阳光穿过玻璃窗
在房间里自由穿梭，轻舞飞扬

◎心被凝固的艺术征服

金质团队，勾勒美宅

简约流畅的现代外观
透出建筑独有的宁静与内敛
行云流水的自然线条
勾勒了都市美丽的天际线
在每一个精心雕刻的细节处
藏着设计师对人性化的独到见解
谁说凝固的建筑没有生命
金质团队用“心”打造的美宅
用艺术征服每颗年轻的心

接待会馆／上海市逸仙路 270 号
（宝丰联大酒店院内）
021-65600111

逸虹景苑

上海天台恒星房地产发展有限公司

上海天台恒星房地产发展有限公司于2002年1月成立，是由其总公司上海莲森房地产经营开发有限公司投资组建的全资项目公司，莲森公司已投资开发的『天台家园』项目曾荣获首届中国优秀环境设计大赛『建筑形态金奖』；长宁区2004年度纳税贡献奖；被评为市委『四高优秀小区』；长宁区『生态示范小区』及『园林小区』。上海天台恒星房地产发展有限公司主要从事康周地区的房地产开发，2002年10月，在周浦康桥地区拟建16万平方米的多层全电梯商品房——新上海的阳光家园社区『天台星城』。总投资达人民币4.2亿。于2004年5月底开工。『天台星城』开发至今，已得到了业内人士的肯定，并被评为2005《上海楼市》读者喜爱的十大宜居楼盘，建成后的『天台星城』将成为康桥地区高品位的现代住宅小区，也将成为继上海市长宁区『天台家园』之后『天台系列』的又一代表作。

公司在经营开发的同时，非常重视企业管理，『以人为本』是企业的管理理念，『消费者的需求是企业追求的目标』是企业的文化。在董事会的领导下及全体员工的努力打拼下，企业正在不断地发展壮大，目前公司财务状况稳健，公司共有职工30余人，拥有各类专业技术人员20余名，其中中高级职称人员占35%。

至此，上海天台恒星房地产发展有限公司已经踏上轨道，一步一步坚实的向着自己的发展方向不断前进。面对新的机遇与挑战，他们将继续坚持『以人为本』的企业管理理念，传承『消费者的需求是他们追求的目标』的企业文化，积极进行资本运作，逐步实现跨区域、多角化发展战略，创造新的利润增长点，全情服务，回报社会，以坚实的步伐迈向新的征程。

由上海天台恒星房地产发展有限公司致力开发的综合性居住小区**"天台星城"**位于上海市南汇区上南路6333弄，东至浦三路两侧，西至杨高南路。小区占地170亩，可建面积约16万平方米。

天台星城临近世博园区，所在区内的杨高南路旁出现了康桥别墅园区，距浦东国际机场2.5公里，公路成熟，自然河系与环境绿化丰富优美，已成为世博园区、浦区机场的交通要道；生活配套设施上，区域内有中国科技大学研究院、中福会幼儿园、长宁国际学校、复旦康桥学校、英国学校等，教育资源丰富；同时，康桥园区规划有现代化商贸配套服务区，将设置多家金融机构、商业网点、娱乐中心、休闲广场、涉外酒店等，为园区内居民的现代时尚生活提供保障。因此，该区域房产市场发展较快。

"天台星城"由30幢4～7层多层住宅，2幢9层小高层，4幢独立商铺，1幢4层综合服务楼组成，小区环境设计以健康、自然、清新为主题。以太阳系的五大行星来命名，分为金星园，木星园，水星园，火星园，土星园。小区内设有个性鲜明的集中绿地，智能化的功能配套设施。整体房型设计具有人性化功能和现代风格。所有多层住宅的均配置电梯、彩铝高级门窗，小区按市住宅局要求"四高"、"四新"标准建设。处处体现出开发商以人为本的设计理念。

建成后的**"天台星城"**将成为康桥地区高品位的现代住宅小区，也将成为继"天台家园"后"天台系列"的代表作之一。

电话:021-68120808　68120099　展销中心:上海上南路6333弄

天台星城

星座五行，三脉合一

160000平方米恢弘社区，超大面积绿化景观。
以五行生态布局原理为主线，金、木、水、火、土元素分区。
参照星座生态理论布局，中西合璧，相得益彰。

五行尊贵——规划分流人车，呵护宁静家园
全社区无障碍设计，理想建筑，人文关怀。
人性化理念演绎生活空间，私密情境分流入门。
宽广、流线型的自由视界，您的视界就是您的境界。

超大绿化面积，户户享受四季花园。
随处生气养眼的花香树语，各个墙角上的绿叶和雨露，社区万物因而得以化生。
在星城的怀抱中，大自然的草木葱茏已经出现，生活从此更生机勃勃、枝繁叶茂。

户户朝南，阳光家中游走。生态景观，清新环绕四周。
向南走迎着阳光走，南方的风和日丽，南方的雨意朦胧，南方的生活地带，南方的明媚时空。
杨高南路，上南路，南浦东的天台星城，这里，是一片阳光生活的热土。

位居浦东开发旺脉延伸，康桥建设热土扩张，上南世博板块新界。
浦三路、杨高南路、上南路围合其中，临近外环，临近中心，三大概念区域的交汇点，过去、现在、未来会聚一处。
天台星城。中端价位，尖端资源，领袖智慧。

上南路部分楼宇底层为商铺，总面积逾一万平方米，财富加量，源源不断，烫金旺铺，超值也震撼。

生命的意义不在于物质，生命的意义离不开物质，除了生活的柴米油盐，家门口的咖啡店里相约聊天；街角的书店默默发呆；饭后散步时偶逛时尚店……社区的沿街商铺都满足了生活的需求。
无关其他，皆因近在咫尺。

在自家的家园中玩耍散步，便有了无尽的幸福感及安全感
得天独厚的宽宏体量，创造了满园的嫣红翠绿
罕见超“宽”社区，最大限度迎接阳光清风的亲密接触
恬美，静谧，丰沃的源泉，
时间也仿佛在留恋，在回荡
人们热闹起来了，这是一个温情飘溢，微笑享受的居家世界。

收获时间，从容的城市表情

上海的浦东，上海的曼哈顿，上海的银座，满目的车水马龙。
急躁，在堵塞的交通中愈加不可收拾。
还好，从“星座”到“银座”一路上畅通无阻，
20分钟的车程，来不及打盹，可以到世纪公园看园艺展览，
可以到淮海路逛精品时装店，可以很多很多……
多条交通线路，连通人民广场、淮海路、
南京路、上体馆、世纪公园等主要地方。
星耀浦西、浦东大片区域，出行路路畅你心愿！

内部配套

独立综合服务建筑——星公馆。
为您提供多方位的居家、休闲服务和享受。
餐饮、茶吧、运动、健身、休闲、棋牌、阅读、会友。
星座公园——亲子、娱乐、游戏、养生、园艺空间。
商业服务设施、体育运动设施爱心配置。

周边配套

银行、超市、医院、学校、邮局、电信、证券……配套生活应有尽有。
休闲、娱乐、美食、购物……便捷生活全力呈现。

房型紧凑景致，严格开启人性化面积。
精巧1房，优雅3房，气度跃层，多种房型满足不同需求，
全明设计，阳光在家里随意游走，
品位板式楼宇的通透，享受经典的斜坡屋顶，
体验时尚的大开面飘窗，被弹性保温涂层用心呵护，
所有的细致与深沉。融入血脉里！

苏源集团成立于1988年，注册资金达1亿，旗下拥有31家分公司，经营内容包括制造、宾馆、房地产、维修等多个领域，其规模位于江苏省企业（集团）50强前列。多年来苏源集团依靠其正确的经营方针，准确的市场定位，经济总量不断增大，运行效益不断提高，规模效能不断增强，晋升为国内知名企业。

无锡苏源置业有限公司是江苏苏源集团麾下具有独立法人资格的综合性公司，集房地产开发、装饰装潢、装饰材料等业务为一体，苏源置业现拥有各类专业技术人员110人，其中高级工程师及工程师共计82人，占公司总人数的80%，技术力量雄厚。

2003年，作为苏源进军房地产领域的旗舰之举，苏源置业整合集团资源优势，立足于“无锡第一，全国一流”的核心目标，放眼于国际市场，打造原生态山水别墅的典范——太湖檀溪湾。该项目位于无锡马山国家旅游度假区，三面群山环抱，一面直面太湖，风景绝佳，是一块天然的风水宝地。项目总占地面积约80万平方米，由369幢纯独立别墅组成，以“半山半坡、依山傍水”为规划宗旨，将太湖山水之秀与别墅建筑之美艺术融合。在2004首届中国别墅节颁奖晚会上，太湖檀溪湾荣膺特色山水别墅金奖。目前该公司的另一个项目——无锡天一城，也在开发建设中，其总用地面积达168万平方米，可居住人口达4万人左右，该项目一期工程被建设部列入“国家康居示范工程实施项目”。

“诚信立业，精心造房”，苏源置业始终以质量为基础，用打造艺术品的心情，建设每一个项目，力求为每一位业主提供完美的生活空间，也为现代城市建设贡献最大的力量。

苏源置业
SUYUAN PROPERTY

无锡苏源置业有限公司

中国房地产成功开发典范

诚信立业　精心造房

关于“无锡苏源置业”

“苏源”是江苏能源集团的简称，无锡苏源置业有限公司是由无锡苏源实业和无锡锡能实业合股创建，专业从事房地产开发。苏源置业是房地产行业的一名新手，从涉足房地产的第一步就坚持高起点的理念，正因为他们是新公司，良好的空桶心态有助于他们以“博采众长、以我为主”的指导思想吸收国内外最先进的居住、开发理念和优秀项目的成功经验，运用到项目开发上。不可否认开发经验积累是有作用的，但现在经济发展、技术进步、日新月异，在博采众长的基础上超越先进的理念是企业创新发展至关重要的因素。

关于“诚信立业，精心造房”

作为一个新公司，他们始终秉承“诚信立业，精心造房”的企业理念，真正以业主至上、品质至上、全力打造企业品牌和项目品牌。他们申报成功的国家康居示范工程实施项目（天一城一期公寓），会大大增加精力和资金成本的投入，要求很高，审批也很繁琐，一般开发商都不愿意给自己找这样的“麻烦”。

其次企业的经济实力保障了对项目充足的投入，使规划中的美好蓝图的每一项都能够得以实现，不会出现想投入力不能及的情况。例如为了方便业主而出资修建的1000多米的市政道路，利用公司强势背景资源建立社区优质教育体系；以公司雄厚的资金实力为后盾，对工程质量、进度坚持严格的标准等。

房地产作为复合性、集成性很强的产业，有其特殊性。开发商承担资金、土地、政府的协调，然后是筛选聘请、管理、整合专业团队为项目服务的职责。他们在有雄厚的资金实力、丰富的企业管理经验和政府关系做基础，聘请最优秀的专业人才和专业团队（顾问公司、设计院、建筑公司、监理公司、物业管理）为项目服务，并按照建设部最高综合品质规范：康居示范进行开发，确保了项目产品的高品质。

关于“城市运营的使命感”

成立之初，企业就已经把自己定位在城市运营的高度，并提出了“为把无锡建设成为世界级山水名城作贡献”的口号。苏源置业的决策者深知作为一家本地企业，他们的命运和城市紧密相连，城市的腾飞是企业发展的基础，他们对城市的感情是任何外来企业所无法比拟的，因此，才有了苏源人强烈的城市使命感和责任感。

把无锡建设成为世界级山水名城，城市需要国内一流的大型居住区，无锡的住宅产业正步入真正的品质时代，他们志在将檀溪湾和天一城建成这个时代的代表作品，这是开发商的追求，也正在为之付出切实努力。

关于“天一城和檀溪湾”

天一城和檀溪湾是他们第一次开发的房地产项目，天一城占地2400亩，是无锡占地面积和建筑规模最大的房地产项目，项目开发引入新市镇、新街域（NEW TOWN，NEW STREET）的先进理念，致力打造一座低密度、高品质、可生长的花园式新城社区，届时的天一城将成为名副其实的“无锡生活城”，项目一期开工量达到40万平方米，包括康居公寓、纯现代滨水别墅、国际品牌大卖场、休闲商业街、中心体育和商务会所等，确保一期业主入住后即可享受最完善的生活配套。

占地1200亩的檀溪湾别墅区，在目前无锡别墅类项目中规模最大、品质最高，项目位于马山檀溪湾，拥有极为珍稀的半山湖景自然资源，容积率低于0.16，定位为国际化顶级别墅，致力将她打造为“献给世界的太湖珍藏”。

苏源○天一城

无锡生活城

天一城位于无锡市惠山区惠山新城的最南端。西漳镇的西部。它东临咸塘河，西依锡澄运河，南靠运泾河，距项目北面2公里左右是锡宜，沪宁二条高速公路的出入口。凤翔路是现在从市区到项目的主要交通干道，同时项目周边规划有三纵二横的道路网线，三纵为凤翔路、新锡澄路和天水路，二横为天一路和北环路，交通方便。

目前周边有三条公交路线可到达本项目附近，43路——起站：梁溪大桥至南西漳；25路——起站：朝阳广场至天一中学；25支路——起站：新塘里村至天一中学；为了方便业主，项目内将设置公交车站和公交总站。开发商将开通社区BUS，定时往返市区。

天一城项目总占地面积为2400亩，1.6平方公里，平均容积率1.2，建筑总面积192万平方米，是无锡规模最大、高品质、低密度的花园式居住区。整个项目大致分5期开发，一期开工总面积超过40万平方米，包括公寓、别墅、商业、会所等。如此规模的一次开工量在无锡乃至全国都是极为少见的，可保证一期业主在入住后尽快享受到足够的景观配套。

一期的公寓面积为18万平方米，是国家康居示范工程实施项目。由21栋的小高层和高层组成，面积由90平方米—200平方米左右不等，共有1300多套；小区内采用了人车分流，户均停车位1个以上；底层都设有高4.5米架空层，可增加公共活动空间、景观用地和整个小区的通透性。容积率为 1.75，小区的绿化率高达 55%以上。

天一城一期公寓是国内第 43 个，无锡第 2 个国家康居示范工程实施项目，康居示范工程是为了推进住宅产业现代化，提高住宅质量而制定的国家最高标准。在社区的规划、景观、室内设计及其生态、环保、节能、四新技术（新产品、新技术、新工艺、新设备）应用、住宅科技含量方面都有很高的标准。

一期开工的还有别墅区：300 多户独栋别墅、双拼别墅以及 townhouse，环绕在中心湖边，中心湖是原生态保留的湖区，面积有 4 万平方米左右。户户都会享有良好的景观、院落和视野，设计采用纯现代建筑风格，为无锡首创，拥有魅力十足的空间和视觉效果。

社区的配套方面：商业街集休闲、娱乐、美食、购物为一体，约 3 万平方米，引进国际品牌的大型卖场以及建筑面积约 6000 平方米的体育和商务会所，其中有网球场，室内游泳池等等。

核心理念“天一城，无锡生活城”，他们志在把这片美丽的土地建设成为无锡新一代高品质居住区。

檀溪湾别墅，位于有“天然生态公园”之称的无锡马山国家旅游度假区，是2004首届中国别墅节特色山水别墅金奖项目。项目所在的檀溪湾，三面群山环绕，一面环湖而立，太湖风光与清丽山景水乳交融。清晨迎朝晖，薄暮送落雾，是一块天然的风水宝地。

整个别墅区总占地面积80万平方米，由369栋各具特色的纯独立别墅组成，拥有75%的高绿化率和0.2的超低容积率。在整体规划上，檀溪湾遵循“半山半坡、依山傍水”的设计理念，并利用地势高差，形成四条深入山谷的清泉，使太湖水贯穿整个别墅区，山水之秀与建筑之美艺术融合。

在景观设计上，檀溪湾别墅在保留百年杨梅树、银杏树以及古井等大量原生景观的前提下，同时根据蓬莱阁、水清园、群玉庄、彩云间、吟香庭、上林苑六大生活区，精心设计了各具情态的组团式景观。生态小岛、林间小道、木制小桥、景观廊架、绿色疏林、风雨长廊、环山步道、晨练场相映成趣，溪流、瀑布、跌水、叠水、喷泉，各具风情，充分营造了一个自然、灵动的生态居住空间。

为了打造真正的太湖畔“顶级源生态山水别墅”社区，在小区会所上，檀溪湾除了规划音乐餐厅、特色咖啡吧、主题酒吧、便利店、多功能影剧院、健身房、SPA美容生活馆等各类日常生活配套外，还精心规划了游泳池、网球场、垂钓区、游艇俱乐部等各类休闲运动设施，全面满足业主需求。别墅区附近的太湖国际高尔夫球场以及太湖国际垂钓中心、国际赛马场，更是让回家真正成为度假生活的开始。

目前，随着十八湾公路的全线改建，梁清路拓宽，以及环湖公路的兴建，从檀溪湾到无锡市区仅需半小时，到南京、上海、杭州等地，也只需要近一个半小时。生活在檀溪湾，真正享受到离尘不离城的完美生活。

演绎完美艺术空间

高品位的生活，
来自于对精致空间的不懈追求。
在檀溪湾别墅，
每套房型都经过专家们严格的考量，
一期近20种房型，
更是设计师们研究了国内外无数知名别墅的房型特点，
并经过无数次修改、斟酌，
从上百种房型中精挑细选出来的。
在房型的设计上，
不仅结合了地势、景观以及光照等自然因素，
更是充分考虑了别墅的特色，
使整个空间的动线流畅自如，
充满自然灵动的艺术气质。

檀溪湾

献给世界的太湖珍藏

SANDAL STREAM VILLA

依山而立，坡景别墅

在檀溪湾，
设计师经过无数次的细致考量，
使别墅的建筑形态与山的走势完美结合。
生活在这里，
推窗即是满目苍翠，
耳边回荡清脆鸟语。
居高临下的优越气势，
极目远眺的空旷视野，
群山环抱的绿色仙境，
让您领略唯有坡景别墅才能拥有的“高上”生活。

太湖·檀溪湾别墅

中国山林水景地产成功开发典范

打造顶级艺术美宅

简约流畅的别墅外观，透出建筑独有的宁静与内敛。
行云流水的自然线条，勾勒了檀溪湾美丽的天际线。
谁说凝固的建筑没有生命，
在檀溪湾，近369栋别墅或依山而建，或傍水而立，
建筑与环境浑然一体，无一雷同，
体现着设计师对人性与艺术的独到见解。

傍水而居，湖景别墅

举凡名流级的品味居庭，
都追求畔水结庐的自然情趣。
檀溪湾别墅，将太湖水引入小区，
真正实现依水而居的生活梦想。
别墅区外，是气势壮阔的太湖水系，
几步之内，是迷你的太湖水源。
置身碧水蓝天间，
身心如茶叶在水里悠然舒展，
洋溢最浪漫、
最美妙的诗意情怀。

共享国际度假区

太湖国际高尔夫俱乐部、太湖国际垂钓中心、国际赛马场、月亮湾度假村，
在檀溪湾您可以共享国际度假区里的top运动生活。
可以独自到高尔夫球场走完十八洞，
或结伴去赛马场享受驰骋的快感。
走进檀溪湾，
从此脱下西装，穿上耐克，
在这融山水之胜的顶级源生态别墅，
尽情享受属于自己的精彩人生！

太湖·檀溪湾别墅

缔造贵族的沙龙生活

高档音乐餐厅、咖啡吧、茶坊、便利店；
多功能影剧院、健身房、SPA美容生活馆、高级桑拿；
游泳池、网球场、垂钓区、游艇俱乐部、双语幼儿园……
檀溪湾别墅精心打造的生活会所，
让您拥有齐全的专属VIP设施，
让回家真正成为度假生活的开始。

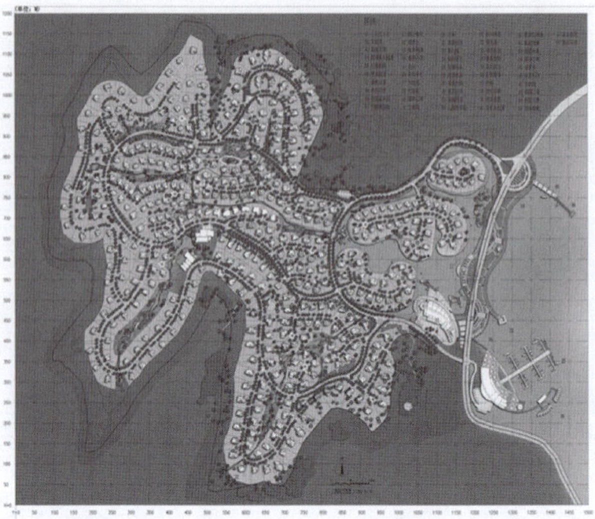

2-01 总平面图

所谓唯美

就是人在自然里，成为更动人的风景

真正的山水别墅，
追求的是一种云淡风轻的美妙意境，
体现的是建筑与环境，
生活与自然息息相关的微妙关系。
檀溪湾别墅，
采用景观先行的设计理念，
营造一个充满灵性的绿色空间。
组团式的景观布局，
加强了邻里间的互动，
形成了一个和谐美好的人居环境。

所谓灵性

就是十步之内，必有泉水叮咚

檀溪湾别墅，
利用地势高差，将太湖水引入整个别墅区。
六条深入山谷的清泉交错汇聚，
贯穿整个园区，
形成溪流、瀑布、跌水、叠水、喷泉等各种形态的水景，
门前屋后泉水叮咚，奏出最动人的生活乐章，
让每一天的生活都充满灵动的山水色彩。

太湖·檀溪湾别墅

檀溪湾

献给世界的太湖珍藏

Sandal Stream Villa

百里太湖，觅清秋。夜来泛舟。

遥望处，山影暗黛，投尽双眸！

三山入水泛鳞波，檀溪湾畔筑佳楼。

碧水庭台宛天成，渔歌晚照心悠悠！

TEL 0510 2071111

玲珑湾
Bayside Garden

中国房地产成功开发典范

核心理念

*以敬畏的心情对待土地，以敬畏的心情对待环境

*创建美好家园，实现人居理想

*无愧于城市，无愧于历史

公司背景

“南都·玲珑湾”的投资开发主体——苏州南都建屋有限公司(以下简称“南都建屋”)，是南都集团与苏州工业园区建屋发展有限公司共同组建的一家以房地产开发和经营为主的公司，注册资本三亿元人民币。

南都集团主要投资房地产、基础设施及化学电源等产业，旗下房产集团是浙江省规模最大的房地产公司之一， 在房产开发与物业管理两个领域分别通过了ISO9002质量保证体系的认证。公司自1993年开始先后完成了南都花园(1993)、金华国贸大厦(1994)、南都城市别墅 (1995)、南都大厦 (1996)、南都·天水苑(1997)、南都·德加公寓(1999)、南都五环广场(2000)等近60万平方米物业的系列开发，目前正在从事南都·林语别墅、南都·白马公寓、南都·白马大厦、南都·银座公寓、南都·江滨花园、南都·西湖高尔夫别墅等项目的开发建设。经过几年的发展，南都房产集团自明年起，其年开工量与竣工量将超过50万平方米，销售业绩多年名列浙江省房地产企业三甲。

苏州工业园区建屋发展有限公司——为苏州财团控股的大型房产企业，是苏州地区最大的房地产开发商之一，集民用住宅、办公商住、工业厂房等各类房地产开发为一体，已成功打造了一批精品楼盘：有园区内规模最大的成熟社区——新城、新加花园，园区内最大的涉外生活社区——加城花园，以及加城公寓、新馨花园、万杨服务公寓、东湖大郡等。

地块现状

2002年9月30日，苏州南都建屋有限公司以12.8亿人民币通过挂牌竞标的方式取得金鸡湖北岸玲珑湾景观区周围的住宅用地的使用权。该地块位于工业园区一、二期开发区之间金鸡湖正北岸，沿地块北侧有50米宽的绿化带，距市中心城区约4公里，总面积约38.4公顷，为住宅用地。地块总体上呈东西长、南北短的形态，属于苏州工业园区二期开发规划中新兴住宅社区的一部分。地块所处位置可以全览金鸡湖沿岸景观，被认为是苏州工业园区乃至苏州市的黄金住宅用地。

周边环境

本地块位于衔接园区一期和二期的关联地带，随着园区一期成熟度的不断提高以及二期开发的进展，本地快将享有东西两个方向开发带来的联动效应， 同时，地块周边的一些市政规划也对地块的价值构成影响。

苏州工业园区金鸡湖景区的建设获得国家开发银行的支持，国家开发银行为金鸡湖环境建设提供五亿元长期贷款。金鸡湖环境治理工程由国际著名造景公司美国EDAW公司完成总体方案设计。根据苏州工业园区的总体规划，金鸡湖七大景观将于三年内完工，将建成一个高标准的以文化娱乐、休闲观光为主的全国最大的湖泊型公园，成为“人间新天堂”的一个令人瞩目的新景观。

融入风景的建筑

南都·玲珑湾花园独占金鸡湖正北岸优越地势，尽享千顷湖光，万般风情，然而观赏风景的建筑是静止的，只有融入风景的建筑，才是生机勃勃的。

在社区内部将点式高层和跌落式的板式高楼穿插布局，通过小区临湖的点式建筑让度出的空间和宽阔的景观通道，使湖景成为整个小区都能够共享的资源。在细部处理中，透明玻璃阳台和低台飘窗设计将波光云影延揽入室，部分建筑底层采用四米多高的架空，形成了组团内通透连续的庭院空间，从而也实现了小区内景与周边景观的和谐统一。

在建筑的立面风格上，精心推敲每一个立面的比例，每一个细部的做法。通过金属栏杆，玻璃阳台，石材贴面，木质百页等多种元素的运用，细腻地勾勒出丰富而又和谐的建筑造型。用简洁的线条，凝练的形体，沉稳的色调，精致的材料，提炼出内敛而高贵的建筑风格。力图使南都·玲珑湾花园的建筑形象恰如其分地体现出高尚社区非同一般的气质，用丰富的层次和优美的轮廓为他们的城市，为美丽的金鸡湖增添一道全新的风景。

现代建筑　简约风格

没有喧哗的色彩，没有夸张的造型

遵循简约的线条、轻盈的色调、现代的材质

成就内敛的风范和含蓄的贵族气质

南都·玲珑湾花园的建筑设计采用了简约现代的建筑语言，承载的却是丰富而高尚的建筑内涵。

立面结构：以简洁轻灵，与湖岸水景相呼应作为最重要的立面设计标准，南都·玲珑湾花园的建筑立面设计通过完整协调的结构，流畅明快的线条，轻盈通透的色彩，体现出凝练而优雅的整体风格。

立面细节：通过对建筑细部的关注与调整，对于通常会破坏立面整体效果的，如空调外机位，空调排水管，下水管等进行整体的隐蔽设计安排，从而达成建筑立面效果和谐的整体感。

外墙处理：高级涂料、仿石涂料或石材干挂等材质的有机组合，增加建筑整体的视觉重量感与品质感，塑造出立面效果整体的层次感及立体感。

融入生活的细节

上帝存在于细节之中

什么样的生活才真正称得上高品质？这是需要许多因素配合的。舒适的家居、美好的环境，每一样都必不可少，然而落到生活的实处，其实细节才是生活中感受最容易触及的部分。在南都·玲珑湾花园，他们的目标不仅仅是要建造房子，他们更要创造一种生活。因此，在这里，配套，细节，都被仔细推敲，反复琢磨，最终成为真正落到实处的关怀。无论是一草一木，一点一滴，有形的，无形的，他们都竭力使其渗透出品质生活所应具有的细致与周到。

他们希望给予居住者的，是高尚的生活品质，以及更多对于生活温暖细节的感动与满足。

公共配套

南都·玲珑湾花园未来将是一个拥有 2-3 万人居住的大型现代综合化社区，通过对社区生活各方面需求的综合分析，南都·玲珑湾花园在完善基础配套设施的同时，更注重提升社区公共配套品质，以高水准、高品质、高品位为目标，创造性的对社区公共设施配套体系进行整合化设计，保证了小区公共配套对社区生活需求的充分满足。

完备的现代化配套设施，解决社区居民居家出行、文化教育、健身运动、休闲娱乐等各方面的生活需求，满足现代人足不出区即可享受高品位自由生活的愿望。

休闲娱乐配套设施

倾力打造全湖景会所，及由电梯直达的空中湖景会所，多种功能设施，将优质的品位生活带给每一位居住者，尽显湖岸生活的浪漫写意。让每一个放松心情的瞬间，每一段悠然自得的时光，都如此惬意畅怀。

配套功能：商店、银行、咖啡厅、美容室、茶室、多功能厅、餐厅、健身房、桑拿房、游泳池、儿童娱乐中心、老年活动中心等。

健身运动配套设施

丰富多样的健身运动设施，配合小区体量，设置科学合理，符合国际标准，可完全满足社区居民健身休闲需求。

会所内设施齐备的健身房
观景温水游泳池
特别设计的小区跑步道
精致高尔夫推杆练习场
景观滑草场
符合小区体量的篮球场地
优质标准的网球场地
多个老人、儿童运动场所
散布于建筑架空层内的休闲运动设施等

社区教育配套设施

引进高水平幼儿教育机构，打造高水准社区幼儿教育品牌，以优越的教学环境，专业的教学模式，助孩子踏上全面发展的健康成长之路。

现代社会，教育日益为众多父母所关注。为孩子的教育规划越有远见，孩子的未来越远大。精英父母更深谙，要为孩子的成长打好坚实基础，学前启蒙教育至关重要。家庭居住的社区环境，及与之相应的学前配套教育，是决定孩子学前启蒙教育质量的关键。选择高品质居住社区，选择高水准幼儿教育品牌，让孩子的未来从现在就开始加分，已成为越来越多家庭的重要决策。

南都·玲珑湾花园投入巨资建造社区配套高级幼儿园，引入专业的教学内容和教育方式，聘用专业教师，推行启发式教学，促使孩子充分发挥学习潜能，全面激发孩子潜在的创造性、独立性与自信心，更运用系统化的教学模式，强化英语教学，为孩子双语学习发展做好全面准备。同时辅以钢琴、绘画、舞蹈、音乐等全方位的艺术教育，从小培养孩子的艺术修养，在潜移默化中帮助孩子养成良好的气质、仪态及内涵，从根本上塑造儿童健康心智。

车辆停放配套设施

阳光车库，一户一车位，与住户电梯直通

阳光车库：独特的阳光车库设计，通过采光景观天井，将自然光和绿化引入了地下车库，让车库充分吸纳大自然的精华，阳光、鲜花、绿草、流水……原本阴冷的车库也变得通透明亮，让您的爱车呼吸新鲜空气。

生活在南都·玲珑湾花园，连回家的路也变得温馨而安全。

公园式配套设施

在建筑的底层架空层中，设计师将公园管理经验应用于社区管理，在小区内便利公共配套设施的设置上，除了常见的"运动设施"、"便利商业设施"外，特意设置了"公共洗手池"、"直饮水点"、"社区公共卫生间" 等方便居民的设施。

细节的人性化设置，令社区生活，每一处都有家的感觉。

南都·玲珑湾花园，湖时代荣耀坐标

苏州南都建屋有限公司 企划经理：王志浩

总在畅想湖滨生活的惬意，总在渴望倚湖而居的美好
梦想的家园不再遥不可及，理想的生活已近在咫尺。
天时、地利、人和，得天独厚
高尚、尊贵、优雅，与生俱来

一个高品位滨湖城市板块已经启动，
一座金鸡湖畔的地标建筑正在崛起，
一段与湖共醉的幸福人生即将开始，
南都·玲珑湾花园，一个因湖而生的传奇，
以非凡魅力成就湖时代荣耀坐标。

苏州南都•玲珑湾花园占地 38.4 公顷，总建筑面积达 85 万平方米，屹立于苏州工业园区金鸡湖北岸，坐北望南，纵览 740 万平方米金鸡湖浩渺烟波，近临红枫林生态景观公园。

城市发展造就房产新时代

经济的发展是房地产发展的基础，房地产市场的发展又反作用于经济的发展。这两年苏州的房地产在经济发展的推动下，得到了快速发展，一直处于供不应求的状态。

当前，随着经济的发展，收入的增加，苏州人在生活水平和消费观念上发生了日新月异的变化，对所居住的环境也提出了更高的要求；另外，与国外相比，中国的老百姓非常喜欢投资不动产，尤其重视自己的居所问题；再则，苏州的城市化进程也为苏州这座古城迎来了前所未有的机遇。这些都成为房地产业发展的大好时机，但苏州目前的住宅开发房源还远远没有满足市场消费需求。

近年来，苏州房地产市场持续的快速增长，已使苏州成为长三角经济圈中最具投资前景与发展潜力的地区之一，特别是轻轨的建设，必将加速苏州城市化进程，增强苏州城市综合实力，必然促使苏州房地产市场的发展上一个新的台阶。

竭尽所能，精益求精

作为一家以产业化、规范化、品牌化发展为宗旨的现代房地产开发企业，苏州南都建屋有限公司始终致力于实现对“回归居住本质，还原空间真谛”的人本主义理念的探索，致力于开发高雅、独特、宜人、恒久的物业产品为己任。苏州南都建屋希望通过其多年经营房地产所吸取到的经验教训，将其产品做成一个能够舒适生活的家园，并且赋予她很多生活的内涵，而不仅仅是一个挡风遮雨的地方。只有这样才会赢得业主满意，赢得市场回报，才能将“南都建屋”建设成为一个“百年老店”式的品牌。为了这个理想，玲珑湾花园在前期的规划设计工作中投入了很多精力。仅是在规划上，就邀请了来自北美，新加坡，香港，台湾和大陆等五家代表不同地域性居住文化的国际公司操刀，其目的就是希望把这个项目尽可能做到更好，尽可能减少遗憾，抱着细致严谨的态度，精益求精的不放过每一个细节。

一般来说地段与环境是影响房地产价值的最关键的因素之一。“玲珑湾”位于金鸡湖的正北面，也就是正南面临着金鸡湖，可纵览金鸡湖全景。周边集合了园区主要的文化配套设施以及城市共享的生态环境。建成通车的金鸡湖大桥和现代大道以及未来的轻轨又提供了更为便捷的交通条件，等等这些得天独厚的地理优势具有不可复制性的。正是因为玲珑湾在苏州这样的城市，处于这样的地段，因此更觉得应该对城市负责、对地段负责、对历史负责。“唤醒城市深处的内涵，让历史在这里延续，让建筑与城市相互融和；即使多少年后，它已不是时代建筑的主流风格，但依然和城市是协调的建筑，成为一个时代的标志。”这正好印证了玲珑湾定位为“湖时代城市新地标”时代宣言。

浑然天成，湖与空间的完美融合

独享金鸡湖畔 38.4 公顷风景胜地，南都•玲珑湾花园以科学的建筑排布，设置多条景观通道，营造丰富多样的社区景观，将金鸡湖的旖旎美景融入社区空间，其整体规划可以概括为“一线”、“一心”、“两轴”和若干“中庭”。

＊“一线”：横贯小区东西的林荫大道——腾珑大道，蜿蜒近 1000 米，是南都•玲珑湾花园交通和空间结构的灵魂。林荫大道抛弃了严谨刻板的直线造型而被设计成独具特色的“波浪形”，犹如湖水的韵律，与湖岸的自然形态完美地融合在一起。同时又增加了小区的层次感和安全感，创造性地营造出“人移景幻”的空间视觉效果。在这里，回家的方向总会显得优雅而又惬意。

＊“一心”：是整个南都•玲珑湾花园小区的休闲活动中心，长约 300 米、宽约 100 米，形成足约 30000 平方米大小的中心公园。设置水池、溪流、喷泉、坡地等景观，与金鸡湖景相映成趣，并与现代大道旁绿化带融为一体，提供了更为自由舒适的人性生态空间。

＊“两轴”：被命名为藏龙路和蕴珑路的两条南北向的景观通道，位于小区中心绿地两侧，在增加社区休闲空间的同时，又形成更为开阔的湖景视野。在这里，目光所及之处绿色和湖水充盈，可令人充分领略湖之风、湖之美、湖之魅。

＊“中庭”：除了整个社区的公共空间外，南都•玲珑湾花园通

过道路、景观和建筑分别围合成八个相对独立的组团,每个组团内部形成自成体系和各自特色的中庭空间。各中庭空间以不同景观主题进行诠释,形成不同的风情特性,在强调组团私密性和安全性的同时,更强化了邻里之间的亲密沟通。

玲珑湾,金鸡湖畔最优雅的城市天际线

总建筑面积达 85 万平方米的南都•玲珑湾花园,是一座由数十幢错落起伏的高层建筑构成的现代建筑群,沉稳、简洁的立面风格,含蓄而又高贵的立面色彩,传承了湖的优雅与浪漫,还原了建筑的质朴本质。

因湖而生,依湖而立。在建筑与自然的对话中,玲珑湾花园与湖水融为一体,以磅礴的气势勾勒出金鸡湖畔最动人的城市天际线。

珍藏阳光湖景,成就名宅之美

坐北朝南,面向美丽的金鸡湖,是南都•玲珑湾花园与生俱来的珍贵资源,而将这种得天独厚的优势发挥到极致,则成为玲珑湾花园在户型空间设计上最大的特点。

1.5 米～2.1 米的超宽南向阳台,舒畅明亮的大幅落地玻璃移门,将室内外空间完美融合,坐卧起立皆令人赏心悦目。卧室南向大幅观景飘窗和书房南向双转角飘窗,从细微之处体会温馨感受,将阳光与美景自然引入室内,随时随地都让人心情舒畅。底层附送的超大私家庭院,给人更多机会亲近自然,体验尊贵享受与生态情趣的完美契合。

多种各具特色的户型设计,提供更多生活选择,即有备受青睐的 1+1 创新户型、经典实用三房、复式楼中楼、观景大户型等,更有最值得期待的豪华湖景房,以及 50～90 平方米的精英公寓。

在南都•玲珑湾花园,湖景是自家窗前永久的专属风景,人性化设计更令居住成为至尚的生活享受,一切尽展名宅深度之美。

四季主题景观,音乐艺术人生

美好独特的社区景观设计,可以为居住环境营造出强烈的生活气息,和浓郁的情感氛围,给生活其间的人自然的享受和温馨的感动。

南都•玲珑湾花园的景观规划设计汲取意大利著名音乐家维瓦尔第的《四季》组曲的音乐元素为创作灵感,将季节的更迭、音乐的主题映射于景观设计中,实现**设计理念、音乐元素与人文景观**的自然融合。充分考虑景观之间的组合,以及景观与建筑的融合,力图以优美的环境设计为居住者提供更高层次的生活品质。真正创造了用眼睛看音乐,用生活体验艺术的唯美意境。

在南都•玲珑湾花园,一瓣湖面上的落花,一丝雨后泥土的芬芳,都是生活的美好旋律。

全湖景会所,品位生活尊贵享受

倾力打造的全湖景会所与顶层观光会所,亦是南都•玲珑湾花园一大精彩亮点,优质的品位生活在此被演绎得淋漓尽致。顶层湖景泳池、心情书吧、休闲餐厅、情调咖啡吧、美容 SPA、多功能室等众多设施,尽显湖岸生活的浪漫写意。

每一个放松心情的瞬间,每一段悠然自得的时光,静静的与湖共渡,或快乐的以湖为伴,在南都•玲珑湾花园,生活就是这样美好。

品牌配套,人性细节,关怀是一种风格

生活中最易触及的是细节,社区的品质也同样来自于对细节的完善。

南都•玲珑湾花园要创造的是一种生活,对人性的关怀就是这种生活最动人的风格。丰富完善的公共配套、品质卓越的各类设施、达到三星标准的小区智能化配套,以及国际知名品牌物业顾问。一切的配套,一切的细节,都被仔细的推敲,反复的琢磨,最终成为真正落到实处的关怀。

在南都•玲珑湾花园,无论是一草一木,一点一滴,有形的,无形的,都渗透出品质生活所应具有的细致与周到。

强强联手,共创全新城市板块

苏州南都建屋有限公司成立于 2002 年 10 月 15 日,是浙江南都集团与苏州工业园区建屋发展有限公司共同组建的一家以房地产开发和经营为主的现代房地产企业。

其中,南都集团是一级资质的开发企业,有十多年的房地产开发经验。公司自 1993 年开始先后完成了南都花园、金华国茂大厦、南都城市别墅、南都大厦、南都•天水苑、南都•德加公寓、南都•林语别墅、南都•银座公寓、南都•西湖高尔夫别墅等系列物业的开发,另外还有上海的南都•提香别墅、南都•新里城花园、南都•白马花园、南都•西岑花园等房地产项目正在开发建设中,累计开发总面积达 300 余万平方米。

而苏州工业园区建屋发展有限公司是苏州地区最具实力的房地产开发企业之一。在园区辛勤耕耘多年,开发了苏州工业园区规模最大的社区——新城、新加花园,最大的涉外生活区——加城花园及 2002 年苏州十佳楼盘——新馨花园、万杨服务公寓、万杨香樟公寓等,相信在苏州已经是有口皆碑的了,实力是不容置疑的。

大家都知道,苏州是一个小桥流水人家的城市,文化底蕴深厚, 而水文化则是苏州城市的精神内核, 也是苏州城市的生活依托。为适应城市扩张与发展的需要,变革中的苏州突破了古城小河窄道的局限,在古城内部改造的同时,大力发展园区新城。园区是环全国最大的城市湖泊公园金鸡湖而建的,金鸡湖天然水域面积约 7.4 平方公里,周边 8 平方公里区域将建成公共绿地和现代化商住文化娱乐区。

近几年,苏州经济高速发展,城市综合实力与竞争力日益增强。尤其是园区,更是以现代化、国际化、园林化城市为建设目标,从而成为中国发展速度最快,开发水平最高,吸引外资最多的开发区之一。南都建屋最初选择"玲珑湾"作为在苏州开发的第一个项目,就是看中了苏州经济发展的巨大潜力,园区得天独厚的资源优势和园区城市化进程的无限前景。在这个项目上他们必将全力以赴,以推进城市建设,满足居住需求为己任,以倡导生活艺术,缔造湖居时代人居典范为目标,为苏州人民构筑一座 21 世纪国际化高档水岸观景生活家园。

百年耀江　常青基业

昆山世界名人城房产开发有限公司

昆山世界名人城房产开发有限公司隶属浙江省耀江集团，集团创建于1993年，创建之初就确立了“大市场、大资本、大品牌、大集团”的战略目标。10多年来，耀江秉承“实力开发、品牌拓市、回报社会”的经营理念，凭着对市场大势的准确把握，对市场商机的运筹帷幄，对人才、资源的悉心整合，孜孜追求，不断超越，以超常规的发展态势一跃成为一家以房地产为主产业链的跨地区、跨行业、跨所有制、跨国经营的产业集团，跻身全国大型企业集团千强之列。

10多年市场角逐，集团决策人始终保持清醒的思路、敏锐的洞察力和高度的前瞻性，紧紧抓住历史赐予的良机，以战略性的目光提出“百亿集团、常青基业、百年老号”的奋斗目标，适时调整企业在产业选择、品牌经营、资源整合、管理增效、资本运作、体制改革、人才管理、领导方略等方面的战略，逐步从“一业为主、多元经营”的发展思路调整为“以房地产开发为主，延伸扩大与此相关的产业，集中人力、物力、财力，做大做强做精房地产业”的产业发展战略。经过五次扩张，耀江走出一条超常规的发展之路，走向产业化、专业化、规模化、集约化的道路。

10多年来，耀江本着“求社会认同、求价值实现、求各界支持、求企业发展”的精神，以加速城市化建设为使命，为社会创造卓越的商务空间，给市民带来时尚生活享受。在杭州、武汉、上海、北京等省内外10多个城市开发了几十个项目，类型涉及别墅、写字楼、高档住宅、商业广场等等，不论开发所在城市的大小，还是项目规模的大小，始终都将精品工程放在第一位，不是精品不出手，先后获得多项国家、省、市各级荣誉，树立起一个重品牌、讲诚信、有实力、具规模并拥有良好社会关系的企业形象，得到社会各界的认同。多年来，耀江注重社会各项资源的有机整合，运用各种方式，利用这种资源集中到发展产业链模式，已积累了一定的人才、资金、规模、技术、信息、管理等资源优势，汇聚成企业参与市场竞争的综合实力。可以相信，耀江整合资源的能力将会进一步提高，效果会更明显。

经过10多年的拼搏，耀江房产主产业链快速拓展，开发项目由小规模、低档次向大规模、高品位转变，由省内向全国若干大城市转变，由公建型向住宅型转变，由粗放型向控制型转变。经过10多年的拼搏，耀江由区域性、地方性品牌快速向全国性品牌推进，单一性品牌向综合性品牌推进，真正让耀江品牌走出浙江、走向全国，乃至走出国门。经过10多年的拼搏，耀江积累了一笔财富，培育了一个品牌，组建了一支队伍，取得了一些管理经验，构筑了一个创业平台。

不积跬步，无以至千里。历程和积累，对于“百年耀江，常青基业”的目标来说，还仅仅是个开始、是个阶段。耀江人将继续共同努力，把耀江建设成真正经得起时代考验、经得起风浪的现代化企业。

耀江●淀湖桃源

中国度假旅游地产成功开发典范

项目定位

耀江●淀湖桃源定位为五星级度假别墅，以精装修小户型为主，配家具、空调，面积为 120m²、140m²、160m²、180m²、200m² 五种户型，另含有部分 400m²、500m²、600m²、800m² 的大户型。五星级的酒店式服务，超万平方的氧生会所，纯自然的生态环境，64 平方公里的淀山湖水面，是第二居所的理想选择。

地理环境

耀江●淀湖桃源独居浩瀚的淀山湖东北半岛，三面环水，与东方绿洲遥遥相望，千亩尊地，以三条天然水系自然分割为三个独立小岛，是度假别墅的风水宝地，原始的周边自然环境，让你远离城市的喧闹，近在咫尺的旭宝高尔夫，让你亲近尊贵的运动，距上海 50km 的路程，A9、A30 及正在修建的苏沪高速公路，让你 40 分钟即可放飞心情，回归自然。

规划设计

以国际 5S 别墅设计标准（阳光 Sunshine、景观 Scenery、故事 Story、溪流 Stream、运动 Sport），营造淀山湖畔五星级度假别墅。现代唐风别墅，建筑优雅简约，转进式设计无比私密。独具风格的小户型，组团庭院式的设计，江南小居的淡雅风格，让人耳目一新，倍感轻松。千亩土地，0.3 的容积率，18%的建筑密度，77%的绿化率及水面。

合作团队介绍

意格设计有限公司

意格设计有限公司总部设在上海，并在美国旧金山、中国北京设有分公司，从事房地产开发策划、总体规划、景观设计、建筑设计等工作，以一体化环境设计的主导概念贯穿于所涉及的设计领域之中。规划项目包括区域计划的整合、都市空间的改善、都市地区的再发展、新城镇的开发到历史风貌的保存及维护：建筑项目包括旅游度假酒店、教学科研设施、办公楼、公共建筑及别墅；景观项目包括旅游度假区高档酒店及高档社区、都市公园及郊野公园、市政广场及绿地、旅游风景区及主题公园、开发区及高科技园区、高尔夫球场周边及康体运动场馆的景观规划设计。意格认为对于环境的整体塑造与把握是保证城市环境协调与可持续性的重要手段。

意格注重国际水准的设计理念与操作方式，但不以欧美风格为最高标准。意格的宗旨在于立足国际经验及中国人文传统，创造具有鲜明时代特征与地域特色的人性化设计作品。意格通过设计师从前期地产策划、总体规划、建筑设计与景观设计直至最终实施的全过程参与，将投资、市场分析、历史保护、开发的可持续性以及后期养护和管理等一系列内容纳入其中，从而在确保可操作性的前提下，达成投资与回报、保护与利用、生态与开发之间的平衡。意格视整体环境设计为一种综合性的服务，在规划设计师创意的主导下，通过投资方、政府乃至社会公众的参与，使整体环境的一体化设计成为促成社会经济与文化的持续发展的重要力量。例：海南博鳌亚洲

论坛系列景观设计、上海浦东银峰大厦建筑设计、四川成都花水湾别墅及酒店设计、上海宝山区西城区北块总体规划、北京温榆河上游别墅区规划调整及景观设计、上海青浦绿地景观设计、上海新天地公园景观改造设计等等。

浙江同仁建筑设计有限公司

同仁集聚数十名杭州各大著名甲级设计单位的设计精英，在西子湖畔宝石山下精心创作，是一支具有良好职业素养，高整体协作水准，人员规模达 40 余名的规划及建筑设计专业团队。专业从事大型居住区、别墅区和高科技园区的规划及建筑设计，同时见长于公共建筑单体。

同仁在别墅项目方面非常强调社区形态和空间的营造，强调人居环境与自然环境的零距离对话和交互映衬，善于围绕开发主题，多角度塑造项目个性，根据项目地城特性创造独特的场所体验。公司尤其见长于临水别墅项目的设计，作品曾获得多项设计殊荣。以“淀山湖庄园”为代表分别获得“全国人居经典建筑规划设计综合大奖”、“上海人居经典”等荣誉奖项。

上海林同炎李国豪土建工程咨询有限公司

林李公司创建于 1993 年，是一所中美合资土建设计及咨询企业，由中国同济大学建筑设计研究院和美国林同炎中国公司合资兴办，林李公司主要承担各种类型的建筑、道路与桥梁的设计工作，持有中华人民共和国建设部颁发的甲级工程设计证书及工程咨询甲级资质证书，城市规划乙级设计资质证书等。已经通过权威认证机构组织的 IS09001 系列认证并获得国内、国际认可之证书。

林李公司拥有 300 多名技术骨干，其中有百余名具有硕士、博士学位的高级职称的设计师，以及众多的国家一级注册建筑师，国家一级注册结构师，二级注册建筑师，二级注册结构师，注册（投资）咨询工程师，注册规划师及注册造价工程师，技术队伍，年龄结构合理，梯次明显，管理严谨。

十年来，随着公司业务的发展，公司已完成了国防科技大学等十余所大学的总体规划及单体建筑设计，以及众多的公共建筑和大型住宅小区、别墅区，设计的项目遍布全国主要的城市，并多次获得省、部级奖励。公司完成的市政项目近百余个，包括各类各种大型桥梁、高速公路、市政道路，在国内外享有盛誉。例：杭州浙江环球中心（原杭州西湖文化广场）、杭州灵隐小西天景区规划、江苏南京爱涛艺术馆、天津泰达广场、上海市白玉兰会展中心、上海米兰世纪花苑、苏州荣盛名邸、安徽蚌埠龙湖大桥、浙江绍兴上虞曹娥江大桥、安徽黄山太平湖大桥等等。

上海高力国际物业管理公司

高力国际物业顾问在亚太区的业务是由北美地产翘楚 Colliers Macaulay Nicolls 全资拥有。2003 年，高力国际的营运收入首度超逾 14 亿美元。在全球管理的物业总面积共四亿四千二百万平方尺，高力国际在全球的网络分布属同业之冠、营运收入暂居次席，专业人数占第三位，而管理物业的总面积在同类型公司中位居前列。高力国际于 1994 年进入上海，现有员工逾 1200 名，其主要服务内容包括：商用物业中介顾问服务、工业物业中介顾问服务、零售物业中介顾问服务、高级住宅物业中介顾问服务、物业管理顾问服务、不动产鉴价服务、开发可行性研究、市场研究。

五星级氧生会所

24 小时星级酒店式管家中心，全年无休的贴心照顾，国际水准的专业素质，真正体现服务的精致。

服务内容

KURHAUS 活水动力世界／SPA 健康疗养殿堂

SPA——水疗区（水中有氧健身）

SPA——科技理疗区（疼痛管理）

干式水力按摩舱（Aqua Massage）

抗压力管理、能量补给、睡眠质量改善、体重管理

维淇浴　身心调养世界／天龙八部——足道

户外景观泳池　零距离的自然享受

生机饮食区　仅为尊贵客人准备的 VIP 餐饮

多功能大厅　商务包间 KTV、PUB 新情调

儿童游戏区　轻松休闲、全家欢乐不打烊

VIP 水疗室

$70m^2$～$140m^2$ 水疗与会客巧妙结合，富足而优雅，以健康会友做一个健康富翁

运动康乐区　健身教练专业指导　快乐运动健康行

棋牌、桌球室　释放心灵的休闲驿站

白宫经典生活　水岸主题客房　临窗浴室感受无边意境

商务会议　休闲工作并行　人生步骤尽在掌控

江苏高力集团有限公司

江苏高力集团创建于1992年，集团总部位于江苏省南京市，是以房地产开发和专业市场开发为主的大型民营企业集团，为江苏省工商联直属会员企业，2004年，名列全国民营企业第71位。集团固定资产约30亿元，旗下拥有家居、汽车汽配两大系列连锁市场，经营面积150万平方米以上，在建市场面积120万平方米以上，投资区域遍布北京、南京、苏州、无锡、常州、扬州、盐城等地，为全国最大的专业市场开发管理商和江苏省知名房地产开发企业。江苏高力集团始终坚持以房地产和连锁市场开发为发展目标，自创办以来，集团多次被评为江苏省“重合同、守信用”企业，“最佳纳税企业”，所创办市场连续多年被评为“省级文明市场”、“百姓购物放心市场”，树立了良好的高力市场品牌，培育了一大批具有较强实力的经营户，为高力连锁市场的发展奠定了良好的基础。集团拥有银行资信“AAA”等级。自2002年起，集团连续三年被评为江苏省民营企业纳税大户、就业先进单位和南京市优秀民营企业。

江苏高力集团有限公司是全国民营企业中较早打破家族制管理、建立现代企业治理结构的企业。集团严格按照《公司法》规定设立董事会、监事会和经营管理层，并按《公司法》规定行使各自职责。同时在2004年初，为进一步规范企业管理，在中共栖霞区委的大力支持下，集团组建了企业党委，成为南京市栖霞区第一家成立企业党委的民营企业，也是南京市第五家成立企业党委的民营企业。

在内部机制建设方面，集团充分发挥民营企业的机制优势，建立了具有较强市场竞争力的薪酬体系和分配激励机制，全面实施了利润共享计划、期权奖励制度和住房、车辆特殊奖励政策，截至2005年上半年，集团有28名员工获得南京市区住宅奖励；5名员工各获得10万元的合理化建议重奖。在监督约束机制建设方面，集团设立了监事会和审计督察部，并建立了完善的兼职督察员体系。在用人机制方面，集团广纳八方贤才，全面推行“企业善待员工，员工忠诚企业”的用人理念，十分注重人才的培养、选拔、使用环境的营造，对后备人才全部实行师徒培养制度，签订培养目标责任书，明确培养目标、责任和义务。

江苏高力集团有限公司现有正式职工578人，所有在职员工全部办理养老、医疗、生育、工伤、失业保险。集团正式职工中，大专以上学历的381人，本科以上学历的174人，研究生以上学历的16人；工程师以上职称的76人，经济师以上职称的27人，会计师以上职称的18人；党员人数81人。职工平均年龄29.8岁。

展望未来，随着国家改革的进一步深入和中国商贸与WTO的接轨，市场连锁业的竞争日趋激烈，面对着机遇与挑战，高力集团将一如既往，持之以恒，贯彻“以市场为导向，现代化管理为驱动，人文精神为魂魄，市场质量为生命”的宗旨。广纳天下贤才，不断开拓，勇于进取，完善服务，以一流的产品和服务回报社会。

高力汽配城，汽配巨鳄落户扬州

谁说奇迹不可以创造，谁说财富传奇在扬州不可以出现？在全国房地产业踌躇不前与商铺投资进入困惑的这个夏季，高力汽配城，以一枝独秀的逆市经典在书写了扬州商业地产史上一个神话的同时，也给了商业地产投资者一个信心。在7月的高力汽配南京之行后，甚至有客户直言，买了高力汽配城就是跟着财富去旅行！

2005年的春天，全国房地产市场突然一片寂静。在国家宏观政策的调节下，房地产产业在进一步走向规范的同时也少了许多往日的喧闹。然而，对于实用型发展的扬州房地产来说，竟还保留了一份商业地产的温存。2005年6月17日，随着扬州首届车模秀暨名优汽车汽配展示交易会的召开，一个耀眼的名字不断地出现在大家面前，这就是扬州高力汽配城。随着其后的夏日风情表演和其火爆开盘成功，扬州高力汽配城在初夏的扬州掀起了一轮又一轮的风暴，演出了扬州商业地产史上的一个逆市飞扬的传奇经典！

汽配，扬州唯一空白的黄金产业

俗话说“背靠大树好乘凉”，用这句话来形容进驻高力气配的投资人来说是再合适不过了。高力汽配作为全国61强的大型民营企业，在全国其他地区都成功的开设了多家专业连锁市场，拥有相当丰富的市场经营管理经验和雄厚的经济实力。准确的市场定位使高力旗下的众多汽配市场成为各地区的商业王牌。而在扬州，高力汽配更使以前所未有的雄心填补了扬州汽配这一唯一空白的黄金产业，成功打造了扬州高力汽配城这一苏中汽配产业的物流总部。

首先，作为一心打造全国连锁市场的高力集团来说，勇争第一是开发项目的第一原则。要敢于做第一个吃螃蟹的人，在商业竞争中，第一就意味着绝对优势。后来者，即使有雄厚的经济实力，面对并不乐观的市场份额，要想从先行者口中抢食，绝对不是一件轻松的事情。就高力集团整体发展规划而言，已经由“家居”、“汽配”双向发展向以建立中国“汽配第一品牌”过渡。相比之下，汽配产业才是真正的朝阳产业，国内汽配市场尚处于起步阶段，专业化市场建设正处于黄金时期，随着WTO后汽配进口零关税的到来，大量外企将雄厚的资金与先进的技术输入中国，这将使迅速崛起的中国汽配产业在国际竞争中更具竞争力，成为国内近年来最具投资前景的行业。从高力多年专业市场开发经验发现，目前国内“家居”市场已经趋于饱和，全国各大城市连锁家居市场星云罗布，众商家的介入使得家居产业利润空间被急剧压缩，投资回报不容乐观。

其次，从扬州及周边汽配专业市场来看，还处于空白。扬州市没有大规模的汽配市场，主要是一些零散经营户，总体缺乏档次，有待提高。扬州汽配市场规模小、档次低、硬件差、零散度大、难以形成品牌效应和规模效应。难以适应城市与行业发展的需求，会随着时间推移退出扬州舞台，这就需要有新的汽配中心来取代。

整个苏中地区具备相当雄厚的汽车产业实力，但还没有一家有规模、专业化的汽配市场。盐城中大集团投资兴建了万辆豪华客车生产基地，在中大控股经营盐城中威客车有限公司之后，又兼并重组了北京、上海的2家客车制造企业，形成客车“金三角”的架势。另有仪征等大型汽车生产基地，汽车产业颇具规模。

汽配市场方面，江都永安镇03年兴建了一汽配产业园，然而规模有限，总投资只有1.6亿元。由于苏中地区市场大环境好，当年全镇汽配项目共吸引外资1.35亿元，如今此汽配产业园已经成为江都市知名特色产业园，汽配业年产值达20亿元左右。可见如今汽配行业已是商家抢金夺银的宝地。

高力集团在对市场环境细致分析之后，最终决定，耗资6亿元在扬州西区打造苏中汽配产业连锁重阵，苏中汽配产业物流总部——高力汽配城。在高力集团前期做了大量基础工作之后，对市场的设计，运营都有了前期规划。使整个工作的开张都在计划之中，也正是这种有准备的来“打仗”，才使得高力汽配城的建筑施工按期完成，招商工作顺利进行，销售状况惊人。高力集团“上心、上进”的工作作风，确保了这个苏中唯一一个汽配专业市场运营风险降到了最低，也正是因此才吸引了大量的投资者前来投资，这其中许多都是与高力集团合作过多年的老朋友，在南京许多客户就是随同高力集团一同来扬州再次创业的。

品质，就是旗帜

生命力决定财富源泉，只有建筑的设计让市场拥有了生命，我们的事业才会蒸蒸日上。一个真正称得上有生命的设计不但要考虑美观，更要考虑到经营。在高力汽配城的设计方面，高力集团是融合多年商场经营经验，加上亲自前往北京、上海等全国各大汽配市场进行实地考察后，加以综合，取众家之长融为一体而设计成功的。

高力汽配城占地总面积236亩，建筑面积12.8万平方米，总投资6亿元。其中一期占地135亩，建筑面积8万平方米，精心打造575套标准商铺，26栋联排分列式商铺。四面临街，四个主入口，24米主道，15米次道，12米超宽楼距，多处大型停车场，构成纵横交错、便捷顺畅的交通网络。实现了间间临街，户户旺铺，聚人聚气的效果。环形辅道使车流人流穿梭自由，为业主打造腾飞的商业平台。

高力汽配城就单间商铺来说，设计的最大特点该属6米超高层。这是为满足广大汽配经营户而精心设计制作的，6米层高可以使经营户收获最大的利益。在经过简单装修后，经营户可以根据个人需要将一层商铺分割成两层来使用，一层用于商品展示，一层用于存放货物。

作为专业市场，高力汽配城在设计之初就已经充分考虑了总商家办公居住问题，顾为每一个商铺精心配置了一套办公用房。为经营户商铺装修方便，以及商家或经营者可以根据个人喜好，精心装修个人办公司或方便改造成为个人住宅使用，高力汽配城所有建筑都采用全部框架结构。二层以上层高都为3.3米，户户配有独立楼梯、水卫电设施齐全，宽带、有线接入，无论是办公还是居住绝对方便舒适。

目前，高力汽配城的投入使用给扬州汽配市场带来一个崭新的形象。

江苏百大实业发展有限公司

江苏百大实业发展有限公司是昆明百货大楼（集团）股份公司的下属公司之一，是其在长三角设立的第一家控股房地产公司。公司成立于2004年6月，注册资本10000万元，是一家以昆百大（集团）公司为依托，专业从事房地产投资与开发大型房地产开发公司，她秉承百大地产的先进的管理经验和优秀的企业文化，坚持『以人为本，科学管理；专业服务，品牌取胜』的经营理念。公司拥有一支长期从事房地产投资、经营、管理，并有丰富的房地产开发管理经验的管理团队。公司充分发挥各级专业人才的优势，采用现代企业管理模式，在较短时间内培养、组建了一支年轻、专业、高素质的优秀员工团队。公司将立足长三角，充分发挥集团公司的资源优势，满足住房消费者对文化、品位、个性等多方面的追求，适应市场竞争中品牌形成垄断的需要，着力打造『百大地产』的品牌形象。目前，公司在无锡惠山新城中心投入数十亿元开发的大型生态景观、综合房地产项目——『百大·春城』。

百大·春城

中国房地产健康生态住区成功开发典范

百大春城的项目定位是“定义城市精英生活”，由A&I（香港）景观规划公司担纲，悉心规划近60万平方米的精英社区，以其八大私有系统，从规划、生态、医疗文化、品质、泛会所、配套设施、物业等方面来构筑高品质精英生活，从产品的各个细节上为“城市精英”们营造一个“健康、生态、休闲”的理想家园。百大物业公司也全程参与规划设计，使产品细节更具人性化，也方便了物业公司今后对社区的管理。百大春城与惠山区政府仅一街之隔，楼盘西侧1000米就是国家重点中学——锡山高级中学以及面积为46.7公顷的吴文化公园，紧邻地块西北角是规划中的中小学学校，紧邻项目的北侧为惠山区政府投资正在建设中的27万平方米的惠山区人民医院，南侧则是正在建造中的天力商业广场。社区门前的惠源路及南侧的政和大道均为市政主干道，规划中的轻轨惠山中心站就在地块旁，而年底开通的惠山大道紧邻地块东侧，是市区到江阴的必经之路，届时到市内将仅需15分钟，自然与繁华瞬间切换。龙形城市森林总投资超过三千万，园内栽植大量的香樟、银杏、桂花、白玉兰等大量四季性观赏性植物；海滩式的休闲白沙滩、水溪，林荫花丛间的绿色慢跑道，园内随处可休闲、活动的小广场，真是“家在森林中，森林在家中”。百大春城一期全部为电梯房公寓，将品质住宅开发进行到底。百大春城经过对国外发达国家精英阶层和中国房地产的发展态势判断，由国际知名大师执笔，提出了全部建成多层电梯公寓的品质宣言，使住在这里的精英阶层可以提前享受未来的品质生活。

多层透视图

百大·春城

售楼电话：0510-83588000　83588111

项目概况

本项目---“无锡百大·春城”是以居住为主，兼有部分商业和配套共建的住宅小区，位于无锡市惠山经济开发区，南临政和大道，北临堰新路，西临惠源路，东接龙形绿化带。项目用总用地面积约368184平方米，容积<1.7、建筑密度<28%、绿地率>40%。

场地特性

区位特性：场地位于惠山新城，根据无锡市的总体规划“南拓北展”思路，将建设成惠山区政治、经济、文化、科教、休闲为一体的现代化城市，并将成为无锡市的一个重要城市组团。

交通特性：毗邻南北景观大道（惠源路）和东西景观大道（政和大道）交通便捷且道路景观条件良好。

环境特性：场地内东西景观河，东接200多米宽的龙形绿化带，景观优势明显。如何将现有的景观优势与社区内部的景观系统组合成一个有机的整体，是项目在设计中的重点之一。

文化特性：惠山新区所具有的活力新城、现代新城、便捷新城、幸福新城、人文新城的新城文化特性和香格里拉形象定位所引发的美丽、和谐、自然、健康、幸福，等关健词，是场地地所蕴藏的文化特性。

中心广场透视图

设计理念

场地特性中的居住小区

居住小区的设计的重点除了住区其自身特性外，还应从城市和环境的角度来理解地块的特殊价值。基于对场地特性的挖掘和提升，结合场地特性的分析，我们在设计中的各个方面对于场地具有的特性作出积极的回应，提升场地特性的优势，削弱场地特性的劣势。并从而使小区设计源于场地，融于场地并高于场地，即理解为“场地特性的设计和设计的场地特性”

提倡“面向市场的建筑设计”

把建筑设计理解成为一种服务，一种对业主和社会住户的智力服务。所以设计要关心社会和市场的需求。我们按设计和策划进行并轨，即“作为设计的策划”和“作为策划的设计”从而在规划设计这一关健环节达成项目市场战略和产品战略一致。

提倡“附加值设计”的概念

把一个项目的开发各个环节理解成为一个完整的过程。在规划设计过程中将景观设计和建筑设计整合，形成建筑景观一体化，即“作为景观的建筑”和“作为建筑的景观”并行。从而在建成后形成一个统一的整体，通过这种整合，达成高附加值。

苏州中天房地产开发有限公司

苏州中天房地产开发有限公司于1998年11月注册成立，注册资金为5000万元人民币。是具有房地产一级资质的股份制房地产开发企业。1999年在苏州市区成功开发了“中天•竹之苑”房产项目；2001年又在苏州工业园区首次土地拍卖获得了2#地块的土地开发权，项目定名为“中天•湖畔花园”，总建筑面积为20.2万㎡，于2003年全面开工建设，该项目是该公司在2003年度的重点开发项目。“中天•湖畔花园”项目位于苏州新加坡工业园区金鸡湖畔，整个小区由十二幢18-27层高层建筑组成，是当时苏州市首个全高层住宅小区，共有住户1020户，地下车位近800个。小区规划超前，配套先进，全人车分流，全二户二梯，全明户型设计，底层架空处理，澳洲景观风格，获得了市场的欢迎和好评，先后被评为《2003年度全国人居建筑规划设计方案竞赛》建筑、环境双金奖；《2003年度中国江苏房地产明星楼盘》；《2003年度苏州市十大明星楼盘》、《2003年度中国优秀住宅设计大赛》 综合金奖……在整个工程施工管理中规范开发，文明施工受到了各界的赞扬，被评为2003年度江苏省施工文明工地；2003年度苏州市优质结构工程。2003年9月8日，全国人大《建筑法》检查组来工地检查获得了较高的评价。

2003年3月份该公司又在苏州工业园区土地拍卖中取得了3.87万平方米的商业房产开发权，定名为“中天•湖畔广场（邻里中心）”，目前建筑主体已完成。2003年6月份在江苏省靖江市通过拍卖取得了287亩地的开发权定名为“中天•城市花园”，总建筑面积30万平方米，目前已开工建设。2003年10月又在苏州老城区西园路以拍卖方式取得了153亩住宅用地的开发权，定名为“中天•西园”，总建筑面积12万平方米。

经过多年的实践积累，公司以其准确的市场定位、超前的规划设计、优质的建筑以及良好的企业信用在苏州房地产行业内树立了良好的品牌形象。无论是多层住宅、高层住宅、别墅等各种类型住宅和商铺，从设计、建造到装修工程，始终贯彻于人性化、高品质的生活理念，注重绿化、环境和社区文化的营造，强调人与人的亲情和沟通，受到社会认可，并取得了良好的社会效益与经济效益。公司先后被评为《2002-2003年度江苏省诚信开发企业》、《2003年度苏州市纳税大户》、《2003年度苏州市私营企业纳税十强》、《2003年度苏州工业园区民营纳税十强》、《2003年度苏州工业园区（娄葑镇）民营企业入库税金第一名》、《2003年度苏州工业园区重合同守信用企业》。

公司以“诚信、卓越、实干、创新、团队”为创业精神，以“一流的品质、一流的品位、一流的品牌”为目标立足苏州，并以房地产开发为龙头向建筑、设计、建材、物管等相关产业拓展（目前在苏州已投资成立了年产150万米预应力管桩苏州中天新型建材制造公司，成立了中天物业管理有限公司），力争在3年内成为集团化企业。

中天●城市花园

都市生活的真谛

中国房地产高尚住区成功开发典范

花园热线/0523-4620888 4620000

用建筑营造城市景观

ZHONGTIAN GARDEN IN CITY

中天·城市花园首开靖江现代住宅建筑风格之先河，其隽永丰富的立面造型，细腻考究的细节设计，尤其是气势宏伟的小高层建筑，成为靖江城市一道亮丽街景。建筑风格简洁纯净，线条流畅，空调机位、落水管隐蔽设计，犹如对艺术品尽善尽美的追求，是面向未来的思考之精神果实。

阳光、空气、流水、绿地和建筑融为一体，密不可分，共同组成凝固的音乐，呈现勃勃生机。

用自然描绘生活家园

ZHONGTIAN GARDEN IN CITY

中天·城市花园绿地面积近70000平方米，以各种花卉树种、草坪坡地、水面和铺地形成了不同主题的绿化景观，成为与喧闹的都市环境形成强烈反差的生态型居住环境。专设儿童活动场地等社区住户交流活动空间，观赏和实用并重，园林环境感受生活真谛。

动静结合，虚实相映，中国园林艺术中“园必隔，水必曲”，“曲径通幽”等设计理念尽情体现。为增强中心绿化的视觉连续性，将小区中央的6幢点式小高层底层全部架空3.6米，用作绿化、休闲空间，充分发挥小高层间距宽，景观丰富的优势。

安全、便利、尊贵、永远的生活主题

ZHONGTIAN GARDEN IN CITY

社区配备有高尚会所、主题喷泉广场、休闲园、林荫大道、儿童游乐场等配套设施。周围另有学校、超市、公园等生活设施，堪称星级居家配套。

有口皆碑的省靖中，靖江外国语学校，可以让孩子赢在起跑线，更赢在未来，周边商业配套服务近在咫尺，免除生活琐事的烦恼。

中天·城市花园更专设豪华会所，建筑主体置身于城市景观公园中，娱乐休闲，运动健康设施各取所需，调整精神状态，创造美好生活。完善的智能化系统是小区永不疲倦的卫士，既提供便利，也提供安全。24小时在线，守卫中天●城市花园一方净土。

中天·城市花园聘请优秀的物业管理公司进行管理服务。国际级管理水准承诺你24小时高枕无忧，训练有素的封闭式管理，丰富多彩的社区文化，提供365天的居家享受。

精心布置的户型空间

ZHONGTIAN GARDEN IN CITY

中天·城市花园遵循合理、健康、安全、舒适的户型设计原则，系参照多年的房产开发经验，精心打造的居家布局。厅、房大开间南向，动静分区，南北通透，确保享受明媚阳光和清新空气畅通无阻，独特的双明卫设计，管道废，污分流，细微之处，呈现人性关怀。

在户型设计配置上，要求能够反映居住者多元化的生活观。预留室内自主空间，尊重个性发挥设计，以其体现纯住宅概念，希望更加符合都市人个人简约实用的心态。同时关注室内自然延伸部分，如楼梯走廊及阳台，将每处小空间的平面设计超前于立体的装修设计。户型面积适中，皆为千挑万选的成熟经典户型。

一览众山小的生活视野

ZHONGTIAN GARDEN IN CITY

登高远眺，极目天际，心胸为之一畅。住在中天●城市花园小高层，晨起沐浴朝阳喷薄，归来看落霞变幻，居家如此，开创靖江住宅新高度。

孝敬长辈是中国传统美德，小高层住宅采用名牌电梯，瞬间直达家门，免除家中老人走楼梯辛苦，中天●城市花园电梯额外配备双电源，从城市两座变电站接电，消除停电隐患。小高层前后间距开阔，更有部分底层架空设计，景致内容丰富，公共空间开阔。

中天·城市花园小高层住宅是靖江成功人士生活旅程的制高点。

苏州信泰房地产开发有限公司

香港信泰投资机构自1994年创建至今,历经10多年的风风雨雨,在房地产行业当中,企业的规模不是最大,发展速度不是最快,但值得庆幸的是信泰人的努力得到了公众的认同,信泰的品牌得到了社会的信赖,这一点足以让每一位信泰人感到由衷的欣慰。

我们以为,衡量企业成功与否的重要标准之一,就是让客户满意的程度——尊重客户,理解客户并善意地沟通,将客户视为我们永远的伙伴,将客户的建议、投诉视为送给我们珍贵的礼物。

苏州信泰房地产开发有限公司成立于2003年11月21日,注册资金为10000万元,按贰级标准从事房地产开发经营业务。公司始终把打造"最佳人居环境小区"作为公司的追求目标。目前在常熟开发的项目主要有位于常熟繁华招商城、建筑面积约4万平方米的"汇龙新城",位于市中心方塔商圈、建筑面积约20万平方米的"城市之光"。

最后,信泰机构真诚地邀请大家常来看看并给予指导,信泰机构需要您一如既往的关心和督促,信泰机构明天的发展更需要您始终不渝的关注和支持!

LIGHT CITY. 城市之光

Xin Tai Framework Light.City

中国房地产高尚住区成功开发典范

"城市之光"位于阜湖路、海虞南路交汇处(原帽厂、丙纶厂、工业缝纫机厂合并的地块),紧挨市中心方塔商圈,具有金牌地段的先天优势。同时,我们通过"品质+品牌"的策略组合,融入"人性化"、"艺术化"的基因,打造成一幅让人信服的作品,让建筑更富有生命力。因此我们还在不断努力,希望"城市之光"成为常熟楼盘极具分量的一张名片。

"城市之光"占地面积56977平方米,总建筑面积197767平方米,绿化率达40%,是一座集高层、小高层和多层高档住宅及商铺为一体的现代综合社区。市中心33层百米超高地标建筑,更是尊贵与荣耀的身份显现。

高尚生活社区，常熟人居典范

领衔国际八大创举，铸就理想家园

市心钻石地标

择千年方塔为基座，坐镇寸土寸金的繁华市中心区——阜湖路与海虞南路钻石交汇处，毗临最繁华的商业步行街并与招商城近在咫尺，尊贵地位无可复制，再加上优越的居住环境、出入自如的便捷交通，以及成熟丰富的生活条件，无不焕发着国际高尚社区的巨大魅力。

国际视野团队

美国建筑大师 Terry An、美国著名 BTF 景观设计事务所、金牌物业等诸多名家，联袂打造国际级建筑巨作，将汇聚经典建筑、国际园林的生活蓝图与您共同领享市中心生活区的荣耀。

现代简约全明通透建筑

[城市之光]引入先进的国际设计理念，以现代简约的艺术手法，挥笔描绘卓尔不凡的建筑天际线！从全明通透建筑到 32 层标高帝景视野，从简洁动感的风格立面，到阔绰超大栋距……[城市之光]，以一种纯粹现代简约的规划，为匹配名流量身塑造。

市心稀有养生园林

美国著名景观设计 BTF 以“有机建筑植入花园”的设计理念，将世界经典景观汇聚到常熟，以生态诠释诗意的栖居。并以其 42%的超高绿地率独秀市中心，精心规划的 24000 平方米市心稀有养生园林，总面积相当于 4 座足球场，丽境连绵，气势恢弘，磅礴展现了国际大社区的青春风貌。

·商业步行街区(百老汇第三大道)

·下沉广场商业区(时间广场)

·SOHO 办公区(硅谷印象)

·住宅主入口区(维也纳春天)

·南北轴住宅中心区(香榭丽舍大道)

·会所区(地中海俱乐部)

·阳光泳池(威尼斯风情)

·小区互动区(故事花园)

·生态工房(秘密花园)

·五行养生区……

五心全龄化会所

惬意生活源于尽情享受，“城市之光”倾注巨资，为尊贵业主量身打造完美的全龄化会所，五大服务中心，以其齐全完善的配套，关爱业主的每一个细节。

·物管中心：保全、网络、园林、环境、门禁、来客接待、过滤访客等。

·健身中心：游泳池、健身房、回力球等。

·家管中心：钟点保姆、上门取送洗衣服务，送餐、送货、租售服务等。

·商务中心：网络、会议中心、代订机票、车票、打印、传真、临时秘书、翻译等。

·娱乐中心：棋牌室、阅览室、品茗室等。

绿色阳光户型

[城市之光]，户户都是首屈一指的名门大户。大面宽，2 进深，格局方正，户户独享豪华观景电梯；私家入户花园设计，让您的生活沐浴在日光月华之中；豪华尊贵大客厅，方正气派；环形 270 度景观飘窗，静坐家中也可尽揽天地盛景；独创子母门设计，主、佣生活空间分离……名门大户独有的规划，将豪门风范演绎到了极致。

智能化安保系统

[城市之光]礼聘一级金牌物业公司，提供贵族专享的全天候管家式服务，特别引进符合国家最高标准智能安防科技系统：小区智能巡更系统、一卡通电子系统、远程红外遥控智能系统、绝对安全人车分流……以先进的管理理念和科技为指导，确保社区的绝对安全。金牌物业，为您的居家生活提供最贴心的保障。

绿色环保建筑

细节决定品质，品质决定品位。城市之光，体现出来的人文关怀无处不在：

·家家直饮水到户，健康从每一滴水开始

·户户配置食物垃圾处理器，消除异味，轻松远离琐屑的烦恼

·操作自如的电子晾衣架，大人小孩也可安全使用，体贴老婆从此开始

·嵌入式保险箱，重要物品的秘密处

·中空隔音气密窗(沿街户型配备)，繁华清幽共享

·外墙环保涂料，感受纯净的自然

·引进符合国家最高标准智能安防科技系统，24 小时贴心保护

HF JT 红枫集团

昆山红枫房地产有限公司

在国际经济巨子角逐的长江三角洲,迅速成长的昆山红枫房地产有限公司已经引起了人们的瞩目:就在日新月异的大上海的“大门”口,一个总投资达15亿元人民币、建筑面积23.5万平方米,由澳洲著名酒店管理公司管理的五星级的昆山东方云顶广场即将改写中国旅游度假业的记录——这个规模、水景和设施堪称中国之最的五星级休闲旅游度假中心,约占总建筑面积30%的产权式客房和15%的长三角名流社区别墅已经实现全面销售预定,其87%的业主是精明的上海人。

昆山东方云顶广场的成功不是偶然的。成立于2001年的昆山红枫房地产有限公司的投资主体是已经在温州房地产业颇有影响的温州长龙房地产有限公司。温州长龙房地产已经成功地在温州开发了建筑面积25万平方米的温州红枫山庄、鱼鳞浃、月乐垟、龙霞住宅区。目前正在参与合作开发建筑面积30万平方米的温州永强安源小区、永中南洋锦园、乐清七里港商住楼。

在上海,昆山红枫房地产正在进行青浦红枫苑和占地870亩的奉贤国际老人公寓开发的前期准备。在各级政府的支持下,在中国和发达国家开始进入老龄社会的新世纪的早春,昆山红枫房产开始进入以特色康疗为主的国际老人养生度假事业。

与此同时,昆山红枫房产以五星级昆山东方云顶广场为主体,正在构造全球休闲分时度假网,作为第一步,已经在国内启动——在庐山、长白山和有“天下第一氡泉”之称的温州泰顺氡泉区,以东方云顶命名的系列分时度假基地已经建成,将在昆山东方云顶广场开张以后同步迎客。

到2007年,昆山红枫房产投资的国内休闲分时度假将达到5个点,形成休闲分时度假的雏形。到2015年在国内投资的分时休闲度假将达到40个点,同时纳入国际主要休闲度假交换中心的全球网络,地球村的风景名胜将成为从封闭中走来的中国人的“后花园”。

虽然,昆山红枫房产仅仅诞生了4年,但是,在长三角这片经济沃土上,生逢其时的她实现了跨越式发展。她感谢时代,感谢业主、感谢一切给她以关心的人们。

她的目标是建立一个以旅游物业、分时度假网络和国际老年公寓网络为主的企业集团。

她未来的名字会叫云顶集团。

昆山红枫房地产有限公司5-10年发展规划

完成以跑昆山红枫房地产有限公司为母体,昆山东方云顶广场有限公司、温州瓯海长龙房地产有限公司、温州红枫老人公寓、温州秦汉陶粒轻墙材有限公司、上海采枫国际老人公寓等为辅体,组建综合性的红枫集团公司。

计划在5-10年的时间里,以红枫集团公司为依托,以分时度假联盟为手段,在全国各国选择有潜力的区域,投资一批旅游度假项目,最终形成以旅游度假为主体产业,酒店、房地产、建材、老人公寓、商业等诸业并展的格局。

目前集团公司的筹建、有关区域的投资可行性调查研究正在进行中。

中国度假旅游地产成功开发典范

昆山红枫房地产有限公司

昆山红枫房地产有限公司创立于2001年，由浙江温州瓯海长龙房地产开发有限公司董事长胡方云先生等注资设立。以“创业、效益、先进、人和”为企业宗旨，凭借在房产界多年的经验集众家之长，厚积薄发。以房产公司的开发模式，涉足旅游产业领域。在昆山巴城阳澄湖畔开发综合性房产项目“东方云顶广场”。

公司现有各类专业人才数十人，涉及房产开发、销售企划、酒店经营、旅游管理、娱乐规划、园艺、智能化网络等专业。在公司的内部力求人性化管理与效率化考核的统一，从而营造出和谐、友爱、进取、先进的内部环境。

在昆山市各级政府及有关部门的大力扶持下，以卓越的管理、优秀的团队为主体，辅之以先进的产品，红枫人渴望着在市场中不断地发展壮大。

东方云顶
广场度假酒店
The East Genting World

东方云顶广场基本情况介绍

东方云顶广场位于江苏省昆山市巴城阳澄湖畔的湖滨南路1098号（崇宁寺旁），总投资近10亿元人民币，占地面积近500亩，总建筑面积22万平方米，容积率0.56，建筑密度11.78%，绿地率达76.6%。主楼建筑面积14600平方米，拥有1–3楼5万平方米的室内俱乐部会所（水疗，康疗，大堂商务中心，多功能厅及各种休闲娱乐中心），别墅区内有功能配备齐全的会所，100栋亲水独栋别墅，风格各异，充盈万国风情。

预计2007年全面投入使用的东方云顶广场将成为集度假、休闲、娱乐、康疗为一体的高档多功能度假区。拥有1324套酒店式公寓其中总统套房两套。为充分利用旅游资源，将引进分时度假经营模式。东方云顶广场的分时度假，将利用国际国内分时度假联盟的平台，共享全国四

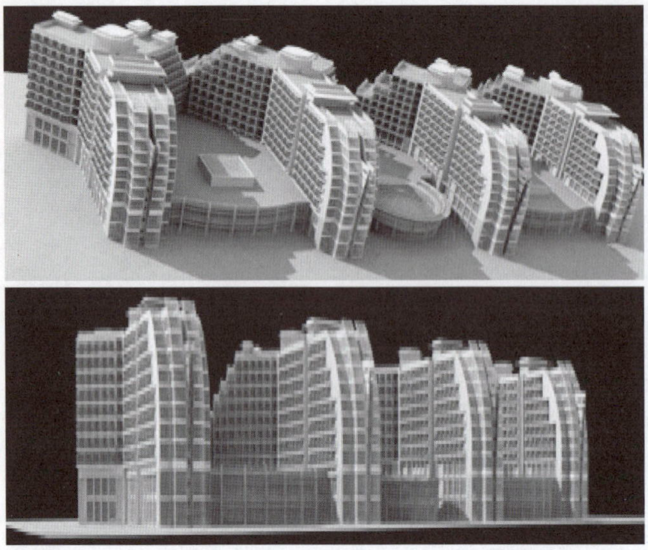

十余个分时度假中心，同时，他们还将在全国有旅游投资潜力的地区投资开发酒店式公寓及旅游度假网点，已有意向在长白山、庐山，浙江泰顺、海南寻地开发分时度假主体网点，旨在最终形成一个旅游联盟网络的经营管理机构。

建成后的东方云顶广场有四大功能分区：

主会所区：一至三层近5万平方米超五星级的室内会所，室内会所设施齐全，包罗万象，应该是一个“三天也玩不够”的地方：

室内会所集度假性、休闲性、娱乐性、商务性、会务性、健诊性、互动性（七大内涵）于一体，能满足文化、商务、健身、运动、娱乐、宴会等全方位的要求。

室内水疗康疗区建筑面积8000余平方米。

主楼区

产权式酒店式公寓，既吸收了星级酒店的服务功能和管理模式，又吸收了信息时代写字楼的特点，拥有良好的通信条件，可针对性地提供秘书、信息、翻译等商务服务，是一种综合性很强的物业管理概念，集住宅、酒店、会所等多种功能于一体。

产权式酒店式公寓的户型从几十平方米到近百平方米不等，可以满足使用者的个性化需求，在装修上统一为精装修，提供全套的家居设备。不同户型有不同的风格，在服务上根据住户的要求提供酒店式服务的同时，附属设施还增加了银行、会所、小超市等其他项目。以方便住户。

万国风情别墅区

除配备有功能齐全的高档会所外，全部100幢别墅，根据各国风土人情设计了多种风格。别墅区由大小不一的6个组团组成，结合建筑造型和园艺配置，各个组团形成不同的特色，每幢别墅的用地面积平均5亩，阳澄湖水直接进入别墅的庭院。每幢别墅的装潢在强调生态和环保的同时，将处处体现当代高科技。

室外主题乐园区

规划中的室外主题乐园以水为主题，活动项目纷繁有：水上蹦床、360度高速旋转滑道、水上升空伞、水上皮划艇、喷水高达108米的音乐喷泉、7000平方米水上森林氧吧、大型水滑梯、游艇俱乐部等，能满足幼儿至老年人的不同年龄层次的需求。

项目投资理念

为什么公司要在这里开发东方云顶广场，并要建成如此规模和档次呢？是基于以下几点原因：

切入点：东方云顶所在的巴城镇阳澄湖旅游度假区，虽然是江苏省省级旅游度假区，但是，在硬件上并没有形成发展旅游经济的系列化配套设施，这与昆山及现时的阳澄湖旅游度假区的经济和市场地位不适应。从这个角度认识，东方云顶广场确实发现了市场的一个切入点。

商机：昆山地处苏南，与上海毗邻，区位优势非常明显，经过十余年的锐意进取，昆山经济得到了长足的发展。是今日中国经济总量最具成长性的地区之一。阿尔卡特、精工、三菱、伊藤忠等数十家世界500强企业落户昆山，虽然昆山市每年举办上百场的大中型会议，但相应规格的会议场馆却比较少，商务、度假休闲场馆众多，上档次、上规模的却比较少，酒店和公寓比较多，酒店式公寓却几乎没有，度假型酒店公寓更没有。这也是东方云顶广场的一个商机。

服务点：昆山作为新上海的后花园，作为上海这个世界级都市走廊中的一个节点，在长江三角洲的重要性越来越突出。目前，长江三角洲地区的7000万人口中，有钱有闲的人越来越多，他们大多有度假休闲的需求和能力。加之昆山的地理位置优越、风景优美、特点突出（大闸蟹等），使人趋之若鹜。这又是东方云顶广场的一个服务点。

园区区位效果图

2005众星闪耀，双湖绝色全释放

作为园区２００５年重拳推出的景观型休闲商业中心"水巷邻里"就位于高尔夫花园北面，现已开始动工，独具江南特色的水上"不夜城"将带来万贯云集、增值无限。高尔夫花园紧邻国际标准２７洞高尔夫球场，目前球场正在紧锣密鼓建设中，预计05年年底球场及会所将基本完工，届时近水楼台的高尔夫花园可抢先领略球场美景。规划中位于高尔夫球场内东南角、独墅湖北岸的五星级酒店更加大大提升区域价值。高尔夫花园东北角近依金鸡湖八大胜景之一望湖角，观湖览胜堪称一绝。

高层效果图

升级之作，一期D区全高层全面拔升视野与想象

即将全新面世的高尔夫花园D区由３栋高层组成，分别以绝佳位置傲立机场路最前排和中央景观主轴地带。由于机场路前方已无任何视觉屏障，掌握机场路分区高层即是亲近金鸡湖的第一排所在，而超过２０层的齐天高度将在空中沟通南北，创造更多双湖观景房；中央花园区的高层与贝尔高林亲笔规划的绝世花园相伴，在看湖的同时更可坐赏四季流芳的园艺之美，而小区内双层会所就与之相邻，会所将集纳超市、健身房、棋牌室、阅览室等功能，成为高尚而便捷的ＶＩＰ生活馆。

效果图

效果图

效果图

珍藏之作，88席湖岸叠加复式别墅旷世经典

在园区一"墅"难求的市场状况下，即将公开的高尔夫花园别墅区可谓一枝独秀，增值空间异常广阔。叠加复式别墅区在两湖的天然蓝图上，又增加了一条天然河道相伴，是亲水别墅中的绝佳上品。由贝尔高林精心规划的湖滨大道就在其侧，步行之间即可欣赏水舞斜阳的动人景观。部分叠加别墅设立半地下独立私家车库、室内错层设计、7米宽豪华客厅，从各个细节折射极品生活的内涵。

独立别墅效果图

叠加别墅效果图

会所效果图

双湖热线｜0512-67628808　现场接待中心｜机场路与星港街交汇处向东300米

发展商｜苏州鸿意地产　规划设计｜法国PA建筑师事务所　建筑设计｜苏州市建筑设计研究院有限公司　景观设计｜贝尔高林香港有限公司　物业顾问｜戴德梁行　营销企划｜苏州新吉阳

中庭景观效果图

收纳，十全十美中庭景观

中心水景：主题性的中心景观，体验浪漫的水域风情；**推杆果岭**：双会所前的推杆果岭，展现淋漓尽致的"高尔夫"主题景观；**旱喷广场**：滨水区北侧的旱喷，巧妙的与灯光的结合完美体现妩媚灵动的水景；**悉尼剧院**：歌剧院造型的悉尼湾，不用亲临悉尼亦可享受的浓浓异域风情；**休闲茶座**：景观功能与使用功能兼有的休闲音乐茶座，实在为放松身心的好去处；**喷泉广场**：层层叠叠的水景以及欧式雕塑的点缀，成为小区最亮丽的风景；**滨水花径**：竖向的高差设计和各色的花灌木组合，营造百分百的滨水花径效果；**树阵广场**：整齐规划的树阵广场，为住户提供活动场所与娱乐空间；**亲子活动**：错落有致的植栽结合绿意葱葱的地坪，是孩子玩耍的最佳天地；**伍兹小亭**：精致小亭似为泰戈·伍兹量身打造，再现高尔夫花园风情。

高层效果图

黄金水岸臻品难求，双湖VIEW豪宅享受

实力问鼎的苏州高尔夫花园，地处金鸡湖和独墅湖两大湖泊之间，黄金水岸的地段无可替代；苏州市唯一的国际标准27洞高尔夫球场贴身并立，真正定义了新苏州城的金领地带；更有法国PA建筑师事务所强势加盟，以国际时尚的眼光为苏州打造极品水岸生活；国际知名的贝尔高林香港有限公司担纲景观设计；近邻规划开发中的4000平米金鸡湖邻里中心，使其升值潜力倍增。此外，高尔夫花园还荣膺"2004年度苏州市优质结构工程"称号。精致两房现正在限量热销中，湖岸叠加别墅同步热销。

效果图

效果图

效果图

湖岸叠加别墅持续热销，精致两房限量同步上市

在园区一"墅"难求的市场状况下，即将公开的高尔夫花园别墅区可谓一枝独秀，增值空间异常广阔。叠加复式别墅区在两湖的天然蓝图上，又增加了一条天然河道相伴，是亲水别墅中的绝佳上品。由贝尔高林精心规划的湖滨大道就在其侧，步行之间即可欣赏水舞斜阳的动人景观。部分叠加别墅设立半地下独立私家车库、室内错层设计、7米宽豪华客厅，从各个细节折射极品生活的内涵。

独立别墅效果图

叠加别墅效果图

会所效果图

双湖热线 | 0512-67628808　现场接待中心 | 机场路与星港街交汇处向东300米

发展商 | 苏州鸿意地产　规划设计 | 法国PA建筑师事务所　建筑设计 | 苏州市建筑设计研究院有限公司　景观设计 | 贝尔高林香港有限公司　物业顾问 | 戴德梁行　营销企划 | 苏州新吉阳

无锡五洲国际装饰城有限公司

无锡五洲国际装饰城有限公司于2005年2月1日注册成立,注册资本为7000万元,公司目前在职员工30人,其中专业技术人员28人,具有高级职称3人,中级职称15人。2006年3月,引入国外先进管理经验,中外合资。现公司等级为暂二级。

公司目前正在开发的主要项目是无锡五洲国际装饰城,该项目总建筑面积为50万平方米(不包括10万平方米的大仓储),总投资将超过10亿元人民币。该项目位于无锡市惠山经济开发区钱桥商贸区西北部,东临锡宜高速公路匝道,南临盛岸西路,西靠锡宜路,北临312国道,位置优越,五洲国际装饰城建设整体目标按照无锡市城市建设总体规划和市场建设总体要求,高起点设计,高质量建设,高水平管理,将发展成为国内一流集市场交易、会展、仓储物流、购物休闲于一体的现代化大型专业市场。

公司目前的开发资质为暂二级,公司的战略目标为在3年内达到一级开发资质,成为江苏省最佳房地产开发企业之一;5年内全面覆盖无锡、苏州、常州等苏南经济强市;树立自己的强大品牌形象。

中国房地产成功开发典范

五洲国际装饰城

五洲国际装饰城位于江苏省无锡市盛岸西路668号，被列为政府重大项目和无锡市重点培育市场。

规模优势

规模是商业成长和发展的关键，尤其是在当前的商业发展空间，没有一定的规模，是不可能形成足够的凝聚力，同时也不适应社会经济的发展。无洲国际装饰城，60万平方米苏南超大规模建材家居交易中心。

区位优势

商业的成长需要自身的条件，但更缺不了外部环境。长三角，傲然领跑中国三大经济圈，五洲国际装饰城位于长三角商圈的核心城市无锡，有着无比优越的外部环境。

交通优势

交通干线是商业的命脉所在，这是大家的共识。五洲国际装饰城，北沿全新改建的312国道，东靠江苏四纵四横四联高速道路之一的锡宜高速无锡出入口，南临无锡城市一级主干道盛岸西路，西倚锡宜路。共享长三角高效物流网络，共襄两人经济圈繁荣盛举：2小时江浙沪都市圈、1小时苏南经济强市圈。

配套优势

商业的持续发展需要足够的商业配套，商业的配套作用不能忽略，五洲国际装饰城周边配套有正在建设中的梁溪公交总站、汽车西站、火车西站、无锡第一高架路、洛社新城、职教园区等。其本身规划的配套同样完善：仓储、展厅、商务办公、休闲、餐饮娱乐等应有尽有。

规划优势

内部的规划对于商业的发展有着重要的作用，商业内部的规划合理、各种业态最佳组合、交通流线通畅，能持续保持整个商业业态的整体发展。五洲国际装饰城，融合数位商业规划专家的意见，统一业态组合，打造五横四纵的交通主线，并在交通流线上全力打造商业二楼的交通规划，全面提升二楼的商业价值。

一期一楼全沿街，主营陶瓷卫浴、五金油漆、木地板、橱柜、综合配套等；二楼挑高5.6米，一层能隔成两层使用，使用率大幅攀升，主营灯具、布艺、家居、综合配套等。

二期精品博览中心，融入数位专业市场商业规划专家和有过多年成功经营经历的有关人士的意见，更是对长三角众多成功的专业建材家居市场进行全方位的、针对性的考察，打造适应发展，具有超前规划的新型展厅市场。

发展优势

随着城市的发展，商业圈的起落时有发生。根据无锡市的城市规划发展，未来无锡的西片区将会向一个优质的方向发展，众多住宅和商业项目将会蓬勃发展，由此必将引来无锡市整个建材家居市场的重新选牌。五洲国际装饰城位于无锡市惠山区与北塘区交汇的盛岸西路，扼守无锡西大门，地理位置优越。作为无锡市政府的重大项目和重点培育市场，五洲国际前瞻性地认识到无锡西区的巨大潜力和辐射能力。

据不完全统计，在以后的几年内，项目周边5公里以内共有超过1000万平方米的建筑市场，估计有

200亿元的装潢材料需求，职教园区14.78平方公里尚未统计在内。

经营优势

五洲国际装饰城携手英国知名经营管理公司，引入成功的商业资产管理模式，对内统一管理，维持一个公平、公正的竞争环境，为经营者提供全方位、人性化服务；对外统一形象、统一推广，全面提升五洲国际装饰城的品牌形象。

五洲国际装饰城的核心优势并不是上面所提到的种种，纵观中国建材家居市场，同样有规模大的，同样有交通便利的，同样有配套全面的……。五洲国际装饰城的核心优势，也就是更与众不同、更能适应当今社会发展的优势就是其科技化、公正性、一站式。

科技化：以后的五洲国际装饰城将会打造成中国装饰科技谷，一个超大规模的装饰材料基地，蕴含装饰科技的前沿领地，将会是一个有研究机构及相关大学合作的试验基地、科研基地。

公正性：为了整个市场的良性发展，为了能让消费者的权益得到更大的保障，五洲国际装饰城在将来将会有各种公证检测机构、消费仲裁、法律咨询等进驻，严格控制不良经营活动，打造诚信专业市场，造福一方百姓。

一站式：对于消费者来说，麻烦的是为了自家的装修，需要跑设计、施工、选材等，而且还不放心，但是在五洲国际装饰城，就能解决一切的问题；对于批发商，全力满足采购需求。五洲国际装饰城将包含有设计、选材、施工、监理、验收等一体化的服务机构，最大的保障了消费者的时间和权益。

附一：

所得荣誉：2005年无锡市政府重点项目及重点培育市场

2006年中国最具影响力商业地产新盘

附二：

技术指标：总用地面积700亩；总建筑面积60万平方米；容积率1.286。

■现场财富热线：0510-83236666

■现场接待中心：江苏省无锡市盛岸西路668号

■市区财富热线：0510-82303666

■市区接待中心：无锡市胜利门广场手机街五洲国际接待中心

■招商热线：0510-83239111

■网址：WWW.W-Z.CN

■开发商：无锡五洲国际装饰城有限公司

江苏星源房地产综合开发有限公司成立于1996年8月，经省建委批准开发资质为二级，注册资金5018万元，主要经营房地产开发。

几年来，公司先后被省、市授予“百姓满意房地产企业”，“向消费者提供放心房承诺企业”、“AAA级资信企业”、“江苏省房地产业50强”、“南通市房地产业20强”、“物价计量信得过优秀企业”等50多项荣誉称号。多年来，公司在取得良好成绩的同时，还积极参与教育、助残、扶贫济困等各项社会公益事业，至2004年底，公司各项捐赠已达到1000多万元。

公司拥有长远的发展规划和创业目标，已在高邮、扬州等地成功开发商品住宅40000㎡，在洽项目辐射至山东、浙江两省。目前正在建设中的南通首席纯别墅社区——东郊庄园，占地460亩，为南通市规模最大的别墅居住区。

在充满机遇与挑战的今天，星源人将继续“求真务实，与时俱进”，为建设星源品牌、创造星源名牌而努力奋斗。

江苏星源房地产综合开发有限公司

中国房地产水景园林住区成功开发典范

东郊庄园 DONGJIAO

东郊庄园坐落于南通外环北路东首，金通路3688号。南临金通路，与通吕运河生态绿圈一路之隔，处于规划中“大南通”的中心地理位置。距闹市区十字街商业中心约6公里，约十分钟车程，距飞机场、火车站均约5公里；距连接苏通大桥的宁启高速公路入口处约2公里，在2008年苏通大桥建成，即可融入上海一小时都市圈、一小时生活圈和一小时经济核心圈；与苏州、无锡、常州、嘉兴、湖州、镇江、江阴、扬州、泰州等长三角经济圈城市往来迅捷；市区公交线11路直达庄园主入口，社区处于优越成熟的城市交通网络地带，交通出行四通八达。

东郊庄园项目占地458亩，南北直径约一公里，是南通规模最大的欧式风格纯别墅社区。规划容积率0.51，绿地率40.58%，建筑密度21.62%。规划总建筑面积154430平方米，其中住宅面积13万余平方米，规划建成300余栋别墅；会所面积近25000平方米，规划建成VIP尊贵双会所；人工湖面积约30000平方米，项目为南通最佳低密度庄园级别墅社区。

项目地块整齐，东、西、北侧毗邻田园自然环境，清新而宁静。按照南通市最新发展规划，项目所在区域通吕运河两岸，不久将开发建设为濠河升级版块，成为城市休闲、娱乐、旅游区。

项目规划分三期建成，一期将开发建设别墅区南边主入口处商务休闲会所、商店，独体别墅56栋、双拼别墅41栋，首推七款欧式经典套型，单体面积在248至368平方米之间；二、三期将分别建造大水面人工湖泊、湖景岛屿豪华别墅及更多款式的别墅。

项目开发商为星源房地产综合开发有限公司，该公司为江苏省房地产业50强、南通市房地产开发企业综合考评20强企业，多年开发的优秀业绩赢得了良好的社会赞誉；设计单位上海浦东建筑设计研究院，具备国际先进设计理念，常年担纲国家级优秀项目设计，别墅楼盘景观作品成为上海地区的示范。

南通在1914年曾诞生了第一座欧式经典别墅，末代状元张謇先生的家——“濠南别业”，时光已经流逝了近一个世纪，至今，它仍然是近代第一城亮丽的城市景观。今天，南通优秀的社会精英，传承祖先伟大的创业精神，创造了一个又一个新的社会业绩和财富，他们希冀南通再次出现与国际接轨的高品质住宅。东郊庄园的开发者遵循“吸取世界住宅文化精髓，创造精致生活境界，满足社会精英需求，提升南通城市品位”的开发理念，全方位精心打造南通首席纯别墅社区，为社会精英名流提供真正意义上的别墅生活空间，为南通招商引资增添城市魅力，为子孙后代创造经典的传世之作。

公元2005年，南通诞生第一座大型欧式经典纯别墅社区——东郊庄园。

东郊庄园的核心价值——产品创新

创新之一：一水、一环、三岛、多院落的居住生活空间

水为城市之源，以水为尊，上风上水是中国自古以来尊贵住宅的符号性标志。规划设计遵循“新都市主义”理念，营造“住融于景、景融于乐”的城市娱乐休闲港湾，创造了一水：以水景、植物、建筑结合的生态空间，在其中点缀欧式浪漫主义风情的水上小品，形成一条蜿蜒缠绵的生态水脉；一环：以社区主干道及路边生态景观、休憩、交流、观赏多功能为一体的绿化景观带；三岛：随水就势形成三个岛作为整个社区的生态重要节点景观和极品住宅示范；多院落：每户住宅均有天有地有院落，不同院落之间通过建筑、植物、水流的交替形成不同的空间，并通过绿化景观带与其他组团相连。欧式别墅建在水景和树林花木之中，生态与景观渗透、运动与文化交融、休闲与居住生活结合，人居环境协调共鸣，营造了人与自然十分和谐的生活空间。社区内一条蓝色水脉衔接着庭院与景观；一条庄园主干道环绕着挺拔的香樟、银杏树林，林荫中辉映着错落有致的欧式建筑，建筑外观色彩端庄，尊贵典雅；庄园中心，三座小岛嵌在清澈的湖水之中，与清风为友、与明月为伴，岛上18座豪华别墅，营造出“宅在林中坐，人在画中游”极致的人居环境，成为社会精英、商界名流、成功人士心驰神往的栖息地。

建筑设计强调“以人为本”的居家人性化理念，通过入户空间各功能的组织与分流，设计多处通透大面积明窗、露台……结合户外绿化环境设计，形成了内部围合的具有人情味的邻里空间。套内设计适应现代生活方式，强调大厅全明活动空间，高挑入户门厅空间设计提升了入户形象；主卧、起居室侧重考虑南朝向，保证了最大面积的采光；配置合理储藏空间，最大化的提升使用舒适度；超大舒畅的观景露台，让业主完全融入大自然之中。同时，充分体现经典欧式别墅个性化的特征，让业主感受欧美住宅的极致韵味。

意大利别墅——户型平面布局紧凑合理，卧室、客厅、餐厅全部朝南，连厨房里也挤满了阳光，错层客厅、入口处小中庭设计，现代别致，体现了优雅的美感。

英国别墅——中庭别致的两层半高度，富丽堂皇，底层各厅联为一体，使得室内空间延伸加大，错层设计丰富了内部功能，展现了贵族庄重气派的绅士风度和非凡气质。

加拿大别墅——户型大开间小进深的设计有着宽阔的朝阳面，流动的光线和微风让生活走进自然，八角形超大客厅保证了最大面积的采光，豪华主卧室，观景阳台与阳光房相互融合，展示了与自然和谐融洽的独特个性。

新西兰别墅——入户处两层豪华中庭空间，旋转楼梯高雅而灵动，超大露台，阳光餐厨，健康生活终日陪伴，营造出悠然闲适的风格。

西班牙别墅——三层格局，超大客厅两层挑高设计，奢华而有品位，豪华双主卧室包括独立衣帽间和卫生间，为尊贵的生活增添了炽热的浪漫风情。

美国乡村别墅——户型朝阳面宽阔，入户处与观景廊的结合实用美观，全景视野，远眺、俯视，庄园景色尽收眼底，南北超大露台、南向卧室，充分体现了简约风格和亲和感。

创新之二：丘陵绿地、湖泊岛屿、生态园林景观环境空间

社区景观设计遵循回归自然的生态理念、以人为本的健康理念、多元文化的艺术理念，以水系为主题营造生态、人文景观系统，创意欧式风情的浪漫，山水意境的典雅，原始生态

的野趣。

景观小品设计以欧式风格的艺术图案为主要内容，传统与现代相结合，表现新古典主义的理念。采用点、线、面结合的手法，在主入口设计60米宽的大型跌水，配以直线条为主的铺装，以鲜明的颜色对比，丰富大方的排列，体现欧洲现代派风情；次入口以大块装饰性图案、半圆围合的罗马柱、结合景墙与水池，体现浪漫主义；中间节点为主干道的交通岛，在考虑其功能的同时，欧式廊柱点缀于花镜当中，大块面的花色铺装现代而时尚。

绿化设计强调均好性，并将其放射至视觉焦点的景观空间，将绿化景观、生态水面引进每栋别墅，使家家庭院“推窗见景，开门涌绿”。

社区香樟、银杏林荫景观大道，以极具时代感的会所为前奏，通过流线型设计，形成O型的社区主干道，创造了丰富的具有视觉效果变化的，户外居民交流与休闲的动态景观空间。

园林设计特别创意“堆坡造绿”景观带，形成社区道路有缓坡，绿地草坪起伏绵蜒，邻里住宅高低错落，园林景观绝对落差最高达到2米，使户户宅院都有与众不同的地标，社区景观显得既灵动秀美又极富意境，创造了南通独领风骚的别墅社区丘陵绿地园林景观。

植物配置根据围墙、道路、水岸、庭院等的不同需求，精选了88种中西方特色兼容的名贵花木，配置了随四季变化颜色的花卉和四季不同的香源型植物，营造了姹紫嫣红、四季芬芳的人居生态环境。

创新之三：城市社区现代尊贵会所商务休闲服务空间

会所采用新古典主义设计风格，以南边主入口处高尚商务型休闲娱乐会所和北入口处服务配套型会所两大会所为主题，打造南通首家具有25000平方米超大规模的VIP尊贵会所。商务会所内设商务、休闲、运动、娱乐、文化、艺术、美食、健身等贵族生活豪华配套设施，服务会所内设管家服务中心，提供医疗、修缮、家政、庭院绿化养护等满足人居生活需要的服务项目。会所规划建成社区的标志性建筑，让社会精英、各界名流、成功人士在繁忙的创业工作之余，纵情放飞梦想，享受高品位的生活。

创新之四：为业主邀请国际知名高级管家，配置高规格智能化安保设施

为了彰显“独特、精致、内敛、尊贵”的别墅精神，东郊庄园特别邀请了新加坡狮城怡安物业管理顾问公司作为业主的高级管家。新加坡狮城怡安物业管理顾问公司，凭借先进的服务理念和成熟的管理经验，引领物业管理专业化、国际化管理在中国发端与发展的趋势，为东郊庄园业主提供一流的物业服务，让业主与世界文明对话，领略真正的别墅生活。

为了确保别墅业主生活的私密性和安全性，社区配置了十二项智能化系统：周界防御报警系统、闭路电视监控系统、可视对讲系统、家庭安防报警系统、电子巡更管理系统、门禁管理系统、车辆出入管理系统、背景音乐系统、LED显示屏系统、自动抄表系统、物业计算机管理系统、设备管理系统，为尊敬的业主提供现代高科技全面系统的安全保护设施，让每一位业主在东郊庄园的“家”里，生活得安心、省心、放心、开心。

东郊庄园坐拥优越快捷的城市交通网络，以南通最佳的低密度容积率，最大规模的欧式经典建筑群，最具财富升值潜力的未来城市中心区位，以独特的水景坡地园林景观环境和引领中国物管趋势的新家坡高级管家服务优势，安全周密的智能化安保设施等卓越的极品住宅品质，创造了南通首席纯别墅社区的无限魅力，并使之成为2005年南通别墅市场的“宠儿”。建成后的东郊庄园，将会以欧洲经典建筑的风格，中国园林景观的诗歌意境，自然清新的人居空间，和谐宁静的社区环境，中西合璧的文化内涵，让业主的心灵在其间真正得到休憩、沉淀、释放和升华。

东 郊 庄 园

地　　址：江苏省南通市金通公路3688号

邮　　编：226000

网　　址：www.djzy.com.cn

垂询热线：0513-5661111

香梅假日花园

XIANGMEI GARDEN HOLIDAY

梅里新城首席度假小镇

XIANGMEI GARDEN HOLIDAY

这是一个居住改变生活的时代。就住宅产品而言，其建筑形式或许没有固定模式，但对一种设计理念或者建筑形式的认同与喜爱至少与居住者个人品位和生活过程有直接的关系，在认可与选择的过程中我们得到了一个令自己满意的居住空间，这也意味着创造了一个生活新天地，香梅假日花园所开创的居住模式就体现了一种极致写意化与个性化的结合。

项目概况

香梅假日花园位于无锡市东南方向梅村镇镇政府北侧。该项目南邻梅村镇市民广场新梅广场，广场以南为锡甘路，沟通市区并连接沪宁高速公路梅村站。香梅假日花园一、二期建筑面积超20万平米，是无锡迄今为止建筑形态最为丰富的住宅项目，包括了独栋别墅、TOWNHOUSE联排别墅、叠加别墅、双拼别墅、3+1花园洋房、5+1低密度多层、11+1小高层、17+1中高层、外商高层等，以低密度建筑形式实现假日生活的轻松愉悦。香梅假日花园兼有高标准配套，其中香梅假日大酒店是无锡新区首家准四星级高档休闲大酒店。

以假日理念缔造低密度社区

香梅假日花园，无锡梅里新城首席度假小镇，由世界排名前40位的香港何显毅建筑工程师楼担纲全案设计。香港何显毅建筑工程师楼是现代建筑和现代生活居所的倡导者，在香梅假日花园的设计规划中融入新兴都市白领所向往的假日生活观，赋予居住生活悠闲自在的假日文化，强调社区环境中人与自然的和谐，更强调对人精神愉悦的诉求，以使居者获得最佳居住感受。

在香梅假日花园的整体规划中，为了使居住变得舒适、惬意，社区以低密度建筑实现假日生活的轻松愉悦。低密度住宅的首次登陆，掀开了无锡社区生活新篇章，它倡导的自然和谐和生活方式将是未来住宅的新方向。

香梅假日花园率先提出岛居、临水而居的概念，充分利用地块内河道的优势，并将其发展为蜿蜒的水系，住宅临水而筑，组成岛居的形式，使建筑与环境融为一体，达到水天一色，天人合一的境界。

以个性建筑创造完美住宅

在建筑设计上，香梅假日花园立足于别墅、多层、小高层三大建筑形态，同时又有别于普通住宅的单一，在每一种建筑形态中根据不同的特色又细分出多个种类，最大化地满足了客户需要。

中国房地产高尚住区成功开发典范

纯水岸 低密度 全庭院

◎整体规划理念 本项目采用了现代建筑风格，营造充满轻松、愉悦、自然、和谐的居住环境，形成了Singlehouse独栋别墅、townhouse联排别墅、3+1花园洋房、5+1低密度多层为主的多样化的建筑形态。项目兼顾香梅假日大酒店准四星级度假酒店及情景式香梅商业街区，人性化布局，将建筑与幽雅、宁静、完美环境的结合，使组团间既自然统一，又充满动感与活力。

香梅假日花园 香梅岛独栋别墅

◆**园中之园：香梅湖、香梅岛与香梅假日大酒店组合成小区核心风光区**◆纯水岸别墅、户户独立，独享私家泊岸◆**错层平面、空中餐厅设计**◆**挑高空间**4.35米玄关大堂及客厅◆**5个露台、2个阳台**◆**赠送双车库，保姆房**

TOWNHOUSE联排别墅效果图

香梅假日花园TOWNHOUSE联排别墅

◆独门独户,有天有地,流满了古典江南的诗情画意◆多户相连一个组团,三层高、前后小花园◆**赠送车库及储藏室**◆**全采光挑空6米客厅**◆**屋顶花园、特别设计私家花房**◆**水岸街坊与邻里花园设计**

香梅假日花园 3+1花园洋房

◆花园洋房:无锡首推产品,每户停车位◆首层住宅设超大私家花园,错层设计◆二层设挑高6米入户花园露台◆三、四层为复式单位，双露台花园设计，空中洋房◆**水岸街坊与邻里花园设计**

3+1花园洋房效果图

香梅假日花园 5+1低密度多层住宅

◆**位于小区绿带景观轴线、由北至南的带状园林中**◆每户设入户花园,厨房工作阳台◆投资型高实用住宅◆**顶层复式6米挑空客厅**◆**南北飘窗设计**

香梅假日大酒店 无锡新区准四星级高档度假酒店

◎香梅假日大酒店建筑面积2.5万m²,硬件设施按照准四星级标准建造，是目前梅村首家高档休闲酒店。酒店正门位于城市快速干线新华路，背靠香梅假日花园内的主景香梅湖，地理位置得天独厚，建成后的酒店必将成为新区商旅的新亮点。

社区休闲娱乐高尚配套

◎酒店餐饮娱乐项目齐全，既有可容纳1000人同时就餐的高档餐厅，亦有豪华歌舞厅、多功能厅、网球场、游泳池等，是小区居民娱乐、休闲、沟通、交流的高尚会所。

溪谷花园双拼别墅

位于社区中央水景以南，拥有溪谷花园最优质景观和良好的居住私密性。作为整个小区内最佳的建筑形态，每套双拼别墅都显示着自己独立的个性特色，为业主带来与众不同的居住感受，但是它们的共同点都是与大地、与自然生态亲密接触，使每一户业主都能享受到百分百的溪谷生活。

溪谷花园叠加别墅

位居社区中央水景两侧，周边溪谷环绕，占据环境最佳点，是将现代风格的手法及元素精彩运用的产物，其空间设计重视对自然环境良好的保护和利用，强调室内外景观的相互结合，模糊内部空间与外部空间的概念，用简洁的建筑语言来诠释舒适的居住空间，并使整个居住组团与自然保持良好的依托关系。

河滨花园点式17+1小高层

位居小区梅北河景观带南侧，与景观空间互为对应，南面溪谷花园低密度别墅组团，景观、阳光零阻挡，真正丽阳建筑。点式建筑组团规划，在体现整个社区规划优势的前提下，又形成相对独立的空间，不仅较好的体现"高品质居住空间"的概念，同时也为交通组织创造了良好的条件。

外商高层组团

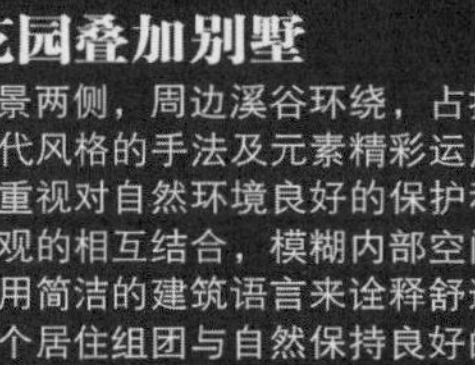

位于美林花园景观中心，建筑布局以处处通透、开扬为主要特征，为每户带来开阔楼间距，景观设计方案尊从人性化尺度，讲求自然与人文的结合，建筑与景观高低错落，形成灵活有序的空间形态，高尚建筑组团，拥有独立入口，使业主得到最舒适的居住生活环境。

香梅湖效果图

浣花溪效果图

叠水飞花效果图

设计最根本的就是不能忘记本土文化及其特征，不单是满足房型、规划，还应该追求高品位的文化以及艺术，注重今天，留意明天。

——何显毅

环境设计方案之**浣花溪**/

Blossom river

◆**利用高差的自然坡地**：整个社区的规划完全从居住者的视觉和心理的角度出发，整体采用自然园林的造景手法，在香梅岛独栋别墅区利用高差的自然坡地，纵向排列建筑，形成独特的爬坡式建筑。◆**丰富的植被层次**：在创建竖向坡地及自然水岸的同时，引进多种植物营造丰富的植被层次，通过线性景观带的设计，创造出大量公共和半公共空间，并特意在区内设置了由木道、石块等组成的漫步小径，形成景观组团。

环境设计方案之**迎宾广场**/

Face the guest square

迎宾广场效果图

◆**水岸蓝色走廊**：东部香梅湖主景区与坡地绿色走廊、水岸蓝色走廊自然地将社区划分为多个庭院组团，形成既开放又私密的居住环境和生活氛围，让不同的生活感受可以在瞬间完成切换。◆**梯级步道/慢坡/台地**：围而不合富于变化的院落空间，增加了居住的生态品质、情趣性和私密性，是社区居民交往、休闲、娱乐的良好场所。梯级步道、慢坡、台地的变化，使其不断丰富着视觉与心理的感受。

环境设计方案之**叠水飞花**/

Fold the water flies the flower

◆**中轴线主景：规划设计了大型的碧波广场，广场设有水池喷泉**，楼间庭院形成众星捧月的形态，其间花团锦簇、绿树成荫，为小区居民提供了良好的居住环境和休闲环境。**中心广场与绿化、小品结合，区内绿化以草地结合乔、灌木，形成立体化的绿化生态系统**，徜徉其中，让人心旷神怡，悠然自得。◆**花溪径延伸**：组团内拥有良好的自然生态，充分考虑了规划布局**对现状自然的尊重和对地貌与植被的保护利用**，以体系化、自然化和生态化的原则营造环境的个性化。

环境设计方案之**碧波广场**/

Bluish green wave square

碧波广场效果图

◆**住在花园里：结合场地高低和水文特征，组成完整且变化丰富的生态景观带**，从开放的中心广场到绿色生态休憩带、庭院式组团绿化，再到自由化的私家花园，形成多样化的景观空间。◆灵活有序的生态组团：采用围而不合的整体布局，各组团高低错落，形成灵活有序的空间形态。大规模的中心花园和组团、宅间绿地及蜿蜒曲折的水系，形成了层次丰富的生态视域。

无锡市博胜置业有限公司
WUXI BO SHENG REAL ESTATE CO;LTD

董事长冯荣良与建筑大师何显毅

无锡市博胜置业有限公司成立于2002年，是一家专门从事房地产开发的二级资质企业。公司拥有一支既有深厚理论功底又有丰富实践经验的专业团队，公司坚持“质量第一、信誉至上”的宗旨，以勤奋务实的工作态度在无锡市梅村镇开发了梅村新泰工业园区等项目，受到了投资者的一致好评，树立了良好的社会信誉和知名度。公司现已发展为以房地产开发为龙头，以经营、销售、出租、中介、咨询等多种行业依托的综合型企业。

根据公司发展战略目标，在3年内，博胜置业将凭借一贯的创新精神及专业开发优势，按照现代企业制度，依据国内外房地产发展趋势，不断调整和完善自我发展，力争通过ISO9002国际质量体系认证，把公司建成具有良好品牌形象和知名度，具有市场竞争力，管理规范化的专业房地产开发企业，并为投资者带来稳定增长的回报。

无锡市博胜置业有限公司将以香梅假日花园作为企业品牌形象导入，不断推出住宅精品项目，开创无锡梅里新城高品质住宅新时代，为无锡人民带来全新的生活方式和美好的居住体验。

苏州新城万嘉房地产有限公司

苏州新城万嘉房地产有限公司成立于2004年9月,法定代表人吕小平,为江苏新城房产股份有限公司控股子公司。开发资质暂定为二级,注册资本为1亿元。

江苏新城房产股份有限公司创始于1993年,2001年10月在上海证券交易所上市,公司总股本33191.4万元。公司核心业务为房地产投资开发经营,并已确立以长三角城市带为发展目标的经营战略,目前在常州、南京、上海、苏州在建项目12项计120万平方米,可建面积300万平方米。

苏州新城万嘉房地产有限公司目前正在昆山市开发翡翠湾项目,项目占地面积16.5万平方米,建筑面积24.2万平方米。

OANNES 翡翠湾

传承自然 精雕细琢

中国房地产健康生态住区成功开发典范

"新城·翡翠湾"由苏州新城万嘉房地产有限公司倾力打造。项目位于城西前进西路、古城路与马鞍山景观大道交汇处,形成畅达市中心的快速干道。小区总占地面积为16.6万平方米,总建筑面积24.2万平方米,容积率为1.46,绿化率高达42%。整个小区由花园洋房、多层及小高层组成西班牙风情高尚住宅。

新城·翡翠湾,优处阳澄湖休闲度假区,前可俯瞰千亩阳澄湖碧波荡漾,背靠都市"绿肺"森林公园绿荫浓郁,将昆山最耀眼的风景揽入自己的领域,风光美景与生活所需无所不能。在体育中心锻炼身心,在高尔夫练习场挥洒蓬勃英气;欧尚、沃尔玛等国际大超市近在咫尺,安享第一便利生活。

新城·翡翠湾,将生态环境的保留与建筑结合,在规划中更讲究对整个社区的建筑、景观、室内效果进行完整和协调的思考,创造开放的、自由的、生态的和宜静的生活空间,以超前的姿态独特于纷纷之众。由昆山首创的花园洋房、多层及小高层组成西班牙风情高档住宅小区,贯穿广场、喷泉、水系、雕塑,匀称的布局、怡人的景观,气定神闲地渗透着华贵优雅的气质。

翡翠湾吸取西班牙建筑"手艺"的精神和传统。拒绝肤浅的模仿,将园林与建筑的灵魂纵深到底。一草一木、一座一椅,一些貌似平常的细节,却执著于每一环节的雕琢,将严谨的品味贯穿始终。

翡翠湾以"传承自然,精雕细琢"为开发理念,保留地块内原生河道的天然本色,将建筑植入原景之中。平均宽达16米的景观河道,引进绿地、步道、长廊、广场、小桥、亲水平台等休闲景观,形成了可休憩、可休养、可休闲的水岸街区,把心绪放慢,在阳光下感受安静,倾听飞鸟振翅的微响,看着小孩在河岸嬉戏,或蹦跳着从桥上亦惊亦喜走过,就能体会渗透其间的欢乐和悠闲气氛。

翡翠湾首创的临水会所,将生活的品味演绎得淋漓尽致。在临水会所,水从脚下流过,品一杯玫瑰红葡萄酒,吸一口新鲜的空气,生活也倍显惬意。如果在星斗满天、夜蓝如梦的夜星,品位浪漫的地方会变得更加魅力无穷。

24万平方米情境社区,傲岸城西中央生活区

◆**多元化物业组合**:新城●翡翠湾位于城西前进西路、古城路与马鞍山景观大道交汇处,形成畅达市中心的快速干道。小区总占地面积为16.6万平方米,总建筑面积24.2万平方米,由花园洋房、多层及小高层组成西班牙风情高尚住宅。

◆**昆山首席情境生活**:翡翠湾讲究对生活空间的情趣化创造,在设计规划中融入对生活的细致考虑,让每一处、每一刻都成为情境的现场。处于别墅区的环境,顶级住宅的品质,自然风景与情境建筑珠联璧合,共同营造"昆山首席情境生活社区"。

新城房产,用实力精细创造

新城●翡翠湾由江苏省首个房地产上市公司新城房产倾力打造。13年开发经验,拥有国家一级开发资质,十余项国家级、国际级地产专业奖项的新城房产开发的系列楼盘屡获"中国名盘"称号,均代表了当地的最高水平。翡翠湾更是新城房产超越巅峰之作,新的建筑形态带来对生活的全新诠释。

昆山居住未来,资源核心筑就生活核心

◆**别墅区的生态领地**:昆山城西是市政府重点规划的以生态为特色的高档生活区,历来被公认为高尚别墅片区,自然资源得天独厚、人文气息浓郁。

◆**便利交通动线**:随着以马鞍山路景观大道为代表的交通动线的打通,新增多路公交线路,让整个区域成为当仁不让的便利居住地。

◆**稀缺生活资源**:昆山具有唯一性的资源几乎全部集中在城西:登云大学城、清华软件园、体育中心,加上阳澄湖、森林公园,高质量的生态栖居环境,高档次的居住配套,必将建成昆山最适合居住的中央生活区。

翡翠湾，引领昆山情境生活

前进西路 24 万平方米昆山领袖住宅，萃取 120 平方公里阳澄湖水域文脉与 7 公里马鞍山景观大道精华。

24万平方米情境生活社区 / 昆山首创花园洋房 / 3000 平方米临水会所 / 36 个主题景观组成 7 万平方米西班牙园林
浪漫入口喷泉广场 / 原生亲水风情街岸 / 社区健身中心
新城物管国家一级资质物业服务

最宽超过 40 米的原生水岸，与自然相映成趣

◆**极品生态环境**：动物能比人更敏感地选择居住地。而翡翠湾地块就被白鹭选择为栖息之所，在雨后，可以看见成群的白鹭栖息在此，只有它们的翅膀才能划破这里的安静，地块的生态环境由此可见。

◆**独特风情岸街**：翡翠湾保留地块原有的河道，引进绿地、步道、长廊、广场、小桥、亲水平台等休闲景观，形成了可休憩、可休养、可休闲的水岸街区，这种天人合一的自然生活，让人感觉生活悠悠，节奏姗姗。

70000 平方米纯园林，营造可以让人沉醉的空间

◆**西班牙风情园林**：为了让人住在自然里，翡翠湾用 70000 平方米的宏大手笔营造园林。设计师别出心裁地将江南园林中的步移景异与西班牙极致艺术相结合，创造出能够让人沉醉并且融入其中的园林。

◆**二轴一水三组团**：主入口区的景观大道、南北轴线景观大道（二轴），南北水系（一水），三组团（东、西、北）贯穿喷泉广场、彩虹桥、水木长廊等 36 个主题景观，处处弥漫着华贵的气息。

◆**80 多种名贵植物**：小区种植银杏、广玉兰、合欢等名贵植物。以阵列的形式布置，起引导作用的同时也给人以气势磅礴的感觉。乔木灌木布置上疏密有致，若隐若现，增加景观层次感的同时也给人一种想进一步观景的欲望。

昆山首创花园洋房，将生活领地扩张到室外

◆**退台式设计**：翡翠湾率先在昆山引入花园洋房。层层退台式设计，露台、花园、凸窗等确保阳光、清风最大化，变平面绿化为直立，立体的空间结构让建筑形象更为丰富。

◆**有天有地**：每户均设有大露台或私家花园，将生活从室内延伸到室外，形成可与别墅媲美的"有天有地"的生活方式。立体的景观层次，更轻松、更单纯的邻里关系营建出美景叠加、悠然生活的自然状态。

OANNES 翡翠湾

售楼部地址：江苏昆山市柏庐路 197-199 号

0512-57576671　57576672

常州天禄建设开发有限公司

常州天禄建设开发有限公司成立于 2002 年 11 月，是一家新兴的专业房地产二级资质开发企业。现有管理人员、技术骨干逾 50 人。公司现有中、高级职称工程师 20 名、大专学历以上员工 38 人，形成具有丰富实践经验的管理型、技术型等综合性人才的管理体系。2004 年公司开发的府琛花园被省建设厅评为江苏优秀住宅。

目前公司正充分结合常州房地产开发市场，借鉴和吸收优秀房地产开发企业的经营理念和管理模式，遵循"全心全意全为您"的企业理念，营造自身企业文化。秉承这一传统，公司得到市场的广泛认同，先后荣获"全国质量服务信誉 AAA 级示范单位"、"信用(合同) AAA 级企业"等殊荣。2005 年度被常州市委、市政府命名为四星级明星企业，连续三年在新北区为纳税前十强。

常州天禄建设开发有限公司按照常州"十五"规划，根据常州新区经发局常开经计(2003)64 号文批准，开发建设的府琛花园总用地面积 60955 平方米，总建筑面积 15 余万平方米。工程于 2003 年 9 月份开工，2005 年 9 月份竣工并顺利交付。建设工程质量优良，供电、供水、排水、综合布线及智能化系统齐全。公建配套设施按规划全部实施到位。项目地处新区通江大道黄金路段，交通便捷，配套齐全，居住环境十分优越。

二期府琛商务广场主体已封顶，销售已超过 70%，总建筑面积约 11 万平方米。2005 年 6 月本公司在武进区成立天禄中创建设开发有限公司开发南甸苑项目约 25 万平方米。

中国房地产高尚住区成功开发典范

南甸苑风景线:0519-6305988/6306988

武进地处长江三角洲最有经济活力的腹地，南倚太湖，西衔隔湖；东邻江阴市、无锡市，南接宜兴市，西毗金坛市、丹阳市，北接常州城区和新北区。对外交通便利，京沪铁路、沪宁高速公路、京杭运河、312 国道横贯全境，拥有 219 线、239 线等多条省道，新长铁路、常澄高速已建成通车，可以方便地利用常州空港及长江码头。全区总面积 1242.3 平方千米，地势低平，平原占总面积的 99%，水面占总面积的 27.4%，是典型的"江南水乡"。

南湴甸苑项目位于武进中心城区中部的南田公园地块内，地块北为广电中路，东至常武中路，南部紧靠规划南田公园入口广场，西部隔湖塘河与规划中的南田公园相望，区位条件十分优势，对外交通便捷，是武进城区中心理想的生活居住区域。

本项目用地(武进区 2 号地块)由常州天禄中创建设开发有限公司依法通过土地拍卖取得开发权，地块内建筑物由土地出让方负责拆迁。项目位于中心城区中部南田公园地块内。

规划用地性质:R2(二类居住用地)

项目建设内容:住宅等

地块建设规模：地块总用地面积为 91380 平方米(137.07 亩)，其中河道面积约为 2661 平方米(3.992 亩)。规划设计总建筑面积 225308.1 平方米(地上:184067.1 平方米，地下:41241 平方米)。

南湴甸苑项目具备**优越的交通资源**:东、北侧分别为城市主干道常武中路、广电中路，交通便捷；**优越的环境资源**:西、南侧被规划新建的大型生态公园南田公园所包含，清新优雅的环境相互渗透，相得益彰，为一般生活小区望尘莫及，通过精心设计，有望成为"城市一景、公园一景"；优越的人气资源:位于武进中心城区的中部，生活配套资源充足、人气集聚。

小区整体考虑采用清新优雅简洁的现代风格，线条清晰，使得高层建筑更为挺拔，建筑色彩用优雅的白色配以相对内涵的赭石色，打破城市沉闷的纯灰白色基调，使得小区建筑在南田公园绿色环抱之中显得更为清新秀气，真正成为"城市一景、公园一景"。

小区主入口避开城市交通干道常武中路，设置在广电中路，区内充分考虑人、车分流，整个小区内动、静态交通，做到动静分明。整个小区以北高南低的建筑风水、东高西低错落有致地面向大型生态南田公园，保证区内住宅建筑间距均≥1:1.32 的日照系数，满足日照要求。

在本地块的整体规划设计时，特别兼顾到地块的周边环境，注意将小区内的环境延伸到周边环境，南田公园、区内场地、建筑物作为环境艺术研究对象，使小区主次景观轴与个大小景观构成景中有景、一步一景的景观旋律，以景借景、以景建宅、以宅建景。

从社会效益方面来看，本项目的实施将对武进区中心城区的建设、改善居民生活环境、提高居民生活质量起到积极的作用，并将对湖塘河整治和南田公园的建设、丰富城市景观起到积极的影响，同时也符合武进区政府提出的"城镇一体、优势互补、错位发展、形成特色"的要求和全面实施"经济国际化、科教兴区、城市化、可持续发展"四大战略的战略决策。因此，本项目的实施所产生的社会效益、环境效益也是显著的。

人生是河，幸福是岸。

一座占地700多亩的大型生态主题游乐城，一个集购物、休闲、餐饮、娱乐、旅游为一体的组合型生态休闲广场，一方犹如都市绿肺般散发着无穷养分的氧吧圣地。

南田公园，常州唯一One and only一所生态主题公园，在龙城“金南翼”湖塘核心Kernel区优雅绽放。

[南甸苑]将南田公园700多亩风景尽收眼底，居高临下私藏偌大的后花园景致；小区水景更是与公园浩渺水系相汇相通，共同滋生“人生是河、幸福是岸”的绝佳境地。

感受绿色生活的真谛，细细品味生态居住的别样风情。

建筑空间，道法自然

20万平方米的建筑空间，16幢纯高层现代住宅，

整体呈现南低北高，东高西低的错落格局。

数十种景观小品，约38%的高绿化率，营造停泊浮华身心的港湾。

简洁明快的外立面，通透飘逸的落地玻璃窗，

轻盈巧妙的楼顶曲线，结合沉稳、厚重的方形主体，阐述着浓厚纯正的北欧风情。

[南甸苑]，秉承“道法自然“Nature的理念精髓，强调建筑与景观的互动，并将人文因素穿插其中，在装点建筑空间的同时，更涵养了居者的心境。

[南甸苑]，我的公园，我的家

[南甸苑]，我的空间，我的家

[南甸苑]，我的风景，我的家

居住风情，步移景异。

在[南甸苑]临赏50万平方米南田公园的时候，自己也被收进别人的视线，成为令人艳羡的所在。而小区内数十种景观小品，上百种植被更是将建筑精彩装扮。

蜿蜒水系、香樟滨河大道、九曲桥、观水平台……

将水的景致和文化以最亲密的方式带给社区的每幢建筑、每个居者；

网球场等**休育活动场地**、参差错落的**灌木绿丛**、楼间**绿化组团**……

将最自然的Nature景致延伸到社区的每个角落，步移景异、丰富多彩。

[南甸苑]，我的感悟，我的家

画般居住，诗般享受。

独特的气质和阅历，骄人的事业和成就，日益丰厚的资本，成为财智兼备的中坚一代。

在感叹都市的浮华和重归田园生活的过程中，始终确信——惟有，内心的意趣方能与清雅之地融为一体。

[南甸苑]，借鉴世界著名建筑大师的“有机建筑”理论，主张**建筑与自然的有机结合**，在景观建筑中静静**品味人、建筑与自然的和谐Accordance共生**。

常熟裕坤置业有限公司

常熟裕坤置业有限公司成立于2004年3月，主要经营房地产开发，公司注册资金为5000万人民币。已具备『按二级标准从事房地产开发经营业务』资质。目前，公司有在建项目2个，即将开工项目一个。

公司总部设在常熟长江路268号，内部设有发展部、工程部、营销部、财务部、公司办公室。公司下属分支机构有安徽滁州分公司。

公司在册职工中有专业职称人员29人，其中主要是专门从事房地产开发、设计、土建、设备设施等专业人员。是一个在技术上精益求精；业务中有合作精神的高素质团队。

裕坤·国贸广场

YU KUN GUO MAO PLAZA

国际公寓住区成功开发典范

裕坤·国贸广场位于常熟市海虞北路与珠江路交汇处，由裕坤置业投资兴建，项目总建筑面积约83000平方米，在原“发展大厦”基础上改、扩建而成，由A幢29层国际公寓、B幢32层国际公寓及酒店式公寓、27层喜来登酒店（原发展大厦，客房数约350套）及裙楼国贸商城、地下两层停车库组成。

项目由五星级酒店、国贸商城、国际公寓、酒店式公寓、高级会所组成，容商务、商业、住宅、餐饮、休闲娱乐于一体，在常熟首推城市广场居住理念，为消费者创造体现生活感受和文化价值的环境。项目建筑设计按国内一流水准，建筑立面既体现现代都市气息，又吸收了传统文化特征，使其成为常熟市的又一标志性建筑。

项目的生活设施配套包括高级会所、SPA时尚养身馆、屋顶阳光泳池、特色餐饮店、时尚购物娱乐广场等；项目的物业配套包括电梯入户、IC卡智能化门禁及停车系统、24小时智能安防及保安巡视、户式中央空调、可视对讲、宽带网络入户等；项目中的五星级酒店，将聘请国际知名酒店管理公司实行品牌化管理，从而保证酒店，以及整个项目的服务达到国际先进水平。可以说，裕坤·国贸广场配套设施的完整性和高级别，保证了项目具有国内一流的水准。

同时，项目地处常熟市中心黄金地段，交通便利、周边生活配套完善，极具升值潜力，值得广大消费者关注。

裕坤·国贸广场

开发商：常熟裕坤置业有限公司

酒店管理公司：美国喜达屋集团

室内设计：新加坡 CATALLO

商业策划：香港戴德梁行（上海）

售楼处电话：0512－52815001　52815002

现场地址：江苏省常熟市海虞北路与珠江路交汇处

裕坤·国贸广场引领城市居住理念，福朋喜来登酒店、国贸商城、涉外住宅、专属会所等不同物业的完美组合，创造极具时代感的都市生活品质户型设计、装修配套、电梯入户、管家式物业，处处彰显名门府邸的尊贵气质，黄金地段、经典建筑设计成就常熟新地标。

铂金地段

雄踞海虞北路与珠江路交汇处，市政中心、金融中心、商贸中心，交通便捷，尽揽全市传统文化与现代时尚繁华。

尊贵府邸

五星级福朋喜来登酒店、涉外住宅、专属会所、国贸商城的黄金组合，铸就百代繁华，成就居家经商的世袭领地。

至高地段

尚湖、虞山、生态河流、古典建筑群、繁华都市让人目不暇接，完善的生活配套营造出舒适的国际化居住环境，引领精英高贵尊崇生活。

陽澄湖 YANGCHENGHU

阳澄湖投资有限公司

阳澄湖投资公司是由苏州市相城区政府投资注册的房地产开发企业，成立于 2003 年，注册资金为 18000 万人民币，经营范围主要是：土地开发和房地产经营。

主要开发项目有盛泽湖休闲度假区的开发建设，现已基本形成规模，共修建公路桥梁共计 20 公里，平整土地 12.72 平方公里，平整储备土地 2053 亩，建立人工堆岛两个，累计投入资金 4.12 亿。

现在正在开发本项目：阳澄领岛别墅，投入资金 10000 万，在 2006 年 4 月正式对外公开，本项目定位为高档存别墅居住区，本项目将建立独立的会所，会所将配有游泳池、网球场、健身中心、棋牌室和健身广场等。

中国房地产健康生态住区成功开发典范

THE MANOR OF LEADER

阳澄·领岛别墅

领悟人生　岛主生活

阅\读\双\湖\的领岛生活

品读，湖滨别墅的高贵身份。

记录，生命价值的无比荣耀。

赏玩，苏州城的 5 平方公里天然湖水。

国际级湖水岸边的骄傲地位。

双湖岸边，水域世界

西拥盛泽湖、东靠阳澄湖使领岛别墅湖景资源十分丰富。绿色生态温和融入建筑与河道的怀抱，让水岛格调变得无与伦比。

户户邻水，环岛水居

别墅区内保留原生态各类名木、草坪、植被花卉。280000 平方米原生水脉，210000 平方米绿岛基因，1800 米优雅水岸。

辉煌规划，中央 1 号

领岛围绕盛泽湖，北部直辖生态湿地公园。湖中央人工 1 号岛，休闲度假中心，各项配套设施完美保障领岛身份。

自然生态，璀璨人文

领岛雄踞苏州“四角山水”之一阳澄湖边，共享自然资源。双湖列岛荟萃 246 幢乐水别墅，岛居成就经典范本。

大湖领地　私家水路

领岛大面宽私家水岸线，独设水景礼平台，户户水陆双庭院。豪华游艇巡航，绿波湖畔泛舟，木栈码头泊岸，品位极致的水国生活情调。

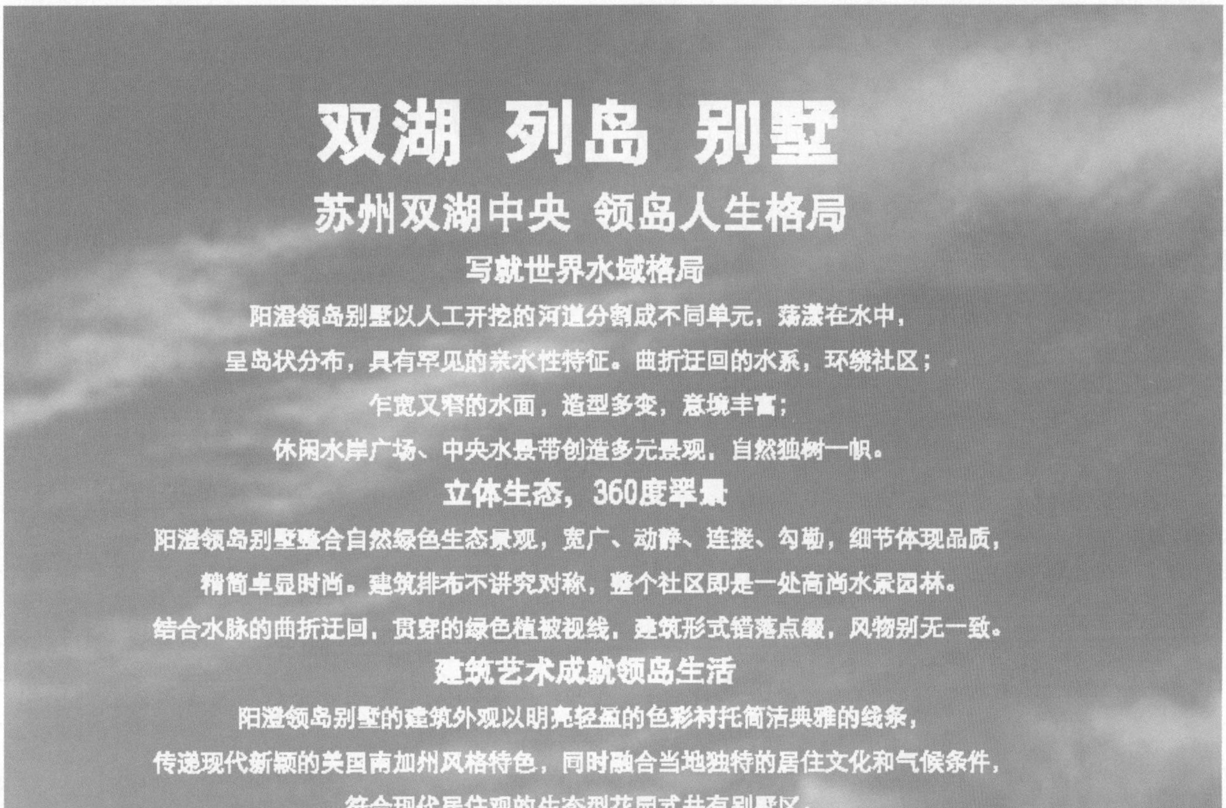

领岛专线：0512-65996666/65996868 领岛售楼处地址：江苏省苏州市相城区渭塘镇娄泾

苏源集团

江苏房地产开发有限公司常州分公司

常州苏源集团是以常州苏源集团有限公司为核心企业,常州苏源集团电力安装有限公司等16家控股子公司紧密层企业,常州苏源集团物业管理有限公司等25家参股子公司为半紧密层企业,配套协作单位为松散层企业,按现代企业制度要求,集团形成了产权清晰,权责明确,优势互补,协调发展的联合体。主管单位是常州供电公司。

常州苏源集团有员工3159名,专业技术人员698名,占地面积22万平方米,建筑面积12.5万平方米,总资产达17.5亿元,净资产9亿元,核心企业有紧密层中有11家企业通过ISO9001或ISO9002质量体系认证,1家企业获得建筑施工二级资质,7家企业获得建筑施工三级资质。2002年,集团多种经营收入达到12.5亿元,利润8.8千万元,成为常州市重点企业集团之一。

常州苏源集团弘扬**“竞争求发展,创新当先行”**的企业精神,以常州电网发展规划和常州发展战略为指导,以市场为导向,资产为纽带,骨干企业为依托,发展加工制造业,稳定建筑安装业,开拓多种经营,形成以电为主体,多元化并举,集团化经营,规范化管理的格局。“十五”期间,集团将进一步建立以资本为核心的多元化经营体系,通过投资、联营、吸纳、并购、控股、参股等多种低成本扩张方式,进一步涉足信息通讯、旅游、金融投资、环境保护等领域;以电建设施工安装业为基础,加工制造销售,发电调峰供热,汽车一体化服务,房地产开发为支柱;以高新技术为特色,创建“苏源品牌”;以连接国际资本市场的投资需求和国内经济建设的融资需求为着眼点,强化产业资本金融的结合,形成集发电供热、制造、商贸、饮服、娱乐、物业、金融、信息、通讯、汽服、装饰、房地产、印刷业等为一体,产业布局科学合理的大型企业集团,为实行股份改造和日后上市奠定坚实的基础。

与时俱进创新业,永攀高峰不停步,常州苏源集团将以良好的信誉,卓越的品质,科学的管理,优质的服务赢得更多的客户,赢得更大的市场,为企业的明天谱写更加美好的篇章。

苏源集团江苏房地产开发有限公司常州分公司成立于2001年3月,注册资本人民币5000万元,是具有二级房地产开发资质的实力雄厚的房地产开发企业。隶属常州苏源集团有限公司,现为常州房地产协会会员单位。

在上级部门的正确领导下,公司2001年开始进行常州市北大街西侧地块改造工程。工程总投资3.3亿元。在2005年完工并交付使用。

苏源集团江苏房地产开发有限公司常州分公司荣获:

2003年常州市钟楼区纳税十强;

2003年5月常州市民最喜爱的楼盘;

2004年江苏省消费者信得过诚信房地产公司

玉隆花园

中国房地产成功开发典范

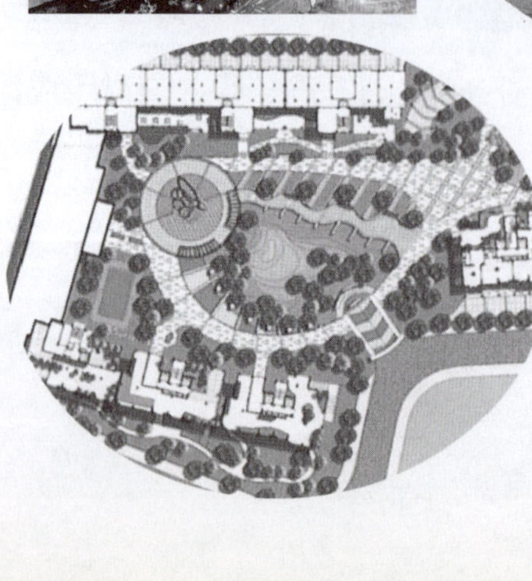

玉隆花园位于常州真正的市中心板块:延陵西路北大街。由拥有15亿雄厚资产的苏源集团,率旗下房地产先锋企业——常州苏源房地产倾力开发。整个项目开发将以引领房地产高品质时代为目标,精心打造市中心标志性珍贵豪宅。

玉隆花园总建筑面积达8万平方米。设计了80米高空私家游泳池等三大首创性物业产品,并在规划、建筑等领域问鼎市中心板块7项之最。整个项目采用围合式规划,将现代光体建筑群与15000平方米“自然山水”园林完美结合;45%高绿化率、住宅底层4.5米架空、28米宽空中景观平台让绿意全立体覆盖,100%人车分流、低密度建筑群只为成功人士度身定做。

展示接待中心:常州市北大街35号

咨询热线:0519-6678888　　6678889

昆山市中楠房地产开发有限公司

中楠·锦绣嘉园

中楠房地产开发有限公司系中国报喜鸟集团全资子公司，秉承集团国际化全球视野的卓越发展理念，自进军房地产领域以来不断精益求精，用产品实践着集团**“高贵、典雅、完美”的品牌内涵**。

公司先后在温州、苏州等地开发建造近50多万平方米优质高档项目，广获市场好评，所开发项目也一直被当地消费群积极热捧，成为市场上热销和投资的瑰宝。

中楠房地产开发有限公司此次进入昆山市场，将秉承公司一贯之楠梓高雅品质，开发昆山中楠锦绣嘉园项目，力图开发一流产品为一方福祉服务，以优质精品工程为百姓造百年人居经典。

中国房地产高尚住区成功开发典范

17000平方米壮阔中央广场
这城市难得的铺张都在您的股掌里

17000平方米的奢侈与尊荣，仅仅只是锦绣豪门的中庭绿化面积，主题雕塑、喷泉、廊柱等景观一一点缀，形成一个城市内稀有的鸟语花香、虫蛑树茂的自然新境。

大大小小7处喷泉鳞次栉比，或是婉约轻吟，或是激情高歌，都一次次地把水的清透、水的灵动、水的晶莹表现得淋漓尽致，构成一道道美丽的风景线。

5天的CBD白领，7天的花园园主，拥有世间最被艳羡的表情。

拥有和别墅一样的天与地
独享花园洋楼的现代与简约

同样的有天有地，同样的花园景观，同样的尊荣格局。锦绣豪门，简洁素色的现代建筑外立面，简约宽敞的居住空间，拥有自己的天、自己的地，等同花园洋楼感观的多层住宅，重塑现代豪宅简约的建筑风格。

简洁、明快、气派，不失建筑独有的卓然气度，
让建筑主体也融身为一道赏心悦目的硬现代主义风景。

200米豪华景观长廊
总统礼遇上宾尊享

风景是回家的走廊,短短200米,心情早已被花香和绿意熏醉,让轻风将倦意吹走,让快乐牵迎我回家……

在别人眼里是羡慕,在您,这只是自家的社区入口。

坡地盖房造景
习惯高人一等的眼界和境界

从进入锦绣豪门的那一瞬间起,您已经和别人站在了不同的起始点上。昆山少见的坡地豪宅,以起伏有致的地形盖房造景,诚邀您站得比别人高,看得比别人远,不经意间已经让这里成为冠盖云集的名流圈。

在这里,您会拥有高人一等的眼界和境界!

简洁立面
享受多层框架结构的力量之美

采用简洁现代的立面风格,把干净干练的都市形象传神表达
更创意性的270°观景凸窗,将阳光和自然清风尽量收藏
实现光合住宅的构想,居家空间的设计定会让您爱上她
全明房型设计,面积控制合理
多层框架式结构,建筑牢固抗震性好。

空间可分可合,自由实现您个性家居的梦想!

中楠·锦绣嘉园

效果图

时尚商业街廊、繁华社区中心
嫉妒大于艳羡的名流喜福会

他们将运动休闲设施搬至露天广场
环绕广场的运动景观休闲长廊，一字排开各种健康运动设施
和大自然亲密接触，呼吸最自由的风，底层架空长廊设计成200米时尚商业街廊
配置时尚精品小店、情调咖啡小屋、24小时便利店等商业设施，满足小区居民日常生活的需要
让您足不出小区就能坐享市区的繁华
在街廊您可以品茗喝茶；和朋友聊天、谈生意；还可以欣赏花园广场无限的自然风光
试问在哪里可以有像这样的时尚，在绿荫下、鲜花中，心情和杜鹃花一起自然盛放

金牌管家的全程服务

用完美礼仪诠释尊贵礼遇的深刻内涵，高尚的社区生活必须匹配高尚的服务
为此他们为您引进，全程跟踪、全方位到位的金牌管家式服务
全面呵护照顾您和家人的幸福，尊贵之礼遇仿佛住进了五星级大酒店，满意的笑容写在每个居民的脸上

8重电子防卫系统

◆周边远红外线探测系统 ◆影像监控系统 ◆电子巡更系统 ◆楼宇对讲系统
◆家庭紧急求救报警系统 ◆可视监控门禁系统 ◆煤气测控报警系统 ◆底层家庭门窗设防报警系统

情景示意 情景示意 情景示意 情景示意

第一视觉 立面现代、简洁、高雅、大方

第二视觉 200米中央景观大道，17000平方米花园大广场，眼睛不够看的风光

第三视觉 房型布局紧凑合理，采光通风充分，多层框架结构，空间可分可合

锦绣热线：0512-57557557 57551551

南通开发区爱东房地产有限公司

南通开发区爱东房地产有限公司,成立于2002年,地处江苏省南通市人民东路37号,前身是上海爱东房地产有限公司,曾在上海开发杨浦雕塑广场改造、杨浦雪城公寓、嘉定新农民住宅等多个项目,开发的杨浦区"雪城公寓"小高层住宅项目,深受购房者青睐,取得了不菲的业绩。2002年初,为开发南通王府项目,经江苏省南通工商行政管理局批准,组建成立了国家房产开发二级资质的南通开发区爱东房地产有限公司,注册资金为4280万元人民币。公司共有员工42人,具有初、中级职称以上的员工22人,其中高级职称以上的员工10人。主要经营范围为房地产开发和经营、房屋出租、建筑、装潢材料的销售。公司实行总经理领导下的三部室管理制,下设综合管理部、工程部、财务部三部室。2005年,公司获南通市工商局颁发的重合同守信用三A级荣誉称号。

经南通市计划委员会批准,公司于2003年投入开发"王府公寓"1号项目。该公寓姊妹楼高大挺拔,为南通市目前最高层标志性建筑。经过近两年卓有成效的运作,该项目现已交付使用。项目总投资9000余万元,规划开发建筑面积31088平方米,共计住宅204套,销售总额突破1.3亿元。通过该项目,公司取得了不俗的经济效益和社会效益。

公司根据当前实际情况制订了企业发展规划战略:为做大做好房产项目这个"蛋糕",公司先后控股成立了南通名仕居装潢装饰有限公司、南通市海原招标代理有限公司,并与上海申大物业有限公司合作成立了南通分公司,全面进入装潢、物管、前期招标等房地产配套行业,打造房产开发品牌模式,树立公司的品牌形象。对内,严格管理,降低内耗;对外,仔细考察合适项目,高定位、高起点,精心策划。公司2004年分别组建徐州、徐州淮海分公司开发徐州金庭嘉园等房地产项目。公司本着"以人为本"的经营理念,处处为业主着想,精心打造的"王府公寓"项目在设计上充分考虑各种套型的合理性和实用性,设施上除了煤、水、电等各项配套齐全外,并按智能化楼宇标准进行配置,使业主感到物有所值。现正开发中的"金庭嘉园"项目除了维系"王府公寓"项目的精品楼盘理念之外,加大了"人文关怀"力度,户型配置更全更合理,绿化环境更多更优美,错层、单身公寓等引领潮流。

总之,公司会秉承一贯的实干精神,脚踏实地,积极稳健的进行投资开发。在充满希望与挑战的2006年,公司将抓住机遇,加大投资力度,不断拓展市场,使企业向着更高的目标迈进,创造"爱东"的美好明天。

金庭嘉园位于徐州市中心,夹河西街北侧、东临西安北路,对外交通联络比较方便,从地块周边经过的公交有:17路、37路、67路、608路、610路、39路、34路、游2路等。地块周边铺设有完善的管网,小区开发中的管线引入、引出方便,拥有良好的水、电、气、路等基础设施条件。地块周边的商业设施非常多,地块周边有大量副食品商店、杂货店和餐馆。地块周边银行众多,邮局等配套设施和娱乐场所云集。地块处于中心区内,周边有菜市场等生活配套设施。教育设施有:徐州空军学院、十三中、五中、教育学院、徐州医学院、徐州工程学院、一中、二中等。周边医院设施有:儿童医院、徐州一院、二院等。

"金庭嘉园"在设计上维系了公司一贯的打造精品楼盘理念,除了继续按智能化楼宇标准进行配置外,户型结构更全更合理,从50平方米左右到150平方米左右的户型应有尽有,300多套共计10多个房型给了客户很大的选择空间,复式、错层、单身公寓等更是引领潮流,另外项目加大了"人文关怀"力度,小区配套中心花园使得绿化环境更加优美,相信建成后的"金庭嘉园"必将成为徐州市区的一道美丽风景。

嘉庭嘉园项目优势

•位于中心区，地缘优势明显；

•市政建设大规模投入，发展势头甚好；

•临近淮海路、西安路等主干道，交通快捷，东西南北交通都非常便捷；

•环境比较好，周边工厂比较少，空气好一些；

•附近大专院校集中分布，具有较浓厚的文化和学术氛围；

•在市中心区开发规模较大，能自行形成完善配套，营造大社区环境；

•周边商业网点多，购物环境好；地块周边的商业、生活、娱乐等配套设施完善，居住环境与商业环境已经形成，有利于项目的推广；

•基础教育配套很好，有高质量的中、小学配套；

•土地平坦，自然条件优越，适宜进行房地产开发及营造良好的居住环境；

•在徐州市中心区项目规划用地较大，符合房地产规模化开发的趋势，同时也给设计师留出了设计的空间，便于规划与配套设施的完善；

•项目地块位于徐州的中高档居住区内，周边均为徐州市知名开发企业的项目地块，区域含金量高，升值潜力大；

•市中心铺设完善的管网为小区开发中的管线引入、引出创造了良好的水、电、气、路等基础设施条件；

•本项目良好的区位环境和地块特征为项目的成功开发创造了良好的基础条件。加之江苏爱东集团雄厚的资金实力背景和良好的政府资源背景，辅以“金庭嘉园”良好的项目品牌和运作模式，都将进一步加强本项目的优势。

仪征莱茵达置业有限公司

莱茵达集团创建于 1994 年，总部设于杭州，是一家以房地产开发为主营业务，相关产业协同发展，资金实力雄厚的专业化住宅产业集团。现旗下拥有 27 家分支公司，资金总额达 50 亿元人民币。

莱茵达集团自创立以来遵循“创新”这一品牌开发理念，在实践中秉承“社会效益第一、环境效益第一、客户利益第一”的经营宗旨，跨区域发展，目前开发足迹已遍及杭州、嘉兴、嘉善、南京、扬州、仪征、苏州、昆山、南通、沈阳、南昌、襄樊等多个城市。

集团目前拥有一家房地产上市公司莱茵置业(000558)，并与浙江东方(600120)、东方通信(600776)、航天通信(600677)等多家上市公司结成战略同盟，共同打造中国房地产的明天。

作为其中一家分支公司的仪征莱茵达置业有限公司成立于 2003 年 11 月，是浙江莱茵达集团为实施其以“长三角”为开发重点区域战略部署而成立的专业从事房地产开发销售的企业，是上市公司莱茵置业(000558)的子公司，公司注册资本额人民币 5000 万元，房地产开发资质为暂定二级。

仪征莱茵达置业有限公司以现代企业制度为基础，实行董事会领导下的总经理负责制。公司下设综合办公室、计划财务部、工程技术部、工程预算部、材料配置部、开发建设部、营销企划部等职能部门。公司构架清晰、组织完整、分工明确，现有各类专业技术人员 20 余人，拥有一支凝聚力强，专业技术精，战斗力强的年轻团队。

年轻而富有朝气的仪征莱茵达置业有限公司秉承莱茵达集团“社会效益第一、环境效益第一、客户利益第一”的经营理念，“团结、创新、执行、高效”的企业精神，用实力和信誉铸就品牌，专业打造仪征“都市枫林”项目，为将“都市枫林”建成仪征市场的精品楼盘而努力奋斗。

都市枫林

MAPLE OF CITY

现代 | 健康 | 风尚

中国健康生态住区成功开发典范

莱茵达都市枫林小区位于仪征市新兴的万年大道板块，西傍万年北路，东临西园北路。该区域处于仪征市区和仪征化纤生活区的结合地带，除仪征化纤原有的生活配套外，随着该区域的开发又新增了一批起点较高的生活配套设施，即将成为未来城市生活中心。

莱茵达都市枫林小区占地近百亩，项目容积率 1.4，绿化率 35%。规划有多层公寓 26 栋、小高层公寓 4 栋，总建筑面积约 8.8 万平方米，其中多层公寓建筑面积约 73154 平方米、小高层公寓建筑面积约 10416 平方米、商业用房及配套用房建筑面积约 4160 平方米。多层公寓地上 6 层，设有半地下自行车库，顶层无阁楼，屋顶为平屋顶，太阳能在顶层集中设置；小高层沿万年大道设置，地上 11 层，地下为人防设施。户型多样，均采用全明设计，建筑面积从 90 平方到 140 余平方，近十种户型。

都市枫林的建筑群落现代大气，格调沉稳的主色调象征着现代生活的最高准则：简单、不张扬，尊贵而不标榜。各建筑单元间错落分布，结合西高东低、北高南低的整体地势，呈现出极具风情的坡地自然风貌，倾情打造现代、健康、风尚的都市住宅社区。景观环境设计因地制宜，巧妙布置跌水，涌泉，小桥，亭，廊，绿地等，表现出丰富多彩的植物景观，立足自然，动静有序，充分发挥植物造景功能，形成了中心组团绿地，楼间绿地，绿岛，护坡绿地等各具特色又协调统一的格局。按照不同的景观主题划分为四大功能组团：怡枫苑、静香苑、锦翠苑、清雅苑。醉枫苑作为小区大型组团空间，紧扣“都市枫林”的主题，高大的枫香烘托出金色的秋季，潺潺的水声，层层跌落引领人们入园。童趣苑以儿童活动，嬉戏为内容，合理安全的布置活动场地及活动器材。枫影廊作为景观节点，既方便大人休息，又丰富空间设计。静香苑以居民休闲，健身活动为主调，和风亭成为居民休憩，棋牌之地。玉兰的怒放，桂花的清香，使该空间舒适、愉悦。锦翠苑以自然的地形和丰富的植物季相变换取胜。清雅苑以居民相互交流，便捷，舒适的环境取胜。

“都市枫林”景观绿化以再现自然、人与自然和谐为目标，以维护生态平衡为宗旨，以生态学理论为指导，坚持了五个原则：

立足生态、体现自然；

兼顾功能、统筹布局；

植物造园、突出主题；

以人为本、永续利用。

以植物造景为主题规划环境系统，达到横向相关性与纵向系统性、层次性的统一；达到地形变化与植物季相变化相统一；达到生态效益与社会效益相统一。从而完成小区独具特色的经典环境设计。

“都市枫林”的环境设计体现一种和谐均衡的整体美，展示了自然手法造园的艺术特征，强调“秋归枫林园”的丰收、祥和及温馨，浪漫之主题，设计因地制宜，巧妙布置跌水，涌泉，小桥，亭，廊，绿地等，表现出丰富多彩的植物景观，立足自然，动静有序，充分发挥植物造景功能，形成了中心组团绿地，楼间绿地，绿岛，护坡绿地等各具特色又协调统一的格局。

中心组团绿地 这是小区的景观中心，它以层层叠水为动脉，引导人的视线及步行道路系统，在欣赏多变的水体形态时，步移景异，渐入小区，到达中心广场。高大，厚重的文化景墙，作为该空间的景观高潮。

多功能的楼间绿地 小区内多层建筑楼间绿地充分融合环境，或行分隔功能，或起防护作用，或做休闲，儿童游嬉之所，或做健身，棋牌之地……，灵活多变，设计结合建筑的户型特征，合理有序的组织各个功能空间，使居民在茶余饭后能就近休息，散步聊天，活动健身等。

园区内的线性绿化带贯穿了各个不同区域，以线串点，以线带面，时而“路环绿绕”(即给予环路相结合)，时而串接组团，线性绿带与区内主曲线型干道有机的连接于一体。形成步移景换，各区域、组团绿化颇有大竹、小珠落玉盘之感，而庭院、院落空间将使居住者有安全感和归属感。庭院、院落将成为小区内邻里交往的公共客厅，本方案以中心绿地为核，组团绿地以及线性绿带为枝叶展开景观布置。同时，道路形成了社区组织良好交通的主要框架，同时也是住户步入家门的心路历程，所以路径的设计同样关系到社区的环境氛围。本方案打破以往规则、几何的路网布置，以曲折致灵，以高下致清，丰富多边而具可识别性的路网，结合错落有致的住栋布置及优美景观，达到步移景移的美妙境界，路景却始有绿荫，端有水榭平台，空间层次丰富、活泼。

仪征莱茵达置业有限公司秉承莱茵达集团公司社会效益第一、环境效益第一、客户效益第一的理念，坚持高起点规划、适度超前设计、高标准建设的指导思想开发建设莱茵达都市枫林项目，力争将莱茵达都市枫林建设成一流环境、一流质量的高品质住宅小区，为仪征市民提供一个健康生态的居住环境，同时使莱茵达都市枫林小区成为仪征新兴区域的一道靓丽风景。

都市枫林 MAPLE OF CITY
现代 | 健康 | 风尚

开发商：仪征莱茵达置业有限公司

售楼地址：江苏省仪征市万年北路 220 号 B-106、108

售楼电话：0514-3422888　3424999

中房集团瑞安房地产开发有限公司

中房集团瑞安房地产开发有限公司创建于1993年，系国家房地产开发一级资质企业，企业于2002年1月份顺利完成企业股份制改造。公司注册资金5000万元，是一家集拆迁、开发、营销、租赁于一体的综合性现代化房地产企业。公司具有雄厚的技术力量，中高级职称技术人员占45%以上，大专以上学历的职工占80%以上。

公司成立至今，坚持“以人为本、以诚取信、追求卓越、服务社会”的经营理念，倡导“建造精品楼盘，与社会共同进步”的开发理念，先后成功完成了瑞安市虹桥路二期、三期、四期、万松西路、康乐小区等旧城改建工程；开发了气象组团、西河小区；代建了市政大院、商城大厦、消防大楼等办公楼、教学楼和住宅楼，累计完成开发面积100多万平方米，承建的工程合格率达100%。从量上讲，正在开工建设的有锦湖大厦、体育新村、飞云明珠、万安花园、欧瑞豪庭、东海文化市场等，即将开发建设的有长沙温州商贸城等；从质上讲，有温州市首家中国人居环境金牌试点小区、有飞云江畔珍藏版江景楼盘、中房优秀住区等；从线上讲，有瑞安的项目，有连云港东海县的项目，有长沙的项目。上述项目的取得和建设，为公司长远的发展打下了坚实的基础。

几年来，公司严格按照国家房地产开发政策，依法经营、规范开发，在创造经济效益的同时，不忘社会公益事业，多次为希望工程和社会福利事业捐款捐物，总金额达200多万元，赢得了社会的赞誉。

公司连续多年被省建行、工行、农行评为“AAA级资信企业”、“黄金客户”、“纳税大户”，并荣获“经济强企业”、“房地产开发定性定量考核先进单位”、“扶贫先进单位”、“先进党组织”、“先进工会集体”、“温州市级治安安全单位”、“中房集团政研工作先进单位”、“全国房地产领先企业”等60多种荣誉称号。这些荣誉蕴含着社会的鞭策和鼓励，蕴含着社会的期望和重托，在房地产业市场竞争日趋激烈的形势下，公司将加大改革力度，抓住机遇，继往开来，不断向更高的目标迈进。

中房·飞云明珠是瑞安城市山水景观楼盘的典范。她紧依飞云江畔，北靠沿江东路，东接邮电路，南面仅隔滨江大道与飞云江相望，宽阔江面尽收眼底，是沿江地带极为珍稀的高品质180度全江景楼盘。

中房·飞云明珠为我们带来优雅的生活体验，每一户人家都可以概览江面，亲近水天一色的如画风情，享受彩霞翻涌的如诗美景，让你真正体味临水而居的全新生活。

小区总建筑面积7万余平方米，由三幢高层景观房组成，其中一层为商铺，二三层为SOHO工作间。半合围的庭园设计，体现了绿色环境与居住建筑的互相交融，创造一个现代居住方式和自然环境和谐相处的新模式。

飞云江畔有着相当成熟的配套，无论是求学问医还是娱乐休闲，都体现了飞云明珠毗邻城市中心地段的优势。而临江一带数不尽的休闲资源也为我们的生活提供了更加丰富多彩的体验。

整个楼盘由中房集团瑞安房地产开发有限公司精心打造，通过一种全新的洋溢现代风尚的建筑形式，引领温瑞建筑新形态。中房·飞云明珠是现代江景生态之城，必将引领全新水岸生活，成为一品人居环境的典范。

江畔明珠、景致飞云

凭栏远望，江舟起伏

一桥飞架南北，似长龙游弋于眼前

放眼浩瀚江景，尽显豪迈心胸

◎飞云明珠地处美丽的飞云江畔，总建筑面积为73127平方米。

◎三栋塔楼错落围合，建筑风格别致，规划超前，户型灵活多变。

◎户户朝南，窗窗有景，180度江景观光视野、开阔豁达。

◎小区位于交通要道三叉交汇点，汇聚过往客流，交通便利、区内人车分流。

◎附近医院、学校、菜市场等公建配套设施一应俱全。

位置

城市金三角、临江稀缺地

地段之于居所，

可比土地之于林木，

有“养之给”而生生不息，

出则繁华，

入则闲逸

城市稀缺地块

◎飞云明珠地处沿江东路、邮电路和滨江大道之间三角地带，东接邮电路，西靠规划中的滨江“二期”与“三期”衔接的休憩广场，北临沿江东路，交通便捷，风景怡人。

规划

封闭式管理、半围合空间、人车分流

透过半围合的中庭开放视野

江帆起伏，波澜壮阔

俯瞰看区内人流井然

孩童嬉戏，无所顾虑，思绪万千

空间围合、视野开放

◎塔楼呈半围合形向飞云江敞开，保证中心绿地最大化和取景最佳效果，将自然气息引入整个小区，使塔楼与园林融为一体，户户观江，家家有景。

人车分流

◎小区实行人车分流，日常机动车由西南面滨江大道直接进入地下车库，保证车流、人流分离。

景观

180度全江景生活、中央庭院

风之语、光之舞、影之动

在光影舞动中走过

透天中庭、几枝翠竹、几许流水、一份悠然心

在与自然的对话中相融

临近江景的房子不多，拥有江景的房子在飞云明珠

◎千米景观水线，180度全江景视野，园区内中央庭院、休憩凉亭、景观小品，水线连环、嘉木成荫

芳丛，草木芬芳

◎中庭花园、中央绿化区以常绿灌木及乔木配以鲜花及草坪，丛丛绿树带着悠远的清香，连着一息滋润的水汽，风起时，庭园中听取涛声阵阵、绿树摇曳。

GREEN TOWN

格林置业，秉承品牌之路

嘉兴市格林置业有限公司

格林小镇，由具备十余年开发经验的宁波信达中建房地产开发公司携嘉兴市信达建设房地产开发公司共同开发建设，并且组建成为嘉兴房产界的新锐嘉兴市格林置业有限公司。而宁波中建公司作为始于1992年的专业化房产公司，相继开发建设了宁波华侨城、格兰云天、城市先锋等品牌项目，并且公司先后获得了“甬江建设杯奖”、钱江杯优秀工程奖、宁波房地产最高奖房地产开发进步奖、“浙江人居经典奖”等众多奖项。

如今，以嘉兴市格林置业有限公司为核心，凝聚美国联创建筑设计院、上海经佳房地产营销策划有限公司、深圳新百森景观设计有限公司，共同巨擘180000平方米德式风情小镇格林小镇，在嘉兴倡导一种新的高品质生活，实现“创造美好家园”的品质生活。

嘉兴格林置业有限公司是宁波信达中建房地产开发公司在嘉兴设立的分公司，依托总部强大的资金实力及品牌优势，格林置业在嘉兴开发的第一个楼盘是180000平方米的高档住宅区格林小镇，引起了嘉兴市场极大的反响。

格林置业将一如既往地坚持产品创新，实施品牌战略，以不断创新的产品和精益求精的精神建造一流品质的住宅来满足客户物质与精神的需要。力争成为嘉兴房地产知名旗舰品牌，并在周边地区建立起相应的品牌知名度，成为长三角地区的知名品牌并进军各地市场，打造出众多具有创新特色的知名楼盘，进一步巩固公司的市场占有率，树立起富有文化的企业形象。

生活在艺术方向

我们用秀丽的景致、灵动的水流、盎然的绿意
来建造和阐述居住的意境

我们用音乐的律动、诗歌的气质、个性的感受
来描摹和解读生活的艺术

当生活由喧哗到安静，由安静到平静　我们终将懂得
海德格尔之人类诗意栖居于大地之上的生活哲理

格林小镇　为懂得生活的您构建现代艺术生活

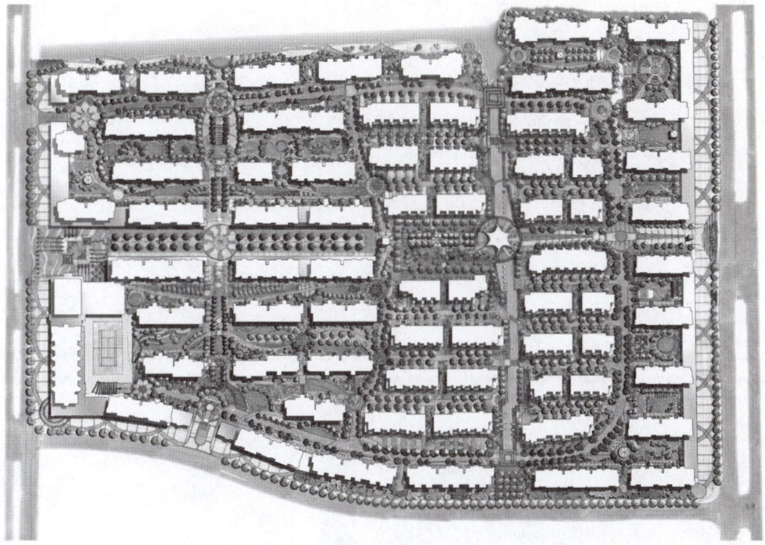

中国（浙江）高档住宅地产成功开发典范

GREEN TOWN
ZHONGGUO JIAXIN
格林小镇

格林小镇，
[180000 平方米德风小镇]

格林小镇，位于嘉兴市远景规划中城市景观轴心地带，处于集工商业、文化、休闲为一体的多元化现代工作生活圈的中心点。

格林小镇，一座具有德式风情的小镇，总建筑面积约 180000 平方米，开创嘉兴首座全生态假日风情社区，为繁忙生活的现代人们点亮一个安闲逸乐的家园。

秀城区系嘉兴市政府直辖县级行政区，嘉兴市政府所在地，嘉兴市政治、经济、文化中心。现区内共辖有 5 个镇、7 个街道，面积 426 平方公里，人口 45 万。秀城区以工业为主导，有亚太嘉兴科技工业园、新丰科技工业园区。

项目位于秀城区远景规划中城市景观轴心地带，南临生态景观纵轴带。市区政府新址、规划建设的国际妇幼保健医院，幼儿园、小学、中学齐备使项目成为集工商业、文化、休闲为一体的多元化现代工作生活圈。生活配套全面将成为此生活区域的亮点。

格林小镇，整个小区的景观设计借鉴德国社区景观布局，将坡地、南北绿脉、人文建筑景观、广场绿化、人工水系层次性的完美组合，形成社区内移步换景的绿色梯度景观特色；时尚内街、景观绿脉、别墅景观水系三条线性景观轴延伸到小区各个区域，广场、雕塑等小景镶嵌其间，营造建筑与环境犹如浑然天成的自然天地。

格林小镇采用泛绿化的形式，摈弃了传统式的主题公园式大面积中心绿地，将绿色带到每家每户，借此实现绿色居住的平等性。所有的景观设计采用线性设计方式，通过时尚长廊、景观绿脉、别墅景观水岸三条线性景观轴线延伸到小镇的各个区域，以任何一个角度、一个方位、一个姿态来观赏到绿色、景观和自然的完美交融。

在格林小镇的中轴线上，设计规划有 200 米富有德国风情的休闲商业街，率先在嘉兴市倡导了商业内街体系。在格林小镇的商业内街的末端，设计具有欧洲特色的采悦钟楼，成为格林小镇的地标型建筑。

格林小镇拥有丰富多样的建筑形态，小高层、多层、别墅并且由西北高而东南低依次排列，形成错落、立体的审美感受。格林小镇秉承摩尔建筑的建筑精粹，以简约流畅的建筑语汇结合嘉兴市当地的对于空间、采光、通风等各方面的要求，将格林小镇的建筑成为关怀空间、关怀人性的建筑体。以蓝灰、藤黄、砖红三段式的构图体系，形成明快、历久弥新的建筑气质。以玻璃、钢、原木材等现代建筑材料，辅以坡屋顶、花架梁、古典遮阳板、凸窗、拐角窗等元素，形成具有欧洲风情的建筑体系。联排别墅更是格林小镇的亮点，层层退让的露台设计，丰富立面的造型，还能渗透室外的观景效果；别墅内庭院的设计，成为家中的一个小型园林。

格林小镇，倡导一种高品质现代生活，实现“诗意栖居”的生活理想。

景观设计

格林小镇采用“泛绿化”的绿化方式，展示一种不同于以往大面积集中绿化的形式，而是以点、线、面的分布方式将绿化铺陈到小区的每个区域、每个角落，来营造一种绿色的空间、自然的天地，使得整个景观能随着自然而灵动，生动而和谐。

“泛绿化”的设计理念，让小区的每个地方、每个角落都栽种植物，创造一种人在绿中走的感觉，让小区的每个点都有绿化的可能，以此来实现绿色居住的平等性，创造绿化景观的均好性。

在格林小镇，从坡地、南北绿脉、人文建筑景观、广场绿化、人工水系层次性的设计，在社区内形成移步换景的绿色梯度规划特色，时尚内街、景观绿脉、别墅景观水系三条线性景观轴延伸到各个区域，广场、雕塑等小景镶嵌于其间，建筑与环境犹如自然天成。

对于格林小镇而言，它的景观设计从点到线再到面，绿色一直是条主线贯穿其间，充分诠释着泛绿化的主题。当然，格林小镇的景观是为居住而设计的，而不是泛泛的只是将景观当作点缀，因为我们所做的一切最终还是为能诗意的居住而创造的前提条件。

步行街中心广场

中轴水上景观

钟楼景观

建筑设计

格林小镇，用智慧阐述建筑的经典，用智慧剖析空间的魅力。

格林小镇，小高层、多层、别墅建筑体由西北高而东南低依次排列，形成错落、立体的审美感受，形态丰富的各种休闲场地、商业网点，分布在小镇的各处，将住宅与景观镶嵌其中，丰富着住宅、景观、道路等建筑语汇。

摩尔建筑新表情

格林小镇，借鉴德国摩尔建筑的简约建筑风格，不随光阴的流逝而削减时尚的风采。流畅的线条明快的勾勒出蔚蓝的天际线。玻璃、钢、原木以材质的美交织点缀，营造出通透开畅的空间。灰蓝色的屋瓦与藤黄、砖红、麦芽色编织的建筑外立面在格林小镇演奏一场色彩奏鸣曲。

三房二厅二卫／建筑面积约122平方米

- □主卧朝南，270转角低平台阳光凸窗的现代设计，既可延伸室内空 间，享受更多的景观视野，又可作为休憩平台，享受生活的舒适和悠闲。
- □干湿分离的卫浴间设计，既保持了卫浴的独立使用，不受干扰；也保持了卫浴间的整洁干净，易于清理。
- □整体格局短进深、大面宽，空间布局宽敞明亮，大气开阔。
- □全明的房型设计，阳光清风随时随地亲密接触，符合现代生活自然居家理念。

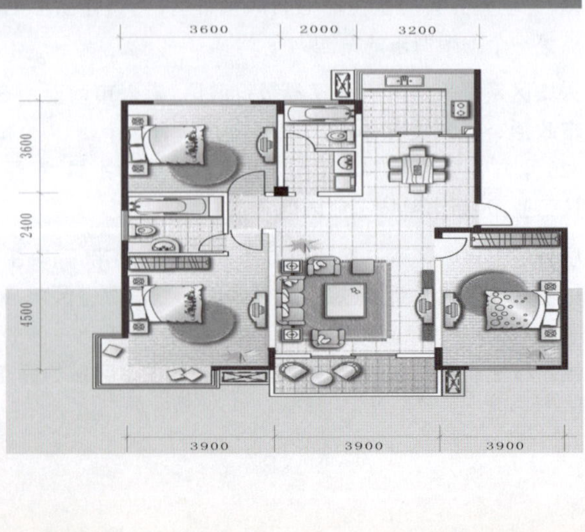

上虞金地置业有限公司成立于2005年1月6日，该公司作为上虞绿地房地产开发有限公司下属的项目公司专门负责开发位于上虞市城南的“金地·天香华庭”高档居住小区。公司的经营范围包括房地产开发、物业管理；五金建材的销售，市政工程、园林绿化工程施工；房屋租赁。注册地址：上虞市百官街道半山路199号，法定代表人：陈建宝，公司现有员工25人，其中专业技术人员11人，公司内设工程部、办公室、工程前期部、财务部、销售部五大机构，已具备房地产开发企业暂定三级资质。

金地置业的母公司上虞绿地房地产开发有限公司成立于2002年，注册资本10000万元，是一家专门从事房地产开发、销售的企业。公司自成立以来，相继成功开发建设了上虞“舜德苑”住宅小区和镇江兰天“幸福城”住宅小区项目，累计开发建设竣工面积20万平方米以上，实现销售收入6亿多元，取得了较好的经济和社会效益。其中，镇江兰天“幸福城”住宅小区项目还被评为江苏省“优秀楼盘”。2003年7月通过公开招标，绿地房产获得了“英台故里——祝家庄风情旅游区”2500亩的大型综合性开发建设项目，目前，该项目正在积极规划建设和分步实施中。

上虞金地置业有限公司依托母公司的技术和人才优势，倾力打造的高档住宅楼盘“金地·天香华庭”位于上虞城南近郊，距市区3公里，南靠百丰公路，总用地面积约585亩，总建筑面积近35万平方米，建筑占地面积近11万平方米，容积率0.9，绿地面积35.1%。规划有独立别墅、排屋等多种建筑形态，建筑立面简洁素雅、隽永秀美，在新的审美情趣和新式建筑技术的推动下，形成了时下风行的新欧式古典风格，和周边山水和谐融为一体，相映益彰。天香华庭秉承“臻品尊邸，写意山水”的开发思路，以国人“依山傍水”的居住理想为方向，利用地块内山水一体、林木繁茂、湖泊泠泠的环境优势，诚挚导入现代人居住生活意识，使天香华庭成为儒家文化的默默写意在青山绿水中的极致体验。天香华庭，把东方文化的经典气质与欧洲的浪漫时尚气息极致融合，完美真实地表达了上虞人居生活的新传奇。

上虞绿地房地产开发有限公司
上虞金地置业有限公司

金地·天香华庭基本情况

"金地·天香华庭"项目由上虞金地置业有限公司携手国内外众多知名团队,以高起点、高品质、高标准进行规划开发,是上虞地区顶级的高尚生态住宅区,它位于市区南部,百丰公路的北侧,距离市中心约3公里,总用地面积约585亩,总建筑面积近35万平方米,建筑占地面积近11万平方米,容积率0.9,绿地面积35.1%。

整个"金地·天香华庭"规划有独立别墅、排屋、配套公建等多种建筑形态。其中别墅区设于东北角自然风景极为优美的谷地之间;排屋则集中设在区块最为平坦的中央腹地;配套公建及幼儿园则设在百丰公路一侧,各个类别的建筑,按其形态由东向西,由南向北自然过渡,达到和谐共存之态。

Vanilla-Sky Villes

天香华庭

臻品尊邸　写意山水

中国山景园林地产成功开发典范

"金地·天香华庭"共包含松涛居、影香剧、池月居、藏珑居、芙蓉居、兰芎居、松风居、香榭居、翡翠居、天香居十大组团,富含"新欧式建筑"的浓郁风味,把欧洲大陆流行时尚的建筑理念与传统中国的山水意境巧妙融合,为人类的居住方式提供回归自然的现实体验,促成人居与自然的完美统一,在人、自然、建筑这三者之间发掘平衡点,既感受中国传统"山水人家"的精神回归,又体现当前时代追求自然居所的时尚生活品质。

"金地·天香华庭"的建筑设计由中国美术学院风景建筑设计研究院倾力完成,设计师通过对项目现场长期驻地考察,获得了区域气候、景观朝向、周边环境、日照等多个方面的第一手资料,几易其稿,在建筑规划设置上充分考虑了上述要素的统一性,每一幢建筑之间形成的角度、朝向和间距更是通过了充分的论证,使山景与园景得到了最大限度地展现和平衡。

目前,上虞市人民政府为改善南线交通环境,提升城市形象,拟对百丰公路实施分阶段的拓宽建设工程,建成后路面宽达42米,双向来回六车道。首期拓宽的4.3公里路段已经启动。从市政配套的大环境来看,百丰公路拓宽工程既改善了南区的交通环境,提升了城市的品位,也给天香华庭业主的出行提供了通畅迅达的道路交通,而整个小区则设三个机动车主要出入口及一个步行出入口,区内道路在保证交通顺畅的前提下适当增加线形曲折,既有利于降低车速,同时也丰富了空间层次,达到步移景移的效果。天香华庭分地下和地面停车库,地面除别墅及排屋所属的私家车库外,其余只供泊车和少量访客停车;地下停车分布于小区区块内,以最大限度的做到人车分流,减少出行的干扰。

"金地·天香华庭"提供双会馆配套,分别位于小区入口处与区内低层住宅区块,内部包括有咖啡吧、餐厅、超市、娱乐中心、住宿客房等,总面积约达2800平方米;另建有一个采用标准六班配置的幼儿园,建筑面积1800平方米,内部设施一应俱全,另有大面积的全园集中活动场地,且幼儿园位置设在主入口附近,更方便业主就近入托。

金地置业从天香华庭的社区规模和入住人数出发,决意至少开辟两趟豪华客车,每天定点来回于天香华豪庭和市中心。客车将在四年内完全免费供业主乘坐,不收取任何费用。四年无偿服务之后,仍不考虑盈利性,仅在成本运营的思路上收取适当成本费用。

项目特点

"金地·天香华庭"依上虞地区海拔最高的兰芎山而建,该山因多药草而得名,相传丹阳葛洪曾遁世居此。近代教育家经亨颐曾在游兰芎山时留下诗句:"家门十里有兰芎,五十年来在意中。小邑名山何所记,有明气节话倪公。"

在天香华庭的建筑范围内,有一处大面积的天然湖泊,它是由兰芎山上的溪水汇聚而成。而联系到住宅小区,充足的水源和大面积的水体又有利于水上活动和滨水活动的开展。在规划设计中,天香华庭将充分利用场地的特殊位置和现状条件,建立湿地生态系统,因为经研究发现,湿地在生态系统中的作用和价值远远高于纯粹的水体,而自然式的堤岸处理无论是对人还是对自然体系来说都是更有益处的。曲折的岸线有助于提高景观的丰富性,使人有更多机会接近水体,满足人类与生俱来的亲水需求。在整个天香华庭内水系纵横,蜿蜒流转,贯穿整个小区,住户可以在栈桥上、柳树丛中、芦苇丛中、花丛中漫步观赏,或在水边嬉戏玩耍,让人真正体会到"山承水、水润山,山水在人间"的美妙意境。

植物是自然生态系统的主体之一，同时也是整个建筑景观不可缺少的要素。天香华庭周边被茂密的天然植被所覆盖，以松、竹为代表，共生长着樟、枫香、金松、银杏、玉兰等100余种野生植物。自然、生态的树木营造着兰芎山美好的自然景观，使得“金地·天香华庭”融入了大自然的恬然幽雅、风光旖旎。

为了突出天香华庭的生态内涵以及更好地发挥它的作用，金地置业公司邀请世界知名的贝尔高林（香港）国际设计公司主持天香华庭的园林景观设计工作，力求为住户提供一份最接近原始自然生态的现代舒适生活。天香华庭的园林设计，继承了周边美景的精髓，成功演绎了幽谷森林的精彩，赋予了人工园林最令人满意和生动的特点。

天香华庭的居室大量应用落地窗户，配合独具匠心的布局，使阳光、大地、天空最大限度的与人居亲近，山景、水景、林景，周边美景尽收眼底，在大自然的清幽中独享当代高尚住宅内的文明科技，实现“高品质居住空间”与“回归自然空间”的双重理念。

项目优势

作为山景园林地产开发的成功典范，“金地·天香华庭”所处区块拥有上虞地区首屈一指的原始自然生态环境，且由于位于上虞地区上风口，所受到的现代工业污染几乎为零，堪称一块未经现代文明侵袭的绿色处女地。在上虞市政府的未来规划中，通过合理的开发，科学的规划，该区块将成为未来上虞的后花园。

“金地·天香华庭”着意于山水人文的亲切融合，因此建筑立面色彩的运用上坚持素雅质朴的原则，在房屋的基座部分运用充满原野气息的文化石材，使整体的建筑风貌与周边的原始生态景观相得益彰，浑然一体。

“金地·天香华庭”现代朴实、轻灵时尚、高雅简约的新欧式建筑风格，体现出现代建筑艺术之美，它以一种融汇传统与现代、交织内敛与张扬的新欧式设计，表达出一种对生活梦想的不懈追求。

“金地·天香华庭”的各个组团均最大限度的追求天开地阔、舒适人居的标准，从精致的外廊、窗座，到主要厅室设置的大面积景观低窗，直至开敞明亮、通风采光的厨房、餐厅、卫生间，以及宽大的阳台，这些都构成了在天香华庭独享一方悠闲的自在天地。

“金地·天香华庭”尊重大自然的造化神奇，谨小慎微，尝试着在上虞这秀丽的绿水青山里，为习惯了喧嚣繁闹的现代都市人全心全意开拓出一方恬静惬意的林间乐土，以此代表现代风韵人居与自然优雅景致的和谐统一。

“金地·天香华庭”以别墅区为代表，深入谷地密林，各处屋宇或依山而建，或临水而居，苍茫青山映衬下的小桥流水别有一番江南人居的温婉细腻之秀美。典雅、精致、纯净、开放的建筑风格营造出生活艺术的真实愉悦。而景观设计所着意强调的均好性，使住户能够最大限度地畅览周边景观。

目前，“金地·天香华庭”一期藏珑居的第一批11幢共64套排屋项目已经开盘，它们紧临天然湖，北依兰芎山，其居住品质与上虞地区之前出现的所谓“排屋”完全不同，为业主提供了一个更为舒适广阔的生活空间，同时也超越了一般意义上的精品公寓，达到了媲美别墅的标准。

藏珑居的排屋一般为2～3层，有天有地的设计规划最大限度的追求天开地阔、舒适人居的标准，从实用宽敞的专属半地下层车库到精致优雅的私家花园，再到主要厅室设置的大面积景观低窗，直至开敞明亮、通风采光的厨房、餐厅、卫生间，以及大面积的景观露台，这些都使天香华庭的排屋成为现代舒适生活的集中体现。

“金地·天香华庭”出落于兰芎山间的深谷幽林，呼应着上虞浓郁的人文情怀，犹如一个温婉的江南女子，含蓄质朴而又落落大方；又如同一个真正的世袭贵族，沉静内敛而又气度不凡。“金地·天香华庭”无需刻意的追求夺目的璀璨，却在平和中散发出令人心醉的光泽。

天香华庭，缕缕温情，丝丝融心。它以自然传承的人文山水，简约时尚的设计理念，精心打造现代成功人士追求高端品位、享受经典生活的舒适人居环境，通过东方文化的经典气质与欧洲的浪漫时尚气息的极致融和，把上虞人居生活的新传奇完美真实表达，成为山景园林地产开发的成功典范。

宁波国骅集团·丹阳市天波房地产开发有限公司

宁波国骅集团

宁波国骅集团是一家以房地产开发为龙头，集建筑承包、物业管理、市场管理服务、新型建材、文化教育等产业为一体的综合实业型企业。从1992年成立宁波东方建设开发有限公司，到今天的宁波国骅集团，已拥有下属子公司：宁波东方建设开发有限公司、宁波东新建筑有限公司、宁波天祥物业有限公司、丹阳市天波房地产开发有限公司、宁波东开新型建材有限公司及成员企业：宁波华旭智能化工程有限公司、宁波东方房产营销咨询有限公司、宁波市东升农副产品批发市场经营服务有限公司、宁波市鄞州东方装潢市场经营服务有限公司、宁波市鄞州东方管道燃气有限公司、鄞州区东方幼儿园等多家企业。目前尚在筹建设立江苏省苏州房地产开发有限公司、海南三亚房地产开发有限公司，总注册资本2.2亿元人民币，自有固定资产、流动资产21亿，高素质就业人员近千名。

为促进企业持续发展，适应房地产市场发展趋势，公司目前在江苏省苏州市越溪新区洽谈征地700亩，在海南省三亚征地300亩，分别开发建设高档住宅区，实施公司跨地域发展的宏伟战略。

丹阳市天波房地产开发有限公司是宁波国骅集团在江苏省丹阳市全额投资的一家子公司。公司于2003年六月在丹阳市注册成立，位于丹阳市开发区，注册资金2100万元人民币，具有房地产二级开发资质和独立法人资格，是一家以房地产开发为主业的综合性企业。

公司现拥有一支50多名高素质管理和专业技术人才组成的高效率开发团队，并按现代房地产开发模式，积极完善组织结构。下设研究发展部、广告部、营销部、工程部、预算部、财务部等若干部门。

目前在丹阳开发的重点楼盘**"天波城小区"**，位于市门第一路西侧。总占地面积1261亩，总建筑面积70万平方米，总投资超过15亿人民币。拟建高标准多层、别墅、小高层、高层高档住宅公寓。区内环境优美，景观气势恢弘；超市、学校、菜场、幼儿园、会所、运动馆、银行、邮局等配套设施一应俱全，并大量采用高科技、智能化物业管理手段，是被丹阳市政府列为重点工程的综合性超大型生态社区，并力创建设部示范小区及建成苏南板块内最好的住宅小区。

丹阳市天波房地产开发有限公司凭借先进的开发理念，秉承"诚信、创新、务实、求精"的企业宗旨，力争为历史和我们的城市留下优秀的作品。

中国（江苏）水岸山景地产成功开发典范

天波城地理位置

天波城小区位于开发区迎宾大道以西，沪宁铁路以东，高速公路以南。距丹阳市中心仅5分钟车程，交通极为顺畅。

天波城介绍

天波城水岸以“亲水”为蓝本，规划建设有钓鱼台、湖心岛、沿湖木栈道、营造具有人文气息的休闲的岸线。中轴线的创造集中塑造风情商业街、会所、景观大道、强调完美的空间尺度和比例，城市广场空间的围合性。沿街景观着力于商业氛围的创造，和城市衔接的同时创造一种新城市主义，满足现代生活的同时追求清新、自然、平衡、活泼、恬静的优美意境。

社区环境的营造

天波城的景观设计体现了新经济时代的社会精英阶层对成功和创意生活的双重追求，代表着崭新的价值理念，天波城力求创造居住文明，传播时代文化，让居民日子能在轻松写意中度过。

自身形成的小城镇圈以及小区配套设施的强化，天波城等同于一个城镇的概念。

便利的路网设施。

自然和谐的景观环境

巧妙利用绿化，大面积绿地营造了极为丰富的景观系统，在规划中有效地组织了小区集中绿地、组团绿地，使之成为系统。

配套设施

周边生活氛围较为成熟，包括小区内将建和外围的银行、电信、邮政、学校和商场娱乐场所均有分布。

区域性商业中心区

景观大道的营造集中构成中心景观轴的一条商业带，通过对周边商铺和社区的开发建设提升其投资价值。

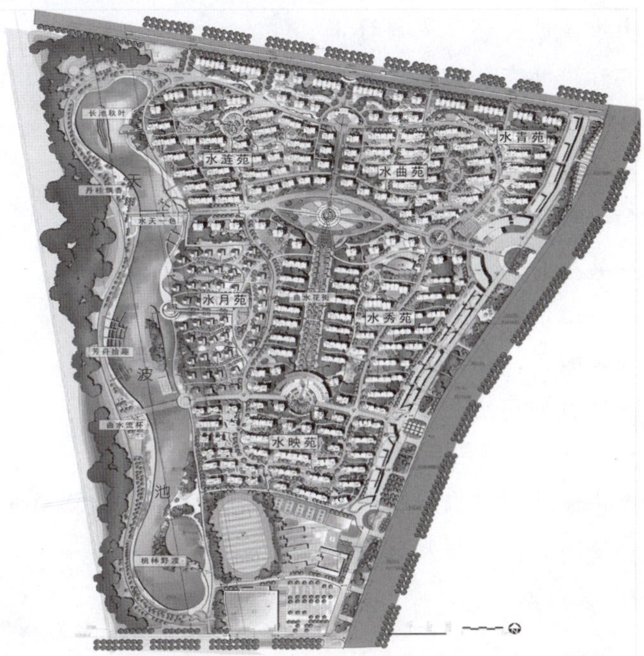

安全防范措施

科技带动生活，小区内部围墙设置摄像头，各单元安装对讲装置和进户防盗门。

背景音乐

小区绿地、中心绿地、组团绿地、道路交汇处布置音响，管理中心集中控制，遇突发事件，作为紧急广播，物业公司内部建立高效、便捷的管理系统，来协调住户和物管的关系和相互的沟通。

信息网络

建筑布局人性化设计

根据本地气候和居住习惯，最大限度地利用太阳直射光，并在夏季有效地组织室内穿堂风，降低室内温度。

小区建设理念

山·水·亲城

作为天波城的理念，山水亲城强调了人与环境的和谐共存，在小区的设计规划、建设以及服务上都倡导一种山水城的概念和人居平等、可参与、均好和共生的概念。

山水城不仅仅是物理空间概念，而且是包含一个地方的历史、文化内容的文化空间概念。建设一个山水城，可以提倡人工环境与自然环境相协调发展，其最终目的在于“建立人工环境”与自然环境相融合的人类聚居环境。其次则是强调文化的延续性，把中国的山水诗词、山水画同中国古典园林建筑和城市营造融合在一起，形成了“山水城”的内涵。

“山”：山的概念是源于小区西面人工山体的营造。可作为小区整体环境景观的一种延续，也可作为小区生态概念上的补充与强化。“仁者乐山”概念的提出也体现了小区的一种人文精神。

“水”：智慧如水，天波城的思考也是对水的深刻思考，对生命的深刻思考，真正的生活是平静的、健康的生活。

“亲城”：让设计师通过中西合壁的设计语言、手法，完美地诠释天波城，为丹阳市营造一个健康、现代、优美、人性化的社区，强调亲情空间的塑造，会所功能的强化增进人们之间的交流，强调社区整体人性的关怀，激发人主体性对居住环境的心理和情感上的认同。

亲城——带动了人与自然之间的交流。

亲城——带动了人与人之间的交流。

总体布局及设计

规划结构

两条主要轴线——整个社区布局紧扣山水亲城的理念做文章，在注重社区建设的基础上，进一步整合社区区位优势，提升地块本身的价值，靠近山的一侧轴线集中塑造了山水的空间，充分考虑了与山水环境的协调，有条件的道路，利用山作为对景；道路沿河滨布置，与河流交汇处，桥头留足了开敞空间，通过滨水空间来借远山景视，沿河更设置了众多聚居场所，供居民所需。

中轴线作为整个社区的人文区域，广场和铺地的应用显得尤为重要，中轴线两侧景观不要太封闭，应留出一定开敞空间来借景，在重要的山水空间视廊上，高层建筑要避让，建筑的尺度要与周边山水空间相协调。

两个主要节点——在基地中部自南向北分别形成两处结点，使结点与广场中心通过放射状的步行道相联系，建成区内步行系统的景观结构，引起城市居民的游憩兴趣，调节游人步行游览过程中的情绪。

一条主街——在社区东向轴线上安排了特色步行街，考虑主要街道与中心广场之间在视线上的通透，一方面从构图上强化中心的向心性，增加凝聚力；另一方面设计了人流流向趋向集中，提高沿街商业铺面的价值。

空间构成及组合

社区整体空间以中轴线节点为中心，结合放射环状道路布局，各分区又分别以景观节点为中心，形成规模适宜，紧凑高效的半围合式商住空间。集中绿地是本案设计的精华所在，通过对中心广场的有效设计与组织，形成面积相对较为集中的景观绿地，并使街坊内住宅均可享受到精致的社区环境。规划社区通过区内生活干道划分为水涟苑、水曲苑、水月苑、水秀苑、水映苑和水清苑六个片区。规划中以流畅的社区道路及“绿脉”、“绿轴”将六片区联系为一个有机整体。中间片区的景观绿带作为社区整体控制轴线将纵向中心绿地贯穿到一起，形成的社区景观轴线，在考虑到社区使用功能的同时，结合社区将来的发展态势，糅合交通、商业、景观三大功能，成为全区中心的有机组成部分，为社区整体形象、品味定下一个基调。

水岸轴线作为山水理念的体现，集中塑造了桃林野渡、曲水流杯、芳舟拾趣、水天一线、丹桂飘香、长池秋叶等景点。融中国的山水诗词、山水画同中国古典园林建筑为一体，增强居民的观赏兴趣，居民不仅要欣赏山水景观，而且还参与城市空间活动。人在山水中穿行，不同的林木花草与山水城市空间的结合产生迥异的效果，亲水公共活动场所的丰富化更显得天波城别具一格，意境不凡。

国骅集团
GUOHUA GROUP

宁波国骅集团
宁波东方建设开发有限公司

宁波东方建设开发有限公司创建于1992年6月，公司注册资本4000万元，拥有固定资产、流动资金15亿元(人民币)，高素质从业人员近千名。是一家具有二级资质的房地产开发企业。

公司连续11年被宁波市资信评估委员会评为**“AAA”级资信企业、宁波市鄞州区房地产开发先进企业和税收先进单位。**累计开发**北路二村、雅渡新村、东方阁、东方苑、东方城、东方明珠城**等商品住宅150余万平方。开发的商品房以**超前的设计、优异的质量、高雅的绿化、精致的景观**而著称。北路二村被区建设局授予住宅建设样板示范点称号，雅渡新村、亲水性居住理念的东方城·香梅家园和唯美景致诗意栖息点的东方苑小区被评为**四星级园林**式住宅小区。这些经典楼盘已成为当地人们引以为豪的美好家园，同时，也为公司赢得了无限的荣誉。

目前，公司系列住宅小区东方明珠城一、二期工程(占整个工程的80%，景观占95%)的竣工，将使浙江慈溪城区的面貌大为改观，居民居住的档次得到质的飞跃。

全体国骅人将一如既往地坚持**“诚信、创新、务实、求精”**的企业宗旨，始终以创造城市的美丽为己任，努力把每一个楼盘建设成为城市亮丽的风景线，成为人们喜爱和珍藏的家园，为历史和我们居住的城市留下最优秀的作品。

国骅集团·宁波东方建设开发有限公司
www:23456or.com.cn
Tel:0574-28818870
Fax:0574-28818830

中国(浙江)景观环境社区成功开发典范

概况

东方明珠城位于慈溪市前应路与新城大道的交叉口，占地面积169415平方米，总建筑面积288000平方米(不包括架空层103460平方米)，其容积率1.7，绿化率48.07%，建筑密度27.27%。是慈溪高品质生活的典范，铸就卓然不凡的居住品质。

设计理念

人性规划理念

宁波市首个实现彻底人车分离的超大社区。要在“东方明珠城”这个256亩的大型社区内彻底地实现人车分流，需要大量的技术支持，并需付出高昂的建造成本。但这个大胆的想法的实施，得到的回报也是丰厚的。不仅可以还住户一片纯净的天地，更可以提供充足的车位，当汽车进入千家万户就要变成现实的时候，“东方明珠城”更是以无可比拟的优势在慈溪楼市独占鳌头。当你把车子、孩子并列起来考虑的时候，一定会感到人车混杂存在的潜在危险。所以使人更加理解东方明珠城上下两层彻底人车分流的安全性和必要性。

离尘。不离城。

东方明珠城位于慈溪市前应路与新城大道的交叉口，西靠虞波江：水，无形无色，万物之源。地块的价值及发展前景不言而喻。产品由复式、小高层、高层以及沿街店铺组成。东方明珠城将以得天独厚的自然环境资源、恢弘大气的规划分局、无与匹配的全功能配套及高规格的建筑品质，树立慈溪高尚景观住宅的典范，铸就卓然不凡的居住品质。

人文社区，生态住宅。

2万多平方米超大型集中景观有广场，开阔的生活场景；有雕塑，精致美感，陶冶性灵的文化氛围；有喷泉，水珠飞溅，迷彩灯影；有花圃，花样花语相伴，暗香浮动的感官享受；有园林，曲径寻幽，景随步移的游园情趣；随时随刻，自在享受。

由前应路上的人行出入口通过自动扶梯，把您送上东方明珠城展现在您面前的是一条壮阔的中央景观大道，使您领略精彩纷呈的现代都市园林，占地30余亩，融合了东西方现代景观艺术的精华，深入结合了社区住户对休闲、娱乐和人际沟通的要求，以多姿多彩的景观语汇表达了现代都市人所追求的和谐、宁静、自然、高雅的居住氛围，妙趣灵动，意境深远。如果说中央景观大道是一条开放性的景观主脉，那么院落花园则可以被理解为与景观大道衔接的支脉，这种半开放的庭院，形式各一，仅供区域内少数住户专门享用，又构成整个东方明珠城的景观一绝。这条400多米的中央景观大道，像个风景长廊，一步一景，步移景易，吸纳东西方园艺精华、师法自然，升华自然。在流水和绿荫相伴之下，咏叹源远流长、生生不息的旋律。

百年建筑，质量第一：

东方明珠城的所有楼房，全部采用异性柱框架结构，并实现彻底的人车分流，建设方除了选择资深设计单位之外，还专门成立了专家图小组，对于每一张设计图都层层审核、张张把关，绝不让一个微乎其微的错误在设计阶段存在。

施工品质：

参与东方明珠城的建设者，都是身经百战的技术高手，有的是“钱江杯”的得主，为了创造慈溪第一楼盘的品牌，他们除了得胜丰富的施工经验，更会利用科技和先进设备的力量，保质保量地完成任务。

选材：

东方明珠城的楼房采用外墙弹性涂料、彩色铝合金窗、花岗岩和大理石的铺地贴面等高档装饰材料，为楼房披上美丽的新装。大型室内温水游泳池。VIP养生会馆。住这里，天天运动，窈窕健康，青春不会老。

东方明珠城特聘专业设计师规划，让住户分享使用面积2万平方米的VIP健康俱乐部，拥有大型温水游泳池、篮球场、网球场、乒乓球场、男女专用健身房等设施，再不必赶赴俱乐部，便能天天运动、时时解压身心，悠游享受生命。

先进型智能化社区，提供24小时的贴心关怀。（真正实现小区一卡通系统，一张卡可通单元防盗门、停车库管理系统。自动抄表系统，实现水表远程抄收。）

家庭报警系统：家庭红外探头、紧急按钮、煤气报警、一层预留窗户红外栅栏报警系统。可视对讲防盗门，与家庭报警系统二合一。闭路电视监控系统实时查看记录，及时对付突发事件。公用设备监控系统，对电梯、给排水、地下室、公共照明自动监测系统。电梯应急电源为双回路供电，并自备有发电机，双重保障。公共信息显示系统。宽带、电话、有线接入。从里到外，人力加智能，层层防护，处处用心，住在这里，大可放心。

每位住户都是他们上门的嘉宾。

推行首问负责制，第一个接待住户或被住户询问的公司员工，不受部门限制，均应热情接待。解答疑问，杜绝让住户等候回音的现象。倾听住户的心声，在社区内设置“心连心信箱”，了解住户需求，解决住户反映的问题。关注住户生活质量提高，倡导“以住户为圆心”的服务理念，不仅做好24小时安保服务，24小时接待服务，16小时保洁服务，还经常组织活动，增进物业与住户的交流，创造祥和文明的住宅小区。

GOLD RIVERSIDE
黄金水岸
PLAZA
乌镇

桐乡接待中心:振兴中路 23 号东方大酒店

电话:0573-8199801　8199802　8719588

繁华地段的商业航母,功能齐全的生活乐园,

轻松实现一站式的娱乐、购物、休闲、美食、度假……

五大特色区域: 特色旅游购物广场
特色水岸餐饮广场
水岸休闲风情广场
精品购物广场
度假休闲娱乐广场

投资商:上海尧舜置业有限公司

开发商:桐乡市荣舜置业有限公司

建筑设计:上海尧舜建筑设计有限公司

50000 平方米恢弘气魄

30000 平方米商业街区

20000 平方米假日公寓

328 间独立水岸商铺

369 套星级假日公寓

50 平方米～*70* 平方米商铺主力面积

上海尧舜置业有限公司是一家以房地产投资开发,建筑设计为主的现代化科技型企业。公司拥有众多国家一级注册建筑师,国家一级注册结构工程师,国家注册造价师,高级工程师,硕士,博士等优秀的技术人才和管理人才。

总部设在上海,旗下拥有:

上海尧舜建筑设计有限公司(国家甲级)

上海尧盛建设咨询有限公司

浙江桐乡市舜士达房地产开发有限公司

浙江桐乡市荣舜置业有限公司

黄山尧舜科技城有限公司

等 5 家公司,总资产近 3 亿元,公司已成功开发了上海绿洲尧舜公寓,桐乡石门商贸广场,乌镇水岸明珠度假酒店等楼盘, 设计项目更是遍及全国各地,在业界拥有良好的口碑。

乌镇黄金水岸效果图

GOLD RIVERSIDE 黄金水岸 乌镇 PLAZA

中国房地产成功开发典范

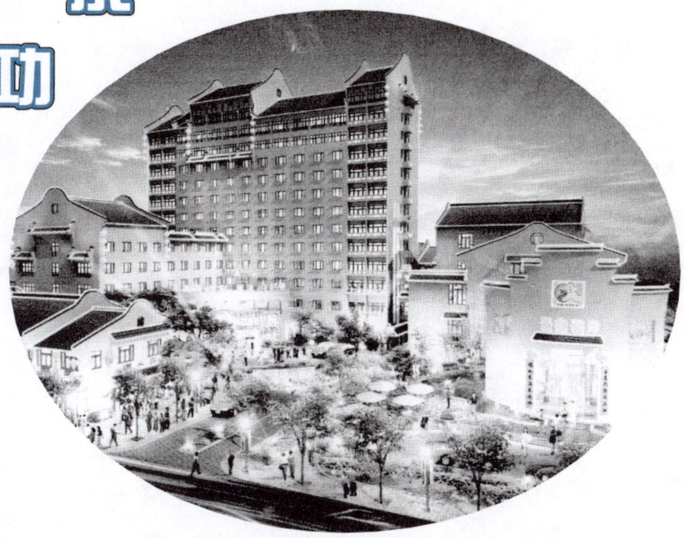

[黄金水岸]

乌镇新城地产开发第一击

乌镇，因其秀美的江南水乡风韵而成为旅游界中闪耀的一点，目前乌镇除了继续强化保护古镇，还着力开发新城建设，“乌镇·黄金水岸”是乌镇新城建设中第一个大规模综合性商业地产项目。

[水蕴财源]

小桥流碧江南风情第一景

“乌镇·黄金水岸”北临天然水系浮澜桥港，并有水系支流深入地块内部。整体建筑规划以水系为主题展开，在设计理念上运用传统的江南城镇概念，更融合江南水乡传统之美与现代建筑合理布局，简洁丰富、曲线动人、白墙黛瓦，结合马头墙、方柱、坡檐，原汁原味，质感纯正。

[金满之地]

娱乐休闲特色购物第一站

本案位于乌镇镇南侧，东临桐乌公路，为进入景区的门户位置，人气旺盛。总占地面积约 3 万平方米，总建筑面积 5 万余平方米，规划为 328 间水岸商铺及一座拥有 369 套客户的高星级酒店服务的假日公寓。

整体功能业态分为特色旅游购物广场、水岸风情休闲广场、特色水岸餐饮广场、精品购物广场、度假娱乐休闲广场。立足于江浙特色产业，将四方精品尽囊括于此，打造令游客流连忘返的购物天堂。

[岸泊繁华]

政策支持升值回报第一强

作为乌镇新城建设中的首个大规模综合商业地产，深受政府关心与扶持，享受多重优惠政策。50平方米～70 平方米主力商铺面积，20 万元起低额总价投入，三年包租，年 8.5%投资回报保证！乌镇旅游人气飞涨，物业快速升值，投资回报飙升可想而知！

"乌镇·黄金水岸"

为何受到市场如此青睐？

八大理由定财富乾坤

乌镇，
中国旅游的目的地！

这是2005年3月，乌镇首次独立参加全球最大的旅游展(ITB)中的宣传口号，短短六天，这座美丽的中国水乡古镇成为该次展会最受瞩目的旅游景点，乌镇水韵瞬间名扬四海！

乌镇钟灵毓秀的气质、渊远深厚的文化让无数的游人迷恋。1991年，乌镇被评为省级历史文化名城；2000年，东栅景区对外开放。如今乌镇已被评为国家4A级景区，为全国20个黄金周预报景点之一。2005年10月，以"活古镇"为主题的乌镇二期超大景区即将拉开帷幕，新型江南水乡生活的"体验版"将掀起乌镇旅游新一轮热潮，使乌镇的旅游地位更上一层楼！

乌镇黄金水岸效果图

乌镇黄金水岸效果图

强力政府支持，
安安心心赚大钱！

"乌镇·黄金水岸"，乌镇新城建设中首个大规模综合性商业地产，是新城开发的试金石，一直以来受桐乡政府大力关注与支持，并且在项目运作的各方面给予种种优惠，并确定为市政重点商业项目及特色商业街。有了政策支持，投资道路更加平稳，发展前景一片光明，势必缔造一代财富新传奇！

飙升无限的游客流量，
稳健投资的强大保障！

乌镇——中国最后的枕水人家，近年来海内外知名度不断提高，年游客流量节节攀升，现已超过250万；此外，景区版图扩展后，乌镇的旅游形态将从一日游转变为两日游，游客的停留时间延长，无限商机唾手可得！

效果图

招财风水宝地
人气指数高昂!

“乌镇·黄金水岸”坐落于乌镇城镇的南侧，东临桐乌公路，为进入乌镇的门户位置；项目规划城镇街区风格、商铺错落林立、流水玉带缠绕，再现“清明上河图”的鼎盛气象，让人流连忘返；另设置有近两百停车位，必将聚敛大量旅游人气！

统一专业团队，
国际品质管理!

聘请有着30余年专业营销理念和丰富招商经验的上海中原物业代理有限公司作为全程营销代理及招商团队，针对项目的定位，做好业态管理，保证商业项目的优质层次性和日后经营的良性循环；另一方面积极强化对项目及商业营运的后期管理和服务，将会聘请有着丰富商业管理经验的知名商业管理公司代为经营管理，从而实现了使“乌镇·黄金水岸”发展成为面向长三角地区旅游、产业经济为一体的外向型多功能休闲购物胜地保障。

巨擘打造，实力呈现!

上海尧舜置业有限公司，旗下拥有国家甲级资质的建筑设计公司，经典之作无数，融合江南特色建筑文化于现代商业生活形态，实力托铸“乌镇·黄金水岸”，镌刻传世精品！

雄厚产业支持，
挥毫商业神话!

摒弃传统旅游商业地产单一的经营模式，在深度挖掘当地的产业经济结构基础上，实现了定位上的“差异化竞争”优势，即将周边特色专业市场的精品(如桐乡蚕丝制品、濮院的毛衫服饰、盛泽丝绸制品、崇福皮草、海宁的皮具……)汇集在项目中，建成区域特色产业的“精英会”，制造吸引游人“纷至沓来”休闲购物热点，充分实现了借乌镇旅游品牌繁荣与发展地方经济产业的目的。

滴水投资，
涌泉回报!

25平方米～70平方米精巧小单元，自由组合适合多种需求，20万元起低额总价投资，让您一边享受稳健的投资收益，一边体验升值的无限快感！“乌镇黄金水岸”，必定引以为豪的投资决策！

效果图

浙江柯桥置业有限公司

浙江柯桥置业有限公司由温州新城建设股份有限公司、西班牙地中海商业进出口公司共同投资组建。于 2001 年 12 月 24 日,经浙江省工商行政管理局批准成立,注册资金为 5000 万元人民币。是一家专业从事房地产开发、经营、咨询、物业管理及相关的建筑装潢材料经营领域的现代化企业。本公司开发的“鉴湖景园”是经建设部批准推广的“国家康居示范工程”项目,该项目总占地 249000 平方米,内设多层、小高层、排屋、商铺、会馆及幼儿园等建筑,设施配套齐全。

公司拥有一支较强的管理队伍,有高级职称的管理人员 5 人,中级职称 7 人,对房地产开发建设具有丰富的实践经验和管理能力。开发的“国家康居示范工程”鉴湖景园规划方案起点高、创意新、品位好,深受客户的好评。

公司本着“以人为本”的开发理念,倾情打造绍兴市目前为止最具规模性、现代性、舒适性、美观性、实用性为一体的精品楼盘,促进新县城建设上规模、上档次、上水平,为绍兴县的城市建设写上浓重的一笔。浙江柯桥置业有限公司将与时俱进,不断拓展业务领域,不断提高企业素质,为创一流房地产企业而不懈地努力。

Lakeside COURT
鉴湖景园
国家康居示范工程

中国（浙江）景观环境社区成功开发典范

浙江柯桥置业有限公司开发的国家康居示范工程"鉴湖景园"位于绍兴县柯北新城，处于绍兴县中心区的黄金地段。该区域交通便利，商贸繁荣，人流疏密有致，闹中取静，是居住的最佳选择。

该住宅小区东西宽约460米，南北长约540米，总用地面积为24.90万平方米，总建筑面积将近42万平方米，入住户数2150户，人口达7500余人，小区分11个组团，东南、西南组团多以多层为主，中间组团以排屋为主，少有多层，北面组团为小高层。配套公建有游泳池、健身房、酒吧等组成的社区中心会馆和网球场、篮球场、幼儿园、商业网点等。总投资10亿元人民币、分二期建设。一期A、B、H组团申报国家康居示范工程，总用地面积96050平方米，总建设面积为106237平方米，于2002年12月19日经建设部批准正式被列入国家康居示范工程。

鉴湖景园一期康居工程规划设计**超点高、创意新、品位好**、建筑全部采用异型柱框架结构，小区实现了**住宅体系、建筑节能体系、住宅管网体系、住宅设备体系、居住小区现代管理**等成套技术及建筑防水及饰面成套技术，同时还实现了管线地埋化，太阳能热水器、垃圾袋装化、小区智能化等多个目标。公司本着**"以人为本"**的开发理念，**倾情打造绍兴市目前为止最具规模性、现代性、舒适性、美观性、实用性为一体的精品楼盘。**

鉴湖景园是绍兴地区开发最大的楼盘，也是绍兴地区目前为止最具规模性、现代性、舒适性、美观性、实用性为一体的楼盘之一。

主要经济技术指标

用地面积	249032m²
地上建筑面积	343287m²
其中	
多层建筑面积	190823m²
小高层建筑面积	95238m²
排屋建筑面积	26517m²
商铺建筑面积	24436m²
会馆建筑面积	2949m²
12班幼儿园建筑面积	3324m²
地下建筑面积	11756m²
半地下建筑面积	61195m²
容积率	1.38
建筑密度	27%
绿地率	35.2%
汽车泊位	1612辆
其中地面	137辆
地下（半地下）	1345辆
排屋	130辆
自行车库面积	28000m²
总户数	2150户

一期康居主要经济技术指标

总用地面积	96050m²
地上建筑面积	106237m²
其中	
多层建筑面积	69707m²
排屋建筑面积	18005m²
商铺建筑面积	15576m²
会馆建筑面积	2949m²
半地下建筑面积	10278m²
自行车库面积	9641m²
容积率	1.11
建筑密度	25.2%
绿地率	43.6%
汽车泊位	458辆
其中地面	53辆
地下（半地下）	343辆
排屋	62辆
总户数	558户

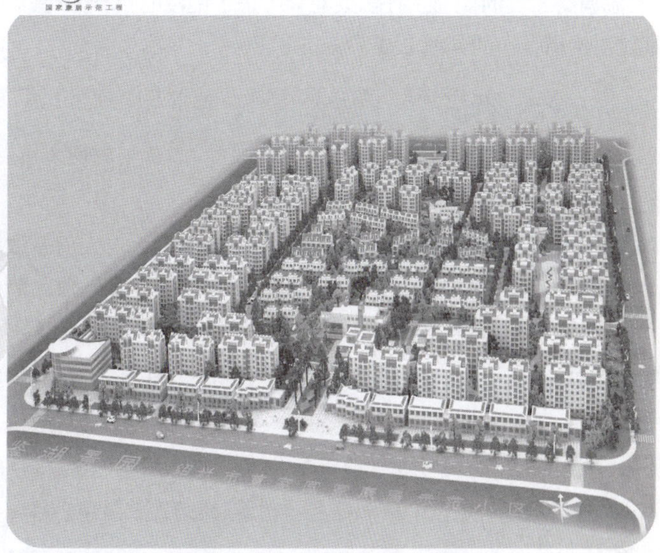

鉴湖景园周边交通

随着绍兴经济近年不断的突飞猛进，现代化交通网络不断完善，交通便利，使鉴湖景园距杭州市区高速车程仅40分钟车程，距萧山国际机场20分钟车程，距绍兴市区10分钟，市内距柯岩景区8分钟车程，距柯桥轻纺城5分钟车程。

在格局上、在气魄上，超越了水乡文化的建筑风格。而作为一种生活情趣，或者作为一种文化境界来说，鉴湖景园更是意蕴深长、情味无限的、有其自身的独特魄力——江南雅居

园林、亭阁、山石、湖水，都搭配得十分精致秀气。

鉴湖景园是那么温蕴、那么轻灵、那么恬静。如果看过江南的古镇就一定会被那里浓郁的江南气息所感染，那里充满了与自然相和谐的生活气息和独特的江南韵味。

绍兴市首家 国家康居示范工程住宅区

康居工程是建设部为推进我国住宅产业现代化，提高住宅品质，继安居工程、小康住宅、城市住宅示范小区之后，经国务院批准于1999年推出实施，同时开展商品住宅性能认定。与非康居示范工程的普通住宅区相比，康居示范工程主要体现在◎住宅的性能大幅度提高◎住宅的装备水平大大改善◎住宅的功能更具合理性◎住宅的环境明显改善◎住宅的寿命延长

鉴湖景园·财富之园

绍兴·鉴湖景园用地范围北面为裕民路，西面为湖西路，南面为兴越路，东面为湖中路。由于兴越路为城市的生活性主干道，因此确定将小区的主入口与其衔接，在湖中路、湖西路各开一个次入口，方便小区的管理，小区住宅以多层、排屋为主，沿兴越路、湖西路布置的商业用房，既充分考虑了地段的优越位置，又通过对沿街立面的处理丰富了城市的景观。

鉴湖景园沿街商铺由于其得天独厚的地理位置，蕴含无限商机，是您经商投资理财的最佳选择。

“以人为本”和“创造环境”是绍兴·鉴湖景园规划的两大重点，绍兴·鉴湖景园则更好地使两者凸现出来。

◎根据住户各种浅表的、深层的需要，在整体布局上以大而开放的公共空间与众多相对来说小而私密的户前空间相结合，使人的心理产生认同感，然后在辅以一些半开放半隐蔽的休闲空间使人产生亲切感，尊重与表达人对空间的要求，体现鉴湖景园所要求的均好性。

◎鉴湖景园强调各个空间的关系，做到路网合理。人车分流。

◎鉴湖景园强调通透景观，**绿色生态，精致的人工景观小品**等各种要素。绍兴·鉴湖景园紧靠河流，力求创造一个优美的**自然生态环境**，使居室生活因情趣与平和充实其中而变得意义非凡。

◎鉴湖景园强化区域建筑特征，改变以往仅仅通过品牌效应形成的住户心理归属感。在建筑外观、色彩处理、出入口设计、围区环境建筑本身产生归属感。

鉴湖景园·心灵家园

鉴湖景园·绿色家园

鉴湖景园高档优雅的环境设计、绿色配景为您提供了一个家中有园，园中有景的绿色大环境，让您融入了水乡的自然氛围。

浙江锦正房地产开发有限公司

浙江锦正房地产开发有限公司原名为绍兴运大房地产发展有限公司，注册资金2000万元。开发资质目前为三级，现为绍兴县房地产协会会员。公司地址浙江省绍兴市马臻路45号，公司注册地址绍兴县齐贤镇屠东路18号。公司成立以来，依靠社会各界的大力支持和集团公司强大的资金后盾，通过全公司员工的共同努力，发展迅速。到目前为止，公司现有员工36人。其中高级职称2人，工程技术人员27人。

目前公司在位于绍兴县齐贤镇所在地拍卖所得商品房开发土地69840平方米，经规划批准在建商住楼近10万平方米，楼盘名称为“运大•贤仕花园”。

公司在2003年绍兴县第二次房展会中进行了楼盘的形象展示，引起了轰动，并受到省、市、县领导的关注。公司开发该小区的宣传理念为**“运大•贤仕花园，封闭式物业管理”、“运大•贤仕花园，花园式安静小区”、“居住贤仕花园，享受城市化生活”、“投资贤仕花园，增值空间巨大”**。该理念符合政府关于农村城市化、农村工业化、农民居民化的要求。真正打造老百姓买得起的房屋。为农村城市化发展作出贡献。

贤仕花园地理位置优越，规划庞大，公司将本着“诚实守信、服务到底”的宗旨，拟将贤仕花园建成“小康住宅、小康环境、小康设施”及普通老百姓买得起的并享有巨大增值空间的花园式住宅；同时公司将用“创品牌，树形象”的发展思路来提高自己，用“质量第一、服务至上”的经营理念成为广大消费者可靠的朋友。

中国(浙江)景观环境社区成功开发典范

贤仕花园地处绍兴县齐贤镇的中心位置——镇居住公建配套区。东临环镇东路,与规划中的新镇政府、镇中心广场隔路相望;南靠厝东路,著名的风景名胜羊山石佛景区及镇区中心绿地与其为邻;北有齐马路、环镇北路、柯海公路穿越而过,规划中的绍兴——嘉兴跨海大桥将与镇内柯海公路相连接;西边镇农贸市场及镇商业街紧接;南为齐贤村委及镇邮电局。

贤仕花园占地面积 69840 平方米,总建筑面积 97778 平方米,其中住宅面积 94793 平方米,主流户型有:二室二厅一卫(80 平方米 -100 平方米)、三室二厅二卫(100 平方米 -120 平方米)、四室二厅二卫(120 平方米 -140 平方米)。

项目配备地面车库、地下车库、露天车位,宝马良驹备受呵护;摩托车、自行车库,满足小康之家的需要。

平面布局紧凑而合理,动静分区有效组织自然通风入口,玄关营造了亲切自然的感受空间。客厅空间宽敞,具有良好的视野。餐厅与厨房紧密相连,分区明确方便实在。卧室宽敞明亮,并与景观阳台相连通风采光俱佳,相对宽敞的卫生间设计合理。

户型面积,丰富多样。根据不同的家庭特质赋予不同的户型设计尺度,让每个家庭各得其所,户型布局,体现现代家居理念,尊重现代人家居的生活习惯,卧室设计新颖,注重通透性,客厅注重采光、实用,与室外的美丽风景紧密结合。

专业专心　打造美好家园

建筑——简洁、明快的现代城市风貌

贤仕花园的建筑总体呈现出错落有致、丰富多彩的空间格局。建筑外形采用了一些现代建筑的手法,以线、面的空间语言构成了简洁明快的建筑形体,有机地融合了传统的江南建筑文化与现代建筑理念。

户型——舒适、便利的现代生活空间

贤仕花园的房型设计,以经济实用的户型为主,室内空间布局紧凑、动静分区、居寝分离,充分强调生活的舒适与便利,并且最大限度地提高了面积的使用率。

配套——浓缩都市的精彩

贤仕花园拥有大型绿化中心广场,还有湖边小亭,休闲娱乐,浓缩都市的精彩。

景观——绿树成荫,一派江南水乡的自然风情

贤仕花园绿化率高达 35%,其绿化系统布局采用点线结合的方式,通过中心绿化广场,有机地贯穿在住宅群体之间。

运大·贤仕花园

贴近自然　体验城市化生活

贴近自然　与风景相伴

依傍碧波荡漾的河流，环境幽雅、景色宜人，

融合自然山水　创造完美社区

追求高尚品位　营造尊贵生活

可以珍藏　可以信赖

“以和为贵，和气生财”是贤仕花园商业街所倡导的商业经营理念，在居东路上的营业房，注重“天时、地利、人和”的商业氛围的营造。

理想的位置、便捷的交通，是您投资置业的黄金宝地！

开发商：浙江锦正房地产开发有限公司

公司地址：绍兴市马臻路45号

热线电话：0575-5188166　5183588

售楼部地址：绍兴县齐贤镇居东路

中国·苏泊尔集团
SUPOR GROUP

以人为本

追求自然

浙江苏泊尔房地产开发有限公司

浙江苏泊尔房地产开发有限公司成立于2004年3月16日，注册资本金2000万元，本公司拥有各类工程技术人员15人。目前在开发的玉环大麦屿“苏泊尔·河畔花园”总占地面积24800平方米，总建筑面积44000平方米，其中高层共三幢，两幢多层6100平方米主体目前已竣工。

2005年8月，由浙江苏泊尔房地产投资的福建霞浦安大房地产开发有限公司成立，力主开发福建霞浦“银都花园”住宅小区，此地块位于福建省霞浦县三河路以北，福宁路以南及六一路的东南侧，分为A、B、C三块，总占地面积175亩，综合多层、高层、商住、别墅住宅，并秉承苏泊尔房产“以人为本，追求自然”的设计理念，引用景观——临水而居、沿水而聚的设计重点，人性的户型设计、优美独特的建筑风格、完整的公共设施，又将为霞浦增添一片优美亮丽的精品家园。

浙江苏泊尔房地产开发有限公司作为中国最大的炊具研发、制造商——苏泊尔集团下属的子公司，一贯秉承“超越”的传统，不断进取，追求卓越品质。以开发环境优美、生活舒适现代、物业管理完善的高档楼盘为己任，为客户享受生活的乐趣而制造美好的家园。

苏泊尔·河畔花园

中国房地产景观环境成功开发典范

售楼热线：0576-7378799 7338382

售楼地址：浙江省玉环县大麦屿兴港西路71号

位置介绍

苏泊尔●河畔花园坐落于浙江东南最优良港口玉环县大麦屿的兴港西路，南邻玉环县规划最大的公园——400亩的庆澜公园，北邻40米兴港路，周边环境优美，室内交通便捷。

项目介绍

整体规划计划巧妙利用自然方整地形，强调城市高档住宅个性，极具现在气息。恢宏大气的低密度建筑手笔，景随步移的多层次立体生态环境设计，星级智能化物业管理，静谧雅致的水景花园府邸，全新演绎玉环尊贵名流生活，是崇尚尊贵与品味家庭的荣耀居所。

环境特点介绍

融会自然、匠心独运——独特空中花园结构，坐拥绿色生态居住空间。

河畔花园引用空间花园式住宅“绿色灰空间之国际流行理念”，将高层公寓中部分单元跃层式处理，高低错落布局形成6米空中花园。与主卧室及公共活动空间外围均布置绿化，以使绿化引入室内，从而使建筑外形形成常青绿树感觉，融入大自然。无论从哪个角度去审视，河畔花园都将是玉环本土撼动心灵的艺术作品，她璀璨夺目、鹤立鸡群、一枝独秀。碧湖青漾的上水风情、典雅而又透着清新的高尚建筑风情、景观与人文组合，浑然天成绿色生态居住空间。

依据河畔花园地块方整，南面临河的独特地理位置，上部规划为四层住宅，中部为19层高层公寓，南部沿街为两层15层高层公寓，地块以南北中轴线展开，3号楼底层架空，使院落前后通透、并行成入口花园平台，沿湖滨之1、2号楼底层架空，从而使内部院落与湖面相互渗透。整体规划设计的构思过程体现了人居环境可能满足使用功能的前提下，使环境设计更加符合人们的生理和心理需求，给人以更多享受。良好的居住环境，极大提高了社区的生活品质、文明水准和修养程度。

完善的物业管理

当玉环本土只有安防和物业管理初步概念的时候，我们已经往前将私家花园和尊贵属地的管家服务引进了我们的正常生活。“让家充满关爱与笑声”是我们社区服务的奋斗目标，秉承“业主利益为先，专业服务为本”的物业管理准则和“微笑服务”的人性化服务理念，河畔花园将让您充分感受品位阶层的崇尚礼遇。这不仅是为了物业的保值、增值，更是为了创造安全舒适、和谐欢畅的居家环境，使我们的尊贵业主尽情体验应有的欢乐与殊荣。

完善备至的管家服务让您住得安心、舒心、贴心。入住河畔花园，全情感受品位阶层的崇尚礼遇！

一个用绿色、用闲逸、用阳光编织起来的绝妙佳境，是成功人士梦寐以求的地方。“仁者爱山、智者爱水”，在河畔花园里，您足同时拥有仁者与智者的至高境界。河畔花园的小区绿化率高达51%，并邀请国内顶级园林景观专家亲自为小区居家环境主持规划计划。春分轻抚着的绿油小草、艳的逼人的名贵植卉，将心境染得轻盈简单的贝塑喷泉。和阳光碧波一同嬉戏的露天泳池、解不开的幽静的走廊花架和青藤纠葛，百看不厌的精致雕塑与壁画，苍翠绿叶相伴的深庭小道等等，形成一幅山水景致与现代高尚建筑融合的经典画卷。144户享受12000多平方米的水景绿化，拉开了高品位的优质生活序幕。

庆澜岸上千里云山争送绿 河畔花园一帘风月独飘香

苏泊尔·河畔花园坐落于浙江东南最优良港口——玉环县大麦屿兴港西路庆澜河畔,居于玉环至温州的要道之中,临近码头,眺望温州。东临苏泊尔厂区,南邻8米规划道路,面对庆澜河及规划中玉环县最大的公园——庆澜公园,北至40米兴港路。地理位置优越,交通便捷,环境优美。

河畔花园地块方整,以南北中轴线展开。规划建设用地面积24800平方米,总建筑面积37200平方米,容积率1.5,建筑密度15.1%,绿地率51%,总户数181户。沿街为两幢15层高层公寓,中部为18层高层公寓,沿兴港路布置一层商业,上部为五层住宅。低密度、高绿化,天然绿色健康住宅区。

河畔花园整体规划设计巧妙利用自然方整地形,恢宏大气的低密度建筑手笔,景随步移的多层次立体生态环境设计,完善的物业管理,静谧雅致的水景花园,倾情演绎玉环全新尊贵名流生活。

◎融汇自然、匠心独运

河畔花园的设计融入国际顶尖的建筑理念、非凡时尚的建筑构架、卓尔不群的建筑风格,使其成为玉环一道最新的靓丽风景线。

立面形式强调公寓的个性,具有现代气息,主要以构架穿插及板带结合,并配以色彩与之相呼应,简洁、大方,装饰恰到好处,与整个小区协调。良好的居住环境,彰显河畔花园业主的生活品质和个人修养。

◎独特空中花园结构,坐拥绿色生态居住空间

河畔花园引用空间花园式住宅“绿色灰空间之国际流行理念”,将高层公寓中部分单元跃层式处理,高低错落布局形成6米空中花园。在主卧室及公共活动空间外围均布置绿化,将绿化引入室内,从而使建筑外形形成常青绿树感觉,融入大自然。

◎通透的空间带来明净的心灵

河畔花园融入国际顶尖设计理念,3幢高层建筑底层架空,形成入口花园平台,从而使内部院落与河面相互渗透,河面的清风带来自然的问候,尘虑顿消。

◎在河畔花园,您的爱车再也不会被日晒雨淋

为您的爱车找一个最佳休憩地,尊崇地位延伸至地下,完善设计增加您的高尚生活格调。7289平方米的地下车库,可以容纳138辆机动车停车泊位。

◎入住河畔花园,享受品位阶层的崇尚礼遇!

河畔花园物业管理本着“以人为本”的服务理念,以专业、周到、细致的服务,建设富有人情味的社区文化,为河畔花园的尊贵业主创造安全、文明、绿色、环保、方便、快捷的现代生活空间。

保安24小时值班巡逻,智能化安全防范系统全面启动;

有序的车辆管理,机动车统一入库,临时停放车辆停于地面的规范化车位;

统一高效的园林绿化和保洁卫生管理;

规范科学的公共设施、设备维修保养及智能化设施、设备信息保养。

珠宝巨舰 财富之缘

有人预言:这个世纪属于东方。义乌,全球最大的小商品流通中心、信息中心和展示中心,成为全球瞩目的东方明珠!义乌国际商贸城在这颗明珠最耀眼的地方,是义乌经济版图上含金量最高的矿区,就在它的咽喉要塞,一个国际化的珠宝饰品产业平台,金福源珠宝广场,横空出世。

天时地利人和,优势铸造珠宝巨舰

金福源珠宝广场,交通便利,万商云集,周边商业配套设施完善,是义乌商业中心的绝版地块,商家的风水宝地。诞生伊始,它就以独有的魅力,吸引了世界各地珠宝饰品巨头的鼎力持,顺大时而动,得地利而建,享人和而兴,优势交汇,铸造出精品化的珠宝巨舰。

创新立体规划,构建和谐经商环境

13 个精品街市区和 2 幢大厦,构筑成联体式室内外商业街;地下一、二层构筑成地下商业广场;大厦六层以上均为商务酒店式公寓;街市区屋顶及地下二层为停车场。立体式规划设计,将交易、办公、生活场所有机结合,营造出浓郁的商业氛围,人性化的工作、生活环境。

多维高速通道,突显现代商务效率

广场地下室有 4 个下沉广场,100 多部自动扶梯和垂直电梯,各楼体之间有天桥连廊相接,纵向横向构成畅通便捷的通道,将所有商铺连成一条条立体式的商业街,使各个商铺都能共享商机,成为财富旺铺。

强势空间聚合,提高行业集聚效应

金福源珠宝广场占地面积 4 万多平方米, 总建筑面积 15 万平方米,内设 2500 余间商铺和 250 余套商务酒店式公寓。广场各街市区一至三层层高 5.4 米,第四层层高 5.8 米,业主可根据需要,把单层隔成双层,有效利用空间。

整合优势资源,实现商机财富共享

金福源珠宝广场以超前视野,经营国际化、商品精品化、内容主题化、产业链式化的理念,整合国内外珠宝饰品产业链上的优势资源。立志打造国际化珠宝饰品产业平台,与义乌国际商贸城优势互补,互促共荣,错位发展,共享财富机缘!

金贵宝地、福临饰界、源远流长

开发商:浙江义乌市九州建设开发有限公司　　财富热线:0579-5578888　0579-5578889

金福源珠宝广场四大亮点

中国商业地产成功开发典范

金福源珠宝广场一面世,就引起了万商注目,正是因为它有四大亮:

顺应珠宝饰品行业的发展需求

义乌已发展成为中国饰品的产销中心,行业高度集聚,但义乌国际商贸城商位供应量不足,大批珠宝饰品厂商没有经营场所。专业街店铺租金不稳定,广大珠宝饰品厂商有后顾之忧。中外珠宝饰品厂商十分盼望在义乌有一个长期稳定,永续经营的根据地。

中国饰品行业今后的发展,需要有一个产业链完整的产业平台,借此降低经营成本,提高利润空间。

金福源珠宝广场打造国际化的珠宝饰品产业平台,不仅可以解决中外珠宝饰品厂商在义乌的经营场所问题,而且为中国珠宝饰品行业的发展构筑了一个链式化的产业平台,有利于整合国际珠宝饰品行业资源,促进中国珠宝饰品行业的发展。可谓顺天时而动。

区位优势得天独厚

从大范围来说,2l世纪属于东方,世界东方的中国将是21世纪世界经济的热土。中国经济的龙头在长三角,义乌是长三角经济圈中经济最活跃的地区,2004年全国百强县市综合实力排名第15位。义乌拥有全球最大的小商品市场,常设外贸机构200多个,常驻外商近万名,日均客流量20多万,市场繁荣,外向度高,义乌越来越成为中外厂商投资的热土。

从小范围来说,义乌市场的龙头在义乌国际商贸城,它的周边区块已成为含金量最高的富矿区。金福源珠宝广场紧邻义乌国际商贸城,扼义乌城区和国际商贸城之要塞,周边商务配套设施完善,可尽享成熟商圈的商机和便利,而且是义乌国际商贸城周边作为纯商业用地的绝版地块,是商业中心黄金地段,商铺投资的唯一机会。其区位优势得天独厚。可谓是得地利而建。

中外珠宝饰品行业的广泛支持

金福源珠宝广场的开发单位义乌市九州建设开发有限公司从宏观上顺应中国珠宝饰品行业发展的需要,以“经营国际化,商品精品化,内容主题化,产业链式化”的理念,与中外珠宝饰品企业“共筑平台,共享资源,共拓市场,共谋发展”。先进的开发理念,清晰的行动思路赢得了中外珠宝饰品行业的广泛认同和支持。许多中外同行业实力派企业加盟义乌市九州建设开发有限公司,共同投资开发金福源珠宝广场;国内外珠宝饰品行业集聚地的企业主动要求开设专馆;如韩国精品馆、广州精品馆、浦江水晶精品馆等;金银珠宝企业要求开设金银珠宝馆,许多珠宝饰品龙头企业率先垂范,捷足先登,大批珠宝饰品企业纷纷抢选商铺。中外珠宝饰品行业协会、商会向会员单位大力推广金福源珠宝广场项目,以多种方式支持金福源珠宝广场的开发和招商。义乌市政府专门组织班子对金福源珠宝广场的开发情况进行调研,认同金福源珠宝广场的开发理念和思路。在奠基典礼时,各界领导和名流有的亲自参加典礼,有的专门发来贺电贺信,有的挥毫题字。真可谓享人和而兴。

与义乌国际商贸城优势互补,互促共荣,错位发展

义乌国际商贸城作为全世界最大的“小商品超市”,自有其巨大的优势。而这些优势不仅为中外商人所认知,而且可以让金福源珠宝广场所共享。同时,金福源珠宝广场还有其自身独特的优势:

商位面积。金福源珠宝广场的一个商铺最小面积为20平方米,一间大的商铺有50多平方米,而且可以根据需要认购多间。义乌国际商贸城一个标准商位只有9平方米,满足不了产品展示的实际需要。金福源珠宝广场在商品展示方面可以弥补义乌国际商贸城之不足。

经营时间。义乌国际商贸城早上8时进场,傍晚5时出场,晚上不能经营。而在金福源珠宝广场,只要商家需要,一天24小时经营都没问题。

商品档次。从目前情况看,义乌国际商贸城饰品商位上的商品大多是大众化的商品,而金福源珠宝广场走的是精品路子,特别引进金银珠宝饰品,在商品品位上与国际商贸城错位发展。

商铺性质。义乌国际商贸城的商位是租赁性质,每5年一租。而金福源珠宝广场是纯商业用地,业主只要购得商铺,即可拥有独立产权,永续经营,不必担心商位调整,租金调整。

经营环境。义乌国际商贸城是一个市场,它在产业链上只能完成交易的环节。金福源珠宝广场是一个链式化的珠宝饰品产业平台,它整合了珠宝饰品产业链上的相关环节,不仅是一个交易窗口,而且是一个行业发展平台。两幢商务酒店式公寓给厂商提供人性化的办公、生活环境。

金福源珠宝广场与义乌国际商贸城优势互补,互促共荣,错位发展,必将有力地促进义乌国际性商贸城市建设,促进中国珠宝饰品行业的发展,同时提升金福源珠宝广场自身的价值。

金福源珠宝广场因为是一块金子,所以它总要闪光。而正因为有上述亮点,才吸引了广大投资者的眼球,激起了投资欲望。

浙江伟程房地产开发有限公司

浙江伟程房地产开发有限公司成立于 2002 年，总投资 1000 万美元，注册资金 500 万美元，是香港伟程针织(集团)有限公司在浙江临海投资创办的独资企业，主要从事房地产开发和经营的三级资质企业。

目前建设开发的“伟程时代广场”商住楼项目，位于临海市区靖江路中段，该项目占地面积 7360 平方米，建筑面积 57000 平方米，地下两层停车场，地上四层裙房，分 A、B 两座塔楼，建筑高度为 100 米，其中 A 塔楼三十一层；B 塔楼十九层。该项目被列为临海市重点工程，为临海市地标性建筑，它创造了临海两个第一：首创建造地下两层停车场和建造(100 米)31 层商住楼。已于 2005 年 12 月结顶，预计 2006 年 10 月份竣工。

公司一直秉承“诚信，为服务社会”的立业理念，以卓越的建筑品质为产品的生命线，以“重管理，求发展”的工作目标和“以质取胜”的工作原则，努力打造房地产业的名牌企业。

“伟程时代广场”位于浙江省沿海中部，国家历史文化名城——临海，置临海市新老城区交汇处，靖江路中段，北临临海市客运中心及五星级大酒店——双鸽广场，南接临海市繁华的商业街——巾山路，地理位置十分优越，是未来临海规划商业中心区。

“伟程时代广场”总建筑高度为 100 米，为目前台州在建的最高商住楼，住宅分 A、B 两座塔楼，其中：A 楼 31 层；B 楼 19 层，系临海市地标性建筑。裙房一至四层建筑面积共计 16903 平方米，其中：第一层建筑面积 3270 平方米；第二层建筑面积 4505 平方米；第三层面积 4547 平方米；第四层建筑面积 4581 平方米。商场层高：一至三层各为 4.8 米，第四层为 5.2 米。地下两层停车场，可同时停放近 200 辆汽车。裙房结构合理，非常适合投资建设大型商场。

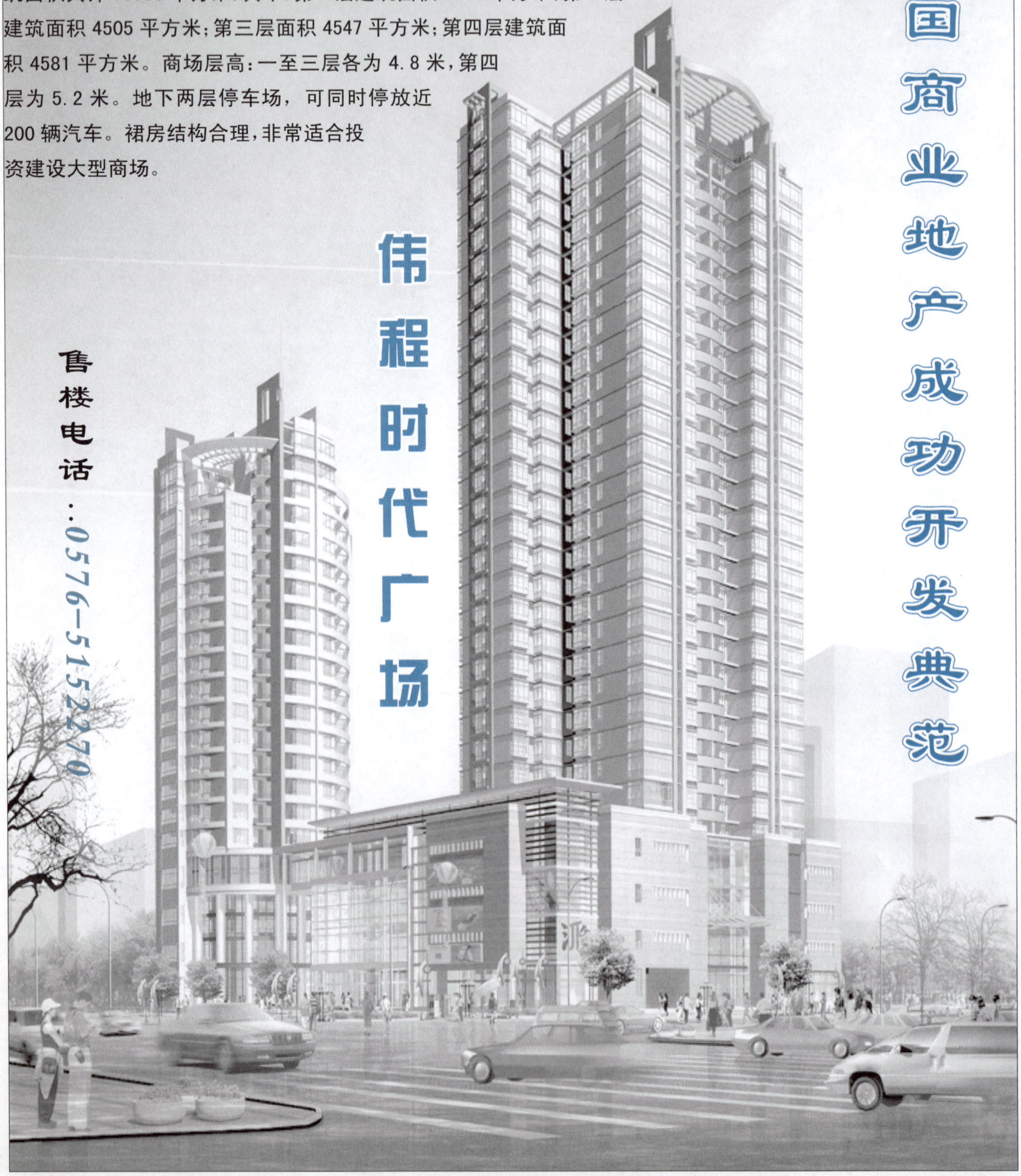

海宁市鸿翔房地产开发有限公司三家村分公司

海宁市鸿翔房地产开发有限公司是由全国民营企业500强之一的浙江鸿翔建设有限公司等出资组建的一家具有国家三级资质的专业性房地产开发公司，现注册资金8850万元，专业管理人员有22人，其中中级职称以上管理技术人员12人，有专业证书的会计人员有5人。是浙江鸿翔建设（集团）有限公司的骨干企业。公司成立于1998年6月，成立至今，公司先后在海宁市内外成功地开发了**“鸿翔花园”、“锦绣花园”、“水月亭小区”、“鸿翔商贸城”、“华信花园”**等住宅及商务小区，正在开发和准备开发的有苏北沭阳的**“紫藤花园”**和海宁本地的**“紫薇花园”**等，开发总面积近30万平方米，合格率100%，市场销售率达96.3%。其中近三年累计竣工面积18.33万平方米，2003年开发施工面积12万平方米。在竞争激烈的房地产市场的搏击与磨合中，鸿翔房产以自己出色的业绩体现和演绎了本公司的开发和经营理念，即**“以人为本、提升生活品位”；“与时俱进、创造城市时尚”**。

随着时间的推移，鸿翔房产在海宁的房地产业中脱颖而出，2001年底至2002年初，在海宁首届房产最佳户型评选中，鸿翔房产获一个最佳、二个优秀户型奖，在参赛的房产商中名列前茅。2003年8月，鸿翔房产被评为嘉兴十大品牌房产之一。成为具有相当影响力的地方品牌企业。

近几年，随着企业实力的增强和业务的扩展，鸿翔房产接连创出新业绩，继在邻县海盐成功开发**“华信花园”**（6.5万平方米）小区后，又在黑龙江绥芬河市成功地开发了**“东方皮都商城”**（1万平方米），在当地引起轰动，实现了业务跨省发展的飞跃。紧接着在海宁以2.41亿元拍下160亩的土地，创2003年海宁地产单价最高纪录，并着手开发海宁首个高档楼盘——紫薇花园（12万平方米）。随之又在江苏沭阳成功开发当地最大的单体中高档小区——鸿翔紫藤花园（7.5万平方米），进一步扩展了省外业务。这些项目的成功实施与开展，显示了鸿翔房产雄厚的企业实力和开发魄力，保证和促进了鸿翔房产的可持续发展，鸿翔房产必将为社会和消费者提供更多更优质的各类商品用房。

海宁市立德房地产开发有限公司坐落于硖石镇长埭路116号，法人代表吴德善，注册资本1000万元，公司性质为有限责任公司，经营范围为房地产开发，公司资质三级，上年度信用等级为AAA。

该公司成立于1998年9月，拥有员工22人，分总经理办公室、销售部、工程部、财务部、综合部。现已完成的开发项目有硖石梅园一里综合用房7000平方米；石路开发区一、二期综合用房5100平方米；硖石永福花园36000平方米；绿多花园18000平方米；子公司嘉善立德房地产开发有限公司在嘉善也成功地开发了86000多平方米，合格率100%，市场销售率达95%。2002年起与海宁市鸿翔房地产开发有限公司联合成立三家村分公司，合作开发海宁首个高档楼盘“紫薇花园”，总面积120000平方米，项目进展顺利。公司经营状况一直处于良好发展阶段，在社会和消费者中也赢得了良好信誉。

紫薇花园

嘉兴十大品牌开发商海宁鸿翔房产实力巨献

中国(浙江)景观环境社区成功开发典范

鸿翔·紫薇花园,海宁首席贵族生活圈。

鸿翔●紫薇花园是“鸿翔地产”为海宁人倾情奉献的又一地产力作。“鸿翔地产”隶属于全国民营500强企业——鸿翔集团旗下,是嘉兴十大品牌房产商,拥有丰富的开发经验,曾经成功开发过“鸿翔新居”、“锦绣花园”、“鸿翔花园”、“鸿翔商贸城”等精品楼盘。

紫薇花园,地理位置优越。位于海宁城区市府要地,东临文宗路,南沿洛塘河公园,西靠立人港,北抵联合西路,与海宁一中、海宁高级中学、省青年艺术学校、实验小学等名校相邻,对望海宁新市府大楼、市体育中心,总建筑面积12万平方米,绿化率高达40%。

小区建筑设计充分体现了规划的科学性、合理性。以超大规模地中海风格中央水景广场为轴心向四周扩散,错落有致地形成多个庭院式小组团:单体独栋和双联别墅组成的低密度水景别墅区;三到四层、独立门户的阳光水岸排屋区;五到六层为主,为低密度水景公寓区,整个园区浑然一体。

国际水准的园林景观,生活环境更雅逸。园区从南到北有韵律地逐渐升高,最大限度地保障了家家户户成为“观景平台”、“阳光人家”。别出心裁地从立人港引进两曲弯水,贯穿整个园区,仿佛进入了一座威尼斯水城。景观总是在不经意中被发现,中心绿地、庭院绿地、室前绿地,三级绿化设置,使您和您的家人最大限度地与自然亲近,与健康相拥。

紫薇花园的户型设计多样化,且绝大多数朝南户型设计,保证了充足的阳光。忙碌的城市生活,能够懒懒地躺在阳台上晒晒太阳,是一种奢侈,但在这里却成为一种生活时尚。

完善的小区配套设施,提升生活品位。完善的商务娱乐配套:网球场、户外健身区、豪华会所;贴心的教育配套:聘请亲子教育专家,打造海宁顶级幼儿园:先进的智能化配套:IDD专线接入,宽带上网;四重安全保障:周界红外线防范系统、闭路电视监控系统、24小时电子巡更、可视楼宇对讲系统。

中心地段、环境幽雅、品质卓越、至尊享受

一切尽在鸿翔·紫薇花园

嘉兴十大品牌开发商海宁鸿翔房产实力巨献

海宁城区首席贵族生活圈

⊙紫薇花园东临文宗路，南沿洛塘河公园，西靠立人港，北抵联合西路，总建筑面积 12 万平方米，绿化率高达 40%，是市政府周围首屈一指的名贵宅邸。

⊙紫薇花园以超大规模地中海风格中央水景广场为轴心向四周扩散，错落有致地形成各个庭院式小组团。单体独栋和双联别墅组成的低密度水景别墅区；三层独立门户的阳光水岸排屋区；五到六层为主，为时尚人群打造的低密度水景公寓区，整个园区浑然一体，形成一道亮丽的城市新景观。

◎景观篇 / 双河守护，首席水景

◎**南靠洛塘河，西傍立人港，紧邻河滨公园，园内引进天然活水，流水潺潺，树影婆娑。**

◎[**河滨公园**] 洛塘河·河滨公园是海宁迄今为止投资最大的河岸景观带，园内拥有上百棵从海宁各地移植过来的大树和珍贵花木，成为一道绕在紫薇花园的绿色锦带。

◎[**为什么要引进天然活水**] 邻水而居是每个人的梦想，但天然水源的稀缺性使得它不可能成为人人享有的资源。尽管许多楼盘选择了人工造湖，但不可避免地成为一潭死水，紫薇花园的尊贵之处在于她拥有双面临河的天然珍贵水源，并不惜代价引进天然活水，使这一珍贵资源家家都能拥有和享受。

◎规划篇 / 市府要地 / 首席地段

⊙城市方向，众人瞩目。

⊙对望海宁新市府大楼，市体育中心，

尊贵地段，升值潜力无限。

◎人文篇 / 名校环抱，首席人文

⊙仅近现代，海宁籍名人的涌现已足以让许多大城市羡慕，探究海宁千年历史文脉，得益于海宁自古学风兴盛，名校云集。

⊙名校林立，文风鼎盛。与海宁一中、海宁高级中学、省青年艺术学校、实验小学、梅园幼儿园等海宁名校毗邻而居。入住紫薇花园，享受海宁尊贵学区。

超大规模天然水景社区尊享 12 万平方米

◎**尊贵来自细部**：人性化设计理念，从户型、单元楼道，到空调位的处理、道路的铺装，由内而外品质如一

◎**尊贵来自配套**：IDD 专线接入，宽带上网、网球场、豪华会馆，享受生活更高层次。

◎**尊贵来自安全**：周界红外线防范系统，闭路电视监控系统，24 小时电子寻更，楼宇可视对讲系统，四层保障同步启动。

◎配套篇 / 精英汇聚，首席社区

●每一位入住者都是有事业、有追求的成功人士，每一次社区聚会，都是一场高规格的精英论坛。

●尊享世界级景观设计商——香港泛亚之水主题景观；

●提供超级大管家式物业管理及住户服务；

●设大型豪华会所，拥有网球场、健身场所、超市等多项配套设施。

垂询热线：0573-7291111 7236128 售楼中心：浙江省海宁硖石镇联合路 18 号(鸿翔大厦)

开 发 商：浙江省海宁市鸿翔房地产开发有限公司三家村分公司

温州省直房地产开发有限公司

温州省直房地产开发有限公司是由浙江省机关事务管理局投资组建，是一家具有雄厚开发实力的国有全资公司。

温州省直房产整体技术队伍强大，管理科学，坚持“诚信第一，服务至上，树立品牌”的经营理念，在实践中不断的成熟与完善，在令客户满意的同时，也为自身的发展奠定了扎实稳固的基础。

我们坚信，在未来的日子里，温州省直房产将会越做越好，不仅为温州城市的现代化建设带来惊喜，也将为温州人居环境的改善，贡献一份力量！

温州省直房产

优质生活缔造者

SUPER APARTMENT TOREN

同人花园

TOREN SUPER APARTMENT

中国房地产景观环境社区成功开发典范

同人花园居者一生的选择

城市中心区低密度亲水性美居住宅

同人花园的开发理念

温州省直房产一贯坚持“诚信第一，服务至上，树立品牌”的经营理念，以“住融于景，景融于乐的休闲生活港湾，构筑都市半岛生态社区”为开发理念，从建筑设计、景观设计、建筑品质、智能化社区等若干环节出发，旨在将同人花园建设成为一个高水准、高品位的居住社区。

同人花园介绍

同人花园位于温州城市中心区，东面为36米宽的上江路，北面规划有24米宽的区间次干道，地块西、南两面临蒲州河。同人花园总占地约200亩，总建筑面积为19.13万平方米，容积率为1.56，绿化率为50.2%，小区内建有别墅和高层，高层户型为130-180平方米，是一座为温州名流精心打造的高尚优质水岸住宅区。小区分别与“世纪景绣园”、“银都花园”、“玫瑰园”等温州高档别墅群相邻，周边设有公交车总站、学校、超市、大型公园等生活配套设施。

2003年同人花园被建设部认定为“国家住宅工程中心实验基地”，由“国家住宅与居住环境工程技术中心”统一管理。在中国国际科学和平促进会、中国环境保护产业协会、全国工商联住宅产业商会、国际人居环境研究学会联合举办的“2003年中国优秀环境住宅设计大赛”上，同人花园荣获“优秀景观”及“建筑形态”两项金奖。在数字、通信、控制等高新技术的运用上，同人花园也是领先同侪，是温州目前唯一通过建设部住宅小区二星级智能化系统评审的楼盘，在业内和社会上得到了广泛的认可和赞扬。

同人花园的经济技术指标

总用地面积：122482㎡

总建筑面积：191262㎡

容积率：1.56

建筑密度：19.1%

绿化率：50.2%

高层住宅建筑面积：166285㎡

别墅建筑面积：14700㎡

商场建筑面积：5102㎡

幼儿园建筑面积：2508㎡

配套用房建筑面积：2667㎡

地下室建筑面积：36300㎡

非机动车库面积：2290㎡

机动车库面积：28552㎡

同人花园的专业团队

温州省直房产在项目开发中，配备一流专业团队，以高品质产品、全方位服务，创造更美好生活。“同人花园”从立项一开始，就邀请专家介入，为项目开发提供坚实而可靠的技术基础。在专家指导下，同人花园从建筑、环境、绿化、配套、智能化到社区服务等方面都渗透着理性与科学的精神，虽然同人花园是以一种亲水住宅的浪漫形式出现，但其内核是对居住者的尊重与对事业的严肃追求。

规划理念

在环境优美的半岛形基地上，通过超前的设计理念及有效的设计方法，梳理周边的道路和建筑，创造有序的城市空间，在规划布局中注重自然环境的交融和协调，并与城市景观和谐呼应。

规划布局

小区内部主要道路划分为三个组团部分，西南侧临蒲州河为别墅区；基地中央由小区环形主干道围合而成的为中央景观住宅区；东、北侧靠上江路及规划道路为沿街景观住宅区。整个小区建筑由南到北从低到高，各部分彼此独立，又互为景观，形成一个有机整体，在人与自然、居住与休闲、生活与娱乐、运动与交流之间达到平衡。

别墅区

别墅区布置在蒲州河的基地南面，使别墅群充分享受蒲州河优美的自然水景，并将水体引入别墅区，把整个别墅区围合成三个大小不等的岛屿，使人文景观与自然景观水乳交融，进一步提升了别墅区的生活和环境品质，并使别墅便于独立管理。

中央景观住宅区

由小区环行主干道围合而成的中央景观住宅区，南侧靠别墅区为6栋点式高层，高层之间留出约60米视觉景观走廊，将蒲州河的水景引入中心绿地。

城市景观住宅区

沿东、北侧城市道路为15至18层的城市景观住宅区，构成整个小区的背景天际线，使小区形成了较强的围合感，隔离了城市的喧闹与繁杂，形成小区内宁静安逸的水岸风光。

公建配套区

沿东、北侧城市道路布置商业及幼儿园等公建配套设施，为小区及周边提供时尚高雅的购物、休闲、娱乐等服务环境，满足城市多层次的需要。整个小区布局由南向北，从低到高沿城市道路成L形围合，并将天然的水景引入小区内部。

环境设计理念

同人花园居住环境规划的核心就是打造一个各具特色的生态景观群落，在整个景观规划设计中尽可能为其中的每个住户提供更多的阳光、绿意和美景，营造一个和谐、安宁和世外“鲜”境。

小区中部景观突出亚热带的中庭景观特色，北区景观体现自然的山林坡地的景象，滨河的休闲步道将休闲功能与景观绿带有机结合，形成别具特色的休闲公园。

建筑设计理念

同人花园坚持“以人为本”和“可持续发展”的现代居住理念，顺应新世纪不断发展的居住要求，力争创造一个具有高雅环境、丰富文化内涵、较高经济效益和鲜明个性的城市花园，能够适应现代生活要求的生活居住空间。以前瞻和创新的设计理念处理建筑环境和建筑形象，营造一个绿色生态、高品质、具有时代感的人居环境，以达到现代居住理念和居住生活的不断更新和发展的要求。

建筑设计特点

自然和谐的布局，天人合一的环境并没有停留在外部空间上，而是进一步深入到同人花园的家家户户。从

每一栋楼每个单元到每套户型，体现的是健康、生态环保的康居理念——会呼吸的建筑。首先，所有住宅单元无论面积大小、层数高低均为2梯2户设计，南北通透布置，使住宅的新鲜度，洁净度达到最大化。顶层大户型平面设露台花园，多数底层户型带有私家花园，形成两厅一园三进式一体化格局，营造回归自然的新型居住空间模式。此外，厅房方正，增大窗地比，厨卫明亮，摒弃暗卫形式，提升家居卫生质量。

户型设计理念

户型被认为是提高住宅产品竞争力最重要的手段之一。同人花园户型的设计匠心独俱，每一平面都精打细算，遵循超前与适用的原则，力求家家户户南北通透，采光合理，私密性强，充分享受自然的真趣与人性的尊严。

户型特点：

同人花园户型设计从舒适的130平方米～180平方米，到豪华的300平方米左右的复式户型，满足不同层次住户的需要。同人花园高层的两梯两户格局，通过独特的空间设计手法，使住户享受到一梯一户的尊贵感觉，拥有更多的私密性。

同人花园户型设计在满足“四明”，即明厨、明卫、明厅、明卧的基础上，追求“四大一多”，即客厅大、厨房大、卫生间大、主卧大、储藏空间多。每户均有最大可能的朝南面，采光充足，户内空间舒适、合理，功能分区明确，充分体现以人为本、合理超前的设计理念。

开发商：温州省直房地产开发有限公司

地址：温州车站大路京龙大厦8楼

电话：0577-88112323

传真：0577-88373898

中国滨海人文地产成功开发典范

普陀外滩嘉园

项目总体构想

“外滩嘉园”项目的总体构想是：充分利用2000米长的海岸线特有地形和周边的自然资源，使建筑物与蓝天、海水、青山、长堤、花园有机结合，谱写城市空间的优美旋律，形成海岛美丽的海岸风景线，塑造东港城市标志性建筑，弘扬海洋文化，建成一个集居住、运动、娱乐、休闲以及商务为一体的生态的、文化的、亲和大自然的高尚生活社区。

产品定位

海岸线文化长廊

2000米长的顺堤，将建成一个以海洋文化为主题的文化长廊，以现代艺术手段、多彩的表现形式，独特的艺术风格，以事件、人物、传说、憧憬和艺术等元素再现历史，连接当代。

连排别墅型多层住宅

“拥有一块绿地，享有一片蓝天，户户感受海天一色的美景”是本案规划产品绝无仅有的优势，也是本项目的主力产品。

目前共规划有13幢别墅型多层住宅，底层架空，共4层加阁楼，期间既有复式产品又有平层产品，层层退进的退式阳台以及匠心独具的中央景观天井设计，主力面积从118平方米～180平方米不等，让不同精英的独特口味都可以得到充分的满足。

小高层建筑群

从海面、对岸，以及朱家尖大桥望来，挺拔的高层建筑群与多层和低层建筑相结合，在空间上形成高低错落、起伏有致的天际轮廓线。

共规划7幢小高层产品，南偏东15度的设计令家家户户都可以贪婪地享受东海岸的每一寸阳光与雨露。

商务、文化中心

向海岛居民和社区居民提供商务、办公、文化活动等各类服务性设施和完善配套的功能，不仅方便生活，更重要的是能够营造滨海商业气息，带来人流、物流、资金流和信息流，使整个社区具有舒适、方便的居住环境，又具有充满经济活力的时代特征。

设计了挑高5.6米的沿街商铺，开间尽量控制在4.5米～6.0米，开间与进深的比例在1:2，充分体现本案的大气与雍容华贵。

客层定位

本项目市场目标客户主要是向往现代文明，追求品牌、讲究品位，提升生活质量的高端消费群体。

面向中高收入的本地金领阶层

舟山市国民经济和社会发展统计公报中反映，国民经济继续保持快速增长势头，综合实力明显提高，居民人均收入不断提高，生活水平越来越好，个体私营经济蓬勃发展，占舟山市GDP比重不断扩大，出现了一大批事业成功人士，他们在拥有财富的同时，渴望追求高品位的生活，对居住环境有了更高的要求，工作之余他们希望远离城市的喧嚣，生活在世外桃源般的世界中享受浓郁澳洲风情的社区生活，享受生活的质量和生命的喜悦，“外滩嘉园”完全能迎合这群人的消费理念。

面向上海，杭州，宁波经济圈辐射区

在这几年海岛楼市持续旺盛的大背景下，一般外地客、甚至外宾来舟山购房在逐步形成，他们看好舟山的自然风光和发展前景，斥资买下由正规开发商开发的物业尤其是景观房产。与舟山周边城市的楼价相比较，舟山的楼价显得更加实惠，将来连岛大桥开通后，舟山将成为一个半岛，对于习惯于“概念炒作”的外地投资客来说，像“外滩嘉园”的地理位置优势，高品位的景观建筑和居住环境再加上海岛土地的稀缺性必然使投资带来丰厚的回报。

据调查，在国家级风景名胜区朱家尖，外地投资客购买景观房产的现象相当普遍。于2005年上半年通过竣工验收的南沙假日公寓，205套公寓早就一抢而空，有相当部分来自杭州、宁波、上海等地；由市宏联在南沙开发的度假公寓，290套公寓已告罄，客户有一半以上也来自外地，甚至有国外的客户；2006年春节后开盘的“竹深公寓”更是创出本地公寓天价。朱家尖与东港仅一桥之隔，其火爆的销售势头必然会辐射到东港地区，尤其“外滩嘉园”这种独特的海景建筑必将成为外地客户的首选之一。

而本案一期在外地的良好口碑与实际销售去向（详见一期购房客户情况分析）也恰恰印证了我们的客户定位是相当准确的。

面向本群岛的富裕渔民

近年来，国家采取了扩大内需的一系列优惠政策（如降低利息、鼓励按揭贷款等）和舟山市提出小岛迁、大岛建的方针，同时进城购房可解决子女入学、迁入市区户口等政策，城镇商品房供求比例不断增大，富裕起来的渔民为子女的升学，就业和婚嫁促进了他们进城购房的欲望。

宁波东龙房地产开发有限公司

成立于2001年8月，公司由宁波市建材房地产开发有限公司、浙江新中源建筑有限公司及19位自然人共同出资组建的有限责任公司，经宁波市建设委员会批准资质等级为三级开发企业。

目前，公司现有各类专业技术人员11人，占员工人数100%，其中具有中级以上职称的管理人员6人。公司最高权力机构为董事会、监事会，实行总经理负责制，下设总经办、财务部、开发经营部、工程部、预(决)算部。公司注册资金2000万元，经营范围：房地产开发、经营；房屋租赁，室内外装饰，楼寓物业管理服务。

目前，正在开发的东龙·新时代项目进入施工、销售阶段，公司始终坚持**“以质量求生存，以创新求发展”**的经营宗旨，将努力建设更多款式新颖，结构合理，质量优良的商品房，为振兴房地产事业，为宁波的建设多作贡献。

宁波东龙房地产开发有限公司

NEW TIME
新时代

东龙·新时代

中国地产景观环境社区成功开发典范

“品质时代” 景观住宅

东龙·新时代

“新时代”由宁波东龙房地产开发有限公司开发建设，中南建筑设计院、深圳新百森设计公司分别负责规划方案、建筑及景观设计；浙江新中源建筑公司、浙江省第二建筑公司承担工程建设；浙江绿城物管公司实施物业管理，是一个由名企、名院、名师共同打造的一个高尚精典楼盘。“新时代”坐落在市中心，繁华之地，南临后塘河，北依宁穿路，东至中兴路。项目总用地面积3.3万平方米，总建筑面积14万平方米，住宅631套，公建配套4500平方米，车位668只。地理位置优越，前拥后塘河、樱花公园；后依城市体育中心、家乐福商圈；右携城市中心商业街、CBD、三江美景；而其左边更是宁波东部新城区的发展中心轴，其潜力价值将是无法估量。

武汉中南建筑设计院在符合相关设计及规划规范基础上,结合地块的独特条件,最大地利用、发挥地块的优势,通过对基地现场的分析,十二栋塔楼建筑采用围合状的主体建筑布局形式,使所有的住户都能取得最好的日照及景观朝向。所有户型均实现了动静之分。厅、卧、厨、厕“四明”,并有较好朝向,大大提升了楼盘标准。塔楼采用剪力墙结构体系,为体现“以人为本”,公共空间、住户周围外墙及内部厨卫设施外,其他户内分隔及结构布置为住户个性布置保留可能性,结构剪力墙布置尽量位于分户墙及住户可能变动处。卫生间均采取降板技术,卫生设备管道在本层内敷设,检修方便,可有效避免由于卫生间渗漏引起的邻里纠纷。外面造型设计以现代建筑风格为基调,力求与当地建筑文化的结合,裙楼和二层以下部分采用花岗石板作为饰面,配合大面积透明玻璃和架空,质感更加丰富突出,塔楼二层以上部分则采用面砖及局部涂料。色彩上整个小区以暖色为主的色调,细部线条为白色涂料装饰。住宅阳台采用弧面玻璃和彩铝钢扶手结合,加上富有变化的线条,大大地丰富了住宅楼的外观,立面更显精致,为了保证建筑立面的完整性,所有住宅每户配置家庭中央空调。国际级大师Kenneth.Merritl为业主量身打造星级主题会所,韵律健身、英式台球、乒乓球、阅览室、儿童天地、咖啡吧以及社区棋牌室等,无限尊崇尽在身边;一梯二户,居住密度与私密性均好。且南北通风透气,采光十足充裕;高尚的彩屏可视对讲产品,确保居住的安全与私密。人车分流,安全无忧,车辆从社区入口处直接进入地下车库,并由车库乘电梯直达家门;高比例的车位,能充分满足远近期泊车需求;三菱原装进口电梯带来品质享受;地下室自备发电系统,确保了停电时电梯、公共部分照明的正常运行;精品社区商业街,满足社区业主与周边居民的日常需求;聘请一流的物管公司——浙江绿城物业,将以住户为尊,以业主为核心的精神渗透在“新时代”每个服务细节中,将尊崇的感觉升到极致。

“新时代”是宁波市中心少有顶尖的景观豪宅品牌,其现代派的中庭景观更是演绎得淋漓尽致,绿景与水景互补,建筑与园林交融、居家与休闲的空间沟通……不惜重金,特聘菲律宾MERWIP·POLICARPIO著名景观设计大师主笔,强调“以人为本”的设计理念。6000平方米中心绿化广场,庭院大空间的层次分隔明晰,简洁理性中展现出对现代园林活力动感、新颖舒展。弧形的水系形成庭院空间的连贯气韵,同时为不同层次的庭院景观提供了均好的亲水景观。不同的休闲广场都有树木林荫覆盖,成为可进入式的绿色景观空间,结合底层架空设计,把区内景观与沿河绿带、樱花公园有机地结合起来,形成了一个立体的多层次的生态环境。

2004年,“新时代”项目在国际居住建筑艺术展·国际居住建筑艺术论坛一举夺魁,荣获“2004首届中国国际居住建筑社区景观艺术金奖”。整个社区环境得天独厚,尽享阳光、流水与绿意,体会真正的21世纪健康、生态的国际化人居品质。

东龙·新时代

发现江东/时代焦点

WTO、APEC、全球行销……一连串的热门话题都代表着一件事;
国际化不但是趋势,更是未来决胜的关键。
江东,有最密集的交通系统,有商贸、行政、物流、国际商港的发展优势,
无疑已成为最具有国际相貌的都会新版图!

◎“新时代”依托成熟的商圈效应和完善的市政配套,在地价如金的江东核心区恢弘展开,为财富精英建立起事业与生活的全新版图;

◎新行政中心、市国际会展中心、科技园区、高教园区等重大项目的相继落成,标志着江东将进一步成为宁波新的商务商贸中心、会展物流中心与行政管理中心,区域升值潜力不可估量;

◎住在城市的心脏,想象右揽朗朗三江口,左拥璀璨新都的气概场景,势必羡煞世人……现在就在“新时代”,让您亲临感受一次拥有都市明天的无限骄傲。

新时代／风情景观

『新时代』位于江东樱花公园前第一排位置，
与后塘河一脉相依。
立于高层的峰景顶点，
它的景致，涵覆了山、河、市景、公园与园区绿化……
凌驾了所有的景观住宅。
住在『新时代』，轻临窗台，大地豪景悠然融入住宅空间，
让醒着的清晨特别静谧，
而醉了的黄昏特别绚丽！
NO VIEW NO VALUE，
这正是『新时代』价值永恒，
无可取代的最大原因！
因为对人文精神与空间艺术的深刻洞察，
因为坚守人类居住的至高理想，
名宅成为先进生活趋势无可争议的代言。

◎新时代◎

执著于唯美的创新理念，
并遵循名宅的建造法则，
以雕刻艺术品之用心，建造建筑之美。
跨越时代巅峰，
用最具自然亲和力和空间想象力的恢弘手笔，
为宁波的住宅品质登峰造极。

新时代／风情景观

新百森国际大师倾情演绎。
6000平方米大型现代风情景观中庭！
盛邀菲律宾籍著名景观设计大师 MERWIP.POLICARPIO，
担纲『新时代』现代风格的大型景观中庭设计，
致力营造一个绿景与水景互补，
建筑与园林交融的缤纷休闲空间。
6000平方米中心绿化广场，
其中荟萃现代园林精髓，路易十四迎宾广场、海神喷泉广场、
布拉格休闲广场、罗马假日花坛、阿波罗观景步道，
宛如希腊神话的再现，亦真亦幻，引人无限遐想。
再加上形形色色的植物，小品点缀其中，美不胜收！

精品户型

KINGSIZE，是无可比肩的王者气度！

新时代考究生活之巅，是四大房的名宅典范。
整体式景观起居室、超大阳光客厅，
大面迎向鲜氧与绿荫树海，
就连皇家贵族般的卫浴室都充满了阳光的洗礼。
于是在动心起念之间，有了感动，
只因为空间，大的宽容。

新时代／建筑风格

○美丽的建筑天际线○

新时代基地呈长方形，围合式的建筑构图，
有效避免视线阻隔，实现"家家朝阳，户户观景"，并增加平面变化及立体空间感。
21 层 –27 层、近 80 米的建筑高度，动线流畅，造型巍峨，
体现了现代建筑的气质与设计美学的完美结合；

○高贵的建筑外观色彩○

外墙采用暖色为基调，辅以高级铝合金窗尊贵傲然。
基部为极具自然感的天然石材，中段与屋顶采用高级面砖与进口环保涂料相融，
使整座建筑外观犹如欧洲街头美丽的城市雕塑，尽显雍容大气；

○精致的建筑细部处理○

特聘境外知名设计师为楼盘精装亮点，注重阳台、窗台、公共空间的精雕细琢，
经得起名门生活的细细品味与挑剔眼光；令整个社区轮廓生动有致。

NEW TIME 新时代

售楼热线：0574-87730888

温州市国脉房地产开发有限公司

温州市国脉房地产开发有限公司创建于2000年，是温州国脉集团公司的支柱产业，现为城市综合开发三级企业。公司资金实力雄厚(注册资金叁仟万元)，技术力量强硬，现有专业技术职称人员33人，其中具有中级及以上职称人员26人，公司资金及技术力量均已达到二级资质水平。

在温州房地产市场激烈竞争的形势下，公司一直秉承“开拓创新，优质、诚信”的经营宗旨及理念，大力打造精品楼盘，为温州城市建设和温州市人民生活添色彩。

2004年是国脉房开收获最为丰富的年度，实现了公司预期经济效益和社会效益双赢的企业目标。2004年度国脉房开开发施工了吴桥电信生活小区、电信国脉大楼、国脉科技信息大厦小区等11个总建筑面积达40多万平方米的楼宇小区工程建设：其中新开工面积为27万平方米，竣工房屋面积达7万多平方米。期房销售额达7亿多元，实现利润总额7405万元，累计纳税额达1199万元。更可喜的是由公司开发建设的吴桥电信生活小区工程项目部(即国脉花苑工程)荣获2004年度浙江省建设系统安康杯竞赛优胜项目部；国脉房开公司也在2004年3月及9月分别获得温州市房地产开发企业销售“信用房”承诺单位和温州市第六届消费者信得过单位之荣誉称号；同时还获得2005年度温州市创建信用企业先进单位及浙江省房地产开发企业诚信承诺单位的殊荣。

当然，成绩与荣誉仅仅代表过去，国脉房开公司接下来的工作目标是：确立做大做强的企业目标定位，依靠企业全体员工的努力工作，争取在市场拓展、开发质量及品牌效应三个方面取得成功。积极参与市场，关注市场动向，紧扣市场定位，充分满足消费者在住宅的功能、格局、环境等方面的综合需求，开拓新项目、新工程。在产品质量方面大力打造精品楼房，狠抓质量，高要求，高标准，在各个环节上严格把关，要求质量全优，杜绝合格品，确保开发的每一个项目都能被市场所包含，被市民所喜爱。在经营策略上增强企业防范和抵御风险的能力，确保企业始终保持经营的稳健发展和品牌的逐渐升值，把房开公司做大做强。总之，公司将一如既往地开拓创新、锐意进取，为创造一流的房企而努力奋斗。

公司地址：浙江省温州市人民路新世纪大厦五层　　联系电话：0577-88861788　88818283

中国高尚住宅地产成功开发典范

国脉花苑

国脉花苑位于吴桥、汇昌河南岸,自然风光旖旎动人;南临28米宽(规划中)的葡萄棚路,坐拥市中心两大公园——汇昌河主题公园和马鞍池公园,与大南门繁荣商圈相毗邻,交通纵横发达,城区配套成熟,生活环境优越。占地2.8万平方米的汇昌河水上公园好比一座巨大的天然氧吧,滋润着岸边的人家。

国脉花苑规划用地为24071平方米,地上总建筑面积达84921.4平方米,绿地率高达48%;六幢现代俊朗的高层建筑,围合景致悦目的中庭大花园,建筑底层架空设计,绿色景观蔓延至汇昌河公园;实现人车分流,充足车位配置;智能化设施、自选超市、幼儿活动中心、健身房等生活配套齐全,是市中心难得的绿色、健康的尊贵领地。

国脉花苑采用大空间的户内设计,豁达大气。大家大气,令您充分体验豪华居家感受。户型方正,动静、居寝布局合理,功能兼顾,起居空间的高雅格调融为您和谐家庭的一部分。每户均有一个自然采光通风的卫生间,且南北两个阳台使房间通透明亮,您在家可轻松享受阳光、鲜气的呵护与惠泽,欣赏散落园区的旖旎景观。国脉花苑让您的家成为一个没有束缚的典雅空间,一个气度雍容、情调高雅的尊贵府邸。

国脉花苑的景观设计层层叠落,绵延不绝。园外,河岸美景蜿蜒秀丽,如玉带环腰;园内,景观皆精雕而成,目不暇接。为方便交通出入,设计师将主入口划分为人行道和地下车库入口,实现车流入库不入园;步入主入口的棕榈大道,展现在眼前的是绿意绵延的中庭大花园,而苍劲古朴的古榕树是这里的主角,也是首位入驻者,榕树是温州的市树,象征着吉祥如意;穿过演绎南亚风情的水幕通道,是一条铺砌鹅卵石的湾湾溪流,绿荫摇曳,碧水淙淙;顺溪东行,走过古榕树、四季花坛、景观池,视野集中于意趣横生的跌水墙。通过架空层绿化空间,浓浓的绿意携着花香,将自然的清雅一直蔓延到您的家中。国脉花苑各景观相互呼应,相互渗透,穿插对比,形成处处是景,户户有景的立体景观体系。为您和您的家人营造一个充满健康绿色因子的生态家园。

设计目标

△注重的不仅仅是居住环境品质的提高,更为现代人提出了一种全新的生活理念,塑造了一个梦境般的绿色天堂,置身其间可使住户远离喧嚣纷扬的都市,回归宁静自然本质。

△注重不仅是居住品位的提高,更为创造宜人雅致的文化氛围,提供独立、高贵、庄重的文化空间,令住户不受外界忙碌,世俗干扰,而接受清新浪漫的人文氛围,享受休闲、人性化的浪漫情调,使其感到居住在此氛围内的骄傲自豪。

△注重将自然四季丰富多彩的水、光、色展现,每天都有大自然新鲜奇特的美好感受,领略生活的优雅。

国脉花园

设计主题

国脉花园是温州汇昌河畔住宅区,代表江南独具特色的水滨生活方式。小区景观设计融合了独特的公共或半公共开放空间,综合温州古城浓郁的地方文化和历史元素,用现代滨河景观语言加以诠释,围绕“水”、“风”、“绿”、“色”主题,营造在其他地方无法感受到的日常生活的愉悦。

设计要素

△步行系统:绿地延伸进一层的架空层,游步道将室外和半室外的活动空间,连接一起,在整个小区环行,雨天住户仍可休闲漫步。

△“水”之景:包括水幕通道、小溪、莲花池、瀑布跌水墙、水幕通道实际上是一组拱形门架,每幅门架都生成一幅水帘,水帘之间是有趣的活动场地。小溪蜿蜒在浓密的林荫里,夏天,池底升降的水雾带来层层凉意;冬天,缓解空气的干燥。椭圆形莲花池畔有竹林幽地,池中种满水生植物。在小区的东侧尽端设置了“风水墙”,一道长约20cm的跌水墙,三组龙头喷泉自上涌出,过滤了外界的喧嚣。

△植物主题:紧扣“色”、“味”、“形”主题,人们在树林间一边缓步游览,一边触摸植物,感受时间,感受自然外部空间,绚丽的彩叶树成排成林,毛石砌筑的短垣有一种古城街景的韵味,形态平缓舒展的人工土丘上几组古木名树为中心,置景令人身临其境心旷神怡,尽现造园者的心思所在。积极处理建筑边缘的零星用地,整合成小景点,或融入大的绿化带。

△消防车道:采用园林式处理,浅植草坪软化车道与主题绿地的边界,两者之间自然过渡。

△强调不同年龄段的人的活动,树林见的林荫小广场适宜教学场所,环廊围合出的圆形儿童活动场地,供老人享受。午后阳光的池畔坐椅,并结合不同的活动场地作了各种适宜的铺地景观。

NING XING 浙江宁兴置业

浙江宁兴置业有限公司

浙江宁兴置业有限公司是宁波宁兴股份•宁盛置业有限公司与浙江杭州湾投资有限公司共同投资组建的一家股份制企业。2003 年 1 月 17 日注册成立"安吉宁兴房地产开发有限公司"，随着业务的不断发展，经营管理水平的提高 2004 年 4 月 2 日，企业名称正式变更为 "浙江宁兴置业有限公司"，公司注册资金 2000 万元人民币，是目前安吉最大的房地产开发企业之一。

公司总经理胡长迪先生有着丰富房地产开发经验，自 1981 年以来，先后经营过多个房地产项目，都取得了优良的业绩。

公司目前主要开发楼盘"宁馨花园"位于县政府行政中心生态广场西北，是安吉规模最大的楼盘之一。总建筑面积达 22.2 万平方米；其中住宅面积为 15 万平方米；商铺面积为 6.5 万平方米，绿化率达 35%，首期 4.8 万平方米在 2003 年 10 月初开工建设，当年 11 月销售一空，二期 9 万平方米，以满足安吉人民的购房需求。

公司员工以"干实事、讲实际、求实效"的工作精神，把精力放在速度上、方法用在创新上、眼睛盯在品牌上、功夫下在管理上。小区规划迎合国际居住潮流，结合安吉人文特色，以新江南水乡为基调，引入大型超市、幼儿园、中央会所等配套设施，以特有的配套齐全、活动空间广大、物业管理完善等优势，营造温馨、优雅、宁静、活力的"一站式居家"的生活方式，严抓工程施工质量，全力打造房地产开发精品楼盘。2003 年 12 月，"宁馨花园" 在人民日报等单位主办的首届中国房地产策划大奖赛中荣获**"中国最具影响力楼盘 100 强"**荣誉称号，同时公司总经理胡长迪先生、副总经理徐超先生共同荣获**"中国房地产优秀策划师"**大奖。

中国最具影响力楼盘100强

宁馨花园
NINGXIN GARDEN

中国(浙江)景观环境社区成功开发典范

体验国际居住潮流
回归祥和温馨生活

宁馨花园，是皎月一轮，空明澄澈，静谧安宁。
宁馨花园，是红酒一酌，琥珀流光，典雅高贵。
宁馨花园，是徜徉的小溪，轻盈荡漾，恬静温馨。
宁馨花园，是清柔的旋律，音韵轻灵，淡然祥和。

位置

宁馨花园位于美丽的竹乡——安吉。安吉位于浙江省西北部，面积1886平方公里，是长江三角洲经济圈内迅速崛起的一个对外开放县，背靠天目山，面向沪宁杭，至杭州一小时、上海一个半小时的车程。在经济迅速发展的今天，因其毛竹蓄积量和商品竹均名列全国第一，被誉为“中国竹乡”。丰饶的特产，有白茶、冬笋干、板栗、山核桃等，而又以白茶著称于世，生态环境优越，境内重峦叠嶂，山清水秀，秀竹连绵，景色宜人，被国家环保总局授予环保生态示范县称号。占地600余亩、各类种竹300多种的竹子博览园，被誉为“世界一流的竹种园”，黄浦江源头的龙王山，保存有1200亩的原始森林，被称为天然的物种园和基因库。世界级特大型电力企业——华东天荒坪抽水蓄能电站以其世界第二、亚洲最大的规模为安吉这颗浙西北明珠更添璀璨；安吉还以其1800多年厚重的历史人文景观傲视长三角，历朝建筑古迹、艺术大师吴昌硕是历史人文的亮点。现在，生态旅游县正以其“生态竹乡”的美誉越来越为世界所传诵。宁馨花园正是位于美丽的安吉县城新的行政中心区旁边，即天荒坪路东侧。

安吉县城区中心在不断地往北发展，宁馨花园地处城区天荒坪生态北路东侧，东至递铺北路，南至纬一路，北面的04省道已被规划为城区新商业街。周边正形成安吉新的中央行政区，安吉县政府大楼就在咫尺，更与安吉县供电局城北分局、公安局刑侦分局、消防大队、卫生局疾病控制中心等行政单位及水果批发市场为邻。“进则繁花似锦，退则清静悠远”，这不仅仅是一种追求，更是一种境界。

指标

小区总面积：184866 m^2
总建筑面积：223888m^2
居住建筑面积：163597m^2
会馆面积：2738m^2
商业用房面积：64094 m^2
幼儿园面积：2424 m^2
容积率：1.20
建筑密度：25.9%
绿地率：40%
总户数：1215户
总人口：约4000多人

建筑规划

宁馨花园是生活艺术与生活科学完美结合的产物，是居住园区整体布局与建筑细节、建筑结构与景观环境、建筑造型与合理户型完整的统一体。公司充分考虑了住宅空间形态与生活方式间密不可分的有机关系，以人文主义的精神营造新世纪的居住文明，营造一个校园式居家的环境与氛围——温馨、优雅、宁静、活力。其规划的核心指导思想归纳如下：

其一，在宁馨花园，人文主义的特征将得到更深入、更广泛的展现，居住者的各种浅表的，深层的需求将得到更多，更细致的尊重与表达；

其二，在宁馨花园，当代文明的重要特征——环境的优化与保护将在居住园区的建设中得到更多的重视与体现；

其三，审美与艺术在宁馨花园的规划中不再是一种装饰品，而是实实在在的产品本身。一直以来，住宅并不是满足基本栖身功能的空间，它的价值是全方位的、个性化的、丰富多彩的，只有艺术的表达才可能去满足这种需求。宁馨花园每一项原本无意的材质组合都将在设计师的规划中成为具有审美价值的艺术品；

其四，以健康文明的生活行为方式和消费方式为出发点，研究住宅空间与社区结构的模式；

其五，建立全方位的社区服务概念，营建有系统的序列化的服务空间；

其六，小区各组团的识别性、荣誉感、归属感；

其七，创建清新、明快的新江南水乡建筑风格，空调机位、遮阳设施、安全玻璃护栏、景观阳台、景观角窗、晒衣防风板、抽油烟机等的细致考虑，是生活方式与品质的外在表现；

其八，对生存、生活细部的刻意追求，在设计中体现心理健康、教育、安全、归属以及最大限度的感受拥有土地的存在的人性化需要，建立起有一系列分级设置的户外空间，使户外的领域成为住户活动的一部分。

其九，在新的自然空间中、绿化空间中去看、去听、去感受，从而激发对诗意人生的追求与幻想。

配套设施

宁馨花园本着创造新生活方式的想法，以大规模住宅社区所特有的生活配套全、物业管理优、活动空间大等优势，提供真正“一站式居家”的新生活，让新世纪的安吉人民体味到一种完全足不出户就可以过上精彩生活的理念。它带来的不仅是从住宅“小区”到“社区”的变革，更重要的是新一种居住方式的诞生。

根据规划要求，沿递铺路、纬一路和天荒坪北路布置了商业用房，结合总体布局在小区中心设置了小区的中心会所，可作为高档商品精品屋、超市、酒店、休闲吧、活动中心等场地，汇集了各种生活、休闲、运动、教育设施，餐饮购物、娱乐休闲、医疗教育、银行邮局、酒店住宿等各类生活配套齐备完善，为业主提供高品质的生活享受。

宁馨花园

开发商：浙江宁兴置业有限公司

现场售楼部地址：浙江安吉县天荒坪北路（纬一路口）

售楼电话：0572-5034388　5020373

蔚蓝置业(浙江)有限公司

蔚蓝置业(浙江)有限公司成立于2002年10月29日,注册资本800万美元。主要从事房地产开发和经营业务,是嘉兴首家全外资房地产开发企业,投资方分别来自英国、法国、澳大利亚。近年来在国内等地开发的楼盘近200万平方米。开发商的海外背景使他们的思想具有自由、平等、开放、兼容的特性。公司成立以来坚持“以智慧创造价值,与顾客合作双赢”的企业宗旨,以超前的经营理念、高效的工作作风、完善的服务体系实现了良好的社会效益和经济效益,在业内外赢得了良好的声誉。公司高级管理层凭借十几年来成功的企业经验,同时接受和引进现代管理理念,具有强劲的领导实力,在关键决策方面具有很强的前瞻性和务实性;公司的经营管理水平日臻提高,工程技术力量不断增强,具有良好的发展前景。

公司最近开发的蔚蓝·澳洲花园楼盘在参加2003年浙江省十大特色楼盘调查活动中被评为2003年浙江省十大特色楼盘最佳规划设计奖,2005年中国建设精品楼盘等等。公司将本着人本、自然、健康、休闲的思想,把澳大利亚自然休闲的澳洲居住文化的精华和嘉兴特有的江南水乡园林的闲情逸致、小桥流水的生活习惯结合起来,建造一个符合嘉兴人民居住理想和审美情趣的“澳洲花园”。

蔚蓝·澳洲花园

中国高尚住宅地产成功开发典范

好房子

嘉兴首家国际文化生活社区

蔚蓝·澳洲花园位于嘉兴市秀城新区中心地段,地理位置得天独厚。毗邻凌公塘生态景观区,幽雅的居住环境与生俱来。小区引入澳大利亚居住文化理念,充分借鉴澳洲的居住风格,既散发着自然与休闲的现代气息,又不失江南传统居住文化的精粹。

小区占地约10万平方米,建筑面积约15万平方米,建筑形态有多层、高层、小高层、联排、叠加住宅以及部分沿街商业用房,是一个可容纳一千多住户的国际文化生活社区。澳洲花园一期开发建设以来,坚持“以人为本”和“与客户合作双赢”为宗旨,以品质赢得市场,受到广大消费者的青睐。二期开发将在一期的基础上追求更加优异的品质。

澳洲花园二期位于小区西侧,建筑形态更为丰富,体量更大,有多层、小高层、联排、叠加等多种形式,总建筑面积6.5万多平方米。

作为整个小区的主体,二期更加完整地体现了澳洲花园的建筑、景观、户型等方面的特色。它在提升了建筑品质的同时,更加注重居住氛围的营造,主要景观绿化也将在二期完成:四季花房、流水溢瀑、木桥叠影、嬉水池……突出高品位的澳洲海岸风情,让居住于此的业主享受到“人本、自然、健康、休闲”的生活。

好房子

象征的是一种身份

地段和配套不是人力所能创造的,却是好房子所必需的

澳洲花园是在秀城新区中心区域落户的第一个住宅小区,之后飞涨的土地价格,日益成熟的配套,以及趋之若鹜的开发商,证明了蔚蓝置业的眼光是卓绝的。

秀城新区——中心城市的发展核心

秀城新区是嘉兴中心城市的发展核心及未来城市发展的主导方向。宽敞的城市快速主干道中环东路、中环南路穿境而过,与南溪路、双溪路纵横交错,秀城区政府坐镇中心,与澳洲花园相向而立。周边数公里范围内的建设已先后启动。随着政府“东进南移”的政策,秀城新区已经成为都市核心区域。

凌公塘生态景观区——澳洲花园的后花园

本区属于南湖风景园区,被评为“中国人居环境范例”。南湖风景名胜区、景观大道、三水湾公园、滨河绿化带与50万平方米凌公塘生态景观区,形成了嘉兴规模最大的生态园林景观带。

澳洲花园与凌公塘生态景观区连成一片,50万平方米的生态区仅土地价值就达10多亿元。澳洲花园把这样一个不可再生也不可替代的景观环境纳入整体规划中,使之成为小区的“后花园”。

好房子

体味的是一种情趣

生活可以是丰富多彩的，好房子给我们描绘的生活也应该是精彩纷呈的，所以房子不应该是千篇一律的，必须是个性鲜明、风格独特的，归根结底是“以人为本”的。

自然休闲，演绎澳洲风情

澳大利亚著名莫里斯·布雷建筑设计事务所与国内一流的王孝雄建筑设计事务所精心打造。小区规划设计突出人本思想，注重居住环境质量，强调小区个性，整个小区富有特色，具有时代感、整体感，可识别性强。小区采用东南低西北高的布局形态，使居住者最大限度地享受自然界的阳光和清风，在具体规划建筑布局时注重错落有致，力求丰富的空间层次。澳洲花园的设计理念融入了澳大利亚的居住文化，十分注重小区和周边环境的融合，在景观、环境、建筑、房型等方面都借鉴了澳大利亚的住宅风格，整体布局遵循“以人为本”的原则。

好房子

构筑的是一种艺术

艺术范畴的建筑是凝固的音乐。

好的建筑必然能引起人的视觉愉悦，能像景观一样供人欣赏。因此其本身就是景观的组成部分。

精彩建筑，构筑独特景观

澳大利亚建筑风格的最大优点是尊重环境、尊重人，特别强调建筑与环境、建筑与人之间的沟通、交流和融合。澳洲花园在建筑造型和色彩上汲取了澳大利亚住宅的特有设计元素，色彩清新雅致，造型简洁柔和，风格现代大气。一期建筑已经基本完工，其俊逸脱俗的形象足以让人心驰神往。

好房子

营造的是一种意境

现代住宅景观是至关重要的，她是小区人文特征最显著的折射，与房子一起肩负着“天人合一”的职责。

顶级大师描绘公园生活

澳洲花园景观方案由世界景观第一品牌 -- 美国易道设计公司主持设计，设计师在小区景观中充分诠释了澳洲花园“人本、自然、健康、休闲”的理念，体现小区的开放性，在有限的土地上极大地拓展居民的亲地空间、亲水空间、亲绿空间和亲情空间。

小区的景观设计出人意料的一笔是将 50 万平方米的凌公塘生态景观区和南部河流纳入小区的居住环境，贯穿澳洲花园南北的中央水景带，宛如一条灵动的水带牵引着凌公塘景观带，使小区内景、外景浑然一体，让凌公塘成为小区居民终身享受的后花园，使澳洲花园成为名副其实的“公园房产”。

随着一期建筑的完成，景观的施工也即将进行，真切感受澳洲风情的那一天已为期不远。

小档案 **世界景观第一品牌：美国易道（EDAW）设计公司**

美国易道设计公司于 1939 年在美国加利福尼亚州成立，其实力排名世界第一，60 多年来一直在全世界城市规划、景观设计业界中保持领导地位。该公司擅长于解决复杂的规划设计，尤以保护环境和善用自然见长。近年来，易道公司完成了多项世界著名的景观设计，如欧洲迪斯尼乐园、美国国会大道、亚特兰大奥林匹克百年纪念公园、上海浦东世纪大道和世纪公园、香港阳明山庄以及上海顶级楼盘世茂滨江花园。

好房子

包容的是一种气质

当户型的空间感和舒适度发挥到极致的时候，更优秀的户型便向室外寻求灵感。

赏心悦“室”，典藏自然天地

澳洲花园户型设计强调住宅与环境、人与环境的沟通交流空间，设计多阳台、大露台、落地窗、景观窗等，使景观自然延伸到住宅之中，此外，依据嘉兴人居住的习惯，珍惜每一寸空间，户型功能齐全，分区明确，户户坐北朝南。

好房子

拥有的是一份安心

令人称道的物管其表现不仅在于一个物业售后的服务，更表现在提前介入物业开发的功效。

品牌物管，尽享舒适服务

百事德（嘉兴）物业管理公司是由澳大利亚独资、专业从事物业管理和物业顾问服务及酒店服务的物业管理企业，公司具有严密完善的组织架构以及优秀的人才队伍，管理层全部具有大专以上学历。

百事德物业以超前的管理理念和创造性的思维，把酒店的服务意识溶入小区的物业管理之中，让小区的业主既能享受到家的温馨，又能享受到酒店式的服务管理，真诚的微笑、亲切的话语、想业主所想的“零购件”服务最大限度满足业主的需要。

蔚 蓝 · 澳 洲 花 园

开发商：蔚蓝置业（浙江）有限公司
地址：浙江省嘉兴市秀州南路与环城南路交叉口望湖公寓商业楼 15-17 号
售楼热线：0573/2059977　2059978

杭州青城房地产开发有限公司

杭州青城房地产开发有限公司
是一家具备三级开发资质、全面实施现代企业管理制度的专业型房地产开发企业，注册资金1000万元人民币。公司设有综合部、计划财务部、前期部、工程部、策划销售部、物业管理处等六个职能管理部门，并拥有一支精干的企业管理队伍和强大的工程技术人员，现有员工28人，其中具有中高级职称的有16人。公司以“诚信，亲和，拼搏，求精”为精神，精心构筑集住宅、休闲、度假为一体的人间仙阁——青城·山语间生态别墅园区。2002年至2004年，曾获“临安市首届天目山生态人居展组织优胜奖”、“浙江省重质量守诚信示范单位”、“浙江省重质量创品牌优秀单位”等奖项，在广大消费者中拥有良好的口碑和声誉。

青城·山語間
LIVE THE PERSON IN UTOPIA

出尘之隐　山语之间

中国（浙江）经典别墅社区成功开发典范

项目规模

“青城·山语间”房产项目，是经临安市发展计划局批准立项开发的房产项目，规划用地总面积1500余亩，于2003年1月份以挂牌出让的方式取得国有土地使用权。该项目的总体规划设计方案经各方专家多次论证，反复修改，并经临安市政府组织会审通过。规划总建筑面积31.81万平方米，容积率0.26，建筑密度11.06%，绿化率68.4%。其中西区一期工程规划用地面积10.75公顷，建筑面积2.37万平方米，容积率0.21，建筑密度9.8%，绿化率72%。

项目规划背景

临安生态资源丰富，旅游资源品位较高，是著名的生态森林旅游城市，全市森林覆盖率74.9%。“青城·山语间”就位于距杭州市区以西38公里，临安市以东6公里的临安青山湖畔，西邻彭祖故居“八百里养生园”，北屏西大山、美女山，地势坐北朝南。园内丘陵起伏，坡度和缓，沟

岙幽曲，水塘密布，环境优美。远眺群山连绵、翠谷碧水相映之中；近观林木葱郁、鲜花绿树点缀其间。这里交通便利，杭州至黄山的杭徽高速公路在园区边上已有出口，临石景观大道直通园区门口，规划杭州至临安轻轨经临园边。得天独厚的区位优势和环境优势，适于度假、休闲、居住，给住户带来回归自然的感觉。由此，“青城·山语间”生态别墅规划，针对山域地理特点，充分保留现场原有的自然生态，将原有的成型树木、湖泊等自然生态与每户庭院结合起来，融建筑于风景中，形成山、水和建筑三大景观元素合一的格局，应运而生。

项目规划设计原则

贯彻以人为本的思想，为大多数的使用者考虑问题，通过多样化的场景、绿化，满足居民健身、交往、娱乐等不同的日常生活的要求，创造一个布局合理、功能齐备、交通便捷、绿意盎然、生活方便，具有文化内涵的住区。

注重居住地的生态环境和居住的生活质量，合理分配和使用各项资源，全面体现可持续发展思想，把提高居住环境质量、生活品质作为规划设计、建筑设计的基本出发点和最终目的。

尽可能动态整合所有元素，结合土地状况，依据自然因素及人为因素进行合理调整，尽可能避免不良因素，强化最佳特点。

以环境为基础，强调“山水”与居民生活活动的融合。以自然的山体绿地为依托、融合庭院绿化和公共生态的集中绿地为主的居住区绿化系统，最大限度地发挥绿地的功效，满足不同层次的居民活动的需求，将别墅与绿色活动空间融为一体。

以景观为导向，利用自然水景为背景，通过小溪、水塘的变化加以理水，同时满足泄洪要求。将环廊、会所、游泳池、步行小径、亲水健身布道等点缀其间，创造出动态的、变化的、宜人的景观效果。

以便于使用为准则，完善配套设施，方便交通系统，加强空间设计以及健身、休闲、娱乐场所的位置，提高居民生活质量。

项目独具个性的建筑风格

在目前的地产业开发中，“欧陆建筑风格” 已较普遍化、大众化。然而当我们正视“欧洲文化”在整个世界文化层面上的强势状态，抛却地产市场的偏好与时尚趋向的时候，渴望找到一个真正“阳光自然”的建筑风格，同时也追求一种文化的精髓。由此产生了我们设计的独特理念和设计构想。

建筑设计采用了简约、大气、自然的建筑风格，建筑本身摒弃了繁琐的装饰，采用了中国江南建筑“粉墙黛瓦”的意象，体现了一种文脉的延续，体现了建筑，特别是中国的建筑对历史、对地域的尊重，避免了建筑风格在历史、环境中的断裂。同时利用建筑形体的变化，局部

材料如石材、木材的使用,来达到与现有的山地、树林的自然和谐及有机的统一。建筑依山而建、错落有致,在山水树木之间掩映成趣、顾盼生姿。达到了人与自然最完美的交融。

别墅外立面为浅米白色涂料、配以局部点缀的木条装饰,底层为灰褐色或蓝灰色石质材料,深灰色油毡瓦屋面。别墅整体给人带来温馨怡人的视觉感觉,配合优美丰富的环境设计及布局合理的平面设计,共同创造出良好的居住环境。

建筑体形上有意识地进行了恰如其分的曲折和凹凸变化,避免了大面的墙体在山体林木中可能出现的不谐和的因素,同时以现代的手法进行造型处理,包括屋面的出檐、简洁的装饰、细腻的细部刻画、材质的生动对比,使建筑设计既有延续的传统又有浓郁的时代气息,同时又注重山村野趣,大环境、小户型,力求人工与自然、传统与现代的有机统一,形成独具特色的“东方风韵”的建筑风格。

项目的配套设施

园区采用中央智能配置,设有保健中心、恒温游泳池、韵律操房、茶室等康乐休闲中心。户外配套:高尔夫练习场、网球场、慢跑道、登山道、攀岩场、漫步林荫小道、烧烤、钓鱼台等设施,休闲会所一应俱全,以五星级的服务标准,提供酒店式全程私人管理服务,让住户尽享山脉、水脉、人脉、文脉的都市尊贵和山野情趣的浪漫。

青城·山语间

开发商:杭州青城房地产开发有限公司
地　址:杭州临安市青山湖街道民主村
电　话:0571-63781992
邮　编:311305

River View Garden 临江花园

中国(浙江)水岸山景地产成功开发典范

开发商：杭州临江物业管理有限公司
现场售楼：杭州市滨江区江南大道(之江度假村对面) 电话：0571-86697278
杭州展示接待中心：杭州市杭大路18号黄龙世纪广场一楼
电话：0571-87901126 传真：0571-87901127

临江花园小区简介

基本资料

区位

临江花园位于钱塘江南岸滨江区高新技术开发区，属六和塔风景区内，地块北临永久河，隔河为中兴路，沿路西转由南向北便是著名的钱塘江大桥，东南面为西环路。小区东北面就是之江度假村和中国美院附中，有315、322、822、849、假日9线、假日16线等数路公交车可直达市中心。

地理位置优势

社区位于钱江大桥下，是离钱塘江一桥景区最近的全水景华宅，又可以隔江远眺六和美景。从市区过来沿西山路、虎跑路，过钱江一桥，一路有美景相随，便来到了临江花园，让回家的过程成为一种享受。

项目基本情况

临江花园建筑总占地面积104385平方米，总建筑面积为301179平方米，容积率为2.43，绿地率高达47%，共享一个20000多平方米的沿河公园，社区由六和苑、明珠苑、富丽苑三个组团构成，共有18幢多层、3幢小高层、15幢高层组成。

工程构造

建筑结构及建筑特点

钢筋混凝土框架剪力墙结构，基础为大直径钻孔灌注桩。

交房时的装修标准

建筑外观：裙房外墙采用花岗岩贴面及高级真石漆，住宅外墙采用高档面砖。

入口大堂：每栋建筑物均设通层宽敞整洁之门厅。入口大堂地面铺设高级花岗石，墙身配以花岗石为主材之饰面，并配以高级面砖或木面装饰，另附吊顶，有艺术照明灯饰(或同等标准)。

电梯：高层采用合资电梯，并配以高雅的梯内装修。

标准层电梯厅：地面采用优质地砖铺设，墙面贴高级瓷砖或配以优质喷涂乳胶漆。

住户内墙面：1:1:6混合砂浆分层抹平，白水泥批平，刷白涂料。

天棚：1:1:4混合砂浆找平，细纸筋灰面抹光刷白涂料。

项目及周边配套设施

公共部分

会所

幼儿园

游泳池

休闲运动设施

管理

智能化

一卡通：在小区的主要出、入口、汽车库入口处配置刷卡(门禁)装置，既可以取到小区安全保安管理的作用，又可以通过设置卡的权限来进行小区住户三表计量收费和车库收费，住户可根据

要求每户配卡数张，临时来访客人可以发放临时卡一张，离开小区时收回。

三表抄送系统：为方便物业管理收费，对水、电、煤气表实行在物业管理机房电脑计费，缴费、收费则可以通过一卡通实现。

周界防范和监控系统(保安巡更系统)：在小区的四周围墙上设置红外对射探头，刺探外界干扰报警；在小区通道、走廊设置摄像机监控系统，配置UPS电源，对小区范围24小时监控。

住户(可视)对讲系统：来访客只需按一下单元门上的住户房号，住户听访客声音并观察访客面容，判断无误后按户内分机开门。

住户家居安全报警系统：(可选项)

住户厨房间配置煤气泄漏探测器。

卧室床边、客厅配置紧急求助按钮。

入户大门配置门禁：外人闯入撬门则报警。

会客厅、主卧室配置红外线探测器报警。*

警号：报警后联动警号发出刺耳的叫声。*

注：所有报警探头可通过住户的设防箱来实现关闭功能，“*”为选用功能。

小区广播系统：平常可以播放背景音乐，调节生活气氛，播放小区信息，紧急时可以作消防广播使用。

停车场管理系统：对车辆的有效管理，收费及开启栏杆可通过一卡通实现。

项目周边配套

小区以西有东方通信、UT斯达康等高新科技企业，向南还延伸有软件园、省级高教园及留学生创业园；东面是之江度假村。

物业服务标准(有偿服务)

物业管理与服务：

维护小区内整体规划不受破坏，定期维护与保养各项物业；

维护管理供水(变频加压系统供水)供电、公共照明等动力设施；

控制噪音、控制空气和水质污染，养护小区绿化；

垃圾定点收集、保证日清，作好卫生防疫工作；

智能化远红外线电视监控系统，可视防盗对讲电子保安门，闭路监控系统；

小区巡更系统，周界报警系统，管理公共秩序、防火、防盗；

日常小修、急修项目；

家政服务，保健顾问，收发信报，代叫出租车，代购车、船、机票，代购日常用品；

室内装修。房屋托管、代租等各项事宜……

临江花园小区工地前置管理情况介绍

临江花园小区项目位于钱江一桥南堍，江南大道与西环路交叉口西南部(之江度假村对面)，总占地面积104385平方米，总建筑面积293775平方米，其中有高层15幢，小高层3幢，多层18幢。小区由三家项目公司组团联合开发，计划于2004年底起陆续交付使用，面对项目组团开发商多(其中，杭州联达房地产开发有限公司开发“六和苑”，杭州临江花园房地产开发有限公司开发“富丽苑”，浙江钱江置地有限公司开发“明珠苑”)，工程量大，施工工期紧，质量要求高，施工场地紧张，同时小区内还存在原有旧楼及居住人员，在不影响原有居民生活的情况下，开发与改造同时进行，况且，由于小区位于一桥入城口，建设与环境的关系十分敏感，因此，存在众多困难与问题。

2002年10月14日，针对临江花园小区多组团开发的实际情况及高新管委会对该小区建设的总体要求，在与职能部门签订了《建设工程文明施工管理责任书》后，三家开发商在临江花园工地现场办公室召开了小区建设协调会，确立了小区建设“八个统一”的原则，分析了做到“八个统一”的必要性和重要性，商讨了小区内必须或建议做到统一的具体内容，明确了小区建设协调管理及统一实施的模式，制定了物业公司提前介入工地前置管理的具体方案，2003年1月，成立了杭州临江物业管理有限公司具体管理与实施。

小区建设贯彻的“八个统一”原则是：

统一规划：即做到统一布局、统一配置、统一风格、统一环境。

统一设计：即做到一个设计单位、同一设计规范、同样的设计前提、相对一致的设计进度。

统一投资：即不论独资、合资及组团投资开发形式，均纳入一个统一的投资计划，公建、基础设施配套统一实施，投资由各组团按建筑面积分摊。

统一建设：即有一个统一的总体计划、相对一致的分期计划、基本同时的开竣工日期及施工前三通和施工现场的统一封闭管理。

统一配套：即在会所、幼儿园、商业、物业和道路、给排水、强电、弱电、煤气等公建与基础设施配套方面全小区统一考虑、统一实施。

统一销售：即在统一的宣传口径、统一的现场售楼处、统一的现场广告前提下，允许策划营销的组团之间的适当差异。

统一管理：即报建、建设协调的统一途径及后期统一的物业管理。

统一品牌：即在优势互补的前提下，统一思想，共同营造、推广、维护临江花园这样一个共同的品牌。

公司领导深刻了解**“八个统一”**的必要性和重要性，紧紧围绕**“八个统一”**的原则，在日常的管理中确立了主导地位，体现了公司在管理上的超前性，并已得到了实际效果。

因为是“八个统一”，公建、基础设施才可以全区考虑、各组团分摊，确保每个独立组团配置均能达到国家的有关标准。

因为是“八个统一”，公建、基础设施得到了统一考虑，避免了每个组团分散重复布置，从总体上计算，节约了大量的投资。

因为是“八个统一”，又有了从总体布局的合理性角度使方案最优化，局部跨组团界线问题得到了较为便捷的解决。

因为是“八个统一”，保证了小区建设的协调性，减少内部的重复与责任不清，提高了工作效率，增加了投资效益。

因为是“八个统一”，施工场地狭窄的矛盾得到缓解，各组团施工水、电、道路统一调配使用。

因为是“八个统一”，有了一定的规模推向市场，增加抵御风险的能力及与周边项目竞争的力度。

与职能部门开展“一对一”建卡登记制后，为美化入城口地段环境，体现开发商档次，加强工地标准化管理，公司结合本小区实际情况，在日常的管理工作中，克服重重困难，与施工单位、原有住户耐心地沟通、说服解释，使之从原来的不理解、不支持到最后的共同参与到小区环境整治工作中来。为了小区环境的整洁，公司统一在永久河边制作了大型广告牌，并遍植了绿化，考虑到适当搭配，高度以达到对后面工地的有效遮挡为标准，并用彩色维护板围住了沿永久河6米道路南侧至铁路林边的工地施工范围，使之形成一个相对封闭的施工工地，对各个组团各个标段提出了安全文明施工的要求并督促落实，在重要路段增设了安全防范措施。在小区的两个入口，配备了保安，负责日常的安全保洁管理工作，定时巡逻，对工地的道路，施工现场存在的安全隐患及时进行报告纠正，配合区政府对入城口整治的要求，公司应组团要求帮助开发商对原旧楼进行了外立面整改，保证了钱江一桥入城口、江南大道这个重要地段的美观。自首个组团开工至今，报建顺畅，施工正常，销售良好，前置管理优势已经显现。

杭州下城房地产开发经营有限公司
南京浦口区锦麟实业有限公司

南京市浦口区锦麟实业有限公司隶属于浙江杭州下城房地产开发经营有限公司。总公司是一家以房地产开发为龙头，集房地产开发、物业管理、拆迁公司、宾馆餐饮娱乐于一体的集团化、多元化经营的品牌企业，实力雄厚。公司在职员工40余人，拥有高级工程师、工程师、会计师、经济师30余人。

公司所开发的产品以品味高、有特色、出精品取信于民，已成功开发完成杭州东新园小区望景苑、平安居、环东公寓、天水平安居、广福公寓、江山弄小区、王马巷小区、竹竿巷小区、百井坊巷小区、大营盘小区及朝晖高层住宅等大中型项目，经过10多年的发展，现已成为浙江知名地产开发企业，荣获各类大小奖项目近百个，多次被评为先进文明单位和“重合同守信用”单位，被浙江省建行评为AAA特级信用企业，被浙江省质量协会授予优质服务信得过单位，列为下城区重点骨干企业。2003年公司在南京浦口区和安徽宁国共获土地300亩，预计开发面积30万平方米，这两个项目是公司向跨省发展的第一步，我们深信，通过不断努力，该公司一定能打造出有品位，有特色、有新意的楼盘。

浦口锦麟实业依托总公司强大后盾，秉承质量取胜，创新制胜，以人为本的开发理念，遵循务实诚信、奋发向上的企业精神，力争把钱塘望景花园打造成浦口乃至整个南京的真正的、高档的、独一无二的原色生态精英生活区。

在都市的钢筋丛林之外,"生长"出了一个绿意盎然的自然林野。郁郁葱葱的老山,欢畅音律的白马湖水,原始的森林,天然的湖泊,得天独厚的生态环境,在山水之间,找回质朴淳厚的原味生活,让生命的快乐无处不在。

望景花园地址位于浦口区珠江镇象山路西侧,江浦高级中学斜对面,开发商是南京市浦口区锦麟实业有限公司,本公司隶属于浙江杭州下城房地产开发经营有限公司。本项目占地面积约 16.15 万平方米,总建筑面积约 22 万平方米。一期开发共计 21 幢 733 套,第一组团开盘 6 幢 188 套,均为多层全框架结构。一期共推出 7 种(A、B、C、D、E、F)户型,分为两室两厅一卫、三室两厅一卫、三室两厅两卫和跃层,每幢均有跃层。所有户型均实现大开间小进深、南北通透设计,视野很开阔。

两室两厅一卫:大面宽南向客厅,南北通透,宽敞明亮,与观景阳台相连,引景入室。主卧大开间设计,惬意居室,尊贵私密。厨房功能设计,符合人体工学原理,便利合理。

三房两厅一卫:主卧安逸,视野开阔、惬意。厨房、餐厅、客厅区分明确,让家人多了沟通的机会。卫生间干湿分离。全明设计,功能完备。

三房两厅两卫:宽大客厅,光线充沛,采光顺畅,尊贵富足自然显露。双卧朝南,卧卫相邻,人性化生活格局尽现。主卧专属卫浴,更显私密尊贵。餐、厨紧邻,功能分区明显,就餐下厨自然流畅。

钱塘·望景花园

跃层:超大露台、四季风景各不同,气质动人。

本项目充分依托老山自然环境优势倡导一种原色生态的居住理念。中心广场、生态树廊、清幽雅憩与各种植栽相映成趣,多种名贵花草树种,绘就海棠春暖、桂馨月明、秋叶晨霜、梅林初雪四季风景线。漫步小区,心随风走,移步换景,在回家的路上,呼吸生态的味道。

坐拥城市繁华与宁静,风采出众,配套自然不能平庸。超市、中医院、汽车站近在咫尺,宛若专属。周边的舒适便利当然要细细品味。完备称心的配套,贴心全面的物业管理,给您自由空间。生活在这样的社区是一种幸福,幸福原来却又如此简单。

中国景观环境地产成功开发典范

宁波成路置业有限公司

宁波成路置业有限公司是一家专业从事房地产开发的股份制公司，现注册资金1500万元，公司下设总经办、工程部、前期部、营销部、管理部、财务部等部门。公司高级管理层具有十多年房地产品牌开发经验，曾在宁波成功开发过**“高塘花园”、“锦沧文华”、“盛世东方”**等项目，秉承**“品质第一，客户至上”**的服务理念，凭借强大的房地产专业团队实力，以诚信的、个性化的服务品牌为打造高品位的住宅。

新世纪之初，公司隆重推出了位于小港的标志性建筑海悦公寓，该项目总建筑面积为五万多平方米，为精心打造挑高精装酒店公寓，公司高层管理曾多次赴国外、深圳、上海等城市考察学习。

公司以高标准、高起点介入宁波房地产开发建设，以“筑造城市风景”为企业抱负，立志为美丽的宁波城建造一座座高品质的住宅。同时，让自己开发建造的每一座建筑成为城市的一道亮丽风景线。

国际白领的生活舞台，时尚简约的时代风范

海悦国际公寓
Seascape International Apartment
国际金领特区/上品生活方式

中国房地产时尚简约住宅成功开发典范

海悦国际公寓，是小港首个涉外酒店公寓，引进盛行于欧美繁华圈的 Boutique Apartment 概念(人性化、服务式精致住宅、小品豪宅)，填补小港目前无国际型酒店公寓的空白。本项目的规划主题定为“时尚简约”，以符合国际白领的生活方式和居住理念。简约而不简单，高贵而不张扬。下面就天然环境、建筑设计、景观设计、物管服务等方面对海悦国际公寓的简约风格一一诠释。

观山阅海，一片放飞心情的天空

忙忙碌碌的城市白领向往空气清新的自然风光，希望回家就是度假的开始。海悦国际给业主一片海阔天空、心旷神怡的自然场景。

海悦国际，处于小港的中心区域，得环山面海的天然优势。西接招宝山风景区和金鸡山，东临联合大厦，南面城市公园，北面则是绵绵几十公里的甬江和东海。地属规则中的北仑甬江南岸城市滨水区，此规划按尊重“自然”、关怀“人”，塑造“场所”、有机“生长”四大原则进行，人文景观与自然山水景观浑然一体。

不久的将来，海悦国际的主人可以在波澜壮阔的滨江景观带散步、在泰山路、金鸡山两大主题公园浪漫，在宽广怡人的码头广场享受迷人景致……

极具视觉美感的简约欧式建筑立面

海悦国际是目前小港最高的建筑，2 栋各 18 层，高度 100 米。主入口朝南，享受充分的阳光和自然通风，设有双层中空玻璃，保证宁静的居家环境。

在建筑立面的规划上，海悦借鉴欧洲的设计理念，没有华丽的装饰和繁复的设计，力求简约纯净。立面晶莹通透，明快、规则的几何造型与大面积玻璃结合构造出纯粹理智的建筑空间。用建筑量体自身凹凸面产生的阴影及玻璃阳台来丰富建筑表面，透过这些虚实层次的面与分割精确的线条，借着它们有秩序的排列与组成，使直立向上的天际线变得有秩序且理性。颜色的选择，原则是用一种基调，取其朴实无华与细致明亮。建筑物的材质、造型，阳光在墙面上的光泽的变化造成视觉的美感，期盼培养出一种乐观开朗，健康洁净，悠闲的城市风格。

建筑面积：50150 平方米

住宅套数：748 套

车位设置：整个区域坂块设二层机械停车位，停车后可直上电梯，使用方便。

“毕加索”一笔挥就，东南亚风情主题社区

在这里，有时可以心无旁骛，因为有山有海；那么，时时刻刻带着海的风情生活吧。

担纲本案景观设计的香港毕加索公司，受海悦环山面海的环境启发，运用以"海洋"为主题的设计理念，因地制宜进行生态与人文相结合的景观规划，让社区呈现东南亚滨海景观："金色的沙滩"、洁净蔚蓝的"海水"、植物繁茂、多处喷水景观……

全局景观布置呈一线两面的分布，即主入口、大堂台阶至次入口景观带（一线）。公园借景部分景观带和滨海水文化景观带（两面）。

“一线”：主入口广场、大堂入口台阶、次入口景观

主入口广场：活跃的铺装，两边树池与叠水并用的特色景观，使人在未进入小区之前便能感受到海的气息。

大堂入口台阶：此入口为本设计的重点部分，台阶的设计实用而不平庸，两面栏杆设计运用厚重的花岗石，配上小雕塑层层向上，尽显公寓的档次和品位，中间一排时花搭配的花坛或以整个砂岩雕塑的斜面来衬托豪迈、欢快的气氛，借助护栏两边的喷水水景设计，远观此景犹如正欲驶入大海的大船。

次入口景观：主要表现也以水为中心，玲珑的水幕景墙加上两旁的喷水雕塑使得景观更具有活力。

“两面”：滨海景观、公园借景

滨海景观，此块景观主要由碧帆远影，波宁桥，曲岸观潮、海定长廊和瞭望塔组成。

碧帆远影主要由三堵高低、大小不一的景墙来表达海中航行的船只，借助喷水的设计，象征乘风破浪，疾驶航行之气势。

波宁桥，在景观的中央部位，以铁索桥为基本设计元素，配之现代的装饰材料，让人觉得新颖别致。

岸边耸立造型精致的景观庭，并通过地势设计又形成以木平台形式的亲水空间，供人们嬉水游玩。

海定长廊，此处为休闲中心，或是在遮阳伞下饮茶聊天，或是在休息躺椅上闭目养神，整块场地设计尽显阳光沙滩下的浪漫情怀。

瞭望塔，整处景观的制高点，代表着海悦公寓的公众形象，此处设计也是整个景观的重点部分，从区外远观此处，结合入口处的景墙设计，形成高低跌落，层次丰富的景观效果。

滨海景观带的小品点缀，无论是小雕塑、航海灯塔或是以花坛形式表现的岛屿，紧扣海文化的同时又不失艺术价值。

西南公园借景部分景观

在主入口区域，延伸主入口树池与水景的结合景观，形成对景，其余部分结合本案景观的海文化主题，在植物配置上与之相呼辉映。

罕见9米挑高大堂，总统级的待客厅

简约需要精致和华贵来调和，折射白领现代化的生活主调。

海悦国际的大堂约300平方米、挑高9米、气派开阔，媲美五星级酒店，在小户型住宅设计中更为罕见！延用景观设计的“海文化”主题，采用海波纹墙面，在豪阔通透的环境中享受置身海边的视觉效果。

VIP白金会所，“波普们”的聚会沙龙

居室相对私密，客户和朋友来了，就到主人的“第二客厅”。

多功能VIP白金会所，是海悦业主的会客场所和休闲天地，体现单身贵族的生活方式。会所有健身房、咖啡休闲中心、SPA中心、台球室、艺术交流室、棋牌室……在这里，业主会有一场愉快的交流，一个有成就的会合，更重要的，能保障身心的健康。在建筑设计上，继续沿用“海文化”主题。

在小港最高的空中花园，俯揽天下

不拘泥于一个视点，不约束一种生活方式，海纳百川，我是我的国王，我也是整个世界的主宰者。这是白领的视野和胸怀。

海悦国际拥有小港最高的空中花园，面积近2000平方米。在

这里，业主弥补了居家只能看一面风景的缺陷，空中花园带来360度的全景观赏，从近处的喷泉公园、戚家山、金鸡山、陈山到远处的招宝山风景、辽阔无边的东海。并且可以通过设立在此的天文望远镜，远眺仰望浩瀚星空、鸟瞰整个小港、极目风景万千……

5.1米挑高复式小豪邸，上下之间，生活双倍情趣

海悦国际是小港首个纯挑高的酒店公寓，所有的套型均为5.1米挑高，符合白领崇尚自由、体现个性的生活方式。

国家建筑装饰甲级设计单位、由法国著名设计师阿尔伯尼担当设计顾问的深圳洪涛公司为海悦的室内设计。针对5.1米挑高的复式格局，深圳洪涛采用了“小面积、大空间”的设计理念，在46平方米-90平方米的空间中，创造“大卧室、大客厅、大卫浴”的居住空间。4.5米面宽的客厅、近10平方米的卫浴间、20平方米左右的卧室，在有限的空间中力求最大的居住舒适度。

“飞机头等舱”式全套装修，拎包即住！

海悦国际以鲜明的国际化装修风格，融注生活情趣，从内到外精巧装饰，每个细节都精益求精，其设计标准等同于四星级酒店式标准套间，室内功能分区完善，配备居家生活所需的齐全设施。精心的设计与灵巧的布置，让你在此享受坐飞机头等舱那般“小而豪＂的感觉，拎个包即可轻松入住。卧室采用大幅面隔音玻璃，杜绝喧嚣，处处体贴你的居住需求。

酒店式物管，享受贵族般的尊崇待遇

简约时尚的含义还在于享有全方位的服务，业主无需被繁琐的生活细节羁绊，一身轻松，专注于自己的世界。

宁波亚太酒店物业公司为海悦国际全面导入酒店管理体系、ISO9001质量管理保证体系及顾客满意战略，提供名实相符的全方位的酒店式管理与服务。

开通24小时服务热线：接受业主咨询、受理业主投诉和服务请求等。

租赁代理：接受业主委托，代为看管、维护、打理房产；受业主委托代为出租；代理房屋转让、房产置换。

家政服务：服务台、送餐服务、日常家居维修服务、房屋装饰服务、行李物品代管服务、室内保洁服务、搬家服务、钟点工、叫醒服务、洗衣服务、儿童、老人托管、病残、专人、月子陪护、房屋修缮服务等、紧急救援服务。

商务服务：打字、复印服务；电话、传真服务；邮政函件服务；宽带网络服务；秘书、翻译服务；旅游安排；车、船、航空票务；商业信息服务。

其他服务：保姆输送服务、邮政电讯服务、区内找人服务、行李寄存服务、失物招领服务、借用物品服务、电话回访服务等。

智能卫士守护，我的“领地”固若金汤

海悦国际考虑到酒店公寓与普通住宅其中有一个不同点：在于业主因职业、独处、非常住等原因，会对物管公司产生更大的依赖性。所以，物管公司在进行全方位的酒店管理以外，还提供了提供智能化的居家模式，业主在严密安全的物管中，自由舒心地生活，独享私密空间，无后顾之忧。

安防系统设置：

一卡通；

24小时红外线监控；

停车场管理系统；

门禁对讲系统；

巡更系统。

海悦国际，以打造“小港首席国际白领特区”为宗旨，集结优秀的景观规划与室内设计公司，从室内设计到室外每一处都精雕细琢。更提供一流物业配套和酒店式贴心服务，主张精致化生活、优雅式居家、闲散性的休闲方式，倾情打造当地首座以“时尚、简约”风格风格的一流高级社区。

宁波百隆房地产有限公司

宁波百隆房地产有限公司成立于2003年5月，系“香港百隆集团”出资2000万港币兴办的具有房地产开发三级资质的外商独资企业。公司秉承百隆集团的**求实、创新、坦诚、发展**的精神，本着**高起点、高标准**的经营理念，聘请了大量具有多年房产开发经验的人才为后备力量，尽最大的努力为客户创造出超品质的家园。

在短短两年时间内，公司取得了五幅国有土地的开发使用权，总建筑面积近41万平方米，目前正在开发的有三个项目，其中“小城花园”项目获得2004年全国人居经典综合大奖，充分体现了其规划设计的前瞻性和优越性。公司将以此为契机，积极促进人居建筑环境的可持续发展，将不断提升人居居住品质为己任。而即将开盘的“小城春秋”项目，本着“以人为本”的原则营造一个“贴近自然生活的方式”的居住环境，发掘小区周围环境的文化内涵，宏观上把握绿化的整体效果，以美化、绿化为主，合理布局，充分利用良好现状环境，发挥周围环境景观效益和生态效益，成为目前宁波楼市当中自住与投资兼得的高性价比楼盘。

百隆·小城春秋

中国房地产景观环境社区成功开发典范

贵宾热线：0574-87390999　87839899

总占地面积：109380平方米

总建筑面积：165164平方米

绿化率：32%

容积率：1.51

建筑密度：27.9%

得房率：92%

产品：共46幢，多层42幢，小高层4幢

层高：多层2.8米，小高层2.9米

户数：1399户

车库：295个

车位：435个

项目规划理念

本项目东靠姜丽路，南抵同三高速公路绿化带，西至社区规划路，北接城市主干道天童南路。社区总占地面积约10万平方米，总面积16.5万平方米，规划户数近1399户，由42幢多层、4幢小高层和沿街商铺组成，同时配套中庭会所、9班幼儿园等生活设施。户型以中等面积为主，主力户型面积为85-125平方米，经典实用，拒绝浪费，在房价飞涨的情况下，总价能得到有效控制，最大限度地满足当前消费者居住和投资需求。同时，由于面积适中，本案特别适合小两口、老两口、白领一族和投资者购买。以其纯粹欧式经典建筑、现代景观规

划、完善的社区配套,当之无愧成为新鄞南首席生活新城。

此外,为了让本案的业主能享受到与城市化生活品质相媲美的配套设施,社区还特别配置了中庭会所,将城市化休闲生活环境营造得更为贴切。为了更好地满足今后业主的日常休闲生活需要,目前会所的功能设计与合理利用正在规划专家的进一步论证与顺利进行当中！此外,在日常安全保障方面也采取了多功能高科技智能系统,配置了周界防盗报警系统、闭路电视监控系统、智能小区及家庭智能化系统、电子巡更系统等,近乎完美的社区配套为享受城市化生活品质提供了可能。

设计理念:

一个良好的景观设计除提供使用者较佳的自然环境外,更能丰富心灵的层级;因此在规划设计时除考虑使用的机能、视觉美学外,更能营造出反映小城春秋环境中蕴涵的人文精神和意境。

本设计正是本着“以人为本”的原则营造一个“贴近自然生活的方式”的居住环境,发掘小区周围环境的文化内涵,宏观上把握绿化的整体效果,以美化、绿化为主,合理布局,充分利用良好现状环境,发挥周围环境景观效益和生态效益;微观上突出重点,强调绿化的生态功能和小景的点缀功能,建设多层次、多形式、高品位、充满生活情趣的小城春秋园林景观。

设计原则:

遵循自然生态原则

生态:即要求小区植物配置应有层次感,所有的景观设计要贴近自然,让业主能感受到移步换景和一年四季的更迭;要将文化内涵融入亭台廊榭、假山小品、涓涓细水等景观的建设中,让业主在亲近自然之时受到一种文化气息的熏陶;小区景观营造应本着“以人为本”的理念,将其打造成可观、可行、更可栖的境地。景观设置要讲究布局、园林小品的形态、风格、尺度要与周围环境充分协调。

景观与空间的统一

空间是展现景观的场所,景观是空间的主体和特质,因此,园林景观必须以空间作为展现的舞台,而空间必须赋予灵魂——景观。园林景观常通过框景、夹景等处理手法使其更富魅力。为给景观留出最佳的视点,中心区域一般须开阔空旷,设计手法力求简洁而不简单,达到开阔而不单调的效果。小城春秋以跌水、喷泉、阳光、小品、植物等为素材,在主入口处以景观灯柱、跌水和喷泉形成主景。飞溅的水花及景墙成为主入口的视觉焦点和景观特征,突出了重点,给人深刻的印象。

景观与功能相结合

在满足功能的前提下,尽量创造优美的空间景观。绿地的使用性质决定于功能,绿地设计首先应考虑满足功能要求,在此基础上创造景观的空间,使功能与景观关系达到统一和谐。

景观与建筑关系

区内建筑形式均为新古典主义风格,考虑到建筑作为大地景观的一部分,而园林景观又为建筑外部空间的延伸,应使建筑能融合在环境之中。区内环境设计总体布局采用自然式与规则式相结合的手法,运用天然的材料石材、木材等表现出景观的淳朴归真,体现自然生态的原则。

新颖性与合理性相结合

本设计不论在小品的造型设计还是植物配植方面都力求新颖独特,这是设计的灵魂。石景、景观灯柱、跌水及喷泉为主景,形成了极强的视觉冲击力与韵律感,像一曲跳动的音乐。这种景观的表达方式具有趣味性和新颖性, 在达到良好景观效果的同时,亦具备一定的思想内涵,从而达到了景观与文化的结合与统一。

种植设计

绿化以乡土树种为主,突出宁波地方特色,主要选用桂花、香泡、白玉兰、石榴、月季、银杏、广玉兰、茶花、海棠等地方色彩浓郁、寓意深远的传统树种,烘托小区亲切温馨的氛围。并且与风水文化相结合,营造金玉满堂、满堂富贵、松竹常青等人们喜闻乐道的植物景观。

新城市版图·潜力板块新蓝筹

◆[鄞州中心区] 宁波近年来房价飙升最快的板块之一,汇集了宁波多个高品质楼盘,并凝聚了宁波南高教园区、大连万达宁波广场、鄞州投资创业中心等政府重点扶持项目。

◆[新鄞南——姜山] 鄞州中心区南翼,姜山将在2008年建成为鄞州新城区副中心;同三高速公路、天童南路、宁姜公路直通市区,筹建中的明州大道和宁波环城高速更将横贯全城。

◆[城市快速轨道] 2004年《宁波市城市快速轨道交通线网规划》的会审通过;姜山作为宁波城市区域副中心,将快速接入城市中心交通轨道,融入繁华商业境地。

超高性价比·生活品质大提升

挑战宁波城区房价极限

◆房与车

有的人正在享受

有的人即将拥有

还有的人不知道需要多少年的等候……

◆用买小城春秋省下的钱

买一辆丰田威驰

◆小城春秋

以新兴城市板块潜力

与超越的社区品质

赢得未来房子与生活品质的双重升值

传承·经典人居建筑精髓

◆小城春秋作为宁波一线开发商百隆房产又一力作,

继袭百隆房产2004年中国人居经典综合大奖项目

——小城花园的开发理念,

将经典人居模式演绎得更为优雅,

别具亲近自然、拥抱都市的双重生活品位。

◆小城春秋

以宏大的叙事、人性化的居住空间、社区配套,

以及所倡导的"小城风尚·Motor生活"

体现出非凡的生活气质,

更为未来的城市生活提供了相当的升值空间。

百隆·小城春秋

小城风尚·18项motor生活

◆地处宁波鄞州中心区南翼,新兴城市板块潜力蓝筹股;

◆未来城市轨道南端节点,快速融入宁波中心城区;

◆依托鄞州中心区天童南路与宁姜公路城市主干道;

◆充分接受大连万达宁波广场国际化商业圈氛围辐射;

◆倚靠宁波明州工业园区,具备未来充足产业支撑力;

◆毗邻宁波南高教园区,相伴7大省内知名院校浓郁书香;

◆社区总建筑面积16.5万平方米,大盘规模效应凝聚超凡人气;

◆规划欧式43幢多层、4幢小高层,优雅生活即刻拥有;

◆65平方米-125平方米实用二房、三房,高保值稀缺产品类型;

◆经典南方户型设计,干湿分离、动静分明;

◆配置独立通风厨房及卧室景观飘窗,体现更多人性细节;

◆配备9班幼儿园及沿街商铺,未来生活便利充分保障;

◆社区动静线分明,部分人车分流,方便业主出入;

◆车位配比近52%,充分满足业主汽车化生活享受;

◆社区主入口设置独立会所,大幅提升城市化生活品位;

◆社区中庭特别设计水系广场,名门领地自然彰显业主气度;

◆2004年中国人居经典综合金奖小城花园姊妹篇,传承经典建筑精髓。

宁波洛兹置业有限公司

宁波洛兹置业有限公司是宁波洛兹集团直属子公司，成立于2002年，为中国房地产协会会员单位、宁波市房地产协会会员单位、宁波市信息协会理事单位，获2004年度“浙江省重诚信守合同满意房产”荣誉称号，具有房地产开发三级资质。公司拥有大批高、中级专业技术人员和房地产开发专业人士，依托“洛兹”的品牌优势，始终以高起点立足市场，贴近消费者，强化楼盘品牌。在涉足房地产业短短的两年间，不仅为房地产开发市场注入了新的活力，也为洛兹集团和洛兹置业有限公司带来了商业良机和经济效益。

“以人为本，质量为先”是公司的经营理念，“开拓创新，共享生活”是公司的精神内涵。继“洛兹家园”、“洛兹工业城”等楼盘项目之后，“江南人家”、“江南绿洲”、“锦绣江南（暂名）”等项目正在建设中，建筑总面积达439000平方米，其中“江南绿洲”荣获2004浙江人居经典，并入围全国人居经典竞赛。

超越今天的建筑形态，打造未来的居住空间。公司将不断超越自我，打造精品楼盘，谱写洛兹楼市新的篇章。

洛兹·江南绿洲是宁波洛兹置业有限公司2004年主推盘，是洛兹置业“江南”系列之二，位于宁波市城南中轴线鄞州中心区石碶镇，东南面为雅戈尔大道，北至临时道路，南至富田集团厂区，西至石源路。总用地面积39139平方米（其中A地块32602平方米，B地块4425平方米，C地块2112平方米）。总建筑面积为54811平方米（其中A地块45643平方米，B地块6208平方米，C地块2960平方米），总户数502户（其中A地块364户，B地块105户，C地块33户）。主要布置5层带阁楼多层住宅、9层带阁楼中高层住宅、5层多层单身公寓、配套的幼儿园一座及配套的小区会所一座，其中沿万成路、雅戈尔大道设沿街商铺，建筑面积为6534平方米；住宅共21幢，建筑面积为45795平方米；六班幼儿园2层，建筑面积为1680平方米；小区会所2层，建筑面积为622平方米；附属建筑（变配电房）为180平方米。

根据开发基地地形地势的需要，本方案规划设计在总体布局合理的前提下，因地制宜，实行分期开发。小区以一个中心、一条环线为基本结构形式，淡化组团概念，强调小区的整体性。通过一条贯穿整个小区的内环式主干道把小区各住宅分区联系起来，形成一个较为完整的区域。

洛兹·江南绿洲住宅的设计根据人的居住习惯，既注重实用性又兼顾舒适性，在套型设计中，灵活、合理的平面布置使套型更具生命力。其次，住宅内部空间设计分区明确，据居民使用特性，使套内动静分区、洁污分区。对住宅的采光做了周全的设计，保证了住宅内各用房皆有良好的采光、通风，达到了明厅、明厨、明卫、明卧的理想效果，从而使每个用房的采光面积更趋合理化。住宅立面造型突出“简洁、明快”的现代风格，屋顶采用挑檐构架与平顶的配合方式，色彩上以蓝灰色为主，米黄色为辅形成整个小区的基调，并适当运用构架、隔板等建筑部件来使整个小区内所有住宅互相协调，形成统一而丰富的建筑效果。

为了给居民打造温馨的居家环境，本方案在设计上特别注重小区绿化以及配套的公共建设。随着居民环境意识的提高，生活节奏的加快，居民崇尚自然及对绿色环境的渴望日趋强烈。因此，方案的设计以形式多样的点、线、面绿化布局组成且各具功能，中

心带绿化地强调公共性，是小区的客厅，包括各种活动场地及树木、草坪等，给居民提供了良好的休闲环境。此外，小区的公共设施周全，沿地块城市道路设计一层店铺，为本小区及周边相邻小区提供商业、娱乐、金融、邮电等服务。

现代人的环保意识已经与日俱增，而家又是人们繁忙一天后放松身心的所在，因此，住宅区的环保节能设施就显得相当重要。洛兹·江南绿洲东、西、南侧均为城市道路，对小区环境影响很明显。因此，方案设计上充分考虑了环境因素，绿化率达 33%，建筑以多层为主，从色彩、风格上与环境相协调，并在绿地内设置小品、雕塑，进一步美化环境，保证环境的清洁、文明、安静。

小区会所建筑在总体风格上和区域建筑相一致，同时，又体现出公共建筑的独特风格，典雅、大方。幼儿园建筑在满足功能要求的基础上，着重于创造建筑的独特风格，使得幼儿园建筑更能体现现代幼儿的特征，形象生动、个性鲜明，建筑色彩明亮。

本方案的消防安全设计符合《建筑设计防火规范》的要求，多层建筑及底层建筑之间防火间距均在 6 米以上。多层住宅楼及多层商住楼，均为五层带阁楼，幼儿园及会所为最高三层，均属于二级耐火等级，防雷等级为三级，抗震设计烈度为六级。

本方案在设计中考虑到残疾人使用和通行，所以道路及住宅楼的出入口处均为无障碍设计，路的纵坡度均控制在 3.5%以下，其他出入口处坡度也控制在 1/8 以下，宽度均大于 1 米，以便于残障人员进出。小区中心广场等处均设置有坡道，可供残疾人进出。

本方案的设计在注重居住小区外部环境和优化住宅内部设计的同时，注重节约土地，合理充分地利用土地，在保证规划、消防、环卫、绿化等要求的前提下，最大限度地提高土地的使用效率。

开发理念

洛兹·江南绿洲的开发严格执行了国家有关建筑方针、政策，遵循“以人为本”的指导思想，以“让家的感觉更休闲”为宗旨，倡导回归自然本真，打造都市休闲主义人居典范。项目着力打造休闲品质，绿化、景观、户型、配套全面考虑，多层、小高层、单身公寓错落有致，交通流畅，风情楼榭、茂林修竹点缀其中，独户享用景观花园，高档健身休闲会所倍添生活情趣，更有占地约 3000 平方米的幼儿园，商业一条街让居民生活无忧，是宁波城南又一置业、投资高尚社区。

景观设计

洛兹·江南绿洲在小区景观设计上匠心独具，将江南千年的卓越人文融入其中，使古典与现代两种风格合而为一，营造园林小品特色，集观赏价值与实用功能于一体。追求细节完美，使外延和内涵谐地把现代江南格调演绎得淋漓尽致，丰富的空间组织，与多彩的园林分布相结合，简洁俊朗的外立面，靓丽南城区域一方。体系最大限度地不与景观相冲突，地下车库兼顾了采光与通风。贯穿小区的曲线绿地和住宅间邻里绿地相结合，以达到创造优美的居住环境，提高居民生活质量，打造品质居家生活。

方案的设计以形式多样的点、线、面绿化布局组成且各具功能，中心带绿化地强调公共性，是小区的客厅，包括各种活动场地及树木、草坪等，给居民提供了良好的休闲环境。流线：主入口中心休闲绿地广场穿过会所底层共享门厅半地下停车库绿化硬质广场次入口绿地广场。住宅间绿化属于半私密空间，强调住户与自然的直接感受，使每个住户拥有一份绿化领域感，使更多的居民感受绿化带来的秀丽景色，充分发挥绿化的效益。

建筑特色

□户型方正实用

洛兹·江南绿洲的户型设计，本着实用为主的原则，力争户户空间通透，宽视野、全景观。户型面积在 70—160 平方米之间，各种户型都根据不同朝向，合理分格，每个分格都做到居有所属，用有所值。在实用的基础上突出美感，在关怀的层面下表达艺术，让家成为居民理想中的感觉。

□细节完美，打造品质家园

洛兹·江南绿洲在建筑细节上追求完美，外延和内涵交相呼应，使空间不是围得严严实实的方盒子，给您居家生活增添一种艺术享受。

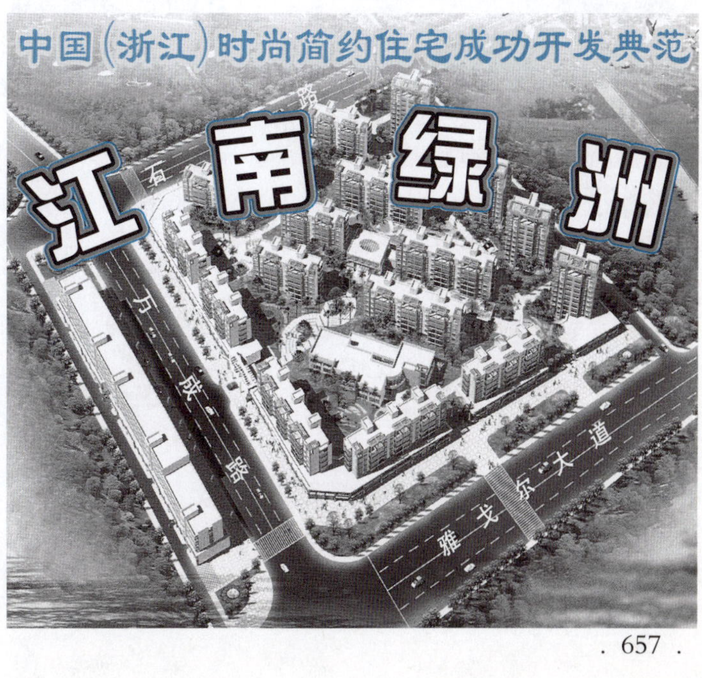

新技术应用

本方案在小区管理上设计了智能化管理系统，小区实行智能化管理，让居民安家即安心。本方案的智能设计主要由安全防范子系统，信息管理子系统和信息网络子系统三部分组成。安全防范子系统为小区物业管理和住户提供小区公共安全，主要包括出入口管理及周界防越报警系统、闭路电视监控系统、对讲防盗系统、住户报警及家居智能系统以及保安巡更管理系统。信息管理子系统为小区物业管理和住户提供小区综合物业服务功能，主要包括水、电、气等住户计量表的远程抄收管理系统、公共设施监控系统、停车场管理系统、物业计算机管理系统。信息网络子系统为小区提供信息传输通道，包括小区接入网和小区内部网络两个系统。

人文环境

都市紧张的生活，有如高节奏的快板，而家，无疑是释放身心最理想的空间，因此，洛兹·江南绿洲的设计突出了“休闲”主题，时尚灵性的建筑空间、美丽多姿的园林绿化、会所、幼儿园、商业街等，构筑了温馨的人文居住环境。旧时江南情怀，今日都市情结，二者合奏出繁忙乐章中的闲情散板。闲看庭前花开落，不知春夏与秋冬……温馨、休闲、典雅的居住环境不再仅仅是诗中的美妙意境。小区户型方正实用，推窗见景，建筑与人，人与自然相携相成，构成了共生、共享的品质家园。底层住户可以独享配套的小花园。

小区周围现有雅戈尔小学、石碶镇中心幼儿园、雅源幼儿园、吴剑鸣医院、轻纺城等学校、卫生、商场，足可满足小区居民的生活需求。

环境

点、线、面布局立体化绿色，身兼多种功能，中心带绿化地强调公共性，提供了良好的休闲环境，住宅间绿化属于半私密空间，使每个住户拥有一份绿化领域感。小区景观设计上匠心独具，将江南千年的卓越人文融入其中，使古典与现代两种风格合而为一，营造园林小品特色，集观赏价值与实用功能于一体。

建筑

简洁、明快，现代风格，建筑材料富于时代气息，户型方正，户内大跨度空间，可多功能设计，配置储藏室、健身区等，实惠、舒适、方便、品质。动、静、干、湿、清、污严格分区，多面采光，南北通透，明厅、明卫又明卧。独户享用景观花园，让家的感觉更休闲。

规划

一个中心，一条环线，强化了小区整体性，设有独立人行系统，漫步小径与景观绿地，明确道路分级，流线清晰畅通。小区配有600平方米建筑面积会所、近200平方米幼儿园和600平方米时尚商业一条街，附近有医院、宾馆、酒店、超市、娱乐场所等。位于雅戈尔大道旁，交通便捷：513、364、103公交线路直达市区，高速公路、栎社机场近在咫尺。

科技

小区实行智能化管理，由安全防范子系统、信息管理子系统和信息网络子系统三部分组成。安全防范子系统为小区物业管理和住户提供小区公共安全，信息管理子系统为小区物业管理和住户提供小区综合物业服务功能，信息网络子系统为小区提供信息传输通道。配合科技的硬件，江南绿洲物业承诺24小时巡更，通过集中管理电子系统记录巡更时间，排除人为因素的干扰。给小区业主一个安全、休闲、舒适的生活环境。

地处城南商圈，旺铺潜力无限。

沿雅戈尔大道、石源路、万成路商铺蕴藏无限商机

发挥“雅戈尔大道”经济优势，经营汽车、机械配件、设备、服装辅料、配料等行业。自身小区与广博规划小区形成超强人气，连接轻纺城，形成强劲商圈。公交线、中巴线、高速公路、栎社机场形成发达的交通网络。短进深，5.2米挑高，一层购买，两层回报；50平方米左右，最佳投资。人居经典楼盘，品质自然有保证。

- 现场售楼：雅戈尔大道（石碶派出所旁）
- 咨询热线：**0574-88270555　88270556**
- 开发商：宁波洛兹置业有限公司
- 营销代理：凯诚房地产营销代理有限公司

温州建桥房地产开发有限公司

温州建桥房地产开发有限公司是上海建桥集团下属全资子公司，是一家主营房地产开发和经营的大型房地产企业。公司成立于2004年2月，注册资本金3亿元人民币。公司现有员工30人，其中大专以上学历人员占80%，中级技术职称人员8名，高级技术职称人员2名。自成立以来，公司本着注重生活品质及创新生活方式的专业理念，依托先进的经营理念、高效的管理手段，通过整合各种社会资源，不断提升企业自身的品牌。公司立足于温州地区房地产业，努力为温州建设有影响力的建筑作品。公司战略目标是在实现建桥创新生活理念的同时追求房地产最优附加值。

目前公司投资12亿元开发建设乐清市“上海花园”生态住宅项目，该项目是乐清市开发规模最大、档次最高的住宅项目，占地面积23.2平方米，共有独立住宅320户。该项目结合上海房地产业界在建筑设计、景观设计等方面超前的设计理念，注重从社区的整体性去构思，去建设。为了使楼盘的品质能更上一层楼，公司还申报了“国家康居住宅示范工程”和“浙江省建筑节能示范小区”。他们的目标是将乐清“上海花园”建设成为温州地区生态住宅的典范，为乐清市民提供一个和谐的生态居住环境。

中国房地产景观环境社区成功开发典范

上海花园

接待中心：浙江省乐清市旭阳路上海花园现场展示中心

垂询热线：0577-61608888

上海花园，独有的稀世臻品，城市精英的第一选择！

上海花园位于浙江省乐清市中心区滨海片区，东至30米滨江路，南至30米滨江路，西至已建旭阳路，北至规划银溪路边绿化带。总建筑面积约11万平方米，由独栋、双拼高档住宅构成，是乐清市第一个低密度大型生态住宅社区。

屋以稀为贵。真正出色的人生需要更广阔的空间，真正出色的建筑和成功一样令人瞩目，难以复制。珍品贵乎稀有，眼力决定实力。温州多年来在大中国经济发达城市留下的遍地足印和骄人成绩，其蓬勃与锦绣已为国人瞩目，领袖群伦的名流更需要一方稀有珍贵栖息之所，生活领军人物才能处处独占鳌头。上海花园作为乐清市政府规划的第一块低密度生态住宅用地，为城市精英提供了一方居住的福地，为乐清居住史上描上了浓墨重彩的一笔！

高雅建筑,完美视觉

建筑在视觉上具有美感与强烈的艺术感染力，不仅能给人类的文明留下珍贵的遗产,而且也体现了居住的品位与高标准的要求。人们通过形式的美感获得美的享受，也在一定程度上提高了文明的内在涵养，为社会道德积累了广泛素材。

上海花园来自欧洲的建筑风格给您带来高雅感受，浓郁的贵族气息让建筑的味道得以充分彰显,在优美的建筑面前,居住的美感立现眼前,建筑让人的生活充满艺术的节奏感,蓝天、白云、挺立的建筑与优美的线条,都让上海花园的生活充满现代气息,让都市的优越与自然的风光同时映入眼帘。

在上海花园,高雅是建筑的又一代名词,它彰显着主人的身份和地位,彰显着高尚居住环境带来的美妙感受。

超大空间,尊贵享受

空间驰骋在人的生活中,作用不可小觑。在大空间的概念中,大到宏观的生活半径,小到微观的户型空间,都包含在空间的概念中。

超大舞厅已经被时代淘汰,但超大空间一直受到尊重,因为成功的人需要收藏更多的壮志豪情。“上海花园”约 11 万平方米纯高档住宅社区,南北双向观景,前庭后院,皆有鸟语花香可享;全采光设计,阳光和风景通透进来,明亮成为景观最好的底色;300 平方米~500 平方米的阔绰空间,独立或是双拼,给予的都是生活舒适最大化;无论是挑高的大厅还是别具总统套房风范的主卧,每个尺度都与众不同;配备阔绰车库,独立名邸更配备豪华双车库,更显大户风范。

精英规划,私人生活

在上海花园,院墙围合出私密、安静的内向型院落,独立于外界纷扰。院内建筑,均延周边布置,主要房间,内院采光,使得相邻户间距更大,更具优势。庭院的私密特征,为院中室内外空间交流带来最大可能,使私人庭院成为更好利用的“户外起居室”。

大尺度栋距设计,前庭后院绿篱遮蔽,挡住视线放行风景。个人领地纯粹独立,私密空间令人全然放松。小型超市、银行 ATM 取款、美容美发店、洗衣干衣店、二十四小时便利店、茶餐厅、鲜花店……,处处优待您的生活需求,在上海花园,精英规划缔造国际水准的纯粹私人生活!

生态环境,创意景观

生态住宅是二十一世纪的新宠，生态住宅以可持续发展的思想为指导,意在寻求自然、建筑和人三者之间的和谐统一,即在“以人为本”的基础上,利用自然条件和人工手段来创造一个舒适、健康的生活环境。创意是人类的精神产物,也是文明进化思维的体现。在上海花园,“创意”的加入,也是构成其完美生活的又一个不可或缺的组成部分。

在上海花园的生态住宅理念中，对生态环境的整体考量与景观的细微表现是其核心的组成部分。

在生态环境的整体考量上，上海花园兼顾了宏观和微观两个方面,在宏观上,充分尊重地块的原生态地貌,在保持地块原有生态特点的基础上构筑与之配合的景观;在微观的表现上,则是围绕多条绿轴,设计出多层次的景观,风格参差辉映,移步换景。另外,还特别依照地形特点,设计了一条融会贯通的水系,不仅能在社区形成一条跃动的水循环体，让清新水色装点社区的各个角落,而且在社区的中心位置还形成了一个大型的人工湖,为社区居民休闲娱乐提供了一个理想之地。

在景观的细微表现上，上海花园同时兼顾了现代与古典的统一;欧洲风情与中式意韵并容二大方面。欧式风格主要突出浓郁的异域风情,中式意韵主要体现在“坡、溪、亭和中心花园”四大景观的营造上,每个相对独立但又完美的融合,而且每个景观都有自己的特色,在突出主题的同时,也兼顾与整个社区氛围的营造与融合,处处皆具创意。

超凡材质,领先国际

房屋品质的基础主要表现在材质的选择上。

极品生活的住宅品质更是如此。在现代住宅中,材质的好坏不仅体现了居住功能的程度,也体现了居住的内涵和品位。

主人的面子可不仅仅是一项面子功夫，只有真材实料才能铸造豪邸。

上海花园极品建材设备,衬托极品人生。建筑屋顶、外墙、地面、门窗等细部都由一流品质的建材构成,让生活更有品质与保证。

人民电器集团浙江房地产开发有限公司

人民电器集团浙江房地产开发有限公司成立于2003年12月，住所：乐清市柳市镇智广工业区，法人代表：郑元豹，注册资本为2000万元。人民电器集团浙江房地产开发有限公司已在江西和河北两省成功地开发数个楼盘，具有房地产开发二级资质。

浙江房地产开发有限公司主要经营房地产开发建设、商品房销售、物业管理，兼营房地产咨询、建筑材料贸易等业务。公司拥有一支业务熟练、技术精湛的员工队伍，汇集了房地产开发建设方面的高级人才和投资专家，具有丰富的房地产开发建设经验。

公司以开发建设商贸城、写字楼、住宅小区为主，运用现代管理方法和手段，建立健全了“质量管理体系”、“成本保证体系”和“售后服务体系”，坚定不移地走品牌之路，树立了良好的企业形象。公司不断总结经验，研究掌握房地产开发建设规律，在质量管理、成本控制、计算机应用等方面形成了鲜明的“人民”特色，并初步形成了一套严谨的标准化、科学化、系统化运营体系。

公司始终遵循**“服务社会，造福大众”**的经营宗旨，依靠优良的品质保证，优质的配套服务和公平合理的价格，赢得了广大消费者的充分信赖，受到有关部门的重视和社会各界的肯定。几年来，公司已先后开发出江西乐平锦阳小区、武汉太平洋商贸中心、河北鑫港房地产、淄博SOHO城等十多个工程项目，开发面积达100多万平方米，取得了骄人的业绩。

嘉兴市鑫港房地产开发有限公司成立于2005年1月。公司注册资金2100万元，由中国·人民电器集团所属的人民电器集团浙江房地产开发有限公司控股，郑建荣、叶玉新、郑纬宇四方共同出资建立的有限责任公司。由郑建荣同志担任董事长职务。并通过竞拍方式以嘉土让合开(2005)第5号《国有土地使用权出让合同》取得经济开发区2004-57号地的国有土地使用权，拟开发“盛大花园”项目。并于2006年4月10日取得房地产开发暂定资质等级。

鑫港国际商贸中心是河北省、邯郸市重点建设项目，得到了省市两级政府的大力支持。建设期间一切手续从简，特事特办：“一事一议”，走“绿色通道”：建成后工商、税收享受“二免二减半”，集成最大化政府价值。

汇集大型商贸集散、商品流通、购物消费、餐饮娱乐、观光旅游、会展办公、商务居住于一体，集聚国内外资金流、信息流、技术流、人才流、商品流和交通运输流于一身，集成最大化产业价值！

雄踞邯郸城市东北板块千余亩上风上水福地，缔造百万平方米新城市中心城市地标，财富之巅——中原首席商业门户呼之欲出，集成最大化规模价值！

设有多功能厅、会议中心、科技交易馆、专利博览馆、名特优新产品展览馆等。时尚的现代建筑和优越的配套设施，为在鑫港商贸中心从事商务活动和观光旅游的中外来宾提供最为周到的服务。

通过广场、花径、喷泉等形成景观系列，呈现错落有致、层次丰富的景观形态。精巧别致、充满绿意、水景的室外休闲广场及中心花园，形成高雅、时尚的专属商业、居住空间。最大限度发挥生态、景观功能，以创造良好的人文环境。

嘉兴地处中国长江三角洲的黄金地区，与上海、江苏接壤，东北距上海市90公里，西南距杭州市90公里，北距苏州70公里，东距乍浦港40公里，东南距宁波160公里，处于最具有经济活力的长江三角洲和中国沿海经济带的中心位置。目前嘉兴正在建设连接浙江、江苏和上海的“三纵三横”高速公路网，要把嘉兴建成整个浙江融入长江三角洲的核心区域。就嘉兴房地产市场产品形态而言，2000年以前几乎全为“多层住宅”为主，而发展至今，却多以“小高层、高层”而存在。此外，物业类型的多样化也是发展的另一种格局，“普通住宅、单身公寓、写字楼、商住楼、别墅”等等，给消费者带去了多样化的选择空间。同样消费者对于住房的要求也越来越高，开始重视对环境和景观因素，这也从另一层面促进了嘉兴房地产市场的高品质发展。

嘉兴市鑫港房地产开发有限公司所开发的“盛大花园”南侧紧临嘉兴市最大的开放式景观公园——洪波公园，北靠东升路，占地面积为68962平方米，总建筑面积约为17万平方米，由16幢小高层和1幢高层建筑组成。本项目区域地段优势明显，靠近老城区，离市中心仅五分钟车距。项目旁有超大卖场和成熟社区，生活配套设施比较成熟。又紧邻嘉兴市实验小学，给业主的小孩创造了一个良好的教育环境。

“盛大花园”从设计之初就本着要把Park Living式的生活带入嘉兴，定位为设施相对齐全的中、高档楼盘。楼盘本着尊重自然环境，创造傍水而居、洗尽铅华的休闲式居住区，兼顾文化效益及生态效益。楼盘总建筑面积约为17万平方米（其中地下面积约3万平方米），由16幢小高层(十一跃十二层)和1幢高层酒店式公寓(二十二层)建筑组成。

本楼盘由龙安一泛华公司工程顾问有限公司设计，该公司以建筑为龙头，以规划为特色，具有很强的市场和设计综合能力，近几年，在重大项目竞赛中屡屡中标，已在浙江及周边地区承接了大型公建项目及住宅小区等。如：浙江农资集团总部大楼、温州高教园区商务中心，北京西点大厦、湖州银泰百货大楼、宁波鄞州工商商贸大厦、杭州市第二人民医院、浙江省江山中学。该设计公司倾力打造的“盛大花园”设计风格体现时尚现代，色调明朗、立面简洁，同时兼顾节能，减少不必要的装饰，整体体现简约、轻灵之美。弧形板式小高楼灵活组合，同时又突出板式楼良好的采光和通风效果。“盛大花园”整个西面沿线是新睦塘河的支流，使整个楼盘彰显水岸住宅的优势。给业主创造了一个城市喧嚣中的静态。同时，该项目隔新睦塘河还有洪波公园，高层的景观效果无以比拟。

“盛大花园”根据规划条件后退东升路15米、南侧绿化带7米、西侧河道8米。主入口设于东侧相对安静的百墅路，北侧东升西路设车行次入口。在地块西北侧设产权式酒店公寓，局部城市小广场。小区在设计时充分考虑到“宜居”的特点，主力户型为140平方米左右。户型设计为浅进深，设南北阳台，以三室二厅、四室二厅为主，确保每户一个卫生间为明卫，局部设置跃层大户型。沿东升路12#一16#楼设户内花园，进一步改善用户居住小环境。小高层住宅层高2.9米，产权式酒店层高3.3米。5#6#7#10#11#楼底架空3.9米，更体现小区环境的通透性。同时景观延伸至架空层，并在架空层设置健身设施及休憩家具，为用户提供更多休闲场所。另外小区还配置了网球场和一个蓝球半场，相对增加了硬地面积，为小区用户提供更多的休闲选择。

小区全部采用“三菱电梯”，彩色铝合金窗框，中空镀膜玻璃。“盛大花园”在设计中内外停车比例达到户均一辆，地上地下停车相结合。地上停车156辆，地下636辆，共792辆。

本公司聘请美国WXHO景观设计公司度身打造小区景观，“盛大花园”景观设计以会所为中心，所有造景都围绕其展开。由于小区相邻两幢之间的间距比较宽敞，南北宽有30-65米不等，加上架空层的架空绿化空间，在景观设计中主要突出花园式的大庭院、大院落的景观空间，利用水景、园路在其间穿梭、游引，在景观设计上以水为灵魂，静水动水相结合，溪滩石、鹅卵石分布其中，间种水生植物。

品质房产是健康楼市的脊梁，一切优秀的房产无一不是人类精神文明的积淀。作为房地产开发企业，他们将努力打造“盛大花园”，以高品质的产品与全方位的服务赢得业主的认可和信任，用精耕细作式的品质房产取代粗放式房产开发模式，为进一步提高嘉兴市的住宅档次、提升城市形象做出努力！

中国房地产景观环境住区成功开发典范

盛大花园

公园时代，缔造经典

13 万平方米绿意庭院，悉心讲述公园与建筑的完美邂逅，造就现代居家一道不可不看的风景。底层挑空式布局，将无尽绿意直接涌至窗前，至美风景从此尽收眼底。超大栋距，带来最宜人的空间尺度，营造出前所未有的生活情趣。盛大花园——以上乘品质铸造城市经典，引领现代居家新概念，为嘉兴人民精心献上公园式全景观生活。

睿智眼光，俯瞰全城

地处城市轴心板块，通达四方，5 分钟直达繁华领地，坐拥嘉兴稀缺开放式绿地洪波公园，超值景观与生俱来，时刻与绿色相拥。距离市级学府“嘉兴市实验小学”一路之隔，让您的孩子在起跑线上就可一路领先。易初莲花大型卖场近在咫尺，直观体验时尚消费的新浪潮，成熟品位无可匹敌。

超凡意境，至美园林

特邀美国 X-WHO 中国机构全程负责盛大花园的景观设计，以**“文化融于自然、设计源于自然、科技回归人性”**的设计理念，为其量身定做社区文化的空间艺术。率先引进了更为契合生活理想的 BLOCK 组团形式，7 大公园主题密切互动意境回旋，形成自然环境的资源共享，每一步皆有场景变幻，人际交流变得舒适简单。

创新建筑，舞动人生

独家采用海湾型建筑风格，弧线楼体，视野开阔，由此产生与众不同的流畅美感，处处流露生活的简约气质，融现代时尚与生态元素于一体，居家氛围显得更为轻松惬意。板式电梯小高层、酒店公寓由南向北高低排列，错落有致，形成一道亮丽天际。为懂得享受的人士精心打造一片生活的自在天地。

尊爵气质，私家珍藏

完善的生活配套，造就了盛大花园“城中之城”的居家经典。近千平方米三层高档会所，享受尊华翘楚人生，带来面面俱到的星级服务，全方位体验唯有盛大花园方可感受的细致与体贴。内置式休闲商场及东升中路沿街旺铺，带来足不出户的购物便捷。几步之遥即可直达易初莲花大型卖场，直面时代消费的前沿时尚。

细节表现，人文法则

礼聘香港银丰物业管理有限责任公司一路保驾护航，传承世家经典，以人为本，纯正引入欧美“贴心管家”式物业理念，悉心照料您的生活点滴，以尽善尽美的专业态度，全方位真切感受最细心周到的酒店式贵宾礼遇，着眼细微之处，彰显业主高人一等的尊华气质。

现场地址：浙江省嘉兴市经济开发区百墅南路 45 号　　接待电话：0573-2271888　2272888

嘉兴市龙盛置业有限公司

嘉兴市龙盛置业有限公司成立于2003年9月，隶属于浙江龙盛控股有限公司，注册资金15000万元人民币。2003年8月，浙江龙盛股票在上海证券交易所隆重发行上市，成为染料行业唯一一家上市公司。龙盛染料年产能力达12万吨以上，是国内最大的分散染料生产出口基地。公司染料产量、销售收入、实现利税、出口创汇等指标已连续5年在国内同行业中排名第一。

秉承集团公司雄厚的资金和技术实力，嘉兴市龙盛置业有限公司着眼于江南水乡—嘉兴的特殊地域优势，把握自然风景与历史人文景观的和谐统一，倾力打造总建面约50万平方米的“**龙盛·华城右岸**”项目，创建龙盛房产品牌，实现集团公司的多元化投资战略。

龙盛·华城右岸

中国房地产景观环境社区成功开发典范

龙盛·华城右岸位于嘉兴市秀洲新区，总用地面积400余亩，总建筑面积约50万平方米，是目前嘉兴城西规模最大的楼盘，这其中一期开发土地面积11万余平方米，总建筑面积16万余平方米，建有多层、小高层及高层景观住宅。该地块东、北两面临水，南面规划优美的运河公园，环境得天独厚，是一个临河枕水的美景胜地。

与生态环境相融共生，是现代人居的理想追求。龙盛·华城右岸开发在以“绿色生态”为总体思想的指导下，以高新技术为先导，大量采用绿色环保建材，体现节约资源、减少污染的开发原则，精心营造健康、舒适的人居环境，被列为浙江首个“全国绿色生态住宅示范项目”。

龙盛·华城右岸景观设计由著名的贝尔高林公司担纲。结合园区南临规划中的运河公园，园区北部及东部布置小高层及高层住宅，中部以多层为主，建筑整体布局形成从南到北、从西到东逐渐升高，面向运河开放的空间形态，营造出错落有致的意境之美。园区的景观南北纵轴线从中心湖区延伸至南出入口，与南部的运河公园形成自然衔接。

住宅小区内建筑间距开阔，为园区的园林营造留出了足以发挥想象的空间。园区对“新江南园林”的营造，没有走上复古的路子，而是一方面保留江南小桥、流水、绿树的清雅、含蓄、宁静、淡泊的意境，但同时营造园林的材料和手法则完全采取现代的，并适当引进欧式园林的要素，来表现江南人居意境。园区以水景及大面积绿化为核心，创造点、线、面相结合的多层次园林体系。整个园区空间通透，绿荫葱葱，流水潺潺，建筑、景观院落、水系、道路铺装、绿树、草地等互相交错融合，一派新江南园林的优美景致。

龙盛·华城右岸对“新江南园林”的营造，与众不同地坚持了中式园林的探索和发展，以现代的手法表现小桥流水的人居诗意，将园林意境与现代生活融合，古意新做，对于延续嘉兴园林的脉络极具借鉴意义。

嘉兴大型新江南园林社区／龙盛·华城右岸

园林是中国人居的最高境界，寓意着一种优雅、高贵的生活方式。

嘉兴园林的历史悠久，堪称江南园林的典范。小桥流水的诗意生活，已成为嘉兴人挥之不去的情感记忆。

龙盛·华城右岸倡导“新江南园林”的人居理念，承接起嘉兴江南园林的文脉。

以现代园林的造景手法，创造出美妙，舒适的现代园林人居意境。

龙盛·华城右岸／国际居住建筑艺术综合金奖

● **龙盛·华城右岸**将浓郁的中国传统人文气息和时尚的现代建筑风格相融合，在“2004首届中国国际艺术双年展”中荣膺“国际居住建筑艺术综合金奖”，这是浙江省唯一荣获这项大奖的房产项目。

● 由建设部和文化部批准的“2004年首届中国国际艺术双年展”共有14个国家和地区的国际知名建筑团体、建筑师、研究院参加，这是世界建筑界的节日和盛会。

● 建筑艺术是时代精神的一面镜子，龙盛·华城右岸的建筑是嘉兴新江南园林再创辉煌的视觉语言。龙盛·华城右岸园区北部及东部布置小高层及高层住宅，中部以多层为主，建筑整体布局形成从南到北、从西到东逐渐升高，面向运河开放的空间形态，营造出错落有致的意境之美。

● 龙盛·华城右岸借鉴现代主义的建筑语汇，引入现代新材料和新技术，力求塑造全新风格的现代园林社区形象。园区建筑层次分明，视线开阔，宽敞通透。建筑色彩明快，造型简洁流畅，形成了空灵别致、轻盈飘逸的风格。

龙盛·华城右岸／浙江首个“全国绿色生态住宅示范项目”

► 与生态环境相融共生，是现代人居的理想追求。龙盛·华城右岸以高新技术为先导，以可持续发展为战略，体现出节约资源、减少污染的开发原则，精心营造健康、舒适的人居环境，被列为浙江首个“全国绿色生态住宅示范项目”。

► 龙盛·华城右岸以“绿色生态”为总体指导思想，在住区环境规划、能源与环境、室内环境、水环境、材料与能源等方面进行着系统规划设计，精心营造着新江南园林的人居意境。

► 龙盛·华城右岸景观设计与周边良好的环境相得益彰。园区南临规划中的运河公园，园区园林景观设计讲求与运河公园的呼应与衔接，使得园区景观和谐地融合在周边环境中，形成对城市风景的尊重和创造。

► 龙盛·华城右岸以中央绿化及水景为核心，创造点、线、面相结合的多层次园林体系。整个园区空间通透，绿荫葱茵，流水潺潺，建筑、景观院落、水系、道路铺装、绿树、草地等互相交错融合，显现出一派新江南园林的优美景致。

► 龙盛·华城右岸大量使用绿色建材，采取有效的节能措施改善建筑的热工性能，并以大面积多层次的绿化调节着园区的小气候。园区楼间距开阔，空气十分流通。户型多采用大开间、小进深设计，户户朝南，采光通风良好，健康、生态的居家氛围洋溢在每一寸空间。

建设无限未来

——嘉兴市信达建设房地产开发有限公司

嘉兴市信达建设房地产开发有限公司，前身嘉兴市建设房地产开发开发公司，成立于1985年1月，2004年6月正式更名为嘉兴市信达建设房地产开发有限公司。公司控股或参股嘉兴经济开发区房地产公司、嘉兴格林置业有限公司、嘉兴市新地置业有限公司、嘉兴市中建混凝土有限公司、嘉兴市建银物业管理有限责任公司等企业，是嘉兴最具影响力的地产开发公司之一。

公司成立20年来，累积开发或参与开发建筑面积近200万平方米，包括商品住宅、办公楼、商业用房、工业厂房、农贸市场等等，先后参加**文教小区、吉水小区、三水湾小区、电子小区、清风阁、禾兴公寓、荷花堤住宅**等住宅小区的开发建设，迄今为止，公司开发的商品房已达10000多套，满足了40000多嘉兴市民的住房需求。

20年来，建设房产以**高素质的人才、规范化的管理、高效率的运行机制**享誉行内，在业界树立起了良好的企业风范。20年如一日的诚信经营，建设房产获得了社会各界好评。迄今为止，公司先后荣获省、市级政府及部门单位授予的荣誉30多项。

【翰林府第】
充满感情色彩的家园
中国（浙江）景观环境社区成功开发典范
潮流来来去去，生活的本质永恒。
那风起的巷口、那杂夹着欢笑的树丛、那邻里间的问寒嘘暖、那天井中讲牛郎织女故事的老奶奶……如同儿时的小船，依旧在岁月的河间飘荡……
其实，这一切并没有走远，那些随岁月漂流的瞬间，总在记忆深处，不经意地将我们触动。
江南传统建筑营造的宁静、和谐，浓浓人情味以及与世无争的情感交流，正是让我们倍感温馨的价值所在。作为新江南人文名宅的典范，翰林府第在户型、园区空间组织、景观规划上全面引入亲和原则，以此尊重嘉兴人精神与情感的需求。通过对庭院、天井、邻里、骑廊、回廊等元素的改造，重新演绎充满情感色彩的空间，以此把翰林府第建设成为一个颇具中国传统伦理精神，又具现代文明的人性家园。
翰林府第
Intelligence of life Scenery of soul
IMMORTAL
气质精英的六大“精神领地”：
自然领地：南湖景区、海盐塘、大规模的城市绿化带、城市进风口构成自然出众的环境。
人文领地：地处行政文化中心，报业中心、图书馆、博物馆、大剧院，嘉兴一中……成就浓郁的人文氛围。
环境领地：超大面积的绿地与横贯小区的水系，构成了“仁者乐山，智者乐水”的居家意境。
空间领地：天井、邻里、院落、骑廊、曲廊、巷道构成多层次的空间，和谐眷顾人的心灵。
健康领地：游泳池、健身房、健康步道、休闲垂钓区等丰富设施构成翰林府第的健康领地。
生活领地：小区出行便利，配套设施齐全，文化氛围浓郁，是不可多得的生活领地。
售楼处电话\0573-2085333\2827118
开发商：嘉兴市信达建设房地产开发有限公司 公司地址：嘉兴市中山东路21号 景观设计：上海水石景观环境设计有限公司 全案推广：杭州兰苑广告 0571-85825901

湖州嘉欣置业有限公司

实力成就梦想

位于湖州市凤凰路、杭长桥路的嘉欣●金世纪广场

由浙江嘉欣丝绸股份有限公司控股的湖州嘉欣置业有限公司投资开发。

浙江嘉欣丝绸股份有限公司是我国最大的丝绸产品生产和出口企业之一、全国丝绸行业的重点骨干企业、浙江省重点培育的“五个一批”企业、嘉兴市的外贸出口龙头企业。拥有专业内外贸分、子公司10家,全资和控股生产企业11家,出口创汇超过1亿美元,年销售额超过15亿元人民币。

湖州嘉欣置业有限公司是一家集房地产开发、经营、销售、物业管理为一体的综合性房地产开发企业。“科学管理,理性置业,诚信服务,打造品牌”是嘉欣置业的发展战略。公司凭着优秀的专业技术人才和雄厚的经济实力,始终坚持“以人为本、诚信至上、创优创新、追求完美”的经营宗旨,倡导人本、自然、创新、唯美的房产开发理念,坚持质量第一是他们的立命之本,用户满意是他们永恒追求的质量方针,营

Gold Century Plaza
嘉欣|金世紀廣場

嘉欣·金世纪广场

中国房地产景观环境社区成功开发典范

展示中心:浙江省湖州市红旗路118号(建设银行大楼二楼) 现场售楼:杭长桥路和凤凰路交叉口
都市专线:0572-2059555 2101000 2102058

嘉欣·金世纪广场坐落于湖州市区凤凰路、杭长桥路交叉处,正好坐落于老城区与新区接壤地段。进,通过红旗路直抵市区腹部之地,享受市区繁华;退,享受小区营造的静谧的空间环境和体贴的配套。繁不扰静,离尘不离城。小区总建筑面积10万平方米,建筑布局按功能划分为两大组团:住宅组团——世纪·春之声,由三幢叠加、五幢多层、六幢小高层组成;商业组团——金世纪大厦,由商务办公楼和个人精装工作室组成。是一个融商、住、办于一体的综合型楼盘。

作为湖州市首家“国家智能建筑试点小区”、“湖州市2004重点建筑工程”,嘉欣·金世纪广场首次把新都市主义生活概念引入湖城,并以其独特的楼盘定位和优越的综合品质,受到了湖城市民的广泛好评。2004年,嘉欣·金世纪广场被湖州市民评为“湖州市2004年度最佳楼盘”。

一样的城市 不一样的人家

○广场绿地效果图○

作为"湖州首家新都市主义风范生活小区"、"湖州市2004年度最佳楼盘",嘉欣·金世纪广场,凛然标定湖城新都市主义生活八大生活标准:

标准一:城市性格与建筑灵魂的激情绽放

两千年城市积淀和精神孕育,使湖州有着独一无二的城市性格和独特的城市魅力;两千年的历史人文和民俗风情赋予了湖城人绝对的骄傲与自豪。

嘉欣·金世纪广场,一方面充分挖掘历史名城的真实内质,再现历史名城的个性特征和深厚底蕴,延续湖城和湖城人民一贯的内敛、文静、朴实。另一方面,他们也在探寻某种符合现代湖城人的生活方式,在探讨着一种具有生命力的生活情态,一种能合理地继承和适度的变革。新都市主义生活是湖城人文生活的延续和升华,是这个城市文化新的发展动向,并预示着新的生活方式的兴起!

标准二:繁不扰静的地理核心

嘉欣·金世纪广场坐落于凤凰路、杭长桥路交叉处,属于开发区建设的前卫地段。进,通过红旗路直抵市区腹部之地,享受市区繁华;退,享受小区营造的静谧的空间环境和体贴的配套。繁不扰静,离尘不离城。

标准三:时尚现代的质感建筑

现代化的建筑精品就必然要吻合现代人的需求心态。嘉欣·金世纪广场整体建筑体现三大特点:简约精致的现代风格、高层低密度的居住环境、超前完备的配套设施。双层中空玻璃、小高层底层全部架空、地面上下超过90%的车位配备、智能IC卡进出……

标准四:感动生命的居住环境

现代化的都市社会中,一处绿意盎然、生机勃勃的景致空间已不再是一种摆设,一种装饰,一种体验,一种炫耀,一种享受。而是一份让你心酸的感动。

嘉欣·金世纪广场充分汲取了湖州作为江南山水园林城市人们对居住环境的习惯需求,不仅是提供了超过40%以上的绿化面积,而且在植被选择上,草地、花卉、灌木绿篱、高密树种,错落分布,四季分明;在硬地环境设计上,亲水中心广场、背景音乐、弯曲小石径、照明地灯路灯、休憩椅廊、别致的建筑小品等等都充分考虑人、自然、建筑之间交流需要,恰如其分地加以设置,为奔忙于喧嚣城市生活的人们提供了精致感动的人居环境。

标准五:都市化的的生活享受

嘉欣·金世纪广场配备了齐全完善的都市化生活享受。想用购物来排遣一时的工作压力?这里有精致、时尚的商业设施;放松一下紧绷已久的疲惫身心?这里有功能完备的会所设施,娱乐,还是健身,都可以让你挥汗如雨;想要聚会分别已久的他乡知己、闺中密友?这里有私密自在的个性场所;甚至为喜欢就近办公的企业主、白领阶层配备了现代化的商务写字楼;为乐好SOHO的个性、自由人士配有小型个人工作室……

标准六:国家标准的物业服务

嘉欣·金世纪广场是湖州首家国家智能建筑试点小区。小区严格按照国家智能建筑的标准,着力打造智能化住宅小区。嘉欣·金世纪广场通过引入现代科技的"智能天工-21C家庭智能化系统",向用户提供先进的安全防范、信息服务等方面的功能,为居住者创造安全、便捷、高效的生活空间。

"智能天工-21C家庭智能化系统"是一种基于LonWorks控制网络技术的住宅小区与家庭智能化综合控制及布线系统。集成了如防盗保安系统、可视或非可视对讲系统、多媒体布线系统、独户型安防与智能化系统、大型小区综合智能化系统等智能家居服务。

标准七:多元化的生活体验

嘉欣·金世纪广场以大面积的公共空间来营造怡情的社区环境。聚会广场、休憩亭廊、公共绿地……远处正呵呵欢笑的老人也许就是你一生为之情动的父母;正在草地上追逐欢笑的也许正是你为之牵挂的小孩;正在绿廊下歌唱的也许正是你最爱的妻子;正在石桌上专心厮杀的也许正是你的左邻右舍;而你,正躺在绿地上的藤椅上阅尽天下大事。

标准八:智能化的阳光户型

空间是生活的载体,在房型设计上追求舒适,满足不同地域购房者的心理和文化需求,留有想象的空间是营造生活方式的必须。嘉欣·金世纪广场规划设计的几十种主力房型坚持以江南民众的居住习惯为准则,并在此准则上进行了超前的出位,以大面积、多方位、全环境的多阳台设计以满足不同要求购房者的选择。从精致两房到居家三房,再到敞阔的四房,产品的多样化和消费者选择的多样性在这里实现了充分的满足。而且整个小区的房型设计,应用了最新的数字、网络、通讯、控制等技术,将科技融入了日常生活,享受智能化技术带来高效、便捷、轻松的生活享受,完美展现新都市主义居住家庭的生活场景。

两千年深厚底蕴的湖城走过昨天、拥抱今天、激扬明天;

两千年悠闲质感的湖城人民用一杯香茗、一杆湖笔、一卷典籍阅尽历史风流、笑谈人生感怀。

两千年清丽妙曼的新世纪湖城重塑新时代的人居秀城。

兽霸集团·青田县万基置业有限公司

青田县万基置业有限公司是浙江兽霸集团旗下的一家专业从事房地产开发和经营的子公司，公司成立于2002年3月，注册资金为人民币5038万元。现有员工30人，其中工程师8人、会计师2人、经济师3人、统计师2人、农艺师1人以及其他各类骨干力量。合理的人员配置、雄厚的经济实力、高素质的专业队伍、科学规范的现代企业管理，使公司具备了雄厚的综合开发实力。

公司股东以自身的实业为支撑，择机进入房地产行业，使公司有着坚实的后劲。公司董事长是来自美国的实力派华侨，董事会成员均为当地知名企业家，具有良好的社会信誉。公司的高管都曾担任国企的老总，具有丰富的企业经营管理经验。公司员工95%具有大专以上学历，其中65%的人员具有本科以上学历。

公司秉承**"品牌兴企、以才致盛"**先进经营理念，致力于做大、做强、做长企业，追求实现可持续发展；以务实创新、敢为人先的气魄，先后成功开发了青田县金鹤苑、榭桥小区等几个项目，开发面积逾10万平方米。目前，公司投资2.5亿元正在青田县油竹新区打造一座以别墅为主的大型、高档、欧陆风情的尊贵社区——万基·欧郡。该项目总用地面积11.68万平方米，总建筑面积12万平方米，获得2005年"丽水十大期待精品楼盘"称号。公司项目规划设计遵循以人为本的现代设计理念，体现"人与自然"、"人与城市"、"人与环境"、"人与住房"的设计思想，立志为青田及全国人民奉献高品质的居住环境。万基公司优质的产品和良好的企业形象在青田赢得了较好的声誉和良好的口碑。

为企业创造效益、为员工谋求发展、为顾客创造价值、为社会创造财富，是万基人永远的追求。

万基·欧郡坐落在著名的华侨之乡青田县油竹新区，距青田市区只有5分钟车程。小区总占地面积116800平方米，总建筑面积121600平方米，建筑容积率为1.20，建筑密度21.6%，绿地率达51%。规划建设有独立别墅、双联别墅、小高层和高层公寓。欧郡依山就势，层次分明，小区配有游泳池、网球场、商务会所、幼儿园、运动健身广场、休闲园、景观喷泉等设施，是青田县首座真正意义上的山景园林高尚居住区。

规划设计理念

欧郡项目用地北部为山地，西南部、东部为平地，建筑规划基本上保持地形原貌，分成别墅组团和高层公寓组团等两大组团，最大限度地保留原始生态和自然山体出发，根据不同的建筑形式展开空间布局，形式各异的别墅依原始山体坡地而建，依山傍林；青田是华侨之乡，易于接受西方文化，基于这样的文化背景与渊源联系，万基欧郡选择以欧式建筑和园林为主题，汇融建筑、山水、人文于一体，汲取中国园林的造园手法，融合现代的流线设计。景观布局依山就势，并结合建筑布局，使中心主题景观、组团主题景观、全架空景观，营造出层次、多样化的生活、休憩等空间体系，全情演绎纯美浪漫生活。

景观设计坚持**"以人为本、亲和自然"**的整体理念，景观设计是与建筑设计融为一体的。把欧陆建筑风格与欧式园林相结合，使园林的意境得到诠释的异国风情。充分考虑到视觉和触觉的结合，结合地形，利用丰富层次设计，塑造小区的自然之美，舒缓节奏快、压力大的现代人至此，带来一种轻松、优雅的异国生活情调之风。整个设计充分利用天然景致，配合欧式特色园林元素，精心打造出一窗一景、一屋多景的视觉效果，形成无可比拟、充满自然情趣的纯美景观。

以独特的气质诠释欧式浪漫情节，万基欧郡糅合欧式经典元素，喷泉、雕塑、鲜花等点缀欧式风格，将闲适与激情、艺术与浪漫，表达得淋漓尽致。结合天然的地理山势和浓郁的人文气息，让人鲜明地感受到万基欧郡精心打造出的自然、人文与艺术共造的欧式经典居住环境。红酒、琴声、熏衣草的清香……一幕欧式生活场景即将在万基欧郡上演。

景观设计原则

根据万基·欧郡所处的地理环境特点和周边自然环境资源条件的影响，为实现上述设计理念，他们在山庄环境景观规划设计中，不论在整体环境景观的布局，还是在各个景观区域空间尺度，意境、色彩、迹象上将遵循以下设计原则：

保护原则：万基欧郡具有典型的山地自然生态景观，保护好这一典型而有特色的自然生态系统，不仅对保护景区生物多样性和生态多样性，调节山庄生态环境具有重要意义，而且这些自然生态系统所呈现的自然生态美对陶冶小区局面内的高尚情趣也是十分有意义的。

继承原则：万基欧郡家园环境景观氛围和景观要素的组合中，灵活应用其内涵的众多传统的文化因子，使景观意境更加具有人文情怀。另外，在景观空间各部处理上运用欧式造园艺术处理技法，并结合中国园林手法，注重景观空间序列的展开，采用藏露结合、梳密相间、虚实相映、高低错落、蜿蜒曲折、内外因借、层次渗透等艺术处理手法，使万基欧郡的环境更具艺术感召力和诗情画意，从而提升小区环境的居住品位，力求创造“精致生态欧景园”形象。

“因借”原则：造园艺术手法“巧于因借，精在体意”。在小区环境景观规划设计中，除了要保护和利用地域的自然生态景观和文化生态景观，更要注意保护并充分利用场地及其周围环境的自然生态因子和文化因子，作为景观设计的素材，将生态景观设计和人造景观设计相结合，充分利用场地的地形地貌等因子时其进行适当调节，在利用场地内生物因子的同时，对植物做适当移植和引入；在运用园林中的文化特征因子的同时，注入其含蓄性和通俗性。这是因借在广义上的运用，在狭义上的应用又有借外景因子入园内：通过地形的高低起伏，园景因子互借和园景因子的向外辐射等多种。

“模仿”自然原则：由于万基欧郡处于真山真水的大自然环境中，因此在小区景观规划中力求根据景观生态原理，多层面、多方位的在植物品种、植物群落的搭配以及地形地貌、水系水域的设置等方面，尽量模仿自然生态景观的设计手法，人工的给植物种群创造适宜其演化的生境，使人工设计的园林尽快地演化成自然生态系统，创造“天时、地利、人和”的居住环境。

“均好”原则：根据总体空间布局，将环境景观设计采取具象与写意、集中与分散相结合的手法，重点突出绿地景观，并使小空间的处理上更具人性化、艺术化、真正满足居住环境的均好性原则。

中国山景园林地产成功开发典范

景观布局

万基·欧郡环境地理条件有别于其他园区，地处真山的自然环境中，地形地貌起伏多变。因此，在山庄的环境景观设计中他们采用两种不同的空间处理手法，对局部的硬质景观利用地形高下山峦远近等自然条件，“因山就势” 在不破坏地形的前提下，使空间的虚与建筑的实相协调；对大自然的软质环境，结合独有的山地景观条件，再现人与生态和谐共生的规划思想，使山庄住宅就地生长在一个自然生态园区中，达到“返璞归真”、“天人合一”的艺术境界，实现万基欧郡不单纯是一个庇风挡雨的住所，而是一个有诗意意境、追求自然、生态园林空间，更是一个永恒的精神家园的目的。

结合地形和景观设计构思，景观布局分为：高层景观区域、山顶观景区域、中部都市森林区域、北部高山流水区域和别墅庭院景观。通过这一个景观设计思路，在居住区里形成由大面积的生态绿化带，线形的绿化链和点状的组团绿化核心等多级别的，以点、线、面的空间形式为特色的绿地系统。各个功能区，依山就势，如自然生长般有机展开，人、自然、城市空间完美融合，以优美、娴静的绿色空间串联各个功能区，犹如一条绿链飘逸在园区。

中房集团成都房地产开发总公司

中房成都总公司成立于1984年9月(其前身为成都市房屋集资办公室),属于企业化管理的事业单位,主管单位为成都城建投资管理集团有限责任公司(原为成都市房地产管理局)。

基本情况

人员情况

公司至2004年末共有各类职工111人,其中在编职工68人,聘用职工16人,退休职工27人,在职职工中,具有大专以上文化程度者为47人,具有中、高级职称者为38人。

机构设置

目前下设总经办、行政管理部、财务部、审计室、市场营销部、地产经营部、工程管理部、党务办公室等职能管理部门及中房物业公司、天伦国际大酒店、川师大实验外国语学校等二级独立法人单位。

企业规模

公司现为全国房产一级企业、全国房产百强企业、省级文明单位、成都市纳税先进集体、银行信用“AAA”级,年均开发面积约30万平方米,至2004年末,公司账面资产总额254397万元,负债总额242084万元(其中含尚未结转收入的商品房及土地销售款44590万元),净资产12313万元。

经营情况

经营范围:主营房地产开发兼营旧城拆迁改造及房屋租赁、物业管理。

经营业绩:公司自成立以来,始终坚持“质量第一,用户至上”的经营理念,并成功推出了玉林、李家沱、战旗、金沙等小区约500万平方米价廉物美、质量可靠的各类商品住宅及市政配套设施,并为政府落实安居政策、缓解市民住房困难以及在完成政府目标方面如府南河、青羊大道、成都军区北校场营房、科甲巷、熊猫万国商城、文殊院、青石桥、朝阳路、红星路等旧城改造及拆迁工程当中均作出了积极贡献。历年来,公司平均产值超亿元,实现利润上千万元,为国家创造了大量的物质财富。

今年来,公司除继续组织实施文殊院、红墙巷、一心桥等旧城改造项目外,陆续开工建设了总面积达10万平方米的东湖花园楼盘,及总面积达28万平方米的原轴承厂地块经济适用房项目。下半年,这两个项目将投放市场,预计可回笼大量资金。

文殊院历史文化保护区作为成都市政府重点项目，由中房集团成都房地产开发总公司整体开发运营。

位于人民中路旁的成都市文殊院历史文化保护片区改造项目，作为成都现代旅游休闲中心 RBD 的重要组成部分，与传统城市商务中心 CBD 相融合。依托省级重点文物保护单位——文殊院(5.73 公顷)，形成东至北大街、草市街，南至白家塘街、通顺桥街，西至人民中路，北至大安西路规模的协调区，总规划用地面积为 26.53 公顷。

项目以历史街区、川西院落为原形，以都市中心区域位置为依托，以寺庙集聚为支撑，以老成都文化为载体，以旅游休闲为引导，以餐饮娱乐购物为主体，以时尚商业为补充的大型都市旅游休憩商业片区。

项目用中国特殊的建筑文化符号——川西传统民居形成特色首席商业院落，它是历史价值、文化价值和商业价值的共同载体。凭借其深厚的自然景观与人文底蕴彻底颠覆传统的商业街形态，成为体验商业时代发展的一个前沿性创新——院落商街。

2005 年度一期占地面积为 78.146 亩，建筑面积为 5.135 万平方米。目前，位于 B4 地块的五个保护院落已落成，其余地块正在规划设计中。一期启动地块属于整个商业区的核心区，邻文殊院，接头福街，又有主景观道路文殊院街，同时还是五个重点保护院落的所在地，是最有历史文化根基的地块。作为整个文殊院项目的意景区，具有体现形象品质和商业价值的双重作用。

文殊院历史文化保护区

都市第一禅林

中国（成都）地产标志性建筑成功开发典范

历史 老成都

WENSHUYUAN LISHIWENHUABAOHUQU

历经八朝七次修建，当年“扬一益二”、“自古诗人列入蜀”、“西南第一大都会”的繁华电波，最终还是穿不过三次战火，使得成都的现代和过去彻底失去联系。与李白、杜甫、高适、薛涛的心灵通信，不在服务区；而高楼如刀，将仅存的遗址，切割成为文明的碎片。

我们无法再修一段城墙，以遍种芙蓉；我们无法再请一群织女，以将锦江尽染。好在掩藏的都市里，还保存着一块以文殊禅院为内核的土地。古籍提供了它的一些历史片断，譬如 3000 年前这里是古蜀王城，1700 多年前，刘备在这里开坛称帝，是古成都的中心。恨历史久远，痕迹都成尘烟，仅存“金马街”和“白家塘”两个街道名，依稀证明“金马碧鸡”的传说。

这块面积为 26.53 公顷的土地，就是文殊院历史文化保护区。虽然张献忠的战火狰狞，但终于躲过日军空袭的一劫，以都市禅院、院落公馆、民俗古街，保留了较完整的清民风貌。在它沧桑的片瓦斗橼间，或许在你与历史际会的那一瞬，可以窥见善男信女虔诚的身影，官宦名门沉浮的历史，平民百姓生活的习俗。

文化
习俗的结晶 WENSHUYUAN LISHIWENHUABAOHUQU

文化就是生活习俗的结晶。所以岁月和变故可以风化城市的历史，而文化却可以以居民的生活为载体，代代流传，完整地保存下来，任刀霜无情。

在老成都的生活中，寺庙是城市文化的中心。所以从汉塘开始，仅“文殊院历史文化保护区”所在地，就先后有20多座寺院。晨钟暮鼓响起，小贩们的吆喝也此起彼伏；与庙会同时开幕的，还有美食的盛会；祈福前，还愿后，是盖碗香茶的时间。传奇般再现历史。

“文殊院历史文化保护区”依托9座寺院遗址，重构老成都的都市禅林文化；在寺院与寺院修建老街，再绘由美食、工艺、民风、休闲等构成的民俗生活画卷；寺院左右福邸留下的宅院公馆，将老成都居住习俗地供你窥见一斑。

历史或有无情，文化从来沁人心脾。“文殊院历史文化保护区”承载的“禅林文化、民俗文化、建筑文化”，都是浸淫人文的先辈们以每日的切身生活感受，沉淀出的生活智慧。置身其中，即便是瞬间的舒适妥帖感，都经历数百年生活的沉淀。

名城
慰藉都市人 WENSHUYUAN LISHIWENHUABAOHUQU
灵魂的休憩地(RBD)

CBD虽然可以提高城市的自信，但也相应的透支城市的体力，并发出浮躁、功利、短视等多种社会病症，疲惫的居民们迫切需要调理休息，RBD(都市旅游休憩中心)应时而生。

历史和文化正是慰藉疲惫身心的最佳良方。

“文殊院历史文化保护区”，在近400亩的文殊院文化保护区上，以昨日的宅院、禅林、老街，平息今日的躁动；以昨天的民俗、美食、居住文化，指引今天的迷茫。以“老成都”历史和文化为材料建造的“文殊院历史文化保护区”，是现代都市休憩、旅行、购物、消费不可或缺的另一种空间。

再现历史，正是今天都市RBD“文殊院历史文化保护区”的繁华传奇。

[名城的上流生活]

文殊福邸 WENSHUYUANLISHIWENHUABAOHUQU
可以传承的珍稀

“文殊院历史文化保护区”遗留的院落，因岁月久远，历史已经破碎不全，从古稀老人的嘴里，我们依稀获得了一些岁月的片断：“巴金祖父李竹西先生的李公馆，民国贾局长的贾公馆，田粮管理局胡局长的胡公馆，爱道堂主持住宅，镖局传人的马家花园”。

到底还有谁曾经是它们的主人，可能只有那些依然清晰的“雕花木窗、镇梁刻符”们清楚。但不论如何，这些典型的川西宅院元素，也和过去的主人一起，超越了建筑艺术的价值，成为人文意义的历史珍稀。

历经过数10位中国知名古建筑专家的智慧之手，“文殊院历史文化保护区” 的5大重点院落已经焕然一新，即将开始新一轮流传。

超越建筑，抛开将它变成居住的公馆价值，还是成功企业的会馆功能，仰或文化品牌的场所价值。单是历史传承的价值，就可以让置身其中的客人，感受到主人的嗪境品味。

为维系“文殊院历史文化保护区”院落的珍稀价值，其使用功能仅限定于：用于居住的公馆福邸；用于名流交际的会馆；用于国粹行业经营的场馆。

只有极少部分人，与它的国宝价值相匹配。

[名城的文化时光]

民俗老街 WENSHUYUANLISHIWENHUABAOHUQU 习俗的香艳重演

尽管在今天的都市里，我们还能喝到盖碗茶，听到川剧，买到蜀绣织锦，吃到糖人豆花，体验到文化温存。可是，温存的余热，很难在都市里维持10分钟。

那是因为缺乏"老街"，任何一种文化都需要匹配的空间场景。小贩的吆喝在石板路上才会悠长，盖碗茶的热气要在庭院里才有回甘，蜀绣的柔弱要养在古风里，灯影不能放成电影。习俗的温软迷人，不能用水泥外壳来代替。

汇聚诸如"蜀绣、皮影、剧团、茶馆、艺人、手工制品、特色工艺、茶叶、中药"等所有老成都文化遗留，**"文殊院历史文化保护区"以铺着青石板路的"民俗老街"，将历史民风，养育在低矮建筑群的间隙里，养育在小巷的宛转里，养育在深宅大院的门缝中。**

成都文化，在"民俗老街"，一切都如当年情景再现。

老成都食坊不仅是一条街，更是散落于"文殊院历史文化保护区"街头所有美食的统称，老成都食坊不仅是品牌美食的聚集地，也是街头风味小吃的活跃场所。就像我们不能以材料或者做工来认知川菜一样，"老成都食坊"，汇聚的只是城市的味觉，只管麻、辣、鲜、香、烫、酥、嫩、鲜、活，任你蒸、炒、炖、炸、烤、煮。

景物含春的雕楼庭院，藤箩牵挂的院落大宅，座堂雅静的店铺，老成都食坊，专为成都味觉精神的领袖品牌而建，也是游客体验文化成都美食精神的领地。

[美食的名城]

老成都食坊 WENSHUYUANLISHIWENHUABAOHUQU 城市味觉的精神领地

天字美食馆五岳宫百年老字号品牌保护广场；

今天的川菜，有5000多个菜品，23种品型，30多种烹饪方法。美食本是生活习俗的一部分，能够经受习俗变迁考验，经受数百年赞誉，流传到今天的品牌，就已经超出美食的范畴，成为值得人敬仰的历史和文化。

在"文殊院历史文化保护区天字美食馆"，以"一店一招一品"的形式，特辟紧靠文殊禅院的五岳宫广场，为28个老字号小吃美食提供缅怀性经营场所，向城市传播品牌历史，向游客颂扬品牌故事，帮助捍卫品牌地位。

[闲适的名城]

成都沙龙 WENSHUYUANLISHIWENHUABAOHUQU 一寸光阴　一段故事

城市过于坚硬，灵魂处于冷漠的边缘。可能只有在听得到禅院钟声的"文殊院历史文化保护区"，于斜阳穿透历史的下午，静坐一隅，际会到昨天的光阴故事时，未曾泯灭的天性，才可能打开戒备，与对坐之人，释怀起来。

可能城市每个角落都可以买醉、阅读、时尚、玩耍、休闲、吃饭、聊天、聚会，交易于城市无孔不入。但只有少许处所，人与人的关系，能穿透物质外壳，变成心灵交汇的故事，它就是"成都沙龙"。店铺的主人们与客人们，纵然不曾相识，但灵魂共通的朋与友，又何苦做相识状。

今天"成都沙龙"的故事，可能又是明天"文殊院历史文化保护区"的历史传奇。

风情商业街城市中心的时尚天地；

越是古典，越是现代。依靠城市中心的活力以及RBD（都市休憩地）的巨大人流，潮流的消费、娱乐、百货业在"文殊院历史文化保护区"风情商业街，更增添由新与旧所带来的别样时尚感。必将成为城市新兴的商业中心。

成都会展集团

[成都会展集团]是以国际会展经济经营发展为核心，房地产开发为龙头，涉及金融投资、旅游开发、酒店管理、路桥建设、不动产经营、汽车销售、商贸服务等领域的大型综合性外资企业集团。其打造的成都国际会展中心(位于成都沙湾)历经8年,已拥有了深厚的品牌影响力和市场号召力。集团已开发和在建的房地产项目面积已达200多万平方米。其中以总面积达1504亩的世纪城为代表;加之九寨天堂国际会议度假中心2003年开始投入运营，在国际、国内均有较大的知名度。成都会展集团不仅为城市化进程和城市经营提供强有力的支撑,也将最大限度地聚合和带动产业的发展，满足城市的拓展功能，强化城市的辐射力,拉动了城市和区域经济建设，集团现在已经进入高速发展时期。

集团下属项目:

成都国际会展中心——成都国际会展中心由规模庞大的建筑群体组合构成，占地150亩,总建筑面积达21万平方米，是成都现代化的标志性建筑之一。

成都国际会展中心集展览、会议、酒店、餐饮、娱乐、休闲、购物为一体,是目前中国西部建筑规模最大、功能配套最完备、设施最先进的多功能大世界,拥有中国西南地区最大的展览中心、会议中心、购物中心、娱乐中心、美食中心,知名度很高的成都现代艺术馆和金色歌剧院。

世纪城——世纪城坐落于成都新城南区的新政治、新经济、新文化核心地段。总投资逾50亿人民币，总占地1504亩，总建筑面积约180万平方米,分为国际会议区、展馆区、酒店及文化设施区、商务办公区、商业住宅区五大部分,是一座集会议展览、商务办公、休闲娱乐、旅游餐饮、商业人居、民俗文化之大成的“城中之城”。世纪城,以超大手笔的建设规模,杰出的建筑设计，以及超前理念的配套设施,在成都新城市中心矗立起一座张扬古典韵味、后现代印象、现代风尚和超现代品位的地标性建筑群。

九寨天堂国际会议度假中心——九寨天堂国际会议度假中心位于九寨沟县甘海子,系九寨天堂核心项目。距成都450公里，距九寨沟20公里，距九黄机场60公里。建筑面积15万平方米,集会议、度假、餐饮、娱乐、休闲、养生、购物、住宿为一体。包括酒店(五星级)、艺术展示厅、餐饮中心、天浴温泉中心、古羌寨、会议厅、展览厅、购物娱乐中心等。整个建筑背靠群山,掩映在原始森林中,集中诠释了“消失的建筑”这一理念。钢拱架全透明玻璃结构的10000平方米大堂、10000多平方米的温泉中心、会议中心及各色餐厅、酒吧、古羌寨结合在一起,像一片花瓣,飘落在森林中,九寨天堂国际会议度假中心拥有世界一流的会议硬件设施,为全球顶级会议提供规范的国际化服务。

九寨天堂·甲蕃古城——九寨天堂·甲蕃古城是集酒店、休闲、餐饮、娱乐、购物、旅游为一体的大型综合性旅游胜地。建筑面积23万平方米，整体建筑风格以藏羌建筑自然主义为思想,以藏羌文化为底蕴,人文风情为主题,融合了藏羌历史、人文、宗教等多种特色民俗文化元素。九寨天堂甲蕃古城位于甘海子,此地系岷山山脉腹地,中华民族始祖西王母出西海而至此地,炎、黄二帝均系此出,是华夏子孙寻根问祖的圣地,具有极其重要的历史文化地位。据历史记载与考证,唐初,松赞干布与大唐激战于松潘,其军队经大录神仙池、甘海子达松州,留下大量古营盘、藏寨等遗迹。结合甘海子湿地风光,以发掘、整理、收藏的理念方式在此整理建设松赞干布甲蕃古城(甲蕃:藏语“王”之意)除向世人全面而深入地展示神秘诱人的藏羌文化和中华始祖文明外,还将通过歌舞广场、草地马场、休闲漂流等内容,给游客提供一个自娱自乐、放松身心的休闲场所。

甲蕃古城建筑面积23万平方米。位于松赞干布当年驻军营盘地段,外墙装饰全部采用当地片石,全藏式风格。建筑形式为遗址整理,在“残破”中设置现代功能。建筑分数条水道而建,沿线分布餐饮、娱乐、手工艺、商铺、客栈、歌舞厅及篝火广场等设施,给游客展示一幅活生生的藏式“清明上河图”,让游客在旅途劳累之余全面休闲放松。甲蕃古城全部投放使用后,可同时容纳数千人住宿,数万人活动。

世纪城技术指标概况——

世纪城项目简介:

总用地面积:1504亩

建筑面积:180万平方米

总投资数十亿元,占地1500余亩,总建筑面积约180万平方米,成都地标建筑群。其强大的休闲、娱乐、商务功能,成为“休闲之都”的核心区域;其亚洲最大的国际化的展馆和会议中心,已成为成都打造“会展之都”的最佳平台;其良好的生态环境和人性化的设计观念的住宅项目，成为成都市角逐“世界人居大奖”,打造“最佳人居环境”的示范样板。

项目组团:

国际展览中心

国际会议中心

天堂大酒店

时尚天堂街区

休闲天堂

天鹅湖花园

西蜀廊桥古镇

海洋乐园

商务办公区

天鹅湖花园

城市中的森林，森林里的家园

天鹅湖花园——和谐之美的极度张扬，人性回归恬然。生活的缤纷和隐逸高度统一于以人为本！

一切，都源于天鹅湖花园生活中渗透着天人合一的极度和谐……！

- 180万平方米建筑面积规模；
- 26幢风格迥异高层建筑群体；
- 400亩湿地活水纵横曲绕其间；
- 上万棵名贵树木交相掩映；
- 2000亩生态公园三面环抱；
- 独特新颖的建筑形态；
- 和谐生态环境；
- 未来城市人居范本——

天鹅湖花园——在城市中，畅享这份乡村生活的静逸！

——在喧嚣中，感受纯粹的原乡气息，扑面而来的是泥土的芬芳和清新的空气。生命与和谐，人文内涵的多姿多彩。回归自然已经成为生活的主流，不同凡响的生活方式悄然流淌于心间，迎着缤纷绚烂尽情地醉心享受……

[把生活融入生态之中]

——城市中的森林，森林里的家园

世纪城·天鹅湖花园，生态概念不仅仅是停留在蓝图上的臆想，世纪城1504亩规划，除了建筑和曲绕之水，一切都让位于树和植物；上万棵名树都郁葱葱、遍植其间（6000棵以上百年银杏树）；其他名树佳木不计其数，满目苍翠尽收眼底；

看够了城市生活的喧嚣与繁华；厌倦了钢筋水泥的枯燥和索然无味，心中是不是对绿色充满了无限的渴望？

如果城市中仅有一点绿色还不能释然心中那份对绿意的憧憬……

世纪城·天鹅湖花园，投入1亿元巨资打造一片城市中的森林。天鹅湖花园的生活，就此沉浸在绿色森林世界之中！

——绿色与生命和谐共生，

这是森林与城市叠合的崭新篇章。

[400亩湿地活水纵横交错，一座漂浮在水上的家园]

与水为伴，栖水而居——是萦绕于人类写意生活的臆想情愫，是挥之不去的亲水情结！锦江碧波柔美地环抱绕护着满城风光，一路穿行于城中，缭起无尽诗意；大大小小的湖泊点缀于楼庭轩榭之间，宛若镶嵌于一城的天然钻石；禽鸟嬉戏于湖光树影之间，流云于青天亦扬亦飘；荡一叶小舟，随一路碧波穿行其间，河流、码头、瀑布、湖泊、小桥流水……尽收眼底，置身其间，恍若梦境一般！

[临水而居，与水为邻]

没有水的城市便没有了生机和灵气！世纪城·天鹅湖花园以她的灵动婉约、细浪盈盈，诠释了锦水悠悠、气度雍容的亲水之城！

当无数水禽在水世界的波光潋滟中高蹈低回，不经意间便悄然拾回了诗意般的旧梦；

当一城的水影波光，让气定神闲的生活恬然的回归；

从此，平和与淡定，品位已然走进了生活的深处；

一切，都归结于对舒适的追求，对优雅的渴望！

[惬意岛居生活，品质超然写意]

绿树浓阴，河边水岸。抬眼望去，便可见精致的座座半岛之上分别呈现出两幢互相错开的空中花园住宅楼；无论在什么户型，推开窗户，总是绿荫前后簇拥；抬眼望去，碧波流过脚底，洗心涤意的畅快飘然而至，一缕清风拂面，让人便有了忘尘绝俗的超然！

[人在看风景，人在风景中]

座座岛屿之间均有小桥连接，闲庭信步便轻然回了家。如果这一切还不够浪漫，闲暇时荡一叶轻舟，划一浆碧波便飘游于世纪城与天鹅湖花园之间。到底是人在看风景，还是人在风景里？置身其中，一切的答案便在心中悄然释然了……！

生活是幅画，建筑是风景——

[天鹅湖花园——是建筑，更是艺术作品……]

建筑，从来没有如此赏心悦目；居住概念，就此被完全颠覆！

她是毕加索画布上的笔触，她是莫扎特指间跳动的音符，她是弗洛伊德思想的典故……

[由此掀开了建筑史的新篇章……]

一座座风格炯异的建筑，尽情挥洒着后现代主义色彩的无限意境；她是建筑史上的一次概念全新突破，建筑与艺术的叠合在这里重新得到了完美的诠释！

·180万平方米建筑面积的超现代主义风格的新型住宅

·26幢风格迥异的新颖建筑

·大、中、小多种户型结构满足不同的居住需求

[超大空中花园，百变个性空间]

中、大户型均配套超大空中花园，抬眼望去，空中花园在鲜花、绿荫的簇拥下是一种秀外慧中的卓尔不群！

·沏上一壶清茶，独自冥思或是邀上三五知己，茶香飘溢，这是气度不凡的悠闲之美，这是逸兴优雅的和谐之美。

·或是搭建玻璃阳光屋，享受得天独厚的阳光绚烂。

·空中花园超值低价，尽显天鹅湖花园高性价比。

[高品质配套，超完美空间]

·中央空调系统；

·中央排风系统；

·门禁系统；

·停车场电子系统；

·红外线防盗、摄像监控系统；

·电子巡更系统；

……

[专家团设计，大师级作品]

世纪城·天鹅湖花园建筑设计由国内外知名设计团队和大师级专家倾力联手打造：

上海泛太建筑设计有限公司

深圳市清华苑建筑设计有限公司

成都市家琨建筑设计事务所

四川众恒建筑设计有限责任公司

盛邦国际咨询私人有限公司

深圳中深建筑设计有限公司

天鹅湖花园

SWAN LAKE NEIGHBORHOOD

成都市城市建设开发有限责任公司

成都市城市建设开发有限责任公司成立于1989年1月，原名为成都市城市建设开发公司，隶属成都市城建局。1992年更名为成都市城市建设开发总公司，隶属成都市城管委。经1996年改制为成都市城市建设开发有限责任公司，隶属成都市建委代管企业。本公司是一家具有三级资质开发资格的房地产企业，公司注册资本800万元，总资产额约1亿元，净资产额约5100万元，主要经营范围为旧城片区改造、小区项目开发、商品房建设和销售、代办拆迁。**"团结务实，专业经营，实现可持续发展"**是公司的经营方针。**"诚信取仁为根，开发以人为本"**是公司的服务宗旨。建造优美朴实及与环境和谐统一的住房是公司的不懈追求，经济效益、社会效益、环境效益三者兼顾是公司的奋斗目标。

公司成立以来，以项目开发为龙头，立足市场，适时转换经营机制。十几年的持续发展过程中，公司承担了市政府一级目标工程人民中路、北新街等六个非机动车停车场的建设，有效缓解了城市繁华地段的静态交通压力。在旧城改造中，公司承担了包括三个市政府一级目标工程——府南河工程、顺城街工程、城边街工程等在内的十几个拆迁安置工程，代拆代建了包括审计署驻蓉特派员办事处、王府井商城等在内的七个工程。在商品房开发建设中，公司独立开发了春禧大厦、百花庭院、人中苑等十个项目，工程全部验收合格（其中人中苑、百花庭院、人民中路小区等三个工程被市质检站评为优良工程）。在公司持续开发建设的过程中，公司累计为成都市市政基础设施建设、多项公益活动作出1000多万元的贡献。特别是公司在开发百花庭院项目的过程中，在当时的成都市房地产界首先提出错层式设计，得到业界和市场的一致认可，该项目是一个通过对建筑产品的创新而赢得市场的典型成功案例，同时也表明公司具备较强的产品研发方面的专业能力。

通过十几年的努力，公司凭着突出的业绩，得到了成都市政府及相关部门的充分肯定和赞扬，并先后荣获成都市政府及相关部门颁发的"顺城街拆迁先进单位"、"四川省房地产综合效益百强企业"、"四川房地产开发企业综合效益20强"、"四川房地产开发企业最大规模100强"、"成都市房地产开发企业综合效益五十强"、"2002年度诚信企业"等荣誉称号。公司还曾数次被编入《四川年鉴》、《成都年鉴》、《四川名牌大辞典》。

本公司计划于本年度启动城建公平项目，该项目将采用全新的理念，运用乡镇城市化进程的崭新模式，以创新的建筑设计和园林景观、先进的物业管理呈放市场，并以此奠定本公司在整个温江区持续发展的坚实基础。

城建·双城

城西小镇　庭院集合别墅

$60000m^2$ 纯别墅

$30000m^2$ 园林美景

7大 亲切庭院

1个 水景俱乐部

中国房地产经典别墅成功开发典范

城建·双城

开　发　商:成都市城市建设开发有限责任公司

项目地址:四川省成都市温江公平镇

电　　话:028-81786333　81786555

工程概况

本项目系成都市城市建设开发有限责任公司投资开发的精品住宅楼盘。本项目位于四川省成都市温江区公平街道办事处辖区内,南临成温邛高速公路,北依温江教育活动基地--成都市树人中学,交通发达,地势平坦。规划用地面积59810.918平方米,其中本期规划用地57077.918平方米,待建用地2733平方米,规划总建筑面积71723.2平方米。容积率为1.2,建筑密度为29.8%,绿地率为35.6%,小区完全规划为居住区。其中之1~5号楼为六层叠拼住宅,6号楼局部为七层,7~12号楼为三层低层住宅,13号楼为三层综合楼,内设设备用房、社区管理用房等。

建筑设计理念

现代人的理想居住区应该是既有城市的繁华便利,又有乡村的自然宁静,出则繁华,入则宁静,城市与乡村只有一步之遥。

城建·双城的设计方案就是深深植根于人类这种"城市乡村"居住行为的理解。通过带状绿化空间、组团庭院等要素来寻找城市与乡村生活的结合点。满足人们两个方面的基本需求:即人与自然融合交流的要求和人与人之间沟通交流的需求。

空间关系

总体布局依据地形,顺应自然进行设计,一气呵成,空间关系虚实结合。实体空间气势相连,既连贯又通透,高低错落,远近相宜,与自然完美融合。实体所围合的组团空间既完整又迂回,富于层次,从而形成了整个设计庭院式布局和园林化的重要特点,形成外实而内虚的空间格局,内外有别,神形兼备。

不仅如此,公共空间、半公共空间、半私密空间、私密空间的空间序列,强调各个组团的有机联系,更注意了建筑的连贯性和韵律性,形成富有审美个性的空间层次。

总体布局

本设计以围合式组团和街道式组团为单位,以街区景观为纽带,将叠拼住宅单元和3层居住单元有机联系起来,形成了形态各异的若干组团。每个组团有相对独立的景观中心和停车空间,各个组团自成一体又相互渗透、相互联结,形成丰富又清晰的功能分区格局,既实现了景观的均好性,使用的便利性,又使每个组团有良好的标识性、群落感和归属感。

交通组织设计

由于地形和场地的限制,本方案采取人车局部共存的家园化生活区的设计手法,从而恢复了道路的生活氛围。同时由于采用步行路使用的材料来铺装道路,给人以步行优先的感觉,并且采取了减速路障等措施,从而控制了车行速度。在组团围合的中庭部分,实现了完全的人车分流,满足了住宅的安全性和居住性。

建筑设计

对于叠拼住宅单元而言,摈弃了以往的一楼几户的传统做法,而是采用独立立体交通模式实现了每户单独入户,让每户业主享受独立别墅般的超值体验。不仅如此,每户都有各自的入户花园,再加上三面围合的空中走廊、宽敞明亮的观景阳台,将人与自然的距离进一步拉近,以迎合人们对"阳光、空气和绿地"三种自然要素的需求,勾画出一派崇尚自然、回归自然的生活美景,正所谓"堂虚绿野就开,花隐重门约掩"。跃层式的设计,从而实现每户户型空间变化丰富,发展了可塑性的住宅空间,使其具有灵活性,选择性,强调住户的行为参与和意识认同,更好地实现了"以人为本"的思想。

在3层住宅单元设计中,将前庭院、中庭院和后庭院引入所有户型,实现了自然空间与室内空间完美地融合。大面宽的起居室、卧室设计,空间关系良好,既方便实用,又充分考虑了采光通风和视觉美观问题。

在立面设计上,吸取了传统建筑的神韵,融入了现代的表现手法,既有传统的坡屋顶、木质栏栅,又有大面积通透的玻璃和现代建筑材料的综合运用,保证了立面的美观和表现力。

绿化景观设计

沿着街道住宅连续排列,产生了街道和住宅紧密结合的城市性空间--街区景观;集中与街道内侧的中庭被各个组团包围,与街道一侧的热闹相对,中庭内舒适而平稳,是充满绿色的交流空间。区内的街区景观将众多的景观点一一呈现于行进过程,不同的空间与视角的精彩转换将人居提升到了诗意的境界。

出于灵活的布局与精心的设计,小区内既有开阔大气的大场景,如社区中心景观绿地、树阵广场,又有精致婉约的亲水世界、木堤驳岸、枫叶林、风吧房,更有蜿蜒曲折的曲径通幽,展现出一派优美雅致的田园小镇风光。

中铁二局集团有限公司

四川星慧投资置业有限公司

中铁二局集团有限公司成立于1950年。成立之初，贺龙元帅授予“开路先锋”大旗。半个多世纪以来，中铁二局高举这面旗帜，逢山开路，遇水架桥，沟通成渝，建成了新中国第一条铁路；突破“地质禁区”，钢铁动脉连接成昆；参建衡广，首开铁路建设史全段创优先河。为共和国的建设做出了卓越的贡献，成为名副其实的“开路先锋”。

中铁二局集团有限公司是以建筑业为主的大型综合企业，总资产80亿元，年营业额100亿元以上，年综合生产能力150亿元以上。拥有各类专业技术人员近万名。有控股子公司11家，享有对外经营权和对外贸易权，涉及土木工程施工、勘测设计、房地产开发、城市轨道交通、铺轨架梁、铁路电气化、电力、通信、信号、汽车与机械制造、商品混凝土生产、酒店餐饮、设备租赁、装饰装修等经营领域，已通过IS09001—2000质量管理体系认证，ISO14001-2004环境管理体系认证，OHSM-S18001-2001职业健康安全管理体系认证。

1999年，中铁二局集团有限公司作为主发起人，设立并控股中铁二局股份有限公司。2001年5月28日，“中铁二局”股票在上海证券交易所上市，成为中国铁路建筑行业第一家上市公司。

公司以**“竞争求生存、合作为共赢、创新谋发展”**为经营理念，恪守“以人为本，创优质工程；追求卓越，让用户满意”的质量方针，在国内外承建了8000多千米铁路及大量土木工程，在造福社会的同时赢得了辉煌的业绩。三度位居“中国500家最大建筑工业企业”之首，获中国建筑鲁班奖5项，国家及省部级科技进步奖13项，国家优质工程奖8项，“中国建筑业功勋企业”、“全国质量效益型先进施工企业”、“中国建筑业信誉AA级单位”、“全国工程质量管理先进企业”、“全国优秀施工企业”、“中国建筑业领先企业”、“全国用户满意施工企业”等荣誉。

中铁二局集团有限公司把握世界经济一体化的发展趋势，制定了“以建筑业价值链纵向一体化为主，适度发展相关多元经营”的发展战略，致力于成为中国领先的、提供全方位建筑服务的、具有国际竞争力的工程承包商和城市运营商。

四川星慧投资置业有限公司成立于1995年，是一家具有二级资质的房地产开发企业，开发项目面积达26万平方米，代表楼盘有欧香花园、蜀郡、棠湖•上林苑等。

2005年是星慧投资置业业务高速增长的一年，同时也是星慧投资置业开始酝酿并确定公司成立以来第三个五年中长期发展规划的一年。这一年，公司充分把握了市场高速增长带来的机遇，使公司股东回报获得新的增长；同时，公司开始积极推进与部分企业的合作，并从中获得项目的储备资源，使公司的可持续发展保持行业领先。

公司采用科学的企业管理思路和方式，坚持以人为本的管理理念，拥有一支德才兼备、追求卓越、具有较高的技术素质和敬业精神的团队，主要成员都有多年房地产从业经历，在地产调研、产品研究、销售策划等方面都有相当的经验。经营战略方面，公司实施“与有土地资本、有金融资本的实体结成战略联盟；采用灵活多样的方式、强强联合、实现融资创效，使公司达到裂变飞跃发展”的战略方针。公司围绕战略目标，已成功实现资源优势互补和产业拓展战略，充分有效整合部分国有企业的优势资源，其中较典型的是占地400余亩的“蜀郡”项目。同时与中铁二局、置信实业等大公司强强联合，将在双流运作3000余亩的超大型复合旅游地产项目。

在未来五年，结合市场的需要，公司将进一步调整经营战略，有步骤、有计划、有原则、有策略地实现项目和产品的优势，并以业务专业化、经营市场化和管理现代化三方面要素作为保障手段；公司将致力于树立一个成都新城南地域内的房地产住宅行业领先者的形象，经营与文化力求走在房地产企业的最前列，创造性地满足社会需求。

新成都、新城南，这一切都给公司以巨大的发展空间，同时也面临着更加激烈的市场竞争。在实力雄厚、管理先进思想、文化开放的星慧集团的指领下，四川星慧投资置业以诚信为立业之本，以创新、锐意进取求恒久发展，本着“真诚、理解、合作、进取”的做事精神，以顾客满意为企业最高战略，并努力实现股东价值和员工价值的最大化。

“蜀郡”位于四川•成都•华阳，临府河而居。“蜀郡”项目总用地面积 270874.89 平方米；规划总建筑面积 427396.6 平方米，其中地上建筑面积 342261.6 平方米(住宅建筑面积 333361.6 平方米，商业建筑面积 8000 平方米，物业管理用房建筑面积 900 平方米)；地下建筑面积 85135 平方米；项目容积率 1.264；绿地率 42.2%；居住总户数 2015 户(低密度低层住宅 484 户，多层住宅 1531 户)；机动车位 2213 辆(地上室外停车位 478 辆，地下停车位 1735 辆)；非机动车位 2213 辆(地下停车位 2213 辆)；人均居住用地指标 42.6 平方米/人。项目配套设施有休闲、品茗娱乐约 4000 平方米的会所；有餐饮、超市购物约 4000 平方米的商业楼；体育运动设施有游泳池、网球场、篮球场等。项目为约 60000 平方米的集中绿化带所环绕；东临集中绿化公园约 20000 平方米；小区集中绿化广场 5000 平方米；步行景观湖面绿化带约 4000 平方米。

“蜀郡” 项目一期开发于 2005 年 11 月 3 日动工，预计 2006 年 12 月交房。总用地面积 104824.97 平方米(约 157 亩)；规划建筑面积 133747.34 平方米，其中地上建筑面积 97412.34 平方米，地下建筑面积 36335 平方米；居住户数 515 户，其中低密度低层住宅 155 户，多层住宅 360 户。

“蜀郡”项目于 2005 年 12 月 4 日获 2005 年度中国地博会“中国名盘最具居住价值社区”奖；于 2005 年 12 月 16 日获 2005 年度中国住交会、第七届中国(上海)国际房地产与建筑科技展览会“中国名盘”称号；于 2005 年获首届成都个人购房节颁发的“最佳居住奖”。

“蜀郡”以中国传统的文化内涵和建筑底蕴配以现代的演绎手法，满足现代人的生活习惯和方式，创造舒适、尊贵的优质生活。蜀郡在设计理念上将以人为本的思想诠释得淋漓尽致，力求为居者提供一个最为完善的设计。合围院落强调了居住者的私密性，充分体现了中国人性格内敛的特质，而街坊邻里的园区形式又使得邻里之间的沟通交流成为可能。在住宅设计中利用大面积天井、双天井贯穿上下楼层，引进自然光线，流通空气，使其各层空间生机灵动。蜀郡独拥宁静长街，车行走于联通小区的地下车道，窗外，看到阳光，星星，小鸟……唯独看不到车和陌生人。独门独户的入口，人车分流的道路规划、用料考究质地精良的材料，我们将在一个个细节当中，赋予建筑充分的情感。

“蜀郡”秉承着传统建筑文化的精神内涵，着墨于用现代建筑手法加以表达，在传统的屋檐下营造现代的生活品质，恬静、典雅，私密性强，居住在这里的人们和睦相处、其乐融融，彰显了对传统居住文化的现代回归。

蜀郡

中国房地产健康生态住区成功开发典范

地址：四川省成都市双流区华阳镇迎宾大道

四川蓝光和骏实业股份有限公司

四川蓝光和骏实业股份有限公司成立于1998年，是四川蓝光实业集团的控股公司。公司具有一级房地产开发资质，是一家专业从事房地产投资开发的企业，是蓝光集团的战略发展核心主体和最重要的利润中心。公司拥有一支高素质、实践经验丰富的专业经营开发队伍，现有员工500余人，其中高中级技术专业人才近200人，年开发能力达70余万平方米。

四川蓝光和骏实业股份有限公司自成立以来，推崇人性化管理，以高效、务实、诚信的经营风格，始终坚持"客户满意是我们第一目标"的核心理念，以回报客户、回报社会为己任，以全球化的视野和学习心态迎接每一次挑战，以专业精神和人本关怀对待每一个细节，致力打造蓝光事业。

面对全球化的今天，蓝光立志成为房地产业中世界级的开发商。为了实现宏大的企业愿景，我们肩负者重大的使命：为客户提供高品质的产品和服务；用稳健和创新推动企业不断发展，从而为所有利益相关方创造持续的价值；尊重社会人文及自然环境，传承文明，建筑美好生活空间。

2000年—2005年间，蓝光在成都房地产市场开发量达2,000,000平方米，并建立了从规划设计、建筑施工、材料供应、服务提供等一系列的战略合作伙伴集群，制定了从拿地、规划、营销、入住、物业服务等价值链上的一系列标准。

公司下设十二大中心、两个部门。办公地点位于成都市高新技术产业开发西区，办公区域近5000平方米，拥有一系列先进办公设备，环境优良，实行以人为本的全封闭式管理。

2004年，蓝光从简单质量意识引入产品主义，在项目上得到实践，也认识到建造精品才是蓝光开发房地产作品的努力方向。蓝光金荷花彻底颠覆了成都荷花池商业格局，充分体现蓝光高管理、高智力密集，高人力资本发挥的作用。春江花月是蓝光对深厚文化底蕴的充分展示。香槟广场是蓝光一年以内在一条街上成功开发的五个单块地价偏高的项目代表之一。东大街的成功，充分体现了蓝光强有力的市场运作能力。

2005年，蓝光提出了全新的战略性产业定位："以住宅地产为核心产品，以商业地产为辅助产品"。每一项蓝光新品，都蕴含着蓝光人的智慧、心血，都蕴含着对客户的责任。第一个住宅项目…. 蓝光，御府花都，标志蓝光将开发重心转移到住宅地产。诺丁山是蓝光开发的第一个近百亩的住宅项目，创下了连续数周销售排名第一的历史高峰。作为蓝光2006年重头戏之一的雍锦湾别墅项目以深厚人文主题开辟了高端市场。即将面市的6个住宅项目将会在成都房地产开发历程中再创辉煌。

公司以良好的经营业绩和社会效益赢得了政府、业界、客户的广泛认可。作为IS09001:2000质量管理体系认证企业，多次荣获年度"成都市贡献突出民营企业"、"四川房地产开发企业最大市场占有份额10强"以及"四川房地产开发企业综合实力10强"等多项荣誉称号。

展望未来，公司将更加坚定地致力于产品主义和CRM(客户关系管理)，提供更加优质的产品和服务，实现企业的高速发展，锐意塑造独特的企业文化，缔造城市建设荣耀。

蓝光雍锦湾,用品质定义产品

——谨献给生活中用细节鉴别品质的人士!

雍锦湾
ELEGANT BAY
TOWN HOUSE
雍锦湾
Elegant Bay Town House
花园叠拼别墅

中国房地产健康生态住区成功开发典范

一个人的精神阶层,与财富无关。财富等量的背后,有着各种各样的精神追求:别墅购房者选择的不仅仅是别墅本身——更是别墅所张扬的居家理念、别墅品牌所蕴涵的生活方式,别墅生活所彰显的精神追求。雍锦湾,一个关注阶层品味及生活哲学的人文宅邸,一个蓝光创造的里程碑式作品——谨献给用细节鉴别品质的人士!

它雄踞千年金沙的皇家风水宝地,在波光潋滟的摸底河畔,依水而筑,临水而居。不可复制的原生河岸生态景观,引来国际大师为其别墅社区的岛居氛围量身定做,将自然完整保留。社区内各个建筑组团与原生河景遥相呼应,让别墅处于绿色与流水的包围之中。

在着力营造别墅社区内部景观空间的私密性和独享性的同时,雍锦湾对社区公共景观的开放性也进行了精心营造,并避免了因设置过多的公共景观空间对住户造成的干扰,以确保高尚别墅社区居家的宁静和私密。阳光、碧水、清新的空气,所有都市喧嚣中日渐稀缺的自然元素在这里悉数再现,配之以园林小品、绿树、百花、草坪……建筑、环境、人文以一种前所未有的和谐姿态被融会贯通。

作为品质地产的先行者,蓝光把产品主义的规划理念在雍锦湾发挥到极致。雍容华贵的皇家山水园林,印射出东情西韵的独特魅力。极品纯叠拼别墅社区,围合出一个同质阶层的大隐之地。新古典主义豪华会所、热带游廊式花园泳池、坡式造景、多层次艺术主题园林……从最人性的角度,满足最考究的生活需求,以取向国际化的视野,审视人居的每一处细节,将品牌与品质、物质与精神、. 奢华与内敛、经典与创新、科技与自然,一一完美融合,提炼出只有人群中少数人能够领会的生活价值。

虽然,作为极品叠拼水岸别墅,雍锦湾拥有最人性化的舒适户型。但形态已不再是别墅的全部——造墅者对别墅开发有了更高的追求:形态只是别墅的最基本,别墅文化氛围的营造、别墅品牌的精神内涵将成为终极别墅的标签。一如它所倡导的生活价值:一种不事张扬的奢华,一种少数人私享的尊贵,以及优雅、健康、闲适和唯美的居住格调!

售楼电话:028-81709090 81709191

四川华阳建筑安装工程公司（原名：“成都市双流华阳建筑安装工程公司”，1992年与四川石油输气处联营，成立“四川石油输气华阳建筑安装工程公司”，1995年联营期满，更名为“四川华阳建筑安装工程公司”），是一支具有35年历史的建筑施工二级企业。公司下有华阳建安公司供销经营部；四川省建研建材化工有限公司；广西大新建材总厂成都双流联营厂；华阳建安金属门窗制造厂；华阳建安预制构件加工厂等附属企业。公司现有固定职工1500多人，各种工程技术管理人员250多名，其中具有高中级技术人员28名，项目经理58名；公司拥有固定资产1100多万元，流动资金1000余万元，办公楼4000平方米，职工住宅楼8000多平方米，厂房、库房、车间房3000多平方米，各种施工设备、周转材料配套齐全；年创建安产值7000万元以上，税利300多万元，年施工能力20多万平方米，是一支具有一定技术、经济、设备实力的综合水电安装，装饰装修、建材生产于一体的讲信誉的中型建筑施工企业。

公司以质量为中心，从管理要效益、重视安全防护，讲究信誉，尊重设计，精心施工，保质、保量、保工期为宗旨，十多年来，被省、市、县政府及主管部门评为“先进企业、优秀企业、省建筑业百强企业，省、市明星企业，质量好、信誉佳企业”，还被农业部授予“全国乡镇建筑优秀企业”。近年来，公司获市优良工程8个，县优良工程26个。在全面质量管理、安全、计量、财务、基础工作管理等方面达标合格，获得用户好评。

随着市场经济的发展，建筑事业，房地产业日益兴旺，建筑市场竞争激烈的形势下，公司将在各级领导部门和各界朋友的关心和支持下，坚持质量是企业生命，用户是企业上帝的创业方针，依靠全体职工的努力和雄厚的经济实力，强劲的技术力量，过硬的工程质量，良好的社会信誉，努力学习先进，在竞争中求生存，在竞争中求发展，创造出更多更好的优质工程，为建筑事业的发达做出更多的贡献。

公司的口号是：奋进、求实、拼搏、创新。

国机保利集团四川省公司
四川华阳建筑安装有限公司

御景臺 Uojipoly 阳光府邸 名宅向南

中国房地产成功开发典范

雄踞城南副中心金三角地块
全开放式楼体布局
30～98 米超大楼间距
60 米水景主入口
120 米沿江堤岸
8600 平方米门前绿化
近 20000 平方米景观园区
360 度无限景观
365 天阳光清风
70 年纯住宅无忧生活区

成都御景台位于东方伊甸园——成都市天府大道城南副中心华阳段，府河东岸，为当地的金三角地带。整个小区东西宽约 108 米～186 米，南北长约 140 米～211 米，东面为 60 米宽的绿化带和天府大道，东北侧为市政绿化公园，西南侧毗接另拟建一住宅小区，西北侧可眺望风景绮丽的府河。

华阳片区作为城南付中心中、高档住宅区，目前已初具规模，其中集结的利通出水芙蓉、华阳滨河花园、新希望亲水湾、宏城黄金海岸、府河音乐花园、心怡左岸花都及远大都市风景、南丰怡丰新城等众多楼盘无论占地面积还是小区户数均堪称规模。区域档次人气皆已具备，然而一律的六层以下建筑，使每户的视角空间仅限于本小区范畴。该片区数十楼盘广告宣传无一不引府河水系为地理卖点，但是，府河的蜿蜒流畅、两岸的秀丽景象、新区日益更新的变化对上述楼盘业主来讲都只能是想象，大片可供享受的区域风光根本无法领略。于是，保利花园引"欲穷千里目，更上一层楼"之理念，造片区最高楼、占片区最高风、看片区最美景，业主足不出户便可将区域美景尽收眼底，尊贵身份自然彰显，御府盛景独享。

一梯两户 160 平方米带入户花园及观光电梯的豪华大户型，130 平方米高档户型及一梯四户的中小型户，在整个小区里，有机地分布，使之成为一个现代花园式的住宅小区。

保利御景台打破川西四合院的围合设计，建筑物随街就路摆放的设计格式，由 15 栋 16 层高层住宅组成，全部南北向布置，局部西南、东北向布置，1 个单元两户或 4 户。小区主入口设在小区东侧，呈半圆形展开，与市政 50 米宽绿化带形成小区广场，所有建筑除局部商铺外均设架空层，架空层可泊车或绿化。

住宅的设计力求体现前瞻性、均好性与健康舒适，在功能上达到户户向阳、通风，面向景观花园的要求，在形象上追求简洁、明快、活泼的现代风格，符合现代人的审美取向。因此，在户型设计上充分考虑发挥面南坐北主体优势，前后双阳台、双厅相通，使主要活动区倍显开敞、通畅，保证了室内空气自然清新。居室静区与客厅间采用跃层结合，将动、静区域有机划分，在表现户型灵活、变化的同时提升强调卧房静秘的重要。奇、偶层交叉变化的挑高异型阳台设置，不仅使建筑外立面活泼生动，更让业主在自家天地间充分感受到蓝天的高远和阳光的灿烂，领略健康居家的实质。

御景台总用地面积:24946 平方米

总建筑面积:92468 平方米

其中:

计容积率建筑面积 84678 平方米，主要包括:

住宅 82146.36 平方米

公建 2531.64 平方米(商业 1931.64 平方米，会所 600 平方米)

不计容积率面积 12000 平方米，主要包括:

架空层:4000 平方米

人防及底层车库 7790 平方米

容积率:3.395

绿地率:36%

覆盖率:25.02%

绿化面积:9000 平方米

代征绿化用地面积:8000 余平方米

停车位:477 个(地上停车 266 个
地下停车 211 个)

总户数:753 户

成都市志成房地产开发有限公司

诚实
稳健
高效
务实

成都市志成房地产开发有限公司成立于2000年，注册资金2300万元，具备二级开发资质。公司拥有各类专业人才，工程技术人员30人，其中高级工程师2人，高级经济师2人，工程师、造价师20人。

公司自成立以来，秉承“诚实、稳健、高效、务实”的企业精神，已成功开发驿都公寓一期、二期，雅苑商住小区，公园路商住小区，皇城堰公寓等项目，实现销售面积15万平方米。2002年，成功打造永安路建材市场，为龙泉驿城市功能分区以及提升市场专业化程度奠定了良好的基础，改变了过去龙泉驿没有真正意义上的专业市场的局面。

公司开发的位于龙泉驿区公园路的400亩高档社区“东麓驿境”，建筑形态函盖独栋别墅、联排别墅、多层洋房，共计35万平方米，一期12万平方米已成功投放市场，全面热销。

公司开发的位于“新城东副中心”（大面镇境内）的“常青藤”项目也正在紧张施工中，该项目占地135亩，建筑面积为12万平方米，在2005年底正式公开发售。

如今，志成房产挟雄厚的资金实力、经验丰富的专业作业团队、以建造“契合当代文化与精神的房产品以及发扬健康生态的人本居住思想”为开发理念，积极投身于新城东以及“21世纪最佳生态居住区”的建设工作，以商业价值体现企业社会价值，以文化的深度挖掘为本土地产注入活力。志成房产凭借恒久争先的决心和毅力，逐渐成为龙泉驿区内极具发展实力的房地产开发企业。

东麓驿境 Orient view

天朗 地阔 山HOUSE

中国房地产健康生态住区成功开发典范

东麓驿境总用地400余亩，是由成都市志成房地产开发有限公司倾力打造的龙泉驿区目前开发规模较大的山地住宅项目。项目充分利用景致优美的龙泉山麓，以“都市山居”为规划理念，依山就势，构筑层次起伏、生活设施配套完善的高尚生态特色人文住区。1.008超低容积率堪称健康住宅典范。

在整体规划中植入了人本色彩的“善邻”文化理念，无论是共享的公共建筑空间，还是私密的室内规划，东麓驿境都努力使建筑与居者、居者与居者之间处于长期的友好对话关系之中，让家人于此共享天伦融融，让邻里于此分享友爱真情，彼此以最融洽的方式生活和交往。

东麓驿境更整合周边的优势资源，把“善邻”的文化内涵丰满充实，构筑起以“善邻”文化为源，山水文化为轴，人文、自然、都市文化为脉，集“山居文化、林居文化、都市文化”等诸多要素于一体、博大而不繁杂，精妙而不生涩的“上邻”友居文化体系，为居者提供了更富诗意和人情味的情趣空间，为中产龙泉的“山居”做出了全新的诠释。

东麓驿境，以建筑完美呈现动态布局、动静结合、文化相融、文脉相连、人文内涵的原生态山居生活模式。

奖项：曾获得“中国西部房地产十大名盘”、“2004成都十大靓舍”、“2005成都合理定价楼盘”、“中产城东2005年度代言楼盘”、“2005成都近郊10大生态精品楼盘”等荣誉。

地址：四川省成都市经济技术开发区驿都公寓3F

电话：028-84877088　84877058

成都兴西华建设管理有限公司

质量第一，是我们工作的目标

安全文明，是我们管理的宗旨

业主满意，是我们努力的方向

成都兴西华建设管理有限公司，是成都市干道建设指挥部按市委、市政府关于行政、事业、企业单位改革、改制要求，经成都市人民政府批准成立的国有独资企业。成都市干道建设指挥部作为唯一出资人。

公司成立于 2003 年 10 月，注册资金为人民币 2000 万元，是专业从事民用建筑、市政工程建设管理服务的企业。公司现有以工业与民用建筑、市政工程建设管理为主的专业技术人员 58 人，其中高级工程师 15 人、工程师 31 人、造价师 9 人；拥有国家工程类注册证书的共有 9 人，省级注册执业资格证书 12 人。大部分人员来自干道指挥部各主要业务处室(总工办、工程管理处、预决算管理处、房建处、拆迁处等)，先后主持完成了的房建工程有：三环路高新区服务中心(造价 1000 万)；沙河监控中心(造价 1.0 亿元)；龙爪小学教学楼工程(造价 347 万)；永新八组幼儿园工程(造价 96.9 万)；东辰苑幼儿园工程(造价 120 万)，完成的拆迁安置房工程项目有：站东一组拆迁安置房工程(造价 1.4 亿)；站东二组拆迁安置房工程(造价 3000 万)；站东三组 A、B、C 区拆迁安置房工程(造价 2.0 亿)；红色拆迁安置小区(造价 3600 万)；光华拆迁安置小区工程(3900 万)；龙爪拆迁安置小区(造价 1.68 亿)；皇经楼拆迁安置房工程(造价 8500 万)；完成土地征用 3000 亩，安置拆迁户 1200 余户，拆迁房 9 万多平方米。以及参与完成的市政工程有：成都市蜀都大道、一环路、二环路、三环路、污水处理厂一、二期及沙河综合整治等省市重点工程的建设管理。熟练掌握政府投资的经济适用房、拆迁安置房、农迁房的建设管理程序，熟悉市政工程建设管理特点和难点，并有较强的有力的应对措施和较强的协调能力。非常熟悉建设工程规划设计、招投标、施工管理协调、竣工验收各阶段的办事程序，在建设管理服务(代理业主)领域中积累了丰富的实践经验，特别是与建设主管部门拥有多年的良好合作基础。

公司有成都市房屋拆迁管理处颁发的房屋拆迁资格证书，在征地手续、拆迁管理上有丰富的经验，持有经培训的拆迁上岗资格证的人员 9 人。公司正在代理驷马桥片区改造的拆迁任务(面积规模 3000 亩，拆迁资金约 7.0 亿元)，为房屋拆迁积累了丰富的经验。

公司正在建设开发的工程项目有：武侯区龙爪四组“龙华阳光”经济适用房工程(6.6 万平方米，造价 1.2 亿元)。公司正在建设管理服务(代理业主)的经济适用房项目：武侯区花龙门村四组经济适用房工程(22.68 万平方米，造价 4.00 亿元)；青羊片区场镇改造项目——拆迁安置房“龙瑞花园”，造价 2.0 亿。公司正在建设管理服务(代理业主)的市政工程项目：龙爪 E 线道路排水工程(造价 145 万)；金像寺三组等小区市政道排工程(造价 1100 万元)；青羊区光华大道青羊段 F 标段(跨线桥)工程(2500 万元)；成都市二环路立交工程(造价 7500 万元)。

公司具有先进的管理软件，目前使用的工程管理软件为 P3e / c. for construction，这套软件代表着工程建设行业项目管理国际新标准。使用的造价管理清单计价管理、定额计价管理软件有《青山软件》、《宏业软件》、《建龙软件》。其软件涵盖定额全：有《全国统一工程量清单计价项目》、《四川建设工程工程量清单计价定额》、《SGD—2000 四川省建设工程计价定额》、《中华人民共和国交通部公路工程预算定额》。计价方式、计价功能全：可根据工程概算预结算、造价审核、招投标报价的不同方式，可提供建设、施工、审核、招标、投标等全面的解决方案。计价资源全：系统文档中心携带大量与计价工作密切相关的各类、说明及政策法规文件。计算标准准确、能独立、方便、快捷地完成各项计价工作。财务软件采用用友 ERP/U8 财务核算标准套件在透彻理解中国企业实际运用需求的基础上，提炼出具有中国特色的管理方法和管理模式，提供了预配置的最佳管理与业务实践。公司运用这些软件对所建设管理的工程项目进行投资、进度、质量控制和合同管理。

公司组织机构健全，有一支坚持科学发展观的**实干奉献，争创一流**能打硬仗的高素质建管队伍。将遵循**以人为本、规范管理、热忱服务**的宗旨，确保整个施工管理过程实现规范化、程序化、标准化，以**创新、诚信、出精品**的精神风貌竭诚为业主提供优质的服务，为成都城市建设发展作贡献。

龙华阳光
LONGHUA SUNNY

概述

◎享受双楠
在生活的中心生活

■在空间的界面上,以空间造型的高品质,全面升级生活。

■商业住宅分流,减少城市交通和商业对居住的干扰。

■设置独立的商业楼,便于独立经营餐饮等中型项目。

■经济型的户型面积,采用一梯二户,一梯四户和五户相结合的住宅形态,适应居住的全面需求。

周边众多高品质楼盘,高尚社区已然形成,配套如此完善,生活的便利和舒适,在这里,全然直接感受,生活在生活的中心,从容生活,唾手可得。

生活便利指南:

医疗:四川省人民医院、武侯区人民医院近在咫尺,居家健康安心无忧。

教育:西南财大、川大附小,双楠中学,双楠小学举步可达,各种年龄阶段的教育需求皆能满足。

购物:人人乐,伊藤洋华堂,家乐福,麦德龙,各种规模超市,商场遍布周边,尽享便利生活。

交通:8路、42路、52路、343路、502路,数条公交线路出门即至,都市节奏轻松把握。

户型

◎享受阳光
推窗,畅想明媚

■**采光:**明厨,明卫,每一个房间每一个角落都能全面采光,每一分灿烂都不容错过。

■**户型:**户型设计独具匠心,合理安排各部分面积和使用功能,精致实用。

■**布局:**科学布局,动静干湿洁污分区,保证主人生活的私密性和合理性。

■**通风:**住宅采用了新颖的户型设计,室室通风,将阳光和清风充分赋予室内。

■**入户:**入户方式一改传统小高层住宅封闭阴暗的梯间处理,将明厅与绿化相结合,回家的路上,鸟语花香,日夜相伴。

用优越的空间,满足生活对舒适的全部追求……

销售热线:028-87018259　87018269

项目地址:成都市二环路西一段外双楠小区置信路

一个冬天的午后,
幸福,
只在阳光的正面。
豁然盛开,
心情,
象鲜花一样怒放

环境

◎宁静致远
闲看庭前花开花落

■**园林:**园中树木池水交相掩映,自然景致恣意蔓延,满是葱葱的绿意和玫瑰绽放的幽幽芬芳。

■**入口:**丁字形入口,随景入园,豁然开朗,院落空间似分似合富于变化…

■**底层:**住宅底层全面架空,空间自然延伸,家在园林上,让你的生活更贴近自然,贴近绿色。

■**道路:**园内人车全面分流,充分营造自然,创造宁静的高品质生活环境。

我想，
站在白玉砌成的台阶上，
看明亮的阳光，
在心房，
开出七彩的花朵。

规划 ◎建筑设计

艺术细节成就生活空间

■**外观造型**：极具现代感的建筑色彩，简约流畅的建筑线条，造就明朗温暖的建筑外观。

■**单元组成**：单元住宅互相连接，形成全面的整体，在创造出奇特的艺术形象的同时增加住宅的安全性。

■**结构设计**：轻盈的构架与垂直的梯间造型，打破住宅单调的立面，给你一个动感的家。

■**整体规划**：绿化布局与商业活动有机结合，惬意的呼吸，便利的生活．直接展开精神和物质的双重享受。

中国房地产健康人文住区成功开发典范

龙华阳光
LONGHUA SUNNY

桃红柳绿，清泉游鱼，
春暖花开的季节，
眼睛，在一片灿烂中，眩迷。

装修配置标准：

室外

■**外墙**：陶瓷马赛克和外墙涂料配以线条装饰

■**楼梯间**：梯步面贴防滑地砖

室内墙地面、天棚及厨卫间

■**门**：单元门、入户门为防盗门

■**窗**：塑钢窗或彩铝窗

■**地面**：水泥砂浆地面

■**墙面、天棚**：墙面刮腻子、厨卫墙面底灰处理

■**厨卫**：给水管道为 PPR 管、排水选用优质 UPVC 管材

配置 ◎家的恬适

是楼宇间的暖色调

室内电路设计

强电：住宅采用市电业局表箱供电。平层采用五回路，设计电量为 5-6KW，跃层采用八回路，设计电量为 8KW。

弱电：每户设两对电话线，电视终端为厅、主卧室各一个接口；每户设一个宽带网络接口。每户设对讲户机，单元入口设单元主机，小区入口设管网主机构成对讲系统；每户设煤气泄露报警系统。小区设周界红外线报警系统、电视监控系统、背景音乐系统。

给排水系统

给水系统：生活给水采用分区供水，低区由市政管网直接供水，高区由变频供水装置供水。

排水系统：排水系统采用雨污分流，空调冷凝水有组织排放。

消防系统

小区各幢建筑均设置室内消火栓系统，地下车库设有消防系统。

电梯

采用品牌电梯保证住户使用安全。

四川润扬集团·成都屹立房地产开发有限公司是以房地产开发为主，物业管理、项目投资为一体的综合性现代化企业，年产值十余亿。集团下属公司四川润扬房产开发公司成功开发了数十万平方米的住宅与商务小区，荣获四川省房协『2003年质量过硬、服务满意优秀住宅项目』、成都市房协『2003年畅销楼盘』、『2003年健康楼盘』、成都市房管局『2005年优秀物业管理住宅小区』的称号，受到了广大客户的一致好评。目前公司开发的『学府嘉苑』已进入第四期，一致受到了广大客户拥戴和市场追捧。公司目前已启动『川大河畔』、『学府西苑』及金沙公园旁的高档社区、精品小高层电梯公寓及北部新城项目正在策划中。

润扬集团·成都屹立房地产开发有限公司将与时俱进，为维护和发展『润扬』这一品牌而不懈努力，为市场和公众提供更加优质的产品、完善的服务、个性化的居家理念而努力奋斗。

四川润扬建设集团
成都屹立房地产开发有限公司

润扬·川大河畔
SICHUAN UNIVERSITY RIVERSIDE

中国名校教育地产成功开发典范

润扬·川大河畔，城南水岸生态园林社区，与城市为伴，与风景为邻，近10万平方米的写意生活社区，840户临水而居的人家。17幢建筑在风景中掩映生辉，川西风骨与简约的现代符号相融合，寄情于水，以水动情。

川大河畔以**“人文、稳重、内敛”**的独特气质，树立航空港片区中、高档的大盘形象。建筑采用具有浓厚川西风格的“坡屋顶”，外立面运用天然石材搭配设计，体现航空港片区高品质楼盘形象。川大河畔的建筑形态为小高层+多层，一期采用“纯多层”建筑形态，“6+1”层“顶跃”设计，入户花园观景窗台空中花园休闲厅屋顶花园，享受多层花园式洋房的生活情趣。在川大河畔，建筑不仅仅是建筑，也成了风景的一角。

川大河畔紧临著名学府四川大学，项目位于成都市城南机场高速路侧，机场路、第二机场路（规划为东城根街——双流国际机场）、大件路、长城路、武侯大道、川大路东延线（至人南延线）等环绕项目周围，交通十分发达；贯穿机场路全线的公交车有303、304、306、503、103、601等，至棕北、神仙树国际社区（家乐福）仅5分钟路程；武警医院、台双医院等提供了完善的医疗配套服务；周边更是有信息工程学院、西南民族大学、棠湖外国语实验学校、盐道街实验学校等众多名校，是您回味学生时代和培育下一代的摇篮；项目周边生活配套完善，占地30亩的商业广场已全面呈现（德克士等国际品牌已进驻），政府规划的集餐饮、娱乐、休闲为一体的约500亩的大型美食城呼之欲出，学校、购物、休闲、餐饮、服务已然成型；江安河流经小区，成就水岸居家生活。川大河畔A、B、C三大组团均设有地面“生态停车场”，充足的停车位完全能够满足业主的需要。川大河畔比邻规划中的市镇广场，为小区增色不少。一个集生态、人文、环保为一体高尚住宅区川大河畔，精彩亮相航空港片区。

润扬·川大河畔
SICHUAN UNIVERSITY RIVERSIDE

城南水岸◎生态园林社区

享受一份恬静而醇厚的生活

枫叶红了
却唤来了整个金秋
我漫步在曲折的石板路上
随着小桥的流水和山体瀑布
开始了晨练
两旁枫林的红叶
印下小鸟掠过的身影
绕过幽幽的竹林
冷不防与惬意撞个满怀
清晨
我在家里逛公园

川大河畔的生活是恬静的，快乐的，又是写意的，醇厚的。庭院中步步移景，吐故纳新，竹木清影，拂袖暗香。伴随着书声成长的人们，如今，可以再次领略到“书山有路勤为径，学海无涯苦作舟”的精神境界。儿童爽朗的笑声，少年游戏的场景，青年美丽的身影，中年伟岸的身躯和老年唱曲动听的歌声，一幅幅美景，是一场生活的精神盛宴。

专业物业管理的亲情服务

川大河畔聘请拥有多年管理经验及资质的成都忠信合力物业管理有限公司，对小区进行管理。公司遵循“合作、守信”的经营原则，体现“业主至上，服务第一，以人为本”的亲情式物业管理，以客户的满意，为客户想得更好地为物管宗旨，及时高效的为住户排忧解难，体现对业主无微不至的服务精神，24小时安全保卫服务使住户生活和工作在一种既轻松、休闲、浪漫又方便、舒适、安全的环境之中。

川大河畔毗邻百年名校四川大学，同时又享尽江安河一线水景和天然湖泊，与“不高山公园”隔河相望。自然天成的人文气息，与水为邻的书香院落，情系一生。

川大河畔的中式园林尽善尽美。“卷池映源”、“叠影书香”、“竹涧听泉”、“河塘月色”等特色小品和自然游水花园景观，营造绿色的生态家园。川大河畔将自然水景与人为景观紧密结合，将江安河与天然湖泊的水与园区内的多重水景，通过水景喷泉、漫步回廊等相融合，达到“天人合一”、“移步换景”的美妙境界。

川大河畔不仅仅拥有令人羡慕的水景，其特色雕塑、花园布景等也展现了川大河畔浓厚的人文气息。园区大门的书卷映画，向人们展示的是川大河畔诗情画意的居住生活；石刻长廊上的唐诗宋词，铭刻的是中华国粹之精华；园区雕塑等，展现的是人文与书香的精汇。

卷池映源 叠影书香 墨香池雅 竹涧听泉 荷塘月色 棋境琴韵所有灵动的元素，绘成一幅清雅素净的水彩画；

绿地草坪 灌木丛 枫树林 假山 喷泉 游水特色小品和自然景观，谱写自然与和谐的美丽篇章；

小区健身器械 花园晨道 专业运动场营造一个健康、阳光、运动的高尚生活社区。

投 资 商：四川润扬建设集团
开 发 商：润扬集团·成都屹立房地产开发有限公司
咨询热线：028-85870955 85870966
现场地址：四川省成都市西南航空港经济开发区长城路

四川怡安投资集团有限公司

四川怡安投资集团（简称：怡安集团）是以房地产为龙头产业，集房地产开发、销售、和城市基础设施、医疗、教育科技投资以及建筑安装工程，物资商贸流通为一体的综合性企业集团。集团下设四川怡安投资集团有限公司、四川怡安投资集团金辉建设工程有限公司、四川怡安投资集团商贸有限公司、四川怡安投资集团物业管理有限公司。

集团凭借雄厚的资金、丰富的开发经验，本着**“以人为本，诚信至上”**的企业宗旨，坚持“高起点、高标准”的经营理念，以一流的品质和优质的服务奉献社会，追求企业、员工、社会效益最大化，在互惠中实现共赢。

集团为积极配合市政府加快旧城区改造，成功地开发了位于市中区滨江路的江景楼盘**“怡安大厦”、“光复大厦”**高层电梯公寓，均成为宜宾城市化建设中的亮点，同时，也树立了“怡安”品牌。

为加快改善宜宾城市道路状况，缓减市区交通压力，集团按“BT方式投资”1.5亿元在南岸七星山下修建一条城市交通性景观道路——七星路。该道路西起龙湾，东止小溪口，宽50米，全长近4公里。整个大道，南面与铁路干线紧邻、平行，并与七星山相望，整个大道简洁优美、气韵连贯、充满活力，体现出交通与城市、环境与自然相协调的特色，建成之后，它将成为主城区一道亮丽的外环风景线。此BT方式在该市尚属首例。

集团以房地产开发为主业，力求将理想融入建筑，将文化依附建筑之灵魂，让人居空间成为人们身心之寓所、成为人们永不存封之记忆。目前，集团在主城南岸西区投资近3亿元，精心打造占地120亩、建筑面积近16万平方米的景观小区——山水绿城·碧竹山庄。以尊重自然为原则，因地制宜、依山就势，构建错落有致、人文相融的生活空间；并充分挖掘川南竹文化资源，以道家“天人合一”的思想结合艺术的手法将竹文化融入小区景观之中，形成地域特色突现的文化小区，将建筑、自然、人三者有机融合，营造独具魅力的和谐人居环境。

集团作为一家本土民营企业，从建立至今在得到社会各界的关心、支持与厚爱的同时，不忘对社会的回馈、对教育等公益事业的支持，集团先后向边远山区小学捐助教学设施、设备，捐助贫困学生就学等累计金额达30多万元；并先后为公安、消防、驻宜部队等单位捐助设备以及多次慰问官兵累计金额达数10万元。近年来集团的社会效益也十分显著：

2002年3月被宜宾市消费者协会评为“维护消费才权益十佳”单位：

2002年被宜宾市授予“区级文明单位”之称号；

2002年5月被“中国质量万里行”、四川省质监站、《巴蜀质量跟踪》共同评为“四川省质量信誉同盟”企业；

2002年至2003年连续两年被宜宾市农行评为AA企业；

2003年被宜宾市消费者协会评为“消费者满意单位”；

2003年6月，被宜宾市工商局授予“守合同、重信用企业”称号；

2004年3月，集团开发的高层电梯公寓——光复大厦，在宜宾市房管局、市房协主办的首届住博会上，被评为“市民喜爱的十佳楼盘”、“市民喜爱的十佳户型”。

2005年7月，集团目前开发的碧竹山庄小区在宜宾“魅力人居”文化节上，被评为“健康小区”。

宜宾——万里长江第一城、一个拥有近三千年历史的文化名城，有其得天独厚的地理优势，地形起伏跌宕，地貌丰富多彩，既有山之俊秀，也有水之灵动。集团愿作为宜宾“魅力城市、和谐人居”的建设者，抓住城市化进程快速推进的大好契机，为市民打造更具人性化的居家环境而作不懈努力！

中国房地产景观环境社区成功开发典范

怡安·碧竹山庄坐落在南岸西区（碧峰园）对面，总面积18万平方米，由四川怡安投资集团承建开发，该小区绿化面积达到46%左右，小区景观均是由四川园林设计院著名设计师设计，植被由富贵竹、银杏、香樟等名贵植物组成，假山、瀑布、草坪构成的绿色景观将碧竹的居住环境构成一幅美丽的图画，小区内设施完善，已经纳入规划的有游泳池、网球场、羽毛球场等文体娱乐设施，小区内户型设计合理，130平方米的跃层更是这次销售的经典户型，怡安秉承了建造优质住房的理念，无论在硬件、软件上都高标准要求，怡安不仅仅销售的是住房，更是一种对家的全新诠释，让你的入住感到温馨和谐。

怡安集团与鲁能集团联合打造的南岸西区“山水绿城，碧竹山庄”，尊重自然、因地制宜，依山就势，构建错落有致，人文相融的生活空间，充分挖掘川南竹文化资源，以道家“天人合一”的思想结合艺术的手法将竹文化融入小区景观之中，形成风貌的特色文化小区，将建筑、自然、人三者有机融合，营造独具魅力的和谐人居环境。

根据太极八卦原理，依据山形地貌，以日月广场为中心，合理分布高层、多层住宅，并以四季园林造景、景观小品形成呼应。

突出特色性

突出碧竹山庄典型的建筑样式、独特的文化内涵及依山就势的地理特征。

展现风貌性

以竹作为提升碧竹山庄品牌的文化符号，充分挖掘竹文化资源，营造别具一格的风貌型小区。

强调生态性

强调环境生态的可持续性，强调地质、地形及气候特色，尊重自然，依山就势，不破坏山体自然形象。以艺术的手法将居住与自然结合起来，形成生态的人居环境。

LAKEPENG
international nature longevity
彭湖湾

彭湖湾国际生态社区

四川嘉昕房地产开发有限公司开发

中国房地产健康生态住区成功开发典范

项目性质

住宅兼商业

“彭湖湾”国际生态社区处于彭山县城的城市核心区域和滨江风貌区区域的中心，西南面是政府重点打造的100亩活水公园，项目规模巨大，震撼力强，两面临江，一面靠山，空气清新，视野开阔，具备开发高品质亲水社区的独特优势。项目占地518亩，地块呈类三角形。位于二龙滩，紧邻彭祖山仙女湖景区，面对岷江，背依彭祖广场。项目所属彭山县区位优势十分独特，有“眉山北大门、桥头堡和成都后花园”之称。县城北距成都45公里，南去乐山80公里，距双流国际机场30公里，南邻眉山18公里，成昆铁路、成乐高速公路、成乐大件路、省道103线、岷江水道纵贯南北。以成乐高速公路、成乐大件路为骨架，与全国各地相连，形成了公路、铁路、航空的立体交通运输网络。彭山是川西平原重要的物资集散地，彭山物流产业发展前景广阔，为彭山经济发展注入强大动力。由彭山县计划经济贸易局彭计固[2005]01号等文件批准四川嘉昕房地产开发有限公司开发二郎滩“彭湖湾”国际生态社区——将建成一个30万平方米的“彭湖湾国际生态社区”。该社区将开挖一个10万平方米左右的人工湖——彭湖，在彭湖周围依次修建小高层、多层、叠加别墅、联体别墅及独立别墅等住宅，并配套有一条美食休闲风情街，一个大卖场，一个幼儿园和一个四星级酒店及世界一流的国际体检保健中心。

首先启动的四星级酒店即——“彭山长寿国际大酒店”有12层高，内设150个客房，一个会议中心：内设大会议室(300人)，中会议室(100人)，二个小会议室(50人)，一个小会议室(20人)、二个会谈室，并设有桑拿夜总会、棋牌室、咖啡厅、多功能厅及宴会厅。长寿国际大酒店建成以后将是眉山一流的集会议、度假、养生相结合的四星级酒店。

项目功能

亲水主题的大型度假养生社区

旅游度假功能：风情商业街、四星级酒店，国际健康中心。

商务功能：商务居住、商务交流及会议功能、综合服务配套功能。

休闲娱乐功能：特色餐饮店、娱乐、休闲广场；咖啡厅、茶楼、水吧、酒吧、特色精品衣饰店。

生活居住功能：生态化的亲水居住社区。

养生功能：彭祖文化传承和发展。

规划建设净用地面积：342700.47m²

规划总建筑面积： 339729m²

地上建筑面积： 298395m²

其中：住宅建筑面积： 238495m²

商业建筑面积： 30000m²

酒店建筑面积： 18000m²

康体中心建筑面积：5000m²

幼儿园建筑面积： 3000m²

配套项目建筑面积：1500m²

物业管理用房面积：1300m²

垃圾站面积：150m²

门卫：50m²

架空层：2400m²

地下建筑面积:31720m²

其中:机动车车库建筑面积:8890m²

车位数:267m²

其他用房建筑面积:22830m²

地下建筑层数:1层

半地下建筑面积:9614m²

其中:机动车车库建筑面积:8028m²

车位数:446

其他用房建筑面积:1586m²

容积率:0.87

建筑基底面积:75394m²

建筑密度:22%

道路及停车用地:38284m²

其中:道路用地面积:34594m²

地面机动车停车用地面积:3690m²

车位数:205

总绿地用地:171350m²

绿地率:50%

其他用地面积:57672m²(宅旁用地及广场等硬质铺地)

住宅总户数:1503户

总停车数:1009

建筑设计

建筑形态

多层　　花园洋房和叠拼别墅　连排别墅　独立别墅

多层

一层送花园,户户送大露台,顶层送花园。

花园洋房

花园洋房以其良好的性价比受到市场追捧,消费者只需支付较少的费用又可以享受别墅的待遇和环境。户户空中花园

别墅

地块具有良好的江景资源,符合修建高端产品的基本条件,因此修建部分别墅,体现项目的中高端定位,提升项目品质,同时保证建筑形态的多样性。

建筑风格

整体上讲,建筑风格采用现代地中海风格,带有适当的田园格调,迎合消费者对自然的心理需求,从而达到与水景和环境的融合。

景观设计

景观主题

亲近自然的水主题

本项目的景观设计中与建筑规划相结合,提高园林的绿化率,着重进行分组团绿化,注重人景互动的参与性以及雕塑、小品的运用,充分体现休闲、养生的需求。

景观风格和主体园林

景观风格和主题园林应自然的融为一体,契合本项目的整体定位特征,采用**现代地中海**的风格,运用**江南园林**理念作为主体园林,融入一些现代的元素,重塑清新洒脱之美。

以水景见长,水石相映,构成园林主景。

开发商:四川嘉昕房地产开发有限公司　　**售楼电话:0833-7613333**

重庆嘉发实业有限公司系上海嘉发置业集团有限公司在上海成功开发嘉发公寓后，1998年率先响应国家开发西部战略决策来重庆考察，于1999年组建成立的分公司，注册资金5000万元，公司以"开拓创新、诚实守信"为宗旨，拥有一支素质高、专业配套、有强烈进取心和创业精神的人才队伍，职工150余人，其中高级职称12人，中级职称26人，大专以上学历78人。主要经营基础设施建设、房地产开发等，具有二级开发资质。

重庆嘉发实业有限公司已成功投资开发完成南岸茶园新区一级市政道路——"世纪大道"项目，该项目全长5公里，双向四车道，由公司全额投入资金8600余万元，于2001年7月竣工通车。该大道的建设成功使南坪至长生桥茶园新区的行车时间从原来的25分钟缩短至6分钟，把昔日的荒山野岭变成了如今带动南岸区经济发展的"黄金大道"。

继成功开发"世纪大道"项目后，公司于2000年南岸区招商会上与重庆长江电工厂签订了土地转让合同，该项目属主城区旧城改造，占地面积近300亩，计划用6年时间打造一个重庆市大型高尚精品住宅小区和国际化都市街区——"上海城"。该项目经重庆市人民政府规划批准，可建住宅用房近70万平方米，商业用房24万平方米（相关公建配套10万平方米），总投资约38亿元人民币。项目位于南岸区南坪西路顶级商业、金融、居住繁华地段，坐享人文自然、商业环境及便利交通的丰厚资源。

公司的经营理念是以客户与社会为中心，把满足消费者的需要、保证城市建设发展的长远利益作为企业的根本目的与责任，在产品的硬件和软件上不断追求完美，在小区规划、户型结构、特别是环境设计上，秉承"以人为本，回归自然"的理念，打造全方位优质的住宅精品，在建筑工程设计施工等方面更是精益求精，公司于2001年获得了南岸区政府颁发的"优秀住宅小区规划方案设计"奖，于2003年获得了《中国质量万里行》"质量信誉双满意单位"奖，并于2004年获得了重庆市建设委员会及建设工程质量协会颁发的"重庆市三峡杯优质结构工程奖"。随着工程的逐步建设，一个新兴的"上海城"将在重庆南岸区脱颖而出，成为重庆市的新地标。"上海城"必将大大提升南岸区的区域价值，推动重庆市的经济发展，为重庆的市政建设再添瑰丽篇章。

重庆嘉发实业有限公司正依靠自身努力及重庆政府和各界的大力支持，迎着经济全球化的浪潮，迈着坚定的步伐，不断地将业务向全国乃至世界拓展。嘉发人同样以坚定信心为打造一流企业与公司一起共同缔造明天的辉煌。

由重庆嘉发实业有限公司开发的项目——“上海城”位于南坪西路、开发路、铜南路与规划中的会展中心路围合之中，距南坪转盘只有几分钟步行距离，浪高凯悦、百盛、重百、新世纪百货、普尔斯马特、扬子江大酒店等众多商业商务巨头及密布如林的各大银行让这里成为南岸真正的金融商务中心。伴随南坪转盘改造，菜园坝大桥以及轻轨规划即将实施，南坪多元化城市中心的地位日渐确立，与国际化商圈解放碑鼎足而立，交相辉映。

该项目占地近 300 亩，计划用 6 年时间建成。“上海城”总投资 38 亿元人民币，可建商业住宅用房 70 万平方米，商业用房 24 万平方米，配套用房 10 万平方米。

“上海城”是现有重庆最大的城市中心地标性楼盘，坐享人文自然、商业环境及便利交通的丰厚资源，小区集**“家居、环境、文化、配套、街区”**五维空间为一体，结合**“江景 + 绿地 + 文化”**的特殊地理位置，注重人文关怀与生活写意，500 米的林荫大道贯穿于整个小区，绿草茵茵、小溪潺潺，大型下沉式绿色休闲广场、运动场、游泳池、幼儿园、小学、泛会所、社区商业中心——黄金走廊，建筑艺术与城市环境相协调，无论是居家生活，还是购物休闲，都可在超大规模的上海城时尚生活街区，找到最适合自己的生活方式。

上海城住宅小区在小区规划、户型结构、特别是环境设计上，秉承**“以人为本，回归自然”**的理念，打造全方位优质的住宅精品，在建筑工程设计施工等方面更是精益求精，公司于 2001 年获得了南岸区政府颁发的**“优秀住宅小区规划方案设计”**奖，于 2003 年获得了《中国质量万里行》**“质量信誉双满意单位”**奖，并于 2004 年获得了重庆市建设委员会及建设工程质量协会颁发的**“重庆市三峡杯优质结构工程奖”**。随着工程的逐步建设，一个新兴的“上海城”将在重庆南岸区脱颖而出，成为重庆市的新地标。

“上海城”必将大大提升南岸区的区域价值，推动重庆市的经济发展，为重庆的市政建设再添瑰丽篇章。

主要经济技术指标：

总用地面积：195749 平方米
建设用地面积：171900 平方米
总建筑面积：942800 平方米
其中 住宅：57767 平方米
商业：约 22 万平方米
社区配套：约 10 万平方米，其中：小学：6300 平方米；幼托：3000 平方米
地下车库：101236 平方米　　停车位：3180 辆
容积率：5.48
建筑密度：30.57%
绿地率：30.17%
总户数：6200 户；　总人数：19840（3.2 人 / 户）

“上海城”住宅部分概况：

“上海城”住宅小区总占地面积约 210 亩，规划住宅建筑面积约 70 万平方米，地面绿化景观面积 6 万余平方米，为闹市中心的大型园林生活社区，城中之城。小区总户数预计可达六千余户。小区内配套设施齐全，功能区间隔合理：小区外围规划了商业广场、商业步行街、大型超市、邮局、银行、诊所、小学、幼儿园、居委会等生活配套设施；小区内设有泛会所（包括游泳池、器械健身区、运动场、水岸观景茶座、清风棋牌室、阳光阅览区等）；下沉式广场；儿童乐园等，衣食住行育乐——，所有生活所需，足不出户即可全部满足。其建筑风格现代时尚，符合潮流，户型合理，面积控制得当。尤其是相当于两座人民广场的六万平方米社区绿地生态花园，景观层次丰富，在“自然、森林、水”的规划主题下，营造出真正适宜人与自然亲密交流的人居天堂。

“上海城”商业部分概况：

“上海城” 商业城规划总占地面积约 60 亩 （约 4 万平方米），总建筑面积 20 万余平方米，由 12 万平方米的大型综合购物中心（包括品牌超市、时尚百货、大型休闲娱乐中心，高档商务公寓等）、7 万平方米的单层大卖场以及 2 万多平方米的商业街区，街区临街店面长达 2500 米，将营造成为极具特色的超大型国际化街区。

上海城

良好的物管，让您真正享受主人的尊荣

全程管理顾问『上海城』的上海东湖物业管理公司，是东湖（集团）公司下属以管理涉外高级写字楼、公寓以及各类中高档宾馆饭店为主的专业物业管理公司，自上个世纪八十年代中期成立以来，公司坚持『业主利益第一、用户满意第一、公司品质第一』的管理宗旨，所服务的项目包括瑞金大厦、永新大厦、新华联大厦、金钟广场、金钟大厦等上海市优秀大厦和全国示范大厦。公司一九九八年通过ISO9002国际质量保证体系，1999年被评为上海市最高物业管理资质—贰级，以独特的东湖管理模式，从上海走向全国，先后服务过山东潍坊喜喜娱乐城、河南信阳豫花园大酒店、四川川信大厦和山东银工大厦等各类项目，努力发展成为具有国际一流管理水平的现代化企业。

山景·江景·夜景，山城最宏大的视觉盛宴

能够把城市最有标志性的景观一揽窗前，是一种骄傲

山水相逢的重庆充满灵性，自然拥有许多令人称道的城市景观

科普中心的苍翠青山，滚滚东去的奔流长江，蜿绵起伏的中央天际线，闻名于世的山城夜景……

这些让山城子民无比骄傲的壮阔景观，上海城的窗前全部一一呈现

更可与浪高·凯悦这样的现代建筑隔街相望，山景、江景、夜景，不同的性情与风貌

在不同的时段流转于窗前，带给你山城最为宏大的视觉盛宴

俯瞰山水交融，视界无限开阔，心中也多了一份指点江山的豪迈气魄！

上 海 城

在泛会所，用心体验生命的真味

钢筋水泥丛林中穿梭的八小时，高楼大厦中有空调风没有自然风的八小时，尘世俗事中紧张忙碌的八小时……

人生中无数个日子的『八小时』，您把自己献给了工作——为了生存而工作，为了更好地生活而工作，为了家人而工作……

上海城，将泛会所融进小区的每一处自然空间中，为您的『八小时』之外，提供真正多姿多彩、有滋有味的生活：休闲茶吧里，品茗闻香，赏月聆泉，静观物华明灭，畅想人生百味；雪茄吧中，三五知己相对，高谈阔论，唇齿留香；健身房内激情挥洒，以汗水累积健康；桌球室里轻松挥杆，以优雅融洽真情。

板式建筑全明居室，非常空间非常生活

上海城，对于建筑的美感和居住者的舒适度有着极度的执著，特邀（加拿大）上海泛太建筑设计有限公司担纲设计，选取国际最为流行的人性化建筑元素——板式建筑，缩短南北进深，贯通采光通风，流畅的弧线型设计，将建筑的律动挥洒到极致，部分楼宇采用底部架空式设计，让建筑与自然景观形成良性互融，每单元均设立装潢雅致的独立门厅，内部空间的勾勒精巧细致极富新意，两梯四户大开间设计1.2米双开子母门彰显生活气度；超大广角观景窗，极富想象力的弧形落地窗，赋予空间与众不同的灵动感；双阳台双卫生间设计，功能区分更加合理，明厅、明卧、明厨全明设计，多款不同房型，曲线变化户户不同，生活情趣家家乐道。部分采用错层式立体化布局，创造更舒适宽阔的生活空间，丰富生动的生活情愫由小小的几步台阶开始！

发 展 商：重庆嘉发实业有限公司

接待中心：重庆市南岸区南坪西路32号　　销售热线：023-62308888

"花街"透视

重庆南方集团有限公司

创精品工程 立百年基业

重庆南方集团有限公司,是建设部一级资质房地产开发企业和重庆市最大的房地产开发企业之一,是重庆开发企业50强、重庆房地产诚信企业50佳之一,也是中国建设银行"AAA"级信用企业、建设部"放心房"示范企业。创业十多年来,南方集团信守**"创精品工程,立百年基业"**的开发理念,不遗余力的为重庆城市建设添墨加彩。

1993年进入房地产行业来,南方集团经过十多年发展,已成为一家注册资金1亿元人民币,集房地产开发,文化产业、酒店旅游为一体,"地产、文化、旅游"三驾马车并驾齐驱的大型民营企业,为社会提供了5000多个就业机会,向国家累计上交税金逾2.5亿元。至2004年底,公司总资产达18亿元,房地产年开发能力在40万平方米以上,能够同时组织开发2个以上的20万平方米~40万平方米的建设项目,已建、在建中的南方上格林、南方香榭里、南方风林高地、南方碧水康桥等项目总建筑面积达400万平方米。所开发的系列住宅小区先后荣获重庆市"十佳住宅小区"(连续三届)、"全国物业管理示范住宅小区"等称号。

在大力发展房地产业的同时,南方集团采取向文化产业和旅游产业适度发展的"长线"战略。2001年,南方集团与四川外语学院经重庆市教委批准联合创立了"川外重庆南方翻译学院",该学院已于2002年正式招生,预计在2006年,在校生规模将达到16000人以上。

在旅游业方面,南方集团现有三星级涉外酒店——南方花园酒店,在高新区按五星级标准建设的南方君临酒店,于2004年3月开业。

不仅如此,南方集团发展不忘社会,积极参与各种公益活动。在2003年重庆市抗击非典的过程中,南方集团捐款160万;同时,南方集团热心教育事业,从1997年至今,共捐建希望小学、光彩小学13所,并投资创办了重庆外国语学校森林小学、重庆南方艺术学校、川外重庆南方翻译学院。

南方集团与时俱进,提出**"诚信创造精品,实力保证精品,服务体现精品"**的新标准,要求全体员工树立精品意识,为重庆市民建造出更多更好的精品工程,提供更优质服务。

项目概述

南方·碧水康桥是由重庆南方集团公司投资开发的低密度大型复合生态健康才智社区,位于重庆经济文化迅速崛起的渝北新区,紧邻 210 国道,距重庆江北国际机场约 3 分钟车程,离主城仅需 10 分钟车程,交通十分方便。

南方·碧水康桥项目总占地 2160 余亩, 由一个占地 1100 余亩(建筑面积 110 万平方米)的低密度生态社区和一个占地 1060 余亩的南方翻译学院组成。于 2001 年先期开发建设的重庆南方翻译学院,现已建成 20 万平方米的教学楼和学生宿舍,学院已于 2001 年 11 月,纳入国家普通高等教育招生计划,并于 2003 年 12 月,顺利通过重庆市高教专家评估检查组的验收,成为由教育部确认的独立本科院校。2005 年在校学生 9000 余人,预计在 2006 年,在校学生规模将逾万人。

南方·碧水康桥, 将萃取英伦文化建筑中的现代简约欧式风情, 把英伦文化风情中的典雅和现代文明融入整个项目的建筑、景观和配套建设中,结合南方翻译学院的建设和发展,着力营造一个绿色、生态、自然、舒适、健康的高尚才智大社区和小镇。

项目优势及特点

项目所在行政区渝北区是重庆的北大门, 面积 1452 平方公里,人口 83 万,可用财力居全市第二。渝北区经济板块由重庆空港经济开发区、重庆渝北国家农业科技园区、重庆民营经济开发区三大园区组成,共引进了长安福特、长安工业园、模具工业园、安凯汽车等骨干工业项目 600 多个,汇集了西南政法大学、重庆大学、重庆一中寄宿学校、南华中学等重点大学和中学,是全国卫生城区、优秀旅游城区、文化先进区、全国武术之乡、全国科技进步先进区、治安先进区、财政先进区和重庆市环保模范区、山水园林城区。

项目命名为"南方·碧水康桥",首先是源于项目本身紧靠宝圣湖优越的有水有山的地形地貌环境,其次,重庆南方集团在此已投巨资建设了一座现代化的与世界接轨的大学,结合闻名于世的英国剑桥大学和国人耳熟能详的徐志摩不朽诗篇《再别剑桥》《我所知道的剑桥》中描写的优美自然环境和意境,喻义此地不仅有高尚美好的生活氛围和有如徐志摩笔下描写的英国剑桥和剑河边优美的自然风光。

项目萃取英伦文化建筑中的现代简约欧式风情, 以多层、花园洋房、Townhouse 和独立别墅为主,依山环湖,沿叠泉瀑布、溪流、花街,自然台地形成 12 大组团。把英伦文化风情中的典雅和现代文明融入整个项目的建筑、景观和配套建设中,结合南方翻译学院的建设和发展,为社区业主完全开放共享:运动场、图书馆、篮球场、网球场、乒乓球场、体育场、学生活动中心等,着力营造一个绿色、生态、自然、舒适、健康的高尚才智大社区和小镇。

贯穿项目南北向的商业街——考文街,是项目反映英伦风情的一大亮点。考文街采用英国尖塔、坡顶为主要建筑元素的都铎风格。商业街由三部分组成:1 组团为退台商业街;2、3 组团为商业街的正街;环社区和大学的商业街。

首期推出的一组团占地约 5.1 万平方米, 住宅建筑面积约 4.8 万平方米。采用准英国传统的都铎风格(都铎风格:混合着传统的哥特式风格和文艺复兴风格, 是 19 世纪英国贵族府邸所采用的主要建筑风格。尖塔形斜屋顶是它的显著特征,流行于 19 世纪的英国都铎王朝时期。)在规划布局上依山就势采用了退、错、叠、院等方式,既保证了原生地势地貌的完整,又完整呈现英伦生活方式的本色。在环境景观方面,组团将中国传统的山水文化融入叠泉、小品、植被、坡形和生活的细节,使一组团更显精致和散发文化的气息。2006 年开发后续二、三组团用地约 15.8 万平方米,总建筑面积约 19 万平方米。

项目立足于南方翻译学院的大学优势, 导入英伦风情概念, 融入城市运营体系,通过差异化的营销方式和手段,强化优雅氛围、高尚生活方式的引导,创造一种新的生活理念。大学城、大气势、大社区、大环境、大远景、融入城市,使本项目从产品设计阶段开始,就成为重庆乃至全国有影响力的经典楼盘。

中国花园洋房地产成功开发典范

南方碧水康橋
Cambridge
重庆北部|1100亩|学园式品质社区

开发商:南方集团 康桥之约:023-67138888

项目地址:重庆市渝北区回兴

重庆晋愉地产(集团)股份有限公司

重庆晋愉地产(集团)股份有限公司是一家具有二级资质、以房地产开发为核心业务的企业。目前集团公司旗下有重庆晋愉物业管理公司、重庆科创建筑有限公司、重庆科旭贸易有限公司等三家子公司,总注册资本1.306亿元;拥有杨家坪转盘中心的临街商场2万多平方米(富安百货、新世纪百货经营)、写字楼7000平方米、车库10000平方米;杨家坪环道花鸟宠物经营市场4000平方米,公司总资产近8亿元。公司现有员工728人,其中具有大专学历的员工426人,本科142人,硕士11人,中高级职称员工70多人,形成了一支平均年龄30.7岁,知识化、专业化程度高,具有较强的职业意识和开拓精神的员工队伍。

公司始终坚持"专业化、品牌化、规模化"的发展战略,秉承"晋迁佳境、愉悦人生"的公司理念。8年来,开发了"科义达花园"、"杨馨花园"、"晋愉·城市彩园"、"晋愉·上江城"、"晋愉·绿岛"等项目,累计开发面积近80万平方米,总计投资近15亿元。公司所开发的项目由于市场定位精准,规划设计超前,均取得了良好的经济效益和社会效益。

公司凭着踏实、敬业、诚信的工作作风,先后获得了工商银行"AA+"级信誉单位称号、九龙坡区"优秀企业"称号、连续两届荣获"重庆房地产企业五十强"称号,"重庆市房地产交易诚信企业五十佳"称号,"重庆市十大城市运营商"称号等众多的社会盛誉,树立了良好的企业形象。而公司开发的"晋愉·城市彩园"荣获"重庆市典型住宅价格指数样本项目"称号,"晋愉·上江城"荣获"2003年楼市创新金奖"、"2003年度中国住交会重庆十大名盘"、"重庆十大文化社区"、"最具巴渝文化特色楼盘"等荣誉称号。

在开发诸多精品楼盘的同时,晋愉集团一直努力不懈地抓好企业管理,企业的管理工作达到了科学化、制度化的水平,为公司持续、健康、稳定发展打下了坚实的基础。

他们将抓住目前重庆市高速发展的房地产市场良机,坚持多元化的发展道路,遵循以文化为核心的品牌战略,展现诚信的企业形象。公司规划在五年内,完成竣工面积200万平方米,成为重庆市最具代表性的城市运营商。

重庆晋愉·绿岛

中国房地产公园社区成功开发典范

项目简介

区域位置:本建设项目地处重庆市大渡口区西部,双山社区南区,整个南区用地为121.9公顷,南区东面靠陈庹路与大渡口新区,西南毗邻九龙坡区城市规划道路,以双山路与北区相连。

地形地面貌:整个地形原生自然,呈向心型三角形走势,双山、坦克山脉络由北至南蜿蜒伸展,起伏变化,双山山峰不仅为区域内的空间制高点,同时也是联系南北两区的地理中心。

项目要求:首先要根据现有的用地情况,要有计划有针对性进行总体布置及单体设计,尊重环境自然。在尽可能控制成本的前提下,营造一个多元化的,满足不同人群需要的住宅小区,要有相当完整的配套设施,并且要与双山公园紧密结合。

工程概况:双山两块住宅用地面积约20.8万平方米,拟规划建设住宅2995户,容纳人口约1万人,根据甲方市场调研及策划,本住宅区以多层及高层住宅为主,并且辅以一定数量的联排低密度住宅,以满足不同的消费群体的需求。

主要技术经济指标:

总用地面积:208081m²

计容积率总建筑面积:402619.17m²

其中:

住宅:385118.22m²

公建:17500.95m²

不计容积率总建筑面积:51928.2m²

总建筑面积:454547.37m²

建筑容积率:1.93

建筑密度：26.2%

绿地率：38.7%

总户数：2995 户

停车位：地上 110 辆

地下 1295 辆

总平面设计说明

用地分析及总体构思

本着尊重地形现状，结合当地景观特征，创造精品社区的总体思想，通过对小区内的用地及景观的深刻观察和了解，利用南北通达左右逢源的规划设计手法，精心规划小区道路与空间，尽可能使土方平衡，以水景为中心，以双山公园为背景，依山就势地规划了两条主要的轴线和视觉走廊，由东到西，由南至北，将大渡口新城区陈庹路、居住小区、双山公园以及石井方开发用地有机地联系起来，使居住小区的空间在这个大区域里有序地拓展。

分期实施和分区管理

根据建设方对重庆市住宅市场的调研和策划，结合小区的整体布局，将 7-7/02、7-8/02 地块南区作为一期开发用地，主要以多层和高层住宅为主，将 7-4/02、7-3/02 地块作为二期开发用地，也以高层和多层为主，7-7/02、7-8/02 地块北部作为三期开发用地，以低密度住宅为主，这三期既有公共的服务设施，又相对成为独立小区，可分别管理，又可共同使用。公共设施的共享性和效率大大提高，不同人群又可适当隔离，增加了安全性。

建筑专业设计说明

设计特色

根据当地的自然条件，在单体设计和总体规划方面，强调南北向布置，户型精心设计，极大程度上满足住宅对日照、通风和采光等建筑物理环境方面的要求，根据当地规划部门的要求，住宅屋顶全部布置了屋顶花园，完全体现了健康住宅的概念。建筑特点简朴大方、生于山水之上，融于山水之中，依山就势，错落有致，使之观景，亦是景。

单体特点

◎建筑格局依山就势，力求空间变化丰富。

◎总体布局可分做三大独立组团，都有各自的配套服务设施。

◎小区内人车分流，地上、地面、集中、分散停车相结合，着重利用地形高差特点，设计架空和半地下停车场，既节省投资成本，又隐蔽安全。

◎建筑布局注重朝向、通风、采光，强调视线开阔，户户有景，注重均好性。

◎户型设计方正实用，南北通透，开窗方向满足视线的景观取向，回避对视干扰，户内设置宽阔的景窗，观景露台，观景餐厅。

◎立面造型力图表现建筑设计的内部功能变化，简洁明快。

◎充分利用周边得天独厚的景观优势，打造全方位生态社区，提高居住品位，创造金牌楼市。

景观设计说明

本小区景观设计本着尊重地形的原则，以建筑总图、消防总图及总体竖向设计为依据，着眼于居民日常生活的服务，将小区环境设计成集观景与休闲功能于一体的小区景观，他们力图将建筑立面设计延伸至地面，形成空间感强烈的主体垂直绿化景观，并将双山远景借入小区，将原有山洪冲沟利用，形成瀑布、叠泉，汇入小区 Townhouse 区域形成时开时合的水体，将现有资源充分利用，既满足功能同时成为可供居民享用之亲水空间，本小区景观充分利用地形与建筑立面设计，并与之一同成为新的人文景观。

在 7-7/02、7-8/02 地块人行主入口设计在小区与陈庹路相接处，用景观隧道连接小区与小区外旧城区的人流，在入口区域用下沉式广场来解决高差，并利用台阶及入口两侧的会所及小商业区的不同的层高来消化和削弱过大的地形高差带给人的压抑感，并依地势设计一个跌水景观，让入口大广场气派非凡，并富有动感和灵气，具有强烈个性色彩和可识别性。

在地块人行主入口的南面是多层及花园坡地洋房以及可与双山山景形成峡谷景观的高层建筑，从而形成地形地貌及建筑立面十分丰富小区空间形式，在这片空间中，建筑利用高差做地下或半地下车库，局部空间做商业空间，景观设计在这一带形成建筑过渡到室外的灰空间，将建筑的硬朗边界柔化、亲切化，并设计相应的商业外休息绿地和水体与之适应，此区域在纵向上利用北高南低的地势，顺势设计 4 米高大跌水，跌水顶部设计有观景平台及观景亭，这样无论刮风下雨还是艳阳高照的日子，居民都可以在这里凭栏眺望无限峡谷风光。瀑布落到谷底后在商业街外形成带状水体，成为商业景观的一部分，在这里设计足够的公共活动和停留的广场，以上为 7-7/02、7-8/02 南面地块的集中绿地景观。

该区域组团及空间绿地以绿化为主，依据坡地建筑特征，设计垂直交通，能绿起来的地方，尽可能做绿地，这样让小区建筑融入绿意之中，使局部小气候环境景观改良。

7-7/02、7-8/02 北面地块为相对高档次居住区域，以联排 Townhouse 为主要建筑和居住形式，在此区域，为配合居住档次，将建筑边界与景观和地形充分结合，充分利用山谷冲沟，使此区域水景形成高低错落，立面空间十分丰富的室外及半室外亲水平台，并有小桥将水岸两侧的住宅人流联系起来，让整个集中景观空间成为可共享的，可在此饮茶、聊天、增进邻里关系的会所空间。

7-4/02、7-3/02 地块中也是充分利用地形的多层与高层混合型居住建筑形态，在满足消防车道、消防登高面、地面停车位及小区车行道的要求之外，宅旁景观主要依地形做护坡绿化及局部观景平台，形成休憩场所，局部地方配合建筑种植大树，形成林荫，以大面积绿地为主，调节社区气候。

上海天江置业发展有限公司成立于2002年8月，是一家极具人文理想色彩的房地产开发企业。公司拥有一支高素质的、具有丰富房地产开发经验的人才队伍。目前天江品牌以上海为中心，沿长江全面拓展，公司在上海、武汉、重庆、常州、宜昌等地房地产总投资已接近50亿元。因对中国房地产先进的开发理念和杰出贡献，2004年6月，上海天江置业发展有限公司荣获“中国房地产成功开发典范”。

天江置业以打造中国房地产业著名品牌为企业发展目标，将与中国房地产众多优秀企业共创美好的明天。

上海天江置业有限公司，自成立之初，以“依托长江，辐射全国”为战略构想，吸引了一群在中国房地产市场浸润了数十年，对建筑与人生有着深邃理解和理性思辨的浙江、上海房产精英，其浓郁的文化积淀，使天江成为一家极具人文理想主义色彩的地产公司。天江凭借其高起点、大平台的地产运作能力，围绕长江经济带，采取“两点一线”市场开发战略，即以长江龙头上海、龙尾重庆为基本点，形成天江开发势能，以武汉、宜昌等省会及中心城市为联结，以线串点，以点带面全线推进。

来自美国的常青藤——天江·常青藤人文别墅园

常青藤 人文别墅 · Humanities villa

⊙常青藤人文别墅园位于渝北区果糖路，紧邻西南政法大学校区，距解放碑约10公里左右，是具有第一居所概念的城市别墅。

⊙常青藤人文别墅园占地507亩，总建筑面积10余万平方米，独立别墅、联排别墅共150余栋，建筑依山就势，或依水而建，或掩映山林，高低错落之间，映衬出建筑的典雅之美。

⊙常青藤人文别墅园以百年学府意境为环境构思，通过浓阴、庭院、草地、流水和有意味的小品，内敛而有内涵，构成极具人文品位的优美环境。

⊙常青藤人文别墅园配备双会所，有咖啡馆、钢琴室、画廊、红酒馆、商务会议室、棋牌房、篮球场、室内外游泳池、壁球馆、网球场、室内高尔夫推杆练习场、健身房、攀岩等20多项生活配套，物业顾问实行管家式服务。

⊙常青藤人文别墅园，城市中心，浓阴大树，领袖气质尽在深藏不露之间。

中国房地产经典别墅住区成功开发典范

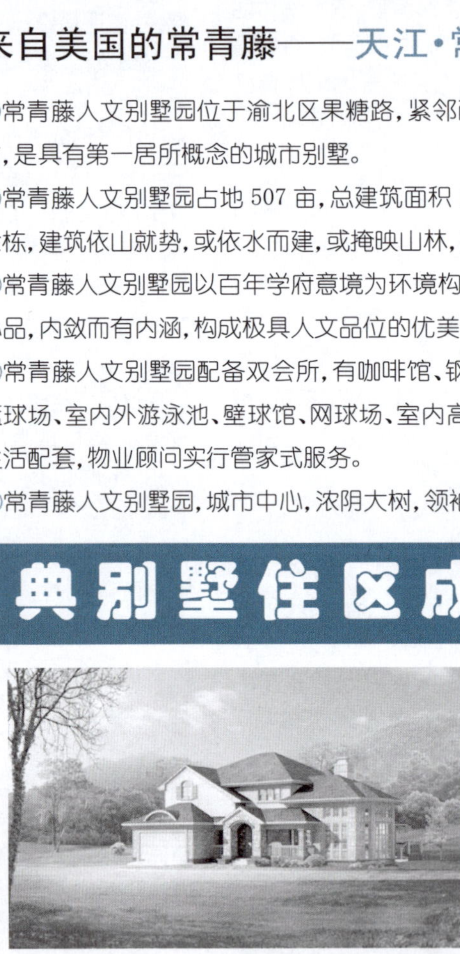

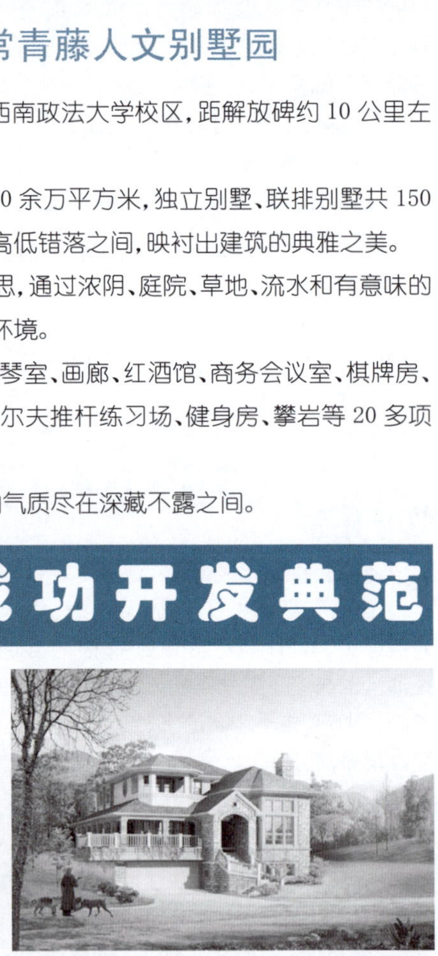

[区位交通]

常青藤人文别墅，北部新区板块，西南政法大学、海联学院、南方翻译学院、川外双语学校、重庆一中寄宿学校等名校环绕；重庆国际社区的潜质，距空港仅3公里，离市区也只有8公里，加之212、319国道以及周边金开、金山大道和未来轻轨3号线的接入，优越的交通环境，和附近云集的众多高档住区，正在不断提升板块品质。

5分钟可达江北国际机场，3分钟可到达外环高速公路入口，8分钟就可到达江北区商圈观音桥，到市中心解放碑也仅15分钟。加上轻轨三号线的建成，使该区域成为北部片区的交通枢纽。

[规划设计]

200余栋独立别墅、联排别墅，建筑依地就势，或依水而建，或掩映山林，还原山地本意。

常青藤人文别墅将“尊重自然、尊重环境、尊重各种生活形态”作为规划原则。园区道路以山地林荫路为主干道，通过地形高差和景观的微妙变化，创造出犹如“山中有路，路在山中”的风景。园区主干道、支道的合理分割，尽量形成尽端式的气派的“私家道路”，通往各个组团。常青藤人文别墅园区的整体规划理念，体现了人文环境的价值取向。

○**自然曲折的道路**。常青藤人文别墅山地林阴路保留了山地的线形的曲折，既有利于限制车速，又丰富空间层次，在交通顺畅的前提下，道路景观系统运用借景、造景、障景等园林设计手段，将山峦、溪流、绿地和森林层层叠叠引入视野，仿佛这是山中的一个个不同特色的村落。

○**尽量贴近地面的房子**。竖向规划时，让所有的房子都努力增加建筑和自然的接触面。水边建筑则通过一些挑平台来加强建筑轻巧的风格；依山别墅则尽量采用石头，顺山势而上，通过多台阶、小挡墙、小边坡，使建筑山林融为一体，体现山地别墅的感觉；在树林里的房子则相对收紧，让它们掩映在山林中。

○**组团的人文意味**。常青藤人文别墅在500亩适度的规模中，以隐于风景中的邻里组团、公共空间和道路为基本组织元素，通过“开放空间一半开放空间一私密空间”形成各级组团体系。常青藤人文别墅认为，独立别墅相对醒目，但是有时会显得人气不足；而联排别墅面积较小，但群体体现了积极而热烈的凝聚力，这是两种不同生活方式的选择，而不存在地位的尊卑。在规划的指导思想中，有意将两种建筑体量安排得大体相等，位置相对分离，通过强化两种建筑形态特点，保持园区和谐的共生关系。

[景观设计]

常青藤之路

入口为百年学府般的常青藤之路，浓阴华盖，两侧间歇出现的智慧泉代表常青藤盟校的标志，营造了宽阔壮丽的气氛。进入入口环岛时，倒影池平静的池面反射着天光与云影，倒影池有金色的银杏和火红的枫叶，将浓烈的北美气氛渲染到极致。精心设计的水下光纤，使倒影池在夜晚也充满了梦幻魅力。

谭纳喷泉

以谭纳喷泉为中心的辐射的小广场是人们聚会场所，夜色来临，水雾之中折射出迷蒙的光晕，更增添了瑰丽的气氛。

花溪相伴

与会所前广场位于排屋与别墅区分隔处，利用高差，模仿康奈尔大学的池塘及落水。一条各色杜鹃组成的花带沿着小溪，忽远忽近，或窄或宽，让青石板小路在这两条“溪流”中徜徉。

样板区环路

环路采取人车分流的形式，机动车路与1.5米宽步行路之间以1.5米宽绿化带分隔，给小区的住户提供了慢跑道，是典型的北美风格。体现健康生活理念。

常青藤

人文别墅 • Humanities villa

垂询电话：023-66096699

现场地址：重庆市西政渝北校区南侧

发 展 商：重庆渝北新城枫林置业有限公司

投 资 商：上海德普置业发展有限公司

重庆天江置业有限公司

重庆石桥房地产开发总公司

重庆石桥房地产开发总公司，是在党深化改革开放、重庆高新技术产业开发区落户石桥铺等大好形势下，于1993年8月，经重庆市工商行政管理局批准登记注册，位于重庆市九龙坡区渝州路6号的一家二级房地产开发企业。公司注册资金2210万元人民币，主要从事房地产开发。

目前公司拥有各类资产近亿元，职工100余人。在房地产开发工程技术、营销策划等方面的高、中级人才30名，并将继续采取措施广招贤才，充分调动员工的主动性、创造性和积极性，引进国内外先进的管理经验和机制，强化企业管理，准备在今后几年内发展为一个实力雄厚，具有影响的集团化企业。

公司的经营宗旨是：信誉第一，业主至上、以人为本。

公司的经营方针是：适应市场、主动进取，立足自身、广泛联系、拓宽思路，并充分贯彻以市场为导向，人才为核心，社会效益、经济效益双赢为目标的管理原则。

公司自成立以来，年年盈利。先后开发的项目有：柳背桥小区综合大楼、民政综合楼、石桥综合楼A楼、浩源商住楼、交易城配套工程、山林花园住宅小区、石桥花园、石桥广场、北碚缙云花园、柳背桥小区社员还建房、石桥瑞安小区、春江名都、西部商城等。累计开发面积28.56万平方米，完成投资1.97亿元，竣工面积17.06万平方米，实现销售收入1.48亿元，上交税利2856万元。1999年引进赛博数码有限公司，建立了重庆市经营面积最大的IT市场。北碚缙云花园已于2004年3月通过综合验收交付客户使用，销售率达95%，并评为北碚区优秀项目。柳背桥小区社员还建房将于2004年10月交付使用。石桥瑞安小区于2004年11月通过竣工验收交付使用。春江名都2005年年底交付使用。西部商城也于2005年10月16日开盘销售。2005年还在石桥镇六店村征地300亩，拟建一个高档别墅小区。

总之，通过几年的努力，公司在房地产开发和管理经验的积累上、在人才的培养和引进上，都取得了可人的业绩，为新世纪开创新局面打下了坚实的基础，使公司正进入稳步发展阶段。

公司决定在“十五大”精神的指导下，以江泽民同志“三个代表”为出发点，借二郎科技新城建设的契机，在社会各界的关心，业主和客户的支持下，团结全体员工同心协力、奋力拼搏，共创未来。为石桥镇和高新区的发展作出自己的贡献。

公司愿与各界同仁，携手并进，共创辉煌。

重庆西部商城

中国房地产成功开发典范

西部商城总占地近2万平方米，总建筑面积近11万方，整个建筑群由6万方大型时尚商业中心、studi0小型个性化写字间、超高利用率小户型公寓三大组团组成。楼高度99.6米，裙楼部分共七层，分为地上5层和底下两层，-2层为停车库，共395个停车位；-1层整层12000多方，将进行整体招商，商业形态暂定为超市等生活配套商业。1～5层分层面积大约为8000方左右，和背街的弧形部分均为商业面积，包括大型主力店和其他配套商业。塔楼部分包括两栋公寓和一栋写字间。公寓共25层，1～5层为商业部分，6层为一千多方的大型空中休闲空间，7～25层为商务公寓。公寓楼入口设在商城的侧面，与商场和停车场的入口分开，有效的形成了人车分流、主客分流，而且公寓配备两部电梯专供业主使用，更保证了住户居家的安全性和私密性。写字间共26层，1～5层为商业部分，6～26层为写字间。写字间配备三部高速客梯、一部货梯，并设置了专门的商务休闲会所、商务会议中心和多功能会议厅，为写字楼企业的商务展示、商务会议等活动提供了空间。

西部商城整体建筑的外立面新颖、简洁、大方、现代感十足，用料也十分讲究，写字间采用深蓝色全钢玻璃幕墙，商业裙楼部分则是全钢玻和花岗岩，时尚中不失稳重大气。整个建筑在配置及风格上也独具创新，任何西部商城的细节中都可以看到现代派技法的作业痕迹，每一根轮廓线都取材中国太极图的弧形理念。在设计过程中，西部商城从功能上最大限度地利用了空间可塑性，构造出可伸缩式结构，满足了客户对空间的不同需求。在建筑细节上，西部商城也以创新的理念贯穿始终，以全玻外墙构筑的晶莹剔透的商务体内穿插有立体桥楼商业街、空中休闲区等特色元素，更添灵动魅力。

西部商城是重庆石桥房产倾力开发的品牌项目，位于重庆市国家级高新技术开发区石桥铺中心，是重庆首个以IT氛围为依托打造的标志性“产业建筑”。凭借产业区成熟雄厚的IT背景及一号规划用地的磅礴气势，西部商城在筹建之初已荣获“中国商业地产十大主流项目”，成为重庆高新区形象工程之一。一个专为E先锋而设，集居家、办公、购物为一体的“全功能商企中心”。

地处高新区窗口要塞，融汇商业、物业、人流为一体的黄金枢纽点，独享商业、生活、医疗、教育等最完善的周边配套，最方便快捷的交通，最完备成熟的规划，西部商城势必成为高新区新一代“商企中心”代言人，重庆未来最具投资潜力和增值看点的地产奇葩。

重庆西部商城

中国房地产成功开发典范

E文化内核

与时尚媲美,但又不流于形式;与梦想相连,又不止于空洞。它饱含学术功力又带着激情与冲动, 只在 0 和 1 的对错徘徊,这就是它的率真与执著。绝不要单纯以为前沿、速度、叛逆就是它们的代名词,其实它们的真实名字叫智慧

地标王冠

高新区一号标志地块,石桥铺转盘核心,融汇商业、物业、人流的黄金枢纽点。本土公认的 IT 商业代表区窗口要塞。聚集赛博、赛格、泰兴三大 IT 巨头及移动、联通、电信等科技名企的合围之势,独享科技区得天独厚的成熟商务氛围。西部商城将以领袖之姿、卓越风范,崛起为高新区域 1T 商务新标高

大型全小户综合社区

小可精美,更可凝练。

整个社区定位以中小型企业、个人、投资者为客户,超越陈旧的小户制作理念,以高利用率为产品设计宗旨,精心规避剪力墙结构为业主使用带来的不便, 比传统小户型结构节约了更大的耗费空间。是重庆市迄今为止最大的集全小型商业、写字间、公寓为一体的综合商用社区

老牌开发企业

成立于 1992 年的石桥房地产开发总公司是拥有 13 年历史的老牌企业。2003 年~2004 年重庆免检企业之一。历久弥新后的石桥房产正携标志工程之一“西部商城”项目,全力挺进重庆商业商务综合物业领域

6万平方米大型时尚商业中心

◆超现代派技法缔造的全钢玻建筑立面

◆桥楼商业街、多面立体绿化、全玻水晶店铺

StudiO小型个性化写字间

◆studio 小型个性化办公空间，继 SOHO 后兴起的新一代小团队个性工作环境，以共享最多的公共配套为特色，完美实现成本最小化运作，您只需打造你的特色业务空间，其他功能均可分享

◆30 平方米～70 平方米基本单位任您随意组合，每户更预留私家卫生间及全落地观景弧窗，带给你超越传统办公的新鲜感受

◆室内不统一装修，打破黑、白、灰传统界限，提供给业主施展个性的美术舞台，让想象在空间中无限延伸

超高利用率小户型公寓

◆众多地产名家历时 1 年造就的最完美小户尺度，分户面积 32 平方米～73 平方米，户型设计方正，套内利用率高，是重庆首家倡导“空间精简主义”的小户型公寓

◆Y 型建筑框架，弧形双阳台设计，阳光的、数码的、年轻的都市蜗居，还自由一代一个自主的家

城市空中休闲区

◆高新区唯一大型空中休闲区，喧嚣城市中藏匿的 4000 平方米减压空间，一个连接商业、专业写字楼的静谧氧吧

◆午后一盏茶功夫，轻松给大脑、身心一个尽情呼吸的休闲之地

西部商城基本技术指标：

总占地面积：18594 平方米

总建筑面积：109665 平方米

绿化率：21.7%

容积率：5.89

总高度：99.6 米

重庆西部商城

开发商：重庆石桥房地产开发总公司

项目地址：重庆市高新区石杨路 15 号

E 度链接：023-68603333　68635777

网址：www.cqsq.com

重庆市祥龙居房地产开发有限公司

重庆市祥龙居房地产开发有限公司，始建于2001年4月8日。经过多年的坚苦创业，公司经营规模逐步扩大,效益不断增长,积累了丰富的房地产开发管理经验,拥有一支高素质的职工队伍。公司一直本着以质量求生存,以信誉求发展的宗旨,现已发展成为集房地产开发、建筑安装、餐饮、娱乐、食宿为一体的重信用、守合同的房地产开发公司。公司自成立以来,从未发生质量和安全事故,创造了良好的经济和社会效益。

公司在册职工125人。其中高级工程师2人,中级职称以上11人,初级职称5人。拥有注册资金2000万元,具有三级房地产开发资质(目前正在申报二级资质)。2003年、2004年连续两年被铜梁县工商局评为重合同、守信用企业。

公司成立以来,以旧城改造为重点,先后在1999年一2003年开发铜梁东门大转盘商住楼、颐龙花园商住楼、铜梁县橙子村院子商住楼、铜梁县东方水井巷、铜梁县祥龙温泉度假村等大中型项目,同时公司积极对外扩张,在2002年—2005年开发遵义市农贸市场、松桃片区住宅小区等项目,所开发项目均受到政府有关部门和顾客的好评。

“内聚实力、外树形象、审时度势、稳步发展”是公司的经营宗旨,面对新世纪的挑战,祥龙人将不畏艰难,抢抓机遇,真抓实干,以新的姿态,迈上新世纪的征途,以昂扬的斗志,再创未来辉煌,与社会各界携起手来,为把铜梁建设成为经济、文化、旅游城市,组群式结构的现代化的城市而努力。

世纪阳光 Century sunshine

30万平米康居园林社区

中国房地产健康生态住区成功开发典范

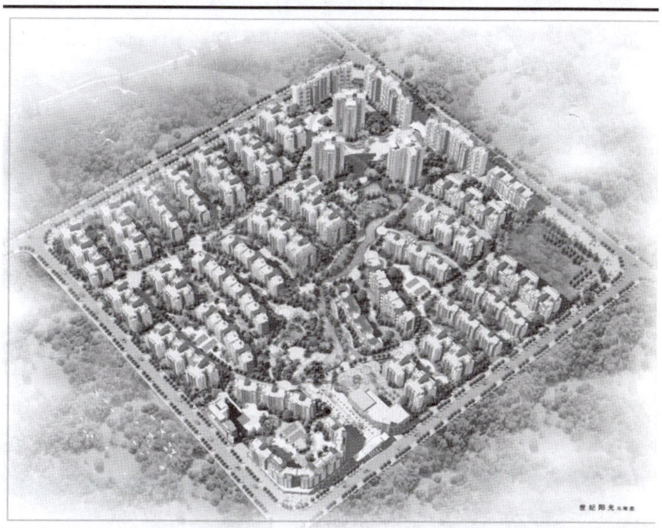

世纪阳光项目由重庆市祥龙居房地产开发有限公司投资开发，总投资金额将超过两亿元，在此之前，开发商还开发了以祥龙温泉度假村为代表的8个大中型楼盘。本项目由西南建筑设计院负责建筑设计，由宏兴园林公司担纲景观规划。项目位于迎宾大道旁，紧邻铜梁新体育中心，交通便捷，乘环城小巴士可以到达，距步行街3～5分钟车程。

项目总占地约15万平方米，总建筑面积30万平方米，规划总户数2031户，车位540个(地上车位140个，地下车位400个)，容积率仅为2.07，属于低建筑密度、低容积率大型住宅小区。绿地率约35%，绿地面积在4.4万平方米左右，绿化率更高达60%。小区由36栋多层、小高层及高层建筑构成，绝大部分为南北朝向，充分保证了业主的采光通风需要。小区的平均建筑间距为20米，最大间距为42米，既能充分领略中庭景观，又有效保护了业主的私密性。在景观设计上运用30多种珍贵植物构成的人工植物群落和环绕的水体，以传统阴阳调和理论，规划出由多个组团构造的和谐“泛中庭”园林景观，打造出生动别致的景观视觉效果。做到了步移景异，处处是景，同时在每个组团内适中位置又规划1～2个集中绿地，使其兼有晨练、交往、小型集会和游乐的功能，可供老人儿童休闲、游玩。

项目内部设有儿童游戏区、游泳池、幼儿园、综合楼等配套设施，加上与项目配套的商业设施，使业主充分享受品质生活。

本项目为铜梁最大的康居园林社区，园林和运动是小区最为显著的特点，为了充分保证业主的运动需求，小区还修建了羽毛球场、篮球场、活动广场及若干全民运动健身器材，让运动就在家门口得以轻松实现。

小区周边配套比较完善，有餐饮店、美容美发店、歌城以及巴川中学、铜梁中学等知名教育机构。

本项目分三期开发，目前开发的是一期一组团，建筑面积约4万平方米，包括1、2、4、5、6、7、8#楼及幼儿园和综合楼，由两栋花园洋房和五栋的建筑单体构成，户型包括平层、错层及空中别墅，包含两房、三房到五房不等，户型面积在建筑面积80平方米-180平方米之间，设计师从实用，紧凑的角度出发，既保证了居住的舒适性和合理性，又杜绝了面积浪费，其中6米挑高大露台与亲水退台设计就是设计师独具匠心的代表作。

项目外立面采用了现代简约风格的设计形式，使得楼体俊朗挺拔又不失沉稳，同时配合屋顶的造型，展示出小区丰富生动的天际线，使之成为主城东区的标志性建筑。

在物管方面，开发商特聘知名物管机构重庆天骄物业(二级资质)作为全程物管顾问，同时配备了闭路监控、红外感应、门禁对讲等多及安防保卫系统，确保生活无忧。

重庆华南房地产开发有限公司

重庆华南房地产开发有限公司成立于1998年7月，是一家专业、实力雄厚的房地产开发企业。

公司拥有一批高素质的专业管理技术人员。现有员工114人，其中大专学历以上90人，占总员工的80%；拥有各类专业技术人员57人，其中高级职称2人，中级职称32人。公司组织机构健全，现设有开发部、设计部、策划部、工程部、材设部、成控部、项目部、营销部、审计监察部、行政人事部、财务部、物管处等职能部门。公司拥有各项完善的管理制度和岗位职责，坚持"自强不息、追求卓越"的经营理念；秉承"做好每个细节，创造美好家园"的开发理念，以开发建设精品房产为质量方针，在重庆楼市中屡创佳绩，得到了社会各界朋友的高度认同和推崇。

公司项目"金砂水岸"，总建筑面积18万余平方米，用地面积52416平方米，总投资3.05亿元，共分三期开发。该项目园林设计以"水"为主。在小区内形成众多的小溪、喷泉、瀑布，使古诗中的"小桥流水人家"在现代的重庆重新演绎，真正实现了户户观江，家家见绿，水景呈住宅之灵，户户观水、近水、临水、亲水、戏水。金砂水岸先后获得 "重庆优秀户型流行趋势奖"、"最亲水奖"、"中国十大水景名盘"、"典型住宅"、"十佳建设项目"、"中国信誉示范单位"荣誉奖、"最受市民欢迎楼盘""流行趋势奖"、"十佳品牌楼盘"荣誉奖、"完美居室奖"、"重庆上半年最受关注的楼盘"。

公司又一力新巨作"绿韵康城"也已动工，该项目位于杨家坪、石桥铺、大渡口区域的中心位置，九龙坡火炬大道中段，紧靠九龙坡区公安分局、九龙坡区法院和九龙坡区检察院。项目占地约200亩，建筑面积约31万平方米，该项目将建成一个高档住宅小区。整个项目的风格简洁明快，具有现代化建筑风格，与翠绿的生态园交相辉映。小区规划充分利用地块平坦的优势，园林设计成大型生态林景园林，形成步移景异的生态绿化空间，突出"翠绿"，以树木、翠竹、花草为主，以水、山石为辅，以雕塑小品为点缀。

一路走来，公司不断地吸收先进的开发企业管理经验和管理办法，苦练内功，夯实基础，注重企业文化和品牌的建设，促使企业迅速发展，更上一个台阶，为广大的消费者提供更高品质、更高配套的居住小区。

金砂水岸项目介绍

"金砂水岸"项目位于江北新建的滨江路旁，东临渝澳大桥，南临江北滨江路，西接万唐路，北面紧靠重庆工商大学（渝州大学）。该项目占地面积52415平方米，总建筑面积18万多平方米，建筑密度19%，绿地率45%，包括住宅、商业用房、幼儿园、会所、管理用房、车库等，以18+1层和25+1，28+1和32+1层住宅为主，该项目沿滨江路面宽440米，南北进深约200米，对面为巴渝十景的鹅岭公园和浮图关公园，生态景观效果极佳。

该项目紧临渝澳大桥和嘉陵江大桥，离渝中区仅一桥之隔，通过石门大桥与沙坪坝相连。已经贯通的江北滨江路，即将修建的万唐路，以及正在建设的兴竹路，将使该项目未来的交通状况十分便捷、迅速、四通八达。

该项目园林设计以"水"为主。在小区内形成众多的小溪、喷泉、瀑布，使古诗中的"小桥流水人家"在现代的重庆重新演绎，直正实现了户户观江，家家见绿，水景呈住宅之灵，户户观水、近水、临水、亲水、戏水。

该项目户型设计新颖多样，从70平方米-250平方米的平、错、跃各种精选户型任君选择，有精巧的入户花园、有宽大的空中花园、有超大落地玻璃景观窗、弧型窗，以及让人一见倾心的超大景观观江阳台，让你置身其中，心旷神怡、美不胜收。

重庆华南房地产开发有限公司力新巨作

金科·绿韵康城

金科·绿韵康城项目地处九龙坡高新区，紧靠九龙坡区公、检、法机关单位。小区占地500余亩，一期开发200余亩，总建筑面积30万平方米，总户数2000余户，分三个组团开发。

整个项目的风格简洁明快，具有现代化建筑风格，与翠绿的生态园交相辉映。小区规划充分利用地块平坦的优势，园林设计成大型生态林景园林，形成步移景异的生态绿化空间，突出“翠绿”，以树木、翠竹、花草为主，以水，山石为辅，以雕塑小品为点缀。极力营造林密竹茂的景象，配以山石、水、溪流、小桥，曲廊、亭榭，形成一种绿树成荫，鸟语花香，悬瀑飞布，泉水潺潺，溪水回流的美妙林景园林景观。充分利用1400亩生态公园，使之与小区的林景生态园林连成一个翠绿的世界，形成一个天然的氧吧，让您充分体验健康高尚生活。

户型多样，面积从60多至170平方米，设计具有多处独创，无论是六米挑高私家空中花园，还是主人房套多功能房，以及户户间间通风采光佳，这些无不处处体现金科“做好每个细节，创造美好家园”的理念。

周边道路密集，以火炬大道为主干道，与迎宾大道，创业大道和陈庹路纵横交错。随着蟠龙大道和九龙大桥的开工和建成，金科●绿韵康城的交通将变得更加快捷方便，四通八达。园区处于1400亩生态公园和250亩巴国城娱乐休闲公园两大生态公园和九龙坡体育运动中心之间，风景优美，空气新鲜，环境宜人。旁边有巴蜀中学联校和有利于业主子女入学和社区居民就诊。毗邻巴国城景观公园和秋池步行街、方便业主的娱乐、休闲和购物。

目前高新区二郎科技城和九龙园区内的公路交通已形成四横四纵的四通八达的交通网络，让您坐享城市繁华。

四横公路系统

石新路：石桥铺——新桥、成渝高速公路上——陈段、火炬大道、新区大道

四纵公路系统

创业大道、陈庹路、创新大道、迎宾大道：

交通线路：

239路：陶瓷市场——九宫庙——火炬大道——二郎——沙区府——陈家湾

204路：和尚山——直港大道——杨家坪——水碾——火炬大道——张家湾——上桥——西南医院

117路：江北南桥寺——隆鑫钢材市场

直通解放杯公交车线路酝酿中。

周边及小区配套：1400亩生态公园、巴国城、秋池商业步行街、巴蜀中学、知名医院、九龙坡区体育运动中心、九龙坡区公、检、法等，还有小区商业配套如超市、餐饮、银行等

中国房地产景观环境社区成功开发典范

重庆金鹏物业(集团)有限公司

北冥有鱼，其名为鲲。鲲之大，不知其几千里也！

化而为鸟，其名为鹏。鹏之背，不知其几千里！

怒而飞，其翼若垂天之云！

重庆金鹏物业(集团)有限公司，成立于1997年，位于九龙坡区直港大道，是以房地产综合开发为龙头，建筑工程总承包、营销策划、设备租赁及物业管理为辅的企业集团。经过多年的潜心磨砺和稳健发展，公司拥有了雄厚的资金实力和丰富的房地产开发经验。公司注册资本5000万元人民币，总资产已达19325万元，拥有固定员工96人，其中大学本科30人，专科28人，中专及中专以上38人；公司有高级职称8人，中级职称25人，初级职称36人。

公司自成立以来，先后成功开发了“亭苑小区”、“天宝新城”、“星河世家”、“星河港都”、“星河名居”和“九龙大道商业街”等项目，位于江北区观音桥核心地段18万平方米的“金鹏·北城旺角”正处于紧张的建设之中，总开发建设面积达50余万平方米，年开发能力15万平方米。由于开发项目定位准确、质量优良、价格合理和优质的物业服务，赢得了社会各界的赞誉。集团公司多次受到市、区各级政府及主管部门的嘉奖：先后多次获得“消费者满意楼盘”、“双优工程”、“先进企业”、“优秀房地产开发企业”、“全国诚信建设示范单位”、“诚信企业”、“第三届重庆市房地产开发企业五十强第八名”、“第四届重庆房地产开发五十强”等荣誉称号。

现公司正在抓住历史机遇，在实施房地产开发建设的同时，积极部署公司五年计划和长远规划，力争全面快速发展，涉足其他附属产业，全面提升综合竞争力。

金鹏集团始终坚持“科学管理、质量第一、用户第一、信誉第一”的质量方针；坚持“诚信为本、开拓创新、铸就百年金鹏”的经营理念；坚持“以质量求生存、以信誉求发展”的企业宗旨；坚持“团结、务实、创新、高效”的企业精神；坚持“以人为本、唯才是用”的用人机制。始终保持谦虚谨慎、光明磊落、艰苦奋斗的工作作风，开拓进取，求实创新，通过IS09001-2000质量体系认证，实施现代化企业集团的科学管理。

金鹏集团正以令人瞩目的成功业绩引领开发建设领域，一座座广厦、一条条坦途，为人类进步竖起亘古的丰碑。金鹏人将源承鲲鹏之志，以超人胆识、非常气魄、全新面貌、迎接新的挑战，描绘出更加宏伟的建设蓝图，我们坚信辉煌的明天属于团结进取、求精务实、奋发图强的金鹏集团。

国际公寓住区成功开发典范

场地概况

金鹏·北城旺角位于重庆市江北中心成熟商业地段，观音桥商圈西侧。东面为观音桥步行街，紧临城市绿地嘉陵公园和五星级酒店金源大饭店、金源不夜城，南侧现为江北区重点小学蜀都小学，北侧毗邻重庆市规划局，地理位置十分优越。

规划布置

本项目包括公寓、商铺、车库，共计5栋高层建筑。A、B、C栋连接为一体，沿东面道路展开布置，D、E栋布置在地块西面南北侧，地上31层，地下3层。A、B、C栋地下3层为停车场东车库及设备用房，裙房1～5层为商业，6～31层为公寓；D、E栋地下3层为停车场西车库，D栋裙房1～4层为营业厅，5～31层为公寓，E栋裙房1～2层为营业厅，3层为幼儿园，4～31层为公寓。A、B、C栋公寓塔楼每层12户，3部电梯；D、E栋每层8户，2部电梯。

道路交通环境

项目四周均是城市道路，道路坡度平缓。小区内设步行街，采用硬性铺地。公寓入口由内步行街进入，商业人流则主要由四周沿街和步行街区进入；地下车库设置南北两个方向的出入口（出入口为双车道设计），与城市道路相接，使整个小区人车分流，形成四通八达的商业购物、餐饮娱乐与良好的居住、办公环境。

区位环境

江北区是重庆市主城区之一，是重庆中央商务区所在地，位于嘉陵江、长江北岸，2004年末户籍人口为48.87万（其中非农业人口39.49万、常住人口63.51万人。观音桥为江北区政治、经济、文化、商业中心，观音桥商圈是重庆主城区乃至中国西部面积最大、最具自然生态气息的商业步行街。根据江北区政府规划，至2010年，观音桥商圈社会消费品零售总额将由2005年的43亿元增加到100亿，年均增长18%。目前已有15家知名企业投入50亿元，在观音桥打造品牌商圈。世纪金源、上海百联、深圳茂业、台湾远东百货、香港新世界、福建永辉、家乐福、北京华联、重庆新世纪等国内外知名品牌纷纷入驻观音桥商圈，这里已成为重庆北部的商贸中心和最具活力的投资热土。

项目优势特点

金鹏·北城旺角地处重庆江北中心商业黄金地段，拥有成熟的生活机能，优越、便捷的交通环境。东面为观音桥步行街，紧临城市绿地嘉陵公园和五星级酒店金源大饭店、金源不夜城，南侧现为江北区重点小学蜀都小学，北侧毗邻重庆市规划局，地理位置十分优越。公交路线、机场高速、城市轻轨，完善的立体式交通网络，充分保障每天超高的人流量，极具无限都市商业投资前景。金鹏集团秉承诚信开发理念，以“全景式现代生活城”为主题定位，倾力将金鹏·北城旺角打造成为集购物、休闲、居家和商务为一体的大型复合型高尚社区，恰如缤纷旖旎，迷醉不夜的人气无冕之王香港旺角。特别值得称道的是，紧临金鹏·北城旺角的嘉陵公园，目前是重庆主城区商圈中惟一的生态公园，在人口密集的城市中心，也让城市人拥有自然生态的居住环境。在金鹏·北城旺角，尽享城市中的休闲养生，站在明净的落地阳关窗前，绿意盎然的嘉陵公园尽收眼底，于静谧与喧闹中呼吸嘉陵公园都市绿化休闲景观的安宁。

金鹏·北城旺角商业裙楼按照国际标准规划设计，契合大型商家投资经营条件。多元化业态适合不同业态商家入驻，领引重庆都市时尚新前沿。空中景观购物区、开敞式内庭景观步行街、大型双车道地下车库，开放的商业氛围吸引更多客户在享乐中消费。金鹏·北城旺角力争建筑国际尊崇，吸引观音桥商圈300万人气消费巨擘，成就未来城市国际商贸新地标。

金鹏·北城旺角公寓定位为重庆首个BOUTIQUE行政级小豪邸，现代公寓升级版。金鹏·北城旺角“颠覆”人们对传统小户型公寓的认知，以国际标准化尺度设计公寓，建筑既能舒适居住又可方便商务的一种公寓产品。都市繁华的中心地段，使金鹏·北城旺角拥有成熟的商业、娱乐、交通等完善配套环境；国际标准不可或缺的都市公寓六大居室元素（客厅、卧室、厨房、卫生间、阳台、光线与空间的分隔），满足人们在现代居住生活和精神方面享受双重需求。在公寓房型设计中，注重居住功能的完整性与室内空间的舒适性、实用性，同时做到全明设计，让住户拥有充裕的光照和通风。内庭景观步行街的营造，与都市绿地嘉陵公园紧密结合，充分达到城市环境与建筑规划的和谐统一。金鹏·北城旺角以不可替代的完美功能，以不可超越的人本理念，全面升级现代都市公寓。

物业地址：重庆市江北区观音桥嘉陵公园旁　　售楼电话：023-67953666　67957555

福建省金爵房地产开发有限公司

福建省金爵房地产开发有限公司创建于1993年，系泉州市首家民营房地产开发企业，注册资金1亿元人民币，资产总值达20亿元人民币。公司集房地产开发、商品房销售与租赁、室内外工程设计与装修、兼营建材化工等原材料为一体，现有员工一百余人，拥有高级工程师、工程师、总经济师、会计师、建筑师等高中级专业人才约占员工总数的50%，是一支年轻化、知识化、专业化的团队。多年来金爵公司始终坚持“追求卓越、锻造精品”的开发理念，塑造了良好的企业形象。

目前，公司主要致力于泉州市中芸洲“海景国际花园”和“海峡度假村”的开发。中芸洲由一岛、二岛组成，是泉州乃至中国独一无二、离尘不离城的“千庙都市绿岛”，占据中国少有的江景、海景资源，被誉为天然的都市“氧吧”。公司聘请美国·龙安公司担纲项目的规划设计，按照“配套先行、注重景观、分期开发”的模式，使中芸洲一岛、二岛的建设方案一步步得以实现。中芸洲一岛、二岛总占地千亩，其中，海景国际花园规划总面积62万平方米，拥有50%以上的水化、绿化率。在项目的开发建设过程中，金爵在锻造高品质精品住宅的同时，还引入了国际超前理念——总部经济中央商务区，以期将中芸洲建设成集豪华别墅、度假村、五星酒店、高级写字楼、高级公寓、游艇码头、海丝风情商业街与别墅式企业会所为一体的大型综合社区。

中国经典别墅地产成功开发典范

都市绿岛亲水别墅

传承家庭的世代荣耀

海景国际花园是一个千亩都市绿岛上的亲水高尚住宅区。它原名叫中芸洲，由两个岛组成，是晋江下游泉州市区唯一的江心岛，四面环水，位于新市政中心的东部板块，与江北“海上丝绸之路”古码头群落遗迹遥相呼应，北临即将建成的沿海大通道，距离温陵汽车站2公里，距离火车站3公里，距离机场7公里，交通便利，环境幽雅，是泉州乃至全国独一无二，闹中取静的都市绿岛，具备良好的增值前景。

开发商对海景·国际花园的开发理念是：**“规划先行、配套先行、分期开发，将中芸洲建成泉州都市绿岛亲水高尚别墅区”**。为此，开发商聘请国际著名的规划公司——美国龙安建筑规划设计顾问公司对项目进行规划。一岛整体规划从西往东规划分别为：五星级酒店、高尚住宅区、商业街和社区公共配套、一期别墅、二期别墅、三期别墅、游艇俱乐部。

美国龙安公司充分利用巧夺天工的水景系统设计，将根据周边的潮汐涨落，从晋江引活水入社区，形成“玉龙河”，环绕住户的宅前屋后，形成“水中有水，岛中有岛”的独特亲水社区。并沿着水岸形成蜿蜒曲折、自然流畅的步行景观带，串联起各个主题景观各异的组团，辅以微地高差使得环境郊区化、景观自然化的理想生活状态逐步得以实现。深化“亲水人文别墅”的主题，形成泉州唯一福建少有的水景建筑艺术。

海景国际花园用品牌作为坐标原点：

她扎根于中国2000多年的历史文化，用十年磨一剑的精神，在中国的泉州东海打造顶级人居。

海景国际花园用国际尺度作为丈量标杆：

采用国际最新的新市镇主义进行规划，用经典别墅融入五星级酒店、商业街、游艇码头等奢华元素，熔炼成国际化的生活方式。

从容豪宅尺度，彰显高贵建筑精神

建筑物的设计强调自然形态和大尺度，水景绿化园林空间中细腻的手法和小巧的尺度，丰富设计的层次，把建筑物结合为有机的整体。住宅造型生动细腻，富于现代田园情调且寓浓浓的人情味于其中，实现了花园式家园的居住理想。精彩园林设计，精心的景象安排，使得每一扇窗户都成为一个景框，把风景融入您的生活之中。

针对泉州的气候和当地生活习惯对户型平面的要求，从生态建筑学的原则出发，做到别墅主入口户户朝南，客厅两层挑空，面向东南、通透落地窗、屋顶大露台朝向东南。充分利用自然采光通风，降低能耗，每家每户每个房间都能具备自然通风采光。

智能生活，轻松享受人生悠悠岁月

智能化家居，集自动化、智能化于一体的高效、舒适、便利、安全的家居环境。能实现无线遥控、集中控制功能、场景控制功能、电话远程控制功能、定时控制功能。有了网络化智能家居，家中一切电器、窗帘、空调等设备都不动声色轻松掌握手中。

五星级智能化标准，享受科技关怀

海景国际花园配备只有西方豪华酒店才有的标准智能化系统。全面实行多层智能防护系统：智能停车场管理系统、宽带网等设施，让你充分享受最先进的科技。闭路监控系统、IP门禁系统、周边防越报警系统、电子巡更系统、24小时全天候巡逻服务等形成的网络化监控系统，精心确保成功人士的生活安全

"YES，SIR！"这里只有要求，没有拒绝

海景国际花园提供全套人性化服务，满足你的商务和生活需要；商务服务：众多的休闲设施以外，另外设立资讯馆、商务中心、远程会议室、高尚会所等商务服务，无微不至地照顾你生活的每一个细节。

五星生活，尊贵人生

为了展示成功人士的豪情气魄，金爵公司与著名酒店管理集团北京建国国际合作，在千亩绿岛上构筑金爵五星级大酒店，辉映社会中坚精英尊贵雍容的典雅人生。

五星级休闲度假酒店尊荣配套，配备全套SPA健康水浴，集温馨的水疗港湾，豪华的宴会大厅，宁静的咖啡茶座和多种健身、会议为一体的综合休闲设施，彰显成功者的不凡品位。

在豪华的酒店空间中，放眼窗外是千帆舞动的江面，是烟雨缥缈的古民居建筑群，是作为底景的绵延远山，是生气蓬勃的现代都市，也是浩瀚无边的蔚蓝海洋。置身天成山水画之间，感受到自然生态美景与海丝文化脉络的结合与升华，宁静俊雅的格调设计，塑造舒适豪华的酒店空间。不论是步行其中，或是漫步其外，感受到的都是通透流动的景观空间，看到的都是挺拔而优雅的建筑造型。头顶日月星辰，耳闻天籁之声，鸟语花香，亮丽阳光，加上国际标准的顶级酒店管理公司的服务，让尊荣客户尽享欢乐健康的自然之趣。

世间少有的尊荣与奢华在此辉煌上演

运筹帷幄指点江山的财智精英，需要匹配不凡的尊荣礼遇。在海景国际花园，匹配巅峰人生格局的游艇俱乐部、雅典娜广场和直升机停机坪彰显尊荣业主的磅礴人生。

豪华游艇配备与众多的度假私人游艇，构成了尊荣业主的烫金软性名片：半圆形雅典娜广场，以1000平方米的海阔天空视野色勒出业主的不凡生活场景。硬铺面的雅典娜广场，还兼为精英人士的私人飞机停机坪，瞬间可以达通天下，掌控全局。

流光溢彩，五色斑斓的时尚生活

多姿多彩的海丝风情商业街，是海景国际花园的又一出彩亮点，在功能规划上引入具有文化品位及休闲特色的精品名店：花店、高档茶舍、书屋、体育产品、服饰等具有时尚、休闲、文化色彩的商业娱乐设施，成为业主的尊荣配套，将整个社区装点得充满异国情调和民族特色。

先进的商住分离设计理念，将商业空间独立设置于别墅区入口处，既提供银行、超市、诊所等各类集中商业服务，又避免了对住户造成不利影响；独特的海丝文化韵味和现代欧洲的简约明了相互糅合。因势造景的各种植物景观，街头小品，琳琅满目时尚精品，弥漫着的咖啡香味与花香，还有幽幽飘散的香水味道，好像置身于法国的左岸，优雅而又浪漫多情。

整个商业街动静结合，繁华与清幽共享，作为未来新的区域发展中心，海景国际花园合理的功能设计，齐备的商业配套设施，既满足业主的各种需求，营造了社区旺盛的人气，又赋予社区外围成熟、完善的城市功能，推进整个城市格局的发展。

福建景城实业有限公司

福建景城实业有限公司总注册资本8910万元人民币，总资金10余亿，经过多年的发展，成为以房地产开发为核心，涉及工业制造、酒店业、装修、商品混凝土、中介及物业管理等多种行业的跨地域综合性企业。公司以福州为立基点，放眼全国，经营区域涉及省内外。

公司秉承“关爱普通人”的宗旨，以“诚实、求实、务实”为经营理念，致力于为城市工薪阶层营造安居家园。

公司凭借专业的团队合作，先进的开发理念，丰富的行业经验，在福州及省内外成功开发许多楼盘，年均开发量达30万平方米。

时至21世纪初，当众多大型房地产企业开始挺进住宅高端产品时，景城实业，依然以其平实的经营心态，平稳的经营作风，平和的品牌战略，在中小户型市场，打造一个又一个城市精品。

2004年3月6日，公司以1.86亿元成功拍得位于鼓山新区的150亩土地，开发[大景城]项目，建筑面积20万平方米，创下福州东区土地拍卖总金额之最。[大景城]项目所在地属于备受房地产界注目的东区热点板块，是福州城市“东扩”最前沿，[大景城]必定成为东区板块的一颗璀璨新星。

2004年，[大景城]荣获“中国优秀户型”奖。

2005年1月，[大景城] 被建设部评为 “中国知名景观楼盘”和“中国知名地产”。

大景城中央花园透视图

大景城

售楼热线： 0591-87488885
87488887 87488886

中国房地产时尚简约住宅成功开发典范

作为**[大景城]**的开发商——福建景城实业有限公司经过了多年的发展，成为以房地产开发为核心，涉及工业制造、酒店业、装修、商品混凝土、中介及物业管理等多种行业的跨地域综合性企业。

福建景城实业有限公司秉承“关爱普通人”的宗旨，以“诚实、求实、务实”为经营理念，致力于为城市工薪阶层营造安居家园。

几年来，在福州及省内外成功开发许多楼盘，年均开发量达30万平方米。2004年3月6日，公司以1.86亿元成功拍得位于鼓山新区的150亩土地，开发[大景城]，创下福州土地拍卖总金额之最。[大景城]项目所在地属于备受房地产界注目的东区热点板块，是福州城市“东扩”最前沿，[大景城]必定成为东区板块的一颗璀璨新星。

[大景城]位于福州市福马路648号，福马路与福光路交汇处。是一座以“关爱普通人”为中心，以城市广大普通人的居住利益为基本点，以提升城市普通人居住舒适度为基本点的鼓山风景线上的假日风景园。[大景城]占地150亩，建筑面积约20万平方米，规划建有45幢6层～17层的多层、小高层、高层项目，总套数为2500套。项目共分四期开发。一期“欢乐园”，以“欢乐购房、欢乐生活”为主题，以中小户型为主打产品；二期“缤纷园”；三期“香草园”；四期“风景园”。项目户型设计多样化、以60平方米～100平方米中小户型为主，一期规划有34种户型可供选择，如此多样的户型选择空间在榕城的地产开发中还是首次。

[大景城]以“向中小户型的空间宣战，向中小户型的环境挑战，向中小户型的功能开战”为目标，在中小户型的空间、环境、功能方面都有了大突破。我们坚信大景观不是大户型的专利，精品房不是豪宅的私有物，独立空间不是别墅的私享区。我们以城市普通人为产品定位的方向，以全面提升城市普通人居住环境与品质为责任，向传统中小户型发起一次居住的革命。我们希望以自己执着的努力，让更多的城市普通人住得更好。

[大景城]一期“欢乐园”2005年4月8日开盘，5天签约370套，签约率达70%，预定率达100%，创造福州地产新纪录；二期“缤纷园”2005年4月13日～17日，住交会期间推出，5天下订300套，成为住交会下最为火爆的楼盘。

2004年，[大景城]荣获“中国优秀户型”奖，可以说，150亩[大景城]的出现，标志着城市普通人自己的住宅品牌从此诞生！2005年1月，[大景城]被建设部评为“中国知名景观楼盘”和“中国知名地产”。

霞浦安大房地产开发有限公司
2005年8月，由浙江苏泊尔房地产投资的福建霞浦安大房地产开发有限公司成立，力主开发福建霞浦“银都花园”住宅小区，此地块位于福建省霞浦县三河路以北，福宁路以南及六一路的东南侧，分为A、B、C三块，总占地面积175亩，综合多层、高层、商住、别墅住宅，并秉承苏泊尔房产“以人为本，追求自然”的设计理念，引用景观——临水而居、沿水而聚的设计重点，人性的户型设计、优美独特的建筑风格、完整的公共设施，又将为霞浦增添一片优美亮丽的精品家园。
霞浦安大作为浙江苏泊尔房地产的下属子公司，秉承一贯“追求卓越”的精神，致力于开发环境优美、设施现代的高档楼盘，“银都花园”未经正式推出已经在当地业内引起了巨大的反响，极大地提升了企业的知名度。随着后续销售和工程进度工作的进行，安大房产势必将成功成为引领霞浦当地高尚住宅建设的强势企业。
安大·银都花园
中国房地产高尚住区成功开发典范

安大银都花园

概述

安大银都花园位于霞浦县三河路以北，六一七路及福宁大道以南，分为 A、B、C 三块，其中 A 区用地面积 18768 平方米，B 区用地面积为 76989 平方米，C 区用地面积为 21210 平方米，基地 A 区、C 区地势平坦，B 区北侧为山坡，地面上总建筑面积 A 区为 25991 平方米，B 区为 110771 平方米，C 区为 30449 平方米。多层居住建筑日照间距为 1:1.1H，高层居住建筑符合霞浦县有关规范要求。安大银都花园是集商业、低层住宅、多层住宅、高层住宅于一身的商住社区中心。

设计理念

以人为本，追求自然

“以人为本”是社会物质文明高度发达的新标志，也是环境设计的基本准则，当在钢筋混凝土丛林里生活的人们似乎早已忘却了日升月落花开水流的自然脉动时，重温回到自然的怀抱日益成为我们心中最强烈的渴望。本规划通过建设——环通水系，力图让人在城市的生活空间里体验到绿的盎然、水的情趣、自然的情怀。本案力求充分实现人类行为的全部内涵与外延，追求“舒适、安全、健康、美观”的生活享受和高情趣的环境。

可持续发展的原则

○住宅分布、道路系统、绿化系统与活动空间分布，统一规划，形成统一整体；

○以环境建设为重点，充分体现区块的区位优势，以中心绿地与小品为载体，点线面互为串联，全方位营造品位的休闲与居住环境；

○规划、建筑及景观风格具有鲜明的文化与时代特色；

○在整体风格协调下，各建筑清晰的可识别性，尤其是资源的可持续利用；

○尽量考虑建筑的经济性及可操作性，增高产品价格接受能力，并在此基础上尽量创造良好的居住空间及景观环境；

○为了更好地体现住户的利益，尽量满足均好性，并在均好性的基础上做可适度的独好性；

○建立立体的价格体系，便于不同的购买人群的不同要求。

人性化的景观空间理念

21 世纪的住宅空间不只是人体的居住所，低层次的居住空间及冷冰冰的城市面具均已遭到摒弃，将人性化空间处理引入现代住宅设计已逐渐成为当代城市建设的趋势。在塑造住宅区与城市景观中，不但充分强调空间景观的视觉感受而且注重空间景观的人性化和可用性，使得空间景观设计成为视觉优先，空间的人性化感知性完美结合的空间设计典范。

景观——临水而居，沿水而聚，中国五千年来的生存栖居理念，借鉴传统的沿水而聚的栖居理念，充分利用小区的景观结合小区内部的水系，而使得本案的居住空间应运而生，极大地提高了本案的景观品质和品位，每个组团都设有一个组团中心与小区的大型绿化中心遥相呼应，共同组成了放射式的景观绿化。

规划设计

总体规划构思

规划坚持“以人为中心”的设计思想，“由内而外”设计理念，综合运用各种手法，经济合理地利用空间，合理组织丰富多彩的空间序列，满足多样化交通要求，配套完善物业管理，创造具有特色的高品质居住环境，力求建设部提出“造价不高水平高、标准不高质量好、面积不大功能全、占地不多环境美”的要求。

A 区规划为商住综合小区，由于底层要做大面积的商场，要保证对停车泊位的需要，在本方案中就考虑到在广场两侧设计集中的停车场地，在停车场地四周布置

绿化及小品，把偌大的一个前广场分割成有机的三个部分，其中中间部分就是用于疏导人流的集散广场。商业建筑沿路面布置，中间一条十四米宽的商业长廊把各个底层商场连成一个整体，形成一个整体式的商场，而在各商场之间形成的空地上布置绿化小品，使本方案突显花园式市场的魅力，住在上面的居民则可以通过市场两侧的住宅入口通道进入花园式小区，居住人流与市场人流则被完全分开，住宅空间与商业空间也被巧妙分开，并且都不影响，且互为共赏。为了给商场上方的住户创造更好的生活环境，避免在酷暑季节里屋面的阳光反射影响住户的生活质量，本方案特意在屋顶设计了大面积的绿化空间，并且分为公私两种花园，以协管的办法来经营花园，以避免以往住户在实际居住中遇到的困难重演。同时为了给商场创造更好的经营环境，本方案保证商场最大可能的采光与通风，并在屋顶开设了两排天窗，以增加自然光源。

B 区规划为自由灵活式布局，运用中国江南园林的布局手法，注重生态环境的塑造，本方案以中心广场为主景观、环行的小区主干道和贯穿居住组团的绿地为主要骨架，将全小区分为若干组团。中心的环行主路和主水面是小区的交通中心和视觉景观，公建和其他配套设施集中布置，每个组团相对独立，像一个个浮在水面上的绿岛，道路通而不畅，串联各组团，与水系相互因借：点、条式住宅布局灵动，有机组合，空间既围合有致又通透呼应，组组成园，家家有景，步移景异，柳暗花明。B 区建筑主要以点、条式为主，结合组团采取自由式布置，具有“大珠小珠落玉盘”的韵致，并使每一幢建筑的日照和通风得到最大限度的保障，处处体现规划的“均好性”。小区建筑以六层为主，中心布置别墅和排屋，后面是小高层，空间形态上富有动势和灵气。

考虑小区资源的共享性，规划幼儿园在东南次入口布置，商业等服务设施结合城市道路布置；垃圾收集点原则上在每个单元出入口附近布置。

道路交通组织

小区东、南、北三侧均有规划城市道路，西侧的移民小区不可能有出入方向，因此规划将人行主要出入口设置在南北向规划路上，车行主入口在三河路上，并将小区与东侧居住小区联系，既保证了小区在近期有两个出口通道，也能够实现一定程度的资源共享。

小区内环行道路与周边道路联系的道路构成了小区道路的主骨架。道路线型

自然流畅，使车辆行驶通而不畅。组团内部道路根据具体情况，或连通，或相对独立。

考虑到未来汽车进入家庭的大趋势，除了在每个居住组团的地面设置一定的车位外，还充分利用小区的地下空间，在小区东南侧规整的组团地下及高层建筑地下设置地下停车库。小区停车库布置于小区出入口附近，在大系统上实现人车分流，避免了相互干扰。

绿化空间

园林、建筑、规划有机结合，多重立体绿化，让绿意纵横交错每一个角落。地块东侧采用绿化隔离带做障景。多重立体绿化：架空绿化空间——地下室生态车库——室外组合绿化——建筑室内造景——屋顶绿化三级绿化：一级——中心集中绿化；二级——组团中庭绿化。三级——邻里楼间绿化多层次、多角度营造园林景观及绿化环境。空间不仅是立体的物质载体，还是我们在其中的感受和体验。规划强调中心绿地，在小区中心位置，结合水系设置中心绿地，线状绿化主要起各种组团分隔的作用。主题主观：中心花园水苑，以水为主题，由曲线状浅水河组成水景，通过植物造景、配置乔灌木及大面积草坪。木苑以天然木材为主题。石苑、竹苑分别以主题材料布置小品坐椅。使各居住庭院个性突出，有明显归属感和识别性。

环境景观

一个布局合理、环境幽雅、安逸舒适的居住小区，除了主要的建筑风格及景观环境外，一些好的配景，会给人留下深刻的印象。住户室外休息、交流的小空间，点缀不同组团主题的特色水景小品，根据不同地形地势种植的树木以及花卉，甚至一

些标志性强的户外门牌等，都可以在细部体现出以人为本的主题思想。规划形成以景观轴线、景观片区、景观节点为要素的景观体系，每一轴线、片区、节点可围绕相应的设计主题进行丰富、细致的环境设计。

公共设施

规划范围内不设小学，小区内设有会所、幼儿园等。会所根据居民的需要设置相应的服务项目，综合利用。沿三河路布置商业裙房，兼为小区及周边地区服务。

福建福泰置业发展有限公司

福泰集团是一家多元化的跨国集团企业，业务涉及钢铁、建材、房地产、金融、轻工、农牧、酒店、旅游、IT等行业，经营足迹遍及中国、香港、澳门、菲律宾、美国、加拿大等地。随着中国加入WTO，集团公司秉持“诚信、务实、卓越、创新”的企业精神，努力经营，目前在中国内地形成了以房地产和钢铁业为龙头的多元化产业经营。

集团属下泰丰房地产开发有限公司在厦门市繁华商业中心中山路上投资兴建的宏辉大厦现已建成并投入使用，销售业绩骄人，商场招商取得良好效果，取得了良好的社会效益和经济效益。随着西部大开发的号角吹响，福泰集团在河北省石家庄投资创办了石家庄福泰房地产开发有限公司，公司将对位于石家庄市中心区占地600多亩的旧区进行改造开发，项目总建筑面积近100万平方米，总投资达15亿元人民币。自此，揭开了福泰集团在中国内地立足沿海、向中西部进军的序幕。集团属下北京福发房地产开发有限公司开发的位于北京大兴区卫星城40万平方米商住综合项目，将斥巨资，以成熟的经营理念，前卫独特的开发风格，建设一个品质高尚、环境幽雅、配套设施齐全先进、符合人居的综合性社区，以差异化的竞争进军京城楼市。福泰集团房地产业经过多年的发展，积累了丰富的国内外房地产开发经验，集团事业不断发展壮大，目前已形成了在北京、石家庄、福州、厦门等重要城市房地产开发的格局。

福州福泰钢铁有限公司位于福州市晋安区新店，厂房占地300亩，是菲律宾国泰钢铁集团的全资子公司。公司拥有装备精良、工艺技术先进的连轧棒材生产线，公司生产的“福泰”牌螺纹钢已成为福建省的知名品牌。为扩大生产规模，适应现代化的生产需要，福泰集团在福州连江工业区征地500多亩用于新厂区建设，为福建的钢铁事业谱写辉煌新篇章。

福泰集团董事局主席黄呈辉先生是菲律宾的商界知名人士，爱国侨领，身兼菲律宾华商联总会理事长。菲律宾中国事务特别大使、菲律宾总统钢铁工业顾问、全国侨联顾问等职务。集团总裁吴锡琛先生身兼中华海外联谊会理事、福建省政协委员、世界晋江同乡总会名誉会长、澳门福建同乡总会副会长等社会职务。

江滨·福泰华庭(福泰广场)项目系由福泰集团属下企业福建福泰置业发展有限公司开发，位于福州市台江区五一南路与江滨路交叉口处，坐落于繁华的台江商业区，位置优越，交通便捷，配套齐全，用地面积：6367.33平方米，总建筑面积：42556.45平方米(其中商业面积6958.72平方米，公寓27780.00平方米，辅助面积3797.40平方米)。建筑总层数为32层，地面1-4层为商场，5层转换层作为会所配套，6层-32层为住宅，是集居家、购物、美食为一体的高尚商住综合楼，同时江滨·福泰华庭南面紧临闽江江畔，近可观江景、远能眺鼓山，使得该项目具备了与生俱来的高含金量，是打造高尚住宅、亲水名居的首席地段。

江滨板块日新月异、飞速发展，其以亲水名居、CBD经济所带来的居住价值越加凸显。江滨·福泰华庭亦越发显得其鹤立鸡群和无穷的魅力，其以简洁而明快的现代建筑风格，优美的建筑流线，浅黄清雅的墙面及展翼式坡屋顶来演绎现代建筑的活力，以32层擎天高

大气江景名宅　都市贵族生活

中国(福建)标志性建筑地产成功开发典范

度,恢弘挺拔的气势、尊贵的气质屹立在闽江江畔,蕴喻着成功人士的尊贵身姿,成为人们心中尊贵的向往!

江滨·福泰华庭在规划设计和户型设计上深入剖析和挖掘,创造了独特的高层住宅新概念,做到户户空中花园,户户可观江景,达到家中有园,园中有景,景外有江的景致完美融合。在户型设计上,以人性定义的尺度,型塑户型空间,全明设计,具备了良好的采光通风条件,同时功能分区明确,动静分区,污洁分离,主仆分离,辅助空间到位,做到名符其实的"花园式豪宅"要求,为健康尊贵的居所写下完美的句点。

江滨·福泰华庭以齐全的会所配套,豪华优越的硬件设施倾心打造尊贵、优越、舒适的都市名门生活,配置了上海三菱高速豪华电梯、星光游泳池、健身房、棋牌室等。

江滨·福泰华庭在智能化系统配置上,采用目前国内智能化水平最高,国家863科技产品,QSA-8000智能终端子系统,除具有免提彩色可视对讲、访客留言留影功能外,配置末端支持设备可轻松实现在家遥控开启防盗门功能;在家监控防盗门来访者功能;遇突发事件紧急求救功能;防火、防盗功能;家电、灯光场景遥控控制功能;可建立信息交流的平台,实现设备报修、网上购物、医疗咨询、接受远程教育等功能,三表远程抄收功能,具有8路防区扩展至64路防区升级功能。同时福泰华庭大厦功能设置了:闭路电视系统监控功能;保安电子巡更系统功能;背景音乐紧急广播功能;停车场系统管理功能;管理中心与业主中文信息交流功能;户户与管理中心联网功能。她将是目前福州市住宅智能化系统技术最高、功能最全的一幢现代智能化大厦。

江滨·福泰华庭为了改善业主的居住环境,为了支持和配合台江步行街二期改造工程,福泰公司斥资数百万,摘牌征用项目北侧的2亩地棚屋区,用于建设福泰花园广场。同时随着台江步行街二期下半年的动工建设,根据市政府规划,台江影剧院亦将拆除建成台江市民文化休闲广场,将为业主创造更加美好的休闲空间和视野空间。

江滨·福泰华庭将以占据江滨路龙头位置,赏悦闽江水岸的迷人景致,坐拥台江商圈的万千商机,尊享成熟社区的无忧便利,以及后天的精雕细琢、倾心打造,以独有的尊贵气质屹立在美丽怡人的闽江江畔,成就当之无愧的精品豪宅典范。

32层擎天高度　简洁俊秀的现代建筑

江滨·福泰华庭以前瞻和创新的理念塑造建筑环境和建筑形象,整体建筑采用简洁而明快的现代实用主义风格,以优美的建筑流线、清雅的墙面及展翼式坡屋顶来演绎现代建筑的活力。

江滨·福泰华庭直冲云霄,以恢弘气势为江滨天际线重塑巅峰,形体的巍峨挺拔与线条色彩所代表的简洁力量,足以与蓝天白云抗衡。

成熟商业人文社区　优越生活配套

江滨·福泰华庭位于成熟的台江生活社区,中亭街、台江步行街、美食街、大利嘉城伴随左右,坐拥都市繁华;好又多购物超市、元洪美食城、国美电器城、亚细亚建材超市、台江医院、市一医院近在咫尺,安享生活的便捷从容;二十五中、八中、洲边小学、下杭小学等名校林立,轻松实现您儿女成才的愿望;1路、51路、52路、14支路、39路、29路等十余条公交路线从中穿过,便捷的交通,缩短您的生活、工作的半径,成就事业自然优人一等。

销售热线:0591-3288111

楼盘地址:福州市江滨中路86号

(五一南路与江滨路交叉口处)

香港三盛集团

香港三盛集团公司是一家集科、工、贸为一体,跨地域、多元化经营的大型集团公司,在国内的投资涉及塑料、化工制造、金融、贸易、房地产等领域,旗下有:泉州三盛橡塑发泡鞋材有限公司、福州三威橡塑化工有限公司、泉州三盛珍珠棉厂、泉州三盛玩具有限公司、泉州丰泽凤山橡塑发泡鞋料厂、泉州市洛江区三益橡塑有限公司、泉州三威化工有限公司、泉州市洛江区三益橡塑有限公司、泉州市绿标净水设备有限公司、泉州市协成典当有限责任公司、泉州东百房地产开发有限公司、泉州三盛房地产开发有限公司、福州东方旭日高尔夫房地产开发有限公司、江西添光化工有限责任公司等十几家全资子公司,在国内投资超10亿元。

作为中国塑料协会副理事长单位,公司长期致力于主业竞争力的培育,经过十来年不懈努力,公司在核心主业——橡塑发泡的领域里,已奠定了领先的地位,成为亚洲最具规模的各种发泡的专业生产厂家,在业内具有极高的知名度和美誉度,是众多世界知名品牌(如NIKE、REEBOX等)和国内知名品牌(如安踏)运动鞋的配套用材供应商以及"迪斯尼"的玩具供应商。"三盛"商标被评为"福建省著名商标","三盛"的产品被评为"福建省名牌产品",产品畅销全国20多个省市并进入海外10多个国家市场。

公司自涉足房地产领域以来,相继开发了泉州"汇金广场",漳州新华东旧城改造,福州**"三盛·果岭生活"**、"三盛·巴厘岛"、"家天下"等房地产项目。进入福州的首个项目——**"三盛·果岭生活"**得到了众多业内人士的首肯,在福州引起不小的轰动,先是新房赠送奥运冠军,接着在短短的几个月时间里又连获"中国2004年典范景观楼盘"、"2003—2004年度福州十大杰出楼盘"、"2004福州十大看涨楼盘"、"2004福州最受欢迎楼盘"四大殊荣,来自国际、国内的众多理论界泰斗都对果岭生活给予了高度评价。

同时集团公司还是"福建兴业银行"的股东之一,多元化的实施战略,合理的产业结构,使资源得到有效的利用,提高了公司抗风险的能力。如今,三盛集团已发展成为年销售额超6亿元的大型企业集团。

三盛·Golf Life GOLF 果岭生活

中国房地产成功开发典范

[果岭生活] 赠送奥运冠军石智勇新居一套!

[果岭生活] 再送奥运女排冠军教练陈忠和新房一套!

——消息传来,本不想买房的人也要问一问:[果岭生活]是谁?它究竟带给居住者怎样的居住感受?

[果岭生活]是由香港三盛集团携手世界建筑精英,以前沿的国际生活理念,在原生的高尔夫球场上塑造的一座国际级生态生活馆。

在业界人们对**[果岭生活]**并不感到陌生,这是五四北房市杀出的一匹黑马。尽管公开亮相不过一个多月,却已经创造了首度出现就订购70%的楼市奇迹!并先后获得建博会授予的**"2003—2004年度福州十大杰出楼盘"**、家博会授予的**"2004福州十大看涨楼盘"**、**"2004最受欢迎楼盘"**三大殊荣!实力震惊同行,魅力席卷五四北。

真正建在果岭之上的GOLF生活

与其他楼盘造一些坡地就叫"高尔夫",附近有GOLF球场便自称"高尔夫"不同的是,"果岭生活"是福州唯一一个也是最后一个真正建在高尔夫球场上的住宅项目。

[果岭生活]还有一个令人羡慕的秘密:它将在福州原版再现比尔*盖茨豪宅的果岭风格!在这里,每天都可以感受比邻财富的乐趣,挥洒智慧的游戏。住在"果岭生活",是真正住在果岭之上,纯正GOLF景观一览无余:自然天成的起伏地形、夏威夷蔚蓝露天泳池、繁茂花园倾吐倾城美景,多种珍稀植物尽吐芳菲暗香。贝尔高林景观设计,在合理展现GOLF景观原貌的同时,更加注重人与自然的和谐对话,切身呵护人的居住感受,

每一个细节都值得百般回味。

中央商务区后花园式的生活

[果岭生活]就在高架桥下,利嘉路旁,多条公交线路交织,811 直达社区,离市中心繁华闹市不足十分钟车程,可望而又可即。与中央商务区隔桥相望,白领一族无论是骑车、乘车还是驱车上班,都方便之极。大型社区,规划完善,健康导向,省体育中心、冲浪泳池等运动休闲设施星罗棋布,通往国家级森林公园的必经之地——[果岭生活]堪称福州后花园。

五四北将建成高档次、高品位的城市副中心和生态型的山水新区。这里背靠北峰,依傍 300 亩秀山公园、280 亩桂湖,远眺 19 万平方米的国家森林公园,富有原生态的山水园林,是离尘不离城的上佳选择。开发商在这里建设的项目不约而同的均匀高尚社区,今后此地的人文素质、文化氛围将有一个很高的起点。

充满绿色、氧气、阳光和友谊的 GOLF 生活

G 代表绿色(Green),"果岭生活"拥有 15000 平方米的绿色中庭!在纯粹天然的绿色中回归大自然,在无限意趣的果岭上尽情挥洒高尔夫的从容澹定。

O 代表氧气(Oxygen),"果岭生活"精心呵护住户尊贵的感受,超低密度的规划,超大栋距的设计,最宽 87 米!让充盈的鲜氧自然流过。

L 代表阳光(Light),"果岭生活"采用板式设计,底层架空,户型全明,南北通透,可以根据需要吸纳阳光照射。充沛的光线招之即来,挥之即去。

F 代表友谊(Friendship),尊贵的芳邻、绅士般的礼貌、轻松的交流、悠闲的步履,人们尊重家人,同样重视友谊,人脉相通,左右逢源。

新古典欧式风格的国际景观生活

希尔顿酒店设计师 TERRYAN,领衔创意新古典欧风,古罗马神韵。经典浪漫的欧洲风情、古罗马建筑的宏伟繁华、现代建筑的简洁明快,共同打造出高尔夫住宅独特的高贵典雅。星级生活标准,全透明景观电梯,入户花园的设计,使得入住就是身份的象征。

[果岭生活]还将推出国际级精装修特区,开五四北精装修先河,以国际生活观引领福州前沿生活。精致装修采用一线品牌配置,以国际的视角与装修风格赢得市场,帮您省去毛坯房装修的种种麻烦,让生活一步到位没负担。提着行李就可以入住,畅享国际生活的轻松。开发商以远低于市场的价格大量采购,超值享受。还有样板房可供参观比较,感觉就是不一样。

大师设计紧密结合居住感受。住宅设计充分考虑生活的舒适性和福州人居习惯。高尔夫环境与中式规划巧妙兼顾,住宅设置在高尔夫球场景观外围,对社区内部形成围合之势,水流蜿蜒其中,令整个地块形成负阴抱阳的新型风水格局。

香港三盛集团把为高品位人士奉献精品生活作为进军楼市的定位所在,立志只做精品,要在原生的高尔夫球场上塑造一种更理想的生活,坚持空间的人性化,视野的开阔无拦,营造高贵、卓越、快捷、自然、精彩、惬意的质感生活。果岭生活从开始就确定了精品的姿态,在生活的过程中会带给您更多的惊喜和感悟。

不得不相信:国际级的园林规划、国际级的建筑设计、国际级的开发实力,强强联手,必能创造经典!珍贵稀缺的地块资源、一流的自然环境、一流的发展商、一流的营销企划,必将掀动福州的地产风云,引领住宅开发新风潮!

三盛·果岭生活

投资商/香港三盛集团
开发商/福州东方旭日高尔夫房地产开发有限公司
销售热线:0591-87950333　87950999

厦门市开元国有资产投资有限公司

厦门市开元国有资产投资有限公司系严格按照现代企业制度设立的一家以国有资产投资、经营和管理为主的国有独资公司。公司创建于1992年,注册资本人民币1.8亿元,下设开发建设部、招商部、投资部、行政管理部、财务部。公司主要经营业务为土地开发、招商引资、国有资产管理、对外投资。公司目前资产总额约30亿元,具备了较强的经营规模和资本实力。

公司自创建以来,历经三个发展阶段:

☆**1992年至1998年,为初期发展阶段**。逐步形成了国有资产管理体系。

☆**1999年至2003年,为快速发展阶段**。招商引资和对外投资是这个阶段发展的主旋律。招商引资由单纯的招商已逐步过渡到以引进集团公司总部为主的招商。对外投资涉及高新技术、房地产、酒店服务等领域,其中2001年参资入股的厦门三安电子公司是目前国内规模最大的,集研发、生产、销售、培训为一体的光电材料生产企业。公司目前拥有全资、控股、参股及托管企业27家。

☆**2004年至今,为业务拓展阶段**。土地开发是这个阶段发展的主旋律。公司承担起厦门市观音山国际商务营运中心、环岛路三个海滨旅游项目(观音山、公主园、胡里山)、嘉莲商务中心、演武综合服务楼等项目的土地开发、运营和管理职责。观音山国际商务营运中心项目预计总投资达120亿元人民币,其中营运中心一期启动区于2006年2月11日开工,拟建设11栋高档写字楼,其中7栋为高层写字楼,4栋为小高层写字楼,总建筑面积35.23万平方米,预计2年内竣工。

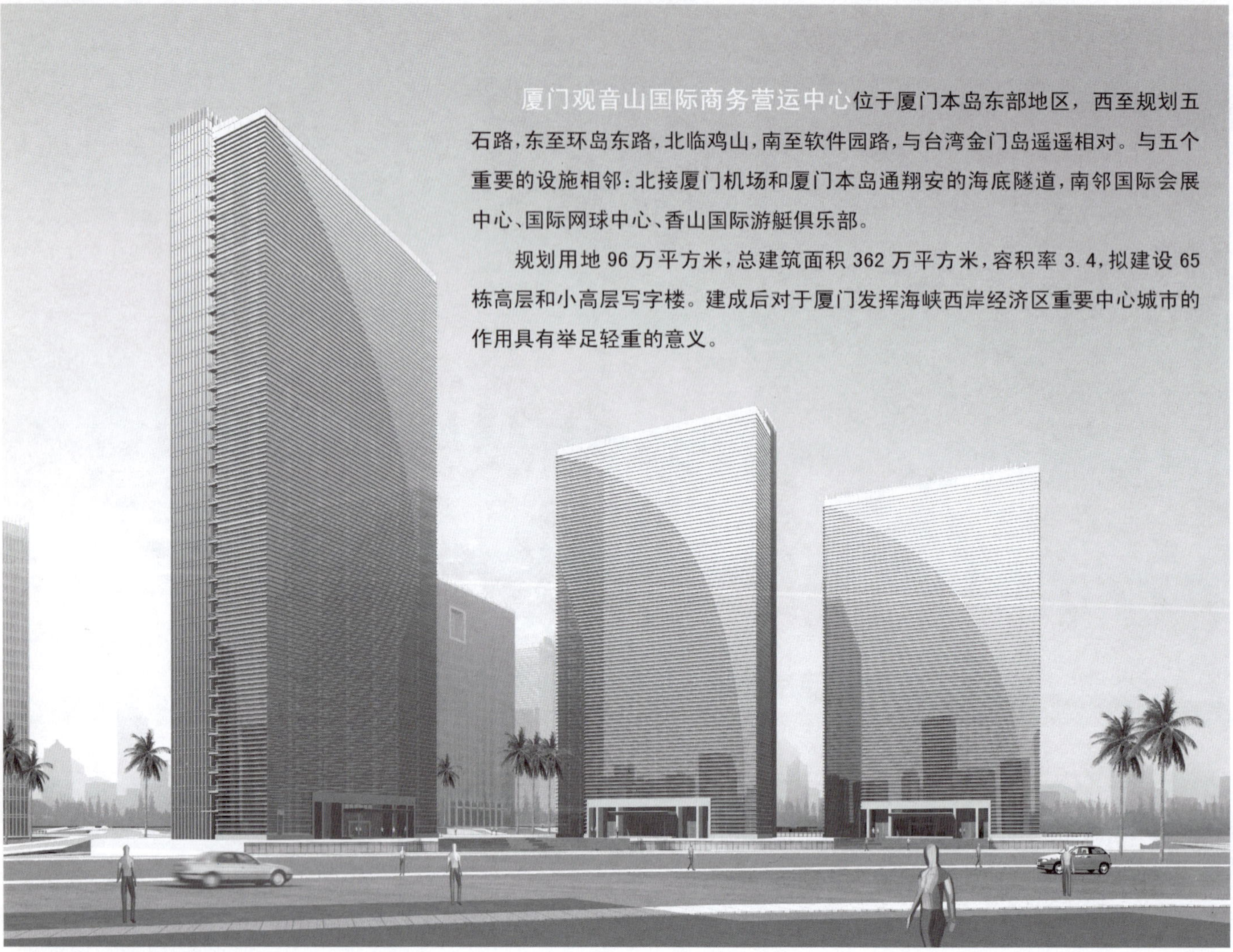

厦门观音山国际商务营运中心位于厦门本岛东部地区，西至规划五石路，东至环岛东路，北临鸡山，南至软件园路，与台湾金门岛遥遥相对。与五个重要的设施相邻：北接厦门机场和厦门本岛通翔安的海底隧道，南邻国际会展中心、国际网球中心、香山国际游艇俱乐部。

规划用地 96 万平方米，总建筑面积 362 万平方米，容积率 3.4，拟建设 65 栋高层和小高层写字楼。建成后对于厦门发挥海峡西岸经济区重要中心城市的作用具有举足轻重的意义。

观音山国际商务营运中心启动区

☆基本情况介绍

厦门市开元国有资产投资有限公司开发建设的启动区地块位于观音山国际商务营运中心中部靠近环岛路一侧，包括 11、10、13-2 共三个地块（对应文本中的 A1、A2、A3 地块），规划建设用地面积 9.15 公顷，共建设 11 栋写字楼，地上总建筑面积约 35 万平方米，拟建高层办公写字楼及商业服务配套，计划工程总投资约 20 亿元。

建设规模

总建筑面积：510043.8m^2　　地上：355192.8m^2　　地下：154851m^2。

A1 地块：（其中办公：135096m^2；地下：54516m^2）

A2 地块：（其中办公：92140m^2；商业：9660m^2；地下：45441m^2）

A3 地块：（其中办公：105330m^2；商业：12966m^2；地下：54894m^2）

☆文化、地缘和政策

文化

作为海港城市，可以说城市的一切都与海洋密不可分。结合总体规划中“扬帆”的概念，我们除了在这一立意上尊重并适当强化外（帆群——竞舟扬帆），更在汲取海洋那种伟岸雄厚，跌宕起伏的内涵气质上下功夫。折叠展开的主楼，贴合厦门特有的“开门见金”的吉祥取意。“鹭”作为厦门的代名词，又与海洋文化相互补充。V 型的建筑布局，与灰白的色调主题，不正是那展翅高飞的白鹭吗。

地缘

特殊的地理位置决定了城市特殊的政治文化内涵。厦门是海峡西岸经济区的中心城市，而观音山片区位于厦门岛的东岸，正对着厦门金门和台湾岛，其在建设海峡西岸经济区中的地位不言而喻。

政策

为吸引高品质的企业入驻，政府制定了多项优惠政策以兹奖励，有实力的创税大户甚至可能享受到零房款的优惠。

中国标志性地产成功开发典范

观音山国际商务营运中心

环境——“显山露水”

源于环境

根据规划显山露水的设计原则，本地区具有“海”、“山”、“城”景色相融的城市特色。东侧环岛路沿线的海岸风景和观音山、虎仔山等山景都是城市开放空间景观特色的重要元素。如何做到真正的显山露水？我们通过建筑体块的旋转与错落布置，既解决了海景面东西向的矛盾，更使得原来的二线建筑同样拥有极佳的海景面，从而整体上提升了这一地块的品位与价值。同样对一线海景房而言，它也同时享受到山景，做到真正的显山露水，成为名副其实的双景写字楼。

根植环境

旋转与错位的布置方式，使得原规划中强调的山海景观轴真正的打开，景观与建筑相互渗透融合，两者达到完美的统一。

高于环境

除了山、海等自然环境资源，错落有致又不失协调的建筑群体也成为这一环境体系中的独特一景，形成山——城——海的景观体系，实现中华传统文化中“天人合一”的至高境界。

观音山国际商务营运中心

紧扣办公楼发展趋势——为商务提供现代化的便捷

紧扣办公楼发展趋势,我们做了深入地分析和设计,体现在:

生态主义:与自然环境的有机融合和自身环境的创造。

地方主义:与城市文脉的切合及地方特性元素的运用。

高技主义:现代建筑材料和工艺以及高技术设备的应用。

理性主义倾向:建筑体形的简洁化与实施的便捷性。

新现代主义:智能化;郊区化;个性化;新办公文化;功能复合化等均通过建筑实体及其所创造的空间中给予了表达。

同时,紧扣办公楼发展趋势设计的建筑单体,提升了办公建筑的品位与档次,增加了地块的附加值,为开发创造良好的内在因素。通过对内外两个方面的充分挖潜将使地块开发价值最大化。

开发商:厦门市开元国有资产投资有限公司

地　址:福建省厦门市思明区厦和路820号
帝豪大厦1807-1808

电　话:0592-2964838

传　真:0592-2964828

华茂地产 HUAMAO DICHAN

厦门华茂房地产开发有限公司

厦门华茂房地产开发有限公司，成立于2003年4月份，是军转企业华东实业厦门公司与厦门市商贸国有资产投资有限公司共同出资兴办的一家国有房地产企业。公司现有员工40多人，拥有雄厚的工程技术力量。

首期开发的“华东花园（阳光翠海）”小区坐落于厦门市湖里区南山路黄金地段。它背靠郁郁葱葱的南山，周围布局的商业城、农贸市场、幼儿园、小学、中学、公园、交通、医院等将给业主带来极为方便的十分钟生活圈。

该小区建设用地约30100平方米，建筑面积约56800平方米，其中地下室近4000平方米，住宅面积约48000平方米，商业店面3000多平方米，地下室及地面各有约100个停车位，靠山三幢十一层小高层住宅，另有六幢六～七层的多层住宅及一幢三层的综合服务楼。建筑密度23%，容积率1.74，绿化率40%，是厦门岛内为数不多的高品质社区。

在这机遇与挑战并存、创新与奋斗比肩的年代，公司将着眼将来，立足厦门，面向省外，以开发位于厦门市南山路黄金地段企业自有的八万多平方米土地为起点，本着忠诚守信，勤劳勇敢，务实苦干，干事创业的精神，脚踏实地，开拓进取。在涌动着的房地产业的大潮中，奉献出一朵绚丽的浪花。

公司机构

公司成立董事会，设董事长、聘请总经理、副总经理、总经理助理、副总工程师，下设办公室、工程部、策划营销部和财务部。

公司经营范围

房地产开发经营；房地产管理；物业管理；装修装饰；建筑材料、金属材料、五金交电批发、零售等。

公司依托**“团结、精干、专业、拼搏”**的团队精神，秉承**“学习创新、诚信务实”**的企业宗旨，与房地产界的同仁一道，竭力为社会和大众服务。

公司通信地址：厦门市南山路680号　　邮编：361006
电话：0592-5669797　5669898　　传真：0592-5669680
http://www.xmhuadong.com　　E-mail:xmhuamao@126.com

中国（福建）山景园林地产成功开发典范

华东花园

“新绿色社区、新健康生活”

茂密的树林，蜿蜒的山峦，清新的空气，明媚的阳光。这是“华东花园”的真实写照，也是“阳光翠海”——小区策划名称的由来。到过“华东花园”项目用地现场的人无不被这美好的景色所迷恋。

项目概述

该小区建设用地约30100平方米，建筑面积约56800平方米，其中地下室近4000平方米，住宅面积约48000平方米，商业店面3000多平方米，地下室及地面各有约100个停车位，靠山三幢十一层小高层住宅，另有六幢六层～七层的多层住宅及一幢三层的综合服务楼。

建筑密度23%，容积率1.73，绿化率42%，是一个经济指标非常理想的小区。

策划理念

营造健康的人居环境，凸显江南水乡地域特色是他们的规划设计理念，从策划的角度出发，做足山体文章，再加上水的意境，形成绿色阳光健康的形象。

本小区南面临山，地形较南山路高，可因地制宜，适当改造现状地形，因势布局。北面远眺可见东渡港，沿南山路进入小区，产生向上台阶，并满足航空控高的要求，做到既与周边景观相协调，又在该区域凸显，产生向内空间，吸收眼球。

最大限度让每栋楼的居民都能尽可能地享受到阳光、翠海、绿地和水，提高社会配套服务意识，努力达到人居环境的健康性、自然环境的亲和性。

目前的楼盘规划设计风格流派各异，本区设计中标单位来自于安徽，将更多地从江南地区丰富的园林建筑中吸取营养，结合具有徽派建筑风格的建筑，创造更富有地方特色的居住小区。

规划方案

自由通达的道路体系

江南景色的特点之一就是小桥流水、道路曲折变化。小区的道路体系是其骨架系统,一方面它解决了居住区的人流、车流问题,联系了各栋住宅、公建,这是满足使用功能;一方面满足消防要求,如小高层的环形车道,东侧出入口的消防通道;另一方面它是创造小区景观的主线。以小区十号楼综合服务楼为纽带,主干道上半圆形的环线布置与各栋楼联系,由于10号楼位于小区中部,到达区内各处距离大致相等,服务效率最高。同时结合水景、绿化、园林创造步移景异的丰富景观,展示建筑的风采,同时又避免居住小区内各栋住宅因相似而易搞混的现象。

南北朝向与灵活布置的统一

"新绿色社区、新健康生活"这是他们楼盘的一个口号,其中一个理由,就是他们的房子全是南北朝向且通风采光良好。

厦门本地房子朝向,大概在南偏东10°至30°左右较为理想,夏天炎热,南北向的房子便于通风;冬天湿冷,南北向的房子又利于争取日照。该小区除10号楼外朝向均在南偏东约30°。小高层4,5,6号楼在小区的南面靠山第一排,既满足了航空控高的要求,又最大限度地享用了山峦,从南山路由北向南成台阶式,有叠岩起伏之势,整个小区以10号楼为中心围合中心景观,拉大各排房子的间距,靠山第一排尽量留足楼间的距离,让后排房子有更大、更好的视角眺望青山。楼房规划保持南北朝向不等于规整的行列式,而是使它们有了统一的机理和均质性,并于灵活和空间的围合布置相统一的。

引水造景——局部改造地形

创造一个优美的居住区,要因地制宜充分发挥地段的潜质,如有可能还可对地段加以改造,造出江南园林般景色。该小区地块靠山处原地坪平均标高约为41.6米,而南山路入口标高为34.5米,两者相差约7米,不太适合小区的优化,且航空控高为75米,不适当降低标高无法满足各方要求,经过周密分析将41.6米的标高降为39.2米,并在38.7米标高处建造水景。浅浅细细的水流,弯曲流淌,萦绕在家家户户的门前屋后就是他们追求的理想。水道都不甚宽,深也就30厘米~50厘米,小孩可涉水游嬉,做到不仅可以观赏,还可以亲近。这般处理有山有水,尽显灵气,山水相间,使得小区更具江南水乡之特色,提高了小区的品味。

环境分析

元素之一:地形

"华东花园"靠南的山,名曰"南山"。东起南山,连接仙岳山,西至狐尾山,标高52米以上政府已规划为国家公园。此山"山脉来得绵远",青山绿水,山密叠重,按古书讲住房位于山脚"发福亦绵远",正是因为优良环境造就良好心情带来的结果。小区地势在这个区域居高,并赏台阶形,在设计中尽量加大楼与山体挡土墙的距离,楼与楼间距充分,都有利于居住。

元素之二:土壤

这里所说的土壤,是指基地土壤亦即建筑的基地,按现代地基力学要求,各类地基土都有它各自的容许承载力。"华东花园"通过前期的钻探及最近的平整场地、土方开挖他们感觉到:其一至总平的标高未见地下水,地下室开挖至今也未见下下水,说明其用地的地下水位较低对工程建设的影响很小。其二:其土"土细而不松、油润而不燥、鲜明而不暗",说明其承载力好,渗透性也好,是建造房屋的好地方。

元素之三:气候

这里所说的气候指的是小区的小气候。"华东花园"在设计中充分考虑以下几个因素:

气候中排在第一位应该是阳光。现代的绿色住宅,不仅要有良好的采光,而且要有充分的日照时间。

气候中第二位重要因素便是气温。地面上的气温称为自然气温,建筑环境的温度对人体影响是很大的。除了通过空气调节器调节气温外,最理想的办法便是通过通风。

风是构成气候环境的重要因素,是气流流动形成的。人们对风的态度具有两重性。在干热气候区,凉爽的,带有一定湿度的风是大受欢迎的,但通常人们也乐意接受夏季的和风习习吹来,加强热传导和对流,使之体散热增快;潮湿的地区则希望风能带走讨厌的湿气。所以在选择建筑基地时,要通过对该区域"风向玫瑰图"的研究和调查在房屋朝向设计时,既要避免过冷、过热、过强的风,又要有一定风速的风吹过,使致腐蚀的空气不会在小区停留。

一个好的自然环境,还要有适当的湿度。这是排在第四位的重要因素,在干热地区如选择具有一定湿度的微气候环境居住,会大大改善人们的舒适性。当温度比较适中时,大气中相对湿度变化对人体的影响比较小,在高温或低湿环境,人体对气温的感觉与湿度的关系就很大,因为从体表丧失的热量与大气中水汽的含量有关。一般说来,相对湿度保持在30%~70%之间为宜。由于天气炎热及空调的大量使用,人体极为不适,除采用机械办法外,目前调节湿度的办法多为在室内外增加水景。

元素之四:水文

古书说"有山泉融注于宅前者,凡味,甘色莹气香,四时不涸不溢,夏凉冬暖者为嘉泉,主富贵长寿"。此语尽是道理,"味甘色莹气香"说明在这个区域无污染水质的源头,固能保持水的品质"四时不涸不溢"说明水土,植被保护得好,住在这种环境的人怎么能不富贵长寿?他们在"华东小区"靠山处钻了一口井,井深近70米,其水源充足,一天百来吨,且其水质经有资质的单位检测,比他们的自来水要好多了,这说明小区四周无污染,适合居住。为了提高小区品位,美化环境、调节小气候,他们着重设计了水景,俯视该水景中间一池"眠弓水"两边带状的水流利用岸边的变化曲曲如活,给人以良好的视觉感受,再看中心圆部分犹如哪吒脚下的风火轮,两边犹如滚滚的火焰,我们的生活怎能不风风火火滚滚向前?

承上所述,影响小气候的四大因素的阳光、温度、风和湿度。"华东花园"正是充分考虑了这四大因素,在园林建设,日照间距和环境通风,望山视角,保持一定湿度等方面充分考虑了这四大因素,南偏东约30°的朝向,楼间纵向20米~40米较大的间距,横向尽可能大的间距,使得各房间有较充足的阳光;地势从低到高,促进了小区和住房的通风;通过小区绿化的建设和水景的设置,并依托南面茂密的树林调节小区的温度和湿度,使得小区气候尽可能的舒适。到达小区销售楼盘"阳光翠海"所提倡的"新绿色小区、新健康生活"的期望。

厦门延铭房地产开发有限公司

厦门延铭房地产开发有限公司成立于1992年，注册资本500万美元，系香港独资的具有专业从事房地产开发资质的企业。公司现拥有高级工程师2名，中级职称人员6名。开发项目有：厦门华天花园（位于厦门嘉禾路，武汉大厦莱雅百货东南侧，总用地面积13181平方米，总建筑面积97762平方米，由两幢18层商住楼及一幢31层公寓楼组成）。厦门集美凤麟花园（位于同集路，集美中心生活区大唐世家西南侧，总用地面积21680平方米，总建筑面积30000平方米，由一栋公寓楼、六栋联排别墅和六栋独立别墅组成）。总开发量约达13万平方米。

公司办公地址：厦门市鹭江道268号远洋大厦23层
电话：0592-2687007 传真：0592-2687005
邮编：361001 Email：www.ym5040503@163.com

中国房地产成功开发典范

华天花园

总占地面积：13180m²
总建筑面积：97583.62m²
地上：85483.1m²
地下：12100.52m²
容积率：6.49
建筑密度：34.67%
小区绿化率：30%
停车位：265
中庭面积：约3000m²
广场面积：约2000m²

A幢入口大堂效果示意图

厦门延铭房地产开发有限公司开发的厦门**"华天花园"**商品房建设项目,位于厦门市思明区嘉禾路西侧(武汉大厦旁),总建筑面积**97584**平方米,总投资**3.5**亿元人民币(含精装修投资)。本项目由一幢**7**层和二幢**18**层住宅及一幢**31**层商住楼组成,住宅总户数为**586**户。项目经由厦门市建设与管理局批准为厦门市推广建设部"商品住宅装修一次到位"示范工程。

"华天花园"项目处于厦门最繁荣、人气最旺的商住区域,项目近**10**万平方米的建设规模及小区的规划配套都具有一定的代表性,沿嘉禾路一侧的**31**层商住楼有近**2000**平方米的广场,小区内有近**4000**平方米的中庭花园,因此**"华天花园"**在营建高品质的内外环境,建造高质量的精品住宅坚实基础上直接向消费者提供"精装修一次到位"的成品房。并将项目建设成为**国际化环保型的温馨、舒适、安全的高品质住宅小区**是**"华天花园"**最基本的理念。**"华天花园"**由一幢**7**层住宅和两幢**18**层小高层住宅及一幢**31**层高层商住楼组成。高层商住楼面向嘉禾路设带广场,社区内设中庭园林,充分体现动静分离的功能区域。建筑外立面线条流畅,落地式玻璃窗与宽敞阳台,精雕细琢,国际气质,逸群绝伦。开发商精心打造高质量的精品住宅,建成环保型,温馨、舒适、安全的高品质住宅生活社区。

国际化的环保社区:环境与环保的一体化

"华天花园"大社区环保规划,严格遵守国家有关装修材料的强制性标准,杜绝放射性有害材料进入,社区公共环境与住宅室内环境建设均采用环保型、无污染、无辐射的新型材料和新技术产品,严格实行装修材料及部品检测合格后使用的制度。社区近**600**户住家都使用能改善室内空气质量的先进设备:户式家庭中央空调。住宅装修除采用环保型材料外,所选用的配置部品均符合国家有关环保、节能、节水的最新标准;并有效防止部品、家具等对室内造成的污染,确保住宅室内的优质空气。

国际化的物业管理:享受与身份等价

"华天花园"把住户的利益永远放在第一位,以**"全方位、全天候、全身心服务"**为宗旨,引进人性化物业管理模式与国际水平接轨:设红外线自动报警、紧急求助、公共部分火灾感应报警等系统;并设置宽带数据网络,感受超时空的网络服务,让业主与世界同步;享受贴心物业管家的热情细致服务,提供**24**小时封闭保安管理、报修服务、专业绿地花草养护、公共设施设备维护、代办各式家政服务、代收公共事业费等。

国际化的商业模式:特色与时尚同行

AB栋**20**间内街店面,内街净宽**24**米,环小区外侧,沿劳动力大厦至东方明珠,**C**栋一至四层商场面向嘉禾路。

"嘉禾银座"提取世界最繁华的商业中心——"东京银座"的精华,重新设计、组合、嫁接,演绎国际一流商业中心区东京银座、纽约第五大道、巴黎香榭丽舍、伦敦牛津街等国际著名商业街的特色,形成具有自己风格的街区,感受东方消费模式的魅力。

华天花园

开发商:厦门延铭房地产开发有限公司

售楼热线:0592-5367756　5367757　5367758

接待中心:厦门市嘉禾路(香江花园正对面)

中房集团黑龙江军安房地产开发有限公司

中房集团黑龙江军安房地产开发有限公司是根据国家计委(2001)907号和黑龙江省计委(2001)532号文件精神，承接开发黑龙江省“军安工程”经济适用住房建设任务。公司注册资金5000万人民币，从事房地产开发，二级资质，在册职工60多人，中高级职称占比80%，是一只技术力量雄厚的开发企业。公司本着“务实、求真、开拓、发展”的企业精神，树立企业形象，创优质品牌。

开发工程项目“军安绿色家园”坐落于哈尔滨市松北新区，工程占地面积15万平方米，建筑面积24万平方米，容积率1.65，建筑密度29.49%，绿化率39.78%。提供平层、错层、39平方米～80平方米各种户型，承建单位都是多次获得“鲁班奖”的全国优秀施工企业，2005年8月末全面入住，工程总投资39600万元。

松北新区作为哈尔滨的行政办公区，发展潜力巨大。军安房地产公司在保证完成该项工程的同时，也致力于松北新区的开发建设，为把松北新区建设成为北方“浦东”，振兴老东北工业基地作出贡献。

军安绿色家园

中国房地产高尚住区成功开发典范

南北通达的交通网络

军安绿色家园坐落于哈尔滨市松北新区，紧邻202景观大道，与商业大学毗邻，规划路、学院路南北围合，外三环路及四环路盘旋左右，越江隧道正在构建之中。军安绿色家园现已特设成为公交站点，十余条交通干线由此经过，成为了连接南北两岸重要的交通枢纽。

专业打造的精品住宅

军安绿色家园总占地面积15万平方米，由25栋多层和5栋板式高层一字形南北向错落排列而成，采用舒适简洁的现代欧式建筑风格，提供39平方米-123平方米平层、错层户型，其中以42平方米-76平方米中小户型为主。居室南北朝向，采光通透，内部设计合理，方正宽敞。家家燃气管道入户，24小时地热供暖。军安绿色家园承建单位都是曾经多次获“鲁班奖”的优秀施工企业，对建筑细节精益求精，在用材用料上严格筛选，确保现房卓越品质。

自然境界中的自在生活

松北区具有独特的生态环境，拥有太阳岛公园、冰雪大世界、东北虎林园、天鹅湖等多个自然风景区，大量的绿色植物连接成了一道天然屏障，分隔开了都市的喧嚣与尘埃。作为松北区“绿肺”的一部分，军安绿色家园同样注重资源与环境的协调发展，将人居生活同自然风景相融合，提倡“绿色、环保、健康”的居住环境，让居者在纯净舒适中感受生活。

配套完备的生活新区

军安绿色家园将组建日常生活配套作为重点，在原有规划的基础上，对社区内外生活必需的设施合理分配，银行、邮局、中小学校、书店、医院、菜市场、超市等一应俱全，免去业主南北往返的烦恼，在生活半径500米内拥有各种生活资源。

同生共荣的绿色文脉

军安绿色家园提倡与业户共建绿色,在社区内各条街道上预留位置,邀请客户认养树苗,并以认养者姓氏为树木命名。让更多的人参与进来,分享绿色成长,重视生态环境是军安绿色家园不变的文脉主题。

分享快乐的融洽社区

军安绿色家园人性化社区, 破除钢筋水泥藩篱,恢复老邻里街坊互融模式,除了大量开辟公共休闲区域以外,还帮助业户组织起各种团队,丰富业余生活。清晨的太极拳、交际舞,黄昏的秧歌队、票友会。周末举办的摄影、赏鱼、赏花卉等活动将业主联系在一起,建立了邻里和朋友的双重关系,营造出和谐美好的文化社区。

安全细致的物业管理

军安绿色家园由黑龙江辰能物业公司提供管理服务,辰能物业本着"管理于物,服务于人"的经营理念,以标准化、规范化、科学化和人性化的四化服务模式,为业户创造全新的生活秩序,目前小区内24小时周界防护及白手套服务工程相续启动,用周到贴心的专业服务让居者生活无忧,尽得轻松。

教育区内的繁华之地

军安绿色家园处于松北新区科研教育区内,在黑龙江科技学院、黄金中学、绿色产业研发基地等大型院校和科研机构围合之中,同时与商业大学一街之隔,有效的达成了资源共享,商大内修建有松北新区最大的室外体育场,室内还配设游泳馆、图书馆等其他公共设施,同时商大与其他学院的师生构成了日常消费的主体,成为商业繁华的强力支撑点。

中房集团实力巨献

军安绿色家园是中房集团的又一力作。中房集团以专业建设和雄厚实力著称,在国内房地产界有着举足轻重的地位。目前年开发面积达1300万平方米,年销售面积约600万平方米,是拥有600亿资产的大型房地产上市公司。在松北新区开发建设军安绿色家园是中房集团的又一次战略决策,以科学建设为基石,服务大众为目的,打造未来城市的高品质住宅。

军安地产屡获殊荣

中房集团·黑龙江军安房地产开发有限公司是龙江房地产界的一支生力军,公司被省市区政府部门先后评为"黑龙江省诚信企业"、"省房地产协会委员"、"哈市年度纳税大户"等称号,公司的代表项目楼盘军安绿色家园也获得了"04年龙江地产十大创新名盘"、"19届房展会十大地产品牌",哈尔滨市第四届优秀住宅评选"优秀规划设计奖"、"优秀户型奖"等多项荣誉。军安地产以建设住宅精品回报社会,势必为龙江地产的发展作出杰出贡献。

辽宁荣天房地产开发有限公司隶属于荣天集团，是一家大型的民营企业，创建于 1995 年，注册资本 800 万元，位于沈阳市东陵区文化东路 3 号。

经过近 10 多年的建设与发展，励精图治，公司规模不断壮大，员工已达 60 余人，内部管理井然有序，下设工程部、综合部、销售部 3 大部门，拥有大批专业技术人员、敏捷的办事人员及优秀的销售人员，可谓人才荟萃，他们启迪无穷智慧，是公司的重要保障。随着荣天集团不断蓬勃发展，下属子公司已达 10 余家，这无疑成了该公司的坚实后盾，更显雄厚的经济实力。辽宁荣天房地产开发有限公司是沈阳颇具实力的房地产开发公司之一，具有丰富的经验和良好的信誉，11 年的时间，先后在东北地区新建写字楼、商业网点、住宅等，代表建筑有东北规模最大的装饰城、沈阳（国际）会展中心（该项目为沈阳市政府“九五”期间重点项目）、沈阳汽车博览交易中心等，又于 2003 年斥巨资兴建大规模滨水景观社区“在水一方”项目，并多次获得奖项，受到业户的好评。

荣天人秉承“**品质至尊，德行天下**”的企业理念，凭借雄厚的经济与技术实力，不断创新，开发建设卓越的项目，锐意开拓，携手共创蓝图！

辽宁荣天房地产开发有限公司

在水一方住宅园区规划设计方案——高层住宅立面效果示意

在水一方

中国(辽宁)水岸山景地产成功开发典范

辽宁荣天房地产开发有限公司隶属荣天集团，于2003年斥巨资在沈阳浑南新区长青南街43号兴建超大规模滨水景观社区“在水一方”项目。该项目于2003年8月开始施工,2004年9月20日竣工。

“在水一方”位于浑南版块,地处长青桥东畔,北临浑河并沿河1000米呈带状展开。东南临近大学城,西侧为中央商务区及高档住宅区,地理位置优越,项目北侧为二环路,其中市政规划中的地铁四号支线直达大学城，在水一方必将具有巨大的升值潜力,贯穿市区的公交车224、276、4343直达园区。

“在水一方”由生活社区及滨河公园两部分组成。其中生活社区占地面积20万平方米,滨河公园占地23万平方米,建筑面积达45万平方米,是沈阳超大规模景观滨水文化社区。园区总规划户数3860户,容积率2.62,绿化率达39.2%加之公园景观绿化率达80%,堪称沈城滨水家园之先河。环境与生态是21世纪人类的生存主题,“在水一方”园区阳光、水、空气、噪声指数均达到国际水平,各项生活服务指标、区内配套设施达到或接近欧美先进国家水平。

园区规划设计由澳大利亚凯芬斯设计公司设计的,景观设计是由美国迪斯尼设计单位美国泛亚易道景观设计公司设计的,两家世界知名的设计公司倾力打造的“在水一方”,必将成为浑南新区的又一亮点,23万平方米的外滩公园采用以水为主线,引入动感绿化的概念,配套设施齐备,有伊人湖,标准网球场,钓鱼台,沙滩排球,攀岩,观花暖房等设施,为您的娱乐休闲提供了更多的选择。小区内还配备业主会所、幼儿园、超市、洗衣店、商业网点、车库、自行车库等设施,实现家庭智能化,室内设置红外线报警系统、火灾报警系统、紧急求助按钮,让您的居住生活无后顾之忧。

物业聘请的是华新网络物业公司,华新物业是全国非常知名的公司,将为您提供更完善、更周到的服务,物业服务的主旨就是注重与业主之间的情感交流,急业主之急、想业主之想。提供24小时保安服务,公共区域的日常保洁及花草的维护保养等等。

一期推出的小高层7栋，多层25栋，户型面积在60平方米~158平方米之间,为您提供了更大的选择空间,一期分为西区、东区两个组团,户型设计真正以人为本,100%南北排布,通风顺畅,多层住宅的楼间距多达32米,小高层住宅楼间距最高可达55米,充分满足了居住的私密性,确保室内最大限度的采光,同时开阔的视野美丽的景观尽收眼底。大开间,小进深的户型设计满足了东北人生活习惯。

在建筑材料的选择上,墙体采用新型材料,具有保温隔音的作用,还能有效地防止墙体易裂、渗水问题,还大大减少了墙体的厚度,给购房者以最大的实惠。楼窗采用塑钢中空玻璃窗,其具有使用寿命长、抗老化、防水、防盗、绝缘、气密、水密和抗风等功能。上下水管均采用新型UPVC复合管材,其具有防锈、无毒、无污染的功能,而且还有消声功能。外墙采用高级贴面砖和涂料,具有防水、防老化、防龟裂的功能。

在水一方代表着时尚的外滩生活,将成为沈城的一道亮丽的风景线!

长沙玫瑰园于2002年9月在望城县工商局正式注册成立，是广东玫瑰园控股的子公司。2005年长沙玫瑰园开发工程开始建设，其超大规模，已具备成为长沙河西市府板块乃至河西的指标楼盘的物质基础。由于出色的业绩，玫瑰园被定性为望城县到目前为止招商引资中实力最强、信誉最好的企业之一，为望城的投资发展起着龙头作用。

总公司即项目发展商——广东玫瑰园房地产发展有限公司系一家专业经营房地产开发的民营企业，成立于1992年，注册资金5000万元，建筑开发资质为二级。公司下辖近十个子公司，涉及业务有房地产开发与销售、智能化产品研发与推广、物业管理、装饰装修等方面。到目前为止，公司已开发商品房面积300多万平方米，其中在建200万平方米。主要楼盘有“玫瑰园”、“桃花园”、“玫瑰名园”、“玫瑰园·山水居”、“长沙玫瑰园”，以及强强联合正在开发建设的“广州时代玫瑰园”、“丽日玫瑰·名城”、“怡翠玫瑰园”等。

广东玫瑰园公司实力雄厚，具有较强的抗风险能力和市场竞争力，楼盘开发信誉好，销售业绩显著，是广东省内一家有较高知名度的房地产企业。公司现有员工300多人(含下属公司)，拥有一大批与公司发展相适应的业务骨干和专业技术人才，积累了开发房地产市场的宝贵经验。自1996年以来得到广东省、佛山市政府和银行及其他行业的充分认可，所开发的楼盘也多次荣获省市“明星楼盘”及示范小区的称号。公司实行科学管理，现正朝着规模化、集团化的方向发展。

展望未来，公司坚持以房地产开发为主，努力谋求多元化方向发展，把企业做大做强；坚持以人为本，以市场为导向，树立企业品牌，开发建设既能满足市场需求，又能优化城市规划和适合人居环境的至佳居住社区，实现社会效益、企业效益、居民得益的三方面丰收。

玫瑰园®

美丽品质 美誉品牌

长沙玫瑰园房地产开发有限公司

获奖情况

自1996年以来，广东玫瑰园公司连续被佛山市禅城区人民政府授予“重合同、守信用”企业；被广东省地方税务局授予“广东省地方税模范纳税户”称号；1999年获“佛山市城区规模效益奖”；1999年以来被广东省农业银行评为“黄金客户企业”；被广东省建行评为“AA级信用企业”；被广东省工行评为“AA级优秀客户”；2001年“玫瑰园”被广东省建行授予“明星楼盘”称号；2001年8月公司通过ISO9001:2000质量体系认证；2002年被佛山市人民政府授予“优秀民营企业”称号；2002年6月“玫瑰园·山水居”通过建设部“智能化三星级(最高级别)住宅小区”评审，同时被评为“信息管理示范小区”；7月，被佛山市建设局向省推荐为“绿化环保住宅小区”；2003年“玫瑰园·山水居”被广东省建设厅评为“广东省物业管理示范住宅小区”；同年5月被广东省房协认定为“广东省绿色住区”；2004年1月“玫瑰园·山水居”荣获“中国最具影响力楼盘百强”称号；2003年公司跻身“广东地产资信20强”；2004年5月“玫瑰园”商标被佛山市商标认定委员会认定为“知名商标”；2005年1月公司被佛山市人民政府授予“2004年度佛山市纳税超1000万元企业”称号，同年1月荣登“佛山楼市风云榜”；3月被佛山市人才资源开发服务中心认定为“金牌客户”。

长沙玫瑰园2006年1月，被正式列入“中国人居环境金牌建设试点项目”。

长沙玫瑰园项目坐落在长沙市府沿金星大道以北 4.8 公里处，金星大道与银杉大道交汇处的东南侧，享有“市府后花园”的美称。总占地面积 1000 亩，总建筑面积近 100 万平方米，绿化率近 50%，容积率 1.5。项目征地内多缓坡和丘陵，自然地形植被丰富。利用此有利的生态条件，项目邀请国际知名设计公司，依据加达湖原貌打造百亩自然生态湖泊，融合意大利古典建筑风格和西班牙质朴的建筑形式，形成独特的地中海风情。在园林景观上，更不惜斥资数千万打造世界级皇家园林景观，只为要求每一处都做到完美，意欲为长沙带来一种全新的、高品质的世界级泊岸生活。

作为“新世界泊岸生活主义”的完美体现，长沙玫瑰园最具特色的水景景观设计，目前在星城绝对是独一无二的。项目结合用地靠近湘江的优势，率先引入湘江活水，以百亩自然生态湖泊打造全长沙最大的私家自然湖泊景观。更利用区内的人工湖，创造更多的水岸线和更广阔的亲水空间，使水景和建筑互相依托，互为形体，让生活在此的人们时刻流连在湖边美景中。

在整个园林的水体设计上，也显现出星城目前难得一见的审美高度和超前技术，水流遵循设计路线徜徉整个小区。整个园林水体由七大水系形成，水系均是叠水式设计，层层交叠的视觉效果，让整个园林景观都因水的流动而格外活跃，分外清透。水体最后流向小区中心雕塑，形成错落有致的壮丽景观。长沙玫瑰园为星城人民打造自然，健康，生态，并具有历史人文背景的居家环境与景观艺术，在此所花费的心思绝对不是一般楼盘可以比拟。

在整个园林景观的营建上，斥资两千万打造，这在长沙的人居环境历史上则更是一个创举。园林充分采用自由布局的形式，实现“绿水环抱”的规划概念。通过对地面高度的调节，使沿湖的水岸线和景观绿化区域的地势形成起伏，以此进一步优化以草坪、灌木、假石和高大长绿乔木构成的自然园林视觉效果，打造长沙世界级的皇家园林景观。在这里，雕塑、小桥、流水随处可见，每个细微之处都能轻易流露出世界品质，“户户有景观”的奇迹得以完整体现。毫无疑义，星城在城市建设上又将增添一处更为精彩的、具有国际水准的人文美景，居住在这里的人们更将以此尊崇的生活和优美的景观享受感到惊喜和自豪。

中国房地产景观环境住区成功开发典范

长沙玫瑰园

Changsha Rose garden

长沙玫瑰园 世界泊岸生活礼遇

秉承欧洲中世纪“泊岸诗人”华兹华斯、济慈、拜伦等人的浪漫主义思想，汇聚世界经典人文，以欧洲世袭贵族滔澜封地的生活，复活我们记忆为之铭刻的风采。

长沙玫瑰园坚持泊岸生活主义理念，为星城长沙的中坚人士缔造一个人文与自然完美结合的理想生活空间。在这里，时间与真义，品位与人生，以极致的华贵而流露。

让世界泊岸在此！

十四年精心锤炼，延续百年品质

在历史的更替中传递出来的不仅是金钱，它传承的思想与精神财富，更会让人们的生命变得饱满、欢愉。以十四年的专心锤炼，铸造一种质朴浪漫，延续一种传世经典。

广东玫瑰园房地产发展有限公司作为广东最具影响力的大型地产企业之一，以其成熟完善的品牌魅力赢得社会各界赞誉，更形成了“玫瑰园”“桃花园”两大系列品牌楼盘。先后成功打造了“玫瑰园”、“玫瑰名园”、“玫瑰园·山水居”、“时代玫瑰园”、“怡翠玫瑰园”、“丽日玫瑰·名城”等知名大型楼盘。“玫瑰园·山水居”被广东省房协绿色住区认定委员会认定为“广东省绿色住区”、“中国最具影响力楼盘百强”称号；“时代玫瑰园”荣获建设部“人文社区”称号；“丽日玫瑰·名城”荣获“国际花园大奖”称号；“怡翠玫瑰园”荣获建设部“人居金奖”称号等各种全国性荣誉大奖。

而今，玫瑰园地产将长沙再创杰作，以坚持百年品质，打造金奖人居为理想，为星城增添一个国际品质的人居环境。

奢华这个词，在这里显得有点简陋

长沙玫瑰园以传世的人文精神赋予千亩山水领域以经典，从项目规划、设计风格开始就沿袭伟大杰作的精神。打破区域传统的板式设计格局，保留原有生态地形，以大型项目设计的国际惯例，保证统一下的多样性，让你倍享经典延续的绝对魅力。

由世界著名建筑设计公司美国“WY”全程担纲，汇聚世界“经典泊岸生活”格调，以意大利古典建筑风格，并在此基础上融合西班牙质朴的建筑形式，形成独特的地中海风情。在50000平米的自然生态湖边，规划出水岸独立别墅、联排别墅、尊尚洋房等多种建筑形态，打造出新古典主义风格的纯生态高尚住宅区。每当朝霞漫天或是落日余晖，房子便在水面上拉下了长长的倒影，犹如一幅油画中的威尼斯水乡。其亲水别墅更是与园林互相辉映，以建筑融于环境，环境衬托建筑，成为小区景观中一道独特的风景。

而在建筑品质上，长沙玫瑰园更实际的考虑到居住环境的人性化特色。以超宽楼距与极低的建筑密度有效避免了景观障碍，不但兼顾生活的私密性，更保证住宅的温馨距离。装饰上采用罗马柱衬托斜屋顶，屋顶铺设西班牙瓦，以精美细致的细部设计体现建筑的精美感，再通过短罗马柱装饰的270度超大观景阳台及大玻璃窗体现与环境的融合。长沙人居环境新时代的到来，以无上尊崇在这里尽情体现，生活在不觉中拥有了那份永恒的完美。

凡尔塞园林不是唯一的奇迹

澳洲人对园林艺术有着一种独特的艺术天赋，他们在生活当中一直非常注重纯自然的独特风情，所以世界上许多较为出名的景观设计规划公司都源自澳洲。长沙玫瑰园与澳洲希望园林联袂演绎世界级的风采，斥亿万巨资打造绿化率达到48%，绝对震撼星城人居环境的世界级皇家园林景观。

整个园林的规划，采用“绿水怀抱”的设计概念，在充分保持山体水脉的原生态特征基础上进行设计，并通过对地面标高的适度调节，让欣赏的视线随着岸线的景观和绿化区域的地势形成起伏。再以自由布局的组合形式，自然结合欧洲皇家园林艺术。在长沙玫瑰园，欧式风格的经典喷泉、雕塑和小桥是随处可见的，或许就是一棵看起来不那么起眼的树，都是一棵比你祖父年纪还要大的名贵树种，这种精心的布置有点让人难以置信。

其实真正的脱颖而出，通常都赋予细微之中，在此，任何不经意的一瞥，都是满眼的风景,只因这里的每一处都流露出世界的经典。

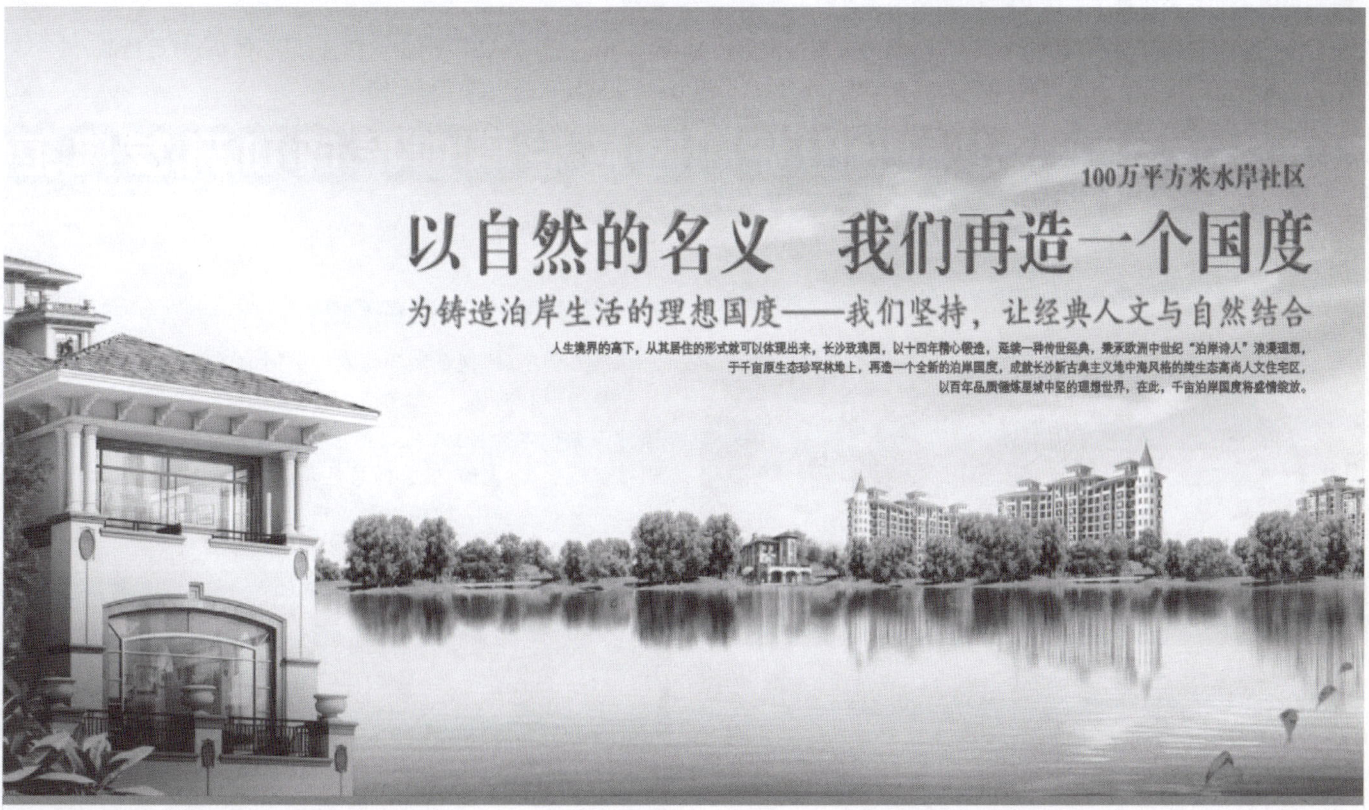

泊岸热线：0731-8583333/8583888

青岛崇杰集团有限公司

青岛崇杰集团有限公司的前身青岛崇杰房地产开发有限公司，成立于1998年，历经7年多的时间，发展成为以房地产开发为主业，涉及环保、装饰装潢、物业管理、科技、建筑设计、工贸等行业为一体的多元化集团公司。2001年5月注册成立青岛崇杰集团，为一级房地产开发资质企业。其全资及控股公司有：青岛颐景房地产开发有限公司、青岛颐灏房地产开发有限公司、青岛宏怡物业管理有限公司、青岛崇杰科技发展有限公司、青岛崇杰工贸有限公司、青岛崇杰环保有限公司、青岛崇杰广通电信技术有限公司、青岛崇杰装饰工程有限公司、青岛崇杰设计有限公司。

“倾心造就，超凡杰作”是崇杰集团的经营理念。“锦园”小区本着精品必须与环境相结合的理念，把舒适性、生态性、信息性、文化性都融入其中；“颐灏园”以“营造快乐家园，创造全新的生活概念”为宗旨，使业主尽享蓝天、绿地、喷泉、雕塑公园之休闲，感受阳光、碧海的生气，触摸大自然风情，真正体现建筑的消费价值；“颐灏园”坐落在青岛东海路钻石地段，紧邻青岛最大的CBD商务区，采用环保建材，保障家居空气清新健康，欧式装修风格，享受高雅舒适的高贵气度，置身园林景观，俯瞰碧海银滩，静坐家中，感受实至名归的身份和气度。

崇杰推行“以人为本”的管理理念，强化人性化的管理模式，尊重关爱每一位员工。崇杰集团的党支部和工会组织，积极加强员工的思想文化建设和组织丰富多彩的文体活动，塑造了崭新的企业文化，形成了团结一心，共同奋斗、朝气蓬勃的企业形象，增强了公司的凝聚力。

崇杰集团时时关心社会、回报社会，几年来累计捐款150多万元资助社会公益活动。2002年10月，又在胶州市洋河镇捐资160万元建设了一所占地40亩的崇杰光彩小学。

崇杰集团在袁杰董事长的带领下，将努力把握市场动向，紧紧围绕“实业为国”的企业精神，开拓创新，打造精品，树立品牌，完善管理，服务大众，为房地产业的发展贡献自己的力量，共同建设我们的美好家园。

颐灏园 中国(山东)园林海景地产成功开发典范

置身园林景观，俯瞰碧海银滩，静坐家中，感受实至名归的身份与气度。

园林海景——颐灏园

颐灏园位于青岛市市南区东海中路29号，北靠浮山，南临大海，占地面积40余亩，总建筑面积约5万平方米，由青岛崇杰集团有限公司投资。该小区地势开阔、环境优美，主要建设多层及小高层高档公寓，项目总投资12000余万元。

颐灏园在“以人为本”的设计理念指导下，倾心打造“园林海景”的高雅品位。

置身园林　回归自然

喧嚣都市，拥抱自然成为人们共同的呼声；辛劳繁忙，渴望一片宁静的世外园林。“颐灏园”在规划设计上以建设环境优美的园林海景住宅为目标，从城市总体布局和整体环境出发，为居民创造舒适优美、安静、安全的居住环境。规划上使建筑、道路、绿化设计尽量融为一体，相得益彰。精心打造的绿化系统使您轻推窗户即可感受迎面而来的片片绿色和阵阵花香。

绿化系统：

◎地段四周按城市规划要求设置线状绿化带。

◎利用边角位置，充分予以绿化。

◎每个地块设置集中绿地，周围结合布置老年活动中心、青少年活动中心等公共服务设施。

◎利用住宅前后的空地围合而成内庭院，布置小品、雕塑、花架、儿童攀缘木等，为居民间的交流和娱乐供良好的活动空间。

◎沿居住区主路两侧进行绿化，并结合沿街进出口，布置绿化带；结合集中绿地，点线结合，增加空间层次，形成生动、活泼的绿化空间。

◎整体绿化系统注重的是点、线、面的结合。

俯瞰大海　呼吸自然

颐灏园紧临浩瀚大海，在布局上充分考虑建筑临海的特点，体现北高南低、错落有致，尽量使每个建筑单体的居室面海。在满足建筑使用功能的前提下，力求竖向空间的变化丰富多彩，创造居住区的立体景观效果。

颐灏园以其特殊的地理环境、周边景观特点倾心打造“园林海景”的独特风景，使点、线、面有机结合、强调层次，注重东海路的整体设计，真正使业主享受置身园林，俯瞰大海的温馨与惬意。

规划设计：

单体空间设计：

坚持“以人为本”的设计指导思想，在城市设计的重点地段上，设计出适合居民生活行为特征和需求的多元化的标准住宅和丰富多彩的居住环境。

住宅平面设计特点：

确保家庭居住生活的居住性、舒适性和安全性，实行公私分明、食寝分离，居食分离，各行为空间既有融合性的空间关系、又有各自的独立性，既联系方便又防止互相穿套和干扰。在尽量保证卧室居住要求的前提下，充分扩大起居空间、厨房和卫生间面积，保证各种居住行为的使用要求，满足居民的心理、生理需求，创造富于海滨城市特点的多层住宅。

建筑立面设计：单体设计利用现代建筑处理手法，使用高科技及绿色建筑材料，营造出一种现代、绿色的情调。

道路系统：

居住区道路系统是居住区规划的骨架，道路系统在规划设计中主要遵循以下原则：

◎在满足市政公用设施布线的前提下，与地形结合，自由顺畅。

◎道路组织利于组群划分，形成良好的居住区组织结构。

◎保证东海路绿化系统的完整性，合理规划布置车行道出入口。

◎解决好动态交通和静态交通的组织，实现人车分流。

◎居住区内停车场按居住区规划设计规范配置，主要采用集中和分散结合的方式，方便随时停车，且注重大型公建和停车场的结合，利用边角地带设置小型停车场或港湾式停车场。

环境设计：

由于该地段特殊的地理环境位置，使该地段的环境设计显得极为重要，该地段的环境设计遵循以下原则：

◎整体的环境设计，注重沿东海路的环境设计。

◎将东海路绿化带以及海滨风景纳入绿化及景观设计中。

◎强调住宅组群绿化、绿化带和中心绿地，形成点、线、面的有机结合。

◎注重对景点和视线通廊的处理。

◎空间层次丰富、错落有致。

竖向规划：

居住区整个地势北高南低、东高西低，形成一定坡度，这个不仅保证了道路、场地等自然排水的畅通要求，还满足了他们在空间设计上的思路，“北高南低、错落有致”。

售楼部地址：青岛市东海中路 29 号

垂询热线：0532－85888688　85887777

泰安市久丰房地产开发有限公司

中国地产时尚简约住宅成功开发典范

龙泽花苑

山东省泰安市久丰房地产开发有限公司属上海顺寓置业有限公司投资的子公司，经泰安市工商部门核准登记，是一家具备开发资质并从事房地产开发与经营的专业房地产开发公司。

公司住所在泰安市泰山区东岳大街85号(粮贸大厦8楼,泰山火车站北侧)。

泰安市久丰房地产开发有限公司通过公开挂牌形式，依法取得泰安市市政府大楼西侧国有土地使用权。根据规划要求,久丰公司将在该地段开发建设龙泽花苑高档别墅区。

泰安市简况

山东省泰安市，位于省会城市济南以南60公里，辖泰山区、岱岳区、肥城市、新泰市、宁阳县、东平县。市区人口约50万。著名的国家级泰山旅游风景区所在地。

开发地坐落

龙泽花苑位于泰安市泰山区望岳西路(市政府大楼)以西;环山路(泰山傲徕峰)以南;御碑楼以东;龙泽湖公园(市政府广场)以北。

该地块开发建设的龙泽花苑高档别墅区,地处泰安市城中心,著名的旅游胜地泰山脚下，地理位置十分独特优越,北靠泰山,东临市人大政府,南临市政府广场和龙泽湖公园,是一块闹中取静的住宅旺地。周边酒店旅馆林立,市政府广场地下建有大型易初莲花超市,银行,学校,医院,公共服务站点等公共设施一应俱全。龙泽花苑高档别墅区将建设成为泰安城区环境幽雅,居住舒适,设施一流的精品楼盘。

规划设计

由香港何弢设计国际公司承担规划方案设计。

获奖情况

自公司在泰安市注册成立以来，企业规模不断增大,企业知名度不断增强,先后获得泰安市十佳诚信企业称号,山东省人居建筑设计大奖赛银奖,山东省50强名人名盘称号。公司将在今后的工作中不断增强企业凝聚力,增强企业的抗风险能力,为社会作出新的贡献。

中国地产时尚简约住宅成功开发典范

巍巍泰山 历代帝王的精神图腾

悠悠龙泽 当今名流之心灵家园

售楼热线：0538-6363999 6363888 **售楼处地址：**泰安市御碑楼路66号

近几年，随着国内经济的发展，国内房地产市场空前繁荣，众多具有代表性的楼盘拔地而起，在这其中各楼盘之间竞争日趋激烈，如何能被市场和买家认可，创造卖点，是摆在房地产开发商面前最为关键的问题；设计师希望以此项目独到的设计为契机，倡导一种全新的生活方式和态度，追求高品质的居住环境，精心打造泰安市房地产市场的标志性楼盘——“龙泽花苑”。

主要设计理念

●建筑融入环境，体现绿色生态的设计概念，外围大环境和住区小环境是本项目最大的卖点；

●体现中国传统建筑中的精华，用现代化的设计手法来表现，传统与现代相结合；

●强调设计的高品质，体现生活的高品位；

●单体设计体现整个规划理念，注重卖点的开发与利用。

项目概况及分析

本项目位于有着悠久历史文化“孔孟之乡”的山东省，全国四大名山之一“泰山”脚下的名城——泰安市；背靠泰山，东邻泰安市政府大楼及政协人大大楼，南面为泰安政府广场及市中心龙泽公园，公园内有大面积的湖水，背山面水，地理位置优越，是一处理想的居住用地。

●该项目土地特色及卖点分析

⊙该项目位于泰山脚下，背靠泰山，如何将建筑融入泰山大环境的景观之中，是本设计的重点；

⊙本项目南面为城市公园和政府广场，如何利用此绝佳景观是设计的关键；

⊙本项目地处市政府大楼西侧，如何协调好与大楼的空间和尺度关系，同时又利用此绝佳的城市地理位置是本设计的难点；

⊙场地内从南到北面有18米的自然高差，如何完美利用此高差，创造山地建筑绝佳的视觉效果，是本设计成功的主要因素。

总平面布局

●综合考虑以上介绍的土地特点，整个小区规划力求整体性及规划概念的统一性，在小区中心南北走向从上到下规划一条石景及绿化相结合的绿化走廊，是泰山“龙脉”在本小区的自然延伸，建筑围绕此景观带而建，同时此景观带也将小区内连体别墅和叠加空中别墅自然分区，合理的分成了两个区域，交通相对独立，这是本小区最大的特色；

●为了配合泰安市政府办公大楼的博大气势，本小区建筑规划不求“突出”而求“融入”，汲取泰山当地传统建筑的颜色，建筑引用灰黑色调，在规划设计中力求将建筑融入泰山大环境和“龙泽花苑”内部小环境之中，作为政府建筑周边环境的陪衬；

●将小区主入口设计于场地西边的双向行驶的御碑楼路中段，既方便了小区内居民进出，也避免了望岳西路交通量的大量增加；

●将连体别墅设计于场地西边，将叠加空中别墅设计场地东侧，东高西低，呼应整个区域规划，同时也增加了别墅的私密性；

●将小区会所设计于主入口，地上地下相结合，是整个小区的视线焦点；

●充分利用场地地形，小区别墅阶梯状自然地从南到北提升，尽量创造每一户都有绝佳的景观朝向；

●在小区南端规划六栋特别“现代四合院”式的大户型单位，是整个小区品质提升的点睛之笔。

环境景观设计

●在场地北侧、中部和南端,结合中间南北景观走廊,设计三个中心大型景观,以自然特色景观为主,将建筑融于景观中;

●由于小区内机动车只停在小区外围主路以外的一侧,小区内部的停车为在别墅以下的半地下停车,小区组团内部没有机动车开入,所以小区内部环境安静宜人,每个组团可植以不同特色的植物,以不同植物名称命名,如“月季园”、“牡丹园”、“菊花园”等,充分开发景观特色;

●小区地面绿化空间为“一级绿化”;合理利用会所、车库、屋顶空间,植以绿化,丰富小区形象,创造空间“二级绿化”;利用别墅的屋顶设计屋顶花园,创造空间“三级绿化”;通过此三级绿化形成小区的立体绿化景观。

交通、停车、消防组织

●小区机动车路设计于小区的外围,避免对小区内部的噪音和尾气污染,小区内部只留景观步行道(应急时可作为消防车道),禁止机动车驶入,也避免了人流车流的交汇干扰,保证了组团内部环境的安全、幽静。

●将叠加空中别墅的机动车主要停在小区东侧外围主道路的外侧,以减少对内部的干扰,将别墅的机动车利用地型设计半地下停车场,车库顶为别墅的小花园,节省了空间,美化了环境。

●小区连体别墅每户一辆停车位,叠加空中别墅每两户一辆停车位,总停车位为153个,完全满足本小区内的停车要求。

单体建筑特色

本方案设计希望通过对中国传统建筑坡屋顶及空间布局等精华的吸收,以现代化的设计手法来体现,突出采光通风、通透感及视线的开放性等,希望通过本项目能探讨出一条新的设计路线,使整个设计的品味提升。

●立面设计

⊙小区立面设计力求传统与现代相结合,简洁而明快,高雅而尊贵;

⊙屋顶采用坡屋顶结合玻璃阳光室,强调空气的流通,采光、通透感;

⊙尽量采用落地扇和凹入凸窗的形式,在增大采光面积的同时,也考虑墙体的保温;

⊙强调叠落的空间层次变化,创造屋顶花园和屋顶露台空间,丰富整个小区的立面空间形象;

●平面设计

⊙连体别墅和独立别墅的平面设计概念取自中国传统四合院的设计概念;同时运用了现代的设计手法,创造内庭院,强调居住空间与内庭空间及外围景观之间的流通,同时也强调居住空间之间的沟通与联系;

⊙连体别墅平面设计充分考虑对地形的利用,创造出半地下停车空间,同时也丰富了空间层次;

⊙所有“叠加别墅”均采用了“复式”或“复式加错层”的设计概念,客厅两层挑高或创新的一层半(4.5米)挑高,户型创新且富于卖点,与众不同;

⊙在保证日照间距的前提下,充分利用空间,设计屋顶花园和阁楼,丰富小区形象;

环保设计

●本小区拟在每栋别墅利用坡屋顶结合建筑立面设计太阳能集热器,提供每栋别墅使用的卫生热水,节能环保;打破了以往传统的将太阳能放在屋顶非常难看的形象,将太阳能集热器作为别墅立面的一部分来统一考虑,将贮水桶藏在屋顶内,更有利于丰富建筑的形象;

●针对冬天每户的供热采暖问题,本方案每户附送小型供热燃气锅炉设计于工作阳台,不破坏建筑立面,解决冬季采暖,同时又减少对环境的污染。

真正VIP私家会所，享受典雅尊贵生活

这是一块只给少数人享用的空间：
也许是在音乐茶座和朋友品茗；
也许是在健身中心一个人流汗；
也许是在乒乓房里挥臂腾挪；
又也许只是坐在阅览室的角落里静静地发呆……；
还有便利超市、高档棋牌室……
在**龙泽花苑**的会所里，
永远也不会有商场里热闹的人群，
有的只是热爱生活的快乐心情，
精致的装修装饰，完善的功能设备、
艺术化的布置氛围……
演绎着菁英人士们对生活的深层理解，
荡漾着成功后心灵的高度满足。

墅不离城、繁华与优雅共享

墅，野土；
别墅似乎总是远离繁华闹市，
龙泽花苑的出现，
开创了新时代城市的先河；
居于泰安时代发展线的北端，
处于未来城市发展的核心区域；
龙泽花苑的四周，
隔泰山、市政广场、山泉、龙泽湖（公园），分别为环山路、东岳大街、御碑楼路、望岳西路四条交通干线；
而在市政广场南侧，
面积为20000平方米的易初莲花（泰安店），
是山东省第一家、也是泰安最大的商品购物超市；
向东则是市中心完善商业、生活配套设施的集中地；
别墅必须的优美环境、生活需要的齐全配套，
在龙泽花苑，完美地合二为一！

坡地别墅：视线开阔、尽享阳光

从泰山到小区再到龙泽湖，
天然形成坡度，
发展商充分利用这一得天独厚的优势，
前后两排采用了镜像排列的形式，
两排别墅的中间为花园绿化，前后为道路，
既保证了私密性、
增加了绿化面积、
还使视觉得到充分的满足……
而类似的别墅坡地，沿海地区只能人工填土完成，
拥有**龙泽花苑**坡地别墅，
拥有一种天生的幸运！
整体车位数接近1:1
充分考虑业主生活需要，
发展商在设计中宁可多投入，
也要保证别墅区的私家车位数，
真正做到以人为本，让生活更加便捷

表里如一、品质别墅

别墅好，用料当然好：
外墙采用福建出产的国家免检产品铜体瓷砖，
国际流行色彩，与旁边的市政府、人大、政协相辉映，
美观、品质无出其右；
窗框采用新型高档彩色喷涂铝合金，坚固耐久不变形；
窗玻采用5+6+5双层中空透明玻璃，
隔噪声、保温暖、抵抗紫外线；
台湾独资名牌，罗普斯金金属阳台栏杆，
将金属的刚性和质感与建筑线条融为一体；
还有车库的电动遥控门、隔热层的珍珠岩保温板、
进户门采用的名牌钢板防盗门……
名牌选择、大手笔投入，
精益求精科学堆砌，
精材玉质高贵别墅，
无不彰显**龙泽花苑**的自信！

化繁为简、国际理念

当今设计潮流，简约就是时尚。
在『**龙泽花苑**』：大块面的玻璃大开窗、通透开敞的多窗设计、挺拔直劲的造型、简洁明快的外观……
简约的元素被大量采用，繁琐和复杂的装饰、混沌和笼统颜色被一概去除，
剩下的只有朴素纯粹，感觉上更加意韵悠长，
就像何弢建筑大师的创作本意：让别墅与泰山融和，让生活与世界同步！

龙 泽 花 苑

龙泽花苑，为生活加冕！

黯淡了商界中的激烈挑战，
远离了尘世间的纷繁庞杂，
划一块叫做家的地方，
和家人共享欢聚，
让心灵实现升华。

烟台开发区玉森房屋综合开发有限公司

烟台开发区玉森房屋综合开发有限公司是中国香港玉森投资(控股)集团旗下控股企业,1994年经山东省人民政府批准成立的国家三级开发资质企业。主要以房地产开发经营为主,兼有建筑设计、工程监理、物业管理等行业,是烟台市大型房地产开发企业之一、烟台市百强民营企业,2005年被建设部推介为"中国知名房地产企业"。

经过十多年的发展壮大,公司总部现有员工136人,其中专业技术人员占91%;在市场竞争的考验下,公司从不断探索中,勇于创新、积累经验,建立健全了一整套科学、合理、高效的管理制度,逐步形成了项目开发、建筑设计、工程监理、销售经营、财务以及物业管理等科学的运作体系,并通过了IS09000质量体系认证。

公司成立以来,秉承品质源于创新的创业理念,累计开发商品房面积26万平方米,其中较大规模的开发项目是目前基本完成的曙光名座小区。该小区总建筑面积15万平方米,地处烟台市芝罘区、开发区、福山区三区交界处,地理位置十分优越,被誉为"加速五区融合"的代表作,其新颖的主题地产设计理念和良好的销售业绩对带动区域房产品质的换代升级和拉动区域经济起到了不可估量的作用。为此本公司2004年被评为"烟台市十大城市运营商",同时曙光名座项目也被建设部住宅产业中心推介为"中国建设精品楼盘"、"全国电气化设计典范楼盘",并获得"中国城建与房地产科学发展观优秀示范楼盘50强"的称号。

目前,在烟台市委、市政府的大力支持下,公司已经在同三高速以南、福海路以西规划设计完成了建筑面积约45万平方米的高层高档住宅小区,该小区的建成将填补烟台没有高层住宅群的空白,同时对提升城市品位,改变烟台西大门的整体形象起到积极的作用,必将会取得社会和经济效益的双丰收。

面对未来,毋庸置疑的是,随着城市的发展节奏日益加快,和着这一节奏,玉森房地产会向人们展示出更加精彩的篇章。

中国房地产景观环境社区成功开发典范

玉 森 新 城

坚持。人与建筑的艺术

本项目追求唯美的建筑设计，将海派建筑海纳百川、兼收并蓄的大家风范发挥得淋漓尽致。采用低窗户、大开间采光，最大可能的引入景观。建筑风格沉稳、典雅、简约、明快。从人居角度出发，依照高品质生活需要，将建筑与社区水景园林设计紧密结合，配以凸出的观景阳台、外飘窗、横、纵、曲线条对比幻化出高尚生活的逸趣。

室内空间设计按照现代先进的适度开敞和四维空间理念设计，户户均有极好的通风采光和景观能，起居室、主卧室、厨房、卫生间等居室功能空间适度，整体使用高效、方便、舒适。35-159 平方米空间布局，释放更多的可选择性与适应性。

2004 全线升级，打造福山首家“空中庭院”板式小高层。一梯两户，电梯直达，南北通透，全户朝南，冷暖适宜，独有“临湖退台”设计，超大观景露台，带来空中庭院般的美妙感受。

情趣。山水园林间的生动和谐

超前亲水生态景观，500 万打造 20000 平方米烟台第一亲水生态社区园林。新加坡新雅风园林设计事务所潜心，借鉴西湖水景设计手法，采用先进水处理系统，创造港城独具一格的亲水生态社区园林。20000 平方米大型人工水系与绿化完美融合。主体水景由碧波湖，清凉池两部分组成，曙山坐落于主体水景北侧，与海派建筑技术楼梯遥相呼应，形成富有韵味的层次空间。楼间艺术水景小品布置，峰回廊桥，曲径通幽，让您无论置身何处，总能体验到流水带来的心旷神怡。

建筑直接融入水系，户户门前流水环绕，中心广场垂柳啼莺，长堤相连，犹如西湖苏堤，留恋于此，四面湖光山色尽收眼底。小区设置小喷泉，音乐喷泉，中心花园，帐篷舞台，凉亭，或掩映在绿树园林间，或亭亭玉立于甬道两边。精心布置的人行步道，绿化带及缓跑径，让户外运动更具诗意。

和谐。在与人与人之间的充分沟通

充分沟通是社区的真正内涵，和谐的邻里关系是幸福生活的不可或缺。曙光名座规划了大面积共享空间，满足住户沟通需要，拉近住户心与心之间的距离。面积多达 8000 平方米的公共会所、湖滨广场、亲子园、各种主题式亲水花园，花前柳下，水边，池畔，是人与人之间的沟通，是人与建筑之间的沟通，是人与环境之间的沟通。

生活。舒适、快捷、方便才是根本

商业配套：社区配有大型超市，集中副食，百货，餐饮等生活供给，无需远涉，休闲漫步间满足生活所需。

健康保障：社区医院，为您的健康提供保障。

会所配套：会所位于园区内中部，总建筑面积达 8000 平方米，宽敞气派，简洁典雅。内部设置更具人性化，实用化。室内游泳馆，美容中心，健身房，影院，网吧，医务室，图书资料室，桌球室，棋牌室，乒乓球室，一应俱全。全面服务业主生活。

教育配套：社区内配备双语幼儿园，小学，烟台实验中学一条龙教育体系。特聘名师任教，注定优越。让每一个曙光的孩子，从小就掌握两门语言。特辟儿童游乐场，是孩子小型聚会交流的场地，并设有游艺设施，给孩子一片纯真的天地，保留一份单纯的童年时光。

智能配套：综合布线管理系统，宽带接入，瞬间游览世界，一切尽在掌握。楼宇对讲系统，闭路电视监控系统，周边防范系统，更可感受高科技带来的双重安全保障与便捷。曙光名座，智能空间站，全面服务业主生活。

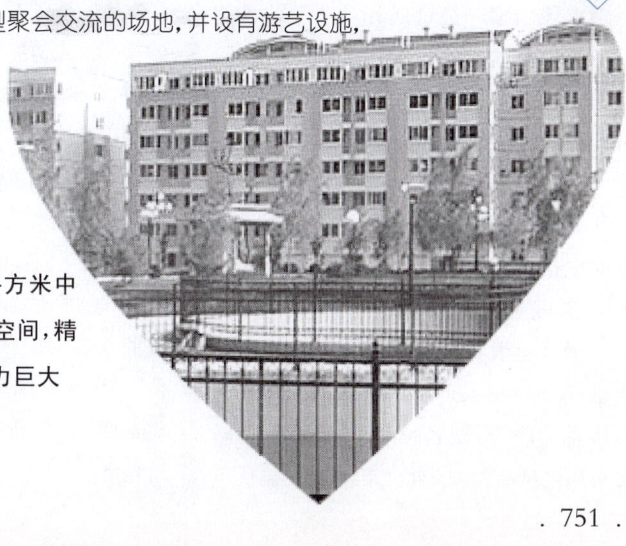

●西部烟台第一生活中心，60 万平方米成熟魅力社区●独享 10000 平方米中央艺术水景园林●庭院式小高层电梯公寓，精致唯美，气韵典雅●灵动空间，精巧实用●全封闭物业管理，舒心安心●西部开发居住热点区域，升值潜力巨大

售楼专线：0535-6326888 6330800

开 发 商：烟台市玉森房屋综合开发有限公司

滨州华升房地产发展有限公司

集团公司简介

华升建设集团有限公司创建于1965年10月,1996年完成企业改制。现总注册资金78450万元,其中建筑业30600万元、房产业15000万元、酒店业2600万元、内蒙古华业特钢29500万、设计业750万元,资产总值27亿元,有各类专业工程技术和管理人员1800多人,在册职工13000人,年产值50亿元以上。华升建设集团公司是集建筑施工、房地产开发、建筑设计、华业特钢、酒店投资等多元经营于一体的大型集团企业,建筑施工包括工业与民用建筑、地基基础、钢结构制作与安装、消防、机电设备安装、装饰装潢、市政、交通水利、园林绿化、古建筑、设备租赁、境外项目承包、具有房屋建筑工程施工总承包国家一级资质和4个专业承包一级资质,建筑设计具有国家甲级资质,所属大榭国际大酒店为五星级涉外大酒店。集团公司开发、承建的项目以沪、浙、苏、皖、京、陕、鲁、蒙等地区为主,并涉足海外。集团公司凭借强劲的发展势头、蓬勃的生机、高效的管理、优质的产品而为人称道,闻名遐迩。

华升建设集团有限公司全面按照已认证的IS09001、IS04001、GB/T28001整合体系运作,实施名牌战略,取得了物质文明和精神文明双丰收。历年来已创优质工程有:"鲁班奖"1个,"全国用户满意工程"3个,"部优质样板工程"4个,"钱江杯"10个,上海市"白玉兰"4个,上海市"结构优质工程"及上海市"浦江杯"和宁波市"甬江建设杯"共100余个,创省级和市级以上"标化工地"80多个。多次荣获"建筑明星企业"、"行业优胜企业"、"质量优胜企业"、上虞市"建筑10强企业"、浙江省"20强建筑企业"、绍兴市"文明单位";连续8年获得浙江省建设银行资信等级"AAA级"企业和浙江省工商行政管理局"重合同、守信用"企业;连续9年无伤亡事故;1997年被评为"中国建筑行业最大经营规模乡镇企业100家"中第17位;1999年被列为"浙江省首批重点骨干企业";2000年度、2003年度两次被中国质量管理协会授予"全国质量效益型"先进企业;2002年度被评为"浙江省百强非公企业"第27位;2003年度公司以29.31亿元的年产值名列"浙江省百强企业"第43位,获得"全国用户满意企业"的荣誉称号,并再次评为"全国质量管理小组活动优秀企业";2004年度集团公司总产值再创新高,达到37.12亿元,被浙江省人民政府授予"浙江省文明单位",并被中国质量管理协会授予"中国质量鼎",是获得这一称号的唯一一家建筑企业。

"质量创业、安全守业、环境树业、创新争先、持续改进、顾客满意、负责社会"是公司的管理方针,面对经济全球化对建筑业的冲击和挑战,华升人将一如既往地发扬求实创新、拼搏进取的优良作风,努力开拓、诚信经营、与时俱进、再创新高。

滨州公司及盛世春秋项目简介

滨州市华升房地产发展有限公司系华升建设(集团)有限公司控股子公司,设立于2003年10月,注册资金1000万元,主要从事房地产开发。自成立以来,公司以市场需求为导向,以经济效益为核心,狠抓项目开发,加强土地储备,保持了良好的发展局面。先后受让了余亩国有土地。在原滨州活塞厂旧址开发的"华升·盛世春秋"商住小区是华升房地产发展有限公司向滨州市人民推出的第一个房地产项目,也是公司参与滨州国有存量资产重组的第一个项目。这个项目分两期投资,第一期投资9800万元,建筑面积72098平方米,建筑密度33.7%,容积率1.348,绿地率30.1%,总户数358个,公司更敢于创新,在滨州城区首个开发利用地热取暖的时尚小区。经过精心设计、精心施工、精心服务,把盛世春秋小区建成一个集居住、娱乐、休闲、购物为一体的大型多功能商住小区。

典藏热线:0534-2210666　　2210888

售楼地址:山东省滨州市渤海六路与黄河五路口

开发商:滨州华升房地产发展有限公司

这,是一个[领地]

一个领导辉煌与永恒的福地。
这里,曾经是领导滨州经济腾飞之地,
这里,又即将成为引领滨州生活飞跃之地。
当描绘现代都市蓝图的第一笔从这里落下,
一个春秋世袭的稀有之地,
便毫无疑问地成为:
这座城市物质与精神的中心……

■ 稀有·便利

小区位于CBD传统黄金旺地,渤海六路与黄河五路交汇处,与城市第一商街、银座购物广场为邻,独享城市繁华与便利。

■ 规模·品味

小区是滨州市中心城区目前第一个规模化、生态化欧式高尚住宅小区。小区总建筑面积熙10余万平方米,一期规划春夏秋冬四个组团,共22幢多层住宅。应滨州城市品位的提升,小区率先在滨州引入目前在上海、北京最为流行的复式花园洋房套型,在城市的中心,用多层的价格,获得别墅的享受。

■ 生态·健康

小区全面引入江南水乡景观系统,主景喷泉、中庭水岸、景观小品、老年天地、幼儿乐园、健康步道、珍贵植栽等互为呼应,形成小区立体功能型景观系统。整个小区景观引入江南水乡园林景观理念,倡导全生态、健康居家生活。

■ 天然·运动

小区首次在滨州引入天然地热采暖,实现家家户户天然温泉浴;区内配备有滨州唯一的天然温泉游泳池。此外,小区会所还配备有乒乓球馆、阅览室等健身娱乐功能。让天然、运动成为生活的主题。

■ 智能·现代

特聘上海智能安保专家主持规划,打造滨州一流的智能安保设施,小区配备闭路电视监控系统、可视防盗对讲系统等现代化智能安保设施;并由宁波华甬物业提供专业化、人性化的物业管理服务。

中国房地产景观环境社区成功开发典范

湖北珠江房地产开发有限公司

湖北珠江房地产开发有限公司是海南珠江控股股份有限公司下属全资子公司。海南珠江控股股份有限公司的前身为广州珠江实业总公司海南实业公司，公司创始于1987年10月，1992年在深圳证券交易所上市，成为海南省首家A、B股上市公司。随着不断改制改组，海南珠江逐步发展成为以房地产综合开发、建筑工程总承包为主营业务的大型股份制企业。1993年，公司被建设部和国家统计局评为“首届中国房地产开发企业综合效益百强”之一，1994年被海南省评为“海南省房地产开发十杰企业”名列第一。

激情创造
智慧经营
优胜管理
高效发展

效果图

近年来，海南珠江控股股份有限公司以北京、海南、上海等地的房地产开发业务为依托，同时进军基础设施(环保)、高新科技等新兴产业，广泛涉猎于房地产开发经营、物业管理、酒店投资及管理、建筑材料等多个领域，步入了可持续、健康、高速发展的轨道。

美林·青城是湖北珠江房地产开发有限公司在湖北开发的首个项目，珠江公司凭着“激情创造，智慧经营，优胜管理，高效发展”的企业理念，全力打造精品优质项目，为武汉的消费者提供高品质的健康生态住宅。

效果图

LUXURIOUS GREEN
美林·青城
城市上层／原生林居

中国房地产健康生态住区成功开发典范

美林·青城

项目基本情况

美林青城，位居武汉市武昌区徐东商圈核心地段、武青三干道和武青四干道之间，便捷的交通网络，连接汉口 CBD、武昌行政人文区、高新技术开发区、东湖景区等。周边商业、金融、娱乐等配套设施一应俱全。销品茂、麦德龙等大型购物休闲娱乐场所遍布周边，从项目到达徐东平价和销品茂仅需 5 分钟车程，为生活提供无限便利。

社区总占地 368 亩，总建筑面积约 40 万平方米，容积率为 1.7，建筑密度仅为 23%，绿化率达 37%。项目分两期开发建设，一期建筑面积约 16 万平方米，居住户数 1014 户，共计 20 栋多层、小高层建筑及会所、幼儿园、学校配套建筑。住宅设计全部为板式结构，南北通透，大面积落地窗与原生态环境融为一体的健康生态住宅。

美林青城拥有稀有的近 15 万平方米的园林景观面积，社区保留有近 1400 余棵原生态大树，含梧桐、枫树、樟树、水杉、广玉兰等，树龄多在 20 年～50 年，是天然的候鸟栖息地。社区在保留原生林的基础上，还规划修建了以“原生态、健康”为主题的原生态景观园林，其中有山地公园、凤梧大道、枫林大道、典故雕塑、小品、闲石、水溪等景观。

美林青城拥有传统住宅无法给予的特别享受：配送德国菲斯曼壁挂式分户计量燃气炉，可同时提供暖气及生活热水，让潮冷的冬天从此温暖起来；窗户采用彩铝中空玻璃窗，能有效阻隔室外暑热寒气及噪音干扰，减少能源损耗；并且多层住宅也配备了三菱电梯。

社区配套有近 4000 平方米以“健康、原生态”为主题的大型综合会所，内设标准规格四季恒温游泳池、壁球室、网球场、健身房、超市、咖啡吧、书吧、酒吧、棋牌室等高标准运动及生活配套设施。同时，还引进湖北省重点教育机构——“武昌实验幼儿园”和“武昌实验小学”，在社区设立“武昌实验幼儿园美林校区”和“湖北省武昌实验小学·武昌实验寄宿小学美林校区”为业主的下一代提供优质的教育环境。

效果图

项目特点及优势介绍

美林青城项目具有五大区别于市场其他项目的特征和优势：

■ 城市繁华中心大规模的原生林地居住环境

原生态的健康生态居住环境

在徐东这个城市悠久的繁华地带，美林青城保留着较具规模的原生林地。这里生长着梧桐、水杉、广玉兰、樟树等多种原生大树共约1400余棵，树龄多在20～50年。每年，大片的原生林吸引数以千计的候鸟来此栖息。

据园林专家介绍，这些原生林都是天然的吸尘器，对空气中的灰尘和二氧化碳、二氧化硫等有害气体有很强的吸收能力，香樟散发的香气能驱逐蚊蝇，防腐防潮；梧桐夏季成荫，制造清凉，冬季则落叶，不阻挡阳光。在这个大树参天的环境里，空气质量远比其他的区域要好。

项目规划时，将原生大树测量、编号并全部保留，全方位保持人与大树共舞、鸟语花香与绿树互动的原生态格局，使之成为社区居住者特别拥有和享受的自然财富。

现有保留树种有：枫杨、广玉兰、石榴、香樟、凤尾丝兰、法国梧桐、落叶松、雪松、三角枫、柏树、桂花树、大叶女贞、水杉、中国梧桐、白玉兰、石兰、乌桕、梅花、腊梅、椿树、棕榈、海桐、苦楝、洒金柏、连翘、油桐、池杉、龙柏、四季桂、珊瑚树、桑树、黑松、旱柳、构树、柳杉、香椿等。

■ 自然和谐发展的园林景观设计理念

美林青城设计理念包含两个层面：

生态层面：城市中心的原生林居

作为武汉市区内稀有的大规模原生态林地住宅，1400余棵原生态树木作为这里“原住民”，它们不仅是这块土地成长和变迁的象征，也成为这块土地的呼吸和语言，阐释着对生活和时间的看法。这些原生的老树作为这块土地上的绿色母体和生态的根，被保留下来。园林设计则在此基础上进行再创造。

健康层面：自然和谐的居住理想

美林青城将健康、自然和环保的生活方式带入设计理念，旨在提高小区居民的生活品质，建立优美的生态环境，健康、优雅的生活心态。

社区以保持自然生态、完善社区功能为建设目的，强调传统邻里关系的回归，以及对自然的亲近，对健康的向往。使居住者生活在一种自然与人性彼此交融的和谐空间，并由此产生一种强烈的归属感。

■ 名校进驻，优良的教育配套环境

为填补徐东片区教育配套没有重点学校的空白，美林青城特别引进具有悠久历史和声誉的湖北省重点教育机构——“武昌实验幼儿园”和“武昌实验小学”，在社区设立“武昌实验幼儿园美林校区”和“湖北省武昌实验小学·武昌实验寄宿小学美林校区”，为业主的下一代提供优质的教育环境，不再为子女的教育问题而担忧。

■ 德国菲斯曼壁挂式分户计量燃气炉

配送德国菲斯曼分户计量燃气炉，它可分户计量到每套房屋单独使用，还可提供暖气及生活热水，既解决了冬季采暖问题，又为业主节省了一笔购置热水器的费用，是目前武汉市场最为人性化的节能供暖设备；同时项目所配套的窗户全部采用彩铝双层中空玻璃窗，能有效阻隔室外暑热寒气及噪音干扰，减少能源损耗。

■ 多层配电梯

美林青城拥有市场上传统住宅无法给予的特别享受，项目除了10号楼和11号楼两栋多层公寓外，所有多层、小高层都配有“无机房”三菱电梯——电梯机房一般要占地10多平方米，无机房电梯省却了这部分空间，从而减少了公摊，为每单元住户省下数万元的公摊费用，并且无机房电梯也比有机房电梯省电约50%，可为住户节约电费。

■ 高品质会所，为健康生活带来恒久保障

在美林青城配套有近4000平方米以“原生态、健康”为主题的大型综合会所，功能设计充分考虑人性化的需要，配置高标准的运动健身场所。会所功能配套包括：羽毛球场、网球场、壁球室、乒乓球室、健身房、儿童托管游戏室、小型超市、咖啡吧、书吧、酒吧、棋牌室、中西简餐等，为业主的品质生活带来恒久的保障。

以上五项优势均是目前武汉市场中项目少有的特点，而美林青城却同时具有其他项目少有的优势，成为综合性价比较高的项目。

开发企业及项目近年获奖情况

2005年5月，湖北珠江房地产开发有限公司入选“中国优秀房地产开发企业”，由建设部中国建筑文化中心颁发。

2005年5月，美林青城入选“中国优秀健康生态楼盘”，由建设部中国建筑文化中心颁发。

2005年6月，美林青城在“2005年中国房地产开发模式典范交流推介”活动中，推介为“精品住宅示范项目”。

武汉最具升值潜力的地段

一份传世家业，必占据一个价值非凡的地段。美林·青城，地处武昌徐东商圈繁华中心，全新概念的大型购物中心“销品茂”、大型会员制连锁超市“麦德龙”以及凯旋门、好美家等购物场所遍布周边，各大银行、医疗机构为生活提供无限便利。随着时间的推移，徐东商圈亦将成为价值不断上扬的藏富之地。

美林·青城占尽天时地利。以徐东大街、友谊大道、武青四干线三大干道为中心的交通网络，快速连接长江两岸各区，交通十分便捷。

千树之城，近15万平方米绿色奢华

在徐东，在美林·青城，在城市悠久的繁华地带，保留着极具规模的原生林。这里生长着约1400株的梧桐、水杉、广玉兰等多种原生大树，树龄多在20～50年。

美林·青城稀有的近15万平方米景观面积，以纵横两大景观轴构建深厚的园林内涵，精心雕琢以自然为根、以人性为本的和谐健康的生态家园。

与环境相生相长的生态建筑

3/4土地给森林，1/4土地给建筑，100%醇香给站在城市高处的人们。

美林·青城，总占地面积368亩，建筑密度仅为23%，容积率只有1.7，社区绿化率高达37%，让建筑如同生长在森林之中。全板楼南北通透全明设计，加以科学的组团规划，家家户户拥有优良的通风、采光及日照，大面积飘窗及宽大的观景阳台，让您在室内也能最大限度享受原生林美景。多种户型设计，面积从85平方米～220平方米，满足不同人的居住需求。

名校进驻，撑起茁壮未来

有机会选择更高的起跑线，就有资本拥有更出色的未来。

美林·青城引入有着悠久传统，并在全国享有盛誉的湖北武昌实验小学及幼儿园，在社区内设置美林分校，实行高标准的六年制小学和三年制学龄前教育，同时拥有优秀外教师资的国际部。作为湖北省示范学校、全国青少年教育先进单位，武昌实验小学站在国际化教育的高度，凭借经过多年发展积累起“品牌、管理、师资、质量”四大优势，为您的下一代奠定高于他人的人生起跑线。

美林·青城

上等生活，上层之选

有品位的上层生活，需要卓越的品质来作为恒久保障。

美林·青城拥有传统住宅无法给予的特别享受。无论多层还是高层，均配备三菱电梯。每户配德国菲斯曼壁挂式分户计量燃气炉，可同时提供暖气及生活热水，让潮冷的冬季从此温暖起来。窗户采用中空玻璃，能有效阻隔室外暑热寒气及噪音干扰，减少能源损耗。

近4000平方米的『美林原生态俱乐部』掩映于密林之中，将场所与环境巧妙的融合在一起。会所设有标准规格的四季恒温室内游泳池，咖啡厅、羽毛球场、网球场、壁球室、图书室等设施，为您的生活加油加分！

武汉统建城市开发有限责任公司

武汉统建城市开发有限责任公司成立于2000年12月14日，注册资金1.35亿元人民币，经营范围有：房地产开发、工程项目管理及住宅、环保、建材、网络的技术开发、转让、咨询和服务，是国家认定的一级房地产开发企业。现为武汉地产集团旗下核心公司之一。

武汉统建城市开发有限责任公司（以下简称统建公司），是以原武汉市住宅统建办公室为主要投资方，组建的国有控股房地产开发公司。武汉市住宅统建办公室，成立于1978年2月，是武汉市最早从事房地产开发的单位。1990年12月，为加快武汉经济技术开发区建设，市委、市政府在原统建办基础上组建了武汉经济技术开发区建设开发总公司，与原统建办一套班子，两块牌子合署办公。

26年来，统建公司秉承“务实、诚信、团结、奉献”的企业精神，以市场为导向，以**改善市民居住环境，提高生活质量**为宗旨，努力奉献社会，为武汉城市住宅建设做出了突出贡献。累计完成开发投资44亿元人民币，完成住宅开发400万方。先后建成汉阳二桥玫瑰园、汉口燕马、蔡家田、香江花园、千禧园、阳光花园、大江园等20多个大型住宅区，完成武汉济技术开发区基础设施建设14.3亿元。作为项目法人代建了新江汉大学、武汉广电中心等一批市重点工程。

统建公司的发展，见证了武汉城市建设改革开放二十余年的发展历程，在为政府排忧解难，不断改善市民生活居住环境，提高生活质量的同时，统建也由最初单纯完成国家投资开发的事业单位，转变、发展为具有国家一级房地产开发资质、独立法人资格，资产总额12亿元，年开发40万方的大型房地产开发公司。公司自2000年来，连续被湖北房地产开发协会评为“湖北省房地产开发五十强”、“武汉房地产开发综合实力前三强”。公司董事长白起鹤荣膺 “2003年全国房地产开发十大新锐人物”、“2003年湖北省十大经济风云人物”称号。

中国（武汉）高档住宅地产成功开发典范

统建·大江园

领先生活由我创

大江园（北苑）属原江汉大学北校区，东邻建设大道，南靠江大路，北邻黄浦大街，乃武汉市闹中取静的黄金地段。北区规划总建筑面积为110000平方米。由3栋高层和9栋小高层组成，并辅以5000平方米的人防地下车库。中央空调、燃气供暖、变频供水、宽带入户、智能化安防系统、地下车库及娱乐、运动等配套设施齐全。小区单体为简洁、明快的新古典主义风格，并规划以气势宏伟的中央景观区，小区内交通实现人车分流，以其独有的地理位置和人性化的规划设计，打造出武汉市区一流的高尚住宅小区。

统建·大江园

——魅力源于成熟

秉承统建打造精品楼盘的一贯专业精神
在江汉大学旧址上，以32万平方米的超大社区规模
精心缔造武汉划时代“城中城”
一期3栋高层，9栋小高层，733户大社区
让您在最好的地方，享受最完美的生活

统建·大江园

——品质源于实力

户式中央空调，选用一流品牌的产品，节能高效

生活热水系统，供暖及生活洗浴热水 24 小时享受

小区内人车分流，地下车库配套设施齐全

双回路电梯，运行舒适可靠，性能优良

采用多道警卫系统，24 小时全天候站岗巡逻

公共环境清洁、绿化服务，垃圾定时集中收取

停车场专业管理，住宅信息管理

公用信息管理及设施检修，水电维修

统建·大江园

——享受源于自然

两轴三线的规划，使整个社区园林绿化简洁明快、层次分明而又有机连接

整体布局以中央花园为中心，错落有致地分布着高层与小高层住宅

以广场入口为贯穿主线，雕塑小品、儿童乐园，规整的欧式园林点缀其中

各组团之间以点状绿化及块状绿化进行连接的高绿化率，市内罕见

统建·大江园

——价值源于地段

交通便利，临黄浦大街与发展大道，畅达武汉三镇，路况便利，飞速驰骋，育才幼儿园、育才小学、育才中学、空军雷达学院，从小学到大学，从孩童到成材，孩子的未来清晰可见，银行、邮局、写字楼、超市、菜场、商务中心……与生活密切相关的一切应有尽有，最大化提高住户生活品质。

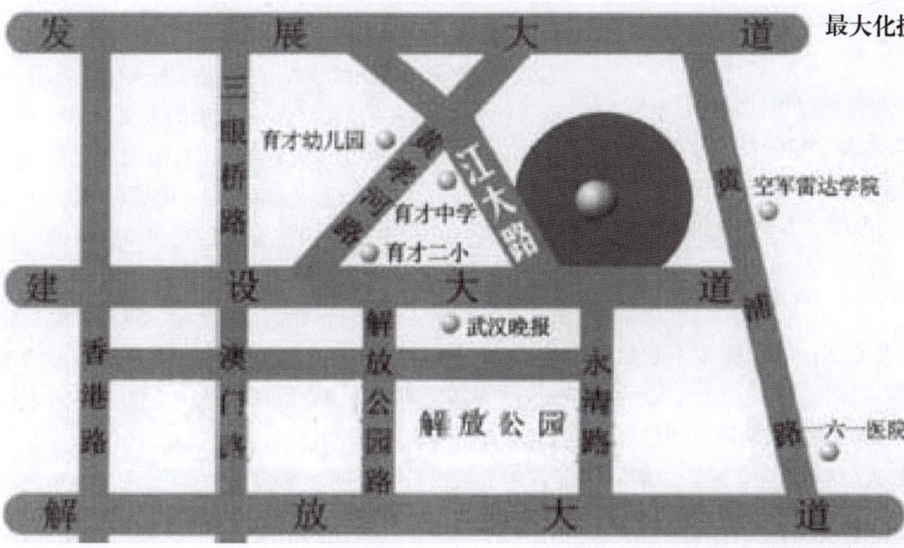

要繁华，也要宁静\要成功，更要懂得享受喜乐的人生\生活，就应该是惬意的事情\除了大江园\在您的视野中，还有哪里能让您享受如此完美的生活\

开发商：武汉统建城市开发有限责任公司

地址：武汉市汉口建设大道 632 号

邮编：430015

园主热线：027-82616969　82616768

武汉安居工程发展有限公司

武汉安居工程发展有限公司(1995年5月3日登记注册,注册资金7000万元),独家开发建设了百步亭花园。

在开发建设之前，这里是后湖乡的鱼塘和沟渠,地势低洼,水、电、路等市政设施一片空白,前7家开发建设单位都因此而退出。安居公司作为第8家开发企业,进入百步亭地区。在经过2年多的深思熟虑和多方考察之后,公司领导层提出了“以人为本,以德为魂”的理念,定位于“可持续发展的现代文明社区”的目标,探索房地产开发与城市建设、物业管理与社区建设相结合的路子,营造一个物质文明与精神文明“两翼齐飞”的温馨家园。注重“四个结合”,必须注重结合国内外先进经验,结合中国特色的传统文化,结合世界高新技术发展,结合本地区的实际情况,就此制定“4321”指导思想:“满足四个需要:企业发展的需要、提高居民生活质量的需要、社会稳定的需要、国家的需要;达到三个回报:回报企业、回报社会、回报国家;形成两个促进:以开发建设的物质文明促进社区管理精神文明、再将文明社区的可持续发展促进大规模建设;实现一个目标:让人民群众安居乐业。”

企业近三年(2001–2003)发展业绩

现有企业规模

截止目前，百步亭集团共开发房地产项目180万平方米,全部实现销售。2003年,百步亭集团有限责任公司成立时，资本总额达到66430.6万元，实现年销售收入106479.4万元。

企业贡献

从2001年到2003年,百步亭集团已累计纳税17478.5万元,为国家经济建设作出了贡献。至2004年,公司员工人数达1221人,5年来新进员工人数820人,其中450人为下岗职工。公司给所有员工均办理了养老、失业及医疗保险。

企业发展速度

从2001年到2003年，百步亭集团发展速度不断加快。

2001年,集团年销售收入25639万元,纳税总额1751万元;2002年，集团年销售收入62548万元，纳税总额:6475.5万元,销售收入和纳税总额分别比上年增加144%和270%;2003年集团年销售收入达106479.4万元，纳税总额9252万元,比2002年分别增长70%和42.9%。

企业发展目标

集团足于现代居住新城的高起点，坚持规划高起点、建设高标准、配套高规格,坚持社区可持续发展,一切着眼于人,着眼于人的可持续发展,着眼于人的全面发展,坚持实现让普通市民享受高层次文明、高质量的生活,达到社会效益与经济效益共同发展,自然环境与人文环境协调发展。

除房地产业务外，百步亭集团还积极投身文化产业,投资5000万元成立百步亭国际传媒有限公司。该公司以设计、制作、代理、发布国内外广告业务;音视频设备的销售、代理;计算机软、硬件开发;影视节目制作等为主业。已取得广播电视节目制作经营许可证,成为全国第三大民营影视企业,现正在积极申办国家甲级影视制作单位资格。

主要成就

截止目前，百步亭集团共开发房地产项目180万平方米,全部实现销售,并出现供不应求的状况。至今为止已获得如1999年由武汉市房地产管理局和长江日报社联合评选的武汉房地产最佳工薪楼盘奖、武汉房地产跨世纪楼盘;2001年武汉建设业协会颁发的百步亭花园温馨苑D区工程武汉市2000年度建筑工程黄鹤奖银奖及安居苑B、C、D区;中国房地产业协会、中国房地产报社评出的2001年中国（湖北）房地产成功经营模式典范推介、著名社区开发模式和著名品牌成功经营模式等数十个重大荣誉。2004年9月获得全国工商联、中国民间商会授予的全国民营企业思想政治工作先进单位的光荣称号。

多年来,在中央、省、市、区各级领导的关怀下,武汉百步亭花园社区已经成长为全国文明社区示范点,是荣获首届“中国人居环境范例奖”的唯一社区。走进百步亭花园社区，你会为这里扑面而来的文明新风所感染。一边是热火朝天的新区建设,一边是安宁祥和的居住生活。这个生机盎然的社区有一种浓郁的人文氛围和文明和谐的邻里亲情,吸引了无数的人们,他们称赞百步亭为“绿色社区、安全港湾、温馨家园”。中央宣传部、中央文明办、建设部、文化部四部委联合发文向全国推广百步亭社区经验,湖北省文明委、武汉市委市政府分别作出了《向百步亭花园社区学习》的决定。党和国家领导人温家宝、李长春、罗干等以及中央20多个部委办的领导、社会各界、港澳台同胞以及17个国家的友好人士等32万多人纷纷到百步亭花园社区视察参观。百步亭花园社区成为武汉精神文明建设的一面旗帜,成为展示武汉人文风貌的一个窗口。

2004年6月10日,是百步亭人终身难忘的日子。那天百步亭社区万人空巷,欢迎温家宝总理的到来。温总理听取社区负责人的汇报后,高兴地连声说好。几次热泪盈眶,越过绿篱,走进沸腾的人群,与居民们握手问候。如林的手臂伸向总理,很多居民激动得哭出声来。

2003年5月15日，中央政治局常委李长春同志视察百步亭社区后满怀深情地说道:“百步亭能够有这么好的管理，能够有这么好的人文环境，能够有这么多的关爱，我看是我见到的头一个社区。”“百步亭社区是全国的好典型，我看了很受鼓舞，感触很深。有一首歌这样唱道，如果人人都献出一点爱，世界将变成美好的人间。我看歌词反映的美好愿望，在百步亭社区实现了。”

新华社、《人民日报》、《光明日报》、中央电视台新闻联播等国内各大媒体对百步亭社区均予以重点报道，“焦点访谈”3次专题报道、《经济日报》4个专版、《湖北日报》以4篇连载加评论、《长江日报》以长篇通讯等对百步亭花园进行了突出宣传。《人民日报》在头版头条以“百步一亭，温馨家园”为题进行了专题报道并配发饱含激情的“编者的话”——“盼社区绿荫满中华”。“编者的话”中说道:“读完这篇通讯觉得心里甜丝丝的。这是对新生活憧憬的甜蜜。中国人民太熟悉‘星火燎原’这个词了。革命和政权就是这样从小到大红遍全国的。现在我们又遇到了‘绿’满全国的新课题。像当年盼解放、盼翻身一样，盼绿色的温馨和安宁，盼生活质量、物质文明和精神文明再上新台阶。所以，建设好一个社区，就是植下一片生活的绿荫。共产党人以改造中国为己任，当年星火可以燎原，今天更要让绿荫满中华。”

祖国昌盛，人民安居乐业，是他们最大的心愿。

自然 艺术 亲和

中国(湖北)景观环境社区成功开发典范

武汉百步亭现代建筑风格与传统“祥和文化”相结合，园内自然景观与居住空间相辉映，可居、可赏、可游。小区内实行人车分流、安全、安静、大型地下停车场、车位充足、尽显成熟社区新品位。

绿意荡漾 舒适生活

怡和苑沿袭了中国传统园林营造“和谐天地”的意境，以自然、艺术、亲和为原则，将“怡和人生”的园林精神融入到景观设计中，充分运用风景开合、空间对比，渗透与层次、叠石流水、花木培育等园林艺术手法。小区里规划了曲水绿荫、绿之谷、喷泉广场、宅间小绿地、健身及运动场、儿童乐园等主题景观，既有自然情趣，又具有百步亭浓郁的人文气息，在修身养性中涤荡心情，在水天之间找到自然与尊贵最佳的平衡点，让心情在一片祥和的氛围中缓缓舒展……

营造和谐生活氛围:小区绿化率高达40%以上，充分考虑室内、室外的观景效果，营造出富有审美意境的祥和家园，形成花园式休闲社区，设置各式自由舒适的休憩空间，伴以阳光、空气、草坪、树荫，使小区景致丰富优美，生机盎然。间以四季花木、艺术小品，让您在都市里体味山水之趣，园林之雅。

花园之家以和为贵;以四季植物产生空间围合感，亭台小径、小桥流水，居住在此，不仅能够获得优越舒适的生活，还能在自然、艺术、祥和的氛围中陶冶情操，达到怡和人生、修身养性的境界。

多层次绿化景观，怡和苑以多维空间构筑园艺景观、层叠绿化效果。中心绿化和宅前绿化相互渗透融合而成，利用丰富的树种搭配和园艺小品、花草盆景、草坪、目及之处满眼翠绿，移步异景，百步一亭。

在朗朗天地间，感受天空和大地的拥抱

入口广场: 立体景观、视野开阔，以喷泉、水池、健康水道构筑灵动水系，在亲水的氛围中亲近自然;

树阵广场: 四季常青植物，奇花异草，多种名贵树木构成灵动的树林;

“曲水绿荫”: 以桂花、柳树、棕榈、碧桃、竹子等地被植物，营造出溪水池涧般美妙的景致。

“又一村”景区: 以杜英、三角枫、合欢为主，绿篱穿插其间，形成流动的景致。

“绿之谷”: 以各色竹艺为基调，以春、夏、秋、冬开花植物为特色，绿意无限。缤纷四季，每天都有好心情。

售楼处地址:武汉百步亭花园路18号

售楼热线:027-82330016 82330018

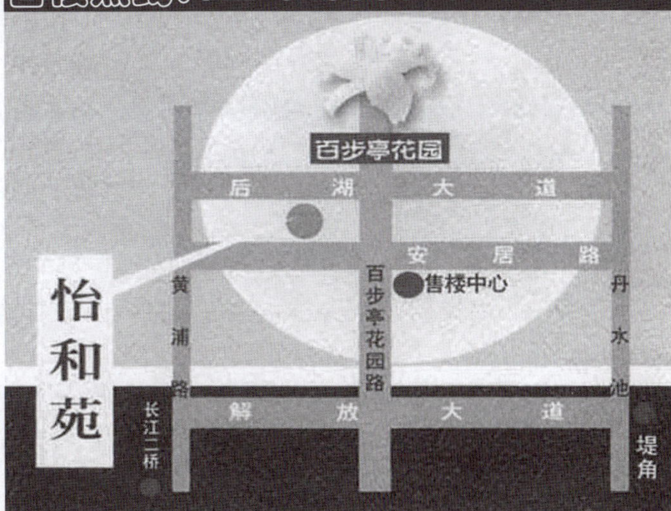

南湖华锦花园·春天故事

中国(武汉)景观环境社区成功开发典范

武汉嘉华房地产开发有限公司打造

在美丽的武昌南湖花园城里,有一座以红黄紫三色组成的气势恢宏、秀美典雅的小区。她就是南湖华锦花园,2000年华锦花园一、二期刚一建成,便以其精美的建筑规划设计和绝优的性价比在南湖地区引起了巨大的震动。数百套房屋根本没有进行任何宣传便一售而空。2003年,华锦花园的建设者武汉市住宅开发公司决定在一、二期成功开发的基础上,以更加成熟的理念和完美的规划开发华锦花园三期——华锦•春天故事。

华锦·春天故事是由武汉市住宅开发公司投资,武汉嘉华房地产开发有限公司开发、深圳市鸿筑建筑有限公司设计、日本井上商环境设计株式会社担纲园林景观设计的南湖华锦花园三期项目。小区占地面积96亩,总建筑面积9.2万平方米,规划户数为652户,由17栋多层、2栋小高层组成。小区设有学校、幼儿园、游泳池、网球场、会所以及室外车库位、公共停车位和地下停车场等完备的配套设施。供水、供电、有线电视、管道煤气、宽带网络全线进入。整个小区实行智能化管理,24小时红外线监控系统,保安不间断巡逻,使广大业主有一个安全舒适的居住环境。

华锦·春天故事融“生态(Ecology)、环境(Enviroment)、秩序(Ethics)”于一体,鼎力巨献新一代“3E”居住小区。社区内系列景观按日本园林设计思想布置,溪流、瀑布、小桥、拱门、藤架以及独特“枯山水”手法布置的山石、灌木等,令整个小区凸显出一派盎然生机。

华锦·春天故事的外立面色彩,采用传统红黄调,与郁郁葱葱的小区绿化带形成鲜明对比,更加突出了人与自然,建筑与自然的鱼水和谐之美。复式楼运用白墙灰瓦,透露出浓郁的江南气息。中国传统风格的装修,在总体上体现出了一种气势恢宏、壮丽华贵、细腻大方的大家风范。

华锦·春天故事整个小区楼间距1:1.1比例,房屋间距大于23米。建筑格局讲究高空间、大开间、小进深。建筑坐北朝南,明厨明卫明厅。户型结构合理,全框架结构、层高3米。主要户型有两室两厅、三室两厅两卫(平层和错层)及四室两厅两卫(复式)。屋面建筑保温隔热,房间设计动静隔离,厨卫干湿分区,洁污分离,通风良好。在施工过程中,所用建筑材料均符合国家环保要求。

华锦·春天故事整个小区绿化率达34%。以水景为主,池广树茂,景色自然,临水布置了形体不一、高低错落的建筑,主次分明,秀色迭出。亭、楼掩映于山水林木之间,进退起伏,错落有致。水波倒影,别有情趣。花园的布置是小区里的又一亮点,园子里广植竹、桃、李、杏。花木繁盛,乔木、灌木(花木)及草坪有机配置,形成错落有致的立体覆盖。

华锦·春天故事坐落于南湖花园城的中心位置,东临武梁规划道路,南面机场四路,西临机场路主干道,有多条公交线路直达武汉三镇,距离市中心仅2公里路程。春天故事地理位置优越,交通便捷,完善的配套设施,都是为了广大客户成全自己完美置业之梦。

本项目距武昌火车站,付加坡长途客运站2公里。北面有雄楚大街接通武黄高速;南面直通纸坊,鄂州梁子湖;东面经机场三路直达东湖高新技术开发区;西面是107国道,长江白沙洲大桥和过江隧道。无论城区或者市区外,乃至全国各地,交通便利,四通八达,出行极为便利。

周边生活环境优越。华锦/春天故事距中商广场、亚贸广场仅4站车程,距司门口商业中心也只有6站车程。附近有武汉大学人民医院,省中医院附院、时三医院、陆军医院等大型医院及知名医疗卫生咨询机构。省委、省政府及省直机关绝大部分设在武昌、洪山两区,中央部卫在汉科研机构也集中在这里。省重点华师一附中、武大附中、武汉中学、省实验中学等均在武昌。

开发商：武汉嘉华房地产开发有限公司

3E风靡全球的健康居家新模式

一种全新的“3E”健康居家新模式正在全球兴起，他是以东方人文为底蕴，讲究天人合一的环境、生态和秩序。这种居家模式，是充满神韵的、系统的、有节奏的东方园林生活的真实写照，也是一种超乎建筑本身的生活方式和生活态度。

南湖华锦·春天故事融“生态、环境、秩序”于一体，特邀日本著名的园林设计大师担纲设计的新一代“3E”居住小区，社区内系列景观按东方园林设计思想精心布置了溪流、瀑布、小桥、拱门、藤架以及独特的山石、灌木等，整个小区环境幽雅、生机盎然。东方风情的魅力源自何处？主要来自于他的闲适生活态度和健康的生活方式。

东方园林是东方人文景观，诗情画意的历史沉淀，是一种人性的回归，自然和直率不再以单纯的美感追求。

环艺营造为主要目的，而是上升到与人类的健康与居家环境的密切关系上：以大面积的植被绿化及容积率为前提，以完备的高品质软、硬件环境为基础，以科学严谨的环境健康指标为支持，是健康居家理念的生动体现、是人与自然与环境的科学互动。

住宅与文化

走在商业步行街上，先去逛逛服装店，在休闲品牌的服装店里，给孩子选上一套休闲服，让他在平时学习的压力下，也能体会到父母对他的关心；再到名牌精品服装店为自己的爱人挑选一套眼下流行的时装，让他感受到你的体贴；买好衣服后来到步行街上的化妆品店，看一看平时心仪已久的化妆品，问一问其价格，即使不买那也是一种观感上的享受，接着还可以走进家电广场瞧瞧里面的等离子和背投彩电，考虑一下自家的电视是否也该更新换代了。逛累了之后，可以来到浪漫温馨的咖啡厅，一家人坐在咖啡厅里，每人要上一杯原味的摩卡咖啡，一边品尝咖啡，一边交流购物时的乐趣。看一下时间，该吃午饭了，一家人来到超市，在琳琅满目的超市里，孩子选购自己爱吃的零食小吃，妻子选好午餐要吃的蔬菜，丈夫就去购买平时生活必需的日用品，然后在超市门口汇合，伴随着缓缓春风迈上了回家的路。

回到家中，一家三口尽情地谈论购物时的心情，大半天的购物历程似乎并没有让他们感到疲惫，因为在华锦春天故事他们的购物是零距离的，生活的节奏一切尽在他们的掌握。

中国水岸园林地产成功开发典范

Sunco Palen Villas 顺驰® 泊林

藏金聚银·自然是名宅

售楼热线:027-85355011 85302088 85858811

售楼处地址:武汉市解放大道692号

开发商:SUNCO®顺驰® 武汉顺驰·武汉能达实业发展有限公司

顺驰·泊林是顺驰集团登陆武汉的第一个精品项目,也是顺驰集团成为武汉地产形象代言人和地产形象大使的典范之作。

顺驰·泊林,位于武汉东西湖区金银湖生态区,占地面积17.30万平方米,建筑面积达21.65万平方米,坐拥开阔的城市罕有原生自然景观,面临碧波浩渺的金银湖,以德国的现代简约为设计蓝本,规划有低层、多层、小高层等多种建筑形态,集公寓、洋房、TOWNHOUSE等多种住宅建筑于一体,现同时建有绿色果岭、延湖美学长廊、楔形建筑空间、退台式主题建筑及高档假期会所等,旨在营造极具人文气息的湖畔生活。

顺驰·泊林//武汉首席纯水岸亚别墅住宅

生态的美,绝不止于其辽阔的意境,更是由于她改变了我们生活的环境

生态保存完好的地方,天更蓝水更清空气也更清新

2004年,顺驰来到武汉,充分展示其建筑水岸住宅的经验,建造武汉最高品质水岸住宅。顺驰携十年房地产开发经验和美国GBBN、美国易道、中国墨臣等多个国际品牌公司聚集到武汉金银湖生态谷,以建造别墅的智慧和思想,以建造别墅的标准和体系,在金银湖畔打造武汉首个国际化、生态化、人性化的水岸亚别墅住宅。

顺驰·泊林//坐落在国家重点生态保护区

顺驰·泊林,建在生态保护区中央的亚别墅生活区

武汉东西湖区金银湖生态谷,占地400万平方米,水域面积超过12000亩,河流湖泊星罗棋布,天然原生林及亚热带灌木生长旺盛,优美的自然环境和优良的空气质量,聚集了众多种类的水鸟和湿地植物,被武汉市政府法定为重点"生态保护区"和"国家级生态示范建设区",是武汉市极为少见的一个纯天然生态区。

金银湖畔//顺驰·泊林//城市艺术的珍藏

来自北京墨臣的亚别墅思潮。亚别墅,水岸灵气集结的艺术精品

亚别墅的六大标准,结合德式建筑的优势。户户观景,与自然共生

顺驰·泊林在整体规划上着重体现生态化、人性化、国际化三大理念,在合理安排建筑体系与景观体系之间的面积和疏密的基础上,系统考虑居住体系和配套体系的呼应关系,体现以人为本的别墅建筑思想,但顺驰·泊林又有别于纯粹的别墅建筑,以别墅的建筑理念和建筑标准来建造多层、小高层等住宅,同时以人的行为活动为基础,力图创造一个舒适、健康、便捷、高尚的亚别墅式生活社区。在完善解决日照、人车分流等居住生活基本要求前提下,创造一个高贵的居住空间和优美的景观审美。

亚别墅的六大标准

标准一:具备别墅的私密性和舒适性等特点,物业类型包括,TOWNHOUSE、水景洋房、花园洋房等。建筑外墙采用高性能的保温材料,满足保温隔热要求,同时考虑到技术、节能、可持续发展。

标准二:容积率相对较低,连天接地,要么有一部分是连天的,有大露台,要么接地比如有花园。有超宽楼间距,利于空气对流,利于户户的私密生活,使空间日照间距达到1:1.2以上,超过普通小区国家规定标准。

标准三:国家重点生态保护区。有湖有林,生态平衡。优美的环境,楔形空间串接,步移景异。台地、坡地相得益彰。

标准四:大面积绿地,地形起伏变化,各类四季植被层次丰富,逾70种。能够根据四季变化调节社区温度。空气负离子量达到50000/ML以上。

标准五:2500平方米豪华假期会所,设施先进,应有尽有。管家级的物业管理,提供24小时星级服务,包括保安职能体系、保洁职能体系、客服职能体系、维修职能体系等。

标准六:别墅级生活品质,能够使人达到一种舒适、愉悦、宁静、从容、尊贵的生活感受。

极限拓展得天独厚的湖景资源

12000亩宽广的湖景资源,营造生态社区,整个园区地势南低北高,东西轴向两端略高于中间,形成盆地状,地形起伏有序,高低落差适度。湖景、林海、建筑随基地变化完美结合,浑然天成,最北端小高层也能感受湖的气息。

三条景观生态视廊,对湖水的引用,让宽广的金银湖与园区充分对流,正向形成风的通道,让风景、风、清新空气进入通道对流至园区最深处,而盆地状地形又让湖风在园区每个角落回旋流动。反向就是人会聚到滨湖景观带融入湖景的线索。

沿湖方向,宽广舒展;沿湖面,湖滨公园;沿湖岸风景,回家的路……

金银湖之美,绝不仅于她的脉脉柔情。湖泊的水体效应在夏季表现为冷湖效应,热容量大的湖泊白天温度明显低于其他地物,能显著降低周边的温度。

三条景观生态视廊形成了湖风的通道,让湖风吹入小区的最深处。而盆地状地形又让湖风在园区每个角落回旋流动,保证了居者在园区和房间的每一个角落都能感受湖风的吹拂,这起到了最大化利用湖风资源的作用。

水景园林的特色

易道的设计师极力营造的三种舒适生活

静谧//在水景园林和住宅中易道极力的在创造一种静谧的感觉,而在喷泉中也同样的弥漫着幽雅的歌声。易道认为这种环境能让人放松而愉悦,摆脱在社会中的烦恼并且神秘和富有诗意。

平静//易道认为平静是摆脱苦闷与恐惧的良药,无论所设计的夜景设计是华丽还是简朴,景观设计师都有责任在所设计的景观当中营造这种平静的气氛。

愉悦//易道认为当一个景观设计可传达无声的愉悦与平静的时候这件艺术作品就达到了完美的境界。景观设计师有责任把这种愉悦的感觉带到金银湖畔。

设计师在亚别墅景观的设计中通过材质和色彩的变化,达到亲切与人对话的目的。

绿化、水、空气、阳光和风是顺驰·泊林保留的几大重要元素,这些要素在亚别墅的环境中不断的蔓延,也就具备了在人居空间持续生长的动力。

滨湖景观带 》

不同的人有不同的格调
如果说,一群人的相聚可以成就一种生活
那一定是在这里相聚

◣滨湖景观带——灵性对人心灵的抚慰

金银湖,不仅仅是能让人们享有自然湖景、呼吸清新空气,她更是满足人们精神需求的“母体”。基于此,顺驰·泊林在规划之初,就将“湖”作为整个基地的设计灵魂。

湖景、林海与建筑随地形的变化完美结合,浑然天成。而滨湖景观带和社区之间形成了密切的视觉联系,让城市繁华氛围和社区的宁静优雅和谐的共融。

◣滨湖景观带——神秘和富有诗意的静谧

滨湖景观带,临湖岸线而建,长达五百余米。顺驰·泊林在滨湖景观带中极力创造一种静谧的感觉。

垂直于滨湖景观带的三条景观轴向园区内延伸,将静谧的感觉引入园区的最深处。

◣滨湖景观带——湖畔生活寻回慢的乐趣

暮色是傍晚6点过后才一点一点地从湖岸蔓延过来,放下工作的繁忙,在湖畔与大自然对话,寻回慢的乐趣,深呼吸、深呼吸,感觉一切喧嚣归于平静。

◣滨湖景观带——湖赐予的相聚

如果说,一群人在一起可以成就一种生活,那一定是在这里相聚。在这里,社区的居民可以随时与自然做亲密接触,跑步、放风筝、露天派对……释放所有的压力,让生命保持充沛的活力。

海南省海运房地产开发公司

海南省海运总公司的前身,是1951年8月1日成立的海南民船运输服务社,是一个国营运输企业。1952年改为广东省民船运输服务社分社,成为省直属企业。1953年1月改为广东省交通厅珠江内河航运管理局海南办事处,具有航运行政管理职能。1959年1月,海南航管处与海口港务局合并成立海南行政公署行务局;1961年1月,港航分家,沿用海南航务局名称;1964年改为“广东省航运厅海南航运局”;1969年再次与海口港务局合并为“海南行政区革命委员海南港航服务站”;1971年12月港航再次分家,改称广东省航运厅海南地区航运局;1985年1月改为海南航运公司;1988年7月改为海南省海运总公司。

海南省海运总公司现在已成为一个拥有3千多名职工、6个分公司和3个控股及参股公司、1个造船厂、管理2个港口的国家大二型水上运输集团式企业。

1984年以前,海南省海运总公司的前身机构是一个政企合一企业,长期管理海南岛的水上船舶运输和燃材料调拨、供应等业务。并管理海口新港和包括清澜港、铺前港、白马井港、新村港、老城港、新盈港、博鳌港、金牌港等在内的全岛沿海小港。1984年起陆续将沿海小港下放当地市县管理。海南省海运总公司目前仍管理海口新港和金牌港。

海南省海运总公司及前身机构,长期以来重视海运基础设施建设,在国家交通部门和地方政府部门的支持下,分别新建了海口新港和金牌港,扩建了清澜港、铺前港、白马井港等,并新建了海南造船厂。

在发展运力方面,除了前身机构接收国家拨给的一批船舶外,海南省海运总公司还千方百计筹集资金购、造了一批新船,不断更新换代,不断提高船舶的现代化水平。现在海南省海运总公司已由1951年刚成立仅有1艘机帆船、十几艘木帆船,发展到拥有16艘千吨至数千吨载重量的较为先进的大、中型轮船。

海南省海运总公司已从1951年刚成立仅有海口至海安的一条短途客运航线,发展到现在经营近洋国外航线、港澳航线和十几条国内沿海航线。

海南省海运总公司的海上运输业务取得了重大成就。客运量从1956年的2.5万人次/年,发展到2000年的172万人次/年;货运量从1956年的2.3万吨/年,发展到2000年的195万吨/年;均是建司初期的80多倍以上。

海南省海运总公司50多年来为国家建设作出了重大的贡献。长期以来,海运总公司的船队一直担负着海南经济建设所需建设物资的主要运输任务和出口物资主要运输任务。50多年以来,国家对海南省海运总公司系统投入资金共1.66亿元,海运总公司系统自筹资金投入建设约6.3亿元;海运总公司历年来共上缴国家利税2.8亿元;形成国有资产固定资产净值约1.89亿元。

海南省海运总公司系统50多年来坚持共产党的领导和职工民主管理,坚持以经济作为工作重心和坚持改革创新,坚持企业文化建设和社会主义精神文明建设,加强基础建设和不断提高职工生活水平,各项工作都得到全面发展。有信心在总结50多年经验教训的基础上更快更稳地向前发展。

环境、特别是独特的自然环境,对物业的价值,对生活的质量有着至关重要的意义。

"后房型时代"是一种潮流居家观念,合理的户型设计只是房地产产品的及格线,更重要的是小区的规模、位置、环境、系统设置、安全指数、增值潜力等综合因素。

宝岛花园地处新港区域,坐拥海口外滩的核心地段,与世纪大桥、世纪广场、高尔夫球场、游艇码头、万绿园、滨海公园紧密相邻;新港50年海洋文化与商业文化的光彩,赋予这片土地更多的人文关怀,居停宝岛花园,能满足您对自然与文人环境的最高追求。

宝岛花园由九栋十四层欧陆风格的建筑组成,总面积逾10万平方米,共594户,近3万平方米的商业配套。

站在宝岛花园第三层瞭望,大海和游艇码头就在您眼前60米处,规划中的渔人码头就在您的脚下。1.8米的大窗,让我们居家就能与自然拥抱,造就您的博大胸怀。

2万平方米的绿化,600米的艺术长廊,上万平方米的运动广场,让外滩生活无拘无束,灵感丛生。

以主人的身份,在海口外滩迎接来自不同肤色、不同地区的游客,让他们无比自豪!2万平方米的一站式时尚家居购物中心,1200万的人流,成就您的财富之梦,成就您对健康、智慧、优雅生活的追求。

在这里,他们盛情邀请各位朋友福居宝岛花园:

一起见证和享有海口外滩的壮美,一起!

宝岛花园(一期)由五栋14层的建筑组成,一、二层为商铺

建筑面积:54400平方米

户数:330户　　建筑密度:24%

容积率:1.8　　绿化率:38%

停车位:370个

宝岛花园(二期)由四栋14层的建筑组成,一、二层为商铺

建筑面积:48800平方米　　户数:264户

建筑密度:23%　　容积率:1.85

绿化率:38%　　停车位:230个

宝岛花园生活配套

便捷交通、旅游购物、大型餐饮娱乐休闲、金融证券、体育运动、星级酒店、公园绿地、旅游观光、海底世

界、海洋探险、游艇码头…… 一切一切就在新港方寸之间。

休闲购物有：新港旅游购物商城、水产码头批发市场、东方广场、生生百货

文　娱　有：游艇俱乐部、新港演艺中心、新港及海运酒店娱乐中心

医　疗　有：海南省人民医院、社区医疗中心、华西妇产科医院

银行证券有：工商银行、建设银行、中国银行、农业银行、人民银行、君安证券、海南省保险公司

酒店餐饮有：新港大酒店、海运大酒店、华侨宾馆、泰华酒店

公园绿地有：世纪广场、滨海公园、万绿园

配套设施部分

电梯：合资“富士达”电梯，24小时运行

空调：预留空调外机位置

电视：有线电视系统入户，卧室、起居室预留接口

通讯：卧室、起居室预留电话接口

网络：局域网与宽带并举

供水：市政自来水

供电：4台1000KVA变压器

燃气：管道煤气入户

消防：小区紧急广播系统，各层公共部分设置消火栓

车位：600个

智能设施：煤气泄露报警系统，紧急呼叫按钮系统

楼宇对讲：访客对讲系统

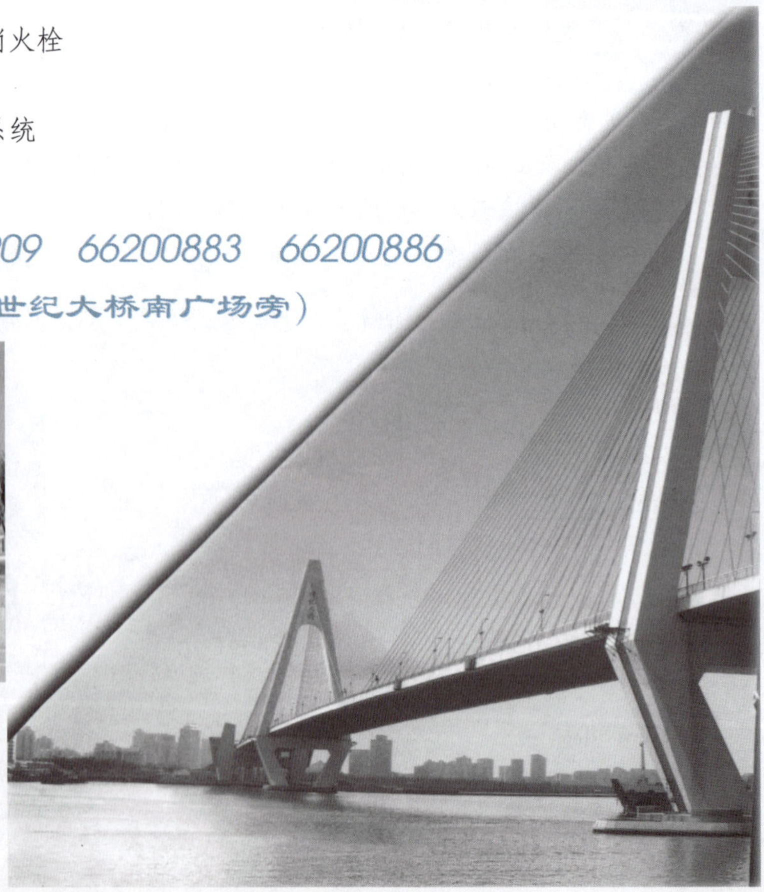

现场热线：(0898)66243808　66243909　66200883　66200886

售楼地址：海南省海口市新港港前路(世纪大桥南广场旁)

宝岛花园

人居福地

海口美视国际高尔夫俱乐部有限公司

海口美视国际高尔夫俱乐部有限公司是外商独资企业——美视集团的全资子公司，注册资金1亿元人民币。美视集团涉足电力、油库、码头、酒店、高尔夫、房地产、文化传播、教育等多项产业，在中国广东、海南、重庆三地控股的项目资产总额超过50亿元。

海口美视高尔夫位于海口西海岸，整个项目占地2000多亩，包括国际标准的18洞高尔夫球场，五星级水准的度假酒店，豪华别墅区，大型音乐广场和800米海滩。目前即将建成的一期A区别墅占地4.4万平方米，建筑面积1.1万平方米，有独幢别墅32套，包括A、B、D、F四种户型，面积从217平方米到453平方米。小区全部温泉入户，配有1-2个车库。每户都拥有大面积的私家绿地，综合环境及配套设施在海口豪宅中首屈一指。

秉承集团积极稳健、不断进取的精神，海口美视高尔夫充分利用手中拥有的优质地产资源和雄厚的资金，开始进入房地产行业。尽管起步晚，但是定位很高，计划要将项目打造成一个以高尔夫人群为主，由顶级豪华别墅构筑而成的，与其国际热带度假胜地相匹配的国际高尔夫生活社区。一期项目一经推出，便赢得了市场的青睐，在业界也引起了强烈的震动，被誉为"新世纪海南高档房产的风向标。"

美视别墅的特点不单在于其前瞻性的设计理念和精雕细琢的品质，更重要的在于深蕴其中的人居文化观和新时期对别墅开发所彰显出的创新精神。

海口美视高尔夫以其成功的定位，独具特色的设计，幽雅的环境空间，周到的人文服务，在海口房产市场上掀起了一股倡导精品生活的时尚劲风。在新时代海口城市化发展的进程中，美视高尔夫这艘房地产市场中的旗舰，在美视人的精心打造下，已成为海南高档房产开发中的领航者。

中国房地产成功开发典范

美视高尔夫滨海花园

MEISHI GOLF SEASHORE GARDEN

中国·海口
HAIKOU CHINA

美视高尔夫滨海花园位于海南省海口市西海岸黄金地带的美视旅游区内。整个旅游区由世界顶级环境设计事务所——美国贝尔·高林规划设计，包括国际标准18洞、72杆高尔夫球场、五月花音乐广场、五星级的美视五月花酒店、豪华别墅区和800米专用海滩组成。附近的假日海滩、观海台、水世界等均为海口著名的旅游景点。

别墅区面临大海，紧邻美视高尔夫球场而建。整个小区占地608亩，计划兴建200余幢（一期A区32幢已建成）各种户型的欧陆风格花园别墅，总规划建筑面积69970平方米（A区已建成建筑面积11036平方米），是海口档次最高、高档生活及娱乐配套设施最齐全的顶尖级别墅区。

别墅区紧邻的美视高尔夫球场是由世界顶级高尔夫球手、欧洲冠军科林·蒙哥马利设计的18洞、72杆国际标准高尔夫球场，球场以高超的设计、独特的视角、极具挑战性的球道和绝美海景之间完美的结合而著称。别墅的设计者充分利用了海口湾独特的地理环境，将别墅典雅的造型与此起彼伏的高尔夫球场、五月花音乐广场、西海岸海湾风光完美的融合在一起，构成了一幅精美的风景画。

与别墅配套兴建的美视五月花度假酒店具有五星级水准，拥有豪华客房90多间，全部交由著名酒店管理集团负责管理。酒店拥有完善的多功能会议室、宴会中心、会所、豪华KTV包厢、中西餐厅、酒吧、康体娱乐中心（桑拿、保健按摩、足底按摩）、健身房、温泉泳池及海口面积最大的五月花音乐广场（该广场由60根巨大的罗马式柱廊半围合而成，气势宏伟，曾作为2003年11月海南欢乐节主会场，110位世界小姐也到场助兴并入住酒店，因此声名远播）。

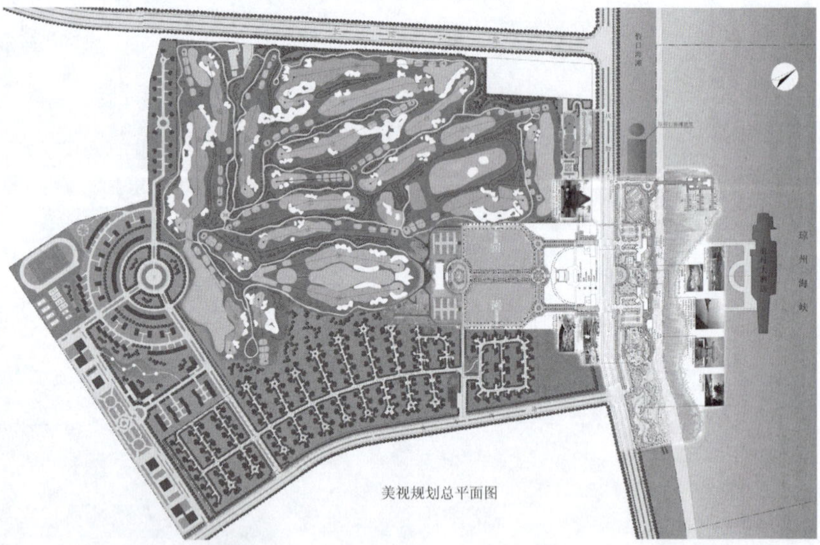

美视规划总平面图

别墅区坐落于海口市滨海西路88号，距市中心仅10公里，交通便利，沿途风景如画。已基本建成的一期A区别墅（32幢）占地4.4万平方米，建筑面积1.1万平方米，容积率为0.25，绿化率高达70%。共有A（330平方米）、B（278平方米）、D（217平方米）、F（453平方米）四种户型。每户均拥有超大面积私家绿地及温泉入户，户均私家绿地面积超过了1200平方米。区内设有会所、网球场、健身房、温泉泳池、老人活动中心等公共设施。小区的物业管理依托五月花酒店的资源，按酒店式管家服务标准提供物业管理服务。区内全部实现数字化智能管理，为业主营造了超级豪华享受的居住及度假环境。

别墅的业主还将获得同期美视高尔夫会籍的会员卡，持卡会员除打球免果岭费外，在酒店消费也可享受优惠，同时还可使用别墅前的800米情趣动感海滩及烧烤吧、海滨浴场和游艇码头。

美视高尔夫滨海花园，依靠周边优越的自然景观和西海岸大环境形成的高品质氛围，为自身增添了无数卖点，将建筑与运动的和谐美感以最优美的形式清晰地展现在世人面前！

在海口，美视高尔夫滨海花园，是海南首家国际高尔夫滨海别墅、海南首席高尔夫社区。海口西海岸，市区西北面的滨海主干道沿岸，全长约10公里，面积达16000亩。这条带状的海岸线是海口市政投入2000多万元倾力打造的风景线：10公里长彩砖人行观海长堤，4000多棵椰子树和观赏乔木，路灯、射灯和彩灯近千盏，“西堤胜景”等十大人文景观。美视高尔夫滨海花园位于此风景线的中点，拥有得天独厚的理想位置和生态资源。北面800米海滩的专有权，使别墅的主人们拥有了完全的私有海陆空间。

美视高尔夫滨海花园被誉为“建于果岭之上的上层建筑”——国际设计大师的精雕细琢，专业精英班底群体间的通力合作，使这片海岸线边的荒蔓野草脱胎换骨成为糅合了欧美球会特质的惊世巨献。

地址：海南省海口市滨海西路88号 **邮编：570311**

售楼热线：(0898)68701122 68701133 **传真：(0898)68702823**

三亚鸿洲房地产有限公司

三亚鸿洲房地产有限公司是创维集团与深圳鸿洲地产公司共同投资设立的综合性房地产开发企业。公司在三亚投资开发的“港门下村和水居港”旧城改造项目，即**时代海岸**，是海南省最大的旧城改造项目。项目占地约34万平方米，总建筑面积约51.7万平方米，是一个集旅游、度假、休闲和娱乐等多功能的综合项目。

三亚鸿洲房地产有限公司秉承创维集团和鸿洲地产公司的品牌精神，以**务实、诚信、团队、创新**的理念，致力在三亚建造一个崭新的度假休闲新天地。

人与自然的和谐相处，促成了时代海岸的设计理念；海港休闲的度假生活，赋予了时代海岸丰富而多元的思想主题。

高尚住宅、造型豪华的水岸别墅、*TOWNHOUSE*、依山临海的豪华公寓、大型购物广场、热烈非凡的海鲜街、文化广场、风情酒吧街、不夜城、游艇会、名车俱乐部、SPA、私家会所、运动场，荟萃世界不同海港风情，追求一种人与自然、建筑最完美的艺术空间，挈领港口文化的生活航标，打造滨海假日生活新境地！

★企业荣誉：

三亚十佳房地产企业

第53届世界小姐总决赛特别贡献奖

第53届世界小姐总决赛组委会指定房地产赞助商

三亞·时代海岸
SANYA·TIMES COAST

中国唯一热带滨海·国际度假港
中国度假旅游地产成功开发典范

垂询热线:0898-88366666　　地址:三亚市榆亚大道时代海岸销售中心

时代海岸位于海南省三亚市三亚河与南海三亚湾的交汇处,毗邻著名风景区鹿回头公园。项目占地约34万平方米,总建筑面积约51.7万平方米,是一个集旅游、度假、休闲和娱乐等多功能的综合项目。项目地处三亚河入海口,河水从地块的中间流淌而过,项目的左岸是豪华的产权酒店、超五星级酒店,三亚规模最大的休闲健康城,三亚目前第一个游艇俱乐部和约17万平方米的休闲度假胜地(包括7栋高层住宅、近百套TOWNHOUSE和别墅);项目的右岸是造型现代的写字楼、酒店、地方特色浓郁的商业步行街、时尚的百货公司、大型超市、酒吧街、海鲜街和室内外游乐设施。时代海岸规模宏大、规划完整,她对三亚旅游资源的整合与城市形象的提升将起到举足轻重的影响。

时代海岸的夜晚比白天更精彩

三亚,中国最方便亲近大海的地方。毫无疑问,三亚有些地方确实可谓"很人间天堂",当你身处其中时,赞叹不可避免。比天空还要蓝的海水,比云朵还要白的沙滩,迷惑你,诱惑你。但三亚的夜晚呢?虽然闪烁着与都市一样亮堂的灯光,却显得那么空洞,那么苍白,那么无奈。在灯光的背后,我们读取到一种无可逃避的寂寞……

时代海岸,三亚首个综合性旅游地产项目,三亚唯一的国际度假港。这里的风情酒吧、咖啡馆、海鲜街、焰火晚会、不夜城、桑拿会带给你跟渔人码头一样斑斓多姿的海港夜生活,却没有都市中的不羁、放纵、暧昧……只有放松、放松、再放松……

当咖啡馆内纯正的海岛风情Chill Out飘扬到你耳朵的时候,时代海岸的夜开始了。Chill Out?一种含有强烈环境音乐(Ambient)元素的电子音乐,节奏较为舒缓。常常运用缥渺虚幻的电子音效,将人带进一个无边无际的想象空间,发源于世界著名度假胜地西班牙的Ibiza岛,而时代海岸是中国Chill Out的发源地。在时代海岸的咖啡馆里就着咖啡听到Chill Out总会勾起你心中安静、自然、淡然、原始真实自我的一面。

当天空刚拉下黑幕时,黎族姑娘们穿着与海一样蓝,与玫瑰一样艳,与阳光一样绚丽的民族服装来到时代海岸露天广场中央,质朴的脸蛋上挂着大方、开朗的笑。她们站在刚刚燃起的篝火旁,摆开阵式。无数根竹管"啪啪"地打击起来,她们开始跳起欢快的竹管舞,悠扬的鼻箫声与手鼓声也随之响起。姑娘的脸与天空被篝火照得通红,她们和着最淳朴的音乐,忘情地舞动纤细的肢体,舞出了海岸独有的韵味。这激动人心的场面感染了三亚河,感染了大海,感染了鹿回头岭,感染了整个三亚,当然还有忘情的你。当姑娘来到你面前伸出手时,你情不自禁地跟随着她来到广场中央,与她们一起舞动,虽然不太自然,但你却努力地迎合着,你突然发现这毫不逊色于加拿大草裙舞的自然与淳朴。这时,所有的尘世纷扰都烟消云散……

此时,时代海岸的酒吧、KTV歌房等已陆续开业,三三两两的游客从岛上各个角落会集而来,或去酒吧、或夜总会,做自己喜欢的事情,已无任何因素可以影响他们快乐的情绪。在时代海岸,尽情享受完全属于自己的斑斓多姿的休闲生活和假日空间。海港上所有的灯都亮了起来,五彩灯光与水面交相辉映,这里,你可以兼享度假港浪漫的休闲生活以及大都市缤纷多彩的夜晚。这就是三亚时代海岸,这就是中国著名的热带滨海国际度假港,这里的夜晚比白天更多了一分美丽、多情和精彩。

绿城·桂花园

中国房地产景观环境社区成功开发典范

绿城·桂花园实景

绿城·桂花园

舒适桂花园/一生好居停

LIVING/生活

【中心会馆】近6500平方米的社区中心会馆设有商务中心、健身房、大堂吧、客房、茶吧、阅览室、小型体育场、乒乓球室、跳操室、棋牌室、桌球室等多种服务设施。【游泳池】结合中心绿地及水系设计成度假式游泳池和儿童嬉水池。游泳池配有自动循环过滤装置。【配套设施】园区内建有网球场、篮球场，休闲、运动、健身每一刻；园区实行封闭式管理，24小时电子巡更，安装可视对讲及门禁系统，营造安全舒适生活；智能布线，家家到户，尽情享受e时代的生活乐趣；园区还设有学校和幼儿园等教育机构，人文关怀近在咫尺。【邻里生活】组织居民开展健身、娱乐、邻里交流等丰富多彩的社区活动，营造健康、温馨的社区文化。【品牌物管】已通过ISO9000质量体系认证的物管企业——浙江绿城物业管理有限公司已介入绿城·桂花园的前期物管工作，全面保证生活品质。

绿城·桂花园实景

绿城·桂花园

舒适桂花园/一生好居停

ENVIRONMENT/环境

【山之灵秀】大蜀山作为合肥市区惟一的山脉，山形起伏舒缓，是唤起城市记忆最具代表性的景点之一，是桂花园窗前永远不能搬走的风景。【湖光潋滟】人工湖是柔美的、恬静的，那么近，像是与桂花园终身相守的亲密伴侣。【四季物语】大蜀山森林公园有各种树木、果树、花卉等共450万余株，约40余科200多种植物，春夏秋冬，皆成风景。【生态气候】周边的二环森林带，野生动物园、署山湖等纯自然生态景观的良好保护，使园区常年温度湿度适宜，空气自然清爽、噪声明显低于市中心。【交通配套】绿城·桂花园北靠合肥市主干道黄山路，园区附近有10路、801路公交车与市中心沟通，出行十分便捷，尽享现代社区的各项生活配套。【未来发展】绿城·桂花园毗邻大学区和规划建设中的省、市两级政务区，拥有极为良好的自然环境和经济发展环境，其潜在价值不可低估。

绿城集团 GREENTOWN

金典·名筑

JIN DIAN MING ZHU

中国房地产时尚简约住宅开发典范

金典·名筑

合肥金典置业有限公司是由浙江省物资房地产开发公司与安徽蒙达物业有限公司于2003年8月共同出资组建，注册资金1000万元，由浙江省物资房地产开发公司控股。

浙江省物资房地产开发公司成立于1992年，系全国流通领域500强——浙江物产金属集团有限公司的全资子公司，经过十几年的创业，浙江省物资房地产成功运作了众多房地产项目，在杭州、平湖、绍兴开发房地产项目建筑面积达40余万平方米，取得了良好的经济效益和社会效益。公司连续多次取得各种荣誉："杭州十大经典楼盘"、"杭州最佳户型奖"等。浙江物资房产的母公司——浙江物产金属集团有限公司是集内、外贸、房地产开发、期货经济、酒店旅游、服装生产、现代物流和国际航运代理于一身的大型企业集团，2003年销售额达到120亿元，利润总额超亿元，连续十几年在国内同行中排名第一，公司在浙江省享有很高的社会知名度。

合肥金典置业有限公司于2003年12月28日以挂牌出让的方式从合肥市经济技术开发区土地局取得了HJQ008、HJQ009两地块的开发经营权，并将两地块开发项目暂名"金典名筑"，以下称本案或本项目。本项目是金典公司的控股股东——浙江省物资房地产开发公司根据公司的"立足浙江、放眼全国"的企业发展战略，在经过充分的市场调研之后，迈出了介入合肥房地产开发市场的第一步，目的是以本项目为依托，逐步加以发展壮大，以求在合肥的房地产市场谋得一席之地。控股公司目前在北京、平湖等地有75万平方米正在开发之中。

项目概况／新区首席精致生活花园

金典·名筑，位于合肥经济技术开发区的中心地段，莲花路与丹霞路的交叉口，占地约150亩，总建筑面积约17万平方米。

金典·名筑，周边景区环绕，视野开阔，自然景观优美。高速和机场均在附近，交通十分便捷。园区内更有中心广场、儿童设施、智能化配套，并提供专业物管，进一步保证高品质的生活。

金典·名筑，建筑设计上大胆运用现代、简洁、明快的手法，以人与自然共生为宗旨，塑造出大方、典雅、富有时代特色的建筑产品；同时引入先进的技术设施、创造智能化的生活环境。

体验细节之美

环境/内外共融:

金典·名筑东侧便是南淝湖风景区,西边更有明珠广场和著名的徽园。园区的景观设计结合动态空间和静态休闲观赏区,现代而别致。绿色景观和流动水系贯穿园区,使建筑与景观巧妙融合,将园内绿化最大限度地辐射至每户住家。

配套/日益完善:

金典·名筑园区内设有多项运动健身休闲设施,如游泳池、乒乓球室、棋牌室等。莲花社区、锦绣社区、方兴社区等多个新兴社区分布四周,区域里的居住氛围不断成熟。合肥国际会展中心、易初莲花大型超市、五星级索菲特明珠大酒店、众多大专院校、银行等遍布四周,让你尽情体验精致而齐全的生活配套。

文化/芳香四溢:

金典·名筑独具学院住宅优雅而沉静的气质,城市管理学院、一六八中学以及合肥学院近在咫尺,气势恢弘的大学城亦离此不远。与朝气蓬勃、书声琅琅的院校为邻,你一定会更加年轻,更富激情。

景观/专家设计:

金典·名筑整个小区的景观由韩国半岛事务所规划,由中国美术学院美术中心专业设计。设计理念上充分利用现有建筑的平面和空间布局,以丰富的色彩,多变的造型,错落的景致,流动的水系,形成人与自然的完美和谐,打造新区具有代表性的高尚园林式景观社区。

健康型 两室两厅一卫一厨 建筑面积:81.2m²

- 卧室和客厅均朝南,阳光满室,健康宜人。
- 进门玄关割出方正客厅,宽敞气派。
- 厨房与餐厅紧密相连,就餐环境温馨舒适。
- 主卧转角窗台设计,丰富生活空间,使居室生活更加惬意美好。

舒适型 三室两厅两卫一厨 建筑面积:102.8m²

- 全明设计,布局合理,动静分区,公私分明。
- 入门户玄关正对景观台,既利藏风聚气,又使户内美观。
- 宽敞客厅连朝南阳台,凭栏远眺,美景尽收,心境怡然。
- 主卧带独立明卫,尊重私密细节,尽显个性生活。

精巧型 三室两厅两卫一厨 建筑面积:123.8m²

- 入室玄关设计,空间利用率高,精巧实用。
- 餐厅设在厨房和客厅之间,过渡自然平和,具较强的实用性。
- 方正客厅连朝南阳台,通风采光优越。
- 朝南主卧凸窗设计,带独立明卫,阳光充足,温馨舒适。

经济型 两室两厅一卫一厨 建筑面积:89m²

- 客厅朝南带景观阳台,通风采光效果俱佳,气派非凡。
- 餐厅和厨房紧密相连,就餐方便舒适。
- 主卧带转角凸窗,将室外自然景致巧妙引入卧室,惬意悠闲。
- 有限空间,彰显无限个性生活。

温馨型 三室两厅一卫一厨 建筑面积:106m²

- 全明设计,结构紧凑,布局合理,经济实用。
- 朝南客厅连景观阳台,引景入室,宽敞明亮。
- 厨房紧连餐厅,就餐方便舒适。
- 主卧和书房均朝南,采光优越,尽享健康舒适生活。

精致型 三室两厅两卫一厨 建筑面积:126.5m²

- 户型布局合理,结构紧凑,精致实用。
- 餐厅与厨房、阳台相连,就餐环境优美。
- 客厅方正连朝南阳台,通风采光充足。
- 主卧带独立明卫,并均带凸窗设计,私密性强并富有生活情趣。

金典·名筑的户型,专为都市精英量身打造。面积大小适中,结构组合灵活,以舒适性、实用性为原则,强调户户有景。同时,由平面设计向三维空间设计突破,考虑视觉的开畅,引入了错阳台、凸窗等现代设计手法。

开发商:合肥金典置业有限公司

地　址:合肥经济技术开发区莲花广场西侧

热线:(0551)38158888

康泰佳苑

KANGTAI GARDEN

中国房地产景观环境社区成功开发典范

马钢集团康泰置地发展有限公司由马钢集团房地产公司改制组建而成，是具有独立法人地位和开发资质的综合性企业，实力雄厚。现有员工579人，其中专业技术人员49人。注册资本2.1亿元人民币。

近三年来本公司已竣工的开发建设项目有：八一大院、雨田小区、H型钢住宅(17层小高层)、二公司商用房、雨山九村改造等，建筑面积4万平方米，投资1800多万元。

本公司开发的项目有花园小区、矿内新村、矿山新村，总建筑面积42.4万平方米，总投资2.28亿元。在2005年全部竣工交付使用。其中矿内新村项目属市危旧房改造工程，建筑面积6万平方米，总投资4500万元。矿山新村改造项目属市政府为民办实事工程，其建筑面积2万平方米，总投资2000万元。同时，本公司从土地市场竞买了17公顷的开发用地，并将于今年内动工建设。

康泰公司以诚信赢得了社会的好评。公司成立以来，先后荣获安徽省房地产业先进单位、马鞍山市房地产行业十佳企业等荣誉称号，公司正以新的姿态为马鞍山的城市建设再作贡献。

康泰佳苑位于马鞍山市规划中心区的核心地段，毗邻市政广场，极具动感的城市绿化带穿越其间，地理位置得天独厚。使之成为马鞍山中心区中不可多得的集商业、办公、娱乐、居住为一体的大型综合社区。

住宅区不但注重以人为本，更以自然为本，体现现代高尚居住、休闲理念，努力创造阳光、空气、水面、绿化等自然景观，整体建筑布局舒展蜿蜒，以独到之匠心，塑造出居者诗意的栖居情境。既提供大面积空间营造绿化和水景，形成户外休闲与交流的场所空间；又使得建筑外部空间融合城市绿化带，无限延展，把大面积的自然景观引入每户中，使区内景观与周围的城市绿化带景观浑然一体。

着重突出小区绿化空间与城市绿化带之间的关系，两者彼此交融，形成与城市绿化带紧密结合的独特的空间架构。从而扩大了城市绿化带公园的空间感，使得本来就毗邻公园的住宅区环境品质得以锦上添花，真正实现“户户窗外即景”。

住宅布局的疏密有致，以确保1.3的日照间距，其间点缀零星的院落，通过环境主题的变化，成为小区场所精神的载体，形成多种风格的组团绿地，便于建筑与人、人与人的沟通融合。

马钢集团康泰置地发展有限公司

康泰置地，创造城市光荣

是建设，是开发，
更是一种责任，
我们为这座城市骄傲，
我们更为这座城市负责。

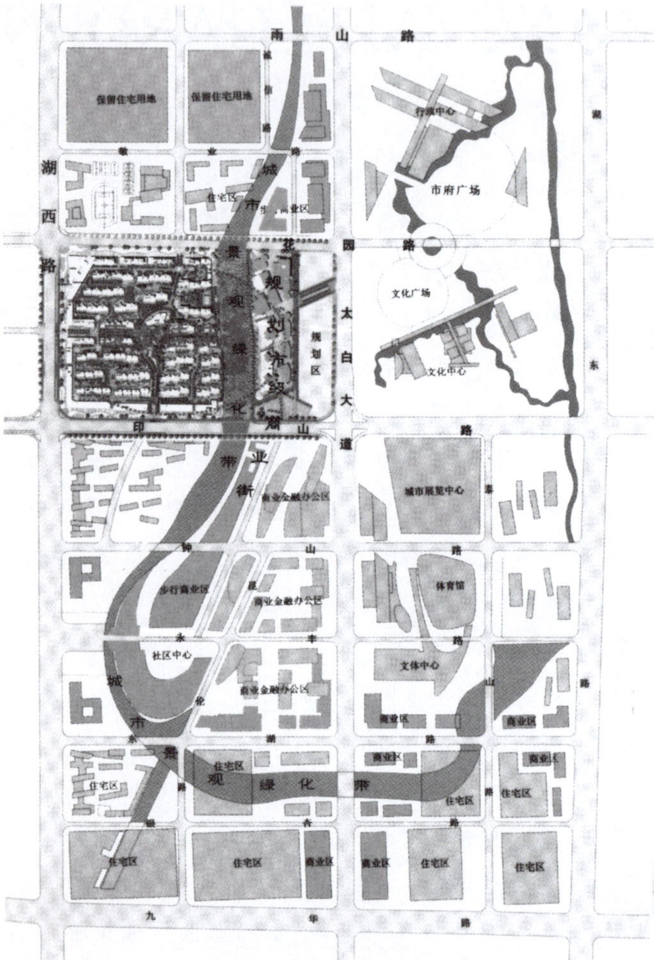

【新核心领地】地段为财富加冕

核心就是源，
财富、地位之源，
核心就是不可替代。

康泰佳苑，梦的起点，位于新城中心区域的核心，紧邻市府广场，地脉天成，地段不可复制。

新城，一个梦想之城，占地面积 530 公顷，规划高瞻远瞩，建设如火如荼。

一个集行政、科技、文化、商业、金融中心于一体的新城市中心区横空出世。

地处中心区核心地段的康泰佳苑，零距离享受高品质城市配套，市府广场、图书馆、文化馆、体育馆、科技馆近在咫尺。

快捷绵密的交通网络，让康泰佳苑揽尽天时地利，沟通无界。

2000 米长的商业街形成的新繁华大商圈是康泰佳苑全新生活的保证，演绎着价值的无限可能。

领略繁华，拥得自然，坐享 3000 米长的市中心景观绿化带，康泰佳苑凭借着城市绿肺呼吸，让生活自由、健康。

阅读城市、见证辉煌，康泰佳苑现代人居经典，为您赢得地位，彰显尊荣。

VIP 专线：0555-2231888

【新生活理想】生活左右逢源，理想更上层楼

理想是梦，
奋斗、追求之梦，
理想是生活的升华。

康泰佳苑，祥和盛世的倾城之作。23 万平方米新生活版图，开启全新的生活理想。

把城市图书馆作为书房，市府广场当成会客厅，在城市体育馆淋漓尽致挥洒，在科技馆里触摸未来先机，在文化馆感受博大精深，在城市公园品位绿荫清香。

小区名流会所，智者交流的俱乐部，激情碰撞的盛宴；网球场、健身房、小区幼儿园让健康生活一步到位。

电视监控、自选可视对讲、电子巡更、宽带网络、周界报警、一卡通智能系统完善，科技疾速提升生活质量。

完善配套，创造艺术社区，链接精彩人生。

康泰佳苑，诠释东方贵族新生活，未来以此为荣。

芜湖海泰置业有限公司

POLKA

银湖·波尔卡

中国房地产成功开发典范

销售电话:0553/5966666 5966888

开发公司项目和概要

芜湖海泰置业有限公司注册于芜湖经济技术开发区,注册资金2000万元,目前正在开发大型复合地产项目——银湖·波尔卡。

银湖·波尔卡项目分为银湖·波尔卡大街(商业)和银湖·波尔卡国际花园(住宅)两部分,项目立足于缔造芜湖最高档休闲娱乐商业街区和北城商业中心以及环境优美的住宅小区,打造集购物、美食、娱乐、休闲、商务、宾馆、综合服务配套为一体的国际化休闲商业街区和湖畔生态美居。总占地面积31万平方米,总建筑面积42万平方米,其中商业15万平方米,住宅27万平方米,总投资超过10亿元人民币。

项目特点特色

▲该项目定位是,在中、大发达城市的建设和经济迅速发展之际,城市服务业需要提高档次和国际化、大都市化、现代化城市发展接轨的需要。对城市商业中心的商业业态、功能、环境、配套等相对于传统的商业街均有较高要求和大的变化。

因此该项目定位特色就是,与国际化、大都市化建造在芜湖市最高档的休闲商业街区,同时兼顾芜湖北城区约45万人口的生活购物的商业中心。

▲银湖·波尔卡大街是在得天独厚,环境优美的市级公园银湖畔湖而建。

▲是带动和辐射全芜湖市以及周边5个城市10个县城的区域化中心城市提供最高档休闲、娱乐、美食、办公、商务、社交、购物中心。

▲商业街区用200多亩地建设,整个街区规划湖畔公园般的环境,四通八达的汽车通道,人行通道,大规模任意停车,购物,休闲,消费。

▲以现代化、国际化新型休闲商业街区为龙头配套SOHO、LOFT和商务性住宅,打造城市的CBD中心。

▲在项目运作方面特点:

对休闲商业街区开发是招商在前,在开工前一年即进行招商,业态规划在前,对大体量建筑、高档代表性的商业招商后,进行建筑单体设计,如宾馆、大型美食、百货超市等,这样更好满足专业要求,档次得到提高。

在开发过程中,为保证档次和开街成功,我方对大型代表性商业采取合资合作。如全国2004年100强排名第24位的浙江向阳渔港,大型超市,四星级宾馆,大型桑拿,夜总会等,开发商持有相当部分物业不卖,与经营业主双赢共发展。并成立专业化的商业经营管理公司,提供全程"一站式"服务:统一规划,统一经营,统一促销,统一管理,统一服务,统一推广广告。

▲公司在全面开发项目前,在企业大中城市做了大量调研。认为当今开发商不应仅仅开发卖房,应开发、经营资本运作三位一体。同时可以连锁化开发发展。为城市发展做出具有较超前符合城市几十年发展需要具有创新的开发发展模式。要有责任心,要能够开发出经得起历史检验的产品。要三有利于:有利于政府要求城市发展,有利于老百姓的希望与要求,有利于开发企业持续发展的要求。

已获荣誉:

银湖·波尔卡是芜湖市现代服务业一号工程,芜湖市商业网点规划中开发区唯一重点商业街区,芜湖经济开发区由工业基地向新城区转型的标志性项目。至2006年5月止,以其超前的商业发展眼光、现代的经营管理理念、时尚的人文视角、得天独厚的地理优势荣膺多项楼盘大奖:

2005年安徽(芜湖)房地产交易博览会上获"优秀楼盘奖";

2005年芜湖商业地产论坛中获"最受关注商业地产奖";

芜湖市"2006我心中品牌"评选活动中获"最具商业价值房产品牌"称号;

在第三届中国城市最具投资价值地产总推选中获"2006年度中国城市最具投资价值商业中心区奖";

作为"银湖·波尔卡"模式的建设者,海泰置业有限公司对这种地产模式为开发商和城市建设带来的双赢局面深有体会,并计划在未来的几年内,在其他5~10个中等城市倾力打造"银湖·波尔卡"模式的连锁项目。努力把休闲商业地产推向一个全新的阶段,并以一个开发商的责任心,为城市的发展作出应有的努力。

新中央商务区·提高生活便捷度

在芜湖人的居住概念里，一直觉得开发区是"郊区"，购房最主要的顾虑是交通不便，配套不完善，生活不方便。但是近些年来随着银湖路、凤鸣湖路的开通，加上原先的长江路，南北融会贯通，城市距离不断拉近。尤其是开发区由工业基地向新城区转型的规划，大大带动了城北综合服务业的长足发展，随着政府规划中的银湖·波尔卡大街开工开盘，超大规模商业配套不仅改变了整个区域商业设施不足的局面，而且作为八百里皖江最高档次娱乐休闲中心，其影响力辐射至周边马鞍山市、宣城市、铜陵市、巢湖等10多个市县级区域。居民的餐饮、休闲、娱乐、购物、商务、文化、夜生活等都可以在家门口方便解决，生活便捷度大大提高，区域价值在芜湖人的心里已被重新评估。

800米银湖景观带围绕着商业区休闲绿地，让购物者在购物中休闲，在休闲中购物。三五知己聚饮聊天、偕朋带友共享美食，在艺术长廊里细品工艺之美、在健身房舒活一下筋骨，这种充满现代气息的购物情景凝聚了银湖·波尔卡国际花园设计的匠心独运和人文关怀，清雅休闲、动静相宜，营造集繁华、尊贵、优雅于一身的如塞纳河畔般浓厚的文化氛围，这种建立在文化基础上的商业文明正是银湖·波尔卡国际花园倡导的现代人居生活。

自然生态·纯多层临湖高尚社区样板

银湖·波尔卡国际花园所在的银湖区域是芜湖稀有的物超所值的自然天地，相当于镜湖水面4倍的银湖，仍然保持着天然的湖区生态，是多种鸟类的天然栖息地；位于项目斜对面的桥头公园，由开发区政府投资860万元兴建，并于2006年6月投入使用，是银湖景观建设浓妆重彩的一笔；项目正对面是规划中的银湖体育文化公园，不仅可以休闲，亦可以锻炼健身，构成银湖生态圈的立体布局。

设计源于生活，银湖·波尔卡国际花园力邀国内一流的景观设计公司担纲景观设计，将美丽的银湖自然风光与景观艺术进行有效对接，缤纷的时尚、跳动的音乐、欢快的节奏、流畅的动感是波尔卡国际花园景观的主题。宽阔的疏林草地映衬着建筑起伏曲折，充满韵律的天际线和林际线，曲折蜿蜒的小径与绿草茵茵的坡地自然交融。树荫、绿草、花丛、景石、花坡、台地、石阶、驳坎、栈道、小径如同一个个跳跃的音符。光影班驳穿离树梢，歌声、笑声、隔着水面的两轮夕阳。日升月落间，思绪就这样散散落落的弥漫开来……

银湖·波尔卡国际花园引领新人居生活

一边是优雅的"水岸生活"，一边是沿着波尔卡大街演绎的繁华而热闹的都市情节，在流动的城市气息中，美丽的银湖和繁华的商业街区完美的结合在一起。在这里，城市中固有的浮华气象被涤荡干净，你可以与其他人一样享受完全相同的城市配套，而不必忍受城市中喧嚣的世俗声音，也不必忍受终日拥挤的车流和人流。一切都是静谧的、安详的，城市的奢华和自然的宁静天天都在精彩的演绎！这正是波尔卡国际花园倡导的新人居生活。

智慧和艺术创造的空间

★ 银湖·波尔卡SOHO，定位于国际流行的集居住和办公为一体的多功能高档商务区，将酒店式专业服务和私家服务完美融合。打破传统写字楼和住宅设计理念。产品融入许多前所未有的超前时尚元素，具有多种单元性和不同面积的空间。

★ 4.8米层高的复式户型，上下分离，别致情趣。楼上居住，楼下办公，私密和社交兼顾，生活和工作游刃有余。

★ 家家有景，户户临湖，专为SOHO一族量身定做，可以随意分割、自由组合。通透明亮，简约现代，专为高级白领精心打造。

优惠政策
投资价值巨大

★ 对于所有入驻经营户及中介机构(包括文件、信息、技术服务、审计、法律、科技等)，根据其经营面积的不同，其缴纳的增值税、营业税、企业所得税、房产税，在五年发展期内按开发区地方留成部分给予一定比例的奖励。

★ 入驻三产企业及个体工商户在五年发展期内同时享受开发区"无费区"优惠政策。

★ 从城市急速"北移"、"东扩"的发展趋势和状况来看，从其发展空间和性价比来看，无论是自用还是投资，其市场前景无可限量。

纯天然的银湖，别墅般的享受

银湖波尔卡SOHO，坐拥50万平方米纯天然湖畔，紧依银湖波尔卡大街和银湖公园。长达800米的绿化景观带，近千米蓝色湖岸线与之相拥，360度傲人湖景，宽视野，尽享银湖的春之妩媚、夏之清凉、秋之水韵、冬之静美。繁华与自然的切换，就在转瞬间，动静皆宜，收放自如。

皇室礼遇
尽显尊贵身份

★ 人性化、智能化的监控管理，全天候、全方位、国际化的酒店式服务，充分体现至尊身份与地位。

★ 从家政、物业、文体、教育到商务，全程提供细致周到的贴心管家服务，令生活无忧。

★ 宽带、有线电视、电话系统等……时时畅游信息高速通道，与光同速，天然气、水、电等全部入户，并预留相关电源插座和接口……令SOHO生活更完美。

★ 电信、邮局、银行、学校、超市、精品购物、风味美食、主题中西餐厅、主题酒吧、茶楼、健身房、美容院、洗衣店、KTV、夜总会、大型浴场、音像店、休闲主题公园、国家体育公园等生活设施一应俱全。

★ 27万方超大型国际化休闲商业街区，处处是雕塑、旱喷、水景、叠石、木平台、景观大道、音乐广场、休闲公园、香槟广场、童话广场、……一边工作一边享受生活，这里既是您和家人休闲锻炼的健康空间，又是商务沟通的绝佳场所。在银湖波尔卡，工作生活原来如此精彩！

A COMPREHENSIVE HANDBOOK OF DEVELOPMENT OF REAL ESTATE IN CHINA

2005-2006

中国房地产业发展大全

缔造经典 创造永恒

重庆嘉发实业有限公司(上海城)
重庆南方集团有限公司(南方・碧水康桥)
重庆晋愉地产(集团)股份有限公司(晋愉・绿岛)
重庆渝北新城枫林置业有限公司(天江・常青藤人文别墅)
重庆石桥房地产开发总公司(重庆西部商城)
重庆祥龙居房地产开发有限公司(祥龙居・世纪阳光)
金科集团
重庆华南房地产开发有限公司(金科・绿韵康城)
重庆金鹏物业(集团)有限公司(金鹏・北城旺角)
福建省金爵房地产开发有限公司(海景・国际花园)
福建景城实业有限公司(大景城)
霞浦安大房地产开发有限公司(安大・银都花园)
福建福泰置业发展有限公司(江滨・福泰华庭)
香港三盛集团
福州东方旭日高尔夫房地产开发有限公司(三盛・果岭生活)
厦门市开元国有资产投资有限公司(观音山国际商务中心)
厦门华茂房地产开发有限公司(华东花园)
厦门延铭房地产开发有限公司(华天花园)

精心打造中国房地产品牌及精品楼盘
强档推介中国房地产业成功开发典范

建设部・中国房地产业协会
中国房地产业发展大全编辑委员会 **隆重推介**

《中国房地产业发展大全》2005-2006

上海城备受瞩目的希望之地

[上海城]地处繁华的南坪中心区域，浪高。凯悦、百盛、重百、普尔斯马特、新世纪百货、扬子江大酒店等众多商业商务巨头已抢先占位，密布如林的各大银行更让这里成为南岸真正的金融商务中心。

上海城，离川流不息的公交总站不过数步之遥，381、125、119、382、383……等30余条公交线路在这里穿行交汇，贯通南北，畅达全城。

伴随南坪转盘改造，菜园坝大桥以及轻轨规划将要实施，南坪多元化城市中心的地位日渐确立，与国际化商圈[解放碑]鼎足而立，交相璀璨，地脉价值不言而喻，升值潜力无可限量。

重庆·上海 共享国际化居住观

重庆，西部内陆的山城骄子，上海，东部沿海的浦江明珠
不同的性格流露着同样的都会气质，吸引上海三大地产名门来渝联袂献演
上海嘉发置业，上海泛太建筑设计，上海东湖物业
三个享誉上海的名字，个个都是房地产界的精英翘楚
在沪深耕细作数载，见证了城市发展的辉煌，这一次，三大国际团队强强联手精诚合作
带着多年在沪累积的丰富经验，以一颗服务重庆的真诚之心，为山城的都会风尚再添绚烂一笔
用国际化的居住理念精心规划超级社区，联手钜献一座领先时代的大上海生活之城！

[上海城黄金走廊]，同步国际时尚地标

[黄金走廊]，即是指浓缩国际知名城市的生活美学，以高雅的酒吧、咖啡馆、高级时尚品牌店、高尚的国际名品旗舰店为基本构成的街区。南铜路300米[上海城黄金走廊]，作为重庆城市生活美学的前沿阵地，领先感受瞬息多变的世界时尚脉搏，与国际领先的时尚生活和潮流风向同步相随。

Farrow
CUBCE
Dior

南方·碧水康桥

重庆北部 >1100亩学镇社区 >移植康桥生活

From garden era to lyceum era

南方·碧水康桥因康桥学镇生活的移植而鲜活精彩。

项目位于重庆北部回兴，紧邻宝圣湖畔。占地1100亩，与1100亩南方翻译学院构成重庆首席学镇生活社区。建筑以英伦中世纪盛行的坡屋顶、退露台、尖塔等为主要元素，引入大量景观与文化设施，具有浓郁的都铎风格；产品由花园洋房、独立别墅、双拼别墅、TOMNHOUSE、小高层组成，并打造歌剧院、星级酒店、休闲会所、娱乐设施等丰富的社区生活配套，共享南方翻译学院文体资源等，移植英伦康桥生活形态与精髓，演绎现代学园生活风华。

剑河、碧水，蓝天、白云。

……我甘心做一条自由的水草、飞翔的小鸟。

康桥风光温润而迷人，大片像海浪一样起伏的绿地向远方延伸，田园被树丛和灌木划分成一片一片，牛羊在牧场上悠闲地吃草；剑河蜿蜒澄清，古桥横卧碧波之上，尖塔顶教堂民居楼掩隐在苍天大树之间，红瓦红墙白窗棂，格外醒目，你也就不难理解徐志摩对康桥的奔涌诗兴、深情眷念。

南方·碧水康桥，座落在重庆北部回兴镇，起伏的坡地诉说着山与水的依念，宽阔的旷野释放无限思绪与想象，英伦风情的建筑流淌着岁月的咏叹，心情起舞，拥抱那迷醉的田园梦想。

NATURAL LAND

晋愉·绿岛

晋愉·绿岛

中国房地产公园社区成功开发典范

天江·常青藤人文别墅

中国房地产经典别墅住区成功开发典范

天江·常青藤人文别墅位于重庆市渝北区果塘路(西南政法大学渝北校区旁)，毗邻机场高速路，到重庆市中心解放碑仅10余分钟车程。常青藤人文别墅总共200余栋独立别墅、联排别墅，建筑依地就势，或依水而建，或掩映山林，还原山地本意。常青藤人文别墅将“尊重自然、尊重环境、尊重各种生活形态”作为规划原则。园区道路以山地林荫路为主干道，通过地形高差和景观的微妙变化，创造出犹如“山中有路，路在山中”的风景。园区主干道、支道的合理分割，尽量形成尽端式的气派的“私家道路”，通往各个组团。

人文环境的影响会渗透在一个人的言谈神色和举手投足之间，如果想慢慢地了解常青藤的话，您可以坐在常青藤的主题会所里，尝一尝酒，看看墙上这些学府的图片和历史，和那些业主轻轻地聊天，您将开始体会到人文环境的重要决定因素：“场所精神”。天江·常青藤人文别墅，经典的二层别墅构思、前庭后院的人性化规划，经典的建筑形态，成就重庆极具人文品位的别墅意象。

常青藤人文别墅园，浓荫大树，领袖气质尽在深藏不露之间。

开发商：重庆渝北新城枫林置业有限公司

贵宾专线：023-66096699

重庆首席专业商用整合建筑
SQFDC
西部商城
AMOSONIC

中国商业地产十大主流项目

首创了泛中庭园林概念

现代气势的康体园林社区

采用了现代简约风格的设计形式

SD-HOUSE

萝想 · 再生力量 Dream | 梦想回溯。只因一域风景的优雅灵定

我们习惯于一棵树，一面墙，一扇窗，认识一个地方并发现她的真实原味；我们习惯于寻找生活的独特气韵，寻味人生的雍容气度，只缘于它的与众不同。绿韵康城，罕有多维立体景观、1400亩浩瀚林境，动静相宜，胸罗万象，回溯着梦想与自然的本源共真。正若您沉稳不失激情，成功不忘超越的秉性，一域风景独一无二的优雅灵定，从此无以复加。

北城
旺角
SHOPPING

Seascape Villas
海景·国际花园
千亩都市绿岛 顶级私家别墅
凭海临风，极目远眺，
夕阳中，造物主在微风轻拂的海岸上洒下一片柔和的金色，
在海面上倒映起缥缥缈缈的光晕，
这夕阳中的海幻化为爱琴海的海伦女神，
对我发出久违的心灵的召唤，
我听到了爱的琴声和海伦的歌唱，还有天籁的伴音，
那是对天地造化神工的顶礼，
那是对大自然和人本身中神性无比虔诚的崇拜，
她在人的心底种下了一粒激情的种子，让人们去发问：
这个世界，这个宇宙，真的有探索不尽的秘密吗？
在这碧蓝大海的中间，
真的有比伊甸园还要圣洁美丽的地方？
……
今天，古老神奇的中国泉州东海之滨，
在世界海上丝绸之路的起点，在历史的篇章中，
诞生
海景·国际花园！
海景别墅 尊贵人生
千亩都市绿岛 顶级私家别墅

安大·银都花园
以人为本，追求自然
Yiduhuayuan
中国房地产高
高速安置房
高速安置房
开发商：福建霞浦安大房地产开发有限公司
现场地址：福建省霞浦县三河路西段
现场电话：（0593）8638858 8638588 邮 编：355100

建成区
建成区
秉承以人为本，追求自然的设计理念
引用临水而居，沿水而聚的设计重点
Yindu

璀璨江景无遮挡
江滨路第一排新地标
江滨·福泰华庭
中国（福建）标志性建筑地产成功开发典范
江滨·福泰华庭是荣耀的，是俊美的，是现代的，是一首读不完的诗。
再也找不到一个地方，像江滨风光带一样，将山、水、桥、公园融合得如此灵韵；
也再找不到另一个地方，像福泰华庭一样，将人与景观揉合得如此完美。江滨路、江滨公园，解放大桥、闽江水岸，别人节假日专程游览的盛景，一一纳入“江滨·福泰华庭”的私人窗景，上演永不落幕的山水剧情。
休闲与生活的完美结合，为城市菁英，缔造了一个离尘不离城的水岸生活。
FUTAI RIVERSIDE MANSION
福泰华庭
楼盘热线：0591－
83262890 83288111
楼盘地址：福州市江滨中路86号（五一南路与江滨路交叉口处）
开发商：福建福泰置业发展有限公司
规划设计：福建省建筑设计研究院
承建商：福建地矿建设集团有限公司

FUTAI RIVERSIDE MANSION
福泰华庭

■江滨路第一新地标，璀璨江景无遮挡，聚天地之灵气，拥大江之财路，兴业旺家代代昌盛；

■福州高层首创，户户30平方米超大空中花园，买一半送一半，摆脱高公摊困扰，经济实用又

■空中江景会所，星光游泳池等多项配套，静享休闲健康；

■福州首座QSA—8000智能终端社区，多重智能安防，贵族生活尊宠安全体验；

■纯净直饮水系统，过滤饮用水中的有害物质，出水即可饮用，原生态健康生活；

■台江高尚成熟生活社区，学校、医院，大型超市一应俱全，交通便捷，都市贵族生活便捷从

■上海三菱豪华高速电梯，贵族生活价值体现。

法复制的活氧基因，有机建筑的前沿理念，
原生态的高尔夫球场上精构会“呼吸”的活建筑，
筑福州新一代健康、人性的居家空间。
明设计的阳光户型、
北通透的板式住宅、创意横向错层空间、豪华配置精装修……
为五四北现代住宅的标志之一。
古典主义的建筑节奏，融汇传统与现代的建筑语汇，
具悠扬的古典韵味，又兼有动感的现代元素。营造出新古典欧式风格的国际景观生活。
贵的雕塑、宏伟的外观、塔楼、凸窗、美丽的浮雕，轻逸的圆拱、玲珑的尖顶、流线形阳台……
浓的人文艺术气质，刷新着福州人的感官视野！

观音山国际商务营运中心

享受工作 享受生活

从容品鉴自然、云天、大海、绿洲与都市的繁华，举目望出去，多维海景让人颇感惬意，真正做到享受工作！在这里，您会被丰富的生活完全融化，异域风情的海滨旅游区,会所的高雅，运动场所的潇洒，近在咫尺的咖啡馆和餐饮酒吧，美容族的SPA，无论您在那个角落，无论您在思考或漫步，都会有“生活本该如此”的感受和叹悟.

开元国投

营运商：厦门市开元国有资产投资有限公司

联系电话：86-592-2965999 2964878　　邮政编码：361004

公司地址：福建省厦门市思明区厦禾路820号帝豪大厦1807-1808

观音山国际商务营运中心将首期建设11栋楼的启动区，由厦门市开元国有资产投资有限公司开发建设。地块位于观音山国际商务营运中心中部靠近环岛路一侧，分为三个地块：A1、A2、A3。规划建设用地面积9.15公顷，地上总建筑面积约35万平方米，共建设11栋写字楼，拟建高层办公写字楼及商业服务配套，计划工程总投资约20亿元。

建设规模

总建筑面积：510043.8平方米　地上：355192.8平方米　地下：154851平方米。

A1地块：直接面海，拥有无敌海景，建3栋甲级写字楼（1×35F,1×25F,1×23F）。

A2地块：建4栋18层写字楼，呈方形分布。

A3地块：靠近片区内唯一的山体公园区，山景怡人，建4栋小高层写字楼。

灵动天下

观音山国际商务营运中心位于厦门岛东部，占据一个金质区位。片区风景优美，山海双绝，与建筑有机相容。引领东南沿海商务办公的潮流。

● 金质区位，商务氛围浓郁

位于厦门本岛东部地区，交通便利，距机场仅10分钟车程。北临翔安隧道，西接厦门软件园二期。南面与国际会展中心、国际网球中心、国际游艇俱乐部、国际会议中心及国际五星级酒店这五个重要的标志性设施相邻。

● 规模宏大，彰显不凡实力

整个营运中心占地96万平方米，建筑面积约360万平方米，拟建65栋高层和小高层写字楼，其中先期建设的启动区共11栋甲级写字楼。规模之大标准之高，都是迄今为止海峡西岸史无前例的。

● 海山相融，生态办公典范

利用片区面海靠山的环境优势，采用旋转错落的建筑布置，让片区风景最大限度融入每一个办公区域内，引领东南沿海写字楼生态办公的新时尚。紧邻着的观音山海滨旅游休闲区，也将成为商务休闲的好去处，丰富了生态办公的内涵。

让期待更接近
让生活更美满
【阳光翠海】多层 小高层绿色健康住宅
纵情

莲花中学

莲花影剧院

来雅百货

莲花公园

麦当劳

嘉禾银座

JIAHEYINZUO 华天花园

华天花园位于厦门市嘉禾路西侧(武汉大厦来雅百货旁）由一幢7层住宅和两幢18层小高层住宅及一幢31层高层商住楼组成。高层商住楼面向嘉禾路设带广场，社区内设中庭园林，充分体现动静分离的功能区域。建筑外立面线条流畅，落地式玻璃窗与宽敞阳台，精雕细琢，国际气质，逸群绝伦。开发商精心打造高质量的精品住宅，建成环保型，温馨、舒适、安全的高品质住宅生活社区。

AB栋20间内街店面，内街净宽24米，环小区外侧，沿劳动力大厦至东方明珠，C栋一至四层商场面向嘉禾路。

【嘉禾银座】提取世界最繁华的商业中心——[东京银座]的精华，重新设计、组合、嫁接，演绎国际一流商业中心区东京银座、纽约第五大道、巴黎香榭丽舍、伦敦牛津街等国际著名商业街的特色，形成具有自己风格的街区，感受东方消费模式的魅力。

A COMPREHENSIVE HANDBOOK OF DEVELOPMENT OF REAL ESTATE IN CHINA

VOLUME 12

第十二卷

旅游房地产学

第一章

旅游房地产项目的前期策划

在房产界有这样一句名言："世界上没有最好的户型，只有最适合于某一特定人群的户型"。思路决定出路，认识的差异产生效益，前期策划对于旅游房地产开发是否成功至关重要。开发未动，策划先行，惟有一个好的前期策划，才能协调好开发商、投资者及主体经营者等多方利益关系，才能搭建共识平台，为项目成功开发指明方向。

一、前期策划的重要作用

前期策划对于旅游房地产项目的重要作用，归纳起来有以下几个方面：

第一，前期策划是旅游房地产项目开发能否成功的关键性一步。"凡事预则立，不预则废"，对于旅游房地产项目来说，除了兼有房地产和旅游的基本功能之外，还涉及许多其他领域，因而其开发过程也较一般的房地产项目要复杂得多。要想使复杂的开发过程显得有条不紊，确保项目开发的成功，前期策划就显得尤为重要。设计单位不可能领取了开发单位的委托的任务书后就把建筑设计出来，他们无法同时掌握和理解旅游房地产如此丰富的文化内涵。这首先要有专家事先把许多规划人员没有理解或尚未掌握的知识进行消化，变成规划设计人员能够理解的技术语言。如果我们把设计工作人员比喻成一个剧组的编剧，那么前期策划就是该部剧本赖以产生的原著，它反映了故事情节的来龙去脉，由此可见，前期策划的好与坏，以及策划时考虑是否周全，将直接影响到项目开发进程，因此说，前期策划对于旅游房地产项目的开发来说至关重要。

第二，前期策划不仅对项目硬件建设的内容提出了严格要求，而且对该项目包括子项目的组织管理也指出了方向性意见。旅游房地产开发项目过程中有许多内容是开发者或经营管理者所不熟悉的，特别有许多事情要与硬件建设项目同时进行，如部门的设立、人员的招募培训等。而且，许多子项目的经营管理者不一定是开发者。退一步说，就是投资者想自身经营的话，也需要通过招商或者引进方式物色伙伴，通过承包、合作等形式来共同参与经营管理，如保健之类专业性很强的子项目，一般不宜由房地产开发商自己来参与经营管理。进入这个项目经营管理的非开发投资者，也应服从这个项目整体的管理要求。因为对于入住者或一般游客来说，旅游房地产项目的管理经营应该是一体化的。这种非主体经营管理合作者的招商和引进，乃至进入后的协调合作，都要在前期策划报告中明确招商对象的条件和进入后参与经营管理的准则。从这个意义上说，前期策划不论对于开发者、投资者、主体经营者或者被招商者，都是一个互相接触后达成共识的平台。

第三，前期策划除了对项目软、硬件建设具有指导的功能外，还对资金筹措和经济可行性研究具有指导性意义。旅游房地产项目开发所需资金量大，项目开发往往在资金尚未完全到位的情况下就可以开始操作。开发商可以通过多种途径来筹措资金，比如招商引资、房地产预售、银行贷款及会员卡制等都是可以采用的融资方法。这就需要前期策划提供招商引资的子项目报告,因为它提供了房地产预售、会员卡和银行抵押贷款诸多操作的指导性意见。

第四,前期策划能够根据开发商、投资者的意愿和科学合理的运筹规律,为开发商提供工程、资金、人力等资源的进度规划,可以以最有限的财力和物力取得最大的经济效益和最快的建设速度。与此同时,也使开发商、建设者、经营管理者各方面人员明白自身在项目建设中的地位,促进彼此之间的配合和制约。

综上所述,前期策划工作的重要作用就是整个旅游房地产项目的灵魂。可以说,做好了前期策划工作就相当于抓住了项目开发经营与管理的关键内容。

二、前期策划的指导思想

1. 运用创新或独到的思想理念

主题策划要取得较好的策划效果,在创新的策划思想理念指导下是分不开的。房地产项目开发理念日新月异,各种新思想、新理念层出不穷,策划人要深刻领会这些理念的精髓,把握他们的实质,灵活的运用到旅游房地产策划实践中去。运用这些新理念的同时,还要进行筛选,把带有独到的思想理念运用好,引导旅游房地产主题策划的新潮流。

2. 领先引导消费者的需求

旅游房地产主题策划不但要满足消费者的需求,还有引领消费者的需求。这是因为主题策划总是走在市场的最前面,发现市场的潜在需求,为项目开发做好思想准备。当前,在激烈竞争的市场环境下,部分发展商已不再被动的迎合消费者的口味,而是努力引导市场,创造超越现有的生活需求,将自身对居住文化的理解和独特的审美品位融入房地产项目中,形成风格独特,个性鲜明的“明星项目”,有些甚至因为其过于前卫的风格而被归于“异类”。像用“音乐”概念作为项目的主题,真实有点不可想象。在引领消费者需求的同时,还要注重体现旅游地产项目独特的功能需求,增加量身定做的空间和相应的设施,在开发理念和设计细节等各方面更深层次的体现“以人为本”的思想。

3. 要善于挖掘项目的文化科技内涵

在旅游房地产房地产策划过程中,人们往往运用景观、文化、历史、社会等概念,把房地产项目提升为一个系统的文化工程,贴近生活的文化内涵。随着科技的发展,运用各种科技概念来策划项目的也为数不少,使项目呈现更加个性化的特色。在生态建筑、网络技术、智能化、高科技、新材料的使用方面,较之以往有更深层次的内涵挖掘。策划人要善于挖掘旅游房地产项目的文化科技内涵,使得项目的民族文化精髓和科技文化理念融为一体,比翼双飞。

4. 十分注重建筑设计的理念创新

建筑设计理念的策划创新,不仅仅是发展商塑造产品个性特征、营造独特氛围的有利手段,同时也具有繁荣建筑创作、促进建筑文化、改善城市景观的良好社会效益。我们知道,建筑设计是产品定型的主要阶段,这个阶段的建筑造型、建筑风格、建筑规划、平面布局以及立面效果等,很大方面影响整个项目的个性化和差异化。如果在这个阶段没有把握好,在施工建设的时候要修改是相当困难的,即使不计较金钱,那也很费时费力。因此,在建筑设计阶段就要考虑好建筑设计理念和策的开发划创新的问题,使得产品跟上时代的要求。

5. 要把握好主题概念的整合和推广

有了独特的、富于个性的策划主题后,怎么把它整合推广好也是一个不可忽视的问题。主题概念就像一条主线,把项目分期分区推出的产品珍珠串成一条项链;主题概念就是一个中心,项目开发的各个环节均围绕这一中心完成;主题概念是一种说法,整个项目的构成、功能、风格、形象等均通过它得到合理的深入人心的阐述。因此,整合和推广好策划主题就显得格外重要。

6. 旅游房地产的创新,尤其是营销手段

与传统房地产不同,旅游房地产的所有权不一定发生转移,它的卖点是它的功能、它的服务、它的软性消费品。所以在营销手段上,必须进行技术创新,向国际潮流靠拢,不一定将自己限定与房地产业的销售模式上。例如推行贵宾会员卡、异业联名卡,甚至可以进行跨行业结盟,跨国度联动,实现对消费资源最大限度的挖掘。

7. 加强规划,整合旅游与房地产资源

风景名胜地旅游资源的数量、质量及所坐落的地理位置和可进入程度决定了房地产开发规模和利用程度。只有对旅游景点客源市场需求进行分析,并细分休闲旅游、度假旅游、体育运动旅游等市场，才能通过房地产规划设计，稳步有序地进行开发，进行营销及全过程的信息管理服务，进而形成一个全新的产业运行模式。

三、前期策划的基本内容

由于旅游房地产本身是由旅游和房地产两大产业交叉结合而形成，因此，房地产开发涉及的内容和旅游涉及的内容在前期策划的报告中均要涉及。如果属于主题公园或者主题的休闲场所，与主题有关的文化、科技子项目也是其重要内容。既然是旅游项目，一般都带有园林风景区的显著特征，有的时候，园林还占据重要地位。另外，围绕上述功能发挥的交通组织、旅游组织以及旅游房地产的物业管理也是不可或缺的内容，前面提及的项目筹措资金、工程、人力的进度表也可作为前期策划的内容之一。旅游房地产前期策划文本的具体内容有：

第一部分　总论

第一章　绪论

在该章中，经对项目的定位及其依据，系统的逻辑模型进行概述和分析，在此基础上对该项目中涉及的各个子项目（系统）在本系统中的作用，以及子项目相互之间的关系和对这些子项目的要求分别进行简要地叙述，这是各子项目报告的撰写者执笔的基本依据。

第二章 项目开发、经营和管理的组织机构确立

在该章中，经对项目开发、经营和管理的组织机构进行布局，可以使投资者、开发者依此进行人事的安排。

第三章　项目开发的具体步骤实施

由于硬件、软件建设同时进行，预售、招商也会提前，因此对整个项目的操作，应给开发商、投资者指明具体实施步骤，一般可用网络图来进行表述。

第二部分　项目整体规划方案的完善

这部分又分为两大内容：一是完成规划方案图，把所有的硬件建设的项目都从规划方案上表示出来，必要时可以补充一些示意性质的局部方案图；二是规划方案图的文字说明。

第三部分　项目的基础设施和建筑要求

在该部分内容中，要把整个项目的给排水、能源、电力、通信、环保等设备的基本要求和经济核算加以表述，对建筑的技术参数，如容积率、智能化程度、建筑风格、建材等提出要求。

第四部分　园林建设和园艺

该部分内容在对项目中园林建设的规划理念、规划思路和规划方案进行表述的同时，还要对树木、花卉、盆景、蔬菜、瓜果的培养和经营方式加以研究。

第五部分　体育运动

体育运动可以分为陆上运动和水上运动两大类。在这里要对设立的项目、场地、设施以及服务人员的人数等基本要求写出方案性研究报告。

第六部分　保健服务

项目中的保健主要是对亚健康和老年康复服务而言，可提出开设检测、理疗的项目，需要的设施、资金的估算和医务人员的要求及人数。

第七部分　交通组织

项目内部的道路，停车场规划方案，项目到旅游点的交通组织，从各地到项目的交通组织。

第八部分　旅游组织

项目内部旅游节目的编制和组织方案，项目外的游客招募，旅游项目的设计和经营方针。

第九部分　宾馆、餐饮和会议服务

项目内宾馆、出租的别墅的客房服务、餐饮服务和会议服务的方案，服务人员的人数和要求，服务设施的配置。

第十部分　旅游房地产的物业服务内容拓展

该部分内容经对项目内物业拓展的内容，经营模式所需要的设施和服务管理人员的要求进行阐述。

第十一部分　商务服务

项目中旅游商品的研制和组织，一般生活用品的采购和销售，文秘、快递等商务项目的设计。

第十二部分　通信信息服务

项目中通信信息系统的策划。

第十三部分　资金筹措和可行性研究

对项目投资方式和资金多渠道筹措进行探讨，根据各子项目的估计，对投入产出进行预测。

第十四部分　文化、娱乐和宗教信仰

该部分应对旅游房地产开发项目的文化、娱乐及宗教信仰等内容进行策划安排。

以上十四个组成部分的报告构成了前期策划报告，因为是根据系统工程方法进行组织编写，虽然各分报告的责任人不同，但经过整理、归纳和总结后可将各部分内容融为一体。

四、前期策划系统逻辑模型的建立

由于旅游房地产项目的开发是一项相对复杂的系统工程，因此作为其总体策划者在策划之初就必须把各项软、硬件建设之间的逻辑关系理清楚。如同其他系统策划一样，旅游房地产项目前期策划也必须把项目内部的所有内容看作是一个整体，即一个系统。该系统的基本特征为：整体性、层次性、适应性、相关性、集合性以及动态性。现以度假村的前期策划的系统逻辑模式为例加以说明图 12-1：

图 12-1　某度假村开发经营系统逻辑模型图

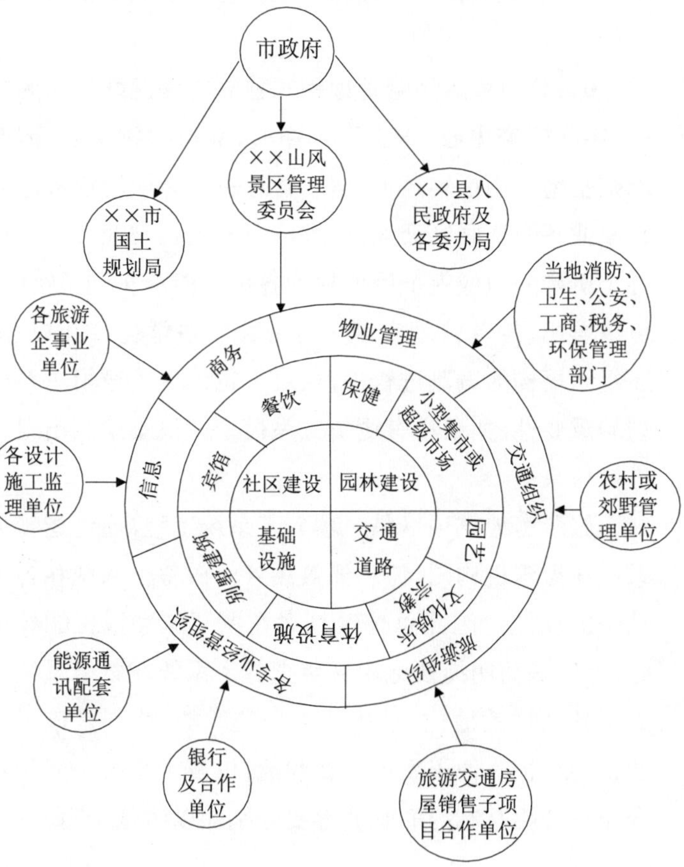

1. 整体性

如图 12-1 所示，其中大圆圈代表度假村这个旅游房地产项目整体，它代表一个大系统，这就是整体性。

2. 层次性

图中大圆圈分为三个层次，最里面核心层由园林建设、基础设施和道路组成。这体现了度假村的特色，它是处在有山有水的风景区中，园林规划建设决定了它的休闲和度假功能的基本条件，而基础设施是人们生活所必需的基本条件。道路作为划分功能区域，一般又是与基础设施建设管道同时进行，因此也属于基础设施之一，这三者奠定了度假村性质项目前期开发的地位；第二层是各子项目即子系统的硬件建设，通过这些项目功能的实现，度假村就实现了其经济效益和社会效益；第三层是确保上述两个层次各种功能得以发挥的管理保证子系统。除了信息系统是大系统和各个子系统连接的神经系统外，其他诸如旅游组织、交通组织、物业管理组织、商务组织，以及如保健、体育等专业经营管理都是以管理功能为主的软件建设。整个度假村只有这些组织功能的综合体现才能正常地运转。

3. 适应性

由于项目处在一定的周围环境中，因此，我们把与项目有关的单位都看作兄弟系统加以表示，而且周围环境的变化也会影响到本系统的变化，比如附近高速公路的开通、所在地政府政策的变化等都会对该系统产生重大影响。

4. 相关性

上图反映了系统内各子系统之间的逻辑关系，它们相互依赖，同时又相互制约。其中一个子系统发生改变，其他子系统在一定程度上也可能发生改变，比如物业管理方式发生变化，其他子系统都有可能跟着变。

5. 集合性

该项目是由十多个相互关联又相互区别的子系统结合起来的，项目开发具有很强的集合性。

6. 动态性

该系统是通过人力、物力和信息的不断输入和输出来运转的，由此其动态性显而易见。

系统逻辑模型的建立对于前期策划来说，绝不是一种可有可无的事情，它的建立有助于策划者对项目的理解和定位，能够帮助他们分清各项工作的主次、轻重和缓急以便作出科学的决策。但并非所有的旅游房地产开发项目前期策划的逻辑模型都一样，它完全按照项目开发的内容和程序的变化而发生变化。

五、系统功能的组织体现

在明确所要开发的项目逻辑关系后，就应将它们具体体现在组织机构中，因为将来这些项目建成后，是需要通过具体组织体系进行经营管理来实现其功能。

在这里仍以某度假村系统功能的组织结构来进行阐述如图 12-2 所示：

图 12-2　　某度假村组织机构图

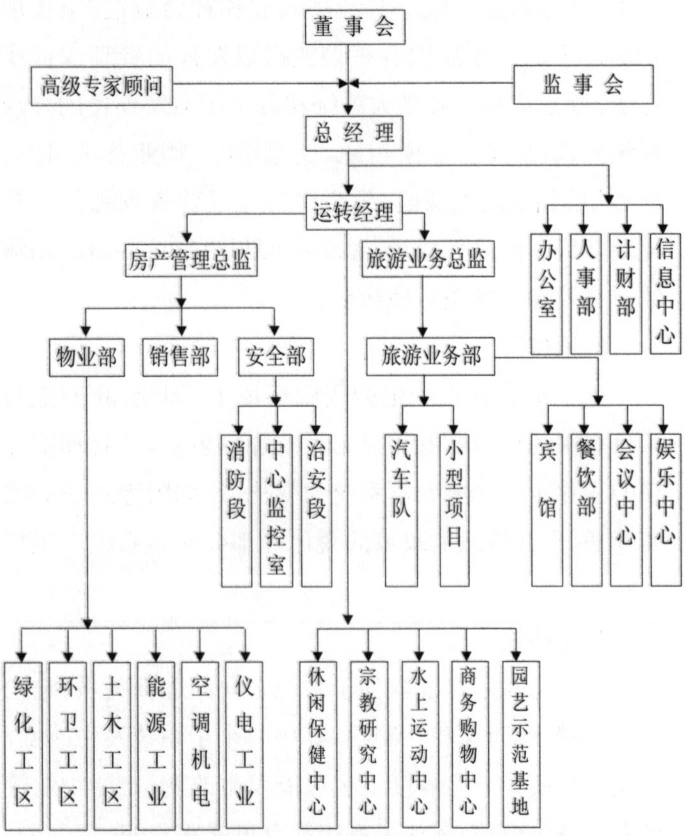

1. 董事会、监理会。董事会由董事长及若干董事组成，董事长为法定代表人，一般由控股单位委派担任。监理会主要是监督董事会的决策及组织运作情况。

2. 高级顾问团。这是一个咨询机构，从工作需要角度考虑，因为度假村的功能纷繁复杂，专业知识涉及面广，仅仅作为投资者的董事会成员难以把握，可应用咨询机构帮助决策；从现代化管理的角度考虑，应组建一个独立于董事会和行政执行官（CEO/ 总经理）之外的鉴别机构；从商业操作来讲，高级顾问都有其专业或行业的社会背景，可以带来该专业最新发展信息和动态，也可以带来商机。

3. 总经理。它是经营管理公司的负责人。

4. 运转经理。由于整个度假村的经营是 24 小时不可中断的动态运作，各个部门随时都有情况发生，因此必须有能够代表总经理的管理者，24 小时不间断行使总经理运转中的职权。

5. 房产管理总监。它是全面负责度假村房产、安全事务的负责人。

6. 旅游业务总监。它是全面负责旅游接待工作的负责人。

7. 办公室、人事部、计财部、信息中心。这四个部门是总经理直接领导下的职能科室。

8. 物业部、安全部、销售部、旅游业务部及下属各个专业班组。这些部门是度假村创造营业利润的核心业务部门。

9. 公司直属经营管理相对独立的保健娱乐休闲中心、宗教研究中心、水上运动中心、商务购物中心、园艺示范基地。由运转经理、房产管理总监和旅游业务总监组成业务交班联席会议，处理度假村的日常业务。上述各个机构的组成就把度假村的各项功能落实到了组织，可以看出，经营管理实现了专业化和科学化，同时从上述组织机构的编制过程中，反过来也体现了逻辑关系模型的重要性，如果没有逻辑关系模型就很难绘制出组织机构体系图。

旅游房地产项目是一项人工系统工程，通过逻辑关系图和组织机构图，使总体策划者明白整个系统和各子系统的功能。因此总体策划者在撰写策划报告的导论时，就应该简明扼要地用文字把各子系统在整个系统中处于什么样的地位、承担什么样的职能，特别是该子系统还要承担其他子系统什么职能，以及子系统之间相互合作或者相互制约的职能都要分别加以清楚说明。

第二章

旅游房地产学的理论基础

旅游房地产学是房地产与旅游等学科交叉后所产生的一门综合性边缘学科，从房地产业发展的角度来界定，旅游房地产学属于房地产开发第三阶段的一个分支，其出现大大地丰富了房地产学的内容。旅游本身包含了“食、宿、行、游、娱、购”六大要素，这些要素在与房地产业交叉过程中并不是简单地算术叠加，而是要“你中有我，我中有你”的全面融合，像我国早期开发的深圳“锦绣中华”、珠海的“圆明园”之类的主题公园都是旅游房地产开发的经典案例。因而，了解旅游学及其产业——旅游业相关的基本理论知识，对于加深旅游房地产学的理解有着重要的作用。

一、旅游学概述

旅游学是以旅游活动和旅游业为研究对象的一门新兴学科，它以旅游涉及的诸多因素及其相互关系为研究领域，重点研究旅游的产生、发展及其活动规律，同时研究旅游活动中需求和供给关系的学科。

由于旅游活动和旅游业涉及诸多方面，作为一门研究学科，旅游学所涉及的范围相当广泛，但把旅游学单独作为一门学科来进行研究，就我国来说，时间还不是很长。在这之前，学者多半是从其他学科，比如经济学、历史学、地理学等领域入手进行旅游学研究的。

从科学角度对旅游现象进行系统研究可以追溯到第二次世界大战以后现代旅游业的兴起时期。早期阶段，国外对旅游学的研究大多侧重于实用性，即从经营学角度探讨旅游业经营及推销的理论和技巧。随后就从单一学科角度的研究方向向多学科交叉研究的方向发展。到 20 世纪 70-80 年代，新的旅游学分支学科不断涌现，不仅有旅游经济学、旅游管理学、旅游市场学、旅游价格学等经济管理范畴的分支学科，而且还出现了旅游地理学、旅游美学、旅游心理学、旅游法学、旅游医学等旅游与其他学科交叉而诞生的分支学科。以后自然科学、工程技术的学者也陆续参与进来，又产生了与自然科学、工程技术相交叉的旅游学分支学科。从这个角度讲，旅游房地产学也可以视作旅游学分支学科。

我国真正对旅游学的研究，始于 20 世纪 70 年代末到 80 年代初。最初是从翻译国外旅游研究的专著开始的，这些工作虽只是些基础方面的，但有助于人们对我国旅游业性质的正确认识和判断，80 年代中期以后，我国的旅游学理论研究人员也逐渐以新的视野和角度、新的体系、新的方法进行研究，加上旅游业的规模不断发展壮大，具有中国特色的旅游学理论体系基本确立，这为研究旅游房地产学指明了方向并奠定了理论基础。

二、旅游活动

旅游活动是一种社会生活现象，同时也是人类社会经济和文化发展到一定阶段的产物。就其本质属性来讲，它是一种以文化为主要特征的综合性社会活动。它是以一般文化的内在价值为根据，以食、宿、行、游、娱、购六大要素为依托，以旅游主体、旅游客体、旅游中介相互关系为基础，是集物质文明和精神文明为一体的一种社会活动。

1. 旅游活动的四大基本特征

（1）**享受性**。求知、求乐、猎奇、尝新等都是古今中外旅游者的共同追求。因此旅游活动是人们为了追求物质、精神上的享受而形成的活动，是一种随着社会生产力水平提高而出现，并不断发展的高级消费形式。尽管不同旅游者对旅游内容的需求有所不同，但有一点是共同的，就是为了获得身心的愉悦和满足。

（2）**异地性**。与日常定居的生活方式不同，旅游是到异地进行的，因此是异地性的，而且往往是流动性的。

（3）**暂时性**。旅游活动与长久改变居住地不同，也与到异地上学、就业不同，它主要是在异地暂时的停留和进行实现旅游目的的活动。

（4）**综合性**。由于人们生活、工作内容的日益丰富，许多活动都可以与旅游内容结合起来。从字面上讲，“旅游”是旅行和游览两个过程的概括。其涉及食、宿、行、游、娱、购六大要素，实际上涵盖了文学、艺术、哲学、美学、历史、宗教、医药、民俗、饮食、服饰、文物建筑、商业、交通、地理、园林等各门学科乃至各种现代科技成就。旅游者在旅游活动过程中与上述因素同时发生联系，因此旅游活动具有较为明显且有主题内容的综合性特征。

2. 现代旅游活动被赋予的新特征

随着世界经济、文化、科技的突飞猛进，存在于高度社会化的社会环境中的现代旅游活动，除了具有上述四大基本特征外，还表现出了以下新特征：

（1）**活动的季节性**。季节性的变化既有接待地的原因，也有客源地的原因。从接待地的角度讲，当地的气候条件对来访者具有重大影响，尤其是依靠自然资源吸引游客，如华南的冬天、江南的春天、东北的夏天和华北的秋天。但通过努力可以将条件转换，如到哈尔滨去领略冰雪世界的风采，恰恰是在严冬，这时寒冷天气倒成了吸引人的条件。如果客源地的气候不宜当地旅游，可把当地人输送到接待地去；或者客源地有旅游季节带薪放假制度和国家法定节假日，如五一黄金周、十一黄金周及春节长假等，也会输出游客。

（2）**游客大众性**。在参加旅游活动的人数、规模、阶层的构成上，大众性是主流层面，这是现代旅游活动最为显著的特征。据“世界旅游组织”统计，2004 年各国、各地区的国内、国际游客总人数已超过 150 亿大关。旅游已经成为劳动者阶层也可享受的活动之一。同时，通过旅行社组织的结伴而行，已经成为人们进行旅游的重要形式，不少政府相关企事业单位还把旅游作为奖励职工福利的一种手段。

(3) **发展的持续性**。从 20 世纪 50 年代起，世界旅游活动的发展持续不衰，特别是进入 21 世纪以来，旅游高潮此起彼伏。从世界现在旅游活动发展的总体情况来看：一个地区或国家因局部原因而导致来访游客的减少，可能会由于另一地区或国家接待游客数量的增加而获得弥补；一时国际旅游人次的下降也可能会由国内旅游人次的上升所代替。持续性特征还表现在旅游活动已不是个人的偶然行为，而是随着人们生活水平快速提升后表现出的一种经常性的活动。

三、旅游与旅游业

由于人们的生活环境和所处的时代不同，人们对旅游的意义也有着不同的理解和认识，提法也各有差异。一般认为，旅游是人们以旅行为手段，离开定居地，并在异地作短期停留，以了解自然和社会，实现完善自我或发展事业为目的的一种社会生活现象。这种理解把握住了旅游的主要特点，同时也阐明了旅游的基本属性，是比较客观和符合逻辑的一种界定。

旅游业从旅游学研究的角度可分为一般意义上的旅游业和广义上的旅游业两种。如前所述，旅游活动是一项涉及面广、综合性强的活动，其进行需要具备一定的条件：首先是要有愿意进行这类活动的主体——旅游者；其次是要有可供人们实现活动目的的场所和对象，即旅游活动的客体——旅游资源；再次还要有将主、客体之间联系起来的组织和条件，即旅游活动的媒介，或称之为中介组织。这三者相互依存、相互制约，构成旅游活动的整体或者旅游活动的三个基本要素。一般意义上的旅游业是三要素中的第三要素——旅游活动媒介，因为只有它的介入才能使旅游活动更加顺利进行。

1. 一般意义上的旅游业

一般认为，旅游业是由旅行社、旅游交通、旅游饭店、旅游购物商场四大支柱组成的一种新兴经济。

(1) **旅行社**。这是旅游产品和旅游消费者之间的中介机构，它也是旅游产品进入流通阶段的产物。由于人们生活水平不断提高，不仅要求对进行旅游活动的各种活动给予保证，而且要求在整个旅游活动中为旅游者提供更为方便、舒适的服务。旅行社正是为适应旅游者的这些需求而产生和发展的，它有以下三个方面的作用：一是旅游活动的组织协调。旅游者独自到一个不熟悉的地方游览，往往会遇到各种困难，通过旅行社的组织、安排，人们就不必担忧外出旅游中遇到的种种难题，能够在旅途中能顺利地按预定的计划行事；二是旅游产品的组合与销售。旅游产品实际上是一种商品，它需要有人把旅游中涉及的各种要素组合成产品介绍给旅游者，让其购买。旅行社多是旅游组合者和销售者，因此它是带动其他旅游供给单位经济活动的枢纽。尽管住宿部门、交通部门及其他有关接待部门也直接向游客出售各自

的产品，但其相当数量的产品都是通过旅行社这一渠道销售给旅游者的。在现代旅游活动中，旅游产品各个组成部分的生产者经常不直接与旅游者发生购销关系，而是通过旅行社采取设计、组合旅游产品的方式完成销售的。它的优点在于：其一，旅行社可以用最合理的时间和最优惠的价格去消费旅游产品，使产品产生最优惠的经济效益；其二，大大简化了旅游者与旅游供给单位之间的购买行为，变为一次买卖。其三，旅游信息有效沟通与传递。旅行社向旅游者和旅游产品提供方提供了旅游供需双方的有效信息，很好地发挥了宣传和沟通作用。

(2) **旅游交通**。这是指为旅游者由出发地到旅游目

的地的往返以及在各旅游景点往返所提供的交通服务。其方式主要包括:铁路、公路、水运和航空四种。人们在旅游过程中,利用不同运输方式,实现空间转移,从而达到去异地实现观光旅游的目的。人们在旅游活动全过程中所涉及的交通运输服务包括两大部分:其一,旅游者在大多数情况下首先借助公共交通运输工具到达旅游目的地,包括火车、汽车、轮船、航空班机和市区公交、出租汽车等;其二,旅游交通包括旅游包机、旅游车队、旅游船舶等。旅游者依靠旅游交通抵达各旅游景点,两者相互配合和联系实现了旅游者的运送任务。

(3)**旅游饭店**。从现代旅游企业的角度来看,所谓“饭店”是指以大厦或其他有形空间、设备、产品和无形的服务为一体,依法设立,为旅游者的旅行、游览提供住宿、餐饮、娱乐、购物和其他服务而直接获得经济效益的综合服务性的企业。它一般由住宿、娱乐两大功能区组成,以出租客房、厅堂、会议室和综合服务设施等使用价值为主,同时生产饮食产品并提供服务,是一种综合性较强的经济组织。为了保证旅游产品的质量便于在各饭店之间进行比较,同时为了保护旅游者的切身利益,各国饭店建筑设备、饭店规模设施、服务质量、管理水平等条件,逐渐形成比较相同的等级标准。饭店的等级就是饭店价值和使用价值的综合评价,也是软件和硬件的总体评价。目前一般通用的是五星级评定标准,一般来讲:一星级、二星级饭店属低档饭店,三星级饭店属中档饭店,四星级、五星级是高档饭店。饭店的星级越高,拥有的设施和服务的水平也越高,价格相应也就越高,相应的房地产开发商投入的资金也就越大。

(4)**旅游购物商场**。旅游购物是指旅游地为旅游者提供的、以物质形态存在的商品,它是旅游者在旅游活动中购买具有旅游地所在圈、地区或某个民族特色的物品。旅游购物与一般日用购物有显著不同;旅游购物是为满足游客在旅游要素中“购”的功能而经营的,旅游购物商场一般在城市的最繁华处、风景点或名胜古迹附近,其第一宗旨是方便游客。与此同时,旅游购物商品往往还与旅游地的景观文化融为一体,大致分为六个类别:第一类是旅游工艺品:它指各种雕刻工艺品、泥塑品、陶瓷工艺品、金属工艺品、漆器工艺品、编制工艺品等等;第二类是旅游纪念品:以旅游风光或文化古迹为题材,应用当地特有的原材料制成的各种纪念品,如徽章、布袋等;第三类是文化古玩:如我国的笔、墨、纸、砚等文房四宝,石碑的拓片,出土文物的复制品等;第四类是土特产品:如茶、酒、中成药和有地方特色的各种食品;第五类是旅游食品:如风味食品、方便食品等;第六类是旅游日用品:指旅游者在旅游活动中所购买的具有实用价值的小商品,如旅游鞋帽、登山手杖、地图等。

旅游购物商场的主要作用具体表现在以下几个方面:首先,作为旅游六要素之一的“购”,可以通过旅游购物商场和摊位来拉动旅游业整体经济效益。旅游购物的收入已经占到整个旅游总收入的40%-60%,不仅有外贸出口功能,也有拉动国内消费之功能。

其次,旅游购物商场的设立和发展也是优化产业结构的重要途径。通过设立购物商场,除了解决旅游业中“购”的功能,客观上也解决了相当一部分人的就业问题。另外作为一个商品的产业链,还可以带动与之相关产业的发展。

再次,旅游购物本身就是一种旅游资源,因为具有当地特色的旅游商品生产过程,往往非常具有参观价值,而且通过参观生产过程,能更加刺激游客的购物欲望,如现代农场、荷兰的乳酪生产就有这种功效。

最后，旅游购物商场就是游客旅游的目的地，在此地“购物”即将上升为旅游六要素的首位。

2. 广义的旅游业

随着旅游业向纵深发展，拥有旅游资源的场所和从事旅游服务部门的功能将会逐渐进行整合。如风景区在开发时，往往规划设立提供食宿和购物的专门场所；反过来，当旅行社这样的中介机构发展到相当规模的时候，如果发现某些地方具有开发的价值，也会作为投资商或股东去参与风景旅游地的开发，成为旅游资源地的经营者或合作规划者。在这种背景下所形成的旅游业，可以认为是广义上的旅游业。旅游房地产开发中所形成的旅游场所就是属于广义旅游业的范畴，它的硬件包括具有食、宿、行、游、购、娱六大旅游要素的实物载体，它的软件包含有旅行社这样的中介机构的功能。所以说，对广义旅游业的定义和认识是进行旅游房地产项目策划的理论基础，只不过它的硬件和软件呈现的形式与一般意义上的旅游业还有一定的差别，这正是旅游房地产学所要解决的重要问题之一。

四、旅游房地产发展势头强劲

目前，我国旅游房地产其行业发展呈现如下特征：城市房地产开发重心开始“上山下乡”、“依山傍水”，向以休闲度假为主题的旅游房地产转移；旅游地产项目开始整合，由“居家型”向“旅居型”过渡；以产权酒店为主体的投资型模式开始向分时共享产权的消费模式转换，使旅游房地产开发模式发生根本性变革；旅游房地产金融证券化模式初显端倪，交换平台、交易系统成为旅游地产发展的引擎。

一般而言，旅游房地产包括四种类型：一是旅游景点地产，主要指在旅游区内为游客活动建造的各种观光、休闲、娱乐等非住宿性质的房产；二是旅游商务地产，主要指在旅游区内或旅游区旁边提供旅游服务的商店、餐馆、娱乐城建筑物及关联空间；三是旅游度假地产，主要是指为游客或度假者提供的、直接用于旅游休闲度假居住的各种类型的地产，如度假村、产权酒店等；四是旅游住宅地产，主要指与旅游区相连接的各类住宅建筑。目前，在国内一些经济较发达的城市，旅游房地产市场正在从单一景观开发到多点景观开发，并逐步走向以旅游资源为依托的准旅游房地产开发，即旅游房地产的第四种类型——旅游住宅地产的开发。该类住宅的开发，不仅仅是房地产的开发，更是旅游资源的开发和旅游区域经济的开发。与此同时，旅游地产的开发与经营要合情合理地进行嫁接，找到旅游业与房地产业的切合点并把两者有效地糅合起来。

如今，已有一部分开发商已经把目光从住宅建设和写字楼建设转移到了另一块更大的、并且在不断扩大的蛋糕上，即依托旅游资源而延伸出的以休闲度假为主的旅游房地产上，并且其中有许多开发商赚得盆满钵盈。

1. 旅游房地产的前景概述

随着我国房地产市场的不断升温，房地产行业一度出现发展过热、过快的势头。这从长远来看，并不利于国民经济健康、稳定的发展，甚至会造成相当大的负面效应。为此，国家果断采取相应措施，收紧土地供应，从源头上控制房地产行业的无序发展，并把土地政策提升到了宏观调控的地位。由于国家对土地供应的控制力度加强，直接引发了地价的飞涨，加大了房地产开发商的开发成本，使得开发商在拿地的时候，不得不考虑自己的资金运作能力以及由于地价上涨而带来的不可预测的风险。所以，很多开发商开始把目光从城区转到郊区或者别的值得开发的领域，这就为旅游房地产的发展带来了前所未有的契机。

我国房地产行业持续高温，旅游业又是国家近年来大力倡导发展的主要产业之一，由此二者衍生出来的旅游房地产，必将在今后相当长一段时间内大放异彩。

我国地大物博，人口众多，可供开发的旅游景点很多，旅游市场前景广阔。随着国民经济的快速、健康、稳定发展，人民生活水平的日益提高，假日旅游已经成为出行的首选。按目前每年 10 亿人次的旅游人数和 5000 多亿元的旅游收入水平计算，预计到 2020 年，中国将成为世界第一大旅游目的国及第四大客源输出国，旅游需求将在未来十年内以每年 8.5%的速度增长，旅游业的迅猛发展，将带动一大批相关产业的崛起，其中就包括与旅游业息息相关的旅游房地产。近几年来中国经济的发展也为旅游度假市场搭好了一个起飞平台。在 2008 年北京奥运会和 2010 年上海世博会的带动下，中国的旅游房地产业将进入全新的发展阶段。

随着人民生活水平的日益提高，老百姓的假日出游也不再满足于“蜻蜓点水”式的匆匆一瞥。他们需要的是在一段时间内人与自然的融合，心与心的交流，以期达到“天人合一，物我两忘”的境地。旅游房地产的开发一定要符合旅游大众的心理预期，做好产品定位，才能真正满足人们的旅游需求，从而达到自己的经济目的。

一些有远见的开发商已经把触角伸向了这一领域，并经过周密的调查研究，开发了一系列切实可行的项目。据统计，目前涉足旅游休闲地产的公司已超过百家，其中既包括首创集团、合生集团、万通集团、华侨城集团等一大批知名房地产开发商。据悉，三林地产已制定了宏大的海滨度假项目计划，上海名企前沿控股集团正在海南、天目山开发度假、会议项目，天津泰达集团收购了目前国内最大的分时度假公司……，一切事实表明，各大房地产开发商都已加快了进军旅游房地产的步伐。

旅游房地产被看好的另一个原因在于交通条件的改善。过去由于客观条件的限制，人们可选的交通工具有限，而且路况不好，车速又慢，人们宁愿待在家里，也不愿出门“活受罪”。现在随着社会经济水平的提高，各项硬件措施得到了极大的改善，人们可以方便地选乘各种交通工具，而且由于路况的好转使得车速越来越快，为人们的出行带来了极大的方便。人们可以在很短的时间内就往返目的地。

国家为了促进旅游业的发展，也为人们的出行提供了各种各样的休假制度，一时间，假日旅游成了人们谈论的热点。逃离城市，回到乡村成为新新人类的主题。人们不再满足于简单的居住需求，开始更多地关注自然对居住环境的影响，这就促进了旅游及休闲度假和房地产开发的结合，一些楼盘甚至不惜重金营造自然景观，以吸引购房者的眼球。

就目前度假房产用地来看，虽然与城市有一定距离，并非理想的开发用地，但地产商可以以较低的价格来获得大量的土地储备。从长远发展来看，一方面城市向外沿扩张将使此类用地价格上升，并使开发房产成为可能；另一方面，通过开发商开发休闲度假项目，使周边地块升值，也可以开发房地产项目。

相对于度假地产，休闲地产也有其不可忽视的发展潜力。休闲住宅大多具有清幽宁静的风景以及得天独厚的自然环境，部分先富起来的人有欲望、有能力去消费休闲住宅。关键在于开发的时候要解决三个问题：一是选址。主要是看当地的交通条件以及自然环境。二是定位消费群体。即不同的年龄层以及收入等各方面的因素。三是市场的需求量决定局部的开发力度。购买休闲住宅，不仅是买空间，买面积，更多的是买环境。因此，这类项目的开发应尽可能保留原有的自然风光。

开发旅游房地产，虽然前景迷人，但是对于开发商来说，一定要做好开发前的各项准备工作，做到心中有数才能稳操胜券。

2. 开发旅游房地产要有自己的特色

旅游房地产的开发前景虽然可观，但也不是每一个项目都可以成功，成败的关键在于能不能形成自己的特色。现阶段投资旅游房地产有以下三大优势：第一，时间和资金有保障。我国为了促进旅游业的发展，不断增加法定节假日的天数，现在城镇居民每年的法定假期已达到 100 天左右，这就保证了居民有足够的时间外出旅

游、度假及休闲。另外,我国的人民币储蓄余额已达到11.4万亿元,其中用于房地产投资的资金占到半数以上,这就保证了一定的市场规模。第二,国家政策有保障。旅游业是近年来国家大力推行的主导产业之一,国家对旅游房地产项目的支持力度也很大。有数据统计,去年"十一"黄金周期间,我国旅游总收入为397亿元,比前年同期增长14.4%。第三,在配套设施方面有待健全。比如在吃、住、行方面,互动设施以及交通条件得到了很大的改善。因此,旅游房地产有很好的发展空间。

(1)阻碍旅游房地产发展的三大瓶颈。旅游房地产之所以尚未得到充分的发展,是因为其中存在着许多具体操作上的问题,主要集中在以下三个方面:第一,带薪休假亟待实行。由于我国目前的休假制度比较集中,人们只能选择在黄金周出外度假,这就造成了交通拥挤,各大旅游景点人满为患的局面,使得游客丧失了出游的兴致。为了避免这一现象的出现,国家应尽快推行带薪休假制度,错开旅游高峰期,合理利用旅游资源。第二,旅游房地产的位置及辐射问题。有些专家认为,一个城市的旅游房地产项目应以该城市为中心,以车程一小时的距离为半径的范围之内。只有这样,人们才会有更多的时间,更快捷地享受旅游房地产所带来的服务。第三,后续管理问题。业主在购置旅游房地产后,在自己不使用的时段,怎样才能获得合理的回报,这是困扰国内旅游房地产项目的一大难题。国外在这方面已经有很好的解决之道,值得我们多多学习和借鉴。

(2)旅游房地产的风险防范。虽然目前旅游房地产的发展正面临前所未有的机遇,但其中的风险也不可不防。其主要表现有:第一,国家的土地政策日益收紧,开发成本提高;第二,国家对房地产行业的宏观调控势必影响到旅游房地产的发展;第三,市场对旅游房地产缺乏足够的认识,消费群体的培养还有待时日。

(3)旅游房地产成功开发的诀窍。旅游房地产不同于其他房地产产品,它有着自身的开发特点。开发企业首先应该考虑的就是如何满足需求,因此在项目的选址和环境氛围的营造上都要与市场需求紧密结合。其次,一定要找到解决空置问题的办法,让产品能够达到保值增值的目的,让置业者得到应有的回报。再次,一定要与城市景区的综合开发相结合,不能把自己的项目与城市的建设分割开。最后,开发企业应致力于多种形式的、能凸显各种民俗风格的旅游房地产项目,只有这样才能使自己立于不败之地。

3. 以休闲娱乐业为主导开发旅游房地产

在这方面,马来西亚的"云顶高原"堪称业界典范,现就其开发模式做一简要说明。

(1)独特的地理位置和优美的自然环境。云顶高原位于马来西亚吉隆坡以北50公里,海拔1700多米,高原面积约4900公顷,平均气温只有15℃,是东南亚最大的高原留居胜地。这是马来西亚最重要的旅游胜地之一,整个高原区山峦叠翠,空气清新,四季花草茂盛。白天极目眺望,令人荡气回肠;夜晚繁星点点,不知天上人间。

(2)交通便利。云顶高原位于吉隆坡北部,距市中心仅50公里,高速公路只需45分钟便可抵达。游客既可以乘坐豪华冷气巴士,也可租车前往,租赁直升机只需15分钟便可直达云顶高原。另外,游客还可以乘坐升降达2000米的云顶缆车,这是世界上最快速的缆车,也是东南亚最长车程的缆车。

(3)综合性功能齐全,可以满足游客的不同需求。在云顶高原,有各种档次的酒店、公寓,游客可以根据自己的需要自由选择住宿。五星级云顶酒店拥有692间豪华套房,套房根据各国的不同主题进行了细致入微的设计,有中国式、马来式、英式、乡村式、日本式及泰国式等,务求使游客达到最高满意度。云顶娱乐城集各大品牌的购物、美食、娱乐于一体,堪称是马来西亚海拔最高、品牌最全的商业美食城。汇集了各国风情的云顶第一城,为游客提供购物、饮食上的方便,让游客在天气凉爽的名胜中尽兴游乐。云顶缆车站购物商场的大堂主要出售有本地特色的工艺品,如巴迪衣、陶器及蜡像等,价格适中。此外,这里还是地方风味食品的集中地,从脍炙人口的"模城香饼"到"胎保鸡仔饼"等应有尽有。在云顶高原,娱乐和旅游房地产项目以及一些必要的配套设施是紧密相连的,娱乐业已成为拉动诸多行业的龙头,旅游饭店、商业地产项目等发展空间都得到很大的发展。第一世界饭店拥有6300间客房,拥有3400个停车位,其他设施有国际会议厅,保龄球馆、占地28万平方英尺的室内游乐场,45万平方英尺的购物中心及2个电影院。云顶国际会议中心是亚洲最大型的会议、展览场所，可被用作举行会议或当作舞台，大厅可容纳2000-6000人,有先进的视听设备。云顶娱乐城有上百家星级酒店,也有大众化的度假公寓,还有设备先进的歌剧院、环形电影院,各种游艺、体育设施也是应有尽有。可以尝试双旋转式云霄飞车和螺旋波浪车的惊险、刺激,也可观赏来自拉斯维加斯的大型魔术,法国的歌舞表演,还能参加骑马、游泳、网球、高尔夫等活动。在数十家风味各异的餐厅内可品尝到各色西餐、亚洲佳肴或地道的大马风味美食……云顶娱乐城最有名的场所就是规模宏大的娱乐场,它是马来西亚唯一合法的博弈娱乐场所,是世界四大博弈娱乐场所之一。这里的博弈娱乐场所通宵营业,可提供最受欢迎的轮盘、金路、百家乐、廿一点等国际博彩游戏。

（4）**整体规划与自然景观相呼应**。云顶高原的整体规划极为成功,高原的各项设施都能很好地深入到自然景观里。这里的建筑大多依山傍水、绿树掩映,合理利用的地貌与自然景观形成和谐统一、相互映衬的格局。云顶高原之所以使人流连忘返,是因为其整体规划以自然景观为前提,把建筑巧妙融于自然之中,再加上周边美景的映衬,使人们感到心旷神怡。云顶高原的酒店设计以实用性为主，首先从规划设计方面要求节约土地,保护自然景观与环境，大部分建筑合理利用地貌而建;其次从建筑设计方面要求使用节能环保建材,休闲娱乐设施和会堂场所设施分开设置且又互相沟通,既不嘈杂又显便利,处处体现出一种人性化的设计理念。云顶高原成功开发的原因可以归纳为:自然景观美轮美奂,娱乐休闲各得其所,旅游房地产开发有度。

4. 从厦门看旅游房地产的发展

厦门是一个美丽的海滨城市,拥有很多可以开发的旅游资源,然而,由于城市定位的不明确,造成很多开发资源的浪费。为了改变这一现状,厦门市委、市政府开始大力着手引导旅游地产的发展。

（1） **明确的城市定位**。目前从厦门的旅游市场分析，应该从单一的观光型旅游城市向集观光、会展、休闲、商务、度假、娱乐为一体的休闲型旅游城市转变,从单一的旅游目的地城市向区域性国际性旅游目的地和旅游口岸城市转变，这是厦门城市的定位。休闲旅游型城市定位的确定,为厦门指明了未来发展的方向,宣传对象主要为经济发达区域品位较高的游客,旅游项目由原来单一的观光旅游转向休闲度假旅游。如2004年“十一”黄金周期间,厦门共接待中外游客61.48万人次,酒店入住率高达93.44%,出现住房拥挤的局面。随着旅游市场的日渐火爆,旅游房地产也逐渐浮出水面。

（2）**旅游酒店率先受益**。休闲旅游城市定位的确定,为厦门的旅游事业带来一次全新的发展机会,旅游业的发展也同样带动了旅游房地产的发展,在2004年,厦门市共签订旅游项目32项,新增10多家旅游酒店。

为进一步扶持厦门旅游市场的发展,厦门市决定着力降低酒店、写字楼的建设门槛,具体措施包括加大挂牌出让岛内的五星级酒店、岛外四星级酒店的土地供应量。在去年厦门市公布的经营性项目用地资料中,其中涉及旅游房地产的达到 8 幅，一栋栋颇具特色的旅游住宅和酒店式公寓开始在厦门房地产市场上走红。众多旅游酒店项目的落成不但促进了厦门旅游房地产的发展，也为厦门的旅游业增添了活力。

（3）旅游地产风头正劲。厦门作为国家风景旅游城市，东南沿海的旅游中心城市，旅游业呈现风光大好的势头，必然极大地促进旅游房地产的发展。厦门集美区作为陈嘉庚的故里而闻名海内外，一直是厦门重要的旅游景区。按照规划，未来的集美区将是一个集文教、旅游为一体的人文景观区域。为达到这一目标，集美区一方面挖掘、整合原有的旅游资源，形成人文观光景区；另一方面把正在建设中的大学城项目和传统的旅游资源相结合，将大学城建成该区新的文化景观，在做大文化旅游产业的同时，也推动了旅游房地产的发展。另外，由于集美区拥有得天独厚的地热资源，也为该区的温泉度假村开发建设提供了丰富的资源基础。在谈及旅游房地产在该市产业发展中的地位时，厦门市规划学会秘书长林荫新认为：厦门的定位是休闲旅游城市，因此今后的城市规划都应围绕旅游房地产来进行操作，特别是在一些主要节点上，要充分结合旅游资源进行旅游房地产的运作。

（4）市场潜力有待挖掘。据统计，厦门市年旅游接待量已达到 1334.07 万人次，但是游客大多以一日游居多，达不到预期的经济效果。为此，有专家认为要想改变这一现状，必须从观念着手，要科学规划，要有相配套的旅游设施，既要形成人文景观也要有经济效益，这样才能体现休闲旅游城市的真正内涵。岛外旅游资源的开发与岛内的旅游资源互为补充，为厦门的旅游市场提供了巨大的开发空间。在集美商住区，像“东方快乐岛”影视娱乐这样的一批可供发展商务、旅游和房地产的项目正在建设中，有关人士认为，厦门的旅游房地产项目只要起点高、定位准确，就能把岛内、外，厦门和周边区域的旅游资源相结合，形成以厦门为中心，辐射周边区域的旅游产业格局，再加上国内旅游房地产的不断成熟和消费者休闲度假观念的逐步形成，作为休闲旅游城市的厦门，旅游地产将无限光明。

第三章 旅游房地产开发概述

旅游业是包括“行、游、住、食、购、娱”六大要素在传统地产开发领域竞争日趋激烈的形势下，大量的房地产开发资金必然要求开辟新的领域。随着我国旅游强国地位的逐渐确立和强大消费群体的加快形成，为我国旅游房地产市场的开发提供了广阔的发展前景。

众所周知，旅游业包括“行、游、住、食、购、娱”六大要素在内的信息性产业，它与房地产业的有机结合，在我国产生了一个朝阳产业——旅游房地产业。在21世纪初期，面对竞争激烈的国内、外两个市场，旅游房地产业应进行科学合理的定位，积极寻求拓展空间，力争在开发和建设上有新的突破。发展旅游房地产于国于民皆有利。国家通货紧缩，亟待拉动内需，盘活滞销房产和闲置酒店客房，带动相关产业的大发展。通过建立国内外的交换平台，将自身纳入到一个更大的系统中扩展客源空间。这样不但可以增加房地产开发企业的收益，同时还能提升酒店的潜力，提高在行业间的竞争力，进而满足消费者新的需求。通过交换吸引旅游消费，延长旅游地的度假住宿时间，建立旅游地长期稳定的度假消费模式，推动休闲度假市场的长足发展。

旅游房地产的投资开发是一个从一线旅游城市发端，向二线、三线旅游城市小幅渐进的过程，旅游地产与天然景观资源的储备及区域经济环境的能级都有关联。据了解，国内当前涉足旅游房地产的公司有上万家，包括首创、海航、中信、中旅等大型企业，也包括珠江地产、天鸿集团、万科集团、万通集团、青岛江泉旅业等一大批房地产投资商、开发商、旅游企业，大家有一个共识，均看好我国未来旅游房地产市场的发展前景。对于这些从事旅游房地产的开发商或即将从事旅游房地产的开发商来说，最积极稳妥的地产开发，就是抓住旅游业方兴未艾的时机，吸引投资、实现经济增长，同时适度控制旅游类物业投资规模，避免产品供应过剩。业内人士指出，在宏观经济保持良好发展势头的有利时机，房地产一方面应该抓住机遇，加快发展；另一方面，必须杜绝浮躁心理，避免急功近利，加大和社会发展阶段相适应的长线房地产建设，防止有人借助旅游房地产进行投机炒作。

当开发商都将目光投向住宅和写字楼的开发建设时，房地产市场已经出现了“泡沫”，但是仍有相当一部分开发商将资金押在传统的房地产项目上。殊不知，还有更大的“蛋糕”在完整的封存着，这就是依靠旅游资源而延伸出的以旅游休闲度假为主的旅游房地产。市场需要创新，多元化主题旅游地产的出现和发展，必将为我国的旅游市场和房地产市场找到一个切合点，并在互动中寻求更好的发展方向和更快的发展速度。

一、旅游房地产开发的特征与理念

旅游房地产开发主要有七大环节，即确定主题、前期精心策划、明确投资主体和主要合作对象、设计与施工单位的选择、项目的建设过程、项目经营的充分准备、项目的经营与管理（如图12-3所示）。

图12-3

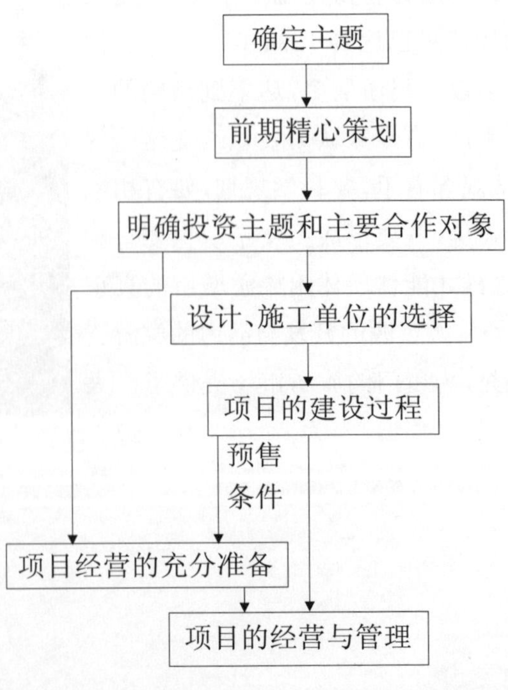

由于旅游房地产学是一门由房地产和旅游等多门学科交叉而成的综合性边缘学科，所以旅游房地产项目开发时除了要涉及风景园林、旅游和房地产等专业外，诸如医学、体育、历史乃至园艺等较为冷僻的专业知识也要根据项目主题和功能的需要而被运用进来。因此，旅游房地产开发项目的最大特征就是多学科交叉，参与的专业人员经常因项目内容的不同而发生变化。

旅游房地产与一般住宅房地产相比有很大的不同，它需要有鲜明的主题。其主题的确定要求主要投资者及其委托人具备比较宽阔的知识面，能够在比较短的时间内大致确定面临的地块或者自然地貌可以开发的方向，这是确保项目成功的初始条件之一。

旅游房地产开发建设应始终坚持系统思考贯穿于开发的全过程。由于整个项目涉及的专业比较多，各道程序之间还有众多的细分步骤，而且各环节之间也有交叉。因此，如果按照常规的房地产开发程序去进行，开发者将无法理清各道工序之间错综复杂的关系。再加上外界的因素也会对该项目起到一定的制约作用，要对付这种复杂的局面，只有以广义系统论为基础的系统工程才可以胜任。也就是说，在旅游房地产项目开发时，系统思考不仅要贯穿项目开发的全过程，而且还要落实到每个细节之中。

二、旅游房地产开发的组织形式

旅游房地产开发虽然有其特殊性，但是作为房地产项目，它的开发与建设同样需要有一种组织形式来进行具体操作。目前比较普遍的开发形式是在开发商的公司下面成立一个非法人代表机构的项目，由开发商委派或者向社会聘用一名项目召集人（或称负责人或项目经理）进行具体事务的组织和操作。但旅游房地产项目除了具备房地产项目开发的自身规律之外，还具有包括旅游活动在内的其他规律。因此，应用一般房地产开发的组织方式难以胜任旅游房地产项目开发的协调和管理。但是如果把所有将要涉及的专业人员都列入开发组织的正式员工名单，既不可能也没有必要。所以，应设计一种管理模式，既要把具备各类专业知识的人员包括进来，又要做到人尽其才，充分发挥他们的作用。

1. 旅游房地产开发组织运作原理

从理论上讲，一个比较完整的组织结构应该包括四大部分，即决策系统、执行系统、鉴别系统和信息系统，它们之间具有一定的逻辑关系：决策者不直接接触目标，而是通过执行者将意志作用于目标，鉴别者的职能是观察目标发展动态，把观察到的情况如实地反映给决策者，也就是说，鉴别者没有指挥执行者的职能和权力。旅游房地产项目的开发由于涉及面广，程序复杂，就必须应用决策、执行、鉴别分开的组织形式。旅游房地产项目开发运作组织结构逻辑关系如图 12-4 所示：

图 12-4

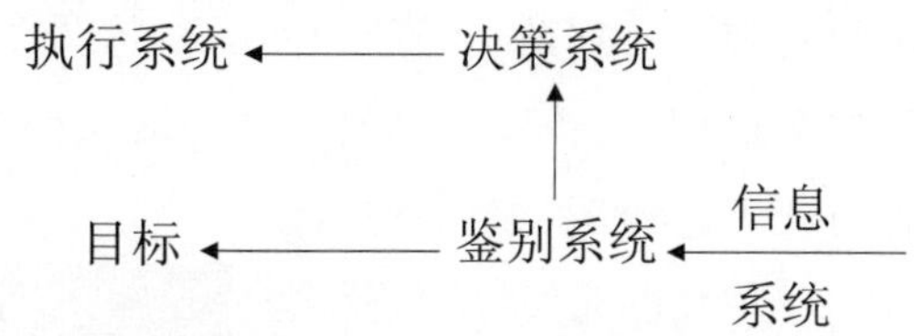

2. 旅游房地产项目开发的组织形式

在明确了旅游房地产的开发目标和开发特点后，应用系统工程的管理思考，可以把一个项目公司的运作组织分为 10 个部门。旅游房地产开发的组织形式如图 12-5 所示，各个部门的职能如下：

图 12-5　旅游房地产项目开发的组织示意图

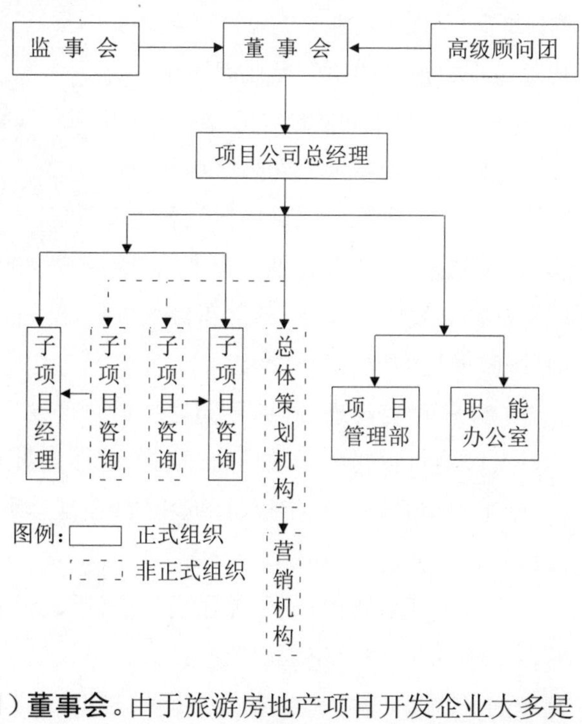

（1）**董事会**。由于旅游房地产项目开发企业大多是合资形式，因此必须设定一个董事会。董事会由董事长及若干董事组成，董事长为法定代表人，一般由控股单位委派担任。

(2)**监事会**。根据公司法有关规定,应设立监事会,以监督董事会的决策及组织运作情况。

(3)**高级顾问团**。这是一个具有智囊性质的机构,为董事会对下属部门提出的方案进行决策时提供建设性意见,或为董事会提供咨询服务,这是旅游房地产开发的特色组织机构之一。

(4)**项目公司总经理**。它由总经理及若干名副手组成,总经理是项目的执行总负责人,具体执行董事会做出的各项决策,直接对董事会负责,是项目运作负责人。

(5)**项目管理部**。它是总经理的助手和总调度,了解项目开发的全过程,把各种信息及时准确地反馈给总经理,它也可代表总经理发布各种指令和信息,并对子项目的开发过程进行督导。

(6)**职能办公室**。它是与项目无直接关系的业务执行者,负责总务、人事、劳资、计划、财务、政公等,各部门可以根据项目开发进展的需要进行设置。

(7)**总体策划机构**。这是一个根据工作任务需要而设立或撤销的非正式机构,属于"外脑"功能。它帮助总经理把开发过程中涉及的所有专业问题予以分析考虑,并提出不同的解决方案,供董事会或总经理决策参考,同时这也是前期策划的具体操作者。该机构包括各类专业人员,这些专业人员是各个子项目经理在掌握开发中的设计、施工和将来进行经营管理的咨询顾问,所处的位置很特殊。

(8)**子项目经理**。按照不同功能子项目设立的行政负责人。他负责这个子项目的开发全过程,对策划、设计、施工乃至经营进行指挥、管理和协调,是总经理派出机构的负责人。

(9)**子项目咨询**。由于旅游房地产涉及房地产以外的多个领域,投资单位或房地产专业人员往往不熟悉所管理的子项目,需要有专业人士提供咨询,这些专业人士往往已经参与了该子系统的前期策划工作。比如旅游房地产项目中的餐饮子项目,餐饮子项目的项目经理如果是一般的房地产开发专业人员,那么对餐饮业就会比较陌生,而让餐饮专家参与这个项目前期策划中的餐饮专业策划,为餐饮子项目经理提供咨询,便可以从专业的角度对项目建设的硬件提出要求和建设性意见,确保今后经营管理中功能的发挥。

(10)**营销机构**。营销对于旅游房地产项目来说同样至关重要,因此,在前期策划时就要全盘进行考虑,国际上通常做法是策划机构承担营销任务,因此该机构也属非正式组织。

三、对旅游房地产开发的有效管理及协调

1. 旅游房地产开发的管理思想

系统思想是旅游房地产开发的管理思想。系统概念、系统观点、系统思想和研究以及处理问题的良好思路,这些都是在管理、实践中用得最多,也是最普遍适用的,是旅游房地产开发管理思想的核心。系统管理思想主要包括追求整体功能、效益最优的整体管理思想、有机联系的统筹管理思想、区分层次的等级管理思想、明确目标的管理思想以及适应环境的弹性管理思想。系统思想要求在掌握系统工程原理的基础上,还要根据实际需要运用一些有关系统工程的具体技术和方法。

2. 旅游房地产开发的管理职能

管理的职能通常有计划、组织、领导和控制四个方面。它们是为管理任务而服务的，所谓管理任务就是确定组织的目标，并有效地组织各种要素和充分发挥各种要素的作用，实现其有机组合功能最大化，整体项目运作良好效益最优化，达到开发经营管理的预期目标。

在旅游房地产项目开发过程中，计划、组织、领导和控制都能够得以体现，但是体现管理职能的主体在不同阶段也会发生变化，它可以是开发商，也可以是投资商、项目公司和经营管理公司等。对于开发商而言，在旅游房地产开发的不同阶段都需要进行有效的管理和协调。

（1）**确定主题阶段**。该阶段的管理目标主要是初步确定该项目属于哪一种主题的旅游房地产项目，从大的方面讲，就是如何给开发项目进行准确的定位。风景区中，尚待开发项目的立项，或者某一地区根据本地资源或者地理状况制订的总体规划都属于这个阶段。这个阶段事实上是“预谋”的工作状态，如果开发者自己有能力有条件就可以自行确定主题；如果自己没能力或条件不具备，可以委托有关专家来帮助确定主题。开发商在此时的组织工作是聘请专业人士来确定该土地上能做什么文章，甚至是出于自身是否需要介入的思考。此时的组织形式属于临时机构，召集人员即可。所要把握的是对专业人士们提出的意见决定是否采纳，如果采纳，用在什么地方。

（2）**前期策划阶段**。进入该阶段时，已经明确了土地开发的性质，并取得了土地的开发权。作为该项目的开发者必须充分收集各种有关信息资料，并加以初步的整理和归类。再根据项目的创意邀请一部分各专业的专家，当然，这些专家很可能就是在做创意报告时就已经邀请过的。由于旅游房地产项目的开发日益增加，形成了一支非房地产开发专业但又与房地产开发相关的其他专业的专家群体，他们的专长可以被开发商或策划者记录在册，然后根据需要邀请加入。他们在查阅了有关资料，并到现场进行实地勘察后，都会对本专业在此项目中的作用有一个初步判断和设想。在此基础上，由前期策划的总体策划者牵头，用一种可行方法有方向、有针对性地对该项目的开发方式、开发内容，请各方面的专家各抒己见，充分发表自己的看法。该阶段的领导和协调工作主要是发扬学术民主，不能束缚思想，但原则上要围绕主题，要求专家以浅显易懂的语言来表达本专业的术语，使其他专业的专家能够理解其意图，以便可以从本专业的角度客观地提出自己的意见。由于每个旅游房地产开发项目的主题有所不同，即使主题相同，由于地域不同，周边环境条件也一定不尽相同，所以每次被邀请的专家也肯定会有变化。一般而言，专家对自己的专业知识比较熟悉，但对别人的专业就不太了解，所以比较容易出现固执己见的状况，作为总策划者或开发者，要在尊重他们的意见同时，对不能被采纳的理由以浅显易懂的语言对其阐述。另外，对于首次参与的专家也要向他们介绍旅游房地产开发的特点是以学科交叉的边缘学科作为理论基础的，不同专业的知识只能是部分的融合，往往不能全盘地结合。既有这门专业的特征，又有其他学科的专业的知识，它已经是发生变化了的学科，也就是对于这门新兴学科，专家也只能是一位正在熟悉了解过程中的学者，需在实际操作中积累经验。有了充分的民主讨论后，再相对集中，是前期策划阶段必须具备的学术氛围。这一点不是很容易做到，不仅如此，而且很难做好做到位，但这是做好前期策划工作的必要条件。

在基本统一各位专家意见的基础上，由总体策划者进行总体导论的撰写，应用系统理论，通过系统分析，把各位专家的意见加以整合，提出整体设想和各子项目在该项目中的地位和彼此之间的界限。并以此报告反馈给各位子项目专家和总体规划方案的绘制者，请他们明确自己下一步要参与撰写分报告的要求，并对总体导论报

各得其益。对于新项目,对大环境的了解认识可以通过这个渠道找到捷径,这些景点单位也很可能是项目的新合作者。

(4)规划、设计和施工单位的选择阶段。一旦到规划设计和施工阶段旅游房地产项目开发就开始实质性的运作。旅游房地产开发与一般住宅开发有区别,它是以比较完整的前期策划报告作为开发者招募规划、设计单位的前提,除了通常运用的招、投标程序之外,更要强调规划设计单位对本项目策划的理解程度,因为规划设计人员的专业知识也有一定限度,所以在招投标过程中,可以从标书的设计方面邀请参与前期策划的专家提供咨询服务。旅游房地产有一个很大的特点,就是它具有丰富的文化内涵,往往人文含义很深,而规划设计人员一般属理工科出身,缺乏这方面的修养素质,所以同样选择规划设计单位,就要选择具备较高文化素养的规划设计人员的设计院更为合适。

同样对于旅游房地产项目来说,除了与普通住宅建设一样,希望施工单位有较高的资质和较优秀的社会声誉如获"鲁班奖之类称号"等,施工管理人员同样要找有较高文化修养的人。尤其是到建筑装修阶段,更是要能深刻理解旅游房地产项目主题思想的施工群体才最为理想,同时对监理单位的选择也要体现上述思想。

(5)项目的施工建设阶段。在项目的建设过程中,既要有一个项目公司作为建设单位代表开发商和投资者的利益,又要有设计、施工、供货单位、监理单位以及将来要进行经营管理的公司人员介入。这是一项投资巨大的系统工程项目,为了确保工程质量、工程进度,必须大量应用现代化和科学管理的方法,如网络技术、运筹学计量、数控等。项目公司本身应有施工进度、材料供应、人工安排的组织设计,运用图表和计算机显示并能及时反映施工动态,以便于控制。同时,要求各参与单位也相应拿出诸如施工组织设计之类的管理文件。由于旅游房地产有特殊功能,涉及保健、体育、园艺等方面,所以除了子项目中有专业人员加以监督外,还可以邀请高级顾问团的专家们随时抽查,以确保项目的文化内涵得

告提出修改的意见。经过多次讨论后把导论报告的内容加以肯定,各位专家就可以具体撰写自己的分报告了。此时,总体规划方案的绘制者和总体预算的测算(可行性报告)者应在总体策划者的协调下,向各分报告撰写者提出提供有关的技术参数的请求。开发者或总体策划者要掌握整个报告撰写过程的进度,并可以根据专业知识的需要聘请若干高级顾问审阅各类报告。在各类报告基本撰写完毕后,总体策划者应逐本进行统稿,并在开发者委托和组织下,组成一个报告评审团对此前期策划报告进行鉴定,通过后便可以开始宣传工作。

(3)寻找投资主体和合作对象阶段。在该阶段的初期,开发者的工作重点应放在项目的宣传上。制作一些宣传小册子或多媒体光盘,做缩小比例的模拟楼盘或者样板房。通过各种社会媒体进行宣传就会在社会上造成一种大家很想进一步了解的愿望。对本单位过去没有经营过的业务,要寻找合作对象,当然也可以自己进行经营管理。但从现代化社会分工角度来看,邀请社会上对此项业务具有品牌效应的单位参与更为合适,风险更小,可以通过参与前期策划工作的专家作为中介,因为他们更加了解这个专业的知识和行情。如果该旅游房地产开发的项目本身就处在一个风景区内,此时应尽早与这个景区内各景点以及与之相关的交通、医院、体育、商务、旅游、旅游器材等企事业单位进行沟通,充分利用现有的旅游资源,把所有有关的景点单位、旅行社、公交公司、旅游器材公司都集中组织起来成立一个联谊会,通过这个联谊会各个景点的门票可以出售联票,公交公司设立各景点公共交通,旅行社组织旅游节目,器材公司了解各景点发展情况,承包器材制作,这样,各行各业,

到体现。

(6) 项目经营的充分准备阶段。旅游房地产项目建设进入安装阶段时，经营管理的准备也将同时开始。首先要成立一个经营管理公司，这个公司可以是原来的项目公司改制组建而成，也可以是开发商或投资者作为资产卖给或租给别人来经营。所以从性质来看，项目公司和经营公司是两个性质不同的主体。经营管理公司此时要制定各类管理制度和岗位职责，然后招募员工和进行

培训，还要对在建工程进行监督。作为经营管理者，要制定一个工作进度表，工作一定要有计划有节奏，如果制度和岗位职责没制定就将员工招募进来，会造成不必要的人力资源浪费。还有不属于建筑范围的物品，如厨具、床上用品等开办用品也需要适时购买，甚至购买后的保管都需要经营管理公司的高层领导者事先作好计划和统一安排。

除了这些经营管理事务之外，此阶段物色部分物业的出售也是一项重要的工作，因为旅游房地产如度假村中的别墅是要作为商品房去出售的。为了资金的及时回收，可以在项目建设过程中就开始预售。除了寻找有资质、有水平的房地产销售公司进行预售业务，或者项目公司自身开展预售业务之外，还有一个主要环节就是业主（买房者）看样板房的工作安排，作为开发商不但要把销售商、施工单位组织好、协调好，还要使他们双方工作都不耽误。

(7) 项目的经营与管理阶段。在项目初步建成的试运营阶段，项目公司和经营公司的配合尤为重要。不论两者是一套领导班子两块牌子，还是两个独立的公司，都要对交接验收工作事先谈妥验收标准，因为以后的工作都是在该标准的基础上进行的。如果是别墅，还要业主、物业管理部门和项目公司、施工单位互相签订好验收和委托管理的协议。这些工作的组织协调均应由代表开发商的项目公司来牵头组织好，一旦进入试营业阶段，就要由经营管理公司负责整个项目的运转。有些问题是要求施工单位承担责任的，也应由项目公司去通知施工单位来返工或装修。项目内部各部门的业务存在交叉，也要由经营管理公司的运转经理来负责协调。在验收交托工作结束并进入正式营业阶段后，项目公司与经营公司应有一个责任划分的协议或岗位职责分工方案。

四、旅游房地产项目的实施建设

旅游房地产项目的实施建设是旅游房地产开发过程中的产品形成阶段。如何针对旅游房地产项目的特点，加强实施建设的管理跟进，对于进一步提高旅游房地产开发的经济、社会、环境效益具有十分重要的作用。

1. 项目实施建设的基本原则

旅游房地产项目大都远离中心城镇，因而具有较强的独立性，由于在城镇郊区，旅游房地产项目的开发更要求内容的完善性。另外，旅游房地产与一般房地产开发项目同样具有开发过程的长期性、操作的时序性、投资的风险性等特性。因此更应该注意坚持实施建设的基本科学原则，否则不但将会给开发项目造成很大的投资损失，而且还会给项目留下难以治愈的后遗症，旅游房地产项目的实施应遵循以下基本原则：

(1) 全面、科学、合理规划，分期实施。由于旅游房地产开发建设的内容多、规模大、周期长、投资大，实施建设不可能一步到位或一气呵成。开发商必须做到全面规划、滚动开发、分期实施、边建设边投产，以便有利于投资资金的循环利用。分期实施必须统筹规划，在对所有建设内容作出科学合理布局的前提下，在确保先地

下、后地上和先公建、后住宅的基础上，进行分期实施。否则就很难做到形式上的统一、内容上的完善、布局上的合理，必定会顾此失彼、欲速则不达，造成不必要的返工和浪费。

（2）**统一协调、有效管理、综合开发**。旅游房地产是社会经济、人们生活水平发展到一定程度的一种产物，因此旅游房地产项目的开发建设更应以人为本，一切从满足人们对生存环境全新概念的要求出发，创造一个优美、舒适、安全、卫生、宁静的现代化生活和休闲环境。

旅游房地产开发建设涉及人们生活必需的各个方面，不仅要有基本的经营保证，而且要有一定的超前意识和发展空间；不仅要与开发建设单位自身的发展统一相协调，而且要与开发项目所在城市地区乃至国家社会、经济发展相协调。一切从实际需要出发，必须配套的建设内容一项也不能少，必须达到的标准和规模不能随意降低和缩小，同时又要坚决反对脱离实际可能性的盲目追求。所以旅游房地产开发的实施建设，一定要坚持统一协调、管理有效、综合开发的原则。不管是建设内容、人力、物力、财力的合理配置，还是实施计划的统筹安排，各个专业、各个工种，甚至是各道工序的前后顺序接点和搭接都要作出统一部署和精心安排，才能确保项目的有序综合开发。

（3）**先地下、后地上，先公建、后住宅**。由于旅游房地产开发项目往往远离城镇，各类生活配套设施如商店、餐饮、娱乐、文教、体育、卫生等均不能依赖城镇原有的公建设施，必须靠项目的自我配套、自我完善。而这些公共基础设施配套建设对于人们日常生活、旅游休闲来说，是一刻也不可或缺的，如果公共基础配套设施滞后于住宅建筑，建成的住宅同样无法用于住人，即使勉强入住了，也会给人们带来极大的生活不便，故在坚持先地下、后地上的原则的同时，还需坚持先公建后住宅的建设原则。

旅游房地产开发项目的各项市政、基础设施往往是独立自成体系的，其地下管线和附属设施更多、更密集、系统性更强，基础配套设施建设工程不仅限于管线工程，更多的是设施建设，如小型自来水厂、污水处理厂、液化气气化站的建设等，因此其建设周期也就比较长，所以要坚持先公建后住宅的原则。基于此，旅游房地产较一般房地产项目开发与实施更应该坚持先地下后地上的建设原则。否则，就会造成生活功能配套的严重滞后，从而使建成的旅游房地产不能及时投入经营使用，这将严重影响经济效益的发挥。

2. 项目实施建设的基本特征

与一般房地产项目开发相比，旅游房地产项目开发与建设由于其基础条件、现场环境的不同，也显现出自身的特征：

（1）**综合性更强**。由于旅游房地产开发项目地处偏远地区，交通运输条件尚未形成，施工队伍的进出场很不方便，不可能像城市房地产开发那样各种专业施工队伍频繁交替进出基地、轮流实施建设，这就要求承包单位综合承包各类专业工程的施工任务，对施工单位和监理单位在施工计划、施工组织、施工措施都要求有更强的综合性。

（2）**质量要求更高**。旅游房地产开发项目是公众性的房地产项目，其建筑环境的质量会受到来此旅游、休闲娱乐以及居住的每一个人的评价。能不能向广大游客提供一个优质的居住场所和环境空间是旅游房地产品牌效应重要的硬件因素，是人们享受生活必需条件之一。所以，旅游房地产开发项目的实施建设更应该注重质量要求。无论建设单位还是各分承包单位，都要具有强烈的精品意识，要把克服质量通病作为重点攻克的难

关来抓，一定要杜绝渗、漏、堵、裂等现象发生。

（3）**施工难度更大**。旅游房地产是为人们提供较高标准居住场所和旅游、度假、休闲、娱乐场所的房地产，无论其房屋建筑的结构、造型和设备都要求具有新颖别致、现代化和高科技含量的特色，其绿化环境要求更具自然风景园林意境。每一个旅游房地产开发项目都应该是一个艺术作品，都必须精雕细镂。有的水景建筑全部建在水上或一半在水上，有的房屋建筑随地形布置，施工作业面很小，施工机械难以使用，材料、设备的平面运输和垂直运输都有一定的困难，这一切都会给项目的实施建设带来更大的难度。

3. 开发与建设管理的有效方法

旅游房地产开发单位采取何种管理方法使众多的开发建设内容在具体实施建设中做到有条不紊、协调统一，直接关系到旅游房地产项目的成败。归纳起来，有效的管理方法有三种：

（1）**协调管理**。协调管理是房地产开发，特别是旅游房地产小组开发实施管理过程中非常重要的一项工作内容。旅游房地产开发实施过程中，会碰到许多诸如政策法规方面和设计技术、施工工艺、施工场地、交通运输、管位标高、材料设备供应等方面，以及各分承包单位之间的衔接配合方面的矛盾和问题，虽然这需要开发建设单位的项目经理班子去协调去解决，但只有及时协调解决了出现的各种矛盾和问题，项目的开发实施才能顺利地推向前进；反之，就要阻滞开发的进度。为此，在开发实施过程中，应建立定期例会制，专门协调解决出现或可能出现的矛盾。

（2）**规范化管理**。所谓规范化管理就是法规管理、目标管理和制度管理的统称。旅游房地产开发是一项复杂的系统工程，对它的开发建设必须实行规范化管理，才不至于顾此失彼，法规管理是实施旅游房地产开发的前提。旅游房地产开发不仅涉及有关房地产、规划、建筑、住宅、市政、公用、交通、环保、防疫、消防、人防、质监、档案等各管理部门的管理，同时还受到旅游、文物、景观、餐饮等各方面的制约，因此在旅游房地产项目开发实施过程中，要严格按照有关法规管理规定，申办各类许可手续，并按批准的范围和有关经济、技术指标去组织实施；目标管理是实施旅游房地产开发的目的，旅游房地产开发单位制定项目总目标，以及质量、进度、投资控制目标，是开发企业根据项目可行性研究和企业发展计划及企业资金结构情况，从有利于企业取得经济效益最大化角度出发，对项目开发的质量、进度和投资额度的标准和要求，只有当质量、进度、投资方法控制目标实现了，才能取得项目效益最大化；制度管理是旅游房地产开发的保证，旅游房地产开发要达到预期的效益，合法取得土地，合法实施房地产开发，办理一些应审批的手续，并按时、按量完成开发任务，取得经济、社会、环境效益的最大化，都必须加强旅游房地产开发单位自身的制度建设，建立和健全各项管理制度，以制度管理来制约开发实施的各项工作。在项目实施阶段要特别强调“项目经理负责制”、“招标合同管理制”、“总工程师技术负责制”、“质量返修制”、“材料设备检验制”、“现场签证会审制”、“分部分项验收制”、“商品房质量包修制”、“质量等级评审制”、“竣工验收备案制”等管理制度。有条件的开发单位应结合 ISO 质量认证体系，建立和完善开发管理制度，并严格按照有关制度管理的规定，指导和实施项目的开发，以制度制约和保证项目开发目标的顺利实现。

（3）**系统管理**。旅游房地产开发建设应形成以建设单位为第一责任人的管理系统，在开发实施过程中，建设单位应委派由项目负责人、技术估量管理者、投资成本管理者、合同进度管理者组成的项目经理班子。如果开发项目规模较小，一人也可以兼职多个岗位。旅游房地产项目开发与建设的管理系统如图 12-6 所示：

图 12-6　旅游房地产项目开发实施管理系统示意图

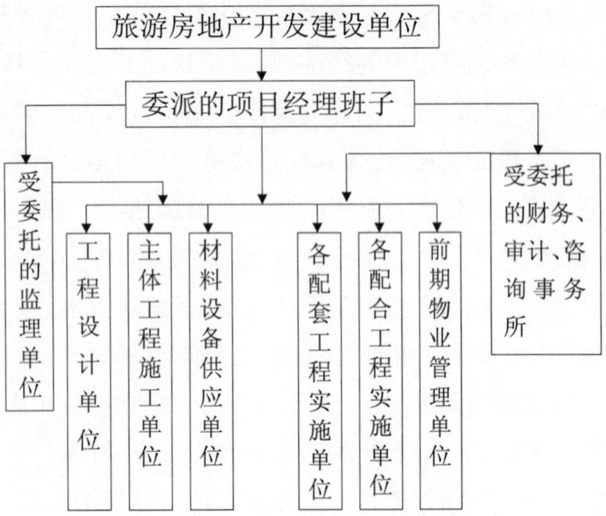

4. 景观设计可以提升旅游地产建设品质

对于旅游地产开发,有专家认为项目的地理位置极其重要,就是要位于具有独特的自然或人文环境的地域。度假酒店的投资者必须通过合理的规划与设计,充分利用自身的特性,满足并引导消费者的需求,从而得到丰厚的回报。景观设计是其中最为重要的一个环节,旅游地产项目景观设计有以下五大特性:

(1)旅游地产设计的外向性及其与环境的一体化。人们所熟悉的商务地产项目,一般有这样几个共同的特征:标志性的外观造型、宏伟的大堂、共享空间以及时尚的餐饮、娱乐设施。而属于旅游地产的休闲度假酒店因其特有的地理位置及客户的不同需要,其规划设计与商务地产正好相反,它以外部环境为设计主体,巧妙地包容建筑自身。这就要求投资者与设计师在定址时充分考虑周边环境,创造性思维,突出周边环境的作用,使人居与环境融为一体。

(2)自然环境与地域特色。到休闲度假区的消费人群,主要是想远离城市的喧嚣,寻找心灵的港湾,对于休闲度假的要求以静谧为主,不同于工薪阶层观光览胜的心理活动。景观设计师可根据度假区所在地域的自然气候条件,利用当地丰富的植物资源,创造有地方特色的休闲度假环境。

(3)人文环境与地域特色。当前业界普遍存在的一种现象就是旅游地产的度假酒店不论从形式还是功能上都大同小异,没有自己的风格,这样很难引起消费者的兴趣。旅游地产的休闲度假酒店项目在前期策划阶段便应有景观设计参与,按照以环境为大局的思维方式,根据所在地域的人文环境,将当地的建筑风格、材料、工艺等融合到酒店的设计范畴。旅游地产项目如景观公园、度假酒店等景观设计可将石雕、木雕、陶艺、烧瓷、铁艺、竹编、艺术玻璃等传统文化,通过现代设计理念加以融合与提炼,并运用到具体设计中。

(4)经营与消费活动的室外化。旅游地产项目不同于其他地产的一个突出地方,就是经营与消费的室外化。因此休闲度假酒店在景观部分所占的面积与投资比例方面大于住宅小区和城市酒店。度假酒店应在其环境设计中融入与酒店相配套的消费场所。依据当地的气候条件,结合自然景观设计室外游泳池、餐饮设施、棋牌活动中心、网球场、按摩中心、理疗中心等。消费活动的室外化关键在于适度和具有特色,适当的策划与设计将为投资者带来综合性的回报。

(5)旅游地产项目的主题化和品牌化。随着市场竞争的加剧,中国的旅游地产必将步入一个品牌竞争的时代。景观设计师不仅需要通过对度假酒店品牌的理解来确立其设计风格,同时也要能帮助业主进行产品定位和主题确立,博鳌度假酒店便是以亚洲论坛这一国际性会议活动为主题。在主题确立后,景观设计师会通过各种景观元素来强化其主题。

近几年来,由于旅游消费群体的迅速壮大及消费能力的加强,消费需求也日益多样化,带来休闲度假酒店在设计观念上的更新。只要在景观设计上做好了文章,旅游房地产必然大有可为。

旅游房地产开发不是炒作概念,也不是一味的崇"洋"和效仿发达城市,它应该是做有品位、有内涵、更有休闲享受的人性化产品,做与当地特点和旅游景点相协调的房地产开发,不论是项目选址还是规划设计都应符合政府的规划理念和城市发展战略。要把握整个旅游区域的格局,用发展的眼光审视每一个项目,并着眼于整个区域未来的全面繁荣,进行各项目特色的互补,各种社会资源的整合,拒绝各自为政,共同拓展市场,共同完善基础设施配套设施建设。最为重要的是要有长期能源管理、长期经营的长远眼光和社会责任感,切实做好后期管理和后期经营,保障业主的生活享受质量和投资收益率。

第四章 旅游房地产项目开发的资金筹措

由于旅游房地产涉及房地产和旅游等多个领域，除了具备房地产的基本特征之外，还具有自己的特征。因此，旅游房地产项目开发的资金筹措除了具有一般房地产开发资金筹措的所有要求之外，还必须满足自身的特殊要求，在旅游房地产的开发项目中，还有不少非房地产项目的参与，比如医药、餐饮等等，这些行业加入时，由于其具有相对的独立性，表现在具体的项目中，往往是一个子项目，甚至由于企业经营和管理上的需要，成为一个相对于项目的经营实体而言的二级法人单位。正是因为有这些方面因素的介入，使得旅游房地产项目融资较一般房地产项目要复杂得多。

旅游房地产项目开发的资金筹措系统是由一项多个子系统所组成的系统工程，并且这是一个非常重要的环节，它直接关系到整个旅游房地产项目开发是否可以如期开工、如期投入运营、如期收回投资等。事实上，房地产开发的过程就是资金运作的过程，因此，在一定程度上来说，房地产项目开发也是银行等金融部门业务的重要组成部分。从上述分析可以看出，旅游房地产项目开发的资金筹措系统也应该是旅游房地产项目开发的有机组成系统之一。作为一个旅游房地产项目开发的操作者或决策层，应该了解在项目开发过程中资金筹措系统在各个环节运作的内容及其可行性。由于与硬件开发不同，开发不同阶段可以使用的资金筹措方法也不尽相同，所以应该根据实际需要选择最适宜的筹措途径。

一、资金筹措的基本原则

旅游房地产项目除了具有一般房地产项目的共性之外还有着自身的一些特性。这就决定其项目融资在遵循一般房地产项目融资原则的同时也必须坚持自己的特有原则，具体来说，旅游房地产项目的资金筹措必须坚持以下四项基本原则：

第一，产权和使用权相分离的原则。旅游房地产项目的投资者是原始产权的所有者，但不一定是最好的经营者和使用者，只有通过科学的经营与管理，才可以让投资者得到应有的投资回报。而没有投资能力的经营者或使用者，通过承包或租赁的形式，只要缴纳一定的租用费用就可以满足自己的经营和居住的需求。

第二，在满足需要基础上的成本最小化原则。在估算得到或者预算得到某一旅游房地产项目的总投资金额，并确定是否分期开发的程序后，就要根据所需要实施的项目工程内容，来筹措当时必需的资金。由于资本运作本身是具有一定成本的，通俗地讲，如果借别人的钱，不仅要按时偿还，还要加上利息；如果用自己的钱，虽然不必交纳利息，但如果用多余的资金去做别的生意或者干脆存在银行里，都可能取得利润或利息。因此就单位时间而言，运用资金越少，越是经济，这一原则应该在资金筹措的过程中得到很好的体现。

第三，风险分散原则。在旅游房地产项目中，存在着众多不属于房地产或者旅游行业范围的子项目，或者说开发建筑单位并不熟悉所有将要经营的项目，在这种情况下应该考虑邀请在社会上有一定知名度或在某一行业有一定品牌效应的专业机构共同参与。他们有一整套专业的市场运作人员、市场网络体系和管理经营体系，如果经营成功，就有扩展规模的意向，也具有投资的能力。因此,他们的加入可以使这个旅游房地产项目的投资风险得以分散和降低到最小。

第四,"用人之钱,办己之事"的原则。随着社会主义市场经济不断的深入发展,对资金的运用也日趋市场化,真正的开发商很少用自有大量现金去开发某一项目的。各种金融产品理应在旅游房地产开发中得到大量运用,"用人之钱,办己之事"形象地说明资金运作实际上是资本运作,它是用不动产、有价证券、基金等不同方式的资产进行轮番操作,利用所获得的大量现金来满足大部分的所需资金。

二、资金需要规模的测算

旅游房地产项目开发建设的全过程就是一个资金不断循环和演变的过程。要测算旅游房地产项目开发所需资金规模,首先必须确定项目资产规模。一部分资产是以实物形式出现的,首先是土地,在经过国土资源管理部门正式评估后,土地就成了有价的资产。作为土地使用权的拥有方就可以以土地出资,接下来根据前期策划报告提出的建设定位、建设规模以及项目开发形式来估算项目的总投资,并分析资金的来源渠道:有多少自有资金,可以获得多少贷款资金,招商引资可以获得多少资金。如果按照建筑程序来进行的话,此时要做一个可行性研究报告,由于旅游房地产项目涉及的内容超出一般住宅或商务房地产项目,许多子项目是从其他学科交叉进来的,估算非建设类项目的投资额度比较困难。这就需要开发商邀请有关方面的专家对自己将要进行策划的子项目的投资作出评估,因为这些专家在本身的专业中积累了一定的经验,故由他们作出的估算与实际需要往往比较接近。

作为旅游房地产项目的可行性研究报告,涉及资金需要的内容有以下几个方面:

(1)各种建筑的建设费用;

(2)园林绿化费用;

(3) 基础设施具体包括:A道路和停车场,B给排水,C电力,D燃料,E通信,F环卫;

(4)各类专用设施的总估算;

(5)建设单位管理费;

(6)前期策划费,可行性研究费;

(7)工程项目设计费;

(8)各类服务子项目的开办费;

(9)不可预见费;

(10)建设期利息;

(11)流动资金;

(12)土地购置费。

上述费用的预算有一个总体控制和数额不断调整的过程。因为各子系统之间是相互关联和相互制约的,在总量控制的前提下,各子项目的建筑内容和投资数额可以按照建设的轻重缓急程度不同,通盘安排。因此这不是一个简单的资金数额的确定,它的背后涉及许许多多的其他参数,如应用资金的时间、资金的流量、总的成本、总的收入、损益预测均在考虑之列。

三、资金筹措的途径选择

旅游房地产项目开发所需资金可以通过以下途径筹措:

1.房地产交易

该项方法包括地产交易、使用权交易和住宅投资三种。

(1)地产交易。我们知道,房地产开发的第一阶段是将"田变地"。一般说来,旅游房地产的开发应该找尚未开发的荒山野地,或者是不适于进行农副业生产的土地,这类土地一般比较便宜,也比较容易得到它的开发使用权。通过旅游房地产规划开发专家的实地考察和对有关资料的研究,认识到这些地块的潜在价值,就可以用比较便宜的价格,把这块地的使用权拿到手,经过必要的报批手续,支付了"田变地"的土地性质改变的土地差价,就可以从国家国土部门拿到土地证。在此时就应邀请旅游房地产的策划专家对这块土地应如何进行开发进行定位,并进行比较系统完整的前期策划,在完成了这项工作后,等于对这块土地进行了全面的包装,同时可请专业评估单位对该土地进行评估,确定它的评估价值,这将是土地使用权拥有者与外界进行谈判的基础,如果此时买地者想把土地转让或部分转让,就有盈利的可能。更多的开发商把土地储备起来,暂时不开发,当发现土地抛售可以获得理想的回报时,把地产上市交易,同样获取可观的收益;或在土地升值后,寻找合作伙件，以比当年高的土地价格与人谈判，也可以成功获得投资收益。

（2）**使用权交易**。目前旅游房地产项目有一种中长期购买使用权的方法，即投资者很可能是开发商，也可能是某个单位或者个人，他们纯粹是投资者或是业主。他们自己不使用别墅或者其他房屋，而把使用权卖给中长期居住者，这些中长期居住者明确要居住若干年，如3-5年，他们可能一次性或分期支付此期间的房屋使用权费用，一旦到期他们就搬走。这对于一些老年人是比较合适的，他们在生前把自己的财富用于自己享受，一处地方住久了，换一处地方。由于是旅游房地产项目，居住环境和条件会较好，若干时间换一处地方可以增加新鲜感，他们不需要把产权留给别人。对开发商来说，这样的对象管理也相对方便和稳定，投资回报也比较容易有保证。

（3）**住宅投资**。一旦确定了旅游房地产项目的性质和方案后，就应该对项目中住宅的产权进行摸底，在得到市场调查的有关信息后，可直接进入到销售方案的包装策划，如果项目可以达到预售时，就可以陆续地把楼盘推向市场。有些企事业单位在此购买一部分房屋的产权作为职工的福利，供职工休闲和疗养之用。如果规模大，房屋多可由其自行管理，但某些公共场所需交纳整个项目的物业管理费；如果规模不大，淡季时职工不前来度假，便可委托项目的经营者代为管理或出租，以此作为经营手段来获取经济利益。也就是说，投资者将使用权委托整个项目园区的经营公司来经营。个人购房者也是同样道理，在自己不使用的时候可委托经营公司来代为经营使用，业主可以依此获取投资回报。

2. 专业房屋和设施的分包

我们在介绍资金筹措基本原则的有关内容时已强调，把开发商或经营者不熟悉的子项目，可分包给这些子项目的专业单位，这是分散投资风险的有效方法之一，因此可以考虑投资主体的多元化。在成立旅游房地产开发项目公司的时候，分开向社会招商，邀请一些在某一行业有品牌效应的公司参股。由于在前期策划中有一些非房地产行业的专家已经参与进来，他们对本行业的哪些公司的市场营销、服务质量、社会知名度等情况比较了解，通过这些专家可以找到需要邀请的单位或公司。在与对方谈判的过程中可以选择以下几种方式合作：

（1）参与开发投资建设。以资金投入或者实物投入均可，主要是投在用于该专业的服务设施，也可以包括房屋在内。

（2）房屋由开发商租用，经营由专业公司承担，设备、人员均由该公司提供。

（3）全部房屋设施均由开发商准备，专业公司对此进行承包。

（4）全部房屋设施均由开发商准备，专业公司只进行业务指导，或者以专业公司的分支机构挂牌，收取管理费。

3. 向社会集资或以招股的形式筹措资金

（1）**向社会集资**。如果开发规模较大，可以通过各种方式向社会集资。例如，某度假村有很大面积的水面，但冬季是旅游的淡季，而其所在省划船队却恰恰缺少冬季训练的基地，省体委也有建设冬训基地的打算，如果有可能把这笔计划中的基建款用来参与共建，对双方都是一件有益的事情，省体委肯定可以以较少的投资来达到冬训的目的，对度假村而言，冬季旅游淡季的客源也有了保证。

（2）**发行会员卡**。对于内部有些项目，如高尔夫球场、室内温水游泳池、健身房、保健中心等宜于少数游客活动的场所，可以发行会员卡，以俱乐部会员制的形式，来吸引一部分人投资，会员卡可以转让，是一种有价证券。

（3）**银行等金融机构参与投资**。由于房地产也是银行等金融机构的重要业务范围，如果旅游房地产项目确实被人看好，银行等金融机构除了贷款给开发商之外，它们自身也可能参与投资，包括一些基金在寻找投资方向时也会考虑这一领域。

“问渠哪得清如许，为有源头活水来”。没有足够的开发资金，房产开发无异于空中楼阁，旅游房地产开发涉及多方领域，缺乏开发资金，开发项目便成了无源之水，无木之林了。筹措资金对于旅游房地产开发意义重大，在开展旅游房地产项目开发的资金筹措工作时要因时制宜，在不同的开发阶段可以使用的资金筹措方法也有所区别，但都要达到筹集资金的目标。

第五章 旅游房地产信息管理系统规划设计

旅游房地产开发项目是以广义系统论作为基础理论的，而广义系统论是由系统论、控制论和信息论等理论的基本概念和管理结合在一起的新理论。在技术层面上是利用系统工程的手段，来加以组织和处理，从而达到各种功能和谐一体的目的。从某种意义上讲，信息系统是旅游房地产项目开发整个体系的神经系统，它相对独立于其他系统，具有独特功能且不可或缺。因此，全面规划设计信息管理系统是旅游房地产项目成功开发的一个重要内容。

一、信息管理系统在旅游房地产开发项目中的独特作用

在旅游房地产项目的开发与管理过程中会产生大量的信息。由于各个系统之间既相对独立又互相有着不同形式的联系，如共同作业、交叉作业、先后作业或者平行作业，只要有作业就有信息产生，为此就必须对其进行控制和管理。考虑到同时属于一个项目的整体性，必须建立一套先进、行之有效的信息管理系统。信息管理系统是以加工处理信息为主的系统，它能对数据进行收集、存储、处理、传输、管理和检索，向有关人员提供有用信息，并为其各子系统的无间隙集成提供一个信息共享和相互交换的平台，以便各子系统能够协调和有机地运转。整个信息管理系统不仅有效地支持开发项目经营业务的过程，为其提供决策支持，而且也是展示企业良好形象、建立市场竞争优势的战略手段。旅游房地产经营企业的领导应该清楚信息管理系统的规划和建立对整个企业经营和健康持续稳定发展的巨大价值。信息管理系统在一个企业组织中的作用如图 12-7 所示：

图 12-7 企业系统中管理信息系统在企业组织中的重要作用

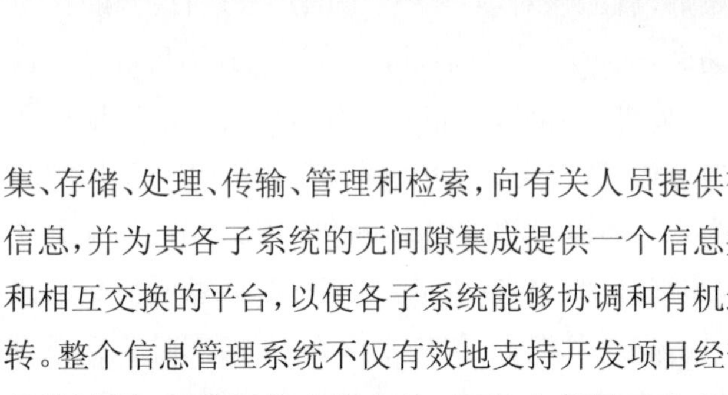

上图中整个方框表示一个企业组织，在方框内的上半部分是企业中除信息管理系统以外的其他系统，它是完成企业中物的加工、转变的过程，也就是将系统的各种输入加工转变为系统的各种输出，这一流程称之为物流。方框的下半部分是信息管理系统，从系统的外部及物流的输入、加工、输出等各阶段都有相应的数据送入信息管理系统，原材料、能源、劳动力、资金等的数据经过该系统的加工和处理变成了信息。这种归纳起来的信息有两种：一是从系统输出到外部环境的信息，如抄送给上级或政府有关部门的报表、报告等；二是企业内部的信息，用于控制、管理、调整企业等其他子系统，使物流的过程更符合管理决策层的意愿，在整个信息管理构架中，网络技术和电子商务应用始终贯穿其中，成为该系统不可或缺的组成部分。

二、旅游房地产信息管理系统规划的思路和方法

信息管理系统的规划和建设对于整个旅游房地产项目开发企业来说，具有重要的战略意义，它为开发企业有效计划和实施信息管理提供整体指导。由于信息管理系统的建设是一项耗资大、时间长、技术复杂而且内外交叉的系统工程，因此在建设前期必须有一个清晰的规划思路和方法。

1. 旅游房地产信息管理系统规划及建设的指导思想

(1) 信息技术的发展日新月异，在每一个旅游房地产项目的信息管理系统建立过程中，要把实用性和先进性兼顾起来，以实用为首选，同时要把当前的先进信息技术有选择地应用到本系统中，以体现项目的整体水平。

(2) 由于信息管理系统的多学科性、多技术性和多投资特点，其目标要经过长期努力才能达到，因此信息管理系统的目标通常是近期、中期、远期目标相结合。

(3) 信息管理系统的目标不是单一的，而是多方面的，要点面结合，在全面规划的基础上，分步实施。

(4) 信息管理系统的建立要考虑经济性，在满足性能的前提下，追求经济性。

(5) 作为一个旅游房地产开发项目的信息管理系统，它是以辅助经营管理和决策为自己的服务宗旨的。

2. 旅游房地产信息管理系统建设的理论依据和方法

旅游房地产项目信息管理系统建设理论依据。归纳起来有四个方面：

(1) 信息管理系统的基本要求决定了必须是其他系统在整个旅游房地产开发项目中的地位和功能明确了以后才能启动。一般地说，项目前期策划的逻辑模型可以帮助信息系统的规划者了解各个子系统和整个大系统之间的内在关系，同时也基本显示了各子系统之间的逻辑关系。

(2) 各子系统的策划报告是信息管理系统规划者了解各子系统的功能以及与之相关的信息系统如何得到和谐、完整、结合的主要依据，仔细阅读前期策划的总论报告有助于信息系统的规划者较快地了解旅游房地产的总体，有一个比较明确的概念轮廓。

(3) 如果信息管理系统的规划者，没有从事过旅游房产信息管理系统的业务，可以进行适当的调研工作，到已经在运转的开发项目或同类业务部门调查研究，取得正反两方面的经验教训。

(4) 利用信息管理系统规划者的知识和经验，在采集有关先进的信息管理系统新技术的情报基础上，对此规划进行方案撰写。

旅游房地产信息管理系统规划一般均采用关键成功因素法，按照旅游房地产开发项目经营企业的目标，找出关键成功因素，同时结合采用自上而下对企业业务过程进行分解的企业系统计划法，全面规划信息管理系统的功能布局。

三、旅游房地产信息管理系统的结构安排

1. 旅游房地产企业信息管理系统结构设计

由于旅游房地产开发企业各项业务过程之间都有一定的关联性，因而各子系统需要基于一定的基础平台有机地集成起来。所形成的旅游房地产项目信息管理系统结构如图 12-8 所示：

图 12-8　　信息管理系统结构图

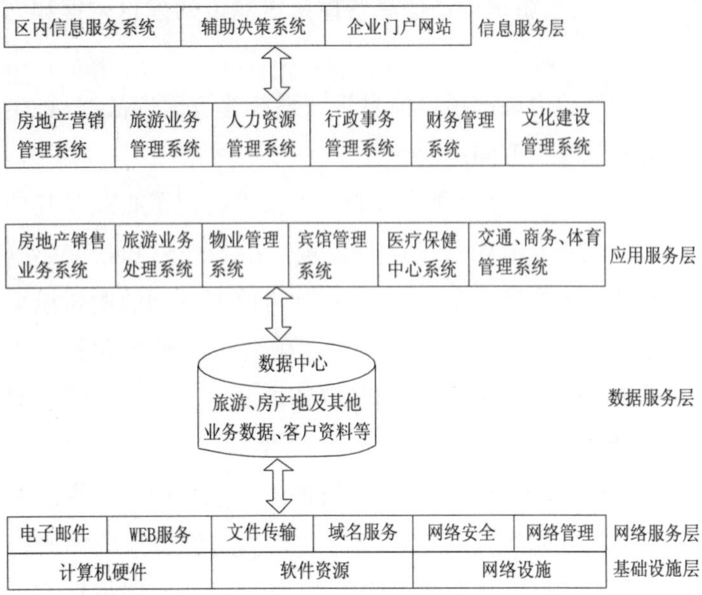

(1) **基础设施层**。这是旅游房地产项目信息管理系统运行的基础，主要指计算机硬件、软件资源和网络等基础设施。

(2) **网络服务层**。在基础设施层的基础上实现基于因特网的网络服务功能，包括：电子邮件、WEB 服务、文件传输、域名服务、网络安全和网络管理等功能。

(3) **数据服务层**。按照统一制定的企业数据字典集中存贮各种业务数据和分析数据，从而实现基于数据层的系统集成。

(4) **应用服务层**。在数据服务层的基础上开发相关业务操作层和运作管理层的系统应用，由前面功能规划部分的各个应用子系统组成。

(5) **信息服务层**。在应用服务层的基础上开发辅助决策支持子系统，建立企业门户网站，提供信息发布等网络服务功能，建立基于因特网的风景区内信息服务系统。信息服务层的企业门户网站和区内信息服务系统，实际上可看作旅游业务管理子系统、房地产营销管理子系统和物业管理子系统等多个应用系统在因特网上的扩展，所涉及的信息发布和相关服务是为了给游客、业主、员工等其他角色人员提供系统应用的网上平台。

2. 业务应用系统体系结构的描述及选择

在规划出信息管理系统结构的基础上，还需要进一步对各个具体业务应用系统的体系结构进行设计和规划。目前基于网络的信息管理业务应用系统的体系结构，大致可分为客户机/服务器模式、浏览器/服务器两种模式。

(1) **客户机/服务器模式**。它可分为两层模式和多层模式。两层模式由客户端程序和数据服务器组成。客户端程序除了包含系统的显示逻辑外，通常系统的事务处理逻辑也包含在内，因而两层模式下客户端程序显得比较繁杂，通常也称为“肥客衣”模式；多层模式通常包括客户端程序、应用服务器和数据服务器三部分。与两层模式不同的是，客户端程序所包含的复杂的事务处理逻辑由运行在应用服务器上的应用程序来承担，客户端程序只提示系统显示和一些简单的事务处理逻辑。数据服务器接受应用服务器的数据操作请求，进行数据库查询、修改和更新等功能，把运行结果返回给应用服务器，再由应用服务器传回给客户端。

该模式适合于企业的部门级应用，优点是开发方便，技术上也较为成熟，适合于数据大、交互性强的业务应用，交易安全问题得到保证。缺点是配置维护工作量

大,要求业务逻辑相对稳定,对客户机性能要求高。

(2)浏览器/服务器模式。该模式分为表示层、功能层和数据层三个相对独立的单元。表示层,即Web浏览器,如常用的IE,NESCAPE。表示层中包含系统的显示逻辑,位于客户端。它的任务是由Web浏览器向网络上的某一Web服务器提出服务请求,Web服务器对用户身份进行验证后用HTTP协议把所需的主页传送给客户端,客户机接受传来的主页文件,并把它显示在Web浏览器上;功能层,具有应用程序扩展功能的Web服务器,在功能层中包含系统的事务处理逻辑,位于Web服务器端。它的任务是接受用户的请求,首先需要执行相应的扩展应用程序与数据库进行连接,通过SQL等方式向数据库服务器提出数据处理申请,尔后等数据库服务器将数据处理的结果提交给Web服务器,再由Web服务器传送回客户端;数据层,即数据库服务器。在数据层中包含系统的数据处理逻辑,位于数据库服务器端。它的任务是接受Web服务器对数据库操纵的请求,实现对数据库查询、修改、更新等功能,把运行结果提交给Web服务器。目前该模式日趋主流化,它的优点是具有统一开放的标准,采用浏览器或制定开发的客户端软件作为客户程序,操作简单,安装和维护比较灵活,对客户机性能要求不高。

至于业务应用系统结构的选择,应根据各个应用系统的具体特点和目前的技术发展趋势慎重进行。就我国目前来说,可以采用以浏览器/服务器模式为主,结合客户机/服务器模式的体系结构。对于财务管理子系统、人力资源管理子系统、宾馆管理子系统、房地产营销管理子系统、旅游业务管理子系统、辅助决策子系统来说,由于其基本局限于企业部门级应用,处理数据量大,系统要求安全性高,并且交互性强,建议采用C/S多层模式体系结构。文化管理子系统、旅游业务处理子系统、行政事务管理子系统、医疗保健中心管理子系统、物业管理子系统、交通、体育、商务管理子系统、房地产销售业务处理子系统建议采用基于Browser/server模式的多层系统体系结构,以构建基于INTERNET/INTRANET技术体系的企业级应用,不仅有利于统一各个子系统的开发规范,方便各个子系统之间的集成,而且柔性及可扩展性好,配置维护方便。

四、旅游房地产信息管理系统建设的组织安排

1. 信息管理系统开发人员的组织安排

信息管理系统建设开发人员的组织工作主要包括:专业要求与人员的确定、开发组织的建立、任务的分工及开发工作的协调等。

信息管理系统的开发需要多种专业知识人员,系统开发人员在知识构成上,需要管理科学、计算机技术、通信技术、运筹学及系统工程等学科的知识;在人员配备上,系统开发需要系统分析员、系统设计员、系统硬件与软件人员、程序员、数据员、管理模型设计人员及项目管理人员等多种技术人员;在组织形式上,系统开始要组建一个项目组,项目组由项目负责人领导,再按专业或子项目分设若干开发小组,专业人员的配备要将重点放在信息与管理上。开发人员的组织特别要注意的是,系统用户或系统管理人员应作为项目开发组的协助人员,共同参与项目的开发,这不仅是要增强开发力量,也是项目成败的关键因素之一。

旅游房地产项目信息管理系统开发人员的组织要与工作计划相结合,工作计划中的每一项任务要明确地落实到开发人员,并提出时间与质量要求。系统分析与系统设计工作可由同一人承担,系统硬件与软件的工作也可由同一个或几个人共同承担,程序员的工作一般以子系统划分,必要时还应参与系统分析与系统设计的协助工作,数据员可由企业管理人员承担,通过基本数据及工程数据等的输入,可熟悉系统的操作方法,为下一步的运行打好基础。

信息管理系统开发的协调也是开发人员组织的重要工作之一,一般由项目负责人承担。信息管理系统的开发是一项复杂的系统工程,涉及各种不同背景的人员、多种用途各异的设备与软件,所要建立的系统由多个相对独立的分系统有机地组成,因此在开发人员之间、用户与开发人员之间、系统各组成部分之间都有许多协调工作要做。协调的最好办法是事先确定明确的要求与规则,并在开发过程中充分交流,尽量减少冲突的发生。

2. 信息管理系统规划建设进度安排

根据项目开发同步的原则,可以把信息系统建设分为三个阶段:筹备阶段、一期工程和二期工程。以各业务子系统开发的项目业务展开顺序为参数,按照从底层业务操作到高层辅助决策的顺序分别开发。同时为加强对开发项目的宣传和强化项目内的信息服务功能,开发企业的门户网站和项目内信息服务系统在一期就要和业务子系统进行开发,并在二期工程中逐步完善。

(1)**筹建阶段**。该阶段的工作步骤:①建立项目开发领导小组,该小组由旅游房地产项目经营管理的主要领导及业务主管组成,组长由第一把手或委托总经理(或运转经理)负责,开发领导小组的主要任务是系统开发的预算、计划、组织、协调、监督、审核及验收,以及项目开发中重要问题的决策;②加快基础设施建设,基础设施建设主要包括:楼内结构化布线、楼间电缆铺设、信息中心设施,以及园区内电话设施的建设;③组建信息中心;④招标与投标,项目开发领导小组组织招标与投标,主要任务包括:市场调研、标书制定、组织投标、投标评审,以及中标决策;⑤合同与计划,项目领导小组与中标方签订项目开发合同,详细制定开发进度计划、经费预算、阶段检查内容与标准、最后交付使用的验收标准以及系统运行维护要求;⑥组织与观念准备,项目领导小组组织项目有关经营实体的领导布置任务,制定配合项目开发的具体要求,讲清项目开发的意义与作用。

(2)**一期工程阶段**。该阶段的工作包括:1)计算机网络基础设施建设,包括园区骨干网和相关子网的建设;2)数据库系统的选型、安装和调试;3)远程计算及通信设备安装与调试;4)系统分析(详细调查、逻辑模型设计);5)财务管理子系统;6)宾馆管理子系统;7)人力资源管理子系统;8)行政事务管理子系统;9)旅游业务处理子系统;10)旅游业务管理子系统中,游客管理及旅游营销管理的部分实施;11)物业管理子系统;12)房产销售业务子系统;13)开发企业门户网站骨架搭建;14)开发项目内信息服务系统的部分实施。

(3)**二期工程阶段**。该阶段要建设及完善的子系统为:①旅游业务管理子系统的其余部分实施;②房产营销管理子系统;③交通、体育、商务、管理子系统实施;④文化管理子系统实施;⑤保健中心管理子系统实施;⑥辅助决策子系统;⑦开发企业门户网站完善;⑧项目内信息服务系统完善。

3.信息管理系统的实施

信息管理系统实施是将系统设计的结果在计算机上实现,将原来纸面上的新系统方案转换成可执行的应用软件系统,是新系统开发工作的最后一个阶段。系统实施的主要步骤:第一步是按总体设计方案购置和安装计算机网络系统;第二步是建立数据库系统;第三步是程序设计与调试。程序设计即编程的目的是为了实现在系统分析和设计中提出的管理方法和处理构想,编程不是系统开发的目的,因此在编程实践中,应尽量借用已有的程序和各种开发工具,尽快尽好地实现系统,而不要在具体的编程和调试工作中花费过多的精力和时间。

程序调试是在计算机上以各种可能的数据和操作条件对程序进行试验,找出存在问题并加以修改,使系统完全符合设计要求。在系统的研制过程中,调试工作的比重很大,应给予充分的重视。程序调试的主要步骤有:①模块调试;②分调;③联调;④人员及岗位培训;⑤系统试运行。

信息系统开发完成后,应让它实际运行(即试运行)一段时间,这是对系统的最好的检验和测试方法。试运行阶段的工作主要包括:

①对系统进行初始化,输入各原始数据;

②记录系统运行的数据和状况;

③对实际系统的输入方式进行考查;

④对系统实际运行、响应速度进行实际测试。

4.信息管理系统的评价原则

对信息管理系统进行评价的指标主要包括:

(1)**系统运行效率**。系统的处理能力、运行时间和响应时间,要求在目前的硬件设备下能及时、快速地处理业务数据。

(2)**可靠性**。系统在运行过程中,抵抗异常情况的干扰,保证系统正常工作的能力,体现为系统的稳定性。

(3)**人机接口和可操作性**。有良好的人机接口界面,操作简便,输入输出清晰,体现为软件系统的易用性。

(4)**易维护性**。是指系统容易扩充和适当的维护成本,随业务的扩展和需求的变更,系统可扩充的功能比较强。

第六章
旅游房地产商务系统建设

商务系统作为旅游房地产项目的重要组成部分，在旅游房地产收入中所占的份额越来越大，近年来各地在开发旅游房地产项目时，都十分重视商务系统建设。成功地开发商务系统，对提高旅游房地产项目经营效益意义重大。

一、商务在旅游房地产项目中的地位

对于旅游房地产开发项目来说，其入住者无论是中长期居住者、短期旅游者、临时会议参加者，还是这个项目的所有员工都有购物的需求，这里的“购物”不仅指旅游六要素中的“购”，还有日常生活、日常经营和日常管理中的“购”。由于各方面均有不同的购物需求，同时旅游房地产的开发项目又往往处于远离大中城市的商业欠发达地区，而旅客相对而言是高于当地消费水平的消费者，因此在旅游房地产项目规划开发时就需要考虑设立一个商务系统以满足各方面的需要。

一般来说，综合性的旅游房地产开发项目由于涉及领域较多，导致组织机构的形式也比较复杂。有些机构由项目自行经营，有些机构则是联营，还有些机构可能是加盟或者采取承包形式。不论它们属于何种性质，除了非常专业的物品要专门采购之外，大多数的物品是低值易耗品。如果在整个项目中设立一个配送中心，不但能够满足上述购物的需求，而且还可以成为各机构的采购代理，这对降低经营成本，方便采购环节和流程，具有十分重要的意义。而对于规模较大的旅游房地产项目，入住者可能是中、长期居住者，甚至是年老体弱者，如果购买一般物品就要走上较远的路程，就不能体现出旅游房地产项目“以人为本”的理念.随着科学技术的发展水平和人们消费能力的逐步提高，电子购物的方式也成为现实。

除了购物，如快递、医疗、文秘、订票、派车、法律咨询、远程教育等服务项目也属于旅游房地产项目中的商务范畴。但其中有些业务可以由旅游部、物业管理部、保健中心等其他机构来共同承担。此外，开发旅游商品，特别是挖掘当地各种资源，并将其开发成有品牌效应的旅游商品也是商务活动的重要内容。

综上所述，商务系统在旅游房地产项目的经营开发中具有不可或缺的地位。而旅游房地产项目中的商务系统可以采取两种形式：一种是在开发项目的园区内建立商务活动的体系，直接经营管理；另一种是对园区内其他机构所从事的商务活动进行业务归纳管理。

二、旅游房地产项目商务系统的内容规划

在进行旅游房地产项目商务系统内容规划时，要重点考虑购物场所如何设置，超市和配送中心需提供哪些物品以及配送中心由哪些部分构成、其功能如何等问题。

1.购物场所的设置

在旅游房地产项目的区域内设立超级市场，按照常规建立超市，最基本要有卖场区和储存加工区，另外还要设有支持它的配送中心及其信息中心。由于旅游房地产项目有别于普通的居民住宅区，人数相对比较少，而且分散，但消费水平较高，因此在旅游房地产项目的区域范畴内可以考虑把超级市场和配送中心合二为一，把配送中心的仓库置于超级市场的储存加工区，配送中心的信息中心和商务中心的信息中心（也可与整个园区的信息中心）合为一体。如某度假村的超市和配送中心合二为一，前面的超市其实就是卖场，一般普通超市储存加工厂的功能由配送中心来取代，如图12-9所示：

图 12-9　　某度假村超市的布局规划图

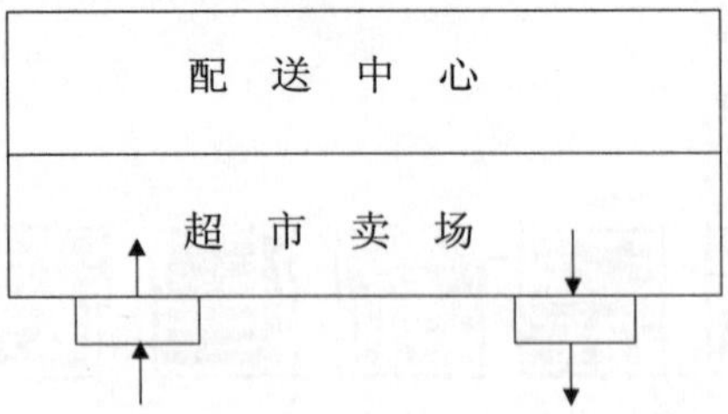

由于旅游房地产开发商擅长的是房地产项目经营运作,并不善于搞商业,因此可以考虑引进有品牌影响力的连锁超市加盟,具体业务开发和经营管理接受商业中心指导。

2. 超市和配送中心供应的物品

与日常的超市不同,旅游房地产项目中的商务中心应提供四大类物品:一类是敞架自取的货物,包括蔬菜、水果、花卉、野味(加工)、一般食品、糖果点心、小百货与洗涤用品等;二类是展出样品,送货上门(商品),包括家用电器、家具、装潢五金等;三类是敞架服务商品,包括服装(尤其是时装)、鞋类等;四类是柜台供应商品,包括小型旅游纪念品、文具等。第一类和第四类商品可以由商务中心自营自销,第二类和第三类商品可以让生产厂家到此租场地,但自负盈亏。

3. 配送中心的构成

配送中心主要是由储存区、收货区、理货区以及加工区四部分构成,它们的功能分别是:

(1) **储存区即仓库**。在此分类储存验收后的货物还可以分为常规储存区和暂时储存区，配有货架叉车,必要时配备冷库。

(2) **收货区**。货物在这里经过卸货、检验等程序就直接进入储存区,由于时间不长,处于流动状态,功能面积也不必太长,一般配备有验货用的电脑。

(3) **理货区和配装区**。由于超市规模不大,此两区域的功能可以合二为一。在这里按照各方面的订单(包括电子订货),配好所需的货物待发,并配备小型装卸、运输工具。

(4) **加工区**。有些货物从配送中心到卖场,或直接送到顾客手中是要经过加工的,如蔬菜、水产品等。除了上述各区域的功能,配送中心还要配备办公场所,它要完成商品采购、运输储存、加工包装、订单处理、商品配送、货款估算、信息传递等各项功能。

三、旅游房地产项目商务中心的组织机构

商务中心是一个相对独立、自主经营的机构,受董事会、总经理直属领导,机构设置如图 12-10 所示:

图 12-10　　　商务中心组织机构图

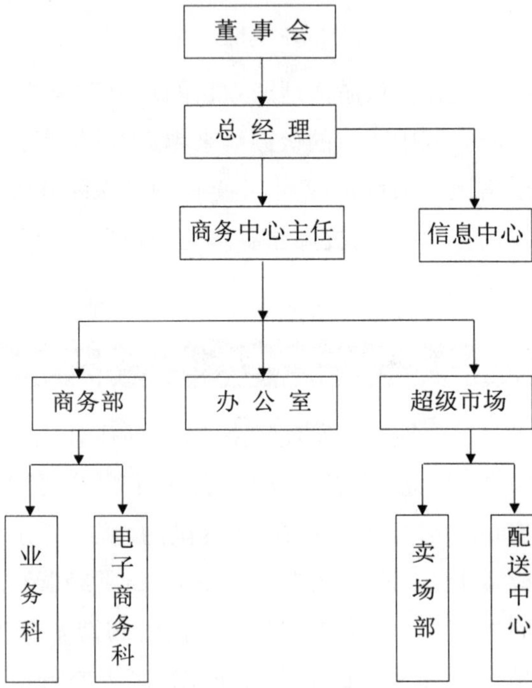

商务中心具体负责中心的全面工作，下设商务部、办公室和超级市场三大部门。各部门的功能及人员配置为:

（1）**办公室**：承担专业人力资源开发、公关、文秘、财务等工作。设主任一名。

（2）**超级市场**：设市场经理一名。下设卖场部和配送中心，卖场部和配送中心分别设总领班一名。

（3）**商务部**：设经理一名，下设电子商务科、业务科，各设科长一名。电子商务科处理通过互联网或其他通信工具途径来的业务。业务处理科直接负责为客户服务的服务项目，包括秘书、文印、会计、翻译等服务以及旅游商品的开发业务。

四、旅游房地产项目中电子商务的运作模式

电子商务简言之，就是通过互联网或其他通信方式为消费者提供实物或服务。旅游房地产开发项目中的电子商务系统，是以商务中心为主体，用整个开发项目建立的信息网络和其他通信工具把各类顾客（主要在区域内的中、长期居住者和短期游客）的各类需求，传达给园区内的各类服务项目单位或者社会各种商品或服务的提供者，减少中间环节，以较小的成本获取最大的利益。关于信息中心，由于它的作用不仅仅服务于商务系统，因此归属于总经理直接管理，但为商务中心的服务应由其完成。旅游房地产项目电子商务的运作模式如图 12-11 所示：

图 12-11　　旅游房地产项目电子商务模式运作图

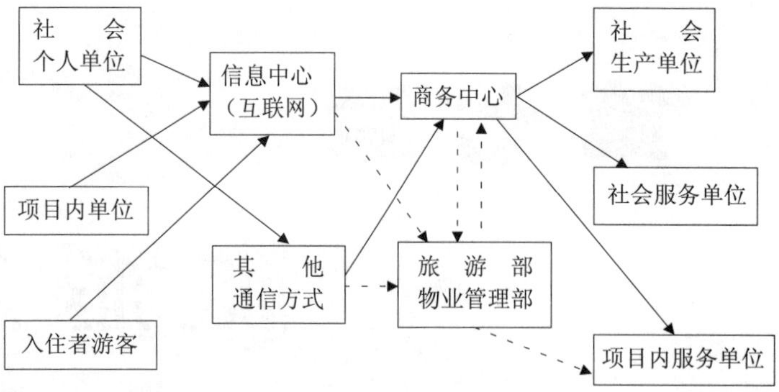

电子商务是以商务中心作为服务平台的，各种需求信息经过商务中心处理后，将需求方和供应方联系起来。由于商务中心与社会生产单位、服务单位和项目内各服务单位（如旅游部、医疗中心）按照一定的契约签订有合作协议，因此可以相对便捷地为客户提供所需要的商品和服务，有些业务旅游部和物业管理部等部门有可能直接与客户自然接触。商务中心与旅游部和物业管理部之间有相互交叉的业务，但除了园区内的业务部门之外，一般对外经营由商务中心来完成。有些日常用品在配送中心本身就储存有一定份额，商务中心就直接送货上门，旅游房地产项目内的电子商务采取中介型支付系统，即由商务中心承担中介的角色。

第七章 旅游房地产的文化建设

在经济与文化水乳交融的当今社会，旅游房地产的文化建设方兴未艾，融入了众多文化精粹的旅游房地产，孕育着无限商机，具有广阔的投资前景，已成为不断壮大的新兴产业和新的经济增长点。对国民经济和社会发展发挥着越来越重要的促进和支持作用。

旅游房地产文化建设之所以能够取得长足发展，最重要的原因之一是文化产业具备巨大的经济价值。过去人们普遍认为文化是精神财富，它属于上层建筑。但是随社会经济和意识形态的发展，出现了人们所意想不到的现象，比如旅游业成为许多国家甚至工业国家的支柱产业，而且文化产业也呈现出了多元化、生态化、市场化和规模化趋势。比较有说服力的是深圳华侨城集团培育了世界之窗、锦绣中华、民俗文化村、欢乐谷等集娱乐性、参与性和高科技于一体的主题公园模式，在各国许多地区被借鉴和推广，产生了较大的辐射效应。

一、文化是旅游房地产的灵魂

旅游是人类社会经济和文化发展到一定时期的产物，就其本质属性而言，是一种以文化为重要特征的综合性社会活动。它以一般文化的内在价值为根据，以“食、宿、行、游、购、娱”六大要素为依托，是集物质文明和精神文明为一体的活动过程。旅游业是具有文化和经济双重性的产业，揭示旅游与文化之间的深刻内在与外在联系，充分并正确认识文化在旅游房地产业软、硬件中的重要作用，是挖掘旅游房地产业内在潜力的重要途径。旅游文化是一种综合性文化，文学、艺术、哲学、美学、历史、宗教、医药、体育、饮食、服饰、文物、建筑、商业、交通、地理、园林以及各类科学技术成就都可包括在内。在这些领域中，可开发的人文和自然旅游资源相当丰富。旅游房地产项目的开发就是要把上述这些文化领域的知识转化成可以供游客和入住者享受的商品。文化在旅游房地产项目的开发中通过两种形式表现出来，一种是综合性旅游项目下展现某种文化的子项目。例如：某度假村处于江南水乡，在策划过程中，将一部分公共建筑设成一条20世纪30、40年代的街道，里面的旅馆、酒店、商店都带有当时风格，这样在满足游客的正常食、宿、购等旅游功能的同时，也让他们领略过去的年代水乡小镇的别样风情。另一种是以某一文化作为题材的旅游项目，如以历史文化为题材的有三国城、水浒城，以民族文化为题材的有中华民族村、锦绣中华、圆明园遗址等主题公园。从房地产开发角度来看，以旅游文化作为题材的旅游房地产升值相当可观，这不能不认为是旅游房地产开发成功的典范。

从以上分析可以看出，文化与旅游房地产项目之间是″魂“与“体”相互依存关系。没有旅游房地产项目，文化还是一种缺乏扎根基础的知识，难以实现其经济和社会价值。所谓“旅游房地产搭台，文化唱戏”可以较好地表述出旅游文化与房地产两者之间的这种依存关系。

二、能够开发成旅游房地产项目的文化

概括地讲，不论是自然科学，还是社会科学、人文科学，几乎所有的知识都能够被用来开发成旅游项目。但是有一个前提，就是要求开发商或开发商委托的专家要真正对这方面的知识有一个比较彻底的研究和了解，并能够灵活运用，用深入浅出的表达方式把一些深奥的文化内涵转化为人们能够理解、领会的物质形态，再通过开发建设者把这种知识转化为人们喜闻乐见乃至能够亲自参与的旅游项目。这是文化知识介入旅游房地产项目开发的必要条件。当前在旅游房地产项目开发中，文化知识的应用有以下几种常见的形式。

1. 以历史或文学名著为题材开发的项目

我国早期开发的以《红楼梦》为主题背景的大观园有好几处，特别是以上海青浦区境内淀山湖畔的主题公园最为精致，经营效益良好，投资回报率快，成为旅游房地产开发项目成功的典范。另外，像杭州的宋城是以宋朝历史为背景建造的主题旅游项目，反映南宋在此建都的风土人情，商贾市井，人们在旅游的过程中，可以学到不少有关宋朝的历史知识。

2. 以民俗文化作为题材开发的项目

中华民族具有光辉灿烂的民俗文化，各民族的生活习俗、风土人情、建筑风格等都可以开发成旅游项目。在旅游房地产项目开发中，一种方法是简单地把各民族的民俗文化加以浓缩，原汁原味地加以重复或缩小，如深圳早期开发的世界之窗、锦绣中华就属于此类作品。除了建筑，还把这个民族的艺术工作者招募过来，表现他们的生活习惯、生活方式或民族歌舞，如婚礼、蜡染等都可以作为参观或者表演形式加以开发；另一种是以某种文化进行高度提炼后，以旧瓶装新酒的形式来进行开发，比较成功的实例就是上海新天地旅游房地产项目的开发，它保持上海特有的时代民居——石库门建筑，在整修如旧的原则下，保持石库门建筑的外形特征，但在内部却赋予了崭新的装潢、在这里既可以领略 20 世纪 30 年代旧上海的风貌，又可以享受到 21 世纪的服饰、饮食，这是旅游房地产开发成功的另一典范。开发者是冒了一定风险去进行上海旧式里弄改造开发的，动迁原住居民的代价肯定不会小，但由于项目的开发包含了文化的开发，使建筑大大地提高了品位和档次，游客络绎不绝。

“越是民族的，越是世界的”。我国各民族有许多自己独特的民间杂耍，这些杂耍由于可以引起人们的怀旧情结，因而成为吸引游客的卖点所在。比如，流行在上海地区的滚铁环、跳橡皮筋、抽陀螺等民间游戏经过精心包装都可以在有上海建筑街坊背景的地方向游客提供，这将更加浓化当地的民俗氛围。

3. 用宗教、科技等其他文化知识作为主题来开发旅游房地产项目

除了文学、历史、民俗之外，宗教和科技等其他文化知识同样具有作为主题进行开发的潜力。宗教文化博大精深，也可以与旅游房地产项目紧密结合进行开发。比如，江苏无锡的灵山大佛屹立在浩瀚的太湖畔，相得益彰，高与阔形成强烈反差，引人入胜，吸引游客无数，不论是有神论者还是无神论者都有到此一游的强烈愿望。作为旅游房地产开发商可以依此把其他旅游服务项目和休闲场所先建设起来，这样除了可获得一般旅游服务项目收益外，当地的地价也将随之飙升。科技知识也可作为主题来进行旅游房地产项目的开发建设. 目前科技发展日新月异, 声、光、电、全息摄影等高科技手段不断

被开发成旅游产品。比较大型的如上海科技馆,它里面的展品除了向观众特别是青少年提供科学普及知识外,还有不少展品是可以让观众亲自参与的,是广大游客比较理想的一所好去处,自然它的建筑和土地也大幅度升值。

三、旅游房地产文化建设应注意的三大问题

由于文化具有可挖掘的巨大市场价值,因此在旅游房地产开发建设中要充分依托"文化"这面大旗,但文化有其严肃性的一面,而且旅游房地产中运用的文化是综合性文化,说得通俗语一点就是"精炼"过的文化。因此,旅游房地产文化建设必须注意以下问题:

1. 对民俗文化必须去粗存精

由于意识形态和生活习俗,旅游房地产的开发商或者委托策划者,一定要以精益求精的学习态度来对待民俗文化。因为民俗文化中还有迷信低级的东西存在,所以必须对此加以清理,民俗文化中相对落后的一面也必须加以提炼。相对来说,我国还有不少少数民族的经济还比较落后,在移植他们的文化时要进行提炼包装,把其具有魅力的地方显示给游客,切不可把其糟粕也带进来。曾经有一例,由于策划者尚不明白策划的技巧,而且仅凭着个人的热情和喜好,结果呈现在人们面前的民俗村好像城郊的一处棚户区,根本就没有什么吸引人的地方,游客自然不会有兴趣,不久就亏损倒闭了,而与其同处一个地方的野生动物园却因内容吸引人,门庭若市。这就说明并非是地方偏远不能吸引游客,而是内容本身所造成。

2. 旅游房地产项目开发中必须有人文景观

某个旅游房地产开发商发现某处民居内的居民都是诸葛亮的后代,就决定来开发。他们把里面的居民都搬迁走了,然后进行装修,建成了号称"诸葛村"的旅游项目,可是村子里没有了村民就变成一座空城,游客很难理解该处的文化内涵,到了晚上更是漆黑一片。开发商把诸葛村当成一种孤立的建筑群来对待,而忽视了人文因素。一般而言,建筑群只有与当地的风土人情交融在一起时,才会有生机,这不能不说是一处败笔。所以,在开发旅游房地产项目时必须与人文结合,切忌空洞的建筑形式。

3. 旅游房地产文化建设需要请行家指导甚至直接参与

与前面提到的上海大观园建设者相反,一些对诸如《西游记》、《封神榜》等文学名著停留在了解一些情节而不是真正理解其内涵的开发商,不能以其为主进行策划建设。据统计,全国以《西游记》为题材的游乐场所就有500多处,其策划大多数停留在民间传说的层面上,经不起细细品味和推敲,这样的开发多半也是粗制滥造的作品,目前其中绝大部分已经倒闭。

以上几个谈到的例子,都是旅游房地产项目开发过程中的经验教训。我国第一轮的主题公园以失败告终的占了相当比例,这其中最主要的原因是对历史文化知识没有一个客观尊重和深刻理解,只求形似,不求神似。因此从事旅游房地产开发的同志,对文化要有一个清醒正确的认识。不论是历史、文学还是宗教、科技,当它作为旅游房地产开发项目题材时,一定要请行家指导,甚至邀请他们直接参与。

在我国全面建设小康社会之时,随着人们物质生活水平和质量的不断提高,广大游客对文化、精神消费的需求,也越来越大,为了满足广大游客日益增长的文化、精神消费的需求,促进经济社会的全面发展,大力发展旅游房地产文化建设就成为必然要求。

A COMPREHENSIVE HANDBOOK OF DEVELOPMENT OF REAL ESTATE IN CHINA

VOLUME 13

第十三卷

房地产物业管理

第一章

分业经营：物业管理规范发展的新起点

“物业”是粤港方言对房地产的称呼，它最早在香港被普遍使用，其含义是单元性的房地产。被称为物业的单元性房地产可大可小，一栋商业楼宇、一组标准厂房、一栋住宅楼或一套住宅都可称为物业。而“物业管理”作为一种不动产管理的模式起源于19世纪60年代的英国。当时是英国工业空前发展高涨的时候，一名叫奥克维亚·希尔（女）的住宅业主，率先为其出租的住宅制定了一套别开生面的管理办法，并取得出人意料的成功，首开物业管理之先河。

我国的物业管理起源于1981年3月10日，深圳市成立全国首家物业管理公司（深圳市物业管理公司）。标示着我国物业管理工作摆脱行政——福利型传统计划经济下的管理模式，走上了专业化、企业化、经营性的市场运作轨道。

我国物业管理行业伴随改革开放而生，与市场经济同步发展，已足足走过了风雨兼程的24个春秋。物业管理已成为与人们生活息息相关，与我国经济协调发展，并得到社会基本认可的新兴行业。然而，当前物业管理行业在发展中存在的问题和矛盾日益突出，已经到了一个攻坚相持的阶段，其引发的种种矛盾，就深层次的因素来看，与房地产的开发和物业管理的经营尚未真正分离相关，也就是说，与物业管理企业经营体制问题还没有得到根本解决存在着莫大的关系。

一、物业管理企业管理体制的现状及矛盾

物业管理是一种服务性行业。它要为业主、租住户以及居民提供高标准、高质量的服务。物业管理的性质主要是“服务性”的，寓管理、经营于服务之中，因此确切地说应该称之为物业服务。物业管理是顺应房地产综合开发的延续和完善，是在房地产开发经营中为完善市场机制而逐步建立起来的一种综合性的经营服务方式。

物业管理的发展，对促进房地产业的发展，对城市管理、社会稳定、增加就业机会、促进第三产业发展、提高人民生活品质将起到积极促进的作用。作为物业管理活动的主体之一，物业管理企业的产生和发展壮大无疑会对物业管理业规范发展起到积极的推动作用。经过20余年的发展，我国的物业管理企业已超过2万家，从其产生的来源来看，可将其分为三种类型。第一种类型是房地产开发商自办的物业管理企业，约占70%；第二种类型是原房管所或机关、企业、学校、部队等企事业单位的后勤部门改制而成的物业管理企业，约占20%；第三种类型是产权自主型的物业管理企业，占10%左右。

作为物业管理企业的主体，目前我国第一种类型和第二种类型的物业管理占了总体近90%。这种状况主要是由我国物业管理起步时的历史条件所决定的。在计划经济向社会主义市场经济转轨进程中，改变了“重建设、轻管理”和“福利分

房”的格局，这对物业管理在起步阶段的发展起到了积极的推动和促进作用。但物业管理发展至今，按照物业管理与社会主义市场经济相适应的要求，按照物业管理自身的发展规律和物业管理向社会化、市场化、专业化的发展方向来衡量，这种建管不分的体制掩盖了物业管理中的诸多问题，导致业主投诉事件连连攀升，引发了许多法律问题，显然对物业管理企业自主经营、自我发展形成了制约，从而严重阻碍了物业管理业规范、理性、健康发展。

第三种类型即产权自主型的物业管理企业是随着市场经济的逐步建立、随着物业管理市场的逐步形成，物业管理作为独立行业逐渐成形而催生的，特别是由自然人出资成立的有限责任公司。“纯民营”或混合所有制的物业管理企业体制是市场经济发达国家的通常做法。这一类型的物业管理企业，产生于市场经济环境，能很好地适应市场经济。尽管现阶段因受市场的认知度、信誉度、资金、人才等诸多因素的制约，尚无法与“老牌国企”抗衡，但是相对现有第一种类型和第二种类型的物业管理企业面临市场竞争时包袱沉重、决策行动迟缓、多头管理、人才流失、行政干预、难以自立等痼疾，产权自主型的物业管理企业将会迅速发展壮大。随着市场经济的逐步成熟，产权自主型物业管理企业将会逐步发展成为物管企业主体，真正形成房地产业与物业管理业的分业经营，从而促进物业管理的规范发展。

现今，我国房地产开发已进入了一个购房散户化的时代，个人购房意味着挑剔和讲究，买卖不仅讲区位、价格、品质，而且还看环境及物业管理。再则，开发商之间的竞争也日趋激烈，相互忙于在区位选择、户型设计、环境布局、房屋售价、物业管理等方面比拼，来争夺客户群。在这种形势下，各种利益群体的矛盾趋渐凸显，主要表现在以下几个方面：

1. 业主管理委员会与物业公司之间的矛盾

业主管理委员会是由辖区内的业主（住户）推选出来的代表业主（住户）的利益、维护业主和住户合法权益的常设组织。它具有选聘或续聘物业公司、审定物业公司制定的年度计划或解聘监督物业公司等各项工作的权利。但是，在争论物业管理诸多问题的时候，业主管理委员会无法体现业主的利益，甚至为了个人利益出卖了整个园区所有业主的利益，更谈不上对物业公司实施有效的监督了，那么一旦物业公司和业主的关系进入了僵局，混乱局面就会难以控制。

2. 开发公司遗留问题致使业主和物业公司之间产生矛盾

由于开发公司施工质量差致使楼宇墙体脱落、漏水，甚至出现断裂等现象，有些住户却去找物业公司的麻烦，这原本属于开发公司的过错却被强加给了物业公司。由于这部分维修费用很高，物业公司根本无力解决，只好再推给开发公司，这就造成业主和物业公司之间的矛盾。如果业主能够找到这些楼宇的开发商，并能得到解决，问题就能迎刃而解。如果业主找不到开发商，这些矛盾的积聚总会在其他方面爆发，给物业管理工作带来极大困难。

此外，由于房地产开发项目在市场营销环节上的激烈竞争，造成一些开发商在销售商品时虚假承诺，如高绿化率、齐全配套设施、优惠高承诺的物业管理等等，也使物业公司在接管该项目后陷入了被动的地位，一旦处理不当，就会加剧业主和物业公司之间的矛盾。

3. 服务意识与被服务意识之间的矛盾与冲突

服务意识是每一个物业公司贯彻的经营理念。被服务意识是指接收服务的人对其所接受的服务所表现出来的态度、情绪、心理活动等。被服务意识的强弱决定了被服务者对被服务项目的评价，一个被服务意识很强的人，会把许多事情交给服务者，愿意支付相应的费用，从而享受服务者所带来的方便；相反，被服务意识较差的人就不愿把更多的事情交给服务者，不愿支付这笔费用，即使有这种服务也感到手足无措，常常为享受这种服务所支付的费用而痛惜，并会产生烦恼，换而言之，较弱的被服务意识制约了物业管理的纵深发展。

此外，在经济水平相对落后的我国，服务业发展不充分，被服务意识薄弱，无法让一个经济拮据的人表现慷慨，这也是普通小区管理事情多、盈利少的重要原因之一。

但是物业管理的深层次发展需要高素质人才。从全国薪酬福利调研抽查中发现，物业行业依然处于一个比较低的水平。调查选取了代表薪酬福利市场较高端水平的高科技行业、代表市场一般水平的房地产开发行业的总薪酬所进行比较。调查显示，物业管理的总薪酬整体偏低，总监级和经理级的收入甚至不及高科技行业总监或经理的一半，同时物业管理行业从业人员的素质相对较低也是一个不可回避的现实问题。那么，业主在支付管理费享受服务的时候，如果对享受到的服务有不值得的疑问，就会产生不平衡的心理，就会影响与物业公司的关系。同时，作为物业公司，所从事的是服务性的工作，因此，也应该加大对员工的培养力度，只有两方面共同努力，才能缩小矛盾产生的空间，物业管理也才能逐步变得和谐与亲切。

总之，物业管理的深入发展，必然要求在提高自身服务质量和服务水平的前提下，增强自身的独立性，打破获利能力不强、财务恶化的局面，走独立自强的发展之路。

二、分业经营是当前物业管理发展的必然选择

1. 分业经营是社会化分工的必然要求

随着生产力水平的逐步提高和社会化大生产的不断发展，社会地位特殊、社会分工特殊的物业管理行业正逐步从房地产母体中分离出来，形成一种独立的新产业类型，即以各类物业资源为管理对象，以拥有和使用物业的人为服务对象，通过物业管理服务企业实施专业化的维修、养护、管理、维护相关区域内的环境卫生和公共秩序，使物业能保值增值，创造整洁、文明、安全、舒适的工作和生活环境，以及为社会提供与物业相关服务业务的综合性服务行业。应该说物业管理的内涵是以物业管理主营业务为中心，利用其上下游资源及与产业链的关系，形成了一个业务更加广泛的产业。当前，物业管理行业已经发展成为一个相对独立的产业，有利于推动房地产业和物业管理业的分业经营，使物业管理企业摆脱了依附于房地产开发商的尴尬境地，逐步实现物业管理企业脱离房地产开发企业的目标，独立进入市场，实施物业管理产业化经营已是大势所趋。

2. 分业经营有利于解决建管不分隐藏的各种问题

目前物业管理企业普遍依附于房地产开发商，这种建管不分的物业管理模式隐藏着许多问题和矛盾，主要表现在以下几个方面：

第一，在房地产开发建设过程中存在的后遗症很容易被带到物业管理中，为此给物业管理带来的先天不足，会导致房地产开发和物业管理因责任不清而产生矛盾和问题，有的问题仅靠物业管理企业自身能力是不能够解决的，另外，物业管理企业当替罪羔羊的现象仍然普遍存在。

第二，由于物业管理区域内，由于供水、供电等的垄断，造成仅为业主提供的是“半成品”商品，特别是分摊的水、电费，价格远远高于国家规定的标准。开发商常常将矛盾转移给物业管理企业或业主而引发各种矛盾和问题，增加物业管理企业的管理成本和难度。

第三，由于建管不分，往往导致物业管理企业在日常经营管理过程中，不能完全按照市场的要求、企业自身发展的需求或物业管理行为的特点去行使物业管理企业责权。而是首先满足开发商或上级公司的实际需要，特别是无条件地满足售房需要，然后再考虑自身的职责，更无法真正做到公正公平且切实体现物业管理行业服务性的特征。损害了业主的利益，最终导致其怨声载道，严重阻碍了物业管理企业的规范发展。

第四，物业管理业与房地产业存在行业属性上的差别，自然在发展战略、发展目标和发展思路上侧重点均有所不同，“建管不分”、“父子关系”常常会碰撞不断，此时物业管理企业往往很难得到公正客

观的评价和对待。而这些问题只有从分业经营这个根本上去解决，才能从源头上有效地解决物业管理规范发展的问题。

3. 分业经营有利于专业化发展

物业管理企业依附于开发商，极易导致一些物业管理企业自恃与开发商有“血缘关系”，开发商也主要是为了便于房屋销售的短期行为，提供所谓的各种超值服务补贴，使这些物业管理企业无心提高物业管理服务质量和工作效率，缺乏竞争机制，不利于物业管理企业的专业化发展。由于不计成本的经营管理，使大多数物业管理企业亏损严重，资本积累匮乏，不能吸引和留住优秀人才到物管行业，严重影响了物业管理企业的可持续发展。一旦开发商楼盘销售目标完成，有的开发商就视物业管理为负担和包袱，最终将矛盾交给社会，损害广大业主的长远利益，有的开发商甚至在物业管理过程中就直接损害了业主利益。建管不分还会在物业管理发展中形成不公平竞争，不利于物业管理业的规范发展。只有分业经营才有利于整个物业管理行业向专业化方向发展，才能真正提高行业管理水平，使行业得到良性发展。

4. 加入 WTO 需要分业经营

我国加入 WTO 就意味着市场竞争必须适应世界经济一体化的需要，WTO 的法则对我国物业管理业的影响也越来越大。必须看到，与国外成熟的物业管理发展相比，我国只走过区区 20 多年的物业管理还是处于初级阶段，应该把我国的物业管理放在当今时代背景下来考虑：现在物业管理已经发展成为发达国家和地区的一种重要产业，随着这些国家和地区房地产开发的成熟，有的物业管理业已超过了房地产业。随着我国对外进一步开放，很多国际性的物业管理公司已进入或正准备进入国内市场，中国物业管理业将面临激烈的国际竞争。然而现在我国的物业管理公司整体规模小，内地尤甚，如西南地区物业管理企业平均管理建筑面积还不足 8 万平方米，服务质量差，信誉度低，加之普遍存在“建管不分”的体制，这些都将成为物业管理业应对入世新形势的严重障碍。因此，加入 WTO 必将进一步推动房地产业和物业管理业分业经营，真正有利于房地产业的发展，也有利于物业管理业的发展。

三、加快改革步伐，促进物业管理分业经营

1992 年我国城市居民住房商品化的市场覆盖率不到 20%，而 2002 年我国城市居民住房商品化的市场覆盖率已达到 95%以上，业主已经成为物业管理消费市场的主体。随着市场的发展，物业管理分业经营已成为一种趋势，物管企业迫切希望通过分业经营做大做强，在促进物业管理企业全面发展的同时，也可为业主提供全方位和优质的服务。然而物业管理企业的上级单位如开发商，却希望其长期维持这种依附和从属关系。这种相持和对撞给物业管理行业的健康发展造成了很大程度的障碍。打破障碍的行之有效的办法就是在管理体制和经营模式上有新的突破。

1. 改善物业管理法律环境推进分业经营

房地产开发与物业管理分业经营，一方面应该靠市场机制去调节，靠市场这只“看不见的手”去推动；另一方面政府必须依靠行政手段这只“看得见的手”的作用，通过法律法规的健全去推动和规范，特别是在由计划经济向市场经济转轨过程中，对于新兴的行业，尤为重要和必要。目前管理和规范物业管理业发展法则是 2003 年 9 月 1 日颁布实施的《物业管理条例》，然而，该法则仅仅弱化了政府部门的制裁功能。政府应当将物业管理作为民事约定行为，引导业主以业主公约来调整与规范两者关系，引导业主和物业管理公司之间通过约定来明确双方的权利和义务。政府部门逐渐从运动员转化成裁判员，应特别注重在源头上解决物业管理的分业经营问题。

首先，逐渐杜绝开发企业兼营物业管理业务，前期物业管理必须通过招标选聘物业管理企业。目前，物业管理分业经营的最大障碍就是前期物业管理中，开发企业有权指定物业管理公司，并管理自己开发的物业。由于开发商自己的物业管理企业进行先期管理，再加上现阶段业主委员会运作不成熟，由业主委员会代表业主选聘物业管理公司并不是很受欢迎，难以打破自建自管模式。只有在开发企业的营业范围上限制其参与物业管理，并在土地批租时，通过物业管理招投标选聘物业管理企业，才能从源头上解决分业经营的问题。

其次，提高物业管理企业资质，提高物业管理门槛。引导物业管理企业扩大管理规模，提高服务质量，尽可能限制原“建管不分”的房地产开发商和物业管理公司的“血缘关系”，做到物业管理企业之间更加公平、公正的竞争。这样不但有利于实行分业经营，更有利于物业管理的规范发展。

第三，加大对物业管理招投标市场的培育力度。各级政府要不断建立客观公正、权威性、不以盈利为主要目的的中介机构物业管理招投标委员会，免费或低收费为房地产开发商和业主委员会服务，这样才有利于打破物业管理自建自管模式，促进分业经营。

2. 积极稳妥地推进分业经营

房地产业与物业管理业分业经营是大势所趋，但分业经营的进程应由市场机制决定，全国不宜采取简单的“一刀切”的分业经营改革。鉴于在物业管理发展的一定阶段，开发商自建自管改变了“重建设轻管理”的格局，由企事业单位的后勤部门改制而成的物业管理企业，改变了“福利管房”的格局，减轻了这些单位的后勤负担，促进了后勤工作社会化，对物业管理社会化、专业化、市场化起到了积极的推动作用，这是转型经济的必然进程，是具有中国特色的物业管理体制。但随着物业管理的不断发展，建管不分带来的弊端也会逐步表现出来，应本着积极稳妥的态度，通过市场机制来稳健推行分业经营。应该看到，实施分业经营，对于一些中小开发商和缺乏品牌影响力的开发企业而言，是解决纠纷和化解矛盾、协调关系的“万精油”。目前物业管理企业特别是较大型的物业管理企业绝大多数是依附于开发商的国有企业，因此，国家应在宏观上积极引导，鼓励房地产开发商和物业管理企业进行产权分离，让物业管理企业以真正独立的市场经济主体地位进入市场，也可采取“国退民进”的方式，逐渐促进分业经营。对物业管理消费意识比较成熟、物业管理发展比较好的地区可积极推行分业经营。

3. 实现物业管理的规模化经营，实行品牌化战略

物业管理进行规模化经营能有效地优化资源配置、节约管理成本，增加服务附加值。物业管理企业组建物业管理集团，物业管理实行品牌化发展战略，对众多物业管理企业实行优胜劣汰战略，促使一批规模小、规范性差的物业管理企业退出市场，可使物业管理充分利用有限的社会资源，推动房地产业与物业管理业分业经营、从而促使物业管理规范发展。

总而言之，《物业管理条例》的公布施行，标志着我国物业管理的发展纳入了法制化的轨道，表明了我国在推进物业管理分业经营这一战略方针上的决心。它明确了业主、物业管理企业和物业开发建设单位的权利和义务，规范了物业管理企业的行为以及业主大会、业主委员会的职责，保护业主的共同利益，进而为改善人民群众的生活和工作创造良好的环境条件。

第二章

提高物业管理企业的服务质量和盈利能力

一、物业管理服务的主要内容

物业管理作为一项多功能、全方位的业务，其涉及的范围相当广泛。在实践中，一个物业管理公司能承揽多少业务，提供怎样的服务，取决于物业公司本身的业务能力和用房的要求。物业管理通常包括两大内容：日常管理和特约服务。

1. 日常管理

日常管理是经济性的管理和服务，应包括以下内容：

(1) 日常养护。对于一个物业来说，配套的机电设备、供水、供电系统、共用设施等应经常、定期地进行养护，让其维持良好的运行状态，延长设备的使用寿命。

(2) 清洁绿化。对一个住宅小区来说，搞好清洁绿化工作可为业主和住户创造良好、舒适的工作、生活环境，培养人们亲近自然的意识，热爱自然、热爱生活。

(3) 安全保卫。在现实生活中，每个人都希望有安全感。物业管理应切实做好安全保卫工作，将不安全因素消灭在萌芽状态，让业主和使用人无后顾之忧，确保人们的生命财产安全。

(4) 消防工作。物业管理应高度重视消防工作，一定要保证消防设备处于良好待用状态，并培训一支业余消防队伍，一遇火情可立即作出反应。另外，还要提高业主和使用人的防火和自救意识。

(5) 日常维护。物业在使用过程中会出现很多问题，须有一支全天候的维修队伍，随叫随到，及时处理各类小修、急修工作，方便业主和使用人。

(6) 征收各类费用、保管使用管理基金。定期收取管理费，编制预算、收支账目，并定期公布，以便业主和使用人监督。

(7) 协调各方面社会关系。物业管理公司应与派出所、街道居委会经常保持联系，协调好工作。管理公司还应与物业相关的政府各部门如供水、供电、煤气、电信、市政等进行沟通，以便出现情况都可与有关部门配合，尽快予以解决。

(8) 处理好物业内部人际关系。一个大型物业内部居住着各种职业、性格的业主和用户，物业管理公司可通过开展联谊活动，让业主和用户有机会交流，加深理解，减少纠纷和争执的发生。以及还应及时处理好业主的投诉等等。

2. 特约服务

特约服务是指根据业主和住户需要，提供各类特别服务，这些通常是有偿的。如送奶送报，看护老人、病人、儿童,订票送票,代为购物,送货上门等等。物业管理公司还可利用部分物业开展多种经营,增加收入,补充管理经费不足,减轻业主和住户的负担。

二、物业管理应加强服务意识

计划经济向市场经济的转变是一个漫长的过程,计划经济中一些消极因素的变革更是如此,有些不适应社会发展需要的事物在形式上转变过来了,而在本质上却可能仍停留在旧有的水平上。物业管理工作面临着同样的问题,如何界定管理与服务的范围、增强物业管理工作中的服务意识,直接关系到物业管理企业的发展前途。“物业管理”这一概念本身就容易给人一种误导,所

以才发生了诸如“乱收费”、“只收费、不管理”以至于不尊重业主权利等很不正常的现象。实际上物业管理也是一种商品,服务是这一商品的核心内容,只有在服务上的功夫做到了,才可能保证物业管理企业的良性运转。很多品牌物业管理企业历来都强调精品服务意识,想方设法打好“服务”这张牌,并取得了有目共睹的成绩。

1. 分析不同顾客群体的需求差异,提供相应的服务

物业类型是多种多样的,有价格不菲的高尚住宅,也有价位偏低的福利房和微利房;有跻身于繁华商业区的,也有位于郊区的;有可称为元老级的小区,更有清新靓丽的新楼盘;有功能单一的纯住宅,也有商住合一的综合楼宇;有的产权单一、利于控制,也有的产权关系复杂。相应的,这些物业的业主在年龄、职业、收入、学历、喜好、生活习惯等各个方面都有很大的差异性,因而产生了千差万别的消费需求。物业管理企业必须对这些迥然不同的需求进行综合分析,筛选出可行的项目,付诸实施,既满足了业主的需求,也拓宽了工作领域,丰富了物业管理的工作经验。

物业管理工作涉及方方面面,一些工作是在物业管理公司的职责和能力范围内的,而另一些工作则有可能让人感到心有余而力不足。因此,一些业内人士呼吁物业公司不能办成“小社会”,对一些业主不切实际的要求提出了批评。但这种现象也有积极的一面,这说明,随着行业的发展,物业管理观念逐渐深入人心,人们对这个行业开始认同,这对推动行业发展是具有积极意义的。不能否认,一些业主在接受物业管理服务的过程中,形成了较严重的依赖心理,但对一个称职的物业管理企业来讲,应以负责的态度对待这个问题,而不能置之不理。随着物业管理行业的发展,专业化分工应该是越来越细,一家精明的企业如果不知道解决问题的方法,至少应清楚解决问题的有效途径。只有这样的目标达到了,才可能在日益逼仄的市场上赢得一席之地,才可能保持和扩大自己的顾客群。

2. 挖掘顾客的潜意识,从更高的层次上满足他们的需求

任何顾客都有潜在的需求,对这些需求加以挖掘和引导,是一项艰苦而富有挑战性的工作,是物业管理所追求的一个较高层次。

物业管理在中国属于朝阳行业,目前,物业管理内容主要包括房屋维修、设备维护、保安、保洁、绿化、家政、停车场管理等基本项目,很多服务内容还在探讨中。中国的经济稳定地发展,新的消费热点不断出现,一方面,个人的收入水平得到了提高,孕育了新的消费市场;另一方面,由于生活节奏的加快,人们更加珍惜自己的闲暇时光和业余生活,希望得到高效率、高质量的服务,丰富和提高生活的内容和质量。由此,产生了物业管理的新的发展空间。万科物业在这方面做了一些有益的尝试,并取得了较为理想的效果。物管理企业要树立“个性化”服务的理念,在物业管理模式上要跟上时代的新进程。

在挖掘顾客的潜意识的工作中,首先要澄清一些认识上的问题。一是要要注意工作的方式,讲求工作方法,对顾客的潜在需求有进行客观全面的分析论证,不可主观臆断,忽视对业主意见的调查,缺乏必要的沟通,以致

引起业主的不满。二是要分清主次,客观地认识自身的经营水平。只有把基础工作做好了,公司达到了一定的管理目标,得到了业主的认可,才可能成功地开发顾客的潜在需求,切不可不顾客观条件,一味强求。三是摆正经济效益和社会效益两者之间的关系。获得经济效益是物业公司能够得以生存发展的前提条件,追求经济效益无可厚非。但在挖掘顾客的潜在需求的过程中,一定要对社会效益予以充分的重视,否则,只能是过犹不及,搬起石头砸自己的脚。

3. 强调物业管理的规范化服务

规范化管理是所有物业管理企业应该施行的一项重要的质量方针。必须将规范化服务纳入质量体系文件,用以指导日常工作。实践证明,规范化服务在保证公司的整体工作质量、树立企业形象方面发挥了积极作用,为企业获得社会的广泛承认奠定了良好的基础。

所谓规范化管理也就是要求物业管理的每一项工作如安全管理、清洁绿化管理、设备维护、社区文化、收费标准、服务项目及投诉处。

三、如何提高物业管理服务内容的透明度

当顾客在购买一件商品时,一定会仔细地看看这件商品的质量、规格、价格、款式、产地、功能等。道理很简单,那就是他想清楚地知道:他为这件商品所付出的金钱是否值得?物业管理服务也是一样,当业主付出物业管理费购买物业管理公司的服务时,业主们也一定很想知道他们所支付的费用与得到的服务是否相等,甚至很多时候,他们期望的是超值的服务。在面对这些渴望超值服务的业主们的心态时,物业公司一定要让业主清楚地知道自己所提供服务的内容、质量、规格、价格、标准、态度、效能等,并帮助业主分析他们所支付的物业管理费与享受的服务是否质价相等。当这一切被业主认可和接受之后,才能使物业管理公司与业主之间的关系更加融洽并具有一定的约束和保障。由此可见,物业管理收费与服务内容的透明度对做好物业管理服务工作具有非常重要的作用。

物业管理收费问题,一般来说是很容易做到透明的,但关于物业管理服务内容的透明度问题却是很多业主经常抱怨的,也是物业管理公司很难操作的一项工作。其实,并不是物业管理公司在技术上很难实现,而是物业管理公司一旦公布了服务的内容和标准,无疑是给自己戴上了容易被业主找到毛病和不足的标志牌。因此,物业管理公司很不情愿这样做,而这种物业管理公司和业主之间的互不信任是导致物业管理工作顺利开展的一大障碍。如果这个障碍不能消除,物业管理工作迟早还会遇到新的困难。只要业主和物业管理公司之间能够站在相互理解的立场上、站在维护物业保值增值的立场上、站在公平交易真诚合作的立场上、站在有着共同利益和共同目标的立场上,那么,这种互不信任的障碍是完全可以消除的。那么,当这种障碍不复存在的时候,作为物业管理公司该如何提高服务内容的透明度呢?

1. 守法经营,不损害业主的利益

说起守法经营,我们每个人都能有清楚的认识和理解,但在物业管理行业,做到守法却真的很不容易!因为,在物业管理的很多方面,相应的法律法规不是很完善,许多看似不合理的事情,却没有明确的法律条例来约束,这让管理者如何来遵守呢?但也有一些物业管理公司,对已经出台的法律规定仍旧采取我行我素的态度,置法律于不顾,这就更谈不上什么透明了。同时,有些物业公司为了经济利益而蒙骗消费者,某物业公司为了增加自己的经营收入,竟在本属于供园区业主娱乐用的网球场地上私自建起了幼儿园,并对外收费经营以谋取利益,这在物业管理比较落后的地区还普遍存在,遗憾的是:物业公司的这种行为很长时间里没有人来反

映,可见众多的业主对物业管理相关法律的认识也是十分欠缺的,而越是这样的地区,物业公司就越应该守法经营,来表明自己的态度,那么,业主和物业公司就会建立起一个起码的信任。可见,守法经营、不做蒙骗业主和损毁业主利益的事,是物业管理公司保证服务内容透明度的前提条件,只有守法经营,才能敢于把自己公司经营的真实情况告知给所有业主,才能让业主对物业公司的服务充分信任,才能给服务内容的透明度一个有利的支持。

2. 公开物业管理服务内容

公开物业管理服务内容是体现物业管理工作透明度的一个具体方面。在公开物业管理服务内容的具体实施过程中,我们可以把物业管理内容分成五大块,如保洁服务、保安服务、维修服务、绿化服务、家政服务(无偿部分)等。对于这些大块的服务项目,物业公司还可以根据具体情况进行细分,如可以把保洁工作细分为:道路保洁、停车场保洁、业主会所保洁、楼梯走廊保洁、设备设施保洁等,这样就可以让业主清楚地知道他们所在物业的所有保洁项目,让业主充分感到:这样做的目的是方便他们对物业管理工作的监督和投诉,是物业管理公司向业主传达尽心服务、真诚合作的一种良好的姿态。

3. 公开物业管理服务标准

仅仅公开了物业管理工作服务的内容还是不够的,就好像一个顾客在购买服装时只知道服装的款式而不知道其质量一样,他们是无法对服装的好坏做出判断的。同样,知道了物业管理工作服务的内容,而不知道物业管理工作服务的标准,业主也无法对物业管理工作的优劣做出恰当评判。因此,在公开物业管理服务内容的同时,还必须公开物业管理服务的标准。例如保洁工作,要使业主明确保洁人员做到什么程度才是符合标准的,包括保洁人员对各项保洁内容每天清扫几次或擦拭几次并清扫和擦拭到什么程度等等。如果这些服务的标准能够公布给业主,那么业主就很容易对我们的工作给予正确的分析和评价,也有利于物业公司和业主之间的沟通。同时,公开物业管理服务标准,也可以有效的监督我们物业管理公司的各项工作,使物业公司不断地弥补服务中的不足之处,提高服务质量,最终让业主满意。

4. 公开物业管理服务人员(数量、层次)

公开物业管理的服务项目和标准使业主对物业公司可以实行有效的监督,提高了服务的透明度,那么,公开物业管理服务人员又有什么意义呢?我认为,这应该从以下几方面来认识:首先,公开物业管理服务人员的数量可以向业主传达这样一个信息,即物业公司有足够的人员来保障园区的各项服务工作;第二,公开服务人员的层次可以表明物业管理公司在对待物业管理项目上的重视程度。在过去物业管理服务过程中,由于服务人员素质低下造成管理服务不到位的例子有许许多多,我们已经深刻认识到服务者的素质对服务水平的影响。因此,公开服务人员的层次也是物业公司敢于正视问题的真诚态度。如果把物业公司的服务人员公开在业主的面前,就会使业主和物业公司之间形成更有效的沟通和交流,也便于各项工作的开展。同时,对于服务者也有很好的督促作用,从而更有效的提高物业管理水平。

5. 公开物业公司对本项目进行物业管理的近期和远期规划

物业管理工作的近期和远期规划,是关系到一个具体的物业项目能否长期保持稳定和健康发展的重要方面。俗话说:"人无远虑,必有近忧"。企业也是一样,可以说,近期和远期规划就是物业项目的"远虑",只有解决了这一问题,才能让业主住得踏实,而不必承受物业管理企业频繁更换的困扰。如果物业公司能够从业主的切身利益出发,制定切实可行的近期和远期规划,这无疑解决了业主对物业管理和服务持续良好发展的忧虑。同时,制定并公开物业管理的近期和远期规划也有利于业主对物业公司保持长期有效的监督,也督促物业公司及其服务人员永远保持旺盛的精力投入于物业管理的工作中去。

6. 公开制度的确立,是物业管理公司对自身服务水平和服务质量充满自信的体现,只有自己的企业真正无愧于社会、无愧于业主,有信心和能力完成好物业管理工作,并在工作中敢于正视困难和敢于承担责任的物业管理企业才能做到

公开制度的建立,对物业管理公司来说,是存在很大压力的,但是,这种压力也许正是物业管理工作不断进取和提高的动力。对于一个完全的市场来说,"公开"

是基本的要素，也是市场发展的必然，正是这众多情况的公开，才会让我们的物业管理工作有了前所未有的透明度，正是这种透明度的存在，才会让我们的物业公司走在社会发展的最前列。同时，“五公开”的实际操作，也会极大地促进物业公司和业主之间充分的沟通与交流，真正达到物业公司和业主之间的相互理解、支持，摈弃物业管理过程中产生的各种矛盾。

四、绿色物业管理——物业管理服务的升级版

绿色住宅已经成为当今住宅产业发展的趋势，推行绿色物业管理服务也就成为当前住宅也发展的一种必然结果。倡导绿色物业管理概念，正是基于绿色住宅的兴建和野猪对业绿色消费的需求。它的提出不仅是反映了人们对业居住环境的要求，同时物业管理也逐步由单向管理型向社会经济环境等综合管理效益型转变，物业管理模式也正朝着它的升级版——绿色物业管理发展。

绿色物业管理体现了人本思想，行人性化管理；供尊重人的“干扰服务”；提供全方位的特色服务，满足不同层次的需求。

绿色物业管理的特征之一就是尊重人，要大力推行人性化管理。在长期的物业管理过程中，要始终强调以人为本和业主至上的指导思想。因此首先要关心业主和住户不同层次的需求，维护他们的切身利益，还要把员工看成是企业兴旺之本，关心他们的工作、生活、学习和进步，选贤能，唯才是举。其次，要在小区、环境的维护和建设中，融如人文思想和人性因素，一切围绕人来做文章。再次，把业主和住户都看成是一个大家庭的成员，把家庭式的关怀送到家家户户。第四，塑造具有现代文明特征的社区精神，在人与人之间，在管理和服务之间，营造个人心情舒畅、邻里和睦相处、社区生活活泼的氛围，确保小区长治久安和业主安居乐业。

在物业管理服务的实施阶段，要遵循以人为本的基本原则，积极宣传绿色物业管理理念，建立创绿管理机构，制定创绿制度，制定绿色社区环保准则，定期举办绿色消费、环境教育及宣传活动。绿色物业管理服务的应用阶段主要包括以下几个方面的内容：

1. 分类处理垃圾。垃圾大体可分两类，一是生活垃圾，二是“工业”垃圾（主要是固体废弃物，包括室内二次装修施工的垃圾）。垃圾处理必须遵循无害化、减量化、资源化的原则，并作到垃圾分类袋装化，减少垃圾运出的污染。

2. 控制空气质量，提高大气洁净度。现代物业应该燃煤和燃油式取暖及炊事设备，改用液化气作燃料，提倡使用无烟汽油。同时在车道的两旁设置绿化带以隔离汽车尾气，选择对汽车尾气有吸收功能的植被和树种。

3. 雨水、污水的排放、处理和再利用。就近建立景观水池和污水处理站，或利用原有市政实施将雨水污水进行处理，边废为宝，使雨水污水成为区域内的再生资源，用于冲洗道路，浇灌绿地，冲洗汽车等。这样既可以减少污染，又可以节约资源。

4. 噪声控制。与物业管理有关的噪声源主要有车辆交通噪声、建筑施工噪声和省会生活噪声等。对于车辆交通噪声，要充分考虑人车分流管理并限制车辆速度，同时禁止车辆在小区鸣笛。对于建筑施工噪声，要禁止在夜间施工作业，要有限控制装修施工时间。

5. 建立生态绿化系统，美化物业环境。根据不同物业的地理、建筑以及所处的气候特征，设置相宜绿地的绿化带，建立生态绿化系统，真正使人与自然达到完美和谐的统一。

6. 加大科技投入，促进和物业有关的高科技产品的使用。通讯网络入户和各种信息联网，为拥护提供了多

种选择,智能管理系统的应用,使小区在安全、呼救、能源设施管理、付费自动划款等各方面,提高了管理水平,对降低能耗、减少物业管理从业人员都有十分重要的意义。同时,可以在小区内大力倡导各类环保产品的使用,如提倡无氟空调、无氟冰箱、减少氟利昂泄露对臭氧曾的破坏等等。

7. 搞好社区绿色文化建设,共建美好家园。社区文化建设是社区精神文明的主流,良好的社区文化建设也是精神文明建设的目标。物业业管理公司可以利用自身优势,在社区内组织广大住户从社区的共同利益出发,加强绿色文化建设,共创美好家园。

收入与成本是影响和决定企业最终经济效益的两个重要因素,围绕着收入最大化与成本最小化开展的一系列工作,是企业经营工作的核心,物业管理企业同样不例外。而由于物管企业自身经营状况的特殊性,薄利已成为物业管理企业的主要特征之一,已被社会各界广泛认可。分析物业管理企业的经营结构,探寻物管企业的经营思路,想方设法把那微薄之利卷厚,物业管理企业也能成为市场的强者。

五、扩大物业收入,撬开盈利百宝箱

如果把单一的维修养护、机电设备、公共设施、治安保卫、环境绿化、清洁卫生等物业管理专营业务理解为狭义的物业管理的话,那么广义的物业管理则包括除此之外的物业投资、物业中介、物业租赁以及一切与物业相关的业务领域。物业管理经过 20 多年的发展,各大物业管理公司的业务领域已经或正逐步向着广义的物业管理范畴拓展,小规模的物业管理公司也正积极地创造条件朝着这个方向努力进取。

1. 物业管理企业现行的收益通常是按照企业的所有权性质划分物业的收入来源的

物业的所有权是归业主个人或全体业主共同所有的,依照物业管理合同,物业管理企业通过出售自己的物业管理与服务来获得由各方业主支付的物业管理服务费收入,或通过对公共物业的经营获得收入。如果物业的所有权归物业管理企业自身所有的,物业管理企业则可以通过对这类物业的租赁、销售、经营项目等多种方式从市场上获得经营收入。另外,物业管理企业还可以充分利用向物业所有权人提供物业管理服务的便捷条件,向他们提供物业中介代理服务业务而获得代理佣金收入。因此,物业管理企业对物业资源应从广义的视角上看待物业管理企业的收入来源问题。鉴于此,将物业管理企业获得的收入来源做以下分析是符合物业管理市场发展规律要求的:

第一,物业管理费收入。这主要是指物业管理企业向物业产权使用人收取的公共性服务收入。主要包括:物业管理企业按照物业服务合同的要求为业主及使用人提供的绿化(园林)、清洁(卫生)、维修(养护)、护管(保安)、装修(监管)、康乐(社区文化)等方面的公共服务所得。

第二,物业经营收入。它主要是指物业管理企业在管理区域内提供共用设施取得的收入,像经营停车场、游泳池、补偿性(商用配套房)物业出租等方面的收入。

第三,多种经营收入。这是指物业管理企业独立运用已拥有的物业资源条件开展经营活动所得的收入。具体包括:房屋中介服务收入、物业租赁收入、商业用房经营收入。

第四,其他业务收入。这是指物业管理企业开展的一切与物业管理服务密切相关的配套性辅助业务所得的收入,具体包括:业主(使用人)居家日常事务服务、业主(使用人)特别约定服务、代办商务活动等方面。

2. 作为主营业务收入的物业管理费收入难以实现物业管理企业的目标利润期望值

我国目前的绝大多数物业管理公司的物业管理业务主要以提供住宅类物业管理服务为主。因此,住宅类物业管理费收入就成了其最主要的收入来源。由于住宅类物业管理收费直接影响到我国城市大多数普通老百姓的日常生活消费承受能力。

另外，受消费意识的影响，人们对物业管理方面的支出易产生与生活必需品进行比较的心态并因其在实用价值方面存在的区别而导致心理落差的产生。所以说物业管理企业必须将社会正常收费水平作为自己的定价依据，并通过压缩必要成本来维持其正常的运转。同时，在市场竞争机制的约束下，存在着一定利润空间的物业管理区域收费标准上升的通道基本关闭，而下探的空间却时有存在。因此，维持收支平衡，略有节余的经营原则便成了物业管理企业的无奈之举。

与我国物业管理发展要求相适应的法规不完善，执行环境相对滞后，物业管理企业收费难便成了“老大难”问题，由此引发的矛盾又导致物业管理企业不稳定因素的产生。不必要成本的相应增加进一步加剧了经营的难度，这是引发物业管理企业努力寻求新的收入来源的被动因素。

3. 广义领域的物业管理与经营属劳动密集型业务，便于物业管理企业发挥现有人力资源与物业资源的优势

大力推动和扩展服务领域的就业机会是改革开放以后国家大力扶持的一项产业政策。与物业密切相关的服务领域从业人员与物业管理的从业人员专业素质要求并无太大差别。另外，物业管理企业已拥有管理服务权的物业管理区域为拓展物业相关领域提供了基础资源的条件，搭建了一个很好的平台。与此同时，政府制定了一系列与此相适应的政策，改善了经营环境。有如此便利的商机，物业管理企业何乐而不为？这也是引发物业管理企业努力寻求新的收入来源的环境因素所致。

努力拓展业务领域是物业管理企业利用资源优势提高企业综合实力，增强抵御风险能力的需求。单一的物业管理业务，按现行的物业管理规则提供管理服务，对物业管理企业来说存在着较大的经营风险。现行的物业管理规则规定，业主有权解聘物业管理企业。对业务单一的物业管理公司来说，失去了管理权除了有物业公司管理不善的因素，也有开发商和业主方面的原因。如果失去物管权，物业管理公司便成了无源之水，无本之木，因此也就失去了生存的根基。另外，如果物业管理公司所管理的物业项目收费无法支付其正常运行的支出需要或因一时的管理失误造成较大的赔偿，物业管理企业则面临着破产的风险，这是引发物业管理企业努力寻求新的收入来源的主动因素所致。综上所述，物业管理企业从广义角度努力拓展物业收入来源是一种生存所需的必然发展趋势，也是撬开利润百宝箱的内在要求。

六、降低物业成本，提高盈利能力

按照物业管理企业的业务性质划分，其成本类型从严格意义上讲应分为两大部分：一部分是物业管理区域的管理成本；另一部分是广义物业概念下的经营成本。前者主要是指物业管理企业按照国家及地方相应的物业管理法规规定设置组织架构，开发服务活动，完成管理目标的过程中所产生的各项支出的总和。

按照成本与业务量的对应关系，通常将其分为直接成本与间接成本两部分。直接成本主要是指为业主提供公共、代办、特约等方面服务时而直接产生的材料、人工、水、电、气等方面的费用，物业服务量大，这部分成本支出就大。间接成本，又称间接费用或营业费用，是指维持一个物业管理服务的正常运转而产生的与物业管理服务工作量并没有直接关系的各项支出，如管理人员的人工费、办公费、差旅费、水电费、设备折旧费等。由于物业管理是按各物业管理区域进行成本核算的，一个确定

的物业管理区域其物业服务量相对平稳，各会计期间的支出也比较均衡，所以物业管理处一级的直接成本与间接成本区别不大。

为简化核算工作量，通常把直接成本与间接成本合并在经营成本一级科目里，并按业务支出性质设置不同的成本项目统一核算该物业管理区域在一定会计期间的成本支出状况，以此改善经营状况，接受业主监督（按现行规定要求，物管企业必须向业主公布本物业管理区域内的财务收支状况）。后者主要是指物业管理企业在经营（管理）除物业管理服务合同约定业务之外的与物业管理相关的其他各项支出的总和。物业管理企业经营诸如租赁、中介、洗车场等与物业管理相关的业务仍是其服务权限，因此其经营成本的核算方式与对物业管理区域的成本核算方式无本质上的区别，只是在个别成本项目的设置上略有不同而已。如开展租赁业务需增加租赁管理费支出，因此要增设广告宣传费项目等等。

物业经营成本的核算与对物业管理区域内的物业管理成本核算其承载的责任主体是完全不同的。它们虽然同属于一个企业，但由于各自承担的责任主体不同，所以肩负的责任也不同。物业管理成本既要有利于物业管理企业本身，更重要的是它还要服务物业管理区域内的全体业主及使用人，而物业经营成本则只需有利于实现物业管理企业的经济效益。因此，物业经营成本的状况反映的是物业管理企业经营的水平和能力素质，与物业管理企业最终的经济效益具有直接关系。

七、充分利用客户资源，卷厚物业管理利润

加强小区智能化建设，高效精干的机构设置是降低人工成本的发展方向；分业经营，专业外包是降低运营成本、规避风险的切实可行途径。但是，在收入增长有限的前提下，通过压缩经营成本和降低能耗来提升物管企业的盈利水平并不是长久之策，物管企业必须通过外延式扩张和经营业主资源来提高其盈利能力。

1. 外延式扩张

外延式扩张就是提高市场占有率，表现为扩大管理规模和输出管理技术。规模大了，管理服务费收入、停车场收入就会增多。物业管理企业要想获得物业管理的高利润，就要着眼于技术输出即转入“顾问式管理”，“顾问式管理”并不是直接参与经营管理，而是把自身沉淀下来的管理技术通过货币化的方式予以定向转让，通过技术输出来提升对方管理水平，同时也得到可观的经济回报。顾问管理并不是传统意义上的劳动密集型产品，因此收益颇高。在追求外延式扩张的同时，更要注意以下几个方面：

第一，严格控制规模，坚持效益至上的原则。拓展项目的过程中，要尽量避免单纯追求规模而致使企业处于超负荷运转状态的情况，要努力避免恶性竞争。对市场的评估不准确、仓促入市会造成服务水平下滑，最终影响到企业的品牌和信誉。

第二，现场管理规模适中，以技术输出为主。物业公司在一定规模基础上应当在服务层次和内容上，努力实现设施管理向管理顾问的飞跃。目前在物业管理市场尚

未十分成熟的情况下，顾问管理既能够实现较高利润，规避管理风险，又能够减少进军异地市场的机会成本，物管企业在此过程中应以技术输出为主。

第三，以挑战者的姿态切入市场空当。物管市场培育了一批名牌企业，名牌企业在市场竞争中占有一定优势。但是，后来者可以通过技术创新、体制创新、管理创新来寻求市场突破，实现后来者居上。而且，随着我国经济的持续快速发展，物管市场的需求越来越大，各个客户群体的需求各不相同，各个竞争主体的公司定位不同，没有哪家企业可以强大到能对市场进行通吃的程度。在充分了解市场的基础上，有选择地进入物业管理市场，对这个市场进行细分，终会有所斩获。

2. 利用客户资源，贴近经济热点，经营业主资源

客户资源在所有商业资源中是最具影响力的，也是各大企业争相竞争，谋求拥有的。开发、挖掘客户资源尤为重要，开通免费接送大巴、组织现场活动都是各大商家各出奇招来稳定客户资源的表现。同样，在客户资源占有方面，物管企业也有得天独厚的优势——物管企业天生就拥有社区业主资源的优势。业主对物管企业具有一定的信任感和忠诚度，物管企业完全可以利用本身丰富的客户资源，开展与其相匹配、收入稳定的多种服务经营项目。

经营业主资源，要贴近经济热点。选择经营项目时不仅要充分发挥自己在社区内得天独厚的优势，更要与国家经济格局相适应。如汽车产业，根据世界经济发展的规律，汽车进入发展高峰可能会提前到来。物管企业当然不能介入汽车制造和销售行业，但物管企业可凭借业主资源优势开展与汽车相关的服务，如汽车美容等。如果在价格相差不大的情况下，业主能把车放到美容店后再步行几分钟回家洗澡，这样便有很大市场空间，很少业主会再舍近求远。有高成长的汽车行业支撑，有稳定的客户资源，物管企业当然可以获得不菲的收益。此类经营项目还有适应老年社会和家庭结构要求的托儿所、老年会所、老年护理中心等。

3. 两类专业公司的不同发展策略

物管企业通过经营专业公司可以适应专业外包的要求，也可以利用社区资源实现资本增值。专业公司大概可以分为两类：一类是联系紧密型专业公司，这是物业管理企业利用现有的社区资源，开展与物业管理资源相匹配的各种项目经营。如置业代理顾问、家政服务等中介服务公司，或专业性较强的电梯公司、园林设计单位等；另一类是联系松散型专业公司，是指经营资源本身与物业管理没有直接联系，如汽车美容行业、餐饮娱乐等。对于第一类专业公司，由于业务稳定、风险不大，通常可由物管企业设立子公司来运作，或由上级公司设立与物管公司相平行的企业来完成，也可以和别的物管企业联合设立，以实现社区资源共享，增强市场竞争能力。对于第二类专业公司，由于是多元经营，存在跨行业经营风险，可与所属行业的强势企业以股权为纽带联合设立、经营或采取加盟店的方式，降低行业准入门槛和缩减技术起步成本。

综上所述，尽管物业管理企业本身是微利企业，但如果定位准确、策略正确，坚持走规模化经营和集约化发展之路，那么，充分挖掘业主的经营资源，提高企业的盈利水平并不难。

第三章 物业管理中的职业经理与职业经理事务所

中国物业管理行业至今还没有真正的物业管理职业经理人。目前物业管理企业内部培养的所谓"物业管理职业经理"并没有得到政府部门的认可,不具备市场价值,因此这只能说是一种观念的觉悟或称之为理论的萌芽。综合西方发达国家包括新加坡等国家和香港地区的物业管理模式,再结合我国物业管理的发展现状,不难看出职业经理及由此衍生而来的职业经理事务所正是中国物业管理的新标向。

一、物业管理职业经理渐行渐近

总的来说,物业管理职业经理人在我国还是一个新生事物,还没有形成职业经理人队伍,职业经理人市场才起步不久,职业经理人规则和职业经理人市场评价体系还有待建立。然而,伴随我国市场经济发展的迅猛发展,对职业经理人的需求迅速增长,已迫使我们不得不从理论到实践加快推进我国职业经理人队伍的发展壮大。至今为止,中国物业管理行业还没有严格意义上的物业管理职业经理人。目前在物业管理内部自我标榜的"物业管理职业经理"既没有政府部门的权威认证,也不具备市场价值及属性,只能说是一种观念的觉悟或称之为理论的萌芽。

职业经理人是以经营管理企业为职业的职业管理者,职业经理人并不是自封的,是由市场选择,由政府认可的。上海市劳动和社会保障局在进行了综合分析和反复论证之后,率先制定了《职业经理人职业标准》。该标准对职业经理进行了定义:职业经理人是运用全面的经营管理知识和丰富的管理经验,独立对一个经济组织(或一个部门)开展经营或进行管理的人才。综合西方发达国家包括新加坡等国家和香港地区的物业管理模式,并结合我国物业管理的发展现状及趋势,我们给物业管理职业经理下的定义为:具备物业管理行业注册资质,可以独立地承担一个物业管理企业或一个物业管理项目的运作，能够有效地组织人、财、物等各项资源，独当一面地带动组织为客户提供专业的物业经营、管理服务，并实现管理和盈利目标的人。经政府注册认可的物业管理职业经理具有社会市场价值及属性，既可以受聘于物管企业从事物业管理经理岗位工作，也可以以物业管理职业经理人身份直接进入物业管理市场承接业务。

物业管理职业经理通常有三大特征：首先，物业管理职业经理人是一个专业化程度很高的职业，全美国注册物业管理经理人仅在万人左右，需要积累相当的理论与实践经验，并取得注册资质后才能成为名副其实的物业管理职业经理人。目前我国众多的物业管理负责人的综合素质与职业化水平还相差甚远。其次，企业确定一个物业管理职业经理是一项高风险、高机会成本的选择。因为职业经理人要独当一面，带领团队去实现经营管理目标，也可以说公司把一个物业管理项目全权交托给职业经理人。一个优秀的职业经理人可以使一个物业管理项目起死回生；相反，一个不称职的职业经理人，就有可能难以实现经营管理目标甚至丢失项目。第三，物业管理职业经理是本行业最为稀缺的人才资源。这是因为职业经理人具备独立承担一个物业管理企业或一个物业管理项目的综合素质，物业管理企业要创造品牌、开拓市场在很大程度上要依赖这批职业经理人的努力。就是在物业管理领先全国的深圳物业管理行业里，优秀的物业管理经理（主任）也不是很多，甚至极为稀缺。

二、物业管理职业经理应具备的基本素质

一个好的物业管理职业经理必须具备以下基本素质：

1. 积极上进

进取心首先来自于自身禀赋，当然后天培养也至为重要。进取心反映了职业经理强烈的责任心和事业心，主要体现在于：第一，认真负责。物业管理是一项具体、繁琐的业务，这不是百米冲刺，而是马拉松比赛，要保持持之以恒，认真负责的态度。第二，信誉卓著。讲道德，重操守，重诚实，尊重员工，对客户有求必应，对自身永不满足，持续追求。第三，亲力亲为。物业管理不同于一般的商贸企业，不同于信息产业，职业经理人必须从推动型领导转向接触型领导，实行走动式管理，亲临服务一线，了解客户要求，甚至具体到地上的烟头、纸屑，亦应亲自拾起。这就是物业管理行业的必然要求，物业管理没有捷径可走。伟大在于细节的积累，强烈的进取心需要职业经理人亲力亲为才能显示其不可忽视的价值。

2. 观念更新

物业管理工作中存在着许多长期得不到解决的一些问题，追根寻源往往在于观念的固守、陈旧。要从根本上解决问题，职业经理就必须转换思想，更新观念，这是职业经理最重要的制胜法则。

第一，以“管”为主转向以服务为核心。服务客户是最高原则尽人皆知，而真正领会其精髓并体现在物业管理具体环节中的企业却寥寥无几。职业经理人必须从以管理为主向以客户为主体、以服务为核心转变，才能把握工作重心。将物业管理目标投向客户和社会满意，物业管理的一切工作都应围绕客户，通过服务去体现，对客户负责，将客户满意度作为检验物业管理工作中最重要的评价指标，最大限度地满足客户的需求。

第二，被动等候转向主动突破。现代物业管理行业竞争中，任何一个企业都面临着危机，大吃小的游戏规则逐步演变为强吃弱、快赢慢，规模大并不等同于企业强。对企业来说，不变革只有死路一条，唯有及时变革创新，才能生存和发展，学习和创新是当今职业经理人最为重要的素质。创新就是激发新观念、新构想，并且要把这些新观念、新构想付诸实践，追求物业管理最高效益。

第三，数量扩张型向质量效益型转变。我国不少城市物业管理行业曾一味追求规模而轻视效益，付出的代价是巨大的。职业经理人应强化市场观念，在业务拓展中实现数量扩展型向质量效益型转化，理性面对市场。

3. 竞争策略

首先要制定团队的发展规划和发展目标。没有目标就看不清出路，目标不明，竞争很难取胜。以深圳为代表的大中城市物业管理实践表明，如果在战略上难有突破，再怎么抓管理也难以奏效。因此，企业发展战略的制定与实施是竞争法宝。职业经理人应投入精力考虑企业、团队的竞争策略问题，还要兼顾协调与处理企业、团队有关方面的关系，最后还要处理日常事务。

另外,锁定目标客户要注意扬长避短。物业管理市场要进一步拓宽,将蛋糕做大,职业经理人就要细分市场,确定目标客户,而对非目标客户要坚决忍痛割爱。因此,不求在整个市场占头等,而力争在目标客户蛋糕上吃大份,这是先进物业管理企业的经验之谈。

4. 有效沟通

职业经理人的组织、沟通、协调能力是一项不可或缺的重要素质。具备这项素质,物业管理服务工作中的各项矛盾往往可以大事化小,小事化了;反之,则误会重重,隔阂加深。比如在深圳前些年物业管理投诉中,有效投诉只占15%左右,绝大部分投诉产生是因为业主与物业管理公司沟通不畅,有隔阂,形成误会甚至是成见所至。

第一,注重与业主的沟通。这种沟通的功夫更多体现在日常工作中,要提倡及时地、真诚而有效地沟通,不仅仅局限于一年两次、三次的业主客户意见征询活动。

第二,要注重与各级员工的沟通。现代团队的组员,需要规范的管理,也需要文化的滋养,沟通体现了尊重,沟通营造了氛围,沟通使管理层与基础员工之间产生了亲密无间的感觉,沟通能及时发现问题、解决问题,沟通可使员工产生当家做主的感觉,充分调动其积极性。

第三,加强与有关单位、部门沟通。现代企业之间并不只存在竞争,更多的时候还要合作。物业管理合作的单位部门有特殊性,例如水、电、气、暖很多都是垄断性行业,与这些强势单位合作,不主动及时地与其沟通非常被动,双方产生误会,致使物管企业困难重重。而与上级主管部门的沟通更是无需赘言,各项法律法规制度,通常由上级主管部门通知并执行,如果不及时从那里了解、掌握这些规章制度,企业往往就要陷入被动经营的窘境。

5. 管理到位

物业管理其实质上同一般企业管理并无区别,但也应注重几点:

首先要强调严格。制订的制度就要严格执行,管理松懈不如不管理,物业管理当中有一丝懈怠,就像地上多一片碎纸、一汪积水,邻里间就会纠纷不断。这些琐碎小事,单独去看容易忽视,但正如前文所说,物业管理绝非一朝一夕之功,积土成山、积水成渊,到最后,才想到严格管理,有可能已经积重难返了,原本美好的家园很可能已变成"人间地狱"了,物管企业也就走到头了。

其次,注重管理的量化。这其实是严格管理的一项技术要求。管理中如果带有太多个人主观色彩,一则没有量化标准,执行很难把握尺度;二则有失偏颇,也易引起职工及业主产生抵制情绪。但如果有了科学的量化执行标准情形则大不一样,管理者执行起来有章可循,照章办事,公开、公平、公正,职工及业主也会重新理性地审视自己的做法,很少再会抱怨的。当然科学的量化管理指标是一件复杂的系统工程,是需要职业经理人用自身掌握的专业知识及执业能力,结合企业所处环境制订出一系列的量化指标。

6. 人力开发

应当充分重视人力资源的开发管理,这在职业经理

人圈子中已形成共识，但有三个方面应引起重视：

第一，筑巢引凤易，留凤难。目前物管行业从总体上来说，薪资待遇较低，难以吸引其他行业有竞争力的人才的加盟，而且行业内部人员流动较频繁。员工工作不仅仅是为了钱，但没钱是很难留住人的，因此制定薪酬时要有吸引力。除了待遇之外，事业感召、感情凝结也不可或缺。小企业看老板，中型企业看管理，大企业看文化。当企业大规模扩张后，要明确企业共同前景和建立合理的分配机制，从而吸收优势人才，这对我国的物管企业来说已是势在必行。

第二，建立人力资源管理的整体概念。首先是明确企业经营理念和价值观，并尽力使全体员工认同并贯彻执行这套共同理念和价值观；其次，建立有效率的组织机构和制度体系，明确岗位职责，细化到每一位员工个体；再次，才是招聘、培训、考核、业绩评估等程序。可以说，人力资源开发和管理的每一层工作对职业经理人的个人素质、能力来说都是一次考验。

第三，职业经理人应当是一名优秀的培训官。企业要发展，关键在于人才，人才的获得不仅在于引进，更要深入挖掘内部员工潜力，即使是引进的人才，也要有一个培养、提升的过程。职业经理人需要更新观念，员工群体要及时充电，而物业管理企业最有效、最重要的培训师应该是职业经理本人。职业经理人要记住这句话："企业领袖的一个重要概念是培养人"，因为这是事业不断发展的根本保证。

7. 成本控制

无论是在美国，还是在香港，评价一个物业管理项目的成功与否，除了业主评价和内部审核之外，第三个关键因素是成本是否能够得到有效控制。我国大多数物业管理企业在纯粹的管理业务中利润率很低，但这不应该是导致行业盈利水平始终无力上扬的主要原因，大多数物业管理企业或管理处长期处于微利甚至亏损状态的重要原因往往在于缺乏有效的成本控制。

三、物管理念转变呼唤职业经理事务所

实行物业管理职业经理制度，根据组建方式、运行机构和承担的民事责任的不同，我国的物业管理职业经理事务所一般来说可以分为以下几种类型：

1. 合作制物业管理事务所

合作制物业管理事务所，是指由 3 名以上"注册物业管理职业经理"自愿出资组合，依照法定程序经审批注册成立，注册资产不低于 60 万元，并以该所全部资产

对债务承担责任的注册物管职业经理执业机构。合作制物业管理事务所的设立要求：一是合作制物业管理事务所的参加者，须订立合作协议，通过协议确立各个参加者的相互关系和责任；二是实行独立核算、自负盈亏，独立承担民事责任；三是物业管理事务所的财产归合作人共同所有。合作人各自的份额按其出资比例或按"合作协议"的约定来确定；四是如果有新的合作伙伴加入时，并不意味着原来合作关系的扩大，而意味着原来的协议的解除和新合作关系的确立，这时应清算原来财产；五是物业管理事务所的主任应由注册物业管理职业经理、执业人民主选举产生。

合作物业管理事务所实行民主管理并建立合作人会议制度。合作人大会行使下列权力：决定物业管理事务所的发展规划；批准物业管理事务所主任提出的年度预决算方案；决定物业管理事务所分配方案；选举罢免

物业管理事务所主任,决定吸收和开除合作人;决定物业管理事务所的合并、分立或解散;修改物业管理事务所章程,制定物业管理事务所的规章制度。

2. 合伙制物业管理事务所

合伙制物业管理事务所是指由合伙“注册物业职业经理”自愿组合、依法申请并经审批后成立的物业管理事务所。合伙制物业管理事务所的设立,一是根据合

伙协议而成立的,合伙协议是其成立、存在的前提和基础。合伙协议包括:合伙成员及按其出资份额所占的比例来决定合伙人的权力、义务;合伙人的收益分配比例、方式以及债务的承担;合伙人之间争议的解决方法等。二是合伙物业管理事务所的开办经费是由合伙人商定的比例筹集,事务所的财产是合伙人共有财产。三是合伙物业管理事务所的债务是由合伙人按出资比例或者协议约定来共同分担,以各自的财产作为担保,承担连带责任。

合伙物业管理事务所与合作物管事务所在性质上有所不同,具体表现在:其一,所有制不同。合伙物业管理事务所是私人所有制,而合作物业管理事务所是集体所有制;其二,成员与事务所的关系不同。合伙物业管理事务所所有的成员都是合作者,合作物业管理事务所的注册物业管理职业经理有的是合作伙伴,有的又是被聘任者;其三,对债务的承担责任不同。合伙物业管理事务所以合伙人各自的财产承担责任,合作物业管理事务所以其全部资产对其债务承担责任。

3. 个人物业管理事务所

个人物业管理事务所,是以个人形式设立的一种物

业管理事务所。在国外,例如美国、德国、日本、法国、英国等国家一般都允许设立个人执业机构。个人物业管理事务所的主要特征:一是个人出资,自负盈亏;二是财产是个人独立且具有完全的所有权关系,在分配关系上,除了成本、其他开支和缴纳税收外,就是个人的合法收入;三是在经营管理方面,个人自主决策,个人进行经营管理,由个人独自承担责任和风险。

4. 联合制物业管理事务所

联合制物业管理事务所是由多家物业管理事务所联合投资设立的有限责任机构。联合制物业管理事务所注册资金应在100万元以上,从业人员须在10人以上,同时按现代企业制度建立法人治理结构。

第四章

品牌物管的“圈地运动”透析

21世纪是我国物业管理行业的品牌竞争时代，也是我国物业管理向专业化、市场化不断发展的时代。近年来，国外知名品牌物业企业已悄然进驻中国，物管市场竞争日趋激烈。其中，已有不少外资物管企业在市场竞争中占据了可观的市场份额，在物业管理的高端市场显山露水，这无疑为国内物管企业今后市场竞争的战略重心指明了方向。近年来，我国物业管理也逐步走品牌化发展道路，而激烈的市场竞争也要求我国的物业管理要以培育企业品牌竞争力为核心，借鉴国外品牌公司的先进经验，用品牌经营的方式来全面提升物业管理服务水平。只有这样，我国物业管理企业才能与国外知名物管品牌企业在中国物管市场中展开有力竞争。

一、品牌物管“圈地”烽烟四起

进入21世纪，深圳的一批内地物管企业，乘中国改革开发的东风，在物业管理这个新兴行业里发展与壮大，出现了一些品牌物管企业。特别是近两年来，深圳及香港的一些品牌物管企业利用品牌利器，内固本土市场，外拓内地物业，使全国物管市场品牌竞争狼烟四起。作为新兴行业的物业管理业，历经20多年不平凡的发展历程，时至今日，完全可以说：中国的物管市场已进入品牌制胜、品牌为主、品牌争天下的品牌时代。

1. 品牌物管独领风骚

从品牌物管在市场中所占的份额，我们可以发现品牌物管企业在物管市场“圈地运动”中占据着绝对优势。以物业管理水平一直走在全国前列的深圳市为例，据统计，深圳现有物业管理企业1000余家，正规的物管企业将近600家。其中，有25家品牌物管企业取得了国家一级物管企业资质。据不完全统计，仅首批获得国家一级资质的18家品牌物管企业，在全国的物业管理顾问面积超过了1亿平方米，这还不包括香港的数家大型品牌物管企业。就市场份额占有率来说，这些大型的品牌物管企业已处于市场份额占有的绝对优势地位。由约占10%左右的深圳品牌物管企业所组成的第一方阵，与约占90%的其他物管企业相比，二者市场份额的占有比率正好相反，即10%左右的深圳品牌物管企业占据了约

80%的市场份额。资料显示,深圳万厦置业、万科物业、中海物业、金地置业等品牌物管“巨头”,每家的物业管理顾问面积均已超过1000万平方米。如在全国物业管理顾问面积逾千万平方米的深圳万厦置业,其市场已遍及全国20余省市,从2002年至今,已在全国各地新增直管及物业顾问面积近300万平方米。中海物业、万科物业、金地物业以及全国其他国家一级资质物管企业以及深圳甲级物管企业亦在市场拓展中表现优秀,均有超过100万平方米的拓展业绩。香港的第一太平戴维斯、戴德梁行、嘉里物业、新恒基、和记黄埔等物管企业也先后在全国接管顾问物管业数百至上千万平方米(含专业清洁)。如全球第一大物业管理机构第一太平戴维斯,目前业务已遍及全球20多个国家和地区,已在国内成立了北京、上海、天津、广州等分公司。现在,深圳市的地王大厦、联合广场、东海花园、皇御园、星河国际等众多高档知名楼盘都由港资物管企业负责物业管理。此外,还可以从品牌物管企业与非品牌物管企业之间,取中间数的市场份额占有率比较来分析比较差距。如万厦、中海、金地等品牌物管企业,每家企业的管理顾问面积均逾1000万平方米,而深圳市的1000余家物管企业中,80%所管面积均在50万平方米左右,甚至有不少物管企业的所管面积在30万平方米左右或更少。可以看出,二者之间已拉开了数十倍的巨大差距。

2.品牌物管瓜分顶级市场

深圳的上述品牌企业除了挥舞手中的品牌利器,还从数量上瓜分了物管市场最有价值的市场业务份额。如万厦置业在深圳管理的10余个小区中,其深圳莲花北村和梅林一村,建筑面积分别高达68万平方米和80万平方米,共有住房13000多套,居民近7万人。作为主要以规模求效益的物管行业来讲,这两个小区是万厦置业真正的利润源头。纵观深圳品牌物管企业在全国市场拓展的物业,绝大部分均是所在省市的写字楼、商厦、别墅等大型小区及高档物业,这些物业都是当地物管市场的利润宝地。

品牌竞争是一种多层次和全方位的竞争。我国物业管理的品牌竞争,已经不再是单纯的行业内不同企业之间的竞争,而是已经上升为品牌竞争,这从深圳物业管理行业的区域品牌中就可以体现出来。区域间的品牌竞争直接导致了物业管理的快速成长,并使全国物业差距缩小,从而提升物业管理产业水平。物业管理品牌竞争是全方位的竞争,不仅仅表现在单一的产品竞争和企业标识上,还体现在综合实力的全面竞争上。物业管理品牌竞争就是质量竞争、技术竞争、创新竞争、服务竞争、模式竞争和文化竞争等综合实力的竞争。

二、“圈地运动”成就品牌物管规模化扩张

我国的物业管理走过了20多个年头,回顾其发展历程,可谓一波三折。从1981年3月深圳成立第一家物业管理公司,到1994年建设部颁布《城市新建住宅小区管理办法》,再到国家颁布《物业管理条例》,全国物业管理企业已经超过2万家,从业人员多达200万,初步形成了一个拥有庞大的物业管理市场的新兴行业。

由于历史的原因,我国物业管理产业化先天不足,普遍存在小、散、差、乱的状况,严重制约了我国物业管理行业市场发展。目前,国内有2万多家物管企业,数量巨大，但不少企业规模极小。其中一级企业只占 1.5%，加上二级企业比例不足 20%，其余 80%为三级或三级以下资质的企业。市场认可度不高，行业地位低下，物管企业利润微薄甚至经营亏损，导致我国大多数物管企业无暇顾及品牌建设。当前，我国大多数物业管理企业还没有把创建品牌放到战略高度加以重视，甚至大部分企业没想过要创建品牌。因此，品牌对于大多物业管理企业来说，还是大有潜力可挖。

1. 经济的快速发展促进物业管理市场的迅速发展

目前我国正处于经济转型时期，作为居民生存条件的住房也要同时走向市场，住房制度的改革为此创造了有利条件。20 世纪 80 年代以前，住房从建造、分配到管理基本上是统分统包，几乎不存在真正意义上的物业管理。到 1999 年，全国可售公房的 60%以上已出售给了居民家庭。从新建商品房来看，1985 年个人购买的比例仅占 14%，到 1999 年个人购房比例达 80%，现在的个人购房比例可以说基本上已接近 100%（含租房）。这表明单一住房公有制已被打破，以居民自有产权为主的多种产权形式并存的格局业已基本成型。另外，统计资料显示，2003 年我国房地产行业在国内生产总值（GDP）中的比例为 6%，而同期日本为 11%，香港为 19%。因此，我国“十五”计划已明确把发展房地产作为拉动经济增长，调整经济结构和布局的重要手段。由此可见，随着我国房地产业的勃兴，物业管理业将有着巨大的发展空间。

2. 规模化经营，适者生存

到目前为止，我国物业管理单位已有 2 万多家，全国的房屋建筑面积总计约 90 多亿平方米，平均每家管理的面积还不到 10 万平方米。低收入、低利润是物管行业的基本特点，因此，规模化经营势在必行。优胜劣汰这一基本的市场竞争法则，必然逐步导致众多的物业管理公司被兼并、淘汰和破产。以深圳为例，全市共有各类物业管理机构 1200 余家，其中正式注册的只有 600 多家，管理面积超过 100 万平方米的只有 30 多家，仅占总数的 7%，但却管理着全市住宅建筑面积的 60%，而 40%的物业管理企业平均管理的面积还不到 10 万平方米。为了避免无效竞争和资源浪费，深圳市政府对物业管理公司的注册予以限制，规定新建住宅小区必须实行招投标。这种趋势表明，多数物业管理公司将被日益激烈的市场竞争所淘汰。

3. 物业管理步入品牌时代

市场迅速发展和竞争加剧已经促使中国物业管理步入品牌时代，以品牌为核心已成为企业重组和资源重新配置的首要目标。随着物业管理的不断发展，物业管理品牌竞争已经展现出其明显的时代特征，主要表现为品牌消费成为物业管理的时尚趋势。从消费需求上看，消费者认同并追求品牌物业管理也已成为发展趋势。

大多数业主购买住宅是一次最大的投资行为，而人一生三分之二的时间要在住宅中度过。从长远发展看，对品牌物业管理的追求，要远远胜过对住宅本身的追求。随着人们生活水平的提高和住宅条件的改善，购房者对物业管理的需求将不断向纵深发展，业主逐渐开始关注小区营造生活环境，高度重视小区文化品位、情感体验等文化价值。物业管理需求的多样性与品牌化，实质上是对物业管理知名品牌的追求，也是品牌物业管理的魅力所在，只有优质品牌的物业管理才能够满足并赢得消费者和社会公众的认同并购买。

物业管理市场的形成和发展需要不断的竞争，走市场化品牌化道路已毋庸置疑。为适应未来经济发展的需要，政府的政策引导和扶持品牌企业，兼并小的物管企业，以提高公司的整体实力和服务水平，这样物管才能走专业化、集约化、社会化的道路；另一方面，通过制定切实可行的措施将现有的一些水平低、服务差的物管企业清除出市场。另外，《物业管理条例》的颁布实施将促进物业管理行业向品牌化发展。面对全国物管条例正式施行这样的历史机遇，谁能抢先一步，在品牌兴业这一形势下加快企业的发展，建成实力雄厚并拥有良好品牌商誉的优秀物业管理企业，谁就能在主导物业管理市场的激烈竞争中抢得先机。

三、树立品牌，走金牌物管之路

在市场经济条件下，创造优秀的物业管理品牌，走金牌物管之路，不仅有利于企业树立自身良好形象，还有利于吸引更多的业主，更有利于企业在激烈的市场竞争中立于不败之地。优秀的物业管理品牌能让业主保持忠诚和信赖，传达企业的价值、文化和个性。

一个完整意义上的物管品牌由四个层次构成：基本层、附加层、扩展层以及成熟阶段的潜力层。基本层就是物业管理企业满足业主的基本要求，这是物业管理产品最容易被模仿的一个层面。它包括了有形产品，即物业管理服务的基本形式，如治安保卫、环境卫生、工程维护等。我国物管企业已经基本具备了这些基本功能，但目前许多企业也仅仅停滞在这一层次。附加层：一个物业管理品牌除了具有满足消费者实际需要的基本功能外，还应该具备特定目标消费者的需要，即物业管理服务中包含的附加利益和服务等。扩展层：随着业主对物业管理与服务经验的积累，业主的选择将变得越来越复杂和严格。因此物业管理品牌必须加以延展和扩充，也就是说它需要具备一种满足超功能需求之外的附加值，即感性的、人文的精神需求，进一步满足顾客复杂多样的心理需求。潜力层：这一层次的品牌物管面对的是更为成熟和经验丰富的消费者，这些消费者认为竞争中的产品差异性是很小的。品牌的所有者不再把注意力集中在理性的功能问题上，而是通过促销使更多的无形的感性因素突出其品牌的潜力层。中国物业管理企业的品牌层次还未达到这一层，需要朝这个方向更加努力。

如今，我国的物业管理市场经过20多年来的艰难发展，已经从低层次的“圈地运动”逐步走向了“品牌物管大圈地时代”，品牌物管企业占有市场，已成为市场发展的趋势。在我国有影响力的物管品牌，如万科、中海、万厦、金地等知名物管企业，已为众多的业主和开发商所认可和推崇，这些品牌物管企业市场绩效良好，并取得了越来越多的市场份额。特别是加入WTO以来，我国物业管理市场的竞争日益加剧。《物业管理条例》的颁布，在促进我国物业管理市场面向规范化和市场化方向加速发展的同时，也必将推进物业管理企业的品牌建设。

虽然当前我国的物管行业需要解决的问题很多，同时还面临分业经营的重大转折，但物业管理发展到今天，在某些方面已经取得了一些重大突破。通过集中趋合，我国的物管市场就能朝着健康的轨道快速前进。从另一方面来说，市场自身发展的需求也会促使我国物管市场走上快速发展之路。通过长时期的积累和发育，我国物业管理行业正逐步步入品牌时代。可以预计，未来的三五年将成为我国物业管理行业的品牌集中整合时期。

第五章 社区物业一体化管理的双赢机制

20世纪 90 年代以来，我国城市管理体制各方面都发生了深刻的变化。政府简政放权，单位体制改革也将后勤、保障等事务推向社会，单位向社会的结构性转轨强化了社区的功能，社区不再是单纯的街道、居委会的行政体系，而成为具有自我组织机制的小型社会。

政府对社区的管理和服务主要表现在治安管理、环境管理以及提供居民衣、食、住、行、用等与之相配套的服务上。政府履行职责，政府关心民众和勇于承担责任，有利于社会经济的发展和社会的稳定，也有利于小康社会的实现和人民群众安居乐业。物业管理服务主要是从专业的角度和以契约的形式，由物业管理企业给社区居民提供物业养护、公共秩序维护和公共环境、公共设备设施的管理和维护服务，倡导健康文明的社区生活方式，营造良好的社区氛围。政府对社区的管理服务与物业管理服务是政府行为和企业行为，房地管理和专业管理的结合，双方的目的是一致的。如何更好地发挥双方的作用，取长补短，实现双赢是一个值得探讨的话题。

一、生活管理与服务的双赢

物业管理处是物管企业为了实现对服务区域进行管理及服务而设置的专门性机构。物业管理企业为了提高住宅区居民对物业管理服务的认同度，拉近两者的距离，根据企业的实际情况和居民的需求提供相应的便民服务，在一定程度上解除了居民的后顾之忧。随着时间的推移，社区居民对物业管理处形成了较强的依赖性。但是由于企业与众多客户之间形成了一种良好的关系，企业提供的服务被客户接受。可是企业无法承担过多的社会责任，理应由政府提供的服务和承担的责任由物业扛着，物业管理企业也明白不能大包大揽管理，否则将会陷入困境。

社区居民组织——居民委员会的职能发挥处于尴尬的境地。居民委员会是社区居民的自治组织，它不属于政府的组织机构。居民委员会是在基层政府部门的指导下开展工作，对社区居民进行法纪宣传教育，妥善解决内部纠纷，办理各种公共福利和其他事务。由此可见，政府对社区的管理和服务在一定程度上可以由居民委员会负责实施。而在物业管理比较完善和规范的社区，居民与物业管理交往频繁，居民在遇到的很多问题往往向管理处反映并能得到解决，在很大程度上居民把物业管理处当成居委会。在居民委员会和物业管理处之间，居委会给人一种似有似无的感觉，其职能难以发挥出来，难以体现居委会的“亲民”形象。

前几年曾有些社区把居委会与物业管理处合并起来,形成"合署办公"的形式,一套人马,两块牌子,以期能更好地整合两者的资源,解决社区管理服务中的职能交叉问题。但是,由于物业管理处与居民委员会在机构性质、职责、运作程序、经费来源、服务理念、人员构成等方面差异较大,"一体化" 管理服务也难以实现。

无论在主观上还是在客观上,居委会和物业管理企业都希望能对社区进行良好的管理和服务,给居民营造一个安居乐业的良好生活环境。基于这样的出发点,居委会和物业管理处必须达成一种共识,形成良性的互动关系,做到你中有我、我中有你,建立起良好的、主动的、畅顺的沟通渠道。

1. 精诚合作

在社区的管理和服务中,法制道德的宣传、社区文化活动的开展、良好氛围的营造、居民意见的接纳和处理以及邻里纠纷的调解等,居委会和物业管理处均会牵涉其中,在现实工作中避免各自为政,提倡合作和资源互补。双方在社区管理服务的舞台上携手共进,在人财物方面的调动以及承担上明确各自的职责和义务,最大限度地利用资源从而实现双方的共同目标。

2. 明确各自的职责

多渠道、多形式地让众多的社区居民了解和明白居民委员会和物业管理处的职责和作用,公布办事流程和服务指南,为居民办理日常事务提供方便快捷的服务。

3. 专业服务,各有侧重

在长期的工作实践中, 由于工作职责模糊和交叉,居委会与物业管理处之间的工作经常出现冲突。这除了社区居民的原因以外,很大程度上是由居委会和物业管理处造成的,居委会为了服务于社区出现了在服务内容上与物业管理处雷同的现象,从表面上看亦有双方争饭碗之嫌。例如在家政维修方面,一般的物业管理处均能提供该项服务,而且在服务中做得比较专业,而居委会在提供这些较细致服务时就显得力不从心,其信息的传递、服务的跟踪监督、服务的及时性和专业性大多比物业管理处逊色。同样而言,物业管理在日常的服务工作中亦不应大包大揽, 例如处理居民的日常邻里纠纷,管理处应在能力之内进行协调, 但更要重视居委会的作用,发挥居委会调解作用,在一些棘手的问题处理上谨慎解决。因此在社区管理和服务的过程中,居委会和物业管理处除了认真履行各自的职责外应清楚地认识到各自的强势弱项,提倡专业的管理和服务。

二、治安管理服务的双赢

社区居民很关注社区以及周边治安环境的好坏,因此,前期的房地产开发商和后期的物业管理企业以及政府的治安管理部门,都应高度重视治安问题。维护公共秩序是物业管理企业的职责之一,物业管理中的所谓安全管理也只是对其管辖范围内的公共区域进行治安维护和管理。由于物业管理企业在社区的治安管理过程中不具执法权，因此，在社区的治安管理过程中只能处于辅助地位，只能配合当地政府的治安管理部门对社区进行治安管理。物业管理企业所承担的社会责任是依法纳税和协助公安部门维护社区的治安。现实中，人们往往夸大了物业管理企业在社区治安管理中的作用和责任，这将影响到物业管理行业的健康发展，损害居民的长远利益，也难以从根本上搞好社区的治安管理工作。

政府对社区进行治安管理是通过公安部门的派出机构（基层派出所）来进行的。政府是主体，物业管理企业处于从属的地位，而且辖区派出所对物业管理企业的安全管理工作负有监督和指导的责任。因此，搞好社区的治安管理工作政府责无旁贷，物业管理企业有义务和责任支持配合政府治安管理部门的工作。

1. 以防为主，打防结合

实行物业管理的社区在安全管理工作上要有一整套较完善的制度，对突发事件应有相应的处理对策。条件较好的社区可以实行先进的智能化管理，整个社区人防和技防双管齐下，不能出现表面上看似乎是天网恢恢疏而不漏，然而真正的治安漏洞却无处不在的情况，管理者如果过分依赖智能化的防范系统而疏于对设备设施的正常维护和测试，辖区派出所如果缺乏对社区安全管理的检查和监督，没有从专业的角度及时发现存在的安全隐患，人防的松懈、技防的瘫痪等等，都会给小区安全带来许多隐患。

因此，在社区的治安防范方面，物业管理企业与政府治安管理部门应加强合作。公安部门向社区的安全管理组织及时通报治安情况，划分社区治安管理的重点，帮助解决社区治安管理出现的问题，对在社区的治安管理中作出贡献和成绩的单位和个人给予表彰和奖励，提高全员参与治安管理的积极性。作为物业管理企业，应积极配合政府做好治安管理工作，确保人、财、物等方面的投入，建立信息收集和反馈机制，及时收集和反馈辖区内的治安信息，使社区建成一个有力的防护网，做到打防结合、以防为主，确保一方平安。

2. 避免形式主义，注重效果

在社区的管理中，社区中创建安全文明小区直接由基层政府进行领导和指挥，如此，在人力方面也能得到较好的落实，政府作为主体对社区进行管理比较明显的表现就在于创建安全文明小区。由于此项工作对社区的治安管理有一定的促进作用，物业管理企业都能积极参与和配合。这一举措表明政府参与社区管理工作有了可行与有效的切入点。然而，在安全文明小区的创建过程中切忌流于形式，相关单位应更多地了解社区的实际情况和物业管理部门在治安防范方面的运作程序，有效地利用政府部门在人力、财力、物力方面的优势，指导和协助物业管理部门搞好社区的安全创建工作，避免以上级的身份或以行政命令的形式搞“一刀切”。毕竟在基层的社区管理中，物业管理部门对社区各方面情况的了解和掌握是比较充分的。政府应制定一套科学合理的评价标准对安全文明小区创建的质量和效果进行考核，使物业管理企业和社区居民切实感受政府的支持和关怀。

三、社区环境管理的双赢

在社区环境的管理上，同样也存在着职责不清、主体不明、职能交叉的问题。社区是组成一个城市或一个社会的基本单元，政府对城市的管理与服务多是通过社区这些基本单元进行的,社区环境的好坏也直接体现出一个城市环境的管理水平。因此,政府对社区环境的管理负有义不容辞的责任。在这个过程中除了要明确管理职责和管理主体以外,另一方面重要的内容是人、财、物方面的投入。

现实中,在社区中真正实行管理和服务的大多是物业管理企业,虽然物业管理企业依照合同对社区的环境进行管理和服务,但作为企业这种契约式的服务本身是一种有偿服务,需要社区的全体居民缴纳相应的管理服务费才可以享受。作为纳税人的社区居民应该理所当然地享受到政府对社区的环境管理服务,但政府的城市(社区)环境管理的职能部门(如:城管办、爱卫办等)作为管理的主体却少有对社区进行环境管理和服务,即使提供一些管理和服务,也多局限于评比和检查,不够具体和深入。在物业管理越来越广泛的今天,这样的管理服务职能是否该由物业管理企业来承担,一直是个存在争议的问题。

以上同样涉及一个职能的错位及管理主体混淆的问题,使得政府对社区环境管理和服务没有尽到责任和义务。物业管理企业在社区的环境管理中承担了政府部分职能,减轻了政府的负担,这种负担在总量上并不能缩减,其实它已转嫁到物业管理企业身上去了。由于物业管理成本费用来源于业主,因此,政府对社区环境的管理和服务,除了监督和指导以外,对承担了这部分工作的物业管理企业应给予更多的实质上的支持,例如在税费方面的优惠或部分减免,在政策上给予倾斜和扶持。也只有这样,物业管理这一新兴的行业才能不断发展进步,不断地扩大和完善,更多的社区居民才能享受到优质的物业管理服务,城市的环境管理才能收到成效。另外,这也体现了政府的务实态度和管理水平,使政府、企业和社区居民在这方面都可以达到互赢。

物业管理的不断发展和壮大,有利于社区居民享受更多优质的生活居住服务。物业管理企业在社区的管理服务过程中除了按照管理服务约定履行职责以外,在社区文化活动、环境管理、治安管理等方面,政府理应承担一部分社会责任。特别是在一些特别重要的时期,物业管理企业应深明大义、团结一致,积极响应和支持政府的号召,投入大量的人力、物力和财力,自觉地承担起对社区应尽的职责。对此,政府也应充分考虑物业管理企业的难处,给予其更大的支持和帮助,以理性的思维和务实的态度减轻物业管理企业在社区管理服务中的负担,降低其经营风险,建立完善的考核评价机制。

尊重市场规律,减少以行政手段干预物业管理市场的运作,归根到底就是要让企业做自己该做的事情,让政府承担自己该承担的责任。只有这样,物业管理服务才能得以持续地发展,政府对社区的管理服务才能成熟和到位,物业管理和政府的社区管理才能最终造福于民。

A COMPREHENSIVE HANDBOOK OF DEVELOPMENT OF REAL ESTATE IN CHINA VOLUME 14

第十四卷

社区地产开发

第一章 社区规划中的景观设计

社区规划设计和景观设计直接影响社区居住环境。然而目前我国社区的规划设计和社区景观设计分属两个独立的设计阶段，通常由两个设计单位分别完成。前一步的规划设计阶段是不可忽视的重要环节，而恰巧这关键却被人们经常忽略。就像人们做衣服一样，如果衣服的样式没有裁剪好，再精细的做工也提升不了衣服的档次。因此，社区规划设计如何跟上时代步伐，如何全面、完整地反映社会需求，将是建设社区地产一项极其重要的内容。

一、社区规划设计理念的演进

20世纪 50 年代初期，我国大城市居住社区规划基本采用了“邻里单位”的模式。居住社区内设有学校、少量商业网点，住宅以低层为主，布置成组，灵活自由；50 年代中期采用“居住区——居住街坊”的规划方式，每个街坊面积不大，街坊内以住宅为主，采用封闭的周边式布置，有的配置少量公共建筑。这种组合的院落能给居民提供一个安静的居住环境，但由于过分强调对称或“周边式”布局，造成许多环境死角，既不利通水，又不利于日照，居住条件不太理想。

在 20 世纪 50 年代后期发展成我国的居住社区理论，社区的规模比街坊大，用地一般约为 10 公顷，社区内有日常生活服务设施。由于相应扩大城市道路的问题，比较适合现代交通的发展。居住社区一般采用社区——住宅组团结构，住宅组团在规模与内容上也不断演变，由最初的只设托幼机构到后期与居委会的管理范围相吻合。

而到了 60 年代，在总体布局中运用“先成街、后成坊”的原则，新村中心采用一条街的形式，沿街两旁各种商店、餐馆、旅馆、剧场等商业文化设施齐全，形成热闹繁华的商业中心，既方便了居民的生活，又体现了新的城市风貌。由于“先成街”的片面性，有的城市社区只成了街，而未成坊，达不到最初规划意图。70 年代后期，为适应住宅建设规模迅速扩大的需求，统一规划、统一设计、统一建设、统一管理成为当时主要的建设模式，建设规模扩充到居住区一级，在规划理论上形成“居住区——居住社区——住宅组团”的规划结构。居住区用地一般有数十公顷，公共建筑及配套设施较为完善，居住区对城市有相对独立性，社团基本能满足居民的日常生活需求。

进入 80 年代以后，居住区规划普遍注意以下几个方面：一是开始注意组群组合形态的多样化，组织多种空间；二是比较注重居住环境的建设，空间绿地和集中绿地的做法，受到普遍的欢迎；三是根据居住区的规模和所处的地段，合理配置公共建筑，以满足居民生活的需要。一些城市还推行了综合区的规划与形成：行政办公——生活综合居住区、商业——生活综合居住区。综合居住区规划使多数居民可以就近上班，具有有利工作、方便生活的特征。

20 世纪 80 年代中期开始，“全国住宅建设试点小区工程”的开展使我国住宅建设成绩斐然，从规划设计理论、施工技术及质量方面，都推动了我国住宅科技的发展，在各方面取得了显著成就：延续城市文脉、保护生态环境、组织空间序列、设置安全防卫、建立服务系统、塑造宜人景观等。90 年代初开始的“中国城市小康住宅研究”和 1995 年推出的“2000 年小康住宅科技产业”，对我国住宅建设和规划设计水平跨入现代住宅阶段作出了不可磨灭的贡献。小康住宅强调以人的居住、生活行为、规律作为居住小区规划设计的指导性原则，突出了“以人为本”，把居民对人居环境、居住类型和物业管理三方面的需求作为重点。

二、社区规划要提供有益的起居空间

在社区规划设计阶段，相关部门应有较强的环保意识，要设计好有利于人们健康的各种室外生活空间，如尺度宜人的交往空间，大开大合的体育健身活动场所等。这些场所在小区的位置和数量都应最大限度地满足居民的多种需求，方便各年龄段居民的使用，愉悦人们的心情，营造“家”的温馨感受。如果这些空间没有设置好，景观设计师在环境设计阶段是没有办法弥补的，心有余而力不足。所以，在进行社区规划设计的过程中，要认真研究每一个公共空间和半公共空间的安排是否恰当，是否符合人们日常生活习惯。

一般所说社区的公共空间是指人口空间、道路空间、公共绿地、公共广场等。半公共空间一般指社区组团的院落空间。好的社区规划设计应能使各个空间的尺度都舒适宜人，空间过渡自然流畅。对于每个公共空间，都要注意景色的设置、要考虑好周边建筑的体型、体量，不要把建筑的位置放错，影响景观和使用功能。常见的错误就是由于建筑师的疏忽，把配电所、泵房或调压等构筑物放在公共绿地中，既影响环境的美观又影响安全。其实，只要社区规划科学到位，又怎会出现这样的大煞风景的事。

除此之外，社区规划还要注意营造有变化的空间，使之满足人们各种生理、心理的需求。一般人都对兵落行列式布局的社区不喜欢，都觉得其空间呆板、单调、缺乏凝聚力，就是因为其空间变化太小。中国园林的设计手法讲究步移景异，重视空间的收放和转换，社区规划也应吸收园林的设计手法，设计出有趣味、有层次、有变化的生活空间。人们对北京的四合院多有好感，是因为它具有私密感和安全感，是室内生活起居空间的延续，

关起门是一个独立的空间，不会受到外界的打扰。现在社区的居住模式已和原来四合院的生活方式大相径庭了，但也应该尽量满足不同居民的生活需求，进一步丰富和完善小区的生活空间。

环境均好性的概念让有些人误认为可以没有公共绿地，只要有住宅之间的绿地就可以了，大家的环境都一样就是均好。其实环境均好性，首先要满足公共绿地指标要求把以前集中绿地的面积指标分散到小区的其他空间去，比如加大院落空间，使每栋住宅周围的空间很宽松，宅前宅后置身于花园中，使居民在家门口就能享受到优美环境。环境均好的做法还可以根据地形的特点，改变原来集中的块状绿地，顺应地形和道路的走向布置成带状绿地，使更多的住宅能有接触绿地的机会，才有可能达到环境的均好。

1. 景观环境设计要体现住区的文化内涵

随着生活水平的不断提高，人们的生活内容也随之丰富多彩起来，社区不但要解决居住空间的有无，更要赋予更多的精神内涵，以满足人们的精神享受，人们在社区里生活才会感到愉悦和快乐。现在市场上已经有很多带有文化主题的社区，还有的社区以居民运动为主题，提出了“运动就在家门口”，在运动中享受健康的全新理念。像奥林匹克运动社区，就是房地产业与体育产业联姻的产物，它的环境小品凸显了运动元素，小区内处处可见活泼可爱、动感十足的环境小品，这样可以提升小区价值。

2. 景观设计要有宜人的尺度

目前社区的景观环境设计不再追求宏伟、壮观、豪华，而是特别注重亲切温馨、尺度宜人。有些社区的集中

绿地面积很大，种满了花草，人们只能远远地观赏，不能进入，是个空架子，使用率很低。即使有的设计了一些人行道，人仍无法驻足停留，缺少交往场所。较好的做法是把绿地的设计划分为功能性绿地和观赏用绿地，每一种绿地的面积并不很大。要注意空间尺度过大就不容易产生亲切感，缺少相对的私密性。因此，在社区的环境设计中不能不开始关注楼宇周围的零碎空间，例如在住宅的山墙边，设计凉亭，安排坐椅，配合绿荫栅栏加以围合，再加以绿色植物美化，这样就形成了一个十分温馨的谈心怡情场所。还可以利用各种楼宇之间的空间，搭建长

三、景观绿化设计是社区规划设计的深化

没有好的景观绿化设计，社区的环境质量仍然难以收到预期的效果。景观设计讲究锦上添花，应在原规划构思的基础上完善环境布局，通过种植植物和配置小品，美化生活环境。对于重要公共空间的环境设计，首先应讲究较强的功能性和参与性，为居民提供各种便利；其次要注意美观，要让业主喜欢和热爱自己居住的社区。

廊，提供一个遮风避雨、玩耍嬉戏的地方。

3. 社区环境设计要具有观赏性、趣味性和参与性

社区环境不同于公园或其他公共场所，它是社区成员重复使用的场所，如果缺少观赏性和趣味性，社区居民就不会有新鲜感，很少去关注它。有些社区的小品模仿城市雕塑，其实大可不必，一是体量过大，浪费资金；二是整天面对，单调乏味。如中山市“阳光花园”的做法很值得推荐，景观师别出心裁地在社区环境适当的地方设置了展台，广大业主积极参与，展示自己的作品，这样得到了居民的大力支持，大大增强了邻里间的感情交往平台和空间来往。

还有的小品考虑到了孩子的心理需求，让他们从小就得到良好的教育。比如青岛福州路小区一组小品，给人讲述的是“三个和尚没水吃”的故事，通过作者巧妙的构思和夸张的设计，绘声绘色的表达出这个广为流传的故事的主要情节，深刻地打动了过往行人，使孩子们在玩味这些顽石的同时还会受到很好的教育。置在生活区中的各个小品尤其必须要注意其生活性，要贴近人们的日常生活。

4. 绿化种植设计要注意植物配置的丰实度和层次感

植物丰实度的概念较为新颖，它是指社区环境中人工植物群落、类型和组成层次的多样性。例如，藤木型、乔木——草本型、灌木——草本性、乔木——灌木——草本型，并要能充分体现植物的变化。丰实度还包括小区绿化中使用所处植物带中的新优植物。目前，在社区绿化中普遍存在树种单调、种类少、植物配置缺乏层次等问题。社区中存在以大片草坪为底衬，偶尔会点缀一两棵乔木的种植形式，导致视觉效果单一乏味，既难满足居民的观赏需求，又无法很好地发挥生态效益。根据调查，北京市居住区主要常用绿化树种只有 43 种，长江三角洲常用的主要树种有 70 余种，而珠江地处南国的三角洲则有近 100 种，但是用于城市绿化的树种比这多得多。可见要想提高居住区的绿化水平，植物种类丰富度，选择面的宽度极为重要。

有了一定种类植物的应用，还要搭配适当的组合方式，这样才能多方面满足社区成员的需求，并在有限的社区用地上，最大的发挥生态效益。这就要求植物配置多样性和各种层次配置的交替运用。例如，住宅间绿地应考虑灌木、花草为主，社区道路旁应考虑乔木的种植，社区游园应考虑乔灌木的搭配。另一方面，还应重视各种植物的季节变化，在北方可能要突出春花秋叶，南方则要更注重增添四时的花开不断。

5. 社区景观环境设计要考虑配备活动设施

配备公共绿地活动设施出发点是为了要更好地满足社区成员在绿地中进行各种户外活动的需求，有关调查显示，大多数居民认为居住区绿地主要有三大功能：清新空气、美化环境和提供活动场地。参照《城市居住区规划设计规范》中对社区公共绿地指标每人 1 平方米的底线的规定，并且根据历史经验数据，一般绿地中约有 30%的活动广场就可以满足居民的需要，也能保证社区有较好的绿化效果。上述活动广场包括有乔木覆盖的铺装广场及各式球类运动场。活动广场应有休息设施、儿童活动设施，球类活动设施的配备，才能保证场地运用的良好发挥。

第二章

探索社区地产的开发之路

随着城市化进程的加快,居住正在并必将成为一场深刻的社会变革。在变革过程中,地产开发商以及整个地产界如何进行角色定位,又如何以成熟的理念和行为融入这一变革,已经成为必须回答的问题。其实,除了少数优秀的开发商,业界还普遍缺乏对发展趋势的充分认识和了解。近年来,各地大型社区项目陆续进入市场,引发了所谓的“大盘运动”,但其理念仍停留在产品阶段,对于比大盘运动更具潜在内涵的圈地运动,人们也只是从开发商的土地储备战略角度进行评论。从宏观层面来看,房地产业必须从中国社会和经济变革的广阔背景中把握自己的前进方向。因此,未来地产开发从居住变革的实践而对中国社会变革和资源配置市场化实践的切入,已经远非住宅单纯商品化可以阐释清楚,于是,社区这一逐渐清晰的概念日渐浮现。通过对域外及中国自身实践的审视可以发现,在城市化进程与社区变革整体框架下的社区地产开发、建设,才真正使得居住变革成为改变中国的重要推动因素。

一、社区地产的社会整合平台功能

在我国,社区概念的提出和社区建设运动的推进是同社会基层的治理改革联系在一起的。在中国城市社会基层管理的传统结构里,居民委员会在很大程度上扮演着政府代理人的角色,行使着按照政府的指令管理社区的职能。改革开放以来,随着规模住宅区的开发,城市居住格局发生了深刻变化,基层社区民间组织得以发育成长(如社区建立各种民间组织、新建小区建立业主委员会等)。20 世纪 90 年代,我国城市推行了社会管理体制改革,由于政府管理权力下放和居民委员会管理力度较为薄弱,社区建设作为一个新思路被提出来。如上海把作为区政府派出机构的街道办事处下辖区称为社区,居委会所管范围,称为小区。深圳也已进行居委会改为社区管理委员会改革试点。我国社区管理组织的理想模式应是市、区、街、居纵向管理体系与横向社区内民间组织网络的有机结合,其中重点是应加强居委会的改造和民间非营利组织的培育,逐步实现“街道体制”向“社区体制”的转换。

社区概念对于社会资源的整合创新功能远不止于此。中国二十年来的市场改革，始终在建立效率优先的市场机制和社会终极目标实现之间寻求最佳均衡点。鉴于发达国家的经验教训，中国在市场条件下的现代化和城市化进程，完全可以兼顾社会整体目标和社区可持续发展目标的统一协调进行，把社区开发作为社会发展与变革的基础和平台。社区开发建设，不但为人居生活的人文理念开辟了道路，也为社会经济发展与创新整合提供了新的平台和新的动力。以整体社区为单位的综合社区发展，无论是从经济角度还是从人文角度都具有深远意义。同时，后续社区服务还为现代化发展提供了新的动力。

地产业开发必须从中国社会和经济变革的这种广阔背景中了解自己的方向。随着中国经济的迅速发展和城市化进程的加快，地产开发规模日益扩大。各地大规模项目不断涌现，各地媒体热炒“大盘运动”，人们热衷讨论“大盘”的规模、配套、特色、开发节奏等，其理念在本质上仍然停留在产品主义阶段。固然，住宅产品的日益完善和规模化，正是住宅市场趋于成熟的重要指标之一。但当开发规模日渐扩大、开发行为向社会纵深日益扩展时，单一的产品开发战略已不足以理清房地产运作的真实内容及其与社会诸要素的关系，更不用说解决行业发展的综合战略问题。反之，若将规模性地产开发行为纳入社区综合开发的框架之下，许多问题将迎刃而解。

二、社区开发的博弈结构

成熟社区的人文理念固然令人心驰神往，但其实现必须找到基于社会效率原则的切实可行的道路。完美社区的建设有社区目标的定位、社区物质框架的完善、社区资源的整合配置以及社区文化的建设等一系列长期复杂的过程，我国城市化和现代化不可能像北美国家那样，由移民在一片原始土地上开发而成。传统住宅的老化、经济的迅猛发展以及人民生活水平的迅速提高，使得中国社区建设在多数情况下定位为居住改造和住宅开发。而事实上，居住革命正是通过成熟人文社区启动开发过程而改变中国的。在这里，改变包含以下两点：一是在这一过程中找到社区资源最佳配置的模式和机制；二是通过这种模式和机制运作实现人文社区的目标，从而改变人们的生活方式。

在此机缘下，房地产开发企业，尤其是“大盘”开发商正在成为社会发展与社区开发市场化过程中极为重要的资源整合者。鉴于此，开发商必须从社区综合开发的全面长期性角度研判形势和制定战略，从而优化企业运作模式，实现自身的长期战略目标。发达国家的实践

表明，在政府的有效规划下，市场机制的框架可以有效地驱动个人和企业将其最大化利益与社区和社会的利益趋向一致，从而以社会和经济的低成本实现社区和社会的可持续发展目标。以市场机制为基础的社区构建过程虽然有竞争，但它总是可以导向均衡合作的正和博弈，其实质是各参与主体即政府、社区居民、开发企业及社会非盈利组织等之间权力分配不断调整、市场资源流向不断优化，最终实现最优的结果。社区开发要形成成熟市场机制下的博弈结构，必须在实践中处理好如下的问题：

1. 逐步明确产权制度，确立消费者主权

在市场经济中，明确的产权制度和消费者主权的确认是完善市场制度、有效配置资源的基础。中国社会随着农村规模农业经济的发展和城市房地产市场的成熟，

将引发实质的"土地革命"。事实上,产权制度的明确,目的是对市场中的复杂利益予以明确化、个体化,以实现有效的交易和配置。土地使用权与住宅商品所有权结合起来形成房地产产权是没有问题的,关键要明确界定其内涵及有效性。市场制度的核心是在确立产权制度的基础上,制定能够节约交易成本的各种制度安排,如地产市场中介机构的发展,公共市场信息传达的对称化及各种交易规则的成熟化。

消费者主权的确认与社区民主管理的改变,对于改变居民与政府、开发商之间的不对称关系意义重大。人文社区的开发建设是以其居民的"可持续"居住需要为目标,政府规划政策和企业市场行为为社区资源的有效整合与否应以此为最终评判结果。社区居民利益的保障

和民主权利的确立,也是建立社区认同感及责任意识的前提。在我国,社区居民对规划决策的参与度还远远不够,开发商对业主权益的损害,证明形成社区健全的博弈结构、实现人文社区的理想并非一件一蹴而就的事情。

2. 公共产品和市场产品的界定

在社区开发的博弈结构形成过程中,政府的基本职能是生产和供给诸如整体规划、治安、法律制度、公共基础设施、基础义务教育、公共卫生保健之类的公共物品、追求社会效益和社会福利最大化。但房地产企业在开发规模不断扩大、营销力度逐渐加大的情况下,为市场提供设施和服务有一些明显带有公共产品的特征。许多大盘开发商独立承诺提供如为住户专车接送、社区治安等服务。这会导致两种结果:一是公共物品性质承诺最终蜕变为市场物品的实质结果,从而不利于公共服务系统的完善,损害社区居民的利益;二是企业不堪承受履行承诺所带来的成本,不得不对业主违约,从而对企业的信誉以及项目的后续开发带来巨大损害。因而,逐步理清公共产品与私人产品的界限,既有利于各博弈主体成本与利益的确定,也利于保障社区公共利益。

20世纪 90 年代以后,西方先进国家也开始公共产品(服务)市场化的实践,尤其在社区服务、文化设施、环境保护领域获得了成功。以市场为基础的出发点是,让企业和个人意识到社区服务、环境保护等公共产品(服务)与其自身长远利益的一致性,通过产业政策、财政税收政策等手段引导社区开发企业和其他企业考虑社区公共目标与自身长远利益的战略关系,从而促使其参与社区公共设施、社区服务和环境保护等公共产品(服务)的开发和经营。

住宅及其相关服务是社区消费市场最大宗的核心商品。由于人们在生活中对各种商品、服务的消费具有紧密关系,企业从战略营销及节约成本的原则出发,势必围绕核心产品、服务寻求在内部或市场的集约整合供应途径。随着开发规模的加大,不单物业管理、会所服务,诸如周围环境设施、社区商业配置、社区服务以及交通服务等也必然会进入整合范围。这一切都要求社区开发的重要参与者既要有整合社区可持续发展目标与企业(特别是开发企业)利润最大化的战略眼光,又要能够在市场的博弈结构中有效地整合资源。

3. 确立社区地产开发模式

目前在我国,除了带有政府色彩的经济适用住宅社区以外,以商品房开发启动的社区发展一般有三种形式:第一种是占地上千亩名符其实的大盘,其本身即是一个完整社区的雏形;第二种是由主体开发商主导,其

他企业参与合作开发的社区；第三种是众多项目开发商投入正在规划中的社区。

对第一种社区的开发来说，住宅开发商之间的竞争以及其他市场产品服务提供者的竞争固然重要，但避免恶性竞争和社区分化，政府、居民、开发商为更好地规划社区目标，整合社区资源，提升社区价值和生活质量采取的理性合作，显得尤为重要。由于利益主体众多，合作交易的成本高，因而协商常常是必要的。政府在其中将起到关键的协调推动作用，为各利益群体制定有效准则程序，使这种“社会的选择”为公众所接受，即形成“合作博弈”，虽然这种程序安排耗时费力，但各利益集团会将之视为“公平”的过程。即使协调的结果在某种程度上损害了一些集团的利益，但在社区整体目标的大前提下，他们也会愿意接受。

后两种社区的开发模式将对该社区可持续目标的制定、贯彻和社区资源的整合开发以及企业自身长远战略利益的实现，产生深远影响。从国际经验来看，有素质的开发企业成功开发大规模社区的例子比比皆是。如位于加拿大温哥华中心地带太平洋协和区的综合性开发，历时 10 年，占地 83 公顷，投资逾 30 亿加元，建成一个能容纳 1.6 万人的城市社区，这个社区是由一家开发商兴建。因而，开发商参与社区开发的深度与广度不是问题，根本问题是要在社区开发的过程中整合社区可持续发展目标与追求企业（尤其是开发企业）利润最大化目标，找到社区资源最佳配置的模式和机制，从而通过这种模式和机制达到人文社区的现实目标。改变人们的生活方式，需要成熟的社会经济环境和社会主体，因此企业、消费者主体必须与社会运行机制、市场运行机制同步成熟起来。

在这两种模式中，主体开发商主导，其他企业参与开发社区的模式比超级大盘的模式更具有操作性。这是因为，第一，“超级大盘” 往往先在城市郊区圈出一块“荒地”，缺乏与城市相连接的自然纽带和便利的交通设施，容易形成封闭性区域，破坏城市的整合性；第二，尚未成熟的市场机制，往往难以整合社区可持续发展目标与企业利润最大化目标、节约成本的经验，从而既损害社区的健康发展，又损害其自身项目后续开发的长远战略利益。

相比起来，第二种社区开发模式则完全不同。第一，它们是与城市同步发展起来的开放型城市社区，在经济、地域和交通上与母城有着充分的有机联系。第二，其主体开发商是在竞争环境下与其所在社区同步发展起来的，无论在长远战略和最大利益方面都与其社区价值和可持续发展目标高度一致。第三，长期的社区开发实践，不但使他们与政府、社区居民及相关企业形成良性互动关系，积累了广泛的社会资本，还逐步形成了独特定位、产业构成与未来目标。因此这些开发商必将成为社区开发市场化过程中最重要的资源整合者。

三、西方的社区运动与社区地产开发

“社区”一词是 20 世纪 30 年代自英文 community 意译而来。英文 community 一词含有公社、团体、社会、公众、共同体、共同性等多种含义。社区的地域含义，意指社会群体生活是建立在一定地理区域之内的。

20世纪20-30年代,美国的芝加哥学派研究了美国大城市芝加哥的都市化过程,从不同层次上研究了都市社区,形成人文区位学理论,用以说明美国城市的结构和动态,从而奠定了社区研究的现代基础。在该理论中,社区的本质包含以下几个本质特征:①有一个以地域组织起来的人口;②人口扎根于它所占用的土地;③居民生活在相互依存的关系之中。

现代社区理论是在人文区位学理论的基础上发展起来的。在社区这种社会联合体中,情感的、自然的意志占一定的优势,其人际关系具有熟悉、同情、信任等特性。与此相对应,可将人们的契约关系和由理性的意志所形成的联合称为社会,这种组织以城市为代表,在社会转型的工业文明时代成为人类组织的主要形式,其人际关系具有陌生、反感、不信任、相互独立等属性。现代社区的概念包含着与工业文明所形成的社会格格不入的人文关怀。社区是对工业化文明发展予以人文主义反思的产物,它包含以下五大要素:①具有一定社会利益联系和一定规模的人群;②有一定明确界限的地域;③有一套相对完善的生活设施;④有一整套相互配合的生活制度和管理服务机构;⑤生活在其中的社会成员具有一定的认同感和归属感。

社区概念在西方国家的兴起,是人们对发展问题的基本观念发生变革的结果。在近现代西方,社会发展的演进经历了两个阶段:以社会为中心的阶段和以人为中心的阶段。这两个阶段分别对应着发展目标和发展战略上的两个时期:片面注重经济发展目标、社会宏观发展目标和宏观战略时期。前一阶段以近代工业文明“现代化”模式为标志,将社区与社会对立,把建立在地缘联系基础上的社区视为实现社会整体发展与进步的障碍,因此认为为了达到现代化的社会经济目标,就须牺牲社区。从20世纪60年代以来,伴随着人类对现代工业理性的反思和“可持续发展”观念的深入人心,西方出现了把回归人文社区作为社会基础的发展趋势,即进入了以注重人与环境的和谐、发展“可持续性社区”为中心的第二个发展阶段,通过将全社会的可持续发展有机地结合于社区的可持续发展,满足人性需求,体现人的价值,同时也更好地保护社区与社会的人文环境和自然环境,实现真正平衡、持久和合理的社会发展。

美国的社区开发经历过两次高潮:一次是20世纪60年代肯尼迪——约翰逊政府的“向贫穷开战”和建设“伟大社会”计划;一次是90年代克林顿政府的“授权社区和事业社区”项目。60年代的美国社区建设是一种自上而下的过程,缺乏社区居民和企业组织的首创精神,实践并不成功。90年代克林顿所领导的社区发展运动基本上是一种自下而上的社会发展过程,取得了辉煌的成绩。在该运动中,尽管在起步阶段政府的规划、引导和支持发挥了至关重要的作用,但在“小政府”的理念下,通过自下而上的全面动员,向社区授权,运用了规划推动和社区需求拉动这两个动力,在自由市场机制的框架下驱动银行、私人企业和社区发展公司复合运作,从而实现社区和社会的可持续发展目标。

社区,蕴含了人们追求永恒的人间乌托邦理想,凝聚了追求公平与效率,实现优质和谐生活水平的理想。西方社会在市场机制背景下整合社会整体目标和社区可持续发展,对于现代化进程中我国的城市社区开发有着深刻的启示。

第三章 亲情路线指引社区开发

从居住形态进程角度来看，社区概念是历经多年，逐步演变过来的。开始人们以群居的形式居住在一个大区域内，形成很多大型居住区，在这个居住区内，从满足解决简单的居住问题到满足各种物质需求，似乎社区已经无所不能。然而在现今的都市，来自四面八方的人聚集在一起，加上都市人早出晚归的工作特点，社区居民相互沟通的机会极小，有些共同居住了数年的老邻居，彼此间还不知道姓名，勉强的招呼间掩藏不住缺乏亲情的尴尬，耗费巨大的人力、物力建成的先进社区竟然是这样一种亲情的退化。21 世纪，城市即将进入居住的社区时代，开发商迫切需要亲情路线指引前进的方向。

一、社区时代的亲情路线

我国在 20 世纪 70 年代，出现了最早的居住社区形态，其主要目的是解决居住温饱问题。随着社会的进步和经济的发展，人们对于自身环境的需求也逐渐提高。80 年代末，人们在解决居住问题的基础上，进而要求提升生活质量，开始讲究建筑的人性化需求，关注立面色彩和户型空间的舒适。此时建筑的立面、朝向、户型及格局已经成为衡量居住水平的标尺。这个阶段的居住概念最初从深圳、汕头及其他沿海城市兴起，逐步延伸到了全国，人们的居住理念和居住品位提升了一个档次。上世纪 90 年代末，国外先进的居住理念大举进军中国，居住形态跃升到一个新的发展阶段。居住更加注重建筑外观的设计，各种欧式、新加坡式住宅形态应运而生，绿色社区、生态社区、智能社区等新的社区形态开始出现。但无论哪一种小区都更注重业主的需求，如亲情需求、环境需求、运动需求、安全需求、购物需求等，而且大部分的住宅小区兼顾了其中的多种需求。这种居住形态拥有自己的物业管理和配套设施，人居方式提升到了较高的层次，新的居住形态创造了人居新环境。

住宅从纯安置性的物质产品（生冷型）向亲情化改善发展、向服务经营性产品过渡的过程中，创造性的公众参与、人类基本需求满足、生态环境建设等都是需要满足的目标。另外，邻里间的关系，人们把握相互之间道德关系的能力越来越受到重视。居住理念充斥着浓郁的仁者爱人、以人为本以及宅为人本等传统文化。

一个社区除了亲情外还应包括道德与文化等内容。提倡人本文化，建设亲情社区，文化是一个非常重要的概念。真正的亲情住宅应该关注三种人：老人、孩子和其他弱势群体。

中国社会正处于一个全面发展的时间阶段，随着社会转型的加快和价值观的迅速转化，老人们似乎变成了社会的冗余之物，这是一个非常可怕的、不正常的情况，这样发展下去会产生特别严重的后果：一个后果是老人完全不能进入新的社会生活，他们的价值观、社会取向、生活方式跟这个社会脱节，慢慢形成一个特别封闭的群体；另一个后果是老人没有社会生活以后，随着日常生活能力的减弱，他们在家庭中的地位下降。老人的问题在这两方面集中体现出来。

要解决好这一问题，要提倡大家庭里面小家庭在同一个社区里买房，这样可以互相照顾，又能保护各自的自由空间与私生活。这种民众的智慧可以转变为房地产商的自觉行为，提供这样一种选择的空间给需要的家庭，社区以家庭为核心建设。

没有公共生活，老人和年轻人之间的沟通是不可能实现的。目前社区公共生活的平台还没有搭建出来或者很少，一般都是商业性的行为，我们可以把它活化并转化为一种灵活的机制。建立邻里之间的关系必须依靠共同的利益，对社区公共安全的重视将会是邻里关系的支点，业主的维权意识增强无形之中提高了房地产的开发成本。所以，建设亲情化社区不能单干，必须依靠消费者等多方形成合力。

拓展社区交往空间非常重要，目前很多社区在这方面仍是一片空白。国家在康居示范工程中对住宅提出了“高品质、新生活”的要求，其中“新生活”就包括引导新的居住理念、引导新的消费意识、形成新的交往形态、形成新的居住行为、形成新的管理模式五个方面。按照这个标准，交往场所在规划设计方面作用不可小视，如万科的“四季家园”在这方面就做得非常不错，当你进入“四季家园”会有家的感觉，而到了建外 SOHO 则缺乏这种亲切感，就因为万科能够以人为本，交往空间方面设计得非常好。比如国外的社区规划，孩子玩的沙坑边上都有一圈专为老人提供的坐椅，游泳池是人们重要的交往空间而非锻炼场所、老人的娱乐场所等内容。而在目前的设计中则缺乏这种空间，这也是导致人们交往变得淡漠的一个重要原因。

二、走亲情路线，和睦邻里关系

邻里中心是新加坡的一个社区服务概念，是指在 3000 户 -6000 户居民中特意设立一个功能齐全的商业、服务和娱乐中心。邻里中心根据新加坡社会文化情况进行了长远考虑而构思和制定了内质核心：国家至上，社会为先；家庭为根，社会为本；关爱扶持，同舟共济；求同存异，协调共识；种族和谐，宗教宽容。基于这种既充满东方哲学又融合了西方人之精神的规划指导思

想，使邻里中心体现出极其鲜明的地域、民族特色。

邻里中心以居住人群为中心，其全部设施紧密围绕人们在家居附近寻找生活、文化交流的需要，构成了一套巨大的家庭住宅延伸体系：菜场、超市是厨房的延伸；浴室、洗衣房是卫生间的延伸；餐饮、小吃是餐厅的延伸；影院、茶座、歌舞厅是客厅的延伸；图书馆、阅览室是书房的延伸。这样步步延伸，无疑提升了生活水准。

在建设大型社区时，不妨借鉴新加坡的先进理念，以人为本，科学设置一些必备功能。如社区活动中心（老年活动中心和青少年活动中心）、超市、银行、邮政、社康中心、书店、菜场等，以此提供全方位、多功能、综合性的服务。

借鉴邻里中心的做法，结合国情和文化传统、民俗惯例，不难看出：居住区建设理念要提升——住宅小区是民族、地域人文精神的载体和优化人群生存质量、维护居住人权的根本体现；规划原则、方针上要反思——体现以人为本、满足居住、共同构建人群活动的完整系统；建筑设计在手法、尺度上要突破，住宅小区的设施应当成为家居各种功能的延伸，这样才能满足居民的多元化需求。

只有真实的，才是有生命力的，也才有号召力。住宅区建设走亲情线路，倡导邻里关系，这是提升社区活力和塑造品牌的需要。城市社区居民在思想意识、心理情感上所具有的归属感受和认同感，是城市社区发展的一个必不可少的前提。以邻里关系为切入点、营造社区公共生活的氛围、拓展社区交往空间，也是适应现代经济发展的一种创新。

三、携手共建亲情和谐社区

目前号称亲情化小区的住宅比较多，但多数仍然是邻里关系淡薄，开发商、物业公司、业主之间矛盾冲突不断。同一小区同一幢楼甚至同一单元平时是“低头不见抬头见”，但在交往中却是“对面相逢不相识”，最根本的原因就是缺乏亲情平台，亲情包括家庭亲情、社区亲情以及社会亲情。对于社会亲情它是一个更为广阔的概念，它属于社会范畴，而对于社区而言，其包含的主要是家庭亲情和社区亲情，二者构成了所要讨论的亲情社区的因子。亲情平台，不是单单指家庭亲情和社区亲情，其实际是一个系统平台。这个平台由硬件和软件组成，硬件即社区的配套、设施等，而软件即是管理和服务。只有在这个平台上，家庭亲情、社区亲情才能得以演绎。

由于开发商、物业公司等是相对独立的单位，均有属于自己的利益，而其他单位或团体也日益关注自己的部门利益，都构成了影响亲情平台的因素。所以，虽然一个开发小区具备了亲情小区的各种要素，但因为各种因素的影响，不一定可以建成真正纯粹的亲情社区。因而要建成真正意义上的亲情小区，不仅需要具备上述的各种要素，而且必须寻求收支、利益冲突的平衡点。

开发商作为住宅小区开发的主体，规划设计、配套设施等的制定与执行者，掌握着住宅小区的先天因素，这些因素的忽略容易造成亲情小区的先天不足。一般开发比较早的普通社区就是如此，公共设施不齐全，业主之间、老人与子女之间缺少进行交流的公共平台。当然也有一些已经具备了公共设施的住宅小区，但大部分是商业行为。

建立和谐的邻里关系必须依靠共同努力，重视社区公共安全将是邻里关系的支点。规划设计不合理、生活空间压抑、小区的安全存在隐患等客观因素已经造成了许多纠纷。因此亲情社区的硬件必须由房地产开发商从规划开始进行建设。

围合式院落设计能够在一定程度上增加地面活动空间的聚合度。为充分发挥这些围合式院落的亲和功能,将相邻两幢公寓建筑的单元入口均指向所围合的院落,增加住户的交往机会。院落中宜设置绿化广场、固定座椅等。利用院落内的消防登高面,设置可移动的固定设施。这样才可能增加小区内部所需活动空间的聚合度,使住户之间的交往变得自然轻松。另外可适当扩大单元入口面积,并对入口门厅进行专业化装修,作为单元内部的室内交流空间。这样就避免了狭小单元入口给住户带来局促和紧张感,经过装修过的小型大堂,在呈现公寓高尚素质的同时,还可使本单元居民在等候电梯时亲切交流以打发这乏味的时间。

物业公司作为小区物业管理的主体,同时为业主提供良好的管家式服务,其载体就是亲情平台。物业公司通过该平台开展活动,提供服务,如开展节日庆祝活动,小区周年纪念活动,增加业主之间的沟通与交流,塑造新型的节日文化、社区文化,使之成为亲情社区增进亲情的诉求点。开展活动需要成本,作为物业管理公司要考虑自己的经济效益,必须在此方面做出合理可行的预算计划。

业主是消费者,是接受物业服务的对象,但也与物业公司存在着一定的对立,业主对物业公司的服务无疑会有高要求,因此,单方行为会使纠纷不断,甚至发生冲突。业主总是希望以较少的付出享受到优质的服务,但良好的服务必须以一定的成本为基础,因而业主也需要在得与失中寻求平衡。

政府是管理者和监督者,在社区的建设中需要加以引导,吸引群众参与社区建设。倡导亲情社区既是时代的要求,也是市场的期盼。政府应该鼓励开发商、规划设计单位推动亲情社区住区的设计和开发,对优秀的亲情社区加以表彰和推广,以满足消费阶层的亲情渴望。

第四章 建设独特的社区文化

进入21世纪以来,我国住宅建设发生了根本性转型,在市场产品日趋同质化的趋势下,开发商不再简单追求住宅建设数量,也开始注重产品定位即住宅建设内在品质的提升。社区作为城市住宅群的一种重要形式,其文化建设日益受到房地产开发商的重视。从开发商的角度来讲,独特的社区文化不仅能够吸引业主眼球,也是提高业主忠诚度进而树立企业品牌的重要载体。

一、把握社区文化内涵

社区文化建设已成为当今房地产开发的新热点。随着社会文明的进步,经济的不断发展,生活水平大幅度提高,人们对居住空间的要求与日俱增。住宅产业已发生两个重大转变:一是从单纯的物质生产需要转向追求生态和文化复合型要求。经过房地产多年的蓬勃发展,全国的居住状况正在从生存型转向舒适型。二是从生存型转向可持续发展型,即从过去的数量规模型向质量效益型转变,所以说发展住宅社区文化,提高住宅文化内涵,是中国的经济发展到一定历史阶段的必然要求。

众所周知,房地产本身是一个地域性很强的产业。每个城市、每个社区都有自己独特的风格和文化,正是这些地域风格和地域文化决定了当地的生活方式,具体表现在人们的喜好、行为、文化等方面。社区文化只有体现出本土文化才有市场和生命力,否则就只能是一种炒作。

在很长一段时间内,我国社区文化崇尚西方文明,西方的生活方式成了"时尚"、"高档"的代名词。这首先体现在建筑风格上,一时间全盘西化的欧陆风情成了风靡的建筑潮流。其实,对于住户来说,不管是"北欧小镇"还是"东南亚风情",除了能彰显住户住房时的尊贵和品位的消费心理之外,并无多大的实质区别。这些样式风格呆板、单调、枯燥的住宅必然在相对的时间里销声匿迹,一批在当时极为先进、时尚的楼盘很快就风光不再,甚至一些楼盘出现了积压和滞销的现象。这应了营销界一句名言:"流行的未必是最好的,适合的才是最佳的"。不要盲目地跟从,照单全收,否则它所带来的一切后果将是难以想象的,所以不相信本土文化潜在的巨大市场作用力,就会被本土文化无情地湮没。

有的人片面认为住宅文化的营造可以通过现代科学技术来完成,其实不然,技术层面改变的只有居住的"形",而对居住中"神"的把握却绝非易事。只有对城市地形、地貌、气候、环境等外在因素和人文历史、文学艺术等内在气质进行深入理解和思考,才能领悟城市的独特文化。当然,仅关注社区文化的本土性并不是彻底的排斥外来文化,它强调的是兼收并蓄,这样才能使住宅文化得以健康持久的发展。

二、社区文化的合理定位

当今的市场已发展到了一个相当成熟的时期,消费者对住宅的理解渐趋理性和成熟,而对广大开发商而言,其肩上的担子重了不少,有必要在短期内以好的方案来博取消费者欢心。这就要求开发企业在住宅全程策划过程中,必须尊重项目所在地区的文脉和地脉。除此之外,策划人员还必须迎合当地消费群体的消费习惯、消费心理、消费行为、风土人情等特点,引导消费者的消费需求,如果遵循了这一指导方针,项目的推广会达到事半功倍的效果。简单地说,就是在开发一个新住宅区时,要经过多方面的综合考量,反复比较,最终进行合理定位。

三、建设独特的社区文化

在进行了准确清晰的文化定位后,为了使人们对所需求的社区文化有一定的归属感和认同感,还要在此基础上注意营建良好的人文氛围,展开多层次、多方面的人文活动,注重社区交往空间和环境的设计,追求一种"以人为本"的情感居住文化。开发商要把文化当作一种产业链来打造,要在建筑规划、建筑设计、景观设计、社区配套、社区建设等各方面围绕文化来进行操作。

1. 高起点规划

规划是建设的龙头和基础,要坚持从实际出发,以高标准严格规范指导行为建设,让每一处工程,每一条道路,每一个小处都符合总体规划要求,再利用环境设计,创造出富有个性的居住环境。高起点的规划包括三个方面:小区的整体规划布局;建筑风格;户型的设计。

第一,在进行小区的整体规划布局时,首先应把小区看做是一个多元的人居环境的综合体。具体要体现在以下几个方面:空间环境必须满足人的活动要求;生态环境要有益于人的生理要求;视觉环境要适宜人的心理要求;文化环境要符合陶冶人性情的要求;人文环境要照顾到人的交往要求;智能环境要预计人世间的信息要求。这六个方面应当以营造一个生态小区为主导思想进行各个层次的空间设计。像XX小区的规划设计就很别具一格,充分遵循以人为本的设计理念,社区的格局和细节设计充分体现人的需求。居民内部住宅均为多层,在尽量保留原有苹果树的基础上,采取了较为严谨的平行布局,保证每户都有条件享受阳光,部分单元进行了错位连接,使住宅间的空间围合有序,结合景观设计,筑就了丰富的室外空间;居住区道路结合绿化形成骨架,既方便了居民出行又尽量减少宅前路人穿行,为居民提供了安全保障;安静的居住环境,通畅的快捷路为行人提供了方便快捷的道路,符合居民的出行要求,这些项目规划设计充分利用区块间的差异,结合基地周边自然环境、人文环境的不同,创造出全新的规划模式,形成了自己的竞争优势,从中也体现了开发商不懈追求的精神。

第二,建筑是内容与形式的统一体,它要符合实用和美观两大要求。由于风格总是和形式联系在一起,所以建筑风格对住宅的开发具有重要的指导意义。对开发商而言,良好的建筑风格对楼盘促销具有相当大的积极意义,可以作为楼盘的卖点之一,而且在未来的市场竞争中更是占有举足轻重的地位;对消费者而言,别具风格的建筑特别能吸引他们的眼球,获得他们的青睐,引起他们的购买欲望,还可为开发商带来不菲的经济收益。比如有的省市在开发建设新区时,既保护了百年的清代建设传统特色,又吸收了外来最新潮流风格,别具

一格的建筑将成为当地的又一亮点。

第三，在绝大多数的住宅项目中，户型设计是最直观的表现消费实用性的概念。在很多户型多样的小区中，达到人们要求户型的价格普遍偏高，所以针对这个现象，住宅户型的设计也应当本着“以人为本”思想，针对不同的目标客户，设计由一室一厅到四室三厅的不同，跃层、错层等多种户型，这样才能抓住市场这无形的手，带来良好的效益。户型设计的实质是一种生活方式的体现，目的是拉动经济快速增长。如现在住宅布局合理，污洁分区明确，在房屋入口处，留出别具匠心的玄关位置，供住户根据自己的喜好自行处理，特别是在三室户型的空中花园设计上新颖、独具匠心，塑钢窗三面落

地，夏冬两用，魅力无比。还有的户型设计采用小错层的布局，最大优点在于居室的私密性空间更加安静，户主可以彻底摆脱外界的干扰，自由地生活在独属自己的领地上。再从住宅立面设计考虑，它要求简洁、大方、通透感强，红、黄、蓝三色交互运用，丰富了建筑的动感语言，从视觉和功能上，充分体现了对人的关怀。

2. 最贴切景观设计

当景观设计成为房地产开发过程中的重要内容时，不少开发商不惜重金聘请资深设计师对住区环境进行创新设计，并以此为卖点。但是，通过对目前许多所谓的“优秀楼盘”的考察，不难发现，许多社区环境景观设计存在诸如环境景观设计雷同化、西洋化、过于园林化、缺乏对文化的深度认识等问题。业内人士认为，景观设计与建筑建设存在一定的差异性，首先，景观设计更关注生态，就是最大限度地利用现状条件，减少对原地生态的破坏，沿袭和保留有历史背景的特征；其次，具有触发力的参与空间营造；再次，一个好的景观是对某一特定生活氛围的营造，它应涉及当地的传统文化、气候以及居住者的行为、心理等因素。然而在实践操作中，往往是建设规划设计完成后，景观设计才姗姗而来，这个时候已经无法做好统一的设计，充其量只能是叫做有设计的绿化而已。

做好社区的景观设计，必须深入了解两个背景特征：一是时代经济发展背景特征；二是地域文化背景特征。然后还要理清环境景观的几个功能层次、实用和可参与层次，主要是针对儿童和老人；审美功能层次，主要针对中年人，在设计中引入人文元素，通过雕塑、景墙等提升“主题文化”，强化环境的特殊氛围；生态功能层次，意味着对环境景观整体把握，对可持续发展的把握，对低耗、高效的把握，对健康与舒适的把握，如果脱离了这一切，任何豪华与艺术的设计都是多余的奢侈。在设计中可通过连廊、铺地、花坛丰富空间变化，让人去感受这个空间的生态景观氛围，减弱硬质材料对人心理的冲击。

3. 完善的技术指导

随着人们生活水平的不断提高，消费者对于住宅已不再是单纯追求面积的大小，而更多的是对居住质量的要求，因此住区的开发建设直至投入使用后服务管理全过程都要采用先进的科学技术，比如说“数字化”、“智能化”、“集中热水”等已成为都市小区必须的生活配

套设施。特别是各种供热系统中,太阳能热水系统因节能、环保、安全方便等优势备受关注,住宅区要达到高质量高要求的目标有两个方面的内容:①大力推行住宅建设施工工厂化,不断提高住宅部品和设备的生产质量和配置水平;②注重节能、节水、节地、节材和污染的要求,尽量使用洁净和可再生资源。

4.先进的社区文化

如果将具有一定内涵的文化主题有机地引入、结合,将有力地提高住区的文化品位、格调和层次。

人是情感动物,渴望交流与沟通。业主在享受私密、舒适生活的同时,也难免会有孤独和寂寞的情绪。因此开发商不仅仅只是提供一个良好的住宅场所,而且要重视人们居住的生活内容,关注居住者的情感需求,给社区注入新的人文内涵,这样才能使住宅产品充满活力,才能长久不衰。这样就催生了"社区邻里中心"的设置,有了"社区人文植树节"的开辟,有了"社区艺术节"的构想。楼中住户可以聊天、喝茶、下棋,这会缓和现代高效快节奏的生活带来的紧张压力。

综上所述,一个好的社区能否得到住户的认可,有着多方面的影响因素。作为开发商,首先应对社区有一个特色鲜明的文化定位。然后,依据具体情况,重视规划设计,并对规划设计进行深层次的渗透,建立以人为本设计理念的同时,还必须注重从环境美学、心理学层次方面提升住区景观带给人的健康价值,当然也要综合运用先进的科学技术观,提高整个楼盘的整体素质,营造舒适的人居环境。必须注意的是,社区文化要有自己的独特个性特征和文化品味。

第五章 社区商业开发及其投资影响分析

社区商业，通常是指位于住宅社区内的商业物业，其经营对象主要是住宅社区的居民。社区商业的表现形式主要是1-3层商业楼或建筑层，或者商业用途裙层，其商业形态通常有便利店、中小型超市、药店、小卖部、书报亭及少量服装店等。服务型社区商业形态主要为：餐厅、美容美发店、健身俱乐部、银行、干洗店、彩扩店、花店、咖啡店、酒吧、房屋中介公司、装饰公司、幼儿园等。近年来，这种在新开发的社区设立的为居民提供便利的生活服务的社区商业，以其良好的升值潜力和投资潜力而受到越来越多投资者的追捧。

一、社区商业具备独特优势

近段时间以来，社区商业配套设施的市场反应强烈。据了解，近期在上海举行的一次商业房产交易会上，提供商铺资源80多万平方米，吸引了江浙、港台等地的上万客户参加，其中社区商业占有相当比例。北京一个社区招商的40余个商铺，吸引了数百个投资者竞争，不到半小时就售出40个；武汉某一大盘社区，其30平方米-40平方米的十余套商铺一开盘即告售罄，与其相邻的某一社区推出的沿街商铺两日内便被抢购一空；在南昌，社区商铺已成为其风格独具形式之一，在数十个大型社区中，几乎每一个社区都有新商铺在租售;在广州,从1999年至今,一些大型成熟社区商铺的租金已经从60元—70元/平方米涨到250元/平方米,不到五年就涨了四倍。因此,“社区商业”这块诱人的大蛋糕,正在吸引着越来越多的投资者,反过来,投资者的追捧也使得社区商业的价格持续走高。

1. 社区商业具备独特优势

社区商业之所以得到众多业主或投资者的青睐,主要得益于其与生俱来的诸多优势:社区商业多以一个大型社区或数个中小型社区形成的“商圈”为依托,区内人口一般数万人,有的超级大盘甚至高达数十万人口,商业辐射能力强,居民潜在购买力巨大。同时社区商业购物具有外在购物场所不具备的便捷性,这就使繁荣的社区商业街和商铺的知名度和租价并不逊于城区商业街,而且随着社区入住率的提高和居民购买力的增强,社区商铺的价值会逐渐得以体现和提高,社区商铺大多销售生活必需的日用品,投资回报比较稳定。

社区商业的盛行,同时也是在住宅郊区化发展迅猛的趋势下,要求社区为居民提供相对完善的生活服务配套的结果。目前,各大城市由于城区地价居高不下,住宅区不断向次城市边缘地区发展。由于这些地区的原有配套设施往往并不完美,因此也就必然促成了开发商对社区商业配套设施建设的重视,商业发展的热点也随之由中心区向次中心区逐渐转移。开发商在成功地推出了社区商铺后,其获得的利润也是一般住宅的数倍,有的甚至更高。

此外,商铺的热销也是人们投资意识不断增强的结果。投资者逐渐意识到,投资商铺的经济回报率要远高于普通住宅。因此,社区商铺是成长型发展态势,初始投资商铺时价格较低,加上抵押贷款这一优惠措施的推行,国内一些大中城市已出现众多热衷于购买社区商铺的投资群体。这些投资者往往是哪里有商铺卖,就追随到哪里,甚至于项目前期手续尚未办完,就对商铺予以预订,而这也使得开发商资金回笼大大加快。

2. 成熟社区临街铺最热销

社区商铺投资总额低、风险小,是中小型投资者的理想选择,其中位于大型成熟小区内的商铺更是有长线投资的价值。有调查资料显示,近年来,社区尤其在成熟社区的商铺售价和租金方面,增长幅度较大。随着社区业主对居住小区的商业配套的要求越来越高,社区商业积聚了一大批稳定的消费群,市场潜力可观。但与中心区商业不同,社区商业的消费者主要来自于社区内或邻近社区的居民。因此社区商业对社区居住依赖非常强,这也就是大型成熟社区的商铺异常火爆的原因。

从目前一些地区的社区商业的销售情况来看,有意购买商铺的普遍为社区内的业主或者是商铺原来的租客。社区商铺投资总额小、风险低,而且对于大型成熟社区而言,其投资回报率多在6%以上,是长线投资的理想选择。对业主而言,由于对社区相当熟悉,也方便打理。其中,邻街、价格较低也是社区商铺深受欢迎的原因之一。因此,在社区商铺中,邻城市街道的商铺是一个备受关注的投资热点,消费对象除了社区内的业主外,还有社区外的城市居民,这些临街铺位,凭借其独特地段优势,早已成为投资者眼中的“香饽饽”。

虽然成熟社区的临街商铺备受追捧,但是投资机会最多的就是在新建的社区中寻觅商铺。因为新建社区的商铺面积将迅速增长,居民数量也在大幅增加,而且这部分社区居民往往工作固定,有稳定的收入,大都是工

薪阶层和个体私营业主。从某种程度上说，这部分人的消费水平也较高，目标客户较为固定，从而给商铺的升值创造了有利的条件。

3. 科学规划社区商业

鉴于社区商业的良好成长性和巨大的投资价值，作为房地产开发中不可或缺的重要组成部分，开发商更应对社区商业做好科学、认真的规划设计和策划经营，在面积、布局等方面，从投资者的适用性角度等多方切入。在具体操作过程中，以下几个方面必须引起重视：

应对社区商业进行科学规划和布局。目前，国内一些社区商业缺乏统一规划，布局零乱，没有考虑到对经营功能分区的合理性。成熟的社区商业，一方面应兼具购物与休闲娱乐功能；另一方面，也要讲究景观设计，使之成为小区的视觉亮点。

应充分考虑社区特点，以中小商铺为主，同时配套有一定面积的商铺。据一些开发商反映，面积在 20 平方米左右的小商铺格外受欢迎，而其他中小面积的商铺市场反响也不错。因此在规划设计时要充分考虑市场对商铺面积的要求，以便于客户根据自己的资金状况和投资计划，为业主提供更多选择。不过，针对大投资商的大面积商铺也应留有一定的发展空间。

对商铺的设计与销售应贴近市场需求，采取灵活多变的方式。虽然商铺的售价远远高于住宅楼的售价，但由于商铺层高，大都高于普通住宅，有的甚至超过 5 米，这就有利于业主在其中另隔一层，作为仓库或休息场所使用。在规划设计时，应考虑方便业主自由分割。

二、成熟社区商业的主要模式

房地产开发项目规模有大有小，商业布局也是多种多样，主要有以下三种类型：

第一，社区商业街型。在大型项目中规划出一条小型商业街或小区商业中心，把社区商铺集中布置，规模一般在 5000 平方米至 10000 平方米左右。此类商铺大多位于中档社区，一般分布在近郊或远郊区。

第二，社区会所型。社区会所是中高档住宅小区内集中设置的集购物、娱乐、健身、社交等功能于一体的配套设施。会所商铺是指在一些会所中设置的部分供出租或出售的商铺。此类商铺一般总规模不大，大都不止一层，经营业态也各异。会所型商铺多见于高档物业和小户型、酒店式公寓。

第三，住宅底层商铺型。住宅底层商铺型是指设置在临街住宅底层的商铺。此类商铺一般位于老式住宅区，市中心的小型地产项目或邻街住宅项目。此种商铺弊端较多，市场上新建住宅小区采用住宅底商铺型越来越少。

就目前国内开发的社区商业而言，有万科模式、联洋模式、万里城模式、东苑模式四种较成熟的模式值得关注。

1. 万科模式

开发商在小区内规划出集中的主题商业街或商业中心，自己开发自己经营，其中社区商铺规模较大，把商业氛围的营造作为整体开发中的一项重要内容。万科从 2002 年开始实施的“新市镇计划”，其核心就是在市郊大规模拿地，按照一个新市镇的开发规模来规划布局。“万科假日风景” 在社区规划有 8000 平方米的商业街——假日广场，并且一期住宅入住前就已建成。万科假日广场商铺为二层设置，每层高 4 米，有 40 平方米、80 平方米、125 平方米、175 平方米等面积不等的单元，目前由万科物业统一招商，只租不售。目前招租对象只限书店、茶坊等经营业态。这是由于小区在商铺的管理上注重控制业态，对于出租商铺的使用规定严格，小区物业规定商业街内每种业态有数量上的限制，以避免同行业之间恶性竞争。

把社区商铺作为住宅区中的一部分来统一规划设置，可以保证社区商铺风格与整个小区相统一，其商铺还能作为社区的一个卖点。如果由开发商旗下的物业管理公司统一招租能保证其商铺定位明确，有利于引入品牌商家入住，也有利于控制每种业态的商家数量。随着小区分期开发的逐步实施和业主的不断增多，有利于营造良好的社区商业氛围，其社区商铺大都能实现升值。不过，在前期入住业主没有达成规模的情况下，很难形成住宅与商业的良性互动。其大规模的商业街为后期经营和物业管理提出了新的挑战。

2. 联洋模式

在社区商业开发模式上选择由土地开发商统一集中布置，统一建设的形式。联洋社区是占地 2 平方公里，建筑面积300万平方米的大型居住社区，由联洋置业进行土地一级开发，再由九家开发商联合开发。在社区商业开发模式上选择了由土地开发商统一集中布置，统一建设的形式。联洋社区正中心，土地开发商规划包括医院、学校、商业中心等在内的社区中心，总建筑面积多达146800平方米。社区商铺主要集中在罗丹广场，由超市、健身房、网吧、旅行社、典当行等组成。

联洋模式优势在于其他房屋开发商无需在项目内再另设商业配套，充其量就在项目内建造一个小型会所，布置便利店，这就无形中提高了单块土地的开发价值。由土地开发商统一规划、集中建设社区商业中心的模式可以保证社区商铺在小区业主还未入住就已建成，不会出现一些楼盘的商业配套设施不全，业主入住后不方便的情况。统一规划、统一建设还能使社区商铺对居住区的干扰和影响最小，使社区居民既有优美、宁静的生活环境，又有齐全的商业配套设施。初期由土地开发商建造，再由开发商统一招商，有利于引入有实力的连锁商业，有利于提高整个社区的居住档次。

联洋模式弊端在于不一定能营造出良好的商业氛围，社区商铺的价值充分体现在住宅价值上，没能实现商铺价值的最大化。社区商铺离住宅的距离较远，对于离商业中心较远的住宅区居民并不是很方便。

3. 万里城模式

由开发商在社区中引入大卖场，以此形成大型社区的商业中心，从而带动整个区域人气，解决社区商业配套的形式。上海万里城是普陀区一个超大规模的社区，其一、二期住宅推出时由于受交通和商业配套等制约，售价较低。为了改变这一状况，开发商在小区内建设营业面积高达50000平方米的家乐福超市。

万里城模式的优势在于既能在短期内解决新入住业主生活配套问题，又能迅速地聚集人气，有利于住宅价值的提升。其不足之处在于，大卖场人流量大，对社区交通有不少的压力。由于人流量大，消费者层次杂，对周边居民的生活环境有一定影响，也不利于项目树立高品质的形象。大卖场商品包罗万象，也向周围小型商铺错位经营提出了挑战。

4. 东苑模式

由开发商在项目地块中单独辟出一部分用地，投资开发大型商业中心，其消费群不仅只定位于本项目业主，也为周边楼盘的业主服务。东苑半岛所在半块商业网点和娱乐设施不足，开发商在原项目基础上让地15万平方米，以2.2万平方米的住宅面积，近亿元的销售的代价，投资6000万元建造了一座占地1.7万平方米，集购物、休闲、娱乐为一体的现代商场——半岛大都汇。

东苑模式跳出项目建商铺，既满足了自家楼盘的商业配套要求，又为区域成熟度的提高作出了贡献，既拓宽了社区商铺服务范围，又提高了其利用价值，其不足之处也显而易见，牺牲的住宅建筑面积过大，丧失庞大的住宅销售额。一厢情愿地建设区域商业中心，能否得到其他开发商的配合和欢迎，能否真正成为区域商业中心等问题都成为开发商不可确定的风险。

三、社区商业投资影响因素分析

影响社区商业的租金收益和价值升值的因素有多种，这些因素对不同商铺影响不一，在投资时需详加考虑。

1. 客流量

不管是何种商业形态，客流量的影响力总是居于第一位的。社区商业的客流量主要取决于社区居住人口。

商铺投资者在选择铺面类社区商铺时，需要谨慎考虑社区的人口规模，商铺的客流量大小，而铺位类社区商铺的客流量更多考察的是整个项目的客流量，对位于出入口、一层的商铺多加关注就可以了。

2. 商情因子

商情因子是商铺所在地区环境、商业竞争状态及所吸引的主要客户群规模及覆盖区域等。需要指出的是，不同社区的档次不同，消费能力也不同，从而使社区商业价差悬殊。如果一个社区商铺的商情因子能够提高，那么其投资价值就会显著提高。商情因子的提升有多方面因素，比如，社区开发商在项目运作过程中，对其社区商铺进行宣传，将有助于吸引社区外的消费者。另外，商铺经营商本身的品牌形象，也可以提升商铺的商情因子等。

3. 交通条件

社区商铺因为主要服务于周边社区，所以交通条件对其商铺价值的影响不是很大，比对商业街商铺、商场类商铺的影响要小。

4. 可视性

铺面类社区商铺的可视性主要与方位、交通条件、宏观布局等有关，铺位类社区商铺，靠近出入口的一层商铺的“可视性”显然是最好的，租金最贵、价值也最高。开发商如果能够使社区商铺的“可视性”水平高，那么绝大多数商铺的价值都会提高。

5. 停车条件

社区商铺的停车条件可以依赖社区自身的停车设施。考虑到可能吸引外部消费者，所以，开发商可能依然需要专门为这些社区商铺开设一定数量的停车泊位。而投资者也必须考虑社区商铺的开发商是否对此进行了充足的规划。

6. 整个项目规划设计的科学性

社区商铺的规划设计对铺面类社区商铺的影响小，而对铺位类社区商铺的影响要大得多。

7. 硬件条件

社区商铺的硬件条件并不复杂，主要涉及面宽、进深、层高等设计参数，其他诸如水、电、煤气、污水排放等技术性设施一般都不难解决。

8. 经营商品的类型

社区商业主要经营生活日常用品及相关服务。

9. 隶属项目的运营特点

社区商铺，作为一个房地产项目的一部分，房地产项目的规模、定位，面对的主流客户都会直接影响社区商铺的价值。

10. 商铺初始售价

社区商铺投资者在进行社区商铺投资时，必须谨慎考虑，商铺初始售价反映的是商铺现状客观价值，能否合理剔除将社区商铺包装的因素，避免以虚高价格成交。

11. 商铺周边房地产发展趋势

社区商铺周边各类房地产的发展趋势对社区商铺价值的影响很大，也比较直接。商铺投资者在进行商铺投资时，要注意未来周边大型的房地产开发规划，因为这将会推动社区商铺价值的上涨。

A COMPREHENSIVE HANDBOOK OF DEVELOPMENT OF REAL ESTATE IN CHINA

VOLUME 15

第十五卷

21 世纪人居环境

第一章　21世纪人居环境的生态美学

进入21世纪以来，住宅建设成为我国经济发展的一个耀眼亮点。如何建设健康、舒适、美丽的生态家园，成为开发商与消费者共同的热门话题。“以人为本”的理念被提出来，使开发商逐渐认识到小区建设必须围绕“人”这个主体，一切都要从居民的健康、舒适出发，为丰富人们的物质生活和精神生活着想。人们已不再单纯地把居住环境作为一种生活资料，同时也要求其成为一种赏心悦目、怡情养性、延年益寿的享受资料，其中就包括了提供美的享受。这样，如何解决好住区环境的生态美学问题，已经摆在了住宅开发商的面前。

之所以要研究人居环境生态美学，主要基于以下考虑：第一，人居环境最根本的要求是生态结构健全，适宜于人类的可持续发展；第二，生态结构健全的人居环境，都会给人一种生机蓬勃的外在美感，即“生态美”，这是一个客观规律，小区生态结构健全了，生存环境自然就美了；第三，美化人居环境可以采用各种不同的美学手段和审美取向，但应将“生态美”作为最高境界，作为首要的和主要的美学取向；第四，人居环境生态美学不是单纯的美学问题，而是关系到住宅小区建设方向的重要问题，“人居环境生态美学” 原本就是住宅建设发展创新主题中应有之义。

一、21世纪人居环境生态美学新解

研究生物与其生存环境之间关系的科学被称为“生态学”。“生态”一词源于希腊文，原意是“人和住所”。19世纪中叶，生物学家借用它来表示“生物与环境的关系”，后来，日本学者译为“生态”，即“生存状态”的意思。20世纪20年代，一些学者主张还其本意，解释为 “人类与其生存环境的关系”，为了与以往的“生态学”加以区别，改称为“人类生态学”。

人类的生存环境既包括周围的无机环境，又包括除“人”以外的一切有机环境（植物、动物、微生物等）。住宅小区生态系统的主体是“人”，小区内的非生物因素和除“人”以外的生物因素的总和构成“居住生态环境”。营造“生态住宅”、“绿色住宅”、“健康住宅”就是以尊重生态环境为原则，运用生态科学技术进行规划设计，保持住宅小区生态系统的平衡状态，但不破坏物质循环和生物多样性。

“美”是人类对客观存在的感知，所谓“美感”，是指人对美的事物的感受和体会。“美学”是专门研究人对现实的审美关系的科学，是对人的审美、创造美的实践经验的理论概括，同时，又反过来指导人们的审美和创造美的实践。

人居环境不仅要满足人类对遮风挡雨、生活起居的物质需求，而且还要满足人类对心理、伦理、审美等方面的精神需求。人居环境展现了一个时代文化艺术的风貌和水准，凝聚了一个时代的人类文明。无论是建造住宅还是与其融为一体的园林景观，都既是一种生产活动，又是一种文化艺术活动，因而也是美学研究的对象。

二、人居环境生态美的本质内涵

人居环境生态美学观，就是运用生态学和美学的基本原理，研究和探讨生态美的本质以及生态和美学的关系，内容美和形式美的关系等美学问题。

1. 生态美的本质是生态平衡

生态系统是生命与环境在特定空间的组合，如一滴水、一个住宅小区，以至整个生物圈。在各类大小不同、相对独立的生态系统内部，生物因素与非生物因素及条件通过相互制约、转化、补偿、交换等作用，实现能量循环和物质循环，达到生态平衡。而如果由污染物侵入、不合理开发、自然灾害等外部原因，损害了这种良性循环，并超过了系统的自动调节能力的限度，使生态系统的结构和功能受到较大干扰和破坏，且短期内难以恢复，就称之为生态失调或环境破坏。生态学的基本原理，就是要保持生态系统内相对稳定的平衡状态即生态平衡。

人的实践活动和客观自然的规律性相统一，具体表现在人居环境中，就是生态平衡。生态平衡产生了生机和生命力，生机盎然的环境产生了美感，由此推断，生态美的本质是生态平衡。美学理论昭示我们：美，必须是真实的、真诚的，可以被感知的，虚假、虚伪、不为人知的东西没有丝毫的美可言。但是，真实的东西，也只有当它是合理的、有生命力、有生气的、合乎广义的、美的，即于人有用、有益、无害的东西才是美的，违背规律、死气沉沉、腐朽没落、于人有害的东西是无美可言的。因此，生态失调的环境，都是生机窒息的环境，都是不美的环境，荒芜不毛之地如果说也有其审美价值的话，那只能是一种病态美，这种美只能引起人们的伤感叹息，使人心情抑郁，有碍健康。生态美是一种健康美，它使人振奋向上，这才是我们的审美取向。

2. 生态美的内涵是秀外慧中

住区生态系统是生态结构与系统功能的统一，结构是内在的，功能是外在的。生态美是由人居生态系统的生态结构所决定的一种外在表现，因此生态美的美学特征可用“秀外慧中”这四个字概括。“秀外”就是具有生态美感，“慧中”则是生态结构健全，生态是美的内在根源，美是生态健全的外在表现，没有“慧中”就不可能“秀外”。而那些“金玉其外，败絮其中”的建筑，无论是从传统的审美观点，还是从现代的审美观点来看，都是不美的，至少不是真美的。

三、生态美是形式美与内容美的统一

对居住环境（包括住宅建筑和小区景观）的审美，可从两个方面着眼：一是形式，即形象、空间组合、装饰、质地、色彩等等；二是内容，即生态性、功能性、实用性、舒适性、经济性等等。前者是由建造法则所创造出来的美，称为形式美，它是通过视觉直接感知；后者是一种内在涵养的美，称为内容美，必须经由概念、理念而后审美升华，这也就是说：美既表现于形式，又隐现于内容。因此既要承认形式美和内容美各有其相对独立性，又必须做到两者的统一。居住环境的生态美，就是从内容与形式的统一中产生的，是生态美的美学基础。

1. 住宅建筑的内容美和形式美

我国目前大体有三种住宅建筑形式：一是传承本土文化的“中国古典复兴风格”式，主要表现在屋顶、装饰符号、色彩和空间处理以及浓郁的地方色彩上；二是再现欧陆风情的“西洋古典复兴风格”式，包括希腊式、罗马式、哥特式、巴洛克式、西班牙式等，除豪华别墅多照搬复古以外，其他类型往往是在门窗入口或建筑顶部做些处理；三是“中西合璧”式，兼采中外不同风格，进行自由组合。尽管这三种风格有其各自的形式美，但都必须与内容美统一起来。例如，我国 1990 年以来提出住宅的平面设计“三大一小”，即大客厅、大厨房、大卫生间，小卧室的原则。这本来是对住宅内部功能空间的一种合理调整，所谓合理，就是符合生态性、功能性、实用性、舒适性、经济性的要求。如果片面地去追求客厅的形式美，把它设计得大而不实用，而卧室却由于户型面积的限制，设计得小而难用，住起来就很不实用，很不舒适。这样的住宅，显然谈不上内容美。特别是大户型，往往是空间分割大而不当，功能混杂。还有的住宅设计为了追求外立面造型的新意变化，致使房间平面很不规则，家具难以摆放，有的甚至出现不见天日的黑屋、暗卧、暗卫、暗厨等，严重影响了业主的生活质量，这也是内容美与形式美不统一的表现。相反，一些小区采用起居室和餐厅不加隔断或灵活隔断形式，空间尺度适宜，又给卧室省出了符合生态要求的宜人面积，这就比较合理了。现在有些设计对功能进行了细分，增加了很多的功能空间，如家务室、工作间等等，从而做到了内容美和形式美的统一。

2. 小区景观的内容美和形式美

中外造园各有自己的形式美。中国园林是由建筑、山水、花木、屏联、题刻、雕塑等有机组合而成的自然型园林。它强调人与自然的亲融协调，既讲究自然意境，又重视人文意境，充溢诗情画意，让人们在享受都市文明的同时，融合于充满自然气息的氛围之中。它追求的是

一种“虽由人作，宛若天成”，人与自然浑然一体的审美效果。而西方园林，则是由人去加工自然，像法国凡尔赛宫、英国的白金汉宫等一些著名的欧洲皇家园林那样，把树木修剪成规规矩矩的各种造型，把花草排列成整整齐齐的各种图案，配以精美的雕塑作品，表现了一种人与自然相对、人静观自然的风格。中外园林景观虽因建筑法则不同，有各自不同的形式美，但共同之处则是要与内容美相统一，不能表里不一。国外一些学者从“舒适”和“亲切感”的角度，对庭院空间进行“宜人尺度”量化研究，得出这样的结论：室外空间尺寸过大，会形成缺乏人性的、旷散的消极空间，这就失去了内容美。而有的小区喜欢把基地推得平而又平，见山削山，遇水填水，使原有的自然风貌和生态环境遭到不同程度的破坏，丧失了原有的自然韵味。现在，不少小区建设都尽量融入自然环境，保存和合理利用原有的地形地貌，依山傍水或造亲水住宅，或造“台地小区”，特别是注意保存原有植被、名木古树，这样，既不破坏原有自然环境，又创造了更加靓丽的生态美。

四、人居环境生态美营造要与时俱进

我国传统民居历来注重居住环境，人们总是尽量选择依山傍水、自然环境优越的地方建造住宅，即使地处寸土寸金闹市之中的民居，也设计了可以种植花草、气息清新的庭院和天井，或者是叠石为山、积水为湖、绿树掩映的私家园林，并通过建筑结构的变化来改善日照、通风、温度，防止噪声侵扰和灾害侵入，总之是千方百计营造良好的生态环境，创造靓丽的“内容美”。

现代住宅依托发达的科学技术，把生态观念和造美实践不断推向新的高度。先是“节资、节能”理念的大力提倡，从而引发了“绿色建筑”的实践创新行动，后来又向深度和广度挖掘拓展，形成了生态理念，并建设了一批“生态”、“绿色”、“健康”住宅小区，使居住环境内容美的整体性、系统性、科学性、根本性达到了一个新的高度和深度。内容美的审美原则正在不断地向生态性、功能性、实用性、舒适性、经济性等多样化的趋势发展。

形式美同内容美一样，与一个时代的生产力水平特别是科技进步以及社会生活的韵律节奏等密切相关。例如，我国古典建筑往往表现为节奏慢、尊卑有别、形式对称等等；而现代建筑则体现了快节奏、平等亲切、简洁明快的风格。因此，一方面要强调民族特色、地方特色和优秀传统文化的继承发扬，另一方面又要紧跟时代前进步伐与时俱进。例如，低层古典民居的文化建筑风格非常美，但应用在现代高层建筑上就很困难，这就要与时俱进地处理好继承和创新的关系、古典和现代的关系。欧陆风格的大受欢迎，必有它存在的合理性，即审美的倾向性。为此要对“西式”民居和“中式”民居进行认真细致的比较研究，在取长补短、融会贯通的基础上，进行形式美的创新。

形式美不仅要与内容美相统一，而且要服从于内容美。这是因为，如果脱离了生态、功能、实用、舒适、经济等内容美，只是在建筑和景观的美化上做文章，却没有切实地在营造住宅内、外部生态结构上下工夫，外表看

起来富丽堂皇,但住房内部环境差强人意,结构布局、日照、通风、给排水等方面的设计却不符合生态要求,渗透、滴漏、裂缝等建筑质量通病严重,那么就会走入“唯美主义”的误区。没有了内容美,也就失去了形式美的审美价值。营造住宅小区,应把着力点放在营造住宅本身的生态环境上,出于经济性方面的考虑,小区景观应以满足生态要求为限,生态要求既已满足,就没有必要去“节外生枝”、“画蛇添足”,再去搞“小区景观公园化”,奢用名贵建材、名贵花木。国外住宅小区的景观都很朴素,很少有形式上的大肆铺张,对众多负责任的发展商而言,大兴土木完全没有必要,因为这些成本势必加在建房的成本中计入房价,增加了置业者不必要的负担。

综上所述,鉴于人们愈来愈重视小区环境的美观性问题,现在有必要加强对生态美的研究探讨,在理念超越和实践创新的互动过程中,形成和发展“人居环境生态美学”,用以引导小区建设的健康发展。

五、全面加强城市生态住宅建设

21世纪,在可持续性发展理论的深远影响下,人们对房地产业绿色生态的需求尤为迫切。这对我国的房地产业提出了新的要求,并为其提供了大量机会与卖点,同时也将引发房地产业的革新,积极营建生态住宅,走城市可持续发展的道路,以适应国际发展的潮流。新型的生态住宅的出现和发展,迎合了住宅产业的广泛需求,必将加快住宅产业化的进程。

1. 生态住宅建设的紧迫性

生态住宅就是根据全方位新生态概念,充分利用环境及自然资源,以最低的能耗获取最大的社会发展,确保生态系统的良性循环,从而实现人与自然的融合、人与人的沟通,达到人与自然的双赢。这里的“生态”并不是单单依靠绿化就能完全解决的,其“生态”的本质是通过一流的绿化、净水进屋、环保配套、高素质居民、社区人文支援和能源的合理利用及合理科学前瞻的社会规划和管理,实现可持续发展的开放式闭合良性循环,这是以有益于生态、健康、节能、方便生活和工作为宗旨,使居住者在身体上、精神上、完全处于良好状态的新型住宅。

全球人口的极度膨胀与环境污染对生态的破坏已经引发人类生存危机,而自然资源的短缺和有限以及常规能源正以惊人的速度消耗与浪费引发能源危机,这一切都表明走可持续发展的道路已成为时代的迫切要求。

目前,我国建筑业发展速度迅猛,对能源环境的影响也日益加剧,其中大部分建筑都缺乏严格认真的节能和环境保护措施,不符合人居环境的基本要求。如何在保持经济持续发展的同时,正确处理好人与环境的生态关系,已经成为我国房地产发展要解决的重大课题。人作为住宅区复合生态系统的主体,其日常生活活动与住宅区生态系统功能有着千丝万缕的联系。如果人们只看到住宅的物理实体,而忽视其生态过程,只重视住宅的使用功能而无视其生态效益,那么我国的住宅环境恶化趋势就很难得到根本的扭转。因此,房地产业界及建筑主管部门应积极配合,共同推进我国生态住宅的建设发展。

2. 城市生态住宅发展观

住宅与人们日常生活的关系最密切,是一种必不可少的特殊商品。像其他社会产品一样,随着时代的发展和人民生活水平的提高,住宅也需要更新换代,人们除了有房住以外还要住得好、住得健康、住得有品位。为此第五代住宅时代已开始着眼于环境,追求生存空间的生态、文化环境、环保生态环境、舒适安全及健康的生活方式。发展城市生态住宅,首先要明确“生态住宅”的本质内容。生态住宅是运用生态学原理和遵循生态平衡及可持续发展的原则,合理组织住宅建筑与其他相关因素的关系,使物质、能源在建筑系统中有秩序地循环转换,获得一种高效、低耗、环保、健康、意在寻求自然、建筑和人三者之间的和谐统一,实现城市人居环境系统化、自然化、经济化和人性化的发展观,引导住宅产业走向健康的发展之路。它包括以下几个科学系统的发展观念:

(1)天人合一的自然观。随着社会的发展,人们的需求进一步提高,以人为本、天人合一、遵循自然、回归自然、融合自然的呼声日益高涨。建筑师在设计、规划中首先考虑的是创造条件让人接近自然、亲和自然,重视景观的整合性和循环性。从外观看,它不是简单的种树栽草,而应该是春有花、夏有荫、冬有绿、秋有果、落叶乔木、常青灌木高低参差,强调居住环境有充足的阳光以及温和的自然风等。

（2）低投入、高回报的经济观。随着我国房地产市场竞争日趋激烈，对开发商来说，在减少相应成本投资的同时，能最大限度满足居住者的住房需求，吸引众多购买者的眼球，从中获取高额的利润，是他们的不懈追求。要做到这一点，可以考虑从以下三方面进行：一是以尽可能小的物理空间容纳尽可能多的生态功能；二是以尽可能小的生态代价换取尽可能高的经济效益；三是以尽可能小的物理交通量换取尽可能大的生态交通量，实现资源利用效率的最优化。

（3）以人为本的文化观。人是社会的主体，无论是公共建筑、住宅小区，都应围绕人这个主题展开，一切的规划理念都应从人的健康舒适出发，以符合人在不同心境时修身养性的需要，从文化的角度看，这与中国人的“以人为本，天伦之乐，修身养性”的传统相吻合，使居住者感到其所得到的不仅仅是冰冷的建筑，而是一个具有生命和个性的生活环境。现代生活节奏加快，人们的工作压力与日俱增，住宅的设计应该根据消费者的具体情况而定，满足人们回家后得到放松和享受，使身心彻底得到解放。“以人为本”的住宅新理念正深入人心，深受广大消费者的欢迎。

（4）超前的技术观。技术含量的高低直接关系到住宅建筑的水平，仅仅依靠现有的技术和材料远远不能适应住宅建设强劲步伐，国外在此方面拥有的技术水平大大超越我国。吸取国外先进的成套技术成果，学习制造工艺和建筑施工技术，从自然和生态的立足点出发，追求科学与技术在住宅领域的最高程度融合，提高我国住宅建筑的技术水平。

3. 城市生态住宅的建设标准

当前，我国逐渐掀起了建设生态住宅的热潮，开发商抓住机遇纷纷推出“生态小区”、“环保小区”等概念的新楼盘，引起购买者的普遍关注。目前，生态住宅没有统一的评估标准，一般情况下，满足以下几个方面标准的便称之为生态住宅：

（1） 环境和生活的统一。城市住宅不仅要提供优雅、舒适、健康的居住环境，更重要的是能带给城市居民高品质的生活环境。因此，从生态的角度改变城市住宅的发展方向，走可持续的生活质量之路是发展生态住宅的必然选择。

（2）规划与设计的和谐。住宅区的规划除了要与城市的总体布局相适应外，还应与当地的自然景观相协调，要充分考虑场地的地形、方位、朝向等，尽可能利用自然资源实现自然通风，改善空气质量。设计上不仅要满足现代人的需求，还要与总体规划协调，既自然美观，又布局合理。

（3）新能源的开发与应用。能源的不断枯竭，环境的不断恶化，人类的生存将面临严峻的考验，因此，要尽可能节约不可再生能源（如煤、天然气），并积极开发可再生的新能源（如太阳能、风能、水能等新型能源）。新能源的开发与应用将彻底改变城市住宅美学观点和建造方式，最终实现居民身心健康与可持续发展。

（4）新材料与新技术的运用。技术革新材料、新技术，包括智能化技术、自然能源技术、生态材料技术等，在建设生态住宅中积极推广应用，不仅使用户在生活上带来方便，在工作上带来高效，而且使房地产项目的品牌价值得以提升，使生态住宅朝一种更佳的方向蓬勃发展。

4. 城市生态住宅的技术要求

城市生态住宅的出现和发展，是社会发展需求的产物，它在某种程度上决定了人类选择自身生存空间与生活方式的自然回归。发展城市生态住宅，考虑气候等生态因素早已成为住宅设计中的一条指导原则，建筑师根据当地的气候条件，运用建筑学与生态学相结合的理论知识，设计出独特的住宅建筑。可见，城市生态住宅的发展需要一系列可行而科学的技术支持，其技术要求包括以下几个层面：

（1）注重节能环保。建筑能耗，即工业、民用建筑消耗能源的数量，诸如供热采温、空调降温、热水供应、饮食照明等能源消耗。目前，我国住宅采暖耗能占能源总消耗的9.6%，严寒地区甚至达30%—40%，为减少这项能源消耗，改进建筑的热工性能至关重要。当今推行住宅节能主要通过两种途径：①节流，即强制性采用集中供热、应用节能材料等方法降低建筑能耗；②开源，即通过研究和开发太阳能、地下水等可再生能源。

（2）根据需求调节通风换气。住宅节能与通风是相互对立的，为了节能，应该尽量减少室内外的热能交换,当采取有效节能后,住宅的通风换气受到了限制,居住卫生条件受到影响,因而要充分考虑各方面的综合因素,尽可能利用自然通风,达到降温、降湿的要求,严格地说,只要室外空气温度低于室内空气温度,此时的室外冷空气就可视为可利用的自然冷源,引入室内贮存,达到房间温度下降的目的,从而大大延长房间舒适时间。

(3) **水循环利用与中水处理**。我国的水资源非常有限,因此,开发商在开发楼盘时应考虑住宅的雨水收集和中水处理。包括,排水系统、污水的回收处理、雨水的利用,景观水的净化处理,节水器具的使用等等方面。

(4) **重新型建材饰材的使用**。传统的建筑用料不仅要消耗大量的资源和能源,还会排放大量的废气、废渣,从而使环境污染日益严重。因此,建材的无害化、可降解、可再生、可循环等优势成为当今市场的迫切需求。充分发挥自然环保材料舒适、典雅的自然美,营造良好的生态空间,在不影响建筑本身质量和功能的基础上,优先考虑轻、薄、小的材料,同时注意材料在施工过程中的简易性和可维护性等方面。

(5) **注重垃圾分类处理**。国外发达国家将生活垃圾进行有机物、无机物、玻璃、金属等分类回收处理,这样能最大限度地减少垃圾对环境的污染。我国应借鉴国外的先进经验,在生态住宅小区内进行垃圾分类,保证垃圾分类系统的经济效益与生态效益,同时应注意住宅的建筑材料、污水、垃圾等对环境的二次污染,应本着无害化、减量化、资源化的原则收集与处理。

5. 生态住宅建设应注意的问题

我们对建设生态住宅在了解其必要性、发展观及技术要求的基础上,还需要注意几个方面的问题,以利于建设一个健康的、平衡生态的环境。

(1) **不可忽视住宅的健康**。健康是生态住宅的一个重要标准,离开健康,生态住宅也就毫无前途可言。"健康住宅"的评估标准大体有四个因素:一是人居环境的健康性,主要指室内、室外影响健康、安全和舒适的因素,如要求栋间错落、户户南北通透、无通风死角;二是"自然环境的亲和性",提倡自然、创造条件、接近自然,如设有运动健康主题的软硬景观;三是"住区的环境保护",包括住区视觉环境卫生等方面;四是"健康环境保障"主要针对居民本身的健康保障,包括医疗保健体系、家政服务系统、公共健身设施等硬件建设。

(2) **住宅绿化、美化、亮化与环保**。绿化的内涵极其丰富,包括外部空间(绿地、林荫、道路等)营造和住宅单元内空间(层次、通风、采光)的营造。澳大利亚被植物学家和生态建筑师视为世纪房屋的"生态住宅",其特点是充分利用一切空间栽种各种植物,从外部看,整个房屋与周围地面连成一体,美观并不意味华贵,相反"秋丛绕舍、竹篱掩映"同样能营造出别致宜人的居住氛围,带给人一种惬意、美的感受,其实这里所说的生态建筑,并不是简单的绿化,而是为了节省资源、能源和保护环境,既在小幅度增加成本的情况下,又能为消费者们普遍接受。

6. 合理规划满足不同的文化差异

住宅建筑是文化的物质表现,有很高的历史价值和经济价值。生态与文化的融合,体现天人合一系统观的生态住宅理念,否定那些单一的、片面的规划设计,突出当地的文化特色及地域风情,满足广大居住者购买欲望及好奇心理。

总之,要实现我国城市生态住宅的蓬勃发展,绝不是一朝一夕的事,它需要各方面力量的推动,从开发商到建筑师再到消费者每个人都应树立良好而强烈的生态意识,同时要勇于实践和探索,抓住生态住宅每个发展阶段的内在本质,利用先进的技术手段,不断创新,挖掘潜在的市场能力,走出一条具有中国特色文化气质与内涵的城市生态住宅之路。

第二章 水景住宅建设

我国是一个水资源相对短缺的国家，水资源在季节和地域上的分布极不均匀，尤其是在一些大城市，水资源缺乏特别严重。近 20 年来，伴随经济的持续快速发展，城市居民用水量和污水排放量急剧增加，同时由于治污力度不够，污水处理设施的建设仍然严重滞后，导致水资源短缺日益严重。我国城市人口和经济总量高度密集，城市用水量占全国水资源消耗量的 30%以上。目前，我国的城镇化水平已达 37%左右，今后一段时期内，城镇化步伐将明显加速，随着城镇人口量的快速增加，人均用水量还将不断提高，对城市供水的需求量也逐步加大。

一、居住需求呼唤水景住宅

人类活动是产生水危机的头等原因，也是解决水危机的主体，重新认识人与水的关系迫在眉睫。首先应树立良好的人与水及自然和谐相处的理念，减少人为对天然水体的过度干扰与侵害，加强对自然生态资源的保护，以求美化城市。其次树立水资源管理的可持续发展观。目的是达到人与自然的和谐共生，体现人类与大自然的关系，即“天”与“人”之间的关系。再次是营造和谐的人水之居。社会的发展是以实现人的全面发展为目的的，一个适合人居的人水环境无疑具有相当大的吸引力，同时要处理好城市边缘小区的排污系统，积极推广生态住宅小区，其主要思想在于改变传统的治污标准，通过一种全新的战略分散污染废物，以达到建设生态城市和绿色基础设施的目的。广大住宅开发商正是抓住了这个机遇，大力推广开发水景住宅。顾名思义，水景住宅就是依水而建的住宅。近几年，我国东南部各地的房地产开发越来越注重营造喷泉、池塘之类的水景，以满足人们在钢筋水泥的城市追求回归自然的强烈需求，让人们有一种身临其境的自然回归感，无时无刻都生活在大自然的怀抱里，沐浴在大自然的春风里，这是一种天然的、无雕琢的美。正是凭借其独有的景观优势和市场稀缺性，使楼盘附加值大幅度提高，成为楼市中的上品，尽管售价始终在高位上运行，还是令购买者“趋之若鹜”。

二、国内水景住宅发展概览

水景住宅并非是新时期的产物，无论中外，古已有之。亚洲的水景住宅起源于新加坡、台湾，最初影

响到广州,然后蔓延到深圳、上海、北京、青岛、济南、武汉等地。这些以自然或人造水景为主要卖点的水景住宅成为房地产开发中新亮点,大有"楼市输赢看水景"的架势。

国内水景住宅的发展日趋迅猛,随着时间的推移,全国各地刮起了"水景风"。能拥有一套自己心仪的水景住宅是现代人居住的梦想,但由于各城市的地理位置不同,即区域之间存在差异性,水景住宅又有不同的特征。就拿水景住宅的发源地——广州来说。广州的水景住宅主要沿珠江及其支流而建,有的以人工水系为主,有的引入自然水系,正是因为广州水景住宅起到了领头羊的作用,给开发商带来了巨额的经济效益,其他城市竞相效仿,并结合自身的特色,也创下了斐然可观的业绩。

深圳、珠海由于是沿海城市,水资源十分丰富,海景、湖景及河景各有千秋。深圳的水景住宅主要分布在东部和西部的海岸、大名湖周围、河北岸等地,住宅建设主要以亚热带海滨做文章。深圳"红树林公园"是有名的生态自然保护区,放眼望去,一片浩瀚无边的大海紧紧围绕在这座生态自然保护区的周围,带给人一种清新的感觉,所以近几年来,"红树林" 地带的地价迅速上窜,但物有所值,许多精典的住宅项目随之屹立在"红树林"的四周,如万科的"金域蓝湾"、金地"翠堤湾"等都抢先进驻这个市场。珠海所拥有的环境绝对不亚于深圳,甚至比它更优美,长长的海岸线边排列着不少的高品位住宅项目。

北京是我国政治、经济、文化中心,由于是内陆城市,天然河流更显得弥足珍贵。北京有四大水系:温榆河、永定河、潮白河、京密引水渠,市区内有水景的高层住宅项目主要密集于河流及公园的附近,但真正拥有自然水景楼盘的住宅相对较少,这是由于在北京市只有一个惟一四季长流的天然河温榆河,其流经之处是北京最早的别墅开发地带之一。到目前为止,北京已开发了多处水景住宅别墅,如圆明园花园、颐源居、美林花园、人济山庄等,几乎都有上佳的销售业绩,且价格普遍较高。正是看到了它独特魅力,为了实现人们对水景住宅的向往,开发商甚至不惜重金营造人工水景。

上海的水景住宅主要沿黄浦江和苏州河两岸分布。据统计,上海正在开发销售的1000多个住宅楼盘中,沿江河而建的水景楼盘有60多个,以人造水系为主的水景楼盘有近80个,另外100多个楼盘不同程度有水景的点缀,开发商热衷于水景住宅的开发,无疑说明了上海有条件、有良好的市场前景发展水景住宅。在居住者眼中,水景是高尚住宅的必备条件之一,它能提高居住品质,是一种高品位生活的象征。

青岛是一个海滨城市,它的高尚住宅普遍濒临海岸线能远眺海景,海景成了高尚住宅的一个必备要素,成为居住者观赏的重要景点。随着2008年奥运会部分水上项目比赛选在青岛举行,"奥运题材"的水景住宅便成为众星捧月的焦点,价格也随着市场的白热化比普通的住宅翻了三倍之多,实实在在地反映了水景住宅受人欢迎的程度。

虽然古老的泉城济南早已成了国内有名的缺水城市,但这并不妨碍开发商大做水景文章,因为他们知道,济南的老百姓害怕没有水的日子,他们深知缺水所带来的种种不便,因此他们对水的渴望超过其他城市居民,可以说对水有一种特殊的感情。

作为江城的武汉,市区的湖泊可能是全国最多的。大量的楼盘都有水景,以至在市民的心目有了"没有水,没法住"的思维认识,特别是在湖泊资源最为丰富的武昌地区,绝大多数住宅沿湖而建,形成了国内极具湖景特色的住宅区。

近几年来,成都的水景住宅也开始不断涌现出来,可谓风生水起,许多项目以营造人工水景为主要方向,如人工湖、戏水池、水溪、叠泉等,成都的水景住宅一经推出就收到了意想不到的效果。

无论大城市还是小城市,北方都市还是南方都市,或人工、或自然、或河流、或大海、或湖泊、或依水或观水,水景住宅已蔚然成风。

三、国内开发水景住宅的几种类型

亲水是人类的天性,怡人的水景设计能让人赏心悦目。目前,我国已开发的水景住宅大致可以分为以下三种类型:

1. 水景小品住宅

这类楼盘从严格意义上称不上水景住宅,实际上这是开发商为了提高住宅区景观环境而营建的微型景观,所谓的"水景"充其量只是简单的水景小品。从规模上看，这类小区楼盘较小，一般在10座以下，以各类喷泉为主，偶有小瀑布、小水池，通常起到装点小家居的作用。从建造费用看，水景小品的成本并不高，但往往能够起到以小见大的“点睛之笔”的作用。今后建设的楼盘中或多或少会点缀些水景小品的现象将极为普遍，再加之价格上的优势，这类楼盘的市场前景令人看好。

2. 自然水景住宅

这类楼盘附近靠近水域，500米以内有天然水系，业主从小区内远眺或走出小区不远即可到达水畔，便有水景映入眼帘，该类住宅拥有得天独厚的地理优势，楼盘布局以小高层或高层为主，以获取最佳观景效果。从售价情况看，可以看到自然水面的住宅比看不到自然水面的住宅高出约20%。随着南、北江滨的开发，自然水景住宅将有着比较开阔的发展空间。

3. 人工水景住宅

这类楼盘是通过在小区内兴建较大面积的水景，使水景成为小区配套设施的有机组成部分。此类楼盘规模较大，建筑密度较低，配套设施齐全，水景布置点面结合，一般以人工湖泊水景广场为主，瀑布、小溪为辅，小区环境上具有亲水的明显优势，兼有水与绿的双重卖点。但其市场前景明显不如前两类，其原因是多方面的，如建造成本高，水景维护及运转费用高，后期管理难等，这就需要投入大量的资金，因而并不是所有的开发商都能进行运作。

四、水景住宅渐热的原因探析

1. 受“择水而居”传统的影响

《黄帝宅经》指出“宅以泉水为血脉”，《渊鉴类函》里说：“天下之多者之焉，浮天载地，高下无不至，万物无不润。”建筑属于刚性，水属于阴柔，刚性的建筑与柔性的水搭配相得益彰，既有观赏价值，也有环保意识。同时，传统风水学中水意味着有财运，也具有凝神静气的作用，所以孔子说：“仁者乐山，智者乐水”，更有“无水不成园”的说法。所以在我国古代建筑规划时，居民与山水林木共生，天然材料的利用，雕饰以植物山水为内容，不仅表现了主体对阳光、水等天地万物的容纳更显示出一种与自然形态相融合的浓浓诗意，让人感到虽身在园中，却似在真实自然的山山水水之中的园林境界与“小桥流水人家”的田园气息相结合，表达出人们对回归自然的渴望和对水的依恋，从这两小点可以看出水在中国住宅消费者心目中有着根深蒂固的位置。

2. 受国外水景豪宅的影响

纵观世界各地的著名高档社区，像美国的长岛、日本的东京湾、香港的浅水湾等，无不是依水而建，沿海岸或湖岸、河岸呈带状分布。王小波在《沉默的大多数》中以无限欣羡的笔触描绘了欧洲一些国家的居住环境，到处绿草茵茵，古树森森，溪水潺潺，人到了这种地方，就感到与大自然拉近了距离，心灵上得到了彻底的洗涤。

3. 水景住宅迎合了人们追求健康的需要

基于以上两点原因，在中国消费者的潜意识里早已形成了高尚住宅应该配有水景的意识，自然生活必须要有水景的映衬，这是对现代生活高品位的追求。一般来说，有水景的地方，地势都比较平坦，交通便利，除了能满足人们追求自我，返璞归真的需求外，也是追求个性生活的一种行为，便于人们享受现代生活和工作的乐趣，同时保持一种健康心态。

4. 水景住宅开发有相对较高的投资回报

有关调查显示，水景住宅的造价比非水景的住宅价格普遍高20%以上，这就意味着水景住宅的利润率比非水景住宅要高，所以对开发商而言，要想获得高额的利润，就要把城市资源的最大利用价值挖掘出来，实现土地价值最大化，而水景的开发就是为了凸现土地价值。

五、水景住宅开发应注意的问题

水景住宅因其能够营造人与自然和谐共处的空间而受到众多消费者的认可，近年来，它逐渐成为新的开发热点，但在开发水景住宅的过程中，必须注意以下问题。

1. 地块的选择

我国的土地资源是十分有限的，是在市区里依水而建，或者人工造景，还是选择在郊区开发以水景为主题的大盘呢？哪种开发方式更容易实现投资利润最大化决定了开发商最终择地的方向。

2. 水源的选择

水危机是未来10年人类面临的最严重挑战之一，中国有90%以上的城市水域污染严重，不仅如此，人们对水质的要求越来越高，如果要建人工水系，水从哪儿来成为一个根本性的问题，用家庭用水，显然是不合理的；用地下水，要求很高的水资源费用；用中水，购买和安装中水系统又增加了一定的资金压力，利用自然水系，其安全问题，社区对水系的污染问题更是不容忽视。因此，必须重新认识水资源的开发、利用、治理、配置、保护和管理，走一条可持续发展之路。

3. 成本的控制

水景住宅在满足人们日益强烈的人居环境需求时，也必须考虑它的开发成本是否会影响它相对较高的售价会在一定程度上打消开发商的投资意向，毕竟对资金的投入是要冒很大风险的。

4. 楼盘的销售

一件成品的开发，最终目的是要销售出去，获得高额的经济回报。但就目前的大多数水景住宅项目，在主客观条件的制约下，都很难达到百分之百的住户都能看到水景，那看不到水景的住户不就成了“绿叶”，谁愿意做这个陪衬呢？这时难题就摆在开发商面前了，怎样才能把看不到水景的住宅统统销售一空才是问题的关键。

5. 物业管理

水景住宅显然会增加物业管理的难度和复杂性，比如，要及时清理水中杂物，确保水质洁净，以有利于人的健康。当前尽管人们已日益认识到物业管理的重要性，但它的健康发展有赖于物业管理公司有充足的资金进行运作。现阶段许多物业管理公司都面临收费难的现象，甚至出现亏本经营的状况，要依靠其他方面的经营收入来弥补。

综上所述，我国水景住宅的开发面对一些问题，我们必须花大力气去解决，比如说如何使水景住宅走可持续发展道路，探寻一个合理的开发模式已成为最迫切解决的现实问题，即使这需要一段时间的摸索与奋斗，但随着水景住宅的不断升温，人们对它的深切关注，这些问题都能迎刃而解，给人们一个满意的答复——一个依山傍水、亲近自然的住宅。

第三章 城市山地住宅

城市空间与场所是满足人们生活需要而建立的，其变化与扩展是城市居民日常行为与城市空间相互作用的过程，它们相互作用的结果往往就是城市及空间模式与结构。在这一相互作用过程中，满足人们最基本生活需求的住宅就成为城市的重要组成部分。从很大程度上讲，城市的空间模式与结构决定于居住区的空间位置与数量的选择。在我国逐渐建立规范的房地产市场经济制度的今天，阶层化社区——充满生态气息的山地住宅，正以“与自然对话”的豪情，引领着房地产市场高端产品的开发与建设。城市山地高级住宅区的出现有其深层次的原因和背景，如何正确理解、对待和引导其发展值得房地产界关注。

一、山地住宅发展的社会背景

随着社会的发展，城市部门分工越来越细，以及文化、生活方式的差异等原因，使不同工作类型、不同经济地位与政治阶层以及不同文化类型人们逐渐形成了各自的居住生活区域。居住在同一区域的人们有相同的或类似的职业观、价值观、行为规范，容易形成一定规模和亲疏关系的社会群体。社群作为社会组织中的基本集合特征之一，在城市中占有一定的空间范围。现代城市居住社区是指在现代城市中一定地域内享受现代生活方式并具有一定认同感的相对独立的人群聚集体，其构成要素主要包括以下几个方面：一定数量和较高素质的人群；一定面积的地域；与现代城市社区生活相适应的行为规范；满足现代城市社区生活需要的住宅和服务设施；较优质的物业管理服务和互动的社区组织。

纵观城市发展的历史，住宅社区的阶层化现象一直存在。早期城市的职能比较单一，但城内却划分有不同等级的住宅区，也有区分不同社会阶层的功能。随着社会的发展，居住社区阶层化又有新的进展，如居舍等级与居舍类型在城市空间不断发生地域重组，一般由内城向外城，呈现单向公寓——多家居住单元——独家居住分离双形态分布及脑力劳动的科技人员与体力劳动者分离的态势。现在西方工业发达城市居住区并不是简单的“双重”，而趋于“多区块”的城市居住社区类型并且多样化。在社区类型“分区块”模式下，城市社区不同景观组成了空间上的社会区域镶嵌图。现代西方住宅小区类型的划分基本上就是发达国家城市中社会分层状况的体现。通常将郊区住宅划分为四类：第一类是通常位于城市远郊的排他性高收入区；第二类是郊区中非常普遍的中产阶级住宅小区；第三类是郊区世界主义者住宅小区；第四类是工人阶级住宅小区或蓝领阶层住宅小区。显然，按照这样标准划分的住宅小区居住格局已经完全阶层化了。

二、城市山地住宅的形成条件

1. 城市山地高级住宅出现的自然条件

随着国民经济的飞速发展，人们的生活方式和生活水平也得到了大幅度的提高。社会生活的改变将带来居住环境的巨大变化，山地高级住宅区基于此背景应运而生。总体来说，山地高级住宅区的出现不仅拓展了城市区域空间，还体现出了城市人群日常居住行为与城市空间相互作用的动态过程。对这一动态过程进行研究，对比自然界各要素对城市的影响，不难发现地貌条件是排在气候之后的首要因素，排在其后的才是河流。

只要城市地形有起伏，城市的住宅区，尤其高级住宅区几乎都呈现出向市区的高地发展的趋势，使地貌现象与社会现象结为一体，共同作用于城市的地域分化。这一地貌现象与社会现象相结合，共同作用于城市的地域分化现象已经在我国逐渐兴起。

2.城市山地高级住宅出现的社会条件

我国国土面积960万平方公里，位居世界第三，地貌多种多样，其中山地地形大约占国土面积的2/3。目前，我国大多数中心城市均是由古代一些重城名邑发展起来的。由于古代特定的自然条件和社会生产力水平的限制，人类还处于一种相对被动的位置，对大自然充满了敬畏之情，在营造居住环境时采取一种顺应自然的态度，反映出一种朴素的生态环境意识。《管子•策马》中曾讲述过如何顺应自然条件选址建城："凡立国都，非于大山之下，必于广川之上，高毋近旱，而水用足，下毋近水，而沟防省，因天材，就地利，故城郭不必中规矩，道路不必中准绳。"人类的祖先主要在特定的自然条件下选址建城或在已有城市内营造园林以取得良好的居住环境。也就是说，选择理想的居住环境要遵循"背山面水"、"负阴抱阳"、"左右围护"等生态模式，体现出一种对地质、气候等自然环境的良好的适应性，这些情况都充分表达了先人们对居住空间和环境的取向。

伴随着社会生产力的极大解放和发展，人类告别农业社会，迈进工业社会，人口增长导致资源消耗空间扩大，农村人口成几何级数拥入城市，城市数量和规模不断扩大，一系列的矛盾和环境问题也暴露无遗，诸如人口膨胀、交通拥挤、住宅紧张、污染严重导致生存环境质量极速下降。这样就使拥有较好自然环境的城市近郊山地成为稀缺的自然资源，其外部稀缺性的经济内部化会增加房地产产品的经济成本并以较高的市场价格体现出来。某些居民愿意出更多的钱而居住在更为理想的环境中，这是一种合理的消费行为。经济发展和社会进步导致高收入阶层人群出现，他们已不满足基本的生存条件，他们需要寻找更为理想的人居环境。正是在这种特定经济条件下的"回归自然"的人居理念的驱动下，房地产开发商紧紧抓住这种消费倾向，选择这种自然环境优美的区域进行开发，从而构建一个高端房地产市场。在我国，大多数城市距山地较近的空间选址恰恰为高级山地住宅的出现提供了必要的物质基础。这样，位于市区内部及近郊自然环境优越的山地就成为现代都市居住社区开发的首选。

三、我国城市山地住宅与居住社区阶层化结合的现实性

人与城市相互作用的过程，可揭示出城市形态的动态发展规律。西方发达国家的日常城市体系是城市发展到相当阶段所产生的空间形态之一，它主要由居住的郊区化、乡村化而产生的。城市住宅郊区化已经具备了这种变迁的条件和机制。其中经济收入差距拉大是居住社区阶层化的基本条件，土地区位优劣导致房价差别是住宅阶层化的必要条件，而住宅市场化和职业流动的增大是阶层型住宅社区形成的加速器，它们引导了那些具有敏锐眼光的开发商向阶层型住宅区进军。

随着国民经济的发展，我国大城市的居住社区正在发生着微妙的变化。住宅商品化使得购房者依据购买力的不同而进入高、中、低档不同价位的住宅小区，促进了不同社会阶层在空间上相对聚集。因此，现有的居住社区可以分为自然型住宅区和阶层型住宅区。阶层型住宅区是小区内部居民的阶层组成同质性高，同一阶层人入住的住宅区，其消费水平和生活方式比较一致，居民之间有较多的共同理念和语言，易于沟通，容易形成和谐、融合的社区环境以及社区文化。其中，消费水平较高的新型社区便发展成现代城市居住社区。

阶层型社区作为未来居住社区的主导形态，取代目前占主导地位的自然型居住社区是我国住宅小区变迁的必然趋势。我国社会的转型过程中，以经济为基础，以社会阶层、地位、文化、年龄所反映的不同生活方式为先导，使城市居民进一步分化、分解、演化出不同等级、不同功能的各种社会区域与“城镇村庄”。它们是城市土地利用变化与结构构成的主要形态因素。这样城市空间场所的多样性与不同类型的居民生活方式相关，城市不同社会区域的等级性与民族、居民文化特征相关，并且组成了城市社会空间的有机结构。就当前看，我国城市发展形态空间规律研究中主要存在以下两个规律性机制：

第一，城市土地利用进一步分化机制。自改革开放以来，计划经济向市场经济过渡，城市快速发展，要求在空间上进一步拓展，老城进一步改造更新，这些促使城市结构发生了不同程度的变化：一是城郊扩展的新组团；二是单位制部门原有生产、居住、福利等“封建式”空间管理发生分离；三是建成区不同经济功能的进一步分化；四是不同经济阶层的形成需要新的居住区域。这促使城市人口聚集在不同地域，而且不同职业的人口进入相应的社会领域，加速各类社会区域的形成与发展。

第二，社会发展存在城市社区置换机制。城市内部空间发展不论是郊区新开发，还是旧城更新改造，其实质都是将原有的不适应现代经济与人民生活需求的空间，改变为另一类型社区。它是原有社区被新社区置换或过滤的过程。由于城市空间发展是动态的，社区空间的变化也是动态无常的，故城市社区的置换与过滤是社会区域分化的永久的过程机制。

目前，我国正在推行城市住宅改革，将逐步实现住房商品化。经济收入状况在社区形成中将会起重要作用，职业构成的作用也将继续强化。而且，在我国现行住房改革相关政策中，已经考虑到这一因素，将商品房大致分为高档住宅、经济适用房与廉租房三种针对不同收入阶层所提供的住房类型。山地高级住宅的开发正是上述机制在当前的城市住宅扩散中很好的验证，考虑其经济开发成本和特有的环境成本，必然会导致其房价要大幅度高于普通商品房，购房者必须具有一定的经济基础和较高的收入来源，这样就在经济收入这一主导的社会因素影响下出现了针对特定消费群的居住社区阶层划分，无形中也就发现促使居住社区阶层化与山地地域空间结构的悄然结合。

四、城市山地住宅的开发与建设

山地高级住宅由于其特殊的自然生态环境及所形成的特定社会形态，必定会对现有的城市结构带来冲击，产生一系列影响。居住环境是一个复杂的综合系统，涉及社会、经济、生态、文化、心理、行为、工程技术等诸多领域。居住环境主要由自然要素、人工要素和社会要素三大方面的细节问题构成，包含物质和精神的内容。因而可以从社会经济和自然生态两方面分别讨论山地高级住宅建设开发可能存在的影响及必须遵循的原则。

1. 自然生态环境影响分析

在1993年的国际建筑协会的《芝加哥宣言》已明确指出：“我们今天的社会正在严重地破坏环境，这样是不能持久的，因此要改变思想，以探求自然生态作为设计的重要依据。”由于山地生态环境的特殊性，其开发建设必然带来一系列的生态环境问题，以下几点值得注意：第一，地表形态急剧改变，造成地面封闭，地表斑块化，降雨时可能形成地表洪流。第二，山地植被遭受破坏，水土流失加剧山体裸露，山林逐渐丧失城市“绿肺”之功能。第三，高大建筑过于密集于山地内会改变局部小气候，使小区内大气污染物浓度升高，危害居民健康。另外，居住区及相关设施的建设，还会给山地地区带来大量的“三废”，加剧生态环境恶化。这些都会对所在城市发展造成“生态瓶颈”，制约城市的可持续发展。因此，必须尊重自

然，将社区居住的建筑空间同自然有机结合起来，以寻求与自然的和谐发展。

2. 山地住宅开发建设之社会经济影响分析

早在1981年，国际建筑协会就曾在《华沙宣言》中提出："应认识到人、建筑与环境之间的密切关系，从而更加重视人在社会、精神、物质、生活、心理上的需求，研究人的行为方式，以满足各个社会阶层不同居民的需求。"山地住宅区建成以后，会带来各种文体娱乐、医疗保健、商业服务、银行金融、教育等城市服务设施、居住社区会慢慢成熟繁荣起来，城市的"气氛"也会慢慢浓厚起来。而不同的地位和职业，不同的年龄与性别，不同的伦理与文化观念的居民由于行为特点不同，因而对居住环境的要求自然有所不同。这就要求社区在人口和建筑面积等规模方面，社区功能区的划分、社区交通道路问题的解决、社区信息化智能化的网络管理等配套服务设施方面，信息提供、社区治安保障、社区物业管理、社区文化观念如平等、关爱、互助的社区意识形态的培养形成等等方方面面精心塑造，体现出社区的"以人为本"的人文精神、科技精神和环境精神。

3. 城市山地住宅开发应遵循的标准

为了能够给城市居民创造经济、方便、舒适、安全、健康和优美的居住环境，使居民感受到大自然生机盎然、欣欣向荣的绿色气息，在山地住宅建设中应遵循以人为本、以科技为本、以社会为本、以可持续发展为本的原则，具体来说：

首先，应考虑不同功能的用地分配和相互关系，确定交通系统、信息传递和公共设施的布局，方便社区居民生活，提高社区居民生活质量，尊重民族与地方特点，注重培养公平、祥和、高尚的人文精神和社区文化，力求形成健康、和谐的环境氛围。

其次，应综合考虑自然、人口、社会、经济等各种因素，确定社区的使用性质、人口密度、建筑密度或建筑容积率。

再次，要因地制宜，充分利用地形地貌等自然景观因素，体现山地特色，合理组织空间，考虑景观，突出主要的自然特征，结合建筑造型，塑造人工环境，使自然环境和人工环境协调统一。

最后，尽可能将现代环境、生态、智能、信息数字化等新技术融入住宅建设和居住生活中，提高技术进步在住宅产业中的含量，真正体现技术服务于人的理念，切实做好技术转化与升级工作。

居住环境可以认为是一种具有公共物品性质的消费品，某些居民愿意出更多的钱而居住在更理想的环境中，这已经成为一种理性的、潮流式的消费行为。而我国大多数城市还处于自然型住宅小区占主导地位的状态，住宅小区的阶层化程度不是很高。在理性选择的预期下，人们也有通过选择居住区来选择邻居的权利。目前城市中大量出现的新兴住宅小区，其居民无论在经济上还是在社会地位上，同质性较传统居住区高出许多，可以看作阶层性的雏形。这其中有针对中高收入阶层的高档社区，也有定位于成功人士和富裕阶层的住宅小区。另外，吸引富裕阶层的高级城市山地社区也呈现出不断发展壮大的势头。

处在社会主义初级阶段的中国，经济正在由传统的计划经济向社会主义市场经济转型。随着市场经济发展，住宅市场的完善，包括山地高级住宅在内的多类型、多功能满足不同消费群体需求的住宅产品的开发建设，必将会给我国的城市带来全新的变化，使之形成合理的、公正的社会居住空间结构。这样就能够更好的调整城市的空间结构，更好的管理城市与建设城市。

第四章 我国的传统民居及其现代演进

分布在我国广阔土地上的各民族的居民建筑，形式优美、风格独特。它们适应当地气候条件，与各地区所处地理环境充分结合，地方文化特征和艺术个性极其鲜明，具有满足实际生活需求和提供精神归宿等多方面的功能，在我国的传统建筑家庭中占据着重要地位。民居建筑是民间历史、文化和艺术的物质载体，是中华民族得以繁衍生息的物质依托。在物质文化和技术环境已经进入信息时代的今天，民居建筑形态也已成为现代人认识传统、寻求文化慰藉的重要媒介。

一、我国传统民居的造型手法和艺术特色

中国传统民居的形式丰富多彩、类型繁多，令人叹为观止。传统民居建筑在选址、建筑构造、群体组合以及内外部装饰等方面都渗透着人对生活的积极追求和对理想的居住环境的美好向往。各类民居建筑及其群落既以实际生活为出发点，同时也体现出了理想化的色彩。

院落是我国传统民居建筑形式及平面组合的共同点和空间精神之核心所在，各地的传统民居莫不以院落为建构的基础。例如北方的四合院式院落、西南地区三合院式住宅、“一颗印”住宅、“四水归堂”式住宅、江南的园林式住宅等，此等民居类型，都脱不出以院落围合和组织内部空间的手法。各地的民间建筑多以围合式的院落为基础，再按照一定的构图规律，采取沿着主体的横向或纵向分布扩展的方法，将若干院落组织起来，便可以形成民居建筑的群体。北京、江苏、广东、浙江等地方的民居，有许多根据居住者的品味和住宅的地形条件配附庭园或园林，引入水体于宅园之中，或栽植花草、树木，或构筑山石、亭榭，运用借景、框景、对景、小中见大、平凡中见不凡等造园手法，为人文居住营造了一种“移天缩地在君怀”的空间意境，表现出“虽由人作，宛若天成”的居住与自然的完美结合。

而在一些丘陵地带或山区的民居多依山而建。民居构筑顺应自然的地形和环境，依借山形地势，其构造方式十分独特。建筑充分利用坡地所造成的高下、仰俯，以灵活多变的造型和体量融合在山体之中，运用“挑”、“拖”、“架”等构造方法，造成空间结构的交错、搭接、穿插等变化，外观错综复杂、变化无穷，彰显匠心独运。

中国民居建筑在材料选择上也有十分独到之处，或出于山林，或产于泥土。有的洗练古拙，有的繁丽秀巧。很多建筑在建造时因地制宜，运用传统的技术手法，充分利用当地所产的建筑材料进行巧妙地组合和搭配，从而使各地民居建筑形成了地方风格，在民居建筑上，建筑色彩的选择和运用或古朴清丽，或浓重明快，或含蓄淡雅，或自然醇和，表达了不同民族间各种居住的情感，是民族文化精神的一个重要侧面和生活理想的外化。民居的内部和外部、构件和梁架等部位，都饰有各类装饰，其主题繁多、内容庞杂、手法精巧、材料多样，而且文化内涵十分丰富，不但具有极好的装饰作用，也体现出传统文化的教化功能，反映了民间建筑及其装饰造型艺术的极高成就。

二、我国几种典型民居的建筑形式和意境

民居建筑从来都是为居住者量身定造的，既遵循一定的传统模式和规矩，又充满个性，可谓于规矩中求变化。典型的民居形式代表着古人环境营造的艺术和“神居”的极致境界，是现代人凸显个性、寻求寄托的理想模式，传统民居建筑的现代设计为文化慰藉的回归提供了载体和场所。

1. 江南民居

江南民居的常见形式是规模比较完整的深宅大院，平面紧凑、屋宇稠密，通常沿纵深方向安排数进天井式院落，形成了前宅后园的空间布局。住宅周围及每进之间用风火墙封闭隔绝，粉墙黛瓦、脊角高翘、参差交错，显得十分清丽秀巧。正门大都为石库门，石雕砖雕皆备。沿中轴线的方向，一进一个门楼，楼后为过厅和门档，门档两边分别有蟹眼天井，用来采光通风。宅内的走马楼、砖雕门楼、明瓦窗、过街楼、棚、水阁等通过适合于功能的组织而构

成活跃的空间。室内装修和门窗上均采用极精细的木雕和砖雕，构图活泼、造型生动，具有纤巧古雅、雍容大度的风格。

2. 浙江宅园与徽派民居

浙江宅园以门道、庭园、天井、廊桥、阁楼等基本单元组合而成，平面布置灵活多变，空间富于层次，且利用巧妙，使住宅呈群体性的美感。浙江宅园中的各处隙地和隅角都可以被用来布置绿化，安置花木、盆景和鱼缸等小品，使得环境富于情趣、充满生气。室内多设架空层或阁楼，装饰也特别典雅，悠然闲适。

徽派民居外观主体为白壁、青瓦、马头墙，四方形建筑物的内部空间高敞而规整，环境安详而静谧。建筑从屋里到屋外，从地面到房顶，均可见砖雕、木雕、石雕和彩绘图案。其中的装饰十分讲究，窗门镂空、花雕，造型复杂，精工细作。屋檐下、栋梁上都有木雕、砖雕镶嵌。画面内容多取自神话和民间故事，寓意祥和吉利，使人赏心悦目。

3. 姑苏园林及临水民居

姑苏的园林，大都以繁复和精巧取胜。其间，花木秀然，屋宇幽然，园林胜于建筑、建筑融于园林。园林的中心是主厅堂，堂的前后略有空地，顺其地势可以移花垒石、小筑亭台楼阁，尽得曲径通幽之妙，体现出园居的清雅意趣。

临水民居注重人水相关，讲究临水空间的层次感，建筑与水相得益彰，建筑体量通常轻盈通透，院内环境自然亲切。有的建筑前部出挑，并高悬于水上；有的则低伏于岸边，自设通水的小码头。临水的墙面开

连排窗，或设敞轩水榭，曲回的栏杆似隔似分，形成襟带山水的视觉空间，满眼的春山秋云尽揽怀中。

4. 三合院与华北民居

三合院由带耳房的正房与两侧的厢房围合而成，前部设照壁，可有多进组合。正房一般为两层，西厢与其高不同，双坡屋面互相交错、穿插，形成生动的造型。各进天井院可赋予不同的功能：前部空间对外，宽敞明快；后部空间属内，幽深隐秘。不同的三合院还可配套绿化小庭园，装饰繁简皆宜。

与三合院有所不同的是，华北民居以四合院居多，以厚重纯朴、布局严谨见长。门头多有雕刻精致的砖雕，配以整齐的条石台阶和石鼓，二道门的垂花门和砖饰照壁具有很强的装饰性和寓意。规矩的四合院落的地面和建筑用大青砖为主体，居室通宽开窗，门窗、隔扇皆饰以雕花棂格，木物件或本色清油、重彩着漆。室内地面砌方形大阶砖，地下可设火道，冬季置入炭火，取暖效果极佳，室内空间干净利落，室外多设影壁，亦可几进相连。

5. 一颗印与碉房

一颗印由正房和厢房组成，瓦屋面、夯土墙，对外极少开窗，平面紧凑规整，天井小巧，布局形如印章。正房与厢房皆为双坡屋面，但高低交错、相互穿插、空间活泼，形式清秀。

碉房也称碉楼，单座住宅由高大的夯土墙包围，墙的下部以条石为基，具有粗犷古朴的风格。住宅门窗较狭小，外观封闭。平面为正方形或长方形，设有中庭，中庭四周围绕房屋，空间十分紧凑，屋面一般为平坡或双坡。柱头、梁枋、门窗扇等外装修十分精致。

6. 吊脚楼与干栏式民居

吊脚楼多见于四川、湖南少数民族聚居区，属山地木制建筑，居于河畔或陡坡陡坎，依地形高下，层叠而建，与山融为一体。楼层和屋檐由木柱支撑，柱脚高达数尺，结构严谨。吊脚楼上部有数层，多向前出挑外廊，设固定式长凳及桌供休息和观景。屋面为歇山式，造型较古朴。

干栏式民居则保留了百越民族民居特色的“干阑”式建筑，多为二至三层的木楼，架空的底层可做储存，停车等辅助空间，人居于楼上。上层设有的外走廊伸出，周围饰以雕花栏杆。生活空间按需划分，起居室的中央可设火塘，是原始聚居方式的延续。

三、传统民居向现代化演进及其设计

不同的居民有不同的生活形态的空间需求，因而，住宅设计应当满足和适应不同类型、不同层次的居住者的生活方式和居住需求的变化。现代生活方式除了对住宅的使用寿命、设备条件和材料性能等有了更多的技术性要求之外，也已将文化情感等有关居住心理的需求列入设计目标。如今环境已不仅仅是一个单纯的绿化概念，而是要求空间的形式、生活情调等各个方面能够提供高质量居住的全面保证。随着人们对自然环境的日益重视、人与自然的和谐正逐渐成为选择住居形式和环境的一个重要因素。

在我国的一些大城市，人们对居住质量和居住的文化性的需求已日益彰显，居住的观念已不仅仅是单纯地解决遮风避雨和基本生活需求的物质场所，而是要求“居所”能够体现出一种诗意栖居和与自然相亲近的追求，最大限度地补偿新鲜的空气、排斥尘世的嘈杂、营造能够令人身心愉悦的自由空间。诗意居住使人既可融于山水意境之中，又能体验自然的情怀。

1. 功能的实用性与多样化

传统民居的形式来源于传统的生活方式，民居的现代设计将从现代生活方式出发，给传统形式以新的功能。对于现代人来说，实用功能是第一位的，会客、对外交往等外向性空间通常设在住宅的前部，并和日常起居、居住、家庭活动等私密性活动空间有所区别，形成内外分明、互不相扰的分隔。在配备必要的日常生活功能用房之外，现代居住形态和生活方式还要求在住宅中有选择地设置个人工作室、书房、计算机房、客房、游戏娱乐室、健身室、日光室、储藏室等专用房间或机动房间，这些功能的安排和设计，在平面组合较为灵活的民居形式的住宅中较为容易做到。

2. 结构外观与院落

传统民居的现代设计应当积极运用现代技术和结构体系，这包括轻型钢架、钢筋混凝土和木结构，通过各种材料形式的有机地结合，在建筑之中充分利用其各自的力学特性、结构美学表达和材料外观特点，以合理的搭配和形态的处理手法，创造出既符合传统民居的材料、空间和结构的模式和规律，又能满足现代使用功能和审美观的新型建筑来。

按照不同地域的建筑风格，设计选用具有典型地方特点的外饰面材料。如屋面，在南方习惯用黑灰色的小青瓦，轻巧秀丽；北方多用筒瓦，浑厚稳健。其造型宜曲婉、宜平直，有悬山式、歇山式、硬山式等。院落以及建筑的外墙面则有虎皮石墙、条石墙、磨缝大青砖墙、白粉墙诸种。

民居院内地面铺地可砖可石，砖拼方式精致活泼，石板地朴素大方。间以绿化、小品和盆景点缀，宜坐宜观，既收绿水青山，又临小鸟枝头，于方寸之中浓缩了悠远的山水意境。

3. 装饰与设备配置

装饰之于民居，可传神地表达传统风格和审美意向，是居者的情趣之所在。民居装饰的重点应在于纱窗、梁架、栏杆和陈设，设计风格可简可繁，手法多样，内容也因人而异，不可定制。

以设备配置而言，住宅设计应当保证厨房有足够大面积，配备全套基本炊事设施，如煤气灶、电烤炉、排油烟机、洗碗机等的水电气管线。浴室和卫生间的设计也与此相类似。建筑内应配置生活用电的电源、电话线路、有线电视线路，也应为住宅安设热水锅炉，24 小时供应生活热水，在特定地区的气候条件下，预装或自置空调制冷以及采暖设备实属必要，同时也应与民居建筑的结构和装饰相匹配。

4. 空间利用与环境

在美国，住宅建筑地下室的做法非常普遍。有的是全地下室（即除车库在地面外，住宅建筑物底层地面以下都有地下室），有的是部分地下室。这样，住宅底层就不会出现潮湿问题。而且，在新住宅交付使用时，除在局部角落做机房以外，整个地下室都有待房主开发利用。地下室不必采取建筑保温措施，不做内部装修，是一个潜力很大的备用空间。建筑地下室会增加一部分投资，应当因人而异，根据具体情况决定取舍。

住宅区内的道路可以设计成曲线的自然格局，或者带有曲线段的，不规则的形状。一方面，起伏不平的地形会造成交通线的曲折迂回，同时，地面比较平整的地段的路网也可处理成不规则的形式。因此，在此种道路网上规划布置的各户的地块，其大小、形状和方位也大都各不相同，恰恰可以使得规划能达到使空间更为丰富、景观层次灵活多变的目的。

生存依赖于自然的古人，其居与住、行与作都被自然所包围，那种与自然相融合的状况是由于生产力低下而形成的，是一种被动的依存。基于当时所具备的物质基础和生产手段，必然要选择有利于交通、迁徙到水边和易于取得丰富资源的山林地带居住和生活。

在当今的信息时代，交通设施和工具、信息系统和网络已经使任意空间地点都易于到达，社会联系也突破了空间距离的限定，人的活动不再受到时间和空间的制约。但是，城市居民的生活方式和现代的技术手段也同时造成人类与自然相互冲突，居住与自然形成了一定程度的对立，人与自然之间的空间关系反而被隔离了。当住宅的形式与传统相脱离之后，人正在背离山水和自然。

总之，开发体现人本精神的新建筑应当为现代人重新建造更为接近自然的环境，哪怕在最初只是小规模和渐进式的启动局部地方。为个性而运作能够成为一种有效的开发建设途径，能够体现以人为本的精神，采取回归传统建筑样式的方式不失为一种良性的有益尝试。

第五章

楼市欧陆风带来的思考

进入21世纪以来，我国经济发展带动住宅产业进入了一个新的历史性发展机遇期，住宅产业的迅猛发展必然会推动人居环境水平的提高。人居环境要有质的提高必须要有肥沃的文化土壤培育文明的火花。

欧洲国家的房地产业已日趋成熟，其在住宅建设中的先进技术经验，可以借鉴过来为我所用，但是一味地模仿，只会使我国的住宅建筑失去民族特色，阻碍我国住宅产业的发展。如何把握时代脉搏，借鉴欧洲建筑文明，建造具有中华文明底蕴的住宅，是摆在房地产业界的重大课题。

一、探讨欧洲古典建筑的生命力之源

在欧洲，尽管当代建筑科技日新月异，生活设施先进，但是无论室内怎样现代化，古城古街古建筑的原貌仍得到了妥善地保护。巴黎、罗马、伦敦、威尼斯、维也纳等不胜枚举的欧洲城市，都完好地保持着古典建筑数百年前的原貌，甚至那些保存下来的古老的市政设施，至今仍然发挥着为城市居民生活服务的功能。欧洲古典建筑不论是从艺术审美还是技术抑或是实用性上看，在经历了数百年之后仍然旗帜鲜明，这些古建筑经历这么长时间之后，仍旧保持着旺盛的生命力，有以下几方面的原因：

1. 兼容并包，创造一脉相承的民族艺术风格

欧洲古典建筑是以古希腊和古罗马建筑为基础发展起来的。希腊人吸收古埃及对大理石的利用、高超的施工技艺等成就，形成了比例优美的柱式、庄重的拱门和精美的线脚装饰为特征的古希腊风格。古罗马建筑在意大利文化与希腊建筑的基础上发展了综合东西方石砌技术的梁柱与拱窗结合体系，并运用了地方特产火山灰制成的天然混凝土，形成了具有强烈震撼力的古罗马风格。日耳曼在古罗马的建筑技术上，开发出了扶壁束柱、飞扶壁等建筑技术，形成了哥

特式建筑风格，从而把西方石砌建筑艺术推向一个辉煌的高峰。拜占庭时期，人们又在古希腊的古典柱式和古罗马建筑宏大规模的基础上，汲取了波斯、两河流域等地的建筑艺术成就，发展了拜占庭时期建筑风格。在欧洲古典建筑的发展中，借鉴而不是照搬前人和其他民族的成就，创造而不是移植建筑成果。它们原本不是一个民族、一个历史时期的创造，但它们的递进关系构成了欧洲地域民族文化的个性。

2. 追求时代特征，具有时空永恒性

在历史发展的不同时期建筑大师们为了把握住时代精神，建筑风格也会随之发生深刻的演变。例如，古希腊时代实行城邦共和制，从当时的建筑风格看，即使如神庙一类建筑，它们也没有追求权力的威严，而是反映了公民集体的社会热情。一个真正平民时代带来的是一批真正的平民建筑。当古罗马征服希腊文明后，建立起庞大的帝国，建筑大师们抓住了罗马人自信、所向披靡的精神美感，创作了角斗场、凯旋门、纪功柱等建筑，形成了以罗马柱廊象征威武气势、圆形拱顶象征法力高远为特征的“罗马风”。英雄辈出的年代，自然会出现一大批霸气十足的伟大建筑，这是时代的选择。

12-15世纪是西欧封建社会鼎盛期，以法国为中心的“哥特式”建筑兴起。这种不见实体的墙，笔直向上伸展的形式，有着临空而轻巧的感觉，反映了人们对宗教的虔诚心态。哥特式建筑是对希腊、罗马建筑风格的突破和发展。中世纪的黑暗沉闷使欧洲陷入了愚昧落后时期，一直到13世纪才被以人文主义为核心的意大利文艺复兴运动所打破。文艺复兴时期的建筑绝非简单模仿和恢复古希腊和罗马风格，而是创造了一种独特崭新的面貌。诞生了讲究整齐、统一和条理性的“文艺复兴”风格，如佛罗伦萨的圣玛利亚教堂；诞生了讲求视觉效果、主张新奇、善用光景变化和形体不稳定组合来产生虚幻与动荡气氛的“巴洛克”风格，如罗马的圣彼德堡大教堂；诞生了强调外形端庄和装饰豪华轴线和突出中心的法国“古典主义”风格，如法国的枫丹白露宫、罗浮宫和凡尔赛宫。毫无疑问，这一时期的建筑艺术至今仍然是建筑美学上的典范。欧洲古典建筑的时代性嬗变恰好印证了伏尔泰的一句名言，“谁不具备时代之精神，谁将被时代所抛弃”。只有具有鲜明时代的特征，才能永恒。

3. 着眼长远，配套设施经久不衰

欧洲古典建筑十分讲究环境配套与市政设施配套。从环境配套上来说，注重空间与实体的合理搭配，创造出了特有的人文时空氛围。典型的广场、柱子、塔楼、雕塑等的环境营造，具有强烈的群体审美效果。特别是那些广场是城市中最吸引人的地方，充分体现了自由公民的开放意识。欧洲古典建筑中的这种环境配套影响深远，至今仍然是现代城市不可或缺的组成部分。从市政建设上来说，它极富深谋远虑，既考虑即时适用，还考虑到了将来。如罗马供水系统、佛罗伦萨的地下排水排污系统、众多欧洲城市的路网系统，至今仍然被广泛利用，其设计理念之前瞻，建筑之经久耐用，令人叹为观止。

4. 挖掘自然美，雕琢石头文明

欧洲古典建筑主要利用石材作为建筑材料，被称为大理石的宏伟诗篇，这也是其旺盛生命力的原因之一。有人说欧洲古建筑多用石材，而我们东方古建筑多用木材，是因为地理上就地取材的原因。但是从根本上说，欧洲的森林资源并不比东方少。欧洲古典建筑多选用大理石、天然混凝土等，从适用上说，其使用寿命是无与伦化的，这些石材坚固而不吸水；从情感上说，人类自祖先最早聚居于石穴内，就与各式石材结下了不解之缘，人类对石材有着天然的亲近感，认为它是力量的象征；从审美上说，石材有其凝重、大气、自然之美，正符合建筑艺术审美追求；从工艺上说，细腻的大理石、粗犷的天然混凝土极富表现力，使建筑升华成为艺术；从技术上说，天然混凝土的使用，大大促进了拱卷结构的发展。正是欧洲人善于利用石材的自然美感，推动了建筑在技术上与雕塑艺术上的完美结合，并且发展了现代城市雕塑和环境艺术。

二、楼市亟须在兼收并蓄基础上创新

近年来房地产业的快速发展，造成了一些经济发达地区的“欧陆风”盲目盛行，从而忽视了我们广为称道的民族建筑，这正是我国房地产业要认真反思的。我国目前的住宅业还处于飞速发展和理念冲撞时代。其市场在大规模、高速度开发商品房的同时，观念活跃、风格混乱迥异的现象总是在不停地进行。这些表现主要有以下几个方面：一是一味模仿缺乏独特建树。当前中国住宅产业吹起了一阵阵“欧陆风”，除了古典住宅外，还有现代式 Town house，Studio Apartment 等等，千篇一律，千城一面，缺乏自己应有的个性。二是浮躁运作，缺乏运筹的长远规划。现在我国的许多楼盘往往看重主题运作、商业炒作，而缺少文化沉淀的锤炼、艺术文化的支持、未来应变的安排等等，更谈不上百年大计。例如，有一个趋向就是追求大规模楼盘，动辄一个住宅小区就像一座小镇似的，上千亩，却不考虑土地资源的长久规划、合理利用。不像欧洲古典建筑那样注重城市建筑按比例布局和布局规划的超前。这些情况的发生，也与中国城市规划当局权限不清，职责不明有很大的关系。

此外，中国的住宅开发过于追求标新立异，缺乏科学预见。有的开发商仅给出一个概念，然后凭设计大师的想象进行设计。这一点从中国的一些所谓的标志性建筑也能体现出来，从北京 2008 奥运会的主体育馆“鸟巢”到央视大楼，这些大师们的杰作同样饱受业界诟病，因为他们看似有违一些基本的建筑规律，仿佛我国成为洋大师们试验自己作品的演练场。而这些头脑发热的开发商把这种不管市场，不论客户，不符合住宅经济规律的举动贯之以“前卫”。忘记了建筑艺术是一种象征艺术、实用艺术，而非纯粹艺术，它离不开人们的需求。还有一个问题，就是模糊住宅的居住功能。一部分开发商简单地认为，随着信息时代的到来，会有相当部分人选择在家里办公。因此，推断办公室与住宅一体化是住宅的发展方向，如是 SOHO 风盛大江南北，结果居住办公两不宜。总之，在浮躁运作下，所产生的浮躁的作品，在经过几十年、上百年后肯定不会成为文化遗产，只会以文化垃圾的面目被世人遗弃。

我国的住宅产业应当按有序方向发展，这个“序”就是中华民族时代精神的体现。这个时代精神要求，须从以下几个方面着手准备：

一是要继承前人的成就、保持本民族、本地域的独特风格。建筑大师常说，只有民族的，才是世界的，只有民族艺术的精华，才能名列为世界文化瑰宝的殿堂之中。中华民族泱泱五千年，建筑文化源远流长，其代表不胜枚举，从代表国家政权的皇家宫殿、陵寝、衙署，到代表人们思想寄托的寺庙道观、文庙、宗祠，再到各地典型的民居。如华北的四合院，江南的园林，西南的一颗印，湘西的吊脚楼，百越的干栏式建筑、白壁、青瓦、马头墙的徽派建筑。这些建筑有的已成为当之无愧的世界历史、文化遗产，在世界范围内都享有广泛的影响力。而有些人却熟视无睹，抱着“不破不立”的态度，来应对这些他们自认为无用的遗产，大肆的毁灭性拆迁只能建成无内涵的建筑，留下了世人痛惜的遗憾。

以民族建筑中的瑰宝传统民居为例，传统民居的形式来源于传统的生活方式，民居的现代设计则将从现代生活方式出发，为传统住宅形式赋予新的居住功能。对于现代人来说，实用功能是第一位的，会客、对外交往等外向性公共空间通常会设在住宅的前部，并和日常起居、居住、家庭活动等私密空间有所区别，形成内外分明、互不相扰的分隔。这种分隔是含蓄的，是中国古典文化的一种精神体现。在配备必要的日常生活功能用房之外，现代居住形态和生活方式还要求在住宅中有选择地设置个人工作室、书房、计算机房、客房、游戏娱乐室、健身室、日光室、储藏室等专用房间或机动房间，这些功能的安排和设计，在平面组合较为灵活的民族式现代住宅中是较为容易实现的。

二是要学习与借鉴西方住宅成果，丰富住宅的形式和内涵。在西方，一栋住宅的建筑风格从业主选址和决定其功能就已经有所考虑，因为每个人都会有自己心目中“家”的形式，而且除了个人喜好外，不同的建筑风格是与不同的环境相适应的。美式住宅如果盖在了绿树掩映的丘陵山地就会显得不伦不类，同样，海滨别墅如果建在了内陆，娇小的和式住宅放在我国粗犷的黄土高原上决然不会有半点美感可言，所以要在与周边环境相融洽的前提下，充分体现住宅的独立个性，这样才能融入自然并超越自然。

比如美国的独立式住宅小区就通常是风格相近的房子组合在一起，形成和谐而丰富的街景，这种街景同样蕴含着美利坚民族那种包容并蓄的精神内涵。同时，美式住宅的平面布局与其立面形式作为一个整体，同样密不可分，独立式住宅的建筑风格是体现在平面空间布局、交通组织、立面细部等方方面面的一个整体，一旦脱离了这个整体，再华丽的局部也毫无美感可言。设想一下，如果在一个美式住宅的平面架上中式住宅的立面，结果必然像一个牛高马大的洋人穿上马褂一样滑稽可笑。

三是要在对欧陆风、民族建筑风格兼收并蓄的基础上有所建树。最艰巨而长期的工作，同时也是最富有争议的工作，就是要坚持对人类建筑文明的发展做出更为准确的认识。无论是欧式建筑，还是美式建筑，从使用者的角度来看，都是有可能偏爱的。我们必须提供给社会完整的真正意义上的个性化建筑，而不是简单的复制品，必须符合高尚的建筑文化，应是具有一定文化内涵的消费品与艺术品。涉及艺术范畴的争议性也是较大的，建筑艺术在漫长岁月的演变中不断地进行交融，所以，首先需要认清它们的本质，便是国人所崇尚的“魂”。认清建筑艺术的品质，表达的精神境界。前两点都是学习的过程，第三点才是创新的过程。结果是要形成崭新的、富有特色的住宅文明，这才是住宅的时代精神之关键和实质。

第六章 景观文化

改善住宅小区的人文环境

在城市化的推进过程中，环境的恶化、住房的紧张等，使得愈来愈多的人渴望找到一个家园化的良好居住环境。而近几年在房地产市场热潮的推动下，居住区构建也不断推陈出新，花园小区、绿色小区、智能小区、生态小区相继出现，“生态”概念成了房地产的一大卖点。但是，对于生态小区，在认识上存在一定的分歧。一部分人认为生态住宅就是住宅+绿化，并辅之以一定的智能化设施。这种观念并没有真正地理解或运用景观生态文化的理念，从而导致许多地产开发商在住宅开发中千篇一律地注重户外装饰和绿化，小区的规划设计模式脱离了人与环境有机融合的生态出发点，因而没有使居住区内的人居环境达到最优化。生态小区应具有一个良好的空间环境，小区内的规划建设应有效地利用其自然资源，注重人与人、人与建筑、人与自然三者的协调平衡与和谐统一，从而使住户在优美、和谐的住宅消费氛围中使身心得到最大限度的满足。

一、城市居民逐渐兴起人文思潮

住宅是一种特殊的商品，其商品属性中具有“人格化”的内涵和“亲和力”概念。从我国古代开始，人们就自己建设家园，希望在日常的起居中获得与大自然的亲近，中国住宅的古典园林就是较为成熟的景观住宅模式。随着社会的发展，工业化和城市化的进程加快，城市居民的起居生活逐渐远离了大自然。在经历了一定程度的现代化之后，住宅建筑本身要求重新回归自然并与自然和谐统一。由于自然景观与生俱来的亲和力，人们开始寻求与自然亲近的切入点。因此，景观生态住宅小区的产生是住宅建设的一种发展趋势，同时也是住宅自身更替的要求。二十一世纪是注重人与环境和谐发展的生态时代，人们对自己的居住空间、居住环境的品质要求不断提高，回归自然和寻求良好邻里关系的愿望也日益强烈。人们需要的不仅仅是一个可以遮风挡雨的“窝”，而且还要求有领域感和归宿感的“家”，更要求居住区域环境能给人以“园”的感觉，即在家居范围内可以放松心情，满足人的精神需求。同时，人又是居住环境的一个重要组成部分，这是住区社会性回归深层次原因。大到价值观念、信仰、理念，小到心态、性情举止，人的一切心理和行为无不受到住区环境的影响。因此随着人们生活水平的提高以及“以人为本”理念的社会渗透，以人文关怀与回归自然为主题的景观住宅市场的前景也日益广阔。

二、住宅小区人居环境的构成

小区人居环境是一个由多种要素构成的综合的、复杂的、动态的环境系统，一般可分为硬环境与软环境两部分。硬环境包括建筑物、植物及各种流动着的物质，软环境则指小区的文化氛围、居民的生活习俗及精神文明风貌等。在城市现代化不断发展的今天，人们的追求已经不局限于内部的居室空间和配套的现代化设施，而逐渐进入到了一个更高的层次和境界，那就是要求自己生活所在的城市和居住的居民区具有美好的景观、优雅的环境。这是城市居民综合素质提高的反映，也是精神文明进步的表现。因此，评价一个居住小区人居环境的优劣，要综合小区内的空间规划和环境氛围等来衡量。

1. 内域环境

内域环境主要指小区的内部环境空间。每一个居住小区都是以人为中心的、有机的人工生态系统。评价小区内的生态环境优劣主要从它的建筑规划环境、空间景观设计环境和生态文化氛围这几个方面来进行。而建筑房屋设计的优劣直接关系到整个小区的形象。在现代建筑设计中,主要依靠现代科技手段、现代材料、现代大众美学等,实现空间的全新组合与排列。在建筑技术日臻完美的今天,住宅区丰富的人文内涵对于住宅开发来说尤为重要,并真正关注人的心理需求和社交需求,为现代人的生活构筑温馨的情感空间,而小区文化氛围的营造则需要从景观设计学的角度,对小区的空间进行合理的设计与运用,从中体现出以人为本的理念。

2. 邻域环境

邻域环境主要是指小区周围的环境、交通等外部的因素。在住宅的区位选择上,人们普遍希望有一个良好的邻域环境,交通便捷,具有优雅的自然景观或者和谐的人文景观。一般来说,临近公园、学校是人们对邻域环境的首选,更是房地产开发的一大卖点。因为这样的邻域环境可以提供一个良好的景观空间和文化氛围,为居住区内不同年龄结构的居民创造便利的活动空间和积极向上的健康环境。

三、住宅小区景观文化氛围的营造

生态住宅小区建设是按照生态学原理,以空间的合理利用为目标,建立科学的人与人、人与环境的协调发展的人工化环境,使人类在空间的利用方式、利用程度、利用结构等方面与自然生态系统相适应,为人类创造一个安全、清洁、美丽、舒适的居住环境。目前,大多数住宅开发商主要从城市规划和建筑设计的角度开发建造生态小区,住宅的类型多年来基本上延续千篇一律的组团模式,很多建筑和绿化景观出现僵化并被废弃。在一些项目中,人们常常可以看到光秃的草坪和长年废置无用的水景,与社区环境或所处区域完全不协调的公用建筑、广场和雕塑,缺乏人居环境的和谐性和文化内涵。由于开发的热点过于集中在小区的智能化、信息化等方面,人的精神需求、生态文化的融入与糅合并没有在生态小区的开发设计中充分体现出来。

其实,小区景观的规划设计既是一种科学行为,又是一种文化行为。必须从人类美学和社会学的角度出发,把握人类的视觉感受和审美观念,并通过科学的、技术的和艺术的手段,以城市大多数人的视觉经验和生活实践进行构思,从而通过设计程序把人对环境的需求转化到空间形体中,塑造一个有定义的居住空间。为人们创造高质量的、优美的生活环境,为居住区创造一个人们喜闻乐见的居住氛围。居住氛围的营造,必须有一个以居民的需要和情感为追求目标的规划思想。同时,还需要对各种环境因素有一个充分的、本质的认识,包括对环境因素的影响以及人与环境协调的认识。重视人们与每一种环境相协调,以及人们居住的社会性内容,关怀居住者的心理体验和状态。小区文化的魅力正是通过环境与人的协调统一体现出来。因此,开发商必须致力于小区文化氛围的营造。主要从以下几个方面入手:

1. 建筑和空间景观文化的挖掘

中国建筑以其特有的风韵,在世界建筑之林独树一帜,在长期的历史上曾经影响着东方各国。建筑的魅力不在乎建筑的外貌,而在于建筑的内涵和构思。现代建筑的设计理念,应由依靠现代科技手段、现代材料等,逐渐向人与环境、人的生理精神需要与建筑之间的协调关系方向发展。

由于城市人口的猛增导致空间资源的紧张,对于生态小区的构建要在有限的资源上实现多数人的共享,实现资源利用的最优化和人居环境的生态有机化。因此,在生态小区内,建筑和景观的合理安排与设计尤为重要。对于居住建筑和住区景观,普通的设计由于缺乏风格与特色,从而导致了目前许多居住小区的建筑排列和景观设计零散混乱,缺乏人文景观与自然景观的有机结合。景观形式构筑再好的社区,若缺乏一定的文化内涵或人文环境的支撑,都是没有生命力的。所以,开发者应该从空间环境生态学和景观设计学的角度,进一步挖掘景观设计建筑文化,使小区的空域环境成为一个有机的整体。空域组成的有机性,一般表现为空间构成在形态上的规律性。这种规律性,既有内在的内涵性一面,也有外表的形式性一面。它的形式性,可以构成设计的各类要素,利用景观生态学的基质——廊道——斑块原理,进行空间的总体合理布局与设计;进一步根据设计构成原理,进行布局、刻画和装饰,从形体、尺度、轮廓线条、饰面、色彩、光影、质感、围合、格局、排列、重叠、排序等客观手法上，完成空间的合理布局。而它的内涵性，则在于设计实体所蕴藏的文化内涵和整体融和感。景观设计学将艺术与自然条件、历史、社会和设计哲学紧密连接起来，以填补文化背景、人类对空间的意向和整个环境之间的脱节问题。建筑或空域景观的作用不仅在其使用功能，还在于其精神文化功能。好的环境可以导致人们情绪的转换，促进人们的愉悦感和参与维护意识的产生，从而进入一个良性循环的有机环境。丘吉尔说过："先是人类塑造了环境，然后环境反过来又塑造了人类。"环境景观文化的这种作用是在多人的交流中潜移默化地发生的。人与环境的联系从来没有断开过，它们构成了大量的日常生活以及寓含于这种生活中的各种意义。

2. 邻里文化的增进与融合

对于日常生活中的人们来说，建筑环境中人的生活比空间和建筑实体本身更有意义。无论在居住区中，还是在娱乐场所，只要有人存在，一系列的活动便构成了富有生气的日常生活图景。人们最感兴趣的都是在建筑与各类空间发生的各种形式的人类活动，而不是容纳这些活动的建筑和空间本身，而这些人类活动表现在住区内则形成了一定的邻里关系。

快节奏的现代都市生活，使得人们在疲于工作的同时，也向往睦邻友好、热闹和谐邻里关系。在生态小区内，和谐的邻里关系的形成不仅有赖于小区的人口素质，而且有赖于小区内合理的邻里公共空间的设计。小区的居民人口素质高，精神文明程度也相应提高，人们就会自觉爱护共同的家园，还会积极组织各种文化活动进行交流，使小区呈现出一种安居乐业、和睦相处的祥和景象。反过来，小区内良好的社区环境和人际交往空间可以进一步促进邻里活动，提高居民的素质。

环境心理学研究表明，邻里共享空间对集体活动内聚力的形成至关重要，而集体内聚力又是邻里关系得以和谐发展的基础。居住区内的共享空间主要有居住区的广场或庭院以及休闲会所等娱乐场所。居民区广场作为邻里活动休闲的场所，其设计应以优雅、安静、舒适、赏心悦目去吸引人们，既为居住区内的居民所向往，又能使身处广场的人们尽情地享受到休憩、散步、观赏和交往的情趣。只有这样才能符合服务社会对象在心理环境方面的协调。而步行道则是居民茶余饭后的活动空间。步行道的形状、体量、通达性，对空间的分割与衔接都是景观设计的重要内容。应针对不同位置、不同年龄结构居民的活动范围与需要进行设计，使其在实用性和景观美学方面达到和谐统一。当代社区的设计要拉近人们的活动空间，将人们的步行与顺路做的各种事情及与邻里、熟人碰面的机会连接在一起。公共空间的设计要依据小区内居民的兴趣、审美能力、文化水平等方面进行分析，其尺度要有适当的点缀。从而使得交往空间更富有人情味，体现出温馨的气息。因此，建筑和景观设计领域配合需要为人们创造出这种归宿感、认同感、文化感和拥有感，这是一个社区的文脉。

3. 个性文化的体现

由于文化水平的差异，不同人群对住宅区景观的要求也各不相同。小区内居民知识结构的多样性、阶梯性，影响着人群的理解和识别能力，并造成需求的层面不同，也使得人们在欣赏认同住宅区景观的角度不同。文化层次高的人重在空间景观的文化理念和空间的精神内涵，既要看形式，更要看内容。而文化层次较低的人常常从物体的形式、材料色彩、体量及其使用功能上去看问题，把景观简单化、感性化和功能化，即只停留在形式上的认同。为了体现人们的个性需求，开发商在景观设计时应针对不同年龄的消费群体和不同文化层次人群的需求进行精心的组织安排，塑造不同的个性空间，设计丰富的各具特色的空间组合，以尽可能满足不同群体的需求，达到"雅俗共赏"的文化效果。对于建筑景观，尽量风格多样化，室内空间和室外空间可以适当打破目前的雷同格局，赋予建筑以丰富的表情与色彩。小区内应具有适量的相对封闭的公共与私人空间或精致且具特色的小庭园，以满足个体的活动需求。对于公共空间景观的设计，不应一步到位，应留有一定的细节空间，以根据人们的不同需要进行可持续发展。另外在生态小区构建时，进行社会的调查或网络征集，让消费者参与小区家庭空间格局和室外景观的设计，最后进行个体的融合，使小区景观既风格迥异又互相融为一体，充分体现出其文化氛围。

A COMPREHENSIVE HANDBOOK OF DEVELOPMENT OF REAL ESTATE IN CHINA VOLUME 16

第十六卷

住宅产业的科技创新

第一章　住宅产业科技发展

近年来我国住宅产业发展迅速，促进了建筑技术的进步和建筑材料的科技创新。随着生活水平的提高，人们的生活观念和生活方式发生了很大的变化，对住宅的要求也越来越高。如何发展住宅建筑技术，加快住宅科技创新，已成为我国住宅业乃至整个房地产业当前面临的重大课题。把握现代住宅产业科技与技术发展脉搏，尤其是了解国外住宅产业发达国家的成功经验，对于我国住宅产业科技与技术发展意义重大。

一、现代住宅产业科技的发展趋势

现在，世界各国为改善居住条件和提升室内设备和部品的质量都在积极推动、研究与开发新型建筑材料，开发建筑节能技术，广泛应用计算机等智能技术，研究居住环境保护与治理技术等。现代住宅产业的科技发展，从总体上看呈现以下几种趋势：

1. 高新技术应用日益广泛

引进和利用高新技术已成为现代住宅产业科技进步的先导和技术革新的动力。为解决技术难题，提高住宅建筑质量和项目效益，住宅项目在开发时，将微电子技术、信息技术、生物技术，以及新材料、新能源等高新技术应用于住宅的建筑技术、材料技术、建筑节能、居住环境等方面，高新技术在现代住宅建设中的作用越来越受到房地产开发商的重视，其应用也日益广泛。

高新技术的广泛应用与研究开发投入的加大和科研成果转化加快是分不开的。一些大型的建筑企业或住宅产业集团为了加大对高新技术的利用力度，纷纷增加研究与开发投入，或购买科研机构的研究成果加以转化，从而保持技术上的领先优势。

2. 绿色环保住宅大行其道

现在，世界各国已经兴起一股绿色环保住宅的热潮。绿色环保建筑的概念是为适应“可持续发展”课题而提出的。绿色环保住宅有两个方面的基本要求：一是建筑材料的环保要求；二是房子对能源的科学利用要求。具体说来，建材和饰材要无毒、无害、无污染，其中对室内装饰材料的要求更高，绿色观念也更强，从墙材、地材到板材，都有很高的环保要求。绿色环保住宅的另一大特点就是能源利用效率高，节能性好。在建筑技术上更注重房屋的保温功能和天然能源利用，如门窗使用高科技保温材料，来营造与外界不同的室内小气候以减少空调使用，安装太阳能热水器以利用天然能源等。

3. 智能化住宅渐成新宠

智能化住宅是指将计算机技术、通信技术、信息技术与现代建筑艺术有机结合起来，有效地利用现代信息与通讯设备，从结构、系统、服务和管理等方面进行全面综合从而使它们相互联系以构造一个安全性高、自动化强的居住环境。

现代通讯技术和网络技术的发展改变着人们的生活方式和工作方式，家庭办公也渐成趋势，居民对于住宅智能化的要求也越来越高。智能住宅正是适应这一要求而出现并日益受到人们的追捧。智能化住宅功能系统主要有：安全防范系统，水、电、气远传自动抄表系统，家庭电气设备自动化控制系统，通信系统等。智能化住宅充分体现了现代生活理念，满足了人们现代生活的需求，正成为现代住宅建筑的发展方向和必然趋势。

4. 健康住宅和特色住宅成新目标

健康住宅就是在满足住宅建设基本要素的基础上，对住宅的一个更高层次的要求，是着眼于提升健康要素，从可持续发展的角度保障居住者生理、心理和社会等多层次的健康需求，进一步提高住宅质量和生活质量，营造出舒适、健康的居住环境。

随着人们健康意识的不断增强，特别是装修带来的有毒化学气体暴露出住宅的健康隐患，给我国居民敲响了警钟，健康住宅在我国应运而生。其实在国外，健康住宅的概念很早就被提出来了，并且在实践方面，健康住宅已成为一大发展趋势。

我国现有的住宅还存在许多非健康因素，建筑材料的环境污染，房屋通讯设计不合理等问题广泛存在。在我国发展健康住宅，应积极进行建筑技术创新和开发新型健康的建筑材料及住宅部品。因此，建设健康住宅将成为我国住宅产业科技发展的方向。

另外，高科技建筑材料的不断出现以及现代建筑技术的日益精湛，给各种特色住宅的建设创造了条件。特色住宅以其艺术性和与众不同的设计给人以全新的心理感受，是建筑科技发展的一种展现形式，必将成为喜欢标新立异“新新人类”的追求目标。

二、借鉴加拿大住宅产业技术发展经验

在过去相当长的一段时期内，我国实行的是计划经济下的住房福利分配制度，住宅的商品化只是最近十年来的事情。实行商品房制度以来，我国住宅产业发展飞速，住宅产业技术也获得了迅猛的发展。但与住宅产业发达的国家相比，我国的技术还存在明显的差距。研究国外住宅产业技术的发展，对推动我国住宅产业技术进步，推进住宅产业化进程，促进住宅生产方式变革，提高住宅建设整体质量水平意义重大。

加拿大住宅建设的标准化、工业化和资源利用的高度集约化在世界上首屈一指，其住宅产业技术水平和住宅建设整体水平都处于世界领先地位，其住宅产业技术也备受许多国家追捧与效仿。加拿大的住宅优点很多，宽敞舒适、安全卫生、经济实用、坚固耐用、节省能源，这些都得益于其先进、高效、实用的产业技术和完善的住宅产业成套技术体系。

1. 加拿大住宅产业技术发展的原则

加拿大住宅建设倡导“健康住宅”理念，这一理念涵盖的内容很广，从住宅的规划设计、技术产品的选择，到住宅的建造施工及居住环境的营造，这一理念贯穿于住宅建设的全过程，主要体现于以下五个基本原则：

（1）**居住者健康**。室内空气和日常生活用水质量达到一定的标准；采光照明及隔声条件符合基本要求；建材的辐射及网络电路的电磁辐射低于限定强度等。

（2）**能源效益**。减少住宅外围护面积，利用性能良好的保温墙材料和气密门窗来改善住宅的保温隔热性能；选择适当的住宅能源，配备高效能的采暖、制冷及通风设备；住宅的朝向及窗户的安装着眼于能够在寒冷的季节获取太阳光、在炎热的秀节增强住宅的自然通风以利用可再生能源；使用控制装置减少高峰时段的用电量，选用有效的家用电气及照明设备等来节省电能。

（3）**资源效益**。建筑材料要尽

可能选用可再生、再循环材料，科学使用材料，减少垃圾，重复利用材料及最终将废弃材料通过再循环为有用产品；在室内安装节水卫生器具和设备；室外精心规划景观和自然派水，最大限度地控制和减少用水；选用坚固耐用的建筑材料和保温隔热及外装饰材料等。

（4）**环境责任**。生产过程中选用对环境污染少，资源利用效率高的材料和产品；安装高性能及低辐射的设备和装置；通过节水措施减少废水和污水量，对家庭污水采用适当处理技术；社区的选址应能最大限度地减少生态破坏；避免在施工过程中及住宅使用中使用有害材料，同时配备堆肥及回收设施等。

（5）**可支付能力**。要求提供的住宅物美价廉，性价比合理。在对住宅产业技术的工业化水平上要求选用集约化、标准化程度高的技术和产品。降低施工周期和建设投入以减少住宅建造成本。灵活地设计建筑以便人们将来的重复使用，提高住宅的适应性；在住宅的功能性方面，要考虑人们的多样化需求，以满足不同家庭成员结构、不同消费层次和消费观念的变化等。

2. 加拿大住宅建设的功能特点

加拿大住宅建设突出住宅的实用性能，建筑师对住宅的规划设计、建造方法、施工技术以及材料选用等进行统筹兼顾，综合应用多种专业技术知识对住宅建设进行系统研究和整体设计，从而提高住宅的成本效率和实用性能。在实用性能上主要强调“三性”：

一是住宅的坚固耐久性。加拿大住宅追求安全、坚固、耐久，努力提高住宅的使用寿命，减少整个建造和使用的成本。

二是住宅的舒适性。根据不同的气候条件和使用要求，对住宅的围护结构采用适用的保温隔热材料和技术，尽可能地利用采暖、通风和空调技术，从而保证室内空气流通、热量转换和湿度调节，以满足人们对室内环境的要求。另外，舒适性还体现在生活环境的设计上，如室内设计满足不同年龄层次居民的心理和生理多重需要，还要兼顾残疾人，采用无障碍化设计等。

三是住宅的安全性。室内空气质量达到相关标准，建筑及装饰材料排放的有害气体或辐射进行有效控制。采用灵活方便的能源自动化和住宅其他设施如防水报警器等自动化控制技术，为人们提供舒适、方便、安全和便于通讯等各种优越的居住条件。

3. 加拿大住宅产业技术发展状况

加拿大住宅建筑技术以“健康住宅”理念为发展原则，采用相应的技术体系，形成了以木结构、轻钢结构、混凝土板式结构、轻钢与混凝土复合结构为主的建筑体系和与其相配套的工业化生产墙板、布线、门窗、厨卫部品及技术体系，实现了“标准化设计、工厂化生产、机械化施工、一体化管理”的住房现代化生产体系。

（1）**住宅建筑结构体系**。加拿大根据其自然资源及地理气候特点，形成了适应本国国情和不同住宅类型的结构体系。主要有以下几种：

①**木结构住宅体系**。加拿大的低层住宅以木结构为主。木结构住宅的特点是：应用于大规模工厂化生产，可在任何气候条件下高效建造；空间布局可改性好，可按市场要求随时改变空间布局；在安装配套设施时可节省不少时间，从而可达到最高的绝热保温标准，既节省能源，又能提供舒适的居住环境。此外，还可以减少工序和废料，并能充分进行对回收材料利用。

②轻钢结构住宅体系。轻钢结构住宅在加拿大占有一定的比例，是加拿大低层及多层住宅常用的结构形式。其技术特点与木结构体系具有相似之处，其独特的优点在于：质量轻、强度高、抗震性能好、防火性能好、工业化程度高、材料性能好且环保回收率高等。目前，轻钢结构体系用于旅馆等公共建筑一般可盖到7层，用于住宅可盖到4-5层。

③混凝土结构住宅体系。混凝土板式结构、轻钢与混凝土复合结构是加拿大高层住宅的主要建筑体系。混凝土板式结构综合利用了加拿大各种模板技术及现场浇注混凝土板等工艺技术，实行机械化施工。轻钢与混凝土复合结构是将冷轧钢与现场灌注的混凝土黏合在一起或在工厂里就制成板，构成楼板、横梁、顶梁、立柱和墙壁等结构，是逐渐取代混凝土板式结构的新结构，它在高层住宅建筑中具有广阔的发展前景。

(2)住宅配套技术及产品。加拿大的住宅配套技术水平与产品质量也在世界上处于领先地位。如混凝土砌块技术、屋面装饰技术、塑料产品技术、门窗技术、厨卫技术、供暖技术以及空气流通与热量控制技术等均具有世界领先水平，很值得我国学习和借鉴。

三、国际上住宅产业技术发展对我国的启示

在我国发展住宅产业技术，不但要求政府及房地产管理部门从决策上加以规范和引导，还得在具体操作过程中采取有效措施和手段切实促进其发展。

1.建立统一、高效的住宅产业技术发展管理机制

住宅产业的关联度高，涉及建筑、冶金、化工等多个行业。因此，发展住宅产业技术是一项长期的系统的工程，要使其协调快速地发展，就必须建立一个统筹全局、运行有效的发展决策机制和运行机制。

(1)建立专门的管理机构。住宅产业发展涉及国家发展规划、国土资源、贸易、财税、金融、建设等政府主管部门，因此，仅靠单一的建设主管部门很难解决住宅产业技术发展中出现的各种问题。这就需要建立专门管理机构进行统筹规划，协调发展。这在加拿大可以找到明证，如加拿大的楼宇贷款保险与房屋署(CMHC)是融住房市场、住宅技术研究、住房金融、外贸等职能与功能为一体的住房综合管理机构，它可以有效负责管理和协调住宅发展中的问题，推广和引导使用现代建筑技术促进住宅产业与现代科技发展超前发展。

(2)组建国家体系住宅发展研究中心。目前，我国还缺少一个集住宅市场技术和政策研究于一体，为各级政府决策提供技术支撑的住宅综合研究机构。现有的建筑及住宅研究机构虽然不少，但没有充分发挥出为政府部门出谋划策的作用。对住宅技术发展中深层次问题的研究重视不够，我国应在现有的国家住宅工程中心的基础上，组建国家住宅发展研究中心，负责住宅市场产业技术及产业政策的研究，制定住宅技术发展规划并提供住宅产业的综合信息，进而成为政府的决策咨询机构。

(3) 加强政策和舆论引导，合力推进住宅产业现代化。住宅产业的发展在我国刚起步，相关的政策还不完善，而住宅产业现代化更是一个超前全新的概念，因此我国发展住宅产业，需要产业政策和社会舆论的正确引导，才能形成有利于产业现代化的社会环境，提高企业推进住宅产业现代化的积极性，使政府、企业和消费者形成合力，共同推动住宅产业技术进步。

2.加大科研投入，重视技术研究，完善我国住宅产业技术体系

(1)加大科研投入，重视新技术研究。国际与发达国家政府非常重视新技术的研究开发工作，各国每年都拨付专款来进行新技术的开发研究。同时，政府的各种社团组织，往往也集中大量的资金和人力，致力于推动加拿大住宅技术的开发应用。相比之下，我国对于住宅产业的科技研发力度还远远不够，这是造成我国住宅产业技术落后的一个主要原因。因此，加大科研投入，加快研究成果转化将成为我国住宅产业技术发展的重要内容。

(2)加快我国住宅建筑体系的研究。成熟的成套建筑体系和与之相配套的成套技术对于提高住宅建设的工业化程度具有决定性作用。我国的住宅建筑体系虽然较多，但没有系统化，再加上建筑技术多以单项技术发展为主，缺乏标准化、配套化技术，严重限制了住宅建筑工业化发展。因此要加快我国住宅建设工业化，首先要解决建筑体系问

题，要加强混凝土结构、钢结构住宅建筑体系的标准化研究，形成完整的系统研究体系；其次要加强对住宅技术以及部品的通用性研究，从而逐步形成系统化、规模化的生产体系。另外，我们还应该积极研究国外先进成熟的建筑体系和技术，结合我国实际加以推广应用。

（3）加强住宅部品研究。住宅产品是住宅必备的配套物件，也是住宅技术体系集成的基础。目前我国住宅部品的科技含量有了一定程度的提高，但是随着人们对其住宅部品性能要求的不断提高，加强住宅部品的研究开发是大势所趋。结合我国技术发展现状，在住宅部品上应重点对以下技术和产品进行研究：

①以外保温为主的复合外墙。重点发展以粉煤灰、煤矸石等工业废渣、生活垃圾和建筑垃圾为原料的多孔转、砌块和新型墙板、外墙保温技术。

②具有抗风、气密、水密、保温、隔热、隔声等良好性能的塑料复合门窗。

③舒适、节能型供热制冷技术设备。包括高效供热设备、热控制和计量技术、变频户式冷热源系统技术以及太阳能、风能等能源利用技术。

④定型化、配套化和系统化厨卫住宅部品。如整体厨卫、整体浴室、节水型便器配套技术和产品、管线综合、布管配管技术和产品等。

⑤住区环境新型技术设备。包括水质和水压保障技术、中水处理和回用技术、生活垃圾处理和利用

技术、优质草皮和绿化技术等。

3.转变住宅建设理念，提高住宅建设的经济效益、社会效益和环境效益

（1）住宅区规划设计理念应由住宅小区向居住社区转变。住宅小区的封闭式布局和封闭式管理在一定程度上已不能满足人们与外界交流的需要。住宅社区住宅的组团布局模式比较容易满足居民开放交流生活方式的多种要求，有利于充分利用社会资源，从而能够创造更高的经济效益。

（2）住宅的装修一次性到位。提供毛坯房的做法是我国住宅建设的特有现象，而在住房商品化、社会化高度发达的加拿大，住宅全部做到一次性装修到位。住宅装修实现一体化设计施工，工程质量能得到有效保证，又有利于实现装修工业化。

（3）居住区环境要讲究自然美。在加拿大，不管是高档社区还是普通社区，都很少看到像我国对住宅小区进行人为环境塑造的相关做法（如亭台楼阁、假山瀑布等）。加拿大的居住环境讲究利用自然、回归自然、享受自然，多以植树种草为主，营造朴实、自然的环境，这种做法既经济实惠，又具有园艺美的自然和谐，而不像我国走人工造景遍地开花的陈俗烂套。

（4）提高住宅技术的实用性和高效性。住宅技术在我国虽然已有了一定的发展水平，但其实用性和高效性还有待提高。应在积极开发、推广应用中水及污水处理和回用技术、生活垃圾处理技术、太阳能和地热等自然资源利用技术、住宅保温节能技术的过程中，提高这些技术的实用性，使它们真正对住宅产业发展起巨大的推动作用。

（5）提高住宅建设的技术集成水平。这包括住宅建筑结构技术的集成，住宅配套设备的技术集成以及装修与部品的技术集成。通过标准化、信息化技术整合单项产品和材料，形成系统化、配套化的技术体

系，使离散化的产品形成集成化的成套技术，促进住宅建设由粗放型向集约化转变。

4.积极推进住宅产业技术现代化,引导住宅产业走科技发展之路

住宅产业技术现代化是住宅建设的必然趋势，代表了住宅建设发展方向。我国住宅产业技术的发展，应该在住宅产业框架内，遵循一定技术原则，采用切合实际的措施加以促进。

（1） 住宅产业技术发展目标。住宅产业技术发展目标是加快推进住宅产业技术现代化，提高住宅建设的整体质量，提升住宅建设的劳动生产率,广泛运用建筑技术,走科技含量高、经济效益好、资源消耗低、环境污染少的新型工业化道路。

（2） 住宅产业技术发展的原则。坚持可持续发展战略,发展有利于节能、节地、节水、节材和减少污染,有利于工业化规模生产、系统化配套和机械化施工，有利于利用自然资源，采用适应当地条件的技术和产品。坚持技术集成和成套技术体系整合的系统化思路，完善住宅建筑体系，部品体系和环境保障技术体系等基础技术的标准化、工业化技术。

（3）住宅产业技术发展的措施和途径。具体而言,其有效措施及途径如下：

①完善住宅建筑体系。加紧解决主体结构体系和维护结构体系的标准化技术及配套技术问题。研究现有的建筑结构体系存在的问题，对建筑体系加以改进和完善，形成与标准化、工业化相适应的完整系统的生产技术。借鉴国外一些成熟的建筑体系及与之相配套的成套技术,如钢结构住宅体系、砌块结构体系、钢木混合结构体系等。

②加快住宅成套技术的集成和整合。住宅成套技术体系包括:住宅建筑体系、节能与能源利用技术体系、厨卫技术体系、管线技术体系、环境及其保障技术体系、智能化技术体系和建造技术体系等七大技术体系,这些体系要形成合力,进行整合才能发挥。应加快各技术体系内各种技术的集成和各技术体系之间的整合，以完善我国住宅产业成套技术体系。

③建立并完善住宅部品和住宅性能认定制度。我国现在针对某些住宅部品虽然制定了相应的质量标准，但是在具体实施过程中出现了许多问题，假冒伪劣现象严重。对此，我国应在质量检测的基础上加强对住宅部品的性能认定，制定科学有效的性能认定制度。此外,我国对于住宅性能还没有严格的标准要求,也急需完善住宅性能认定制度。

④充分发挥住宅示范工程建设的引导作用。住宅示范工程建设对于住宅产业发展具有很好的引导作用,所以,以示范工程为载体,大力推广应用新型住宅产业成套技术和住宅部品，进而引导和推动住宅产业技术发展是我国当前的可行做法。

⑤培育推进住宅产业技术现代化的企业集团，发挥市场主体在推进住宅现代化过程中的积极性。要在住宅行业内建立和培育一些具有技术创新能力的骨干企业，形成实施住宅产业技术应用和技术集成的具有优势的企业群体，让他们发挥示范和带动作用;同时,积极引导和扶持以房地产开发企业为龙头和纽带,从事住宅设计、住宅技术和产品研发的企业整合成较大规模的企业集团，并调动其推进住宅产业现代化的积极性和创造性，发挥它们的辐射作用和带动作用，将我国的住宅产业技术推向新的发展阶段。

第二章 住宅建筑的节能

目前，住宅已成为中国耗能大户，据有关部门测算，目前，98%城乡房屋为高能耗建筑。住宅总能耗已占全国能耗的 37%，导致我国各地夏季缺电、冬天缺煤的“能源荒”局面中，住宅耗能已成“耗能大户”。有关专家就此建议，要改变传统的住宅建设方式，大力发展节能型住宅，把住宅能耗大幅降下来。改善供电等能源供应紧张局面，不能一味建发电厂，更重要的是要推广建设节能房。

据了解，我国既有的城乡建筑中，98%为高能耗建筑，新建住宅中，也只有 5%符合现阶段的节能标准。这导致我国单位建筑面积采暖能耗高达气候条件相近的发达国家建筑能耗的 3 倍左右。在建筑能耗中，空调又是“能耗大户”，夏季城市电能消耗的 40%都用在空调上。但这种状况不是不能改变，事实上，在建筑能耗中，空调制冷用电有巨大节能空间。有专业人士算了一笔账：按现有建筑建设规模和增速，到 2020 年，全国制冷电力高峰负荷将会翻两番，即达到约相当于 10 个三峡电站的满负荷电力，为了满足空调制冷的高峰负荷，电力建设总投资共约需 1.4 万亿元，这是个十分惊人的数字。如此以建电站应付高峰用电需求，是很不经济的。但如果应用已经成熟的节能住宅技术，给住宅穿上一层“棉袄”，冬夏两季所用空调的耗电量就会大幅减少，住宅总能耗可减少一半以上。

由此看来，建立节约型社会中，住宅节能是个要下大力气研究和应用的大课题。这就要求我们，调整既有的建筑建设理念，以相关政策限制和摒弃高耗能住宅，鼓励支持应用建筑节能技术，从节能住宅中要回一个个“三峡电站”来。

电能的短缺给我国的建筑用能敲响了警钟。目前，我国建筑能耗约占总能耗的 28%，是相同气候条件发达国家的 2-3 倍。作为建筑的一大主体，住宅的能耗问题日益受到人们的关注，住宅节能的呼声越来越高。住宅建设如何通过节能这一关，将成为今后相当长一段时期内我国政府及房地产开发商必须共同面对的问题。

一、住宅节能迫在眉睫

建筑节能概念的提出始于 20 世纪 70 年代。1973 年，欧佩克国家对美国石油禁运，世界石油危机爆发，促使发达国家采取各种措施节约能源,建筑节能被提了出来。建筑节能的内涵是不断变化的,现在国际上通行的说法是指提高建筑中的能源利用效率,即特指建筑使用过程中对采暖、空调、热水供应、炊事、照明、家用电器等方面能耗的节约。发达国家在这些方面大力开展科技攻关,并采用激励和强制的办法促进建筑节能技术推广,收到了良好的效果。近些年来,我国也在推行建筑节能。

随着我国城镇化建设的不断推进,城镇居民比例逐渐增大,住宅建筑面积日益扩大。城镇住宅的能源消耗量随之也呈现迅速增长态势,与我国能源紧缺的现状形成了深刻的矛盾。

1. 住宅能耗呈现迅速增长态势

随着我国人民生活水平的提高,住宅能耗呈现迅速增长态势,主要存在如下几个方面的原因:

(1)高能耗的住房面积继续增加。近年来我国人口每年增加约900万,而每年每人平均新增房屋面积1.3-1.5平方米,再加上每年1500万农村人口向城镇转移,我国城镇新增住房面积数额巨大。而在这些新增的房屋建筑中,95%以上还是高能耗建筑。从总量上看,我国已建成的节能住宅面积占城镇住宅建筑总面积的不到2%,其他绝大部分为高能耗建筑。

(2)居民对住房室温的要求越来越高。2001年统计结果显示,住宅空调每年以1100万台的惊人速度增长。同时,居民对于室内温度的要求也越来越高。冬天室温由12℃、16℃提高到18℃甚至20℃,而夏天的室温由32℃降低至28℃甚至24℃。空调数量的剧增及工作负荷的加大使得我国住宅能耗占建筑能耗总量的比例日益增大,进一步加剧了我国电力紧张局面。

2. 能源紧缺问题日益突出

现在我国已经进入经济建设的高耗能时期。工业化进程的加快和人们生活水平的提高对能源的需求越来越大,能源供不应求的紧张局面业已形成,能源紧缺成为制约国民经济发展的一大瓶颈。建筑耗能由于在全国总能耗量中约占1/3,节能潜力巨大,因而成为国家缓解能源压力的极为重要的突破口。

在建筑能耗中,空调制冷用电占了相当大的一部分,空调制冷是造成夏季电力供应超负荷的重要原因之一。2003年夏季由于持续高温,多数电网负荷连创历史新高,全国电网几乎全线告急,至少有10个省市不得不拉闸限电,各电网高峰负荷中约有1/3为空调制冷负荷。随着空调的使用数量不断增加,预计到2020年,全国制冷电力高峰负荷将会翻两番,相当于10个三峡电站满负荷运作提供的电量。

要解决电力紧张状况,如果仅仅单方面地采取增建电力设施的做法,显然既不现实,也不明智。因为,随着空调数量的不断增加,电力工业的峰谷差必然会进一步扩大,高峰用电问题也会更加严重,如果只是为了保证高峰期用电而增加电力设施,不光会由于设施闲置和重复建设而浪费资源,我国目前的经济条件也不允许。

由此可见,现阶段建筑节能是缓解我国能源供应紧张的有效可行途径,国家将建筑节能列入重大发展战略问题。有专家预测,如果我国从现在起就下决心抓紧建筑节能工作,对新建建筑全面强制实施建筑节能设计标准,并对原有的高能耗建筑有步骤地推行节能改造,那么到2020年,我国建筑节耗将减少3.35亿吨标准煤,空调高峰负荷可减少约8000万千瓦(约相当于4.5个三峡电站的满负荷运作能力),可减少电力建设投资约6000亿元。如果在技术上再接再厉的话,能够做到在2020年建筑能耗达到发达国家20世纪末的水平,则节能效果将更为巨大。但如果继续放任自流,不采取坚决有效的措施降低建筑能耗,则必将长期加重国家能源负担,对我国经济的可持续发展产生严重阻碍,对能源安全和大气环境造成重大威胁。

二、有效借鉴外国住宅节能经验

面对全球能源的日益紧张,世界各国特别是欧美发达国家对节能技术给予了充分的重视。近30年来,各国在建筑设计和施工、新型建筑保温材料的开发和应用、建筑节能法规的制定和实施、建筑节能产品的认证和管理等方面做了很多的工作,不但节省了大量的能源,取得了可观的经济效益,同时改善了环境。而我国的建筑节能工作在上世纪90年代初才开始启动,因此,国外住宅节能技术和保温材料的发展,对于我国开展住宅节能很有借鉴意义。

1. 节能标准的制定和取得的社会效益

自20世纪70年代发生全球性能源危机后,世界各国政府对能源的利用情况进行了全面的分析，一致认为必须对建筑设计制定节能标准，并制定法规保障其执行。于是各国纷纷建立了自己的建筑节能标准。

美国在 1975 年第一次颁布了 ASHRAE （美国采暖、制冷及空调工程协会） 标准 90-75 “新建筑物设计节能”。在此基础上，1977 年 12 月美国官方正式颁布了“新建筑物结构中的节能法规”，并在 45 个州内收到了明显的节能效果。美国国家能源局、标准局及全国建筑法规和标准大会不断地在建筑节能设计等方面提出了新的内容，每 5 年便对 ASHRAE 标准进行一次修订。

日本住宅金融公库早在 1979 年就颁布了住宅建筑保温隔热标准，规定了建筑部分热阻，并对各种保温材料规定了最小使用限度。

国外的建筑节能由于实行得较早，已取得了令人瞩目的成效，整个国家的建筑能耗大幅度下降。如丹麦 1985 年比 1972 年虽然采暖面积增加了 30%，但是采暖建筑能耗却减少了 318 万吨标准煤，采暖能耗占全国总能耗的比重，也由 39%下降为 28%；美国自从制定节能标准至今，已节约了价值几百亿美元的能源。其住宅每年节能 2 亿美元。由此可见，国外的建筑节能取得了显著的社会效益和经济效益。

2. 节能技术与材料在住宅中的应用

（1）保温材料在墙体及围护结构中的应用。建筑保温材料是实现住宅节能的基本条件，各国在住宅建筑中采用了大量的新型建材和保温材料。实心砖已普遍被空心砖和多孔砖所替代，在空心砖块砌成的墙体中，往往还填加膨胀珍珠岩、散状玻璃棉或散状矿物棉等松散填充绝热或隔热保温材料。

在住宅的围护结构中，一般采用轻质高效的玻璃棉、岩棉、泡沫塑料等保温材料。住宅的墙体结构最外层基本上是木质或塑料墙板，然后是一层硬质的泡沫塑料，最里面才是墙的标准主体或木框结构等。

（2）保温材料在屋顶上的应用。节能住宅的屋顶大多为尖顶，在尖顶的阁楼空间紧接屋顶的下面都装有供空气流通的通道，既可促进空气流通，又可起到一定的保温隔热作用。同时在天花板的上面一般都铺设有玻璃棉或矿物棉毡，有的直接吊装由玻璃棉或岩棉等保温材料和装饰贴面复合而成的天花板或吊顶。

（3）节能门窗在住宅内的使用。门窗是室内保温的最薄弱部位和环节，国外的节能住宅对门窗的节能要求很高。在气候比较寒冷的国家，住宅门窗往往具有防止散热和充分利用太阳能集热保温的功能。如增大窗户面积，门窗采用双层设计等。而在平均气温较高的国家，房屋门窗大多采用具有隔热及反射太阳光功能的新型材料。

（4）节能照明技术在住宅内的应用。房内墙体涂料或壁纸采用乳白色或淡黄色等浅色调，可以使房间内显得明亮许多；客厅等较大的房间使用多角度的装饰灯具，保证房间的各个部分都能采光；大量使用节能灯具，根据自然光线的强弱调节灯光的亮度。国外住宅节能照明技术的运用，不仅减少了住宅的用电量，也为社会节省了不少能源。

三、我国住宅通过节能关的对策

我国现在的住房面积约为 400 亿平方米，而能达到节能标准的还不到 1%，新建住宅也只有 15%达到节能标

准。因此，我国住宅节能潜力巨大。作为建筑节能的一个重要方面，在我国开展住宅节能工作，应结合我国实际，统筹兼顾，循序渐进地向前推进。就目前来说，应从以下几方面入手：

1. 提高居民的节能意识

没有广大居民的支持与配合，住宅节能就难以全面地真正地落实到位。我国现在推行住宅节能面临的最大问题就是居民的节能意识不强，对住宅节能的支持力度不够。造成居民节能意识不强的原因又是多方面的：

首先，人们普遍认为推进住宅节能会大大增加住宅成本，而节能效益短期内难以体现出来。其实这是认识上的误区。现阶段，我国节能住宅的造价比一般住宅大约高出3%，但是因为节能，每年的运营费用却可节约60%，从长远来看，这是一笔相当可观的数字。可以说，推行节能只会降低住宅成本，是一项潜力巨大的工程。

其次，居民的选择意向左右着开发商的住宅建设方向，造成推广节能住宅的动力不足。由于居民的节能意识不强，虽然节能住宅只比一般住宅的售价高出不到5%，但大多数人还是选择一般住宅。另外，不少市民在购买新居时，对房屋的通风性和透光性的要求很高，往往以窗户面积大小为取舍的标准。房地产开发商为了保证项目开发成功，毫无疑问只会去迎合消费者需求。而节能住宅由于市场需求不高，开发风险较大，大多数开发商不愿意介入。

可见，居民节能意识不强是节能住宅难以被普遍接受的关键因素之一，这是我国推行节能住宅的最大障碍，而要提高居民的节能意识是一个长期渐进的过程，需要政府积极宣传引导，并努力发挥节能住宅的示范作用。

2. 尽快出台住宅节能法律法规和标准

实践证明，住宅节能不可能自发地开展，必须首先由政府主导，由国家立法，并制定相应的节能标准，对住宅节能做出明确的规定。

我国的建筑节能工作1986年开始起步，《民用建筑节能设计标准》于同年颁布。在建设部建筑节能"九五"计划和2010年远景规划中，进一步对我国建筑节能工作做出了全面部署，并提出了逐步推进的方针。这些标准、规划以及相关管理办法的出台，极大地推动了我国建筑节能工作的有序开展。

但是，建筑节能尚未提高到法规高度，对于住宅节能缺乏统一的标准。因此，相关部门应尽快把住宅节能列入议事日程，对《节约能源法》进行补充修改，增加推进住宅节能的关键性内容，并明确对住宅节能的激励政策；由国务院制定《住宅节能管理条例》，规定管理住宅节能是政府必须完成的任务，明确各级政府的职责，建立住宅节能法规体系；在住宅节能标准设计上，有关部门制定一个大体框架，各地结合当地实际制定具体的节能标准。如北京于2004年7月1日起开始实施新的居住建筑节能设计标准，新标准和原来的标准相比且有两大特点：一是从原有的节能50%变为节能65%，进一步降低能耗的措施完全由墙体围护结构承担；二是和过去标准只考虑冬季采暖不同，新标准制定的原则是以冬季采暖为主，兼顾夏季空调制冷的节能，这是一种与时俱进的做法，应大力提倡。

3. 推广应用节能技术和保温材料

节能技术的不断进步和高科技保温材料的更新换

代为推行住宅节能创造了条件。其实，大多数节能技术都可以从保温材料的使用中体现出来。在我国推广应用住宅节能技术和保温材料，重点应放在以下两个方面：

一是节能门窗玻璃的推广应用。在住宅围护结构中，门窗是保温的最薄弱部位，是热交换和热传导最活跃、最敏感的部位，传热和失热损失是墙体的5-6倍。门窗和玻璃的节能做好了，住宅节能效果一般就可提高40%左右。因此，推广应用节能门窗对于住宅节能意义重大。

1992年建设部评审并推荐了我国第一批节能型建筑门窗。此后，随着建筑节能标准的提高和建筑门窗节能技术的改进，建设部又于1998年5月及1999年12月分别颁布了《建筑节能门窗新产品推广应用公告》和《住宅建设中淘汰落后门窗产品的通知》。在规范的标准作用下，近年来，建筑门窗行业形成了优先、重点推广以塑钢门窗和断热节能高档型铝门窗等为主的节能环保型门窗，还研制成功了高密封双玻彩板节能门窗、单玻玻璃钢节能门窗、铝塑复合节能门窗、钢塑复合节能门窗等一大批新型节能型门窗，这样大大推进了住宅门窗技术创新的步伐。据相关资料显示，目前达到各地建筑节能设计标准的节能型门窗的市场占有率已达50%左右。但这些节能门窗大都用在大型公用及商用建筑上，在广大范围的民用住宅建筑中的应用还很少见。如何加大节能门窗在新建住宅及旧住宅翻新中的使用，将成为我国推进住宅节能工作的一项重要内容。

二是保温墙材的推广使用。用新型墙体材料代替“秦砖汉瓦”，既可以提高墙体的内外保温性能，使住宅冬暖夏凉，又能达到房屋外表美观漂亮的目的。

目前，各地根据各自的条件推广的建筑节能技术有：外墙内保温技术，采用这种技术生产的多种内保温复合墙体已在节能工程中得到比较广泛的应用，但随着节能技术的进一步发展，墙体内保温将逐渐被外保温取代；空心砖墙及其复合墙体技术，空心砖墙保温效果优于实心砖墙，且节约制砖能耗，再与高效保温材料复合，节能效果更好；加气混凝土墙技术，加气混凝土导热系数较低，多应用于框架填充墙及低层建筑承重墙，在保证砌块耐久性的条件下，也可作多层或高层建筑外墙使用；混凝土轻质砌块墙体技术，利用当地出产的浮石、火山渣及其他轻骨料或工业废料生产多排孔轻质砌块，用保温砂浆建筑，在回收利用固体废料降低建筑成本的同时，还能起到很强的保温节能效果。

因此，上述节能墙材及技术的推广使用，可以大大加快我国住宅节能的前进步伐。当然，在推广过程中，各地应该结合自身的自然条件因地制宜，有选择性地使用保温墙材及技术。国家还应制定相关配套政策，对积极使用节能建材及部品的开发企业，给予减免某项税收等政策的鼓励和支持。

对住宅节能技术及保温材料的推广使用，还可以向国外住宅节能工作已取得成效的国家学习，不仅要学习他们的节能技术，如住宅外保温的多层墙体技术，更要借鉴他们成功的推广经验，以更好地为住宅节能服务，提高综合利用效益。

4. 充分利用太阳能等可再生资源

太阳能持久、清洁、便利和取之不竭。据权威人士估算,太阳每秒钟照射到地球上的光能约有500万吨煤的当量。在国外,如以色列、瑞典他们都是向太阳伸手要能源,并取得了成功。

而我国具有丰富的太阳能资源,年日照时数超过2200小时的地区约占国土面积的2/3以上,利用太阳能具有得天独厚的自然条件。推行住宅节能,不光要对能耗"节流",还要积极"开源"。太阳能住宅的提出,将我国住宅节能向前推进了一大步。

2002年建设部颁发了175号文件,在《建筑节能"十五"计划纲要》中明确提出了"研究推广太阳能建筑"的发展战略,文件中具体提出"到2005年累计建成太阳能建筑5000万平方米,太阳能热水器集热板使用面积达到6000万平方米,利用太阳能发电、采暖与制冷的建筑面积达到2000万平方米的战略目标。

在此背景下,太阳能热水系统得到了极大的推广和普及。目前,我国太阳能热水器总拥有量约为4000万台,但还有不足,像家庭普及率仅为5%。在推广太阳能住宅的过程中也遇到了许多难题,如管理部门、设计单位、开发企业以及用户对于太阳能住宅的认识存在严重分歧,一些城市建设主管部门认为太阳能热水器影响城市美观要求将之撤除等。

随着太阳能技术的不断发展,现有技术已可以让任何楼层的住宅享用热水器带来的便捷。新型太阳能集热器的试制成功,使太阳能热水器可直接作为建筑构件,在屋顶、墙面和阳台使用,斜坡和平顶镶嵌式太阳能热水器的集热板均可紧贴屋面或作为屋面的组成部分,加之先进的电子自控应用,还能使太阳能热水器具有调节水量、流量、补充冷水、平衡自来水和热水流量等功能。可以说技术的进步,已使太阳能产品更好地融入到生活中。

技术的进步为太阳能与住宅建筑一体化创造了条件,许多有远见的开发商也已洞察到了其中蕴藏的巨大商机,并且开始了这方面的实践。上海骏顺房地产公司在其开发的湘江大厦商住楼中,便应用了大型太阳能集热系统工程集热面积达90平方米,向住户全天候供应热水。据有关分析表明,与煤气相比较,太阳能热水系统工程不仅节约了2/3的能源,更节省了5/6的费用。可见,在我国推行太阳能与住宅建筑一体化有着巨大的经济效益潜力。

但是,目前我国对太阳能在住宅建筑中的利用还只是停留在光热技术领域,对于转变为电能的光优技术尚无利用。太阳能与住宅建筑的良性结合开发与推广有待进一步加强。对于太阳能与住宅建筑一体化的今后工作,有关专家提出了以下建议:

首先，政府部门在给予一定扶持政策的同时，还应加大推广太阳能住宅建筑的宣传力度，让消费者对太阳能的利用有新的认识从而进一步拓宽消费市场。

其次，完善太阳能住宅配套设施，让配套设施与建筑设计对接，保证太阳能设施在安装方面的安全性与美观性。

再次，进一步完善集热器与周围建材的平滑连接。这是在技术层面上的要求，这一方面要求太阳能产品多样化，另一方面要求开发商与建材生产商积极合作，群策群力。

最后，研究开发太阳能光优技术在住宅中的应用，将太阳能转化为电能，满足采暖之外的能源需求，将是太阳能住宅的一大发展方向，在这方面必须加大科研投入力度。

除了太阳能外，我们还应积极探索风能、水能、地热等其他可再生能源在住宅节能中的利用。如在内蒙古、新疆等电力输送较困难的省区，利用他们充足的风能资源发展风能住宅；而在地热资源丰富的地区，则可以开发地热供暖、发电等能源利用技术，做到因地制宜，各取所需。

2004年6月，建设部下发了《关于贯彻〈国务院办公厅关于开展资源节约活动的通知〉的意见》，提出了建筑节能三年目标和基本要求，要求直辖市、副省级城市及省会城市最迟于2005年初，地级城市最迟于2005年底，其他城市最迟于2006年实现新建建筑节能设计标准执行率达到80%以上，有条件的大城市要率先实施节能率达65%的地方节能标准。

住宅的节能要求不仅给消费者的消费理念带来了一定的冲击，也对开发商的开发理念提出了挑战，更是对我国住宅产业的一次挑战。如何应对住宅的节能关，也不单单是房地产开发商需要面对的问题，广大居民以及建筑主管部门也应积极行动起来，为我国推进住宅节能发挥应有的作用。

第三章

住宅设计理念应时而变

随着时代的发展和人们生活水平的提高，我国住宅业迎来了一场新的革命，不仅在建筑技术方面日益进步，而且在住宅设计理念方面也日新月异。因为越来越多的人发现生活除了有房住以外，更要住得舒服、住得健康、住得有品位。生活观念的改变使得人们对住宅的要求越来越高，住宅开发也经历了由“消费者关注”向“关注消费者”的转变。为了最大限度上满足购房者的需求从而取得住宅开发项目的成功，建筑设计师们的设计理念需要跟上时代的步伐，与时俱进。

一、住宅建设的现状与问题

开发商重外观、轻内质，住宅楼“锦衣其外，破袄其中”……建筑业内人士分析住宅建设一些问题时认为，要发展“节能省地型”住宅，当务之急要解决认识问题，走出六个认识误区。

误区之一是重外表景观环境，轻内在功能质量。消费者往往看重小区的外在环境如何，建筑物的外立面是否光鲜，至于建筑内部的热工性能如何，设计是否经济、合理，则关注得不多。开发商为迎合购房人，在楼宇外观上大做文章，忽视房屋内部功能。业内人士称这是“锦衣其外，破袄其中”。

误区之二是关注显性的、眼前的一次成本，忽视隐蔽的、长远的长期支出。美国的经验是，住宅的初期成本只占到其生命周期成本的5%至10%，而运营和维护成本占到60%到80%。

误区之三是贪大求洋，大而无当。眼下，商品住房的户型越造越大，而小区休闲区、健身设施跟不上，是对资源的浪费。

误区之四是将“节能省地型”住宅片面地理解为“低标准”和“简易房”。发展“节能省地型”住宅并非是以牺牲舒适度和降低综合性能为代价来换取资源的节约，而是保障人民基本居住权益，并满足不同消费群体对住房的多元化需求。

误区之五是认为建筑节能是专业人士的事，与自己关系不大。其实政府、开发商、消费者以及规划、设计、施工、材料供应、物业管理等相关部门都应参与到建筑节能之中。

误区之六是将发展“节能省地型”住宅等同于小区和建筑单体的建筑。发展“节能省地型”住宅应从城乡统筹、整体布局上制定科学规划，避免因规划不合理而导致交通负荷加大，用地增多。

二、住宅小区规划创新

住宅小区的整体规划是否科学，不仅直接影响了住宅的居住生活环境，而且在很大程度上影响着住宅的总体质量并关系着开发项目的成败。因此，搞好住宅小区的规划设计，营造高质量、高品位的人居环境，更有效地满足广大居民的生活需求，就成了住宅开发的重要课题。

1. 住宅小区规划要求

居民生活观念的改变对住宅小区的规划设计提出了新的要求，主要有以下五个方面：

（1）使用要求。住宅小区各项用地布局要合理，要有完善的住宅和公共服务设施，有道路与公共绿地和休闲娱乐场所。为适应不同地区、不同人口组成和不同收入阶层居民家庭的要求，住宅小区内要设计和建造出结合当地特点、设计合理、造型多样、舒适美观的住宅类型；为方便小区居民生活，规划中要合理定位小区公共服务设施的档次及其分布方式，力争做到公共服务设施齐全、设备先进、布局合理，与住宅联系方便；为适应经济的增长和人民群众物质生活水平的提高，规划中应合理确定小区道路走向及道路断面形式，步行与车行互不干扰，互为补充，并且还应根据住宅小区居民的需求，合理确定停车场地的面积及布局。此外，规划还应合理组织小区居民室外休息活动场地和公共绿地，创造宜人的居住生活环境。这就要求设计规划部门殚精竭虑，为小区规划一个科学合理的生存环境。

（2）卫生要求。住宅小区规划设计要满足居民对卫生方面的要求，即为居民创造良好的日照和通风条件，营造无空气污染、水污染及噪声污染的生活环境。住宅小区内要有规划设计完善的给水和雨水、污水排放设

施，有煤气以及集中供热系统，保证住宅小区内空气清新，水质清洁，无有害气体及烟尘污染，小区内住宅布局要保持合理的间距及走向，以利于获得充足的日照和良好的通风及防风条件，并能有效地防止噪声污染。此外，住宅小区规划中要有较大面积的公共绿地，以达到改善小区气候，净化空气、减少污染、防止噪声等要求。

（3）安全要求。住宅小区规划应重视居民在安全方面的要求，对住区居民居住的安全以及防火、防震等方面要有较周密的考虑，创造安全的小区居住环境。这就要求住宅小区在规划住宅院落的空间布局时，要充分考虑居民的安全需要，以合理的住宅院落空间布局为居民提供相互了解、熟悉的机会，并且便于居民对邻里之间进出的陌生人进行观察，形成立体化的防治网络，使居民共同担负管理和监视安全环境的责任，以有效地提高

住宅小区的安全系数。此外,住宅小区规划时还要能够适应那些可能引起灾害发生的特殊的紧急情况,如火灾、地震、空袭等,这就要求对各种可能产生的灾害进行分析,广泛进行宣传,让人们有一些相关防治的常识,并按有关规定对建筑的防水、防震构造及安全问题,紧急疏散通道等作详细科学的设计,从而有效地防止灾害的发生或最大限度地减少损失。

(4)**美观要求**。住宅小区规划也必须满足居民对居住环境的美观要求。实践证明,拥有优美住区环境的住宅往往受到购房者的欢迎。住宅小区为了达到美观要求,可以结合地形地势特点及小区周围环境,创造富于特色的城市景观。住宅小区的规划,设计者除了要注重住宅与公共建筑单体的设计外,还应充分考虑建筑群体的空间组合,建筑群体与周围环境的结合,各类绿化的配置设计以及小区外观色彩的和谐统一,从而塑造良好住宅小区整体现象。随着经济的进一步发展,广大居民在解决了最基本的生活资料的住房问题之后对住区环境美观要求将愈来愈强烈。所以,适应居民美观要求对于住宅小区规划来说是非常必要的。

(5)**经济要求**。经济实用曾是我国居民在购房时考虑的首要因素,随着生活水平的提高,居民受经济因素的影响越来越小,对住房价格的要求逐渐被其他方面的要求所取代。首先,低档住宅中出现的质量问题使得居民的价值观念逐步发生改变。中高档住宅虽然价格不菲,但是质量好,无论功能设施配套还是居住环境,都让住户觉得物有所值。其次,我国房地产开发中住宅小区客户的定位偏向中高档收入群体。开发商开发出来的住宅价格都比较昂贵,一般收入的家庭买不起这样的房子,而对于高收入群体来说,住宅的质量、服务和管理才是他们优先考虑的。但是不管怎样,住宅小区的规划设计都应该与国民经济的发展水平及居民生活水平相适应,在满足居民使用需要的前提下尽可能降低建设造价并节约城市用地。总之,住宅小区规划设计时应在成本和效用之间进行最佳选择。

2. 住宅小区规划应积极创新

房地产行业制度的不断完善和消费者消费理念的日趋成熟,对住宅小区规划提出了创新的要求。住宅小区规划设计时不仅要满足居民的消费需求,还应该积极创新,引导消费者树立科学健康、与时俱进的消费理念。

(1) 摒弃同一单体住宅重复布置方式,精心营造高、中、低层不同建筑形式的住宅搭配布置,以丰富居住小区空间层次结构,达到人与自然的和谐统一。在布置手法上为丰富居住小区的层次结构,一般来说,高层住宅大多布置在小区的中央部位,低层住宅配套地布置在边缘部分。这样就不会形成封闭的空间或形成与外部空间隔绝的局面,从而能够和周围形成统一的整体。充分利用原有的地形、地势和地貌,使住宅参差错落高低起伏具有韵味。为了克服过去"兵营式"规划布局的呆板与单调,对住宅组团中的条型住宅,采用以变化方向的行列式布置为主,分散布置点式住宅为辅的布局手法。这是住宅布局方式上的创新要求。

(2)采用整体式住宅组团的规划布局方式,把居民的居住环境从室内延伸到室外,以扩大居住空间从而方便居民生活。整体式住宅组团布局的特点是对空间给予了充分的重视和体现,贯彻了以人为本的设计原则,它缩短了住宅与公共建筑之间的距离,也大大方便了居民的日常生活;充分利用了居住空间,使群体景观比较完整,给住户拥有安静、安全、方便的感觉;住宅组团内外通过绿化联系,既有小范围的外部空间,又有区域性的大范围的公共空间。这种规划布局形式与我国古园林的设计手法非常相似，比较切合人们的心理和生理需要，易于推广和接受。

(3) 改变以往“横平竖直”的道路布置模式，大胆采用以点代直的规划方式，创造出返璞归真的意境。比如，规划设计时将道路采用逐级由宽到窄的树枝状道路网，建筑的布置也随之改变但要充分保证住宅的日照条件。当然，住宅小区的道路设计也不能任意而为，还得兼顾小区的整体布局和居民的生活习惯。因此，就我国目前来说，可以尝试采用弯道式布局从而很好地体现小区道路的“曲线美”。

总之，只要设计者在规划设计上大胆创新，设计出具有特色的与周围环境协调的适合人们居住心理的住宅小区，就不再是一厢情愿的期望。

三、户型设计“人本化”

在传统的计划经济下，户型设计主要着眼于规范，设计者的观念和消费者的观念之间存在较大的差异。但是近年来，随着市场经济的推进和住宅商品化进程的加快，消费者成为户型的最终评判者。在这种情况下，开发商不得不首先进行细致的市场需求调查，了解消费者的购房心理和需求偏好，以此为依据提出设计要求，从而解决户型的供给与需求之间的矛盾。这就要求户型设计要进行创新，户型创新可以有效实现项目运作与市场需求的有效接轨，从而实现“让消费者关注”到“关注消费者”的转换。

目前我国住宅小区户型设计存在以下几个方面的创新趋势：

1. 户型设计追求户型均好性与个性化的协调

户型的均好性首先源于客户通过户型标准化间接选择邻居的要求，良好的邻里关系无疑会提高生活质量，设计时应通过户型的标准化，尽量使一批素质不相上下、经济地位比较接近的人住在一起。其次开发商为降低房屋的空置率也会极力追求户型的均好性。由于楼体位置、朝向、通风采光及楼层等条件差异，在每一项目的后期都会有一些条件不太好的单元成为空置房，直接影响到开发商利润的实现。而降低空置率的较好办法是提高户型设计的均好性。如为适应一部分有特定需求客户群体追求平面变化的偏好，引入错层、复式设计，从而弥补顶层的不足。

户型的个性化体现在开发商为满足不同消费群体的多元化和多样化需求，在不同的销售时机下打造不同的主力户型，不同的户型面对的是不同的客户群体。开发商应该满足不同时期不同层次的客户善变的心理，积极进行户型创新，使户型创新变成营销和价值提升的重要工具。

总之，户型设计在追求户型均好性的同时还要体现客户的个性化需求，在不同的时期，不同组团之间提升个性化的发展，同一时期、同一组团内追求户型的标准化和均好性。进行差异化的营销，使项目更好地为消费者所消化。

2. 生活方式的改变和生活节奏的加快，要求户型空间具有易变性和可改性

易变性体现的是一种全新的住宅哲学，它追求创新，不是像传统那样让人去适应住宅，而是让住宅适应人，尊重人的选择与决策的权利，把“以人为本”的思想真正落到实处。易变性使得住户可以根据生活的改变及时调整住宅的功能分布，避免或降低房屋的功能性贬值。

易变性的原则体现在户型内部以及户型之间的弹性设计上。户型内部的弹性设计要求房间可以自由隔断和随意组合，

开发商在销售时可根据客户的需求进行自主和自由地分割,也可让客户在入住后根据生活变化的需要调整功能布局进行二次装修。户型之间的弹性设计要求设计师注重平面的横向可伸展性,如灵活处理转角的套型分割,两户打通后可并成一户,或使用复式、错接式等使空间上下变化。可以说易变性真正让住宅成为一种艺术,可以更好地融入消费者的生活中。

可改性的原则要求户型设计时在细节上考虑周全,为将来的使用留有余地。如:在弱电设计上,考虑将来的智能化要求,要有多种网络接口;在无障碍化设计上,要求户内台阶可改平,有些关键部位可设置扶手、可升降的台座等;在建材使用上,为了满足个性化消费者自建、自己装修的要求,在设计中对那些非主体结构使用轻型、可拆装的建材,这是越来越多的房地产商在对住宅项目推向市场的另一卖点。

3. 户型设计强调信息化要求

信息时代的到来极大地改变了人们的生活和工作方式,通信使人们相互之间的距离进一步缩短,越来越多的人可以实现家庭办公。为了适应这种变化,户型设计时也应该充分考虑住户的信息化要求,从而创新家庭办公户型模式,使住宅内部的功能分区、动静分区更加多样化。电子商务、家庭智能化及安防监控系统等极大地改变了目前物业管理的服务内容和服务方式,并要求社区服务设施的布局和功能划分以及与住宅配套的网线的分布上都要顺应信息化的要求。近年来迅速兴起的智能化和网络化社区正是信息时代户型创新的产物,这是一种新的时代需求,房地产商应该与时俱进、顺势而为。

4. 户型设计注重环保和节能

随着环境恶化和我国居民环保意识的不断增强,住宅户型设计时对环保的要求也越来越高。2003 年建设部会同有关部门发布了《关于在住宅建设中淘汰落后产品的通知》,对不符合环保要求的材料和部品进行强制性的淘汰。同时,由于我国能源紧缺问题日益严重,住宅设计时其节能功能也越来越受到人们关注。《建筑节能“九五”目标和 2010 年规划》要求住宅建设采用保温节能墙体材料、供热采暖系统热计量,并按照热计量分户收费,要求开发应用新能源及可再生能源等一系列新技术、新材料、新设备。长远的规划也使住宅的生命进一步增强,在市场上这些产品也日益受到青睐。

由于在节约资源和环保等方面的要求对住宅体系部品及设备提出了许多新的要求,发展新一代环保节能住宅已是住宅产业化发展的一种必然选择,这就要求房地产开发商在住宅户型的选择设计上应综合考虑环保和节能材料的使用,相关部门也应加大对环保节能产品的支持。

总之,户型创新应紧紧体现“以人为本”的设计理念,突出功能内涵的现代化,反映 21 世纪的生活特点和时代特征,适应市场经济条件下消费者不断变化的物质生活需求。

四、室内设计的三大发展趋势

住宅的室内设计直接关系着住户的生活环境,其设计是否科学直接影响居民的生活质量。人们对住宅室内设计自然也是越来越重视,要求也越来越高,室内装修费用在购房总费用中的比例不断增大即是明证。室内设计着眼点和出发点也从过去单一地追求经济实用逐渐转向追求健康、舒适及艺术性的结合。总的来说,室内设计呈现三大发展趋势:

1. 追寻自然感觉

返璞归真、回归自然是生活在热闹喧嚣大都市里人们普遍的心理需求，为了追求自然感觉，住户在室内设计时越来越喜欢加入自然元素。

首先，人们往往在客餐厅及阳台上摆设一些花卉盆景，或将展现大自然风光的大幅图画挂在墙上。就是为将自然气息引入室内，住宅面积较大的还会在厅堂里设置一些人造景观，诸如小桥流水之类的小景观，将绿化地毯铺在客厅模拟草地，以寻找融入自然的感觉。这是都市快节奏生活迫使人们转向平静安逸的自然生活体现。

然后，室内装饰材料自然风日盛，自然的材料及自然的质感成为室内设计中的首选材料。天然木材，天然石材等自然材料及一些自然感强的材料（如真石漆、文化石等）已逐渐成为装饰材料的主流。总之，就是要在住宅内感受到大自然的气息，以寻找回归自然、追逐自然的感觉。

2. 追求简洁风格

简洁风格是现代人们住宅室内设计的另一大追求。简洁并不是简单，它是从繁华富贵的装饰风格中沉淀提炼出来的一种理性的美，是一种更高层次上的美。简洁风格下的室内设计，从色彩、造型、材质等各方面综合考虑，将房间设计得更精美、精彩、有内涵、富想象力。简洁运用抽象写意的设计，它的意象和想象空间比写实造型要深远宽广许多。当然，这方面对设计者提出了较高的要求，需要设计师具有更高的修养和能力。设计者需要把握整个空间的设计，同时细心经营每一个细节，做到简而不空，洁而不虚。

简洁除了使精神舒畅外，还有一个好处，就是容易变换室内氛围，如换一幅新的窗帘或一套新的沙发，甚至一幅挂画，都可以给人以新的感受。所以简洁的室内设计也越来越受到住户的推崇。

3. 设计的大众化

随着家庭装饰的发展，室内设计变成广泛普及的一门学科，人们也觉得室内设计不再高深莫测，而是广泛积极地吸引百姓参与其中。在住宅的室内设计中，体现的不光是设计师的理念和个性，更多的是住户的喜好和个性。住户的喜好和个性是设计人员必须考虑的重要因素，设计产品能否取得业主的认可并使其满意，是决定设计方案成败的关键。这就要求设计时设计人员要与业主进行充分有效的沟通交流，采纳他们的可行性意见，说服他们放弃不合理和不现实的想法，尽量把业主的个性有机地融入设计中来。同时，住户也日渐注重与设计师的交流互动。在设计方案的实施过程中，“准住户”常常走进施工现场考察，将发现的问题及时反馈给设计者，并提出建议或表达自己的想法。从方案的设计到具体实施，住户积极广泛地参与室内设计的全过程，大众化成为室内设计的又一发展趋势。这才真正是面向市场、关注消费者的体现。

综上所述，可以发现，我国住宅的设计理念正随着人们生活方式和消费观念的改变而改变，无论从住宅小区的整体规划上，还是从户型的设计选择和室内装饰设计来看，住宅设计理念变化的根本原因是居民住宅消费理念的改变对住宅提出了新的要求，是日益成熟的市场和日益理性的消费者他们的新的高要求。房地产开发商在进行住宅开发时，其设计理念必须跟上消费者步伐，应时而变，这样其开发的楼盘和项目才能经得起市场考验。

第四章 商品住宅装修呼唤一步到位

随着我国社会经济的快速发展和人们生活水平的大幅度提高，人们在购房时除了注重住宅的价格、环境、配套设施以及物业管理等因素外，还将关注视线更多地投向了住宅的室内装修。同时，我国住宅产业化速度的加快，也使人们的住房消费理念与投资意识逐渐成熟，人们也越来越多地看到毛坯房存在的许多弊端，不愿意再在住宅装修上耗时费力，劳民伤财，更希望市场能提供成品房而不是毛坯房。

2002年5月，建设部出台了《商品住宅装修一次到位实施细则》，明确提出要在全国范围内逐步取消毛坯房，直接向消费者提供全装修成品房。这表明，扩大全装修成品房已成为我国房地产开发的必然趋势。从毛坯房到成品房，不仅说明我国居民的住宅消费观念改变，更是住宅产业化发展的内在要求。

目前市场仍存在毛坯房现象，主要是房地产开发商认为可以通过毛坯房和装修房的形象差异来细分市场和创立品牌，赋予装修房富丽堂皇的形象特征，以显毛坯房寒碜简陋的形象，使得两者的价格差距明显，从而造成高收入群体偏好装修房，而工薪阶层则大多选择毛坯房。房地产开发商普遍认为可以通过这种途径来细分市场和创立品牌。在现实中，房地产开发商为迎合高收入群体的需求和创立品牌，也喜欢采用买房送装修的营销方法，而其提供给工薪阶层人士的则是便宜得多的毛坯房。作为消费者的工薪阶层和社会大众对全装修房存在偏见，认为全装修房所增加的装修费用导致房价大幅度上升，而其装修质量却未必过关，全装修未必物有所值。许多人仍然认为全装修会使装修风格失去个性，只有自己装修才能够按照自己的意愿，贴合自己的个性，实现自身审美观念。

部分消费者认为住宅装修日新月异，更新换代的频率太快，花高价买来的成品房也许几年后就要再次装修翻新。成品房的装修质量再好、档次再高，也终有落伍的一天。审美观念的改变以及装修材料的更新换代，使得住宅装修的翻新频率越来越快。与其花费大量的钱财去进行大众化的全装修，不如买下毛坯房来自己装修，掺入更多的个人风格，延长装修的使用寿命。

一、住房装修一步到位是大势所趋

由于房地产开发商提供的大多数是毛坯房，所以住宅的二次装修或再装修在我国普遍存在。住宅二次装修虽然可以改善居民家庭的住房环境，提高住宅档次水平和舒适度，但也日益暴露出许多问题，如破坏环境、浪费资源等。二次装修存在的诸多弊端使得人们对商品住宅装修一次到位的呼声越来越高，《商品住宅装修一次到位实施细则》就是在这种背景下出台的。

1. 住宅二次装修暴露出来的问题

（1）从对浪费资源的角度来看，主要表现在以下几个方面：

①浪费建筑材料严重。单户装修得不到规模效益，其装修成本要远远高于开发商大批量装修的成本。对于二次装修，房主一般会选择两种方式：一是包工不包料，房主自备材料。在省事和省材之间，施工工人一般会选择前者。一般情况下业主对具体的工程项目用料多少很难有比较准备的估计，这样材料浪费也就在所难免。二是包工包料。在这种方式下，装修公司往往利用信息的不对称，利用消费者对建筑材料和建筑产品的不了解，在装修材料上大做文章，以次充好甚至偷工减料等较为普遍。

②工程质量低劣，返工返修耗费大量建筑材料。由于装修界的“正规号”装修公司的装修费用比自备饰材，请“游击队”装修要高得多，所以居民大多会选择“游击队”施工。而“游击队”的装修工人大多没有受过系统正规的培训，素质较低，有时为了图省工，很多工序没做到位，装修的质量无从保证。而作为业主，当发现装修质量问题就往往要求返工，造成了材料的大量浪费。

③由于住宅的主体设计和室内设计分别由不同的单位和人员进行，不能有效地衔接起来，造成二次装修中随意拆改建筑结构等野蛮施工行为，不但浪费了大量的建筑材料，而且可能降低建筑物的防火、防水、抗震等性能。

④一家一户的住宅二次装修，很难集中力量对建筑材料、施工质量、施工人员进行监管，也会增加施工单位与业主的经济纠纷，消费者的合法权益受到侵害，有的房屋装修完成后还发生撬窃事件等，影响了社会稳定，增加了社会的运行和管理成本。

（2）从对环境的影响来看，由于毛坯房的出售和入住时间不统一，造成装修时间也难以统一，从而严重影响了已经入住居民的居住环境

①二次装修损坏楼体结构功能，影响公共居住环境。我国的大部分住宅是集合式住宅，室内墙体往往并非独立的，而是关系着整栋住宅的楼体结构。然而有的业主在装修时，随意拆改自己住房的墙体或给房子增重，破坏建筑成品、房屋结构和性能的情况时有发生。

②装修时间的不同使得装修时产生的震动或噪音长期在新建的住宅楼内此起彼伏，严重干扰了已入住居民的正常生活；装修产生的大量粉尘和新刷油漆的刺鼻气味混合着弥漫在空气中，严重影响了周围已入住居民的身体健康；住房二次装修还产生大量的装修垃圾和污水，这些垃圾堆积在住宅区甚至楼道内，污染居住区环境，给已住居民生活带来许多不便，也会影响居住区的安定团结。

2. 装修一次到位的优越性

与二次装修相比，装修一步到位优势明显，主要表现在以下几方面：

（1）商品住宅推行全装修，可以极大地促进装修的工业化、规模化和现代化，从而提供价廉物美、富于个性化的成品住宅。这是实行住宅产业现代化的重要组成部分，是不断提高住宅质量和水平的重要保证，而居民自己装修则难以办到。

（2）住宅进行规模化全装修就有条件委托有实力、信誉好的设计单位和设计师，进行各种住房套型的精装修设计，进行多种花色品种的住宅装修“菜单”式设计，而且可以很好地考虑土建设计与装修设计的有机衔接，而居民自己装修就不具备这样的优越条件。

（3）进行规模化住宅全装修，可以成批选购材料和设备，从而降低成本。更重要的是，进行批量进货，住宅开发商有条件投入力量进行材料和设备的检测，从而保证材料和设备的质量。在这方面，居民自己装修就无法进行质量检测，而自购材料时委托检测费用太高，而请装修公司装修更只能听他们说了算。

（4）进行规模化住房装修，可以通过招标投标择优选择装修施工单位，那些实力强大信誉好的施工单位或装修企业往往成为全装修的首选，同时，他们也乐意承担上规模的装修任务。而居民自己装修,就会因为对装修市场不了解而错误选择一些条件差、水平低的装修公司或者干脆选择"游击队"。

(5)进行规模化住房装修,开发商通常会委托合格的监理单位对装修进行全程监理,在完工后还要进行严格的验收,从而严格保证装修质量,并且往往还有可靠的保修承诺,承诺也可以得到保障。而居民自己装修,很难进行有效的质量监督、验收,也难以获得售后服务。

综上所述,由于对毛坯房进行二次装修存在许多弊端,而推行全装修无论对房地产开发商、住宅消费者,进而对我国的住宅产业化都有着莫大的好处,因此可以说商品住宅装修一步到位已是大势所趋。

二、全装修并非尽善尽美

建设部关于《商品住宅装修一次到位实施细则》推行已两年多了,但是目前全国市场除了北京、上海等极少数城市外,其他地方全装修的普及率不尽如人意。虽然开发商、广大业主及家装公司都认为推行全装修是好事,但从实际执行情况来看,提倡全装修也并非一件简单的事情。商品住宅推行全装修后暴露出来的诸多问题,使人们认识到全装修并非如当初想的那么美。

全装修住宅推向市场后暴露的问题主要有:

1. 全装修住宅的质量难以保证

据调查,在已经入住的装修房业主中,对装修房质量不满意的比率高达50%以上,在不打算购买装修房的人群中,出于对装修房质量不放心的占大多数。全装修住宅的质量问题,已经成为阻碍全装修住宅推行的最大障碍。

全装修住宅出现的质量问题首先与其责任分担不明确有关。全装修住宅的质量责任涉及装修施工总包单位、室内装修的施工分包单位、装修材料生产厂家等多个单位主体,由于参与主体比二次装修增多,层层转包的现象较为多见,责任链被拉长,各主体单位的责任很难明晰,即便有了质量问题由于缺失责任主体,也只好自认倒霉。

全装修住宅的质量问题还与我国家装业发展不成熟有着不少的关系。我国目前有实力可以同时进行几十套、上百套装修任务的装修公司不多,大多数家装企业对全装修都是心有余而力不足,面对巨大的市场诱惑,也因为实力不足,只好作罢,无法承担大规模的装修任务。已经中标的家装公司由于人手不够,往往临时拼凑施工队伍或者干脆把工程转包给装修队,全装修的质量很难保证。

2. 装修风格样式缺乏多样化和个性化

随着生活水平的提高,人们也越来越关注住宅装修的个性化。全装修时虽然给业主提供"菜单式"设计方案,但为了追求一定的规模效益,"菜单"中的设计样式数量有限,装修方案的档次和风格样式也较少,留给业主根据个人喜好进行软装修的余地不足,所以业主的个性化需求通常情况下很难得到满足。

3. 开发商的住宅建设成本增加

对开发商来说,推行全装修往往并未使其获得丰厚利润,有时甚至还会增加住宅建设成本。首先,开发商在楼盘销售中引进装修施工企业,向购房者提供菜单式装修方案,对帮助楼盘销售并没有实际的刺激或提升作用,反而会由于住宅的总成本和价格的升高而影响楼盘的销售;其次,实行全装修,开发商要承担装修责任,在交房后,一旦出现装修质量问题,开发商要负责赔偿或返工;再次,推行全装修使整个项目的施工周期延长,资金运作周期的延长提高了开发商的财务成本，也相应的增长了投资风险，所以大多数开发商对全装修也只能是爱恨交加。

4. 政府引导力度不够，市场管理不完善

商品住宅全装修是建设部的一项倡导性政策，并没有用行政手段强制实施。因此很多地方政府对全装修放任自流，不干预，也不加以引导。其实，从目前的现实情况来看，政府的推行力度对促进全装修可以起到非常重要的作用。

目前，政府主管部门对于全装修的相关标准及操作规范还处于试行阶段，仍需加大工作力度，提升工作进程继续完善。如按照建设部发出的《商品住宅装修一次到位实施导则》的要求，房屋交付使用之前，所有功能空间的固定面要全部铺装和粉刷完成，厨房和卫生间的基本设备要安装完成，住房内的基本设施要到位，要能够满足住户的基本使用要求等。而所谓的“设施到位”，“能够满足基本使用” 等本身就是有弹性的模糊概念，当面对不同需求层次的消费者时，实行起来偏差较大，产生纠纷也就不可避免。

三、开发商如何应对全装修

商品住宅全装修在我国虽然还没有形成席卷市场之势，但至少是今后的发展方向。推行全装修对于房地产开发商是发展机遇，也是新的挑战。开发商要在全装修浪潮中立于不败之地，除了完善企业的组织结构外，最有效的途径就是进行企业运作模式创新。

1. 完善企业组织结构

全装修住宅开发涉及的相关单位比毛坯房要多，对合作单位的选择、各企业之间利益的分配以及内部关系的协调等问题变得尤为复杂，处理不当便会出现推诿扯皮现象，严重影响全装修住宅的质量甚至在一定制度上决定着开发项目的成败。这就要求开发商建立适应现代发展的组织结构，提高管理效率，充分发挥各个组成部门的职能作用，以保证项目的顺利完成，使企业得以发展壮大，达到共赢的结局。

2. 调整企业运作模式

全装修住宅的开发过程绝非等同于在原来的毛坯房开发程序后增加一个装修环节，而必须对整个住宅的开发运作模式进行调整，将装修环节融入整个住宅的开发过程中。这给整个开发过程带来了更大的风险，也对开发商的专业水平提出了更高的要求。为此，房地产开发商需要调整运作模式，集中人力、物力、财力抓关键和重点，如市场定位、企业开发资源管理等方面，而把部分业务外包给其他专业公司打理，这样不仅能使其操作更加专业化，还可以有效地降低整体成本，增加盈利，并且最大限度地规避风险。

从我国的现实情况来看，房地产开发商采取调整企业运作模式可行性更大。而要使企业运作模式的调整能够更好地符合全装修的需要，就必须进行创新，采用供应链管理模式就是一个很好的创新思路。

（1）开发商采用供应链管理模式的理由。所谓供应链模式是指围绕核心企业，通过对信息流、物资流、资金流的控制，从采购原材料到制成最终产品，最后由销售网络将产品销售出去，在此过程中，从供应商、制造商、分销商、零售商到消费者，组成了一个整体的功能网链结构。

房地产开发商为了提升自身竞争力，保持持续发展，不仅要考虑消费者的需求，同时还要保持对房地产开发资源的控制和占有。在全装修住宅的开发过程中，房地产开发商在装修设计、材料供应、销售及营销宣传等方面都缺乏专业力量，因此必须寻找专业的设计单位、材料供应商、施工单位、销售单位等组成共同合作链，其自身则更注重专心发展自己的专门业务。开发全装修住宅涉及的专业范围更广，涉及的合作单位更多，因此只有通过供应链上的强强联合、强弱联合方式，房地产开发企业才能增强自身的竞争实力，才能取得全装修住宅项目开发的成功。

开发商采用供应链管理模式，通过集成的思想和方法，将设计、施工、销售、物业管理、消费者等密切地联系起来，通过供应链管理的合作机制、竞争机制和激励机制来共同满足顾客需求，最终实现企业的发展目标，形成多方共赢的格局。处于供应链上的企业通过相互合作提高了整体竞争力，可以更好地应对市场从而促进共同发展，这对于各方都有好处。

（2）开发商应精心构筑供应链管理模式。其步骤如下：

①**确立企业核心竞争力，选择合作伙伴，构建供应链**。为保证全装修住宅的设计、购材、施工到销售都能达到合同规定的标准，开发商需要依据自身优势谨慎选择合作伙伴。供应链各个节点的选择应遵循强强联合的原则，从而实现资源外用。每个节点上的企业都致力于提高各自核心业务的竞争力，从而实现整个供应链的综合竞争能力。

在实际操作时，开发商应根据市场定位和项目目标的不同选择不同类型的合作伙伴，做到既有战略性合作伙伴，又有普通合作伙伴，从而满足不同竞争层次的需要。对于那些打算与之建立长久合作关系的供应链上的节点企业，应选择在装修质量、装修成本以及信誉等方面都具有核心竞争力的企业作为战略性合作伙伴，以满足全装修住宅质量和建设成本的要求，从而做到"恒者恒强"，以便占领市场制高点。

②**通过在供应链上的核心地位优势变革整条供应链上各企业之间的组织结构关系**。开发商是整条供应链的核心，所以应该担负起理清各企业之间组织结构关系的责任。开发商可以依靠其在供应链中的绝对优势地位，联合制定标准，建立统一的信息和沟通平台，要求各个环节的节点企业根据需要进行业务流程重组和沟通，通过遴选设计方案、验收装修质量、制定售房价格等方式来决定供应链中其他企业的利益分配。以本企业战略为核心，控制优势资源，对非核心竞争力业务（如装修设计、材料采购、装修施工等）进行外包或重组，促进整条供应链的一体化整合。从而呈现多方共赢，最终占据市场最高点。

③**建立统一的信息平台，实现链条内的信息共享**。由于人们对住房的个性化、多样化的需求日趋强烈，使得全装修住宅在设计与施工过程中面临的不确定性因素增多。同时，装修市场的迅速发展和消费者喜好快速变化缩短了装修风格样式、装修材料以及住宅部品等的寿命周期。开发商和各节点企业只有及时地共享这些信息，才能够妥善地处理这些问题，从而不断满足客户的需求，为客户提供更高品质的产品和更优质的服务，才能被市场所接受，从而保证项目的成功。

统一的信息平台是整条供应链信息共享的基础，其能够使信息准确、及时、有效地得到流动和共享，起着整合开发商、设计单位、施工单位、材料供应商的整条供应链的作用，有利于对供应链各节点企业的计划进行协调和控制，从而降低成本和风险，提高效益。

"供应"是整个供应链中各节点企业之间相互联系的基础。全装修开发的供应链既是为了完成某一个开发项目市场目标，又是要通过合作和管理，提高为购房者服务的水平，为企业的长远发展创造条件。全装修供应链管理的关键是开发采用的集成思想和方法，而不仅仅是对节点企业技术方法等资源的简单连接。只有把企业内部以及各节点企业的业务看作一个整体的功能过程，形成集成化供应链管理体系，将企业生产经营过程中人、技术、经营管理三要素有机地得以融合，才能成功地

实施供应链管理，使其真正成为竞争的有力武器，最终达到市场的共赢。

总之，毛坯房是我国特定历史条件下的住房制度的历史产物，它的长期并广泛存在除与我国住宅产业发展水平不高分不开外，还与开发商和广大居民的观念主张有关。在现阶段我国住宅产业整体发展水平不高的情况下，推行全装修在给房地产开发商带来机遇的同时也提出了考验。如何面对全装修是摆在开发商乃至整个住宅产业面前的一个问题，它在我国推行必将有一段曲折的路要走。

第五章 借鉴国外先进经验 提高住宅建设水平

一、加快建筑体系创新

要实现住宅产业现代化，推动住宅工业化建设，改变住宅现有的生产方式。首先，要以建筑体系为出发点和着眼点。在这方面，欧洲许多国家已经取得了许多成套的建造技术成果。多层和高层钢结构集合住宅一直是我国欠缺的，在这点上亟须向外国借力取经，如在伦敦和挪威都有钢结构建筑成功开发运作的经验。挪威属高寒地区，全年施工工期不长，采用钢结构建造具有明显的优势。在高层办公和商住楼的工地，几乎所有的构件都是在工厂预制，而且是在现场焊接安装的。如钢柱、钢架、钢筋混凝土楼梯、大跨度预制楼板、外墙墙板等。即使电梯井道的钢筋混凝土四壁也是分块预制焊接安装完成的。钢结构的外墙采用轻钢龙骨石膏板加外饰面材料，或采用玻璃和铝合金幕墙。而挪威的钢筋混凝土复合外墙板是不多见的，这种板材优势明显，保证隔热，防雨水渗透，表面制作平整，尺寸偏差小，安装精度高。类似这样的外墙板在荷兰鹿村运用也较普遍，所不同的是，外墙板是挂在钢筋混凝土框架结构上的。德科降附近有一个不用支模板的钢筋混凝土剪力墙结构建筑，它主体结构的外墙和内墙板在工厂定制完成，板高度与层高相差不大，板厚差不多有 20 厘米，板在运抵现场时是中定的，空腔为 15 厘米上下，受力钢筋焊接好，空腔两侧是约 3 厘米的钢筋混凝土薄板，薄板相当于模板，仅用一个钢柱斜撑就可固定在楼板上，然后用混凝土将空腔填实，这样才完成了一面墙的施工。这种工艺现场绑扎钢筋和支模板的时间，既提高了工作效率，又极大地缩短了施工周期。我国钢结构住宅起步仅仅几年，遇到了许多难题，要取得突破，必须解决好外墙板和楼板的预制安装，在这方面，欧洲的成功经验是值得学习和借鉴的。除此之外，我国还应学习国外的先进制造工艺和建造施工技术，引进先进的施工设备来装备工程队伍，这样才能真正走上工业化的发展道路，才能满足人们日益增长的住房要求。

二、加强社区规划，满足居民多层次需求

1. 社区规划与城市发展相适应

伦敦附近的工业城堪称此方面的典范，该城市于二十世纪六十年代中期开始建设，九十年代初，完成土地的开发和基础建设工作，现在有超过 500 家公司进入。新的就业机会促进了人口的聚集，再加上许多在伦敦工作的人也住在这里，坐火车去上班只需 45 分钟的时间，非常便捷，于是就需要建设更多的住宅. 在充分发挥土地使用率的同时，规划设计充分考虑工业区和住宅区的

合理分布,尽可能减少私车的回复线路,缩短上下班的时间。另外,充分考虑到不同人群的用车状况,有20%的人可能乘车上学或工作,这样必须设计公交路线,让公交车须到达城区的每一个地方。整个城市规划路线采用网络布置,而在网络的交点上采用环岛,不建立交桥以解决交通问题。这种网络布置适应了城市的组织结构。由于城区场地低洼,在规划时就考虑到遭受洪水的可能性,因而,在交叉的网络布局中,设计了两个狭长的公园绿化带,贯穿于整个城区,占城市用地的23%。而这公园绿地也是城市的排水系统,在这个系统中建立了多达十个纲节水池和多个高尔夫球场,创造优良的生态环境,吸引了众多的年轻人和高知人才定居。由此可见,一个好的规划为城市的发展和人们的生活水平提高奠定了基础。

又如伦敦建立在泰晤士河的转弯处的港口社区,现在已成为伦敦最具现代化的大社区。整个社区规划科学,分为沿河渡口居民区、工业区和商业中心。社区的主要道路由沿河环线和中间的"J"字线组成,在"J"字的交叉点上建立公交、轻轨铁路,交通枢纽带动了商务办公区的地产开发,同时,能相当有效地解决办公人员和居民的上下班问题。

与国外形成鲜明对照和反差明显的是,我国大城市的社区规划往往只重视社区内的布局,而缺少与城市的交通联系,许多大的居住区没有设计与之相配套的交通枢纽,建成后给居民的出行带来了极大不便,副作用相当明显。这是一种缺乏规划的短视行为造成的。

2. 规划与自然环境协调发展

住宅区的规划除了要与城市的总体布局相适应外,还要与当地的自然环境协调发展。如哥德堡的河畔码头住宅区和荷兰邻水住宅建设就极具特色,对我国有一定的借鉴作用。一般沿河住宅都平行水面建成,这样可以获得好的景观,而哥德堡的河畔码头住宅小区一律由8个围合成"门"字形的院落沿河排列,"门"字的开口正对河流,这样不但能使更多的住宅中看到美丽水景,而且在每户窗户和阳台下会形成了一个敞开式绿化平台,坐拥平台的休闲椅上,就可以远眺河对岸的旖旎美景。在平台的下面是6米宽的沿河车道和为4米宽的人行木栈道。木栈道贴近水面,一直延伸,长达数百米,在木栈道上,观看两岸美景和城市雕塑,令人心旷神怡,别有一番滋味。8个"门"字形的住宅院落,由多层和小高层住宅组成,每个院落的住宅各具风格,绝不雷同,这样共同组成了一个富有韵律感和变化感的沿河景观,极具现代化的城市特色。而荷兰的邻水住宅在阿姆斯特丹近邻的一个小镇上,此处水网纵横,与我国浙江省部分县镇的自然环境相似。设计师在规划住宅区时,不仅没有改变原有的河流,而且将河水引入新的支流,在每条支流的两侧建造了独立式住宅,住宅的花园面向支流,住宅背面背倚的是道路。却在河沙较深的地方,有的住宅在规划格局上设计简单明确,然而,塑造出的产品与环境的融合恰到好处,真正体现规划者充满了现代化的气息。其实,欧洲各国的居住小区中大都是以自然绿化为主,主要方法是栽树种草,有的小区空地全部被树荫遮蔽。这里很难看到大面积铺砌的花岗石,更看不到气势恢宏的大喷泉等人造的自然景观,是在追求环境景观设计中尽量少人工化。挪威集合住宅的庭院景观别具一格,口截直径约1米的大树墩和1棵枯树的树干平铺在细石上,供人们休息和儿童游戏,简约、自然、清雅,处处体现出一副怡人自在的田园风景。

三、注重住宅的内在品质,提高住宅的综合性能

自改革开放以来,我国住宅建设取得了世人瞩目的成绩,特别是最近几年以来,我国的集合式多层和高层住宅的建设取得了长足的发展。如果单从多、高层住宅的形体高度、外观造型方面与欧洲国家相比,差别不大,甚至国内诸多著名小区的住宅放到欧洲去也称得上是上乘之作。不过,我国集合式住宅与欧洲发达国家的差距主要反映在内在品质上,这点才是最为重要和关键的,因为内在品质恰恰反映出一个国家的经济实力和产业现代化水平。通过与外国的比较,我国在住宅的内在品质和综合性能方面尚需努力。

1. 我国住宅的综合性能亟须提升

我国居民在购买第二或第三套住宅时,发现新住宅只是面积变大以外,其他的种种不如意接踵而来,如门窗漏风漏气,用材粗糙滥用,既隔不住日照,又防不了噪声,另外屋顶和楼板渗水等"质量通病"困扰着购房者,

正为这些质量通病造成了住宅的性能低下，也使一部分购房者望而却步，失去了一部分的潜在和现实消费者。质量通病造成了住宅的性能低下，因此，我国的住宅建设必须进入到一个快速提升“质”的阶段。“质”的表现集中反映在住宅的综合性能上，为此，有关部门应采取有力措施和有序步骤，加速住宅性能的认定工作，使用这个“推动器”全面提升我国住宅的内在质量，才能既造福于民，又有利于社会。

2. 我国住宅部品和设备的生产质量及配置水平亟须提高

提高住宅性能的一个关键是提高部品和设备的生产质量及配置水平。首先是部品和设备的生产质量，其中包括产品的稳定性、耐久性、环保性和通用性等等。在这点上瑞典堪称典范，如瑞典一直十分重视住宅部品的标准化问题，1967 年就制定了《住宅标准法》。瑞典的“工业化标准”和“模数协调基本原则”，涉及住宅的各部，如浴室设备、厨房水槽、窗框和窗扇等等。另外，室内通风系统、热量回收系统、中央吸尘系统、防火门电磁阀控制系统和户内消防软管系统的配置都是我国国内少有的，也是我国业界必须正视的。

3. 我国的住宅须走装修一次到位道路

近些年来，欧洲人口也有所增加，城市住房需求靠建低寒住宅难以解决，因此，在欧洲许多大城市都建造了成片的多层、高层居住区，以缓解住房压力，如伦敦港口社区，汉堡的多层、集合住宅，瑞典哥德堡市的河畔石头住宅区等。通过与之进行比较，不难理解和看出，这些住宅在许多方面与中国住宅小区相类似，但内部装修却明显不同，因为欧洲的集合住宅是一次装修到位后出售的。开发商交给购房者的应是一个可以完全达到使用要求的成品住宅。因此，在设计施工和选择上都必须考虑周全，尽量采用工业化的生产方式和安装装修材料，避免在施工环节出现过多的纰漏，以保证质量，并符合相关要求，从而满足人们更高层次的需要。

欧洲的住宅内装修也基本上是“套餐”装修出售的，而不是“菜单式”的装修。这些装修也是以简约为原则，不做复杂的装饰线条，不做奢华的装饰和设置，以求简约大方，舒适美观。我国建设部已于 2002 年发布《商品住宅一次装修到位实施细则》。经过两年多，一次装修到位的商品房上市的比例虽然在逐年上升，但毛坯房却仍然占据了较大的市场份额，这势必会减缓实现住宅产业化的速度。现在我国并不是缺少家装的材料和部品，而且欠缺相关的政策来激励开发商建造精装房，因此，有必要采取多种措施去改变这种局面，从政策和技术等层面引导一次到位的商品房成为未来市场的主流产品，这样我国的住宅及住宅产业才能实现跨越式的发展，也才能保持国民经济的持续快速健康发展。

四、增强环保性能，提升住宅舒适度

1. 制定可行的节能计划和政策

英国政府从 1986 年就开始制定节能计划，将建筑节能标准分为 10 个等级。但在执行的初期遇到的最大障碍是开发商和建造商因节能而增加住宅的造价，这会影响市场上普通购房者的购买能力，尤其是低廉收入家庭的购房，但是这部分增加的价格，换来的是长远的更

加合算的经济效益,因为按新标准设计的节能住宅在能量消耗上的花费仅是传统住宅的一半。权衡利弊,大多居民最终还是倾向于选择节能住宅。

政府在进行节能时,一方面要考虑不同阶层购房者的心理,另一方面要就地取材解决节能材料,减少运输费用和相关环节的支出,尽可能地降低住宅建设成本。经过几年努力,目前英国的新建住宅基本上都达到了当初制定的节能等级要求。最近,这种状况又得到了进一步的改变,“生态型住宅”开始受到人们的普遍关注。

英国及部分欧洲国家对住宅墙体的保温隔热和门窗的节能都制定了明确的标准,有相应的高要求,建筑师必须按相关规定进行设计和选用材料,对人体和生态环境产生负面影响的材料被严格禁入。同时,建筑师和建造商要考虑就地取材。如:根据区域的不同,外侧砌块有选择烧砌砖的,也有选择混凝土小型装饰砌块的,还有选择粉火荼烧块的,而这一类材料的产销系统都较为完善,采购方便,因而,普及程度高,无形之中大大推进了墙体的改革。而我国新型墙体生产厂家少、分布不平衡、供应渠道不畅、运输费用高等等,这些都与国外的优势条件形成了巨大的反差和鲜明的对比。

2. 提高住宅室内空气环境质量

英国和部分欧洲国家的住宅窗户上部、阳台门上部和外墙上都有小型的条形进风器,这是近20年来推行的住宅通风系统。不过,由于自然通风,这种方式受建筑物高度的限制,又由于无法调节通风量,室内的热量随风排出,这样能量散失大,舒适度也达不到要求。随着外墙和门窗保温隔热及密封的功能加强,室内外空气的交换问题日益凸现。

于是,欧洲等发达国家推出可调节室内通风的“房屋呼吸”概念,即通过对通风量的控制,形成室内外正负压差,从新鲜空气进入主要居室,然后经过卫生间和厨房,将污浊空气排出室外。上世纪80年代初“智能性房屋呼吸系统”开始进入家庭,空气质量得到了明显优化,住宅能耗进一步降低。目前,“房屋呼吸系统”已经风靡于整个欧洲范围。

在北欧地区由于天气严寒,更加注重热量回收系统,室内热量通过通风管将各房间室气过滤后收集起来,这一过程可以回收其中的大部分热量,当然,污浊空气由设在房屋顶部的风机抽走排放。这种技术用在集合式多层、高层住宅中更显优势,更受青睐。

3. 积极开发利用太阳能等可再生洁净能源

英国和欧洲国家有优越明显的自然生态环境,同时,大力提倡使用对环境不造成破坏的洁净能源。各国政府为了保护自然环境不遭到破坏,于是制定了相关法律法规。

如挪威是一个资源丰富的但人口数量少的国家,在最近的全球“高度人文发展国家”排名中位列第一。该国为了节约能源和保护生态环境,水力发电和核动力发电提供了居民生活的大部分用电。当然,并不是说其欠缺石油和天然气,本国蕴藏丰富的石油和天然气一直不作为主要燃料使用,绝大部分的天然气出口到其他欧洲国家。可以看出,发达国家是从战略的高度和保持人类可持续发展的眼光去看待今天环保和节能问题,因此,提高居民的节能环保意识和加大政府的管理和管制力度是其成败的关键。在节约能源的同时,利用洁净能源也是欧洲国家不断研究的课题和重点。

A COMPREHENSIVE HANDBOOK OF DEVELOPMENT OF REAL ESTATE IN CHINA

2005-2006

中国房地产业发展大全

缔造经典 创造永恒

中房集团黑龙江军安房地产开发有限公司(军安·绿色家园)
辽宁荣天房地产开发有限公司(在水一方)
长沙玫瑰园房地产开发有限公司(长沙玫瑰园)
青岛崇杰集团有限公司(颐灏园)
泰安市久丰房地产开发有限公司(龙泽花苑)
烟台开发区玉森房屋综合开发有限公司(曙光名座·玉森新城)
滨州华升房地产发展有限公司(华升·盛世春秋)
湖北珠江房地产开发有限公司(美林·青城)
武汉统建城市开发有限责任公司(统建·大江园)
武汉安居工程发展有限公司(百步亭花园·怡和苑)
武汉嘉华房地产开发有限公司(南湖华锦花园·春天故事)
武汉顺驰·武汉能达实业发展有限公司(顺驰·泊林)
海南省海运房地产开发公司(宝岛花园)
海口美视国际高尔夫俱乐部有限公司(美视高尔夫花园)
三亚鸿洲房地产有限公司(三亚·时代海岸)
安徽绿城房地产开发有限公司(绿城·桂花园)
合肥金典置业有限公司(金典·名筑)
马钢集团康泰置地发展有限公司(康泰佳苑)
芜湖海泰置业有限公司(银湖·波尔卡)

精心打造中国房地产品牌及精品楼盘
强档推介中国房地产业成功开发典范

建设部·中国房地产业协会
中国房地产业发展大全编辑委员会 **隆重推介**

军安·绿色家园

中国房地产高尚住区成功开发典范

南北通达的交通网路

军安绿色家园坐落于松北新区，紧邻202景观大道，与商业大学毗邻，规划路、学院路南北围合，外三环路及四环路盘旋左右，越江隧道正在构建之中。军安绿色家园现已特设成为公交站点，十余条交通干线由此经过，成为了连接南北两岸重要的交通枢纽。

专业打造的精品住宅

军安绿色家园总占地面积15万平方米，由25栋多层和5栋板式高层一字型南北向错落排列而成，采用舒适简洁的现代欧式建筑风格，提供39—123平方米平层、错层户型，其中以42—76平方米中小户型为主。居室南北朝向，采光通透，内部设计合理，方正宽敞。家家燃气管道入户，24小时地热供暖。军安绿色家园承建单位都是曾经多次获“鲁班奖”的优秀施工企业，对建筑细节精益求精，在用材用料上严格筛选，确保现房卓越品质。

大宇通信

在水一方
River homestead
滨水景观视区 外滩水景生活
水韵天长，无限风光，有座佳园，在水一方
荣 天
在水一方
中国（辽宁）水岸山景地产成功开发典范
三超 超级规模 超大楼距 超优 性价
四化 滨水化 森林化 国际化 精品
开 发 商：辽宁荣天房地产开发有限公司
亲水热线：024-24911888 249119
项目地址：沈阳浑南新区长青南街43号

智者乐水

[近山成趣，近水成居。亲山近水乃人之自然本性。]

《论语·雍也》所谓：仁者乐山，智者乐水。意即亲水是人类的自然天性。近山成趣，近水成居，适当的水景设计不但让人赏心悦目，更能藉此陶情悦性，修心明智。因此，古人有“无水不成园，无水不成居”之说。

在水一方滨临1000米浑河水岸，与浑南大学城毗邻，浸润文化气氛之中，地有书香气自华；又有沈城独具的外滩公园水生态自然环境与其相辅相成，人、水、绿三元合一，极致成就现代文明人居之理想。居家于此，山水人文“智”乐，亦复何及！

玫瑰园®
长
—— 百年
为铸造泊岸生活的理想国度
——我们坚持，让自然和经典人文完美结合
中国房地产景观环境住区成功开发典范
铸造百年传世品质 精心打造金奖人居梦想
以十四年的精心锻造，铸就一种质朴浪漫，延续一种传世经典。汇聚世界“经典泊岸生活”格调，秉承意大利古典建筑风情，并在此基础上融合西班牙质朴的建筑形式，形成独特的地中海风情。
泊岸热线：（现场）0731-8583333 8583888 （市区）4439638

玫瑰园

Changsha Rose garden

居金奖 ——

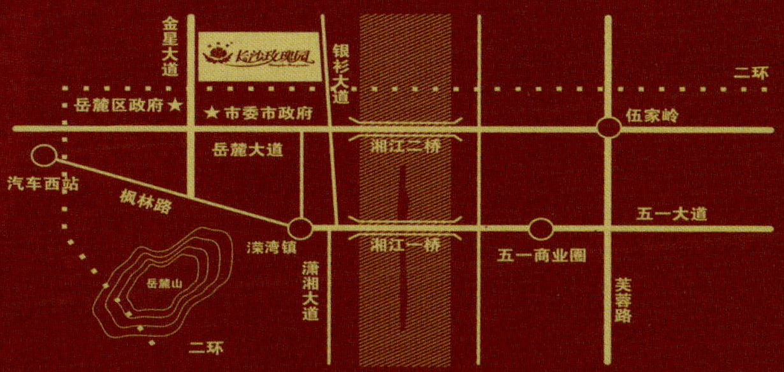

□ 珍稀的千亩自然生态资源 □ 50000平方米天然湖泊 □ 斥巨资打造世界级皇家园林 □ 纯意大利风格经典建筑 □ 风情商业步行街 □ 五星级商务酒店 □ 知名教育机构联手打造教育系统等完善配套 □ 美国WY国际设计公司与澳洲希望园林规划公司强强联手，打造星城金奖人居

地址：市府后花园/金星大道北段东侧　市内接待中心：黄兴路沃尔玛购物广场一楼　投资商：广东玫瑰园房地产发展有限公司　开发商：长沙玫瑰园房地产开发有限公司

长沙玫瑰园

Changsha Rose garden

—— 百年品质 人居金奖 ——

中国房地产景观环境住区成功开发典范

长沙玫瑰园传承“百年品质 人居金奖”的理念，绽放在“山水洲城”的“市府后花园”，意欲为长沙带来一种全新的、高品质的“世界泊岸生活”。大盘总占地面积1000亩，商住总建筑面积100万平方米，结合优越的生态条件，完美塑造出水岸别墅、小高层、高层等多种建筑形态。社区更配备12000平米五星级商务酒店、15000平米学校、国际米兰步行街、莲花艺术馆、罗马文化大型休闲广场、多个生态园林广场等。

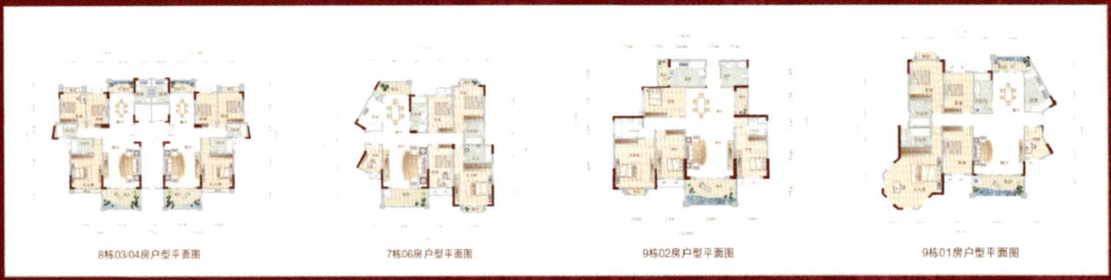

项目邀请国际知名建筑设计公司美国“WY”，依据意大利加达湖原貌及周边经典建筑，以50000平米自然生态湖泊打造全长沙最大的私家自然湖泊景观，再融合意大利古典建筑风格和西班牙质朴的建筑形式，形成独特的地中海风情。同时联袂澳洲希望园林设计公司，借助澳洲人对园林规划的特有天赋，延传澳洲园林设计风格的精髓，营造出随处小桥流水、绿树鲜花的皇家园林风范。在此，建筑融于环境，环境衬托建筑，任何不经意的一瞥，都是满眼的风景。

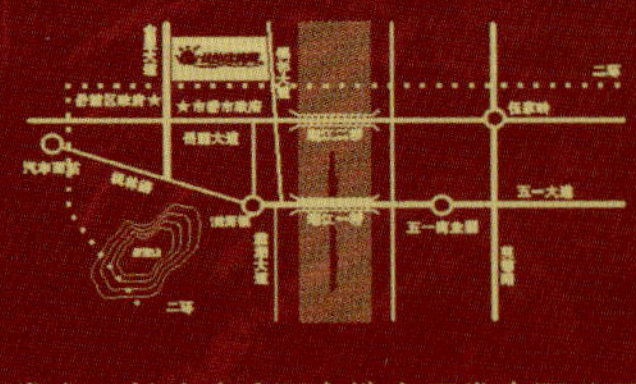

泊岸热线：（现场）0731-8583333 8583888 （市区）4439638

现场地址：市府后花园/金星大道北段东侧 市内接待中心：黄兴路沃尔玛购物广场一楼 投资商：广东玫瑰园房地产发展有限公司 开发商：长沙玫瑰园房地产开发有限公司

回报
《中国房地产业发展大全》
2005-2006
把握现在、赢取未来
中国房地产业发展大全编辑委员会

园林海景——颐灏园

颐灏园位于青岛市市南区东海中路29号，北靠浮山，南临大海，由青岛崇杰集团有限公司投资。该小区地势开阔、环境优美，主要建设多层及小高层高档公寓，项目于2003年4月开工建设，计划总投资12000余万元，预计2004年底竣工。

颐灏园在“以人为本”的设计理念指导下，倾心打造“园林海景”的高雅品位。

置身园林景观，俯瞰碧海银滩，静坐家中，感受实至名归的身份与气度。

●位于青岛东部沿海钻石地段，得享最美的一段海岸线，紧邻青岛最大的CBI商务区，高教学院区。
●欧式装修风格，空间布局合理，整体高雅舒适，体现以人为本的设计理念。
●采用环保建材，保障居家空气清新健康，自然海风穿堂入室，超大栋距，享受充足阳光。
●可视对讲，宽带入户，远红外周界报警系统，完善的生活配套设施。
●金牌管家式物业管理、贴心又专业。

售楼部地址：青岛东海中路29号

垂询热线：0532-5888688 13156886800 5887777

开发商：青岛颐灏房地产开发有限公司

投资商：崇杰集团 SAGEGROUP 青岛崇杰集团有限公司

冷静观察
稳住阵脚
韬光养晦
决不当头

董事长：

产成功开发典范
国际会展中心
高科园二中
海尔科技馆
文化博览中心
东贵都新苑
青岛国际啤酒城
麒麟大酒店
天泰馥香谷
颐景园
吉林脑血管病医院
华侨学校
弄海园
青少年活动中心
金玉山庄
石老人海水浴场
黄金海岸大酒店
雕塑园
北海宾馆
香格里拉大酒店
海福广场
世界贸易中心
崇杰集团楼盘区域分布图
（青岛东部海岸）

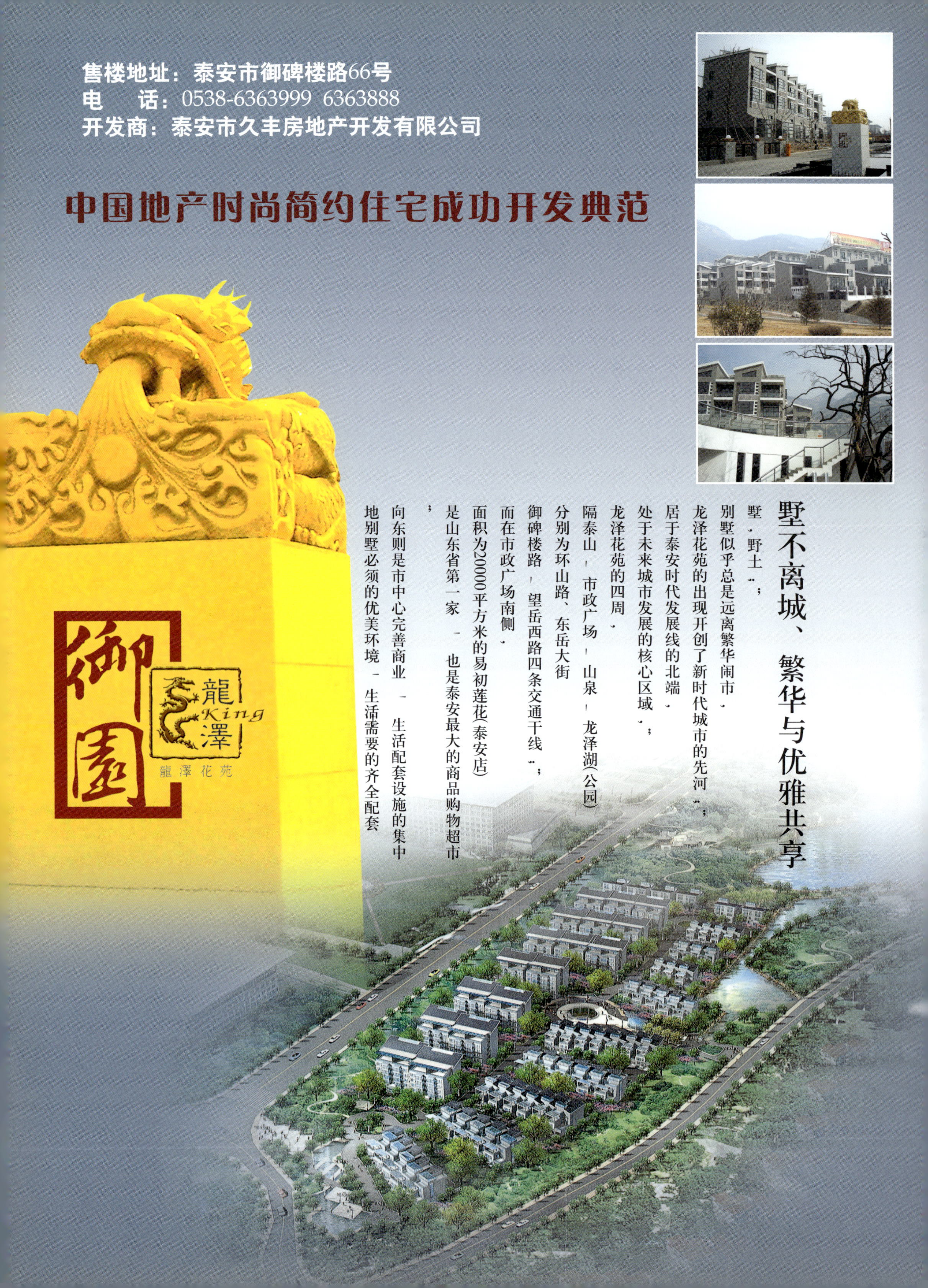
售楼地址：泰安市御碑楼路66号
电　话：0538-6363999 6363888
开发商：泰安市久丰房地产开发有限公司
中国地产时尚简约住宅成功开发典范
御園
龍澤
King
龍澤花苑
墅不离城、繁华与优雅共享
墅，野土”；
别墅似乎总是远离繁华闹市，
龙泽花苑的出现开创了新时代城市的先河”；
居于泰安时代发展线的北端，
处于未来城市发展的核心区域，；
龙泽花苑的四周，
隔泰山，市政广场，山泉，龙泽湖(公园)
分别为环山路、东岳大街
御碑楼路，望岳西路四条交通干线”；
而在市政广场南侧，
面积为20000平方米的易初莲花(泰安店)
是山东省第一家 - 也是泰安最大的商品购物超市
；
向东则是市中心完善商业 - 生活配套设施的集中
地别墅必须的优美环境 - 生活需要的齐全配套

化繁为简、国际理念

当今设计潮流，简约就是时尚。
在【龙泽花苑】：大块面的玻璃大开窗、通透开敞的多窗设计、挺拔直劲的造型、简洁明快的外观……
简约的元素被大量采用，繁琐和复杂的装饰、混沌和笼统颜色被一概去除，剩下的只有朴素纯粹，感觉上更加意韵悠长，
就像何弢建筑大师的创作本意：让别墅与泰山融和，让生活与世界同步！

千年传承的文化奇迹、风生水起的祥瑞宝地

“天高不可及于泰山”！自秦始皇以来，秦、汉、隋、唐、宋等历朝历代帝王都以登封泰山，视为国家鼎盛、天下太平的启原象征，而只有登封后的皇帝，才俨然成为“奉天承运”的“真龙天子”。

选择 阳光灿烂的日子

曙光名座　西部烟台的骄傲

一个楼盘带动一个区域的发展，一个楼盘改变一个区域的面貌，一个楼盘提升一个区域的品质，一个楼盘提供一个居住的典范，一个楼盘成就无数的安家梦想，一个楼盘促进了西部居住开发时代的来临，曙光名座 西部烟台的骄傲。

开 发 商： 烟台开发区玉森房屋综合开发有限公司

售楼专线： **0535-6326888　6330800**

接待中心： 烟台市福山高新区福海路西鸿福街（西苑商贸城对面）

32路、522路公交车曙光名座站下、21路南线、

23路、26路、27路舒家站下（南100米）

繁盛领地　传世名宅

这，是一个[领地]

一个领导辉煌与永恒的福地。
这里，曾经是领导滨州经济腾飞之地，
这里，又即将成为引领滨州生活飞跃之地。
当描绘现代都市蓝图的第一笔从这里落下，
一个春秋世袭的稀有之地，
便毫无疑问地成为：
这座城市物质与精神的中心……

●稀有·便利

小区位于CBD传统黄金旺地，渤海六路与黄河五路交汇处，与城市第一商街、银座购物广场为邻，独享城市繁华与便利。

●规模·品味

小区是滨州市中心城区目前第一个规模化、生态化欧式高尚住宅小区。小区总建筑面积熙10余万平方米，一期规划春夏秋冬四个组团，共22幢多层住宅。应滨州城市品味的提升，小区率先在滨州引入目前在上海、北京最为流行的复式花园洋房套型，在城市的中心，用多层的价格，获得别墅的享受。

●生态·健康

小区全面引入江南水乡景观系统，主景喷泉、中庭水岸、景观小品、老年天地、幼儿乐园、健康步道、珍贵植栽等互为呼应，形成小区立体功能型景观系统。整个小区景观引入江南水乡园林景观理念，倡导全生态、健康居家生活。

●天然·运动

小区首次在滨州引入天然地热采暖，实现家家户户天然温泉浴；区人配备有滨州唯一的天然温泉游泳池。此外，小区会所还配备有乒乓球馆、阅鉴室等健身娱乐功能。让天然、运动成为生活的主题。

●智能·现代

特聘上海智能安保专家主持规划，打造滨州一流的智能安保设施，小区配备闭路电视监控系统、可视防盗对讲系统等现代化智能安保设施；并由宁波华甬物业提供专业化、人性化的物业管理服务。

美林●青城
城市上层/原生林居
LUXURIOUS GREEN
一片根深叶茂的树 VS 一群出类拔萃的人

中国（武汉）高档住宅地产成功开发典范
江园
\成就梦想\实现城市居住的包容和丰富\
\我们深知，这里不是人生的全部\
\但一定，要给您最好的部分\
统建·大江园
秉承统建打造精品楼盘的一贯专业精神
在江汉大学旧址上，以32万平方米的超大社区规模
精心缔造武汉划时代“城中城”
一期3栋高层，9栋小高层，733户大社区
让您在最好的地方，享受最完美的生活
\每一个细节，与品质生活相互辉映\每一处苛求，
更印证我们的专业和细腻\
\在大江园\您只负责幸福的生活，其余由我们来做\
户式中央空调，选用一流
品牌的产品，节能高效
生活热水系统，供暖及生活洗浴热水
24小时享受
小区内人车分流，地下车库配套
设施齐全
双回路电梯，运行舒适可靠，性能优良
采用多道警卫系统，24小时全天侯站岗巡逻
公共环境清洁、绿化服务，垃圾定时集中收取
停车场专业管理，住宅信息管理
公用信息管理及设施检修，水电维修

中国(湖北)景观环境社区成功开发典范

怡和苑小高层外观效果图

规划 **全面提升居住品质**

怡和苑以简约、现代的建筑风格，多层与小高层错落布局，运用新技术、新材料、环保节能；采用多层次绿化，移步一景；小区内人车分流，大型地下停车位等超前规划设计，全面提升居家生活品质。

配套 **大手笔投资 全方位升级**

百步亭花园拥有4万平米中心文体广场、3万多平米大型地下停车场、5千平米多功能现代会所、6千平米医保定点综合性医院，1000米商业步行街，大型超市、休闲美容、餐饮娱乐、金融等一应俱全，全方位满足业主的生活需求。

教育 **独创社区终身教育体系**

百步亭花园以教育兴社区，注重营造社区深厚的文化内涵；拥有高品质的教育资源，珞珈幼儿园、市直属机关曙光幼儿园、育才一小一分校、育才寄宿小学国际部、省级重点中学汉口铁中初、高中部、老年大学等形成了独有的社区终身教育体系。

物管 **独树一帜的星级管家**

怡和苑由武汉百步亭花园物业管理有限公司担纲贴心管家，用社会化、市场化的运行方式，将社区管理和社区服务相结合，以全面、细致、体贴、热情的亲情服务和人性化管理，为广大业主提供独树一帜的星级服务。

中国（武汉）景观环境社区成功开发典范

我们的居家

3E风靡全球的健康居家新模式

一种全新的“3E”健康居家新模式正在全球兴起，他是以东方人文为底蕴，讲究天人合一的环境、生态和秩序。这种居家模式，是充满神韵的、系统的、有节奏的东方园林生活的真实写照，也是一种超乎建筑本身的生活方式和生活态度。南湖华锦·春天故事融“生态、环境、秩序”于一体，特邀日本著名的园林设计大师担纲设计的新一代“3E”居住小区。社区内系列景观按东方园林设计思想精心布置了溪流、瀑布、小桥、拱门、藤架以及独特的山石、灌木等，整个小区环境幽雅、生机昂然。东方风情的魅力源自何处？主要来自于他的闲适生活态度和健康的生活方式。东方园林是东方人文景观、诗情画意的历史沉淀，是一种人性的回归。自然和直率不再以单纯的美感追求。环艺营造为主要目的，而是上升到与人类的健康与居家环境的密切关系上 ；以大面积的植被绿化及容积率为前提，以完备的高品质软、硬件环境为基础，以科学严谨的环境健康指标为支持，是健康居家理念的生动体现，是人与自然与环境的科学互动。

公司总经理：冷山德

本项目距武昌火车站，付加坡长途客运站2公里。北面有雄楚大街接通武黄高速；南面直通纸坊、鄂洲梁子湖；东面经机场三路直达东湖高新技术开发区；西面是107国道、长江白沙洲大桥和过江隧道。无论城区或者市区外，乃至全国各地，交通便利，四通八达，出行极为便利。

项目周边生活环境优越。华锦/春天故事距中商广场、亚贸广场仅4站车程，距司门口商业中心也只有6站车程。附近有武汉大学人民医院，省中医院附院、时三医院、陆军医院等大型医院及知名医疗卫生咨询机构。省委、省政府及省直机关绝大部分设在武昌、洪山两区，中央部卫在汉科研机构也集中在这里。省重点华师一附中、武大附中、武汉中学、省实验中学等均在武昌。

投资商：武汉市住宅开发公司

开发商：武汉嘉华房地产开发有限公司

电　话：027-88411571

SUNCO · PALEN VILLAS
IS THE FIRST FLAT UNDER ECO/PROTECTION
顺驰·泊林//坐落在国家重点生态保护区

顺驰·泊林，建在生态保护区中央的亚别墅生活区

武汉东西湖区金银湖生态谷，占地400万平方米，水域面积超过12000亩，河流湖泊星罗棋布，天然原生林及亚热带灌木生长旺盛，优美的自然环境和优良的空气质量，聚集了众多种类的水鸟和湿地植物，被武汉市政府法定为重点“生态保护区”和“国家级生态示范建设区”，是武汉市极为少见的一个纯天然生态区。

SUNCO · PALEN VILLAS
IS THE NO.1 PURE-SHORE ECOLOGICAL-VILLA FLAT
顺驰·泊林//武汉**首席**纯水岸**亚别墅**住宅

生态的美，绝不止于其辽阔的意境，更是由于她改变了我们生活的环境
生态保存完好的地方，天更蓝水更清空气也更清新

2004年，顺驰来到武汉，充分展示其建筑水岸住宅的经验，建造武汉最高品质水岸住宅。顺驰携十年房地产开发经验和美国GBBN、美国易道、中国墨臣等多个国际品牌公司聚集到武汉金银湖生态谷，以建造别墅的智慧和思想，以建造别墅的标准和体系，在金银湖畔打造武汉首个国际化、生态化、人性化的水岸亚别墅住宅。

Mei Shi Mayflower
美视.高尔夫滨海花园
MEISHE GOLF SEASHORE GARDEN
中国.海口
HAIKOU CHINA
美视 高尔夫花园
中国房地产成功开发典范

国际度假港
新境地 Seaside Holiday, New Wonderland
滨海假日，新境地
Seaside Holiday New Wonderland
世界著名海滨城市因其最大的自然资源海而闻名，而大自然又赋予了海不同的气质：马尔代夫是最朴质的海，斯里兰卡是最安详的海，冰岛是最怪异的海，加勒比海是最动感的海……三亚的海却是最原始、最生态的海。烟波浩淼的大海，细腻白皙的沙滩，明媚的阳光，摇曳的椰林……在这块土地上勾勒出一幅如诗如画的热带滨海风景。三亚甚至以得天独厚的自然资源获得“最适合人类居住城市”的美誉。“世界小姐选美大赛”更是把三亚推向了世界的舞台，三亚正在由渔家女蜕变成为万众瞩目的国际美人……
司 策划顾问：香港戴德梁行 整合推广：深圳华美广告

桂花园
sweet osmanthus
舒适桂花园·一生好居停
舒适桂花园/一生好居停
绿城·桂花园
绿城·桂花园实景

中国房地产时尚简约住宅成功开发典范

金典·名筑
JIN DIAN MING ZHU

热线：0551-3815888

开发商：合肥金典置业有限公司（合肥经济技术开发区莲花广场西侧）

五月里的精致生活　阳光已有了夏的气息，透过斑斑驳驳的树阴，在窗前阅读我的小说。园里的溪水流得正欢，和着孩子清脆的笑声，与我的咖啡一起相融。五月的日子精致美丽，舒展一片蔚蓝的天空，开始真正的幸福之旅。

项目概况／新区首席精致生活花园

金典·名筑，位于合肥经济技术开发区的中心地段，莲花路与丹霞路的交叉口，占地约150亩，总建筑面积约17万平方米。金典·名筑，周边景区环绕，视野开阔，自然景观优美。高速和机场均在附近，交通十分便捷。园区内更有中心广场、儿童设施、智能化配套，并提供专业物管，进一步保证高品质的生活。

金典·名筑，建筑设计上大胆运用现代、简洁、明快的手法，以人与自然共生为宗旨，塑造出大方、典雅、富有时代特色的建筑产品；同时引入先进的技术设施、创造智能化的生活环境。

体验细节之美

环境／内外共融：

金典·名筑东侧便是南淝湖风景区，西边更有明珠广场和著名的徽园。园区的景观设计结合动态空间和静态休闲观赏区，现代而别致。绿色景观和流动水系贯穿园区，使建筑与景观巧妙融合，将园内绿化最大限度地辐射至每户住家。

配套／日益完善：

金典·名筑园区内设有多项运动健身休闲设施，如游泳池、乒乓球室、棋牌室等。莲花社区、锦绣社区、方兴社区等多个新兴社区分布四周，区域里的居住氛围不断成熟。合肥国际会展中心、易初莲花大型超市、五星级索菲特明珠大酒店、众多大专院校、银行等遍布四周，让你尽情体验精致而齐全的生活配套。

文化／芳香四溢：

金典·名筑独具学院住宅优雅而沉静的气质，城市管理学院、一六八中学以及合肥学院近在咫尺，气势恢弘的大学城亦离此不远。与朝气蓬勃、书声朗朗的院校为邻，你一定会更加年轻，更富激情。

景观／专家设计：

金典·名筑整个小区的景观由韩国半岛事务所规划，由中国美术学院美术中心专业设计。设计理念上充分利用现有建筑的平面和空间布局，以丰富的色彩，多变的造型，错落的景致，流动的水系，形成人与自然的完美和谐，打造新区具有代表性的高尚园林式景观社区。

【新核心领地】New center 地段为财富加冕

核心就是源，

财富、地位之源，

核心就是不可替代。

康泰佳苑，梦的起点，位于新城中心区域的核心，紧邻市府广场，地脉天成，地段不可复制。

新城，一个梦想之城，占地面积530公顷，规划高瞻远瞩，建设如火如荼。

一个集行政、科技、文化、商业、金融中心于一体的新城市中心区横空出世。

地处中心区核心地段的康泰佳苑，零距离享受高品质城市配套，市府广场、图书馆、文化馆、体育馆、科技馆近在咫尺。快捷绵密的交通网络，让康泰佳苑揽尽天时地利，沟通无界。2000米长的商业街形成的新繁华大商圈是康泰佳苑全新生活的保证，演绎着价值的无限可能。

领略繁华，拥有自然，坐享3000米长的市中心景观绿化带，康泰佳苑凭借着城市绿肺呼吸，让生活自由、健康。

阅读城市、见证辉煌，康泰佳苑—现代人居经典，为您赢得地位，彰显尊荣。

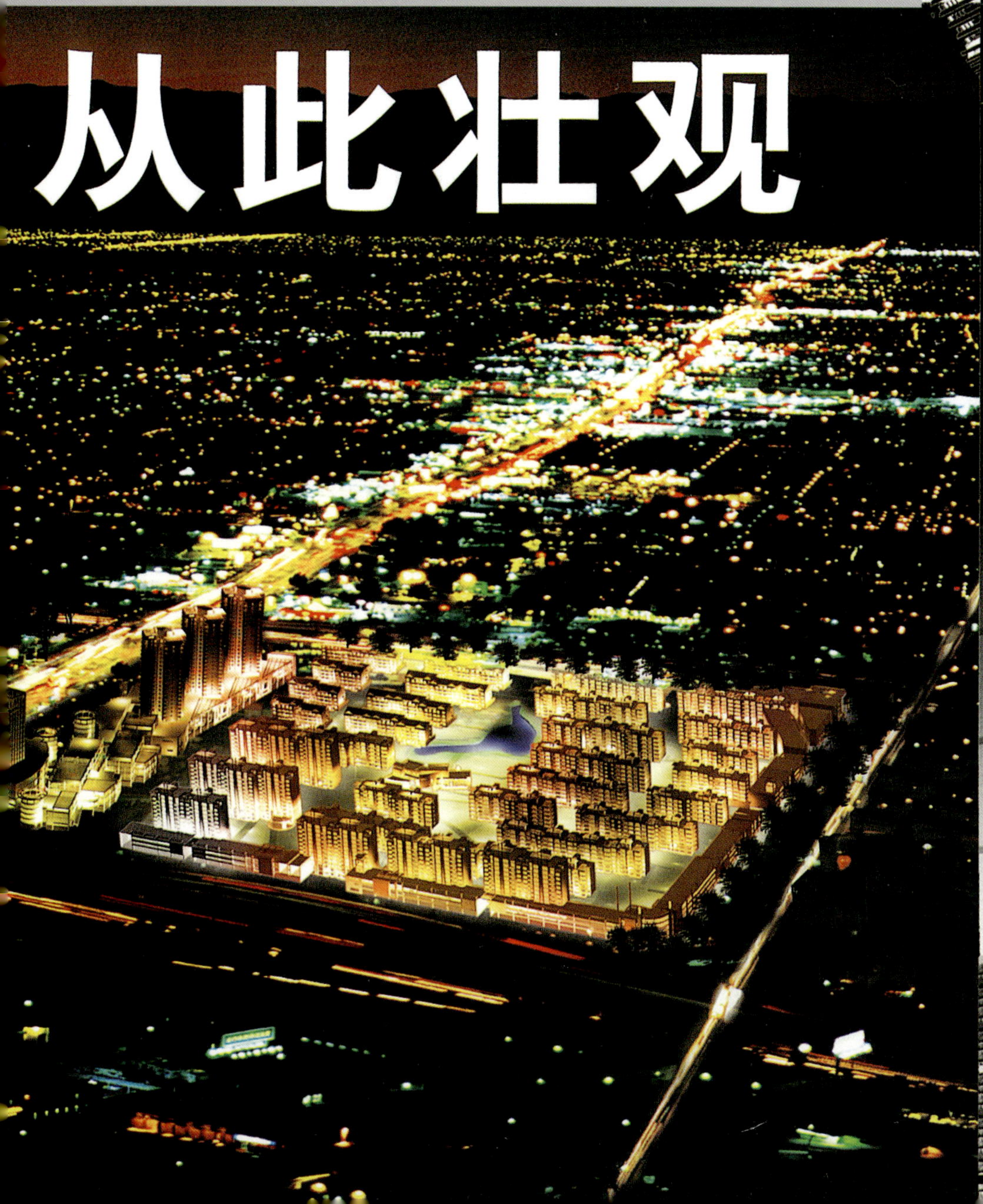

全城稀有湖畔生活

银湖·波尔卡项目分为银湖·波尔卡大街(商业)和银湖·波尔卡国际花园(住宅)两部分，项目立足于缔造芜湖最高档休闲娱乐商业街区和北城商业中心以及环境优美的住宅小区，打造集购物、美食、娱乐、休闲、商务、宾馆、综合服务配套为一体的国际化休闲商业街区和湖畔生态美居。总占地面米，总建筑面积42万平方米，其中商业15万平方米，住宅27万平方米，总投资超过10亿元人民币。

纯天然的银湖　别墅般的享受

银湖波尔卡SOHO，坐拥50万平米纯天然湖畔，紧依银湖波尔卡大街和银湖公园。长达800米的绿化景观带，近千米蓝色湖岸线与之相拥，360度傲人湖景，宽视野，尽享银湖的春之妩媚、夏令清凉、秋之水韵、冬之静美。繁华与自然的切换，就在转瞬间，动静皆宜，收放自如。

POLKA

银湖·波尔卡

中国房地产成功开发典范

芜湖海泰置业有限公司开发

销售电话：0553-5966666 5966888

销售中心：芜湖经济技术开发区银湖北路与越秀路交汇处

CLASSIC COLLECTION
生活典藏

翻开书页，

智慧的馨香漫溢，

宛如在午后的阳光中啜饮香茗。

感悟悲喜，

心灵与岁月共振，

宛如深蓝色夜里捕捉到的悠扬和弦。

典藏生活，记忆感动与震撼的难忘。

A COMPREHENSIVE HANDBOOK OF DEVELOPMENT OF REAL ESTATE IN CHINA VOLUME 17

第十七卷

房地产市场法制建设

规范房地产市场秩序 建立健全法律体系

自2004年以来，随着住房制度改革的逐步推进，个人逐步取代集团成为住房消费主体，商品房也逐步取代以前的福利分房，房地产市场得以进一步发展。同时，住房分配和集团消费制度所掩盖的许多问题也日渐凸现，广告虚假、定金圈套、合同欺诈、一房多售、面积缩水等问题屡见不鲜。房地产市场在健康发展的同时也不断涌现出大量的问题，主要原因是市场不规范，这体现在开发、交易、中介服务与物业管理等各个环节中。市场中表现的种种不规范和无序状态只是一种表象，其深层原因是多方面的，其中法律的不健全是关键。

改革开放以后，我国房地产的法律法规体系建设总体来说取得了极为显著的成绩，由法律、行政法规、地方性法规、部门规章等组成的体系基本得以构建。但由于房地产市场具有区域性、复杂性等特点，在法律体系的整个运行过程中，在立法、执法以及违法处罚环节均存在不少的问题。

一、房地产立法的现状和存在的问题

目前，房地产业已成为产生纠纷最多的行业。其主要原因是目前立法上存在许多的漏洞，即某些方面不可或缺的立法尚未进入立法层面。我国现行的房地产法律主要调整两类房地产关系：一是房地产财产型关系，如房地产所有权、他物权等产权关系；转让、租赁、抵押等交易关系；房地产投资开发关系；征用、拆迁、利益关系；中介服务关系和物业管理服务关系；二是房地产管理型关系，如房地产行政管理关系、行业管理关系、企业管理关系和有关物业管理费利益关系等。涉及调整房地产关系的包括宪法、法律、行政法规、部门规章、地方性法规、地方政府规章、司法解释共同构成了广义的房地产法。由此不难看出，房地产业是一个庞大的系统工程，它的立法必然会触及各方面的利益，因此立法也是一个艰难复杂的过程。我国现行房地产法律存在线条粗、缺乏过细的规定缺陷，以至于陷入有法难依的尴尬境地。房地产立法存在以下几方面的问题：

1. 房地产相关的某些法律缺失

纵观几十年的房地产立法过程，我们必须保持清醒的认识：房地产立法已经严重滞后于行业的发展了，因为属于法律范畴的房地产法只有1987年1月1日起施行且修改了两次的《土地管理法》、1990

年4月1日起施行的《城市规划法》和1995年1月1日起施行的《城市房地产管理法》，区区三部法律，无论是从立法数量还是立法质量层面来讲，都存在着巨大的不足，同时这三部基本法律的调整范围过于狭窄，调整力度明显不够。实践证明，这三部法律很难形成一个健全的房地产市场法律体系。

2. 房地产法立法层次较低

当前大量的房地产法律是通过国务院颁布的行政法规。如《城镇国有土地使用权出让和转让暂行条例》；国土资源部、建设部等部委制定的部门规章，如《关于规范房地产开发企业开发建设行为的通知》；享有立法权的地方人大及其常委会对政府制定的规章予以调整；还有许多地方政府房地产主管部门下发的文件。而根据我国《合同法》第52条的规定，违反法律、行政法规的合同无效，但违反上述规章的合同并不一定无效。由于立法层次低，导致交易的一方仅承担行政法上的责任却无需承担合同无效的民事后果。这直接导致了一些开发商"效仿克隆"，在巨大的利益刺激下，他们屡闯红灯而大获其利。

3. 房地产立法存在较多缺陷

目前在房地产产权确认、权属登记、交易安全、物业管理、反垄断反不正当竞争等方面亟须法律调整。比如绿地、车位的产权归属、商品房买卖中无效合同的认定、房屋买卖风险转移的标准、业主委员会的诉讼主体地位等，还不能通过立法加以解决。由此导致许多问题处理起来，使得交易成本上升，不利于成熟规范的房地产市场的形成。

俗话说："知耻而后勇，知不足而后进"，发现不足是为了找到解决问题的办法，而我国目前就是要在法律层面上完善立法，做到有法可依，只有做到有了完善科学的法律体系，才能在处理各类房地产市场违法行为时，做到"以法律为依据"，同时，对一些不法房地产商的威慑力度也更大。

（1）提高立法层次。对于一些基础性的房地产法律关系要通过全国人大常委会制定的基本法律予以规定，要采取修订《城市房地产管理法》、《土地管理法》和制定《物权法》等形式系统规定如下内容：①房地产产权及权属登记法律制度；②房地产开发建设法律制度；③房地产交易法律制度；④房地产中介服务法律制度；⑤物业管理法律制度；⑥反垄断反不正当竞争法律制度；⑦其他房地产法律制度等，只有在这七个层面上完善立法，才能在法律层面上构成我国房地产法的基本法律体系，这对我国目前的房地产市场有着非同寻常的意义。

（2）将有关民事责任的部分纳入基本法律中加以规定。当前房地产法律中关于行政责任的规定相对完善，而关于民事责任的规定则相对薄弱和相对滞后，而且许多民事责任是通过部门和政府规章的形式予以规定。从法理上来说，规章作为行政机关的规范性法律文件，属于公法的范畴，其依法设定行政相对于个人的行政于法有据。若同时再通过规章来规定纯属司法意义上的民事纠纷的解决方式，则有行政权干预司法权的意味，于法理上行不通。因此，对于房地产法律关系中亟须解决的民事责任的承担问题，必须通过民事法律的立法活动加以明确规定。

（3）建立系统规定产权登记的制度。产权登记涉及业主最根本最重要的利益，当前许多房地产纠纷就是由于权属登记不明、产权不清而造成的，这些问题必须通过修订

《城市房地产管理法》或物权立法来解决。首先，按照“土地吸附房屋”的原则，把土地、房屋的权属登记机关合二为一，防止登记机关因各自为政造成产权登记不统一而产生纠纷，这同时也可提高行政机关的办事效率。其次，引入建筑物区分所有权的概念，对业主享有的建筑物的专有部分所有权（专有权）、共有部分所有权（持分权）和成员权予以明确规定，以有效防止和解决因相邻关系而产生的纠纷。宪法中也明确规定了“私有财产神圣不可

侵犯，国家保护公民合法的私有财产”，这条原则必须在房地产立法中得以贯彻执行。

（4）通过立法解决一些实际操作中的热点和难点问题。对于实践中争议较大、司法操作难的一些问题，要及时通过立法或制定司法解释予以解决。商品房是老百姓最大的一项投入，也是人们最为关心的事件主体，所以应将商品房纳入我国《消费者权益保护法》的适用范围。当然在适用该法第 49 条关于欺诈的惩罚性赔偿时，要与一般的商品相区别，明确适用的条件。比如可规定因开发商五证不全、一房多卖等构成根本性欺诈时适用金额赔偿，因装修不符合约定等部分欺诈时适用部分赔偿，以体现公平原则。此外，还应通过立法明确业主委员会的法人主体地位，从而更好地发挥其积极作用，使广大业主以主人翁的心态管理好小区，真正体现政府的“权为民所用、利为民所谋”的执政思路。对于目前关于外资并购的法律法规几乎是完全空白的，特别在国有资产管理、反垄断、反不正当竞争等方面，出台新的法律法规是当务之急。只有建立这个空白领域的法律“制空权”，才能在将来掌握主动。

二、房地产执法中的瓶颈及解决措施

由于各种法律适用的效力及颁布机关的不同，法律授权行政机关的解释不同，因此在实际适用中存在着分歧，法律与行政法规也存在着冲突。《城市房地产管理法》是现行房地产中效力较高的法律文件，行政法规及其他规章应属于其次的法律地位，但《城市房地产管理法》及《土地管理法》在授权行政机关的解释上存在具体操作的问题。例如，1998 年修改后的《土地管理法》第 16 条规定“土地所有权和使用权争议，由当事人协商解决；协商不成的，由人民政府处理。”也就是说，如果土地所有权和使用权发生争议，所指人民政府自然提到的是土地管理部门。然而实际生活中除土地管理部门外，工商仲裁机构、城建部门、规划部门等政府部门也能妥善处理这些问题。这是法律规定给行政部门在实际操作中留下的缺口，这样会造成政出多门的执法混乱局面和政府部门的行政效率低下。

相关部门存在着执法不严，选择性执法的情况。目前执法中有法不依，执法不严的问题比较严重，尤其是选择性执法，即重法律法规轻部门规章、规则。有的机构、部门对规则不屑一顾，在我国目前大环境下，如果政府部门不敬畏规则不带头维护法规的权威，对公民利益保护的不确定因素会愈演愈烈。例如，城市规划行政主管部门核定的规划设计要求是依据法定的城市规划提出来的，它是住宅规划设计的边界条件，这是一条底线，必须确保得以有效遵守；另一方面，新一轮城市总体规划刚批准，控制性详细规划还

存在着调整或编制滞后的情况，相关部门以各种理由为开发商大开方便之门，因此住宅建设先于规划屡见不鲜，很少做到遵守这一层次城市规划提出的规划设计要求，这样既打乱了开发秩序，又为以后的销售和管理留下了不少隐患，也为以后的本可避免的纠纷埋下了伏笔。

针对执法中出现的问题，当务之急，就是协调好法律法规，严格执法，具体要做到以下两个方面：

首先，为了避免法律法规执行中的分歧，要协调好各种法律法规之间的关系，避免发生“撞车”现象。统一法律与行政部门规章，统一地方法规与国务院部门法规。特别要注意在法律法规的过程协调中不要留下空白地带，因为法律法规留下的缺口往往会出现多个行政部门争着去管或者无部门管，正如房地产抵押登记所出现的情况，这要么造成行政的混乱，要么造成行政效率的低下。法律规定的教条化不利于各种秩序的理性确定，法与政策的关系本身是相辅相成、相得益彰的，政策是法律的前提，法律要保障政策的实施。完善法律法规本身就是要求法律在制定过程中给行政法规留下一定的调整余地，才能达到严格立法的目的，才能维护好法律的尊严。在房地产法规中存在的主要问题是政出多门、缺乏协调统一，给实际操作造成大量的矛盾冲突。房地产法规必须像行政职能划分一样，条条管理，地方法规和部门规章都要政出同门，只有这样，才能更好地促进房地产业的持续健康发展。

其次，要严格执法，避免选择性执法，落实行政过错问责制和责任追究制度。由于房地产建设自身的特点，如周期长、流通过程复杂、管理工作涉及面广，故在纠纷处理中各部门要么选择对自己有利的法律法规，要么重法律轻规则。对此除了在立法中协调法律法规的一致性外，还要求各部门严格执法，公正执法，建立起有效的协调机制。同时要规范执法人员的行为，严格落实“谁审批、谁负责”的原则，对违反审批程序、越级、越权审批的，要坚决追究直接负责人和主管领导的行政责任，必要时可申请司法介入。例如江苏省在 1999 年 8 月就出台了《江苏省土地管理违法行政处分暂行规定》，对在土地管理中有关行政管理人员的违法行为要进行查处。该规定的一个显著特点是对违法违纪行为详细量化，便于执法与操作，只有执法过程的公正，才能有效地维护法律的权威和尊严，也才能有效地保障房地产业的健康发展。

三、房地产违法处理中的疏漏及补救方法

从房地产市场的多起事件处理过程中，不难探究其存在共同的问题。

1. 存在惩罚不严、违法成本低

例如《开发经营条例》规定房地产开发企业施行资质年检制，对于不符合原定资质条件或者有不当经营行为的企业，由原资质审批部门公告资质证书作废，收回证书，并处以 1 万元以上 3 万元以下的罚款。具体到城市法规，如《深圳经济特区房地产行业管理条例》对违规开发商，主管部门罚款最高限额 10 万元，情节严重的吊销《资质证书》，但是吊销资质后重新设立新公司并不困难，这些处罚手段对问题严重的开发商可以说毫无威慑力可言。还有，对擅自加层、违法改动功能等问题，要么是按土建成本 40%-60%罚款予以保留，要么是责令限期恢复原状。而开发商对此不以为然，甚至还乐意接受处罚而多建一些面积。

2. 违法处罚界限模糊，责任主体缺失

例如为了避免开发商炒买炒卖地皮，规范开发商的行为，《开发经营条例》规定，“在城市规划区范围内，以出让方式取得土地使用权，闲置一年以上按出让金的20%以下征收土地闲置费”。具体征收多少由处罚单位决定，在有弹性的处罚范围内，一些“暗箱操作”便会大行其道，而且可以说是屡试不爽。这就为实际操作留下了漏洞。同时在该条例中又规定了对于由三种特殊情况造成的违约和土地闲置，不征收土地闲置费，其中一条即是“因政府或者政府有关部门的行为而不能如期开工的或者中断建设一年以上的”。政府代表国家对土地资产进行管理，但如果由于政府行为导致的违法以及资源浪费，这时又该由谁来制约？这其中就说明了责任主体的缺失，这不难解释为什么有些地方的一些违法违章建筑在进行责任追究制时，很难找到其责任主体。实际上只有加大违法处罚力度，规范责任主体行为，才能解决房地产业违法处理中的问题与缺陷。

3. 加大惩罚力度，提高违约成本

如果违法处理力度不够，可以通过修改法律、法规的处罚条款，从而提高开发商的违约违规成本，使其为违规行为付出高昂甚至惨重的代价，这样才能增加其违法时对其的威慑力度。必要时，还可限制其人身自由。当前，最紧要的是如何把我国《合同法》和《消费者权益保护法》中的双倍索赔精神在房地产市场中得到充分体现。同时在处罚过程中建立违法违纪行为公示制度。通过报纸、网络等公布其违法行为，提高其违约成本。

4. 划分处罚界限，明确责任主体

针对违法行为中处罚主体缺失或者模糊的现象应予增补、明晰和细化，从而做到责任明确，规范各市场行为。针对违法违规行为界限模糊，要明确划分责任方；处罚金额限额要根据情况予以细化，提高可操作性。新的《物业管理条例》在这方面比较细化，对责任方以及处罚界限的规定都较明确。比如其第三十二条规定：“违反本条例的规定，物业管理企业将一个物业管理区域内的全部物业管理一并委托给他人的，由县级以上地方人民政府地方行政主管部门责令限期改正，处委托合同价款30%以上50%以下的罚款，情节严重的，由颁发资质证书的部门吊销其资质证书。委托所得收益，用于物业管理区域内物业共用部位、共同设施设备的维护、维修、养护，剩余部分按照业主大会的决定使用；给业主造成损失的，依法承担相应的赔偿责任。”由此可见，只有在违法处理时采取公正、公平的处罚态度、选择合适的处罚方式，才能促进房地产这一行业的进一步发展。只有构筑健全的法律网，才能规范房地产市场，也才能更为有效地促进整个国民经济的快速发展。

第二章 困扰房地产业的七大法律难题

房地产业在国民经济中的作用日益凸显，已经逐渐成为国民经济的支柱产业。近些年来，房地产市场呈现出一派蓬勃发展的态势，全国各地房地产业开展得红红火火。但应该清醒地认识到，在一派繁华的背后，存在着相当程度上的混乱和扭曲，房地产市场是一个利润巨大的市场，也是投诉最多的部门，这很大程度上缘于法律层面上存在的诸多问题。

一、垫资施工——游离于禁止与准许之间

目前，工程实践中的“垫资施工”，既是一种不可能被杜绝的普遍现象，又是被相关条文明令禁止的不合规行为。这不能不引起人们的困惑与质疑，明明不合理但又被当作一个“准行规”被有些人奉为圭臬，而且在整个行业中已成为一种公开的秘密，可以说，这是一个亟待破解的“死结”。而这个死结带给施工企业还是一个无法挣脱的“死结”，即：不垫资拿不到工程，这是等死；垫了资可能拿不回工程款，等于送死。横竖都得一死，这个两难选择严重影响房地产企业的正常运作和健康发展。

面对这种现象，施工企业是深恶痛绝的，因为垫资而带来的市场问题也是非常复杂和严重的，比如房地产开发商的“空麻袋背米”，招投标活动中的“阴阳合同”，发包人拖欠工程款等等。这些对房地产企业是致命的“死结”，已经成为不得不拔除的“毒瘤”。

最近几年，房地产界掀起了一场关于这个现象的大讨论，许多业内专家对这个问题的看法莫衷一是，分歧较大。有一种观点较为普遍：“垫资”作为市场主体的一种经营行为，其本身与众多问题的产生没有必然联系。有联系的又凑巧是禁止性规定条件下的垫资行为，换言之，一纸效力并不大的部门规章，无形之中使施工企业失去了其债权的法律保护，使不法开发商获得了施工企业对其违法行为的沉默。

看来，给“垫资施工”适当的名分，已是十分必要或者其是否会在法律约束范围内发展是当前建筑市场法制建设中必须面对的一个现实问题，这个问题解决的好坏，直接影响整

个市场的健康。只有在法律层面上澄清和细化对垫资施工的明示,才能消除垫资施工给房地产业带来的有关问题。

二、工程分包——禁止再分包未得到真正执行

《建筑法》在关于工程分包条款制定时,针对市场中那些以转包工程牟利,层层盘剥工程款,造成工程质量低劣的行为,也对再分包作出了禁止性规定。

最近几年的工程实践日益证明制订这种法律规定有必要性,但在有些情况下,并不完全有利于开展一些大型建筑活动。在建筑活动的体量和技术复杂程度日益提高的情况下,立法上的这种规定,可以商榷的成分多了一些。这一规定虽然对一般建筑工程的质量有一定程度上的保障作用,不过真正能够贯彻实施遇到的阻碍较大。比如:在许多大型水电工程、超高层建筑的建设过程中,在工程量大、时间紧、技术含量要求高的前提条件下,这时候分包是必不可少的,也是顺理成章的。

在条件成熟的情况下,我国建设工程可以引进类似香港特别行政区实行的总分包制度,放宽分包次数限制,转而集中精力加强分包能力和资格考察。另外,在法律层次上,要求立法者针对不同情况,量体裁衣,做到不同情况都有不同具体法规进行规范和管理。

三、投标保证金——最低比例随意而定

我国《招标投标法》第四十六条第二款有明文规定:“招标文件要求中标人提交履约保证金的,中标人应当提交。”这就是投标人的保证金制度。不过问题是这条规定并未细化,并没有同时明细化相应必须提交的保证金数量,另外招标人对保证金的使用缺乏法律措施保障。法律的口子一旦松懈,下面施行起来的问题就多了。比如,对应该提交的保证金数量招标人可以随意地漫无边际地制定。目前市场上,要求投标人提供工程造价10%的保证金的有之,提供30%乃至50%的也并非耸人听闻,正是因为法律规定缺乏“度”的约束,有的招标人还以提高保证金为由,强迫施工企业垫资施工。更有甚者,由于法律缺乏相关规定,保证金的使用也较为随意,保证金的流向不明,保证金保证无力的问题无从避免,例如有的开发商将巨额保证金挪作他用的案例已经愈演愈烈。由此,有的还给投标人造成巨额损失,这对其企业发展是致命的打击。

很显然,如何从立法角度和层面上及早完善这项制度已经是刻不容缓了,唯有如此,才能维护房地产市场的正常运行秩序。

四、造价、审计——激励机制效果难觅

审价是我国建筑工程确定造价的一个重要环节,主要由作为市场中介的审价机构,依据工程的实际情况,另外依据相关的定额标准来确定建筑物的最终价格。目前,关于这一重要的价格确认环节,我国存在着诸多不足和太多空白的环节,如我国缺乏专门的法律或者部门

规章予以规范和保障。但从许多地方出台的审价规定来看,其中有一条争议颇大,即:如果审价机构在施工单位提交的决算报告基础上,审减了一定比例的幅度后,对多审去的金额,审价单位可以在约定的审价收费之外,另按一定比例计提审价费用。这就是房地产界较为普遍和作用不容忽视的“激励机制”。

在这种激励机制下出现的市场问题并不少,一些运作不规范的审价单位,为了得到约定之外的额外的审价费,就会不切实际地压低工程价格,在这种情况下,一些施工企业也有应变措施,更显“道高一尺,魔高一丈”,

通过提高决算价格，人为留出一定价格空间任审价单位去审，与玩“猫捉老鼠”的游戏本质无异。因此，建筑企业高估量算的情况越来越严重，与这种审价激励机制是有很大关系的。

这种“激励机制”是不合情又不合理的，也有违于中介行业客观公正的职业操守。当务之急，就是要加强相关人员的道德操守教育和监督，使其提高对道德违规的约束力，另更为重要的是需要相关法律与法规出台，尽快查出法律缺失的误区，加大对违规操作的打击力度和惩罚力度，这样才能保证整个行业的健康发展。

五、竣工验收：业主负责制实际操作难

长期以来，建筑工程一直施行的是政府对工程质量进行验收并予以保障的制度，但随着社会经济的快速发展，这一制度的弊端日益凸显，最后这一运行达16年的制度得以取消，这反映了历史与人民群众的呼声，无疑是具有很大的积极意义的，取而代之的是责任主体更加明确的工程竣工验收业主负责制。这一制度的实施同样也是问题不断，甚至有的还成为业主违法违规的新武器。主要有以下两种表现形式：一是把合格工程判为不合格，或者把高等级质量的工程低判，目的是拦截工程款或其他约定款项，这会导致严重的后果，造成房地产市场的混乱和运行态势的混乱，使一种不公平的气氛笼罩于整个行业中；二是违规专项验收在保障大体的前提下，即在接受、甚至使用主体工程以后，将部分有质量问题的工程项目搁置，目的是拖延支付或抵赖工程款；三是将不符合竣工验收条件的工程予以合格验收，或者将质量等级较低的工程，给予高等级验收，目的是加快商品房的销售进度，加快资金的回流量与回流率。

上述现象在目前的市场上较为普遍，有的还呈愈演愈烈之势，像在部分地区已到难以控制的地步了。为了解决这些问题，有关部门在对新竣工工程验收制度加大监督管理的力度以外，还须完善法律法规对业主违规验收的制约措施，这要求立法部门制定相应的完备的法律法规。法律是最好的武器，也是最有力的武器，只有做到“有法可依”才能保障房地产业在正常的轨道下运行，房地产业这类问题才能得以有效地根治。

六、工程保险——强制施行无法律依据

社会经济的迅猛发展，也催生了保险和担保的发展与规范，我国的工程保险和担保制度将出现趋好的发展势头，这是毋庸置疑的。但至少从目前的情况看，这项制度在我国推进的难度依然相当之大。导致这些问题的原因很多，有的还比较复杂，如：建筑施工企业本身缺乏风险意识，担保人市场尚不够规范、保险公司对工程风险管理方面的研究与实践还多停留于表层，不够深入、品种单一等，当然最为重要的还是缺乏相应的、针对工程特点的保险和担保法律、法规，这是其中一个非常重要的原因。俗话说，“没有规矩，难成方圆”，保险和担保方面缺乏法律法规的保护，最终只会是成为花瓶，底气也不足。

要有效地推进保险与担保制度在我国的实施，当务之急，就是在制订和完善工程保险和担保的法律法规的同时，还应该实施立法强制的办法，推进这两项风险管理制度在我国建筑工程领域内真正实施。首先，立法强制建筑工程保险是国际上通行的做法，也日益受业界的重视，大多数发达国家大都实行了建筑工程强制投保的制度，随着我国加入WTO和全球经济一体化的趋势进一步增强，我国要充分借鉴各方面的经验并为我所用，因为房地产领域不可能脱离社会发展及全球融合。其次，虽然我国保险法确立了“投保自愿”的原则，但在一定前提下，强制施行较为必要，因为建筑工程一旦发生灾害对社会的利害关系较大，且承包人自身难以解决灾害

性事故。这样立法强制建筑工程实行保险的制度并不与之相悖。再次，强制保险制度还应进行扩展，并不仅仅限于房地产业，在其他方面开展的势头还要好一些，比如旅游责任险、机动车第三人险等，均属于强制保险。

七、建设资金——使用亟须加强管理

我国房地产开发制度具有极大的灵活性，同时房地产建设资金的使用又极为混乱，这种混乱的一个基本特征就是：建设资金监管力度不够。在房地产市场上，许多不合规不正常的现象司空见惯，如某些不法房地产商可以用一个开发项目就可以圈到三笔以上的建设资金，一笔是施工企业的代、垫资款；二是银行的抵押贷款；三是房产预、销售款。这是为什么房地产业富豪云集的部分原因所在，因为市场一些欠规范的地方太多，灰色地带普遍存在。在正常情况下，即使开发商一分钱的自有资金都没有，以上三笔资金也足以支撑工程完工并全额支付工程款。但事实上我们看到的很多情况是，工程款依旧是死结一个，工程烂尾得不到有效的扼制。

对此进行深入思考，不难发现其中的原因和症结之所在，本来应该用于项目建设的资金被开发商任意地用到其他投资、其他地块的土地购置甚至腐败行为中去了。而这种情况造成的直接后果往往是，缴了预付款都拿不到房子的买房人正常利益得不到有效保障。履行了承包合同义务却拿不到工程款的施工企业面对这种情境，也是有心无力。

这是一种极不公平的社会经济现象，建立我国房地产建设资金的有效监管制度，要从根本上杜绝这种现象，就必须尽快通过完善相关立法，只有这样才能维护正常的市场秩序。

虽然近年来，我国的房地产立法工作取得的成绩和进步不容忽视，依法治“房地产”理念和格局也初步成型，逐步深入人心，但必须清醒地意识到，建筑业的立法水平不高是一个客观存在的问题，主要反映在以下三个方面：

首先，直接针对建筑业的国家立法和相关法规并不多，而一些并不具有实际法律效力的规章较多，如各部委颁发的规章或地方法规和地方规章，特别是实际运作中不成文的行规或部门规定大行其是。立法层次低，司法适用性相对较弱，致使总体施行控制能力减弱。

其次，有些法规没有与时俱进，缺乏创新意识，相对滞后于建筑市场的发展状况，而立法完善的步伐又相对过于缓慢。比如1998年出台的《建筑法》，将建筑活动仅仅局限于“房屋建筑”的范畴，很明显有悖于统一立法的国家意志，而面对如此重大的立法缺陷，有关方面采取回避和忽视的态度，近8年都没有相关法规对其完善。

最后，和我国其他经济领域的法律法规一样，建筑业法律法规中的很多条款缺乏可操作性，这样直接造成执法弹性过大、执法空隙过大、执法难以从严等弊端。

综上所述，加大立法力度和提升立法档次势在必行，只有如此，房地产业才能持续快速健康的发展。

第三章 对房地产抵押的几点法律规范

房地产抵押是指抵押人以其合法的房地产在不转移占有方式的前提下，由抵押权人提供债务履行担保的行为。当债务人不履行债务时，抵押权人有权依法将抵押的房地产拍卖所得的价款优先受偿。

抵押人是房地产抵押行为的发生主体之一，依据相关法律理念，抵押人是指将依法取得的房地产提供给抵押权人，作为本人或者第三人履行债务担保的公民、法人或者其他组织。房地产抵押的另一个重要主体是抵押权人，抵押权人是指接受房地产抵押作为债务担保的公民、法人或者其他组织。预购商品房贷款抵押，是指购房人在支付首期规定的房款后，由贷款金融机构代替其支付其余的购房款，将所购商品房抵押给贷款银行作为偿还贷款履行担保的行为。另外还牵涉到的在建工程抵押，是指抵押人为取得在建工程继续建造资金的贷款，以其合法方式取得的土地使用权连同在建工程的投入资产，以不转移占有的方式抵押给贷款银行作为偿还贷款履行担保的行为。

一、房地产抵押物的条件

房地产抵押随土地使用权的取得方式不同，对抵押物的要求也有所不同。《城市房地产管理法》规定："依法取得的房屋使用权连同该房屋占用范围内的土地使用权，可以设定抵押权。"从上述规定不难看出，房地产抵押行为中可以作为抵押物的条件包括两种：一是依法取得的房屋所有权连同该房屋占用范围内的土地使用权同时设定抵押权。对于这类抵押，无论土地使用权来源于出让还是划拨，只要房地产权属合法，即可将房地产作为统一抵押物同时设定抵押权。二是以单纯的土地使用权抵押的，也就是地面上尚未建成建筑物或其他地上附着物时，以取得的土地使用权设定抵押权。对于这类抵押，设定抵押的前提条件是土地必须是以出让的方式取得的。

《城市房地产抵押管理办法》（建设部令第 98 号）规定下列房地产不得设定抵押权：权属有争议的房地产；用于教育、医疗、市政等公共福利事业的房地产；列入文物保护的建筑物和有重要纪念意义的其他建筑物；已依法公告列入拆迁范围的房地产；被依法查封、扣押、监管或者以其他形式限制的房地产；依法不得抵押的其他房地产。

房地产抵押操作方式并非一成不变，而是具有一定的灵活性。房地产抵押可以将几宗房地产一并抵押，也可以将一宗房地产分割抵押。以两宗以上房地产设定同一抵押的，视为同一抵押物，在抵押关系存续期间，其承担的共同担保义务不可分割，但抵押当事人另有约定的，从其约定。以一宗房地产分割抵押的，首次抵押后，该财产的价值大于所担保债权的余额部分可以再次抵押，但不得超出其余额部分。房地产已抵押的，再次抵押前，抵押人应将抵押事实明示拟接受抵押者。

以依法取得的国有土地上的房屋抵押的，该房屋占用范围内的国有土地使用权同时抵押。以出让方式取得的国有土地使用权抵押的，应当将该国有土地上的房屋同时抵押。以在建工程已完工部分抵押的，其土地使用权随之抵押。《担保法》还规定，"乡（镇）、村企业的土地使用权不得单独抵押。以乡（镇）、村企业的厂房等建筑物抵押的，其占用范围内的土地使用权同时抵押。"

另外，以享受国家优惠政策购买的房地产抵押的，其抵押额以房地产权利不可以处分和收益的份额为限。以集体所有制企业的房地产抵押的，必须经集体所有制

企业职工（代表）大会通过,并报其上级主管机关备案。以中外合资企业、合作经营企业和外商独资企业的房地产抵押的,必须经董事会通过,但企业章程另有约定的除外。有经营期限的企业以其所有的房地产抵押的,其设定的抵押期限不应当超过该企业的经营期限。以具有土地使用年限的房地产抵押的,其抵押期限不得超过土地使用权出让合同规定的使用年限减去已经使用年限后的剩余年限。以共有的房地产抵押的,抵押人应当事先征得其他共有人的书面同意。

需要注意的是,预购商品房贷款抵押的,商品房开发项目必须符合房地产转让条件并取得商品房预售许可证。以已出租的房地产抵押的,抵押人应当将租赁情况告知债权人,并将抵押情况告知承租人,原租赁合同继续有效。

企事业单位法人分立或合并后,原抵押合同继续有效,其权利与义务由拥有抵押物的企业享有和承担。

二、房地产抵押合同的订立

房地产抵押合同是抵押人与抵押权人为了保证债权债务的履行,明确双方权利与义务的协议。房地产抵押是担保债权债务履行的手段,是债权债务合同的从合同。若债权债务的主合同无效,抵押合同也就自然无效。房地产抵押是一种标的物很大的担保行为,法律规定房地产抵押人与抵押权人必须签订书面抵押合同。房地产抵押合同一般应载明下列内容:(1)抵押人、抵押权人的名称或者个人姓名、住所;(2)主债权的种类、数额;(3)抵押房地产的处所、名称、状况、建筑面积、用地面积等;(4)抵押房地产的价值;(5)抵押房地产的占用管理人、占用管理方式、占用管理责任以及意外损毁、灭失的责任;(6)债务人履行债务的期限;(7)抵押权灭失的条件;(8)违约责任;(9)争议解决的方式;(10)抵押合同订立的时间与地点;(11)双方约定的其他事项。

抵押物经过保险的,当事人应在合同中约定,并在保险合同中将抵押权人作为保险赔偿金的优先受偿人。抵押权人需在房地产抵押后限制抵押人出租、出借或者改变抵押物用途的,应在合同中约定。设定抵押合同时,不得在合同中约定在债务履行期届满房地产抵押物归抵押权人所有的内容。抵押人死亡、依法被宣告死亡或者被宣告失踪时,其房地产合法继承人或者代管人应当继续履行原抵押合同。

三、房地产抵押的效力及受偿

《城市房地产管理法》规定房地产抵押应当签订书面抵押合同并办理抵押登记,《担保法》规定房地产抵押合同自登记之日起生效。房地产抵押未经登记的,抵押权人不能对抗第三人,对抵押物不具有优先受偿权。鉴于我国各地土地和房地产管理体制差别很大,有多种管理模式,法律规定以城市房地产或者乡（镇）、村企业的厂房等建筑物抵押的,其登记机关由县级以上人民政府规定。

由于抵押权是从所有权这一物权上设定的他项权利——担保物权,即限制物权,其主要作用在于限制抵押人对抵押房地产的处分权利,未经抵押权人同意,抵押物不得进行转让、出租等处分,以避免担保悬空,所以登记机关只能从不动产的权属登记机关中指定,不能委托其他部门。由于在房地产转让或者变更中先申请房产变更登记,后申请土地使用权变更登记是《城市房地产管理法》规定的法定程序,就房、地合一的房地产而言,房地产管理部门是惟一可确保未经抵押权人同意的抵押房地产不能合法转让的登记机关,因此各地普遍规定,以房、地合一的房地产抵押的,房地产管理部门为抵押登记机关;以土地上无附着物的出让土地使用权抵押的,由核发土地使用权证书的土地管理部门办理抵押登记。

《城市房地产抵押管理办法》规定房地产当事人应在抵押合同签订后的30日内,持下列文件到房地产所在地的房地产管理部门办理房地产抵押登记：

(1)抵押当事人的身份证明或法人资格证明；

(2)抵押登记申请书；

(3)抵押合同；

(4)《国有土地使用证》、《房屋所有权证》或《房地产权证》，共有的房屋还应提交《房屋共有权证》和其他共有人同意抵押的证明；

(5)可以证明抵押人有权设定抵押权的文件与证明材料；

(6)可以证明抵押房地产价值的资料；

(7)登记机关认为必要的其他文件。

登记机关应当对申请人的申请进行审查，审查的内容主要包括：抵押物是否符合准许进入抵押交易市场的条件；抵押物是否已经抵押，重点审查是否超值抵押；抵押人提供的房地产权证明文件与归属档案纪录内容是否相符，查对房权证证号与印章的真伪等，并由审核人签字在案。对符合登记条件的应在7日内核准登记颁发其他项权利证书。

1. 房地产抵押的效力

抵押期间，抵押人转让已办理抵押登记的房地产的，应当通知抵押权人并告知受让人转让的房地产已经抵押的情况；抵押人未通知抵押权人或者未告知受让人的，转让行为无效。转让抵押物的价款明显低于其价值的，抵押权人可以要求抵押人提供相应的担保；抵押人不提供担保的，不得转让抵押物。在抵押权人同意抵押人转让抵押物时，转让所得的价款，应当向抵押权人提前清偿所担的债权或者向与抵押权人约定的第三人提存。超过债权数额的部分，归抵押人所有，不足部分由债务人清偿。

房地产抵押关系存续期间，房地产抵押人应当维护抵押房地产的安全完好，抵押权人发现抵押人的行为足使抵押物价值减少的，有权要求抵押人停止其行为。抵押期间抵押物价值减少时，抵押权人有权要求抵押人恢复抵押物的价值，或者提供与减少后的价值相当的担保。抵押人对抵押物价值减少无过错的，抵押权人只能在抵押人因损害而得到赔偿范围内要求提供担保。抵押物价值未减少的部分，仍将作为债权的担保。

2. 房地产抵押的受偿

抵押是一种民事法律关系，抵押权人与抵押人在法律上有平等的法律地位。这就决定了抵押必须在双方自愿的原则下进行，并应符合《中华人民共和国民法通则》、《担保法》规定的平等、自愿、等价、有偿的一般原则。抵押合同属于经济合同，依照房地产抵押合同偿还债务是房地产抵押人的义务。房地产抵押合同一经签订，签约双方应当严格执行，债务履行期届满抵押权人未受清偿的，可以与抵押人协议折价或者以拍卖、变卖该抵押物所得的价款受偿；协议不成的，抵押权人可以向人民法院提起诉讼。

同一财产向两个以上债权人抵押的，拍卖、变更抵押物所得的价款按照抵押登记的先后顺序清偿。抵押物折价或者拍卖、变卖后，其价格超过债权数额的部分归抵押人所有，不足部分由债务人清偿。抵押人未按合同规定履行偿还债务义务的，依照法律规定，房地产抵押权人有权解除抵押合同，拍卖抵押物，并用拍卖所得价款，优先得到补偿，从而使自己的权利不受到侵害。

对于依法设定房地产抵押权的土地使用权是以划拨方式取得的，依法拍卖该房地产后，应当从拍卖所得的价款中缴纳相当于应缴纳的土地使用权出让金的数额后，抵押权人方可优先受偿。房地产抵押合同签订后，土地上新的房屋不属于抵押财产。需要拍卖该抵押的房地产时，可以依法将土地上的新增的房屋与抵押财产同时拍卖，但对拍卖新增房屋所得，抵押权人无权优先受偿。抵押权因抵押物消失而视灭失，因灭失所得的赔偿金，应当作为抵押财产。

第四章 对城市房屋拆迁裁决工作的法律解读

新《城市房屋拆迁管理条例》的施行，标志着城市房屋拆迁逐步被纳入市场轨道。受市场经济规律的制约与调整，符合公平、合理、等价有偿的基本原则，充分保护了被拆迁人的合法权益。作为新《条例》的一项重要内容，拆迁裁决首次以法规的形式得到明确的规定。解读其中对房屋拆迁裁决规定的内容，对于理解新《条例》将大有裨益。

一、拆迁裁决的含义与特点

拆迁裁决是指房屋拆迁裁决部门(房屋拆迁管理部门或同级人民政府)根据城市拆迁法律规范的相关规定，对拆迁人与被拆迁人、房屋承租人之间就有关房屋拆迁的补偿与安置等相关事宜作出的明确拆迁当事人之间权利和义务的行政裁决。房屋拆迁裁决具有以下特点:

1. 拆迁裁决是一种行政裁决。行政裁决是相对于普通司法裁决行为而言的，是指行政机关依据其法定权力和职能对民事争议进行裁处并明确化为规定，从而对当事人权利和义务进行明晰化的行政司法行为。简单地说，行政裁决是由行政机关依法对平等主体之间的民事争议按照一定程序进行审理，从而进一步作出处理决定的行政行为。因此，拆迁裁决行为是一种不同于其他拆迁行政管理的行为。

2. 拆迁裁决必须根据明确的法律规定作出决定。房屋拆迁裁决部门如果不依照拆迁法律规范作出裁决，拆迁当事人不服裁决可以向人民法院提起诉讼，通过司法干预，该拆迁裁决有被人民法院判决撤销的可能。

3. 拆迁裁决的主体即拆迁当事人有拆迁人、被拆迁人、房屋承租人和房屋拆迁裁决部门，拆迁裁决的客体则是因房屋拆迁所引起拆迁人、被拆迁人、房屋承租人之间的拆迁补偿和安置事宜。

4. 拆迁裁决的前提条件是拆迁人与被拆迁人或者拆迁人与被拆迁人、房屋承租人无法达成拆迁补偿安置协议。因为根据《城市房屋拆迁管理条例》第十六条规定，只有当拆迁当事人就拆迁补偿安置事宜不能达成协议时，拆迁当事人向房屋拆迁裁决部门申请裁决的情况下，才可启动拆迁裁决程序。如果拆迁当事人达成了拆迁补偿安置协议，便无需提出拆迁裁决申请，在这种情况下，拆迁裁决程序也就无从启动，房屋拆迁裁决部门不能作出拆迁裁决。

5. 拆迁裁决是可提起行政诉讼的具体行政行为。根据《行政复议法》第八条规定，拆迁裁决是房屋拆迁裁决部门对平等主体之间民事法律争议作出的处理决定，不属于行政复议的范围。根据《行政诉讼法》第八条和《城市房屋拆迁

管理条例》第十六条第二款的相关规定，拆迁当事人不服拆迁裁决，可以自裁决书送达之日起三个月的期限内向人民法院提起行政诉讼。

6. 拆迁裁决是一种具体行政行为。

7. 拆迁裁决是国家行政机关处理拆迁当事人因房屋拆迁而产生的拆迁补偿安置争议唯一法定方式。

二、拆迁裁决法律关系及其特征

拆迁裁决法律关系是拆迁裁决过程中拆迁法律规范在调整房屋拆迁裁决部门和拆迁当事人之间矛盾所形成的法律上的权利和义务关系。

在拆迁裁决法律关系中，拆迁当事人作为拆迁裁决法律关系主体，享有的权利主要有：

(1)如果房屋拆迁补偿安置事宜达不成协议时，依法申请房屋拆迁裁决部门予以裁决；

(2)要求组织拆迁裁决听证；

(3)要求与拆迁裁决事宜有利害关系的拆迁裁决工作人员回避；

(4)参加拆迁裁决审理并陈述主张；

(5)有关拆迁裁决与依据的证据和事实；

(6)要求拆迁裁决部门对涉及拆迁裁决的证据、事实进一步调查与核实；

(7)要求拆迁裁决部门就拆迁法律规范及其适用作出解释；

(8)拆迁裁决书；

(9)不服拆迁裁决向人民法院提起行政诉讼。

拆迁当事人应承担的义务主要有：

(1)要对自己的主张依法向拆迁裁决部门陈述事实和提供证据；

(2)配合房屋拆迁裁决部门对涉及拆迁补偿安置的证据、事实进行调查与核实；

(3)遵守拆迁裁决审理与听证秩序；

(4)依据规定的方式和期限履行拆迁裁决书。

在拆迁裁决法律关系中，作为拆迁裁决法律关系主体的房屋拆迁裁决部门也应该有类似的权利与义务规定，房屋拆迁裁决部门享有的权利主要有：

(1)依法受理拆迁当事人拆迁裁决申请；

(2)对涉及拆迁裁决的证据、事实进行审查、调查与核实；

(3)要求拆迁当事人在指定的时间和地点接受调查；

(4)要求拆迁当事人对其主张进行事实陈述和证据提供；

(5)就拆迁补偿安置争议事宜召集拆迁当事人进行调整；

(6)依据事实和法律，对拆迁补偿安置争议事宜作出拆迁裁决，并将拆迁裁决书依法送达拆迁当事人。

房屋拆迁裁决部门应承担的义务主要有：

(1)依法受理拆迁当事人拆迁裁决申请；

(2)对拆迁当事人在拆迁裁决过程中所享有的权利和承担的义务予以明确告知；

(3)听取拆迁当事人的陈述和主张；

(4)接收拆迁当事人提供的证据并进行审查与核实；

(5)应拆迁当事人要求对涉及拆迁裁决的证据和事实作进一步调查与核实；

(6)通知拆迁当事人在指定时间和地点参加拆迁裁决审理与听证；

⑺应拆迁当事人要求对拆迁法律规范作出解释；

⑻依法对拆迁补偿安置争议事宜作出裁决，并将拆迁裁决书送达拆迁当事人；

⑼在拆迁裁决书中明确告知拆迁当事人的诉讼权利。这也是为了保持房屋拆迁裁决部门更好地规范有序地进行工作。

三、建立和完善拆迁裁决工作程序

《城市房屋拆迁管理条例》第十六条第一款规定："拆迁人与被拆迁人、房屋承租人达不成拆迁补偿安置协议的，经当事人申请，由房屋拆迁管理部门裁决。绝大多数拆迁裁决工作程序是由其启动的，不过，还有些例外的情况，如果房屋拆迁管理部门是被拆迁人的，这种情况好只好由同级人民政府裁决。裁决应当由收到申请之日起30日内作出。"但是，拆迁管理行政法规没有详细规定拆迁裁决的程序，这是立法上的缺陷。从依法行政的要求和现代行政法制的发展趋势来看，建立完善的拆迁裁决程序，对于保证拆迁裁决公正公开进行，提高拆迁裁决工作效率具有很大的作用。具体来说，拆迁裁决工作应该遵循如下程序：

第一步，拆迁当事人向房屋拆迁裁决部门提出拆迁裁决申请。

在城市房屋拆迁过程中，当拆迁当事人经协商无法达成拆迁补偿安置协议时，由拆迁当事人向房屋拆迁裁决部门提出拆迁裁决申请，从而启动拆迁裁决程序。申请拆迁裁决的拆迁当事人是申请人，与申请人达不成拆迁补偿安置协议的拆迁当事人就是被申请人。拆迁裁决申请人有向房屋拆迁裁决部门提交拆迁裁决申请书和副本的责任。拆迁裁决申请书应包括如下几点主要内容：

⑴申请人与被申请人基本资料信息；

⑵申请人与被申请人之间就拆迁补偿安置事宜的协商日程、主要分歧和不能达成协议的原因；

⑶请求裁决事项及其事实与法律依据。

第二步，房屋拆迁裁决部门进行审查，决定是否立案。

收到拆迁裁决申请后，房屋拆迁裁决部门应及时进行审查，如果符合法律规范规定的立案条件的，就必须予以立案并作出立案决定书。如果房屋拆迁裁决部门依据相关法律法规及事实依据拆迁裁决申请达不到立案条件而决定认为不予受理的，应作出书面决定并送达相关申请人。在不予受理的书面决定中，应明确告知申请人，如申请人不服，可根据《行政复议法》的规定申请行政复议；另外，还有一条途径，即还可以根据《行政诉讼法》的规定向人民法院提起行政诉讼。

第三步，将立案决定通知申请人与被申请人，并告知权利和义务。

房屋拆迁裁决部门对拆迁裁决申请决定立案受理后，应安排专人（一般情况下为两人）承办。承办人应及时将立案决定书送达申请人，告知其在拆迁裁决过程中的权利和义务。同时，将立案决定书和拆迁裁决申请书副本送达被申请人，告知其在拆迁裁决过程中的权利和义务，并明确要求被申请人在法定期限内向房屋拆迁裁决部门提交答辩书，过期则不予受理。

第四步，听取拆迁当事人意见，了解其主要分歧，调查、审查、核实证据，查明事实。

房屋拆迁裁决部门通知拆迁当事人在指定时间到指定地点，由拆迁裁决案件承办人，听取其陈述和答辩，了解拆迁当事人就拆迁安置补偿事宜存在的分歧，从而得到第一手有用的信息。承办人在充分听取当事人意见和了解有关情况时，应及时作好调查笔录，并由当事人签字确认，这也为其日后的纠纷解决打下证据基础。

房屋拆迁裁决部门对拆迁当事人提交的证据必须严格审查、核实，拆迁当事人在对部分证据收集有困难

或无法提供的，在这种情况下应提出由拆迁裁决部门进行调查、搜集证据的相关申请。另外，拆迁裁决部门认为有必要时，可以采取措施调查、收集与拆迁裁决有关的证据材料，以查明事实。

第五步，举行拆迁裁决听证会，进行调解工作。

在拆迁当事人要求拆迁裁决听证或者房屋拆迁裁决部门同意的前提下，承办人应提前告知拆迁当事人在指定时间和地点参加拆迁裁决听证会。承办人主持听证会并作听证笔录，当事人可以在听证会上进行相关事实陈述主张提出、证据呈示、法律依据阐明、质证和辩论的操作等。听证会结束后，承办人将听证笔录交由相关当事人签字确认。

由于拆迁补偿安置争议是一种平等主体之间的民事争议，这种争议可以通过当事人之间的协商解决，在拆迁当事人愿意进行调解的情况下，房屋拆迁裁决部门在查阅和了解相关事实的情况下，应及时组织拆迁当事人进行调解。如果调解能够形成拆迁补偿安置协议的，申请人可以撤回拆迁裁决申请，承办人即可办理拆迁裁决消案手续。

第六步，依法进行裁决，并将拆迁裁决书送达拆迁当事人。

在拆迁当事人没有调解意愿或经房屋拆迁裁决部门调解仍然达不成协议的情况下，房屋拆迁裁决部门要依据相关事实和法律，自收到拆迁申请三日起一个月内作出裁决，并依法作出拆迁裁决书，拆迁裁决书应包括以下主要内容：

(1)拆迁当事人的基本情况；

(2)申请人提出裁决申请的请示事项、事实与理由；

(3)被申请人答辩的事实与理由；

(4)房屋拆迁裁决部门认定的基本事实；

(5)作出裁决的法律依据；

(6)裁决拆迁当事人享有的权利以及应承担的义务；

(7)拆迁当事人不服裁决的诉讼权利。

在房屋拆迁裁决部门作出拆迁裁决后，承办人应依法将拆迁裁决书分别送达申请人和被申请人，然后办理结案手续，拆迁裁决工作即告结束。

第五章

从法律层面解读期房抵押

期房抵押是指购房者在支付首期应付房价款后，其余的购房款由贷款银行代其支付，而购房者将所购商品房作为偿还贷款的担保物抵押给贷款银行的行为。期房抵押与现房抵押存在本质的区别，它是抵押人以即将获得所有权的房产作抵押，以分期付款形式偿付抵押权人对该期房发放的贷款及利息。期房抵押具有融资性质，购房者以期房抵押进行贷款，使销售商的开发资金和预收资金得到融通，从而形成资金的良性循环，是一种新型的具有很强的信贷关系的经济行为。期房抵押优势非常明显，作用突出，可以很好的缓解房地产市场资金供给紧张，购房人也可用较少的资金购得房产，银行也愿意在有保险和保障的前提下，为购买者提供购房贷款，这有利于更好地促进我国的住宅制度改革，有利于我国房地产市场的繁荣，也有利于社会的稳定和人们生活水平的提升，具有积极的社会经济意义和社会效益。

一、期房抵押法律关系的内涵

期房抵押的法律关系是购房人、售房人和银行经过三方约定，购房人将其已预付部分购房款的房产作为抵押，设定为购房人按期清偿银行贷款的担保而使抵押人与抵押权人之间依法产生的权利义务关系，它由主体、客体、内容三个方面组成。

1. 期房抵押的主体

银行、购房者和出售商品房的开发商构成期房抵押的主体，也即期房抵押的当事人。

2. 期房抵押的客体

期房抵押的客体是抵押的标的物——期房，它是当事人权利义务的共同指向。这里的期房指的是购房者已与商品房开发商签订《商品房销售合同》，取得部分权益的期房。

3. 期房抵押的内容

期房抵押的内容即抵押人与抵押权人所享受的权利以及与之相对必须承担的义务。抵押人（即购房者）必须有按照合同规定履行债务的义务。抵押人在合同规定的债务期间如果没有履行债务的，抵押权人（银行）在债务人不履行债务情况下可以要求对抵押的商品房通过变卖、拍卖、折价等形式享有优先受偿的权利。

二、期房抵押法律关系的特征

依据我国《担保法》有关规定，抵押是指债务人或第三人不转移对特定财产的占有，而将该财产作为债权的担保。如果债务人不履行债务，债权人有权依据法律相关规定把该财产折价或者通过拍卖、变卖等手段将财产的价款优先受偿。抵押权是一种物权，是对物的直接支配权、抵押权人可以自行实现对物的处分而无需征得其所有人的意志,可以通过折价、变卖、拍卖而使自己获得优先受偿;从功能上看,它是以保障主债权的实现或主债务的履行作为目的,而不是对物的使用价值的运用,因而它与主债权有密切的联系,甚至对主债权有一定程度上的依赖。从追求的价值形态角度来看,抵押权可以说是价值权抵押权对债权的担保是通过对抵押物进行处分获得交换价值而实现的,从担保的标的物占有状态来看,抵押权在担保债权期间,标的物也是不转移占有,这是抵押权的与众不同之处,是其区别于其他担保物权的最重要标志。

房地产抵押是抵押人把自己合法的房地产在不转移占有的前提与方式下向抵押权人提供债务履行担保的行为。期房抵押是房地产抵押的一种,具备房地产抵押的一般法律特征,另外,还有其独特的法律特征,表现在如下几个方面:

1. 设定抵押时,抵押标的物尚未形成

期房抵押中的标的物是在设定抵押时尚未形成,并不能实际交付预购人使用的房产。购房人是抵押人,必须与房地产开发商签订商品房销售合同,并按合同规定支付一定比例的购房款。这里必须指出的是,传统民法理论一般认为,抵押的标的物是现实存在的特定物,抵押人以未来的财产作抵押的,抵押合同无效。那么,期房属于尚未建成的建筑物,其是否可以作为抵押的标的物呢?这个长期困扰业界的问题在实践中大量存在。我国的一些地方性法规中,都作出了允许期房抵押的有关规定,同时建设部 1997 年公布的《城市房地产抵押管理办法》也作出了类似的肯定性规定。我国《担保法》虽没有明文规定,但在所列举的不得抵押的财产中,并没有禁止期房的抵押,因而可以认为我国现行法律是允许期房抵押的。

2. 期房抵押的实质是一种期待权的抵押

期房具有费用高和不能马上交付使用等特点,这就决定付款方式也是有期限特殊性的,一般是分期进行的,因而当预购人设定抵押时,尚未完全付清房款。这一特点决定了若不能按期归还银行贷款时银行抵押权实现的范围,同样也表明抵押人对于作为抵押标的的房屋享有的不是现实存在的所有权,而是一种与众不同的所有权的期待权。

所谓期待权是“为权利取得的必要条件和某部分虽已实现,但未全部实现之暂时的权利状态”。期待权由于取得权利的过程尚未完成,权利尚未发生。但是,“权利的取得虽未完成,但已进入完成之过程,当事人已有所期待。”期房设定抵押时,抵押人对其预购商品房还不能享有所有权,只能是一种对未来可以取得房屋的期待权,因而期房抵押的实质也就是期待权的抵押。

3. 用于抵押的期房有一定的风险

由于房地产市场资金紧张,期房竣工和交付的进度不但要受房地产商资金筹措到位情况的影响,而且还要受国家宏观调控等一系列因素的制约。实践中,房地产商延期竣工、交付使用甚至破产无法交付的现象普遍存在,直接的后果是作为抵押标的的期房无法成为现房,有可能存在抵押物灭失的风险。

三、期房抵押权的实现

期房抵押权实现是在财产抵押所担保的主债务履行期限业已届满,债务人未履行其债务,抵押权人未受清偿的前提条件下进行的,如果债务人在主债务履行期限届满前已经履行了其债务,债权人的债务已获实现,则抵押权实现的问题不会出现,因为抵押随着主债务的履行而消失了。在期房抵押权的实现中,有如下几个方面需要探讨与解决:

1. 抵押期限

抵押期限,指抵押权自取得之日至灭失之日的时间跨度和时间区间。因此,可以说清楚抵押权限的起至是理解抵押权限的关键。我国《担保法》规定,抵押权与其担保的债权同时存在,相辅相成,缺一不可。债权消灭,抵押权也随之消灭。因此,抵押权必须依赖于债权的存在而存在,并以债权的实际存续期为自己的存续期。

在现实经济生活中,抵押当事人一般都要在抵押合同中约定债务人应履行债务的期限,这很有必要性。一是在为抵押合同签订并办理登记等手续后,债权债务实际发生的同时,债权人也取得了抵押权;二是在这个期限内,若债务人未按照合约履行债务,抵押权人可以在这个期限最后一日请示实现抵押权。在这个期限内,抵押权人处于实现抵押权的"期待"阶段,当然,这个抵押权实现的期待是抵押权人并不希望的,却对抵押人产生强烈的制约作用,也给债务的实现打下了良好的基础,据此规避了债权人的风险,维护了债权人的相关利益。

总之,抵押期限就是指其对应债务的实际存续期限,为了使抵押活动能够正常开展,应在抵押合同中约定债务人应履行债务的期限,这也是为了避免发生因约期不明而引起的纠纷。

2. 抵押权实现的形式

期房抵押权的实现是指抵押权人在其债权已届满而未获清偿时,有权依法以折价或拍卖、变卖等方式处分抵押的期房,从而得到优先受偿的法律行为。这有利于维护债权人的相关利益,保障了抵押权的可行性与可操作性。

我国《城市管理法》第四十六条对此规定:"债务人不履行债务时,抵押权人有权依法以抵押的房地产拍卖所得的价款优先受偿。"因此,房地产抵押权的实现方式主要是拍卖。不过,该法未对期房抵押权实现的具体方式做出明确规定,但在实际的操作中,期房抵押权实现的主要方式为拍卖。这是因为房地产价值巨大,而拍卖作为一种公开的竞卖活动,由自愿出最高价者购买,这是一种比较普遍的操作方式,优势也非常明显,比抵押物变卖或折价等方式更能切实保护抵押人的合法权益,同时也能在最大限度和最高程度上实现抵押权人的抵押权,所以拍卖的方式应该要首先考虑,只有在拍卖不成的情况下,才能退而求其次,考虑采用变卖或折价等方式。我国《担保法》第四十条规定:"设立抵押合同时,抵押权人和抵押人在合同中不得约定在债务履行期届满抵押权人未受清偿时,抵押物的所有权转移为债权人所有。"这就更明确地保障了债权人的相关权益。这条规定一般的称为"禁止流押",禁止抵押合同当事人约定债务清偿期届满抵押标的物即转移给抵押权人这一制度,是为了保护债务人利益。因为在某些情况下债务人不能履行债务,是因为其资金缺乏流转能力,也可能是因为资金链面临断裂,所以,用价值较高的抵押物担保债权额较小的债务,若允许抵押权人在其债权未受清偿时可以直接取得抵押物的所有权，则债务人将蒙受不必要的损失，显然这是有失公平的。在期房抵押合同中，当事人也不得约定这样的条款，即使约定，也为无效合同条款。不过，在实现抵押过程中，如果以拍卖、变卖等方式均不能卖出时，抵押人也可与抵押权人订立合同，协议将抵押的合同标的物折价以清偿债务，由于是双方经过协商的，可以有效地兼顾双方的利益。

四、办理期房抵押应明确的法律问题

1. 明确抵押人是期房的预购人

期房抵押中，抵押人主体只能是预购人，不能是预售房屋的开发商。在实际生活中，由于房地产是资金密集型产业，其开发所需巨大资金且资金流转性强，开发商为获得开发资金将其所得的土地使用权以及在建工程作为标的抵押给银行，向银行贷款。必须指出的是该法律行为是“在建工程抵押”，也就是在房屋尚未出售的情况下所约定的抵押，而不是期房的抵押，对已经预售的商品房，开发商不能再设定抵押。这是因为，如果允许房地产开发商将已经预售的房屋再用于抵押，必然会导致预购人购买权与开发商抵押权相冲突，使后来发生的抵押权妨碍先前购买权的实现。而根据物权法的规定，后发生的物权不得妨碍先发生的物权，故后发生的抵押权无法形成，这就是房地产开发商不能在其期房上再设定抵押的原因所在。

2. 必须签订有效的商品房预售合同

由于期房抵押合同是主合同的从合同，它是对主合同起担保作用的，因而其发挥效力的前提必须是主合同有效。主合同即商品房预售合同，有效的商品房预售合同须满足两个条件：一是预购人与预售人签订了期房合同，并按合同约定支付了一定比例的购房款；二是开发商的预售行为必须是合法的。我国《城市房地产管理法》第四十四条规定：“商品房预售，应当具备以下几个条件：(1)已交付全部土地使用权出让金且已经取得土地使用权证书；(2) 持有建设工程规划许可证；(3)按提供预售的商品房计算，投入开发建设的资金达到工程建设总投资的25%以上，并已经确定施工进度和竣工交付日期；(4) 向县级以上人民政府的房地产管理部门办理了预售登记，取得商品房预售许可证明。”这些条件缺一不可。

3. 期房抵押必须办理抵押登记

期房抵押属于房地产抵押。根据我国《房地产管理法》和《担保法》的有关规定，房地产抵押合同自签订之日起三十日内，抵押当事人应当到房地产所在地的房地产管理部门办理房地产抵押登记，物权的产生应遵循公示的原则，物权公示有交付和登记两种方式。期房抵押并不能转移抵押物的占有，所以，在交付时不能采取公示方式，而只能采取登记形式。抵押登记是抵押权获得公信力的必要而合法的途径，它对充分发挥抵押担保功能，维护交易安全，保护第三方利益，具有举足轻重的作用。期房抵押是以尚未建成的房屋作抵押，由于其抵押物的特殊性，登记机关应当在合同上予以明确记载。抵押的房地产在抵押期间竣工的，当事人应当在抵押人领取房地产权属证书后，重新办理房地产抵押登记。

A COMPREHENSIVE HANDBOOK OF DEVELOPMENT OF REAL ESTATE IN CHINA

VOLUME 19

第十八卷

房地产法规文件汇编

中华人民共和国行政许可法

中华人民共和国主席令

（第七号）

《中华人民共和国行政许可法》已由中华人民共和国第十届全国人民代表大会常务委员会第四次会议于2003年8月27日通过，现予公布，自2004年7月1日起施行。

中华人民共和国主席　胡锦涛

2003年8月27日

目　录

第一章　总　则

第一条　为了规范行政许可的设定和实施，保护公民、法人和其他组织的合法权益，维护公共利益和社会秩序，保障和监督行政机关有效实施行政管理，根据宪法，制定本法。

第二条　本法所称行政许可，是指行政机关根据公民、法人或者其他组织的申请，经依法审查，准予其从事特定活动的行为。

第三条　行政许可的设定和实施，适用本法。

有关行政机关对其他机关或者对其直接管理的事业单位的人事、财务、外事等事项的审批，不适用本法。

第四条　设定和实施行政许可，应当依照法定的权限、范围、条件和程序。

第五条　设定和实施行政许可，应当遵循公开、公平、公正的原则。

有关行政许可的规定应当公布；未经公布的，不得作为实施行政许可的依据。行政许可的实施和结果，除涉及国家秘密、商业秘密或者个人隐私的外，应当公开。

符合法定条件、标准的，申请人有依法取得行政许可的平等权利，行政机关不得歧视。

第六条　实施行政许可，应当遵循便民的原则，提高办事效率，提供优质服务。

第七条　公民、法人或者其他组织对行政机关实施行政许可，享有陈述权、申辩权；有权依法申请行政复议或者提起行政诉讼；其合法权益因行政机关违法实施行政许可受到损害的，有权依法要求赔偿。

第八条　公民、法人或者其他组织依法取得的行政许可受法律保护，行政机关不得擅自改变已经生效的行政许可。

行政许可所依据的法律、法规、规章修改或者废止，或者准予行政许可所依据的客观情况发生重大变化的，为了公共利益的需要，行政机关可以依法变更或者撤回已经生效的行政许可。由此给公民、法人或者其他组织造成财产损失的，行政机关应当依法给予补偿。

第九条　依法取得的行政许可，除法律、法规规定依照法定条件和程序可以转让的外，不得转让。

第十条　县级以上人民政府应当建立健全对行政机关实施行政许可的监督制度，加强对行政机关实施行政许可的监督检查。

行政机关应当对公民、法人或者其他组织从事行政许可事项的活动实施有效监督。

第二章　行政许可的设定

第十一条　设定行政许可，应当遵循经济和社会发展规律，有利于发挥公民、法人或者其他组织的积极性、主动性，维护公共利益和社会秩序，促进经济、社会和生态环境协调发展。

第十二条 下列事项可以设定行政许可：

（一）直接涉及国家安全、公共安全、经济宏观调控、生态环境保护以及直接关系人身健康、生命财产安全等特定活动，需要按照法定条件予以批准的事项；

（二）有限自然资源开发利用、公共资源配置以及直接关系公共利益的特定行业的市场准入等，需要赋予特定权利的事项；

（三）提供公众服务并且直接关系公共利益的职业、行业，需要确定具备特殊信誉、特殊条件或者特殊技能等资格、资质的事项；

（四）直接关系公共安全、人身健康、生命财产安全的重要设备、设施、产品、物品，需要按照技术标准、技术规范，通过检验、检测、检疫等方式进行审定的事项；

（五）企业或者其他组织的设立等，需要确定主体资格的事项；

（六）法律、行政法规规定可以设定行政许可的其他事项。

第十三条 本法第十二条所列事项，通过下列方式能够予以规范的，可以不设行政许可：

（一）公民、法人或者其他组织能够自主决定的；

（二）市场竞争机制能够有效调节的；

（三）行业组织或者中介机构能够自律管理的；

（四）行政机关采用事后监督等其他行政管理方式能够解决的。

第十四条 本法第十二条所列事项，法律可以设定行政许可。尚未制定法律的，行政法规可以设定行政许可。

必要时，国务院可以采用发布决定的方式设定行政许可。实施后，除临时性行政许可事项外，国务院应当及时提请全国人民代表大会及其常务委员会制定法律，或者自行制定行政法规。

第十五条 本法第十二条所列事项，尚未制定法律、行政法规的，地方性法规可以设定行政许可；尚未制定法律、行政法规和地方性法规的，因行政管理的需要，确需立即实施行政许可的，省、自治区、直辖市人民政府规章可以设定临时性的行政许可。临时性的行政许可实施满一年需要继续实施的，应当提请本级人民代表大会及其常务委员会制定地方性法规。

地方性法规和省、自治区、直辖市人民政府规章，不得设定应当由国家统一确定的公民、法人或者其他组织的资格、资质的行政许可；不得设定企业或者其他组织的设立登记及其前置性行政许可。其设定的行政许可，不得限制其他地区的个人或者企业到本地区从事生产经营和提供服务，不得限制其他地区的商品进入本地区市场。

第十六条 行政法规可以在法律设定的行政许可事项范围内，对实施该行政许可作出具体规定。

地方性法规可以在法律、行政法规设定的行政许可事项范围内，对实施该行政许可作出具体规定。

规章可以在上位法设定的行政许可事项范围内，对实施该行政许可作出具体规定。

法规、规章对实施上位法设定的行政许可作出的具体规定，不得增设行政许可；对行政许可条件作出的具体规定，不得增设违反上位法的其他条件。

第十七条 除本法第十四条、第十五条规定的外，其他规范性文件一律不得设定行政许可。

第十八条 设定行政许可，应当规定行政许可的实施机关、条件、程序、期限。

第十九条 起草法律草案、法规草案和省、自治区、直辖市人民政府规章草案，拟设定行政许可的，起草单位应当采取听证会、论证会等形式听取意见，并向制定机关说明设定该行政许可的必要性、对经济和社会可能产生的影响以及听取和采纳意见的情况。

第二十条 行政许可的设定机关应当定期对其设定的行政许可进行评价；对已设定的行政许可，认为通过本法第十三条所列方式能够解决的，应当对设定该行政许可的规定及时予以修改或者废止。

行政许可的实施机关可以对已设定的行政许可的实施情况及存在的必要性适时进行评价，并将意见报告该行政许可的设定机关。

公民、法人或者其他组织可以向行政许可的设定机关和实施机关就行政许可的设定和实施提出意见和建议。

第二十一条 省、自治区、直辖市人民政府对行政法规设定的有关经济事务的行政许可，根据本行政区域经济和社会发展情况，认为通过本法第十三条所列方式能够解决的，报国务院批准后，可以在本行政区域内停止实施该行政许可。

第三章 行政许可的实施机关

第二十二条 行政许可由具有行政许可权的行政

机关在其法定职权范围内实施。

第二十三条　法律、法规授权的具有管理公共事务职能的组织，在法定授权范围内，以自己的名义实施行政许可。被授权的组织适用本法有关行政机关的规定。

第二十四条　行政机关在其法定职权范围内，依照法律、法规、规章的规定，可以委托其他行政机关实施行政许可。委托机关应当将受委托行政机关和受委托实施行政许可的内容予以公告。

委托行政机关对受委托行政机关实施行政许可的行为应当负责监督，并对该行为的后果承担法律责任。

受委托行政机关在委托范围内，以委托行政机关名义实施行政许可；不得再委托其他组织或者个人实施行政许可。

第二十五条　经国务院批准，省、自治区、直辖市人民政府根据精简、统一、效能的原则，可以决定一个行政机关行使有关行政机关的行政许可权。

第二十六条　行政许可需要行政机关内设的多个机构办理的，该行政机关应当确定一个机构统一受理行政许可申请，统一送达行政许可决定。

行政许可依法由地方人民政府两个以上部门分别实施的，本级人民政府可以确定一个部门受理行政许可申请并转告有关部门分别提出意见后统一办理，或者组织有关部门联合办理、集中办理。

第二十七条　行政机关实施行政许可，不得向申请人提出购买指定商品、接受有偿服务等不正当要求。

行政机关工作人员办理行政许可，不得索取或者收受申请人的财物，不得谋取其他利益。

第二十八条　对直接关系公共安全、人身健康、生命财产安全的设备、设施、产品、物品的检验、检测、检疫，除法律、行政法规规定由行政机关实施的外，应当逐步由符合法定条件的专业技术组织实施。专业技术组织及其有关人员对所实施的检验、检测、检疫结论承担法律责任。

第四章　行政许可的实施程序

第一节　申请与受理

第二十九条　公民、法人或者其他组织从事特定活动，依法需要取得行政许可的，应当向行政机关提出申请。申请书需要采用格式文本的，行政机关应当向申请人提供行政许可申请书格式文本。申请书格式文本中不得包含与申请行政许可事项没有直接关系的内容。

申请人可以委托代理人提出行政许可申请。但是，依法应当由申请人到行政机关办公场所提出行政许可申请的除外。

行政许可申请可以通过信函、电报、电传、传真、电子数据交换和电子邮件等方式提出。

第三十条　行政机关应当将法律、法规、规章规定的有关行政许可的事项、依据、条件、数量、程序、期限以及需要提交的全部材料的目录和申请书示范文本等在办公场所公示。

申请人要求行政机关对公示内容予以说明、解释的，行政机关应当说明、解释，提供准确、可靠的信息。

第三十一条　申请人申请行政许可，应当如实向行政机关提交有关材料和反映真实情况，并对其申请材料实质内容的真实性负责。行政机关不得要求申请人提交与其申请的行政许可事项无关的技术资料和其他材料。

第三十二条　行政机关对申请人提出的行政许可申请，应当根据下列情况分别作出处理：

（一）申请事项依法不需要取得行政许可的，应当即时告知申请人不受理；

（二）申请事项依法不属于本行政机关职权范围的，应当即时作出不予受理的决定，并告知申请人向有关行政机关申请；

（三）申请材料存在可以当场更正的错误的，应当允许申请人当场更正；

（四）申请材料不齐全或者不符合法定形式的，应当当场或者在五日内一次告知申请人需要补正的全部内容，逾期不告知的，自收到申请材料之日起即为受理；

（五）申请事项属于本行政机关职权范围，申请材料齐全、符合法定形式，或者申请人按照本行政机关的要求提交全部补正申请材料的，应当受理行政许可申请。

行政机关受理或者不予受理行政许可申请，应当出具加盖本行政机关专用印章和注明日期的书面凭证。

第三十三条　行政机关应当建立和完善有关制度，推行电子政务，在行政机关的网站上公布行政许可事项，方便申请人采取数据电文等方式提出行政许可申请；应当与其他行政机关共享有关行政许可信息，提高办事效率。

第二节　审查与决定

第三十四条　行政机关应当对申请人提交的申请材料进行审查。

申请人提交的申请材料齐全、符合法定形式，行政机关能够当场作出决定的，应当当场作出书面的行政许可决定。

根据法定条件和程序，需要对申请材料的实质内容进行核实的，行政机关应当指派两名以上工作人员进行核查。

第三十五条 依法应当先经下级行政机关审查后报上级行政机关决定的行政许可，下级行政机关应当在法定期限内将初步审查意见和全部申请材料直接报送上级行政机关。上级行政机关不得要求申请人重复提供申请材料。

第三十六条 行政机关对行政许可申请进行审查时，发现行政许可事项直接关系他人重大利益的，应当告知该利害关系人。申请人、利害关系人有权进行陈述和申辩。行政机关应当听取申请人、利害关系人的意见。

第三十七条 行政机关对行政许可申请进行审查后，除当场作出行政许可决定的外，应当在法定期限内按照规定程序作出行政许可决定。

第三十八条 申请人的申请符合法定条件、标准的，行政机关应当依法作出准予行政许可的书面决定。

行政机关依法作出不予行政许可的书面决定的，应当说明理由，并告知申请人享有依法申请行政复议或者提起行政诉讼的权利。

第三十九条 行政机关作出准予行政许可的决定，需要颁发行政许可证件的，应当向申请人颁发加盖本行政机关印章的下列行政许可证件：

(一)许可证、执照或者其他许可证书；

(二)资格证、资质证或者其他合格证书；

(三)行政机关的批准文件或者证明文件；

(四)法律、法规规定的其他行政许可证件。

行政机关实施检验、检测、检疫的，可以在检验、检测、检疫合格的设备、设施、产品、物品上加贴标签或者加盖检验、检测、检疫印章。

第四十条 行政机关作出的准予行政许可决定，应当予以公开，公众有权查阅。

第四十一条 法律、行政法规设定的行政许可，其适用范围没有地域限制的，申请人取得的行政许可在全国范围内有效。

第三节 期 限

第四十二条 除可以当场作出行政许可决定的外，行政机关应当自受理行政许可申请之日起二十日内作出行政许可决定。二十日内不能作出决定的，经本行政机关负责人批准，可以延长十日，并应当将延长期限的理由告知申请人。但是，法律、法规另有规定的，依照其规定。

依照本法第二十六条的规定，行政许可采取统一办理或者联合办理、集中办理的，办理的时间不得超过四十五日；四十五日内不能办结的，经本级人民政府负责人批准，可以延长十五日，并应当将延长期限的理由告知申请人。

第四十三条 依法应当先经下级行政机关审查后报上级行政机关决定的行政许可，下级行政机关应当自其受理行政许可申请之日起二十日内审查完毕。但是，法律、法规另有规定的，依照其规定。

第四十四条 行政机关作出准予行政许可的决定，应当自作出决定之日起十日内向申请人颁发、送达行政许可证件，或者加贴标签、加盖检验、检测、检疫印章。

第四十五条 行政机关作出行政许可决定，依法需要听证、招标、拍卖、检验、检测、检疫、鉴定和专家评审的，所需时间不计算在本节规定的期限内。行政机关应当将所需时间书面告知申请人。

第四节 听 证

第四十六条 法律、法规、规章规定实施行政许可应当听证的事项，或者行政机关认为需要听证的其他涉及公共利益的重大行政许可事项，行政机关应当向社会公告，并举行听证。

第四十七条 行政许可直接涉及申请人与他人之间重大利益关系的，行政机关在作出行政许可决定前，应当告知申请人、利害关系人享有要求听证的权利；申请人、利害关系人在被告知听证权利之日起五日内提出听证申请的，行政机关应当在二十日内组织听证。

申请人、利害关系人不承担行政机关组织听证的费用。

第四十八条 听证按照下列程序进行：

(一)行政机关应当于举行听证的七日前将举行听证的时间、地点通知申请人、利害关系人，必要时予以公告；

(二)听证应当公开举行；

(三)行政机关应当指定审查该行政许可申请的工作人员以外的人员为听证主持人，申请人、利害关系人认为主持人与该行政许可事项有直接利害关系的，有权申请回避；

(四)举行听证时，审查该行政许可申请的工作人员应当提供审查意见的证据、理由，申请人、利害关系人可以提出证据，并进行申辩和质证；

（五）听证应当制作笔录，听证笔录应当交听证参加人确认无误后签字或者盖章。

行政机关应当根据听证笔录，作出行政许可决定。

第五节　变更与延续

第四十九条　被许可人要求变更行政许可事项的，应当向作出行政许可决定的行政机关提出申请；符合法定条件、标准的，行政机关应当依法办理变更手续。

第五十条　被许可人需要延续依法取得的行政许可的有效期的，应当在该行政许可有效期届满三十日前向作出行政许可决定的行政机关提出申请。但是，法律、法规、规章另有规定的，依照其规定。

行政机关应当根据被许可人的申请，在该行政许可有效期届满前作出是否准予延续的决定；逾期未作决定的，视为准予延续。

第六节　特别规定

第五十一条　实施行政许可的程序，本节有规定的，适用本节规定；本节没有规定的，适用本章其他有关规定。

第五十二条　国务院实施行政许可的程序，适用有关法律、行政法规的规定。

第五十三条　实施本法第十二条第二项所列事项的行政许可的，行政机关应当通过招标、拍卖等公平竞争的方式作出决定。但是，法律、行政法规另有规定的，依照其规定。

行政机关通过招标、拍卖等方式作出行政许可决定的具体程序，依照有关法律、行政法规的规定。

行政机关按照招标、拍卖程序确定中标人、买受人后，应当作出准予行政许可的决定，并依法向中标人、买受人颁发行政许可证件。

行政机关违反本条规定，不采用招标、拍卖方式，或者违反招标、拍卖程序，损害申请人合法权益的，申请人可以依法申请行政复议或者提起行政诉讼。

第五十四条　实施本法第十二条第三项所列事项的行政许可，赋予公民特定资格，依法应当举行国家考试的，行政机关根据考试成绩和其他法定条件作出行政许可决定；赋予法人或者其他组织特定的资格、资质的，行政机关根据申请人的专业人员构成、技术条件、经营业绩和管理水平等的考核结果作出行政许可决定。但是，法律、行政法规另有规定的，依照其规定。

公民特定资格的考试依法由行政机关或者行业组织实施，公开举行。行政机关或者行业组织应当事先公布资格考试的报名条件、报考办法、考试科目以及考试大纲。但是，不得组织强制性的资格考试的考前培训，不得指定教材或者其他助考材料。

第五十五条　实施本法第十二条第四项所列事项的行政许可的，应当按照技术标准、技术规范依法进行检验、检测、检疫，行政机关根据检验、检测、检疫的结果作出行政许可决定。

行政机关实施检验、检测、检疫，应当自受理申请之日起五日内指派两名以上工作人员按照技术标准、技术规范进行检验、检测、检疫。不需要对检验、检测、检疫结果作进一步技术分析即可认定设备、设施、产品、物品是否符合技术标准、技术规范的，行政机关应当当场作出行政许可决定。

行政机关根据检验、检测、检疫结果，作出不予行政许可决定的，应当书面说明不予行政许可所依据的技术标准、技术规范。

第五十六条　实施本法第十二条第五项所列事项的行政许可，申请人提交的申请材料齐全、符合法定形式的，行政机关应当当场予以登记。需要对申请材料的实质内容进行核实的，行政机关依照本法第三十四条第三款的规定办理。

第五十七条　有数量限制的行政许可，两个或者两个以上申请人的申请均符合法定条件、标准的，行政机关应当根据受理行政许可申请的先后顺序作出准予行政许可的决定。但是，法律、行政法规另有规定的，依照其规定。

第五章　行政许可的费用

第五十八条　行政机关实施行政许可和对行政许可事项进行监督检查，不得收取任何费用。但是，法律、行政法规另有规定的，依照其规定。

行政机关提供行政许可申请书格式文本，不得收费。

行政机关实施行政许可所需经费应当列入本行政机关的预算，由本级财政予以保障，按照批准的预算予以核拨。

第五十九条　行政机关实施行政许可，依照法律、行政法规收取费用的，应当按照公布的法定项目和标准收费；所收取的费用必须全部上缴国库，任何机关或者个人不得以任何形式截留、挪用、私分或者变相私分。财政部门不得以任何形式向行政机关返还或者变相返还实施行政许可所收取的费用。

第六章　监督检查

第六十条　上级行政机关应当加强对下级行政机关实施行政许可的监督检查，及时纠正行政许可实施中的违法行为。

第六十一条　行政机关应当建立健全监督制度，通过核查反映被许可人从事行政许可事项活动情况的有关材料，履行监督责任。

行政机关依法对被许可人从事行政许可事项的活动进行监督检查时，应当将监督检查的情况和处理结果予以记录，由监督检查人员签字后归档。公众有权查阅行政机关监督检查记录。

行政机关应当创造条件，实现与被许可人、其他有关行政机关的计算机档案系统互联，核查被许可人从事行政许可事项活动情况。

第六十二条　行政机关可以对被许可人生产经营的产品依法进行抽样检查、检验、检测，对其生产经营场所依法进行实地检查。检查时，行政机关可以依法查阅或者要求被许可人报送有关材料；被许可人应当如实提供有关情况和材料。

行政机关根据法律、行政法规的规定，对直接关系公共安全、人身健康、生命财产安全的重要设备、设施进行定期检验。对检验合格的，行政机关应当发给相应的证明文件。

第六十三条　行政机关实施监督检查，不得妨碍被许可人正常的生产经营活动，不得索取或者收受被许可人的财物，不得谋取其他利益。

第六十四条　被许可人在作出行政许可决定的行政机关管辖区域外违法从事行政许可事项活动的，违法行为发生地的行政机关应当依法将被许可人的违法事实、处理结果抄告作出行政许可决定的行政机关。

第六十五条　个人和组织发现违法从事行政许可事项的活动，有权向行政机关举报，行政机关应当及时核实、处理。

第六十六条　被许可人未依法履行开发利用自然资源义务或者未依法履行利用公共资源义务的，行政机关应当责令限期改正；被许可人在规定期限内不改正的，行政机关应当依照有关法律、行政法规的规定予以处理。

第六十七条　取得直接关系公共利益的特定行业的市场准入行政许可的被许可人，应当按照国家规定的服务标准、资费标准和行政机关依法规定的条件，向用户提供安全、方便、稳定和价格合理的服务，并履行普遍服务的义务；未经作出行政许可决定的行政机关批准，不得擅自停业、歇业。

被许可人不履行前款规定的义务的，行政机关应当责令限期改正，或者依法采取有效措施督促其履行义务。

第六十八条　对直接关系公共安全、人身健康、生命财产安全的重要设备、设施，行政机关应当督促设计、建造、安装和使用单位建立相应的自检制度。

行政机关在监督检查时，发现直接关系公共安全、人身健康、生命财产安全的重要设备、设施存在安全隐患的，应当责令停止建造、安装和使用，并责令设计、建造、安装和使用单位立即改正。

第六十九条　有下列情形之一的，作出行政许可决定的行政机关或者其上级行政机关，根据利害关系人的请求或者依据职权，可以撤销行政许可：

(一)行政机关工作人员滥用职权、玩忽职守作出准予行政许可决定的；

(二)超越法定职权作出准予行政许可决定的；

(三)违反法定程序作出准予行政许可决定的；

(四)对不具备申请资格或者不符合法定条件的申请人准予行政许可的；

(五)依法可以撤销行政许可的其他情形。

被许可人以欺骗、贿赂等不正当手段取得行政许可的，应当予以撤销。

依照前两款的规定撤销行政许可，可能对公共利益造成重大损害的，不予撤销。

依照本条第一款的规定撤销行政许可，被许可人的合法权益受到损害的，行政机关应当依法给予赔偿。依照本条第二款的规定撤销行政许可的，被许可人基于行政许可取得的利益不受保护。

第七十条　有下列情形之一的，行政机关应当依法办理有关行政许可的注销手续：

(一)行政许可有效期届满未延续的；

(二)赋予公民特定资格的行政许可，该公民死亡或者丧失行为能力的；

(三)法人或者其他组织依法终止的；

(四)行政许可依法被撤销、撤回，或者行政许可证件依法被吊销的；

(五)因不可抗力导致行政许可事项无法实施的；

(六)法律、法规规定的应当注销行政许可的其他情形。

第七章　法律责任

第七十一条　违反本法第十七条规定设定的行政许可，有关机关应当责令设定该行政许可的机关改正，或者依法予以撤销。

第七十二条　行政机关及其工作人员违反本法的规定，有下列情形之一的，由其上级行政机关或者监察机关责令改正；情节严重的，对直接负责的主管人员和其他直接责任人员依法给予行政处分：

（一）对符合法定条件的行政许可申请不予受理的；

（二）不在办公场所公示依法应当公示的材料的；

（三）在受理、审查、决定行政许可过程中，未向申请人、利害关系人履行法定告知义务的；

（四）申请人提交的申请材料不齐全、不符合法定形式，不一次告知申请人必须补正的全部内容的；

（五）未依法说明不受理行政许可申请或者不予行政许可的理由的；

（六）依法应当举行听证而不举行听证的。

第七十三条　行政机关工作人员办理行政许可、实施监督检查，索取或者收受他人财物或者谋取其他利益，构成犯罪的，依法追究刑事责任；尚不构成犯罪的，依法给予行政处分。

第七十四条　行政机关实施行政许可，有下列情形之一的，由其上级行政机关或者监察机关责令改正，对直接负责的主管人员和其他直接责任人员依法给予行政处分；构成犯罪的，依法追究刑事责任：

（一）对不符合法定条件的申请人准予行政许可或者超越法定职权作出准予行政许可决定的；

（二）对符合法定条件的申请人不予行政许可或者不在法定期限内作出准予行政许可决定的；

（三）依法应当根据招标、拍卖结果或者考试成绩择优作出准予行政许可决定，未经招标、拍卖或者考试，或者不根据招标、拍卖结果或者考试成绩择优作出准予行政许可决定的。

第七十五条　行政机关实施行政许可，擅自收费或者不按照法定项目和标准收费的，由其上级行政机关或者监察机关责令退还非法收取的费用；对直接负责的主管人员和其他直接责任人员依法给予行政处分。

截留、挪用、私分或者变相私分实施行政许可依法收取的费用的，予以追缴；对直接负责的主管人员和其他直接责任人员依法给予行政处分；构成犯罪的，依法追究刑事责任。

第七十六条　行政机关违法实施行政许可，给当事人的合法权益造成损害的，应当依照国家赔偿法的规定给予赔偿。

第七十七条　行政机关不依法履行监督职责或者监督不力，造成严重后果的，由其上级行政机关或者监察机关责令改正，对直接负责的主管人员和其他直接责任人员依法给予行政处分；构成犯罪的，依法追究刑事责任。

第七十八条　行政许可申请人隐瞒有关情况或者提供虚假材料申请行政许可的，行政机关不予受理或者不予行政许可，并给予警告；行政许可申请属于直接关系公共安全、人身健康、生命财产安全事项的，申请人在一年内不得再次申请该行政许可。

第七十九条　被许可人以欺骗、贿赂等不正当手段取得行政许可的，行政机关应当依法给予行政处罚；取得的行政许可属于直接关系公共安全、人身健康、生命财产安全事项的，申请人在三年内不得再次申请该行政许可；构成犯罪的，依法追究刑事责任。

第八十条　被许可人有下列行为之一的，行政机关应当依法给予行政处罚；构成犯罪的，依法追究刑事责任：

（一）涂改、倒卖、出租、出借行政许可证件，或者以其他形式非法转让行政许可的；

（二）超越行政许可范围进行活动的；

（三）向负责监督检查的行政机关隐瞒有关情况、提供虚假材料或者拒绝提供反映其活动情况的真实材料的；

（四）法律、法规、规章规定的其他违法行为。

第八十一条　公民、法人或者其他组织未经行政许可，擅自从事依法应当取得行政许可的活动的，行政机关应当依法采取措施予以制止，并依法给予行政处罚；构成犯罪的，依法追究刑事责任。

第八章　附　则

第八十二条　本法规定的行政机关实施行政许可的期限以工作日计算，不含法定节假日。

第八十三条　本法自 2004 年 7 月 1 日起施行。

本法施行前有关行政许可的规定，制定机关应当依照本法规定予以清理；不符合本法规定的，自本法施行之日起停止执行。

中华人民共和国土地管理法

中华人民共和国主席令

第二十八号

《全国人民代表大会常务委员会关于修改〈中华人民共和国土地管理法〉的决定》已由中华人民共和国第十届全国人民代表大会常务委员会第十一次会议于 2004 年 8 月 28 日通过，现予公布，自公布之日起施行。

中华人民共和国主席　胡锦涛

2004 年 8 月 28 日

目　　录

第一章　总　则

第一条　为了加强土地管理，维护土地的社会主义公有制，保护、开发土地资源，合理利用土地，切实保护耕地，促进社会经济的可持续发展，根据宪法，制定本法。

第二条　中华人民共和国实行土地的社会主义公有制，即全民所有制和劳动群众集体所有制。

全民所有，即国家所有土地的所有权由国务院代表国家行使。

任何单位和个人不得侵占、买卖或者以其他形式非法转让土地。土地使用权可以依法转让。

国家为了公共利益的需要，可以依法对土地实行征收或者征用并给予补偿。

国家依法实行国有土地有偿使用制度。但是，国家在法律规定的范围内划拨国有土地使用权的除外。

第三条　十分珍惜、合理利用土地和切实保护耕地是我国的基本国策。各级人民政府应当采取措施，全面规划，严格管理，保护、开发土地资源，制止非法占用土地的行为。

第四条　国家实行土地用途管制制度。

国家编制土地利用总体规划，规定土地用途，将土地分为农用地、建设用地和未利用地。严格限制农用地转为建设用地，控制建设用地总量，对耕地实行特殊保护。

前款所称农用地是指直接用于农业生产的土地，包括耕地、林地、草地、农田水利用地、养殖水面等；建设用地是指建造建筑物、构筑物的土地，包括城乡住宅和公共设施用地、工矿用地、交通水利设施用地、旅游用地、军事设施用地等；未利用地是指农用地和建设用地以外的土地。

使用土地的单位和个人必须严格按照土地利用总体规划确定的用途使用土地。

第五条　国务院土地行政主管部门统一负责全国土地的管理和监督工作。

县级以上地方人民政府土地行政主管部门的设置及其职责，由省、自治区、直辖市人民政府根据国务院有关规定确定。

第六条　任何单位和个人都有遵守土地管理法律、法规的义务，并有权对违反土地管理法律、法规的行为提出检举和控告。

第七条　在保护和开发土地资源、合理利用土地以及进行有关的科学研究等方面成绩显著的单位和个人，由人民政府给予奖励。

第二章　土地的所有权和使用权

第八条　城市市区的土地属于国家所有。

农村和城市郊区的土地，除由法律规定属于国家所有的以外，属于农民集体所有；宅基地和自留地、自留山，属于农民集体所有。

第九条　国有土地和农民集体所有的土地，可以依法确定给单位或者个人使用。使用土地的单位和个人，有保护、管理和合理利用土地的义务。

第十条　农民集体所有的土地依法属于村农民集体所有的，由村集体经济组织或者村民委员会经营、管理；已经分别属于村内两个以上农村集体经济组织的农民集体所有的，由村内各该农村集体经济组织或者村民小组经营、管理；已经属于乡（镇）农民集体所有的，由乡（镇）农村集体经济组织经营、管理。

第十一条　农民集体所有的土地，由县级人民政府登记造册，核发证书，确认所有权。

农民集体所有的土地依法用于非农业建设的，由县级人民政府登记造册，核发证书，确认建设用地使用权。

单位和个人依法使用的国有土地，由县级以上人民政府登记造册，核发证书，确认使用权；其中，中央国家机关使用的国有土地的具体登记发证机关，由国务院确定。

确认林地、草原的所有权或者使用权，确认水面、滩涂的养殖使用权，分别依照《中华人民共和国森林法》、《中华人民共和国草原法》和《中华人民共和国渔业法》的有关规定办理。

第十二条　依法改变土地权属和用途的，应当办理土地变更登记手续。

第十三条　依法登记的土地的所有权和使用权受法律保护，任何单位和个人不得侵犯。

第十四条　农民集体所有的土地由本集体经济组织的成员承包经营，从事种植业、林业、畜牧业、渔业生产。土地承包经营期限为三十年。发包方和承包方应当订立承包合同，约定双方的权利和义务。承包经营土地的农民有保护和按照承包合同约定的用途合理利用土地的义务。农民的土地承包经营权受法律保护。

在土地承包经营期限内，对个别承包经营者之间承包的土地进行适当调整的，必须经村民会议三分之二以上成员或者三分之二以上村民代表的同意，并报乡（镇）人民政府和县级人民政府农业行政主管部门批准。

第十五条　国有土地可以由单位或者个人承包经营，从事种植业、林业、畜牧业、渔业生产。农民集体所有的土地，可以由本集体经济组织以外的单位或者个人承包经营，从事种植业、林业、畜牧业、渔业生产。发包方和承包方应当订立承包合同，约定双方的权利和义务。土地承包经营的期限由承包合同约定。承包经营土地的单位和个人，有保护和按照承包合同约定的用途合理利用土地的义务。

农民集体所有的土地由本集体经济组织以外的单位或者个人承包经营的，必须经村民会议三分之二以上成员或者三分之二以上村民代表的同意，并报乡（镇）人民政府批准。

第十六条　土地所有权和使用权争议，由当事人协商解决；协商不成的，由人民政府处理。

单位之间的争议，由县级以上人民政府处理；个人之间、个人与单位之间的争议，由乡级人民政府或者县级以上人民政府处理。

当事人对有关人民政府的处理决定不服的，可以自接到处理决定通知之日起三十日内，向人民法院起诉。

在土地所有权和使用权争议解决前，任何一方不得改变土地利用现状。

第三章　土地利用总体规划

第十七条　各级人民政府应当依据国民经济和社会发展规划、国土整治和资源环境保护的要求、土地供给能力以及各项建设对土地的需求，组织编制土地利用总体规划。

土地利用总体规划的规划期限由国务院规定。

第十八条　下级土地利用总体规划应当依据上一级土地利用总体规划编制。

地方各级人民政府编制的土地利用总体规划中的建设用地总量不得超过上一级土地利用总体规划确定的控制指标，耕地保有量不得低于上一级土地利用总体规划确定的控制指标。

省、自治区、直辖市人民政府编制的土地利用总体规划，应当确保本行政区域内耕地总量不减少。

第十九条　土地利用总体规划按照下列原则编制：

（一）严格保护基本农田，控制非农业建设占用农用地；

（二）提高土地利用率；

（三）统筹安排各类、各区域用地；

（四）保护和改善生态环境，保障土地的可持续利用；

（五）占用耕地与开发复垦耕地相平衡。

第二十条　县级土地利用总体规划应当划分土地利用区，明确土地用途。

乡（镇）土地利用总体规划应当划分土地利用区，根据土地使用条件，确定每一块土地的用途，并予以公告。

第二十一条　土地利用总体规划实行分级审批。

省、自治区、直辖市的土地利用总体规划，报国务院批准。

省、自治区人民政府所在地的市、人口在一百万以上的城市以及国务院指定的

城市的土地利用总体规划，经省、自治区人民政府审查同意后，报国务院批准。

本条第二款、第三款规定以外的土地利用总体规划，逐级上报省、自治区、直辖市人民政府批准；其中，乡

(镇)土地利用总体规划可以由省级人民政府授权的设区的市、自治州人民政府批准。

土地利用总体规划一经批准,必须严格执行。

第二十二条 城市建设用地规模应当符合国家规定的标准,充分利用现有建设用地,不占或者尽量少占农用地。

城市总体规划、村庄和集镇规划,应当与土地利用总体规划相衔接,城市总体规划、村庄和集镇规划中建设用地规模不得超过土地利用总体规划确定的城市和村庄、集镇建设用地规模。

在城市规划区内、村庄和集镇规划区内,城市和村庄、集镇建设用地应当符合城市规划、村庄和集镇规划。

第二十三条 江河、湖泊综合治理和开发利用规划,应当与土地利用总体规划相衔接。在江河、湖泊、水库的管理和保护范围以及蓄洪滞洪区内,土地利用应当符合江河、湖泊综合治理和开发利用规划,符合河道、湖泊行洪、蓄洪和输水的要求。

第二十四条 各级人民政府应当加强土地利用计划管理,实行建设用地总量控制。

土地利用年度计划,根据国民经济和社会发展计划、国家产业政策、土地利用总体规划以及建设用地和土地利用的实际状况编制。土地利用年度计划的编制审批程序与土地利用总体规划的编制审批程序相同,一经审批下达,必须严格执行。

第二十五条 省、自治区、直辖市人民政府应当将土地利用年度计划的执行情况列为国民经济和社会发展计划执行情况的内容,向同级人民代表大会报告。

第二十六条 经批准的土地利用总体规划的修改,须经原批准机关批准;未经批准,不得改变土地利用总体规划确定的土地用途。

经国务院批准的大型能源、交通、水利等基础设施建设用地,需要改变土地利用总体规划的,根据国务院的批准文件修改土地利用总体规划。

经省、自治区、直辖市人民政府批准的能源、交通、水利等基础设施建设用地,需要改变土地利用总体规划的,属于省级人民政府土地利用总体规划批准权限内的,根据省级人民政府的批准文件修改土地利用总体规划。

第二十七条 国家建立土地调查制度。

县级以上人民政府土地行政主管部门会同同级有关部门进行土地调查。土地所有者或者使用者应当配合调查,并提供有关资料。

第二十八条 县级以上人民政府土地行政主管部门会同同级有关部门根据土地调查成果、规划土地用途和国家制定的统一标准,评定土地等级。

第二十九条 国家建立土地统计制度。

县级以上人民政府土地行政主管部门和同级统计部门共同制定统计调查方案,依法进行土地统计,定期发布土地统计资料。土地所有者或者使用者应当提供有关资料,不得虚报、瞒报、拒报、迟报。

土地行政主管部门和统计部门共同发布的土地面积统计资料是各级人民政府编制土地利用总体规划的依据。

第三十条 国家建立全国土地管理信息系统,对土地利用状况进行动态监测。

第四章 耕地保护

第三十一条 国家保护耕地,严格控制耕地转为非耕地。

国家实行占用耕地补偿制度。非农业建设经批准占用耕地的,按照“占多少,垦多少”的原则,由占用耕地的单位负责开垦与所占用耕地的数量和质量相当的耕地;没有条件开垦或者开垦的耕地不符合要求的,应当按照省、自治区、直辖市的规定缴纳耕地开垦费,专款用于开垦新的耕地。

省、自治区、直辖市人民政府应当制定开垦耕地计划,监督占用耕地的单位按照计划开垦耕地或者按照计划组织开垦耕地,并进行验收。

第三十二条 县级以上地方人民政府可以要求占用耕地的单位将所占用耕地耕作层的土壤用于新开垦耕地、劣质地或者其他耕地的土壤改良。

第三十三条 省、自治区、直辖市人民政府应当严格执行土地利用总体规划和土地利用年度计划,采取措施,确保本行政区域内耕地总量不减少;耕地总量减少的,由国务院责令在规定期限内组织开垦与所减少耕地的数量与质量相当的耕地,并由国务院土地行政主管部门会同农业行政主管部门验收。个别省、直辖市确因土地后备资源匮乏,新增建设用地后,新开垦耕地的数量不足以补偿所占用耕地的数量的,必须报经国务院批准减免本行政区域内开垦耕地的数量,进行易地开垦。

第三十四条 国家实行基本农田保护制度。下列耕地应当根据土地利用总体规划划入基本农田保护区,严格管理:

(一)经国务院有关主管部门或者县级以上地方人民政府批准确定的粮、棉、油生产基地内的耕地;

(二)有良好的水利与水土保持设施的耕地,正在实施改造计划以及可以改造的中、低产田;

(三)蔬菜生产基地;

(四)农业科研、教学试验田;

(五)国务院规定应当划入基本农田保护区的其他耕地。

各省、自治区、直辖市划定的基本农田应当占本行政区域内耕地的百分之八十以上。

基本农田保护区以乡(镇)为单位进行划区定界,由县级人民政府土地行政主管部门会同同级农业行政主管部门组织实施。

第三十五条　各级人民政府应当采取措施,维护排灌工程设施,改良土壤,提高地力,防止土地荒漠化、盐渍化、水土流失和污染土地。

第三十六条　非农业建设必须节约使用土地,可以利用荒地的,不得占用耕地;可以利用劣地的,不得占用好地。

禁止占用耕地建窑、建坟或者擅自在耕地上建房、挖砂、采石、采矿、取土等。

禁止占用基本农田发展林果业和挖塘养鱼。

第三十七条　禁止任何单位和个人闲置、荒芜耕地。已经办理审批手续的非农业建设占用耕地,一年内不用而又可以耕种并收获的,应当由原耕种该幅耕地的集体或者个人恢复耕种,也可以由用地单位组织耕种;一年以上未动工建设的,应当按照省、自治区、直辖市的规定缴纳闲置费;连续两年未使用的,经原批准机关批准,由县级以上人民政府无偿收回用地单位的土地使用权;该幅土地原为农民集体所有的,应当交由原农村集体经济组织恢复耕种。

在城市规划区范围内,以出让方式取得土地使用权进行房地产开发的闲置土地,依照《中华人民共和国城市房地产管理法》的有关规定办理。

承包经营耕地的单位或者个人连续两年弃耕抛荒的,原发包单位应当终止承包合同,收回发包的耕地。

第三十八条　国家鼓励单位和个人按照土地利用总体规划,在保护和改善生态环境、防止水土流失和土地荒漠化的前提下,开发未利用的土地;适宜开发为农用地的,应当优先开发成农用地。

国家依法保护开发者的合法权益。

第三十九条　开垦未利用的土地,必须经过科学论证和评估,在土地利用总体规划划定的可开垦的区域内,经依法批准后进行。禁止毁坏森林、草原开垦耕地,禁止围湖造田和侵占江河滩地。

根据土地利用总体规划,对破坏生态环境开垦、围垦的土地,有计划有步骤地退耕还林、还牧、还湖。

第四十条　开发未确定使用权的国有荒山、荒地、荒滩从事种植业、林业、畜牧业、渔业生产的,经县级以上人民政府依法批准,可以确定给开发单位或者个人长期使用。

第四十一条　国家鼓励土地整理。县、乡(镇)人民政府应当组织农村集体经济组织,按照土地利用总体规划,对田、水、路、林、村综合整治,提高耕地质量,增加有效耕地面积,改善农业生产条件和生态环境。

地方各级人民政府应当采取措施,改造中、低产田,整治闲散地和废弃地。

第四十二条　因挖损、塌陷、压占等造成土地破坏,用地单位和个人应当按照国家有关规定负责复垦;没有条件复垦或者复垦不符合要求的,应当缴纳土地复垦费,专项用于土地复垦。复垦的土地应当优先用于农业。

第五章　建设用地

第四十三条　任何单位和个人进行建设,需要使用土地的,必须依法申请使用国有土地;但是,兴办乡镇企业和村民建设住宅经依法批准使用本集体经济组织农民集体所有的土地的,或者乡(镇)村公共设施和公益事业建设经依法批准使用农民集体所有的土地的除外。

前款所称依法申请使用的国有土地包括国家所有的土地和国家征收的原属于农民集体所有的土地。

第四十四条　建设占用土地,涉及农用地转为建设用地的,应当办理农用地转用审批手续。

省、自治区、直辖市人民政府批准的道路、管线工程和大型基础设施建设项目、国务院批准的建设项目占用土地,涉及农用地转为建设用地的,由国务院批准。

在土地利用总体规划确定的城市和村庄、集镇建设用地规模范围内,为实施该规划而将农用地转为建设用地的,按土地利用年度计划分批次由原批准土地利用总体规划的机关批准。在已批准的农用地转用范围内,具体建设项目用地可以由市、县人民政府批准。

本条第二款、第三款规定以外的建设项目占用土地,涉及农用地转为建设用地的,由省、自治区、直辖市人民政府批准。

第四十五条　征收下列土地的,由国务院批准:

(一)基本农田;

(二)基本农田以外的耕地超过三十五公顷的;

(三)其他土地超过七十公顷的。

征收前款规定以外的土地的,由省、自治区、直辖市人民政府批准,并报国务院备案。

征收农用地的,应当依照本法第四十四条的规定先行办理农用地转用审批。其中,经国务院批准农用地转用的,同时办理征地审批手续,不再另行办理征地审批;经省、自治区、直辖市人民政府在征地批准权限内批准农用地转用的,同时办理征地审批手续,不再另行办理征地审批,超过征地批准权限的,应当依照本条第一款的规定另行办理征地审批。

第四十六条 国家征收土地的,依照法定程序批准后,由县级以上地方人民政府予以公告并组织实施。

被征收土地的所有权人、使用权人应当在公告规定期限内,持土地权属证书到当地人民政府土地行政主管部门办理征地补偿登记。

第四十七条 征收土地的,按照被征收土地的原用途给予补偿。

征收耕地的补偿费用包括土地补偿费、安置补助费以及地上附着物和青苗的补偿费。征收耕地的土地补偿费,为该耕地被征收前三年平均年产值的六至十倍。征收耕地的安置补助费,按照需要安置的农业人口数计算。需要安置的农业人口数,按照被征收的耕地数量除以征地前被征收单位平均每人占有耕地的数量计算。每一个需要安置的农业人口的安置补助费标准,为该耕地被征收前三年平均年产值的四至六倍。但是,每公顷被征收耕地的安置补助费,最高不得超过被征收前三年平均年产值的十五倍。

征收其他土地的土地补偿费和安置补助费标准,由省、自治区、直辖市参照征收耕地的土地补偿费和安置补助费的标准规定。

被征收土地上的附着物和青苗的补偿标准,由省、自治区、直辖市规定。

征收城市郊区的菜地,用地单位应当按照国家有关规定缴纳新菜地开发建设基金。

依照本条第二款的规定支付土地补偿费和安置补助费,尚不能使需要安置的农民保持原有生活水平的,经省、自治区、直辖市人民政府批准,可以增加安置补助费。但是,土地补偿费和安置补助费的总和不得超过土地被征收前三年平均年产值的三十倍。

国务院根据社会、经济发展水平,在特殊情况下,可以提高征收耕地的土地补偿费和安置补助费的标准。

第四十八条 征地补偿安置方案确定后,有关地方人民政府应当公告,并听取被征地的农村集体经济组织和农民的意见。

第四十九条 被征地的农村集体经济组织应当将征收土地的补偿费用的收支状况向本集体经济组织的成员公布,接受监督。

禁止侵占、挪用被征收土地单位的征地补偿费用和其他有关费用。

第五十条 地方各级人民政府应当支持被征地的农村集体经济组织和农民从事开发经营,兴办企业。

第五十一条 大中型水利、水电工程建设征收土地的补偿费标准和移民安置办法,由国务院另行规定。

第五十二条 建设项目可行性研究论证时,土地行政主管部门可以根据土地利用总体规划、土地利用年度计划和建设用地标准,对建设用地有关事项进行审查,并提出意见。

第五十三条 经批准的建设项目需要使用国有建设用地的,建设单位应当持法律、行政法规规定的有关文件,向有批准权的县级以上人民政府土地行政主管部门提出建设用地申请,经土地行政主管部门审查,报本级人民政府批准。

第五十四条 建设单位使用国有土地,应当以出让等有偿使用方式取得;但是,下列建设用地,经县级以上人民政府依法批准,可以以划拨方式取得:

(一)国家机关用地和军事用地;

(二)城市基础设施用地和公益事业用地;

(三)国家重点扶持的能源、交通、水利等基础设施用地;

(四)法律、行政法规规定的其他用地。

第五十五条 以出让等有偿使用方式取得国有土地使用权的建设单位,按照国务院规定的标准和办法,缴纳土地使用权出让金等土地有偿使用费和其他费用后,方可使用土地。

自本法施行之日起,新增建设用地的土地有偿使用费,百分之三十上缴中央财政,百分之七十留给有关地方人民政府,都专项用于耕地开发。

第五十六条 建设单位使用国有土地的,应当按照土地使用权出让等有偿使用合同的约定或者土地使用权划拨批准文件的规定使用土地;确需改变该幅土地建设用途的,应当经有关人民政府土地行政主管部门同意,报原批准用地的人民政府批准。其中,在城市规划区内改变土地用途的,在报批前,应当先经有关城市规划行政主管部门同意。

第五十七条 建设项目施工和地质勘察需要临时使用国有土地或者农民集体所有的土地的,由县级以上人民政府土地行政主管部门批准。其中,在城市规划区内的临时用地,在报批前,应当先经有关城市规划行政主管部门同意。土地使用者应当根据土地权属,与有关土地行政主管部门或者农村集体经济组织、村民委员会签订临时使用土地合同,并按照合同的约定支付临时使用土地补偿费。

临时使用土地的使用者应当按照临时使用土地合同约定的用途使用土地,并不得修建永久性建筑物。

临时使用土地期限一般不超过两年。

第五十八条 有下列情形之一的,由有关人民政府土地行政主管部门报经原批准用地的人民政府或者有批准权的人民政府批准,可以收回国有土地使用权:

(一)为公共利益需要使用土地的;

(二)为实施城市规划进行旧城区改建,需要调整使用土地的;

(三)土地出让等有偿使用合同约定的使用期限届满,土地使用者未申请续期或者申请续期未获批准的;

(四)因单位撤销、迁移等原因,停止使用原划拨的国有土地的;

(五)公路、铁路、机场、矿场等经核准报废的。

依照前款第(一)项、第(二)项的规定收回国有土地使用权的,对土地使用权人应当给予适当补偿。

第五十九条 乡镇企业、乡(镇)村公共设施、公益事业、农村村民住宅等乡(镇)村建设,应当按照村庄和集镇规划,合理布局,综合开发,配套建设;建设用地,应当符合乡(镇)土地利用总体规划和土地利用年度计划,并依照本法第四十四条、第六十条、第六十一条、第六十二条的规定办理审批手续。

第六十条 农村集体经济组织使用乡(镇)土地利用总体规划确定的建设用地兴办企业或者与其他单位、个人以土地使用权入股、联营等形式共同举办企业的,应当持有关批准文件,向县级以上地方人民政府土地行政主管部门提出申请,按照省、自治区、直辖市规定的批准权限,由县级以上地方人民政府批准;其中,涉及占用农用地的,依照本法第四十四条的规定办理审批手续。

按照前款规定兴办企业的建设用地,必须严格控制。省、自治区、直辖市可以按照乡镇企业的不同行业和经营规模,分别规定用地标准。

第六十一条 乡(镇)村公共设施、公益事业建设,需要使用土地的,经乡(镇)人民政府审核,向县级以上地方人民政府土地行政主管部门提出申请,按照省、自治区、直辖市规定的批准权限,由县级以上地方人民政府批准;其中,涉及占用农用地的,依照本法第四十四条的规定办理审批手续。

第六十二条 农村村民一户只能拥有一处宅基地,其宅基地的面积不得超过省、自治区、直辖市规定的标准。

农村村民建住宅,应当符合乡(镇)土地利用总体规划,并尽量使用原有的宅基地和村内空闲地。

农村村民住宅用地,经乡(镇)人民政府审核,由县级人民政府批准;其中,涉及占用农用地的,依照本法第四十四条的规定办理审批手续。

农村村民出卖、出租住房后,再申请宅基地的,不予批准。

第六十三条 农民集体所有的土地的使用权不得出让、转让或者出租用于非农业建设;但是,符合土地利用总体规划并依法取得建设用地的企业,因破产、兼并等情形致使土地使用权依法发生转移的除外。

第六十四条 在土地利用总体规划制定前已建的不符合土地利用总体规划确定的用途的建筑物、构筑物,不得重建、扩建。

第六十五条 有下列情形之一的,农村集体经济组织报经原批准用地的人民政府批准,可以收回土地使用权:

(一)为乡(镇)村公共设施和公益事业建设,需要使用土地的;

(二)不按照批准的用途使用土地的;

(三)因撤销、迁移等原因而停止使用土地的。

依照前款第(一)项规定收回农民集体所有的土地的,对土地使用权人应当给予适当补偿。

第六章 监督检查

第六十六条 县级以上人民政府土地行政主管部门对违反土地管理法律、法规的行为进行监督检查。

土地管理监督检查人员应当熟悉土地管理法律、法规,忠于职守、秉公执法。

第六十七条 县级以上人民政府土地行政主管部门履行监督检查职责时,有权采取下列措施:

(一)要求被检查的单位或者个人提供有关土地权利的文件和资料,进行查阅或者予以复制;

(二)要求被检查的单位或者个人就有关土地权利的问题作出说明;

(三)进入被检查单位或者个人非法占用的土地现场进行勘测;

(四)责令非法占用土地的单位或者个人停止违反土地管理法律、法规的行为。

第六十八条 土地管理监督检查人员履行职责,需要进入现场进行勘测、要求有关单位或者个人提供文件、资料和作出说明的,应当出示土地管理监督检查证件。

第六十九条 有关单位和个人对县级以上人民政府土地行政主管部门就土地违法行为进行的监督检查应当支持与配合,并提供工作方便,不得拒绝与阻碍土地管理监督检查人员依法执行职务。

第七十条 县级以上人民政府土地行政主管部门在监督检查工作中发现国家工作人员的违法行为,依法应当给予行政处分的,应当依法予以处理;自己无权处理的,应当向同级或者上级人民政府的行政监察机关提出行政处分建议书,有关行政监察机关应当依法予以处理。

第七十一条 县级以上人民政府土地行政主管部

门在监督检查工作中发现土地违法行为构成犯罪的，应当将案件移送有关机关，依法追究刑事责任；尚不构成犯罪的，应当依法给予行政处罚。

第七十二条 依照本法规定应当给予行政处罚，而有关土地行政主管部门不给予行政处罚的，上级人民政府土地行政主管部门有权责令有关土地行政主管部门作出行政处罚决定或者直接给予行政处罚，并给予有关土地行政主管部门的负责人行政处分。

第七章 法律责任

第七十三条 买卖或者以其他形式非法转让土地的，由县级以上人民政府土地行政主管部门没收违法所得；对违反土地利用总体规划擅自将农用地改为建设用地的，限期拆除在非法转让的土地上新建的建筑物和其他设施，恢复土地原状，对符合土地利用总体规划的，没收在非法转让的土地上新建的建筑物和其他设施；可以并处罚款；对直接负责的主管人员和其他直接责任人员，依法给予行政处分；构成犯罪的，依法追究刑事责任。

第七十四条 违反本法规定，占用耕地建窑、建坟或者擅自在耕地上建房、挖砂、采石、采矿、取土等，破坏种植条件的，或者因开发土地造成土地荒漠化、盐渍化的，由县级以上人民政府土地行政主管部门责令限期改正或者治理，可以并处罚款；构成犯罪的，依法追究刑事责任。

第七十五条 违反本法规定，拒不履行土地复垦义务的，由县级以上人民政府土地行政主管部门责令限期改正；逾期不改正的，责令缴纳复垦费，专项用于土地复垦，可以处以罚款。

第七十六条 未经批准或者采取欺骗手段骗取批准，非法占用土地的，由县级以上人民政府土地行政主管部门责令退还非法占用的土地，对违反土地利用总体规划擅自将农用地改为建设用地的，限期拆除在非法占用的土地上新建的建筑物和其他设施，恢复土地原状，对符合土地利用总体规划的，没收在非法占用的土地上新建的建筑物和其他设施，可以并处罚款；对非法占用土地单位的直接负责的主管人员和其他直接责任人员，依法给予行政处分；构成犯罪的，依法追究刑事责任。

超过批准的数量占用土地，多占的土地以非法占用土地论处。

第七十七条 农村村民未经批准或者采取欺骗手段骗取批准，非法占用土地建住宅的，由县级以上人民政府土地行政主管部门责令退还非法占用的土地，限期拆除在非法占用的土地上新建的房屋。

超过省、自治区、直辖市规定的标准，多占的土地以非法占用土地论处。

第七十八条 无权批准征收、使用土地的单位或者个人非法批准占用土地的，超越批准权限非法批准占用土地的，不按照土地利用总体规划确定的用途批准用地的，或者违反法律规定的程序批准占用、征收土地的，其批准文件无效，对非法批准征收、使用土地的直接负责的主管人员和其他直接责任人员，依法给予行政处分；构成犯罪的，依法追究刑事责任。非法批准、使用的土地应当收回，有关当事人拒不归还的，以非法占用土地论处。

非法批准征收、使用土地，对当事人造成损失的，依法应当承担赔偿责任。

第七十九条 侵占、挪用被征收土地单位的征地补偿费用和其他有关费用，构成犯罪的，依法追究刑事责任；尚不构成犯罪的，依法给予行政处分。

第八十条 依法收回国有土地使用权当事人拒不交出土地的，临时使用土地期满拒不归还的，或者不按照批准的用途使用国有土地的，由县级以上人民政府土地行政主管部门责令交还土地，处以罚款。

第八十一条 擅自将农民集体所有的土地的使用权出让、转让或者出租用于非农业建设的，由县级以上人民政府土地行政主管部门责令限期改正，没收违法所得，并处罚款。

第八十二条 不依照本法规定办理土地变更登记的，由县级以上人民政府土地行政主管部门责令其限期办理。

第八十三条 依照本法规定，责令限期拆除在非法占用的土地上新建的建筑物和其他设施的，建设单位或者个人必须立即停止施工，自行拆除；对继续施工的，作出处罚决定的机关有权制止。建设单位或者个人对责令限期拆除的行政处罚决定不服的，可以在接到责令限期拆除决定之日起十五日内，向人民法院起诉；期满不起诉又不自行拆除的，由作出处罚决定的机关依法申请人民法院强制执行，费用由违法者承担。

第八十四条 土地行政主管部门的工作人员玩忽职守、滥用职权、徇私舞弊，构成犯罪的，依法追究刑事责任；尚不构成犯罪的，依法给予行政处分。

第八章 附 则

第八十五条 中外合资经营企业、中外合作经营企业、外资企业使用土地的，适用本法；法律另有规定的，从其规定。

第八十六条 本法自 1999 年 1 月 1 日起施行。

中华人民共和国可再生能源法

中华人民共和国主席令
第33号

《中华人民共和国可再生能源法》已由中华人民共和国第十届全国人民代表大会常务委员会第十四次会议于2005年2月28日通过，现予公布，自2006年1月1日起施行。

中华人民共和国主席　胡锦涛

2005年2月28日

目　录

第一章　总　则

第一条　为了促进可再生能源的开发利用，增加能源供应，改善能源结构，保障能源安全，保护环境，实现经济社会的可持续发展，制定本法。

第二条　本法所称可再生能源，是指风能、太阳能、水能、生物质能、地热能、海洋能等非化石能源。

水力发电对本法的适用，由国务院能源主管部门规定，报国务院批准。

通过低效率炉灶直接燃烧方式利用秸秆、薪柴、粪便等，不适用本法。

第三条　本法适用于中华人民共和国领域和管辖的其他海域。

第四条　国家将可再生能源的开发利用列为能源发展的优先领域，通过制定可再生能源开发利用总量目标和采取相应措施，推动可再生能源市场的建立和发展。

国家鼓励各种所有制经济主体参与可再生能源的开发利用，依法保护可再生能源开发利用者的合法权益。

第五条　国务院能源主管部门对全国可再生能源的开发利用实施统一管理。国务院有关部门在各自的职责范围内负责有关的可再生能源开发利用管理工作。

县级以上地方人民政府管理能源工作的部门负责本行政区域内可再生能源开发利用的管理工作。县级以上地方人民政府有关部门在各自的职责范围内负责有关的可再生能源开发利用管理工作。

第二章　资源调查与发展规划

第六条　国务院能源主管部门负责组织和协调全国可再生能源资源的调查，并会同国务院有关部门组织制定资源调查的技术规范。

国务院有关部门在各自的职责范围内负责相关可再生能源资源的调查，调查结果报国务院能源主管部门汇总。

可再生能源资源的调查结果应当公布；但是，国家规定需要保密的内容除外。

第七条　国务院能源主管部门根据全国能源需求与可再生能源资源实际状况，制定全国可再生能源开发利用中长期总量目标，报国务院批准后执行，并予公布。

国务院能源主管部门根据前款规定的总量目标和省、自治区、直辖市经济发展与可再生能源资源实际状况，会同省、自治区、直辖市人民政府确定各行政区域可再生能源开发利用中长期目标，并予公布。

第八条　国务院能源主管部门根据全国可再生能源开发利用中长期总量目标，会同国务院有关部门，编制全国可再生能源开发利用规划，报国务院批准后实施。

省、自治区、直辖市人民政府管理能源工作的部门根据本行政区域可再生能源开发利用中长期目标，会同本级人民政府有关部门编制本行政区域可再生能源开发利用规划，报本级人民政府批准后实施。

经批准的规划应当公布；但是，国家规定需要保密的内容除外。

经批准的规划需要修改的，须经原批准机关批准。

第九条 编制可再生能源开发利用规划，应当征求有关单位、专家和公众的意见，进行科学论证。

第三章 产业指导与技术支持

第十条 国务院能源主管部门根据全国可再生能源开发利用规划，制定、公布可再生能源产业发展指导目录。

第十一条 国务院标准化行政主管部门应当制定、公布国家可再生能源电力的并网技术标准和其他需要在全国范围内统一技术要求的有关可再生能源技术和产品的国家标准。

对前款规定的国家标准中未作规定的技术要求，国务院有关部门可以制定相关的行业标准，并报国务院标准化行政主管部门备案。

第十二条 国家将可再生能源开发利用的科学技术研究和产业化发展列为科技发展与高技术产业发展的优先领域，纳入国家科技发展规划和高技术产业发展规划，并安排资金支持可再生能源开发利用的科学技术研究、应用示范和产业化发展，促进可再生能源开发利用的技术进步，降低可再生能源产品的生产成本，提高产品质量。

国务院教育行政部门应当将可再生能源知识和技术纳入普通教育、职业教育课程。

第四章 推广与应用

第十三条 国家鼓励和支持可再生能源并网发电。

建设可再生能源并网发电项目，应当依照法律和国务院的规定取得行政许可或者报送备案。

建设应当取得行政许可的可再生能源并网发电项目，有多人申请同一项目许可的，应当依法通过招标确定被许可人。

第十四条 电网企业应当与依法取得行政许可或者报送备案的可再生能源发电企业签订并网协议，全额收购其电网覆盖范围内可再生能源并网发电项目的上网电量，并为可再生能源发电提供上网服务。

第十五条 国家扶持在电网未覆盖的地区建设可再生能源独立电力系统，为当地生产和生活提供电力服务。

第十六条 国家鼓励清洁、高效地开发利用生物质燃料，鼓励发展能源作物。

利用生物质资源生产的燃气和热力，符合城市燃气管网、热力管网的入网技术标准的，经营燃气管网、热力管网的企业应当接收其入网。

国家鼓励生产和利用生物液体燃料。石油销售企业应当按照国务院能源主管部门或者省级人民政府的规定，将符合国家标准的生物液体燃料纳入其燃料销售体系。

第十七条 国家鼓励单位和个人安装和使用太阳能热水系统、太阳能供热采暖和制冷系统、太阳能光伏发电系统等太阳能利用系统。

国务院建设行政主管部门会同国务院有关部门制定太阳能利用系统与建筑结合的技术经济政策和技术规范。

房地产开发企业应当根据前款规定的技术规范，在建筑物的设计和施工中，为太阳能利用提供必备条件。

对已建成的建筑物，住户可以在不影响其质量与安全的前提下安装符合技术规范和产品标准的太阳能利用系统；但是，当事人另有约定的除外。

第十八条 国家鼓励和支持农村地区的可再生能源开发利用。

县级以上地方人民政府管理能源工作的部门会同有关部门，根据当地经济社会发展、生态保护和卫生综合治理需要等实际情况，制定农村地区可再生能源发展规划，因地制宜地推广应用沼气等生物质资源转化、户用太阳能、小型风能、小型水能等技术。

县级以上人民政府应当对农村地区的可再生能源利用项目提供财政支持。

第五章 价格管理与费用分摊

第十九条 可再生能源发电项目的上网电价，由国务院价格主管部门根据不同类型可再生能源发电的特点和不同地区的情况，按照有利于促进可再生能源开发利用和经济合理的原则确定，并根据可再生能源开发利用技术的发展适时调整。上网电价应当公布。依照本法第十三条第三款规定实行招标的可再生能源发电项目的上网电价，按照中标确定的价格执行；但是，不得高于依照前款规定确定的同类可再生能源发电项目的上网电价水平。

第二十条 电网企业依照本法第十九条规定确定

的上网电价收购可再生能源电量所发生的费用，高于按照常规能源发电平均上网电价计算所发生费用之间的差额，附加在销售电价中分摊。具体办法由国务院价格主管部门制定。

第二十一条　电网企业为收购可再生能源电量而支付的合理的接网费用以及其他合理的相关费用，可以计入电网企业输电成本，并从销售电价中回收。

第二十二条　国家投资或者补贴建设的公共可再生能源独立电力系统的销售电价，执行同一地区分类销售电价，其合理的运行和管理费用超出销售电价的部分，依照本法第二十条规定的办法分摊。

第二十三条　进入城市管网的可再生能源热力和燃气的价格，按照有利于促进可再生能源开发利用和经济合理的原则，根据价格管理权限确定。

第六章　经济激励与监督措施

第二十四条　国家财政设立可再生能源发展专项资金，用于支持以下活动：

（一）可再生能源开发利用的科学技术研究、标准制定和示范工程；

（二）农村、牧区生活用能的可再生能源利用项目；

（三）偏远地区和海岛可再生能源独立电力系统建设；

（四）可再生能源的资源勘查、评价和相关信息系统建设；

（五）促进可再生能源开发利用设备的本地化生产。

第二十五条　对列入国家可再生能源产业发展指导目录、符合信贷条件的可再生能源开发利用项目，金融机构可以提供有财政贴息的优惠贷款。

第二十六条　国家对列入可再生能源产业发展指导目录的项目给予税收优惠。具体办法由国务院规定。

第二十七条　电力企业应当真实、完整地记载和保存可再生能源发电的有关资料，并接受电力监管机构的检查和监督。

电力监管机构进行检查时，应当依照规定的程序进行，并为被检查单位保守商业秘密和其他秘密。

第七章　法律责任

第二十八条　国务院能源主管部门和县级以上地方人民政府管理能源工作的部门和其他有关部门在可再生能源开发利用监督管理工作中，违反本法规定，有下列行为之一的，由本级人民政府或者上级人民政府有关部门责令改正，对负有责任的主管人员和其他直接责任人员依法给予行政处分；构成犯罪的，依法追究刑事责任：

（一）不依法作出行政许可决定的；

（二）发现违法行为不予查处的；

（三）有不依法履行监督管理职责的其他行为的。

第二十九条　违反本法第十四条规定，电网企业未全额收购可再生能源电量，造成可再生能源发电企业经济损失的，应当承担赔偿责任，并由国家电力监管机构责令限期改正；拒不改正的，处以可再生能源发电企业经济损失额一倍以下的罚款。

第三十条　违反本法第十六条第二款规定，经营燃气管网、热力管网的企业不准许符合入网技术标准的燃气、热力入网，造成燃气、热力生产企业经济损失的，应当承担赔偿责任，并由省级人民政府管理能源工作的部门责令限期改正；拒不改正的，处以燃气、热力生产企业经济损失额一倍以下的罚款。

第三十一条　违反本法第十六条第三款规定，石油销售企业未按照规定将符合国家标准的生物液体燃料纳入其燃料销售体系，造成生物液体燃料生产企业经济损失的，应当承担赔偿责任，并由国务院能源主管部门或者省级人民政府管理能源工作的部门责令限期改正；拒不改正的，处以生物液体燃料生产企业经济损失额一倍以下的罚款。

第八章　附　则

第三十二条　本法中下列用语的含义：

（一）生物质能，是指利用自然界的植物、粪便以及城乡有机废物转化成的能源。

（二）可再生能源独立电力系统，是指不与电网连接的单独运行的可再生能源电力系统。

（三）能源作物，是指经专门种植，用以提供能源原料的草本和木本植物。

（四）生物液体燃料，是指利用生物质资源生产的甲醇、乙醇和生物柴油等液体燃料。

第三十三条　本法自 2006 年 1 月 1 日起施行。

安全生产许可证条例

中华人民共和国国务院令

第 397 号

《安全生产许可证条例》已经 2004 年 1 月 7 日国务院第 34 次常务会议通过，现予公布，自公布之日起施行。

总理　温家宝

2005 年 1 月 13 日

第一条　为了严格规范安全生产条件，进一步加强安全生产监督管理，防止和减少生产安全事故，根据《中华人民共和国安全生产法》的有关规定，制定本条例。

第二条　国家对矿山企业、建筑施工企业和危险化学品、烟花爆竹、民用爆破器材生产企业（以下统称企业）实行安全生产许可制度。

企业未取得安全生产许可证的，不得从事生产活动。

第三条　国务院安全生产监督管理部门负责中央管理的非煤矿矿山企业和危险化学品、烟花爆竹生产企业安全生产许可证的颁发和管理。

省、自治区、直辖市人民政府安全生产监督管理部门负责前款规定以外的非煤矿矿山企业和危险化学品、烟花爆竹生产企业安全生产许可证的颁发和管理，并接受国务院安全生产监督管理部门的指导和监督。

国家煤矿安全监察机构负责中央管理的煤矿企业安全生产许可证的颁发和管理。

在省、自治区、直辖市设立的煤矿安全监察机构负责前款规定以外的其他煤矿企业安全生产许可证的颁发和管理，并接受国家煤矿安全监察机构的指导和监督。

第四条　国务院建设主管部门负责中央管理的建筑施工企业安全生产许可证的颁发和管理。

省、自治区、直辖市人民政府建设主管部门负责前款规定以外的建筑施工企业安全生产许可证的颁发和管理，并接受国务院建设主管部门的指导和监督。

第五条　国务院国防科技工业主管部门负责民用爆破器材生产企业安全生产许可证的颁发和管理。

第六条　企业取得安全生产许可证，应当具备下列安全生产条件：

（一）建立、健全安全生产责任制，制定完备的安全生产规章制度和操作规程；

（二）安全投入符合安全生产要求；

（三）设置安全生产管理机构，配备专职安全生产管理人员；

（四）主要负责人和安全生产管理人员经考核合格；

（五）特种作业人员经有关业务主管部门考核合格，取得特种作业操作资格证书；

（六）从业人员经安全生产教育和培训合格；

（七）依法参加工伤保险，为从业人员缴纳保险费；

（八）厂房、作业场所和安全设施、设备、工艺符合有关安全生产法律、法规、标准和规程的要求；

（九）有职业危害防治措施，并为从业人员配备符合国家标准或者行业标准的劳动防护用品；

（十）依法进行安全评价；

（十一）有重大危险源检测、评估、监控措施和应急预案；

（十二）有生产安全事故应急救援预案、应急救援组织或者应急救援人员，配备必要的应急救援器材、设备；

（十三）法律、法规规定的其他条件。

第七条　企业进行生产前，应当依照本条例的规定向安全生产许可证颁发管理机关申请领取安全生产许可证，并提供本条例第六条规定的相关文件、资料。安全生产许可证颁发管理机关应当自收到申请之日起 45 日内审查完毕，经审查符合本条例规定的安全生产条件的，颁发安全生产许可证；不符合本条例规定的安全生产条件的，不予颁发安全生产许可证，书面通知企业并说明理由。

煤矿企业应当以矿（井）为单位，在申请领取煤炭生产许可证前，依照本条例的规定取得安全生产许可证。

第八条　安全生产许可证由国务院安全生产监督管理部门规定统一的式样。

第九条　安全生产许可证的有效期为 3 年。安全生产许可证有效期满需要延期的，企业应当于期满前 3

个月向原安全生产许可证颁发管理机关办理延期手续。

企业在安全生产许可证有效期内，严格遵守有关安全生产的法律法规，未发生死亡事故的，安全生产许可证有效期届满时，经原安全生产许可证颁发管理机关同意，不再审查，安全生产许可证有效期延期 3 年。

第十条　安全生产许可证颁发管理机关应当建立、健全安全生产许可证档案管理制度，并定期向社会公布企业取得安全生产许可证的情况。

第十一条　煤矿企业安全生产许可证颁发管理机关、建筑施工企业安全生产许可证颁发管理机关、民用爆破器材生产企业安全生产许可证颁发管理机关，应当每年向同级安全生产监督管理部门通报其安全生产许可证颁发和管理情况。

第十二条　国务院安全生产监督管理部门和省、自治区、直辖市人民政府安全生产监督管理部门对建筑施工企业、民用爆破器材生产企业、煤矿企业取得安全生产许可证的情况进行监督。

第十三条　企业不得转让、冒用安全生产许可证或者使用伪造的安全生产许可证。

第十四条　企业取得安全生产许可证后，不得降低安全生产条件，并应当加强日常安全生产管理，接受安全生产许可证颁发管理机关的监督检查。

安全生产许可证颁发管理机关应当加强对取得安全生产许可证的企业的监督检查，发现其不再具备本条例规定的安全生产条件的，应当暂扣或者吊销安全生产许可证。

第十五条　安全生产许可证颁发管理机关工作人员在安全生产许可证颁发、管理和监督检查工作中，不得索取或者接受企业的财物，不得谋取其他利益。

第十六条　监察机关依照《中华人民共和国行政监察法》的规定，对安全生产许可证颁发管理机关及其工作人员履行本条例规定的职责实施监察。

第十七条　任何单位或者个人对违反本条例规定的行为，有权向安全生产许可证颁发管理机关或者监察机关等有关部门举报。

第十八条　安全生产许可证颁发管理机关工作人员有下列行为之一的，给予降级或者撤职的行政处分；构成犯罪的，依法追究刑事责任：

（一）向不符合本条例规定的安全生产条件的企业颁发安全生产许可证的；

（二）发现企业未依法取得安全生产许可证擅自从事生产活动，不依法处理的；

（三）发现取得安全生产许可证的企业不再具备本条例规定的安全生产条件，不依法处理的；

（四）接到对违反本条例规定行为的举报后，不及时处理的；

（五）在安全生产许可证颁发、管理和监督检查工作中，索取或者接受企业的财物，或者谋取其他利益的。

第十九条　违反本条例规定，未取得安全生产许可证擅自进行生产的，责令停止生产，没收违法所得，并处 10 万元以上 50 万元以下的罚款；造成重大事故或者其他严重后果，构成犯罪的，依法追究刑事责任。

第二十条　违反本条例规定，安全生产许可证有效期满未办理延期手续，继续进行生产的，责令停止生产，限期补办延期手续，没收违法所得，并处 5 万元以上 10 万元以下的罚款；逾期仍不办理延期手续，继续进行生产的，依照本条例第十九条的规定处罚。

第二十一条　违反本条例规定，转让安全生产许可证的，没收违法所得，处 10 万元以上 50 万元以下的罚款，并吊销其安全生产许可证；构成犯罪的，依法追究刑事责任；接受转让的，依照本条例第十九条的规定处罚。

冒用安全生产许可证或者使用伪造的安全生产许可证的，依照本条例第十九条的规定处罚。

第二十二条　本条例施行前已经进行生产的企业，应当自本条例施行之日起 1 年内，依照本条例的规定向安全生产许可证颁发管理机关申请办理安全生产许可证；逾期不办理安全生产许可证，或者经审查不符合本条例规定的安全生产条件，未取得安全生产许可证，继续进行生产的，依照本条例第十九条的规定处罚。

第二十三条　本条例规定的行政处罚，由安全生产许可证颁发管理机关决定。

第二十四条　本条例自公布之日起施行。

城镇最低收入家庭廉租住房管理办法

国家税务总局令

第 120 号

《城镇最低收入家庭廉租住房管理办法》已经 2003 年 11 月 15 日建设部第 22 次常务会议审议通过，现予发布，自 2004 年 3 月 1 日起施行。

建设部部长　汪光焘
财政部部长　金人庆
民政部部长　李学举
国土资源部部长　孙文盛
国家税务总局局长　谢旭人
2003 年 12 月 31 日

第一条　为建立和完善城镇廉租住房制度，保障城镇最低收入家庭的基本住房需要，制定本办法。

第二条　地方人民政府应当在国家统一政策指导下，根据当地经济社会发展的实际情况，因地制宜，建立城镇最低收入家庭廉租住房制度。

第三条　城镇最低收入家庭廉租住房保障水平应当以满足基本住房需要为原则，根据当地财政承受能力和居民住房状况合理确定。

城镇最低收入家庭人均廉租住房保障面积标准原则上不超过当地人均住房面积的 60%。

第四条　符合市、县人民政府规定的住房困难的最低收入家庭，可以申请城镇最低收入家庭廉租住房。

第五条　城镇最低收入家庭廉租住房保障方式应当以发放租赁住房补贴为主，实物配租、租金核减为辅。

本办法所称租赁住房补贴，是指市、县人民政府向符合条件的申请对象发放补贴，由其到市场上租赁住房。

本办法所称实物配租，是指市、县人民政府向符合条件的申请对象直接提供住房，并按照廉租住房租金标准收取租金。

本办法所称租金核减，是指产权单位按照当地市、县人民政府的规定，在一定时期内对现已承租公有住房的城镇最低收入家庭给予租金减免。

第六条　国务院建设行政主管部门对全国城镇最低收入家庭廉租住房工作实施指导和监督。

省、自治区人民政府建设行政主管部门对本行政区域内城镇最低收入家庭廉租住房工作实施指导和监督。

市、县人民政府房地产行政主管部门负责本行政区域内城镇最低收入家庭廉租住房管理工作。

各级人民政府财政、民政、国土资源、税务等部门按照本部门职责分工，负责城镇最低收入家庭廉租住房的相关工作。

第七条　城镇最低收入家庭廉租住房保障对象的条件和保障标准由市、县人民政府房地产行政主管部门会同财政、民政、国土资源、税务等有关部门拟定，报本级人民政府批准后公布执行。

廉租住房租金标准由维修费、管理费二项因素构成。单位面积租赁住房补贴标准，按照市场平均租金与廉租住房租金标准的差额计算。

第八条　城镇最低收入家庭廉租住房资金的来源，实行财政预算安排为主、多种渠道筹措的原则，主要包括：

(一)市、县财政预算安排的资金；

(二)住房公积金增值收益中按规定提取的城市廉租住房补充资金；

(三)社会捐赠的资金；

(四)其他渠道筹集的资金。

第九条　城镇最低收入家庭廉租住房资金实行财政专户管理，专项用于租赁住房补贴的发放、廉租住房的购建、维修和物业管理等，不得挪作他用。

第十条　实物配租的廉租住房来源主要包括：

(一)政府出资收购的住房；

(二)社会捐赠的住房；

(三)腾空的公有住房；

(四)政府出资建设的廉租住房；

(五)其他渠道筹集的住房。

实物配租的廉租住房来源应当以收购现有旧住房为主，限制集中兴建廉租住房。

实物配租应面向孤、老、病、残等特殊困难家庭及其他急需救助的家庭。

第十一条　政府新建的廉租住房建设用地实行行

政划拨方式供应;各级地方人民政府应当在行政事业性收费等方面给予政策优惠;对地方人民政府房地产行政主管部门购买旧住房作为廉租住房,以及实物配租的廉租住房租金收入按照规定给予税收优惠。

第十二条 申请廉租住房的最低收入家庭,应当由户主按照规定程序提出书面申请。

第十三条 市、县人民政府房地产行政主管部门收到申请后,应在15日内完成审核。经审核符合条件的,应当予以公示,公示期限为15日。经公示无异议或者异议不成立的,予以登记,并将登记结果予以公示。

有关部门可以通过入户调查、邻里访问以及信函索证等方式对申请人的家庭收入和住房状况进行核实。申请人及有关单位、组织或者个人应当接受调查,如实提供有关情况。

第十四条 经登记公示无异议或者异议不成立的,对于申请租金核减的家庭,由产权单位按照规定予以租金减免;对于申请租赁住房补贴和实物配租的家庭,由市、县人民政府房地产行政主管部门按照规定条件排队轮候。

市、县人民政府房地产行政主管部门应当根据轮候顺序,对申请人发放租赁住房补贴或者配租廉租住房,并将发放租赁住房补贴和配租廉租住房的结果予以公布。

在轮候期间,申请人家庭基本情况发生变化的,申请人应当及时向有关部门申报;经审核不符合申请条件的,取消轮候。

第十五条 经市、县人民政府房地产行政主管部门确定可获得租赁住房补贴的家庭,可以根据居住需要选择承租适当的住房,在与出租人达成初步租赁意向后,报房地产行政主管部门审查;经审查同意后,方可与房屋出租人签订廉租住房租赁合同;房地产行政主管部门按规定标准向该家庭发放租赁住房补贴,并将补贴资金直接拨付出租人,用于冲减房屋租金。

经市、县人民政府房地产行政主管部门确定可配租廉租住房的家庭,应当与廉租住房产权人签订廉租住房租赁合同。廉租住房承租人应当按照合同约定缴纳租金。

第十六条 享受廉租住房待遇的最低收入家庭应当按年度向房地产行政主管部门或者其委托的机构如实申报家庭收入、家庭人口及住房变动情况。房地产行政主管部门应当会同有关部门对其申报情况进行复核,并按照复核结果,调整租赁住房补贴或者廉租住房。对家庭收入连续一年以上超出规定收入标准的,应当取消其廉租住房保障资格,停发租赁住房补贴,或者在合理期限内收回廉租住房,或者停止租金核减。

房地产行政主管部门应当对享受廉租住房保障的最低收入家庭的收入情况和住房情况定期进行核查。

第十七条 廉租住房申请人对房地产行政主管部门的审核结果、轮候结果、配租结果有异议的,可以向本级人民政府或者上一级房地产行政主管部门申诉。

第十八条 最低收入家庭申请廉租住房时违反本规定,不如实申报家庭收入、家庭人口及住房状况的,由房地产行政主管部门取消其申请资格;已骗取廉租住房保障的,责令其退还已领取的租赁住房补贴,或者退出廉租住房并补交市场平均租金与廉租房标准租金的差额,或者补交核减的租金,情节恶劣的,并可处以1000元以下的罚款。

第十九条 享受廉租住房保障的承租人有下列行为之一的,由房地产行政主管部门收回其承租的廉租住房,或者停止发放租赁补贴,或者停止租金核减:

(一)将承租的廉租住房转借、转租的;

(二)擅自改变房屋用途的;

(三)连续6个月以上未在廉租住房居住的。

第二十条 违反本办法规定,房地产行政主管部门或者其他有关行政管理部门的工作人员,在廉租住房管理工作中利用职务上的便利,收受他人财物或者其他好处的,对已批准的廉租住房不依法履行监督管理职责的,或者发现违法行为不予查处的,给予行政处分;构成犯罪的,依法追究刑事责任。

第二十一条 本办法自2004年3月1日起施行。1999年4月22日发布的《城镇廉租住房管理办法》(建设部令第70号)同时废止。

国土资源听证规定

第一章　总　则

第一条　为了规范国土资源管理活动，促进依法行政，提高国土资源管理的科学性和民主性，保护公民、法人和其他组织的合法权益，根据有关法律、法规，制定本规定。

第二条　县级以上人民政府国土资源行政主管部门（以下简称主管部门）依职权或者依当事人的申请组织听证的，适用本规定。

第三条　听证由拟作出行政处罚、行政许可决定，制定规章和规范性文件、实施需报政府批准的事项的主管部门组织。

依照本规定具体办理听证事务的法制工作机构为听证机构；但实施需报政府批准的事项可以由其经办机构作为听证机构。

本规定所称需报政府批准的事项，是指依法由本级人民政府批准后生效但主要由主管部门具体负责实施的事项，包括拟定或者修改基准地价、组织编制或者修改土地利用总体规划和矿产资源规划、拟定或者修改区域性征地补偿标准、拟定拟征地项目的补偿标准和安置方案、拟定非农业建设占用基本农田方案等。

第四条　主管部门组织听证，应当遵循公开、公平、公正和便民的原则，充分听取公民、法人和其他组织的意见，保证其陈述意见、质证和申辩的权利。

依职权组织的听证，除涉及国家秘密外，以听证会形式公开举行，并接受社会监督；依当事人的申请组织的听证，除涉及国家秘密、商业秘密或者个人隐私外，听证公开举行。

第五条　法律、法规和规章规定应当听证的事项，当事人放弃听证权利或者因情况紧急须即时决定的，主管部门不组织听证。

第二章　听证的一般规定

第六条　听证参加人包括拟听证事项经办机构的指派人员、听证会代表、当事人及其代理人、证人、鉴定人、翻译等。

第七条　听证一般由一名听证员组织；必要时，可以由三或五名听证员组织。听证员由主管部门指定。

听证设听证主持人，在听证员中产生；但须是听证机构或者经办机构的有关负责人。

记录员由听证主持人指定，具体承担听证准备和听证记录工作。

拟听证事项的具体经办人员，不得作为听证员和记录员；但可以由经办机构办理听证事务的除外。

第八条　在听证开始前，记录员应当查明听证参加人的身份和到场情况，宣布听证纪律和听证会场有关注意事项。

第九条　听证会按下列程序进行：

（一）听证主持人宣布听证开始，介绍听证员、记录员，宣布听证事项和事由，告知听证参加人的权利和义务；

（二）拟听证事项的经办机构提出理由、依据和有关材料及意见；

（三）当事人进行质证、申辩，提出维护其合法权益的事实、理由和依据（听证会代表对拟听证事项的必要性、可行性以及具体内容发表意见和质询）；

（四）最后陈述；

（五）听证主持人宣布听证结束。

第十条　记录员应当将听证的全部活动记入笔录。听证笔录应当载明下列事项，并由听证员和记录员签名：

（一）听证事项名称；

（二）听证员和记录员的姓名、职务；

（三）听证参加人的基本情况；

（四）听证的时间、地点；

（五）听证公开情况；

（六）拟听证事项的理由、依据和有关材料；

（七）当事人或者听证会代表的观点、理由和依据；

（八）延期、中止或者终止的说明；

（九）听证主持人对听证活动中有关事项的处理情况；

（十）听证主持人认为的其他事项。

听证笔录经听证参加人确认无误或者补正后当场签字或者盖章；无正当理由又拒绝签字或者盖章的，记明情况附卷。

第十一条　公开举行的听证会,公民、法人或者其他组织可以申请参加旁听。

第三章　依职权听证的范围和程序

第十二条　有下列情形之一的,主管部门应当组织听证:

(一)拟定或者修改基准地价;

(二)编制或者修改土地利用总体规划和矿产资源规划;

(三)拟定或者修改区域性征地补偿标准。

有下列情形之一的,直接涉及公民、法人或者其他组织的重大利益的,主管部门根据需要组织听证:

(一)制定规章和规范性文件;

(二)主管部门规定的其他情形。

第十三条　主管部门对本规定第十二条规定的事项举行听证的,应当在举行听证会30日前,向社会公告听证会的时间、地点、内容和申请参加听证会须知。

第十四条　符合主管部门规定条件的公民、法人和其他组织,均可申请参加听证会,也可推选代表参加听证会。

主管部门根据拟听证事项与公民、法人和其他组织的申请情况,指定听证会代表;指定的听证会代表应当具有广泛性、代表性。

公民、法人和其他组织推选的代表,符合主管部门条件的,应当优先被指定为听证会代表。

第十五条　听证机构应当在举行听证会的10个工作日前将听证会材料送达听证会代表。

第十六条　听证会代表应当亲自参加听证,并有权对拟听证事项的必要性、可行性以及具体内容发表意见和质询,查阅听证纪要。

听证会代表应当忠于事实,实事求是地反映所代表的公民、法人和其他组织的意见,遵守听证纪律,保守国家秘密。

第十七条　听证机构应当在举行听证会后7个工作日内,根据听证笔录制作包括下列内容的听证纪要:

(一)听证会的基本情况;

(二)听证事项的说明;

(三)听证会代表的意见陈述;

(四)听证事项的意见分歧;

(五)对听证会意见的处理建议。

第十八条　主管部门应当参照听证纪要依法制定规章和规范性文件;在报批拟定或者修改的基准地价、编制或者修改的土地利用总体规划和矿产资源规划、拟定或者修改的区域性征地补偿标准时,应当附具听证纪要。

第四章　依申请听证的范围和程序

第十九条　有下列情形之一的,主管部门在报批之前,应当书面告知当事人有要求举行听证的权利:

(一)拟定拟征地项目的补偿标准和安置方案的;

(二)拟定非农业建设占用基本农田方案的。

有下列情形之一的,主管部门在作出决定之前,应当书面告知当事人有要求举行听证的权利:

(一)较大数额罚款、责令停止违法勘查或者违法开采行为、吊销勘查许可证或者采矿许可证等行政处罚的;

(二)国有土地使用权、探矿权、采矿权的许可直接涉及申请人与他人之间重大利益关系的;

(三)法律、法规或者规章规定的其他情形。

第二十条　当事人对本规定第十九条规定的事项要求听证的,主管部门应当组织听证。

第二十一条　当事人应当在告知后5个工作日内向听证机构提出书面申请,逾期未提出的,视为放弃听证;但行政处罚听证的时限为3个工作日。放弃听证的,应当书面记载。

第二十二条　当事人可以委托一至二名代理人参加听证,收集、提供相关材料和证据,进行质证和申辩。

第二十三条　听证的书面申请包括以下内容:

(一)当事人的姓名、地址(法人或者其他组织的名称、地址、法定代表人);

(二)申请听证的具体事项;

(三)申请听证的依据、理由。

申请听证的,应当同时提供相关材料。

第二十四条　听证机构收到听证的书面申请后,应当对申请材料进行审查;申请材料不齐备的,应当一次告知当事人补正。

有下列情形之一的,不予受理:

(一)提出申请的不是听证事项的当事人或者其代理人的;

(二)在告知后超过5个工作日提出听证的;

（三）其他不符合申请听证条件的。

不予受理的，主管部门应当书面告知当事人不予听证。

第二十五条 听证机构审核后，对符合听证条件的，应当制作《听证通知书》，并在听证的 7 个工作日前通知当事人和拟听证事项的经办机构。

《听证通知书》应当载明下列事项：

（一）听证的事由与依据；

（二）听证的时间、地点；

（三）听证员和记录员的姓名、职务；

（四）当事人、拟听证事项的经办机构的权利和义务；

（五）注意事项。

第二十六条 当事人在接到《听证通知书》后，应当准时到场；无正当理由不到场的，或者未经听证主持人允许中途退场的，视为放弃听证。放弃听证的，记入听证笔录。

第二十七条 拟听证事项的经办机构在接到《听证通知书》后，应当指派人员参加听证，不得放弃听证。

第二十八条 当事人认为听证员、记录员与拟听证事项有利害关系可能影响公正的，有权申请回避，并说明理由。

听证主持人的回避由主管部门决定。听证员、记录员的回避，由听证主持人决定。

第二十九条 有下列情形之一的，可以延期举行听证：

（一）因不可抗力的事由致使听证无法按期举行的；

（二）当事人申请延期，有正当理由的；

（三）可以延期的其他情形。

延期听证的，主管部门应当书面通知听证参加人。

第三十条 有下列情形之一的，中止听证：

（一）听证主持人认为听证过程中提出新的事实、理由和依据或者提出的事实有待调查核实的；

（二）申请听证的公民死亡、法人或者其他组织终止，尚未确定权利、义务承受人的；

（三）应当中止听证的其他情形。

中止听证的，主管部门应当书面通知听证参加人。

第三十一条 延期、中止听证的情形消失后，由主管部门决定恢复听证，并书面通知听证参加人。

第三十二条 有下列情形之一的，终止听证：

（一）有权申请听证的公民死亡，没有继承人，或者继承人放弃听证权利的；

（二）有权申请听证的法人或者其他组织终止，承受其权利的法人或者组织放弃听证权利的；

（三）当事人在听证过程中声明退出的；

（四）当事人在告知后明确放弃听证权利或者被视为放弃听证权利的；

（五）需要终止听证的其他情形。

第三十三条 主管部门应当根据听证笔录，作出行政许可决定，依法作出行政处罚决定；在报批拟定的拟征地项目的补偿标准和安置方案、非农业建设占用基本农田方案时，应当附具听证笔录。

第五章 法律责任

第三十四条 法律、法规和规章规定应当听证的事项，当事人要求听证而未组织的，对直接负责的主管人员和其他直接责任人员依法给予行政处分。

第三十五条 主管部门的拟听证事项经办机构指派人员、听证员、记录员在听证时玩忽职守、滥用职权、徇私舞弊的，依法给予行政处分；构成犯罪的，依法追究刑事责任。

第六章 附 则

第三十六条 组织听证不得向当事人收取或者变相收取任何费用。

组织听证所需经费列入主管部门预算。听证机构组织听证必需的场地、设备、工作条件，主管部门应当给予保障。

第三十七条 主管部门办理行政复议，受委托起草法律、法规或者政府规章草案时，组织听证的具体程序参照本规定执行。

第三十八条 本规定自 2004 年 5 月 1 日起施行。

中华人民共和国国土资源部

2004 年 1 月 9 日

关于加强住宅工程质量管理的若干意见

建质[2004]18号

各省、自治区建设厅，直辖市建委、房地局，江苏省、山东省建管局，新疆生产建设兵团建设局：

近年来，我国住宅工程质量的总体水平有很大提高，但各地的质量状况还不平衡。为进一步加强住宅工程质量管理，切实提高住宅工程质量水平，现提出如下意见：

一、进一步提高对抓好住宅工程质量工作重要意义的认识

住宅工程质量，不仅关系到国家社会经济的房地产市场持续健康发展，而且直接关系到广大人民群众的切身利益。各地建设行政主管部门和工程建设各方责任主体要从实践“三个代表”重要思想的高度，充分认识当前做好住宅工程质量工作的重要意义，增强搞好住宅工程质量的紧迫感和使命感。各地要根据本地区经济发展水平和住宅工程质量的现状，确立提高住宅工程质量的阶段目标和任务，确保住宅工程结构安全和使用功能。各地要通过开展创建“无质量通病住宅工程”和“精品住宅工程”活动，不断促进住宅工程质量总体水平的提高。

二、突出重点环节，强化工程建设各方主体的质量管理责任

(一)建设单位(含开发企业，下同)是住宅工程质量的第一责任者，对建设的住宅工程的质量全面负责。建设单位应设立质量管理机构并配备相应人员，加强对设计和施工质量的过程控制和验收管理。在工程建设中，要保证合理工期、造价和住宅设计标准，不得擅自变更已审查批准的施工图设计文件等。

要综合、系统地考虑住宅小区的给水、排水、供暖、燃气、电气、电讯等管网系统的统一设计、设计施工，编制统一的管网综合图，在保证各专业技术标准要求的前提下，合理安排管线，统筹设计和施工。

建设单位应在住宅工程的显著部位镶刻铭牌，将工程建设的有关单位名称和工程竣工日期向社会公示。

(二)开发企业应在房屋销售合同中明确因住宅工程质量原因所产生的退房和保修的具体内容以及保修赔偿方式等相关条款。保修期内发生住宅工程质量投诉的，由开发企业负责查明责任，并组织有关责任方解决质量问题。暂时无法落实责任的，开发企业也应先行解决，待质量问题的原因查明后由责任方承担相关费用。

(三)设计单位应严格执行国家有关强制性技术标准，注重提高住宅工程的科技含量。要坚持以人为本，注重生态环境建设和住宅内部功能设计，在确保结构安全的基础上，保证设计文件能够满足对日照、采光、隔声、节能、抗震、自然通风、无障碍设计、公共卫生和居住方便的需要，并对容易产生质量通病的部位和环节，尽量优化细化设计作法。

(四)施工单位应严格执行国家《建筑工程施工质量验收规范》，强化施工质量过程控制，保证各工序质量达到验收规范的要求。要制定本企业的住宅工程施工工艺标准，结合工程实际，落实设计图纸会审中保证施工质量的设计交底措施，对容易产生空鼓、开裂、渗漏等质量通病的部位和容易影响空气质量的厨房、卫生间管材等环节，采取相应的技术保障措施。

(五)监管单位应针对工程的具体情况制定监理规划和监理实施细则，按国家技术标准进行验收，工序质量验收不合格的，不得进行下道工序。要将住宅工程结构质量、使用功能和建筑材料对室内环境的污染作为监理工作的控制重点，并按有关规定做好旁站监理和见证取样工作，特别是要做好厕浴间蓄水试验等重要使用功能的检查工作。

三、采取有效措施，切实加强对住宅工程质量的监督管理

(一)各地建设行政主管部门要加大对住宅工程质量的监管力度。对工程建设各方违法违规降低住宅工程质量的行为，要严格按照国家有关法律法规进行处罚。

对工程造价和工期明显低于本地区一般水平的住宅工程，要作为施工图审查和工程质量监督的重点。特别要加大对经济适用房、旧城改造回迁房以及城乡结合部商品房的设计和施工质量的监管力度。对检查中发现问题较多的住宅工程，要加大检查频次，并将其列入企业的不良记录。

(二)要加强对住宅工程施工图设计文件的审查，要

将结构安全、容易造成质量通病的设计和厨房、卫生间的设计是否符合强制性条文进行重点审查。

（三）各地建设行政主管部门要对进行住宅工程现场的建筑材料、榴配件和设备加强监督抽查，强化对住宅工程竣工验收前的室内环境质量检测工作的监督。

（四）各地建设行政主管部门要加强对住宅工程竣工验收备案工作的管理，将竣工验收备案情况及时向社会公布。单体住宅工程未经竣工验收备案的，不得进行住宅小区的综合验收。住宅工程经竣工验收备案后，方可办理产权证。

（五）各地建设行政主管部门要完善住宅工程质量投诉处理制度，对经查实的违法违规行为应依法进行处罚。要建立住宅工程的工程质量信用档案，将建设过程中违反工程建设强制性标准和使用后投诉处理等情况进行记录，并向社会公布。

四、加强政策引导，依靠科技进步，不断提高住宅工程质量

（一）各地建设行政主管部门要充分发挥协会、科研单位和企业的技术力量，针对本地区的住宅工程质量通病，研究制定克服住宅工程质量通病技术规程，积极开展质量通病专项治理。要结合创建“精品住宅工程”的活动，制定地方或企业的质量创优评审技术标准，并建立相应的激励机制。

（二）各地建设行政主管部门要结合本地区实际，积极推行住宅产业现代化，完善住宅性能认定和住宅部品认证、淘汰制度。大力推广建筑业新技术示范工程的经验，及时淘汰住宅工程建设中的落后产品、施工机具和工艺。

（三）各地建设行政主管部门要积极组织开展住宅工程质量保证的试点工作，鼓励实行住宅工程的工程质量保险制度，引导建设单位积极投保。

（四）各地建设行政主管部门要培育和发展住宅工程质量评估中介机构。当用户与开发企业对住宅工程的质量问题存在较大争议时，可委托具有相应资质的工程质量检测机构进行检测。逐步建立住宅工程质量评估和工程质量保险相结合的工程质量纠纷处理仲裁机制。

中华人民共和国建设部

2004 年 1 月 30 日

房屋建筑和市政基础设施工程施工分包管理办法

中华人民共和国建设部令

第 124 号

《房屋建筑和市政基础设施工程施工分包管理办法》已经 2003 年 11 月 8 日建设部第 21 次常务会议讨论通过，现予发布，自 2004 年 4 月 1 日起施行。

建设部部长　汪光焘

2004 年 2 月 3 日

第一条　为了规范房屋建筑和市政基础设施工程施工分包活动，维护建筑市场秩序，保证工程质量和施工安全，根据《中华人民共和国建筑法》、《中华人民共和国招标投标法》、《建设工程质量管理条例》等有关法律、法规，制定本办法。

第二条　在中华人民共和国境内从事房屋建筑和市政基础设施工程施工分包活动，实施对房屋建筑和市政基础设施工程施工分包活动的监督管理，适用本办法。

第三条　国务院建设行政主管部门负责全国房屋建筑和市政基础设施工程施工分包的监督管理工作。

县级以上地方人民政府建设行政主管部门负责本行政区域内房屋建筑和市政基础设施工程施工分包的监督管理工作。

第四条　本办法所称施工分包，是指建筑业企业将其所承包的房屋建筑和市政基础设施工程中的专业工程或者劳务作业发包给其他建筑业企业完成的活动。

第五条　房屋建筑和市政基础设施工程施工分包

分为专业工程分包和劳务作业分包。

本办法所称专业工程分包，是指施工总承包企业（以下简称专业分包工程发包人）将其所承包工程中的专业工程发包给具有相应资质的其他建筑业企业（以下简称专业分包工程承包人）完成的活动。

本办法所称劳务作业分包，是指施工总承包企业或者专业承包企业（以下简称劳务作业发包人）将其承包工程中的劳务作业发包给劳务分包企业（以下简称劳务作业承包人）完成的活动。

本办法所称分包工程发包人包括本条第二款、第三款中的专业分包工程发包人和劳务作业发包人；分包工程承包人包括本条第二款、第三款中的专业分包工程承包人和劳务作业承包人。

第六条　房屋建筑和市政基础设施工程施工分包活动必须依法进行。

鼓励发展专业承包企业和劳务分包企业，提倡分包活动进入有形建筑市场公开交易，完善有形建筑市场的分包工程交易功能。

第七条　建设单位不得直接指定分包工程承包人。任何单位和个人不得对依法实施的分包活动进行干预。

第八条　分包工程承包人必须具有相应的资质，并在其资质等级许可的范围内承揽业务。

严禁个人承揽分包工程业务。

第九条　专业工程分包除在施工总承包合同中有约定外，必须经建设单位认可。专业分包工程承包人必须自行完成所承包的工程。

劳务作业分包由劳务作业发包人与劳务作业承包人通过劳务合同约定。劳务作业承包人必须自行完成所承包的任务。

第十条　分包工程发包人和分包工程承包人应当依法签订分包合同，并按照合同履行约定的义务。分包合同必须明确约定支付工程款和劳务工资的时间、结算方式以及保证按期支付的相应措施，确保工程款和劳务工资的支付。

分包工程发包人应当在订立分包合同后7个工作日内，将合同送工程所在地县级以上地方人民政府建设行政主管部门备案。分包合同发生重大变更的，分包工程发包人应当自变更后7个工作日内，将变更协议送原备案机关备案。

第十一条　分包工程发包人应当设立项目管理机构，组织管理所承包工程的施工活动。

项目管理机构应当具有与承包工程的规模、技术复杂程度相适应的技术、经济管理人员。其中，项目负责人、技术负责人、项目核算负责人、质量管理人员、安全管理人员必须是本单位的人员。具体要求由省、自治区、直辖市人民政府建设行政主管部门规定。

前款所指本单位人员，是指与本单位有合法的人事或者劳动合同、工资以及社会保险关系的人员。

第十二条　分包工程发包人可以就分包合同的履行，要求分包工程承包人提供分包工程履约担保；分包工程承包人在提供担保后，要求分包工程发包人同时提供分包工程付款担保的，分包工程发包人应当提供。

第十三条　禁止将承包的工程进行转包。不履行合同约定，将其承包的全部工程发包给他人，或者将其承包的全部工程肢解后以分包的名义分别发包给他人的，属于转包行为。

违反本办法第十一条规定，分包工程发包人将工程分包后，未在施工现场设立项目管理机构和派驻相应人员，并未对该工程的施工活动进行组织管理的，视同转包行为。

第十四条　禁止将承包的工程进行违法分包。下列行为，属于违法分包：

（一）分包工程发包人将专业工程或者劳务作业分包给不具备相应资质条件的分包工程承包人的；

（二）施工总承包合同中未有约定，又未经建设单位认可，分包工程发包人将承包工程中的部分专业工程分包给他人的。

第十五条　禁止转让、出借企业资质证书或者以其他方式允许他人以本企业名义承揽工程。

分包工程发包人没有将其承包的工程进行分包，在施工现场所设项目管理机构的项目负责人、技术负责人、项目核算负责人、质量管理人员、安全管理人员不是工程承包人本单位人员的，视同允许他人以本企业名义承揽工程。

第十六条　分包工程承包人应当按照分包合同的约定对其承包的工程向分包工程发包人负责。分包工程发包人和分包工程承包人就分包工程对建设单位承担连带责任。

第十七条　分包工程发包人对施工现场安全负责，并对分包工程承包人的安全生产进行管理。专业分包工程承包人应当将其分包工程的施工组织设计和施工安全方案报分包工程发包人备案，专业分包工程发包人发现事故隐患，应当及时做出处理。

分包工程承包人就施工现场安全向分包工程发包人负责，并应当服从分包工程发包人对施工现场的安全生产管理。

第十八条 违反本办法规定，转包、违法分包或者允许他人以本企业名义承揽工程的，按照《中华人民共和国建筑法》、《中华人民共和国招标投标法》和《建设工程质量管理条例》的规定予以处罚；对于接受转包、违法分包和用他人名义承揽工程的，处1万元以上3万元以下的罚款。

第十九条 未取得建筑业企业资质承接分包工程的，按照《中华人民共和国建筑法》第六十五条第三款和《建设工程质量管理条例》第六十条第一款、第二款的规定处罚。

第二十条 本办法自2004年4月1日起施行。原城乡建设环境保护部1986年4月30日发布的《建筑安装工程总分包实施办法》同时废止。

关于印发《建设部建筑节能试点示范工程（小区）管理办法》的通知

建科[2004]25号

各省、自治区建设厅，直辖市建委及有关部门，计划单列市建委（建设局），新疆生产建设兵团建设局：

为加强建筑节能试点示范工程的管理，规范其申报、检查、验收等工作，充分发挥节能建筑示范效应，推动全国建筑节能工作，我部制定了《建设部建筑节能试点示范工程（小区）管理办法》，现印发给你们，请遵照执行。

附件：建设部建筑节能试点示范工程（小区）管理办法

中华人民共和国建设部

2004年2月11日

附件：

建设部建筑节能试点示范工程（小区）管理办法

第一条 为贯彻建设部《民用建筑节能管理规定》，执行国家有关建筑节能设计标准，通过实施建筑节能试点示范工程（小区）（以下简称示范工程）推动各地建筑节能工作，制定本办法。

第二条 本办法适用于各气候区民用建筑新建或改造项目实施节能的工程。

第三条 建设部负责示范工程的立项审查与批准实施、监督检查、建筑节能专项竣工验收、建筑节能示范工程称号的授予等组织管理工作。

第四条 县级以上地方建设行政主管部门负责示范工程的组织实施，同时要结合示范工程制定本地区的建筑节能技术经济政策和管理办法。

第五条 在示范工程的实施中，通过规划、设计、施工、材料应用、运行管理、工程实践和经验总结等，推广先进适用成套节能技术与产品，实现节能的经济和社会效益，促进建筑节能产业进步，推动建筑节能工作的发展。

第六条 示范工程应重点抓好下列成套节能技术和产品的应用：

1.新型节能墙体、保温隔热屋面、节能门窗、遮阳和楼梯间节能等技术与产品；

2.供热采暖系统调控与热计量和空调制冷节能技术与产品；

3.太阳能、地下能源、风能和沼气等可再生能源；

4.建筑照明的节能技术与产品；

5.其他技术成熟、效果显著的节能技术和节能管理技术。

第七条 申报示范工程的项目必须具备的条件：

1.设计方案应优于现行建筑节能设计标准，并且符合《民用建筑节能管理规定》；或设计方案满足现行建筑节能设计标准，但采用的节能技术具有国内领先水平；

2.有建设项目的正式立项手续；

3.有可靠的资金来源，开发企业有相应的房地产开发资质；

4.选用的节能技术与产品通过有关部门的认证和推广，并符合国家（或行业）标准；没有国家（或行业）标准的技术与产品，应由具有相应资质的检测机构出具检测报告，并经国务院或省、自治区、直辖市有关部门组织的专家审定。

第八条　申报示范工程的单位应提交以下文件、资料：

1.建设部科技示范工程（建筑节能专项）申报书；

2.工程可行性研究报告（含节能篇）；

3.规划和建筑设计方案和节能专项设计方案；

4.工程立项批件、开发企业资质等证照复印件。

第九条　申报与审查：

1.申请示范工程的单位将申报书与其他相关文件、资料报省、自治区、直辖市、计划单列市的建设厅（建委、建设局）；

2.省、自治区、直辖市、计划单列市建设厅（建委、建设局）组织对申报书及其他相关文件、资料的初审。通过初审的签署意见，报建设部；

3.建设部组织专家对申报项目进行审查，通过审查的项目列入建设部科学技术项目计划（建筑节能示范工程专项）。

建设部每年组织一次示范工程立项审查。

第十条　项目列入建设部科学技术项目计划后，承担单位应严格按照批准的设计方案实施，每半年向省、自治区、直辖市、计划单列市建设厅（建委、建设局）汇报项目实施情况，并由省、自治区、直辖市、计划单列市建设厅（建委、建设局）签署意见后报建设部。

第十一条　承担单位在实施节能分项工程过程中，应向省、自治区、直辖市、计划单列市建设厅（建委、建设局）和建设部提交阶段实施报告。

第十二条　阶段性监督检查工作由建设部或由部委托省、自治区、直辖市、计划单列市建设厅（建委、建设局）组织。

第十三条　示范工程完成工程竣工验收并投入使用不少于一个采暖（制冷）期、且其节能性能经国家认可的检测机构检验合格后，由承担单位提出节能专项验收申请，由建设部或由部委托省、自治区、直辖市、计划单列市建设厅（建委、建设局）组织专家进行验收。

第十四条　申请节能专项验收时，承担单位应提交以下文件：

1.工程竣工验收文件；

2.示范工程实施综合报告（包括节能设计、节能新技术应用、施工建设、运行管理、节能效果、经济效益分析等内容）；

3.工程质量检测机构出具的包括建筑物与采暖（制冷）系统的节能性能检测报告。

第十五条　通过验收的项目，由建设部统一颁发建设部建筑节能示范工程证书和标牌，并予以公示。

第十六条　具有下列情形之一的项目，取消其示范工程资格，并予以公告：

1.实施后达不到建筑节能设计标准的项目；

2.工程竣工后两年内未申请节能专项验收的项目；

3.列入计划后一年内未组织实施的项目；

4.未获得建设部批准延期实施的项目。

第十七条　本办法由建设部科学技术司负责解释。

第十八条　本办法自颁布之日起施行。

关于印发《建造师执业资格考试实施办法》和《建造师执业资格考核认定办法》的通知

国人部发[2004]16号

各省、自治区、直辖市人事厅(局)、建设厅(建委、规委),国务院各部委、各直属机构人事部门,中央管理的有关企业:

现将《建造师执业资格考试实施办法》和《建造师执业资格考核认定办法》印发给你们,请遵照执行。

中华人民共和国人事部
中华人民共和国建设部
2004年2月19日

建造师执业资格考试实施办法

第一条 根据《建造师执业资格制度暂行规定》(人发[2002]111号,以下简称《暂行规定》),为做好建造师执业资格考试工作,制定本办法。

第二条 建设部组织成立建造师执业资格考试专家委员会,负责一级、二级建造师执业资格考试大纲的拟定和一级建造师考试的命题工作。建设部、人事部共同成立建造师执业资格考试办公室(办公室设在建设部),负责研究建造师执业资格考试相关政策。一级建造师执业资格考试的具体考务工作由人事部人事考试中心负责。

各地考试工作由当地人事行政部门会同建设行政部门组织实施,具体职责分工由各地协商确定。

第三条 一级建造师执业资格考试时间定于每年的第三季度。

第四条 一级建造师执业资格考试设《建设工程经济》、《建设工程法规及相关知识》、《建设工程项目管理》和《专业工程管理与实务》4个科目。《专业工程管理与实务》科目分为:房屋建筑、公路、铁路、民航机场、港口与航道、水利水电、电力、矿山、冶炼、石油化工、市政公用、通信与广电、机电安装和装饰装修14个专业类别,考生在报名时可根据实际工作需要选择其一。

第五条 一级建造师执业资格考试分4个半天,以纸笔作答方式进行。《建设工程经济》科目的考试时间为2小时,《建设工程法规及相关知识》和《建设工程项目管理》科目的考试时间均为3小时,《专业工程管理与实务》科目的考试时间为4小时。

第六条 二级建造师执业资格考试设《建设工程施工管理》、《建设工程法规及相关知识》、《专业工程管理与实务》3个科目。

按照《暂行规定》有关要求,各省、自治区、直辖市人事厅(局)、建设厅(委),根据全国统一的二级建造师执业资格考试大纲,负责本地区考试命题和组织实施考试工作,人事部、建设部负责指导和监督。

第七条 符合《暂行规定》有关报名条件,于2003年12月31日前,取得建设部颁发的《建筑业企业一级项目经理资质证书》,并符合下列条件之一的人员,可免试《建设工程经济》和《建设工程项目管理》2个科目,只参加《建设工程法规及相关知识》和《专业工程管理与实务》2个科目的考试:

(一) 受聘担任工程或工程经济类高级专业技术职务。

(二) 具有工程类或工程经济类大学专科以上学历并从事建设项目施工管理工作满20年。

第八条 已取得一级建造师执业资格证书的人员,也可根据实际工作需要,选择《专业工程管理与实务》科目的相应专业,报名参加考试。考试合格后核发国家统一印制的相应专业合格证明。该证明作为注册时增加执业专业类别的依据。

第九条 考试成绩实行2年为一个周期的滚动管理办法,参加全部4个科目考试的人员必须在连续的两个考试年度内通过全部科目;免试部分科目的人员必须在一个考试年度内通过应试科目。

第十条 一级建造师执业资格考试的考点设在地级以上城市的大、中专院校或高考定点学校。

第十一条 参加考试由本人提出申请,携带所在单位出具的有关证明及相关材料到当地考试管理机构报名。考试管理机构按规定程序和报名条件审查合格后,发给准考证。考生凭准考证在指定的时间、地点参加考试。

中央管理的企业和国务院各部门及其所属单位的人员按属地原则报名参加考试。

第十二条　建造师执业资格考试大纲由建设部组织编制、出版和发行。任何单位和个人不得盗用建设部或以参与有关建造师工作的专家和人员的名义编写、出版、发行各种考试用书和复习资料。

第十三条　坚持考试与培训分开、应考人员自愿参加培训的原则。凡参与考试工作的人员，不得参加考试和与考试有关的培训工作。

第十四条　一级建造师执业资格考试、培训及有关项目的收费标准，须经当地价格行政部门批准，并公布于众，接受群众监督。

第十五条　考务管理工作要严格执行考试工作的有关规章和制度，遵守保密制度，严防泄密，切实做好试卷的命制、印刷、发送和保管过程中的保密工作。

第十六条　加强对考试工作的组织管理，认真执行考试回避制度，严肃考试工作纪律和考场纪律。对弄虚作假等违反考试工作规定的，要依法处理，并追究当事人和有关领导的责任。

建造师执业资格考核认定办法

根据人事部、建设部《建造师执业资格制度暂行规定》（人发[2002]111号），制定本办法。

一、考核认定申报条件

长期从事建设工程总承包及施工管理工作，业绩突出，无工程质量责任事故，职业道德行为良好，身体健康，并符合下列条件的在职在编人员。

（一）一级建造师：受聘为工程或工程经济类高级专业技术职务，取得全国工程总承包项目经理岗位培训证书或建筑业企业一级项目经理资质证书，现担任工程总承包或施工项目经理，并同时具备下列条件1和条件2中的各一项条件。

1.学历和职业年限：

(1)取得本专业中专学历，累计从事建设工程项目管理或施工管理工作满25年；或取得相近专业中专学历，累计从事建设工程项目管理或施工管理工作满28年。

(2)取得本专业大学专科学历，累计从事建设工程项目管理或施工管理工作满20年；或取得相近专业大学专科学历，累计从事建设工程项目管理或施工管理工作满23年。

(3)取得本专业大学本科学历，累计从事建设工程项目管理或施工管理工作满15年；或取得相近专业大学本科学历，累计从事建设工程项目管理或施工管理工作满18年；或取得其他专业大学本科及以上学历或学位，累计从事建设工程项目管理或施工管理工作满20年。

2.业绩：

(1)主持完成大型工程总承包1项或大型工程施工总承包2项及以上。

(2)主持完成大型工程施工总承包1项和大型工程施工承包2项及以上。

(3)主持完成大型工程施工承包4项及以上。

(4)已发布实施的国家或行业工程建设标准的主要技术负责人。

（二）二级建造师执业资格有关考核认定工作，由各省、自治区、直辖市人事和建设行政部门制定具体办法并组织实施，考核认定办法和考核认定结果报人事部、建设部备案。

二、一级建造师考核认定申报材料

（一）各省、自治区、直辖市和国务院有关部门、中央管理企业的人事部门推荐意见函。

（二）《建造师执业资格考核认定申报表》一式两份。

（三）学历或学位证书、工程或工程经济类高级专业技术职务证书、全国工程总承包岗位培训合格证书或一级项目经理资质证书和已发布实施的国家或行业工程建设标准主要技术负责人证明的复印件。

（四）所在单位出具的职业道德证明、省级建设行政部门认可的建设工程业绩、项目经理证明。

三、考核认定组织

人事部、建设部共同成立"一级建造师执业资格考核认定工作领导小组"（以下简称领导小组），负责一级建造师执业资格的考核认定工作。领导小组办公室设在建设部。

四、考核认定程序

（一）符合考核认定条件的专业技术人员，向所在单位提出申请，经单位审核同意后，由所在单位向单位工商注册所在地的省、自治区、直辖市建设行政部门推荐。

国务院有关部门管理的企业，由本部门工程业务管理单位推荐；中央管理的企业，由本企业工程业务管理部门推荐；军队所属单位由总后基建营房部推荐。

(二)各省、自治区、直辖市建设行政部门和国务院有关部门，对本地区、本部门的申报人员进行审核，经本地区、本部门人事行政部门复核后，提出推荐名单送领导小组办公室。

中央管理的企业专业技术人员的申报，由中央管理的企业工程业务管理部门审核，经同级人事部门复核后提出推荐名单送领导小组办公室。

总后基建营房部对军队系统申报人员材料进行审核，经总政干部部复核后提出推荐名单送领导小组办公室。

地方所属或中央管理企业在申报中涉及铁路、交通、水利、通信和民航专业的业绩材料，应由省级建设行政部门或建设部会同同级相应专业行政部门，提出审核意见。

(三)领导小组办公室组织有关专家对各地区、各有关部门、中央管理的企业和军队推荐人员的材料进行初审，提出拟认定人员的名单，报领导小组审核。

(四)领导小组召开会议，对经初审合格人员的材料进行审核。对领导小组审核合格的人员，经公示无异议后，报人事部、建设部批准，并向社会公布。

五、申报时间及要求

(一)各省、自治区、直辖市建设行政部门和人事行政部门，国务院有关部门工程业务管理和人事部门，总后基建营房部和总政干部部，中央管理企业工程业务管理和人事部门，应于 2004 年 4 月 30 日前，将推荐人员材料汇总排序后送领导小组办公室。

(二)国家对考核认定人员实行总量控制。各地、各有关部门、军队及中央管理的企业应推荐具备申报条件且在第一线从事总承包和施工管理工作的专业技术人员。实施考试后不再进行认定工作。

(三)各地区、各有关部门、军队和中央管理的企业在审核、复核工作中，须核查各类证书及相关证明材料的原件。向领导小组办公室报送的各类证书、业绩材料及相关证明材料的复印件，应由所在单位业务技术部门和人事部门负责人对其真实性签署意见并加盖单位印章。

(四)已通过特许或考核认定的方式取得其他专业执业资格证书和在公务员岗位工作的人员，一律不得申报。

(五)各地区、各有关部门、军队和中央管理的企业要切实加强领导，坚持标准，严格要求，认真按程序做好申报、审核、复核等各环节工作。凡不认真把关或弄虚作假的，一经发现，停止其申报权和取消个人申报资格，并追究当事人和领导责任。

关于印发《住房公积金行政监督办法》的通知

建金管[2004]34 号

各省、自治区建设厅、财政厅，中国人民银行各分支机构，中国银行业监督管理委员会各监管局，直辖市、新疆生产建设兵团住房公积金管理委员会、财政局、住房公积金管理中心：

为加强住房公积金行政监督，规范监督行为，保证住房公积金规范管理和安全运作，根据《住房公积金管理条例》等国家有关法律、法规，我们制定了《住房公积金行政监督办法》，现印发给你们，请遵照执行。执行中遇到问题，请及时报告。

中华人民共和国建设部
中华人民共和国财政部
中国人民银行
中国银行业监督管理委员会
2004 年 3 月 2 日

第一条 为了加强住房公积金行政监督，规范监督行为，保证住房公积金规范管理和安全运作，根据《住房公积金管理条例》等国家有关法律、法规，制定本办法。

第二条 建设部和省(自治区)建设厅分别会同同级财政、中国人民银行(分支机构)、中国银行业监督管理委员会(派出机构)等有关部门(以下简称监督部门，分为部级监督部门和省(自治区)监督部门),依据管理职权,对住房公积金管理法规、政策执行情况实施的监督,适用本办法。

第三条　建设部会同有关部门,制定住房公积金行政监督的制度措施,并组织实施和监督执行。

省(自治区)监督部门负责本行政区域内的住房公积金行政监督工作,并向部级监督部门报告。

建设部、省(自治区)建设厅住房公积金监督管理机构,负责住房公积金行政监督的日常具体工作。

第四条　住房公积金行政监督应当遵循合法、客观、公正、效率的原则。

第五条　住房公积金行政监督包括以下内容:

(一)贯彻执行住房公积金管理法规和政策情况;

(二)住房公积金管理委员会履行决策职责情况;

(三)住房公积金管理中心履行职责情况,以及依法接受监督情况;

(四)受委托银行承办住房公积金有关金融业务和相关手续情况;

(五)住房公积金管理中的其他事项。

第六条　住房公积金行政监督方式包括现场监督和非现场监督。

现场监督是指监督部门对被监督单位实施的实地检查。必要时,监督部门可以聘请会计师事务所等社会中介机构协助检查或者审计。

非现场监督是指监督部门对被监督单位报送的住房公积金管理有关文件和数据资料进行的检查、分析。非现场监督分为常规监督和专项监督。常规监督是监督部门对被监督单位按要求上报有关文件和定期报送数据资料实施的监督;专项监督是监督部门对被监督单位就专项问题按要求报送文件和数据资料实施的监督。

第七条　现场监督实行定期检查和不定期检查相结合的制度。

省(自治区)监督部门和部级监督部门应在职责范围内拟定年度计划,定期对一定比例的设区城市(包括地、州、盟,以下同)或者省(区、市)进行检查。建设部会同有关部门拟定全国现场检查年度计划和比例,经由部级监督部门及相关部门组成的住房公积金工作联席会议审定后实施。

根据需要,监督部门可以不定期就一个或者一个以上专门问题进行专项检查。

第八条　监督部门实施现场检查,依照下列程序进行:

(一)根据检查计划或者专项检查需要,组成检查组,确定检查项目和检查内容,制定检查方案,在实施检查3日前通知被监督单位。监督部门认为必要,也可以在到达检查现场时出示检查通知,检查人员应当出具证件表明执法检查身份;

(二)检查组就检查事项听取被监督单位的汇报,查阅有关文件、资料,检查被监督单位有关会计凭证、会计账簿、会计报表、统计报表以及现金、实物、有价证券,向有关单位和个人调查取证等;

(三)检查组应在现场检查结束后,写出检查报告,送被监督单位征求意见。被监督单位有异议的,可以在接到检查报告15日内提出书面意见。逾期未提出书面意见的,视同无异议。

(四)检查组征求被监督单位意见后,将检查报告报监督部门审定。监督部门对检查事项做出评价,形成检查意见书,送被监督单位。对经查证存在问题的,监督部门还可以依照本办法做出监督决定或者监督建议。

第九条　监督部门及其工作人员在履行检查职责时,有权采取以下措施:

(一)要求被监督单位提供与监督事项有关的管理文件、财务账目、原始凭证及其他资料,进行查阅或者予以复制;

(二)向有关单位和个人进行调查,要求就监督事项涉及的问题做出解释和说明,并取得有关证明材料;

(三)对被监督单位和人员隐匿、伪造、篡改、毁弃会计凭证、会计账簿、会计报表,转移、隐匿住房公积金资产以及其他违反法律、法规和行政纪律的行为,责令停止和予以纠正;

(四)建议暂停有严重妨碍检查工作的人员执行公务。

第十条　在监督检查中,被监督单位、人员有权向监督部门进行陈述和申辩。

第十一条　监督部门实施非现场监督,依照下列程序进行:

(一)根据监督工作需要,提出报送文件和数据资料的内容、格式、报送方式及时限,通知被监督单位;

(二)审核被监督单位报送的文件和数据资料,对不符合要求的,通知被监督单位补报或重新报送;

(三)分析被监督单位报送的文件和数据资料,通过住房公积金监督管理信息系统查询有关信息,评估住房公积金管理和使用状况及存在的问题,必要时写出监督报告。

第十二条　有关部门、单位应当在以下事项发生后15日内,按照管理权限,报省(自治区)监督部门或部级监督部门备案:

(一)为贯彻执行国家关于住房公积金监督和管理

规定，拟定的具体办法和措施；

（二）住房公积金管理委员会组成情况、章程、决策制度以及做出的决议；

（三）有关住房公积金管理中心设立、编制和分支机构、业务经办网点、内设机构设置的文件及法人授权书；

（四）住房公积金管理中心与受委托银行签订的办理住房公积金金融业务和住房公积金账户设立等有关手续的委托合同；

（五）监督部门认为需要备案的其他事项。

监督部门发现备案事项违反国家有关规定的，有权责令改正。

第十三条 住房公积金管理委员会应当每年就住房公积金决策、管理和使用情况写出年度报告，并于下一年度 2 月底前向监督部门报告。

省（自治区）监督部门应当每年就本省（自治区）住房公积金决策、管理和使用情况写出年度报告，并于下一年度 3 月底前向部级监督部门报告。

第十四条 住房公积金管理中心应当按规定，按时向上级建设行政主管部门、财政部门报送住房公积金统计报表、会计报表，保证数据准确、完整、真实。纸质报表须由经办人和单位负责人签字，加盖单位公章。

省（自治区）建设行政主管部门、财政部门要对本行政区域内住房公积金管理中心的统计报表和会计报表进行汇总，按时向建设部、财政部报送。

第十五条 公民、法人和其他社会组织对住房公积金管理和使用方面的违法违规行为进行检举和控告的，监督部门应当及时受理，依法办理。部级监督部门接到举报的，可以批转省（自治区）监督部门办理，案情重大或复杂的也可以直接组织查处。对部级监督部门批转的事项，省（自治区）监督部门应当及时向部级监督部门报告办理情况。

实名举报的，监督部门应当承担对举报人有关情况的保密责任。

第十六条 建设部依托现有网络，建立健全国家、省（自治区）和设区城市三级联通的住房公积金监督管理信息系统，对全国住房公积金管理和使用情况进行适时监督。省（自治区）建设厅负责本行政区域内住房公积金监管信息系统的建设和正常运行。设区城市住房公积金管理中心业务管理信息系统应与监管信息系统保持联通，保证数据传输的及时、准确、完整和真实。

第十七条 建设部会同财政部等有关部门拟定统一的考核办法和标准，建立考核评价体系，组织、指导对住房公积金管理中心工作业绩、管理水平、服务质量和风险控制能力的考核工作；对直辖市、新疆生产建设兵团住房公积金管理中心进行考核。

省（自治区）建设厅会同财政等有关部门，负责对本行政区域内的住房公积金管理中心进行考核。

第十八条 住房公积金管理中心负责人必须符合建设部会同有关部门拟定的任职基本条件。

住房公积金管理中心的关键岗位应当按规定持证上岗。

第十九条 监督部门要加强对住房公积金管理中心负责人的监督，发现问题及时向设区城市人民政府反映。住房公积金管理中心负责人有下列情形之一的，监督部门可以提出撤换或者给予其他行政处分的建议：

（一）对应当由住房公积金管理委员会决策的事项自行决策，或者不执行住房公积金管理委员会依法做出的决策，情节较严重的；

（二）违反《住房公积金管理条例》规定挪用住房公积金，或者对批准挪用住房公积金行为不予抵制，也没有向监督部门及时报告的；

（三）住房公积金管理中心违反《住房公积金管理条例》第四十条规定，情节较严重的；

（四）住房公积金管理中心向他人提供担保；

（五）拒绝或者阻挠监督部门依法实施监督的；

（六）有贪污、贿赂行为，查证属实的；

（七）住房公积金管理中心连续三年未通过监督部门工作考核的；

（八）不同意辞去兼任的其他行政、事业单位和经济组织职务的；

（九）有其他违法违规行为的。

第二十条 实施监督过程中，监督部门发现被监督单位和有关个人有违法违规行为嫌疑，需要进行调查的，应当按照以下程序执行：

（一）对需要调查的事项予以立项；

（二）组织调查，搜集证据；

（三）有证据证明违法违规行为属实的，依法做出监督决定或者监督建议；

（四）调查认定不存在违法违规行为或者不需要追究行政纪律责任的，应当将调查结果告知被监督单位和有关个人。

调查人员在调查时应当出具证件表明身份。

省（自治区）监督部门对重大、复杂事项的调查结果，应当向部级监督部门报告。

第二十一条 监督部门建立通报制度，定期或者不定期通报住房公积金管理法规、政策贯彻执行情况以及存在问题。对于贯彻执行较好的，可以通报表扬；对于存在问题较多或者较严重的，应当通报批评。

第二十二条　监督部门对被监督单位查证属实的违法违规行为，可以根据有关规定提出以下监督决定或者监督建议：

（一）责令被监督单位限期改正；

（二）建议按照干部管理权限对有关责任人给予行政处分；

（三）建议解聘住房公积金管理委员会委员或者撤换住房公积金管理中心负责人；

（四）建议住房公积金管理中心按规定解除与有关商业银行分支机构经办住房公积金金融业务和相关手续的委托关系；

（五）构成犯罪的，建议移送司法机关依法追究刑事责任；

（六）其他决定或建议。

第二十三条　建设部和省（自治区）建设厅对住房公积金管理和使用中查证属实的违法、违规行为，有权直接处理的，可以做出监督决定。应当由被监督单位处理，或者依照管理权限由有关部门处理，或者应当移送司法机关处理的，可以提出监督建议。监督决定和监督建议应当以统一的书面格式做出。

第二十四条　对监督部门做出的监督决定，被监督单位应当认真执行，并向监督部门报告执行情况。无正当理由的，不得拒绝执行。监督部门应当对监督决定的执行情况进行检查。

对监督部门做出的监督建议，有关单位、部门应当积极采纳；未采纳的，应当说明理由。

第二十五条　财政部门对住房公积金管理中执行财政法规情况进行监督，对违反财政法规行为依法给予行政处罚。

国务院财政部门负责拟定住房公积金财务管理和会计核算制度，并监督执行；省（自治区）财政部门负责本行政区域内住房公积金管理中心（包括分中心）执行《住房公积金财务管理办法》（财综字[1999]59号）和《住房公积金会计核算办法》（财会字[1999]33号）情况的监督检查，并组织设区城市财政部门建立对住房公积金管理和使用的全过程监督机制；设区城市财政部门负责对本行政区域内住房公积金管理和使用情况进行监督。

第二十六条　建设行政主管部门、财政部门、中国人民银行及其分支机构依据管理职权，对住房公积金管理中心在受委托银行设立住房公积金账户进行监督。

第二十七条　中国银行业监督管理委员会及其派出机构依照有关法规和《商业银行中间业务管理暂行规定》，对受委托银行承办的住房公积金金融业务和相关手续进行监督。

第二十八条　住房公积金管理中心应当认真接受审计部门依法对其财务收支的真实、合法、效益进行审计监督，住房公积金管理中心负责人应当接受经济责任审计。

第二十九条　建设部会同财政部、中国人民银行、中国银行业监督管理委员会等有关部门，依照本办法规定直接对直辖市和新疆生产建设兵团住房公积金决策、管理和使用情况实施监督。

第三十条　被监督单位有下列行为之一的，监督部门可以建议有权部门，对负有责任的主管人员和其他直接责任人员给予行政处分；构成犯罪的，由司法机关依法追究刑事责任：

（一）拒绝、阻挠监督人员进行监督的；

（二）拒绝或者故意拖延提供与监督事项有关文件、数据和资料的；

（三）隐瞒事实真相、出具伪证或者隐匿、转移、篡改、毁灭证据的；

（四）拒绝就监督部门所提问题做出解释和说明的；

（五）无正当理由，拒不执行监督决定的。

第三十一条　被监督单位和有关个人对控告人、检举人、监督人员进行报复陷害的，由有权部门对直接责任人给予行政处分；构成犯罪的，由司法机关依法追究刑事责任。

第三十二条　省（自治区）监督部门以及设区城市有关监督部门未按照有关规定履行监督职责的，上级主管部门应依据管理职权责令限期改正；造成资金损失的，对有关责任人给予行政处分。

第三十三条　监督人员滥用职权、徇私舞弊、玩忽职守的，由监督部门给予行政处分；构成犯罪的，由司法机关依法追究刑事责任。

第三十四条　各省（自治区）可以根据本办法，结合本地实际，制定实施细则贯彻执行。

第三十五条　本办法自2004年5月1日起实施。

物业管理企业资质管理办法

中华人民共和国建设部令

第 125 号

《物业管理企业资质管理办法》已于 2004 年 2 月 24 日经建设部第 29 次常务会议讨论通过，现予发布，自 2004 年 5 月 1 日起施行。

部长　汪光焘

2004 年 3 月 17 日

第一条　为了加强对物业管理活动的监督管理，规范物业管理市场秩序，提高物业管理服务水平，根据《物业管理条例》，制定本办法。

第二条　在中华人民共和国境内申请物业管理企业资质，实施对物业管理企业资质管理，适用本办法。

本办法所称物业管理企业，是指依法设立、具有独立法人资格，从事物业管理服务活动的企业。

第三条　物业管理企业资质等级分为一、二、三级。

第四条　国务院建设主管部门负责一级物业管理企业资质证书的颁发和管理。

省、自治区人民政府建设主管部门负责二级物业管理企业资质证书的颁发和管理，直辖市人民政府房地产主管部门负责二级和三级物业管理企业资质证书的颁发和管理，并接受国务院建设主管部门的指导和监督。

设区的市的人民政府房地产主管部门负责三级物业管理企业资质证书的颁发和管理，并接受省、自治区人民政府建设主管部门的指导和监督。

第五条　各资质等级物业管理企业的条件如下：

（一）一级资质：

1.注册资本人民币 500 万元以上；

2.物业管理专业人员以及工程、管理、经济等相关专业类的专职管理和技术人员不少于 30 人。其中，具有中级以上职称的人员不少于 20 人，工程、财务等业务负责人具有相应专业中级以上职称；

3.物业管理专业人员按照国家有关规定取得职业资格证书；

4.管理两种类型以上物业，并且管理各类物业的房屋建筑面积分别占下列相应计算基数的百分比之和不低于 100%：

(1)多层住宅 200 万平方米；

(2)高层住宅 100 万平方米；

(3)独立式住宅(别墅)15 万平方米；

(4)办公楼、工业厂房及其他物业 50 万平方米。

5.建立并严格执行服务质量、服务收费等企业管理制度和标准，建立企业信用档案系统，有优良的经营管理业绩。

（二）二级资质：

1.注册资本人民币 300 万元以上；

2.物业管理专业人员以及工程、管理、经济等相关专业类的专职管理和技术人员不少于 20 人。其中，具有中级以上职称的人员不少于 10 人，工程、财务等业务负责人具有相应专业中级以上职称；

3.物业管理专业人员按照国家有关规定取得职业资格证书；

4.管理两种类型以上物业，并且管理各类物业的房屋建筑面积分别占下列相应计算基数的百分比之和不低于 100%：

(1)多层住宅 100 万平方米；

(2)高层住宅 50 万平方米；

(3)独立式住宅(别墅)8 万平方米；

(4)办公楼、工业厂房及其他物业 20 万平方米。

5.建立并严格执行服务质量、服务收费等企业管理制度和标准，建立企业信用档案系统，有良好的经营管理业绩。

（三）三级资质：

1.注册资本人民币 50 万元以上；

2.物业管理专业人员以及工程、管理、经济等相关专业类的专职管理和技术人员不少于 10 人。其中，具有中级以上职称的人员不少于 5 人，工程、财务等业务负责人具有相应专业中级以上职称；

3.物业管理专业人员按照国家有关规定取得职业资格证书

4.有委托的物业管理项目；

5.建立并严格执行服务质量、服务收费等企业管理制度和标准，建立企业信用档案系统。

第六条　新设立的物业管理企业应当自领取营业

执照之日起 30 日内,持下列文件向工商注册所在地直辖市、设区的市的人民政府房地产主管部门申请资质:

(一)营业执照;

(二)企业章程;

(三)验资证明;

(四)企业法定代表人的身份证明;

(五)物业管理专业人员的职业资格证书和劳动合同,管理和技术人员的职称证书和劳动合同。

第七条 新设立的物业管理企业,其资质等级按照最低等级核定,并设一年的暂定期。

第八条 一级资质物业管理企业可以承接各种物业管理项目。

二级资质物业管理企业可以承接 30 万平方米以下的住宅项目和 8 万平方米以下的非住宅项目的物业管理业务。

三级资质物业管理企业可以承接 20 万平方米以下住宅项目和 5 万平方米以下的非住宅项目的物业管理业务。

第九条 申请核定资质等级的物业管理企业,应当提交下列材料:

(一)企业资质等级申报表;

(二)营业执照;

(三)企业资质证书正、副本;

(四)物业管理专业人员的职业资格证书和劳动合同,管理和技术人员的职称证书和劳动合同,工程、财务负责人的职称证书和劳动合同;

(五)物业服务合同复印件;

(六)物业管理业绩材料。

第十条 资质审批部门应当自受理企业申请之日起 20 个工作日内,对符合相应资质等级条件的企业核发资质证书;一级资质审批前,应当由省、自治区人民政府建设主管部门或者直辖市人民政府房地产主管部门审查,审查期限为 20 个工作日。

第十一条 物业管理企业申请核定资质等级,在申请之日前一年内有下列行为之一的,资质审批部门不予批准:

(一)聘用未取得物业管理职业资格证书的人员从事物业管理活动的;

(二)将一个物业管理区域内的全部物业管理业务一并委托给他人的;

(三)挪用专项维修资金的;

(四)擅自改变物业管理用房用途的;

(五)擅自改变物业管理区域内按照规划建设的公共建筑和共用设施用途的;

(六)擅自占用、挖掘物业管理区域内道路、场地,损害业主共同利益的;

(七)擅自利用物业共用部位、共用设施设备进行经营的;

(八)物业服务合同终止时,不按照规定移交物业管理用房和有关资料的;

(九)与物业管理招标人或者其他物业管理投标人相互串通,以不正当手段谋取中标的;

(十)不履行物业服务合同,业主投诉较多,经查证属实的;

(十一)超越资质等级承接物业管理业务的;

(十二)出租、出借、转让资质证书的;

(十三)发生重大责任事故的。

第十二条 资质证书分为正本和副本,由国务院建设主管部门统一印制,正、副本具有同等法律效力。

第十三条 任何单位和个人不得伪造、涂改、出租、出借、转让资质证书。

企业遗失资质证书,应当在新闻媒体上声明后,方可申请补领。

第十四条 企业发生分立、合并的,应当在向工商行政管理部门办理变更手续后 30 日内,到原资质审批部门申请办理资质证书注销手续,并重新核定资质等级。

第十五条 企业的名称、法定代表人等事项发生变更的,应当在办理变更手续后 30 日内,到原资质审批部门办理资质证书变更手续。

第十六条 企业破产、歇业或者因其他原因终止业务活动的,应当在办理营业执照注销手续后 15 日内,到原资质审批部门办理资质证书注销手续。

第十七条 物业管理企业资质实行年检制度。

各资质等级物业管理企业的年检由相应资质审批部门负责。

第十八条 符合原定资质等级条件的,物业管理企业的资质年检结论为合格。

不符合原定资质等级条件的,物业管理企业的资质年检结论为不合格,原资质审批部门应当注销其资质证书,由相应资质审批部门重新核定其资质等级。

资质审批部门应当将物业管理企业资质年检结果向社会公布。

第十九条 物业管理企业取得资质证书后,不得降低企业的资质条件，并应当接受资质审批部门的监督检查。

资质审批部门应当加强对物业管理企业的监督检查。

第二十条 有下列情形之一的，资质审批部门或者其上级主管部门，根据利害关系人的请求或者根据职权可以撤销资质证书：

（一）审批部门工作人员滥用职权、玩忽职守作出物业管理企业资质审批决定的；

（二）超越法定职权作出物业管理企业资质审批决定的；

（三）违反法定程序作出物业管理企业资质审批决定的；

（四）对不具备申请资格或者不符合法定条件的物业管理企业颁发资质证书的；

（五）依法可以撤销审批的其他情形。

第二十一条 物业管理企业超越资质等级承接物业管理业务的，由县级以上地方人民政府房地产主管部门予以警告，责令限期改正，并处1万元以上3万元以下的罚款。

第二十二条 物业管理企业无正当理由不参加资质年检的，由资质审批部门责令其限期改正，可处1万元以上3万元以下的罚款。

第二十三条 物业管理企业出租、出借、转让资质证书的，由县级以上地方人民政府房地产主管部门予以警告，责令限期改正，并处1万元以上3万元以下的罚款。

第二十四条 物业管理企业不按照本办法规定及时办理资质变更手续的，由县级以上地方人民政府房地产主管部门责令限期改正，可处2万元以下的罚款。

第二十五条 资质审批部门有下列情形之一的，由其上级主管部门或者监察机关责令改正，对直接负责的主管人员和其他直接责任人员依法给予行政处分；构成犯罪的，依法追究刑事责任：

（一）对不符合法定条件的企业颁发资质证书的；

（二）对符合法定条件的企业不予颁发资质证书的；

（三）对符合法定条件的企业未在法定期限内予以审批的；

（四）利用职务上的便利，收受他人财物或者其他好处的；

（五）不履行监督管理职责，或者发现违法行为不予查处的。

第二十六条 本办法自2004年5月1日起施行。

国务院办公厅关于深入开展土地市场治理整顿严格土地管理的紧急通知

国办发明电［2004］20号

各省、自治区、直辖市人民政府，国务院各部委、各直属机构：

为制止乱占滥用土地，防止突击批地，抑制一些行业、地区固定资产投资过快增长，保证国民经济平稳运行，牢固树立和落实科学发展观，切实落实最严格的耕地保护制度，推进国土资源管理体制改革，国务院决定在全国范围内继续深入开展土地市场治理整顿。现将有关问题通知如下。

一、继续深入开展土地市场治理整顿

各省、自治区、直辖市人民政府要依据《中华人民共和国土地管理法》及有关法律法规的规定，从现在开始，集中半年左右的时间，继续深入开展土地市场治理整顿，治理整顿的主要内容包括：

（一）清理检查去年以来的土地占用情况，整顿未批先用、征而未用、乱占滥用和随意改变土地用途等问题；

（二）清理检查去年以来的土地审批情况，重点是新上项目的用地情况，整顿违反国家产业政策、超规划、超计划、越权和分拆批地等问题；

（三）清理检查耕地占补平衡数量和质量的情况，整顿占优补劣，占多补少甚至不补等问题；

（四）清理检查新增建设用地土地有偿使用费的征收和使用情况，整顿随意减免和侵占、挪用土地有偿使用费等问题；

（五）清理检查征用农民集体土地的补偿、安置情况，继续整顿降低补偿标准，挪用、截留和拖欠被征地农民补偿费等问题；

（六）清理整顿经营性土地使用权招标、拍卖、挂牌出让中存在的问题。

上述治理整顿工作，由各省、自治区、直辖市人民政府负责，结合正在进行的清理开发区、治理整顿土地市场的有关工作认真组织清理检查，对清理检查出来的问题，要限期进行整改，并依法严肃处理。国土资源部要会同发展改革委、财政部、农业部、建设部、监察部、审计署等部门对治理整顿工作进行督导、抽查和验收。

二、严格建设用地审批管理

治理整顿期间，全国暂停审批农用地转非农建设用地；治理整顿结束后，对因检查和整改不力，经验收不合格的地方，报经国务院同意后，继续暂停审批农用地转非农建设用地，直至达到规定的整改要求。

能源、交通、水利、城市重大公共设施等重点建设项目用地，确属急需的，报国务院批准；对已经国家批准又在规划范围内的卫生、教育等项目建设用地，按有关规定从严审批。暂停涉及基本农田保护区调整的各类规划修改。对新批的县改市（区）和乡改镇，要暂停修改涉及土地利用的各类规划。

三、切实保护基本农田

十分珍惜、合理利用土地和切实保护耕地是我国的一项基本国策，是维护国家粮食安全和社会稳定十分重要的内容。要认真贯彻《基本农田保护条例》，坚决守住基本农田这条“红线”，任何单位和个人不得突破。国土资源部和农业部要把开展基本农田保护检查作为土地市场清理整顿的重点，着重检查基本农田保护制度的建立和执行情况。通过检查和整改，切实纠正擅自调整基本农田保护区、违法违规占用基本农田、随意变更土地用途等突出问题，依法查处违法违规占用基本农田行为；摸清基本农田现状，完善基本农田保护制度；进一步明确地方政府在基本农田保护方面的责任，将基本农田落实到村组、农户和地块。不得进行跨市、县的基本农田易地代保，对已发生的要坚决纠正。

四、严格执行土地利用总体规划和年度计划

土地利用总体规划和年度计划，是《中华人民共和国土地管理法》赋予政府调控土地供需的重要手段，必须依法维护规划和计划的严肃性。要加强对土地利用总体规划和年度计划执行情况的监督检查，对擅自修改土地利用总体规划的，要追究有关地方、部门及其领导人的责任；对擅自突破年度用地计划的，也要追究责任并扣减下一年度用地指标。各类开发区新增建设用地属于农用地的，要纳入当地土地利用年度计划统一管理。

五、严格执行耕地占补平衡制度

耕地占补平衡制度是严格保护耕地的法定内容，各地区、各有关部门必须不折不扣地贯彻执行。建设单位必须按照《中华人民共和国土地管理法》的规定，履行补充耕地的义务，不能自行补充耕地的，要依照地方有关标准，足额缴纳耕地开垦费；各地要严格按照建设项目占地的数量，进行耕地占补平衡，补充的耕地要在数量和质量上与原有耕地相当；严格控制易地占补平衡，未经国务院批准，不许跨省域进行耕地占补平衡。国土资源部门要把上述要求列入考核和检查的内容，切实做好把关工作。

六、积极推进国土资源管理体制改革

完善土地管理体制，是严格土地管理的重要举措。要坚决贯彻党中央、国务院关于国土资源管理体制改革的重大决策，认真执行《国务院关于做好省级以下国土资源管理体制改革有关问题的通知》（国发[2004]12号），积极推进国土资源管理体制改革。要加强省级人民政府对实施土地利用总体规划和年度计划管理、基本农田保护、农用地转用和征地审批管理及批后核查、执法监督的责任。抓紧研究改革征地制度和土地有偿使用费使用办法，制定限制和禁止供地项目目录。完善用地定额标准，严格建设项目的审批和管理。

继续深入开展土地市场治理整顿，严格土地管理，是今年加强宏观调控、实现国民经济平稳较快发展、防止经济大起大落的一项重要措施。各地区、各部门要切实把思想和行动统一到中央的决策部署上来，明确责任，加强配合，认真组织贯彻落实，坚决维护中央宏观调控的统一性、权威性和有效性。对有令不行、有禁不止，特别是顶风违法违纪的行为要坚决查处。

国务院办公厅

2004 年 4 月 29 日

关于印发《经济适用住房管理办法》的通知

建住房(2004)77 号

各省、自治区、直辖市人民政府,国务院各部委、各直属机构:

《经济适用住房管理办法》已经国务院原则同意,现印发给你们,请认真贯彻执行。

中华人民共和国建设部
中华人民共和国国家发展和改革委员会
中华人民共和国国土资源部
中国人民银行
2004 年 5 月 13 日

第一章 总 则

第一条 为规范经济适用住房建设、交易和管理行为,保护当事人合法权益,制定本办法。

第二条 本办法所称经济适用住房,是指政府提供政策优惠,限定建设标准、供应对象和销售价格,具有保障性质的政策性商品住房。

第三条 从事经济适用住房建设、交易,实施经济适用住房管理,应当遵守本办法。

第四条 发展经济适用住房应当坚持“在国家宏观政策指导下,各地区因地制宜、分别决策”的原则,由市、县人民政府根据当地经济社会发展水平、居民住房状况和收入水平等因素,合理确定经济适用住房的政策目标、建设标准、供应范围和供应对象等,并负责组织实施。

第五条 购买经济适用住房实行申请、审批和公示制度。

第六条 国务院建设行政主管部门负责全国经济适用住房指导工作。

省、自治区建设行政主管部门负责本行政区域范围内经济适用住房指导、监督工作。

市、县人民政府建设或房地产行政主管部门(以下简称“经济适用住房主管部门”)负责本行政区域内经济适用住房的实施和管理工作。

县级以上人民政府计划(发展和改革)、国土资源、规划、价格行政主管部门和金融机构根据职责分工,负责经济适用住房有关工作。

第七条 市、县人民政府应当在做好市场需求分析和预测的基础上,编制本地区经济适用住房发展规划。

市、县人民政府经济适用住房主管部门应当会同计划、规划、国土资源行政主管部门根据土地利用总体规划、城市总体规划和经济适用住房发展规划,做好项目储备,为逐年滚动开发创造条件。

第八条 市、县人民政府计划主管部门应当会同建设、规划、国土资源行政主管部门依据经济适用住房发展规划和项目储备情况,编制经济适用住房年度建设投资计划和用地计划。经济适用住房建设用地应当纳入当地年度土地供应计划。

中央和国家机关、直属企事业单位及军队的经济适用住房建设,实行属地化管理。其利用自用土地建设经济适用住房,经所属主管部门批准后,纳入当地经济适用住房建设投资计划,统一管理。

第二章 优惠政策

第九条 经济适用住房建设用地,要按照土地利用总体规划和城市总体规划要求,合理布局,实行行政划拨方式供应。严禁以经济适用住房名义取得划拨土地后,改变土地用途,变相搞商品房开发。

第十条 经济适用住房建设和经营中的行政事业性收费,减半征收;经济适用住房项目小区外基础设施建设费用,由政府负担。

第十一条 购买经济适用住房的个人向商业银行申请贷款,除符合《个人住房贷款管理办法》规定外,还应当提供准予购买经济适用住房的证明。个人住房贷款利率执行中国人民银行公布的贷款利率，不得上浮。

经济适用住房建设单位可以以在建项目作抵押向商业银行申请住房开发贷款。

第十二条　用于个人购房贷款的住房公积金，可优先向购买经济适用住房的个人发放。

第三章　开发建设

第十三条　经济适用住房开发建设应当按照政府组织协调、企业市场运作的原则，实行项目法人招标，参与招标的房地产开发企业必须具有相应资质、资本金、良好的开发业绩和社会信誉。

第十四条　经济适用住房要严格控制在中小套型，中套住房面积控制在80平方米左右，小套住房面积控制在60平方米左右。市、县人民政府可根据本地区居民的收入和居住水平等因素，合理确定经济适用住房的户型面积和各种户型的比例，并严格进行管理。

第十五条　经济适用住房的规划设计应当坚持标准适度、功能齐全、经济适用、便利节能的原则，并结合全面建设小康社会的目标，优选规划设计方案；经济适用住房建设必须严格执行国家有关技术规范和标准，积极推广应用先进、成熟、适用的新技术、新工艺、新材料、新设备，提高建设水平。

第十六条　经济适用住房建设单位对其开发建设的经济适用住房工程质量负最终责任。

建设单位应当向买受人出具《住宅质量保证书》和《使用说明书》，并承担保修责任。

第四章　价格的确定和公示

第十七条　确定经济适用住房的价格应当以保本微利为原则，其销售基准价格和浮动幅度应当按照《经济适用房价格管理办法》（计价格[2002]2503号）的规定确定；其租金标准由有定价权的价格主管部门会同经济适用住房主管部门在综合考虑建设、管理成本和不高于3%利润的基础上确定。

经济适用住房价格确定后应当向社会公示。

第十八条　经济适用住房销售应当实行明码标价，销售价格不得超过公示的基准价格和浮动幅度，不得在标价之外收取任何未予标明的费用。价格主管部门将依法进行监督管理。

第十九条　经济适用住房实行收费卡制度，各有关部门收取费用时，必须填写价格主管部门核发的交费登记卡。任何单位不得以押金、保证金等名义，变相向经济适用住房建设单位收取费用。

第五章　交易和售后管理

第二十条　符合下列条件的家庭可以申请购买或承租一套经济适用住房：

（一）有当地城镇户口（含符合当地安置条件的军队人员）或市、县人民政府确定的供应对象；

（二）无房或现住房面积低于市、县人民政府规定标准的住房困难家庭；

（三）家庭收入符合市、县人民政府划定的收入线标准；

（四）市、县人民政府规定的其他条件。

第二十一条　市、县人民政府应当根据当地商品住房价格、居民家庭可支配收入、居住水平和家庭人口结构等因素，规定享受购买或承租经济适用住房的条件及面积标准，并向社会公布。

第二十二条　申请人应当持家庭户口本、所在单位或街道办事处出具的收入证明和住房证明以及市、县人民政府规定的其他证明材料，向市、县人民政府经济适用住房主管部门提出申请。

第二十三条　市、县人民政府经济适用住房主管部门应当在规定时间内完成核查。符合条件的，应当公示。公示后有投诉的，由经济适用住房主管部门会同有关部门调查、核实；对无投诉或经调查、核实投诉不实的，在经济适用住房申请表上签署核查意见，并注明可以购买的优惠面积或房价总额标准。

第二十四条　符合条件的家庭，可以持核准文件选购一套与核准面积相对应的经济适用住房。购买面积原则上不得超过核准面积。购买面积在核准面积以内的，按核准的价格购买；购买面积超过核准面积的部分，不得享受政府优惠，由购房人补交差价。超面积部分差价款的处理办法，由市、县人民政府制定并公布。

第二十五条　居民个人购买经济适用住房后，应当按照规定办理权属登记。房屋、土地登记部门在办理权属登记时，应当分别注明经济适用住房、划拨土地。

第二十六条　经济适用住房在取得房屋所有权证

和土地使用证一定年限后，方可按市场价上市出售；出售时，应当按照届时同地段普通商品住房与经济适用住房差价的一定比例向政府交纳收益。具体年限和比例由市、县人民政府确定。

个人购买的经济适用住房在未向政府补缴收益前不得用于出租经营。

第二十七条 国家鼓励房地产开发企业建设用于出租的经济适用住房，以政府核定的价格向符合条件的家庭出租。

第二十八条 经济适用住房购买人以市场价出售经济适用住房后，不得再购买经济适用住房；如需换购，必须以届时经济适用住房价格出售给取得经济适用住房资格的家庭后，方可再次申请。

第六章 集资建房和合作建房

第二十九条 集资、合作建房是经济适用住房的组成部分，其建设标准、优惠政策、上市条件、供应对象的审核等均按照经济适用住房的有关规定，严格执行。

集资、合作建房应当纳入当地经济适用住房建设计划和用地计划管理。

第三十条 住房困难户较多的工矿区和困难企业，经市、县人民政府批准，可以在符合土地利用总体规划、城市规划和单位发展计划的前提下，利用单位自用土地进行集资、合作建房。参加集资、合作建房的对象，必须限定在本单位无房户和符合市、县人民政府规定的住房困难家庭。

第三十一条 向职工或社员收取的集资、合作建房款项实行专款管理、专项使用，并接受当地财政和经济适用住房主管部门的监督。

第三十二条 凡已经享受房改政策购房、购买了经济适用住房或参加了集资、合作建房的人员，不得再次参加集资、合作建房。严禁任何单位借集资、合作建房名义，变相搞实物分配或商品房开发。

第三十三条 集资、合作建房单位只允许收取规定的管理费用，不得有利润。

第三十四条 市、县人民政府可以根据当地经济发展水平、住房状况、居民收入、房价等情况，确定是否发展集资、合作建房以及建设规模。

第七章 监督管理

第三十五条 各有关部门应当加强对经济适用住房建设、交易中违法违纪行为的查处：对未经批准、擅自改变经济适用住房或集资、合作建房用地用途的，由土地行政主管部门按有关规定处罚。擅自提高经济适用住房或集资、合作建房销售价格，以及不执行政府价格主管部门制定的经济适用住房租金标准等价格违法行为，由价格主管部门依法进行处罚。擅自向未取得资格的家庭出售、出租经济适用住房或组织未取得资格的家庭集资、合作建房的，由经济适用住房主管部门责令建设单位限期收回；不能收回的，由建设单位补缴同地段经济适用住房或集资、合作建房与商品房价格差，并对建设单位的不良行为进行处罚。

第三十六条 对弄虚作假、隐瞒家庭收入和住房条件，骗购经济适用住房或集资、合作建房的个人，由经济适用住房主管部门追回已购住房或者由购买人按市场价补足购房款，并可提请所在单位对申请人进行行政处分；对出具虚假证明的单位，由经济适用住房主管部门提请有关部门追究单位主要领导的责任。

第八章 附 则

第三十七条 省、自治区、直辖市人民政府经济适用住房主管部门会同计划（发展和改革）、国土资源、价格、金融行政主管部门根据本办法，可以制定实施细则。

第三十八条 本办法由建设部会同国家发展改革委、国土资源部、中国人民银行负责解释。

第三十九条 本办法自通知发布之日起施行。此前已经购买和签订买卖合同或协议的经济适用住房，仍按原有规定执行。

国务院办公厅关于控制城镇房屋拆迁规模严格拆迁管理的通知

国办发[2004]46号

各省、自治区、直辖市人民政府，国务院各部委、各直属机构：

加强城镇房屋拆迁管理工作，关系到中央宏观调控政策的有效贯彻落实，关系到城镇居民的切身利益和社会稳定。当前，我国城市建设事业取得较快发展，但在城镇房屋拆迁中也存在一些突出问题：一些地方政府没有树立正确的政绩观，盲目扩大拆迁规模；有的城市拆迁补偿和安置措施不落实，人为降低补偿安置标准；有的甚至滥用行政权力，违法违规强制拆迁。这些现象不仅严重侵害城镇居民的合法权益，引发群众大量上访，影响社会稳定，也造成一些地区和行业过度投资。为贯彻落实党中央、国务院关于加强和改善宏观调控的决策，促进城镇建设健康发展和社会稳定，经国务院同意，现就进一步加强城镇房屋拆迁工作等有关问题通知如下：

一、端正城镇房屋拆迁指导思想，维护群众合法权益。全面贯彻“三个代表”重要思想，用科学的发展观和正确的政绩观指导城镇建设和房屋拆迁工作。严格依照城市总体规划和建设规划，制止和纠正城镇建设和房屋拆迁中存在的急功近利、盲目攀比的大拆大建行为。认真落实中央宏观调控政策措施，根据各地的经济发展水平、社会承受能力和居民的收入状况，合理确定拆迁规模和建设规模；进一步完善法律法规，规范拆迁行为；落实管理责任，加强监督检查；严格依法行政，加大对违法违规案件的查处力度；坚决纠正城镇房屋拆迁中侵害人民群众利益的各种行为，维护城镇居民和农民的合法权益，正确引导群众支持依法进行的拆迁工作，保持社会稳定。

二、严格制订拆迁计划，合理控制拆迁规模。城镇房屋拆迁规划和计划必须符合城市总体规划、控制性详细规划和建设规划，以及历史文化名城和街区保护规划。市、县人民政府要从本地区经济社会发展的实际出发，编制房屋拆迁中长期规划和年度计划，由省级建设行政主管部门会同发展改革(计划)部门审批下达后，由市、县人民政府报同级人大常委会和上一级人民政府备案。各地要严格控制土地征用规模，切实保护城镇居民和农民的合法权益，坚决纠正城镇房屋拆迁中侵害居民利益和土地征用中侵害农民利益的行为。要严格控制房屋拆迁面积，确保今年全国房屋拆迁总量比去年有明显减少，由建设部会同有关部门采取措施落实。凡拆迁矛盾和纠纷比较集中的地区，除保证能源、交通、水利、城市重大公共设施等重点建设项目，以及重大社会发展项目、危房改造、经济适用房和廉租房项目之外，一律停止拆迁，集中力量解决拆迁遗留问题。地方政府不得违反法定程序和法律规定，以政府会议纪要或文件代替法规确定的拆迁许可要件及规划变更，擅自扩大拆迁规模。

三、严格拆迁程序，确保拆迁公开、公正、公平。要积极推进拆迁管理规范化，所有拆迁项目都必须按照《城市房屋拆迁管理条例》(国令305号)和《城市房屋拆迁估价指导意见》(建住房[2003]234号)等规定的权限和程序履行职责，严格执行申请房屋拆迁许可、公示、评估、订立协议等程序；对达不成协议的，必须按照《城市房屋拆迁行政裁决工作规程》(建住房[2003]252号)的规定严格执行听证、行政裁决、证据保全等程序。特别要执行拆迁估价结果公示制度，依照有关规定实施行政裁决听证和行政强制拆迁听证制度，确保拆迁公开、公正、公平。政府投资建设的工程也要严格按照规定的程序进行。

四、加强对拆迁单位和人员的管理，规范拆迁行为。加强对拆迁单位的资格管理，严格市场准入。所有拆迁项目工程，要通过招投标或委托的方式交由具有相应资质的施工单位拆除。进一步规范拆迁委托行为，禁止采取拆迁费用“大包干”的方式进行拆迁。房屋价格评估机构要按照有关规定和被搬迁房屋的区位、用途、建筑面积等，合理确定市场评估价格。拆迁人及相关单位要严格执行有关法律法规和规定，严禁野蛮拆迁、违规拆迁，严禁采取停水、停电、停气、停暖、阻断交通等手段，强迫被拆迁居民搬迁。地方各级人民政府和有关部门要加强对拆迁人员的法制教育和培训，不断增强其遵纪守法意识，提高业务素质。

五、严格依法行政，正确履行职责。地方各级人民政府要进一步转变职能，做到政事、政企分开、凡政府有关部门所属的拆迁公司，必须与部门全部脱钩。政府部门要从过去直接组织房屋拆迁中解脱出来，严格依法行政，实行“拆管分离”，实现拆迁管理方式从注重依靠行政手段向注重依靠法律手段的根本性转变。房屋拆迁管理部门要认真执行拆迁许可审批程序，严禁将拆迁许可审批权下放。严格拆迁许可证的发放，对违反城市规划及控制性详细规划，没有拆迁计划、建设项目批准文件、建设用地规划许可证、国有土地使用权批准文件，以及拆迁补偿资金、拆迁安置方案不落实的项目，不得发放拆迁许可证。严禁未经拆迁安置补偿，收回原土地使用权而直接供应土地，并发放建设用地批准文件。政府行政机关不得干预或强行确定拆迁补偿标准，以及直接参与和干预应由拆迁人承担的拆迁活动。要依法正确履行强制拆迁的权力。

六、加强拆迁补偿资金监管，落实拆迁安置。合理的拆迁补偿安置是维护被拆迁人合法权益、做好拆迁工作的重要基础。拆迁单位既要充分尊重被拆迁人在选择产权交换、货币补偿、租赁房屋等方面的意愿，也不得迁就少数被拆迁人的无理要求。所有拆迁，无论是公益性项目还是经营性项目、招商引资项目，拆迁补偿资金必须按时到位，设立专门账户，专款专用，并足额补偿给被拆迁人；不得以项目未来收益、机构资金承诺或其他不落实的资金作为拆迁资金来源。各地要按照已确定的合理拆迁规模，提供质量合格、价格合理、户型合适的拆迁安置房和周转房。把拆迁中涉及的困难家庭纳入城镇住房保障的总体安排中，确保其基本居住需要。

七、切实做好拆迁信访工作，维护社会稳定。做好拆迁信访工作是接受群众监督、维护被拆迁人合法权益的重要方式。各地区要建立拆迁信访工作责任制，尤其要建立和完善初信初访责任制以及拆迁纠纷矛盾排查调处机制，及时解决群众反映的问题和合理要求，积极化解拆迁纠纷和矛盾。拆迁上访较多的地区，要对拆迁上访问题进行全面梳理，对投诉的重点问题、普遍性问题要认真摸底。地方人民政府主要领导要亲自组织研究，及时采取针对性措施，制订具体的解决方案，落实责任单位和责任人，限期解决。区别不同情况，采取有效措施，妥善解决拆迁历史遗留问题。同时，对被拆迁人的一些不合理要求，不要作不符合规定的许愿和乱开“口子”，防止造成“以闹取胜”的不良影响。要做好集体上访的疏导工作，防止群体性事件发生并做好处理预案。对少数要价过高，无理取闹的，要坚持原则，不能迁就；对少数公开聚众闹事或上街堵塞交通、冲击政府机关的被拆迁人，要依法及时进行严肃处理。

八、加强监督检查，严肃处理违法违规行为。各级监察、建设等有关部门要加强协调和配合，加大对城镇房屋拆迁中违法违规案件的查处力度。对各级人民政府及有关行政主管部门违反城市规划以及审批程序、盲目扩大拆迁规模以及滥用职权强制拆迁的现象坚决予以查处。对在拆迁中连续发生严重损害群众利益导致恶性事件的部门和地区，要追究领导者和直接责任人的责任。对不按规定程序进行拆迁的，要及时予以纠正，并追究有关责任单位的领导责任。对滥用强制手段，造成严重后果的，要依法给予行政纪律处分，构成犯罪的，要依法追究刑事责任。对违法违规的拆迁单位和评估机构，要依法严厉查处。对故意拖欠、挤占、挪用拆迁补偿资金等违法违规行为，要严肃追究当事人和直接领导人的责任。对野蛮拆迁，严重侵犯居民利益的行为，要坚决制止，情节严重的，要取消其相应资格，依法严肃处理。

九、完善法律法规，健全政策措施。要把城镇房屋拆迁工作纳入法制化和规范化的轨道，继续完善有关政策法规。针对《城市房屋拆迁管理条例》实施中存在的问题，各地区要进一步制定和完善有关房屋拆迁的政策。有关部门要配合最高人民法院尽快出台有关房屋拆迁的司法解释，规范房屋拆迁行政裁决、强制执行程序和有关问题；各地区要依据国家有关拆迁工作的法律法规，制定和完善地方性法规、规章和文件，对与《城市房屋拆迁管理条例》不符的，要迅速组织修订；对政策不明确，但确属合理要求的，要抓紧制定相应的政策措施，限期处理解决。

十、坚持正确舆论导向，发挥媒体监督作用。电视、广播、报刊、网络等媒体要从社会稳定的大局出发，对各地合理推进城市建设，落实房屋拆迁政策以及规范拆迁管理、维护群众合法权益的好经验、好做法，要加大宣传力度，使群众全面了解拆迁政策，改善依法拆迁的社会环境，增强群众依法维权的意识。同时，对严重损害群众利益的典型案件，要继续曝光。要坚持正确的舆论导向，支持依法进行的城市拆迁工作，注意宣传方式，防止诱发和激化矛盾。

十一、加强组织领导，落实工作责任。各地区、各部门要把控制城镇房屋拆迁规模，严格拆迁管理作为落实中央宏观调控政策的重要措施和确保社会稳定的一项重要内容，列入今年政府工作的重要任务，明确政府分管负责同志的责任，加强领导，采取有效措施，做好相关工作。有关部门要加强协调和配合，建立健全拆迁工作部际协调机制，指导全国工作，并建立健全对重点地区、重点项目、重点案例的督查和通报制度，总结推广好的经验和做法。各省级人民政府要加强对本行政区域拆迁工作的管理和监督，切实加强对拆迁规模的总量调控，防止和纠正大拆大建；要依照《中华人民共和国行政许可法》，规范市、县拆迁管理部门及职责。各市、县人民政府要对城镇建设和拆迁工作负总责，严格依法行政，量力而行，从坚决贯彻宏观调控政策措施和维护人民群众利益的高度做好城镇房屋拆迁工作。

各省、自治区、直辖市人民政府要在2004年10月底以前将落实本通知情况报国务院，同时抄送建设部。

中华人民共和国国务院办公厅

2004年6月6日

关于在深入开展土地市场治理整顿期间严格建设用地审批管理的实施意见

2004年4月29日，国务院办公厅下发了《关于深入开展土地市场治理整顿严格土地管理的紧急通知》（国办发明电[2004]20号，以下简称《紧急通知》），作出了在深入开展治理整顿期间，全国暂停审批农用地转非农建设用地的决定，并从实际出发，对确属急需的重点建设项目用地可报国务院批准。为切实贯彻落实《紧急通知》精神，现提出严格建设用地审批管理的实施意见如下：

一、关于暂停农用地转用审批和须报国务院审批建设项目用地的范围

自《紧急通知》下发之日起，省级国土资源部门暂停办理应报省级人民政府批准的农用地转用；授权审批农用地转用的市、州人民政府国土资源部门暂停办理应报市、州人民政府批准的农用地转用。凡不涉及办理农用地转用，只需依法征地的，仍按有关规定从严办理审批手续。

根据《紧急通知》规定，在深入开展治理整顿期间，能源、交通、水利、城市重大公共设施、卫生、教育等重点建设项目用地，确属急需的，报国务院批准。报国务院审批用地的项目首先要按照重点急需建设项目程序进行确认，确认后再按照土地审批程序报批。

二、关于重点急需建设项目确认程序

各省（自治区、直辖市）及计划单列市人民政府和新疆生产建设兵团汇总本省（自治区、直辖市）及计划单列市、新疆生产建设兵团范围内，由国务院、国务院有关部门及国家计划单列企业集团（公司）和省（自治区、直辖市）及计划单列市人民政府、新疆生产建设兵团批准的能源、交通、水利、城市重大公共设施、卫生、教育、国防军事工程和国防军工建设项目，及其配套的拆迁安置中，因建设期限、施工季节的需要，确需在近期施工用地的建设项目，并考虑国家下达本省（自治区、直辖市）及计划单列市、新疆生产建设兵团的2004年农用地转用计划指标（扣除已批准用地占用指标）确定的新增建设用地总量，填报“深入开展土地市场治理整顿期间重点急需建设项目确认申请表”（见附表），并附有关立项批准文件，报国家发展改革委和国土资源部。

重点急需建设项目的范围是：

（1）能源：包括石油、天然气、煤炭、采煤沉陷治理、大中型水电、火电、核电、电网、新能源等项目；

(2)交通：包括公路、铁路、港口、航道和机场等项目；

(3)水利和农业：包括所有水利和农业项目；

(4)城市重大公共设施：包括供水、交通、污水及垃圾处理、集中供热、燃气、消防、体育设施等项目；

(5)卫生：包括传染病医院(病区)、紧急救援中心、疾病预防中心等项目；

(6)教育项目：义务教育阶段中小学校、普通高中学校等项目；

(7)国防军事工程和国防军工项目：包括所有国防军事工程和国防军工项目。

重点急需建设项目应具备以下一项条件：

(1)国务院已批准可行性研究报告急需建设的项目；

(2)已列入国务院批准规划中的急需建设的项目；

(3)利用国外政府贷款和国际金融组织贷款并已签约急需建设的项目；

(4)列入已下达的国债投资计划并急需在年底前开工建设的国债项目；

(5)涉及防洪、防灾等公共安全急需建设的项目；

(6)奥运会设施、世博会设施等重大项目及其配套项目。

国家发展改革委和国土资源部确认各省(自治区、直辖市)及计划单列市、新疆生产建设兵团上报的项目是否属于重点急需建设项目，建设用地涉及农用地转用是否纳入年度土地利用计划指标。符合条件的，列入“深入开展土地市场治理整顿期间重点急需建设项目名单”(以下简称“重点急需建设项目名单”)，并下发各省(自治区、直辖市)及计划单列市、新疆生产建设兵团。

三、关于重点急需建设项目用地审查报批程序

在深入开展治理整顿期间，须报国务院审批的重点急需建设项目用地，按现行规定的审查内容和报批程序审查报批，同时要努力缩短审批时间，提高工作效率。

(一)市、县国土资源部门对建设单位用地申请及申请用地材料进行审查，初步认定建设项目是否列入“重点急需建设项目确认名单”，列入确认名单的，单独选址建设项目用地按现行有关规定，组织用地报批材料呈报；城市重大公共设施、卫生、教育等项目在土地利用总体规划确定的城市建设用地范围内的，参照单独选址建设项目用地，组织报批材料呈报省级国土资源部门。

(二)省级国土资源部门受理市、县国土资源部门呈报的用地报批材料后进行全面审查。重点审查核定建设项目是否列入“重点急需建设项目确认名单”、用地是否符合规划纳入计划、征地是否依法补偿妥善安置、建设单位是否履行耕地占补平衡义务、用地是否符合《工程项目建设用地指标》和集约用地的要求。符合报批要求的，由省级人民政府向国务院呈报用地请示，有关用地报批材料报国土资源部审查；不符合报批要求的，由省级国土资源部门退回。

(三)国土资源部接到国务院办公厅的转办单后，对省级人民政府呈报国务院审批的建设项目用地报批材料进行严格审查。除按现行规定审查外，将进一步审查省级国土资源部门重点审查的内容。符合报批条件的，呈报国务院审批；不符合报批条件的，退回报文的省级人民政府，抄报国务院办公厅。

(四)国土资源部呈报国务院审批的建设项目，经国务院批准的，按规定时限，下发用地批复；未经国务院批准的，将建设用地请示文件退回报文的省级人民政府，抄报国务院办公厅。

四、关于遗留建设用地项目的清理

国土资源部对本实施意见下发前已经受理但尚未呈报国务院批准的建设用地项目进行清理。对列入“重点急需建设项目确认名单”的项目用地进行审查，符合报批条件的，呈报国务院批准。

省级国土资源部门对本实施意见下发前已经受理但尚未呈报国务院或省级人民政府审批的建设用地项目进行清理。对列入“重点急需建设项目确认名单”的项目进行审查，符合报批条件的，由省级人民政府向国务院提出用地请示，有关报批材料报国土资源部审查。

国 土 资 源 部

国家发展和改革委员会

2004年6月8日

关于印发《建设行政许可听证工作规定》的通知

建法[2004]108号

各省、自治区建设厅，直辖市建委及有关部门，新疆生产建设兵团建设局，部机关各单位：

《建设行政许可听证工作规定》已经建设部第37次常务会议审议通过，现印发给你们，请认真贯彻执行。

中华人民共和国建设部

2004年6月30日

第一条　为规范建设行政管理行为，促进科学决策和民主决策，保护公民、法人和其他组织的合法权益，依据《中华人民共和国行政许可法》和有关法律法规，制定本规定。

第二条　县级以上人民政府建设主管部门及有关部门或法律法规授权的组织（以下简称主管机关），实施行政许可组织听证的，适用本规定。

第三条　法律、法规、规章规定实施行政许可应当听证的事项，或者主管机关认为需要听证的其他涉及公共利益的重大行政许可事项，主管机关应当向社会公告，并举行听证。

第四条　主管机关在作出行政许可决定前，应当审查该许可事项是否直接涉及申请人与他人之间重大利益关系；直接涉及的，应当告知申请人、利害关系人享有要求听证的权利，必要时可发布公告。

申请人、利害关系人在被告知听证权利或公告发布之日起五日内，提出听证申请的，主管机关应当在二十日内组织听证。

第五条　主管机关对第三条规定的事项举行听证的，应当在举行听证会三十日前，向社会公告听证会的时间、地点、内容、听证会代表产生办法、申请参加听证会须知。

符合主管机关规定条件的公民、法人和其他组织，均可申请或推选代表申请参加听证会。

主管机关按照听证公告规定的代表产生办法，根据拟听证事项及公民、法人和其他组织的申请情况，确定听证会代表；确定的听证会代表应当具有广泛性、代表性。

第六条　主管机关对第四条规定的事项组织听证的，应当公布确定利害关系人的原则。拟听证的许可事项涉及利害关系人较多的，可由利害关系人推举或通过抽签等方式确定参加听证的代表。

第七条　听证由主管机关内经办行政许可事项的机构或法制工作机构具体组织。

第八条　组织听证，应当遵循公开、公平、公正和便民的原则，充分听取公民、法人和其他组织的意见，保证其陈述意见、质证和申辩的权利。

第九条　行政许可听证，除涉及国家秘密、商业秘密或者个人隐私外，应公开举行。

第十条　听证工作人员包括听证主持人、记录员，必要时可设一至三名听证员。

第十一条　听证主持人、记录员以及必要的听证员由主管机关指定。主管机关应当指定直接审查该行政许可申请的工作人员以外的人员为听证主持人。

听证主持人与听证事项有直接利害关系的，应当主动申请回避。申请人、利害关系人认为听证主持人与听证事项有直接利害关系的，有权申请回避。申请人、利害关系人申请听证主持人回避，听证主持人与听证事项确有直接利害关系的，听证主持人应当回避。

第十二条　主管机关应制作《听证通知书》，并在举行听证七日前将《听证通知书》送听证会代表或许可申请人、利害关系人。

《听证通知书》应当载明下列事项：

（一）听证的事由与依据；

（二）听证的时间、地点；

（三）听证主持人、记录员、听证员的姓名、职务；

（四）听证会代表或许可申请人和利害关系人的权利与义务；

（五）注意事项；

第十三条　听证所需时间不计算在行政许可办理期限内。主管机关应当将所需时间书面告知许可申请人。

第十四条 听证会按下列程序进行：

(一)听证主持人核实听证参加人的身份和到场情况；

(二)听证主持人介绍记录员、听证员的姓名、工作单位及职务，告知听证参加人的权利和义务，宣布听证开始；

(三)听证主持人宣读听证纪律和听证会场有关注意事项；

(四)审查该行政许可事项的工作人员提出审查意见并陈述理由，提供有关依据、证据等材料。

(五)许可申请人、利害关系人提出维护其合法权益的事实、理由和依据，或者听证会代表对听证事项发表意见；

(六)有关各方进行申辩和质证；

(七)最后陈述；

(八)听证笔录交听证参加人确认无误或者补正后签字或者盖章。无正当理由又拒绝签字或者盖章的，记录员应记明情况；

(九)听证主持人宣布听证结束。

第十五条 听证笔录应当载明下列内容：

(一)听证事项名称；

(二)听证主持人、记录员、听证员的姓名、职务；

(三)听证参加人的姓名或名称、地址以及职业、职务等基本情况；

(四)听证会举行的时间、地点、方式；

(五)经办机构工作人员提出的审查意见及陈述的理由；

(六)许可申请人、利害关系人提出的事实、理由和依据，或者听证会代表发表的意见；

(七)有关各方进行申辩和质证的内容；

(八)听证参加人的签字或者盖章，或者听证参加人拒绝签字或者盖章的情况说明；

(九)听证主持人对听证活动中有关事项的处理情况；

(十)听证主持人认为需载明的其他事项。

第十六条 主管机关应当根据听证笔录作出行政许可决定，听证参加人有权查阅听证笔录。

第十七条 有下列情形之一的，可以延期举行听证：

(一)因不可抗力导致听证无法按期举行的；

(二)当事人申请延期，有正当理由的；

(三)可以延期的其他情形。

延期听证的，主管机关应当书面通知听证参加人，说明理由。

延期听证的情形消失后，主管机关应当在五日内举行听证，并书面通知听证参加人。

第十八条 有下列情形之一的，中止听证：

(一)听证主持人认为听证过程中提出新的事实、理由和依据或者提出的事实有待调查核实的；

(二)因不可抗力导致听证参加人无法继续参加听证的；

(三)应当中止听证的其他情形。

中止听证的，主管部门应当书面通知听证参加人，说明理由。

中止听证的情形消失后，主管机关应当在五日内恢复听证，并书面通知听证参加人。

第十九条 有下列情形之一的，终止听证：

(一)申请人撤回听证申请或在听证过程中声明退出的；

(二)申请人无正当理由不到场的，或者未经听证主持人允许中途退场的；

(三)有权申请听证的公民死亡，没有继承人，或者继承人放弃听证权利的；

(四)有权申请听证的法人或者其他组织终止，承受其权利的法人或者组织放弃听证权利的；

(五)需要终止听证的其他情形。

终止听证的，主管机关应当书面通知听证参加人。

终止听证后，由主管机关依法作出行政许可决定。

第二十条 组织听证所需经费由主管机关承担，列入主管部门预算；组织听证必需的场地、设备、工作条件，由主管机关给予保障。听证事项的申请人、利害关系人不承担主管机关组织听证的费用；主管机关不得向听证参加人收取或者变相收取任何费用。

第二十一条 对违反行政许可法和本规定，不履行法定告知听证义务、不举行依法或依申请应当举行的听证，以及组织听证中的违法违规行为，依照法律法规和行政许可责任追究的有关规定，追究有关人员的责任。

第二十二条 本规定自 2004 年 7 月 1 日起施行。

关于印发《建设部机关行政许可责任追究办法》的通知

建法[2004]109号

部机关各单位,有关单位:

《建设部机关行政许可责任追究办法》已经建设部第37次常务会议审议通过,现印发给你们,请认真贯彻执行。

中华人民共和国建设部

2004年6月30日

第一条　为加强对建设部机关实施行政许可的管理和监督,保证部机关及其工作人员公正、廉洁、高效地实施行政许可,依据《中华人民共和国行政许可法》和有关法律法规,结合部机关的工作实际,制定本办法。

第二条　本办法适用于部机关国家公务员和法律、行政法规授权实施建设行政许可组织的工作人员。

第三条　部机关党委、人事司受理对部机关国家公务员和部机关任命的其他人员实施行政许可的违法违纪行为的举报和投诉。

举报和投诉的受理电话、电子信箱应当公开。

第四条　部机关党委、人事司负责对有关举报、投诉的调查,根据对举报、投诉的查实结果,依照本办法提出对直接负责的主管人员和其他直接责任人的责任追究意见,会同有关部门按照干部管理权限和行政处分审批权限的规定,实施责任追究。

第五条　行政许可责任追究方式分为:

(一)责令作出书面检查;

(二)通报批评;

(三)当年考评为基本称职或不称职;

(四)调离工作岗位;

(五)给予行政处分。

以上追究方式可以单处或并处。

第六条　实施行政许可过程中有下列情形之一的,责令改正;对直接负责的主管人员和其他直接责任人追究责任:

(一)对符合法定条件的行政许可申请不予受理的;

(二)不在办公场所公示依法应当公示的材料的;

(三)在受理、审查、决定行政许可过程中,未向申请人、利害关系人履行法定告知义务的;

(四)申请人提交的申请材料不齐全、不符合法定形式,不一次告知申请人必须补正的全部内容的;

(五)未依法说明不受理行政许可申请或者不予行政许可的理由的;

(六)依法应当举行听证而不举行听证的。

第七条　本办法第六条所列情形中,工作人员主动发现并及时纠正错误、未给部机关和行政管理相对人造成损失或不良影响的,经批评教育,可免予追究责任。

第八条　本办法第六条所列情形中,情节较轻,经责令改正后,给机关和行政管理相对人造成损害和影响较小的,对直接负责的主管人员和其他直接责任人,责令作出书面检查,给予通报批评,当年考评为基本称职。

第九条　本办法第六条所列情形中,情节严重,虽经责令改正,仍给部机关和行政管理相对人造成损害和不良影响的,对直接负责的主管人员和其他直接责任人,当年考评为不称职,调离工作岗位,给予行政警告处分。

第十条　实施行政许可过程中有下列情形之一的,责令改正,对直接负责的主管人员和其他直接责任人,当年考评为不称职,调离工作岗位,给予行政警告至记大过处分;情节严重的,给予行政降级至开除处分;构成犯罪的,依法追究刑事责任:

(一)对不符合法定条件的申请人准予行政许可或者超越法定职权作出准予行政许可决定的;

(二)对符合法定条件的申请人不予行政许可或者不在法定期限内作出准予行政许可决定的;

(三)依法应当根据招标、拍卖结果或者考试成绩择优作出准予行政许可决定,未经招标、拍卖或者考试,或者不根据招标、拍卖结果或者考试成绩择优作出准予行政许可决定的。

第十一条　机关工作人员办理行政许可、实施监督检查,索取或者收受他人财物或者谋取其他利益,构成犯罪的,依法追究刑事责任;尚不构成犯罪的,对直接负责的主管人员和其他直接责任人,给予行政撤职至开除处分。

第十二条 实施行政许可，擅自收费或者不按照法定项目和标准收费的，责令退还非法收取的费用；对直接负责的主管人员和其他直接责任人，调离工作岗位，给予行政记过至记大过处分。

截留、挪用、私分或者变相私分实施行政许可依法收取的费用的，依法予以追缴；对直接负责的主管人员和其他直接责任人，给予行政降级至开除处分；构成犯罪的，依法追究刑事责任。

第十三条 主管司局不依法履行监督职责或者监督不力，造成严重后果的，责令改正，对直接负责的主管人员和其他直接责任人，给予行政降级至撤职处分；构成犯罪的，依法追究刑事责任。

第十四条 领导干部利用职权或者职务上的影响，授意、指示、强令实施行政许可的机关、单位及其工作人员违反规定许可，或者违反规定插手干预行政许可事项，情节较轻的，给予行政警告至记大过处分；情节较重的，给予行政降级至撤职处分；情节严重的，给予行政开除处分。

第十五条 有下列情形之一的，工作人员不承担行政许可责任：

（一）行政管理相对人弄虚作假，致使工作人员无法作出正确判断的；

（二）法律、法规、规章和内部行政管理制度未作规定或规定不具体，致使行政机关工作人员理解错误的；

（三）因不可抗力导致行政许可过错发生的；

（四）其他不承担行政许可责任的情形。

第十六条 行政许可责任人，干扰、阻碍、不配合对其实施行政许可行为进行调查的，或者对投诉人、检举人、控告人打击、报复、陷害的，依照有关法律法规的规定处理。

第十七条 行政许可责任人，有陈述权和申辩权。行政许可责任人对行政处分决定不服的，依照《中华人民共和国行政监察法》和《国家公务员暂行条例》的有关规定办理。

第十八条 本办法自 2004 年 7 月 1 日起施行。

关于印发《建设部机关对被许可人监督检查的规定》的通知

建法［2004］110 号

部机关各单位，有关单位：

《建设部机关对被许可人监督检查的规定》已经建设部第 37 次常务会议审议通过，现印发给你们，请认真贯彻执行。

中华人民共和国建设部

2004 年 6 月 30 日

第一条 为加强对被许可人从事行政许可事项活动情况的监督检查，及时制止和纠正违法从事行政许可事项的活动，维护公共利益和社会秩序，依据《中华人民共和国行政许可法》和有关法律法规，结合部机关工作实际，制定本规定。

第二条 本规定适用于建设部机关实施的行政许可事项。

第三条 部机关直接承办行政许可事项的司局和部稽查特派员办公室（以下简称承办司局）负责对被许可人的监督检查，并依据法律、法规和有关规定，会同有关部门处理被许可人从事行政许可事项活动的违法、违规行为。

第四条 承办司局应当主要通过书面检查，核查反映被许可人从事行政许可事项活动情况的有关资料，履行监督检查职责。

通过书面检查方式尚不能满足监督检查要求，或者根据对具体事项监督检查的实际需要，承办司局可以依法进行抽样检查、检验、检测或实地检查。

第五条 承办司局应当创造条件，充分利用公共信息网络资源和电子政务系统，实现与被许可人、地方建设行政主管部门和其他有关行政机关的计算机档案系统互联，核查被许可人从事行政许可事项活动情况。

承办司局实施对被许可人的监督检查,需要被许可人提供相关材料的,应当允许被许可人通过信函、电报、电传、传真、电子数据交换和电子邮件等方式提供。

第六条 承办司局要建立对被许可人从事行政许可事项活动实施监督检查情况的书面记录和归档制度。书面记录应登载以下信息:

(一)被许可人名称、地址;

(二)准予许可的事项;

(三)准予许可的有效期;

(四)被许可人申报的业绩、资历等有关材料;

(五)实施监督检查情况;

(六)监督检查结果;

(七)承办司局认为需要登载的其他信息。

书面记录由监督检查人员签字后归档。公众有权查阅监督检查书面记录档案。

承办司局应当指定人员管理监督检查记录档案,并负责接待公众查阅的工作。

第七条 承办司局要在书面记录和归档制度的基础上,建立被许可人从事行政许可事项活动的不良信用公告制度。凡经核实的被许可人违法从事行政许可事项活动的情况,均应载入该被许可人的不良信用记录,并依法予以公开披露。

第八条 承办司局要建立健全与省级建设主管部门之间有关被许可人从事行政许可事项情况的书面告知工作机制。省级建设主管部门应当将由建设部许可的被许可人违法从事行政许可事项活动的事实、处理结果及建议等,及时报告建设部,由建设部对该许可事项依法作出处理。

第九条 建立健全公众举报制度。承办司局要公布专门的监督举报电话、电子信箱等,并指定人员负责受理公众有关被许可人从事行政许可事项情况的举报。承办司局在接到举报后,应当及时组织对有关事项进行核实和处理。

第十条 承办司局要建立健全依法撤销、注销行政许可的工作机制,对各项准予行政许可的事项实施动态管理,及时根据利害关系人的请求或依据职权,撤销有关行政许可,及时依法办理有关行政许可的注销手续。

第十一条 对被许可人实施监督检查,应当本着公开、公平、公正的原则,着眼于提高管理效能。不得妨碍被许可人正常的生产经营活动,不得索取或者收受被许可人的财物,不得谋取其他利益。工作人员对被许可人实施监督检查中的违法违规行为,依照法律法规和《建设部机关行政许可责任追究办法》的有关规定处理。

第十二条 本规定自 2004 年 7 月 1 日起实施。

关于印发《建设部机关实施行政许可工作规程》的通知

建法[2004]111 号

部机关各单位,有关单位:

《建设部机关实施行政许可工作规程》已经建设部第 37 次常务会议审议通过,现印发给你们,请认真贯彻执行。

中华人民共和国建设部

2004 年 6 月 30 日

第一条 为规范建设部机关实施行政许可的工作程序,依据《中华人民共和国行政许可法》,结合部机关工作实际,制定本规程。

第二条 本规程适用于部机关直接实施的行政许可事项的办理。

第三条 部机关主管有关行政许可事项的各业务司局(以下简称主管司局),应当在办公场所、建设部网站公示以下内容:

(一)行政许可事项的依据、条件、数量、程序、期限;

(二)申请行政许可需要提交的全部资料目录;

(三)申请书示范文本;

(四)法律、法规、规章规定的其他内容。

申请人要求对公示内容予以说明、解释的,主管司局应当说明、解释,提供准确、可靠的信息。

第四条 主管司局应当创造条件，方便申请人通过信函、电报、电传、传真、电子数据交换和电子邮件等方式提出行政许可申请。

主管司局应当在建设部网站提供申请书格式文本免费下载服务。

第五条 主管司局收到行政许可申请后，应当根据下列情况分别作出处理：

（一）对依法不需要取得行政许可或者不属于本机关职权范围的行政许可申请，申请人隐瞒有关情况或者提供虚假材料申请行政许可的，即时制作《建设行政许可不予受理通知书》，发送申请人。

（二）对申请材料存在可以当场更正的错误的，应当允许申请人当场更正。

（三）对属于本机关受理的行政许可申请，即时制作《建设行政许可申请材料接收凭证》，发送申请人。

（四）对材料不齐全或者不符合法定形式的行政许可申请，应当当场或者在五日内制作《建设行政许可补正材料通知书》，发送申请人。逾期不告知的，自收到申请材料之日起即为受理。

（五）对属于本机关职权范围，材料（或补正材料）齐全、符合法定形式的行政许可申请，在五日内制作《建设行政许可受理通知书》，发送申请人。

申请人对其申请材料实质内容的真实性负责。主管司局不得要求申请人提交与其申请的行政许可事项无关的技术资料和其他材料。

第六条 依法应当先经省、自治区建设厅和直辖市建委及有关部门（以下简称省级主管部门）初审的行政许可，省级主管部门应当自受理申请之日起二十日内审查完毕，并在审查完毕后7日内将初审意见和全部申请材料直接报送建设部。

第七条 主管司局收到省级主管部门初审意见和全部申请材料，应即时制作《建设行政许可申请材料接收凭证》，发送初审机关经办人。

主管司局审查经初审后的申请材料，对材料齐全、符合法定形式的行政许可申请，自收到省级主管部门初审意见和全部申请材料之日起即为受理。主管司局不得要求申请人重复提供申请材料。如果经初审的申请材料仍不齐全或者不符合法定形式，主管司局应当在五日内制作《建设行政许可补正材料通知书》，直接发送申请人。

第八条 依法需要对申请材料的实质内容进行核实的，主管司局应当指派两名以上工作人员进行核查，并制作核查笔录。笔录应当场交当事人核对，并签名盖章。

第九条 实施行政许可需要听证的，按照《建设行政许可听证工作规定》的程序办理。

第十条 主管司局审查建设行政许可申请，对依法需要听证、检验、检测、鉴定、咨询评估、评审的，应当制作《建设行政许可特别程序通知书》，告知申请人所需时间，所需时间不计算在许可期限内。

第十一条 主管司局应当自受理行政许可申请之日起二十日内作出行政许可决定。情况复杂，不能在规定期限内作出决定的，经分管部长批准，可以延长十日，并制作《建设行政许可延期通知书》，发送申请人，说明延期理由。但是，法律、行政法规另有规定的，依照其规定。

第十二条 主管司局对行政许可申请进行审查后提出处理意见，报分管部长同意后，依法作出行政许可决定：

（一）对符合法定条件、标准的行政许可申请，制作《准予建设行政许可决定书》，发送申请人。

（二）对不符合法定条件、标准的或者申请人隐瞒有关情况或者提供虚假材料申请行政许可的，制作《不予建设行政许可决定书》，说明理由，并告知申请人享有依法申请行政复议或者提起行政诉讼的权利。

第十三条 建设部作出准予行政许可决定，需要颁发行政许可证件的，主管司局应当自作出决定之日起十日内向申请人颁发、送达行政许可证件。行政许可证件应加盖本行政机关印章。

第十四条 建设部作出的准予行政许可决定，主管司局应当在建设部网站等媒体予以公告，公众有权查阅。

第十五条 被许可人提出变更行政许可事项申请的，主管司局应当在二十日内依法办理变更手续。对不符合变更条件的，应当制作《不予变更建设行政许可决定书》，发送当事人。

第十六条 被许可人在行政许可有效期届满三十日前提出延续申请的，主管司局应当在该行政许可有效期届满前提出是否准予延续的意见，报分管部长同意后，制作《准予延续建设行政许可决定书》或《不予延续建设行政许可决定书》，发送当事人。逾期未作决定的，视为准予延续。

第十七条 建设部应当加强对省级主管部门实施行政许可的监督检查，及时纠正行政许可实施中的违法行为。

第十八条 主管司局应当按照《建设部机关对被许可人监督检查的规定》,加强对被许可人从事行政许可事项活动情况的监督检查。

第十九条 主管司局根据利害关系人的请求或者依据职权,可以依法撤销、注销行政许可,制作《撤销建设行政许可决定书》、《注销建设行政许可决定书》,发送当事人。

撤销建设行政许可涉及应当由建设部行政赔偿的,赔偿费用按照国家有关规定办理。

第二十条 发生下列情形之一的,主管司局可以依法变更或者撤回已经生效的行政许可,制作《变更、撤回建设行政许可决定书》,发送被许可人。

(一)建设行政许可所依据的法律、法规、规章修改或者废止。

(二)准予行政许可所依据的客观情况发生重大变化的。

变更、撤回建设行政许可给被许可人造成财产损失的,应当依法给予补偿。

第二十一条 部机关工作人员违法实施行政许可,依照《建设部机关行政许可责任追究办法》予以处理。

第二十二条 主管司局应当听取公民、法人或者其他组织就建设行政许可的设定和实施提出的意见和建议,适时组织专家对建设行政许可的实施情况及存在的必要性进行评价。

第二十三条 建设行政许可各类文书中,《建设行政许可申请材料接收凭证》、《建设行政许可不予受理通知书》、《建设行政许可补正材料通知书》、《建设行政许可受理通知书》、《建设行政许可特别程序告知书》、《建设行政许可听证公告》、《建设行政许可听证告知书》、《建设行政许可听证通知书》由主管司局司长签发,其他由分管部长签发。

第二十四条 主管司局实施行政许可和对被许可人进行监督检查,不得收取任何费用。但法律、行政法规另有规定的,依照其规定。

第二十五条 主管司局制作建设行政许可各类文书,应当执行《建设行政许可文书示范文本》,由主管司局统一编号,并加盖建设部行政许可专用印章。

第二十六条 本规程自2004年7月1日起实施。

建设部关于废止《城市房屋修缮管理规定》等部令的决定

> 中华人民共和国建设部令
>
> 第127号
>
> 《建设部关于废止<城市房屋修缮管理规定>等部令的决定》已于2004年6月29日经建设部第37次常务会议讨论通过,现予发布,自发布之日起生效。
>
> **建设部部长 汪光焘**
>
> **2004年7月2日**

经2004年6月29日第37次建设部常务会议审议,决定废止以下部令,现予发布,自发布之日起生效。

1.《城市房屋修缮管理规定》(建设部令第11号,1991年7月8日发布)

2.《城市供水企业资质管理规定》(建设部令第26号,1993年2月4日发布)

3.《建筑装饰装修管理规定》(建设部令第46号,1995年8月7日发布)

4.《城市车辆清洗管理办法》(建设部令第47号,1995年8月7日发布)

5.《城市燃气和集中供热企业资质管理规定》(建设部令第51号,1996年7月1日起发布)

6.《村镇建筑工匠从业资格管理办法》(建设部令第54号,1996年7月17日发布)

建筑施工企业安全生产许可证管理规定

中华人民共和国建设部令

第 128 号

《建筑施工企业安全生产许可证管理规定》已于2004年6月29日经第37次部常务会议讨论通过，现予发布，自公布之日起施行。

建设部部长　汪光焘

2004年7月5日

第一章　总　则

第一条　为了严格规范建筑施工企业安全生产条件，进一步加强安全生产监督管理，防止和减少生产安全事故，根据《安全生产许可证条例》、《建设工程安全生产管理条例》等有关行政法规，制定本规定。

第二条　国家对建筑施工企业实行安全生产许可制度。

建筑施工企业未取得安全生产许可证的，不得从事建筑施工活动。

本规定所称建筑施工企业，是指从事土木工程、建筑工程、线路管道和设备安装工程及装修工程的新建、扩建、改建和拆除等有关活动的企业。

第三条　国务院建设主管部门负责中央管理的建筑施工企业安全生产许可证的颁发和管理。

省、自治区、直辖市人民政府建设主管部门负责本行政区域内前款规定以外的建筑施工企业安全生产许可证的颁发和管理，并接受国务院建设主管部门的指导和监督。

市、县人民政府建设主管部门负责本行政区域内建筑施工企业安全生产许可证的监督管理，并将监督检查中发现的企业违法行为及时报告安全生产许可证颁发管理机关。

第二章　安全生产条件

第四条　建筑施工企业取得安全生产许可证，应当具备下列安全生产条件：

（一）建立、健全安全生产责任制，制定完备的安全生产规章制度和操作规程；

（二）保证本单位安全生产条件所需资金的投入；

（三）设置安全生产管理机构，按照国家有关规定配备专职安全生产管理人员；

（四）主要负责人、项目负责人、专职安全生产管理人员经建设主管部门或者其他有关部门考核合格；

（五）特种作业人员经有关业务主管部门考核合格，取得特种作业操作资格证书；

（六）管理人员和作业人员每年至少进行一次安全生产教育培训并考核合格；

（七）依法参加工伤保险，依法为施工现场从事危险作业的人员办理意外伤害保险，为从业人员交纳保险费；

（八）施工现场的办公、生活区及作业场所和安全防护用具、机械设备、施工机具及配件符合有关安全生产法律、法规、标准和规程的要求；

（九）有职业危害防治措施，并为作业人员配备符合国家标准或者行业标准的安全防护用具和安全防护服装；

（十）有对危险性较大的分部分项工程及施工现场易发生重大事故的部位、环节的预防、监控措施和应急预案；

（十一）有生产安全事故应急救援预案、应急救援组织或者应急救援人员，配备必要的应急救援器材、设备；

（十二）法律、法规规定的其他条件。

第三章　安全生产许可证的申请与颁发

第五条　建筑施工企业从事建筑施工活动前，应当依照本规定向省级以上建设主管部门申请领取安全生产许可证。

中央管理的建筑施工企业（集团公司、总公司）应当向国务院建设主管部门申请领取安全生产许可证。

前款规定以外的其他建筑施工企业，包括中央管理的建筑施工企业（集团公司、总公司）下属的建筑施工企业，应当向企业注册所在地省、自治区、直辖市人民政府建设主管部门申请领取安全生产许可证。

第六条　建筑施工企业申请安全生产许可证时，应当向建设主管部门提供下列材料：

（一）建筑施工企业安全生产许可证申请表；

（二）企业法人营业执照；

（三）第四条规定的相关文件、材料。

建筑施工企业申请安全生产许可证，应当对申请材料实质内容的真实性负责，不得隐瞒有关情况或者提供虚假材料。

第七条　建设主管部门应当自受理建筑施工企业的申请之日起45日内审查完毕；经审查符合安全生产条件的，颁发安全生产许可证；不符合安全生产条件的，不予颁发安全生产许可证，书面通知企业并说明理由。企业自接到通知之日起应当进行整改，整改合格后方可再次提出申请。

建设主管部门审查建筑施工企业安全生产许可证申请，涉及铁路、交通、水利等有关专业工程时，可以征求铁路、交通、水利等有关部门的意见。

第八条　安全生产许可证的有效期为3年。安全生产许可证有效期满需要延期的，企业应当于期满前3个月向原安全生产许可证颁发管理机关申请办理延期手续。

企业在安全生产许可证有效期内，严格遵守有关安全生产的法律法规，未发生死亡事故的，安全生产许可证有效期届满时，经原安全生产许可证颁发管理机关同意，不再审查，安全生产许可证有效期延期3年。

第九条　建筑施工企业变更名称、地址、法定代表人等，应当在变更后10日内，到原安全生产许可证颁发管理机关办理安全生产许可证变更手续。

第十条　建筑施工企业破产、倒闭、撤销的，应当将安全生产许可证交回原安全生产许可证颁发管理机关予以注销。

第十一条　建筑施工企业遗失安全生产许可证，应当立即向原安全生产许可证颁发管理机关报告，并在公众媒体上声明作废后，方可申请补办。

第十二条　安全生产许可证申请表采用建设部规定的统一式样。

安全生产许可证采用国务院安全生产监督管理部门规定的统一式样。

安全生产许可证分正本和副本，正、副本具有同等法律效力。

第四章　监督管理

第十三条　县级以上人民政府建设主管部门应当加强对建筑施工企业安全生产许可证的监督管理。建设主管部门在审核发放施工许可证时，应当对已经确定的建筑施工企业是否有安全生产许可证进行审查，对没有取得安全生产许可证的，不得颁发施工许可证。

第十四条　跨省从事建筑施工活动的建筑施工企业有违反本规定行为的，由工程所在地的省级人民政府建设主管部门将建筑施工企业在本地区的违法事实、处理结果和处理建议抄告原安全生产许可证颁发管理机关。

第十五条　建筑施工企业取得安全生产许可证后，不得降低安全生产条件，并应当加强日常安全生产管理，接受建设主管部门的监督检查。安全生产许可证颁发管理机关发现企业不再具备安全生产条件的，应当暂扣或者吊销安全生产许可证。

第十六条　安全生产许可证颁发管理机关或者其上级行政机关发现有下列情形之一的，可以撤销已经颁发的安全生产许可证：

（一）安全生产许可证颁发管理机关工作人员滥用职权、玩忽职守颁发安全生产许可证的；

（二）超越法定职权颁发安全生产许可证的；

（三）违反法定程序颁发安全生产许可证的；

（四）对不具备安全生产条件的建筑施工企业颁发安全生产许可证的；

（五）依法可以撤销已经颁发的安全生产许可证的其他情形。

依照前款规定撤销安全生产许可证，建筑施工企业的合法权益受到损害的，建设主管部门应当依法给予赔偿。

第十七条　安全生产许可证颁发管理机关应当建立、健全安全生产许可证档案管理制度，定期向社会公布企业取得安全生产许可证的情况，每年向同级安全生产监督管理部门通报建筑施工企业安全生产许可证颁发和管理情况。

第十八条 建筑施工企业不得转让、冒用安全生产许可证或者使用伪造的安全生产许可证。

第十九条 建设主管部门工作人员在安全生产许可证颁发、管理和监督检查工作中，不得索取或者接受建筑施工企业的财物，不得谋取其他利益。

第二十条 任何单位或者个人对违反本规定的行为，有权向安全生产许可证颁发管理机关或者监察机关等有关部门举报。

第五章 罚 则

第二十一条 违反本规定，建设主管部门工作人员有下列行为之一的，给予降级或者撤职的行政处分；构成犯罪的，依法追究刑事责任：

(一)向不符合安全生产条件的建筑施工企业颁发安全生产许可证的；

(二)发现建筑施工企业未依法取得安全生产许可证擅自从事建筑施工活动，不依法处理的；

(三)发现取得安全生产许可证的建筑施工企业不再具备安全生产条件，不依法处理的；

(四)接到对违反本规定行为的举报后，不及时处理的；

(五)在安全生产许可证颁发、管理和监督检查工作中，索取或者接受建筑施工企业的财物，或者谋取其他利益的。

由于建筑施工企业弄虚作假，造成前款第(一)项行为的，对建设主管部门工作人员不予处分。

第二十二条 取得安全生产许可证的建筑施工企业，发生重大安全事故的，暂扣安全生产许可证并限期整改。

第二十三条 建筑施工企业不再具备安全生产条件的，暂扣安全生产许可证并限期整改；情节严重的，吊销安全生产许可证。

第二十四条 违反本规定，建筑施工企业未取得安全生产许可证擅自从事建筑施工活动的，责令其在建项目停止施工，没收违法所得，并处 10 万元以上 50 万元以下的罚款；造成重大安全事故或者其他严重后果，构成犯罪的，依法追究刑事责任。

第二十五条 违反本规定，安全生产许可证有效期满未办理延期手续，继续从事建筑施工活动的，责令其在建项目停止施工，限期补办延期手续，没收违法所得，并处 5 万元以上 10 万元以下的罚款；逾期仍不办理延期手续，继续从事建筑施工活动的，依照本规定第二十四条的规定处罚。

第二十六条 违反本规定，建筑施工企业转让安全生产许可证的，没收违法所得，处 10 万元以上 50 万元以下的罚款，并吊销安全生产许可证；构成犯罪的，依法追究刑事责任；接受转让的，依照本规定第二十四条的规定处罚。

冒用安全生产许可证或者使用伪造的安全生产许可证的，依照本规定第二十四条的规定处罚。

第二十七条 违反本规定，建筑施工企业隐瞒有关情况或者提供虚假材料申请安全生产许可证的，不予受理或者不予颁发安全生产许可证，并给予警告，1 年内不得申请安全生产许可证。

建筑施工企业以欺骗、贿赂等不正当手段取得安全生产许可证的，撤销安全生产许可证，3 年内不得再次申请安全生产许可证；构成犯罪的，依法追究刑事责任。

第二十八条 本规定的暂扣、吊销安全生产许可证的行政处罚，由安全生产许可证的颁发管理机关决定；其他行政处罚，由县级以上地方人民政府建设主管部门决定。

第六章 附 则

第二十九条 本规定施行前已依法从事建筑施工活动的建筑施工企业，应当自《安全生产许可证条例》施行之日起(2004 年 1 月 13 日起)1 年内向建设主管部门申请办理建筑施工企业安全生产许可证；逾期不办理安全生产许可证，或者经审查不符合本规定的安全生产条件，未取得安全生产许可证，继续进行建筑施工活动的，依照本规定第二十四条的规定处罚。

第三十条 本规定自公布之日起施行。

建设部关于贯彻《中共中央、国务院关于进一步加强人才工作的决定》的意见

建人教[2004]114号

各省、自治区建设厅、直辖市建委及有关部门，新疆生产建设兵团建设局，部机关各单位、直属各单位、各有关社会团体：

2003年12月，中共中央、国务院印发了《中共中央、国务院关于进一步加强人才工作的决定》(以下简称《决定》)。《决定》从全局和战略的高度，深刻阐述了实施人才强国战略的重要性和紧迫性，明确提出了我国人才工作的根本任务、指导方针和总体要求，对实施人才强国战略进行了全面部署，是新世纪新阶段我国人才工作的行动纲领。为全面贯彻《决定》精神，进一步加强建设系统人才工作，促进建设事业健康协调发展，现结合建设行业实际，提出如下贯彻意见：

一、充分认识人才工作的重要性和紧迫性，明确建设人才工作的指导思想和总体目标

(一)进一步提高对人才工作重要性和紧迫性的认识。改革开放以来，我国建设人才工作取得了显著成效，培养造就了大批建设人才，为推动建设事业发展发挥了重要作用。但是，我们必须清醒地看到，当前建设人才工作还存在不少问题：对人才工作的认识不到位、人才总量不足、地区分布不合理、人才队伍整体素质不高、知识结构老化、高级人才紧缺、一线操作人员技能水平低等，影响了建设事业的发展。各级建设行政部门要充分认识加强人才工作的重要性和紧迫性，把这项工作作为保证工程质量和安全生产、推动建设事业持续健康发展的根本举措，增强紧迫感和责任感，进一步加强建设人才工作。

(二)明确建设人才工作的指导思想。建设人才工作要以邓小平理论和"三个代表"重要思想为指导，树立科学的发展观和人才观，认真贯彻党的十六大和全国人才工作会议精神，全面落实人才强国战略，坚定不移地走人才兴业之路。要坚持以人才能力建设为核心，以人才制度改革创新为动力，以人才结构调整为主线，紧紧抓住人才培养、吸引和用好三个环节，着力加强建设系统领导干部、企业经营管理人员、专业技术人员和一线操作人员队伍建设，建设一支规模宏大、结构合理、素质较高的建设人才队伍，为建设事业发展提供坚强的人才保证和广泛的智力支持。

(三)建设人才工作的总体目标。今后5年建设人才工作的总体目标是：建设系统各级领导干部普遍轮训一遍，政治理论水平和依法行政能力显著提高；基本形成与市场经济相适应的建设执业资格制度体系，进一步提高各类执业注册人员的数量和质量；一线操作人员职业技能岗位培训总量达到500万人以上，技师和高级技师培训总量达到3万人；基本形成领导有力、职责明确、运转高效的建设系统人才工作机制。

二、以能力建设为核心，大规模培训建设系统领导干部和专业技术管理人才

(四)大规模培训建设系统领导干部。会同中央组织部、中国科协研究制定《2006—2010年全国市长培训规划》，研究制定《2006—2010年建设行政领导干部培训规划》。争取用五年左右的时间，把设市城市分管建设工作的副市长、地(厅)级以上建设系统领导干部轮训一遍。要充分发挥各类教育培训机构作用，运用多种教育培训方式，重点开展城乡规划、城市建设、建筑市场监管、房地产管理等方面的培训，不断提高建设系统各级领导干部的科学决策能力和依法行政能力。加强建设系统各级公务员的培训工作，实行公务员学习登记制度，将培训、考核、使用结合起来。近期重点开展"四五"普法、依法行政、电子政务、信息化、公共管理等方面的培训。继续加强培训基地建设，组织专家编写培训教材，提高培训教材的针对性和实效性。积极开展国际合作培训。

(五)完善专业技术人员的继续教育制度，提高技术创新能力。研究制定建设行业专业技术人员能力建设标准，完善执业注册人员和从业人员继续教育制度。定期编制发布《建设行业新技术、新成果、新规范培训科目目录》，促进科研技术成果转化。要充分发挥行业协会和学会的作用，广泛开展理论研讨、学术交流、人员培训等活动，不断提高专业技术人员的创新能力。坚持培养与使用相结合的原则，鼓励中青年优秀人才承担国家级、省部级重点工程项目和重大科研项目，培养造就一批具有国际、国内领先水平的中青年高级专家。

(六)以提高市场开拓能力和现代化经营管理水平为核心，加快企业经营管理人才队伍建设。各地要有针

对性地组织大中型企业和企业集团的高级经营管理人员学习现代企业管理、市场经济理论、WTO 规则、工商管理等知识，提升企业经营管理人员适应市场竞争的能力。积极探索对建设领域民营企业家开展培训的有效方式。加快培养造就一批适应市场经济需要的建设项目组织管理人才。

三、大力开展农民工培训工作，加快培养高技能人才

（七）大力开展农民工培训工作，提高一线操作人员技能水平。各地建设行政部门要把农民工培训工作作为统筹城乡发展、增加农民收入、保证建设工程质量和安全生产的基础性工作，抓紧抓好。要加强与农业、劳动保障、教育等部门的协调，按照《2003—2010 年全国农民工培训规划》要求，积极参与农村劳动力转移培训阳光工程。大力推进建设行业职业技能培训与鉴定工作，进一步改进技能培训与鉴定工作的方法，采用工学交替、个人自学与集中辅导相结合等多种方式，突出技能培训的针对性和实用性，提高一线操作人员的劳动技能和安全生产水平。各地建设行政部门要制定职业技能培训与鉴定工作规划，建立培训与鉴定工作年报制度。

（八）加快高技能人才培养培训工作。各地建设行政部门要积极配合教育和劳动保障部门实施国家高技能人才培训工程，建立技能人才培养培训工作机制。各类建设中等职业学校、高级技工学校、高等职业学校，要充分发挥高技能人才培养基地的作用，采取校企合作、产教结合、订单培养等多种方式，加快培养建设行业高技能人才和技能紧缺人才。大中型企业要进一步发挥技能人才培训优势，结合企业生产实际，加快培养高技能人才。

（九）切实加强农民工权益保护工作。配合劳动保障部门，研究制定符合建筑业特点的劳动合同文本。加强制度建设，建立防止拖欠农民工工资的长效机制。强化安全生产教育，改善农民工的生产生活条件，督促企业为聘用的农民工办理意外伤害及工伤保险，保证农民工的人身安全。充分发挥建设系统协调劳动关系三方会议的作用，积极开展法律援助工作，维护农民工的合法权益。

四、坚持制度创新，全面推行建设职业资格制度

（十）健全建设行业专业人员执业资格制度。按照《行政许可法》和建设部执业资格总体框架的要求，健全建设行业专业人员执业资格制度，调整和转变管理模式。建立专业人员执业实践考核制度，不断提高执业人员的执业能力。研究制定执业人员职业道德标准，建立执业人员信用档案，加强执业人员注册后的管理。加强执业资格的国际交流和互认工作。借鉴国外专业教育评估制度的经验，研究专业教育评估制度与专业人员执业资格制度的衔接办法，充分发挥专业教育评估制度对建设类院校专业培养的导向作用。

（十一）研究建立建设行业专业技术和管理人员从业资格制度。根据国家职业资格证书制度的规定，对直接关系人民群众生命财产安全的专业技术岗位和管理岗位，实行从业资格制度。会同人事部研究制定建设行业专业技术人员和管理人员从业资格制度的有关规定并组织实施。

（十二）在建设行业全面推行职业资格证书制度。按照建设部、劳动和社会保障部《关于建设行业生产操作人员实行职业资格证书制度有关问题的通知》精神，以及“先培训、后上岗”、“先培训、后就业”的原则，全面推行职业资格证书制度。各地建设行政部门要切实加强对建筑劳动力市场的管理，大力发展劳务企业，规范企业用工行为，加强对关键岗位作业人员持证情况的检查，把持证情况作为工程质量检查和安全生产检查的内容。

五、优化建设人才结构，促进人才工作协调发展

（十三）加强西部地区、民族地区和东北地区等老工业基地建设人才开发。继续落实《建设部西部地区建设人才开发工作计划》，以城乡规划管理、工程项目管理等紧缺人才培训为重点，加强西部地区建设人才开发工作，组织专家学者到西部地区开展高层次专业技术讲座活动。加强与西部地区干部交流工作，做好援疆、援藏干部和博士服务团工作，选派优秀年轻干部到西部地区挂职锻炼。加大西部地区建设系统干部到部机关和东部地区挂职锻炼工作力度。坚持市场配置和政策引导相结合的原则，以多种形式扶持西部地区、民族地区和东北地区等老工业基地培养引进各类建设人才。

（十四）加强建设行业人才市场建设。研究制定建设行业人才市场运行管理制度，努力构建布局合理、网络健全、服务规范、规模经营、统一开放的建设行业人才市场体系。调整修改限制专业技术人员在不同地区、不同单位之间正常流动的政策规定，促进各类建设人才合理流动。以建设部人力资源开发中心为依托，充分发挥中国建设人力资源网的作用，促进全国建设人才市场信息化、网络化，逐步形成全国建设行业人才信息服务体系。完善建设人才供求信息发布制度，提高人才中介服务水平。

(十五)加强对建设类专业教育的指导。进一步发挥建设部高等学校土建类学科指导委员会和职业教育指导委员会的作用,加强对建设类普通高等学校和职业技术院校的指导,促使学校的专业设置、课程内容、教学方式和教材建设等教学工作,适应建设行业的发展要求。加强建设类专业教育评估工作,努力为建设行业培养合格的后备人才。

六、加强部机关和直属单位人才队伍建设

(十六)强化理论和业务培训,提高干部队伍整体素质。以能力建设为中心,加强部机关公务员、直属单位及社团领导干部的培训工作。建立干部培训的激励和约束机制,把干部培训情况与考核、任职、提拔使用结合起来。严格执行处级以上领导干部脱产学习、在职干部自学和任职培训制度,争取每年有五分之一的机关处级以上干部和直属单位领导干部参加中央党校、国家行政学院和其他单位举办的各类培训。鼓励在职干部参加与履行职责有关的各类教育培训活动。加强对部机关公务员城乡规划、城市建设、建筑市场监管、房地产管理、法律法规等方面的业务知识培训,提高依法行政能力,努力创建高素质的公务员队伍。

(十七)继续完善干部选拔任用制度。全面贯彻《党政领导干部选拔任用工作条例》,按照公开、平等、竞争、择优的原则,形成有利于优秀人才脱颖而出的选人用人机制。积极稳妥地推行领导干部竞争上岗工作。进一步健全干部考察工作责任制度、任用责任追究制度和任用工作监督制度,规范民主推荐、组织考察、党组研究、任前公示等工作程序。完善领导干部辞职制度。加大干部轮岗交流力度,逐步提高机关司局之间、机关与企事业单位和社团之间的干部交流轮岗比例。

(十八)积极推进直属单位人事制度改革。逐步推行以聘用制度为核心的事业单位人事制度改革,积极推行公开招聘,逐步实现事业单位人事管理由身份管理向岗位管理的转变。深化事业单位分配制度改革,吸引各类优秀人才到事业单位工作,优化人员结构。进一步深化职称改革,完善专业技术职务聘任制度,扩大事业单位的用人自主权。

七、加强组织领导,狠抓工作落实

(十九)坚持党管人才原则,健全人才工作领导体制。各地建设行政部门要切实加强领导,把人才工作摆上重要议事日程。按照党管人才原则,充分发挥党委的领导作用,形成党委党组统一领导、组织人事部门牵头、有关部门各司其职、社会力量广泛参与的人才工作格局。建立健全人才工作责任制,把人才工作纳入领导班子工作目标责任制,定期进行考核。按照“一把手”抓“第一资源”和“第一生产力”的要求,一级抓一级,层层抓落实。人事教育部门要发挥职能作用,加强自身建设,转变工作作风,强化服务意识,提高工作效率和质量。

(二十)完善建设系统人才工作机制。各地建设行政部门要把人才工作纳入本地区建设事业改革发展的总体布局,编制本地区建设人才队伍发展规划,形成人才工作与业务工作密切联系、协调发展的动态机制。适应建设人才工作的新要求,创新工作方法,整合工作力量,形成领导有力、职责明确、运转高效的人才工作机制。建立健全领导干部联系专家制度和重大决策专家咨询制度,充分发挥各类专家学者的作用。完善建设系统人才统计制度,逐步建立覆盖建设行业各类人才队伍的统计信息系统。制定实施建设系统人才队伍建设、教育培训工作等情况的定期通报制度。研究制定人才培训的质量评估制度,提高教育培训质量。

(二十一)切实加强舆论宣传工作。各级建设行政部门要通过报纸、广播、电视、网络等媒体,大力宣传实施人才强国战略的重要意义,大力宣传加强建设人才工作的重要性和紧迫性,大力宣传各类优秀人才的典型事迹和人才队伍建设工作的先进经验,营造有利于建设人才工作的良好舆论环境。继续组织技能竞赛和技术比武等活动,提高技能人才的社会地位。

(二十二)加强监督检查,狠抓工作落实。各级建设行政部门要结合实际,制定贯彻实施本《意见》的配套措施。要加大对建设人才工作的监督检查,做到工作有部署、有检查、有评估、有总结,确保各项政策措施落到实处。

请各地、各单位结合实际,认真贯彻落实。

中华人民共和国建设部

2004 年 7 月 7 日

城市危险房屋管理规定

(1989年11月21日建设部令第4号发布,2004年7月20日根据《建设部关于修改<城市危险房屋管理规定>的决定》修正)

第一章 总 则

第一条 为加强城市危险房屋管理,保障居住和使用安全,促进房屋有效利用,制定本规定。

第二条 本规定适用于城市(指直辖市、市、建制镇,下同)内各种所有制的房屋。

本规定所称危险房屋,系指结构已严重损坏或承重构件已属危险构件,随时有可能丧失结构稳定和承载能力,不能保证居住和使用安全的房屋。

第三条 房屋所有人、使用人,均应遵守本规定。

第四条 房屋所有人和使用人,应当爱护和正确使用房屋。

第五条 建设部负责全国的城市危险房屋管理工作。

县级以上地方人民政府房地产行政主管部门负责本辖区的城市危险房屋管理工作。

第二章 鉴 定

第六条 市、县人民政府房地产行政主管部门应设立房屋安全鉴定机构(以下简称鉴定机构),负责房屋的安全鉴定,并统一启用"房屋安全鉴定专用章"。

第七条 房屋所有人或使用人向当地鉴定机构提供鉴定申请时,必须持有证明其具备相关民事权利的合法证件。

鉴定机构接到鉴定申请后,应及时进行鉴定。

第八条 鉴定机构进行房屋安全鉴定应按下列程序进行:

(一)受理申请;

(二)初始调查,摸清房屋的历史和现状;

(三)现场查勘、测试、记录各种损坏数据和状况;

(四)检测验算,整理技术资料;

(五)全面分析,论证定性,作出综合判断,提出处理建议;

(六)签发鉴定文书。

第九条 对被鉴定为危险房屋的,一般可分为以下四类进行处理:

(一)观察使用。适用于采取适当安全技术措施后,尚能短期使用,但需继续观察的房屋。

(二)处理使用。适用于采取适当技术措施后,可解除危险的房屋。

(三)停止使用。适用于已无修缮价值,暂时不便拆除,又不危及相邻建筑和影响他人安全的房屋。

(四)整体拆除。适用于整幢危险且无修缮价值,需立即拆除的房屋。

第十条 进行安全鉴定,必须有两名以上鉴定人员参加。对特殊复杂的鉴定项目,鉴定机构可另外聘请专业人员或邀请有关部门派员参与鉴定。

第十一条 房屋安全鉴定应使用统一术语,填写鉴定文书,提出处理意见。

经鉴定属危险房屋的,鉴定机构必须及时发出危险房屋通知书;属于非危险房屋的,应在鉴定文书上注明在正常使用条件下的有效时限,一般不超过一年。

第十二条 房屋经安全鉴定后,鉴定机构可以收取鉴定费。鉴定费的收取标准,可根据当地情况,由鉴定机构提出,经市、县人民政府房地产行政主管部门会同物价部门批准后执行。

房屋所有人和使用人都可提出鉴定申请。经鉴定为危险房屋的,鉴定费由所有人承担;经鉴定为非危险房屋的,鉴定费由申请人承担。

第十三条 受理涉及危险房屋纠纷案件的仲裁或审判机关,可指定纠纷案件的当事人申请房屋安全鉴定;必要时,亦可直接提出房屋安全鉴定的要求。

第十四条 鉴定危险房屋执行部颁《危险房屋鉴定标准》(CJ13—86)。对工业建筑、公共建筑、高层建筑及文物保护建筑等的鉴定,还应参照有关专业技术标准、规范和规程进行。

第三章 治 理

第十五条 房屋所有人应定期对其房屋进行安全检查。在暴风、雨雪季节,房屋所有人应做好排险解危的各项准备;市、县人民政府房地产行政主管部门要加强监督检查,并在当地政府统一领导下,做好抢险救灾工作。

第十六条 房屋所有人对危险房屋能解危的,要及时解危；解危暂时有困难的，应采取安全措施。

第十七条　房屋所有人对经鉴定的危险房屋，必须按照鉴定机构的处理建议，及时加固或修缮治理；如房屋所有人拒不按照处理建议修缮治理，或使用人有阻碍行为的，房地产行政主管部门有权指定有关部门代修，或采取其他强制措施。发生的费用由责任人承担。

第十八条　房屋所有人进行抢险解危需要办理各项手续时，各有关部门应给予支持，及时办理，以免延误时间发生事故。

第十九条　治理私有危险房屋，房屋所有人确有经济困难无力治理时，其所在单位可给予借贷；如系出租房屋，可以和承租人合资治理，承租人付出的修缮费用可以折抵租金或由出租人分期偿还。

第二十条　经鉴定机构鉴定为危险房屋，并需要拆除重建时，有关部门应酌情给予政策优惠。

第二十一条　异产毗连危险房屋的各所有人，应按照国家对异产毗连房屋的有关规定，共同履行治理责任。拒不承担责任的，由房屋所在地房地产行政主管部门调处；当事人不服的，可向当地人民法院起诉。

第四章　法律责任

第二十二条　因下列原因造成事故的，房屋所有人应承担民事或行政责任：

（一）有险不查或损坏不修；

（二）经鉴定机构鉴定为危险房屋而未采取有效的解危措施。

第二十三条　因下列原因造成事故的，使用人、行为人应承担民事责任：

（一）使用人擅自改变房屋结构、构件、设备或使用性质；

（二）使用人阻碍房屋所有人对危险房屋采取解危措施；

（三）行为人由于施工、堆物、碰撞等行为危及房屋。

第二十四条　有下列情况的，鉴定机构应承担民事或行政责任：

（一）因故意把非危险房屋鉴定为危险房屋而造成损失；

（二）因过失把危险房屋鉴定为非危险房屋，并在有效时限内发生事故；

（三）因拖延鉴定时间而发生事故。

第二十五条　有本章第二十二、二十三、二十四条所列行为，给他人造成生命财产损失，已构成犯罪的，由司法机关依法追究刑事责任。

第五章　附　则

第二十六条　县级以上地方人民政府房地产行政主管部门可依据本规定，结合当地情况，制定实施细则，经同级人民政府批准后，报上一级主管部门备案。

第二十七条　未设镇建制的工矿区可参照本规定执行。

第二十八条　本规定由建设部负责解释。

第二十九条　本规定自一九九〇年一月一日起施行。

城市房屋白蚁防治管理规定

（1999年10月15日建设部令第72号发布，2004年7月20日根据《建设部关于修改＜城市房屋白蚁防治管理规定＞的决定》修正）

第一条　为了加强城市房屋的白蚁防治管理，控制白蚁危害，保证城市房屋的住用安全，制定本规定。

第二条　本规定适用于白蚁危害地区城市房屋的白蚁防治管理。

本规定所称的城市房屋白蚁防治管理，是指对新建、改建、扩建、装饰装修等房屋的白蚁预防和对原有房屋的白蚁检查与灭治的管理。

凡白蚁危害地区的新建、改建、扩建、装饰装修的房屋必须实施白蚁预防处理。

白蚁危害地区的确定由省、自治区人民政府建设行政主管部门、直辖市人民政府房地产行政主管部门负责。

第三条 城市房屋白蚁防治工作应当贯彻预防为主、防治结合、综合治理的方针。

第四条 国家鼓励开展城市房屋白蚁防治科学研究，推广应用新药物、新技术、新工艺、新设备。

第五条 国务院建设行政主管部门负责全国城市房屋白蚁防治的监督管理工作。

省、自治区人民政府建设行政主管部门负责本行政区域内城市房屋白蚁防治的监督管理工作。

直辖市、市、县人民政府房地产行政主管部门负责本行政区域内城市房屋白蚁防治的监督管理工作。

第六条 设立白蚁防治单位，应当具备以下条件：

（一）有自己的名称和组织机构；

（二）有固定的办公地点及场所；

（三）有 30 万元以上的注册资本；

（四）有生物、药物检测和建筑工程等专业的专职技术人员。

第七条 建设项目依法批准后，建设单位应当将白蚁预防费用列入工程概预算。

第八条 建设项目开工前，建设单位应当与白蚁防治单位签订白蚁预防合同。白蚁预防合同中应当载明防治范围、防治费用、质量标准、验收方法、包治期限、定期回访、双方的权利义务以及违约责任等内容。

白蚁预防包治期限不得低于 15 年，包治期限自工程交付使用之日起计算。

第九条 白蚁防治单位应当建立健全白蚁防治质量保证体系，严格按照国家和地方有关城市房屋白蚁防治的施工技术规范和操作程序进行防治。

第十条 城市房屋白蚁防治应当使用经国家有关部门批准生产的药剂。白蚁防治单位应当建立药剂进出领料制度。药剂必须专仓储存、专人管理。

第十一条 房地产开发企业在进行商品房销（预）售时，应当向购房人出具该项目的《白蚁预防合同》或者其他实施房屋白蚁预防的证明文件，提供的《住宅质量保证书》中必须包括白蚁预防质量保证的内容。

建设单位在办理房屋产权登记手续时，应当向房地产行政主管部门出具按照本规定实施房屋白蚁预防的证明文件。

第十二条 原有房屋和超过白蚁预防包治期限的房屋发生蚁害的，房屋所有人、使用人或者房屋管理单位应当委托白蚁防治单位进行灭治。

房屋所有人、使用人以及房屋管理单位应当配合白蚁防治单位进行白蚁的检查和灭治工作。

第十三条 违反本规定第六条的规定，从事白蚁防治业务的，由房屋所在地的县级以上地方人民政府房地产行政主管部门责令改正，并可处以 1 万元以上 3 万元以下的罚款。

第十四条 白蚁防治单位违反本规定第九条规定的，由房屋所在地的县级以上人民政府房地产行政主管部门责令限期改正，并处以 1 万元以上 3 万元以下的罚款。

第十五条 白蚁防治单位违反本规定第十条的规定，使用不合格药物的，由房屋所在地的县级以上人民政府房地产行政主管部门责令限期改正，并处以 3 万元的罚款。

第十六条 房地产开发企业违反本规定第十一条第一款的规定，由房屋所在地的县级以上地方人民政府房地产行政主管部门责令限期改正，并处以 2 万元以上 3 万元以下的罚款。

建设单位未按照本规定进行白蚁预防的，由房屋所在地的县级以上地方人民政府房地产行政主管部门责令限期改正，并处以 1 万元以上 3 万元以下的罚款。

第十七条 房屋所有人、使用人或者房屋管理单位违反本规定第十二条规定的，房屋所在地的县级以上地方人民政府房地产行政主管部门，可以对责任人处以 1000 元的罚款。

第十八条 白蚁防治单位违反本规定从事白蚁防治工作，给当事人造成损失的，承担相应的赔偿责任；造成重大质量事故或者其他严重后果，构成犯罪的，依法追究刑事责任。

第十九条 国家机关工作人员在城市房屋白蚁防治管理工作中玩忽职守、徇私舞弊、滥用职权的，依法给予行政处分；构成犯罪的，依法追究刑事责任。

第二十条 本规定由国务院建设行政主管部门负责解释。

第二十一条 本规定自 1999 年 11 月 1 日起施行。

城市商品房预售管理办法

（1994年11月15日建设部令第40号发布，根据2001年8月15日《建设部关于修改<城市商品房预售管理办法>的决定》、2004年7月20日《建设部关于修改<城市商品房预售管理办法>的决定》修正）

第一条 为加强商品房预售管理，维护商品房交易双方的合法权益，根据《中华人民共和国城市房地产管理法》、《城市房地产开发经营管理条例》，制定本办法。

第二条 本办法所称商品房预售是指房地产开发企业（以下简称开发企业）将正在建设中的房屋预先出售给承购人，由承购人支付定金或房价款的行为。

第三条 本办法适用于城市商品房预售的管理。

第四条 国务院建设行政主管部门归口管理全国城市商品房预售管理；

省、自治区建设行政主管部门归口管理本行政区域内城市商品房预售管理；

市、县人民政府建设行政主管部门或房地产行政主管部门（以下简称房地产管理部门）负责本行政区域内城市商品房预售管理。

第五条 商品房预售应当符合下列条件：

（一）已交付全部土地使用权出让金，取得土地使用权证书；

（二）持有建设工程规划许可证和施工许可证；

（三）按提供预售的商品房计算，投入开发建设的资金达到工程建设总投资的25%以上，并已经确定施工进度和竣工交付日期。

第六条 商品房预售实行许可制度。开发企业进行商品房预售，应当向房地产管理部门申请预售许可，取得《商品房预售许可证》。

未取得《商品房预售许可证》的，不得进行商品房预售。

第七条 开发企业申请预售许可，应当提交下列证件（复印件）及资料：

（一）商品房预售许可申请表；

（二）开发企业的《营业执照》和资质证书；

（三）土地使用权证、建设工程规划许可证、施工许可证；

（四）投入开发建设的资金占工程建设总投资的比例符合规定条件的证明；

（五）工程施工合同及关于施工进度的说明；

（六）商品房预售方案。预售方案应当说明预售商品房的位置、面积、竣工交付日期等内容，并应当附预售商品房分层平面图。

第八条 商品房预售许可依下列程序办理：

（一）受理。开发企业按本办法第七条的规定提交有关材料，材料齐全的，房地产管理部门应当当场出具受理通知书；材料不齐的，应当当场或者5日内一次性书面告知需要补充的材料。

（二）审核。房地产管理部门对开发企业提供的有关材料是否符合法定条件进行审核。

开发企业对所提交材料实质内容的真实性负责。

（三）许可。经审查，开发企业的申请符合法定条件的，房地产管理部门应当在受理之日起10日内，依法作出准予预售的行政许可书面决定，发送开发企业，并自作出决定之日起10日内向开发企业颁发、送达《商品房预售许可证》。

经审查，开发企业的申请不符合法定条件的，房地产管理部门应当在受理之日起10日内，依法作出不予许可的书面决定。书面决定应当说明理由，告知开发企业享有依法申请行政复议或者提起行政诉讼的权利，并送达开发企业。

商品房预售许可决定书、不予商品房预售许可决定书应当加盖房地产管理部门的行政许可专用印章，《商品房预售许可证》应当加盖房地产管理部门的印章。

（四）公示。房地产管理部门作出的准予商品房预售许可的决定，应当予以公开，公众有权查阅。

第九条 开发企业进行商品房预售，应当向承购人出示《商品房预售许可证》。售楼广告和说明书应当载明《商品房预售许可证》的批准文号。

第十条 商品房预售，开发企业应当与承购人签订商品房预售合同。开发企业应当自签约之日起30日内，向房地产管理部门和市、县人民政府土地管理部门办理商品房预售合同登记备案手续。

房地产管理部门应当积极应用网络信息技术，逐步推行商品房预售合同网上登记备案。

商品房预售合同登记备案手续可以委托代理人办理。委托代理人办理的，应当有书面委托书。

第十一条 开发企业预售商品房所得款项应当用于有关的工程建设。

商品房预售款监管的具体办法，由房地产管理部门制定。

第十二条 预售的商品房交付使用之日起90日内，承购人应当依法到房地产管理部门和市、县人民政府土地管理部门办理权属登记手续。开发企业应当予以协助，并提供必要的证明文件。

由于开发企业的原因，承购人未能在房屋交付使用之日起90日内取得房屋权属证书的，除开发企业和承购人有特殊约定外，开发企业应当承担违约责任。

第十三条 开发企业未取得《商品房预售许可证》预售商品房的，依照《城市房地产开发经营管理条例》第三十九条的规定处罚。

第十四条 开发企业不按规定使用商品房预售款项的，由房地产管理部门责令限期纠正，并可处以违法所得3倍以下但不超过3万元的罚款。

第十五条 开发企业隐瞒有关情况、提供虚假材料，或者采用欺骗、贿赂等不正当手段取得商品房预售许可的，由房地产管理部门责令停止预售，撤销商品房预售许可，并处3万元罚款。

第十六条 省、自治区建设行政主管部门、直辖市建设行政主管部门或房地产行政管理部门可以根据本办法制定实施细则。

第十七条 本办法由国务院建设行政主管部门负责解释。

第十八条 本办法自1995年1月1日起施行。

国家发展改革委、建设部关于印发《物业服务收费明码标价规定》的通知

发改价检[2004]1428号

各省、自治区、直辖市及计划单列市发展改革委(计委)、物价局、建设厅、房地局：

为进一步规范物业服务收费行为，提高物业服务收费透明度，维护业主和物业管理企业的合法权益，促进物业管理行业的健康发展，根据《中华人民共和国价格法》、《物业管理条例》和《关于商品和服务实行明码标价的规定》，我们制定了《物业服务收费明码标价规定》。现印发给你们，请认真贯彻执行。

附：物业服务收费明码标价规定

中华人民共和国国家发展和改革委员会
中华人民共和国建设部
2004年7月19日

附：

物业服务收费明码标价规定

第一条 为进一步规范物业服务收费行为，提高物业服务收费透明度，维护业主和物业管理企业的合法权益，促进物业管理行业的健康发展，根据《中华人民共和国价格法》、《物业管理条例》和《关于商品和服务实行明码标价的规定》，制定本规定。

第二条 物业管理企业向业主提供服务(包括按照物业服务合同约定提供物业服务以及根据业主委托提供物业服务合同约定以外的服务)，应当按照本规定实行明码标价，标明服务项目、收费标准等有关情况。

第三条 物业管理企业实行明码标价，应当遵循公开、公平和诚实信用的原则，遵守国家价格法律、法规、规章和政策。

第四条 政府价格主管部门应当会同同级房地产主管部门对物业服务收费明码标价进行管理。政府价格主管部门对物业管理企业执行明码标价规定的情况实施监督检查。

第五条　物业管理企业实行明码标价应当做到价目齐全，内容真实，标示醒目，字迹清晰。

第六条　物业服务收费明码标价的内容包括：物业管理企业名称、收费对象、服务内容、服务标准、计费方式、计费起始时间、收费项目、收费标准、价格管理形式、收费依据、价格举报电话12358等。

实行政府指导价的物业服务收费应当同时标明基准收费标准、浮动幅度，以及实际收费标准。

第七条　物业管理企业在其服务区域内的显著位置或收费地点，可采取公示栏、公示牌、收费表、收费清单、收费手册、多媒体终端查询等方式实行明码标价。

第八条　物业管理企业接受委托代收供水、供电、供气、供热、通讯、有线电视等有关费用的，也应当依照本规定第六条、第七条的有关内容和方式实行明码标价。

第九条　物业管理企业根据业主委托提供的物业服务合同约定以外的服务项目，其收费标准在双方约定后应当以适当的方式向业主进行明示。

第十条　实行明码标价的物业服务收费的标准等发生变化时，物业管理企业应当在执行新标准前一个月，将所标示的相关内容进行调整，并应标示新标准开始实行的日期。

第十一条　物业管理企业不得利用虚假的或者使人误解的标价内容、标价方式进行价格欺诈。不得在标价之外，收取任何未予标明的费用。

第十二条　对物业管理企业不按规定明码标价或者利用标价进行价格欺诈的行为，由政府价格主管部门依照《中华人民共和国价格法》、《价格违法行为行政处罚规定》、《关于商品和服务实行明码标价的规定》、《禁止价格欺诈行为的规定》进行处罚。

第十三条　本规定自2004年10月1日起施行。

国土资源调查专项资金管理暂行办法

第一章　总　则

第一条　为加强对国土资源调查专项资金的管理，提高资金使用效益，确保国土资源大调查工作的顺利实施，根据《中华人民共和国预算法》以及有关法律、法规，制定本办法。

第二条　国土资源调查专项资金是中央财政为支持国家基础性、公益性、战略性国土资源综合调查评价工作，促进国民经济和社会可持续发展而设立的专项资金。

第三条　国土资源调查专项资金实行项目管理，单独核算，专款专用，任何单位和个人不得挤占、截留和挪用。

第四条　国土资源调查专项资金的管理必须做到公平、公开、公正，坚持集中资源、突出重点、合理安排、讲求效益的原则。

第二章　组织机构和职责

第五条　财政部负责国土资源调查专项资金预算管理，具体职责如下：

（一）确定年度经费总预算；

（二）确定项目经费预算编制原则；

（三）核批年度项目经费预算及组织实施费预算；

（四）监督检查经费的管理和使用情况。

第六条　国土资源部负责组织和管理国土资源大调查工作，具体职责如下：

（一）编制国土资源大调查规划，提出年度项目立项指南，确定年度项目立项计划；

（二）提出年度项目经费预算及组织实施费预算建议；

（三）对重大项目和组织实施单位承担的项目组织审查论证和验收；

（四）会同财政部监督检查经费的管理和使用情况。

第七条　国土资源部所属有关事业单位为国土资源大调查组织实施单位（以下简称组织实施单位），负责国土资源大调查计划的组织实施及项目日常管理。具体职责如下：

（一）按照国土资源大调查规划和年度项目立项指南，组织编制项目计划建议，编报项目经费预算及组织实施费预算建议；

（二）组织项目论证、评估、评审，组织项目招投标；

（三）按照财政部、国土资源部的要求汇总报送项目预算执行情况；

（四）受财政部、国土资源部委托，对经费的管理和使用情况进行监督检查。

第八条 项目承担单位负责国土资源大调查项目的具体实施。具体职责如下：

（一）编制项目可行性报告及经费支出概算；

（二）负责项目实施及项目经费的财务管理和会计核算；

（三）根据国家有关规定以及与组织实施单位签订的项目合同或协议，提交项目成果及相关资料。

（四）接受有关部门及其委托机构的监督检查，并按要求提供项目预算执行情况和有关财务资料。

第九条 组织实施单位及其直属单位直接承担的项目，由国土资源部负责管理。

第三章 项目预算管理

第十条 国土资源部根据国家国民经济和社会发展对国土资源的需求以及国土资源大调查规划，会同财政部在确定年度项目预算安排的原则和重点基础上，制定并发布年度项目立项指南。

第十一条 根据年度项目立项指南确定的范围和要求，各项目申报单位编制项目可行性报告（含经费支出概算）报送组织实施单位。

项目申报单位隶属于地方的，应将项目可行性报告送所在地省级国土资源部门和财政部门签署意见后再报送组织实施单位。

第十二条 组织实施单位组织由技术和经济专家组成的专家委员会对项目可行性报告进行论证、评估或评审。

组织实施单位及其直属单位承担的项目，由国土资源部会同财政部组织专家对项目可行性报告进行审查论证。

对符合招投标条件的项目，由国土资源部或组织实施单位组织招投标确定项目承担单位。

第十三条 组织实施单位组织审查的项目，由组织实施单位根据项目立项论证及项目招标结果，编制年度国土资源大调查项目计划及项目经费预算建议报送国土资源部。

国土资源部对组织实施单位报送的项目计划及项目经费预算建议审核后，连同经审定的组织实施单位及其直属单位承担的项目计划及项目经费预算汇总编制年度国土资源大调查项目计划，提出年度项目预算建议报送财政部。

组织实施费预算由组织实施单位编报并经国土资源部审定后，由国土资源部单独向财政部报送。

第十四条 财政部对国土资源部报送的各项用国土资源调查专项资金安排的项目进行审核后，按项目承担单位预算管理渠道批复下达项目预算。

国土资源大调查项目经费预算一经下达，原则上不得调整。如确需调整的，必须按照规定程序报财政部批复后执行。

第十五条 项目预算中需要进行政府采购的支出，应按照《政府采购法》规定纳入本单位年度政府采购预算，并按有关规定组织采购。

第十六条 国土资源调查专项资金的拨付按照财政预算资金拨付的有关要求执行。

第十七条 根据财政部下达的年度国土资源大调查项目经费预算，以及国土资源部下达的年度国土资源大调查计划，组织实施单位与项目承担单位签订合同或协议。

第十八条 财政部会同国土资源部研究发布国土资源调查预算标准，规范预算编制和财务管理。

第十九条 国土资源大调查项目立项指南，项目及承担单位，项目经费预算以及提交的项目成果，除国家另有规定外，均应向社会公开。

第四章 财务管理

第二十条 国土资源调查专项资金包括项目费和组织实施费，按项目核算成本费用。

第二十一条 项目费是指开展国土资源大调查项目所发生的所有直接费用和间接费用，主要包括：人员费、专用仪器设备费、能源材料费、外协费、用地补偿费、差旅费、会议费、管理费和其他相关费用。

人员费，指直接从事项目工作人员的工资性费用。项目组成员所在单位有财政事业费拨款的，由所在单位按照国家规定的标准从事业费中足额支付给项目组成员，并按规定在项目预算的相关科目中列示，不得在项目经费中重复列支。

专用仪器设备费，指项目实施所必需的专用仪器、设备、野外应急装备等购置费。已由其他资金安排购置或现有仪器设备已能满足项目工作需要的，不得在项目经费中重复列支。用国土资源调查专项资金购置的专用仪器设备,必须登记入账,纳入单位固定资产管理。

能源材料费,指项目实施直接耗用的原材料、燃料及动力、专用管材、低值易耗品等费用。

外协费,指项目实施所必需的外协测试、施工、加工、软件研制以及租赁费用。

用地补偿费,指因项目实施过程中占用土地需支付的临时性设施拆建费、临时性土地占用费、青苗树木赔偿费等。

差旅费,指为项目实施而进行的国内调研考察、出野外工作等所发生的交通、住宿等费用。

会议费,指项目实施过程中组织召开的与项目实施有关的专题研究、学术会议的费用。

管理费,指项目承担单位为组织管理项目而支出的各项费用。包括现有仪器设备和房屋使用费或折旧、直接管理人员费用和其他相关管理支出。管理费不得超过项目经费总预算的5%。

其他相关费用,指除上述费用之外与项目实施有关的其他费用。此项费用应严格控制在与项目实施有关的支出范围,在编制预算时应细化到具体内容。

以上各项费用,国家有开支标准的,按国家有关规定执行。

第二十二条　组织实施费,指组织实施单位为了组织项目,开展项目评审、评估或招标,对项目进行监督检查,项目验收及对项目进行绩效考评等工作所发生的费用。

第二十三条　国土资源大调查项目经费支出应严格控制在预算核定的额度内,按规定的费用开支范围和标准对项目进行成本核算,不得虚列、多提、多摊费用;不得扩大开支范围,提高开支标准;不得用于弥补单位事业费不足;不得建立各种基金。

第二十四条　下列费用不得列入国土资源大调查项目经费:

(一)应由事业费、基本建设资金、其他专项资金开支的费用;

(二)各种奖金、福利和社保支出;

(三)归还贷款本息;

(四)投资性支出、捐赠及赞助;

(五)各种罚款、违约金、滞纳金等支出;

(六)与国土资源大调查项目无关的其他支出。

第二十五条　项目工作结束后,应当按照要求进行项目验收。在项目验收时,项目承担单位除提供成果验收报告外,还需提供项目经费使用情况的总结报告。项目验收委员会成员中应包括财务专家。

项目验收结果应及时报国土资源部和财政部备案。

第二十六条　项目的年度结余经费应按财政部有关规定进行管理。

第五章　监督检查

第二十七条　财政部、国土资源部负责组织对国土资源调查专项资金使用情况进行监督检查,并逐步建立项目经费支出绩效评价制度。

第二十八条　组织实施单位应建立健全经费使用管理的监督约束机制,建立项目跟踪反馈制度,及时处理和纠正项目经费使用中的问题。重大事项要及时向财政部和国土资源部报告。

第二十九条　项目承担单位应加强项目资金管理,严格遵守有关财务会计制度,并积极配合有关部门组织的监督检查。

第三十条　项目组织实施单位及专家委员会等有关人员在项目论证、评估、评审、招标、管理中弄虚作假、徇私舞弊、玩忽职守和泄露机密的,按有关法律法规的规定处理。

第三十一条　对有下列情况之一的,财政部、国土资源部将根据情况采取通报批评、停止拨款、调整项目预算、终止项目、收回已拨项目经费等措施予以相应的处理。构成犯罪的,移送司法机关处理。

(一)虚列项目及虚列支出的;

(二)擅自转包项目、改变项目设计、调整项目经费预算的;

(三)截留、挪用、挤占项目经费的;

(四)随意转拨项目资金的;

(五)项目完成后未及时验收或验收未通过的;

(六)违反财务会计制度和本办法规定的;

(七)其他违反法律、法规、制度规定的。

第六章　附　则

第三十二条　本办法由财政部会同国土资源部负责解释。

第三十三条　本办法自2004年8月1日起实施。

工程建设项目招标投标活动投诉处理办法

国家发展和改革委员会、建设部、铁道部、交通部、信息产业部、水利部、中国民用航空总局　令第11号

2004年6月21日

第一条　为保护国家利益、社会公共利益和招标投标当事人的合法权益，建立公平、高效的工程建设项目招标投标活动投诉处理机制，根据《中华人民共和国招标投标法》第六十五条规定，制定本办法。

第二条　本办法适用于工程建设项目招标投标活动的投诉及其处理活动。

前款所称招标投标活动，包括招标、投标、开标、评标、中标以及签订合同等各阶段。

第三条　投标人和其他利害关系人认为招标投标活动不符合法律、法规和规章规定的，有权依法向有关行政监督部门投诉。

前款所称其他利害关系人是指投标人以外的，与招标项目或者招标活动有直接和间接利益关系的法人、其他组织和个人。

第四条　各级发展改革、建设、水利、交通、铁道、民航、信息产业（通信、电子）等招标投标活动行政监督部门，依照《国务院办公厅印发国务院有关部门实施招标投标活动行政监督的职责分工的意见的通知》（国办发［2000］34号）和地方各级人民政府规定的职责分工，受理投诉并依法做出处理决定。

对国家重大建设项目（含工业项目）招标投标活动的投诉，由国家发展改革委受理并依法做出处理决定。对国家重大建设项目招标投标活动的投诉，有关行业行政监督部门已经受理的，应当通报国家发展改革委，国家发展改革委不再受理。

第五条　行政监督部门处理投诉时，应当坚持公平、公正、高效原则，维持国家利益、社会公共利益和招标投标当事人的合法权益。

第六条　行政监督部门应当确定本部门内部负责受理投诉的机构及其电话、传真、电子信箱和通讯地址，并向社会公布。

第七条　投诉人投诉时，应当提交投诉书。投诉书应当包括下列内容：

（一）投诉人的名称、地址及有效联系方式；

（二）被投诉人的名称、地址及有效联系方式；

（三）投诉事项的基本事实；

（四）相关请求及主张；

（五）有效线索和相关证明材料。

投诉人是法人的，投诉书必须由其法定代表人或者授权代表签字并盖章；其他组织或者个人投诉的，投诉书必须由其主要负责人或者投诉人本人签字，并附有效身份证明复印件。

投诉书有关材料是外文的，投诉人应当同时提供其中文译本。

第八条　投诉人不得以投诉为名排挤竞争对手，不得进行虚假、恶意投诉，阻碍招标投标活动的正常进行。

第九条　投诉人应当在知道或者应当知道其权益受到侵害之日起十日内提出书面投诉。

第十条　投诉人可以直接投诉，也可以委托代理人办理投诉事务。代理人办理投诉事务时，应将授权委托书连同投诉书一并提交给行政监督部门。授权委托书应当明确有关委托代理权限和事项。

第十一条　行政监督部门收到投诉书后，应当在五日内进行审查，视情况分别做出以下处理决定。

（一）不符合投诉处理条件的，决定不予受理，并将不予受理的理由书面告知投诉人；

（二）对符合投诉处理条件，但不属于本部门受理的投诉，书面告知投诉人向其他行政监督部门提出投诉；

对于符合投诉处理条件并决定受理的，收到投诉书之日即为正式受理。

第十二条　有下列情形之一的投诉，不予受理；

（一）投诉人不是所投诉招标投标活动的参与者，或者与投诉项目无任何利害关系；

（二）投诉事项不具体，且未提供有效线索，难以查证的；

（三）投诉书未署具投诉人真实姓名、签字和有效联系方式的；以法人名义投诉的，投诉书未经法定代表人签字并加盖公章的；

（四）超过投诉时效的；

（五）已经作出处理决定，并且投诉人没有提出新的证据；

（六）投诉事项已进入行政复议或者行政诉讼程序的。

第十三条　行政监督部门负责投诉处理的工作人

员，有下列情形之一的，应当主动回避：

（一）近亲属是被投诉人、投诉人，或者是被投诉人、投诉人的主要负责人；

（二）在近三年内本人曾经在被投诉人单位担任高级管理职务；

（三）与被投诉人、投诉人有其他利害关系，可能影响对投诉事项公正处理的。

第十四条　行政监督部门受理投诉后，应当调取、查阅有关文件，调查、核实有关情况。

对情况复杂、涉及面广的重大投诉事项，有权受理投诉的行政监督部门可以会同其他有关的行政监督部门进行联合调查，共同研究后由受理部门做出处理决定。

第十五条　行政监督部门调查取证时，应当由两名以上行政执法人员进行，并做笔录，交被调查人签字确认。

第十六条　在投诉处理过程中，行政监督部门应当听取被投诉人的陈述和申辩，必要时可通知投诉人和被投诉人进行质证。

第十七条　行政监督部门负责处理投诉的人员应当严格遵守保密规定，对于在投诉处理过程中所接触到的国家秘密、商业秘密应当予以保密，也不得将投诉事项透露给予投诉无关的其他单位和个人。

第十八条　对行政监督部门依法进行的调查，投诉人、被投诉人以及评标委员会成员等与投诉事项有关的当事人应当予以配合，如实提供有关资料及情况，不得拒绝、隐匿或者伪报。

第十九条　投诉处理决定做出前，投诉人要求撤回投诉的，应当以书面形式提出并说明理由，由行政监督部门视以下情况，决定是否准予撤回；

（一）已经查实有明显违法行为的，应当不准撤回，并继续调查直至做出处理决定；

（二）撤回投诉不损害国家利益、社会公共利益或者其他当事人合法权益的，应当准予撤回，投诉处理过程终止。投诉人不得以同一事实和理由再提出投诉。

第二十条　行政监督部门应当根据调查和取证情况，对投诉事项进行审查，按照下列规定做出处理决定：

（一）投诉缺乏事实根据或者法律依据的，驳回投诉；

（二）投诉情况属实，招标投标活动确实存在违法行为的，依据《中华人民共和国招标投标法》及其他有关法规、规章做出处罚。

第二十一条　负责受理投诉的行政监督部门应当自受理投诉之日起三十日内，对投诉事项做出处理决定，并以书面形式通知投诉人、被投诉人和其他与投诉处理结果有关的当事人。

情况复杂，不能在规定期限内做出处理决定的，经本部门负责人批准，可以适当延长，并告知投诉人和被投诉人。

第二十二条　投诉处理决定应当包括下列主要内容：

（一）投诉人和被投诉人的名称、住址；

（二）投诉人的投诉事项及主张；

（三）被投诉人的答辩及请求；

（四）调查认定的基本事实；

（五）行政监督部门的处理意见及依据。

第二十三条　行政监督部门应当建立投诉处理档案，并做好保存和管理工作，接受有关方面的监督检查。

第二十四条　行政监督部门在处理投诉过程中，发现被投诉人单位直接负责的主管人员和其他直接责任人员有违法、违规或者违纪行为的，应当建议其行政主管机关、纪检监察部门给予处分；情节严重构成犯罪的，移送司法机关处理。

对招标代理机构有违法行为，且情节严重的，依法暂停直至取消招标代理资格。

第二十五条　当事人对行政监督部门的投诉处理决定不服或者行政监督部门逾期未做处理的，可以依法申请行政复议或者向人民法院提起行政诉讼。

第二十六条　投诉人故意捏造事实、伪造证明材料的，属于虚假恶意投诉，由行政监督部门驳回投诉，并给予警告；情节严重的，可以并处一万元以下罚款。

第二十七条　行政监督部门工作人员在处理投诉过程中徇私舞弊、滥用职权或者玩忽职守，对投诉人打击报复的，依法给予行政处分；构成犯罪的，依法追究刑事责任。

第二十八条　行政监督部门在处理投诉过程中，不得向投诉人和被投诉人收取任何费用。

第二十九条　对于性质恶劣、情节严重的投诉事项，行政监督部门可以将投诉处理结果在有关媒体上公布，接受舆论和公众监督。

第三十条　本办法由国家发展改革委会同国务院有关部门解释。

第三十一条　本办法自 2004 年 8 月 1 日起施行。

关于印发《关于在房地产开发项目中推行工程建设合同担保的若干规定(试行)》的通知

建市[2004]137 号

各省、自治区建设厅,直辖市建委及有关部门,计划单列市建委(建设局),新疆生产建设兵团建设局,解放军总后营房部:

《关于在房地产开发项目中推行工程建设合同担保的若干规定(试行)》已征得有关部门原则同意,现印发给你们,请结合实际贯彻落实。

中华人民共和国建设部

2004 年 8 月 6 日

第一章 总 则

第一条 为进一步规范建筑市场主体行为,降低工程风险,保障从事建设工程活动各方的合法权益和维护社会稳定,根据《中华人民共和国建筑法》、《中华人民共和国招标投标法》、《中华人民共和国合同法》、《中华人民共和国担保法》及有关法律法规,制定本规定。

第二条 工程建设合同造价在 1000 万元以上的房地产开发项目(包括新建、改建、扩建的项目),适用本规定。其他建设项目可参照本规定执行。

第三条 本规定所称工程建设合同担保,是指在工程建设活动中,根据法律法规规定或合同约定,由担保人向债权人提供的,保证债务人不履行债务时,由担保人代为履行或承担责任的法律行为。

本规定所称担保的有效期,是指债权人要求担保人承担担保责任的权利存续期间。在有效期内,债权人有权要求担保人承担担保责任。有效期届满,债权人要求担保人承担担保责任的实体权利消灭,担保人免除担保责任。

第四条 保证人提供的保证方式为一般保证或连带责任保证。

第五条 本规定所称担保分为投标担保、业主工程款支付担保、承包商履约担保和承包商付款担保。投标担保可采用投标保证金或保证的方式。业主工程款支付担保,承包商履约担保和承包商支付担保应采用保证的方式。当事人对保证方式没有约定或者约定不明确的,按照连带责任保证承担保证责任。

第六条 工程建设合同担保的保证人应是中华人民共和国境内注册的有资格的银行业金融机构、专业担保公司。

本规定所称专业担保公司,是指以担保为主要经营范围和主要经营业务,依法登记注册的担保机构。

第七条 依法设立的专业担保公司可以承担工程建设合同担保。但是,专业担保公司担保余额的总额不得超过净资产的 10 倍;单笔担保金额不得超过该担保公司净资产的 50%。不符合该条件的,可以与其他担保公司共同提供担保。

第八条 工程建设合同担保的担保费用可计入工程造价。

第九条 国务院建设行政主管部门负责对工程建设合同担保工作实行统一监督管理,县级以上地方人民政府建设行政主管部门负责对本行政区域内的工程建设合同担保进行监督管理。

第十条 各级建设行政主管部门将业主(房地产开发商)、承包商违反本办法的行为记入房地产信息管理系统、建筑市场监督管理系统等不良行为记录及信用评估系统。

第二章 业主工程款支付担保

第十一条 业主工程款支付担保,是指为保证业主履行工程合同约定的工程款支付义务,由担保人为业主向承包商提供的,保证业主支付工程款的担保。

业主在签订工程建设合同的同时,应当向承包商提交业主工程款支付担保。未提交业主工程款支付担保的建设工程,视作建设资金未落实。

第十二条 业主工程款支付担保可以采用银行保函、专业担保公司的保证。

业主支付担保的担保金额应当与承包商履约担保的担保金额相等。

第十三条 业主工程款支付担保的有效期应当在

合同中约定。合同约定的有效期截止时间为业主根据合同的约定完成了除工程质量保修金以外的全部工程结算款项支付之日起 30 天至 180 天。

第十四条　对于工程建设合同额超过 1 亿元人民币以上的工程，业主工程款支付担保可以按工程合同确定的付款周期实行分段滚动担保，但每段的担保金额为该段工程合同额的 10 – 15%。

第十五条　业主工程款支付担保采用分段滚动担保的，在业主、项目监理工程师或造价工程师对分段工程进度签字确认或结算，业主支付相应的工程款后，当期业主工程款支付担保解除，并自动进入下一阶段工程的担保。

第十六条　业主工程款支付担保与工程建设合同应当由业主一并送建设行政主管部门备案。

第三章　投标担保

第十七条　投标担保是指由担保人为投标人向招标人提供的，保证投标人按照招标文件的规定参加招标活动的担保。投标人在投标有效期内撤回投标文件，或中标后不签署工程建设合同的，由担保人按照约定履行担保责任。

第十八条　投标担保可采用银行保函、专业担保公司的保证，或定金(保证金)担保方式，具体方式由招标人在招标文件中规定。

第十九条　投标担保的担保金额一般不超过投标总价的 2%，最高不得超过 80 万元人民币。

第二十条　投标人采用保证金担保方式的，招标人与中标人签订合同后 5 个工作日内，应当向中标人和未中标的投标人退还投标保证金。

第二十一条　投标担保的有效期应当在合同中约定。合同约定的有效期截止时间为投标有效期后的 30 天至 180 天。

第二十二条　除不可抗力外，中标人在截标后的投标有效期内撤回投标文件，或者中标后在规定的时间内不与招标人签订承包合同的，招标人有权对该投标人所交付的保证金不予返还；或由保证人按照下列方式之一，履行保证责任：

(一)代承包商向招标人支付投标保证金，支付金额不超过双方约定的最高保证金额；

(二)招标人依法选择次低标价中标，保证人向招标人支付中标价与次低标价之间的差额，支付金额不超过双方约定的最高保证金额；

(三)招标人依法重新招标，保证人向招标人支付重新招标的费用，支付金额不超过双方约定的最高保证金额。

第四章　承包商履约担保

第二十三条　承包商履约担保，是指由保证人为承包商向业主提供的，保证承包商履行工程建设合同约定义务的担保。

第二十四条　承包商履约担保的担保金额不得低于工程建设合同价格(中标价格)的 10%。采用经评审的最低投标价法中标的招标工程，担保金额不得低于工程合同价格的 15%。

第二十五条　承包商履约担保的方式可采用银行保函、专业担保公司的保证。具体方式由招标人在招标文件中作出规定或者在工程建设合同中约定。

第二十六条　承包商履约担保的有效期应当在合同中约定。合同约定的有效期截止时间为工程建设合同约定的工程竣工验收合格之日后 30 天至 180 天。

第二十七条　承包商由于非业主的原因而不履行工程建设合同约定的义务时，由保证人按照下列方式之一，履行保证责任：

(一)向承包商提供资金、设备或者技术援助，使其能继续履行合同义务；

(二)直接接管该项工程或者另觅经业主同意的有资质的其他承包商，继续履行合同义务，业主仍按原合同约定支付工程款，超出原合同部分的，由保证人在保证额度内代为支付；

(三)按照合同约定，在担保额度范围内，向业主支付赔偿金。

第二十八条　业主向保证人提出索赔之前，应当书面通知承包商，说明其违约情况并提供项目总监理工程师及其监理单位对承包商违约的书面确认书。如果业主索赔的理由是因建筑工程质量问题，业主还需同时提供建筑工程质量检测机构出具的检测报告。

第二十九条　同一银行分支行或专业担保公司不得为同一工程建设合同提供业主工程款支付担保和承包商履约担保。

第五章　承包商付款担保

第三十条　承包商付款担保，是指担保人为承包商向分包商、材料设备供应商、建设工人提供的，保证承包商履行工程建设合同的约定向分包商、材料设备供应商、建设工人支付各项费用和价款，以及工资等款项的担保。

第三十一条 承包商付款担保可以采用银行保函、专业担保公司的保证。

第三十二条 承包商付款担保的有效期应当在合同中约定。合同约定的有效期截止时间为自各项相关工程建设分包合同（主合同）约定的付款截止日之后的30天至180天。

第三十三条 承包商不能按照合同约定及时支付分包商、材料设备供应商、工人工资等各项费用和价款的，由担保人按照担保函或保证合同的约定承担担保责任。

房屋建筑和市政基础设施工程施工图设计文件审查管理办法

中华人民共和国建设部令

第134号

《房屋建筑和市政基础设施工程施工图设计文件审查管理办法》已于2004年6月29日经第37次部常务会议讨论通过，现予发布，自公布之日起施行。

建设部部长 汪光焘

2004年8月23日

第一条 为了加强对房屋建筑工程、市政基础设施工程施工图设计文件审查的管理，根据《建设工程质量管理条例》、《建设工程勘察设计管理条例》，制定本办法。

第二条 在中华人民共和国境内从事房屋建筑工程、市政基础设施工程施工图设计文件审查和实施监督管理的，必须遵守本办法。

第三条 国家实施施工图设计文件（含勘察文件，以下简称施工图）审查制度。

本办法所称施工图审查，是指建设主管部门认定的施工图审查机构（以下简称审查机构）按照有关法律、法规，对施工图涉及公共利益、公众安全和工程建设强制性标准的内容进行的审查。

施工图未经审查合格的，不得使用。

第四条 国务院建设主管部门负责规定审查机构的条件、施工图审查工作的管理办法，并对全国的施工图审查工作实施指导、监督。

省、自治区、直辖市人民政府建设主管部门负责认定本行政区域内的审查机构，对施工图审查工作实施监督管理，并接受国务院建设主管部门的指导和监督。

市、县人民政府建设主管部门负责对本行政区域内的施工图审查工作实施日常监督管理，并接受省、自治区、直辖市人民政府建设主管部门的指导和监督。

第五条 省、自治区、直辖市人民政府建设主管部门应当按照国家确定的审查机构条件，并结合本行政区域内的建设规模，认定相应数量的审查机构。

审查机构是不以营利为目的的独立法人。

第六条 审查机构按承接业务范围分两类，一类机构承接房屋建筑、市政基础设施工程施工图审查业务范围不受限制；二类机构可以承接二级及以下房屋建筑、市政基础设施工程的施工图审查。

第七条 一类审查机构应当具备下列条件：

（一）注册资金不少于100万元。

（二）有健全的技术管理和质量保证体系。

（三）审查人员应当有良好的职业道德，具有15年以上所需专业勘察、设计工作经历；主持过不少于5项一级以上建筑工程或者大型市政公用工程或者甲级工程勘察项目相应专业的勘察设计；已实行执业注册制度的专业，审查人员应当具有一级注册建筑师、一级注册结构工程师或者勘察设计注册工程师资格，未实行执业注册制度的，审查人员应当有高级工程师以上职称。

（四）从事房屋建筑工程施工图审查的，结构专业审查人员不少于6人，建筑、电气、暖通、给排水、勘察等专业审查人员各不少于2人；从事市政基础设施工程施工图审查的，所需专业的审查人员不少于6人，其他必须配套的专业审查人员各不少于2人；专门从事勘察文件审查的，勘察专业审查人员不少于6人。

（五）审查人员原则上不得超过65岁，60岁以上审查人员不超过该专业审查人员规定数的1/2。

承担超限高层建筑工程施工图审查的，除具备上述条件外，还应当具有主持过超限高层建筑工程或者100米以上建筑工程结构专业设计的审查人员不少于3人。

第八条　二类审查机构应当具备下列条件：

（一）注册资金不少于50万元；

（二）有健全的技术管理和质量保证体系。

（三）审查人员应当有良好的职业道德，具有10年以上所需专业勘察、设计工作经历；主持过不少于5项二级以上建筑工程或者中型以上市政公用工程或者乙级以上工程勘察项目相应专业的勘察设计；已实行执业注册制度的专业，审查人员应当具有一级注册建筑师、一级注册结构工程师或者勘察设计注册工程师资格，未实行执业注册制度的，审查人员应当有工程师以上职称。

（四）从事房屋建筑工程施工图审查的，各专业审查人员不少于2人；从事市政基础设施工程施工图审查的，所需专业的审查人员不少于4人，其他必须配套的专业审查人员各不少于2人；专门从事勘察文件审查的，勘察专业审查人员不少于4人。

（五）审查人员原则上不得超过65岁，60岁以上审查人员不超过该专业审查人员规定数的1/2。

第九条　建设单位应当将施工图送审查机构审查。

建设单位可以自主选择审查机构，但是审查机构不得与所审查项目的建设单位、勘察设计企业有隶属关系或者其他利害关系。

第十条　建设单位应当向审查机构提供下列资料：

（一）作为勘察、设计依据的政府有关部门的批准文件及附件；

（二）全套施工图。

第十一条　审查机构应当对施工图审查下列内容：

（一）是否符合工程建设强制性标准；

（二）地基基础和主体结构的安全性；

（三）勘察设计企业和注册执业人员以及相关人员是否按规定在施工图上加盖相应的图章和签字；

（四）其他法律、法规、规章规定必须审查的内容。

第十二条　施工图审查原则上不超过下列时限：

（一）一级以上建筑工程、大型市政工程为15个工作日，二级及以下建筑工程、中型及以下市政工程为10个工作日。

（二）工程勘察文件，甲级项目为7个工作日，乙级及以下项目为5个工作日。

第十三条　审查机构对施工图进行审查后，应当根据下列情况分别作出处理：

（一）审查合格的，审查机构应当向建设单位出具审查合格书，并将经审查机构盖章的全套施工图交还建设单位。审查合格书应当有各专业的审查人员签字，经法定代表人签发，并加盖审查机构公章。审查机构应当在5个工作日内将审查情况报工程所在地县级以上地方人民政府建设主管部门备案。

（二）审查不合格的，审查机构应当将施工图退建设单位并书面说明不合格原因。同时，应当将审查中发现的建设单位、勘察设计企业和注册执业人员违反法律、法规和工程建设强制性标准的问题，报工程所在地县级以上地方人民政府建设主管部门。

施工图退建设单位后，建设单位应当要求原勘察设计企业进行修改，并将修改后的施工图报原审查机构审查。

第十四条　任何单位或者个人不得擅自修改审查合格的施工图。

确需修改的，凡涉及本办法第十一条规定内容的，建设单位应当将修改后的施工图送原审查机构审查。

第十五条　审查机构对施工图审查工作负责，承担审查责任。

施工图经审查合格后，仍有违反法律、法规和工程建设强制性标准的问题，给建设单位造成损失的，审查机构依法承担相应的赔偿责任；建设主管部门对审查机构、审查机构的法定代表人和审查人员依法作出处理或者处罚。

第十六条　审查机构应当建立、健全内部管理制度。施工图审查应当有经各专业审查人员签字的审查记录，审查记录、审查合格书等有关资料应当归档保存。

第十七条　未实行执业注册制度的审查人员，应当参加省、自治区、直辖市人民政府建设主管部门组织的有关法律、法规和技术标准的培训，每年培训时间不少于40学时。

第十八条　县级以上人民政府建设主管部门应当及时受理对施工图审查工作中违法、违规行为的检举、控告和投诉。

第十九条　按规定应当进行审查的施工图，未经审查合格的，建设主管部门不得颁发施工许可证。

第二十条　县级以上人民政府建设主管部门应当加强对审查机构的监督检查，主要检查下列内容：

（一）是否符合规定的条件；

（二）是否超出认定的范围从事施工图审查；

（三）是否使用不符合条件的审查人员；

（四）是否按规定上报审查过程中发现的违法违规

行为；

（五）是否按规定在审查合格书和施工图上签字盖章；

（六）施工图审查质量；

（七）审查人员的培训情况。

建设主管部门实施监督检查时，有权要求被检查的审查机构提供有关施工图审查的文件和资料。

第二十一条 县级以上人民政府建设主管部门对审查机构报告的建设单位、勘察设计企业、注册执业人员的违法违规行为，应当依法进行处罚。

第二十二条 审查机构违反本办法规定，有下列行为之一的，县级以上地方人民政府建设主管部门责令改正，处1万元以上3万元以下的罚款；情节严重的，省、自治区、直辖市人民政府建设主管部门撤销对审查机构的认定：

（一）超出认定的范围从事施工图审查的；

（二）使用不符合条件审查人员的；

（三）未按规定上报审查过程中发现的违法违规行为的；

（四）未按规定在审查合格书和施工图上签字盖章的；

（五）未按规定的审查内容进行审查的。

第二十三条 审查机构出具虚假审查合格书的，县级以上地方人民政府建设主管部门处3万元罚款，省、自治区、直辖市人民政府建设主管部门撤销对审查机构的认定；有违法所得的，予以没收。

第二十四条 依照本办法规定，给予审查机构罚款处罚的，对机构的法定代表人和其他直接责任人员处机构罚款数额5%以上10%以下的罚款。

第二十五条 省、自治区、直辖市人民政府建设主管部门未按照本办法规定认定审查机构的，国务院建设主管部门责令改正。

第二十六条 国家机关工作人员在施工图审查监督管理工作中玩忽职守、滥用职权、徇私舞弊，构成犯罪的，依法追究刑事责任；尚不构成犯罪的，依法给予行政处分。

第二十七条 本办法自公布之日起施行。

关于印发《建筑施工企业安全生产许可证管理规定实施意见》的通知

建质［2004］148号

各省、自治区建设厅，直辖市建委，江苏省、山东省建管局，新疆生产建设兵团建设局，国务院有关部门建设司（局），中央管理的建筑施工企业：

现将《建筑施工企业安全生产许可证管理规定实施意见》印发给你们，请遵照执行。在执行过程中遇到的问题，请及时反馈我部工程质量安全监督与行业发展司。

中华人民共和国建设部
2004年8月27日

为了贯彻落实《建筑施工企业安全生产许可证管理规定》（建设部令第128号，以下简称《规定》），制定本实施意见。

一、安全生产许可证的适用对象

（一）建筑施工企业安全生产许可证的适用对象为：在中华人民共和国境内从事土木工程、建筑工程、线路管道和设备安装工程及装修工程的新建、扩建、改建和拆除等有关活动，依法取得工商行政管理部门颁发的《企业法人营业执照》，符合《规定》要求的安全生产条件的建筑施工企业。

二、安全生产许可证的申请

（二）安全生产许可证颁发管理机关应当在办公场所、本机关网站上公示审批安全生产许可证的依据、条件、程序、期限，申请所需提交的全部资料目录以及申请书示范文本等。

（三）建筑施工企业从事建筑施工活动前，应当按照分级、属地管理的原则，向企业注册地省级以上人民政府建设主管部门申请领取安全生产许可证。

（四）中央管理的建筑施工企业（集团公司、总公司）应当向建设部申请领取安全生产许可证，建设部主管业务司局为工程质量安全监督与行业发展司。中央管理的建筑施工企业（集团公司、总公司）是指国资委代表国务院履行出资人职责的建筑施工类企业总部。

（五）中央管理的建筑施工企业（集团公司、总公司）下属的建筑施工企业，以及其他建筑施工企业向注册所在地省、自治区、直辖市人民政府建设主管部门申请领取安全生产许可证。

三、申请材料

（六）申请人申请安全生产许可证时，应当按照《规定》第六条的要求，向安全生产许可证颁发管理机关提供下列材料（括号里为材料的具体要求）：

1.建筑施工企业安全生产许可证申请表（一式三份）；

2.企业法人营业执照（复印件）；

3.各级安全生产责任制和安全生产规章制度目录及文件，操作规程目录；

4.保证安全生产投入的证明文件（包括企业保证安全生产投入的管理办法或规章制度、年度安全资金投入计划及实施情况）；

5.设置安全生产管理机构和配备专职安全生产管理人员的文件（包括企业设置安全管理机构的文件、安全管理机构的工作职责、安全机构负责人的任命文件、安全管理机构组成人员明细表）；

6.主要负责人、项目负责人、专职安全生产管理人员安全生产考核合格名单及证书（复印件）；

7.本企业特种作业人员名单及操作资格证书（复印件）；

8.本企业管理人员和作业人员年度安全培训教育材料（包括企业培训计划、培训考核记录）；

9.从业人员参加工伤保险以及施工现场从事危险作业人员参加意外伤害保险有关证明；

10.施工起重机械设备检测合格证明；

11.职业危害防治措施（要针对本企业业务特点可能会导致的职业病种类制定相应的预防措施）；

12.危险性较大分部分项工程及施工现场易发生重大事故的部位、环节的预防监控措施和应急预案（根据本企业业务特点，详细列出危险性较大分部分项工程和事故易发部位、环节及有针对性和可操作性的控制措施和应急预案）；

13.生产安全事故应急救援预案（应本着事故发生后有效救援原则，列出救援组织人员详细名单、救援器材、设备清单和救援演练记录）。

其中，第2至第13项统一装订成册。企业在申请安全生产许可证时，需要交验所有证件、凭证原件。

（七）申请人应对申请材料实质内容的真实性负责。

四、安全生产许可证申请的受理和颁发

（八）安全生产许可证颁发管理机关对申请人提交的申请，应当按照下列规定分别处理：

1.对申请事项不属于本机关职权范围的申请，应当及时做出不予受理的决定，并告知申请人向有关安全生产许可证颁发管理机关申请；

2.对申请材料存在可以当场更正的错误的，应当允许申请人当场更正；

3.申请材料不齐全或者不符合要求的，应当当场或者在5个工作日内书面一次告知申请人需要补正的全部内容，逾期不告知的，自收到申请材料之日起即为受理。

4.申请材料齐全、符合要求或者按照要求全部补正的，自收到申请材料或者全部补正之日起为受理。

（九）对于隐瞒有关情况或者提供虚假材料申请安全生产许可证的，安全生产许可证颁发管理机关不予受理，该企业一年之内不得再次申请安全生产许可证。

（十）对已经受理的申请，安全生产许可证颁发管理机关对申请材料进行审查，必要时应到企业施工现场进行抽查。涉及铁路、交通、水利等有关专业工程时，可以征求铁道、交通、水利等部门的意见。安全生产许可证颁发管理机关在受理申请之日起45个工作日内应作出颁发或者不予颁发安全生产许可证的决定。

安全生产许可证颁发管理机关作出准予颁发申请人安全生产许可证决定的，应当自决定之日起10个工作日内向申请人颁发、送达安全生产许可证；对作出不予颁发决定的，应当在10个工作日内书面通知申请人并说明理由。

（十一）安全生产许可证有效期为3年。安全生产许可证有效期满需要延期的，企业应当于期满前3个月向原安全生产许可证颁发管理机关提出延期申请，并提交本意见第6条规定的文件、资料以及原安全生产许可证。

建筑施工企业在安全生产许可证有效期内，严格遵守有关安全生产法律、法规和规章，未发生死亡事故的，安全生产许可证有效期届满时，经原安全生产许可证颁发管理机关同意，不再审查，直接办理延期手续。

对于本条第二款规定情况以外的建筑施工企业，安全生产许可证颁发管理机关应当对其安全生产条件重新进行审查，审查合格的，办理延期手续。

（十二）对申请延期的申请人审查合格或有效期满经原安全生产许可证颁发管理机关同意不再审查直接办理延期手续的企业，安全生产许可证颁发管理机关收回原安全生产许可证，换发新的安全生产许可证。

五、安全生产许可证证书

（十三）建筑施工企业安全生产许可证采用国家安全生产监督管理局规定的统一样式。证书分为正本和副本，正本为悬挂式，副本为折页式，正、副本具有同等法律效力。建筑施工企业安全生产许可证证书由建设部统一印制，实行全国统一编码。证书式样、编码方法和证书订购等有关事宜。

（十四）中央管理的建筑施工企业（集团公司、总公司）的安全生产许可证加盖建设部公章有效。中央管理的建筑施工企业（集团公司、总公司）下属的建筑施工企业，以及其他建筑施工企业的安全生产许可证加盖省、自治区、直辖市人民政府建设主管部门公章有效。由建设部以及各省、自治区、直辖市人民政府建设主管部门颁发的安全生产许可证均在全国范围内有效。

（十五）每个具有独立企业法人资格的建筑施工企业只能取得一套安全生产许可证，包括一个正本，两个副本。企业需要增加副本的，经原安全生产许可证颁发管理机关批准，可以适当增加。

（十六）建筑施工企业的名称、地址、法定代表人等内容发生变化的，应当自工商营业执照变更之日起 10 个工作日内提出申请，持原安全生产许可证和变更后的工商营业执照、变更批准文件等相关证明材料，向原安全生产许可证颁发管理机关申请变更安全生产许可证。安全生产许可证颁发管理机关在对申请人提交的相关文件、资料审查后，及时办理安全生产许可证变更手续。

（十七）建筑施工企业遗失安全生产许可证，应持申请补办的报告及在公众媒体上刊登的遗失作废声明向原安全生产许可证颁发管理机关申请补办。

六、对取得安全生产许可证单位的监督管理

（十八）2005 年 1 月 13 日以后，建设主管部门在向建设单位审核发放施工许可证时，应当对已经确定的建筑施工企业是否取得安全生产许可证进行审查，没有取得安全生产许可证的，不得颁发施工许可证。对于依法批准开工报告的建设工程，在建设单位报送建设工程所在地县级以上地方人民政府或者其他有关部门备案的安全施工措施资料中，应包括承接工程项目的建筑施工企业的安全生产许可证。

（十九）市、县级人民政府建设主管部门负责本行政区域内取得安全生产许可证的建筑施工企业的日常监督管理工作。在监督检查过程中发现企业有违反《规定》行为的，市、县级人民政府建设主管部门应及时、逐级向本地安全生产许可证颁发管理机关报告。本行政区域内取得安全生产许可证的建筑施工企业既包括在本地区注册的建筑施工企业，也包括跨省在本地区从事建筑施工活动的建筑施工企业。

跨省从事建筑施工活动的建筑施工企业有违反《规定》行为的，由工程所在地的省级人民政府建设主管部门将其在本地区的违法事实、处理建议和处理结果抄告其安全生产许可证颁发管理机关。

安全生产许可证颁发管理机关根据下级建设主管部门报告或者其他省级人民政府建设主管部门抄告的违法事实、处理建议和处理结果，按照《规定》对企业进行相应处罚，并将处理结果通告原报告或抄告部门。

（二十）根据《建设工程安全生产管理条例》，县级以上地方人民政府交通、水利等有关部门负责本行政区域内有关专业建设工程安全生产的监督管理，对从事有关专业建设工程的建筑施工企业违反《规定》的，将其违法事实抄告同级建设主管部门；铁路建设安全生产监督管理机构负责铁路建设工程安全生产监督管理，对从事铁路建设工程的建筑施工企业违反《规定》的，将其违法事实抄告省级以上人民政府建设主管部门。

（二十一）安全生产许可证颁发管理机关或者其上级行政机关发现有下列情形之一的，可以撤销已经颁发的安全生产许可证：

1.安全生产许可证颁发管理机关工作人员滥用职权、玩忽职守颁发安全生产许可证的；

2.超越法定职权颁发安全生产许可证的；

3.违反法定程序颁发安全生产许可证的；

4.对不具备安全生产条件的建筑施工企业颁发安全生产许可证的；

5.依法可以撤销已经颁发的安全生产许可证的其他情形。

依照前款规定撤销安全生产许可证，建筑施工企业的合法权益受到损害的，建设主管部门应当依法给予赔偿。

（二十二）发生下列情形之一的，安全生产许可证颁发管理机关应当依法注销已经颁发的安全生产许可证：

1.企业依法终止的；

2.安全生产许可证有效期届满未延续的；

3.安全生产许可证依法被撤销、吊销的；

4.因不可抗力导致行政许可事项无法实施的；

5.依法应当注销安全生产许可证的其他情形。

(二十三)安全生产许可证颁发管理机关应当建立健全安全生产许可证档案,定期通过报纸、网络等公众媒体向社会公布企业取得安全生产许可证的情况,以及暂扣、吊销安全生产许可证等行政处罚情况。

七、对取得安全生产许可证单位的行政处罚

(二十四)安全生产许可证颁发管理机关或市、县级人民政府建设主管部门发现取得安全生产许可证的建筑施工企业不再具备《规定》第四条规定安全生产条件的,责令限期改正;经整改仍未达到规定安全生产条件的,处以暂扣安全生产许可证7日至30日的处罚;安全生产许可证暂扣期间,拒不整改或经整改仍未达到规定安全生产条件的,处以延长暂扣期7至15天直至吊销安全生产许可证的处罚。

(二十五)企业发生死亡事故的,安全生产许可证颁发管理机关应当立即对企业安全生产条件进行复查,发现企业不再具备《规定》第四条规定安全生产条件的,处以暂扣安全生产许可证30日至90日的处罚;安全生产许可证暂扣期间,拒不整改或经整改仍未达到规定安全生产条件的,处以延长暂扣期30日至60日直至吊销安全生产许可证的处罚。

(二十六)企业安全生产许可证被暂扣期间,不得承揽新的工程项目,发生问题的在建项目停工整改,整改合格后方可继续施工;企业安全生产许可证被吊销后,该企业不得进行任何施工活动,且一年之内不得重新申请安全生产许可证。

八、附则

(二十七)由建设部直接实施的建筑施工企业安全生产许可证审批,按照《关于印发〈建设部机关实施行政许可工作规程〉的通知》(建法[2004]111号)进行,使用规范许可文书并加盖建设部行政许可专用章。各省、自治区、直辖市人民政府建设主管部门参照上述文件规定,规范许可程序和各项许可文书。

(二十八)各省、自治区、直辖市人民政府建设主管部门可依照《规定》和本意见,制定本地区的实施细则。

关于印发《全国绿色建筑创新奖管理办法》的通知

建科函[2004]183号

各省、自治区建设厅,直辖市建委及有关部门,新疆生产建设兵团建设局:

为贯彻落实科学发展观,促进节约资源、保护环境和建设事业可持续发展,加快推进我国绿色建筑及其技术的健康发展,我部决定设立"全国绿色建筑创新奖"。

现将我部制定的《全国绿色建筑创新奖管理办法》印发你们,请遵照执行。

附件:全国绿色建筑创新奖管理办法

中华人民共和国建设部

2004年8月27日

附件:

全国绿色建筑创新奖管理办法

第一章　总　则

第一条　为贯彻落实科学发展观,促进节约资源、保护环境和建设事业可持续发展,推动我国绿色建筑及其技术的健康发展,规范全国绿色建筑创新奖的管理,制定本管理办法。

第二条　绿色建筑是指为人们提供健康、舒适、安全的居住、工作和活动的空间,同时实现高效率地利用资源(节能、节地、节水、节材)、最低限度地影响环境的建筑物。绿色建筑是实现"以人为本"、"人-建筑-自然"三者和谐统一的重要途径,也是我国实施可持续发展战略的重要组成部分。

第三条　本办法适用于全国绿色建筑创新奖(以下简称"绿色建筑奖")的管理。

第四条　绿色建筑奖分为工程类项目奖和技术与产品类项目奖。工程类项目奖包括绿色建筑创新综合奖项目、智能建筑创新专项奖项目和节能建筑创新专项奖项目；技术与产品类项目奖是指应用于绿色建筑工程中具有重大创新、效果突出的新技术、新产品、新工艺。

第五条　绿色建筑奖的奖励项目应符合国家和建设部发布的产业政策、技术政策和有关标准规范的规定。

第六条　绿色建筑奖的申报应遵循自愿原则，奖励工作应符合科学、公开、公平、公正和实事求是的要求。

第七条　绿色建筑奖每两年评审一次。

第八条　建设部归口管理绿色建筑奖。省、自治区、直辖市建设行政主管部门负责组织本地区域内绿色建筑奖项目的申报和初审、推荐上报工作。

第二章　管理及执行机构的职责

第九条　建设部的管理职责：

（一）负责制定和实施绿色建筑奖的工作原则及管理办法；

（二）组建和批准成立绿色建筑奖评审专家委员会；

（三）审定绿色建筑奖评审结果并公布获奖项目；

（四）颁发《全国绿色建筑创新奖》证书；

建设部科学技术委员会负责本条职责的落实。

第十条　建设部科学技术委员会办公室（设在建设部科学技术司内）为日常管理和执行机构，负责以下职责：

（一）组织绿色建筑奖申报及评审；

（二）组织评审结果公示、报审和审定后获奖项目发布与颁证；

（三）评审专家委员会的日常联系与管理；

（四）建立并保管评审工作档案；

（五）受理绿色建筑奖查询事务和违反本办法的举报事宜。

第十一条　评审专家委员会由绿色建筑领域的技术专家和国务院建设行政主管部门有关司局、行业学（协）会的人员组成。主要职责如下：

（一）制订评审标准；

（二）开展绿色建筑奖评审并提出评审意见。

第三章　申报、评审及审批程序

第十二条　申报程序：

（一）申请绿色建筑奖的单位向省、自治区、直辖市建设行政主管部门申报；

（二）省、自治区、直辖市建设行政主管部门对申报项目及资料进行初审，合格的签署推荐意见后报送建设部；

（三）建设部科学技术委员会办公室负责组织专家对申报资料进行形式审查。

第十三条　建设部科学技术委员会办公室根据申报项目情况将评审专家委员会分成若干评审专家组，组织评审专家依据评审标准对通过形式审查的项目进行评审。

第十四条　通过评审的项目在建设部网（网址：www.cin.gov.cn）上公示。公示期三个月。

第十五条　公示后无异议或有异议但已解决的项目，作为最终的评审结果报国务院建设部常务会议审查确定获奖项目。

第四章　公布与颁证

第十六条　建设部以部文公布获奖项目；

第十七条　建设部对获奖项目颁发《全国绿色建筑创新奖》证书。

第五章　纪　律

第十八条　申报单位不得弄虚作假，不得请客送礼。违者，将视情节轻重给予批评教育直至取消申报或获奖资格。

第十九条　绿色建筑奖管理部门工作人员和评审专家委员会成员必须秉公办事、廉洁自律，不得收受企业和有关人员的礼品、礼金。违者，将视情节轻重给予批评教育，直至取消有关人员参与评奖活动的资格，并将违纪行为通知本人单位。

第六章　附　则

第二十条　绿色建筑奖具体实施工作应符合《全国绿色创新奖实施细则》的规定。

第二十一条　本办法由建设部负责解释。

第二十二条　本办法自发布之日起施行。

商业银行房地产贷款风险管理指引

（银监会　　2004年9月3日）

第一章　总　则

第一条　为提高商业银行房地产贷款的风险管理能力，根据有关银行监管法律法规和银行审慎监管要求，制定本指引。

第二条　本指引所称房地产贷款是指与房产或地产的开发、经营、消费活动有关的贷款。主要包括土地储备贷款、房地产开发贷款、个人住房贷款、商业用房贷款等。本指引所称土地储备贷款是指向借款人发放的用于土地收购及土地前期开发、整理的贷款。土地储备贷款的借款人仅限于负责土地一级开发的机构。

房地产开发贷款是指向借款人发放的用于开发、建造向市场销售、出租等用途的房地产项目的贷款。

个人住房贷款是指向借款人发放的用于购买、建造和大修理各类型住房的贷款。

商业用房贷款是指向借款人发放的用于购置、建造和大修理以商业为用途的各类型房产的贷款。

第二章　风险控制

第三条　商业银行应建立房地产贷款的风险政策及其不同类型贷款的操作审核标准，明确不同类型贷款的审批标准、操作程序、风险控制、贷后管理以及中介机构的选择等内容。

商业银行办理房地产业务，要对房地产贷款市场风险、法律风险、操作风险等予以关注，建立相应的风险管理及内控制度。

第四条　商业银行应建立相应的监控流程，确保工作人员遵守上述风险政策及不同类型贷款的操作审核标准。

第五条　商业银行应根据房地产贷款的专业化分工，按照申请的受理、审核、审批、贷后管理等环节分别制定各自的职业道德标准和行为规范，明确相应的权责和考核标准。

第六条　商业银行应对内部职能部门和分支机构房地产贷款进行年度专项稽核，并形成稽核报告。稽核报告应包括以下内容：

（一）内部职能部门和分支机构上年度发放贷款的整体情况；

（二）稽核中发现的主要问题及处理意见；

（三）内部职能部门和分支机构对上次稽核报告中所提建议的整改情况。

第七条　商业银行对于介入房地产贷款的中介机构的选择，应着重于其企业资质、业内声誉和业务操作程序等方面的考核，择优选用，并签订责任条款，对于因中介机构的原因造成的银行业务损失应有明确的赔偿措施。

第八条　商业银行应建立房地产行业风险预警和评估体系，对房地产行业市场风险予以关注。

第九条　商业银行应建立完善的房地产贷款统计分析平台，对所发放贷款的情况进行详细记录，并及时对相关信息进行整理分析，保证贷款信息的准确性、真实性、完整性，以有效监控整体贷款状况。

第十条　商业银行应逐笔登记房地产贷款详细情况，以确保该信息可以准确录入银行监管部门及其他相关部门的统计或信贷登记咨询系统，以利于各商业银行之间、商业银行与社会征信机构之间的信息沟通，使各行充分了解借款人的整体情况。

第三章　土地储备贷款的风险管理

第十一条　商业银行对资本金没有到位或资本金严重不足、经营管理不规范的借款人不得发放土地储备贷款。

第十二条　商业银行发放土地储备贷款时，应对土地的整体情况调查分析，包括该土地的性质、权属关系、测绘情况、土地契约限制、在城市整体综合规划中的用途与预计开发计划是否相符等。

第十三条　商业银行应密切关注政府有关部门及相关机构对土地经济环境、土地市场发育状况、土地的未来用途及有关规划、计划等方面的政策和研究，实时掌握土地价值状况，避免由于土地价值虚增或其他情况而导致的贷款风险。

第十四条　商业银行应对发放的土地储备贷款设立土地储备机构资金专户，加强对土地经营收益的监控。

第四章　房地产开发贷款的风险管理

第十五条　商业银行对未取得国有土地使用证、建设用地规划许可证、建设工程规划许可证、建筑工程施工许可证的项目不得发放任何形式的贷款。

第十六条 商业银行对申请贷款的房地产开发企业,应要求其开发项目资本金比例不低于 35%。

第十七条 商业银行在办理房地产开发贷款时,应建立严格的贷款项目审批机制,对该贷款项目进行尽职调查,以确保该项目符合国家房地产发展总体方向,有效满足当地城市规划和房地产市场的需求,确认该项目的合法性、合规性、可行性。

第十八条 商业银行应对申请贷款的房地产开发企业进行深入调查审核:包括企业的性质、股东构成、资质信用等级等基本背景,近三年的经营管理和财务状况,以往的开发经验和开发项目情况,与关联企业的业务往来等。对资质较差或以往开发经验较差的房地产开发企业,贷款应审慎发放;对经营管理存在问题、不具备相应资金实力或有不良经营记录的,贷款发放应严格限制。对于依据项目而成立的房地产开发项目公司,应根据其自身特点对其业务范围、经营管理和财务状况,以及股东及关联公司的上述情况以及彼此间的法律关系等进行深入调查审核。

第十九条 商业银行应严格落实房地产开发企业贷款的担保,确保担保真实、合法、有效。

第二十条 商业银行应建立完备的贷款发放、使用监控机制和风险防范机制。在房地产开发企业的自有资金得到落实后,可根据项目的进度和进展状况,分期发放贷款,并对其资金使用情况进行监控,防止贷款挪作他用。同时,积极采取措施应对项目开发过程中出现的项目自身的变化、房地产开发企业的变化、建筑施工企业的变化等,及时发现并制止违规使用贷款情况。

第二十一条 商业银行应严密监控建筑施工企业流动资金贷款使用情况,防止用流动资金贷款为房地产开发项目垫资。

第二十二条 商业银行应对有逾期未还款或有欠息现象的房地产开发企业销售款进行监控,在收回贷款本息之前,防止将销售款挪作他用。

第二十三条 商业银行应密切关注房地产开发企业的开发情况,确保对购买主体结构已封顶住房的个人发放个人住房贷款后,该房屋能够在合理期限内正式交付使用。

第二十四条 商业银行应密切关注建筑工程款优于抵押权受偿等潜在的法律风险。

第二十五条 商业银行应密切关注国家政策及市场的变化对房地产开发项目的影响,利用市场风险预警预报机制、区域市场分类的指标体系,建立针对市场风险程度和风险类型的阶段监测方案,并积极采取措施化解因此产生的各种风险。

第五章 个人住房贷款的风险管理

第二十六条 商业银行应严格遵照相关个人住房贷款政策规定,不得违反有关贷款年限和贷款与房产价值比率等方面的规定。

第二十七条 商业银行制定的个人住房贷款申请文件应包括借款人基本情况、借款人收支情况、借款人资产表、借款人现住房情况、借款人购房贷款资料、担保方式、借款人声明等要素。

第二十八条 商业银行应确保贷款经办人员向借款人说明其所提供的个人信息(包括借款人所提交的所有文件资料和个人资产负债情况)将经过贷款审核人员的调查确认,并要求借款人据此签署书面声明。

第二十九条 商业银行应将经贷款审核人员确认后的所有相关信息以风险评估报告的形式记录存档。上述相关信息包括个人信息的确认、银行对申请人偿还能力、偿还意愿的风险审核及对抵押品的评估情况。

第三十条 商业银行的贷款经办人员对借款人的借款申请初审同意后,应由贷款审核人员对借款人提交文件资料的完整性、真实性、准确性及合法性进行复审。

第三十一条 商业银行应通过借款人的年龄、学历、工作年限、职业、在职年限等信息判断借款人目前收入的合理性及未来行业发展对收入水平的影响;应通过借款人的收入水平、财务情况和负债情况判断其贷款偿付能力;应通过了解借款人目前居住情况及此次购房的首付支出判断其对于所购房产的目的及拥有意愿等因素,并据此对贷款申请做整体分析。

第三十二条 商业银行应对每一笔贷款申请做内部的信息调查,包括了解借款人在本行的贷款记录及存款情况。

第三十三条 商业银行应通过对包括借款人的聘用单位、税务部门、工商管理部门以及征信机构等独立的第三方进行调查,审核贷款申请的真实性及借款人的信用情况,以了解其本人及家庭的资产、负债情况、信用记录等。

商业银行对自雇人士(即自行成立法人机构或其他经济组织,或在上述机构内持有超过 10%股份,或其个人收入的主要来源为上述机构的经营收入者)申请个人住房贷款进行审核时，不能仅凭个人开具的收入证明来判断其还款能力，应通过要求其提供有关资产证明、银行对账单、财务报表、税单证明和实地调查等方式，了解其经营情况和真实财务状况，全面分析其还款能力。

第三十四条　对以个人身份申请的商业用房贷款，如借款人是自雇人士或公司的股东、董事，商业银行应要求借款人提供公司财务报表，业务资料并进行审核。

第三十五条　商业银行应根据各地市场情况的不同制定合理的贷款成数上限，但所有住房贷款的贷款成数不超过80%。

第三十六条　商业银行应着重考核借款人还款能力。应将借款人住房贷款的月房产支出与收入比控制在50%以下(含50%)，月所有债务支出与收入比控制在55%以下(含55%)。

房产支出与收入比的计算公式为：(本次贷款的月还款额+月物业管理费)/月均收入

所有债务与收入比的计算公式为：(本次贷款的月还款额+月物业管理费+其他债务月均偿付额)/月均收入

上述计算公式中提到的收入应该是指申请人自身的可支配收入，即单一申请为申请人本人可支配收入，共同申请为主申请人和共同申请人的可支配收入。但对于单一申请的贷款，如商业银行考虑将申请人配偶的收入计算在内，则应该先予以调查核实，同时对于已将配偶收入计算在内的贷款也应相应的把配偶的债务一并计入。

第三十七条　商业银行应通过调查非国内长期居住借款人在国外的工作和收入背景，了解其在华购房的目的，并在对各项信息调查核实的基础上评估借款人的偿还能力和偿还意愿。

第三十八条　商业银行应区别判断抵押物状况。抵押物价值的确定以该房产在该次买卖交易中的成交价或评估价的较低者为准。

商业银行在发放个人住房贷款前应对新建房进行整体性评估，可根据各行实际情况选择内部评估，但要由具有房地产估价师执业资格的专业人士出具意见书，或委托独立的具有房地产价格评估资质的评估机构进行评估；对于精装修楼盘以及售价明显高出周边地区售价的楼盘的评估要重点关注。

对再交易房，应对每个用作贷款抵押的房屋进行独立评估。

第三十九条　商业银行在对贷款申请做出最终审批前，贷款经办人员须至少直接与借款人面谈一次，从而基本了解借款人的基本情况及其贷款用途。对于借款人递交的贷款申请表和贷款合同需有贷款经办人员的见证签署。

商业银行应向房地产管理部门查询拟抵押房屋的权属状况，决定发放抵押贷款的，应在贷款合同签署后及时到房地产管理部门办理房地产抵押登记。

第四十条　商业银行对未完全按照前述要求发放的贷款，应有专门的处理方法，除将发放原因和理由记录存档外，还应密切关注及监控该笔贷款的还款记录。

第四十一条　商业银行应建立逾期贷款的催收系统和催收程序。应将本行内相关的个人信用资料包括逾期客户名单等实行行内共享。

第六章　风险监管措施

第四十二条　银监会及其派出机构定期对商业银行房地产贷款发放规模、资产质量、偿付状况及催收情况、风险管理和内部贷款审核控制进行综合评价，并确定监管重点。

第四十三条　银监会及其派出机构根据非现场监管情况，每年至少选择两家商业银行，对房地产贷款的下列事项进行全面或者专项检查：(一)贷款质量；(二)偿付状况及催收情况；(三)内部贷款审核控制；(四)贷后资产的风险管理；(五)遵守法律及相关规定；(六)需要进行检查的其他事项。

第四十四条　银监会及其派出机构对现场检查中发现的房地产贷款管理存在严重问题的商业银行，将组织跟踪检查。

第四十五条　银监会及其派出机构或银行业自律组织对介入房地产贷款的中介机构，一旦发现其有违背行业规定和职业道德的行为，将及时予以通报。

第七章　附　则

第四十六条　本指引由银监会负责解释。

第四十七条　本指引自发布之日起施行。

关于印发《建设领域农民工工资支付管理暂行办法》的通知

劳社部发[2004]22号

各省、自治区、直辖市劳动和社会保障厅(局)、建设厅(建委):

为维护建设领域农民工合法报酬权益,规范建筑业企业工资支付行为,现将《建设领域农民工工资支付管理暂行办法》印发给你们,请结合实际情况制定实施办法,认真贯彻执行。

各级劳动和社会保障行政部门应会同建设行政主管部门积极探索建立解决建筑业企业拖欠或克扣农民工工资问题的长效机制,大力推进农民工工资支付监控制度及信用制度建设,在有条件的地区探索建立工资支付保障制度。要加强同各级工会组织、企业联合会/企业家协会(企业组织)的协调和沟通,指导、推动企业建立集体协商制度,充分发挥劳动关系三方协商机制在解决拖欠或克扣农民工工资问题中的作用。

中华人民共和国劳动和社会保障部
中华人民共和国建设部
2004年9月6日

为规范建设领域农民工工资支付行为,预防和解决建筑业企业拖欠或克扣农民工工资问题,根据《中华人民共和国劳动法》、《工资支付暂行规定》等有关规定,制定本办法。

一、本办法适用于在中华人民共和国境内的建筑业企业(以下简称企业)和与之形成劳动关系的农民工。

本办法所指建筑业企业,是指从事土木工程、建筑工程、线路管道设备安装工程、装修工程的新建、扩建、改建活动的企业。

二、县级以上劳动和社会保障行政部门负责企业工资支付的监督管理,建设行政主管部门协助劳动和社会保障行政部门对企业执行本办法的情况进行监督检查。

三、企业必须严格按照《劳动法》、《工资支付暂行规定》和《最低工资规定》等有关规定支付农民工工资,不得拖欠或克扣。

四、企业应依法通过集体协商或其他民主协商形式制定内部工资支付办法,并告知本企业全体农民工,同时抄报当地劳动和社会保障行政部门与建设行政主管部门。

五、企业内部工资支付办法应包括以下内容:支付项目、支付标准、支付方式、支付周期和日期、加班工资计算基数、特殊情况下的工资支付以及其他工资支付内容。

六、企业应当根据劳动合同约定的农民工工资标准等内容,按照依法签订的集体合同或劳动合同约定的日期按月支付工资,并不得低于当地最低工资标准。具体支付方式可由企业结合建筑行业特点在内部工资支付办法中规定。

七、企业应将工资直接发放给农民工本人,严禁发放给"包工头"或其他不具备用工主体资格的组织和个人。

企业可委托银行发放农民工工资。

八、企业支付农民工工资应编制工资支付表,如实记录支付单位、支付时间、支付对象、支付数额等工资支付情况,并保存两年以上备查。

九、工程总承包企业应对劳务分包企业工资支付进行监督,督促其依法支付农民工工资。

十、业主或工程总承包企业未按合同约定与建设工程承包企业结清工程款,致使建设工程承包企业拖欠农民工工资的,由业主或工程总承包企业先行垫付农民工被拖欠的工资,先行垫付的工资数额以未结清的工程款为限。

十一、企业因被拖欠工程款导致拖欠农民工工资的,企业追回的被拖欠工程款,应优先用于支付拖欠的农民工工资。

十二、工程总承包企业不得将工程违反规定发包、分包给不具备用工主体资格的组织或个人,否则应承担清偿拖欠工资连带责任。

十三、企业应定期如实向当地劳动和社会保障行政部门及建设行政主管部门报送本单位工资支付情况。

十四、企业违反国家工资支付规定拖欠或克扣农民工工资的,记入信用档案,并通报有关部门。

建设行政主管部门可依法对其市场准入、招投标资格和新开工项目施工许可等进行限制,并予以相应处罚。

十五、企业应按有关规定缴纳工资保障金，存入当地政府指定的专户，用于垫付拖欠的农民工工资。

十六、农民工发现企业有下列情形之一的，有权向劳动和社会保障行政部门举报：

(一)未按照约定支付工资的；

(二)支付工资低于当地最低工资标准的；

(三)拖欠或克扣工资的；

(四)不支付加班工资的；

(五)侵害工资报酬权益的其他行为。

十七、各级劳动和社会保障行政部门依法对企业支付农民工工资情况进行监察，对违法行为进行处理。企业在接受监察时应当如实报告情况，提供必要的资料和证明。

十八、农民工与企业因工资支付发生争议的，按照国家劳动争议处理有关规定处理。

对事实清楚、不及时裁决会导致农民工生活困难的工资争议案件，以及涉及农民工工伤、患病期间工资待遇的争议案件，劳动争议仲裁委员会可部分裁决；企业不执行部分裁决的，当事人可依法向人民法院申请强制执行。

十九、本办法自发布之日起施行。

建设部关于纳入国务院决定的十五项行政许可的条件的规定

> 中华人民共和国建设部令
>
> 第135号
>
> 《建设部关于纳入国务院决定的十五项行政许可的条件的规定》已于2004年9月29日经建设部第45次常务会议讨论通过，现予发布，自2004年12月1日起施行。
>
> 建设部部长　汪光焘
>
> 2004年10月15日

根据《行政许可法》和《国务院对确需保留的行政审批项目设定行政许可的决定》(国务院令第412号)的有关规定，现就国务院决定所列涉及建设部职能的十五项行政许可条件规定如下，自2004年12月1日起施行。本规定施行前建设部规章和规范性文件有关该十五项行政许可条件的规定与本规定内容不一致的，适用本规定。

一、城市规划师执业资格注册条件

1.初始注册登记

(1)在取得注册城市规划师执业资格证书3年内；

(2)经所在单位同意。

2.续期注册登记

(1)注册登记有效期满前3个月；

(2)具备建设部认可的城市规划继续教育证明；

(3)经所在单位同意。

3.具备下列条件之一可申请变更注册登记

(1)在注册登记有效期内离退休且所在单位不再聘用；

(2)所在单位名称发生变化；

(3)工作调动。

二、工程造价咨询企业资质认定条件

1.甲级资质

(1)已取得乙级工程造价咨询企业资质证书满3年；

(2)技术负责人已取得造价工程师注册资格，并具有工程或者经济系列高级专业技术职称，且从事工程造价专业工作15年以上；

(3)专职从事工程造价专业工作的人员(简称专职专业人员)不少于20人，其中：工程或者工程经济系列中级以上专业技术职称的人员不少于16人，取得造价工程师注册证书的人员不少于10人，其他人员具有从事工程造价专业工作的经历；

(4)企业注册资本不得少于人民币100万元；

(5)近3年企业工程造价咨询营业收入累计不低于人民币500万元；

(6)具有固定办公场所，人均办公面积不少于10平方米；

(7)技术档案管理制度、质量控制制度和财务管理制度齐全；

(8)员工的社会养老保险手续齐全；

(9)专职专业人员符合国家规定的职业年龄，人事档案关系由国家认可的人事代理机构代为管理；

(10)企业的出资人中造价工程师人数不低于60%，出资额不低于注册资本总额的60%。

2.乙级资质

(1)技术负责人已取得造价工程师注册资格，并具有工程或者经济系列高级专业技术职称，且从事工程造价专业工作10年以上；

(2)专职从事工程造价专业工作的人员(简称专职专业人员)不少于12人，其中：工程或者经济系列中级以上专业技术职称的人员不少于8人，取得造价工程师注册证书的人员不少于6人，其他人员具有从事工程造价专业工作的经历；

(3)企业注册资本不得少于人民币50万元；

(4)在暂定期内企业工程造价咨询营业收入累计不低于人民币50万元；

(5)具有固定办公场所，人均办公面积不得少于10平方米；

(6)技术档案管理制度、质量控制制度、财务管理制度齐全；

(7)员工的社会养老保险手续齐全；

(8)专职专业人员符合国家规定的职业年龄，人事档案关系由国家认可的人事代理机构代为管理；

(9)企业的出资人中造价工程师人数不低于60%，出资额不低于注册资本总额的60%。

3.新设立的工程造价咨询企业的资质等级按照最低等级核定，并设1年的暂定期。

三、城市规划编制单位资质认定条件

1.甲级资质

(1)具有高级技术职称的人员占全部专业技术人员的比例不低于20%，其中具有高级技术职称的城市规划专业人员不少于4人，具有其他专业高级技术职称的人员不少于4人(建筑、道路交通、给排水专业各不少于1人)；具有中级技术职称的城市规划专业人员不少于8人，具有其他专业中级技术职称的人员不少于15人；

(2)专业技术人员每人配备一台计算机，具备相关输入输出设备及软件；(3)有健全的技术、质量、经营、财务管理制度并得到有效执行；

(4)注册资本不少于人民币80万元；

(5)有固定的工作场所，人均建筑面积不少于10平方米。

2.乙级资质

(1)具有高级技术职称的人员占全部专业技术人员的比例不低于15%，其中具有高级技术职称的城市规划专业人员不少于2人，高级建筑师不少于1人，高级工程师不少于1人；具有中级技术职称的城市规划专业人员不少于5人，具有中级职称的其他专业人员不少于10人；

(2)达到省、自治区建设厅、直辖市规划局(规委)规定的技术装备及应用水平标准；

(3)有健全的技术、质量、经营、财务管理制度并得到有效执行；

(4)注册资本不少于人民币50万元；

(5)有固定的工作场所，人均建筑面积不少于10平方米。

3.丙级资质

(1)专业技术人员不少于20人，其中具有中级职称的城市规划专业人员不少于2人，具有中级技术职称的建筑、道路交通、园林绿化、给排水等专业的人员不少于5人；

(2)有健全的技术、质量、经营、财务管理制度并得到有效执行；

(3)达到省、自治区建设厅、直辖市规划局(规委)规定的技术装备及应用水平标准；

(4)注册资本不少于人民币20万元；

(5)有固定的工作场所，人均建筑面积不少于10平方米。

四、城市建筑垃圾处置核准条件

建设单位、施工单位或者建筑垃圾运输单位申请城市建筑垃圾处置核准，需具备以下条件：

(1)提交书面申请(包括建筑垃圾运输的时间、路线和处置地点名称、施工单位与运输单位签订的合同、建筑垃圾消纳场的土地用途证明)；

(2)有消纳场的场地平面图、进场路线图、具有相应的摊铺、碾压、除尘、照明等机械和设备，有排水、消防等设施，有健全的环境卫生和安全管理制度并得到有效执行；

(3)具有建筑垃圾分类处置的方案和对废混凝土、金属、木材等回收利用的方案；

(4)具有合法的道路运输经营许可证、车辆行驶证；

(5)具有健全的运输车辆运营、安全、质量、保养、行政管理制度并得到有效执行；

(6)运输车辆具备全密闭运输机械装置或密闭苫盖装置、安装行驶及装卸记录仪和相应的建筑垃圾分类运输设备。

五、从事城市生活垃圾经营性清扫、收集、运输、处理服务审批条件

1.从事城市生活垃圾清扫、收集、运输服务审批条件

(1)申请人是依法注册的企业法人,从事垃圾清扫、收集的企业注册资本不少于人民币100万元,从事垃圾运输的企业注册资本不少于人民币300万元;

(2)机械清扫能力达到总清扫能力的20%以上,机械清扫车辆包括洒水车和清扫保洁车辆。机械清扫车辆应当具有自动洒水、防尘、防遗撒、安全警示功能,安装车辆行驶及清扫过程记录仪;

(3)垃圾收集应当采用全密闭运输工具,并应当具有分类收集功能;

(4)垃圾运输应当采用全密闭自动卸载车辆或船只,具有防臭味扩散、防遗撒、防渗沥液滴漏功能,安装行驶及装卸记录仪;

(5)具有健全的技术、质量、安全和监测管理制度并得到有效执行;

(6)具有合法的道路运输经营许可证、车辆行驶证;

(7)具有固定的办公及机械、设备、车辆、船只停放场所。

2.从事城市生活垃圾处理服务审批条件

(1)申请人是依法注册的企业法人,规模小于100吨/日的卫生填埋场和堆肥厂的注册资本不少于人民币500万元,规模大于100吨/日的卫生填埋场和堆肥厂的注册资本不少于人民币5000万元,焚烧厂的注册资本不少于人民币1亿元;

(2)卫生填埋场、堆肥厂和焚烧厂的选址符合城乡规划,并取得规划许可文件;

(3)有至少5名具有初级以上专业技术职称的人员,其中包括环境工程、机械、环境监测等专业的技术人员。技术负责人具有5年以上垃圾处理工作经历,并具有中级以上专业技术职称;

(4)城市生活垃圾中转及处置单位具有完善的工艺运行、设备管理、环境监测与保护、财务管理、生产安全、计量统计等方面的管理制度并得到有效执行;

(5)生活垃圾处理设施配备沼气检测仪器,配备环境监测设施如渗沥液监测井、尾气取样孔,安装在线监测系统等监测设备并与环境卫生行政主管部门联网;

(6)具有完善的生活垃圾渗沥液、沼气的利用和处理技术方案,卫生填埋场对不同垃圾进行分区填埋方案、生活垃圾处理的渗沥液、沼气、焚烧烟气、残渣等处理残余物达标处理排放方案;

(7)有控制污染和突发事件预案。

六、城市排水许可证核发条件

接通和准备接通城市排水设施排放污水的排水户,申请城市排水许可应当具备以下条件:

1.提出排水许可申请,并填写《排水许可申请表》;

2.污水排放口的设置符合城市排水专业规划的要求;

3.向城市排水设施排放的污水,符合《污水综合排放标准》(GB8978)、《污水排入城市下水道水质标准》(CJ3082)和地方制定的污水排入城市排水设施的有关标准和规定;

4.已按规定建设相应的污水处理设施;

5.已在排放口设置专用检测井。

6.排放污水可能对城市排水设施正常运行造成危害的重点排污工业企业,已在排放口安装至少能对水量、pH,CODcr(或TOC)进行检测的在线检测装置;

7.其他重点排污工业企业和重点排水户,具备至少能对水量、pH,CODcr,SS和氨氮等进行检测的能力和相应的水量、水质检测制度;

8.对各类施工作业临时排水中有沉淀物,足以造成排水设施堵塞或者损坏的,排水户已修建预沉设施,且排水经预沉设施处理后符合第3条规定的标准。

七、燃气设施改动审批条件

1.有改动燃气设施的申请报告;

2.改动后的燃气设施符合燃气专业规划、安全等相关规定;

3.有安全施工的组织、设计和实施方案;

4.有安全防护及不影响燃气用户安全正常用气的措施。

八、外商投资企业城市规划服务资格证书核发条件

1.外方是在其所在国家或者地区从事城市规划服务的企业或者专业技术人员;

2.具有城市规划、建筑、道路交通、园林绿化以及相关工程等方面的专业技术人员20人以上,其中外籍专业技术人员占全部专业技术人员的比例不低于25%,城市规划、建筑、道路交通、园林绿化专业的外籍专业技术人员分别不少于1人;

3.有符合国家规定的技术装备和固定的工作场所,包括:专业技术人员每人配备一台计算机,管理部门计算机普及率不低于60%;数字化仪或者扫描仪;宽幅绘图仪、高分辨率彩色打印机和普通彩色、黑白打印机及较完善的网络系统及相关软件;工作场所人均建筑面积不少于10平方米。

九、风景名胜区建设项目选址审批条件

在国家级风景名胜区内修建缆车、索道等重大建设工程，项目的选址应当报国务院建设主管部门核准，并符合以下条件：

1.有经批准的风景名胜区规划文件及批件；

2.有省、自治区建设厅或直辖市园林行政主管部门的初审报告；

3.有建设项目专家论证报告。

十、改变绿化规划、绿化用地的使用性质审批条件

1.符合城市总体规划和城市绿地系统规划，与城市绿线一致；

2.绿地使用功能的改变或局部使用功能的改变并未改变绿化用地使用性质；

3.源于城市总体规划调整、城市重大基础设施建设、国家重点工程建设、城市重大防灾救灾项目的需要；

4.专家组论证、公众听证会意见一致。

十一、超限高层建筑工程抗震设防审批条件

经超限高层建筑工程抗震设防审查专家委员会审查，且结论为“通过”。

十二、城市桥梁上架设各类市政管线审批条件

1.有建设工程规划许可证；

2.有建筑工程施工许可证；

3.有施工组织设计方案；

4.有安全评估报告；

5.有事故预警和应急抢救方案；

6.有管线架设设计图纸；

7.有桥梁专家审查委员会的审查意见。

十三、房地产估价机构资质核准条件

1.一级资质：

(1)机构名称有“房地产估价”字样；

(2)从事房地产估价活动连续6年以上，取得房地产估价机构二级资质2年以上；

(3)有限责任公司的注册资本人民币200万元以上，合伙企业的出资额人民币120万元以上；

(4)有15名以上专职注册房地产估价师；

(5)近两年平均每年完成估价项目总数200宗以上，估价标的物建筑面积50万平方米以上或者土地面积25万平方米以上；

(6)法定代表人或者执行合伙企业事务的合伙人是注册后从事房地产估价工作3年以上(含3年)的专职注册房地产估价师；

(7)有限责任公司的股东中有3名以上(含3名)、合伙企业的合伙人中有2名以上(含2名)专职注册房地产估价师，股东或者合伙人中有一半以上是注册后从事房地产估价工作3年以上(含3年)的专职注册房地产估价师；

(8)机构股份或者出资额中专职注册房地产估价师的股份或者出资总额不低于60%；

(9)有固定的经营服务场所；

(10)估价质量管理、估价档案管理、财务管理等各项企业内部管理制度健全，建立并公示企业信用档案；

(11)随机抽查的1份房地产估价报告符合《房地产估价规范》的要求。

2.二级资质

(1)机构名称有“房地产估价”字样；

(2)从事房地产估价活动连续4年以上，取得房地产估价机构三级资质2年以上；

(3)有限责任公司的注册资本人民币100万元以上，合伙企业的出资额人民币60万元以上；

(4)有8名以上专职注册房地产估价师；

(5)近两年平均每年完成估价项目总数150宗以上，估价标的物建筑面积30万平方米以上或者土地面积15万平方米以上；

(6)法定代表人或者执行合伙企业事务的合伙人是注册后从事房地产估价工作3年以上(含3年)的专职注册房地产估价师；

(7)有限责任公司的股东中有3名以上(含3名)、合伙企业的合伙人中有2名以上(含2名)专职注册房地产估价师，股东或者合伙人中有一半以上是注册后从事房地产估价工作3年以上(含3年)的专职注册房地产估价师；

(8)机构股份或者出资额中专职注册房地产估价师的股份或者出资总额不低于60%；

(9)有固定的经营服务场所；

(10)估价质量管理、估价档案管理、财务管理等各项企业内部管理制度健全，建立并公示企业信用档案；

(11)随机抽查的1份房地产估价报告符合《房地产估价规范》的要求。

3.三级资质

(1)机构名称有“房地产估价”字样；

(2)有限责任公司的注册资本人民币50万元以上，合伙企业的出资额人民币30万元以上；

(3)有3名以上专职注册房地产估价师；

(4)在暂定期内完成估价项目总数100宗以上，估价标的物建筑面积8万平方米以上或者土地面积3万平方米以上；

(5)法定代表人或者执行合伙企业事务的合伙人是注册后从事房地产估价工作3年以上(含3年)的专职注册房地产估价师;

(6)2名以上(含2名)的股东或者合伙人为专职注册房地产估价师,股东或者合伙人中有一半以上是注册后从事房地产估价工作3年以上(含3年)的专职注册房地产估价师;

(7)机构股份或者出资额中专职注册房地产估价师的股份或者出资总额不低于60%;

(8)有固定的经营服务场所;

(9)估价质量管理制度、估价档案管理制度、财务管理制度等各项企业内部管理制度健全,建立并公示企业信用档案;

(10)随机抽查的1份房地产估价报告符合《房地产估价规范》的要求。

4.新设立的房地产估价机构的资质等级按照最低等级核定,并设1年的暂定期。

十四、城市新建燃气企业审批条件

1.建设项目符合城市总体规划及燃气规划要求,并竣工验收合格;

2.有稳定和符合国家标准的燃气气源,设有对气质进行检测或检验的装置;

3.燃气生产、输配、储存、充装、供应等设施符合国家的相关标准和消防安全、建设质量的要求;

4.从事液化石油气经营活动的企业,有运输、接卸、储存、灌装等完整生产设施,凡液化石油气含有残液组分的,设有残液回收装置,回收残液;

5.有与经营规模相适应的注册资本和专业技术人员、偿债能力和抗风险能力;

6.有完善的经营管理体系和安全管理制度;

7.有经过燃气专业培训合格的操作人员;

8.有包括基建、生产运行、技术设备、物资、安全生产等完整的资料和档案,并设专人管理;

9.有健全的安全事故抢险预案,有与供气规模相适应的抢险组织,有与供气规模相适应的抢险抢修人员、仪器、设备和交通工具;

10.有安全评价机构出具的安全评价报告,并达到安全运行的要求;

11.依法参加工伤社会保险,为从业人员交纳保险费。

十五、出租汽车经营资格证、车辆运营证和驾驶员客运资格证核发条件

核发出租汽车经营资格证、车辆运营证和驾驶员客运资格证的,应当有符合国家有关规定的城市出租汽车发展规划。

1.经营资格证

企业应当具备的条件:

(1)具备企业法人资格且注册资本达到规定标准;

(2)有符合规定质量、数量要求的出租车辆、配套设施、设备、标志;(3)出租车辆及配套设施、设备、标志符合国家标准、建设部有关行业标准和地方有关规定;

(4)有符合规定的固定的停车场所;

(5)有良好的银行资信、财务状况及相应的偿债能力;

(6)有与经营业务相适应的并经培训考试合格的驾驶员,有与经营业务相适应的技术、财务和经营管理人员;

(7)符合地方性法规规定的其他条件。

个体工商户应当具备的条件:

(1)经营方式符合有关规定;

(2)有符合规定质量要求的客运车辆、设施和设备;

(3)车辆及配套设施、设备、标志符合国家、建设部有关行业标准和地方有关规定;

(4)有符合规定的资金;

(5)有符合规定的固定停车场所;

(6)有独立承担民事责任的能力;

(7)符合地方性法规规定的其他条件。

2.车辆运营证

(1)已取得出租汽车经营资格证;

(2)有符合经营资格证要求的车辆及配套设施、设备、标志。

3.驾驶员客运资格证

(1)男性年龄在60周岁以下,女性年龄在55周岁以下,初中毕业以上文化程度,身体健康;

(2)有当地公安部门核发的机动车驾驶证并有3年以上驾龄,并安全行车,无重大交通事故责任记录;

(3)经培训考试合格;

(4)被吊销客运资格的驾驶员,从吊销之日起已经满5年。

全国绿色建筑创新奖实施细则(试行)

第一章　总　则

第一条　为做好全国绿色建筑创新奖(以下简称“绿色建筑奖”)管理工作,根据《全国绿色建筑创新奖管理办法》,制定本实施细则。

第二条　本实施细则适用于绿色建筑奖的组织管理。

第三条　绿色建筑奖分为工程类项目奖(以下简称“工程奖”)和技术与产品类项目奖(以下简称“技术奖”)。工程奖分为绿色建筑创新综合奖、智能建筑创新专项奖和节能建筑创新专项奖。

第四条　绿色建筑奖的奖励对象为在推进建设事业节约资源、保护环境和可持续发展中,对发展绿色建筑有突出示范作用的工程和有积极作用的技术与产品,以及做出重要贡献的组织和人员。

第五条　绿色建筑奖设立一等奖、二等奖、三等奖三个等级,每两年评选一次。

第六条　建设部归口管理绿色建筑奖。

建设部科学技术委员会负责绿色建筑奖的管理。建设部科学技术委员会办公室(设在建设部科学技术司)负责绿色建筑奖的日常工作。

省、自治区建设厅、直辖市建委及有关部门负责组织本地区绿色建筑奖的申报、初审和推荐上报。

第二章　申报条件

第七条　申报工程奖的项目应符合以下基本条件:

(一)在保护自然资源和生态环境、节能、节材、节水、节地、减少环境污染与智能化系统建设等方面,综合效果显著的公共建筑和住宅建筑工程。

(二)符合国家基本建设程序和管理规定,以及有关的技术标准规范。

(三)总体规划、建筑设计、建筑结构、施工质量等具有较高的水平,有一定的规模,并具有示范作用。工程规模应符合以下要求:

1.公共建筑一般应在 2 万 m^2 以上。

2.住宅建筑一般应符合:

(1)住宅小区或住宅小区内组团 5 万 m^2 以上;

(2)单体高层住宅 2 万 m^2 以上;

申报绿色建筑创新综合奖的工程一般不受规模限制。

(四)规划与建筑设计、环境设计和智能化系统设计等要体现绿色建筑的特色,采用适合于绿色建筑的技术、工艺与产品,运营管理水平较高,实现社会、环境、经济效益的统一。

(五)工程(含既有建筑改造工程)竣工验收合格后投入使用一年以上。

(六)申报绿色建筑奖的住宅建筑入住率应达到70%以上。

第八条　申报绿色建筑创新综合奖的工程项目,其适用性、场地与环境、能源利用、水资源利用、材料与资源、智能与管理等应达到同类工程的先进水平。

第九条　申报智能建筑创新专项奖的工程项目,其智能化系统建设、功能效益、工程质量、运行维护等应达到同类工程先进水平,且各系统运行良好。

第十条　申报节能建筑创新专项奖的工程项目,其建筑主体节能、常规能源系统优化利用和可再生能源利用等应做到效果显著,建筑设计、围护结构、采暖空调系统、照明系统和能源利用效率等应达到同类工程的先进水平,且节能效果显著。

第十一条　申报技术奖的技术与产品项目应符合以下条件:

(一)符合国家产业政策,具有自主知识产权,创新性强且实用效果突出的新技术、新材料、新产品、新工艺;

(二)通过科技成果鉴定(评估)一年以上;

(三)符合绿色建筑工程应用要求及产品生产的节能环保要求;

(四)具有较高技术含量,达到国内同类项目的先进水平;

(五)具有明显的经济、社会和环境效益。

第十二条　工程奖项目申报单位的条件:

(一)申报绿色建筑创新综合奖和节能建筑创新专项奖项目,一般应由其建设单位或开发单位、设计单位、施工总承包单位等主要参建单位联合申报;也可经建设单位或开发单位同意后,由设计单位、施工总承包单位联合申报或其中一家单独申报。其他参建单位可随主要参建单位申报。申报单位总数一般不超过 8 家。

(二)申报智能建筑创新专项奖的项目,一般应由建设单位或开发单位牵头申报,也可经建设单位或开发单位同意后,由系统集成商与运营商联合申报或会同主要系统分包商共同申报。申报的系统分包商一般不超过3家,并具备以下条件:

1.与建设单位或系统集成商签有分包合同;

2.完成的工程量占系统工程总量的10%以上;

3.完成的分包工程的质量全部合格。

(三)近两年内未发生过工程建设重大事故。

第十三条　技术奖项目申报单位的条件:

申报单位必须是研究开发单位,并拥有该项目的自主知识产权。生产企业参与申报时应随该项目关键技术的研究开发单位申报。

第三章　申报资料及申报程序

第十四条　工程奖项目申报资料的内容和要求:

(一)《全国绿色建筑创新奖申报表(工程类)》一式10份;

(二)工程项目总结报告一式2份:

1.绿色建筑创新综合奖申报项目总结报告的内容和要求。

(1)工程概况:项目概况和关于绿色建筑创新点的说明;

(2)设计总结:包括对适用性、场地与环境性能、能源利用、水资源利用、材料的选用、智能系统等进行总结;

(3)施工总结:包括对环境性、能源利用、水资源保护、材料的使用等进行总结;

(4)运行情况总结:包括对工程运行情况和相关指标的落实情况进行总结,主要包括计量结果和检测报告、日常节能和节水、节材情况及管理措施、绿化管理的成效、垃圾管理规定等。

2.智能建筑创新专项奖申报项目总结报告的内容和要求。

(1)工程概况;

(2)智能化系统总体结构总结:包括总体和各子系统的功能,系统的先进性、实用性、可扩充性、可维护性和标准化等;

(3)智能化系统运行效益分析:包括需求定位、总体效益和各子系统的效益;

(4)运营管理模式及经验总结;

(5)智能化系统技术创新与管理创新;

(6)已获得的奖项或达标情况:住宅小区或住宅小区组团要总结达到《居住区智能化系统建设要求与技术导则》确定的星级标准的情况。

3.节能建筑创新专项奖申报项目总结报告的内容和要求。

(1)工程概况;

(2)节能工程的主要内容;

(3)节能工程实施情况(包括设计、施工与运行管理);

(4)技术创新点;

(5)节能产品和材料的进场验收检验报告;

(6)建筑节能专项施工监理记录;

(7)工程质量检验部门出具的包括建筑物与采暖(制冷)系统节能性能检验的工程质量检验报告;

(8)技术经济分析;

(9)能耗检测与结果分析。

(三)有关资料一式2份并按以下顺序装订成册。

1.工程项目计划任务书;

2.验收合格证书及与绿色建筑相关的验收材料;

3.申报工程的业主委员会或使用单位出具的用户意见。

(四)介绍项目总体情况的光盘(时间不超过15分钟)和反映工程概况并附文字说明的工程主要部位的彩色照片。

第十五条　技术奖项目申报资料的内容和要求:

(一)《绿色建筑奖(技术与产品类)申报表》一式10份;

(二)成果研究报告一式2份;

(三)有关材料一式2份并按以下顺序装订成册:

1.成果鉴定证书及有关鉴定资料;

2.推广应用所需的标准化应用技术文件:主要包括申报单位编制或执行的国家发布的技术规范、规程、工法、标准图、操作手册、使用维护管理手册等或相关文件资料;

3.国家认定的检测机构出具的近期质量检测报告;

4.用户意见或应用于生产与工程实践的证明,以及两家以上已推广应用的工程或单位名单;

5.获奖、专利和通过ISO认证的相关文字材料,以及生产许可等材料;

6.其他必要的技术资料等。

(四)介绍技术与产品情况的光盘(时间不超过15分钟)和图片。

第十六条 申报程序：

（一）申报绿色建筑奖的单位依照本章第十四、十五条的要求，向省、自治区建设厅、直辖市建委及有关部门提交申报资料；

（二）省、自治区建设厅、直辖市建委及有关部门，按照第二章对申报项目和申报单位的要求进行初审，并负责审定验收合格证书等资质性资料的真实性，对初审合格的项目签署推荐意见后报送建设部科学技术委员会办公室；

（三）建设部科学技术委员会办公室负责组织专家对申报资料进行形式审查。

第四章 评 审

第十七条 建设部科学技术委员会办公室负责组织绿色建筑奖的评审工作。评审专家委员会由绿色建筑领域的技术专家和建设部有关司局、行业学（协）会的人员组成。评审委员必须为具有高级技术职称、熟悉绿色建筑专业技术或管理的技术专家和管理人员。根据申报项目情况，评审专家委员会可分别组成专项专家组。

第十八条 评审专家委员会依据评审标准（另行制订发布），通过审查申报材料，进行质询、讨论和评议，以无记名投票方式按多数原则确定获奖项目。

第十九条 建设部科学技术委员会办公室根据需要可组织核查小组对需要实地核查的申报项目进行现场核查。核查小组由4－5名专业技术人员组成，被核查项目所在省、自治区建设厅、直辖市建委及有关部门应派人参与核查工作。核查的内容和要求如下：

（一）听取申报单位对工程质量、系统功能及运行情况的介绍；

（二）实地查验工程质量、系统功能及运行情况。凡核查小组要求查看的工程内容和文件资料，申报单位都必须予以满足，不得以任何理由回避或拒绝；

（三）听取业主及监理单位对工程质量、系统功能及运行情况的评价意见。核查小组向业主及监理单位咨询情况时，申报单位的有关人员应当回避；

（四）查阅工程的有关文件与技术、质量以及管理资料等；

（五）核查小组应向评审委员会提交书面核查报告。

第五章 公示与公布

第二十条 通过评审的项目在建设部网（网址：www.cin.gov.cn）上公示。公示期三个月。

第二十一条 任何单位或个人对公示的项目持有异议，均可在公示期内以署实名的书面形式向建设部提出异议，并提供必要的证明材料。

第二十二条 异议分为技术性异议和非技术性异议。凡对公示项目的创新性、先进性、实用性，以及申报资料不实提出的异议为技术性异议；对公示项目单位的有关情况及其排序的异议为非技术性异议。对评审等级的异议，不属异议范围。

第二十三条 技术性异议由建设部科学技术委员会办公室负责协调解决，有关单位和个人应积极配合，必要时可组织评审委员进行调查，提出处理意见。非技术性异议由所在省、自治区建设厅、直辖市建委及有关部门负责协调解决，并将结果报建设部科技委办公室。

第二十四条 无异议或有异议但已妥善解决的公示项目，报建设部常务会议审查。通过审查的获奖项目以建设部文件公布。

第六章 纪 律

第二十五条 申报绿色建筑奖的单位不得弄虚作假，不得请客送礼。违者将视情节轻重给予批评教育直至取消申报或获奖资格的处理。

第二十六条 评审委员本人必须参加评审会议，不得委派代表出席或写出书面意见委托他人到评审会上代读。

第二十七条 评审委员和现场核查小组人员必须秉公办事，廉洁自律，不得收受企业和有关人员的礼品、礼金。违者将视情节轻重给予批评教育直至取消评审委员或核查人员资格的处理，并将违纪行为通知本人所在单位。

第二十八条 对已经获得绿色建筑奖的项目，若发现其工程质量安全或获奖技术与产品存在重大问题或隐患，建设部科学技术委员会办公室将组织有关人员进行核实并提出书面报告，对情况属实且已影响获奖项目资格的经建设部批准取消其绿色建筑奖项目资格。

第七章 奖 励

第二十九条 绿色建筑奖获奖项目的获奖组织和人员不应超过以下数量规定：

（一）工程奖获奖项目	组织（单位）	个人
一等奖	8	20

二等奖	6	15
三等奖	4	10
(二)技术奖获奖项目	组织(单位)	个人
一等奖	5	15
二等奖	4	10
三等奖	3	5

第三十条　建设部向获得绿色建筑奖的项目及相应的组织和人员颁发证书和证牌。

第三十一条　有关部门、地区和获奖单位应根据本部门、本地区和本单位的实际情况,对获奖单位和有关人员给予奖励。

第八章　附　则

第三十二条　本细则自发布之日起施行。

第三十三条　本细则由建设部负责解释。

财政部、建设部关于印发《建设工程价款结算暂行办法》的通知

财建[2004]369号

党中央有关部门,国务院各部委、各直属机构,有关人民团体,各中央管理企业,各省、自治区、直辖市、计划单列市财政厅(局)、建设厅(委、局),新疆生产建设兵团财务局:

为了维护建设市场秩序,规范建设工程价款结算活动,按照国家有关法律、法规,我们制订了《建设工程价款结算暂行办法》。现印发给你们,请贯彻执行。

附件:建设工程价款结算暂行办法

中华人民共和国财政部

中华人民共和国建设部

2004年10月20日

附件:

建设工程价款结算暂行办法

第一章　总　则

第一条　为加强和规范建设工程价款结算,维护建设市场正常秩序,根据《中华人民共和国合同法》、《中华人民共和国建筑法》、《中华人民共和国招标投标法》、《中华人民共和国预算法》、《中华人民共和国政府采购法》、《中华人民共和国预算法实施条例》等有关法律、行政法规制订本办法。

第二条　凡在中华人民共和国境内的建设工程价款结算活动,均适用本办法。国家法律法规另有规定的,从其规定。

第三条　本办法所称建设工程价款结算(以下简称"工程价款结算"),是指对建设工程的发承包合同价款进行约定和依据合同约定进行工程预付款、工程进度款、工程竣工价款结算的活动。

第四条　国务院财政部门、各级地方政府财政部门和国务院建设行政主管部门、各级地方政府建设行政主管部门在各自职责范围内负责工程价款结算的监督管理。

第五条　从事工程价款结算活动,应当遵循合法、平等、诚信的原则,并符合国家有关法律、法规和政策。

第二章　工程合同价款的约定与调整

第六条　招标工程的合同价款应当在规定时间内,依据招标文件、中标人的投标文件,由发包人与承包人(以下简称"发、承包人")订立书面合同约定。

非招标工程的合同价款依据审定的工程预(概)算书由发、承包人在合同中约定。

合同价款在合同中约定后,任何一方不得擅自改变。

第七条 发包人、承包人应当在合同条款中对涉及工程价款结算的下列事项进行约定：

（一）预付工程款的数额、支付时限及抵扣方式；

（二）工程进度款的支付方式、数额及时限；

（三）工程施工中发生变更时，工程价款的调整方法、索赔方式、时限要求及金额支付方式；

（四）发生工程价款纠纷的解决方法；

（五）约定承担风险的范围及幅度以及超出约定范围和幅度的调整办法；

（六）工程竣工价款的结算与支付方式、数额及时限；

（七）工程质量保证（保修）金的数额、预扣方式及时限；

（八）安全措施和意外伤害保险费用；

（九）工期及工期提前或延后的奖惩办法；

（十）与履行合同、支付价款相关的担保事项。

第八条 发、承包人在签订合同时对于工程价款的约定，可选用下列一种约定方式：

（一）固定总价。合同工期较短且工程合同总价较低的工程，可以采用固定总价合同方式。

（二）固定单价。双方在合同中约定综合单价包含的风险范围和风险费用的计算方法，在约定的风险范围内综合单价不再调整。风险范围以外的综合单价调整方法，应当在合同中约定。

（三）可调价格。可调价格包括可调综合单价和措施费等，双方应在合同中约定综合单价和措施费的调整方法，调整因素包括：

1.法律、行政法规和国家有关政策变化影响合同价款；

2.工程造价管理机构的价格调整；

3.经批准的设计变更；

4.发包人更改经审定批准的施工组织设计（修正错误除外）造成费用增加；

5.双方约定的其他因素。

第九条 承包人应当在合同规定的调整情况发生后14天内，将调整原因、金额以书面形式通知发包人，发包人确认调整金额后将其作为追加合同价款，与工程进度款同期支付。发包人收到承包人通知后14天内不予确认也不提出修改意见，视为已经同意该项调整。

当合同规定的调整合同价款的调整情况发生后，承包人未在规定时间内通知发包人，或者未在规定时间内提出调整报告，发包人可以根据有关资料，决定是否调整和调整的金额，并书面通知承包人。

第十条 工程设计变更价款调整

（一）施工中发生工程变更，承包人按照经发包人认可的变更设计文件，进行变更施工，其中，政府投资项目重大变更，需按基本建设程序报批后方可施工。

（二）在工程设计变更确定后14天内，设计变更涉及工程价款调整的，由承包人向发包人提出，经发包人审核同意后调整合同价款。变更合同价款按下列方法进行：

1.合同中已有适用于变更工程的价格，按合同已有的价格变更合同价款；

2.合同中只有类似于变更工程的价格，可以参照类似价格变更合同价款；

3.合同中没有适用或类似于变更工程的价格，由承包人或发包人提出适当的变更价格，经对方确认后执行。如双方不能达成一致的，双方可提请工程所在地工程造价管理机构进行咨询或按合同约定的争议或纠纷解决程序办理。

（三）工程设计变更确定后14天内，如承包人未提出变更工程价款报告，则发包人可根据所掌握的资料决定是否调整合同价款和调整的具体金额。重大工程变更涉及工程价款变更报告和确认的时限由发承包双方协商确定。

收到变更工程价款报告一方，应在收到之日起14天内予以确认或提出协商意见，自变更工程价款报告送达之日起14天内，对方未确认也未提出协商意见时，视为变更工程价款报告已被确认。

确认增（减）的工程变更价款作为追加（减）合同价款与工程进度款同期支付。

第三章 工程价款结算

第十一条 工程价款结算应按合同约定办理，合同未作约定或约定不明的，发、承包双方应依照下列规定与文件协商处理：

（一）国家有关法律、法规和规章制度；

（二）国务院建设行政主管部门、省、自治区、直辖市或有关部门发布的工程造价计价标准、计价办法等有关规定；

（三）建设项目的合同、补充协议、变更签证和现场签证，以及经发、承包人认可的其他有效文件；

（四）其他可依据的材料。

第十二条 工程预付款结算应符合下列规定：

（一）包工包料工程的预付款按合同约定拨付，原则上预付比例不低于合同金额的10%，不高于合同金额的30%，对重大工程项目，按年度工程计划逐年预付。计价执行《建设工程工程量清单计价规范》（GB50500－2003）的工程，实体性消耗和非实体性消耗部分应在合同中分别约定预付款比例。

（二）在具备施工条件的前提下，发包人应在双方签订合同后的一个月内或不迟于约定的开工日期前的7天内预付工程款，发包人不按约定预付，承包人应在预付时间到期后10天内向发包人发出要求预付的通知，发包人收到通知后仍不按要求预付，承包人可在发出通知14天后停止施工，发包人应从约定应付之日起向承包人支付应付款的利息（利率按同期银行贷款利率计），并承担违约责任。

（三）预付的工程款必须在合同中约定抵扣方式，并在工程进度款中进行抵扣。

（四）凡是没有签订合同或不具备施工条件的工程，发包人不得预付工程款，不得以预付款为名转移资金。

第十三条　工程进度款结算与支付应当符合下列规定：

（一）工程进度款结算方式

1.按月结算与支付。即实行按月支付进度款，竣工后清算的办法。合同工期在两个年度以上的工程，在年终进行工程盘点，办理年度结算。

2.分段结算与支付。即当年开工、当年不能竣工的工程按照工程形象进度，划分不同阶段支付工程进度款。具体划分在合同中明确。

（二）工程量计算

1.承包人应当按照合同约定的方法和时间，向发包人提交已完工程量的报告。发包人接到报告后14天内核实已完工程量，并在核实前1天通知承包人，承包人应提供条件并派人参加核实，承包人收到通知后不参加核实，以发包人核实的工程量作为工程价款支付的依据。发包人不按约定时间通知承包人，致使承包人未能参加核实，核实结果无效。

2.发包人收到承包人报告后14天内未核实完工程量，从第15天起，承包人报告的工程量即视为被确认，作为工程价款支付的依据，双方合同另有约定的，按合同执行。

3.对承包人超出设计图纸（含设计变更）范围和因承包人原因造成返工的工程量，发包人不予计量。

（三）工程进度款支付

1.根据确定的工程计量结果，承包人向发包人提出支付工程进度款申请，14天内，发包人应按不低于工程价款的60%，不高于工程价款的90%向承包人支付工程进度款。按约定时间发包人应扣回的预付款，与工程进度款同期结算抵扣。

2.发包人超过约定的支付时间不支付工程进度款，承包人应及时向发包人发出要求付款的通知，发包人收到承包人通知后仍不能按要求付款，可与承包人协商签订延期付款协议，经承包人同意后可延期支付，协议应明确延期支付的时间和从工程计量结果确认后第15天起计算应付款的利息（利率按同期银行贷款利率计）。

3.发包人不按合同约定支付工程进度款，双方又未达成延期付款协议，导致施工无法进行，承包人可停止施工，由发包人承担违约责任。

第十四条　工程完工后，双方应按照约定的合同价款及合同价款调整内容以及索赔事项，进行工程竣工结算。

（一）工程竣工结算方式

工程竣工结算分为单位工程竣工结算、单项工程竣工结算和建设项目竣工总结算。

（二）工程竣工结算编审

1.单位工程竣工结算由承包人编制，发包人审查；实行总承包的工程，由具体承包人编制，在总包人审查的基础上，发包人审查。

2.单项工程竣工结算或建设项目竣工总结算由总（承）包人编制，发包人可直接进行审查，也可以委托具有相应资质的工程造价咨询机构进行审查。政府投资项目，由同级财政部门审查。单项工程竣工结算或建设项目竣工总结算经发、承包人签字盖章后有效。

承包人应在合同约定期限内完成项目竣工结算编制工作，未在规定期限内完成的并且提不出正当理由延期的，责任自负。

（三）工程竣工结算审查期限

单项工程竣工后，承包人应在提交竣工验收报告的同时，向发包人递交竣工结算报告及完整的结算资料，发包人应按以下规定时限进行核对（审查）并提出审查意见。

工程竣工结算报告金额	审查时间
500万元以下	从接到竣工结算报告和完整的竣工结算资料之日起20天
500万元－2000万元	从接到竣工结算报告和完整的竣工结算资料之日起30天

2000 万元－5000 万元　从接到竣工结算报告和完整的竣工结算资料之日起 45 天

5000 万元以上　　　　从接到竣工结算报告和完整的竣工结算资料之日起 60 天

建设项目竣工总结算在最后一个单项工程竣工结算审查确认后 15 天内汇总，送发包人后 30 天内审查完成。

(四)工程竣工价款结算

发包人收到承包人递交的竣工结算报告及完整的结算资料后，应按本办法规定的期限(合同约定有期限的，从其约定)进行核实，给予确认或者提出修改意见。发包人根据确认的竣工结算报告向承包人支付工程竣工结算价款，保留 5%左右的质量保证(保修)金，待工程交付使用一年质保期到期后清算(合同另有约定的，从其约定)，质保期内如有返修，发生费用应在质量保证(保修)金内扣除。

(五)索赔价款结算

发承包人未能按合同约定履行自己的各项义务或发生错误，给另一方造成经济损失的，由受损方按合同约定提出索赔，索赔金额按合同约定支付。

(六)合同以外零星项目工程价款结算

发包人要求承包人完成合同以外零星项目，承包人应在接受发包人要求的 7 天内就用工数量和单价、机械台班数量和单价、使用材料和金额等向发包人提出施工签证，发包人签证后施工，如发包人未签证，承包人施工后发生争议的，责任由承包人自负。

第十五条　发包人和承包人要加强施工现场的造价控制，及时对工程合同外的事项如实纪录并履行书面手续。凡由发、承包双方授权的现场代表签字的现场签证以及发、承包双方协商确定的索赔等费用，应在工程竣工结算中如实办理，不得因发、承包双方现场代表的中途变更改变其有效性。

第十六条　发包人收到竣工结算报告及完整的结算资料后，在本办法规定或合同约定期限内，对结算报告及资料没有提出意见，则视同认可。

承包人如未在规定时间内提供完整的工程竣工结算资料，经发包人催促后 14 天内仍未提供或没有明确答复，发包人有权根据已有资料进行审查，责任由承包人自负。

根据确认的竣工结算报告，承包人向发包人申请支付工程竣工结算款。发包人应在收到申请后 15 天内支付结算款，到期没有支付的应承担违约责任。承包人可以催告发包人支付结算价款，如达成延期支付协议，承包人应按同期银行贷款利率支付拖欠工程价款的利息。如未达成延期支付协议，承包人可以与发包人协商将该工程折价，或申请人民法院将该工程依法拍卖，承包人就该工程折价或者拍卖的价款优先受偿。

第十七条　工程竣工结算以合同工期为准，实际施工工期比合同工期提前或延后，发、承包双方应按合同约定的奖惩办法执行。

第四章　工程价款结算争议处理

第十八条　工程造价咨询机构接受发包人或承包人委托，编审工程竣工结算，应按合同约定和实际履约事项认真办理，出具的竣工结算报告经发、承包双方签字后生效。当事人一方对报告有异议的，可对工程结算中有异议部分，向有关部门申请咨询后协商处理，若不能达成一致的，双方可按合同约定的争议或纠纷解决程序办理。

第十九条　发包人对工程质量有异议，已竣工验收或已竣工未验收但实际投入使用的工程，其质量争议按该工程保修合同执行；已竣工未验收且未实际投入使用的工程以及停工、停建工程的质量争议，应当就有争议部分的竣工结算暂缓办理，双方可就有争议的工程委托有资质的检测鉴定机构进行检测，根据检测结果确定解决方案，或按工程质量监督机构的处理决定执行，其余部分的竣工结算依照约定办理。

第二十条　当事人对工程造价发生合同纠纷时，可通过下列办法解决：

(一)双方协商确定；

(二)按合同条款约定的办法提请调解；

(三)向有关仲裁机构申请仲裁或向人民法院起诉。

第五章　工程价款结算管理

第二十一条　工程竣工后，发、承包双方应及时办清工程竣工结算，否则，工程不得交付使用，有关部门不予办理权属登记。

第二十二条　发包人与中标的承包人不按照招标文件和中标的承包人的投标文件订立合同的，或者发包人、中标的承包人背离合同实质性内容另行订立协议，造成工程价款结算纠纷的，另行订立的协议无效，由建设行政主管部门责令改正，并按《中华人民共和国招标投标法》第五十九条进行处罚。

第二十三条　接受委托承接有关工程结算咨询业务的工程造价咨询机构应具有工程造价咨询单位资质，其出具的办理拨付工程价款和工程结算的文件，应当由造价工程师签字，并应加盖执业专用章和单位公章。

第六章　附　则

第二十四条　建设工程施工专业分包或劳务分包，总(承)包人与分包人必须依法订立专业分包或劳务分包合同，按照本办法的规定在合同中约定工程价款及其结算办法。

第二十五条　政府投资项目除执行本办法有关规定外，地方政府或地方政府财政部门对政府投资项目合同价款约定与调整、工程价款结算、工程价款结算争议处理等事项，如另有特殊规定的，从其规定。

第二十六条　凡实行监理的工程项目，工程价款结算过程中涉及监理工程师签证事项，应按工程监理合同约定执行。

第二十七条　有关主管部门、地方政府财政部门和地方政府建设行政主管部门可参照本办法，结合本部门、本地区实际情况，另行制订具体办法，并报财政部、建设部备案。

第二十八条　合同示范文本内容如与本办法不一致，以本办法为准。

第二十九条　本办法自公布之日起施行。

关于印发《全国住房公积金监督管理信息系统管理暂行办法》的通知

建金管[2004]173号

各省、自治区建设厅，直辖市，计划单列市、新疆生产建设兵团住房公积金管理委员会、住房公积金管理中心：

全国住房公积金监督管理信息系统(以下简称监管系统)已经建立并开通运行，为加强规范管理，保障监管系统安全和有效运行，提高住房公积金监督管理水平，现将《全国住房公积金监督管理信息系统管理暂行办法》印发你们，请遵照执行。在执行中发现问题，请及时向我部住房公积金监督管理司和各省(自治区)建设厅反映。

附件：全国住房公积金监督管理信息系统管理暂行办法

中华人民共和国建设部

2004年10月11日

附件：

全国住房公积金监督管理信息系统管理暂行办法

第一条　为加强全国住房公积金监督管理信息系统(以下简称监管系统)规范管理，保障监管系统安全和有效运行，提高住房公积金监督管理水平，制定本办法。

第二条　本办法所称监管系统，是指以建设部数据专网为网络平台，以各设区城市(含新疆生产建设兵团，以下同)住房公积金管理中心(以下简称管理中心)业务管理系统为基础，采用建设部、省(自治区)建设厅、管理中心三级联网方式，对住房公积金管理和使用情况进行适时监督的行政监督管理信息系统。

第三条　监管系统管理实行统筹规划、统一标准、分级负责、安全运行、有效监督的原则。

第四条　建设部负责全国监管系统管理工作，履行以下职责：

(一)制定监管系统的建设规划、标准和管理办法，并监督执行；

(二)组织、指导和监督监管系统建设、运行和安全管理工作；

(三)组织制定监管系统建设技术方案，负责组织各省(自治区)建设厅节点专网联通及各节点IP地址等参数的管理工作；

(四)运用监管系统对全国住房公积金管理和使用情况进行适时监督，提出处理意见；

（五）负责本级监管系统的建设、运行和安全管理工作；

（六）组织有关人员的培训工作。

第五条 省（自治区）建设厅负责本行政区域内监管系统运行管理工作，履行以下职责：

（一）制定管理范围内监管系统管理办法和措施，并监督执行；

（二）组织、指导、监督管理范围内监管系统建设、运行和安全管理工作；

（三）负责管理范围内监管系统数据专网建设调试，并与全国监管系统联通；

（四）组织管理范围内管理中心监管数据接口软件测试工作，或统一组织开发数据接口软件；

（五）运用监管系统对管理范围内住房公积金管理和使用情况进行适时监督；

（六）负责管理范围内监管数据的收集、核查、汇总和上报工作；

（七）负责本级监管系统及数据传输网络的建设、运行和安全管理工作，并保持数据传输网络的畅通；

（八）组织管理范围内有关人员的培训工作。

第六条 管理中心负责管理范围内监管系统管理工作，履行以下职责：

（一）制定管理范围内监管系统运行管理制度，并具体实施；

（二）负责管理范围内监管系统及数据传输网络的建设、运行和安全管理工作，并保持数据传输网络的畅通；

（三）负责编制监管数据接口软件，或使用省（自治区）建设厅统一开发的接口软件；

（四）按照有关规定和要求提供监管数据，接受建设部、省（自治区）建设厅的监督、检查，对发现的问题进行处理并向建设部、省（自治区）建设厅报告；

第七条 建设部、省（自治区）建设厅和管理中心应确定应用管理员和系统管理员，明确相应的岗位职责。

第八条 应用管理员和系统管理员应选用德才兼备、责任心强、业务熟悉的人员担任。应用管理员和系统管理员分别负责系统应用操作和运行维护，不得混岗，不得相互代替工作。

第九条 建设部、省（自治区）建设厅和管理中心应明确技术支持单位，具体承担管理范围内监管系统建设、维护和技术服务等工作。技术支持单位人员不得代替应用管理员和系统管理员岗位的工作。

第十条 省（自治区）建设厅和管理中心应将监管系统的负责人、应用管理员、系统管理员、技术支持单位，报上级监督部门备案。

第十一条 建设部统一组织研发、测试监管软件，省（自治区）建设厅和管理中心组织安装运行。经建设部批准，省（自治区）建设厅组织研发的监管软件，必须符合建设部对监管系统的要求，且只能在管理范围内运行。

第十二条 建设部统一制定监管系统信息采集内容和采集标准，并监督执行。省（自治区）建设厅可根据本地区监管需要，补充相应的信息采集内容。

第十三条 监管数据应从业务系统中直接生成，并通过监管系统专网实现数据传送。如需从系统外获取数据，及尚未建立业务系统或业务系统暂不完善的，应通过录入界面手工将有关数据录入补全。

第十四条 监管数据应当符合真实、准确、及时、完整的要求：

（一）监管数据库与业务数据库相对应的数据必须一致，如实反映管理中心业务、发展及财务管理等情况；

（二）监管数据库各表中有关项目或存在钩稽关系的项目应相符；

（三）监管数据应按有关要求至少每日更新一次，保证序时连续；

（四）监管数据应包括管理中心管理范围内全部分支机构和业务经办网点的有关数据。

第十五条 监管数据库应按照建设部有关规定进行设置，由建设部、省（自治区）建设厅和管理中心按照管辖权限分别进行维护。建设部、省（自治区）建设厅应定期对监管数据库文件进行检查、校验和备份。

第十六条 监管数据库的各项监管数据，只能用于建设部、省（自治区）建设厅对住房公积金管理和使用情况进行监督，非经本单位监管系统负责人批准，不得擅自对外提供。

第十七条 监管软件中预警指标及有关阀值，由建设部、省（自治区）建设厅根据具体情况进行设置和管理。

第十八条 建设部、省（自治区）建设厅发现可疑信息，应及时将相关数据下载保存，报告本单位监管系统负责人后，按照行政监督管理职责责成有关单位进行核查处理。核查处理情况应记录备查。涉嫌违规问题的，应及时报告本单位负责人和建设部、省（自治区）建设厅。

第十九条　监管系统软件升级或更换等重大操作，由建设部统一部署，各省（自治区）建设厅和管理中心具体实施。

省（自治区）建设厅和管理中心应及时收集、整理监管软件运行中发生的问题，并报建设部。

第二十条　建设部、省（自治区）建设厅和管理中心应按照《中华人民共和国计算机信息系统安全保护条例》（国务院令147号），制定具体安全操作规程，加强对系统操作、数据库使用、用户身份认证等环节的权限管理，防止越权操作，加强系统安全管理。

第二十一条　不得在监管系统上安装编译工具、应用系统源程序及其他与住房公积金业务无关的软件。

第二十二条　不得擅自增加、删除网络节点及变更网络系统的结构、设备及重要参数。确需增加、删除或修改时，应经建设部同意。

第二十三条　不得擅自对监管数据库中的数据进行修改或恢复操作，确需操作时应严格履行审批手续，由系统管理员实施，并由有关人员监督执行。

第二十四条　建设部、省（自治区）建设厅应建立系统远程登录登记簿，详细记录登录人员、起止时间、批准人等项内容。首次登录后应立即更改相关的密码，且不得告知无关人员。有关岗位人员调离后，应及时更改相应密码。

第二十五条　建设部、省（自治区）建设厅和管理中心应采取切实有效措施，控制计算机病毒的传染源，做好计算机病毒的防范工作，并经常进行计算机病毒检查，发现病毒及时消除。

第二十六条　建设部、省（自治区）建设厅和管理中心应定期对监管系统主机设备、网络通信设备及相关设备的运行维护工作，坚持日常监测、检查和记录，发生故障及时组织排除。对监管系统主机、网络系统存在的隐患和漏洞，及时采取补救措施。建立监管系统运行维护和安全日志记录，并定期保留。

第二十七条　建设部、省（自治区）建设厅和管理中心要对信息进行安全稽核，防止信息被非法增加、删改或复制。使用监管系统网络存取、处理、传递业务数据，必须采取相应安全保密措施。未采取技术安全保密措施的数据库，不得与监管系统联网。

第二十八条　建设部、省（自治区）建设厅应对有关网络通信设备的配置参数、网络地址（如IP地址、端口号）等资料及时归档保管，并严格保密。

第二十九条　监管系统不得直接或间接地与国际互联网相连接，必须实行物理隔离。监管系统与政府信息网相连的，应采取相应的安全措施，保证系统安全。

监管数据不得在数据专网以外的计算机信息系统中存储、处理、传递。

第三十条　监管系统设备网络不得擅自关闭，对工作日间停止正常运行超过一天的，应向建设部、省（自治区）建设厅报告问题原因和处理情况。监管系统发生突发性事件，可能危及监管数据库和业务系统安全时，建设部、省（自治区）建设厅和管理中心可采取暂停联网、停机检查等应急措施。

第三十一条　建设部、省（自治区）建设厅和管理中心发现监管系统中发生重大安全事故或计算机犯罪案件时，应当采取应急措施，保留有关原始记录，在二十四小时内向建设部、省（自治区）建设厅和当地县级以上人民政府公安机关报告。

第三十二条　建设部、省（自治区）建设厅和管理中心应对已证实的重大的安全违规、违纪事件及泄密事件进行严肃处理，对违反规定的工作人员给予批评教育或行政处分；造成严重后果，构成犯罪的，移交有关司法机构依法追究刑事责任。

第三十三条　管理中心提供虚假数据或人为导致监管系统无法正常工作的，由建设部、省（自治区）建设厅严肃查处，并限期整改，情节严重的，追究管理中心负责人和直接责任人的责任。

第三十四条　任何单位或个人不得利用全国住房公积金监督系统从事危害国家利益、集体利益和公民合法利益的活动，不得危害监管系统的安全。

第三十五条　建设部、省（自治区）建设厅应建立监管系统运行情况通报制度，定期或不定期地通报监管系统运行情况。省级监督部门应按建设部的要求，定期以书面形式报告本行政区域内监管系统建设及运行管理情况。

第三十六条　各省（自治区）建设厅可结合本地实际情况，制定本省（自治区）监管系统管理实施办法，并报建设部备案。

第三十七条　本办法自印发之日起施行。

国务院关于深化改革严格土地管理的决定

（国发[2004]28号）

各省、自治区、直辖市人民政府，国务院各部委、各直属机构：

实行最严格的土地管理制度，是由我国人多地少的国情决定的，也是贯彻落实科学发展观，保证经济社会可持续发展的必然要求。去年以来，各地区、各部门认真贯彻党中央、国务院部署，全面清理各类开发区，切实落实暂停审批农用地转用的决定，土地市场治理整顿取得了积极进展，有力地促进了宏观调控政策的落实。但是，土地市场治理整顿的成效还是初步的、阶段性的，盲目投资、低水平重复建设，圈占土地、乱占滥用耕地等问题尚未根本解决。因此，必须正确处理保障经济社会发展与保护土地资源的关系，严格控制建设用地增量，努力盘活土地存量，强化节约利用土地，深化改革，健全法制，统筹兼顾，标本兼治，进一步完善符合我国国情的最严格的土地管理制度。现决定如下：

一、严格执行土地管理法律法规

（一）牢固树立遵守土地法律法规的意识。各地区、各有关部门要深入持久地开展土地法律法规的学习教育活动，深刻认识我国国情和保护耕地的极端重要性，本着对人民、对历史负责的精神，严格依法管理土地，积极推进经济增长方式的转变，实现土地利用方式的转变，走符合中国国情的新型工业化、城市化道路。进一步提高依法管地用地的意识，要在法律法规允许的范围内合理用地。对违反法律法规批地、占地的，必须承担法律责任。

（二）严格依照法定权限审批土地。农用地转用和土地征收的审批权在国务院和省、自治区、直辖市人民政府，各省、自治区、直辖市人民政府不得违反法律和行政法规的规定下放土地审批权。严禁规避法定审批权限，将单个建设项目用地拆分审批。

（三）严格执行占用耕地补偿制度。各类非农业建设经批准占用耕地的，建设单位必须补充数量、质量相当的耕地，补充耕地的数量、质量实行按等级折算，防止占多补少、占优补劣。不能自行补充的，必须按照各省、自治区、直辖市的规定缴纳耕地开垦费。耕地开垦费要列入专户管理，不得减免和挪作他用。政府投资的建设项目也必须将补充耕地费用列入工程概算。

（四）禁止非法压低地价招商。省、自治区、直辖市人民政府要依照基准地价制定并公布协议出让土地最低价标准。协议出让土地除必须严格执行规定程序外，出让价格不得低于最低价标准。违反规定出让土地造成国有土地资产流失的，要依法追究责任；情节严重的，依照《中华人民共和国刑法》的规定，以非法低价出让国有土地使用权罪追究刑事责任。

（五）严格依法查处违反土地管理法律法规的行为。当前要着重解决有法不依、执法不严、违法不究和滥用行政权力侵犯农民合法权益的问题。要加大土地管理执法力度，严肃查处非法批地、占地等违法案件。建立国土资源与监察等部门联合办案和案件移送制度，既查处土地违法行为，又查处违法责任人。典型案件，要公开处理。对非法批准占用土地、征收土地和非法低价出让国有土地使用权的国家机关工作人员，依照《监察部国土资源部关于违反土地管理规定行为行政处分暂行办法》给予行政处分；构成犯罪的，依照《中华人民共和国刑法》、《中华人民共和国土地管理法》、《最高人民法院关于审理破坏土地资源刑事案件具体应用法律若干问题的解释》和最高人民检察院关于渎职犯罪案件立案标准的规定，追究刑事责任。对非法批准征收、使用土地，给当事人造成损失的，还必须依法承担赔偿责任。

二、加强土地利用总体规划、城市总体规划、村庄和集镇规划实施管理

（六）严格土地利用总体规划、城市总体规划、村庄和集镇规划修改的管理。在土地利用总体规划和城市总体规划确定的建设用地范围外，不得设立各类开发区（园区）和城市新区（小区）。对清理后拟保留的开发区，必须依据土地利用总体规划和城市总体规划，按照布局集中、用地集约和产业集聚的原则严格审核。严格土地利用总体规划的修改，凡涉及改变土地利用方向、规模、重大布局等原则性修改，必须报原批准机关批准。城市总体规划、村庄和集镇规划也不得擅自修改。

（七）加强土地利用计划管理。农用地转用的年度计划实行指令性管理，跨年度结转使用计划指标必须严格规范。改进农用地转用年度计划下达和考核办法，对国家批准的能源、交通、水利、矿山、军事设施等重点建设项目用地和城、镇、村的建设用地实行分类下达，并按照定额指标、利用效益等分别考核。

（八）从严从紧控制农用地转为建设用地的总量和速度。加强农用地转用审批的规划和计划审查，强化土地利用总体规划和土地利用年度计划对农用地转用的控制和引导，凡不符合规划、没有农用地转用年度计划指标的，不得批准用地。为巩固土地市场治理整顿成果，2004年农用地转用计划指标不再追加；对过去拖欠农民的征地补偿安置费在2004年年底前不能足额偿还的地方，暂缓下达该地区2005年农用地转用计划。

（九）加强建设项目用地预审管理。凡不符合土地利用总体规划、没有农用地转用计划指标的建设项目，不得通过项目用地预审。发展改革等部门要通过适当方式告知项目单位开展前期工作，项目单位提出用地预审申请后，国土资源部门要依法对建设项目用地进行审查。项目建设单位向发展改革等部门申报核准或审批建设项目时，必须附国土资源部门预审意见；没有预审意见或预审未通过的，不得核准或批准建设项目。

（十）加强村镇建设用地的管理。要按照控制总量、合理布局、节约用地、保护耕地的原则，编制乡（镇）土地利用总体规划、村庄和集镇规划，明确小城镇和农村居民点的数量、布局和规模。鼓励农村建设用地整理，城镇建设用地增加要与农村建设用地减少相挂钩。农村集体建设用地，必须符合土地利用总体规划、村庄和集镇规划，并纳入土地利用年度计划，凡占用农用地的必须依法办理审批手续。禁止擅自通过"村改居"等方式将农民集体所有土地转为国有土地。禁止农村集体经济组织非法出让、出租集体土地用于非农业建设。改革和完善宅基地审批制度，加强农村宅基地管理，禁止城镇居民在农村购置宅基地。引导新办乡村工业向建制镇和规划确定的小城镇集中。在符合规划的前提下，村庄、集镇、建制镇中的农民集体所有建设用地使用权可以依法流转。

（十一）严格保护基本农田。基本农田是确保国家粮食安全的基础。土地利用总体规划修编，必须保证现有基本农田总量不减少，质量不降低。基本农田要落实到地块和农户，并在土地所有权证书和农村土地承包经营权证书中注明。基本农田保护图件备案工作，应在新一轮土地利用总体规划修编后三个月内完成。基本农田一经划定，任何单位和个人不得擅自占用，或者擅自改变用途，这是不可逾越的"红线"。符合法定条件，确需改变和占用基本农田的，必须报国务院批准；经批准占用基本农田的，征地补偿按法定最高标准执行，对以缴纳耕地开垦费方式补充耕地的，缴纳标准按当地最高标准执行。禁止占用基本农田挖鱼塘、种树和其他破坏耕作层的活动，禁止以建设"现代农业园区"或者"设施农业"等任何名义，占用基本农田变相从事房地产开发。

三、完善征地补偿和安置制度

（十二）完善征地补偿办法。县级以上地方人民政府要采取切实措施，使被征地农民生活水平不因征地而降低。要保证依法足额和及时支付土地补偿费、安置补助费以及地上附着物和青苗补偿费。依照现行法律规定支付土地补偿费和安置补助费，尚不能使被征地农民保持原有生活水平的，不足以支付因征地而导致无地农民社会保障费用的，省、自治区、直辖市人民政府应当批准增加安置补助费。土地补偿费和安置补助费的总和达到法定上限，尚不足以使被征地农民保持原有生活水平的，当地人民政府可以用国有土地有偿使用收入予以补贴。省、自治区、直辖市人民政府要制订并公布各市县征地的统一年产值标准或区片综合地价，征地补偿做到同地同价，国家重点建设项目必须将征地费用足额列入概算。大中型水利、水电工程建设征地的补偿费标准和移民安置办法，由国务院另行规定。

（十三）妥善安置被征地农民。县级以上地方人民政府应当制定具体办法，使被征地农民的长远生计有保障。对有稳定收益的项目，农民可以经依法批准的建设用地土地使用权入股。在城市规划区内，当地人民政府应当将因征地而导致无地的农民，纳入城镇就业体系，并建立社会保障制度；在城市规划区外，征收农民集体所有土地时，当地人民政府要在本行政区域内为被征地农民留有必要的耕作土地或安排相应的工作岗位；对不具备基本生产生活条件的无地农民，应当异地移民安置。劳动和社会保障部门要会同有关部门尽快提出建立被征地农民的就业培训和社会保障制度的指导性意见。

（十四）健全征地程序。在征地过程中，要维护农民集体土地所有权和农民土地承包经营权的权益。在征地依法报批前，要将拟征地的用途、位置、补偿标准、安置途径告知被征地农民；对拟征土地现状的调查结果须经被征地农村集体经济组织和农户确认；确有必要的，国土资源部门应当依照有关规定组织听证。要将被征地农民知情、确认的有关材料作为征地报批的必备材料。要加快建立和完善征地补偿安置争议的协调和裁决机制，维护被征地农民和用地者的合法权益。经批准的征地事项，除特殊情况外，应予以公示。

（十五）加强对征地实施过程监管。征地补偿安置不落实的，不得强行使用被征土地。省、自治区、直辖市人民政府应当根据土地补偿费主要用于被征地农户的原则，制订土地补偿费在农村集体经济组织内部的分配办法。被征地的农村集体经济组织应当将征地补偿费用的收支和分配情况，向本集体经济组织成员公布，接受监督。农业、民政等部门要加强对农村集体经济组织内部征地补偿费用分配和使用的监督。

四、健全土地节约利用和收益分配机制

（十六）实行强化节约和集约用地政策。建设用地要严格控制增量，积极盘活存量，把节约用地放在首位，重点在盘活存量上下工夫。新上建设项目首先要利用现有建设用地，严格控制建设占用耕地、林地、草原和湿地。开展对存量建设用地资源的普查，研究制定鼓励盘活存量的政策措施。各地区、各有关部门要按照集约用地的原则，调整有关厂区绿化率的规定，不得圈占土地搞“花园式工厂”。在开发区（园区）推广多层标准厂房。对工业用地在符合规划、不改变原用途的前提下，提高土地利用率和增加容积率的，原则上不再收取或调整土地有偿使用费。基础设施和公益性建设项目，也要节约合理用地。今后，供地时要将土地用途、容积率等使用条件的约定写入土地使用合同。对工业项目用地必须有投资强度、开发进度等控制性要求。土地使用权人不按照约定条件使用土地的，要承担相应的违约责任。在加强耕地占用税、城镇土地使用税、土地增值税征收管理的同时，进一步调整和完善相关税制，加大对建设用地取得和保有环节的税收调节力度。

（十七）推进土地资源的市场化配置。严格控制划拨用地范围，经营性基础设施用地要逐步实行有偿使用。运用价格机制抑制多占、滥占和浪费土地。除按现行规定必须实行招标、拍卖、挂牌出让的用地外，工业用地也要创造条件逐步实行招标、拍卖、挂牌出让。经依法批准利用原有划拨土地进行经营性开发建设的，应当按照市场价补缴土地出让金。经依法批准转让原划拨土地使用权的，应当在土地有形市场公开交易，按照市场价补缴土地出让金；低于市场价交易的，政府应当行使优先购买权。

（十八）制订和实施新的土地使用标准。依照国家产业政策，国土资源部门对淘汰类、限制类项目分别实行禁止和限制用地，并会同有关部门制订工程项目建设用地定额标准，省、自治区、直辖市人民政府可以根据实际情况制订具体实施办法。继续停止高档别墅类房地产、高尔夫球场等用地的审批。

（十九）严禁闲置土地。农用地转用批准后，满两年未实施具体征地或用地行为的，批准文件自动失效；已实施征地，满两年未供地的，在下达下一年度的农用地转用计划时扣减相应指标，对具备耕作条件的土地，应当交原土地使用者继续耕种，也可以由当地人民政府组织耕种。对用地单位闲置的土地，严格依照《中华人民共和国土地管理法》的有关规定处理。

（二十）完善新增建设用地土地有偿使用费收缴办法。新增建设用地土地有偿使用费实行先缴后分，按规定的标准就地全额缴入国库，不得减免，并由国库按规定的比例就地分成划缴。审计部门要加强对新增建设用地土地有偿使用费征收和使用的监督检查。对减免和欠缴的，要依法追缴。财政部、国土资源部要适时调整新增建设用地土地有偿使用费收取标准。新增建设用地土地有偿使用费要严格按法定用途使用，由中央支配的部分，要向粮食主产区倾斜。探索建立国有土地收益基金，遏制片面追求土地收益的短期行为。

五、建立完善耕地保护和土地管理的责任制度

（二十一）明确土地管理的权力和责任。调控新增建设用地总量的权力和责任在中央，盘活存量建设用地的权力和利益在地方，保护和合理利用土地的责任在地方各级人民政府，省、自治区、直辖市人民政府应负主要责任。在确保严格实施土地利用总体规划，不突破土地利用年度计划的前提下，省、自治区、直辖市人民政府可以统筹本行政区域内的用地安排，依照法定权限对农用地转用和土地征收进行审批，按规定用途决定新增建设用地土地有偿使用费地方分成部分的分配和使用，组织本行政区域内耕地占补平衡，并对土地管理法律法规执行情况进行监督检查。地方各级人民政府要对土地利用总体规划确定的本行政区域内的耕地保有量和基本农田保护面积负责，政府主要领导是第一责任人。地方各级人民政府都要建立相应的工作制度，采取多种形式，确保耕地保护目标落实到基层。

（二十二）建立耕地保护责任的考核体系。国务院定期向各省、自治区、直辖市下达耕地保护责任考核目标。各省、自治区、直辖市人民政府每年要向国务院报告耕地保护责任目标的履行情况。实行耕地保护责任考核的动态监测和预警制度。国土资源部会同农业部、监察部、审计署、统计局等部门定期对各省、自治区、直辖市耕地保护责任目标履行情况进行检查和考核，并向国务院报告。对认真履行责任目标，成效突出的，要给予表彰，并在安排中央支配的新增建设用地土地有偿使用费时予以倾斜。对没有达到责任目标的，要在全国通报，并责令限期补充耕地和补划基本农田。对土地开发整理补充耕地的情况也要定期考核。

（二十三）严格土地管理责任追究制。对违反法律规定擅自修改土地利用总体规划的、发生非法占用基本农田的、未完成耕地保护责任考核目标的、征地侵害农民合法权益引发群体性事件且未能及时解决的、减免和欠缴新增建设用地土地有偿使用费的、未按期完成基本农田图件备案工作的，要严肃追究责任，对有关责任人员由上级主管部门或监察机关依法定权限给予行政处分。同时，上级政府要责令限期整改，整改期间暂停农用地转用和征地审批。具体办法由国土资源部会同有关部门另行制订。实行补充耕地监督的责任追究制，国土资源部门和农业部门负责对补充耕地的数量和质量进行验收，并对验收结果承担责任。省、自治区、直辖市国土资源部门和农业部门要加强监督检查。

（二十四）强化对土地执法行为的监督。建立公开的土地违法立案标准。对有案不查、执法不严的，上级国土资源部门要责令其作出行政处罚决定或直接给予行政处罚。坚决纠正违法用地只通过罚款就补办合法手续的行为。对违法用地及其建筑物和其他设施，按法律规定应当拆除或没收的，不得以罚款、补办手续取代；确需补办手续的，依法处罚后，从新从高进行征地补偿和收取土地出让金及有关规费。完善土地执法监察体制，建立国家土地督察制度，设立国家土地总督察，向地方派驻土地督察专员，监督土地执法行为。

（二十五）加强土地管理行政能力建设。2004 年年底以前要完成省级以下国土资源管理体制改革，理顺领导干部管理体制、工作机制和加强基层队伍建设。市、县人民政府要保证基层国土资源管理所机构、编制、经费到位，切实发挥基层国土资源管理所在土地管理执法中的作用。国土资源部要会同有关部门抓紧建立和完善统一的土地分类、调查、登记和统计制度，启动新一轮土地调查，保证土地数据的真实性。组织实施“金土工程”。充分利用现代高新技术加强土地利用动态监测，建立土地利用总体规划实施、耕地保护、土地市场的动态监测网络。

各地区、各有关部门要以“三个代表”重要思想为指导，牢固树立科学发展观和正确的政绩观，把落实好最严格的土地管理制度作为对执政能力和依法行政能力的检验。高度重视土地的保护和合理利用，认真总结经验，积极推进土地管理体制改革，不断完善土地法制，建立严格、科学、有效的土地管理制度，维护好广大人民群众的根本利益，确保经济社会的可持续发展。

国务院

2004 年 10 月 21 日

关于贯彻《国务院关于深化改革严格土地管理的决定》的通知

建规［2004］185 号

各省、自治区建设厅，直辖市建委、规划局（委员会），新疆生产建设兵团建设局：

《国务院关于深化改革严格土地管理的决定》（国发［2004］28 号，以下简称《决定》），针对当前存在的圈占土地、乱占滥用耕地等突出问题，提出了深化改革、健全法制、统筹兼顾、标本兼治，进一步完善符合我国国情的最严格的土地管理制度的明确要求。各级城乡规划、建设行政主管部门要从落实科学发展观的高度，充分认识加强土地管理和保护工作的重要性，切实履行职责，认真贯彻落实《决定》各项部署和要求，继续贯彻《国务院关于加强城乡规划监督管理的通知》（国发［2002］13 号，以下简称 13 号文件）。现就有关问题通知如下：

一、切实做好土地利用总体规划与城乡规划的相互衔接工作

（一）依法做好土地利用总体规划、城市总体规划、村庄和集镇规划的相互衔接工作。城市总体规划、村庄和集镇规划中建设用地规模不应超过土地利用总体规划确定的城市和村庄、集镇建设用地规模。在城市规划区内、村庄和集镇规划区内，城市和村庄、集镇建设用地必须符合城市规划、村庄和集镇规划。

（二）在城乡规划制定工作中加强基本农田的保护。城市总体规划、村庄和集镇规划要把规划区内基本农田保护范围作为强制性内容，在图纸上详细标明。今后，凡调整城市总体规划、村庄和集镇规划涉及基本农田的，调整前必须报请原审批机关认可，经认可后方可调整；调整后的规划，必须按法定程序报原批准机关审批。

（三）充分发挥近期建设规划的综合协调作用。按照13号文件和建设部等九部委《关于贯彻落实〈国务院关于加强城乡规划监督管理的通知〉的通知》（建规［2002］204号）要求，近期建设规划与经济社会发展五年规划、房地产业和住房建设发展中长期规划要相互衔接，统筹安排规划年限内的城市建设用地总量、空间分布和实施时序，合理确定各类用地布局和比例。各地要依据近期建设规划，结合土地利用年度计划，确定城市建设发展的年度目标和安排。要优先安排危旧房改造和城市基础设施中拆迁安置用房、普通商品住房、经济适用住房建设项目用地，保证近期建设规划中确定的国家重点建设项目和基础设施项目用地。

二、严格执行建设用地指标，促进土地资源的集约和合理利用

（四）加快制定建设用地指标。抓紧工程项目建设用地指标制定和修改完善工作，优先开展城市基础设施项目，教育和公共文化体育卫生基础设施项目建设用地指标的编制工作，重点做好城市规划区范围内道路等市政工程建设用地指标、城市和村镇建设用地指标的编制工作，尽快建立科学合理的用地指标框架体系。

（五）编制和审批城乡规划，必须符合国家建设用地指标。各地要严格依据国家规定的建设用地指标编制和审批城市总体规划、村庄和集镇规划，合理确定城乡建设和用地规模。凡建设用地规模超过国家用地指标的规划，一律不得审查通过，并责成有关地方人民政府按规定进行缩减。

（六）各类新建、改建、扩建工程项目必须严格执行用地指标。城乡规划行政主管部门在审批建设项目用地申请时，要依据国家规定的建设用地指标，对建设用地面积进行严格审查，对超过国家规定用地指标的，不得发放建设用地规划许可证、建设工程规划许可证。禁止超过国家用地指标、以“花园式工厂”为名圈占土地。

（七）各地要立足于本地区土地资源的实际状况，合理确定与城市发展相适应的绿化用地面积。鼓励和推广屋顶绿化和立体绿化。进行绿化建设，必须符合城市总体规划、城市绿化规划。禁止利用基本农田进行绿化。基本农田上进行绿化建设的城市，不得列入园林城市、生态园林城市考核范围。凡在基本农田上进行绿化建设的，必须立即停止并予以纠正。

（八）指导和推广集约利用土地资源的新技术、新材料。要加快城乡规划动态监测系统及监测网络建设，充分利用现代高新技术实施城乡规划动态监测。积极推进建筑节能和墙体材料革新工作，研究、开发、推广和应用新型墙体材料，替代实心黏土砖。禁止占用耕地烧制实心黏土砖。在资金、技术允许情况下，鼓励开发利用城市地下空间。

三、加强城乡规划对城乡建设和土地利用的调控和指导

（九）省级人民政府必须依据省域城镇体系规划，统筹安排本行政区域内各业和各地区用地。要充分考虑和利用现有基础设施，合理规划，避免低水平重复建设和超规模建设。

（十）加强近期建设规划实施监管。近期建设规划确定的发展建设范围，必须符合已经法定程序批准的城市总体规划。编制近期建设规划，要根据城市总体规划确定的近期发展目标，划定近期建设控制线。各类建设项目，必须位于近期建设规划确定的近期建设控制线内。要加快近期建设控制线内控制性详细规划的编制和审批工作。凡未按要求编制近期建设规划的，停止新申请建设项目和用地的规划审批；对违反近期建设规划的建设项目和用地申请，一律不予批准。

（十一）加强开发区规划管理。要严格执行13号文件的规定，开发区范围内规划制定、审批权必须集中由所在市、县城乡规划行政主管部门行使，不得下放。凡下放规划管理权的，必须立即纠正。凡存在下放开发区规划管理权且尚未纠正的，对申请扩区的，一律不予批准。申请设立开发区或扩区的，必须报经省级城乡规划行政主管部门依据规划审查，核定用地范围并出具审查意见。设立各类开发区，必须符合省域城镇体系、城市总体规划。禁止在城市总体规划确定的建设用地范围外，设立开发区。因开发区发展需要申请扩区的，新增用地范围必须位于已经批准的城市总体规划建设用地范围内。

（十二）加强对存量土地利用的规划安排，控制新增建设用地。新建建设项目凡能利用存量土地的，不得批准新增建设用地。采取有力措施，做好“城中村”改造。存量土地再利用时，应当优先保证适合中低收入家庭需要的普通商品住房、经济适用住房建设以及必需的市政公用设施建设。城市、集镇和村庄新增建设用地，必须符合城市总体规划、村庄、集镇规划。禁止在城市规划区、村庄和集镇规划区范围以外，批准城市和集镇、村庄建设用地。

（十三）加强城乡规划对土地储备、供应的调控和引导。城乡规划行政主管部门要依据城市总体规划和近期建设规划，就近期内需要收购储备、供应土地的位置和数量提出建议。实施土地收购储备，必须符合城市总体规划、近期建设规划。存量土地收购储备涉及房屋拆迁的，应当根据《国务院办公厅关于控制城镇房屋拆迁规模严格拆迁管理的通知》（国办发［2004］46 号），纳入房屋拆迁中长期规划和年度计划管理。土地储备机构实施国有土地上房屋拆迁的，应当按照《城市房屋拆迁管理条例》规定的条件和程序办理。实施土地供应，必须符合近期建设规划和控制性详细规划。各地城乡规划行政主管部门要将城市中心地区、旧城改造地区、近期发展地区、拟储备出让土地的地区作为重点区域，优先编制控制性详细规划，明确规划设计条件。招标、拍卖或挂牌出让国有土地使用权时，应当具备依据控制性详细规划确定的规划设计条件，并作为出让合同的组成部分。凡没有列入或者不符合近期建设规划、控制性详细规划规定用途的土地，不得办理规划手续。

（十四）规范建设用地和项目审批程序。在城市规划区内进行建设需要申请用地的，必须持有关文件，向城乡规划行政主管部门申请办理规划许可手续。未取得建设用地规划许可证而取得土地使用批准文件的，批准文件无效，已占用的土地依法予以收回。需报请发展改革部门核准或备案的项目，必须先取得城乡规划行政主管部门出具的规划意见。

四、加强对划拨土地上开发活动和集体建设用地流转的管理

（十五）规范原有划拨土地的房地产开发活动。经依法批准利用原有划拨土地从事房地产开发的，应按市场价补缴土地出让金，依法取得房地产开发资质，并纳入房地产开发管理。独立工矿区、困难企业可以利用自用划拨土地，在符合城市规划、土地利用总体规划的前提下，组织住房困难职工进行集资合作建房，并纳入经济适用住房建设管理，执行经济适用住房建设管理的有关规定，不得以与其他单位联合建设等形式变相进行房地产开发。

（十六）严格集体建设用地流转管理。建制镇、村庄和集镇中的农民集体所有建设用地使用权流转，必须符合建制镇、村庄和集镇规划，由城乡规划行政主管部门依据规划出具有关流转地块的规划条件。没有编制或违反建制镇、村庄和集镇规划要求的，有关集体建设用地，不得进行流转。房地产开发企业应按照《城市房地产管理法》的规定，依法在取得国有土地使用权的土地上进行基础设施、房屋建设，禁止以“现代农业园区”或“设施农业”为名、利用集体建设用地变相从事房地产开发和商品房销售活动。

（十七）加强对集体土地上房屋拆迁的管理。与国土资源部门共同研究制定城市规划区内集体土地上房屋拆迁补偿有关政策。

五、强化村庄集镇建设和用地管理

（十八）加强村镇规划编制工作。省域城镇体系规划要确定重点镇的数量；县（市）域城镇体系规划要确定镇和中心村的布局；村庄集镇总体规划，要合理确定农村居民点的数量、布局和建设用地规模。要统筹规划工业用地，严禁零散安排乡村工业用地。在符合农民意愿的前提下，统筹规划农村居民点、迁村并点。尚未编制村庄和集镇规划的，要抓紧编制和报批。涉及行政区划调整的地区，要及时修编村庄和集镇规划。

（十九）加强对农村宅基地管理。新批村镇宅基地必须位于村庄、集镇规划区内，并符合村庄、集镇规划的安排。凡没有制定村庄、集镇规划或宅基地申请与村庄、集镇规划不符的，一律不得办理许可手续。已确定撤并的农村居民点内，不得批准进行新的建设。禁止多处申请宅基地。因实施农房建设，需申请批准新宅基地的，原有宅基地应当退回。农村住宅设计，不得突破当地规定的宅基地规划、建设标准。

（二十）采取切实措施，加大对村镇规划建设管理的资金支持和技术指导，理顺管理体制，加强村镇基层规划建设管理工作。

六、依法严肃查处违法违规行为

（二十一）依法监督和查处违法用地行为。地方各级城乡规划、建设行政主管部门要开展专项监督检查，重点查处未经审批乱圈地、突破国家用地指标和规划确定的用地规模使用土地、占用基本农田进行建设等问题。对建设单位、个人未取得建设用地规划许可证、建设工程规划许可证进行用地和项目建设，擅自改变规划用地性质或扩大建设规模，违反法律规定和规划要求随意流转集体建设用地等行为，要采取措施坚决制止，并依法给予处罚。按法律规定应当没收或拆除的违法用地和违法建设，必须依法处罚，不得以罚款或补办手续取代。触犯刑律的，要依法移交司法机关查处。

（二十二）建立行政过错纠正和行政责任追究制度。上级部门要加强对下级部门的监督检查。严格执行 13 号文件规定，对于地方人民政府及有关行政主管部门违反规定调整规划，违反规划批准使用土地和项目建设，擅自在规划确定的建设用地范围以外批准、设立开发区，以及对违法用地不依法查处等行为，除应予以纠正外，还要按照干部管理权限和有关规定对直接责任人给予行政处分。对于造成严重损失和不良影响的，除追究直接责任人责任外，还应追究有关领导的责任，必要时可给予负有责任的主管领导撤职以下行政处分；触犯刑律的，依法移交司法机关查处。

各级城乡规划、建设行政主管部门要以邓小平理论和“三个代表”重要思想为指导，牢固树立科学发展观和正确的政绩观，切实端正城乡规划建设指导思想，依法加强监督管理，充分发挥城乡规划对土地资源集约和合理利用的调控和引导作用，落实好最严格的土地管理制度，促进城乡经济和社会的健康和可持续发展。

中华人民共和国建设部

2004年10月29日

最高人民法院关于审理建设工程施工合同纠纷案件适用法律问题的解释

（法释〔2004〕14号）

中华人民共和国最高人民法院公告

《最高人民法院关于审理建设工程施工合同纠纷案件适用法律问题的解释》已于2004年9月29日由最高人民法院审判委员会第1327次会议通过，现予公布，自2005年1月1日起施行。

中华人民共和国最高人民法院

2004年10月25日

根据《中华人民共和国民法通则》、《中华人民共和国合同法》、《中华人民共和国招标投标法》、《中华人民共和国民事诉讼法》等法律规定，结合民事审判实际，就审理建设工程施工合同纠纷案件适用法律的问题，制定本解释。

第一条　建设工程施工合同具有下列情形之一的，应当根据合同法第五十二条第（五）项的规定，认定无效：

（一）承包人未取得建筑施工企业资质或者超越资质等级的；

（二）没有资质的实际施工人借用有资质的建筑施工企业名义的；

（三）建设工程必须进行招标而未招标或者中标无效的。

第二条　建设工程施工合同无效，但建设工程经竣工验收合格，承包人请求参照合同约定支付工程价款的，应予支持。

第三条　建设工程施工合同无效，且建设工程经竣工验收不合格的，按照以下情形分别处理：

（一）修复后的建设工程经竣工验收合格，发包人请求承包人承担修复费用的，应予支持；

（二）修复后的建设工程经竣工验收不合格，承包人请求支付工程价款的，不予支持。

因建设工程不合格造成的损失，发包人有过错的，也应承担相应的民事责任。

第四条　承包人非法转包、违法分包建设工程或者没有资质的实际施工人借用有资质的建筑施工企业名义与他人签订建设工程施工合同的行为无效。人民法院可以根据民法通则第一百三十四条规定，收缴当事人已经取得的非法所得。

第五条　承包人超越资质等级许可的业务范围签订建设工程施工合同，在建设工程竣工前取得相应资质等级，当事人请求按照无效合同处理的，不予支持。

第六条　当事人对垫资和垫资利息有约定，承包人请求按照约定返还垫资及其利息的，应予支持，但是约定的利息计算标准高于中国人民银行发布的同期同类贷款利率的部分除外。

当事人对垫资没有约定的,按照工程欠款处理。

当事人对垫资利息没有约定,承包人请求支付利息的,不予支持。

第七条　具有劳务作业法定资质的承包人与总承包人、分包人签订的劳务分包合同,当事人以转包建设工程违反法律规定为由请求确认无效的,不予支持。

第八条　承包人具有下列情形之一,发包人请求解除建设工程施工合同的,应予支持:

(一)明确表示或者以行为表明不履行合同主要义务的;

(二)合同约定的期限内没有完工,且在发包人催告的合理期限内仍未完工的;

(三)已经完成的建设工程质量不合格,并拒绝修复的;

(四)将承包的建设工程非法转包、违法分包的。

第九条　发包人具有下列情形之一,致使承包人无法施工,且在催告的合理期限内仍未履行相应义务,承包人请求解除建设工程施工合同的,应予支持:

(一)未按约定支付工程价款的;

(二)提供的主要建筑材料、建筑构配件和设备不符合强制性标准的;

(三)不履行合同约定的协助义务的。

第十条　建设工程施工合同解除后,已经完成的建设工程质量合格的,发包人应当按照约定支付相应的工程价款;已经完成的建设工程质量不合格的,参照本解释第三条规定处理。

因一方违约导致合同解除的,违约方应当赔偿因此而给对方造成的损失。

第十一条　因承包人的过错造成建设工程质量不符合约定,承包人拒绝修理、返工或者改建,发包人请求减少支付工程价款的,应予支持。

第十二条　发包人具有下列情形之一,造成建设工程质量缺陷,应当承担过错责任:

(一)提供的设计有缺陷;

(二)提供或者指定购买的建筑材料、建筑构配件、设备不符合强制性标准;

(三)直接指定分包人分包专业工程。

承包人有过错的,也应当承担相应的过错责任。

第十三条　建设工程未经竣工验收,发包人擅自使用后,又以使用部分质量不符合约定为由主张权利的,不予支持;但是承包人应当在建设工程的合理使用寿命内对地基基础工程和主体结构质量承担民事责任。

第十四条　当事人对建设工程实际竣工日期有争议的,按照以下情形分别处理:

(一)建设工程经竣工验收合格的,以竣工验收合格之日为竣工日期;

(二)承包人已经提交竣工验收报告,发包人拖延验收的,以承包人提交验收报告之日为竣工日期;

(三)建设工程未经竣工验收,发包人擅自使用的,以转移占有建设工程之日为竣工日期。

第十五条　建设工程竣工前,当事人对工程质量发生争议,工程质量经鉴定合格的,鉴定期间为顺延工期期间。

第十六条　当事人对建设工程的计价标准或者计价方法有约定的,按照约定结算工程价款。

因设计变更导致建设工程的工程量或者质量标准发生变化,当事人对该部分工程价款不能协商一致的,可以参照签订建设工程施工合同时当地建设行政主管部门发布的计价方法或者计价标准结算工程价款。

建设工程施工合同有效,但建设工程经竣工验收不合格的,工程价款结算参照本解释第三条规定处理。

第十七条　当事人对欠付工程价款利息计付标准有约定的,按照约定处理;没有约定的,按照中国人民银行发布的同期同类贷款利率计息。

第十八条　利息从应付工程价款之日计付。当事人对付款时间没有约定或者约定不明的,下列时间视为应付款时间:

(一) 建设工程已实际交付的,为交付之日;

(二) 建设工程没有交付的,为提交竣工结算文件之日;

(三) 建设工程未交付,工程价款也未结算的,为当事人起诉之日。

第十九条　当事人对工程量有争议的,按照施工过程中形成的签证等书面文件确认。承包人能够证明发包人同意其施工,但未能提供签证文件证明工程量发生的,可以按照当事人提供的其他证据确认实际发生的工程量。

第二十条　当事人约定,发包人收到竣工结算文件后,在约定期限内不予答复,视为认可竣工结算文件的,按照约定处理。承包人请求按照竣工结算文件结算工程价款的,应予支持。

第二十一条　当事人就同一建设工程另行订立的建设工程施工合同与经过备案的中标合同实质性内容

不一致的，应当以备案的中标合同作为结算工程价款的根据。

第二十二条 当事人约定按照固定价结算工程价款，一方当事人请求对建设工程造价进行鉴定的，不予支持。

第二十三条 当事人对部分案件事实有争议的，仅对有争议的事实进行鉴定，但争议事实范围不能确定，或者双方当事人请求对全部事实鉴定的除外。

第二十四条 建设工程施工合同纠纷以施工行为地为合同履行地。

第二十五条 因建设工程质量发生争议的，发包人可以以总承包人、分包人和实际施工人为共同被告提起诉讼。

第二十六条 实际施工人以转包人、违法分包人为被告起诉的，人民法院应当依法受理。

实际施工人以发包人为被告主张权利的，人民法院可以追加转包人或者违法分包人为本案当事人。发包人只在欠付工程价款范围内对实际施工人承担责任。

第二十七条 因保修人未及时履行保修义务，导致建筑物毁损或者造成人身、财产损害的，保修人应当承担赔偿责任。

保修人与建筑物所有人或者发包人对建筑物毁损均有过错的，各自承担相应的责任。

第二十八条 本解释自2005年1月1日起施行。

施行后受理的第一审案件适用本解释。

施行前最高人民法院发布的司法解释与本解释相抵触的，以本解释为准。

土地利用年度计划管理办法

国土资源部令第26号

《土地利用年度计划管理办法》，已经2004年10月29日国土资源部第9次部务会议修订通过，现将修订后的《土地利用年度计划管理办法》公布，自2004年12月1日起施行。

国土资源部部长 孙文盛

2004年11月1日

第一条 为加强土地管理，实施土地利用总体规划，控制建设用地总量，引导集约用地，切实保护耕地，保证经济社会的可持续发展，根据《中华人民共和国土地管理法》、《中华人民共和国土地管理法实施条例》和《国务院关于深化改革严格土地管理的决定》，制定本办法。

第二条 土地利用年度计划的编制、报批、执行和监督，适用本办法。

本办法所称土地利用年度计划，是指国家对计划年度农用地转用量、土地开发整理补充耕地量和耕地保有量的具体安排。

第三条 土地利用年度计划管理应当遵循下列原则：

(一)严格依据土地利用总体规划，控制建设用地总量，保护耕地；

(二)以土地供应引导需求，合理、有效利用土地；

(三)优先保证国家重点建设项目和基础设施项目用地；

(四)占用耕地与补充耕地相平衡；

(五)城镇用地增加与农村建设用地减少相挂钩；

(六)保护和改善生态环境，保障土地的可持续利用。

第四条 土地利用年度计划指标包括：

(一)农用地转用计划指标。分为城镇村建设占用农用地指标和能源、交通、水利等独立选址的重点建设项目占用农用地指标。

(二)土地开发整理计划指标。分为土地开发补充耕地指标和土地整理复垦补充耕地指标。

(三)耕地保有量计划指标。

各地可以根据实际需要，在上述分类的基础上增设控制指标。

第五条 土地利用年度计划中，农用地转用计划指标依据国民经济和社会发展计划、土地利用总体规划、国家供地政策和土地利用的实际情况确定。

土地开发整理计划指标依据土地利用总体规划、土地开发整理规划、建设占用耕地等耕地减少情况确定。

耕地保有量计划指标依据国务院向各省、自治区、直辖市下达的耕地保护责任考核目标确定。

第六条　需国务院及国家发展和改革等部门审批、核准的重点建设项目拟在计划年度内使用土地，涉及农用地转用的，由行业主管部门于上年9月25日前，按项目向国土资源部提出计划建议，同时抄送项目拟使用土地所在地的省、自治区、直辖市国土资源管理部门、发展和改革部门。

第七条　县级以上地方人民政府国土资源管理部门会同有关部门，按照国家的统一部署，提出本地的土地利用年度计划建议，经同级人民政府审查后，报上一级人民政府国土资源管理部门。

各省、自治区、直辖市的土地利用年度计划建议，应当于每年十月十日前报国土资源部，同时抄报国家发展和改革委员会。计划单列市、新疆生产建设兵团的土地利用年度计划建议在相关省、自治区的计划建议中单列。

第八条　国土资源部会同国家发展和改革委员会，在各地和国务院有关部门提出的土地利用年度计划建议的基础上，编制全国土地利用年度计划草案，纳入年度国民经济和社会发展计划草案。

第九条　国土资源部会同国家发展和改革委员会将土地利用年度计划草案上报国务院，经国务院审定后，下达各地参照执行。待全国人大审议通过国民经济和社会发展计划草案后，按全国人大批准的计划正式执行。

第十条　全国土地利用年度计划下达到省、自治区、直辖市以及计划单列市、新疆生产建设兵团。

农用地转用计划指标只下达城镇村(包括独立工矿区)建设占用和由省审批农用地转用的建设项目占用农用地的计划指标。国务院及国家发展和改革等部门批准、核准，并由国务院审批农用地转用的重点建设项目占用农用地计划指标不下达地方，在建设项目用地审批时使用。

第十一条　地方人民政府国土资源管理部门可以将上级下达的土地利用计划指标分解，经同级人民政府批准后下达。

省级人民政府国土资源管理部门在分解下达计划时，应当将国务院批准土地利用总体规划的城市的农用地转用计划指标单独列出，并报国土资源部备案。

第十二条　能源、交通、水利等独立选址的重点建设项目占用农用地可以预留少量的机动指标，用于不可预见的重点急需项目。

第十三条　农用地转用计划指标实行指令性管理，不得突破。没有农用地转用计划指标的，不得批准农用地转用。农用地转用计划中城镇村建设占用农用地指标和能源、交通、水利等独立选址的重点建设项目占用农用地指标不得混用。没有农用地转用计划指标，擅自批准农用地转用的，按非法批准用地追究责任。

土地开发整理补充耕地应当符合土地开发整理计划确定的指标。

耕地保有量计划指标用于耕地保护责任目标的检查和考核。考核年的耕地保有量不得低于耕地保有量计划指标。

第十四条　土地利用年度计划一经批准下达，必须严格执行。

省、自治区、直辖市在实施土地利用年度计划时，因不可预见的重点建设项目确需追加农用地转用计划指标的，可以向国土资源部提出申请。

因特殊情况需增加全国土地利用年度计划中农用地转用计划的，按规定程序报国务院审定。

第十五条　县级以上地方人民政府国土资源管理部门应当实行土地利用年度计划台账管理，对计划执行情况进行登记、统计。

土地利用年度计划执行情况，纳入国土资源综合统计，定期上报。

第十六条　上级国土资源管理部门对下级土地利用年度计划执行情况进行考核。

考核结合国土资源综合统计、建设用地审批备案、土地利用变更调查、土地利用动态监测等情况进行。

土地利用年度计划以每年1月1日至12月31日为考核年度。

第十七条　土地利用年度计划执行情况考核结果作为编制下一年度计划的依据。

未经批准超计划批地的，已实施征地满两年未供地的和没有完成耕地占补平衡任务的，相应减少下一年度的农用地转用计划指标。

第十八条　各省、自治区、直辖市及计划单列市、新疆生产建设兵团节余的农用地转用计划指标，经国土资源部核准后，允许在规划期内结转使用。

第十九条　本办法自2004年12月1日起施行。

建设项目用地预审管理办法

国土资源部令第 27 号

《建设项目用地预审管理办法》，已经 2004 年 10 月 29 日国土资源部第 9 次部务会议修订通过，现将修订后的《建设项目用地预审管理办法》公布，自 2004 年 12 月 1 日起施行。

国土资源部部长　　孙文盛

2004 年 11 月 1 日

第一条　为保证土地利用总体规划的实施，充分发挥土地供应的宏观调控作用，控制建设用地总量，根据《中华人民共和国土地管理法》、《中华人民共和国土地管理法实施条例》和《国务院关于深化改革严格土地管理的决定》，制定本办法。

第二条　本办法所称建设项目用地预审，是指国土资源管理部门在建设项目审批、核准、备案阶段，依法对建设项目涉及的土地利用事项进行的审查。

第三条　预审应当遵循下列原则：

(一)符合土地利用总体规划；

(二)保护耕地，特别是基本农田；

(三)合理和集约利用土地；

(四)符合国家供地政策。

第四条　建设项目用地实行分级预审。

需人民政府或有批准权的人民政府发展和改革等部门审批的建设项目，由该人民政府的国土资源管理部门预审。

需核准和备案的建设项目，由与核准、备案机关同级的国土资源管理部门预审。

第五条　需审批的建设项目在可行性研究阶段，由建设用地单位提出预审申请。

需核准、备案的建设项目在申请核准、备案前，由建设用地单位提出预审申请。

第六条　依照本办法第四条规定应当由国土资源部预审的建设项目，国土资源部委托项目所在地的省级国土资源管理部门受理，但建设项目占用规划确定的城市建设用地范围内土地的，委托市级国土资源管理部门受理。受理后，提出初审意见，转报国土资源部。

涉密军事项目和国务院批准的特殊建设项目用地，建设用地单位可直接向国土资源部提出预审申请。

应当由国土资源部负责预审的输电线塔基、钻探井位、通讯基站等小面积零星分散建设项目用地，由省级国土资源管理部门预审，并报国土资源部备案。

第七条　建设用地单位申请预审，应当提交下列材料：

(一)建设项目用地预审申请表；

(二)预审的申请报告，内容包括拟建设项目基本情况、拟选址情况、拟用地总规模和拟用地类型、补充耕地初步方案；

(三)需审批的建设项目还应提供项目建议书批复文件和项目可行性研究报告。项目建议书批复与项目可行性研究报告合一的，只提供项目可行性研究报告。

本条第一款规定的预审申请表，由国土资源部统一规定。

第八条　受国土资源部委托负责初审的国土资源管理部门在转报用地预审申请时，应当提供下列材料：

(一)初审意见，内容包括拟建设项目用地是否符合土地利用总体规划、是否符合国家供地政策、用地标准和总规模是否符合有关规定、补充耕地初步方案是否可行等；

(二)标注项目用地范围的县级以上土地利用总体规划图及相关图件；

(三)属于《土地管理法》第二十六条规定情形，建设项目用地需修改土地利用总体规划的，应当出具经相关部门和专家论证的规划修改方案、建设项目对规划实施影响评估报告和修改规划听证会纪要。

第九条　符合本办法第七条规定的预审申请和第八条规定的初审转报件，国土资源管理部门应当受理和接收。不符合的，应当场或在五日内书面通知申请人和转报人，逾期不通知的，视为受理和接收。

受国土资源部委托负责初审的国土资源管理部门应当自受理之日起二十日内完成初审工作，并转报国土资源部。

第十条　预审的主要内容：

(一)建设项目用地选址是否符合土地利用总体规划，是否符合土地管理法律、法规规定的条件；

(二)建设项目是否符合国家供地政策;

(三)建设项目用地标准和总规模是否符合有关规定;

(四)占用耕地的,补充耕地初步方案是否可行,资金是否有保障;

(五)属《土地管理法》第二十六条规定情形,建设项目用地需修改土地利用总体规划的,规划的修改方案、建设项目对规划实施影响评估报告等是否符合法律、法规的规定。

第十一条 国土资源管理部门应当自受理预审申请或者收到转报材料之日起二十日内,完成审查工作,并出具预审意见。二十日内不能出具预审意见的,经负责预审的国土资源管理部门负责人批准,可以延长十日。

第十二条 预审意见应当包括对本办法第十条规定内容的结论性意见和对建设用地单位的具体要求。

第十三条 预审意见是建设项目批准、核准的必备文件,预审意见提出的用地标准和总规模等方面的要求,建设项目初步设计阶段应当充分考虑。

建设用地单位应当认真落实预审意见,并在依法申请使用土地时出具落实预审意见的书面材料。

第十四条 建设项目用地预审文件有效期为两年,自批准之日起计算。已经预审的项目,如需对土地用途、建设项目选址等进行重大调整的,应当重新申请预审。

第十五条 核准或者批准建设项目前,应当依照本办法规定完成预审,未经预审或者预审未通过的,不得批准农用地转用、土地征收,不得办理供地手续。

第十六条 本办法自2004年12月1日起施行。

关于加强农村宅基地管理的意见

国土资发〔2004〕234号

为切实落实《国务院关于深化改革严格土地管理的决定》(国发〔2004〕28号),进一步加强农村宅基地管理,正确引导农村村民住宅建设合理、节约使用土地,切实保护耕地,现提出以下意见:

一、严格实施规划,从严控制村镇建设用地规模

(一)抓紧完善乡(镇)土地利用总体规划。各地要结合土地利用总体规划修编工作,抓紧编制完善乡(镇)土地利用总体规划,按照统筹安排城乡建设用地的总要求和控制增量、合理布局、集约用地、保护耕地的总原则,合理确定小城镇和农村村民点的数量、布局、范围和用地规模。经批准的乡(镇)土地利用总体规划,应当予以公告。

国土资源管理部门要积极配合有关部门,在已确定的村镇建设用地范围内,做好村镇建设规划。

(二)按规划从严控制村镇建设用地。各地要采取有效措施,引导农村村民住宅建设按规划、有计划地逐步向小城镇和中心村集中。对城市规划区内的农村村民住宅建设,应当集中兴建村民住宅小区,防止在城市建设中形成新的"城中村",避免"二次拆迁"。对城市规划区范围外的农村村民住宅建设,按照城镇化和集约用地的要求,鼓励集中建设农民新村。在规划撤并的村庄范围内,除危房改造外,停止审批新建、重建、改建住宅。

(三)加强农村宅基地用地计划管理。农村宅基地占用农用地应纳入年度计划。省(区、市)在下达给各县(市)用于城乡建设占用农用地的年度计划指标中,可增设农村宅基地占用农用地的计划指标。农村宅基地占用农用地的计划指标应和农村建设用地整理新增加的耕地面积挂钩。县(市)国土资源管理部门对新增耕地面积检查、核定后,应在总的年度计划指标中优先分配等量的农用地转用指标用于农民住宅建设。

省级人民政府国土资源管理部门要加强对各县(市)农村宅基地占用农用地年度计划执行情况的监督检查,不得超计划批地。各县(市)每年年底应将农村宅基地占用农用地的计划执行情况报省级人民政府国土资源管理部门备案。

二、改革和完善宅基地审批制度,规范审批程序

(四)改革和完善农村宅基地审批管理办法。各省(区、市)要适应农民住宅建设的特点,按照严格管理,提高效率,便民利民的原则,改革农村村民建住宅占用农用地的审批办法。各县(市)可根据省(区、市)下达的农村宅基地占用农用地的计划指标和农村村民住宅建设的实际需要，于每年年初一次性向省（区、市）或设区的市、自治州申请办理农用地转用审批手续，经依法批准后由县（市）按户逐宗批准供应宅基地。

对农村村民住宅建设利用村内空闲地、老宅基地和未利用土地的，由村、乡（镇）逐级审核，批量报县（市）批准后，由乡（镇）逐宗落实到户。

（五）严格宅基地申请条件。坚决贯彻“一户一宅”的法律规定。农村村民一户只能拥有一处宅基地，面积不得超过省（区、市）规定的标准。各地应结合本地实际，制定统一的农村宅基地面积标准和宅基地申请条件。不符合申请条件的不得批准宅基地。

农村村民将原有住房出卖、出租或赠与他人后，再申请宅基地的，不得批准。

（六）规范农村宅基地申请报批程序。农村村民建住宅需要使用宅基地的，应向本集体经济组织提出申请，并在本集体经济组织或村民小组张榜公布。公布期满无异议的，报经乡（镇）审核后，报县（市）审批。经依法批准的宅基地，农村集体经济组织或村民小组应及时将审批结果张榜公布。

各地要规范审批行为，健全公开办事制度，提供优质服务。县（市）、乡（镇）要将宅基地申请条件、申报审批程序、审批工作时限、审批权限等相关规定和年度用地计划向社会公告。

（七）健全宅基地管理制度。在宅基地审批过程中，乡（镇）国土资源管理所要做到“三到场”。即：受理宅基地申请后，要到实地审查申请人是否符合条件、拟用地是否符合规划等；宅基地经依法批准后，要到实地丈量批放宅基地；村民住宅建成后，要到实地检查是否按照批准的面积和要求使用土地。各地一律不得在宅基地审批中向农民收取新增建设用地土地有偿使用费。

（八）加强农村宅基地登记发证工作。市、县国土资源管理部门要加快农村宅基地土地登记发证工作，做到宅基地土地登记发证到户，内容规范清楚，切实维护农民的合法权益。要加强农村宅基地的变更登记工作，变更一宗，登记一宗，充分发挥地籍档案资料在宅基地监督管理上的作用，切实保障“一户一宅”法律制度的落实。要依法、及时调处宅基地权属争议，维护社会稳定。

三、积极推进农村建设用地整理，促进土地集约利用

（九）积极推进农村建设用地整理。县市和乡（镇）要根据土地利用总体规划，结合实施小城镇发展战略与“村村通”工程，科学制定和实施村庄改造、归并村庄整治计划，积极推进农村建设用地整理，提高城镇化水平和城镇土地集约利用水平，努力节约使用集体建设用地。农村建设用地整理，要按照“规划先行、政策引导、村民自愿、多元投入”的原则，按规划、有计划、循序渐进、积极稳妥地推进。

（十）加大盘活存量建设用地力度。各地要因地制宜地组织开展“空心村”和闲置宅基地、空置住宅、“一户多宅”的调查清理工作。制定消化利用的规划、计划和政策措施，加大盘活存量建设用地的力度。农村村民新建、改建、扩建住宅，要充分利用村内空闲地、老宅基地以及荒坡地、废弃地。凡村内有空闲地、老宅基地未利用的，不得批准占用耕地。利用村内空闲地、老宅基地建住宅的，也必须符合规划。对“一户多宅”和空置住宅，各地要制定激励措施，鼓励农民腾退多余宅基地。凡新建住宅后应退出旧宅基地的，要采取签订合同等措施，确保按期拆除旧房，交出旧宅基地。

（十一）加大对农村建设用地整理的投入。对农民宅基地占用的耕地，县（市）、乡（镇）应组织村集体经济组织或村民小组进行补充。省（区、市）及市、县应从用于农业土地开发的土地出让金、新增建设用地土地有偿使用费、耕地开垦费中拿出部分资金，用于增加耕地面积的农村建设用地整理，确保耕地面积不减少。

四、加强法制宣传教育，严格执法

（十二）加强土地法制和国策的宣传教育。各级国土资源管理部门要深入持久地开展宣传教育活动，广泛宣传土地国策国情和法规政策，提高干部群众遵守土地法律和珍惜土地的意识，增强依法管地用地、集约用地和保护耕地的自觉性。

（十三）严格日常监管制度。各地要进一步健全和完善动态巡查制度，切实加强农村村民住宅建设用地的日常监管，及时发现和制止各类土地违法行为。要重点加强城乡结合部地区农村宅基地的监督管理。严禁城镇居民在农村购置宅基地，严禁为城镇居民在农村购买和违法建造的住宅发放土地使用证。

要强化乡（镇）国土资源管理机构和职能，充分发挥乡（镇）国土资源管理所在宅基地管理中的作用。积极探索防范土地违法行为的有效措施，充分发挥社会公众的监督作用。对严重违法行为，要公开曝光，用典型案例教育群众。

关于完善征地补偿安置制度的指导意见

国土资发〔2004〕238号

为合理利用土地，保护被征地农民合法权益，维护社会稳定，根据法律有关规定和《国务院关于深化改革严格土地管理的决定》（国发〔2004〕28号，以下简称《决定》）精神，现就完善征地补偿安置制度有关问题提出以下意见：

一、关于征地补偿标准

（一）统一年产值标准的制订。省级国土资源部门要会同有关部门制订省域内各县（市）耕地的最低统一年产值标准，报省级人民政府批准后公布执行。制订统一年产值标准可考虑被征收耕地的类型、质量、农民对土地的投入、农产品价格、农用地等级等因素。

（二）统一年产值倍数的确定。土地补偿费和安置补助费的统一年产值倍数，应按照保证被征地农民原有生活水平不降低的原则，在法律规定范围内确定；按法定的统一年产值倍数计算的征地补偿安置费用，不能使被征地农民保持原有生活水平，不足以支付因征地而导致无地农民社会保障费用的，经省级人民政府批准应当提高倍数；土地补偿费和安置补助费合计按30倍计算，尚不足以使被征地农民保持原有生活水平的，由当地人民政府统筹安排，从国有土地有偿使用收益中划出一定比例给予补贴。经依法批准占用基本农田的，征地补偿按当地人民政府公布的最高补偿标准执行。

（三）征地区片综合地价的制订。有条件的地区，省级国土资源部门可会同有关部门制订省域内各县（市）征地区片综合地价，报省级人民政府批准后公布执行，实行征地补偿。制订区片综合地价应考虑地类、产值、土地区位、农用地等级、人均耕地数量、土地供求关系、当地经济发展水平和城镇居民最低生活保障水平等因素。

（四）土地补偿费的分配。按照土地补偿费主要用于被征地农户的原则，土地补偿费应在农村集体经济组织内部合理分配。具体分配办法由省级人民政府制定。土地被全部征收，同时农村集体经济组织撤销建制的，土地补偿费应全部用于被征地农民生产生活安置。

二、关于被征地农民安置途径

（五）农业生产安置。征收城市规划区外的农民集体土地，应当通过利用农村集体机动地、承包农户自愿交回的承包地、承包地流转和土地开发整理新增加的耕地等，首先使被征地农民有必要的耕作土地，继续从事农业生产。

（六）重新择业安置。应当积极创造条件，向被征地农民提供免费的劳动技能培训，安排相应的工作岗位。在同等条件下，用地单位应优先吸收被征地农民就业。征收城市规划区内的农民集体土地，应当将因征地而导致无地的农民，纳入城镇就业体系，并建立社会保障制度。

（七）入股分红安置。对有长期稳定收益的项目用地，在农户自愿的前提下，被征地农村集体经济组织经与用地单位协商，可以以征地补偿安置费用入股，或以经批准的建设用地土地使用权作价入股。农村集体经济组织和农户通过合同约定以优先股的方式获取收益。

（八）异地移民安置。本地区确实无法为因征地而导致无地的农民提供基本生产生活条件的，在充分征求被征地农村集体经济组织和农户意见的前提下，可由政府统一组织，实行异地移民安置。

三、关于征地工作程序

（九）告知征地情况。在征地依法报批前，当地国土资源部门应将拟征地的用途、位置、补偿标准、安置途径等，以书面形式告知被征地农村集体经济组织和农户。在告知后，凡被征地农村集体经济组织和农户在拟征土地上抢栽、抢种、抢建的地上附着物和青苗，征地时一律不予补偿。

（十）确认征地调查结果。当地国土资源部门应对拟征土地的权属、地类、面积以及地上附着物权属、种类、数量等现状进行调查，调查结果应与被征地农村集体经济组织、农户和地上附着物产权人共同确认。

（十一）组织征地听证。在征地依法报批前，当地国土资源部门应告知被征地农村集体经济组织和农户，对拟征土地的补偿标准、安置途径有申请听证的权利。当事人申请听证的，应按照《国土资源听证规定》规定的程序和有关要求组织听证。

四、关于征地实施监管

（十二）公开征地批准事项。经依法批准征收的土地，除涉及国家保密规定等特殊情况外，国土资源部和省级国土资源部门通过媒体向社会公示征地批准事项。县（市）国土资源部门应按照《征用土地公告办法》规定，在被征地所在的村、组公告征地批准事项。

(十三)支付征地补偿安置费用。征地补偿安置方案经市、县人民政府批准后,应按法律规定的时限向被征地农村集体经济组织拨付征地补偿安置费用。当地国土资源部门应配合农业、民政等有关部门对被征地集体经济组织内部征地补偿安置费用的分配和使用情况进行监督。

(十四)征地批后监督检查。各级国土资源部门要对依法批准的征收土地方案的实施情况进行监督检查。因征地确实导致被征地农民原有生活水平下降的,当地国土资源部门应积极会同政府有关部门,切实采取有效措施,多渠道解决好被征地农民的生产生活,维护社会稳定。

关于印发《建设工程项目管理试行办法》的通知

建市[2004]200号

各省、自治区建设厅,直辖市建委,国务院有关部门建设司,解放军总后营房部,山东、江苏省建管局,新疆生产建设兵团建设局,中央管理的有关企业:

现将《建设工程项目管理试行办法》印发给你们,请结合本地区、本部门实际情况认真贯彻执行。执行中有何问题,请及时告我部建筑市场管理司。

中华人民共和国建设部

2004年11月16日

第一条 [目的和依据] 为了促进我国建设工程项目管理健康发展,规范建设工程项目管理行为,不断提高建设工程投资效益和管理水平,依据国家有关法律、行政法规,制定本办法。

第二条 [适用范围] 凡在中华人民共和国境内从事工程项目管理活动,应当遵守本办法。

本办法所称建设工程项目管理,是指从事工程项目管理的企业(以下简称项目管理企业),受工程项目业主方委托,对工程建设全过程或分阶段进行专业化管理和服务活动。

第三条 [企业资质] 项目管理企业应当具有工程勘察、设计、施工、监理、造价咨询、招标代理等一项或多项资质。

工程勘察、设计、施工、监理、造价咨询、招标代理等企业可以在本企业资质以外申请其他资质。企业申请资质时,其原有工程业绩、技术人员、管理人员、注册资金和办公场所等资质条件可合并考核。

第四条 [执业资格] 从事工程项目管理的专业技术人员,应当具有城市规划师、建筑师、工程师、建造师、监理工程师、造价工程师等一项或者多项执业资格。

取得城市规划师、建筑师、工程师、建造师、监理工程师、造价工程师等执业资格的专业技术人员,可在工程勘察、设计、施工、监理、造价咨询、招标代理等任何一家企业申请注册并执业。

取得上述多项执业资格的专业技术人员,可以在同一企业分别注册并执业。

第五条 [服务范围] 项目管理企业应当改善组织结构,建立项目管理体系,充实项目管理专业人员,按照现行有关企业资质管理规定,在其资质等级许可的范围内开展工程项目管理业务。

第六条 [服务内容] 工程项目管理业务范围包括:

(一)协助业主方进行项目前期策划,经济分析、专项评估与投资确定;

(二)协助业主方办理土地征用、规划许可等有关手续;

(三)协助业主方提出工程设计要求、组织评审工程设计方案、组织工程勘察设计招标、签订勘察设计合同并监督实施,组织设计单位进行工程设计优化、技术经济方案比选并进行投资控制;

(四)协助业主方组织工程监理、施工、设备材料采购招标;

(五)协助业主方与工程项目总承包企业或施工企业及建筑材料、设备、构配件供应等企业签订合同并监督实施;

(六)协助业主方提出工程实施用款计划,进行工程竣工结算和工程决算,处理工程索赔,组织竣工验收,向业主方移交竣工档案资料;

(七)生产试运行及工程保修期管理,组织项目后评估;

(八)项目管理合同约定的其他工作。

第七条　[委托方式]　工程项目业主方可以通过招标或委托等方式选择项目管理企业,并与选定的项目管理企业以书面形式签订委托项目管理合同。合同中应当明确履约期限,工作范围,双方的权利、义务和责任,项目管理酬金及支付方式,合同争议的解决办法等。

工程勘察、设计、监理等企业同时承担同一工程项目管理和其资质范围内的工程勘察、设计、监理业务时,依法应当招标投标的应当通过招标投标方式确定。

施工企业不得在同一工程从事项目管理和工程承包业务。

第八条　[联合投标]　两个及以上项目管理企业可以组成联合体以一个投标人身份共同投标。联合体中标的,联合体各方应当共同与业主方签定委托项目管理合同,对委托项目管理合同的履行承担连带责任。联合体各方应签订联合体协议,明确各方权利、义务和责任,并确定一方作为联合体的主要责任方,项目经理由主要责任方选派。

第九条　[合作管理]　项目管理企业经业主方同意,可以与其他项目管理企业合作,并与合作方签定合作协议,明确各方权利、义务和责任。合作各方对委托项目管理合同的履行承担连带责任。

第十条　[管理机构]　项目管理企业应当根据委托项目管理合同约定,选派具有相应执业资格的专业人员担任项目经理,组建项目管理机构,建立与管理业务相适应的管理体系,配备满足工程项目管理需要的专业技术管理人员,制定各专业项目管理人员的岗位职责,履行委托项目管理合同。

工程项目管理实行项目经理责任制。项目经理不得同时在两个及以上工程项目中从事项目管理工作。

第十一条　[服务收费]　工程项目管理服务收费应当根据受委托工程项目规模、范围、内容、深度和复杂程度等,由业主方与项目管理企业在委托项目管理合同中约定。

工程项目管理服务收费应在工程概算中列支。

第十二条　[执业原则]　在履行委托项目管理合同时,项目管理企业及其人员应当遵守国家现行的法律法规、工程建设程序,执行工程建设强制性标准,遵守职业道德,公平、科学、诚信地开展项目管理工作。

第十三条　[奖励]　业主方应当对项目管理企业提出并落实的合理化建议按照相应节省投资额的一定比例给予奖励。奖励比例由业主方与项目管理企业在合同中约定。

第十四条　[禁止行为]　项目管理企业不得有下列行为:

(一)与受委托工程项目的施工以及建筑材料、构配件和设备供应企业有隶属关系或者其他利害关系;

(二)在受委托工程项目中同时承担工程施工业务;

(三)将其承接的业务全部转让给他人,或者将其承接的业务肢解以后分别转让给他人;

(四)以任何形式允许其他单位和个人以本企业名义承接工程项目管理业务;

(五)与有关单位串通,损害业主方利益,降低工程质量。

第十五条　[禁止行为]　项目管理人员不得有下列行为:

(一)取得一项或多项执业资格的专业技术人员,不得同时在两个及以上企业注册并执业。

(二)收受贿赂、索取回扣或者其他好处;

(三)明示或者暗示有关单位违反法律法规或工程建设强制性标准,降低工程质量。

第十六条　[监督管理]　国务院有关专业部门、省级政府建设行政主管部门应当加强对项目管理企业及其人员市场行为的监督管理,建立项目管理企业及其人员的信用评价体系,对违法违规等不良行为进行处罚。

第十七条　[行业指导]　各行业协会应当积极开展工程项目管理业务培训,培养工程项目管理专业人才,制定工程项目管理标准、行为规则,指导和规范建设工程项目管理活动,加强行业自律,推动建设工程项目管理业务健康发展。

第十八条　本办法由建设部负责解释。

第十九条　本办法自2004年12月1日起执行。

关于加强村镇建设工程质量安全管理的若干意见

各省、自治区建设厅，直辖市建委，江苏省、山东省建管局，新疆生产建设兵团建设局：

当前，我国村镇建设工程质量安全的总体水平在不断提高，但各地的状况不平衡。为加强村镇建设工程质量安全管理工作，切实提高村镇建设工程质量安全水平，现提出如下意见：

一、进一步提高认识，完善村镇建设工程管理体制

（一）做好村镇建设工程质量安全工作，直接关系到广大人民群众的切身利益。各级建设行政主管部门要从实践“三个代表”重要思想的高度，充分认识做好村镇建设工程质量安全工作的重要意义，增强做好村镇建设工程质量安全工作的紧迫感和使命感。

（二）各地要统筹城市建设与村镇建设，并与现行的村镇行政管理体系结合起来，进一步健全和完善村镇建设工程管理服务机构，并充分发挥村民委员会等村民自治机构的作用，制定相关政策，促进村镇建设社会化服务体系的发展。

（三）各级建设行政主管部门应整合监管资源，特别是县级建设行政主管部门应建立对市场、质量、安全管理进行统一管理的工程管理机构。

二、加强服务和指导力度，提高村镇工程质量安全水平

（一）各地建设行政主管部门应结合本地区实际情况，充分考虑当地的建材及习惯做法，因地制宜，并通过必要的试验，组织编制、修订本行政区域内建制镇、集镇规划区内的居民和村庄建设规划范围内的农民自建住宅标准、通用设计图或标准设计图集。住宅通用设计图或标准设计图集应符合国家现行技术标准中有关工程质量安全的规定，并向村庄建设规划范围内的建房农民无偿提供。建筑设计应注意对当地民居建筑风格的继承和保持，方案应多样化，以适应不同层次的需求。

（二）各地建设行政主管部门要有针对性地组织设计力量开展村镇工程设计竞赛，提倡推广新型住宅设计方案，逐步引导村庄建设规划范围内的农民自建住宅由传统结构形式向符合国家标准规范的结构形式转变。同时，结合本地情况，指导农民改革自建住宅的建造模式，通过样板村镇建设活动引导新的村镇工程建造和管理模式。

（三）各地建设行政主管部门要把大力扶持发展本地建筑劳务输出与提高村镇建设工程质量紧密结合起来，加强村镇建筑队伍的技术培训工作，并制定符合本地实际的农民自建住宅施工技术规程等地方标准以指导施工。县级建设行政主管部门对培训合格人员可发给培训合格证书。

（四）鉴于村镇建设规划范围内的居民和农民自建住宅一般规模较小的实际情况，可由县级建设行政主管部门在村镇规划选址勘察的基础上适当增加取土孔，并在地质报告中做出基础埋深及基础形式的初步建议。

三、突出重点，分类指导，创新监督管理方式

（一）对于建制镇、集镇规划区内的所有公共建筑工程、居民自建两层（不含两层）以上以及其它建设工程投资额在30万元以上或者建筑面积在300平方米以上的所有村镇建设工程、村庄建设规划范围内的学校、幼儿园、卫生院等公共建筑（以下称限额以上工程），应严格按照国家有关法律、法规和工程建设强制性标准实施监督管理。

建制镇、集镇规划区内所有加层的扩建工程必须委托有资质的设计单位进行设计，并由有资质的施工单位承建。

（二）对于建制镇、集镇规划区内建设工程投资额30万元以下且建筑面积300平方米以下的市政基础设施、生产性建筑，居民自建两层（含两层）以下住宅和村庄建设规划范围内的农民自建两层（不含两层）以上住宅的建设活动（以下简称限额以下工程）由各省、自治区、直辖市结合本地区的实际，依据本意见“五”明确的对限额以下工程的指导原则制定相应的管理办法。

（三）对于村庄建设规划范围内的农民自建两层（含两层）以下住宅（以下简称农民自建低层住宅）的建设活动，县级建设行政主管部门的管理以为农民提供技术服务和指导作为主要工作方式。

四、采取有效措施，强化监督管理力度

（一）县级建设行政主管部门要加强本行政区域内村镇建设工程的质量安全监督管理工作，重点加强对本行政区域内，特别是城关镇以外的限额以上工程执行基本建设程序情况的监督检查，并建立相应的巡查报告制度，明确巡查人员及其职责。

（二）巡查人员若发现建制镇、集镇规划区内和村庄建设规划范围内限额以上工程未经开工批准擅自施工的项目以及在以上规划区外擅自进行建设的，应立即责令停止施工并报告县级建设行政主管部门进行处理。

（三）县级建设行政主管部门应建立相应的质量安全流动抽查与定点监督检查制度，监督重点应放在抓好工程的结构质量和施工安全上，加大对工程的地基验槽和主体结构施工过程以及预制构件等涉及结构安全的建材的监督检查力度；同时坚持监督与服务并举的原则，对工程的设计、施工提供必要的技术指导和服务。

（四）限额以上工程竣工后，建设方要组织竣工验收，并按有关规定向县级建设行政主管部门或委托的建制镇、集镇的村镇工程管理服务机构办理竣工验收备案。县级建设行政主管部门或其委托的村镇工程管理服务机构要做好工程竣工验收的监督工作。

五、加强对限额以下工程和农民自建低层住宅的指导

（一）限额以下建设工程建设方必须取得规划批准文件方可开工，并应在动土施工前到村镇建设工程管理服务机构办理报建备案手续。

（二）建设方在申请建房基地时，应与村镇建设工程管理服务机构签订建房服务协议，协议要明确双方的权利与义务。村镇建设工程管理服务机构应指导建设方选用合适的设计通用图及其配套基础形式或联系有关技术人员提供基础设计有偿服务。建房协议可作为村镇建设工程管理服务机构对其工程进行管理的依据。

（三）建设方应选择具有设计、施工承包资质的设计、施工企业进行设计、施工，也可依照有资格的建筑师、结构工程师以个人名义设计的图纸和选择有资格的建造师、监理工程师组织的施工队伍或具有劳务资质的施工队伍，并由设计、施工单位或建筑师、建造师、监理工程师分别对设计、施工质量和安全负责。由建设方自行组织施工的，由建设方对工程质量和施工安全负责。建设方应优先考虑选择具有工程技术职称的技术人员和经县级建设行政主管部门培训合格的建筑施工人员。

（四）县级建设行政主管部门应对村民自治机构有关人员提供培训服务，并通过发放挂图、基本知识读本等方式宣传推广识图、施工管理方法等基本常识。对限额以下工程和农民自建低层住宅建设方及承建方，在开挖地基、砌筑墙体、安装预制楼板、拌制混凝土、防水层施工、安装拆卸模板、搭拆脚手架等重要工序上进行必要的技术指导。

六、加强村镇建设的抗灾、防灾工作

（一）地质环境条件是构成建设工程质量安全的重要因素之一。在村镇建设规划中的建设用地必须考虑工程建设质量安全因素。村镇建设规划中划定建设用地时，要考虑避开自然灾害易发地带，如山体滑坡隐患、地质条件不稳定、风口、有严重环境污染、不便于进行基础设施配套的地域。

（二）各地在对村镇规划、村镇建设的管理规定中，要根据本地实际增加有关抗震、抗风等防灾的要求，按照不同地区、区分不同结构形式，组织编制农房建设抗震、抗风等设防标准和标准图集；提出规模建设的村镇规划、建设中加强抗震抗风管理工作的指导意见。

（三）对基本完成的村庄规划，各地要组织专家对规划选址进行防灾评估；对存有重大安全隐患的选址，尽快进行合理调整，防患于未然。

（四）要充分利用各种手段加强对群众的抗震、抗风等防灾知识普及和安全教育，提高全民的工程质量安全意识，将灾害损失控制降低在最低限度。

关于印发《房地产市场信息系统建设工作纲要(试行)》的通知

建办住房[2004]116号

各有关城市建委、房地局:

现将《房地产市场信息系统建设工作纲要(试行)》印发给你们,请遵照执行。

中华人民共和国建设部办公厅

2004年12月31日

第一章　总　则

第一条　为加快推动房地产市场信息系统建设工作,充分发挥信息对房地产市场发展和宏观调控工作的引导作用,依据《国务院关于促进房地产市场持续健康发展的通知》(国发[2003]18号)、建设部等7部门《关于加强协作共同做好房地产信息系统和预警预报体系有关工作的通知》(建住房[2004]7号)和《关于加快房地产市场信息系统和预警预报体系建设的通知》(建办住房[2004]78号)的要求,特制定本纲要。

第二条　本纲要为各城市房地产信息系统建设和验收的基本标准和基本依据。

第三条　房地产市场信息系统建设的基本工作思路是:以城市为单位,通过一定的信息平台,依托房地产管理的各业务系统,将分散于房地产开发、转让、租赁登记备案、权属登记等管理环节的市场信息有机整合起来,同时纳入与房地产市场发展相关的土地、金融等其他信息,形成全面客观地反映各地房地产市场运行状况的信息系统。在此基础上,通过数据的分析和历史的比较,及时发现市场运行中存在的问题,准确判断市场发展趋势,有针对性地提出调控对策;通过市场信息的发布,增加房地产市场的透明度,引导企业理性投资、消费者理性消费。

第四条　各城市应按照本纲要的统一要求,因地制宜、积极稳妥地建立和完善房地产市场信息系统。

第二章　组织工作机制

第五条　建立由城市政府分管领导牵头、各有关部门参加的房地产市场信息系统建设工作协调机制,部门间的职责分工明确。

第六条　有明确的牵头单位和主要实施单位。

牵头单位在房地产市场信息系统建设工作中起组织、协调作用。

主要实施单位应由负责房地产转让、房屋权属登记、房屋租赁登记备案等管理工作的部门承担。

各城市牵头单位和主要实施单位原则上应是一个部门。由两个部门分别承担的城市,也应当建立统一的信息系统和对外信息发布的渠道。

第七条　有稳定、可靠的资金来源。需要政府承担的费用,由各地财政结合当地信息化系统和电子政务建设统筹安排资金,保证系统建设的顺利进行。

第八条　建立复合型或组合型专业人员参与的工作队伍,承担系统建设的有关具体工作。

第九条　业务管理人员都能熟练使用本部门应用软件,熟练掌握与本软件有关的工作流程和一般问题的处理方法。

第三章　系统要求

第十条　整个房地产市场信息系统应包括以下三个层面:

基础数据层。主要目的是从房地产市场和相关部门的业务管理系统中采集房地产市场信息。这一层是整个体系的基础,是为整个体系提供静态和动态数据的数据仓库。包括从施工许可管理、房地产开发项目手册备案管理、商品房预售管理(网上售房)、房地产权属登记、存量房转让、房屋租赁管理、房地产企业信用档案等业务管理系统提取信息,预留有从规划、土地、金融、统计等相关部门提取相关信息的数据接口,并进行数据质量监控和标准化处理。

数据处理层。主要目的是对基础数据层提供的多源数据进行分类、存储和统计。这一层包括为整个系统的运行提供各种基础功能。其中包括:房地产市场数据分类、存储、备份、统计、数据挖掘、楼盘表、数据转换等数据组织、处理功能。

数据服务层。主要目的是为信息使用者提供各种数据交互平台。这一层包括生成各种统计报表、房地产市场信息发布、政府决策分析、市场运行分析、政府政策法规发布、数据上报、各种指数发布以及其他数据服务等。

第十一条 各房地产业务管理系统功能齐全、易于整合，能基本满足房地产市场信息系统数据采集的需要，其中商品房预售合同联机备案业务管理系统应全面开通，房地产交易登记业务管理系统应符合交易与权属登记一体化管理要求。

第十二条 系统设计规范、合理，成本适宜，能够满足系统应用需要；设计、施工和验收文档齐全，并有长期可靠的专业技术维护单位。

第十三条 系统运行稳定、可靠，软硬件均具有较好的可扩展性。

第四章 数据采集与整合

第十四条 房地产市场数据采集范围应覆盖以下各类市场活动：增量与存量、买卖与租赁、住宅与非住宅、城市和乡镇。

第十五条 新增商品房预售前的数据采集应主要通过房地产开发项目手册备案、房地产开发企业信用档案管理、建设工程施工许可等环节实现。

采集的数据应包括开发项目立项、规划、用地、拆迁补偿、安置、开工、施工、竣工、规划变更、许可预售面积、户型、预售报价（供应价格）等方面的信息。

第十六条 新增商品房预售及预售后的数据采集应通过商品房预售许可管理环节，以建立楼盘表的方式整合，并通过预售合同联机备案业务管理系统，实现数据的实时采集、更新。

采集的数据应包括新增商品房项目供应总量（套数、面积）、供应结构（区位、用途、户型）、供应价格，以及每套商品房的实时状态，如位置、面积、户型、是否预售、是否抵押、是否查封、预售成交价格、成交时间，以及当日成交总套数、面积、价格等信息。

第十七条 预售前后新增商品房信息应通过采用统一编号体系来实现数据整合。数据冲突时，有明确的取舍原则。

第十八条 存量房转让、房屋租赁、全社会存量房屋等市场数据采集应主要通过房地产转让、房屋租赁业务管理及房地产中介业务管理系统实现。

采集的数据包括存量房区位、用途、面积、户型、是否抵押、是否查封、成交价格或租金、成交时间等信息。其中，存量房转让和房屋租赁信息还应当通过在本地选择若干家业务量较大、运作规范的中介机构实现定点采集，以补充业务管理系统数据的不足。

第十九条 银行贷款、土地供应、规划立项、城镇人口变动、国内生产总值（GDP）增长、物价指数、收入水平等信息采集应通过与金融、土地、发展改革、规划、统计等相关部门的协作来实现。

第二十条 应建立系统信息采集配套补充机制，通过委托有关单位和机构进行抽样调查，取得反映有关市场状况的补充信息。

第二十一条 各项数据字典规范、完善，符合系统设计规范要求，并有专人负责维护。

第二十二条 有数据质量监控措施和制度，职责落实到人，确保数据的唯一性、可靠性和及时性。

第二十三条 应充分实现数据采集、处理计算机自动化，尽可能减少乃至终止手工处理信息方式。

第五章 市场监测与信息发布

第二十四条 应充分利用房地产市场信息系统生成的动态数据，加强对房地产市场的监测，监测内容要重点反映各区位、用途、套型、建筑结构的房地产市场供求总量、结构、实际价格以及银行贷款、消费结构等关键指标。定期形成市场分析监测报告，报政府及有关部门，为宏观决策提供参考。

第二十五条 应建立和完善房地产市场形势分析专家会议制度，定期组织有关部门负责人和专家，根据房地产市场信息系统提供的有关市场信息，对市场运行情况进行评价，引导对房地产市场形势的正确舆论导向。

第二十六条 应在翔实的市场数据资料的基础上，逐步建立和完善科学的房地产市场价格分析体系，淘汰简单平均的价格分析方式，实现价格指数分析、典型楼盘同质跟踪比较等价格分析方式。

第二十七条 建立健全与建设部互联互通的技术、制度等相关保障措施，定期向建设部报送房地产市场监测报告。每季度第一个月 10 日（节假日顺延）前，向建设部报送当地上一季度房地产市场监测报告。必要时根据建设部要求，随时报送各地市场运行情况的有关数据和市场专题监测分析报告。

第二十八条 通过网络、报纸、杂志、广播等媒介，将一些基本的市场信息向社会发布，并提供公开查询功能。

重点发布当地不同区位商品房、存量房的可售(租)套数、套型、面积及已售(租)套数、面积、户型、实际成交价格,商品房项目的预售许可、权属状况、规划设计情况及建筑面积、套内面积、公用分摊面积等即时的市场供求信息,引导市场理性投资和消费。

第二十九条 应鼓励有关房地产中介机构、科研院所、大专院校的专家学者参与房地产市场监测、评价方法与指标体系研究等科研活动。

第六章 系统管理

第三十条 系统的建设和安全必须符合国家有关的法律法规的规定,系统安全应通过国家授权的信息安全测评机构的安全认证。

重要保密资料有必要的保护措施,防止非法扩散。数据备份和异地存放安全可靠,符合保密要求。

第三十一条 数据级别分类得当、数据使用权限设置合理,数据文档管理符合规范要求。

第三十二条 系统管理、数据库管理、用户管理、数据备份、设备切换等重要系统管理内容均做到责任到人。

第三十三条 对各项重要的系统管理,都建立有明确的操作规程;有严格的数据备份制度、措施和手段,确保任何情况下已备份的数据不会丢失。

第三十四条 对各类使用人员严格授权并建立个人保密口令。

第三十五条 各项操作准确、规范,系统运行稳定,没有重大数据质量问题。网络系统管理得当,规章制度健全、完善,检查、监控有力。

第三十六条 工作场所的保安和消防措施完备,关键设备有备份措施和应急手段。

第七章 附 则

第三十七条 本纲要由建设部住宅与房地产业司负责解释。

本纲要自发布之日起执行。有关技术标准和数据标准另行制定。

城市地下管线工程档案管理办法

中华人民共和国建设部令

第136号

《城市地下管线工程档案管理办法》已于2004年12月15日经建设部第49次常务会议讨论通过,现予发布,自2005年5月1日起施行。

建设部部长 汪光焘

2005年1月7日

第一条 为了加强城市地下管线工程档案的管理,根据《中华人民共和国城市规划法》、《中华人民共和国档案法》、《建设工程质量管理条例》等有关法律、行政法规,制定本办法。

第二条 本办法适用于城市规划区内地下管线工程档案的管理。

本办法所称城市地下管线工程,是指城市新建、扩建、改建的各类地下管线(含城市供水、排水、燃气、热力、电力、电信、工业等的地下管线)及相关的人防、地铁等工程。

第三条 国务院建设主管部门对全国城市地下管线工程档案管理工作实施指导、监督。

省、自治区人民政府建设主管部门负责本行政区域内城市地下管线工程档案的管理工作,并接受国务院建设主管部门的指导、监督。

县级以上城市人民政府建设主管部门或者规划主管部门负责本行政区域内城市地下管线工程档案的管理工作,并接受上一级建设主管部门的指导、监督。

城市地下管线工程档案的收集、保管、利用等具体工作,由城建档案馆或者城建档案室(以下简称城建档案管理机构)负责。

各级城建档案管理机构同时接受同级档案行政管理部门的业务指导、监督。

第四条 建设单位在申请领取建设工程规划许可

证前，应当到城建档案管理机构查询施工地段的地下管线工程档案，取得该施工地段地下管线现状资料。

第五条　建设单位在申请领取建设工程规划许可证时，应当向规划主管部门报送地下管线现状资料。

第六条　在建设单位办理地下管线工程施工许可手续时，城建档案管理机构应当将工程竣工后需移交的工程档案内容和要求告知建设单位。

第七条　施工单位在地下管线工程施工前应当取得施工地段地下管线现状资料；施工中发现未建档的管线，应当及时通过建设单位向当地县级以上人民政府建设主管部门或者规划主管部门报告。

建设主管部门、规划主管部门接到报告后，应当查明未建档的管线性质、权属，责令地下管线产权单位测定其坐标、标高及走向，地下管线产权单位应当及时将测量的材料向城建档案管理机构报送。

第八条　地下管线工程覆土前，建设单位应当委托具有相应资质的工程测量单位，按照《城市地下管线探测技术规程》(CJJ61)进行竣工测量，形成准确的竣工测量数据文件和管线工程测量图。

第九条　地下管线工程竣工验收前，建设单位应当提请城建档案管理机构对地下管线工程档案进行专项预验收。

第十条　建设单位在地下管线工程竣工验收备案前，应当向城建档案管理机构移交下列档案资料：

(一)地下管线工程项目准备阶段文件、监理文件、施工文件、竣工验收文件和竣工图；

(二)地下管线竣工测量成果；

(三)其他应当归档的文件资料(电子文件、工程照片、录像等)。

城市供水、排水、燃气、热力、电力、电讯等地下管线专业管理单位(以下简称地下管线专业管理单位)应当及时向城建档案管理机构移交地下专业管线图。

第十一条　建设单位向城建档案管理机构移交的档案资料应当符合《建设工程文件归档整理规范》(GB/T50328)的要求。

第十二条　地下管线专业管理单位应当将更改、报废、漏测部分的地下管线工程档案，及时修改补充到本单位的地下管线专业图上，并将修改补充的地下管线专业图及有关资料向城建档案管理机构移交。

第十三条　工程测量单位应当及时向城建档案管理机构移交有关地下管线工程的1:500城市地形图和控制成果。

对于工程测量单位移交的城市地形图和控制成果，城建档案管理机构不得出售、转让。

第十四条　城建档案管理机构应当绘制城市地下管线综合图，建立城市地下管线信息系统，并及时接收普查和补测、补绘所形成的地下管线成果。

城建档案管理机构应当依据地下管线专业图等有关的地下管线工程档案资料和工程测量单位移交的城市地形图和控制成果，及时修改城市地下管线综合图，并输入城市地下管线信息系统。

第十五条　城建档案管理机构应当建立、健全科学的管理制度，依法做好地下管线工程档案的接收、整理、鉴定、统计、保管、利用和保密工作。

第十六条　城建档案管理机构应当建立地下管线工程档案资料的使用制度，积极开发地下管线工程档案资源，为城市规划、建设和管理提供服务。

第十七条　建设单位违反本办法规定，未移交地下管线工程档案的，由建设主管部门责令改正，处1万元以上10万元以下的罚款；对单位直接负责的主管人员和其他直接责任人员，处单位罚款数额5%以上10%以下的罚款；因建设单位未移交地下管线工程档案，造成施工单位在施工中损坏地下管线的，建设单位依法承担相应的责任。

第十八条　地下管线专业管理单位违反本办法规定，未移交地下管线工程档案的，由建设主管部门责令改正，处1万元以下的罚款；因地下管线专业管理单位未移交地下管线工程档案，造成施工单位在施工中损坏地下管线的，地下管线专业管理单位依法承担相应的责任。

第十九条　建设单位和施工单位未按照规定查询和取得施工地段的地下管线资料而擅自组织施工，损坏地下管线给他人造成损失的，依法承担赔偿责任。

第二十条　工程测量单位未按照规定提供准确的地下管线测量成果，致使施工时损坏地下管线给他人造成损失的，依法承担赔偿责任。

第二十一条　城建档案管理机构因保管不善，致使档案丢失，或者因汇总管线信息资料错误致使在施工中造成损失的，依法承担赔偿责任；对有关责任人员，依法给予行政处分。

第二十二条　本办法自2005年5月1日起施行。

工程建设项目货物招标投标办法

为了规范工程建设项目的货物招标投标活动，保护国家利益、社会公共利益和招标投标活动当事人的合法权益，保证工程质量，提高投资效益，根据《中华人民共和国招标投标法》和国务院有关部门的职责分工，国家发展改革委、建设部、铁道部、交通部、信予发布，自2005年3月1日起施行。

国家发展和改革委员会主任：马凯
建设部部长：汪光焘
铁道部部长：刘志军
交通部部长：张春贤
信息产业部部长：王旭东
水利部部长：汪恕诚
中国民用航空总局局长：杨元元
2005年1月18日

第一章　总　则

第一条　为规范工程建设项目的货物招标投标活动，保护国家利益、社会公共利益和招标投标活动当事人的合法权益，保证工程质量，提高投资效益，根据《中华人民共和国招标投标法》和国务院有关部门的职责分工，制定本办法。

第二条　本办法适用于在中华人民共和国境内依法必须进行招标的工程建设项目货物招标投标活动。

前款所称货物，是指与工程建设项目有关的重要设备、材料等。

第三条　工程建设项目符合《工程建设项目招标范围和规模标准规定》(原国家计委令第3号)规定的范围和标准的，必须通过招标选择货物供应单位。

任何单位和个人不得将依法必须进行招标的项目化整为零或者以其他任何方式规避招标。

第四条　工程建设项目货物招标投标活动应当遵循公开、公平、公正和诚实信用的原则。货物招标投标活动不受地区或者部门的限制。

第五条　工程建设项目货物招标投标活动，依法由招标人负责。

工程建设项目招标人对项目实行总承包招标时，未包括在总承包范围内的货物达到国家规定规模标准的，应当由工程建设项目招标人依法组织招标。

工程建设项目招标人对项目实行总承包招标时，以暂估价形式包括在总承包范围内的货物达到国家规定规模标准的，应当由总承包中标人和工程建设项目招标人共同依法组织招标。双方当事人的风险和责任承担由合同约定。

工程建设项目招标人或者总承包中标人可委托依法取得资质的招标代理机构承办招标代理业务。招标代理服务收费实行政府指导价。招标代理服务费用应当由招标人支付；招标人、招标代理机构与投标人另有约定的，从其约定。

第六条　各级发展改革、建设、铁道、交通、信息产业、水利、民航等部门依照国务院和地方各级人民政府关于工程建设项目行政监督的职责分工，对工程建设项目中所包括的货物招标投标活动实施监督，依法查处货物招标投标活动中的违法行为。

第二章　招　标

第七条　工程建设项目招标人是依法提出招标项目、进行招标的法人或者其他组织。本办法第五条第三款总承包中标人共同招标时，也为招标人。

第八条　依法必须招标的工程建设项目，应当具备下列条件才能进行货物招标：

(一)招标人已经依法成立；

(二)按照国家有关规定应当履行项目审批、核准或者备案手续的，已经审批、核准或者备案；

(三)有相应资金或者资金来源已经落实；

(四)能够提出货物的使用与技术要求。

第九条　依法必须进行招标的工程建设项目，按国家有关投资项目审批管理规定，凡应报送项目审批部门审批的，招标人应当在报送的可行性研究报告中将货物招标范围、招标方式(公开招标或邀请招标)、招标组织形式(自行招标或委托招标)等有关招标内容报项目审批部门核准。项目审批部门应当将核准招标内容的意见抄送有关行政监督部门。

企业投资项目申请政府安排财政性资金的，前款招标内容由资金申请报告审批部门依法在批复中确定。

第十条　货物招标分为公开招标和邀请招标。

第十一条　国务院发展改革部门确定的国家重点

建设项目和各省、自治区、直辖市人民政府确定的地方重点建设项目，其货物采购应当公开招标；有下列情形之一的，经批准可以进行邀请招标：

（一）货物技术复杂或有特殊要求，只有少量几家潜在投标人可供选择的；

（二）涉及国家安全、国家秘密或者抢险救灾，适宜招标但不宜公开招标的；

（三）拟公开招标的费用与拟公开招标的节资相比，得不偿失的；

（四）法律、行政法规规定不宜公开招标的。

国家重点建设项目货物的邀请招标，应当经国务院发展改革部门批准；地方重点建设项目货物的邀请招标，应当经省、自治区、直辖市人民政府批准。

第十二条 采用公开招标方式的，招标人应当发布招标公告。依法必须进行货物招标的招标公告，应当在国家指定的报刊或者信息网络上发布。

采用邀请招标方式的，招标人应当向三家以上具备货物供应的能力、资信良好的特定的法人或者其他组织发出投标邀请书。

第十三条 招标公告或者投标邀请书应当载明下列内容：

（一）招标人的名称和地址；

（二）招标货物的名称、数量、技术规格、资金来源；

（三）交货的地点和时间；

（四）获取招标文件或者资格预审文件的地点和时间；

（五）对招标文件或者资格预审文件收取的费用；

（六）提交资格预审申请书或者投标文件的地点和截止日期；

（七）对投标人的资格要求。

第十四条 招标人应当按招标公告或者投标邀请书规定的时间、地点发出招标文件或者资格预审文件。自招标文件或者资格预审文件发出之日起至停止发出之日止，最短不得少于五个工作日。

招标人发出的招标文件或者资格预审文件应当加盖印章。招标人可以通过信息网络或者其他媒介发布招标文件，通过信息网络或者其他媒介发布的招标文件与书面招标文件具有同等法律效力，出现不一致时以书面招标文件为准，但法律、行政法规或者招标文件另有规定的除外。

对招标文件或者资格预审文件的收费应当合理，不得以营利为目的。

除不可抗力原因外，招标文件或者资格预审文件发出后，不予退还；招标人在发布招标公告、发出投标邀请书后或者发出招标文件或资格预审文件后不得擅自终止招标。因不可抗力原因造成招标终止的，投标人有权要求退回招标文件并收回购买招标文件的费用。

第十五条 招标人可以根据招标货物的特点和需要，对潜在投标人或者投标人进行资格审查；法律、行政法规对潜在投标人或者投标人的资格条件有规定的，依照其规定。

第十六条 资格审查分为资格预审和资格后审。

资格预审，是指招标人出售招标文件或者发出投标邀请书前对潜在投标人进行的资格审查。资格预审一般适用于潜在投标人较多或者大型、技术复杂货物的公开招标，以及需要公开选择潜在投标人的邀请招标。

资格后审，是指在开标后对投标人进行的资格审查。资格后审一般在评标过程中的初步评审开始时进行。

第十七条 采取资格预审的，招标人应当发布资格预审公告。资格预审公告适用本办法第十二条、第十三条有关招标公告的规定。

第十八条 资格预审文件一般包括下列内容：

（一）资格预审邀请书；

（二）申请人须知；

（三）资格要求；

（四）其他业绩要求；

（五）资格审查标准和方法；

（六）资格预审结果的通知方式。

第十九条 采取资格预审的，招标人应当在资格预审文件中详细规定资格审查的标准和方法；采取资格后审的，招标人应当在招标文件中详细规定资格审查的标准和方法。

招标人在进行资格审查时，不得改变或补充载明的资格审查标准和方法或者以没有载明的资格审查标准和方法对潜在投标人或者投标人进行资格审查。

第二十条 经资格预审后，招标人应当向资格预审合格的潜在投标人发出资格预审合格通知书，告知获取招标文件的时间、地点和方法，并同时向资格预审不合格的潜在投标人告知资格预审结果。资格预审合格的潜在投标人不足三个的，招标人应当重新进行资格预审。

对资格后审不合格的投标人，评标委员会应当对其投标作废标处理。

第二十一条 招标文件一般包括下列内容：

(一)投标邀请书；

(二)投标人须知；

(三)投标文件格式；

(四)技术规格、参数及其他要求；

(五)评标标准和方法；

(六)合同主要条款。

招标人应当在招标文件中规定实质性要求和条件，说明不满足其中任何一项实质性要求和条件的投标将被拒绝，并用醒目的方式标明；没有标明的要求和条件在评标时不得作为实质性要求和条件。对于非实质性要求和条件，应规定允许偏差的最大范围、最高项数，以及对这些偏差进行调整的方法。

国家对招标货物的技术、标准、质量等有特殊要求的，招标人应当在招标文件中提出相应特殊要求，并将其作为实质性要求和条件。

第二十二条 招标货物需要划分标包的，招标人应合理划分标包，确定各标包的交货期，并在招标文件中如实载明。

第二十三条 招标人允许中标人对非主体货物进行分包的，应当在招标文件中载明。主要设备或者供货合同的主要部分不得要求或者允许分包。

除招标文件要求不得改变标准货物的供应商外，中标人经招标人同意改变标准货物的供应商的，不应视为转包和违法分包。

第二十四条 招标人可以要求投标人在提交符合招标文件规定要求的投标文件外，提交备选投标方案，但应当在招标文件中作出说明。不符合中标条件的投标人的备选投标方案不予考虑。

第二十五条 招标文件规定的各项技术规格应当符合国家技术法规的规定。

招标文件中规定的各项技术规格均不得要求或标明某一特定的专利技术、商标、名称、设计、原产地或供应者等，不得含有倾向或者排斥潜在投标人的其他内容。如果必须引用某一供应者的技术规格才能准确或清楚地说明拟招标货物的技术规格时，则应当在参照后面加上“或相当于”的字样。

第二十六条 招标文件应当明确规定评标时包含价格在内的所有评标因素，以及据此进行评估的方法。

在评标过程中，不得改变招标文件中规定的评标标准、方法和中标条件。

第二十七条 招标人可以在招标文件中要求投标人以自己的名义提交投标保证金。投标保证金除现金外，可以是银行出具的银行保函、保兑支票、银行汇票或现金支票，也可以是招标人认可的其他合法担保形式。

投标保证金一般不得超过投标总价的百分之二，但最高不得超过八十万元人民币。投标保证金有效期应当与投标有效期一致。

投标人应当按照招标文件要求的方式和金额，在提交投标文件截止之日前将投标保证金提交给招标人或其招标代理机构。

投标人不按招标文件要求提交投标保证金的，该投标文件作废标处理。

第二十八条 招标文件应当规定一个适当的投标有效期，以保证招标人有足够的时间完成评标和与中标人签订合同。投标有效期从招标文件规定的提交投标文件截止之日起计算。

在原投标有效期结束前，出现特殊情况的，招标人可以书面形式要求所有投标人延长投标有效期。投标人同意延长的，不得要求或被允许修改其投标文件的实质性内容，但应当相应延长其投标保证金的有效期；投标人拒绝延长的，其投标失效，但投标人有权收回其投标保证金。

同意延长投标有效期的投标人少于三个的，招标人应当重新招标。

第二十九条 对于潜在投标人在阅读招标文件中提出的疑问，招标人应当以书面形式、投标预备会方式或者通过电子网络解答，但需同时将解答以书面方式通知所有购买招标文件的潜在投标人。该解答的内容为招标文件的组成部分。

除招标文件明确要求外，出席投标预备会不是强制性的，由潜在投标人自行决定，并自行承担由此可能产生的风险。

第三十条 招标人应当确定投标人编制投标文件所需的合理时间。依法必须进行招标的货物，自招标文件开始发出之日起至投标人提交投标文件截止之日止，最短不得少于二十日。

第三十一条 对无法精确拟定其技术规格的货物，招标人可以采用两阶段招标程序。

在第一阶段，招标人可以首先要求潜在投标人提交技术建议，详细阐明货物的技术规格、质量和其他特性。招标人可以与投标人就其建议的内容进行协商和讨论，达成一个统一的技术规格后编制招标文件。

在第二阶段，招标人应当向第一阶段提交了技术建议的投标人提供包含统一技术规格的正式招标文件，投标人根据正式招标文件的要求提交包括价格在内的最后投标文件。

第三章　投　标

第三十二条　投标人是响应招标、参加投标竞争的法人或者其他组织。

法定代表人为同一个人的两个及两个以上法人，母公司、全资子公司及其控股公司，都不得在同一货物招标中同时投标。

一个制造商对同一品牌同一型号的货物，仅能委托一个代理商参加投标，否则应作废标处理。

第三十三条　投标人应当按照招标文件的要求编制投标文件。投标文件应当对招标文件提出的实质性要求和条件作出响应。投标文件一般包括下列内容：

（一）投标函；

（二）投标一览表；

（三）技术性能参数的详细描述；

（四）商务和技术偏差表；

（五）投标保证金；

（六）有关资格证明文件；

（七）招标文件要求的其他内容。

投标人根据招标文件载明的货物实际情况，拟在中标后将供货合同中的非主要部分进行分包的，应当在投标文件中载明。

第三十四条　投标人应当在招标文件要求提交投标文件的截止时间前，将投标文件密封送达招标文件中规定的地点。招标人收到投标文件后，应当向投标人出具标明签收人和签收时间的凭证，在开标前任何单位和个人不得开启投标文件。

招标人不得接受以电报、电传、传真以及电子邮件方式提交的投标文件及投标文件的修改文件。

在招标文件要求提交投标文件的截止时间后送达的投标文件，为无效的投标文件，招标人应当拒收，并将其原封不动地退回投标人。

提交投标文件的投标人少于三个的，招标人应当依法重新招标。重新招标后投标人仍少于三个的，必须招标的工程建设项目，报有关行政监督部门备案后可以不再进行招标，或者对两家合格投标人进行开标和评标。

第三十五条　投标人在招标文件要求提交投标文件的截止时间前，可以补充、修改、替代或者撤回已提交的投标文件，并书面通知招标人。补充、修改的内容为投标文件的组成部分。

第三十六条　在提交投标文件截止时间后，投标人不得补充、修改、替代或者撤回其投标文件。投标人补充、修改、替代投标文件的，招标人不予接受；投标人撤回投标文件的，其投标保证金将被没收。

第三十七条　招标人应妥善保管好已接收的投标文件、修改或撤回通知、备选投标方案等投标资料，并严格保密。

第三十八条　两个以上法人或者其他组织可以组成一个联合体，以一个投标人的身份共同投标。

联合体各方签订共同投标协议后，不得再以自己名义单独投标，也不得组成或参加其他联合体在同一项目中投标；否则作废标处理。

第三十九条　联合体各方应当在招标人进行资格预审时，向招标人提出组成联合体的申请。没有提出联合体申请的，资格预审完成后，不得组成联合体投标。

招标人不得强制资格预审合格的投标人组成联合体。

第四章　开标、评标和定标

第四十条　开标应当在招标文件确定的提交投标文件截止时间的同一时间公开进行；开标地点应当为招标文件中确定的地点。

投标人或其授权代表有权出席开标会，也可以自主决定不参加开标会。

第四十一条　投标文件有下列情形之一的，招标人不予受理：

（一）逾期送达的或者未送达指定地点的；

（二）未按招标文件要求密封的。

投标文件有下列情形之一的，由评标委员会初审后按废标处理：

（一）无单位盖章并无法定代表人或法定代表人授权的代理人签字或盖章的；

（二）无法定代表人出具的授权委托书的；

（三）未按规定的格式填写，内容不全或关键字迹模糊、无法辨认的；

（四）投标人递交两份或多份内容不同的投标文件，或在一份投标文件中对同一招标货物报有两个或多个报价，且未声明哪一个为最终报价的，按招标文件规定提交备选投标方案的除外；

（五）投标人名称或组织结构与资格预审时不一致且未提供有效证明的；

(六)投标有效期不满足招标文件要求的;

(七)未按招标文件要求提交投标保证金的;

(八)联合体投标未附联合体各方共同投标协议的;

(九)招标文件明确规定可以废标的其他情形。

评标委员会对所有投标作废标处理的,或者评标委员会对一部分投标作废标处理后其他有效投标不足三个使得投标明显缺乏竞争,决定否决全部投标的,招标人应当重新招标。

第四十二条 评标委员会可以书面方式要求投标人对投标文件中含义不明确、对同类问题表述不一致或者有明显文字和计算错误的内容作必要的澄清、说明或补正。评标委员会不得向投标人提出带有暗示性或诱导性的问题,或向其明确投标文件中的遗漏和错误。

第四十三条 投标文件不响应招标文件的实质性要求和条件的,评标委员会应当作废标处理,并不允许投标人通过修正或撤销其不符合要求的差异或保留,使之成为具有响应性的投标。

第四十四条 技术简单或技术规格、性能、制作工艺要求统一的货物,一般采用经评审的最低投标价法进行评标。技术复杂或技术规格、性能、制作工艺要求难以统一的货物,一般采用综合评估法进行评标。

最低投标价不得低于成本。

第四十五条 符合招标文件要求且评标价最低或综合评分最高而被推荐为中标候选人的投标人,其所提交的备选投标方案方可予以考虑。

第四十六条 评标委员会完成评标后,应向招标人提出书面评标报告。评标报告由评标委员会全体成员签字。

第四十七条 评标委员会在书面评标报告中推荐的中标候选人应当限定在一至三人,并标明排列顺序。招标人应当接受评标委员会推荐的中标候选人,不得在评标委员会推荐的中标候选人之外确定中标人。

评标委员会提出书面评标报告后,招标人一般应当在十五日内确定中标人,但最迟应当在投标有效期结束日三十个工作日前确定。

第四十八条 使用国有资金投资或者国家融资的项目,招标人应当确定排名第一的中标候选人为中标人。排名第一的中标候选人放弃中标、因不可抗力提出不能履行合同,或者招标文件规定应当提交履约保证金而在规定的期限内未能提交的,招标人可以确定排名第二的中标候选人为中标人。

排名第二的中标候选人因前款规定的同样原因不能签订合同的,招标人可以确定排名第三的中标候选人为中标人。

招标人可以授权评标委员会直接确定中标人。

国务院对中标人的确定另有规定的,从其规定。

第四十九条 招标人不得向中标人提出压低报价、增加配件或者售后服务量以及其他超出招标文件规定的违背中标人意愿的要求,以此作为发出中标通知书和签订合同的条件。

第五十条 中标通知书对招标人和中标人具有法律效力。中标通知书发出后,招标人改变中标结果的,或者中标人放弃中标项目的,应当依法承担法律责任。

中标通知书由招标人发出,也可以委托其招标代理机构发出。

第五十一条 招标人和中标人应当自中标通知书发出之日起三十日内,按照招标文件和中标人的投标文件订立书面合同。招标人和中标人不得再行订立背离合同实质性内容的其他协议。

招标文件要求中标人提交履约保证金或者其他形式履约担保的,中标人应当提交;拒绝提交的,视为放弃中标项目。招标人要求中标人提供履约保证金或其他形式履约担保的,招标人应当同时向中标人提供货物款支付担保。

履约保证金金额一般为中标合同价的 10% 以内,招标人不得擅自提高履约保证金。

第五十二条 招标人与中标人签订合同后五个工作日内,应当向中标人和未中标的投标人一次性退还投标保证金。

第五十三条 必须审批的工程建设项目,货物合同价格应当控制在批准的概算投资范围内;确需超出范围的,应当在中标合同签订前,报原项目审批部门审查同意。项目审批部门应当根据招标的实际情况,及时做出批准或者不予批准的决定;项目审批部门不予批准的,招标人应当自行平衡超出的概算。

第五十四条 依法必须进行货物招标的项目,招标人应当自确定中标人之日起十五日内,向有关行政监督部门提交招标投标情况的书面报告。

前款所称书面报告至少应包括下列内容:

(一)招标货物基本情况;

(二)招标方式和发布招标公告或者资格预审公告的媒介;

(三)招标文件中投标人须知、技术条款、评标标准和方法、合同主要条款等内容;

（四）评标委员会的组成和评标报告；

（五）中标结果。

第五章 罚 则

第五十五条 招标人或者招标代理机构有下列情形之一的，有关行政监督部门责令其限期改正，根据情节可处三万元以下的罚款：

（一）未在规定的媒介发布招标公告的；

（二）不符合规定条件或虽符合条件而未经批准，擅自进行邀请招标或不招标的；

（三）依法必须招标的货物，自招标文件开始发出之日起至提交投标文件截止之日止，少于二十日的；

（四）应当公开招标而不公开招标的；

（五）不具备招标条件而进行招标的；

（六）应当履行核准手续而未履行的；

（七）未按审批部门核准内容进行招标的；

（八）在提交投标文件截止时间后接收投标文件的；

（九）投标人数量不符合法定要求不重新招标的；

（十）非因不可抗力原因，在发布招标公告、发出投标邀请书或者发售资格预审文件或招标文件后终止招标的。

具有前款情形之一，且情节严重的，应当依法重新招标。

第五十六条 招标人以不合理的条件限制或者排斥资格预审合格的潜在投标人参加投标，对潜在投标人实行歧视待遇的，强制要求投标人组成联合体共同投标的，或者限制投标人之间竞争的，责令改正，可以处一万元以上五万元以下的罚款。

第五十七条 评标过程有下列情况之一，且影响评标结果的，有关行政监督部门可处三万元以下的罚款：

（一）使用招标文件没有确定的评标标准和方法的；

（二）评标标准和方法含有倾向或者排斥投标人的内容，妨碍或者限制投标人之间公平竞争；

（三）应当回避担任评标委员会成员的人参与评标的；

（四）评标委员会的组建及人员组成不符合法定要求的；

（五）评标委员会及其成员在评标过程中有违法违规、显失公正行为的。

具有前款情形之一的，应当依法重新进行评标或者重新进行招标。

第五十八条 招标人不按规定期限确定中标人的，或者中标通知书发出后，改变中标结果的，无正当理由不与中标人签订合同的，或者在签订合同时向中标人提出附加条件或者更改合同实质性内容的，有关行政监督部门给予警告，责令改正，根据情节可处三万元以下的罚款；造成中标人损失的，并应当赔偿损失。

中标通知书发出后，中标人放弃中标项目的，无正当理由不与招标人签订合同的，在签订合同时向招标人提出附加条件或者更改合同实质性内容的，或者拒不提交所要求的履约保证金的，招标人可取消其中标资格，并没收其投标保证金；给招标人的损失超过投标保证金数额的，中标人应当对超过部分予以赔偿；没有提交投标保证金的，应当对招标人的损失承担赔偿责任。

第五十九条 招标人不履行与中标人订立的合同的，应当双倍返还中标人的履约保证金；给中标人造成的损失超过返还的履约保证金的，还应当对超过部分予以赔偿；没有提交履约保证金的，应当对中标人的损失承担赔偿责任。

因不可抗力不能履行合同的，不适用前款规定。

第六十条 中标无效的，发出的中标通知书和签订的合同自始没有法律约束力，但不影响合同中独立存在的有关解决争议方法的条款的效力。

第六章 附 则

第六十一条 不属于工程建设项目，但属于固定资产投资的货物招标投标活动，参照本办法执行。

第六十二条 使用国际组织或者外国政府贷款、援助资金的项目进行招标，贷款方、资金提供方对货物招标投标活动的条件和程序有不同规定的，可以适用其规定，但违背中华人民共和国社会公共利益的除外。

第六十三条 本办法由国家发展和改革委员会会同有关部门负责解释。

第六十四条 本办法自 2005 年 3 月 1 日起施行。

勘察设计注册工程师管理规定

中华人民共和国建设部令
第 137 号

《勘察设计注册工程师管理规定》已经 2004 年 8 月 24 日建设部第 44 次常务会议讨论通过，现予发布，自 2005 年 4 月 1 日起施行。

建设部部长：汪光焘
2005 年 2 月 4 日

第一章　总　则

第一条　为了加强对建设工程勘察、设计注册工程师的管理，维护公共利益和建筑市场秩序，提高建设工程勘察、设计质量与水平，依据《中华人民共和国建筑法》、《建设工程勘察设计管理条例》等法律法规，制定本规定。

第二条　中华人民共和国境内建设工程勘察设计注册工程师(以下简称注册工程师)的注册、执业、继续教育和监督管理，适用本规定。

第三条　本规定所称注册工程师，是指经考试取得中华人民共和国注册工程师资格证书(以下简称资格证书)，并按照本规定注册，取得中华人民共和国注册工程师注册执业证书(以下简称注册证书)和执业印章，从事建设工程勘察、设计及有关业务活动的专业技术人员。

未取得注册证书及执业印章的人员，不得以注册工程师的名义从事建设工程勘察、设计及有关业务活动。

第四条　注册工程师按专业类别设置，具体专业划分由国务院建设主管部门和人事主管部门商国务院有关部门制定。

除注册结构工程师分为一级和二级外，其他专业注册工程师不分级别。

第五条　国务院建设主管部门对全国的注册工程师的注册、执业活动实施统一监督管理；国务院铁路、交通、水利等有关部门按照国务院规定的职责分工，负责全国有关专业工程注册工程师执业活动的监督管理。

县级以上地方人民政府建设主管部门对本行政区域内的注册工程师的注册、执业活动实施监督管理；县级以上地方人民政府交通、水利等有关部门在各自的职责范围内，负责本行政区域内有关专业工程注册工程师执业活动的监督管理。

第二章　注　册

第六条　注册工程师实行注册执业管理制度。取得资格证书的人员，必须经过注册方能以注册工程师的名义执业。

第七条　取得资格证书的人员申请注册，由省、自治区、直辖市人民政府建设主管部门初审，国务院建设主管部门审批；其中涉及有关部门的专业注册工程师的注册，由国务院建设主管部门和有关部门审批。

取得资格证书并受聘于一个建设工程勘察、设计、施工、监理、招标代理、造价咨询等单位的人员，应当通过聘用单位向单位工商注册所在地的省、自治区、直辖市人民政府建设主管部门提出注册申请；省、自治区、直辖市人民政府建设主管部门受理后提出初审意见，并将初审意见和全部申报材料报审批部门审批；符合条件的，由审批部门核发由国务院建设主管部门统一制作、国务院建设主管部门或者国务院建设主管部门和有关部门共同用印的注册证书，并核发执业印章。

第八条　省、自治区、直辖市人民政府建设主管部门在收到申请人的申请材料后，应当即时作出是否受理的决定，并向申请人出具书面凭证；申请材料不齐全或者不符合法定形式的，应当在 5 日内一次性告知申请人需要补正的全部内容。逾期不告知的，自收到申请材料之日起即为受理。

省、自治区、直辖市人民政府建设主管部门应当自受理申请之日起 20 日内审查完毕，并将申请材料和初审意见报审批部门。

国务院建设主管部门自收到省、自治区、直辖市人民政府建设主管部门上报材料之日起，应当在 20 日内审批完毕并作出书面决定，自作出决定之日起 10 日内，在公众媒体上公告审批结果。其中，由国务院建设主管部门和有关部门共同审批的，审批时间为 45 日；对不予批准的，应当说明理由，并告知申请人享有依法申请行政复议或者提起行政诉讼的权利。

第九条　二级注册结构工程师的注册受理和审批，由省、自治区、直辖市人民政府建设主管部门负责。

第十条　注册证书和执业印章是注册工程师的执业凭证，由注册工程师本人保管、使用。注册证书和执业印章的有效期为3年。

第十一条　初始注册者，可自资格证书签发之日起3年内提出申请。逾期未申请者，须符合本专业继续教育的要求后方可申请初始注册。

初始注册需要提交下列材料：

（一）申请人的注册申请表；

（二）申请人的资格证书复印件；

（三）申请人与聘用单位签订的聘用劳动合同复印件；

（四）逾期初始注册的，应提供达到继续教育要求的证明材料。

第十二条　注册工程师每一注册期为3年，注册期满需继续执业的，应在注册期满前30日，按照本规定第七条规定的程序申请延续注册。

延续注册需要提交下列材料：

（一）申请人延续注册申请表；

（二）申请人与聘用单位签订的聘用劳动合同复印件；

（三）申请人注册期内达到继续教育要求的证明材料。

第十三条　在注册有效期内，注册工程师变更执业单位，应与原聘用单位解除劳动关系，并按本规定第七条规定的程序办理变更注册手续，变更注册后仍延续原注册有效期。

变更注册需要提交下列材料：

（一）申请人变更注册申请表；

（二）申请人与新聘用单位签订的聘用劳动合同复印件；

（三）申请人的工作调动证明（或者与原聘用单位解除聘用劳动合同的证明文件、退休人员的退休证明）。

第十四条　注册工程师有下列情形之一的，其注册证书和执业印章失效：

（一）聘用单位破产的；

（二）聘用单位被吊销营业执照的；

（三）聘用单位相应资质证书被吊销的；

（四）已与聘用单位解除聘用劳动关系的；

（五）注册有效期满且未延续注册的；

（六）死亡或者丧失行为能力的；

（七）注册失效的其他情形。

第十五条　注册工程师有下列情形之一的，负责审批的部门应当办理注销手续，收回注册证书和执业印章或者公告其注册证书和执业印章作废：

（一）不具有完全民事行为能力的；

（二）申请注销注册的；

（三）有本规定第十四条所列情形发生的；

（四）依法被撤销注册的；

（五）依法被吊销注册证书的；

（六）受到刑事处罚的；

（七）法律、法规规定应当注销注册的其他情形。

注册工程师有前款情形之一的，注册工程师本人和聘用单位应当及时向负责审批的部门提出注销注册的申请；有关单位和个人有权向负责审批的部门举报；建设主管部门和有关部门应当及时向负责审批的部门报告。

第十六条　有下列情形之一的，不予注册：

（一）不具有完全民事行为能力的；

（二）因从事勘察设计或者相关业务受到刑事处罚，自刑事处罚执行完毕之日起至申请注册之日止不满2年的；

（三）法律、法规规定不予注册的其他情形。

第十七条　被注销注册者或者不予注册者，在重新具备初始注册条件，并符合本专业继续教育要求后，可按照本规定第七条规定的程序重新申请注册。

第三章　执　业

第十八条　取得资格证书的人员，应受聘于一个具有建设工程勘察、设计、施工、监理、招标代理、造价咨询等一项或多项资质的单位，经注册后方可从事相应的执业活动。但从事建设工程勘察、设计执业活动的，应受聘并注册于一个具有建设工程勘察、设计资质的单位。

第十九条　注册工程师的执业范围：

（一）工程勘察或者本专业工程设计；

（二）本专业工程技术咨询；

（三）本专业工程招标、采购咨询；

（四）本专业工程的项目管理；

（五）对工程勘察或者本专业工程设计项目的施工进行指导和监督；

（六）国务院有关部门规定的其他业务。

第二十条　建设工程勘察、设计活动中形成的勘察、设计文件由相应专业注册工程师按照规定签字盖章后方可生效。各专业注册工程师签字盖章的勘察、设计文件种类及办法由国务院建设主管部门会同有关部门规定。

第二十一条 修改经注册工程师签字盖章的勘察、设计文件,应当由该注册工程师进行;因特殊情况,该注册工程师不能进行修改的,应由同专业其他注册工程师修改,并签字、加盖执业印章,对修改部分承担责任。

第二十二条 注册工程师从事执业活动,由所在单位接受委托并统一收费。

第二十三条 因建设工程勘察、设计事故及相关业务造成的经济损失,聘用单位应承担赔偿责任;聘用单位承担赔偿责任后,可依法向负有过错的注册工程师追偿。

第四章 继续教育

第二十四条 注册工程师在每一注册期内应达到国务院建设主管部门规定的本专业继续教育要求。继续教育作为注册工程师逾期初始注册、延续注册和重新申请注册的条件。

第二十五条 继续教育按照注册工程师专业类别设置,分为必修课和选修课,每注册期各为60学时。

第五章 权利和义务

第二十六条 注册工程师享有下列权利:

(一)使用注册工程师称谓;

(二)在规定范围内从事执业活动;

(三)依据本人能力从事相应的执业活动;

(四)保管和使用本人的注册证书和执业印章;

(五)对本人执业活动进行解释和辩护;

(六)接受继续教育;

(七)获得相应的劳动报酬;

(八)对侵犯本人权利的行为进行申诉。

第二十七条 注册工程师应当履行下列义务:

(一)遵守法律、法规和有关管理规定;

(二)执行工程建设标准规范;

(三)保证执业活动成果的质量,并承担相应责任;

(四)接受继续教育,努力提高执业水准;

(五)在本人执业活动所形成的勘察、设计文件上签字、加盖执业印章;

(六)保守在执业中知悉的国家秘密和他人的商业、技术秘密;

(七)不得涂改、出租、出借或者以其他形式非法转让注册证书或者执业印章;

(八)不得同时在两个或两个以上单位受聘或者执业;

(九)在本专业规定的执业范围和聘用单位业务范围内从事执业活动;

(十)协助注册管理机构完成相关工作。

第六章 法律责任

第二十八条 隐瞒有关情况或者提供虚假材料申请注册的,审批部门不予受理,并给予警告,一年之内不得再次申请注册。

第二十九条 以欺骗、贿赂等不正当手段取得注册证书的,由负责审批的部门撤销其注册,3年内不得再次申请注册;并由县级以上人民政府建设主管部门或者有关部门处以罚款,其中没有违法所得的,处以1万元以下的罚款;有违法所得的,处以违法所得3倍以下且不超过3万元的罚款;构成犯罪的,依法追究刑事责任。

第三十条 注册工程师在执业活动中有下列行为之一的,由县级以上人民政府建设主管部门或者有关部门予以警告,责令其改正,没有违法所得的,处以1万元以下的罚款;有违法所得的,处以违法所得3倍以下且不超过3万元的罚款;造成损失的,应当承担赔偿责任;构成犯罪的,依法追究刑事责任:

(一)以个人名义承接业务的;

(二)涂改、出租、出借或者以形式非法转让注册证书或者执业印章的;

(三)泄露执业中应当保守的秘密并造成严重后果的;

(四)超出本专业规定范围或者聘用单位业务范围从事执业活动的;

(五)弄虚作假提供执业活动成果的;

(六)其他违反法律、法规、规章的行为。

第三十一条 有下列情形之一的,负责审批的部门或者其上级主管部门,可以撤销其注册:

(一)建设主管部门或者有关部门的工作人员滥用职权、玩忽职守颁发注册证书和执业印章的;

(二)超越法定职权颁发注册证书和执业印章的;

(三)违反法定程序颁发注册证书和执业印章的;

(四)对不符合法定条件的申请人颁发注册证书和执业印章的;

(五)依法可以撤销注册的其他情形。

第三十二条 县级以上人民政府建设主管部门及

有关部门的工作人员，在注册工程师管理工作中，有下列情形之一的，依法给予行政处分；构成犯罪的，依法追究刑事责任：

（一）对不符合法定条件的申请人颁发注册证书和执业印章的；

（二）对符合法定条件的申请人不予颁发注册证书和执业印章的；

（三）对符合法定条件的申请人未在法定期限内颁发注册证书和执业印章的；

（四）利用职务上的便利，收受他人财物或者其他好处的；

（五）不依法履行监督管理职责，或者发现违法行为不予查处的。

第七章　附　则

第三十三条　注册工程师资格考试工作按照国务院建设主管部门、国务院人事主管部门的有关规定执行。

第三十四条　香港特别行政区、澳门特别行政区、台湾地区及外籍专业技术人员，注册工程师注册和执业的管理办法另行制定。

第三十五条　本规定自2005年4月1日起施行。

城镇廉租住房租金管理办法

国家发展改革委、建设部关于印发《城镇廉租住房租金管理办法》的通知

发改价格[2005]405号

各省、自治区发展改革委、物价局、建设厅，直辖市发展改革委、物价局、建委（房地局）：

为规范城镇廉租住房租金管理，保障城镇最低收入家庭的基本住房权益，我们制定了《城镇廉租住房租金管理办法》。现印送你们，请按照执行。执行过程中遇到的情况及问题，请及时反馈国家发展改革委和建设部。

中华人民共和国国家发展和改革委员会
中华人民共和国建设部
2005年3月14日

第一条　为规范城镇廉租住房租金管理，保障城镇最低收入家庭的基本住房权益，根据《价格法》及相关规定，制定本办法。

第二条　本办法适用于城镇规划区内城镇廉租住房的租金管理。

第三条　本办法所称廉租住房租金，是指享受廉租住房待遇的城镇最低收入家庭承租廉租住房应当交纳的住房租金。

第四条　县级以上地方人民政府价格主管部门是廉租住房租金的主管部门，依法对本地区廉租住房租金实施管理。

县级以上地方人民政府房地产行政主管部门应协助价格主管部门做好廉租住房租金管理工作。

第五条　廉租住房租金实行政府定价。具体定价权限按照地方定价目录的规定执行。

第六条　廉租住房租金标准原则上由房屋的维修费和管理费两项因素构成，并与城镇最低收入家庭的经济承受能力相适应。

维修费是指维持廉租住房在预定使用期限内正常使用所必须 管理费是指实施廉租住房管理所需的人员、办公等正常开支费用。

第七条　廉租住房的计租单位应当与当地公有住房租金计租单位一致。

第八条　制定和调整廉租住房租金标准，应当遵循

公正、公开的原则，充分听取社会各有关方面的意见。

第九条 廉租住房租金标准制定或调整，应当在媒体上公布，并通过政府公报、政府网站或政府信息公告栏等方式进行公示。

第十条 因收入等情况变化而不再符合租住廉租住房条件而继续租住的，应当按商品住房的市场租金补交租金差额。

第十一条 廉租住房管理单位应严格按照规定或合同约定提供相应的服务，政府价格主管部门要加强对廉租住房租金的监督检查。廉租住房管理单位违反价格法律、法规和本办法规定的价格行为，由政府价格主管部门依据《价格法》和《价格违法行为行政处罚规定》予以处罚。

第十二条 本办法由国家发展改革委会同建设部负责解释。

第十三条 各省、自治区、直辖市政府价格主管部门可会同房地产行政主管部门根据本办法制定实施细则，并抄报国家发展改革委、建设部。

第十四条 本办法自2005年5月1日起施行。

城市建筑垃圾管理规定

中华人民共和国建设部令

第139号

《城市建筑垃圾管理规定》已于2005年3月1日经第53次部常务会议讨论通过，现予发布，自2005年6月1日起施行。

建设部部长：汪光焘

2005年3月23日

第一条 为了加强对城市建筑垃圾的管理，保障城市市容和环境卫生，根据《中华人民共和国固体废物污染环境防治法》、《城市市容和环境卫生管理条例》和《国务院对确需保留的行政审批项目设定行政许可的决定》，制定本规定。

第二条 本规定适用于城市规划区内建筑垃圾的倾倒、运输、中转、回填、消纳、利用等处置活动。

本规定所称建筑垃圾，是指建设单位、施工单位新建、改建、扩建和拆除各类建筑物、构筑物、管网等以及居民装饰装修房屋过程中所产生的弃土、弃料及其他废弃物。

第三条 国务院建设主管部门负责全国城市建筑垃圾的管理工作。

省、自治区建设主管部门负责本行政区域内城市建筑垃圾的管理工作。

城市人民政府市容环境卫生主管部门负责本行政区域内建筑垃圾的管理工作。

第四条 建筑垃圾处置实行减量化、资源化、无害化和谁产生、谁承担处置责任的原则。

国家鼓励建筑垃圾综合利用，鼓励建设单位、施工单位优先采用建筑垃圾综合利用产品。

第五条 建筑垃圾消纳、综合利用等设施的设置，应当纳入城市市容环境卫生专业规划。

第六条 城市人民政府市容环境卫生主管部门应当根据城市内的工程施工情况，制定建筑垃圾处置计划，合理安排各类建设工程需要回填的建筑垃圾。

第七条 处置建筑垃圾的单位，应当向城市人民政府市容环境卫生主管部门提出申请，获得城市建筑垃圾处置核准后，方可处置。

城市人民政府市容环境卫生主管部门应当在接到申请后的20日内作出是否核准的决定。予以核准的，颁发核准文件；不予核准的，应当告知申请人，并说明理由。

城市建筑垃圾处置核准的具体条件按照《建设部关于纳入国务院决定的十五项行政许可的条件的规定》执行。

第八条 禁止涂改、倒卖、出租、出借或者以其他形式非法转让城市建筑垃圾处置核准文件。

第九条 任何单位和个人不得将建筑垃圾混入生活垃圾，不得将危险废物混入建筑垃圾，不得擅自设立弃置场受纳建筑垃圾。

第十条 建筑垃圾储运消纳场不得受纳工业垃圾、

生活垃圾和有毒有害垃圾。

第十一条 居民应当将装饰装修房屋过程中产生的建筑垃圾与生活垃圾分别收集，并堆放到指定地点。建筑垃圾中转站的设置应当方便居民。

装饰装修施工单位应当按照城市人民政府市容环境卫生主管部门的有关规定处置建筑垃圾。

第十二条 施工单位应当及时清运工程施工过程中产生的建筑垃圾，并按照城市人民政府市容环境卫生主管部门的规定处置，防止污染环境。

第十三条 施工单位不得将建筑垃圾交给个人或者未经核准从事建筑垃圾运输的单位运输。

第十四条 处置建筑垃圾的单位在运输建筑垃圾时，应当随车携带建筑垃圾处置核准文件，按照城市人民政府有关部门规定的运输路线、时间运行，不得丢弃、遗撒建筑垃圾，不得超出核准范围承运建筑垃圾。

第十五条 任何单位和个人不得随意倾倒、抛撒或者堆放建筑垃圾。

第十六条 建筑垃圾处置实行收费制度，收费标准依据国家有关规定执行。

第十七条 任何单位和个人不得在街道两侧和公共场地堆放物料。因建设等特殊需要，确需临时占用街道两侧和公共场地堆放物料的，应当征得城市人民政府市容环境卫生主管部门同意后，按照有关规定办理审批手续。

第十八条 城市人民政府市容环境卫生主管部门核发城市建筑垃圾处置核准文件，有下列情形之一的，由其上级行政机关或者监察机关责令纠正，对直接负责的主管人员和其他直接责任人员依法给予行政处分；构成犯罪的，依法追究刑事责任：

(一)对不符合法定条件的申请人核发城市建筑垃圾处置核准文件或者超越法定职权核发城市建筑垃圾处置核准文件的；

(二)对符合条件的申请人不予核发城市建筑垃圾处置核准文件或者不在法定期限内核发城市建筑垃圾处置核准文件的。

第十九条 城市人民政府市容环境卫生主管部门的工作人员玩忽职守、滥用职权、徇私舞弊的，依法给予行政处分；构成犯罪的，依法追究刑事责任。

第二十条 任何单位和个人有下列情形之一的，由城市人民政府市容环境卫生主管部门责令限期改正，给予警告，处以罚款：

(一)将建筑垃圾混入生活垃圾的；

(二)将危险废物混入建筑垃圾的；

(三)擅自设立弃置场受纳建筑垃圾的；

单位有前款第一项、第二项行为之一的，处3000元以下罚款；有前款第三项行为的，处5000元以上1万元以下罚款。个人有前款第一项、第二项行为之一的，处200元以下罚款；有前款第三项行为的，处3000元以下罚款。

第二十一条 建筑垃圾储运消纳场受纳工业垃圾、生活垃圾和有毒有害垃圾的，由城市人民政府市容环境卫生主管部门责令限期改正，给予警告，处5000元以上1万元以下罚款。

第二十二条 施工单位未及时清运工程施工过程中产生的建筑垃圾，造成环境污染的，由城市人民政府市容环境卫生主管部门责令限期改正，给予警告，处5000元以上5万元以下罚款。

施工单位将建筑垃圾交给个人或者未经核准从事建筑垃圾运输的单位处置的，由城市人民政府市容环境卫生主管部门责令限期改正，给予警告，处1万元以上10万元以下罚款。

第二十三条 处置建筑垃圾的单位在运输建筑垃圾过程中沿途丢弃、遗撒建筑垃圾的，由城市人民政府市容环境卫生主管部门责令限期改正，给予警告，处5000元以上5万元以下罚款。

第二十四条 涂改、倒卖、出租、出借或者以其他形式非法转让城市建筑垃圾处置核准文件的，由城市人民政府市容环境卫生主管部门责令限期改正，给予警告，处5000元以上2万元以下罚款。

第二十五条 违反本规定，有下列情形之一的，由城市人民政府市容环境卫生主管部门责令限期改正，给予警告，对施工单位处1万元以上10万元以下罚款，对建设单位、运输建筑垃圾的单位处5000元以上3万元以下罚款：

(一)未经核准擅自处置建筑垃圾的；

(二)处置超出核准范围的建筑垃圾的。

第二十六条 任何单位和个人随意倾倒、抛撒或者堆放建筑垃圾的，由城市人民政府市容环境卫生主管部门责令限期改正，给予警告，并对单位处5000元以上5万元以下罚款，对个人处200元以下罚款。

第二十七条 本规定自2005年6月1日起施行。

国务院办公厅关于切实稳定住房价格的通知

国办发明电〔2005〕8号

各省、自治区、直辖市人民政府，国务院各部委、各直属机构：

去年以来，随着宏观调控政策措施的贯彻落实，房地产投资过快增长势头得到了一定的控制。但是，由于市场需求偏大，部分地区投资性购房和投机性购房大量增加，以及住房供应结构不合理，开发建设成本提高等，导致一些地方住房价格上涨过快，影响了经济和社会的稳定发展。为抑制住房价格过快上涨，促进房地产市场健康发展，现就有关事项通知如下：

一、高度重视稳定住房价格工作

房地产业是我国国民经济的重要支柱产业。住房价格一直是社会普遍关注的问题，住房价格上涨过快直接影响城镇居民家庭住房条件的改善，影响金融安全和社会稳定，甚至影响整个国民经济的健康运行。目前，住房价格上涨过快虽然是局部性和结构性问题，但如不及时加以控制或处理不当，有可能演变为全局性问题。因此，各地区、各部门要充分认识房地产业的重要性和住房价格上涨过快的危害性，高度重视，加强领导，把做好稳定住房价格工作作为加强和改善宏观调控的一项重要内容，采取有效措施，抑制住房价格过快上涨。

二、切实负起稳定住房价格的责任

保持住房价格特别是普通商品住房和经济适用住房价格的相对稳定，是维护广大人民群众切身利益的一项重要工作，是政府驾驭市场经济能力的具体体现。地方各级人民政府一定要从实践"三个代表"重要思想和落实科学发展观的高度，把稳定住房价格提到政府工作的重要议事日程，切实负起稳定住房价格的责任。省级人民政府对本地区稳定住房价格工作负总责，同时要落实市、县人民政府的责任。为强化地方各级人民政府的责任，对住房价格涨幅超过当地居民消费价格指数一定幅度的地区，有关部门可采取暂停审批该地区其他建设项目用地、暂停提高公用事业价格和收费标准等措施；对住房价格上涨过快，控制措施不力，造成当地房地产市场大起大落，影响经济稳定运行和社会发展的地区，要追究有关责任人的责任。

三、大力调整和改善住房供应结构

各地区要因地制宜，抓住重点，加大住房供应结构调整的力度，在控制非住宅和高价位商品住宅建设的基础上，着力增加普通商品住房、经济适用住房和廉租住房供给，提高其在市场供应中的比例。要有计划地增加普通商品住房和经济适用住房建设规模，并对外公布；全面落实廉租住房制度，保障城镇低收入家庭住房需求。要及时调整房地产开发用地的供应结构，增加普通商品住房和经济适用住房土地供应，并督促抓紧建设。同时，抓紧清理闲置土地，促进存量土地的合理利用，提高土地实际供应总量和利用效率。对已经批准但长期闲置的住宅建设用地，要严格按有关规定收回土地使用权或采取其他措施进行处置。

四、严格控制被动性住房需求

各地要按照《国务院办公厅关于控制城镇房屋拆迁规模严格拆迁管理的通知》(国办发〔2004〕46号)的要求，从经济社会发展的实际需要出发，严格依照土地利用总体规划和城市总体规划，加强拆迁计划管理，合理确定年度拆迁规模。要坚决制止城镇建设和房屋拆迁中存在的急功近利、盲目攀比和大拆大建行为，避免拆迁带来的被动性住房需求过快增长，进一步减轻市场压力。2005年城镇房屋拆迁总量要控制在去年水平之内。

五、正确引导居民合理消费预期

要综合采取土地、财税、金融等相关政策措施，利用舆论工具和法律手段，正确引导居民住房消费，控制不合理需求。要在继续支持城镇居民改善住房条件的基础上，整顿房地产市场秩序，加大控制投资性购房需求的力度，严肃查处违规销售、恶意哄抬住房价格等非法行为，有效遏制投机炒作。要加大宣传力度，适时披露土地供应、住房供求及价格涨落等相关信息，正确引导居民合理消费和心理预期。同时，要规范引导措施，避免挫伤市场信心，引起房地产市场大的波动。

六、全面监测房地产市场运行

要建立健全房地产信息系统和预警预报体系，加强对房地产市场的监测，全面准确地掌握房地产市场状况和运行态势。要立足当前，着眼长远，加强对房地产市场有关问题的研究，尽快对房地产市场特别是住房价格情况进行一次全面的分析，继续完善调控住房价格的有关政策措施。同时，要制订相关应急预案，及时处置和防范房地产市场运行中可能出现的各种问题。

七、积极贯彻调控住房供求的各项政策措施

为加强对房地产市场的调控，稳定住房价格，国务院有关部门已经出台了土地、金融、财税等一系列政策措施，还将根据情况适时出台有关政策。各地区要认真贯彻落实国家调控住房供求的各项政策，尽快制订具体落实方案并组织实施。同时，要注意总结好的经验和做法，研究制订符合本地区实际情况的调节措施，采取经济和法律等多种手段，有针对性地从供求两方面进行双向调控，切实把过高的住房价格降下来。

八、认真组织对稳定住房价格工作的督促检查

为督促各地贯彻落实国家宏观调控政策，切实做好稳定住房价格工作，国务院有关部门将以适当方式，对各地住房价格及各项政策措施贯彻落实情况进行检查和指导。对部分住房价格上涨过快的地区或城市还要进行重点督查。要建立通报制度，对调控措施不落实、住房价格过快上涨的地区予以通报批评。各地区也要加强对各市、县工作的指导协调，进一步加大监督检查力度，确保各项政策措施落到实处。各地区和有关部门要认真组织督查工作，加强协调和配合，对检查中发现的问题和各地反映的重大情况及时向国务院报告。

2005年3月26日

关于贯彻《国务院办公厅转发建设部等部门关于做好稳定住房价格工作意见的通知》的通知

建住房电[2005]33号

各省、自治区建设厅，直辖市建委、房地产局、规划局（规委），新疆生产建设兵团建设局，计划单列市、省会城市（自治区首府）建委（房地产局、规划局）：

为认真贯彻落实《国务院办公厅转发建设部等部门关于做好稳定住房价格工作意见的通知》（国办发[2005]26号，以下简称《通知》），指导各级建设（房地产、规划）主管部门切实做好调控房地产市场、稳定住房价格的各项工作，确保房地产市场健康发展，现通知如下：

一、认真学习领会文件精神，全面落实各项调控政策

房地产业是国民经济支柱产业。解决当前房地产投资规模过大、住房价格上涨过快等突出问题，是当前加强宏观调控的重要任务。《通知》阐明了当前加强房地产市场引导和调控的重要意义；明确了稳定住房价格的基本原则、基本思路及主要政策措施，对各地区、各部门的工作提出了明确要求。各级建设（房地产、规划）主管部门一定要认真学习，深刻领会，坚决执行。

要把贯彻《通知》精神与国务院关于加强房地产市场调控、稳定住房价格的一系列重要决策结合起来，自觉服从国家宏观调控大局，增强全局意识和责任意识，切实把思想和行动统一到中央对当前房地产市场形势的判断上来，统一到加强宏观调控、切实稳定住房价格的决策部署上来，统一到树立和落实科学的发展观和正确的政绩观上来。

各级建设（房地产）主管部门要切实担负起房地产市场宏观调控牵头单位的重要责任，在当地政府的统一领导下，结合当地实际，提出贯彻《通知》的具体意见和措施，明确工作职责和任务，做好组织实施和协调工作。属于建设（房地产、规划）主管部门自身职责范围内的事项，要抓紧抓实；涉及土地、财税、金融等调控政策的落实工作，要主动协调，密切配合，确保国务院各项调控政策措施落到实处。切实做好供需双向调节，遏制投机性炒房，控制投资性需求，鼓励普通商品住房和经济适用住房建设，合理引导住房消费等各项工作。

二、强化城市规划调控，改善住房供应结构

切实做好普通商品住房和经济适用住房建设工作，对改善住房供应结构、稳定住房价格具有重要作用。各地要完善住房供应政策，加强经济适用住房的建设和管理，增加普通商品住房供应，逐步实现多数家庭购买或承租普通商品住房。市、县建设（房地产、规划）主管部门要会同有关部门尽快提出今明两年普通商品住房和经济适用住房的建设规模，经市政府批准后公布，并报省建设厅备案。明年的项目要纳入正在编制的近期建设规划，做出具体的进度安排。去年以来，住房价格上涨幅度超过两位数的市县，近期居住项目安排要以中低价位、中小套型普通商品住房和经济适用住房项目为主，按照控制性详细规划要求，明确年度的开工、竣工面积和占住房建设总量的比例，报市政府批准后，及时向社会公布，接受公众监督，稳定市场预期。各市（县）建设（房地产、规划）主管部门要把住宅建设发展专项规划，纳入当地"十一五"规划，抓紧组织编制。

对近期已安排的中低价位普通商品住房项目，市、县规划、房地产主管部门要督促项目业主抓紧申报。对申报的项目，规划部门要优先办理规划审批手续，加快工作进度。土地供应前，房地产主管部门要主动会同有关部门及时提出住房销售价位、套型面积等控制性要求，确保其作为土地出让前置条件的规定得到落实；要合理确定供应对象，保证中低价位、中小套型住房的有效供应，满足中低收入家庭住房需求。

城市规划主管部门要加强房地产开发项目的规划许可监管，配合国土资源部门做好对闲置土地的清理工作。对已经规划许可但 2 年仍未开工的住房项目，要再次进行规划审查，责成项目开发建设单位对未能开工的原因作出说明。对没有正当理由不开工建设的，要督促其尽快开工；对违反规划许可的，要坚决予以撤销。严禁借规划再次审查之际，擅自变更控制性详细规划规定的各项控制指标。省、自治区建设厅、直辖市城乡规划主管部门要加强对各市（区）、县执行情况的监督检查。

三、整顿规范市场秩序，严肃查处违法违规销售行为

当前一些地方出现的投机炒房行为，是造成住房价格过快上涨、市场秩序混乱的重要原因。根据城市房地产管理法的有关规定，国务院决定禁止商品房预购人将购买的未竣工的预售商品房再行转让。同时，实行实名制购房，推行商品房预销售合同网上即时备案。各地房地产主管部门要坚决贯彻执行国务院关于禁止期房转让的决定，认真组织实施，在预售合同备案、房屋权属登记等环节严格把关。直辖市、计划单列市、省会城市和住房价格上涨过快的重点城市，今年 6 月底前要基本实现商品房预销售合同网上即时备案，其他有条件的市县也要抓紧推进这项工作。地方有关期房交易的规定与国务院决定不一致的，应停止执行。要积极配合税务部门加强相关税收的征管，落实区别征收营业税等税收政策，加大对投机性投资性购房行为的调节力度。

继续抓好房地产市场专项整治工作。要会同工商、物价、国土资源等部门完善整治工作方案，严格房地产开发企业和中介机构的市场准入，加强资质核准及日常监管工作。未取得相应资质的，不得从事房地产开发和中介活动。要依法严肃查处违法违规销售等行为。重点查处虚构买卖合同，囤积房源；发布虚假广告，提供不实价格和销售进度信息，恶意哄抬房价，诱骗消费者争购；以及炒买炒卖和囤积土地，违反规划及控制性要求的行为。其不良行为要记录房地产企业信用档案。对一些情节严重、性质恶劣的典型案例，要会同有关部门及时督查督办，并公开予以曝光。

四、抓紧制定享受优惠政策普通住房的具体标准

省、自治区建设厅、直辖市建设（房地产）主管部门要依据《通知》规定的条件，从合理引导住房建设与消费、大力发展节能省地型住宅、鼓励中小套型中低价位普通住房建设出发，会同有关部门抓紧研究提出当地享受优惠政策普通住房的具体标准，经省、自治区、直辖市人民政府批准后，于今年 5 月 31 日前公布执行，确保住房转让环节营业税政策调整等措施得到落实。具体标准制定中，要根据本地实际，从严掌握，不得突破《通知》的有关规定。要抓紧研究制定同级别土地上住房平均交易价格公布办法，为标准的执行提供可靠依据。各直辖市、计划单列市和省会城市的具体标准公布之前，要严格按规定报建设部、财政部、国家税务总局备案。对不按规定备案、擅自突破《通知》规定条件的，建设部将会同财政部、国家税务总局予以通报。5 月 31 日前没有对外公布具体标准的地区，即按《通知》规定的三项条件执行，不再上浮。

五、加快经济适用住房建设，完善廉租住房制度

各地要认真贯彻《经济适用住房管理办法》，加强经济适用住房建设和管理。要积极协调国土资源等部门，根据经济适用住房需求情况，落实项目用地，落实经济适用住房的各项优惠政策。严格执行经济适用住房项目招投标制度，实行政府指导价，切实降低开发建设成本，严格将开发利润控制在 3% 以内。严格将把经济适用住房套型面积控制在小套型 60 平方米左右、中套型 80 平方米左右。

各市、县建设（房地产）主管部门今年内要完成城镇最低收入家庭住房困难情况的调查工作。在全面掌握本地区廉租住房需求情况的基础上，建立保障对象档案和廉租住房管理信息系统。要积极会同有关部门，切实落实以财政预算安排为主、多渠道筹措廉租住房资金的规定，逐步扩大廉租住房制度覆盖面。

各地要进一步完善经济适用住房和廉租住房享受资格审查制度。不符合条件的，不得享受有关优惠政策。省、自治区建设厅、直辖市建设(房地产)主管部门要加强对市(县)住房保障工作的监督检查，认真落实目标责任制管理。建设部及各省、自治区建设厅、直辖市建委(房地产局)要对各地经济适用住房和廉租住房制度建设情况定期予以通报。

六、加强房地产市场监测，加快市场信息系统建设

各地要加快房地产市场信息系统建设，及时进行房地产市场运行态势和房价变动情况分析，为政府加强和改善房地产市场宏观调控提供有力的依据。为加强房地产市场监测，建设部将从2005年7月份起，公布40个大中城市房地产信息系统主要数据指标和市场监测报告。省、自治区建设厅要加强对市(县)，特别是已列为全国重点监测城市房地产市场信息系统建设工作的指导、督促，确保40个大中城市今年6月底前，基本完成信息系统建设第一阶段的验收工作。

七、加强舆论宣传力度，正确引导市场心理预期

要加大对《通知》的政策宣传力度，把握正确的舆论导向，合理引导市场心理预期。要采取多种形式，加强对有关政策措施的解释宣讲工作，让广大群众正确理解国务院的决策部署及稳定住房价格的各项政策措施。要完善市场信息披露制度，适时披露土地供应、市场供求及地价、房价变动等信息，增强市场透明度。对一些单位、个人及媒体歪曲宏观调控政策，恶意炒作、误导消费者的，要坚决予以制止，并及时予以澄清。

八、加强监督检查，落实地方责任

各级建设(房地产、规划)主管部门，特别是省、自治区建设厅、直辖市建委(房地产局)要在当地政府统一领导下，会同有关部门，加强对当地稳定住房价格工作的监督检查，对问题突出地区要重点指导，及时总结推广好的经验和做法。对住房价格上涨过快、投资增幅较大、结构性矛盾突出、拆迁规模反弹大的地区，要及时做出处理，并予以通报。按照国务院的部署，建设部等七部门近期将组成联合检查组，对部分省市贯彻落实国家宏观调控政策，切实稳定住房价格工作进行专项检查。

请各地将贯彻落实《通知》中出现的新情况、新问题，及时告我部住宅与房地产业司。

中华人民共和国建设部

2005年5月26日

国务院办公厅转发建设部等部门关于做好稳定住房价格工作意见的通知

国办发[2005]26号

各省、自治区、直辖市人民政府，国务院各部委、各直属机构：

建设部、发展改革委、财政部、国土资源部、人民银行、税务总局、银监会等七部门《关于做好稳定住房价格工作的意见》已经国务院同意，现转发 给你们，请认真贯彻执行。

房地产业是国民经济支柱产业。正确认识当前房地产市场形势，及时解决存在的突出问题，促进房地产业健康发展，对于巩固和发展宏观调控成果，保持国民经济平稳较快发展，具有重要意义。各地区、各部门要把解决房地产投资规模过大、价格上涨幅度过快等问题，作为当前加强宏观调控的一项重要任务。坚持积极稳妥、把握力度，突出重点、区别对待，因地制宜、分类指导，强化法治、加强监管的原则。加强领导、密切配合，认真贯彻落实国务院各项调控政策措施，做好供需双向调节，遏制投机性炒房，控制投资性购房，鼓励普通商品住房和经济适用住房建设，合理引导住房消费，促进住房价格的基本稳定和房地产业的健康发展。

中华人民共和国国务院办公厅

2005年5月9日

关于做好稳定住房价格工作的意见

建设部　发展改革委　财政部　国土资源部
人民银行　税务总局　银监会

（2005年4月30日）

保持房地产市场持续健康发展，事关国民经济和社会发展全局，事关全面建设小康社会目标的实现。当前一些地区存在房地产投资规模过大，商品住房价格上涨过快，供应结构不合理，市场秩序比较混乱等突出问题。为进一步加强对房地产市场的引导和调控，及时解决商品住房市场运行中的矛盾和问题，努力实现商品住房供求基本平衡，切实稳定住房价格，促进房地产业的健康发展，现提出以下意见：

一、强化规划调控，改善住房供应结构

各地要根据本地房地产市场需求情况，尽快明确今明两年普通商品住房和经济适用住房建设规模、项目布局以及进度安排。住房价格上涨过快、中低价位普通商品住房和经济适用住房供应不足的地方，住房建设要以中低价位普通商品住房和经济适用住房项目为主，并明确开工、竣工面积和占住房建设总量的比例，尽快向社会公布，接受社会监督，稳定市场预期。省级人民政府要加强对各市（区）、县执行情况的监督检查。

各地城市规划行政主管部门要在符合城市总体规划的前提下，根据当地政府确定的中低价位普通商品住房和经济适用住房的建设需求，加快工作进度，优先审查规划项目，在项目选址上予以保证。同时，要严格控制低密度、高档住房的建设。对中低价位普通商品住房建设项目，在供应土地前，由城市规划主管部门依据控制性详细规划出具建筑高度、容积率、绿地等规划设计条件，房地产主管部门会同有关部门提出住房销售价位、套型面积等控制性要求，并作为土地出让的前置条件，以保证中低价位、中小套型住房的有效供应。各地要加强房地产开发项目的规划许可监管，对2年内未开工的住房项目，要再次进行规划审查，对不符合规划许可的项目要坚决予以撤销。

二、加大土地供应调控力度，严格土地管理

各地区要在严格执行土地利用总体规划和土地利用计划的前提下，根据房地产市场变化情况，适时调整土地供应结构、供应方式及供应时间。对居住用地和住房价格上涨过快的地方，适当提高居住用地在土地供应中的比例，着重增加中低价位普通商品住房和经济适用住房建设用地供应量。要继续停止别墅类用地供应，严格控制高档住房用地供应。要进一步完善土地收购储备制度，积极引入市场机制，进行土地开发整理，降低土地开发成本，提高普通商品住房用地的供应能力。

要严格土地转让管理，对不符合法律规定条件的房地产开发项目用地，严禁转让，依法制止“炒买炒卖”土地行为。加大对闲置土地的清理力度，切实制止囤积土地行为，严格执行法律规定，对超过出让合同约定的动工开发日期满1年未动工开发的，征收土地闲置费；满2年未动工开发的，无偿收回土地使用权。要规范土地出让公告和合同的内容，加强房地产开发用地供后监管，对违反土地出让合同约定或有关规定的，依法追究违约违规责任。

三、调整住房转让环节营业税政策，严格税收征管

要充分运用税收等经济手段调节房地产市场，加大对投机性和投资性购房等房地产交易行为的调控力度。自2005年6月1日起，对个人购买住房不足2年转手交易的，销售时按其取得的售房收入全额征收营业税；个人购买普通住房超过2年（含2年）转手交易的，销售时免征营业税；对个人购买非普通住房超过2年（含2年）转手交易的，销售时按其售房收入减去购买房屋的价款后的差额征收营业税。各地要严格界定现行有关住房税收优惠政策的适用范围，加强税收征收管理。对不符合享受优惠政策标准的住房，一律不得给予税收优惠。房地产等管理部门要积极配合税务部门加强相关税收的征管，具体办法由税务总局会同建设部等部门研究制定。

四、加强房地产信贷管理，防范金融风险

人民银行及其分支机构要加大“窗口指导”力度，督促商业银行采取有效措施，加强对房地产开发贷款和个人住房抵押贷款的信贷管理，调整和改善房地产贷款结构。银监会及其派出机构要严格督促各商业银行进一

步落实《商业银行授信工作尽职指引》，切实加强贷前调查、贷时审查和贷后检查的尽职工作，建立各类信贷业务的尽职和问责制度。要加大对商业银行房地产贷款的检查力度，切实纠正违规发放贷款行为。对市场结构不合理、投机炒作现象突出，房地产贷款风险较大的地区，要加强风险提示，督促商业银行调整贷款结构和客户结构，严格控制不合理的房地产贷款需求，防范贷款风险。

五、明确享受优惠政策普通住房标准，合理引导住房建设与消费

为了合理引导住房建设与消费，大力发展省地型住房，在规划审批、土地供应以及信贷、税收等方面，对中小套型、中低价位普通住房给予优惠政策支持。享受优惠政策的住房原则上应同时满足以下条件：住宅小区建筑容积率在1.0以上、单套建筑面积在120平方米以下、实际成交价格低于同级别土地上住房平均交易价格1.2倍以下。各省、自治区、直辖市要根据实际情况，制定本地区享受优惠政策普通住房的具体标准。允许单套建筑面积和价格标准适当浮动，但向上浮动的比例不得超过上述标准的20%。各直辖市和省会城市的具体标准要报建设部、财政部、税务总局备案后，在2005年5月31日前公布。

六、加强经济适用住房建设，完善廉租住房制度

各地要按《经济适用住房管理办法》（建住房[2004]77号）和当地政府的规定，落实经济适用住房项目招投标的制度，加强经济适用住房建设，严格实行政府指导价，控制套型面积和销售对象，切实降低开发建设成本，建设单位利润要控制在3%以内。有关具体要求在《国有土地划拨决定书》中予以明确，并向社会公示。鼓励发展并规范住房出租业，多渠道增加住房供给，提高住房保障能力。

各省、自治区、直辖市要督促市（区）、县抓紧开展城镇最低收入家庭住房困难情况的调查，全面掌握本地区廉租住房需求情况，并建立保障对象档案。要根据廉租住房需求，切实落实以财政预算安排为主、多渠道筹措廉租住房资金，着力扩大廉租住房制度覆盖面，加快解决最低收入家庭基本住房需要。城镇廉租住房制度建设情况要纳入省级人民政府对市（区）、县人民政府工作的目标责任制管理，省、自治区、直辖市相关部门要加强监督检查。

七、切实整顿和规范市场秩序，严肃查处违法违规销售行为

根据《中华人民共和国城市房地产管理法》有关规定，国务院决定，禁止商品房预购人将购买的未竣工的预售商品房再行转让。在预售商品房竣工交付、预购人取得房屋所有权证之前，房地产主管部门不得为其办理转让等手续；房屋所有权申请人与登记备案的预售合同载明的预购人不一致的，房屋权属登记机关不得为其办理房屋权属登记手续。实行实名制购房，推行商品房预销售合同网上即时备案，防范私下交易行为。

要严格房地产开发企业和中介机构的市场准入，依法严肃查处违法违规销售行为。对虚构买卖合同，囤积房源；发布不实价格和销售进度信息，恶意哄抬房价，诱骗消费者争购；以及不履行开工时间、竣工时间、销售价格（位）和套型面积控制性项目建设要求的，当地房地产主管部门要将以上行为记入房地产企业信用档案，公开予以曝光。对一些情节严重、性质恶劣的，建设部会同有关部门要及时依法从严处罚，并向社会公布。

八、加强市场监测，完善市场信息披露制度

各地要加快建立健全房地产市场信息系统，加强对房地产特别是商品住房市场运行情况的动态监测。加强对同地段、同品质房屋销售价格和租赁价格变动情况的分析，准确判断房价变动趋势。要建立和完善土地市场动态监测制度，加强对建设用地供应、土地价格变动情况的监测分析，科学预测商品住房对土地的需求。各有关部门要加强信息沟通与整合，适时披露土地供应、商品住房市场供求，以及土地和住房价格变动等信息。要加强舆论引导，增强政策透明度，稳定市场心理预期，促进市场理性发展。

关于转发《国家税务总局、财政部、建设部关于加强房地产税收管理的通知》的通知

建住房电[2005]35 号

各省、自治区建设厅，直辖市建委、房地产局、规划局（规委），新疆生产建设兵团建设局，计划单列市建委（建设局、房地产局、规划局）：

现将《国家税务总局、财政部、建设部关于加强房地产税收管理的通知》传给你们，请贯彻落实。

中华人民共和国建设部

2005 年 5 月 27 日

国家税务总局、财政部、建设部关于加强房地产税收管理的通知

国税发[2005]89 号

各省、自治区、直辖市财政厅（局）、地方税务局、建设厅（建委、房地局），计划单列市财政局、地方税务局、建委（建设局、房地局），扬州税务进修学院，新疆生产建设兵团建设局：

为贯彻落实《国务院办公厅转发建设部等部门关于做好稳定住房价格工作意见的通知》（国办发[2005]26号），进一步加强房地产税收征管，促进房地产市场的健康发展，现将有关事项及要求通知如下：

一、各级地方税务、财政部门和房地产管理部门，要认真贯彻执行房地产税收有关法律、法规和政策规定，建立和完善信息共享、情况通报制度，加强部门间的协作配合。各级地方税务、财政部门要切实加强房地产税收征管，并主动与当地的房地产管理部门取得联系；房地产管理部门要积极配合。

二、2005 年 5 月 31 日以前，各地要根据国办发[2005]26 号文件规定，公布本地区享受优惠政策的普通住房标准（以下简称普通住房）。其中，住房平均交易价格，是指报告期内同级别土地上住房交易的平均价格，经加权平均后形成的住房综合平均价格。由市、县房地产管理部门会同有关部门测算，报当地人民政府确定，每半年公布一次。各级别土地上住房平均交易价格的测算，依据房地产市场信息系统生成数据；没有建立房地产市场信息系统的，依据房地产交易登记管理系统生成数据。

对单位或个人将购买住房对外销售的，市、县房地产管理部门应在办理房屋权属登记的当月，向同级地方税务、财政部门提供权属登记房屋的坐落、产权人、房屋面积、成交价格等信息。

市、县规划管理部门要将已批准的容积率在 1.0 以下的住宅项目清单，一次性提供给同级地方税务、财政部门。新批住宅项目中容积率在 1.0 以下的，按月提供。

地方税务、财政部门要将当月房地产税收征管的有关信息向市、县房地产管理部门提供。

各级地方税务、财政部门从房地产管理部门获得的房地产交易登记资料，只能用于征税之目的，并有责任予以保密。违反规定的，要追究责任。

三、各级地方税务、财政部门要严格执行调整后的个人住房管业税税收政策。

（一）2005 年 6 月 1 日后，个人将购买不足 2 年的住房对外销售的，应全额征收营业税。

（二）2005 年 6 月 1 日后，个人将购买超过 2 年（含 2 年）的符合当地公布的普通住房标准的住房对外销售，应持该住房的坐落、容积率、房屋面积、成交价格等证明材料及地方税务部门要求的其他材料，向地方税务部门申请办理免征营业税手续。地方税务部门应根据当地公布的普通住房标准，利用房地产管理部门和规划管理部门提供的相关信息，对纳税人申请免税的有关材料进行审核，凡符合规定条件的，给予免征营业税。

（三）2005 年 6 月 1 日后，个人将购买超过 2 年（含 2 年）的住房对外销售不能提供属于普通住房的证明材料或经审核不符合规定条件的，一律按非普通住房的有关营业税政策征收营业税。

（四）个人购买住房以取得的房屋产权证或契税完税证明上注明的时间作为其购买房屋的时间。

（五）个人对外销售住房，应持依法取得的房屋权属证书，并到地方税务部门申请开具发票。

（六）对个人购买的非普通住房超过 2 年（含 2 年）

对外销售的，在向地方税务部门申请按其售房收入减去购买房屋价款后的差额缴纳营业税时，需提供购买房屋时取得的税务部门监制的发票作为差额征税的扣除凭证。

（七）各级地方税务、财政部门要严格执行税收政策，对不符合规定条件的个人对外销售住房，不得减免营业税，确保调整后的营业税政策落实到位；对个人承受不享受优惠政策的住房。不得减免契税。对擅自变通政策、违反规定对不符合规定条件的个人住房给予税收优惠，影响调整后的税收政策落实的，要追究当事人的责任。对政策执行中出现的问题和有关情况，应及时上报国家税务总局。

四、各级地方税务、财政部门要充分利用房地产交易与权属登记信息，加强房地产税收管理。要建立、健全房地产税收税源登记档案和税源数据库，并根据变化情况及时更新税源登记档案和税源数据库的信息；要定期将从房地产管理部门取得的权属登记资料等信息，与房地产税收征管信息进行比对，查找漏征税款，建立催缴制度，及时查补税款。

各级地方税务、财政部门在房地产税收征管工作中，如发现纳税人未进行权属登记的，应及时将有关信息告知当地房地产管理部门，以便房地产管理部门加强房地产权属管理。

五、各级地方税务、财政部门和房地产管理部门要积极协商，创造条件，在房地产交易和权属登记等场所，设立房地产税收征收窗口，方便纳税人。

六、市、县房地产管理部门在办理房地产权属登记时，应严格按照《中华人民共和国契税暂行条例》、《中华人民共和国土地增值税暂行条例》的规定，要求出具完税（或减免）凭证；对于未出具完税（或减免）凭证的，房地产管理部门不得办理权属登记。

七、各级地方税务、财政部门应努力改进征缴税款的办法，减少现金收取，逐步实现税银联网、划卡缴税。由于种种原因，仍需收取现金税款的，应规范解缴程序，加强安全管理。

八、对于房地产管理部门配合税收管理增加的支出，地方财税部门应给予必要的经费支持。

九、各省级地方税务部门要积极参与本地区房地产市场分析监测工作，密切关注营业税税收政策调整后的政策执行效果，及时做出营业税政策调整对本地区的房地产市场产生影响的评估报告，并将分析评估报告按季上报国家税务总局。

十、各地地方税务、财政部门和房地产管理部门，可结合本地情况，共同协商研究制定贯彻落实本通知的具体办法。

国　家　税　务　总　局
中华人民共和国财政部
中华人民共和国建设部
2005 年 5 月 27 日

建设部、民政部关于印发《城镇最低收入家庭廉租住房申请、审核及退出管理办法》的通知

建住房[2005]122 号

各省、自治区建设厅、民政厅，直辖市建委（房地局）、民政局：

为规范城镇最低收入家庭廉租住房管理，完善廉租住房工作机制，我们制订了《城镇最低收入家庭廉租住房申请、审核及退出管理办法》。现印发给你们，请遵照执行。

中华人民共和国建设部
中华人民共和国民政部
2005 年 7 月 7 日

第一条　为规范城镇最低收入家庭廉租住房管理，完善廉租住房工作机制，根据《城镇最低收入家庭廉租住房管理办法》（建设部令第 120 号），制定本办法。

第二条　城镇最低收入家庭廉租住房的申请、审核及退出管理，适用本办法。

第三条　市、县人民政府房地产行政主管部门负责城镇最低收入家庭廉租住房的申请、审核及退出管理工作。

第四条 申请廉租住房的家庭(以下简称申请家庭)应当同时具备下列条件:

(一)申请家庭人均收入符合当地廉租住房政策确定的收入标准;

(二)申请家庭人均现住房面积符合当地廉租住房政策确定的面积标准;

(三)申请家庭成员中至少有 1 人为当地非农业常住户口;

(四)申请家庭成员之间有法定的赡养、扶养或者抚养关系。

(五)符合当地廉租住房政策规定的其他标准。

第五条 申请廉租住房,应当由申请家庭的户主作为申请人;户主不具有完全民事行为能力的,申请家庭推举具有完全民事行为能力的家庭成员作为申请人。

申请人应当向户口所在地街道办事处或乡镇人民政府(以下简称受理机关)提出书面申请,并提供下列申请材料:

(一)民政部门出具的最低生活保障、救助证明或政府认定有关部门或单位出具的收入证明;

(二)申请家庭成员所在单位或居住地街道办事处出具的现住房证明;

(三)申请家庭成员身份证和户口簿;

(四)地方政府或房地产行政主管部门规定需要提交的其他证明材料。

申请人为非户主的,还应当出具其他具有完全行为能力的家庭成员共同签名的书面委托书。

第六条 受理机关收到廉租住房申请材料后,应当及时做出是否受理的决定,并向申请人出具书面凭证。申请资料不齐全或者不符合法定形式的,应当在 5 日内书面告知申请人需要补正的全部内容,受理时间从申请人补齐资料的次日起计算;逾期不告知的,自收到申请材料之日起即为受理。

材料齐备后,受理机关应当及时签署意见并将全部申请资料移交房地产行政主管部门。

第七条 接到受理机关移交的申请资料后,房地产行政主管部门应当会同民政等部门组成审核小组予以审核。并可以通过查档取证、入户调查、邻里访问以及信函索证等方式对申请家庭收入、家庭人口和住房状况进行调查。申请家庭及有关单位、组织或者个人应当如实提供有关情况。房地产行政主管部门应当自收到申请材料之日起 15 日内向申请人出具审核决定。

经审核不符合条件的,房地产行政主管部门应当书面通知申请人,说明理由。经审核符合条件的,房地产行政主管部门应当在申请人的户口所在地、居住地或工作单位将审核决定予以公示,公示期限为 15 日。

第八条 经公示无异议或者异议不成立的,由房地产行政主管部门予以登记,并书面通知申请人。

经公示有异议的,房地产行政主管部门应在 10 日内完成核实。经核实异议成立的,不予登记。对不予登记的,应当书面通知申请人,说明不予登记的理由。

第九条 对于已登记的、申请租赁住房补贴或者实物配租的家庭,由房地产行政主管部门按照规定条件排队轮候。经民政等部门认定的由于无劳动能力、无生活来源、无法定赡养人、扶养人或抚养人、优抚对象、重度残疾等原因造成困难的家庭可优先予以解决。

轮候期间,申请家庭收入、人口、住房等情况发生变化,申请人应当及时告知房地产行政主管部门,经审核后,房地产行政主管部门应对变更情况进行变更登记,不再符合廉租住房条件的,由房地产行政主管部门取消资格。

第十条 已准予租赁住房补贴的家庭,应当与房地产行政主管部门签订《廉租住房租赁补贴协议》。协议应当明确租赁住房补贴标准、停止廉租住房补贴的规定及违约责任。租赁补贴家庭根据协议约定,可以根据居住需要,选择适当的住房,在与出租人达成租赁意向后,报房地产行政主管部门审查。经审查同意后,方可与出租人签订房屋租赁合同,并报房地产行政主管部门备案。房地产行政主管部门按规定标准向该家庭发放租赁补贴,用于冲减房屋租金。

第十一条 已准予实物配租的家庭,应当与廉租住房产权人签订廉租住房租赁合同。合同应当明确廉租住房情况、租金标准、腾退住房方式及违约责任等内容。承租人应当按照合同约定的标准缴纳租金,并按约定的期限腾退原有住房。

确定实物配租的最低收入家庭不接受配租方案的,原则上不再享有实物配租资格,房地产行政主管部门可视情况采取发放租赁住房补贴或其他保障方式对其实施住房保障。

第十二条 已准予租金核减的家庭,由房地产行政主管部门出具租金核减认定证明,到房屋产权单位办理租金核减手续。

第十三条 房地产行政主管部门应当在发放租赁住房补贴、配租廉租住房或租金核减后一个月内将结果在一定范围内予以公布。

第十四条 享受廉租住房保障的最低收入家庭应当按年度向房地产行政主管部门如实申报家庭收入、人口及住房变动情况。

房地产行政主管部门应当每年会同民政等相关部

门对享受廉租住房保障家庭的收入、人口及住房等状况进行复核，并根据复核结果对享受廉租住房保障的资格、方式、额度等进行及时调整并书面告知当事人。

第十五条　享受廉租住房保障的家庭有下列情况之一的，由房地产行政主管部门作出取消保障资格的决定，收回承租的廉租住房，或者停止发放租赁补贴，或者停止租金核减：

(一)未如实申报家庭收入、家庭人口及住房状况的；

(二)家庭人均收入连续一年以上超出当地廉租住房政策确定的收入标准的；

(三)因家庭人数减少或住房面积增加，人均住房面积超出当地廉租住房政策确定的住房标准的；

(四)擅自改变房屋用途的；

(五)将承租的廉租住房转借、转租的；

(六)连续六个月以上未在廉租住房居住的。

第十六条　房地产行政主管部门作出取消保障资格的决定后，应当在5日内书面通知当事人，说明理由。享受实物配租的家庭应当将承租的廉租住房在规定的期限内退回。逾期不退回的，房地产行政主管部门可以依法申请人民法院强制执行。

第十七条　房地产行政主管部门或者其他有关行政管理部门工作人员，违反本办法规定，在廉租住房管理工作中利用职务上的便利，收受他人财物或者其他好处的，对已批准的廉租住房不依法履行监督管理职责的，或者发现违法行为不予查处的，依法给予行政处分；构成犯罪的，依法追究刑事责任。

第十八条　各地可根据当地的实际情况制定具体细则。

第十九条　纳入廉租住房管理的其他家庭的申请、审核及退出管理办法，由各地结合当地实际情况，比照本办法自行制定。

第二十条　本办法自2005年10月1日之日起施行。

建设工程质量检测管理办法

中华人民共和国建设部令

第141号

《建设工程质量检测管理办法》已于2005年8月23日经第71次常务会议讨论通过，现予发布，自2005年11月1日施行。

建设部部长　汪光焘

2005年9月28日

第一条　为了加强对建设工程质量检测的管理，根据《中华人民共和国建筑法》、《建设工程质量管理条例》，制定本办法。

第二条　申请从事对涉及建筑物、构筑物结构安全的试块、试件以及有关材料检测的工程质量检测机构资质，实施对建设工程质量检测活动的监督管理，应当遵守本办法。

本办法所称建设工程质量检测(以下简称质量检测)，是指工程质量检测机构(以下简称检测机构)接受委托，依据国家有关法律、法规和工程建设强制性标准，对涉及结构安全项目的抽样检测和对进入施工现场的建筑材料、构配件的见证取样检测。

第三条　国务院建设主管部门负责对全国质量检测活动实施监督管理，并负责制定检测机构资质标准。

省、自治区、直辖市人民政府建设主管部门负责对本行政区域内的质量检测活动实施监督管理，并负责检测机构的资质审批。

市、县人民政府建设主管部门负责对本行政区域内的质量检测活动实施监督管理。

第四条　检测机构是具有独立法人资格的中介机构。检测机构从事本办法附件一规定的质量检测业务，应当依据本办法取得相应的资质证书。

检测机构资质按照其承担的检测业务内容分为专项检测机构资质和见证取样检测机构资质。检测机构资质标准由附件二规定。

检测机构未取得相应的资质证书，不得承担本办法规定的质量检测业务。

第五条　申请检测资质的机构应当向省、自治区、直辖市人民政府建设主管部门提交下列申请材料：

(一)《检测机构资质申请表》一式三份；

(二)工商营业执照原件及复印件；

(三)与所申请检测资质范围相对应的计量认证证书原件及复印件；

(四)主要检测仪器、设备清单；

(五)技术人员的职称证书、身份证和社会保险合同的原件及复印件；

(六)检测机构管理制度及质量控制措施。

《检测机构资质申请表》由国务院建设主管部门制定式样。

第六条 省、自治区、直辖市人民政府建设主管部门在收到申请人的申请材料后，应当即时作出是否受理的决定，并向申请人出具书面凭证；申请材料不齐全或者不符合法定形式的，应当在5日内一次性告知申请人需要补正的全部内容。逾期不告知的，自收到申请材料之日起即为受理。

省、自治区、直辖市建设主管部门受理资质申请后，应当对申报材料进行审查，自受理之日起20个工作日内审批完毕并作出书面决定。对符合资质标准的，自作出决定之日起10个工作日内颁发《检测机构资质证书》，并报国务院建设主管部门备案。

第七条 《检测机构资质证书》应当注明检测业务范围，分为正本和副本，由国务院建设主管部门制定式样，正、副本具有同等法律效力。

第八条 检测机构资质证书有效期为3年。资质证书有效期满需要延期的，检测机构应当在资质证书有效期满30个工作日前申请办理延期手续。

检测机构在资质证书有效期内没有下列行为的，资质证书有效期届满时，经原审批机关同意，不再审查，资质证书有效期延期3年，由原审批机关在其资质证书副本上加盖延期专用章；检测机构在资质证书有效期内有下列行为之一的，原审批机关不予延期：

(一)超出资质范围从事检测活动的；

(二)转包检测业务的；

(三)涂改、倒卖、出租、出借或者以其他形式非法转让资质证书的；

(四)未按照国家有关工程建设强制性标准进行检测，造成质量安全事故或致使事故损失扩大的；

(五)伪造检测数据，出具虚假检测报告或者鉴定结论的。

第九条 检测机构取得检测机构资质后，不再符合相应资质标准的，省、自治区、直辖市人民政府建设主管部门根据利害关系人的请求或者依据职权，可以责令其限期改正；逾期不改的，可以撤回相应的资质证书。

第十条 任何单位和个人不得涂改、倒卖、出租、出借或者以其他形式非法转让资质证书。

第十一条 检测机构变更名称、地址、法定代表人、技术负责人，应当在3个月内到原审批机关办理变更手续。

第十二条 本办法规定的质量检测业务，由工程项目建设单位委托具有相应资质的检测机构进行检测。委托方与被委托方应当签订书面合同。

检测结果利害关系人对检测结果发生争议的，由双方共同认可的检测机构复检，复检结果由提出复检方报当地建设主管部门备案。

第十三条 质量检测试样的取样应当严格执行有关工程建设标准和国家有关规定，在建设单位或者工程监理单位监督下现场取样。提供质量检测试样的单位和个人，应当对试样的真实性负责。

第十四条 检测机构完成检测业务后，应当及时出具检测报告。检测报告经检测人员签字、检测机构法定代表人或者其授权的签字人签署，并加盖检测机构公章或者检测专用章后方可生效。检测报告经建设单位或者工程监理单位确认后，由施工单位归档。

见证取样检测的检测报告中应当注明见证人单位及姓名。

第十五条 任何单位和个人不得明示或者暗示检测机构出具虚假检测报告，不得篡改或者伪造检测报告。

第十六条 检测人员不得同时受聘于两个或者两个以上的检测机构。

检测机构和检测人员不得推荐或者监制建筑材料、构配件和设备。

检测机构不得与行政机关，法律、法规授权的具有管理公共事务职能的组织以及所检测工程项目相关的设计单位、施工单位、监理单位有隶属关系或者其他利害关系。

第十七条 检测机构不得转包检测业务。

检测机构跨省、自治区、直辖市承担检测业务的，应当向工程所在地的省、自治区、直辖市人民政府建设主管部门备案。

第十八条 检测机构应当对其检测数据和检测报告的真实性和准确性负责。

检测机构违反法律、法规和工程建设强制性标准，给他人造成损失的，应当依法承担相应的赔偿责任。

第十九条 检测机构应当将检测过程中发现的建设单位、监理单位、施工单位违反有关法律、法规和工程建设强制性标准的情况，以及涉及结构安全检测结果的不合格情况，及时报告工程所在地建设主管部门。

第二十条　检测机构应当建立档案管理制度。检测合同、委托单、原始记录、检测报告应当按年度统一编号，编号应当连续，不得随意抽撤、涂改。

检测机构应当单独建立检测结果不合格项目台账。

第二十一条　县级以上地方人民政府建设主管部门应当加强对检测机构的监督检查，主要检查下列内容：

（一）是否符合本办法规定的资质标准；

（二）是否超出资质范围从事质量检测活动；

（三）是否有涂改、倒卖、出租、出借或者以其他形式非法转让资质证书的行为；

（四）是否按规定在检测报告上签字盖章，检测报告是否真实；

（五）检测机构是否按有关技术标准和规定进行检测；

（六）仪器设备及环境条件是否符合计量认证要求；

（七）法律、法规规定的其他事项。

第二十二条　建设主管部门实施监督检查时，有权采取下列措施：

（一）要求检测机构或者委托方提供相关的文件和资料；

（二）进入检测机构的工作场地（包括施工现场）进行抽查；

（三）组织进行比对试验以验证检测机构的检测能力；

（四）发现有不符合国家有关法律、法规和工程建设标准要求的检测行为时，责令改正。

第二十三条　建设主管部门在监督检查中为搜集证据的需要，可以对有关试样和检测资料采取抽样取证的方法；在证据可能灭失或者以后难以取得的情况下，经部门负责人批准，可以先行登记保存有关试样和检测资料，并应当在7日内及时做出处理决定，在此期间，当事人或者有关人员不得销毁或者转移有关试样和检测资料。

第二十四条　县级以上地方人民政府建设主管部门，对监督检查中发现的问题应当按规定权限进行处理，并及时报告资质审批机关。

第二十五条　建设主管部门应当建立投诉受理和处理制度，公开投诉电话号码、通讯地址和电子邮件信箱。

检测机构违反国家有关法律、法规和工程建设标准规定进行检测的，任何单位和个人都有权向建设主管部门投诉。建设主管部门收到投诉后，应当及时核实并依据本办法对检测机构作出相应的处理决定，于30日内将处理意见答复投诉人。

第二十六条　违反本办法规定，未取得相应的资质，擅自承担本办法规定的检测业务的，其检测报告无效，由县级以上地方人民政府建设主管部门责令改正，并处1万元以上3万元以下的罚款。

第二十七条　检测机构隐瞒有关情况或者提供虚假材料申请资质的，省、自治区、直辖市人民政府建设主管部门不予受理或者不予行政许可，并给予警告，1年之内不得再次申请资质。

第二十八条　以欺骗、贿赂等不正当手段取得资质证书的，由省、自治区、直辖市人民政府建设主管部门撤销其资质证书，3年内不得再次申请资质证书；并由县级以上地方人民政府建设主管部门处以1万元以上3万元以下的罚款；构成犯罪的，依法追究刑事责任。

第二十九条　检测机构违反本办法规定，有下列行为之一的，由县级以上地方人民政府建设主管部门责令改正，可并处1万元以上3万元以下的罚款；构成犯罪的，依法追究刑事责任：

（一）超出资质范围从事检测活动的；

（二）涂改、倒卖、出租、出借、转让资质证书的；

（三）使用不符合条件的检测人员的；

（四）未按规定上报发现的违法违规行为和检测不合格事项的；

（五）未按规定在检测报告上签字盖章的；

（六）未按照国家有关工程建设强制性标准进行检测的；

（七）档案资料管理混乱，造成检测数据无法追溯的；

（八）转包检测业务的。

第三十条　检测机构伪造检测数据，出具虚假检测报告或者鉴定结论的，县级以上地方人民政府建设主管部门给予警告，并处3万元罚款；给他人造成损失的，依法承担赔偿责任；构成犯罪的，依法追究其刑事责任。

第三十一条　违反本办法规定，委托方有下列行为之一的，由县级以上地方人民政府建设主管部门责令改正，处1万元以上3万元以下的罚款：

（一）委托未取得相应资质的检测机构进行检测的；

（二）明示或暗示检测机构出具虚假检测报告，篡改或伪造检测报告的；

（三）弄虚作假送检试样的。

第三十二条　依照本办法规定，给予检测机构罚款处罚的，对检测机构的法定代表人和其他直接责任人员处罚款数额5%以上10%以下的罚款。

第三十三条 县级以上人民政府建设主管部门工作人员在质量检测管理工作中，有下列情形之一的，依法给予行政处分；构成犯罪的，依法追究刑事责任：

（一）对不符合法定条件的申请人颁发资质证书的；

（二）对符合法定条件的申请人不予颁发资质证书的；

（三）对符合法定条件的申请人未在法定期限内颁发资质证书的；

（四）利用职务上的便利，收受他人财物或者其他好处的；

（五）不依法履行监督管理职责，或者发现违法行为不予查处的。

第三十四条 检测机构和委托方应当按照有关规定收取、支付检测费用。没有收费标准的项目由双方协商收取费用。

第三十五条 水利工程、铁道工程、公路工程等工程中涉及结构安全的试块、试件及有关材料的检测按照有关规定，可以参照本办法执行。节能检测按照国家有关规定执行。

第三十六条 本规定自 2005 年 11 月 1 日起施行。

附件一：

质量检测的业务内容

一、专项检测

（一）地基基础工程检测

1.地基及复合地基承载力静载检测；

2.桩的承载力检测；

3.桩身完整性检测；

4.锚杆锁定力检测。

（二）主体结构工程现场检测

1.混凝土、砂浆、砌体强度现场检测；

2.钢筋保护层厚度检测；

3.混凝土预制构件结构性能检测；

4.后置埋件的力学性能检测。

（三）建筑幕墙工程检测

1.建筑幕墙的气密性、水密性、风压变形性能、层间变位性能检测；

2.硅酮结构胶相容性检测。

（四）钢结构工程检测

1.钢结构焊接质量无损检测；

2.钢结构防腐及防火涂装检测；

3.钢结构节点、机械连接用紧固标准件及高强度螺栓力学性能检测；

4.钢网架结构的变形检测。

二、见证取样检测

1.水泥物理力学性能检验；

2.钢筋（含焊接与机械连接）力学性能检验；

3.砂、石常规检验；

4.混凝土、砂浆强度检验；

5.简易土工试验；

6.混凝土掺加剂检验；

7.预应力钢绞线、锚夹具检验；

8.沥青、沥青混合料检验。

附件二：

检测机构资质标准

一、专项检测机构和见证取样检测机构应满足下列基本条件：

（一）专项检测机构的注册资本不少于 100 万元人民币，见证取样检测机构不少于 80 万元人民币；

（二）所申请检测资质对应的项目应通过计量认证；

（三）有质量检测、施工、监理或设计经历，并接受了相关检测技术培训的专业技术人员不少于 10 人；边远的县（区）的专业技术人员可不少于 6 人；

（四）有符合开展检测工作所需的仪器、设备和工作场所；其中，使用属于强制检定的计量器具，要经过计量检定合格后，方可使用；

（五）有健全的技术管理和质量保证体系。

二、专项检测机构除应满足基本条件外，还需满足下列条件：

（一）地基基础工程检测类

专业技术人员中从事工程桩检测工作 3 年以上并具有高级或者中级职称的不得少于 4 名，其中 1 人应当具备注册岩土工程师资格。

（二）主体结构工程检测类

专业技术人员中从事结构工程检测工作 3 年以上并具有高级或者中级职称的不得少于 4 名，其中 1 人应当具备二级注册结构工程师资格。

（三）建筑幕墙工程检测类

专业技术人员中从事建筑幕墙检测工作 3 年以上并具有高级或者中级职称的不得少于 4 名。

（四）钢结构工程检测类

专业技术人员中从事钢结构机械连接检测、钢网架结构变形检测工作 3 年以上并具有高级或者中级职称的不得少于 4 名，其中 1 人应当具备二级注册结构工程师资格。

三、见证取样检测机构除应满足基本条件外，专业技术人员中从事检测工作 3 年以上并具有高级或者中级职称的不得少于 3 名；边远的县（区）可不少于 2 人。

房地产估价机构管理办法

中华人民共和国建设部令

第 142 号

《房地产估价机构管理办法》已于 2005 年 9 月 27 日经第 73 次部常务会议讨论通过，现予发布，自 2005 年 12 月 1 日起施行。

建设部部长　　汪光焘

2005 年 10 月 12 日

第一章　总　则

第一条　为了规范房地产估价机构行为，维护房地产估价市场秩序，保障房地产估价活动当事人合法权益，根据《中华人民共和国城市房地产管理法》、《中华人民共和国行政许可法》和《国务院对确需保留的行政审批项目设定行政许可的决定》等法律、行政法规，制定本办法。

第二条　在中华人民共和国境内申请房地产估价机构资质，从事房地产估价活动，对房地产估价机构实施监督管理，适用本办法。

第三条　本办法所称房地产估价机构，是指依法设立并取得房地产估价机构资质，从事房地产估价活动的中介服务机构。

本办法所称房地产估价活动，包括土地、建筑物、构筑物、在建工程、以房地产为主的企业整体资产、企业整体资产中的房地产等各类房地产评估，以及因转让、抵押、城镇房屋拆迁、司法鉴定、课税、公司上市、企业改制、企业清算、资产重组、资产处置等需要进行的房地产评估。

第四条　房地产估价机构从事房地产估价活动，应当坚持独立、客观、公正的原则，执行房地产估价规范和标准。

房地产估价机构依法从事房地产估价活动，不受行政区域、行业限制。任何组织或者个人不得非法干预房地产估价活动和估价结果。

第五条　国务院建设行政主管部门负责全国房地产估价机构的监督管理工作。

省、自治区人民政府建设行政主管部门、直辖市人民政府房地产行政主管部门负责本行政区域内房地产估价机构的监督管理工作。

市、县人民政府房地产行政主管部门负责本行政区域内房地产估价机构的监督管理工作。

第六条　房地产估价行业组织应当加强房地产估价行业自律管理。

鼓励房地产估价机构加入房地产估价行业组织。

第二章　估价机构资质核准

第七条　房地产估价机构资质等级分为一、二、三级。

国务院建设行政主管部门负责一级房地产估价机构资质许可。

省、自治区人民政府建设行政主管部门、直辖市人民政府房地产行政主管部门负责二、三级房地产估价机构资质许可，并接受国务院建设行政主管部门的指导和监督。

第八条　房地产估价机构应当由自然人出资，以有限责任公司或者合伙企业形式设立。

第九条　各资质等级房地产估价机构的条件如下：

(一)一级资质

1.机构名称有房地产估价或者房地产评估字样；

2.从事房地产估价活动连续 6 年以上，且取得二级房地产估价机构资质 3 年以上；

3.有限责任公司的注册资本人民币 200 万元以上，合伙企业的出资额人民币 120 万元以上；

4.有 15 名以上专职注册房地产估价师；

5.在申请核定资质等级之日前 3 年平均每年完成估价标的物建筑面积 50 万平方米以上或者土地面积 25 万平方米以上；

6.法定代表人或者执行合伙人是注册后从事房地产估价工作 3 年以上的专职注册房地产估价师；

7.有限责任公司的股东中有 3 名以上、合伙企业的合伙人中有 2 名以上专职注册房地产估价师，股东或者合伙人中有一半以上是注册后从事房地产估价工作 3 年以上的专职注册房地产估价师；

8.有限责任公司的股份或者合伙企业的出资额中专职注册房地产估价师的股份或者出资额合计不低于

60％；

9.有固定的经营服务场所；

10.估价质量管理、估价档案管理、财务管理等各项企业内部管理制度健全；

11.随机抽查的1份房地产估价报告符合《房地产估价规范》的要求；

12.在申请核定资质等级之日前3年内无本办法第三十二条禁止的行为。

（二）二级资质

1.机构名称有房地产估价或者房地产评估字样；

2.取得三级房地产估价机构资质后从事房地产估价活动连续4年以上；

3.有限责任公司的注册资本人民币100万元以上，合伙企业的出资额人民币60万元以上；

4.有8名以上专职注册房地产估价师；

5.在申请核定资质等级之日前3年平均每年完成估价标的物建筑面积30万平方米以上或者土地面积15万平方米以上；

6.法定代表人或者执行合伙人是注册后从事房地产估价工作3年以上的专职注册房地产估价师；

7.有限责任公司的股东中有3名以上、合伙企业的合伙人中有2名以上专职注册房地产估价师，股东或者合伙人中有一半以上是注册后从事房地产估价工作3年以上的专职注册房地产估价师；

8.有限责任公司的股份或者合伙企业的出资额中专职注册房地产估价师的股份或者出资额合计不低于60％；

9.有固定的经营服务场所；

10.估价质量管理、估价档案管理、财务管理等各项企业内部管理制度健全；

11.随机抽查的1份房地产估价报告符合《房地产估价规范》的要求；

12.在申请核定资质等级之日前3年内无本办法第三十二条禁止的行为。

（三）三级资质

1.机构名称有房地产估价或者房地产评估字样；

2.有限责任公司的注册资本人民币50万元以上，合伙企业的出资额人民币30万元以上；

3.有3名以上专职注册房地产估价师；

4.在暂定期内完成估价标的物建筑面积8万平方米以上或者土地面积3万平方米以上；

5.法定代表人或者执行合伙人是注册后从事房地产估价工作3年以上的专职注册房地产估价师；

6.有限责任公司的股东中有2名以上、合伙企业的合伙人中有2名以上专职注册房地产估价师，股东或者合伙人中有一半以上是注册后从事房地产估价工作3年以上的专职注册房地产估价师；

7.有限责任公司的股份或者合伙企业的出资额中专职注册房地产估价师的股份或者出资额合计不低于60％；

8.有固定的经营服务场所；

9.估价质量管理、估价档案管理、财务管理等各项企业内部管理制度健全；

10.随机抽查的1份房地产估价报告符合《房地产估价规范》的要求；

12.在申请核定资质等级之日前3年内无本办法第三十二条禁止的行为。

第十条 申请核定房地产估价机构资质等级，应当如实向资质许可机关提交下列材料：

（一）房地产估价机构资质等级申请表（一式二份，加盖申报机构公章）；

（二）房地产估价机构原资质证书正本复印件、副本原件；

（三）营业执照正、副本复印件（加盖申报机构公章）；

（四）出资证明复印件（加盖申报机构公章）；

（五）法定代表人或者执行合伙人的任职文件复印件（加盖申报机构公章）；

（六）专职注册房地产估价师证明；

（七）固定经营服务场所的证明；

（八）经工商行政管理部门备案的公司章程或者合伙协议复印件（加盖申报机构公章）及有关估价质量管理、估价档案管理、财务管理等企业内部管理制度的文件、申报机构信用档案信息；

（九）随机抽查的在申请核定资质等级之日前3年内申报机构所完成的1份房地产估价报告复印件（一式二份，加盖申报机构公章）。

申请人应当对其提交的申请材料实质内容的真实性负责。

第十一条 新设立的中介服务机构申请房地产估价机构资质的，应当提供第十条第（一）项、第（三）项至第（八）项材料。

新设立中介服务机构的房地产估价机构资质等级应当核定为三级资质，设1年的暂定期。

第十二条 申请核定一级房地产估价机构资质的，应当向省、自治区人民政府建设行政主管部门、直辖市人民政府房地产行政主管部门提出申请，并提交本办法第十条规定的材料。

省、自治区人民政府建设行政主管部门、直辖市人民政府房地产行政主管部门应当自受理申请之日起20日内审查完毕，并将初审意见和全部申请材料报国务院建设行政主管部门。

国务院建设行政主管部门应当自受理申请材料之日起20日内作出决定。

第十三条　二、三级房地产估价机构资质由设区的市人民政府房地产行政主管部门初审，具体许可程序及办理期限由省、自治区人民政府建设行政主管部门、直辖市人民政府房地产行政主管部门依法确定。

省、自治区人民政府建设行政主管部门、直辖市人民政府房地产行政主管部门应当在作出资质许可决定之日起10日内，将准予资质许可的决定报国务院建设行政主管部门备案。

第十四条　房地产估价机构资质证书分为正本和副本，由国务院建设行政主管部门统一印制，正、副本具有同等法律效力。

房地产估价机构遗失资质证书的，应当在公众媒体上声明作废后，申请补办。

第十五条　房地产估价机构资质有效期为3年。

资质有效期届满，房地产估价机构需要继续从事房地产估价活动的，应当在资质有效期届满30日前向资质许可机关提出资质延续申请。资质许可机关应当根据申请作出是否准予延续的决定。准予延续的，有效期延续3年。

在资质有效期内遵守有关房地产估价的法律、法规、规章、技术标准和职业道德的房地产估价机构，经原资质许可机关同意，不再审查，有效期延续3年。

第十六条　房地产估价机构的名称、法定代表人或者执行合伙人、注册资本或者出资额、组织形式、住所等事项发生变更的，应当在工商行政管理部门办理变更手续后30日内，到资质许可机关办理资质证书变更手续。

第十七条　房地产估价机构合并的，合并后存续或者新设立的房地产估价机构可以承继合并前各方中较高的资质等级，但应当符合相应的资质等级条件。

房地产估价机构分立的，只能由分立后的一方房地产估价机构承继原房地产估价机构资质，但应当符合原房地产估价机构资质等级条件。承继原房地产估价机构资质的一方由各方协商确定；其他各方按照新设立的中介服务机构申请房地产估价机构资质。

第十八条　房地产估价机构的工商登记注销后，其资质证书失效。

第三章　分支机构的设立

第十九条　一级资质房地产估价机构可以按照本办法第二十条的规定设立分支机构。二、三级资质房地产估价机构不得设立分支机构。

分支机构应当以设立该分支机构的房地产估价机构的名义出具估价报告，并加盖该房地产估价机构公章。

第二十条　分支机构应当具备下列条件：

（一）名称采用“房地产估价机构名称＋分支机构所在地行政区划名＋分公司（分所）”的形式；

（二）分支机构负责人应当是注册后从事房地产估价工作3年以上并无不良执业记录的专职注册房地产估价师；

（三）在分支机构所在地有3名以上专职注册房地产估价师；

（四）有固定的经营服务场所；

（五）估价质量管理、估价档案管理、财务管理等各项内部管理制度健全。

注册于分支机构的专职注册房地产估价师，不计入设立分支机构的房地产估价机构的专职注册房地产估价师人数。

第二十一条　新设立的分支机构，应当自领取分支机构营业执照之日起30日内，到分支机构工商注册所在地的省、自治区人民政府建设行政主管部门、直辖市人民政府房地产行政主管部门备案。

省、自治区人民政府建设行政主管部门、直辖市人民政府房地产行政主管部门应当在接受备案后10日内，告知分支机构工商注册所在地的市、县人民政府房地产行政主管部门，并报国务院建设行政主管部门备案。

第二十二条　分支机构备案，应当提交下列材料：

（一）分支机构的营业执照复印件；

（二）房地产估价机构资质证书正本复印件；

（三）分支机构及设立该分支机构的房地产估价机构负责人的身份证明；

（四）拟在分支机构执业的专职注册房地产估价师注册证书复印件。

第二十三条　分支机构变更名称、负责人、住所等事项或房地产估价机构撤销分支机构，应当在工商行政管理部门办理变更或者注销登记手续后30日内，报原备案机关备案。

第四章　估价管理

第二十四条　从事房地产估价活动的机构，应当依法取得房地产估价机构资质，并在其资质等级许可范围内从事估价业务。

一级资质房地产估价机构可以从事各类房地产估价业务。

二级资质房地产估价机构可以从事除公司上市、企业清算以外的房地产估价业务。

三级资质房地产估价机构可以从事除公司上市、企业清算、司法鉴定以外的房地产估价业务。

暂定期内的三级资质房地产估价机构可以从事除公司上市、企业清算、司法鉴定、城镇房屋拆迁、在建工程抵押以外的房地产估价业务。

第二十五条　房地产估价业务应当由房地产估价机构统一接受委托，统一收取费用。

房地产估价师不得以个人名义承揽估价业务，分支机构应当以设立该分支机构的房地产估价机构名义承揽估价业务。

第二十六条　房地产估价机构及执行房地产估价业务的估价人员与委托人或者估价业务相对人有利害关系的，应当回避。

第二十七条　房地产估价机构承揽房地产估价业务，应当与委托人签订书面估价委托合同。

估价委托合同应当包括下列内容：

（一）委托人的名称或者姓名和住所；

（二）估价机构的名称和住所；

（三）估价对象；

（四）估价目的；

（五）估价时点；

（六）委托人的协助义务；

（七）估价服务费及其支付方式；

（八）估价报告交付的日期和方式；

（九）违约责任；

（十）解决争议的方法。

第二十八条　房地产估价机构未经委托人书面同意，不得转让受托的估价业务。

经委托人书面同意，房地产估价机构可以与其他房地产估价机构合作完成估价业务，以合作双方的名义共同出具估价报告。

第二十九条　委托人及相关当事人应当协助房地产估价机构进行实地查勘，如实向房地产估价机构提供估价所必需的资料，并对其所提供资料的真实性负责。

第三十条　房地产估价机构和注册房地产估价师因估价需要向房地产行政主管部门查询房地产交易、登记信息时，房地产行政主管部门应当提供查询服务，但涉及国家秘密、商业秘密和个人隐私的内容除外。

第三十一条　房地产估价报告应当由房地产估价机构出具，加盖房地产估价机构公章，并有至少2名专职注册房地产估价师签字。

第三十二条　房地产估价机构不得有下列行为：

（一）涂改、倒卖、出租、出借或者以其他形式非法转让资质证书；

（二）超越资质等级业务范围承接房地产估价业务；

（三）以迎合高估或者低估要求、给予回扣、恶意压低收费等方式进行不正当竞争；

（四）违反房地产估价规范和标准；

（五）出具有虚假记载、误导性陈述或者重大遗漏的估价报告；

（六）擅自设立分支机构；

（七）未经委托人书面同意，擅自转让受托的估价业务；

（八）法律、法规禁止的其他行为。

第三十三条　房地产估价机构应当妥善保管房地产估价报告及相关资料。

房地产估价报告及相关资料的保管期限自估价报告出具之日起不得少于10年。保管期限届满而估价服务的行为尚未结束的，应当保管到估价服务的行为结束为止。

第三十四条　除法律、法规另有规定外，未经委托人书面同意，房地产估价机构不得对外提供估价过程中获知的当事人的商业秘密和业务资料。

第三十五条　房地产估价机构应当加强对执业人员的职业道德教育和业务培训，为本机构的房地产估价师参加继续教育提供必要的条件。

第三十六条　县级以上人民政府房地产行政主管部门应当依照有关法律、法规和本办法的规定，对房地产估价机构和分支机构的设立、估价业务及执行房地产估价规范和标准的情况实施监督检查。

第三十七条　县级以上人民政府房地产行政主管部门履行监督检查职责时，有权采取下列措施：

（一）要求被检查单位提供房地产估价机构资质证书、房地产估价师注册证书，有关房地产估价业务的文档，有关估价质量管理、估价档案管理、财务管理等企业内部管理制度的文件；

（二）进入被检查单位进行检查，查阅房地产估价报告以及估价委托合同、实地查勘记录等估价相关资料；

（三）纠正违反有关法律、法规和本办法及房地产估价规范和标准的行为。

县级以上人民政府房地产行政主管部门应当将监督检查的处理结果向社会公布。

第三十八条　县级以上人民政府房地产行政主管部门进行监督检查时，应当有两名以上监督检查人员参加，并出示执法证件，不得妨碍被检查单位的正常经营活动，不得索取或者收受财物、谋取其他利益。

有关单位和个人对依法进行的监督检查应当协助与配合，不得拒绝或者阻挠。

第三十九条　房地产估价机构违法从事房地产估价活动的，违法行为发生地的县级以上地方人民政府房地产行政主管部门应当依法查处，并将违法事实、处理结果及处理建议及时报告该估价机构资质的许可机关。

第四十条　有下列情形之一的，资质许可机关或者其上级机关，根据利害关系人的请求或者依据职权，可以撤销房地产估价机构资质：

（一）资质许可机关工作人员滥用职权、玩忽职守作出准予房地产估价机构资质许可的；

（二）超越法定职权作出准予房地产估价机构资质许可的；

（三）违反法定程序作出准予房地产估价机构资质许可的；

（四）对不符合许可条件的申请人作出准予房地产估价机构资质许可的；

（五）依法可以撤销房地产估价机构资质的其他情形。

房地产估价机构以欺骗、贿赂等不正当手段取得房地产估价机构资质的，应当予以撤销。

第四十一条　房地产估价机构取得房地产估价机构资质后，不再符合相应资质条件的，资质许可机关根据利害关系人的请求或者依据职权，可以责令其限期改正；逾期不改的，可以撤回其资质。

第四十二条　有下列情形之一的，资质许可机关应当依法注销房地产估价机构资质：

（一）房地产估价机构资质有效期届满未延续的；

（二）房地产估价机构依法终止的；

（三）房地产估价机构资质被撤销、撤回，或者房地产估价资质证书依法被吊销的；

（四）法律、法规规定的应当注销房地产估价机构资质的其他情形。

第四十三条　资质许可机关或者房地产估价行业组织应当建立房地产估价机构信用档案。

房地产估价机构应当按照要求提供真实、准确、完整的房地产估价信用档案信息。

房地产估价机构信用档案应当包括房地产估价机构的基本情况、业绩、良好行为、不良行为等内容。违法行为、被投诉举报处理、行政处罚等情况应当作为房地产估价机构的不良记录记入其信用档案。

房地产估价机构的不良行为应当作为该机构法定代表人或者执行合伙人的不良行为记入其信用档案。

任何单位和个人有权查阅信用档案。

第五章　法律责任

第四十四条　申请人隐瞒有关情况或者提供虚假材料申请房地产估价机构资质的，资质许可机关不予受理或者不予行政许可，并给予警告，申请人在1年内不得再次申请房地产估价机构资质。

第四十五条　以欺骗、贿赂等不正当手段取得房地产估价机构资质的，由资质许可机关给予警告，并处1万元以上3万元以下的罚款，申请人3年内不得再次申请房地产估价机构资质。

第四十六条　未取得房地产估价机构资质从事房地产估价活动或者超越资质等级承揽估价业务的，出具的估价报告无效，由县级以上人民政府房地产行政主管部门给予警告，责令限期改正，并处1万元以上3万元以下的罚款；造成当事人损失的，依法承担赔偿责任。

第四十七条　违反本办法第十六条规定，房地产估价机构不及时办理资质证书变更手续的，由资质许可机关责令限期办理；逾期不办理的，可处1万元以下的罚款。

第四十八条　有下列行为之一的，由县级以上人民政府房地产行政主管部门给予警告，责令限期改正，并可处1万元以上2万元以下的罚款：

（一）违反本办法第十九条第一款规定设立分支机构的；

（二）违反本办法第二十条规定设立分支机构的；

（三）违反本办法第二十一条第一款规定，新设立的分支机构不备案的。

第四十九条　有下列行为之一的，由县级以上人民政府房地产行政主管部门给予警告，责令限期改正；逾期未改正的，可处5千元以上2万元以下的罚款；给当事人造成损失的，依法承担赔偿责任：

（一）违反本办法第二十五条规定承揽业务的；

（二）违反本办法第二十八条第一款规定，擅自转让受托的估价业务的；

(三)违反本办法第十九条第二款、第二十八条第二款、第三十一条规定出具估价报告的。

第五十条 违反本办法第二十六条规定，房地产估价机构及其估价人员应当回避未回避的，由县级以上人民政府房地产行政主管部门给予警告，责令限期改正，并可处1万元以下的罚款；给当事人造成损失的，依法承担赔偿责任。

第五十一条 违反本办法第三十条规定，房地产行政主管部门拒绝提供房地产交易、登记信息查询服务的，由其上级房地产行政主管部门责令改正。

第五十二条 房地产估价机构有本办法第三十二条行为之一的，由县级以上人民政府房地产行政主管部门给予警告，责令限期改正，并处1万元以上3万元以下的罚款；给当事人造成损失的，依法承担赔偿责任；构成犯罪的，依法追究刑事责任。

第五十三条 违反本办法第三十四条规定，房地产估价机构擅自对外提供估价过程中获知的当事人的商业秘密和业务资料，给当事人造成损失的，依法承担赔偿责任；构成犯罪的，依法追究刑事责任。

第五十四条 资质许可机关有下列情形之一的，由其上级行政主管部门或者监察机关责令改正，对直接负责的主管人员和其他直接责任人员依法给予处分；构成犯罪的，依法追究刑事责任：

(一)对不符合法定条件的申请人准予房地产估价机构资质许可或者超越职权作出准予房地产估价机构资质许可决定的；

(二)对符合法定条件的申请人不予房地产估价机构资质许可或者不在法定期限内作出准予房地产估价机构资质许可决定的；

(三)利用职务上的便利，收受他人财物或者其他利益的；

(四)不履行监督管理职责，或者发现违法行为不予查处的。

第六章　附　则

第五十五条 本办法自2005年12月1日起施行。1997年1月9日建设部颁布的《关于房地产价格评估机构资格等级管理的若干规定》(建房[1997]12号)同时废止。

本办法施行前建设部发布的规章与本办法的规定不一致的，以本办法为准。

民用建筑节能管理规定

中华人民共和国建设部令

第143号

《民用建筑节能管理规定》已于2005年10月28日经第76次部常务会议讨论通过，现予发布，自2006年1月1日起施行。

建设部部长　汪光焘

2005年11月10日

第一条 为了加强民用建筑节能管理，提高能源利用效率，改善室内热环境质量，根据《中华人民共和国节约能源法》、《中华人民共和国建筑法》、《建设工程质量管理条例》，制定本规定。

第二条 本规定所称民用建筑，是指居住建筑和公共建筑。

本规定所称民用建筑节能，是指民用建筑在规划、设计、建造和使用过程中，通过采用新型墙体材料，执行建筑节能标准，加强建筑物用能设备的运行管理，合理设计建筑围护结构的热工性能，提高采暖、制冷、照明、通风、给排水和通道系统的运行效率，以及利用可再生能源，在保证建筑物使用功能和室内热环境质量的前提下，降低建筑能源消耗，合理、有效地利用能源的活动。

第三条 国务院建设行政主管部门负责全国民用建筑节能的监督管理工作。

县级以上地方人民政府建设行政主管部门负责本行政区域内民用建筑节能的监督管理工作。

第四条 国务院建设行政主管部门根据国家节能规划，制定国家建筑节能专项规划；省、自治区、直辖市以及设区城市人民政府建设行政主管部门应当根据本地节能规划，制定本地建筑节能专项规划，并组织实施。

第五条　编制城乡规划应当充分考虑能源、资源的综合利用和节约，对城镇布局、功能区设置、建筑特征，基础设施配置的影响进行研究论证。

第六条　国务院建设行政主管部门根据建筑节能发展状况和技术先进、经济合理的原则，组织制定建筑节能相关标准，建立和完善建筑节能标准体系；省、自治区、直辖市人民政府建设行政主管部门应当严格执行国家民用建筑节能有关规定，可以制定严于国家民用建筑节能标准的地方标准或者实施细则。

第七条　鼓励民用建筑节能的科学研究和技术开发，推广应用节能型的建筑、结构、材料、用能设备和附属设施及相应的施工工艺、应用技术和管理技术，促进可再生能源的开发利用。

第八条　鼓励发展下列建筑节能技术和产品：

(一)新型节能墙体和屋面的保温、隔热技术与材料；

(二)节能门窗的保温隔热和密闭技术；

(三)集中供热和热、电、冷联产联供技术；

(四)供热采暖系统温度调控和分户热量计量技术与装置；

(五)太阳能、地热等可再生能源应用技术及设备；

(六)建筑照明节能技术与产品；

(七)空调制冷节能技术与产品；

(八)其他技术成熟、效果显著的节能技术和节能管理技术。

鼓励推广应用和淘汰的建筑节能部品及技术的目录，由国务院建设行政主管部门制定；省、自治区、直辖市建设行政主管部门可以结合该目录，制定适合本区域的鼓励推广应用和淘汰的建筑节能部品及技术的目录。

第九条　国家鼓励多元化、多渠道投资既有建筑的节能改造，投资人可以按照协议分享节能改造的收益；鼓励研究制定本地区既有建筑节能改造资金筹措办法和相关激励政策。

第十条　建筑工程施工过程中，县级以上地方人民政府建设行政主管部门应当加强对建筑物的围护结构(含墙体、屋面、门窗、玻璃幕墙等)、供热采暖和制冷系统、照明和通风等电器设备是否符合节能要求的监督检查。

第十一条　新建民用建筑应当严格执行建筑节能标准要求，民用建筑工程扩建和改建时，应当对原建筑进行节能改造。

既有建筑节能改造应当考虑建筑物的寿命周期，对改造的必要性、可行性以及投入收益比进行科学论证。节能改造要符合建筑节能标准要求，确保结构安全，优化建筑物使用功能。

寒冷地区和严寒地区既有建筑节能改造应当与供热系统节能改造同步进行。

第十二条　采用集中采暖制冷方式的新建民用建筑应当安设建筑物室内温度控制和用能计量设施，逐步实行基本冷热价和计量冷热价共同构成的两部制用能价格制度。

第十三条　供热单位、公共建筑所有权人或者其委托的物业管理单位应当制定相应的节能建筑运行管理制度，明确节能建筑运行状态各项性能指标、节能工作诸环节的岗位目标责任等事项。

第十四条　公共建筑的所有权人或者委托的物业管理单位应当建立用能档案，在供热或者制冷间歇期委托相关检测机构对用能设备和系统的性能进行综合检测评价，定期进行维护、维修、保养及更新置换，保证设备和系统的正常运行。

第十五条　供热单位、房屋产权单位或者其委托的物业管理等有关单位，应当记录并按有关规定上报能源消耗资料。

鼓励新建民用建筑和既有建筑实施建筑能效测评。

第十六条　从事建筑节能及相关管理活动的单位，应当对其从业人员进行建筑节能标准与技术等专业知识的培训。

建筑节能标准和节能技术应当作为注册城市规划师、注册建筑师、勘察设计注册工程师、注册监理工程师、注册建造师等继续教育的必修内容。

第十七条　建设单位应当按照建筑节能政策要求和建筑节能标准委托工程项目的设计。

建设单位不得以任何理由要求设计单位、施工单位擅自修改经审查合格的节能设计文件，降低建筑节能标准。

第十八条　房地产开发企业应当将所售商品住房的节能措施、围护结构保温隔热性能指标等基本信息在销售现场显著位置予以公示，并在《住宅使用说明书》中予以载明。

第十九条　设计单位应当依据建筑节能标准的要求进行设计，保证建筑节能设计质量。

施工图设计文件审查机构在进行审查时，应当审查节能设计的内容，在审查报告中单列节能审查章节；不符合建筑节能强制性标准的，施工图设计文件审查结论应当定为不合格。

第二十条 施工单位应当按照审查合格的设计文件和建筑节能施工标准的要求进行施工，保证工程施工质量。

第二十一条 监理单位应当依照法律、法规以及建筑节能标准、节能设计文件、建设工程承包合同及监理合同对节能工程建设实施监理。

第二十二条 对超过能源消耗指标的供热单位、公共建筑的所有权人或者其委托的物业管理单位，责令限期达标。

第二十三条 对擅自改变建筑围护结构节能措施，并影响公共利益和他人合法权益的，责令责任人及时予以修复，并承担相应的费用。

第二十四条 建设单位在竣工验收过程中，有违反建筑节能强制性标准行为的，按照《建设工程质量管理条例》的有关规定，重新组织竣工验收。

第二十五条 建设单位未按照建筑节能强制性标准委托设计，擅自修改节能设计文件，明示或暗示设计单位、施工单位违反建筑节能设计强制性标准，降低工程建设质量的，处20万元以上50万元以下的罚款。

第二十六条 设计单位未按照建筑节能强制性标准进行设计的，应当修改设计。未进行修改的，给予警告，处10万元以上30万元以下罚款；造成损失的，依法承担赔偿责任；两年内，累计三项工程未按照建筑节能强制性标准设计的，责令停业整顿，降低资质等级或者吊销资质证书。

第二十七条 对未按照节能设计进行施工的施工单位，责令改正；整改所发生的工程费用，由施工单位负责；可以给予警告，情节严重的，处工程合同价款2%以上4%以下的罚款；两年内，累计三项工程未按照符合节能标准要求的设计进行施工的，责令停业整顿，降低资质等级或者吊销资质证书。

第二十八条 本规定的责令停业整顿、降低资质等级和吊销资质证书的行政处罚，由颁发资质证书的机关决定；其他行政处罚，由建设行政主管部门依照法定职权决定。

第二十九条 农民自建低层住宅不适用本规定。

第三十条 本规定自2006年1月1日起施行。原《民用建筑节能管理规定》(建设部令第76号)同时废止。

关于印发《物业管理师制度暂行规定》、《物业管理师资格考试实施办法》和《物业管理师资格认定考试办法》的通知

国人部发[2005]95号

各省、自治区、直辖市人事厅(局)、建设厅(建委、房地产管理局)，国务院各部委、各直属机构人事部门，中央管理的企业：

根据《物业管理条例》有关规定，为规范物业管理行为，现将《物业管理师制度暂行规定》、《物业管理师资格考试实施办法》和《物业管理师资格认定考试办法》印发给你们，请遵照执行。

中华人民共和国人事部
中华人民共和国建设部
2005年11月16日

物业管理师制度暂行规定

第一章 总 则

第一条 为了规范物业管理行为，提高物业管理专业管理人员素质，维护房屋所有权人及使用人的利益，根据《物业管理条例》及国家职业资格证书制度有关规定，制定本规定。

第二条 本规定适用于在物业管理企业中，从事物

业管理工作的专业管理人员。

第三条　本规定所称物业管理师，是指经全国统一考试，取得《中华人民共和国物业管理师资格证书》(以下简称《资格证书》)，并依法注册取得《中华人民共和国物业管理师注册证》(以下简称《注册证》)，从事物业管理工作的专业管理人员。

物业管理师英文译为：Certified Property Manager

第四条　国家对从事物业管理工作的专业管理人员，实行职业准入制度，纳入全国专业技术人员职业资格证书制度统一规划。

第五条　建设部、人事部共同负责全国物业管理师职业准入制度的实施工作，并按职责分工对该制度的实施进行指导、监督和检查。

县级以上地方人民政府房地产主管部门和人事行政部门按职责分工实施物业管理师职业准入制度。

第二章　考　试

第六条　物业管理师资格实行全国统一大纲、统一命题的考试制度，原则上每年举行一次。

第七条　建设部组织成立物业管理师资格考试专家委员会，负责拟定考试科目、考试大纲，组织命题，建立并管理考试试题库等工作。

第八条　人事部组织专家审定考试科目、考试大纲、考试试题，组织实施考试工作；会同建设部研究确定合格标准，并对考试考务工作进行指导、监督和检查。

第九条　凡中华人民共和国公民，遵守国家法律、法规，恪守职业道德，并具备下列条件之一的，可以申请参加物业管理师资格考试：

(一)取得经济学、管理科学与工程或土建类中专学历，工作满10年，其中从事物业管理工作满8年。

(二)取得经济学、管理科学与工程或土建类大专学历，工作满6年，其中从事物业管理工作满4年。

(三)取得经济学、管理科学与工程或土建类大学本科学历，工作满4年，其中从事物业管理工作满3年。

(四)取得经济学、管理科学与工程或土建类双学士学位或研究生班毕业，工作满3年，其中从事物业管理工作满2年。

(五)取得经济学、管理科学与工程或土建类硕士学位，从事物业管理工作满2年。

(六)取得经济学、管理科学与工程或土建类博士学位，从事物业管理工作满1年。

(七)取得其他专业相应学历、学位的，工作年限及从事物业管理工作年限均增加2年。

第十条　物业管理师资格考试合格，由人事部、建设部委托省、自治区、直辖市人民政府人事行政部门，颁发人事部统一印制，人事部、建设部用印的《资格证书》。该证书在全国范围内有效。

第十一条　以不正当手段取得《资格证书》的，由省、自治区、直辖市人民政府人事行政部门收回《资格证书》。自收回《资格证书》之日起，3年内不得再次参加物业管理师资格考试。

第三章　注　册

第十二条　取得《资格证书》的人员，经注册后方可以物业管理师的名义执业。

第十三条　建设部为物业管理师资格注册审批机构。省、自治区、直辖市人民政府房地产主管部门为物业管理师资格注册审查机构。

第十四条　取得《资格证书》并申请注册的人员，应当受聘于一个具有物业管理资质的企业，并通过聘用企业向本企业工商注册所在省的注册审查机构提出注册申请。

第十五条　注册审查机构在收到申请人的注册申请材料后，对申请材料不齐全或者不符合法定形式的，应当当场或者在5个工作日内，一次告知申请人需要补正的全部内容，逾期不告知的，自收到申请材料之日起即为受理。

对受理或者不予受理的注册申请，均应出具加盖注册审查机构专用印章和注明日期的书面凭证。

第十六条　注册审查机构自受理注册申请之日起20个工作日内，按规定条件和程序完成申请材料的审查工作，并将注册申请人员材料和审查意见报注册审批机构审批。

注册审批机构自受理注册申请人员材料之日起20个工作日内作出决定。在规定的期限内不能作出决定的，应当将延长期限的理由告知申请人。

对作出批准决定的，应当自决定批准之日起10个工作日内，将批准决定送达注册申请人，并核发《注册证》。对作出不予批准决定的，应当书面说明理由，并告知申请人享有依法申请行政复议或者提起行政诉讼的权力。

第十七条　物业管理师资格注册有效期为3年。《注册证》在有效期限内是物业管理师的执业凭证，由持证人保管和使用。

第十八条 初始注册者,可以自取得《资格证书》之日起1年内提出注册申请。逾期未申请者,在申请初始注册时,必须符合本规定继续教育的要求。

初始注册时需要提交下列材料:

(一)《中华人民共和国物业管理师初始注册申请表》;

(二)《资格证书》;

(三)与聘用单位签订的劳动合同;

(四)逾期申请初始注册人员的继续教育证明材料。

第十九条 注册有效期届满需要继续执业的,应当在有效期届满前30个工作日内,按照本规定第十四条规定的程序申请延续注册。注册审批机构应当根据申请人的申请,在规定的时限内作出延续注册的决定;逾期未作出决定的,视为准予延续注册。

延续注册时需要提交下列材料:

(一)《中华人民共和国物业管理师延续注册申请表》;

(二)与聘用单位签订的劳动合同;

(三)达到注册期内继续教育要求的证明材料。

第二十条 在注册有效期内,物业管理师变更执业单位,应按照本规定第十四条规定的程序办理变更注册手续。变更注册后,其《注册证》在原注册有效期内继续有效。

变更注册时需要提交下列材料:

(一)《中华人民共和国物业管理师变更注册申请表》;

(二)与新聘用单位签订的劳动合同;

(三)工作调动证明或者与原聘用单位解除劳动合同的证明,退休人员的退休证明。

第二十一条 物业管理师因丧失行为能力、死亡或者被宣告失踪的,其《注册证》失效。

第二十二条 注册申请人有下列情形之一的,注册审批机构不予注册:

(一)不具有完全民事行为能力的;

(二)刑事处罚尚未执行完毕的;

(三)在物业管理活动中受到刑事处罚,自刑事处罚执行完毕之日起至申请注册之日止不满2年的;

(四)法律、法规规定不予注册的其他情形。

第二十三条 物业管理师或者聘用单位有下列情形之一的,应由本人或聘用单位按规定的程序向当地注册审查机构提出申请,由注册审批机构核准后,办理注销手续,收回《注册证》。

(一)不具有完全民事行为能力的;

(二)申请注销注册的;

(三)与聘用单位解除劳动关系的;

(四)注册有效期满且未延续注册的;

(五)被依法撤销注册的;

(六)造成物业管理项目重大责任事故或者受到刑事处罚的;

(七)聘用单位被吊销营业执照的;

(八)聘用单位被吊销物业管理资质证书的;

(九)聘用单位破产的;

(十)应当注销注册的其他情形。

第二十四条 注册申请人以不正当手段取得注册的,注册审批机构应当撤销注册,并依法给予行政处罚;当事人在3年内不得再次申请注册;构成犯罪的,依法追究刑事责任。

第二十五条 被注销注册或者不予注册的人员,重新具备初始注册条件,并符合本规定继续教育要求的,可按照本规定第十四条规定的程序申请注册。

第二十六条 注册审批机构应当定期公布注册有关情况。当事人对注销注册、不予注册或者撤销注册有异议的,可依法申请行政复议或者提起行政诉讼。

第四章 执 业

第二十七条 物业管理师依据《物业管理条例》和相关法律、法规及规章开展执业活动。

第二十八条 物业管理项目负责人应当由物业管理师担任。物业管理师只能在一个具有物业管理资质的企业负责物业管理项目的管理工作。

第二十九条 物业管理师应当具备的执业能力:

(一)掌握物业管理、建筑工程、房地产开发与经营等专业知识;

(二)具有一定的经济学、管理学、社会学、心理学等相关学科的知识;

(三)能够熟练运用物业管理相关法律、法规和有关规定;

(四)具有丰富的物业管理实践经验。

第三十条 物业管理师的执业范围:

(一)制定并组织实施物业管理方案;

(二)审定并监督执行物业管理财务预算;

(三)查验物业共用部位、共用设施设备和有关资料;

(四)负责房屋及配套设施设备和相关场地的维修、

养护与管理；

(五)维护物业管理区域内环境卫生和秩序；

(六)法律、法规规定和《物业管理合同》约定的其他事项。

第三十一条 物业管理项目管理中的关键性文件，必须由物业管理师签字后实施，并承担相应法律责任。

第三十二条 物业管理师应当妥善处理物业管理活动中出现的问题，按照物业服务合同的约定，诚实守信，为业主提供质价相符的物业管理服务。

第三十三条 物业管理师应当接受继续教育，更新知识，不断提高业务水平。每年接受继续教育时间应当不少于40学时。

第五章 附 则

第三十四条 对在本规定发布之日前，长期从事物业管理工作，具有丰富物业管理实践经验，并符合考试认定条件的专业管理人员，可通过考试认定办法取得物业管理师资格。

第三十五条 取得《资格证书》的人员，用人单位可以根据工作需要聘任经济师职务。

第三十六条 符合考试报名条件的香港、澳门居民，可以申请参加物业管理师资格考试。申请人在报名时应提交本人身份证明、国务院教育行政部门认可的相应专业学历或者学位证书、从事工作及物业管理相关实践年限证明。台湾地区专业技术人员参加考试的办法另行规定。

外籍专业人员申请参加物业管理师资格考试、注册和执业等管理办法另行制定。

第三十七条 物业管理师继续教育内容、物业管理企业配备物业管理师数量和注册管理等具体办法，由建设部另行规定。

第三十八条 各级人事行政部门和房地产主管部门及物业管理师资格考试等机构，在实施物业管理师制度过程中，因工作失误，使专业管理人员合法权益受到损害的，应当依据国家有关规定给予相应赔偿，并可向有关责任人追偿。

第三十九条 各级人事行政部门和房地产主管部门及物业管理师资格考试等机构的工作人员，有不履行工作职责，监督不力，为本人或他人谋取私利等违法违纪行为的，视情节轻重，给予行政处分。构成犯罪的，依法追究刑事责任。

第四十条 本规定自2005年12月1日起施行。

物业管理师资格考试实施办法

第一条 人事部、建设部共同成立物业管理师资格考试办公室(以下简称考试办公室，设在建设部)，负责考试相关政策的研究及管理工作。具体考务工作委托人事部考试中心负责。

各省、自治区、直辖市的考试工作由当地人事行政部门会同房地产主管部门组织实施，并协商确定具体职责分工。

第二条 物业管理师资格考试科目为《物业管理基本制度与政策》、《物业管理实务》、《物业管理综合能力》和《物业经营管理》。

第三条 资格考试分4个半天进行。《物业管理基本制度与政策》、《物业经营管理》、《物业管理综合能力》3个科目的考试均为2.5小时，《物业管理实务》科目考试时间为3个小时。

第四条 符合《物业管理师制度暂行规定》(以下简称《暂行规定》)有关报名条件的人员，均可报名参加物业管理师资格考试。

第五条 符合《暂行规定》有关报名条件，并于2004年12月31日前，评聘工程类或经济类高级专业技术职务，且从事物业管理工作满10年的人员，可免试《物业管理基本制度与政策》、《物业经营管理》2个科目，只参加《物业管理实务》、《物业管理综合能力》2个科目的考试。

第六条 考试成绩实行2年为一个周期的滚动管理办法，参加全部4个科目考试的人员必须在连续两个考试年度内通过全部科目；免试部分科目的人员必须在一个考试年度内通过应试科目。

第七条 参加考试由本人提出申请，携带所在单位出具的有关证明及相关材料到当地考试管理机构报名。考试管理机构按规定的程序和报名条件审查合格后，发给准考证。参加考试人员凭准考证在指定的时间、地点参加考试。

国务院各部门所属单位和中央管理企业的专业管理人员按属地原则报名参加考试。

第八条 考试日期为每年第三季度。考点原则上设在省会城市和直辖市的大、中专院校或高考定点学校，如确需在其他城市设置，须经建设部和人事部批准。

第九条 物业管理师资格考试及有关项目的收费标准，须经当地价格行政部门批准，并公布于众，接受群众监督。

第十条 坚持考试与培训分开的原则。凡参与考试工作（包括命、审题与组织管理）的人员，不得参加考试和举办与考试内容有关的培训工作。应考人员参加相关培训坚持自愿的原则。

第十一条 考试考务工作应严格执行考试工作的有关规章制度，切实做好试卷命制、印刷、发送过程中的保密工作，严格遵守保密制度，严防泄密。

第十二条 考试工作人员应严格遵守考试工作纪律，认真执行考试回避制度。对违反考试纪律和有关规定行为的，按照《专业技术人员资格考试违纪违规行为处理规定》（人事部令第3号）处理。

物业管理师资格认定考试办法

一、认定考试申报条件

遵守中华人民共和国宪法和各项法律、法规，恪守职业道德，身体健康，评聘为中级及以上专业技术职务，担任物业管理项目经理或物业管理项目管理处主任及以上职务满5年，管理过2个以上物业管理项目，管理面积达到20万平方米，管理业绩良好，取得建设部颁发的物业管理经理岗位培训合格证书，并同时具备下列条件（一）和（二）中各一项的在职在编人员，可报名参加物业管理师资格认定考试。

（一）学历与工作经历

1.具有大学本科以上学历或学位，从事物业管理工作满5年。

2.具有大学专科学历，从事物业管理工作满10年。

3.具有中专学历，从事物业管理工作满15年。

（二）专业水平与业绩

1.在有国内统一刊号（CN）或国际刊号（ISSN）的期刊上，作为第一作者发表过物业管理专业论文2篇及以上（每篇不少于2000字）；

2.出版有统一书号（ISBN）的物业管理相关专业著作（本人独立撰写章节在30000字以上）。

3.获得物业管理相关专业省部级以上科技成果奖项目的主要技术负责人（前5名）。

二、认定考试组织

物业管理师资格认定考试由人事部、建设部共同负责，并成立“全国物业管理师认定考试办公室”（以下简称“全国认定考试办公室”），负责认定考试的管理工作。

各省、自治区人事厅、建设厅和直辖市人事局、房地产管理局按职责分工负责本地区认定考试管理工作。

三、认定考试方式

（一）认定考试采取全国统一组织、闭卷笔答方式进行。

（二）认定考试科目为《物业管理实务》。考试主要考察物业管理专业工作的实际能力。

（三）认定考试合格标准由人事部、建设部共同研究确定。

四、认定考试申报材料

（一）《物业管理师资格认定考试申报表》（附件1）一式两份；

（二）学历或学位证书、评聘专业技术职务证书、物业管理企业资质证书、物业管理企业经理岗位培训合格证书、获奖证书、担任项目负责人任命文件和论文、专著封面及内容说明的复印件。

（三）所在单位出具的职业道德和管理业绩证明，获奖单位出具的获奖项目主要技术负责人证明。

（四）本人近期1寸免冠相片3张。

五、认定考试程序

（一）符合认定考试条件的人员，通过聘用单位向单位工商登记注册所在地省、自治区、直辖市房地产主管部门报送申请材料。

（二）各省、自治区、直辖市房地产主管部门对申报人员材料进行审查，提出审查意见，并经当地人事行政部门复审合格后，由物业管理师资格认定考试考务机构向申请人核发准考证。

（三）参加认定考试人员按照有关规定，携带相关证件，在准考证指定的时间和地点参加考试。

（四）认定考试结束后，各省、自治区、直辖市物业管理师资格认定考试管理部门将认定考试人员申报材料、考试信息软盘和《物业管理师资格认定考试合格人员情况汇总表》(附件2)一并报全国认定考试办公室。

(五)全国认定考试办公室组织有关专家对各地报送的申报人员材料和考试人员成绩进行审核,将审核合格人员名单进行公示。经公示无异议后,由建设部、人事部审批后向社会公告获得《中华人民共和国物业管理师资格证书》人员的名单。

对未通过认定考试的申请人,委托各省、自治区、直辖市物业管理师资格认定考试管理部门向其说明不通过的理由。

六、认定考试有关要求

(一)各地应及时将本通知精神向社会公告。认定考试申请材料上报和考试时间及各环节工作另行通知。

(二)各地区应严格按照规定的条件和程序,认真做好申报、审查和复审工作。凡不认真把关和弄虚作假的,按照《行政许可法》有关规定处理。

(三)各地区在审查、复审时,应核查各类证书及相关证明文件的原件。报送的各类证书等相关证明文件的复印件应由所在单位人事部门负责人签署意见、加盖单位印章,并承担相关责任。

(四)物业管理师资格认定考试考务各环节工作,应按照《物业管理师资格考试实施办法》有关要求进行。对违反考试纪律和有关规定行为的,按照《专业技术人员资格考试违纪违规行为处理规定》处理。

(五)全国认定考试办公室公示网站为:中国住宅与房地产信息网站(http://www.realestate.gov.cn)、中国物业管理协会网站(http://www.ecpmi.org.cn)。

城市规划编制办法

中华人民共和国建设部令

第146号

《城市规划编制办法》已于2005年10月28日经建设部第76次常务会议讨论通过,现予发布,自2006年4月1日起施行。

建设部部长　汪光焘

2005年12月31日

第一章　总　则

第一条　为了规范城市规划编制工作,提高城市规划的科学性和严肃性,根据国家有关法律法规的规定,制定本办法。

第二条　按国家行政建制设立的市,组织编制城市规划,应当遵守本办法。

第三条　城市规划是政府调控城市空间资源、指导城乡发展与建设、维护社会公平、保障公共安全和公众利益的重要公共政策之一。

第四条　编制城市规划,应当以科学发展观为指导,以构建社会主义和谐社会为基本目标,坚持五个统筹,坚持中国特色的城镇化道路,坚持节约和集约利用资源,保护生态环境,保护人文资源,尊重历史文化,坚持因地制宜确定城市发展目标与战略,促进城市全面协调可持续发展。

第五条　编制城市规划,应当考虑人民群众需要,改善人居环境,方便群众生活,充分关注中低收入人群,扶助弱势群体,维护社会稳定和公共安全。

第六条　编制城市规划,应当坚持政府组织、专家领衔、部门合作、公众参与、科学决策的原则。

第七条　城市规划分为总体规划和详细规划两个阶段。大、中城市根据需要,可以依法在总体规划的基础上组织编制分区规划。

城市详细规划分为控制性详细规划和修建性详细规划。

第八条　国务院建设主管部门组织编制的全国城镇体系规划和省、自治区人民政府组织编制的省域城镇体系规划,应当作为城市总体规划编制的依据。

第九条　编制城市规划,应当遵守国家有关标准和技术规范,采用符合国家有关规定的基础资料。

第十条　承担城市规划编制的单位,应当取得城市规划编制资质证书,并在资质等级许可的范围内从事城市规划编制工作。

第二章 城市规划编制组织

第十一条 城市人民政府负责组织编制城市总体规划和城市分区规划。具体工作由城市人民政府建设主管部门(城乡规划主管部门)承担。

城市人民政府应当依据城市总体规划,结合国民经济和社会发展规划以及土地利用总体规划,组织制定近期建设规划。

控制性详细规划由城市人民政府建设主管部门(城乡规划主管部门)依据已经批准的城市总体规划或者城市分区规划组织编制。

修建性详细规划可以由有关单位依据控制性详细规划及建设主管部门(城乡规划主管部门)提出的规划条件,委托城市规划编制单位编制。

第十二条 城市人民政府提出编制城市总体规划前,应当对现行城市总体规划以及各专项规划的实施情况进行总结,对基础设施的支撑能力和建设条件做出评价;针对存在问题和出现的新情况,从土地、水、能源和环境等城市长期的发展保障出发,依据全国城镇体系规划和省域城镇体系规划,着眼区域统筹和城乡统筹,对城市的定位、发展目标、城市功能和空间布局等战略问题进行前瞻性研究,作为城市总体规划编制的工作基础。

第十三条 城市总体规划应当按照以下程序组织编制:

(一)按照本办法第十二条规定组织前期研究,在此基础上,按规定提出进行编制工作的报告,经同意后方可组织编制。其中,组织编制直辖市、省会城市、国务院指定市的城市总体规划的,应当向国务院建设主管部门提出报告;组织编制其他市的城市总体规划的,应当向省、自治区建设主管部门提出报告。

(二)组织编制城市总体规划纲要,按规定提请审查。其中,组织编制直辖市、省会城市、国务院指定市的城市总体规划的,应当报请国务院建设主管部门组织审查;组织编制其他市的城市总体规划的,应当报请省、自治区建设主管部门组织审查。

(三)依据国务院建设主管部门或者省、自治区建设主管部门提出的审查意见,组织编制城市总体规划成果,按法定程序报请审查和批准。

第十四条 在城市总体规划的编制中,对于涉及资源与环境保护、区域统筹与城乡统筹、城市发展目标与空间布局、城市历史文化遗产保护等重大专题,应当在城市人民政府组织下,由相关领域的专家领衔进行研究。

第十五条 在城市总体规划的编制中,应当在城市人民政府组织下,充分吸取政府有关部门和军事机关的意见。

对于政府有关部门和军事机关提出意见的采纳结果,应当作为城市总体规划报送审批材料的专题组成部分。

组织编制城市详细规划,应当充分听取政府有关部门的意见,保证有关专业规划的空间落实。

第十六条 在城市总体规划报送审批前,城市人民政府应当依法采取有效措施,充分征求社会公众的意见。

在城市详细规划的编制中,应当采取公示、征询等方式,充分听取规划涉及的单位、公众的意见。对有关意见采纳结果应当公布。

第十七条 城市总体规划调整,应当按规定向规划审批机关提出调整报告,经认定后依照法律规定组织调整。

城市详细规划调整,应当取得规划批准机关的同意。规划调整方案,应当向社会公开,听取有关单位和公众的意见,并将有关意见的采纳结果公示。

第三章 城市规划编制要求

第十八条 编制城市规划,要妥善处理城乡关系,引导城镇化健康发展,体现布局合理、资源节约、环境友好的原则,保护自然与文化资源、体现城市特色,考虑城市安全和国防建设需要。

第十九条 编制城市规划,对涉及城市发展长期保障的资源利用和环境保护、区域协调发展、风景名胜资源管理、自然与文化遗产保护、公共安全和公众利益等方面的内容,应当确定为必须严格执行的强制性内容。

第二十条 城市总体规划包括市域城镇体系规划和中心城区规划。

编制城市总体规划,应当先组织编制总体规划纲要,研究确定总体规划中的重大问题,作为编制规划成果的依据。

第二十一条 编制城市总体规划,应当以全国城镇体系规划、省域城镇体系规划以及其他上层次法定规划为依据,从区域经济社会发展的角度研究城市定位和发展战略,按照人口与产业、就业岗位的协调发展要求,控制人口规模、提高人口素质,按照有效配置公共资源、改善人居环境的要求,充分发挥中心城市的区域辐射和带动作用,合理确定城乡空间布局,促进区域经济社会全面、协调和可持续发展。

第二十二条　编制城市近期建设规划,应当依据已经依法批准的城市总体规划,明确近期内实施城市总体规划的重点和发展时序,确定城市近期发展方向、规模、空间布局、重要基础设施和公共服务设施选址安排,提出自然遗产与历史文化遗产的保护、城市生态环境建设与治理的措施。

第二十三条　编制城市分区规划,应当依据已经依法批准的城市总体规划,对城市土地利用、人口分布和公共服务设施、基础设施的配置做出进一步的安排,对控制性详细规划的编制提出指导性要求。

第二十四条　编制城市控制性详细规划,应当依据已经依法批准的城市总体规划或分区规划,考虑相关专项规划的要求,对具体地块的土地利用和建设提出控制指标,作为建设主管部门(城乡规划主管部门)作出建设项目规划许可的依据。

编制城市修建性详细规划,应当依据已经依法批准的控制性详细规划,对所在地块的建设提出具体的安排和设计。

第二十五条　历史文化名城的城市总体规划,应当包括专门的历史文化名城保护规划。

历史文化街区应当编制专门的保护性详细规划。

第二十六条　城市规划成果的表达应当清晰、规范,成果文件、图件与附件中说明、专题研究、分析图纸等表达应有区分。

城市规划成果文件应当以书面和电子文件两种方式表达。

第二十七条　城市规划编制单位应当严格依据法律、法规的规定编制城市规划,提交的规划成果应当符合本办法和国家有关标准。

第四章　城市规划编制内容

第一节　城市总体规划

第二十八条　城市总体规划的期限一般为二十年,同时可以对城市远景发展的空间布局提出设想。

确定城市总体规划具体期限,应当符合国家有关政策的要求。

第二十九条　总体规划纲要应当包括下列内容:

(一)市域城镇体系规划纲要,内容包括:提出市域城乡统筹发展战略;确定生态环境、土地和水资源、能源、自然和历史文化遗产保护等方面的综合目标和保护要求,提出空间管制原则;预测市域总人口及城镇化水平,确定各城镇人口规模、职能分工、空间布局方案和建设标准;原则确定市域交通发展策略。

(二)提出城市规划区范围。

(三)分析城市职能、提出城市性质和发展目标。

(四)提出禁建区、限建区、适建区范围。

(五)预测城市人口规模。

(六)研究中心城区空间增长边界,提出建设用地规模和建设用地范围;

(七)提出交通发展战略及主要对外交通设施布局原则。

(八)提出重大基础设施和公共服务设施的发展目标。

(九)提出建立综合防灾体系的原则和建设方针。

第三十条　市域城镇体系规划应当包括下列内容:

(一)提出市域城乡统筹的发展战略。其中位于人口、经济、建设高度聚集的城镇密集地区的中心城市,应当根据需要,提出与相邻行政区域在空间发展布局、重大基础设施和公共服务设施建设、生态环境保护、城乡统筹发展等方面进行协调的建议。

(二)确定生态环境、土地和水资源、能源、自然和历史文化遗产等方面的保护与利用的综合目标和要求,提出空间管制原则和措施。

(三)预测市域总人口及城镇化水平,确定各城镇人口规模、职能分工、空间布局和建设标准。

(四)提出重点城镇的发展定位、用地规模和建设用地控制范围。

(五)确定市域交通发展策略;原则确定市域交通、通讯、能源、供水、排水、防洪、垃圾处理等重大基础设施,重要社会服务设施,危险品生产储存设施的布局。

(六)根据城市建设、发展和资源管理的需要划定城市规划区。城市规划区的范围应当位于城市的行政管辖范围内。

(七)提出实施规划的措施和有关建议。

第三十一条　中心城区规划应当包括下列内容:

(一)分析确定城市性质、职能和发展目标。

(二)预测城市人口规模。

(三)划定禁建区、限建区、适建区和已建区,并制定空间管制措施。

(四)确定村镇发展与控制的原则和措施;确定需要

发展、限制发展和不再保留的村庄，提出村镇建设控制标准。

（五）安排建设用地、农业用地、生态用地和其他用地。

（六）研究中心城区空间增长边界，确定建设用地规模，划定建设用地范围。

（七）确定建设用地的空间布局，提出土地使用强度管制区划和相应的控制指标（建筑密度、建筑高度、容积率、人口容量等）。

（八）确定市级和区级中心的位置和规模，提出主要的公共服务设施的布局。

（九）确定交通发展战略和城市公共交通的总体布局，落实公交优先政策，确定主要对外交通设施和主要道路交通设施布局。

（十）确定绿地系统的发展目标及总体布局，划定各种功能绿地的保护范围（绿线），划定河湖水面的保护范围（蓝线），确定岸线使用原则。

（十一）确定历史文化保护及地方传统特色保护的内容和要求，划定历史文化街区、历史建筑保护范围（紫线），确定各级文物保护单位的范围；研究确定特色风貌保护重点区域及保护措施。

（十二）研究住房需求，确定住房政策、建设标准和居住用地布局；重点确定经济适用房、普通商品住房等满足中低收入人群住房需求的居住用地布局及标准。

（十三）确定电信、供水、排水、供电、燃气、供热、环卫发展目标及重大设施总体布局。

（十四）确定生态环境保护与建设目标，提出污染控制与治理措施。

（十五）确定综合防灾与公共安全保障体系，提出防洪、消防、人防、抗震、地质灾害防护等规划原则和建设方针。

（十六）划定旧区范围，确定旧区有机更新的原则和方法，提出改善旧区生产、生活环境的标准和要求。

（十七）提出地下空间开发利用的原则和建设方针。

（十八）确定空间发展时序，提出规划实施步骤、措施和政策建议。

第三十二条 城市总体规划的强制性内容包括：

（一）城市规划区范围。

（二）市域内应当控制开发的地域。包括：基本农田保护区，风景名胜区，湿地、水源保护区等生态敏感区，地下矿产资源分布地区。

（三）城市建设用地。包括：规划期限内城市建设用地的发展规模，土地使用强度管制区划和相应的控制指标（建设用地面积、容积率、人口容量等）；城市各类绿地的具体布局；城市地下空间开发布局。

（四）城市基础设施和公共服务设施。包括：城市干道系统网络、城市轨道交通网络、交通枢纽布局；城市水源地及其保护区范围和其他重大市政基础设施；文化、教育、卫生、体育等方面主要公共服务设施的布局。

（五）城市历史文化遗产保护。包括：历史文化保护的具体控制指标和规定；历史文化街区、历史建筑、重要地下文物埋藏区的具体位置和界线。

（六）生态环境保护与建设目标，污染控制与治理措施。

（七）城市防灾工程。包括：城市防洪标准、防洪堤走向；城市抗震与消防疏散通道；城市人防设施布局；地质灾害防护规定。

第三十三条 总体规划纲要成果包括纲要文本、说明、相应的图纸和研究报告。

城市总体规划的成果应当包括规划文本、图纸及附件（说明、研究报告和基础资料等）。在规划文本中应当明确表述规划的强制性内容。

第三十四条 城市总体规划应当明确综合交通、环境保护、商业网点、医疗卫生、绿地系统、河湖水系、历史文化名城保护、地下空间、基础设施、综合防灾等专项规划的原则。

编制各类专项规划，应当依据城市总体规划。

第二节 城市近期建设规划

第三十五条 近期建设规划的期限原则上应当与城市国民经济和社会发展规划的年限一致，并不得违背城市总体规划的强制性内容。

近期建设规划到期时，应当依据城市总体规划组织编制新的近期建设规划。

第三十六条 近期建设规划的内容应当包括：

（一）确定近期人口和建设用地规模，确定近期建设用地范围和布局。

（二）确定近期交通发展策略，确定主要对外交通设施和主要道路交通设施布局；

（三）确定各项基础设施、公共服务和公益设施的建设规模和选址。

（四）确定近期居住用地安排和布局；

（五）确定历史文化名城、历史文化街区、风景名胜区等的保护措施，城市河湖水系、绿化、环境等保护、整治和建设措施。

(六)确定控制和引导城市近期发展的原则和措施。

第三十七条　近期建设规划的成果应当包括规划文本、图纸,以及包括相应说明的附件。在规划文本中应当明确表达规划的强制性内容。

第三节　城市分区规划

第三十八条　编制分区规划,应当综合考虑城市总体规划确定的城市布局、片区特征、河流道路等自然和人工界限,结合城市行政区划,划定分区的范围界限。

第三十九条　分区规划应当包括下列内容:

(一)确定分区的空间布局、功能分区、土地使用性质和居住人口分布。

(二)确定绿地系统、河湖水面、供电高压线走廊、对外交通设施用地界线和风景名胜区、文物古迹、历史文化街区的保护范围,提出空间形态的保护要求。

(三)确定市、区、居住区级公共服务设施的分布、用地范围和控制原则;

(四)确定主要市政公用设施的位置、控制范围和工程干管的线路位置、管径,进行管线综合。

(五)确定城市干道的红线位置、断面、控制点坐标和标高,确定支路的走向、宽度,确定主要交叉口、广场、公交站场、交通枢纽等交通设施的位置和规模,确定轨道交通线路走向及控制范围,确定主要停车场规模与布局。

第四十条　分区规划的成果应当包括规划文本、图件,以及包括相应说明的附件。

第四节　详细规划

第四十一条　控制性详细规划应当包括下列内容:

(一)确定规划范围内不同性质用地的界线,确定各类用地内适建,不适建或者有条件地允许建设的建筑类型。

(二)确定各地块建筑高度、建筑密度、容积率、绿地率等控制指标;确定公共设施配套要求、交通出入口方位、停车泊位、建筑后退红线距离等要求。

(三)提出各地块的建筑体量、体型、色彩等城市设计指导原则;

(四)根据交通需求分析,确定地块出入口位置、停车泊位、公共交通场站用地范围和站点位置、步行交通以及其他交通设施。规定各级道路的红线、断面、交叉口形式及渠化措施、控制点坐标和标高。

(五)根据规划建设容量,确定市政工程管线位置、管径和工程设施的用地界线,进行管线综合。确定地下空间开发利用具体要求。

(六)制定相应的土地使用与建筑管理规定。

第四十二条　控制性详细规划确定的各地块的主要用途、建筑密度、建筑高度、容积率、绿地率、基础设施和公共服务设施配套规定应当作为强制性内容。

第四十三条　修建性详细规划应当包括下列内容:

(一)建设条件分析及综合技术经济论证。

(二)建筑、道路和绿地等的空间布局和景观规划设计,布置总平面图。

(三)对住宅、医院、学校和托幼等建筑进行日照分析。

(四)根据交通影响分析,提出交通组织方案和设计。

(五)市政工程管线规划设计和管线综合。

(六)竖向规划设计。

(七)估算工程量、拆迁量和总造价,分析投资效益。

第四十四条　控制性详细规划成果应当包括规划文本、图件和附件。图件由图纸和图则两部分组成,规划说明、基础资料和研究报告收入附件。

修建性详细规划成果应当包括规划说明书、图纸。

第五章　附　则

第四十五条　县人民政府所在地镇的城市规划编制,参照本办法执行。

第四十六条　对城市规划文本、图纸、说明、基础资料等的具体内容、深度要求和规格等,由国务院建设主管部门另行规定。

第四十七条　本办法自2006年4月1日起施行。1991年9月3日建设部颁布的《城市规划编制办法》同时废止。

关于规范与银行信贷业务相关的房地产抵押估价管理有关问题的通知

建住房[2006]8号

各省、自治区建设厅，直辖市房地局（建委），中国人民银行各分行、营业管理部、各省会（自治区首府）城市中心支行、副省级城市中心支行，各银监局，各国有商业银行、股份制商业银行：

为了加强房地产抵押估价管理，防范房地产信贷风险，维护房地产抵押当事人的合法权益，根据有关法律法规，现就有关问题通知如下：

一、房地产管理部门要建立和完善房地产估价机构、注册房地产估价师信用档案，完善商品房预售合同登记备案、房屋权属登记等信息系统，为公众提供便捷的查询服务。

房屋权属档案和有关原始凭证的查阅，按照《城市房地产权属档案管理办法》的有关规定办理。

二、商业银行在发放房地产抵押贷款前，应当确定房地产抵押价值。房地产抵押价值由抵押当事人协商议定，或者由房地产估价机构进行评估。

房地产抵押价值由抵押当事人协商议定的，应当向房地产管理部门提供确定房地产抵押价值的书面协议；由房地产估价机构评估的，应当向房地产管理部门提供房地产抵押估价报告。

房地产管理部门不得要求抵押当事人委托评估房地产抵押价值，不得指定房地产估价机构评估房地产抵押价值。

三、房地产抵押估价原则上由商业银行委托，但商业银行与借款人另有约定的，从其约定。估价费用由委托人承担。

四、房地产估价机构的选用，由商业银行内信贷决策以外的部门，按照公正、公开、透明的原则，择优决定。

商业银行内部对房地产抵押价值进行审核的人员，应当具备房地产估价专业知识和技能，不得参与信贷决策。

房地产估价机构的选用办法由商业银行制定。

五、商业银行及其工作人员不得以任何形式向房地产估价机构收取中间业务费、业务协作费、回扣以及具有类似性质的不合理或非法费用。

六、任何单位和个人不得非法干预房地产抵押估价活动和估价结果。

七、房地产估价机构应当坚持独立、客观、公正的原则，严格执行房地产估价规范和标准，不得以迎合高估或者低估要求、给予“回扣”、恶意压低收费等不正当方式承揽房地产抵押估价业务。

八、商业银行应当加强对已抵押房地产市场价格变化的监测，及时掌握抵押价值变化情况。可以委托房地产估价机构定期或者在市场价格变化较快时，评估房地产抵押价值。

处置抵押房地产前，应当委托房地产估价机构进行评估，了解房地产的市场价值。

九、房地产管理部门要定期对房地产估价报告进行抽检，对有高估或低估等禁止行为的房地产估价机构和注册房地产估价师，要依法严肃查处，并记入其信用档案，向社会公示。

十、房地产抵押价值评估应当按照《房地产抵押估价指导意见》的要求进行。

十一、违反本通知规定的，由相关部门按照有关规定进行查处，并依法追究有关责任人的责任。

附：《房地产抵押估价指导意见》

中华人民共和国建设部

中国人民银行

中国银行业监督管理委员会

2006年1月13日

房地产抵押估价指导意见

第一条　为了规范房地产抵押估价行为，保证房地产抵押估价质量，维护房地产抵押当事人的合法权益，防范房地产信贷风险，根据《中华人民共和国城市房地产管理法》、《中华人民共和国担保法》以及《房地产估价规范》、《商业银行房地产贷款风险管理指引》，制定本意见。

第二条　本意见适用于各类房地产抵押估价活动。

第三条　本意见所称房地产抵押估价，是指为确定房地产抵押贷款额度提供价值参考依据，对房地产抵押价值进行分析、估算和判定的活动。

第四条　房地产抵押价值为抵押房地产在估价时点的市场价值，等于假定未设立法定优先受偿权利下的市场价值减去房地产估价师知悉的法定优先受偿款。

本意见所称抵押房地产，包括拟抵押房地产和已抵押房地产。

法定优先受偿款是指假定在估价时点实现抵押权时，法律规定优先于本次抵押贷款受偿的款额，包括发包人拖欠承包人的建筑工程价款，已抵押担保的债权数额，以及其他法定优先受偿款。

第五条　房地产抵押估价应当遵守独立、客观、公正、合法、谨慎的原则。

第六条　房地产估价机构、房地产估价人员与房地产抵押当事人有利害关系或者是房地产抵押当事人的，应当回避。

第七条　从事房地产抵押估价的房地产估价师，应当具备相关金融专业知识和相应的房地产市场分析能力。

第八条　委托人应当向房地产估价机构如实提供房地产抵押估价所必需的情况和资料，并对所提供情况和资料的真实性、合法性和完整性负责。

房地产估价师应当勤勉尽责，了解抵押房地产的法定优先受偿权利等情况；必要时，应当对委托人提供的有关情况和资料进行核查。

第九条　房地产抵押估价目的，应当表述为“为确定房地产抵押贷款额度提供参考依据而评估房地产抵押价值”。

第十条　房地产抵押估价时点，原则上为完成估价对象实地查勘之日，但估价委托合同另有约定的除外。

估价时点不是完成实地查勘之日的，应当在“估价的假设和限制条件”中假定估价对象在估价时点的状况与在完成实地查勘之日的状况一致，并在估价报告中提醒估价报告使用者注意。

第十一条　法律、法规规定不得抵押的房地产，不应作为抵押估价对象。

第十二条　房地产抵押估价报告应当全面、详细地界定估价对象的范围和在估价时点的法定用途、实际用途以及区位、实物、权益状况。

第十三条　房地产估价师了解估价对象在估价时点是否存在法定优先受偿权利等情况的，房地产抵押相关当事人应当协助。

法定优先受偿权利等情况的书面查询资料和调查记录，应当作为估价报告的附件。

第十四条　房地产估价师应当对估价对象进行实地查勘，将估价对象现状与相关权属证明材料上记载的内容逐一进行对照，全面、细致地了解估价对象，做好实地查勘记录，拍摄能够反映估价对象外观、内部状况和周围环境、景观的照片。

内外部状况照片应当作为估价报告的附件。由于各种原因不能拍摄内外部状况照片的，应当在估价报告中予以披露。

实地查勘记录应当作为估价档案资料妥善保管。

第十五条　在存在不确定因素的情况下，房地产估价师作出估价相关判断时，应当保持必要的谨慎，充分估计抵押房地产在处置时可能受到的限制、未来可能发生的风险和损失，不高估市场价值，不低估知悉的法定优先受偿款，并在估价报告中作出必要的风险提示。

在运用市场比较法估价时，不应选取成交价格明显高于市场价格的交易实例作为可比实例，并应当对可比实例进行必要的实地查勘。

在运用成本法估价时，不应高估土地取得成本、开发成本、有关费税和利润，不应低估折旧。

在运用收益法估价时，不应高估收入或者低估运营费用，选取的报酬率或者资本化率不应偏低。

在运用假设开发法估价时，不应高估未来开发完成后的价值，不应低估开发成本、有关费税和利润。

房地产估价行业组织已公布报酬率、资本化率、利润率等估价参数值的，应当优先选用；不选用的，应当在估价报告中说明理由。

第十六条 估价对象的土地使用权是以划拨方式取得的，应当选择下列方式之一评估其抵押价值：

（一）直接评估在划拨土地使用权下的市场价值；

（二）评估假设在出让土地使用权下的市场价值，然后扣除划拨土地使用权应缴纳的土地使用权出让金或者相当于土地使用权出让金的价款。

选择上述方式评估抵押价值，均应当在估价报告中注明划拨土地使用权应缴纳的土地使用权出让金或者相当于土地使用权出让金价款的数额。该数额按照当地政府规定的标准测算；当地政府没有规定的，参照类似房地产已缴纳的标准估算。

第十七条 评估在建工程的抵押价值时，在建工程发包人与承包人应当出具在估价时点是否存在拖欠建筑工程价款的书面说明；存在拖欠建筑工程价款的，应当以书面形式提供拖欠的数额。

第十八条 房地产估价师知悉估价对象已设定抵押权的，应当在估价报告中披露已抵押及其担保的债权情况。

第十九条 房地产估价师不得滥用假设和限制条件，应当针对房地产抵押估价业务的具体情况，在估价报告中合理且有依据地明确相关假设和限制条件。

已作为假设和限制条件，对估价结果有重大影响的因素，应当在估价报告中予以披露，并说明其对估价结果可能产生的影响。

第二十条 房地产抵押估价报告应当包含估价的依据、原则、方法、相关数据来源与确定、相关参数选取与运用、主要计算过程等必要信息，使委托人和估价报告使用者了解估价对象的范围，合理理解估价结果。

第二十一条 房地产抵押估价报告应当确定估价对象的抵押价值，并分别说明假定未设立法定优先受偿权利下的市场价值，以及房地产估价师知悉的各项法定优先受偿款。

第二十二条 房地产抵押估价报告应当向估价报告使用者作如下提示：

（一）估价对象状况和房地产市场状况因时间变化对房地产抵押价值可能产生的影响；

（二）在抵押期间可能产生的房地产信贷风险关注点；

（三）合理使用评估价值；

（四）定期或者在房地产市场价格变化较快时对房地产抵押价值进行再评估。

第二十三条 房地产抵押估价应当关注房地产抵押价值未来下跌的风险，对预期可能导致房地产抵押价值下跌的因素予以分析和说明。

在评估续贷房地产的抵押价值时，应当对房地产市场已经发生的变化予以充分考虑和说明。

第二十四条 房地产抵押估价报告应当包括估价对象的变现能力分析。

变现能力是指假定在估价时点实现抵押权时，在没有过多损失的条件下，将抵押房地产转换为现金的可能性。

变现能力分析应当包括抵押房地产的通用性、独立使用性或者可分割转让性，假定在估价时点拍卖或者变卖时最可能实现的价格与评估的市场价值的差异程度，变现的时间长短以及费用、税金的种类、数额和清偿顺序。

第二十五条 在处置房地产时，应当评估房地产的公开市场价值，同时给出快速变现价值意见及其理由。

第二十六条 估价报告应用有效期从估价报告出具之日起计，不得超过一年；房地产估价师预计估价对象的市场价格将有较大变化的，应当缩短估价报告应用有效期。

超过估价报告应用有效期使用估价报告的，相关责任由使用者承担。在估价报告应用有效期内使用估价报告的，相关责任由出具估价报告的估价机构承担，但使用者不当使用的除外。

第二十七条 房地产抵押估价报告的名称，应当为“房地产抵押估价报告”，由房地产估价机构出具，加盖房地产估价机构公章，并有至少二名专职注册房地产估价师签字。

第二十八条 在房地产抵押估价活动中，本意见未作规定的事宜，应当按照《房地产估价规范》执行。

第二十九条 本意见由中国房地产估价师与房地产经纪人学会负责解释。

第三十条 本意见自 2006 年 3 月 1 日起施行。

注册监理工程师管理规定

中华人民共和国建设部令
第 147 号

《注册监理工程师管理规定》已于 2005 年 12 月 31 日经建设部第 83 次常务会议讨论通过，现予发布，自 2006 年 4 月 1 日起施行。

建设部部长　　汪光焘
2006 年 1 月 26 日

第一章　总　则

第一条　为了加强对注册监理工程师的管理，维护公共利益和建筑市场秩序，提高工程监理质量与水平，根据《中华人民共和国建筑法》、《建设工程质量管理条例》等法律法规，制定本规定。

第二条　中华人民共和国境内注册监理工程师的注册、执业、继续教育和监督管理，适用本规定。

第三条　本规定所称注册监理工程师，是指经考试取得中华人民共和国监理工程师资格证书(以下简称资格证书)，并按照本规定注册，取得中华人民共和国注册监理工程师注册执业证书(以下简称注册证书)和执业印章，从事工程监理及相关业务活动的专业技术人员。

未取得注册证书和执业印章的人员，不得以注册监理工程师的名义从事工程监理及相关业务活动。

第四条　国务院建设主管部门对全国注册监理工程师的注册、执业活动实施统一监督管理。

县级以上地方人民政府建设主管部门对本行政区域内的注册监理工程师的注册、执业活动实施监督管理。

第二章　注　册

第五条　注册监理工程师实行注册执业管理制度。

取得资格证书的人员，经过注册方能以注册监理工程师的名义执业。

第六条　注册监理工程师依据其所学专业、工作经历、工程业绩，按照《工程监理企业资质管理规定》划分的工程类别，按专业注册。每人最多可以申请两个专业注册。

第七条　取得资格证书的人员申请注册，由省、自治区、直辖市人民政府建设主管部门初审，国务院建设主管部门审批。

取得资格证书并受聘于一个建设工程勘察、设计、施工、监理、招标代理、造价咨询等单位的人员，应当通过聘用单位向单位工商注册所在地的省、自治区、直辖市人民政府建设主管部门提出注册申请；省、自治区、直辖市人民政府建设主管部门受理后提出初审意见，并将初审意见和全部申报材料报国务院建设主管部门审批；符合条件的，由国务院建设主管部门核发注册证书和执业印章。

第八条　省、自治区、直辖市人民政府建设主管部门在收到申请人的申请材料后，应当即时作出是否受理的决定，并向申请人出具书面凭证；申请材料不齐全或者不符合法定形式的，应当在 5 日内一次性告知申请人需要补正的全部内容。逾期不告知的，自收到申请材料之日起即为受理。

对申请初始注册的，省、自治区、直辖市人民政府建设主管部门应当自受理申请之日起 20 日内审查完毕，并将申请材料和初审意见报国务院建设主管部门。国务院建设主管部门自收到省、自治区、直辖市人民政府建设主管部门上报材料之日起，应当在 20 日内审批完毕并作出书面决定，并自作出决定之日起 10 日内，在公众媒体上公告审批结果。

对申请变更注册、延续注册的，省、自治区、直辖市人民政府建设主管部门应当自受理申请之日起 5 日内审查完毕，并将申请材料和初审意见报国务院建设主管部门。国务院建设主管部门自收到省、自治区、直辖市人民政府建设主管部门上报材料之日起，应当在 10 日内审批完毕并作出书面决定。

对不予批准的，应当说明理由，并告知申请人享有依法申请行政复议或者提起行政诉讼的权利。

第九条　注册证书和执业印章是注册监理工程师的执业凭证，由注册监理工程师本人保管、使用。

注册证书和执业印章的有效期为 3 年。

第十条　初始注册者，可自资格证书签发之日起 3 年内提出申请。逾期未申请者，须符合继续教育的要求后方可申请初始注册。

申请初始注册，应当具备以下条件：

（一）经全国注册监理工程师执业资格统一考试合格，取得资格证书；

（二）受聘于一个相关单位；

（三）达到继续教育要求；

（四）没有本规定第十三条所列情形。

初始注册需要提交下列材料：

（一）申请人的注册申请表；

（二）申请人的资格证书和身份证复印件；

（三）申请人与聘用单位签订的聘用劳动合同复印件；

（四）所学专业、工作经历、工程业绩、工程类中级及中级以上职称证书等有关证明材料；

（五）逾期初始注册的，应当提供达到继续教育要求的证明材料。

第十一条 注册监理工程师每一注册有效期为3年，注册有效期满需继续执业的，应当在注册有效期满30日前，按照本规定第七条规定的程序申请延续注册。延续注册有效期3年。延续注册需要提交下列材料：

（一）申请人延续注册申请表；

（二）申请人与聘用单位签订的聘用劳动合同复印件；

（三）申请人注册有效期内达到继续教育要求的证明材料。

第十二条 在注册有效期内，注册监理工程师变更执业单位，应当与原聘用单位解除劳动关系，并按本规定第七条规定的程序办理变更注册手续，变更注册后仍延续原注册有效期。

变更注册需要提交下列材料：

（一）申请人变更注册申请表；

（二）申请人与新聘用单位签订的聘用劳动合同复印件；

（三）申请人的工作调动证明（与原聘用单位解除聘用劳动合同或者聘用劳动合同到期的证明文件、退休人员的退休证明）。

第十三条 申请人有下列情形之一的，不予初始注册、延续注册或者变更注册：

（一）不具有完全民事行为能力的；

（二）刑事处罚尚未执行完毕或者因从事工程监理或者相关业务受到刑事处罚，自刑事处罚执行完毕之日起至申请注册之日止不满2年的；

（三）未达到监理工程师继续教育要求的；

（四）在两个或者两个以上单位申请注册的；

（五）以虚假的职称证书参加考试并取得资格证书的；

（六）年龄超过65周岁的；

（七）法律、法规规定不予注册的其他情形。

第十四条 注册监理工程师有下列情形之一的，其注册证书和执业印章失效：

（一）聘用单位破产的；

（二）聘用单位被吊销营业执照的；

（三）聘用单位被吊销相应资质证书的；

（四）已与聘用单位解除劳动关系的；

（五）注册有效期满且未延续注册的；

（六）年龄超过65周岁的；

（七）死亡或者丧失行为能力的；

（八）其他导致注册失效的情形。

第十五条 注册监理工程师有下列情形之一的，负责审批的部门应当办理注销手续，收回注册证书和执业印章或者公告其注册证书和执业印章作废：

（一）不具有完全民事行为能力的；

（二）申请注销注册的；

（三）有本规定第十四条所列情形发生的；

（四）依法被撤销注册的；

（五）依法被吊销注册证书的；

（六）受到刑事处罚的；

（七）法律、法规规定应当注销注册的其他情形。

注册监理工程师有前款情形之一的，注册监理工程师本人和聘用单位应当及时向国务院建设主管部门提出注销注册的申请；有关单位和个人有权向国务院建设主管部门举报；县级以上地方人民政府建设主管部门或者有关部门应当及时报告或者告知国务院建设主管部门。

第十六条 被注销注册者或者不予注册者，在重新具备初始注册条件，并符合继续教育要求后，可以按照本规定第七条规定的程序重新申请注册。

第三章　执　业

第十七条 取得资格证书的人员，应当受聘于一个具有建设工程勘察、设计、施工、监理、招标代理、造价咨询等一项或者多项资质的单位，经注册后方可从事相应的执业活动。从事工程监理执业活动的，应当受聘并注册于一个具有工程监理资质的单位。

第十八条 注册监理工程师可以从事工程监理、工程经济与技术咨询、工程招标与采购咨询、工程项目管理服务以及国务院有关部门规定的其他业务。

第十九条　工程监理活动中形成的监理文件由注册监理工程师按照规定签字盖章后方可生效。

第二十条　修改经注册监理工程师签字盖章的工程监理文件，应当由该注册监理工程师进行；因特殊情况，该注册监理工程师不能进行修改的，应当由其他注册监理工程师修改，并签字、加盖执业印章，对修改部分承担责任。

第二十一条　注册监理工程师从事执业活动，由所在单位接受委托并统一收费。

第二十二条　因工程监理事故及相关业务造成的经济损失，聘用单位应当承担赔偿责任；聘用单位承担赔偿责任后，可依法向负有过错的注册监理工程师追偿。

第四章　继续教育

第二十三条　注册监理工程师在每一注册有效期内应当达到国务院建设主管部门规定的继续教育要求。继续教育作为注册监理工程师逾期初始注册、延续注册和重新申请注册的条件之一。

第二十四条　继续教育分为必修课和选修课，在每一注册有效期内各为 48 学时。

第五章　权利和义务

第二十五条　注册监理工程师享有下列权利：

（一）使用注册监理工程师称谓；

（二）在规定范围内从事执业活动；

（三）依据本人能力从事相应的执业活动；

（四）保管和使用本人的注册证书和执业印章；

（五）对本人执业活动进行解释和辩护；

（六）接受继续教育；

（七）获得相应的劳动报酬；

（八）对侵犯本人权利的行为进行申诉。

第二十六条　注册监理工程师应当履行下列义务：

（一）遵守法律、法规和有关管理规定；

（二）履行管理职责，执行技术标准、规范和规程；

（三）保证执业活动成果的质量，并承担相应责任；

（四）接受继续教育，努力提高执业水准；

（五）在本人执业活动所形成的工程监理文件上签字、加盖执业印章；

（六）保守在执业中知悉的国家秘密和他人的商业、技术秘密；

（七）不得涂改、倒卖、出租、出借或者以其他形式非法转让注册证书或者执业印章；

（八）不得同时在两个或者两个以上单位受聘或者执业；

（九）在规定的执业范围和聘用单位业务范围内从事执业活动；

（十）协助注册管理机构完成相关工作。

第六章　法律责任

第二十七条　隐瞒有关情况或者提供虚假材料申请注册的，建设主管部门不予受理或者不予注册，并给予警告，1 年之内不得再次申请注册。

第二十八条　以欺骗、贿赂等不正当手段取得注册证书的，由国务院建设主管部门撤销其注册，3 年内不得再次申请注册，并由县级以上地方人民政府建设主管部门处以罚款，其中没有违法所得的，处以 1 万元以下罚款，有违法所得的，处以违法所得 3 倍以下且不超过 3 万元的罚款；构成犯罪的，依法追究刑事责任。

第二十九条　违反本规定，未经注册，擅自以注册监理工程师的名义从事工程监理及相关业务活动的，由县级以上地方人民政府建设主管部门给予警告，责令停止违法行为，处以 3 万元以下罚款；造成损失的，依法承担赔偿责任。

第三十条　违反本规定，未办理变更注册仍执业的，由县级以上地方人民政府建设主管部门给予警告，责令限期改正；逾期不改的，可处以 5000 元以下的罚款。

第三十一条　注册监理工程师在执业活动中有下列行为之一的，由县级以上地方人民政府建设主管部门给予警告，责令其改正，没有违法所得的，处以 1 万元以下罚款，有违法所得的，处以违法所得 3 倍以下且不超过 3 万元的罚款；造成损失的，依法承担赔偿责任；构成犯罪的，依法追究刑事责任：

（一）以个人名义承接业务的；

（二）涂改、倒卖、出租、出借或者以其他形式非法转让注册证书或者执业印章的；

（三）泄露执业中应当保守的秘密并造成严重后果的；

（四）超出规定执业范围或者聘用单位业务范围从事执业活动的；

（五）弄虚作假提供执业活动成果的；

（六）同时受聘于两个或者两个以上的单位，从事执业活动的；

(七)其他违反法律、法规、规章的行为。

第三十二条 有下列情形之一的，国务院建设主管部门依据职权或者根据利害关系人的请求，可以撤销监理工程师注册：

(一)工作人员滥用职权、玩忽职守颁发注册证书和执业印章的；

(二)超越法定职权颁发注册证书和执业印章的；

(三)违反法定程序颁发注册证书和执业印章的；

(四)对不符合法定条件的申请人颁发注册证书和执业印章的；

(五)依法可以撤销注册的其他情形。

第三十三条 县级以上人民政府建设主管部门的工作人员，在注册监理工程师管理工作中，有下列情形之一的，依法给予处分；构成犯罪的，依法追究刑事责任：

(一)对不符合法定条件的申请人颁发注册证书和执业印章的；

(二) 对符合法定条件的申请人不予颁发注册证书和执业印章的；

(三) 对符合法定条件的申请人未在法定期限内颁发注册证书和执业印章的；

(四)对符合法定条件的申请不予受理或者未在法定期限内初审完毕的；

(五)利用职务上的便利，收受他人财物或者其他好处的；

(六)不依法履行监督管理职责，或者发现违法行为不予查处的。

第七章 附 则

第三十四条 注册监理工程师资格考试工作按照国务院建设主管部门、国务院人事主管部门的有关规定执行。

第三十五条 香港特别行政区、澳门特别行政区、台湾地区及外籍专业技术人员，申请参加注册监理工程师注册和执业的管理办法另行制定。

第三十六条 本规定自 2006 年 4 月 1 日起施行。1992 年 6 月 4 日建设部颁布的《监理工程师资格考试和注册试行办法》(建设部令第 18 号)同时废止。

房屋建筑工程抗震设防管理规定

中华人民共和国建设部令
第 148 号

《房屋建筑工程抗震设防管理规定》已于 2005 年 12 月 31 日经建设部第 83 次常务会议讨论通过，现予发布，自 2006 年 4 月 1 日起施行。

建设部部长 汪光焘
2006 年 1 月 27 日

第一条 为了加强对房屋建筑工程抗震设防的监督管理，保护人民生命和财产安全，根据《中华人民共和国防震减灾法》、《中华人民共和国建筑法》、《建设工程质量管理条例》、《建设工程勘察设计管理条例》等法律、行政法规，制定本规定。

第二条 在抗震设防区从事房屋建筑工程抗震设防的有关活动，实施对房屋建筑工程抗震设防的监督管理，适用本规定。

第三条 房屋建筑工程的抗震设防，坚持预防为主的方针。

第四条 国务院建设主管部门负责全国房屋建筑工程抗震设防的监督管理工作。

县级以上地方人民政府建设主管部门负责本行政区域内房屋建筑工程抗震设防的监督管理工作。

第五条 国家鼓励采用先进的科学技术进行房屋建筑工程的抗震设防。

制定、修订工程建设标准时，应当及时将先进适用的抗震新技术、新材料和新结构体系纳入标准、规范，在房屋建筑工程中推广使用。

第六条 新建、扩建、改建的房屋建筑工程，应当按照国家有关规定和工程建设强制性标准进行抗震设防。

任何单位和个人不得降低抗震设防标准。

第七条　建设单位、勘察单位、设计单位、施工单位、工程监理单位，应当遵守有关房屋建筑工程抗震设防的法律、法规和工程建设强制性标准的规定，保证房屋建筑工程的抗震设防质量，依法承担相应责任。

第八条　城市房屋建筑工程的选址，应当符合城市总体规划中城市抗震防灾专业规划的要求；村庄、集镇建设的工程选址，应当符合村庄与集镇防灾专项规划和村庄与集镇建设规划中有关抗震防灾的要求。

第九条　采用可能影响房屋建筑工程抗震安全，又没有国家技术标准的新技术、新材料的，应当按照有关规定申请核准。申请时，应当说明是否适用于抗震设防区以及适用的抗震设防烈度范围。

第十条　《建筑工程抗震设防分类标准》中甲类和乙类建筑工程的初步设计文件应当有抗震设防专项内容。

超限高层建筑工程应当在初步设计阶段进行抗震设防专项审查。

新建、扩建、改建房屋建筑工程的抗震设计应当作为施工图审查的重要内容。

第十一条　产权人和使用人不得擅自变动或者破坏房屋建筑抗震构件、隔震装置、减震部件或者地震反应观测系统等抗震设施。

第十二条　已建成的下列房屋建筑工程，未采取抗震设防措施且未列入近期拆除改造计划的，应当委托具有相应设计资质的单位按现行抗震鉴定标准进行抗震鉴定：

（一）《建筑工程抗震设防分类标准》中甲类和乙类建筑工程；

（二）有重大文物价值和纪念意义的房屋建筑工程；

（三）地震重点监视防御区的房屋建筑工程。

鼓励其他未采取抗震设防措施且未列入近期拆除改造计划的房屋建筑工程产权人，委托具有相应设计资质的单位按现行抗震鉴定标准进行抗震鉴定。

经鉴定需加固的房屋建筑工程，应当在县级以上地方人民政府建设主管部门确定的限期内采取必要的抗震加固措施；未加固前应当限制使用。

第十三条　从事抗震鉴定的单位，应当遵守有关房屋建筑工程抗震设防的法律、法规和工程建设强制性标准的规定，保证房屋建筑工程的抗震鉴定质量，依法承担相应责任。

第十四条　对经鉴定需抗震加固的房屋建筑工程，产权人应当委托具有相应资质的设计、施工单位进行抗震加固设计与施工，并按国家规定办理相关手续。

抗震加固应当与城市近期建设规划、产权人的房屋维修计划相结合。经鉴定需抗震加固的房屋建筑工程在进行装修改造时，应当同时进行抗震加固。

有重大文物价值和纪念意义的房屋建筑工程的抗震加固，应当注意保持其原有风貌。

第十五条　房屋建筑工程的抗震鉴定、抗震加固费用，由产权人承担。

第十六条　已按工程建设标准进行抗震设计或抗震加固的房屋建筑工程在合理使用年限内，因各种人为因素使房屋建筑工程抗震能力受损的，或者因改变原设计使用性质，导致荷载增加或需提高抗震设防类别的，产权人应当委托有相应资质的单位进行抗震验算、修复或加固。需要进行工程检测的，应由委托具有相应资质的单位进行检测。

第十七条　破坏性地震发生后，当地人民政府建设主管部门应当组织对受损房屋建筑工程抗震性能的应急评估，并提出恢复重建方案。

第十八条　震后经应急评估需进行抗震鉴定的房屋建筑工程，应当按照抗震鉴定标准进行鉴定。经鉴定需修复或者抗震加固的，应当按照工程建设强制性标准进行修复或者抗震加固。需易地重建的，应当按照国家有关法律、法规的规定进行规划和建设。

第十九条　当发生地震的实际烈度大于现行地震动参数区划图对应的地震基本烈度时，震后修复或者建设的房屋建筑工程，应当以国家地震部门审定、发布的地震动参数复核结果，作为抗震设防的依据。

第二十条　县级以上地方人民政府建设主管部门应当加强对房屋建筑工程抗震设防质量的监督管理，并对本行政区域内房屋建筑工程执行抗震设防的法律、法规和工程建设强制性标准情况，定期进行监督检查。

县级以上地方人民政府建设主管部门应当对村镇建设抗震设防进行指导和监督。

第二十一条　县级以上地方人民政府建设主管部门应当对农民自建低层住宅抗震设防进行技术指导和技术服务，鼓励和指导其采取经济、合理、可靠的抗震措施。

地震重点监视防御区县级以上地方人民政府建设主管部门应当通过拍摄科普教育宣传片、发送农房抗震图集、建设抗震样板房、技术培训等多种方式，积极指导农民自建低层住宅进行抗震设防。

第二十二条　县级以上地方人民政府建设主管部门有权组织抗震设防检查，并采取下列措施：

(一)要求被检查的单位提供有关房屋建筑工程抗震的文件和资料；

(二)发现有影响房屋建筑工程抗震设防质量的问题时，责令改正。

第二十三条 地震发生后，县级以上地方人民政府建设主管部门应当组织专家，对破坏程度超出工程建设强制性标准允许范围的房屋建筑工程的破坏原因进行调查，并依法追究有关责任人的责任。

国务院建设主管部门应当根据地震调查情况，及时组织力量开展房屋建筑工程抗震科学研究，并对相关工程建设标准进行修订。

第二十四条 任何单位和个人对房屋建筑工程的抗震设防质量问题都有权检举和投诉。

第二十五条 违反本规定，擅自使用没有国家技术标准又未经审定通过的新技术、新材料，或者将不适用于抗震设防区的新技术、新材料用于抗震设防区，或者超出经审定的抗震烈度范围的，由县级以上地方人民政府建设主管部门责令限期改正，并处以 1 万元以上 3 万元以下罚款。

第二十六条 违反本规定，擅自变动或者破坏房屋建筑抗震构件、隔震装置、减震部件或者地震反应观测系统等抗震设施的，由县级以上地方人民政府建设主管部门责令限期改正，并对个人处以 1000 元以下罚款，对单位处以 1 万元以上 3 万元以下罚款。

第二十七条 违反本规定，未对抗震能力受损、荷载增加或者需提高抗震设防类别的房屋建筑工程，进行抗震验算、修复和加固的，由县级以上地方人民政府建设主管部门责令限期改正，逾期不改的，处以 1 万元以下罚款。

第二十八条 违反本规定，经鉴定需抗震加固的房屋建筑工程在进行装修改造时未进行抗震加固的，由县级以上地方人民政府建设主管部门责令限期改正，逾期不改的，处以 1 万元以下罚款。

第二十九条 本规定所称抗震设防区，是指地震基本烈度六度及六度以上地区(地震动峰值加速度≥0.05g 的地区)。

本规定所称超限高层建筑工程，是指超出国家现行规范、规程所规定的适用高度和适用结构类型的高层建筑工程，体型特别不规则的高层建筑工程，以及有关规范、规程规定应当进行抗震专项审查的高层建筑工程。

第三十条 本规定自 2006 年 4 月 1 日起施行。

工程造价咨询企业管理办法

中华人民共和国建设部令

第 149 号

《工程造价咨询企业管理办法》已于 2006 年 2 月 22 日经建设部第 85 次常务会议讨论通过，现予发布，自 2006 年 7 月 1 日起施行。

建设部部长　汪光焘

2006 年 3 月 22 日

第一章　总　则

第一条 为了加强对工程造价咨询企业的管理，提高工程造价咨询工作质量，维护建设市场秩序和社会公共利益，根据《中华人民共和国行政许可法》、《国务院对确需保留的行政审批项目设定行政许可的决定》，制定本办法。

第二条 在中华人民共和国境内从事工程造价咨询活动，实施对工程造价咨询企业的监督管理，应当遵守本办法。

第三条 本办法所称工程造价咨询企业，是指接受委托，对建设项目投资、工程造价的确定与控制提供专业咨询服务的企业。

第四条 工程造价咨询企业应当依法取得工程造价咨询企业资质，并在其资质等级许可的范围内从事工程造价咨询活动。

第五条 工程造价咨询企业从事工程造价咨询活动，应当遵循独立、客观、公正、诚实信用的原则，不得损害社会公共利益和他人的合法权益。

任何单位和个人不得非法干预依法进行的工程造价咨询活动。

第六条　国务院建设主管部门负责全国工程造价咨询企业的统一监督管理工作。

省、自治区、直辖市人民政府建设主管部门负责本行政区域内工程造价咨询企业的监督管理工作。

有关专业部门负责对本专业工程造价咨询企业实施监督管理。

第七条　工程造价咨询行业组织应当加强行业自律管理。

鼓励工程造价咨询企业加入工程造价咨询行业组织。

第二章　资质等级与标准

第八条　工程造价咨询企业资质等级分为甲级、乙级。

第九条　甲级工程造价咨询企业资质标准如下：

(一)已取得乙级工程造价咨询企业资质证书满3年；

(二)企业出资人中，注册造价工程师人数不低于出资人总人数的60%，且其出资额不低于企业注册资本总额的60%；

(三)技术负责人已取得造价工程师注册证书，并具有工程或工程经济类高级专业技术职称，且从事工程造价专业工作15年以上；

(四)专职从事工程造价专业工作的人员(以下简称专职专业人员)不少于20人，其中，具有工程或者工程经济类中级以上专业技术职称的人员不少于16人；取得造价工程师注册证书的人员不少于10人，其他人员具有从事工程造价专业工作的经历；

(五)企业与专职专业人员签订劳动合同，且专职专业人员符合国家规定的职业年龄(出资人除外)；

(六)专职专业人员人事档案关系由国家认可的人事代理机构代为管理；

(七)企业注册资本不少于人民币100万元；

(八)企业近3年工程造价咨询营业收入累计不低于人民币500万元；

(九)具有固定的办公场所，人均办公建筑面积不少于10平方米；

(十)技术档案管理制度、质量控制制度、财务管理制度齐全；

(十一)企业为本单位专职专业人员办理的社会基本养老保险手续齐全；

(十二)在申请核定资质等级之日前3年内无本办法第二十七条禁止的行为。

第十条　乙级工程造价咨询企业资质标准如下：

(一)企业出资人中，注册造价工程师人数不低于出资人总人数的60%，且其出资额不低于注册资本总额的60%；

(二)技术负责人已取得造价工程师注册证书，并具有工程或工程经济类高级专业技术职称，且从事工程造价专业工作10年以上；

(三)专职专业人员不少于12人，其中，具有工程或者工程经济类中级以上专业技术职称的人员不少于8人；取得造价工程师注册证书的人员不少于6人，其他人员具有从事工程造价专业工作的经历；

(四)企业与专职专业人员签订劳动合同，且专职专业人员符合国家规定的职业年龄(出资人除外)；

(五)专职专业人员人事档案关系由国家认可的人事代理机构代为管理；

(六)企业注册资本不少于人民币50万元；

(七)具有固定的办公场所，人均办公建筑面积不少于10平方米；

(八)技术档案管理制度、质量控制制度、财务管理制度齐全；

(九)企业为本单位专职专业人员办理的社会基本养老保险手续齐全；

(十)暂定期内工程造价咨询营业收入累计不低于人民币50万元；

(十一)申请核定资质等级之日前无本办法第二十七条禁止的行为。

第三章　资质许可

第十一条　申请甲级工程造价咨询企业资质的，应当向申请人工商注册所在地省、自治区、直辖市人民政府建设主管部门或者国务院有关专业部门提出申请。

省、自治区、直辖市人民政府建设主管部门、国务院有关专业部门应当自受理申请材料之日起20日内审查完毕，并将初审意见和全部申请材料报国务院建设主管部门；国务院建设主管部门应当自受理之日起20日内作出决定。

第十二条　申请乙级工程造价咨询企业资质的，由省、自治区、直辖市人民政府建设主管部门审查决定。其中，申请有关专业乙级工程造价咨询企业资质的，由省、自治区、直辖市人民政府建设主管部门商同级有关专业部门审查决定。

乙级工程造价咨询企业资质许可的实施程序由省、自治区、直辖市人民政府建设主管部门依法确定。

省、自治区、直辖市人民政府建设主管部门应当自作出决定之日起30日内，将准予资质许可的决定报国务院建设主管部门备案。

第十三条 申请工程造价咨询企业资质，应当提交下列材料并同时在网上申报：

（一）《工程造价咨询企业资质等级申请书》；

（二）专职专业人员（含技术负责人）的造价工程师注册证书、造价员资格证书、专业技术职称证书和身份证；

（三）专职专业人员（含技术负责人）的人事代理合同和企业为其交纳的本年度社会基本养老保险费用的凭证；

（四）企业章程、股东出资协议并附工商部门出具的股东出资情况证明；

（五）企业缴纳营业收入的营业税发票或税务部门出具的缴纳工程造价咨询营业收入的营业税完税证明；企业营业收入含其他业务收入的，还需出具工程造价咨询营业收入的财务审计报告；

（六）工程造价咨询企业资质证书；

（七）企业营业执照；

（八）固定办公场所的租赁合同或产权证明；

（九）有关企业技术档案管理、质量控制、财务管理等制度的文件；

（十）法律、法规规定的其他材料。

新申请工程造价咨询企业资质的，不需要提交前款第（五）项、第（六）项所列材料。

第十四条 新申请工程造价咨询企业资质的，其资质等级按照本办法第十条第（一）项至第（九）项所列资质标准核定为乙级，设暂定期一年。

暂定期届满需继续从事工程造价咨询活动的，应当在暂定期届满30日前，向资质许可机关申请换发资质证书。符合乙级资质条件的，由资质许可机关换发资质证书。

第十五条 准予资质许可的，资质许可机关应当向申请人颁发工程造价咨询企业资质证书。

工程造价咨询企业资质证书由国务院建设主管部门统一印制，分正本和副本。正本和副本具有同等法律效力。

工程造价咨询企业遗失资质证书的，应当在公众媒体上声明作废后，向资质许可机关申请补办。

第十六条 工程造价咨询企业资质有效期为3年。

资质有效期届满，需要继续从事工程造价咨询活动的，应当在资质有效期届满30日前向资质许可机关提出资质延续申请。资质许可机关应当根据申请作出是否准予延续的决定。准予延续的，资质有效期延续3年。

第十七条 工程造价咨询企业的名称、住所、组织形式、法定代表人、技术负责人、注册资本等事项发生变更的，应当自变更确立之日起30日内，到资质许可机关办理资质证书变更手续。

第十八条 工程造价咨询企业合并的，合并后存续或者新设立的工程造价咨询企业可以承继合并前各方中较高的资质等级，但应当符合相应的资质等级条件。

工程造价咨询企业分立的，只能由分立后的一方承继原工程造价咨询企业资质，但应当符合原工程造价咨询企业资质等级条件。

第四章　工程造价咨询管理

第十九条 工程造价咨询企业依法从事工程造价咨询活动，不受行政区域限制。

甲级工程造价咨询企业可以从事各类建设项目的工程造价咨询业务。

乙级工程造价咨询企业可以从事工程造价5000万元人民币以下的各类建设项目的工程造价咨询业务。

第二十条 工程造价咨询业务范围包括：

（一）建设项目建议书及可行性研究投资估算、项目经济评价报告的编制和审核；

（二）建设项目概预算的编制与审核，并配合设计方案比选、优化设计、限额设计等工作进行工程造价分析与控制；

（三）建设项目合同价款的确定（包括招标工程工程量清单和标底、投标报价的编制和审核）；合同价款的签订与调整（包括工程变更、工程洽商和索赔费用的计算）及工程款支付，工程结算及竣工结（决）算报告的编制与审核等；

（四）工程造价经济纠纷的鉴定和仲裁的咨询；

（五）提供工程造价信息服务等。

工程造价咨询企业可以对建设项目的组织实施进行全过程或者若干阶段的管理和服务。

第二十一条 工程造价咨询企业在承接各类建设项目的工程造价咨询业务时，应当与委托人订立书面工程造价咨询合同。

工程造价咨询企业与委托人可以参照《建设工程造价咨询合同》(示范文本)订立合同。

第二十二条　工程造价咨询企业从事工程造价咨询业务,应当按照有关规定的要求出具工程造价成果文件。

工程造价成果文件应当由工程造价咨询企业加盖有企业名称、资质等级及证书编号的执业印章,并由执行咨询业务的注册造价工程师签字、加盖执业印章。

第二十三条　工程造价咨询企业设立分支机构的,应当自领取分支机构营业执照之日起30日内,持下列材料到分支机构工商注册所在地省、自治区、直辖市人民政府建设主管部门备案:

(一)分支机构营业执照复印件;

(二)工程造价咨询企业资质证书复印件;

(三)拟在分支机构执业的不少于3名注册造价工程师的注册证书复印件;

(四)分支机构固定办公场所的租赁合同或产权证明。

省、自治区、直辖市人民政府建设主管部门应当在接受备案之日起20日内,报国务院建设主管部门备案。

第二十四条　分支机构从事工程造价咨询业务,应当由设立该分支机构的工程造价咨询企业负责承接工程造价咨询业务、订立工程造价咨询合同、出具工程造价成果文件。

分支机构不得以自己名义承接工程造价咨询业务、订立工程造价咨询合同、出具工程造价成果文件。

第二十五条　工程造价咨询企业跨省、自治区、直辖市承接工程造价咨询业务的,应当自承接业务之日起30日内到建设工程所在地省、自治区、直辖市人民政府建设主管部门备案。

第二十六条　工程造价咨询收费应当按照有关规定,由当事人在建设工程造价咨询合同中约定。

第二十七条　工程造价咨询企业不得有下列行为:

(一)涂改、倒卖、出租、出借资质证书,或者以其他形式非法转让资质证书;

(二)超越资质等级业务范围承接工程造价咨询业务;

(三)同时接受招标人和投标人或两个以上投标人对同一工程项目的工程造价咨询业务;

(四)以给予回扣、恶意压低收费等方式进行不正当竞争;

(五)转包承接的工程造价咨询业务;

(六)法律、法规禁止的其他行为。

第二十八条　除法律、法规另有规定外,未经委托人书面同意,工程造价咨询企业不得对外提供工程造价咨询服务过程中获知的当事人的商业秘密和业务资料。

第二十九条　县级以上地方人民政府建设主管部门、有关专业部门应当依照有关法律、法规和本办法的规定,对工程造价咨询企业从事工程造价咨询业务的活动实施监督检查。

第三十条　监督检查机关履行监督检查职责时,有权采取下列措施:

(一)要求被检查单位提供工程造价咨询企业资质证书、造价工程师注册证书,有关工程造价咨询业务的文档,有关技术档案管理制度、质量控制制度、财务管理制度的文件;

(二)进入被检查单位进行检查,查阅工程造价咨询成果文件以及工程造价咨询合同等相关资料;

(三)纠正违反有关法律、法规和本办法及执业规程规定的行为。

监督检查机关应当将监督检查的处理结果向社会公布。

第三十一条　监督检查机关进行监督检查时,应当有两名以上监督检查人员参加,并出示执法证件,不得妨碍被检查单位的正常经营活动,不得索取或者收受财物、谋取其他利益。

有关单位和个人对依法进行的监督检查应当协助与配合,不得拒绝或者阻挠。

第三十二条　有下列情形之一的,资质许可机关或者其上级机关,根据利害关系人的请求或者依据职权,可以撤销工程造价咨询企业资质:

(一)资质许可机关工作人员滥用职权、玩忽职守作出准予工程造价咨询企业资质许可的;

(二)超越法定职权作出准予工程造价咨询企业资质许可的;

(三)违反法定程序作出准予工程造价咨询企业资质许可的;

(四)对不具备行政许可条件的申请人作出准予工程造价咨询企业资质许可的;

(五)依法可以撤销工程造价咨询企业资质的其他情形。

工程造价咨询企业以欺骗、贿赂等不正当手段取得工程造价咨询企业资质的,应当予以撤销。

第三十三条　工程造价咨询企业取得工程造价咨询企业资质后,不再符合相应资质条件的,资质许可机关根据利害关系人的请求或者依据职权，可以责令其限期改正；逾期不改的，可以撤回其资质。

第三十四条 有下列情形之一的，资质许可机关应当依法注销工程造价咨询企业资质：

（一）工程造价咨询企业资质有效期满，未申请延续的；

（二）工程造价咨询企业资质被撤销、撤回的；

（三）工程造价咨询企业依法终止的；

（四）法律、法规规定的应当注销工程造价咨询企业资质的其他情形。

第三十五条 工程造价咨询企业应当按照有关规定，向资质许可机关提供真实、准确、完整的工程造价咨询企业信用档案信息。

工程造价咨询企业信用档案应当包括工程造价咨询企业的基本情况、业绩、良好行为、不良行为等内容。违法行为、被投诉举报处理、行政处罚等情况应当作为工程造价咨询企业的不良记录记入其信用档案。

任何单位和个人有权查阅信用档案。

第五章 法律责任

第三十六条 申请人隐瞒有关情况或者提供虚假材料申请工程造价咨询企业资质的，不予受理或者不予资质许可，并给予警告，申请人在1年内不得再次申请工程造价咨询企业资质。

第三十七条 以欺骗、贿赂等不正当手段取得工程造价咨询企业资质的，由县级以上地方人民政府建设主管部门或者有关专业部门给予警告，并处以1万元以上3万元以下的罚款，申请人3年内不得再次申请工程造价咨询企业资质。

第三十八条 未取得工程造价咨询企业资质从事工程造价咨询活动或者超越资质等级承接工程造价咨询业务的，出具的工程造价成果文件无效，由县级以上地方人民政府建设主管部门或者有关专业部门给予警告，责令限期改正，并处以1万元以上3万元以下的罚款。

第三十九条 违反本办法第十七条规定，工程造价咨询企业不及时办理资质证书变更手续的，由资质许可机关责令限期办理；逾期不办理的，可处以1万元以下的罚款。

第四十条 有下列行为之一的，由县级以上地方人民政府建设主管部门或者有关专业部门给予警告，责令限期改正；逾期未改正的，可处以5000元以上2万元以下的罚款：

（一）违反本办法第二十三条规定，新设立分支机构不备案的；

（二）违反本办法第二十五条规定，跨省、自治区、直辖市承接业务不备案的。

第四十一条 工程造价咨询企业有本办法第二十七条行为之一的，由县级以上地方人民政府建设主管部门或者有关专业部门给予警告，责令限期改正，并处以1万元以上3万元以下的罚款。

第四十二条 资质许可机关有下列情形之一的，由其上级行政主管部门或者监察机关责令改正，对直接负责的主管人员和其他直接责任人员依法给予处分；构成犯罪的，依法追究刑事责任：

（一）对不符合法定条件的申请人准予工程造价咨询企业资质许可或者超越职权作出准予工程造价咨询企业资质许可决定的；

（二）对符合法定条件的申请人不予工程造价咨询企业资质许可或者不在法定期限内作出准予工程造价咨询企业资质许可决定的；

（三）利用职务上的便利，收受他人财物或者其他利益的；

（四）不履行监督管理职责，或者发现违法行为不予查处的。

第六章 附 则

第四十三条 本办法自2006年7月1日起施行。2000年1月25日建设部发布的《工程造价咨询单位管理办法》（建设部令第74号）同时废止。

本办法施行前建设部发布的规章与本办法的规定不一致的，以本办法为准。

第四十四条 本办法第九条第（二）项、第（六）项和第十条第（一）项、第（五）项的规定，暂不适用于本办法施行前已取得工程造价咨询资质且尚未进行改制的单位。

关于调整个人住房公积金贷款利率的通知

建办金管[2006]29号

各省、自治区建设厅，直辖市、新疆生产建设兵团住房公积金管理委员会、住房公积金管理中心：

经商中国人民银行同意，根据2006年4月27日《中国人民银行关于调整金融机构人民币贷款利率的通知》（银发[2006]134号），现将个人住房公积金贷款利率的调整有关事项通知如下：

从2006年5月8日起，上调各档次个人住房公积金贷款利率0.18个百分点，即5年（含）以下贷款由现行年利率3.96%调整为4.14%；5年以上贷款由现行年利率4.41%调整为4.59%。住房公积金存款利率保持不变。请遵照执行。

请省、自治区建设厅立即将本通知转发各城市住房公积金管理委员会、住房公积金管理中心。

中华人民共和国建设部办公厅
2006年4月28日

抄送：中国人民银行

关于加强房地产市场监测分析工作的通知

建住房[2006]127号

各省、自治区、直辖市人民政府：

房地产市场监测分析是科学判断房地产市场形势的重要基础工作，对于及时发现市场运行中的新情况、新问题，有针对性地采取措施，加强和改善宏观调控，促进房地产市场持续健康发展具有重要意义。为加强房地产市场监测分析工作，经国务院同意，现就有关问题通知如下：

一、加快房地产市场信息系统建设

全面、准确、及时反映房地产市场信息是房地产市场监测分析的基础。各地要按照《国务院关于促进房地产市场持续健康发展的通知》（国发（2003）18号）和《关于印发〈房地产市场信息系统建设工作纲要（试行）〉的通知》（建办住房（2004）116号）要求，加快房地产市场信息系统建设。要以城市为单位，依托房地产管理信息平台，将分散于规划、施工许可、房地产开发、交易、租赁登记备案、权属登记等管理环节的市场信息有效整合起来，与土地、金融等房地产相关信息，形成全面、客观、及时反映当地房地产市场运行状况，满足分类、分区域、分结构分析市场供求的房地产市场信息系统。要多渠道筹集开发建设资金，加大财力、人力支持，加快实现房地产市场信息系统基本技术、基础数据及数据采集的标准化。各地要督促地级（含）以上城市建立健全房地产市场信息系统，尽快实现全省（自治区、直辖市）联通，适时增加直接向建设部报送信息的地级以上城市。

二、建立房地产市场形势分析报告制度

从2006年6月起，各省、自治区建设厅和40个重点城市房地局（建委）要按季度向建设部上报本地区房地产市场形势分析报告，按月上报房地产市场情况简报。各省、自治区的房地产市场形势分析报告和情况简报，要反映本地区地级以上城市房地产市场总体运行情况，并作出分析判断。房地产市场情况简报以反映主要数据及其变化情况为主，并简要分析市场运行状况。各省、自治区建设厅应在每月（每季度首月）20日前，40个城市房地局（建委）应在每月（每季度首月）15日前，将上月（上季度）情况简报（季度分析报告）报建设部；有关城市房地局（建委）还应按照上述时间要求，将月度情况简报和季度分析报告报所在省、自治区建设厅。各省、自治区建设厅和40个城市房地局（建委）要指定专人负责房地产市场情况简报和分析报告报送工作。2006年6月15日前，各地要将这项工作的负责机构、负责人、日常工作联系人及联系电话、传真、电子信箱等报建设部。

当地房地产市场运行中出现下列情况之一时，有关地方要及时上报专题分析报告：(一)当地房价上涨过快或出现异常变化；(二)当地房地产开发投资规模过大或增幅过快；(三)主要媒体报道反映当地房地产市场的重大问题；(四)当地商品房空置套数或者空置面积出现明显变化；(五)当地房地产市场出现其他敏感性或突发性重要情况。

三、完善房地产市场形势分析报告方法

各地要按照《房地产市场形势分析报告编制办法(试行)》的有关要求，结合当地房地产市场的特点，不断改进分析方法，完善报告编制方法。房地产市场形势分析要注重把握市场运行的规律性，客观、准确地反映市场发展态势。要重点关注供求总量、结构、价格等指标的变化情况，注重研究并发现相关指标间的内在关系，关注市场发展中的突出问题及苗头性问题。要注意发挥高等院校、科研院所、专业咨询服务机构的积极性和作用，重视和反映相关部门、专家学者、消费者以及企业代表等社会各方面的意见和建议。

四、加强对房地产市场监测分析工作的组织领导

房地产市场监测分析工作涉及建设(房地产)、规划、发展改革(价格)、财政、土地、统计、金融、税务等部门。当地人民政府要加强组织领导，充分发挥有关部门的作用，建立健全信息共享和市场形势分析研究、协商机制，建立统一的市场监测和分析报告发布制度，正确引导市场预期，引导理性投资和合理消费。

各地房地产主管部门要切实负起责任，对市场监测分析报告的真实性负责。要加强报告质量管理，建立健全各层级、各环节的责任考核制度，确保数据的准确性、分析判断的科学性。要配备高素质专业人才，提供必要的设备和工作经费，通过组织集中学习、培训等方式，不断提高分析能力和水平。对于工作不认真，上报不及时、内容简单、敷衍，以及存在瞒报虚报行为的，要予以通报批评；情节严重、误导调控决策，造成恶劣影响的，要严肃追究有关责任人的责任。

附件：1.房地产市场形势分析报告编制办法(试行)

2.40个重点城市名单

中华人民共和国建设部

2006年5月29日

抄送：各省、自治区建设厅，有关城市人民政府；有关城市房地局、建委、规划局

附件1：

房地产市场形势分析报告编制办法(试行)

一、分析范围

(一)地域范围

覆盖当地城市辖区范围内的各行政区(含开发区等)。当地房地产市场信息系统尚无法覆盖所有区域的，分析报告的覆盖范围可暂时与房地产市场信息系统相一致，但应在分析报告中予以说明，例如全市、城区(并列举行政区名)等。

统计指标覆盖的地域范围不同时(例如，开发统计数据覆盖全市，房地产市场信息系统数据覆盖若干城区)，应予说明。

同一统计指标覆盖的地域范围曾经发生变化的，在使用时间序列数据或同比、环比指标时，应予说明。

(二)房屋类型

兼顾增量房(新建商品房)市场和存量房市场。其中，增量房市场以住宅为主要分析对象，兼顾非住宅(含商业营业用房、办公楼、其他等房屋类型)；存量房市场暂以住宅为主要分析对象。

商品住宅各项统计指标和相关分析中，应注明是否包括经济适用住房等政策性住房，并在各报告期中保持一致。经济适用住房等政策性住房的数据及相关分析要单独加以说明。

二、分析内容

围绕“总量基本平衡、结构基本合理、价格基本稳定，房地产业的发展与当地经济和社会发展相适应，与相关产业相协调”的房地产市场调控目标，突出普通居民住房消费，以各城市房地产市场信息系统提供的数据

为基础,结合统计等部门提供的其他社会经济统计数据,以及住房状况调查、居民住房需求调查等专项调研成果,并综合考虑经济社会现状,全面反映和客观分析报告期市场形势,并对未来一段时间内市场形势的变化趋势做出预测,提出下一步的措施及建议。

(一)市场现状分析

针对报告期市场现状的分析,应兼顾累计数据和报告期数据,以对相关统计指标的分析和解读为核心。要在进行时间序列数据、环比数据、同比数据等进行清晰陈述的基础上,注重对比分析和趋势分析,揭示数据反映的市场现象和市场发展变化规律。要结合相关研究成果和本地房地产市场发展现状,科学确定投资涨跌、供求关系、价格变动等重要指标的合理区间,逐步建立市场预警预报机制,对市场形势做出判断。要采用图表与文字相结合的形式,增强报告的直观性和可读性。

市场现状分析重点围绕以下几方面进行:

1.报告期社会经济发展概况。反映房地产市场发展的宏观背景。包括地区生产总值(GDP)、固定资产投资规模及其变化情况(时间序列数据及同比、环比、占比等,下同);城镇居民可支配收入及其变化情况等。此部分数据以统计部门提供的统计快报数据为准。

2.报告期房地产开发情况。可同时作为反映市场后续发展趋势的先行指标。包括房地产开发资金来源构成、投资完成额、土地购置面积、土地开发面积、新开工面积、施工面积、竣工面积等指标的数量及其变化情况等。除总量数据外,应按住宅、非住宅进行细分。此部分数据以统计部门提供的开发统计快报数据为主,并注意结合国土资源、规划、建设等部门提供的相关数据。

3.报告期房地产市场供求总量及其对比情况。对于增量房市场(最好能区分预售和现房销售),应包括:批准预(销)售面积(套数,针对住宅,下同)、累计可售面积(套数)等侧重反映供应的指标及其变化情况;登记销售面积(套数)、消费意愿、消费者价格预期等侧重反映需求指标及其变化情况。除总量数据外,还应按住宅、非住宅进行细分。对于存量房市场,应包括存量房规模、二手房交易面积(套数)、租赁面积(套数)等指标及其变化情况。此部分数据以城市房地产市场信息系统数据为准,并注意结合住房状况调查、居民住房需求调查等专项调研成果。此部分内容参见附表1-2。

4.报告期房地产市场结构情况。此部分主要针对增量房市场中的住宅,应包括按下列标准划分的各子市场中的供应量、需求量、供求关系、价格走势等指标及其变化情况,以及各子市场供应量、需求量占总体市场的份额及其变化情况。子市场划分依据在各报告期中应保持一致,出现调整时应在报告中加以说明。此部分数据以城市房地产市场信息系统数据为准。此部分内容参见附表3—5。

(1)套型结构:按每套建筑面积划分,120平方米以内每20平方米为一个档次,120平方米以上每30平方米为一个档次。具体划分为标准为:60平方米(含)以下、60至80(含)平方米、80至90(含)平方米、90至100(含)平方米、100至120(含)平方米、120至144(含)平方米、144至180(含)平方米、180平方米以上等若干类别。各城市可根据本地实际情况,确定对每套建筑面积为60平方米以下和180平方米以上的住宅是否进行进一步细分。

(2)价位结构:按单位建筑面积交易价格划分,3000元/平方米以内的每500元为一个档次,3000元/平方米以上、10000元/平方米以内的每1000元为一个档次。具体划分标准为:1000(含)元/平方米以下、1000至1500(含)元/平方米、……2500至3000(含)元/平方米、3000至4000(含)元/平方米、……9000至10000(含)元/平方米、10000至12000(含)元/平方米、12000至15000(含)元/平方米、15000元/平方米以上等若干类别。各城市可根据本地实际情况,确定对1000元/平方米以下和15000元/平方米以上的住宅是否进一步细分。

(3)区域结构:按行政区,或按环线、方位、片区等当地习惯的划分方式,划分为若干类别。

(4)购买者类型:按购买者身份证发证机关,划分为本市(可细分为本市城区和本市其他)和外地(可细分为本省其他地区、外省市、境外)等类别。

5.报告期房地产市场价格情况。对于增量房市场,应包括城市房地产市场信息系统提供的平均交易价格、同质价格、典型楼盘价格等指标及其变化情况,并参考统计部门提供的70大中城市房屋销售价格指数及其变化情况,且应按住宅、非住宅进行细分。对于存量房市场,应包括城市房地产市场信息系统提供的二手房平均交易价格、平均租赁价格等指标及其变化情况,并参考统计部门提供的70大中城市房屋销售价格指数中的二手房指数、租赁指数等指标及其变化情况。此部分内容参见附表5—7。

6.金融、财税等其他与房地产市场相关的数据及情况分析。

7.其他需要说明的问题，例如市场的季节性波动、外资进入情况等。

8.报告当期市场现状分析小结。对上述指标和分析的主要结论进行总结，并对报告期房地产市场形势做出基本判断和总体评价。其中，应特别注意把握如下环节。

(1)各市场之间的相互作用和协调关系。例如增量房市场与存量房市场之间，住宅市场与非住宅市场之间，买卖市场与租赁市场之间。

(2)各类统计指标之间的联动关系。例如供给量、需求量等物量指标与价格指标之间的关系，供应结构、成交结构与需求结构之间的关系。

(3)先行指标与同步指标之间的关系。例如对土地购置、开发投资、新开工和施工面积等指标的分析，要联系空置量、累计可销售量指标，考虑对当前市场形势的影响。

(二)近期采取的主要政策措施

主要是在报告期内，结合本地区实际采取的主要调控措施，以及对市场的影响效果，取得的成效和经验等。

(三)当前市场存在的主要问题及原因

1.报告期房地产市场存在的突出矛盾，或者出现异常变化的指标(例如供求总量大幅增减、供求关系明显失衡、价格水平大幅波动、市场结构剧烈变化等)，以及引发这些矛盾或异常变化的原因。

2.报告期房地产市场中出现的趋势性变化，或者市场中出现的新情况、新问题，以及出现这些新情况、新问题的原因。

3.报告期当地房地产市场中引起广泛关注的热点性、敏感性问题(如新闻舆论大量报道等)，应作专题分析。

4.其他可能影响市场健康发展的因素等。

(四)市场形势预测

采用定性判断与定量测算相结合的方式，对未来一段时间(半年至一年)房地产市场的发展趋势做出预测：

1.依据对当前市场形势的分析，并考虑影响房地产市场走势的有利和不利因素，把握供求总量、供求结构、价格水平的变化趋势，对市场的基本走势做出判断。

2.根据各统计指标时间序列数据反映的规律性，结合各市场先行指标和住房状况调查、住房需求调查等专项调研成果，对新增供应量、需求量、价格等核心指标进行定量测算。

(五)下一步的政策建议及主要措施

主要是结合现状分析和预测结果，提出进一步加强房地产市场宏观调控的政策建议，以及当地拟采取的主要措施。

三、附加说明

简报中的商品房批准预售、累计可售、实际登记销售面积、平均销售价格，不同套型、价位商品住房供求结构，以及二手房买卖、购买对象分类等数据指标仍按照《建设部关于建立房地产市场月报数据和监测报告上报制度的通知》(建住房函(2005)165号)、《建设部办公厅关于实行房地产市场月报数据和监测报告网络上报制度的通知》(建办住房函(2005)365号)要求上报。

附件2:

40个重点城市名单

北京、天津、石家庄、太原、呼和浩特、沈阳、大连、长春、哈尔滨、上海、南京、无锡、苏州、杭州、宁波、温州、合肥、福州、厦门、南昌、济南、青岛、郑州、武汉、长沙、广州、深圳、南宁、北海、海口、三亚、重庆、成都、贵阳、昆明、西安、兰州、西宁、银川、乌鲁木齐

国务院办公厅转发建设部等部门关于调整住房供应结构稳定住房价格意见的通知

国办发〔2006〕37号

各省、自治区、直辖市人民政府，国务院各部委、各直属机构：

建设部、发展改革委、监察部、财政部、国土资源部、人民银行、税务总局、统计局、银监会《关于调整住房供应结构稳定住房价格的意见》已经国务院同意，现转发给你们，请认真贯彻执行。

房地产业是我国新的发展阶段的一个重要支柱产业。引导和促进房地产业持续稳定健康发展，有利于保持国民经济的平稳较快增长，有利于满足广大群众的基本住房消费需求，有利于实现全面建设小康社会的目标。当前，要针对房地产业发展中存在的问题，进一步加强市场引导和调控。要按照科学发展观的要求，坚持落实和完善政策，调整住房结构，引导合理消费；坚持深化改革，标本兼治，加强法治，规范秩序；坚持突出重点，分类指导，区别对待。各地区、特别是城市人民政府要切实负起责任，把调整住房供应结构、控制住房价格过快上涨纳入经济社会发展工作的目标责任制，促进房地产业健康发展。国务院有关部门要组成联合检查组，对各地2005年以来落实中央关于房地产市场调控政策的情况进行一次集中检查。对宏观调控政策落实不到位、房价涨幅没有得到有效控制、结构性矛盾突出、拆迁问题较多的城市，要予以通报批评，并限期整改。

国务院办公厅

2006年5月24日

关于调整住房供应结构稳定住房价格的意见

建设部　发展改革委　监察部　财政部　国土资源部

人民银行　税务总局　统计局　银监会

去年以来，各地区、各部门贯彻中央关于加强房地产市场调控的决策和部署，房地产投资增长和房价上涨过快的势头初步得到抑制。但是，房地产领域的一些问题尚没有得到根本解决，少数城市房价上涨过快，住房供应结构不合理矛盾突出，房地产市场秩序比较混乱。为切实解决当前房地产市场存在的问题，要继续认真落实《国务院办公厅关于切实稳定住房价格的通知》（国办发明电〔2005〕8号）和《国务院办公厅转发建设部等部门关于做好稳定住房价格工作意见的通知》（国办发〔2005〕26号）提出的各项政策措施，并根据房地产市场的新情况对部分政策措施作适当调整。现就调整住房供应结构、稳定住房价格提出以下意见：

一、切实调整住房供应结构

（一）制定和实施住房建设规划。要重点发展满足当地居民自住需求的中低价位、中小套型普通商品住房。各级城市（包括县城，下同）人民政府要编制住房建设规划，明确"十一五"期间，特别是今明两年普通商品住房、经济适用住房和廉租住房的建设目标，并纳入当地"十一五"发展规划和近期建设规划。各级城市住房建设规划要在2006年9月底前向社会公布。直辖市、计划单列市、省会城市人民政府要将住房建设规划报建设部备案；其他城市住房建设规划报省级建设主管部门备案。各级建设（规划）主管部门要会同监察机关加强规划效能监察，督促各地予以落实。

（二）明确新建住房结构比例。"十一五"时期，要重点发展普通商品住房。自2006年6月1日起，凡新审批、新开工的商品住房建设，套型建筑面积90平方米以下住房（含经济适用住房）面积所占比重，必须达到开发建设总面积的70%以上。直辖市、计划单列市、省会城市因特殊情况需要调整上述比例的，必须报建设部批准。过去已审批但未取得施工许可证的项目凡不符合上述要求的,应根据要求进行套型调整。

二、进一步发挥税收、信贷、土地政策的调节作用

(三)调整住房转让环节营业税。为进一步抑制投机和投资性购房需求,从2006年6月1日起,对购买住房不足5年转手交易的,销售时按其取得的售房收入全额征收营业税;个人购买普通住房超过5年(含5年)转手交易的,销售时免征营业税;个人购买非普通住房超过5年(含5年)转手交易的,销售时按其售房收入减去购买房屋的价款后的差额征收营业税。税务部门要严格税收征管,防止漏征和随意减免。

(四)严格房地产开发信贷条件。为抑制房地产开发企业利用银行贷款囤积土地和房源,对项目资本金比例达不到35%等贷款条件的房地产企业,商业银行不得发放贷款。对闲置土地和空置商品房较多的开发企业,商业银行要按照审慎经营原则,从严控制展期贷款或任何形式的滚动授信。对空置3年以上的商品房,商业银行不得接受其作为贷款的抵押物。

(五)有区别地适度调整住房消费信贷政策。为抑制房价过快上涨,从2006年6月1日起,个人住房按揭贷款首付款比例不得低于30%。考虑到中低收入群众的住房需求,对购买自住住房且套型建筑面积90平方米以下的仍执行首付款比例20%的规定。

(六)保证中低价位、中小套型普通商品住房土地供应。各级城市人民政府要编制年度用地计划,科学确定房地产开发土地供应规模。要优先保证中低价位、中小套型普通商品住房(含经济适用住房)和廉租住房的土地供应,其年度供应量不得低于居住用地供应总量的70%;土地的供应应在限套型、限房价的基础上,采取竞地价、竞房价的办法,以招标方式确定开发建设单位。继续停止别墅类房地产开发项目土地供应,严格限制低密度、大套型住房土地供应。

(七)加大对闲置土地的处置力度。土地、规划等有关部门要加强对房地产开发用地的监管。对超出合同约定动工开发日期满1年未动工开发的,依法从高征收土地闲置费,并责令限期开工、竣工;满2年未动工开发的,无偿收回土地使用权。对虽按照合同约定日期动工建设,但开发建设面积不足1/3或已投资额不足1/4,且未经批准中止开发建设连续满1年的,按闲置土地处置。

三、合理控制城市房屋拆迁规模和进度

(八)严格控制被动性住房需求。各地要按照《国务院办公厅关于控制城镇房屋拆迁规模严格拆迁管理的通知》(国办发〔2004〕46号)的要求,加强拆迁计划管理,合理控制城市房屋拆迁规模和进度,减缓被动性住房需求的过快增长。2006年各地房屋拆迁规模原则上控制在2005年的水平以内。要量力而行,严禁大拆大建,在没有落实拆迁安置房源和补偿政策不到位的情况下,不得实施拆迁,不得损害群众合法利益。

四、进一步整顿和规范房地产市场秩序

(九)加强房地产开发建设全过程监管。对已经规划许可仍未开工的项目,要重新进行规划审查。对不符合规划控制性要求,尤其是套型结构超过规定的项目,不得核发规划许可证、施工许可证和商品房预售许可证。对擅自改变设计、变更项目、超出规定建设的住房要依法予以处理直至没收。

(十)切实整治房地产交易环节违法违规行为。房地产、工商行政主管部门要依法查处合同欺诈等违法违规交易行为,对不符合条件擅自预售商品房的,责令停止并依法予以处罚;对捂盘惜售、囤积房源,恶意炒作、哄抬房价的房地产企业,要加大整治查处力度,情节恶劣、性质严重的,依法依规给予经济处罚,直至吊销营业执照,并追究有关负责人的责任。

五、有步骤地解决低收入家庭的住房困难

(十一)加快城镇廉租住房制度建设。廉租住房是解决低收入家庭住房困难的主要渠道,要稳步扩大廉租住房制度覆盖面。尚未建立廉租住房制度的城市,必须在2006年年底前建立,并合理确定和公布今明两年廉租住房建设规模。要落实廉租住房资金筹措渠道,城市人民政府要将土地出让净收益的一定比例用于廉租住房建设,各级财政也要加大支持力度。2006年年底前,各地都要安排一定规模的廉租住房开工建设。

(十二)规范发展经济适用住房。各地要继续抓好经济适用住房建设,进一步完善经济适用住房制度,解决建设和销售中存在的问题,真正解决低收入家庭的住房需要。严格执行经济适用住房管理的各项政策,加大监管力度,制止违规购买、谋取不正当利益的行为。严格规范集资合作建房,制止部分单位利用职权以集资合作建房名义,变相进行住房实物福利分配的违规行为。

(十三)积极发展住房二级市场和房屋租赁市场。引导居民通过换购、租赁等方式,合理改善居住条件,多渠道增加中低价位、中小套型住房供应。

六、完善房地产统计和信息披露制度

（十四）建立健全房地产市场信息系统和信息发布制度。城市人民政府要抓紧开展住房状况调查，全面掌握当地住房总量、结构、居住条件、消费特征等信息，建立健全房地产市场信息系统和信息发布制度，增强房地产市场信息透明度。要完善市场监测分析工作机制，统计和房地产主管部门要定期公布市场供求和房价情况，全面、及时、准确地发布市场供求信息。

（十五）坚持正确的舆论导向。要加强对房地产市场调控政策的宣传，客观、公正报道房地产市场情况，引导广大群众树立正确的住房消费观念。对提供虚假信息、恶意炒作、误导消费预期的行为，要严肃处理。

国土部关于当前进一步从严土地管理的紧急通知

各省、自治区、直辖市国土资源厅（国土环境资源厅、国土资源局、国土资源和房屋管理局、房屋土地资源管理局），计划单列市国土资源行政主管部门，解放军土地管理局，新疆生产建设兵团国土资源局，中国地质调查局及部其他直属单位，部机关各司局：

为认真贯彻国务院关于抑制一些行业和地区固定资产投资过快增长的要求，促进国民经济平稳运行，进一步落实《国务院关于深化改革严格土地管理的决定》（国发〔2004〕28号），遏制一些地方违法违规占用土地，充分发挥土地供应的调控作用，现就当前进一步从严土地管理有关事项通知如下：

一、不得违反土地利用总体规划和年度计划用地

必须严格执行土地利用总体规划和年度计划，控制建设用地规模。各地不得突破年度计划批准用地，也不得擅自修改土地利用总体规划批准用地。对擅自突破土地利用年度计划的，要加量扣减下一年度的农用地转用计划指标。符合法律规定和产业政策，确需修改规划的，要依照规定听证和论证，并按法定程序和权限报批。任何单位和个人不得改变和占用基本农田，坚决制止通过修改土地利用总体规划等方式规避占用基本农田报批的违法行为。国土资源部和省级国土资源管理部门要定期运用土地利用遥感监测等手段，对各地规划、计划执行情况进行监督检查，并予以通报。

新农村建设必须符合规划，不得以置换、挂钩等为名大拆大建，将腾退土地全部用于非农建设，建新拆旧能够复耕的土地必须复耕。城镇建设用地增加和农村建设用地减少挂钩试点，必须经国土资源部批准，有计划地稳步推行。未经批准进行试点擅自增加使用的建设用地，要追究责任，并扣减用地指标。

二、从严审批各类非农建设用地

坚持有保有压、从严从紧控制新增建设用地。优先保证国家重点基础设施建设项目以及加强经济社会发展薄弱环节建设项目用地，进一步提高效率，搞好服务。严格执行限制、禁止用地目录和重点领域建设用地定额标准，超过用地定额标准的一律核减。对限制类项目严格限制供应土地，禁止类项目一律不得通过土地预审、审核报批和供应土地。利用滩涂、荒山、荒地等进行非农建设的，也必须依法报批。擅自供应土地的，要依法依规予以查处。国家能源、交通、水利、军事设施等重点建设项目选址拟占用基本农田的，在建设项目用地预审和审查报批前，要对用地选址方案、基本农田规划调整方案、补充耕地及补划基本农田方案等进行听证和充分论证。占用基本农田数量较大的，国土资源部还将组织进一步论证。各类建设项目拟征收农民集体所有土地的，必须认真履行征地报批前告知、确认程序，申请听证的要按规定组织听证。上述告知、确认、论证、听证等有关材料，要作为用地报批的必备要件。要按照“先补后占”的原则，在补充数量和质量相当的耕地、补划数量和质量相当的基本农田后再批准建设项目用地。

对省级政府及有关部门批准、核准的单独选址建设项目，在向国务院报批用地时，项目审批机关要就是否符合国家产业政策、规划布局、市场准入标准以及审批、核准程序是否完备和合规作出说明。国土资源部将商请国家发展改革委对其说明进行符合性审查并提出意见。严格执行农用地转用、土地征收和供地备案制度，对不备案及弄虚作假的地区要暂缓农用地转用、土地征收报批。凡未按规定足额缴纳新增建设用地土地有偿使用费的，不得下发用地批复和办理供地手续。新增建

设用地不得用于土地收购储备。

发挥土地调查、登记在建设用地审批中的基础作用。对报批项目用地的地类、权属、面积等情况进行严格核查，做到图件、数据、实地三者一致。各地要认真开展建设用地批后核查监管。建立耕地动态监测系统和分析通报制度。

对因征地补偿安置不到位等引发重大群体性事件的地区，要限期整改。整改期间，暂缓受理所在地区建设项目用地预审和报批申请。

三、确保房地产调控的土地政策落到实处

严格执行《国务院办公厅转发建设部等部门关于调整住房供应结构稳定住房价格意见的通知》(国办发〔2006〕37号)，进一步发挥土地供应的调控作用，保证调控措施的落实。房地产开发用地必须采用招标拍卖挂牌方式公开出让，合理确定宗地面积。各地要编制年度土地供应计划，科学合理确定房地产开发用地供应规模和结构，优先保证中低价位、中小套型普通商品住房(含经济适用住房)和廉租住房的土地供应，供地计划要向社会公布。严格限制低密度、大套型住房的土地供应。坚决执行停止别墅类房地产开发项目土地供应的规定，从即日起，一律停止其供地和办理相关用地手续，进行全面清理。

严格执行国土资源部、国家工商行政管理总局颁布的《国有土地使用权出让合同示范文本》和《国有土地使用权出让合同补充协议示范文本(试行)》。土地出让文件应当将住房套型限制、容积率、开工及竣工时限等规划、建设、土地使用条件明确，并在国有土地使用权出让合同中予以约定。加强对国有土地使用权出让合同执行情况的监督检查，对违约的要追究违约责任。切实加大闲置土地处置力度，应当征收土地闲置费的，要依法从高征收；应当无偿收回土地使用权的，要坚决依法无偿收回。

建立健全土地市场动态监测制度。科学预测房地产开发对土地的需求，加大房地产开发用地及相关信息披露力度，及时向社会发布土地供应数量、结构、分布及实施情况，地价动态变化情况等基本信息。

严格土地登记管理。凡未缴清土地出让金及有关规费的，不得发放土地使用证。加强土地使用权抵押登记管理，防范金融风险。

四、严肃查处违法违规用地

加大查处土地违法违规案件的力度。重点查处违反规划、突破计划、违法批地用地的典型案件。国土资源部、监察部已经部署了公开查处一批重大典型案件工作，各地都要按照要求，严肃查处违法违规用地的案件。对重大违法违规案件，要公开调查、公开结果，并追究相关人员的责任。处理违法违规案件，要追究责任到位，处罚到位。各级国土资源管理部门要认真履行执法监察职责，对有案不查的，要依照规定追究有关人员的责任。要严格落实土地执法动态巡查责任制，加强事前防范。

各省、自治区、直辖市要认真组织开展对以租代征违法用地、闲置土地和别墅用地的清理，重点是对《国务院关于深化改革严格土地管理的决定》下发以来发生的各类违法违规用地的清理。对清理出的问题，要严肃处理，认真整改，并于2006年10月底前，将清理情况特别是查处结果向国土资源部作出报告。国土资源部将会同有关部门加强监督检查。

继续做好开发区用地审核工作。坚决落实开发区的四至范围，对拒不落实的要责令整改。擅自调整开发区位置、边界和扩区的，其用地按违法查处。

五、继续深入开展“完善体制、提高素质”活动

为实施最严格的土地管理制度，提高国土资源管理部门参与宏观调控的能力，各地要继续深入开展“完善体制、提高素质”活动。省级国土资源管理部门要按照新体制和职能的要求，切实负起责任，坚持原则，依法行政。要切实加强基层国土资源所建设，保证机构、编制、经费到位，充分发挥其执法监察作用。

要加强各级国土资源管理部门的班子建设，高度重视干部职工的教育培训，建设一支政治好，原则性强，熟悉业务，懂得管理，廉洁自律的队伍。

各级国土资源管理部门要进一步树立和落实科学发展观，保持气势、把握主导，用心做事、力戒浮躁，夯实基础、拓展成效，全面贯彻党中央、国务院关于严格土地管理、加强宏观调控的重大决策部署，促进国民经济平稳较快发展。

中华人民共和国国土资源部

2006年5月30日

中国人民银行关于调整住房信贷政策有关事宜的通知

银发〔2006〕184 号

各国有商业银行、股份制商业银行；中国人民银行上海总部，各分行、营业管理部、各省会（首府）城市中心支行、副省级城市中心支行：

《国务院办公厅转发建设部等部门关于调整住房供应结构稳定住房价格意见的通知》（国办发〔2006〕37 号，以下简称《通知》）中明确规定：从 2006 年 6 月 1 日起，个人住房按揭贷款首付款比例不得低于 30%；但对购买自住住房且套型建筑面积在 90 平方米以下的仍执行首付款比例 20% 的规定。为贯彻落实《通知》精神，现就有关事项通知如下：

一、各商业银行要高度重视、认真贯彻中央关于加强房地产市场调控的决策和部署，严格按照《通知》要求，紧密结合实际，及时制定实施办法，落实新的住房信贷政策。

二、各商业银行在受理住房贷款申请时，应要求贷款申请人如实填写购房用途，并严格按照《通知》规定确定住房贷款的最低首付比例，同时，按有关规定将住房抵押贷款信息及时录入中国人民银行个人信用信息基础数据库。

三、中国人民银行各分支机构应密切关注房地产市场变化，加强监测分析，强化“窗口指导”，督促商业银行贯彻落实上述规定，并及时上报有关情况。

请中国人民银行上海总部，各分行、营业管理部将本通知转发至辖区内各城市商业银行、城乡信用社。

中国人民银行

2006 年 5 月 31 日

关于落实新建住房结构比例要求的若干意见

建住房[2006]165 号

各省、自治区建设厅，直辖市建委、房地局、规划局（委）：

为贯彻《国务院办公厅转发建设部等部门关于调整住房供应结构稳定住房价格意见的通知》（国办发[2006]37 号），切实调整住房供应结构，现就落实新建住房结构比例要求提出如下意见，各地要认真贯彻执行。

一、明确新建住房结构比例

各地要根据总量与项目相结合的原则，充分考虑城镇中低收入居民家庭生活对交通等设施条件的需求，合理安排普通商品住房的区位布局，统筹落实新建住房结构比例要求。自 2006 年 6 月 1 日起，各城市（包括县城，下同）年度（从 6 月 1 日起计算，下同）新审批、新开工的商品住房总面积中，套型建筑面积 90 平方米以下住房（含经济适用住房）面积所占比重，必须达到 70% 以上。各地应根据当地住房调查的实际状况以及土地、能源、水资源和环境等综合承载能力，分析住房需求，制定住房建设规划，合理确定当地新建商品住房总面积的套型结构比例。城市规划主管部门要会同建设、房地产主管部门将住房建设规划纳入当地国民经济和社会发展中长期规划和近期建设规划，按资源节约型和环境友好型城镇建设的总体要求，合理安排套型建筑面积 90 平方米以下住房为主的普通商品住房和经济适用住房布局，方便居民工作和生活，并将住房套型结构比例分解到具体区域。

城市规划主管部门要依法组织完善控制性详细规划编制工作，首先应当对拟新建或改造住房建设项目的居住用地明确提出住宅建筑套密度（每公顷住宅用地上拥有的住宅套数）、住宅面积净密度（每公顷住宅用地上拥有的住宅建筑面积）两项强制性指标，指标的确定必须符合住房建设规划关于住房套型结构比例的规定；依据控制性详细规划，出具套型结构比例和容积率、建筑高度、绿地率等规划设计条件，并作为土地出让前置条件，落实到新开工商品住房项目。

套型建筑面积是指单套住房的建筑面积，由套内建筑面积和分摊的共有建筑面积组成。经济适用住房建设要严格执行《经济适用住房管理办法》，有计划有步骤地解决低收入家庭的住房困难。

住房建设规划、近期建设规划和控制性详细规划，以及套型结构比例等，按法定程序审定、备案，并按照国务院要求的时限及时向社会公布。

年度土地供应计划中已明确用于中低价位、中小套型普通商品住房用地和依法收回土地使用权的居住用地，应当主要用于安排90平方米以下的住房建设。

各地要严格按照上述要求，落实新建商品住房项目的规划设计条件，确定套型结构比例要求，且不得擅自突破。对擅自突破的，城市规划主管部门不得核发建设工程规划许可证；对不符合规划许可内容的，施工图设计文件审查机构不得出具审查合格书，建设主管部门不得核发施工许可证，房地产主管部门不得核发预售许可证。直辖市、计划单列市、省会城市在已完成住房状况调查的基础上，经深入分析当地居民合理住房需求和供应能力，确需调整新建住房结构比例的，必须报建设部批准，并附住房状况分析和市场预测报告。

二、妥善处理已审批但未取得施工许可证的商品住房项目

对于2006年6月1日前已审批但未取得施工许可证的商品住房项目，由城市人民政府根据当地年度新建商品住房结构比例要求，区别规划用地性质、项目布局，因地制宜地确定需要调整套型结构的具体项目。建设主管部门要会同城市规划、房地产主管部门对6月1日前已审批但未取得施工许可证的项目集中进行一次清理。清理结果要报同级发展改革主管部门备案。经城市人民政府明确需要调整套型结构比例的项目，其规划设计方案和施工图须按要求进行调整，送相关部门重新审查合格并办理相关调整手续后，建设主管部门方可发放施工许可证。

需要调整的项目，要明确具体的套型结构比例要求，并纳入规划设计条件，重新审查规划设计方案。要首先调整过去违反规定批建的各类住宅项目特别是别墅类项目，按照国办发[2005]26号文件要求在土地出让合同中约定了销售价位、套型面积等控制性要求但企业未执行的普通商品住房项目，以及以协议出让方式取得土地使用权的项目。其他需要调整的项目，地方人民政府也要依法妥善处理。

要积极引导和鼓励项目建设单位主动按要求调整套型结构，并在调整后向原审批机关申请变更规划等许可内容，有关审批机关应当依照文件规定及时办理变更手续。对城市人民政府已明确为需要调整套型结构比例的项目，建设单位拒不调整的，原审批机关应依据《行政许可法》第八条的有关规定，作出变更规划等许可的决定。

三、严肃查处违法违规行为

各地建设、规划、房地产主管部门要根据有关法律法规的规定，加强市场监管，严肃查处违反或规避套型结构要求的违法违规行为。对情节恶劣、性质严重的违法违规行为，要公开曝光、从严处罚。对违规建设的住房，依法该没收的，要坚决予以没收，所没收的住房主要用于解决低收入家庭居住困难。

当前应重点查处下列行为：开发建设单位不按照批准的规划设计条件委托设计；明示或暗示设计单位违反设计规范中住宅层高、套内基本空间的规定，规避套型结构要求；在建设过程中擅自变更设计，违反套型结构要求等行为。设计单位接受开发建设单位明示或暗示，不严格按照国家法律法规、技术标准进行设计，或采用不正当技术手段规避有关规划控制性要求，或向建设单位提供与审查合格的施工图设计文件不符的图纸，擅自改变套型建筑面积的行为。施工单位不按审查合格的施工图设计文件进行施工，擅自更改设计、预留空间，改变套型建筑面积的行为。监理单位接受开发建设单位明示或暗示，不严格按照技术标准和规划要求进行监理，致使套型结构要求没有得到落实的行为。

四、加强监督检查，落实责任追究制度

国办发[2006]37号文件明确要求，"各地区、特别是城市人民政府要切实负起责任，把调整住房供应结构、控制住房价格过快上涨纳入经济社会发展工作的目标责任制，促进房地产业健康发展。"城市规划、建设、房地产等有关主管部门要在当地政府领导下，认真履行职责，建立健全协调配合工作机制，严格程序，密切合作，各司其职。对没有按要求严格审查，违规发放规划、施工、商品房预售许可证和施工图设计文件审查合格书的单位和个人，要及时予以严肃查处；属于失职、渎职的，要提请有关机关依法追究有关人员的责任。

省、自治区建设主管部门要会同有关部门，加强对市、县落实新建住房结构比例工作的指导、监督。对不及时公布住房建设规划并按规定上报备案、套型结构比例没有按要求公布或公布后未予落实的，要予以通报批评。

各地建设（规划）主管部门要会同监察机关按照《建设部监察部关于开展城乡规划效能监察的通知》（建规[2005]161号），把落实近期建设规划、调整住房供应结构情况作为规划效能监察工作重点，加强监督监察。对措施不落实、工作不到位的，要责成整改，并依法追究有关单位和人员的责任。建设部将会同监察部对有关工作情况进行监督检查。

中华人民共和国建设部

2006年7月6日

关于进一步整顿规范房地产交易秩序的通知

建住房[2006]166号

各省、自治区建设厅，直辖市房地局(建委)，各省、自治区、直辖市发展改革委、物价局、工商局：

为贯彻《国务院办公厅转发建设部等部门关于调整住房供应结构稳定住房价格意见的通知》(国办发〔2006〕37号)，现就进一步整顿规范房地产交易秩序有关问题通知如下：

一、充分认识整顿规范房地产交易秩序的重要意义

(一)整顿规范房地产交易秩序，对于维护消费者合法权益，稳定住房价格，促进房地产市场持续健康发展，具有十分重要的意义。各地房地产、发展改革、价格、工商管理部门要从实践“三个代表”重要思想和落实科学发展观的高度出发，切实把思想统一到国务院的决策部署上来，坚持深化改革和加强法治并举、坚持整顿规范和促进健康发展并重，加强制度建设，加大对房地产交易环节违法违规行为查处力度，努力营造主体诚信、行为规范、监管有力、市场有序的房地产市场环境。

二、加大房地产交易环节违法违规行为整治力度

(二)加强商品房预售许可管理。各级房地产管理部门要按照法定程序和许可条件，严格把好商品房预售许可关。房地产开发企业取得预售许可证后，应当在10日内开始销售商品房。未取得商品房预售许可证的项目，房地产开发企业不得非法预售商品房，也不得以认购(包括认订、登记、选号等)、收取预定款性质费用等各种形式变相预售商品房。对房地产开发企业未取得预售许可证而非法预售或变相预售的，房地产管理部门应依照《城市房地产管理法》、《城市房地产开发经营管理条例》以及《城市商品房预售管理办法》等法律法规进行查处，责令其限期整改；对拒不整改的，要从严查处，直至取消开发企业资质。

(三)加强对商品房预(销)售活动的动态监管。各级房地产管理部门要抓紧建立健全商品房预(销)售合同网上即时备案系统和房地产交易信息公示制度。商品房基本情况、销售进度、权利状态等预(销)售信息应及时、全面、准确地在网上备案系统和销售现场进行公示。对房地产企业发布虚假信息、炒卖房号、捂盘惜售、囤积房源等恶意炒作、哄抬房价，或者房地产企业纵容雇佣工作人员炒作房价，扰乱市场秩序的，房地产、发展改革(价格)、工商管理部门应按各自职责依法从严查处。严禁将购买的未竣工预售商品房再行转让。房地产管理部门要按照《商品房销售管理办法》有关规定，加强对商品房销售人员的培训和管理，对违规从事商品房预(销)售活动的单位和人员，要从严处理。

(四)加强房地产广告发布管理。未取得商品房预售许可证的房地产项目，不得发布商品房预售广告。广告发布单位要对房地产广告内容的真实性进行必要的审查，杜绝虚假广告和其他违法违规广告。对未取得预售许可证发布预售广告的，承诺售后包租、返本销售的，广告中有关房地产项目名称、面积、价格、用途、位置、周边环境、配套设施等内容虚假违法的，由工商、发展改革(价格)、房地产管理部门依照《城市房地产管理法》、《广告法》、《价格法》以及《城市商品房预售管理办法》、《禁止价格欺诈行为的规定》、《房地产广告发布暂行规定》等法律法规，予以严肃处理。

(五)加强房地产展销活动管理。工商行政管理部门要严格展销许可管理，会同房地产管理部门加强对房地产展销活动的审查和监管。工商行政管理部门应审查展销活动主办方资格；房地产管理部门应审查参展企业的信用情况和参展房地产项目的合规情况。有严重违法违规不良记录的房地产企业和不具备预(销)售条件的商品房项目，不得参加展销活动。

(六)加强商品房预(销)售合同管理。房地产开发企业应当参照国家或地方建设(房地产)、工商管理部门制定的示范文本，与购房者签订商品房预(销)售合同。房地产开发企业在制定商品房销售合同格式条款时，不得免除自己责任、加重购房人责任，或排除购房人合法权利。商品房预(销)售合同示范文本及格式条款应在订立合同前向购房人明示。房地产管理部门应严格预售合同登记备案制度，落实购房“实名制”。对房地产销售过程中实施合同欺诈，利用虚假合同套取银行贷款、偷逃税款等违法违规行为，房地产管理部门可暂停办理其商品房网上签约、合同登记备案等房地产交易手续；工商行政管理部门要加大对合同违法和侵害消费者权益行为的查处力度；构成犯罪的，移送司法部门处理。

(七)加强房地产经纪管理。凡从事房地产经纪活动的经纪机构及其分支机构，应向工商行政管理部门申领营业执照，并在一个月内到房地产管理部门办理备案。房地产经纪人承办经纪业务，应当采用房地产、工商管理部门制定的房地产经纪合同示范文本，并附有执行该项经纪业务的房地产经纪执业人员的签名。对房地产经纪人利用虚假信息骗取中介费、服务费、看房费等费用，在代理买卖过程中赚取差价等违规行为，由房地产、发展改革（价格）、工商管理部门依据各自职责，依法查处或联合予以查处。

三、落实主管部门整顿规范房地产交易秩序的责任

（八）集中开展一次整治活动。各地要从今年下半年起，用一年左右时间，集中开展一次房地产交易秩序专项整治活动。各级房地产、发展改革（价格）、工商管理部门要认真制定整治工作方案，明确时间要求，细化工作任务，落实工作责任。各地对专项整治工作中暴露出的问题，要积极加以整改；整改不力、群众反映强烈的，要予以通报批评。

（九）畅通举报投诉渠道。房地产、发展改革（价格）、工商管理部门要通过开设专项整治热线电话等方式，方便群众投诉，加强社会监督，及时发现和查处房地产交易环节的违法违规行为。各级领导干部不得利用职权干预房地产交易活动。

（十）建立房地产交易诚信机制。房地产管理部门要加快构筑房地产交易信息服务平台，进一步完善房地产信用档案体系。房地产企业及其执（从）业人员的失信行为情节严重的，要通过新闻媒体予以曝光。房地产、发展改革（价格）、工商管理部门要建立对房地产交易环节违法违规行为的监督和惩戒机制。

（十一）加强宣传舆论引导。各地要结合房地产交易秩序专项整治活动，组织开展形式多样的房地产交易法律法规宣传活动，引导消费者依照法律法规维护自身合法权益。

（十二）建立工作联动机制。各级房地产、发展改革（价格）、工商管理部门要认真贯彻执行有关法律、法规和政策，加强部门间的协作配合，建立健全房地产交易信息共享、情况通报以及违法违规行为的联合查处机制。各省、自治区、直辖市建设（房地产）、发展改革（价格）、工商管理部门要抓紧部署本地区的专项整治工作，督促指导所辖城市切实落实专项整治工作的各项要求。各省、自治区、直辖市建设（房地产）、发展改革（价格）、工商管理部门应将专项整治工作中有关情况及时上报建设部、国家发展改革委、国家工商行政管理总局。

中华人民共和国建设部
中华人民共和国国家发展和改革委员会
中华人民共和国国家工商行政管理总局
2006 年 7 月 6 日

关于规范房地产市场外资准入和管理的意见

建住房[2006]171 号

各省、自治区、直辖市人民政府，国务院各部委、各直属机构：

今年以来，我国房地产领域外商投资增长较快，境外机构和个人在境内购买房地产也比较活跃。为促进房地产市场健康发展，经国务院同意，现就规范房地产市场外资准入和管理提出以下意见：

一、规范外商投资房地产市场准入

（一）境外机构和个人在境内投资购买非自用房地产，应当遵循商业存在的原则，按照外商投资房地产的有关规定，申请设立外商投资企业；经有关部门批准并办理有关登记后，方可按照核准的经营范围从事相关业务。

（二）外商投资设立房地产企业，投资总额超过 1000 万美元（含 1000 万美元）的，注册资本金不得低于投资总额的 50%。投资总额低于 1000 万美元的，注册资本金仍按现行规定执行。

（三）设立外商投资房地产企业，由商务主管部门和工商行政管理机关依法批准设立和办理注册登记手续，颁发一年期《外商投资企业批准证书》和《营业执照》。企业付清土地使用权出让金后，凭上述证照到土地管理部门申办《国有土地使用证》，根据《国有土地使用证》到商务主管部门换发正式的《外商投资企业批准证书》，再到工商行政管理机关换发与《外商投资企业批准证书》经营期限一致的《营业执照》，到税务机关办理税务登记。

（四）外商投资房地产企业的股权和项目转让，以及境外投资者并购境内房地产企业，由商务主管等部门严格按照有关法律法规和政策规定进行审批。投资者应提交履行《国有土地使用权出让合同》、《建设用地规划许可证》、《建设工程规划许可证》等的保证函,《国有土地使用证》,建设(房地产)主管部门的变更备案证明,以及税务机关出具的相关纳税证明材料。

(五)境外投资者通过股权转让及其他方式并购境内房地产企业,或收购合资企业中方股权的,须妥善安置职工、处理银行债务、并以自有资金一次性支付全部转让金。对有不良记录的境外投资者,不允许其在境内进行上述活动。

二、加强外商投资企业房地产开发经营管理

(六)对投资房地产未取得《外商投资企业批准证书》和《营业执照》的境外投资者,不得进行房地产开发和经营活动。

(七)外商投资房地产企业注册资本金未全部缴付的,未取得《国有土地使用证》的,或开发项目资本金未达到项目投资总额35%的,不得办理境内、境外贷款,外汇管理部门不予批准该企业的外汇借款结汇。

(八)外商投资房地产企业的中外投资各方,不得以任何形式在合同、章程、股权转让协议以及其他文件中,订立保证任何一方固定回报或变相固定回报的条款。

(九)外商投资房地产企业应当遵守房地产有关法律法规和政策规定,严格执行土地出让合同约定及规划许可批准的期限和条件。有关部门要加强对外商投资房地产企业开发、销售等经营活动的监管,发现囤积土地和房源、哄抬房价等违法违规行为的,要根据国办发[2006]37号文件及其他有关规定严肃查处。

三、严格境外机构和个人购房管理

(十)境外机构在境内设立的分支、代表机构(经批准从事经营房地产业的企业除外)和在境内工作、学习时间超过一年的境外个人可以购买符合实际需要的自用、自住商品房,不得购买非自用、非自住商品房。在境内没有设立分支、代表机构的境外机构和在境内工作、学习时间一年以下的境外个人,不得购买商品房。港澳台地区居民和华侨因生活需要,可在境内限购一定面积的自住商品房。

(十一)符合规定的境外机构和个人购买自用、自住商品房必须采取实名制,并持有效证明(境外机构应持我政府有关部门批准设立驻境内机构的证明,境外个人应持其来境内工作、学习,经我方批准的证明,下同)到土地和房地产主管部门办理相应的土地使用权及房屋产权登记手续。房地产产权登记部门必须严格按照自用、自住原则办理境外机构和个人的产权登记,对不符合条件的不予登记。

(十二)外汇管理部门要严格按照有关规定和本意见的要求审核外商投资企业、境外机构和个人购房的资金汇入和结汇,符合条件的允许汇入并结汇;相关房产转让所得人民币资金经合规性审核并确认按规定办理纳税等手续后,方允许购汇汇出。

四、进一步强化和落实监管责任

(十三)各地区、特别是城市人民政府要切实负起责任,高度重视当前外资进入房地产市场可能引发的问题,进一步加强领导,落实监管责任。各地不得擅自出台对外商投资房地产企业的优惠政策,已经出台的要清理整顿并予以纠正。建设部、商务部、发展改革委、国土资源部、人民银行、税务总局、工商总局、银监会、外汇局等有关部门要及时制定有关操作细则,加强对各地落实规范房地产市场外资准入和管理政策的指导和监督检查,对擅自降低企业注册资本金和项目资本金比例,以及管理不到位出现其他违法违规行为的,要依法查处。同时,要进一步加大对房地产违规跨境交易和汇兑违法违规行为的查处力度。

(十四)完善市场监测分析工作机制。建设部、商务部、统计局、国土资源部、人民银行、税务总局、工商总局、外汇局等有关部门要建立健全外资进入房地产市场信息监测系统,完善外资房地产信息网络。有关部门要加强协调配合,强化对跨境资本流动的监测,尽快实现外资房地产统计数据的信息共享。

中华人民共和国建设部
中华人民共和国商务部
中华人民共和国国家发展和改革委员会
中国人民银行
中华人民共和国国家工商行政管理总局
国家外汇管理局
2006年7月11日

关于印发《民用建筑工程节能质量监督管理办法》的通知

建质[2006]192号

各省、自治区建设厅，直辖市建委（建设交通委），北京市规划委，新疆生产建设兵团建设局：

为进一步做好民用建筑工程节能质量的监督管理工作，保证建筑节能法律法规和技术标准的贯彻落实，我部制定了《民用建筑工程节能质量监督管理办法》，现印发给你们，请认真执行。

中华人民共和国建设部

2006年7月31日

第一条 为了加强民用建筑工程节能质量的监督管理，保证民用建筑工程符合建筑节能标准，根据《建设工程质量管理条例》、《建设工程勘察设计管理条例》、《实施工程建设强制性标准监督规定》、《民用建筑节能管理规定》、《房屋建筑和市政基础设施工程施工图设计文件审查管理办法》、《建设工程质量检测管理办法》等有关法规规章，制定本办法。

第二条 凡在中华人民共和国境内从事民用建筑工程的新建、改建、扩建等有关活动及对民用建筑工程质量实施监督管理的，必须遵守本办法。

本办法所称民用建筑，是指居住建筑和公共建筑。

第三条 建设单位、设计单位、施工单位、监理单位、施工图审查机构、工程质量检测机构等单位，应当遵守国家有关建筑节能的法律法规和技术标准，履行合同约定义务，并依法对民用建筑工程节能质量负责。

各地建设主管部门及其委托的工程质量监督机构依法实施建筑节能质量监督管理。

第四条 建设单位应当履行以下质量责任和义务：

1.组织设计方案评选时，应当将建筑节能要求作为重要内容之一。

2.不得擅自修改设计文件。当建筑设计修改涉及建筑节能强制性标准时，必须将修改后的设计文件送原施工图审查机构重新审查。

3.不得明示或者暗示设计单位、施工单位降低建筑节能标准。

4.不得明示或者暗示施工单位使用不符合建筑节能性能要求的墙体材料、保温材料、门窗部品、采暖空调系统、照明设备等。按照合同约定由建设单位采购的有关建筑材料和设备，建设单位应当保证其符合建筑节能指标。

5.不得明示或者暗示检测机构出具虚假检测报告，不得篡改或者伪造检测报告。

6.在组织建筑工程竣工验收时，应当同时验收建筑节能实施情况，在工程竣工验收报告中，应当注明建筑节能的实施内容。

大型公共建筑工程竣工验收时，对采暖空调、通风、电气等系统，应当进行调试。

第五条 设计单位应当履行以下质量责任和义务：

1.建立健全质量保证体系，严格执行建筑节能标准。

2.民用建筑工程设计要按功能要求合理组合空间造型，充分考虑建筑体形、围护结构对建筑节能的影响，合理确定冷源、热源的形式和设备性能，选用成熟、可靠、先进、适用的节能技术、材料和产品。

3.初步设计文件应设建筑节能设计专篇，施工图设计文件须包括建筑节能热工计算书，大型公共建筑工程方案设计须同时报送有关建筑节能专题报告，明确建筑节能措施及目标等内容。

第六条 施工图审查机构应当履行以下质量责任和义务：

1.严格按照建筑节能强制性标准对送审的施工图设计文件进行审查，对不符合建筑节能强制性标准的施工图设计文件，不得出具审查合格书。

2.向建设主管部门报送的施工图设计文件审查备案材料中应包括建筑节能强制性标准的执行情况。

3.审查机构应将审查过程中发现的设计单位和注册人员违反建筑节能强制性标准的情况，及时上报当地建设主管部门。

第七条 施工单位应当履行以下质量责任和义务：

1.严格按照审查合格的设计文件和建筑节能标准的要求进行施工，不得擅自修改设计文件。

2.对进入施工现场的墙体材料、保温材料、门窗部品等进行检验。对采暖空调系统、照明设备等进行检验,保证产品说明书和产品标识上注明的性能指标符合建筑节能要求。

3.应当编制建筑节能专项施工技术方案,并由施工单位专业技术人员及监理单位专业监理工程师进行审核,审核合格,由施工单位技术负责人及监理单位总监理工程师签字。

4.应当加强施工过程质量控制,特别应当加强对易产生热桥和热工缺陷等重要部位的质量控制,保证符合设计要求和有关节能标准规定。

5.对大型公共建筑工程采暖空调、通风、电气等系统的调试,应当符合设计等要求。

6.保温工程等在保修范围和保修期限内发生质量问题的,施工单位应当履行保修义务,并对造成的损失承担赔偿责任。

第八条　监理单位应当履行以下质量责任和义务:

1.严格按照审查合格的设计文件和建筑节能标准的要求实施监理,针对工程的特点制定符合建筑节能要求的监理规划及监理实施细则。

2.总监理工程师应当对建筑节能专项施工技术方案审查并签字认可。专业监理工程师应当对工程使用的墙体材料、保温材料、门窗部品、采暖空调系统、照明设备,以及涉及建筑节能功能的重要部位施工质量检查验收并签字认可。

3.对易产生热桥和热工缺陷部位的施工,以及墙体、屋面等保温工程隐蔽前的施工,专业监理工程师应当采取旁站形式实施监理。

4.应当在《工程质量评估报告》中明确建筑节能标准的实施情况。

第九条　工程质量检测机构应当将检测过程中发现建设单位、监理单位、施工单位违反建筑节能强制性标准的情况,及时上报当地建设主管部门或者工程质量监督机构。

第十条　建设主管部门及其委托的工程质量监督机构应当加强对施工过程建筑节能标准执行情况的监督检查,发现未按施工图设计文件进行施工和违反建筑节能标准的,应当责令改正。

第十一条　建设、勘察、设计、施工、监理单位,以及施工图审查和工程质量检测机构违反建筑节能有关法律法规的,建设主管部门依法给予处罚。

第十二条　达不到节能要求的工程项目,不得参加各类评奖活动。

建设部关于印发《城镇廉租住房档案管理办法》的通知

建住房[2006]205 号

各省、自治区建设厅,直辖市建委(房地局),新疆生产建设兵团建设局:

为加强城镇廉租住房制度建设,规范城镇廉租住房档案管理,我部制定了《城镇廉租住房档案管理办法》。现印发给你们,请遵照执行。

中华人民共和国建设部

2006 年 8 月 19 日

第一条　为了加强和规范城镇廉租住房档案管理,确保其完整、安全和有效利用,根据《中华人民共和国档案法》、《城镇最低收入家庭廉租住房管理办法》、《城镇最低收入家庭廉租住房申请、审核及退出管理办法》,结合城镇廉租住房管理的实际情况,制定本办法。

第二条　廉租住房档案是廉租住房管理机构在实施住房保障过程中直接形成的具有保存价值的各种文字、图表、声像等不同形式的历史记录,包括纸质、电子两种档案。

第三条　廉租住房档案真实记录廉租住房政策落实情况,反映廉租住房保障家庭状况,是城镇廉租住房管理工作的基础。

第四条　廉租住房档案管理按照相关规定执行,纸质档案中的文书档案、会计档案等分别按有关规定管理，电子文件的整理归档执行《电子文件归档与管理规范》(GB/T18894—2002)要求。

第五条 各省、自治区建设厅，直辖市建委(房地局)负责对本地区内的廉租住房档案工作进行指导、监督和检查。各市、县(区)房地产管理部门具体负责本地区内廉租住房档案的收集、整理、归档、保管和利用。

第六条 配备适应工作需要的专(兼)职廉租住房档案管理工作人员，其职责是：

(一)执行城镇廉租住房管理的政策法规及业务技术规范。

(二)对实施廉租住房保障过程中形成的文件材料进行收集、整理、归档、统计、利用、销毁等，确保档案的完整、安全。

(三)维护档案信息，提供档案利用。

第七条 廉租住房档案管理工作与城镇廉租住房管理工作实行同时布置、检查、验收。

第八条 廉租住房档案应一户一档，包括申请、审核、实施保障及年度复核等有关材料。

(一)申请材料。包括廉租住房申请书，申请人身份证、户口簿、家庭收入证明、家庭住房情况证明及其他相关证明。

(二)审核材料。包括廉租住房审核表，工作人员入户核查记录，公示内容及反馈记录，群众举报、来访记录等。

(三)实施保障材料。包括廉租住房保障家庭登记通知单，实物配租入住通知书，租金补贴发放通知书，租金补贴变更、停发通知书，房屋租赁合同，廉租住房租金补贴合同或实物配租合同，廉租住房保障家庭终止保障通知书等。

(四)复核材料。根据年度复核结果对档案及时进行调整变更，包括家庭收入、住房状况变更记录和年度复核记录等。

第九条 建立廉租住房管理档案。管理档案包括申请家庭名单清册(台帐)，租赁住房补贴资金发放名单清册(台账)，银行对帐单，廉租住房保障家庭统计月(季)报表，实物配租家庭租金收缴情况及廉租住房管理工作文件、表、图、册等相关资料。

第十条 用于实物配租的廉租住房建设项目，应保留项目前期各项审批手续及相关图纸资料，账目及资金使用情况，项目招投标合同、协议，项目竣工及后期管理等相关材料。通过收购方式筹集的廉租住房，应保留收购协议等相关材料。

第十一条 要运用计算机等现代化手段对廉租住房数据进行统计、分析，并建立相应的电子档案。根据申请、审核、登记、年度复核、终止退出等有关情况，及时更新廉租住房管理系统的有关数据。

第十二条 保障对象档案应以户为单位进行整理，按实施廉租住房保障过程中材料形成的先后或重要程度顺序排列归档。

第十三条 廉租住房档案由各地廉租住房管理机构负责保管，在廉租住房保障家庭停止享受住房保障一定时限后，及时移交本单位综合档案室统一管理，电子档案同时移交。

第十四条 健全廉租住房档案检索体系，做好档案的收进、保管、利用、移出等情况的详细记录。

第十五条 对保管期满的廉租住房档案，应由廉租住房管理工作人员、档案管理工作人员按规定程序予以销毁。

第十六条 档案保管部门要根据廉租住房档案的数量配备相应的库房和档案柜等设施，做到妥善保管、存放有序、查找方便。

为电子档案的保管配备专用的数据存储设备，定期备份。通过网络管理的，还须做好网络安全防护，确保数据的完整、安全。

第十七条 对违反本办法规定，造成廉租住房档案丢失、损毁等不良后果的，按照《档案法》及有关规定处理。

第十八条 各地可根据当地实际情况制定具体实施办法。

第十九条 本办法自 2006 年 10 月 1 日起施行。

编者注：本卷只收录了 2004 年 1 月 1 日以后房地产方面国家及有关部委颁布的法律、法规、文件；在此之前的法规文件可查阅《中国房地产业发展大全》、《中国房地产业发展大全(2002)》、《中国房地产业发展大全 2003－2004)》。

中国房地产优秀企业家

（排名不分先后，以姓氏笔画为序）

毛建华　常熟裕坤置业有限公司总裁

王一蕾　四川润扬建设集团有限公司董事长

王居国　霞浦安大房地产开发有限公司董事兼工程部经理

王贵炳　杭州下城房地产开发限经营有限公司总经理

卢成通　广东光大企业集团有限公司副总经理

刘水林　成都中铁二局宏源房地产综合开发有限公司董事长、总经理

刘道锋　重庆渝北新城枫林置业有限公司总经理

吕爱明　湖北珠江房地产开发有限公司总经理

孙甚林　重庆南方集团有限公司总裁

庄小夸　深圳市承翰投资开发有限公司董事长

朱广龙　苏州新城万嘉房地产有限公司总经理

牟坤林　芜湖海泰置业有限公司总经理

许作伟　苏州信泰房地产开发有限公司董事长

许家印　广州恒大集团有限公司董事局主席、党委书记

何荣彪　温州市国脉房地产开发有限公司副总经理

张棪清　中房集团瑞安房地产开发有限公司董事长

张舜尧　泰昇房地产(上海)有限公司董事局主席

张超群　四川嘉昕房地产开发有限公司董事长

李　涛　上海天台恒星房地产发展有限公司总经理

杨　斌　南通开发区爱东房地产有限公司总经理

苏　涛　江苏百大实业发展有限公司总经理

苏子发　浙江伟程房地产开发有限公司总经理

苏玉荣　厦门市开元国有资产投资有限公司总经理

陈建宝　浙江绿地房地产开发有限公司总经理

陈祖伟　常州天禄建设开发有限公司董事长兼总经理

陈敏敏　宁波成路置业有限公司总经理

周全新　昆山世界名人城房产开发有限公司董事长

郑元豹　人民电器集团有限公司董事长

姜广泉　江苏星源房地产综合开发有限公司董事长

祝小华　滨州市华升房地产发展有限公司总经理

胡　泉　成都市志成房地产开发有限公司总经理

胡文明　阳澄湖投资有限公司总经理

徐铉达　温州建桥房地产开发有限公司副总经理

秦荣贵　重庆石桥房地产开发总公司法人代表

郭水尧　上海尧舜置业有限公司董事长

郭昌平　四川怡安投资集团有限公司董事长

高仕军　江苏高力集团董事长

高边疆　四川省国机保利机电设备有限公司董事长

康全林　重庆市祥龙居房地产开发有限公司董事长

章浩中　成都兴西华建设管理有限公司总经理

黄明良　四川星慧投资置业有限公司董事长

喻徽芳　义乌市九州建设开发有限公司董事长

舒策城　无锡市五洲国际装饰城有限公司董事长、总经理

蒋良喜　浙江苏泊尔房地产开发有限公司总经理

蓝荷耕　兽霸集团·青田县万基置业有限公司总经理

裘海放　成都市城市建设开发有限责任公司董事长

薛玉川　中房集团成都房地产开发总公司总经理

戴相超　重庆金鹏物业(集团)有限公司董事长

常熟裕坤置业有限公司

董事长　毛建华　先生

毛建华，男，汉族，1955年9月出生，大学文化，工程师，籍贯：江苏。

1975年10月-1979年2月　北京经贸大学

1979年2月-1982年1月　北京中国轻工总公司

1982年1月-1988年10月　美国美洲林业产品公司副总裁

1988年10月-1989年8月　中国纸浆纸张进出口公司副总经理

1989年8月-1992年2月　常熟市第三皮件厂厂长

1989年2月-1994年6月　常熟五洋皮件有限公司董事长、总经理

1994年6月-至今　任江苏美迪洋集团公司董事长兼总裁；江苏美迪洋皮革皮件有限公司董事长兼总经理；常熟裕坤置业有限公司董事长

四川润扬建设集团有限公司

董事长　王一蕾　女士

王一蕾，女，汉族，1958年5月出生，本科学历，高级工程师，籍贯：四川成都。

王一蕾是四川省少有的女性企业人才。她从上个世纪80年代涉足建筑界之后，以一种求实、创新、开拓的精神，顽强地拼搏，从一个普通的工长，锻炼成为一个业绩显赫的企业领导人。她的成功是与她对事业执著追求分不开的。她虚心好学，不断涉猎相关知识，为她胜任企业的指挥工作奠定了基础。由于她务实的工作作风和深入第一线的吃苦精神，在一个又一个施工现场，树立起一座又一座质地优良的建筑，从而赢得了建设单位和职能部门的好评。

霞浦安大房地产开发有限公司

董事、工程部经理　王居国　先生

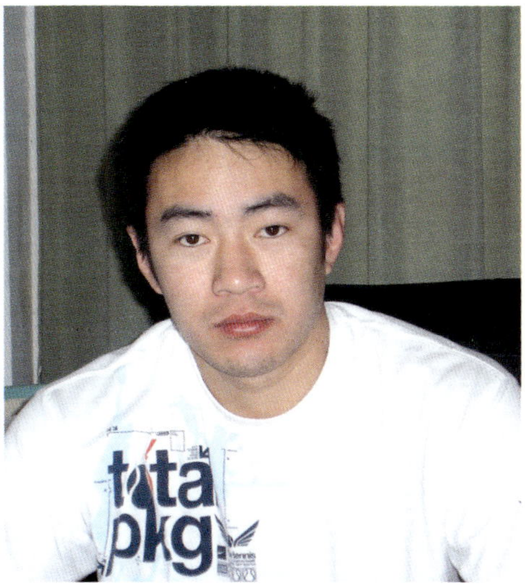

王居国，男，1980年8月出生，大专学历，工程师。

2000年9月，进入玉环县建筑安装工程有限公司，在玉环亲自参与建设的项目有：楚门蓝天家园（玉环蓝天房产开发公司），玉环县三合潭花园（玉环华厦房产和新世纪房产联合开发）、东门华龙公寓（华龙房地产公司）、百盛商住综合楼（玉环长江房地产开发公司）、清港胡新村部大楼等项目，担任技术负责人。

2003年1月，担任玉环县建筑安装工程有限公司质安科负责人。

2003年10月，进入四川金诺置业有限公司开发的金诺御景山居项目，担任分公司经理职务。

2006年，任霞浦安大房地产开发有限公司董事、工程部经理。

王居国先生先后在施工一线队伍从事生产技术管理工作，积累了丰富的施工管理经验，然后逐渐跨入企业管理层，并多次参加房地产管理营销培训学习，对拟订市场调查方案，提供市场预测，完成调查报告与政府部门沟通和联络，疏通关节等工作有了一定的经验，能很好地完成项目的开发管理工作。具备市场分析能力及营销经验，并且极富工作热情和团队精神，具有良好的适应和熟练的沟通技巧，能够协助主管人员出色地完成各项工作。

杭州下城房地产开发经营有限公司

总经理　王贵炳　先生

王贵炳，男，1947年10月出生，中共党员，大专学历，工程师。

王贵炳先生1960年10月参加工作，1980年至1985年任下城住宅公司副经理、经理，1985年至1992年任下城区城建局副局长，1992年至1996年任下城区城建综合开发公司总经理，1996年至2001年任下城区房管局局长，2001年至今任下城房地产开发经营公司总经理等职。曾先后5次被评为市优秀党员，杭州市、区二级人大代表。尤其在1995年被评为省优秀党员的称号。同时还在1982年被授予浙江省劳动模范和杭州市劳动模范。

王贵炳先生在工作业绩方面，能加大房地产开发力度，找准定位，抢占地块，抓进度、重质量、创名牌，能在抓好经济效益的同时，抓好社会效益及环境效益，为杭州市及下城区的旧城改造、为体育场路、环城西路、武林路等道路的综合整治作出贡献。尤其近年来，在抓好改革、发展、稳定的同时，能按照区政府的部署，积极抓好市重点工程东新园60万m^2经济适用房的开发建设工作，取得了较大的成效。

在打造杭城楼盘的同时，王贵炳先生还积极开拓市场渠道，参与省外房地产开发，继2003年成功地在安徽宁国开发10万m^2商铺和住宅的基础上，2004年又在南京浦口获得土地250亩，计划建筑面积25万m^2。该项目位于南京浦口珠江镇，与南京主城区一桥相连，项目所在地自然资源和人文资源丰富，不仅有老山10万亩森林公园及珍珠泉旅游度假区作为依托，而且周边还有南京大学、南京工业大学等知名学府作为背景，吸引和吸收不同层次、档次的业主，使之浑然一体。目前该项目一期10万m^2已如期竣工，楼盘的品味、特色和新意已赢得南京市民的普通赞誉。

广东光大企业集团有限公司

副总经理　卢成通　先生

卢成通，男，汉族，1970年10月出生，还兼大专文化，籍贯：广东。从1997年至今，任广东光大集团有限公司副总；同时自2005年至今，还兼任东莞市光大房地产开发有限公司副总经理。

自担任光大集团副总经理以来，本人遵循"光大地产，出品精良"的企业集团发展房地产的理念，努力把握市场脉搏，从本公司推出的光大花园、景湖花园、景湖春天等七大优秀楼盘来看，深受广大市民欢迎。其中，1999年精心打造推出的世纪豪庭景湖花园，以"泗水归源"的水文化概念、"最大的生态园林"等概念凝造出各个绿化居住区域的主题特点，成为东莞市内住宅区域展示园林风景的标本之一，首先被东莞市政府授予"优质园林绿化居住小区"的荣誉称号。

作为优质生活的领航者，光大地产全力引领现代居住新时尚，1999年凭借对新生活的渴望与追求，我们创造了东莞地产的奇迹景湖花园，为东莞地产带来了"人、自然、城市、建筑和谐统一"的新概念，为东莞房地产注入了新的活力，开创了人居环境新时代。

2002年，我们通过创建理想的住宅社区实现居住者的终身关怀，以公司雄厚实力和专业水准打造光大地产这个家喻户晓的金色金牌，成为东莞地产界的航空母舰。

2003年，推出的景湖春天住宅打出"白领精英生活特区"的定位，围绕这一概念所做的宣传策划活动取得了理想的效果，奠定的景湖春天的市场地位，也在东莞这个外来人口为主，以制造业为主的城市，在别人认为东莞没有白领的城市，举起了东莞白领这样一个口号，从而让东莞市场真正关注到了东莞的人群结构，东莞的客户构成，以至于是否是白领盘成为了东莞房地产一个判断楼盘标准。加之产品规划及建筑延续了光大集团奉行的高标准，因此楼盘销售得非常成功，全线飘红。

而2004年，在景湖春天一期已经入住之际，为了活跃整一个社区的文化氛围，我们举行了"爱家就要行动"系列策划方案，通过景湖春天爱家社区形象的塑造，提升景湖春天的知名度与美誉度，进而将光大地产企业品牌理念扩散。通过"爱家运动"开展，在东莞掀起一阵爱家的热潮，销售也节节攀升。

成都中铁二局宏源房地产综合开发有限公司

董事长、总经理　刘水林　先生

刘水林，男，汉族，1961年9月出生，大学文化，工程师，江苏无锡人。

工作经历：

1979年-1984年　铁二局球队队员；1984年-1986年　铁二局党校；1986年-1993年　铁二局多经处人事科历任干事、主任干事、副科长；1993年-2001年　中铁二局宏源房地产综合开发有限公司任副总经理、总经理、党支部书记、董事长；2001年至今　中铁二局集团装饰装修有限公司任副总经理兼中铁二局宏源房地产综合开发有限公司董事长、总经理、党支部书记。

工作业绩：

成都中铁二局宏源房地产综合开发有限公司成立于1992年，多次荣获四川房地产开发企业最大市场占有份额百强及最佳效益百强称号，通过ISO9001-2000国际质量管理体系认证和ISO14001-1996国际环境管理体系认证，其中，国际环境管理体系认证创四川省房地产开发企业之先河。

刘水林同志带领中铁二局宏源房产公司以实现保持国际质量管理体系和国际环境管理体系为目标，以"造市场需要的楼盘，修百姓满意的房子"为经营开发理念，以"以人为本创建精品、遵法守约树立信誉、关注顾客诚信服务、追求卓越永争先进"为经营方针，致力于"定位大众，功能规划详尽实用，高性价比"的精品路线，秉承"求实、求稳、求胜"的企业精神，倡导人文关怀，真诚服务百姓。10余年来，公司拓展经营，稳步发展，逐步形成了从开发立项、规范设计、土建施工到房屋销售、招商招租、物业管理一条龙格局。先后成立了成都市宏新建筑安装工程有限责任公司；成都中铁宏源物业管理有限公司；成都中铁宏源利民房屋经营有限公司。主办了中铁二局宏源生资市场和中铁二局宏源家装市场。公司成立伊始，刘水林同志就坚持不断改进和创新，精心打造百姓放心的精品楼盘，带领全体员工开发商品房面积40余万平方米，均于交房前售罄。2003年，宏源房产和宏源物业公司双双通过ISO9001-2000国际质量体系认证和ISO14001-1996国际环境标准体系认证。其中，国际环境质量体系认证开四川省房地产开发企业之先河。2004年宏新建筑公司分别通过ISO9001-2000国际质量体系认证、ISO14001-1996国际环境标准体系认证和ISO18001-2001职业健康安全管理体系认证，使公司各项管理步入高效、科学的轨道。

重庆渝北新城枫林置业有限公司

总经理　刘道锋　先生

刘道锋先生，1995年7月毕业于重庆建筑大学建工学院工民建专业；1998年1月获得重庆建筑大学管理学院房地产管理硕士学位。

自从事房地产行业以来，先后在杭州绿城集团、上海南都集团等重要管理岗位任职。2003年12月，刘道锋先生任重庆渝北新城枫林置业有限公司总经理，负责开发重庆天江·常青藤人文别墅项目。

早在1998年2月，刘道锋先生担任绿城集团杭州兰桂花园工程部主管，负责开发了占地80万平方米的兰桂花园。

2002年9月至2003年4月，刘道锋先生担任绿城集团副总工程师分管杭州九溪玫瑰园、杭州桃花源、杭州春江花月等项目的开发。

2003年5月至11月，刘道锋先生在在上海南都集团担任总经理助理期间分管上海提香别墅。

因其卓越的管理才能和超前的经营理念，刘道锋先生先后获得1999年度绿城集团优秀员工、2002年度绿城集团优秀管理者等荣誉称号，并且，在2002年因如期优质完成杭州绿城育华学校工程而获得集团重奖。同时，他所管理的杭州桂花城2001年被中国房地产协会评为“中国(浙江)房地产成功经营模式典范”、2002年被全国人居经典方案委员会评为“浙江2002年中国精品楼盘“杭州代表楼盘称号”；杭州九溪玫瑰园被评为“2000年全国新世纪人居经典住宅小区综合金奖”、“2001年中国(浙江)房地产成功经营模式典范”，“2001年全国人居经典竞赛综合大奖”、“2001年杭州代表楼盘评比第一名”；杭州桃花源被评为“2002住宅杭州代表楼盘”、“2002全国人居经典综合大奖”。

湖北珠江房地产开发有限公司

总经理　吕爱明　先生

吕爱明，男，汉族，1954年7月出生，大专文化，工程师，籍贯：北京。

1986年-2001年中国寰岛集团公司工作，期间先后被派到以下单位任职：

1986年 北京亚洲大酒店工程部，主管酒店土建工程及对外协调工作；

1990年 派驻海南，任海南寰岛集团副总经理、海甸岛开发区工程总指挥；

1996年 任海南燕泰国际大酒店工程总指挥；

1997年 任海南燕泰国际大酒店总经理。

2003年-2005年6月 北京市玉龙吉胜房地产开发有限公司任副总经理，主管工程建设，建设项目“宽HOUSE”；

2005年6月至今 湖北珠江房地产开发有限公司任总经理，主管项目的开发建设，开发项目“美林·青城”。

吕爱明先生从事房地产行业20年，参与开发建设的项目达百万平方米。

重庆南方集团有限公司

总裁　孙甚林　先生

孙甚林，男，土家族，1951年8月出生，研究生，高级工程师，籍贯：重庆。现任重庆南方集团有限公司总裁/党委书记。

个人简历：

1979年10月至1989年5月 重庆钟表工业公司手表三厂任技术科长、厂长、总支委员；1980年3月至1983年8月 在钟表公司期间，读重庆广播电视大学机械制造专业；1989年5月至1993年9月 创办重庆南方汽配公司，任经理；1993年10月至1997年11月 在南方汽配基础上，创办重庆南方集团物业发展有限公司，转向房地产开发，任董事长，总经理；1997年11月至今 在有多家公司的基础上，成立重庆南方集团有限公司，成为企业集团总裁；2000年至今 建立中共重庆南方集团有限公司委员会，任党委书记；2001年11月 创办四川外语学院重庆南方翻译学院，任校董事会董事长；2003年6月 创办重庆南方艺校，任校长；2004年4月 投资创办五星级重庆南方君临酒店，任副董事长；2004年9月 投资创办重庆朴实生物科技有限公司，任董事长。

主要社会职务：

1998年，任重庆市第一届政协委员，彭水苗族土家族自治县政协常委；2002年，当选为中共重庆市第二届党代会代表；2002年，当选为中共第十六次全国代表大会代表；2003年，选举为重庆市第二届人民代表大会常务委员会委员。现任：中华全国工商联执委会委员、常委；重庆市工商联（总商会）副会长；重庆市工商联（总商会）房地产商会会长；重庆市光彩事业促进会副会长；重庆市西部教育促进会副会长。

所获荣誉：

1997年-1999年获历届重庆市宏扬“红岩精神”、“学雷锋，树新风”先进个人；1997年-2003年，获历年重庆高新区管委会、工会“优秀企业家”、“优秀党务工作者”；2000年被重庆市政府授予“民族团结进步模范”称号；2000年获重庆市委宣传部等“精神文明先进个人”奖；2001年获重庆市委、市政府“振兴重庆争光贡献”奖；2002年获重庆市委统战路、市工商联“光彩事业先进个人”表彰；2002年获香港理工大学评选的“紫荆花杯杰出企业家”奖；2003年获中央统战部、全国工商联“光彩事业先进个人”表彰；2003年获重庆市委统战部、市工商联“首届优秀中国特色社会主义事业建设者”称号；2004年获中国光彩事业促进会颁发的“光彩事业”奖章；2004年获中华全国总工会、全国工商联“全国关爱员工优秀民营企业家”称号；2004年获中共中央统战部、国家发改委、人事部、国家工商总局、全国工商联五部委首届“优秀中国特色社会主义事业建设者”奖。

深圳市承翰投资开发有限公司

董事长　庄小夸　先生

庄小夸，男，汉族，1967年11月出生，大学文化，籍贯：广东省。1987年9月-1999年11月任深圳市市政工程总公司项目经理；1999年12月—至今任深圳市承翰投资开发有限公司董事长；2003年2月-至今任深圳市承翰建筑工程有限公司董事长；2004年7月—至今任深圳市承翰物业管理有限公司董事长。

庄小夸先生1987年即投身到建设深圳的滚滚大潮当中，在深圳市市政工程总公司工作。在任项目经理期间，率领项目团队承接并完成了大大小小近百个工程。1999年12月，庄小夸先生创建了深圳市承翰投资开发有限公司并出任董事长，开始进入房地产开发领域发展；其后深圳市承翰建筑工程有限公司、深圳市承翰物业管理有限公司相继成立，庄小夸先生任董事长。

庄小夸董事长睿智、自信、实干而又具商业头脑，擅于捕捉一切出现的成功机会。回顾他在深圳的闯荡历程，颇具传奇色彩。早期多年的建筑施工管理让他积累了丰富的经验，熟悉房地产市场、开发政策和流程，而“诚信、务实、负责”的做人做事信条更让他在白手起家的创业过程中受益非浅，在合作伙伴中树立了良好的威信。经过几年的探索与实践，在庄小夸董事长的带领下，承翰成长、发展的脚步坚实而执着，现已成长为投资实力雄厚、土地储备丰富、员工素质高，主营房地产开发、建筑施工，兼营教育投资、物业及投资其他实业的大型企业。公司目前拥有深圳布吉、溪涌、南澳等片区的商住用地储备超过40万平方米。其中，定位为高尚住宅，首倡深圳“慢生活”理念，建筑面积35万平方米绿色依山生态社区的承翰慢城项目于2005年底投入市场。建筑公司在建工程项目十余项，以政府市政工程为主。在教育投资方面，公司已于2005年4月28日与深圳实验教育集团正式签订合作意向。2006年底，投资近7000万元的深圳实验承翰学校将展现在深圳市民面前。

在庄小夸董事长的带领下，承翰企业发展战略清晰，脚步坚定。放眼未来，承翰公司将聚焦深圳区域，积极提升行业地位，主动参与跨行业、多元化经营，利用民营机制的灵活优势，积极整合各类专业资源，推出满足市场需求的产品，为客户、员工、社会创造更丰富的价值。

苏州新城万嘉房地产有限公司

总经理　朱广龙　先生

朱广龙，男，汉族，1967年9月出生，大学文化，高工，籍贯：山东。

1985年9月-1989年7月 上海铁道学院 工业与民用建筑系本科毕业

1989年7月-1996年8月 黑龙江省农垦建筑设计院（甲级）设计一所 主任

1996年8月-2002年2月 江苏新城股份有限公司 技术部经理

2002年2月-2002年7月 江苏新城股份有限公司 总经理室 总工程师

2002年7月-2004年9月 南京新城创置房地产有限公司总经理（江苏新城股份旗下子公司）

2004年9月-至今 苏州新城万嘉房地产有限公司 首席执行官/总经理/总裁（苏州新城万嘉房地产有限公司是江苏新城股份有限公司投资的子公司，公司设立于江苏苏州地区，现在苏州昆山有二个项目（面积为648亩，正在开发中）。

芜湖海泰置业有限公司

总经理　牟坤林　先生

牟坤林先生，汉族，1959年4月出生，安徽芜湖人，20世纪80年代，牟坤林先生在皖南医学院学习并在安徽芜湖市中医院任医师。90年代初，毅然辞职南下珠海发展，创办了珠海华光贸易有限公司，从事进出口贸易，公司迅速发展壮大。1995年，牟坤林先生放弃了南方良好的发展机遇，带着先进的经营管理理念，回到了家乡芜湖，成立了芜湖中坤进出口集团有限公司，致力于家乡的经济发展建设。牟坤林先生领导的中坤集团实行多元化的发展战略，除了在芜湖、天津、山西、武汉、吉尔吉斯斯坦等地进行钢材、焦炭的进出口贸易外，还进行粮油食品的冷藏和加工销售以及乳制品的生产销售。

近年来，牟坤林先生在稳步发展的基础上，向房地产领域不断开拓，在房地产开发和投资上取得了深入和上规模的发展。在全国很多省市投资开发了房地产项目，在湖北省襄樊市成功开发了国家光彩事业重点扶持项目、华中地区最大的市场—华中光彩大市场；在安徽合肥市合资开发占地3000亩的高尔夫别墅和120平方公里的省级旅游风景区—紫蓬山风景区，在芜湖合资开发了银湖华庭住宅小区。目前，牟坤林先生和其所在的芜湖海泰置业有限公司在芜湖经济技术开发区（国际级开发区）开发运营“银湖·波尔卡”大型复合地产项目。

银湖·波尔卡项目分为银湖·波尔卡大街（商业）和银湖·波尔卡国际花园（住宅）两部分，项目立足于缔造芜湖最高档的国际化休闲娱乐商业街区、北城商业中心及环境优美的住宅小区，打造集购物、美食、娱乐、休闲、商务、宾馆、综合服务配套为一体的国际化休闲商业街区和湖畔生态美居。项目总占地面积31万平方米，总建筑面积42万平方米，其中商业15万平方米，住宅27万平方米，总投资超过8亿元人民币，银湖·波尔卡综合影响力辐射至芜湖周边马鞍山、巢湖、宣城、铜陵等10多个县市，成为区域市场内经营档次最高、规模最大、业态最全的休闲娱乐商业街区。至2006年5月止，银湖·波尔卡以其超前的商业发展眼光、现代的经营管理理念、时尚的人文视角、得天独厚的地理优势荣膺“优秀楼盘奖”、“最受关注商业地产奖”、“最具商业价值房产品牌”、“2006年度中国城市最具投资价值商业中心区奖”等多项楼盘大奖。

作为“银湖·波尔卡”模式的建设者和领导者，牟坤林先生对这种地产模式为开发商和城市建设带来的双赢局面深有体会，并计划在未来的几年内，在其它5-10个中等城市倾力打造“银湖·波尔卡”模式的连锁项目。努力把休闲商业地产推向一个全新的阶段，并以一个开发商的责任心，为城市的发展和建设做出应有的贡献。

牟坤林先生在自身发展同时，不忘回报社会，一直积极参与各类社会公益事业和光彩事业，至今已向希望小学和灾区捐款捐物共计300余万元，还担任中国光彩事业促进常务理事、安徽省光彩事业促进会副会长、安徽省工商联副会长、安徽省政协常委等职，并荣获“安徽省优秀青年”、“安徽省优秀民营企业家”、“中国光彩事业奖章”等数十项殊荣。

苏州信泰房地产开发有限公司

执行董事长 许作伟 先生

许作伟，男，1961 年 12 月出生，福建省石狮人，大专学历。

1980 年 6 月：毕业于石狮中学高中部。

1981 年 6 月 -1983 年：在石狮市创办个体服装厂，任厂长。

1984 年 -1993 年：在菲律宾经商。

1994 年 - 至今：先后于石狮市信泰服装针织有限公司、香港信泰商社（中国）控股有限公司、福建省石狮市信泰房地产开发有限公司、江苏省常熟市信泰投资实业有限公司、江苏省金龙（淮安）房地产开发有限公司、江苏省淮安迎宾馆有限公司、江苏省常熟市大富豪休闲娱乐城等公司担任董事长。

广州恒大实业集团有限公司

董事局主席兼党委书记 许家印 先生

许家印，男，汉族，1958 年生，籍贯：河南。中共党员，武汉科技大学冶金系毕业，本科学历，管理学教授。现任广州恒大集团董事长、党委书记。

曾荣获“全国劳动模范”、“中国十大慈善家”，以及"中国民营经济十大风云人物"、“中国优秀民营企业家”、"中国房地产十大风云人物"、“广东省优秀中国特色社会主义事业建设者”等称号。

现担任中国企业联合会副会长、中国企业家协会副会长，广东省民营企业商会常务副会长、广东省房地产协会副会长、广东省慈善总会永久名誉会长、广东省见义勇为基金会副会长、广东省禁毒基金会名誉副会长，广州市人大代表。

温州市国脉房地产开发有限公司

副总经理　何荣彪　先生

何荣彪，男，汉族，1970年9月出生，大专文化，工程师、经济师。浙江温州人。现任温州市十届人大代表，温州市房地产协会副会长，温州国脉集团有限公司副董事长，温州市国脉科技有限公司董事长，温州市国脉房地产开发有限公司副总经理（主持工作）。

作为创始人和主管领导，何荣彪同志对国脉房开倾注了极大的心血和努力。他以创业者的执着和管理者的睿智，在国脉房开成立初期就提出了内建质量，外创品牌的发展方针。他要求企业运用现代化的管理方法和手段，建立健全质量体系、成本体系和售后体系，通过抓质量、重服务、创名牌，不断强化质量和品牌意识，树立良好的企业形象。几年来，在他的领导下，通过坚定不移的走质量和品牌的发展道路，国脉房地产开发有限公司获得了前所未有的发展。短短五年，公司就开发承建了国脉花苑、温州心血管医院、电信国脉大楼、国脉科技信息大厦等十来个近60万平方米的楼宇小区工程。公司也连年被评为先进诚信企业。2004年3月国脉花苑项目组评为浙江省建设系统安康杯竞赛优胜项目部;9月国脉房开荣获温州市第六届消费者信得过单位;2005年8月国脉房开被温州市人民政府评为温州市创建信用企业先进单位;9月公司获得浙江省房地产开发企业诚信承诺单位的殊荣;2005年7月，吴桥国脉花苑被评为温州市最具性价比楼盘之一。

中房集团瑞安房地产开发有限公司

董事长　张棪清　先生

张棪清，男，汉族，1954年8月出生，大专文化，经济师，籍贯:瑞安。现任中房集团瑞安房地产开发有限公司董事长。并兼任温州市房地产协会副会长、瑞安市企业家协会副会长、瑞安市建筑协会学会副会长、瑞安市工商联副会长、瑞安消费委员会理事等职。1993年以来，他连续六年被评为瑞安市优秀共产党员;多次被评为瑞安市先进工作者、瑞安市房管局先进工作者、瑞安市城建委先进工作者、温州市房管系统先进工作者、瑞安市重点工程建设先进工作者、瑞安市优秀企业家;1998年，获瑞安市改革二十年风云人物提名奖、瑞安市优秀企业经理;1997年-1998年度瑞安市级劳动模范、中国房地产开发集团优秀经理等荣誉称号;2000年入编《中国企业家大辞典·2000年珍藏版一书》;2002年度获瑞安市优秀诚信企业家称号;在1999年至2004年度，他的《关于规范我市物业管理、提高社区优质服务的建议》、《关于加强重点工程管理的建议》、《关于修改旧城改造房屋拆迁安置若干规定的建议》等提案均获瑞安政协优秀提案奖。

泰昇房地产(上海)有限公司

董事局主席　张舜尧　先生

张舜尧先生时任泰昇集团董事局主席，执掌企业管理、决策之命脉近30年。

1980年，张先生在香港创办了香港东荣钢铁集团，即现今之首长国际企业，1991年该公司在香港联合交易所成功上市。

1993年，张先生又成功地收购了志成地基，即为今日泰昇集团控股有限公司之前身。在香港，泰昇集团主要从事地基打桩、楼宇建造、机电工程、机械租赁及贸易。在张先生的正确决策和科学管理下，集团业务迅速拓展，经济效益蒸蒸日上。1996年，泰昇集团被评为香港最佳表现之上市公司。

张先生不仅有驾驭企业在市场经济中求稳、求新发展，打造企业品牌的能力和实力，而且对香港和内地必然实现经济互动有超前的认识。

80年代末，临近香港回归，许多港商对未来形势犹犹豫豫，而张先生却坚定大陆的改革开放将给港商带来最好的发展机遇，所以毅然决定投资内地。

1986年，在天津投资建造了37层5万多平方米的天津国际大厦，历时19年，至今仍保持着客户国际化程度最高、平均每年出租率最高（达到90%以上）和租金水平最高的领先地位，人称“津门第一厦”。2003年又着手开发约88000平方米的天津市河西区刘庄四期现代住宅项目。

从1996年至今，张先生开始挺进上海市房地产市场，先后在古北经营华园大厦、虹桥爱都公寓两个国际性服务式公寓，为高层次境外客户提供一个国际水平的生活空间和服务模式；在徐汇区和长宁区，开发泰德苑、泰荣苑两个高档住宅小区，前者以其独特的全地下车库结构、无樑无柱、自由分割的户型，获得了上海市“住宅设计优等奖”和上海市“四高小区”等荣誉称号，泰荣苑更是以明亮的底层挑空大堂和港式物业管理赢得了市场的热烈反响。

2005年，在普陀区投资建设约18万平方米的全装修高尚住区，凭籍多年积累的房地产开发经验和设计理念，依托苏州河自然景观，将小区地库直接与即将建设的地铁M7线出口连接，让未来小区业主能真正体会到零距离的交通便利，同时出资上千万元，帮助政府建设苏州河亲水平台，提升环境品质，保护保留建筑，让历史文化与现代建筑相映生辉。

张先生倡导的企业发展理念是：做实业、不投机；讲技术、靠优化；不拼大、但求先，即在每一个细小环节上，追求技术创新、技术领先，积小胜为大胜。

张先生在泰昇集团的发展上是决策人、掌舵人，在社会公益事业中又不失为一名热心的慈善家。在奔波于香港、天津、上海的百忙之中，张先生不忘关注年轻人的成长及为老年人提供服务。先后设立了“香港树仁学院张念慈先生奖学金”和“天津南开大学奖学金”，以资助和鼓励经济困难的学生完成学业，有朝一日报效祖国。

另外，张先生还担任了许多社会公职，他是中国人民政治协商会议天津市委员会委员、天津南开大学顾问教授及学生素质教育顾问。

张先生正是凭籍他的高尚人格、社会责任、专业水准、开发理念，领引泰昇集团在香港和内地获得良好口碑，并在市场经济中站稳脚跟。

四川嘉昕房地产开发有限公司

董事长、总经理　张超群　先生

张超群，男，汉族，1971年11月出生，本科学历，籍贯：上海。

1992年7月毕业于哈尔滨工业大学动力工程系

1992年7月-1994年4月在上海汽轮机厂负责出口业务

1994年5月-2000年12月任上海惠科实业有限公司董事长、总经理

2001年1月-至今任上海嘉昕置业有限公司董事长、总经理

同时，自2004年5月-至今还担任四川嘉昕房地产开发有限公司董事长、总经理

上海天台恒星房地产发展有限公司

总经理　李　涛　先生

李涛，男，汉族，1950年9月出生，大专文化，工程师，籍贯：湖北。

1969年-1977年兰州军区生产建设兵团农六师汽修厂工人。

1977年-1992年兰州军区西安长城制药厂任计量员，设备管理员，生产调度员，基建办主任，生产技术科长等。

1992年-1994年海南中标物业发展有限公司，任办公室经理，参与开发建设“海口洲际花园”项目。该项目占地64亩，拟建建筑面积22万平方米。

1994年-1999年上海新国大房地产有限公司，任工程部经理。负责开发建设“上海时代大厦”项目。该项目占地8亩，建筑面积2.7万平方米，22层1栋单体，按5A级智能化标准设计，施工的全装修商办楼，总投资4.6亿人民币。

1999年-至今上海莲森房地产经营开发有限公司；上海天台房地产经营开发有限公司；上海天台恒星房地产发展有限公司任总经理。参与开发建设“天申小区”、“天申大楼”、“天台家园”、“天台星城”项目。总计占地314亩，建筑面积36.3万平方米。

其中：“天台家园”项目占地83亩，22栋小高层单体。建筑面积12.8万平方米，获上海市建筑质量奖“浦江杯”1栋，获区级建筑质量奖“天山杯”6栋，获首届中国优秀环境设计大赛“建筑形态金奖”，上海市“四高优秀小区”称号，获长宁区“生态示范小区”，“园林小区”称号，2004年获长宁区年度纳税贡献奖。

南通开发区爱东房地产有限公司徐州淮海分公司

总经理　杨　斌　先生

杨斌，男，汉族，1965年1月出生，大学文化，经济师，籍贯：江苏。现任南通开发区爱东房地产有限公司徐州淮海分公司总经理。

杨斌同志1990年下海经商，初闯海南，从事过推销、金融、投资、外贸、房地产等管理工作。1996年初加盟江苏爱东集团，任爱东集团上海爱东房产和南通爱东房产常务副总经理，主持上海“雪城公寓”、南通“王府公寓”开发工作，为确立爱东房产打造精品楼盘理念作出了贡献。2005年1月兼任南通开发区爱东地产有限公司徐州淮海分公司总经理，主持开发徐州“金庭嘉园”房产项目，杨斌同志具有广泛的工作经历，曾在海南、江苏、上海、山西、天津等省市工作，成功操作过商贸城及多个典范小区，具有较丰富的楼盘操作经验和先进的投资开发理念。

江苏百大实业发展有限公司

总经理　苏 涛　先生

苏涛，1974年4月出生，本科学历，籍贯：四川。现任江苏百大实业发展有限公司总经理。

1998年-2003年10月　云南百大房地产公司　研发部经理

2003年10月-2004年12月　江苏百大实业发展公司　副总经理

2004年12月-至今　江苏百大实业发展有限公司　总经理

浙江伟程房地产开发有限公司

总经理　苏子发　先生

苏子发，男，汉族，1941年1月出生，大学文化，经济师，籍贯：山东。

苏子发先生自上世纪70年代从事经营针织行业，其产品全部出口欧美，因工作需要移居美国，后因针织行业市场竞争激烈，转营房地产业，长期从事房地产开发和经营活动。期间苏子发先生勤勉敬业，不断创新，使之在美国取得加州房地产经营专业执照。

1985年，随着我国政府对外的进一步开放，香港伟程针织集团有限公司，在深圳沙头角投资兴建伟程针织厂有限公司，邀请苏子发先生主管开拓中国市场。经过几年的努力，公司业务规模不断扩展。1993年，香港针织集团有限公司又在杭州、余杭、临海等地先后投资生产经营针织机械、针织服装以及房地产开发和经营。

浙江伟程房地产开发有限公司在有着多年工作经验的苏子发先生领导下，成功地开发了"江滨花园"和临海地标性建筑"伟程时代广场商住楼"，公司以高起点的规划，高水平的设计，高质量的施工，高标准的管理，塑造崭新的品牌形象。

浙江绿地房地产开发有限公司

总经理　陈建宝　先生

陈建宝，男，汉族，1960年8月出生，大学文化，工程师，浙江上虞人。现任浙江绿地房地产开发有限公司/上虞金地置业有限公司/上虞祝家庄实业发展有限公司总经理。

1967年9月-1977年8月 在校学习。

1977年9月-1980年9月 参加农村工作。

1980年10月-1996年1月 上虞市丰惠镇人民政府历任办事员、科员、城建办主任、城镇建设副镇长。

1985年-1996年，陈建宝经组织考察任命先后担任上虞市丰惠镇人民政府城建办公室主任、城镇建设副镇长，主管城镇规划、建设、管理工作。1996年后“下海”脱离机关。

1996年2月-2002年11月 浙江大普集团有限公司副总经理，负责房地产、工程施工建设等。

2002年12月-至今 浙江绿地房地产开发有限公司总经理。期间：2003年9月兼任上虞祝家庄实业发展有限公司总经理；2005年1月兼任上虞金地置业有限公司总经理。专业从事建筑工程施工承包及管理、房地产开发规划及建设工程管理。

常州天禄建设开发有限公司

董事长兼总经理　陈祖伟　先生

陈祖伟，男，汉族，1953年5月出生，大学文化，经济师，籍贯：江西。

1971年5月进武进医药公司

1974年5月至1988年武进人民医院中药房主任、药械科科长

1988年7月至1993年武进人民医院总务基建科科长、院党总支委员、机关党支部书记

1993年12月至2001年武进粮校校长兼书记

2002年10月-至今常州天禄建设开发有限公司董事长兼总经理

2005年陈祖伟先生还获“常州市优秀企业家”光荣称号，公司被评为常州市“四星”级企业。

宁波成路置业有限公司

总经理　陈敏敏　女士

陈敏敏，女，汉族，1961年10月出生，大专文化，助理工程师，籍贯：浙江宁波。

1993年9月-2001年4月 任职于宁波市华能房地产公司，担任开发部经理。主要负责土地寻址、前期定位、分析、规划设计等；开发的“高塘花园”住宅荣获了宁波市样板优秀小区，大胆创新，率先提出了“买顶楼送阁楼”的全新理念，打破了原先消费者对顶层楼层的抗拒心理。此举措使高塘花园的顶层住宅一销而空，此后在宁波掀起了“顶楼送阁楼”的热潮。借此又相继开发了“柳锦花园一期、二期”、“锦沧文华”、“江南春晓”等多个品牌项目。

2001年4月-2003年9月 任职于宁波奥克斯置业有限公司，担任常务副总经理。其中开发的“盛世东方”是宁波市首次引进国际上规划与景观设计公司最大之——贝尔高林，通过对园林景观上对卖点深入挖掘，让简单的草木种植更加人性化、艺术化。经过全方面的资源整合，使开发商的品质要求得到提升，从而在普通住宅中脱颖而出。

2003年-至今 成立宁波成路置业有限公司担任总经理职务。海悦公寓是北仑区新一轮总体规划的重点发展区域，在总结了多年的房地产开发经验的基础上进一步提升，同时结合当地特色，力求建设成为北仑的标志性建筑。以五星级酒店式公寓为目标，“大客厅、大卧室、大卫生间”的小豪宅为精髓，全力打造时尚简约型住宅。

人民电器集团浙江房地产开发有限公司

董事长　郑元豹　先生

郑元豹，男，汉族，1958年3月出生，大专文化，高级经济师，籍贯：浙江。江西省政协委员，温州市人大代表，全国优秀乡镇企业家，浙江省经营管理大师，温州市功勋企业家。现任中国·人民电器集团董事长、人民电器集团浙江房地产开发有限公司董事长，并兼任浙江省驻沪企业协会副会长，市工商业联合会（总商会）副会长等职。

2003年郑元豹审时度势，在他亲自指导下，集团组建成立了浙江房地产开发有限公司，将投资渠道从工业电器行业拓展到房地产投资领域，先后开发了江西乐平锦阳小区、武汉太平洋商贸中心、河北鑫港国际商贸城、嘉兴盛大花园等多个住宅、商贸项目。作为一个刚进入房地产开发领域的企业家来说，郑元豹的步伐可以说是迈的大步而稳健的。

江苏星源房地产综合开发有限公司

董事长兼总经理　姜广泉　先生

姜广泉，男，汉族，1948年2月出生，大专文化，高级经济师，籍贯：江苏。现任江苏星源房地产综合开发有限公司董事长兼总经理，曾获得“私营企业光彩之星”、“十佳私营企业先进个人”等荣誉称号。

江苏星源房地产综合开发有限公司在姜广泉先生的正确领导下，进行着现代化的企业管理，并且有着比较深厚的企业文化，通过近几年的迅猛发展，成为同行业中的佼佼者，公司先后被评为“江苏省房地产业50强企业”、“百姓满意房地产企业”、“AAA级资信企业”、“南通市房地产业20强企业”等荣誉称号。

滨州市华升房地产发展有限公司

总经理　祝小华　先生

祝小华，男，汉族，1946年10月出生，大专学历，工民建、市政工程师，籍贯：浙江。

1978年-1988年在浙江炼油厂石化基地担任项目经理。总施工面积约30万平方米，有电影院、办公大楼、文化馆、大型厂房、基础设施等。

1988年-1997年在新宏建筑公司担任副总经理，主管技术方面事务。

1998年-2002年担任项目经理，承建新佳苑住宅小区5万平方米、钢结构杉神安保公司、凌峰小区4.5万平方米等。

2003年-至今在华升建设集团滨州市华升房地产发展有限公司担任总经理。

成都市志成房地产开发有限公司

总经理　胡　泉　先生

胡泉，男，汉族，1969年10月出生，大专学历，建筑工程师，籍贯：四川成都。

1988年9月-1995年在龙泉区交通局联运公司任经理；

1995年-2002年4月在成都市志成地基机械施工公司任副总经理；

1997年9月-2000年7月在成都理工大学（工民建专业）读书；

2000年3月-至今在成都市志成房地产开发公司任副总经理、总经理。开发房地产共40余万平方米；同时自2003年至今在成都志成投资公司任副总经理。

人生建筑哲学：

人生就是在建筑一座高楼，能否平地而起、能否顺利竣工，取决于诸多内在因素。对诗意栖居的渴望真实地反映出我们对幸福的追求："人心两安"—身体舒适、内心宁静，幸福的人生如此，好的建筑亦是如此。

志成倡导"感性经营、理性思辨"的企业指导思想，以符合"人性需求的房产品，健康的生活方式"回馈社会，以"当代人文价值的实现"作为企业的经营理念。志成房产从无到有，从小到大，从优越走向卓越，无不是以一种感恩的心态来经营自己的事业，将广大消费者当作自己的亲人，创造出一份能够感动消费者也能让内部员工认同的事业。

对幸福的追求没有终结，快乐的事业仍在继续，愿我们以真挚的情意带给您源源不断的感动！

苏州市阳澄湖投资有限公司

总经理　胡文明　先生

胡文明，男，汉族，1964年2月出生。大学文化，中共党员，籍贯：江苏。

胡文明先生于1981年开始参加工作。1995年在江苏省吴县市计委从事基础设施项目和重点工程项目的报批及管理工作。胡文明先生坚持严于律己的原则，工作中严谨务实，兢兢业业，勇于开拓进取。2001年，胡文明先生调任苏州市相城区计划发展局任办公室主任一职，分管和从事房地产投资及项目管理工作，2002年从事房地产管理工作，并分管两个镇的镇区开发及工业园区建设等事务。此时的他处理起各项繁杂的工作事务来，更显得得心应手，游刃有余，有豁达的心胸和非凡的气魄。

盛泽湖休闲度假区是阳澄湖投资有限公司负责开发管理的一个宏大工程项目。胡文明先生坚持"精心规划、超凡设计；诗画意境、和谐人居"的城区水景地产的开发理念，在吴文化的发源地，在苏州相城区腹地，在波光粼粼的阳澄湖畔，竭立打造一个不同凡响的休闲、旅游、度假的人居环境。

公司的另一重要项目—阳澄湖领岛别墅即将竣工，对此，胡文明先生显得激情万千，信心十足："这里有便捷的交通网络，鼎力的政策支持，一流的区域规划，完善的基础设施，相信我们能用孜孜以求，尽善尽美的精神，成就所有别墅爱好人士那一份形与美的流光溢彩，情与意的荡气回肠，人居与自然的和谐统一。"

温州建桥房地产开发有限公司

副总经理　徐铉达　先生

徐铉达，男，汉族，1970年3月出生，大专文化，高级经营师，籍贯：浙江。现任温州建桥房地产开发有限公司副总经理。

徐铉达先生于1991年7月毕业于温州大学经管系财务会计专业，并于1993年11月取得助理会计师资格，2002年还参加了上海国家会计学院举办的第七期财务总监研修班，现就读于武汉理工大学远程教育学院本科工程管理专业。经过十多年的不断学习和锻炼，个人能力得到不断提高，并得到公司及同事的认可，目前任温州建桥房地产开发有限公司副总经理。

发表的论文和获得的奖励：

1999年-2002 任上海建桥（集团）有限公司审计部经理，每年均被评为先进工作者。

2002年-2004 任攀枝花建桥房地产开发有限公司副总经理，公司每年都被评为先进集体，个人也每年被评为集团先进工作者。

2004年-至今 任温州建桥房地产开发有限公司副总经理，公司每年都被评为先进集体，个人也被评为2004年集团先进工作者。

2004年12月《信息技术在房产营销中的作用》在《温州商网》中登载。

重庆石桥房地产开发总公司

总经理　秦荣贵　先生

秦荣贵，男，汉族，1947年4月生于重庆市九龙坡区。大专文化，经济师，共产党员。

1993年创办石桥房地产开发总公司任总经理、支部书记至今。重庆市第一、二届乡镇企业优秀经理。在上级正确领导下，以邓小平理论和"三个代表"重要思想为指针，开拓进取，求实创新，公司不断发展壮大。2005年企业资产达3.7亿元。

创立优秀开发项目

1997年缙云食品厂倒闭破产，债台高筑，人员流离。北碚十月招商引资会上，在石桥镇领导大力支持下，秦荣贵同志审时度势，力排众议，毅然带资1725万元竞买了该厂。先行开发了一期占地15亩的住宅小区。虽处于"贵地价、大投入、中房价、微回报"的境地，他仍本着社会效益第一、经济效益第二的原则，带领公司员工，艰苦奋战在开发基地。采取"抓质量、重户型、降成本、求效益"的营销策略，总体布局，亲自修改，四处奔波。一心为公，无私奉献的敬业精神感召了员工，得到了当地各界支持。施工一年39064平方米质量优良的商住楼全面竣工，仅十多月304套住宅销售一空。三年艰辛，终于得到回报。一个"标准不高水平高、造价不高质量好、面积不大功能全、占地不多环境美"的上档次、户型优、环境好、品位高的"缙云花园"屹立在北碚城中，民众无不称赞，被评为北碚区房地产开发优秀项目。兑现了他在招商会上发出的"我们敢于破坏一个旧厂区，也有能力建造一个新花园"的郑重承诺。这组成功改制的今昔对比镜头，已载入北碚企业改制专题片中。

联建最大电脑市场

一手抓开发，一手抓管理。二年前公司所属石桥铺中心的"石桥广场"一至三层1.2万平方米商场的经营难题，突现在总经理面前，无从下手。秦荣贵先生采取内引外联的办法，觅求合作伙伴。先后去北京、到上海、上成都、下广州寻找关系。并立足重庆，在本地众多商家筛选项目。通过区域比较，多方调查分析，决定放弃机电、百货、证券、建材、化工、超市行业而选取科技含量高、专业性较强、本地还不多的电脑市场。终于与四川省计算机技术贸易 促进会达成了租赁协议。仅花少量投资不足半年开办了重庆电脑大世界，搞活了一二层商场。接着又 穿针引线实现强强联合，在2000年全市招商引资会上引进外资赛博数码国际控股有限公司与大世界合并，扩股增资800万元，组建了重庆赛博数码有限责任公司。解决了三层数闲置，租金没保障，经营无特色问题。现市场月均人潮逾26万人次之众，月均营业额创2800万元之高，周边厂商促销活动达4次之多。建成了目前重庆市最大的电脑市场，爱到社会各界赞誉。

此外，公司在人才培训、物业管理、财务核算、安全生产、城建环卫、精神文明等工作均为镇属企业前列，多次受到表彰、奖励。近日，秦荣贵同志还当之无愧地被选举为石桥镇第十六届人民代表。

2002年，他带领公司员工，借西部开发大好机遇，采用控股的方式投资江北"益辉大厦"的10万平方开发项目，并于2003年开始筹建重庆市首个商务综合体项目—"重庆西部商城"，旨在打造西南最大电脑专业市场，按照"重开发、强管理、增效益、促发展"的总思路，在企业改革转制的新浪潮中，为公司发展壮大跻身百强乡镇企业再创佳绩。

上海尧舜置业有限公司

董事长　郭水尧　先生

郭水尧，男，汉族，1965年8月出生，工商管理硕士、国家一级注册建筑师，籍贯：浙江诸暨。上海市虹口区政协委员、九三学社虹口区委委员、虹口区工商联执委、虹口区房产商会副会长，现任上海尧舜置业有限公司、上海尧舜建筑设计有限公司（甲级）董事长。

郭水尧先生1986年7月毕业于武汉水利电力大学（现武汉大学），分配至水利电力部上海勘测设计院。1995年辞职，开始创业。1996改组上海长宁区爱建建筑设计事务所为上海尧舜建筑设计事务所，后又改制成上海尧舜建筑设计有限公司。短短八年时间，他就将一个只拥有丁级资质（注册资金20万）的小设计事务所发展成为一个拥有国家甲级设计资质、近六十名专业技术骨干、注册资金800万的中型设计企业。

在企业经营管理中，他有着与生俱来的天赋并且对投资与企业管理有着独特的眼光与见解。1999年底成立了上海尧舜置业有限公司，涉足房地产的开发。随着上海绿洲尧舜公寓、黄山尧舜科技城（4000亩地）、浙江桐乡石门商贸广场和乌镇黄金水岸等几个大手笔项目的先后启动，尧舜企业在郭水尧先生领航下，进入了一个更高、更广阔的领域。

郭水尧先生崇尚“企业唯有益于社会，才有其存在价值”的理念，积极参与社会慈善活动、热心社会公益事业、关心国家大事，将民营企业的命运与国家兴旺紧密联系在一起。在投资创业过程中他不知疲倦地开拓进取、默默追求人生的理想，不仅实现了自身的价值，也赢得了社会的广泛赞誉。

四川怡安投资集团有限公司

董事长　郭昌平　先生

郭昌平，男，汉族，1965年1月出生，大专，经济师，四川宜宾人。现任四川怡安投资集团有限公司董事长。

郭昌平先生领导下的怡安集团：

四川怡安投资集团有限公司是以房地产开发为主业的民营企业，注册资金11100万元。集团人才资本雄实，具国家二级开发资质，有较强的市场开发能力。公司成立以来，励精图治、锐意进取，先后成功开发了位于市中心区滨江路内外侧的“怡安大厦”、“光复大厦”，均成为宜宾市城市建设中的亮点工程。建一座大厦，树一座丰碑。在这几年的开发建设中，公司一如既往地秉承“设计第一、质量第一、客户第一、品牌第一”的指导思想，坚持科学化的管理和严谨的工作作风，鼎力打造出高品质的楼盘，满足社会各界目标消费群的需求。目前，公司已全力以赴在南岸西区的114亩建设用地中，拟打造出建筑面积15万平方米的生态型住宅小区。公司充分挖掘潜力，整合资源，合理分析市场，准确定位是我们立足房地产业的根本。我们将一如既往地坚持以诚为本、品牌为魂、稳健开发的思路，夯实基础，强练内功，以一流的品质和优质的服务奉献社会，永创骄人业绩！

在社会效益方面，公司也取得了可喜的成绩：

2001年10月被四川省建设厅、省统计局授予“全省房地产价格统计先进单位”称号；

2002年3月被宜宾市消费者协会评为“维护消费者权益十佳”单位；

2002年被宜宾市授予“区级文明单位”之称号；

2002年5月被“中国质量万里行”、四川省质检站、《巴蜀质量跟踪》共同评为“四川省质量信誉同盟”企业；

2002年至2003年连续两年被宜宾市农行评为AA企业；

2003年被宜宾市消费者协会评为“消费者满意单位”；

2003年6月被宜宾市工商局授予“守合同、重信用企业称号”；

2004年3月公司开发的高层电梯公寓—光复大厦，在宜宾市房地产管局主办的首届住博会上，被评为“市民喜爱的十佳楼盘”、“市民喜爱的十佳户型”。

2005年7月集团目前开发的碧竹山庄小区在宜宾“魅力人居”文化节上，被评为“健康小区”。

江苏高力集团有限公司

董事长　高仕军　先生

高仕军，男，汉族，1967年4月出生，博士在读，籍贯：江苏盐城。

1988年-1992年7月，供职于盐城市土产公司任科长；1992年—至今，任江苏高力集团有限公司董事长。

社会职务和荣誉：南京市政协委员、盐城市政协常委、中国家具业协会常务理事、中国汽摩配协会常务理事、江苏省工商联执委、江苏省家具业协会副会长、南京市个体私营协会副会长、南京市工商联副会长、南京市工商联市场业商会会长、盐城市工商联副会长、盐城市盐都县凤还巢基金会名誉理事长、江苏省光彩事业促进会常务理事。扬州市城市贵宾；江苏省十佳青年民营企业家；江苏省、南京市有中国特色社会主义建设贡献奖；南京市优秀民营企业家。

1996年创建苏北第一家建材装饰材料专业市场——盐城高力装饰城，并随之创建了苏北地区最大的电子产品专业市场——高力电子文化市场；

2000年，高力集团在高仕军的带领下，实施跨地区发展战略，将总部从盐城迁往南京，并把投资区域集中在长三角地区，创办国内最大的汽配连锁市场——高力汽配连锁，目前在江苏省内已有6家连锁市场，总面积达到100万平方米；

创办国内一流的高力家居连锁市场——主要分布在北京、南京、盐城等地。2004年10月30日，营业面积达20万平方米的南京高力国际家具港正式营业，现为“中国家具十强市场”。2005年4月，北京高力国际灯具港正式开业，为北京地区颇具影响力的灯具专业市场。目前，盐城高力国际家居港正处于施工建设阶段，有望明年年底开业。

四川省国机保利机电设备有限公司

董事长　高边疆　先生

高边疆，男，汉族，1964年8月出生，本科学历，工程师，籍贯：江苏。现任四川省国机保利机电设备有限公司董事长

1985年7月-1988年6月 南京市一建设备安装公司施工员/预算员/队长，参与和管理了周恩来铜像馆、江东门纪念馆、省中医院门诊及病房楼、华侨宾馆、高级步校、省出版社、南汽改装厂、后宰门小区、华东水利学院等约30个项目水电设备安装工程；

1988年7月-1990年9月 南京市海外建设公司工程经营部科员，担任中行南京分行办公大楼甲方代表；越南西贡胡志明酒店、肯尼亚国家教育学院、科威特输油管线等6个国际承包项目投标组成员和一个项目工长；

1990年10月-1993年12月 日本大成建设香港营业署工程代表，完成了日本有利电在深圳投资的中国工厂一期近16万平米高科技工业厂房和办公、仓储等配套建设；深圳香格里拉工程复检交付督导；

1994年1月-1999年12月 建设部中扶建设深圳公司/福建省土木建筑开发深圳公司(两块牌一套班子)副总经理 先后主持完成了香港维他奶中国工厂、香港海星箱包、迪桑娜深圳工厂、广州世界大观园、福永镇政府办公大楼、松岗镇政府办公大楼、西乡会堂、万福广场、松岗广场、福永建委、派出所办公楼、YKK深圳工厂、南玻基地、龙岗消防大队办公大楼、深圳未来时代、日本有利电二期工厂、蛇口港务局生活区、深圳南山花园一、二期、武警新港宏花园、万宝工业区等20多个中、大型工业、民用建设工程项目；其间所施工项目均获深圳市及宝安区优质、安全奖。其中万福广场获两项吉尼斯世界纪录，有利电工程获深圳市市优样板、广东省省优、建设部部优和96年度国家“鲁班奖”；

2000年1月-2003年12月 深圳闽泰集团 常务副总裁，主持完成了秀林新居、龙泰轩、碧玉小家、南国丽城、滨海之窗；其中：龙泰轩项目获2002年深圳销售龙虎榜首；南国丽城、滨海之窗项目居深圳市2003年度同期开发量榜首(530000 M^2)；

2004年1月-至今 国机保利集团四川省国机保利机电设备有限公司 法人代表/董事长，主持本公司在西南地区开发拓展，完善集团内部改制先行模式；同时进行成都保利花园(95000 M^2)项目开发建设。

重庆市祥龙居房地产开发有限公司

董事长　康全林　先生

康全林，男，汉族，1964年6月出生，大专文化，工程师，籍贯：重庆。

1980年4月-1986年11月　施工员、工长

1986年11月-1998年11月　工程文员

2001年3月-至今　大鹏房地产公司　总经理

2005年12月-至今　重庆市祥龙居房地产开发有限公司　董事长

开发业绩：中兴花园、颐龙花园、祥龙温泉度假村、遵义松桃小区、世纪阳光项目。

成都兴西华建设管理有限公司

总经理　章浩中　先生

章浩中，男，汉族，1949年9月出生，本科学历，高级工程师，籍贯：安徽。

1977年9月-1993年9月 成空勘察设计院，助工、工程师、室主任

1993年9月-2004年4月 成都市干道建设指挥部，工程师、副处长、处长

2004年4月-2004年9月 成都兴西华建设管理有限公司，董事、总经理、法定代表人。

主要工作业绩：

建筑设计：从事建筑设计并担任设计室主任16年来，先后主持组织并担任设计总监的大、中、小型设计项目40余项。在建筑设计中力求立面造型新颖而有创意！平面功能设计合理而适用。曾受到专家和用户一致好评。其中空军成都医院门诊楼获空军级优秀设计奖并获全军级优秀设计方案鼓励奖；营职住宅设计获空军级优秀设计奖。

建设管理：从事建设管理12年来，先后主持建设管理项目有顺吉大厦、名望大厦、三环路高新站A、B服务中心、龙爪小学、龙爪拆迁安置小区、站东安置小区等100余万m^2，施工质量合格率100%，优良率75%。取得了良好的经济、社会效益。

论文：在“成都市政”2005年第3期发表论文题为：“关于政府工程项目建设管理进度控制的几点措施”。

四川星慧投资置业有限公司

董事长　黄明良　先生

黄明良，男，汉族，1968年7月出生，工商管理硕士，高级工程师，籍贯：四川。现任四川星慧集团有限公司董事长及集团下属八家公司：四川星慧投资置业有限公司；四川鑫龙实业发展有限公司；四川星慧建设有限公司；成都星慧酒店管理有限公司；四川星慧环境建设有限公司；四川博力思电子技术有限公司；成都蜀西物业有限公司；中国成都星慧影视传媒有限公司法定代表人。

现担任的社会职务：成都市人大代表、政协委员、省政府政研室特约调研员，成都市委政研室特约研究员等。

四川星慧投资置业有限公司成功开发双流欧香花园、东森花园，现正开发30万平方米的具有民居风格的“蜀郡”项目。2001年开发的“东森花园”获得了“四川省质量过硬、服务满意优秀住宅奖”。

义乌市九州建设开发有限公司

董事长　喻微芳　女士

喻微芳，女，汉族，1976年5月出生。现任义乌市九州建设开发有限公司董事长。

1996年创办浙江琳琅饰品有限公司，现该公司已有员工800多人，产品销往80多个国家和地区，琳琅牌饰品在国内外市场上已有相当高的知名度。2004年创办义乌市九州建设开发有限公司，成功开发建设了义乌市九州·芳草园住宅小区项目，获得了2.2亿元的楼盘销售业绩。2005年，九州公司在强手如林的义乌房地产市场上一举夺标，获得了义乌市金福源珠宝广场的开发权，该项目成为2005年全国一次性土地出让金标的最高项目。现该项目正在按计划有序地开发建设，它将成为中外珠宝饰品行业资源大整合的产业平台。

短短两年多的时间，喻微芳为代表的义乌市九州建设开发有限公司获得了许多荣誉：2004年度义乌市百强企业、2005年度义乌市最具竞争力企业、2005年度义乌市诚信房地产开发企业、2006年金福源珠宝广场项目被评为首届义乌市十佳经典楼盘、中国商业房地产成功开发典范，九州建设开发有限公司金福源珠宝广场被吸取为中国珠宝玉石首饰行业协会常务理事单位、中国房地产业协会会员单位。义乌市九州建设开发有限公司已成为中国房地产业中异军突起的黑马。

无锡市五洲国际装饰城有限公司

董事长、总经理　舒策城　先生

舒策城，1969年出生。1990年2月-1994年4月舒策城先生在浙江创办泰顺华兴玩具厂，自任厂长；1994年4月-2001年5月，出任南京新科迪陶瓷有限公司总经理；2001年5月-2004年9月出任上海汽配科技城副总经理；2004年9月-2005年2月，出任无锡市中南置业投资有限公司董事长；2005年2月-2005年11月，参与创建无锡五洲国际装饰城有限公司并任总经理；2005年11月起，任无锡五洲国际城有限公司董事长、总经理。五洲国际装饰城是其开发的主要项目，总投资超过10亿元人民币，总建筑面积60万平方米。舒策城先生慧眼千里，胆识过人，经过充分的分析和论证，凭借着五洲国际装饰城项目的区位优势、交通优势、规模优势、配套优势及内部规划的优势，以及政府的鼎力支持，无锡五洲国际装饰城取得了空前的招商成功，销售成绩显赫，成为商业地产成功开发的典范，按照舒总的思路，无锡五洲国际装饰城即将成为国内一流集市场交易、会展、仓储物流、购物休闲于一体的现代化大型专业市场，树立自己强大的品牌形象覆盖江苏，誉满五洲。

舒总认为，一切都在变化，不变化的应该是善于发现的眼光，商业地产的开发在我国缺少经验，必须进行贴近市场需求的研究，在更加细致、更加深刻的市场调研、更加深刻的市场认识中，从每一个细小环节中寻找突破，只有经过敏锐的分析，考虑清楚方方面面的经营环境变化对企业和产品所带来的细枝末节上的冲击，才能在这个市场中寻找到精确的投资机会，并将风险控制在最低范围。此外，舒总注重企业团队整体素质的培养，无锡五洲国际装饰城能取得成功，正是因为企业拥有一个专业、系统、稳定的经营管理体系作保障，唯有如此，才能提高整个项目的业态品质，提高商家的经营能力，并通过各种营销手段打造自己的商业品牌，实现“立足江苏、走向全国”的美好愿景。

浙江苏泊尔房地产开发有限公司

总经理　蒋良喜　先生

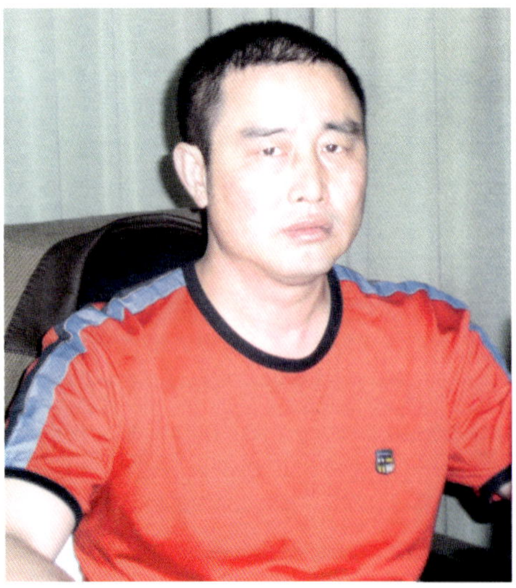

蒋良喜，男，汉族，1963年2月出生，本科学历，工程师，籍贯：浙江。

1981年至1987年在台州地区测绘室主持测绘工作；

1987年至1989年负责全队经营、管理；

1989年2月任玉环县航空机械厂基建科长；

1994年12月至2004年5月到玉环县大麦屿开发区国土局工作，任科长，主持负责大麦屿开发区，陈屿镇范围内规划建设工作，主持科室获全国建设系统先进办公室称号；任玉环县建设规划局规划办科长、工会主席，主持负责玉环县全县规划编制、审批，负责指导各镇乡规划编制及玉环县城市规划技术规定和城市规划规范性文件，起草和县重点工程涉及城市规划协调工作；

2004年5月至今任浙江苏泊尔房地产开发有限公司总经理。

2005年-至今任霞浦安大房地产开发有限公司总经理，兼负责整体项目的整体策划。

在1996年、1997年、1998年、1999年和2004年被评为县先进工作者和县建设局先进工作者。

浙江兽霸集团有限公司
青田县万基置业有限公司

总经理　蓝荷耕　先生

蓝荷耕，男，畲族，1965年9月出生，本科学历，经济师，籍贯：浙江。

1984年8月-1990年7月，在国企工作，历任技术员、科室负责人、团委书记、副厂长；1990年8月-1993年7月，1993年8月-1996年6月，国企工作，任总经理；1996年7月-1998年8月，政府机关，县人大常委；1998年9月-2003年11月，创建江西同创房地产公司，任董事长；2003年12月至今，任浙江兽霸集团有限公司总经理，青田县万基置业有限公司总经理。

在江西宜春、南昌、丽水等地开发了“滨江现代城”、“宜春花园”、“世家庄园”、“城市广场”、“万基·欧郡”等楼盘，开发面积50万平方米，总投资10.5亿元，实现销售收入30亿元。

成都市城市建设开发有限责任公司

董事长、总经理　裘海放　先生

裘海放，男，1948年11月出生，中共党员，本科学历，高级工程师。现任成都市城市建设开发有限责任公司董事长（法人代表）。

1971年3月-1978年9月 在成都市路灯所工作；

1978年9月-1982年7月 在成都电讯工程学院学习；

1982年7月-1985年10月 在成都市路灯所任副所长、所长，在成都市路灯管理处任主任；

1985年10月-1988年10月 在成都市城建局任副局长

1988年10月-至今 在成都市城市建设开发有限责任公司任党支部书记、董事长、总经理。

从1969年参加工作至今在成都市路灯处、成都市城市建设管理局、成都市城市建设开发有限责任公司工作，任副所长、所长、主任、副局长、总经理等职。

裘海放先生还任市房地产开发企业协会副秘书长，经常参加会议、点评当今房地产市场，分析行情走势、价格涨跌原因，为市人大、市政府在管理房地产方面提出宝贵的意见、看法，得到业界认同。如今，他正率领公司全体员工本着与时俱进、团结务实的精神，牢记“诚信取仁为根，开发以人为本”的宗旨，积极为社会发展作出更大的贡献，为公司创造更加辉煌的成果。

中房集团成都房地产开发总公司

总经理　薛玉川　先生

薛玉川，男，1957年2月出生，中共党员，大专学历。现为市委组织部组织的成都科技大学研究生（MBA）进修班学员。

1978年10月加入中国共产党；

1980年北京卫戍区退伍回蓉；

1980年至1984年在成都市房屋拆迁处工作；

1984年至1991年在成都市房屋拆迁管理处工作任副主任；

1991年至1992年底在成都市房地产经营管理处任主任；

1992年底-至今在中房成都公司工作，任副总经理兼党支部书记、总经理。

薛玉川同志工作期间于1986年至1988年在中共成都市委党校大专班脱产学习2年，并取得大专毕业证书，于2000年3月至8月在四川经济管理学院高级工商管理进修班学习并取得四川经贸委、四川经济管理学院颁发的《高级工商管理任职资格证书》。

面对新的世纪，新的挑战，薛玉川同志立志率领中房集团成都房地产开发总公司走“主业明确、结构优化、资产优良、管理科学完善、整体优势发挥充分、凝聚力和向心力增强、企业核心竞争力提高、持续创新”的品牌发展之路，以高品位、高品质打造中房品牌，为成都市的城市建设、住宅产业以及房地产开发，为全面建设小康社会，提高全市的人居质量，再创新业绩，再做新贡献。

重庆金鹏物业（集团）有限公司

董事长　戴相超　先生

戴相超，1963年出生于重庆市长寿区，毕业于渝州大学，获经济学和管理学双学士学位，清华大学房地产学院EMBA，高级经济师。

1994年5月创办重庆中通建筑实业有限公司并出任总经理，1997年5月成立重庆金鹏物业发展有限公司并担任总经理，开始涉足房地产开发，并控股重庆中通建筑实业有限公司。从此积极为广大工薪阶层提供质优价廉的商品住房及极具发展潜力和高投资回报的商业物业，为城市基础设施建设和房地产市场发展做出了突出贡献。先后成功开发了金鹏商住楼、天宝新城、星河世家、星河港都、星河名居、九龙大道商业街等项目，积累了雄厚的资金实力和丰富的开发经验。

2001年10月组建了以房地产开发为龙头，建筑工程总承包、营销策划、设备租赁及物业管理为辅的现代企业集团—重庆金鹏物业（集团）有限公司，并出任集团董事长。经过潜心经营，带领一批精英本着“诚信为本·开拓创新”的经营理念使公司以令人瞩目的成功业绩引领开发建设领域，得到社会各界的一致好评，使公司于2003年荣升为“重庆市房地产开发企业50强”第八名，并获得“全国诚信建设示范单位”、“重庆房地产开发企业诚信企业”等崇高荣誉称号。

为企业持续健康发展，更为城市基础设施建设、资助慈善事业的发展、社会财富积累的增加，戴相超先生倾注了自己全部的精力和心血。

中国房地产策划营销成功人士

（排名不分先后，以姓氏笔画为序）

于　森　浙江锦正房地产开发有限公司总工程师
马鑫鹏　海口美视国际高尔夫俱乐部有限公司营销策划总监
方剑梅　福州东方旭日高尔夫房地产开发有限公司企划部经理
毛建华　常熟裕坤置业有限公司总裁
王　平　四川怡安投资集团有限公司企划部部长
王　兵　苏州中天房地产开发有限公司总经理
王万宏　深圳市明舍投资开发有限公司经营部经理
王大富　三亚鸿州房地产有限公司总裁
王利平　兽霸集团·青田县万基置业有限公司副董事长
王建华　上海恒杰房地产开发有限公司副总经理
王建达　安徽绿城房地产开发有限公司副总经理
王建国　厦门有巢氏房地产代理有限公司营销总监
王明霞　重庆嘉发实业有限公司副总经理
王智斌　苏州鸿意地产发展有限公司营销部经理
王锡良　宁波国骅集团有限公司总经办主任
付京伟　辽宁荣天企业集团董事长
史宇海　重庆南方集团有限公司营销总监
田　原　上海市明泉房地产开发有限公司副总经理
田　彬　上海都市房地产有限公司营销部经理
田　静　厦门开元国有资产投资有限公司营销策划部经理
白　航　四川嘉昕房地产开发有限公司副总经理
白江波　无锡市博胜置业有限公司常务副总经理
任晓岗　上海泰江置业发展有限公司常务副总经理
刘宜蓉　武汉安居工程发展有限公司副总经理
刘明成　深圳鹏盛地产实业有限公司常务副总经理
刘武华　昆山红枫房地产有限公司总经理
刘柏艳　苏州南都建屋有限公司副总经理
刘钧豪　上海东紫房地产发展有限公司副总经理
刘铭海　中山市宇宏住宅产业发展有限公司营销总监
孙　扬　厦门市华茂房地产开发有限公司副总经理
孙　颖　广州新宝房地产开发有限公司
朱广龙　苏州新城万嘉房地产有限公司总经理
朱建杰　海宁市鸿翔房地产开发有限公司策划部经理
朱祯文　深圳市志健实业有限公司常务副总经理
江　莉　上海尧舜置业有限公司、桐乡荣舜置业有限公司营销总监
江花桃　深圳市鸿翔实业有限公司总工程师
牟坤林　芜湖海泰置业有限公司总经理
许岳衡　武汉嘉华房地产开发有限公司总经理
许明钦　深圳市惠明盛房地产投资开发有限公司
何云武　深圳市天健房地产开发实业有限公司分公司经理
何荣彪　温州市国脉房地产开发有限公司副总经理
余学兵　重庆市华南房地产开发有限公司营销总监
吴亚萍　宁波洛兹置业有限公司总经理助理、办公室主任
吴宇亮　昆山市中楠房地产开发有限公司总经理
吴远志　江苏百大实业发展有限公司研发部经理
宋　毅　上海永裕置业有限公司、上海汇裕置业有限公司
张　燕　嘉兴市龙盛置业有限公司经理
张子民　上海瑞虹房地产有限公司、上海大地房地产有限公司副总经理
张文洁　上海天台恒星房地产发展有限公司营销总监
张方岩　上海豪洲建设发展有限公司总经理
张正国　江苏高力集团有限公司总裁助理
张孟桓　深圳市鸿翔实业有限公司总经理
张晋蓉　成都中铁二局宏源房地产综合开发有限公司副总经理
张晓军　上海东紫房地产发展有限公司副经理
张晓灵　上海农工商房地产(集团)有限公司策划部经理
李光焱　深圳市富春东方房地产开发有限公司总工程师
李国斌　昆山世界名人城房产开发有限公司营销总监
李新尧　成都畅游营销广告有限公司总经理
杨　勃　重庆渝北新城枫林置业有限公司副总经理
杨　斌　南通开发区爱东房地产有限公司总经理
杨宇潇　合肥金典置业有限公司营销总监
杨汪斌　嘉兴市信达建设房地产开发有限公司销售经理
杨越山　广州市宏峰房地产开发有限公司副总经理
杨歆宇　四川润扬建设集团有限公司总经理
沈一勤　江苏星源房地产综合开发有限公司
沈晓军　常州市苏源房地产开发有限公司项目部经理
邱星铭　上海宁新房地产开发有限公司
陆　新　上海辅亚置业发展有限公司总经理
陆志军　上海颛盛房地产有限公司财务科及经管科科长
陆定富　无锡苏源置业有限公司总经理
陈　华　上海南航房地产开发经营有限公司
陈　宇　上海地杰置业有限公司总经理
陈　奇　安信置地(中国)有限公司董事长
陈　荃　湖北珠江房地产开发有限公司营销总监
陈小海　深圳祥祺房地产开发有限公司
陈世武　深圳市雍盛建筑工程有限公司
陈汉忠　深圳恒安房地产开发有限公司副总经理
陈恩夫　浙江苏泊尔房地产开发有限公司市场部经理
陈珮思　上海国广房地产经营有限公司市场部高级经理
陈敏敏　宁波成路置业有限公司总经理
陈德才　深圳市承翰投资开发有限公司副总经理
周嘉生　义乌市九州建设开发有限公司董事长助理
庞　敏　重庆石桥房地产开发总公司副总经理
庞伟彬　长沙玫瑰园房地产开发有限公司常务副总经理
林绍文　烟台开发区玉森房屋综合开发有限公司副总经理
欧阳翊　深圳市富春东方房地产开发有限公司副总经理
范爱平　海宁市鸿翔房地产开发有限公司营销部总监
郑　刚　宁波百隆房地产有限公司项目管理部经理
郑　瀛　上海城开(集团)有限公司营销策划副总经理
郑建荣　人民电器集团浙江房地产开发有限公司总经理
郑海峰　上海天歌置业有限公司企划经理
郑勤炯　浙江绿地房地产开发有限公司办公室主任
金建国　泰安市久丰房地产开发有限公司开发部经理
姜　雷　重庆祥龙居众联行(重庆)地产咨询有限公司营销总监
胡　宾　中州集团董事长
胡文明　阳澄湖投资有限公司总经理
胡旭东　增城香江房地产有限公司策划部经理
钟　杰　中房集团黑龙江军安房地产开发有限公司董事长
钟肖红　蔚蓝置业(浙江)有限公司营销经理
项靖东　浙江伟程房地产开发有限公司副总经理
徐伟敏　上海元和投资有限公司副总经理
袁晓龙　福建景城实业有限公司营销总监
贾宝禄　广州市番禺里仁房地产有限公司总经理
贾继坤　辽宁荣天房地产开发有限公司总经理
郭昌平　四川怡安投资集团有限公司董事长
郭康雁　福建省金爵房地产开发有限公司总经理
顾发森　珠海南嘉房产开发有限公司策划总监
高元和　滨州市华升房地产发展有限公司常务副总经理
高边疆　四川省国机保利机电设备有限公司董事长
章浩中　成都兴西华建设管理有限公司总经理
黄　琦　泰昇房地产(上海)有限公司总经理
黄　瀚　广州市鼎泰营销策划有限公司总经理
黄世再　大中华国际实业(深圳)有限公司董事局主席
黄永杰　上海辅亚置业发展有限公司副总经理
黄志刚　广州天地房地产开发有限公司总经理
黄承荣　上海电气集团恒联企业发展有限公司副总经理
黄锦坤　广东光大企业集团有限公司副总经理
曾少雄　苏州信泰房地产开发有限公司总经理
曾宪松　重庆金鹏物业(集团)有限公司营销总监
程立志　广州广富房地产开发有限公司公关策划总监
舒策丸　无锡五洲国际装饰城有限公司副总经理
董海燕　重庆嘉发实业有限公司企划部经理
蒋良喜　浙江苏泊尔房地产开发有限公司总经理
腾　安　浙江锦正房地产开发有限公司总经理
裘海放　成都市城市建设开发有限公司董事长
赖文洪　舟山市普陀慧力置业发展有限公司董事长
鲍启军　惠州市日升昌置业有限公司董事副总经理
熊　牧　武汉统建城市开发有限责任公司部门经理
蔡裕平　深圳市银台实业发展有限公司副总经理
鲜小刚　重庆晋愉房地产(集团)股份有限公司
颜荣扬　丹阳市天波房地产开发有限公司副总经理
黎　亮　深圳市金泓投资发展有限公司策划营销总监
黎志强　深圳市益田房地产集团股份有限公司董事副总裁
薛卫东　深圳市淞江爱地实业有限公司执行总裁
薛振睿　宝实达置业发展(深圳)有限公司

浙江锦正房地产发展有限公司

总工程师　于 森　先生

于森，男，1943年9月出生，大专学历，总工程师。籍贯：江苏南京。

1965年毕业分配到天津，从事基本建设工作，并进712大学进修结构专业一年，后调到北京电子工业部基建局投身三线建设，并在山西相继建设完4个军工企业，总投资为2.7亿元，总建筑面积为12.7万平方米在建4个企业中，曾任施工员、计划调度、副科长、正科长（县团级）、基建指挥部副总指挥等职。到1985年调到绍兴文理学院，在基建处工作，任副处长兼总工程师，在这20年中文理学院从上无片瓦下无寸地，至今已是高楼林立，占地2000亩，建筑面积为20万平方米，总投资为5.8亿元，已具规模成为中上二类本科学院，为文理学院的发展留下了汗马规绩。2003年10月，被浙江锦正房地产发展有限公司聘请为总工程师，专管房地产开发中的工程技术、工程施工技术管理。

海口美视国际高尔夫俱乐部有限公司

营销策划总监　马鑫鹏　先生

马鑫鹏，男，汉族，1972年12月出生，大学文化，工程师，籍贯：青海。

2000年之前在某国企施工企业任职，历任项目专业工程师、总工及项目经理等职。

2000年-2002年在房地产企业深圳国泰林有限公司任职，担任项目负责人，负责该公司东门地铁商城的工程管理工作。

2002年-至今在海口美视国际高尔夫俱乐部有限公司任职，担任营销策划部负责人至今，主要负责管理公司地产项目的营销工作。

福州东方旭日高尔夫房地产开发有限公司

企划部经理　方剑梅　女士

方剑梅，女，汉族，1972年7月出生，大专文化，籍贯：福建。现任福州东方旭日高尔夫房地产开发有限公司企划部经理。

1995年加入房地产行业，具有多年丰富的房地产企划及项目销售管理经验，负责的多个房地产项目在当地均赢得了较高知名度同时亦令开发企业获得了较好的经济效益。

2004年7月担任香港三盛集团企划部经理

负责项目：1、《三盛·果岭生活》—成功定位"建在高尔夫球场上的国际人文名宅"，以"新鲜"、"生态"、"国际"的营销概念打造"国际生活观，自然生活馆"，迅速在楼市创出品牌，成为福州令人瞩目的高品质楼盘。一举夺得"福州市十大杰出楼盘"、"福州市十大看涨楼盘"、"福州市十大最受欢迎楼盘"、"中国2004年典范景观楼盘"等多项殊荣。2、《三盛·巴厘岛》—首度将原汁原味的"巴厘岛"风情引进福州，巧妙融入建筑，精心打造"时尚、典雅、迷人的巴厘风情新度假概念江景豪宅"，令榕城的休闲性度假住宅真正走进时尚人士的生活。实现"三盛品牌"建设更上一层楼，使其成为福州地产知名实力品牌。

2002年11月-2004年5月任福建君安国际置业顾问公司合肥分公司副总经理

代表项目：

甘肃武威：38万平米超规模·全景观·欧洲印象花园—〈天一时代城〉(创当地最有影响力明星楼盘)。

安徽合肥：1. 国际生活100年—〈元一·美邦国际〉(合肥大型高尚纯住宅社区品牌项目)；2. 好房子宣言—〈新华·学府花园〉(合肥明星楼盘，国家健康住宅示范小区)；3. 百大香格里拉系列品牌—〈香格里拉广场〉、〈香格里拉花园〉(合肥畅销楼盘)；4. 合肥·欧洲风情街行销企划—商业地产项目。

安徽淮北：淮北首座法兰西风情社区—〈欧洲印象花园〉(淮北特色楼盘)。

1995年9月-2002年11月福建金源集团福州金源房地产开发有限公司营销副总经理

代表项目：1.《金源花园》(6.8万平米)—首创"先租后售"销售概念；2.《金源大广场》(8.1万平米)—独家推出"以租代售"销售策略；3.《金晖新村》(18万平米)—成功开启福州首家"一口价"销售先例；4.《金源饭店公寓》(1.5万平米)—成功定位推出福州首家精装修酒店公寓。

常熟裕坤置业有限公司

董事长　毛建华　先生

毛建华，男，汉族，1955年9月出生，大学文化，工程师，籍贯：江苏。

1975年10月-1979年2月　北京经贸大学

1979年2月-1982年1月　北京中国轻工总公司

1982年1月-1988年10月　美国美洲林业产品公司副总裁

1988年10月-1989年8月　中国纸浆纸张进出口公司副总经理

1989年8月-1992年2月　常熟市第三皮件厂厂长

1989年2月-1994年6月　常熟五洋皮件有限公司董事长、总经理

1994年6月-至今　任江苏美迪洋集团公司董事长兼总裁；江苏美迪洋皮革皮件有限公司董事长兼总经理；常熟裕坤置业有限公司董事长。

四川怡安投资集团有限公司

企划部部长　王　平　先生

王平，男，汉族，1975年8月出生，大专文化，籍贯：四川宜宾。

1992年5月-9月在涪陵进行培训，学制4个月，学习机线和通信；1992年11月-1993年11月在宜宾邮电局担任通信线路维护工作；1993年11月-1994年4月在宜宾牟坪支局担任话务员工作；1994年5月-1999年10月在邮政处理中心担任微机接发员；1999年10月-2001年4月在宜宾五粮液邮政支局担任支局长管理支局；2001年5月-现在，在宜宾市邮政局担任分公司部门经理；2003年11月-现在，担任宜宾泡菜坛网络社区网站管理员；2005年10月-现在，到四川怡安投资集团担任物管公司副总经理、企划部部长。

王平先生自参加工作以来，一直较为刻苦钻研自己的本职工作，深知一岗多能的个人能力在现在社会浪潮中的重要性，因本人参加工作年龄小，学历不高，但是从没放弃过自我充电的机会，1999年在重庆大学修满三年制专科学业，对广告、行政、物业、财务、人力资源、策划等管理都有较强的认识和掌握了较为丰富的理论知识，对工作和环境的适应能力很强。

为人诚信开朗，勤奋务实，有较强的适应能力和开拓精神，责任感强，热爱集体，能恪守以大局为重的原则，愿意服从集体利益的需要，具备奉献精神。工作努力勤奋，能承受一定的压力，爱岗敬业，就是我的自我评价。

苏州中天房地产开发有限公司

总经理　王　兵　先生

王兵，男，汉族，1962年7月出生，本科学历，经济师，中共党员。

1984年-1993年 浙江省计划经济委员会 主任科员

1993年-1997年 浙江省省直房地产开发有限公司 总经理助理

1997年-2002年 浙江省节能实业发展公司 总经理助理

2002年4月-2004年 苏州中天房地产开发有限公司 副总经理

2005年-至今 苏州中天房地产开发有限公司 总经理

深圳市明舍投资开发有限公司

经营部经理　王万宏　先生

王万宏，男，汉族，1972年6月出生，大学文化，籍贯：湖北。

1995年大学毕业，毕业后工作于深圳市赛格达声房地产开发有限公司，从事房地产的营销与策划工作。在职期间负责深圳市“现代之窗”地产项目市场调研、项目论证、概念设计建筑规划、营销推广、售后服务等一系列环节中进行“全过程”策划。在项目策划过程中，以明确的经营理念为指导，提出以提高产品价值为主要目的，强调项目开发提升价值手段和空间。有效实施了品牌战略，成功完成CIS，取得轰动效应。

2000年进入深圳市一步物业顾问有限公司，曾直接操作了深圳东门新2000广场、泰宁百货、翠景山庄、珠海兰埔花园等多个项目的策划工作。

2001年至今工作于深圳市明舍投资开发有限公司，全面负责公司“明舍·御园”项目的经营工作，由于前期项目整体定位分析准确，目前该项目已完成大部分的销售任务。

个人喜欢迎接挑战，同时深刻体会到：要想在工作中不断实现和提高自身价值，首先必须树立明确的目标，在责任面前，以高度负责的敬业态度和忘我投入精神，谦虚谨慎、兢兢业业的务实作风去从事每一项工作。

三亚鸿洲房地产有限公司

总裁　王大富　先生

王大富，男，1968年12月出生，大专文化，籍贯：海南省。

1987年–1989年到深圳市蛇口石油运输公司任业务员；

1990年–1992年在深圳市蛇口石油运输公司任职业务经理；

1993年–1998年到宝安新长江公司任职总经理；

1999年6月至今在深圳市鸿洲实业发展有限公司任董事长；

自2002年8月至今同时兼任三亚鸿洲房地产有限公司副董事长兼总裁。

浙江兽霸集团有限公司
青田县万基置业有限公司

副董事长　王利平　先生

王利平，男，汉族，1958年12月出生，大专文化，工程师，籍贯：浙江。

1978年5月-1982年8月，青田县第一建筑工程公司工作，历任技术员、部门经理；1982年9月-1985年6月，浙江工业大学建筑学院学习；1985年7月至今，自己创业，成立了浙江山口建筑工程有限公司，任董事长；1998年10月-2002年9月，组建江西五洲房地产公司，任总经理兼策划总监；2002年10月至今，组建青田县万基置业有限公司，任副董事长兼策划总监；2003年12月至今，组建浙江兽霸集团有限公司，任副董事长。

在江西宜春市策划了"温州商城"，该项目精准的市场定位、合理的业态组合，创新了当地商业房地产策划模式；在侨乡青田开发策划了"金鹤苑"住宅项目，是青田第一个引进智能化、全封闭、人车分流概念的小区，开创了青田人居革命；在青田油竹新区开发和策划了"万基·欧郡"项目，该项目巧妙地将山景融汇到建筑和园林之中，塑造出了健康和谐、自然经典的高品质生态居住社区。

上海恒杰房地产开发有限公司

副总经理　王建华　先生

王建华，男，汉族，1955年12月出生，大专文化，籍贯：山东。曾是一位外科医生，有着多年的丰富临床经验。

1994年王建华先生加盟到恒诚（香港）国际集团有限公司，先后在旗下杭州美时年房地产开发有限公司担任市场营销部经理，在浙江龙泉市恒诚房地产开发有限公司担任董事常务副总经理，在上海恒杰房地产开发有限公司担任董事、副总经理，并主持全面工作。

王建华先生涉足房地产领域，主要负责集团旗下各房产公司的项目开发策划和市场营销及管理工作，先后成功策划了杭州萧山新世纪广场（近8万平方米），浙江龙泉市莱茵花园（8万余平方米），浙江龙游恒诚·莱茵河畔（14万平方米），上海松江新城檀香花苑（17万平方米）、上海恒杰商务大楼等项目，目前正在主持上海恒杰·丁香花园项目开发工作。

在王建华先生参与策划开发的楼盘中，先后有多个成功楼盘获得各种荣誉。浙江龙游恒诚·莱茵河畔项目被国家建设部评为"中国景观环境示范住宅"，上海松江新城"檀香花苑"项目被上海市房屋土地资源管理局初评为"上海市四高示范小区"。

厦门有巢氏房地产代理有限公司

营销总监　王建国　先生

王建国，男，汉族，1963年3月出生，大学文化，营销总监，籍贯：江苏。

王建国先生于1992年从事房地产营销策划事业迄今已有13年的经历，前10年在台湾地区一直担任项目专案经理，期间经历各种规划的楼盘项目，项目种类有公寓、多层、小高层、高层、商铺、别墅、厂房等大小项目数十余个，销售金额达200余亿元。

由于中国大陆近年房地产蓬勃发展，厦门总公司承接项目营销量每年百亿的成长，人力不敷使用，特于3年前邀聘本人共同参与项目策划，投入营销策划的行列。

最值得欣慰的是2004年在福建省会福州市五四北区块的项目，在预订时只有2成5的成绩，但后来运用策略，团队合作，在配合时事营销战术在3个月内将项目销售到9成6，对自己是打一场漂亮的仗，对开发商也是一种责任的完成。

目前策划的项目位于江苏省常熟市阜湖路上的一个国际社区——城市之光，我们将现代及高科技的未来生活理念融合在这个社区里，引领未来居住生活的新观念。在目前长三角房市观望的大环境下，本项目不受影响获得了业主们的肯定与支持，可以说是逆势而上的指标个案。

重庆嘉发实业有限公司

副总经理　王明霞　小姐

王明霞，女，汉族，1977年12月出生，大学文化，工程师，籍贯：浙江。

1997年1月-1999年6月，加拿大多伦多West Toronto Collegiate 高中毕业

1999年9月-2003年5月，多伦多（U of Toronto）Electrical Engineering 大学毕业

2003年9月-2004年至今，兼任重庆嘉发实业有限公司拓展部经理——副总经理

期间曾在加拿大多伦多在 Sit,s Read Estate co.,Ltd. 做暑假工，精通英语及推广策划。尼加拉圭瀑布边的一个连排别墅工程就是其中一个。2003年回国发展，觉得重庆作为一个新兴的直辖市，有很大的潜力，现正悉心打造一个百万方的“闹市造城”运动——上海城，将于2008年建成，集住宅、商业、写字楼、酒店等于一体的大型生活社区。

苏州鸿意地产发展有限公司

营销部经理　王智斌　先生

王智斌，男，汉族，1971年4月出生，大学文化，全国房地产经纪人，籍贯：苏州。现任苏州鸿意地产发展有限公司营销部经理。

1994年-1998年 苏州高新区农工商房地产开发公司金龙花园项目销售部经理

1999年-2001年 香港运盛集团苏州集诚房产建设发展有限公司美之国花园项目营销部主管

2001年-2004年 苏州工业园区邻里中心管理有限公司邻里中小商业房产项目营销部副经理

2004年-至今 苏州鸿意地产发展有限公司高尔夫花园项目营销企划部经理

1994年底进入国家级的苏州高新技术产业开发区，从事位于其CBD位置上的金龙花园住宅小区的销售工作，从业务员做到销售部经理，产品包括公寓、别墅和办公楼，现已成为一个相当成熟的综合社会。

1999年，进入香港运盛集团属下的苏州集诚房产建设有限公司，启动90万m2的美之国花园，时为当时苏州最大的房地产开发项目，也是首家采用销售代理制的综合型房地产项目。担任市场营销部主管，负责制定短期销售目标、阶段性推广计划和现场监管代理的工作。

2001年-2004年，进入中新合作开发的苏州工业园区，任职于园区邻里中心管理有限公司，亲历、完成了3个商业地产项目的立项、开发、规划、功能定位和销售招商的全过程。子项目有：贵都邻里中心、师惠邻里中心、湖东邻里中心，分管3个项目的办公楼和餐饮项目的销售招商工作。现已成熟运营，成为了开发区中社区商业服务模式的成功典范。

2004年-至今，进入苏州鸿意地产发展有限公司，负责位于园区双湖版块上的高尔夫花园的营销企划工作，在2005年上半年完成销售营业额5亿元，成为苏州著名楼盘，在市场上树立良好的品牌。

宁波国骅集团有限公司

总经办主任兼董事长秘书　王锡良　先生

王锡良，男，浙江宁波人，1963年11月出生，1984年7月毕业于浙江省建筑工业学校工业与民用建筑专业，后就读浙江育才大学大专班工民建专业及浙江省委党校大专班和中央党校本科班经济管理专业，工程师、经济师职称。

1984年8月-2002年4月，参与了我国当时最大的白纸板项目的筹建、建设和后来的扩建工作，先后担任团委书记、基建科科长、土建办公室主任等职务，对大型工业建筑的工程管理具有丰富的实践经验和自己一整套的理论。

2002年被宁波国骅集团聘请到该公司，首先担任工程部副经理，先后参与了“东方城·香梅家园”和“东方明珠城”的规划设计方案和景观设计方案的研讨，小区档次、目标客户的定位以及整个工程的建设。

2003年11月开始担任总经理办公室主任兼董事长秘书，参与公司的高层决策，面对国家宏观调控对房地产业带来的困境，冷静分析形势的发展，积极为董事长出谋策划。积极组织对江苏丹阳周围地区的市场调查，分析丹阳市民的消费水平、购房能力、居住喜好等因素，确定了产品定位和社区档次。参与对丹阳6000年文化底蕴的充分挖掘，并运用到小区的规划中，同时发挥地块自然起伏、湖光山色的生态优势，把“天波城”规划定位为“山·水·亲城”和“生态文化型”大型社区，以打造苏南地区最佳人居环境为宗旨，目前该项目已通过扩初设计，进入开工建设阶段。

重庆南方集团有限公司

营销总监　史宇海　先生

史宇海，男，汉族，1972年3月出生，本科学历，籍贯：浙江宁波。

具有14年工作经历，12年跨地区跨行业营销实践经验，6年房地产全程策划、销售管理实践。房地产项目全程开发和多项目策划销售管理成功经验，深度参与项目开发总量过600万平米。

具备实践执行力（熟知全国性营销活动组织及物料的成本核算、质量管理和项目流程分解考核管理）整合策划力（熟悉本土地理、人文风情，了解媒介、广告公司、代理公司运作特点）全程管理力（熟知市调、策划、销售、权证、物管各岗位及考核管理）并能进行项目管理考核和持续改进。

拥有6年大型商场合作经验，全国导游资格，绿色志愿者，曾在多家房地产企业和广告企业担任内部培训师，并在重庆多家大学做过培训讲演。

部分成功案例：

帮助2002年重庆6家跨行业进军房地产企业中的2家首战告捷。其中“科而士-天辰华府”在2002年10月27日至11月3日开盘一周即销售192套；“大川花园”一期开盘即销售82%，计271套。

策划实施大川“大川花园”非典战役（5月10日至6月30日），依靠精确定位和细密的现场销控技术，仅凭分期首付的促销政策（同期全市唯一），即完成83%的尾盘销售任务。

南方碧水康桥、南方风林高地、南方格林空间、南方星空等项目前期方案策划及规划论证；同创奥韵、同创国际等项目商业策划、活动及招商；金质街区商业规划和嘉禾农超CI体系。

上海市明泉房地产开发有限公司

副总经理　田 原　先生

田原，男，汉族，1962年4月出生，本科学历，籍贯：北京市。

1978年-1982年在兰州大学经济系政治经济学专业学习，获经济学学士学位。

1982年-1998年在中国酒泉卫星发射中心工作。

1998年-至今，长期从事房地产策划工作，曾先后主持了厦门未来海岸、兰州中广大厦、成都昆仑华庭、上海锦绣江南家园等十几个房地产项目的全程策划。

上海都市房地产有限公司

营销部经理　田　彬　先生

田彬，男，汉族，1971年8月出生，大专文化，人民大学MBA研修，籍贯：陕西。

2000年在一个三面环山，离市中心只有3公里的地段规划了近20万平方米的多层住宅，为了选择一家好的设计院，我们和全国许多大的设计院进行了沟通，也在广州、上海、深圳、北京考察了许多项目。在考察的过程中我们发现一个工地的施工管理非常好，就从南方将这个工程队请到大连去施工，开始这个工程队不信，多次沟通后他才被我们的诚意打动。为了将这个项目设计好，我常住南方某设计院达两个月有余，当时为了一个小细节，我们也会讨论，终于拿出了市场接受度非常强的项目。我在大连参与的四个项目，有三个被列入大连市城市规划大全。

上海都市房地产发展有限公司，是都市置业于1994年8月透过英属维京群岛设立的Canfield Overseas Ltd.投资成立的独资房地产综合发展公司，目前开发的房地产项目是上海浦东云间绿大地别墅，总投资达12000万美元，总占地面积41万平方米，分三期开发，一期已交付使用，二、三期开发预计在2007年底完成。

四川嘉昕房地产开发有限公司

副总经理　白 航　先生

白航，男，汉族，1972年6月11日出生，硕士学历，籍贯：四川。

1995年-2000年，松下电器（中国）有限公司成都分公司

2000年3月-2003年11月，加拿大多伦多大学经济学硕士

2002年12月-20005年10月，加拿大EPM公司人力资源经理

2005年10月-至今，任四川嘉昕房地产开发有限公司副总经理

无锡市博胜置业有限公司

常务副总经理　白江波　先生

白江波，男，汉族，1963年2月出生，大专文化，工程师，籍贯：河北。现任无锡市博胜置业有限公司常务副总经理，全国百强典型住宅项目—无锡香梅假日花园营销经理。

1985年-1995年，无锡市房地产开发公司工程部经理，主要负责工程管理，期间管理的代表住宅区无锡市芦庄小区一期，荣获全国城市住宅小区建设试点工程“质量管理奖”（个人奖）。

1995年-2002年，无锡市房地产开发公司总师办主任、副总工程师，主要负责企业ISO9001质量管理体系推行、工程质量管理，业绩显著，其中2000年负责管理的无锡市新世纪花园，获“无锡市唯一国家康居示范小区”荣誉称号；2001年负责的五爱家园，是无锡市区最大的旧城改造项目；此外，外地管理项目江苏省东台市步行街，是当地最长、最美观的商业样板步行街。

2003年-至今，担任无锡市博胜置业有限公司副总经理，负责无锡新区高尚住宅区香梅假日花园营销管理。在此期间，香梅假日花园曾荣获“2005中国·无锡典型住宅”、“无锡新区新地标”、“3.15绿色楼盘”、“5大景观设计优秀楼盘”等美誉。荣誉皆来自于不懈努力，在博胜置业的未来，白总将带领团队继续挑战新的荣誉。

上海泰江置业发展有限公司

常务副总经理　任晓岗　先生

任晓岗，男，汉族，1958年3月出生，本科文化，籍贯：浙江奉化。

1994年1月-1996年2月 中国农村信托发展公司舟山分公司总经理助理，兼任证券部经理、人事部经理、综合管理部经理，舟山中昌旅游有限公司总经理，舟山中昌租赁有限公司总经理。

1996年3月-1997年2月 中国农村信托发展公司浙江公司任企业发展部经理，主要负责公司房地产项目的拓展。

1997年2-2002年7月　浙江绿城房地产集团公司副总经理，分管职能部门：企划部、营销中心、综合管理部。分管项目：九溪玫瑰园别墅项目，杭州桂花城项目（多层公寓\小高层公寓\别墅）。同时兼任：杭州桃花源房地产开发公司总经理。全面负责杭州桃花源别墅项目（1200亩别墅园区）的开发经营工作。（上述三个项目，均获国家建设部《全国人居经典综合大奖》）。

2002年7月-至今 上海泰江置业发展有限公司常务副总经理。负责公司下属各地项目（上海、重庆、武汉、宜昌等地）的开发经营工作。同时兼任上海中通贵云实业有限公司总经理（开发碧云·晓园）。

武汉安居工程发展有限公司

副总经理　刘宜蓉　女士

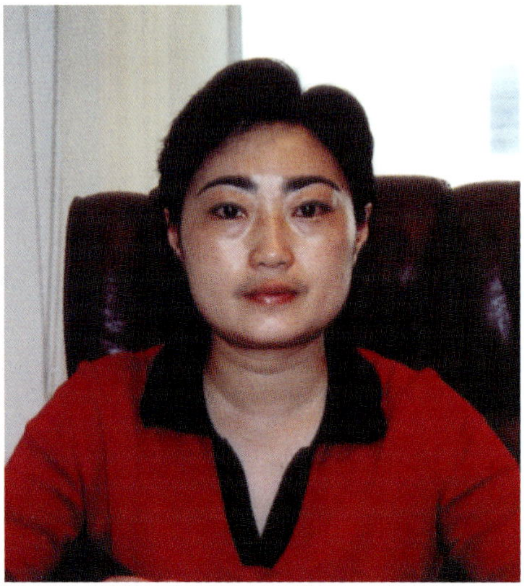

刘宜蓉同志，女，1964年7月出生，中共党员，大学本科毕业，高级会计师，高级经营师，现任百步亭集团公司副总裁，武汉安居工程发展有限公司副总经理，武汉百步亭不动产经营管理有限公司总经理兼董事长，武汉百步亭酒店管理有限公司总经理兼董事长，百步亭花园社区党委副书记，百步亭花园社区妇联主任。

1982年7月-1984年3月，在当阳市供销社财务部从事会计工作；1984年4月-1988年8月，在当阳市烟草专卖局财务科从事财会工作；1988年9月-1992年3月，在中建三局建筑技术研究设计院工程预算科从事建筑工程预算工作；1992年4月-1995年2月，在中建三局建筑技术研究设计院财务科工作；1995年3月-1995年8月，在湖北国际经济技术合作外贸设计咨询公司财务部从事财会工作，任财务部副经理；1995年9月-至今，武汉安居工程发展有限公司副总经理、财务部经理、总会计师；百步亭集团副总裁；武汉百步亭不动产经营管理有限公司总经理兼董事长；武汉百步亭酒店管理有限公司总经理兼董事长。

2000年10月刘宜蓉同志开始担任百步亭社区妇联主席，2002年获得江岸区热爱儿童奖，2003年担任市妇联执委，2004年被江岸区妇联授予“江岸区巾帼建功突出贡献奖”。百步亭社区妇联在她的领导下，2003年、2004年连续两年获得湖北省“三八红旗集体”，2004年获得全国“三八红旗集体“。

深圳鹏盛地产实业有限公司

常务副总经理　刘明成　先生

刘明成，男，汉族，1958年12月出生，硕士学历，高级工程师，籍贯：四川。

1976年8月-1978年9月　四川省射洪县建设大队知青

1982年9月-1984年12月　北京水电部勘测设计院设计部任科员

1985年1月-1988年8月　南京能源学院设计院热电土建办副主任

1988年9月-1992年5月　南京东南大学热能设计院土建室副主任

1992年6月-1996年5月　深圳金众房地产公司工程技术部部长。1993年2月起负责深圳市园岭B区高层公寓1号楼监理工作，该项目获得“广东省优质样板工程”。1995年5月负责华明楼项目的施工管理、质量监督等技术工作。

1996年6月-1997年8月　深圳鹏基物业发展公司任副总经理。期间主持了布吉阳光花园20万平米大型住宅区的开发工作，该项目被评为“深圳市优质住宅小区”。

1997年8月-2002年2月　深圳高发投资控股有限公司任总经理。期间全面负责了高发公寓、高发佳苑高层住宅和高发东方科技园的开发销售工作，以上项目均被评为“深圳市优良工程”。

2002年3月-至今 深圳鹏盛地产实业有限公司任常务副总经理。全面负责了鹏盛年华公寓和盛世鹏程花园的开发销售工作。其中鹏盛年华公寓被评为“深港十大文化住宅”和“港人首选最佳中小户型住宅”，盛世鹏程花园为福田区标志性建筑之一和区重点建设项目。

昆山红枫房地产有限公司

总经理　刘武华　先生

刘武华，男，汉族，1956年8月出生，本科学历，高级工程师，籍贯：河南安阳。

1974年-1976年在河南省知青点下乡；

1976年-1985年在河南安阳钢铁公司中板厂技术科工作；

1985年-1990年在安钢设计部从事设计工作；

1990年-1996年在安钢中板厂技术科工作，任技术科长；

1996年-2002年10月在安钢大厦指挥部（任常务指挥长）及安钢设备工程管理部工作；

2002年11月-至今在昆山红枫房地产有限公司工作，先后任总工程师、常务副总经理，现任总经理。

苏州南都建屋有限公司

副总经理　刘柏艳　先生

刘柏艳先生，现任苏州南都建屋有限公司副总经理。

2000年9月至2001年9月 任中国网络百慕达集团（香港）投资经理，有与香港新鸿基证券金融集团合作经历

* 行业分析，公司资产重组及并购战略策划，曾参与完成一H股上市公司的收购运作；曾参与几家国内上市公司重组和融资顾问。
* 与新鸿基证券合作为pre-LPO公司提供财务顾问和IPO全程服务，曾参与上海星际通公司资产重组和上市准备工作。
* 新投资业务拓展及其投资策略研究和制定，成功地制定和推动了公司在中国的宽带网络业务的投资计划，主导参与了一系列的项目投资，包括西安、深圳、南京等地的小区宽带网的投资项目。
* 投资项目的立项、调查、分析、谈判及其投资计划。

1998年6月至1999年5月 中国建设银行广东江门市分行/信贷管理部。

参加省分行银行信贷管理培训，获资格。

* 审查和评估企业客户的贷款申请。
* 发展和保持与客户的合作关系。
* 收集客户的经营、财务和资信资料，并对其作出信用等级的评估以指导贷款决策。

1994年7月至1998年5月 中国建设银行广东江门市分行/科技开发部助理经理，系统工程师。

* 协助经理进进行内部控制，项目管理，及技术培训。
* 协调科技开发部和银行其他部门的合作。
* 成功地主管过大型数据网络项目工作，有丰富的IT行业和项目管理经验。
* 基于UNIX，Windows，TCP/IP，Informix database的数据网络系统管理和开发。

上海东紫房地产发展有限公司

副总经理　刘钧豪　先生

刘钧豪，男，1958年7月出生，汉族，本科学历，工程师，籍贯：上海。

1976年3月-1980年12月 旅顺37162部队806服兵役

1980年12月-1991年11月 上海织袜十三厂党总支书记

1991年12月-1992年4月 上海针织集团公司党委调研室

1992年4月-1993年4月 上海同兴袜厂党委书记

1993年4月-1995年4月 上海织袜八厂党委书记

1995年4月-1999年12月 上海康驰袜业总厂党委书记

1999年12月-至今 上海东紫房地产发展有限公司副总经理

成功案例：2002年在上海松江新城区祥和路西侧开发了高档住宅小区“东明花苑”，该小区总建筑面积17万平方米，其中商品住宅面积14.5万平方米，公建面积2.5万平方米。该项目被评为2003年度上海市“四高”优秀小区。

中山市宇宏住宅产业发展有限公司

营销总监　刘铭海　先生

刘铭海，男，汉族，1975年12月出生，本科学历，籍贯：湖北。

1998年毕业于武汉科技大学工业与民用建筑专业；

1998年起在深圳中原物业顾问有限公司任职；

其后分别在深圳房地产交易中心、深圳兆山实业有限公司担任销售经理、营销副总经理；

2001年起与朋友一道创业，先后负责深圳、贵阳、重庆、福州、威海等多家楼盘的营销推广工作；

2003年下半年起入中山宇宏住宅产业发展有限公司。

刘铭海先生入行数年，殚精竭虑，擅长项目全程策划及营销操控。参与的项目逾百万平米，对房地产项目的全程运作有一定的见解和研究。

厦门华茂房地产开发有限公司

副总经理　孙 扬　先生

孙扬，男，汉族，1962年12月出生，本科学历，工程师，籍贯：山东。

1981年7月至1985年7月　中国人民解放军后勤工程学院建筑系，建筑学专业；

1985年7月至1995年10月　南京军区建筑设计院福州分院工作；

1995年10月-至今 华东实业厦门公司、厦门华茂房地产开发有限公司工作。在华东实业厦门公司期间，成功策划开发了“金鸡亭小区”，既解决了系统内的集资建房，又通过商品房解决融资问题，还策划、设计了罗马大酒店，目前更名为“东方名殿”，将打造为厦门的精典娱乐中心。“华东花园”（阳光翠海）是公司的又一力作，通过精心策划充分考虑到面山的优势，并结合园林、绿化设计，通过造景，将小区打造为湖里第一楼盘，并提出“新绿色小区、新健康生活”的理念，很好地体现“阳光翠海”。

在设计院期间，主要设计了“华都大酒店”、“天峰宾馆”、“屏山大厦”、“厦门白鹭宾馆综合楼”、“一七四医院门诊楼”、“一七五医院门诊楼”、“万寿公寓”、“华东综合楼”、“罗马大酒店”等。

苏州新城万嘉房地产有限公司

总经理　朱广龙　先生

朱广龙，男，汉族，1967年9月出生，大学文化，高级工程师，籍贯：山东。

1985年9月-1989年7月上海铁道学院工业与民用建筑系本科毕业

1989年7月-1996年8月黑龙江省农垦建筑设计院（甲级）设计一所主任

1996年8月-2002年2月江苏新城股份有限公司技术部经理

2002年2月-2002年7月江苏新城股份有限公司总经理室总工程师

2002年7月-2004年9月南京新城创置房地产有限公司总经理（江苏新城股份有限公司旗下子公司）

2004年9月-至今苏州新城万嘉房地产有限公司首席执行官/总经理/总裁（苏州新城万嘉房地产有限公司是江苏新城股份有限公司投资的子公司，公司设立于江苏苏州地区，现在苏州昆山有二个项目（面积为648亩，正在开发中）。

海宁市鸿翔房地产开发有限公司

策划部经理　朱建杰　先生

朱建杰，男，1964年出生，本科文化，高级工程师，浙江海宁人。

1987年7月-1997年7月海宁市第二建筑工程公司经营科任职；

1997年7月-至今海宁市鸿翔建设工程有限公司（现为浙江鸿翔建设集团有限公司）任职，先后任办公室主任、商品混凝土公司经理、总经理助理等职，主管新产品、新项目开发；

1998年6月—至今兼任海宁市鸿翔房地产开发有限公司总经理助理、策划部经理职务。

朱建杰同志任职期间，积极配合姚岳良董事长、吴德善总经理的各项工作，在房产公司全体同志的大力协助下，成功地策划了鸿翔房产先后开发的锦绣花园、水月亭小区、鸿翔商贸城、多个楼盘的开发及定位工作，使鸿翔房产的开发规模从小到大、品位从一般到高档，逐步走出了一条健康成长的良性发展轨道。尤其是公司近期开发的“紫微花园”，朱建杰及策划部的同志们筹划之初就将其定位在海宁首个高档楼盘，成为海宁首个贵族生活园区，在海宁当地产生较轰动影响。别墅、排屋等一开盘即销售一空，产生了良好的销售业绩。可以说，鸿翔房产这几年快速成长的历程有朱建杰同志不可或缺的贡献。

深圳市志健实业有限公司

常务副总经理　朱祯文　先生

朱祯文，男，汉族，1952年12月出生，大专文化，经济管理专业，高级策划师，广东汕头人，并获中国策划研究院高级策划师证书及深圳市、建设部和国家房地产企业经理专业培训上岗证书。

1970年参加工作，历任连指导员，营教导员，团委书记，党委副书记，国营工厂厂长兼书记，深圳市深威有限公司和深圳市兆宏达仓储运输实业公司总经理。

1991年6月-1993年3月在深圳中达集团(股份)有限公司任房地产部经理，广州市鹏达集团有限公司副总经理。1993年3月至2003年12月在广东金穗实业有限公司和广州金丰房地产开发有限公司担任副总经理。

朱祯文先生从事房地产开发、经营与管理工作13年，先后参与（其中约半数项目系他分管或关系单位委托的份内工作，在主体工程和配套工程的建设，售楼和物业管理方面是亲力亲为，现场操作控制。）近20个房地产开发项目的现场考察，投资回报测算，可行性分析、组织策划、方案评审 、工程管理、质量督查、成本控制、人才培训等生产环节，流通环节和消费环节的经营与管理工作。不但熟悉房地产开发、销售、物业管理的各个大的乃至小的环节与程序，而且在每个项目开发中的每一个环节如何严格控制开发成本，想方设法提高经济效益方面积累了比较丰富的实际操作经验。

上海尧舜置业有限公司／桐乡荣舜置业有限公司

营销总监　江　莉　女士

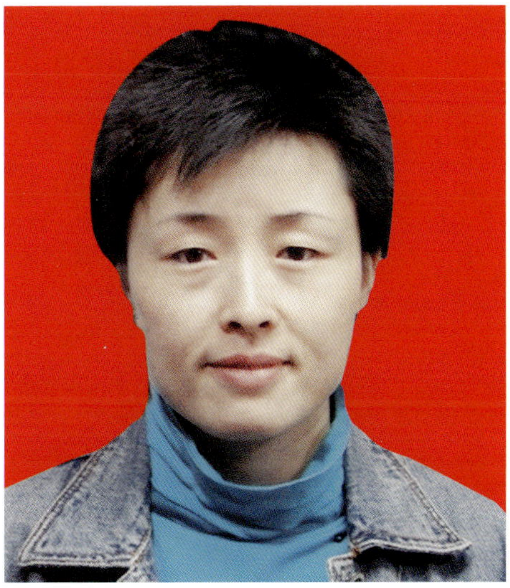

江莉，女，汉族，1972年11月出生，大专文化，籍贯：四川，kelly（英文名）。

1995年进入房地产行业从事房地产销售、策划工作多年

1997年就职于上海锦和投资顾问有限公司任销售主管

1998年至2003年就职于上海众和置业有限公司任销售部经理

2004年至2005年6月就职于上海置业—上海绿洲仕格维花园酒店公寓有限公司任酒店管理部经理 服务公寓总监

2005年6月至今就职于上海尧舜置业有限公司任营销总监；桐乡市荣舜置业有限公司任副总经理

个人特点：热爱房地产事业，更加热爱房地产营销工作。历经多年，执着奋斗。我希望我的团队里每个人都能成为“精英”，因为考验我们的是一个严峻的市场。能够带领一支精英队伍打好仗的将军才是好的将军

工作风格：沉着、冷静、雷厉风行

座右铭：命运眷顾有志者！

深圳市鸿翔实业有限公司

总工程师　江花桃　女士

江花桃，女，汉族，1963年12月出生，本科学历，高级建筑工程师，籍贯：湖南。

1985年毕业于湖南大学建筑系和工民建专业，从事建筑行业近20年。1985年-1992年在湖南省建材设计院从事建筑设计工作，主持和担任近百项工程设计，并多次参加建筑方案设计投标中标；1992年-1994年在深圳市规划国土局龙岗设计院工作，任综合设计室负责人，主持和担任龙岗新区开发建设项目的总体规划与建筑设计；1994年-1999年在深圳市正阳投资发展有限公司、深圳市商隆投资发展有限公司负责罗湖区旧城改造项目的开发建设，担任总经理助理和工程部经理等职务，负责策划、建设了罗湖商务中心大厦、都市名园、名仕阁、云峰大厦等项目；2000年-至今，在深圳市鸿翔实业有限公司任总工程师，成功开发建设出高密度住宅小区，该小区从前期策划、可行性研究到开发建设、营销策划都得到了建筑行业的认同。20年的工作经验积累，在建筑业得心应手。20年来，一直兢兢业业、踏踏实实地工作，具有忠诚、灵活、敬业，协作的素质，本人倡导的信念：诚信于人，德厚者昌。1997年获全国注册监理工程师证书，2002年起是深圳市专家。

芜湖海泰置业有限公司

总经理　牟坤林　先生

牟坤林先生，汉族，1959年4月出生，安徽芜湖人。20世纪80年代，牟坤林先生在皖南医学院学习并在安徽芜湖市中医院任医师。90年代初毅然辞职南下珠海发展，创办了珠海华光贸易有限公司，从事进出口贸易。1995年，放弃南方良好的发展机遇，带着先进的经营管理理念，回到了家乡芜湖，成立了芜湖中坤进出口集团有限公司，致力于家乡的经济发展建设。牟坤林先生领导的中坤集团实行多元化的发展战略，除了在芜湖、天津、山西、武汉、吉尔吉斯斯坦等地进行钢材、焦炭的进出口贸易外，还进行粮油食品的冷藏和加工销售以及乳制品的生产销售。

近年来，牟坤林先生在稳步发展的基础上，向房地产领域不断开拓，在房地产开发和投资上取得了深入和上规模的发展。在全国很多省市投资开发了房地产项目，在湖北省襄樊市成功开发了国家光彩事业重点扶持项目、华中地区最大的市场—华中光彩大市场；在安徽合肥市合资开发占地3000亩的高尔夫别墅和120平方公里的省级旅游风景区—紫蓬山风景区，在芜湖合资开发了银湖华庭住宅小区。目前，牟坤林先生和其所在的芜湖海泰置业有限公司在芜湖经济技术开发区（国际级开发区）开发运营“银湖·波尔卡”大型复合地产项目。

银湖·波尔卡项目分为银湖·波尔卡大街（商业）和银湖·波尔卡国际花园（住宅）两部分，项目立足于缔造芜湖最高档的国际化休闲娱乐商业街区、北城商业中心及环境优美的住宅小区，打造集购物、美食、娱乐、休闲、商务、宾馆、综合服务配套为一体的国际化休闲商业街区和湖畔生态美居。项目总占地面积31万平方米，总建筑面积42万平方米，其中商业15万平方米，住宅27万平方米，总投资超过8亿元人民币，银湖·波尔卡综合影响力辐射至芜湖周边马鞍山、巢湖、宣城、铜陵等10多个县市，成为区域市场内经营档次最高、规模最大、业态最全的休闲娱乐商业街区。至2006年5月止，银湖·波尔卡以其超前的商业发展眼光、现代的经营管理理念、时尚的人文视角、得天独厚的地理优势荣膺“优秀楼盘奖”、“最受关注商业地产奖”、“最具商业价值房产品牌”、“2006年度中国城市最具投资价值商业中心区奖”等多项楼盘大奖。

作为“银湖·波尔卡”模式的建设者和领导者，牟坤林先生对这种地产模式为开发商和城市建设带来的双赢局面深有体会，并计划在未来的几年内，在其它5-10个中等城市倾力打造“银湖·波尔卡”模式的连锁项目。努力把休闲商业地产推向一个全新的阶段，并以一个开发商的责任心，为城市的发展和建设做出应有的贡献。

牟坤林先生在自身发展同时，不忘回报社会，一直积极参与各类社会公益事业和光彩事业，至今已向希望小学和灾区捐款捐物共计300余万元，还担任中国光彩事业促进常务理事、安徽省光彩事业促进会副会长、安徽省工商联副会长、安徽省政协常委等职，并荣获“安徽省优秀青年”、“安徽省优秀民营企业家”、“中国光彩事业奖章”等数十项殊荣。

武汉嘉华房地产开发有限公司

总经理　许岳衡　先生

武汉嘉华房地产开发有限公司是武汉市住宅开发公司为投资主体组建而成的专业从事房地产开发与经营的股份制企业（其前身为武汉市住宅开发公司南湖华锦花园项目部），初始注册资金1000万元人民币。自运作以来，依托良好的企业经营运作理念和隶属武汉市房产管理局直属企业武汉市住宅开发公司强力支持，积极从事房地产项目开发运作，先后在南湖地区成功开发华锦花园一、二期经济适用房和市政府廉租住房。

公司目前正在开发华锦花园三期——华锦·春天故事项目，该项目北靠雄楚大街，直通中南路、中北路、长江二桥，西连武咸公路，东邻东湖高科与中国武汉光谷相伴。春天故事占地面积96亩，建筑面积9.2万平方米，规划户数为625户。春天故事在武汉房产界，率先引进国际先进的园林景观设计理念，营造优美的人文居家环境，倡导风靡全球的“3E”健康居家新模式：生态Ecology – 环境Environment – 秩序Ethics，为武汉房地产界注入新的思路，开创了新的篇章。

深圳市天健房地产开发实业有限公司

龙岗公司经理　何云武　先生

何云武，男，汉族，1971年5月出生，本科学历，工程师，籍贯：广东。

1989年9月-1993年7月　武汉城市建设学院（现华中科技大学）道路与桥梁工程专业（本科）

1993年7月 毕业分配至深圳市市政工程公司景田指挥部任技术员

1993年8月-1999年6月 任职于市政公司龙岗中心城七通一平工程指挥部历任技术员、助理工程师、技术总负责

1996年6月-1999年1月 任职于深圳市天健龙岗房地产开发有限公司历任助理工程师、工程师、经理助理兼工程部长、副经理

1999年1月-至今 任职于深圳市天健龙岗房地产开发有限公司主持龙岗公司工作，历任副经理兼项目经理

温州市国脉房地产开发有限公司

副总经理　何荣彪　先生

何荣彪，男，汉族，1970年9月出生，大专文化，工程师/经济师，浙江温州人。

温州市国脉房地产开发有限公司成立于2000年9月，是温州房产业的后进者。作为创始人和主管领导，何荣彪同志对国脉房开倾注了极大的心血和努力。他以创业者的执着和管理者的睿智，在国脉房开成立初期就提出了内建质量，外创品牌的发展方针。他要求企业运用现代化的管理方法和手段，建立健全质量体系、成本体系和售后体系，通过抓质量、重服务、创名牌，不断强化质量和品牌意识，树立良好的企业形象。几年来，在他的领导下，通过坚定不移的走质量和品牌的发展道路，国脉房开获得了前所未有的发展，短短五年，公司就开发承建了国脉花苑等近60万平方米的楼宇小区工程。

于2005年3月开盘的国脉花苑，由于遭遇国家对房地产业实行新政，销售情况曾一度陷入低谷，公司决定进行一次营销推广活动。何总认为由于市场日益细分，营销推广必须围绕目标客户进行，他敏锐的指出国脉花苑的目标客户应该是具有一定购买力的成功白领。因此，媒体推广活动就放在以城市精英为读者群的"温州晚报"进行，推出一系列软硬结合广告，迅速提升了国脉花苑的整体形象和知名度。同时何总还提出了"口碑营销"模式，他认为房产营销中很多时候都是靠客户、朋友的口碑，因为再大的广告投放，某些目标客户也未必能看到，必须靠"圈子"的力量的促进销售。经过一系列的营销推广活动，国脉花苑终于在低迷的房产市场逆势而上，销售率大幅上扬，营销活动的效果之好远远超过预期。

重庆市华南房地产开发有限公司

营销总监　余学兵　先生

余学兵，男，汉族，1969年8月出生，大专文化，籍贯：重庆。

1992年7月毕业于四川师范大学中文系，在读期间热衷于写作。1992年9月至1996年12月于重庆市涪陵区义和中学任中学语文教师。

1997年2月至1999年8月于香港雅臻广告广州公司任策划总监，曾服务于华帝燃具、鹰牌陶瓷等知名品牌，并先后主持或参与了珠江新城君怡大厦、江湾桥朗晴居、中华广场、广州数码港等房地产项目之广告策划工作。

1999年8月至2003年2月，先任东莞联华实业集团策划总监，并兼下属项目雍华庭项目经理，后调派三亚任项目营销副总。先后主持了集团属下项目东莞东城商业步行街后期营销、东莞星河传说前期策划、三亚阳光海岸前期策划及后期营销工作。

2003年2月，本人加盟奥园集团，任职奥园投资项目“重庆奥园大厦”营销总监，负责“重庆奥园大厦”前期项目策划，奥园品牌推广，以及奥园在重庆土地储备之前期分析评估工作。

2003年10月，本人调任武汉奥园房地产开发有限公司副总经理，并兼任奥园运营托管项目假日威尼斯(占地600亩)常务副总经理。全面主持项目策划、设计管理、开发管理、工程管理、营销管理等板块工作的组织、协调、推进。

宁波洛兹置业有限公司

总经理助理　吴亚萍　女士

吴亚萍，女，汉族，1962年2月出生，大专文化，经济师，籍贯：浙江。

1979年-1993年 宁波大昌布厂　历任统计、调度、团委书记

其中 1983年-1986年 经成人高考入宁波工大脱产三年

1994年-2002年 宁波孔浦房地产开发有限公司　办公室主任

2002年-至今 宁波洛兹置业有限公司　总助、办公室主任

昆山市中楠房地产开发有限公司

总经理　吴宇亮　先生

吴宇亮，男，汉族，1972年9月出生，大学，工程师，籍贯：浙江永嘉。

1993年9月 毕业于工业大学浙西分校工业与民用建筑专业；

1993年10月-2002年9月 浙江永嘉县建筑工程质量监督站工作，任检测室主任、副站长（主持工作）；

2002年10月-2003年9月 浙江永嘉县建设工程招标投标办公室工作，任主任；

2003年10月-2004年2月 温州市中楠房地产开发有限公司工作，任副总经理；

2004年3月-至今 昆山市中楠房地产开发有限公司，任总经理。

成功案例：成功的开发和销售了温州市"中楠·国际广场"项目；成功的开发和销售了昆山"中楠·锦绣嘉园"项目一期工程。

江苏百大实业发展有限公司

研发部经理　吴远志　先生

吴远志，1974年4月出生，本科学历。现任江苏百大实业发展有限公司研发部经理。

成功案例：

1999年5月-2002年12月　常州房地产开发公司

广景山庄　5万平方米

芦墅广景苑　12万平方米

天重堂 7万平方米

2003年初-2005年3月

伟业大厦　4万平方米

港南花园　40万平方米

西安新一代国际公寓　10万平方米

西宁香格里拉·城市花园　80万平方米

2005年5月-2005年12月　无锡顺驰地产公司　战略发展部

2006年3月-至今　江苏百大实业发展有限公司　研发部经理

百大·春城　27万平方米

嘉兴市龙盛置业有限公司

策划销售部经理 张 燕 女士

张燕，女，汉族，1974年6月出生，大专文化，房地产经济师/注册策划师，籍贯：浙江。

1995年-2004年：任浙江嘉兴同创房地产开发有限公司销售部经理，负责“同创公寓”、“吉水花园”、“同窗广场”、“一园别墅”等多个小区策划、销售。总面积约50万平方米；

2004年-至今：任嘉兴市龙盛置业有限公司策划、销售部经理。参与组织总规模为60万平米的“龙盛·华城右岸”项目的策划、销售。

上海瑞虹房地产有限公司
上海大地房地产有限公司

副总经理 张子民 先生

张子民，男，汉族，1949年11月出生，大专文化，工程师，籍贯：上海。

1992年-1998年 上海长新房地产开发经营公司 开发部经理 总经理助理

1、全面策划开发了高档全装修楼盘——“利安公寓”，创下了当年开发启动，当年热销完毕的惊人业绩。该楼盘被评为上海建筑业最高奖“白玉兰奖”。

2、策划开发了上海新华路闻名的“外国弄堂”高级住宅。

3、策划开发了“利安公寓”二期，圆满成功。

1998年-至今 上海瑞虹房地产有限公司 副总经理

上海大地房地产有限公司 副总经理

1、全过程参与虹桥城市花园1—3期项目。该项目为高档住宅小区，占地100亩，建筑面积10万平方米，售价超过每平方米1万元人民币。

该楼盘荣获多个奖项：上海建筑业最高奖“白玉兰”奖

上海市住宅小区“最佳规划奖”

上海市“高起点规划、高水平设计、高质量建设、高标准管理”四高优秀小区称号

上海市“优秀小区”称号

上海市“园林小区”称号

2、全面策划参与了高档别墅楼盘圣堡别墅（瑞虹别墅）一期，获“全国十大别墅楼盘综合大奖”。

上海天台恒星房地产发展有限公司

营销总监　张文洁　女士

张文洁，女，汉族，1969年3月出生，研究生，籍贯：江苏江阴。

1988年-1994年 上海市电机技术研究所 助工

1994年-2002年3月 麦当劳（中国）有限公司 经理

2002年4月-2002年11月 上海绿地新龙基置业有限公司

2002年12月-至今 上海天台房地产经纪有限公司

上海天台恒星房地产发展有限公司

上海豪洲建设发展有限公司

总经理　张方岩　先生

张方岩，男，汉族，1961年8月出生，本科学历，高级工程师，籍贯：山东青岛。

1981年-1986年 交通部水下工程研究院　技术员

1986年-1992年 上海市城市规划管理局　工程师

1992年-1995年 香港峻岭集团　副总经理

1995年-至今上海嘉业房产开发有限公司　董事长

上海豪洲建设发展有限公司　法人代表

香港欣繁集团　董事长

香港威泽集团　董事长

江苏高力集团有限公司

总裁助理　张正国　先生

张正国，男，汉族，1973年4月出生，本科在读，江苏盐城人。

1999年加盟高力集团，历任南京新庄高力轮胎汽配市场总经理，高力集团市场发展管理中心副总经理；北京高力灯具港总经理，现任江苏高力集团有限公司总裁助理、南京高力国际家具港总经理、江苏高力集团市场经营管理有限公司总经理。

2004年，成功完成南京高力汽配科技城8万平方米项目的营销策划，实现销售额3亿元，其销售面积排名2004年度上半年度十大销售企业第六名，并于2004年6月成功开业，其市场定位的精准、经营品类的齐全、市场规划的合理、市场管理的规范都具有在全国的领先水平；

2004年底，面对同行业的封锁和种种不利的客观因素，张正国带领自己的招商团队，完成20万平方米南京高力国际家具港招商项目的全程策划，并顺利完成整个家具市场的招商工作，进驻品牌达800多个，其中，知名品牌500多家。

2005年5月，在张正国总经理的主持下，完成北京高力灯具港全程招商企划。北京高力灯具港位于北京十里河建材一条街，为北京地区规模最大、档次最高的大型专业灯具市场，此项目的成功，打响了“高力”在京城的品牌，为进一步开拓北京市场创造了条件。

深圳市鸿翔实业有限公司

总经理　张孟桓　先生

张孟桓，男，汉族，1967年12月出生，大学文化，工程师，广东阳江人。

1990年毕业于华南理工大学工民建专业以来，一直从事建筑行业近15年。经过十多年务实工作、大胆创新、勤奋创业、科学管理，为建筑业发展做出了较大贡献，丰富了人生的阅历。在中国有色十六冶第三工程公司任项目经理期间，亲自指挥承建开发的项目主要有：康乐大厦、广州金宇花园、广州鸿瑞大厦、深圳登良花园等工程，在半岛房地产公司任总经理期间，亲自开发了鸿瑞花园、前海宜家花园、深圳南粤山庄等项目，其中鸿瑞花园被国家建设部定为“城市住宅试点小区”，在深圳鸿翔实业公司任总经理至今，注重提高团队的整体素质，使员工赋于责任感、使命感，注重服务质量，成功开发建设出高密度住宅小区生态环境一流的鸿翔御景东园。张孟桓的事业信念“施德以民、以德治企、建群众满意放心房”。

成都中铁二局宏源房地产综合开发有限公司

副总经理 张晋蓉 女士

张晋蓉，1962年10月出生，大学文化，经济师。

1983年7月至1989年6月 成都四〇信箱宣传部 宣传干事

1989年7月至1992年4月 铁二局多经处党委办公室 历任宣传干事、组织干事、主任组织干事、副主任，先后参与、主持党委宣传、组织工作。

1992年4月至2002年4月 铁二局多经处劳动人事科 历任副科长、科长，先后主持全员工资管理、劳动人事管理，主持全局集经职工劳动人事管理、养老保险管理等。

2002年5月-至今 中铁二局宏源房地产综合开发有限公司副总经理，主办策划、贯标工作，分管营销管理。

上海东紫房地产发展有限公司

副经理 张晓军 女士

张晓军，女，汉族，1970年10月出生，大专文化，籍贯：上海。

1989年7月-1995年3月 上海化学试剂公司

1995年3月-1999年11月 上海东鼎房地产发展有限公司

1999年11月-至今 上海东紫房地产发展有限公司

上海农工商房地产（集团）有限公司

市场营销部经理　张晓灵　先生

张晓灵，男，汉族，江苏省南通市人，1967年10月生，管理学博士，高级经济师。

1987年9月-1994年6月，考入华东师范大学就读本科和研究生，获硕士学位。

1998年3月-1999年3月，考入复旦大学管理学院读MBA，后辍学。

1999年3月-2002年7月，考入上海财经大学国际工商管理学院，攻读管理学专业、市场营销方向博士研究生，获博士学位。

1993年11月-1995年1月，在上海市人事局国际交流处工作。

1995年2月-1998年9月，中房上海房地产集团总经理秘书、高级业务主管。

1998年9月-2002年3月，上海中房置业股份有限公司办公室主任兼主管营销策划部，良辰房地产公司监事。

2002年4月-至今，上海农工商房地产集团市场营销部经理，集团直属项目管理委员会委员、上海民众装饰工程公司董事。

深圳市富春东方房地产开发有限公司

总工程师　李光焱　先生

李光焱，男，汉族，1963年2月出生，本科学历，高级工程师，一级注册结构师，籍贯：湖北。

1984年7月毕业于西安建筑科技大学（原西安冶金建筑学院）工民建专业。

1984年-1992年在冶金工业部武汉钢铁设计研究院从事建筑结构设计工作。

1992年12月-1997年12月在武汉设计集团公司（甲级院）、武汉城开集团建筑设计有限公司（甲级院）任设计部经理、设总、副总工程师。

1998年-2000年在武汉东艺建筑设计有限公司，国家一级注册结构工程师、项目负责人、从事项目管理工作。

2001年-2003年10月，湖北东泰监理有限公司任副总经理，武汉灵申工程技术应用有限公司任总经理、总工程师，从事建筑工程技术咨询、房地产开发项目的策划、规划及项目管理、工程监理等工作。

2003年10月-至今，深圳市富春东方房地产开发有限公司东方尊峪项目总工程师。

成都畅游营销广告有限公司

总经理　李新尧　先生

李新尧，男，出生于1973年4月，从事房地产营销工作8年。现任成都畅游营销广告有限公司总经理。

从奥格威的传世名言“一切为了销售”中寻找到了一种原始的萌动，历经两年的广告策划文案工作，笃定自己弥足坚固的职业信念：用心实现完美价值。对地产如此，对自我如此。

从娇子大厦、大世界商业广场、凯莱帝景、交大数码村、明珠时代商业广场、永安路装饰建材市场、洛镇商业会馆、东麓驿境等上100万平米商业地产和住宅项目的营销工作中，来自项目规划、建筑设计、景观设计、物业管理、现场施工、项目推广、销售执行等个中细节的真切体验，地产营销成就了快乐的自我，并与一路5年走来的开发商及畅游，与公司同仁一起努力，一起分享价值体现的美好历程。

市场的变化和竞争从未停止，追求和创造始终是市场的主角，坚信一份执著、一种精神、一个属于真正强者的未来。

重庆渝北新城枫林置业有限公司

副总经理　杨　勃　先生

1995年 重庆建筑大学建工学院工民建本科；

2002年 重庆大学工商管理学院工商管理硕士；

1995年-2000年先后供职于重庆经济技术开发区房地产公司和重庆洋士达集团，参与代表项目为：阳光华庭

2000年-2004年 先后在重庆（香港）中原营销策划有限公司、重庆联华湛道置业顾问有限公司、宏声远景集团供职，参与代表项目为：中安·翡翠湖、御景江山、高山流水、威尼斯印象等；

2005年 供职于重庆渝北新城枫林置业有限公司 开发天江·常青藤人文别墅。

南通开发区爱东房地产有限公司

总经理 杨 斌 先生

杨斌，男，汉族，1965年1月出生，大学文化，经济师，籍贯：江苏海门。

1990年从行政机关下海经商，初闯海南，从事过推销、金融、投资、外贸、房地产等管理工作。1996年初加盟江苏爱东集团，任爱东集团上海爱东房产和南通爱东房产常务副总经理，主持上海“雪城公寓”、南通“王府公寓”开发工作，为确立爱东房产打造精品楼盘理念作出了贡献。2005年1月兼任南通开发区爱东地产有限公司徐州淮海分公司总经理，主持开发徐州“金庭嘉园”房产项目，杨斌同志具有广泛的工作经历，曾在海南、江苏、上海、山西、天津等省市工作，成功操作过商贸城及多个典范小区，具有较丰富的楼盘操作经验和先进的投资开发理念。

合肥金典置业有限公司

营销总监 杨宇潇 先生

杨宇潇，男，汉族，1980年6月出生，本科学历，籍贯：浙江海宁。浙江工商大学企业管理学士，企管学会副会长，浙江省创新创意大赛二等奖

2001年6月-9月，任浙江宏泰公司营销部经理助理，参与西博会彩船节整体策划。

2001年10月-2002年5月，派驻杭州裕兴房地产公司，担任企业形象策划工作，设计公司整套VI，包装18家房地产中介连锁店。

2002年6月-2003年6月，任海宁新家园房地产公司营销部经理，策划销售海宁“凯旋景苑”楼盘，该项目为海宁新城首席高尚景观社区，总建筑面积5万m^2，从开盘时的1800元/m^2，到销售结束时均价超4000元/m^2。

2003年7月-2004年7月，任公司房产项目经理，全面负责江西“新龙都大市场”项目。该项目5万m^2，整个项目采取“投资返租”形式，在当地耳目一新，形成巨大社会效应。

2004年7月-至今，任合肥金典置业有限公司营销总监，全面负责“金典·名筑”项目营销、销售工作。该项目为合肥新区中心地块17万m^2大型景观生活花园，从项目公司成立之初的做前期工作，到市场调研、项目定位、规划设计、户型定位，直至现在的销售工作，全面参与，开盘当日销售一空。

嘉兴市信达建设房地产开发有限公司

营销经理　杨汪斌　先生

杨汪斌，男，汉族，1971年12月出生，大专文化，工程师，籍贯：浙江嘉兴。。

1991年参加工作至今一直在嘉兴市信达建设房地产开发有限公司从事销售工作。

主要操作楼盘有：

1993年嘉兴市三水湾小区完成销售（全国混凝土砌块南方示范小区）；

1995年嘉兴市首个市区内成组团的社区禾兴公寓成功销售；

1997年全国小康型住宅示范小区穆湖花园的全盘推广；

2002年三水湾云风阁的操盘，使原本售价提高400元/m^2左右完成销售；

2004年在房地产市场受到宏观调控的影响仍创造5个月完成75%的销售率。

广州市宏峰房地产开发有限公司

副总经理　杨越山　先生

杨越山，男，汉族，1965年7月出生，大学文化，助理经济师，籍贯：贵州省遵义市。

广东作为改革开放的前沿阵地市场经济一直走在全国的前列，其经济支柱之一的房地产更是全国房地产业的样板。1992年加入雅居乐房地产公司从事营销策划工作直到1998年，见证了雅居乐从一个地方企业成长为全国知名房地产企业的每一个过程。雅居乐花园占地约6000亩，是全中国真正意义上的第一个大盘，从第一期开发直到现在的第十四期，囊括了洋房、独立别墅、联排别墅等众多产品，配套包括三会所、酒店、学校、商业街、医院等，每天多班香港、澳门往返班车。从雅居乐花园身上可以清晰地看到中国房地产业发展的每一个阶段历程，是中国房地产现代发展史的一个缩影。雅居乐花园位于中山市三乡镇，三乡镇居住人口总共才3万人左右，项目从一开始就决定了雅居乐花园的营销历程是一个非比寻常的过程，要有独到的营销手法和策略。创新的组织了中国首个香港、澳门看楼团，成为中国首个以外销型为主的大型楼盘，开创了全国第一个“房地产电视广告杂志”的广告推广方式，1995年成为全国首个被国家建设部评定的“全国城市物业管理优秀示范住宅小区”（全国共40家）。众多独到创新的营销手法使雅居乐花园成为香港、澳门人人皆知的大陆品牌，取得了空前的成功。

参与云峰花园营销策划工作。云峰花园共占地300多亩，首期同时开建20栋楼（900多套）、花都目前唯一的社区四星级标准酒店和大型写字楼，成功塑造了“广州北最具价值力物业”的品牌形象，项目一经推出便创下了花都楼市新的销售记录。

期间还主持策划了吉林省长春市的一些楼盘和福建省的一些楼盘，均在当地造成了相当大的轰动，取得了巨大的成功。

四川润扬建设集团有限公司

总经理　杨歆宇　先生

杨歆宇，男，汉族，1972年10月出生，本科学历，高级，籍贯：成都。

杨歆宇先生对新技术有极高的热情，乐于接受新的挑战，并对未来技术发展趋势有敏感的洞察力；富有创造性思维，且独立完成工作能力强；性格开朗，善于与人交往，团队工作能力强；精力充沛，有极高的工作热情和强烈的责任心。精通房地产领域全程操盘技巧，实际经验丰富，具有大型房地产企业高层管理的实际经验，组织协调能力强，有责任感。本人先后于大型施工单位，监理单位以及房地产企业的实践经验，有单位工程15万平方米以上项目的接盘操盘经验，有长期房地产企业开发营销经验。

1993年7月-2001年7月 在国栋公司承建的交警五大队“营房楼”、“住宅楼”，成都海关业务大楼（获芙蓉杯）、住宅楼（获芙蓉杯），成都驾驶学院综合楼（获芙蓉杯）、市公安局人口信息中心（获芙蓉杯）、外事大楼（获芙蓉杯）、110指挥中心（获芙蓉杯）、工程中担任项目经理。

2001年9月-2003年9月 在四川润扬房地产开发公司任总经理。开发公司“学府嘉苑”项目，建筑面积14万平方米，目前一期工程已于2003年8月竣工验收，并交业主使用，无论从工程质量还是环境绿化都受到了住户的高度评价。

2005年 成功开发“润扬·川大河畔”项目。

常州市苏源常电房地产开发有限公司

项目部经理　沈晓军　先生

沈晓军，男，汉族，1970年6月出生，大学文化，籍贯：江苏常州。

1988年8月-1994年7月　常州供电局变电工区

1994年7月-1995年4月　常州供电局团委

1995年4月-2003年8月　常州苏源集团公司

2003年8月-至今　常州苏源常电房地产开发有限公司

上海辅亚置业发展有限公司

总经理 陆新 先生

陆新，男，汉族，1959年1月出生，硕士研究生，政工师，籍贯：上海崇明。

1980年至1983年 上海崇明县团委副书记；

1983年至1988年 共青团上海市委常委郊区部部长；

1988年至1991年 共青团上海市委常委办公室主任；

1991年至1992年 赴日研修企业管理；

1993年2至2000年8月 上海科投公司总经理助理，利达房地产开发有限公司总经理；

2001年-至今 上海南部投资（集团）有限公司副总裁，上海辅亚置业发展有限公司总经理。

成功案例：成功开发上海科技投资大厦、紫锦城商厦、科达公寓、南部阳光翠庭。

上海颛盛房地产有限公司

财务科及经营科科长 陆志军 先生

陆志军，男，汉族，1964年2月出生，大学本科，高级经济师，籍贯：上海。

1988年8月：上海重型机床厂

1997年12月：上海颛桥房地产有限公司经营管理科科长

2001年3月：上海颛盛房地产有限公司财务科及经营管理科科长

无锡苏源置业有限公司

总经理　陆定富　先生

陆定富，男，汉族，1949年10月出生，大专文化，政工师，籍贯：江苏无锡。

1968年12月-1971年4月，解放军39军115师；

1975年7月-1986年2月，无锡供电局团委书记；

1986年10月-1993年4月，无锡市电力安装公司经理；

1998年8月-2003年2月，锡能物业公司总经理、苏源实业有限公司党委书记；

2003年2月起任无锡苏源置业有限公司总经理；

2004年9月，获中国首届别墅节“新锐人物奖”称号；

2005年1月，被评为中国房地产成功策划人士；

无锡苏源置业有限公司是隶属于苏源集团的一家专业房地产开发公司，以“无锡第一、江苏领先，全国一流”作为公司的发展目标，一直致力于为无锡市民带来高品质的住房。目前，无锡苏源置业有限公司正在开发檀溪湾和天一城两大项目。

上海地杰置业有限公司

总经理　陈 宇　先生

陈宇，男，汉族，1961年8月出生，大学文化，籍贯：上海。

1985年-1990年 崇明县团委书记；

1991年-1993年 崇明县新河镇镇长；

1994年-1997年 香港东方海外上海公司 总经理 成功开发了东方巴黎、东方曼哈顿；

1997年-2000年 上海外滩房屋开发置换公司 总经理 成功完成了外滩沿线2#、3#、18#的改造；上海久事置业有限公司 总经理 成功开发了青松城大酒店、瑞南新苑、金南新苑、金置大厦；

2001年-至今 上海龙仓置业有限公司 总经理 成功开发了香榭丽花园、康健丽都；上海林语置业有限公司 总经理 成功开发了西郊九溪十八岛；上海龙联置业有限公司 总经理 成功开发了虹桥华庭；上海地杰置业有限公司 总经理 现开发的项目是地杰国际城。

陈宇先生从事房产项目管理近十五年，具有丰富的房地产项目运作经验。曾主持了著名的上海外滩沿线老建筑的置换开发，参与了享誉沪上的高级住宅与商业、公共设施项目。其中各类住宅项目曾一举囊括了国家与上海市各级奖项近五十多项，不仅树立了优秀的市场口碑，也赢得了良好的经济效益。

安信置地（中国）有限公司

董事长　陈奇　先生

陈奇，男，汉族，1960年7月出生，研究生学历，广东汕头人。

曾任天津城建学院客座教授、亚洲物流董事会副主席、国际购物中心协会会员，力推中华网美国上市、策划汉普与亚洲物流的并购重组，是典型的“资本+智力”式传奇人物、资本运作专家、供应链管理专家。

陈奇先生1994年创立安信置地（中国）有限公司，任公司董事长、总裁。凭借敏锐的市场洞察力、先进的管理理念、雄厚的资金实力、强大的精英管理团队，陈奇先生已陆续在上海、天津、汕头、揭阳等地累计投资了几十亿人民币，在建并建成上海安信湖畔天地坊、安信生活广场、宝山安信商业广场、上海美菲尔公寓、汕头世界贸易中心、汕头龙津花园、新安购物广场、新安花园、华诚花园，总面积超过100万平方米。

陈奇先生始终秉承“始于智慧，成于信赖”的经营理念，并将这一理念灌注到麾下所有建筑群中，根据其多年来对房地产发展内在规律和市场发展的充分理解和准确把握，倾情打造高品质住宅和商业广场。

湖北珠江房地产开发有限公司

营销总监　陈荃　女士

陈荃，女，汉族，1973年7月出生，本科学历，高级营销师，籍贯：内蒙古海拉尔。

* 1999年-2003年 北京成业行房地产经纪有限公司 任职销售经理

策划销售项目：北京天秀花园、怡美家园、玉阜嘉园以及多个项目的前期与策划工作。

* 2003年-2005年 北京市玉龙吉胜房地产开发有限公司 任职营销总监

策划销售项目：宽 HOUSE

该项目总建面积20万平方米，是京北地区少有的700余套纯低密度高品质联排别墅项目。

* 2005年8月-至今 湖北珠江房地产开发有限公司 任职营销总监

策划销售项目：美林·青城

从业六年时间，涉及项目近十个，销售面积近百万平米。

深圳恒安房地产开发有限公司

副总经理　陈汉忠　先生

陈汉忠，男，汉族，1954年10月出生，大专学历，经济师，籍贯：广东汕头市。

1984年调入中国宝安集团，任集团二级公司深圳市兴达实业有限公司副经理、经理。

1993年任中国宝安集团外轮公司副总经理。

1998年任中国宝安集团地产部副部长，深圳恒安房地产开发有限公司副总经理。

2004年任中国宝安集团深圳市运通物流实业有限公司常务副总经理(主持全面工作)，同时兼任深圳恒运实业公司董事会董事和继续留任深圳恒安房地产开发有限公司副总经理。

参与深圳世纪春城(43万m^2)、华浩园(15万m^2)住宅小区的市场定位和规划设计，全面主持开发深圳市恒安花园住宅小区，负责整个住宅小区的全程工作，包括工程设计、市场定位、营销策划。该小区独特的十字型设计，使各个户型都能保持三面通风采光，住宅居住更加人性化；准确的市场定位和合理的价值，使销售相当火爆，并能从价格上一路走高，在市场上和行业中具有一定的影响。

浙江苏泊尔房地产开发有限公司

市场部经理　陈恩夫　先生

陈恩夫，1982年4月出生，大专文化，房产经济师。

2001年毕业于浙江广播电视大学市场营销专业；

2001年至2003年就职于杭州苏泊尔电器有限责任公司，先后任浙江南区销售经理，福建闽南区销售经理，主管苏泊尔电器在当地的市场开发，营销策划等工作，成功树立了苏泊尔电器在当地的品牌形象和市场地位。

2004年-至今就职于浙江苏泊尔房地产开发有限公司，任市场部经理，负责“苏泊尔·河畔花园”项目的市场策划，营销推广等工作，一期已成功完成100%销售率，二期销售面积3万多平方米，在2006年6月份全线上市。

嘉华集团·上海国广房地产经营有限公司

市场部高级经理 陈珮思 女士

陈珮思，女，汉族，本科学历，获学士学位，籍贯：广东。

陈珮思小姐毕业于香港第一学府香港大学，主修英语专业。于2002年加入嘉华集团，担任集团市场部高级经理一职。主要负责整体市场策划推广。在竞争日益激烈的房地产业，媒体传播与推广的作用已经深入人心。陈珮思小姐深谙其道，她以独特的专业素质和人格魅力管理并打造品牌知名度，将管理新概念引入嘉华集团，注重品牌形象，强力加快了品牌建设的步伐。

陈珮思小姐在加入嘉华集团之前分别在香港九龙仓地产管理有限公司、ABB中国有限公司、香港新鸿基地产有限公司、香港大酒店集团有限公司、香港信和地产有限公司担任过重要职位，有着超过10年房地产策划的丰富经验。期间管理过许多大型商业和住宅区，负责主导整体市场策划，产品包装定位，品牌推广宣传等。其中代表性项目有香港九龙塘高级住宅区、规模超过15万平方米的尖沙嘴海港城、旺角新世纪广场、地铁奥运站——奥海城大型商业住宅项目等。更值得一提的是陈珮思小姐统筹策划了香港第一个商业项目的主题公园——沙田新城市广场Snoopy Town。

宁波成路置业有限公司

总经理 陈敏敏 女士

陈敏敏，女，汉族，1961年10月出生，大专学历，助理工程师，籍贯：浙江宁波。

1993年9月-2001年4月 任职于宁波市华能房地产公司，担任开发部经理。主要负责土地寻址、前期定位、分析、规划设计等；开发的“高塘花园”住宅荣获了宁波市样板优秀小区，大胆创新，率先提出了“买顶楼送阁楼”的全新理念，打破了原先消费者对顶层楼层的抗拒心理。此举措使高塘花园的顶层住宅一销而空，此后在宁波掀起了“顶楼送阁楼”的热潮。借此又相继开发了“柳锦花园一期、二期”、“锦沧文华”、“江南春晓”等多个品牌项目。

2001年4月-2003年9月 任职于宁波奥克斯置业有限公司，担任常务副总经理。其中开发的“盛世东方”是宁波市首次引进国际上规划与景观设计公司最大之一——贝尔高林，通过对园林景观上对卖点深入挖掘，让简单的草木种植更加人性化、艺术化。经过全方面的资源整合，使开发商的品质要求得到提升，从而在普通住宅中脱颖而出。

2003年-至今 成立宁波成路置业有限公司 担任总经理职务。海悦公寓是北仑区新一轮总体规划的重点发展区域，在总结了多年的房地产开发经验的基础上进一步提升，同时结合当地特色，力求建设成为北仑的标志性建筑。以五星级酒店式公寓为目标，“大客厅、大卧室、大卫生间”的小豪宅为精髓，全力打造时尚简约型住宅。

深圳市承翰投资开发有限公司

副总经理　陈德才　先生

陈德才，男，汉族，1970年2月出生，大学文化，工程师，籍贯：黑龙江省。

1990年7月-1994年7月，河北建筑科技学院工业与民用建筑专业

1994年7月-1997年11月，在深圳北方工程开发公司担任国际科技大厦项目部副经理，负责项目的现场管理及营销配合工作。该项目为42层的办公及商业超高层智能化楼宇，验收评定为优良工程，并获得“白玉兰”奖。在工程验收时销售率近90%。

1997年11月-2000年12月，在深圳健力建设监理有限公司担任副总经理，先后参与国际商会大厦、弘雅花园等二十多个项目的工程监理工作，积累了丰富的工程开发和工程建设管理经验。

1997年11月-2000年4月，清华大学深圳研究生院工程经济管理专业。

2000年12月-2004年3月，深圳市万科房地产有限公司项目发展部经理，公司职委会主席。负责深圳万科房地产有限公司新项目的拓展，各项目各阶段的开发审批及协调工作，处理项目遗留问题及重大客户的投诉，组织管理公司的各种社团、俱乐部及各项重大比赛与纪念活动。配合办公室策划组织司庆及春节晚会，积极推广、倡导“健康丰盛人生”的理念。

2004年3月-至今，在深圳市承翰投资开发有限公司任副总经理一职。负责整合公司在布吉石芽岭的地块，重新划分功能及指标，充分挖掘项目的土地价值。主持参与项目的方案规划设计工作，确定产品定位及推广主题，倡导慢生活理念，创造良好的生态健康人文社区，在完善项目自身户型、园景及商业布局的同时，积极推进并成功引入了名校及公交总站，提升了项目的附加值。

义乌市九州建设开发有限公司

董事长助理　周嘉生　先生

周嘉生，1954年6月出生于浙江诸暨市岭北镇。1977年杭州大学中文系毕业，大学毕业后从事中学语文教学二十年，其间被评为诸暨市教坛新秀、浙江省优秀教师，入编《当代浙江专家名人大辞典》。1997年至2002年任浙江新光饰品有限公司党支部书记、董事长助理、办公室主任，为新光企业的发展打下了坚实的管理基础。因成绩卓著，被浙江省委组织部授予“优秀共产党”光荣称号。从1998年-至今，从事饰品行业管理工作，先后担任义乌市饰品电镀行业协会副秘书长、浙江省饰品行业协会副秘书长，所撰的行业发展论文发表于全国及地方的多家报刊，为引导中国饰品行业的发展作出了重要的贡献。2005年起任义乌市九州建设开发有限公司董事长助理，精心策划了义乌市金福源珠宝广场项目的土地竞标、项目运作、形象宣传，并实施了招商和楼盘销售，使金福源珠宝广场成为中国珠宝饰品行业资源整合和国际化发展的产业平台，对促进中国珠宝饰品行业发展起了重要作用。金福源珠宝广场项目被中国房地产业协会评为“中国商业地产成功开发典范”。

重庆石桥房地产开发总公司

副总经理　庞　敏　女士

庞敏，女，汉族，大专，会计师。

1990 年 -1995 年 铁路兴隆贸易公司 会计

1990 年 3 月 -1991 年 兴隆商业公司 会计

1992 年 4 月 -1992 年 9 月 石桥镇审计所 会计

1992 年 10 月 - 至今 重庆石桥房地产开发总公司 副总经理 / 财务主管

长沙玫瑰园房地产开发有限公司

常务副总经理　庞伟彬　先生

庞伟彬，男，出生于 1973 年 10 月，籍贯广东佛山，经济师，全国注册房地产估价师。现任长沙玫瑰园房地产开发有限公司常务副总经理。

庞伟彬先生 1995 年毕业于汕头大学，获学士学位，1995 年至 2004 年就职于中国建设银行佛山市分行，在基层网点、工程预结算、信贷、房地产金融等多个岗位工作，历任信贷主管、办事处主任、部门副经理、支行行长等职，熟悉房地产金融资本的运作，有较好的营销策划经验。

2004年，庞伟彬加入广东玫瑰园房地产发展有限公司，正式涉足房地产业。2004 年 12 月，他赴任下属公司广州时代名苑房地产开发有限公司总裁助理，全程参与广州时代玫瑰园三期项目的开发建设及营销策划，取得不俗的业绩，该项目连续三年获广州市民最喜爱楼盘，是全国首家引入社区美术馆的人文社区，2005 年销售收入超过 5 亿元。

2005 年 12 月起，庞伟彬任职长沙玫瑰园房地产发展有限公司常务副总经理。主持全面工作，长沙玫瑰园尽力打造自然、生态、健康的园林式居住小区，带来一种全新的、高品质的世界级泊岸生活方式。

庞伟彬认为，准确、独到、融入诸多创意的营销策划对项目的销售及品牌的塑造是非常关键的因素。营销思路应该从项目前期规划、市场定位、功能结构、产品差异性等方面及早、全面地介入，不断超越，追求完美，全力打造优质产品，实现社会效益，企业效益和居民效益的三丰收。

烟台开发区玉森房屋综合开发有限公司

副总经理　林绍文　先生

林绍文，男，汉族，1969年2月出生，大学文化，中级，籍贯：山东烟台。

林绍文1991年毕业于烟台市师范学院，曾先后执过教，做过教育行政工作，2000年弃教从商，一直从事房地产的营销策划，具有较强的接受能力和较高的学习能力，亲自操盘“曙光名座”项目，创造了烟台地产销售的佳话，使该项目成为成功营销的典范。

深圳市富春东方房地产开发有限公司

副总经理　欧阳翊　先生

欧阳翊，男，汉族，1964年10出生，大学文化，工程师，籍贯：江西。

1987年毕业于北方工业大学工业与民用建筑专业，毕业后在中国第四冶金建设公司第四建筑安装工程公司工作，曾任施工技术员、工程队技术负责人、项目经理、副科长、总工程师、副总经理。参与或组织建设管理的国家重点工程及外资重大工程有安庆铜矿采选厂、马钢自备电站、首钢二炼钢大修改造工程及厦门众达轧钢厂工程等。1998年到深圳东海爱地房地产开发有限公司，曾任工程部主任、技术部主任，负责深圳东海花园二期全过程的开发与管理工作，该工程包括高层住宅17栋，会所、小学校、幼儿园各一座，总建筑面积28万m^2，2000年本工程被建设部和科学技术部评为3A工程。本人2001年2月获建设部和科学技术部表彰，获“国家重大科技产业工程项目2000年小康型城乡住宅科技产业工程——工程质量优秀奖”。

2001年到深圳市惠名房地产公司任常务副总经理，负责建筑面积为5万m^2东方凤雅台小区住宅工程开发和运作管理，工程按期优质入伙，销售速度和价格均创深圳市莲塘片区当年纪录。

继东方凤雅台项目之后，负责33万m^2的东方尊峪高尚住宅工程开发策划和运作管理，该项目包括21栋高层住宅，一座育儿园，一座会所，一座商场。

海宁市鸿翔房地产开发有限公司

工程部经理、营销部总监　范爱平　先生

范爱平，男，1951年1月出生，浙江海宁人，大专文化，注册建筑工程师。

简历及工作业绩如下：

1979年7月-1997年7月海宁市第二建筑工程公司施工部任职。

1997年7月-1998年6月筹建海宁市鸿翔房地产开发有限公司。

1998年6月-至今 海宁市鸿翔房地产开发有限公司任职。先后担任副经理，工程部主任兼营销部总监等职。

范爱平先生任职以来，主管公司的工程及营销工作，在公司的发展的历程中，范爱平同志以其丰实的工作经验和熟练的业务能力为鸿翔房地产的发展作出了积极的贡献。尤其在楼盘营销过程中，范爱平同志作为营销主管对各楼盘作出了准确的产品定位、形象定位和客户定位，使鸿翔房地产的销售业绩一直处於较高的水准线上，总体房产销售率达90%以上，而且售后服务等配套设施能及时跟上切实保障购房户的正当权益。

鸿翔房产公司被当地消费者评为海宁市消费者信得过单位的称号。

宁波百隆房地产有限公司

项目管理部经理　郑　刚　先生

郑刚，男，汉族，1979年8月3日出生，本科学历，籍贯：浙江宁波。

郑刚2000年毕业于宁波广播电视大学，同年起就职于宁波江东世纪房地产有限公司营销部，后担任经理助理；2003年担任宁波百隆房地产有限公司项目管理部经理至今。

在郑刚经理的带领下，使项目管理部团结一致，本着“居住人性化，环境生态化”的开发理念，把握每个项目规划设计的前瞻性和优越性，尽最大的努力为客户创造出超品质的楼盘，正如公司旗下的“百隆·小城花园”在众多参赛楼盘中脱颖而出，一举夺得“2004年全国人居经典综合大奖”，及“宁波市最具潜力楼盘”称号。

上海城开（集团）有限公司

营销策划部副总经理　郑　瀛　女士

郑瀛，女，汉族，1978年8月出生，大学本科，MBA工商管理硕士在读，中共党员，助理经济师，籍贯：浙江鄞县。2000年参加工作，现任上海城开（集团）有限公司营销策划部副总经理、集团团委书记、《上海城开》杂志责任编辑。

郑瀛于1996年9月-2000年6月就读于同济大学经济与管理学院建设管理与房地产系房地产经营与管理专业；2004年1月-至今于上海交通大学安泰管理学院MBA在读。

作为上海城开的年青中层，郑瀛意识到自身所肩负着的是国有企业可持续发展的重任，但仍勇于挑战企业“以老板为驱动力”的机会型发展与“以制度和文化为驱动力”的战略性发展之间的长期矛盾，为国有企业顺利度过二次创业瓶颈期贡献学识与智慧。

除了楼盘营销，营销策划部还负责企业品牌建设工作，积累企业品牌无形资产，整合各子公司品牌及资源。

郑瀛目前正在攻读MBA学位，这为她在融合理论知识与实际操作的技能技巧方面奠定了良好的基础，对她来说，今后的发展之路将是宽广而长远的，因为梦想没有极限，只有敢于创新、勇于探索、善于积累、甘于坚持的人才能获得长足的发展和辉煌的成功。正如郑瀛所说的，营销策划要始终在市场前沿，成为推动企业发展的中间力量，我们要用睿智和激情为项目增添市场价值，助企业创造灿烂明天！

人民电器集团浙江房地产开发有限公司

总经理　郑建荣　先生

郑建荣，1970年5月出生，大专文化，中共党员，工程师。现任人民电器集团有限公司副总经理，人民电器集团浙江房地产开发有限公司总经理，浙江省断路器协会会长，温州市市场经济协会副会长，浙江省私营（民营）企业协会理事，工程师、经济师职称。先后获得国家科学技术进步二等奖、温州市优秀企业家、温州市优秀社会主义事业建设者、乐清市首届优秀企业家、乐清市先进生产者、乐清市模具工业协会十大杰出青年、乐清市经贸系统安全生产先进工作者等一系列荣誉。

自担任浙江房地产开发有限公司总经理以来，在贯彻执行董事会的决议的同时，充分发挥个人的管理和营销策划能力，运用现代管理方法和手段，建立健全了“工程质量体系”、“成本保证体系”和“售后物业体系”，坚定不移地走品牌之路，树立了良好的企业形象。

在项目的策划定位上，郑建荣非常重视三点：一是主张文化品位，强调以文化来提升项目的地位、价格；二是注意品牌效益，坚决实施品牌战略，打造一个全国知名的房地产品牌；三是强调生态环境，追求一种高效节能、环保、健康舒适、生态平衡的居住环境。

上海天歌置业有限公司

企划　郑海峰　先生

郑海峰，男，汉族，1976年9月出生，大学文化，国际注册高级商务策划师，中国生产力学会策划专家委员会专家委员，房地产市场营销职业策划人。籍贯：江苏。

1999年开始渐入房地产策划业，曾先后在南京、上海等地知名企业从事过文案、平面设计、创意总监等职，2000年4月加盟上海东苑瑞兴置业有限公司，组创企划部，主持策划的项目有东苑半岛花园、半岛豪门别墅以及天歌花园等楼盘。

浙江绿地房地产开发有限公司

办公室主任　郑勒炯　先生

郑勒炯，男，汉族，1974年1月出生，大专，工程师，籍贯：浙江上虞。

1980年9月-1992年6月 在校学习；

1992年8月-1993年9月 杭州喜得宝丝绸有限公司任技术员；

1993年9月-2001年4月 浙江蓝星科技有限公司任技术员、企管部经理、总经理助理；

2001年4月-2002年4月 浙江大普集团有限公司任办公室主任、总经理助理；

2002年4月-至今 浙江绿地房地产开发有限公司 办公室主任，2005年1月兼任上虞金地置业有限公司前期经理兼办公室主任。

泰安市久丰房地产开发有限公司

开发部经理　金建国　先生

金建国，男，汉族，1961年5月出生，大专学历，助理经济师。

1981年-1991年 上海微型轴承厂

1991年-1994年 上海浦江经济发展公司

1994年-1999年12月 上海承通房地产开发公司 销售部经理

2000年-2002年7月 文汇、新民报业集团有限公司

2002年8月-至今 上海绎杰经济发展有限公司 业务部经理

泰安市久丰房地产开发有限公司 开发部经理

上海顺寓置业有限公司　开发部经理

金建国先生先后参加上海长江南路凇南七村住宅小区的开发建设，建筑面积18万平方米，在公司期间回笼资金约2亿元人民币。

在泰安市久丰房地产公司，参加“龙泽花苑”项目的前期策划、设计报建、销售等工作。“龙泽花苑”在山东省取得50强名盘的称号。同时在销售、策划方面取得丰硕的成果。

目前，上海公司正在积极为奉贤的“名人苑”在做前期的工作准备，本人将组织策划“名人苑”的前期策划、产品定位、规划报建等项目。一个现代化的住宅小区将在上海奉贤地区崛起。

重庆祥龙居众联行（重庆）地产咨询有限公司

营销总监　姜雷　先生

姜雷，1973年2月出生，研究生学历，经济师。

毕业于重庆大学工商管理学院，房地产资深营销人，曾先后在深圳、上海、重庆等地主持多个大中型房地产项目营销工作。

曾操作过的代表项目如下：深圳汇展台、上海江南花苑、重庆御景江山等项目，对房地产营销管理有极深的研究及了解。

中州集团有限公司

董事长、总裁 胡宾 先生

胡宾，男，汉族，1963年10月出生，高级经营师，籍贯：浙江温州。2002年12月于上海社会科学院研究生部工商管理硕士班毕业。现任中州集团、上海中园房地产发展有限公司董事长。

1984年-1989年 文成环保公司 总经理

1989年-1992年 文成建行房地产开发公司 总经理

1992年-1996年 文成中侨金融社 董事长

1996年-至今 中州集团 董事长

胡宾董事长从上世纪80年代开始从事企业经营管理工作，一直担任企业主要领导岗位，主持并参与了数十个项目的投资决策，实施的项目投资额累计超百亿元，而且都经营得相当成功，经济效益十分显著。1998年组建中州集团，并把公司发展的重点转移到中国经济的中心：上海。经过多年的艰苦创业，集团公司取得了超常规的发展，迈入快速发展的新阶段。目前公司在建的项目有虹桥中园、淀山湖庄园、金汇中州工业园等项目，总投资近50亿元，前景非常乐观。公司目前拥有十四个控股子公司。

公司以实业投资、房地产开发为主；集旅游开发、高新科技开发、建筑施工、建筑装潢、物业管理为一体，自成产业体系，形成跨行业跨地区的多元化经营格局。

中州集团的发展和壮大的每一步都离不开中州的创建才胡宾董事长的辛劳。随着中州的发展，胡宾董事长的社会活动也越来越多，社会各界授予他各种头衔：被上海温州总商会评选为常务副会长；被浙江省民营经济研究会聘为副理事长；被上海退离休老干部高级专家协会聘为副理事长；被温州市归国华侨华属联谊会连续两届聘为顾问……

在胡宾董事长的领导下，中州集团正朝着投资一项、创新一项的企业目标，脚踏实地地前进！

增城香江房地产有限公司

策划部经理 胡旭东 先生

胡旭东，男，汉族，1975年4月出生，本科学历，籍贯：湖南。

1998年进入房地产业，加盟广州民生物业通置业有限公司，任高级策划主管，早期主要负责广州市场大型项目的市场推广及内地物业的代理策划推广工作。包括广州保利花园、北京大厦等。

2001年加入香江集团，参与广州华南板块明星楼盘锦绣香江花园的营销策划工作。2003年后负责翡翠绿洲策划部的日常管理工作。翡翠绿洲从2003年5月1日推向市场后，秉承项目优越的山水环境和独创岛屿式别墅规划布局，注重“自然、生态、健康、高尚、国际化”的品牌内涵和项目形象，凭借香江集团雄厚的资金实力和良好的信誉为后盾，使翡翠绿洲成为一个集商界精英、CEO、艺术家等社会主流阶层、财智富豪人士尊享的高品质别墅社区。

翡翠绿洲从2003年以来先后荣获：“2003年广州金牌户型奖”、“2003年广州最受欢迎十大楼盘”、“广东省房地产企业诚信联盟”、“中国国际花园社区”、“2004中国名盘”、“广东省绿色环保健康社区”、“广州新人居最佳别墅金奖”、“2004年广州畅销别墅”、“2004年广州金牌别墅户型”等称号。

中房集团黑龙江军安房地产开发有限公司

董事长 钟 杰 女士

钟杰，女，汉族，1961年4月出生，大学文化，经济师，籍贯：哈尔滨。

在钟杰董事长的带领下，发扬“务实、求真、开拓、发展”的企业精神，树立企业形象，创优质品牌。“军安公司”及“军安绿色家园”项目取得了骄人的成绩：“黑龙江省诚信企业”、“黑龙江省消费者协会无投诉单位”“黑龙江省房地产协会副主任委员单位”、“哈尔滨市2004年度纳税大户”、“黑龙江百姓口碑最佳荣誉单位”，“中国房地产高尚住宅区成功开发典范”、“2004年度黑龙江地产十大创新名盘”、“哈尔滨市房地产十大地产品牌”、“哈尔滨市第四届优秀住宅评选优秀规划设计奖、优秀户型奖”、“哈尔滨市2005年十大百姓喜爱家园”，同时，钟杰董事长荣获“2004首届黑龙江房地产创新人物”、“黑龙江省房地产协会主任委员”、“《中国房地产业发展大全》特邀编委”、“中国房地产策划营销成功人士”等荣誉。

蔚蓝置业（浙江）有限公司

营销经理 钟肖红 女士

钟肖红，女，汉族，1966年10月出生，大专文化，经济师，籍贯：浙江嘉兴。现任嘉兴蔚蓝置业（浙江）有限公司销售部经理，从事房地产销售工作多年，熟悉项目操作的各个流程，具有良好的市场分析能力、销售及组织管理能力、沟通能力、现场协调策略。

自1994年加入房地产销售行业至今，先后参与嘉兴同创别墅区项目、同创公寓、蔚蓝·澳洲花园等多个楼盘的销售工作。作为销售部经理，在蔚蓝·澳洲花园这一项目的销售运作中取得了较为显著的业绩。

在澳洲花园任职期间，从无到有建立了完整的销售体系和管理架构，正确处理销售团队的内部关系，制订明确的考核和行为标准，组成了一支有机而高效的专业销售队伍；依据公司的宗旨，在销售过程中认真贯彻“与客户合作双赢”的原则，把五星级酒店服务理念融入销售服务之中，建立了良好的客户关系，形成良好的口碑，特别是在国家宏观调控引导嘉兴房地产市场进入理性时期后，良好的客户关系成为澳洲花园销售成功的重要因素之一；凭借多年的经验，在销售工作中借助多种销售手段，运用网络等拓宽了澳洲花园的销售渠道。通过各方面的努力，澳洲花园一期不到5个月就完成了90%的销售量，成为嘉兴市区销售最快的楼盘之一，2005年5、6月份国家系列房产新政使房地产销售进入近年来的最低谷，但澳洲花园二期开盘头三天就完成了销售量的70%，是当时同类楼盘不可企及的。

浙江伟程房地产开发有限公司

副总经理　项靖东　先生

项靖东，1950年3月出生，大学文化，经济师。

1987年毕业于中国纺织大学管理工程学，企业管理专业；

1988年至1993年担任国营临海毛纺厂厂长；

1993年至2002年担任外商独资伟程漂染（台州）总经理；

2003年-至今担任浙江伟程房地产开发有限公司副总经理，其间成功开发江滨苑商住楼及伟程时代广场商住楼。

上海元和投资有限公司

董事、副总经理　徐伟敏　先生

徐伟敏，男，汉族，1956年6月出生，中专文化，籍贯：浙江。

徐伟敏先生于1956年6月出生于杭州近郊素有鱼水之乡之称的江南古镇塘栖。正直求学之年，遇上了十年浩劫，初中毕业后便失学了，十七岁那年进了一家建筑公司当学徒，学做泥工。在建筑工地摸爬滚打了多年，被调任建筑材料采购、企业供销管理工作。从实际施工、建材采购供应到企业管理，这么一步步走来，一干就是十六年。1988年，当改革开放的春风阵阵吹来，我辞职下海到深圳干起了国际贸易。1993年受家乡政府邀请，回到杭州从事经济协作工作。1997年企业转制，便再次辞职和朋友做贸易，这次把生意做到了独联体。1998年，改革继续向纵深发展，国家取消福利分房制度，我敏锐的察觉到了房地产市场的发展机遇，便来到上海进行房地产开发，为百姓打造精品房，按照这种定位经过五年的不懈努力，我的愿望实现了。由我公司开发的"逸虹景苑"商住房一举成功，因此也受到了上海媒体的广泛关注和公众的好评。现正在参加上海市白玉兰奖的评选，总结经验是照顾百姓需求是企业发展关键。

福建景城实业有限公司

营销总监　袁晓龙　先生

袁晓龙，男，汉族，1964年5月出生，EMBA（研究生），中级职称，籍贯：广东龙川。现任福建景城实业有限公司营销总监。福建师大中文系毕业/中国汉语语言文学学士/广告中级管理师/清华大学房地产EMBA研究生/福建协和大学传播学院客座教授/福建工程学院客座教授，资深房地产营销策划人，福建省第一大盘策划人。2001年为福建省房地产界唯一一位被中国房地产业协会、中国房地产报评为“中国房地产营销精英”。

广州市番禺里仁房地产有限公司

总经理　贾宝禄　先生

贾宝禄，男，汉族，1936年12月出生，大学文化，高级工程师，山东青岛人。

1976年之前在铁道部建厂工程局设计院任技术员、工程师。1976年1995年任设计院高级工程师、土建科科长、设计院副院长、院长、建厂工程局副局长（现名称：中铁建工集团）。

1996年加入香港明鸿集团有限公司任地产策划部经理。至2003年兼任广州番禺里仁房地产有限公司总经理。在这期间其中1992年-2002年被公司派往波兰华沙投资开发华沙“花园小区”住宅项目。同时期参与了上海“明苑别墅”小区的开发策划。

在公司各项目策划中始终把位置放在首位，这包含了交通、环境、安全、生活便利等。在项目开发中牢记以人为本的思想，针对不同客户群分别开发不同标准、不同档次的产品。标准可以不同，但产品质量不能降低。

由于策划中贯彻了上述观念，因此在波兰华沙开发的“花园小区”包括88套别墅、300多套楼房全部售空。在上海开发的“明苑别墅”高档住宅小区，至今已开发三期。

在广州番禺成功开发“自在城市花园”。

辽宁荣天房地产开发有限公司

总经理　贾继坤　先生

贾继坤，男，1954年11月出生，大学文化，汉族，经济师，籍贯：辽宁沈阳。

1978年-1989年：沈阳市第一住宅建筑公司，任工人宣传干事、公司党委宣传部副部长、组织部长等职。

1990年-1992年：沈阳市房产局党委组织部。

1992年年9月-2003年：沈海房地产实业总公司副总经理；沈阳沈达房产开发有限公司常务副总经理、总经理（合资企业）。

2004年3月-至今：辽宁荣天房地产开发有限公司，任总经理。

开发项目分别在广西北海市、沈阳市，自己主持的开发项目有写字楼、住宅小区等，“在水一方”2004年当年开发26万m^2并获得沈阳市有关奖项。

福建省金爵房地产开发有限公司

总经理　郭康雁　先生

郭康雁，男，汉族，1962年10月出生，本科学历，籍贯：福建省晋江市，国籍：香港，专业：化学化工。

1980年-1984年就读于国立华侨大学化学化工系获理学学士学位；

1984年-1985年就读于南京陆军学校指挥专业；

1985年-1988年中国人民解放军服役；

1988年-1989年长沙政治军官进修学院政工专业；

1989年-1990年中国人民解放军某部服役；

1990年-1992年泉州市德化县委组织部工作；

1992年-1994年香港星光地产公司；

1994年-1997年江西汇鑫房地产开发有限公司；

1997年-2001年澳门友达集团国际投资有限公司；

2001年-至今福建省金爵房地产开发有限公司。

珠海南嘉房产开发有限公司

策划总监 顾发森 先生

顾发森，1967年6月出生，本科学历，中国房地产注册估价师、中国土地注册估价师。现任珠海南嘉房产开发有限公司策划总监。

1992年10月，顾发森先生在太平洋信托（亚洲）集团任职房地产销售员，从此涉足房地产界；1994年4月任珠海恒通集团股份有限公司房产部销售经理；2001年4月任天源物产（深圳）有限公司策划销售部经理；2004年11月至今任珠海南嘉房产开发有限公司策划总监一职。

经过地产界十数年的磨砺，顾发森先生以务实的态度、勇敢的精神和富有创新激情的想象力，实现了自己一次又一次的超越。窥管见豹，享誉业界的亨泰山庄的横空出世，正是他多年智慧和勤奋的结晶，亨泰山庄依山傍水、浑然天成的气度和良好的销售业绩，也是对他敬业工作最好的肯定。顾发森作为亨泰山庄的策划总监，参与了其项目从前期市场调研、项目定位、规划设计到营销操盘的全过程。以人为本、亲近自然的和谐人居理念，风格独特、超前的设计，高科技、智能、环保型的施工建设，打造出珠海市首席山水别墅社区，被誉为“都市里的庄园”。同时，亨泰山庄首次倡导与著名高校（北师大）合作，在小区内创办香山书院，这座“终生学习的会所”极大的提升了项目的文化内涵，在社会上引起强烈反响，被誉为文化地产的领跑者。

成绩固然可喜，但顾发森先生仍将每一个成功都作为一个新的起点，愿以坚忍不拔的意志，丰富、专业的学识和追求更高更强的实干精神，迎来他心中下一个“亨泰山庄”的辉煌。

滨州市华升房地产发展有限公司

常务副总经理 高元和 先生

高元和，男，汉族，1958年7月出生，大学文化，工民建工程师，籍贯：浙江宁波。

毕业于上海同济大学工民建专业、工程师

1977年-1979年浙江鄞县三建公司工作

1979年-1981年在浙江省宁波市海曙区城建局

1981年-1989年在海曙区三建公司

1989年-1992年在浙江省宁波市海曙区计经委、海曙房地产实业公司

1992年-1998年宁波亚细亚（集团）公司房地产开发实业公司

1998年-2003年在宁波市民意房地产开发有限公司

2003年10月-至今华升集团公司

四川省国机保利机电设备有限公司

董事长　高边疆　先生

高边疆，男，汉族，1964年8月出生，本科学历，工程师，籍贯：江苏。

1985年7月-1988年6月 南京市一建设备安装公司施工员、预算员、队长，参与和管理了周恩来铜像馆、江东门纪念馆、省中医院门诊及病房楼、华侨宾馆、高级步校、省出版社、南汽改装厂、后宰门小区、华东水利学院等约30个项目水电设备安装工程；

1988年7月-1990年9月 南京市海外建设公司工程经营部科员，担任中行南京分行办公大楼甲方代表；越南西贡胡志明酒店、肯尼亚国家教育学院、科威特输油管线等6个国际承包项目投标组成员和一个项目工长；

1990年10月-1993年12月 日本大成建设香港营业署工程代表，完成了日本有利电在深圳投资的中国工厂一期近16万平方米高科技工业厂房和办公、仓储等配套建设；深圳香格里拉工程复检交付督导。

1994年01月-1999年12月 建设部中扶建筑深圳公司、福建省土木建筑开发深圳公司副总经理，先后主持完成了香港维他奶中国工厂、香港海星箱包、迪桑娜深圳工厂、广州世界大观园、福永镇政府办公大楼发、西乡会堂、万福广场、松岗广场、福永建委、派出所办公楼、ykk深圳工厂、南玻基地、龙岗消防大队办公大楼、深圳未来时代、日本有利电二期工厂、蛇口港务局生活区、深圳南山花园一、二期、武警新港宏花园、万宝工业区等20多个中、大型工业、民用建设工程项目；其间所施工项目均获深圳市及宝安区优质、安全奖。其中万福广场获两项吉尼斯世界纪录，有利电工程获深圳市市优样板、广东省省优、建设部部优和96年度国家“鲁班奖”。

2000年1月-2003年12月 深圳闽泰集团常务副总裁公司，主持完成了秀林新居、龙泰轩、碧玉小家、南国丽城、滨海之窗；其中：龙泰轩项目获2002年深圳销售龙虎榜首；南国丽城、滨海之窗项目居深圳市2003年度同期开发量榜首（530000m^2）；

2004年1月-至今 国机保利集团四川省国机保利机电设备有限公司 法人代表/董事长 主持本公司在西南地区开发拓展，完善集团内部改制先行模式；同时进行成都保利花园（95000m^2）项目开发建设。

成都兴西华建设管理有限公司

总经理　章浩中　先生

章浩中，男，汉族，1949年9月出生，本科学历，高级工程师，籍贯：安徽。

1977年9月-1993年9月 成空勘察设计院，助工、工程师、室主任；

1993年9月-2004年4月 成都市干道建设指挥部，工程师、副处长、处长；

2004年4月-至今 成都兴西华建设管理有限公司，董事、总经理、法定代表人。

建筑设计：从事建筑设计并担任设计室主任16年来，先后主持组织并担任设计总的大、中、小型设计项目四十余项。在建筑设计中力求立面造型新颖而有创意！平面功能设计合理而适用。曾受到专家和用户一致好评。其中①空军成都医院门诊楼获空军级优秀设计奖并获全军级优秀设计方案鼓励奖。②营职住宅设计获空军级优秀设计奖。

建设管理：从事建设管理12年来，先后主持建设管理项目有顺吉大厦、名望大厦、三环路高新站A、B服务中心、龙爪小学、龙爪拆迁安置小区、站东安置小区等100余万m^2，施工质量合格率100%，优良率75%。取得了良好的经济、社会效益。

论文：在“成都市政”2005年第3期发表论文题为：“关于政府工程项目建设管理进度控制的几点措施”。

泰昇房地产（上海）有限公司

总经理 黄琦 先生

黄琦，1963年5月出生，大学文化，工程师。1996年10月，黄琦先生加盟泰昇集团，担任集团中国部之总经理，专责国内房地产业务。

如果说泰昇集团先后在天津、上海开发的房地产项目都获得了极高的社会认可度的话，那么作为总经理的黄先生则功不可没。黄先生在房地产策划、营销方面有超人的睿智。

第一，在设计上创特色、不跟风。正是这种不拼大不拼强而凭精的营销理念，使泰德苑荣获了上海市“住宅设计优等奖”和上海市“四高小区”称号，同时又使泰德苑赢得了一批市场中、高端客户。

第二，凭借雄厚的专业知识，塑造品牌，追求完美。黄先生经常说，我们要运用最新技术，但我们更要关注技术运用中的细节，只有在房地产开发的每一个细节上，实现技术创新，达到技术领先，才能凝聚和体现泰昇集团的品牌。

有了泰德苑、泰荣苑成功开发的经验后，黄先生站在更高起点上策划着坐落在普陀区苏州河畔的泰欣嘉园。他要为普陀区奉献一个设计更新、布局更佳、环境更美、居住更怡的高尚住区。

第三，率先垂范，刻苦敬业，展示了一种讲素质、讲学习、讲钻研和求真务实的领头羊风范。黄先生有一句名言，叫“快乐工作”，他把打造公司品牌，塑造一个个充满时代理念的建筑作品看成是自己的全部追求。他缺少的是双休日，多的是工地、设计院穿流不梭的背影和坐在办公室紧锁双眉的沉思。他重技术、钻业务、善学习的作风深深地影响着公司的每个员工，并已演变为公司的企业文化，正是有了这样一支敬业的团队，泰昇集团才在激烈的市场竞争中立于不败之地，泰昇所开发建设的每一部作品才会闪耀着与时俱进的品牌光芒。

广州市鼎泰营销策划有限公司

总经理 黄瀚 先生

黄瀚，男，汉族，1967年1月出生，本科学历，籍贯：陕西，资深房地产专业人士、房地产营销实战专家。

1989年毕业于广州中山大学工商管理系，自1992年起从事房地产开发经营及营销策划工作，曾直接主持参与著名物业包括：深圳汇展阁、世贸广场、共和世家、京隆苑、海洋星苑、河北天元花园、广州珠江别墅等三十多个房地产项目全程策划销售，具备丰富的实践经验和相关知识，对地产市场有独到见解，具有强劲的实战推动力。2001年创立深圳市鑫昱房地产代理有限公司出任董事总经理、2003年创立广州市鼎泰营销策划有限公司出任总经理。并出任广州宏隆房地产发展有限公司副总经理、广东叶剑英基金会副会长、广州市房地产协会、学会常务理事、《房地产导刊》理事、广州市地产精英会会员等职。

大中华国际实业（深圳）有限公司

董事局主席　黄世再　先生

黄世再，男，汉族，1951年6月出生，博士，籍贯：广东潮州。

学历 Honorary Doctor of Science

毕业学校 Inter American University , College of Business Administration

现任大中华国际投资集团有限公司董事局主席；世界华人基金协会常务副会长；中国企业家协会成员；广东省文化学会副会长；深圳市工业经济联合会副会长。

黄世再先生早年在国外留学，20世纪80年代作为爱国华侨，在香港创办大中华国际投资集团公司，涉足房地产开发、财务顾问、基金管理、贸易、百货、物流等行业。自20世纪80年代末开始，怀着为祖国建设添砖加瓦的一腔热血，在中国改革开放的前沿——深圳，成立大中华国际实业（深圳）有限公司，并先后投资开发了“龙珠花园”、“汇展阁”、“深圳国际交易广场”等数十个项目，不仅在深圳市开发项目面积超过100万平方米，总投资达55亿，而且向外开发，并在美国、加拿大、新加坡、香港及中国大陆之福州、北京等地成立房地产开发公司及实业公司，业务范围遍布多个领域。

上海辅亚置业发展有限公司

副总经理　黄永杰　先生

黄永杰，男，汉族，1968年12月出生，本科学历，籍贯：上海。

1991年-1996年 上海市区县工业局 科员

1996年-2000年 上海久禄企业发展有限公司 科员

2000年-2001年 上海东庆房地产有限公司　总经理助理

2001年-2004年 上海辅亚置业发展有限公司 副总经理

成功案例：成功协助开发上海浦江风景苑、城上城大型高尚住宅小区、成功销售南部阳光翠庭

广州天地房地产开发有限公司

总经理　黄志刚　先生

上海电气集团恒联企业发展有限公司

副总经理　黄承荣　先生

黄承荣，男，汉族，1961年7月出生，研究生学历，高级经济师，籍贯:福建。现任上海电气集团恒联企业发展有限公司副总经理兼市场部部长，上海恒舜置业有限公司总经理。

1983年-1997年　上海市机电局规划处 科长

1997年-2000年　上海电器股份有限公司 规划处处长

2000年-2001年　上海机电控股（集团）恒联分公司 规划部部长

2001年-2002年　上海机电控股（集团）恒联分公司 总经理助理

2002年-至今　上海电气集团恒联企业发展有限公司 副总经理、市场部部长

2002年-至今　上海恒舜置业有限公司 总经理

黄承荣同志以身作则、忠于职守。在工作中，他联系实际、求真务实，经常深入到工地现场，了解工程进度，关心公司员工，受到了大家的好评。2004年黄承荣同志被评为上海市住宅建设立功竞赛个人记功奖。他所领导的“恒联名人世家”项目得到了青浦政府和业内外人士的一致好评，使恒联公司“打造文化地产”的宗旨，得到了很好的推广。

广东光大企业集团有限公司

副总经理　黄锦坤　先生

黄锦坤，男，汉族，1963年10月出生，大专文化，企业管理，籍贯：广东。

1997年-2001年 任光大集团公司及光大物业公司经理；1998年至今 任东莞市光大物业管理有限公司副总经理；2001年至今 任广东光大企业集团有限公司副总经理；2003年至今 任东莞市物业管理协会副会长。

景湖花园自公开发售以来举办了多次大型活动，取得了理想的效果，同时也得到了业内专家、学者的一致好评，也进一步提升了企业文化内涵及高尚楼盘的品牌形象，其中：

2001年2月策划的"聚龙天下，世纪豪庭"大型活动，25辆来自香港法拉利车主会的世界超级跑车法拉利环城巡游，市民争相欣赏当年世界超级跑车。此次活动为景湖花园树立了世纪豪宅的地位，也使光大集团公司的品牌认知度得到很大提升。

2001年2月景湖花园举办的"世纪之光"之儿童嘉年华活动、景湖之春大型歌舞晚会、"金秋之韵"大型活动都邀请了大量的歌坛明星、著名笑星登台表演。这些活动都举办得非常成功，为公司及楼盘做到了很好的宣传作用，也借此表达了楼盘更多的人文特点。

2002年11月景湖花园举办"万家欢文化节"，其中：18辆香港法拉利车主会的世界超级跑车林宝坚尼环城巡游；万家欢大型歌舞晚会，邀请了韩红、林依伦、杨玉莹、陈慧琳等歌手为晚会表演嘉宾，总政歌舞团为演出班底，盛况空前，超强的豪华演出阵容创东莞演出史之最。

2003年4月，著名小提琴家盛中国先生偕妻、日本著名钢琴家濑田裕子在景湖花园举行了一场高水平的演奏会。此次活动更体现了景湖花园高尚住宅的定位，也为企业添加了一笔精彩的文化重彩。

2003年推出的景湖春天住宅打出白领公寓的定位，围绕这一概念所做的宣传策划活动取得了理想的效果，奠定了景湖春天的市场地位，也打响了白领公寓的口号。

2004年推出的"爱家就要行动"系列策划方案，通过景湖春天爱家社区形象的塑造，提升春天的知名度与美誉度，进而将光大地产企业品牌理念扩散。通过"爱家运动"开展，在东莞掀起一阵爱家的热潮。

苏州信泰房地产开发有限公司

总经理　曾少雄　先生

曾少雄，男，汉族，1966年7月出生，大专文化，助理经济师，籍贯：福建。

1985年-1995年 从事银行金融工作

1995年-1999年 在福建、广东从事房地产开发

1999年-2003年 在福建、苏北从事房地产开发

2004年-至今 在常熟从事房地产开发，担任苏州信泰房地产开发有限公司总经理

重庆金鹏物业（集团）有限公司

营销总监　曾宪松　先生

曾宪松先生，生于1972年7月，重庆大学房地产学院MBA，高级营销师。

1996年参加工作，经三年多的中国平安保险公司工作成长经历，自1999年加入重庆金鹏物业（集团）有限公司至今，负责房地产市场、营销、策划等相关工作。2001年担任金鹏集团开发策划部经理，负责天宝新城、星河世家、金鹏商城的营销策划，其中星河世家小区项目受到业界一致好评及广大消费者的亲睐和政府各级主管部门的嘉奖；2003年5月起担任重庆金鹏物业（集团）有限公司参股的重庆金鹏营销策划有限公司董事、副总经理，全面负责市场、业务、策划、管理等相关工作，2005年4月起至今担任重庆金鹏物业（集团）有限公司营销总监，全面负责营销策划管理中心的经营管理工作，先后负责星河港都、星河名居、九龙大道商业街等项目全程营销策划及销售工作，目前正在操作的项目为位于重庆江北核心位置18万多平方米的金鹏·北城旺角项目。

广州广富房地产开发有限公司

公关策划总监　程立志　先生

程立志，男，汉族，1967年7月出生，大学文化，籍贯：广东中山。

程立志毕业于香港理工大学商业学系，主修市场学及销售管理，1992年开始从事中国房地产业务。程先生曾于香港上市公司沿海物业集团任董事助理及市务经理等职务，专责该集团在上海、武汉、厦门及深圳等地的项目发展、调研、销售及营销管理事务，其间并组织多次于香港、台湾、日本、新加坡、印度尼西亚和国内多个省市的物业推广及展销活动；其后加入香港中国房地产投资顾问公司任职董事及深圳区副总经理，主理该公司深圳地区的项目顾问及营运管理；目前程氏为香港中恒伟业集团属下广州市中恒伟业地产顾问有限公司副总经理兼任集团属下各广州发展商公司的公关策划总监，并成功策划了广州地区多个十万平方米以上规模的房地产开发项目。程先生在执行房地产发展项目的前期策划、项目规划及建筑设计、市场调研、销售管理及组织推广活动方面均有丰富经验。

程立志曾参与之项目有广州中怡城市花园、朗晴居、利雅湾；深圳缤纷假日豪苑、聚龙大厦、又一城商场；上海金桥大厦、金桥花园、百合花苑；厦门香江花园、凌志大厦；福州新世纪大厦、武汉华中·万商广场等住宅及商业地产项目。

程立志先生于2004年开始《大学印象》项目的筹划工作，由于用地条件限制了项目的发展规模，故在进行规划设计时投入了大量心思于产品设计上，以定位于年轻中产市场的小复式精品户型、并利用中山大学环境概念致力打造精品项目，以提升项目价值、为项目创造更高经济效益。

无锡五洲国际装饰城有限公司

副总经理　舒策丸　先生

舒策丸，1970年出生，现任无锡五洲国际装饰城有限公司副总经理。

从1991年起，就在上海从事装饰、建材的经营，两年后即负责上海恒大建材市场的全程策划经营；1993-1995年间，恒大市场迅速发展；1995-2000年，舒策丸先生全面参与江苏省各核心城市如南京红太阳装饰城、苏州金屋装饰城、江阴金三角建材市场等专业市场的策划推广工作；2000-2002年，他又率先开拓江苏省南通、张家港等二级城市的建材市场；2002-2004年，全面负责无锡新东方商业步行街的前期定位策划，项目品牌推广、招商推广、经营管理，打造无锡市第一条集购物、休闲、娱乐于一体的商业步行街，2005年至今，全面负责无锡五洲国际装饰城的全程策划推广工作，是本项目持续火爆销售的大功臣。创造了短短2个月内引入品牌商家1338个，招商率达到80%的商业地产开发"神话"。

舒策丸先生凭着自己多年积累下来的丰富的专业知识和市场把握能力，决心将装饰、建材业和地产业进行完美的结合，"定位精确，配套优越"成了他全程策划"无锡五洲国际装饰城"的中心思想。他认为，准确、独到的营销策划对于项目的销售及品牌的提炼非常关键，从前期规划设计、市场定位、内部功能结构、产品差异性等专业方面都要及早介入，有了谋略还必须有胆略，优柔寡断会延误时机。他用心策划和不失时机地推广自己的无锡五洲装饰城及每一个地产项目，终于获得了良好的市场声誉。

重庆嘉发实业有限公司

企划部经理　董海燕　女士

董海燕，女，汉族，1956年4月出生，研究生学历，讲师，籍贯：重庆。

1978年3月-1982年1月 大学本科，获毕业证和学士学位；

1982年1月-1992年12月 教师，获讲师职称；

1992年12月-2001年12月 外贸公司；

2001年12月-至今 房地产开发公司（重庆嘉发实业有限公司）；

2002年7月-2003年12月 重庆大学房地产学院研究生班，获结业证；

2003年10月-2004年2月 中国职业经理人资格培训，获中级职业经理人资格证书；

2004年5月 参加重庆市职业技能鉴定指导中心培训，获高级人力资源管理师资格证书；

2001年12月-至今，参加重庆"上海城"项目的营销、策划工作。

浙江苏泊尔房地产开发有限公司
霞浦安大房地产开发有限公司

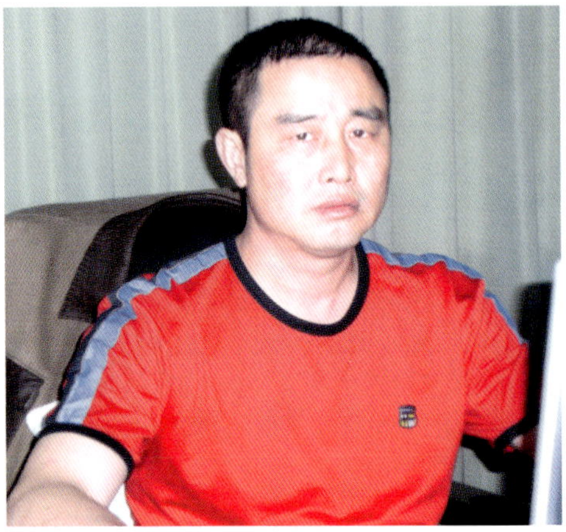

总经理　蒋良喜　先生

蒋良喜，1963年2月出生，本科学历，工程师。

1981年-1987年在台州地区测绘室主持测绘工作；

1987年-1989年负责全队经营、管理；

1989年2月任玉环县航空机械厂基建科长；

1994年12月-2004年5月到玉环县大麦屿开发区国土局工作，任科长，主持负责大麦屿开发区，陈屿镇范围内规划建设工作，主持科室获全国建设系统先进办公室称号；任玉环县建设规划局规划办科长、工会主席，主持负责玉环县全县规划编制，审批，负责指导各镇乡规划编制及玉环县城市规划技术规定和城市规划规范性文件，起草和县重点工程涉及城市规划协调工作；

2004年5月-至今任浙江苏泊尔房地产开发有限公司总经理。并从2005年至今任霞浦安大房地产开发有限公司总经理，兼负责整体项目的整体策划。

在1996年、1997年、1998年、1999年和2004年被评为县先进工作者和县建设局先进工作者。

浙江锦正房地产发展有限公司

总经理　腾 安　先生

滕安，男，汉族，1950年7月出生，大专文化，中国民主同盟盟员。

1966年北京古城中学毕业，后到绍兴务农。

1978年回冶金工业部四冶工作，干部身份，1982年山东冶金工业学院毕业（工民建）。

1987年调入绍兴市审计局工作，1992年浙江省审计学电大毕业。

1993年调入金融单位房地产公司工作，任副总经理。后房产公司撤销，转入民营企业浙江锦正房地产开发公司任总经理至今。历任绍兴市二届、三届政协委员。

成都市城市建设开发有限责任公司

董事长　裘海放　先生

裘海放，男，1948年11月出生，本科学历，中共党员，高级工程师。1969年参加工作至今在成都市路灯处、成都市城市建设管理局、成都市城市建设开发有限责任公司工作，任副所长、所长、主任、副局长、总经理等职。现任成都市城市建设开发有限责任公司董事长（法人代表）。

1971年3月-1978年9月 在成都市路灯所工作；

1978年9月-1982年7月 在成都电讯工程学院学习；

1982年7月-1985年10月 在成都市路灯所任副所长、所长，在成都市路灯管理处任主任；

1985年10月-1988年10月 在成都市城建局任副局长；

1988年10月-至今 在成都市城市建设开发有限责任公司任党支部书记、董事长、总经理。

裘海放同志还任成都市房地产开发企业协会副秘书长，经常参加会议、点评当今房地产市场，分析行情走势、价格涨跌原因，为市人大、市政府在管理房地产方面提出宝贵的意见、看法，得到业界认同。如今，他正率领公司全体员工本着与时俱进、团结务实的精神，牢记“诚信取仁为根，开发以人为本”的宗旨，积极为社会发展作出更大的贡献，为公司创造更加辉煌的成果。

舟山市普陀慧力置业发展有限公司

董事长　赖文洪　先生

赖文洪，男，汉族，1958年4月出生，中国社科院研究院金融研究生毕业，兼职教授，籍贯：浙江象山西周。浙江大学竺可桢基金会理事，兼职教授，中国工商理事会常务理事，卓越企业家俱乐部终身会员。曾被评为浙江省青年企业家、浙江省跨世纪改革家等。2003年11月出席中国珠海世界经济论坛及中国经济高峰会。会上中国首次以组织者发起者的身份对全球经济发展发表《世界经济发展宣言》，主旨“平等、诚心、合作、发展”，凝结着人类对经济社会发展的最新认知。

1973年12月，在浙江象山儒雅洋中学高中毕业

1974年1月-1976年9月，在浙江象山县西周镇上谢村务农，任村会计工作；

1976年10月-1978年8月，在浙江象山县广播电台任编辑工作；

1978年8月-1982年7月，在浙江象山县大学中文系读书；

1982年8月-1984年8月，在浙江省象山县政府办公室任秘书长工作；

1984年9月-1992年7月，在宁波市政府办公厅任秘书、副处长等工作。

赖文洪从1992年5月辞去公职下海创办企业至今从商10多年，现任宁波中科慧力投资有限公司董事长。主营房地产投资开发、嵌入式软件开发生产和酒店业务。

惠州市日升昌置业有限公司

董事副总经理　鲍启军　先生

鲍启军，男，汉族，1975年2月出生，大学文化，籍贯：广东河源。

1995年9月-1998年7月毕业于广东省广州市中山大学城规系房地产开发与管理专业，历任班干部、学生会干部。

1998年8月-1999年3月供职于惠州市金宝集团有限公司，任策划部助理策划员、策划员；成功参与惠州市云山花园二期的策划销售，该楼盘1998年10月1日开盘，1999年元月5日基本结束销售，创下惠州楼市多年低迷后第一楼盘短短三个月结束销售的奇迹，标志着惠州楼市开始复苏。

1999年3月-2003年3月，供职于惠州市隆生企业集团有限公司，任营销中心策划部策划员、策划部经理，成功参与惠州市第一大型社区东湖花园三号小区、四号小区3500余套住宅的策划销售工作，奠定了隆生企业开发规模、综合实力排在惠州房地产业第一位的基础。

2003年4月-至今，供职于惠州市日升昌置业有限公司，任营销中心总经理、公司董事副总经理。2003年，策划销售“阳光华庭”项目，在惠州首家提出“新独院生态住宅”概念，楼盘短短一周销售超过50%，创下2003年度下半年惠州楼市奇迹；2004年底至2005年，主管工程及销售，并提出“优秀产品制胜市场”的新营销理念，统筹开发、策划销售公司19栋大型住宅项目—日升昌阳光假日花园，2005年5月1日一期正式开盘，在周边楼盘竞争激烈、业绩均不佳情形下创下了一期当月销售100余套一枝独秀的佳绩。

武汉统建城市开发有限责任公司

部门经理　熊牧　先生

熊牧，男，汉族，1963年9月出生，本科学历，高级经济师，籍贯：河南。

香江花园住宅小区总建筑面积10万平方米，是武汉统建1998年首次以市场需求为导向策划开发的大型住宅区，熊牧先生在该区首次提出并实际组织了全程策划思路，通过有效组织，使销售速度大于施工进度，产生了很好的市场轰动，使武汉市当前在房地产界呈现了“香江花园”现象大讨论，“香江花园”品牌从此一炮走红 。2000年，组织统建“千绪园”的销售策划，在当时市场、价格定位较高的情况下，引入新的策划理念和管理方式，使整盘7万余平方米住宅在开工后8个月内销售一空，创造了武汉市当时市场条件下的销售奇迹。2003年策划统建阳光花园五期的销售，使整盘在3个月内售完。2004年8月底组织策划统建大江园（高档住宅区）的销售工作，开盘15次，销售8万多平方米，大江园一夜走红。1998年以来，策划组织销售商品房70余万平方米，回收资金近20亿元。

深圳市银台实业发展有限公司

副总经理　蔡裕平　先生

蔡裕平，男，汉族，1964年6月出生，本科学历，籍贯：广东大埔。

1984年大专毕业后分配至广东大埔县三河镇政府工作，先后在大埔县三河镇、双溪镇任党委委员、办公室主任、党委副书记、镇长等职。2000年“下海”到深圳市银台实业发展有限公司，先后任办公室主任分管物业公司、房地产部经理、副总经理等职。溪先生到银台任职以来，本着人性化管理，团结、务实、开拓、进取的经营作风和以人为本的房地产开发理念，超越国人传统的居住观念，结合深圳人观点先进、思想超前、易接受新事物和爱标新立异的特点及深圳亚热带海洋性高温高湿气候环境，以岭南建筑风格配以江南园林环境绿化为主体，精心策划，楼体坐北朝南、一梯两户，南北通透、大阳台、大凸窗、户型方正、实业率高，高绿化率、屋顶以传统的平屋顶和新潮时尚的坡屋顶相结合，俊朗简约；小区内公共设施配套齐全，小桥流水、亭台连廊、绿树成荫、鸟语花香，内设游泳池、羽毛球场、儿童乐园、老人活动区、娱乐休闲区、幼儿园。和兴花园以其舒适怡人的居住环境、阳光健康的运动主题、配套齐全的生活设施在龙岗中心城楼市中独树一帜，赢得广大客户和业主的青睐和良好口啤，并被深圳市人民政府授予“园林式花园式小区”称号。公司取得了良好的经济效益和社会效益。

宁波国骅集团有限公司

工程部部长、副总经理　颜荣扬　先生

颜荣扬，男，1961年8月出生，工程师。

1992年与丁国年先生等一起创办宁波东方建设开发有限公司开始，经过12年的艰辛创业，目前已发展成为一家以房地产开发、高科技项目为龙头，集实业投资、资产经营、市场管理、物业管理、新型建材、建筑承包等多项产业的综合性集团企业，总注册资本超2亿元，拥有固定资产、流动资产达21亿。

从1992年开始一直担任公司工程部经理、公司副总经理，负责开发了石石契北路二村、雅渡新村、东方阁、东方苑、东方城、慈溪东方明珠城等楼盘，开发面积达150余万平方，其中北路二村被区建设局授予住宅样板示范点称号，东方苑、东方城、东方明珠城、东方阁、雅渡新村小区被评为四星级园林式住宅小区。亲水性居住理念的东方城·香梅家园、唯美景致诗意栖息点的东方苑、彻底人车分流的东方明珠城等经典社区和楼盘成为宁波市民引以为自豪的美好家园，同时，东方文化体育中心文化馆荣获市建设委员会2002年度宁波市“甬江建设杯”优质工程奖，荣获省建设业行业协会，省工程建设质量管理协会2003年度“钱江杯”优质工程奖。

通过10多年的房地产开发实践，具有丰富的实践经验，形成了自己的一整套开发理念。

深圳市金泓投资发展有限公司

营销策划总监　黎　亮 先生

黎亮，男，汉族，1963年9月出生，大学文化，工程师，籍贯：湖南。

1983年9月-1987年7月 湖南大学建筑系；

1987年9月-1991年11月 机械电子工业部第八设计研究院（土建设计室）；

1991年12月-2003年8月 深圳市蛇口房地产公司；

2003年9月-至今 深圳市金泓投资发展有限公司。

工作业绩：

蛇口荣村住宅小区；蛇口海湾花园住宅小区；蛇口大厦（20层甲级写字楼）；东帝海景家园（高层）；海尚国际商住楼（高层）；福海苑住宅小区；东方美地苑；东方新地苑（高层）；金泓凯旋城（高层50万m^2）。

深圳市益田房地产集团股份有限公司

董事、副总裁　黎志强　先生

黎志强，华南理工大学硕士、北京大学光华管理学院MBA、中国注册房地产估价师。

1992年开始从事房地产开发业务，有十几年房地产开发、管理经验，组织和参与的大型房地产项目有十几个。

*1992年-1997年任长春新大地房地产有限公司总经理、长春开元集团有限公司副总经理、总经理。1993年开发了吉林省第一个拥有别墅的高档住宅区"富豪花园"，1995年获得吉林省首个"全国物业管理优秀示范小区"称号。

*1997年-2001年任深圳市中达（集团）股份有限公司总裁助理、副总裁、总裁。2000年兼任上海万邦集团有限公司董事长、广州鹏达集团有限公司总经理。主持和参与了上海万邦花园、广州珠岛花园、北京天子庄园等项目的开发。

*2001年-至今任深圳市益田房地产集团股份有限公司董事、副总裁。组织了"银座公寓"、"假日湾"、"益田假日广场"、"半岛·城邦"的策划，其中假日湾被评为2004年深圳市十大风云楼盘，姚明到访假日湾被评为十大营销事件。益田假日广场被评为"第十届国际商业房地产展览会"最佳商业策划金奖。

深圳市淞江爱地实业有限公司

执行总裁　薛卫东　先生

薛卫东，男，汉族，1961年3月出生，大学本科，籍贯：辽宁大连。现任深圳市淞江爱地实业有限公司执行总裁。

薛卫东先生性格鲜明、风格明快、能言善辩，分析问题一针见血，具有丰富的人格魅力与感染力。与薛卫东先生接触，你很快发现他的性格中既有北方人的坦荡、豪爽，又兼具南方人的精明、敏锐。他信奉的一名话是："细节铸就完美"。在项目的选择、运作上他不断的追求完美，精益求精。

正是由于他执着的敬业与契而不舍的精神，才谱写了今天的美丽诗篇，取得了万人瞩目的硕果。由他总监控的深圳山水大盘"水晶之城"在深圳市2004年商品房销售英雄榜中一举荣获三项大奖—获"全市销售面积第二名"、"龙岗区销售面积第一名"、"龙岗区销售金额第一名"，这些成绩背后是薛卫东先生的超人的胆识与成功的策划。

在深圳横岗地产还没有启动之时，当地需求还没有得到有效释放，他独具慧眼，抢先一步占领这片热土地，他看准了项目的升值空间，三年过去了，一切正如他所预料，横岗已成为深圳的开发热土，水晶之城也成为一颗璀灿的明珠。

正是他对房地产积累了多年丰实的行业经验，对房地产行业有着敏锐的洞察力和真知灼见，使之在房地产项目投资和企业管理方面取得令人瞩目的成绩。

《中国房地产业发展大全(2005—2006)》
特邀编委

（排名不分先后，以姓氏笔画为序）

浙江锦正房地产开发有限公司

董事长　丁正良　先生

丁正良，男，汉族，1962年9月出生，大专文化，经济师，籍贯：浙江绍兴。

丁正良先生，1980年参加工作，二十多年来，一直领导经济工作先后创办了浙江锦正房地产开发有限公司、绍兴正大集团有限公司、绍兴正大装饰商城、浙江良源控股集团有限公司等多家规模型民营企业，曾获得浙江省私营企业优秀董事长、绍兴市十佳青年经理、绍兴市经营大师、绍兴市越城区十大功臣等荣誉。

宁波国骅集团有限公司
丹阳市天波房地产开发有限公司

董事长、总经理　丁国年　先生

丁国年，男，汉族，1956年7月出生，大专文化，工程师，高级经济师，籍贯：浙江宁波。1992年毕业于杭州大学企业管理系，2002年在北京清华大学进修MBA课程，2003年在北大房地产高级研修班进修。

1976年2月-1986年11月自部队服役，曾担任排长、副指导员、指导员（其中：1981年-1983年在桂林炮校学习）；1986年12月-1989年4月转业到鄞县栎社乡任宣传委员、城建办主任；1989年5月-1991年6月任鄞县梅园乡副乡长、工业办公室主任；1991年7月-1992年10月任宁波轻纺城委员会副主任、副总经理；1992年11月至今任宁波东方建设开发有限公司董事长兼总经理（2003年成立宁波国骅集团有限公司，任董事长兼总经理）。

1992年创办的注册资金仅为50万元的宁波东方建设开发有限公司，已发展到目前一家以房地产开发为龙头，集物业管理、建筑承包、市场管理服务、新型建材、文化教育等产业为一体的综合性实力型企业；总注册资本达到2亿元人民币，拥有固定资产、流动资产近21亿元人民币，高素质从业人员千余名……公司连续10多年被宁波市资信评估委员会评为“AAA”级资信企业，北路二村被区建设局授予住宅建设样板示范点称号，雅渡新村、东方阁小区被评为四星级园林式住宅小区，东方文化体育中心文化馆荣获市建设委员会2002年度宁波市“甬江建设杯”优质工程奖，荣获省建设业行业协会、省工程建设质量管理协会2003年度“钱江杯”优质工程奖，2002年度和2003年度被宁波市鄞州区评为房地产开发先进企业和税收先进单位。

海口美视国际高尔夫俱乐部有限公司

执行董事 马 麟 先生

马麟，男，汉族，1962年8月出生，大学文化，籍贯：重庆。

1980年-1985年 成都科技大学

1985年-1988年 铁二局建筑工程处

1988年-1992年 深圳美视影音艺术有限公司 总经理助理

1992年-1995年 深圳美视电力工业有限公司董事、总经理助理

1995年-1997年 美国美视电力集团（美国）能源投资有限公司董事、副总经理

1997年-1999年 深圳美视妈湾油港有限公司董事、副总经理

1999年-至今 海口美视国际高尔夫俱乐部有限公司 董事、副总经理—执行董事

无锡苏源置业有限公司

董事长 方剑秋 先生

方剑秋，男，汉族，1955年9月出生，本科学历，高级政工师，籍贯：江苏丹阳。现任无锡苏源置业有限公司董事长。

方剑秋先生1970年11月参加工作，1979年6月加入中国共产党，1995年12月中央党校函授学院经济管理专业本科毕业，2001年12月取得高级政工师专业技术资格。2004年5月获“江苏省五一劳动奖章”；2004年5月-2004年12月，参加清华大学实战型房地产（EMBA）研究生课程班学习。2004年11月，参加由无锡市房地产管理局、无锡市政府研究室和无锡广播电视集团共同组办的房地产高峰论坛，探讨“宏观调控下的房地产市场走势”；2004年12月，应邀出席中国房地产精英对话暨第二届长三角房地产发展论坛，并作“诚信立业，精心造房”主题演讲。

1982年10月-1997年8月，常州供电局工作，历任组织干部科副科长、科长，常州供电局党委副书记兼纪委书记；

1997年8月-2000年8月，无锡供电局党委副书记（主持工作）；

2000年8月-至今，无锡供电局（公司）党委书记；

2003年2月起任无锡苏源置业有限公司董事长。

无锡苏源置业有限公司是隶属于苏源集团的一家专业房地产开发公司，以“无锡第一，江苏领先，全国一流”作为公司的发展目标，一直致力于为无锡市民带来高品质的住房。目前，无锡苏源置业有限公司正在开发檀溪湾和天一城两大项目。

杭州临江物业管理有限公司

总经理　王　闯　先生

王闯，男，汉族，1966年10月出生，大专，中级职称，籍贯：浙江杭州。

1987年10月-1990年8月 萧山市建设局规划管理处从事设计及管理。参与编制了萧山市总体规划，两个分区规划，二十九个乡镇的总体规划，三个住宅区的详细规划，均已付诸实施，参与了萧山市重大基础设施选址、评审及日常规划管理。

1990年9月-1992年9月 杭州钱江投资区江南管委会规划工程部、规划科长，作为主要人员参与编制了29.3KM^{2}的开发区总体规划，之江、市北、桥南三个分区规划、起步区详细规划。作为开发区最早的创业者之一参与了开发区初创期的招商引资及基础设施建设，引进外资企业二百余家，产值数百亿的开发区奠定了良好基础。

1992年10月-1995年1月 浙江鸿达开发总公司，开发区桥南区规划实施副总经理。重点对桥南区9.6KM^{2}进入成片开发，建成当时最长的42M宽、5.5KM长的城市主干道，引进当时投资近亿美元的最大外商独资项目日本NCI企业。

1995年2月-1998年5月 萧山经济技术开发局国土规划建设局规划管理综合科长

1998年6月-至今 浙江钱江置地有限公司董事、总经理助理。从事房地产开发，涉足成片开发的产业区、七所院校迁建的文都教区及住宅、酒店、主题公园。

其中：2002年8月 兼任杭州联达房地产开发有限公司总经理。集中开发杭州市滨江区两幅共400亩土地的住宅区，其中临江花园建筑面积30万m^2，钱江湾花园25万m^2，做为钱塘江边一桥两侧的水岸山景优秀楼盘入远浙江人居经典，环境设计大奖，消费者知名度较高楼盘，销售总额达30亿元。

2002年10月 兼任杭州临江物业管理有限公司总经理；2003年1月 兼任杭州联庄实业投资有限公司总经理。投资参与高新区城中村改造工程，一方面消除了城中村脏乱差的面貌，另一方面以集中建设的公建配套弥补了城市功能不足，促进了当地发展三产的空间，为政府涵养税源，为城市建设添砖加瓦，达到社会效益、环境效益、经济效益、三丰收。

苏州中天房地产开发有限公司

总经理　王　兵　先生

王兵，男，1962年7月出生，汉族，本科学历，经济师，中共党员。

简要经历：

1984年-1993年 浙江省计划经济委员会 主任科员

1993年-1997年 浙江省省直房地产开发有限公司 总经理助理

1997年-2002年 浙江省节能实业发展公司 总经理助理

2002年4月-2004年 苏州中天房地产开发有限公司 副总经理

2005年-至今 苏州中天房地产开发有限公司 总经理

江苏省常州苏源常电房地产开发有限公司

副总经理 王 坚 先生

王坚，男，汉族，1953年8月出生，大专文化，籍贯：江苏常州。

1969年8月-1975年8月 应征入伍

1975年8月-1993年8月 常州供电局服务公司

1993年8月-2003年8月 常州苏源集团有限公司

2003年8月-至今 常州苏源常电房地产开发有限公司副总经理

武汉安居工程发展有限公司

总经理 王 波 女士

王波同志，女，1963年4月出生，中共党员，本科学历，高级工程师、高级经营师。现任武汉安居工程发展有限公司总经理，百步亭集团常务副总裁，百步亭花园社区党委副书记、管委会主任。

1995年-至今 武汉安居工程发展有限公司任职 任总经理。并从2004年至今担任百步亭集团任常务副总裁。

2001年4月，王波同志在社会主义物质文明和精神文明建设中成绩显著，贡献突出，被武汉市人民政府命评为“武汉市劳动模范”。

2002年3月，王波同志在2001年度两个文明建设中，成绩显著，被江岸区区委区政府评为“先进工作者”；2002年11月当选为江岸区人大代表。

2003年3月，王波同志在推进武汉市现代化建设和妇女发展中，成绩显著，被武汉市人事局、武汉市妇女联合会评为武汉市首届“巾帼建功十行百星”，授予武汉市“三八”红旗手称号。2004年11月16日，中国科协、中央文明办授予王波2002年至2004年全国“科教进社区”活动先进个人。

王波同志集百步亭花园社区建设、管理、服务重担于一身，勇于开拓、拼搏奉献。她倡导“以人为本，以德为魂”的理念，探索研究以高效的市场运行机制，独特的社区运作模式，崭新的社区管理体制和高尚的人格魅力，创建具有中国特色、超前理念和可持续发展的“百步亭模式”，创建了一个安全、整洁、温馨、欢乐的精神家园，社会效益与经济发展良性互动，实现了人民群众的安居乐业。百步亭花园社区荣获“全国文明社区示范点”、“全国物业管理示范住宅小区”、首届“中国人居环境范例奖”等六十多项全国大奖。

福建省金爵房地产开发有限公司

董事长　王正伟　先生

王正伟，男，汉族，1964年12月出生，大学文化，籍贯：福建省石狮市。

在祖国经济建设的大潮流下，王正伟先生在福建、北京、天津、广州等地都有投资项目，涉及工业、房地产开发、高科技等领域，投资额数以亿计。特别是2001年在福建泉州开发的房地产项目，征地千余亩，开发高档住宅区、酒店和娱乐渡假村。

王正伟先生一贯坚持“取之于社会，用之于社会，贡献祖国”的宗旨，身为澳门同胞，热心帮助家乡的建设和各项公益事业，每年捐助公共建设、教育慈善事业上百万元人民币，对老、弱、残等生活困难者，及时扶贫救困。2002年5月，在石狮市以家父名誉设立“王天来老年人福利基金会”，用于慰问老年人，改善老人们的生活状况。同时，积极赞助政协、海外联谊会的活动等。积极进取是他的一贯作风，他希望将来能够更好的为祖国的各项建设尽铮言献良策，充分发挥政协的参政议政作用，一如既往的为祖国的经济建设特别是福建省的山海合作和两岸的和平统一大业做出更大的贡献。

浙江柯桥置业有限公司

总经理　王永林　先生

王永林，男，汉族，1956年10月出生，籍贯：浙江温州。

王永林先生于1979年参加永临日用百货供应站工作，至1984年12月调离供应站到永嘉县纺织品公司，工作至1990年6月离开中国侨居西班牙至今。在西班牙期间拥有一家亚洲式餐馆“万珍酒楼”、万珍国际贸易公司、地中海商业进出口公司、欧盟华人投资公司，在中国境内设有浙江安信大酒店，并担任西班牙温州同乡会副会长、西班牙华人企业家联合会副会长。在西班牙期间，中国党和国家领导人访问西班牙，王永林先生曾多次接受接见，其中有胡锦涛、李瑞环、吴邦国、李岚清等国家领导人。1998年应浙江省人民政府侨务办公室邀请参加了浙江旅外乡贤杭州聚会，同年12月由西班牙政府邀请参加了中西企业家研讨会，在北京举行。2001年11月参加第六界世界华商大会，在南京举行。2002年参加浙江旅外乡贤绍兴聚会。现担任浙江柯桥置业有限公司总经理。

浙江德发建设集团有限公司
重庆嘉发实业限公司

董事长兼总经理　王如法　先生

王如法，男，汉族，1951年10月出生，一级建造师，籍贯：浙江。

从1986年成立余姚市古建筑工程队开始，至1997年成立余姚市德发建筑工程（集团）有限公司，至2000年的浙江德发建设集团有限公司，王如法一步步走向了开发房地产，努力建设城市生活的道路。自1994年起，德发集团在浙江、上海两地成功开发了德发花园，日安清庭等住宅小区项目，先后多次获先进住宅小区，优质工程等。1998年，王如法作为董事长兼总经理在立足上海的基础上率先响应国家西部大开发战略决策来重庆视察，并于1999年成立重庆嘉发实业有限公司。公司现已成功投资开发完成重庆南岸茶园新区一级市政路世纪大道。该项目全长5公里，双向四车道，由公司全额投入资金8600万元，于2001年7月竣工并顺利通车。把昔日的荒山野岭变成了如今带动南岸经济发展的“黄金大道”。

继成功开发“世纪大道”项目后，公司于2000年南岸区招商会上签订了土地转让合同，计划用8年时间打造一个重庆市大型高尚精品住宅小区和国际化都市商业中心——上海城。住宅用房70万平方米，商业用房22万平方米，配套用房近10万平方米，总投资约25亿元，属旧城改造项目。

广州宏隆房地产发展有限公司

总经理　王保伍　先生

王保伍，男，汉族，1963年7月出生，大专文化，经济师，籍贯：河南。

1983年-1987年 香港艺进实业有限公司

1987年-1990年 香港领先实业有限公司　任董事

1990年-1992年 （香港）京隆实业有限公司　任董事

1992年-1996年 蜀都房地产开发（四川）有限公司 任董事

1996年-1998年 （香港）宜华国际有限公司 董事长

1998年-2000年 （香港）瑞京隆集团有限公司 董事及总经理

2000年-至今 广州宏隆房地产发展有限公司 执行董事

泰安市久丰房地产开发有限公司

董事长兼总经理　王晓炜　先生

王晓炜，男，汉族，1962年9月出生，硕士学历，会计师。

1983年7月 上海立信会计专科学校毕业

1983年7月-1990年7月 上海化工局财务处

1990年7月-1993年7月 上海长江会计事务所

1993年7月-2000年7月 上海永通房地产开发有限公司

2000年7月-至今任上海绎杰经济发展有限公司总经理；泰安市久丰房地产开发有限公司董事长兼总经理；上海顺寓置业有限公司董事长兼总经理。

王晓炜先生在上海地区参加上海湖凇南七村的开发建设项目，该项目于1993年开工，总投资约4亿人民币，总建筑面积18万平方米。

2002年度投资开发建设“龙泽花苑”，该项目在泰安地区取得相当好的社会效果。并取得2004年度泰安地区：“十佳诚信企业”称号。在山东楼盘会展中取得山东省50强名盘称号。

2004年11月成功收购浙江湖州市“古梅庄圆”度假村项目，目前正着手进行开发建设。

2005年初在上海奉贤地区投资开发建设“名人苑”住宅小区，占地面积约164亩，总建筑面积12万平方米，总投资6亿人民币，一个具有现代化的住宅小区将在上海奉贤地区崛起。

广州广富房地产开发有限公司

总经理　韦洪良　先生

韦洪良，男，汉族，1965年9月出生，本科学历，籍贯：江苏。

1985年9月-1989年7月 中山大学社会学系就读；

1989年7月-1990年11月 广州市工商行政管理局芳村分局任团委书记；

1990年11月-1994年9月 广州市芳村区人民政府任区领导秘书；

1994年9月-1997年8月 广州市芳村区对外贸易公司任总经理，兼任广州至尊高尔夫乡村俱乐部、广州高得纺织染整制衣有限公司副董事长；

1997年8月-2003年8月 广州保税区瑞丰实业有限公司、广州瑞丰岭南房地产开发有限公司任副董事长，主持开发过金雅苑、蓝色康园等小区；

2003年8月-至今 广州广富房地产开发有限公司任总经理，主持开发朗晴·大学印象苑项目。

中山市宇宏住宅产业发展有限公司

总经理　冯　威　先生

冯威，男，汉族，1958年11月出生，大学文化，高级工程师，籍贯：湖北武汉。

1982年毕业于原武汉水利电力学院（现武汉大学）；

1985年-1987年中国科技大学研究班学习工商管理。

1987年-1988年在中国市政工程中南设计院从事设计及管理工作；1988年调入招商局蛇口工业区从事工程管理工作；1992年加盟南玻集团股份有限公司，从事房地产开发工作，任集团房地产事业部总经理、总裁助理；2001年加入星河房地产公司，任常务副总；2002年加入中山宇宏住宅产业发展有限公司，任董事、总经理。在从事房地产开发的十几年工作经验，参与投资开发的项目总建筑面积达70万平方米，项目分布于海南、成都、武汉、天津、深圳和中山等地。

无锡市博胜置业有限公司

董事长　冯荣良　先生

冯荣良，男，汉族，1953年6月出生，籍贯：江苏无锡。现任无锡市博胜置业有限公司董事长。

多年来，冯先生一直秉承"诚实守信"的经营理念，获得了良好社会声誉，被选为无锡市太湖镇商会干事、梅村镇教育基金会理事，同时还被邀为《无锡指南》、《太湖杂志》特约编委。其领导下的博胜置业开发的香梅假日花园，是无锡新区明星楼盘，为无锡国家高新技术开发区房地产开发作出了突出贡献。

1972年，冯先生开始进入建筑业，承建无锡市中南商场、无锡市石化设备总厂，建设水平优良，达到国家建设部一级建造标准。1976年起开始投资建厂，但均没有脱离房地产建筑行业，一直以建筑工程安装为主业，先后投资成立无锡市宏达金属材料有限公司、无锡市大达机械制造有限公司。随着公司经营规模不断扩大，发展战略逐渐多元化，2002年正式涉足房地产开发，组织成立了无锡市博胜置业有限公司（国家二级资质企业，注册资金5000万），主营业务为现代化住宅区开发、工业厂房出租、建筑工程安装等。2003年，无锡市博胜置业有限公司投资开发无锡新区高尚住宅区香梅假日花园。开发建设过程中，香梅假日花园荣获多项美誉："2005中国·无锡典型住宅"、"无锡新区新地标"、"3.15绿色楼盘"、"5大景观设计优秀楼盘"，掀起了博胜置业有限公司发展新篇章，冯董及其带领的企业也迈入了发展道路上的新里程。

上海颛盛房地产有限公司

董事长兼总经理　叶月明　先生

叶月明，男，汉族，1949年1月出生，大专文化，高级工程师，籍贯：上海。

1983年10月任中共颛桥建筑队支部书记兼总经理；

1992年4月任中共上海颛桥房地产经营开发公司支部书记兼总经理；

1997年2月任上海颛桥房地产有限公司董事长兼总经理；

2001年1月任上海颛盛房地产有限公司董事长兼总经理。

个人荣誉：

1990年、1997年被市重点工程实事立功竞赛领导小组记功；

1994年、1995年、2000年、2001年被市住宅工程实事立功竞赛领导小组记功；

1996年、1998年、1999年度荣获市住宅工程实事立功竞赛领导小组授予“建设功臣”称号；

1989年、1991年、1993年、1995年、1998年到2000年被上海市闵行区政府授予先进工作者称号；

1997年、1998年度被中共闵行区委评为优秀共产党员；

2003年被评为闵行区职工信赖的好经理。

深圳鹏盛地产实业有限公司

副总经理　白　晨　先生

白晨，男，汉族，1952年12月出生，大学文化，高级经营师，籍贯：陕西。

1968年12月-1970年9月 陕西省延安市郑崔生产队任知青。

1970年9月-1979年10月 历任陕西省延安钢厂机修车间班长、政治处干事和团委书记。

1983年10月-1987年6月 历任铁道部建厂局秘书科副科长、科长。

1987年6月-1996年6月 历任中国南海石油联合服务总公司办公室主任、副总经理。期间分管实业项目及下属投资公司，狠抓内部管理和产品开发，取得良好的社会效益和经济效益。

1996年6月-2002年8月 山西太原万丰房地产有限公司任总经理。期间主持开发了太原国际贸易中心大楼项目，该项目是太原市标志性建筑，山西省重点工程。

1998年12月-至今 深圳鹏盛地产实业有限公司任副总经理。期间主持了1998年-1999年鹏盛村高层公寓项目的销售策划推广工作，实现了100%的销售率。并主持开发了鹏盛年华公寓和盛世鹏程花园。其中鹏盛年华公寓被评为“深港十大文化住宅”、“港人首选最佳中小户型住宅”。

嘉华集团·上海国广房地产经营有限公司

董事长　伦赞球　先生

伦赞球，男，汉族，硕士，籍贯：广东。

伦赞球先生幼年在香港接受教育，后赴美国留学，获美国加州柏克莱大学之电子及电脑硕士学位，随后在港获香港大学之工商管理硕士学位。

伦赞球先生于1999年加入嘉华集团，担任集团上市公司——嘉华国际集团有限公司（香港联交所上市编号0173）之执行董事兼副董事总经理；上海嘉兆房地产开发经营有限公司董事长；上海嘉申房地产开发经营有限公司董事长；上海国广房地产经营有限公司董事长，及上海嘉汇达房地产开发经营有限公司董事，主责集团于中国内地之地产业务整体营运及发展。

伦赞球先生加入嘉华集团之前，于多间国际公司担任高层行政及管理职位，深谙国际化运作，并对中国内地之市场运作拥有丰富且广泛的经验。

上海宝钢地产有限公司

总裁　全　平　先生

全平，男，汉族，1957年10月出生，硕士研究生，高级经济师，籍贯：上海。

个人简历与工作业绩：

1993年起任上海宝钢国际经济贸易有限公司副总经理

1993年起任宝和通商株式会社社长

2002年起任上海宝钢地产有限公司总裁

上海农工商房地产（集团）有限公司

副董事长、总经理　刘逸成　先生

刘逸成，男，汉族，广东省潮阳县人，1947年3月出生，中共党员，大学文化，经济师。现任上海农工商房地产(集团)有限公司副董事长、总经理，上海市一届人民代表大会代表。

一、主要工作经历

1968年8月-1978年9月 黑龙江生产建设兵团五师四十九团、职工、教师；

1978年10月-1982年1月 哈尔滨师范大学历史系 学生(期间跳过级)；

1982年2月-1994年1月 上海市新海农场中学党支部书记、农场副场长、党委书记；

1994年1月-2001年1月 上海农工商集团东旺总公司 总经理、党委副书记；

2001年1月-至今 上海农口房产总公司董事长、上海农工商房地产(集团)有限公司副董事长、总经理、党委副书记。

二、主要业绩

这几年，刘逸成总经理率领农工商房产重铸辉煌，在上海房地产业中声名鹊起，取得了一系列令 瞩目的业绩：

1. 经济效益连年创新高。施工面积、销售面积、销售收入的三年年均增长速度分别达到了69%、53%和59.5%。其中施工面积2001-2003分别达到41万、69万、116万平方米，销售面积三年分别为14万、14.5万、34万平方米，销售收入三年分别为4.44亿、6.66亿、16亿元。2004年实现施工面积200万平方米，现房销售面积50万平方米，现房销售收入18亿元。

2. 企业实力大步跨越。一是企业规模。从只有5家子公司起步，发展到今天，集团已拥有13家子公司和直属项目公司，涉及房产开发、建筑设计、家庭装潢、物业管理、营销代理、假日酒店等行业。其中房地产开发主营业务有子公司4家、集团直属项目公司4家。二是资产规模。2003年底集团总资产33.5亿元，是2001年重组时14.3亿元的2.34倍。三是房产开发。三年来开发交付了欧风花都、明丰世纪苑、明丰阳光苑、东旺雍景苑、东旺家苑等十多个楼盘，面积达150多万平方米。四是资产质量。运行良好，发展后进较足。14个主要财务指标中有9个达到财政部颁布的房地产企业绩效评价系统的优秀值。它们是净资产收益率、总资产报酬率、资本保值增值率、成本费用利润率、总资产周转率、流动资产周转率、应收帐款周转率、销售增长率、资本积累率。

3. 企业整合和管理面貌一新。一方面，企业整合富有成效。集团对各子公司的决策、管理、指导、服务能力有了较大提高，在投资决策、资金融通、规划设计、工程管理、品牌运作等方面形成合力。另一方面，企业管理上台阶。通过实行双层经营、专业化操作、扁平化管理，子公司市场战斗力有极大提高，集团管理和指挥更加通畅灵便。

快速发展使集团实力大长、屡获殊荣。2001年、2002年上海市房地产销售百强企业榜上有名；2003年综合实力排名首届上海房地产企业50强第21位；2004年更荣膺第二届上海房地产企业50强第6位。

三、主要做法

1. 勇于改革：使企业迸发无穷活力。一方面，解放思想，对子公司进行多元经济成份的实质性股份制改造和产权变革，包括吸收社会资本，引进合作伙伴，实施员工和经营者持股，从而解决了国有房地产企业长期普遍存在的责权利不对称、缺乏激励机制、负盈不负亏、所有者虚位等弊病，形成多元股东同时同利、同进同退、个人与企业的命运共同体，大大解放了生产力。另一方面，面对行政性重组、主要3家子公司截然不同的经营特点，打破集权式经营管理等观念束缚，实施双层经营模式和经营权改革，集团总部为资本经营和战略决策中心，同时直接操作大型楼盘；子公司和直属项目公司作为利润中心，放手自主经营、增强活力。其结果是房产子公司获得了爆发性的成长壮大。

2. 准确定位：为广大市民百姓构筑“精惠幸福家园”。根据企业文化和对房产市场发展的特点分析，刘逸成把房产开发战略的重点定位于开发适合广大普通市场需要的中低价的较高品质楼盘。三年来开发的大部分项目，都是按这一定位来实施。

“精惠幸福家园”的产品定位包含三层含义：一是目标市场定位为最广大的普通消费者；二是房价适中、适合顾客的消费能力；三是精益求精，力求达到“一个楼盘、一部作品、一座丰碑”的高度。由于贴近老百姓的购房需要和消费水平，每个楼盘基本上一开盘就相当畅销。这使农工商房产加快资金周转，迅速完成资本积累；同时，逐渐形成核心竞争力，在消费者中树立较高声誉。

3. 抓住关键：稳健落实土地，为企业发展奠定基础。刘逸成从纷繁复杂的各种矛盾和事务当中，紧紧抓住落实土地这个关键，多渠道、多形式、积极慎重地储备优质的土地。2002年落实土地549亩，2003年落实1270亩，2004年突破2000亩，为集团完成后三年任务奠定了较为坚实的基础。

4. 力创品牌：使企业经营和房产开发如虎添翼。针对竞争日趋激烈的房地产市场发展趋势，刘逸成排难而上，把创建企业品牌作为战略任务，统领和贯穿房产开发全过程。首先，系统规划农工商房产品牌。其次，大力提高产品和服务质量。房产开发强调“规划领先”，建筑质量管理追求“零缺陷”，物业服务注重人性化等。

现在，在已有王子公寓等知名楼盘的基础上，产品品牌建设有了新突破。一大批楼盘获得全国或上海的大奖。如苏堤春晓名苑和欧风花都双双获得2003全国“人居经典”综合大奖、“中国优秀环境住宅设计大赛”综合金奖；明丰花园获第三届上海优秀住宅银奖；明丰阳光苑获第三届上海优秀住宅房型奖、全装修奖；东旺雍景苑、东旺家苑、明丰世纪苑分别获得2002年和2003年上海市“四高”优秀小区。

5. 未来发展：制订战略使企业明方向。目前，刘逸成组织集团内外专家制订了2005年-2007年三年滚动的发展规划，企业发展目标是：集团力争进入上海房产行业前五强，成为上海房地产领域同类市场中的领先品牌，使农工商房产品牌在消费者中成为“精惠、亲和、信赖”的象征，形成有效制衡、夯实基础、高效运作、加快发展的经营管理良性发展局面。

作为一个企业的老总，刘逸成思考更多的是如何让企业做强做大；作为一名党员，他则严格要求自己严于律己，宽以待人。他的人格魅力和高尚情操，获得集团员工一致好评。

广州市美林基业集团有限公司

总裁　刘远炳　先生

刘远炳，男，汉族，1966年出生，籍贯：广州。自上世纪80年代起从事建筑行业，曾先后在花都路桥工程发展公司、花都第四建筑工程公司等企业担任过项目经理，具有丰富的建筑施工经验，且获得了花都政府颁发的建筑突出贡献奖。曾承建的住宅项目有花都新华镇综合楼、冠华楼、花东宾馆、花东农电所等；桥梁工程项目有红卫桥、农新桥、炭步大桥、赤坭大桥、石角大桥、新华跨铁路桥和七星桥等。

1992年，刘远炳先生开始进入房地产开发行业，组建房地产开发公司，投资开发了怡景花园等楼盘，积累了一定的经验。

1995年，刘远炳先生开始在美国北加州投资开发房地产并获得很大成功，开发的房屋供不应求，在美国北加州出现了史无前例的房屋抢购热潮。

1999年，刘远炳先生决定缩减在美国的投资，回国创业，以实现自己的理想。回国后，创立了美林基业集团公司，先后成功开发了富豪山庄、南航花园、美林海岸花园、美林湖畔花园、美林休闲购物广场、美林家居中心等项目，短短几年内，总开发面积达180万平方米，并积累了丰富的房地产开发经验。2003年，美林基业集团被广州市政府属下专业评估机构评为"广州市最具竞争力地产企业20强"，成为广州800多家房地产企业中的佼佼者。刘远炳先生先后荣获了"先进民营企业家"、"纳税大户"、"广州市花都区突出贡献奖"等荣誉称号，成为广东省房地产界知名企业家。

刘远炳先生平时善于学习，积极进取，目标远大，先后在国内外知名高校就读MBA和管理课程，积累了丰富的管理知识和管理经验。刘远炳先生积极参与社会事务，热心社会公益事业，经常赞助和支持公司所在区域和社区的建设事业，获得了当地政府和民众的高度评价。

蔚蓝置业（浙江）有限公司

总经理　朱志勇　先生

朱志勇，男，汉族，1957年8月出生，大专文化、EMBA，籍贯：浙江嘉兴。

朱志勇先生在澳大利亚从商多年，对澳大利业的居住文化情有独钟，并有着深刻的体会和见解。回国创业后不久，2002年进入浙江嘉兴市房地产行业，成立嘉兴市首家全外资房地产开发企业－－蔚蓝置业，并成功开发了蔚蓝·澳洲花园，成为嘉兴著名的品牌楼盘。

朱志勇先生凭借十几年来成功的企业经验，接受和引进现代管理理念，在关键决策方面具有很强的前瞻性和务实性。公司确立"以智慧创造价值，与顾客合作双赢"的宗旨，形成了超前的经营理念、高效的工作作风、完善的服务体系，成为公司开发的第一个楼盘蔚蓝·澳洲花园成功的关键原因。

蔚蓝·澳洲花园先后获得了中国建设精品楼盘、"销售健康房、诚信开发商"称号、2003年浙江省十大特色楼盘最佳规划奖、2004年度浙江省消费者满意示范单位和2004年禾城十大人气经典楼盘奖等荣誉，2005年度嘉兴十大宜居楼盘，蔚蓝·澳洲花园的销售业绩在嘉兴地区也一直名列前茅。

上海恒杰房地产开发有限公司

董事长　朱益民　先生

朱益民，男，汉族，1956年4月出生，大专学历，工程师，籍贯：浙江萧山。

朱益民先后担任了杭州前进齿轮箱集团有限公司工程师、液压分厂厂长、浙江省萧山市外经委科长、副主任；恒诚（香港）国际集团有限公司董事长、龙泉市房地产开发有限公司董事长；浙江恒诚房地产有限公司董事长；上海恒杰房地产开发有限公司董事长等职务。

朱益民先生始终以“追求完美、创造完美、保持完美”为自己的奋斗目标。在担任浙江省萧山市外经委副主任期间，工作一丝不苟、任劳任怨，曾多次受到各级领导同志的赞誉和嘉奖。随着1992年邓小平同志南巡讲话后，他登上了自己创业的旅途。于是，他自筹资金开始了艰辛的创业历程。

创业之初，精于运筹帷幄的朱益民先生敏锐地察觉到国内房地产市场的变化，于1994年，及时抓准了房地产领域所蕴含的商机，先后开发了萧山新世纪广场、龙泉莱茵花园、龙游·莱茵河畔等项目，并确立了以大众住宅消费为公司的核心业务。

正是凭借着这种永不满足、积极进取的精神，朱益民先生领导着他的“恒诚集团”乘风破浪，不断在商海中搏击，取得了一个又一个的荣誉与光环。面对未来，朱益民先生及其率领下的“恒诚人”有信心、有实力去迎接更大的挑战。

合肥金典置业有限公司

总经理　许　峰　先生

许峰，男，汉族，1970年9月出生，香港理工大学国际房地产硕士，工程师，籍贯：浙江杭州。1992年开始从事房地产工作，现任合肥金典置业有限公司总经理。

1995年-1999年任工程部经理，杭州项目工程质量合格率100%，优良率80%，并获得“西湖杯”、“钱江杯”。

2003年任公司营销策划部经理，作为集团公司项目决策层的主要成员之一，主要分管公司新项目的调研和开发，如北京碧水丹城（占地800亩，建筑面积75万m^2）、武汉新庆里人家（占地90亩，建筑面积18万m^2）、合肥站前花园（占地72亩，建筑面积15万m^2）、合肥黄山花园（占地100亩，建筑面积18万m^2）等。同时，2000年-2004年兼任中外合资置业有限公司董事，主要从事“金苑山庄”别墅项目的开发。

从2003年-至今担任合肥金典置业有限公司总经理，全面负责合肥“金典·名筑”项目，该项目总占地150亩，总建筑面积17万m^2，是现代建筑与园林景观相结合的高尚社区，是合肥开发区最具影响力的楼盘之一。

深圳市惠明盛房地产投资开发有限公司

董事长　许明金　先生

许明金，男，1962年9月出生，大专文化，高级工程师，籍贯：福建省惠安县。曾任福建惠东建筑工程公司执行副董事长，主持全面工作。年完成建筑产值逾3亿元以上，连续三年创省优工程四栋、市优十五栋、企业规模效益业绩跃居泉州市建筑系统第二名受到市政府表彰，得到社会好评。现任惠安惠明实业公司董事长；福建惠东建筑工程公司执行副董事长；深圳市惠明盛房地产投资开发有限公司董事长。还是福建省第九届政协委员、中国青年企业家协会理事、第十届人大代表、福建省光彩促进会常委、福建海外联谊会常务理事、福建深圳企业协会副会长、泉州市海外联谊会常务理事、深圳龙岗实验学校名誉校长、惠安县政协常委、惠安商会副会长、惠东企业家联谊会会长。

成功开发：福永镇高新技术开发区《惠明盛工业园》，建筑面积60000m²，总投资人民币6000万元。

先后成功开发：《惠明盛商业城》，建筑面积48000m²；《福永高新技术开发区工业厂房》配套，面积60000m²；即将动工兴建公司《智能化办公大楼》建筑面积18000m²，及《第五工业城》建筑面积约200000m²，是一座电脑装配工业城，2004年上半年即可投入使用，产品大部分出口东南亚地区；正在开发的龙岗中心城《龙景豪园》，为多层及小高层高尚住宅区，建筑面积约60000m²。

武汉市住宅开发公司
武汉嘉华房地产开发有限公司

董事长　冷山德　先生

2001年9月冷山德先生被聘任为武汉市住宅开发公司总经理，上任伊始，他针对国有公司管理重叠，机构臃肿，效率低下的状况，逐步实施改革。把原来“金字塔”式的管理结构进行了改革，逐步向管理扁平化方向发展。与此同时，在公司内部推行了中层干部竞争上岗举措。并确定以项目为中心，推行“一项管理”、“二种承包”、“三项创新”、“四个同步”做法。

“一项管理”就是对公司正在兴建的南湖华锦花园二期项目实行经理负责制，将营销、工程、前期物业统一管理。“二种承包”即对南湖华锦花园营销和华苑小区营销工作进行承包；对南湖华锦花园项目部进行承包。“三项创新”即是由业主代表进行房屋验收，这在当时是房屋验收工作的创新，另一个是将“青年理论”学习读书活动的范围推大。第三就是“把党支部建立在项目上”。“四个同步”即安全同生产同步布置，安全同生产同步检查，安全同生产同步验收，安全同生产同步评比。

南湖华锦花园总规划面积34万平方米，分期开发。南湖二期二组团十栋房屋，工程质量全部达到优良。

厦门延铭房地产开发有限公司

董事长、总经理　吴友华　先生

吴友华，男，汉族，1953年12月出生，中专文化，籍贯：厦门。

1960年-1966年 厦门第六中心小学　求学

1966年-1969年 厦门第四中学 求学

1969年-1975年 下乡武平县民主公社

1975年-1980年 厦门橡胶厂 工作

1980年-1982年 厦门建筑技术学校 学习

1983年-1990年 厦门新州贸易有限公司 总经理

1990年-1994年 新华社香港分社大有实业有限公司 副总经理

1995年-至今 任大有（香港）国际有限公司 总经理；厦门延铭房地产开发有限公司 董事长、总经理

昆山市中楠房地产开发有限公司

总经理　吴宇亮　先生

吴宇亮，男，汉族，1972年9月出生，大学文化，工程师，籍贯：浙江永嘉。

个人简历：

1993年9月 毕业于工业大学浙西分工业与民用建筑专业；

1993年10月-2002年9月 浙江永嘉县建筑工程质量监督站工作，任检测室主任、副站长（主持工作）；

2002年10月-2003年9月 浙江永嘉县建设工程招标投标办公室工作，任主任；

2003年10月-2004年2月 温州市中楠房地产开发有限公司工作，任副总经理；

2004年3月-至今 昆山市中楠房地产开发有限公司；任总经理。

成功案例：

中楠锦绣嘉园楼盘2004年12月开盘，短短4个月中每个月以100套的成交量列昆山楼市前茅；该项目被温州商报评为温州市外地开发"十人经典楼盘之一"；该楼严格控制外来投资数量，80%以上为自住型；该项目市场反映敏感，价格定位准确。成功的开发和销售了温州市"中楠·国际广场"项目。

广州天地房地产开发有限公司

董事长　吴炎刚　先生

吴炎刚，男，汉族，1952年9月出生，硕士学历，高级经济师，籍贯：湖北武穴。

1970年12月-1987年4月 葛洲坝集团工作；

1987年4月-1995年10月 先后任清江公司办公室副主任、隔河岩水电厂副厂长、高坝洲工程建设公司副经理；

1995年10月-1998年9月 清江公司总经理助理，兼组织人事部主任；

1998年10月-至今 深圳市清江投资发展有限公司董事长、党委书记，湖北清能股份有限公司董事长，湖北华清电力有限公司董事长，广州天地房地产开发有限公司董事长。

嘉兴市龙盛置业有限公司

总经理　吴闻涛　先生

吴闻涛，男，汉族，1951年12月出生，大学文化、高级工程师，籍贯：浙江。九三学社浙大委员会委员，被誉为浙江大学资深的房地产开发企业家。

吴闻涛毕业于浙江大学土木工程学，同济大学岩土工程硕士研究生。1994年聘为浙大建筑工程学院高级工程师。1988年起任浙大教师并任浙大基本建设前期负责人，建筑设计系副主任。

1992年初组建浙大智达房产开发公司任常务副总经理；

2001年后先后任杭州外海集团总工、上海万星房地产开发公司、龙盛置业有限公司总经理；

2004年-至今任嘉兴市龙盛置业有限公司总经理。

福建福泰置业发展有限公司

总经理　吴锡琛　先生

吴锡琛，男，汉族，1949年7月出生，大学文化，籍贯：澳门。

吴锡琛先生1979年移居澳门发展，先后在澳六投资创建瑞兴超级市场、荣兴行（房地产、进出口）、金悦实业（集团）发展有限公司，从事房地产、进出口贸易和零售业。随着祖国改革开放的发展，1990年回内地投资开发房地产行业，先后在福建省福州、厦门、泉州等地开发的项目有泉州新华小区、晋江金色家园、厦门宝龙中心（一、二期）、福州江滨·福泰华庭及商业广场（shopping mall）等，以上项目在当地都颇受瞩目好评，部分项目获得杰出楼盘户型奖、数字智能化住宅奖、标志性建筑等荣誉称号。随着西部大开发的推进，吴先生先后在河北创建石家庄福泰房地产开发有限公司，在北京创建福发房地产开发有限公司，从事旧城改造和大型社区开发，开发量达100多万m^2。吴锡琛先生在房地产开发的过程中不断总结经验、理念创新、风格独特。

吴锡琛先生现任福泰集团副董事长、总裁，福建福泰置业有限公司董事、总经理，宝龙集团房地产董事、总经理；担任的社会职务有中华海外联谊会理事、福建省政协委员、澳门福建同乡总会副会长等职务。

海宁市立德房地产开发有限公司

董事长兼总经理　吴德善　先生

吴德善，男，汉族，1949年1月出生，大专文化，籍贯：浙江海宁。

海宁市立德房地产开发有限公司于1998年10月成立，几年来在吴董事长的正确领导下，先后成功地开发了硖石梅园一里综合用房7000平方米，石路开发区一二期商住楼5100平方米，永福花园36000平方米，绿多花园18000平方米，紫薇商城4500平方米，英湾商住楼2000平方米，子公司嘉善立德房地产开发有限公司在嘉善也成功地开发了86000平方米，产品合格率100%，市场销售率达100%，被评为优良工程。在2003年德嘉兴房产协会组织的评比过程中，荣获2002年度嘉兴五县（市）十大品牌房产，2002年起与海宁鸿翔房产公司联合成立三家村分公司，合作开发海宁首个高档楼盘“紫薇花园”总面积120000平方米。公司经营一直处于良好发展阶段，在社会和消费者中也赢得了良好信誉。

上海明泉房地产开发有限公司

总经理　张 斌　先生

张斌，男，汉族，1960年5月出生，大学文化，高级工程师，籍贯：重庆。

1978年2月-1982年1月 重庆建筑大学本科毕业；1998年9月-2000年7月 华东师大东方房地产学院房地产经济研究生课程进修班结业；2000年12月-2002年10月 澳大利亚南昆士兰大学MBA毕业。

1977年高中毕业后下乡当知青，1978年2月恢复高考后考入重庆建筑大学土木工程系学习，1982年1月毕业分配到中国建筑总公司第四工程局三公司工作，先后担任过施工员、工程队长、技术科长、公司总工程师等职，1988年晋升工程师，1992年破格晋升高级工程师，是当时中建总公司系统唯一破格晋升的高级工程师，其时32岁，为当时国内最年轻的高级工程师之一。

1993年2月到外资企业金马房产集团工作。先后担任上海金马房地产有限公司总工程师；金马房产集团总部工程部经理；上海金马城市建设有限公司副总经理；金马集团总部物资部部长、经济管理部部长；上海金马中房置业有限公司总经理等职务。

1999年11月进入民营企业上海明泉房地产开发有限公司工作，先后担任公司常务副总经理、总经理，主持开发占地近500亩、总建筑面积40万平方米的大型住宅小区——锦绣江南，该项目以中华民族文化为底蕴，成为具有中国民居建筑特色的现代住宅典范，先后获得上海市优秀住宅银奖、全国人居经典综合大奖。

深圳市明舍投资开发有限公司

总经理　张万明　先生

张万明，男，汉族，1971年6月出生，大学文化，籍贯：江苏

张万明毕业于深圳大学计算机系，毕业后一致从事于市政工程的施工与管理。对项目的成本控制与核算、质量的监督和管理、工程的组织与施工有着独到的经验。在开发明舍·御园的过程时注重对项目开发的市场预测、成本分析和效益结算。在遵循经济效益、社会效益、环境效益三者相统一的原则下使明舍·御园的项目开发与销售取得了成功。

上海豪洲建设发展有限公司

总经理　张方岩　先生

张方岩，男，汉族，1961年8月出生，研究生学历，高级工程师，籍贯：山东青岛。

1981年-1986年　交通部水下工程研究院　技术员

1986年-1992年　上海市城市规划管理局　工程师

1992年-1995年　香港峻岭集团　副总经理

1995年-至今　上海嘉业房产开发有限公司　董事长

上海豪洲建设发展有限公司　法人代表

香港欣繁集团　董事长

香港威泽集团　董事长

上海都市房地产发展有限公司

总经理　张永茂　先生

张永茂，男，汉族，1944年12月出生，企管硕士，籍贯：台湾省。

上海都市房产总经理

台北林三号国际总经理

台中启阜工程总经理

台中龙邦建设总经理

台湾第十五届杰出总经理（1997）

上海瑞虹房地产有限公司
上海大地房地产有限公司

总经理　张顺飞　先生

张顺飞，男，汉族，1955年6月出生，硕士学历，工程师，籍贯：浙江。

1984年-1989年 任上海城市实业公司总经理，上海城市酒店总经理（从筹建至建设完成）；1990年-1996年 任上海长海实业公司总经理，上海汇泰织物有限公司总经理，上海汇实电子仪器有限公司总经理，上海住总房地产开发公司长建分公司总经理；1996年-至今 任上海瑞虹房地产有限公司总经理，上海大地房地产有限公司总经理。

主要业绩：

虹桥城市花园1-3期项目。该项目为高档住宅小区，占地100亩，建筑面积10万平方米。该楼盘荣获多个奖项：上海建筑业最高奖"白玉兰"奖、上海市住宅小区"最佳规划奖"、上海市"高起点规划、高水平设计、高质量建设、高标准管理"四高优秀小区称号、上海市"优秀小区"称号、上海市"园林小区"称号。

虹桥城市花园第四期工程。

完成了高档别墅小区圣堡一期，获建设部及有关部门颁发的全国十大别墅楼盘综合大奖。

圣堡二期工程。

深圳市鸿翔实业有限公司

董事长　张桓桥　先生

张桓桥，男，汉族，1953年7月出生，大专文化，工程师，籍贯：广东阳江。

1971年-1975年 广东省阳江县上洋镇建筑队职工；

1975年-1997年 中国有色十六冶第三工程公司第五建筑工程处主任；

1993年-至今 深圳市振江投资发展有限公司董事长；

1996年-至今 深圳市半岛房地产开发有限公司董事长、深圳市半岛物业管理有限公司董事长、广州市鸿瑞房地产开发有限公司董事长、振江投资发展（美国）有限公司董事长；

2002年-至今 深圳市鸿翔实业有限公司董事长。

张桓桥先生从事建筑行业30多年。1979年来到深圳，参加特区建设已20多年。他亲自承建和开发的项目主要有：1983年承建深圳市重点工程——二线关南头联检大楼项目。1992年承建南油开发区重点工程——康乐大厦项目。1993年至2002年自主开发的工程包括：广州金宇花园、广州鸿瑞大厦、深圳登良花园、深圳鸿瑞花园、深圳前海宜家花园、深圳南粤山庄等多个项目。其中深圳鸿瑞花园被国家建设部定为城市住宅试点小区，被南山区政府授予旧城改造示范小区称号。

张桓桥先生十年来，先后为医院、自来水厂、中小学校、公路建设等公共事业捐款累计达到五万多元。他还积极参与祖国和平统一事业，2003年作为出品人之一投资统战题材的专题片项目《台湾海峡风云录》。

深圳市富春东方房地产开发有限公司

副总经理　张铁梅　女士

张铁梅，女，汉族，1971年4月出生，大专文化，籍贯：吉林省吉林市。

1993年-1995年 任海南省海口市银岛房地产开发有限公司办公室主任助理，参与开发“银岛大厦”，建筑面积3万平方米，用地性质为三星级宾馆及办公楼；参与开发“椰林别墅”项目，属别墅项目，建筑面积5.25万平方米。

1995年-1997年 进行计算机、财务等专业学习两年。

1997年-1999年 任浙江省越港实业有限公司深圳分公司办公室主任，参与开发“越港商业中心”项目，建筑1.5万平方米，属商业、住宅项目。

1999年-2001年 任深圳越港物业管理有限公司副总经理，接管“越港商业中心”的物业管理权。

2001年-2002年 任深圳市东方欣悦居实业有限公司 总经理，全面负责“东方欣悦居”项目开发建设，建筑面积1.2万平方米。

2002年-2004年 任深圳市富春东方房地产开发有限公司、深圳市东方尊峪房地产开发有限公司（隶属富春东方集团下属公司）副总经理，负责“东方尊峪”项目开发，属高尚住宅项目，建筑面积33万平方米。

嘉兴市格林置业有限公司

总经理　张维民　先生

张维民，男，1967年1月出生，工程师。

1993年前在宁波第二建筑工程公司工作。1993年开始进入宁波中建房地产开发公司，目前担任副总经理，曾参与宁波华侨城、枫丹公寓、琴园等十几个项目的开发，楼盘先后获得“鲁班奖”、“钱塘杯”、“宁波房地产开发进步奖”等奖项。2003年开始担任嘉兴格林置业有限公司总经理，通过对嘉兴市场把握和判断，对嘉兴当地居民生活习性的了解，定位格林小镇的品位和风格，同时在对外宣传和推广上运用得当的策略，使得格林小镇很快成为嘉兴知名楼盘。随着工程进度以及市场的良好反映，格林小镇先后获得了“禾城十大人气楼盘”、“21世纪绿色生态健康住宅创新示范小区金奖”等奖项。基于对产品和市场的充分了解，张维民和格林人正在把“建嘉兴最好的楼盘”的梦想慢慢的变成现实。

苏州南都建屋有限公司

总经理　李亚军　先生

李亚军，男，1968年1月出生。

1986年-1990年 中国纺织大学机械工程学士；

1990年-1993年 四川维尼纶厂助理工程师；

1993年-1996年 上海交通大学管理工程硕士；

1996年-2001年 上海中桥基建（集团）股份有限公司总裁助理、投资部经理、董事会秘书；

2001年-至今　上海中桥基建（集团）股份有限公司副总裁、董事会秘书，苏州南都建屋有限公司总经理。

上海都市房地产发展有限公司

项目总经理　李志雄　先生

李志雄，男，汉族，1962年9月出生，硕士学历，籍贯：中国台湾。

个人简历与工作业绩：

国立台湾大学工商管理学系

国立台湾大学工商管理研究所

台湾宏国事业专员

上海 Canfield Oversea Ltd. 上海代表

上海都市房地产发展有限公司 财务经理、采购承包经理、投资控制经理、项目副总经理；现任项目总经理。

嘉兴市信达建设房地产开发有限公司

总经理　李斌星　先生

李斌星，男，汉族，1964年11月出生，大专文化，经济师，籍贯：浙江嘉兴。

工作简历：

1985年7月-1987年10月 嘉兴建行建经科；1987年10月-1989年10月 嘉兴建行新塍分理处负责人；1989年10月-1993年3月 嘉兴市建设房地产开发公司咨询部经理；1993年3月-1997年7月 嘉兴市经济开发区房地产开发公司副总经理、总经理；1997年7月-2001年9月 嘉兴市建行建经处处长，基建办主任，嘉兴市建设工程咨询评估中心主任；2001年9月至今 嘉兴市建设房地产开发公司（嘉兴市信达建设房地产开发有限公司）总经理。

工作业绩：

1989年 建设嘉兴市最早的社区之一文教小区；1990年 从事三水湾小区的开发建设；1993年 任嘉兴经济开发区房地产公司总经理，从事园区内住宅区建设与园区工业厂房建设；1995年 开发建设至今为止，嘉兴规模最大的小区嘉兴美都，并成功的运用现代营销理念推广楼盘；2001年 从事全国小康型住宅示范小区穆湖花园四期工程的开发建设；2004年 成功开发翰林府邸楼盘，创造嘉兴市2004年度的销售奇迹。成为2004年度嘉兴楼市销售冠军。

上海东紫房地产发展有限公司

总经理　邵东明　先生

邵东明，男，汉族，1959年11月出生，研究生学历，工程师，籍贯：上海。

1982年7月-1984年1月 上海造纸公司财务科科长

1984年1月-1986年1月 上海红光造纸厂副厂长

1986年1月-1987年5月 上海钟表公司计划科科长

1987年5月-1988年2月 上海手表二厂办公室主任

1988年2月-1990年2月 上海钟表研究所办公室主任

1990年2月-1995年1月 上海豪盛建筑装潢有限公司经理

1995年1月-至今 上海东圣建筑工程有限公司总经理

1999年11月-至今 上海东紫房地产发展有限公司总经理

成果业绩：2002年成功开发了上海市松江新城区“东明花苑”。该小区总建筑面积17万平方米，被评为2003年度上海市“四高”优秀小区。

上海天歌置业有限公司

董事长、总经理　陆建冲　先生

陆建冲，男，汉族，1955年10月出生，大专文化，高级经济师，籍贯：江苏通州。

1978年10月-1993年5月，于江苏省农垦局华厦建筑工程有限公司从事建筑工人，后任技术员、科长、副总经理、常务副总经理等职。

1993年5月-至今，任上海东厦房地产开发有限公司董事长兼总经理。

1999年8月-至今，任上海东苑瑞兴置业有限公司总经理。

2002年3月-至今，任英属维尔京群岛双向投资有限公司董事长兼总经理。

2002年7月-至今，任上海天歌置业有限公司董事长兼总经理。

2002年12月，陆建冲总经理在全国第二届“新世纪中国改革人物征评活动”中，被授予“新世纪中国改革百名优秀人物”荣誉称号。

2003年2月，陆建冲总经理被上海市建设和管理委员会、上海市住宅建设实事立功竞赛小组评为2002年度“住宅建设功臣”。

2003年11月，陆建冲总经理被国际科学与和平周中国组织委员会授予“第十五国际科学与和平周特别贡献奖”。

2004年8月，陆建冲董事长在中国住宅产业博览会上荣获“中国房产英才”奖。

上海地杰置业有限公司

总经理　陈宇　先生

陈宇，男，汉族，1961年8月出生，大学文化，籍贯：上海。

1985年-1990年 崇明县团委书记；1991年-1993年 崇明县新河镇镇长；

1994年-1997年 香港东方海外上海公司总经理，成功开发了东方巴黎、东方曼哈顿；1997年-2000年 上海外滩房屋开发置换公司总经理，成功完成了外滩沿线2#、3#、18#的改造；上海久事置业有限公司总经理，成功开发了青松城大酒店、瑞南新苑、金南新苑、金置大厦；

2001年-至今 任上海龙仓置业有限公司总经理，成功开发了香榭丽花园、康健丽都；上海林语置业有限公司 总经理 成功开发了西郊九溪十八岛；上海龙联置业有限公司总经理，成功开发了虹桥华庭；上海地杰置业有限公司总经理，现开发的项目是地杰国际城。

陈宇先生从事房产项目管理近十五年，具有丰富的房地产项目运作经验。曾主持了著名的上海外滩沿线老建筑的置换开发，参与了享誉沪上的高级住宅与商业、公共设施项目。其中各类住宅项目曾一举囊括了国家与上海市各级奖项近五十多项，不仅树立了优秀的市场口碑，也赢得了良好的经济效益。

安信置地（中国）有限公司

董事长、总裁　陈 奇　先生

陈奇，男，汉族，1960年7月出生，研究生学历，籍贯：广东汕头。

曾任天津城建学院客座教授、亚洲物流董事会副主席、国际购物中心协会会员，力推中华网美国上市、策划汉普与亚洲物流的并购重组，是典型的“资本+智力”式传奇人物、资本运作专家、供应链管理专家。

陈奇先生1994年创立安信置地（中国）有限公司，任公司董事长、总裁。凭借敏锐的市场洞察力、先进的管理理念、雄厚的资金实力、强大的精英管理团队，陈奇先生已陆续在上海、天津、汕头、揭阳等地累计投资了几十亿人民币，在建并建成上海安信湖畔天地坊、安信生活广场、宝山安信商业广场、上海美菲尔公寓、汕头世界贸易中心、汕头龙津花园、新安购物广场、新安花园、华诚花园，总面积超过100万平方米。

陈奇先生始终秉承“始于智慧，成于信赖”的经营理念，并将这一理念灌注到麾下所有建筑群中，根据其多年来对房地产发展内在规律和市场发展的充分理解和准确把握，倾情打造高品质住宅和商业广场。

深圳恒安房地产开发有限公司

副总经理　陈汉忠　先生

陈汉忠，男，汉族，1954年10月出生，大专文化，经济师，籍贯：广东汕头市。

1984年调入中国宝安集团，任集团二级公司深圳市兴达实业有限公司副经理、经理。

1993年任中国宝安集团外轮公司副总经理。

1998年任中国宝安集团地产部副部长，深圳恒安房地产开发有限公司副总经理。

2004年任中国宝安集团深圳市运通物流实业有限公司常务副总经理（主持全面工作），同时兼任深圳恒运实业公司董事会董事和继续留任深圳恒安房地产开发有限公司副总经理。

主要工作业绩：

参与深圳世纪春城(43万m^2)、华浩园(15万m^2)住宅小区的市场定位和规划设计，全面主持开发深圳市恒安花园住宅小区，负责整个住宅小区的全程工作，包括工程设计、市场定位、营销策划。该小区独特的十字型设计，使各个户型都能保持三面通风采光，住宅居住更加人性化；准确的市场定位和合理的价值，使销售相当火爆，并能从价格上一路走高，在市场上和行业中具有一定的影响。

全面主持开发深圳碧海名园住宅小区，将市场定位放在首位，独特创新全错层的设计，增加住宅的层次感，为工薪阶层提供类复式的新型住宅，整个小区的推出在市场引起了轰动效应，受到社会的好评，并获得有关部门的多项奖项。

马钢集团康泰置地发展有限公司

董事长　陈建明　先生

陈建明，男，1960年7月出生，浙江人。研究生学历，高级工程师。中国人文科学研究院高级研究员。先后学有工民建、经济管理、涉外经济、法律等专业。

1983年，由部队转业分配到马钢工作。1997年起，先后担任江东建安公司总经理，马钢集团康泰置地发展有限公司董事长，负责住房建设和管理工作。积极投身于城市的发展建设，为构建和谐城市作出了积极贡献。先后主持开发建设了光明小区、东岗小区、矿内新村等一批住宅小区。特别是近两年开工建设的钢城花园（占地面积约55万m^2，总投资8亿多元），和康泰佳苑（占地面积17.4万m^2，总投资6.1亿元），是马鞍山市具有代表性的小区，得到了政府和百姓的普遍好评，是实践“三个代表”重要思想和构建和谐社会的具体体现。

在贯彻国家发展节能省地型住宅要求时，把节约放在首位，在建设部H型钢高层住宅示范楼建设中，成功运用了马钢自产的H型钢，填补了民用建筑的一项空白。在钢城花园住宅建设中大胆使用了马钢矿山剥离土制成的多孔砖，实现了资源高效利用和循环使用，促进了企业可持续发展。康泰公司也被评为2003年—2004年度安徽省首届诚信房地产企业，市房地产十佳企业、市墙体材料改革先进单位，并连续三年获马钢先进单位。在长期从事住宅建设与管理实践的基础上，还加强对房地产工作经验总结和理论性研究，著有《特大型企业加快经济适用住房建设初探》、《浅谈企业房产制度创新与加快住宅产业的发展》、《房产业，走出上访人的困惑》、《浅谈大型国有企业自管房物业管理转制之路》、《对企业自管房物业管理的一点认识》等多篇具有建设性的论文。

温州建桥房地产开发有限公司

总经理　陈智勇　先生

陈智勇，男，汉族，1962年9月出生，大专文化、经营师，籍贯：浙江。

1994年-1996年 北京社会函授大学工业企业经营管理专业毕业

1979年参加工作，从事专业工作26年；

1989年-1998年乐清市公管所、稽征所、办公室副主任；

2000年-2005年担任上海建桥集团监事长、上海建桥学院监事长。上海建桥集团是以教育产业为基础，组建房地产公司，开拓能源产业，投资文化传媒，发展宾馆餐旅业，参与国营企业转换经营的大型集团公司。

2004年-2005年担任温州建桥房地产开发有限公司总经理。温州建桥是上海建桥集团全资子公司，主营房地产开发和经营。公司成立于2004年2月，注册资本金3亿元人民币。

2005年 任中国建桥建工集团总裁。该公司目前已有5家子公司。

武汉统建城市开发有限责任公司

总经理　明伟　先生

明伟，男，汉族，1965年8月出生，本科学历，高级工程师，籍贯：湖北武汉。

明伟同志1988年毕业于武汉工业大学工民建专业，长期从事房地产开发经营策划与工程建设管理工作。政治思想好，党性观念强，专业技术精，善于学习，勤于思考，工作开拓，勇于创新。先后担任武汉市住宅统建办公室经营处副处长、综合策划部副处长、处长等职务。2003年市统建办改制后，任武汉统建城市开发有限责任公司总经理。几年来，无论在哪一个工作岗位，都表现出较强的敬业精神和组织协调能力。他任公司经理一年来，带领职工团结拼搏，求实创新，克难奋进，圆满完成全年各项经济指标，尤其是开发规模、资金回收创历史最高记录。2003年完成投资5.03亿元，实现利润总额7.889万元。公司先后被评为省级文明单位，全市安全文明生产先进单位。

厦门华茂房地产开发有限公司

董事长　林礼兴　先生

林礼兴，男，汉族，1952年8月出生，大专文化，高级经济师，福建省德化县人，中共党员，现任华东实业厦门公司董事长、书记，厦门华茂房地产开发有限公司董事长。

在企业管理中负责主持重要工作，积累了丰富经验。平时敢于管理，善于协调，公私分明，原则性强。面对市场经济的激烈竞争，探索改进管理模式，探求先进的管理思想，坚持走“诚信为本”的道路，不断加强自我学习，提高业务水平，努力挖掘自身潜力。同时对能调度的过路资金的使用，加大企业增值能力，提高资本运作水平，使企业每年利润都有增值空间，取得了经济效益和社会效益的双赢。特别是在运作“华东花园”楼盘过程中，为人居环境建设做出了出色的成绩，该楼盘“阳光翠海”无论是规划、设计、环境、施工、质量、安防等都有超前的体现，受到消费者的好评。

人生格言：做人做事恰如其分、恰到好处是人生的最高境界和最大学问。

上海泰江置业发展有限公司

董事长　林华中　先生

林华中 男 1955年6月出生，大专学历，中共党员，高级工程师。

1971年6月-1977年2月 温岭化工机械厂工人、技术员

1977年2月-1980年2月 就读于上海机械学院

1980年2月-1986年8月 温岭摩托车总厂技术科长

1986年8月-1993年6月 温岭摩托车总厂厂长兼党委书记

1993年6月-1995年7月 温岭摩托车厂厂长兼党委书记

1995年7月-2000年6月 浙江钱江摩托集团有限公司董事长兼总经理、党委书记

2000年6月-至今 钱江集团有限公司董事长兼总经理、党委书记

2002年8月-至今 上海泰江置业发展有限公司董事长

林华中同志先后当选为浙江省八届人大代表，九、十届全国人大代表；被评为浙江省劳动模范、全国劳动模范；荣获全国“五一”劳动奖章、浙江省优秀企业家、第四届机械工业优秀企业家、浙江省突出贡献企业经营者、浙江省经营大师、浙江省优秀共产党员等荣誉称号。由其主创的《提高国企竞争力的市场化管理》获国家级企业管理现代化创新成果二等奖。

福州东方旭日高尔夫房地产开发有限公司

董事长、总经理　林荣新　先生

林荣新，男，汉族，1968年6月出生，籍贯：福建泉州。现任香港三盛实业公司副董事长、泉州三盛橡塑发泡鞋材有限公司总经理、福州三威化工有限公司董事长兼总经理、泉州东百房地产开发有限公司董事长兼总经理、福州东方旭日高尔夫房地产开发有限公司董事长兼总经理。

上世纪90年代，是个孕育着传奇和梦想的时代。1992年，年轻的林荣新先生胸怀大略，审时度势，参与并领导了香港三盛集团的创建及发展工作。十几年的励精图治，使香港三盛集团取得了令社会各界赞叹的卓越业绩。在国内的投资涉及塑料、化工制造、金融、贸易、房地产等领域，旗下拥有十几家全资子公司，在国内投资总额超10亿元，年销售额超6亿元，成为一家集科、工、贸为一体，跨地域、多元化经营的大型集团公司。

敏锐的洞察力、不凡的魄力和坚定的意志，风华正盛的林荣新先生完成了从创业者到企业家的转变，具备优秀企业家的素质和品格，受到集团员工和社会各界的尊敬和爱戴。先后被选为泉州丰泽区政协常委、福州市塑料同业公会副会长、福建省青年企业家协会理事、中国青年企业家协会常务理事，并获得了“第三届泉州市优秀青年企业家”、“福州市五一劳动奖章”、“福建省优秀青年企业家”的光荣称号。

惠州市日升昌置业有限公司

董事长　欧吉阳　先生

欧吉阳，男，汉族，1962年3月出生，汉族，硕士学历，中共党员，籍贯：广东惠州人。

1983年7月在华南农业大学本科毕业后，分配到惠阳县外贸局土产进出口公司工作，1985年8月任副股长，1986年11月调任惠阳县委副书记，1988年9月调任惠阳县惠海经济发展总公司总经理，1989年7月任惠阳县委农业项目协调办主任兼惠阳县农业水产开发总公司副总经理，1991年7月任惠阳南丰实业开发总公司总经理，1996年8月起任惠州市日升昌置业有限公司董事长至今。欧吉阳董事长高瞻远瞩，富开拓精神，作风务实，组织能力强，在短短八、九年间，将不见经传的小公司发展到今天闻名惠州的知名房地产开发企业，目前公司拥有资产近2亿元，每年为政府提供税收300多万元。

欧吉阳董事长还十分热心公益事业，各项捐款达250万元。随着公司品牌、知名度的提高，欧吉阳董事长还担任下列社会职务：

2003年5月任惠州市政协委员；2003年7月任广东省经济投资促进会副会长；2005年2月任惠州市工商联副会长；2004年7月任中国工商理事会理事；2003年任惠州市鞋业商会副会长。

宁波东龙房地产开发有限公司

总经理　郑　朔　先生

郑朔，男，汉族，1959年11月出生，大学文化、工程师，籍贯：浙江宁波。

1976年12月-1987年12月 市建筑冶铸物资公司 主任

1988年1月-1989年11月 市建筑冶铸经营部（独立法人） 经理

1989年11月-1989年12月 市建筑冶铸物资公司业务科 科长

1990年1月-1994年5月 市建材房地产公司　副经理

1994年5月-1995年7月 市建材物业管理有限公司 总经理

1995年7月-至今 市建材房地产开发有限公司 总经理

2001年8月-至今 宁波东龙房地产开发有限公司 总经理

郑朔同志自1995年担任公司主要负责人以来，凭借强烈的事业心和责任感，始终奉行“高效、务实、开拓、进取”的宗旨，为企业的发展和壮大作出了重大的贡献。

宏明（深圳）木业有限公司

董事长　郑小梅　女士

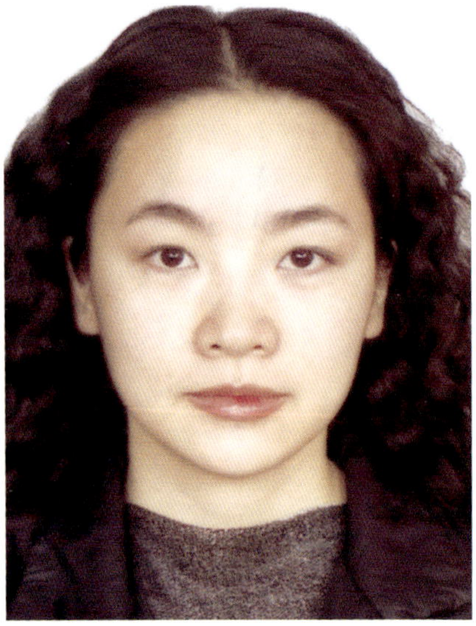

郑小梅女士，1968年4月出生，大专文化，籍贯：天津。现任宏明(深圳)木业有限公司董事长。

深圳市淞江爱地实业有限公司

董事长、总经理　郑松光　先生

郑松光，男，汉族，1957年出生，大专文化，籍贯：广东汕头。

郑松光1989年4月-2001年2月任汕头市松发（集团）公司董事长、陕西淞江实业有限公司法人代表、董事长，南京淞江彩色显示系统配件有限公司法人代表、董事长，2001年3月至今任深圳市淞江爱地实业有限公司法定代表人、总经理，深圳市淞江投资担保集团有限公司董事长、总裁。

作为淞江集团董事长，郑松光是淞江地产战舰里最澎湃的动力。他凭借其坚忍不拔的执着精神，敏锐和超越性的创新思维，使淞江集团在他的创办和指导下，一步一步走向辉煌！近距离面对郑松光，不难感受到其儒雅、睿智的外表下蕴涵着智者的远见、仁者的包容、企业家的气质、军人的果断，注重衣着和品位，彬彬有礼，思想深刻—所以，在强手如林的深圳地产人物里，郑松光脱颖而出。

郑松光先生非常强调制度化与团队化，他特别指出一个公司的管理应该是：简单而不复杂、透明而不封闭、规范而不全能，我们的基本目的不仅要制造利润，而且要更好、更充分的继续做事情，创造有价值的产品满足社会的需求。

最真实的数字可以说明一切，2004年度这些成绩的取得无不应证了郑松光先生卓越的领导能力和远见的瞻瞩。淞江集团在郑松光先生的带领下正处于勃勃上升阶段，相信有一天，淞江集团将会成为中国房地产界崛起的新航母，我们期待那一天。

上海南都置地有限公司

常务副总裁　郑康瑞　先生

郑康瑞，男，1960年2月出生，籍贯：福建，中共党员。现任上海南都置地有限公司常务副总裁。

教育（职业）背景：

1979年-1982年 同济大学建筑工程分校工民建本科毕业；

1990年-1992年 上海交通大学管理工程专业硕士研究生；

2001年-2003年 上海PCEC东亚学院工商管理硕士；

获首批国家注册监理工程师资格，现受聘担任“新华社上海分社房地产研究中心理事会”理事、研究员，“上海本原企业咨询研究所”咨询顾问。

曾担任东方房地产学院“房地产专业理论与实务”培训班主讲教授；担任“2002年中国房地产住宅发展北部大型年会”主讲教师；曾作为上海房地产开发商代表之一，参加由中国房地产协会主办的“2002年京沪房地产精英论坛”并作专题发言。曾在全国学术会议、房产专业杂志发表了多篇论文。

现担任上海交通大学管理学院“中国房地产企业董事长、总裁培训班”客座教授。

职业简历：

1983年1月-1995年4月 上海城建学院（后并入同济大学）工作，先后担任了学院团委副书记、建工系党总支副书记、管理系副系主任、学院监理公司副总经理等职务。先后承担了《建筑工程概预算》、《工民建本科毕业设计指导》、《工程经济学》、《房地产开发与经营》等教学工作，同时，担任了《上海闸北体育场》、《美丽华商厦》等设计项目的项目负责人。1990年获学院首届“十佳青年教育工作者”称号。

1995年4月-1996年4月，担任上海普联房地产开发公司常务副总经理（主持工作），负责完成了“普联商务中心”开发建设及招租工作。该商务中心出租一年收回全部投资。

1995年5月-1997年10月，在上海上实置业集团工作，担任集团工程部负责人。负责集团对所属项目的工程管理。负责完成集团房地产开发建设管理办法的制订。

1997年10月-2000年5月，担任上海瑞南置业公司副总经理（兼工程部经理），分管“瑞南新苑”项目开发建设工作。该项目地处卢湾区，建筑面积10万平方米，被评为上海市第一批“四高”住宅小区；获上海市优秀住宅房型奖；卢湾区第一个“白玉兰小区”。该项目取得了良好的经济效益和社会效益。

1999年11月-2002年5月，担任上海上实置业公司董事总经理，完成了“上海之窗·御景园”项目开发建设工作。该项目地处浦东闻洋新社区，建筑面积12万平方米，项目于2000年6月开工，2001年12月竣工。该项目2001年4月至6月连续三个月获浦东新区商品房预售第一名。该项目已被编入《中国房地产发展大全》，被选为中房2001年上海经典指数系统样本项目。2001年7月，荣获“首届全国新世纪人居经典住宅小区方案竞赛”综合大奖。同年8月，又获上海市住宅小区优秀规划设计奖。项目取得了经济效益和社会效益的统一。

2002年5月-2002年12月，担任上海铭源实业集团公司房地产事业部总经理，兼任集团下属辽宁海特房地产公司副董事长。成功实施了对“亚都国际名苑”科学的项目管理。

2002年12月-至今，担任上海南都置地有限公司常务副总裁。

深圳市志健实业有限公司

董事长　郑健明　先生

郑健明，汉族，1968年8月出生，大专文化，工程师，籍贯：广东省深圳市。

1984年他未满16岁，在当今独生之女行列中仍在撒娇年龄段，他当时高中尚未毕业，人小志气大的他，竟不满生活在计划经济年龄年代里广东粤东地区人多地少，农民那种辛劳艰苦的环境中，于是他不顾父母和亲朋的劝阻，决意弃学闯天下，独自跟随老乡来到改革开放的前沿阵地——深圳市宝安县横岗镇（今横岗街道）打工。离别慈亲苦，独闯人生路。

1984年-1990年因人小体弱，先是埋头打基建工，后是在人单力薄，又缺资助的困境中承接小的零星工程，当时既是小工头，又是小打工的他。平时晴天一身汗，雨天一身水，数年的滚打，刻苦地磨炼，炼就了他那坚忍不拔的顽强的意志和奋力拼搏的精神，他就是凭借这种意志和精神，加之他的聪慧，1992年-1994年在广州职工大学的工民建专业进修学习的专业理论水平的提高，施工实践经验的总结。从1992年起-1998年，他从承接小工程、中型工程，到大型工程，从低层建设到高层建筑的承包和施工管理，从管理经验的积累到资本（资产）积累，已较成功的奠定了自己创建实业公司的实力。

郑健明董事长人生信条：

1. 有志者事竟成，无志者事无成；少壮不努力，老大图伤悲。
2. 以人为本，以规范为宗旨，企业无不胜。
3. 敢为人先，锁定目标，必须拼搏才能实现。

温州省直房地产开发有限公司

总经理　金建亚　先生

金建亚，男，生于1964年7月，浙江温州永嘉县人，大专学历，温州市八届人大代表，中共温州市七届党代会代表。

1980年10月参军，于杭州83013部队司令部服役，1983年3月在部队服役期间加入中国共产党。同年11月退伍后至91年7月期间，任永嘉县工商局桥头工商所副所长、岩头工商所所长、县工商局经检科科长、市管科科长、副局长。 1991年8月调往永嘉县桥头镇人民政府任镇长、书记，永嘉县人民政府任县长助理、楠溪江风景旅游管理局局长，温州市雁荡山风景旅游管理局局长、金温铁路经营处处长，期间还曾多次被评为优秀党员和先进工作者。同时参加了浙江大学MBA硕士研究学习并取得了经济师职称。

1998年1月-2000年9月，出任温州市地方铁路公司（即温州铁路建设指挥部）经营处处长，在任期间不仅提高了温州火车站的整体形象，更使企业取得了较好的经济效益。

2000年10月起任浙江省机关后勤经济发展中心主任助理、副主任，并兼任温州省直房地产开发有限公司任总经理，全面主持“同人花园”的开发建设工作。公司开发的“同人花园”被确定为“国家住宅工程中心实验基地”。在中国国际科学和平促进会、中国环境保护产业协会、全国工商联住宅产业商会、国际人居环境研究会联合举办的“2003年中国优秀环境住宅设计大赛”上，“同人花园”荣获了“优秀景观”及“建筑形态”两项金奖，在业内和社会上得到了广泛的认可和赞扬。

海宁市鸿翔房地产开发有限公司

董事长　姚岳良　先生

姚岳良，男，汉族，1961年9月出生，大专文化，高级工程师，籍贯：浙江海宁。

1979年12月-1997年7月 海宁市第二建筑工程公司任职；

1997年7月-至今 海宁市鸿翔建设工程有限公司（现浙江鸿翔建设集团有限公司）任董事长兼总经理；

1998年6月-至今 任海宁市鸿翔房地产开发有限公司董事长。

自担任董事长始，姚总带领鸿翔房产先后成功开发“锦绣花园”、“水月亭小区”、“鸿翔商贸城”、“紫薇花园”等楼盘成功打入苏北沭阳、默口绥芬河等市场，取得可观业绩。2003年企业被评为“嘉兴市十大品牌房产”，2004年被选为海宁市消费者信得过单位。

宁波洛兹置业有限公司

总经理　施小军　先生

施小军，男，1956年11月出生，本科学历，工程师，汉族，籍贯：浙江。
1974年12月-1978年4月：宁波市江厦日用五金厂车间负责人；
1978年4月-1989年1月：宁波大昌布厂厂办主任；
1989年1月-1998年12月：宁波市房产综合经营公司副总、书记；
1998年12月-2002年12月：宁波市维科置业有限公司总经理；
2002年12月-至今：宁波洛兹置业有限公司总经理。
参与开发项目：
①宁波西河小区（50000平方米）
②宁波市中央花园（70000平方米）
③宁波市海曙区柳庄小区（80000平方米）
④宁波城市映象住宅区（50000平方米）
⑤宁波市洛兹工业园（80000平方米）
⑥宁波市泰和家园（70000平方米）
⑦宁波市江南人家住宅区（30000平方米）
⑧宁波市鄞州区江南绿洲住宅区（60000平方米）

上海中通贵云实业有限公司

总经理 柯战 先生

柯战，男，汉族，1950年1月出生，浙江温岭人。曾历任温岭量具厂负责人、区委书记、市经委主任、钱江集团公司顾问兼任上海泰江置业发展有限公司总经理。

2002年7月，出任浙江钱江集团公司顾问，主要负责集团公司房地产开发事务，同年在上海浦东由钱江集团控股成立上海泰江置业发展有限公司并出任副董事长兼总经理。

上海泰江置业发展有限公司创立后，于2002年8月在湖北省武汉市当地政府正式签订《武汉市"汉口正街"商贸区改造项目合作开发意向书》，同年9月在武汉市成立武汉市龙腾置业有限公司，柯战先生出任公司董事长。

2003年6月成立上海中通贵云实业有限公司，任董事长；2004年1月成立宜江市泰江置业有限公司，任总经理。

重庆晋愉地产（集团）股份有限公司

总裁 柯敬陶 先生

柯敬陶，男，1957年8月出生，重庆大学工商管理硕士。

工作经历：

1977年-1980年，西彭镇中学任教；1980年-1989年，西彭西建筑安装公司；

1989年-1996年，九龙坡第二建筑公司；1996年-2000年，重庆晋愉物业发展有限公司总经理；2000年-至今，重庆晋愉地产（集团）股份有限公司总裁。

社会职务：九龙坡区政协常务委员、重庆市房地产协会常务理事、九龙坡区企业家协会常务副会长、九龙坡区工商协会副会长、九龙坡区房地产协会常务副会长。

主要业绩：相继开发了九龙坡团结路一期危改、新华五村旧城改造工程、晋愉·城市彩园、晋愉·上江城和晋愉·绿岛等项目，累计开发面积80万平方米。

个人理想：建百年经典 树企业丰碑

人生格言：智者无畏 勇者无敌

经商心得：稳健、积极、创新

个人荣誉："2004年推动重庆楼市发展的地产人物"、"重庆地产十年风云人物"

企业荣誉："重庆市十大城市运营商"；"重庆市房地产交易诚信企业50佳"；"重庆市十大诚信房企"；连续两届荣获"重庆市房地产开发企业50强"；晋愉集团获得了诸多社会盛誉，树立了良好的企业形象，已经成为重庆市房地产行业的著名品牌企业。

中州集团上海中园房地产发展有限公司

董事长 胡宾 先生

胡宾，男，汉族，1963年10月出生，工商管理硕士，高级经营师，籍贯：浙江温州。

1984年-1989年 文成环保公司总经理；1989年-1992年 文成建行房开公司总经理；1992年-1996年 文成中侨金融社董事长；1996年-至今 中州集团董事长；2001年12月于上海社会科学院研究生部工商管理硕士班毕业。

胡宾董事长从20世纪80年代开始从事企业经营管理工作，一直担任企业主要领导岗位，主持并参与了数十个项目的投资决策，实施的项目投资额累计超百亿元，而且都经营得相当成功，经济效益十分显著。1998年组建中州集团，并把公司发展的重点转移到中国经济的中心：上海。经过多年的艰苦创业，集团公司取得了超常规的发展，迈入快速发展的新阶段。目前公司在建的项目有虹桥中园、淀山湖庄园、金汇中州工业园等项目，总投资近50亿元，前景非常乐观。公司目前拥有十四个控股子公司。

公司以实业投资、房地产开发为主；集旅游开发、高新科技开发、建筑施工、建筑装潢、物业管理为一体，自成产业体系，形成跨行业跨地区的多元化经营格局。

中州集团的发展和壮大的每一步都离不开中州的创建者胡宾董事长的辛劳。随着中州的发展，胡宾董事长的社会活动也越来越多，社会各界授予他各种头衔：被上海温州总商会评选为常务副会长；被浙江省民营经济研究会聘为副理事长；被上海退离休老干部高级专家协会聘为副理事长；被温州市归国华侨华属联谊会连续两届聘为顾问等。

昆山红枫房地产有限公司

董事长、总经理 胡方云 先生

胡方云，男，汉族，1951年12月出生，籍贯：浙江。

1966年10月-1986年12月 温州市地建公司 施工员、人事股长、分公司主任、书记

1987年1月-1993年3月 温州鹿城家用化粪池安装工程处负责人

1993年4月-至今 温州鸥海长龙房地产开发有限公司 总经理

1998年6月-至今 温州鹿城红枫老人公寓 总经理

2001年4月-至今 昆山红枫房地产有限公司 董事长/总经理

2003年7月-至今 昆山东方云顶广场有限公司 董事长/总经理

浙江宁兴置业有限公司

总经理　胡长迪　先生

胡长迪，男，汉族，1963年2月出生，研究生学历，工程师，籍贯：浙江慈溪。1984年在浙江慈溪参加工作，自踏上工作岗位以来，一直从事企业的技术管理和经营工作，历任时代建筑设计事务所工程师、所长，慈溪华联房地产开发有限公司总经理，宁波宁盛置业有限公司副总经理。

二十年来，他一直坚持守在企业第一线，埋头苦干，兢兢业业，多次被评为先进工作者。他不仅仅满足于已取得的成绩，而是以强烈的主人翁意识，努力学习，勇于探索，勤于实践，把学到的专业知识千方百计的与增强企业经济效益紧密联系起来，曾成功策划经营多个房地产开发项目，销售率均达到100%。2003年开始又在浙江安吉成功筹划占地近300亩的“宁馨花园”项目，“宁馨花园”项目入选由《人民日报》社等单位评选的“中国房地产最具影响力百强楼盘”。

“充满热忱，就有成功的希望”是他的座佑铭，他强调公司的每一位员工都应立足本职工作，以最大的热情，充分发扬主人翁精神，与时俱进，努力创新，敢于去做，努力去做，使企业不断向前发展，成为中国房地产业的一颗明星。

深圳市银台实业发展有限公司

总经理　贺钦育　先生

贺钦育，男，汉族，1963年9月出生，大专文化。

1982年大学毕业后分配到广东大埔县商业局工作；1984年调至深圳市美基工业公司工作；1986年调深圳市环境科技中心工作；1994年调银台工贸公司工作；1996年调深圳市银台实业发展有限公司任总经理。贺先生在银台公司任总经理以来，倡导“稳健经营、锐意进取、多元化发展”的经营方略和宗旨，带领全体员工开拓进取，使公司在短短几年内取得长足的发展，先后成立了和兴物业管理公司，银藤保健品公司、联丰投资公司、银台环保工程技术有限公司等子公司，使公司目前总资产达6.3亿元，创造了较好的经济效益和社会效益。公司投资开发的和兴花园一、二、三、四期住宅小区以人为本的开发观念在龙岗区中心城独树一帜，赢得广大客户和业主的良好口碑，树立了公司房地产开发的品牌。

杭州青城房地产开发有限公司

董事长、总经理　赵崇清　先生

赵崇清，男，浙江乐清人；出生于1957年，大专学历，国家注册经济师，浙江省乐清市政协委员。历任乐清市胶木厂会计、乐清市家电厂副厂长、乐清市塑料电器厂副厂长，并于1986年辞去厂长一职，创办乐清县华虹无线电厂，从此走上个人传奇般的创业之路。1994年打破当时常规的家庭作坊式经营模式，成功组建乐清市第一个股份合作企业，身兼董事长和总经理。经过多年奋斗，创立了以浙江华虹电器有限公司为主体，下属乐虹制衣有限公司、华虹绵阳分公司、广东中山华虹电器有限公司、虹义电子有限公司、虹信电子有限公司等多家紧密型企业。产品覆盖电器、交通、通讯电子等多项领域，年产值8500余万元。期间连年被评为“先进工作者”、“优秀党员”、突出贡献明星厂长（经理）等多项荣誉称号。2002年投资1000万元，成立杭州青城房地产开发有限公司并担任董事长、总经理。

中房集团黑龙江军安房地产开发有限公司

董事长　钟　杰　女士

钟杰，女，汉族，1961年4月出生，大学文化，经济师，籍贯：哈尔滨。

在钟杰董事长的带领下，发扬“务实、求真、开拓、发展”的企业精神，树立企业形象，创优质品牌。“军安公司”及“军安绿色家园”项目取得了骄人的成绩：“黑龙江省诚信企业”、“黑龙江省消费者协会无投诉单位”“黑龙江省房地产协会副主任委员单位”、“哈尔滨市2004年度纳税大户”、“黑龙江百姓口碑最佳荣誉单位”，“中国房地产高尚住宅区成功开发典范”、“2004年度黑龙江地产十大创新名盘”、“哈尔滨市房地产十大地产品牌”、“哈尔滨市第四届优秀住宅评选优秀规划设计奖、优秀户型奖”、“哈尔滨市2005年十大百姓喜爱家园”，同时，钟杰董事长荣获“2004首届黑龙江房地产创新人物”、“黑龙江省房地产协会主任委员”、“《中国房地产业发展大全》特邀编委”、“中国房地产策划营销成功人士”等荣誉。

海南省海运房地产开发公司

经理　倪宁平　先生

倪宁平，男，1971年12月出生。

1989年8月-1993年7月在上海同济大学建工系工民建专业读书;

1993年7月加入中国共产党;

1993年8月-1996年6月在南洋船务股份公司工作;

1996年7月-至今在海南省海运房地产开发公司工作，现为该公司经理，法定代表人。

历年参与开发和建设的项目有:

1. 南洋铝制品厂
2. 南洋船务八所油库（15000平方米）
3. 海虹花园（35000平方米）
4. 泰园小区（18000平方米）
5. 宝岛花园（54400平方米）
6. 椰城花园（48800平方米）

上海城开（集团）有限公司

总经理　倪建达　先生

倪建达，男，汉族，1963年10月出生，MBA工商管理硕士，中共党员，工程师，籍贯：江苏海门。

倪建达先生1981年参加工作，现任上海城开（集团）有限公司董事、总经理、党委副书记，曾被评为上海市第七届的十大杰出青年。主要社会职务为中华全国青联委员、中国青年企业家协会理事、上海市青年联合会副主席，上海市青年企业家协会执行会长。

倪建达先生自20世纪80年代初踏上工作岗位，二十多年来一直在房地产系列从事房产管理和房产经营开发等工作。

1987年7月-1992年5月担任徐汇区枫林房管所三产经理、副所长；1992年通过竞聘，担任徐汇房地产经营公司总经理。当时正逢房地产开发、建设的大好时机，他紧紧抓住难得的机遇，经过几年的经营和运作，公司实现利润5240万元，超过竞标指标10倍左右，企业管理水平名列前茅，被评定为二级资质的房产开发企业。

倪建达总经理认为在市场竞争日益激烈的形势下，企业唯有树立企业品牌，构筑企业文化，提高综合竞争能力，才能焕发出强劲的生命力，正是因为有了倪建达这种“树品牌、筑文化”的精神，也正是有了这一群兢兢业业，努力拼搏的城开人，上海城开才能迅速地在同行中脱颖而出，成为地产界的成功典范。

上海元和投资有限公司

董事、副总经理　徐伟敏　先生

徐伟敏，男，汉族，项目经理，籍贯：浙江。1956年6月出生于杭州近郊素有鱼水之乡之称的江南古镇塘栖。正直求学之年，遇上了十年浩劫，初中毕业后便失学了，十七岁那年进了一家建筑公司当学徒，学做泥工。在建筑工地摸爬滚打了多年，被调任建筑材料采购、企业供销管理工作。从实际施工、建材采购供应到企业管理，这么一步步走来，一干就是十六年。1988年，当改革开放的春风阵阵吹来，辞职下海到深圳干起了国际贸易。1993年受家乡政府邀请，回到杭州从事经济协作工作。1997年企业转制，便再次辞职和朋友做贸易，这次把生意做到了独联体。1998年，改革继续向纵深发展，国家取消福利分房制度，敏锐的察觉到了房地产市场的发展机遇，便来到上海进行房地产开发，为百姓打造精品房，按照这种定位经过五年的不懈努力，他的愿望实现了。由公司开发的"逸虹景苑"商住房一举成功，因此也受到了上海媒体的广泛关注和公众的好评。现正在参加上海市白玉兰奖的评选，他认为总结经验是照顾百姓需求是企业发展关键。

重庆华南房地产开发有限公司

总经理　秦晓东　先生

秦晓东，男，汉族，1961年6月出生，研究生学历，籍贯：安徽。

1982年7月毕业于重庆大学汉语学专业；

1985年5月应邀加入涪陵地区粮食局运输公司，担任经理、书记；

1994年3月进入涪陵地区粮食局企管科，担任副科长；

1995年进入房地产行业，在涪陵老板房地产担任副总经理；

1999年1月加盟金科集团·华南地产担任总经理。自入司以来，凭借其对专业知识的熟悉、丰富的管理经验和务实创新、主动进取的工作作风，为华南公司的快速发展立下了汗马功劳。

2003年7月，由他以华南公司为开发单位的项目"金砂水岸"从设计到销售均得到了业内人士的高度肯定。一期开盘，一举获得了当月重庆市房地产市场的销售冠军，金砂水岸因此得到了"中国十大水景楼盘"、"十佳建设项目"、"十佳品牌楼盘"、"2003年重庆区域最受欢迎楼盘"等多项荣誉奖。

2004年10月30日，他的又一力新巨献"绿韵康城"一期开盘，仅用一天时间，销售额就已达到1.5亿，销售住房402套，并获得了"2004年中国西部生态景观示范楼盘"、"2004年下半年最值得期待的十大楼盘"、"中国最佳健康生态30名盘"、"中国名盘50强"等荣誉称号。这累累硕果无不证明是他智慧的结晶。

福建景城实业有限公司

董事长　翁声锦　先生

翁声锦，男，汉族，1963年6月出生，大专学历，企业管理，籍贯：中国香港。

翁声锦先生自1990年以来，从事房地产开发25年之久，历任福建南方房地产有限公司总经理，鞍山东南房地产开发有限公司董事长兼总经理，福建恒基房地产有限公司总经理，福建新南方房地产有限公司总经理，福建恒生房地产有限公司总经理，福建时代房地产有限公司总经理，福建景城实业有限公司董事长，开发项目有“南方花园”“鞍山东南花园”“东方明珠”“新南方花园”“南方温泉公寓”“嘉华新城”“时代美景”“时代景城”“大景城”等，开发面积达80万平方米，早期致力于福州市旧城改造项目，拆迁户数达5000余户，均能得以顺利拆迁安置，并率先在福州市实行拆迁货币补偿安置办法，未出现一例安置户上访影响拆迁案例，为社会的安定稳定做出突出贡献。

因其良好的社会声誉，被评选为福州市外商实业企业协会副会长，福州市政协委员，福州市房地产协会副会长，福州市“见义勇为”基金会副理事长。

在企业经营管理上，翁声锦先生采取独到精致的管理艺术，使所管理企业开发的项目创下不剩一套的骄人业绩，体现其高超的管理水平。

青岛崇杰集团有限公司

董事长　袁　杰　女士

袁杰，女，汉族。现任青岛崇杰集团有限公司董事长，此外还是山东省政协委员、青岛市工商业联合会副会长、青岛市女企业家协会理事、青岛市慈善总会常务理事、青岛市个体私营企业协会副会长。

1983年-1987年就读于山东建筑工程学院建筑系城市规划专业，工学学士；

2001年5月毕业于北京大学经济学院经济管理研究生班。

1987年8月-1989年5月就职于青岛化工设计院，任助理工程师；

1989年6月-1993年4月就职于青岛市北区规划管理处，任工程师；

1993年5月-1998年1月就职于青岛高科技工业园规划管理局，任工程师。

1998年10月创办青岛崇杰房地产开发有限公司，任董事长。历经五年多的时间，发展成为涉及集环保、装饰、物业、科技、工贸等行业为一体的多元化集团公司。2001年5月注册成立青岛崇杰集团有限公司。该公司为一级房地产开发资质企业，其全资及控股公司有青岛颐景房地产开发有限公司、青岛颐灏房地产开发有限公司、青岛宏怡物业管理有限公司、青岛崇杰科技发展有限公司、青岛崇杰工贸有限公司、青岛崇杰环保有限公司、青岛崇杰广通电信技术有限公司、青岛崇杰装饰工程有限公司、青岛崇杰设计有限公司。

广州市番禺里仁房地产有限公司

总经理 贾宝禄 先生

贾宝禄，男，汉族，1936年12月出生，大学文化，高级工程师，籍贯：山东青岛。1996年之前在铁道部建厂工程局设计院任技术员、工程师。1996年-1995年任设计院高级工程师、土建科科长、设计院副院长、院长、建厂工程局副局长（现名称：中铁建工集团）。

1996年加入香港明鸿集团有限公司任地产策划部经理。至2003年兼任广州番禺里仁房地产有限公司总经理。在这期间其中1992年至2002年被公司派往波兰华沙投资开发华沙“花园小区”住宅项目。同时期参与了上海“明苑别墅”小区的开发策划。

在公司各项目策划中始终把位置放在首位，这包含了交通、环境、安全、生活便利等。在项目开发中牢记以人为本的思想，针对不同客户群分别开发不同标准、不同档次的产品。标准可以不同，但产品质量不能降低。

由于策划中贯彻了上述观念，因此在波兰华沙开发的“花园小区”包括88套别墅、300多套楼房全部售空。在上海开发的“明苑别墅”高档住宅小区，至今已开发三期，虽然楼价一再飚升，至今仍供不应求。

对于在广州番禺新开发的“自在城市花园”在全面分析广州华南板块市场和各楼盘优势之后，将业主目标群锁定在月收入3000元左右的年青人。从对已售出楼房业主分析，绝大部分购房者是我们确定的目标群。

宁波百隆房地产有限公司

总经理 谢耀生 先生

谢耀生，男，汉族，1958年5月出生，大专文化，工程师，中共党员，籍贯：浙江宁波。1982年毕业于浙江工学院宁波分校；同年起在宁波毛纺厂历任技术员、车间主任；1985年调任浙江省重点工程—宁波毛条厂筹建处任工艺设备处长，该厂成立后历任车间主任、厂长助理、副厂长；1993年起先后担任宁波大华针织有限公司总经理、宁波第二针织厂厂长、宁波艾卡拉房地产开发有限公司董事长；2003年起就职宁波百隆房地产有限公司总经理至今。

百隆房产在谢耀生总经理的领导下，秉承百隆集团的求实、创新、坦诚、发展的精神，本着高起点、高标准的经营理念和“居住人性化，环境生态化”的开发理念，聘请了大量具有多年房产开发经验的人才为后备力量，尽最大的努力为客户创造出超品质的家园。公司创立不久，旗下“百隆·小城花园”项目凭借其规划设计的前瞻性和优越性在众多楼盘中突出重围，一举登顶，即荣获“2004年全国人居经典综合大奖”，该奖项为“全国人居经典方案竞赛”的最高荣誉，接着又获“宁波市最具潜力楼盘”称号。于2004年4月开盘的“百隆·小城春秋”以其超性价比震撼宁波。再加上有诸多地块的储备，使百隆房产从一家不知名的小公司一举成为宁波房产界的一匹黑马，并一直这样的追求着、创新着、奋斗着……

舟山市普陀慧力置业发展有限公司

董事长　赖文洪　先生

赖文洪，男，中国社科院研究院金融研究生毕业。浙江大学竺可桢基金会理事，兼职教授，中国工商理事会常务理事，卓越企业家俱乐部终身会员。曾被评为浙江省青年企业家、浙江省跨世纪改革家等。

工作简历如下：

1976年10月-1978年8月，在浙江象山县广播电台任编辑工作；

1978年8月-1982年7月，在浙江象山县大学中文系读书；

1982年8月-1984年8月，在浙江省象山县政府办公室任秘书长工作；

1984年9月-1992年7月，在宁波市政府办公厅任秘书、副处长等工作。

2003年11月出席中国珠海世界经济论坛及中国经济高峰会。会上中国首次以组织者发起者的身份对全球经济发展发表《世界经济发展宣言》，主旨“平等、诚心、合作、发展”，凝结着人类对经济社会发展的最新认知。赖文洪从1992年5月辞去公职下海创办企业至今从商13年多，现任宁波中科慧力投资有限公司董事长。主营房地产投资开发、嵌入式软件开发生产和酒店业务。

上海南部投资（集团）公司

董事长　樊寅　先生

樊寅，男，汉族，1962年10月出生，硕士研究生学历，经济师，籍贯：上海

1992年-1994年 上海崇明大同工业总公司总经理

1995年-1997年 上海市崇明县大同镇人民政府副镇长

1998年-至今 上海南部投资集团有限公司董事长

上海电气集团恒联企业发展有限公司

总经理　潘凤杰　先生

潘凤杰，男，汉族，1951年1月出生，大专文化，高级经济师，籍贯：浙江平湖。现任上海电气集团恒联企业发展有限公司总经理，上海恒舜置业有限公司执行董事、法人代表。

1968年-1973年，崇明跃进农场十二连　职工

1973年-1992年，上海市机电建筑工程公司 保卫科长、人事科长、副总经理

1992年-2000年，上海市机电工业房地产公司 副总经理、总经理

2000年-至今，上海电气集团恒联企业发展有限公司 总经理

2002年-至今，上海恒舜置业有限公司 执行董事

潘凤杰同志以他自身的言行，在员工中树立了良好的形象，曾一年被评为上海市建设功臣称号；两年被评为电气系统的先进工作者；三年被评为“青年良师益友”的称号；连续五年被评为市经委系统住宅建设立功竞赛先进个人。

烟台开发区玉森房屋综合开发有限公司

总经理　潘惠民　先生

潘惠民，男，汉族，出生于1954年，大学文化，中级职称，籍贯：山东烟台。

1973年毕业后在黑龙江生产建设兵团当过翻砂工，做过采购员，任过商场经理。1994年调到烟台后涉足房地产，并担任总经理。人如其名，惠及于民，在烟台地产界第一个提出“挑战经济适用房”的口号，所开发的项目对加速烟台五区融合起到积极作用，获“烟台十大城市运营商”的称号，使企业成为“中国知名地产企业”。

增城香江房地产有限公司

常务副总经理 戴 峰 先生

戴峰，男，汉族，1963年10月出生，本科文化，籍贯：北京。现任增城香江房地产有限公司常务副总经理。

1996年进入房地产业，先后在广东国际信托投资公司、侨鑫集团、雅居乐集团分别任职办公室主任、项目开发总监、项目主任，主持了多个大型地产项目的开发工作，具有丰富的行业实操经验。

2001年加入香江集团，负责锦绣香江翡翠绿洲的日常工作，在他的带领下，翡翠绿洲以其高品质亲自然形象、独创广州岛屿式别墅布局，先后荣获“中国国际花园社区”、“2004中国名盘”、“广东省房地产企业诚信联盟”、“广东省绿色环保健康社区”、“广州新人居最佳别墅金奖”、“2004年广州畅销别墅”等称号。

苏州鸿意地产发展有限公司

总经理 戴发华 先生

戴发华，男，汉族，1952年6月出生，大专文化，经济师，江苏昆山人。

1976年参加银行工作，从一般工作人员到基层管理工作，一直到银行高级管理人员。

2002年提前内退后即组建地产公司，使苏州鸿意地产开发的“高尔夫花园”成为苏州著名楼盘，尤其是2005年上半年，产品深得市场信任，销售超5亿元，成为苏州名牌楼盘。

随着一期项目和周围配套设施的逐渐完善，一个与周边环境协调的楼盘项目正在成型，到2005年10月份，一期工程完工，也会让戴发华一年多的坚持有了结果。“很多人说，我们的周边景观建成之后，楼盘不愁销售，我想，我们提供给业主的产品，应该是真正能创造价值的产品。”

现在，戴发华的眼光落在两年以后。高尔夫花园在未来形成怎样的社区形态，是他作为总经理经常思考的问题。“我的目标是：至少在苏州工业园区是比较高档的项目；我一直对业主说，两年以后，买我的楼盘有你的惊喜，你没想象到。”在项目还没建起来的时候，很多人并不能完全理解他的话。“现在，一期项目已经初步建立规模，很多人也都看到了，但我想在一年后，交给他们产品的时候，可能会认识到我们的一句话：为业主创造真正的价值。”

最后，话语不多的戴发华多说了一句话：“眼见为实，用事实来表达。”

深圳市天健房地产开发实业有限公司

总经理　魏 志　先生

魏志，男，汉族，1957年11月出生，吉林省人，1977年8月参加工作，1984年7月入党，1982年8月吉林大学外文系毕业，本科学历，职称：翻译。

1977年8月-1978年9月 吉林火柴厂党委宣传干事；

1978年9月-1982年7月 吉林大学外文系日语专业学生；

1982年7月-1984年1月 国际旅行社吉林支社日语翻译兼吉林市外事办公室翻译；

1984年1月-1984年5月 吉林市火柴厂工会副主席、车间主任；

1984年5月-1987年6月 吉林市火柴厂生产、经营副厂长；

1987年6月-1988年6月 吉林市轻工局供销公司副经理、驻深办主任；

1988年6月-1990年1月 深圳市国际工程有限公司海外部副经理、驻日本办事处负责人；

1990年1月-1994年3月 深圳市国际工程有限公司国际劳务副经理、副总经理；

1994年3月-1998年6月 中国深圳国际经济合作集团、香港力源公司董事总经理；

1998年6月-2000年12月 中国深圳国际经济合作集团国际合作部经理；

2000年12月-2003年5月 深圳市建设投资控股公司海外部副经理；

2003年5月-2004年2月 深圳市建设投资控股公司总承包部副经理；

2004年3月-至今 深圳市天健（集团）股份有限公司总经理助理兼任深圳市天健房地产开发实业有限公司总经理。

编 后 语

房地产业是拉动我国经济增长的“支柱产业”，其产业关联程度高，带动性强。发展房地产业可以拉动内需，扩大消费，加速实现城镇化，有利于全面建设小康社会。但近两年来各地楼市风起云涌，房地产企业竞争加剧，竞相开拓创新，力争立足潮头。国务院相关部委则对症下药，实施宏观调控，抑制行业的局部过热，以求达到房地产市场的规范、健康、稳定和可持续发展的局面。

2006年是国家“十·一五”规划的开局之年，在全国各地房地产处于国家继续加大宏观调控的特殊时期。为了真实、全面、系统地记录和总结我国房地产业的发展状况；为了更好地了解、分析和贯彻执行国家对房地产开发与管理的各项政策，促进房地产市场健康、稳定、可持续发展和达到行业的信息资源交流共享，由中国房地产业协会主办、中国城市出版社出版的《中国房地产业发展大全（2005−2006）》（以下简称《大全》）新鲜出炉了！《中国房地产业发展大全》自2000年创办以来，每年出版一次，是一部反映我国房地产市场发展的编年史，堪称在房地产行业方面最具参考价值和权威性、全面性的年度大型专业文献，已成为在房地产业界具有较高知名度的品牌平面资讯平台，和房地产各行业主管部门、房地产商及相关单位不可或缺的重要参考书之一。

《大全》由建设部副部长刘志峰、中国房地产业协会会长宋春华、国家环保总局副局长潘岳及著名经济学家厉以宁、吴敬琏教授和国务院发展研究中心李泊溪教授担任顾问，中国房地产业协会秘书长朱中一担任主编；并得到了众多行业主管部门领导、专家学者的高度关注。该书内容涵盖房地产行业的宏观调控、城市发展战略、小城镇建设、土地供应、资本运作、经营管理、营销策划、广告宣传、人居环境、科技创新、旅游房地产以及物业管理及法制建设等诸多方面。近距离全方位多角度观察、描绘了房地产市场的繁荣景象，深入地分析了当今我国房地产市场的发展现状与本质，浓墨重彩地刻画并渲染了当代房地产界领军人物、房地产商和经典项目的立体形象，热情地为我国房地产行业所取得的辉煌成就欢呼鼓舞。所以，愿本书的出版能为继续推动我国房地产市场的健康、稳定、发展提供借鉴。

《大全》分为上、下两册，共19卷，210多万字，图文并茂；其内容丰富、分析透彻、字斟句酌，严谨缜密，层次分明。该书在编撰过程中，得到了各地行业主管部门的大力支持、专家学者的广泛参与和广大房地产开发商的积极响应及各界人士的踊跃参与，在此一并表示衷心的感谢。同时，由于编者知识水平有限和经验不足，本书难免有不成熟之处，若有疏漏，恳请广大读者予以批评、赐教，我们将在今后的编撰工作中加以改正！

编　者

2006年8月25日